THÉATRE COMPLET
DES LATINS

PARIS. — TYPOGRAPHIE DE FIRMIN DIDOT FRERES, FILS ET CIE, RUE JACOB, 56

THÉATRE COMPLET
DES LATINS

COMPRENANT

PLAUTE, TÉRENCE

ET

SÉNÈQUE LE TRAGIQUE

AVEC LA TRADUCTION EN FRANÇAIS

PUBLIÉ SOUS LA DIRECTION

DE M. NISARD

PROFESSEUR D'ÉLOQUENCE LATINE AU COLLÈGE DE FRANCE

PARIS
CHEZ FIRMIN DIDOT FRÈRES, FILS ET Cⁱᵉ, LIBRAIRES
IMPRIMEURS DE L'INSTITUT DE FRANCE
RUE JACOB, 56

M DCCC LXVI

TABLE DES MATIÈRES

CONTENUES DANS CE VOLUME.

(Chaque auteur a une pagination particulière.)

Préface...............................	i

PLAUTE.

Notice sur la vie et les ouvrages de Plaute, par M. A. François..................	1
Analyse des Comédies de Plaute, par le même.	ix
Amphitryon, traduction d'Andrieux.......	1
L'Asinaire, par le même.................	33
Analyse et examen des Captifs, par le même.	57
Les Captifs, par le même................	60
L'Aululaire, traduction de M. A. François..	84
Casina, par le même.....................	104
Les Bacchis, par le même................	126
La Corbeille, par le même...............	154
Le Curculion, par le même...............	166
Épidicus, par le même...................	185
Le Militaire fanfaron, par le même.......	204
Le Câble, traduction d'Andrieux..........	239
Les trois Écus, ou le Trésor, traduction de M. A. François......................	278
Le Rustre, par le même..................	305
Le Revenant, par le même...............	329
Stychus, par le même....................	357
Le Persan, par le même..................	376
Le petit Carthaginois, par le même.......	401
Pseudolus, par le même..................	437
Le Marchand, par le même...............	472
Les Ménechmes, par le même............	502
Fragments de Plaute, par le même........	533
Notes de l'Éditeur......................	542

TÉRENCE.

Notice sur Térence, par M. Alfred Magin, recteur de l'Académie de Nancy.........	1
L'Andrienne, traduction par le même.....	3
L'Eunuque, par le même.................	30
Heautontimoruménos, par le même........	59
Les Adelphes, par le même...............	87
L'Hécyre, par le même..................	113
Le Phormion, par le même...............	134
Notes sur les comédies de Térence, par le même...............................	163

SÉNÈQUE.

Notice sur Sénèque......................	i
Hercule furieux, traduction de M. Th. Savalète................................	1
Thyeste, par le même....................	24
Les Phéniciennes, traduction de M. Desforges, professeur de rhétorique au collége Louis le Grand......................	43
Hippolyte, par le même..................	54
OEdipe, par le même....................	76
Les Troyennes, par le même.............	95
Médée, par le même.....................	116
Agamemnon, par le même................	133
Hercule sur l'OEta, par le même..........	156
Octavie, par le même....................	182
Notes sur les tragédies de Sénèque, par le même...............................	199

FIN DE LA TABLE.

AVERTISSEMENT
DES ÉDITEURS.

Ce volume réunit tout ce qui nous est resté du théâtre des Latins. Les comédies de Plaute et de Térence, écrites pour la représentation, y sont suivies des tragédies attribuées à Sénèque, et qu'on peut regarder comme des pièces de rhétorique ou de cabinet. Nous n'avons pas cru devoir y joindre les fragments informes des poëtes antérieurs à Plaute. La traduction de quelques passages sans suite et sans liaison n'eût été d'aucun intérêt, et le texte même, qui a fort exercé les philologues, n'offre aucune de ces beautés qui font regretter l'ouvrage auquel ont appartenu les fragments.

Nos traductions sont entièrement nouvelles. Dans celle de Plaute, que nous devons à M. François, quelques pièces sont de la plume d'Andrieux : M. François les a revues, et y a fait des retouches que l'aimable et spirituel écrivain eût approuvées. Deux professeurs consommés, M. Alfred Magin, aujourd'hui recteur de l'Académie de Nancy, et M. Desforges, professeur agrégé de rhétorique, ont traduit, le premier le théâtre de Térence, et le second celui de Sénèque, à l'exception des *Phéniciennes* et du *Thyeste*, qui sont de l'habile traducteur de la *Métamorphose* d'Apulée, et de la moitié des lettres de Cicéron, M. T. Savalète.

Pour rendre plus facile la lecture des pièces de Plaute, un assez grand nombre de notes ont été, contre l'usage suivi pour cette collection, insérées au bas des pages. Les autres, moins nécessaires pour l'intelligence du drame, et d'un intérêt purement scientifique, ont été renvoyées à la fin du recueil. Pour le Térence et le Sénèque, les éclaircissements immédiats ayant paru moins utiles, les notes relatives à ces deux auteurs viennent à la suite de leurs pièces.

Il n'est pas besoin d'appeler l'attention sur la composition d'un volume qui contient la matière de plus de douze volumes ordinaires, et qui forme le répertoire complet du théâtre latin. Il ne serait pas moins superflu de dire quel intérêt peut offrir un tel recueil. Plaute, autrefois trop négligé, à cause de son archaïsme qui effarouche au premier abord, n'est pas moins lu aujourd'hui, ni avec moins de plaisir et de fruit, que Térence, « cet admirable ouvrier », comme l'appelle Bossuet, dans les œuvres duquel l'illustre précepteur faisait remarquer à son élève « les mœurs et le caractère

AVERTISSEMENT.

« de chaque âge et de chaque passion, avec tous les traits convenables à
« chaque personnage, et enfin avec cette grâce et cette bienséance que
« demandent ces sortes d'ouvrages. » Quant aux tragédies de Sénèque, de
beaux sentiments exprimés dans de beaux vers, des scènes ou des parties
de scène d'un intérêt vraiment dramatique, quelques traits sublimes,
enfin l'anachronisme même, si intéressant au point de vue historique, des
doctrines du stoïcisme prêtées aux personnages de la fatalité antique, en
rendront toujours la lecture utile. C'est d'ailleurs l'unique spécimen qui
nous reste de la tragédie chez les Romains, et quoique ces pièces ne dussent
pas être jouées, elles peuvent nous donner une idée assez exacte de celles
qui étaient destinées à la représentation, et dont quelques-unes ont reçu de
Quintilien des éloges qui en font vivement regretter la perte.

Le texte que nous avons suivi est celui de la collection Lemaire.

NOTICE

SUR LA VIE ET LES OUVRAGES

DE PLAUTE.

Marcus Accius Plautus naquit à Sarsine, bourg de l'Ombrie, vers l'an de Rome 529 et 224 avant Jésus-Christ, sous le consulat de ce Flaminius qu'Annibal vainquit à Trasimène. Le poëte né sous ces tristes auspices devait un jour égayer de ses drames les fêtes triomphales des Marcellus et des Scipions. Les recherches que les savants ont faites pour découvrir l'époque précise de sa naissance, son origine et ses aïeux, n'ont produit que des lumières incertaines. Plusieurs prétendent qu'il n'était pas de condition libre. Singulière ressemblance d'origine! Térence fut esclave aussi, Phèdre vécut dans la servitude, Horace était le fils d'un affranchi! Le surnom de *Plautus* lui fut donné, dit-on, à cause de la grandeur de ses pieds ou plutôt parce qu'il était cagneux. Cette supposition est fondée sur un passage du *Pseudolus, le Trompeur*, où l'on se moque de l'énorme dimension des pieds ombriens.

Le désir de faire fortune et de produire ses talents le conduisit à Rome. Comme notre Molière, il fut à la fois auteur, acteur et chef de troupe; comme notre Molière, il jouait lui-même ses comédies. Il louait sa troupe et vendait ses pièces aux édiles pour les fêtes publiques. Une comédie de Molière aussi couronnait toujours les magnifiques réjouissances de Versailles et les victoires de Louis XIV.

Plaute fit représenter sa première pièce à 17 ans. C'était, dit-on, la charmante comédie des *Ménechmes*. Ce début dut être un triomphe. Ses succès de poëte, joints à ses bénéfices d'entrepreneur, l'enrichirent en peu de temps. Cependant Varron prétend qu'il dépensa des sommes énormes en costumes et en décorations, pour ajouter à l'éclat des représentations de ses ouvrages. Cette magnificence, excitée par le double amour-propre d'auteur et de directeur, épuisa ses biens et le réduisit à la misère. Il paraît que les pertes qu'il essuya l'obligèrent de renoncer au théâtre et à la poésie. Quelques biographes attribuent ce dégoût et cette retraite passagère à un pur caprice. Ce qui est certain, c'est qu'il abandonna la carrière des lettres pour se jeter dans les hasards du commerce. Le commerce ne réussit guère aux gens de lettres. Il se ruina une seconde fois. Il fut réduit à se faire esclave et à tourner une meule de moulin.

La misère et la servitude n'éteignirent point son génie et sa gaieté. Il composa dans l'esclavage trois comédies dont il ne nous reste que des fragments, *Saturio, Addictus* (l'insolvable), *Nervolaria* (la corde), sujets qui semblent inspirés par sa propre situation. La connaissance profonde que ses pièces supposent des ruses et des spéculations du commerce, des misères et des mœurs de l'esclavage, paraît autoriser cette opinion. La vie d'un poëte, ses impressions personnelles laissent toujours des traces dans ses écrits. Ainsi dans Plaute le caractère des esclaves, leurs fourberies, leurs souffrances sont mises sur la scène avec une vérité, une énergie admirables. On remarquera aussi qu'il a varié ses portraits. Il ne les a pas tous représentés vils, fourbes ou débauchés: il a donné à plusieurs de nobles sentiments. Stasime, dans *les Trois écus*, voudrait tirer son maître de l'abîme des prodigalités et de la débauche; Messenion, dans *les Ménechmes*, brave la mort pour défendre le sien.

Son génie lui rendit enfin la liberté et la fortune. Il rentra dans la carrière du théâtre, où il rétablit ses affaires en augmentant sa gloire.

Plaute avait, dit-on, composé jusqu'à cent vingt comédies. Mais la ressemblance de nom, la fraude d'auteurs obscurs qui spéculaient sur la célébrité de Plaute, ont grossi cette liste d'ouvrages évidemment apocryphes. Les copies à la main, seul moyen de reproduction chez les anciens, devaient singulièrement favoriser ces supercheries littéraires. Varron ne comptait que vingt-trois comédies authentiques. C'étaient les meilleures. De là le nom de *Varroniennes* qui leur fut donné. Cependant ce nombre est contesté par de savants grammairiens qui en admettent davantage, et s'appuient sur la singulière fécondité du poëte et sur la durée de sa vie.

Cicéron dément en effet l'opinion que Plaute mourut à 43 ans, en le citant parmi les illustres Romains qui ont su charmer leur vieillesse par l'étude et les succès littéraires. Ce témoignage, que M. Naudet adopte avec raison, recule l'époque de la naissance de Plaute : car il est constant qu'il mourut en l'année 570 de Rome. Térence était encore enfant. L'*Heautontimorumenos* ne fut représenté que vingt-huit ans après.

Voici l'épitaphe de Plaute que Varron attribue au poëte lui-même :

> Postquam est morte captus Plautus,
> Comœdia luget, Scena est deserta,
> Deinde Risus, Ludus, Jocusque et Numeri
> Innumeri simul omnes collacrimarunt.
>
> Plaute nous est ravi; depuis ce triste jour
> La Comédie en deuil fuit la scène déserte;
> Et la Prose et les Vers, les Jeux, les Ris, l'Amour
> Ne songent à s'unir que pour pleurer sa perte.

Il est nécessaire, pour bien apprécier le génie et la gloire de Plaute, de jeter un coup d'œil sur l'état du théâtre ancien avant qu'il s'en emparât. Nous ne ferons pas ici la biographie conjecturale de Susarion le Mégarien, de Cratinus, d'Eupolis ni de Théophile. Nous remarquerons seulement que le premier inventeur de la comédie, Épicharme, était disciple de Pythagore. Ainsi la philosophie fut la mère de la comédie : c'était son origine naturelle et nécessaire. Mais nous regretterons de ne pouvoir parler que sur la foi de la renommée, de Ménandre, de Philémon, de Diphile, de Posidippe, de Démophile, d'Antiphane, que Plaute imite si souvent. Combien il serait curieux de voir ce qu'il emprunta et ce qu'il inventa ! Le temps et la barbarie des hommes ont détruit tous les ouvrages originaux de ces poëtes qui avaient une immense célébrité dans la Grèce et dans l'Italie.

Ce qui est certain, c'est que Rome dut à la Grèce le théâtre comme les autres arts. Les Latins n'eurent même jamais de comédie nationale. Ils empruntèrent les sujets, les personnages, aux pièces grecques, ou plutôt traduisirent les comédies grecques en les accommodant au goût et aux mœurs de Rome. C'est ce qui fait dire à Quintilien que la comédie est le côté faible de la littérature romaine : *In comœdia maxime claudicamus*. Cependant la satire, qui est une portion de la comédie, était une invention latine, et florissait avec éclat dans Rome. Mais le génie de la satire et son style diffèrent essentiellement de la comédie. Nous en avons de nombreux exemples. L'auteur d'une excellente satire ne fait souvent qu'une comédie médiocre. Nous verrons toutefois, que Plaute ne se borne pas à traduire les Grecs, et que ses pièces ont une couleur nationale et une originalité véritable. Sous le manteau grec, il montre les mœurs romaines, les ridicules, les travers de son temps. Ce mélange de costumes, qui est peut-être une faute, prouve que le poëte connaissait le véritable but de la comédie, et que son talent vigoureux et original ne pouvait se renfermer dans l'imitation même des plus beaux modèles.

Lorsque Plaute fit jouer son premier ouvrage, il n'y avait pas encore vingt ans que Livius Andronicus, apportant dans l'Italie barbare les arts de la Grèce, avait montré aux Romains la première ébauche d'une fable comique. Jusque-là on ne connaissait que *les improvisations fescennines*, espèce de chant tantôt à une seule voix, tantôt répété en chœur, tantôt coupé en dialogue, sans mètre, sans règle, et mesuré seulement par un rhythme arbitraire et confus. Ces jeux grossièrement perfectionnés prirent le nom de *saturæ*, farce, mélange. C'est en 514 que Livius Andronicus fit jouer le premier drame régulier, intéressant, devant ces spectateurs habitués à des divertissements barbares et licencieux. L'enthousiasme public ne se borna pas à des applaudissements éphémères. Rome fut tellement charmée de ce plaisir nouveau, qu'elle dressa au poëte une statue de son vivant.

Quelques années après, Nevius introduisit les *Atellanes*, pièces satiriques écrites dans le vieil idiome ou patois provincial que les Volsques et les Campaniens parlaient encore.

Plaute suivit de près ces deux fondateurs de la comédie latine, ou plutôt il fut leur contemporain; car il avait déjà obtenu plus d'une palme, avant que Porcius Caton eût amené de Sardaigne Ennius, Ennius, ce génie varié, original et vigoureux, qui fit faire de si grands progrès à la littérature romaine dans la poésie comme dans l'art dramatique, que Cicéron admirait et que Virgile a imité.

Ennius fut le successeur de Plaute; il occupa le théâtre jusqu'à ce que Térence parût et s'emparât seul et pour toujours du sceptre de la comédie romaine.

Un ingénieux critique remarque qu'à cette époque où Rome s'ouvrait aux jouissances des arts, presque tous les écrivains eurent de nobles patrons, juges éclairés et protecteurs puissants de ces essais toujours si hasardeux. Andronicus eut Livius Salinator pour patron, Ennius le premier Scipion, Pacuvius le sage Lélius, et Térence le grand Scipion. Plaute entra dans la carrière sans ces grands appuis : il n'eut d'ami, de patron, que le peuple qui l'applaudit, le couronna de son vivant, décerna les plus grands honneurs à sa mémoire, et applaudissait encore ses comédies cinq siècles après lui. Il eut pour spectateurs les concitoyens de Caton et les sujets de Dioclétien. Ses ouvrages eurent même l'étonnant privilége de survivre à la chute de l'empire romain. Son théâtre reste debout au milieu des ruines du monde civilisé; le charme de ses drames triomphe de la barbarie du moyen âge. Nous voyons, dans les chroniques, que ses comédies ont été représentées jusqu'au milieu du quinzième siècle. Ce n'est pas une médiocre gloire pour un poëte que d'amuser tant de générations diverses, tant de peuples de goûts différents. Il faut qu'il y ait dans ses ouvrages une vie durable, qu'il y règne une vérité d'observation, une gaieté franche et communicative, qui répondent au sentiment naturel de tous les hommes, qui s'adressent à tous les esprits, les saisissent et les charment.

Nous ajouterons un fait tout récent bien glorieux pour Plaute, et digne du souvenir des amis de l'antiquité. Le 5 mars 1844, *les Captifs* ont été joués, dans la langue originale, à Berlin, par les étudiants de l'Université, en présence du roi et des princes, devant un auditoire d'hommes d'État, de littérateurs et d'artistes. Les décorations représentaient une place et une rue de Pompéi. Les costumes, de la plus exacte vérité, avaient été donnés par le roi. Des odes d'Horace, mises en musique par M. Meyer-Beer, servaient d'intermèdes.

Cette magnifique et savante représentation a produit le plus grand effet. Ainsi, voilà Plaute solennellement remis au répertoire du théâtre moderne, et applaudi, en 1844, sur les bords de la Sprée, comme il y a 2000 ans sous les murs du Capitole ! Voilà les personnages de la comédie romaine rendus à la vie, ranimés tout entiers, avec leur langue et leur costume, par les soins d'un prince, digne neveu d'un monarque homme de lettres, et le concours empressé de la docte Allemagne !

On reproche à Plaute l'uniformité de ses personnages. « C'est toujours, dit Laharpe, une jeune courtisane, un vieillard ou une vieille femme qui la vend, un jeune homme qui l'achète, et qui se sert d'un valet fourbe pour tirer de l'argent de son père. Joignez-y un parasite et un militaire fanfaron, modèle des *capitans* et des *matamores* de notre vieille comédie, et vous aurez tous les caractères représentés dans les pièces de Plaute. » Cette critique est injuste et inexacte. Dans *le Revenant*, dans *la Corbeille*, on verra des jeunes filles pleines de grâce et de modestie qui, livrées aux mains d'un infâme agent de débauche, gardent leur vertu, et nous intéressent par la courageuse résistance de leur pudeur ; ailleurs, dans le *Stichus*, ce sont deux épouses fidèles qui conservent leur amour à leurs maris absents. Dans *le petit Carthaginois*, c'est un père plein de sensibilité et de dévouement pour son enfant qu'il cherche par tous pays. Dans *les Ménechmes* enfin, l'amitié de deux frères et l'honnêteté d'un esclave se mêlent heureusement à la gaieté entraînante de la fable. Ces citations, que nous pourrions pousser plus loin, répondent suffisamment au reproche d'uniformité que notre célèbre critique adresse trop légèrement au théâtre de Plaute.

Ensuite il faut songer à l'état de la société romaine, aux personnages qu'elle pouvait fournir à la comédie. La société antique n'offrait qu'un petit nombre de caractères propres au théâtre. Ce que nous appelons le grand monde, cette source inépuisable de faiblesses, de prétentions, d'intrigues, de galanteries, cette immense galerie de ridicules, de travers, de vices, ouverte à l'observation du poète comique, n'existait pas. La forme de la société romaine, essentiellement politique et guerrière, ne favorisait pas l'éducation d'un poète comique,

comme la monarchie de Louis XIV. Le mouvement, les intrigues étaient dans les affaires publiques, au forum : mais la vie intérieure était silencieuse et cachée. La maison, la famille étaient un sanctuaire qu'on ne devait pas mettre sur la scène, et que les regards de l'observateur ne pouvaient pénétrer. Le poète ne pouvait donc produire au théâtre que des courtisanes ; la loi et les mœurs, en cela du moins plus sévères que les nôtres, lui défendaient les femmes libres. Cette source d'intérêt si puissante lui était fermée. A peine dans les vingt comédies de Plaute voit-on figurer quatre ou cinq dames romaines; et aucune n'est l'héroïne d'une intrigue amoureuse. Enfin, s'il n'a pas mis sur la scène des consuls, des sénateurs, des questeurs, des tribuns, c'est que la censure des édiles et surtout la dignité romaine ne l'auraient pas souffert.

Malgré ces obstacles, on verra quelles ressources Plaute sait tirer de son imagination, quelle variété il a répandue dans le choix de ses personnages, quelles physionomies diverses il leur imprime, de quelles nuances piquantes il marque leur caractère, avec quel art inépuisable il modifie leurs passions, dans quelles situations différentes et nouvelles il les place. C'est que Plaute a parfaitement compris le but de la comédie, qui est la peinture de la vie commune : ne pouvant inventer des personnages, il a pris ceux que la société lui donnait ; les marchands d'esclaves, les vieillards grondeurs, avares ou libertins, les jeunes gens se ruinant pour des courtisanes, des esclaves, des *sycophantes* ou aventuriers, des usuriers, des parasites, mêlés aux intrigues amoureuses, tels sont les personnages qu'il a peints en distribuant les tons, selon les situations et les besoins de la fable. Si le fond est le même, la couleur est toujours différente et nouvelle.

Il n'est pas moins varié dans ses sujets et dans son style. Il a écrit la comédie plaisante et intriguée dans *Amphitryon*, dans *les Ménechmes*, dans *Epidicus*, et il a composé le drame dans *le Câble*, dans *les Captifs*, dont la fable et le dénoûment émeuvent et attendrissent. Ainsi La Chaussée, que l'on accuse ou qu'on loue d'être l'inventeur du genre, a pu le trouver dans Plaute. Cette invention nous semble un des titres de gloire de notre poète, une preuve de la fécondité, de la variété de son imagination : car le drame, comme tous les genres de littérature, n'est pas mauvais en lui-même ; il ne l'est que par la faute de l'auteur.

Un autre critique, plus illustre et surtout plus compétent, Horace, dans un accès d'humeur chagrine, lui reproche le comique bas, des plaisanteries grossières, l'accusant d'avoir écrit plutôt pour le peuple que pour les chevaliers. C'est que le peuple seul fait le succès des pièces, et qu'il est le même partout et dans tous les temps. Notre Molière n'est-il pas obligé d'écrire *le Médecin malgré lui* pour faire passer *le Misanthrope?*

Cicéron, qui s'y connaissait aussi, et que la verve satirique n'entraînait pas au delà du vrai, trouva que la plaisanterie de Plaute est délicate, polie, ingénieuse, pleine de sel et de gaieté.

Le plus grave reproche qu'on lui adresse d'ordinaire, c'est la licence de son dialogue. On ne prétend pas ici le justifier, quoique ce cynisme accuse plus le public que le poëte. Mais le théâtre moderne a-t-il été toujours bien honnête et bien chaste? Plaute a-t-il des plaisanteries beaucoup plus indécentes que Shakspeare et ses imitateurs écrivant pour les seigneurs et les nobles dames d'une cour policée? Nos vieux comiques, les fondateurs de notre théâtre français sont-ils toujours réservés et pudiques? Les novateurs d'aujourd'hui le sont-ils eux-mêmes, eux qui n'ont que la séduction, l'adultère et le viol pour ressort dramatique? Plaute, en se servant de ces faciles moyens de succès, suivait le goût, les mœurs d'un siècle à demi barbare. Mais son génie supérieur savait très-bien que la décence n'est pas incompatible avec la gaieté comique; il méprisait même ces équivoques grossières, ces quolibets obscènes qu'il employait trop souvent: témoin ce passage du prologue des *Captifs*. «Vous n'entendrez pas ici de vers cyniques, « comme dans la plupart des comédies : ma pièce « est un tableau de bonnes mœurs. » Cette amende honorable faite devant le public pour lui et ses confrères, dans des termes pleins de délicatesse et d'élévation, doit obtenir le pardon de quelques infractions aux bienséances, qui d'ailleurs sont moins fréquentes qu'on ne pense.

Plaute, comme tous les grands écrivains de l'antiquité, mêle toujours à la plaisanterie, aux fables les plus gaies, une morale élevée, une philosophie profonde. Il connaît le cœur humain, il a pénétré ses faiblesses, ses préjugés; il les gourmande avec vigueur, avec courage, mais aussi avec une indulgente sensibilité. Au milieu d'images parfois licencieuses, sous des expressions lascives, cyniques même, vous trouverez une morale pure, l'amour du bien et de la vérité. Dans ses comédies les plus libres, les plus gaies, vous verrez développé, mis en action ce que les spéculations de la philosophie ancienne offrent de plus austère et de plus sublime. Vous y rencontrerez de grandes hardiesses contre les croyances superstitieuses du paganisme, le dogme de la providence hautement proclamé, comme dans *le Câble*, la critique éloquente de tous les scandales de son temps, l'intrigue qui ouvre la carrière des honneurs, la cupidité qui fait les mariages, le luxe et la débauche qui ruinent et divisent les familles, perdent les jeunes gens et déshonorent les vieillards. Avec quelle énergie il flétrit la conduite barbare des maîtres envers les esclaves! De quelle utilité pouvait être cette leçon, quelle semence de réforme ne pouvait-elle pas jeter dans une société où Caton, le sage Caton vendait ses vieux esclaves, pour n'avoir pas à les nourrir inutiles et infirmes! Aussi bon citoyen que moraliste profond, il saisit toutes les occasions de célébrer la gloire de Rome, d'inspirer l'amour de la patrie ; il ne se sert du théâtre que comme d'un vaste organe pour répandre au loin dans le peuple de nobles sentiments, pour exciter de généreuses passions. Rome dut peut-être plus d'une victoire à ses allusions éloquentes, à l'enthousiasme qu'elles excitaient dans la multitude assemblée. Un si noble emploi du talent, de pareils succès prouvent que Plaute comprenait la mission morale du poëte dramatique; de pareils sentiments peuvent faire pardonner des libertés, des licences même, qu'autorisaient les mœurs, le goût du temps et les habitudes du langage.

La fable de ses drames n'est pas compliquée comme celle des nôtres : si l'on excepte *Amphitryon*, *les Ménechmes* et *l'Épidicus*, l'intrigue est faible et de courte haleine : deux ou trois situations, un incident suffisent au poëte. L'art de faire naître les événements, d'exciter la curiosité par des obstacles sans cesse renaissants, est, il faut en convenir, la gloire du théâtre moderne : les anciens l'ont à peine entrevu. Mais il y supplée souvent par une profonde connaissance du cœur humain, par un langage naturel et passionné. Son dialogue a, suivant la situation, une verve, une gaieté, une éloquence entraînantes. Son style est tour à tour plein de grâce et de force. Il mérite ce mot de Varron : « Cécilius a la palme pour le choix des « sujets et pour l'intrigue, Térence pour la moralité, « Plaute pour le dialogue : et si les Muses voulaient « parler latin, elles emprunteraient la langue de « Plaute. »

On a beaucoup blâmé ces prologues qui expliquent d'avance l'intrigue et disent au public le secret de la comédie. On ne songe pas assez au nombre et à la condition des spectateurs de l'antiquité. L'auditoire était immense, c'était le peuple presque tout entier; l'instruction était peu répandue, l'intelligence du public peu développée, l'attention distraite par la foule. Une représentation était une fête publique, dont nos spectacles *gratis* offrent une image assez exacte, quoique bien restreinte. Chez nous, c'est une société choisie, habituée aux intrigues du théâtre par des représentations de chaque jour. Mais à Rome, au milieu de ce tumulte, de cette cohue de spectateurs ignorants, inattentifs, turbulents, l'auteur avait besoin, pour être compris, de préparations, d'une sorte d'analyse anticipée, qui détruiraient l'intérêt de nos comédies. Ce programme, loin d'émousser la curiosité, l'excitait et donnait à l'auditoire le moyen de suivre les personnages à travers les incidents de l'intrigue.

Nous nous rappelons aussi ce vers *des Captifs :*

Hæc res agitur nobis, vobis fabula.

« Les événements de cette pièce seront réels « pour nous; pour vous, spectateurs, ce ne sera « qu'une comédie. »

On y verra, ainsi que dans plusieurs autres passages, la preuve que les anciens ne prétendaient pas, comme les modernes, au mérite souvent chimérique d'une illusion parfaite au théâtre : ils ne se flattaient pas de faire oublier qu'on était dans une salle de spectacle, et qu'on assistait à une fable débitée par des acteurs. Les modernes, plus présomptueux, ont supposé à l'art dramatique un prestige indéfini, une puissance absolue; ils ont du moins essayé de les lui donner. Mais combien ont réussi à cette image exacte de la réalité, si difficile et si justement désirée?

On remarquera sans doute, en voyant la liste des personnages de Plaute, qu'il leur donne souvent un nom approprié à leur état et à leur caractère. Les parasites s'appellent *ronge-pain* (Artotrogus), les vieillards chagrins, *contradicteurs* (Antiphon), les esclaves, *porte-coups*, etc. Nos vieux comiques ont imité cet usage. Nous avons M. Loyal, huissier; M. Scrupule, notaire; M. Rafle, agent d'affaires; M. Purgon, Sbrigani, l'honnête *cicérone* de M. de Pourceaugnac, Maître Double-Main, greffier; M. Gourmandin, chanoine; etc. On rejette aujourd'hui ce moyen comique comme suranné, comme trop facile et manquant de vérité. On s'est attaché à perfectionner les noms, à reformer les mots, ne pouvant autre chose. La critique, sans doute, n'est pas absolument dépourvue de raison. Cependant le choix d'un nom plaisant et bien appliqué n'est pas sans influence sur l'effet du personnage. Donnez un autre nom à ce bon M. Tartuffe, et vous lui ôtez la moitié de l'hypocrisie de son caractère.

La lecture de Plaute n'est pas seulement instructive sous le rapport de l'art dramatique : elle présente à l'observateur, au philosophe, un intérêt piquant. Elle nous rend témoins de toutes les habitudes, de tous les usages de la vie intérieure des Romains: nous les voyons, le jour, aller au forum, à la place du commerce, au tribunal, ou bien occuper leur désœuvrement chez le médecin, chez le parfumeur, chez le barbier, à médire et à parler politique; la nuit, aller au plaisir, accompagnés de l'esclave *porte-flambeau*; jouer aux dés au repas du soir, et nommer le roi du festin. Nous entendons enfin les chansons populaires, bachiques et galantes, qui égayaient les loisirs des maîtres du monde. Nous voyons les ménagères empruntant des cuisiniers les jours de fête, les coquettes entassant dans leurs armoires des centaines de tuniques de formes et de noms différents, la *tunique transparente, la tunique épaisse, le linon à franges, l'intérieure chamarrée, la robe à la gouttière* (impluvium), *la fleur de souci, la sofranée, le par-dessous ou le sens dessus-dessous, le bandeau, la royale ou l'étrangère, la vert-de-mer, la plumetée, la jaune-cire, la jaune-miel* et mille autres inventions élégantes, éclatants témoignages du génie des marchandes de modes de l'antiquité, et qui pourraient faire envie aux nôtres. Nous connaissons de point en point le programme de l'éducation des jeunes Romains, partagée entre les exercices du corps et ceux de l'esprit. Tous ces détails de mœurs mis en action ne semblent-ils pas compléter, animer les ruines si belles, si fraîches, de Pompéi ou d'Herculanum, rouvrir les maisons, et ressusciter les habitants avec leurs costumes, leurs habitudes, leur langage?

Mais ce qui est peut-être plus curieux encore, c'est de retrouver en vingt endroits les usages, les intrigues, les vices, les raffinements de la civilisation moderne, les escroqueries de nos usuriers, les ruses des chevaliers d'industrie qui s'emparent d'un nouveau débarqué comme d'une dupe qui leur revient légitimement, les fous des rois et des seigneurs, nos complaisants, nos anciens abbés, nos factotums de grandes maisons sous la figure des parasites, nos bourgeois à moustaches et à éperons sous l'air ridicule des fanfarons de Rome, les abus des États modernes, l'inspecteur de police qui brise les cachets et lit les lettres sans façon, le contrôleur de la douane qui retient les malles et les paquets du voyageur au profit de l'État, les garnisaires établis chez les citoyens qui refusent l'impôt; toutes ces institutions, mal nécessaire renaissant toujours en dépit des réformes et des révolutions, et qui paraissent l'essence de la société humaine, et le fond de tout gouvernement.

N'est-il pas plaisant de retrouver exactement aussi toutes les charlataneries de notre théâtre moderne; de voir les *claqueurs* établis au parterre de Rome, les cabales organisées; d'entendre, au commencement ou à la fin de chaque pièce, ces formules de galanterie, ces couplets au public, dans le style de nos vaudevillistes ou de nos vieux auteurs comiques, de Dancourt, de Dufresny et même de Beaumarchais; de voir le luxe de décorations et de costumes employé comme supplément au mérite des pièces; ces traits satiriques lancés aux auteurs rivaux, aux acteurs de troupes étrangères; les directeurs achetant fort cher des pièces souvent fort mauvaises; cet usage aristocratique de faire retenir sa place par son esclave; dans la salle, ces *placeurs* chargés d'indiquer son siège à chaque spectateur; enfin des agents de police maintenant l'ordre et le silence?

Tous ces usages, tous ces détails que Plaute nous a conservés, sont des curiosités singulièrement piquantes. Nous avons eu soin de noter en leur lieu toutes ces ressemblances de mœurs et d'institutions. Si nous les rassemblons ici, c'est pour montrer que ce que l'on croit un raffinement de notre civilisation, une invention du génie moderne, une mode du jour, date de la naissance du théâtre romain. Quelle force de vérité tous ces faits ne donnent-ils pas à cette idée ingénieuse d'un de nos meilleurs écrivains dramatiques, que le théâtre supplée à l'histoire, qu'on étudie, qu'on apprend mieux les mœurs, les habitudes, l'esprit d'un peuple, dans ses comédies que dans ses chroniques les plus fidèles, les plus minutieuses! Une bonne comédie, en effet, est le portrait exact d'une nation. Ses principaux personnages parlent, marchent, agissent devant nous avec leurs vices, leurs travers, leurs vertus, leurs passions vivantes et animées.

On ne s'étonnera donc pas que les comédies de

Plaute aient excité l'intérêt des savants et des gens de lettres, à la fois comme tableau d'histoire et comme monument de l'art dramatique. « Pour « bien connaître un peuple, il faut lui demander « compte de ses mœurs non moins que de ses ac-« tions, fréquenter son théâtre aussi bien que son « sénat, étudier ses poëtes comiques autant que « ses historiens, » dit M. V. Leclerc dans un profond et spirituel article sur les comédies de Plaute. Cette pensée est aussi ingénieuse que vraie. Oui, les orateurs, les poëtes lyriques ou épiques, les historiens ne nous représentent les Romains qu'en héros, dans une pose académique; c'est en négligé, c'est en déshabillé que l'auteur comique, que Plaute, nous montre les maîtres du monde : il nous les fait connaître tout entiers.

Madame Dacier a donné, la première, une version, souvent estimable, de quelques comédies de Plaute : son érudition a jeté d'utiles lumières sur le texte encore nouveau; mais sa traduction manque trop souvent d'élégance et même d'exactitude. Sur ce dernier point elle est souvent excusable, et plusieurs de ses contre-sens font honneur à sa vertu : il y a dans Plaute plus d'un vers qu'il faut la louer de n'avoir pas compris. L'infatigable abbé de Marolles, le bénédictin Gueudeville, P. Coste, l'avocat Limiers, sont loin d'avoir égalé madame Dacier. Ils ont su rendre Plaute ennuyeux et lourd, en prose comme en vers. Dans le dernier siècle, un autre avocat, M. Girauld, a donné une traduction libre d'*Amphitryon* et de l'*Aululaire* ou l'*Avare*; le P. Dotteville a traduit le Mostellaire ou le *Revenant*. Enfin l'abbé Lemonnier, qui avait platement traduit Térence, s'est cru des droits sur Plaute, qu'il a traité de même. Dans ces derniers temps, un laborieux professeur, M. Levée, a publié une traduction complète des comédies de Plaute. Ce travail, que les deux frères Amaury et Alexandre Duval ont secondé de leur savoir et de leur expérience de la scène, n'est pas dépourvu de mérite. Toutefois le style manque de vivacité, d'abandon, de naturel, qualité si nécessaire dans la comédie. M. Naudet est enfin venu pour la gloire de Plaute. Ce nouvel interprète a effacé tous les travaux de ses devanciers par une exactitude élégante et facile, par une intelligence supérieure des mœurs et de la scène antiques; sa traduction est un monument d'érudition, d'esprit et de goût. Il a d'abord revu, restauré le texte avec un soin et une habileté parfaite. Il a rempli les lacunes, les vers tronqués, par les suppléments que les nouveaux manuscrits de M. Angelo Mai lui ont fournis, ou par les plus heureuses suppositions. Il a recueilli toutes les lumières que les auteurs anciens peuvent donner sur les comédies de Plaute. Ces corrections sont d'autant plus difficiles que le rhythme des vers de Plaute n'est pas encore bien connu, malgré tous les efforts des savants. La traduction est digne de cet excellent texte. La fidélité dans les passages les plus difficiles, la précision dans le dialogue, l'observation des métaphores, des comparaisons, des proverbes propres au génie de la langue, aux mœurs des Romains, et des calembours même, telles sont les rares qualités de ce travail. C'est l'œuvre d'un savant éclairé par le goût, d'un écrivain plein de ressources et de talent.

Après ces éloges, qui ne sont que le témoignage du public lettré et le juste tribut d'une reconnaissance personnelle, une nouvelle traduction semblera une témérité : mais dans une étude aussi vaste que celle du théâtre de Plaute, nous avons cru qu'il était possible, non de faire mieux, mais de faire quelquefois autrement. Nous nous sommes surtout attaché à rendre facile à tous la lecture de ces comédies; nous avons essayé de reproduire par un style vif, naturel, le dialogue et le mouvement de la scène. Nous avons voulu que la conversation des Romains eût le tour facile, l'abandon, la liberté de la nôtre; que, sauf les mœurs et les idées, le lecteur se crût à une comédie du théâtre français. Cette condition nous semble la première dans la traduction des ouvrages dramatiques. L'exactitude minutieuse, la reproduction fidèle mais laborieuse de la couleur locale, des métaphores, des images étrangères jusque dans les moindres détails, sont un mérite qu'on n'obtient qu'aux dépens du naturel et du mouvement de la scène, qu'il faut avant tout conserver. Les savants vous tiennent compte de ces efforts; mais le lecteur, qui ne daigne pas comparer le texte, confond dans un blâme léger, injuste, mais décisif, le traducteur et l'original.

M. Naudet a supprimé ces divisions par actes et par scènes, inconnues à l'antiquité, et que les éditeurs modernes ont établies. Nous les avons conservées. Ces divisions, bien qu'arbitraires, ne nous ont pas paru altérer les ouvrages du poëte. Cet ordre, conforme à la plupart des textes, est agréable à l'esprit, repose l'attention, et indique assez bien la marche et les progrès de la pièce.

Nous n'avons pas non plus suivi l'exemple de M. Naudet, qui tutoie tous les personnages à la manière latine. Il nous a paru contraire au costume, à la vérité, de faire tutoyer le père par le fils, le maître par l'esclave. La raison que M. Naudet donne de ce procédé ne nous a pas semblé décisive. Il prétend que la rudesse du langage doit être conservée, pour faire mieux comprendre les injures que se disent dans plusieurs scènes des personnes de condition ou d'âge différents. N'est-ce pas acheter trop cher cet avantage accidentel, que de l'acheter au prix des convenances, des relations sociales qui se trouvent perpétuellement confondues et mises en oubli? D'ailleurs le mouvement de la scène, la situation indiquent les exceptions nécessaires : mais le tutoiement continuel, systématique, nous semble ôter très-souvent au dialogue, aux personnages, leur vérité, leur caractère, et confondre faussement les distinctions sociales établies dans l'antiquité.

Nous avons adouci les images trop libres : des indécences grossières n'ont rien de regrettable.

Tous les yeux peuvent, sans scandale, parcourir cette traduction : Plaute y gagnera peut-être des lecteurs.

Mais ce qui donnera un prix véritable, un attrait original à cette nouvelle publication de Plaute, c'est qu'on y trouvera quatre pièces, *l'Amphitryon*, *l'A-sinaire*, *les Captifs*, et *le Câble*, traduites par Andrieux. Le spirituel auteur des *Étourdis* et du *Manteau* avait profondément étudié le théâtre des anciens, avant d'enrichir le nôtre de ses charmants ouvrages. Ces essais datent de sa jeunesse; ils montrent déjà cette plume facile, ce tour ingénieux, cette imagination enjouée, ce goût délicat qui est le caractère de son talent. Le sens n'est pas toujours rigoureusement rendu; mais le mouvement de la pensée est fidèlement suivi ; la peinture des personnages est fidèle : et c'est là le principal. L'ébauche de traduction de Tacite que J. J. Rousseau a faite vaut mieux que plus d'une version moderne d'une savante exactitude. D'ailleurs, ce qui justifie M. Andrieux, c'est qu'en 1785 on n'avait pas les leçons, les commentaires de quatre ou cinq éditions allemandes, ni les manuscrits de M. Angelo Mai. Cependant, malgré le mérite de ce travail, Andrieux, si difficile pour lui-même, ne l'avait pas publié. Nous l'avons revu avec tout le soin et tout le respect que commande le nom d'un écrivain aussi distingué; nous nous sommes borné, comme il le dit modestement lui-même dans une édition d'un grand auteur, nous nous sommes borné à ôter d'une main respectueuse quelques grains de poussière amassés par le temps, et qu'il n'a pas eu le loisir de faire disparaître de son œuvre. On n'y verra qu'un hommage rendu à ses talents par celui qui écrit ceci, et dont le plus précieux souvenir est son amitié. Ce commencement, ces premières comédies seront, pour celles que j'ai traduites, comme des auspices favorables, et le nom d'Andrieux protégera celui qui a osé continuer son ouvrage.

Nous avons joint à la traduction des notes indispensables, l'indication des imitations modernes et quelques analyses critiques, moins pour exposer notre opinion que pour faire naître un examen sérieux et instructif du théâtre ancien. Séduit par les charmes de Térence, on est habitué à considérer ce poëte comme le seul représentant de la comédie romaine. Il est bon de montrer la part de gloire qui revient à Plaute, son devancier. Peut-être même un des avantages de Plaute, c'est d'avoir imité moins que Térence les mœurs polies et le style élégant de la comédie grecque; Plaute la transforme, en l'imitant, il se l'approprie, et fait dans Athènes, sous des noms grecs, la peinture de la société romaine. Ce que ses œuvres ont produit suffirait d'ailleurs à sa gloire. Il fut le maître de Térence ; Regnard lui doit les *Ménechmes*, et Molière l'a imité.

Mars 1844.   A. F.

ANALYSE DES COMÉDIES DE PLAUTE.

AMPHITRYON.

Amphitryon est une des meilleures pièces de Plaute : aussi a-t-elle été traduite dans presque toutes les langues, représentée sur presque tous les théâtres de l'Europe. Lope de Villalobos l'a fait connaître aux Espagnols; L. Dolce aux Italiens, dans sa comédie d'*il Marito* ; Dryden aux Anglais, dans une imitation trop licencieuse même pour le parterre de Londres. Mais notre Molière a surpassé, effacé tous les imitateurs et le modèle même. Molière, en conservant tous les personnages du poète latin, leur a donné une physionomie différente, appropriée au goût de spectateurs différents, et surtout une couleur plus fortement dramatique. L'intrigue est aussi la même; mais avec quel art, avec quelles ressources de génie, Molière l'a-t-il conduite et développée! Il suffit de citer la scène de la lanterne à peine indiquée dans Plaute, et d'un si grand effet dans Molière.

Cette pièce est trop connue pour en donner l'analyse. Plaute appelle sa pièce tragi-comédie, parce qu'on y voit figurer des dieux et des princes; et quoiqu'ils jouent un rôle assez peu noble, le titre de comédie ne serait pas digne de Jupiter ni d'un général d'armée. Boileau préférait le prologue de Plaute à celui de Molière ; le parterre ne lui a pas encore donné raison. Mais l'erreur d'un pareil juge prouve le rare mérite du poëte latin. Le dénoûment surtout, singulièrement difficile dans un sujet aussi délicat, est un chef-d'œuvre d'art et de bon goût. Jupiter, en déclarant qu'Alcmène n'a cédé qu'à sa toute-puissance et surtout à sa trompeuse ressemblance avec Amphitryon, sauve la réputation de cette épouse si honnêtement infidèle. Ce tour délicat, cette décence, rare chez les anciens, méritent d'être remarqués.

Il est juste de rappeler qu'avant Molière, Rotrou avait mis au théâtre, sous le titre des *Deux Sosies*, une traduction de Plaute, où l'on rencontre d'heureux traits et des vers fort bien tournés. Mais sa pièce, quoiqu'il ait suivi Plaute, est embarrassée et traînante. Rotrou a fait cinq actes. Il n'avait point assez mesuré le sujet. Il n'a su remplir son cinquième acte qu'en reproduisant les mêmes situations, les déconvenues, les tribulations de Sosie et d'Amphitryon. Mais on pourra voir par l'extrait suivant le mérite de style qui éclate dans notre vieux poëte, dont le talent n'est pas assez connu. C'est Sosie qui parle :

Chez les grands le servage est plus rude en ce point
Qu'aux forces le travail-ne s'y mesure point,
Qu'on n'y distingue point le droit de l'injustice
Et qu'il faut que tout ploie au gré de leur caprice.
. . . .
. . . . et pour dernier malheur
On y défend encor la plainte à la douleur.
. . . .
En un autre aujourd'hui je me trouve moi-même.

Démarche, taille, port, menton, barbe, cheveux,
Tout est enfin pareil, et plus que je ne veux ;
Mais cet étonnement fait-il que je m'ignore ?
Je me sens, je me vois, je suis moi-même encore.
Je porte tout ensemble et je reçois les coups.

Le philosophe trouvera dans la pièce de Plaute un éclatant exemple des contradictions de l'esprit humain, de ce mélange de crédulité aveugle et de raillerie frondeuse qui fait apparemment le fond de notre caractère. C'étaient les mêmes hommes qui allaient au Capitole sacrifier au très-bon, au très-grand Jupiter, et qui couraient au théâtre applaudir une pièce pleine de railleries contre le maître des dieux. Eh! n'avons-nous pas donné le même spectacle d'inconséquence, lorsque le dévot moyen âge jouait Jésus-Christ, la Vierge et les saints?

L'ASINAIRE.

Un père qui aide son fils à dérober de l'argent à sa mère, à condition que ce fils lui cédera sa maîtresse pendant une nuit, une vieille courtisane qui trafique des charmes de sa fille, offrent un tableau que le spectateur français ne souffrirait point. Le parterre de Rome était moins sévère.

L'intérieur de la maison courtisanes, véritable atelier de ruses et d'escroqueries, est une peinture pleine de force, vraiment curieuse, qui, par son immoralité même, pouvait, comme l'esclave ivre de Sparte, servir d'enseignement à la jeunesse romaine. Ce qui excuse encore l'auteur d'avoir choisi souvent un pareil lieu de scène, c'est qu'à Rome il n'y avait pas de société proprement dite, de *grand monde*, comme dans l'Europe moderne. La maison des courtisanes était un rendez-vous où l'on venait se délasser des affaires et des brigues du forum, où l'on parlait souvent d'autres choses que d'amour et de frivolités. Les plaisirs de l'esprit, les discussions littéraires ou philosophiques étaient admis dans ces cercles galants. Et, chez nous-mêmes, le boudoir de Ninon de Lenclos n'a-t-il pas été le salon commun des hommes d'État, des écrivains les plus distingués du XVIIe siècle? Les autres points de réunion étaient la boutique du parfumeur, du pharmacien ou du barbier ; comme, en France, le cabaret sous Louis XIV, et le café depuis la Régence.

Il ne faut pas s'y méprendre. La jeune courtisane de l'*Asinaire* n'est pas une créature dégradée qui étale son infamie aux yeux des spectateurs, et triomphe de ses honteux succès. Elle a de nobles sentiments et une délicatesse qui la relèvent et la rendent intéressante. Tout l'odieux, toute la honte tombent sur sa mère, la vieille Cléérète, exposant, à haute voix et sans rougir, les secrets, les perfidies de son vil métier ; figure d'un effronté cynisme, peinte avec l'énergie de Juvénal. Le contraste entre la corruption

b.

éhontée de la mère et la vertueuse résistance de la fille qui ne veut qu'un amant, est exprimé avec une grâce ingénieuse par ce mot de Philénie : *Le berger qui a soin des brebis d'autrui en a une qu'il préfère et qui fait sa consolation.*

Au premier acte, on remarque une scène tour à tour éloquente et comique, quand le jeune Argyripe, chassé de la maison de Philénie, parce qu'il n'a plus rien à donner à sa mère, accuse d'ingratitude et de cupidité la vieille, qui répond à tous ces éclats de colère et de désespoir amoureux, avec un sang-froid et une naïveté cynique dont il demeure confondu. Le troisième acte est animé par les tribulations d'Argyripe, réduit à supplier son esclave de servir ses amours. Il est fâcheux que des traits de bouffonnerie, des jeux de scène grossiers se mêlent à cette situation naturelle et dramatique. On voit un esclave qui monte sur les épaules de son maître, et le fait trotter comme un cheval sur le théâtre ; le coquin ose même embrasser sa maîtresse, ne voulant servir ses amours qu'à la condition d'un outrage. L'entrevue des deux amants est touchante ; c'est là que Molière a trouvé ce vers charmant :

Jusqu'au chien du logis il (un amant) s'efforce de plaire.

De son côté, le vieillard poursuit son intrigue. Mais sa femme, avertie par un troisième soupirant de Philénie, vient, comme madame Jourdain, le surprendre au milieu d'un souper galant, et le force à rentrer dans le devoir.

L'intervention d'un parasite ridicule, et surtout les fourberies de deux esclaves, dignes prédécesseurs des valets de Le Sage et de Regnard, répandent beaucoup de gaieté dans la pièce.

On voit que ce tableau hardi, libre jusqu'à la licence, renferme une haute moralité, qu'il offre une excellente leçon aux jeunes gens bernés et ruinés par les courtisanes, comme aux barbons débauchés qui compromettent leur vieillesse et la dignité de pères de famille. Molière a fait à cette comédie plusieurs emprunts, qu'il a répandus dans *Tartuffe*, dans *le Bourgeois gentilhomme* et *les Fourberies de Scapin*. On remarque un trait de mœurs particulier aux Romains : c'est un contrat en forme entre une courtisane et son amant, par lequel elle s'engage à n'être qu'à lui seul, à n'aimer que lui pendant une année entière, moyennant un prix convenu.

LES CAPTIFS.

On lira un excellent précis d'Andrieux à la fin des *Captifs*. Nous nous bornerons à quelques remarques sur cette pièce, qui est une rareté dans le répertoire de l'antiquité, et même du théâtre moderne : point de femme, partant point d'amour, point de valet fripon, point de père imbécile et dupe. Plaute, en prenant pour sujet le dévouement d'un esclave et le bonheur d'un père qui retrouve son fils, a fait moins une comédie qu'un drame véritable, tel que les modernes se flattent de l'avoir inventé. Il a peint un tableau qui ne respire que la vertu et la morale la plus pure. Aussi, comme ce n'est pas son habitude, a-t-il soin de s'en vanter dans le prologue et dans l'épilogue.

Cette fable sérieuse et touchante est égayée par les tribulations et les bons mots d'un parasite. On voit un portrait achevé de ces bouffons faméliques soumis aux avanies les plus humiliantes, aux plus dures épreuves. Il ne regrette son jeune patron que pour le dîner et le souper. Cette bassesse d'âme a aussi l'avantage de contraster avec les nobles sentiments des autres personnages. Si la comédie ancienne emploie si souvent les parasites, c'est qu'ils plaisaient singulièrement à l'auditoire : ils flattaient la vanité de la noblesse, amusaient le peuple, peut-être plus misérable qu'eux, mais qui les bafouait en leur portant envie.

Rotrou, dont l'imitation mériterait d'être lue, a traduit ce passage avec beaucoup de verve :

Quelle estoille nous luit, malheureux que nous sommes,
Triste genre d'humains nés pour manger les hommes,
Que tout le monde fuit et qu'on trouve en tous lieux !
L'adresse de nostre art consiste en la science
D'endurer un soufflet aveeque patience,
De se voir imprimer un baston sur le corps,
Rompre un pot sur la teste et puis mettre dehors ;
Ces incommodités suivent un parasite
Qui sait les supporter, quelquefois en profite ;
Mais qui n'est patient jusqu'à ce dernier poinct
Reçoit un pire affront, c'est de ne disner poinct.
. . . .
Nos bons mots désormais passent tous pour frivoles,
On ne se paye plus aveeque des paroles ;
On ne donne à disner qu'à celui qui le rend.
On ne le donne pas, on le preste, on le vend.

On trouve aussi dans Plaute des traits fort piquants contre la manie de philosopher, de discuter, de subtiliser, qui s'était introduite à Rome avec les sophistes grecs.

Contre l'usage, ce n'est pas un dieu qui débite le prologue ; c'est un simple mortel, un acteur en *costume de prologue*, c'est-à-dire en robe blanche, tenant une branche d'olivier à la main, demandant silence et grâce pour l'auteur.

L'unité de temps n'est pas rigoureusement observée. Les commentateurs ont écrit de longues et savantes dissertations sur la durée possible des scènes, des entr'actes, de l'intrigue. Cette question, encore mal éclaircie, n'ôte rien à l'intérêt de la pièce, écrite d'un style à la fois plaisant, élevé et pathétique. La caricature d'Ergasile est d'une gaieté entraînante. Les autres rôles sont nobles et touchants. A la fin, la reconnaissance d'Hégion et de son fils excite une profonde émotion. On ignore à quel auteur grec Plaute a emprunté ce sujet.

Après l'imitation souvent élégante de Rotrou, Roy, qui n'est guère connu aujourd'hui que par les bons mots de Voltaire, remit sur la scène française, en 1714, une plate copie des *Captifs*, qui eut un succès de quelques jours. Nous résumerons ces remarques par le jugement d'un des meilleurs critiques de Plaute, de M. Lemercier, qui conseille aux disciples de l'art d'étudier la comédie *des Captifs*, pour apprendre comment on peut mêler la gaieté à une intrigue noble et pathétique.

L'AULULAIRE.

L'Aulutaire (*la Marmite*), n'eût-il d'autre mérite que d'avoir inspiré *l'Avare*, devrait exciter l'attention de la critique. Mais il a par lui-même un grand mérite. C'est une comédie de mœurs, dont le principal caractère est tracé avec beaucoup d'art et de vérité. Tous les personnages, tous les incidents, concourent à mettre en relief, à irriter le vice et les tourments de l'avare Euclion.

Rien de plus amusant, de plus animé que la figure de ce riche, toujours pleurant misère, malheureux lorsqu'il donne, inquiet lorsqu'il reçoit. Le début annonce vivement le sujet, et peint d'abord le personnage. « *Sors,* « *maudite espionne !* dit l'avare à son esclave ; *que cher-* « *ches-tu là avec tes yeux de furet ?* » Molière n'a pas manqué de copier cette entrée si naturelle et si dramatique.

Le plan est fort simple.

Euclion a trouvé un trésor qu'il cache soigneusement. Un de ses voisins, vieillard riche, mais libéral, lui demande sa fille en mariage. Euclion suppose que c'est surtout par amour pour le trésor, dont il a eu connaissance.

Cependant il accorde la main de sa fille, mais *sans dot*. Les apprêts de la noce, que paye le voisin, amènent chez Euclion des esclaves étrangers, qui le font trembler pour son trésor. Il va le cacher dans le temple de la Bonne Foi; mais un esclave de l'amant secret de Phédra enlève adroitement le précieux dépôt, et le porte à son maître. Le vieux prétendu, qui est l'oncle du jeune homme, apprend que, dans le tumulte des fêtes de Cérès, Lyconide a anticipé les droits d'époux. Il cède Phédra à Lyconide, et le trésor est rendu à Euclion.

Plaute a rassemblé dans ce tableau tous les détails de mœurs qui s'y rapportent. On trouve surtout des épigrammes fort plaisantes contre le luxe des femmes. C'était l'époque où Caton voulait, en vertu de la loi Oppia, leur interdire les robes brodées, les bijoux et les voitures.

Molière a pris les scènes principales et tous les grands traits de caractère. Il en a composé le chef-d'œuvre que l'on connaît. Marmontel, Lemercier, Al. Duval, ont écrit sur le modèle et sur l'admirable imitation de Molière d'excellentes remarques. Cailhava surtout a fait un parallèle fort ingénieux sur les deux ouvrages. Il reconnaît, comme tous les autres critiques, l'immense supériorité de Molière; mais il rend justice à Plaute. Parmi ces témoignages imposants, on remarque avec peine les dédains de la Harpe, qui avait lu Plaute avec tant de légèreté qu'il lui attribue un dénoûment qui n'est pas de lui. Il a pris pour l'œuvre de Plaute le supplément maladroit d'un professeur de Bologne, qui convertit l'avare, et le rend tout à coup généreux et magnifique : Molière, qui n'était pas si dédaigneux, et qui prenait son bien partout où il le trouvait, a su tirer de ce mauvais supplément l'excellent nom d'Harpagon.

M. Schlegel, dont la légèreté n'est cependant pas le défaut, ne juge pas mieux lorsqu'il exalte l'ouvrage de Plaute aux dépens de Molière : le critique allemand traite *l'Avare* de farce compliquée, ennuyeuse, invraisemblable, et prétend qu'un avare ne peut être amoureux. L'admiration de deux siècles a réfuté ces énormités paradoxales. Une seule observation nous semble fondée : dans Molière, l'avare, après avoir caché soigneusement son trésor, ne parle plus de sa chère cassette qu'au moment du vol, qui surprend un peu le spectateur. Dans Plaute, ce trésor est sans cesse présent à l'esprit de l'avare; et, ce qui est un trait de génie, une moralité profonde, les précautions qu'il prend pour conserver sa cassette, sont précisément cause qu'elle est volée. Ici, par exception, l'avantage appartient au poète latin, et M. Schlegel a raison.

L'Aululaire est une des pièces de Plaute qui sont restées le plus longtemps au répertoire du moyen âge. Un auteur inconnu en a fait une sorte de contre-façon en prose, sous le titre de *Querolus* (le Pleureur). Un poète latin du douzième siècle, Vital de Blois, a mis en vers élégiaques cette imitation curieuse, espèce de mélodrame, d'un style obscur et souvent barbare. Une excellente analyse de M. Ginguené nous dispensera de donner le texte de cette pièce, que l'on trouve dans quelques éditions de Plaute :

« Querolus est un homme qui se plaint toujours de sa destinée. Son père était un vieil avare nommé Euclion; il avait caché une immense somme d'or dans un vase fait en forme d'une urne funéraire, sur laquelle était gravée une épitaphe, comme si elle eût contenu les cendres du père d'Euclion. En partant pour un long voyage, il avait enterré cette urne devant l'autel du dieu lare de sa maison, recommandant à ses gens le tombeau de son père, et au dieu lare son trésor. Il meurt en pays étranger, sans découvrir son secret à personne, si ce n'est à un parasite qu'il a rencontré dans cette terre éloignée; il lui avoue qu'il a laissé chez lui un trésor à l'insu de son fils, et il lui en lègue la moitié par son testament, à condition qu'il indiquera le lieu où le trésor doit se trouver; mais soit par oubli, soit par toute autre cause, il ne lui parle ni de la forme particulière de l'urne, ni de l'inscription.

« Le parasite s'embarque, vient trouver le fils, et voulant s'emparer de tout l'héritage, il le trompe, se donne pour un grand magicien, et feint d'avoir deviné par son art une infinité de petits détails qu'il avait appris d'Euclion. Querolus en est la dupe, lui donne accès dans sa maison, et le conjure de terminer ses malheurs. Le fourbe fait semblant de purifier sa maison de tout ce qui y exerce une influence funeste, en retire l'urne du consentement de Querolus et même avec son aide; il l'emporte chez lui; mais là, il aperçoit l'inscription et les autres attributs funéraires; il croit qu'elle ne renferme en effet que les restes du mort, dont le nom y est inscrit, et que le vieillard mourant s'est moqué de lui; il rapporte l'urne, se glisse auprès de la maison de Querolus, et jette par une fenêtre l'urne au milieu de son appartement. Elle se brise, l'or se répand dans toute la chambre. Querolus, au lieu des cendres de son aïeul, voit un trésor dont il est maître; mais l'effronté parasite, revenu de sa surprise, produit le testament d'Euclion, et réclame la moitié qu'il soutient lui appartenir. Cependant, obligé d'avouer qu'il avait d'abord tout emporté, il ne peut rien obtenir, il est convaincu de vol et même de violation de tombeau. Enfin Querolus lui pardonne, entre en possession de sa fortune, cesse de se plaindre de son sort, et le faux magicien pris pour dupe est rendu à son métier de parasite.

« Son nom est Mandrogerus; il a pour auxiliaires deux fripons subalternes, Sycophante et Sardanapale, qui rendent témoignage des prodiges qu'il a opérés, et l'aident à emporter et à rapporter l'urne où est enfermé le trésor. Le dieu lare, garde de ce trésor, est acteur et interlocuteur dans la pièce, et c'est avec lui que Querolus la commence par une longue scène où il expose tous les sujets qu'il a de se plaindre de sa destinée. »

On voit les rapports d'action et de personnages qui existent entre la comédie de Plaute et cette pièce romanesque.

Les scènes étrangères ont de nombreuses imitations de *l'Aululaire* : la *Sporta* du Florentin Gelli, attribuée à Machiavel; l'*Avare* (the Miser) de l'ingénieux Fielding, qui a essayé de perfectionner le dénoûment de Molière; le *Goldingham* de Shadwell, qui déclare dans sa préface qu'il fait trop d'honneur à Molière en le copiant, non par stérilité, mais par paresse, et qu'il ne connaît pas une seule comédie française qui ne soit devenue meilleure entre les mains du plus mauvais poëte anglais. Voici le texte même de cette insolence incroyable : *Nor did i ever know a french comedy made use of by the worst of our poets, that was not bettered by them*(1); il ne faut pas non plus oublier *l'Avare jaloux*, *l'Avare fastueux*, de Goldoni, *l'honnête Aventurier*, d'Ottavio, etc. Dans le théâtre chinois, que le savoir ingénieux de MM. Julien et Bazin nous a fait connaître, on trouve aussi un *Avare*, drame mêlé de couplets, qui finit par un trait digne de Molière : « Mon fils, ma dernière heure approche; quand je ne serai plus, n'oublie pas d'aller réclamer les cinq liards que me doit le marchand de fèves. »

La reproduction et le succès de ce caractère au théâtre sont naturels. L'avarice est un vice de tous les temps et de tous les peuples; c'est un de ceux dont la peinture doit frapper tous les yeux, saisir tous les esprits. En 1828, lorsque Londres ouvrit un théâtre aux chefs-d'œuvre de Molière, la comédie qui produisit le plus d'effet, qui fut le mieux sentie par l'admiration publique, ce ne fut ni *le Tartuffe*, ni *le Misanthrope*, joués par mademoiselle Mars, ce fut *l'Avare*.

CASINA.

La Harpe dit que *Casina* pourrait être un heureux sujet d'opéra-comique. Cet ouvrage n'a pas besoin d'être animé par une jolie musique pour être agréable et très-divertissant.

Un vieillard, amoureux d'une jeune orpheline, veut la faire épouser à l'un de ses esclaves, en se réservant le

(1) Au reste, ce Shadwell n'était pas plus honnête ni plus juste pour le talent de ses compatriotes; c'est lui qui fit destituer Dryden des fonctions de poëte-lauréat, après la révolution de 1688.

droit du seigneur. Il a pour rival son propre fils, que Plaute a eu la délicatesse de ne point faire paraître. Mais les intérêts du jeune homme sont chaudement défendus, en son absence, par son écuyer, et surtout par sa mère, qui prétend punir les infidélités du vieux mari.

Il faut l'avouer, le sujet n'est guère édifiant. L'honnêteté et la pudeur sont blessées en plus d'un endroit. Mais si l'on ferme un peu les yeux sur ce défaut, on trouvera des traits d'observation fins et justes, et même une moralité véritable.

Par exemple, la femme de notre galant à cheveux gris et celle de son voisin, qui se plaignent des défauts de leurs maris et se consolent en médisant, ne sont-elles pas des portraits d'une vérité frappante et de tous les temps? C'est là que les curieux pourront voir l'intérieur des ménages de Rome, tracé avec un naturel et une malice charmante.

Le caractère des deux esclaves qui se disputent Casina, non pour eux, mais pour leurs maîtres, est marqué de nuances très-ingénieuses : l'un est un valet de Rome, plein de ressources et de finesse; l'autre est un campagnard défiant et madré sous une grossièreté apparente. Aussi le combat est-il vif et amusant.

On remarquera au second acte une scène excellente : c'est le changement subit que l'amour a produit dans les goûts, dans l'extérieur du vieillard. Il s'habille à la mode, il se parfume, il se redresse avec fatuité : hélas! c'est cette coquetterie nouvelle qui le trahit devant sa femme! Ce moyen, tiré du sujet même et de la passion du personnage, est d'un excellent comique, et Plaute l'a développé avec beaucoup d'art et de vérité.

On trouve au troisième acte un entretien fort comique entre le galant sexagénaire et son voisin. Celui-ci veut lui donner de bons conseils, le rappeler à la raison; mais l'autre ne lui demande que des encouragements et des secours pour le succès de sa folle passion.

L'action s'engage vivement entre le mari et la femme. Le vieux libertin veut, et pour cause, marier Casina à son esclave; Cléostrate prétend la donner à l'écuyer de son fils. Le sort en décidera; les deux esclaves vont tirer Casina au sort. Ici nous assistons à toutes les cérémonies, à tout l'appareil bizarre de la sorcellerie des anciens. Cette invention dramatique était une parodie fort amusante pour les Romains, qui tiraient au sort les provinces des magistrats, l'ordre des centuries ou tribus appelées à opiner, etc.; pour nous, c'est encore une scène curieuse et piquante. L'esclave du vieillard gagne; mais le rusé Chalin prend sa revanche.

Il fait prévenir le bonhomme que Casina, désespérée d'avoir Olympion pour mari, est devenue folle et menace de tuer quiconque se présenterait devant elle.

On reconnaît ici *les Folies amoureuses*. Stalinon, qui n'est pas plus brave que le tuteur Albert, n'ose pas aller faire la cour à sa belle armée d'un énorme glaive. C'est peu : Chalin se déguise en femme; il s'affuble d'un costume de jeune mariée; il emprunte les traits de Casina : il prend place au lit nuptial, et attend les galanteries du vieillard. Le bonhomme tombe dans le piège, et ne reçoit, pour prix de ses caresses, que des bourrades et des meurtrissures. Il revient dans un état pitoyable auprès de sa femme, qui triomphe et l'accable de railleries et d'injures, ainsi que tous les assistants.

Dans ces situations délicates, Plaute s'est abandonné à toutes les licences que le parterre de Rome autorisait. Mais dans le fond de ce tableau trop libre, on aperçoit une idée morale gaiement exprimée : c'est l'humiliation d'un vieillard libertin, méprisé, raillé par sa femme, joué, berné, battu par ses esclaves, et demandant pardon.

Dans *Casina*, Plaute n'est pas seulement hardi contre la décence et les bonnes mœurs, il l'est aussi contre les dieux qu'il traite fort lestement. Mais il paraît que les dévots de Rome entendaient fort bien la plaisanterie.

L'analogie de cette pièce avec le *Mariage de Figaro* a frappé tous les critiques. Il nous suffit d'indiquer cette imitation involontaire, et par là même plus curieuse : car assurément Beaumarchais n'a pas songé à la comédie antique, en fabriquant l'intrigue si compliquée et si attachante de son *Figaro*.

LES DEUX BACCHIS.

Un jeune homme appelé Mnésiloque a quitté Athènes pendant deux ans pour recouvrer à Éphèse une somme d'argent due à son père. Il a chargé un ami, Pistoclère, de s'informer de la jeune Bacchis, sa maîtresse, dont il est inquiet, et qu'il croit partie d'Athènes. Bacchis a une sœur jumelle, qui porte le même nom et qui est aussi courtisane. Cette ressemblance est la source de l'intrigue. Pistoclère, en soignant les intérêts de son ami auprès d'une Bacchis, est devenu amoureux de l'autre en dépit des remontrances d'un sévère pédagogue. Mnésiloque, qui ne sait pas qu'il y a deux Bacchis, se croit trahi par son ami et par sa maîtresse.

Sa maîtresse l'aime toujours; mais en son absence la misère l'a réduite à s'engager avec un militaire moyennan, 20 mines par an (1100 fr.). Mnésiloque, qui revient avec l'argent de son père, pouvait payer cette rançon ; mais, se voyant trahi, il a rendu toute la somme au vieillard. Instruit bientôt de son erreur, il se désole; l'esclave Chrysale-habile fourbe, vient à son secours et trouve moyen de reprendre l'argent au bonhomme. C'est peu de cette victoire: après avoir donné à son maître l'or nécessaire pour racheter la belle, il tire encore du vieux Nicobule de quoi célébrer joyeusement cette heureuse délivrance. Le vieillard, dupe des fripons, l'est aussi des courtisanes, et tout en moralisant, il se laisse entraîner avec un autre vieux sermonneur (le père de Pistoclère) dans les inévitables filets de l'amour.

Le rôle du précepteur de Pistoclère, qui veut empêcher son élève de se ruiner en soupers somptueux et d'avoir une maîtresse, est d'une originalité fort plaisante. La révolte de l'élève et la vivacité de ses passions animent et rendent dramatiques les remontrances du *raisonneur*, ordinairement froides à la scène. Lydus a servi de modèle au pédant du *Grondeur*. Ce précepteur est l'esclave de son élève; singulier personnage, qui n'appartient qu'à la société romaine, où l'éducation des fils de famille était confiée aux esclaves. Remarquons ici en passant que ces fonctions et la culture d'esprit qu'elles supposent motivent parfaitement l'intervention des esclaves dans les intrigues de la comédie ancienne. C'est là l'origine de nos valets, de nos soubrettes qui sont aussi les principaux instruments de l'action, sans avoir le même titre à cette importance dramatique. Les *valets* des anciens étaient vrais; les nôtres sont des imitations plaisantes, mais fausses.

Le vieillard Philoxène, élevé dans l'amour du travail, selon les principes austères des premiers temps de la république, forme un contraste piquant avec les mœurs nouvelles. Il trace dans un couplet spirituel, éloquent, le plan de cette éducation forte, grave, héroïque, qui a produit tant de grands hommes.

A ses moralités piquantes, Plaute mêle hardiment l'épigramme politique : ainsi la vénalité, les brigues qui avilissaient déjà, en les prodiguant, les récompenses publiques, sont dénoncées par ce mot d'un intrigant de la pièce : *La pompe triomphale... je n'y tiens pas*.

La variété du génie de Plaute se montre dans les autres personnages. L'amitié des deux jeunes gens est touchante et remplit très-heureusement le troisième et le quatrième acte. On s'intéresse à la passion de Mnésiloque pour la jeune Bacchis, que la misère a contrainte d'aliéner son cœur pendant un an à un militaire qu'elle déteste. Car nous voyons encore ici un exemple de ce bail d'amour, autorisé par le code de la galanterie romaine.

La scène du quatrième acte entre Cléomaque, le Matamore, le vieux Nicobule et l'adroit Chrysale, est imitée dans les *Fourberies*, lorsque Scapin, secondé d'un autre fripon, qui fait le spadassin, escroque, par la frayeur, le bonhomme Argant. Mais on a remarqué avec justice qu'ici, par exception, Plaute est supérieur à Molière. Chrysale n'a point d'allié, point de compère, et trouve moyen de faire face à deux ennemis à la fois, le militaire et le vieillard, et de les tromper l'un par l'autre.

Molière reprend bien vite son avantage dans l'histoire du *corsaire*, qu'il doit à Plaute, mais qu'il a employée avec un talent incomparable. L'incident comique de la lettre supposée a été transporté avec beaucoup d'esprit par Cailhava dans le *Mariage interrompu*.

La scène finale des *Bacchis* est fort piquante. Les vieillards, naguère si rigides moralistes, se laissent séduire par les courtisanes auxquelles ils viennent arracher leurs fils. Ce changement subit, ce spectacle de la puissance de l'amour et de la faiblesse humaine est à la fois d'un comique excellent et d'une haute philosophie. On s'est récrié sur quelques tableaux un peu libres; mais l'art du poète sait en tirer d'amusantes leçons de bonnes mœurs.

LA CORBEILLE.

Le titre de cette comédie, comme celui de plusieurs autres, est tiré d'une circonstance peu remarquable dans l'ouvrage. Une esclave laisse tomber une corbeille où se trouvent des jouets d'enfant qui servent à faire connaître l'origine d'une jeune fille, l'héroïne de la pièce.

Silénie, abandonnée de ses parents, a été recueillie par une vieille courtisane qui veut lui faire payer cette hospitalité par un infâme métier. La vertueuse Silénie résiste à ces leçons de corruption : elle a conservé son honneur et son amour au jeune Alcésimarque.

Mais le père d'Alcésimarque vent le marier. Silénie, désespérée, se décide à partir : Alcésimarque, furieux, demande Silénie à la vieille qui se fait passer pour sa mère.

Survient l'esclave qui jadis a exposé la pauvre orpheline. Il prouve que cette femme n'est pas la mère de Silénie, qui est née de parents libres. Alcésimarque peut donc épouser la vertueuse et tendre Silénie.

Cette pièce a été cruellement mutilée par le temps; mais l'imagination remplit aisément les lacunes de ce roman agréable. Il y a surtout un rôle qui excite l'admiration unanime des critiques. Silénie, cette jeune fille qui conserve la plus noble pudeur, la plus exquise délicatesse de sentiments au milieu d'une maison de corruption, sous l'empire d'une femme dépravée, est une figure pleine de charme et d'originalité; c'est une des plus heureuses créations de Plaute. Silénie est vraiment digne de la liberté qui l'attend et du nom de dame romaine qu'Alcésimarque doit lui donner.

Alcésimarque, par la chaleur et la noblesse de sa passion, mérite bien d'avoir une telle maîtresse. Ces deux rôles charmants suffisent à l'intérêt du drame. Ils forment le plus gracieux contraste avec le caractère de la vieille courtisane qui s'abandonne sans rougir à tous les vices, à toutes les débauches les plus honteuses.

On voit dans cette comédie que les courtisanes n'étaient pas absolument bannies de la société des dames romaines, dont elles excitaient la jalousie par l'éclat de leur toilette et le succès de leurs charmes.

LE CURCULION OU LE CHARANÇON.

Le *Curculion* est la vraie comédie de l'antiquité avec ses personnages favoris : un parasite rongeant le patrimoine des riches, comme le charançon les sacs de blé, montrant son gros ventre et son œil crevé d'un éclat de bouteille, débitant ses lazzis, bafoué, méprisé, maltraité; un marchand d'esclaves étalant son infamie et sa cupidité; un usurier tour à tour dupe et fripon; un bravache, fat ridicule, vantant ses hauts faits de guerre et d'amour; enfin, une jeune fille enlevée dès l'enfance à ses parents, tombée en servitude, et devenant libre au dénoûment. Ces enlèvements tiennent une grande place dans l'histoire morale et politique de Rome. C'est un enlèvement qui causa la ruine du décemvir Appius, et fut le signal d'une révolution.

Phédrome, amant de la jeune Planésie, vient l'entretenir de sa passion pendant l'absence du marchand d'esclaves, qui est allé passer la nuit dans le temple d'Esculape pour se guérir d'une hydropisie. Son parasite, Curculion, doit lui apporter la somme nécessaire pour racheter sa maîtresse. En attendant, il chante amoureusement à la porte de sa belle, comme le comte Almaviva. Cette scène est singulièrement animée par les propos bachiques d'une vieille courtisane, qui favorise les rendez-vous des amants, en considération du vin de Chypre que Phédrome lui apporte.

Le parasite arrive triomphant avec la somme. Planésie appartiendra à Phédrome. Mais un militaire l'a secrètement achetée. Il ne l'a pas encore payée. Son banquier ne comptera l'argent que sur une lettre empreinte de son anneau. Le parasite enivre le capitaine, dérobe l'anneau, et fabrique une lettre qu'il cachette avec l'anneau volé.

Le marchand d'esclaves remet sans difficulté Planésie dans les mains de Curculion, qui la conduit à Phédrome. Planésie a reconnu l'anneau de son père : elle conjure le militaire qui vient la réclamer de lui dire de qui il tenait cet anneau dérobé par Curculion. Le militaire nomme son père. O miracle! Planésie est sa sœur. Il cède aussitôt la belle à Phédrome. C'est une femme libre; Phédrome n'en peut plus faire sa maîtresse, mais il en fait son épouse légitime.

Ce dénoûment romanesque rappelle la manière espagnole, que Molière a imitée quelquefois. L'exposition claire et vive est justement louée par M. Lemercier. La scène où Phédrome, dans son délire amoureux, salue et implore la porte close de sa maîtresse, est pleine de passion et de charme. Le caractère de Planésie est tracé avec un art et une délicatesse infinis. Cette jeune fille, malgré son titre de courtisane, ne montre qu'un amour tendre et décent. Plaute songe toujours à son dénoûment, où il doit la déclarer femme libre et la marier honnêtement.

Le quatrième acte présente un tableau complet des mœurs de Rome par quartier, par rue; là réside l'usure et la friponnerie des banquiers; là se cache la débauche; ici s'étale l'industrie des faux témoins; plus loin demeurent la vénalité et la brigue; là grelotte et gémit la vertu. Cette espèce de plan moral et philosophique de Rome est tracé avec une vigueur admirable.

La verve plaisante, les expédients comiques du parasite feront pardonner plusieurs traits de mauvais goût et des bouffonneries grossières que Plaute employait pour retenir le peuple sur les gradins de son théâtre.

Molière a imité quelques traits de cette pièce, et même le principal moyen de l'intrigue, dans l'*Etourdi*.

> Et, l'achat fait, ma bague est la marque choisie
> Sur laquelle au premier il doit livrer Célie.
> . . . .
> Dès que par Trufaldin ma bague sera vue,
> Aussitôt en tes mains elle sera rendue. Act. II, sc. 9.

ÉPIDICUS.

L'intrigue est une des meilleures de Plaute. Un esclave, héros de friponnerie et de ruse, est le principal personnage. Épidicus est un de nos Crispins les plus adroits, les plus inventifs et les plus gais. A côté de lui figurent un bravache, amoureux ridicule, fat très-divertissant, et un vieillard, dupe de tout le monde.

Cette comédie n'a point de prologue ; ainsi rien n'anticipe sur les ressorts de l'action ni sur l'intérêt des incidents.

Le jeune Stratippoclès, en partant pour l'armée, a chargé Epidicus de lui acheter une musicienne, dont il est amoureux, mais sans laisser d'argent pour remplir la commission. Le génie d'Épidicus en trouvera dans la bourse du bonhomme Périphane. Il lui fait accroire que cette musicienne est sa fille naturelle. Périphane délivre, sans marchander, la jeune esclave, et la recueille chez lui. Mais Stratippoclès a changé d'amours à la guerre : il ramène une captive thébaine, qui lui a fait oublier la joueuse de lyre. L'usurier qui lui a prêté quarante mines pour acheter cette nouvelle maîtresse, le poursuit sans relâche. Il faut encore que le génie d'Épidicus trouve cet argent.

Notre fripon va trouver le vieillard ; il lui annonce, avec douleur, que son fils a résolu d'acheter une chanteuse et de l'épouser. Périphane se désespère ; il se résigne à tous les sacrifices pour épargner cette honte à son fils et à lui-même. Epidicus lui offre un expédient assuré : c'est d'acheter lui-même cette esclave, avant son fils. Qu'il lui remette la somme, l'affaire sera bientôt faite. Le bonhomme croit tout et paye. Mais Épidicus, au lieu de lui livrer la maîtresse de Stratippoclès, substitue une chanteuse, qu'il a louée pour jouer ce rôle. Voilà l'heureux Stratippoclès en possession de sa seconde maîtresse, grâce au génie de son valet et avec l'argent de son père.

Survient un militaire, amoureux de la première maîtresse de Stratippoclès. Il est instruit qu'elle est chez Périphane ; il lui propose de la racheter. Périphane y consent volontiers, croyant qu'il s'agit de la chanteuse. Le capitaine ne la reconnaît pas, et la refuse. La chanteuse avoue elle-même qu'on ne l'a réellement pas achetée, et qu'elle n'est venue que pour duper le vieillard.

Autre incident, un peu romanesque pour nous, très-vraisemblable dans la vie et les mœurs des anciens. Une pauvre femme d'Épidaure, autrefois séduite par Périphane, vient implorer son appui. Périphane la reconnaît. Mais où est la fille, fruit de leurs anciennes amours ? C'est assurément cette jeune esclave qu'Épidicus a fait acheter au vieillard. Le vieillard est encore trompé, et trompé cruellement ; sa tendresse paternelle est déçue et plongée dans le désespoir. Ces deux scènes sont pleines de chaleur et de sensibilité.

Tout à coup l'intérêt se renouvelle. L'usurier qui a reçu le prix de la captive thébaine, vient la livrer à Stratippoclès. O surprise ! ô bonheur ! Cette captive est la fille de Périphane. Stratippoclès, qui ne peut plus l'épouser, s'en console, sans doute, avec sa première maîtresse. Le bonhomme Périphane, qui a retrouvé un enfant, est trop heureux pour avoir la force de punir Épidicus, qui l'a si indignement joué. Il pousse même la clémence jusqu'à lui accorder la liberté.

L'exposition, vive et naturelle, est faite par deux esclaves, Épidicus et Thesprion, l'écuyer de Stratippoclès, qui, contre nos règles dramatiques, ne reparaît plus. Cette conversation est semée de mots piquants ; les deux esclaves ne ménagent point les lâches citoyens qui laissent leurs armes à l'ennemi, ni les intrigants qui achètent les dignités de l'État ; ils n'épargnent pas davantage les dames romaines, dont le luxe oblige les maris de refuser l'impôt pour satisfaire à tous les besoins d'une coquetterie effrénée. Le poëte comique se joint ici aux philosophes, qui reprochaient aux femmes d'attacher, avec quelques perles, deux ou trois patrimoines à leurs oreilles.

L'intrigue est compliquée, mais bien claire et bien conduite. On verra que Plaute y prend tous les tons avec un égal succès. Le rôle d'Épidicus est plein de saillies et d'heureuses inventions. L'amour maternel de la pauvre Philippa émeut et attendrit. Quelques plaisanteries forcées et des bouffonneries de mauvais goût gâtent un peu le dénoûment ; mais un trait de poinçon eût effacé ces taches légères. Épidicus était la pièce favorite de Plaute : ici l'amour-propre d'auteur n'était pas aveugle. Molière en a tiré bon parti dans *les Fourberies de Scapin*.

LE MILITAIRE FANFARON.

Le personnage accessoire de plusieurs comédies de Plaute est le héros de celle-ci. Il paraît que ces rôles de militaires fanfarons étaient très-agréables aux Romains. Cette caricature n'existait cependant point à Rome : le modèle appartenait aux Grecs vaincus et esclaves, qui aimaient à vanter leurs anciens exploits et leur gloire passée.

Pyrgopolinice réunit la fatuité à la jactance militaire. C'est un grand guerrier et un bel homme à qui personne n'a jamais résisté, qui triomphe de toutes les belles, comme de tous les ennemis. Son rare mérite, le double prestige de la gloire et de la beauté, ne l'empêchent pas d'être trompé par une jeune fille qu'il a enlevée et qu'il tient sous clef, comme nos tuteurs. L'aversion de la jeune fille est secondée par un amant, et surtout par l'esclave Palestrion, un des plus dignes ancêtres de Figaro.

Pyrgopolinice, malgré ses victoires, est en effet très-vulnérable ; il est sot et vain : c'est par la vanité qu'on l'attaquera ; c'est là qu'il doit succomber. L'idée est profonde et comique. On lui fait accroire qu'une riche et noble dame a pris feu pour lui au seul récit de ses exploits, et qu'elle consent à l'épouser, à condition qu'il renverra la jeune fille. Pyrgopolinice sacrifie sa captive à sa nouvelle conquête. Mais la noble dame n'est qu'une courtisane déguisée, un instrument d'intrigue employé par le rusé valet. Notre fanfaron perd sa maîtresse et n'épouse pas de riche et noble dame.

Cette pièce est conduite avec art ; les caractères sont bien tracés : le rôle principal eut un si grand succès, qu'il devint un personnage réel, un type de ridicule chez les Romains. « Gardons-nous, dit Cicéron, d'imiter le Mili-
« taire fanfaron....., *Deforme est imitari Militem glo-*
« *riosum*. »

Nos premières comédies, inspirées par le génie espagnol, sont pleines de capitans, de matamores qui descendent évidemment de Pyrgopolinice. Ce couplet, de l'*Illusion* de Corneille, semble une traduction fidèle de Plaute :

> Le seul bruit de mon nom renverse les murailles,
> Défait les bataillons et gagne les batailles ;
> . . . .

D'un seul commandement que je fais aux trois Parques,
Je dépeuple l'État des plus heureux monarques;
La foudre est mon canon, les destins mes soldats;
Je couche d'un revers mille ennemis à bas,
D'un souffle je réduis leurs projets en fumée,
Et tu m'oses parler cependant d'une armée!
Tu n'auras plus l'honneur de voir un second Mars :
Je vais t'assassiner d'un seul de mes regards, etc.

L'esclave Palestrion, l'âme de toutes les machines fabriquées contre ce bravache à bonnes fortunes, est gai et fertile en ressources. Il est fort bien secondé par la jeune fille, qui trompe son impertinent geôlier avec beaucoup de finesse et de grâce. Mais le rôle le plus original, c'est celui du voisin de notre matamore, vieux garçon, malin et philosophe, qui suppute le plus plaisamment du monde toutes les économies de peines et d'argent que le célibat lui procure. C'est le *Bonnard*, si naturel et si gai de Casimir Delavigne. Toutefois, on trouvera dans cette comédie un défaut qui tient à l'état de l'art dramatique du temps de Plaute : c'est que si les inventions, les ruses de Palestrion sont ingénieuses et plaisantes, elles réussissent trop bien, trop facilement. Il leur manque une chose essentielle au théâtre, nécessaire à l'intérêt, un obstacle.

Le *Militaire fanfaron* a été imité, en 1567, par de Bayf, sous le titre du *Brave*. Cette pièce, composée par ordre de Charles IX et de Catherine de Médicis, fut représentée à l'hôtel de Guise. Une autre imitation, faite par un auteur inconnu, parut en 1639. Enfin Baron s'est heureusement servi du *Militaire Fanfaron* dans l'*Homme à bonnes fortunes*.

LE CABLE.

Cette comédie respire la plus pure morale, le sentiment religieux le plus élevé : c'est le développement de cette pensée du prologue : « Le crime et la vertu sont inscrits « par l'ordre de Jupiter sur des registres éternels. »

Une jeune Athénienne a été enlevée dans son enfance et vendue à un agent de débauche, qui l'a transportée à Cyrène. Le père, réduit à la misère par l'injustice de ses concitoyens, a quitté Athènes et s'est réfugié à Cyrène. La jeune fille est aimée d'un Cyrénéen qui voudrait la racheter. Mais l'avide trafiquant conçoit le dessein de l'emmener en Sicile, où les amateurs de la beauté sont plus généreux. Une tempête brise le vaisseau. La jeune fille, avec une compagne d'infortune, se sauve dans une barque, et parvient à gagner le rivage. Elles sont recueillies avec bonté par une vieille prêtresse de Vénus. Cette scène d'hospitalité, les pieux sentiments de cette pauvre femme qui s'est consacrée au culte des dieux par amour pour eux seuls, et partage son pain avec les malheureux, l'espoir des deux jeunes filles dans la justice divine, ce tableau, admirablement tracé, attendrit et élève l'âme. Le style a une simplicité, une noblesse digne de ces grandes pensées.

Le marchand, longtemps le jouet des flots, touche le rivage et retrouve ses malheureuses victimes : il veut les arracher de l'autel de Vénus qu'elles tiennent embrassé. Mais elles sont protégées par le vieillard d'Athènes, le bon Démonès, qui, à son insu, vient au secours de sa fille, de la fille qu'il a pleurée si longtemps. Cette situation, tour à tour énergique et touchante, est du plus grand effet. L'amant de Palestra survient et menace de poursuivre le marchand comme sacrilège.

Le naufrage a dispersé dans les flots tous les biens du marchand. Un pêcheur rapporte une valise dans ses filets, l'esclave de l'amant de Palestra a vu la capture. Une dispute très-comique, semblable à celle de la fable de l'*Huître*, s'engage entre les deux prétendants. La discussion du droit naturel de la pêche est surtout singulièrement plaisante. Le vieillard est pris pour juge. Il fait ouvrir la valise... Que voit-il? les jouets de cette chère enfant qui lui fut jadis enlevée; le père et la fille sont bientôt dans les bras l'un de l'autre. Cette reconnaissance amène naturellement la punition du crime, la récompense de la vertu et le bonheur des amants. Le marchand perd ses jeunes esclaves; le bon vieillard retrouve sa fille restée vertueuse au milieu de toutes les séductions; le courageux et fidèle jeune homme épouse celle qu'il aime. Le pêcheur, qui a été l'instrument de la Providence, reçoit la liberté.

Cette pièce est pleine de mouvement et d'intérêt; la poésie s'élève souvent à la hauteur des plus belles inspirations d'Euripide. On remarquera un personnage accessoire très-original, Gripus, ce pauvre pêcheur qui rêve la richesse et la royauté, et finit son rêve par ces mots : « J'y « songe; le roi Gripus n'aura ce soir à souper pour tout « régal qu'une pincée de sel et un peu de vinaigre où il « trempera son pain. » Ce trait si simple a quelque chose de sublime. Des plaisanteries de mauvais goût, des quolibets trop libres gâtent parfois le rôle de Labrax et même celui du vieux Démonès, qui devrait être plus réservé. Mais la pensée morale de ce drame est vraiment grande et développée avec beaucoup d'art et d'éloquence. Cette pièce présente des changements de lieu qui devaient favoriser le talent des décorateurs de Rome, qui, dit-on, ne le cédaient point à ceux de notre opéra. Voici, du reste, le jugement du traducteur lui-même, d'Audrieux, dans une analyse qu'il n'a point achevée:

« On ne peut s'empêcher d'admirer dans le *Rudens*
« de Plaute la conduite de la pièce, l'enchaînement des
« événements, l'intérêt soutenu et croissant de scène er
« scène, au moins pendant les trois premiers actes et la
« moitié du quatrième. Car il me semble qu'après la re-
« connaissance de Démonès et de Palestra, sa fille, la
« pièce est à peu près finie, et que ce qui suit, comme
« trop prévu d'avance, ne peut plus être fort piquant
« pour la curiosité des spectateurs. » — Nous oserons dire qu'une foule de mots touchants, d'observations délicates et vraies demandent grâce pour cette fin un peu durement censurée.

M. Naudet trouve une mauvaise pensée au fond de cette pièce qu'il résume dans le mot de Démonès : « En proté-
« geant deux infortunés, j'ai acquis deux clients. » « L'in-
« térêt, dit le critique, voilà le mobile de sa conduite, et
« cette idée gâte les généreuses inspirations du commen-
« cement : c'était aussi le sentiment de Rome et le mo-
« bile de sa politique. » M. Naudet n'est-il pas ici trop sévère pour Plaute et pour Rome? Son interprétation est-elle bien juste?

LE TRÉSOR OU LES TROIS ÉCUS.

Ce drame, où ne figurent que d'honnêtes gens, offre l'exemple d'un ami désintéressé et fidèle. Il est imité du poëte grec Philémon.

Un vieillard, avant de partir pour des affaires de commerce, a confié ses enfants et ses biens à un ami. Le fils, entraîné dans de folles dépenses, est obligé de vendre la maison de son père où un trésor est caché. L'ami qui le sait achète la maison. Il se voit en butte au blâme, à la calomnie; un de ses voisins lui fait part de ces propos injurieux, mais il se justifie aisément en expliquant ses intentions secrètes. Il n'a acheté la maison que pour sauver ce trésor qui doit servir de dot à la fille de son ami. Cette jeune fille est recherchée par un riche citoyen; mais son frère, le dissipateur, a trop de fierté pour la marier sans dot : il exige que le prétendant accepte une petite terre, le seul bien qui lui reste. Cependant le père revient, il apprend les désordres de son fils et la noble conduite de son ami. Il pardonne au jeune homme, et dote sa fille avec les nouvelles richesses qu'il rapporte.

La profonde philosophie des anciens éclate dans le prologue. C'est le Luxe ou la Débauche, mère de l'Indigence, qui expose le sujet.

Cette pièce offre un tableau intéressant des prodigalités d'un jeune étourdi. A côté figure un autre jeune homme, docile aux conseils de son père, sage et vertueux. Ce contraste est dramatique et moral. L'esclave qui voudrait sauver son maître de l'abîme du désordre et de la débauche, est un rôle neuf et bien tracé. Destouches l'a imité dans le *Dissipateur*. Pasquin qui, par un fonds d'honnêteté, gémit des prodigalités de son maître et n'en profite que par entraînement, par esprit de corps, pour ne pas paraître un sot valet, est une copie française de Stasime. Le vieillard pour qui

Le plaisir d'entasser vaut seul tous les plaisirs,

est pris aussi du *Trésor* de Plaute. M. Naudet, en comparant les deux ouvrages, a fort bien montré les différences que commandait le goût des deux nations. Le *Dissipateur* manque souvent de vérité et ne se soutient que par l'agrément du style et le jeu des acteurs. Le *Trésor* est plus naturel et par conséquent plus comique. On y trouvera plusieurs scènes excellentes. L'indiscret qui juge et condamne son voisin sur les apparences, sur la rumeur publique, est une ingénieuse leçon de morale. Le procédé de l'ami, qui veut épouser la sœur sans dot pour sauver le frère ruiné par une folle conduite, est noble et touchant. C'est bien le caractère généreux de la jeunesse.

Au troisième acte, le tableau de l'amour, de ses séductions et des maux qu'il cause, est d'une haute philosophie. Les pieux remerciments que le vieillard adresse à Neptune en débarquant, ont une élévation, un coloris poétique dignes de Virgile. Mais on sera fortement choqué de la scène où le père du dissipateur écoute sérieusement les contes ridicules d'un passant, et lutte de subtilité avec cet aventurier, malgré son âge et son caractère.

A la fin, le mariage se conclut sans que les époux paraissent. On a pensé que le dénoûment était tronqué; mais M. Naudet observe avec raison qu'un rideau perpétuel cachait l'intérieur de la famille et le secret des affections domestiques. On remarquera aussi, comme témoignage de la condition inférieure des femmes, que le père, le frère même, disposent de la jeune fille sans la consulter le moins du monde. Mais n'était-ce pas aussi notre usage avant la révolution, surtout parmi la noblesse?

On trouvera des traits politiques assez hardis, celui-ci par exemple : *Arriver aux honneurs par la honte, tel est l'esprit du temps.* L'esprit du temps de Plaute ne règne-t-il pas encore? Ne régnera-t-il pas toujours?

M. Levée dit qu'il a accommodé cette pièce pour la scène française. Cette imitation n'a pas été représentée.

LE RUSTRE.

Ce sujet scandalise un peu notre morale. C'est un père qui consent à prêter son propre enfant nouveau-né à sa maîtresse pour l'aider à duper et à escroquer un autre amant. Mais l'habitude de vivre chez les courtisanes, et la puissance paternelle, qui considérait l'enfant comme une propriété, autorisaient une action qui nous révolte.

Phronésie est le modèle de la courtisane avide et rusée. Phronésie n'a pas moins de trois amants, Dinarque, jeune élégant d'Athènes, qu'elle a ruiné; un militaire babylonien, fat ridicule, qu'elle dupe et pille à plaisir; enfin, un campagnard candide qui, la nuit, escalade les murs d'un jardin pour porter à la belle ses hommages et l'argent qu'il vole à son père.

La friponne fait accroire au Babylonien qu'elle a un enfant de lui. Une servante, qui la seconde à merveille dans les tours qu'elle joue à ses amants, lui procure un nouveau-né. L'excellent militaire, heureux d'être père, paye pour le berceau, pour les langes, pour la sage-femme, pour la nourrice, pour la remueuse, pour les sacrifices aux dieux, etc. Cette scène est d'un excellent comique. Phronésie emploie, avec les deux autres amants, des moyens de coquetterie et des ruses différentes pour en obtenir de l'or et des présents : elle les met à sec comme le militaire.

Il se trouve que le vrai père de l'enfant enlevé est Dinarque. C'est le fruit d'une liaison secrète avec une Athénienne qu'il a séduite. Il est forcé de l'épouser et de renoncer à la courtisane. Phronésie se console de cette perte avec les deux amants qui lui restent, et qui luttent pour elle de tendresse et de prodigalités; mais elle a pitié d'eux; elle met fin au combat en consentant à les rendre heureux l'un et l'autre à la fois.

Cette pièce, très-estimée des critiques de l'antiquité, paraîtra d'une extrême indécence. On n'entend pas la justifier; mais, le sujet pardonné, on trouvera des scènes singulièrement plaisantes et des mots charmants. Les différents caractères des amants forment des contrastes fort comiques. Le rôle de Phronésie est tracé de main de maître; c'est la coquetterie avec toutes les ressources de la ruse et toutes les séductions de la beauté.

LE REVENANT.

Le titre seul devait attirer la foule. Le merveilleux est du goût de tous les parterres; mais la pièce avait par elle-même un mérite véritable. Elle est gaie et vivement conduite. Le but moral est de montrer par des tableaux un peu lestes, un peu nus, il est vrai, que les conseils d'un mauvais sujet sont toujours dangereux, qu'il emploie des manœuvres coupables pour en assurer le succès, qu'il entasse fourberies sur fourberies pour soutenir ses machines, jusqu'à ce que cet édifice de ruse et de mensonges s'écroule et écrase le perfide conseiller avec celui qui l'a trop écouté.

Un jeune homme s'est livré, en l'absence de son père, à toutes les prodigalités, à toutes les débauches, entraîné par les conseils d'un esclave corrompu et par l'exemple d'un camarade, libertin consommé. Enfin, pour assurer sa ruine, il a acheté une maîtresse avec l'argent d'un usurier.

Pendant qu'il s'enivre et fait l'amour, le père revient subitement. Grande frayeur parmi nos jeunes gens, qui ne pensent qu'à fuir. Mais l'esclave les rassure et promet de les tirer de ce mauvais pas. Il leur recommande seulement de se retirer dans le fond de la maison pour n'être point aperçus; puis il court au-devant du vieillard et l'empêche d'entrer en lui disant que la maison est habitée par des esprits infernaux, par des ombres terribles; il en donne pour preuve le bruit des assiettes et des coupes qu'on entend de loin. Le bon Théropide, quoiqu'il ne soit plus un enfant, à beaucoup près, croit aux revenants et n'ose pas entrer. Voilà notre jeune homme sauvé.

Mais un autre danger éclate tout à coup. L'usurier qui a prêté l'argent nécessaire aux amours de Philolachès vient demander quand il sera payé. Cet emprunt éveille l'attention du vieillard. Mais l'esclave trouve, dans son génie, un expédient merveilleux. La maison n'étant plus habitable,

Il a fallu emprunter pour en acheter une autre. Le vieillard est curieux de visiter la nouvelle propriété de son fils : Tranion le conduit chez le voisin Simon, en lui recommandant de ne point parler de la vente : le vieux Simon tenait si fort à sa maison ! Cette entrevue des deux vieillards, animée par la malice et les mots à double entente de Tranion, est singulièrement comique. Mais le génie du maître fourbe va être pris au dépourvu. L'esclave du camarade de Philolachès arrive pour ramener ou plutôt rapporter son maître hors d'état de rentrer chez lui sans un bon soutien. L'esclave frappe à la porte; les jeunes gens, croyant que c'est le vieillard, se gardent bien d'ouvrir; le bonhomme, que le bruit attire de ce côté, s'étonne qu'on veuille entrer dans cette maison ensorcelée. L'esclave le traite de fou et lui montre qu'il a été dupe.

Théropide apprend les désordres de Philolachès, et toutes les fourberies de Tranion sont découvertes. Mais Théropide est trop crédule pour être sévère. Il pardonne à son fils, et épargne même les épaules de Tranion qui les a mises à l'abri sous l'autel d'un dieu domestique, placé à la porte de la maison. Quant aux dettes, contre l'ordinaire, ce n'est point le père qui les paye ; c'est l'ami, le camarade de débauche qui s'en charge. Son mauvais exemple n'en a-t-il pas été la cause ?

Cette comédie est une des plus amusantes de Plaute. La scène d'orgie serait un tableau trop libre pour les yeux de notre parterre ; mais elle est pleine de verve et d'originalité. L'invention de l'esclave qui arrête le vieillard sur le seuil de la porte avec des fantômes et des ombres errantes, est d'un effet comique. La visite de la maison du voisin, qui commence par des compliments entre les deux vieillards et finit par une querelle, répand beaucoup de mouvement dans le troisième acte. L'usurier, dont les réclamations indiscrètes pouvaient tout perdre, est éconduit avec beaucoup d'adresse. L'intrigue est dénouée très-naturellement par les explications de l'esclave qui vient chercher son maître à moitié ivre. On remarque qu'au milieu de toutes ces intrigues, de toutes ces orgies, la maîtresse du jeune libertin conserve une sagesse exemplaire, et ne montre qu'un amour décent et pur. La courtisane est le personnage honnête et vertueux de la pièce.

A cette analyse on a reconnu le *Retour imprévu* de Regnard, qui a employé presque tous les ressorts de la comédie de Plaute, et en a poussé les hardiesses jusqu'aux limites de la bienséance moderne.

Destouches y a trouvé une des plus jolies scènes du *Dissipateur* : celle où un neveu fait accroire à son oncle qu'il est enfermé avec des savants, et que le bruit des verres et des assiettes est une dispute de la docte compagnie. Pour désabuser le bonhomme, il faut qu'un vieillard plus malin lui montre un de ces savants la serviette à la main et la démarche avinée.

On reconnaît ici l'esclave Tranion, qui avec des contes bleus retient son vieux maître à la porte de la maison où l'on fait joyeuse vie. Au lieu de savants, ce sont des revenants.

STICUS.

On n'accusera pas cette pièce d'immoralité : le sujet est la fidélité conjugale. Deux jeunes gens ont épousé les deux sœurs. Après avoir dissipé leur bien par de frivoles dépenses, ils sont partis pour refaire leur fortune dans des spéculations lointaines. L'exposition claire et piquante nous montre les deux jeunes femmes abandonnées de leurs époux depuis trois ans, et que leur père veut à toute force remarier, la loi autorisant le divorce en cas d'absence.

Elles se trouvent ainsi placées entre l'amour conjugal et l'obéissance due à la volonté paternelle : mais Plaute a su donner à la vertu des deux sœurs un caractère différent. L'une est ferme, invinciblement attachée à son mari absent; l'autre est timide, chancelante, et assez disposée à céder à son père qui lui offre un mari présent et assidu. Cette nuance heureuse est marquée avec beaucoup d'art.

Malheureusement ce combat de sentiments intéressant et dramatique s'éteint dans de vaines conversations. Le père ne veut rompre la première union de ses filles que pour faire pièce à ses gendres qui, s'ils ont eu le tort de dissiper follement leur fortune, ont du moins eu le courage de la rétablir honorablement, et n'ont quitté leur ménage que dans ce noble dessein. Le vieillard n'a en vue aucun parti pour ses filles ; il n'a pris aucune mesure pour exécuter ce projet de divorce qui n'est qu'un caprice. Nos auteurs, même les plus dépourvus d'imagination, n'auraient pas manqué d'introduire des prétendants qui eussent essayé de vaincre la fidélité des deux Pénélopes et galamment secondé les efforts du père. Mais ces sortes d'intrigues sont étrangères aux poëtes d'Athènes et de Rome, et sans doute elles ne convenaient pas au goût du parterre de l'antiquité. Plus tard les époux reviennent inopinément. Ce retour imprévu pouvait rendre l'intrigue piquante et compliquer la situation des personnages. Vous croyez peut-être que les maris vont s'assurer de la fidélité de leurs femmes par quelque épreuve comique, feindre, par exemple, de revenir pauvres pour pénétrer le fond des cœurs, pour donner à leur tour une leçon au beau-père ? Ces incidents auraient assurément rendu la reconnaissance et le rapprochement des époux plus dramatiques ; ils auraient amené un dénoûment touchant et naturel. Ces inventions ne sont pas davantage dans le goût, ni dans les mœurs des anciens : une pareille intrigue aurait donné sur la scène trop de place, trop d'importance aux femmes, qui n'avaient jamais qu'un rôle subalterne au théâtre comme dans la société.

Le dénoûment de Plaute est très simple. Les jeunes gens reviennent riches, et le beau-père se réconcilie aisément avec eux. Un repas de famille termine l'aventure. Pour s'égayer, on bafoue, on molseste, on chasse le parasite qui a jadis aidé les jeunes gens à manger leur patrimoine. La pièce ne finit pas là. Les esclaves viennent à leur tour fêter le bonheur et l'union de leurs maîtres. Ce drame sur la fidélité conjugale finit par un tableau de débauche. On voit Stichus et son camarade buvant et chantant en compagnie d'une courtisane. Des bouffonneries et une orgie suppléent à l'action qu'on attendait. Notre parterre ne s'accommoderait pas de ces mécomptes. Mais Plaute n'écrivait pas pour lui : c'est ce qu'il ne faut jamais oublier en lisant ses pièces. M. Levée, qui n'a pas examiné cette comédie à ce point de vue, n'y trouve que des défauts. M. Naudet sait mieux apprécier l'idée ingénieuse de la pièce, et plusieurs scènes excellentes qui rendent le Stichus digne de la curiosité et de l'estime des connaisseurs.

LE PERSAN.

Les héros de cette comédie ne sont pas d'une condition très-relevée : vous y verrez deux esclaves, un agent de débauche et un parasite; mais une jeune fille produira, par sa noble candeur, le plus agréable contraste.

Le sujet est un combat de fourberies entre un esclave et un agent de débauche. Le vilain marchand est vaincu aux applaudissements de tous les jeunes Romains qu'il a si souvent trompés et ruinés.

L'esclave Toxile veut profiter de l'absence de son maître pour acheter une courtisane qu'il aime; par malheur il lui manque l'argent nécessaire pour la tirer des mains de l'infâme trafiquant. Un camarade lui donne l'argent destiné à acheter des bœufs au marché; mais il faudra rendre la somme au plus tôt. Voici l'expédient que Toxile imagine pour reprendre au marchand l'argent qu'il lui a donné : il emprunte la fille d'un parasite de sa connaissance, il l'affuble d'habits étrangers; puis son camarade, déguisé en paysan, vient offrir la jeune beauté au marchand d'esclaves. Le marché conclu, l'argent donné, le père de la jeune fille vient la réclamer, menaçant le vieux coquin de le poursuivre comme coupable de retenir en esclavage une personne de condition libre. Le marchand effrayé rend la jeune fille, mais Toxile ne lui rend pas l'argent. De cette manière il a sa maîtresse pour rien.

On a reproché à Plaute de représenter toujours dans ses comédies des marchands d'esclaves, d'infâmes agents de débauche. On n'a pas assez songé que ces personnages étaient essentiellement comiques, nécessaires aux intrigues d'amour. Ces hommes qui trafiquaient de la beauté, qui n'écoutaient que leur intérêt, et nullement l'inclination des cœurs, étaient les obstacles naturels au succès des passions véritables et pures. Ils empêchaient les jeunes filles de prêter l'oreille aux vœux de ceux qui n'avaient qu'une vive mais stérile tendresse à leur offrir. Ils bafouaient et mettaient à la porte les galants dépourvus de philippes d'or. Ce sont les tuteurs et les oncles de la comédie ancienne. Comme eux, ils employent toutes les ressources de leur vil génie, toutes les ruses de la cupidité à contrarier les amours honnêtes et désintéressées. Un pareil personnage était donc nécessaire pour animer l'intrigue, exciter l'intérêt, faire naître sur la scène, tour à tour, l'espérance et la crainte, en un mot, les incidents, les péripéties, éléments essentiels du drame.

On observe dans cette pièce plusieurs singularités : d'abord un travestissement étranger, moyen dramatique rarement en usage chez les anciens; un esclave conduisant une intrigue amoureuse, non pour son jeune maître, mais pour son propre compte; enfin, une fille de condition libre mêlée à cette intrigue. Mais ce rôle fait beaucoup d'honneur à l'art du poète, qui, dans les démarches les plus hasardées, sait conserver à cette jeune fille la retenue et le charme de la pudeur.

On trouvera aussi des indices curieux de l'éducation morale et politique des femmes. On sait que la loi des XII Tables était un des livres d'école obligés.

Le Persan est, dit-on, un des derniers ouvrages de notre poëte si fécond. L'originalité des inventions, le style piquant et vigoureux n'annoncent assurément ni l'épuisement ni la vieillesse.

LE PETIT CARTHAGINOIS.

La seconde guerre punique venait de finir. On pouvait croire que le *Petit Carthaginois* était une pièce de circonstance. Les spectateurs, qui espéraient voir bafouer en plein théâtre les anciens rivaux de Rome, et se venger, en riant, de Cannes et de Trasimène, furent trompés dans leur attente. Ce Carthaginois est un bon et honnête homme, excellent père de famille, cherchant par terre et par mer ses deux filles qu'on lui a ravies. Il n'y a de ridicule que le titre et le costume que Plaute livre à la risée des Romains. Au cinquième acte seulement, sans doute pour mieux assurer le succès de la pièce, il a répandu quelques épigrammes contre la foi punique.

Agorastoclès aime éperdument une jeune fille qui a été enlevée avec sa sœur sur les côtes de Carthage. Le marchand d'esclaves veut la lui faire payer en raison de son amour. Agorastoclès prétend délivrer la jeune fille et punir la cupidité barbare de Leloup. Un esclave adroit se charge de ce soin : voici la ruse qu'il imagine.

Il se déguise en étranger; les étrangers plaisent beaucoup aux gens de l'espèce de Leloup; ce sont de bonnes dupes qu'ils peuvent traire jusqu'au sang. Mais c'est Leloup lui-même qui est dupe. Il reçoit avec empressement dans sa maison l'étranger qui paraît bien muni de philippes d'or. Agorastoclès, qui est dans le secret de l'intrigue, vient réclamer son valet, et porte plainte en rapt d'esclave contre le vilain marchand. Leloup est ruiné et puni : il est obligé de rendre les deux jeunes filles, qui sont reconnues libres. Ce dénoûment est amené par l'arrivée un peu romanesque du Carthaginois, père des deux jeunes filles. Mais n'avons-nous pas dans nos poëtes comiques, et dans Molière même, de nombreux exemples de ces pères tenus en réserve pour le dénoûment?

On a remarqué, avec raison, un vice dans la conduite de l'intrigue. C'est le valet qui perd le marchand, et tire son maître d'embarras; cependant, par un brusque changement d'intérêt, ce n'est pas lui qui dénoue la pièce, c'est le Carthaginois qui a cet honneur. C'est une seconde action qui commence à la fin de la pièce.

Quelques savants prétendent que la dernière scène est apocryphe. En tout cas, elle est bien faite, et ne semble pas un hors-d'œuvre. Si c'est une main étrangère qui l'a écrite, c'est une main fort habile.

On voit que le *Carthaginois* est tout à fait étranger à la politique, et que Plaute ne spéculait point sur les mauvaises passions et le patriotisme cruel de son auditoire. Un autre mérite de cette pièce, c'est l'intention de réhabiliter, d'ennoblir le commerce méprisé des Romains; Plaute, au lieu d'immoler Carthage à l'amusement de Rome victorieuse, voulait instruire, réformer cette orgueilleuse reine du monde, par l'éloge, pour le spectacle de l'industrie carthaginoise. Cela vaut mieux qu'une pièce de circonstance inspirée par les haines populaires.

M. Naudet, d'ordinaire si juste dans ses critiques, a lu avec prévention cette comédie, qui offre plusieurs scènes gaies et attachantes. La physionomie des deux jeunes filles est singulièrement gracieuse. Elles sont dans la servitude, chez un vil agent de débauche : mais par la pudeur de leur langage, par la noblesse de leurs sentiments, elles sont de condition libre : le dénoûment est le pressentiment et le vœu des spectateurs.

On trouve un curieux passage en langue carthaginoise, qui fait, depuis trois siècles, le désespoir des érudits. Agius de Soldenis, chanoine maltais, dit que c'est la langue primitive de l'île de Malte; un autre savant, le colonel Wallantez, affirme que c'est de l'irlandais ancien; enfin, un commentateur gascon soutient que c'est du basque et du plus pur. Nous avons rendu ce morceau d'après la version latine, qui, n'est pour consacrée, n'en est pas plus sûre à nos yeux.

Le prologue renferme des détails fort curieux sur la police des théâtres anciens, et sur la distribution de la salle, où chacun avait sa place selon son rang. On y reconnaîtra de piquants rapports avec les habitudes modernes.

LE TROMPEUR.

Le *Trompeur* était une des comédies favorites de Plaute, et Cicéron partage cette prédilection de l'auteur. Le *Trompeur* présente en effet des caractères bien tracés, des scènes habilement conduites, des incidents naturels et pleins d'intérêt ; mais on voit les tâtonnements de l'art dramatique qui s'essaye ; les événements ne sont pas assez préparés, assez liés entre eux.

Calidore est amoureux de Phénicie ; mais le marchand d'esclaves l'a vendue à un militaire macédonien qui lui a donné un bon à-compte. Il la remettra à celui qui apportera le reste de la somme due. Phénicie annonce cette triste nouvelle à son amant dans un billet plein de sensibilité. Dans cette extrémité, Calidore s'adresse à son esclave Pseudolus, dont l'habileté dès longtemps éprouvée saura trouver l'argent nécessaire. Pseudolus va droit au père de Calidore, lui apprend l'amour et la détresse de son fils, et lui déclare avec audace que ce sera lui, le père de Calidore, qui procurera l'argent pour le succès de l'intrigue. Le vieillard, qui se flatte de lutter de ruse avec l'esclave, accepte le défi ; mais les vieillards ne sont pas heureux au jeu. Pseudolus trompe le marchand d'esclaves, et escroque le bonhomme, qui s'avoue battu et paye l'amende : car le vieux Simon a même l'honnêteté de payer le pari, vingt mines qu'il a promises à Pseudolus, si le fripon réussissait à le duper. Le rôle de Ballion, le marchand d'esclaves, est tracé de main de maître. Ce nom était devenu le nom commun à tous les gens de cette profession. C'était le triomphe de Roscius.

On voit encore ici une guerre de ruses et de friponneries, entre un esclave et un agent de débauche : le prix du vainqueur est une courtisane. Ces peintures peu morales offensent notre délicatesse. Mais c'était le goût du parterre de Rome, et les auteurs sont les très-humbles serviteurs du public. Ce goût, d'ailleurs, n'est-il pas un peu le nôtre aussi ? La vertu est fort belle, mais fait bâiller bien vite au théâtre. Le vice et le crime sont les sources communes de la comédie et de la tragédie. Nous avons sans doute adouci les traits, embelli la forme ; mais le fond est resté le même. On ajoutera que les relations sociales, les réunions des deux sexes forment seules le bon ton et commandent la décence. C'est le commerce du monde qui a établi les bienséances et fixé les convenances du théâtre. Les Romains n'avaient point de *salons*. Un personnage de Plaute dit : « La maison des courtisanes est le rendez-« vous de tout le monde, du plébéien et du chevalier, « de l'honnête homme et du fripon. » Ce genre de vie devait se retrouver sur la scène.

LE MARCHAND.

Le lecteur qui, sur la foi du titre, croira trouver la peinture des mœurs et des ridicules d'un marchand de Rome, sera trompé dans son attente ; les Romains, tout entiers au métier des armes ou à l'agriculture, abandonnaient le commerce aux affranchis et aux étrangers. Mais on peut compter sur une pièce attachante, originale et d'un vrai comique.

Il s'agit, comme dans *l'Asinaire* et *les Bacchis*, de la rivalité d'un père et de son fils. Mais le combat sera plus vif, plus dramatique, et surtout plus décent.

Le sujet est annoncé et la curiosité excitée dès le début. Le fils arrive avec une jeune courtisane, qu'il a cachée dans un coin de son vaisseau. Son père va au-devant de lui, aperçoit la belle, et la trouve à son goût. Ce vieillard n'est pas taillé sur le patron des pères imbéciles et crédules, dont on a bon marché avec le secours d'un valet. Son habileté, sa prudence, luttent avec avantage contre la passion étourdie et présomptueuse du jeune homme. Plaute a su peindre à merveille l'expérience et la discrétion, qui sont le caractère particulier, la seule force, le seul moyen de succès de l'amour dans l'âge mûr, et qui suppléent souvent aux plus brillants avantages.

Malheureusement la jalousie de la femme de Demiphon vient protéger son fils contre son mari. Demiphon est trop faible pour résister à ces deux adversaires ; notre galant à cheveux gris se voit forcé, comme tous ses confrères, d'abandonner la belle au jeune homme, et de demander pardon à sa femme.

Cette pièce est remarquable par des ressorts dramatiques hardis et nouveaux. L'enchère de la jeune esclave entre les deux rivaux, la folie mise sur le théâtre, sont des tableaux pleins de comique, d'intérêt et d'originalité : ils doivent produire, par le rare mérite du style, autant d'effet sur le lecteur que sur le public assemblé.

LES MÉNECHMES.

Nous examinerons en son lieu cette pièce charmante. Nous nous bornerons à dire qu'elle prouve que Plaute a connu et cultivé avec succès tous les genres, la comédie de mœurs dans l'*Aululaire* ou l'Avare, la comédie d'intrigue dans *Épidicus*, comme celle qui vit de méprises et de malentendus habilement prolongés.

Nous ajouterons une remarque commune aux *Ménechmes* et à *Amphitryon*, pièces du même genre. L'étendue du théâtre ancien, le masque des acteurs rendaient l'illusion facile dans ces sortes de comédies, et la ressemblance de deux personnages très-naturelle. On pouvait même craindre la confusion. Aussi dans *Amphitryon*, Mercure a-t-il soin d'avertir le spectateur à quels signes Jupiter et lui seront reconnaissables. Molière, sentant que sur notre scène étroite et bornée, l'excès de l'illusion ni l'erreur du public n'étaient à craindre, a supprimé la précaution de Plaute. Regnard, dont le goût était moins délicat, a transporté cet artifice inutile dans les Ménechmes, et, de peur que le public ne prenne le change, il attache *un signe certain* au chapeau d'un des ménechmes.

On trouve dans la pièce de Plaute des détails curieux et plaisants sur l'importunité des clients et les habitudes du barreau de Rome.

PLAN DES THÉÂTRES ANTIQUES

Quelques notions sur les théâtres des anciens semblent nécessaires à l'intelligence de leurs œuvres dramatiques. Nous nous sommes emprunté les détails techniques dans une savante dissertation de l'auteur des *Ruines de Pompéi*, feu Mazois, que les amis des beaux-arts regretteront longtemps.

Les théâtres ne furent d'abord construits qu'en charpente. Ils ne duraient pas plus que les fêtes célébrées par des représentations dramatiques. A ces monuments éphémères succédèrent bientôt de somptueux édifices de marbre et de bronze, dont les ruines seules font encore l'admiration du monde. Plaute ne vit point cette magnificence. Ce n'est qu'en 699 que Pompée donna aux Romains un théâtre en pierre qui réunissait 40,000 spectateurs. Pline l'ancien a décrit une représentation au théâtre de Scaurus, qui passe tous les raffinements, toutes les délicatesses du luxe et de l'élégance modernes. C'est le tableau d'une fête de l'Olympe. L'imagination est éblouie, confondue.

Les théâtres antiques étaient découverts ; on n'était garanti des ardeurs du soleil et de l'intempérie des saisons que par une toile tendue avec force au-dessus du théâtre, au moyen de cordages passés dans des poulies attachées à des pièces de bois qui pénétraient profondément dans la maçonnerie des murs extérieurs.

La partie destinée au public était en forme d'hémicycle. Ce demi-cercle était couvert de gradins divisés en divers étages appelés *præcinctiones*, sur lesquels les spectateurs s'asseyaient suivant leur rang. Les places réservées aux simples citoyens étaient divisées par de légères lignes gravées sur les gradins et numérotées, en sorte que chacun prenait celle qui correspondait au numéro du dé, *tessera*, qui lui avait été donné d'avance. Ce sont nos billets et nos stalles numérotées. Comme ce gradin était ordinairement en pierre ou en marbre, on le recouvrait de coussins en jonc, que les *locarii* (nos ouvreuses de loges) louaient aux spectateurs.

Des passages, des escaliers conduisaient aux gradins. Les sections formées par cette distribution s'appelaient *cunei* (coins).

Les gradins inférieurs étaient occupés par les chevaliers, la dernière galerie par les dames ; les deux loges d'avant-scène, pratiquées au-dessus des entrées latérales de l'orchestre, étaient des places d'honneur réservées aux principaux magistrats.

L'espace vide qui restait entre la ligne droite de la scène et la ligne circulaire du dernier gradin, s'appelait l'orchestre : c'était la place des sénateurs.

Les joueurs de lyre et de flûte se tenaient aux extrémités du *pulpitum*, mur qui soutenait la scène.

Le sol de la scène était en bois. Il y avait en dessous un espace ménagé pour le jeu des machines et celui de la toile. Les décorations consistaient en châssis, sur lesquels étaient peintes trois scènes différentes : la scène tragique, la scène comique, et la scène champêtre.

C'est dans l'espace vide, entre le *pulpitum* et un contre-mur, que le rideau descendait durant la représentation. Dans les entr'actes, il en sortait, et s'élevait au moyen de supports à coulisse que l'on faisait monter par une corde attachée à un treuil. Le même procédé faisait mouvoir, sur des cordes tendues, les chars aériens et les divinités qui apparaissaient. Une trappe s'ouvrait pour les furies et les ombres. Ces côtés de la scène destinés au jeu des décorations s'appelaient *periacti* : ce sont nos coulisses.

A l'extrémité du grand axe de la scène étaient deux grandes portes par où le chœur entrait et sortait.

La scène était ornée de colonnes et de statues. Il y avait trois portes ; celle du milieu, appelée royale, les deux autres destinées aux étrangers.

On plaçait les toiles de fond dans le *post-scenium*, l'arrière-scène.

C'était là que les acteurs attendaient leur tour de paraître. Cette partie servait aussi aux scènes doubles. De chaque côté du *post-scenium*, il y avait des pièces destinées à servir de vestiaire : c'étaient les loges des acteurs.

Les moyens d'illusion étaient proportionnés à la grandeur du théâtre. Les masques des acteurs étaient faits de manière à donner à la voix plus de force et d'étendue : ils étaient accommodés à chaque situation de la pièce. Les acteurs, dressés sur de hautes chaussures, pouvaient être facilement vus par cet immense auditoire. Quel caractère de grandeur et de majesté tout cet appareil surnaturel ne devait-il pas donner aux représentations dramatiques ?

A. F.

PLAUTE.

AMPHITRYON,

COMÉDIE EN CINQ ACTES.

PERSONNAGES.

AMPHITRYON, général des Thébains.
ALCMÈNE, sa femme.
SOSIE, esclave d'Amphitryon.
JUPITER.
MERCURE.
BLÉPHARON, général thébain, ami d'Amphitryon.
BROMIA, } servantes d'Alcmène.
THESSALA, }

La scène est à Thèbes.

ARGUMENT

Attribué par les uns à PRISCIEN ; *par d'autres, à* SIDONIUS APOLLINARIS ; *par quelques-uns enfin, à* PLAUTE *lui-même.*

Jupiter, sous les traits d'Amphitryon occupé à combattre les Téléboëns, surprend les faveurs d'Alcmène. Mercure, en l'absence de Sosie, prend la figure de cet esclave. Alcmène est trompée par ce déguisement. A leur retour, le véritable Amphitryon et le véritable Sosie sont joués de la manière la plus plaisante. De là, querelle, brouille entre le mari et la femme, jusqu'au moment où Jupiter faisant entendre sa voix du haut de l'Olympe, au milieu de la foudre, avoue qu'il est le seul coupable.

ARGUMENT

Attribué à PRISCIEN.

Jupiter, amoureux d'Alcmène, emprunte les traits de son mari, tandis qu'Amphitryon combat les ennemis de la patrie. Mercure, sous la forme de Sosie, sert les amours du dieu, et se moque du maître et de l'esclave. A leur retour, Amphitryon cherche querelle à sa femme. Jupiter et lui s'accusent réciproquement d'adultère. Blépharon, pris pour arbitre, ne peut décider lequel est le véritable Amphitryon. Tout s'éclaircit enfin : Alcmène devient mère de deux jumeaux.

PROLOGUE.

MERCURE.

Voulez-vous que je fasse prospérer votre commerce, que je vous fasse gagner sur les achats et sur les ventes, qu'enfin je vous fasse faire de bonnes affaires, à vous et aux vôtres; que dans toutes vos entreprises présentes et futures, dans votre pays comme à l'étranger, je vous procure toujours de gros profits, bien légitimes? Voulez-vous que je ne vous apporte que des nouvelles heureuses pour vous et pour vos familles, avantageuses à votre république? (Car vous savez que les autres dieux m'ont donné en partage les nouvelles et le commerce.) Encore une fois, voulez-vous que, dans mon double ministère, je vous sois toujours favorable? Écoutez en

AMPHITRUO.

DRAMATIS PERSONÆ.

SOSIA, servus.
MERCURIUS.
JUPITER.
ALCUMENA.
AMPHITRUO.
THESSALA, ancilla.
BLEPHARO, dux thebanus.
BROMIA, ancilla.

ARGUMENTUM.

In faciem vorsus Amphitruonis Juppiter,
Dum bellum gereret cum Teleboïs hostibus,
Alcmenam uxorem cepit usurariam.
Mercurius formam Sosiæ servi gerit
Absentis : his Alcmena decipitur dolis.
Postquam rediere veri Amphitruo et Sosia,
Uterque luduntur dolis mirum in modum.
Hinc jurgium, tumultus, uxori et viro;
Donec cum tonitru voce missa ex æthere,
Adulterum se Juppiter confessus est.

ARGUMENTUM

(UT QUIBUSDAM VIDETUR)
PRISCIANI.

Amore captus Alcumenas Juppiter,
Mutavit sese in ejus formam conjugis,
Pro patria Amphitruo dum cernit cum hostibus ;

PLAUTE.

Habitu Mercurius ei subservit Sosiæ :
Is advenienteis, servum ac dominum, frustra habet.
Turbas uxori ciet Amphitruo : atque invicem
Raptant pro mœchis. Blepharo captus arbiter,
Uter sit, non quit, Amphitruo, decernere.
Omnem rem noscunt : geminos Alcmena enititur.

PROLOGUS.

MERCURIUS

Ut vos in vostris voltis mercimoniis
Emundis vendundisque me lætum lucris
Adficere, atque adjuvare in rebus omnibus;
Et ut res rationesque vostrorum omnium
Bene expedire voltis peregreque et domi,
Bonoque atque amplo auctare perpetuo lucro,
Quasque incepistis res, quasque inceptabitis;
Et uti bonis vos vostrosque omneis nuntiis
Me adficere voltis, ea adferam, ea ut nuntiem,
Quæ maxume in rem vostram communem sient
(Nam vos quidem id jam scitis concessum et datum
Mihi esse ab dis aliis, nuntiis præsim et lucro);
Hæc ut me voltis adprobare, adnitier

1

silence la comédie qu'on va représenter, et jugez-la avec justice et sans partialité.

Maintenant, je vais vous dire par quel ordre et pourquoi je viens ; et en même temps je vous apprendrai mon nom.

Je viens par l'ordre de Jupiter ; je m'appelle Mercure.

Jupiter, mon père, m'envoie en ambassadeur pour vous prier, quoiqu'il sache bien qu'un mot de sa bouche serait pour vous un ordre, et que vous respectez et craignez Jupiter, comme il convient ; toutefois il m'a ordonné de vous parler très-poliment et de n'employer que la douceur et la persuasion.

N'en soyez pas surpris. Ce Jupiter, qui m'envoie, n'appréhende pas moins qu'aucun de vous de s'attirer quelque méchante affaire. N'est-il pas né comme vous, de père et de mère mortels ? Et moi aussi, qui suis son fils, je tiens de lui le mal de la peur. Aussi viens-je avec des intentions très-pacifiques, et j'espère en trouver chez vous de semblables. Je ne vous demande rien que de facile et de légitime. C'est de personnes justes comme vous qu'on doit attendre justice. Car demander une injustice à d'honnêtes gens, est une impertinence ; comme demander une chose juste à des fripons, est une folie. De pareilles gens ne connaissent pas plus le droit qu'ils ne le pratiquent.

Maintenant, attention, je vous prie ! Vous devez vouloir ce que nous voulons ; car nous avons, mon père et moi, assez bien mérité de votre république. En effet, n'ai-je pas entendu, dans vos tragédies, Neptune, la Vertu, la Victoire, Mars, Bellone, et autres dieux vous rappeler leurs bienfaits, comme si tous ces bienfaits ne venaient pas de mon père, le maître des dieux, et l'auteur de toutes choses ! Mais pour lui, ce n'a jamais été sa manière de reprocher à d'honnêtes gens le bien qu'il a pu leur faire. Il est persuadé de votre reconnaissance, et n'a point de regrets à tout ce qu'il a fait pour vous.

Mais il est temps de vous dire d'abord ce que je suis venu vous demander ; je vous exposerai ensuite le sujet de cette tragédie. Eh quoi ! vous froncez le sourcil, parce que je vous annonce une tragédie ! Ne suis-je pas un dieu ? Si cela vous fait plaisir, je ferai de la tragédie une comédie, sans y changer un seul vers. Parlez. Que voulez-vous que soit la pièce qu'on va jouer ? Mais je n'y pense pas, de vous faire cette question ; comme si ma divinité ne savait pas d'avance votre goût. Oui, vous dis-je, je sais ce que vous désirez ; et je vais vous arranger une tragi-comédie. Car une pièce où paraissent des dieux et des rois, ne peut pas décemment être tout à fait une comédie. D'un autre côté, un esclave y doit aussi jouer un rôle. J'accommoderai donc tout cela, en faisant, comme je vous disais, une tragi-comédie. A présent, je vous préviens que Jupiter vous ordonne d'établir des inspecteurs sur chaque banc du théâtre, pour observer les cabaleurs, les applaudisseurs à gages, et pour saisir leur toge comme caution. Il veut qu'on punisse également ceux qui brigueraient le prix en faveur des comédiens ou des décorateurs, par des menées, des lettres, des corruptions, ainsi que les comédiens eux-mêmes et leurs affidés ; et les édiles qui auraient décerné le prix de mauvaise foi, doivent être traités comme s'ils eussent enlevé par l'intrigue une magistrature pour eux ou leurs amis.

Les Romains, a-t-il dit, ne doivent leur victoire qu'à leur vertu, et non à l'intrigue et à la perfidie. Pourquoi la loi ne serait-elle pas pour les comédiens la même que pour les grands personnages ? C'est par le mérite, et non par la brigue, qu'il faut

Lucrum ut perenne vobis semper subpetat ;
Ita huic facietis fabulæ silentium,
Itaque æqui et justi heic eritis omneis arbitri.
Nunc quojus jussu venio, et quamobrem venerim,
Dicam ; simulque ipse eloquar nomen meum.
Jovis jussu venio ; nomen Mercurii est mihi.
Pater huc me misit ad vos oratum meus,
Tametsi, pro imperio vobis quod dictum foret,
Scibat facturos : quippe qui intellexerat
Vereri vos se et metuere, ita ut æquum est, Jovem :
Verum profecto hoc petere me precario
A vobis jussit leniter dictis bonis.
Etenim ille, quojus huc jussu venio, Juppiter,
Non minus quam vostrum quivis formidat malum :
Humana matre natus, humano patre,
Mirari non est æquum sibi si prætimet.
Atque ego quoque etiam, qui Jovis sum fillus,
Contagione mei patris metuo malum.
Propterea pace advenio, et pacem ad vos adfero ;
Justam rem et facilem esse oratum a vobis volo :
Nam juste ab justis justus sum orator datus.
Nam injusta ab justis impetrare non decet :
Justa autem ab injustis petere, insipientia est ;
Quippe olli iniqui jus ignorant, neque tenent.
Nunc jam huc animum omneis ea quæ loquar advortite.
Debetis velle quæ velimus ; meruimus
Et ego et pater de vobis et re publica.
Nam quid ego memorem, ut alios in tragœdiis
Vidi, Neptunum, Virtutem, Victoriam,
Martem, Bellonam, commemorare quæ bona
Vobis fecissent ? queis benefactis meus pater,
Deorum regnator, architectus omnibus.

Sed mos nunquam illic fuit patri meo,
Ut exprobraret quod bonis faceret boni.
Gratum arbitratur esse id a vobis sibi,
Meritoque vobis bona se facere quæ facit.
Nunc quam rem oratum huc veni, primum proloquar ;
Post, argumentum hujus eloquar tragœdiæ.
Quid contraxistis frontem ? quia tragœdiam
Dixi futuram hanc ? Deus sum, commutavero
Eamdem hanc, si voltis ; faciam ex tragœdia
Comœdia ut sit, omnibus eisdem versibus.
Utrum sit, an non, voltis ? sed ego stultior,
Quasi nesciam vos velle, qui divos siem :
Teneo quid animi vostri super hac re siet.
Faciam ut commixta sit tragicocomœdia :
Nam me perpetuo facere ut sit comœdia,
Reges quo veniant et di, non par arbitror.
Quid igitur ? quoniam heic servos quoque parteis habet,
Faciam sit, proinde ut dixi, tragicocomœdia.
Nunc hoc me orare a vobis jussit Juppiter,
Ut conquisitores singuli in subsellia
Eant per totam caveam spectatoribus ;
Si quoi fautores delegatos viderint,
Ut his in cavea pignus capiantur togæ.
Sive qui ambissent palmam histrionibus,
Seu quoiquam artifici, seu per scriptas literas,
Sive qui ipsi ambissent, sive per internuntium,
Sive adeo ædileis perfidiose quoi duint,
Sirempse legem jussit esse Juppiter,
Quasi magistratum sibi alterive ambiverit.
Virtute dixit vos victores vivere,
Non ambitione, neque perfidia : qui minus
Eadem histrioni sit lex, quæ summo viro ?

disputer le prix. Celui qui fait bien, n'a pas besoin de brigues, et se confie à l'impartialité des juges.

Mon père a mis aussi dans mes instructions, qu'il y aurait également des inspecteurs parmi les comédiens; afin de surprendre ceux qui auraient aposté des cabaleurs pour les applaudir, ou pour empêcher un autre d'être applaudi. Ils arracheront la robe aux coupables, et leur donneront les étrivières.

Ne vous étonnez pas si Jupiter s'occupe tant des comédiens; lui-même va jouer dans cette comédie. Vous vous récriez? Est-ce donc une chose nouvelle de voir Jupiter faire ce métier-là? L'année dernière encore, vous vous en souvenez, les comédiens eurent besoin de son intervention; ils l'invoquèrent; il descendit sur cette scène, et les tira d'affaire. Vous savez, d'ailleurs, qu'il paraît souvent dans la tragédie. Il jouera donc lui-même dans la pièce d'aujourd'hui; j'y jouerai avec lui.

A présent, écoutez bien le sujet de cette comédie.

La ville que vous voyez est Thèbes; dans cette maison, demeure Amphitryon, né dans Argos, d'un père Argien; il a épousé Alcmène, fille d'Électryon. Il est maintenant à la tête d'une armée: car les Thébains sont en guerre avec les Téléboëns. Lorsque Amphitryon partit pour l'armée, sa femme Alcmène était grosse de lui.

Or vous savez, je pense, quel est mon père, comme il est de complexion amoureuse, et fort accoutumé à ne point se contraindre dans ses goûts. Il est devenu amoureux d'Alcmène, à l'insu de son mari; et il en a usé avec elle de manière qu'elle est en ce moment grosse de deux enfants, dont l'un est d'Amphitryon, et l'autre, de Jupiter; et pour que vous n'en doutiez pas, le dieu est à cette heure couché là dedans avec elle; c'est pour cela que la nuit a été allongée par son ordre, afin de ne point interrompre ses plaisirs. Mais pour réussir, il a pris les traits d'Amphitryon, à s'y méprendre. Ne vous étonnez pas de mon costume, ni de me voir sous la forme d'un esclave; d'un sujet ancien et usé, nous allons tirer une comédie nouvelle; et c'est pour cela que je viens, affublé d'une parure toute nouvelle. Mon père Jupiter, qui est là dedans, s'est métamorphosé en Amphitryon, au point de donner le change à tous les esclaves de la maison; car il est habile en fait de métamorphoses. Moi j'ai pris la figure de l'esclave Sosie, qui a suivi Amphitryon à l'armée. Sous ce déguisement, je sers les amours de mon père, sans que les autres valets, en me voyant aller et venir dans la maison, puissent me demander qui je suis. Comme ils me croient Sosie, leur camarade, aucun d'eux ne me demandera qui je suis ni d'où je viens. Mon père se livre à toute sa passion; il est au lit, dans les bras de sa belle (c'est la manière de jouir qu'il préfère); il lui raconte tout ce qui s'est passé à la guerre; et la pauvre femme se croit avec son mari, tandis qu'elle est avec son amant. Il lui apprend comment il a mis les ennemis en fuite, et comment on lui a fait, pour le récompenser, beaucoup de beaux présents. Ces présents, qu'Amphitryon a reçus en effet, nous avons eu le secret de les lui enlever: mon père ne fait-il pas tout ce qu'il veut?

Cependant Amphitryon va revenir aujourd'hui de l'armée, avec l'esclave dont je porte la figure. Afin que vous puissiez nous distinguer, j'aurai une petite plume à mon chapeau, et mon père aura au sien un cordon d'or; Amphitryon n'en aura point.

Virtute ambire oportet, non favitoribus;
Sat habet favitorum semper, qui recte facit;
Si ollis fides est, quibus est ea res in manu.
Hoc quoque etiam mihi in mandatis dedit,
Ut conquisitores fierent histrionibus,
Qui sibi mandassent delegati ut plauderent,
Quive, quo placeret alter, fecissent, minus,
Eis ornamenta et corium uti concideren.
Mirari nolim vos qua propter Juppiter
Nunc histriones curet; ne miremini.
Ipse hanc acturu'st Juppiter comœdiam.
Quid admirati estis? quasi vero novum
Nunc proferatur, Jovem facere histrioniam.
Etiam histriones anno quom in proscenio heic
Jovem invocarunt, venit; auxilio eis fuit:
Præterea certo prodit in tragœdia.
Hanc fabulam, inquam, heic Juppiter hodie ipse aget,
Et ego una cum illo. Nunc animum advortite,
Dum hujus argumentum eloquar comœdiæ.
  Hæc urbs est Thebæ; in illisce habitat ædibus
Amphitruo, natus Argis ex Argo patre,
Quicum Alcumena est nupta, Electri filia.
Is nunc Amphitruo præfectu'st legionibus:
Nam cum Telebois bellum'st Thebano poplo.
Is, priusquam hinc abiit ipsemet in exercitum,
Gravidam Alcumenam uxorem fecit suam.
Nam ego vos novisse credo jam ut sit pater meus;
Quam liber harum rerum multarum siet,
Quantusque amator siet quod complacitum'st semel.
Is amare obcœpit Alcumenam clam virum,
Usuramque ejus corporis cepit sibi,
Et gravidam fecit is eam compressu suo.
Nunc, de Alcumena ut rem teneatis rectius,
Utrimque est gravida, et ex viro, et ex summo Jove.

Et meus pater nunc intus heic cum illa cubat;
Et hæc ob eam rem nox est facta longior,
Dum ille, quacum volt, voluptatem capit:
Sed ita assimulavit se quasi Amphitruo siet.
Nunc ne hunc ornatum vos meum admiremini,
Quod ego huc processi sic cum servili schema,
Veterem atque antiquam rem novam ad vos proferam:
Propterea ornatus in novum incessi modum.
Nam meus pater intus nunc est, eccum, Juppiter:
In Amphitruonis vortit sese imaginem,
Omneisque eum esse censent servi qui vident:
Ita versipellem se facit, quando lubet.
Ego servi sumpsi Sosiæ mihi imaginem,
Qui cum Amphitruone abiit hinc in exercitum,
Ut præservire amanti meo possem patri,
Atque ut ne essem familiares quærerent,
Versari crebro heic quom viderent me domi.
Nunc quom esse credent servom et conservom suum,
Haud quisquam quæret qui siem, aut quid venerim.
Pater nunc intus suo animo morem gerit;
Cubat complexus, cujus cupiens maxume est.
Quæ illei ad legionem facta sunt, memorat pater
Meus Alcumeuæ: at illa illum censet virum
Suum esse, quæ cum mœcho est: ibi nunc meus pater
Memorat, legiones hostium ut fugaverit,
Quo pacto sit donis donatus plurimis.
Ea dona, quæ illeic Amphitruoni sunt data,
Abstulimus: facile meus pater quod volt facit.
Nunc hodie Amphitruo veniet huc ab exercitu,
Et servos, quojus ego hanc fero imaginem.
Nunc internosse ut nos possitis facilius,
Ego has habebo heic usque in petaso pinnulas;
Tum meo patri autem torulus inerit aureus
Sub petaso: id signum Amphitruoni non erit.

Personne de sa maison ne pourra voir ces signes ; vous seul les verrez. Mais voici Sosie, l'esclave d'Amphitryon, qui arrive du port, une lanterne à la main. Je vais l'écarter tout de suite de la maison où il s'apprête à entrer. Le voici qui frappe à la porte. Vous prendrez sûrement plaisir à voir Jupiter et Mercure devenus comédiens pour vous divertir.

ACTE PREMIER.
SCÈNE PREMIÈRE.
MERCURE, SOSIE.

Sos., sans voir Mercure. Est-il quelqu'un plus hardi, plus déterminé que moi? Je connais les mœurs de nos jeunes gens, et j'ose aller seul à cette heure de la nuit ! Si les triumvirs me rencontraient, et me faisaient fourrer en prison [1] ! On me tirerait demain de leur cage, pour me donner les étrivières, sans écouter seulement mes raisons ; et mon maître ne viendrait pas le moins du monde à mon secours. Huit [2] hommes des plus robustes frapperaient sur mon dos comme sur une enclume ; et chacun applaudirait, en disant que je l'ai bien mérité. Voyez un peu la belle réception que j'aurais là à mon retour ! Voilà pourtant à quoi m'expose l'impatience de mon maître, qui m'a forcé à partir du port à l'entrée de la nuit. Ne pouvait-il pas aussi bien m'envoyer le jour? C'est auprès des grands que le sort d'un esclave est rude ; il n'est rien de pire que de servir un homme riche ; le jour, la nuit, il a toujours quelque prétexte pour troubler votre repos, toujours quelque chose à faire, quelque chose à dire. Un maître riche par votre travail, sans rien faire lui-même, croit possible et raisonnable tout ce qui lui passe dans la tête ; peu lui importe si nous sommes exténués, si ce qu'il commande est juste ou non. Ne sommes-nous pas faits pour tout souffrir, pauvres esclaves ! Il faut porter notre fardeau, bon gré, mal gré.

Merc., à part. Ce serait plutôt à moi de me plaindre d'être esclave, moi qui le suis pour la première fois ! Ce faquin, né dans la servitude, esclave comme l'était son père, a bonne grâce à faire ses doléances ! il est vrai que je ne suis esclave que de nom.

Sos. Pendant que j'y pense, rendons grâces aux dieux de m'avoir conduit à bon port, et adressons-leur une petite prière. En vérité, s'ils me traitaient selon mon mérite, ils me dépêcheraient quelque gaillard, pour me bien rosser ; car jamais leurs bienfaits n'ont obtenu de moi un seul remercîment.

Merc., à part. Au moins il se rend justice ; cela n'est pas commun.

Sos. Je n'aurais jamais espéré, ni aucun de nos citoyens non plus, le bonheur qui nous arrive, de revenir chez nous sains et saufs. Nos légions victorieuses vont être bientôt de retour, après avoir éteint une guerre terrible dans le sang des ennemis. Cette ville, qui avait causé tant de désastres, ravi tant de citoyens au peuple thébain, a été prise d'assaut par le courage de nos soldats, sous les ordres et la conduite de mon maître Amphitryon. Il a distribué à ses concitoyens un riche butin, des terres, du froment ; et il affermit Créon sur son trône. Il m'a envoyé du port à la maison, pour annoncer à sa femme toutes ces nouvelles, et avec quel succès la république a été sauvée sous son commandement et par son génie ; mais voyons un peu comment je vais commencer mon récit en

---

Ea signa nemo horum familiarium
Videre poterit ; verum vos videbitis.
Sed Amphitruonis illic est servos Sosia,
A portu illic nunc cum laterna advenit.
Abigam jam ego illum advenientem ab ædibus.
Adest, ferit. Operæ pretium heic spectantibus
Jovem atque Mercurium facere histrioniam.

ACTUS PRIMUS.
SCENA PRIMA.
SOSIA, MERCURIUS.

Sos. Qui me alter est audacior homo, aut qui me confidentior,
Juventutis mores qui sciam, qui hoc noctis solus ambulem ?
Quid faciam nunc, si tresviri me in carcerem compegerint ?
Inde cras e promptuaria cella depromar ad flagrum,
Nec caussam liceat dicere mihi, neque in hero quiddam
  auxilii siet,
Nec quisquam sit quin me omnes esse dignum deputent : ita
Quasi incudem me miserum homines octo validi cædant : ita
Peregre adveniens hospitio publicitus adcipiar.
Hæc heri inmodestia coegit me qui hoc
Noctis a portu ingratis excitavit.
Nonne idem hoc luci me mittere potuit ?
Opulento homini hoc servitus dura est ;
Hoc magis miser est divitis servos ;
Noctesque diesque adsiduo satis superque est,
Quo facto aut dicto adest opus, quietus ne sis.
Ipse dominus dives operis et laboris expers,
Quodcumque homini adcidit libere, posse retur ;
Æquom esse putat, non reputat laboris quid sit,
Nec, æquom anne iniquum imperet, cogitabit.
Ergo in servitute expetunt multa iniqua ;
Habendum et ferendum hoc onus est cum labore.
Merc. Satius est me queri illo modo servilutem ; hodie
Qui fuerim liber, eum nunc potivit pater
Servitutis : hic, qui verna natus est, queritur.
Sum vero verna verbero. *Sos.* Numero mihi in mentem fuit
Dis advenientem gratias pro meritis agere atque adloqui.
Næ illi, edepol, si merito meo referre studeant gratias,
Aliquem hominem adlegent, qui mi advenienti os occillet
  probe :
Quoniam bene quæ in me fecerunt, ingrata ea habui atque
  inrita.
Merc. Facit ille, quod volgo haud solent, ut quid se sit dignum sciat.
Sos. Quod numquam opinatus fui, neque alius quisquam civium
Sibi eventurum, id contigit, ut salvi potiremur domum.
Victores victis hostibus legiones reveniunt domum,
Duello exstincto maximo atque internecatis hostibus :
Qui multa Thebano populo acerba objecit funera.
Id vi et virtute militum victum atque expugnatum oppidum'st,
Imperio atque auspicio heri mei Amphitruonis maxume.
Præda atque agro adoreaque adfecit populares suos,
Regique Thebano Creonti regnum stabilivit suum.
Me a portu præmisit domum, ut hæc nuntiem uxori suæ,
Ut gesserit rempublicam ductu, imperio, auspicio suo.

[1] Les triumvirs étaient chargés de la police pendant la nuit.
[2] Les huit licteurs attachés à ces triumvirs.

AMPHITRYON, ACTE I, SCENE I.

arrivant. Il faudra bien que je mente, comme à mon ordinaire. Car tandis que nos soldats se battaient de toute leur force, moi je m'enfuyais aussi de toute ma force. Cependant il faut parler, comme témoin, d'événements que je n'ai osé voir : cherchons donc un peu les termes et le ton convenables à mon récit. Bon! Voici mon débit.

A peine nous arrivions chez les Téléboëns, à peine nous touchions leur territoire, qu'Amphitryon choisit ses premiers lieutenants, et les envoie porter aux Téléboëns ses propositions. S'ils consentent sans violence et de bon gré à rendre ce qu'ils nous ont pris, à livrer les ravisseurs, à réparer les dommages qu'ils nous ont causés, dans ce cas il ramènera son armée à Thèbes ; les Argiens, nos alliés, quitteront aussi la campagne, et on laissera tout le monde en paix. Mais s'ils ont des intentions contraires, s'ils refusent, alors il assiégera leur ville avec toutes ses troupes et avec la plus grande vigueur.

Lorsque les envoyés d'Amphitryon portèrent ces paroles aux Téléboëns, ceux-ci répondirent comme des gens décidés à faire une vigoureuse résistance ; ils traitèrent nos députés avec une extrême arrogance, et dirent qu'ils sauraient bien par la force des armes se garantir de nos menaces, et qu'on se dépêchât de sortir de leur territoire. Cette réponse nous étant rendue, Amphitryon fait avancer toute son armée hors du camp ; les Téléboëns, de leur côté, font sortir de leur ville leurs légions, couvertes d'armures éclatantes. Les troupes, amenées sur le champ de bataille, sont rangées de part et d'autre, selon la méthode et l'usage de chacune des nations belligérantes. Alors les deux généraux sortent des rangs, s'avancent entre les deux armées, et ont ensemble une conférence ; ils conviennent que le parti qui sera vaincu dans ce combat se remettra à l'entière disposition des vainqueurs, avec sa ville, son territoire, ses foyers, ses autels et ses dieux. Après ce colloque, la trompette sonne de toutes parts, la terre en retentit : les deux armées poussent de grands cris. Les généraux adressent des vœux à Jupiter, haranguent leurs soldats. Chacun alors montre ce qu'il vaut, et songe à se signaler ; le fer frappe, les traits sifflent ; le ciel mugit du bruit des combattants ; leur haleine et leur souffle forment un nuage épais ; les uns tombent blessés, les autres, étouffés. Enfin, nos vœux sont accomplis : notre armée l'emporte ; les ennemis tombent en foule ; les nôtres les poussent plus vivement. La victoire est à nous, malgré leur rage. Cependant pas un seul des ennemis ne lâche pied, pas un seul ne recule ; ils se font tuer sur la place plutôt que de quitter leurs rangs ; chacun tombe à l'endroit où il a été placé, et meurt à son poste. Mon maître, Amphitryon, voyant ce qui se passe, ordonne à la cavalerie d'attaquer par le flanc droit. Nos cavaliers obéissent sur-le-champ ; ils accourent par la droite en poussant de grands cris ; ils chargent avec impétuosité, rompent l'armée ennemie, et écrasent à bon droit cette perfide nation.

Merc. Jusqu'à présent il n'a pas menti d'un mot, car j'y étais avec mon père.

Sos. Enfin, les ennemis prennent la fuite ; les nôtres alors redoublent d'ardeur ; les fuyards sont inondés de traits, et mon maître tue le roi Ptérélas de sa propre main. Voilà comment se passa la bataille, qui dura depuis le matin jusqu'au soir. Je m'en souviens d'autant mieux, que je n'ai pas dîné ce jour-là. La nuit seule put mettre fin au combat. Le lendemain, les chefs des Téléboëns sortent de leurs murs, viennent tout en pleurs dans notre camp ; ils implorent à mains jointes notre clémence, nous conjurent de leur pardonner, et remettent

---

Ea nunc meditabor, quo modo illi dicam, quom illo advenero.
Si dixero mendacium, solens meo more fecero ;
Nam quom pugnabant maxume, ego fugiebam maxume.
Verumtamen quasi adfuerim simulabo, atque audita eloquar.
Sed quo modo et verbis quibus me deceat fabularier,
Prius ipse mecum etiam volo heic meditari ; sic hoc prologuar :
Principio ut illo advenimus, ubi primum terram tetigimus,
Continuo Amphitruo delegit viros primorum principes ;
Eos legat ; Teleboïs jubet sententiam ut dicant suam :
Si vi et sine bello velint rapta et raptores tradere,
Si, quæ absportassent, redderent, se exercitum extemplo domum
Reducturum, abituros agro Argivos, pacem atque otium
Dare illis ; sin aliter sient animati, neque dent quæ petat,
Sese igitur summa vi virisque eorum oppidum expugnassere.
Hæc ubi Telebois ordine iteraturunt quos præfecerat
Amphitruo, magnanimi viri, freti virtute et viribus,
Superbi, nimis ferociter legatos nostros increpant ;
Respondent bello se et suos tutari posse ; proinde uti
Propere de finibus suis exercitus deducerent.
Hæc ubi legati pertulere, Amphitruo castris illico
Producit omnem exercitum : contra Teleboæ ex oppido
Legiones educunt suas, nimis pulchris armis præditas.
Postquam utrique exitum'st maxuma copia,
Dispertiti viri, dispertiti ordines.
Nos nostras more nostro et modo instruximus legiones ;
Item hostes contra legiones suas instruunt.
Deinde utrique imperatores in medium exeunt

Extra turbam ordinum, conloquontur ; simul
Convenit, victi utri sint eo prælio,
Urbem, agrum, aras, focos, seque uti dederent.
Postquam id actum'st, tubæ utrimque canunt, contra
Consonat terra ; clamorem utrimque ecferunt.
Imperator utrimque hinc et illinc Jovi
Vota suscipere, hortari exercitum.
Pro se quisque, id quod quisque potest et valet,
Edit, ferro ferit ; tela frangunt ; boat
Cælum fremitu virum ; ex spiritu atque anhelitu
Nebula constat ; cadunt volneris vi et virium.
Denique, ut voluimus, nostra superat manus ;
Hostes crebri cadunt, nostri contra ingruunt.
Vicimus vi feroces.
Sed fugam in se tamen nemo convortitur,
Nec recedit loco, quin statim rem gerat.
Animam omittunt priusquam loco demigrent :
Quisque, uti steterat, jacet, obtinetque ordinem.
Hoc ubi Amphitruo herus conspicatus est,
Illico equites jubet dextera inducere.
Equites parent citi, ab dextera maxumo.
Cum clamore involant impetu alacri,
Fœdant et proterunt hostium copias jure injustas.

Merc. Numquam etiam quidquam adhuc verborum est prolocutus perperam :
Namque ego fui illeic in re præsenti, et meus, quom pugnatum'st, pater.
Sos. Perduellis penetrant se in fugam ; ibi nostris animus additu'st,
Vortentibus Teleboïs, telis complebantur corpora.
Ipsusque Amphitruo regem Ptereleam sua obtruncavit manu.

tout en notre pouvoir, eux, leur ville, leurs enfants, leurs biens et leurs dieux. Ensuite on donna à mon maître Amphitryon, comme un hommage offert à sa valeur, une coupe d'or dans laquelle le roi Ptérélas avait coutume de boire. Voilà le récit que je ferai à ma maîtresse. A présent, continuons à remplir les ordres de mon maître, et entrons dans la maison.

Merc. Oh! oh! je crois qu'il se dispose à entrer; je vais au-devant de lui, et je réponds qu'il n'approchera pas de cette maison aujourd'hui; à la faveur de sa ressemblance, je veux me moquer un peu de lui.... Oh çà, puisque j'ai pris sa figure et son maintien, il faut aussi que je prenne ses mœurs et ses manières. Il faut donc que je sois un vaurien, un fourbe, un juré fripon, et que je le batte avec ses propres armes pour l'éloigner de la maison. Mais qu'est-ce? Il regarde le ciel; observons un peu ce qu'il va faire.

Sos. Ma foi, s'il y a quelque chose dont je croie être certain, c'est que Vesper a trop bu cette nuit, et qu'il dort pour cuver son vin. Les étoiles de l'Ourse ne bougent pas de place dans le ciel; la lune en est précisément au même point que lorsqu'elle s'est levée; ni l'Orion, ni Vénus, ni les pléïades, ne descendent sur l'horizon; toutes les étoiles restent à leur poste, et la Nuit paraît bien décidée à ne pas céder la place au Jour.

Merc. Fort bien, complaisante Nuit : continue d'obéir aux désirs de mon père. Tu rends un bon service au meilleur des dieux.... Tu ne perdras pas ta peine.

Sos. Je ne crois pas avoir vu une nuit aussi longue que celle-ci, excepté pourtant cette autre où, suspendu sous les aisselles, je reçus les étrivières depuis le matin jusqu'au soir. Ma foi, cette nuit-ci me paraît encore plus longue. Je crois que le Soleil reste couché parce qu'il a trop bu. Je serais bien étonné s'il n'avait un peu plus soupé qu'à son ordinaire.

Merc. Coquin! voilà donc comme tu parles des dieux! Tu penses, apparemment, qu'ils te ressemblent! Laisse moi faire, tes paroles auront leur récompense. Viens ici, tu te trouveras mal de la rencontre.

Sos. Où sont ces libertins qui veulent toujours coucher deux? Voilà une nuit superbe à passer avec une fille! Ils auront le temps de lui faire gagner son argent.

Merc. Mon père suit justement le conseil de ce maraud; il est couché avec Alcmène, et il met les moments à profit.

Sos. Allons faire une commission, et donner à Alcmène des nouvelles de mon maître. Mais quel est cet homme que je vois devant notre porte à cette heure de la nuit? Il a mauvaise mine.

Merc. On n'est pas plus poltron que ce faquin.

Sos. Que veut-il? Il a bien l'air de croire qu'il y a quelque chose à refaire à mon manteau.

Merc. Il a peur; je vais m'amuser à ses dépens.

Sos. Je suis perdu; la mâchoire me démange; cet homme-là va me recevoir à coups de poing. C'est par bonté sans doute; et comme mon maître m'a forcé à veiller, il veut me faire dormir en m'assommant. Pour le coup, je suis mort! quelle taille! quelle vigueur!

Merc. Je vais parler haut, afin qu'il entende ce que je dirai. Je veux le faire trembler de plus en plus. Allons, mes poings; il y a trop longtemps que vous vous reposez, et que vous ne fournissez point de provisions à mon estomac. A peine me souvient-il de votre dernier exploit; c'est hier que vous avez assommé et dépouillé quatre hommes.

Sos. Je crains bien de changer de nom, et de

Hæc illeic est pugnata pugna usque a mane ad vesperum.
Hoc adeo hoc commemini magis, quia illo die inprausus fui.
Sed prælium id tandem diremit nox interventu suo.
Postridie in castra ex urbe ad nos veniunt flentes principes;
Velatis manibus orant ignoscamus peccatum suum;
Deduntque se, divina humanaque omnia, urbem et liberos,
In ditionem atque in arbitratum cuncti Thebano poplo.
Post ob virtutem hero Amphitruoni patera donata aurea'st,
Qui Pterela politare rex solitu'st : hæc sic dicam heræ.
Nunc pergam heri imperium exsequi et me domum capessere.
Merc. Atat; illic huc ituru'st! ibo ego illi obviam.
Neque ego hunc hominem hodie ad ædeis has sinam unquam adœdere.
Quando imago'st hujus in me, certum'st hominem eludere.
Et enim vero, quoniam formam cepi hujus in me et statum;
Decet et facta moresque hujus habere me simileis item.
Itaque me malum esse oportet, callidum, astutum admodum,
Atque hunc telo suo sibi, malitia, a foribus pellere.
Sed quid illuc est? cœlum adspectat; observabo quam rem agat.
Sos. Certe edepol scio, si aliud quidquam'st quod credam
    aut certo sciam,
Credo ego hac noctu Nocturnum obdormivisse ebrium.
Nam neque se Septemtriones quoquam in cœlo commovent,
Neque se Luna quoquam mutat atque uti exorta est semel.
Nec Jugulæ, neque Vesperugo, neque Vergiliæ occidunt.
Ita statim stant signa; neque nox quoquam concedit die.
Merc. Perge, nox, ut obcepisti; gere patri morem meo.
Optumo optumo optumam operam das; datam pulchre locas.
Sos. Neque ego hac nocte longiorem me vidisse censeo,
Nisi item unam, verberatus quam pependi perpetem.
Eam quoque, edepol, etiam multo hæc vicit longitudine.

Credo, edepol, equidem dormire Solem, atque adpotum probe.
Mira sunt, nisi invitavit sese in cœna plusculum.
Merc. Ain' vero, verbero? deos esse tui simileis putas?
Ego pol te istis tuis pro dictis et malefactis, furcifer,
Adcipiam; modo sis, veni huc, invenies infortunium.
Sos. Ubi sunt isti scortatores, qui soli invili cubant?
Hæc nox scita'st exercendo scorto conducto male.
Merc. Meus pater nunc pro hujus verbis recte et sapienter facit,
Qui complexus cum Alcumena cubat amans, animo obsequens.
Sos. Ibo, ut herus quod imperavit, Alcumenæ nuntiem.
Sed quis hic est homo, quem ante ædeis video hoc noctis?
Non placet.
Merc. Nullus est hoc meticulosus æque. *Sos.* Quem? in mentem venit.
Illic homo hoc denuo volt pallium detexere.
Merc. Timet homo, deludam ego illum. *Sos.* Perii, dentes pruriunt.
Certe advenientem me hic hospitio pugnæ adcepturus est.
Credo misericors est; nunc propterea quod me meus herus
Fecit ut vigilarem, hic pugnis faciet hodie ut dormiam.
Oppido interii : obsecro, hercle, quantus et quam validus est!
Merc. (*seorsum.*) Clare adversum fabulator; hic auscultet loquar.
Igitur magis modum in majorem in sese concipiet metum.
(*Alta voce.*)
Agite pugni : jam diu'st, quod ventri victum non datis :
Jam pridem videtur factum, heri quod homines quatuor
In soporem conlocastis nudos. *Sos.* Formido male

m'appeler *Quintus* au lieu de Sosie; il dit qu'il a assommé quatre hommes; j'ai bien l'air d'être traité de même.

Merc. Oh! comme je vais le recevoir!

Sos. Il relève sa robe; il se prépare à battre.

Merc. Il ne l'échappera pas.

Sos. De qui parle-t-il?

Merc. Quiconque viendra ici, je lui fais manger mes poings.

Sos. Je te remercie; je ne mange jamais la nuit. J'ai déjà soupé : offre ce repas-là à ceux qui ont faim.

Merc. Cette main est d'assez bon poids.

Sos. C'est fait de moi; il pèse ses poings.

Merc. Si je le caressais un peu, pour l'endormir?

Sos. Cela me fera grand bien. Voilà trois nuits que je veille.

Merc. O ma main! c'est fort mal à vous! vous n'avez jamais pu apprendre qu'à frapper lourdement. Celui que vous touchez seulement, n'est plus reconnaissable.

Sos. Cet homme-là va me changer tout à fait, et me donner une autre forme.

Merc. Quand elle ne porte pas à faux, elle doit entièrement désosser son homme.

Sos. Je crois qu'il veut m'accommoder comme un cuisinier accommode une lamproie. Fusses-tu bien loin d'ici, maudit désosseur! C'est fait de moi s'il vient à m'apercevoir.

Merc. Je crois sentir une odeur d'homme : malheur à celui-là!

Sos. Comment? Aurais-je fait quelque chose qui me fît sentir?

Merc. Et il ne doit pas être bien loin.

Sos. Dont bien lui fâche, assurément! il faut que cet homme soit devin.

Merc. Mes poings me démangent.

Sos. Si tu dois les exercer sur moi, tâche donc d'abord de les fatiguer contre la muraille.

Merc. Une voix a volé jusqu'à mes oreilles.

Sos. Bon! ma voix a des ailes. Je suis bien malheureux de ne les lui avoir pas coupées.

Merc. Cet homme-là vient ici chercher du mal pour sa monture.

Sos. Hé! je n'ai pas de monture.

Merc. Je vais lui donner une bonne charge de coups de poings.

Sos. Je suis déjà si fatigué du roulis du vaisseau, des nausées que je sens encore, et du voyage, que je ne peux pas seulement me soutenir tout seul. Jugez s'il me fallait porter une charge!

Merc. Encore une fois, je ne me trompe pas; je ne sais qui parle près de moi.

Sos. Ah! bon! me voilà sauvé; il ne me voit pas, puisqu'il dit : Je ne sais qui parle près de moi; je ne sais pas. Je ne sais qui, moi; je suis Sosie.

Merc. Je me trompe fort, si une voix n'est venue, du côté droit, me frapper les oreilles.

Sos. Si ma voix l'a frappé, je crains bien qu'il ne me frappe à mon tour.

Merc. Fort bien; le voici qui vient vers moi.

Sos. Je tremble; je suis tout saisi : si l'on me demandait à présent en quel endroit du monde je suis, je ne pourrais pas le dire, tant j'ai de frayeur! La peur me rend immobile. Adieu les ordres de mon maître, adieu le pauvre Sosie!... Mais il faut prendre courage, et lui parler hardiment; faisons-lui croire que je suis brave; c'est le moyen de n'être pas battu.

Merc. Où vas-tu, toi qui portes Vulcain enfermé dans de la corne?

Sos. Que veux-tu, toi qui désosses les mâchoires à coups de poing?

Merc. Es-tu esclave, ou libre?

Sos. Selon ma fantaisie.

Merc. Dis-tu cela tout de bon?

Sos. Je dis cela tout de bon.

Ne ego heic nomen meum conmutem, et Quintus fiam e Sosia.
Quatuor viros sopori se dedisse hic autumat!
Metuo ne numerum augeam illum. *Merc.* Hem! nunc jam
 ergo : sic colo.
Sos. Cingitur certe, expedit se. *Merc.* Non feret, qui vapulet.....
Sos. Quis homo? *Merc.* Quisquis homo huc profecto venerit,
 pugnos edet.
Sos. Apage! non placet me hoc noctis esse; coenavi modo;
Proin tu istam coenam largire, si sapis, esurientibus.
Merc. Haud malum huic est pondus pugno. *Sos.* Perii! pugnos
 ponderat.
Merc. Quid si ego illum tractim tangam ut dormiat? *Sos.* Servaveris;
Nam continuas has treis nocteis pervigilavi. *Merc.* Pessumum'st
Facinus! nequiter ferire malam male discit manus.
Alia forma oportet esse quem tu pugno legeris.
Sos. Illic homo me interpolabit; meumque os tinget denuo.
Merc. Exossatum os esse oportet, quem probe percusseris.
Sos. Mirum ni hic me, quasi muraenam, exossare cogitat.
Ultro istunc qui exossat homines : perii! si me adspexerit.
Merc. Olet homo quidam malo suo. *Sos.* Hei! numnam ego
 obolui?
Merc. Atque haud longe abesse oportet : verum longe hinc
 abfuit.
Sos. Illic homo superstitiosu'st. *Merc.* Gestiunt pugni mihi.
Sos. Si in me exerciturus, quaeso, in parietem ut primum
 domes.

Merc. Vox mihi ad aureis advolavit. *Sos.* Næ ego homo infelix fui,
Qui non alas intervelli; volucrem vocem gestito.
Merc. Illic homo a me sibi malam rem arcessit jumento suo.
Sos. Non equidem ullum habeo jumentum. *Merc.* Onerandu'st pugnis probe.
Sos. Lassus sum hercle a navi, ut vectus huc sum; etiam nunc nauseo.
Vix incedo inanis; ne ire posse cum onere existumes.
Merr. Certe enim hic nescio quis loquitur. *Sos.* Salvos sum,
 non me videt;
Nescio quem loqui autumat; mihi certo nomen Sosia'st.
Merc. Hinc enim mihi dextera vox aureis, ut videtur, verberat.
Sos. Metuo vocis ne vice hodie hic vapulem, quæ hunc verberat.
Merc. Optume eccum incedit ad me. *Sos.* Timeo, totus torpeo.
Non edepol nunc ubi terrarum sim scio, si quis roget,
Neque miser me conmovere possum præ formidine.
Ilicet mandata heri perierunt una et Sosia.
Verum certum'st confidenter hominem contra conloqui,
Qui possim videri huic fortis, a me ut abstineat manum.
Merc. Quo ambulas tu, qui Volcanum in cornu conclusum
 geris?
Sos. Quid id exquiris tu, qui pugnis os exossas hominibus?
Merc. Servosne esne, an liber? *Sos.* Utcunque animo conlibitum'st meo.
Merc. Ain' vero? *Sos.* Aio enim vero. *Merc.* Verbero!

Merc. Grenier à coups de bâton [1]....
Sos. Tu mens quant à présent.
Merc. Tu vas voir que je dis la vérité.
Sos. Cela n'est pas nécessaire.
Merc. Puis-je savoir où tu vas, à qui tu appartiens, et pourquoi tu es venu?
Sos. Je vais là; j'appartiens à mon maître : en es-tu plus savant?
Merc. Oh! je viendrai à bout de ta méchante langue.
Sos. Je t'en défie ; elle est toujours discrète et sage.
Merc. As-tu fini tes quolibets? Qu'as-tu affaire dans cette maison?
Sos. Et toi-même qu'y viens-tu faire?
Merc. Le roi Créon y place chaque nuit des sentinelles pour la garder.
Sos. Il a bien fait de garder la maison pendant notre absence. Mais à présent, va-t'en; dis-lui que les gens d'Amphitryon sont arrivés.
Merc. Je ne sais si tu es de la maison; mais si tu ne décampes à l'instant, je te ferai une réception qui te prouvera que tu y es étranger.
Sos. Je te dis que c'est là ma demeure, et que j'appartiens au maître du logis.
Merc. Or çà, sais-tu que je te procurerai un grand honneur, si tu ne t'en vas?
Sos. Comment cela?
Merc. C'est que tu ne t'en iras pas à pied, et que tu auras l'honneur d'être porté, si tu me fais une fois prendre un bâton.
Sos. Enfin, je te réponds que je suis de cette maison.
Merc. Prends bien garde à toi, et dépêche-toi de t'en aller, si tu n'as envie d'être battu.
Sos. Comment! lorsque j'arrive de si loin, tu veux m'empêcher de rentrer au logis?
Merc. Est-ce que c'est là ta maison?
Sos. Oui, te dis-je.

Merc. Qui est donc ton maître?
Sos. Amphitryon, qui commande à présent le légions thébaines, qui est le mari d'Alcmène.
Merc. Que dis-tu? Et quel est ton nom, à toi?
Sos. Tous les Thébains m'appellent Sosie, fils de Dave.
Merc. Tu viens ici chercher malheur, effronté coquin, avec tes mensonges préparés, et tes fourberies mal cousues.
Sos. Je ne viens pas avec des fourberies cousues, mais avec des habits cousus.
Merc. Tu vois bien que tu mens; car ce n'est pas avec des habits que tu viens, c'est avec tes pieds.
Sos. Assurément.
Merc. Assurément tu vas être battu pour ton mensonge.
Sos. Par Pollux!...
Merc. Par Pollux; c'est ce qui t'arrivera, que tu le veuilles ou non; c'est une chose arrêtée.
Sos. Je t'en conjure....
Merc. Pourquoi oses-tu te dire Sosie, quand c'est moi qui le suis?
Sos. Aïe! aïe! je suis mort.
Merc. Bon! Ce n'est encore rien, auprès de ce qui va suivre. A qui appartiens-tu à présent?
Sos. A toi. Car tu es mon maître, grâce à tes poings. A moi! Thébains! à moi, braves citoyens!
Merc. Tu oses encore crier, bourreau? Réponds. Pourquoi es-tu venu?
Sos. Pour que tu eusses quelqu'un à battre.
Merc. A qui appartiens-tu?
Sos. Je te dis que je suis Sosie, esclave d'Amphitryon.
Merc. Tu vas être rossé de plus belle, pour tes sots propos; c'est moi qui suis Sosie, et non pas toi.
Sos. Plût aux dieux que tu fusses à ma place, et moi à la tienne! ce serait moi qui te battrais.

Sos. Mentiris nunc jam.
Merc. At jam faciam ut verum dicas dicere. *Sos.* Quid eo'stropus?
Merc. Possum scire quo profectus, quojus sis, aut quid veneris?
Sos. Huc eo; heri mei sum servos : numquid nunc es certior?
Merc. Ego tibi istam hodie scelestam comprimam linguam.
Sos. Haud potes,
Bene pudiceque adservatur. *Merc.* Pergin' argutarier?
Quid apud hasce ædeis negoti'st tibi? *Sos.* Imo quid tibi'st?
Merc. Rex Creo vigiles nocturnos singulos semper locat.
Sos. Bene facit; quia nos eramus peregre, tutatu'st domum.
At nunc abi sane, advenisse familiareis dicito.
Merc Nescio quam tu familiaris sis : nisi actutum hinc abis,
Familiaris adcipiere faxo haud familiariter.
Sos. Heic, inquam, habito ego, atque horunc servos sum.
Merc. At scin' quomodo?
Faciam ego hodie te superbum, nisi hinc abis. *Sos.* Quonam modo?
Merc. Auferere, non abibis, si ego fustem sumpsero.
Sos. Quin, me esse hujus familiæ familiarem prædico.
Merc. Vide sis, quam mox vapulare vis, nisi actutum hinc abis.
Sos. Tun' domo prohibere peregre me advenientem postulas?
Merc. Hæccine tua domu'st? *Sos.* Ita, inquam.

[1] Il y a ici un jeu de mots, sur l'expression *verbero* qui, prise substantivement, veut dire, *homme sujet à être battu*, mais qui est aussi un verbe, et signifie, *je bats*. Mercure le dit dans le premier sens, et Sosie feint de l'entendre dans le second; il répond : *tu mens quant à présent*; car tu ne bats pas.

Merc. Quis herus est igitur tibi?

Sos. Amphitruo, qui nunc præfectu'st Thebanis legionibus;
Quicum nupta'st Alcumena. *Merc.* Quid ais? quid nomen tibi'st?

Sos. Sosiam vocant Thebani, Davo prognatum patre.

Merc. Næ tu istic hodie malo tuo, compositis mendactis,
Advenisti, audaciæ columen, consutis dolis.

Sos. Imo equidem tunicis consutis huc advenio, non dolis.

Merc. At mentiris etiam : certo pedibus, non tunicis venis.

Sos. Ita profecto. *Merc.* Nunc profecto vapula ob mendacium.

Sos. Non edepol volo profecto. *Merc.* At pol profecto ingratis.
Hoc quidem profecto certum'st, non est arbitrarium.

Sos. Tuam fidem obsecro! *Merc.* Tun' te audes Sosiam esse dicere,
Qui ego sum? *Sos.* Perii! *Merc.* Parum etiam, præut futurum'st, prædicas.

Quojus nunc es? *Sos.* Tuus : nam pugnis usu fecisti tuum.
Proh fidi Thebani civeis! *Merc.* Etiam clamas, carnufex?
Eloquere, quid venisti? *Sos.* Ut esset quem tu pugnis cæderes.

Merc. Quojus es? *Sos.* Amphitruonis, inquam, Sosia. *Merc.*
Ergo istoc magis,
Quia vaniloquus, vapulabis : ego sum; non tu, Sosia.

Sos. Ita di faciant, ut tu potius sis, atque ego, te ut verberem.

AMPHITRYON, ACTE I, SCÈNE I.

Merc. Tu murmures entre tes dents?
Sos. Je ne dirai plus rien.
Merc. Qui est ton maître?
Sos. Qui tu voudras.
Merc. Eh bien! ton nom, à présent?
Sos. Je n'en ai point, à moins que tu ne m'en donnes un.
Merc. Tu disais que tu étais Sosie, esclave d'Amphitryon?
Sos. Je me trompais; j'ai voulu dire que j'étais le Sosie... l'*associé* d'Amphitryon[1].
Merc. Je savais bien aussi qu'il n'y avait pas d'autre Sosie que moi à la maison. Ton bon sens était bien loin.
Sos. Si tes poings pouvaient s'en être allés avec lui!
Merc. C'est moi qui suis ce Sosie que tu prétendais être.
Sos. Je t'en prie, permets-moi de te parler tranquillement, et convenons que je ne serai pas battu.
Merc. Eh bien! je t'accorde une trêve, si tu as quelque chose à me dire.
Sos. Je ne dis mot, si la paix n'est conclue; je rends hommage à la force de tes poings.
Merc. Dis tout ce que tu voudras; je ne te ferai pas de mal.
Sos. Puis-je m'en fier à toi?
Merc. Je t'en donne ma parole.
Sos. Et si tu me trompes?
Merc. Que la colère de Mercure retombe sur Sosie!
Sos. Écoute-moi donc bien, puisque je puis te parler librement tout à mon aise. Je suis Sosie, esclave d'Amphitryon.
Merc., *menaçant Sosie.* Tu y reviens encore!
Sos. La paix est faite, le traité, conclu; je dis la pure vérité.
Merc. Tu seras battu.
Sos. Fais ce que tu voudras, comme tu voudras, puisque tu es le plus fort. Quoi que tu fasses, je la dirai toujours.
Merc. Et toi, tant que tu vivras, tu ne m'empêcheras jamais d'être Sosie.
Sos. Mais enfin, tu n'empêcheras pas que je ne sois de notre maison. Il n'y a pas d'autre Sosie que moi, qui étais parti d'ici pour l'armée, avec mon maître Amphitryon.
Merc. Cet homme-là n'a pas sa raison.
Sos. C'est bien toi, qui perds la tienne. Que diantre! je ne suis plus Sosie, esclave d'Amphitryon? Quoi! n'est-il pas arrivé cette nuit du port Persique un de nos vaisseaux qui m'a conduit ici? Mon maître ne m'y a-t-il pas envoyé? Ne suis-je pas devant la porte de notre maison? ne tiens-je pas cette lanterne dans ma main? ne parlé-je pas? ne suis-je pas bien éveillé? n'ai-je pas trouvé ici cet homme qui m'a accablé de coups de poing! Cela n'est que trop vrai; car, hélas! mes mâchoires s'en ressentent encore. Pourquoi donc est-ce que j'hésite? Pourquoi n'entré-je pas chez nous?
Merc. Comment? chez nous?
Sos. Oui, chez nous.
Merc. Tout ce que tu viens de conter, ce sont autant de mensonges. C'est moi qui suis Sosie, qui appartiens à Amphitryon; cette nuit, le même vaisseau par lequel je suis venu est parti du port Persique; nous avons pris d'assaut la ville où régnait Ptérélas. Nous avons réduit par notre courage les légions téléboënnes, et dans le combat Amphitryon a de sa propre main coupé la tête au roi Ptérélas.
Sos. Je ne m'en crois plus moi-même, quand je l'entends jaser de la sorte. Il vous conte toute l'histoire de notre campagne, comme s'il l'avait apprise par cœur. Mais voyons un peu; qu'est-ce que l'on a donné à Amphitryon du butin fait sur les Téléboëns?
Merc. Une coupe d'or dont Ptérélas avait coutume de se servir.

Merc. Etiam muttis? *Sos.* Jam tacebo. *Merc.* Quis tibi herus't? *Sos.* Quem tu voles.
Merc. Quid igitur? qui nunc vocare? *Sos.* Nemo; nisi quem jusseris.
Merc. Amphitruonis te esse aibas Sosiam. *Sos.* Peccaveram:
Nam Amphitruonis socium næ me esse volui dicere.
Merc. Scibam equidem nullum esse nobis, nisi me, servom Sosiam.
Fugit te ratio. *Sos.* Utinam istuc pugni fecissent tui!
Merc. Ego sum Sosia ille, quem tu dudum esse aiebas mihi.
Sos. Obsecro per pacem liceat te adloqui, ut ne vapulem.
Merc. Induciæ parumper fiant, si quid vis loqui.
Sos. Non loquar nisi pace facta, quando pugnis plus vales.
Merc. Dicito, si quid vis, non nocebo. *Sos.* Tuæ fidei credo?
Merc. Meæ.
Sos. Quid, si falles? *Merc.* Tum Mercurius Sosiæ iratus siet.
Sos. Animum adverte: nunc licet mihi libere quidvis loqui.
Amphitruonis ego sum servos Sosia. *Merc.* Etiam denuo?
Sos. Pacem feci; fœdus feci; vera dico. *Merc.* Vapula.
Sos. Ut lubet, quod tibi lubet fac, quoniam pugnis plus vales.
Verum, utut es facturus, hoc quidem hercle haud reticebo tamen.
Merc. Tu me vivos hodie numquam facies, quin sim Sosia.
Sos. Certe, edepol, tu me alienabis numquam, quin noster siem:
Nec nobis præter med alius quisquam'st servos Sosia,
Qui cum Amphitruone hinc una ieram in exercitum.
Merc. Hic homo sanus non est. *Sos.* Quod mihi prædicas vitium, id tibi'st.
(*Hæc seorsum.*)
Quid malum! non sum ego servos Amphitruonis Sosia?
Nonne hac noctu nostra navis huc ex portu Persico
Venit, quæ me advexit? nonne me huc herus misit meus?
Nonne ego nunc heic sto ante ædeis nostras? non mihi'st laterna in manu?
Non loquor? non vigilo? non hic homo modo me pugnis contudit?
Fecit hercle, nam etiam misero nunc malæ dolent.
(*Alta voce.*)
Quid igitur ego dubito? aut cur non introeo in nostram domum?
Merc. Quid, domum vestram? *Sos.* Ita enimvero. *Merc.* Quin quæ dixisti modo,
Omnia ementitu's: equidem Sosia Amphitruonis sum.
Nam noctu hac soluta'st navis nostra e portu Persico;
Et ubi Pterela rex regnavit, oppidum expugnavimus,
Et legiones Teleboarum vi pugnando cepimus,
Et ipsus Amphitruo obtruncavit regem Pterelam in prælio.
Sos. Egomet mihi non credo, quum illæc autumare illum audio.
Hic quidem certe, quæ illeic sunt res gestæ, memorat memoriter.
Sed quid ais? quid Amphitruoni a Telebois datum'st?
Merc. Pterela rex qui potitare solitus est, patera aurea.

---

1. Jeu de mots sur *sociam* et *socium*.

Sos. C'est cela. Où est à présent cette coupe?

Merc. Dans un petit coffre scellé du cachet d'Amphitryon.

Sos. Et le cachet, que représente-t-il?

Merc. Le soleil levant, avec un char. Crois-tu me surprendre en défaut, coquin?

Sos., à part. Toutes les preuves sont pour lui; je n'ai plus qu'à chercher un autre nom. D'où a-t-il pu voir tout cela? Mais je m'en vais bien l'attraper. Ce que j'ai fait tout seul, quand j'étais renfermé sans témoins dans notre tente, je défie bien qu'il puisse me le dire. (*Haut.*) Si tu es Sosie, qu'as-tu fait dans la tente pendant qu'on se battait? Si tu le sais, je m'avoue vaincu.

Merc. Il y avait là un tonneau de vin; j'en remplis une bouteille.

Sos. Ma foi, l'y voilà.

Merc. Et je l'avalai pur, tel que la nature nous le donne.

Sos. Je n'y comprends rien, à moins qu'il ne fût caché dans la bouteille. En effet, j'ai bu ce vin, et je l'ai bu pur.

Merc. Eh bien! es-tu convaincu maintenant que tu n'es pas Sosie?

Sos. Tu prétends que je ne suis pas Sosie?

Merc. Sans doute; à moins que je ne dise que je ne suis pas ce que je suis.

Sos. Je jure par Jupiter que je suis Sosie, et que je ne mens pas.

Merc. Et moi, je jure par Mercure que Jupiter ne te croira point; et il ajoutera plus de foi à un seul mot de moi, qu'à tous tes serments.

Sos. Qui suis-je du moins, si je ne suis pas Sosie? Dis-le-moi.

Merc. Quand je ne voudrai plus l'être, sois-le, cela m'est égal; mais tant que je le suis, cède-moi la place, faquin, ou tu seras rossé.

Sos. Ma foi! Quand je le regarde, et que je songe à ma figure telle que je l'ai vue souvent dans un miroir, il est tout mon portrait. Même chapeau, même habit; tout est pareil. La jambe, le pied, la taille, les cheveux, les yeux, le nez, les dents, les lèvres, les joues, le menton, la barbe, le col, enfin tout; s'il a, comme moi, des marques de coups de fouet sur le dos, on ne peut pas se ressembler davantage. Cependant, quand j'y songe, il me semble que je suis toujours le même, toujours moi; je me porte bien, je suis dans mon bon sens, je connais mon maître, je vois notre maison; qu'il en dise tout ce qu'il voudra, je vais frapper à la porte.

Merc. Où vas-tu?

Sos. Hé! chez nous.

Merc. Quand tu monterais dans le char de Jupiter pour t'enfuir, tu n'échapperais pas aux coups qui t'attendent.

Sos. Comment? il ne m'est pas permis de m'acquitter auprès de ma maîtresse des commissions dont m'a chargé mon maître?

Merc. Cherche ta maîtresse où tu voudras; mais pour la mienne, qui est là dedans, je ne t'en laisserai pas approcher. Et si tu me fâches davantage, je te casserai les reins.

Sos. Allons-nous-en plutôt. Ayez pitié de moi, dieux immortels! Où me suis-je perdu, où ai-je été changé? où ai-je quitté ma figure? Me suis-je laissé ici par oubli? Il faut bien que cela soit. Car il a pris la figure que j'avais; il la possède à présent; il porte mon image: il me fait de mon vivant un honneur qu'on ne me fera jamais après ma mort. Allons; je retournerai au port raconter à mon maître ce qui m'est arrivé. Pourvu qu'il n'aille pas me méconnaître à son tour; ou plutôt veuille Jupiter qu'il me méconnaisse! Comme je vais, dès aujourd'hui, me faire raser la tête pour prendre le bonnet des hommes libres!

Sos. Elocutus est. Ubi patera nunc est? *Merc.* In cistula Amphitruonis obsignata signo'st. *Sos.* Signi, die, quid est?
Merc. Cum quadrigis Sol exoriens : quid me captas, carnufex?
Sos. (*hæc seorsum.*) Argumentis vincit : aliud nomen quærendum'st mihi.
Nescio unde hæc hic spectavit. Jam ego hunc decipiam probe;
Nam quod egomet solus feci, nec quisquam alius adfuit
In tabernaculo, id quidem hodie numquam poterit dicere.
(*Alta voce.*)
Si tu Sosia es, legiones quom pugnabant maxume,
Quid in tabernaculo fecisti? victus sum, si dixeris.
Merc. Cadus erat vini; inde implevi hirneam. *Sos.* Ingressu'st viam.
Merc. Eam ego, ut matre fuerat natum, vini eduxi meri.
Sos. Mira sunt, nisi latuit intus illic in illac hirnea.
Factum'st illud, ut ego illeic vini hirneam ebiberim meri.
Merc. Quid nunc? vincon' argumentis, te non esse Sosiam?
Sos. Tu negas med esse? *Merc.* Quid ego ni negem, qui egomet siem?
Sos. Per Jovem juro med esse, neque me falsum dicere.
Merc. At ego per Mercurium juro, tibi Jovem non credere;
Nam injurato, scio, plus credet mihi, quam jurato tibi.
Sos. Quis ego sum saltem, si non sum Sosia? te interrogo.
Merc. Ubi ego Sosia nolim esse, tu esto sane Sosia.
Nunc quando ego sum, vapulabis ni hinc abis ignobilis.
Sos. Certe edepol, quom illum contemplo, et formam cognosco meam

Quemadmodum ego sum (sæpe in speculo inspexi), nimis simili'st mei.
Itidem habet petasum, ac vestitum : tam consimili'st atque ego.
Sura, pes, statura, tonsus, oculi, nasum, vel labra,
Malæ, mentum, barba, collum : totus! quid verbis opu'st?
Si tergum cicatricosum, nihil hoc simili'st similius.
Sed quom cogito, equidem certo idem sum qui semper fui.
Novi herum, novi ædeis nostras; sane sapio et sentio.
Non ego illi immutempero quod loquitur; pultabo foreis.
Merc. Quo agis te? *Sos.* Domum. *Merc.* Quadrigas si nunc inscendas Jovis,
Atque hinc fugias, ita vix poteris effugere infortunium.
Sos. Nonne heræ meæ nunciare, quod herus meus jussit, licet?
Merc. Tuæ, si quid vis nunciare; hanc nostram adire non sinam.
Nam si me irritassis, hodie lumbifragium hinc auferes.
Sos. Abeo potius : di immortales, obsecro vostram fidem!
Ubi ego perii? ubi immutatus sum? ubi ego formam perdidi?
An egomet me illeic reliqui, si forte oblitus fui?
Nam hic quidem omnem imaginem meam, quæ antehac fuerat, possidet.
Vivo fit, quod numquam quisquam mortuo faciet mihi.
Ibo ad portum, atque hæc uti sunt facta, hero dicam meo.
Nisi etiam is quoque me ignorabit; quod ille faciat Jupiter!
Ut ego hodie raso capite calvos capiam pilleum.

SCÈNE II.

MERCURE, *seul*.

Jusqu'à présent, tout m'a fort bien réussi ; j'ai su écarter de la maison cet importun, de manière que mon père puisse jouir en sûreté des doux effets de sa métamorphose. Ce pauvre diable, lorsque son maître Amphitryon sera arrivé, ne manquera pas de lui raconter qu'un autre Sosie l'a empêché d'entrer au logis ; le maître ne pourra ajouter foi à ce rêve, et croira plutôt que le coquin n'est point parti, et n'a pas suivi ses ordres. Je vais répandre l'erreur et la confusion dans l'esprit de tous deux et dans toute la maison d'Amphitryon. Cela durera jusqu'à ce que mon père soit rassasié d'amour ; alors ils sauront tous la vérité. Jupiter prendra la peine de réconcilier Alcmène avec son époux. Car d'abord Amphitryon, accusant sa femme, fera un vacarme horrible. Mon père trouvera moyen d'apaiser tout le tumulte ; enfin, Alcmène, ce que je ne vous ai pas encore dit, accouchera de deux fils, dont l'un naîtra dix mois, et l'autre sept après sa conception. L'un des deux est d'Amphitryon, l'autre est de Jupiter. L'aîné appartient au moindre des deux pères, et le second, au plus grand. Êtes-vous enfin assez instruits ? C'est pour couvrir l'honneur d'Alcmène que mon père a voulu qu'elle accouchât de deux enfants à la fois ; de manière qu'elle n'eût qu'une seule fois la douleur de l'enfantement, et que l'on ne la soupçonnât point d'une aventure galante. Amphitryon, cependant, sera instruit de la vérité. Que résultera-t-il de cette intrigue ? Après tout, personne n'en fera un crime ni un reproche à cette pauvre femme. Jupiter est trop juste pour permettre que sa faute retombe sur celle qui en est innocente. Mais il faut me taire. J'entends qu'on ouvre, et je vois notre faux Amphitryon sortir avec Alcmène, son épouse d'emprunt.

SCÈNE III.

JUPITER, ALCMÈNE, MERCURE.

Jup. Adieu, ma chère Alcmène, portez-vous bien ; continuez à prendre soin de la maison ; mais, de grâce, ménagez-vous ; vous voyez que vous êtes presque à terme ; je suis obligé de partir ; je vous recommande notre enfant qui va naître.

Alcm. Qu'avez-vous donc, mon ami, qui vous oblige à vous éloigner sitôt ?

Jup. Ce n'est pas que je ne me trouve bien ici près de vous ; mais quand un général n'est pas à la tête de son armée, les choses ne vont jamais comme elles doivent aller.

Merc., à part. C'est un adroit fripon, que mon très-cher père ; voyez comme il sait attraper cette pauvre femme par ses cajoleries.

Alcm. En effet, je vois combien vous vous souciez de votre épouse.

Jup. N'est-ce pas assez pour vous, s'il n'y a aucune femme au monde que j'aime autant que vous ?

Merc., à part, montrant le ciel. Si votre femme savait vos fredaines ici-bas, vous aimeriez mieux être Amphitryon que Jupiter.

Alcm. J'aimerais mieux des preuves réelles que des assurances de tendresse en parole. A peine la place que vous occupiez au lit est-elle échauffée, que vous me quittez. Vous êtes arrivé hier fort tard, et vous vous en allez à présent. Trouvez-vous cela fort agréable ?

Merc., à part. Je vais me mêler de l'entretien, et aider mon père à la calmer. (*Haut.*) Non, je ne

SCENA SECUNDA.

MERCURIUS.

Bene prospereque hoc hodie operis processit mihi.
Abmovi a foribus maxumam molestiam,
Patri ut liceret tuto illam amplexarier.
Jam ille illuc ad herum quom Amphitruonem advenerit,
Narrabit servom hinc sese a foribus Sosiam
Abmovisse : ille adeo illum mentiri sibi
Credet : neque credet huc profectum, ut jusserat.
Erroris ambo ego illos et dementiæ
Conplebo atque omnem Amphitruonis familiam :
Adeo usque satietatem dum capiet pater
Illius quam amat : igitur demum omnes scient,
Quæ facta. Denique Alcumenam Jupiter
Rediget antiquam in concordiam conjugis.
Nam Amphitruo actutum uxori turbas conciet,
Atque insimulabit eam probri : tum meus pater
Eam seditionem in tranquillum conferet.
Nunc de Alcumena dudum quod dixi minus,
Hodie illa pariet filios geminos duos :
Alter decumo post mense nascetur puer,
Quam seminatus ; alter mense septumo.
Eorum Amphitruonis alter est, alter Jovis.
Verum minori puero major est pater,
Minor majori : jamne hoc scitis, quid siet ?
Sed, Alcumenæ hujus honoris gratia,
Pater curavit, uno ut fœtu fieret ;
Uno ut labore absolvat ærumnas duas,
Et ne in suspicione ponatur stupri,
Et clandestina ut celetur suspicio.
Quamquam, ut jamdudum dixi, resciscet tamen
Amphitruo rem omnem : quid igitur ? nemo id probro
Profecto ducet Alcumenæ : nam deum
Non par videtur facere, delictum suum
Suamque culpam expetere in mortalem ut sinat.
Orationem conprimam : crepuit foris,
Amphitruo subditivus, eccum, exit foras,
Cum Alcumena uxore usuraria.

SCENA TERTIA.

JUPITER, ALCUMENA, MERCURIUS.

Jup. Bene vale, Alcumena ; cura rem conmunem, quod facis.
Atque inparce, quæso ; menses jam tibi esse actos vides.
Mihi necesse'st ire hinc ; verum, quod erit natum, tollito.
Alcm. Quid istud est, mi vir, negoti, quod tu tam subito domo
Abeas ? *Jup.* Edepol, haud quod tui me, neque domi, distædeat ;
Sed sic summus imperator non adest ad exercitum,
Citius, quod non facto'st usus, fit, quam quod facto'st opus.
Merc. Nimis hic scitu'st sycophanta, qui quidem meus sit pater.
Observatote, quam blande mulieri palpabitur.
Alcm. Ecastor, re experior, quanti facias uxorem tuam.
Jup. Satin' habes, si feminarum nulla'st, quam æque diligam ?
Merc. Edepol, næ illa si istis rebus te sciat operam dare,
Ego faxim te Amphitruonem esse malis, quam Jovem.
Alcm. Experiri istuc mavellem me, quam mi memorarier.
Prius abis, quam lectus, ubi cubuisti, concaluit locus.
Here venisti media nocte, nunc abis : hoccine placet ?
Merc. Adeedam, atque hanc adpellabo, et subparasitabor patri.

crois pas qu'aucun mortel puisse être aussi éperdument amoureux de sa femme, que mon maître l'est de vous.

Jup. Que dis-tu, bourreau? De quoi te mêles-tu? Retire-toi tout à l'heure; garde pour toi tes réflexions; si tu dis un mot, vingt coups de bâton.

Alcm. Non, non, de grâce.

Jup. Que je t'entende!...

Merc. Mon premier coup d'essai, en flatterie, m'a réussi assez mal.

Jup. Vous avez raison, Alcmène; mais ne vous fâchez pas contre moi. J'ai dérobé pour vous ces instants à mon devoir; j'ai voulu que vous apprissiez de ma bouche ce que j'ai fait pour la patrie. Je vous ai tout raconté en détail; si je ne vous aimais pas, aurais-je agi de la sorte?

Merc. Ne l'ai-je pas bien dit? Comme il la flatte, le patelin!

Jup. A présent, de peur que l'armée ne s'aperçoive de mon absence, il faut que j'y retourne secrètement, afin qu'on ne dise pas que j'ai préféré ma femme à la république.

Alcm. Votre départ va me coûter bien des larmes.

Jup. Cessez; ne gâtez pas vos beaux yeux : je reviendrai bientôt.

Alcm. Ce bientôt est bien éloigné!

Jup. C'est à regret que je vous quitte, et que je m'éloigne de vous.

Alcm. Puis-je le croire, quand je vous vois partir la nuit même où vous êtes arrivé?

Jup. Ne me retenez pas; il est temps que je parte; je veux être hors de la ville avant qu'il fasse jour. Acceptez cependant cette coupe qui m'a été donnée comme le prix de mon courage; c'était celle dont se servait le roi Ptérélas, que j'ai tué de ma main; je vous en fais présent, Alcmène.

Alcm. Je vous reconnais à cette marque de tendresse; le présent m'est précieux, et digne de la main dont je le reçois.

Merc. Il l'est encore plus de la personne à qui il est offert.

Jup. Tu ne te tairas pas, pendard! Veux-tu que je t'assomme?

Alcm. Mon cher Amphitryon, en ma faveur faites grâce à Sosie.

Jup. J'y consens, puisque vous le voulez.

Merc. Il a l'amour bien brutal!

Jup. Qu'exigez-vous encore?

Alcm. Que vous m'aimiez, que vous songiez à moi, malgré l'absence.

Merc. Allons, Amphitryon; il va faire jour.

Jup. Sosie, va devant, je te suis à l'instant. Adieu, chère Alcmène; que voulez-vous encore?

Alcm. Toujours la même chose, que vous reveniez au plus tôt.

Jup. Je le promets; je serai plutôt de retour que vous ne l'imaginez : prenez courage. (*Alcmène sort.*)

Maintenant, ô Nuit que j'ai retenue sur l'horizon, je te donne congé de partir; cède la place au Jour, et laisse sa vive et pure lumière éclairer les mortels. Autant tu as été plus longue que la nuit précédente, autant le jour qui va suivre sera plus court; je le veux ainsi, afin de rétablir l'équilibre, et de tout faire rentrer dans l'ordre. A présent, je vais rejoindre Mercure.

ACTE SECOND.

SCÈNE PREMIÈRE.

AMPHITRYON, SOSIE.

Amph. Allons, marche; suis-moi.
Sos. Me voilà derrière vous.

Numquam, edepol, quemquam mortalem credo ego uxorem
  suam
Sic efflictim amare, proinde ut hic ut efflictim deperit.
Jup. Carnufex, non ego te gnovi? abin'e conspectu meo?
Quid tibi hanc curatio est rem, verbero, aut muttitio?
Quoi ego jam hoc scipione... *Alcm.* Ah! noli. *Jup.* Muttito
  mode.
Merc. Nequiter pæne expedivit prima parasitatio.
Jup. Verum quod tu dicis, mea uxor, non te mihi irasci decet.
Clanculum abii a legione; operam hanc subripui tibi,
Ex me primo prima scires, rem ut gessissem publicam.
Ea tibi omnia enarravi : nisi te amarem plurimum,
Non facerem. *Merc.* Facitne ut dixi? timidam palpo percutit.
Jup. Nunc, ne legio persentiscat, clam illud redeundum'st
  mihi;
Ne me uxorem prævortisse dicant præ republica.
Alcm. Lacrumantem ex abitu concinnas tu tuam uxorem. *Jup.*
  Tace.
Ne conrumpe oculos; redibo actutum. *Alcm.* Id actutum diu'st.
Jup. Non ego te heic lubens relinquo, neque abeo abs te.
Alcm. Sentio;
Nam qua nocte ad me venisti, eadem abis. *Jup.* Cur me tenes?
Tempu'st : exire ex urbe, priusquam luciscat, volo.
Nunc tibi hanc pateram, quæ dono mi illeic ob virtutem data'st,
Pterela rex qui potitavit, quem ego mea occidi manu,
Alcumena, tibi condono. *Alcm.* Facis ut alias res soles :
Ecastor, condignum donum, quali'st, qui donum dedit.
Merc. Imo sic condignum donum, quali'st quoi dono datum'st.
Jup. Pergin'autem? nonne ego possum, furcifer, te perdere?
Alcm. Noli, amabo, Amphitruo, irasci Sosiæ causa mea.
Jup. Faciam ita ut vis. *Merc.* Ex amore hic admodum quam
  sævus est?
Jup. Nunquid vis? *Alcm.* Ut quom absim, me ames, me tuam
  absentem tamen.
Merc. Eamus, Amphitruo, luciscit hoc jam. *Jup.* Abi præ,
  Sosia,
Jam ego sequar : nunquid vis? *Alcm.* Etiam : ut actutum adtumvenias. *Jup.* Licet.
Prius tua opinione, adero; bonum animum habe.
  (*Egreditur Alcmena.*)
Nunc te, nox, quæ me mansisti, mitto, ut cedas die,
Ut mortaleis inluciscas luce clara et candida,
Atque, quanto nox fui'st longior hac proxuma,
Tanto brevior dies ut fiat faciam, ut æque disparet,
Et di s e nocte adcedat : ibo, et Mercurium subsequar.

ACTUS SECUNDUS.

SCENA PRIMA.

AMPHITRUO, SOSIA.

Amph. Age, i tu secundum. *Sos.* Sequor, subsequor te.
Amph. Scelestissumum te arbitror. *Sos.* Nam quamobrem?

Amph. Tu es le plus grand maraud!
Sos. Mais pourquoi?
Amph. Parce que tu m'assures ce qui n'est point, ce qui n'a pas été, et ce qui ne sera jamais.
Sos. Par Cérès, vous voilà bien! Vous ne voulez jamais rien croire de ce que vous disent vos gens.
Amph. Qu'est-ce que c'est? Il te sied bien de parler ainsi! Coquin que tu es, je t'arracherai cette langue maudite.
Sos. Je vous appartiens; vous êtes le maître; faites tout ce qu'il vous plaira; mais vous ne m'empêcherez pas de dire les choses comme elles se sont passées.
Amph. Drôle! Tu oses me soutenir que tu es à présent à la maison, en même temps que je te vois ici?
Sos. C'est la vérité.
Amph. Crains le courroux des dieux et le mien.
Sos. Vous pouvez faire de moi ce que vous voudrez; je vous appartiens.
Amph. Oses-tu bien, misérable, te jouer de ton maître? tu oses assurer ce qu'on n'a jamais vu, ce qui ne peut pas être, qu'un homme dans le même moment se trouve dans deux endroits à la fois?
Sos. Rien n'est plus vrai que ce que je dis.
Amph. Que Jupiter te foudroie!
Sos. De grâce, mon cher maître, en quoi vous ai-je manqué? quel est mon crime?
Amph. Tu oses le demander, maraud, quand tu te moques de moi?
Sos. Vous auriez raison de vous fâcher, si cela était; mais je ne mens pas; je dis les choses comme elles sont.
Amph. Il faut que le drôle soit ivre.
Sos. Hélas! je voudrais bien l'être.
Amph. Tu n'as rien à désirer sur ce point.
Sos. Moi?

Amph. Toi-même. Dans quel endroit t'es-tu arrêté à boire?
Sos. Je n'ai bu nulle part.
Amph. A quel homme ai-je affaire!
Sos. Voilà dix fois que je vous le répète; je suis à la maison, vous dis-je, moi Sosie; et moi Sosie, je suis encore ici. Cela est-il clair? me fais-je bien entendre?
Amph. Laisse-moi. Va-t'en.
Sos. Par quelle raison? Qu'avez-vous?
Amph. Tu as le cerveau malade.
Sos. Où voyez-vous cela? Je vous assure que je me porte à merveille, que je suis sain de corps et d'esprit.
Amph. Quand tu auras reçu ce que tu mérites, tu ne te porteras pas si bien. Malheur à toi, quand je vais être rentré à la maison! Suis-moi, drôle, qui oses plaisanter ton maître, et lui conter des extravagances. Tu as négligé d'exécuter les ordres que je t'avois donnés, et tu viens à présent te moquer de moi. Tu viens, bourreau, me conter des choses impossibles, et telles que jamais personne n'a rien entendu de semblables. Mais ton dos va payer aujourd'hui tous tes mensonges.
Sos. Amphitryon! Le plus grand des malheurs qui puisse arriver à un honnête serviteur, c'est de dire la vérité à son maître, et de voir cette vérité étouffée par la force.
Amph. Mais comment se peut-il faire, misérable (car je veux encore raisonner avec toi), comment se peut-il faire que tu sois ici et à la maison? Je veux que tu me l'expliques.
Sos. Je n'en suis pas moins ici et à la maison. Tout le monde peut en être surpris; et moi qui vous parle, je n'en suis pas moins étonné que vous.
Amph. Comment cela?
Sos. Je vous dis que j'en suis tout aussi étonné

Amph. Quia id, quod neque est, neque fuit neque futurum'st,
Mihi prædicas. *Sos.* Eccere, jam tuatim
Facis, ut tuis nulla apud te sit fides.
Amph. Quid est? quo modo? jam quidem hercle ego tibi istam
Scelestam, scelus, linguam abscindam. *Sos.* Tuus sum;
Proinde ut commodum'st et jubet, quidque facias :
Tamen, quin loquar hæc uti facta sunt heic,
Nunquam ullo modo me potes deterrere.
Amph. Scelestissume! audes mihi prædicare id,
Domi te esse nunc, qui heic ades? *Sos.* Vera dico.
Amph. Malum! quod tibi dii dabunt, atque ego hodie dabo.
Sos. Istuc tibi est in manu; nam tuus sum.
Amph. Tun' me, verbero, audes herum ludificari,
Tun' id dicere audes? quod nemo unquam homo antehac
Vidit, nec potest fieri, tempore uno
Homo idem duobus locis ut simul sit?
Sos. Profecto, ut loquor, ita res est. *Amph.* Juppiter te perdat!
Sos. Quid mali sum, here, tua ex re promeritus?
Amph. Rogasne, inprobe, etiam, qui ludos facis me?
Sos. Merito maledicas mihi, si id ita factum'st.
Verum haud mentior, resque uti facta, dico.
Amph. Homo hic ebrius est, ut opinor. *Sos.* Utinam ita essem!
Amph. Optas quæ facta. *Sos.* Egone? *Amph.* Tu istic : ubi bibisti?
Sos. Nusquam equidem bibi. *Amph.* Quid hoc sit hominis?
Sos. Equidem decies dixi :
Domi ego sum inquam;

Ecquid audis? et apud te adsum Sosia idem.
Satin' hoc plane,
Satin' diserte, here, nunc videor tibi locutus
Esse? *Amph.* Vah! apage te a me. *Sos.* Quid est negotii?
Amph. Pestis te tenet. *Sos.* Nam cur istuc dicis?
Equidem valeo, et salvos sum recte, Amphitruo.
Amph. At te ego faciam hodie, proinde ac meritus es,
Ut minus valeas, et miser sis,
Salvos domum si rediero : jam
Sequere, sis, herum qui ludificas dictis delirantibus :
Qui quoniam, herus quod imperavit, neglexisti persequi,
Nunc venis etiam ultro inrisum dominum : quæ neque fieri
Possunt, neque fando unquam adcepit quisquam, profers,
carnufex;
Quojus ego hodie in tergo faxo ista expetant mendacia.
Sos. Amphitruo, miserrima istæc miseria est servo bono,
Apud herum qui vera loquitur, si id vi verum vincitur.
Amph. Quo id, malum, pacto potest (nam mecum argumentis puta)
Fieri, nunc uti tu heic sis et domi? Id dici volo.
Sos. Sum profecto et heic et illeic : hoc quoivis mirari licet.
Neque tibi istuc mirum magis videtur, quam mihi.
Amph. Quo modo? *Sos.* Nihilo, inquam, mirum magis tibi istuc, quam mihi.
Neque, ita me dii ament, credebam primo mihimet Sosiæ,
Donec Sosia, ille egomet, fecit sibi uti crederem.
Ordine omne, uti quidque actum'st, dum apud hostes sedimus,
Edissertavit : tum formam una abstulit cum nomine;

que vous; et, je vous le jure par tous les dieux, dans le premier moment je ne m'en croyais pas, moi, Sosie, jusqu'à ce que cet autre Sosie m'eût forcé de me croire. Il m'a raconté par ordre tout ce qui s'est passé pendant la campagne que nous venons de faire contre les ennemis; il m'a pris ma figure avec mon nom. Deux gouttes de lait ne sont pas plus semblables, que nous le sommes tous deux. Comme vous m'aviez fait partir du port longtemps avant le jour pour me rendre à la maison...

Amph. Après?

Sos. J'étais ici devant notre porte longtemps avant que d'être arrivé.

Amph. Quelles sont ces impertinences? Es-tu dans ton bon sens?

Sos. J'y suis parfaitement, comme vous voyez.

Amph. Il faut que quelque main ennemie ait jeté un sort sur ce pauvre homme, depuis qu'il m'a quitté.

Sos. Pour cela, j'en conviens; car j'ai reçu force coups de poing.

Amph. Qui t'a frappé?

Sos. Moi-même : j'entends le moi qui suis maintenant à la maison.

Amph. Je veux que tu ne fasses plus que répondre aux questions que je vais te faire. D'abord, commence par me dire qui est ce Sosie.

Sos. C'est votre esclave.

Amph. Eh! bons dieux! j'ai trop d'un Sosie; et depuis que je suis au monde, tu es le seul Sosie que j'aie eu à mon service.

Sos. Permettez-moi de parler à mon tour, Amphitryon. Je vous dis qu'en arrivant à la maison, je vous ferai trouver un autre Sosie, fils de Dave, de mon propre père; il est de mon âge, il a ma figure; que vous dirai-je enfin? votre Sosie est devenu double.

Amph. Tu me contes là des folies. Mais as-tu vu ma femme?

Sos. Je n'ai jamais pu entrer au logis.

Amph. Qui t'en a empêché?

Sos. Le Sosie, dont je vous parle depuis une heure, celui qui m'a assommé de coups.

Amph. Quel est donc ce Sosie?

Sos. Moi, vous dis-je; combien de fois faut-il vous le répéter?

Amph. Qu'est-ce que cela signifie? N'as-tu pas dormi, par hasard?

Sos. Pas du tout.

Amph. Tu auras rêvé que tu auras vu ce prétendu Sosie.

Sos. Je ne dors point, je ne rêve point quand j'exécute les ordres d'un maître. J'étais bien éveillé quand je l'ai vu; je suis bien éveillé à présent que je vous vois et que je vous parle; j'étais même très-éveillé, et l'autre Sosie l'était aussi bien que moi, lorsqu'il m'a roué de coups.

Amph. Qui cela?

Sos. Sosie, vous dis-je, le moi. Vous ne me comprendrez donc pas?

Amph. Qui pourrait te comprendre, coquin que tu es, quand tu contes de pareilles balivernes?

Sos. C'est bon; vous allez bientôt faire connaissance avec lui.

Amph. Avec qui?

Sos. Avec ce Sosie.

Amph. Allons, suis-moi. Il faut que je tâche d'éclaircir ce mystère. Auparavant, aie soin de faire apporter du vaisseau tout ce que je t'ai ordonné.

Sos. Comptez sur ma mémoire et sur mon exactitude; rien ne sera omis. Je n'ai pas plus avalé vos ordres que je n'ai bu de vin.

Amph. Prie les dieux qu'ils te fassent la grâce qu'il n'y ait rien de vrai dans tout ce que tu m'as dit.

SCÈNE II.

ALCMÈNE, AMPHITRYON, SOSIE, THESSALA.

Alcm. Qu'il y a peu de plaisir dans la vie, au

Neque lacte lacti magis est simile, quam ille ego simili'st mei.
Nam ut dudum ante lucem a portu me præmisisti domum....
Amph. Quid igitur? *Sos.* Prius multo ante ædeis stabam, quam illo adveneram.
Amph. Quas, malum, nugas! satin' tu sanus es? *Sos.* Sic sum, ut vides.
Amph. Huic homini nescio quid est mali mala objectum manu,
Postquam a me abiit. *Sos.* Fateor; nam sum obtusus pugnis pessume.
Amph. Quis te verberavit? *Sos.* Egomet memet, qui nunc sum domi.
Amph. Cave quicquam, nisi quod rogabo te, mihi responderis.
Omnium primum, iste qui sit Sosia, hoc dici volo.
Sos. Tuus est servus. *Amph.* Mihi quidem uno te plus etiam'st quam volo :
Neque, postquam sum natus, habui, nisi te, servom Sosiam,
Sos. At ego nunc, Amphitruo, dico; Sosiam servom tuum,
Præter me alterum, inquam, adveniens faciam ut obfendas domi,
Davo prognatum; patre eodem quo ego sum, forma, ætate item
Qua ego sum : quid opu'st verbis? geminus Sosia hic factu'st tibi.
Amph. Nimia memoras mira : sed vidistin' uxorem meam?
Sos. Quin introire in ædeis nunquam licitum'st. *Amph.* Quis te prohibuit?

Sos. Sosia ille, quem jamdudum dico, is qui me contudit.
Amph. Quis istic Sosia'st? *Sos.* Ego, inquam : quoties dicendum'st tibi?
Amph. Sed quid ais? num obdormivisti dudum? *Sos.* Nusquam gentium.
Amph. Ibi forte istum si vidisses quemdam in somnis Sosiam
Sos. Non soleo ego somniculose heri imperia persequi.
Vigilans vidi, vigilans nunc te video, vigilans fabulor,
Vigilantem ille me jamdudum vigilans pugnis contudit.
Amph. Quis homo? *Sos.* Sosia, inquam, ego ille : quæso, nonne intellegis?
Amph. Qui, malum, intellegere quisquam potis est? ita nugas blatis.
Sos. Verum actutum gnosces. *Amph.* Quem? *Sos.* Illum guosces, servom Sosiam.
Amph. Sequere hac igitur me : nam mi istuc primum exquisito'st opus.
Sed vide ex navi ecferantur, quæ jam imperavi, omnia.
Sos. Et memor sum, et diligens, ut, quæ inperes, compareant.
Non ego cum vino simitu ebibi inperium tuum.
Amph. Utinam di faxint, infecta dicta re eveniant tua!

SCENA II.

ALCUMENA, AMPHITRUO, SOSIA, THESSALA.

Alc. Satin' parva res est voluptatum in vita,
Atque in ætate agunda,

AMPHITRYON, ACTE II, SCÈNE II.

près du chagrin dont elle abonde! Tel est le sort des humains, telle est la volonté des dieux, que la douleur doit toujours se trouver auprès du plaisir, et le suivre; et il y a plus de mal, plus de peine, pour celui à qui il vient d'arriver quelque bonheur. Je le sais par moi-même; je viens d'en faire l'expérience, moi qui ai joui de quelques instants de plaisir, en me retrouvant près de mon époux, une nuit, une seule nuit, et qui l'ai vu me quitter tout d'un coup avant le jour. Il me semble être seule au monde, à présent que je suis éloignée du seul homme que j'aime. Son départ m'a fait plus de peine que son arrivée ne m'avait causé de joie. Mais au moins ce qui me rend heureuse, c'est qu'il a vaincu les ennemis; c'est qu'il rentre dans sa maison couvert de gloire; c'est là une consolation. Qu'il parte, pourvu qu'il revienne glorieux et triomphant; je supporterai son absence avec fermeté, avec courage, si j'obtiens pour récompense qu'il revienne vainqueur. Je n'en veux pas davantage. La valeur est d'un prix inestimable; elle est préférable à toutes choses. C'est elle qui défend et qui conserve la liberté, la vie, nos biens, nos parents et nos enfants; cette vertu comprend tout; aucun bien ne manque à celui qui la possède.

Amph. Oui, je le crois; ma femme désire de me voir de retour; j'en suis aimé autant que je l'aime; et quel plaisir surtout de revenir après un si heureux succès, après avoir vaincu des ennemis qu'on croyait invincibles! Sous mon commandement et par mes ordres, ils ont été défaits à la première rencontre. Chère Alcmène! tu m'attends avec impatience, je n'en puis douter.

Sos. Et croyez-vous que ma maîtresse ne désire pas aussi de revoir son cher Sosie?

Alcm. Que vois-je? C'est mon époux.

Amph. Suis-moi de ce côté.

Alcm. Pourquoi revient-il sur ses pas? Il était, disait-il, si pressé de partir! A-t-il dessein de m'éprouver? Veut-il voir si j'ai, en effet, tant de regret de son départ? Certes, jamais son retour ne peut me causer de peine.

Sos. Amphitryon, nous ferons bien de retourner au vaisseau.

Amph. Pourquoi cela?

Sos. Parce qu'il n'y aura pas à dîner pour nous aujourd'hui à la maison.

Amph. D'où te vient cette idée?

Sos. C'est que nous arrivons trop tard.

Amph. Comment cela?

Sos. Je vois devant la porte Alcmène qui a le ventre¹ plein.

Amph. Je l'ai laissée enceinte, quand je suis parti.

Sos. Ah! malheureux! je suis perdu!

Amph. Qu'as-tu donc?

Sos. A votre compte, j'arrive tout exprès au moment de ses couches pour porter l'eau dont elle aura besoin.

Amph. Ne t'inquiète pas.

Sos. Savez-vous comment je ne m'inquiète pas? Je gage, si une fois je touche le seau, et si je me mets à l'ouvrage, que je ne pourrai quitter avant d'avoir tiré jusqu'à la dernière goutte du puits. Il faudra que je le mette à sec.

Amph. Suis-moi, te dis-je, et sois tranquille; je ferai faire cette besogne par un autre.

Alcm., à part. Il est, je crois, de mon devoir d'aller à sa rencontre.

Amph. Amphitryon salue avec joie sa chère et sa tendre épouse, qu'il regarde comme la meilleure des femmes de Thèbes, et dont la vertu est admirée

---

Præ quam quod molestum'st : ita quoique conparatum
Est in ætate hominum;
Ita dis placitum , voluptatem ut mœror comes consequatur;
Quin , incommodi plus malique illico adsit, boni si obtigit
  quid.
Nam ego id nunc experior domo, atque ipsa de me scio, quoi
  voluptas
Parumper data'st , dum viri mei mihi potestas vidundi fuit.
Noctem unam modo ; atque is repente abiit a me hinc ante
  lucem.
Sola heic mihi nunc videor, quia ille hinc abest, quem ego
  amo præter omnes.
Plus ægri ex abitu viri, quam ex adventu voluptatis cepi.
Sed hoc me beat saltem , quod perduelleis vicit, et domum
Laudis compos revenit : id solatio'st. Absit ; dummodo
Laude parta domum recipiat se : feram et perferam usque
Abitum ejus animo forti atque obfirmato, id modo si mer-
  cedis
Datur mihi , ut meus victor vir belli clueat; satis
Mihi esse ducam. Virtus præmium'st optumum.
Virtus omnibus rebus anteit profecto.
Libertas, salus , vita, res , parentes,
Patria et prognati tutantur, servantur;
Virtus omnia in se habet : omnia adsunt bona, quem penes
* est virtus.
Amph. Edepol, me uxori exoptatum credo adventurum do-
  mum ,
Quæ me amat, quam contra amo; præsertim re gesta bene,
Victis hostibus, quos nemo posse superari ratu'st :
Eos auspicio meo atque ductu primo cœtu vicimus :
Certe enim me illi exspectatum optato venturum scio.

Sos. Quid me non rere exspectatum amicæ venturum meæ?
Alc. Meus vir hic quidem'st. *Amph.* Sequere hac tu me.
Alc. Nam quid illi revortitur,
Qui dudum properare sese aibat? an ille me tentat sciens?
Atque si id volt experiri, suum abitum ut desiderem ,
Ecastor med haud invita se domum recipit suam.
Sos. Amphitruo, redire ad navem meliu'st nos. *Amph.* Qua
  gratia?
Sos. Quia domi daturus nemo'st prandium advenientibus.
Amph. Qui tibi istuc in mentem venit? *Sos.* Quia enim sero
  advenimus.
Amph. Qui? *Sos.* Quia Alcumenam ante ædeis stare saturam
  intellego.
Amph. Gravidam ego illanc heic reliqui, quom abeo. *Sos.*
  Hei perii miser!
Amph. Quid tibi'st? *Sos.* Ad aquam præbendam commodum
  veni domum,
Decumo post mense, ut rationem te dictare intellego.
Amph. Bono animo es. *Sos.* Scin' quam bono animo sim? si
  situlam cepero,
Nunquam, edepol, tu mihi divini quicquam creduis post hunc
  diem ,
Ni ego illi puteo, si obcepso , animam omnem intertraxero.
Amph. Sequere hac me modo , alium ego isti rei adlegabo,
  ne time.
Alc. Magis nunc meum obficium facere , si huic eam advor-
  sum, arbitror.
Amph. Amphitruo uxorem salutat lætus , speratam suam,
Quam omnium Thebis vir unam esse optumam dijudicat,

¹ *Saturam*, jeu de mots sur ce qu'Alcmène est grosse; elle est bien rassasiée , bien remplie; elle a le ventre plein.

de tous. Eh bien comment vous êtes-vous portée? Mon retour vous fait-il quelque plaisir?

Sos., *à part.* Je n'ai jamais vu un mari si impatiemment attendu; on ne le salue pas plus que si c'était un chien.

Amph. Je vois que vous êtes heureusement avancée dans votre grossesse; je m'en réjouis.

Alcm. Ditez-moi, de grâce, Amphitryon, pourquoi me faites-vous cette plaisanterie? Vous me saluez, vous me parlez comme si vous ne m'aviez pas vue tantôt? comme si vous reveniez en ce moment chez vous pour la première fois depuis que vous avez combattu nos ennemis? Enfin vous me parlez comme s'il y avait longtemps que vous ne m'eussiez vue?

Amph. Mais assurément; je vous vois en cet instant pour la première fois aujourd'hui.

Alcm. Pourquoi parlez-vous ainsi?

Amph. Parce que j'ai l'habitude de dire la vérité.

Alcm. Il ne faudrait pas la perdre, cette habitude. Est-ce une épreuve que vous faites pour connaître mes sentiments? Pourquoi revenez-vous sitôt à la maison? Quelque mauvais augure ou le vent contraire vous a-t-il arrêté? pourquoi n'êtes donc pas retourné au camp, comme vous l'aviez dit tantôt?

Amph. Tantôt! De quel tantôt parlez-vous?

Alcm. Vous voulez m'éprouver; je dis tantôt; il n'y a qu'un moment; tout à l'heure.

Amph. Comment cela se peut-il? Comment vous aurais-je vue il n'y a qu'un moment, tout à l'heure?

Alcm. Vous croyez peut-être que je prends ma revanche, et que je vous plaisante à mon tour, parce que vous vous êtes amusé à me dire que vous arriviez à présent pour la première fois, tandis que vous veniez de me quitter peu de temps auparavant?

Amph., *à part.* Elle extravague, en vérité.

Sos., *bas.* Attendez un peu qu'elle ait achevé son somme.

Amph. Elle rêve tout éveillée.

Alcm. Je suis très-éveillée, et je vous dis très-positivement un fait certain. C'est que je vous ai vus, vous et Sosie, aujourd'hui, tantôt, avant le jour.

Amph. Où m'avez-vous vu?

Alcm. Ici, dans votre maison même.

Amph. Voilà ce qui n'est point.

Sos. Qu'en savez vous? Qui sait si nous n'avons pas fait le voyage en dormant?

Amph. Ah! tu vas être de son avis.

Sos. Que voulez-vous? Irez-vous vous attaquer à une bacchante en fureur? vous ne ferez qu'augmenter sa folie; elle en frappera plus fort et plus souvent; au lieu qu'en lui cédant vous en serez quitte pour le premier coup.

Amph. Non, je veux lui faire des reproches de m'avoir aussi mal reçu, quand j'arrive à la maison.

Sos. Vous jetterez de l'huile sur le feu.

Amph. Tais-toi. Alcmène, je veux vous faire une seule question.

Alcm. Que voulez-vous? Parlez.

Amph. Avez-vous perdu le sens, ou si c'est l'orgueil qui vous domine?

Alcm. Comment vient-il dans l'esprit de mon époux de me faire une pareille demande?

Amph. C'est que jusqu'à présent vous étiez dans l'usage, lorsque je revenais au logis, de me saluer, de m'accueillir comme les femmes vertueuses ont coutume d'accueillir leurs maris; et aujourd'hui, à mon retour, je trouve que vous avez oublié cet usage.

Alcm. Que dites-vous? lorsque vous arrivâtes hier, je vous saluai, je vous demandai avec empressement, comment vous vous étiez porté pendant votre absence; je vous pris la main, mon ami, et en même temps je vous embrassai.

Sos. Vous avez, hier, salué Amphitryon?

Alcm. Et toi aussi, Sosie.

Quamque adeo civeis Thebani vero rumificant probam.
Valuistin' usque? exspectatusne advenio? *Sos.* Haud vidi magis
Exspectatum! eum salutat magis haud quisquam, quam canem.
Amph. Et quom te gravidam, et quom pulchre plenam adspicio, gaudeo.
Alc. Obsecro, ecastor, quid tu me derideculi gratia
Sic salutas, atque adpellas, quasi dudum non videris,
Quasique nunc primum recipias te domum huc ex hostibus,
Atque me nunc proinde adpellas, quasi multo post videris?
Amph. Imo equidem te, nisi nunc, hodie nusquam vidi gentium.
Alc. Cur negas? *Amph.* Quia vera didici dicere. *Alc.* Haud æquom facit,
Qui, quod didicit, id dediscit: an periclitamini,
Quid animi habeam? sed quid huc vos revortimini tam cito?
An te auspicium commoratum'st? an tempestas continet?
Qui non abiisti ad legiones, ita uti dudum dixeras?
Amph. Dudum! quam dudum istuc factum'st? *Alc.* Tentas; jam dudum, modo.
Amph. Qui istuc potis est fieri, quæso, ut dicis, jam dudum, modo?
Alc. Quid enim censes? te ut deludam contra lusorem meum,
Qui nunc primum te advenisse dicas, modo qui hinc abieris?
Amph. Hæc quidem deliramenta loquitur. *Sos.* Paulisper mane,

Dum edormiscat unum somnum. *Amph.* Quæne vigilans somniat.
Alc. Equidem, ecastor, vigilo, et vigilans id, quod factum'st fabulor.
Nam dudum ante lucem et istunc et te vidi. *Amph.* Quo in loco?
Alc. Heic, in ædibus, ubi tu habitas. *Amph.* Nunquam factum'st. *Sos.* Non taces?
Quid si e portu navis huc nos dormienteis detulit?
Amph. Etiam tu quoque adsentaris huic? *Sos.* Quid vis fieri?
Non tu scis, Bacchæ bacchanti si velis adversarier,
Et insana insaniorem facies, feriet sæpius:
Si obsequare, una resolvas plaga. *At*, pol, quin certa res
Hanc est objurgare, quæ me hodie advenientem domum
Noluerit salutare. *Sos.* Inritabis crabrones. *Amph.* Tace.
Alcumena, unum rogare te volo. *Alc.* Quid vis rogare? roga.
Amph. Num tibi aut stultitia accessit, aut superat superbia?
Alc. Qui istuc in mentem tibi, mi vir, percontarier?
Amph. Quia salutare advenientem me solebas antidhac,
Adpellare itidem, ut pudicæ suos viros, quæ sunt, solent,
Eo more exemptem te factam advenienis obfendi domi.
Alc. Ecastor, equidem te certo heri advenientem illico
Et salutavi, et valuissesne usque, exquisivi simul,
Mi vir, et manum prehendi et osculum detuli tibi.
Sos. Tun' heri hunc salutavisti? *Alc.* Et te quoque etiam, Sosia.
Sos. Amphitruo, speravi ego istam tibi parituram filium;

Sos. Mon cher maître, j'espérais que votre épouse vous donnerait un fils; mais ce n'est pas un enfant qu'elle porte.
Amph. Et quoi donc?
Sos. C'est une provision de folie.
Alcm. Je suis certainement dans mon bon sens, et je demande aux dieux d'accoucher heureusement d'un fils; (*à Sosie*) mais toi, tu mériterais bien que ton maître te fît donner les étrivières, pour te punir de tes insolents pronostics.
Sos. C'est aux femmes grosses qu'il faut donner des grenades¹ à sucer, pour les faire revenir, lorsqu'elles sont près de se sentir quelque défaillance.
Amph. Vous m'avez vu hier ici? vous?
Alcm. Oui, oui, je vous ai vu hier, puisqu'il faut le répéter dix fois.
Amph. En songe, peut-être.
Alcm. J'étais bien éveillée, et vous l'étiez aussi.
Amph. Que je suis à plaindre!
Sos. Qu'avez-vous?
Amph. Ma femme est devenue folle.
Sos. Une bile noire la travaille; rien ne fait extravaguer les gens si vite et si complétement.
Amph. Depuis quand, ma chère, vous sentez-vous atteinte de ce mal?
Alcm. Je suis dans mon bon sens, et je me porte parfaitement bien.
Amph. Pourquoi donc me dites-vous que vous m'avez vu hier, lorsque nous ne sommes arrivés au port que cette nuit? J'y ai soupé; et j'ai passé la nuit tout entière dans le vaisseau; enfin je n'ai pas mis le pied dans ma maison, depuis que j'en suis sorti, pour marcher à la tête de l'armée contre les Téléboëns nos ennemis, ni depuis que nous les avons défaits.
Alcm. Je vous assure que vous avez soupé, et que vous avez couché avec moi.
Amph. Que dites-vous?
Alcm. La vérité.

Amph. Non pas au moins en ceci; quant au reste, je ne sais.
Alcm. Vous êtes allé, à la pointe du jour, rejoindre votre armée.
Amph. Comment?
Sos. C'est à merveille; elle nous raconte le songe qu'elle a fait cette nuit; mais sans doute, Alcmène, après vous être levée, vous n'avez pas manqué de faire votre prière à Jupiter, qui chasse les prodiges, et de lui offrir un gâteau salé et de l'encens.
Alcm. Malheur à toi!
Sos. Malheur à vous plutôt, si vous y avez manqué!
Alcm., à Amphitryon. Voilà la seconde fois qu'il me parle insolemment, et vous ne l'en punissez pas!
Amph., à Sosie. Tais-toi. (*A Alcmène.*) Je vous ai quittée, dites-vous, à la pointe du jour?
Alcm. Et qui m'a raconté, si ce n'est vous, l'événement du combat que vous avez livré?
Amph. Quoi! vous le savez?
Alcm. J'ai entendu le récit de votre propre bouche, que vous aviez pris d'assaut une ville considérable, et tué de votre propre main le roi Ptérélas.
Amph. Je vous ai raconté cela?
Alcm. Vous-même, ici, et, de plus, en présence de Sosie.
Amph., à Sosie. M'as-tu entendu faire ce récit aujourd'hui?
Sos. Comment pourrai-je l'avoir entendu? Et dans quel endroit?
Amph. Demande-le à Alcmène.
Sos. Du moins ce récit n'a-t-il pas été fait en ma présence, que je sache.
Alcm. Vous vous étonnez qu'il n'ose pas vous contredire?
Amph. Oh çà, Sosie, regarde-moi bien là.
Sos. Je vous regarde.
Amph. Je veux que tu parles vrai; je ne veux

Verum non est puero gravida. *Amph.* Quid igitur? *Sos.* Insania.
Alc. Equidem sana sum, et deos quæso, ut salva pariam filium.
Verum tu magnum malum habebis, si hic suum obficium facit.
Ob istuc omen, ominator, capies quod te condecet.
Sos. Enimvero prægnanti oportet et malum malum dari,
Ut, quod obrodat, sit, animo si male esse obcœperit.
Amph. Tu me heri heic vidisti? *Alc.* Ego, inquam, si vis decies dicere.
Amph. In somnis fortasse. *Alc.* Imo vigilans vigilantem.
Amph. Væ misero mihi!
Sos. Quid tibi'st? *Amph.* Delirat uxor. *Sos.* Atra bili percita'st.
Nulla res tam delirantels homines concinnat cito.
Amph. Ubi primum tibi sensisti, mulier, inpliciscier?
Alc. Equidem ecastor sana et salva sum. *Amph.* Cur igitur prædicas,
Te heri me vidisse, qui hac noctu in portum advecti sumus?
Ibi cœnavi, atque ibi quievi in navi noctem perpetem.
Nequemeum pedem huc intuli etiam in ædeis, ut cum exercitu
Hinc profectus sum ad Teleboas hosteis, eosque ut vicimus.
Alc. Imo mecum cœnavisti, et mecum cubuisti. *Amph.* Quid id est?
Alc. Vera dico. *Amph.* Non quidem hercle de hac re; de aliis nescio.

¹ Jeu de mots sur *malum*, qui veut dire *mal* et *fruit*, *pomme* ou *grenade*.

Alc. Primulo diluculo abivisti ad legiones. *Amph.* Quomodo?
Sos. Recte dicit; ut conmeminit, somnium narrat tibi.
Sed, mulier, postquam experrecta's, prodigiali Jovi
Aut mola salsa hodie, aut thure conprecatam oportuit.
Alc. Væ capiti tuo! *Sos.* Tua istuc refert, si curaveris.
Alc. Iterum jam hic in me inclementer dicit, atque id sine malo?
Amph. (*ad Sosiam.*) Tace tu : (*ad Alcmenam*) tu dic: egone abs te abii hinc hodie cum diluculo?
Alc. Quis igitur nisi vos narravit mihi, illi ut fuerit prælium?
Amph. An etiam id tu scis? *Alc.* Quippe quæ ex te audivi : ut urbem maxumam
Expugnavisses; regemque Pterelam tute occideris.
Amph. Egone istuc dixi? *Alc.* Tute istic, etiam adslante hoc Sosia.
Amph. Audivistin'tu me narrare hoc hodie? *Sos.* Ubi ego audiverim?
Amph. Hanc roga. *Sos.* Me quidem præsente nunquam factum'st, quod sciam.
Alc. Mirum, quin te adversus dicat. *Amph.* Sosia, age, me huc adspice.
Sos. Specto. *Amph.* Vera volo loqui te : nolo adsentari mihi.
Audivistin'tu hodie me illi dicere ea, quæ illa autumat?
Sos. Quæso, edepol, num tu quoque etiam insanis, quom id me interrogas?
Qui ipsus equidem nunc primulum istanc tecum conspicio simul.
Amph. Quid nunc, mulier, audin' illum? *Alc.* Ego vero, ac falsum dicere.

point de complaisance. M'as-tu entendu aujourd'hui faire à ma femme le récit dont elle parle ?

Sos. Permettez-moi de vous demander si vous devenez fou à votre tour, de me faire une pareille question, à moi qui suis dans le même cas que vous, et qui vois maintenant Alcmène pour la première fois depuis mon retour.

Amph. Eh bien, ma femme, l'entendez-vous ?

Alcm. Oui, vraiment; et j'entends fort bien qu'il ment.

Amph. Ainsi, vous n'en croyez ni Sosie, ni votre mari ?

Alcm. C'est que je m'en crois encore davantage moi-même, et que je sais que tout s'est passé comme je vous le dis.

Amph. Vous dites que je suis arrivé hier ?

Alcm. Vous niez d'être parti ce matin ?

Amph. Assurément, je le nie; et je vous répète que je ne suis point revenu chez moi, et que je ne vous ai point vue avant ce moment.

Alcm. Nierez-vous aussi que vous m'ayez fait présent d'une coupe d'or, et que vous m'ayez dit qu'elle vous a été décernée pour récompense ?

Amph. Je ne vous l'ai point donnée, et je ne vous ai point tenu ce discours; il est vrai que j'ai eu et que j'ai encore le dessein de vous faire ce présent. Mais par qui savez-vous tout cela ?

Alcm. Par vous-même, qui me l'avez appris, et qui m'avez offert la coupe de votre propre main.

Amph. Alcmène a dans l'idée de faire voir la coupe à Amphitryon, et elle fait un mouvement pour sortir; il la retient, et lui dit : Attendez, attendez, je vous prie. Je ne puis concevoir, Sosie, comment elle est instruite du don que l'on m'a fait de cette coupe; il faut que tu sois déjà venu, et que tu l'en aies informée[1].

Sos. Je vous jure que je ne lui ai pas parlé, et que je ne l'ai vue qu'en même temps que vous.

Amph. Je n'entends rien à cette femme-là.

Alcm. Voulez-vous que je fasse apporter la coupe ?

Amph. Oui; je le veux.

Alcm. Soit. Thessala, va dans la maison chercher la coupe dont mon époux m'a fait présent aujourd'hui.

Amph. Viens ici, Sosie : de tout ce qui me surprend ici, ce qui me surprendrait le plus, ce serait qu'elle eût en effet cette coupe.

Sos. Comment voulez-vous qu'elle puisse l'avoir, quand je la tiens, moi, bien renfermée dans ce petit coffre scellé de votre sceau ?

Amph. Le sceau est-il entier ?

Sos. Regardez.

Amph. Oui; le voilà bien, dans le même état où je te l'ai donné.

Sos. Vous voyez bien qu'il faut la faire traiter comme folle.

Amph. Elle en aurait, ma foi, grand besoin; car elle est visionnaire.

Alcm. Trêve de paroles inutiles; vous vouliez voir la coupe? La voici.

Amph. Donnez-la-moi.

Alcm. Voyez; et jugez-vous maintenant, vous qui osez nier des faits, et qui me forcez à vous confondre hautement, n'est-ce pas là la coupe dont on m'a fait présent ?

Amph. Grand Jupiter ! Que vois-je ?... C'est elle; c'est la même. Je reste confondu, Sosie.

Sos. Il faut qu'Alcmène soit la plus habile des magiciennes, ou que la coupe se trouve là dedans.

Amph. Voyons; ouvre le coffret.

Sos. A quoi bon l'ouvrir? Il est bien scellé; le tour est excellent! Vous avez produit un autre Amphitryon; j'ai produit un autre Sosie. A présent, si la coupe s'est reproduite aussi, nous voilà tous doubles.

Amph. Je veux, te dis-je, ouvrir le coffret, et regarder dedans.

Sos. Faites bien attention en quel état est le cachet, afin que vous ne vous en preniez pas à moi.

Amph. Ouvre, te dis-je. Car à tout ce que nous

Amph. Neque tu illi neque mi viro ipsi credis? *Alc.* Eo fit, quia mihi
Plurimum credo, et ista scio hæc facta proinde ut proloquor.
Amph. Tun' me heri advenisse dicis? *Alc.* Tun' te abisse hodie hinc negas?
Amph. Nego enimvero; et me advenire nunc primum aio ad te domum.
Alc. Obsecro, etiamne hoc negabis, te auream pateram mihi
Dedisse dono hodie, qua te illeic donatum esse dixeras?
Amph. Neque, edepol, dedi, neque dixi : verum ita animatus fui,
Itaque nunc sum, ut ea te patera donem : sed quis istuc tibi
Dixit? *Alc.* Ego quidem ex te audivi, et ex tua adcepi manu
Paterum. *Amph.* Mane, mane, obsecro te. Nimis demiror, Sosia,
Qui illæc illeic me donatum esse aurea patera sciat,
Nisi tu dudum hanc convenisti, et narravisti hæc omnia.
Sos. Neque, edepol, ego dixi, neque istam vidi, nisi tecum simul.
Amph. Quid hoc sit hominis! *Alc.* Vin' proferri pateram?
Amph. Proferri volo.

Alc. Fiat : tu, Thessala, intus pateram proferto foras,
Qua hodie meus vir donavit me. *Amph.* Secede huc tu, Sosia.
Enimvero illud præter alia mira, miror maxume,
Si hæc habet pateram illam. *Sos.* An etiam id credis, quæ in hac cistellula
Tuo signo obsignata fertur? *Amph.* Salvom signum'st? *Sos.* Inspice.
Amph. Recte ita'st, ut obsignavi. *Sos.* Quæso quin tu istanc jubes
Pro cerita circumferri? *Amph.* Edepol, quin facto'st opus.
Nam hæc quidem, edepol, larvarum plena'st. *Alc.* Quid verbis opu'st?
Hem tibi pateram, eccam. *Amph.* Cedo mihi. *Alc.* Age, adspice huc sis nunc jam,
Tu, qui, quæ facta, inficiare; quem ego jam heic convincam palam.
Estne hæc patera, qua donatus illi? *Amph.* Summe Juppiter,
Quid ego video? hæc ea'st profecto patera : perii! Sosia.
Sos. Aut, pol, hæc præstigiatrix mulier multo maxuma'st,
Aut pateram heic inesse oportet. *Amph.* Agedum, solve cistulam.
Sos. Quid ego istam exsolvam? obsignata'st recte : res gesta'st bene;
Tu peperisti Amphitruonem, ego alium peperi Sosiam :

---

[1] Dans de si longues explications, il est bien étonnant que Sosie oublie l'autre Sosie, et n'imagine pas que cet autre Sosie a pu voir Alcmène. (ANDRIEUX.)

dit Alcmène, il semble qu'elle veuille nous faire devenir fous.

Alcm. De qui puis-je avoir reçu cette coupe, si ce n'est de vous-même?

Amph. C'est ce qu'il faut éclaircir.

Sos. Jupiter!... O grand Jupiter!

Amph. Qu'as-tu?

Sos. Point de coupe dans le coffret.

Amph. Qu'entends-je?

Sos. La vérité.

Amph. Malheur à toi, si la coupe ne se retrouve!

Alcm. La voilà retrouvée.

Amph. Qui donc vous l'a donnée?

Alcm. Celui qui m'interroge.

Sos., à *Amphitryon*. Vous me tendez un piége, je le vois. Vous aurez quitté le vaisseau, vous serez venu ici avant moi, en cachette, par un autre chemin; vous aurez retiré la coupe, et l'aurez donnée à votre femme; et ensuite vous aurez remis votre sceau sur le coffret, pour me surprendre.

Amph. Eh! bon dieu! tu veux donc prendre son parti, et la confirmer dans sa folie? — Vous dites que nous sommes arrivés hier ici?

Alcm. Sans doute, je le dis; et à votre arrivée vous m'avez saluée; je vous ai rendu votre salut, et je vous donnai un baiser.

Amph. Voilà un baiser, pour début, qui ne me plaît point du tout. Continuez; je vous écoute.

Alcm. Vous avez pris un bain.

Amph. Ensuite?

Alcm. Vous vous mîtes à table.

Sos. Cela va fort bien; poussez l'enquête.

Amph. (à *Alcmène*.) Ne m'interromps pas, à *Sosie*. Continuez votre récit.

Alcm. On servit le souper; vous soupâtes avec moi; je me plaçai à vos côtés.

Amph. Sur le même lit?

Alcm. Sur le même.

Sos. Haïe! voilà un fâcheux souper.

Amph., à *Sosie*. Laisse-la dire jusqu'au bout. (*A Alcmène.*) Et après que nous cûmes soupé?

Alcm. Vous disiez que vous aviez envie de dormir; on ôta la table; et nous allâmes nous coucher.

Amph. Où avez-vous couché, s'il vous plaît?

Alcm. Dans la même chambre, à vos côtés, dans le même lit que vous.

Amph. Vous m'avez assassiné.

Sos. Qu'est-ce? Qu'avez-vous?

Amph. Elle vient de me donner le coup mortel.

Alcm. Qu'est-ce donc, mon cher amour?

Amph. Ne me donnez pas ce nom.

Sos. De grâce, qu'avez-vous?

Amph. Misérable! Je suis mort! On a porté atteinte à sa pudeur, en mon absence.

Alcm. Pouvez-vous, mon cher mari, me tenir un pareil langage?

Amph. Votre mari¹! Je ne le suis plus. Ne m'appelez plus de ce nom.

Sos. S'il n'est plus homme, il faut donc qu'il soit devenu femme.

Alcm. Qu'ai-je donc fait, pour entendre de si cruels reproches?

Amph. Vous avouez sans rougir ce que vous avez fait, et vous me demandez quel est votre crime?

Alcm. Quelle faute ai-je commise, en couchant avec vous, moi qui suis votre femme?

Amph. Vous avez couché avec moi? Peut-on mentir avec plus d'impudence! Si vous avez renoncé à la pudeur, feignez du moins d'en avoir encore.

Alcm. Le crime que vous me reprochez n'est pas fait pour une femme de ma race. Vous avez beau m'en accuser, vous ne le prouverez jamais.

Amph. O dieux immortels! Mais toi, du moins, Sosie, me connais-tu?

Sos. A peu près.

Nunc si pateram patera peperit; omnes congeminavimus.
Amph. Certum'st aperire, atque inspicere. *Sos.* Vide sis signi quid siet:
Ne posterius in me culpam conferas. *Sos.* Aperi modo:
Nam hæc quidem nos deliranteis facere dictis postulat.
Alem. Unde hæc igitur est, nisi abs te, quæ mihi dono data'st?
Amph. Opus mi est istuc exquisito. *Sos.* Juppiter, proh Juppiter!
Amph. Quid tibi'st? *Sos.* Heic patera nulla in scitula'st.
Amph. Quid ego audio?
Sos. Id quod verum'st. *Amph.* At cum cruciatu jam, ni adparet, tuo.
Alc. Hæc quidem adparet. *Amph.* Quis igitur tibi dedit? *Alc.* Qui me rogat.
Sos. Me captas, quia tute ab navi clanculum huc alia via
Præcurristi: atque hinc pateram tute exemisti, atque eam
Huic dedisti, posthac rursus obsignasti clanculum.
Amph. Hei mihi! jam tu quoque hujus adjuvas insaniam.
Ain'heri nos advenisse huc? *Alcm.* Aio, adveniensque illico
Me salutavisti, et ego te, et osculum tetuli tibi.
Amph. Jam illud non placet principium de osculo: pergam exsequi.
Alcm. Lavisti. *Amph.* Quid, postquam lavi? *Alcm.* Adcubuisti. *Sos.* Fuge! optime.
Nunc exquire. *Amph.* Ne interpella. Perge porro dicere.
Alcm. Cœna adposita'st: cœnavisti mecum: ego adcubui simul.
Amph. In eodem lecto? *Alcm.* In eodem. *Sos.* Hei! non placet convivium.

Amph. Sine modo argumenta dicat. Quid, postquam cœnavimus?
Alcm. Te dormitare aiebas: mensa ablata'st, cubitum hinc abiimus.
Amph. Ubi tu cubuisti? *Alcm.* In eodem lecto tecum una in cubiculo.
Amph. Perdidisti! *Sos.* Quid tibi'st? *Amph.* Hæc me modo ad mortem dedit.
Alcm. Quid jam, amabo? *Amph.* Ne me adpella. *Sos.* Quid tibi'st? *Amph.* Perit miser!
Quia pudicitiæ hujus vitium me heic absente 'st additum.
Alcm. Obsecro, ecastor, cur istuc, mi vir, et te audio?
Amph. Vir ego tuus sim? ne me adpella falsa falso nomine.
Sos. Hæret hæc res: siquidem hæc jam mulier facta'st ex viro.
Alcm. Quid ego feci, qua istæc propter dicta dicantur mihi?
Amph. Tute edictas facta tua, ex me quæris quid deliqueris?
Alcm. Quid ego tibi deliqui, si, cui nupta sum, tecum fui?
Amph. Tun' mecum fueris? quid illac impudente audacius?
Saltem tute, si pudoris egeas, sumas mutuum.
Alcm. Istuc facinus, quod tu insimulas, nostro generi non decet.
Tu si me impudicitiæ captas, non potes capere.
Amph. Proh di inmortales! cognoscin'tu me saltem, Sosia?
Sos. Propemodum. *Amph.* Cœnavin' ego heri in navi in portu Persico?
Alc. Mihi quoque adsunt testes, qui illud, quod ego dicam, adsentiant.

¹ Jeu de mots sur *vir*, homme et mari.

2.

Amph. N'ai-je pas soupé hier dans mon vaisseau, au port Persique?
Alcm. J'ai aussi des témoins qui attesteront la vérité de ce que je dis.
Amph. Comment! des témoins?
Alcm. Oui, des témoins.
Amph. Des témoins de quoi?
Alcm. Un seul suffit. Nul autre que Sosie n'est resté ici avec nous.
Sos. Je ne sais que dire de tout ceci, à moins qu'il n'y ait un autre Amphitryon qui se mêle de faire vos affaires, et de jouer votre rôle en votre absence. J'étais déjà fort étonné d'avoir vu un second Sosie; le second Amphitryon ajoute à mon étonnement. Il y a là quelque magicien qui trompe votre épouse.
Alcm. Je jure par le trône du grand Jupiter, par la chaste Junon, que je dois craindre et respecter par-dessus tout, qu'aucun homme que vous seul n'a jamais approché de moi, qu'aucun étranger n'a souillé votre lit.
Amph. Puissiez-vous dire vrai!
Alcm. Je dis la vérité; mais que me sert-il de la dire, si vous ne voulez pas me croire?
Amph. Vous êtes femme; les femmes jurent hardiment.
Alcm. Celle qui n'a point failli peut être hardie à se défendre, et parler d'elle-même avec orgueil.
Amph. Vous n'en manquez pas.
Alcm. J'ai celui qui sied à une femme vertueuse.
Amph. Vos discours le prouvent!
Alcm. Je n'ai jamais cru qu'une femme fût dotée de ce qu'on appelle sa dot; mes vraies richesses sont, à mes yeux, la chasteté, la pudeur, le calme des passions, la crainte des dieux, la piété filiale, la concorde entre parents; c'est de vous être soumise, d'être bienfaisante envers les bons, serviable aux gens de bien.
Sos. S'il faut l'en croire, elle est une femme parfaite.

Amph. Elle me charme, et me met au point de ne plus savoir qui je suis.
Sos. Vous êtes Amphitryon; souvenez-vous-en bien; et n'allez pas vous perdre vous-même; car depuis notre retour ici nous ne voyons plus que métamorphoses.
Amph. Ma femme, je suis très-décidé à éclaircir la vérité de tout ceci.
Alcm. J'y consens, et vous me ferez plaisir.
Amph. Eh bien! répondez-moi. Qu'avez-vous à dire, si j'amène ici, de mon vaisseau, Naucratès votre parent? Et s'il dément d'une manière formelle tout ce que vous dites, quel traitement croyez-vous mériter? N'avouez-vous pas que je suis en droit de vous répudier honteusement?
Alcm. Vous pouvez tout, si je suis coupable.
Amph. A merveille! Allons Sosie; fais entrer ces prisonniers dans la maison; et moi je retourne au vaisseau chercher Naucratès, et l'amener avec moi.
Sos., à Alcmène. Maintenant nous voilà seuls. Dites-moi bien sincèrement la vérité; y a-t-il là dedans un autre Sosie qui me ressemble?
Alcm. Va-t'en; laisse-moi, digne serviteur d'un tel maître[1].
Sos. Que je m'en aille! je ne demande pas mieux.
Alcm. Grands dieux, qui me connaissez, comment se fait-il que mon époux ait eu l'horrible pensée de me calomnier d'une manière si cruelle, de m'accuser faussement d'un tel crime?... Allons, attendons mon parent Naucratès; je saurai de lui la vérité.

ACTE TROISIÈME.

SCÈNE PREMIÈRE.

JUPITER.

Je suis cet Amphitryon dont l'esclave est ce Sosie, qui devient Mercure quand il le faut; et moi je deviens, quand il me plaît, Jupiter, le maître tout-

---

Amph. Qui? testes? Alc. Testes. Amph. Quid testiculare?
Alc. Enim uno sat est;
Nec nobis præsente aliquis nisi servos Sosia adfuit.
Sos. Nescio quid istuc negotii dicam, nisi quispiam est
Amphitruo alius, qui forte te heic absente tamen
Tuam rem curet, teque absente, hoc munus fungatur tuum:
Namque de illo subditivo Sosia mirum nimis est.
Certe de istoc Amphitruone jam alterum mirum'st magis.
Nescio qui præstigiator hanc frustratur mulierem.
Alc. Supremi regis regnum juro, et matrem familias,
Junonem, quam me vereri et metuere'st par maxume,
Ut mi, extra unum te, mortalis nemo corpus corpore
Contigit, quo me impudicam faceret. *Amph.* Vera isthæc velim.
Alc. Vera dico, sed nequicquam: quoniam non vis credere.
Amph. Mulier es, audacter juras. *Alc.* Quæ non deliquit, decet
Audacem esse, confidenter pro se et proterve loqui.
Amph. Satis audacter. *Alc.* Ut pudicam decet. *Amph.* Tu verbis probas.
Alc. Non ego illam mihi dotem duco esse, quæ dos dicitur:
Sed pudicitiam, et pudorem, et sedatum cupidinem,
Deum metum, parentum amorem, et cognatum concordiam;
Tibi morigera, atque ut munifica sim bonis, prosim probis.
Sos. Næ ista, edepol, si hæc vera loquitur, ex amussim 'st optuma.

Amph. Delenitus sum profecto ita, ut me qui sim nesciam.
Sos. Amphitruo es profecto: cave sis ne tu te usu perduis:
Ita nunc homines inmutantur, postquam peregre advenimus.
Amph. Mulier, istam rem inquisitam certum'st non amittere.
Alc. Edepol, me facies libente. *Amph.* Quid ais? responde mihi.
Quid si adduco tuum cognatum huc a navi Naucratem,
Qui mecum una vectu'st una navi: atque is si denegat
Facta, quæ tu facta dicis, quid tibi æquom'st fieri?
Nunquid causam dicis, quin te hoc multem matrimonio?
Alc. Si deliqui, nulla causa'st. *Amph.* Convenit. Tu, Sosia,
Duc hos intro: ego huc ab navi mecum adducam Naucratem.
Sos. Nunc quidem præter nos nemo'st: dic mihi verum serio,
Ecquis alius Sosia intu'st, qui mei similis siet?
Alcm. Abin' hinc a me dignus domino servos. *Sos.* Abeo, si jubes.
Alcm. Nimis, ecastor, facinus mirum'st, qui illi collibitum siet
Meo viro, sic me insimulare falsum facinus tam malum.
Quicquid est, jam ex Naucrate cognato id cognoscam meo.

[1] Jeu de mots sur *abin, abes*. — *Abi* était l'expression dont on se servait pour affranchir les esclaves. *Abi*, va-t'en. Sosie joue sur le mot, et dit : *je m'en irai, je me tiendrai pour affranchi*, si vous le voulez. (ANDRIEUX.)

puissant de l'Olympe. Mais aussitôt que je descends en ces lieux, je ne suis plus qu'Amphitryon, dont je prends l'habit tout exprès. Dans ce moment, c'est pour vous que je viens; car il faut achever cette comédie. Je viens aussi au secours d'Alcmène, que son mari accuse d'un crime qu'elle n'a pas commis; je me reprocherais de laisser cette pauvre femme souffrir d'une faute qui est la mienne. Je vais continuer, comme j'ai commencé, à passer pour Amphitryon, et à jeter, sous ce déguisement, beaucoup de trouble et d'inquiétude dans cette maison. Ensuite, je publierai la vérité; et quand il sera temps, je viendrai au secours d'Alcmène dans l'enfantement; je ferai en sorte qu'elle accouche sans douleur de deux jumeaux, dont l'un est mon fils, et l'autre celui de son époux. J'ai ordonné à Mercure de venir me joindre, et de prendre mes ordres au plus tôt. Alcmène vient; je vais m'entretenir avec elle.

SCÈNE II.

ALCMÈNE, JUPITER.

Alcm. Je ne puis, dans le trouble qui m'agite, demeurer à la maison. Eh quoi! me voir accuser par mon époux d'une pareille infamie! me voir déshonorée! Il ose nier des faits, et il ose m'imputer des crimes que je n'ai pas commis! Croit-il que je resterai insensible à un pareil traitement? Non, par Pollux, je ne le serai pas; je ne souffrirai pas qu'il me calomnie davantage. Je l'abandonnerai; je me séparerai de lui, et je l'obligerai à me faire réparation, et à désavouer avec serment l'injuste accusation dont il a voulu noircir mon innocence.

Jup., à part. Je vois bien qu'il faudra faire ce qu'elle veut, pour me rétablir dans ses bonnes grâces et dans sa tendresse; mon amour a chagriné Amphitryon, et tourmenté assez longtemps ce brave homme. Il faut à mon tour essuyer ici les effets de sa colère et de la querelle qu'il a faite à sa femme, quoi que sur ce point je sois bien innocent.

Alcm. Le voici cet époux qui me traite avec tant d'indignité!

Jup. Je voudrais vous parler. Vous détournez vos regards?

Alcm. C'est mon humeur. Je n'ai jamais aimé à voir mes ennemis.

Jup. O ciel! que dites-vous? Vos ennemis!...

Alcm. Sans doute; et je dis la vérité : à moins qu'il ne vous plaise de me donner encore un démenti sur ce point.

Jup. Il veut lui prendre la main. Vous êtes trop vive!

Alcm. Contenez-vous, je vous prie; vous êtes bien hardi, de me toucher! Vous me croyez coupable; vous osez le dire; après cela, vous ne devez avoir aucune sorte de commerce avec moi, à moins que vous n'ayez perdu tout à fait sens et raison.

Jup. Qu'importe ce que j'ai dit? Vous n'en êtes pas moins vertueuse, et je n'en crois pas moins que vous l'êtes. Je suis venu ici exprès pour me justifier. Jamais rien ne m'a fait plus de peine que d'apprendre que vous fussiez en colère contre moi. Pourquoi donc, me dites-vous, avez vous tenu un pareil langage? Je vais vous l'expliquer. Certes, je ne vous ai jamais fait l'injure de douter de votre vertu; mais j'ai voulu vous mettre à l'épreuve; j'ai été curieux de voir ce que vous feriez, et comment vous prendriez cette plaisanterie. Car je n'ai pas eu d'autre intention que celle de plaisanter. Demandez-le à Sosie.

ACTUS TERTIUS.
SCENA PRIMA.
JUPITER.

Ego sum ille Amphitruo, cui'st servos Sosia,
Idem Mercurius qui fit, quando commodum'st,
In superiore qui habito cœnaculo,
Qui interdum fio Juppiter, quando lubet.
Huc autem quom exemplo adventum adporto, ilico
Amphitruo fio, et vestitum inmuto meum.
Nunc huc honoris vostri venio gratia,
Ne hanc inchoatam transigam comœdiam,
Simul Alcumenæ, quam vir insontem probri
Amphitruo adcusat, veni, ut auxilium feram :
Nam mea sit culpa, quod egomet contraxerim,
Si id Alcumenæ innocenti expetat.
Nunc Amphitruonem memet, ut obcœpi semel,
Esse adsimulabo, atque in horum familiam
Frustrationem hodie injiciam maxumam :
Post igitur demum faciam res fiat palam,
Atque Alcumenæ in tempore auxilium feram,
Faciamque ut uno fetu, et quod gravida'st viro,
Et me quod gravida'st, pariat sine doloribus.
Mercurium jussi me continuo consequi,
Si quid vellem imperare : nunc hanc adloquar.

SCENA SECUNDA.
ALCUMENA, JUPITER.

Alcm. Durare nequeo in ædibus : ita me probri,
Stupri, dedecoris a viro argutam meo!
Ea quæ sunt facta, infecta refert, ac clamitat.

Quæ neque sunt facta, neque ego in me admisi, arguit :
Atque id me susque deque esse habituram putat.
Non edepol faciam, neque me perpetiar probri
Falso insimulatam, quin ego illum aut deseram,
Aut satisfaciat mihi ille, atque adjuret insuper,
Nolle esse dicta', quæ in me insontem protulit.
Jup. Faciundum'st mihi illud, fieri quod illæc postulat,
Si me illam amantem ad sese studeam recipere :
Quando ego quod feci, factum id Amphitruoni obfuit,
Atque illæ dudum meus amor negotium
Insonti exhibuit; nunc autem insonti mihi.
Illius ira in hanc et maledicta expetent.
Alcm. Et, eccum, video, qui me miseram arguit
Stupri, dedecoris. *Jup.* Te volo, uxor, conloqui
Quo te avortisti? *Alcm.* Ita ingenium meum'st :
Inimicos semper osa sum obtuerier.
Jup. Heia autem inimicos. *Alcm.* Sic est, vera prædico :
Nisi etiam hoc falso dici insimulatura's.
Jup. Nimis verecunda's. *Alcm.* Potin'es ut abstineas manum?
Nam certo si sis sanus, aut sapias satis,
Quam tu inpudicam esse arbitrere et prædices,
Cum ea tu sermonem nec joco, nec serio
Tibi habeas, nisi sis stultior stultissumo.
Jup. Si dixi, nihilo magis es, neque esse arbitror,
Et id huc revorti, uti me purgarem tibi.
Nam numquam quidquam meo animo fuit ægrius,
Quam postquam audivi, ted esse iratam mihi.
Cur dixisti? inquies : ego expediam tibi.
Non, edepol, quo te esse inpudicam crederem :
Verum periclitatus animum sum tuum,
Quid faceres, et quo pacto id ferre induceres.
Equidem joco illa dixeram dudum tibi,
Ridiculi causa : vel hunc rogato Sosiam.
Alcm. Quin huc adducis meum cognatum Naucratem,

Alcm. Pourquoi n'avez-vous pas amené mon parent Naucratès? Vous avez annoncé que vous le conduiriez ici, et qu'il rendrait témoignage que vous n'étiez pas revenu cette nuit?

Jup. Ne prenez donc pas au sérieux tout ce que je n'ai dit que pour rire et par amusement.

Alcm. Cet amusement m'a blessée jusqu'au fond du cœur.

Jup. Par votre main que je touche, Alcmène, je vous conjure de me pardonner.

Alcm. Vos calomnies étaient détruites d'avance par ma conduite; mais puisque vous me faites grâce à présent des mauvaises actions, je veux me mettre à l'abri des mauvais discours. Séparons-nous; reprenez vos biens, et rendez-moi ce qui m'appartient. Ordonnez à mes femmes de me suivre.

Jup. Y pensez-vous, Alcmène?

Alcm. Si vous me refusez, je partirai seule. Ma vertu sera ma compagne.

Jup. Arrêtez; demeurez; je suis prêt à faire tous les serments que vous voudrez pour attester que je crois fermement à la vertu de mon épouse. Si je vous trompe en cela, je t'en conjure, ô grand Jupiter, fais éclater à jamais ta colère sur Amphitryon.

Alcm. Ah! plutôt qu'il lui soit à jamais favorable!

Jup. Il le sera, croyez-moi; car mon serment est sincère. Eh bien! êtes-vous encore fâchée?

Alcm. Mon ami....

Jup. C'est bien à vous. Voilà ce qui arrive souvent dans la vie humaine; on a des plaisirs; on a du chagrin. On se brouille; on se raccommode; et lorsqu'entre des personnes qui s'aiment il s'est élevé de ces petits nuages, et que ces nuages se sont ensuite dissipés, on est deux fois meilleur ami qu'auparavant.

Alcm. Vous auriez dû m'épargner de pareils discours; mais puisque vous m'en faites réparation, il faut bien que je vous pardonne.

Jup. Faites préparer, je vous prie, les vases destinés aux sacrifices, afin que j'accomplisse les vœux que j'ai faits aux dieux, pour mon heureux retour.

Alcm. J'en aurai soin.

Jup. Qu'on appelle Sosie, et qu'il aille chercher Blépharon, le pilote du vaisseau dans lequel je suis venu. Je veux qu'il dîne avec nous. (*A part.*) Quant à Sosie, il ne dînera point, et l'on rira à ses dépens. Pour Amphitryon, je me charge de le mettre dehors.

Alcm., à part. Qu'a-t-il donc? et de quoi se parle-t-il à lui-même? Mais la porte s'ouvre; et je vois venir Sosie.

SCÈNE III.

JUPITER, SOSIE, ALCMÈNE.

Sos. Mon maître, me voici prêt à exécuter vos ordres.

Jup. Fort bien; j'ai besoin de toi.

Sos. La paix est donc rétablie entre vous? je m'en réjouis; c'est un grand plaisir pour moi de vous retrouver en bonne intelligence. Que doit faire un brave homme d'esclave? Se conformer à l'humeur de ses maîtres, composer son visage sur le leur; être triste s'ils sont chagrins; joyeux s'ils sont contents. Mais dites-moi, vous n'êtes donc plus fâchés l'un contre l'autre?

Jup. Tu railles, apparemment; tu sais bien que de ma part ce n'était qu'un jeu.

Sos. Un jeu, dites-vous? Je vous proteste que j'ai bien cru que c'était tout de bon.

Jup. On m'a pardonné; la paix est faite.

Sos. Tant mieux.

Jup. Je vais dans ma maison faire un sacrifice, pour accomplir mon vœu.

Sos. Fort bien.

Jup. Va de ma part chercher Blépharon, le pilote

Testem quem dudum te adducturum dixeras,
Te huc non venisse? *Jup.* Si quid dictum'st per jocum,
Non æquom'st id te serio prævortier.
Alcm. Ego illud scio quam doluerit cordi meo.
Jup. Per dexteram tuam te, Alcumena, oro, obsecro,
Da mihi hanc veniam : ignosce, irata ne sies
Alcm. Ego istæc feci verba virtute irrita :
N nc quando factis me inpudicis abstines,
Ab inpudicis dictis avorti volo.
Valeas, tibi habeas res tuas, reddas meas.
Juben' mi ire comites? *Jup.* Sanan' es? *Alcm.* Si non jubes,
Ibo egomet, comitem pudicitiam duxero.
Jup. Mane, arbitratu tuo jusjurandum dabo,
Me meam pudicam esse uxorem arbitrarier.
Id ego si fallo, tum te, summe Juppiter,
Quæso, Amphitruoni ut semper iratus sies.
Alcm. Ah! propitius sit potius. *Jup.* Confide fore :
Nam jusjurandum verum te adversum dedi.
Jam nunc irata non es? *Alcm.* Non sum. *Jup.* Bene facis.
Nam in hominum ætate multa eveniunt hujusmodi :
Capiunt voluptates, capiunt rursum miserias.
Iræ interveniunt, redeunt rursum in gratiam.
Verum iræ si quæ forte eveniunt hujusmodi
Inter eos, rursum si reventum in gratiam'st,
Bis tanto amici sunt inter se, quam prius.
Alcm. Primum cavisse oportuit ne diceres;
Verum eadem si isdem purgas, mihi patiunda sunt.
Jup. Jube vero vasa pura adornari mihi,

Ut, quæ apud legionem vota vovi, si domum
Redissem salvos, ea ego exsolvam omnia.
Alcm. Ego istuc curabo. *Jup.* Evocate huc Sosiam;
Gubernatorem, qui in mea navi fuit,
Blepharonem arcessat, qui nobiscum prandeat.
 seorsum.
Is adeo imprudens ludificabitur,
Quom ego Amphitruonem collo hinc obstricto traham.
Alcm. Mirum quid solus secum secreto ille agat!
Atque aperiuntur ædes : exit Sosia.

SCENA TERTIA.

SOSIA, JUPITER, ALCMENA.

Sos. Amphitruo, adsum : si quid opus est, impera : imperium exseqnar.
Jup. Optume advenis. *Sos.* Jam pax est inter vos duos?
Nam quia vos tranquillos video, gaudeo et volupe'st mihi.
Atque ita servom per videtur frugi sese instituere,
Proinde, heri ut sint, ipse item sit : voltum e voltu conparet,
Tristis sit, si heri sint tristes; hilarus sit, si gaudeant.
Sed age, responde : jam vos redistis in concordiam?
Jup. Derides, qui scis hæc jam dudum me dixisse per jocum.
Sos. Ad id joco dixisti? equidem serio ac vero ratus.
Jup. Habui expurgationem; facta pax est. *Sos.* Optume'st.
Jup. Ego rem divinam intus faciam, vota quæ sunt. *Sos.* Censeo.
Jup. Tu gubernatorem a navi huc evoca verbis meis

de mon vaisseau; dis-lui que je l'invite à dîner avec moi après le sacrifice.

Sos. Je serai déjà de retour que vous me croirez encore là.

Jup. Reviens tout de suite.

Alcm. Ne voulez-vous plus rien de moi? Je rentre pour faire tout ce qui est nécessaire.

Jup. Allez, et disposez tout aussi promptement que vous le pourrez.

Alcm. Vous viendrez quand vous voudrez; je ferai en sorte que le sacrifice n'éprouve aucun retard.

Jup. A merveille; c'est parler comme une épouse exacte et soigneuse. (*Seul.*) Et la maîtresse et l'esclave sont tous deux dans l'erreur; tous deux me croient Amphitryon; il n'est pas temps de les détromper. — Et toi, divin Sosie, je m'adresse à toi, et tu m'entends; car tu es présent quoique invisible. Lorsque Amphitryon va arriver, éloigne-le de sa maison par quelque prétexte, par quelque fourberie de ton invention. Je veux qu'on se moque un peu de lui, tandis que je passe des moments agréables avec son épouse, que je lui emprunte; fais donc ce que je te dis, et viens aussi me servir pendant le sacrifice que je m'offrirai à moi-même. (*Il rentre.*)

SCÈNE IV [1].

MERCURE.

Rangez-vous, rangez-vous, qu'on me laisse passer; que personne ne soit assez hardi pour me retarder un instant. Pourquoi, moi qui suis un dieu, ne ferais-je pas aussi bien des menaces au peuple que tous les valets de comédie? Car c'est là leur manière d'entrer sur la scène, lorsque l'un vient annoncer l'entrée d'un vaisseau dans le port, l'autre le retour d'un vieillard en colère. Pour moi, j'obéis au grand Jupiter; c'est par son ordre que j'accours. Il est donc bien juste qu'on me fasse de la place, et qu'on se range pour moi. Mon père m'appelle, je le suis; je m'empresse d'exécuter ses ordres; c'est le devoir d'un bon fils. Je lui sers de complaisant dans ses amours; je fais le guet, j'exhorte, j'avertis; je prends part à ses succès. Lorsqu'il a du plaisir, j'en suis plus satisfait que lui-même. Il est amoureux? Eh bien! il a raison, il suit son inclination; tous les hommes n'en font-ils pas autant? Et ils font bien, pourvu qu'ils ne sortent pas des justes bornes. Mon père veut à présent qu'on se moque d'Amphitryon. Soit, je m'en charge; et vous allez voir comment je m'acquitterai de la commission. Je vais mettre une couronne sur ma tête, et feindre d'être ivre; je monte là-haut; et ce sera de là que je le renverrai. Il n'a qu'à approcher de la maison : j'agirai de sorte que s'il n'est pas ivre aussi, ce ne sera pas faute de lui avoir versé à boire [1]. Ensuite il s'en prendra à son esclave Sosie; et celui-ci payera le mauvais tour que j'aurai joué à son maître. Que m'importe? Il faut bien que j'obéisse à Jupiter, mon père, et que je me conforme à ses désirs. Mais voici Amphitryon qui arrive! Vous allez être témoins des divertissements que je vais me donner à ses dépens. J'entre là dedans, et je vais m'affubler d'un costume conforme à mon rôle. Ensuite, monté sur les toits, je me mettrai en devoir de renvoyer notre homme.

ACTE QUATRIÈME.

SCÈNE PREMIÈRE.

AMPHITRYON.

J'ai voulu rejoindre Naucratès; je n'ai pu le trou-

Blepharonem, ut re divina facta, mecum prandeat.
Sos. Jam heic ero, quum illeic censebis esse me. *Jup.* Actutum huc redi.
Alc. Numquid vis quin abeam jam intro, ut apparentur quibus opu'st?
Jup. I sane, et, quantum pote'st, parata fac sint omnia.
Alc. Quin venis, quando vis, intro : faxo haud quidquam sit moræ.
Jup. Recte loquere, et proinde diligentem ut uxorem decet.
Jam hi ambo et servos et hera frustra sunt duo,
Qui me Amphitruonem rentur esse; errant probe.
Nunc tu divine fac huc adsis Sosia.
Audis quæ dico, tametsi præsens non ades :
Fac Amphitruonem advenientem ab ædibus
Ut abigas quovis pacto; fac conmentus sies.
Volo deludi illum, dum cum hac usuraria
Uxore nunc mihi morigero. Hæc curata sint,
Fac sis, proinde adeo, ut me velle intelligis :
Atque ut ministres mihi, quom mihi sacruficem.

SCENA QUARTA.

MERCURIUS.

Concedite atque abscedite, omnes de via decedite,
Nec quisquam tam audax fuat homo, qui obviam obsistat mihi.
Nam mihi quidem, hercle, qui minus liceat Deo minitarier
Populo, ni decedat mihi, quam servolo in comœdiis?
Ille navem salvam nunciat, aut irati adventum senis :
Ego sum Jovi dicto audiens, ejus jussu nunc huc me adfero.
Quamobrem mi magis par est via decedere, et concedere.

[1] Il vaudrait mieux que cette scène fût la première de l'acte quatrième. Il est vrai qu'alors le troisième serait bien court. (ANDRIEUX.)

Pater vocat me, eum sequor, ejus dicto imperio sum audiens :
Ut filium bonum patri esse oportet, itidem ego sum patri.
Amanti subparasitor, hortor, adsto, admoneo, gaudeo.
Si quid patri volupe'st, voluptas ea mihi multo maxuma'st.
Amat; sapit, recte facit, animo quando obsequitur suo :
Quod omneis homineis facere oportet, dum id modo fiat bono
Nunc Amphitruonem volt deludi meus pater; faxo probe.
Jam hic deludetur, spectatores, vobis spectantibus.
Capiam coronam mi in caput; adsimulabo me esse ebrium :
Atque illuc sursum escendero : inde optume cispellam virum.
De supero, quum huc adcesserit, faciam ut sit madidus sobrius.
Deinde illi actutum subferet suus servos pœnas Sosia :
Eum fecisse ille hodie arguet, quæ ego fecero heic : quid id mea?
Meo æquom'st morigerum patri, ejus studio servire addecet.
Sed eccum Amphitruonem; advenit : jam ille heic deludetur probe,
Siquidem vos voltis auscultando operam dare.
Ibo intro, ornatum capiam, qui potis decet.
Dein sursum adscendam in tectum, ut illum hinc prohibeam.

ACTUS QUARTUS.

SCENA PRIMA.

AMPHITRUO.

Naucratem quem convenire volui, in navi non erat :

---

[1] Mauvais jeu de mots sur *madidus* et *sobrius*. « De supero, quum huc, ad ccsserit, faciam ut sit *madidus sobrius*. *Madidus mero*, mouillé de vin, ivre *sobrius*, sobre, à jeun. Je ferai qu'il soit mouillé; quoiqu'il soit à jeun. Mercure veut dire qu'il jettera de l'eau sur la tête; et il le dit, en faisant une pointe qui n'est pas de fort bon goût. (ANDRIEUX.)

ver nulle part; il n'était pas au vaisseau, je n'ai rencontré ni chez lui, ni dans la ville, personne qui ait pu m'en donner des nouvelles. J'ai visité toutes les places publiques, les gymnases, les boutiques des parfumeurs, le grand et le petit marché; je suis allé à la palestre, au tribunal, chez les chirurgiens, chez les barbiers, dans tous les temples....... Point de Naucratès;' je suis hors d'haleine. A présent, je vais rentrer chez moi, et continuer mon enquête auprès de ma femme; il faut enfin que je sache d'elle qui est l'infâme auquel elle s'est abandonnée. J'aimerais mieux mourir que de ne pas éclaircir cette affaire.... Mais ils ont fermé la porte ! Allons! fort bien!... ils se conduisent en cela comme dans tout le reste. Je vais frapper... Holà, quelqu'un! holà!..... Eh bien! N'y a-t-il personne qui vienne m'ouvrir?

SCÈNE II.

MERCURE AMPHITRYON.

Merc., *dans la maison.* Qui est là?
Amph. C'est moi.
Merc. Qui, toi?
Amph. Oui, moi.
Merc. Que Jupiter et tous les dieux te punissent, pour t'apprendre à briser ainsi notre porte !
Amph. Que veux-tu dire?
Merc. Qu'ils fassent fondre sur toi un déluge de maux.
Amph. Sosie?
Merc. Eh! sans doute; je suis Sosie. Crois-tu que je l'aie oublié? Que veux-tu?
Amph. Comment! scélérat, tu me demandes ce que je veux?
Merc. Eh! oui, je te le demande. Tu as manqué de faire sauter les gonds de la porte, animal. Crois-tu qu'on nous en fournisse d'autres aux frais de l'État? Qu'as-tu à me regarder, imbécile? Qu'est-ce que tu veux? et qui es-tu?
Amph. Maraud! tu me demandes encore qui je suis, toi dont les épaules ont plus reçu de mes coups que l'Achéron n'a reçu d'âmes. Va, je te les échaufferai encore aujourd'hui pour tes impertinences.
Merc. Il faut que tu aies été, autrefois, bien prodigue dans ta jeunesse.
Amph. Pourquoi cela?
Merc. Puisque dans ta vieillesse tu es réduit à mendier même des coups.
Amph. Ces bons mots te coûteront cher aujourd'hui, vil esclave.
Merc. Je veux t'honorer par un sacrifice.
Amph. Comment l'entends-tu?
Merc. Je vais t'envoyer d'ici une offrande [1].
Amph. Tu me sacrifierais, toi, bourreau! Si les dieux me conservent seulement jusqu'à ce soir, tu seras assommé sous les coups de lanières de cuir de bœuf, comme une victime de Saturne; tu seras mis en croix, et tu éprouveras tous les supplices. Sors un peu pour voir, infâme drôle!
Merc. Crois-tu me faire peur avec tes menaces, vieux masque, vieux fantôme! Si tu ne t'enfuis sur-le-champ, si tu frappes encore une fois, si je t'entends seulement gratter à la porte, je t'aplatirai si bien la tête avec cette tuile, que tu en cracheras la langue et les dents.
Amph. Gibier de potence, tu me défendras l'entrée de ma maison! Tu crois m'empêcher de frapper à ma porte! J'y frapperai si bien, que je l'arracherai avec ses gonds.
Merc. Ah! tu continues.
Amph. Oui, je continue.
Merc. Eh bien! tiens. (*Il lui jette une tuile.*)
Amph. Scélérat! sur ton maître? Si je te saisis, je te ferai subir un châtiment dont tu te souviendras toute ta vie.

Neque domi, neque in urbe invenio quemquam, qui illum viderit.
Nam omneis plateas perreptavi, gymnasia et myropolia :
Apud emporium, atque in macello, in palæstra atque in foro :
In medicinis, in tonstrinis, apud omneis ædeis sacras.
Sum defessus quæritando, nusquam invenio Naucratem.
Nunc domum ibo, atque ex uxore hanc rem pergam exquirere,
Quis fuerit, quem propter corpus suum stupri compleverit.
Nam me, quam illam quæstionem inquisitam hodie amittere,
Mortuum satiu'st : sed ædeis obeluserunt : eugepæ !
Pariter hoc fit, atque ut alia facta sunt : feriam foreis.
Aperite hoc : heus, ecquis heic est? ecquis hoc aperit ostium?

SCENA SECUNDA.

MERCURIUS, AMPHITRUO.

Merc. Quis ad foreis est? *Amph.* Ego sum. *Merc.* Quid, ego sum? *Amph.* Ita loquor. *Merc.* Tibi Jupiter
Dique omneis irati certo sunt, qui sic frangas foreis.
Amph. Quomodo? *Merc.* Eo modo, ut profecto vivas ætatem miser.
Amph. Sosia. *Merc.* Ita sum Sosia, nisi me esse oblitum existumas.
Quid nunc vis? *Amph.* Sceleste, at etiam quid velim, id tu me rogas?
Merc. Ita rogo : pene ecfregisti, fatue, foribus cardines.
An foreis censebas nobis publicitus præberier ?
Quid me adspectas, stolide? quid nunc vis tibi? aut quis tu es homo?
Amph. Verbero, etiam quis ego sim me rogitas, ulmorum Acheruns?
Quem, pol, ego hodie ob isthæc dicta faciam ferventem flagris.
Merc. Prodigum te fuisse oportet olim in adulescentia.
Amph. Quidum? *Merc.* Quia senecta ætate a me mendicas malum.
Amph. Cum cruciatu tuo isthæc hodie, verna, verba funditas.
Merc. Sacrufico ego tibi. *Amph.* Qui? *Merc.* Quia enim te macto infortunio.
Amph. « Tun'me mactes, carnufex, nisi formam dii hodie
« meam perduint,
« Faxo ut bubulis coriis onustus sis, Saturni hostia,
« Ita ego te certo cruce et cruciatu mactabo : exi foras,
« Mastigia. *Merc.* « Larva umbratilis, tu me mineis territas?
« Nisi hinc actutum fugias, si denuo pultaveris,
« Si minusculo digito increpueris foreis, hac tegula
« Tuum deminuam caput, ut cum dentibus linguam exscreas.
Amph. « Tun', furcifer, meis me procul prohibueris ædibus?
« Tun', meis pulsare foreis? hasce illico toto demoliar cardine.
Merc. « Pergin'? *Amph.* « Pergo. *Merc.* « Adcipe. *Amph.*
« Sceleste, in herum ? si te hodie adprehendero,
« Ad id redigam miseriarum, ut semper sis miser.
Merc. « Bacchanal te exercuisse oportuit, senex.

---

[1] Ce qui suit jusqu'à la scène v entre Blépharon, Amphitryon et Jupiter, n'est point de Plaute, suivant quelques critiques célèbres; mais cette opinion ne paraît pas fondée. A. F.

AMPHITRYON, ACTE IV, SCÈNE III.

Merc. Il faut que tu aies bu, bonhomme!
Amph. Comment?
Merc. Tu me prends pour ton esclave.
Amph. Et pour qui veux-tu que je te prenne?
Merc. Que le ciel te confonde! je n'ai point d'autre maître qu'Amphitryon.
Amph. Suis-je changé? N'ai-je plus la même figure? Comment? Sosie ne me reconnaît-il pas? Voyons encore. Interrogeons-le. Qui suis-je à tes yeux? Ne vois-tu pas bien que je suis Amphitryon?
Merc. Toi Amphitryon? Es-tu dans ton bon sens? Je t'ai déjà dit, bonhomme, que tu as trop bu; il y paraît, quand tu viens faire des questions semblables? Allons, va-t'en, je te le conseille; ne nous importune plus, tandis qu'Amphitryon, revenu de l'armée, se repose dans les bras de son épouse.
Amph. De quelle épouse?
Merc. D'Alcmène.
Amph. De quel homme me parles-tu?
Merc. Combien de fois faut-il te le dire? Mon maître Amphitryon. Laisse-nous donc en repos.
Amph. Avec qui est-il couché?
Merc. Tu te plais à m'impatienter; mais c'est ton malheur que tu cherches.
Amph. Réponds-moi, je t'en prie, mon bon Sosie.
Merc. Ah! tu me flattes à présent?... Eh bien! il est couché avec Alcmène.
Amph. Quoi! dans la même chambre?
Merc. Oh! un peu plus près que cela, à ce que je pense; aussi près qu'un mari peut l'être de sa femme.
Amph. Malheureux que je suis!
Merc., à part. Il se plaint, et c'est tout gain pour lui! Trouver quelqu'un pour travailler votre femme à votre place, c'est trouver un bon ami pour labourer votre champ, et le rendre fertile.
Amph. Sosie?
Merc. Eh bien! quoi? Sosie? Que lui veux-tu, pendard?

Amph. Ne me connais-tu pas, fripon?
Merc. Je te connais pour un homme fort importun, qui veut absolument avoir querelle.
Amph. Encore un mot. Ne suis-je pas ton maître Amphitryon?
Merc. Tu es plutôt Bacchus lui-même, tant tu es pris de vin! Combien de fois faut-il que je te le dise? Veux-tu que je te le répète encore? Mon maître Amphitryon est couché dans le même lit avec sa chère Alcmène. Si tu continues, je le ferai venir, et tu t'en repentiras.
Amph. Fais-le venir : c'est ce que je souhaite. Voilà donc la récompense de mes services! je perdrais aujourd'hui ma patrie, ma maison, ma femme, ma famille et moi-même!
Merc. Je l'appellerai, si tu veux. Mais, cependant, éloigne-toi de notre porte. Je crois qu'il a achevé le doux sacrifice qu'il désirait, et qu'il sera bientôt au festin qui doit le suivre; pour toi, si tu continues à nous importuner, tu ne t'en iras pas sans me servir de victime.

SCÈNE III.

AMPHITRYON, BLÉPHARON, SOSIE.

Amph., sans être vu et sans voir Blépharon et Sosie. O dieux! quel vertige s'est emparé de toute ma maison! Que trouvé-je à mon retour? On peut croire, après cela, ce qu'on nous raconte de ces Athéniens métamorphosés en bêtes dans l'Arcadie, et méconnus ensuite de leurs propres parents.
Bléph., entrant avec Sosie. Que dis-tu là, Sosie? Des choses fort étonnantes, en vérité. Tu prétends que tu as trouvé au logis un autre Sosie semblable à toi?
Sos. Je le prétends, parce que cela est vrai. Mais puisqu'il est sorti de moi un autre Sosie, et de mon maître, un autre Amphitryon, vous avez peut-être aussi engendré un second Blépharon! Vous ne le croyez pas? Vous le croirez si vous êtes assommé de coups de poing; si vous avez les dents

---

Amph. « Qui dum? »
Merc. « Quando tu me tuum servom censes. *Amph.* « Quid
« censeo?
Merc. « Malum tibi : præter Amphitruonem, herum novi ne-
« minem.
Amph. « Num formam perdidi? mirum, quin me norit So-
« sia.
« Scrutabor : ego dic mihi, quis videor? num satis Amphitruo?
Merc. « Amphitruo? sanusne es? nonne tibi prædictum, se-
« nex,
« Bacchanal te exercuisse, quom, qui sis, alium rogites?
« Abscede, moneo : molestus ne sies, dum Amphitruo
« Cum uxore, modo ex hostibus adveniens, voluptatem capit.
Amph. « Qua uxore? *Merc.* « Alcumena. *Amph.* « Quis homo?
Merc. « Quotiens vis dictum? Amphitruo,
« Herus meus : molestus ne sies. *Amph.* « Quicum cubat?
Merc. « Vide, ne infortunium quæras, me sic ludifices.
Amph. « Dic, quæso, mi Sosia. *Merc.* « Blandire? cum
« Alcumena. *Amph.* « In eodemne
« Cubiculo? *Merc.* Imo, ut arbitror, corpore corpus incubat.
Amph. « Væ misero mihi!
Merc. « Lucri'st, quod miseriam deputat : nam uxorem usu-
« rariam
« Erinde est præbere, ac si agrum sterilem fodiendum loces.
Amph. « Sosia. *Merc.* « Quid, malum, Sosia? *Amph.* « Non
« me novisti, verbero?

Merc. « Novi te hominem molestum, qui me emas litigium.
Amph. « Adhuc Amplius : Nonne ego herus sum tuus Am-
« phitruo?
Merc. « Tu Bacchus es,
« Haud Amphitruo : quotiens tibi dictum vis? num denuo?
« Meus Amphitruo uno cubiculo Alcumenam complexu tenet.
« Si pergas, eum hetc sistam, neque sine tuo magno malo.
Amph. « Cupio adcersi : utinam ne pro benefactis hodie
« patriam,
« Ædeis, uxorem, familiam cum forma una perduam!
Merc. « Adcersam equidem : sed de foribus tu interea sis vide.
« Si molestus sis, evades numquam, quin te sacruficem. »

SCENA TERTIA.

AMPHITRUO, BLEPHARO, SOSIA.

Amph. « DI vostram fidem! quæ intemperiæ nostram agunt
« familiam! quæ mira
« Video, postquam advenio peregre! nam verum'st, quod
« olim est auditum
« Fabularier, mutatos Atticos in Arcadia homines,
« Et sævas beluas mansitasse, neque umquam denuo parentibus
« Cognitos. *Bleph.* « Quid illuc Sosia? magna sunt, quæ mira
« prædicas.
« Ain' tu alterum te reperisse domi consimilem Sosiam?

cassées, et si l'on vous met à la porte sans avoir dîné. Car cet autre Sosie, ce moi qui suis là dedans, m'a traité d'une cruelle manière.

Bléph. C'est merveilleux, certainement; mais hâtons-nous, car j'aperçois Amphitryon qui nous attend, et j'entends crier mon estomac vide.

Amph., continuant. Mais où vais-je chercher des exemples étrangers? Il est arrivé, aux princes thébains de ma maison, plus que des prodiges. Cet illustre Cadmus, en cherchant Europe sa sœur, attaqua et défit un monstre terrible; et après qu'il eut semé ses dents, il en vit naître des soldats armés : tout frères qu'ils étaient, ils combattirent à outrance les uns contre les autres au moment même de leur naissance. Ce n'est pas tout; la terre d'Épire a vu ce même prince, et son épouse, fille de la déesse Vénus, ramper, sous la forme de serpents. C'est ainsi que du haut des cieux l'a ordonné le puissant Jupiter; telle a été la volonté du destin. Les plus grands de mes nobles aïeux, pour récompense de leurs belles actions, ont éprouvé les plus cruels malheurs. Je subis le même sort à mon tour; j'étais destiné à souffrir les dernières disgrâces, les maux les plus cuisants, les plus douloureux, les plus insupportables....

Sos. Blépharon?
Bléph. Qu'est-ce?
Sos. Il y a ici quelque chose qui ne va pas bien.
Bléph. Pourquoi?
Sos. Voyez : mon maître se promène devant la porte comme un client qui attend le moment d'entrer; et la porte est bien fermée.
Bléph. Ce n'est rien; il se promène pour gagner de l'appétit.
Sos. Il a pris une singulière précaution, en ce cas; il a fermé la porte de peur que la faim ne sortît pour venir le joindre.

Bléph. Que chantes-tu là?
Sos. Je ne chante ni je ne siffle. Tenez; il est rêveur. Observez-le bien; il médite et se parle à lui-même : je veux écouter ce qu'il dit; n'avancez pas.

Amph., à part. Je crains réellement que les dieux ne veuillent me faire expier la gloire que j'ai acquise par la défaite des ennemis. Je vois ma maison troublée par des prodiges; et ce qui me tue, c'est que ma femme s'est déshonorée par un infâme adultère.... Mais ce vol de la coupe m'étonne; car le coffret était bien scellé.... Que dis-je? .... Alcmène elle-même m'a raconté mon combat contre les Téléboëns, et contre Ptérélas. Elle m'a su dire qu'il était tombé sous mes coups.... Ah! je comprends; c'est un tour de ce Sosie, de ce misérable qui a osé m'exclure de ma maison, m'outrager en face!

Sos. Il parle de moi et ce qu'il en dit ne me plaît pas du tout. De grâce, Blépharon, ne l'abordons pas que je n'aie entendu tout ce qu'il a sur le cœur.

Bléph. Comme tu voudras.

Amph. Si ce méchant esclave me tombe sous la main, je lui ferai voir ce que c'est que de s'attaquer à son maître, de le tromper, de le menacer!

Sos. Toute l'affaire retombera sur mes épaules; abordons-le. Savez-vous ce proverbe....

Bléph. Je ne sais pas ce que tu veux dire; mais j'imagine à peu près ce qui doit t'arriver de fâcheux.

Sos. L'attente et la faim, dit un vieux proverbe, font monter la bile à la tête.

Bléph. Cela est vrai. Adressons-lui d'ici la parole, et gaiement. *(Haut)* Amphitryon!

---

os. « Aio : sed heus tu, quom ego Sosiam, Amphitruonem
« Amphitruo, quid scis an
« Tu forte alium Blepharonem parias? o Di faciant, ut tu
« quoque
« Concisus pugnis, et illisis dentibus, id inpransus creduas.
« Nam ego, ille alter Sosia, qui illic sum, me malis mulca-
« vit modis.
Bleph. « Mira profecto : sed gradus condecet grandire : nam
« ut video,
« Exspectat Amphitruo, et vacuus mihi venter crepitat.
Amph. « Et quid aliena
« Fabulor? In nostro olim Thebano genere plusquam mira
« memorant,
« Martigenam ille adgressus belluam magnus Europæ quæstor,
« anguineo
« Repente hosteis peperit seminio : et, pugnata illac pugna,
« Frater trudebat fratrem hasta et galea : et nostræ auctorem
« gentis
« Cum Veneris filia angueis repsisse tellus Epirotica
« Vidit: de summo summus Jupiter sic statuit, sic fatum ha-
« bet.
« Optumi omnes nostrates, pro claris factis, diris aguntur
« malis.
« Fata isthæc me premunt, pertolerarem vim tantam, cla-
« deisque
« Exantlarem inpatibileis. *Sos.* Blepharo! *Bleph.* Quid est?
Sos. « Nescio quid mali suspicor.
Bleph. « Quid? *Sos.* « Vide sis, herus salutator oppessulatas
« ante foreis graditur.
Amph. « Nihil est, famem exspectat obambulans. *Sos.* Curiose
« quidem : foreis enim
« Clausit, ne prævorteretur foras. *Bleph.* Obgannis. *Sos.*
« Nec gannio, nec latro.

« Si me audias, observes. Nescio quid secum solus, puto,
« Rationes conligit : quid memoret, hinc excipiam, ne pro-
« pera.
Amph. « Ut metuo, ne, victis hostibus, Di partam expungant
« gloriam.
« Totam miris modis nostram video turbatam familiam.
« Tum vero uxor vitio, stupro, dedecore me plena enicat.
« Sed de patera mirum'st : erat tamen signum obsignatum
« probe.
« Quid enim? pugnas pugnatas prolocuta, et Pterelam obpu-
« gnatum,
« Nostris occisum manibus fortiter : atat! novi jam ludum :
« Id Sosiæ factum'st opera, qui me hodie quoque præsentem
« ausit
« Indigne prævortier. *Sos.* De me locutus, et quæ velim mi-
« nus.
« Hominem ne congrediamur, quæso, priusquam stomachum
« detexerit.
« *Bleph.* Ut lubet. *Amph.* Si illum datur hodie mastigiam
« adprehendere, ostendam quid sit
« Herum fallere, minis et dolis incessere. *Sos.* « Audin' tu
« illum? *Bleph.* « Audio.
Sos. « Illæc machina meas onerat scapulas : conpellemus sir
« hominem.
« Scin' quid vulgo dici solet? *Bleph.* « Quid dicturus sis, ne
scio : « Quid tibi patiundum, fere hariolor. *Sos.* « Vetul
adagium : Fames et mora
« Bilem in nasum conciunt. *Bleph.* « Verum quidem. E Io
« conpellemus
« Alacre. Amphitruo. *Amph.* « Blepharonem audio : (pr-
« sum) mirum quid ad me veniat.
« Opportune tamen se offert, ut uxoris facta convincanur-
« pia.

Amph. J'entends Blépharon; je m'étonne qu'il vienne. Mais il arrive à propos. Il m'aidera à convaincre mon épouse de sa honte. Pourquoi venez-vous ici, Blépharon?

Bléph. Avez-vous sitôt oublié que vous avez envoyé de très-grand matin Sosie au vaisseau, pour m'inviter à venir dîner avec vous aujourd'hui?

Amph. Je ne l'ai point envoyé du tout. Mais où est-il, ce scélérat?

Bléph. Qui?

Amph. Sosie.

Bléph. Le voilà.

Amph. Où?

Bléph. Devant vos yeux. Ne le voyez-vous pas?

Amph. Je vois à peine, tant je suis en colère! tant ce misérable m'a mis hors de moi! Tu ne m'échapperas pas; je te tuerai.... Laissez-moi, Blépharon.

Bléph. Écoutez, je vous prie.

Amph. Parlez, je vous écoute. Mais toi, prends ceci. (*Il bat Sosie.*)

Sos. Qu'ai-je donc fait? Ne suis-je pas arrivé assez tôt? Je n'aurais pu venir plus vite, quand j'aurais eu les ailes de Dédale.

Bléph. Laissez-le, de grâce. Il nous a été impossible de venir à plus grands pas.

Amph. Qu'il soit venu aussi vite que sur des échasses, ou qu'il ait été aussi lent qu'une tortue, il faut que je l'assomme. Voilà pour le toit; voilà pour les tuiles; voilà pour m'avoir fermé la porte; voilà pour t'être moqué de ton maître; voilà pour les injures que tu m'as dites.

Bléph. Quel mal vous a-t-il fait?

Amph. Vous me le demandez? Il a eu l'infamie de m'exclure de la maison, de me jeter des tuiles du haut du toit.

Sos. Moi?

Amph. Toi-même. De quoi osais-tu me menacer, si je frappais à cette porte? Le nieras-tu, scélérat?

Sos. Sans doute, je le nie. Heureusement j'ai un témoin à produire, avec qui je suis venu. Je vous l'ai amené; j'ai fait ma commission.

Amph. Qui t'a donné cette commission, pendard?

Sos. Vous-même.

Amph. Quand?

Sos. Ce matin, tantôt, lorsque vous avez été raccommodé avec votre épouse.

Amph. Bacchus te fait déraisonner.

Sos. Malheureusement je n'ai salué aujourd'hui ni Bacchus ni Cérès. Vous aviez ordonné de nettoyer les vases sacrés pour faire un sacrifice; et vous m'avez envoyé chercher Blépharon pour qu'il dînât avec vous.

Amph. Je veux mourir, mon cher Blépharon, si je suis venu chez moi depuis mon retour, et si j'ai envoyé ce maraud. Parle; où m'as-tu quitté?

Sos. Au logis, avec Alcmène votre épouse. En vous quittant, j'ai volé jusqu'au port, et j'ai fait votre invitation à Blépharon. Nous arrivons; et voilà le premier instant où je vous vois depuis ma course.

Amph. Infâme coquin! tu m'as laissé avec ma femme? Tu ne t'en iras pas sans être étrillé d'importance.

Sos. Blépharon?

Bléph. Allons, Amphitryon; à ma considération, laissez-le, et veuillez m'entendre.

Amph. Eh bien! soit. Parlez.

Bléph. Ce pauvre Sosie m'a déjà conté des prodiges incroyables. Peut-être quelque magicien, quelque homme à prestiges exerce son pouvoir sur votre maison; faites de votre côté des recherches; voyez d'où ceci peut venir. Et n'assommez pas ce malheureux avant d'avoir éclairci cet étrange mystère.

Amph. Je veux suivre votre conseil. Allons; je veux d'abord que vous me serviez de témoin contre ma femme.

(*Versus ad Blepharonem*) « Quid huc ad me Blepharo? » *Bleph.* « Oblitus tam cito, quam diluculo.

« Misisti ad navim Sosiam, ut hodie tecum conviverem? *Amph.* « Nusquam factum gentium : sed ubi illic sceleftus? *Bleph.* « Quis? *Amph.* « Sosia.

Bleph. « Eccum illum. *Amph.* « Ubi? *Bleph.* « Ante oculos « non vides? *Amph.* « Vix video præ ira, adeo me istic

« Hodie delirum fecit : ne te sacruficem numquam evades.

« Sine me, Blepharo. *Bleph.* « Auscuita, precor. *Amph.* « Dic, ausculto : tu vapula.

Sos. « Qua de re? num satis tempori? non ocius quivi, si « me

« Dædaleis tulissem remigiis. *Bleph.* « Abstine, quæso; non potuimus

« Nostros grandius grandire gradus. *Amph.* « Sive grallato- « rius, sive

« testudineus fuerit, certum'st mihi hunc scelestum perdere : « Ei toctum! en tegulas! en obductas foreis! en ludificatum « herum!

« Enverborum scelus! *Bleph.* « Quid mali fecit tibi? *Amph.* « Rogas? ex illo

« Tecti, exclusum foribus, me deturbavit ædibus. *Sos.* « E- « gone?

Amph. « Tu, quid minitabas te facturum, si istas pepulissem « foris?

« Negas, sceleste? *Sos.* « Quin negem? et testis ampliter, « quicum venio :

« Missus sedulo, ut ad te vocatum ducerem. *Amph.* « Quis te « misit,

« Furcifer? *Sos.* « Qui me rogat. *Amph.* « Quando gentium? *Sos.* Dudum, jam pridem; modo,

« Ubi cum uxore domi redisti in gratiam. *Amph.* « Bacchus « te inritassit.

Sos. « Nec Bacchum salutem hodie, nec Cererem : tu purgari « jus seras

« Vasa, ut rem divinam faceres : et hunc me adcersitum mittis, « Ut tecum prandeat. *Amph.* Blepharo, disperearn, si aut in- « tus adhuc fui,

« Aut si hunc miserim : dic, ubi me liquisti? *Sos.* Domi cum « Alcumena conjuge.

« Ego a te abiens portum vorsus volito, hunc tuis verbis voco.

« Venimus, nec te, nisi nunc, video postea. *Amph.* Scelestum « caput! cum uxore

« Numquam abis, quin vapules. *Sos.* Blepharo. *Bleph.* Am- « phitruo, mitte hunc mea gratia,

« Et me audias. *Amph.* En mitto; quid vis, loquere. *Bleph.* « Istic jam dudum mihi

« Maxuma memoravit mira : præstigiator forte, aut veneficus « Hanc excautat tibi familiam : inquire aliunde, vide quid « siet.

« Nec ante hunc excruciatum miserum facias, quam rem in- « tellegas.

« *Amph.* Recte mones : eamus, te advorsum uxori etiam ad- « vocatum volo. »

SCÈNE IV.

JUPITER, AMPHITRYON, SOSIE, BLÉPHARON.

Jup. Qui frappe avec tant de brutalité? Ma porte est prête à sortir des gonds. Qui fait depuis si longtemps tant de vacarme devant ma maison? Si je le trouve, je l'immole aux mânes des Téléboëns. Rien, comme on dit, ne me réussit aujourd'hui. J'ai quitté Blépharon et Sosie, pour aller voir mon parent Naucratès. Je n'ai pas trouvé ce dernier, et j'ai perdu les autres. Mais je les aperçois; je vais à leur rencontre, pour leur demander ce qu'ils savent de nouveau.

Sos. Blépharon, celui qui sort de la maison est notre maître; l'autre est un enchanteur.

Bléph. Puissant Jupiter! Que vois-je? Ce n'est pas celui-ci qui est Amphitryon, c'est l'autre. Si c'était celui-ci, ce ne serait pas celui-là, à moins qu'il ne soit double.

Jup. Voici Sosie avec Blépharon. Je vais d'abord les appeler. Viens donc enfin, Sosie; j'ai faim.

Sos. Ne t'ai-je pas bien dit que celui-ci était un sorcier?

Amph. Et moi, Thébains, je vous dis que c'est lui qui est un fourbe, qui vient d'abuser de mon épouse et de souiller ma couche.

Sos. Maître, si vous avez faim, moi, je viens d'être rassasié de coups de poing.

Amph. Quoi! tu continues, pendard!

Sos. Va-t'en au diable, imposteur.

Amph. Moi, imposteur? Tiens, voilà ta récompense!

Jup. Étranger, d'où te vient cet excès d'audace de battre mon esclave?

Amph. Ton esclave?

Jup. Oui, mon esclave.

Amph. Tu mens.

Jup. Rentre, Sosie; et pendant que j'assommerai cet impertinent, fais préparer à dîner.

Sos. J'y vais. (*A part.*) Je crois qu'Amphitryon va traiter Amphitryon aussi poliment que moi, le Sosie de tantôt, a traité le Sosie ici présent. Pendant qu'ils vont se battre, je vais faire un tour à l'office. Je veux nettoyer tous les plats et vider toutes les coupes.

Jup. Ne dis-tu pas que je mens?

Amph. Oui, tu mens, scélérat, qui viens de bouleverser ma maison.

Jup. Pour cet insolent propos, je vais t'étrangler.

Amph. Ah! ah! ah! ah!

Jup. Voilà ce que tu devais attendre.

Amph. Blépharon, viens à mon secours.

Bléph., à part. Ils se ressemblent tellement, que je ne sais pour qui me déclarer. Je veux cependant terminer la querelle comme je pourrai. Amphitryon, de grâce, ne tuez pas Amphitryon. Lâchez-le, je vous prie.

Jup. Tu l'appelles Amphitryon?

Bléph. Pourquoi non? Autrefois vous n'étiez qu'un, maintenant vous voilà deux jumeaux. Parce que vous voulez être Amphitryon, il ne cesse pas pour cela d'en avoir la figure. Mais, je vous en conjure, lâchez-le.

Jup. Eh bien! soit. Mais, dis-moi, crois-tu qu'il soit Amphitryon?

Bléph. Je crois que vous l'êtes tous deux.

Amph. Puissant Jupiter! Puisque tu veux m'empêcher d'être moi, je te ferai une demande : Est-ce toi qui es Amphitryon?

Jup. Le nierais-tu?

Amph. Oui, je le nie, parce qu'il n'y a pas à Thèbes d'autre Amphitryon que moi.

SCENA QUARTA.

JUPITER, AMPHITRUO, SOSIA, BLEPHARO.

« *Jup.* Quis tam vasto impete has foreis toto convolsit cardine?
« Quis ante ædeis tantas tamdiu turbas concitat? quem si
« conperero,
« Teleboïs sacruticabo manibus : nihil est, ut dici solet,
« Quod hodie bene succedat mihi : deserui Blepharonem, et
« Sosiam,
« Ut cognatum Naucratem convenirem : hunc non reperi, et
« illos perdidi.
« Sed eos video : ibo adversum, ut si quid habent, sciscitar.
Sos. « Blepharo, illic qui ex ædibus, herus'st, hic vero veneficus? *Bleph.* Proh Jupiter!
« Quid intueor? hic non est, sed ille, Amphitruo : istic
« si fuat,
« Illum sane non esse oportuit, nisi quidem sit geminus.
Jup. « Eccum cum Blepharone Sosiam : conpellabo hos prius.
« Sosia, tandem ad nos? esurio. *Sos.* Dixin' tibi hunc veneficum?
Amph. « Imo ego hunc, Thebani cives, qui domi uxorem
« meam
« Inpudicitia impetivit, per quem teneo thesaurum stupri.
Sos. « Here, si tu nunc esuris, ego satur pugnis ab te vollo.
Amph. « Pergin', mastiga? *Sos.* Abi ad Acheruntem, veneficæ. *Amph.* Men' veneficum?
« Vapula. *Jup.* Quæ, hospes, intemperiæ, ut tu meum verberes? *Amph.* « Tuum? *Jup.* Meum.

Amph. « Mentiris. *Jup.* « Sosia, I intro : dum hunc sacrufico,
« fac paretur prandium.
Sos. « Ibo. Amphitruonem, arbitror, ita comiter Amphitruo
« Adcipiet, ut dudum memet ego ille alter Sosia Sosiam.
« Interea dum isti certant, in popinam devortundum'st mihi :
« Lances detergam omneis, omneisque trullas hauriam. *Jup.*
« Tun' me
« Mentiri ais? *Amph.* « Mentiris, inquam, meæ coruptor
« familiæ.
Jup. « Ob istuc indignum dictum, te obstricto collo hac adripiam.
Amph. « Væ misero mihi! *Jup.* « At id præcavisse oportuit.
Amph. « Blepharo, subpetias mihi.
Bleph. « Consimileis sunt adeo, ut utri adsim, nesciam : rixam
« tamen,
« Ut potest, dirimam. Amphitruo, noli Amphitruonem duello
« perdere;
« Linque collum, precor. *Jup.* Hunc tu Amphitruonem ditcitas?
Bleph. « Quid ni? unus olim; nunc vero partus est geminus.
« Dum tu vis esse, alter quoque esse forma non desinit.
« Interea quæso, collum linque. *Jup.* Linquo : sed dic mihi,
« videturne tibi
« Istic Amphitruo? *Bleph.* « Uterque quidem. *Amph.* « Proh
« summe Jupiter! ubi hodie
« Mihi rationem adimis! pergo quærere : tune Amphitruo?
Jup. « Tu negas?
Amph. « Pernego, quando Thebis, præter me, nemo'st alter
« Amphitruo.

Jup. C'est moi qui suis le seul de ce nom. Tiens, Blépharon, sois notre juge.
Bléph. Je vais tâcher de tirer la chose au clair en vous questionnant. Vous, répondez d'abord.
Amph. Volontiers.
Bléph. Avant d'en venir aux mains avec les Taphiens, que m'avez-vous ordonné?
Amph. D'apprêter le vaisseau, de te tenir constamment au gouvernail.
Jup. Afin que si nos gens fuyaient, j'y trouvasse une retraite assurée.
Bléph. Que m'avez-vous dit encore?
Amph. Je t'ai recommandé de garder ma bourse, qui était bien garnie.
Jup. De quelle espèce de monnaie?
Bléph. Taisez-vous. C'est à moi d'interroger. Savez-vous combien elle contenait?
Jup. Cinquante talents attiques [1].
Bléph. Il dit parfaitement juste. Et vous, combien de Philippes?
Amph. Deux mille.
Jup. Et deux fois autant d'oboles [2].
Bléph. Ils sont l'un et l'autre très-bien au fait. Il faut que l'un des deux ait été caché dans la bourse.
Jup. Écoute; ce bras, tu le sais, a immolé le roi Ptérélas; je l'ai dépouillé, et j'ai apporté dans un petit coffre la coupe dans laquelle il buvait ordinairement; j'en ai fait présent à mon épouse, avec laquelle je viens de prendre le bain, de faire un sacrifice, et de coucher.
Amph. Ciel! qu'entends-je? Je suis hors de moi, je dors tout éveillé; je meurs tout vivant. C'est bien moi, cependant, qui suis Amphitryon, petit-fils de Gorgophone, fille de Persée et d'Andromède, général des Thébains, et seul chargé de venger Créon des Téléboëns. C'est moi qui ai vaincu les Acarnaniens, les Taphiens, et leur vaillant roi, et qui leur ai donné pour maître Céphale, fils de Dionée.
Jup. Oui, c'est Amphitryon, c'est moi dont le courage et les armes ont anéanti ces brigands. Ils avaient tué Électryon, fils de Persée et père d'Alcmène, et les frères de ma femme. Répandus dans l'Achaïe, l'Étolie, la Phocide, sur la mer Égée, la mer Ionienne, et celle de Crète, ces pirates portaient partout le ravage.
Amph. Dieux immortels! je doute de moi-même, tant il raconte avec exactitude ce qui s'est passé! Voyons, Blépharon.
Bléph. Je ne vois plus qu'un signe qui puisse me faire connaître la vérité. Si vous l'avez tous deux, vous serez tous deux Amphitryon.
Jup. Je sais ce que tu veux dire; la cicatrice que j'ai au muscle du bras droit, et qui vient de la blessure que Ptérélas m'a faite.
Bléph. Justement.
Amph. C'est très-bien.
Jup. La voici; regarde.
Bléph. Découvrez-vous tous deux. Je verrai.
Jup. Nous voilà découverts. Voyez.
Bléph. Grand Jupiter! Que vois-je? Tous deux ont au muscle du bras droit, à la même place, une marque semblable. La cicatrice est rouge et un peu noire par endroits. Il n'y a pas moyen de savoir la vérité; l'esprit s'y perd; je ne sais que dire.

SCÈNE V.
BLÉPHARON, AMPHITRYON, JUPITER.

Bléph. Arrangez-vous. Je m'en vais; j'ai affaire. Non, jamais je n'ai vu nulle part des choses aussi surprenantes.

Jup. Imo, præter me, nemo; atque adeo, tu Blepharo, judex sies.
Bleph. « Faciam id, si queo, signis palam : tu responde prius.
Amph. « Lubens.
Bleph. « Antequam cum Taphiis a te pugna sit inita, quid « mandasti mihi?
Amph. « Parata navi, clavo hæreres sedulo.
Jup. « Ut si nostri fugam facerent, illuc me tuto reciperem.
Bleph. Item aliud. *Amph.* « Ut bene nummatum servaretur marsupium.
Jup. « Quæ pecuniæ? *Bleph.* « Tace sis tu, mecum'st quæ-« rere : scisti numerum?
Jup. « Talenta quinquaginta Attica. *Bleph.* « Hic ex amussim « rem enarrat; et tu,
quot Philippei? *Amph.* « Duo milia. *Jup.* « Oboli « vero bis totidem. *Bleph.* Uterque
« Rem tenet probe, intus in crumena clausum alterum esse oportuit.
Jup. « Attende sis : hac dextera, ut nosti, regem mactavi Pterelam ;
« Spolia ademi; et pateram, qua ille potare solitu'st, in cistella
« Pertuli : dono uxori meæ dedi, quicum hodie domi lavi,
« Sacrificavi, cubui. *Amph.* « Hei mihi! quid audio? vix apud me sum ;
« Vigilans quippe dormio : vigilans somnio, vivos et sanus in-« tereo.
« Ego idem ille sum Amphitruo, Gorgophones nepos, inpe-« rator Thebanorum :

[1] Chaque talent attique valait 5,500 francs.
[2] Quinze centimes.

« Et Creontis unicus, Teleboarum perduellis : qui Acarnanes
« Et Taphios vi vici, et summa regem virtute bellica.
« Illisce præfeci Cephalum, magni Deionei filium.
Jup. « Ego idem latrones hostels bello et virtute contudi.
« Electryonem perdiderant, nostræ et germanos conjugis,
« Achaiam, Ætoliam, Phocidem, per freta Ionium et Ægeum « et Creticum
« Vagati, vi vortebant piratica. *Amph.* « Dii immortales! mihimet
« Non credo, ita omnia, quæ facta illic, ex amussim loqui-« tur : vide,
« Blepharo. *Bleph.* « Unum superest : id si fuat, Amphitruo-« nes fitote gemini.
Jup. « Quid dicas, novi : cicatricem in dextro musculo ex illoc volnere
« Quod mihi inpegit Pterela. *Bleph.* « Eam quidem. *Amph.* « Adposite. *Jup.* « Viden'? en adspice.
Bleph. « Detegite, adspiciam. *Jup.* Deteximus, vide.
Bleph. « Supreme Jupiter,
« Quid intueor! utrique in musculo dextero, eodem in loco,
« Signo eodem adparet probe, ut primum coivit, cicatrix « rufula .
« Sublurida. Rationes jacent, judicium silet, quid agam ne-« scio.

SCENA QUINTA.
BLEPHARO, AMPHITRUO, JUPITER.

Bleph. Vos inter vos partite : ego abeo, mihi negotium'st. Neque ego umquam tanta mira me vidisse censeo.

[1] C'est ici que reprend le texte de Plaute, selon les commentateurs.

Amph. Blépharon, je t'ai prié de prendre mon parti. Ne t'en va pas.
Blèph. Adieu! Le moyen que je prenne votre parti? Je ne sais pour qui me déclarer.
Jup. Je vais rentrer. Alcmène est en mal d'enfant.
Amph., seul. Je n'en puis plus; je me meurs. Que vais-je devenir? Mes amis, ceux dont j'ai invoqué l'appui, m'abandonnent. Par Pollux! Ce coquin, quel qu'il soit, ne me jouera plus impunément. Je vais de ce pas trouver le roi, et lui conter tout ce qui s'est passé. Je saurai bien punir cet imposteur de Thessalien, qui a tourné toutes les têtes dans ma maison. Mais où est-il donc? Par Pollux! Je crois qu'il est allé voir ma femme? Est-il à Thèbes un homme plus malheureux que moi? Que vais-je faire? Tout le monde me méconnaît, et me joue comme il lui plaît. C'en est fait; de gré ou de force j'entre dans la maison. La première personne que je rencontre, serviteur, servante, ma femme, le scélérat qui me déshonore, mon père, mon grand-père, je massacre tout. Jupiter, tous les dieux ensemble, quand ils le voudraient, ne pourraient m'en empêcher. Je ferai ce que j'ai résolu. Allons, entrons.
(*On entend la foudre. Amphitryon se jette la face contre terre.*)

ACTE CINQUIÈME.

SCÈNE PREMIÈRE.

BROMIA, *servante*, **AMPHITRYON**.

Brom. Toutes mes espérances, toutes mes ressources sont perdues; je ne m'attends plus qu'à des malheurs; la mer, la terre, le ciel, me semblent conjurés contre moi pour m'accabler, pour me faire périr. Je ne sais que devenir. Quels miracles se sont faits dans notre maison! Ah! malheureuse que je suis! Je vais me trouver mal!... Un peu d'eau me ferait du bien. Je suis étourdie, je suis abîmée. La tête me fait mal; je n'entends pas; je ne vois rien. Non, il n'y a pas de femme au monde plus à plaindre que moi. Je ne comprends rien à ce qui vient d'arriver à ma maîtresse. Au moment où elle éprouve les douleurs de l'enfantement, elle invoque les dieux. Tout d'un coup, quel bruit, quel fracas, quel tonnerre! Jamais je ne n'en ai entendu de semblables. Nous sommes tous tombés de frayeur sur la place. Alors, sans voir personne, j'ai entendu une voix très-forte s'écrier : « Ne crains rien, Alcmène; on vient à ton secours; un dieu propice à toi et aux tiens est présent. Et vous que la frayeur a fait tomber par terre, levez-vous. » Je me lève en effet, et je crois voir la maison tout en feu, tant elle était remplie d'une lumière brillante. Alors Alcmène m'appelle; sa voix me pénètre de terreur. Mais la crainte que j'avais pour elle l'emporte; j'accours pour savoir ce qu'elle veut de moi; en m'approchant, je vois qu'elle est accouchée de deux fils; et aucun de nous n'en savait rien; aucun ne s'était aperçu du moment où elle était accouchée.... Mais que vois-je? Quel est ce vieillard qui est ainsi couché devant notre porte? Est-ce que Jupiter l'aurait frappé de sa foudre? Je le crois, en vérité; car il est étendu là comme s'il était mort. Approchons, et voyons qui ce peut être. Hé! c'est Amphitryon mon maître? C'est lui-même. Amphitryon!
Amph. Je suis perdu.
Brom. Levez-vous.
Amph. Je suis mort.
Brom. Donnez-moi votre main.
Amph. Qui êtes-vous, vous qui me touchez?
Brom. Bromia, votre fidèle servante.
Amph. Je suis frappé d'épouvante; Jupiter a tonné sur moi; il me semble revenir du fond des

---

Amph. Blepharo, quæso, ut advocatus mihi adsis, neve abeas. *Bleph.* Vale.
Quid opu's't me advocato? qui, utri sim advocatus, nescio.
Jup. Intro hinc eo. Alcumena parturit. *Amph.* Perii miser!
Quid ego? quem advocati jam atque amici deserunt.
Numquam, edepol, me inultus istic ludificabit, quisquis est.
Nam jam ad regem recta me ducam, resque ut facta'st, eloquar.
Ego, pol, illum ulciscar hodie Thessalum veneficum,
Qui perversa perturbavit familiæ mentem meæ.
Sed ubi ille'st? intro, edepol, abiit, credo ad uxorem meam.
Qui me Thebis alter vivit miserior? quid nunc agam?
Quem omneis mortaleis ignorant, et ludificant, ut lubet.
Certum'st, introrumpam in ædibus; ubi quemque hominem adspexero,
Sive ancillam, sive servom, sive uxorem, sive adulterum,
Seu patrem, sive avom videbo, obtruncabo in ædibus.
Neque me Juppiter, neque dii omneis id prohibebunt, si volent.
Quin sic faciam uti constitui : pergam in ædibus nunc jam.

ACTUS QUINTUS.

SCENA PRIMA

BROMIA, AMPHITRUO.

Brom. Spes atque opes vitæ meæ jacent sepultæ in pectore,
Neque ulla'st confidentia jam meo in corde, quin amiserim;
Ita mihi videntur omnia, mare, terra, cœlum, consequi,
Jam ut obprimar, et enicar : me miseram! quid agam nescio.
Ita tanta mira in ædibus sunt facta : væ miseræ mihi!
Animo male'st : aquam velim! corrupta sum, atque absumpta sum.
Caput dolet, neque audio, neque oculis prospicio satis.
Nec me miserior femina'st, neque ulla videatur magis.
Ita heræ meæ hodie contigit : nam ubi parturit, deos sibi invocat.
Strepitus, crepitus, sonitus, tonitrus : ut subito, ut propere, ut valide tonuit!
Ubi quisque institerat, concidit crepitu : ibi nescio quis maxuma
Voce exclamat : Alcumena, adest auxilium, ne time :
Et tibi, et tuis propitius cœli cultor advenit.
Exsurgite, inquit, qui terrore meo obcidistis præ metu.
Ut jacui, exsurgo : ardere censui ædeis, ita tum confulgebant!
Ibi me inclamat Alcumena : jam ea res me horrore adficit.
Herilis prævortit metus : ocius adcurro, ut scisçam quid velit :
Atque illam geminos filios pueros peperisse conspicor;
Neque nostrum quisquam sensimus, quom peperit, neque prævidimus.
Sed quid hoc? quis hic est senex,
Qui ante ædeis nostras sic jacet? numnam hunc percussit Juppiter?
Credo, edepol : nam, proh Juppiter! sepultu'st, quasi sit mortuus.
Ibo et cognoscam, quisquis est. Amphitruo hic quidem'st, herus meus.
Amphitruo! *Amph.* Perii! *Brom.* Surge. *Amph.* Interii!
Brom. Cedo manum. *Amph.* Quis me tenet?

AMPHITRYON, ACTE V, SCÈNE I.

enfers.Mais pourquoi es-tu sortie de la maison?
Brom. Nous avons eu la même frayeur que vous; j'ai vu des prodiges étonnants; et dans ce moment même, malheureuse que je suis!... je n'ai pas encore retrouvé mes esprits.
Amph. Dis-moi, Bromia, reconnais-tu bien en moi ton maître Amphitryon?
Brom. Certainement.
Amph. Regarde encore.
Brom. Eh! oui; c'est vous.
Amph. Voilà la seule personne de ma maison qui garde son bon sens.
Brom. Pardonnez-moi; personne ne l'a perdu.
Amph. Mais ma femme me fait devenir fou par son indigne conduite.
Brom. Je vais bientôt vous faire changer de langage, Amphitryon; et vous allez savoir que votre femme est chaste et vertueuse. Je vous en donnerai en peu de mots des marques et des preuves certaines. D'abord, apprenez qu'Alcmène est accouchée de deux jumeaux.
Amph. De deux, dis-tu?
Brom. De deux.
Amph. Les dieux m'envoient beaucoup de bien à la fois.
Brom. Laissez-moi dire; que je vous apprenne que tous les dieux vous sont propices, à vous et à votre épouse.
Amph. Parle.
Brom. Aussitôt qu'elle a senti la première douleur de l'enfantement, elle a levé ses mains, s'est couvert la tête, suivant l'usage des femmes en couches, et s'est mise à invoquer les dieux. Alors on a entendu des coups de tonnerre terribles. Il nous a semblé que la maison allait tomber. Mais la maison tout entière était resplendissante, comme si elle eût été d'or.
Amph. Allons; achève, je t'en prie et ne me fais point de contes. Après cela?

Brom. Au milieu de ce fracas, nous n'avons pas vu votre épouse verser une larme; nous ne l'avons pas entendue jeter un cri : il faut qu'elle soit accouchée sans douleur.
Amph. Pour cela, je m'en réjouis, quelle qu'ait été sa conduite envers moi.
Brom. Bannissez donc ces soupçons, et écoutez ce qui me reste à vous dire. Lorsque les deux petits garçons furent venus au monde, elle nous recommanda de les laver. Nous le fîmes. Mais que celui que j'ai lavé est grand! qu'il est fort! Personne n'a pu l'attacher dans ses langes.
Amph. Tu me dis là des choses surprenantes, Si cela est vrai, sans doute il faut que ma femme ait éprouvé l'assistance des dieux.
Brom. Je vais vous étonner encore davantage. A peine cet enfant a-t-il été mis dans son berceau, que deux énormes serpents, dressant leurs crêtes, sont descendus de dessus le toit dans la chambre. Tous deux se dressent d'une manière terrible....
Amph. Ah! grands dieux!
Brom. Ne craignez rien. Ils regardent de tous côtés autour d'eux; ils aperçoivent les enfants, et vont droit au berceau. Je le saisis et le tire avec moi, fuyant dans la chambre, d'un côté, d'un autre, mourant de peur pour les enfants et pour moi-même; les deux serpents nous poursuivent, nous pressent. Mais ce gros enfant dont je vous ai déjà parlé ne les a pas plutôt aperçus qu'il saute légèrement hors du berceau, marche droit à eux, et en prend un bravement dans chaque main.
Amph. Est-il possible? Juste ciel! C'est un trait à faire frémir. Le récit seul m'en a glacé d'horreur. Mais ensuite qu'est-il arrivé? Achève.
Brom. L'enfant étouffe les deux serpents. Pendant ce temps-là, une voix qui s'est fait entendre distinctement, a appelé votre épouse.
Amph. La voix de qui?
Brom. Celle du souverain maître des dieux et

Brom. Tua Bromia ancilla. *Amph.* Totus timeo, ita me increpuit Juppiter.
Nec secus est, quam si ab Acheruntè veniam : sed quid tu foras
Egressa's? *Brom.* Eadem nos formido timidas terrore impulit :
In ædibus, ubi tu habitas, nimia mira vidi : væ mihi!
Amphitruo; ita mihi animus etiam nunc abest. *Amph.* Agedum expedi.
Sciu' me tuum esse herum Amphitruonem? *Brom.* Scio.
Amph. Viden' etiam nunc? *Brom.* Scio.
Amph. Hæc sola sanam mentem gestat meorum familiarium.
Brom. Imo omneis sani sunt profecto. *Amph.* At me uxor insanum facit
Suis fœdis factis. *Brom.* At ego faciam, tu idem ut aliter prædices,
Amphitruo, piam et pudicam esse tuam uxorem ut scias.
De ea re signa atque argumenta paucis verbis eloquar.
Omnium primum Alcumena geminos peperit filios.
Amph. Ain' tu geminos? *Brom.* Geminos. *Amph.* Di me servant. *Brom.* Sine me dicere,
Ut scias tibi tuæque uxori deos esse omneis propitios.
Amph. Loquere. *Brom.* Postquam parturire hodie uxor obcœpit tua,
Ibi utero exorti dolores, ut solent puerperæ :
Invocat deos immortaleis, ut sibi auxilium ferant,
Manibus puris, capite operto : ibi continuo contonat
Sonitu maxumo; ædeis primo ruere rebamur tuas.
Ædeis totæ confulgebant tuæ, quasi essent aureæ.

Amph. Quæso absolvito huinc me extemplo, quando sat deluseris.
Quid fit deinde? *Brom.* Dum hæc aguntur, interea uxorem tuam
Neque gementem, neque plorantem nostrum quisquam audivimus :
Ita profecto sine dolore peperit. *Amph.* Jam istuc gaudeo,
Ut ut erga me merita'st. *Brom.* Mitte isthæc, atque hæc, quæ dicam, adcipe.
Postquam peperit pueros, lavere jussit nos : obcœpimus.
Sed puer ille, quem ego lavi, ut magnu'st, et multum valet!
Neque eum quisquam colligare quivit incunabulis.
Amph. Nimia mira memoras : si isthæc vera sunt, divinitus
Non metuo quin meæ uxori latæ suppetiæ sient.
Brom. Magis jam, faxo, mira dices : postquam in cunas conditu'st,
Devolant angues jubati deorsum in impluvium duo
Maxumi : continuo extollunt ambo capita. *Amph.* Hei mihi.
Brom. Ne pave : sed angueis oculis omneis circumvisere
Postquam pueros conspicati, pergunt ad cunas citi.
Ego cunas recessim rursum versum trahere et ducere,
Metuens pueris', mihi formidans : tantoque angueis acrius
Persequi : postquam conspexit angueis ille alter puer,
Citus e cunis exsilit, facit recta in angueis inpetum :
Alterum altera adprehendit eos manu perniciter.
Amph. Mira memoras : nimis formidolosum facinus prædicas.
Nam mihi horror membra misero percipit dictis tuis.
Quid fit deinde? porro loquere. *Brom.* Puer ambo angueis enicat.

des hommes, de Jupiter ; il a dit qu'il avait employé la feinte pour coucher avec Alcmène, et qu'il est le père de l'enfant vainqueur des deux serpents ; que l'autre est votre fils.

Amph. Par Pollux ! je ne puis être fâché de me trouver en société avec Jupiter. Rentre dans la maison ; fais-moi sur-le-champ préparer des vases purs ; je veux me rendre le roi des dieux favorable, en lui offrant de nombreuses victimes. Je vais aussi mander le devin Tirésias, pour le consulter sur ce que je dois faire ; je lui raconterai tout ce qui vient de se passer. Mais qu'est-ce ?... Quel coup de tonnerre ! O dieux ! ayez pitié de moi !

SCÈNE II.
LES MÊMES, JUPITER.

Jup. Prends courage, Amphitryon ; c'est moi-même qui viens te protéger, toi et les tiens. Tu n'as rien à craindre ; laisse là les devins et les aruspices. Je te dirai plus sûrement qu'eux le passé et l'avenir, puisque je suis Jupiter. D'a-bord, apprends que j'ai dérobé les faveurs d'Alcmène, et qu'elle est devenue grosse d'un fils qui est le mien. Tu l'avais aussi laissée enceinte en partant pour l'armée, et elle est accouchée de deux enfants à la fois. Celui des deux qui tire de moi son origine te couvrira par ses travaux d'une gloire immortelle. Reprends toute ta tendresse pour Alcmène ; rentre en bonne intelligence ; tu ne peux justement lui faire aucun reproche sur ce qui s'est passé. Elle a été forcée par ma puissance à faire ce qu'elle a fait. Je retourne dans le ciel.

SCÈNE III.
AMPHITRYON, BROMIA.

Amph. O Jupiter ! je ferai ce que tu m'ordonnes ; et je te conjure de me garder tes promesses. Je vais là dedans retrouver ma femme, et je ne ferai point venir le vieux Tirésias.

A présent, spectateurs, applaudissez de toutes vos forces en l'honneur du grand Jupiter.

FIN D'AMPHITRYON.

Dum hæc aguntur, voce clara exclamat uxorem tuam....
Amph. Quis homo ? *Brom.* Summus inperator divom atque hominum, Jupiter.
Is se dixit cum Alcumena clam consuetum cubilibus,
Eumque filium suum esse, qui illos angueis vicerit :
Alterum tuum esse dixit puerum. *Amph.* Pol, me haud pænitet,
Scilicet boni dimidium mihi dividere cum Jove.
Abi domum, jube vasa pura actutum adornari mihi,
Ut Jovis supremi multis hostiis pacem expetam.
Ego Tiresiam conjectorem advocabo, et consulam,
Quid faciundum censeat ; simul hanc rem, ut facta'st, eloquar.
Sed quid hoc ? quam valide tonuit ! di, obsecro vostram fidem.

SCENA SECUNDA.
JUPITER.

Bono animo es, adsum auxilio, Amphitruo, tibi et tuis :
Nihil est quod timeas : hariolos, haruspices
Mitte omneis : quæ futura, et quæ facta, eloquar,
Multo adeo melius, quam illi, quom sim Juppiter.
Primum omnium Alcumenæ usuram corporis
Cepi, et concubitu gravidam feci filio.
Tu gravidam item fecisti, quom in exercitum
Profectus : uno partu duos peperit simul
Eorum alter, nostro qui est susceptus semine,
Suis factis te immortali adficiet gloria.
Tu cum Alcumena uxore antiquam in gratiam
Redi : haud promeruit, quamobrem vitio vorteres.
Men vi subacta'st facere : ego in cœlum migro.

SCENA TERTIA.
AMPHITRUO.

Faciam ita, ut jubes, et te oro promissa ut serves tua.
Ibo ad uxorem intro ; missum facio Tiresiam senem.
Nunc, spectatores, Jovis summi causa clare plaudite.

FINIS AMPHITRUONIS.

L'ASINAIRE,

COMÉDIE EN CINQ ACTES.

PERSONNAGES DE LA PIÈCE.

DÉMÉNÈTE, vieillard.
ARTÉMONE, femme de Déménète.
ARGYRIPPE, leur fils, amant de Philénie.
PHILÉNIE, fille de CLÉÉNÈTE, courtisane.
CLÉÉRÈTE, vieille courtisane.
LIBAN, } esclaves de Déménète.
LÉONIDE, }
DIABOLE, amant de Philénie et rival d'Argyrippe.
Un parasite.
Un marchand.

La scène est à Athènes.

ARGUMENT

Attribué à PRISCIEN.

Un vieillard, asservi aux volontés de sa femme, veut seconder les amours de son fils en lui fournissant de l'argent. Dans cette vue, il fait compter entre les mains de l'esclave Léonide une somme que l'on avait apportée à Saurea pour le prix de la vente d'un troupeau d'ânes. Puis on donne l'argent à la maîtresse du jeune homme qui, par reconnaissance, cède à son père une nuit de la belle. Un rival, indigné de se voir enlever celle qu'il aime, se sert d'un parasite pour tout révéler à la femme du vieillard. Celle-ci accourt, et arrache son mari du lieu même de ses débauches.

PROLOGUE.

UN DES ACTEURS.

Accordez-nous votre attention, s'il vous plaît, spectateurs; et puisse cette comédie profiter à toute cette troupe de comédiens et aux entrepreneurs, à moi, et à vous-mêmes. Allons, héraut, dis au peuple d'être tout oreilles. Silence ! fort bien. A présent, remets-toi à ta place, et n'oublie pas de te faire payer. (*Au public*.) Pourquoi suis-je venu ici, et qu'ai-je à vous dire? Vous allez le savoir; c'est pour vous apprendre le nom de la comédie qu'on va jouer. Quant au sujet, ce n'est pas la peine de l'expliquer, tant il est simple ! Sachez donc que cette pièce a pour titre en grec l'*Onagos* (l'Anier, le Conducteur d'Anes). Elle a été écrite par Démophile [1]. Plaute l'a traduite en langage barbare; elle s'appelle, si vous voulez bien, *Asinaria* (l'Asinaire.) Elle est gaie et intéressante; le sujet en est plaisant. Daignez nous écouter avec bienveillance, et que Mars vous continue les faveurs dont il vous a déjà comblés !

ACTE PREMIER.

SCÈNE PREMIÈRE.

DÉMÉNÈTE, LIBAN.

Lib. De grâce, promettez-moi de me dire la vérité; je vous en conjure au nom de votre cher fils unique, et aussi vivement que vous souhaitez qu'il vous survive heureux et bien portant; je vous en conjure par votre vieillesse, et au nom de votre femme que vous craignez si fort; et dans le cas où vous me tromperiez, je fais le vœu qu'elle vous survive longtemps, que vous mouriez de la peste, et qu'elle ait le plaisir de vous enterrer !

ASINARIA.

DRAMATIS PERSONÆ.

DEMÆNETUS, senex.
ARTEMONA, uxor.
ARGYRIPPUS, adolescens.
CLEÆRETA, lena.
PHILINIUM, meretrix.
LIBANUS, servus.
LEONIDA, servus.
DIABOLUS, adolescens.
PARASITUS.
MERCATOR.

ARGUMENTUM

(UT QUIBUSDAM VIDETUR)

PRISCIANI.

Amanti argento filio auxiliarier
Sub imperio vivens volt senex uxorio.
Itaque ob asinos relatum pretium Sauree
Numerarier jussit servolo Leonidæ.
Ad amicam id fertur : cedit noctem filius,
Rivinus amens ob præreptam mulierem,
Is rem omnem uxori per parasitum nuntiat.
Accurrit uxor, ac virum e lustris rapit.

PROLOGUS.

Hoc agite, soltis, spectatores, nunc jam,
Quæ quidem mihi atque vobis res vortat bene,
PLAUTE.
Gregique huic, et dominis, atque conductoribus.
Face jam nunc, præco, omnem auritum poplum.
Age, nunc reside : cave modo ne gratiis.
Nunc, quid processerim huc, et mihi quid voluerim,
Dicam ; ut secretis nomen hujus fabulæ.
Nam quod ad argumentum adtinet, sane breve 'st.
Nunc, quod me dixi velle vobis dicere,
Dicam : Huic nomen græce Onago 'st fabulæ.
Demophilus scripsit, Marcus vortit barbare.
Asinariam volt esse, si per vos licet.
Inest lepos ludusque in hac comœdia.
Ridicula res est : date benigne operam mihi,
Ut vos item alias, pariter nunc, Mars adjuvet.

ACTUS PRIMUS.

SCENA PRIMA.

LIBANUS, DEMÆNETUS.

Lib. Sicut tuum vis unicum gnatum tuæ
Superesse vitæ, sospitem et superstitem :
Ita te obtestor, per senectutem tuam,
Perque illam, quam tu metuis, uxorem tuam :
Si quid med erga tu hodie falsum dixeris,
Ut tibi superstes uxor ætatem siet :
Atque, illa viva, vivos ut pestem obpetas.

[1] D'autres lisent Diphile, contemporain de Ménandre.

Dém. Cela s'appelle interroger au nom du Dieu de la bonne foi même; tu peux m'en croire comme si j'avais fait un serment; après que tu t'y es pris de cette manière, je n'oserais ni refuser de te répondre, ni m'écarter le moins du monde de la vérité. Dis donc ce que tu veux savoir; je ne te cacherai rien de ce que je sais.

Lib. Parlons sérieusement, de grâce; n'allez pas me payer ici d'un mensonge.

Dém. Que demandes-tu donc?

Lib. Ne me conduisez-vous pas dans cet endroit où une pierre use l'autre en la frottant?

Dém. De quel endroit parles-tu donc? Dans quel pays le trouve-t-on?

Lib. Où de mauvais garnements pleurent, et n'ont qu'une bouillie de farine d'orge pour dîner.

Dém. Je n'entends pas ce que tu veux dire; j'ignore de quel pays tu me parles. Des vauriens qui dînent de farine d'orge?

Lib. Je vous parle des îles où l'on trouve beaucoup de bâtons, de chaînes de fer, et où les cuirs de bœufs morts se promènent sur le dos des hommes.

Dém. Je commence à te comprendre, Liban; tu parles peut-être du lieu où l'on fait la bouillie de farine d'orge.

Lib. Ah! ce n'est pas là ce que je dis, ni ce que je veux dire. Fi donc! fi! Je vous conjure de cracher cette parole.

Dém. Soit; je fais ce que tu veux. (*Il crache.*)

Lib. Allons; crachez fort.

Dém. Est-ce assez?

Lib. Crachez du plus profond de votre gorge.

Dém. Encore?

Lib. Plus fort.

Dém. Jusqu'à quand veux-tu me faire cracher?

Lib. Jusqu'à la mort.

Dém. Paix donc; tu m'annonces malheur.

Lib. Au contraire, j'entends la mort de votre femme.

Dém. Allons, pour cette bonne parole, je te pardonne.

Lib. Et moi, je vous souhaite tout ce que vous pouvez désirer.

Dém. Écoute-moi à ton tour; après tout, à quoi bon te menacer pour ne m'avoir pas averti plus tôt? et pourquoi me fâcher contre mon fils, suivant la coutume des autres pères?

Lib. Oh! oh! qu'est-ce que ce discours nous promet de nouveau?

Dém. Je sais que mon fils aime, dans notre voisinage, une courtisane nommée Philénie. Hem! La chose est-elle comme je le dis, Liban?

Lib. Vous êtes sur la voie. Cela est vrai; mais le pauvre garçon est attaqué d'une fâcheuse maladie.

Dém. Tu m'attrapes! Il est malade?

Lib. Il éprouve une sécheresse de bourse qui l'empêche de faire autant de présents qu'il en promet.

Dém. Et tu l'aides dans ses amours?

Lib. Oui, vraiment; et mon camarade Léonide en fait autant.

Dém. Vous faites fort bien tous deux, et je vous en sais bon gré. Mais ma femme, Liban, tu ne sais pas ce qu'elle est?

Lib. Vous le savez avant nous; mais nous nous doutons bien de quelque chose.

Dém. J'avoue qu'elle est importune, odieuse.

Lib. Je le crois avant que vous le disiez.

Dém. Liban, si les pères voulaient m'en croire, ils seraient plus complaisants pour leurs fils, et de cette manière ils se les attacheraient, et ils s'en feraient des amis. C'est là mon désir; je veux être aimé du mien: je veux suivre l'exemple de mon père. Croirais-tu que pour me faire plaisir il se déguisa en matelot, malgré son âge, et trouva moyen, par un tour d'adresse, d'emmener de chez le marchand d'esclaves une jeune fille dont j'étais amoureux, et qu'il me la fit avoir? Juge si j'en fus reconnaissant! Eh bien! je veux suivre l'exemple de mon père. Argyrippe mon fils m'a prié aujourd'hui de

---

Dem. Per deum Fidium quæris : jurato mihi
Video necesse esse eloqui, quicquid roges,
Ita me obstinate adgressus, ut non audeam
Profecto, percontanti quin promam omnia.
Proinde actutum illud, quid sit, quod scire expetis,
Eloquere : ut ipse sciam, te faciam ut scias.

Lib. Dic obsecro, hercle, serio, quod te rogem.

Dem. Cave mihi mendacii quicquam. *Dem.* Quin tu ergo rogas?

Lib. Num me illuc ducis, ubi lapis lapidem terit?

Dem. Quid istuc est? aut ubi est istuc terrarum loci?

Lib. Ubi flent nequam homines, qui polentam pransitant.

Dem. Quid istuc sit, aut ubi istuc sit, nequeo noscere,
Ubi flent nequam homines, qui polentam pransitant.

Lib. Apud fustitudinas ferricrepinas insulas,
Ubi vivos homines mortui incursant boves.

Dem. Modo, pol, percepi, Libane, quid istuc sit loci;
Ubi fit polenta, te fortasse dicere. *Lib.* Ah!
Neque, hercle, ego istuc dico, nec dictum volo.
Teque obsecro, hercle, ut, quæ locutus, despuas.

Dem. Flat, geratur mos tibi. *Lib.* Age, age, usque exscrea.

Dem. Etiamne? *Lib.* Quæso, hercle, usque ex penitis faucibus.

Dem. Etiam? *Lib.* Amplius. *Dem.* Nam quousque? *Lib.* Usque ad mortem volo.

Dem. Cave sis malam rem. *Lib.* Uxoris dico, non tuam.

Dem. Donc te ob istuc dictum, tu expers sis metu.

Lib. Di tibi dent, quæcumque optes. *Dem.* Redde operam mihi :
Cur hoc ego ex te quæram! aut cur miniter tibi,
Propterea quod me non scientem feceris?
Aut cur postremo filio subcenseam,
Patres ut faciunt ceteri? *Lib.* Quid istuc novi est?

Dem. Equidem scio jam filius quod amet meus
Isthanc meretricem e proxumo Philenium.
Estne hoc, ut dico, Libane? *Lib.* Rectam instas viam.
Ea res est : sed eum morbus invasit gravis.

Dem. Quid morbi est? *Lib.* Quia non subpetunt dictis data.

Dem. Tune es adjutor nunc amanti filio?

Lib. Sum vero, et alter noster est Leonida.

Dem. Bene, hercle, facitis, et a me initis gratiam.
Verum meam uxorem, Libane, nescis qualis siet?

Lib. Tu primus sentis, nos tamen prænoscimus.

Dem. Fateor eam esse inportunam atque incommodam.

Lib. Posterius istuc dicis, quam credo tibi.

Dem. Omneis parenteis, Libane, liberis suis,
Qui mihi auscultabunt, facient obsequelam ;
Quippe qui inage amico utantur gnato et benevolo :
Atque ego me id facere studeo : volo amari a meis,
Volo me patris mei similem, qui causa mea
Nauclerio ipse exornatus per fallaciam,
Quam amabam, abduxit ab lenone mulierem.
Neque puduit eum id ætatis sycophantias
Struere, et beneficiis me emere gnatum suum sibi.

lui donner de l'argent pour ses amours ; je veux lui en procurer ; je veux le servir ; je veux qu'il aime son père. Sa mère le tient à la gêne, comme font les parents ordinairement ; ce n'est pas là ma manière. Je lui sais gré d'ailleurs de s'être confié à moi ; je dois agir comme un si bon naturel le mérite. Il est venu me trouver si respectueusement!...

Lib., *à part*. La confidence m'étonne un peu ; et je crains le dénoûment de l'aventure.

Dém. Vraiment, je sais déjà toute la passion de mon fils. Je veux qu'il puisse faire quelque cadeau à sa maîtresse.

Lib. Je vois que vous désirez ce qu'il n'est pas en votre pouvoir d'accomplir. Votre femme a amené ici son esclave Sauréa, qui lui appartient comme faisant partie de sa dot [1], et cet esclave manie plus d'argent que vous, et a plus de pouvoir dans la maison.

Dém. J'ai reçu une dot ; j'ai vendu mon autorité pour une dot. Mais il faut que je te dise en peu de mots ce que j'attends de toi. Mon fils a besoin au plus tôt de vingt mines d'argent ; il faut que tu les lui trouves.

Lib. Eh! où voulez-vous que je les prenne?

Dém. En me volant.

Lib. Vous n'y pensez pas ; vous voulez que je déshabille un homme qui est tout nu ? que je vous dérobe ? Essayez donc de voler sans ailes. Que je vous dérobe, vous qui n'avez rien, à moins que vous n'ayez d'avance escamoté quelque chose à votre femme?

Dém. Fais de ton mieux ; trompe-moi, trompe ma femme, trompe le maître-d'hôtel Sauréa ; arrache de l'argent n'importe comment. Je te promets de ne t'en point vouloir, quelque chose que tu fasses.

Lib. Vous feriez aussi bien de m'ordonner de pêcher du poisson dans l'air, ou de prendre des sangliers dans la mer avec un filet.

Dém. Concerte-toi avec Léonide ; prends-le pour croupier ; inventez, mentez ; arrangez-vous enfin de manière que mon fils puisse avoir la somme qu'il désire pour la donner à son amie.

Lib. Hé! dites-moi, mon maître, si je donne par malheur dans une embuscade, si je suis fait prisonnier par les ennemis, me rachèterez-vous? me tirerez-vous d'affaire?

Dém. Je t'en tirerai.

Lib. Alors laissez-moi faire, et pensez à tout ce qui vous plaira.

Dém. Moi, je vais à la place publique. Tu n'as plus rien à me dire?

Lib. Non. Vous ne partez pas?

Dém. Encore un mot.

Lib. Me voici.

Dém. Si j'ai besoin de toi, où te trouverai-je? où vas-tu?

Lib. Ma foi! je vais partout où il me plaira d'aller. Je n'ai plus rien à craindre de personne, à présent que je connais bien vos intentions, et que vous m'avez fait votre confidence. Je me moquerai même de vous, si je réussis dans mon projet. Allons ; je continue ma route, et je vais me mettre à l'œuvre.

Dém. Écoute encore ; je serai chez le banquier Archibule.

Lib. Qui demeure sur la place?

Dem. Oui, tu m'y trouveras, si tu as quelque chose à me dire.

Lib. Cela suffit, je m'en souviendrai. (*Il sort.*)

Dém. Il est impossible de trouver un esclave plus fripon que celui-là, un drôle plus adroit, et dont il soit plus difficile de n'être pas la dupe. D'un autre côté, si vous voulez que quelque chose soit bien fait, vous pouvez l'en charger ; il mourra plutôt que d'y manquer. Je suis aussi sûr qu'il me trouvera cet argent pour mon fils, que je le suis de tenir mon bâton. Mais il faut me rendre à la place

Eos me decretum est persequi mores patris.
Nam me hodie oravit Argyrippus filius,
Uti sibi amanti facerem argenti copiam :
Et id ego percupio obsequi gnato meo :
Volo amori obsecutum illius, volo amet me patrem ;
Quamquam illum mater arcte contenteque habet ,
Patres ut consueverunt : ego mihi omnia hæc.
Præsertim quom is me dignum, quoi concrederet,
Habuit, me habere honorem ejus ingenio decet :
Quom me adiit, ut pudentem gnatum æquom'st patrem.
Lib. (scorsum) Demiror quid sit, et quo evadat, sum in metu.
Dem. Equidem scio jam , filius quod amet meus.
Cupio esse amicæ quod det argentum suæ.
Lib. Cupis id , quod cupere te nequicquam intellego.
Dotalem servom Sauream uxor tua
Addxit, cui plus in manu sit, quam tibi.
Dem. Argentum adcepi, dote imperium vendidi.
Nunc verba in pauca conferam, quid te velim.
Viginti jam usu'st filio argenti minis.
Face id ut paratum jam sit. *Lib.* Unde gentium?
Dem. Me defrudato. *Lib.* Maxumas nugas agis.
Nudo detrahere vestimenta me jubes.
Defrudem te ego? age sis , tu sine pennis vola.
Tene ego defrudem, cui ipsi nihil est in manu?
Nisi quid tu porro uxorem defrudaveris.
Dem. Qua me, qua uxorem, qua tu servom Sauream
Potes , circumduce, aufer ; promitto tibi
Non obfuturum, si id hodie ecfeceris.

[1] L'esclave *dotal*, sur lequel le mari était sans pouvoir, surveillait la dot et les biens personnels de la femme.

Lib. Jubeas una opera me piscari in aere,
Venari autem rete jaculo in medio mari.
Dem. Tibi optionem sumito Leonidam.
Fabricare quidvis, quidvis comminiscere.
Perficito, argentum hodie ut habeat filius,
Amicæ quod det. *Lib.* Quid ais tu, Demænete?
Quid si forte in insidias devenero?
Tu redimes me, si me hosteis interceperint?
Dem. Redimam. *Lib.* Tum tu igitur aliud cura quid lubet.
Dem. Ego eo ad forum, nisi quid vis. *Lib.* I ; etiamne ambulas?
Dem. Atque audin' etiam? *Lib.* Ecce. *Dem.* Si quid te volam,
ubi eris?
Lib. Ubicumque libitum fuerit animo meo.
Profecto nemo'st, quem jam dehinc metuam, mihi
Ne quid nocere possit, quom mihi tua
Oratione omnem animum ostendisti tuum.
Quin te quoque ipsum facio haud magni, si hoc patro.
Pergam, quo obcœpi , atque ibi consilia exordiar.
Dem. Audin' tu? apud Archibulum ego ero argentarium.
Lib. Nempe in foro? *Dem.* Ibi : si quid opus fuerit.
Lib. Meminero. (egreditur.)
Dem. Nec magis servos pejor hoc quisquam potest,
Nec magis vorsutus , nec quo ab caveas ægrius.
Eidem homini, si quid recte curatum velis,
Mandes : moriri sese misere mavolet,
Quam non perfectum reddat, quod promiserit.
Nam ego illud argentum tam paratum filio
Scio esse, quam me hunc scipionem contui.
Sed quid ego cesso ire ad forum, quod inceperam?

où j'ai affaire; je m'y arrêterai chez le banquier. (*Il sort.*)

SCÈNE II.
ARGYRIPPE.

Est-ce ainsi qu'on se conduit? Me mettre à la porte de chez elle! Voilà la récompense de ce que j'ai fait! Elle rend le mal pour le bien, et le bien pour le mal. Mais tu t'en repentiras!... Oui, je vais de ce pas vous dénoncer aux magistrats : vos noms seront inscrits et notés sur leurs registres!... Je te ferai punir sévèrement, toi et ta fille, sorcières que vous êtes, scélérates, écueil et perte des jeunes gens. La mer est moins dévorante que vous : vous êtes plus avide qu'elle. Car j'ai gagné du bien sur la mer, et chez vous j'ai tout perdu. Tout ce que je vous ai donné, tout ce que j'ai fait pour vous ne me sert de rien, je le vois; maintenant, je vous ferai tout le mal que je pourrai; ce sera toujours moins que vous ne méritez. Je te réduirai, vieille infâme, au même état d'où tu es sortie, à la dernière misère. Je te ferai connaître ce que tu as été et ce que tu es. Avant que j'eusse vu ta fille, et que je m'en fusse laissé charmer, tu faisais ton régal d'un pain noir; tu n'avais pas une tunique.... Quand le plus mince nécessaire ne te manquait pas, tu rendais de grandes grâces à tous les dieux de l'Olympe. Et à présent que tu jouis d'un meilleur sort, tu me méconnais, moi à qui tu le dois, misérable! Je t'apprivoiserai en te prenant par la faim. Tu peux y compter. Car pour ta fille, ce n'est pas à elle que je dois en vouloir; elle est innocente; elle ne fait que t'obéir, que se soumettre à tes ordres; tu es à la fois sa mère et sa maîtresse. C'est sur toi seule que tombera ma vengeance; c'est toi que je perdrai comme tu le mérites, pour t'apprendre à me traiter ainsi. Voyez encore cette malheureuse qui ne me croit pas digne qu'elle vienne me trouver, me parler, apaiser ma colère par des excuses! La voilà qui sort de la maison, la dangereuse coquine!... Après tout, il me semble qu'il m'est bien permis de dire ce que je veux devant la porte, puis qu'on ne me laisse pas entrer dans la maison.

SCÈNE III
CLÉÉRÈTE, ARGYRIPPE.

Cl. Je ne donnerais pas à bon marché chacune de tes paroles, si on voulait me les acheter. Ce que tu dis contre nous, c'est de l'or en barre et de l'argent comptant. Ton cœur est attaché solidement chez nous avec le clou de l'amour. Tâche de nous fuir; hâte-toi; fais force de voiles et de rames ; plus tu voudras gagner la haute mer, plus le flux te ramènera dans le port.

Arg. Soit. Mais je ne payerai plus rien au pilote pour le voyage; je te traiterai désormais comme tu l'as mérité par ta conduite à mon égard, toi qui as l'infamie de me mettre à la porte, moi ton bienfaiteur.

Cl. Tout ce que tu dis là est inutile ; tu n'en feras rien.

Arg. Moi seul, je t'ai soustraite à l'abandon et à la pauvreté; tu ne seras pas encore quitte envers moi quand je jouirai seul de Philénie.

Cl. Tu l'auras à toi seul, si tu fournis seul à mes demandes. Je te la promets, mais à condition que tu surpasseras à toi seul tous tes rivaux en libéralité.

Arg. Quand y aura-t-il une fin à mes présents? Car tu es insatiable : à peine viens-tu de recevoir, que tu te prépares à demander.

(Ibo) atque ibi manebo apud argentarium.

SCENA SECUNDA.
ARGYRIPPUS.

Siccine hoc fit? foras ædibus me ejici?
Promerenti optume hoccine pretii redditur?
Bene merenti mala es, male merenti bona es.
At malo cum tuo : nam jam ex hoc loco
Ibo ego ad treisviros, vestraque ibi nomina
Faxo erunt ; capitis te perdam ego et filiam,
Perlecebræ, pernicies, adolescentum exitium.
Nam mare haud est mare, vos mare acerrumum.
Nam in mari repperi, heic elavi bonis.
Ingrata atque inrita esse omnia intellego,
Quæ dedi, et quod benefeci : at posthac tibi,
Male quod potero facere, faciam, meritoque id faciam tuo.
Ego, pol, te redigam eodem, unde orta es, ad egestatis terminos.
Ego, edepol, te faciam, ut, quæ sis nunc, et quæ fueris, scias.
Quæ, priusquam istam adii, atque amans ego animum meum isti dedi,
Sordido vitam obiectabas pane, in pannis, inopia.
Atque ea si erarit, magnas habebas omnibus dis gratias.
Eadem nunc, quom est mellius, me, cujus opera est, ignoras, mala.
Reddam ego te ex fera, fame mansuetem, me specta modo.
Nam isti quod subcenseam ipsi, nihil est : nihil quicquam meret.
Tuo facit jussu, tuo imperio paret : mater tu, eadem hera es.
Te ego ulciscar, te ego ut digna es, perdam, atque ut de me meres.

At, scelesta, viden' ut ne id quidem me dignum esse existumat,
Quem adeat, quem conloquatur, cuique irato subplicet.
Atque, eccam, inlecebra exit tandem ; opinor heic ante ostium
Meo modo loquar, quæ volam, quoniam intus non licitum'st mihi.

SCENA TERTIA.
CLÉÆRETA, ARGYRIPPUS.

Cl. Unumquodque istorum verbum numis Philippeis aureis
Non potest auferre hinc a me, si quis emptor venerit.
Nec recte quæ tu in nos dicis, aurum atque argentum merum'st.

Fixus heic apud nos est animus tuus clavo Cupidinis.
Remigio veloque, quantum poteris, festina et fuge ;
Quam magis te in altum capessis, tam æstus te in portum refert.

Arg. Ego, pol, istum portitorem privabo portorio.
Ego te dehinc, ut merita es de me et mea re, tractare exsequar:
Quom tu me, ut meritus sum, non tractas, quæ ejicis domo.
Cl. Magis istuc percipimus lingua dici, quam factis fore.
Arg. Solus solitudine ego ted atque ab egestate abstuli :
Solus si ductem, referre gratiam nunquam potes.
Cl. Solus ductato, si semper solus, quæ poscam, dabis.
Semper tibi promissum habeto hac lege, dum superes datis.
Arg. Qui modus dandi? nam nunquam tu quidem expleri potes.
Modo quod accepisti, haud multo post aliquid, quod poscas, paras.

L'ASINAIRE, ACTE I, SCÈNE III.

Cl. Et toi, Quand y aura-t-il une fin à tes désirs, à tes amours? A peine m'as-tu renvoyé Philénie, que tu me la redemandes.

Arg. Je t'ai payé le prix que tu as exigé.

Cl. Et je t'ai fourni la femme; nous sommes quittes; tant tenu, tant payé.

Arg. Tu agis bien mal avec moi.

Cl. De quoi m'accuses-tu? Je fais mon métier. As-tu jamais vu dans les tableaux, dans les livres, dans les comédies, qu'une femme de mon état, qui a de la conduite, épargne un jeune amoureux?

Arg. Tu devrais me ménager au contraire, pour me conserver plus longtemps.

Cl. Ne sais-tu pas que celle qui ménage un amoureux, ne se ménage pas assez elle-même? Un amoureux, dans nos maisons, est comme le poisson; il ne vaut quelque chose que dans sa nouveauté. Est-il frais? il a du goût; on le trouve bon à toute sauce, bouilli ou rôti; servez-le comme vous voudrez. De même, l'amant dans la nouveauté, aime à donner; il n'est point fâché qu'on lui demande; comme il a encore toute sa fortune, il ne prend pas garde à ce qu'il lui en coûte; il ne songe qu'à se satisfaire; il veut plaire à sa maîtresse, à moi, à la femme de chambre, aux domestiques et aux servantes; il caresse jusqu'à mon petit chien, afin d'en recevoir un bon accueil, quand il arrive. Tout ce que je dis là est très-vrai. Chacun est fort adroit quand il s'agit de son propre intérêt.

Arg. Très-vrai, assurément. Je ne l'ai que trop appris à mes dépens.

Cl. Si tu avais encore de quoi donner, tu tiendrais un autre langage; mais parce qu'il ne te reste rien, tu veux avoir cette jeune fille pour de mauvais propos.

Arg. Ce n'est pas là mon plan.

Cl. Et le mien n'est pas de te la donner pour rien. Cependant je veux bien faire quelque chose en ta faveur et par bonne amitié; car je songe que nous avons eu plus de profit de ta connaissance que tu n'as eu d'honneur de la nôtre; ainsi je t'envoie Philénie pour cette nuit gratis et par pure considération, pourvu que tu commences par me compter deux talents dans la main.

Arg. Et si je ne les ai pas, ces deux talents?

Cl. Je t'en croirai sur parole, et Philénie ira avec un autre.

Arg. Qu'est devenu tout l'argent que je t'ai donné jusqu'ici?

Cl. Il est dépensé. Si l'argent durait toujours, je te donnerais Philénie, et je ne demanderais jamais rien. Mais si l'on ne nous fait pas payer le jour, l'eau, le soleil, la lune, et les ombres de la nuit, pour le reste on ne nous fait pas plus crédit qu'à des Grecs. Veux-je avoir du pain chez le boulanger, du vin chez le cabaretier? ils ne m'en donnent qu'en leur donnant de la monnaie : nous usons de la même méthode. Mes mains ont des yeux; elles croient ce qu'elles voient. C'est un vieux proverbe : « Ne te fie pas aux cautions. » Sais-tu de qui il est? Je n'en dis pas davantage.

Arg. Après que tu m'as dépouillé, tu as changé de langage; tu me parlais bien autrement, il y a quelque temps. Quand je te donnais de l'argent, tes paroles n'étaient que douceurs et louanges. La maison même semblait me sourire, lorsque j'allais vous voir. Tu m'assurais que Philénie et toi vous n'aimiez que moi seul. Lorsque j'apportais quelque chose, vous étiez autour de moi comme deux petites colombes attendant la becquée; tous mes goûts étaient les vôtres. Vous étiez toujours de mon avis; tout ce que j'ordonnais, tout ce que je voulais, vous le faisiez : vous n'auriez eu garde de rien faire de ce qui m'aurait déplu; dès que vous le soupçonniez, vous aviez grand soin de vous en abstenir. A présent, ce que je veux, ce que je ne veux pas, vous

---

Cl. Quid modi'st? ductando, amando, nunquamne expleri potes?
Modo remisisti, continuo jam ut remittam ad te rogas.
Arg. Dedi equidem, quod mecum egisti. *Cl.* Et tibi ego misi mulierem.
Par pari datum hostimentum'st, opera pro pecunia.
Arg. Male agis mecum. *Cl.* Quid me adcusas, si facio optumum meum?
Nam neque usquam fictum, neque pictum, neque scriptum in poematis,
Ubi lena bene agat cum quiquam amante, quæ frugi esse volt.
Arg. Mihi quidem te parcere æquom'st tandem, ut tibi durem diu.
Cl. Non tu scis? quæ amanti parcet, eadem sibi parcet parum.
Quasi piscis, itidem'st amator lenæ; nequam'st, nisi recens.
Is habet succum, is suavitatem : eum quovis pacto condias;
Vel patinarium vel assum : vorses quo pacto lubet.
Is dare volt, is se aliquid posci : nam ubi de pleno promitur,
Neque ille scit quid det, quid damni faciat : illi rei studet;
Volt placere sese amicæ, volt mihi, volt pedissequæ,
Volt famulis, volt etiam ancillis : et quoque catulo meo
Subblanditur novos amator, se ut quom videat, gaudeat.
Vera dico. Ad suum quemque hominem quæstum esse æquom 'st callidum.
Arg. Perdidici isthæc esse vera, damno cum magno meo.
Cl. Si, ecastor, nunc haberes, quod des, alia verba perhibeas :
Nunc quia nihil habes, maledictis te eam ductare postulas.
Arg. Non meum'st. *Cl.* Nec meum quidem, edepol, ad te ut mittam gratiis.

Verum ætatis atque honoris gratia hoc flet tui,
Quia nobis lucro fuisti potius, quam decori tibi.
Si mihi dantur duo talenta argenti numerata in manum,
Hanc tibi noctem honoris causa gratiis dono dabo.
Arg. Quid, si non est? *Cl.* Tibi non esse credam; illa alto ibit tamen.
Arg. Ubi illæc, quæ dedi ante? *Cl.* Abusa : nam si ea durarent mihi,
Mulier mitteretur ad te : nunquam quicquam poscerem.
Diem, aquam, solem, lunam, noctem, hæc argento non emo :
Cetera, quæque volumus uti, græca mercamur fide.
Quom a pistore panem petimus, vinum ex œnopolio,
Si res habent, dant mercem : eadem nos disciplina utimur.
Semper oculatæ manus sunt nostræ; credunt quod vident.
Vetus est, Nihili coclo est... Scis quojus? non dico amplius.
Arg. Aliam nunc mihi orationem despoliato prædicas :
Longe aliam, inquam, præhibes nunc atque olim, quom dabam :
Aliam atque olim, quom inliciebas me ad te blande ac benedice :
Tum mihi ædeis quoque adridebant, quom ad te veniebam, tuæ.
Me unice unum ex omnibus te atque illam amare, aibas mihi.
Ubi quid dederam, quasi columbæ pulli, in ore ambæ meo
Usque eratis : meo de studio studia erant vostra omnia.
Usque adhærebatis : quod ego jusseram, quod volueram,
Faciebatis; quod nolebam ac veteraran, de industria
Fugiebatis, neque conari id facere audebatis prius.
Nunc neque quid velim, neque nolim, facitis magni, pessumæ.

vous en souciez comme de rien, perfides que vous êtes.

Cl. Tu ne sais donc pas que nous faisons un métier semblable à celui des gens qui vont prendre des oiseaux au filet? L'oiseleur choisit d'abord sa place ; il y répand des grains ; les oiseaux viennent, et s'apprivoisent. Il faut commencer par se mettre en dépense, quand on veut faire des profits. Les oiseaux mangent ; mais quand ils sont pris, ils dédommagent l'oiseleur. Il en est de même chez nous. Notre maison est la place choisie : la belle est le grain, le lit est l'appât, les amants sont les oiseaux : pour les apprivoiser, on leur fait des révérences, on leur dit des douceurs ; on leur donne des baisers, on leur conte mille jolies choses. Si l'amant touche le sein de la belle, l'oiseleur est aux aguets ; s'il prend un baiser, oh! alors il n'y a plus besoin de filet pour le prendre lui-même. Comment est-il possible que tu ne saches pas cela, toi qui es venu si longtemps à l'école ?

Arg. C'est ta faute si je n'en sais pas davantage. Pourquoi renvoies-tu un élève à demi formé ?

Cl. Quand tu auras de quoi payer ta leçon, tu peux revenir hardiment ; quant à présent, tu feras bien de t'en aller.

Arg. Un instant, un instant ; demeure. Écoute ; combien te faut-il pour que Philénie soit à moi seul pendant une année entière ?

Cl. Parce que c'est toi, je ne demande que vingt mines [1]. Mais je mets cette condition : Si un autre me les apporte avant toi, bonjour et adieu.

Arg. J'ai encore un mot à te dire avant que tu t'en ailles.

Cl. Parle donc.

Arg. Je ne suis pas encore tout à fait noyé ; il me reste de quoi me noyer davantage. Je puis trouver moyen de te fournir la somme que tu me demandes ; mais je mets dans mon marché que je disposerai de Philénie pendant toute cette année, et qu'elle ne recevra chez elle absolument aucun autre homme que moi.

Cl. Si tu l'exiges, je ferai châtrer les domestiques mâles de la maison. Enfin, écris toi-même le contrat et les clauses du marché ; fais-le comme tu le voudras : mais apporte en même temps la somme ; j'accepterai tout ; je suis fort accommodante. Les portes de nos maisons ressemblent à celles du logis des receveurs, des commis pour toucher les droits ; si vous leur apportez, ils vous ouvrent ; si vous n'avez rien à leur donner, il n'y a personne. (*Elle sort.*)

Arg. Je suis mort, si je ne trouve ces vingt mines. C'est encore de l'argent qu'il faut perdre, ou je suis perdu moi même. Je vais sur la place publique ; là, j'essayerai, j'userai de toutes mes ressources ; je prierai, je supplierai tout ce que je pourrai rencontrer d'amis et de connaissances ; honnêtes gens ou fripons, je m'adresserai à tout le monde. Si je ne trouve pas à emprunter sans intérêt, il faudra bien recourir aux usuriers.

ACTE SECOND.

SCÈNE PREMIÈRE.

LIBAN.

Allons, Liban, il faut te réveiller, mon ami, et trouver quelque ruse pour procurer de l'argent à ton maître. Qu'est-ce que c'est donc ? Il y a déjà longtemps que tu as quitté le vieillard, et que tu es allé à la place publique après avoir promis de t'occuper de cette affaire ; et depuis ce moment tu n'as fait que dormir et te reposer comme un lâche. Allons, encore une fois, plus de paresse ; rappelle à toi ton esprit industrieux et tes ruses infaillibles ; sois utile à ton maître ; n'imite pas les autres esclaves, qui n'emploient leur adresse qu'à tromper

---

Cl. Non tu scis? hic noster quæstus aucupii simillimu st.
Auceps quando concinnavit aream, obfundit cibum.
Aveis adsuescunt. Necesse'st facere sumptum, qui quærit lucrum.
Sæpe edunt : semel si captæ sunt, rem solvont aucupi :
Itidem heic apud nos : ædis nobis area'st, aucepa sum ego,
Esca est meretrix , lectus inlix est , amatores aveis :
Bene salutando consuescunt, compellando blanditer,
Osculando, oratione vinnula, venustula.
Si papillam pertractavit, haud est ab re aucupis.
Savium si sumsit, sumere eum licet sine retibus.
Hæccine te esse oblitum, in ludo qui fuisti tamdiu ?
Arg. Tua ista culpa'st, quæ discipulum semidoctum abs te amoves.
Cl. Remeato audacter, mercedem si eris nactus : nunc abi.
Arg. Mane, mane, audi : dic quid me æquom censes pro illa tibi dare,
Annum hunc ne cum quiquam alio sit. *Cl.* Tene ? viginti inas,
Atque ea lege : si alius ad me prius adtulerit : tu vale.
Arg. At ego : est etiam, priusquam abis, quod volo loqui. *Cl.* Dic quod lubet.
Arg. Non omnino jam perii : est reliquom, quo peream magis.
Habeo, unde istuc tibi, quod poscis, dem : sed in leges meas
Dabo , ut scire possis, perpetuum annum hunc mihi uti serviat.

Nec quemquam .nterea alium admittat prorsus, quam me, ad se virum.
Cl. Quin, si tu voles, domi servi qui sunt, castrabo viros.
Postremo, ut voles nos esse, syngrapham facito adferas.
Ut voles, ut tibi lubebit, nobis legem imponito :
Modo tecum una argentum adferio, facile patiar cetera.
Portitorum simillimæ sunt januæ lenoniæ :
Si adfers, tum patent : si non est quod des, ædeis non patent, (egreditur)
Arg. Interii, si non invenio ego illas viginti minas.
Et profecto, nisi illud perdo argentum, pereundum'st mihi.
Nunc pergam ad forum, atque experiar opibus, omni copia :
Subplicabo, exobsecrabo, ut quemque amicum videro :
Dignos, indignos adire, atque experiri certum'st mihi.
Nam si mutuas non potero, certum'st, summam fœnore.

ACTUS SECUNDUS.

SCENA PRIMA.

LIBANUS.

Hercle vero, Libane, nunc te meliu'st expergiscier,
Atque argento conparando fingere fallaciam.
Jam diu'st factum, quom discesti ab hero, atque abisti ad forum,
Igitur inveniundo argento ut fingeres fallaciam.
Ibi tu ab hoc diei tempus dormitasti in otio.
Quin tu abs te socordiam omnem reice, et segnitiem amove,
Atque ad ingenium vetus vorsutum te recipis tuum.

---

[1] 1.833 francs.

leur maître. Comment m'y prendre? où me tourner? de quel côté faire voile? Bien; je prends les augures; ils sont favorables; les oiseaux n'annoncent rien que d'heureux : le pivert et la corneille sont à gauche, et le corbeau est à droite. Ils me donnent tous le même conseil. Allons, je vous remercie, mes chers oiseaux; je suivrai votre avis. Mais qu'est-ce qu'il y a? Pourquoi le pivert donne-t-il des coups de bec sur le tronc de cet orme? Cela signifie quelque chose; ce sont des coups de verge pour moi ou pour notre maître-d'hôtel Sauréa. Mais j'aperçois Léonide qui court de toutes ses forces; il paraît hors de lui; je crains bien qu'il ne vienne déranger les augures et faire tort à mes projets.

SCÈNE II.

LÉONIDE, LIBAN.

Léon. à part. Où trouverai-je à présent ce Liban, ou notre jeune maître, pour les rendre plus joyeux que la joie elle-même? Je leur apporte un grand triomphe, un bon butin à faire. Comme ils sont mes compagnons d'ivrognerie et de débauche, il est juste que je partage avec eux le butin qui me tombe dans les mains.

Lib. à part. (*Il reste caché pendant une partie de cette scène.*) Voilà un drôle qui a pillé quelque maison, selon sa coutume. Tant pis pour celui qui n'a pas bien gardé sa porte.

Léon. (*De même.*) Je consens à être esclave toute ma vie, pourvu que je trouve Liban à l'instant même.

Lib. (*De même.*) Ce ne sera pas moi, mon garçon, qui abrégerai d'un seul jour ta servitude.

Léon. (*De même.*) Je céderais même volontiers deux cents bonnes écorchures toutes chaudes de dessus ma peau.

Lib. (*De même.*) Il est en fonds pour faire de pareilles largesses ; il porte un trésor de cette espèce sur l'échine.

Léon. (*De même.*) Si Liban laisse échapper de ses mains cette heureuse occasion, il ne la retrouvera pas une autre fois, eût-il à ses ordres un char de triomphe attelé de quatre chevaux blancs. Notre maître restera dans l'embarras, et l'orgueil de nos ennemis en sera augmenté; au lieu que s'il sait prendre, comme on dit, cette occasion aux cheveux, grande joie, grand bonheur dans notre camp; il rendra le plus signalé service à nos deux maîtres le père et le fils; tous deux nous seront attachés pour la vie par un si grand bienfait.

Lib. (*De même.*) Il parle de gens attachés: ce mot ne me plaît pas: je crains qu'il n'ait fait quelque tour dont nous porterons la peine en commun.

Léon. (*De même.*) Allons; je suis mort décidément, si je ne rencontre Liban. En quel lieu du monde se cache-t-il?

Lib. (*De même.*) Ce drôle cherche un camarade de mauvaise action et de châtiment; cela ne me plaît pas; c'est signe d'un grand malheur, quand on sue et qu'on tremble tout à la fois.

Léon. (*De même.*) Mais pourquoi mes pieds sont-ils si lents, quand ma langue est si agile? Mieux vaudrait la faire taire, que de la laisser dévorer le jour entier en paroles.

Lib. (*De même.*) Malheureux qui se joue à sa patronne! Car enfin, quand il a fait un mauvais coup, sa langue ment si bien pour lui !

Léon. (*De même.*) Que je me hâte enfin, de peur que le secours ne m'arrive quand le temps de faire le butin sera passé.

Lib. (*De même.*) Il parle de butin!... Qu'est-ce que c'est? Je vais à sa rencontre, afin de savoir de quoi il s'agit. (*A Léonide.*) Je te souhaite une bonne santé de la plus haute voix que je puis et de toute ma force.

Serva herum : cave tu idem faxis', alii quod servi solent,
Qui ad heri fraudationem callidum ingenium gerunt.
Unde sumam? quem intervortam? quo hanc celocem conferam?
Inpetritum, inauguratum'st : quovis admittunt aveis.
Picus et cornix ab læva est; corvos porro ab dextera.
Consuadent : certum, hercle, est, vostram consequi sententiam.
Sed quid hoc, quod picus ulmum tundit? non temerarium'st :
Certe, hercle, ego, quantum ex augurio auspicii intellego,
Aut mihi in mundo sunt virgæ, aut atriensi Sauréæ.
Sed quid illuc, quod exanimatus currit heic Leonida?
Metuo, quod illic obscævavit meæ falsæ fallaciæ.

SCENA SECUNDA.

LEONIDA, LIBANUS.

Leon. Ubi ego nunc Libanum requiram, aut familiarem filium?
Uti ego illos lubentiores faciam, quam Lubentia'st?
Maxumam prædam et triumphum eis adfero adventu meo.
Quando mecum pariter potant, pariter scortari solent,
Hanc quidem, quam nactus prædum, pariter cum illis partiam. *Lib.* Illic homo ædeis conpilavit, more si fecit suo.
Væ illi, qui tam indiligenter observavit jannam.
Leon. Ætatem velim servire, Libanum ut conveniam modo.
Lib. Mea quidem, hercle, opera liber nunquam fies ocius.
Leon. Etiam de tergo ducentas plagas prægnanteis dabo.

Lib. Largitur peculium, omnem in tergo thesaurum gerit.
Leon. Nam si huic occasioni tempus sese subterduxerit,
Nunquam, edepol, quadrigis albis indipiscet postea :
Herum in obsidione linquet, inimicum animos auxerit.
Sed si mecum obcasionem obprimere hanc, quæ obvenit, studet,
Maxumas opimitates gaudio ecfertissumas
Suis heris illo una imponet, pariet, gnatoque et patri :
Adeo ut ætatem ambo ambobus nobis sint obnoxii,
Nostro devincti beneficio. *Lib.* Vinctos nescio quos ait.
Non placet : metuo in commune, ni quam fraudem frausu, sit.
Leon. Perii ego oppido, nisi Libanum invenio jam, ubi ubi est gentium.
Lib. Illic homo sociûm ad malam rem quærit, quem adjungat sibi.
Non placet : pro monstro exemplum'st, quando, qui sudat, tremit.
Leon. Sed quid ego heic properans concesso pedibus, lingua largior?
Quin ego hanc jubeo tacere, quæ loquens lacerat diem?
Lib. Edepol, hominem infelicem, qui patronam comprimat!
Nam si quid scleste fecit, lingua pro illo pejerat.
Leon. Adproperabo, ne post tempus prædæ præsidium parem.
Lib. Quæ illæc præda est? Ibo adversum, atque electabo quicquid est.
Jubeo te salvere voce summa, quoad vires valent.

Léon. Grenier à coups de fouet!
Lib. Qu'y a-t-il, pilier de prison?
Léon. Croupier de geôle!
Lib. O passe-temps des verges!
Léon. Combien crois-tu que tu pèses tout nu?
Lib. Je n'en sais rien.
Léon. Je savais bien que tu l'ignorais; mais moi qui t'ai pesé, je puis te l'apprendre. Quand tu es attaché nu, et pendu par les pieds, tu pèses juste cent livres.
Lib. Qu'en sais-tu? Comment peux-tu le prouver?
Léon. Voici comment je le sais, et je le prouve. Lorsqu'on t'attache aux pieds un poids de cent livres, que tu as les menottes aux mains que l'on serre contre la poutre, tu restes justement en équilibre, avec le poids; tu ne tombes ni d'un côté ni de l'autre; tu ne pèses alors ni plus ni moins qu'un fripon.
Lib. Tu es un malheureux.
Léon. Le malheur est un legs que la servitude t'a laissé par testament.
Lib. Abrégeons. Que viens-tu faire?
Léon. Peut-on se fier à toi?
Lib. Tu le peux hardiment.
Léon. Si tu veux servir notre jeune maître dans ses amours, je sais une belle occasion de profit; mais il y a aussi du mal à craindre; nous nous rendons immortels dans les fastes des donneurs d'étrivières. Liban, il s'agit de déployer ici notre audace et notre adresse. J'ai imaginé une fourberie, mais une fourberie si éclatante, qu'on nous regardera tous deux comme ayant mérité plus de coups de fouet qu'il n'en a jamais été distribué.
Lib. Je ne savais aussi pourquoi les épaules me démangeaient; elles m'annonçaient qu'elles s'attendaient à quelque nouveau régal. Allons, conte-moi l'affaire.
Léon. Grand butin à faire et grand châtiment à rembourser, voilà l'affaire en deux mots.

Lib. Quand toutes les étrivières conjurées devraient fondre sur moi, je n'emprunterais pas le dos des voisins; le mien me suffit.
Léon. Si tu es capable de cette fermeté d'âme, nous sommes sauvés.
Lib. S'il ne s'agit que de payer d'effronterie et de dureté de l'échine, je volerais le trésor de la république, quitte ensuite à nier, à jurer et à me parjurer.
Léon. Ah! voilà du courage, voilà un homme qui sait, quand il faut, braver le danger!
Lib. Que ne dis-tu enfin ce dont il s'agit? Il me tarde de m'exposer au danger.
Léon. Un moment. Fais-moi des questions auxquelles je répondrai l'une après l'autre. Ne vois-tu pas que je suis encore tout hors d'haleine, à force d'avoir couru?
Lib. Allons, soit; à ton aise; j'attendrai, si tu veux, jusqu'à ce que tu crèves.
Léon. Où est notre maître?
Lib. Parles-tu du vieillard? il est sur la place publique. Parles-tu du jeune? il est là-dedans.
Léon. C'est bon; cela suffit.
Lib. En es-tu plus riche?
Léon. Ne plaisante pas.
Lib. Comme tu voudras. Mes oreilles attendent ce que tu dois leur dire.
Léon. Fais bien attention; et tu en sauras bientôt autant que moi.
Lib. Je me tais.
Léon. Cela est heureux. Te souviens-tu de ces roussins d'Arcadie que notre maître d'hôtel a vendus à un marchand de Pella[1]?
Lib. Je m'en souviens. Après?
Léon. Ce marchand a envoyé ici l'argent, pour être remis à Sauréa, au maître d'hôtel. Un jeune homme est venu apportant la somme.

Leon. Gymnasium flagri, salveto.
Lib. Quid agis, custos carceris.
Leon. O catenarum colone. *Lib.* Virgarum o lascivia.
Leon. Quot pondo ted esse censes nudum? *Lib.* Non, edepol, scio.
Leon. Scibam ego te nescire : at, pol, ego, qui te expendi, scio.
Nudus vinctus centum pondo es, quando pendes per pedes.
Lib. Quo argumento istuc? *Leon.* Ego dicam, quo argumento et quo modo.
Ad pedes quando adligatus es æquom centupondium,
Ubi manus manicæ conplexæ sunt, atque adductæ ad trabem,
Nec dependis, nec propendis, quin malus nequamque sis.
Lib. Væ tibi! *Leon.* Hoc testamento Servitus legat tibi.
Lib. Verbis velitationem fieri compendi volo.
Quid istuc negoti est? *Leon.* Certum'st credere? *Lib.* Audacter licet.
Leon. Sis amanti subvenire familiari filio;
Tantum adest boni inproviso, verum conmistum malo.
Omneis de nobis carnuficum concelebrabuntur dies.
Libane, nunc audacia usu'st nobis inventa et dolis.
Tantum facinus modo inveni ego, ut nos dicamur duo
Omnium dignissumi esse, quo cruciatus confluant.
Lib. Ergo mirabar, quod dudum scapulæ gestibant mihi,
Hariolari quæ obceperunt sibi esse in mundo malum.
Quiquid est, eloquere. *Leon.* Magna est præda cum magno malo.
Lib. Siquidem omneis conjurati cruciamenta conferant,

Habeo, opinor, familiarem tergum, ne quæram foris.
Leon. Si istanc firmitudinem animi obtines, salvi sumus.
Lib. Quin si tergo res solvenda'st, rapere cupio publicum :
Pernegabo atque obdurabo, perjurabo denique.
Leon. Hem! ista virtus est, quando usu'st, qui malum fert fortiter.
Fortiter malum qui patitur, idem post patitur bonum.
Lib. Quin rem actutum edisseris? cupio malum nancisci.
Leon. Placide ergo unumquidquid erogita, adquiescam : non vides
Me ex cursura anhelitum etiam ducere? *Lib.* Age age, mansero
Tuo arbitratu, vel adeo usque dum peris. *Leon.* Ubi nam est herus?
Lib. Major apud forum'st, minor heic est intus. *Leon.* Jam satis est mihi.
Lib. Tum igitur tu dives factus? *Leon.* Mitte ridicularia.
Lib. Mitto : istud, quod adfers, aures exspectant meæ.
Leon. Animum advorte, ut æque mecum hæc scias. *Lib.* Taceo. *Leon.* Beas.
Meministin' asinos Arcadicos mercatori Pellæo
Nostrum vendere atriensem? *Lib.* Memini : quid tum postea?
Leon. Hem! ergo is argentum huc remisit, quod daretur Sauræ
Pro asinis : adulescens venit modo, qui id argentum adtulit.

[1] Ville de Macédoine, célèbre par la naissance d'Alexandre le Grand.

Lib. Où est-il, ce jeune homme? où est-il?

Léon. On dirait que tu veux le dévorer, si tu l'apercevais?

Lib. Oui, sans doute; c'est mon dessein. Mais tu veux parler de ces ânes vieux, boiteux, qui avaient la corne des pieds usée jusqu'aux cuisses.

Léon. Oui; ce sont ceux-là qui apportaient des champs les verges d'orme pour ton usage.

Lib. J'entends; ce sont aussi ceux qui t'ont emporté attaché jusqu'à notre maison des champs.

Léon. C'est cela même. Tu as de la mémoire. Mais tandis que j'étais assis dans la boutique du barbier, ce jeune homme vient me demander si je ne connais pas un certain Déménète, fils de Straton; je réponds que je le connais fort bien, et que je suis son esclave; je montre notre maison.

Lib. Fort bien. Ensuite?

Léon. Il ajoute qu'il apporte au maître d'hôtel Sauréa le prix des ânes vendus vingt mines d'argent; mais qu'il ne connaît point Sauréa; que, pour Déménète, il l'a déjà vu, et le connaît fort bien. Quand il m'eut tenu ce discours...

Lib. Que fis-tu?

Léon. Écoute; tu vas voir. Je me donnai de grands airs, des airs d'importance, et lui dis que j'étais moi-même le maître-d'hôtel. A quoi il me répondit: Je n'ai point vu Sauréa; je ne connais point sa figure. Ainsi, ne vous fâchez pas; mais amenez avec vous Déménète, votre maître, que je connais fort bien; alors il n'y aura plus de difficultés; je vous remettrai l'argent en sa présence. Je lui ai promis que j'amènerais Déménète, et que je serais à la maison. Pour lui, il a dû aller au bain, et reviendra ensuite ici. Eh bien! que penses-tu qu'il faille faire dans cette circonstance? Dis.

Lib. Je cherche dans ma tête comment nous attraperons l'argent; il faut se placer entre Sauréa et l'étranger : car si celui-ci rejoint l'autre, et lui remet la somme, nous la perdrons tout à fait. Tu as déjà ébauché l'ouvrage; il faut l'achever. Car le vieillard m'a pris à part tantôt, en me faisant sortir exprès de la maison, et m'a prévenu que nous péririons sous les étrivières, si son fils Argyrippe n'avait aujourd'hui vingt mines. Il m'a ordonné de tromper ou sa femme ou le maître d'hôtel; il m'a même promis de nous aider. Va trouver à présent notre vieux maître sur la place; dis-lui ce que nous projetons; et que tu vas te changer en Sauréa, le maître d'hôtel, afin de recevoir l'argent que ce jeune homme apporte pour les ânes.

Léon. Il suffit.

Lib. Moi, j'amuserai ici l'étranger, s'il arrive dans l'intervalle.

Léon. Est-ce là tout?

Lib. N'avons-nous plus rien à dire?

Léon. Écoute. Pendant que je contreferai Sauréa, si, pour la vérité de l'imitation je te donne un soufflet, ne va pas te fâcher.

Lib. Et toi, ne t'avise pas de me toucher. Car si cela t'arrive, il t'en prendra mal d'avoir changé ton nom.

Léon. Je t'en prie, souffre les coups de bonne grâce.

Lib. Et souffre de bonne grâce que je te les rende.

Léon. Je dois te prévenir d'avance.

Lib. Et moi aussi je te dis ce que je ferai.

Léon. Ne t'y refuse pas.

Lib. Je te promets seulement de te rendre au moins autant que je recevrai.

Léon. Allons; je vois que tu te prêteras à la plaisanterie. Mais on vient. C'est notre homme lui-même. Je reviendrai bientôt. Toi, arrête-le ici. Je vais trouver le vieillard, et lui raconter l'affaire.

Lib. Allons; va donc promptement faire ce qui te concerne. Que n'es-tu parti?

Lib. Ubi is homo'st? *Leon.* Jam devorandum censes, si conspexeris.
Lib. Ita enimvero : sed tamen tu nempe eos asinos praedicas
Vetulos, claudos, quibus subtritae ad femina jam erant ungulae.
Leon. Ipsos, qui tibi subvectabant rure huc virgas ulmeas.
Lib. Tenea : atque iidem te hinc vexerunt vinctum rus.
Leon. Memor es probe.
Verum in tonstrina, ut sedebam, me infit percontarier :
Ecquem filium Stratonis noverim Demaenetum?
Dico me novisse exemplo, et me ejus servom praedico
Esse, et aedeis demonstravi nostras. *Lib.* Quid tum postea?
Leon. Ait se ferre ob asinos argentum atriensi Saureae,
Viginti minas, sed eum se non novisse hominem, qui siet :
Ipsum vero se novisse callide Demaenetum.
Quoniam ille elocutus haec sic... *Lib.* Quid tum? *Leon.* Ausculta ergo; scies.
Extemplo facio facetum me atque magnificum virum,
Dico med esse atriensem : sic hoc respondit mihi :
Ego, pol, Saureäm non novi, neque qua facie sit scio :
Te non aequom est subcensere : si herum vis Demaenetum,
Quem ego novi, adduce : argentum non morabor, quin feras.
Ego me dixeram adducturum, et me domi praesto fore.
Ille in balineas ituru'st, inde huc veniet postea.
Quid nunc consilii captandum censes? dic. *Lib.* Hem istuc
Quomodo argentum intervortam, et adventorem, et Sauream.
Jam hoc opus est exasciatum; nam si ille argentum prius

Hospes huc adfert, continuo nos ambo exclusi sumus.
Nam me hodie senex seduxit solum, seorsum ab aedibus :
Mihi, tibique interminatu'st, nos futuros ulmeos,
Ni hodie Argyrippo viginti essent argenti minae.
Jussit vel nos atriensem, vel nos uxorem suam
Defrudare : dixit sese operam promissam dare.
Nunc tu abi ad forum ad herum, et narra, haec ut nos acturi sumus.
Te ex Leonida futurum esse atriensem Sauream.
Dum argentum adferat mercator pro asinis. *Leon.* Faciam uti jubes.
Lib. Ego illum interea heic oblectabo, prius si forte advenerit
Leon. Quid ais? *Lib.* Quid vis? *Leon.* Pugno malum si tibi percussero,
Mox quom Sauream imitabor, caveto ne subcenseas.
Lib. Hercle vero tu cavebis, ne me adtigas : ne me tagis,
Nae hodie malo cum auspicio nomen conmutaveris.
Leon. Quaeso aequo animo patitor. *Lib.* Patitor tu item, quom ego te referiam.
Lean. Dico, ut usu'st fieri. *Lib.* Dico hercle ego quoque ut facturu' sum.
Leon. Ne nega. *Lib.* Quin promitto inquam hostire contra, ut merueris.
Leon. Ego abeo : tu, jam scio, patiere : sed quis hic est? is est :
Ille est ipsus : jam ego recurro huc : tute hunc interea heic tene.
Volo seni narrare. *Lib.* Quin tu opficium facis ergo, ac fugis?

SCÈNE III.

LE MARCHAND, LIBAN.

Le March. Voilà bien la maison qui m'a été indiquée ; il faut que ce soit là que demeure Déménète ; va, petit garçon, frappe à la porte ; et si le maître d'hôtel Sauréa est au logis, fais-le-moi venir ici.

Lib. Qui est-ce qui frappe si fort à notre porte ? Un moment, s'il vous plaît. Est-ce que vous ne m'entendez pas ?

Le March. Qui a frappé ? Personne encore. Étes-vous dans votre bon sens ?

Lib. Je croyais que vous aviez frappé, parce que je vous voyais aller de ce côté ; je ne veux pas qu'une porte, ma commensale, et qui appartient au même maître que moi, soit maltraitée : j'ai un tendre attachement pour notre maison.

Le March. Parbleu! votre porte ne risque pas d'être brisée, si vous commencez par arrêter ainsi tous ceux qui s'y présentent.

Lib. Notre porte est faite comme cela ; elle crie d'avance après le portier, du plus loin qu'elle voit quelqu'un venir lui donner des coups de pied. Mais quel dessein vous amène ? Que cherchez-vous ?

Le March. Je cherchais Déménète.

Lib. Quand il sera au logis, je vous le dirai.

Le March. Et son maître d'hôtel ?

Lib. Il n'y est pas davantage.

Le March. Où est-il donc ?

Lib. Il a dit en sortant qu'il allait chez le barbier.

Le March. Est-ce qu'il n'en est pas revenu ?

Lib. Pas encore. Qu'est-ce que vous lui vouliez ?

Le March. Si je l'eusse trouvé, je lui aurais compté vingt mines d'argent.

Lib. De quelle part ? et pour quelle raison ?

Le March. Pour des ânes qu'il a vendus à un marchand de Pella.

Lib. Je sais ce que c'est. Vous m'en faites souvenir. Je crois qu'il ne tardera pas.

Le March. Comment est-il, votre Sauréa ? Dépeignez-le-moi un peu. Je verrai bien si c'est lui qui m'a parlé.

Lib. Les joues maigres, tant soit peu roux et ventru, regard farouche, taille ordinaire, mine patibulaire.

Le March. Un peintre ne ferait pas mieux son portrait. Et tenez ; je le vois lui-même qui vient. Il marche en branlant la tête.

Lib. Malheur à qui l'aborde quand il est en colère ; il le bat sans pitié. Il a l'air menaçant et furieux, comme Achille : mais s'il me touche dans son courroux, il sera rossé.

SCÈNE IV.

LÉONIDE, LE MARCHAND, LIBAN.

Léon. Qu'est-ce que cela veut dire, que personne dans la maison ne fasse cas des ordres que je donne ? J'ai expressément prescrit à Liban de venir me joindre chez le barbier ; et ce drôle n'y est point venu. Il paraît qu'il ne prend guère plus de souci de ses épaules que de ses jambes.

Le March. Il a le verbe bien haut.

Lib. Malheur à moi aujourd'hui !

Léon., *ironiquement.* J'ai apparemment l'honneur de saluer Liban l'affranchi ? Tu as été mis en liberté, à ce qu'il me paraît ?

Lib. Pardon ; je vous conjure.

Léon. Tu oses te présenter devant moi ? Il t'en arrivera mal. Pourquoi n'es-tu pas venu chez le barbier, comme je te l'avais ordonné ?

Lib. Cet homme-ci m'a retenu.

Léon. Quand tu me dirais que tu as été retenu par le grand Jupiter lui-même, et quand il viendrait demander ta grâce, tu n'échapperais pas au châtiment. Misérable, tu as méprisé mon ordre ?

SCENA TERTIA.

MERCATOR, LIBANUS.

Merc. Ut demonstratæ sunt mihi, hasce ædeis esse oportet, Demænetus ubi dicitur habitare. I, puere, pulta.

Atque atriensem Sauream, si est intus, evocato huc.

Lib. Quis nostras sic frangit foreis ? Ohe, inquam, si quid audis.

Merc. Nemo etiam tetigit ; sanusne es. *Lib.* At censebam adtigisse,

Propterea, huc quia habebas iter : nolo ego [foreis] conservas meas.

A te verberarier : sane ego sum amicus nostris [ædibus].

Merc. Pol, haud periclum est, cardines ne foribus ecfringantur,

Si istoc exemplo tu omnibus, qui quærunt, respondebis.

Lib. Ita hæc morata'st janua : exemplo janitorem

Clamat, procul si quem videt ire ad sese calcitronem.

Sed quid venis ? quid quæritas ? *Merc.* Demænetum volebam.

Lib. Si sit domi, dicam tibi. *Merc.* Quid ? ejus atriensis ?

Lib. Nihilo mage intus est. *Merc.* Ubi est ? *Lib.* Ad tonsorem ire dixit.

Merc. Quom venisset, post non rediit ? *Lib.* Non edepol : quid volebas ?

Merc. Argenti viginti minas, si adesset, adcepisset.

Lib. Qui pro istuc ? *Merc.* Asinos vendidit Pellæo mercatori

Mercatu. *Lib.* Scio, tu id nunc refers ? jam heic credo eum adfuturum.

Merc. Qua facie voster Saurea'st ? si is est, jam scire potero.

Lib. Macilentis malis, rufulus, aliquantum ventriosus,

Truculentis oculis, commoda statura, tristi fronte.

Merc. Non potuit pictor rectius describere ejus formam.

Atque, hercle, ipsum adeo contuor, quassanti capite incedit.

Lib. Quisque obviam huic heic obcesserit irato, vapulabit.

Siquidem, hercle, Æacidinis minis animisque expletu' cedit,

Si med iratus tetigerit, iratus vapulabit.

SCENA QUARTA.

LEONIDA, MERCATOR, LIBANUS.

Leon. Quid hoc est negoti ? neminem meum dictum magnifacere.

Libanum in tonstrinam ut jusseram venire, is nullus venit.

Næ ille, edepol, tergo et cruribus consuluit haud decore.

Merc. Nimis imperiosu'st. *Lib.* Væ mihi hodie ! *Leon.* Salvere jussi

Libanum libertum ! jam manu emissus ? *Lib.* Obsecro te.

Leon. Næ tu, hercle, cum magno malo mihi obviam obcessisti.

Cur non venisti, ut jusseram, in tonstrinam ? *Lib.* Hic me moratu'st.

Leon. Siquidem, hercle, nunc summum Jovem te dicas detinuisse,

Atque is precator adsiet, malam rem ecfugies nunquam.

Tu, verbero, imperium meum contempsisti !

Lib. Notre hôte, je suis perdu.
Le March. Je vous prie, Sauréa, que je ne sois pas la cause que vous fassiez du mal à ce pauvre garçon.
Léon. Que n'ai-je à la main un bon fouet!
Le March. De grâce, calmez-vous.
Léon. J'en chatouillerais tes côtes endurcies et calleuses à force de plaies.... Laissez-moi; je veux assommer ce scélérat qui me met toujours en colère, ce pendard à qui il faut toujours répéter cent fois les ordres qu'on lui donne, avec qui on est obligé de crier et de s'égosiller sans cesse; il me fatigue, il me tue, il me met aux abois. As-tu, pendard, as-tu fait enlever le fumier de devant cette porte? As-tu fait ôter les toiles d'araignées qui sont dans les colonnes? As-tu fait nettoyer et polir les clous de cuivre de la porte? Rien de tout cela. Il me faudrait, comme à un boiteux, toujours un bâton à la main. Parce que je viens d'employer trois jours à chercher sur la place publique des personnes qui veuillent emprunter à usure, vous, pendant ce temps-là, vous dormez au logis; vous n'y faites rien, et notre maître a pour demeure une étable plutôt qu'une maison. Tiens, voilà pour toi. (*Il lui donne un soufflet.*)
Lib. Notre hôte, défendez-moi, je vous prie.
Le March. Sauréa, veuillez l'épargner à cause de moi.
Léon. Voyons; a-t-on payé le prix de cette voiture que j'ai fournie pour transporter de l'huile?
Lib. On l'a payé.
Léon. A qui a-t-on compté l'argent?
Lib. A Stichus, votre homme de confiance.
Léon. Ah! tu veux me flatter. Oui, il a ma confiance. C'est qu'il n'y a point dans la maison d'esclave plus précieux que lui pour notre maître. Mais ces vins que j'ai vendus hier au cabaretier Exérambe, les a-t-il aussi payés à Stichus?

Lib. Je le crois. Car je l'ai vu amener ici même un banquier.
Léon. J'aimerais mieux donner pour rien, que de vendre de la sorte. En voilà pour un an avant d'avoir ce qui m'est dû. Il s'y prend de manière que j'aurai une obligation du banquier, au lieu d'argent comptant. Et Dromon a-t-il acquitté son loyer?
Lib. Un peu moins de la moitié, je crois.
Léon. Et le reste, quand viendra-t-il?
Lib. Il disait qu'il le payerait dès qu'il aurait reçu lui-même; qu'il ne pouvait venir à bout d'avoir le payement d'ouvrages qu'il avait faits.
Léon. Ces vases que j'avais prêtés à Philodémus, les a-t-il rapportés?
Lib. Pas encore.
Léon. Il tarde bien. Prêter à un ami, c'est donner.
Le March. Il me fait mourir. Sa mauvaise humeur va me forcer à m'en aller.
Lib., bas à Léonide. Entends-tu ce qu'il dit?
Léon. Je l'entends, et j'en reste là.
Le March. Enfin, il ne dit plus rien; voilà le moment de lui parler, avant qu'il recommence ses criailleries; voulez-vous me donner audience?
Léon. Ah! c'est vous, mon très-cher? Y a-t-il longtemps que vous êtes là? Je ne vous avais pas vu, d'honneur; pardonnez-le-moi; la colère où j'étais m'empêchait de rien voir.
Le March. Cela n'est pas étonnant. Mais je voulais parler à Déménète, s'il est à la maison.
Léon. Ce pendard dit qu'il n'y est pas; vous pouvez, si vous voulez, me compter l'argent; je vous en donnerai quittance.
Le March. J'aimerais mieux que Déménète fût présent.
Lib. Notre maître se fie à Sauréa, comme Sauréa se fie à lui.
Le March. Je lui remettrai l'argent en présence du maître.

Lib. Perii! hospes.
Merc. Quæso, hercle, noli, Saurea, mea causa hunc verberare.
Leon. Utinam nunc stimulus in manu mihi sit! *Merc.* Quiesce, quæso.
Leon. Qui latera conteram tua, quæ obcalluere plagis. Abscede, et sine me hunc perdere, qui semper ira incendit, Quoi nunquam unam rem me licet semel præcipere furi, Quin centies eadem inperem, atque obganniam : itaque jam, hercle,
Clamore ac stomacho non queo labori subpeditare.
Jussin', sceleste, ab janua hoc stercus hinc auferri?
Jussin' columnis dejici operas aranearum?
Jussin' in splendorem dari bullas has foribus nostris?
Nihil est : tamquam si claudus sim, cum fusti'st ambulandum.
Quia triduum hoc unum modo foro operam adsiduam dedi,
Dum reperiam, qui quæritat argentum in fœnus, heic vos
Dormitis interea domi, atque herus in hara, haud ædibus, habitat.
Hem ergo, hoc tibi. *Lib.* Hospes, te obsecro, defende. *Merc.* Saurea, oro,
Mea causa ut mittas. *Leon.* Eho, ecquis pro vectura olivi
Resolvit? *Lib.* Resolvit. *Leon.* Quoi datum'st? *Lib.* Sticho vicario ipsi
Tuo. *Leon.* Vah! delenire adparas : scio mihi vicarium esse,
Neque eo esse servom in ædibus heri, qui sit pluris, quam ille sit.
Sed vina quæ heri vendidi vinario Exærambo,

Jam pro iis satisfecit Sticho? *Lib.* Fecisse satis opinor :
Nam vidi huc ipsum adducere trapezitam Exærambum.
Leon. Sic dedero : prius quæ credidi, vix anno post exegi.
Nunc satagit : adducit domum etiam ultro, et scribit nummos.
Dromo mercedem rettulit? *Lib.* Dimidio minus, opinor.
Leon. Quid reliquom? *Lib.* Aiebat reddere, quam exemplo redditum esset :
Nam retineri, ut, quod sit sibi operis locatum, ecficeret.
Leon. Scyphos, quos utendos dedi Philodamo, rettulitne?
Lib. Non etiam. *Leon.* Hem! non? si velis, da, commoda homini amico.
Merc. Perii, hercle! jam hic me abegerit suo odio. *Lib.* Heus jam satis tu :
Audin' quæ loquitur? *Leon.* Audio, et quiesco. *Merc.* Tandem, opinor,
Conticuit : nunc adeam optumum'st, priusquam incipit tinnire.
Quam mox mihi operam das? *Leon.* Ehem, optume : quamdudum tu advenisti?
Non, hercle, te provideram : quæso, ne vitio vortas,
Ita iracundia obstitit oculis. *Merc.* Non mirum factum'st.
Sed, si domi'st, Demænetum volebam. *Leon.* Negat esse intus.
Verum istonc argentum tamen mihi si vis denumerare,
Repromittam istoc nomine solutam rem futuram.
Merc. Sic potius, ut Demæneto tibi hero præsente reddam.
Lib. Herus istunc novit, atque herum hic. *Merc.* Hero huic præsente reddam.

Lib. Vous pouvez le lui remettre également en son absence; je me charge de tout; je vous en fais bon. Si notre vieillard savait que vous n'avez pas eu confiance dans son maître d'hôtel, il se mettrait fort en colère; il s'en rapporte à lui pour toutes ses affaires.

Léon. Qu'il me donne cet argent, ou qu'il ne me le donne pas, à son aise; laisse-le là.

Lib. Donnez-lui cet argent, je vous prie; je tremble de frayeur! Il va croire que c'est moi qui vous ai conseillé de ne pas le lui confier. Donnez; ne craignez rien; il n'y a pas le moindre risque.

Le March. Il y en aura encore moins à le garder. Je suis étranger dans ce pays-ci. Je ne connais point votre Sauréa.

Lib. Mais quand on vous le fait connaître?

Le March. Est-ce lui? n'est-ce pas lui? Je n'en sais rien. C'est lui.... si c'est lui. Ce que je sais bien, c'est que je ne remettrai cet argent qu'à bonne enseigne, et quand je serai bien sûr de mon fait.

Léon. Que tous les dieux te confondent! Liban, je vous défends de lui faire aucune instance. Il est bien insolent, parce qu'il tient mes vingt mines; qu'il les garde. Allons, va-t'en d'ici! retire-toi, te dis-je; tu m'ennuies.

Le March. Tout beau! Cette arrogance ne convient pas à un esclave.

Lib., *au Marchand.* Vous vous repentirez de lui dire des injures: homme de néant et sans éducation, ne voyez-vous pas qu'il va se fâcher?

Lib., *à Léonide.* Tu lui tiens de mauvais propos qui tourneront contre nous. Misérable, mauvais garnement; ne vois-tu pas qu'il se met en colère?

Léon., *au Marchand.* Allons; va-t'en donc.

Lib. à *Léon.* Impudent que tu es!... *Au Marchand.* Donnez-lui l'argent, je vous en prie, si vous ne voulez pas qu'il vous accable d'injures.

Le March. Vous cherchez votre mauvaise aventure tous les deux.

Léon., *à Liban.* Je te ferai rompre les jambes, si tu ne prends mon parti contre cet homme; bats cet insolent : je te l'ordonne.

Lib., *au Marchand.* Je suis perdu. Allons, insolent scélérat, tu n'as pas le courage de me défendre!

Léon. Tu continues à lui faire des prières, à ce coquin?

Le March. Qu'est-ce que c'est donc? Un esclave a l'insolence de dire des injures à un homme libre tel que moi?

Léon. Tu vas même être battu.

Le March. C'est bien toi qui seras battu, aussitôt que j'aurai pu rejoindre ton maître Déménète. Je te cite devant le juge.

Léon. Je n'y vas pas.

Le March. Tu n'y vas pas? Souviens-toi de ce refus.

Léon. Je m'en souviendrai.

Le March. Votre dos me payera vos insolences.

Léon. Va te promener. Tu nous menaces? crois-tu nous intimider?

Le March. Et vos indignes propos recevront un juste châtiment dès aujourd'hui.

Léon. Que dis-tu, grenier à coups de bâton? pendard que tu es! Penses-tu que nous ayons peur de nous trouver en présence de notre maître? Allons; viens le chercher, puisque tu veux le voir : tu le demandais depuis si longtemps?

Le March. As-tu bientôt fini? Je te déclare que tu n'auras pas cet argent, à moins que Déménète en propre personne ne m'ait dit de te le remettre.

Léon. En ce cas-là, va-t'en donc; marche, et laisse-nous. Tu feras des impertinences aux autres, et il ne sera pas permis de t'en dire! Je suis un homme aussi bien que toi.

Le March. Tout ce que tu voudras; j'ai pris mon parti.

Léon. Va-t'en donc de ce côté; passe ton chemin. Je puis dire sans vanité que personne n'a encore douté de ma probité, et qu'il n'y a pas dans toute la ville d'Athènes un homme en qui tout le monde ait plus de confiance, et à plus juste titre.

Le March. Cela se peut; mais tu ne viendras pas à

Lib. Da modo meo periculo; rem salvam ego exhibeho : Nam ni sciat noster senex fidem non esse huic habitam, Subcenseat, quoi omnium rerum ipsus semper credit.

Leon. Non magni pendo; ne duit, si non volt : sic sine adstet.

Lib. Da, inquam ; vah! formido miser, ne hic me tibi arbitretur

Suasisse, sibi ne crederes ; da, quæso, ac ne formida.

Salvom, hercle, erit. *Merc.* Credam fore, dum quidem ipse in manu habeo.

Peregrinus ego sum , Sauream non novi. *Lib.* At nosce sane.

Merc. Sit, non sit, non, edepol, scio : si is est, eum esse oportet.

Ego certe me incerto scio hoc daturum nemini homini.

Leon. Hercle, istum di omneis perduint : verbo cave subplicassis.

Ferox est, viginti minas meas tractare sese.

Nemo accipit : aufer te domum : abscede hinc, molestus ne sis.

Merc. Nimis iracunde. Non decet superbum esse hominem servom.

Lib. Malo, hercle, jam magno tuo nunc isti nec recte dicis.

Impure, nihili, non vides irasci? *Leon.* Perge porro.

Lib. Flagitium hominis, da obsecro argentum huic, ne male loquatur.

Merc. Malum, hercle, vobis quæritis. *Leon.* Crura, hercle, disfringentur,

Ni istum inpudicum percies. *Lib.* Perii hercle! age, inpudice, Sceleste, non audes mihi scelesto subvenire?

Leon. Pergin' precari pessumo? *Merc.* Quæ res? tun' libero homini

Male servos loquere? *Leon.* Vapula. *Merc.* Id quidem tibi, hercle, fiet,

Ut vapules, Demænetum simul ac conspexero hodie.

In jus voco te. *Leon.* Non eo. *Merc.* Non is? memento. *Leon.* Memini.

Merc. Dabitur, pol, subplicium mihi de tergo vostro. *Leon.* Væ, te!

Tibi quidem subplicium, carnufex, de nobis detur? *Merc.* Atque et jam

Pro vostris dictis maledictis pœnæ pendentur mihi hodie.

Leon. Quid, verbero? ain' tu, furcifer : herum nosmet fugitare censes?

I nunc jam ad herum, quo vocas jamdudum, quo volebas.

Merc. Nunc demum? tamen nunquam hinc feres argenti nummum, nisi me

Dare jusserit Demænetus. *Leon.* Ita facito; age, ambula ergo.

Tu contumeliam alteri facias, tibi non dicatur?

Tam ego homo sum, quam tu. *Merc.* Scilicet ita res est.

Leon. Sequere hac ergo.

Præfiscini hoc nunc dixerim; nemo etiam me adcusavit Merito meo, neque me Athenis est alter hodie quisquam, Quoi credi recte æque putent. *Merc.* Fortassis! sed me tamen

bout de me persuader de me dessaisir de mon argent dans les mains d'un inconnu. L'homme est un loup pour l'homme, surtout pour celui qu'il ne connaît pas.

Léon. Voilà que tu recommences à me dire des injures. Je croyais que tu avais fini tes mauvais discours. Quoique je sois mal vêtu, je n'en suis pas moins homme de probité, de conduite; j'ai un pécule si considérable que je n'en sais pas le compte.

Le March. Cela se peut.

Léon. Je te dirai plus : Périphane, ce gros marchand de Rhodes, cet homme si riche, m'a remis à moi, en l'absence de mon maître, et sans un seul témoin, un talent d'argent; il a eu cette confiance, et il ne s'en est pas repenti.

Le March. Cela se peut.

Léon. Et si tu t'étais un peu informé dans la ville qui je suis, tu ne ferais nulle difficulté de me confier cet argent que tu apportes.

Le March., En s'en allant. Je ne dis pas le contraire.

ACTE TROISIÈME.
SCÈNE PREMIÈRE.
CLÉÉRÈTE, PHILÉNIE.

Cléér. Eh! quoi donc? Ne pourrai-je jamais vous accoutumer à m'obéir? L'amour vous aveugle-t-il au point de méconnaître l'autorité d'une mère?

Phil. Croyez-vous, ma mère, que je puisse me rendre la Piété propice, en lui demandant de me donner pour vous plaire les mœurs que vous voulez me prescrire?

Cléér. Convient-il, encore une fois, que vous résistiez à mes avis?

Phil. Et puis-je les suivre?

Cléér. Vous rendrez-vous la Piété propice en bravant l'autorité d'une mère?

Phil. Je ne blâme pas celles qui font bien, et je ne puis aimer celles qui font mal.

Cléér. Vous êtes une petite effrontée assez impertinente.

Phil. Ma mère, voici comme je fais mon métier : ma langue demande, mon corps agit; mon cœur désire, l'occasion décide.

Cléér. J'ai voulu vous corriger; et c'est vous qui m'accusez maintenant.

Phil. Je ne vous accuse pas; je ne me le croirai jamais permis : mais je me plains de mon sort, et de me voir séparer de celui que j'aime.

Cléér. Vous me permettrez de parler à mon tour une fois dans la journée.

Phil. Je vous céderai volontiers et votre tour et le mien pour parler. Prenez vous-même le bâton qui sert au maître des rameurs pour les gouverner, et marquez-en le temps de parler et de se taire. Mais, de mon côté, si je quitte la rame, et si je vais me reposer seule dans la serre aux agrès, il n'y aura plus rien qui marche dans votre maison.

Cléér. Que dis-tu? A-t-on jamais vu une femme plus impudente? Combien de fois vous ai-je défendu d'appeler ce fils de Déménète, cet Argyrippe, d'en approcher, de causer avec lui, et même de le regarder? Que nous a-t-il donné? qu'a-t-il fait apporter chez nous? Prends-tu des fleurettes pour de l'or, et des paroles pour des réalités? Tu oses l'aimer; tu cours après lui; tu l'envoies chercher. Tu te moques de ceux qui donnent, et tu es folle de ceux qui nous attrapent. Je te conseille de t'attendre à ses promesses!... Il te dit qu'il te fera riche, si sa mère vient à mourir!... Fort bien; mais en attendant qu'elle meure, nous serons, nous et les nôtres, en grand danger de mourir de faim les premiers. Enfin, s'il ne m'apporte vingt mines d'argent, ce prometteur qui n'est prodigue que de ses larmes, ira en répan-

---

Nunquam hodie induces, ut tibi credam hoc argentum ignoto.
Lupus est homo homini, non homo, quom, qualis sit, non novit.
Leon. Jam nunc secunda mihi facis : scibam huic te capitulo hodie
Facturum satis pro injuria : quanquam ego sum sordidatus,
Frugi tamen sum, nec potest peculium enumerari.
Merc. Fortasse! *Leon.* Etiam nunc dico : Periphanes Rhodo mercator
Dives, absente hero solus mihi talentum argenti
Soli adnumeravit, et mihi credidit, neque deceptus in eo.
Merc. Fortasse! *Leon.* Atque etiam tu quoque ipse, si esses percontatus
Me ex aliis, scio, pol, crederes nunc, quod fers. *Merc.* Haud negassim.

ACTUS TERTIUS.
SCENA PRIMA.
CLEÆRETA, PHILENIUM.

Nequeon' ego te interdictis facere mansuetam meis?
An ita tu es animata, ut qui expers matris imperi sies?
Phil. Ubi piem Pietatem, si isto more morutam tibi
Postulem placere, mater, mihi quo pacto præcipis?
Cleær. An decorum'st adversari meis te præceptis?
Phil. Quid est?
Cleær. Hoccine est pietatem colere, matris imperium minuere?

Phil. Neque, quæ recte faciunt, culpo; neque, quæ delinquont, amo.
Cleær. Satis dicacula es amatrix. *Phil.* Mater, is quæstu'st mihi :
Lingua poscit, corpus quærit, animus orat, res monet.
Cleær. Ego te volui castigare, tu mi'accusatrix ades.
Phil. Neque, edepol, te accuso, neque id me facere fas existumo.
Verum ego meas queror fortunas, quom illo, quem amo, prohibeor.
Cleær. Ergo una pars orationis de die dabitur mihi?
Phil. Et meam partem loquendi, et tuam trado tibi.
Ad loquendum, atque ad tacendum tute habeas portisculum.
Quin, pol, si reposivi remum, sola ego in casteria
Ubi quiesco, omnis familiæ causa consistit tibi.
Cleær. Quid ais tu, quam ego unam vidi mulierem audacissumam?
Quoties te vetui Argyrippum, filium Demæneti
Conpellare aut contrectare, conloquive aut contui?
Quid dedit? quid deportari jussit ad nos? an tu tibi
Verba blanda esse aurum rere? dicta docta pro datis?
Ultro amas, ultro expetessis, ultro ad te accessi jubes.
Illos qui dant, eos derides : qui deludunt, deperis.
An te id exspectare oportet, si quis promittat tibi,
Te facturum divitem, si moriatur mater sua?
Ecastor, nobis periculum magnum et familiæ portenditur.
Dum ejus exspectamus mortem, ne nos moriamur fame.
Nunc adeo, nisi mihi huc argenti adfert viginti minas,
Næ ille, ecastor, hinc trudetur largus lacrumarum foras.

dre ailleurs. Je ne lui donne plus qu'aujourd'hui ; demain, je ne me paye plus d'aucune excuse.

Phil. Je souffrirai, ma mère ; et je me passerai de nourriture, si vous l'exigez.

Cléér. Je ne vous empêche pas d'aimer ceux qui donnent pour qu'on les aime.

Phil. Mais si j'ai le cœur pris, ma mère, que puis-je faire? dites-le-moi.

Cléér. Plaît-il?... regardez-moi en face ; cela fera mieux vos affaires.

Phil. Mais ma mère, le berger qui paît les brebis d'autrui, en a au moins une à lui, dont il fait son plaisir et sa consolation. Laissez-moi aimer mon Argyrippe tout seul pour mon bonheur et pour me satisfaire.

Cléér. Rentrez ; il est impossible de rien voir de plus insolent que vous.

Phil. Je rentre ; vous avez une fille qui vous obéit à la parole.

SCÈNE II.
LÉONIDE, LIBAN.

Léon. Nous devons à la déesse de la mauvaise foi et de rares louanges et de grandes actions de grâces pour le triomphe qu'elle nous a fait remporter. Armés de ruses, de mensonges et de tours d'adresses ; rassurés par l'intrépidité de nos épaules, faites aux coups de bâton ; défiant et bravant pointes aiguës, lames brûlantes, croix, fers, nerfs de bœuf, chaînes, prisons, carcans, liens de toute espèce ; et nous moquant de ceux qui, pour nous instruire à nos dépens, ont fait connaissance depuis longtemps avec notre dos, qu'ils ont étrillé tant de fois, nous avons mis en déroute les ennemis, vaincu leurs légions, défait leurs armées, qui ont mis bas les armes devant nos parjures : voilà ce que nous avons fait, mon collègue et moi ; et ce triomphe est dû à son courage, à mon urbanité.

Lib. Quel homme soutient avec plus de sang-froid que moi les étrivières?

Léon. J'essayerais en vain de louer dignement un mérite tel que le vôtre, ainsi que vos exploits dans l'intérieur de la maison et au dehors. Je puis seulement et je dois en rappeler quelques-uns pour votre honneur ; par exemple, quand vous avez trompé cet homme, qui s'était fié à vous ; quand vous avez manqué de fidélité envers votre maître ; quand, à bon escient et en termes solennels, vous avez fait de si bonne grâce un parjure ; quand vous avez percé une muraille pour voler ; quand vous avez été surpris en flagrant délit ; quand, étant attaché pour être battu, vous avez souvent défendu éloquemment votre cause contre huit licteurs, tous robustes, habiles et hardis fouetteurs.

Lib. Il n'y a rien de tout cela qui ne soit très-vrai, Léonide ; et ma modestie est obligée d'en convenir. Mais on peut aussi à juste titre vous glorifier d'autres prouesses. Par exemple, quand vous avez trompé cet honnête homme ; quand vous avez été pris sur le fait à voler, et battu de verges en conséquence ; quand vous vous êtes parjuré, et avez commis un sacrilége ; quand vous avez fait à votre maître du pis que vous avez pu ; quand vous avez nié bravement le dépôt qui vous avait été confié ; quand vous avez été moins fidèle à votre ami qu'à votre maîtresse, que vous lui avez soufflée ; quand vous avez souvent, par la dureté de vos épaules, soutenu les assauts de huit licteurs armés de bonnes verges au point qu'ils ont été las avant vous : n'ai-je pas bien répondu? ce panégyrique convient-il à mon collègue?

Léon. Vous avez dit tout ce qui se pouvait dire de mieux pour moi, pour vous, pour notre gloire à tous deux.

Lib. Mais laissons cela, et réponds à une question que j'ai à te faire.

Léon. Fais ; je suis prêt à répondre.

Lib. As-tu les vingt mines d'argent?

Léon. Tu l'as deviné. Par ma foi, le vieux Déménète nous a joliment aidés! Il a joué son rôle à merveille, en me donnant pour Sauréa! Il grondait

---

Hic dies summu'st apud me inopiæ excusatio.
Phil. Patiar, si cibo carere me jubeas, mater mea.
Cleær. Non veto ted amare, qui dant, qua amentur gratia.
Phil. Quid si hic animus obcupatu'st, mater, quid faciam? mone. *Cleær.* Hem!
Meum caput contemples, siquidem ex re consultas tua.
Phil. Etiam opilio, qui pascit, mater, alienas oveis,
Aliquam habet peculiarem, qui spem soletur suam.
Sine me amare unum Argyrippum, animi causa, quem volo.
Cleær. Intro abi : nam te quidem, edepol, nihil est inpudentius.
Phil. Audientem dicto, mater, produxisti filiam.

SCENA SECUNDA.
LEONIDA, LIBANUS.

Leon. Perfidiæ laudes gratiasque habemus merito magnas,
Quom nostris sycophantiis, dolis, astutiisque,
Scapularum confidentia, virtute ulmorum freti
Qui advorsum stimulos, laminas, crucesque, conpedesque,
Nervos, catenas, carceres, numellas, pedicas, boias,
Indocloresque acerrumos, gnarosque nostri tergi,
Qui sæpe ante in nostras scapulas cicatrices indiderunt :
Eæ nunc legiones, copiæ, exercitusque eorum,
Vi, pugnando, perjuriis nostris, euge, potiti.
Id virtute hujus conlegæ, meaque comitate
Factum 'st. *Lib.* Qui me vir fortior est ad subferendas plagas?

Leon. Edepol, virtutes qui tuas nunc possit conlaudare,
Sicut ego possim, quæ domi duellique male fecisti?
Næ illa, edepol, pro merito nunc tuo memorari multa possunt,
Ubi fidentem fraudaveris, ubi hero infidelis fueris,
Ubi verbis conceptis sciens libenter perjuraris,
Ubi parietes perfoderis, in furto ubi sis prehensus,
Ubi sæpe causam dixeris pendens adversus octo
Astutos, audaceis viros, valenteis virgatores.
Lib. Fateor profecto, ut prædicas, Leonida, esse vera.
Verum, edepol, næ etiam tua quoque malefacta iterar multa.
Et vero possunt, ubi sciens fideli infidus fueris,
Ubi prehensus in furto sies manifesto verberatus,
Ubi perjuraris, ubi sacro manus sis admolitus,
Ubi heris damno, molestiæ, et dedecori sæpe fueris,
Ubi creditum tibi quod sit, tibi datum esse pernegaris,
Ubi amicæ, quam amico tuo, fueris magis fidelis,
Ubi sæpe ad languorem tua duritia dederis octo
Validos lictores, ulmeis adfectos lentis virgis.
Num male relata'st gratia? ut conlegam conlaudavi!
Leon. Ut meque teque maxume atque ingenio nostro decuit.
Lib. Jam omitte ista, atque hoc, quod rogo, responde. *Leon.* Rogita quod vis.
Lib. Argenti viginti minas habesne?
Leon. Hariolare. Edepol, senem Demænetum lepidum fuisse nobis.

si bien l'étranger de n'avoir pas voulu prendre confiance en moi, avant que lui Déménète fût présent! J'avais peine à m'empêcher de rire. Il me traitait gravement de maître d'hôtel de la maison! il m'appelait Sauréa! Tout cela si naturellement!... il savait bien sa leçon!
Lib. Attends.
Léon. Que veux-tu dire!
Lib. N'est-ce pas Philénie qui sort de la maison avec Argyrippe?
Léon. Ne souffle pas mot; c'est lui-même. Écoutons ce qu'ils disent. Elle le retient, pleurant aussi, par le coin de son manteau. Qu'est-ce que cela signifie? Écoutons; ne faisons pas de bruit.
Lib. Attends; il me vient une idée. Je voudrais bien avoir un bâton.
Léon. Pourquoi faire?
Lib. Pour battre les ânes et les faire taire, s'ils allaient se mettre à braire, là du fond de la bourse où ils sont.

SCÈNE III.
ARGYRIPPE, PHILÉNIE, LIBAN, LÉONIDE.

Arg. Pourquoi me retenez-vous?
Phil. Parce que je ne puis me séparer de celui que j'aime.
Arg. Adieu; portez-vous bien.
Phil. Je me porterais mieux, si vous demeuriez.
Arg. Bonne santé.
Phil. Vous me souhaitez une bonne santé, et vous me rendez malade par votre départ.
Arg. Votre mère m'a éconduit; elle me renvoie chez moi.
Phil. Elle donne la mort à sa fille, en la séparant de vous.
Lib., bas à Léonide. Voilà un homme qu'on aura mis à la porte.
Léon. Cela est sûr.
Arg. De grâce, laissez-moi.
Phil. Pourquoi partir? Ah! demeurez.
Arg. Que ne puis-je rester la nuit entière avec vous!
Lib., à Léonide. L'entends-tu? Il est fort libéral de ses heures nocturnes; pour le jour, il ne peut en disposer; il a de grandes affaires; c'est un Solon qui écrit des lois pour gouverner le peuple. Mais je plaisante. Ce serait le code des débauchés et des ivrognes.
Léon. Tout en paraissant vouloir la quitter, et en faisant mine de s'en aller, il ne s'éloigne pas d'elle d'un pas, si on le laisse faire.
Lib. Tais-toi donc un peu; que je puisse entendre ce qu'il dit.
Arg. Adieu.
Phil. Vous partez
Arg. Adieu. Je vous reverrai chez les morts; loin de vous, je vais terminer mes jours au plus tôt.
Phil. Pourquoi voulez-vous me faire périr? l'ai-je donc mérité?
Arg. Vous faire périr? vous! O ciel! Moi qui vous donnerais volontiers de mes jours pour ajouter aux vôtres.
Phil. Cessez donc, en ce cas, de me menacer de votre mort; car que pensez-vous que je ferais moi-même, si vous mouriez? Je suis bien résolue à me traiter moi-même comme vous vous traiterez.
Arg. Ah! tu es plus douce pour moi que le plus doux miel.
Phil. Et toi, tu es ma vie; serre-moi dans tes bras.
Arg. De tout mon cœur.
Phil. Que ne pouvons-nous ainsi mourir ensemble!
Léon. O Liban, Liban, celui qui aime est bien à plaindre!
Lib. Oh! ma foi, il y en a un plus à plaindre encore; c'est celui qui est pendu par les pieds.
Léon. Je le sais bien, car j'y ai passé. Abordons

Ut adsimulabat Sauream med esse, quam facete!
Nimis ægre risum continui, ubi hospitem inclamavit,
Quod, se absente, mihi fidem habere noluisset.
Ut memoriter me Sauream vocabat atriensem!
Lib. Mane dum. *Leon.* Quid est? *Lib.* Philenium estne hæc,
  quæ intus exit?
Atque Argyrippus una. *Leon.* Obprime os : is est : etiam sub-
  auscultemus.
Lacrumantem lacinia tenet lacrumans : quidnam esse dicam?
Tacite auscultemus. *Lib.* Attate! modo, hercle, in mentem
  venit.
Nimis vellem habere perticam. *Leon.* Quoi rei? *Lib.* Qui ver-
  berarem
Asinos, si forte obceperint clamare hinc ex crumina.

SCENA TERTIA.
ARGYRIPPUS, PHILENIUM, LIBANUS, LEONIDA.

Arg. Cur me retentas? *Phil.* Quia tui amans abeuntis egeo.
Arg. Vale. *Phil.* Aliquanto amplius valerem, si heic maneres.
Arg. Salve. *Phil.* Salvere me jubes, quoi tu abiens adfers
  morbum.
Arg. Mater supremum mihi tua dixit, domum ire jussit.
Phil. Acerbum funus filiæ faciet, si te carendum est.
Lib. Homo, hercle, hinc exclusu'st foras. *Leon.* Ita res est.
Arg. Mitte, quæso.
Phil. Quo nunc abis? quin tu heic manes? *Arg.* Nox, si
  voles, manebo.
Lib. Audin' hunc? opera ut largus est nocturna : nunc enim
  est
Negotiosus interdius, videlicet Solonem,
Leges ut conscribat, quibus se populus teneat : gerræ.
Qui sese aparent adparent hujus legibus, profecto
Nunquam bonæ frugi sient, dies noctesque potent.
Leon. Næ iste, hercle, ab ista non pedem discedat, si licessit,
Qui nunc festinat, atque ab hac minatur sese abire.
Lib. Sermoni jam finem face tuo : hujus sermonem adcipiam.
Arg. Vale. *Phil.* Quo properas? *Arg.* Bene vale : apud Orcum
  te videbo.
Nam equidem me jam, quantum pote'st, a vita abjudicabo.
Phil. Cur tu, obsecro, immerito meo me morti dedere op-
  tas?
Arg. Ego te? quam si intellegam deficere vita, jam ipse
Vitam meam tibi largiar, de mea ad tuam addam.
Phil. Cur ergo minitaris tibi te vitam esse amissurum?
Nam quid me facturam putas, si istuc, quod dicis, faxis?
Mihi certum'st efficere in me omnia eadem, quæ tu in te
  faxis.
Arg. O melle dulci dulcior mihi tu es. *Phil.* Certe enim tu
  vita es
Mihi : conplectere. *Arg.* Facio lubens. *Phil.* Utinam sic ec-
  feramur!
Leon. O Libane, ut miser est homo, qui amat! *Lib.* Imo,
  hercle, vero,
Qui pendet, multo est miserior. *Leon.* Scio, qui periculum feci.

les, toi d'un côté, et moi de l'autre, et disons-leur quelque chose.
Lib. Salut, mon maître; est-ce que cette belle que vous embrassez est de la fumée?
Arg. Pourquoi donc?
Lib. Vos yeux pleurent.
Arg. O mes amis, vous avez perdu pour toujours celui qui devait être votre maître!
Lib. Assurément, je n'ai perdu personne; car je n'ai jamais eu personne à moi.
Léon. Philénie, salut.
Phil. Que les dieux vous donnent à tous deux ce que vous désirez!
Léon. Je désire et leur demande deux choses; une nuit des vôtres, et un tonneau de vin.
Arg. Veux-tu te taire, impudent?
Léon. Je forme ce désir pour vous et non pour moi.
Arg. A la bonne heure! Dis alors ce que tu voudras.
Lib. J'ai envie de rosser ce drôle pour ce mauvais propos.
Léon. Qui est-ce qui le souffrirait d'un faquin, d'un poltron comme toi? Tu parles de battre, toi qui fais ton ordinaire d'être battu?
Arg. Mon pauvre Liban, combien vous êtes plus heureux que moi qui n'ai pas à vivre jusqu'à ce soir!
Lib. Et par quelle raison, s'il vous plaît?
Arg. Parce que j'aime Philénie, parce que j'en suis aimé, et que je n'ai rien au monde que je puisse lui donner. Malgré tout mon amour, sa mère m'a chassé. Vingt mines d'argent que Diabole leur a promises m'ont porté le coup de la mort; il a obtenu que Philénie serait à lui seul pendant toute une année. Voyez ce que c'est que vingt mines! quelle est leur puissance! et quel est leur effet! Il est heureux en les perdant, et moi je péris faute de les perdre.
Lib. Diabole a-t-il déjà donné l'argent?
Arg. Pas encore.
Lib. Ayez donc bon courage. Ne craignez rien.
Léon. Viens ici, que je te dise un mot.
Lib. Que veux-tu? (*Liban et Léonide se parlent à l'oreille.*)
Arg. Ne vous gênez pas; vous causeriez plus agréablement, si vous vous teniez embrassés.
Lib. Apprenez, mon cher maître, que toutes les embrassades ne sont pas également agréables. C'est affaire à vous autres amoureux de causer avec plus de plaisir en vous embrassant. Mais je ne me soucie pas du tout d'embrasser ce maraud.
Léon. Philénie ne s'en soucie pas davantage, je crois, dont bien me fâche. Ainsi, faites plutôt ensemble de votre côté ce que vous nous conseillez de faire.
Arg. Assurément, je ne demande pas mieux, et je vais suivre ton avis. Tournez-vous de l'autre côté cependant.
Léon., à Liban. Veux-tu jouer un bon tour à notre maître?
Lib. Pourquoi pas? Il le mérite bien!
Léon. Veux-tu qu'en ta présence je me fasse embrasser par sa Philénie?
Lib. Oui; je voudrais voir cela.
Léon. Viens par ici.
Arg. Quel expédient m'avez-vous trouvé? Allez-vous bientôt finir de parler entre vous?
Léon. Écoutez tous; faites attention, et dévorez mes paroles. D'abord nous reconnaissons hautement que nous sommes vos esclaves; mais si nous vous fournissons les vingt mines d'argent, quel nom nous donnerez-vous?
Arg. Je vous nomme mes affranchis.
Léon. Pourquoi pas vos maîtres?
Arg. Mes maîtres; soit.
Léon. Les vingt mines d'argent sont là, dans cette bourse; je vous les donnerai, si vous voulez.
Arg. Que les dieux te conservent à jamais, sau-

Circumsistamus : alter hinc, hinc alter adpellemus.
Lib. Here, salve : sed num fumus est hæc mulier, quam amplexare?
Arg. Quidum? *Lib.* Quia oculi sunt tibi lacrumantes, eo rogavi.
Arg. Patronus qui vobis fuit futurus, perdidistis.
Lib. Equidem, hercle, nullum perdidi : ideo, quia nunquam ullum habui.
Leon. Philenium, salve. *Phil.* Dabunt di, quæ velitis, vobis.
Lib. Noctem tuam et vini cadum velim, si optata fiant.
Arg. Verbum cave faxis, verbero. *Lib.* Tibi equidem, non mihi opto.
Arg. Tum tu igitur loquere, quod lubet. *Lib.* Hunc, hercle, verberare.
Leon. Quisnam istuc adcredat tibi, cinæde calamistrate? Tun' verberes, qui pro cibo habeas te verberari?
Arg. Ut vostræ fortunæ meis præcedunt, Libane, longa, Qui hodie nunquam ad vesperum vivam! *Lib.* Quapropter, quæso?
Arg. Quia ego hanc amo, et hæc me amat : huic quod ego dem, nusquam quicquam'st.
Hinc med amantem ex ædibus delegit hujus mater.
Argenti viginti minæ me ad mortem adpulerunt,
Quas hodie adulescens Diabolus ipsi daturus dixit :
Ut hanc ne quoquam mitteret, nisi ad se, hunc annum totum.
Videtin' viginti minæ quid pollent, quidve potsunt?

Ille, qui illas perdit, salvos est : ego, qui non perdo, pereo.
Lib. Jam dedit argentum? *Arg.* Non dedit. *Lib.* Bono animo es, ne formida.
Leon. Secede huc, Libane, te volo. *Lib.* Si quid vis.
Arg. Obsceno vos,
Eadem istac opera suaviu'st conplexos fabulari.
Lib. Non omnia eadem æque omnibus, here, suavia esse scito :
Vobis est suave amantibus conplexos fabulari :
Ego conplexum hujus nihil moror. *Leon.* Meum autem hæc adspernatur.
Proinde istud facias ipse, quod faciamus, nobis suades.
Arg. Ego vero, et quidem, edepol, lubens : interea si videtur,
Concedite istuc. *Leon.* Vin' herum deludi? *Lib.* Dignu'st sane.
Leon. Vin' faciam ut me Philenium, præsente hoc, amplexetur?
Lib. Cupio, hercle. *Leon.* Sequere hac. *Arg.* Ecquid est salutis? satis locuti.
Leon. Auscultate, atque operam date, et mea dicta devorate.
Primum omnium, servos tuos nos esse non negamus :
Sed si tibi viginti minæ argenti proferentur,
Quo nos vocabis nomine? *Arg.* Libertos. *Leon.* Non patronos?
Arg. Id potius. *Leon.* Viginti minæ heic insunt in crumina.
Has ego, si vis, tibi dabo. *Arg.* Di te servassint semper,

L'ASINAIRE, ACTE III, SCÈNE III.

veur de ton maître, honneur du peuple, source de richesses, salut de mon âme, souverain arbitre des amours; donne-moi cette bourse à porter; viens l'attacher à mon cou; elle y tiendra bien.

Léon. Non, non; je ne veux point, à vous qui êtes mon maître, vous donner ce fardeau à porter.

Arg. N'en prends pas la peine, te dis-je; tu peux m'en charger.

Léon. Je dois avoir le bagage sur les épaules; il convient qu'un maître comme vous marche à son aise et les mains vides.

Arg. Allons donc; qu'est-ce que cela veut dire? Puisque ton maître ne craint pas de se fatiguer...

Léon. Dites à cette belle, à qui vous voulez donner cet argent, de me le demander, de me prier un peu pour l'obtenir; car cette bourse, quoi que vous en disiez, ne tiendrait pas bien à votre cou; elle serait en danger d'en être détachée bientôt.

Phil. Donne donc la bourse, mon petit œil gauche, ma rose, mon cœur, ma volupté; donne-la-moi, cher Léonide; ne souffre pas que deux amants soient séparés.

Léon. Eh bien! appelez-moi votre petit moineau, votre poule, votre caille, votre petit mouton, votre petit chevreau, votre petit veau; prenez-moi par les oreilles; baisez-moi bien, en pressant vos lèvres sur les miennes.

Arg. Qu'elle te donne un baiser, fripon?

Léon. Que trouvez-vous donc de si mal à cela? Eh bien! vous n'aurez pas cet argent que vous ne m'ayez embrassé les genoux.

Arg. Tu le veux? Le besoin fait tout faire; je t'embrasse les genoux; donne à présent.

Phil. De grâce, mon bon Léonide, viens au secours de ton maître; sers-le dans son amour; rachète-toi avec cet argent; fais plus, achète ton maître lui-même.

Léon. Vous êtes trop gentille et trop aimable; et si cet argent était à moi, il serait bientôt à vous; vous n'auriez pas besoin de me prier; mais savez-vous à qui il faut vous adresser? Tenez; c'est à mon camarade; la bourse est à lui; il me l'a donnée à garder. Allons; déployez-lui toutes vos grâces. A toi, Liban; voilà la bourse; prends-là.

Arg. Ah! pendard! tu m'as joué.

Léon. Ne vous en prenez qu'à vous-même! vous m'avez fait mal en me serrant les genoux. Allons, Liban, à ton tour; moque-toi du jeune homme, et fais-toi embrasser par la jolie fille.

Lib. Tais-toi; tu vas voir ce que je vais faire.

Arg. Ma chère Philénie, il faut nous adresser à Liban. Heureusement, c'est un brave homme, qui ne ressemble en rien à ce coquin-là.

Lib. (à part.) Je vais me promener de long en large, et me donner des airs pendant qu'ils m'adresseront leurs supplications.

Arg. Mon cher Liban, je t'en prie, je t'en conjure; sauve la vie à ton maître; donne-lui ces vingt mines : tu vois un amant dans le besoin.

Lib. Nous verrons, cela se pourra faire; j'y penserai. Revenez ce soir à l'entrée de la nuit; en attendant, dites à cette belle personne de me solliciter, de me prier un peu.

Phil. Suffit-il de t'aimer, pour t'attendrir? ou faut-il te caresser?

Lib. Il faut m'aimer et me caresser.

Phil. Je t'en conjure.

Arg. Liban, tu es mon maître; je ne suis plus que ton affranchi; donne-moi l'argent à porter; c'est à l'affranchi plutôt qu'au maître de se charger d'un fardeau par les chemins.

Phil. Mon petit Liban, mon œil d'or, la perle, la fleur de mes amours ; je t'aimerai de tout mon cœur, je ferai ce que tu voudras; donne-nous l'argent.

Lib. Eh bien! appelez-moi donc votre petit canard, votre petit pigeon, votre petit toutou, votre hiron-

---

Custos herilis, decus populi, thesaurus copiarum,
Salus interioris hominis, amorisque Imperator.
Heic pone, heic istam conloca cruminam in collo plane.
Leon. Nolo ego te, qui herus sis mihi, onus istuc sustinere.
Arg. Quin tu labore liberas te, atque istam inponis in me.
Leon. Ego bajulabo : tu, ut decet dominum, ante me ito inanis.
Arg. Quid nunc? quid est? quin tradis huc cruminam pressatum herum?
Leon. Hanc, quoi daturus hanc, jube petere atque orare mecum.
Nam istuc proclive'st, quod jubes, me plane conlocare.
Phil. Mi, meus ocellus, mea rosa, mi anime, da, mea voluptas,
Leonida, argentum mihi ; ne nos dejunge amanteis.
Leon. Dic igitur me tuum passerculum, gallinam, coturnicem ;
Agnellum, hœdillum me tuum dic esse, vel vitellum :
Prehende auriculis, conpara labella cum labellis.
Arg. Ten' osculetur, verbero? *Leon.* Quam vero indignum visum'st!
Atqui, pol, hodie non feres, ni genua confricantur.
Arg. Quidvis egestas inperat : fricentur : da nunc, quod oro.
Phil. Age, mi Leonida, obsecro, fer amanti hero salutem.
Redime istoc beneficio te ab hoc, et tibi eme hunc isto argento.
Leon. Nimis bella es atque amabilis, et, si hoc esset meum, hodie

Nunquam me orares, quin darem : illum te orare melius't.
Illic hanc mihi servandam dedit : i sane, bella, belle.
Cape hoc sis, Libane.
Arg. Furcifer, etiam me delusisti?
Leon. Nunquam hercle facerem, genua ni tam nequiter fricares.
Agesis tu, in partem nunc jam hunc delude, atque amplexare hanc.
Lib. Taceas, me spectes. *Arg.* Quin ad hunc, Philenium, adgredimur,
Virum quidem, pol, optumum, et non similem furis hujus.
Lib. (secum) Inambulandum'st : nunc mihi vicissim subpli cabunt.
Arg. Quæso hercle, Libane, sis herum tuis factis sospitari,
Da mihi istas viginti minas : vides me amantem egere.
Lib. Videbitur, factum volo, redito huc conticinio.
Nunc istanc tantisper jube, sis, petere atque orare meorum.
Phil. Amandone exoracier vis te, an osculando?
Lib. Enimvero utrumque. *Phil.* Ego obsecro te, et tu utrumque nostrum serva.
Arg. O Libane, mi patrone, mihi trade istuc. Magis decorum'st,
Libertum potius, quam patronum, onus in via portare.
Phil. Mi Libane, ocellus aureus, donum decusque amoris,
Amabo, faciam quod voles, da istuc argentum nobis.
Lib. Dic igitur me anaticulam, columbam, vel catellum,
Hirundinem, monedulam, passerculum, putillum.

Aelle, votre corneille, votre moineau, votre mignon; faites de moi un serpent; que j'aie deux langues dans la bouche; jetez-moi les bras au cou; embrassez-moi, et serrez-moi bien fort.

Arg. Comment! bourreau? Qu'elle t'embrasse?

Lib. Pourquoi donc pas, s'il vous plaît? Pour vous apprendre à m'avoir dit cette vilaine parole, vous allez commencer par me porter, si vous voulez emporter l'argent.

Arg. Moi? que je te porte?

Lib. Vous n'emporterez l'argent qu'à cette condition.

Arg. C'est fait de moi. Cela sera beau de voir un maître porter un esclave! Allons, monte, si tu l'oses.

Lib. Voilà comme on vient à bout des orgueilleux, voilà comme on les dompte! Courbez-vous comme il faut; vous savez comme vous faisiez étant petit garçon! Vous m'entendez! Bien! comme cela! marchez un peu. A merveille! il n'y a pas de cheval plus docile que vous.

Arg., *offrant ses épaules.* Allons; monte donc; dépêche-toi!

Lib. M'y voilà. Eh! qu'est-ce que c'est? Comme vous allez mal! Ah! mon ami, je retrancherai de ton avoine, si tu ne vas pas un autre train.

Arg. C'est bon, Liban; en voilà bien assez.

Lib. Point du tout. Je te tiendrai toute la journée; je te ferai aller en montant à coups d'éperons, et ensuite je te donnerai à quelque meunier, qui t'apprendra à coups de fouet à aller au galop. Allons; arrêtez-vous; que je descende à cet endroit commode : je vous fais plus de grâce que vous ne méritez.

Arg. Que faites-vous enfin tous deux? Vous vous êtes assez joués de Philénie et de moi; nous donnez-vous enfin l'argent?

Lib. A condition que vous m'élèverez une statue, que vous me dresserez un autel; et que vous immolerez un bœuf pour moi comme pour un dieu; car enfin je suis votre dieu sauveur, votre vie.

Léon. Mon maître, laissez là ce drôle, et adressez-vous plutôt à moi; ce qu'il vous demande pour lui, c'est à moi que vous le devez : j'ai droit à vos prières et à votre encens.

Arg. Sous quel nom faut-il que je t'invoque?

Léon. Je suis pour vous la déesse Fortune, et la Fortune complaisante.

Arg. En cela, tu vaux déjà un peu mieux que lui.

Lib. Comment? Et qu'y a-t-il de meilleur que la vie?

Arg. Laisse-moi louer la fortune, sans faire outrage à la vie?

Phil. Assurément, l'une et l'autre sont bonnes.

Arg. Je le saurai mieux quand j'en aurai obtenu quelque chose de bon.

Léon. Souhaitez seulement; la fortune vous écoute.

Arg. Et quand j'aurai souhaité?

Léon. Votre souhait s'accomplira.

Arg. Je souhaite de jouir seul de l'amour de Philénie pendant une année.

Léon. Accordé.

Arg. Est-il bien vrai?

Léon. Cela vous est assuré, vous dis-je.

Lib. Mettez-moi à l'épreuve; demandez ce que vous désirez le plus ardemment. Vous l'aurez.

Arg. Que puis-je désirer plus ardemment que ce dont j'ai le plus de besoin? les bonnes vingt mines d'argent que je dois donner à sa mère.

Lib. Vous les aurez; bon courage : tous vos souhaits vous réussiront.

Arg. Je n'ose y compter: la fortune et la vie se jouent trop souvent des pauvres humains.

Léon. J'ai été la tête de l'entreprise qui nous a procuré cette somme.

Lib. Et moi j'en ai été le pied.

Arg. Oh! çà; mais vos discours n'ont ni pied ni

---

fae proserpentem bestiam me, duplicem ut habeam linguam, circumdatoque me brachiis, meum collum circumplecte.
Arg. Ten' conplectatur, carnufex? *Lib.* Quam vero indignus videor?
Ne istuc nequicquam dixeris tam indignum dictum in me,
Vehes, pol, hodie me, siquidem hoc argentum ferre speres.
Arg. Ten' ego veham? *Lib.* Tun' hoc feras argentum hinc aliter a me?
Arg. Perii hercle! si verum quidem'st decorum, herum uvehere servom,
Inscende. *Lib.* Sic isti solent superbi subdomari.
Adsta igitur, ut consuetus es puer olim : scin' ut dicam?
Hem sic : abi : laudo : nec te equo magis est equus ullus sapiens.
Arg. Inscende actutum. *Lib.* Ego fecero : hem! quid istuc est? ut tu incedis!
Demam hercle jam de ordeo, lolutim ni badizas!
Arg. Amabo, Libane, jam sat est. *Lib.* Nunquam, hercle, hodie exorabis.
Nam jam calcari quadrupedem agitabo advorsum clivum,
Postidea ad pistores dabo, ut ibi cruciere currens.
Adsta, ut descendam nunc jam in proclivi, quamquam nequam es.
Arg. Quid nunc? quoniam ambo, ut est lubitum, nos ambo delusistis,
Datisne argentum? *Lib.* Siquidem mihi statuam et aram statuis,
Atque ut Deo mihi heic immolas bovem : nam ego tibi Salus sum.
Leon. Etiam tu, here, istunc amoves abs te, atque ipse me adgredire?
Atque illa, sibi quæ hic jusserat, mihi statuis, subplicasque?
Arg. Quem tu autem Deum nominem? *Leon.* Fortunam, atque Obsequentem.
Arg. Jam istoc es melior. *Lib.* An quid est olim homini salute melius?
Arg. Licet laudem Fortunam, tamen, ut ne Salutem culpem.
Phil. Ecastor ambæ sunt bonæ. *Arg.* Sciam, ubi boni quid dederint.
Leon. Opta id, quod, ut contingat, tibi vis. *Arg.* Quid, si optaro? *Leon.* Eveniet.
Arg. Opto annum hunc perpetuum mihi hujus operas.
Leon. Inpetrasti.
Arg. Ain' vero? *Leon.* Certe, inquam. *Lib.* Ad me adi vicissim, atque experire.
Exopta id, quod vis maxume tibi evenire, fiet.
Arg. Quid ego aliud exoptem amplius, nisi illud quojus inopia'st?
Viginti argenti commodas minas, hujus quas dem matri.
Lib. Dabuntur; animo sis bono face: exoptata obtingent.
Arg. Ut consuevere, homines Salus frustratur et Fortuna.
Leon. Ego caput huic argento fui hodie reperiundo.
Lib. Ego pes fui. *Arg.* Quin nec caput, nec pes sermonum adparet.

tête; je ne sais ce que vous voulez dire, ni pourquoi vous vous jouez ainsi de moi.

Lib. C'est assez plaisanter, à mon avis; il est temps que nous vous disions ce qu'il en est. Écoutez bien, Argyrippe; c'est votre père qui nous a ordonné de vous apporter cet argent.

Arg. Ah! que vous l'apportez à propos et dans un bon moment!

Lib. Voici là dedans vingt bonnes mines d'argent assez mal gagnées; il nous a chargés de vous les donner, sous des conditions...

Arg. Quelles sont ces conditions?

Lib. Il veut que vous lui cédiez Philénie pour ce soir et pour cette nuit; il veut souper et coucher.

Arg. Fais-le venir. Nous ferons tout ce qu'il voudra; il le mérite bien, lui qui réunit deux malheureux amants qu'on voulait séparer.

Léon. Quoi! vous trouverez bon, Argyrippe, que votre père embrasse votre maîtresse?

Arg. Par amour pour elle, je consens à tout. Cours, Léonide; je t'en prie, engage mon père à venir.

Lib. Il y a longtemps qu'il est dans la maison de Philénie.

Arg. Il n'a point passé par ici, cependant.

Lib. Non, vraiment; il est venu par la petite ruelle où donne le jardin; il a pris ce circuit, afin d'échapper aux regards des domestiques; il craint surtout que sa femme ne soit informée de sa conduite. Si votre mère savait comment il emploie son argent!...

Arg. Adieu. Vous êtes de braves gens. Entrez vite là dedans, et portez-vous bien.

Léon. Et vous et Philénie, soyez heureux dans vos amours.

ACTE QUATRIÈME.
SCÈNE PREMIÈRE.
DIABOLE, LE PARASITE.

Diab. Voyons; montre-moi cet acte, ce compromis que tu as écrit, et qui doit nous régler, ma maîtresse, sa mère et moi. Lis un peu tes conditions; tu es un grand faiseur de pareilles écritures.

Le Par. Je veux que la vieille frémisse de la tête aux pieds, quand elle entendra ce traité.

Diab. Allons; voyons, je te prie; lis-le-moi posément.

Le Par. Y êtes-vous?

Diab. J'y suis.

Le Par., lisant : « Diabole, fils de Glauque, a « donné à Cléérète, marchande de jeunes filles, vingt « mines d'argent en espèces, à condition que Philé- « nie sera à lui pendant toute cette année, les nuits « et les jours. »

Diab. Et qu'elle ne sera à aucun autre.

Le Par. Faut-il ajouter cela?

Diab. Oui, ajoute; et surtout écris bien, et exactement.

Le Par. « Cléérète ne recevra chez elle aucun « homme sous le nom d'ami ou de patron. »

Diab. Aucun homme.

Le Par. « Encore moins comme amant de sa jeune « amie. Les portes seront fermées à tout le monde, « si ce n'est à vous; et elle écrira sur la porte en de- « hors, que Philénie est retenue, qu'elle est en affai- « res. Elle ne recevra aucune lettre du dehors; on ne « verra jamais une lettre dans la maison, ni aucune « tablette pour écrire. S'il s'y trouve quelque pein- « ture dangereuse, elle sera vendue dans les quatre « jours qui suivront la remise des vingt mines par « Diabole; faute de quoi, et passé lequel terme, la- « dite peinture pourra être jetée au feu par le dit « Diabole; et cela afin qu'on ne se serve point pour « écrire de la cire dont la peinture est enduite. Elle

---

Nec quid dicatis, nec, me cur ludatis, scire possum.
Lib. Satis jam delusum censeo : nunc rem, ut est, eloquamur.
Animum, Argyrippe, advorte, sis; pater nos ferre hoc jussit
Argentum ad te. *Arg.* Ut tempore obportuneque adtulistis!
Lib. Heic inerunt viginti minæ bonæ mala opera partæ :
Has tibi nos pactis legibus dare jussit. *Arg.* Quid id est, quæso?
Lib. Noctem hujus et cœnam sibi ut dares. *Arg.* Jube advenire [quæso].
Meritissumo ejus, quæ volet, faciemus, qui hosce amores
Nostros dispulsos conpulit. *Leon.* Patieris, Argyrippe,
Patrem hanc amplexari tuum? *Arg.* Hæc facile faciet, ut patiar.
Leonida, curre obsecro; patrem huc orato ut veniat.
Lib. Jamdudum'st intus. *Arg.* Hac quidem non venit.
Lib. Angiporto
Illac per hortum circuit clam, ne quis se videret
Huc ire familiarium : ne uxor resciscat, metuit.
De argento, si mater tua sciat ut sit factum... *Arg.* Hela!
Benedicite : ite intro cito : valete. *Leon.* Et vos amate.

ACTUS QUARTUS.
SCENA PRIMA.
DIABOLUS, PARASITUS.

Diab. Agedum, istum ostende, quem conscripsti, syngraphum
Inter me et amicam et lenam : leges perlege.
Nam tu poeta es prorsus ad eam rem unicus.
Par. Horrescet faxo lena, leges quom audiet.
Diab. Cedo, quæso, mi, hercle, translege. *Par.* Audin'?
Diab. Audio.
Par. Diabolus, Glauci filius, Clæretæ
Lenæ dedit dono argenti viginti minas,
Philenium ut secum esset noctesque et dies
Hunc annum totum. *Diab.* Neque cum quiquam alio quidem.
Par. Addone? *Diab.* Adde, et scribas, vide, plane et probe.
Par. Alienum hominem intromittat neminem.
Quod illa aut amicum aut patronum... *Diab.* Neminem.
Par. Aut quod illa amicæ suæ amatorem prædicet;
Foreis obclusæ omnibus sient. nisi tibi.
In foribus scribat, obcupatam esse se.
Aut quod illa dicat peregre adlatam epistolam;
Ne epistola quidem ulla sit in ædibus,
Nec cerata adeo tabula : et si qua inutilis
Pictura sit, eam vendat : ni quatriduo

4.

« n'invitera personne à dîner ni à souper; Diabole
« seul aura le droit d'invitation; elle ne regardera
« jamais aucundes convives étrangers; si elle en re-
« garde un seul, qu'elle devienne aveugle à l'ins-
« tant. Elle ne boira qu'avec le dit Diabole, et dans
« le même verre; il lui versera; elle lui présentera
« la coupe à son tour, et il boira. Elle gardera sa
« raison au même degré que lui. »
Diab. Tout cela me paraît assez bien.
Le Par. « Elle éloignera d'elle, elle préviendra
« jusqu'aux moindres soupçons; elle ne mettra point
« son pied sur le pied d'un homme en quittant la
« table; elle ne se placera point sur le lit voisin de
« celui où un homme sera placé; elle ne lui donnera
« point la main pour en descendre; elle ne fera voir
« sa bague à qui que ce soit, et n'en recevra de per-
« sonne. Elle ne jettera les dés que pour ledit Dia-
« bole; et en les jetant, il lui sera pas permis de
« dire : *Pour toi*; il faudra qu'elle prononce le nom
« tout haut. Elle pourra invoquer une déesse; mais
« les dieux lui sont interdits. Si par un excès de
« piété, elle veut recourir à un dieu mâle, elle en
« avertira Diabole, qui se chargera de l'invoquer pour
« elle. Toute inclination de tête, tout clin d'œil, tout
« signe à aucun homme, lui est interdit. Et la nuit,
« si la lampe vient à s'éteindre, elle ne pourra mou-
« voir aucun de ses membres dans l'obscurité. »
Diab. Tout cela est bon; il faudra qu'elle s'y conforme : seulement, ôte ce dernier article; car la
nuit, dans le lit, je serai bien aise qu'elle se remue; je
ne voudrais pas qu'elle m'oppposât alors la clause,
et qu'elle me dît qu'elle est obligée par serment à
rester immobile.
Le Par. J'entends bien; vous craignez les subti-
lités, les chicanes.
Diab. Sans doute.

Le Par. J'ôterai l'article.
Diab. Fort bien. Est-ce tout?
Le Par. Écoutez le reste.
Diab. J'écoute; lis toujours.
Le Par. « Elle ne dira jamais un mot à double
« sens, ne parlera que la langue attique. S'il lui
« arrive de tousser, elle prendra garde, en toussant,
« de laisser voir sa langue à un homme. Elle fera
« semblant d'avoir une fluxion qui lui coule par le
« nez; si elle ne le fait, Diabole lui essuiera la lèvre
« plutôt que de souffrir qu'elle donne ou paraisse
« donner un baiser. La mère ne boira pas de vin
« pendant tout ce temps, et ne tiendra aucun mau-
« vais propos à personne; s'il lui en échappe, elle
« sera vingt jours sans boire de vin. »
Diab. Je t'en fais mon compliment; voilà un acte
savamment conçu.
Le Par. « Si elle charge sa servante de porter
« aux autels de Vénus ou de l'Amour des couronnes,
« des guirlandes, des parfums, vous mettrez un
« serviteur en observation pour savoir si ces pré-
« sents sont réellement pour Vénus ou pour quel-
« que amant. Si par hasard elle dit qu'elle veut rester
« pure pendant quelque temps, il faudra qu'elle
« vous rende autant de nuits qu'elle vous en aura
« fait perdre par sa retraite. » Ce ne sont pas ici de
vaines paroles; car ce sont celles qu'on dit sur les
morts.
Diab. Toutes ces conditions me conviennent fort.
Suis-moi là dedans.
Le Par. Je vous suis.

SCÈNE II [1].

DIABOLE, LE PARASITE.

Diab. Viens; suis-moi. Je souffrirai cela sans

Abalienarit, quo abs te argentum adceperit,
Tuus arbitratus sit, comburas, si velis;
Ne illi sit cera, ubi facere possit literas.
Vocet conuivam neminem illa; tu voces.
Ad eorum ne quem oculos adjiciat suos.
Si quem alium adspexit, cæca continuo siet.
Tecum una postea æque pocula potitet.
Abs ted adcipiat, tibi propinet, tu bibas :
Ne illa minus, aut plus, quam tu, sapiat. *Diab.* Satis placet.
Par. Suspiciones omneis abs se segreget;
Neque illæc ulli pede pedem homini premat,
Quom surgat, neque in lectum inscendat proxumum;
Neque, quom descendat, inde det quoiquam manum.
Spectandum ne quoi annulum det, neque roget.
Talos ne quoiquam homini admoveat, nisi tibi.
Quom jaciat, Te, ne dicat : nomen nominet.
Deam invocet sibi, quam lubebit, propitiam,
Deum nullum : si magis religiosa fuerit;
Tibi dicat, tu pro illa ores, ut sit propitius.
Neque illa ulli homini nutet, nictet, adnuat;
Post, si lucerna exstincta est, ne quid sui
Membri conmoveat quicquam in tenebris. *Diab.* Optumum 'st:
Ita scilicet facturam : verum in cubiculo....
Deme istuc : equidem illam moveri gestio.
Nolo habere illam causam, et votitam dicere.
Par. Scio, captiones metuis. *Diab.* Verum. *Par.* Ergo, ut jubes,
Tollam. *Diab.* Quidni? *Par.* Audi reliqua. *Diab.* Loquere, audio.
Par. Neque ullum verbum faciat perplexabile.
Neque ulla lingua sciat loqui, nisi Attica.
Forte si tussire obcæpsit, ne sic tussiat,

Ut quoiquam linguam in tussiendo proferat.
Quod illa autem simulet, quasi gravedo profluat,
Hoc ne sic faciat : tu labellum abstergeas
Potius, quam quoiquam savium facere palam.
Nec mater lena ad vinum adcedat interim,
Nec ulli verbo male dicat : si dixerit,
Hæc multa ei esto, vino viginti dies
Ut careat. *Diab.* Pulchre scribsti: scitum syngraphum!
Par. Tum si coronas, serta, unguenta jusserit
Ancillam ferre Veneri aut Cupidini,
Tuus servos servet, Venerine eas det, an viro.
Si forte pure velle habere dixerit,
Tot noctes reddat spurcas, quot pure habuerit :
Hæc sunt non nugæ : non enim mortualia.
Diab. Placent profecto leges: sequere intro. *Par.* Sequor.

SCENA SECUNDA.

DIABOLUS, PARASITUS.

Diab. Sequere hac : egon' hæc patiar? aut taceam? emori

[1] Cette scène seconde paraît appartenir à l'acte suivant. Diabole et le Parasite ont tous deux quitté le lieu où la scène se passe, qui est une place publique, et sont entrés dans la maison de Cléérète. Ainsi, le théâtre est resté vide, il y a eu entr'acte. Ces deux personnages sortent de la maison, où ils sont demeurés quelque temps; ils reviennent sur le théâtre, et font la scène qui est ici marquée la seconde de l'acte quatrième. Elle devrait être plutôt la première du cinquième acte; mais alors le quatrième n'aurait qu'une scène et serait bien court. D'un autre côté, le cinquième acte se passe dans l'intérieur de la maison, c'est un motif pour ne pas y placer cette scène. Il y a donc ici une interruption d'action; le théâtre reste vide; c'est une faute contre les règles de l'art. (Note d'*Andrieux*.)

rien dire? J'aimerais mieux mourir, que de ne pas en avertir sa femme. Vieux libertin! tu veux faire le jeune homme chez ta maîtresse; et auprès de ta femme, tu t'excuses sur ton âge? Tu enlèves une fille à son amant, et tu donnes de l'argent pour l'avoir? Tu voles en secret ta femme et ta maison? Tu me pendrais plutôt que de m'obliger à t'en garder le secret. Par Hercule! Je vais la trouver sur-le-champ, celle que tu auras bientôt ruinée, si elle ne te prévient, et si elle ne t'empêche de la dépouiller pour fournir aux frais de ton libertinage.

Le Par. Je pense comme vous; il faut en avertir la femme; mais il me semble qu'il sera plus honnête que ce soit moi qui lui donne cet avis; car elle croirait que vous êtes venu lui révéler ce secret plutôt par amour et par vengeance personnelle, que par intérêt pour elle.

Diab. **Fort** bien; j'adopte ton idée à mon tour; va faire du tapage chez le bonhomme; donne-lui de l'embarras, et prépare-lui une bonne querelle avec sa femme; avertis celle-ci qu'il la vole, et cela pour aller boire tout le jour, avec son fils, chez une maîtresse qu'ils ont en commun.

Le Par. Rapportez-vous-en à moi; je vais joliment arranger ses affaires.

Diab. Et moi, je vais t'attendre à la maison.

ACTE CINQUIÈME [1].

La scène se passe dans l'intérieur de la maison de Cléérète.

SCÈNE PREMIÈRE.

ARGYRIPPE, DÉMÉNÈTE.

Arg. Allons, mon père, mettons-nous à table, si vous voulez.

Dém. Tout ce qui te plaira, mon fils, je le ferai.

Arg. Et vous, esclaves, servez-nous.

Dém. Est-ce que cela te fera de la peine, mon fils, si Philénie se couche sur le même lit avec moi?

Arg. Ma piété filiale fera que je le verrai sans douleur. J'aime cependant Philénie; mais je ferai un effort sur moi-même pour ne pas trop m'affliger de ce qu'elle sera couchée près de vous.

Dém. Il faut qu'un fils soit soumis et respectueux.

Arg. Je sais, mon père, tout ce que je vous dois.

Dém. Eh bien donc! faisons le repas gaiement; ayons de bon vin et des propos joyeux. Je ne veux pas me faire craindre de toi, mon fils; j'aime mieux être aimé.

Arg. J'ai pour vous l'un et l'autre sentiment, comme un fils doit les avoir.

Dém. Je le croirai, quand je te verrai de bonne humeur.

Arg. Est-ce que vous pensez que je suis triste?

Dém. Il faut bien que je le pense, quand je te vois une mine comme si tu allais être mis en jugement pour une affaire capitale.

Arg. Ne dites pas cela.

Dém. Je ne le dirais pas, si la chose n'était ainsi.

Arg. Bon! regardez; je ris.

Dém. Puissent rire ainsi ceux qui me veulent du mal!

Arg. Je sais bien, mon père, quelle est la raison qui me fait paraître triste à vos yeux; c'est parce que Philénie est auprès de vous; et, à vous dire la vérité, j'en ressens de la peine; toutefois, je n'en désire pas moins pour vous ce qui vous fait plaisir; mais enfin j'aime passionnément cette belle; et il me serait plus agréable de vous voir auprès d'une autre qu'elle.

Me malim, quam hæc non ejus uxori indicem.
Ain' tu? apud amicam munus adulescentuli
Fungare? uxori excuses te, et dicas senem?
Præripias scortum amanti, atque argentum obicias
Lenæ? subplies clam domi uxorem tuam?
Suspendas potius me, quam tacita hæc auferas.
Jam quidem, hercle, ad illam hinc ibo, quam tu præpediam,
Nisi quidem illa ante obcupassit te, ecfliges, scio,
Luxuriæ sumtus subpeditare ut potsies.
Par. Ego sic faciendum censeo : me honestiu'st,
Quam te, palam hanc rem facere, ne illa existumet
Amoris causa percitum id fecisse te
Magis, quam sua causa. *Diab.* At, pol, quin dixti rectius.
Tu ergo face, ut illi turbas, liteis concias,
Cum suo sibi gnato unam ad amicam de die
Potare, illam expilare. *Par.* Jam ne me mone.
Ego istuc curabo. *Diab.* At ego te obperiar domi.

ACTUS QUINTUS.

SCENA PRIMA.

ARGYRIPPUS, DEMÆNETUS.

Arg. Agedum, decumbamus, sis, pater. *Dem.* Ut jusseris,
Mi gnate, ita fiet. *Arg.* Pueri, mensam adponite.

Dem. Numquid nam tibi molestum 'st, gnate mi, si hæc nunc mecum adcubat?

Arg. Pietas, pater, oculis dolorem prohibet : quamquam ego istanc amo,
Potsum equidem inducere animum, ne ægre patiar, quia tecum adcubat.

Dem. Decet verecundum esse adulescentem, Argyrippe.

Arg. Edepol, pater,
Merito tuo facere potsum. *Dem.* Age ergo, hoc agitemus convivium
Vino et sermone suavi : nolo ego metui, amari mavolo,
Mi gnate, me abs te. *Arg.* Pol, ego utrumque facio, ut æquom 'st filium.

Dem. Credam istuc, si esse te hilarum videro. *Arg.* An tu esse me tristem putas?

Dem. Putem ego? quem videam æque esse mœstum, ut quasi dies si dicta sit.

Arg. Ne dixis istuc. *Dem.* Ne sic fueris, illico ego non dixero.

Arg. Hem! adspecta; rideo. *Dem.* Utinam, male qui mihi volunt, sic rideant!

Arg. Scio equidem quamobrem me, pater, tu tristem credas nunc tibi;
Quia istæc est tecum : atque ego quidem, hercle, ut verum dicam, pater,
Ea res male habet : ac non eo, quin tibi non cupiam, quæ velis :
Verum istam amo : aliam tecum esse equidem facile potsim perpeti.

---

[1] Il faut bien, dans cet acte, que la décoration montre à la fois l'intérieur de la maison de Cléérète, où se passe le souper, et la place publique et la rue, où Artémone, femme de Déménète, vient voir le Parasite, à la seconde scène de l'acte, et d'où elle voit son mari à table avec son fils et Philénie. (ANDRIEUX.)

Dém. Mais ce n'est pas une autre; c'est celle-ci que je veux.

Arg. Ainsi, vous avez ce que vous désirez; et moi je désire ce que je n'ai pas.

Dém. Passe-moi ce plaisir pendant un seul jour ; songe que c'est moi qui t'ai procuré les moyens de l'avoir pendant une année tout entière, et qui t'ai fourni de l'argent pour acheter ses amours.

Arg. Ce bienfait m'a pénétré de reconnaissance.

Dém. Prouve-moi-le donc en me montrant un visage tout à fait joyeux.

SCÈNE II.

DÉMÉNÈTE, ARGYRIPPE, PHILÉNIE (dans la maison);

ARTÉMONE, LE PARASITE (sur la place publique).

Art. Tu dis que mon mari est à boire avec mon fils, et qu'il a donné vingt mines d'argent à cette courtisane, et que le père prend son fils pour confident de ses débauches?

Le Par. Artémone, ne me croyez en rien, quelque serment que je fasse, si vous trouvez que je ne vous ai pas dit vrai en cette occasion.

Art. Que j'étais sotte! moi qui croyais mon mari sobre, de bonnes mœurs, chaste, sage, et aimant par-dessus tout sa femme.

Le Par. Maintenant, vous pouvez voir d'ici que c'est un vrai vaurien, ivrogne, dissipateur, libertin, haïssant par-dessus tout sa femme.

Art. S'il n'était pas tout ce que tu dis, il ne se conduirait pas comme il fait.

Le Par. Et moi aussi, je l'avais cru jusqu'ici un homme de bien. Mais il se découvre tout entier par la débauche qu'il fait à cette heure; il boit avec son fils; il a une maîtresse en commun avec lui! Cela sied bien à un vieillard décrépit!

Art. Voilà où il va tous les jours souper. Il me dit qu'il va chez ses amis, chez Archidème, chez Chéréas, chez Chérestrate, chez Clinias, Chrémès, Cratinus, Dinias, Démosthène; et il va chez une vile courtisane; il passe la soirée dans un mauvais lieu.

Le Par. A votre place, je le ferais enlever de force par mes servantes, et reporter à la maison.

Art. Tais-toi. Oui, sûrement, je me vengerai, je le rendrai si malheureux!...

Le Par., à part. Oh! pour cela, il le sera assez, tant que vous serez sa femme.

Art. Je crois qu'il est allé siéger au sénat, ou défendre des clients; et comme je suppose qu'il a bien travaillé le jour, je ne suis pas surprise qu'il ronfle toute la nuit. Je sais à présent à quel ouvrage il va se fatiguer dehors pour venir fort tard se reposer auprès de moi. Il cultive le champ d'autrui, et laisse sa propre terre en friche. Ce n'est pas encore assez d'être corrompu lui-même; il me gâte encore son fils.

Le Par. Venez par ici; je vais vous le faire prendre sur le fait, en flagrant délit.

Art. Je ne demande pas mieux.

Le Par. Arrêtez-vous là.

Art. Pourquoi?

Le Par. Si vous voyiez ce cher mari, la couronne de fleurs sur la tête, couché auprès de sa maîtresse, qu'il embrasse, le reconnaîtriez-vous bien?

Art. Assurément, je le reconnaîtrais.

Le Par. Tenez; le voilà.

Art. Hélas! il est trop vrai.

Le Par.[1] Demeurez là un moment. De votre embuscade, nous pouvons les espionner sans qu'ils nous aperçoivent.

Arg. Allons, mon père; avez-vous bientôt fini d'embrasser Philénie?

Dém. Je t'avoue, mon fils...

Arg. Qu'est-ce que vous avouez?

Dem. At ego hanc volo. *Arg.* Ergo sunt quæ exoptas : mihi, quæ ego exoptem, volo.

Dem. Unum hunc diem perpetere, quoniam tibi potestatem dedi,

Cum hac annum ut esses, atque amanti argenti feci copiam.

Arg. Hem istoc me facto tibi devinxti. *Dem.* Quin te ergo hilarum das mihi?

SCENA SECUNDA.

ARTEMONA, PARASITUS, DEMÆNETUS, ARGYRIPPUS,

Art. Ain' tu? meum virum heic potare, obsecro, cum filio?
Et ad amicam detulise argenti viginti minas?
Meoque filio sciente, id facere flagitium patrem?
Par. Neque divini, neque mi humani posthac quicquam accroduas,
Artemona, si hujus rei me esse mendacem inveneris.
Art. At scelesta ego, præter alios meum virum fui rata
Siccum, frugi, continentem, amantem uxoris maxume.
Par. At nunc dehinc scito, illum ante omneis minimi mortalem preti :
Madidum, nihili, incontinentem, atque osorem uxoris suæ.
Art. Pol, ni vera ista essent, nunquam faceret ea, quæ nunc facit.
Par. Ego quoque, hercle, illum antehac hominem semper sum frugi ratus.
Verum hoc facto sese ostendit', qui quidem cum filio
Potet una, atque una amicam ductet decrepitus senex.
Art. Hoc, ecastor, est, quod ille it ad cœnam cotidie.

Ait sese ire ad Archidemum, Chæream, Chærestratum,
Cliniam, Chremem, Cratinum, Diniam, Demosthenem.
Is apud scortum corruptelis et liberis lustris studet.
Par. Quin tu illum jubes ancillas rapere sublimem domum?
Art. Tace modo : næ illum, ecastor, miserum habebo. *Par.* Ego istuc scio
Ita fore illi, dum quidem cum illo nupta eris. *Art.* Ego censeo
Eum etiam hominem aut in senatu dare operam, aut clientibus.
Ibi labore delassatum noctem totam stertere.
Ille opere foris faciundo lassus noctu advenit ·
Fundum alienum arat, incultum familiarem deserit.
Is etiam corruptus, porro suum corrumpit filium.
Par. Sequere hac me modo, jam faxo ipsum hominem manifesto obprimas.
Art. Nihil, ecastor, est, quod facere mavelim. *Par.* Mane dum. *Art.* Quid est?
Par. Potis, si forte accubantem tuum virum conspexeris,
Cum corona amplexum amicam, si videas, cognoscere?
Art. Potsum, ecastor. *Par.* Hem, tibi hominem. *Art.* Perii!
Par. Paulisper mane.
Aucupemus ex insidiis clanculum, quam rem gerant.
Art. Quid modi, pater, amplexandi facies? *Dem.* Fateor, gnate mi.
Arg. Quid fatere?

([1] Artémone et le Parasite écoutent; les personnages qui sont dans la maison continuent la scène.)

Dém. Que je l'aime à en perdre sens et raison.
Le Par., *à Artémone.* Entendez-vous ce qu'il dit?
Art., *au Parasite.* Oui, vraiment, je l'entends bien.
Dém. Il faut que je vole à ma femme une de ses plus belles robes, celle dont elle fait ses plus chères délices, et que je te l'apporte. Si je n'en viens pas à bout, je consens qu'elle vive encore une année out entière.
Le Par., *à Artémone.* Croyez-vous que ce soit aujourd'hui la première fois qu'il va chez la courtisane?
Art. C'était lui qui me volait; et j'ai plus d'une fois accusé mes servantes, et je les ai fait punir sévèrement tout innocentes qu'elles étaient.
Arg. Faites donner du vin, mon père; il y a longtemps que j'ai bu le premier coup, ce me semble.
Dém. Verse du vin là haut, esclave. (*A Philénie.*) Et toi, en attendant, donne-moi un baiser.
Art. Malheureuse que je suis! Voyez comme il la caresse, ce vieux débauché, qui figurerait si bien dans un cercueil!
Dém. Oh! que cette haleine est bien plus douce que celle de ma femme!
Phil. Dites-moi, mon cœur, est-ce que l'haleine de votre femme sent mauvais?
Dém. Fi donc! J'aimerais mieux boire l'eau d'un égout que d'embrasser ma femme.
Art. Je t'apprendrai à parler de moi avec ce mépris, laisse faire! tu viendras bientôt à la maison; et je t'apprendrai à quoi l'on s'expose quand on insulte une femme qui a apporté une aussi grosse dot que la mienne.
Le Par. Voilà un grand malheureux!
Art. Il mérite de l'être, en tout cas.
Arg. Eh bien! mon père? Vous ne dites rien? Mais pourtant vous aimez ma mère?
Dém. Moi? je l'aime beaucoup, à présent qu'elle n'est pas ici.

Arg. Et quand elle est présente?...
Dém. Je voudrais qu'elle fût morte.
Le Par. à Artémone. Il vous aime beaucoup, à l'entendre.
Art. Ces paroles-là lui coûteront cher; je m'en vengerai, dès qu'il sera rentré au logis, en le forçant de m'embrasser bien fort et bien longtemps, qu'il le veuille ou non.
Arg. Mon père, prenez les dés, et jetez-les; nous les jetterons après vous.
Dém. Volontiers. Je souhaite Philénie pour moi, et pour ma femme, la mort.... Ah! j'ai amené le coup de Vénus [1]; quel bonheur! Esclaves, applaudissez, et versez-moi une bonne rasade en réjouissance d'un si beau jet de dés.
Le Par. à Artémone. C'est que vous ne l'avez pas faite d'une assez bonne étoffe, pour qu'elle dure. Vous feriez bien d'aller lui arracher les yeux.
Art., *entrant dans la maison, et s'adressant à son mari.* Je vis, et je vivrai; et je viens t'apprendre à former de pareils souhaits, en jetant les dés.
Le Par. Voilà un homme mort. Qui est-ce qui court chercher l'embaumeur?
Arg. Ma mère, je vous salue.
Art. Je n'ai que faire de votre salut.
Le Par. C'en est fait de Deménète. Il est temps de m'en aller; j'ai bien engagé le combat. Je vais retrouver Diabole, et lui annoncer que j'ai parfaitement rempli ses intentions. Je l'engagerai à nous mettre à table et à souper ensemble, pendant que nos gens se disputent. Demain, je l'emmènerai lui-même chez la vieille pour qu'il lui donne les vingt mines, en mettant la condition qu'il aura aussi Philénie. J'espère obtenir d'Argyrippe qu'il consente à la lui céder de deux nuits l'une; si je ne viens à bout de cet arrangement, je perds mon roi; car il est tout de feu pour elle.

(*Le Parasite sort de scène.*)

Art., *à Philénie.* Il vous convient bien de recevoir chez vous mon mari!

Dem. Me ex amore hujus conruptum oppido.
Par. Audin' quid ait? *Art.* Audio. *Dem.* Egon' ut non domo uxori meæ
Subripiam in deliciis pallam quam habet, atque ad te deferam?
Non, edepol, conduci potsum vita uxoris annua.
Par. Censen' tu illum hodie primum ire adsuetum esse in ganeum?
Art. Ille, ecastor, subpilabat me, quod ancillas meas
Suspicabar, atque insonteis miseras cruciabam. *Arg.* Pater, jube dari vinum; jamdudum factum'st, quom primum bibi.
Dem. Da, puere, ab summo; age, tu interibi ab infimo da suavium.
Art. Perii misera! ut osculatur carnufex, capuli decus.
Dem. Edepol, animam suaviorem aliquanto, quam uxoris meæ.
Phil. Dic amabo, an fœtet anima uxoris tuæ? *Dem.* Nauteam
Bibere malim, si necessum'st, quam illam oscularier.
Art. Ain' tandem? edepol næ tu istuc cum malo magno tuo
Diristi in me: sine! venias modo domum, faxo ut scias
Quid pericli sit dotatæ uxori vitium dicere.
Par. Miser, ecastor, es. *Art.* Mecastor, dignus est. *Arg.* Quid ais, pater?
Ecquid natrem amas? *Dem.* Egone? Illam nunc amo, quia non adest.

Arg. Quid, quom adest? *Dem.* Perüsse cupio. *Par.* Amat homo hic te, ut prædicat.
Art. Næ ille, ecastor, fœnerato funditat: nam si domum
Redierit hodie, osculando ego ulciscar potissumum.
Arg. Jace, pater, talos, ut porro nos jaciamus. *Dem.* Maxume.
Te, Philenium, mihi, atque uxori mortem. Hoc Venerium'st.
Pueri, plaudite, et mihi ob jactum cantharo mulsum date.
Art. Non nequeo durare. *Par.* Si non didicisti fullonicam,
Non mirandum'st: in oculos invadi nunc est optumum.
Art. Ego, pol, vivam, et tu isthæc hodie cum tuo magno malo
Invocavisti. *Part.* Ecquis ecurrit pollinctorem accessere?
Arg. Mater, salve. *Art.* Sat saluti'st. *Par.* Mortuu'st Demænetus.
Tempus est subducere hinc me; pulchre hoc gliscit prælium.
Ibo ad Diabolum, mandata dicam facta, ut voluerit.
Atque interea ut decumbamus suadebo, hi dum litigant.
Post eum demum huc cras adducam ad lenam, ut viginti minas
Ei det, in parte hac amanti ut liceat ei potlrier.
Argyrippus exorari, spero, poterit, ut sinat
Sese alternas cum illo nocteis hac frui: nam ni inpetro,
Regem perdidi: ex amore tantum est homini incendium.
Art. Quid tibi huc recepto ad te est meum virum?

[1] Celui qui amenait le *coup de Vénus* était le roi du festin; c'est lui qui portait les santés.

Phil. Cette méchante femme me fait mourir avec sa colère et ses injures.

Art., *à Déménète.* Levez-vous, bel amoureux! venez à la maison!

Dém. Quel malheur me menace!

Art. Tu ne te trompes pas; je t'en réponds. En bas du lit, traître, et à la maison!

Dém. Un instant, de grâce.

Art. Debout, et à la maison.

Dém. Je vous conjure, ma femme.

Art. Tu te rappelles donc que je suis ta femme, à présent? Tout à l'heure, quand tu m'accablais d'injures, je n'étais pas ta femme; j'étais ta bête d'aversion.

Dém. C'est fait de moi.

Art. Eh bien! l'haleine de ta femme sent-elle encore mauvais?

Dém. Elle sent l'encens et la myrrhe.

Art. Tu m'as donc volé une robe pour la donner à une fille de mauvaise vie?

Arg. Pardonnez-moi; il a seulement promis de vous la voler.

Dém. Hé! tais-toi, mon fils.

Arg. Ma mère, je l'en dissuadais.

Art. Le beau garçon de fils! (*A son mari.*) N'est-il pas indigne qu'un père apprenne de pareilles mœurs à ses enfants! N'as-tu pas de honte?

Dém. Ma foi! si j'ai honte de quelque chose, ma femme, c'est de vous.

Art. Voyez ce libertin en cheveux blancs qu'il faut que sa femme vienne arracher d'un mauvais lieu!

Dém. Oh! çà, ne me donnerez-vous pas au moins le temps de souper? Le souper va être mis tout à l'heure.

Art. Par Castor! tu souperas aujourd'hui comme tu le mérites, grand misérable!

Dém. J'aurai une mauvaise nuit; j'y suis condamné; ma femme me mène au logis pour l'exécution.

Arg. Je vous disais bien, mon père, de songer à ne point choquer ma mère.

Phil., *à Déménète.* N'oubliez pas la robe que vous m'avez promise, mon cher amour!

Déménète, *en montrant sa femme.* Faites donc retirer cette femme.

Phil. Entrons; suivez-moi plutôt, mon cœur; entrons ici.

Dém. Je vous suis.

Art., *l'entraînant.* Allons; à la maison!

Phil. Donnez-moi encore un baiser avant de me quitter.

Dém. Va-t'en te faire pendre.

SCÈNE III.

LE CHOEUR.

Si ce vieillard, en cachette de sa femme, cherche à se divertir et à se donner du bon temps, il ne fait rien là de nouveau ni d'extraordinaire, rien que beaucoup d'autres n'aient coutume de faire. Il n'y a personne de si austère, de si dur à lui-même, et d'une vertu si rude, qui ne soit bien aise de se réjouir et de contenter un peu ses sens, quand l'occasion s'en présente. A présent, si vous voulez obtenir pour ce pauvre vieux qu'il ne soit pas battu, il y a un bon moyen; c'est d'applaudir notre comédie de toutes vos forces.

FIN DE L'ASINAIRE.

Phil. Pol, me quidem
Miseram odio enicavit. *Art.* Surge, amator; i domum.
Dem. Nullus sum. *Art.* Imo es, ne nega, omnium, pol, nequissumus,
At etiam cubat cuculus : surge, amator; i domum.
Dem. Væ mihi! *Art.* Vera hariolare: surge, amator; i domum.
Dem. Abscede ergo paululum istuc. *Art.* Surge, amator; i domum.
Dem. Jam, obsecro, uxor. *Art.* Nunc uxorem me esse meministi tuam?
Modo, quom dicta in me ingerebas, odium, non uxor eram.
Dem. Totus perii! *Art.* Quid tandem? anima fœtetne uxoris tuæ?
Dem. Murrham olet. *Art.* Jam subripuisti pallam, quam scorto dares?
Ecastor... *Arg.* Quin subrepturum pallam promisit tibi.
Dem. Non taces? *Art.* Ego dissuadebam, mater. *Art.* Bellum filium.
Istoscine patrem æquum'st mores liberis largirier?
Nihilne te pudet? *Dem.* Pol, si aliud nihil sit, tui me, uxor, pudet.
Art. Cano capite te cuculum uxor ex lustris rapit.

Dem. Non licet manere (cœna coquitur), dum cœnem modo?
Art. Ecastor, cœnabis hodie, ut te dignum 'st, magnum malum.
Dem. Male cubandum'st : judicatum me uxor abducit domum.
Arg. Dicebam, pater, tibi, ne matri consuleres male.
Phil. De palla memento, amabo. *Dem.* Juben' hanc hinc abscedere?
Phil. Imo intus potius sequere hac me, mi anime. *Dem.* Ego vero sequor.
Art. I domum. *Phil.* Da savium etiam prius, quam abis.
Dem. I in crucem.

GREX.

Hic senex, si quid, clam uxorem, suo animo fecit volup,
Neque novom, neque mirum fecit, nec secus, quam alii solent.
Nec quisquam'st tam ingenio duro, nec tam firmo pectore
Quin, ubi quicquam occasionis sit, sibi faciat bene.
Nunc si voltis deprecari huic seni, ne vapulet,
Remur impetrari posse, si plausum sic clarum datis.

FINIS ASINARIÆ.

ANALYSE ET EXAMEN

DES CAPTIFS

PAR ANDRIEUX.

Prologue. — Le Prologue est prononcé par un comédien, à ce qu'on peut juger par quelques vers qui s'y trouvent.

Il commence par montrer aux spectateurs deux esclaves debout sur la scène, et fait cette remarque qu'on ne trouvera probablement pas d'une plaisanterie bien fine : « Ces « deux hommes que vous voyez là debout, sont debout, « et non pas assis. Vous m'êtes tous témoins que je dis la « vérité. Il ajoute qu'Hégion, vieillard dont on voit la maison, est le père d'un de ces deux esclaves.

A présent comment se fait-il qu'il soit esclave chez son père? Le voici.

Hégion, vieillard étolien, avait deux fils; l'un des deux fut volé et emporté à l'âge de quatre ans par un esclave qui s'enfuit et alla le vendre en Élide. Le citoyen d'Élide qui acheta cet enfant l'attacha particulièrement au service de son propre fils, qui était à peu près du même âge.

Longtemps après, la guerre se déclara entre les Étoliens et le peuple d'Élide; le second fils d'Hégion est fait prisonnier dans un combat, et acheté en Élide par un médecin nommé Ménarque.

Hégion, voulant ravoir son fils, s'est mis à acheter des captifs éléens, pour en faire l'échange avec ce fils qu'il regrette. Ayant entendu dire la veille qu'il y a parmi les prisonniers un jeune homme d'Élide, d'une famille noble et distinguée, il l'a racheté du questeur, et en même temps il a aussi racheté, sans le savoir, son fils qui est le compagnon d'infortune de ce jeune homme d'Élide dont il est l'esclave.

Celui-ci se nomme Tyndare; l'autre Philocrate. Ils ont médité ensemble une ruse qui doit procurer à Philocrate le retour dans sa patrie. Ils ont changé ensemble de nom et de vêtements. Philocrate passera pour Tyndare son esclave, et Tyndare passera pour Philocrate. Ainsi Tyndare restera en esclavage chez Hégion, son père qui ne le connaît pas et dont il n'est pas connu. En même temps, il sauvera son frère et sera cause de son retour chez leur père commun; et tout cela par une suite de hasards heureux. C'est ainsi qu'en mainte circonstance on fait plus de bien sans le savoir et sans le vouloir, que de dessein formé.

Au reste, il n'y aura dans cette pièce ni vers obscènes, ni courtisane, ni vendeur de filles, ni soldat fanfaron.

Il finit par quelques mauvaises pointes sur ce qu'il a dit qu'il y avait une guerre entre deux peuples; et il exhorte les spectateurs à n'avoir pas peur de cette guerre qui ne se fera pas sur la scène.

Acte Ier. Scène Ire. — Monologue d'Ergasile, parasite. Ces parasites appartiennent à la comédie grecque et latine. Collin d'Harleville en a placé un assez plaisamment et fort adroitement dans sa petite pièce de M. de Crac. Le Verdac est exactement un parasite, à la manière de Plaute.

Ergasile est ici ce que les anciens appelaient un personnage *protatique*, servant seulement à la *protase*, à l'exposition. Il répète ici ce que nous avons déjà vu dans le prologue :

« Que la guerre est entre les Étoliens et les Éléens; que « la scène de la pièce se passe en Étolie; que Philopolème « fils du vieillard Hégion a été fait prisonnier en Élide; et « qu'Hégion, pour pouvoir échanger son fils, s'est mis à « acheter des prisonniers éléens. »

Scène II. — Scène dans laquelle l'exposition ni l'action n'avancent pas du tout. Hégion montre seulement à Ergasile le jeune homme éléen, de bonne famille, qu'il a racheté avec le projet de l'échanger pour ravoir son fils. Le commencement de la scène est entre Hégion et un de ses esclaves, et ne renferme que des lieux communs sur le désir naturel à ceux qui sont dans la servitude, de reprendre leur liberté. Dans le reste de la scène entre Hégion et Ergasile, ce ne sont que flatteries du parasite qui affecte de prendre une part vive et sincère à la douleur d'Hégion qui a perdu son fils Philopolème; cette perte n'est pas moins sensible à Ergasile à qui le jeune homme donnait souvent à manger; enfin, pour le récompenser de ses flatteries et de son chagrin réel ou affecté, Hégion l'invite à souper chez lui; il y aura bonne chère, parce qu'il célèbre son jour de naissance : cependant le malin vieillard avertit Ergasile qu'il ne fera pas bonne chère. Le parasite ne promet pas moins d'être exact à se rendre à l'invitation.

Acte II. Scène Ire. — Philocrate et Tyndare son esclave, (lequel est bien loin de soupçonner qu'il soit Pegnion, fils d'Hégion) paraissent, conduits par les autres serviteurs d'Hégion. Ils s'affligent de leur servitude, et pleurent; leurs gardiens les consolent et les exhortent à prendre courage. Philocrate et son compagnon obtiennent de leurs gardiens de s'éloigner un peu, et de les laisser s'entretenir seuls, ensemble, librement. Restés seuls, ils parlent de la ruse qu'ils préparent au vieillard Hégion, et qui consiste, comme on l'a déjà vu, en ce qu'ils changeront de personnage. Philocrate espère par ce moyen être envoyé en Élide; et Tyndare lui recommande de ne pas l'oublier, lorsqu'il sera une fois dans leur patrie. Philocrate le promet.

Scène II. — Dans cette scène, les deux esclaves jouent fort bien leurs rôles; Hégion en est complétement la dupe; il est vrai qu'ils n'ont pas grande difficulté ni grand mérite à le tromper, puisqu'il n'a aucune raison de se défier d'eux et qu'il lui importe peu (puisqu'il ne connaît pas son fils) lequel des deux est le maître ou l'esclave. Il envoie donc Philocrate qu'il prend pour Tyndare en Élide, et garde Tyndare qu'il croit Philocrate et qui s'engage à payer vingt mines, si le prisonnier partant manque à la promesse qu'il a faite de revenir.

Scène III. — Tyndare jouant le rôle de Philocrate donne ses commissions à son prétendu esclave, qui part pour l'Élide. Hégion le laisse partir et s'en va pour voir ses autres esclaves éléens. Il se promet en même temps de chercher parmi eux quelqu'un qui connaisse ce jeune homme, ce Philocrate qu'il garde chez lui.

Ceci sert de liaison entre le 2e et le 3e acte, et fait prévoir au spectateur que les trompeurs pourront se trouver embarrassés dans leur propre ruse.

Ce second acte est assez joli; il y a des mots de situation, de ces mots à double sens qui font toujours de l'effet au théâtre, parce que ce sont des espèces d'énigmes que le spectateur aime à deviner.

Acte III. Scène Ire. — Le parasite Ergasile vient faire de longues plaintes sur la dureté des temps pour les parasites ; il n'y a plus moyen de trouver un repas. Parmi beaucoup de paroles, de répétitions et de mauvaises plaisanteries, il y a quelques mots assez bons. Ces parasites étaient les bouffons de la pièce ; et apparemment les Romains en riaient.

Scène II. — Hégion revient ; il a fait partir celui qu'il croit Tyndare ; et il ramène un prisonnier éléen, à qui il veut faire voir le prétendu Philocrate qu'il a gardé à la maison.

Scène III. — Tyndare sort de la maison ; il a déjà été vu par Aristophonte ; il regarde sa ruse comme découverte ; il en prévoit pour lui toute sorte de maux et ne sait comment se tirer de l'embarras où il s'est mis. Cet Aristophonte est le parent et l'ami du vrai Philocrate.

Scène IV. — Aristophonte mis par Hégion en présence de Tyndare, le reconnaît bien pour ce qu'il est, pour Tyndare esclave de Philocrate. Mais Tyndare paye d'audace ; il assure Hégion que ce captif éléen est un fou, un enragé qui a voulu tuer ses propres père et mère ; il soutient en face à Aristophonte que lui qui parle est Philocrate et non pas Tyndare.... Son impudence produit une scène assez longue et assez comique. — Cependant Hégion commence à s'apercevoir qu'il a été trompé. Pour le reconnaître entièrement, il demande à Aristophonte de lui dépeindre le véritable Philocrate. D'après son portrait fait par Aristophonte, le vieillard reconnaît que c'est Philocrate lui-même qu'il a laissé partir, et que Tyndare est un imposteur. Il appelle ses esclaves, les *lorarios*.

Scène V. — Hégion fait attacher Tyndare, et le menace de la prison, et de toutes sortes de tourments. Tyndare avoue enfin sa métamorphose ; mais il soutient qu'il a fait une bonne action puisqu'il s'est sacrifié pour son maître ; il étale de beaux sentiments, et dit des sentences qui peuvent paraître assez déplacées dans la bouche d'un esclave, à moins qu'on ne les excuse parce que Tyndare est réellement né libre, et qu'il a toujours été traité comme un ami par Philocrate son maître. Aristophonte, enchanté que son ami et son parent Philocrate soit délivré, intercède pour Tyndare ; mais Hégion ne se laisse pas fléchir et envoie celui-ci travailler aux carrières.

Il y a encore dans ce troisième acte un peu de comique résultant de la continuation de la méprise d'Hégion, de l'audace de Tyndare et de ses embarras en présence d'Aristophonte. La dernière scène a de l'intérêt ; mais il n'y a plus rien de plaisant, dès que la fraude est reconnue.

Acte IV. Scène Ire. — Ergasile le parasite revient encore ; mais cette fois il revient tout joyeux ; il est sûr qu'on va lui faire bonne chère, lui préparer des festins.... pour l'excellente nouvelle qu'il apporte. Il veut courir de toute sa force pour aller annoncer ce bonheur à Hégion.

Scène II. — Hégion arrive tout chagrin d'avoir été trompé ; il aperçoit de loin Ergasile, et croit le reconnaître ; celui-ci dit toujours qu'il va courir, qu'il renversera et assommera tous ceux qui se trouveront sur son passage ; cependant il ne sort pas de place. Cette bouffonnerie est assez froide ; et par malheur elle est prolongée. Hégion et Ergasile parlent longtemps chacun de leur côté, tandis qu'ils auraient quelque chose à se dire, et que le parasite proteste qu'il est très-empressé de trouver le vieillard. Il va frapper à la porte d'Hégion qui enfin s'avise de l'appeler. Ergasile l'invite d'abord à se réjouir, le lui ordonne même avant de lui apprendre ce dont il s'agit. Je suis pour vous, lui dit-il, le grand Jupiter, la santé, la fortune, la lumière, la joie, la réjouissance. Il y a dans cette manière de faire attendre à Hégion son récit quelque chose de gai, une intention comique ; mais cela dure trop longtemps. Enfin Ergasile dit à Hégion d'aller au port, et qu'il y verra son fils Philopolème et l'esclave Stalagmus qui le lui a enlevé. Il le lui jure par toutes sortes de noms de villes grecques. Il pouvait y avoir dans ces serments grecs une plaisanterie qui est perdue pour nous. Hégion promet au parasite de lui faire éternellement bonne chère, s'il a dit vrai ; et il court au port, afin de s'en assurer.

Scène III. — Petit monologue où Ergasile croit déjà voir les bons repas, les excellents mets qu'Hégion lui a promis. Il entre chez le vieillard.

Scène IV. — Autre monologue d'un esclave d'Hégion. Cet esclave, qui n'a pas encore paru sur la scène, se plaint de la voracité d'Ergasile et de l'irruption qu'il vient de faire dans la cuisine d'Hégion, et du dégât qu'il y a porté. Il sort pour aller en avertir son maître.

Ce monologue est encore plus inutile que le précédent.

Acte V. Scène Ire. — Hégion revient du port avec son fils Philopolème, avec Philocrate qui lui ramène ce fils, et avec Stalagmus, cet esclave fugitif qui lui a enlevé son fils aîné. On peut juger de la joie du père. Philocrate redemande à Hégion l'esclave qu'il lui a laissé, et qu'il veut récompenser du sacrifice que cet esclave a fait en le laissant partir. Hégion avoue que, dans sa colère d'avoir été trompé, il a envoyé Tyndare aux carrières. Philocrate est très-affligé du mal qui est arrivé à ce généreux esclave. Il entre dans la maison avec Philopolème. Hégion lui promet de faire revenir Tyndare, et en attendant il veut interroger Stalagmus pour savoir ce qu'il a fait de l'enfant qu'il lui a volé.

Scène II. — Stalagmus interrogé avoue qu'il a vendu l'enfant à Théoromède, père de Philocrate, en Élide. Hégion s'écrie et prévoit que Tyndare est peut-être son fils. Il se hâte d'appeler Philocrate.

Scène III. — Hégion apprend par les réponses de Stalagmus et de Philocrate que Tyndare est réellement ce fils qu'il a perdu, et qui s'appelait Pegnion dans son enfance. Il s'afflige du mauvais traitement qu'il lui a fait, ne le connaissant pas.

Scène IV. — Tyndare paraît enchaîné, et se plaint de ce qu'il a souffert aux carrières qu'il appelle un enfer. Les reconnaissances se font. Hégion apprend à Tyndare qu'il est son père, que Philopolème est son frère, et qu'il s'appelle Pegnion. Tyndare dit qu'en effet il croit se souvenir de loin et comme à travers un nuage que son père se nommait Hégion. Le vieillard les emmène tous, et annonce qu'il va faire ôter les fers à Tyndare, pour en charger Stalagmus.

Le *Grex*, espèce de chœur, fait l'éloge de la pièce, en ce qu'elle est morale, pleine de bons sentiments et d'actions vertueuses, et en ce que les gens de bien y deviennent meilleurs.

L'éloge est juste relativement ; c'est-à-dire que cette pièce est pure et honnête, si on la compare aux autres comédies de Plaute qui sont remplies d'aventures pires que galantes, et d'actions peu louables. — Il n'y a point de femmes dans cette comédie.

Le prologue et le premier acte des Captifs contiennent l'exposition du sujet ; mais elle est faite sans art, et il n'était pas difficile de la faire autrement.

On ne sait pas quel est le personnage qui parle dans le prologue. C'est apparemment un comédien, à en juger par les vers 13 et 14.

L'Ergasile est le parasite éternel de la comédie latine.

On pouvait faire l'exposition entre Hégion et lui, sans prologue. On pouvait même le faire sans le parasite, entre Hégion et un de ses esclaves.

Il y a du comique de situation dans le 2e et dans le 3e acte.

Mais, dès le commencement du 4e acte, le dénoûment est prévu ; et il n'est point amené par ce qui précède ;

il ne sort point des faits de la pièce; il arrive par mer, ce qui ne vaut pas mieux que de tomber des nues.

On ne comprend pas comment Philocrate, parti de Calydon en Étolie, à la fin du 2ᵈ acte, est déjà revenu d'Élide au commencement du 4ᵉ. Il faut bien que l'unité de temps, la règle des 24 heures, ne soit pas observée dans la pièce. Le commentateur de l'édition du Dauphin a tâché d'expliquer la difficulté dans l'argument en prose qui précède la pièce.

Le *puer*, ou esclave d'Hégion, qui ne paraît qu'un moment à la fin du 4ᵉ acte, est un personnage tout à fait inutile.

Stalagmus ne revient aussi au 5ᵉ acte, que pour chercher et recevoir la punition du crime qu'il a commis, il y a vingt ans, en volant et en allant vendre comme esclave, en Élide, le fils de son maître.

Le spectateur ne doit pas avoir grand plaisir à le voir, et le poète pouvait se dispenser de l'amener.

Plaute fait lui-même l'éloge de la pièce ou le fait faire par le chœur, *Grex*, dans une espèce d'épilogue. On y dit que cette pièce n'effarouche en rien la pudeur; qu'il n'y a point d'amours, point de libertinage, et qu'il est rare de trouver des comédies dont la représentation puisse rendre les honnêtes gens encore meilleurs. Cet épilogue fait la critique des autres comédies; mais les louanges qu'il renferme ne sont guères méritées. La pièce des *Captifs* n'est pas immorale, à la vérité; mais on ne voit pas qu'elle offre de grands exemples de vertu, ou qu'elle ait beaucoup de quoi inspirer le goût des bonnes actions. On peut cependant remarquer que Tyndare fait une espèce de sacrifice en consentant à passer pour Philocrate et à rester en Étolie; mais il est alors l'esclave de Philocrate, et l'on peut regarder ce sacrifice comme un devoir. D'ailleurs, il sait que Philocrate reviendra bientôt le délivrer. Ainsi l'effort n'est pas bien grand, ni bien admirable.

LES CAPTIFS.

COMÉDIE EN CINQ ACTES.

PERSONNAGES.

HÉGION, vieillard.
PHILOPOLÈME, son fils aîné, prisonnier de guerre chez les Éléens.
PHILOCRATE, jeune Éléen, prisonnier des Étoliens chez Hégion.
TYNDARE, cru esclave de Philocrate; second fils d'Hégion.
ARISTOPHONTE, prisonnier Éléen, ami de Philocrate.
ERGASILE, parasite.
STALAGMUS, esclave d'Hégion, échappé autrefois de sa maison.
L'ESCLAVE commandeur d'Égion.
Un jeune esclave.
ESCLAVES.

La scène est à Calydon en Étolie.

ARGUMENT

Attribué à PRISCIEN.

Un fils d'Hégion fut fait prisonnier dans un combat. Un esclave de ce vieillard lui avait déjà enlevé, en prenant la fuite, un autre fils âgé de quatre ans. Hégion achète des captifs Éléens dans l'espoir de retrouver son fils. Mêlé en effet à des captifs achetés par son père, ce fils change d'habit et de nom avec son maître et fait en sorte qu'il soit affranchi. Il est puni de sa propre ruse. Le jeune homme ramène à la fois le fils prisonnier et l'esclave fugitif. Ce même esclave apprend à Hégion que l'autre captif est son second fils.

(1) Cette comédie a été imitée par les poètes de notre théâtre naissant, du Ryer, Rol et Rotrou. Les *Captifs* de l'auteur de *Venceslas* méritent d'être distingués. Le dialogue est vif et l'on trouve d'excellents vers surtout dans le rôle du Parasite.

PROLOGUE.

UN COMEDIEN.

Ces deux captifs que vous voyez debout là-bas dans le fond de la scène, sont debout; et par conséquent ils ne sont point assis; vous m'êtes tous témoins que je dis là une grande vérité. Le vieillard Hégion qui habite dans cette maison est père de l'un des deux; comment celui-ci se trouve-t-il esclave chez son père? C'est ce que je vais d'abord vous expliquer; écoutez-moi bien. Ce vieillard a eu deux fils; un esclave lui en a dérobé un, lorsque l'enfant n'avait que quatre ans; et cet esclave fugitif est allé vendre en Élide[1] son jeune maître au père de celui que vous voyez. (*Il montre du doigt Philocrate.*) Êtes-vous au fait de ce premier point? Bon. Ne l'oubliez pas. Mais voilà un spectateur, le dernier à l'extrémité de l'amphithéâtre, qui fait signe qu'il ne m'a pas entendu. Eh! bien! approchez-vous. Si vous n'avez pas de place pour vous asseoir, vous en avez pour vous promener. Voulez-vous que je perde la voix et mon état et que je sois réduit à la besace? Je ne me tuerai point à crier pour vous. N'y comptez pas, je vous en prie.

(1) Ville du Péloponnèse.

CAPTIVI

DRAMATIS PERSONÆ.

HEGIO, senex.
PHILOPOLEMUS, filius major Hegionis.
PHILOCRATES, juvenis Eleus, bello captus.
TYNDARUS, Philocratis nunc servus, tamen ingenuus, filius Hegionis natu minor, primo nomine Pægnium (vid. V, 3, 7.)
ARISTOPHONTES, juvenis Eleus, amicus Philocratis, bello quoque captus.
ERGASILUS, parasitus olim Philopolemi.
STALAGMUS, servus Hegionis, olim fugitivus.
LORARIUS Hegionis.
PUER Hegionis.
CÆTERI servi.

Res agitur Calydoni in Ætolia.

ARGUMENTUM

(UT QUIBUSDAM VIDETUR)

PRISCIANI.

CAPTU'ST in pugna Hegionis filius.
Alium quadrimum fugiens servos vendidit.
Pater captivos commercatur Alios,
Tantum studens, uti natum recuperet.
Et in Ibus emit olim amissum filium.
Is suo cum domino veste versa ac nomine,
Ut amittatur fecit; ipsus plectitur.
Et is reducit captum et fugitivum simul,
Indicio quojus alium agnoscit filium.

PROLOGUS.

Hos quos videtis stare heic captivos duos,
Illei qui adstant, hi stant ambo, non sedent.
Vos vos mi testeis estis me verum loqui.
Senex qui heic habitat, Hegio est hujus pater.
Sed is quo pacto serviat suo sibi patri, 5
Id ego heic apud vos proloquar, si operam datis.
Seni huic fuerunt filji nati duo,
Alterum quadrimum puerum servos surpuit,
Eumque hinc profugiens vendidit in Alide
Hujusce patri; jam hoc tenetis? optumum 'st. 10
Negat, hercle, ille ultimus: adeedito.
Si non, ubi sedeas, locus est, est, ubi ambules,
Quando histrionem cogis mendicarier.
Ego me tua causa, ne erres, non rupturus sum;
Vos, qui potestis ope vostra censerier, 15
Accipite reliquom; alieno uti nihil moror.
Fugitivos ille, ut dixeram ante, hujus patri,
Domo quem profugiens dominum abstulerat, vendidit.
Hic postquam hunc emit, dedit eum huic gnato suo
Peculiarem, quia quasi una ætas erat. 20
Hic nunc domi servit suo patri, nec scit pater.
Enimvero di nos, quasi pilas, homines habent.

PROLOGUE.

Pour vous que votre fortune met au rang des citoyens inscrits sur le livre des censeurs (1), je vous dois le reste; et je vais vous le payer comptant. Je ne veux rien avoir à personne.

Cet esclave fugitif, comme je vous le disais, vendit au père de l'un de ces captifs l'enfant qu'il avait enlevé. Ce père donna cet enfant à son jeune fils pour le servir, et pour jouer avec lui, étant tous deux du même âge. Cet enfant dérobé et vendu se retrouve aujourd'hui esclave chez son propre père, qui l'ignore. Nous autres pauvres humains, nous sommes des balles de paume dans les mains des Dieux, ils s'amusent à jouer avec nous. Vous savez maintenant comment Hégion a perdu un de ses fils.

La guerre s'étant élevée entre les Étoliens et les Éléens, l'autre fils du vieillard a été fait prisonnier dans un combat. Le médecin Ménarque l'a acheté en Élide. Depuis ce temps son père Hégion s'est mis à acheter des prisonniers éléens, afin d'en trouver un qu'il puisse donner en échange de son fils. Il ne sait pas qu'il est le père de ce captif qui est maintenant chez lui. Hier ayant appris qu'un cavalier éléen d'une famille riche et considérable avait été fait prisonnier, il n'a pas regardé au prix, dans l'espérance de ravoir son fils et de le faire revenir dans sa maison; il a donc acheté du questeur ces deux prisonniers qui faisaient partie du butin.

Or, de ces deux captifs l'un est le maître, et l'autre est l'esclave; ils ont entre eux imaginé une ruse dont le but est de faire retourner le maître dans son pays. Ils ont changé ensemble d'habits et de nom. Celui-ci s'appelle Philocrate, celui-là Tyndare. L'un va passer pour l'autre aujourd'hui. L'esclave va conduire assez habilement cet artifice, pour rendre la liberté à son maître, et en même temps ramener à la maison paternelle son frère prisonnier chez les ennemis, tout cela sans le savoir; comme il arrive dans mainte circonstance, où l'on fait mieux par hasard qu'on ne ferait à dessein.

Ainsi ces deux captifs, sans en savoir davantage,

(1) Les spectateurs des premières places.

ont arrangé entre eux ce stratagème, cet échange de noms, dans le seul dessein de faire rester Tyndare en esclavage chez son père où il se trouve maintenant captif sans le connaître et sans en être connu. Pauvres mortels! que nous sommes peu de chose, quand j'y pense!

Voilà ce que nous allons représenter devant vous comme un fait réel; mais qui ne sera qu'une fable pour vous.

Et à ce sujet, j'ai encore deux mots à vous dire. C'est que cette fable ne sera pas indigne de votre attention. Elle est d'un genre assez nouveau; vous n'y entendrez point de vers qui blessent la pudeur, et qui ne sont bons qu'à oublier; vous n'y verrez ni marchand d'esclaves faisant un infâme commerce, ni perfide courtisan, ni soldat fanfaron.

J'ai dit que les Étoliens sont en guerre avec les Éléens, mais que cela ne vous alarme point; il n'y aura entre eux de combats que hors de la scène; car nous sommes des acteurs comiques, et nous ne nous donnerons pas le ridicule de la tragédie.

Si donc quelqu'un de l'assemblée veut absolument une bataille, il n'a qu'à chercher lui-même querelle à son voisin. Et, s'il rencontre un adversaire en état de le bien étriller, je me mettrai aussi de la partie contre lui, et je lui ferai voir de près un combat qui lui ôtera pour longtemps l'envie d'être témoin d'aucun autre.

Je me retire.... juges équitables pendant la paix, soldats invincibles pendant la guerre.... je vous salue.

ACTE PREMIER.
SCÈNE PREMIÈRE.
ERGASILE PARASITE (seul).

Il a plu aux jeunes gens de me surnommer la fille de joie¹, parce que je suis de tous les festins sans

¹ Des courtisanes se présentaient chez tous les riches libertins à la fin du repas.

Rationem habetis, quomodo unum amiserit.
Postquam belligerant Ætoli cum Aliis,
Ut fit in bello, capitur alter filius. 25
Medicus Menarchus emit ibidem in Alide.
Cœpit captivos conmercari hic Alios,
Si quem reperire posset, quo mutet suum
Illum captivom : hunc suum esse nescit, qui domi'st.
Et quoniam heri inde audivit, de summo loco 30
Summoque genere captum esse equitem Alium,
Nihil pretio parsit, filio dum parceret;
Reconciliare ut facilius posset domum,
Emit hosce de præda ambos de Quæstoribus.
Hice autem inter sese hunc confinxerunt dolum, 35
Quo pacto hic servos suum herum hinc amittat domum :
Itaque inter se conmutant vestem et nomina.
Illic vocatur Philocrates, hic Tyndarus.
Hujus illic, hic illius hodie fert imaginem.
Et hic hodie expediet hanc docte fallaciam, 40
Et suum herum faciet libertatis conpotem.
Eodemque pacto fratrem servabit suum,
Reducemque faciet liberum in patriam ad patrem,
Inprudens : itidem ut sæpe jam in multis locis
Plus insciens quis fecit, quam prudens boni. 45
Sed insciontes sua sibi fallacia
Ita conpararunt et confinxerunt dolum :
Itaque hi conmepti de sua sententia,
Ut in servitute hic ad suum maneat patrem :

Ita nunc ignoraus suo sibi servit patri. 50
Homunculi quanti sunt, quom recogito !
Hæc res agetur nobis, vobis fabula.
Sed etiam'st, paucis vos quod monitos voluerim.
Profecto expediet, fabulæ huic operam dare.
Non pertractate facta est, neque item ut cæteræ; 55
Neque spurcidici insunt versus inmemorabileis;
Heic neque perjurus leno est, nec meretrix mala,
Neque miles gloriosus. Ne vereamini,
Quia bellum Ætolis esse dixi cum Aliis.
Foris illeic extra scenam fient prælia. 60
Nam hoc pæne iniquom'st, comico choragio
Conari de subito nos agere tragœdiam.
Proin, si quis pugnam expectat, liteis contrahat;
Valentiorem nactus adversarium
Si erit, ego faciam ut pugnam inspectet non bonam, 65
Adeo ut spectare postea omneis oderit.
Abeo. Valete, judices justissimi,
Domi duellique duellatores optumi.

ACTUS PRIMUS.
SCENA PRIMA.
ERGASILUS.

Juventus nomen indidit scorto mihi,
Eo quia invocatus soleo esse in convivio. 70
Scio absurde dictum hoc derisores dicere,

y être invité. Les railleurs disent plus juste qu'ils ne pensent, et je prétends justifier l'épithète. N'est-il pas vrai que dans un festin lorsqu'un jeune amant jouant aux dés est prié de les jeter pour lui-même, il invoque la beauté qu'il aime le mieux? Cette beauté est-elle alors invoquée ou non? Eh! bien! n'est-ce pas une invitation? Et voilà ce que nous sommes réellement nous autres Parasites que personne ne convoque, ni n'invite aux repas; et qui nous glissons partout, comme les rats, pour gruger les provisions du logis. Quand les tribunaux sont en vacances, et que les citoyens vont à la campagne, il y a aussi malheureusement vacances pour nos dents. Comme dans la chaleur de l'été, les limaçons renfermés au fond de leurs coquilles, sont réduits à se nourrir de leur propre suc, parce qu'il ne leur tombe plus de rosée; ainsi les pauvres parasites se retirent, se cachent, et vivent misérablement de leur propre substance, pendant que les riches, leurs vaches à lait, prennent l'air des champs.

Dans ce temps des vacances si dur à passer, nous sommes de vrais chiens de chasse, toujours en quête, et maigris par des courses inutiles; mais est-on de retour des champs à la ville? Nous redevenons alors de bons gros chiens de cour, bien gros, et toujours demandant à manger avec une insupportable voracité.

Au reste, le métier a ses peines; un parasite doit se sentir capable de recevoir des soufflets, et de se laisser casser les verres et les pots sur la tête, ou prendre le parti de s'en aller mendier le sac sur l'épaule, hors de la porte des *trois frères* (1). Je risque fort d'en être bientôt réduit là. Mon Roi, mon Amphitryon est maintenant prisonnier chez les ennemis; car les Étoliens sont en guerre avec les Éléens; c'est ici l'Étolie; Philopolème, fils du vieillard Hégion qui habite dans cette maison est captif en Élide; et sa demeure d'où il est absent, et où il m'a tant de fois donné à manger, est maintenant un objet de douleur pour moi; je ne puis la voir sans répandre des larmes.

Ce bon vieillard, à cause du malheur de son fils, s'est mis à faire un genre de commerce assez peu honorable, et qui répugne à sa délicatesse. Il achète des prisonniers éléens, pour en échanger un contre son fils. Je vais le trouver. Mais on ouvre la porte, cette porte par où je suis sorti tant de fois trébuchant et la panse bien remplie!

SCÈNE II.

HEGION, UN ESCLAVE COMMANDEUR, ERGASILE, LES DEUX CAPTIFS DANS LE FOND DE LA SCÈNE.

Hég. (*à l'esclave.*) Écoute-moi bien. Tu vois ces deux captifs que j'ai achetés hier du questeur (1); fais leur mettre des chaînes séparées; ôte-leur ces fers pesants qui les tiennent attachés ensemble. Permets-leur d'aller et de venir dans la maison, au dehors, comme ils voudront; sans toutefois négliger de les surveiller et de les garder avec exactitude. Un homme né libre, et détenu en captivité, ressemble à un oiseau sauvage; s'il trouve un instant l'occasion de s'échapper, il en profite, il s'envole; et il n'est plus possible de le rattraper.

L'esc. (*commandeur.*) Assurément il n'y a pas d'homme qui ne préfère la liberté à la servitude.

Hég. Tu ne m'avais pas jusqu'ici donné de toi cette opinion.

L'esc. Je ne puis rien vous donner, vraiment; mais je puis vous montrer les talons si vous voulez me le permettre, et vous verrez!...

Hég. Si tu l'essayes, tu auras aussitôt quelque chose à gagner avec moi, je t'en avertis.

L'esc. C'est seulement pour imiter l'oiseau sauvage dont vous venez de parler.

(1) Ainsi appelée en mémoire des Horaces.

(1) Le butin était vendu par le questeur au profit du trésor, du général et des soldats.

At ego aio recte; nam in convivio sibi
Amator, talos quom jacit, scortum invocat.
Estne invocatum, an non? est planissume.
Verum, hercle, vero nos parasiti planius,   75
Quos nunquam quisquam neque vocat, neque invocat;
Quasi mures semper edimus alienum cibum.
Ubi res prolatæ sunt, quom rus homines eunt,
Simul prolatæ res sunt nostris dentibus.
Quasi, quom caletur, cochleæ in obculto latent,   80
Suo sibi succo vivunt, ros si non cadit :
Item parasiti rebus prolatis latent
In obculto, miseri victitant succo suo,
Dum ruri rurant homines, quos ligurjant.
Prolatis rebus parasiti venatici   85
Sumus : quando res redierunt, molossici
Odiosicique et multum inconmodistici.
Et hic quidem, hercle, nisi qui colaphos perpeti
Potis parasitus, frangique aulas in caput
Vel extra portam trigeminam ad saccum ilicet.   90
Quod mihi ne eveniat, nonnullum periculum'st.
Nam postquam meus rex est potitus hostium,
Ita nunc belligerant Ætoli cum Aliis ;
Nam Ætolia hæc est : illeic captu'st in Alide
Philopolemus, hujus Hegionis filius   95
Senis, qui heic habitat : quæ ædeis lamentariæ
Mihi sunt, quas quotiescumque conspicio, fleo.
Nunc hic obcepit quæstum hunc fili gratia

Inhonestum, maxume alienum ingenio suo.
Homines captivos conmercatur, si queat
Aliquem invenire, suum qui mutet filium.   100
Nunc ad eum pergam : sed aperitur ostium,
Unde saturitate sæpe ego exii ebrius.

SCENA SECUNDA.

HEGIO, LORARIUS, ERGASILUS.

Heg. Advorte animum, sis, tu : istos captivos duos,
Here quos emi de præda, de quæstoribus,   102
His indito catenas singularias;
Istas majores, quibus sunt vincti, demito.
Sinito ambulare, si foris, si intus volent;
Sed uti adservetur magna diligentia.
Liber captivus avis feræ consimilis est :   110
Seme¹ fugiendi si data'st obcasio,
Satis est ; nunquam postilla possis prendere.
Lor. Omneis profecto liberi lubentius
Sumus, quam servimus. *Heg.* Non videre ita tu quidem.
Lor. Si non est, quod dem, mene vis dem ipse in pedes?
Heg. Si dederis, erit exemplo mihi, quod dem tibi.   116
Lor. Avis me feræ consimilem faciam, ut prædicas.
Heg. Ita, ut dicis : nam si faxis, te in caveam dabo.
Sed satis verborum'st : cura, quæ jussi, atque abi.

Hég. Prends garde que pour que tu lui ressembles mieux, je ne te fasse mettre en cage. Mais c'est assez de paroles, fais ce que je t'ai dit, et va-t-en.

Erg. (*à part.*) Que je fais de vœux pour qu'Hégion réussisse dans son projet! Car s'il ne retrouve son fils, c'est moi, pauvre parasite, qui suis perdu. Il n'y a plus rien à espérer de nos jeunes gens; ils n'aiment qu'eux-mêmes. Mais l'excellent fils d'Hégion faisait exception; c'était un jeune homme ayant des mœurs antiques; jamais je ne l'ai diverti pour rien; et son père est comme lui, un digne homme qui donne bien à manger.

Hég. (*à part.*) Je vais voir mon frère chez lequel sont mes autres captifs; je veux m'informer s'ils n'ont pas commis dans sa maison quelque désordre cette nuit; ensuite je reviens sur-le-champ au logis.

Erg. (*à part.*) Je suis réellement au désespoir que ce bonhomme par amour pour son fils, fasse ce misérable métier de geôlier. Mais dût-il se faire bourreau, j'y consentirais, s'il n'y avait pas d'autre moyen de ramener ce brave jeune homme.

Hég. Qui parle ici?

Erg. C'est moi, qui me lamente de votre chagrin; j'en maigris; j'en dépéris; j'en dessèche, en vérité. Il ne me reste plus que les os et la peau. Je n'ai goût à rien de ce que je mange chez moi; si ce n'est quelque petite chose que je prends chez les autres pour me soutenir.

Hég. Bonjour, Ergasile.

Erg. Que les Dieux vous conservent, digne Hégion. Ah! Ah!

Hég. Ne pleure pas.

Erg. Que je ne pleure pas, ce cher enfant! Que je ne fonde pas en larmes, en pensant à cet excellent jeune homme?

Hég. J'ai toujours reconnu en toi un véritable ami de mon fils, et je sais qu'il t'estimait bien aussi.

Erg. Ah! vraiment! Nous ne connaissons le prix d'un bien que quand nous l'avons perdu. Depuis que votre fils est prisonnier chez les ennemis, je sens tout ce qu'il valait. Jugez de mes regrets!

Hég. Si son malheur te cause tant de peines à toi pour qui il n'est qu'un étranger, que penses-tu que j'éprouve, moi son père, moi dont il est le fils unique?

Erg. Un étranger?.. Pour moi?.. Votre fils?.. Un étranger? Ah! Hégion, ne dites pas cela; gardez-vous surtout de le croire. C'est votre fils unique, dites-vous? Oh! il est plus qu'unique pour moi; j'ai pour lui une tendresse plus qu'unique.

Hég. Je te loue de ressentir comme ton propre malheur le malheur d'un ami. Mais prends courage.

Erg. Ah! Ah!

Hég. (*à part.*) Je sais ce qui l'afflige : l'armée qui le faisait vivre est licenciée. (*Haut*) Est-ce que vous n'avez encore trouvé personne qui pût vous recomposer l'armée de Parasites que vous commandiez chez mon fils?

Erg. Pouvez-vous le croire? Tout le monde refuse cette charge, depuis que votre cher Philopolème qui l'exerçait si bien est prisonnier.

Hég. Je n'en suis pas surpris. Il faut te fournir une armée trop nombreuse et composée de vingt sortes de soldats, d'abord des pâtissiers (1) qui se subdivisent en plusieurs bandes : les fabricants de petits pains, de gâteaux, de pâtés de grives; les marchands de bec-figues; puis une armée maritime dont tu ne peux te passer.

Erg. Voyez un peu comme les grands génies sont souvent ignorés! Un général comme moi n'est cependant rien!

Hég. Prends courage. J'ai bonne espérance de revoir mon fils, d'ici à peu de jours. J'ai là un jeune captif éléen, d'une famille noble et riche; je pense qu'il me donnera le moyen de faire un échange.

Erg. Que tous les Dieux et toutes les Déesses le veuillent ainsi!

---

(1) Les jeux de mots qui suivent ne peuvent se rendre en français : Pistor signifie un boulanger et en même temps Pistorienses signifie les habitants de Pistorium : paniceis, dérivé de Panis, pain, les Panicéens, habitants de Pana ville de Samnium; placentinis de placenta gâteaux, ceux de Plaisance, etc.

Erg. Quod ego quidem nimis quam cupio, ut Impetret;
Nam ni illum recipit, nihil est, quo me recipiam. 121
Nulla juventutis est spes : sese omneis amant.
Ille demum antiquis est adulescens moribus;
Quojus nunquam voltum tranquillavi gratiis.
Condigne est pater ejus moratus moribus 125
Heg. Ego ibo ad fratrem, ad alios captivos meos,
Visam ne nocte hac quidpiam turbaverint.
Inde me continuo recipiam rursum domum.
Erg. Ægre'st mi, hunc facere quæstum carcerarium,
Propter sui gnati miseriam, miserum senem. 130
Sed si ullo pacto ille huc conciliari potest,
Vel carnuficinam hunc facere possum perpeti.
Heg. Quis heic loquitur? *Erg.* Ergo, qui tuo mœrore macenor,
Macesco, consenesco, et tabesco miser.
Ossa atque pellis sum miser a macritudine. 135
Neque unquam quidquam me juvat, quod edo domi :
Foris aliquantillum etiam quod quidem, id beat.
Heg. Ergasile, salve. *Erg.* Di te bene ament, Hegio.
Heg. Ne fle. *Erg.* Egon' illum non fleam? egon' non defleam
Talem adulescentem? *Heg.* Semper sensi filio 140
Meo te esse amicum, et illum intellexi tibi.
Erg. Tum denique homines nostra intelligimus bona,
Quom, quæ in potestate habuimus, ea amisimus.
Ego, postquam gnatus tuus potitu'st hostium,
Expertus quanti fuerit : nunc desidero. 145
Heg. Alienus quom ejus inconmodum tam ægre feras,
Quid me patrem par facere'st, quoi ille 'st unicus?
Erg. Alienus ego? alienus ille? ah, Hegio!
Nunquam istuc dixis, neque animum induxis tuum.
Tibi ille unicu'st, mihi etiam unico magis unicus. 150
Heg. Laudo, malum quom amici tuum ducis malum.
Nunc habe bonum animum. *Erg.* Eheu! huic illud dolet,
Quia nunc remissus est edendi exercitus.
Heg. Nullumne interea nactus, qui posset tibi,
Remissum quem dixi, inperare exercitum? 155
Erg. Quid credis! fugitant omneis hanc provinciam,
Quoi obtigerat, postquam captu'st Philopolemus tuus.
Heg. Non, pol, mirandum'st, fugitare hanc provinciam.
Multis et multigeneribus opus tibi
Militibus. Primummdum opus est Pistoriensibus; 160
Eorum sunt genera aliquot Pistoriensium;
Opus Paniceis, opus Placentinis quoque.
Opus Turdetanis, opus est Ficedulensibus.
Jam maritumi omneis milites opus sunt tibi.
Erg. Ut sæpe summa ingenia in obculto latent! 165
Hic qualis inperator nunc privatus est!
Heg. Habe modo bonum animum : nam illum confido domum
In his diebus me reconciliassere.
Nam eccum heic captivom adulescentem Alium,
Prognatum genere summo, et summis divitiis : 170

Hég. Où es-tu invité à souper aujourd'hui? (1)
Erg. Eh! mon Dieu! nulle part que je sache. Pourquoi me faites-vous cette question?
Hég. Parce que c'est mon jour de naissance. Je veux que tu viennes souper chez moi.
Erg. Que cela est bien dit!
Hég. Mais tu te contenteras d'une chère modique.
Erg. Non pas trop modique; car il me semblerait que je soupe chez moi.
Hég. Allons; décide-toi. Est-ce marché conclu?
Erg. Oui, à moins que je ne trouve mieux : mes amis et moi nous acceptons la condition avec plaisir. Je me donne au plus offrant, comme un fonds de terre.
Hég. Ce n'est pas un fonds que tu me vends; c'est un abîme qui engloutit tout. Au reste, si tu viens, que ce soit de bonne heure.
Erg. Tout de suite, si vous voulez.
Hég. Va prendre, si tu peux, un lièvre; tu ne tiens, en attendant, qu'un hérisson; car mon ordinaire est terriblement dur.
Erg. Vous ne m'effrayez pas; j'ai des dents ferrées.
Hég. C'est que ma nourriture n'est pas délicate.
Arg. Vivez-vous donc de fagots d'épines?
Hég. Non, mais ma nourriture est assez grossière.
Erg. Il n'y a rien de plus grossier qu'un cochon, et l'on en mange fort bien.
Hég. Beaucoup de légumes.
Erg. Gardez-les pour vos malades, si vous en avez chez vous : est-ce tout ce que vous avez à me dire?
Hég. N'oublie pas de venir à l'heure du souper.
Erg. Est-ce que j'oublie jamais cela? (*il sort.*)
Hég. Je vais rentrer chez moi où j'ai un petit compte à faire pour voir ce qui me reste d'argent chez mon banquier. Ensuite, comme je disais tout à l'heure, je m'en irai chez mon frère.

ACTE SECOND.

SCÈNE PREMIÈRE.

PLUSIEURS ESCLAVES D'HÉGION, PHILOCRATE, TYNDARE.

L'Esc. (*commandeur.*) Puisque telle est la volonté des Dieux, il faut vous soumettre de bonne grâce à votre malheur. C'est le moyen de l'adoucir. Je vous crois de libre condition; mais puisque vous voilà prisonniers, il faut vous conformer à votre état; vous rendrez votre servitude plus légère en vous montrant plus soumis aux volontés du maître. Un maître n'a jamais tort; et jusqu'au mal qu'il fait, nous devons le trouver bien.

Tyn. et Phi. (*pleurant.*) Oh! oh! oh!

L'Esc. Il ne sert à rien de pleurer; vous augmentez ainsi votre mal. Dans l'adversité, le courage est le meilleur secours.

Phi. C'est la honte de se voir chargés de fers!

L'Esc. Mais si notre maître qui vous a achetés et bien payés, vous faisait ôter ces chaînes, et vous laissait libres, il pourrait bientôt avoir à regretter son argent.

Phi. Que craint-il de nous? S'il nous laisse sur notre bonne foi, nous savons ce que prescrit le devoir.

L'Esc. Vous méditez votre fuite. Je vois ce que vous voulez.

Phi. Nous enfuir? et où fuirions-nous?

L'Esc. Dans votre pays.

Phi. Fi donc! des gens comme nous imiter les esclaves qui s'enfuyent!

L'Esc. Ma foi! Si vous en trouvez l'occasion, je vous conseille d'en profiter.

---

(1) Hégion accepte et confirme ces paroles d'heureux présage par une invitation faite en récompense.

Hoc illum me mutare confido fore.
Erg. Ita di deæque faxint. *Heg.* Sed num quo foras
Vocatus es ad cœnam? *Erg.* Nusquam, quod sciam.
Heg. Sed quid tu id quæris? *Heg.* Quia mi'st natalis dies;
Propterea te vocarier ad cœnam volo.   175
Erg. Facete dictum. *Heg.* Sed si pauxillum potes
Contentus esse. *Erg.* Næ perpauxillum modo :
Nam istoc me assiduo victu delecto domi.
Heg. Age, sis, rogo. *Erg.* Emtum, nisi qui meliorem adferet,
Quæ mi atque amicis placeat conditio magis.   180
Quasi fundum vendam, meis me addicam legibus.
Heg. Profundum vendis tu quidem, haud fundum mihi.
Sed si venturus, tempori. *Erg.* Hem, vel jam otium 'st.
Heg. I modo, venare leporem; nunc herem tenes.
Nam meus scruposam victus cosmetat viam.   185
Erg. Nunquam istoc vinces me, Hegio, ne postules;
Cum calceatis dentibus veniam tamen.
Heg. Asper meus victus sane'st. *Erg.* Senteisne esitas?
Heg. Terrestris cœna'st. *Erg.* Sus terrestris bestia'st.
Heg. Multis oleribus. *Erg.* Curato ægrotos domi.   190
Numquid vis? *Heg.* Venias tempori. *Erg.* Memorem mones.
Heg. Ibo intro, atque intus subducam ratiunculam,
Quantillum argenti mihi apud trapezitam siet.
Ad fratrem, quo ire dixeram, mox ivero.

ACTUS SECUNDUS.

SCENA PRIMA.

LORARIUS, PHILOCRATES, TYNDARUS.

(ALII ADSUNT SERVI HEGIONIS.)

Lor. Si di inmortales id voluere, vos hanc ærumnam exsequi,   195
Decet id pati animo æquo : si id facietis, levior labos erit.
Domi fuistis, credo, liberi;
Nunc servitus si evenit, ei vos morigerari mos bonu'st,
Eamque herili inperio ingeniis vostris lenem reddere.
Indigna digna habenda sunt, herus quæ facit. *Phil.* Oh oh
oh!   200
Lor. Ejulatione haud opu'st; oculis multam miseriam additis.
In re mala animo si bono utare, adjuvat.
Phil. At nos pudet, quia cum catenis sumus. *Lor.* At pigeat postea
Nostrum herum, si vos eximat vinculis,
Aut solutos sinat, quos argento emerit.   205
Phil. Quid a nobis metuit? scimus nos
Nostrum opficium quod est, si solutos sinat.
Lor. At fugam fingitis : sentio, quam rem agitis.
Phil. Nos fugiamus? quo fugiamus? *Lor.* In patriam. *Phil.*
Apage, haud nos id deceat
Fugitivos imitari. *Lor.* Imo, edepol, si erit obcasio, haud
denotor.   210

LES CAPTIFS, ACTE II, SCÈNE II.

Phi. (*aux esclaves.*) Mes amis, accordez-nous seulement une grâce.

L'Esc. Qu'est-ce que c'est?

Phi. Ce serait de nous laisser parler un moment seuls et sans témoins.

L'Esc. Soit. Avancez par ici, et nous, retirons-nous un peu; mais que votre entretien ne soit pas long.

Phi. C'est l'affaire d'un moment. (*à Tyndare.*) Viens ici.

L'Esc. (*aux autres personnages.*) Éloignez-vous.

Tyn. Nous vous serons tous deux éternellement obligés d'avoir eu pour nous cette complaisance.

Phi. (*à Tyndare.*) Viens, dis-je, de ce côté, et que ces jeunes gens ne puissent nous entendre ni découvrir la ruse que nous avons imaginée. Un tour d'adresse cesse d'en être un, si l'on ne l'exécute bien finement; il tourne contre son auteur, quand celui-ci se laisse prendre. Il est convenu que je passerai pour ton esclave, et toi pour mon maître, faisons-y bien attention, prenons bien garde de jouer tous deux nos rôles habilement, sans y manquer. L'entreprise a ses difficultés, il ne faut pas nous endormir un moment.

Tyn. Comptez sur moi; je ferai ce qu'il faut.

Phi. Je l'espère.

Tyn. Vous voyez maintenant combien vous m'êtes cher, puisque j'expose ma tête pour votre salut.

Phi. Je le sais.

Tyn. Mais le saurez-vous encore, quand vous aurez obtenu ce que vous voulez? Car la plupart des hommes sont ainsi faits; ils sont excellents, parfaits, tant qu'ils veulent obtenir: mais ont-ils ce qu'ils désiraient? ils deviennent ingrats et trompeurs. Quant à présent j'ai bonne opinion de vous.

Ce que je vous conseille là, je le conseillerais à mon père.

Phi. Ce serait bien à moi, si je l'osais, à t'appeler mon père; car tu es réellement un second père pour moi.

Tyn. Vous êtes trop bon,

Phi. Tu vois pour quelle raison je te recommande d'avoir de la mémoire. Je ne suis plus ton maître; je suis ton esclave. Puisque les Dieux ont voulu qu'après avoir été ton maître, je me visse ton compagnon de captivité, au lieu de te commander, comme j'en avais le droit naguère, je te prie, à présent, et je te conjure, par l'infortune où tu me vois réduit, par la douceur avec laquelle mon père t'a toujours traité dans notre maison, par ce commun esclavage où les événements de la guerre nous ont fait tomber tous deux, je te demande, dis-je, de ne pas faire plus de cérémonie avec moi, que je n'en faisais avec toi, quand tu étais mon esclave; songe toujours qui tu as été, et qui tu es présentement.

Tyn. Je sais que vous êtes moi, et que je suis vous.

Phi. Allons; si tu peux t'en souvenir exactement, nous devons tout espérer de notre ruse.

SCÈNE II.

HÉGION, PHILOCRATE, TYNDARE.

Hég. Avant de rentrer chez moi, il faut que je m'informe ici de quelque chose. (*à ses esclaves.*) Où sont ces captifs que je vous ai ordonné d'amener ici dehors, devant la maison?

Phi. (*se présentant à Hégion.*) Assurément, on n'a pas voulu que vous eussiez la peine de nous chercher; ces fers et ces gardiens y mettent bon ordre.

Phil. Unum exorare vos sinite nos. *Lor.* Quidnam id est?
Phil. Ut sine his arbitris
Atque vobis, nobis detis locum loquendi.
Lor. Flat; abscedite hinc : (*ad conservos*) nos concedamus
huc . sed brevem orationem incipesse.
Phil. Hem, istuc mihi certum erat: (*ad Tyndarum*) concede
huc Lor. Abite ab istis. *Tynd.* Obnoxii ambo
Vobis sumus propter hanc rem ; quom, quæ volumus nos,
Copia'st, ea facitis nos conpotes. 216
Phil. (*ad Tyndarum*) Secede huc nunc jam, si videtur,
procul ;
Ne arbitri dicta nostra arbitrari queant,
Neve permanet palam hæc nostra fallacia.
Nam doli non doli sunt, nisi astu colas, 220
Sed malum maxumum, si id palam provenit.
Nam si herus mihi es tu, atque ego me tuum esse servom
adsimulo,
Tamen viso opu'st, cauto'st opus, ut hoc sobrie, sineque
arbitris,
Adcurate hoc agatur, docte et diligenter.
Tanta incepta res est : haud somniculose hoc 225
Agendum'st. *Tynd.* Ero, ut me voles esse. *Phil.* Spero.
Tynd. Nam tu nunc vides pro tuo caro capite,
Carum obferre meum caput vilitati.
Phil. Scio *Tynd.* At scire memento, quando id, quod voles, habebis.
Nam fere maxuma pars morem hunc homines habent : quod
sibi volunt, 230
Dum id inpetrant, boni sunt; sed, id ubi jam penes sese
habent,
Ex bonis pessumi et fraudulentissumi
Fiunt. Nunc, ut te mihi volo, esse autumo.

Quod tibi suadeam, suadeam meo patri.
Phil. Pol, ego te, si audeam, meum patrem nominem ; 235
Nam secundum patrem es pater proxumus.
Tynd. Audio. *Phil.* Et propterea sæpius te, ut memineris,
moneo;
Non ego herus tibi, sed servos sum : nunc obsecro te hoc
unum,
Quoniam nobis di inmortales animum obstenderunt suum,
Ut qui herum me tibi fuisse, atque esse nunc conservom
velint;
Quod antehac pro jure inperitabam meo, nunc te oro per
precem, 241
Per fortunam incertam, et per mei te erga bonitatem patris,
Perque conservitium commune, quod hostica evenit manu,
Ne me secus honore honestes, quam ego te, quom servibas
mihi,
Atque ut, qui fueris, et qui nunc sis, meminisse ut memineris. 245
Tynd. Scio quidem me te esse nunc, et te esse me. *Phil.*
Hem, istuc si potes
Memoriter meminisse, inest spes nobis in hac astutia.

SCENA SECUNDA.

HEGIO, PHILOCRATES, TYNDARUS.

Heg. Jam ego revortor intro, si ex his, quæ volo, exquæ-sivero.
Ubi sunt isti, quos ante ædeis jussi huc produci foras?
Phil. Edepol, tibi ne quæstioni essemus, cautum intellego,
Ita vinclis custodiisque circummœniti sumus. 251

Hég. Celui qui craint d'être trompé, n'a pas encore pris assez de précaution, s'il craint encore. Celui qui a cru se mettre le mieux en garde contre la tromperie est le premier trompé. N'ai-je pas une bonne raison de vous faire veiller de près, moi qui vous ai achetés si cher, et comptant?

Phi. Nous ne devons pas vous en vouloir de ce que vous nous faites garder ; et vous ne devez pas nous en vouloir davantage, si nous profitons de l'occasion de nous échapper, en cas qu'elle se présente.

Hég. Mon fils est gardé dans votre pays, comme vous l'êtes ici.

Phi. Il est prisonnier!

Hég. Hélas! Oui.

Phi. Nous ne sommes donc pas les seuls qui avons été obligés de nous rendre.

Hég. (*à Philocrate qu'il croit être l'esclave de Tyndare.*) Viens, que je te parle en particulier. J'ai plusieurs questions à te faire, à toi seul ; ne va pas me faire de mensonge.

Phi. Je m'en garderai bien. Je vous dirai ce que je sais, et rien davantage.

Tyn. (*à part.*) Voilà le vieillard en bonne veine, mon maître va lui faire joliment la barbe ; il tient déjà le rasoir, et ne donne pas même la peine de lui mettre la serviette de peur de le salir, tant il est sûr de lui-même. A présent va-t-il le raser de près ou lui couper seulement le poil? Je n'en sais rien ; mais à sa place, je l'écorcherais comme il faut.

Hég. (*à Philocrate.*) Voyons ; dis-moi un peu ; lequel aimes-tu mieux d'être esclave ou d'être libre?

Phi. La situation la meilleure, et où j'aurai le moins à souffrir est celle que je préfère ; dans le fond, je n'ai pas eu jusqu'à présent beaucoup à me plaindre de la servitude ; dans mon pays, en Élide, j'étais traité réellement comme le fils de la maison.

Tyn. (*à part.*) Bien dit! je ne donnerais pas un talent du fameux Thalès de Milet; il n'était qu'un bavard en comparaison de celui-ci. Interrogé sur l'esclavage, il ne pouvait pas mieux répondre.

Hég. (*à Philocrate.*) De quelle famille est ce Philocrate?

Phi. De la famille *Polyplusienne* qui est, en Élide, très-puissante et très-honorée.

Hég. Lui-même, comment est-il regardé? y jouit-il d'une certaine considération?

Phi. D'une considération immense, et que lui accordent les premiers citoyens.

Hég. Avec ce crédit que tu dis être si grand, possède-t-il beaucoup de bien?

Phi. Je le crois : son père a du bien cent fois plus qu'il ne lui en faut, il est ce qu'on appelle *gras à lard*.

Hég. Est-ce que son père est encore vivant?

Phi. Nous l'avons laissé tel, quand nous sommes partis ; maintenant vit-il ou est-il mort, demandez à Pluton qui pourra vous en donner des nouvelles.

Tyn. (*à part.*) Voilà qui va bien. Il tranche même du philosophe, tant il sait mentir avec aisance.

Hég. (*à Philocrate.*) Comment s'appelle son père?

Phi. Il s'appelle Thesauro-Chrysonico-Chrysidès.

Hég. C'est sans doute à cause de ses grandes richesses qu'on l'appelle ainsi?

Phi. C'est à cause de son avarice et de son âpreté au gain. Car son véritable nom est Theodoromède.

Hég. Tu dis donc que le père est tenace?

Phi. Jusqu'à la ladrerie. Pour vous en donner une idée, figurez-vous que lorsqu'il sacrifie à son génie, il ne se sert que de vaisseaux de terre de Samos, de peur que son génie ne les dérobe ; jugez d'après cela s'il se fie à personne.

Hég. (*à Tyndare.*) Suis-moi un peu de ce côté. (*à part.*) Je veux faire à présent quelques questions à celui-ci.

(*Il s'adresse à Tyndare qu'il croit Philocrate.*)

Heg. Qui cavet, ne decipiatur, vix cavet, quom etiam cavet.
Etiam quom cavisse ratu'st, sæpe is cautor captus est.
An vero non justa causa 'st, ut vos servem sedulo,
Quos tam grandi sim mercatus præsenti pecunia? 255
Phil. Neque, pol, tibi nos, quia nos servas, æquum 'st vitio vortere,
Neque te nobis, si abeamus hinc, si fuat obcasio.
Heg. Ut vos heic, itidem illeic apud vos meus servatur filius.
Phil. Captus est? Heg. Ita. Phil. Non igitur nos soli ignavi fuvimus.
Heg. Secede huc; nam sunt ex te quæ solo scitari volo, 260
Quarum rerum te falsiloquom mi esse nolo. Phil. Non ero
Quod sciam; si quid nescivi, id nescium tradam tibi.
Tynd. Nunc senex est in tonstrina; nunc jam cultros adtinet.
Ne id quidem involucre injicere voluit, vestem ut ne inquinet.
Sed utrum, strictimne adtonsurum dicam esse, an per pectinem, 265
Nescio : verum si frugi'st, usque admutilabit probe.
Heg. Quid tu, servosne esse, an liber mavelis? memora mihi.
Phil. Proxumum quod sit bono, quodque a malo longissume,
Id novi : quamquam non multum fuit molesta servitus ;
Nec mi secus erat, quam si essem familiaris filius.
Tynd. Eugepæ! Thalem talento emam Milesium. 271
Nam ad sapientiam hujus nimius nugator fuit.

Ut facete orationem ad servitutem contulit!
Heg. Quo de genere natu'st illic Philocrates? Phil. Polyplusio,
Quod genus illeic est unum pollens atque honoratissumum.
Hey. Quid ipsus hic, quo honore est illeic? Phil. Summo, atque ab summis viris. 276
Heg. Tum igitur quom in Aliis tanta gratia'st, ut prædicas,
Quid divitiæ, suntne opimæ? Phil. Unde excoquat sebum senex.
Heg. Quid? pater vivitne? Phil. Vivom, quom inde abiimus, liquimus.
Nunc, vivat, nec ne, id Orcum scire oportet scilicet. 280
Tynd. Salva res est; philosophatur quoque jam, non mendax modo'st.
Heg. Quod erat ei nomen? Phil. Thesaurochrysonicochrysides.
Heg. Videlicet propter divitias inditum id nomen quasi est.
Phil. Imo, edepol, propter avaritiam ipsius, atque audaciam.
Nam illo quidem Theodoromedes fuit germano nomine. 285
Heg. Quid tu ais? tenaxne pater est ejus? Phil. Imo, edepol, pertenax.
Quin etiam ut magi' gnoscas : Genio suo ubi quando sacruficat,
Ad rem divinam quibus opus est Samiis vasis utitur,
Ne ipse Genius subripiat : proinde, aliis ut credat, vide.
Heg. Sequere hac me igitur : eadem ego ex hoc, quæ volo, exquæsivero. 290

LES CAPTIFS, ACTE II, SCÈNE II.

Philocrate, votre esclave m'a parlé comme un honnête garçon; il a bien fait. Je sais qui vous êtes, quelle est votre famille; il m'a tout avoué; ayez la même bonne foi; vous vous en trouverez bien.

Tyn. (*cru Philocrate.*) Hégion, mon esclave a fait son devoir, en vous avouant la vérité. J'avais pourtant dessein de vous cacher avec grand soin ma naissance, mon rang et mes richesses; mais à présent que j'ai perdu et ma patrie et ma liberté, je ne vois pas de raison pour que ce pauvre garçon m'obéisse plutôt qu'à vous; le hasard de la guerre a fait de lui mon égal; il n'aurait pas osé souffler mot; il peut tout maintenant. Que voulez-vous, Hégion? La main de la fortune nous plie, nous brise à son gré. J'étais libre, et me voilà esclave; du premier rang je suis tombé dans l'état le plus bas. J'étais accoutumé à commander; et j'obéis. Mais j'étais bon maître; et si celui que j'ai rencontré me ressemble, je n'ai point à craindre d'obéir à des ordres injustes et violents. Voilà ce que j'avais à vous dire, Hégion, si toutefois vous trouvez bon qu'un esclave vous parle de la sorte.

Hég. Poursuis hardiment; tu le peux.

Tyn. J'ai été libre comme l'était votre fils. La main des ennemis m'a ravi comme à lui la liberté. Il est esclave dans notre pays comme je le suis dans le vôtre. Souvenez-vous qu'il y a un Dieu témoin de nos paroles et de nos actions; et qu'il fera en sorte que votre fils reçoive les mêmes traitements que j'aurai reçus de vous. Selon que vous en agirez bien ou mal avec moi, attendez-vous à la pareille. Comme vous regrettez votre fils, mon père à présent me regrette.

Hég. Je n'ai garde de l'oublier; mais vous, vous convenez donc de tout ce que m'a dit votre esclave.

Tyn. Je conviens des grandes richesses de mon père, et de la noblesse de ma naissance; mais, je vous en conjure, que la considération de mes richesses ne vous rende pas trop avide, de crainte que mon père n'aime mieux quoique je sois son fils unique, me laisser esclave chez vous vêtu et nourri à vos dépens, que de me voir dans notre patrie, honteusement réduit à la mendicité.

Hég. Grâce à la bonté des Dieux et à la sagesse de mes pères, je suis assez riche. Je ne suis pas de ceux qui considèrent comme bonne toute occasion de gain. J'ai vu certaines gens devenir riches par des profits énormes : mais il vaut mieux quelquefois perdre que gagner. Je prends l'or en haine, quand je songe à tous les crimes qu'il a produits. Maintenant écoutez-moi, et sachez mes intentions. Mon fils prisonnier chez vous est esclave en Élide. Rendez-le moi et je ne demande rien pour votre rançon. Je vous rends la liberté, ainsi qu'à votre esclave; vous ne serez libres qu'à ce prix.

Tyn. Ce que vous me demandez est fort juste, et vous êtes un excellent homme. Mais votre fils est-il employé aux travaux publics ou bien au service d'un particulier.

Hég. Il est esclave du médecin Ménarque.

Phi. C'est justement le client du père de mon maître. Cela coulera comme l'eau d'un toit.

Hég. Faites donc en sorte qu'il soit libre.

Tyn. Je vous le promets. A votre tour Hégion accordez-moi une grâce.

Hég. Tout ce que vous voudrez, pourvu que cela soit possible.

Tyn. Ecoutez, vous le saurez. Je ne vous demande pas de me laisser partir, avant que votre fils ne vous soit rendu; mais de me remettre cet esclave (*Il montre Philocrate*) dont vous fixerez le prix; je l'enverrai à mon père pour y travailler au rachat de votre fils.

Philocrates, hic fecit, hominem frugi ut facere oportuit.
Nam ego ex hoc, quo genere gnatus sis, scio; hic fassu'st
  mihi : 293
Hæc tu eadem si confiteri vis, tua re feceris :
Quæ tamen scito scire me ex hoc. *Tynd.* Fecit opticium hic
  suum ,
Quom tibi est confessus verum; quamquam volui sedulo
Meam nobilitatem obcultare , et genus , et divitias meas ,
Hegio : nunc, quando patriam et libertatem perdidi,
Non ego istuc me potius, quam te metuere, æquum censeo.
Vis hostilis cum istoc fecit meas opes æquabileis. 299
Memini, quom dicto haud audebat, facto nunc lædat licet.
Sed viden'? fortuna humana fingit artatique, ut lubet :
Me, qui liber fueram, servom fecit, e summo infumum.
Qui inperare insueram, nunc alterius inperio obsequor.
Et quidem si proinde, ut ipse fui inperator familiæ,
Habeam dominum, non verear ne injuste aut graviter mihi
  inperet. 305
Hegio, hoc te monitum, nisi forte ipse non vis, volueram.
Heg. Loquere audacter. *Tynd.* Tam ego fui ante liber, quam
  gnatus tuus.
Tam mihi, quam illi, libertatem hostilis eripuit manus.
Tam ille apud nos servit, quam ego nunc heic apud te servio.
Est profecto Deus, qui, quæ nos gerimus, auditque et videt.
Is, uti tu me heic habueris, proinde illum illeic curaverit.
Bene merenti bene profuerit, male merenti par erit. 312
Quam tu filium tuum, tam pater me meus desiderat.
Heg. Memini ego istæc; sed faterin' eadem, quæ hic fassu'st
  mihi?
Tynd. Ego patri meo esse fateor summas divitias domi,

Meque summo genere gnatum : sed te obtestor, Hegio,
Ne tuum animum avariorem faxint divitiæ meæ;
Ne patri, tametsi unicus sum, decere videatur magis,
Me saturum servire apud te sumtu et vestitu tuo,
Potius quam illei, ubi minume honestum 'st, mendicantem
  vivere. 320
Heg. Ego virtute Deum et majorum nostrum dives sum satis.
Non ego omnino lucrum omne esse utile homini existumo.
Scio ego, multos jam lucrum luculentos homines reddidit.
Est etiam, ubi profecto damnum præstet facere, quam lucrum.
Odi ego aurum; multa multis sæpe suasit perperam. 325
Nunc hoc animum advortito, ut ea, quæ sentio, pariter
  scias.
Filius meus illeic apud vos servit captus Alide;
Eum si reddis mihi, præterea unum numum ne duis,
Et te et hunc amittam hinc; alio pacto abire non potes.
Tynd. Optumum atque æquissumum oras, optumusque ho-
  minum es homo. 330
Sed is privatam servitutem servit illei, an publicam?
Heg. Privatam medici Menarchi. *Phil.* Pol, hic quidem hujus est cliens.
Tam hoc quidem tibi in proclivi, quam imber est, quando
  pluit.
Heg. Fac is homo ut redimatur. *Tynd.* Faciam : sed te id
  oro, Hegio.
Heg. Quidvis, dum ab re ne quid ores, faciam. *Tynd.* Ausculta dum , scies. 335
Ego me amitti, donicum ille huc redierit, non postulo.
Verum, te quæso, æstumatum hunc mihi des, quem mittam ad patrem,

Hég. Non, non, j'aime mieux en dépêcher quelqu'autre, dès que la trêve sera conclue : il se chargera de toutes les commissions que vous voudrez.

Tyn. Convient-il de lui envoyer un inconnu ? Ce sera peine perdue. Envoyez-lui cet esclave qui arrangera votre affaire, dès son arrivée : vous ne sauriez faire choix d'une personne plus fidèle, en qui mon père ait plus de confiance, qui lui soit plus agréable, et à qui il remette plus volontiers votre fils. Ne craignez rien ; je vous réponds de sa fidélité sur ma tête, et j'ai pour garant de sa conduite son bon naturel et les égards que j'ai toujours eus pour lui.

Hég. Je l'enverrai donc, après que nous aurons fixé, sur votre parole, le prix de sa rançon.

Tyn. J'y consens : et je veux qu'il expédie l'affaire aussi promptement que possible.

Hég. S'il ne revient pas, vous vous obligez à me compter pour lui vingt mines. (600 f)

Tyn. Fort bien.

Hég. (*à ses esclaves.*) Déliez ce captif à l'instant; déliez-les tous deux.

Tyn. Puissent les Dieux combler vos souhaits, vous qui m'honorez de tant de bonté, et rompez si généreusement mes chaînes : en vérité, je ne suis pas fâché d'avoir le cou débarrassé de ce vilain collier !

Hég. Le bien qu'on fait aux honnêtes gens produit toujours du bien. Maintenant vous pouvez envoyer votre esclave en Élide; donnez vos instructions; et prescrivez-lui ce qu'il doit dire à votre père. Voulez-vous que je l'appelle ?

Tyn. Volontiers.

SCÈNE III.

HÉGION, PHILOCRATE, TYNDARE.

Hég. Puisse tout ceci tourner heureusement pour moi, pour mon fils, et pour vous tous. (*à Philocrate.*) En qualité de ton nouveau maître, je t'ordonne de faire exactement ce que ton ancien maître va te commander. Car je t'ai remis en son pouvoir pour la somme de vingt mines. Son intention est, à ce qu'il dit, de t'envoyer vers son père, pour l'engager à racheter mon fils, afin que nous puissions faire un échange de nos deux enfants.

Phi. Je suis prêt à faire ce que vous voudrez de moi l'un et l'autre; comme la roue qui tourne en tout sens, je marcherai selon votre caprice. Ordonnez.

Hég. Cet heureux caractère doit te servir merveilleusement à supporter la servitude, comme il convient. Suis-moi par ici. (*à Tyndare qu'il prend pour Philocrate*) Voici votre homme.

Tyn. Que je vous rends grâce de me permettre de donner de mes nouvelles à mes parents par ce messager, et d'instruire mon père de ma situation, et de ce que je souhaite qu'il fasse pour moi ! (*à Philocrate.*) Tyndare, je viens de convenir avec Hégion que je t'enverrais en Élide auprès de mon père; et que si tu ne revenais point, je lui donnerais vingt mines pour ta rançon.

Phi. Ce traité, à mon sens, est fort bien entendu, car votre père s'attend à voir moi ou quelqu'autre qui lui donne de vos nouvelles.

Tyn. Écoute donc bien ce que tu dois dire à mon père en arrivant.

Phi. (*faisant le personnage de Tyndare.*) Je mettrai au succès de cette affaire le zèle que vous me connaissez : comptez, Philocrate, que je vous servirai de tout mon cœur, de tout mon esprit et de toutes mes forces.

Tyn. Tu ne feras que ton devoir. Écoute-moi donc. Avant tout, salue de ma part mon père et ma mère, mes parents et mes amis que tu rencontreras :

Ut is homo redimatur illei. *Heg.* Imo alium potius misero
Hinc, ubi erunt induciæ, illuc tuum qui conveniat patrem,
Qui tua, quæ tu miseris mandata, ita, ut velis, perferat.
Tynd. At nihil est, ignotum ad illum mittere; operam luseris. 341
Hunc mitte, hic transactum reddet omne, si illuc venerit.
Nec quemquam fideliorem, neque quoi plus credat, potes
Mittere ad eum, nec qui magis sit servos ex sententia,
Neque adeo quoi tuum concredat filium hodie audacius.
Ne vereare, meo periculo hujus ego experiar fidem,
Fretus ingenio ejus, quod me esse scit erga se benevolum.
Heg. Mittam equidem istunc æstumatum tua fide, si vis.
Tynd. Volo.
Quam citissume potest, tam hoc cedere ad factum volo.
Heg. Num quæ causa 'st, quin, si ille huc non redeat, viginti minas 350
Mihi des pro illo? *Tynd.* Optuma imo. *Heg.* Solvite istum
nunc jam,
Atque utrumque. *Tynd.* Di tibi omneis omnia optata adferant,
Quom me tanto honore honestas, quoimque ex vinclis eximis.
Hoc quidem haud molestum 'st jam, quod collus collaria caret.
Heg. Quod bonis benefit beneficium, gratia ea gravida 'st bonis. 355
Nunc tu illum si illo es missurus, dice, demonstra, præcipe,
Quæ ad patrem vis nuntiari; vin' vocem huc ad te?
Tynd. Voca.

SCENA TERTIA.

HEGIO, PHILOCRATES, TYNDARUS.

Heg. Quæ res bene vortat mihi, meoque filio,
Vobisque, volt te novos herus operam dare
Tuo veteri domino, quod is velit, fideliter. 360
Nam ego te dedi æstumatum huic viginti minis;
Hic autem te, ait, mittere hinc velle ad patrem,
Meum ut illic redimat filium; mutatio
Inter me atque illum ut nostris fiat filiis.
Phil. Utroquevorsum rectum 'st ingenium meum, 364
Ad te adque illum; pro rota me uti licet.
Vel ego huc vel illuc vortar, quo imperabitis.
Heg. Tute tibi ea tuopte ingenio prodes plurimum,
Quom servitutem ita fers; ut ferri decet.
Sequere. Hem tibi hominem. *Tynd.* Gratiam habeo tibi, 370
Quom copiam istam mi et potestatem facis,
Ut ego ad parenteis hunc remittam nuntium,
Qui me quid rerum heic agitem, et quid fieri velim,
Patri meo ordine omnem rem illuc perferat.
Nunc ita convenit inter me atque hunc, Tyndare, 375
Ut te æstumatum in Alidem mittam ad patrem;
Si non rebitas huc, ut viginti minas
Dem pro te. *Phil.* Recte convenisse sentio.
Nam pater exspectat, aut me, aut aliquem nuntium,
Qui hinc ad se veniat. *Tynd.* Ergo animum advorsas volo,
Quæ nuntiare hinc te volo in patriam ad patrem. 381
Phil. Philocrates, ut adhuc locorum feci, faciam sedulo,
Ut potissumum quod in rem recte conducat tuam,
Id petam, idque persequar corde et animo atque viribus.

dis-leur que je me porte bien, que je suis tombé dans les mains du meilleur des hommes qui m'a traité et me traite tous les jours avec une extrême bonté.

Phi. La recommandation était inutile. Je m'en serais facilement souvenu moi-même.

Tyn. En vérité si je n'avais un surveillant près de moi, je me croirais en pleine liberté. Dis à mon père l'arrangement que j'ai pris avec Hégion à l'égard de son fils.

Phi. Vous m'apprenez ce que je sais, c'est me retarder pour rien.

Tyn. Que mon père le rachète, et le renvoie ici à la place de nous deux.

Phi. Je m'en souviendrai.

Hég. Surtout point de retard... C'est dans l'intérêt de tous.

Phi. Croyez que si vous désirez de revoir votre fils, je ne désire pas moins vivement d'embrasser le mien.

Hég. Mon fils m'est cher... Tout père aime son enfant.

Phi. (*à Tyndare.*) N'avez-vous rien autre chose à mander à votre père?

Phi. Dis-lui, assure-le bien que ma santé est ici fort bonne ; que nous ne nous sommes jamais fâchés ensemble ; que tu n'as pas commis de fautes, et que je n'ai pas à me plaindre de toi, que tu t'es bien conduit envers ton maître au milieu de tant de malheurs ; et que loin de m'abandonner dans mon infortune, tu as redoublé de zèle et de fidélité. Quand mon père saura comment tu t'es comporté, il ne sera pas assez dur pour te refuser la liberté : je m'y emploierai moi-même avec ardeur, si je retourne près de lui : car c'est à tes soins, à la complaisance, à ton courage, à ton habileté, que je devrai de revoir ma famille ; tu m'as procuré ce bonheur en découvrant à Hégion ma naissance et ma fortune. C'est ainsi que ta prudence a brisé les fers de ton maître.

Phi. Tout cela est vrai : et je suis ravi de voir que vous vous en souveniez si bien ; mais vous mériteriez de pareils procédés ; car si je voulais à mon tour rappeler tout le bien que vous m'avez fait, le jour finirait avant mon récit. Oui, si le sort vous eût fait mon esclave, vous ne m'eussiez pas témoigné plus de déférence.

Hég. Dieux puissants! Les nobles cœurs que voilà! Ils m'attendrissent jusqu'aux larmes. Quelle effusion dans leur amitié mutuelle! Quels touchants éloges l'esclave fait de son maître!

Phi. Par Pollux! Les louanges qu'il me prodigue, ne sont pas la centième partie de celles qu'il mérite.

Hég. Après l'avoir si bien servi, voilà l'occasion de mettre le comble à tes services, en t'acquittant fidèlement de la mission qu'il te donne.

Phi. Le désir que j'ai de réussir dans cette entreprise ne peut se comparer qu'à l'ardeur dont je vais travailler au succès, et pour vous en convaincre, Hégion, j'en prends à témoin le Grand Jupiter, je ne cesserai jamais d'être fidèle à Philocrate.

Hég. L'honnête homme!

Phi. Je jure de n'avoir pas moins de soins de ses intérêts que des miens propres.

Tyn. Que puisse l'effet justifier tes paroles! Si je n'ai pas dit de toi tout le bien que j'aurais voulu, tu dois le connaître le motif et ne pas m'en savoir mauvais gré. Songe, je t'en conjure, que c'est moi qui ai fait prix de ta rançon, que je t'envoie chez nous sur parole, et que ma vie reste ici en gage pour toi ; ne va pas m'oublier dès que tu m'auras perdu de vue, et me laisser en esclavage à ta place ; ne t'imagine pas que tu es libre, ne va pas abandonner ton répondant : surtout, fais en sorte de ramener

---

Thynd. Facis ita, ut te facere oportet. Nunc animum advortas volo :
Omnium primum salutem dicito matri et patri, 386
Et cognatis, et si quem alium benevolentem videris.
Me heic valere et servitutem servire huic humillimo optumo,
Qui me honore honestiorem semper fecit, et facit.
Phil. Istuc ne præcipias, facile memoria memini tamen. 390
Tynd. Nam quidem, nisi quod custodem habeo, liberum me esse arbitror.
Dicito patri, quo pacto mihi cum hoc convenerit
De hujus filio *Phil.* Quæ memini, mora mera 'st monerier.
Tynd. Ut eum redimat, et remittat nostrum huc amborum vicem.
Phil. Meminero. *Heg.* At quamprimum poterit; in rem utrique 'st maxume: 396
Phil. Non tuum tu magis videre, quam ille suum gnatum cupit.
Heg. Meus mihi, suus quoique est carus. *Phil.* Numquid aliud vis patri
Nuntiari? *Tynd.* Me beic valere, et tute audacter dicito,
Tyndare, inter nos fuisse ingenio haud discordabili,
Neque te conmeruisse culpam, neque me advorsatum tibi,
Beneque bero gessisse morem in tantis ærumnis tamen,
Neque me unquam deseruisse te, neque factis, neque fide,
Rebus in dubiis, egenis : hæc pater quando sciet, 403
Tyndare, ut fueris animatus erga suum gnatum atque se,
Nunquam erit tam avarus, quin te gratus emittat manu.
Et mea opera, si hinc rebito, faciam ut faciat facilius.
Nam tua opera et comitate et virtute et sapientia
Fecisti, ut redire liceat ad parenteis denuo ; 408
Quom apud hunc confessus es genus et divitias meas.

Quo pacto emisisti e vinclis tuum herum, tua sapientia.
Phil. Feci ista, ut conmemoras, et te meminisse id gratum'st mihi ;
Merito tibi ea evenerunt a me ; nam nunc, Philocrates,
Si ego item memorem quæ me erga multa fecisti bene,
Nox diem adimat ; nam si servos meus esses, nihilo secius
Obsequiosus mihi fuisti semper. *Heg.* Di vostram fidem,
Hominum ingenium liberale! ut lacrumas excutiunt mihi !
Videas corde amare inter se : quantis laudibus suum herum
Servos conlaudavit ! *Phil.* Istic, pol, haud me centesimam
Partem laudat, quam ipse meritu'st, ut laudetur laudibus.
Heg. Ergo quom optume fecisti, nunc adest obcasio 420
Benefacta cumulare, ut erga hunc rem geras fideliter.
Phil. Magis non factum possum velle, quam opera experiar persequi :
Id ut scias, Jovem supremum testem laudo, Hegio,
Me infidelem non futurum Philocrati. *Heg.* Probus es homo.
Phil. Nec me secus unquam ei facturum quidquam, quam memet mihi. 426
Tynd. Istæc dicta te experiri et operis et factis volo.
Et quo minus dixi, quam volui de te, animum advortas volo.
Atque horunc verborum causa cave tu mi iratus fuas.
Sed te, quæso, cogitato, hinc mea fide mitti domum
Te æstumatum, et meam esse vitam heic pro te positam pignori. 430
Ne tu me ignores, quom extemplo meo e conspectu abscesseris ;
Quom me servom in servitute pro te heic reliqueris ;
Tuque te pro libero esse ducas, pignus deseras,

ici le fils d'Hégion. Rappelle-toi que j'ai répondu de vingt mines pour ta personne. Sois fidèle à qui t'est fidèle : point de fausses promesses ! Quant à mon père, je suis persuadé qu'il fera tout ce qu'il convient. Conserve toujours mon amitié, et fais-toi un nouvel ce vieillard. Je ami dans t'en conjure par cette main que je serre dans la mienne, sois-moi fidèle comme je te le suis. Songe à tout cela, tu es à présent mon maître, mon protecteur, mon père. Je te confie mes espérances et ma fortune.

Phi. Il suffit. Serez-vous satisfait si je réussis dans ma mission ?

Tyn. C'en est assez.

Phi. Je vous promets à tous deux de revenir combler vos désirs. Ne me voulez-vous rien autre chose ?

Tyn. Que tu reviennes le plus tôt possible.

Phi. La chose parle d'elle-même.

Hég. (*à Philocrate.*) Suis-moi, afin que je te fasse donner par mon banquier de l'argent pour ton voyage ; en même temps j'irai prendre un papier chez le préteur.

Tyn. Quel papier !

Hég. Celui dont il doit être pourvu en traversant notre armée pour se rendre chez votre père. (*à Tyndare.*) Vous, rentrez au logis.

Tyn. (*à Philocrate.*) Bon voyage.

Phi. Portez-vous bien.

Hég. Par Pollux, j'ai fait une excellente affaire en achetant ces captifs parmi le butin des questeurs. Voilà, s'il plaît aux Dieux, mon fils hors d'esclavage. Cependant j'ai longtemps hésité à les acheter. (*a ses esclaves*) Vous autres, ayez soin de bien garder le captif qui vient d'entrer ; il ne doit pas faire un pas sans être accompagné. Moi, je vais revenir. (*à part*) Allons voir mes autres captifs qui sont chez mon frère, et informons-nous en même temps, si quelqu'un d'eux ne connaît pas ce jeune homme. (*à Philocrate*) Suis-moi, que je t'expédie ; cela doit passer avant tout.

Neque des operam, pro me ut hujus reducem facias filium.
Scito te hinc minis viginti æstumatum mittier. 435
Fac fidelis sis fideli ; cave fidem fluxam geras.
Nam pater, scio, faciet, quæ illum facere oportet, omnia.
Serva in perpetuum tibi amicum me, atque hunc inventum inveni.
Hæc per dexteram tuam, te dextera retinens manu,
Obsecro, infidelior mihi ne fuas, quam ego sum tibi. 440
Tu hoc age, tu mihi nunc herus es, tu patronus, tu pater ;
Tibi commendo spes opesque meas. *Phil.* Mandavisti satis.
Satin' habes, mandataque sunt, facta si refero ? *Tynd.* Satis.
Phil. Et tua et tua hœc ornatus reveniam ex sententia.
Numquid aliud ? *Thynd.* Ut, quamprimum possis, redeas.
Phil. Res monet. 445
Heg. Sequere me, viaticum ut dem hinc a trapezita tibi :
Eadem opera a prætore sumam syngraphum. *Tynd.* Quem syngraphum ?
Heg. Quem hic ferat secum ad legionem, hinc ire huic ut liceat domum.
Tu intro abi. *Tynd.* Bene ambulato. *Phil.* Bene vale. *Heg.* (*hæc secum*) Edepol, rem meam
Constabilivi, quom illos emi de præda a quæstoribus. 450
Expedivi ex servitute filium, si dis placet.
At etiam dubitavi, hos homines emerem, an non emerem, diu.
Servate istum, soltis, intus, servi ; ne quoquam podem
Ecferat sine custodela. Jam ego adparebo domum.
Ad fratrem modo captivos alios inviso meos. 455
Eadem percontabor, ecquis adulescentem gnoverit.
Sequere tu, te ut amittam, ei rei primum prævorti volo.

ACTE TROISIÈME.

SCÈNE PREMIÈRE.

ERGASILE.

Erg. C'est une malheureuse condition que celle de chercher un dîner en ville et de ne le trouver que difficilement. Plus malheureux encore est celui qui se donne tant de peine pour ne rien trouver. Mais le plus malheureux de tous, c'est celui qui a faim et n'a rien à mettre sous sa dent. Maudit jour ! Je lui arracherais volontiers les yeux, pour l'influence fatale qu'il exerce sur tous ceux à qui je m'adresse depuis ce matin ! Jamais homme n'eut l'estomac plus affamé, plus creux que le mien, et ne réussit plus mal dans toutes ses tentatives pour le remplir. Mon ventre et mon gosier chôment la fête de la Famine. L'art du parasite est tué. La jeunesse de nos jours repousse les bouffons dans l'indigence. Elle a réformé les Lacédémoniens du bas-bout, ces souffre-douleurs dont toute la fortune consiste en jargon. Elle ne donne à dîner qu'à ceux qui sont en état de rendre. Ces faquins vont eux-mêmes au marché, ce domaine réservé des parasites ! Ils viennent effrontément marchander des esclaves dans le forum, et cela de l'air grave dont ils jugeraient les coupables de leur tribu. Ils ne font aucun cas des diseurs de bons mots ; ils n'ont d'amour que pour eux-mêmes. Tantôt en partant d'ici, j'ai abordé vingt jeunes gens sur la place : Je vous salue, leur ai-je dit, où dîne-t-on aujourd'hui ? Point de réponse. Quoi ! personne ne me dit : Venez chez moi ? Ils sont muets ; ils ne se moquent même pas de moi. Où souperons-nous au moins ? Un signe de tête me répond : point de souper. J'ai recours à l'un de mes plus joyeux contes, un de ces contes qui jadis m'assuraient à dîner pour un mois entier. Personne ne rit. J'ai vu que c'était un parti pris.

ACTUS TERTIUS.

SCENA PRIMA.

ERGASILUS.

Miser homo'st, qui ipse sibi, quod edit, quærit, et id ægre invenit ;
Sed ille est miserior, qui et ægre quærit, et nihil invenit ;
Ille miserrumus est, qui quom esse cupit, quod edit, non habet. 460
Nam, hercle, ego huic diei, si liceat, oculos ecfodiam lubens,
Ita malignitate oneravit omneis mortaleis mihi.
Neque jejuniosiorem, neque magis ecfertum fume
Vidi, nec quoi minus procedat, quidquid facere obceperit.
Itaque venter gutturque resident esurialeis ferias. 465
Illcet parasiticæ arti maxumam in malam crucem !
Ita juventus jam ridiculos inopesque ab se segregat.
Nihil morantur jam Laconas imi subselli viros,
Plagipatidas, quibus sunt verba sine penu et pecunia.
Eos requirunt, qui lubenter, quom ederint, reddant domi.
Ipsi opsonant, quæ parasitorum ante erat provincia. 471
Ipsi de foro tam aperto capite ad lenones eunt,
Quam in tribu aperto capite sonteis condemnant reos.
Neque ridiculos jam terunci faciunt : sese omneis amant.
Nam ut dudum hinc abii, accessi ad adolescenteis in foro. 475
Salvete, inquam : Quo imus una, inquam, ad prandium ?
Atque illi tacent.

Nul d'entre eux n'a même daigné faire la grimace d'un chien en colère : s'ils ne voulaient pas rire, ils pouvaient au moins montrer le bout des dents. Voyant que j'étais leur dupe, je les quitte; j'en vais trouver d'autres, puis d'autres, et encore d'autres; même accueil. Ils s'entendent tous comme des marchands d'huile sur le quai de Velabre[1]. Bafoué de nouveau, je quitte encore la place. D'autres parasites se promenaient aux environs et sans plus de succès. Je suis résolu d'avoir recours à la loi, et d'intenter un bel et bon procès à toute cette jeunesse coalisée pour nous faire mourir de faim. Je les ajournerai; je requerrai une forte amende, je les ferai condamner à me donner dix repas à discrétion, d'autant que les vivres sont fort chers. Voilà ce qu'il faut faire. Je m'envais de ce pas au port : c'est le seul endroit où j'espère encore accrocher un souper. Si cet espoir est trompé, mon pis aller sera de revenir chez Hégion, et de manger son dîner, quelque maigre qu'il soit.

SCÈNE II.
HÉGION, ARISTOPHONTE.

Hég. Qu'il est agréable de faire en même temps ses affaires et celles de l'État! C'est ce qui vient de m'arriver en achetant ces captifs. Tous ceux qui me voient courent à ma rencontre et me félicitent de mon succès. On me retient, on me saute au col; j'ai cru que je serais enseveli sous les compliments et sous les complimenteurs. J'arrive chez le préteur où j'ai pris haleine un instant : je demande un passeport : on me le donne; je le remets à Tyndare : et le voilà parti pour son pays. Cette affaire terminée, je me rends chez mon frère où sont mes autres captifs. Là je demande à plusieurs reprises si quelqu'un connaissait Philocrate d'Élée. Enfin ce captif que je mène à ma suite (*montrant Aristophonte*) s'est écrié : c'est mon ami. Eh bien! Il est chez moi, ai-je répondu. Aussitôt il m'a prié, supplié de lui permettre d'aller voir son ami; et j'ai donné ordre qu'on le déliât. (*à Aristophonte*) Suis-moi donc, puisque tu me témoignes une si grande envie de voir ton ami.

SCÈNE III.
TYNDARE.

Tyn. Maintenant je préfèrerais la mort à la vie. Plus d'espoir, plus de ressources! Tout est évanoui. Voilà le jour fatal, qui me tue. Point de refuge ouvert à mon malheur; nulle lueur d'espérance au milieu de tant d'effroi. Il n'est ni voile qui puisse couvrir mes mensonges, ni mensonge qui puisse déguiser ma fourberie. Quel moyen de se tirer de cet embarras funeste! Tout est découvert; les prestiges sont dissipés. Tout le mystère est au grand jour. Il ne me reste plus qu'à courir moi-même au devant de ma perte, et à me jeter, tête baissée, dans l'abîme où me pousse ma mauvaise fortune et celle de mon maître. Cet Aristophonte qui vient d'entrer là, m'a porté le coup mortel. Il me connaît; il est l'ami, le parent de Philocrate : le dieu Salut lui-même ne pourrait pas me sauver, quand il le voudrait. Plus de ressource... à moins que mon esprit n'invente quelque nouvelle ruse? Mais où la prendre cette ruse? Que puis-je imaginer? Il ne me vient dans la pensée que des sottises, de pures inepties. Me voilà pris.

[1] Célèbre marché de Rome près du mont Aventin.

Quis ait hoc? aut quis profitetur. Inquam. Quasi muti silent,
Neque me rident. Ubi cœnamus? inquam. Atque illi abnuunt.
Dico unum ridiculum dictum de dictis melioribus,
Quibus soleham menstrualeis epulas ante adipiscier;   480
Nemo ridet : scivi extemplo rem de compacto geri.
Ne canem quidem inritatam voluit quisquam imitarier;
Saltem, si non adriderent, denteis ut restringerent.
Abeo ab illis, postquam video me sic ludificarier.
Pergo ad alios, venio ad alios, deinde ad alios : una res.
Omneis conpacto rem agunt, quasi in velabro olearii.   486
Nunc redeo inde, quoniam me ibi video ludificarier.
Item alii parasiti frustra obambulabant in foro.
Nunc barbarica lege certum'ست meum omne persequi.
Qui consilium iniere, quo nos victu et vita prohibeant, 490
His diem dicam, inrogabo multam, ut mihi cœnas decem
Meo arbitratu dent, quom cara annona sit; sic egero.
Nunc ibo ad portum hinc; est illic mi una spes cœnatica.
Si ea decolabit, redibo huc ad senem, ad cœnam asperam.

SCENA SECUNDA.
HEGIO, ARISTOPHONTE.

Heg. Quid est suavius, quam bene rem gerere bono publico?
    sicut ego feci heri,   495
Quom emi hosce homines. Ubi quisque vident, eunt obviam,
Gratulanturque eam rem. Ita me miserum restitando
Retinendoque,lassum reddiderunt.
Vix ex gratulando miser jam eminebam.
Tandem abii ad prætorem, ibi vix requievi; rogo syngraphum,
Datur mihi, ilico dedi Tyndaro; ille abiit domum.   501

Inde ilico revortor domum, postquam id actum'st. Eo
Protenus ad fratrem inde abii, mei ubi sunt alii captivi.
Rogo, Philocratem ex Alide ecquis cognorit omnium gnoverit?
Tandem hic exclamat, eum sibi esse sodalem; dico esse eum
Apud me; hic extemplo orat obsecratque, eum sibi ut licea
Videre; jussi ilico hunc exsolvi. Nunc tu sequere me, 507
Ut quod me oravisti, impetres, eum hominem ut convenias.
                                          (*egrediuntur.*)

SCENA TERTIA.
TYNDARUS.

Nunc illud est, quom me fuisse, quam esse, nimio mavelim;
Nunc spes, opes auxiliaque a me segregant, spernuntque se.
Hic ille'st dies, quom nulla vitæ meæ salus sperabili'st,
Neque exsilium exitio'st, neque adeo spes, quæ mi hunc abs
    pellat metum :   512
[Nec subdolis mendaciis mihi usquam mantelum'st meis.]
Nec sycophantiis, nec fucis ullum mantelum obviam'st.
Neque deprecatio perfidiis meis, nec malefactis fuga'st.
Nec confidentiæ usquam hospitium'st, nec divorticulum dolis
Operta quæ fuere, aperta sunt, patent præstigiæ,
Omnis res palam'st; neque de hac re negotium'st, quin male
Obcidam, obpetamque pestem heri vicem meamque.
Perdidit me Aristophontes hic, qui intro venit modo. 520
Is me gnovit, is sodalis Philocrati et cognatus est.
Neque jam Salus servare, si volt, me potest, nec copia'st :
Nisi si aliquam corde machinor astutiam.
Quam? malum! quid machiner? quid conminiscar? maximas
Nugas ineptiasque incipisso : hæreo.   525

SCÈNE IV [1]

HÉGION, TYNDARE, ARISTOPHONTE.

Hég. Comment cet homme n'est-il plus au logis? où le chercher maintenant?

Tyn. Ah! pour le coup, c'est fait de moi! Pauvre Tyndare, l'ennemi vient sur toi. Que dire? Que vais-je leur conter? Que dois-je nier? Que dois-je avouer? La situation est fort embarrassante : le moyen de m'en tirer! Maudit Aristophonte, les Dieux auraient dû t'ôter la vie, plutôt que de t'enlever à ta patrie : c'est toi qui viens, par ta présence malencontreuse, renverser tous nos projets. Tout est gâté, si je ne trouve quelque merveilleux expédient.

Hég. (à *Aristophonte.*) Suis-moi : voilà ton homme; aborde-le et parle-lui.

Tyn. (à part) Est-il mortel plus malheureux que moi!

Aris. (à *Tyndare.*) Eh quoi! Tyndare, tu sembles éviter ma vue! Pourquoi cet air de mépris, comme si j'étais un inconnu pour toi! Je suis, il est vrai, esclave ainsi que toi; avec cette différence pourtant que dans ma patrie, j'étais libre, et que toi tu étais esclave dès l'enfance.

Hég. Par Pollux, je ne m'étonne pas s'il t'évite et se dérobe à tes regards, ou si même il te fuit, puisque tu donnes à Philocrate le nom de Tyndare.

Tyn. Hégion, cet homme passe en Élide pour enragé. N'allez pas prêter l'oreille aux contes qu'il pourra vous faire; on l'a vu chez lui poursuivre une pique à la main son père et sa mère. Il est atteint de ce vilain mal qui oblige ceux qui en sont témoins à cracher trois fois (2). Je vous conseille de vous éloigner de lui.

(1) V. le Retour Imprévu de Regnard.
(2) Recette superstitieuse pour se prémunir contre l'épilepsie et soulager le malade.

Hég. Qu'on éloigne de moi cet homme.

Aris. Comment, maraud, tu dis que je suis enragé, que j'ai poursuivi mon père à coups de pique, et que je suis atteint d'un mal dont le préservatif est de cracher sur moi!

Hég. Il n'en faut pas rougir; on a vu bien des malades guérir en crachant sur eux.

Tyn. En Élide c'est un remède souverain.

Aris. Comment! vous le croyez?

Hég. Qu'est-ce que je crois?

Aris. Que je suis fou!

Tyn. Voyez, voyez, comme il a le regard furieux! le mieux est de vous retirer. Hégion, ce que je vous ai dit arrive, l'accès lui prend. Prenez garde à vous.

Hég. J'ai bien vu qu'il en tenait, dès l'instant qu'il vous a nommé Tyndare.

Tyn. Il oublie quelquefois jusqu'à son propre nom et ne saurait pas dire qui il est.

Hég. Il se disait votre ami.

Tyn. Mon ami!... J'aimerais autant avoir pour amis Oreste, Alcméon ou Lycurgue (1).

Aris. Comment pendard? tu continues de m'injurier. Tu prétends que je ne te connais pas?

Hég. Il est clair que tu ne le connais pas, puisque tu l'appelles Tyndare au lieu de Philocrate. Tu ne reconnais pas celui qui est devant toi; et tu nommes celui qui n'y est pas.

Aris. Tout au contraire; c'est lui qui soutient être ce qu'il n'est pas et qui nie ce qu'il est en effet.

Tyn. Ah! vraiment, c'est bien toi qu'on croira de préférence à Philocrate.

Aris. S'il fallait t'en croire, ce ne serait pas la vérité, mais le mensonge qui porterait conviction : or, je te prie, regarde-moi en face.

Tyn. Hé bien?

(1) Oreste, Alcméon fils d'Amphiaraus et d'Eryphile, Lycurgue, roi de Thrace devinrent furieux.

SCENA QUARTA.

HEGIO, TYNDARUS, ARISTOPHONTES.

Heg. Quo illum nunc hominem proripuisse foras se dicam ex ædibus?
Tynd. Nunc enim vero ego obcidi; eunt ad te hostes, Tyndare. Quid loquar?
Quid fabulabor? quid negabo? aut quid fatebor? mihi
Res omnis incerto sita'st, quid rebus confidam meis.
Utinam te Di prius perderent, quam periisti e patria tua,
Aristophontes, qui ex parata re inparatam omnem facis. 531
Obcisa est hæc res, nisi reperio atrocem mihi aliquam astutiam.
Heg. (ad *Aristophontem*) Sequere : hem tibi hominem (*Tyndarum demonstrat*) ; adi, atque adloquere. *Tynd.* Quis homo'st me hominum miserior?
Arist. Quid istuc est, quod meos te dicam fugitare oculos, Tyndare?
Proque ignoto me abspernari, quasi me nunquam gnoveris?
Equidem tam sum servos, quam tu; etsi ego domi liber fui,
Tu usque a puero servitutem serviisti in Alide. 537
Heg. Edepol, minume miror, si te fugitat, aut oculos tuos,
Aut si te odit, qui istum adpelles Tyndarum pro Philocrate.
Tynd. Hegio, hic homo rabiosus habitus est in Alide. 540
Ne tu, quod istic fabuletur, aureis inmittas tuas.
Nam istic hastis insectatus est domi matrem et patrem.
Et illic isti, qui sputatur, morbus interdum venit.
Proin' tu ab istoc procul recedas. *Heg.* Ultro istum a me.

Arist. Ain', verbero, 545
Me rabiosum? atque insectatum esse hastis meum memoras patrem?
Et eum morbum mihi esse, ut qui me opus sit insputarier?
Heg. Ne verere; multos iste morbus homines macerat,
Quibus insputari saluti fuvit, atque iis profuit.
Arist. Quid tu autem, etiam huic credis? *Heg.* Quid ego credam huic? *Arist.* Insanum esse me? 550
Tynd. Viden' tu hunc, quam inimico voltu intuetur? concedi optumum'st.
Hegio, fit quod tibi ego dixi; gliscit rabies : cave tibi.
Heg. Credidi esse insanum extemplo, ubi te adpellavit Tyndarum.
Tynd. Quin suum ipse interdum ignorat nomen, neque scit qui siet.
Heg. At etiam te suum sodalem esse aibat. *Tynd.* Haud vidi magis. 555
Et quidem Alcmæo atque Orestes et Lycurgus postea
Una opera mihi sunt sodaleis, qua iste. *Ar.* At etiam, furcifer,
Male mi loqui audes? non ego te gnovi? *Heg.* Pol, planum id quidem'st
Non gnovisse, qui istum adpelles Tyndarum pro Philocrate.
Quem vides, eum ignoras; illum nominas, quem non vides.
Arist. Imo iste eum sese ait, qui non est, esse; et, qui vero est, negat. 561
Tynd. Tu enim repertus, Philocratem qui superes veriverbio!
Arist. Pol, ego ut rem video, tu inventus, vera vanitudine
Qui convincas. Sed quæso, hercle, agedum, adspice ad me.
Tynd. Hem. *Arist.* Dic modo,

LES CAPTIFS, ACTE III, SCÈNE IV.

Aris. Parle, oses-tu bien nier que tu sois Tyndare?

Tyn. Certes, je le nie.

Aris. Et soutenir que tu es Philocrate?

Tyn. Oui, je le soutiens.

Aris. (*à Hégion.*) Vous le croyez?

Hég. Plus que vous ; et que moi-même : car le Tyndare que vous prenez pour cet homme-là est retourné aujourd'hui même en Élide chez le père de celui que vous voyez.

Aris. Quel père voulez-vous dire? Cet homme-ci est un esclave.

Tyn. Toi qui parles, n'as-tu pas été tour à tour esclave et libre? J'espère aussi recouvrer la liberté, si je parviens à la rendre au fils d'Hégion.

Aris. Quoi, misérable! tu te vantes d'être né libre.

Tyn. Je ne dis point que je suis libre, mais Philocrate.

Aris. Qu'est-ce que cela signifie! Hégion, le fourbe vous prend pour dupe. Il est esclave, et n'a jamais eu à son service d'autre esclave que lui-même.

Tyn. Parce que dans ton pays tu es un gueux, qui n'a ni pain ni asile, tu veux que tout le monde te ressemble. Cela n'est pas surprenant, les pauvres d'ordinaire sont malveillants et envieux.

Aris. Hégion, gardez-vous de le croire légèrement. Car ou je me trompe fort, ou il médite un exploit digne de lui. Ce qu'il vient de dire qu'il travaille à racheter votre fils, ne me plait nullement.

Tyn. Je sais bien que tu voudrais que cette affaire ne réussît pas : j'en viendrai à bout cependant, avec l'aide des Dieux. Oui, (*montrant Hégion*) je lui rendrai son fils : en retour Hégion me rendra à mon père à qui j'ai envoyé Tyndare pour négocier l'échange.

Aris. Ce Tyndare, c'est toi-même. Il n'y a point en Élide d'autre esclave que toi qui porte ce nom.

Tyn. Ne cesseras-tu pas de me reprocher mon esclavage, où le sort des armes m'a jeté?

Aris. En vérité, je ne puis plus me contenir.

Tyn. (*à Hégion*) Hem! Entendez-vous ce qu'il dit? fuyez ou faites-le lier : autrement il va vous assaillir à coups de pierres.

Aris. Je suis au supplice.

Tyn. Ses yeux s'enflamment; des cordes, Hégion, vite des cordes! Voyez-vous tout son corps se couvrir de taches livides. La bile noire le tourmente.

Aris. Pour toi, coquin, si ce vieillard fait bien, il te fera tourmenter par la poix ardente et la torche du bourreau.

Tyn. Il extravague déjà : son imagination est en proie aux furies.

Hég. Si je le faisais lier?

Tyn. Ce serait fort sage.

Aris. J'enrage de n'avoir pas une pierre pour faire sauter la cervelle à ce maraud qui veut me faire passer pour fou.

Tyn. Il cherche une pierre, l'entendez-vous?

Aris. Hégion, j'aurais un mot à vous dire en secret.

Hég. Parle de là où tu es, je te prie; j'entends fort bien de loin.

Tyn. Oui, car si vous l'approchez, il vous sautera au visage et vous arrachera le nez jusqu'à la racine.

Aris. Hégion, gardez-vous de croire que je sois ni fou, ni furieux, ni que je l'aie jamais été, ni que je sois atteint du mal qu'il vous a dit. Pourtant si vous craignez encore, faites-moi lier, j'y consens, pourvu que vous fassiez lier aussi ce coquin.

Tyn. A merveille, ordonnez qu'on le lie, puisqu'il le demande.

Aris. Tais-toi, Philocrate manqué, je te ferai re-

Te negas Tyndarum esse? *Tynd.* Nego, inquam. *Arist.* Tun'
te Philocratem esse ais? 565
Tynd. Ego, inquam. *Arist.* (*ad Hegionem.*) Tune huic credis? *Heg.* Plus quidem, quam tibi, aut mihi.
Nam ille quidem, quem tu esse hunc memoras, hodie hinc abiit Alidem
Ad patrem hujus. *Arist.* Quem patrem, qui servos est? *Tynd.* Et tu quidem
Servos, et liber fuisti, et ego me confido fore;
Si hujus huc reconciliasso in libertatem filium. 570
Arist. Quid ais, furcifer? tun' te gnatum memoras liberum?
Tynd. Non equidem me Liberum, sed Philocratem esse aio.
Arist. Quid est?
Ut scelestus, Hegio, nunc iste te ludos facit!
Nam is est servos ipse, neque præter se unquam ei servos fuit.
Tynd. Quia tute ipse eges in patria, nec tibi, qui vivas, domi'st, 575
Omneis inveniri similes tibi vis; non mirum facis.
Est miserorum, ut malevolenteis sint atque invideant bonis.
Arist. Hegio vide, sis, ne quid tu huic temere insistas credere.
Atque, ut perspicio, profecto jam aliquid pugnæ edidit.
Filium tuum quod redimere se ait, id neutiquam mi placet.
Tynd. Scio te id nolle fieri : ecficiam tamen ego id, si Di adjuvant. 581
Illum restituam huic, hic autem in Alidem me meo patri.
Propterea ad patrem hinc amisi Tyndarum. *Arist.* Quin, tute is es,

Neque præter te in Alide ullus servos istoc nomine 'st.
Tynd. Pergin' servom me exprobrare esse, id quod vi hostili obtigit? 585
Arist. Enimvero jam nequeo contineri. *Tynd.* Heus? audin' [quid ait]? quin fugis?
Jam illic heic nos insectabit lapidibus, nisi illum jubes
Conprehendi. *Arist.* Crucior. *Tynd.* Ardent oculi, fuge opu'st, Hegio.
Viden' tu illi maculari corpus totum maculis luridis? 590
Atra bilis agitat hominem. *Arist.* At, pol, te, si hic sapiat senex,
Atra pix agitet apud carnuficem, tuoque capiti inluceat.
Tynd. Jam deliramenta loquitur; larvæ stimulant virum.
Heg. Hercle! quid si hunc conprehendi jusserim? *Tynd.* Sapis magis.
Arist. Crucior lapidem non habere me, ut illi mastigiæ
Cerebrum excutiam, qui me insanum verbis concinnat suis.
Tynd. Audin' lapidem quæritare? *Arist.* Solus te solum volo, 596
Hegio. Heg. Istinc loquere, si quid vis; procul tamen audiam.
Tynd. Namque, edepol, si abites propius, os denasabit tibi Mordicus. *Arist.* Neque, pol, me insanum, Hegio, esse creduis,
Neque fuisse unquam, neque esse morbum, quem istic autumat. 600
Verum, si quid metuis a me, jube me vinciri; volo,
Dum istic ilidem vinciatur. *Tynd.* Imo enim vero, Hegio,
Istic, qui volt, vinciatur. *Arist.* Tace modo : ego te, Philocrates

connaître aujourd'hui pour très-avéré Tyndare; tu as beau me faire des signes.

Tyn. Moi! (*à Hégion*) Tenez-vous loin de lui, de peur d'accident.

Hég. Cependant si je m'en approchais?

Tyn. Il vous dira des billevesées, il vous tiendra des propos qui n'auront ni pied ni tête. Au costume près, c'est Ajax furieux que vous voyez devant vous.

Hég. C'est égal, j'irai à lui.

Tyn. (*à part*) Maintenant je suis perdu. Me voilà entre la pierre et le couteau. Que faire?

Hég. Aristophonte, je suis prêt à vous écouter, si vous avez quelque chose à me dire.

Aris. Je vous dirai la vérité que vous refusez de croire. Avant tout je veux vous désabuser de l'idée que je suis maniaque : je n'éprouve d'autre mal que celui d'être esclave. Mais que le roi des Dieux et des hommes ne me permette jamais de revoir ma patrie, s'il n'est pas vrai que celui-là n'est pas plus Philocrate que nous ne le sommes vous ou moi.

Hég. Oh! Oh! Mais dites-moi, qui donc est-il?

Aris. Le même que je vous ai dit d'abord. Si vous me prouvez le contraire, je renonce à retrouver jamais ma famille et ma liberté.

Hég. (*à Tyndare*) Qu'avez-vous à répondre?

Tyn. Que je suis votre esclave et que vous êtes mon maître.

Hég. Ce n'est pas là la question. Avez-vous été de condition libre?

Tyn. Oui.

Aris. C'est faux; il vous en impose.

Tyn. Qu'en sais-tu? pour parler si hardiment, as-tu donc été la sage-femme de ma mère?

Aris. Je t'ai vu tout petit, n'étant moi-même qu'un enfant.

Tyn. Maintenant tu me vois tout formé ; et toi, certes, tu n'es plus un enfant. Ne te mêle pas de mes affaires ; je ne me mêle pas des tiennes.

Tyn. Son père s'appelait-il Thesaurochrisonicochrysidès?

Aris. Non, certes, et j'entends ce nom-là pour la première fois. Le père de Philocrate se nomme Théodoromède.

Tyn. (*à part*) Voilà mon coup de mort. O mon cœur, tâche de moins palpiter! Reprends ton mouvement naturel. Je tressaille, et la peur me permet à peine de me soutenir.

Hég. (*à Aristophonte*) Vous engagez-vous à me fournir la preuve que ce captif a été esclave en Élide, et qu'il n'est point Philocrate?

Aris. Tout vous confirmera mon assertion. Mais le vrai Philocrate, où est-il présentement?

Hég. Où je voudrais qu'il ne fut pas et où il se plaît le mieux du monde. Ah! je suis écrasé, mis en pièces par la perfidie de ce scélérat. Il m'a mené où il a voulu avec ses fourberies. (*à Aristophonte*) Mais voyons, que dois-je croire?

Aris. Je ne vous ai rien dit que de vrai et dont vous ne puissiez acquérir la preuve.

Hég. Je puis le tenir pour certain.

Aris. Rien de plus certain que cette certitude. Philocrate et moi sommes amis dès l'enfance.

Hég. Mais faites-moi le portrait de votre ami Philocrate.

Aris. Volontiers. Le visage maigre, le nez pointu, la peau blanche, les yeux noirs, les cheveux crépus et tirant sur le roux.

Hég. C'est bien cela.

Tyn. Dans quel embarras me suis-je fourré là? malheureuses verges, on va vous mettre en pièces sur mon dos.

Hég. On m'a joué, je le vois à présent.

Tyn. (*à part*) Chaînes, entraves, que tardez-vous d'embrasser mes jambes afin que je vous prenne sous ma garde?

False, faciam, ut verus hodie reperiare Tyndarus.
Quid mi abnutas? *Tynd.* Tibi ego abnuto? (*ad Hegionem*)
   Quid agat, si absis longius? 605
Heg. Quid ais? quid si adeam hunc insanum? *Tynd.* Nugas.
   Ludificabitur.
Garriet quod neque pes unquam, neque caput conpareat.
Ornamenta absunt; Ajacem, hunc quom vides, ipsum vides.
Heg. Nihili facio, tamen adibo. *Tynd.* (*secum*) Nunc ego
   omnino obcidi,
Nunc ego inter sacrum saxumque sto; nec, quid faciam
   scio. 610
Heg. Do tibi operam, Aristophontes, si quid est, quod me
   velis.
Arist. Ex me audibis vera, quæ nunc falsa opinare, Hegio.
Sed hoc primum me expurgare tibi volo, me insaniam
Neque tenere, neque mi esse ullum morbum, nisi quod servio.
At ita me rex deorum atque hominum faxit patriæ conpotem, 615
Ut istic Philocrates non magis est, quam aut ego, aut tu.
   Heg. Eho! dic mihi,
Quis igitur ille'st? *Arist.* Quem dudum dixi a principio
   tibi.
Hoc si secus reperies, nullam causam dico, quin mihi
Et parentum et libertatis apud te deliquio siet.
Heg. (*ad Tyndarum*) Quid tu ais? *Tynd.* Me tuum esse servom, et te meum herum. *Heg.* Haud istuc rogo. 620
Fuistin' liber? *Tynd.* Fui. *Arist.* Enimvero non fuit, nugas
   agit.
Tynd. Qui tu scis? an tu fortasse fuisti meæ matri obstetrix,

Qui id tam audacter dicere audes? *Arist.* Puerum te vidi
   puer.
Tynd. At ego te video major majorem : hem rursum tibi !
Meam rem non cures, si recte facias ; num ego curo tuam?
Heg. Fuitne huic pater Thesaurochrysonicochrysides?
Arist. Non fuit; neque ego istuc nomen unquam audivi ante
   hunc diem. 627
Philocrati Theodoromedes fuit pater. *Tynd.* Pereo probe.
Quin quiescis, dierectum cor meum! !, ac suspende te.
Tu subsultas, ego miser vix adsto præ formidine.
Heg. Satin' istuc mihi exquisitum'st fuisse hunc servom in
   Alide?
Neque esse hunc Philocratem? *Arist.* Tam satis, quam nunquam hoc invenies secus.
Sed, ubi is nunc est? *Heg.* Ubi ego minume, atque ipsus se
   volt maxume.
Tum igitur ego deruncinatus, deartuatus sum miser,
Hujus scelesti technis, qui me, ut lubitum'st, ductavit dolis.
Sed vide, sis. *Arist.* Quin exploratum dico et provisum hoc
   tibi. 636
Heg. Certon'? *Arist.* Quin nihil, inquam, invenies magis hoc
   certo certius.
Philocrates jam inde usque amicus fuit mihi a puero puer.
Heg. Sed qua facie est tuus sodalis Philocrates? *Arist.* Dicam tibi:
Macilento ore, naso acuto, copore albo, et oculis nigris,
Subrufus, aliquantum crispus, cincinnatus. *Heg.* Convenit.
Tynd. Ut quidem, hercle, in medium ego hodie pessume
   processerim. 642
Væ ilis virgis miseris; quæ hodie in tergo morieutur meo.

Hég. Ces scélérats de captifs se sont-ils assez moqués de moi! L'esclave s'est dit libre, et le libre s'est dit esclave. J'ai donné le dedans de la noix : il me reste la coquille. J'ai été assez bête pour me laisser ainsi berner en face. (*Regardant Tyndare*) Celui-ci du moins ne se moquera plus de moi. Holà! hé! Colaphe, Cordalion, Corax, allons, apportez des courroies.

Un esclave correcteur (*à part*). La belle heure pour faire des fagots.

SCÈNE V.

HÉGION, TYNDARE, ARISTOPHONTE, ESCLAVES CORRECTEURS.

Hég. Qu'on mette les menottes à ce pendard-là.
Tyn. Pour quel motif? Quel mal ai-je fait?
Hég. Tu me le demandes? Semeur, sarcleur, moissonneur de crimes et d'impostures.
Tyn. Pourquoi ne pas m'appeler d'abord herseur? car les laboureurs hersent toujours avant de sarcler.
Hég. Voyez avec quelle effronterie il me tient tête.
Tyn. Un esclave innocent, irréprochable doit parler à son maître avec confiance.
Hég. Serrez lui les mains et fortement.
Tyn. Je vous appartiens; il ne tient qu'à vous de les faire couper. Mais daignez m'apprendre le motif de votre colère.
Hég. Parce qu'ayant mis en toi toute ma confiance, tes mensonges, tes fourberies ont déconcerté, détruit mes projets, ruiné toutes mes espérances. Tu m'as enlevé Philocrate par tes impostures. Je l'ai cru esclave et toi libre, tant vous avez mis d'adresse à prendre le nom l'un de l'autre.
Tyn. J'avoue que tout cela est vrai, j'avoue que mes soins, mon adresse ont favorisé l'évasion de Philocrate; mais en vérité y a-t-il là de quoi vous mettre en fureur contre moi?
Hég. Tes mensonges te coûteront cher.
Tyn. Peu m'importe, si je ne meurs pas coupable. Si je succombe ici et si Philocrate ne revient pas comme il me l'a promis, j'aurai du moins fait une action mémorable, en arrachant mon maître à la servitude, et à ses ennemis, en le rendant libre à sa patrie et à son père, en exposant mes jours plutôt que de le voir périr.
Hég. Tâche d'en recueillir la gloire sur les bords de l'Achéron.
Tyn. Celui qui périt pour la vertu ne meurt pas.
Hég. Quand je t'aurai pour l'exemple livré aux plus affreux supplices, quand la mort te aura dûment terminés, que l'on dise alors que ta mort est glorieuse, que tu vivras à jamais, je le permets volontiers.
Tyn. Si vous faites cela, vous vous en repentirez au retour de mon maître; cela ne peut manquer.
Aris. (*à part*). Dieux! Je pénètre le mystère; je sais tout. Mon ami Philocrate est maintenant dans sa patrie auprès de son père. J'en suis ravi. Je ne lui souhaite pas moins de bonheur qu'à moi-même. Mais je m'en veux d'avoir causé du chagrin à ce pauvre garçon. Grâce à mon indiscrétion, le voilà chargé de fers.
Heg. Ne t'ai-je pas défendu aujourd'hui de me rien dire de faux.
Tyn. J'en conviens.
Heg. Pourquoi donc as-tu osé mentir?
Tyn. Parce que la vérité aurait perdu celui que je devais servir, et qu'un mensonge le sauvait.
Hég. Il t'en coûtera cher à toi.
Tyn. Soit. Mais j'ai sauvé mon maître, et son salut fait ma joie. Son père, qui est mon maître,

---

Heg. Verba mihi data esse video. *Tynd.* Quid cessatis, con pedes,
Currere ad me, meaque amplecti crura, ut vos custodiam?
Heg. Satin' me illi hodie scelesti capti ceperunt dolo? 646
Illic servom se adsimulabat, hic sese autem liberum.
Nucleum amisi; reliquit pigneri putamina.
Ita stolido sursum vorsum os sublevere obfuciis.
Hic quidem me nunquam inridebit. Colaphe, Cordalio, Corax, 650
Ite istinc, atque ecferte lora. *Lor.* Num lignatum mittimur?

SCENA QUINTA.

HEGIO, TYNDARUS, ARISTOPHONTES.

Heg. Injicite huic manicas mastigiae.
Tynd. Quid hoc est negoti? quid ego deliqui? *Heg.* Rogas?
Sator sartorque scelerum, et messor maxume.
Tynd. Non occatorem dicere audebas prius? 655
Nam semper occant prius, quam sarriunt rusticl.
Heg. At ut confidenter mihi contra adstitit!
Tynd. Decet innocentem servom atque innoxium
Confidentem esse, suum apud herum potissumum.
Heg. Adstringite isti, soltis, vehementer manus. 660
Tynd. Tuus sum, tuas quidem vel praecidi jube.
Sed quid negoti'st, quamobrem subcenses mihi?
Heg. Quia me meamque rem, quod in te uno fuit
Tuis scelestis falsidicis fallaciis
Delaceravisti, deartuavistique opes, 665
Confecisti omneis res ac rationes meas.
Ita mi exemisti Philocratem fallaciis.
Illum esse servom credidi, te liberum.
Ita vosmet aiebatis, itaque nomina
Inter vos permutastis. *Tynd.* Fateor, omnia 670
Facta esse ita, ut tu dicis, et fallaciis
Abiisse eum abs te, mea opera atque astutia.
An, obsecro, hercle, te, id nunc subcenses mihi?
Heg. At cum cruciatu maxumo id factum 'st tuo.
Tynd. Dum ne ob malefacta peream, parvi aestumo. 675
Si ego heic peribo, ast ille, ut dixit, non redit
At erit me hoc factum mortuo memorabile,
Meum herum captum ex servitute atque hostibus
Reducem fecisse liberum in patriam ad patrem,
Meumque potius me caput periculo 680
Praeoptavisse, quam is periret, ponere.
Heg. Facito ergo ut Acherunti cluas gloria.
Tynd. Qui per virtutem peritat, non interit.
Heg. Quando ego te exemplis excruciavero pessumis,
Atque ob sutelas tuas te morti misero, 685
Vel te interisse, vel perisse praedicent,
Dum pereas, nihil interduo, dicant vivere.
Tynd. Pol, si istuc faxis, haud sine poena feceris,
Si ille huc redibit, sicut confido adfore.
Arist. Pro di inmortales! nunc ego teneo, nunc scio, 690
Quid sit hoc negoti : meus sodalis Philocrates
In libertate est ad patrem, in patria, bene'st;
Nec est quisquam mihi, aeque melius quoi velim.
Sed hoc mihi aegre'st, me huic dedisse operam malam,
Qui nunc propter me meaque verba vinctus est. 695
Heg. (*Tyndaro*) Vetuin' te quidquam mi hodie falsum proloqui?
Tynd. Vetuisti. *Heg.* Cur es ausus mentiri mihi?
Tynd. Quia vera obessent illi, quoi operam dabam :
Nunc falsa prosunt. *Heg.* At tibi oberunt. *Tynd.* Optume'st.
At herum servavi, quem servatum gaudeo, 700
Quoi me custodem addiderat herus major meus.

l'avait confié à ma garde, pensez-vous que j'aie mal agi?

Hég. Très-mal.

Tyn. Et moi, loin d'être de votre avis je soutiens que j'ai bien fait. Songez quelle obligation vous auriez à celui de vos esclaves qui rendrait le même service à votre fils! Ne l'affranchiriez-vous pas à l'instant, ne le regarderiez-vous pas comme le plus zélé de vos serviteurs! Répondez.

Hég. Je ne dis pas non.

Tyn. Pourquoi donc êtes-vous en colère contre moi?

Hég. Parce que tu lui as été plus fidèle qu'à moi.

Tyn. Quoi! Prétendiez-vous qu'un captif d'un jour, un prisonnier esclave depuis quelques heures vous obéît au point de préférer vos intérêts à ceux d'un maître avec lequel il a vécu dès la plus tendre enfance?

Hég. Va donc lui demander le prix de tes services. (*A ses esclaves*) Emmenez-le; qu'on lui cherche de fortes et pesantes chaînes. (*A Tyndare*) Après cela tu iras aux carrières : là pour te distinguer de tes confrères qui en tirent huit pierres par jour, ta tâche sera double; sinon tu recevras six-cents coups d'étrivières.

Aris. Au nom des Dieux, au nom de l'humanité, Hégion, ne le perdez pas!

Hég. On y prendra garde : la nuit, il sera attaché et surveillé; et le jour il tirera des pierres du fond d'un souterrain. Je le tourmenterai longtemps; il n'en sera pas quitte pour un jour.

Aris. Y êtes-vous bien résolu?

Hég. Il n'est pas plus certain que je dois mourir un jour. (*A ses esclaves*) Conduisez-le à l'instant chez le serrurier Hippolyte, qui lui rivera les gros anneaux aux pieds; de là chez mon affranchi Corvalus qui le fera travailler aux carrières. Dites-lui bien que mon intention est qu'il soit traité avec la dernière rigueur.

Tyn. Pourquoi demanderais-je à vivre malgré vous? Il vous en coûtera de m'ôter la vie. Une fois mort, je n'ai rien à craindre au delà du trépas. Quand je vivrais jusqu'à l'extrême vieillesse, l'espace serait trop court pour endurer les souffrances dont vous me menacez : adieu; portez-vous bien; quoique vous méritiez d'autres adieux de ma part. Quant à toi, Aristophonte, les vœux que je fais pour toi sont proportionnés aux services que tu m'as rendus. C'est toi qui est l'auteur de tous mes maux.

Hég. Qu'on l'emmène.

Tyn. (*à Hégion*). La seule grâce que je vous demande, c'est que si Philocrate revient, il me soit permis de le voir.

Hég. (*aux esclaves*) C'est fait de vous tous, si vous ne l'ôtez de mes yeux.

Tyn. C'est une brutalité odieuse que de me pousser et me tirer ainsi en même temps.

SCÈNE VI.

HÉGION, ARISTOPHONTE.

On le conduit droit au cachot, comme il le mérite. Il donnera par là une bonne leçon aux autres captifs qui ne seront plus tentés d'imiter son audace. Sans Aristophonte qui m'a tout révélé, ils m'auraient mené par le nez où ils auraient voulu. Désormais je ne veux plus rien croire; c'est assez d'avoir été trompé une fois. Malheureux! j'espérais avoir tiré mon fils d'esclavage; cette espérance est évanouie. J'ai perdu mon autre fils qu'un esclave m'enleva à l'âge de quatre ans. Je n'ai pu retrouver ni cet esclave ni mon fils; l'aîné est au pouvoir des ennemis, et de plus infortuné! Je suis père et je n'ai point d'enfants. (*A Aristophonte*) Suivez-moi, je vous remènerai où je vous ai pris. Plus de pitié pour personne, puisque personne n'a pitié de moi.

Sed malene id arbitrare factum? *Heg.* Pessume.
Tynd. At ego aio recte, qui abs te seorsum sentio.
Nam cogitato, si quis hoc gnato tuo
Tuus servos faxit, qualem haberes gratiam?   705
Emitteresne, necne, eum servom manu?
Essetne apud te is servos adeptissimus?
Responde. *Heg.* Opinor. *Tynd.* Cur ergo iratus mihi es?
Tynd. Quid? tu una nocte postulavisti et die,   710
Recens captum hominem, nuperum et novitium,
Te perdocere, ut melius consulerem tibi,
Quam illi, quicum una a puero ætatem exegeram?
Heg. Ergo ab eo petito gratiam istam. Ducite,
Ubi ponderosas, crassas capiat conpedes.   715
Inde ibis porro in latomias lapidarias.
Ibi quom octonos alii lapides ecfodent,
Nisi cotidianus sesquiopus confeceris,
Sexcentoplago nomen indetur tibi.
Arist. Per deos atque homines ego te obtestor, Hegio,   720
Ne tu istunc hominem perduis. *Heg.* Curabitur.
Nam noctu nervo vinctus custodibitur;
Interdius sub terra lapides eximet.
Diu ego hunc cruciabo, non uno absolvam die.
Arist. Certumne'st tibi istuc? *Heg.* Non moriri certiu'st.   725
Abducite istum actutum ad Hippolytum fabrum,
Jubete huic crassas conpedes inpingier;
Inde extra portam ad meum libertum Cordalum,
In lapicidinas facite deductus siet;
Atque hunc ita velle me, dicite, curarier,   730

Ne qui deterius huic sit, quam quoi pessume'st.
Tynd. Cur ego, te invito, me esse salvom postulem?
Periculum vitæ meæ stat tuo periculo.
Post mortem in morte nihil est, quod metuam, mali.
Etsi pervivo usque ad summam ætatem, tamen   735
Breve spatium'st perferundi, quæ minitas mihi.
Vale atque salve; etsi aliter vi dicam, meres.
Tu Aristophontes, de me ut meruisti, ita vale,
Nam mihi propter te hoc obtigit. *Heg.* Abducite.
Tynd. At unum hoc quæso, si huc rebitet Philocrates,
Ut mi ejus facias conveniundi copiam.   741
Heg. Peristis, nisi hunc jam e conspectu abducitis.
Tynd. Vis hæc quidem, hercle'st, et trahi et trudi simul.

SCENA SEXTA.

HEGIO, ARISTOPHONTES.

Heg. Illic est abductus recta in phylacam, ut dignus est.
Ego iltis captivis aliis documentum dabo,   745
Ne tale quisquam facinus incipere audeat.
Quod absque hoc esset, qui mihi hoc fecit palam,
Usque obfrenatum suis me ductarent dolis.
Nunc certum'st nulli post hæc quidquam credere;
Satis sum semel deceptus. Speravi miser   750
Ex servitute me exemisse filium.
Ea spes elabsa 'st. Perdidi unum filium
Puerum quadrimum, quem mihi servos surpuit;
Neque enim servom unquam reperi, neque filium:
Major potitus hostium'st. Quod hoc est scelus!   755

Aris. Hélas! Ce matin je me suis réveillé dans les fers, c'est sous les mêmes auspices, à ce que je puis voir, que je me réveillerai encore demain.

ACTE QUATRIÈME.

SCÈNE PREMIÈRE.

ERGASILE SEUL.

Erg. Souverain Jupiter, tu me sauves la vie, tu doubles mes revenus; tu étales à mes yeux des monceaux d'or et de richesses. Que de biens je te devrai! Honneur et profit, jeux, bons mots, gaité, fêtes, cérémonies, cadeaux, rasades, bonne chère, joie complète! Je suis assuré de n'avoir plus besoin de personne. Me voilà en état de faire du bien à mes amis et de perdre mes ennemis, tant ce beau jour m'a été merveilleusement favorable! Sans payer les frais d'un sacrifice, je recueille un gros héritage. Maintenant je dirige ma course vers le bonhomme Hégion pour lui apprendre le bonheur qu'il espère des Dieux et qui passe même son espérance. A présent mon affaire est faite, et comme le valet de comédie je vais retrousser mon manteau sur l'épaule, afin d'être le premier à lui apprendre cette nouvelle, qui doit me donner table en ville pour le reste de mes jours.

SCÈNE II.

HÉGION, ERGASILE.

Hég. (*à part*). Plus je songe à cette aventure, plus mon dépit redouble. Est-il possible que je me sois laissé duper aussi étrangement, sans m'en apercevoir. Quand on le saura, je serai la fable de la ville. Dès que je paraîtrai sur la grande place tout le monde va s'écrier : le voilà ce malin vieillard qui croit tout ce qu'on lui dit! Mais n'est-ce pas Ergasile que je vois là-bas? Il a retroussé son manteau. Répète-t-il un rôle?

Erg. (*à part*). Allons toi vite, Ergasile, expédie au plutôt ta mission. Gare à vous, et qu'on ne me barre pas le passage, à moins qu'on ne soit las de vivre. Malheur à celui qui m'arrête! je lui ferai baiser le pavé.

Hég. Cet homme s'exerce au pugilat.

Erg. Je le ferai comme je le dis. Que chacun poursuive son chemin sans s'arrêter à parler de ses affaires sur cette place : qu'on y prenne garde, mon poing est une vraie baliste, mon coude une catapulte, et mon épaule un bélier. Si je donne le croc en jambe à quelqu'un, il tombera bientôt par terre. Je casserai les dents à quiconque se trouvera devant moi.

Hég. Quel tapage il fait! Je n'y comprends rien.

Erg. Je le ferai souvenir pour toujours de ce lieu, de cette heure et de moi; oui, si quelqu'un m'arrête dans ma course, je lui abrégerai les chagrins de la vie.

Hég. Quel dessein a-t-il avec de telles menaces?

Erg. J'en préviens afin que personne n'y soit pris par sa faute; restez chez vous, et ne vous trouvez pas sur mon passage.

Hég. Par Pollux! Pour être aussi hardi, il faut qu'il ait le ventre bien plein. Tant pis pour le sot aux dépens de qui il est devenu si insolent.

Erg. Gare aux meuniers qui avec du son nourrissent des truies dont la puanteur fait craindre de

Quasi in orbitatem liberos produxerim.
Sequere hac; reducam te ubi fuisti. Neminis
Misereri certum'st, quia mei miseret neminem.
Arist. Exauspicavi ex vinclis; nunc intellego
Redauspicandum esse in catenas denuo. 760

ACTUS QUARTUS.

SCÆNA PRIMA.

ERGASILUS.

Jupiter supreme, servas me, measque auges opes.
Maxumas opimitates opiparasque obfers mihi.
Laudem, lucrum, ludum, jocum, festivitatem, ferias,
Pompam, penum, potationes, saturitatem, gaudium,
Nec quoiquam homini subplicare nunc certum 'st mihi; 765
Nam vel prodesse amico possum, vel inimicum perdere.
Ita hic me amœnitate amœna amœnus oneravit dies.
Sine sacris hereditatem sum aptus ecfertissumam.
Nunc ad senem cursum capessam hunc Hegionem, quoi boni
Tantum adfero, quantum ipse a diis optat, atque etiam amplius. 770
Nunc certa res est, eodem pacto, ut comici servi solent,
Conjiciam in collum pallium, primo ex me hanc rem ut audiat.
Speroque me ob hunc nunciam æternum adepturum cibum.

SCENA SECUNDA.

HEGIO, ERGASILUS.

Heg. Quanto in pectore hanc rem meo magis voluto,
Tanto mihi ægritudo auctior est in animo. 775
Ad illum modum sublitum os esse mi hodie?
Neque id perspicere quivi?
Quod quum scibitur, per urbem inridebor.
Quom extemplo ad forum advenero, omneis loquentur :
Hic ille est senex ductus, quoi verba data sunt. 780
Sed Ergasilus estne hic, procul quem video?
Collecto quidem est pallio : quidnam acturu'st?
Erg. Move'ab te moram, atque, Ergasile, age hanc rem.
Eminor atque interminor, ne quis mi obstiterit obviam,
Nisi qui sat diu vixisse sese homo arbitrabitur. 785
Nam qui obstiterit, ore sistet. *Heg.* Hic homo pugilatum incipit.
Erg. Facere certum'st : proinde ut omneis itinera insistant sua,
Ne quis in hac platea negoti conferat quidquam sui.
Nam meus est balista pugnus, cubitus catapulta'st mihi,
Humerus aries; tum genu ad quemque jecero, ad terram dabo. 790
Dentilegos omneis mortaleis faciam, quemque obfendero.
Heg. Quæ illæc eminatio'st? nam nequeo mirari satis.
Erg. Faciam ut ejus diei locique, meique semper meminerit;
Qui mi in cursu obstiterit, faxo vitæ is extemplo obstiterit suæ.
Heg. Quid hic homo tantum incipissit facere cum tantis minis? 795
Erg. Prius edico, ne quis propter culpam capiatur suam.
Continete vos domi, prohibete a vobis vim meam.
Heg. Mira, edepol, sunt, ni hic in ventrem sumpsit confidentiam.
Væ misero illi, quojus cibo iste factu'st inperiosior.
Erg. Tum pistores scrophipasci, furfuri qui alunt sues, 800
Quarum odore prætereire nemo pistrinum potest,
Eorum si quojusquam scropham in publico conspexero,

passer devant les moulins; la première bête que je rencontre, je jouerai si bien des deux poings, que l'animal et le maître regorgeront tout le son qu'ils auront pris.

Hég. On dirait qu'il proclame l'édit d'un prince. Il faut qu'il ait bien dîné, car le siége de son courage est dans son ventre.

Erg. Gare aux vendeurs de marée, qui sur des haridelles viennent vendre au peuple des poissons pourris dont la puanteur fait fuir dans la place les badauds des portiques! je les coifferai avec leurs hottes et leur en frotterai les oreilles afin de leur apprendre à ne pas infecter l'odorat des gens. Gare aux bouchers qui arrachent les agneaux aux brebis désolées, qui fardent leur marchandise, et nous vendent du bélier pour du mouton; si j'en rencontre quelqu'un sur mon passage, c'est fait de lui et de son maître.

Hég. Ouais! Voilà de vraies ordonnances d'Édiles! serait-il inspecteur du marché?

Erg. Je ne suis plus parasite, je suis plus roi que tous les rois, tant j'ai de bons vivres, de mets succulents à ma disposition! Mais pourquoi différer de combler de joie ce bon vieillard, en lui apprenant qu'il est le plus heureux des mortels?

Hég. De quel bonheur cet homme si joyeux vient-il m'apporter la nouvelle?

Erg. (*frappe à la porte d'Hégion*) Holà! où êtes-vous tous? Personne ne vient-il m'ouvrir la porte?

Hég. Le fripon vient chez moi chercher à souper.

Erg. Qu'on m'ouvre à l'instant les deux battants de cette porte ou je les brise.

Hég. J'ai envie de lui parler. Ergasile!

Erg. Qui appelle Ergasile?

Hég. Tournez-vous vers moi.

Erg. Vous me demandez là ce que la fortune ne fait ni ne fera jamais pour vous. Au reste qui êtes-vous?

Hég. Regardez-moi; je suis Hégion.

Erg. Oh! le meilleur des hommes, venez à moi; vous ne pouvez vous présenter plus à propos.

Hég. Vous aurez rencontré quelque bon souper, et vous dédaignez le mien.

Erg. Donnez-moi la main.

Hég. Ma main!

Erg. Oui, votre main et promptement.

Hég. La voilà.

Erg. Réjouissez-vous.

Hég. Et pour quelle raison?

Erg. Parce que je le commande. Allons, réjouissez-vous.

Hég. Par Pollux! J'ai bien plus de raisons de m'affliger que de me réjouir.

Erg. Ne vous irritez pas : je vais effacer jusqu'à la moindre trace de vos chagrins. Réjouissez-vous hardiment.

Hég. Je me réjouis donc sans savoir pourquoi.

Erg. Vous faites bien. A présent donnez vos ordres.

Hég. Que faut-il que j'ordonne?

Erg. Qu'on allume un grand feu.

Hég. Un grand feu!

Erg. Oui, vous dis-je, un grand feu.

Hég. Comment, vautour, irai-je mettre pour vous le feu à ma maison?

Erg. Point de colère, voulez-vous ou ne voulez-vous pas faire mettre la marmite au feu, nettoyer la vaisselle, préparer les réchauds pour le lard et les viandes, envoyer quelqu'un acheter du poisson?

Hég. Il rêve tout éveillé.

Erg. Un autre du porc frais, de l'agneau et des poulets?

Hég. Vous feriez bien les choses, si vous aviez des rentes.

Erg. Du saumon, du turbot, des maquereaux, du thon et du fromage mou.

Hég. Il vous sera plus facile de nommer tout cela que d'en manger chez moi.

Ex ipsis dominis meis pugnis excutiabo furfures.
Heg. Basilicas edictiones atque imperiosas habet.
Satur homo est, habet profecto in ventre confidentiam. 805
Erg. Tum piscatores, qui præbent populo pisceis fœtidos,
Qui advehuntur quadrupedanti crucianti canterio,
Quorum odos subbasilicanos omneis adigit in forum,
Eis ego ora verberabo sirpiculis piscariis,
Ut sciant, alieno naso quam exhibeant molestiam. 810
Tum lanii autem, qui concinnant liberis orbas oveis,
Qui locant cædundos agnos, et duplam agninam danunt,
Qui petroni nomen indunt verveci sectario;
Eum ego si in via petronem publica conspexero,
Et petronem et dominum reddam mortaleis miserrumos.
Heg. Euge! edictiones ædilitias hic habet quidem; 815
Mirumque adeo'st, ni hunc fecere sibi Ætoli agoranomum.
Erg. Non ego nunc parasitus sum, sed regum rex regalior;
Tantus ventri conmeatus meo adest in portu cibus.
Sed ego cesso hunc Hegionem onerare lætitia senem? 820
Qui homine hominum adæque nemo vivit fortunatior.
Heg. Quæ illæc est lætitia, quam illic lætus largitur mihi?
Ery. Heus, ubi estis? ecquis hoc aperit ostium? *Heg.* Hic homo
Ad cœnam recipit se ad me. *Erg.* Aperite hasce ambas foreis,
Priusquam pultando assulatim foribus exitium adfero. 825
Heg. Perlubet hunc hominem conloqui. Ergasile! *Erg.* Ergasilum qui vocat?
Heg Respice. *Erg.* (*Nondum agnoscit Hegionem*) Fortuna quod tibi nec facit, nec faciet,
Hoc me jubes : sed qui est? *Heg.* Respice ad me, Hegio sum.

Erg. Oh mihi!
Quantum'st hominum optumorum optume, in tempore advenis.
Heg. Nescio quem ad portum nactus es, ubi cœnes; eo fastidis. 830
Erg. Cedo manum. *Heg.* Manum? *Erg.* Manum, inquam, cedo tuam actutum. *Heg.* Tene.
Erg. Gaude. *Heg.* Quid ego gaudeam? *Erg.* Quia ego impero : age, gaude modo.
Heg. Pol, mœrores mi antevortunt gaudiis. *Erg.* Noli irascier,
Jam ego ex corpore exigam omneis maculas mœrorum tibi.
Gaude audacter. *Heg.* Gaudeo, etsi nihil scio, quod gaudeam. 835
Erg. Bene facis. Jube. *Heg.* Quid jubeam? *Eg.* Ignem ingentem fieri.
Heg. Ignem ingentem? *Erg.* Ita dico, magnus ut sit. *Heg* Quid? me, volturi,
Tuan' causa ædeis incensurum censes? *Erg.* Noli irascier.
Juben', an non jubes adstitui aulas? patinas eluli?
Laridum atque epulas foveri foculis forventibus? 840
Altum pisceis præstinatum abire? *Heg.* Hic vigilans somniat.
Erg. Alium porcinam, atque agninam, et pullos gallinaceos?
Heg. Scis bene esse, si sit unde. *Erg.* Pernam atque ophthalmiam,
Horæum, scombrum, et trigonum, et cetum, et mollem caseum.
Heg. Nominandi istorum tibi erit magis, quam edundi, copia

LES CAPTIFS, ACTE IV, SCENE II.

Erg. Vous croyez donc que c'est pour moi que je parle?

Hég. Ne vous y trompez pas, mon cher. Chez moi, vous ne grugerez rien des bonnes choses que vous venez de nommer. Ne m'apportez, je vous prie, que votre appétit ordinaire.

Erg. Et moi, je parie que vous allez vous mettre en frais, quand même je m'y opposerais.

Hég. Moi?

Erg. Vous-même.

Hég. Vous êtes donc mon maître à présent?

Erg. Non pas votre maître, mais votre meilleur ami. Voulez-vous que je fasse votre bonheur.

Hég. Vraiment oui plutôt que mon malheur.

Erg. Donnez-moi votre main.

Hég. Hé bien! la voilà.

Erg. (*prenant la main d'Hégion*) Tous les Dieux vous sont favorables.

Hég. Je ne *sens* pourtant rien (1).

Erg. C'est que vous n'êtes pas dans un *sentier* épineux; je ne m'étonne pas que vous ne *sentiez* rien. Ordonnez toujours de préparer le vase pour un sacrifice, et de vous amener le plus gras de vos agneaux.

Hég. Et pourquoi?

Erg. Pour le sacrifier.

Hég. A quel Dieu?

Erg. A moi. Car je suis aujourd'hui pour vous le souverain Jupiter. Je suis votre salut, votre fortune, votre lumière, votre joie, votre bonheur. Ainsi ayez soin de remplir la panse de ce Dieu pour qu'il continue de vous être propice.

Hég. Vous me paraissez avoir faim.

Erg. Je m'en aperçois encore mieux que vous : et cela me regarde.

Hég. Cette faim-là ne me fait pas souffrir.

Erg. Je le sais depuis longtemps.

Hég. Que Jupiter et tous les Dieux te confondent!

(1) Il fallait sentir craquer ses doigts pour concevoir un bon augure.

Erg. Remerciez-moi bien plutôt de l'heureuse nouvelle que je vous apporte du port. Maintenant je suis à vous et à votre souper.

Hég. Allez, vous êtes un fou. Vous venez trop tard.

Erg. Si j'étais venu tantôt, vous auriez été plus fondé à me tenir ce langage. Ouvrez votre cœur à la joie que je vous apporte. Je viens de voir arriver au port par la barque publique, votre fils Philopolème, vivant, sauf, et bien portant, accompagné de Philocrate, et de Stalagme, cet esclave qui s'enfuyant autrefois de chez vous, vous enleva un fils âgé de quatre ans.

Hég. Que le ciel vous extermine! Vous vous moquez de moi.

Erg. Puisse la gourmandise, cette divinité des parasites, s'identifier avec moi, comme il est vrai que j'ai vu....

Hég. Mon fils?

Erg. Oui, votre fils et mon génie tutélaire.

Hég. Et mon captif d'Élide?

Erg. J'en jure Apollon.

Hég. Et mon esclave Stalagmus qui m'enleva un fils?

Erg. J'en jure par Cora (1)?

Hég. Y a-t-il longtemps?

Erg. Oui, par Proneste.

Hég. Il est arrivé?

Erg. Oui, par Signie.

Hég. Vous en êtes sûr?

Erg. Oui, par Frasinone.

Hég. Songez-vous à ce que vous dites?

Erg. Oui, par Alétrie.

Hég. Pourquoi jurer par des noms de villes barbares?

Erg. Parce qu'ils sont aussi difficiles à digérer que le souper que vous me proposiez.

(1) Ville du Latium, ainsi que Préneste, Signi, Frusinone et Alatrie aujourd'hui Segni, Frosilone.

Heic apud me, Ergasile. *Erg.* Mean' me causa hoc censes dicere? 846
Heg. Nec nihil hodie, nec multo plus tu heic edes, ne frustra sis.
Proin' tu tui quotidiani victi ventrem ad me adferas.
Erg. Quin ita faciam, ut te cupias facere sumtum, etsi ego vetem.
Heg. Egone? *Erg.* Tute. *Heg.* Tum tu mi igitur herus es. *Erg.* Imo bene volens. 850
Vin' te faciam fortunatum? *Heg.* Malim, quam miserum quidem.
Erg. Cedo manum. *Heg.* Hem manum. *Erg.* Di te omnes adjuvant. *Heg.* Nihil sentio.
Erg. Non enim es in senticeto, eo non sentis : sed jube
Vasa tibi pura adparari ad rem divinam cito,
Atque agnum adferri proprium, pinguem. *Heg.* Cur? *Erg.* Ut sacrutices. 855
Heg. Quoi deorum? *Erg.* Mi, hercle : nam ego tibi nunc sum summus Jupiter.
Idem ego sum salus, fortuna, lux, lætitia, gaudium.
Proinde tu deum huncce saturitate facias tranquillum tibi.
Heg. Esurire mihi videre. *Erg.* Mihi quidem esurio, non tibi.
Heg. Tuo arbitratu facile patior. *Erg.* Credo, consuetus puer. 860
Heg. Jupiter te dique perdant. *Erg.* Te, hercle, mi æquum 'st gratias

Agere ob nuntium : tantum ego nunc porto a portu tibi boni.
Nunc tu mihi places. *Heg.* Abi stultus, sero post tempus venis.
Erg. Igitur olim si advenissem, magis tu tum istuc diceres.
Nunc hanc lætitiam adcipe a me, quam fero : nam filium
Tuum modo in portu Philopolemum vivom, salvom, et sospitem 866
Vidi in publica celoce, ibidemque illum adulescentulum
Alium una, et tuum Stalagmum servom, qui abfugit domo,
Qui tibi subripuit quadrimum puerum filiolum tuum.
Heg. Abi in malam rem; ludis me. *Erg.* Ita me amabit sancta Saturitas, 870
Hegio, itaque suo me semper condecoret cognomine,
Ut ego vidi. *Heg.* Meum gnatum? *Erg.* Tuum gnatum, et genium meum.
Heg. Et captivom illum Alidensem? *Erg.* Μὰ τὸν Ἀπόλλω.
Heg. Et servolum
Meum Stalagmum, meum qui gnatum subripuit? *Erg.* Νὴ τὰν Κόραν.
Heg. Jam diu? *Erg.* Νὴ τὰν Πραινέστην. *Heg.* Venit? *Erg.* Νὴ τὰν Σιγνίαν. 875
Heg. Certon'? *Erg.* Νὴ τὰν Φρουσινῶνα. *Heg.* Vide, sis. *Erg* Νὴ τὸ Ἀλάτριον.
Heg. Quid tu per barbaricas urbeis juras? *Erg.* Quin enim item asperæ
Sunt, ut tuum victum autumabas esse. *Heg.* Væ ætati tuæ.

Hég. Malheur à vous!
Erg. Parce que vous ne me croyez pas quand je vous dis la vérité. Mais ce Stalagmus de quel pays était-il lorsqu'il s'enfuit?
Hég. De Sicile.
Erg. Eh bien maintenant il n'est plus Sicilien : il est Boyen (1), il porte un collier de ce pays-là. On lui a donné une femme sans doute pour qu'il n'ait pas besoin d'enlever les enfants des autres.
Hég. Voyons, de bonne foi, dites-vous vrai?
Erg. Je vous le proteste.
Hég. Grands Dieux! Je renais si vous m'annoncez la vérité.
Erg. Doutez-vous encore après des serments aussi solennels! Au reste si vous n'en croyez pas mes serments, allez vous-même au port.
Hég. C'est ce que je compte faire. Et vous, entrez chez moi pour faire apprêter ce qu'il faut. Prenez, ordonnez, disposez de tout : je vous fais mon intendant.
Erg. Par Hercule, si je vous ai menti, je veux être roué de coups.
Hég. Je vous garantis, si vous m'avez dit vrai, une bonne table pour le reste de vos jours.
Erg. Chez qui?
Hég. Chez moi et chez mon fils.
Erg. Me le promettez-vous?
Hég. Je vous le promets.
Erg. Eh bien! moi je vous réponds que votre fils est arrivé.
Hég. Pourvoyez à tout de votre mieux.
Erg. Allez... Bon voyage et bon retour.

SCÈNE III.

ERGASILE SEUL.

Erg. (*seul*). Le voilà parti; il m'a confié toutes les provisions. Grands Dieux! Que de têtes je vais trancher! pauvres porcs, pauvres sangliers, pauvres truies, quel carnage vous menace! que je vais donner de besogne aux bouchers et aux charcutiers! Mais sans perdre le temps à nommer tous les morceaux qui font partie d'un bon repas, prenons possession de mon gouvernement. Je commencerai par faire le procès au lard. Ensuite j'irai au secours de ces pauvres jambons qu'on a pendus sans les entendre; et je compte bien les décrocher.

(*Il entre chez Hégion.*)

SCÈNE IV (1).

UN ESCLAVE D'HÉGION.

Un esclave d'Hégion. Que Jupiter et tous les Dieux t'abîment, toi, et ton ventre insatiable, maudit Ergasile, et avec toi tous tes confrères et les sots qui les invitent. La grêle, la tempête, la foudre viennent, je pense, de tomber chez nous. C'est un loup affamé et je tremblais qu'il ne se jetât sur moi. Oui, il m'a fait trembler, tant il grinçait des dents. Il est allé droit au garde-manger, où il a fait rafle sur tout. Puis saisissant un grand couteau, il a égorgé trois cochons. Vases, marmites, il a tout brisé, n'épargnant que celles qui pouvaient contenir plus d'un muid. Ne demandait-il pas au cuisinier, s'il ne serait pas plus court de faire cuire la viande salée dans les barils mêmes! Il enfonce les celliers, ouvre les armoires. — Retenez-le, vous autres, je vous prie; je vais trouver notre vieillard. Il faut qu'il achète de nouvelles provisions, s'il veut avoir quelque chose chez lui. Car de la manière dont s'y prend Ergasile, il ne restera plus rien, ou plutôt c'est fait et tout est consommé.

(1) Il y a évidemment ici un entr'acte.

---

(1) Peuple des Gaules dans l'Aquitaine. Bolus de *bos* bœuf, jeu de mots, pour exprimer que Stalagme habite le pays des étrivières.

Erg. Quippe quando mihi nihil credis, quod ego dico sedulo.
Sed Stalagmus quojus erat tunc nationis, quom hinc abiit?
Erg. Siculus. *Erg.* At nunc Siculus non est, Boius est;
Boiam terit. 881
Liberorum quærundorum causa, ei, credo, uxor data 'st.
Heg. Dic, bonan' fide tu mihi istæc verba dixisti? *Erg.* Bona.
Heg. Di immortales! iterum gnatus videor, si vera autumas.
Erg. An tu dubium habebis, etiam sancte quom jurem tibi?
Postremo, Hegio, si parva jurijurando 'st fides, 886
Vise ad portum. *Heg.* Facere certum 'st : tum intus cura,
quod opus est.
Sume, posce, prome quidvis; te facio cellarium.
Erg. Nam, hercle, nisi mantiscinatus probe ero, fusti pectito.
Heg. Æternum tibi dapinabo victum, si vera autumas. 890
Erg. Unde id? *Heg.* A me meoque gnato. *Erg.* Sponden' tu istud? *Heg.* Spondeo.
Erg. At ego tuum tibi advenisse filium, respondeo.
Heg. Cura, quam optume potes. *Erg.* Bene ambula et redambula.

SCENA TERTIA.

ERCASILUS.

Illic hinc abiit; mihi rem summam credidit cibariam.
Di immortales, jam ut ego collos prætruncabo tegoribus!
Quanta pernis pestis veniet! quanta labes lurido! 896
Quanta sumini absumedo! quanta callo calamitas!
Quanta laniis lassitudo! quanta porcinariis!
Nam si alia memorem, quæ ad ventris victum conducunt, mora 'st.
Nunc ibo in meam præfecturam, ut jus dicam larido; 900
Et, quæ pendent indemnatæ pernæ, eis auxilium ut feram.

(*Ingreditur domum Hegionis.*)

SCENA QUARTA.

PUER, HEGIONIS.

Diespiter te dique, Ergasile, perdant et ventrem tuum,
Parasitosque omneis, et qui posthac cœnam parasitis dabit.
Clades calamitasque, intemperies modo in nostram advenit domum.
Quasi lupus esuriens, metui ne in me faceret impetum. 905
Nimisque, hercle, ego illum male formidabam : ita frendebat dentibus.
Adveniens deturbavit totum cum carni carnarium.
Adripuit gladium, prætruncavit tribus tegoribus glandia.
Aulas, calicesque omneis confregit, nisi quæ modiales erant.
Cocum percontabatur, possentne seriæ fervescere. 910
Cellas refregit omneis intus, reclusitque armarium.
Adservate istunc, soltis, servi; ego ibo, ut conveniam senem.
Dicam ut sibi penum aliud ornet, siquidem sese uti volet.
Nam in hoc, ut hic quidem adornat, aut jam nihil est, aut jam nihil erit.

ACTE CINQUIÈME.
SCÈNE PREMIÈRE.

HÉGION, PHILOPOLÈME, PHILOCRATE; STALAGME.

Hég. (*à Philopolème*). Oh! mon fils! Que de grâces j'ai à rendre à Jupiter et à tous les Dieux! Ils t'ont rendu à ton père; ils ont terminé tous les tourments que j'ai soufferts privé de toi ; (*montrant Stalagme*) ils ont mis ce coquin en notre pouvoir; ils nous ont donné dans Philocrate un homme d'honneur et de parole. Maintenant plus de tristesse, plus d'inquiétude, ni de larmes, j'en ai assez répandu.

Phi. Vous m'avez déjà fait sur le port le récit de vos douleurs. Oubliez-les et songeons au présent.

Philocrate. Eh bien Hégion? Vous ai-je tenu parole? Vous ai-je ramené votre fils en liberté? Que dois-je espérer de vous?

Hég. Philocrate, jamais ma reconnaissance ne pourra m'acquitter des services que vous venez de rendre à mon fils et à moi.

Philopolème. Vous le pouvez, mon père, et je le pourrai aussi. Les Dieux nous donneront le moyen de récompenser une personne à qui nous avons tant d'obligation. En effet, il est en votre pouvoir de vous acquitter envers lui.

Hég. A quoi bon tant de paroles? Je ne vous refuserai rien de ce que vous me demanderez.

Philocrate. Eh bien! Je vous demande de me rendre cet esclave que je vous ai laissé en ôtage, et dont le zèle a toujours sacrifié ses intérêts aux miens... Que je puisse lui payer le prix de son dévouement.

Hég. Vos services vous donnent droit à toute ma reconnaissance, et je suis prêt à vous accorder cette demande et toute autre qu'il vous plaira de me faire. Mais n'allez pas vous fâcher si dans ma colère, j'ai maltraité cet esclave.

Philocrate. Que lui avez-vous fait?

Hég. Dès que j'ai découvert qu'il m'avait trompé, je l'ai fait jeter dans les carrières , les fers aux pieds.

Philocrate. Malheureux que je suis! C'est pour moi que ce brave homme a été ainsi maltraité.

Hég. En considération de cette erreur, vous ne donnerez pas un sou pour sa rançon : je vous le rends gratuitement, emmenez-le pour lui donner la liberté.

Philocrate. Par Pollux! c'est agir noblement. Mais, je vous prie, envoyez-le chercher au plus vite.

Hég. A l'instant. (*Appelant*) Où êtes-vous, vous autres? Qu'on aille promptement chercher Tyndare. (*A Philopolème et à Philocrate*) Rentrez à la maison. Je veux interroger ce pendard qui est là comme une statue formée à coups de nerfs de bœuf, afin de savoir ce qu'il a fait de mon fils, quand il l'enleva tout enfant. En attendant allez vous mettre au bain.

Philopolème. Suivez-moi par ici, Philocrate.
Philocrate. Je vous suis.

SCÈNE II.
HÉGION, STALAGME.

Hég. Approche, l'homme de bien, mon joli petit esclave mignon.

Sta. Que peut-on exiger de moi, lorsqu'un homme tel que vous respecte aussi peu la vérité? Je n'ai jamais été ni joli, ni mignon, ni homme de bien, ni honnête d'aucune manière : et je ne le deviendrai

ACTUS QUINTUS.
SCENA PRIMA.

HEGIO, PHILOPOLEMUS, PHILOCRATES, STALAGMUS.

Heg. Jovi diisque ago gratias merito magnas, 915
Quom te reducem tuo patri reddiderunt,
Quomque ex miseriis plurimis me exemerunt,
Quæ, adhuc te carens dum heic fui, substentabam,
Quomque hunc conspicio in potestate nostra,
Quomque hæc reperta 'st fides firma nobis. 920
Satis jam dolui ex animo, et cura me satis
Et lacrumis maceravi. *Philop.* Satis jam audivi
Tuas ærumnas, ad portum mihi quas memorasti.
Hoc agamus. *Philocr.* Quid nunc, quoniam tecum servavi fidem,
Tibique hunc reducem in libertatem feci? *Heg.* Fecisti, ut tibi, 925
Philocrates, nunquam referre gratiam possim satis,
Proinde ut tu promeritus de me et filio meo. *Philop.* Imo potes,
Pater, et poteris, et ego potero, et di eam potestatem dabunt,
Ut beneficium benemerenti nostro merito muneres;
Sicut tu huic potes, pater mi, facere merito maxume. 930
Heg. Quid opu'st verbis? lingua nulla 'st, qua negem quidquid roges.
Philocr. Postulo abs te, ut mi illum reddas servom, quem
neic reliqueram
Pignus pro me, qui mihi melior, quam sibi, semper fuit;
Pro benefactis ejus uti ei pretium possim reddere.
Heg. Quod benefecisti, referetur gratia, id quod postulas;
Et id, et aliud, quod me orabis, inpetrabis; atque te
Nolim subcensere, quod ego iratus ei feci male. 937
Philocr. Quid fecisti? *Heg.* In lapicidinas conpeditum condidi,
Ubi rescivi mihi data esse verba. *Philocr.* Væ misero mihi!
Propter meum caput labores homini evenisse optumo.
Heg. At ob eam rem mihi libellam pro eo argenti ne duis.
Gratis a me, ut sit liber, abducito. *Philocr.* Edepol, Hegio,
Facis benigne : sed quæso, hominem ut jubeas accersi. *Heg.* Licet.
Ubi estis vos? ite actutum, Tyndarum huc accessite.
(*Philopolemo et Philocraii*)
Vos ite intro : interibi ego ex hac statua verberea volo 945
Erogitare, quid meo minore quid sit factum filio.
Vos lavate interibi. *Philop.* Sequere hac, Philocrates, me intro. *Philocr.* Sequor.

SCENA SECUNDA.
HEGIO, STALAGMUS.

Heg. Age tu illuc procede, bone vir, lepidum mancupium meum.
Stal. Quid me oportet facere, ubi tu talis vir falsum autumas?
Fui ego bellus, lepidus, bonus vir nunquam, neque frugi bonæ, 950
Neque ero unquam : næ tu spem ponas me bonæ frugi fore.
Heg. Propemodum ubi loci fortunæ tuæ sint, facile intelligis.
[Si eris verax, tuam rem facies ex mala meliusculam.
Recta et vera loquere. Sed neque vere, neque recte adhuc

pas. Je vous engage à n'y jamais compter.

Hég. Tu comprends ta situation. Si tu parles sincèrement, tout en ira mieux pour toi. Dis la vérité et sois franc. Mais tu n'as jamais ni bien agi ni parlé vrai.

Sta. J'en conviens, et puisque vous le dites, je n'ai pas à rougir en l'avouant.

Hég. Je saurai bien trouver le moyen de te faire ougir, et par tout ton corps.

Sta. Prétendez-vous me faire peur du fouet comme à un novice? laissez là toutes ces menaces, et dites-moi ce que vous désirez savoir afin que je vous réponde en conséquence.

Hég. Tu ne manques pas de babil : mais présentement il s'agit d'être laconique.

Sta. Comme il vous plaira.

Hég. (*à part*). Il était fort docile, quand il était jeune. Mais à présent ce n'est plus sa qualité. (*à Stalagmus*) Voyons; écoute moi, et réponds exactement à mes questions. Si tu dis la vérité, tes affaires pourront s'arranger.

Sta. Bagatelles! Croyez-vous que je ne sache pas bien ce que je mérite?

Hég. Si tu n'évites pas tout le châtiment qui t'est dû, tu pourras toujours en esquiver une partie.

Sta. Le bénéfice ne sera pas grand; une grêle de coups m'attend et je l'ai méritée; je me suis enfui de chez vous, j'ai enlevé votre fils et je l'ai vendu.

Hég. A qui?

Sta. A Théodoromède de Polyplusie en Élide, pour six mines d'argent.

Hég. Ah! grands Dieux! C'est le père de Philocrate.

Sta. Vraiment, je connais mieux Philocrate que je ne vous connais vous-même; je l'ai vu cent fois.

Hég. Grand Jupiter, veille sur mon fils et sur moi. Philocrate, je vous conjure par votre bon génie, venez ici; j'ai besoin de vous.

SCÈNE III.

PHILOCRATE, HEGION, STALAGME.

Philocrate. Me voici, Hégion; que me voulez-vous? Ordonnez.

Hég. Cet homme-là me dit qu'il a vendu, en Élide, mon fils à votre père, pour six mines d'argent.

Philocrate. Y a-t-il longtemps?

Sta. Vingt ans.

Philocrate. Il en impose.

Sta. C'est l'un de nous deux. Ne vous souvient-il plus que votre père vous le donna en propre? Vous étiez enfant; et il n'avait que quatre ans.

Philocrate. Quel était son nom? Dis-le-moi, je verrai bien si tu dis vrai.

Sta. Il se nommait Pegnion : et vous lui donnâtes ensuite le nom de Tyndare.

Philocrate. Alors pourquoi ne t'ai-je pas reconnu?

Sta. Parce que c'est l'ordinaire d'oublier et de méconnaître ceux dont on n'attend rien.

Philocrate. Voyons : L'enfant que tu vendis à mon père, et qu'il me donna pour esclave particulier, est-ce le fils d'Hégion?

Hég. Est-il vivant?

Sta. J'ai reçu mon argent, sans me mettre en peine d'autre chose.

Hég. (*à Philocrate*). Que dites-vous de cela?

Philocrate. D'après ces indices, Tyndare est bien votre fils; Tyndare a passé son enfance avec moi. Sachez de plus qu'il a été honnêtement élevé.

Hég. Je suis à la fois heureux et malheureux, si vous dites vrai. Quelle douleur pour moi d'avoir maltraité ce jeune homme s'il est mon fils! Hélas Pourquoi lui ai-je fait plus de mal et moins de bien que je ne devais! C'est moi maintenant qui souffre des tourments que je lui ait fait subir! Que ne puis anéantir le passé! Mais le voici dans un ajustement qui ne convient guère à tant de vertus.

Fecisti unquam. *Stal.* Quod ego fatear, credin', pudeat;
quom autumes? 955
Heg. At ego faciam, ut pudeat; nam in ruborem te totum dabo. .
Stal. Eia, credo, inperito plagas minitaris mihi.
Tandem ista aufer, dicque quid fers, ut feras hinc, quod petis.
Heg. Sati' facundu' s : sed jam fieri dictis conpendium volo.
Stal. Ut vis, fiat. *Heg.* (*versus ad spectatores*) Bene morigerus fuit puer; nunc non decet. 960
(*ad Stalagmum*)
Hoc agamus, jam animum advorte, ac mihi, quæ dicam, edissere.
Si eris verax, tuis ex rebus feceris meliusculas.
Stal. Nugæ istæc sunt; non me censes scire quid dignus siem?
Heg. At ea subterfugere potis es pauca, si non omnia.
Stal. Pauca ecfugiam scio; nam multa evenient, et merito meo, 965
Quia et fugi, et tibi subripui filium, et eum vendidi.
Heg. Quoi homini? *Stal.* Theodoromedi In Alide Polyplusio
Sex minis. *Heg.* Pro di inmortaleis! is quidem hujus est pater Philocratis. *Stal.* Quin melius gnovi, quam te, et vidi sæplus.
Heg. Serva, Jupiter supreme, et me'et meum gnatum mihi.
Philocrates, per tuum te genium obsecro, exi, te volo. 971

SCENA TERTIA.

PHILOCRATES, HEGIO, STALAGMUS.

Philocr. Hegio adsum; si quid me vis, inpera. *Heg.* Hic gnatum meum

Tuo patri ait se vendidisse sex minis in Alide.
Philocr. Quam diu id factum 'st? *Stal.* Hic annus incipit vicesimus.
Philocr. Falsa memoral. *Stal.* Aut ego, aut tu : nam tibi quadrimulum 975
Tuus pater peculiarem parvolum puero dedit.
Ph. Quid erat ei nomen? si vera dicis, memora dum mihi.
Stal. Pægnium vocitatu'st; post, vos indidistis Tyndaro.
Phil. Cur ego te non gnovi? *Stal.* Quia mos est oblivisci hominibus,
Neque gnovisse, quojus nihili sit faciunda gratia. 980
Phil. Dic mihi ; isne istic fuit, quem vendidisti meo patri,
Qui mihi peculiaris datus est, hujus filius?
Heg. Vivitne is homo? *Stal.* Argentum adcepi, nihil curavi cæterum.
Heg. (*ad Philocratem*) Quid tu ais? *Philocr.* Quin, istic ipsu' st Tyndarus tuus filius,
Ut quidem hic argumentis loquitur; nam is mecum a puero puer 985
Bene pudiceque educatu'st usque ad adulescentiam.
Heg. Et miser sum et fortunatus, si vos vera dicitis;
Eo miser sum, quia male illi feci, si gnatus meu'st
Eheu! cur ego plus minusque feci, quam æquom fuit!
Quod male feci, crucior modo, si infectum fieri possiet. 990
Sed eccum, incedit huc ornatus haud ex suis virtutibus.

SCENA QUARTA.

TYNDARUS, HEGIO, PHILOCRATES, STALAGMUS
Tynd. Vidi ego multa sæpe picta, quæ Acherunti fierent

SCÈNE IV.
TYNDARE, HÉGION, PHILOCRATE, STALAGME.

Tyn. (*à part*). J'ai bien vu des tableaux de supplices qu'on endure aux enfers ; mais il n'y a point d'enfer comparable aux carrières d'où je sors. Là le corps et tous les membres sont exténués de travail jusqu'à l'épuisement. Dès que je suis arrivé, on m'a donné un pic (1) pour me divertir, comme on donne aux enfants des patriciens des chouettes, des canards ou des cailles pour leur servir de jouet. Mais je vois mon maître devant la porte de la maison ; et voilà aussi mon jeune maître revenu d'Élide.

Hég. Que je t'embrasse, mon cher fils, tant désiré !
Tyn. Moi ! votre fils ?... Vous êtes mon père ? Ah ! Je comprends. C'est parce qu'en ce moment, vous me faites voir le jour.
Philocrate. Salut, mon cher Tyndare.
Tyn. C'est pour vous que j'ai tant souffert.
Philocrate. Maintenant tu vas être libre et comblé de biens. Ce vieillard est ton propre père : cet esclave est celui qui t'enleva d'ici à l'âge de quatre ans. Il te vendit pour six mines à mon père qui te mit à mon service lorsque j'étais encore enfant. Nous avons ramené d'Élide ce ravisseur qui vient de tout avouer.
Tyn. Et le fils d'Hégion que vous deviez racheter ?
Philocrate. Il est ici et c'est ton frère.
Tyn. Que dites-vous ? Vous lui avez ramené son fils ?
Philocrate. Oui, te dis-je, et il est là-dedans.
Tyn. Vous avez fait là une bonne et belle action.
Philocrate. Oui voilà bien ton père, et voilà ton ravisseur, celui qui t'enleva tout enfant de la maison paternelle.
Tyn. Je ne suis plus un enfant et vais livrer le traître aux mains du bourreau.
Philocrate. C'est le sort qu'il mérite.
Tyn. Par Pollux, je le récompenserai comme il le mérite. (*A Hégion*) Mais dites-moi, de grâce, êtes-vous bien mon père ?
Hég. (*en l'embrassant*). Oui, je le suis, mon cher fils.
Tyn. A présent que j'y songe, je commence à me rappeler. En effet,... je me ressouviens confusément d'avoir ouï dire que mon père s'appelait Hégion.
Hég. C'était moi.
Philocrate. Eh ! je vous prie, débarrassez promptement votre fils de ces indignes chaînes et chargez-en ce vil esclave.
Hég. C'est bien par là que je veux commencer. Entrons au logis ; et qu'un serrurier ôte à mon fils ces fers, et les donne à ce misérable.
Sta. (*ironiquement*) C'est en effet une bonne action de donner à ceux qui n'ont rien.

LA TROUPE.

Spectateurs, dans cette comédie, on ne s'est proposé pour modèle que de bonnes mœurs. Vous n'y avez pas vu de scènes lascives, de honteuses passions d'enfant supposé, d'argent escroqué, de jeune homme donnant son amour et sa liberté à une courtisane à l'insu de son père. Les poëtes inventent rarement des pièces comme celle-ci, où les gens de bien puissent apprendre à devenir meilleurs. Maintenant, si vous le voulez bien, si nous ne vous avons pas trop ennuyés, si au contraire nous vous avons un peu divertis, daignez nous en donner un témoignage. Amis des bonnes mœurs, applaudissez.

(1) Plaute joue ici sur le mot : celui qu'il emploie signifie à la fois un oiseau et un instrument de fer.

Cruciamenta ; verum enimvero nulla adæque'st Acheruns,
Atque ubi ego fui in lapicidinis. Illic ibi demum'st locus, 995
Ubi labore lassitudo omni'st exigunda ex corpore.
Nam ubi illo adveni, quasi patriciis pueris aut monedulæ,
Aut anates, aut coturnices dantur, quicum lusitent :
Itidem mi hæc advenienti upupa, qui me delectem, data'st.
Sed herus eccum ante ostium, et herus alter eccum ex Alide
Rediit. *Heg.* Salve, exoptate gnate mi. *Tynd.* Hem ! quid, gnate mi ? 1000
Attat, scio cur te patrem adsimules esse et me filium ;
Quia mi, item ut parentes, lucis das tuendæ copiam.
Phil. Salve, Tyndare. *Tynd.* Et tu, quojus causa hanc ærumnam exigo.
Phil. At nunc liber in divitias, faxo, venies ; nam tibi
Pater hic est ; hic servos, qui te huic hinc quadrimum surpuit, 1005
Vendidit patri meo te sex minis : is te mihi
Parvolum peculiarem parvolo puero dedit.
Illic indicium fecit ; nam hunc ex Alide huc reducimus.
Tynd. Quid, hujus filium ? *Phil.* Intus eccum, fratrem germanum tuum.
Tynd. Quid tu ais ? adduxtin' illum hujus captivom filium ?
Phil. Quin, inquam, intus heic est. *Tynd.* Fecisti, edepol, et recte et bene. 1011
Phil. Nunc tibi pater hic est ; hic fur est tuus, qui parvom hinc te abstulit.
Tynd. At ego hunc grandis grandem natu, ob furtum, ad carnuficem dabo.
Phil. Meritus est. *Tynd.* Ergo, edepol, [merito] meritam mercedem dabo.
Sed dic, oro : pater meus tunc es ? *Heg.* Ego sum, gnate mi.
Tynd. Nunc demum in memoriam redeo, quom mecum recogito, 1016
Nunc, edepol, demum in memoriam regredior, audisse me
Quasi per nebulam Hegionem patrem meum vocarier.
Heg. Ego sum. *Phil.* Conpedibus, quæso, ut tibi sit levior filius,
Atque hic gravior servos. *Heg.* Certum'st principium id prævortier. 1020
Eamus intro, ut arcessatur faber, ut istas conpedes
Tibi adimam, huic dem. *Stal.* Quoi peculi nihil est, recte feceris.

CATERVA.

Spectatores, ad pudicos mores facta hæc fabula'st.
Neque in hac subagitationes sunt, neque ulla amatio,
Neque pueri subpositio, nec argenti circumductio : 1025
Neque ubi amans adulescens scortum liberet clam suum patrem.
Hujusmodi paucas poetæ reperiunt comœdias,
Ubi boni meliores fiant : nunc vos, si vobis placet,
Et, si placuimus, neque odio fuimus, signum hoc mittite :
Qui pudicitiæ esse voltis præmium, plausum date. 1030

L'AULULAIRE,

(L'AVARE)

COMÉDIE EN CINQ ACTES.

PERSONNAGES DE LA PIÈCE

Le dieu Lare. (prologue.)
Euclion, vieillard.
Staphyla, servante d'Euclion.
Eunomia, mère de Lyconide, sœur de Mégadore.
Mégadore, vieillard riche.
Strobile. Deux esclaves du même nom, l'un appartenant à Lyconide, l'autre à Mégadore.
Anthrax et Congrion, cuisiniers.
Pythodicus, esclave.
Lyconide, fils d'Eunomie, amant de Phœdre.
Phœdra, fille d'Euclion.

La scène est à Athènes.

ARGUMENT.

Euclion, vieil avare, soupçonneux jusqu'à se défier de lui-même, trouve enfouie dans sa maison une marmite pleine d'or. Éperdu, tremblant de joie il l'enterre encore plus profondément pour la mieux conserver. Le jeune Lyconide avait séduit sa fille. Cependant le vieux Mégadore, que sa sœur a persuadé de se marier, avait demandé la fille de notre avare. A peine l'intraitable Euclion a-t-il promis, qu'il craint pour sa marmite, l'emporte de chez lui et la cache en différents endroits. L'esclave de Lyconide le séducteur de sa fille, lui tend un piége : De son côté le jeune homme supplie son oncle Mégadore de lui céder Phèdra dont il est amoureux. Bientôt Euclion, heureux d'avoir retrouvé son trésor qu'une ruse de l'esclave lui avait enlevé, consent à l'union de sa fille avec Lyconide.

DRAMATIS PERSONÆ.

Lar, prologus.
Euclio, senex.
Staphyla, anus, ancilla Euclionis.
Eunomia, mulier, mater Lyconidis, soror Megadori.
Megadorus, senex dives.
Strobilus. Duo sunt uno nomine, alter Lyconidis, alter Megadori servus. Vid. infra IV, 1.
Anthrax,
Congrio, } coqui.
Pythodicus, servus.
Lyconides, adolescens, filius Eunomiæ, Phædræ procus.
Phædra, puella, Euclionis filia.

Scena est Athenis.

ARGUMENTUM.

Senex avarus vix sibi credens Euclio,
Domi suæ defossam multis cum opibus
Aulam invenit, rursumque penitus conditam
Exanguis, amens, servat : ejus filiam
Lyconides vitiarat : interea senex
Megadorus, a sorore suasus ducere
Uxorem, avari gnatam deposcit sibi.
Durus senex vix promittit : atque aulæ timens,
Domo sublatam variis abstrudit locis.
Insidias servos facit hujus Lyconidis,
Qui virginem vitiarat ; atque ipse obsecrat
Avonculum Megadorum sibimet cedere
Uxorem amanti : per dolum mox Euclio
Quom perdidisset aulam insperato invenit,
Lætusque natam conlocat Lyconidi.

ARGUMENT.

Attribué à Priscien.

Euclion ayant trouvé une marmite remplie d'or se donne mille peines, mille tourments pour la bien garder. Lyconide a séduit sa fille, que Mégadore veut épouser sans dot. Celui-ci fête et régale le bonhomme pour qu'il y consente. Euclion qui craint pour son or le cache hors de sa maison. Un esclave du séducteur qui a tout observé dérobe le trésor. Lyconide révèle le larcin au vieillard qui lui donne à la fois le trésor, la mère et l'enfant.

PROLOGUE.

LE DIEU LARE.

Afin que personne ne soit surpris, je dirai en peu de mots qui je suis. Je suis le dieu Lare de la maison d'où vous me voyez sortir. Depuis bien des années j'en suis le gardien, et de père en fils jusqu'au maître d'aujourd'hui je veille sur elle. Mais le grand-père du propriétaire actuel m'a confié avec les plus vives supplications le trésor qu'il y a caché à l'insu

ARGUMENTUM

(UT QUIBUSDAM VIDETUR)

PRISCIANI.

Aulam repertam auri plenam Euclio
Vi summa servat, miseris adfectus modis.
Lyconides istius vitiat filiam.
Volt hanc Megadorus indotatam ducere :
Lubensque ut faciat, dat cœnas cum opsonio.
Auro formidat Euclio ; abstrudit foris.
Reque omni inspecta, compressoris servolus
Id surpit ; illic Euclioni rem refert,
Ab eo donatur auro, uxore, et filio.

PROLOGUS.

LAR FAMILIARIS.

Ne quis miretur, qui sim, paucis eloquar.
Ego Lar sum Familiaris, ex hac familia,
Unde exeuntem me adspexistis : hanc domum
Jam multos annos est, quom possideo, et colo
Patrique, avoque jam hujus, qui nunc heic habet :
Sed mihi avos hujus obsecrans concredidit
Thesaurum auri clam omneis : in medio foco
Defodit, venerans me, ut id servarem sibi.
Is quoniam moritur, ita avido ingenio fuit,

de tout le monde. Il l'a enfoui au milieu du foyer qui m'est consacré, et sous ma protection. Le bonhomme est mort; il était fort avare et jamais il ne voulut parler de cela à son fils; il aima mieux le laisser dans l'indigence que de lui découvrir sa cachette. Il ne lui laissa qu'un petit coin de terre qui le fait vivre misérablement à force de travail. Dès que celui qui m'avait recommandé son or eût rendu l'âme, je commençai à observer le fils pour m'assurer s'il avait pour moi une dévotion plus grande que son père. Je m'aperçus que mon culte diminuait dans la maison, et qu'il retranchait quelque chose des honneurs qui me sont dus. Je m'en suis vengé : car il mourut sans connaître le trésor. Il a laissé un fils qui habite maintenant ici, et qui ressemble de tout point à son père et à son aïeul. Il a une fille qui ne manque pas un seul jour de m'offrir de l'encens, du vin, des couronnes et de ferventes prières. C'est en sa faveur que j'ai fait découvrir le trésor à Euclion qui pourra, s'il le veut, la marier avec avantage. Un jeune homme de distinction l'a séduite. Il connaît le nom de sa maîtresse; mais elle ignore le sien. Le père n'est instruit de rien. Je ferai en sorte qu'un vieillard du voisinage demande sa main; et cela pour que le séducteur l'épouse plus sûrement. Le vieillard qui la demandera en mariage est l'oncle du jeune homme qui lui ravit l'honneur pendant les veilles de Cérès(1). Mais j'entends Euclion qui fait tapage chez lui comme à son ordinaire. Il met dehors sa vieille servante pour qu'elle ne sache rien. Je gage qu'il veut visiter son or, tremblant sans cesse qu'on ne le lui ait dérobé.

(1) Les femmes célébraient les Thesmophories la nuit, à jeun, et sans lumière, en mémoire de Cérès qui avait cherché de nuit sa fille Proserpine sur le mont Etna.

Nunquam indicare id filio voluit suo : 10
Inopemque optavit potius eum relinquere,
Quam eum Thesaurum conmonstraret filio.
Agri reliquit ei non magnum modum,
Quo cum labore magno et misera viveret.
Ubi is obiit mortem, qui mihi id aurum credidit, 15
Cœpi observare, ecqui majorem filius
Mihi honorem haberet, quam ejus habuisset pater.
Atque ille vero minus minusque inpertio
Curare, minusque me inpartire honoribus.
Item a me contra factum 'st : nam item obiit diem. 20
Is ex se quae reliquit, qui heic nunc habitat, filium
Pariter moratum, ut pater avosque hujus fuit.
Huic filia una est : ea mihi cotidie
Aut ture aut vino, aut aliqui semper subplicat;
Dat mihi coronas : ejus honoris gratia 25
Feci, thesaurum ut hic reperiret Euclio,
Quo eam facilius nubtum, si vellet, daret.
Nam conpressit eam de summo adulescens loco.
Is scit adulescens quae sit, quam conpresserit :
Illa illum nescit, neque conpressam autem pater. 30
Eam ego hodie faciam, ut hic senex de proxumo
Sibi uxorem poscat : id ea faciam gratia,
Quo ille eam facilius ducat, qui conpresserat.
Et hic qui poscet eam sibi uxorem senex,
Is adulescentis illius est avonculus, 35
Qui illam stupravit noctu, Cereris vigiliis.
Sed hic senex jam clamat intus, ut solet.
Anum foras extrudit, ne sit conscia.
Credo, aurum inspicere volt, ne subreptum siet.

ACTE PREMIÈRE.
SCÈNE PREMIÈRE.
HÉGION.

Euc. Sors! te dis-je, allons, sors! J'entends, morbleu, que tu sortes d'ici, maudite espionne, avec tes yeux de furet!

Staph. Pourquoi me battez-vous? Malheureuse que je suis!

Euc. Pour que tu le sois en effet! Pour qu'une misérable comme toi ait le sort qu'elle mérite.

Staph. Pourquoi enfin me chassez-vous maintenant de la maison?

Euc. Ai-je par hasard des comptes à te rendre, grenier à coup de fouet! Éloigne-toi de la porte, et dépêchons. Voyez comme elle se presse! Sais-tu bien ce qui t'attend aujourd'hui. Si je prends un bâton ou quelque nerf de bœuf, je te ferai doubler le pas, vieille tortue.

Staph. (à part). Que les Dieux me pendent, plutôt que d'être réduite à vous servir à ce prix.

Euc. Entendez la coquine murmurer entre ses dents. Je t'arracherai assurément les deux yeux afin que tu ne puisses plus épier mes démarches. Recule... encore... encore plus loin. Demeure-là, et si tu passes la limite seulement d'un doigt, de l'épaisseur d'un ongle, si tu regardes derrière toi sans ma permission, par Hercule, je t'envoie à l'instant au gibet pour te bien dresser. (à part) Je n'ai jamais vu une vieille scélérate pareille. Je crains qu'elle ne m'ait arraché malicieusement quelque parole et qu'elle ne soupçonne où mon or est caché : elle a des yeux derrière la tête, la drôlesse! Allons voir

ACTUS PRIMUS
SCENA PRIMA.
EUCLIO, STAPHYLA.

Eucl. Exi, inquam, age, exi : exeundum hercle tibi hinc est foras,
Circumspectatrix cum oculis emissitiis. 40
Staph. Nam cur me miseram verberas? *Eucl.* ut misera sis,
Atque ut te dignam mala malam aetatem exigas.
Staph. Nam qua me nunc causa extrusisti ex aedibus?
Eucl. Tibi ego rationem reddam, stimulorum seges? 45
Illuc regredere ab ostio : illuc, sis : vide, ut
Incedit : at scin', quo modo tibi res se habet?
Si hodie, hercle, fustem cepero, aut stimulum in manum,
Testudineum istum tibi ego grandibo gradum.
Staph. (seorsum.) Utinam me divi adaxint ad suspendium 50
Potius quidem, quam hoc pacto apud te serviam.
Eucl. At ut scelesta sola secum murmurat!
Oculos, hercle, ego istos, inproba ecfodiam tibi,
Ne me observare possis, quid rerum geram.
Abscede : etiam nunc : etiam nunc : etiam : ohe! 55
Istein adstato : si, hercle, tu ex istoc loco
Digitum transvorsum aut unguem latum excesseris,
Aut si respexis, donicum ego te jussero,
Continuo, hercle, ego te dedam discipulam cruci.
(secum) Scelestiorem me hac anu certo scio 60
Vidisse nunquam : nimisque ego hanc metuo male,
Ne mihi ex insidiis verba inprudenti duit,
Neu persentiscat, aurum ubi 'st absconditum :
Quae in obcipitio quoque habet oculos, pessuma.
Nunc ibo uti visam, estne ita aurum, ut condidi, 65

maintenant si mon or est toujours où je l'ai mis : cela me cause une inquiétude continuelle.

SCÈNE II.
STAPHYLA seule.

Stap. (*seule*) Je ne sais en vérité quel malheur est arrivé à mon maître, je crois qu'il est fou. Suis-je assez malheureuse, voilà dix fois qu'il me chasse de la maison dans un jour. Quelle mouche le pique? Il est debout toutes les nuits, le jour il reste cloué sur sa chaise comme un savetier boiteux. Il n'y a pas moyen de lui cacher l'aventure de sa fille, elle touche à son terme. Je crois que je n'ai rien de mieux à faire que d'aller m'allonger comme un I en me passant une corde au cou.

SCÈNE III.
EUCLION, STAPHYLA.

Euc. (*à part*) A présent que j'ai le cœur net, je vais sortir ; je me suis assuré que tout était bien à sa place. (*à Staphyla*) rentre maintenant, et veille à tout.

Stap. A quoi veiller? à ce qu'on emporte pas la maison? Car chez nous les voleurs n'ont rien à gagner. Il n'y a que du vide et des araignées.

Euc. Ne faudrait-il pas qu'à cause de toi, maudite sorcière, Jupiter me donnât les richesses du roi Philippe ou de Darius! Et bien! J'entends qu'on ait soin de mes araignées (1). Je suis pauvre, je l'avoue; et m'y résigne. Ce que les Dieux me donnent, me suffit. Rentre et ferme bien la porte : je vais revenir. Prends garde que quelqu'étranger ne s'introduise.

Stap. Si l'on vient me demander du feu?

(1) C'était un insecte de bon augure.

Euc. Pour que l'on ne t'en demande pas, étouffe-le. S'il brûle encore à mon retour, c'est toi qui sera étouffée sur-le-champ. Si l'on demande de l'eau, tu diras qu'elle s'est répandue. Si les voisins viennent emprunter, selon leur sot usage, un couteau, une hache, un pilon, un mortier ou quelqu'autre ustensile de cuisine, dis que les voleurs ont tout emporté. J'entends que tu ne laisses entrer qui que ce soit chez moi en mon absence : ce serait la bonne Fortune en personne que je te le défends expressément.

Stap. Oh! vous n'avez pas à craindre cette visite; car elle n'est jamais venue chez nous, quoique notre voisine.

Euc. Tais-toi et rentre sus-le-champ.

Stap. Je me tais et me retire.

Euc. Enferme-toi. Tire les deux verrous. Je reviens tout à l'heure.

SCÈNE IV.
EUCLION.

Euc. (*seul*) Je ne puis sortir un instant sans être dévoré d'inquiétude! Je ne sors que par nécessité. Mais j'ai affaire. Le chef de notre Curie doit distribuer de l'argent; si j'abandonne ma part et ne réclame rien, tout le monde va s'imaginer que j'ai de l'or chez moi. Car il n'est pas vraisemblable qu'un homme pauvre néglige une libéralité quelque faible qu'elle soit. Je me cache de tout le monde afin que personne ne devine mon secret et tout le monde semble le savoir : on me salue avec plus de bienveillance qu'auparavant. On m'aborde, on m'entoure, on me tend la main : on s'informe de ma santé, de mes affaires... Allons où je dois.. à la

---

Quod me sollicitat plurimis miserum modis.

SCENA SECUNDA.
STAPHYLA.

Staph. Nec nunc, mecastor, quid hero ego dicam meo
Malæ rei evenisse, quamve insaniam,
Queo conminisci : ita miseram me ad hunc modum.
Decies die uno sæpe extrudit ædibus.   70
Nescio, pol, quæ illunc hominem intemperiæ tenent;
Pervigilat nocteis totas : tum autem interdius,
Quasi claudus sutor, domi sedet totos dies.
Neque jam quo pacto celem herilis filiæ
Probrum, propinqua partitudo quoi adpetit,   75
Queo conminisci : neque quidquam meliu 'st mihi,
Ut opinor, quam ex me ut unam faciam literam
Longam, meum laqueo collum quando obstrinxero

SCENA TERTIA.
EUCLIO, STAPHYLA.

Eucl. Nunc dehecato demum animo egredior domo,
Postquam perspexi salva esse intus omnia.   80
Redi nunc jam intro, atque intus serva. Staph. Quippini
Ego intus servem : an, ne ædeis auferat?
Nam heic apud nos nihil est aliud quæsti furibus :
Ita inaniis sunt obpletæ atque araneis.
Eucl. Mirum, quin tua nunc me causa faciat Jupiter   85
Philippum regem aut Darium, trivenefica.
Araneas mihi ego illas servari volo.
Pauper sum, fateor: patior; quod di dant, fero.
Abi intro : obclude januam : jam ego heic ero.

Cave quemquam alienum in ædeis intromiseris.   90
Staph. Quod quispiam ignem quærat? Eucl. extingui volo.
Ne causa quid sit, quod te quisquam quæritet.
Nam si ignis vivet, tu exstinguere extempulo.
Tum aquam abfugisse dicito, si quis petet.
Cultrum, securim, pistillum, mortarium,   95
Quæ utenda vasa semper vicini rogant,
Fures venisse, atque abstulisse dicito.
Profecto in ædeis meas, me absente, neminem
Volo intromitti; atque etiam hoc prædico tibi,
Si Bona Fortuna veniat, ne intromiseris.   100
Staph. Pol, ea ipsa, credo, ne intromittatur, cavet :
Nam ad ædeis nostras nusquam adiit, quamquam prope 'st.
Eucl. Tace, atque abi intro. Staph. Taceo, atque abeo. Eucl.
Obclude, sis,
Foreis ambolus pessulis : jam ego heic ero. (Abit ancilla.)

SCENA QUARTA.
EUCLIO.

Discrucior animi, quia ab domo abeundum 'st mihi.   105
Nimis, hercle, invitus abeo : sed quid agam, scio.
Nam noster nostræ qui est magister Curiæ,
Dividere argenti dixit numos in viros :
Id si relinquo, ac non peto, omneis ilico
Me subspicentur, credo, habere aurum domi.   110
Nam verisimile non est, hominem pauperem
Pauxillum parvi facere, quin numum petat.
Nam nunc, quom celo sedulo omneis, ne sciant,
Omneis videntur scire, et me benignius
Omneis salutant, quam salutabant prius.   115
Adeunt, consistunt, copulantur dexteras :
Rogitant me, ut valeam, quid agam, quid rerum gerum.

distribution des pauvres, et revenons le plutôt possible.

ACTE DEUXIÈME.
SCÈNE PREMIÈRE.
EUNOMIE, MEGADORE.

Euno. Je voudrais bien vous persuader, mon frère, que mes paroles ne sont dictées que par mon zèle et votre intérêt, auquel je suis dévouée comme doit l'être une sœur. Je le sais, nous autres femmes, on nous trouve souvent importunes. Nous passons assez justement pour être très-bavardes et l'on prétend qu'on n'a jamais vu de femme muette. Mais, mon frère, songez que je n'ai pas au monde de plus proche parent que vous, et que vous n'en avez pas de plus proche que moi. Il est naturel que nous nous intéressions l'un à l'autre, que nous nous aidions de conseils réciproques. Nous ne devons avoir rien de caché l'un pour l'autre; la timidité, la défiance doivent être bannies entre nous. Je ne vous ai fait sortir que pour vous parler d'une affaire qui vous touche personnellement.

Még. Donnez moi votre main, ô la meilleure des femmes!

Eun. Où est-elle, cette femme parfaite? Quelle est-elle?

Még. Vous.

Euno. Moi, dites-vous?

Még. Si vous vous en défendez, je ne vous contredirai pas.

Euno. Dites la vérité, mon frère, cela vaut mieux : il n'y a pas à choisir de femme accomplie, puisqu'elles sont toutes plus méchantes les unes que les autres.

Még. Je pense comme vous, et je ne veux pas, ma sœur, vous contredire là-dessus.

Euno. Écoutez-moi, vous me ferez plaisir.

Még. Je suis tout à vous; parlez, commandez, que voulez-vous?

Euno. Je viens vous donner un conseil nécessaire à votre bien.

Még. Ma sœur, vous êtes donc toujours la même.

Euno. Je désirais pour vous.....

Még. Quoi! ma sœur?

Euno. Ce qui peut faire à jamais votre bonheur, avec l'aide des Dieux, une nombreuse famille, et pour cela je veux vous marier.

Még. Ah! je suis mort.

Euno. Qu'y a-t-il?

Még. Il y a... que vous me fendez la tête avec vos projets. Chacune de vos paroles est un coup de pierre qui m'écrase.

Euno. Allons, obéissez à votre sœur.

Még. Volontiers, si cela me plaît.

Euno. C'est pour votre bien.

Még. Oui, pourvu que je meure avant d'épouser; ou bien à condition que celle que vous voulez me donner pour femme viendra demain, et partira après demain pour l'autre monde. Sur ce pied là, j'y consens; et vous pouvez préparer la noce.

Euno. Je puis vous procurer, mon frère, une grosse dot. La future est l'aînée de la famille; c'est une femme de moyen âge. Si vous le permettez, mon frère, je vais la demander pour vous.

Még. Voulez-vous répondre à une question?

Euno. Tout ce qu'il vous plaira.

Még. Après avoir passé l'âge mûr prendre une femme de la même maturité, qu'en résulte-t-il? Si le vieillard fait par hasard un enfant à la vieille, le nom est tout trouvé? C'est un posthume. Je veux, ma sœur, vous épargner ce souci. Grâce à Dieu et à mes pères, je suis assez riche : l'éclat, les honneurs, la riche dot, un grand train, le pouvoir, de brillants équipages, le luxe de la toilette, tout cela

---

Nunc, quo profectus sum, ibo; postidea domum
Me rursum, quantum potero, tantum recipiam.

ACTUS SECUNDUS.
SCENA PRIMA.
EUNOMIA, MEGADORUS.

Eun. Velim te arbitrari me hæc verba, frater, 120
Meæ fidei tuæque rei hoc causa
Facere, ut æquom 'st germanam sororem.
Quamquam haud falsa sum, nos odiosas haberi.
Nam multum loquaces merito omneis habemur,
Nec mutam profecto repertam ullam esse 125
Hodie dicunt mulierem ullo in seculo.
Verum hoc, frater, unum tamen cogitato,
Tibi proxumam me, mihique item esse te.
Ut æquom 'st, quod in rem esse utrique arbitremur,
Et mihi te, et tibi me consulere et monere, 130
Neque obcultum id haberi, neque per metum mussari,
Quin participem pariter ego te, et tu me ut facias.
Eo nunc ego secreto te huc foras seduxi,
Ut tuam rem ego tecum hela loquerer familiarem.
Meg. Da mihi, optuma femina, manum. *Eun.* Ubi ea 'st? 135
quis ea
Est nam optuma? *Meg.* Tu. *Eun.* Tune ais? *Meg.* Si negas,
Nego. *Eun.* Decet te equidem vera proloqui.
Nam optumaa nulla potest eligi : alia alia
Pejor, frater, est. *Meg.* Idem ego arbitror, nec tibi

Advorsari certum 'st de istac re unquam, soror. 140
Eun. Da mihi operam, amabo. *Meg.* Tua 'st; utere,
Atque inpera, si quid vis. *Eun.* Id quod in rem tuam
Optumum esse arbitror, te id admonitum advento.
Meg. Soror, more tuo facis. *Eun.* Facta volo. *Meg.* Quid est id,
Soror? *Eun.* Quod tibi sempiternum salutare 145
Sit, procreandis liberis, ita di faxint,
Volo te uxorem domum ducere. *Meg.* Hei obcidi!
Eun. Quid ita? *Meg.* Qnia mihi misero cerebrum excutiunt
Tua dicta, soror : lapides loqueris. *Eun.* Heia! hoc face,
Quod te jubet soror. *Meg.* Si lubeat; faciam. *Eun.* In rem 150
Hoc tuam 'st. *Meg.* Ut quidem emoriar, priusquam ducam.
Sed his legibus, si quidem dare vis, ducam : quæ
Cras veniat, perendie foras feratur, eo pacto
His legibus quam dare vis, cedo, nubtias adorna.
Eun. Quam maxuma possum tibi, frater, dare dote : 155
Sed est grandior natu : media est mulieris ætas.
Eam si jubes, frater, tibi me poscere, poscam.
Meg. Num non vis me interrogare te? *Eun.* Imo si quid vis,
roga.
Meg. Post mediam ætatem, qui mediam ducit uxorem domum;
Si eam senex anum prægnatem fortuito fecerit, 160
Quid dubitas, quin sit paratum nomen puero Postumus?
Nunc ego istum, soror, laborem demam, et diminuam tibi.
Ego, virtute Deûm et majorum nostrorum, dives sum satis.
Istas magnas factiones, animos, doteis dapsileis,
Clamores, inperia, eburata vehicula, pallas, purpuram, 165
Nil moror, quæ in servitutem sumtibus redigunt viros.

ne me tente pas. Ces biens sont un véritable esclavage.

Euno. Dites-moi, je vous prie, quelle est celle que vous prétendez épouser.

Még. Je vais vous le dire. Vous connaissez le bonhomme Euclion, notre pauvre voisin.

Euno. Oui, un brave homme en vérité.

Még. C'est sa fille que je veux épouser... point d'objections... je vous prie, ma sœur. Je prévois ce que vous pouvez dire... elle est pauvre... eh bien... elle me plaît pauvre comme elle est.

Euno. Que les dieux vous soient en aide!

Még. Je l'espère bien.

Euno. Ne voulez-vous plus rien de moi?

Még. Adieu, ma sœur.

Euno. Adieu, mon frère. (*elle sort*)

Még. Je vais trouver Euclion, s'il est chez lui. Mais le voici : je ne sais d'où il revient.

SCÈNE II.

EUCLION, MEGADORE.

Euc. J'avais en sortant le pressentiment que je ferais une démarche inutile. J'y allais malgré moi. Ni le chef de la Curie, ni personne n'est venu distribuer l'argent. Je me hâte de rentrer au logis : car mon corps est ici, mais mon âme est là. (*montrant sa maison.*)

Még. (*le saluant*) Je souhaite le bonjour et mille prospérités à Euclion.

Euc. Que les dieux vous protégent, Mégadore!

Még. Et la santé va-t-elle comme vous voulez.

Euc. (*à part*) Un homme riche ne parle pas à un pauvre avec cette politesse, sans quelque motif.. Cet homme là sait que j'ai de l'or, voilà pourquoi il me salue d'un air si gracieux.

Még. Dites-vous que vous vous portez bien?

Euc. Fort bien à l'argent près.

Még. Si vous avez l'esprit tranquille, vous avez tout ce qu'il faut pour être heureux.

Eucl. (*à part*) Plus de doute, la vieille lui aura dit quelque chose de mon trésor. Entrons : je vais lui couper la langue et lui crever les deux yeux.

Még. Que dites-vous donc là tout seul ?

Eucl. Je déplore ma misère. J'ai une grande fille sans dot à placer. Je ne sais où lui trouver un mari.

Még. Ne parlez pas de cela, rassurez-vous, Euclion. On y pourvoira : je vous offre mes services. Quels sont vos besoins ? Parlez...

Eucl. (*à part*) Il me demande, quand il m'offre; il s'apprête à dévorer mon or. D'une main il tient une pierre et de l'autre il présente du pain. Je ne me fie point au riche qui se montre tout à coup si généreux envers le pauvre. Il vous tend la main avec bonté; mais c'est pour vous enlacer. Je connais ces polypes qui rongent tout ce qu'ils touchent.

Még. Daignez m'écouter un instant. J'ai deux mots à vous dire. Il s'agit d'une affaire qui vous intéresse comme moi.

Eucl. (*à part*) Malheureux que je suis! On a jeté le grapin sur mon trésor. C'est de cela qu'il veut me parler; j'en suis sûr... pour quelque arrangement. Courons vérifier le fait.

Még. Où courez-vous ?

Eucl. Je suis à vous tout de suite ; mais j'ai affaire chez moi. (*il entre chez lui.*)

Még. (*seul*) Ma foi, si je lui parle d'épouser sa fille, il croira que je me moque de lui. La pauvreté le rend si avare ?

Eucl. (*revenant*) Les dieux veillent sur moi, tout est bien comme il faut; rien n'est perdu. J'en suis quitte pour la peur. Mais avant d'entrer j'étais

---

Eun. Dic mihi, quæso, quis ea 'st, quam vis ducere uxorem? *Meg.* Eloquar.
Gnostin' hunc senem Euclionem ex proxumo pauperculum?
Eun. Gnovi, hominem haud malum, mecastor. *Meg.* Ejus cupio filiam
Virginem mihi desponderi : verba ne facias, soror. 170
Scio quid dictura es : hanc esse pauperem : hæc pauper placet.
Eun. Di bene vortant ! *Meg.* Idem ego spero. *Eun.* Quid me nunc quid vis? *Meg.* Vale.
Eun. Et tu, frater. (abit.) *Meg.* Ego conveniam Euclionem, si domi
Est : sed eccum : nescio unde sese homo recipit domum.

SCENA SECUNDA.

EUCLIO, MEGADORUS.

Eucl. Præsagibat mi animus, frustra me ire, quom exibam domo. 175
Itaque abibam invitus : nam neque quisquam Curialium
Venit, neque magister, quem dividere argentum oportuit.
Nunc domum properare propero : nam egomet sum heic ; animus domi 'st.
Meg. Salvos atque fortunatus, Euclio, semper sies.
Eucl. Di te ament, Megadore. *Meg.* Quid tu ? recten' atque ut vis vales? 180
Eucl. (*seorsum*) Non temerarium 'st, ubi dives blande adpellat pauperem.
Jam illic homo aurum me scit habere, eo me salutat blandius.
Meg. Ain' tu te valere ? *Eucl.* Pol, ego haud a pecunia perbene.

Meg. Pol, si est animus æquos tibi, satis habes, qui bene vitam colas.
Eucl. Anus, hercle, huic indicium fecit de auro: perspicue palam 'st. 185
Quoi ego jam linguam præcidam, atque oculos ecfodiam domi.
Meg. Quid tu solus tecum loquere? *Eucl.* Meam pauperiem conqueror.
Virginem habeo grandem, dote cassam, atque inlocabilem,
Neque eam queo locare quoiquam. *Meg.* Tace : bonum habe animum, Euclio :
Dabitur : adjuvabere a me : dic, si quid opu'st, inpera. 190
Eucl. Nunc petit, quom pollicetur : inhiat aurum, ut devoret.
Altera manu fert lapidem, panem obstentat altera.
Nemini credo, qui large blandu'st dives pauperi.
Ubi manum injicit benigne, ibi onerat aliquam zamiam.
Ego istos novi polypos, qui, ubi quid tetigerint, tenent. 195
Meg. Da mihi operam parumper : paucis, Euclio, 'st quod te volo
De communi re adpellare, mea et tua. *Eucl.* Hei misero mihi!
Aurum mi intus harpagatum 'st : nunc hic eam rem volt, scio,
Mecum adire ad pactionem : verum intervisam domum.
Meg. Quo abis? *Eucl.* Jam ad te revortar : namque est, quod visam domum. (*abit domum.*) 200
Meg. Credo, edepol, ubi mentionem ego fecero de filia,
Mihi ut despondeat, sese a me derideri rebitur.
Neque illo quisquam 'st alter hodie ex paupertate parcior.
Eucl. Di me servant, salva res est : salvom 'st, si quid non perit.

L'AULULAIRE, ACTE II, SCÈNE II.

mort d'effroi. (à Mégadore) Me voici de retour, Mégadore; tout prêt à vous écouter.

Még. Je vous en remercie. Répondez, je vous prie, à ma demande.

Eucl. Pourvu que vous ne me demandiez que ce que je puisse vous dire.

Még. Me trouvez-vous bien né?

Eucl. Assurément.

Még. Et ma réputation?

Eucl. Excellente.

Még. Et ma conduite?

Eucl. Sans reproche.

Még. Vous savez mon âge?

Eucl. Vous êtes riche en années comme en écus.

Még. Je vous ai toujours considéré comme un homme de bien, et je vous tiens encore pour tel.

Eucl. (à part) Il a flairé mon or. (haut) Que voulez-vous de moi maintenant.

Még. Puisque nous nous connaissons si bien l'un et l'autre, je vous demande de faire votre bonheur, le mien, celui de votre fille, en me l'accordant. Hein! promettez-la-moi.

Eucl. Ah! Mégadore! C'est une action indigne de vous que de railler un pauvre homme qui n'a jamais fait de mal, ni à vous ni aux vôtres. Je n'ai rien fait, rien dit pour mériter un pareil traitement.

Még. Je vous jure que je ne viens pas pour me moquer de vous; je ne m'en moque point : vous ne le méritez pas.

Eucl. Pourquoi donc me demander ma fille?

Még. Pour votre bonheur, pour le mien et celui de votre famille.

Eucl. Je songe, Mégadore, que vous êtes riche, puissant; et que je suis le plus pauvre des hommes. Si je vous donnais ma fille, on vous comparerait vous à un bœuf et moi à un ânon; attelé avec vous, je ne pourrai porter la même charge que vous; et l'ânon tombera dans la boue. Le bœuf me regardera d'un air de mépris, comme si je n'étais pas un être vivant. Vous me traiterez sans pitié, et ceux de mon espèce se moqueront de moi. Si nous nous séparons, je ne trouverai pas un gîte où me loger. Les ânes me mordront à belles dents, et les bœufs me poursuivront à coups de cornes. Voilà à quoi je m'expose en m'élevant de la classe des baudets au rang des bœufs.

Még. Le principal c'est de vous allier à d'honnêtes gens. Acceptez ma proposition, touchez là et promettez-moi votre fille.

Eucl. Mais je n'ai pas de dot à lui donner.

Még. Ne vous inquiétez pas... Elle a de la sagesse; c'est une assez belle dot.

Eucl. Je vous dis cela, pour que vous ne supposiez pas que j'ai trouvé des trésors.

Még. Je le sais bien, vous n'avez pas besoin de m'en avertir. Voyons, votre parole...

Eucl. Soit... mais grands dieux! Ne suis-je pas perdu?

Még. Qu'avez-vous?

Eucl. Quel est ce bruit de fer que je viens d'entendre? (il se dirige vers la maison)

Még. C'est que je fais travailler à mon jardin. (se retournant) Mais où est mon homme? Il s'en va sans me donner de réponse. Il se défie de moi parce qu'il voit que je recherche son amitié; c'est assez l'ordinaire. Lorsque le riche vient demander un service au pauvre, le pauvre craint de se compromettre : cette inquiétude l'empêche de voir son bien; et quand l'occasion est échappée, il la regrette; mais il est trop tard.

Nimis male timui : priusquam intro redii, exanimatus fui.
Redeo ad te, Megadore, si quid me vis. *Meg.* Habeo gratiam. 206
Quæso, quod te percontabor, ne id te pigeat proloqui.
Eucl. Dum quidem ne quid perconteris, quod mihi non lubeat proloqui.
Meg. Dic mihi, quali me arbitrare genere prognatum? *Eucl.* Bono.
Meg. Quid fide? *Eucl.* Bona. *Meg.* Quid factis? *Eucl.* Neque malis, neque inprobis. 210
Meg. Ætatem meam scis? *Eucl.* Scio esse grandem, itidem ut pecuniam.
Meg. Certe, edepol, equidem te civem sine mala omni malitia
Semper sum arbitratus, et nunc arbitror. *Eucl.* (seorsum) Aurum huic olet.
Quid nunc me vis? *Meg.* Quoniam tu me, et ego te, qualis sis, scio;
Quæ res recte vortat, mihique, tibique, tuæque filiæ, 215
Filiam tuam mihi uxorem posco : promitte hoc fore.
Eucl. Heia! Megadore, haud decorum facinus tuis factis facis,
Ut inopem atque innoxium abs te atque abs tuis me inrideas.
Nam de te neque re, neque verbis merui, ut faceres, quod facis.
Meg. Neque, edepol, ego te derisum venio, neque derideo :
Neque dignum arbitror. *Eucl.* Cur igitur poscis meam gnatam tibi? 221
Meg. Ut propter me tibi sit melius, mihique propter te et tuos.
Eucl. Venit hoc mi, Megadore, in mentem, ted esse hominem divitem,
Factiosum; me item esse hominem pauperum pauperrumum.
Nunc si filiam locassim meam tibi, in mentem venit, 225
Te bovem esse, ac me asellum : ubi tecum conjunctus siem,
Ubi onus nequeam ferre pariter, jaceam ego asinus in luto :
Tu bos magis haud respicias, gnatus quasi nunquam siem.
Et te utar iniquiore, et meus me ordo inrideat.
Neutrubi habeam stabile stabulum, si quid divorti fuat. 230
Asini me mordicibus scindant, boves incursent cornibus.
Hoc magnum 'st periculum, me ab asinis ad boves transcendere.
Meg. Quam ad probos propinquitate proxume te adjunxeris,
Tam optumum 'st : tu conditionem hanc adcipe : ausculta mihi,
Atque eam desponde mihi. *Eucl.* At nihil est dotis, quod dem. *Meg.* Ne duas. 235
Dummodo morata recte veniat, dotata 'st satis.
Eucl. Eo dico, ne me thesauros reperisse censeas.
Meg. Gnovi, ne doceas : desponde. *Eucl.* Fiat : sed, pro Jupiter!
Non ego disperii? *Meg.* Quid tibi'st? *Eucl.* Quid crepuit, quasi ferrum modo? (abit.)
Meg. Heic apud me hortum confodere jussi : sed ubi hic est homo? 240
Abiit, neque me certiorem fecit : fastidit mei,
Quia videt me suam amicitiam velle; more hominum facit.
Nam si opulentus it petitum pauperioris gratiam,
Pauper metuit congrediri : per metum male rem gerit.
Idem, quando illæc obcasio periit, post sero cupit. 245
(*Euclio revertitur.*)
Eucl. Si, hercle, ego te non elinguandam dedero usque ab radicibus,

Eucl. rentrant, à Staphyla restée dans la maison. Si je ne te fais pas couper la langue jusqu'à la racine, je consens qu'on ne me fasse eunuque.

Még. Je vois, Euclion, que vous me prenez pour un vieux fou dont vous vous amusez... Vous avez grand tort.

Eucl. Non, Mégadore, je vous le proteste. J'en aurais le pouvoir que je ne me le permettrais pas.

Még. Eh bien! pourquoi ne pas me promettre votre fille.

Eucl. Sur le pied que je vous ai dit, sans dot.

Még. Enfin, me la promettez-vous?

Eucl. Je vous la promets.

Még. Que les dieux vous soient propices!

Eucl. Puissent-ils vous entendre! Surtout n'oubliez pas notre convention; ma fille ne vous apporte point de dot.

Még. Je ne l'ai pas oublié.

Eucl. C'est que vous autres gens riches, vous avez l'art d'embrouiller les choses : ce qui est convenu, n'est pas convenu; ce qui n'est point convenu, est convenu, suivant votre bon plaisir.

Még. Vous n'avez pas de chicanes à craindre de ma part : mais pourquoi ne ferions-nous pas la noce dès aujourd'hui?

Eucl. Vous avez raison.

Még. Je vais donc tout préparer. Voulez-vous quelque chose de plus?

Eucl. Non.

Még. Fort bien. Adieu. (*à son esclave*) Holà! Strobile, suis-moi bien vite au marché. (*il sort.*)

Eucl. (*seul*) Le voilà parti! bons dieux, voyez le pouvoir de l'or! Je suis sûr qu'il a entendu parler du trésor que j'ai chez moi. Il en a soif; et c'est pour cela qu'il recherche mon alliance.

SCENE III.

EUCLION, STAPHYLA.

Eucl. Où es-tu bavarde qui as été crier partout chez les voisins que je donnerais une dot à ma fille. Staphyla! je t'appelle! m'entends-tu? Hâte-toi de laver et de purifier les vases consacrés. Je viens de promettre ma fille. Je la donne en mariage à notre voisin Mégadore.

Staph. Le ciel vous soit propice!... Mais vous m'ordonnez l'impossible... Je n'aurai pas assez de temps.

Eucl. Tais-toi et va-t-en. J'entends que tout soit prêt à mon retour du marché. Ferme bien la porte. Je reviens à l'instant.

Staph. (*seule*) Que vais-je faire? Un grand malheur nous menace ma jeune maîtresse et moi. Je ne puis plus cacher son déshonneur. Elle est près d'accoucher. Tout va se savoir. Ce que j'ai tenu secret avec tant de soin ne va plus l'être désormais. Rentrons afin que mon maître trouve ses ordres exécutés quand il rentrera! Je crains quelque malheur. Me faudra-t-il avaler le poison jusqu'à la lie?

SCÈNE IV.

STROBILE, ANTHRAX, CONGRION.

Strob. Mon maître après avoir fait acheter ses provisions, loué des cuisiniers et des musiciens au marché, m'a ordonné de partager le tout en deux portions.

Cong. Je te jure que tu ne me partageras pas en deux. Si tu veux de moi, dans mon entier, à la bonne heure.

Inpero, auctorque sum, ut tu me quoivis castrandum loces.
Meg. Video, hercle, ego te me arbitrari, Euclio, hominem idoneum,
Quem senecta ætate ludos facias, haud merito meo.
Eucl. Neque, edepol, Megadore, facio : neque, si cupiam, copia 'st.
Meg. Quid nunc? etiam mihi despondes filiam? *Eucl.* Illis legibus, 250
Cum illa dote, quam tibi dixi. *Meg.* Sponden' ergo? *Eucl.* Spondeo.
Meg. Istuc Di bene vortant. *Eucl.* Ita Di faxint : illud facito ut memineris
Convenisse, ut ne quid dotis mea ad te adferret filia.
Meg. Memini. *Eucl.* At scio, quo vos soleatis pacto perplexarier. 255
Pactum non pactum'st, non pactum pactum'st, quod vobis lubet.
Meg. Nulla controversia mihi tecum erit : sed nuptias
Hodie quin faciamus, num quæ causa'st? *Eucl.* Imo, edepol, optuma.
Meg. Ibo igitur, parabo : numquid me vis? *Eucl.* Istuc. *Meg.* Fiet : vale.
Heus, Strobile, sequere propere me ad macellum strenue.
Eucl. Illic hinc abiit : di inmortales, obsecro, aurum quid valet! 261
Credo ego illum jam inaudisse, mi esse thesaurum domi :
Id inhiat, ea adfinitatem hanc obstinavit gratia.

SCENA TERTIA.

EUCLIO, STAPHYLA.

Eucl. Ubi tu es, quæ deblaterasti jam vicinis omnibus,
Meæ me filiæ daturum dotem? heus, Staphyla, te voco :
Ecquid audis? vascula intus pure propera atque elue. 266
Filiam despondi ego : hodie nuptum huic Megadoro dabo.
Staph. Di bene vortant : verum, ecastor, non potest : subitum 'st nimis.
Eucl. Tace, atque abi : curata fac sint, quom a foro redeam domum.
Atque obclude ædeis : jam ego heic adero. *Staph.* Quid ego nunc agam? 270
Nunc nobis prope adest exitium, mihi atque herili filiæ.
Nam probrum atque partitudo prope adest, ut fiat palam.
Quod celatum 'st atque obcultatum usque adhuc, nunc non potest.
Ibo intro, ut, herus quæ imperavit, facta, quom veniat, sient.
Nam, ecastor, malum mœrorem metuo, ne mistum bibam.

SCENA QUARTA.

STROBILUS, ANTHRAX, CONGRIO.

Strob. Postquam opsonavit herus, et conduxit cocos 276
Tibicinasque hasce apud forum, edixit mihi,
Ut dispartirem opsonium heic bifariam.
Cong. Me quidem, hercle, dicam palam, non divides.
Si quo tu totum me ire vis, operam dabo. 280
Anth. Bellum et pudicum vero prostibulum popli.

L'AULULAIRE, ACTE II, SCÈNE IV.

Anth. Voyez l'aimable homme! Le mignon de tout le monde! quoi! si l'on t'en priait, tu ne voudrais pas être partagé?
Cong. Anthrax, mes paroles n'ont pas le sens que ta malice leur prête.
Strob. Mon maître célèbre aujourd'hui ses noces.
Cong. Quel est le père de sa future?
Strob. Euclion un de nos plus proches voisins. J'ai ordre de lui envoyer la moitié de nos provisions, un cuisinier et une joueuse de flûte.
Cong. C'est-à-dire qu'une moitié est pour ici, et l'autre pour la maison.
Strob. Précisément.
Cong. Comment ce vieillard ne pouvait pas faire les noces de sa fille?
Strob. Bah!
Cong. Quel est donc l'obstacle?
Strob. L'obstacle; Il n'y a pas de cœur plus sec que ce vieillard.
Cong. Est-ce bien vrai?
Strob. Juge toi-même. Il appelle à son secours le ciel et la terre, se croit ruiné, anéanti, pour peu que son tison brûle un peu fort. Il ne se couche pas qu'il n'ait bouché le tuyau.
Cong. Pourquoi?
Strob. De peur que pendant son sommeil, le moindre vent ne s'échappe?
Cong. A-t-il soin de boucher aussi certain endroit, de peur que pendant son sommeil quelque vent ne s'échappe.
Strob. Tu dois m'en croire sur ce point, comme je crois tout ce que tu dis.
Cong. Je te crois donc.
Strob. C'est peu. Il plaint l'eau qu'il répand pour se laver.
Cong. Est-ce que tu croirais impossible d'obtenir du bonhomme de l'argent pour acheter notre liberté?
Strob. Tu lui demanderais la famine, qu'il ne te la donnerait pas. L'autre jour, son barbier lui avait coupé les ongles; il en a ramassé les rognures précieusement.
Cong. Vraiment tu me parles là d'un vilain homme : mais sérieusement penses-tu qu'il soit aussi ladre et qu'il vive aussi misérablement?
Strob. Une fois, un milan lui enlève son potage, notre homme désespéré court chez le préteur : là, il sanglotte, jette les hauts cris, et demande, les larmes aux yeux, qu'on lui permette d'assigner le voleur. Je te citerais cent tours pareils, si nous avions le temps. Mais, dites-moi, qui de vous deux est le plus expéditif?
Cong. Moi, sans comparaison.
Strob. Je demande un cuisinier et non pas un voleur.
Cong. C'est aussi comme cuisinier que je me présente.
Strob. (à Anthrax) Et toi, que dis tu?
Anth. Moi, je suis tel que tu me vois.
Cong. C'est un vrai cuisinier de foire, il fait la cuisine un jour sur neuf.
Anth. Tu me dis des injures, misérable coquin, double fripon!
Strob. Tais-toi maintenant. Quel est le plus gras de ces agneaux?
Cong. Cela se voit de reste.
Strob. Prends-le, Congrion, et va là-dedans; vous, suivez-le... Restez avec nous, vous autres!
Anth. Le partage est inégal.. Ils ont l'agneau le plus gras.
Strob. On te donnera la musicienne la plus grasse. Va avec lui, Phrygie; toi Eleusie, entre à la maison.
Cong. Rusé Strobile! tu me renvoies au vieil avare, dont je ne pourrai rien arracher, sans crier jusqu'à perdre haleine.
Strob. C'est sottise et temps perdu que d'obliger de pareils ingrats.
Cong. Qui m'oblige, dis-le donc?
Strob. Tu le demandes? D'abord une foule d'es-

Post si quis vellet te, haud non velles dividi.
Cong. Atqui ego istuc, Anthrax, aliovorsum dixeram,
Non istuc, quod tu insimulas. *Strob.* Sed herus nubtias
Meus hodie faciet. *Cong.* Quojus ducit filiam?   285
Strob. Vicini hujus Euclionis e proxumo.
Et adeo opsoni hinc dimidium jussit dari,
Cocum alterum, itidemque alteram tibicinam.
Cong. Nempe huic dimidium dicis, dimidium domi?
Strob. Nempe, sicut dicis. *Cong.* Quid? hic non poterat de
suo   290
Senex opsonari filiæ in nubtiis?
Strob. Vah! *Cong.* Quid negoti'st? *Strob.* Quid negoti, sit,
rogas?
Pumex non æque est aridus, atque hic est senex.
Cong. Ain' tandem ita esse, ut dicis? *Strob.* Tute existuma.
Quin divom atque hominum clamat continuo fidem,   295
Suam rem perisse, seque eradicarier,
De suo tigillo fumus si qua exit foras.
Quin quom it dormitum, follem obstringit ob gulam.
Cong. Cur? *Strob.* Ne quid animæ forte amittat dormiens.
Cong. Etiamne obturat inferiorem gutturem,   300
Ne quid animal forte amittat dormiens?
Strob. Hæc mihi te, ut tibi me, æquom 'st credere.
Cong. Imo equidem credo. *Strob.* At scin' etiam quomodo?
Aquam, hercle, plorat, quom lavat, profundere.
Cong. Censen' talentum magnum exorari potesse   305
Ab istoc sene, ut det, qui fiamus liberi?
Strob. Famem, hercle, utendam, si roges, nunquam dabit.

Quin ipsi pridem tonsor ungueis demserat;
Conlegit, omnia abstulit præsegmina.
Cong. Edepol, mortalem parce parcum prædicas.   310
Censen' vero adeo esse parcum et misere vivere?
Strob. Pulmentum pridem ei eripuit miluus : .
Homo ad prætorem deplorabundus venit :
Infit ibi postulare, plorans, ejulans,
Ut sibi liceret miluum vadarier.   315
Sexcenta sunt, quæ memorem, si sit otium.
Sed uter vostrorum est celerior? memora mihi.
Cong. Ego, ut multo melior. *Strob.* Cocum ego, non furem
rogo.
Cong. Cocum ego dico. *Strob.* (ad Anthracem.) Quid tu ais?
Anth. Sic sum, ut vides.
Cong. Cocus ille nundinali'st, in nonum diem   320
Solet ire coctum. *Anth.* Tun' trium literarum homo,
Me vituperas? fur, etiam fur trifurcifer.
Strob. Tace nunc jam tu : atque agnum horunc uter est pinguior...
Cong. Licet. *Strob.* Tu Congrio eum sume, atque abi
Intro illuc, et vos illum sequimini :   325
Vos ceteri illuc ad nos. *Anth.* Hercle, injuria
Dispartivisti : pinguiorem agnum isti habent.
Strob. At nunc tibi dabitur pinguior tibicina.
I sane cum illo, Phrygia : tu autem, Eleusium
Huc intro abi ad nos. *Cong.* O Strobile subdole,   330
Huccine detrusti me ad senem parcissumum?
Ubi, si quid poscam, usque ad ravim poscam prius,

claves ne t'incommodera pas dans cette maison. Si tu as besoin de quelque chose, apporte-le, de peur de perdre ton temps à le demander. Ici nous sommes beaucoup de monde, la maison est bien meublée, bien pourvue d'habits et de vaisselle. S'il se perd quelque chose, (et je te connais, tu ne peux te défendre de toucher à ce qui tombe sous tes mains) on dira : C'est le cuisinier! qu'on le saisisse, garottez-le, frappez-le, jettez-le dans la fosse. Tu seras à l'abri de ce danger ; tu ne déroberas rien là où il n'y a rien. Suis-moi.
Cong. Je te suis.

SCÈNE V.
STROBILE, STAPHILA, CUISINIERS.

Strob. Holà! Staphyla, arrive et ouvre la porte.
Staph. Qui m'appelle?
Strob. Strobile.
Staph. Que me veux-tu?
Strob. Que tu reçoives ces cuisiniers, cette musicienne et ces provisions de noces. Mégadore m'a chargé de les remettre à Euclion.
Staph. C'est sans doute pour célébrer les noces de Cérès (1)?
Strob. Pourquoi?
Staph. Je vois que vous n'apportez pas de vin.
Strob. On en apportera, aussitôt que mon maître sera revenu du marché.
Staph. Il n'y a pas de bois à la maison.
Strob. Vous avez des cloisons.
Staph. Oui.
Un cuisinier. Vous avez donc du bois; n'en cherchez pas d'autre.
Staph. Comment! coquin, méchant suppôt de Vulcain, faut-il pour ton dîner, et pour que tu

(1) Pendant les Céréales qui duraient huit jours, le vin était interdit.

puisses gagner ton argent, que nous mettions le feu à la maison !
Le cuisinier. Je n'exige pas cela.
Strob. (*à Staphyla*) Fais entrer ces gens-là.
Staph. Suivez-moi.

SCÈNE VI.
PYTHODICUS.

Pyth. Faites votre besogne, moi j'aurai l'œil sur les cuisiniers. Ce n'est pas peu de chose que de les surveiller aujourd'hui... il faudrait leur faire faire la cuisine dans la fosse : on en retirerait les mets dans des corbeilles. Oui, mais s'ils mangent les plats à mesure qu'ils les font, ceux d'en bas auront bien soupé, ceux d'en haut resteront à jeun. Mais je bavarde là comme si je n'avais rien à faire, comme s'il ne me fallait pas surveiller cette canaille rapace dont la maison est pleine.

SCÈNE VII.
EUCLION, CONGRION.

Eucl. J'ai résolu de faire contre fortune bon cœur, pour bien célébrer les noces de ma fille. J'arrive au marché; je demande des poissons; on me présente les plus chers; puis de l'agneau, du bœuf, du veau, du marsouin, du porc, tout cela hors de prix, d'autant que je n'avais pas d'argent. Je m'en vais furieux, ne pouvant rien acheter. J'ai dit adieu à toute cette racaille; ensuite j'ai réfléchi, chemin faisant : je me suis dit : si tu prodigues tout, pour un jour de fête, si tu n'économises rien, il te faudra jeûner le lendemain. J'ai médité, digéré cette idée, et ma ferme résolution est de marier ma fille à peu de frais. J'ai acheté un petit grain d'encens, et ces couronnes de fleurs pour orner le dieu Lare, placé dans mon

Quam quidquam detur. *Strob.* Stultum et sine gratia 'st
Ibi recte facere, quando, quod facias, perit.
Cong. Qui vero? *Strob.* Rogitas? Jam principio in ædibus
Turba isteic nulla tibi erit : si quod uti voles,   336
Domo abs te adferto, ne operam perdas poscere.
Heic apud nos magna turba ac magna familia est,
Supellex, aurum, vestes, vasa argentea :
Ibi si perierit quidpiam (quod te scio   340
Facile abstinere posse, si nihil obviam 'st),
Dicant : coci abstulerunt; conprehendite,
Vincite, verberate, in puteum condite.
Horum tibi isteic nihil eveniet : quippe qui
Ubi quid subripias, nihil est : sequere hac me. *Cong.* Sequor.   345

SCENA QUINTA.
STROBILUS, STAPHYLA, COCI.

Strob. Heus, Staphyla, prodi, atque ostium aperi. *Staph.* Qui vocat?
Strob. Strobilus. *Staph.* Quid vis? *Strob.* Hos ut adcipias
cocos,
Tibicinamque, opsoniumque in nubtias.
Megadorus jussit Euclioni hæc mittere.
Staph. Cererine, Strobile, has facturi nubtias?   350
Strob. Qui? *Staph.* Quia temeti nihil adlatum intellego.
Strob. At jam adferetur, si a foro ipsus redierit.
Staph. Ligna heic apud nos nulla sunt. *Coc.* Sunt asseres?
Staph. Sunt, pol. *Coc.* Sunt igitur ligna; ne quæras foris.
Staph. Quid? inpurate, quamquam Volcano studes,   355

Cœnæne causa, aut tuæ mercedis gratia,
Nos nostras ædeis postulas conburere?
Coc. Haud postulo. *Strob.* Duc istos intro. *Staph.* Sequimini.

SCENA SEXTA.
PYTHODICUS.

Curate; ego intervisam quid faciant coci.
Quos, pol, ut ego hodie servem, cura maxima 'st.   360
Nisi unum hoc faciam, ut in puteo cœnam coquant,
Inde coctam sursum subducemus corbulis.
Sin autem deorsum comedent, si quid coxerint,
Superi incœnati sunt, et cœnati inferi.
Sed verba heic facio, quasi negoti nil siet,   365
Rapacidarum ubi tantum siet in ædibus.

SCENA SEPTIMA.
EUCLIO, CONGRIO.

Eucl. Volui animum tandem confirmare hodie meum,
Uti bene haberem filiæ in nubtiis.
Venio ad macellum, rogito pisceis; indicant
Caros, agnioam caram, caram bubulam,   370
Vitulinam, cetum, porcinam; cara omnia :
Atque eo fuerunt cariora, æs non erat.
Abeo iratus illinc, quoniam nihil est, qui emam.
Ita illis inpuris omnibus adii manum.
Deinde egomet mecum cogitare inter vias   375
Obcepi : festo die si quid prodegeris,
Profesto egere liceat, nisi peperceris.
Postquam hanc rationem cordi ventrique edidi,

foyer, et le rendre propice au mariage de ma fille. Mais que vois-je? ma maison ouverte? Quel est ce tapage? Malheureux que je suis! mais on me pille.

Cong. (*dans l'intérieur de la maison*) Empruntez, s'il se peut, chez le voisin une marmite plus grande. Celle-ci est beaucoup trop petite.

Eucl. Ah! je suis perdu, c'est mon or qu'on enlève, on parle de marmite. Je suis mort si je n'y cours à l'instant. Apollon, je t'en conjure, viens à mon aide, protége-moi! perce de tes flèches les voleurs de mon trésor. Tu m'as déjà sauvé d'un pareil danger. Mais je reste là, au lieu de courir, et de prévenir ma ruine! (*il sort.*)

SCÈNE VIII.

ANTHRAX, LES CUISINIERS, *dans la maison de Mégadore.*

Anth. Dromon, ôte les écailles de ces poissons; toi, Machérion, écorche le mieux possible le congre et la lamproie; que tout soit désossé à mon retour. Je vais ici près emprunter à Congrion un four de campagne; toi, tu es adroit, tu me plumeras ce coq comme un Lydien[1] qu'on a épilé. Mais quels cris se font entendre dans le voisinage. Ce sont les cuisiniers sans doute qui font leur office. Rentrons, pour prévenir une pareille émoute chez nous.

ACTE TROISIÈME.
SCÈNE PREMIÈRE.
CONGRION.

De grâce, chers citoyens, voisins, étrangers,

(1) La coutume de s'arracher la barbe était attribuée aux Lydiens.

compatriotes, place, place, laissez-moi m'enfuir; que toutes les rues soient libres à mon passage! Je n'ai jamais vu un bacchanal semblable à celui dont je viens d'être témoin dans cette cuisine. On a fait pleuvoir une grêle de coups de bâton sur mon malheureux dos et sur celui de mes apprentis. Je suis tout meurtri, je suis mort; ce maudit vieillard s'est exercé sur moi comme un athlète. Jamais fagots ne vinrent plus à propos pour nous rompre les reins à moi et à mes compagnons. C'est fait de moi! la tempête va recommencer, je l'entends... elle me poursuit.. mais je sais ce que j'ai à faire. Profitons de la leçon de notre maître. (*il s'enfuit.*)

SCÈNE II.
EUCLION, CONGRION.

Eucl. Ici donc! où vas-tu? arrête! arrête!
Cong. Qu'avez-vous à crier, vieux fou!
Eucl. Je vais donner ton nom aux triumvirs.
Cong. Pourquoi?
Eucl. Parce que tu portes un couteau.
Cong. C'est l'arme d'un cuisinier.
Eucl. Pourquoi m'en as-tu menacé?
Cong. Si j'ai eu un tort c'est de ne pas t'en percer le flanc.
Eucl. Tu es bien le plus grand scélérat que je connaisse, et celui que j'assommerais le plus volontiers.
Cong. Tu n'as pas besoin de le dire, tu l'as prouvé, Ton bâton m'a rendu plus souple qu'un danseur. Mais pourquoi nous frapper, méchant gueux! pour quel motif?
Eucl. Tu oses le demander? Est-ce que tu réclames un reste de compte?

Adcessit animus ad meam sentenNam,
Quam minumo sumtu filiam ut nubtum darem. 380
Nunc thusculum emi et hasce coronas floreas :
Hæc inponentur in foco nostro Lari,
Ut fortunatas faciat gnatæ nubtias.
Sed quid ego apertas ædeis nostras conspicor ?
Et strepitu 'st intus : numnam ego conpilor miser? 385
Cong. Aulam majorem, si potes, vicinia
Pete : hæc est parva, capere non quit. *Eucl.* Hei mihi,
Perii, hercle! aurum rapitur, aula queritur.
Nimirum obcidor, ni intro huc propero currere.
Apollo, quæso, subveni mihi, atque adjuva : 390
Confige sagittis fures thesaurarios :
Quoi in re tali jam subvenisti antidhac.
Sed cesso prius, quam prorsus perii, currere?

SCENA OCTAVA.

ANTHRAX (in domo Megadori.)

Dromo, desquama pisceis : tu, Machærio,
Congrum, murænam exdorsua, quantum potes : 395
Atque omnia, dum absum hinc, exossata fac sient.
Ego hinc artoptam ex proxumo utendam peto
A Congrione : tu istum gallum, si sapis,
Glabriorem reddes mihi, quam volsus ludiu'st.
Sed quid hoc clamoris oritur hinc ex proxumo? 400
Coci, hercle, credo, faciunt opificium suum.
Fugiam intro, ne quid heic turbæ fiat itidem.

ACTUS TERTIUS.
SCENA PRIMA.
CONGRIO.

Optati civeis, populareis, incolæ, adcolæ, advenæ omneis,

Date viam, qua fugere liceat, facite totæ plateæ pateant.
Neque ego unquam, nisi hodie, ad Bacchas veni in Bacchanal coquinatum, 405
Ita me miserum et meos discipulos fustibus male contuderunt.
Totus doleo, atque oppido perii, ita me iste habuit senex gymnasium.
Neque ingua ego usquam gentium præberi vidi pulcrius :
Itaque omneis exegit foras, me atque hos, onustos fustibus.
At at, perii, hercle, ego miser! aperit Bacchanal, adest,
Sequitur : scio, quam rem geram : hoc ipsus magister me docuit. 411

SCENA SECUNDA.

EUCLIO, CONGRIO.

Eucl. Redi, quo fugis nunc? tene, tene. *Cong.* Quid, tu, stolide, clamas?
Eucl. Quia ad Treisviros jam ego deferam tuum nomen.
Cong. Quamobrem?
Eucl. Quia cultrum habes. *Cong.* Hem cocum decet. *Eucl.* Quid conminatus
Mihi? *Cong.* Istuc malefactum arbitror, qui non latus fodi.
Eucl. Homo nullus est, te scelestior qui vivat hodie, 416
Neque quoi amplius de industria male plus lubens faxim.
Cong. Pol, etsi taceas, palam id quidem 'st : res ipsa testi 'st.
Ita fustibus sum mollior magis, quam ullus cinædus.
Sed quid tibi nos, mendice homo, tactio est? quæ res? 420
Eucl. Etiam rogitas? an quia minus, quam æquum erat, feci?
Sine. *Cong.* At, hercle, cum malo magno tuo, si hoc caput sentit.
Eucl. Pol, ego haud scio, quid post fiat; tuum nunc caput sentit.

Cong. Laisse-moi faire! tu t'en repentiras, si cette tête-là est encore sensible...

Eucl. Je ne sais ce qu'elle deviendra... mais elle est sensible en ce moment. Que venais-tu faire chez moi en mon absence et sans mon ordre? Je veux le savoir.

Cong. Taisez-vous donc : nous venions préparer votre repas de noces.

Eucl. Eh! que t'importe que je mange cru ou cuit, es-tu mon tuteur?

Cong. Je veux savoir si vous nous laisserez achever le souper.

Eucl. Et moi je veux savoir si ma maison est en sûreté avec vous.

Cong. Plût au ciel que j'en sortisse sain et sauf avec tout ce que j'y ai apporté! Je me soucie fort peu du reste! Est-ce que je vous demande quelque chose?

Eucl. Je le sais. Tu ne m'apprends rien.

Cong. Par quel motif nous empêchez-vous de cuire ici votre souper? Qu'avons-nous fait, qu'avons-nous dit qui puisse vous choquer?

Eucl. Tu me le demandes, scélérat, qui vas furetant dans tous les coins de ma maison, et livres à toute ta bande l'entrée de mon appartement? Si tu étais resté où tu avais affaire auprès de tes fourneaux, tu n'aurais pas la tête fêlée. Tu n'as que ce que tu mérites. Je vais te prononcer ton arrêt : si tu mets le pied sur le seuil de ma porte, sans mon ordre, c'est fait de toi. M'entends-tu bien maintenant? Où vas-tu? Reviens ici.

Cong. Que Laverne[1] me soit en aide! Si vous ne me faites rendre mes ustensiles de cuisine, je fais tapage devant votre porte. Qu'ai-je à gagner de vous maintenant? C'est l'enfer qui m'y a conduit. On m'a loué un écu, le médecin va me coûter le double.

SCÈNE III.
EUCLION, CONGRION.

Eucl. (*à part*) Oh! mon cher trésor, tu me suivras partout, tu seras toujours avec moi, je ne t'expo-

(1) Déesse des voleurs.

serai plus à de pareils dangers. (*haut*) Entrez maintenant, vous autres, cuisiniers et musiciennes; (*à Congrion*) et toi, conduis, si tu veux, toute cette race vénale. Cuisez, fricassez, hâtez-vous tant qu'il vous plaira.

Cong. Il est bien temps après leur avoir fendu la tête à coups de bâton!

Eucl. Entre, te dis-je? On paye votre travail et non pas vos paroles.

Cong. Oui, vieux coquin, je te demanderai un dédommagement pour tes coups. On m'a loué pour faire la cuisine et non pour me battre.

Eucl. Appelle-moi en justice et ne m'ennuye pas. Va-t-en préparer le souper, ou va te faire pendre ailleurs.

Cong. Allez-y vous-même. (*Il sort.*)

SCÈNE IV (1).
EUCLION, seul.

Enfin le voilà parti... dieux immortels! quelle folie à l'homme pauvre d'avoir quelque affaire avec le riche! Voyez quelles épreuves Mégadore me fait subir! Il feint de m'envoyer tous ses cuisiniers par honnêteté; et c'est pour me piller, moi un pauvre malheureux. Il n'y a pas jusqu'à mon coq, qui d'intelligence avec ma vieille servante n'ait failli me perdre. Il grattait avec ses ergots autour de l'endroit où ma marmite était enterrée. Que dis-je? Il m'a tellement irrité que d'un coup de bâton, j'ai cassé la tête à cet impudent filou! Je crois en vérité

(1) Cette scène est d'un comique remarquable. On a envoyé à Euclion les provisions du souper et des cuisiniers pour la préparer; et il se fâche : au lieu d'être satisfait de profiter de cette libéralité de son gendre, il se tourmente; sa malheureuse avarice lui fait craindre que ces cuisiniers ne le volent : il ne jouit pas du bien que l'on lui fait et s'inquiète du mal qu'il suppose et qui ne doit pas arriver. Cette punition de l'avare est un trait de génie.

La même idée devient une nouvelle source de comique dans la scène d'Euclion avec son gendre. La générosité de Mégadorus, au lieu d'être un sujet de joie et de reconnaissance pour Euclion, excite sa défiance et son humeur querelleuse; l'avarice l'empêche également de donner et de recevoir avec plaisir.

```
Sed in ædibus quid tibi meis nam erat negoti,
Me absente, nisi ego jusseram? volo scire. Cong. Tace ergo.
Quia venimus coctum ad nuptias. Eucl. Quid, malum! curas
Tu, utrum crudum, an coctum, edim; nisi tu mihi es tutor?
Cong. Volo scire, sinas, an non sinas, nos coquere heic
    cœnam?                                                      428
Eucl. Volo scire ego item, meæ domi mean' salva futura?
Cong. Utinam mea mihi modo abferam, quæ adtuli, salva!
Me haud pœnitet : Tuane expetam? Eucl. Scio : ne doce,
    gnovi.
Cong. Quid est, qua prohibes nunc gratia nos coquere heic
    cœnam?
Quid fecimus? quid diximus tibi secus, quam velles?
Eucl. Etiam rogitas, sceleste homo, qui angulos omneis
Mearum ædium et conclavium mihi perviam facitis?           435
Id ubi tibi erat negotium, ad focum si adesses,
Non fissile haberes caput : merito id tibi factum 'st.
Adeo ut meam sententiam jam gnoscere possis,
Si ad januam huc adcesseris, nisi jussero, propius,
Ego te faclam miserrumus mortalis uti sis.
Scis jam meam sententiam? quo abis, redi rursum. (egreditur)
Cong. Ita me bene amet Laverna, te jam, nisi reddi
Mihi vasa jubes, pipulo heic disferam ante ædeis.           440
Quid ego nunc agam? næ ego, edepol, veni huc auspicio
    malo.
Numo sum conductus : plus jam medico mercede opus est.
```

SCENA TERTIA.
EUCLIO, CONGRIO.

```
Eucl. Hoc quidem, hercle, quoquo ibo, mecum erit, me-
    cum feram,                                                  445
Neque istuc in tantis periclis unquam commitam ut siet.
Ite sane nunc jam intro omneis, et coci, et tibicinæ.
Etiam introduce, si vis, vel gregem venalium.
Coquite, facite, festinate nunc jam, quantum lubet.
Cong. Temperi, postquam inplevisti fusti fissorum caput.   450
Eucl. Intro abi; opera huc conducta 'st vostra, non oratio.
Cong. Heus senex, pro vapulando, hercle, ego abs te mer-
    cedem petam.
Coctum opus non vapulatum, dudum conductus fui.
Eucl. Lege agito mecum, molestus ne sis : i, et cœnam coque.
Aut abi in malum cruciatum ab ædibus. Cong. Abi tu modo.
```

SCENA QUARTA.
EUCLIO.

```
Illic hinc abiit. Di inmortaleis, facinus audax incipit,    457
Qui cum opulento pauper cœpit rem habere, aut negotium,
Veluti Megadorus tentat me omnibus miserum modis:
Qui simulavit, mei honoris mittere huc causa cocos,
Is ea causa misit, hoc qui subriperent misero mihi.        460
Condigne etiam meus me intus gallus gallinaceus,
```

que les cuisiniers avaient promis une récompense à ce maudit coq, s'il leur découvrait ma cachette. J'ai tué leur complice. A quoi bon tant de paroles, la mort de mon coq a terminé l'affaire. Mais voici mon gendre Mégadore, qui revient de la place : je n'ose le laisser passer sans l'arrêter ni lui parler.

SCÈNE V.

MEGADORE, EUCLION.

Még. (*sans apercevoir Euclion.*) J'ai communiqué à plusieurs amis mon projet de mariage. Ils me font l'éloge de la fille d'Euclion; ils disent que mon dessein est sage et le parti convenable. Si les gens riches épousaient les filles sans dot, la société serait beaucoup plus unie; nous ne serions pas en butte à l'envie, comme nous le sommes. Nos femmes nous craindraient davantage, et nous ne serions pas obligés à un si grand train. Cet usage profiterait au peuple : il ne blesserait qu'un petit nombre de gens avides, insatiables, dont la cupidité ne connaît pas de frein. On dira : mais les filles riches ne se marieront donc pas, si ce privilége est réservé aux pauvres. Elles épouseront qui bon leur semblera, à condition qu'elles laisseront leur dot chez elles. S'il en était ainsi, elles apporteraient pour dot plus de bonnes qualités. Je ferais si bien que les mulets dont on fait plus de cas que des chevaux seraient moins chers que les hongres de la Gaule.

Eucl. (*à part*) Puissent les dieux m'aimer autant que j'ai de plaisir à l'entendre! Il parle d'or sur l'économie!

Még. Une femme ne dirait plus à son mari : la dot que je vous ai apportée, surpassait de beaucoup votre fortune; il me faut donc des robes de pourpre, des bijoux, des servantes, des mulets, des cochers, des esclaves, des messagers, un équipage pour me promener.

Eucl. Comme il connaît bien les prétentions de nos grandes dames! Que je voudrais le voir chargé de surveiller leur conduite!

Még. A présent on ne peut arriver chez soi, sans y rencontrer plus de voitures que l'on n'en voit à sa maison de campagne. Mais c'est une gentillesse au prix des autres dépenses. Voici venir les foulons, les brodeurs, les orfèvres, les tailleurs, les teinturiers en rouge, en violet et en jaune. Les vendeurs de manches, les parfumeurs de souliers, les brocanteurs, les cordonniers à la grecque, à la romaine ; et tous ces teinturiers, cordonniers, foulons, ravaudeurs, tailleurs sont là demandant de l'argent. Les marchands de lacets, les marchands de ceintures arrivent à leur tour. Vous croyez être débarrassé, d'autres viennent et tendent la main. Pendant que vos chefs d'esclaves sont debout dans le vestibule, on vous amène une centaine de tricoteurs de robes, de marchands de rubans. Vous les payez, vous vous croyez délivré cette fois; vous voyez s'avancer les teinturiers en safran, ou quelque autre peste qui vient mettre à sec votre bourse.

Eucl. (*à part*) Je l'aborderais volontiers si je ne craignais d'interrompre un aussi beau discours sur les mœurs des femmes ; laissons-le continuer.

Még. Quand vous avez acquitté tous ces vendeurs de bagatelles, le soldat vient réclamer sa paye ; on court, on va prendre de l'argent chez le banquier; en attendant le soldat reste sans manger, et se flatte de recevoir l'impôt. Quand on a débattu le compte avec le banquier ; il se trouve qu'il est en avance avec vous. On renvoie le militaire à un autre

Qui erat anui peculiaris, perdidit pænissume.
Ubi erat hæc defossa, obcœpit scalpurire ibi ungulis
Circumcirca : quid opu'st verbis? ita mihi pectus peracuit :
Capio fustem, obtrunco gallum, furem manifestarium.   466
Credo ego, edepol, illi mercedem gallo pollicitos cocos,
Si id palam fecisset : exemi e manu manubrium.
Quid opu'st verbis? facta'st pugna in gallo gallinaceo.
Sed Megadorus, meus adfinis, eccum incedit a foro.   470
Jam hunc non ausim præterire, quin consistam et conloquar.

SCENA QUINTA.

MEGADORUS, EUCLIO.

Meg. Narravi amicis multis consilium meum
De conditione hac : Euclionis filiam
Laudant : sapienter factum et consilio bono.
Nam, meo quidem animo si idem faciant ceteri   475
Opulentiores pauperiorum filias
Ut indotatas ducant uxores domum :
Et multo fiat civitas concordior,
Et invidia nos minore utamur, quam utimur :
Et illæ malam rem metuant, quam metuunt, magis :   480
Et nos minore sumtu simus, quam sumus.
In maxumam illuc populi partem est optumum.
In pauciores avidos altercatio 'st :
Quorum animis avidis atque insatietatibus,
Neque lex, neque tutor capere est qui possit modum.   485
Namque hoc qui dicat : Quo illæ nubent divites
Dotatæ, si istud jus pauperibus ponitur?
Quo lubeat nubant; dum dos ne fiat comes.
Hoc si ita fiat; mores meliores sibi
Parent, pro dote quos ferant, quam nunc ferunt.   490
Ego faxim muli, pretio qui superant equos,
Sient viliores Gallicis cantheriis.
Eucl. Ita me di amabunt, ut ego hunc ausculto lubens,
Nimis lepide fecit verba ad parcimoniam.
Meg. Nulla igitur dicat : equidem dotem at te adtuli-   495
Majorem multo, tibi quam erat pecunia.
Enim mihi quidem æquom 'st purpuram atque aurum dari,
Ancillas, mulos, muliones, pedisequos :
Salutigerulos pueros, vehicula, qui vehar.
Eucl. Ut matronarum hic facta pergnovit probe!   500
Moribus præfectum mulierum hunc factum velim.
Meg. Nunc, quoquo venias, plus plaustrorum in ædibus
Videas, quam ruri, quando ad villam veneris.
Sed hoc etiam pulcrum 'st, præ quam ubi sumptus petunt.
Stat fullo, phrygio, aurifex, lanarius :   505
Caupones, patagiarii, indusiarii,
Flammearii, violarii, carinarii,
Aut manulearii, aut murobathrarii,
Propolæ, linteones, calceolarii,
Sedentarii sutores, diabathrarii,   510
Soleari adstant, adstant molochinarii,
Petunt fullones, farcinatores petunt.
Strophiarii adstant, adstant semizonarii.
Jam hosce absolutos censeas : cedunt, petunt
Treceni, constant phylacistæ in atriis,   515
Textores, limbolarii, arcularii
Ducuntur : datur æs : jam hosce absolutos censeas,
Quom incedunt infectores crocotarii,
Aut aliqua mala crux semper est, quæ aliquid petat.
Eucl. Conpellem ego illum, ni metuam ne desinat   520
Memorare mores mulierum : nunc sic sinam.
Meg. Ubi nugigerulis res soluta 'st omnibus,
Ibi ad postremum cedit miles, æs petit.
Itur, putatur ratio cum argentario,
Inpransus miles adstat, æs censet dari.   525

jour, voilà les inconvénients, la ruine que vous cause une femme richement dotée. Celle qui n'a pas de dot dépend de son mari. Les autres nous tourmentent, nous pillent, nous égorgent. Mais voici mon beau-père à la porte de sa maison : Que dites-vous de bon, mon cher Euclion?

SCÈNE VI.
EUCLION, MÉGADORE.

Eucl. Que votre discours m'a fait un plaisir infini.
Még. Quoi! Vous m'avez entendu?
Eucl. D'un bout à l'autre.
Még. Cependant vous feriez mieux, à mon sens, de célébrer avec plus d'éclat les noces de votre fille.
Eucl. On doit proportionner l'éclat à ses moyens, la magnificence à ses richesses. C'est aux riches, à se rappeler leur brillante origine : mais moi, je suis pauvre, et ne possède pas chez moi un denier de plus que l'opinion ne me suppose.
Még. Fassent les dieux que vous ne soyez jamais plus malheureux et que vous conserviez ce que vous avez maintenant!
Eucl. (*à part*) Ce mot là ne me plaît pas : Ce que vous avez maintenant! On dirait qu'il sait ce que j'ai, aussi bien que moi... la vieille aura tout découvert!
Még. Pourquoi parlez-vous seul à part?
Eucl. Je songeais à vous adresser un reproche mérité.
Még. Lequel?
Eucl. Pouvez-vous me le demander? Vous qui avez rempli d'une bande de voleurs tous les coins de la maison d'un malheureux comme moi? Vous qui avez introduit chez moi cinq cents cuisiniers ayant six mains chacun, véritables enfants de Géryon[1], Argus lui-même, tout couvert d'yeux, Argus, que Junon chargea d'épier la belle Io, ne suffirait pas pour surveiller cette engeance. Pour comble, vous m'avez envoyé une joueuse de flûte capable de boire à elle seule toute la fontaine de Pyrène[2], s'il en coulait du vin; enfin toutes ces provisions...
Még. Oui, il y a de quoi traiter toute une légion. Je vous ai aussi envoyé un agneau.
Eucl. Je l'ai bien vu, c'est vraiment une bête curieuse.
Még. Qu'a-t-il, s'il vous plaît, de si extraordinaire?
Eucl. Il n'a que les os et la peau, tant on en a pris soin. On verrait au soleil ses entrailles à travers son corps; il est diaphane comme une lanterne de Carthage[3].
Még. Il n'est acheté que pour être tué.
Eucl. Payez donc dès à présent ses funérailles : car je le crois déjà mort.
Még. Euclion, je veux boire avec vous aujourd'hui.
Eucl. Je ne boirai certes pas aujourd'hui.
Még. J'ai cependant fait apporter de chez moi une pièce de bon vin vieux.
Eucl. Je n'en veux pas; j'ai résolu ne boire que de l'eau.
Még. Et moi, en dépit de vos serments, j'entends vous enivrer, et de bon vin encore, maudit buveur d'eau.
Eucl. (*à part*) Je vois son dessein. Il prend cette tournure pour m'endormir, déterrer ma marmite et la faire changer de domicile. Mais je suis sur mes

(1) Géryon, roi d'Espagne, que les poètes représentent avec trois corps, trois têtes, six pieds et six mains.
(2) Près de Corinthe.
(3) Elles étaient en ivoire.

Ubi disputata est ratio cum argentario,
Etiam plus ipsus ultro debet argentario.
Spes prorogatur militi in alium diem.
Hæc sunt atque aliæ multæ in magnis dotibus
Incommoditates, sumtusque intolerabileis.   530
Nam, quæ indotata 'st, ea in potestate est viri;
Dotatæ mactant et malo et damno viros.
Sed eccum adtinem ante ædeis : quid ais, Euclio?

SCENA SEXTA.
EUCLIO, MEGADORUS.

Eucl. Nimium lubenter edi sermonem tuum.
Meg. Ain'? audivisti? *Eucl.* Usque a principio omnia. *Meg.*
  Tamen,   535
E meo quidem animo, aliquanto facias rectius,
Si nitidior sis filiæ [in] nubtiis.
Eucl. Pro re nitorem, et gloriam pro copia.
Qui habent, meminerint sese, unde oriundi sient.
Neque, pol, Megadore, mihi, neque quoiquam pauperi,
Opinione melius res structa 'st domi.   541
Meg. Imo est, et dii faciant uti siet,
Plus plusque istuc sospitent, quod nunc habes.
Eucl. Illud mihi verbum non placet : « Quod nunc habes ».
Tam hoc scit me habere, quam egomet : anus fecit palam.
Meg. Quid tu te solus e senatu sevocas?   546
Eucl. Pol, ego te ut adcusem, merito meditabar. *Meg.* Quid est?
Eucl. Quid sit, me rogitas? qui mihi omneis angulos
Furum inplevisti in ædibus misero mihi :   .
Qui intromisisti in ædibus quingentos cocos,   550
Cum senis manibus, genere Geryonaceo :
Quos si Argus servet, qui oculeus totus fuit,
Quem quondam Ioni Juno custodem addidit,
Is nunquam servet : præterea tibicinam,
Quæ mihi interhibere sola, si vino scatet,   555
Corinthiensem fontem Pirenem potest.
Tum opsonium autem ! *Meg.* Pol, vel legioni sat est.
Etiam agnum misi. *Eucl.* Quo quidem agno sat scio
Mage curionem nusquam esse ullam beluam.
Meg. Volo ego ex te scire, qui sit agnus curio. 560
Eucl. Qui ossa atque pellis totu'st, ita cura macet.
Quin exta inspicere in Sole etiam vivo licet,
Ita is perlucet, quasi laterna Punica.
Meg. Cædundum illum ego conduxi. *Eucl.* Tum tu idem,
  optumum 'st,
Locces ecferendum : nam jam, credo, mortuu'st.   565
Meg. Potare ego hodie, Euclio, tecum volo.
Eucl. Non potem ego hercle, bercle. *Meg.* At ego jussero
Cadum unum vini veteris a me adferrier.
Eucl. Nolo hercle : nam mihi bibere decretum 'st aquam.
Meg. Ego te hodie reddam madidum, sed vino, probe, 570
Te, quoi decretum 'st bibere aquam. *Eucl.* Scio, quam rem
  agat.
Ut me deponat vino, eam adfectat viam.
Post hoc, quod habeo, ut conmutet coloniam.
Ego id cavebo, nam alicubi abstrudam foris.
Ego faxo, et operam et vinum perdiderit simul.   575
Meg. Ego, nisi quid me vis, eo lavatum, ut sacruficem. (abit.)
Eucl. Edepol, næ tu, Aula, multos inimicos habes,
Atque istuc aurum, quod tibi concreditum 'st.
Nunc hoc mihi factum 'st optumum, ut te abferam,
Aula, in Fidei fanum : ibi abstrudam probe.   580

gardes; je vais la cacher hors de chez moi; et je ferai en sorte qu'il y perdra son vin et sa peine.

Még. Si vous n'avez plus besoin de moi, je vais me purifier pour le sacrifice. (*il sort*)

Eucl. (*seul*) O marmite chérie! que d'ennemis sont conjurés contre toi et contre l'or que tu renfermes. Le meilleur parti qui me reste à prendre, c'est de la transporter dans le temple de la Bonne-Foi (1) : là je te déposerai sans crainte. O Bonne Foi, tu me connais, je te connais aussi. Ne va pas démentir ton nom à mon égard, après cette marque de ma confiance : je me jette dans tes bras, ô déesse, pleine d'assurance, et fort de ton pouvoir.

ACTE QUATRIÈME.

SCÈNE PREMIÈRE.

STROBILE.

C'est le devoir d'un bon esclave d'agir comme je fais, et d'obéir promptement et sans murmure. L'esclave qui veut bien servir son maître, ajourne et sacrifie pour lui ses propres affaires. S'il dort, il doit en dormant songer qu'il est esclave. Si l'on est au service d'un maître amoureux, comme le mien, par exemple, et qu'on le voie entraîné par sa passion, le devoir de l'esclave est de le retenir et de le sauver, au lieu de le pousser contre l'écueil. On donne aux enfants qui apprennent à nager un radeau de joncs entrelacés, pour les moins fatiguer, et rendre leurs mouvements plus faciles et plus libres; de même un esclave doit soutenir son maître amoureux, et l'empêcher d'aller au fond. Comme la sonde du pilote, il doit connaître son maître, au point de deviner d'un coup d'œil ses volontés sur l'air seul de son front, et de les exécuter avec la vitesse d'un char à quatre chevaux. Celui qui aura cette attention, évitera les réprimandes à coups de fouet; et ne polira pas ses fers à force de les porter. — Mon maître aime la fille d'Euclion, notre pauvre voisin. On lui anonce qu'elle va épouser Mégadore. Il m'a envoyé ici en sentinelle, afin d'être instruit de tout ce qui se passe. Pour éviter tout soupçon, je vais me blottir près de cet autel : de là je pourrai épier tout ce qu'on fait.

SCÈNE II.

EUCLION STROBILE.

Eucl. (*sans voir Strobile.*) O Bonne Foi! n'indique à personne que mon or est là. Je ne crains pas qu'on le trouve, tant il est bien caché! Ce serait une si belle capture que de déterrer cette marmite remplie d'or! ô déesse! tu ne le permettras point, n'est-ce pas! je t'en supplie. Je vais me purifier, pour faire le sacrifice. Ne retardons pas le bonheur de mon gendre qui doit me venir trouver et emmener ma fille. Veille, ô Bonne Foi, sur ce dépôt, et que je le reçoive sain et sauf de ta main! J'ai confié mon or à ta loyauté. Maintenant il est enfoui dans un bois sacré, au milieu de ton temple. (*il sort*)

Strob. Dieux immortels! Qu'est-ce que cet homme vient de dire! Il a caché ici dans ce temple, un vase plein d'or! Bonne Foi! je t'en supplie, ne le protège pas plus que moi! c'est, j'en suis sûr, le père de celle que chérit mon maître. Entrons dans le temple. Visitons tous les coins, pour découvrir le trésor, pendant que le vieillard est occupé ailleurs. Si je le trouve, ô déesse, je t'offrirai un vin doux comme du miel; tu peux y compter, car j'en boirai ma part.

---

1 On déposait l'argent dans les temples : ainsi le trésor public était dans le temple de Saturne.

Fides, novisti me et ego te : cave, sis, tibi,
Ne tu in me mutassis nomen, si hoc concreduo
Ibo ad te, fretus tua, Fides, fiducia.

ACTUS QUARTUS.

SCENA PRIMA.

STROBILUS.

Hoc est servi facinus frugi facere, quod ego persequor :
Nec moræ molestiæque imperium herile habeat sibi.   585
Nam qui hero ex sententia servire servos postulat,
In herum matura, in se sera, condecet capessere.
Sin dormitet, ita dormitet, servom sese ut cogitet.
Nam qui amanti [hero] servitutem servit, quasi ego servio,
Si [herum] videt superare amorem, hoc servi esse opticium
reor,   590
Retinere ad salutem : non eum, quo incumbat, eo inpellere.
Quasi pueri qui nare discunt, scirpea induitur ratis,
Qui laborent minus; facilius ut nent, et moveant manus :
Eodem modo servom ratem esse amanti hero æquom censeo,
Ut toleret, ne pessum abeat, tamquam   595
Herile imperium ediscat, ut, quod frons velit, oculi sciant.
Quod jubeat, citis quadrigis citius properet persequi.
Qui ea curabit, abstinebit censione bubula.
Nec sua opera redigit unquam in splendorem conpedes.
Nunc herus meus amat filiam hujus Euclionis pauperis : 600
Eam hunc nunc renuncialum 'st nubtum huic Megadoro dari.
Is speculatum huc misit me, ut, quæ fierent, fieret Particeps.
Nunc sine omni subspicione in ara heic adsidam sacra.

Hinc ego et huc et illuc potero, quid agant, arbitrarier.

SCENA SECUNDA.

EUCLIO, STROBILUS.

Eucl. Tu modo cave quoiquam indicassis, aurum meum esse isteic, Fides.   605
Non metuo, ne quisquam inveniat : ita probe in latebris situm 'st.
Edepol, ne illic polcram prædam agat, si quis illam invenerit
Aulam onustam auri : verum id te quæso, ut prohibessis, Fides.
Nunc lavabo, ut rem divinam faciam, ne adfinem morer,
Quin, ubi arcessat [me], meam extemplo filiam ducat domum.   610
Vide, Fides, etiam atque etiam nunc, salvam ut aulam abs te abferam.
Tuæ fidei concredidi aurum : in tuo luco et fano modo est situm.
Strob. Di inmortaleis! quod ego hunc hominem facinus audio loqui?
Se aulam onustam auri abstrusisse heic intus in fano. Fides,
Cave tu illi fidelis, quæso, potius fueris, quam mihi.   615
Atque hic pater est, ut ego opinor, hujus, herus quam amat.
Ibo hinc intro : perscrutabor fanum, si inveniam uspiam
Aurum, dum hic est obcupatus : sed si repererio, o Fides,
Mulsi congialem plenam faciam tibi fidelam.
Id adeo tibi faciam : verum ego mihi bibam, ubi id fecero.

SCÈNE III.

EUCLION.

Ce n'est pas pour rien que le corbeau vient de crier à mes oreilles du côté gauche : il rasait la terre en croassant d'une façon étrange. Mon cœur en a tressailli ; il bat dans ma poitrine avec une violence !... je ne puis plus courir.

SCÈNE IV.

EUCLION STROBILE.

Eucl. Va-t-en d'ici ! vil insecte, qui sors de dessous terre, et qui tantôt n'osais paraître. Tu parais maintenant, pour ta perte ! maudit enchanteur, je te recevrai de la bonne façon !

Strob. Quel démon vous agite ? Quel commerce y a-t-il entre vous et moi, vieux radoteur ? Pourquoi m'injurier, me rudoyer, me battre de la sorte ?

Eucl. Triple voleur, tu me le demandes ?

Strob. Que vous ai-je dérobé ?

Eucl. Rends-le-moi à l'instant.

Strob. Quoi vous rendre ?

Eucl. Tu fais l'ignorant.

Strob. Mais je ne vous ai rien pris.

Eucl. Point d'équivoque... Montre-moi ce que tu as voulu t'approprier.

Strob. Que voulez-vous me faire ?

Eucl. Ce que je te ferai... tu ne l'emporteras pas.

Strob. Que me réclamez-vous ?

Eucl. Laisse-le là.

Strob. Bonhomme, je vois que vous aimez à plaisanter.

Eucl. Mets-le là : point de raillerie. Je ne badine pas en ce moment.

Strob. Que faut-il que je mette là ? expliquez-vous clairement. Je vous jure que je n'ai rien pris ni rien touché.

Eucl. Montre-moi tes mains.

Strob. Les voici.

Eucl. Montre.

Strob. Regardez.

Eucl. C'est bien, et la troisième...

Strob. Le vieillard rêve ou déraisonne. Vous moquez-vous de moi, oui ou non ?

Eucl. Tu as raison... et j'ai tort ; car je devrais te faire pendre ; mais tu n'y perdras pas, si tu ne confesses la vérité.

Strob. Et que vous avouerai-je ?

Eucl. Qu'as-tu emporté d'ici ?

Strob. Que le ciel me confonde, si je vous ai emporté la moindre chose ?

Eucl. Je le voudrais bien. Allons, secoue ton manteau.

Strob. Volontiers.

Eucl. N'as-tu rien caché dans tes vêtements ?

Strob. Fouillez partout où vous voudrez.

Eucl. Va, fripon, toute cette complaisance n'est que pour me donner le change... Je connais tes ruses... Voyons, montre-moi bien ta main droite.

Strob. La voilà.

Eucl. Et maintenant ta main gauche.

Strob. Je vous les montre toutes les deux.

Eucl. Je ne veux pas te fouiller ; rends-le-moi.

Strob. Vous rendre quoi ?

Eucl. Tu fais le plaisant... Oui, tu l'as pris.

Strob. Je l'ai pris... Qu'est-ce que j'ai pris ?

Eucl. A quoi bon te le dire ? tu le sais. Rends-moi ce que tu as à moi.

Strob. Vous êtes fou. Vous m'avez fouillé autant qu'il vous a plu, et vous n'avez rien trouvé qui vous appartînt. (*il s'en va.*)

SCENA TERTIA.

EUCLIO.

Non temere 'st, quod corvos cantat mihi nunc ab læva
manu. 621
Simul radebat pedibus terram, et voce crocibat sua :
Continuo meum cor cœpit artem facere ludicram,
Atque in pectus emicare : sed ego cesso currere ?

SCENA QUARTA.

EUCLIO, STROBILUS.

Eucl. Foras, lumbrice, qui sub terra erepsisti modo, 625
Qui modo nusquam conparebas, nunc, quom conpares, peris.
Ego, edepol, te, præstigiator, miseris jam adcipiam modis.
Strob. Quæ te mala crux agitat ? quid tibi mecum 'st conmerci, senex ?
Quid me adflictas ? quid me raptas ? qua me causa verberas ?
Eucl. Verberabilissume, etiam rogitas ? non fur, sed trifur.
Strob. Quid tibi subripui ? *Eucl.* Redde huc, sis. *Strob.* Quid tibi vis reddam ? *Eucl.* Rogas ? 631
Strob. Nihil equidem tibi abstuli. *Eucl.* At illud, quod tibi abstuleras, cedo.
Ecquid agis ? *Strob.* Quid agam ? *Eucl.* Abferre non potes.
Strob. Quid vis tibi ?
Eucl. Pone. *Strob.* Equidem, pol, te datare credo consuetum, senex.

Eucl. Pone hoc, sis : abfer cavillam : non ego nunc nugas ago. 635
Strob. Quid ego ponam ? quin tu eloquere, quidquid est, suo nomine.
Non, hercle, equidem quidquam sumsi, nec tetigi. *Eucl.* Ostende huc manus.
Strob. Hem tibi ! *Eucl.* Ostende *Strob.* Eccas. *Eucl.* Video : age ostende etiam tertiam.
Strob. Larvæ hunc atque intemperiæ insaniæque agitant senem.
Facin' injuriam mihi, an non ? *Eucl.* Fateor, quia non pendes, maxumam. 640
Atque id quoque jam fiet, nisi fatere. *Strob.* Quid fatear tibi ?
Eucl. Quid abstulisti hinc ? *Strob.* Di me perdant, si ego tui quidquam abstuli.
Eucl. Nive adeo abstulisse vellem. Agedum, excutedum pallium.
Strob. Tuo arbitratu. *Eucl.* Ne inter tunicas habeas. *Strob.* Tenda, qua lubet.
Eucl. Vah, scelestus, quam benigne ! ut ne abstulisse intellegam. 645
Novi sycophantias : age ! rursum, ostende huc manum
Dexteram. *Strob.* Hem ! *Eucl.* Nunc lævam ostende. *Strob.* Quin equidem ambas profero.
Eucl. Jam scrutari mitto : redde huc. *Strob.* Quid reddam ?
Eucl. Ah nugas agis,
Certe habes. *Strob.* Habeo ego ? quid habeo ? *Eucl.* Non dico : audire expetis.
Id meum quidquid habes, redde. *Strob.* Insanis : perscrutatus es 650
Tuo arbitratu, neque tui me quidquam invenisti penes.

Eucl. Arrête! arrête! Quel est celui qui était tout à l'heure là-dedans avec toi? Je tremble, je l'entends. Il y met tout en désordre... Ne perdons pas de vue ce pendard; il s'enfuirait... Je l'ai pourtant bien fouillé. Il n'a rien. Va-t-en où tu voudras... et que Jupiter et tous les dieux t'exterminent!
Strob. L'adieu est honnête!
Eucl. Je rentre. J'ai résolu d'étrangler ton compagnon. Fuis loin de ma vue... T'en iras-tu, oui ou non?

SCÈNE V.
STROBILE.

Que je meure aujourd'hui même, si je ne joue quelque tour à ce maudit vieillard. Car il n'osera plus cacher son or ici. Il va l'emporter avec lui et le changer de place. J'entends du bruit à la porte. Le voilà qui emporte son or... Approchons-nous un peu du temple.

SCÈNE VI.
EUCLION, STROBILE.

Eucl. J'avais cru qu'on pouvait se fier à la Bonne Foi, elle m'a cruellement joué! Sans le corbeau, j'étais perdu! Je voudrais qu'il revînt, ce bienfaisant augure qui m'a si bien averti, comme je le remercierais! quant à lui donner à manger, ce serait de l'argent perdu. Maintenant où cacher ceci? Je songe à un endroit bien isolé. Il y a hors des murs de la ville, un bois consacré à Sylvain, peu fréquenté, rempli de saules et fort épais. Je choisirai cet endroit. J'ai plus de confiance dans Sylvain que dans la Bonne Foi. (*il sort.*)

Strob. Bon! à merveille! me voilà sauvé! devançons-le. Je monterai sur un arbre; de là j'observerai où le bonhomme cachera son or. Mon maître m'a cependant bien recommandé de rester ici, mais une aussi bonne fortune vaut bien quelques coups de bâton. (*il sort.*)

SCÈNE VII.
LYCONIDE, EUNOMIE, PHÈDRE.

Lyc. Je vous l'ai dit, ma mère, et vous savez bien mon aventure avec la fille d'Euclion. Maintenant, je vous en supplie, parlez-en à mon oncle : je vous renouvelle cette prière que je vous ai déjà faite.

Eun. Vous le savez, mon fils, je veux tout ce que vous voulez. J'espère que mon frère m'accordera votre grâce. La chose est trop juste, si, comme vous me l'avez raconté, c'est dans un moment d'ivresse que vous avez séduit cette jeune fille.

Lyc. Ah! ma mère, me croyez-vous capable de vous en imposer?

Phè. (*dans l'intérieur*) A mon secours, ma chère nourrice, une colique affreuse me tue! Junon-Lucine, je vous implore!

Lyc. Ma mère, voici la preuve : et ces cris vous annoncent qu'elle va me donner un enfant.

Eun. Venez donc avec moi chez mon frère; pour que je fasse la démarche que vous me demandez et que j'obtienne de lui ce que vous désirez.

Lyc. Allons, ma mère, je vous suis, mais je m'étonne de ne pas voir mon esclave Strobile à qui j'avais ordonné de m'attendre ici. Mais j'y songe, il me sert peut-être ailleurs; j'aurais tort de me fâcher. Entrons là dedans... on va prononcer sur ma vie.

Eucl. Mane, mane : quis illic est, qui hic intus alter erat tecum simul?
Perii, hercle! Ille nunc intus turbat: hunc si amitto, hic abierit.
Postremo jam hunc perscrutavi : hic nihil habet : abi, quo lubet.
Jupiter te Dique perdant. *Strob.* Haud male agit gratias. 655
Eucl. Ibo hinc intro, atque illi socienno tuo jam interstringam gulam.
Fugin' hinc ab oculis? abin' hinc, an non? *Strob.* Abeo. *Eucl.* Cave, sis, te videam.

SCENA QUINTA.
STROBILUS.

Emortuum ego me mavelim leto malo,
Quam non ego illi dem hodie insidias seni.
Nam heic jam non audebit aurum abstrudere. 660
Credo, ecferet jam secum, et mutabit locum.
Atat foris crepuit! senex eccum aurum ecfert foras.
Tantisper heic ego ad januam concessero.

SCENA SEXTA.
EUCLIO, STROBILUS.

Eucl. Fidei censebam maxumam multo fidem
Esse : ea sublevit os mihi pænissume. 665
Ni subvenisset corvos, periissem miser.
Nimis, hercle, ego illum corvom ad me veniat, velim,
Qui indicium fecit, ut ego illi aliquid boni
Dicam : nam quod edit, tam duim, quam perduim.
Nunc, hoc ubi abstrudam, cogito solum locum. 670
Silvani lucus extra murum est avius,

Crebro salicto obpletus; ibi sumam locum.
Certum'st, Silvano potius credam, quam Fidei.
Strob. Euge! euge! di me salvom et servatum volunt.
Jam ego illuc præcurram, atque inscendam aliquam in arborem, 675
Indeque observabo, aurum ubi abstrudat senex.
Quamquam heic manere me herus sese jusserat,
Certum'st, malam rem potius quæram cum lucro.

SCENA SEPTIMA.
LYCONIDES, EUNOMIA, PHÆDRIA.

Lyc. Dixi tibi, mater : juxta rem mecum tenes
Super Euclionis filia : nunc, te obsecro, 680
Fac mentionem cum avonculo, mater mea :
Resecroque, mater, quod dudum obsecraveram.
Eun. Scis tute, facta velle me, quæ tu velis.
Et istuc confido a fratre me inpetrasse.
Et causa justa est, siquidem ita est, ut prædicas, 685
Te eam conpressisse vinolentum virginem.
Lyc. Egone ut te adworsum mentiar, mater mea?
Phæd. Perii, mea nutrix! obsecro te, uterum dolet.
Juno Lucina, tuam fidem! *Lyc.* Hem, mater mea,
Tibi rem potiorem video : clamat, parturit. 690
Eun. I hac intro mecum, gnate mi, ad fratrem meum,
Ut istuc, quod me oras, inpetratum ab eo abferam.
(*abit.*)
Lyc. I, Jam sequor te, mater. Sed servom meum
Strobilum miror, ubi sit, quem ego me jusseram
Heic obperiri : nunc ego mecum cogito, 695
Si mihi dat operam, me illi irasci injurium 'st.
Ibo intro, ubi de capite meo sunt comitia.

7.

SCENE VIII.
STROBILE.

Je surpasse moi seul en richesses les Pics (1) qui habitent les montagnes d'or : car je ne parle pas de vous, rois, qui n'êtes à mes yeux que des mendiants couronnés. Je ne suis comparable qu'au roi Philippe. Quel beau jour pour moi ! Je n'ai pas eu de peine à devancer le bonhomme ! Perché sur un arbre, avant qu'il arrivât, je l'attendais, afin de voir où il cacherait son or. A peine est-il parti, que je glisse le long de l'arbre, et que je déterre une marmite pleine d'or. J'ai vu partir le vieillard qui ne m'a pas aperçu. Car j'ai eu soin de me détourner de son passage? Dieux ! c'est lui ! Courons au logis pour y cacher ma trouvaille.

SCENE IX.
EUCLION, puis, LYCONIDE.

Eucl. Je suis perdu ! Je suis mort ! on m'assassine ! où aller ? où ne pas aller? arrêtez, arrêtez ! au voleur !... et où est-il? je ne sais ! je ne vois rien, je marche sans voir clair. Je ne sais ni où je cours, ni où je suis, ni qui je suis ! Comment découvrir quelque chose ! Je vous en conjure, venez à mon secours, qui que vous soyez, montrez-moi celui qui me l'a dérobé. Ils se cachent sous leur tunique blanche (2) ; ils prennent la posture d'honnêtes gens !... Qu'en dis-tu, toi? Je peux me fier à toi : car tu as une figure d'homme de bien ! Qu'est-ce? vous riez tous. Je vous connais ; il y a ici des fripons ! où est mon vo-

(1) Peuple de Scythie qui tirait de l'or des monts hyperboréens.
(2) Symbole d'innocence et costume des candidats.

leur? tu me fais mourir, dis donc qui l'a pris? l'ignores-tu? malheureux que je suis ! c'est fait de moi ! me voilà dans un bel état ! fatale journée qui me plonge dans le désespoir et la misère ; me voilà réduit à mourir de faim ! je suis le plus infortuné des mortels ! que m'importe la vie après la perte d'un trésor que je gardais avec tant de soin ! Il faut que je me sois volé moi-même ! c'est mon génie qui m'a trahi... et d'autres se réjouissent à mes dépens ! cette idée me tue.

Lyc. Qui donc crie et se lamente ainsi à notre porte? C'est Euclion, je crois. C'en est fait, tout est découvert. Il sait que sa fille est accouchée. Quel parti prendre maintenant ! m'en irai-je? où demeurerai-je? faut-il l'aborder? où m'enfuir? je ne sais vraiment que faire.

SCÈNE X.
EUCLION, LYCONIDE.

Eucl. Qui est-ce qui parle là?
Lyc. Un homme bien malheureux.
Eucl. C'est bien plutôt moi qui suis un malheureux, perdu sans ressources après le coup qui m'accable.
Lyc. Ne vous désespérez pas.
Eucl. Le moyen de n'être pas au désespoir !
Lyc. L'auteur de l'événement qui vous trouble si fort, est devant vous, c'est moi, je le confesse.
Eucl. Qu'entends-je?
Lyc. La vérité.
Eucl. Jeune homme, quel mal vous ai-je fait pour me traiter ainsi, pour causer ma ruine et celle de mes enfants?
Lyc. Un dieu m'a poussé, m'a entraîné vers elle.

SCENA OCTAVA.
STROBILUS.

Picos divitiis, qui aureos monteis colunt,
Ego solus supero : nam istos reges ceteros
Memorare nolo, hominum mendicabula. 700
Ego sum ille rex Philippus : o lepidum diem !
Nam, ut dudum hinc abii, multo illuc adveni prior,
Multoque prius me conlocavi in arborem :
Indeque exspectabam, ubi aurum abstrudebat senex.
Ubi ille abiit, ego me deorsum duco de arbore ; 705
Ecfodio aulam auri plenam ; inde exeo e loco ;
Video recipere se senem ; ille me non videt.
Nam ego modo declinavi paulum me extra viam.
Attat ! eccum ipsum : ibo, ut hoc condam domum.

SCENA NONA.
EUCLIO, LYCONIDES.

Euc. Perii ! interii ! obcidi ! quo curram? quo non curram?
Tene, tene ! quem? quis? nescio, nihil video, cæcus eo ;
atque 711
Equidem quo eam, aut ubi sim, aut qui sim, nequeo cum animo
Certum investigare : obsecro vos ego, mihi auxilio,
Oro, obtestor, sitis, et hominem demonstretis, qui eam abstulerit.
Qui vestitu et creta obcultant sese, atque sedent, quasi sint frugi.... 715
Quid ais tu? tibi credere certum 'st : nam esse bonum, e voltu cognosco.
Quid est? quid ridetis? gnovi omneis, scio fures esse heic complureis.
Hem, nemo habet horum? obcidisti : dic igitur, quis habet? nescis !

SCENA DECIMA.
EUCLIO, LYCONIDES.

Eucl. Quis homo heic loquitur? *Lyc.* Ego sum miser. *Eucl.* Imo ego sum, et misere perditus, 730
Quoi tanta mala, mœstitudoque obtigit. *Lyc.* Animo bono es.
Eucl. Quo, obsecro, pacto esse possum? *Lyc.* Quia istuc facinus, quod tuum
Sollicitat animum, id ego feci, et fateor. *Eucl.* Quid ego ex te audio?
Lyc. Id, quod verum 'st. *Eucl.* Quid ego emerui, adulescens, mali,
Quamobrem ita faceres, meque meosque perditum ires liberos? 735

Heu me miserum, miserum ! perii ! male perditus, pessume ornatus eo.
Tantum gemiti et malæ mœstitiæ hic dies mihi obtulit, 720
Famem et pauperiem : perditissimus ego sum omnium in terra.
Nam quid mihi opu 'st vita, qui tantum auri perdidi
Quod custodivi sedulo? egomet me defrudavi,
Animumque meum, geniumque meum : nunc eo alii lætificantur,
Meo malo et damno : pati nequeo. " 725
Lyc. Quinam homo heic ante ædeis nostras ejulans conqueritur mœrens?
Atque hic quidem Euclio 'st, ut opinor : oppido ego interii ! palam 'st res.
Scit peperisse jam, ut ego opinor, filiam suam : nunc mihi incertum 'st,
Quid agam : abeam, an maneam? an adeam? an fugiam?
Quid agam, edepol, nescio.

L'AULULAIRE, ACTE IV. SCÈNE X.

Eucl. Comment?
Lyc. Je conviens que j'ai tort; et ma faute mérite châtiment. Je viens vous prier de me pardonner avec bonté.
Eucl. Pourquoi avez-vous eu l'audace de toucher à ce qui ne vous appartenait pas?
Lyc. Que voulez-vous? le mal est fait : on ne peut plus l'empêcher. Sans doute les Dieux l'ont voulu; car autrement cela ne serait pas arrivé.
Eucl. Les Dieux l'ont sans doute voulu pour que j'allasse m'étrangler chez vous.
Lyc. Ne dites pas cela.
Eucl. Pourquoi avez-vous malgré moi porté la main sur ma...
Lyc. Le vin et l'amour sont mon excuse...
Eucl. Impudent! voilà les excuses que vous m'osez donner! mais alors à ce compte, nous aurions le droit d'arracher en plein jour l'or de la toilette des femmes : si l'on nous arrêtait, nous serions quittes pour dire : c'est l'amour, c'est le vin. L'amour et le vin sont de bien viles passions, s'ils autorisent les amants et les gens ivres à tout faire impunément.
Lyc. Puisque je viens spontanément vous prier de me pardonner mes sottises...
Eucl. Je n'aime pas les gens qui font le mal et viennent ensuite demander pardon. Vous saviez bien qu'elle n'était pas à vous.. Il ne fallait pas y toucher.
Lyc. Eh bien! puisque j'ai osé la toucher, je la garderai.
Eucl. Vous l'auriez malgré moi!
Lyc. Je ne la demande pas malgré vous : mais il faut qu'elle soit à moi; vous en conviendrez vous-même, Euclion?
Eucl. Si vous ne me rapportez...

Lyc. Vous rapporter quoi!
Eucl. Ce que vous m'avez dérobé. D'abord je vous traînerai chez le préteur; je vous poursuivrai en justice.
Lyc. Je vous ai dérobé quelque chose? où cela... et quoi, s'il vous plaît?
Eucl. Que Jupiter vous soit propice, comme il est vrai que vous n'en savez rien!
Lyc. Me direz-vous au moins ce que vous cherchez?
Eucl. Eh! la marmite pleine d'or que vous dites vous-même m'avoir enlevée?
Lyc. Mais je n'ai ni avoué ni fait rien de pareil.
Eucl. Vous le niez?
Lyc. Je le nie expressément. Car je n'ai jamais connu, jamais vu la marmite ni l'or dont vous me parlez.
Eucl. La marmite que vous avez découverte dans le petit bois de Sylvain... allons... rapportez-la moi. Je vous en donnerai plutôt la moitié. Vous m'avez volé, eh bien! je ne vous maltraiterai pas... mais courez et rapportez-la moi.
Lyc. Vous êtes fou de m'appeler voleur. Je venais vous faire un tout autre aveu, et vous parler d'une affaire bien importante, si vous en avez le loisir.
Eucl. De bonne foi, n'avez-vous pas mon or ?
Lyc. Non, de bonne foi.
Eucl. Au moins connaissez-vous le voleur?
Lyc. Point, je vous jure.
Eucl. Si vous le connaissiez, me le diriez-vous?
Lyc. Sans doute.
Eucl. Et vous ne lui demanderiez pas à partager? Vous ne le cacheriez pas?
Lyc. Non.
Eucl. Ne me trompez-vous pas?

Lyc. Deus inpulsor mihi fuit, is me ad illam inlexit. *Eucl.* Quo modo?
Lyc. Fateor peccavisse, et me culpam conmeritum scio. Id adeo te oratum advenio, ut animo æquo ignoscas mihi.
Eucl. Cur id ausus facere, ut id, quod non tuum esset, tangeres?
Lyc. Quid vis fieri? factum 'st illud. Fieri infectum non potest. 740
Deos credo voluisse : nam ni vellent, non fieret, scio.
Eucl. At ego Deos credo voluisse, ut apud me te in nervo enicem.
Lyc. Ne istuc dixis. *Eucl.* Quid tibi ergo meam me invito tactio 'st?
Lyc. Quia vini vitio atque amoris feci. *Eucl.* Homo audacissume,
Cum istacin' te oratione huc ad me adire ausum, inpudens? 745
Nam si istuc jus est, ut tu istuc excusare possies ,
Luci claro deripiamus aurum matronis palam;
Post id, si prehensi sumus, excusemus, ebrios
Nos fecisse amoris causa : nimis vile 'st vinum atque amor,
Si ebrio atque amanti inpune facere, quod lubeat, licet. 750
Lyc. Quin tibi ultro supplicatum venio ob stultitiam meam.
Eucl. Non mihi homines placent, qui, quando male fecerunt, purgitant.
Tum illam scibas non tuam esse : non adtactam oportuit.
Lyc. Ergo quia sum tangere ausus, haud causificor quin eam.
Ego habeam potissimum. *Eucl.* Tun' habeas, me invito, meam? 755
Lyc. Haud, te invito, postulo : sed meam esse oportere arbitror.

Quin tu eam invenies , inquam , meam illam esse oportere Euclio.
Eucl. Nisi refers..... *Lyc.* Quid tibi ego referam? *Eucl.* Quod subripuisti meum.
Jam quidem , hercle, te ad prætorem rapiam, et tibi scribam dicam.
Lyc. Subripio ego tuum? unde? aut quid id est? *Eucl.* Ita te amabit Jupiter, 760
Ut tu nescias? *Lyc.* Nisi quidem tu mihi, quid quæras, dixeris.
Eucl. Aulam auri , inquam , te reposco, quam tu confessus mihi
Te abstulisse. *Lyc.* Neque , edepol, ego dixi, neque feci.
Eucl. Negas?
Lyc. Pernego imo : nam neque ego aurum, neque istæc aula quæ siet,
Scio, nec gnovi. *Eucl.* Illam, ex Silvani luco quam abstuleras, cedo. 765
I, refer : dimidiam tecum potius partem dividam.
Tametsi fur mihi es, molestus non ero : i vero, refer.
Lyc. Sanus tu non es, qui furem me voces : ego te, Euclio,
De alia re rescivisse censui, quod ad me adtinet.
Magna est res, quam ego tecum otiose, si otium 'st, cupio loqui. 770
Eucl. Dic bona fide : tu id aurum non subripuisti? *Lyc.* Bona.
Eucl. Neque scis, quis abstulerit? *Lyc.* Istuc quoque bona.
Eucl. Atque id si scies,
Qui abstulerit, mihi indicabis? *Lyc.* Faciam. *Eucl.* Neque partem tibi
Ab eo, quiqui est, indipisces, neque furem excipies? *Lyc.* Ita.

Lyc. Que le Grand Jupiter fasse de moi ce qu'il lui plaira!

Eucl. Il suffit. Maintenant parlez, que désirez-vous?

Lyc. Si ma famille ni moi ne sommes pas connus de vous, je vous dirai que Mégadore est mon oncle : Antimaque était mon père; Eunomie, ma mère, et je m'appelle Lyconide.

Eucl. Je connais votre famille... maintenant que voulez-vous? Je suis curieux de l'apprendre.

Lyc. Vous avez une fille.

Eucl. Elle est à la maison.

Lyc. Vous l'avez, je crois, promise à mon oncle.

Eucl. C'est vrai.

Lyc. Il m'a ordonné de vous dire qu'il renonce à sa main.

Eucl. Il renonce à ma fille quand tous les apprêts, toutes les cérémonies de la noce sont commandés! Que tous les dieux, toutes les déesses de l'Olympe le confondent! Il est cause que j'ai perdu mon or! Il est l'auteur de tous mes maux.

Lyc. Prenez courage et ne le maudissez pas. Que cet événement fasse le bonheur de votre fille! demandez plutôt cette faveur au ciel!

Eucl. C'est aussi mon vœu.

Lyc. Qu'il daigne m'être propice! écoutez maintenant. Il n'est pas d'homme, pour peu qu'il ait d'honneur, qui ne rougisse et ne veuille se justifier d'une faute. Je vous supplie donc, Euclion, de me pardonner, si, sans le vouloir, j'ai offensé vous ou votre fille, et de me la donner pour femme, suivant le vœu de la loi. J'ai outragé votre fille, je l'avoue, pendant les veilles de Cérès; le vin et la jeunesse m'ont entraîné...

Eucl. Dieux! quel crime osez-vous m'avouer!

Lyc. Pourquoi vous désoler ainsi! Vous serez grand père le jour même des noces de votre fille. Elle devient mère au bout de dix mois : comptez... le calcul est juste... C'est pour cela, et par amour pour moi que mon oncle retire sa parole. Entrez chez vous, vous verrez si je vous en impose.

Eucl. Je suis perdu! tous les malheurs se réunissent sur moi. Entrons pour connaître la vérité.

Lyc. Je vous suis à l'instant. (*à part*) Nos affaires paraissent en bon train. Que penser à présent de l'absence de mon esclave Strobile? Je ne le retrouve plus. Si je l'attendais ici quelques instants. Je rejoindrai ensuite le bonhomme. Pendant ce temps, il apprendra par la servante et la nourrice de sa fille tout ce qui s'est passé.

ACTE CINQUIÈME.

SCÈNE PREMIÈRE.

STROBILE, LYCONIDE.

Strob. Dieux immortels! de quelle joie vous me comblez! me voilà possesseur d'une marmite pleine d'or, du poids de quatre livres. Est-il au monde un homme plus riche que moi! En est-il un dans Athènes à qui les dieux soient plus propices!

Lyc. Mais il me semble avoir entendu parler quelqu'un.

Strob. Bon! n'est-ce pas mon maître que j'aperçois?

Lyc. N'est-ce pas Strobile, mon esclave?

Strob. C'est lui-même.

Lyc. Oh! c'est bien lui!

Strob. Abordons le.

Lyc. Avançons. Je suppose que suivant mes ordres, il aura vu la vieille nourrice de Phèdrie.

Eucl. Quid, si fallis? *Lyc.* Tum me faciat, quod volt, magnus Jupiter. 775

Eucl. Sat habeo : age nunc, loquere, quid vis. *Lyc.* Si me gnovisti minus,
Genere qui sim gnatus : hic mihi est Megadorus avonculus,
Meus fuit pater Antimachus, ego vocor Lyconides,
Mater est Eunomia. *Eucl.* Gnovi genus : nunc quid vis? id volo
Gnoscere. *Lyc.* Filiam ex te tu habes. *Eucl.* Imo eccillam domi. 780
Lyc. Eam tu despondisti, opinor, meo avonculo. *Eucl.* Omnem rem tenes.
Lyc. Is me nunc renunciare repudium jussit tibi.
Eucl. Repudium, rebus paratis, atque exornatis nubtiis?
Ut illum di inmortaleis omneis deæque, quantum est, perduint,
Quem propter hodie auri tantum perdidi, infelix, miser.
Lyc. Bono animo es, et benedice : nunc quæ res tibi et gnatæ tuæ 786
Bene feliciterque vortat..... Ita di faxint, inquito.
Eucl. Ita. Di faciant. *Lyc.* Et mihi ita di faciant. Audi nunc jam.
Qui homo culpam admisit in se, nullu 'st tam parvi preti,
Quin pudeat, quin purget se : nunc te obtestor, Euclio,
Si quid ego erga te inprudens peccavi, aut gnatam tuam,
Ut mihi ignoscas, eamque uxorem mihi des, ut leges jubent : 792
Ego me injuriam fecisse filiæ fateor tuæ,
Cereris vigiliis, per vinum, atque inpulsu adulescentiæ.
Eucl. Hei mihi! quod facinus ex te ego audio? *Lyc.* Cur ejulas?
Quem ego avom feci jam ut esses filiæ nubtilis :
Nam tua gnata peperit, decumo mense post : numerum cape :

Ea re repudium remisit avonculus causa mea.
I intro, exquære, sitne ita, ut ego prædico. *Eucl.* Perii oppido! 800
Ita mihi ad malum malæ res plurimæ se adglutinant.
Ibo intro, ut, quid hujus veri sit, sciam. *Lyc.* Jam te sequor.
Hæc propemodum jam esse in vado salutis res videtur.
Nunc servom esse ubi dicam meum Strobilum, non reperio.
Nisi etiam heic obperiar tamen paullisper; postea hinc
Hunc subsequar : nunc interim spatium ei dabo exquærendi 805
Meum factum ex gnatæ pedisequa nutrice anu : ea rem gnovit.

ACTUS QUINTUS.

SCENA PRIMA.

STROBILUS, LYCONIDES.

Strob. Di inmortaleis, quibus et quantis me donatis gaudiis,
Quadrilibrem aulam auro onustam habeo : quis me est divitior?
Quis me Athenis nunc magis quisquam 'st homo, quoi di sint propitii?
Lyc. Certo enim ego vocem heic loquentis modo me audire visus sum. *Strob.* Hem! 810
Herumne ego adspicio meum? *Lyc.* Video ego hunc Strobilum, servom meum?
Strob. Ipsus est. *Lyc.* Haud alius est. *Strob.* Congrediar.
Lyc. Contollam gradum.
Credo ego illum, ut jussi, eampse anum adisse, hujus nutricem virginis.

Strob. Pourquoi ne lui dirais-je pas ma riche trouvaille. C'est un motif pour lui de demander mon affranchissement. Allons, contons-lui toute l'affaire. (*à son maître*) J'ai trouvé...

Lyc. Qu'as-tu trouvé?

Strob. Ce n'est pas de ces trésors qui font jetter des cris de joie aux enfants. Un vermisseau dans une fève...

Lyc. Est-ce une plaisanterie suivant ton usage...

Strob. De grâce, mon maître, écoutez-moi.

Lyc. Soit, parle donc.

Strob. J'ai trouvé des richesses immenses.

Lyc. Où cela?

Strob. Dans une marmite pleine d'or, vous dis-je, de quatre livres pesant.

Lyc. Quel prodige me dis-tu là?

Strob. Je l'ai dérobée au vieil Euclion.

Lyc. Où est-il cet or?

Strob. Dans mon coffre. Je veux maintenant que vous m'affranchissiez.

Lyc. Que je t'affranchisse, triple coquin !

Strob. Allez, mon maître, je connais vos procédés : je plaisantais pour vous éprouver : déjà vous vous disposiez à m'enlever ce trésor. Que feriez-vous, si je l'avais trouvé en effet?

Lyc. Je n'entends pas raillerie : allons, rends moi cet or.

Strob. Que je vous rende cet or?

Lyc. Rends-le, te dis-je, pour le remettre à son maître.

Strob. Et où le prendre?

Lyc. Ne viens-tu pas d'avouer qu'il est dans ton coffre.

Strob. J'aime à faire des contes... je badinais!

Lyc. Mais sais-tu comment?...

Strob. Tuez-moi si vous voulez; mais vous ne tirerez pas de moi un seul mot de plus.

Strob. Quin ego illi me invenisse dico hanc prædam, atque eloquor?
Igitur orabo, ut manu me mittat : ibo atque eloquar. 815
Reperi. *Lyc.* Quid reperisti? *Strob.* Non, quod pueri clamitant,
In faba se reperisse. *Lyc.* Jamne autem, ut soles, deludis?
Strob. Here, mane, eloquar jam; ausculta. *Lyc.* Age ergo loquere. *Strob.* Reperi hodie,
Here, divitias nimias. *Lyc.* Ubi nam? *Strob.* Quadrillibrem, inquam, aulam auri plenam.
Lyc. Quod ego facinus audio ex te? *Strob.* Euclioni huic seni subripui. 820
Lyc. Ubi id est aurum? *Strob.* In arca apud me : nunc volo me emitti manu.

Lyc. Egone te emittam manu, scelerum cumulatissume?
Strob. Abi, here, scio
Quam rem geras : lepide, hercle, animum tuum tentavi : jam
Ut eriperes, adparabas : quid faceres, si reperissem?
Lyc. Non potes probasse nugas : i, redde aurum. *Strob.* Reddam ego aurum? 825
Lyc. Redde, inquam, ut huic reddatur. *Strob.* Ah, unde? *Lyc.* Quod modo fassus es
Esse in arca. *Strob.* Soleo, hercle, ego garrire nugas : ita loquor.
Lyc. At scin' quomodo? *Strob.* Vel enica, hercle : hinc nunquam a me feres.

Le texte de Plaute finit ici avant le dénouement. Plusieurs latinistes modernes ont essayé d'y suppléer. Un professeur polonais, du XV⁰ siècle, Codrus Urcéus, a imaginé un cinquième acte d'un assez bon style, mais d'un comique bien faux. C'est un éclatant démenti du caractère de l'avare. Euclion à qui l'on a rendu la précieuse marmite, la baise, la caresse avec transport. Puis tout à coup se tournant vers Lyconide : « Je vous la donne pour prix du bonheur que « je vous dois. J'entends qu'elle vous appartienne ainsi que ma fille. » L'esclave Strobile relève encore cette incroyable contradiction par ces mots qui terminent la pièce : « Spectateurs, l'avare Euclion a changé de nature, il est devenu « tout à coup généreux. Imitez-le, et si la pièce vous a fait plaisir; applaudissez. » Le dénouement d'un autre latiniste, Philippe Paré, est plus conforme à l'unité de caractère, aux règles éternelles de l'art. Mais il est étriqué et dépourvu d'effet dramatique. Lyconide reçoit le trésor des mains de Strobile et va le rendre à l'avare qui ne reparaît plus. Cette fin est assez plate, si elle est plus raisonnable.

Le cinquième acte d'Urcéus manque de vérité; celui de Paré, d'intérêt et d'action. Cette analyse suffit. Nous avons cru inutile de donner au long ces *suppléments* qui gâtent Plaute loin de le suppléer et font même sentir plus vivement la perte du manuscrit de notre poète. Molière seul l'a retrouvé.

CASINA*.

PERSONNAGES.

STALINON, vieillard, amant de Casina.
CLÉOSTRATE, sa femme.
OLYMPION, son fermier.
ALCÉSIME, vieillard, ami de Stalinon.
MURRHINE, sa femme, amie de Cléostrate.
CHALIN, esclave, écuyer du fils de Stalinon.
PARDALISCA, servante de Cléostrate.
CASINA, servante de Cléostrate, mais née libre, personnage muet.
Un cuisinier.
Cuisiniers, servantes, personnages muets.

La scène est à Athènes.

ARGUMENT.

Attribué à PRISCIEN.

Deux esclaves du même maître recherchent en mariage une jeune fille esclave avec eux. L'un sert les intérêts d'un vieillard, l'autre ceux de son fils. Le sort favorise le vieillard ; mais il est dupe d'une ruse. Ainsi on substitue à la jeune fille un esclave brutal qui bat son maître et son fermier. Le jeune homme épouse Casina, qui est enfin reconnue libre.

PROLOGUE.

Salut, honorables spectateurs qui estimez la Bonne Foi, et dont la Bonne-Foi fait en retour un si grand cas ! Si j'ai dit la vérité, donnez-m'en une preuve bien claire, afin que je sache tout de suite si je puis compter sur votre impartialité. Ceux qui se plaisent aux vieilles comédies ont aussi bon goût que ceux qui ne boivent que du vin vieux. Si les ouvrages et le style des anciens vous charment, les anciennes comédies ont droit à votre prédilection ; car les nouvelles qu'on vous donne ne sont guère de meilleur aloi que la nouvelle monnaie (1). La rumeur publique nous apprend que vous souhaitez de voir des comédies de Plaute. Nous allons en jouer une fort ancienne qui obtint vos suffrages, citoyens placés au rang des vieillards. Quant aux jeunes gens, ils ne la connaissent pas : mais nous ne négligerons rien pour qu'ils en aient une bonne idée. A la première représentation, cette pièce l'emporta sur toutes les autres. Cette époque voyait fleurir l'élite des poëtes, qui depuis sont allés habiter la commune demeure. Mais, tout absents qu'ils sont, ils divertissent ceux qui sont encore ici. Je viens vous supplier de soutenir nos acteurs de votre bienveillance. Bannissez tout souci, ne songez pas à vos créanciers : c'est aujourd'hui fête ; les usuriers vous donnent congé (2). Tout est tranquille ; les alcyons feraient leur nid sur la place publique. On règle les comptes, mais on ne demande rien à personne pendant les jeux : on ne rend rien après. Puis donc que les soucis ne bourdonnent pas à vos oreilles, accordez-moi votre attention. Je viens vous dire le titre de cette comédie : en grec, c'est Clérumenoé, en latin *Sortientes*. Diphile (3), poëte grec, en est l'auteur ; Plaute l'a traduite en latin et lui a donné un nom de femme.

Ici demeurent ensemble dans la même maison un vieillard marié, et son fils. L'esclave du jeune

---

* C'est la traduction d'une pièce grecque de Diphile, qui était intitulée le *Sort*. La *Clitie* de Machiavel est une imitation de la comédie de Plaute. Les *Folies amoureuses*, et surtout le *Mariage de Figaro*, lui ont également fait d'heureux emprunts ; le sujet et l'intrigue de Beaumarchais ont une analogie frappante avec Casina.

(1) Après la seconde guerre Punique les écus furent rognés et altérés. — (2) Personne ne pouvait être traduit en justice dans le temps des jeux. — (3) Contemporain de Ménandre, il avait composé, dit-on, cent comédies : aucune n'est parvenue jusqu'à nous.

DRAMATIS PERSONÆ.

STALINO, senex, amator Casinæ.
CLEOSTRATA, uxor ejusdem.
OLYMPIO, villicus Stalinonis.
ALCESIMUS, senex, amicus Stalinonis.
MURRHINA, uxor Alcesimi, amica Cleostratæ.
CHALINUS, servus, armiger fili Stalinonis.
PARDALISCA, ancilla Cleostratæ.
CASINA, ancilla Cleostratæ, sed natu libera. Muta persona.
COQUUS.
ANCILLÆ.

Scena est Athenis.

ARGUMENTUM

(UT QUIBUSDAM VIDETUR)

PRISCIANI.

Conservam uxorem conservi duo expetunt.
Alium senex adlegat, alium filius.
Sors adjuvat senem ; verum decipitur dolis.
Ita ei subjicitur pro puella servulus
Nequam ; qui dominum mulcat atque villicum.
Adolescens ducit civem Casinam cognitam.

PROLOGUS.

Salvere jubeo spectatores optumos,
Fidem qui facitis maxumi ; et vos Fides.
Si verum dixi, signum clarum date mihi,
Ut vos mi esse æquos jam inde a principio sciam.
Qui utuntur vino vetere, sapienteis puto, 5
Et qui lubenter veteres spectant fabulas.
Antiqua opera et verba quom vobis placent,
Æquom placere 'st ante veteres fabulas.
Nam, nunc novæ quæ prodeunt, comœdiæ,
Multo sunt nequiores, quam numi novi. 10
Nos postquam populi rumorem intelleximus,
Studiose expetere vos Plautinas fabulas,
Antiquam ejus edimus comœdiam,
Quam vos probastis, qui estis in senioribus :
Nam juniorum qui sunt, non gnorunt, scio. 15
Verum ut congnoscant, dabimus operam sedulo.
Hæc quom primum acta 'st, vicit omneis fabulas.
Ea tempestate flos poetarum fuit,
Qui nunc abierunt hinc in communem locum.
Sed absenteis tamen prosunt præsentibus. 20
Vos omneis opere magno esse oratum volo,
Benigne ut operam detis ad nostrum gregem.
Ejicite ex animo curam atque alienum æs ;
Ne quis formidet flagitatorem suum.
Ludi sunt : ludus datus est argentariis. 25
Tranquillum 'st ; alcedonia sunt circum forum.
Ratione utuntur, ludis poscunt neminem ;
Secundum ludos reddunt autem nemini.
Aureis vacivæ si sunt, animum advortite :
Comœdiai nomen dare vobis volo. 30

PROLOGUE.

homme est assez malade, et, pour ne rien vous cacher, il est au lit. Il y a seize ans que cet esclave aperçut au point du jour une petite fille que l'on exposait. Il accourt vers la femme qui abandonnait l'enfant, et la prie, la conjure de le lui donner : le relever, l'emporter à la maison, est pour lui l'affaire d'un instant : il le remet à sa maîtresse, en la priant d'en avoir soin et de l'élever. La maîtresse y consent, et a élevé cet enfant avec autant de tendresse que si c'eût été sa propre fille. Parvenue à l'âge de plaire, elle a inspiré une égale passion au vieillard et à son fils. Le père et le fils préparent en secret leur plan de guerre pour conquérir la belle. Le père détermine un de ses fermiers à la demander en mariage, espérant que si le manant l'obtenait, il pourrait aisément se divertir avec elle, à l'insu de sa femme. Par le même calcul, son fils veut la faire épouser à son écuyer; comptant bien ensuite jouir en toute propriété de celle qu'il aime. La femme du vieillard découvre ses intrigues galantes, et, pour s'en venger, conspire contre lui avec son fils. Mais le bonhomme, qui s'aperçoit que son fils est épris de la même beauté que lui, l'envoie en pays étranger pour se débarrasser d'un rival importun. La mère, qui a pénétré ses vues, sert les inclinations du jeune homme en son absence. Ne vous attendez donc pas à le voir figurer dans cette pièce : il ne reviendra pas. Plaute ne l'a pas voulu; il a rompu un pont sur la route du jeune homme. J'entends d'ici quelques personnes se récrier : « Qu'est-ce que cela signifie? un mariage entre des esclaves : des esclaves vont-ils demander une fille en mariage? épouseront-ils? Mais c'est une énormité qui ne s'est vue chez aucun peuple du monde! » Je vous réponds, moi, que cela se voit en Grèce, à Carthage, et ici même dans notre propre pays, dans l'Apulie. Là des noces d'esclaves se célèbrent avec plus de cérémonie et d'éclat que celles de citoyens libres. Si vous en doutez, je parie avec qui voudra une mesure de vin miellé, à condition de prendre pour arbitre de la gageure un Carthaginois, un Grec ou un Apulien. Qu'en dites-vous? personne ne tient. Je comprends : personne n'a soif. Je reviens donc à la jeune fille exposée en naissant, et que deux esclaves veulent à toute force épouser : c'est une fille honnête, de condition libre, et d'une bonne famille d'Athènes : elle ne se permettra rien d'indécent dans la pièce. Mais, après la comédie, s'il se présente un riche parti bien riche, comme cela est possible, elle se mariera volontiers, sans consulter les augures. J'ai dit : maintenant, bonne santé et bonne chance ; que votre valeur triomphe encore de vos ennemis, comme vous l'avez fait jusqu'ici.

ACTE PREMIER.

SCÈNE PREMIÈRE.

OLYMPION, CHALIN.

Olympio. Je ne pourrai donc jamais faire une affaire, y songer même, sans ta permission? pourquoi me suivre ainsi, maudite peste?

Chalin. Parce que j'ai résolu de te suivre comme une ombre partout où tu iras : quand tu irais te pendre, je te suivrais. Ainsi, Vois si tu pourras avec tes ruses m'enlever Casina et l'épouser, comme c'est ton dessein?

Olympio. Qu'ai-je affaire avec toi ?

Clerumenæ vocatur hæc comœdia
Græce, latine Sortientes. Diphilus
Hanc græce scribsit, post id rursum denuo
Latine Plautus cum latranti nomine.
Senex maritus heic habitat; eii est filius;   35
Is una cum patre in illisce habitat ædibus.
Est eii quidam servos, qui in morbo cubat;
Imo, hercle, vero in lecto, ne quid mentiar.
Is servos... sed abhinc annos factum 'st sedecim,
Quom conspicatus est primo crepusculo   40
Puellam exponi; adit extemplo ad mulierem,
Quæ illam exponebat; orat, ut eam det sibi;
Exorat, absfert, detulit recta domum;
Dat heræ suæ, orat, ut eam curet, educet.
Hera facit; educavit magna industria,   45
Quasi si esset ex se nata, non multo secus.
Postquam adolevit ad eam ætatem, uti viris
Placere posset; at eam puellam hic senex
Amat ecflictim, et item contra filius.
Sibi nunc uterque contra legiones parat,   50
Paterque filiusque, clam alter alterum.
Pater adlegavit villicum, qui posceret
Sibi istam uxorem : is sperat, si eii sit data,
Sibi fore paratas, clam uxorem, excubias foris.
Filius autem armigerum adlegavit suum,   55
Qui sibi eam uxorem poscat : scit, si id inpetret,
Futurum, quod amat, intra præsepeis suas.
Uxor senis sensit virum amori operam dare;
Propterea ea una consentit cum filio.
Ille autem postquam sensit filium suum   60
Eamdem illam amare, et esse inpedimento sibi,
Hinc adulescentem peregre ablegavit pater.
Sciens ejus mater ei dat operam, absenti tamen.
Is, ne exspectetis, hodie in hac comœdia
In urbem non redibit : Plautus noluit :   65

Pontem interrupit, qui erat eii in itinere.
Sunt heic, quos credo nunc inter se dicere :
« Quæso, hercle, quid istuc est? servileis nuptiæ? »
« Servine uxorem ducent, aut poscent sibi? »
« Novom adtulerunt, quod fit nusquam gentium. »   70
At ego aio hoc fieri in Græcia et Carthagini,
Et heic in nostra [etiam] terra, in Apulia.
Majoreque opera ibi servileis nuptiæ,
Quam liberaleis etiam curari solent.
Id ni fit, mecum pignus, si quis volt, dato   75
In urnam mulsi, Pœnus dum judex siet,
Vel Græcus adeo, vel mea causa Apulus.
Quid nunc? nihil agitis; sentio, nemo sitit.
Revortor ad illam puellam exposititiam,
Quam servi summa vi sibi uxorem expetunt.   80
Ea invenietur et pudica et libera,
Ingenua Atheniensis : neque quidquam stupri
Faciet profecto in hac quidem comœdia.
Mox, hercle, vero post, transacta fabula,
Argentum si quis dederit, ut ego subspicor,   85
Ultro ibit nuptum, non manebit auspices.
Tantum est : valete, bene rem gerite, et vincite
Virtute vera, quod fecistis antidhac.

ACTUS PRIMUS.

SCENA PRIMA.

OLYMPIO, CHALINUS.

Olymp. Non mihi licere meam rem me solum, ut volo,   90
Loqui atque cogitare, sine ted arbitro ? *Chal.* Quia certum 'st mihi,
Quid tu, malum, me sequere ? *Chal.* Quia certum 'st mihi,
Quasi umbra, quoquo ibis tu, te persequi.
Quin, edepol, etiam, si in crucem vis pergere,
Sequi decretum 'st : dehinc conjicito ceterum,

Chalin. Que dis-tu, impudent? pourquoi viens-tu rôder à Athènes, vilain paysan, vaurien?
Olympio. Il me plaît, moi!
Chalin. Va faire ton métier dans les champs! Pourquoi ne remplis-tu pas tes devoirs de fermier, et te mêles-tu des affaires de la ville? Viens-tu m'enlever ma fiancée? Retourne à ta ferme, pendard, et ne quitte plus ton gouvernement.
Olympio. Chalin, je n'ai point oublié mon devoir. J'ai mis à ma place quelqu'un qui veille à la ferme avec soin. Je viens à Athènes pour demander et pour épouser la femme dont tu es épris, la belle, la sensible Casina, qui est esclave avec toi. Après l'hymen, je l'emmènerai à la campagne, et je vivrai heureux avec elle dans mon gouvernement.
Chalin. Tu l'épouseras! toi! Tu ne l'auras pas; je serai plutôt pendu!
Olympio. C'est une proie qui ne peut m'échapper. Ainsi va te pendre.
Chalin. Un pareil butin à un gueux qui sort de son fumier!
Olympio. Tu le verras cependant! Mais malheur à toi! par ma vie, je t'en ferai voir de belles d'ici à mes noces!
Chalin. Que me feras-tu?
Olympio. Moi, ce que je te ferai? D'abord tu porteras le flambeau devant la nouvelle mariée (1), pour te dégrader et t'avilir à jamais. Ensuite, quand tu seras de retour à la ferme, on te donnera une cruche, un vase, une sébile, une chaudière et huit tonneaux, qu'il te faudra toujours tenir pleins, sous peine d'être roué de coups. Je te courberai si bien à force de tirer de l'eau, que tu pourras servir de croupière (1). Enfin si tu ne ronges le tas de blé, si tu ne manges pas de la terre comme un ver, je proteste qu'il n'y a pas de jeûne comparable au jeûne où je te réduirai à la campagne pour couronner la journée; et quand tu seras épuisé de travail et de faim, on aura soin de te donner pour la nuit un lit digne de toi.
Chalin. Que comptes-tu faire encore?
Olympio. Tu seras bien enfermé dans une cage, d'où tu pourras à loisir me voir embrasser celle que j'aime : tu l'entendras me dire : Mon petit cœur, cher Olympio, ma vie, mon amour, ma joie, laisse-moi baiser tes beaux yeux, laisse-moi t'aimer, t'embrasser, toi mon bonheur, mon passereau, ma colombe, mon lapin! Tandis qu'on m'adressera ces doux propos, tu seras blotti comme un rat dans un trou de mur. Maintenant, pour échapper à tes répliques, je m'en vais. Ta conversation m'assomme.
Chalin. Je te suis. Tu ne feras rien sans que je le voie.

ACTE SECOND.

SCÈNE PREMIÈRE.

CLÉOSTRATE, PARDALISCA.

Cléos. Fermez bien le buffet, et rapportez-moi mon anneau (2). Je vais ici près chez ma voisine. Si mon mari me demande, vous m'appellerez.
Pard. Le bonhomme avait ordonné d'apprêter le dîner.

(1) On conduisait la nouvelle mariée chez son époux avec cinq flambeaux de sapin ou de coudrier pour conjurer les maléfices.

(1) On condamnait les esclaves criminels à puiser de l'eau.
(2) Les anciens fermaient leurs meubles avec de la cire, et le cachet ou anneau qu'ils portaient toujours sur eux.

```
Possisne, necne, clam me sutelis tuis                 95
Præripere Casinam uxorem, proinde ut postulas.    [dens?
Olymp. Quid tibi negoti mecum 'st? Chal. Quid ais, inpu-
Quid in urbe reptas, villice, heic magni preti?
Olymp. Lubet. Chal. Quin ruri es in præfectura tua?
Quin potius, quod legatum 'st tibi negotium,         100
Id curas, atque urbanis rebus te abstines?
Quid huc venisti sponsam præreptum meam?
Abi rus, abi dierectus tuam in provinciam.
Olymp. Chaline, non sum ego oblitus opficium meum.
Præfeci, rure recte qui curet tamen.                 105
Ego, huc quod veni in urbem, ubi inpetravero,
Uxorem ut istanc ducam, quam tu diperis,
Bellam et tenellam Casinam, conservam tuam,
Quando ego eam mecum rus uxorem abduxero,
Rure incubabo usque in præfectura mea.               110
Chal. Tun' illam ducas? hercle, me suspendio,
Quam tu ejus potior fias, satiu'st mortuum.
Olymp. Mea præda ista illa : proin' tu te in laqueum induas.
Chal. Ex sterquilinio ecfosse, tua illæc præda sit?
Olymp. Scies hoc ita esse. Væ tibi, quot te modis,    115
Si vivo, habebo in nuptiis miserum meis.
Chal. Quid tu mi facies? Olymp. Egone quid faciam tibi?
Primum omnium, huic lucebis novæ nubtæ facem,
Postilla ut semper inprobus nihilque sis.
Post id locorum, quando ad villam veneris,            120
Dabitur tibi amphora una, et una semita,
Fons unus, unum ahenum, et octo dolia :
Quæ nisi erunt semper plena, ego te inplebo flagris.
Ita te adgerunda curvum aqua faciam prope,
Ut postilena possit ex te fieri.                      125
Post autem, ruri nisi tu acervom ederis,
Aut, quasi lumbricus, terram, quod te postulas
Gustare quidquam nunquam, edepol, jejunium
Jejunium 'st æque, atque ego ruri reddibo te.
Post id, quom lassus fueris et famelicus,             130
Noctu ut condigne te cubes, curabitur.
Chal. Quid facies? Olymp. Concludere in fenestram firmiter,
Unde auscultare possis, quom ego illanc osculer;
Quom mihi illa dicet : Mi animule, mi Olympio,
Mea vita, mea mellilla, mea festivitas,               135
Sine tuos ocellos deosculer, voluptas mea,
Sine, amabo, te amari, meus festus dies,
Meus pullus passer, mea columba, mi lepus.
Quom mi hæc dicentur dicta, tum tu, furcifer,
Quasi mus, in medio pariete vorsabere.                140
Nunc ne tute mihi respondere postules,
Abeo intro; tædet sermonis tui. Chal. Te sequor.
Heic quidem, pol, certo nihil ages sine me arbitro.
```

ACTUS SECUNDUS.

SCENA PRIMA.

CLEOSTRATA, PARDALISCA.

```
Cleostr. Obsignate cellas, referte anulum ad me :
Ego huc transeo in proxumum ad meam vicinam.          145
Vir si quid volet me, facite hinc me arcessatis.
Pard. Prandium jusserat senex sibi parari.
Cleostr. St, tace atque abi; neque paro, neque hodie
Coquetur, quando is mihi et filio adversatur
Suo, animique amorisque causa sui.                    150
Flagitium illud hominis! ego illum fame, ego illum
Siti, maledictis, malefactis, amatorem
Ulciscar; ego, pol, illum probe inconmodis
Dictis angam; faciam uti, proinde ut est dignus,
Vitam colat, Acheruntis pabulum, flagiti               155
Persequentem, stabulum nequitiæ : nunc hinc
Meas fortunas eo questum ad vicinas.
Sed foris concrepuit; atque ea ipsa, eccam, egreditur
Foras : non, pol, per tempus iter mihi incepi.
```

Cléos. St! tais-toi et va-t'en ; point de dîner, point d'apprêts pour un vieux fou dont l'amour et le caprice renversent mes desseins et ceux de son fils. L'infâme! mais la faim et la soif, l'injure et ce poing me feront justice de ce vieux débauché. Oui, je l'accablerai d'outrages : il aura pour le reste de ses jours le traitement qu'il mérite, ce gibier de Pluton qui se livre à tous les vices, à toutes les infamies. Allons conter mes tourments à ma voisine. Mais la porte s'ouvre... C'est elle-même : j'ai bien fait de ne pas sortir !

SCÈNE II.
MURRHINE, CLÉOSTRATE.

Murrh. (*à ses suivantes*) Suivez-moi ici près dans le voisinage. Eh bien ! est-ce qu'on ne m'entend pas quand je parle? On me trouvera là, si mon mari ou quelque autre personne me demande : car lorsque je suis seule à la maison, le sommeil engourdit mes mains. N'ai-je pas ordonné de m'apporter ma quenouille ?

Cléos. Murrhine, je vous salue.

Murrh. Bonjour, Cléostrate. Mais qu'avez-vous, je vous prie? vous êtes triste.

Cléos. Comme le sont toutes celles qui sont malheureuses en ménage. On n'est heureux nulle part, ni chez soi ni dehors. C'est pour cela que je venais vous voir.

Murrh. J'allais aussi chez vous : mais quelle est la cause de votre chagrin? Je prends bien part à vos peines.

Cléos. J'en suis persuadée. Aussi n'ai-je pas de voisine que j'aime plus que vous, et en qui j'aie plus de confiance.

Murrh. Je vous aime aussi, et désire bien recevoir vos confidences.

Cléos. Mon mari a pour moi les plus indignes procédés : et je n'ai aucun moyen d'obtenir justice.

Murrh. Qu'est-ce cela ? répétez-le-moi ; car je ne comprends pas encore le sujet de vos plaintes.

Cléos. Mon mari a pour moi les plus indignes procédés.

Murrh. Si cela est vrai, j'en suis bien surprise; car un mari a bien du mal à exercer son pouvoir sur sa femme.

Cléos. Le mien veut que je donne en mariage à son fermier une jeune servante qui m'appartient, et que j'ai élevé à mes frais. Mais il l'aime pour son fermier.

Murrh. De grâce, taisez-vous !

Cléos. Nous pouvons parler ici... Il n'y a que nous.

Murrh. Oui... Comment vous êtes-vous procuré cette servante? une femme honnête ne doit rien avoir à l'insu de son mari. Il est difficile qu'elle possède quelque chose sans lui avoir dérobé, ou l'avoir payé de son honneur. Je pense que tout ce que vous avez appartient aussi à votre mari.

Cléos. Et vous aussi vous condamnez votre amie !

Murrh. Taisez-vous, vous êtes folle ; écoutez-moi : ne contrariez pas votre mari, souffrez qu'il aime, qu'il fasse ce qu'il lui plait; puisqu'il ne vous laisse manquer de rien dans votre ménage...

Cléos. Perdez-vous l'esprit, de parler ainsi contre vos propres intérêts ?

Murrh. C'est vous qui déraisonnez! vous vous exposez à un étrange compliment de la part de votre mari.

Cléos. Quel compliment ?

Murrh. Femme, sortez d'ici (1).

Cléos.. Paix! St!

Murrh. Qu'y a-t-il ?

Cléos. Chut ! donc!

Murrh. Qui voyez-vous donc?

Cléos. Mon mari. Rentrez vite chez vous... Je vous en conjure.

Murrh. Je vous obéis... Je me retire.

Cléos. Quand nous en trouverons le loisir, je vous en dirai davantage... Adieu.

Murrh. Portez-vous bien.

(1) Formule de divorce.

SCENA SECUNDA.
MURRHINA, CLEOSTRATA.

Mur. Sequimini, comites, in proxumum me huc. 160
Heus vos ; ecquis hæc, quæ loquar, audit? ego heic ero,
Vir si, aut quispiam quæret. Nam ubi domi sola sum,
Sopor manus calvitur. Jussin' colum
Ferri mihi ? *Cleostr.* Murrhina, salve. *Mur.* Salve,
Mecastor : sed quid tu es tristis, amabo ? 165
Cleostr. Ita solent omneis, quæ sunt male nubtæ;
Domi et foris ægre quod sit, satis semper est.
Nam ego ibam ad te. *Mur.* Et, pol, ego istuc ad te : sed quid est,
Quod tuo nunc animo ægre est ? nam quod tibi est
Ægre, idem mihi est dividiæ. *Cleostr.* Credo, ecastor; 170
Nam viciuam neminem amo merito magis, quam te,
Nec quacum plura sunt mihi, quæ ego velim.
Mur. Amo te, atque istuc expeto scire, quid sit.
Cleostr. Vir me habet pessumis despicatam modis,
Nec mihi jus meum obtinendi optio 'st. 175
Mur. Hem, quid est? dic idem hoc ; nam, pol, haud satis meo
Corde adcepi querelas tuas, obsecro.
Cleostr. Vir me habet pessumis despicatam modis,
Mur. Mira sunt, vera si prædicas; nam viri
Jus suum ad mulieres obtinere haud queunt. 180

Cleostr. Quin, mihi ancillulam ingratiis postulat, quæ mea 'st,
Quæ meo educata sumtu est, villico suo se dare.
Sed ipsus eam amat. *Mur.* Obsecro, tace. *Cleostr.* Nam heic nunc
Licet dicere; nos sumus. *Mur.* Ita 'st : unde ea tibi 'st?
Nam peculi probam nihil habere addecet 185
Clam virum : et quæ habet partum, ei haud conmodi 'st,
Quin viro aut subtrahat, aut stupro invenerit.
Hoc viri censeo esse omne, quidquid tuum 'st.
Cleostr. Tu quidem adversum tuam amicam omnia loqueris.
Mur. Tace, sis, stulta, et mihi ausculta : noli, sis, tu illi
Adversari; sine amet, sine, quod lubet , id faciat : 191
Quando tibi nil domi delinquom 'st.
Cleostr. Satin' sana es ? nam tu quidem adversus tuam istam rem
Loquere. *Mur.* Insipiens ! semper tu huic verbo vitato
Abs tuo viro. *Cleostr.* Quoi verbo? *Mur.* I foras, mulier.
Cleostr. St!
Tace. *Mur.* Quid est? *Cleostr.* Hem. *Mur.* Quis est, quem vides? *Cleostr.* Vir, eccum, it. 196
Intro abi, adpropera, age, amabo. *Mur.* Inpetras.
Abeo. *Cleostr.* Mox magis quom otium mihi et tibi erit,
gitur tecum loquar : nunc vale. *Mur.* Valeas.

SCÈNE III.

STALINON, CLÉOSTRATE.

Stal. Oui, l'amour est le plus grand des biens ! il n'est pas de délices qui lui soient préférables : que peut-on comparer à ses charmes, à ses attraits piquants ? Comment les cuisiniers qui emploient tant d'assaisonnements négligent-ils précisément le meilleur ? ce que l'amour assaisonne plaît à tout le monde. Point de sel, point de saveur, si l'on ne met une petite dose d'amour. Le fiel le plus amer devient du miel. A l'homme morose il rend l'enjouement et la douceur. Je le sais par expérience, et non par ouï-dire. Depuis que j'aime Casina, je suis un modèle d'élégance. Je tourmente tous les parfumeurs, j'emploie les parfums les plus exquis pour lui plaire, et il paraît que je ne lui déplais pas. Mais ma femme vit pour mon supplice. Je l'aperçois toute triste. Il me faut encore parler tendrement à la méchante bête. Ma petite femme, mon cœur, que veux-tu ?

Cléos. Éloigne-toi, et ne me touche pas.

Stal. Ah ! ma belle Junon, c'est mal accueillir ton Jupiter... Où vas-tu ?

Cléos. Laisse-moi.

Stal. Reste.

Cléos. Je ne resterai pas.

Stal. Eh bien, je te suivrai.

Cléos. Dis-moi, deviens-tu fou ?

Stal. J'ai bien ma raison, puisque je t'aime.

Cléos. Je ne veux point que tu m'aimes.

Stal. Tu ne peux m'en empêcher.

Cléos. Tu m'assommes.

Stal. Je voudrais que tu disses vrai.

Cléos. Je te crois sans peine.

Stal. Regarde-moi, mon trésor.

Cléos. Je suis ton trésor comme tu es le mien. Mais, je te prie, pourquoi ces parfums ?

Stal. Oh ! je suis perdu ! malheureux, me voilà pris ! j'ai oublié d'essuyer ma tête avec mon manteau ! Que le bon Mercure te confonde, maudit marchand qui m'as vendu ce parfum !

Cléos. Ah ! vieille tête chauve ! je ne sais qui me tient que je ne te dise tes vérités. A ton âge, vieil efféminé, courir ainsi les rues tout parfumé d'essences !

Stal. J'accompagnais un ami qui achetait des odeurs.

Cléos. Bien imaginé ! et tu n'as pas honte !

Stal. Ma foi, comme tu voudras.

Cléos. Dans quel bouge as-tu couché ?

Stal. Moi, dans un mauvais lieu ?

Cléos. J'en sais plus que tu ne penses !

Stal. Voyons : que sais-tu ?

Cléos. Que tu es le plus infâme de tous les vieux libertins. D'où viens-tu, mauvais sujet ? où étais-tu, où as-tu passé la nuit ? où t'es-tu enivré ? Tu ne le nieras pas ; vois comme ton manteau est chiffonné.

Stal. Que les dieux te maudissent ainsi que moi, s'il m'est entré aujourd'hui une seule goutte de vin dans le gosier.

Cléos. Au reste, fais tout ce que tu voudras : bois, mange, ruine-toi.

Stal. Tout beau, ma femme ! c'en est assez... tais-toi, les oreilles me tintent. Garde quelque chose pour demain. Mais voyons, as-tu surmonté ta répugnance à faire ce qui plaît à ton mari, au lieu de le contrarier sans cesse ?

Cléos. De quoi s'agit-il ?

Stal. Tu me le demandes ? De Casina, ta servante, qu'il faut donner en mariage à notre honnête fer-

SCENA TERTIA.

STALINO, CLEOSTRATA.

Stal. Omnibus rebus ego amorem credo et nitoribus nitidis antevenire. 200
Nec potis quidquam conmemorari, quod plus salis, plusque leporis hodie
Habeat. Cocos equidem nimis demiror, qui tot utuntur condimentis,
Eos eo condimento uno non utier, omnibus quod præstat.
Nam ubi amor condimentum inerit, quoivis placiturum credo.
Neque salsum, neque suave esse potest quidquam, ubi amor non admiscetur. 205
Fel quod amarum 'st, id mel faciet, hominem ex tristi lepidum et lenem.
Hanc ego de me conjecturam domi facio, magis quam ex auditis.
Qui, postquam amo Casinam, magis initio munditiis munditiam antideo.
Myropolas omneis solicito ; ubicumque est lepidum unguentum, ungor,
Ut illi placeam ; et placeo, ut videor. Sed uxor me excruciat, quia vivit. 210
(aspicit uxorem.) Tristem adstare adspicio : blande hæc mihi mala res adpellanda 'st.
(cum alloquitur.) Uxor mea, meaque amœnitas, quid tu agis ?
Cleostr. Abi, atque abstine manum.
Stal. Eia, mea Juno, non decet te esse tam tristem tuo Jovi
Quo nunc abis ? *Cleostr.* Mitte me. *Stal.* Mane. *Cleostr.* Non maneo. *Stal.* At, pol, ego te sequar.
Cleostr. Obsecro, sanun' es ? *Stal.* Sanus, quom te amo.
Cleostr. Nolo ames. *Stal.* Non 215
Potes inpetrare. *Cleostr.* Enecas. *Stal.* Vera dicas velim.
Cleostr. Credo ego
Istuc tibi. *Stal.* Respice, oh, mi lepos ! *Cleostr.* Nempe ita, uti tu mihi es.
Unde heic, amabo, unguenta adolent ? *Stal.* Oh, perii ! manifesto miser
Teneor : cesso caput pallio detergere ? uti te bonus
Mercurius perdat, myropola, qui hæc mihi dedisti. *Cleostr.* Eho tu, 220
Nihili, cana culex : vix teneor, quin, quæ decent te, dicam, Senecta ætate unguentatus per vias, ignave, incedis.
Stal. Pol, ego amico dedi quoidam operam, dum emit Unguenta. *Cleostr.* Ut cito commentatus est !
Ecquid te pudet ? *Stal.* Omnia quæ tu vis. *Cleostr.* Ubi in lustris jacuisti ? 225
Stal. Egone in lustris ? *Cleostr.* Scio plus, quam tu me arbitrare. *Stal.* Quid id est ?
Quid tu scis ? *Cleostr.* Te sene omnium senem neminem esse ignaviorem.
Unde is, nihil ? ubi fuisti ? ubi lustratus ? ubi bibisti ?
Id est, mecastor : vide, palliolum ut rugat. *Stal.* Di me et te Infeliciter !
Si ego in os meum hodie vini guttam indidi. *Cleostr.* Imo age, ut lubet. 230
Bibe, es, disperde rem. *Stal.* Ohe, jam satis, uxor, est ; comprime te, nimium tinnis.
Relinque aliquantum orationis, cras quod mecum litiges.
Sed quid ais ? jam domuisti animum, potius ut, quod vir velit Fieri, id facias, quam advorsere contra ? *Cleostr.* Qua de re ? *Stal.* Rogas ?
Super ancilla Casina, ut detur nubtum nostro villico, 235

mier : avec lui elle ne manquera de rien ; elle sera chauffée, nourrie, habillée, et elle aura de quoi bien élever ses enfants. Cela ne vaut-il pas mieux que de la donner à ce méchant écuyer, mauvais sujet, qui n'a pas seulement une pièce de plomb dans sa bourse ?

Cléos. Un homme de cet âge oublier ainsi son devoir !

Stal. Comment donc !

Cléos. Est-ce que, si tu écoutais la raison et les convenances, tu ne me laisserais pas disposer de ma servante, dont le soin m'appartient ?

Stal. Quoi ! ne serait-ce pas un crime de donner cette fille à ce méchant soldat ?

Cléos. Il faut pourtant faire quelque chose pour notre fils unique.

Stal. Il est mon fils unique, c'est vrai ; mais il n'est pas plus fils unique pour moi que je ne suis père unique pour lui. Il est plus juste qu'il cède à ma volonté que moi à la sienne.

Cléos. Tu cherches là de méchants détours.

Stal. (à part) Elle a quelque soupçon ; je le vois. *(haut)* Moi, des détours ?

Cléos. Oui, toi. Car pourquoi ce trouble ? pourquoi prendre feu pour ce mariage ?

Stal. Parce que j'aime mieux marier Casina à un honnête esclave qu'à un vaurien.

Cléos. Eh bien ! si j'obtenais du fermier qu'il la cédât à ce brave écuyer, pour l'amour de moi ?

Stal. Et moi, si je déterminais cet écuyer à l'abandonner à son rival ! et je me flatte d'y réussir.

Cléos. Volontiers ! Veux-tu que je fasse venir ici Chalin de ta part ? tu le presseras, et moi j'insisterai auprès du fermier.

Stal. Je veux bien.

Cléos. Il sera bientôt ici. Nous verrons lequel de nous deux a le plus d'influence. *(Elle sort.)*

Stal. Puisse Hercule et tous les dieux la confondre ! Maintenant que je puis parler à mon aise, j'é-

prouve tout le tourment de l'amour, et ma femme met toute son industrie à contrarier mes projets : elle a pénétré mon intrigue. C'est pour cela qu'elle seconde avec tant de chaleur la prétention de notre écuyer.

SCÈNE IV.

STALINON, CHALIN.

Stal. (à part) Chalin !.. que le ciel le confonde !

Chal. Votre femme me dit que vous me demandez.

Stal. Ouí, je t'ai fait appeler.

Chal. Qu'avez-vous à me dire ?

Stal. D'abord j'exige que tu me répondes à cœur ouvert.

Chal. A quoi bon cet air sévère ? n'avez-vous pas tout pouvoir ?

Stal. Tu m'as toujours paru un brave homme.

Chal. Je vous comprends : si vous avez cette opinion de moi, pourquoi ne m'affranchissez-vous pas ?

Stal. Je le veux bien. Mais ma volonté n'est rien, si tu ne la secondes.

Chal. Je brûle de savoir ce que vous exigez de moi.

Stal. Écoute, je vais te le dire : j'ai promis de donner Casina en mariage à notre fermier.

Chal. Mais votre femme et votre fils me l'ont promise.

Stal. Je le sais. Mais aimes-tu mieux rester garçon et devenir libre, ou te marier et vivre dans l'esclavage, toi et tes enfants ? Tu as le choix : prends la condition qui te plaira davantage.

Chal. Si je suis libre, je vivrai à mes dépens, au lieu de vivre aux vôtres. Quant à Casina, je ne la céderai à personne au monde.

Stal. Allons, rentre, et fais venir ma femme sur-le-champ. Apporte avec toi une urne et tous les instruments divinatoires.

Chal. Volontiers.

Servo frugi, atque ubi illi bene sit, ligno, aqua calida, cibo,
Vestimentis, ubique educat pueros, quos pariat, potius
Quam illi servo nequam des armigero, nihili atque improbo,
Quoi homini hodie peculi numus non est plumbeus.   239
Cleostr. Mirum, escastor, te senecta ætate opficium tuum
Non meminisse ? *Stal.* Quid jam ? *Cleostr.* Quia, si facias recte aut conmode,
Me sinas curare ancillas, quæ mea est curatio.
Stal. Qui, malum, homini scutigerulo dare lubet ? *Cleostr.* Quia enim filio
Nos oportet opitulari unico. *Stal.* At quamquam unicu'st,
Nihilo magis unicu'st ille mihi filius, quam ego illi pater :
Illum illi æquiu'st, quam me illi, quæ volo, concedere.
Cleostr. Tute, ecastor, tibi, homo, malam rem quæris. *Stal.*
     (seorsum.) Subolet, sentio.   247
(ad Cleostream.) Egone ? *Cleostr.* Tu. Nam quid frigutis ? quid istuc tam cupide cupis ?
Stal. Ut enim frugi servo detur potius, quam servo inprobo.
Cleostr. Quid si ego inpetro atque exoro a villico, causa mea,   250
Ut eam illi permittat ? *Stal.* Quid si ego autem ab armigero inpetro,
Eam illi permittat ? atque hoc credo inpetrasscre.
Cleostr. Convenit : vis tuis Chalinum huc evocem verbis foras ?
Tu eum orato, egoautem orabo villicum. *Stal.* Sane volo.
Cleostr. Jam heic erit : nunc experiemur, nostrum uter sit blandior.   *(abit)*   255
Stal. Hercules ditque istam perdant, quod nunc liceat dicere.

Ego discrucior miser amore : illa autem quasi ob industriam
Mi adversatur. Subolet hoc jam uxori, quod ego machinor ;
Propter eam rem magis armigero dat operam de industria.

SCENA QUARTA.

STALINO, CHALINUS.

Stal. Qui illum di omneis deæque perdant. *Chal.* Te aiebat tua   260
Me vocare. *Stal.* Ego enim vocari jussi. *Chal.* Eloquere quid velis ?
Stal. Primum ego te porrectiore fronte volo mecum loqui.
Chal. Stultitia est ei te esse tristem, quojus potestas plus potest.
Stal. Pro ! bonæ frugi hominem te jam pridem esse arbitror.
Chal. Intellego.
Quin, si ita arbitrare, emittis me manu ? *Stal.* Quin, id volo.   265
Sed mihil est, me cupere factum, nisi tu factis adjuvas.
Chal. Quod velis, modo id velim me scire. *Stal.* Ausculta ergo, loquar.
Casinam ego uxorem promisi villico nostro dare.
Chal. At tua uxor filiusque promiserunt mi. *Stal.* Scio.
Sed utrum nunc tu, cœlibem esse te mavis liberum,   270
An maritum servom ætatem degere et gnatos tuos,
Optio hæc tua 'st ; utram harum vis, conditionem adcipe.
Chal. Liber si sim, meo periclo vivam, nunc vivo tuo.
De Casina certum 'st, concedere homini nato nemini.
Stal. Intro abi, atque actutum uxorem huc evoca ante ædris cito.   275

Stal. Par Pollux! je détournerai le coup fatal. Car si je ne puis rien obtenir de cette manière, je tenterai le sort, et je me vengerai de toi et de tes protecteurs.

Chal. Le sort sera pour moi.

Stal. Je te promets la mort au milieu des plus cruelles tortures.

Chal. J'épouserai Casina; machinez tout ce que vous voudrez.

Stal. Ote-toi de ma présence.

Chal. Vous avez beau me regarder de travers : cela ne m'empêchera pas de vivre. (*Il sort.*)

Stal. Suis-je assez malheureux! Tout m'est contraire : je tremble maintenant que ma femme ne détermine Olympion à ne point épouser Casina. Si elle réussit, je suis un vieillard perdu; mais si elle n'obtient rien, il me reste la chance du sort : s'il me trahit, mon épée me servira de lit, je me précipiterai sur elle. Mais Olympion s'avance à propos.

SCÈNE V.

OLYMPION, STALINON.

Olymp. (*sortant de la maison, à Cléostrate.*) Je vous le dis, faites-moi jeter dans un four ardent; que l'on m'y tourne et retourne comme du pain : mais vous n'obtiendrez pas de moi ce que vous demandez.

Stal. (*à part*) Je suis sauvé : mon espoir est rempli, d'après ce que j'entends.

Olymp. (*à Cléostrate*) Pourquoi m'effrayer par vos menaces de servitude? Vous et votre fils aurez beau vous y opposer; en dépit de vos manœuvres, je puis devenir libre pour quelques deniers.

Stal. Quel tapage! Avec qui querelles-tu, Olympion?

Olymp. Avec la même personne que vous.

Stal. Ma femme!

Olymp. A quelle femme m'avez-vous adressé? vous ressemblez au chasseur, vous avez jour et nuit une chienne à vos côtés.

Stal. Que fait-elle donc? qu'est-ce qu'elle te dit?

Olymp. Elle me prie, me supplie de ne point épouser Casina.

Stal. Et que lui réponds-tu?

Olymp. Que je ne la céderais pas même à Jupiter, s'il me la demandait.

Stal. O mon sauveur! que le ciel te conserve!

Olymp. Elle est bouffie de colère contre moi... à en suffoquer.

Stal. Par Pollux! je voudrais qu'elle en crevât.

Olymp. Je vous crois sans peine, et vous êtes un brave homme. Mais en vérité vos amours me sont funestes. Votre femme me hait, votre fils et toute la maison m'ont en horreur.

Stal. Que t'importe? Jupiter est pour toi, moque-toi des dieux subalternes.

Olymp. Cela est bon pour le badinage. Ne savez-vous pas que les Jupiters d'ici-bas meurent subitement? Quand vous , le Jupiter de la maison, aurez trépassé, les petits dieux s'empareront de votre royaume; et alors qui protégera mon dos, mes épaules et ma tête?

Stal. Tes affaires sont en meilleure posture que tu ne crois, si nous obtenons que Casina me soit favorable.

Olymp. Par Hercule! je ne le crois pas, tant votre femme met d'obstacles à mon mariage.

Stal. Voici ce que je vais faire. J'en appelle au sort... Tu tireras, avec Chalin : cela est naturel. Il faut combattre à outrance.

Olymp. Mais si le sort trompe votre espoir, qu'arrivera-t-il?

Stal. Point de mauvais augure : je me repose sur les dieux; espérons en leur bonté.

Olymp. Belle parole! je n'en donnerais pas un zeste.

Et sitellam huc tecum adferto cum aqua et sorteis. *Chal.* Satis placet.
Stal. Ego, pol, istam jam aliquovorsum tragulam decidero.
Nam si sic nihil inpetrare potero, saltem sortiar. *Chal.* Attamen
Ibi ego te et subfragatores tuos ulciscar. *Chal.* Attamen
Mi obtinget sors. *Stal.* Ut quidem, pol, pereas cruciatu
malo.   280
Chal. Mihi illa nubet; machinare quodlubet quovis modo.
Stal. Abin' hinc ab oculis? *Chal.* Invitus me vides : vivam
tamen.   (abit).
Stal. Sumne ego miser homo? satin' omneis res sunt adtvorsæ mihi?
Jam metuo, ne Olympionem mea uxor exoraverit,
Ne Casinam ducat; si id factum 'st, ecce me nullum senem :
Si non inpetravit, etiam specula in sortitu 'st mihi.   285
Si sors autem decolassit, gladium faciam culcitam,
Eumque incumbam : sed proreditur optume eccum Olympio.

SCENA QUINTA.

OLYMPIO, STALINO.

Olymp. Una, edepol, opera in furnum calidum condito,
Atque ibi torreto me pro pane rubido,   290
Hera, quam istam operam a me inpetres, quod postulas.)
Stal. Salvos sum, salva spes est, ut verba audio.
Olymp. Quid tu me vero libertate territas?
Quid? si tu nolis, filiusque etiam tuus,
Vobis invitis atque amborum ingratiis   295
Una libella liber possum fieri.

[*Stal.* Quid istuc est? quicum litigas, Olympio?
Olymp. Cum eadem, qua tu semper. *Stal.* Cum uxore mea?
Olymp. Quam tu mi uxorem? quasi venator tu quidem es,
Dies atque noctels cum cane ætatem exigis.   300
Stal. Quid agit? quid loquitur tecum? *Olymp.* Orat, obsecrat,
Ne Casinam uxorem ducam. *Stal.* Quid tu postea?
Olymp. Negavi enim ipsi me concessurum Jovi,
Si is mecum oraret. *Stal.* Di te servassint mihi.
Olymp. Nunc in fermento tota 'st, ita target mihi.   305
Stal. Edepol, ego illam mediam diruptam velim.
Olymp. Credo, edepol, esse, siquidem tu frugi bonæ es.
Verum, edepol, tua mihi odiosa'st amatio :
Inimica tua 'st uxor mi, inimicus filius,
Inimici familiareis. *Stal.* Quid id refert tua?   310
Unus tibi hic dum propitius sit Jupiter,
Tu istos minutos cave deos floccifeceris.
Olymp. Nugæ sunt istæ magnæ : quasi tu nescias
Repente ut emoriantur humani Joveis.
Sed tandem si tu Jupiter sis emortuus;   315
Quom ad deos minores redierit regnum tuum;
Quis mihi subveniet tergo, aut capiti, aut cruribus?
Stal. Opinione melius res tibi habeat tua,
Si hoc inpetramus, ut ego cum Casina cubem.
Olymp. Non, hercle, opinor posse, ita uxor acriter   320
Tua instat, ne mihi detur. *Stal.* At ego sic agam :
Conjiciam sorteis in sitellam, et sortiar
Tibi et Chalino. Ita rem natam intellego :
Necessum 'st vorsis gladiis depugnarier.

Tous les mortels se fient aux dieux : j'ai vu pourtant bien des gens dupes de cette confiance.
Stal. Tais-toi un moment.
Olymp. Que voulez-vous?
Stal. J'aperçois Chalin qui vient avec l'urne et les instruments divinatoires. Nous allons combattre, et choquer nos étendards.

SCÈNE VI.
CLÉOSTRATE, CHALIN, STALINON, OLYMPION.

Cléos. Chalin, apprends-moi ce que mon mari me veut.
Chal. Par Pollux! ce qu'il voudrait, c'est de vous voir sur un bûcher ardent, hors de la porte Métia (1).
Cléos. Je le crois bien.
Chal. Moi, je ne le crois pas, j'en suis sûr.
Stal. (à part) J'ai plus d'habiles gens chez moi que je ne le pensais : voilà un devin. (à *Olympion*) Si nous dressions nos étendards et marchions à l'ennemi?.. Suis-moi.. (à *Cléostrate et à Chalin*) Que faites-vous là?
Chal. Voilà tout ce que vous avez demandé, votre femme, les sorts, l'urne, et moi-même.
Stal. C'est déjà trop de toi.
Chal. Vous le croyez ainsi : mais je suis pour vous un aiguillon. Je ne me trompe pas, car votre petit cœur est déjà tout agité par la crainte.
Stal. Coquin!
Cléos. Tais-toi, Chalin, (à *Stalinon*) et toi réprime un peu...
Olymp. (*désignant Chalin*) Oui, réprimez ce drôle qui fait le raisonneur.
Stal. Dépose l'urne ici; donne-moi les sorts. (à ses esclaves) Vous, attention! Je me suis toujours flatté,

(1) Lieu où l'on brûlait les corps des gens du peuple, et où les criminels étaient torturés et pendus. Plaute oublie qu'il a placé la scène en Grèce. Il se croit à Rome; cette distraction est fréquente dans ses pièces.

ma chère femme, que l'on me céderait Casina : et je l'espère encore.
Cléos. Qu'on te céderait Casina?
Stal. A moi-même? Je m'explique mal! quand je dis à moi, c'est Olympion que je veux dire. (à part) La passion m'égare, et je ne dis en vérité que des sottises.
Cléos. C'est vrai... et tu en fais aussi.
Stal. C'est pour lui, te dis-je, et non pour moi; (à part) me voilà enfin dans le bon chemin.
Cléos. Tu t'en écartes si souvent!
Stal. C'est ce qui arrive, quand on poursuit quelque chose avec trop d'ardeur. Mais lui et moi nous te prions, dans l'intérêt commun...
Cléos. Qu'est-ce que cela signifie?
Stal. Je te l'apprendrai, ma douce amie; c'est que tu fasses présent de cette Casina à notre villageois.
Cléos. Il ne l'aura pas... Ce n'est pas mon intention.
Stal. Eh bien! tirons au sort.
Cléos. Qui t'en empêche?
Stal. Il n'y a rien à mon avis de plus sage et de plus juste. Si ce que nous désirons arrive, nous nous en réjouirons : si c'est le contraire, nous le supporterons avec résignation (à *Olympion*). Tiens, voilà le sort : vois ce qui est écrit.
Olymp. Un.
Chal. C'est une injustice. Vous lui avez donné la boule que je devais avoir.
Stal. (à *Chalin*) Prends celle-ci.
Chal. Donnez... un instant... il me vient une idée. Voyez s'il n'y a pas d'autre boule au fond de l'eau.
Stal. Fripon, penses-tu que je te ressemble? Il n'y en a point : n'aie pas d'inquiétude.
Chal. (à *Olympion*) Que la fortune me soit propice et te perde!

Olymp. Quid, si sors aliter, quam voles, evenerit? 325
Stal. Benedice. Dis sum fretus, deos sperabimus.
Olymp. Non istuc ego verbum emissim titivillitio.
Nam omneis mortaleis diis sunt freti : sed tamen
Vidi ego diis fretos sæpe multos decipi.
Stal. Tace parum. Olymp. Quid vis? Stal. Eccum exit foras
Chalinus intus cum sitella et sortibus. 331
Nunc nos coulatis signis depugnabimus.

SCENA SEXTA.
CLEOSTRATA, CHALINUS, STALINO, OLYMPIO.

Cleost. Face, Chaline, me certiorem, quid meus vir me velit.
Chal. Ille, edepol, videre ardentem te extra portam Metiam.
Cleostr. Credo, ecastor, vellet. *Chal.* At, pol, ego haud credo, sed certo scio. 335
Stal. Plus artificum 'st mi, quam rebar; hariolum hunc habeo domi.
Quid si propius adtollamus signa, eamusque obviam?
Sequere : quid vos agitis? *Chal.* Adsunt, quæ imperavisti, omnia,
Uxor, sorteis, situla, atque egomet. *Stal.* Te uno adest plus quam ego volo.
Chal. Tibi quidem, edepol, ita videtur : stimulus ego tibi nunc sum tibi. 340
Eo dico, corculum adsudascit jam ex metu. *Stal.* Mastigia!
Cleostr. Tace, Chaline : conprime istum. *Olymp.* Imo istunc, qui didicit dare.

Stal. Adpone heic sitellam, sorteis cedo mihi : animum advortite.
Atque ego censui abs te posse hoc me inpetrare, uxor mea,
Casina, ut uxor mihi daretur, et nunc etiam censeo. 345
Cleostr. Tibi daretur illa? *Stal.* Mihi enim? ah, non id volui dicere :
Dum mihi volui, huic dixi : atque adeo dum mihi cupio, perperam
Jamdudum, hercle, fabulor. *Cleostr.* Pol, tu quidem, atque etiam facis.
Stal. Huic, imo, hercle, mihi : vah, tandem redii vix veram in viam.
Cleostr. Per, pol, sæpe peccas. *Stal.* Ita fit, ubi quid tantopere expetas. 350
Sed te, uterque suo pro jure, ego atque hic oramus. *Cleostr.* Quid est?
Stal. Dicam enim, mea mulsa ; de istac Casina huic nostro villico
Gratiam facias. *Cleostr.* At, pol, ego neque facio, neque censeo.
Stal. Tum igitur ego sorteis utrimque jam. *Cleostr.* Quis vetat? 354
Stal. Optumum atque æquissumum istud esse, jure judico.
Postremo, si illuc, quod volumus, eveniet, gaudebimus :
Sin secus, patiemur animis æquis : tene sortem tibi.
Vide quid scribtum 'st. *Olymp.* Unum. *Chal.* Iniquom 'st, quia isti prius, quam mihi est.
Stal. Adcipe hanc, sis. *Chal.* Cedo ; mane : unum venit in mentem modo. 359
Vide, ne qua illeic insit alia sortis sub aqua. *Stal.* Verbero,

Olymp. Je sais ton sort d'avance; je connais ta piété : mais attends un peu. Voyons si ta boule est de bois de peuplier, ou de sapin.
Chal. Que t'importe?
Olymp. C'est que je crains qu'elle ne surnage.
Stal. (à *Olympion*) Allons!.. prends garde... Jetez les boules!.. Je vous prie... ma femme, sois juge.
Olymp. Je ne veux pas m'en rapporter à elle.
Stal. Rassure-toi.
Olymp. Je crois, en vérité, que si elle touche aujourd'hui les boules, elle va les enchanter.
Chal. Tais-toi.
Olymp. Je ne dis mot : je prie les dieux.
Chal. Sans doute pour qu'ils te mettent aujourd'hui au carcan et à la chaîne.
Olymp. Pour que le sort me soit favorable.
Chal. Et que tu sois pendu par les pieds (1).
Olymp. Toi, tu leur demandes qu'on t'arrache les yeux. Que crains-tu? ta corde est déjà prête. Tu es perdu.
Stal. Un peu d'attention, s'il vous plaît.
Olymp. Je me tais.
Stal. A présent, Cléostrate, pour que tu ne m'accuses pas malicieusement de tricher, je te permets de tirer toi-même la boule.
Olymp. Vous me perdez.
Chal. C'est tout profit.
Cléos. (à *Chalin*) C'est bien fait.
Chal. Je prie les dieux que ta boule s'échappe de l'urne.
Olymp. Vraiment! parce que tu es fugitif, tu souhaites que tout le monde te ressemble! Fasse le ciel que la tienne fonde dans l'eau, comme il arriva aux descendants d'Hercule (2)!

(1) Supplice des esclaves.
(2) Les enfants d'Aristodème, issus d'Hercule, tiraient trois villes au sort, Messène, Argos et Lacédémone. La première boule devait donner Messène. Les boules des enfants d'Aristodème, formées exprès de terre mal durcie, se fondirent dans l'eau. Celle de Cresphonte résista; et Messène fut à lui, grâce à cette fraude.

Chal. Toi, pour te faire fondre aussi, on va te chauffer les épaules à coups d'étrivières.
Stal. Fais donc attention, Olympion.
Olymp. Volontiers, si cet homme *de lettres* (1) me le permet.
Stal. Que la fortune me soit propice!
Olymp. Et à moi aussi!
Chal. Non pas.
Olymp. Pardon!
Chal. Propice à moi bien plutôt.
Stal. Il gagnera : tu seras malheureux toute ta vie. Casse-lui la mâchoire aujourd'hui. Eh bien! frappe donc.
Cléos. Ne lève pas la main!
Olymp. Lui donnerai-je un coup de poing ou un soufflet?
Stal. Comme tu voudras.
Olymp. (*frappant Chalin*) Tiens, voilà pour toi.
Cléos. De quel droit le frappes-tu?
Olymp. Parce que mon Jupiter me l'ordonne.
Cléos. (à *Chalin*) Donne-lui sur la joue, à ton tour.
Olymp. Jupiter, je suis mort! il m'assomme.
Stal. (à *Chalin*) De quel droit le frappes-tu?
Chal. Parce que ma Junon me l'ordonne.
Stal. Il faut le supporter, puisque je suis pour toute la vie sous l'empire de ma femme.
Cléos. Celui-ci a tout autant le droit de parler que l'autre.
Olymp. Pourquoi jette-t-il un sort sur moi?
Stal. Chalin, il faut prendre garde à ta mâchoire.
Chal. Excellent avis, après qu'on l'a brisée!
Stal. Allons, ma femme, maintenant tirons les boules ; et vous, attention!
Olymp. J'ai tellement peur que je ne sais où je suis.

(1) Jeu de mots. On marquait d'une lettre le front des esclaves.

Men' te censes esse? nulla 'st: habe quietum animum modo.
Chal. Quod bonum atque fortunatum sit mihi, tuum magnum malum.
Olymp. Tibi quidem, edepol, credo eveniet; gnovi pietatem tuam.
Sed manedum : num ista aut populna sors, aut abiegna est tua?
Cleostr. Quid tu id curas? *Olymp.* Quia enim metuo, ne in aqua summa natet. 305
Stal. Euge : cave : conjicite sorteis nunc jam, amabo, huc : eccere.
Uxor, æqua. *Olymp.* Nolim uxori credere. *Stal.* Habe animum bonum.
Olymp. Credo, hercle, hodie devotabit sorteis, si adtigerit.
Cleostr. Tace.
Olymp. Taceo; deos quæso... *Chal.* Ut quidem tu hodie canem et furcam feras.
Olymp. Mi ut sortitio eveniat. *Chal.* Ut quidem, hercle, pedibus pendeas. 370
Olymp. At tu ut oculos emungare ex capite per nasum tuos.
Quid times? paratum oportet esse jam laqueum tibi.
Periisti. *Stal.* Animum advortite, amabo. *Olymp.* Taceo.
Stal. Nunc tu, Cleostrata,
Ne a me memores malitiose de hac re factum, aut subspices,
Tibi permitto : tute sorti. *Olymp.* Perdis me. *Chal.* Lucrum facit. 375
Cleostr. Benefacis. *Chal.* Deos quæso, ut tua sors ex sitella ecfugerit.
Olymp. Ain' tu? quia tu es fugitivos, omneis te imitari cupis.

Utinam tua quidem, sicut Herculeis prædicant
Quondam prognatis, ista in sortiondo sors deliquerit.
Chal. Tu ut liquescas, ipse actutum virgis calefactabere.
Stal. Hoc age, sis, Olympio. *Olymp.* Si hic literatus me sinat. 381
Stal. Quod bonum atque fortunatum mihi sit. *Olymp.* Ita vero, et mihi.
Chal. Non. *Olymp.* Imo, hercle. *Chal.* Imo mihi, hercle.
Stal. Hic, vincet, tu vives miser.
Præcide os tu illi hodie : age, ecquid fit? *Cleostr.* Ne objexis manum.
Olymp. Conpressan' palma an porrecta ferio? *Stal.* Age, ut vis. *Olymp.* Hem tibi. 385
Cleostr. Quid tibi istunc tactio 'st? *Olymp.* Quia Jupiter jussit meus.
Cleostr. Feri malam tu illi rursum. *Olymp.* Perii, pugnis cædor, Jupiter.
Stal. Quid tibi tactio hunc fuit? *Chal.* Quia jussit hæc Juno mea.
Stal. Patiundum 'st, siquidem me vivo mea uxor imperium exibet.
Cleostr. Tam huic loqui licere oportet, quam isti. *Olymp.* Cur omen mihi 390
Vituperat? *Stal.* Malo, Chaline, tibi cavendum censeo.
Chal. Temperi, postquam obpugnatum 'st os. *Stal.* Age, uxor mea, nunc jam
Sorti : vos advortite animum : præbe tu. *Olymp.* Ubi sim nescio.
Perii! cor lienosum, opinor, habeo, jamdudum salit :

Chal. Je me meurs! mon cœur palpite, il se gonfle ; comme la frayeur fait battre ma poitrine!
Cléos. Je tiens une boule.
Stal. Montre-la.
Chal. (à *Olympion*) Est-ce que tu n'es pas déjà muet?
Olymp. Voyons... C'est la mienne.
Chal. Malédiction!
Cléos. Chalin, tu as perdu.
Stal. Nous pouvons vivre maintenant, Olympion! Je suis d'une joie...
Olymp. C'est ma piété et celle de mes ancêtres qui nous vaut cette chance.
Stal. Allons, rentre, ma chère femme, et va faire les apprêts de la noce.
Cléos. J'exécuterai tes ordres.
Stal. Sais-tu qu'il y a loin d'ici à la ferme où il doit conduire son épouse.
Cléos. Je le sais.
Stal. Rentre, et quoique à contre-cœur tâche de bien faire les choses.
Cléos. Il suffit.
Stal. Rentrons nous-mêmes, et pressons-les.
Olymp. Est-ce moi qui vous retient?
Stal. (*bas à Olympion*) Je ne puis en dire davantage devant Chalin.

SCÈNE VII.

CHALIN *seul*.

Fi! me pendre maintenant ne servirait à rien : outre ma peine, je payerais les frais d'une corde, et je donnerais du plaisir à mes ennemis : sans tout cela, ne suis-je pas déjà mort? le sort m'a vaincu : Casina épouse le villageois. Ce qui m'irrite le plus, ce n'est pas le triomphe du manant, mais bien l'entêtement de ce vieillard, qui par ses manœuvres m'enlève cette fille et la donne à Olym- pion. Comme il frémissait, comme il s'agitait, le misérable! comme il a bondi du pied quand le fermier a gagné! Mais mettons-nous à l'écart. J'entends le bruit de la porte, et mes bons amis viennent à moi. Placé là en embuscade, je vais dresser embûche contre embûche.

SCÈNE VIII.

OLYMPION, STALINON, CHALIN.

Olym. (à *Stalinon*) Laissez-le venir à la campagne ; et je vous renverrai notre homme à la ville, noir comme un charbonnier.
Stal. C'est ce qu'il faut faire.
Olym. C'est aussi ce que je ferai... j'aurai soin de lui.
Stal. J'ai voulu que Chalin, s'il était à la maison, allât au marché avec toi. J'irriterai encore son dépit par cette vexation.
Chal. (à *part*) Approchons-nous à reculons de la muraille, à la manière des scorpions. Il faut qu'à la dérobée j'entende ce qu'ils disent ; l'un me met à la torture, l'autre me fait sécher de jalousie. Mais le voilà en robe blanche (1) le noir fripon, ce grenier à coups d'étrivières. Remettons ma mort à demain... Je veux l'envoyer devant moi chez Pluton.
Olym. (à *Stalinon*) Comme je me suis montré docile envers vous! tout ce que vous avez désiré, je l'ai fait. Celle que vous aimez sera avec vous aujourd'hui, à l'insu de votre femme.
Stal. Tais-toi. Les dieux sont si bons pour moi que, si je ne me retenais, je t'embrasserais, ô mes chères délices!
Chal. (à *part*) Comment t'embrasser! qu'est-ce à dire? Où sont donc vos délices?
Olym. Vous m'aimez donc maintenant?
Stal. Plus que moi-même. Veux-tu que je te baise?

(1) Coutume des mariés.

De labore pectus tundit. *Cleostr.* Tenco sortem. *Stal.* Ecfer foras. 395
Chal. Jamne mortuus? *Olymp.* Ostende; mea 'st. *Chal.* Mala crux ea est quidem.
Cleostr. Victus es, Chaline. *Stal.* Tum nos diu vivere, Olympio,
Gaudeo. *Olymp.* Pietate factum 'st mea atque majorum meum.
Stal. Intro abi, uxor, atque adorna nubtias. *Cleostr.* Faciam, ut jubes.
Stal. Scin' tu ruri esse ad villam longe, quo ducat? *Cleostr.* Scio. *Stal.* Intro abi : 400
Et quamquam hoc tibi 'st ægre, tamen fac adcures. *Cleostr.* Licet.
Stal. Eamus nos quoque intro, hortemur ut properent.
Olymp. Num quid moror?
Stal. Nam præsente hoc plura verba non desidero.

SCENA SEPTIMA.

CHALINUS.

Si nunc me suspendam, meam operam luserim ,
Et præter operam restim sumtifecerim , 405
Et meis inimicis voluptatem creaverim.
Quid opu 'st, qui sic mortuus? equidem tamen
Sorti sum victus. Casina nubet villico.
Atque id non tam ægre 'st jam vicisse villicum,
Quam id expetivisse opere tam magno senem, 410
Ne ea mihi daretur, atque ut illi nuberet.

PLAUTE.

Ut ille trepidabat ! ut festinabat miser !
Ut subsultabat, postquam vicit villicus !
Atat, concedam huc; audio aperiri foreis
Mihi benevolenteis : atque a me prodeunt. 415
Heic ex insidiis hisce ego insidias dabo.

SCENA OCTAVA.

OLYMPIO, STALINO, CHALINUS.

Olymp. Sine modo rus veniat, ego remittam ad te virum
Cum furca in urbem, tamquam carbonarium.
Stal. Ita fieri oportet. *Olymp.* Factum et curatum dabo.
Stal. Volui Chalinum, si domi esset, mittere 420
Tecum opsonatum, ut etiam in mœrore insuper
Inimico nostro miseriam hanc adjungerem.
Chal. Recessim cedam ad parietem , imitabor nepam,
Captanda 'st horum clanculum sermo mihi.
Nam illorum me alter cruciat, alter macerat. 425
At candidatus cedit hic mastigia ,
Stimulorum loculi : protollo mortem mihi.
Certum 'st, hunc Acherontem præmittam prius.
Olymp. Ut tibi ego inventus sum obsequens! quod maxume
Cupiebas, ejus copiam feci tibi. 430
Erit hodie tecum, quod amas, clam uxorem. *Stal.* Tace.
Ita me di bene ament, ut ego vix reprimo labra,
Ob istam rem quin te deosculer, voluptas mea.
Chal. Quid? deosculere? quæ res est? voluptas quæ tua?
Olymp. Ecquid amas nunc me? *Stal.* Imo, edepol, me, quam te, minus. 435

Chal. Comment... veux-tu que je te baise?
Stal. Ta peau me semble aussi douce que le miel.
Chal. (*à part*) Je crois qu'il veut pousser la tendresse envers son fermier un peu trop loin.
Olym. Assez, assez... Éloignez-vous de moi.
Chal. (*à part*) En vérité, ce sont deux amants... Il a des goûts pour les gens à barbe, le vieillard! voilà pourquoi il l'a choisi pour fermier. L'autre jour, si j'y avais consenti, il m'aurait fait son homme d'affaire à la même condition.
Olym. Comme j'ai été complaisant aujourd'hui! que je vous ai procuré de plaisir!
Stal. Au point que tant que je vivrai, je te voudrai plus de bien qu'à moi-même. Comme j'embrasserai Casina aujourd'hui! de quelle volupté vais-je m'enivrer en cachette de ma femme!
Chal. (*à part*) Ah! ah! me voilà sur la voie. Le bonhomme aime Casina. Ils sont à moi tous deux.
Stal. Je brûle de la serrer dans mes bras, de la couvrir de mes baisers.
Olymp. Attendez qu'elle soit à la ferme. Quel démon vous emporte?
Stal. Je suis amoureux.
Olymp. Mais je crains que vos désirs ne puissent se satisfaire aujourd'hui.
Stal. Cela se peut, si tu veux que je t'affranchisse demain.
Chal. (*à part*) Ici il faut bien ouvrir mes oreilles. Je vais prendre d'un seul coup mes deux sangliers au même gîte.
Stal. Un voisin, mon ami, m'a proposé une chambre chez lui : je lui confie mes amours. Il m'a promis un endroit sûr.
Olymp. Mais sa femme? où sera-t-elle?
Stal. Oh! j'ai pris mes mesures. Ma femme doit l'inviter à la noce, pour en faire les apprêts avec elle; elle la retiendra à coucher. Je l'ai ordonné, et ma femme m'a promis de le faire. La femme du voisin passera la nuit chez nous, et le mari dehors. Toi, tu conduiras ta mariée à la campagne. La campagne sera ici dans la maison de mon voisin, jusqu'à ce que j'aie fait la véritable noce avec Casina. Après tu la conduiras à la ferme demain, avant le jour. N'est-ce pas bien arrangé?
Olymp. Très-habilement.
Chal. (*à part*) Courage!... Vous faites jouer toutes les machines. Vos ruses vous coûteront cher, je vous jure.
Stal. Sais-tu ce que tu dois faire?
Olymp. Parlez.
Stal. Prends ma bourse, pour acheter des provisions : mais je veux des mets délicats, comme ma belle.
Olymp. Il suffit.
Stal. Achète des sèches, des huîtres (1).
Olymp. Des petits calmars jaunes comme de l'orge.
Chal. (*à part*) Comme du froment, imbécile!
Stal. Des carlets.
Chal. Que n'achète t-il une hache pour te fendre la tête, méchant vieillard!
Olymp. Voulez-vous des langues?
Stal. A quoi bon? n'ai-je pas ma femme? C'est une langue pour nous, et celle-là ne se tait jamais.
Olymp. Je verrai ce qu'il y a au marché, et j'achèterai pour le mieux.
Stal. Tu as raison : va-t'en, je n'entends pas qu'on épargne la dépense. Fais d'amples provisions. Il faut que j'aille retrouver mon voisin, pour qu'il prenne les mesures convenues.
Olymp. M'en irai-je enfin?
Stal. Vole!
Chal. (*à part*) On m'offrirait trois libertés ensemble, que je ne pourrais me défendre de conspirer leur perte, et d'aller tout redire à ma maîtresse : je tiens mes ennemis dans mes filets. Maintenant,

(1) Aliments chers à Vénus, née du sein des mers.

Licetne amplecti te? *Chal.* Quid? amplecti? *Olymp.* Licet.
Stal. Ut, quia te tango, mel mi videor lingere !
Chal. Ecfodere, hercle, hic volt, credo, vesicam villico.
Olymp. Ultro te, amator, apage te a dorso meo.
Chal. Hodie, hercle, opinor, hi conturbabunt pedes : 440
Solet hic barbatos sane sectari senex.
Illuc est, illuc, quod hic hunc fecit villicum : et
Idem me pridem, quom ei advorsum veneram,
Facere atriensem voluerat sub janua.
Olymp. Ut tibi morigerus hodie! ut voluptati fui? 445
Stal. Ut tibi, dum vivam, bene velim plus, quam mihi!
Ut ego hodie Casinam deosculabor! ut mihi
Bona multa faciam, clam meam uxorem ! *Chal.* Attate,
Nunc, pol, ego demum in rectam redii semitam.
Hic ipsus Casinam deperit; habeo viros. 450
Stal. Jam, hercle, amplexari jam osculari gestio.
Olymp. Sine prius deduci : quid, malum, properas? *Stal.* Amo.
Olymp. At non opinor fieri hoc posse hodie. *Stal.* Potest,
Siquidem cras censes posse te mitti manu.
Chal. Enimvero huc aureis magis sunt adhibendæ mihi. 455
Jam ego uno in saltu lepide apros capiam duos.
Stal. Apud hunc sodalem meum atque vicinum mihi
Locus est paratus; ei ego amorem omnem meum
Concredui; is mihi se locum dixit dare.
Olymp. Quid ejus uxor? ubi erit? *Stal.* Lepide reperi. 460
Mea uxor vocabit huc eam ad se in nuptias,
Ut heic sit secum, se adjuvet, secum cubet.
Ego jussi, et dixit se facturam uxor mea.
Illa heic cubabit : vir aberit, faxo, domo.
Tu rus uxorem duces : id rus hoc erit 465
Tantisper, dum ego cum Casina faciam nuptias.
Hinc tu ante lucem rus cras duces postea.
Satin' astute? *Olymp.* Docte. *Chal.* Age modo, fabricamini.
Malo, hercle, vostro tam vorsuti vivitis.
Stal. Scin, quid nunc facias? *Olymp.* Loquere. *Stal.* Tene marsupium. 470
Abi, atque opsona, propera : sed lepide volo,
Molliculus escas, ut ipsa mollicula 'st. *Olymp.* Licet.
Stal. Emito sepiolas, lepadas, loligunculas,
Hordeias. *Chal.* Imo triticeas, si sapis.
Stal. Soleas. *Chal.* Qui, quæso, potius, quam sculponeas, 475
Quibus batuatur tibi os, senex nequissume?
Olymp. Vin' lingulacas? *Stal.* Quid opu 'st, quando uxor domi 'st?
Ea lingulaca est nobis; nam nunquam tacet.
Olymp. In re præsenti, ex copia piscaria
Consulere quid emam [oportet]. *Stal.* Æquom oras, abi. 480
Argento parci nolo; opsonato ampliter.
Nam mihi vicino hoc etiam convento 'st opus,
Ut, quod mandavi, curet. *Olymp.* Jamne abeo? *Stal.* Volo.
(*egrediuntur Stalino et Olympio.*)
Chal. Tribus non conduci possim libertatibus,
Quin ego illis hodie conparem magnum malum, 485
Quinque hanc omnem rem meæ heræ jam faciam palam :
Manifesto teneo in noxa inimicos meos.
Sed si nunc facere volt hera opificium suum,
Nostra omnis lis est : pulchre prævortar viros;

si ma maîtresse me seconde, notre procès est gagné et nos gens seront bien attrapés : ce jour nous est propice. Vaincus, nous battrons nos vainqueurs. Je rentre, pour assaisonner à ma manière le repas de noce ; le cuisinier en sera pour ses frais. Je veux à mon tour leur donner un plat de mon métier.

ACTE TROISIÈME.
SCÈNE PREMIÈRE.
STALINON, ALCÉSIME.

Stal. Maintenant je vais savoir, Alcésime, si vous êtes pour moi un ennemi ou un ami véritable : l'épreuve va se faire, et la lutte est ouverte. Surtout point de remontrances! gardez pour une autre occasion ces phrases : « Comment, avec des cheveux blancs ! à votre âge ! » supprimez cela... Et, « Fi ! quand on a une femme ! » ne parlez pas non plus de cela.
Alcés. Je n'ai jamais vu personne que l'amour rendît plus malheureux que vous.
Stal. Votre maison sera vide.
Alcés. Je veux même envoyer chez vous esclaves et servantes.
Stal. A merveille ! vous êtes un homme habile : mais souvenez-vous du vers que chante *le flatteur* (1) « Que chacun apporte son dîner, comme les soldats de Sutrium. »
Alcés. Je m'en souviendrai.
Stal. Vous êtes la prudence en personne. Veillez à tout ; je vais au marché : je serai bientôt de retour.
Alcés. Bon voyage!
Stal. Tâchez que votre maison ait une langue.
Alcés. Pourquoi?

(1) Principal personnage d'une comédie de Nævius.
Pendant les guerres des Gaulois, Camille avait ordonné que les légions de Sutrium vinssent avec leurs provisions toutes prêtes.

Stal. Afin de m'inviter à rentrer, quand je viendrai.
Alcés. Vraiment, vous mériteriez une bonne correction, pour toutes ces folies !
Stal. A quoi sert d'être amoureux, si l'on n'a pas le mot pour rire? (*en s'en allant*) Surtout, que je ne sois pas obligé de vous chercher.
Alcés. Je resterai chez moi.

SCÈNE II.
CLÉOSTRATE, ALCÉSIME.

Cléos. (*à part*) C'est donc pour cela que mon mari me priait si instamment d'aller chercher ma voisine : il voulait que la maison fût libre, afin d'y conduire Casina. Mais à présent je n'ai garde d'appeler Murrhine ; notre vieux libertin serait trop à l'aise : chut ! voici venir l'appui du sénat, le défenseur du peuple, mon cher voisin qui prête sa maison à mon époux. Le sot ! s'il était à vendre, on l'aurait à bon marché.
Alcés. (*sans voir Cléostrat.*) Je m'étonne qu'on n'ait point encore appelé ma femme ; sa toilette est terminée, et elle attend chez nous depuis longtemps : mais voilà qu'on la vient chercher. Comment vous portez-vous, Cléostrate?
Cléos. Et vous, Alcésime? Où est votre femme?
Alcés. A la maison, attendant que vous l'appeliez, car votre mari m'a prié de la laisser aller chez vous, pour vous aider aux apprêts de la noce. Voulez-vous que je l'appelle?
Cléos. Laissez-la. Je ne veux pas la déranger, si elle est occupée.
Alcés. Elle est libre.
Cléos. Je n'ai pas besoin d'elle. Je ne veux point l'importuner : je reviendrai.
Alcés. Ne célébrez-vous pas la noce chez vous?

Nostro omine it dies ; jam victi vicimus. 490
Ibo intro, ut id, quod alius condivit cocus,
Ego nunc vicissim ut alio pacto condiam ;
Quidquid paratum 'st, ut paratum ne siet,
Sietque ei paratum, quod paratum non erat.

ACTUS TERTIUS.
SCENA PRIMA.
STALINO, ALCESIMUS.

Stal. Nunc amici, anne inimici sis Imago, Alcesime, 495
Mihi sciam ; nunc specimen specitur, nunc certamen cernitur.
Curam me exime castigare, id ponito ad conpendium.
Cano capite ! ætate aliena ! coaddito ad conpendium.
Quoi sit uxor ! id quoque illuc ponito ad conpendium.
Alc. Miseriorem ego ex amore, quam te, vidi neminem. 500
Stal. Fac vacent ædeis. *Alc.* Quin, edepol, servos, ancillas domo
Certum 'st omneis mittere ad te. *Stal.* Eho, nimium scite scitus es.
Sed facitodum memineris versus, quos cantat Colax : cibo
Cum suo, quiqui facito uti veniant, quasi eant Sutrium.
Alc. Memineris. *Stal.* Hem, nunc enim te demum nullum scitum scitiu 'st. 505
Cura, ego ad forum modo ibo : jam heic ero. *Alc.* Bene ambula.
Stal. Fac habeant linguam tuæ ædeis. *Alc.* Quid ita? *Stal.* Quom veniam, vocent.

Alc. Attate, cædundus tu homo es : nimias delicias facis.
Stal. Quid me amare refert, nisi sim doctus et dicax nimis?
Sed tu cave inquisitioni mihi sis. *Alces.* Usque adero domi.
(*abeust.*)

SCENA SECUNDA.
CLEOSTRATA, ALCESIMUS.

Cleostr. Ut properarem arcessere hanc ad me vicinam meam,
  hoc erat, 511
Ecastor, id, quod me vir tanto opere orabat meus :
Liberæ ædeis ut sibi essent, Casinam quo deduceret.
Nunc adeo nequaquam arcessam, ne qua linguavissumis
Liberi loci potestas sit vetulis vervecibus. 515
Sed eccum egreditur senati columen, præsidium popli,
Meus vicinus, meo viro qui liberum præbet locum.
Non, ecastor, vilis emptu'st, modius qui venit salis.
Alc. Miror huc jam non arcessi in proxumum uxorem meam,
Quæ jamdudum, si arcessatur, ornata exspectat domi. 520
Sed eccam, opinor, arcessit : salve, Cleostrata. *Cleostr.* Et tu, Alcesime.
Ubi tua uxor? *Alc.* Intus illa te, si se arcessas, manet :
Nam tuus vir me oravit, ut eam istuc ad te adjutum mitterem.
Vin' vocem? *Cleostr.* Sine : nolo, si obcupata 'st. *Alc.* Otium 'st.
Cleostr. Nil moror ; molesta ei esse nolo ; post convenero.
Alc. Non ornatis isteic apud vos nubtias? *Cleostr.* Orno et paro. 526

8.

Cléos. C'est moi qui la célèbre et prépare tout pour cela.

Alcés. Vous n'avez donc pas besoin d'aide?

Cléos. Il y a assez de monde à la maison. Quand nous en serons à la cérémonie, j'irai chercher votre femme : maintenant adieu, et faites-lui mes compliments. (*Elle se retire à l'écart.*)

Alcés. Que ferai-je à présent? J'ai commis une grande faute, pour rendre service à ce méchant bouc édenté qui m'y a forcé. Je promets ma femme, comme un chien pour lécher les assiettes. Maudit homme qui m'assure que sa femme viendra la chercher, tandis que Cléostrate dit qu'elle n'a que faire de son secours ! En vérité, je soupçonne que la voisine se doute de quelque chose. Cependant, quand j'y réfléchis, elle m'aurait questionné. Rentrons, et mettons notre barque en sûreté. (*Il s'en va.*)

Cléos. (*revenant sur la scène.*) En voilà déjà un duppé comme il faut : comme ils y vont, les vieux coquins! Que je voudrais voir à son tour arriver mon époux décrépit! Après avoir joué son confident, je le jouerais lui-même de la bonne manière. Je veux exciter une querelle entre eux : mais le voilà qui s'avance... A son air grave, on le prendrait pour un homme de bien.

SCÈNE III.

STALINON, CLÉOSTRATE.

Stal. C'est une grande folie, à mon sens, qu'un amoureux aille au barreau le jour où celle qu'il aime est dans les plus brillants atours! Voilà pourtant ce que j'ai fait, sot que je suis! j'ai perdu mon temps à rester là planté pour plaider la cause de je ne sais quel cousin qui, dieu merci! a perdu son procès : on ne me choisira pas aujourd'hui pour avocat. Il faudrait au moins s'informer si celui qu'on veut pour défenseur a la liberté d'esprit nécessaire, s'il est disposé à parler. S'il dit qu'il est préoccupé, distrait, on le laisse retourner chez lui. Mais j'aperçois ma femme devant la porte. Malheur à moi! Que n'est-elle sourde! elle aura tout entendu.

Cléos. (*à part*) Oui, j'ai tout entendu pour ton malheur.

Stal. Approchons. Que fais-tu là, mon amour?

Cléos.. Je t'attendais.

Stal. Le festin est-il préparé? As-tu amené à la maison ta voisine pour t'aider?

Cléos. Je l'ai appelée ainsi que tu me l'avais ordonné. Mais je ne sais vraiment ce que ton compagnon, ton cher ami, a soufflé aux oreilles de sa femme. Il a répondu qu'elle ne le pouvait pas, quand je suis venue la demander.

Stal. C'est que tu as le défaut d'être peu séduisante.

Cléos. Mon ami, ce n'est pas aux femmes honnêtes, mais à une courtisane, qu'il convient de plaire à d'autres qu'à leur mari. Va toi-même chercher notre voisine. Moi, je vais ici veiller à tout.

Stal. Dépêche-toi.

Cléos. (*à part*) Soit. J'ai jeté l'inquiétude dans son esprit. Mon plaisir est aujourd'hui de mettre au supplice ce jeune amoureux.

SCÈNE IV.

ALCÉSIME, STALINON.

Alcés. Voyons s'il est entré chez lui, le bel amoureux, le vieux fou qui s'est joué de ma femme et de moi. Mais le voici devant la porte. (*A Stalinon*) Parbleu, j'allais justement chez vous.

Alc. Non ergo opu'st a djutrice? *Cleostr.* Satis domi 'st. Ubi nubtiœ
Fuerint, tum istam convenibo : nunc vale, atque istam jube.
Alc. (hæc secum ille) Quid ego nunc faciam? flagitium maxumum feci miser,
Propter operam illius hirci inprobi edentuli,   530
Qui hoc mihi contraxit : operam uxoris polliceor foras,
Quasi catillatum : flagitium hominis, qui dixit mihi
Suam uxorem hanc arcessituram : ea se eam negat morarier.
Atque, edepol, mirum, ni subolet jam hoc huic vicinæ meæ.
Verum autem, altrovorsum quom eam mecum rationem puto,   535
Si quid ejus esset, esset mecum postulatio.
Ibo intro, ut subducam navim rursum in pulvinarium. (abit.)
Cleostr. Jam hic est lepide ludificatus : miseri ut festinant senes !
Nunc ego illum nihili, decrepitum, meum virum, veniat, velim,
Ut eum ludificem vicissim, postquam hunc delusi alterum.
Nam ego aliquid contrahere cupio litigi inter eos duos.   541
Sed eccum incedit : at, quom adspicias tristem, frugi censeas.

SCENA TERTIA.

STALINO, CLEOSTRATA.

Stal. Stultitia magna 'st, mea quidem sententia,
Hominem amatorem ullum ad forum procedere
In eum diem, qui, quod amet, in mundo siet,   545
Sicut ego feci stultus : contrivi diem,
Dum adsto advocatus quoidam cognato meo :

Quem, hercle, ego litem adeo perdidisse gaudeo,
Ne me nequidquam sibi hodie advocaverit.
Rogitare prius oportet et contiarier,   550
Adsitne animus ei, nec ne adsit, quem advocet.
Si neget adesse, exanimatum amittat domum.
Sed uxorem ante ædeis eccam : hei misero mihi !
Metuo, ne non sit surda, atque hæc audiverit.
Cleostr. (seorsum.) Audivi, ecastor, cum malo magno tuo.
Stal. Adcedam propius : quid agis, mea festivitas?   555
Cleostr. Te, ecastor, præstolabar. *Stal.* Jamne ornata res est?
Jamne hanc traduxti huc ad nos vicinam tuam,
Quæ te adjutaret? *Cleostr.* Arcessivi, ut jusseras.
Verum hic sodalis tuus, amicus optumus,   560
Nescio quid se subflavit uxori suæ.
Negavit posse, quando arcesso, mittere.
Stal. Vitium tibi istuc maxumum 'st, blanda es parum.
Cleostr. Non matronarum partum 'st, sed meretricium,
Viris alienis, mi vir, subblandirier.   565
I tu, atque arcesse illam : ego intus, quod facto 'st opus,
Volo adcurare, mi vir. *Stal.* Propera ergo. *Cl.* Licet.
Jam, pol, ego huic aliquem in pectus injiciam metum :
Miserrumum hodie ego hunc habebo amasium.

SCENA QUARTA.

ALCESIMUS, STALINO.

Alc. Viso huc, amator si a foro rediit domum,   570
Qui me atque uxorem ludificatu 'st, larva.
Sed eccum ante ædeis : ad te, hercle, ibam conmodum.
Stal. Atque ego, hercle, ad te. Quid ais, vir minumi preti?
Quid tibi mandavi? quid tecum oravi? *Alc.* Quid est?

Stal. Et moi aussi. Dites-moi un peu, excellent ami, de quoi vous avais-je chargé? de quoi vous avais-je prié?
Alcés. Qu'est-ce?
Stal. Avec quelle complaisance vous avez mis votre maison à ma disposition! Comme vous avez conduit votre femme chez nous! Vous m'avez tué! vous m'avez fait perdre la plus belle occasion!
Alcés. Que ne vous pendez-vous? Ne m'aviez-vous pas dit que votre femme viendrait inviter la mienne?
Stal. Elle m'a assuré qu'elle y était allée, et que vous n'aviez pas permis à votre femme de sortir.
Alcés. C'est la vôtre au contraire qui m'a dit qu'elle n'avait pas besoin de son aide.
Stal. Comment! elle m'envoie ici pour la ramener avec moi!
Alcés. Je ne vous écoute pas.
Stal. Vous me perdez!
Alcés. Tant mieux! Oui, je vous le dis tout franc, je voudrais vous faire encore plus de peine. Vous n'aurez jamais autant de tourment que vous m'en avez causé aujourd'hui. Que les dieux vous exterminent! voilà mon dernier mot.
Stal. Voyons, enverrez-vous votre femme chez moi?
Alcés. Emmenez-la, et allez vous faire pendre avec elle, ainsi que votre femme et votre maîtresse. Allez, et occupez-vous d'autre chose. Je vais faire sortir ma femme par le jardin, pour se rendre chez vous.
Stal. Je reconnais là enfin un véritable ami. Quel oiseau fatal m'a mis cette passion en tête? Qu'ai-je fait à Vénus pour essuyer tant de traverses? Oh! oh! quel bruit j'entends dans la maison!

SCÈNE V.
PARDALISCA, STALINON.

Pard. (à part.) Je me meurs! je me meurs! je suis anéantie! mon cœur se glace d'effroi! Malheureuse! tous mes membres frissonnent! je ne sais où trouver secours, asile, protection! Quel prodige ai-je vu! quelle audace inouïe! Prenez garde à vous, Cléostrate, éloignez-vous de cette mégère, de peur que sa furie n'éclate sur vous. Arrachez-lui son poignard; elle ne se connait plus!
Stal. Qu'est-ce que cela signifie? pourquoi s'enfuit-elle ainsi, tremblante et demi morte de frayeur? Pardalisca!
Pard. Je suis perdue! Mais d'où vient la voix que j'entends?
Stal. Regarde-moi.
Pard. Mon maître!
Stal. Qu'as-tu, pourquoi cette frayeur?
Pard. Je suis perdue!
Stal. Comment tu es perdue?
Pard. Je suis perdue, et vous aussi.
Stal. Explique-toi, que veux-tu dire?
Pard. Malheur à vous!
Stal. Malheur à toi-même!
Pard. Je vais tomber; soutenez-moi, je vous prie.
Stal. Quoi que ce puisse être, dis-le-moi sur-le-champ.
Pard. Voyez comme le cœur me bat! Faites-moi, je vous prie, un peu de vent avec votre manteau.
Stal. Je tremble! quel événement est-il arrivé? à moins que quelque verre de vin de Libye n'ait frappé son cerveau!
Pard. De grâce, soutenez-moi la tête.
Stal. Va te faire pendre! que les dieux t'exterminent avec ton cœur, tes oreilles, et ta tête! Si tu ne me dis à l'instant ce qu'il y a, je te fends la cervelle, maudite vipère, pour t'apprendre à te jouer de moi.
Pard. Mon cher maître!
Stal. Eh bien! ma servante, que veux-tu?
Pard. Vous êtes trop violent.
Stal. Tu es une heure à parler : quoi que ce soit,

Stal. Ut bene vacivas ædeis fecisti mihi! 575
Ut traduxisti huc ad nos uxorem tuam!
Satin' propter te pereo ego atque obcasio?
Alc. Quin tu suspendis te? nempe tute dixeras,
Tuam arcessituram esse uxorem meam.
Stal. Ergo arcessivisse ait sese, et dixisse te, 580
Eam non missurum. *Alc.* Quin, ea ipsa ultro mihi
Negavit ejus operam se morarier.
Stal. Quin, ea ipsa me adlegavit, qui istam arcesserem.
Alc. Quin, nihili facio. *Stal.* Quin, me perdis. *Alc.* Quin, bene 'st.
Quin, etiam diu morabor, quin, cupio tibi, 585
Quin, aliquid ægre facere, quin faciam lubens.
Nunquam tibi hodie « quin » erit plus, quam mihi.
Quin, hercle, di te perdant postremo quidem.
Stal. Quid nunc? missurusne es ad me uxorem tuam?
Alc. Ducas, easque in maxumam malam crucem, 590
Cumque hac, cumque istac, cumque amica etiam tua.
Abi, et aliud cura : ego jam per hortum jussero
Meam istuc transire uxorem ad uxorem tuam. (abit.)
Stal. Nunc tu mi amicus es in germanum modum.
Qua ego hunc amorem mi esse avi dicam datum? 595
Aut quid ego unquam erga Venerem inique fecerim,
Quoi sic tot amanti mi obviam eveniant mormæ?
Atate, quid illuc clamoris, obsecro, in nostra domo 'st?

SCENA QUINTA.
PARDALISCA, STALINO.

Pard. Nulla sum, nulla sum! tota, tota obcidi! cor metu
mortuum 'st!
Membra miseræ tremunt! nescio unde auxili, præsidi, 600
Perfugi mi, aut opum copiam conparem, aut expetam.
Tanta factis modo mira veris modis intus vidi,
Novam atque integram audaciam : cave tibi, Cleostrata,
abscede
Ab ista, obsecro, ne quid in te mali faxit ira percita.
Eripite isti gladium, quæ sui est inpos animi. 605
Stal. Nam quid est, quod hæc huc timida atque exanimata
exsiluit foras?
Pardalisca. *Pard.* Perii! Unde meæ usurpant aureis sonitum?
Stal. Respice modo ad me. *Pard.* Here mi. *Stal.* Quid tibi'st?
Quid timida es? *Pard.* Perii!
Stal. Quid, peristi? *Pard.* Perii, et tu peristi. *Stal.* Aperi, quid tibi? *Pard.* Væ tibi! 610
Stal. Imo istuc tibi sit. *Pard.* Ne cadam, amabo, tene me.
Stal. Quidquid est,
Eloquere mihi cito. *Pard.* Contine pectus, face ventulum, amabo,
Pallio. *Stal.* Timeo hoc negotium, quid est, nisi hæc meraclo
Se uspiam percussit flore Libyco. *Pard.* Obtine aureis, amabo.
Stal. I in malam crucem; pectus, aureis, caput, teque di perduint. 615
Nam nisi ex te scio, quidquid hoc sit, cito, jam tibi istuc
Cerebrum dispercutiam, excetra tu, ludibrio, pessum adhuc

dis-le, et sois brève : pourquoi tant de vacarme chez moi?

Pard. Vous le saurez. Apprenez un affreux malheur. Quelle conduite vient de tenir chez vous votre servante Casina! c'est un scandale dans Athènes!

Stal. Qu'est-ce donc?

Pard. La crainte retient la parole sur ma langue.

Stal. Qu'y a-t-il? puis-je savoir de toi ce qui s'est passé?

Pard. Je vais vous le dire : votre servante que vous vouliez faire épouser à votre fermier, cette femme a dans votre maison...

Stal. Qu'a-t-elle fait dans ma maison? que veux-tu dire?

Pard. Elle imite l'audace des méchantes femmes qui en veulent aux jours de leur mari, et...

Stal. Comment!

Pard. Ah!

Stal. Qu'est-il arrivé?

Pard. Elle dit qu'elle veut **trancher** une vie; et un glaive...

Stal. Eh bien?

Pard. Ce glaive...

Stal. Quel glaive?

Pard. Celui qu'elle tient.

Stal. O ciel! et pourquoi cette arme?

Pard. Elle poursuit tout le monde dans la maison et ne laisse personne approcher d'elle. On se cache sous le lit, sous les armoires, plein d'effroi et sans souffler.

Stal. Je suis perdu, anéanti! Quelle fureur l'a saisie tout à coup?

Pard. Elle est folle!

Stal. Ah! je suis bien criminel!

Pard. Si vous saviez ce qu'elle vient de dire!

Stal. Je brûle de le savoir. Qu'a-t-elle dit?

Pard. Écoutez. Elle a juré par tous les dieux et toutes les déesses de tuer cette nuit celui qui coucherait avec elle.

Stal. Elle me tuerait!

Pard. Est-ce que cela vous regarde?

Stal. Hélas!

Pard. Qu'avez-vous à démêler avec elle?

Stal. Je me suis trompé. Je voulais dire mon fermier.

Pard. C'est avec intention que vous quittez la grande route pour le chemin de traverse.

Stal. M'a-t-elle menacé?

Pard. C'est surtout à vous qu'elle en veut.

Stal. Pourquoi?

Pard. Parce que vous la donnez pour femme à Olympion : elle prétend mettre fin à votre vie, à la sienne et à celle de son mari, avant demain. On m'envoie ici vous prévenir, afin que vous soyez sur vos gardes.

Stal. (à part) Malheureux, je suis mort! Vit-on jamais vieillard amoureux plus à plaindre que moi?

Pard. (aux spectateurs) Je me moque de lui : dans tout ce que j'ai dit il n'y a pas un mot de vrai : c'est un tour imaginé par ma maîtresse et sa voisine, qui m'envoient ici pour rire à ses dépens.

Stal. Pardalisca!

Pard. Qu'est-ce?

Stal. C'est...

Pard. Quoi?

Stal. C'est que je voudrais te demander...

Pard. Vous m'arrêtez là...

Stal. Tu m'assassines, toi!... Casina a-t-elle encore l'épée à la main?

Pard. Elle en a même deux.

Stal. Comment deux!

Pard. L'une pour vous tuer, l'autre pour tuer votre fermier.

Stal. Je suis le plus cruellement assassiné de

Quæ me habuisti. *Pard.* Here mi. *Stal.* Quid vis, mea ancilla? *Pard.* Nimium sævis.

Stal. Numero dicis. Sed hoc quidquid est, loquere, in pauca refer.

Quid intus tumulti fuit? *Pard.* Scibis : audi malum pessumum,   620

Quod heic modo intus apud nos tua ancilla hoc pacto exordiri

Cœpit, quod haud Atticam condecet disciplinam. *Stal.* Quid est id?

Pard. Timor præpedit dicta linguæ. *Stal.* Quid est? possum scire ego istuc

Ex te, quid negot 'st? *Pard.* Dicam : tua ancilla, quam tuo Villico vis dare uxorem; ea intus... *Stal.* Quid intus? quid est?   625

Pard. Imitatur malarum malam disciplinam, viro suo quæ interminatur vitam...

Stal. Quid ergo? *Pard.* Ah! *Stal.* Quid est? *Pard.* Interimere ait velle

Vitam. Gladium... *Stal.* Hem! *Pard.* Gladium.... *Stal.* Quid eum gladium? *Pard.* Habet. *Stal.* Hei misero mihi!

Cur eum habet? *Pard.* Insectatur omneis domi per ædeis, nec quemquam

Prope ad se sinit adire : ita omneis sub arcis, sub lectis 630
Latenteis metu mussitant. *Stal.* Obcidi atque interii! quid illi

Objectum 'st mali tam repente? *Pard.* Insanit. *Stal.* Scelestissumum

Me esse credo. *Pard.* Imo, si scias dicta, quæ dixit hodie. *Stal.* Istuc

Expeto scire, quid dixit? *Pard.* Audi : per omneis deos et deas

Dejuravit, obcisurum eum hac nocte, quicum cubaret. 635
Stal. Me obcidet? *Pard.* An quidpiam ad te adtinet? *Stal.* Vah! *Pard.* Quid cum ea negoti

Tibi 'st? *Stal.* Peccavi; illuc dicere villicum volebam. *Pard.* Sciens

De via in semitam degredere. *Stal.* Numquid mihi minatur?

Pard. Tibi infesta soli'st plus, quam quoiquam. *Stal.* Quam obrem? *Pard.* Quia se des

Uxorem Olympioni; neque se tuam, nec se suam, 640
Neque viri vitam sinet in crastinum protolli : id huc missa sum,

Tibi ut dicerem, ab ea ut caveas tibi. *Stal.* Perii, hercle, miser!

Neque est, neque fuit me senex quisquam amator adæque miser.

Pard. (ad spectatores.) Ludo ego hunc facete : nam quæ facta dixi, omnia huic

Falsa dixi; hera atque hæc dolum ex proxumo hunc protulerunt;   645

Ego hunc missa sum ludere. *Stal.* Heus, Pardalisca. *Pard.* Quid est? *Stal.* Est... *Pard.* Quid?

Stal. Est, quod volo exquirere a te. *Pard.* Moram obfers mihi. *Stal.* At tu mihi

Obfers mœrorem : sed etiamne habet et nunc Casina

Gladium? *Pard.* Habet, sed duos. *Stal.* Quid duos? *Pard.* Altero te obcisurum ait,

Altero villicum hodie. *Stal.* Obcisissumus sum omnium, qui vivont.   650

tous les hommes. Je vais endosser une cuirasse, c'est la meilleure défense; et ma femme, est-ce qu'elle ne s'est pas jetée sur cette furie pour la désarmer?
Pard. Personne n'ose en approcher.
Stal. Qu'elle la supplie...
Pard. Elle la supplie aussi.. Mais sa colère ne s'apaisera que si elle reçoit l'assurance de ne point épouser votre fermier.
Stal. Chansons ! c'est parce qu'elle n'en veut pas, qu'elle l'épousera aujourd'hui : car enfin pourquoi ne pas achever ce que j'ai commencé? pourquoi ne m'épouserait-elle pas?...Je veux dire mon fermier...
Pard. Vous vous trompez souvent.
Stal. La frayeur trouble mes paroles. Mais va, je te prie, dire à ma femme qu'elle conjure Casina de quitter son épée, et de me laisser rentrer à la maison.
Pard. Je le lui dirai.
Stal. Prie-la aussi toi-même.
Pard. J'y consens.
Stal. Prie-la avec cette voix persuasive qui t'est naturelle. Tu m'entends ; si tu m'obéis, je te donnerai des souliers, un anneau d'or (1), et beaucoup d'autres bijoux.
Pard. Je ferai de mon mieux.
Stal. Tâche de la fléchir.
Pard. J'y vais de ce pas , si vous ne m'arrêtez pas davantage.
Stal. Cours, et sers-moi bien.
Pard. Voilà le confident, chargé de provisions. Il s'avance avec tout son cortége.

SCÈNE VI.
OLYMPION, STALINON, UN CUISINIER ET SES AIDES.

Olymp. (*au cuisinier*) Coquin, tâche de ranger sous tes étendards des soldats semblables à des ronces.

(1) C'était lui promettre la liberté; ces ornements ne pouvant être portés par un esclave.

Le Cuis. En quoi ressembleraient-ils à des ronces ?
Olymp. Parce qu'ils arrachent tout ce qu'ils touchent : et si vous voulez le leur retirer, ils le déchirent. Partout où ils arrivent et s'établissent, ils font double dégât.
Le Cuis. Bon !
Olymp. Mais je reste là, au lieu d'aller pompeusement, noblement et amicalement au-devant de mon maître.
Stal. (à *Olympion*) Bonjour, brave homme.
Olymp. Brave homme, vous avez raison.
Stal. Quelles nouvelles?
Olymp. Vous aimez, et moi je meurs de faim et de soif.
Stal. Comme te voilà beau !
Olymp. Je veux m'en donner aujourd'hui.
Stal. Attends un peu, quoique cela t'ennuie.
Olymp. Fi ! fi ! vos paroles sentent mauvais.
Stal. De quoi parles-tu?
Olymp. De cela.
Stal. Demeure, je te prie.
Olymp. Vous me dérangez d'une affaire.
Stal. Je les gâterai, tes affaires, je t'en avertis, si tu ne demeures.
Olymp. Par Jupiter, éloignez-vous de moi ! vous me soulevez le cœur.
Stal. Demeure, te dis-je.
Olymp. Eh bien quoi?.. Quel homme vous êtes !
Stal. Je suis ton maître.
Olymp. Quel maître?
Stal. Celui dont tu es l'esclave.
Olymp. Je suis esclave?
Stal. Et le mien.
Olymp. Je ne suis pas libre ! Prenez garde, prenez garde !
Stal. Reste et tiens-toi sur tes jambes.
Olymp. Laissez-moi.

Loricam induam mihi, optumum esse opinor. Quid uxor
Mea? non adiit, atque ademit? *Pard.* Nemo audet prope ad-
 cedere.
Stal. Exoret. *Pard.* Orat : negat ponere alio modo ullo pro-
 fecto,
Ni se sciat villico non datum iri. *Stal.* Atque ingratiis, quia
Non volt, nubet hodie. Nam cur non ego id perpetrem, quod
 cœpi,   655
Ut nubat mihi? illud quidem volebam, non, sed nostro vil-
 lico.
Pard. Sæpicule peccas. *Stal.* Timor præpedit verba : ve-
 rum,
Obsecro, dic me uxorem orare, ut exoret illam, gladium
Ut ponat, et redire me intro ut liceat. *Pard.* Nuntiabo.
Stal. Et tu orato. *Pard.* Et ego orabo. *Stal.* At blande orato,
 ut soles : sed audin',   660
Si ecfexis, soleas tibi dabo, et anulum in digito
Aureum, et bona plurima. *Pard.* Operam dabo. *Stal.* Face
 ut inpetres.
Pard. Eo nunc jam, nisi quidpiam remorare me. *Stal.* Abi,
 et cura.
Pard. (ad spectatores.) Redit eccum tandem opsonatu ejus ad-
 jutor : pompam ducit.

SCENA SEXTA.
OLYMPIO, COCUS, STALINO.

Olymp. Vide, fur, ut senteis sub signis ducas. *Coc.* Qui vero
 sunt senteis?   665

Olymp. Quia, quod tetigere, inlico rapiunt : si eas ereptum
 inlico scindunt.
Ita quoquo adveniunt, ubi ubi sunt, duplici damno dominos
 multant.
Coc. Eia. *Olymp.* Atta : cesso magnifice, patriceque, amice-
 que ita hero
Meo ire adversum ? *Stal.* Bone vir, salve. *Olymp.* Fateor. *Stal.*
 Quid fit? *Olymp.* Tu amas,
Ego esurio et sitio ! *Stal.* Lepide excuratus incessisti.   670
Olymp. Haha hodie ! *Stal.* Mane vero, quamquam fastidis.
Ol. Ei, ei : fœtet
Tuus mihi sermo. *Stal.* Quæ res? *Olymp.* Hæc res. *Stal.*
 Etiamne adstus ? *Olymp.* Enim vero
Πράγματά μοι παρέχεις. *Stal.* Dabo μέγα κακὸν, ut ego opi-
 nor,
Nisi resistis. *Olymp.* Ὦ Ζεῦ ! potin' a me abeas, nisi me vis
 vomere
Hodie? *Stal.* Mane. *Olymp.* Quid est? quis hic homo 'st? *Stal.*
 Herus sum. *Olymp.* Qui herus ?   675
Stal. Quojus tu servos es. *Olymp.* Servos ego? *Stal.* Atque
 meus. *Olymp.* Non sum ego liber?
Memento, memento ! *Stal.* Mane, atque adsta. *Olymp.* Omit-
 te : servos sum tuus.
Stal. Optume 'st. Obsecro, Olympisce mi, mi pater, mi pa-
 trone.
Olymp. Hem ! sapis sane. *Stal.* Tuus sum equidem. *Olymp.*
 Quid mihi servo opu'st tam nequam?
Stal. Quid nunc? quam mox recreas me? *Olymp.* Cœna
 modo si sit cocta.   680

Stal. C'est moi qui suis ton serviteur.
Olymp. Voilà qui est bien.
Stal. Je t'en supplie, mon petit Olympion, mon père, mon patron!
Olymp. Oh! vous avez raison.
Stal. Oui, je suis ton esclave.
Olymp. Qu'ai-je besoin d'un aussi méchant serviteur?
Stal. Eh quoi! ne veux-tu plus me retrouver maintenant?
Olymp. Attendez que le souper soit cuit.
Stal. Dis-leur donc d'entrer dans la maison.
Olymp. (*aux cuisiniers*) Allons, entrez vite, et dépêchez-vous.
Stal. Je serai bientôt à la maison : faites-moi un souper à donner une indigestion. Je veux souper gaiement et bien. Le régime des Barbares (1) ne me convient pas. Allons, Olympion, va vite; et moi, je reste ici. Ma servante vient de me dire que Casina était armée d'une épée dont elle veut me frapper, ainsi que toi.
Olymp. Je sais cela, n'y faites pas attention. C'est un jeu : je connais ces deux méchantes femelles. Pourquoi ne pas entrer avec moi à la maison?
Stal. Je crains quelque malheur. Va devant; et vois le premier ce qui se passe là dedans.
Olymp. Ma vie m'est aussi chère que la vôtre.
Stal. Va donc.
Olymp. Si vous le voulez bien, j'entrerai avec vous.

ACTE QUATRIÈME.
SCÈNE PREMIÈRE.
PARDALISCA.

Non, je ne crois pas que les jeux Néméens (2)

(1) La sobriété des anciens romains opposée à la sensualité des Grecs. (2) Némée, aujourd'hui Tristena; Olympie, aujourd'hui Longanieo en Morée.

ni les jeux Olympiques offrent rien de plus divertissant que le tour qu'on joue là dedans au bonhomme et à son campagnard. Ils courent tous dans la maison. Le vieillard crie dans la cuisine, et harangue les cuisiniers : « Que faites-vous donc aujourd'hui? Si vous avez quelque chose de prêt servez-nous-le donc, Vous dépêcherez-vous? Le souper devrait être prêt depuis longtemps. » Le fermier couronné et vêtu de blanc se promène pompeusement paré. De leur côté les femmes sont dans les chambres à coucher, occupées à la toilette de l'écuyer Chalin, qu'elles vont présenter à Olympion au lieu de la chère Casina, sa future. Mais elles gardent à merveille le secret du complot : d'autre part, les cuisiniers font tout ce qu'il faut pour que le vieillard n'ait rien à souper; ils renversent les casseroles, jettent de l'eau sur le feu. Ils secondent les intentions des femmes de chambre, qui veulent que le bonhomme s'en aille à jeun, afin de se remplir la panse tout à leur aise. Je connais mes deux commères : elles mangeraient bien la charge d'un bateau... Mais la porte s'ouvre.

SCÈNE II.
STALINON, PARDALISCA.

Stal. (*à sa femme, dans l'intérieur.*) Ma femme, si vous faites bien, vous souperez avec la compagnie dès que le souper sera prêt. Moi, je souperai à la campagne; car je veux accompagner le nouveau marié et son épouse. Je connais la corruption des hommes, et je crains un enlèvement. Amusez-vous bien. Mais pressez les deux époux de partir, afin que nous arrivions au jour. Je reviendrai demain, et j'espère bien, ma bonne, que nous ferons aussi un festin.
Pard. (*à part*) Ce que j'ai prédit arrive. Nos commères ont forcé le bonhomme de s'en aller à jeun.
Stal. Que fais-tu là?

Stal. Intro ergo abeant. *Olymp.* Propere, cito introite, et cito deproperate.
Stat. Ego jam intus ero : facite cœnam mihi, ut ebria sit. Cœnare lepide nitideque volo; nihil moror barbarico ritu [Vivere. Quin] etiam i, sis : ego heic habito. *Olymp.* Num quidem 'st
Certum, quod moræ sit?... *Stat.* [Gladium   685
Ancilla] Casinam intus habere ait, qui me atque te invitet.
Olymp. Scio : sic sine habere; nugas agunt; gnovi ego illas malas merceis.
Quin, tu i modo mecum domum. *Stat.* At, pol, malum metuo. I tu modo,
Perspicito prius, quid intus agatur. *Olymp.* Tam mihi mea vita, quam tua
Tibi cara 'st. *Stat.* Verum i modo. *Olymp.* Si tu jubes, inibitur tecum.   690

ACTUS QUARTUS.
SCENA PRIMA.
PARDALISCA.

Nec, pol, ego Nemeæ credo, neque ego Olympiæ,
Neque usquam ludos tam festivos fieri,
Quam heic intus fiunt ludificabileis
Seni nostro et nostro Olympioni villico.
Omneis festinant intus totis ædibus;   695
Senex in colina clamat, hortatur cocos :
« Quin agitis hodie? quin datis, si quid datis?

Properate; cœnam jam esse coctam oportuit. »
Villicus heic autem cum corona, candide
Vestitus, laute exornatusque ambulat.   700
Illæ autem in cubiculo armigerum ornant [mulieres],
Quem dent pro Casina nubtum nostro [villico].
Sed nimium lepide dissimulant [gamelium]
Fore hujus, quod futurum 'st : digne autem coci
Nimis lepide ni rei dant operam, ne cœnet senex.   705
Aulas pervortunt, ignem restinguont aqua.
Illarum oratu faciunt : illæ autem senem
Extrudere cupiunt inccœnem ex ædibus,
Ut ipsæ solæ ventreis distendant suos.
Gnovi ego illas ambas estrices; corbitam cibi   710
Comesse possunt. Sed aperitur ostium.

SCENA SECUNDA.
STALINO, PARDALISCA.
(ad uxorem intrus.)

Stal. Si sapitis, uxor, vos tamen cœnabitis ;
Cœna ubi erit cocta : ego ruri cœnavero.
Nam novom maritum et novam nubtam volo
Rus prosequi, gnovi hominum mores maleficos,   715
Ne quis eam abripiat : facite vostro animo volup.
Sed properate istum atque istam actutum emittere,
Tandem ut veniamus luci : ego cras heic ero.
Cras habuero, uxor, ego tamen convivium.
Pard. (ad spectatores.) Fit, quod futurum dixi : inccœnatum senem   720

Pard. Je vais où ma maîtresse m'envoie.
Stal. Vraiment!
Pard. Sérieusement.
Stal. Que viens-tu espionner ici?
Pard. Je n'espionne rien.
Stal. Va-t'en. Tu t'amuses ici, tandis que là dedans les autres travaillent.
Pard. Je m'en vais.
Stal. Pars donc, maudite créature! Elle s'en va. Je puis parler librement. Quand on est amoureux, on a beau avoir faim, on ne pense pas à souper. Mais je vois s'avancer mon cher compagnon, mon associé de mariage, la couronne sur la tête et le flambeau d'hymen à la main.

SCÈNE III.
OLYMPION, STALINON.

Olymp. Allons, musiciens, tandis que la compagnie conduit Casina, hors de la maison chantez ce beau jour, et que toute la place retentisse des doux chants de l'hyménée. *(Il chante)* Io! io! hyménée!
Stal. Que fais-tu, mon meilleur ami?
Olymp. J'ai si grand faim que je n'ai pas le temps d'avoir soif.
Stal. Et moi, je brûle d'amour.
Olymp. Je suis peu sensible à votre tourment quand mes entrailles murmurent d'inanition.
Stal. Mais à quoi s'amuse là dedans la future? On dirait qu'elle le fait exprès. Plus je la presse, moins elle se hâte.
Olymp. Si je chantais le chant nuptial?
Stal. Je te le conseille : je t'accompagnerai ; la fête est commune.
Olymp. *(chantant avec Stalinon.)*
Hyménée? hyménée! Io! hymen!
Stal. Je suis exténué de chanter l'hymen! Encore si c'était en le célébrant d'une autre manière!

Olymp. Vraiment, si vous étiez un cheval, vous seriez indomptable.
Stal. Pourquoi cela?
Olymp. Vous êtes trop fringant.
Stal. M'as-tu éprouvé?
Olymp. Le ciel m'en préserve! mais la porte fait du bruit. On sort.
Stal. Les dieux veulent me sauver : je sens d'ici Casina.

SCÈNE IV.
DEUX SERVANTES, OLYMPION, STALION.

Levez bien les pieds, nouvelle mariée, de peur de heurter le seuil (1); commencez heureusement le voyage, afin de survivre à votre mari, d'être toujours la maîtresse, et de maintenir votre pouvoir au-dessus du sien ; de sorte que votre mari vous habille tandis que vous le dépouillerez en retour: n'oubliez pas, je vous prie, de le tromper la nuit et le jour.
Olymp. Elle s'en repentira, pour peu qu'elle bronche.
Stal. Tais-toi!
Olymp. Je ne veux pas me taire.
Stal. Pourquoi?
Olymp. Ces méchantes femmes lui donnent de méchants conseils.
Stal. Je suis perdu! elles vont détruire tout le fruit de ma peine : ce qu'elles veulent, c'est de rendre inutiles les mesures que j'ai prises.
Une servante Allons, Olympion, voulez-vous recevoir votre épouse?
Olymp. Donnez-la-moi, si vous y consentez enfin.
Stal. (aux servantes) Rentrez.
Elle est innocente et novice : épargnez sa pudeur, je vous prie.
Olymp. On ne l'oubliera pas. Adieu.
Stal. Allez.

(1) Mauvais augure.

Forras extrudunt mulieres. *Stal.* Quid tu heic agis?
Pard. Ego eo, quo me ipsamisit. *Stal.* Veron'? *Pard.* Serio.
Stal. Quid heic speculare? *Pard.* Nihil equidem speculor.
Stal. Abi.
Tu heic cunctas, intus alii festinant. *Pard.* Eo.
Stal. Abi hinc, sis, ergo, pessumarum pessuma.   725
Jamne abiit illæc? dicere heic quidvis licet.
Qui amat, tamen, hercle, si esurit, nullum esurit.
Sed eccum progreditur cum corona et lampade
Meus socerus, conpar, conmaritus villicus.

SCENA TERTIA.
OLYMPIO, STALINO.

Olymp. Age, tibicen, dum illam educunt huc novam nubtam
foras,   730
Suavi cantu concelebra omnem hanc plateam hymenæo.
Io hymen hymenæe! io hymen! *Stal.* Quid agis, mea salus?
Olymp. Esurio, hercle, atque adeo haud sitio. *Stal.* At ego amo. *Olymp.* At ego, hercle,
Nihil facio tibi, amor, pericli; mihi inanitate   734
Jamdudum intestina murmurant. *Stal.* Nam quid illæc nunc
Tamdiu intus remoratur, quasi ob industriam? quanto ego
Plus propero, Esurio, hercle, atque adeo haud sitio. *Olymp.* Quid, si etiam obfundam hymenæum?
Stal. Censeo. Et ego te adjutabo in nubtiis conmunibus.
Olymp. (ambo canunt.) Hymen hymenæe! io hymen! *Stal.*
Perii hercle, ego miser; dirumpi   739

Cantando Hymenæum licet; illo morbo, quo dirumpi cupio,
Non est copia. *Olymp.* Edepol, næ tu, si esses equos, esses
indomabilis.
Stal. Quo argumento? *Olymp.* Nimis tenax es.
Stal. Num me expertus uspiam? *Olymp.* Di melius faciant.
Sed crepuit ostium, exitur foras.
*Stal.*Di, hercle, me cupiunt servatum : jam obolutt Casina
procul.   745

SCENA QUARTA.
ANCILLÆ DUÆ, OLYMPIO, STALINO.

Anc. Sensim super adtolle limen pedes, nova nubta : sospes
Iter incipe hoc, ut viro tuo semper sis superstes, atque
Ut potior fias, vincasque virum, victrixque sies,
Superetque tuum imperium ; vir te vestiat, tu virum despo-
lies.   749
Noctuque et diu ut viro subdola sies, obsecro, memento.
Olymp. Malo maxumo suo, hercle, inlico, ubi tantulum peccassit.
Stal. Tace. *Olymp.* Non taceo. *Stal.* Quæ res? *Olymp.* Malæ
malæ male monstrant.
Stal. Perii! istæ facient hanc rem mihi ex parata inparatam.
Id quærunt; volunt, hæc ut infecta faciant. *Anc.* Age,
Olympio,
Quando vis, uxorem adcipe hanc a nobis. *Olymp.* Date
ergo, daturæ   755
Si unquam estis hodie uxore. *Stal.* Abite intro. *Anc.*
Amabo, integre atque

Une ser. Portez-vous bien.
Stal. Votre femme est-elle partie enfin?
Olymp. Elle est à la maison ; ne craignez rien.
Stal. Me voilà libre enfin! (*à la fausse Casina*) Mon petit cœur, mon doux miel, mon printemps!
Olymp. Tout beau! prenez-y garde : c'est ma femme.
Stal. Je le sais bien : mais les premiers fruits sont à moi.
Olymp. Prenez ce flambeau.
Stal. (*embrassant la fausse Casina*) J'aime mieux prendre la femme. Toute-puissante Vénus, que vous me rendez la vie heureuse en me livrant cette belle fille! (*à la fausse Casina*) Ma petite mignonne, mon doux miel.
Olymp. Ma petite femme!
Stal. Qu'as-tu donc?
Olymp. Elle m'a marché sur le pied.
Stal. (*à la fausse Casina*) Laisse-moi badiner un peu... La rosée n'est pas plus tendre que cela...
Olymp. La belle gorge! Aïe! malheureux que je suis!
Stal. Qu'est-ce donc?
Olymp. Elle m'a donné un coup de coude dans la poitrine.
Stal. Pourquoi aussi la chiffonner de la sorte? Je la caresse doucement, moi, elle ne me repousse pas.
Olymp. Aïe!
Stal. Qu'est-ce encore?
Olymp. Bon dieu! quelle vigueur! elle m'a presque renversé d'un coup de coude.
Stal. C'est qu'elle voudrait aller se coucher.
Olymp. Que n'y allons-nous?
Stal. Allons, ma belle, ma toute belle, marchons. (*ils sortent.*)
Pard. Maintenant que nous avons été bien traitées, bien régalées ici, sortons pour voir les réjouissances de la noce.

ACTE CINQUIÈME.

SCÈNE PREMIÈRE.

PARDALISCA, MURRHINE.

Murr. En vérité, je n'ai jamais tant ri, je ne rirai jamais d'aussi bon cœur. Je voudrais bien savoir ce que la mariée de nouvelle espèce, Chalin, fait avec son nouvel époux : jamais poète n'inventa un tour aussi plaisant que le nôtre. Que je voudrais voir le bonhomme sortir le visage tout meurtri! C'est bien le plus méchant barbon! et son complice qui lui prête sa maison ne vaut pas mieux. Pardalisca, reste ici, afin de bafouer comme il faut le premier qui sortira.
Pard. De tout mon cœur; laissez-moi faire, je m'y entends.
Murr. Observe d'ici ce qu'ils font dans l'intérieur.
Pard. Quand les réjouissances commenceront, vous m'avertirez.
Murr. Tu pourras l'apostropher avec pleine liberté.
Pard. Silence! votre porte s'ouvre.

SCÈNE II.

OLYMPION, CLÉOSTRATE, MURRHINE.

Olymp. Où fuir, où me cacher? dans quel lieu ensevelir ma honte? Avons-nous été assez maltraités mon maître et moi le jour de nos noces? J'en rougis, j'en tremble de colère : nous voilà couverts de ridicule. Mais je deviens fou. Je rougis, moi qui n'ai jamais rougi de rien! Écoutez, je vais vous conter tout; ouvrez bien vos oreilles. Vous n'avez jamais entendu d'aventure plus ridicule que celle dont nous venons d'être les héros là-dedans. Après avoir conduit tout droit la nouvelle mariée à la maison, j'avais ôté la

inperitæ huic inpercito. *Olymp.* Futurum 'st : valete. *Stal.* Ite.
Anc. Jam valete. *Stal.* Jamnę abscessit uxor? *Olymp.* Domi 'st, ne time. *Stal.* Evax!
Nunc, pol, demum ego sum liber : meum corculum! melculum!
Verculum! *Olymp.* Heus tu : malo, si sapis, cavebis : mea 'st hæc. *Stal.* Scio. 760
Sed meus fructus est prior. *Olymp.* Tene hanc lampadem. *Stal.* Imo ego illam tenebo.
Venus multipotens, bonam vitam mihi
Dedisti, hujus quom copiam mihi fecisti.
Corpusculum mellitulum! *Olymp.* Mea uxorcula. [ah!]
Stal. Quid est? *Olymp.* Institit plantam. *Stal.* (*secum.*) Quasi jocabo. 765
Nebula haud est mollis, atque huju 'st [pectusculum].
Olymp. Edepol, papillam bellulam! hei misero mihi!
Stal. Quid? *Olymp.* Pectus mihi agit nunc cubito.
Stal. Quid tu ergo hanc, quæso, tractas tam?
At mihi, qui belle hanc tracto, non. *Olymp.* Vaha. 770
Stal. Quid est negoti? *Olymp.* Obsecro, ut valentula 'st?
Pæne exposivit cubito. *Stal.* Cubitum ergo ire volt.
Olymp. Quin imus ergo? *Stal.* I, tu, belle, bellatula.
Pard Acceptæ bene et conmode eximus intus
Ludos visere huc in via nuptialeis. 775

ACTUS QUINTUS.

SCENA PRIMA.

PARDALISCA, MURRHINA.

Mur. Nunquam, ecastor, ullo die risi adæque,
Neque hoc, quod reliquom 'st, plus risuram opinor.
Lubet Chalinum, quid agat, scire, novom
Nubtum cum novo marito, nec fallaciam
Astutiorem ullus fecit poeta, atque 780
Ut hæc est fabre facta a nobis. Obtunso
Ore nunc pervelim progredire senem :
Quo senex nequior nullus vivit : ne illum
Quidem nequiorem arbitror esse, qui locum
Præbet illi. Nunc præsidem heic, Pardalisca, 785
Esse; qui hinc exeat, eum ut ludibrio habeas.
Pard. Lubens fecero, et solens. *Mur.* Spectato hinc omnia
Intus, quid intus agant : mone, amabo, me.
ard. Licet. *Mur.* Et illi audacius licet, quæ vis, libere
Proloqui. *Pard.* Tace; vostra foris crepuit. 790

SCENA SECUNDA.

OLYMPIO, CLEOSTRATA, MURRHINA.

Olymp. Neque quo fugiam, neque ubi lateam, neque hoc dedecus quomodo celem,
Scio; tantum herus atque ego flagitio superavimus nubtiis nostris.

clef. Nous étions dans l'obscurité (1). Vieux barbon, me disais-je, je me coucherai avant toi!.. Je la mets au lit; je m'approche, je la caresse... Je veux prévenir le bonhomme... Mais mon ardeur s'éteint par la crainte d'être surpris... Je demande un baiser pour me ranimer. On repousse ma main, on refuse le baiser. Cette résistance ne fait que m'enflammer davantage... Je brûle de presser Casina dans mes bras : je veux épargner la besogne au vieillard; je ferme bien la porte, afin qu'il ne vienne pas m'attaquer.

Murr. Allons, Cléostrate, aborde-le.
Cléos. Dis-moi, où est ta nouvelle mariée?
Olymp. Je suis perdu; tout est découvert.
Cléos. Il est naturel que vous nous racontiez en détail ce qui se passe là dedans. Que fait Casina? Est-elle bien complaisante?
Olymp. Je rougis de dire....
Cléos. Conte tout avec ordre... Comme tu allais commencer...
Olymp. En vérité, je rougis....
Cléos. Parle hardiment. Après vous être mis au lit, qu'avez-vous fait? J'exige que tu me le dises.
Olymp. Mais c'est une honte...
Cléos. On n'entendra pas... J'y veillerai.
Olymp. Je ne puis...
Cléos. Que de détours! poursuis...
Olymp. Dès que j'eus pris place dans le lit, Dieux!
Cléos. Eh bien?
Olymp. L'horreur!
Cléos. Qu'y a-t-il?
Olymp. Chose inouïe! je tâtais... je cherchais..

je craignais que Casina n'eût encore son épée... J'en saisis la poignée... Mais quand j'y songe, ce n'était pas une épée, c'eût été plus froid que cela.
Cléos. Explique-toi.
Olymp. Ma pudeur...
Cléos. Était-ce un radis?
Olymp. Non.
Cléos. Un concombre peut-être?
Olymp. Ce n'était pas un légume.. Dans tous les cas... c'était de la bonne espèce... car c'était quelque chose de bien grand.
Murr. Apprends-nous donc enfin ce qui arriva.
Olymp. J'appelle Casina : Ma femme, ma chère petite femme, pourquoi repousser ainsi ton époux? Je n'ai pas mérité cet affront : j'ai brûlé pour toi. Elle ne répond mot, et s'enveloppe dans sa robe. Quand je vis que la place offrait tant de résistance, je demande à tenter un nouvel effort : je retourne ma belle; point de parole. Je me dresse et me jette sur elle, et lui donne un baiser.
Murr. Le récit est plaisant.
Olymp. Une barbe plus piquante qu'un buisson d'épine me déchire le visage : j'étais à genoux; elle me donne un coup de pied dans l'estomac : je saute hors du lit. Elle s'élance sur moi, et me brise la mâchoire. Je m'esquive sans rien dire, et je sors dans le bel état où vous me voyez, afin de faire place au bonhomme, et lui donner le plaisir de boire à la même coupe que moi.
Cléos. A merveille. Mais où est ton manteau?
Olymp. Je l'ai laissé là dedans.
Cléos. Qu'en penses-tu maintenant? vous a-t-on accommodé de la bonne manière?
Olymp. Comme nous le méritons.

(1) La pudeur des anciens copistes a altéré le texte dans plusieurs endroits de cet acte.

Ita nunc pudeo, atque ita nunc paveo, atque ita in ridiculum sumus ambo.
Sed ego insipiens nova nunc facio : pudet, quod prius non puditum umquam 'st.
Operam date, dum mea facta itero; est operæ auribus percipere.   795
Ita ridicula auditu, iterata ea sunt, quæ ego intus tuli*
Ubi intro hanc novam nuptam deduxi via recta, clavem
Abduxi : sed tamen tenebræ ibi erant tanquam nox**
Senex abs te decumbem *** Conloco, fulcio, molio,
Ut prior quam senex nub.**   800
Tardus esse iulico cœpi, quoniam***
Respecto identidem, ne senex****
Inlecebram stupri principio eam savium posco.
Repulit mihi manum, nec quietum dare sibi savium me sinit.
Enim jam magis jam adpropero : magis jam lubet in Casinam inruere,   805
Cupio illam operam seni subripere : forem obdo, ne senex me obprimat.
Mur. (ad Cleostratam.) Agedum tu adi hunc. *Cleostr.* Obsecro, ubi tua nova nubta 'st?
Olymp. Perii, hercle, ego! manifesta res est. *Cleostr.* Omnem ordine rem
Fateri ergo æquum 'st quid intus agitur? quid agit Casina? satin' morigera est? *Olymp.* Pudet dicere me*:   810
Cleostr. Memora ordine, ut obceperas. *Olymp.* Pudet, hercle. *Cleostr.* Age audacter.
Postquam decubuisti, hinc te volo memorare, quid est factum?
Olymp. At flagitium 'st. *Cleostr.* Cavebunt qui audierint, faciam.
Olymp. * Hoc majus est. *Cleostr.* Perdis : quin tu pergis?
Olymp. Ubi
'us subtus porro***   815

** quid? *Olymp.* Babæ. *Cleostr.* Quid? *Olymp.* Papæ.
** est. *Olymp.* Oh, erat maximum.
** haberet metui : id quærere obcæpi.
* * * * *
Dum, gladium ne habeat, quæro, adripio capulum.   820
Sed, quom cogito, non habuit gladium : nam esset frigidus.
Cleostr. Eloquere.
Olymp. At pudet. *Cleostr.* Num radix fuit? *Olymp.* Non fuit.
Cleostr. Num cucumis?
Olymp. Profecto, hercle, non fuit quidquam olerum : Nisi, quidquid erat, calamitas profecto adtigerat nunquam;
Ita, quidquid erat, grande erat.   825
Mur. Quid fit denique, edisserta. *Olymp.* Ubi adpello : Casina, inquam,
Amabo, mea uxorcula, cur virum tuum sic me spernis?
Nimis tu quidem, hercle, inmerito
Meo mihi hæc facis : quia mihi te expetivi.
Illa haud verbum facit, et sepit veste id, qui estis**.   830
Ubi illum saltum video obseptum, rogo ut altero sinat ire.
Volo, ut obvertam cubitissim**
Ullum mutite ***
Surgo, ut ineam, in **
Atque illam in ***   835
Mur. Perlepide narrat.**
Olymp. Savium ****
Ita quasi sentis labra mihi conpungit barba
Continuo in genua adstituto pectus mihi pedibus percutit.
Decido de lecto præceps, subsilit : obtundit os mihi.   840
Inde foras tacitus, præfiscini, exeo hoc ornatu, quo vides,
Ut senex hoc eodem poculo, quo ego bibi, biberet. *Cleostr.* Optume 'st.
Sed ubi est palliolum tuum? *Olymp.* Heic intus reliqui.
Cleostr. Quid nunc? satin' lepide adita 'st vobis manus?
Olymp. Merito.

Cléos. Chut! la porte remue.
Olymp. Serait-ce Casina qui court après moi?

SCÈNE III.

STALINON, OLYMPION.

Stal. (à part) Je suis couvert de honte; comment me relever de là? Je n'ose regarder ma femme en face. Me voilà perdu. Mes désordres sont dévoilés, je suis déshonoré de toutes les manières! me voilà le cou pris entre deux portes : comment me justifier auprès de ma femme? On m'a dépouillé de mon manteau comme un gueux.... Un mariage secret... Je réfléchis... Le meilleur parti, c'est d'aller trouver Cléostrate... Mais quel mari voudrait être à ma place? Je ne sais que faire, à moins d'imiter les mauvais esclaves et de m'enfuir. Car il n'y a pas sûreté pour mon dos, si je rentre à la maison. Je plaisante en ce moment! mais j'ai été battu, très-sérieusement et bien malgré moi, quoique je l'aie mérité. Prenons de ce côté, et fuyons.

Olymp. Holà! Stalinon, jeune amoureux!
Stal. Je suis mort! On me rappelle. Faisons comme si je n'entendais pas, et partons.

SCÈNE IV.

CHALIN, STALINON, CLÉOSTRATE, MURRHINE, OLYMPION, LES SERVANTES.

Chal. Où êtes-vous, l'homme de bien qui voulez suivre les mœurs des Massiliens (1)? Si votre passion veut se satisfaire, l'occasion est belle, me voici... Vous êtes anéanti : allons... approchez-vous donc...

(Il y a ici une lacune de plusieurs vers.)

(1) Peuple efféminé.

Stal. (voyant sa femme) Allons de l'autre côté... une chienne enragée me ferait moins peur.
Cléos. Mais que deviens-tu, mon ami? dans quel équipage arrives-tu? qu'as-tu fait de la canne, du manteau que tu avais?
Pard. L'infidèle! il les a perdus sans doute dans les bras de Casina.
Stal. J'étouffe.
Chal. Allons nous coucher : je suis Casina.
Stal. Va te faire pendre.
Chal. Vous ne m'aimez plus?
Cléos. Réponds, qu'as-tu fait de ton manteau?
Stal. Vous êtes des bacchantes, ma femme, de vraies bacchantes!
Pard. Il plaisante, car il sait bien qu'il n'y a pas ici de bacchantes.
Stal. Je perds la mémoire... Cependant les Bacchanales (1)...!
Cléos. Les Bacchanales! elles sont passées.
Olymp. Je vois que vous avez peur.
Stal. Moi?
Olymp. Par Hercule, ne mentez pas... Car...

(Ici une lacune de 9 vers.)

Stal. Te tairas-tu?
Olymp. Non, je ne me tairai pas. Vous m'aviez supplié de demander Casina en mariage...
Stal. C'est par amour pour toi que je l'ai fait.
Cléos. Par amour pour Casina, tu veux dire. Ah! je te tiens maintenant.
Stal. Comment tu crois...
Cléos. Tu oses le demander?
Stal. Si j'ai fait tout cela, je suis coupable.
Cléos. Rentre à la maison; et si tu as perdu la mémoire, je te soufflerai.

(1) Allusion aux thyrses dont elles étaient armées. Il songe aux coups qu'il craint de recevoir.

Cleostr. St! concrepuerunt foreis. *Olymp.* Num illa me nam sequitur? 845

SCENA TERTIA.

STALINO, OLYMPIO.

Stal. Maxumo ego ardeo flagitio, nec quid agam meis rebus scio.
Nec meam ut uxorem adspiciam contra oculis; ita disperii.
Omnia palam sunt probra, omnibus modis obcidi miser.
Ita manifesto faucibus teneor;
Nec quibus modis purgem scio me meæ uxori, 850
Qui expalliatus sum miser : **
 *** clandestinæ nuptiæ**
 **** censeo
 *** mihi optumum 'st.
** Ea dux uxorem meam : 855
 *   *   *   *   riam
Sed ecquis est, qui homo munus velit fungier pro me?
Quid nunc agam nescio, nisi ut inprobos famulos imiter,
ac domo fugiam.
Nam salus nulla 'st scapulis, si domum redeo.
Nugas istuc dicere licet : vapulo, hercle, ego invitus tamen,
Etsi malum merui : hac dabo protinam; et fugiam. *Olymp.* Heus, Stalino, 861
Amator. *Stal.* Obcidi! revocor : quasi non audiam, adibo.

SCENA QUARTA.

CHALINUS, STALINO, CLEOSTRATA, MURRHINA, OLYMPIO, ANCILLÆ.

Chal. Ubi tu es, qui colere mores Massiliensis postulas?
Nunc tu, si vis subigitare me, proba 'st obcasio.

Periisti, hercle : age, adcede huc,** 865
Hic desunt octo versus.

Stal. Hac ibo : caninam scævam spero meliorem fore.
Cleostr. Quid agis tu, marite, mi vir? unde ornatu hoc advenis?
Quid fecisti scipione, aut, quod habuisti pallium?
Anc. In adulterio dum mœchissat Casinam, credo, perdidit.
Stal. Obcidi! *Chal.* Etiamne imus cubitum? Casina sum.
Stal. In malam crucem. 870
Chal. Non amas me? *Cleostr.* Quin responde, tuo quid factum 'st pallio?
Stal. Bacchæ ergo, hercle, uxor... Bacchæ, Bacchæ, hercle, uxor...
Anc. Nugatur sciens : nam, ecastor, nunc Bacchæ nullæ ludunt.
Stal. Oblitus fui : sed tamen Bacchæ. *Cleostr.* Quid Bacchæ? id fieri non potest.
Anc. Times, ecastor. *Stal.* Egone? *Cleostr.* Haud mentire, hercle; nam palam 'st. 875

Hic in MSS lacuna est versuum novem.

Stal. Non taces? *Olymp.* Non hercle vero taceo : nam tu maxumo
Me obsecravisti opere, Casinam ut poscerem uxorem mihi.
Stal. Tui amoris causa ego istuc feci. *Cleostr.* Imo, hercle, illius,
[Ni] te quidem oppressissem. *Stal.* Feci ego istæc dicta, quæ vos dicitis?
Cleostr. Rogitas etiam? *Stal.* Siquidem, hercle, feci, feci nequiter. 880
Cleostr. Redi modo huc intro : monebo, siquidem meministi minus.
Stal. Hercle, opinor, potius vobis credam, quod vos dicitis.

Stal. Il faut bien le croire, puisque vous le dites. Mais, ma chère femme, pardonne à ton mari. Murrhine, intercède pour moi auprès d'elle. Si jamais à l'avenir j'aime Casina, si j'essaye de l'aimer, si je pense seulement à elle, je te permets de m'attacher, et de me battre de verges à ton aise.

Murrh. Allons, il faut lui accorder sa grâce.

Cléos. Je ferai ce que vous voulez. Et je lui pardonne vite, de peur d'allonger cette comédie.

Stal. Tu n'es donc plus fâchée?

Cléos. Non.

Stal. Puis-je m'y fier?

Cléos. Assurément.

Stal. Y a-t-il au monde une femme plus aimable que la mienne?

Chal. Tenez-vous-y donc.

Cléos. Allons, rends-lui sa canne et son manteau.

Chal. Tenez.

Stal. En vérité, on m'a fait essuyer une étrange mortification. On m'a donné deux maris, et ni l'un ni l'autre ne m'a traité comme une nouvelle mariée.

LA TROUPE (*ou plutôt* CHALIN.)

Spectateurs, voulez-vous savoir ce qui va se passer dans la maison? Casina sera reconnue pour la fille du voisin Alcésime, et épousera Euthynicus, le fils de notre maître. Maintenant il est juste que vos mains nous récompensent. Que celui qui nous applaudira ait une maîtresse sans que sa femme en sache rien, et que celui qui ne nous claquera pas de toutes ses forces trouve un vilain bouc dans le lit de sa belle!

Sed viro da hanc veniam, uxor. Murrhina, ora Cleostratam :
Si unquam posthac aut amasso Casinam, aut obcepso modo,
Ne ut eam amasso, si ego unquam adeo posthac tale admisero, 865
Nulla causa 'st, quin pendentem me, uxor, virgis verberes.
Mur. Censeo, ecastor, hanc dandam veniam. *Cleostr.* Faciam, ut jubes.
Propter eam rem hanc tibi nunc veniam minus gravate prospero;
Hanc ex longa longiorem ne faciamus fabulam.
Stal. Non irata es? *Cleostr.* Non sum irata. *Stal.* Tuæ fidei credo? *Cleostr.* Meæ. 890
Stal. Lepidiorem uxorem nemo quisquam, quam ego habeo hanc, habet.

Cleostr. Age tu, redde huic scipionem et pallium. *Chal.* Tene. *Stal.* Lubet.
Chal. Mihi quidem, edepol, insignite facta 'st magna injuria.
Duobus nubsi : neuter fecit, quod novæ nubtæ solet.

GREX.

Spectatores, quod futurum 'st intus, heic memorabimus.
Hæc Casina hujus reperietur filia esse e proximo, 896
Eaque nubet Euthynico nostro herili filio.
Nunc vos æquom 'st, manibus meritis meritam mercedem dare.
Qui faxit, clam uxorem ducat scortum semper, quod volet.
Verum qui non manibus clare, quantum poterit, plauserit,
Ei pro scorto subponetur hircus unctus nauta. 901

LES BACCHIS.

PERSONNAGES.

SILÈNE, prologue.
LES DEUX BACCHIS, sœurs, courtisanes.
PISTOCLÈRE, amant d'une Bacchis.
MNÉSILOQUE, amant de l'autre Bacchis.
NICOBULE, vieillard, père de Mnésiloque.
PHILOXÈNE, vieillard, père de Pistoclère.
LYDUS, esclave, précepteur de Pistoclère.
CHRYSALE, esclave de Nicobule.
CLÉOMAQUE, militaire.
Son parasite.
Son esclave.

La scène est à Athènes.

ARGUMENT.

(*Attribué à* PRISCIEN.)

Mnésiloque brûle pour Bacchis. Il se rend à Éphèse pour toucher de l'argent. Bacchis fait un voyage en Crète pour retrouver sa sœur : de là elle retourne à Athène. Mnésiloque écrit d'Éphèse à Pistoclère, de s'informer d'elle. Il revient à Athènes, où il fait grand bruit, sur le soupçon que sa maîtresse est aimée de son ami. Mais ils échangent leurs maîtresses moyennant de l'or, et chacun a celle qu'il aime. Leurs pères cherchent à les éloigner; mais ils sont séduits eux mêmes, et s'enivrent de compagnie.

PROLOGUE.

(*Attribué à* PÉTRARQUE.)

SILÈNE.

Je serais bien surpris si aujourd'hui les spectateurs ne s'agitaient pas sur leurs bancs, ne toussaient pas, ne crachaient pas, pour interrompre les acteurs qui s'efforcent de les faire rire ; s'ils ne fronçaient pas le sourcil, s'ils ne râlaient pas, s'ils ne murmuraient pas méchamment. A peine souffrirait-on sur la scène de jeunes acteurs, des Lydiens à la figure efféminée : comment ose-t-on faire paraître, à titre de prologue, un vieillard à la tête pesante, monté sur le dos d'un âne? Patience, je vous prie; prêtez-moi votre attention, afin que je vous dise le nom de cette comédie, qui est du genre tempéré. Il est juste d'accorder quelque silence à un dieu. Il ne convient pas de faire usage de votre langue; car vous venez ici pour voir et non pour crier : prêtez-nous vos oreilles; que ma voix aille librement jusqu'à vous. Craignez-vous moins les coups qui font ouvrir les oreilles que ceux qui font fermer la bouche? Vous êtes de bonnes gens, et justement aimés des dieux. Bon ! voilà le silence établi : les enfants même se taisent. Maintenant regardez le messager tout nouveau de la pièce nouvelle. Je vais vous dire en peu de mots qui je suis, pourquoi je viens, et le titre de la comédie. Je vous apprendrai ce que vous désirez savoir; accordez-moi donc votre attention. Je suis un des dieux du monde, le nourricier du grand Bacchus, qui établit son empire avec une grande armée de femmes (1); toutes les merveilles que les nations racontent de lui ont été inspirées par moi. Ma volonté est toujours la sienne. Il est bien juste que le père commun obéisse à son père. Les comédiens d'Ionie m'appellent le cavalier de l'âne, à cause de la monture dont se sert ma vieillesse. Vous savez qui je suis ; maintenant laissez-moi vous dire le nom de la pièce, et la cause de mon message.

(1) Les bacchantes.

DRAMATIS PERSONÆ.

SILENUS, prologus.
BACCHIDES, sorores, ambæ meretrices, una Mnesilochi, altera Pistoclerii amica.
PISTOCLERUS, adolescens.
MNESILOCHUS, adolescens.
NICOBULUS, senex, pater Mnesilochi.
PHILOXENUS, senex, pater Pistoclerii.
LYDUS, Pistoclerii pædagogus.
CHRYSALUS, servus Nicobuli, comes Mnesilochi.
CLEOMACHUS, miles.
PARASITUS Cleomachi.
PUER Cleomachi.

Scena est Athenis.

ARGUMENTUM

(SUPPOSITUM.)

BACCHIDIS amore furit Mnesilochus.
Aurum ut redimat, prosumia fertur Ephesum.
Cretam Bacchis navigat, atque alteram
Convenit Bacchidem : inde Athenas redit :
Hinc dat Mnesilochus ad Pistoclerum literas,
Illam conquirat : redit : turbas movet,
Dum potat amari suam : ut mutent geminas,
Et dat aurum ; pariter amant.
Senes dum gnatis student, scortantur, potitant.

PROLOGUS.

« Mirum hodie 'st, ni spectatores in subsellis
« Ridiculos strepunt, tussiunt, ronchos cient,
« Consulant frontem, et ore concrepario
« Frequenter fremunt, atque male mussitant.

« Vix in juventa locum obtineant   5
« Aut glabri histriones, aut pervolsi ludii.
« Quid veternosus prodit internuncius
« Senex, qui dorso fertur asinario?
« Attendite, quæso, atque animum advortite,
« Dum nomen hujus eloquor stalariæ.   10
« Æquom 'st vos deo facere silentium.
« Officio oris non decet illos utier,
« Qui, non ut clament, sed ut spectent, veniunt.
« Aureis date otiosas, at non in manum ;
« Has volo volans vox vacuas feriat.   15
« Quid veremini? ictus an sint minus noxii,
« Qui repetunt laxa, aut hiulca obstruunt?
« Estis benigni, merito vos amant cælites.
« Factum 'st silentium, tacent pueri.
« Novam ad rem jam novom spectate nuncium. 20
« Qui sim, cur ad vos veniam, paucis eloquar ;
« Simul hujus nomen proferam Comœdiæ.
« Ecce fabor jam vobis, quod expetivis,
« Proinde vos mihi facito audientiam.
« Naturæ Deus sum, Bromii altor maximi,   25
« Fœmineo qui peperit rem exercitu ;
« Quidquid hujusce gentes ferunt inclutæ,
« Nonnihil nostro gesta sunt consilio.
« Nunquam, quod mihi placet, illi displicet.
« Æquom 'st, si pater obsequitur patri   30
« Asibidam Ionii me vocitant greges,
« Quod vecturio senex vehar asinario.
« Qui sim, tenetis : si tenetis, sinite ;
« Ut nomen hujus eloquar stalariæ,

PROLOGUE.

Philémon (1) composa autrefois cette comédie en grec : elle s'appelait les *Évantides*. Plaute, qui l'a traduite en latin l'appelle les *Bacchis*. Il n'y a rien d'étonnant de me voir ici, puisque Bacchus vous envoie les Bacchis, qui sont de vraies Bacchantes. C'est moi qui vous les apporte. Est-ce que je mens? Il ne conviendrait pas à un dieu de mentir. Je dis la vérité. Ce n'est pas moi qui les apporte, mais bien cet animal lascif que je monte; il est un peu las, car il porte trois personnes. Vous en voyez déjà une (il se désigne lui-même); regardez maintenant ce que j'ai sur les lèvres; voyez les deux sœurs Bacchis de Samos, jolies courtisanes, nées en même temps; charmantes jumelles qui se ressemblent comme deux gouttes de lait, comme deux larmes d'eau. On les prendrait pour deux moitiés d'un même tout; en les regardant on les confond, on les prend l'une pour l'autre. Vous attendez le reste : faites donc silence : je vais vous dire le sujet de la comédie. Samos est un pays que vous connaissez tous, car il n'y a pas de mers, de terres, de montagnes, d'îles que vos légions n'ayent rendues accessibles. C'est là que Sostrata, fille de Pyrgotélès, a eu de son mari Pyroclès ces deux filles, nées le même jour. Initiés tous deux aux mystères de Bacchus, ils donnèrent à leurs enfants le nom de ce dieu. Les parents moururent : l'une fut transportée en Crète par un soldat, l'autre fut embarquée pour Athènes. Mnésiloque, fils de Nicobule, la vit, l'aima, et lui rendit de fréquentes visites.

Cependant le père de ce jeune homme l'avait envoyé à Éphèse pour lui rapporter de l'argent qu'il avait déposé chez un vieil ami, Archidémide

de Phénicie. Mnésiloque y séjourna deux ans; il apprit, non sans douleur, que Bacchis était partie d'Athènes. Des matelots qu'il connaissait l'informèrent qu'elle s'était embarquée pour la Crète. Il mande à un ami, Pistoclère, fils de Philoxène, d'employer tout son zèle et tous ses soins à la recherche de la jeune fugitive. Pistoclère, empressé de servir son ami, découvre que les deux sœurs sont déjà revenues à Athènes; il en devient amoureux lui-même. L'une attire auprès d'elle Pistoclère, l'autre attend Mnésiloque. Est-il étonnant que deux jolies filles, deux Bacchantes séduisent ces jeunes gens, et même leurs pères, tout cassés, tout moribonds qu'ils soient? Mais voici Pistoclère qui revient vers les deux Bacchis qu'il a retrouvées; il veut étouffer en vain le nouveau feu d'amour qui l'embrase. Maintenant je me retire. Écoutez-le à son tour.

ACTE PREMIER.
SCÈNE I.
LES DEUX BACCHIS, PISTOCLÈRE.

1. *Bacch.* Te serait-il possible de te taire et de me laisser parler?

2. *Bacch.* Très-volontiers. Parle.

1. *Bacch.* Ma sœur, si ma mémoire me manque, tu voudras bien m'aider.

2. *Bacch.* C'est plutôt à moi de craindre que les expressions me manquent pour venir à ton secours.

Pist. (à part.) Que font là ces deux sœurs qui ont le même nom et les mêmes attraits? (*Haut.*) Que délibérez-vous dans votre petit conseil?

1. *Bacc.* Rien que de bien.

(1) Poëte de Syracuse qui vivait du temps d'Alexandre.

« Simul sciatis, ad vos cur venerim. 35
« Philemon Græcam olim dedit fabulam;
« Hanc, qui græcissant, Evantides nuncupant.
« Plotus, qui latinissat, vocat Bacchides.
« Quare non est mirum, si huc advenerim.
« Bacchus bacchanteis Bacchas mittit Bacchides : 40
« Ego ad vos porto. Quid dixi mendacium?
« Non decet mentiri deum. At vera fabulor :
« Non ego eas porto, verum salsus asinus
« Via defessus, treis, si rite memorem,
« Feri; uuum videtis : ore quid feram, specite; 45
« Duas sorores debacchanteis Samias,
« Meretrices lepidas, uno prognatas tempore,
« Iisdem parentibus, fœtu gemellitio,
« Non minus similcis, quam lacti lac, si conferas,
« Aut aquam aquæ : dimidiatas imputes. 50
« Has si videres, ita confundas oculos,
« Utra ut sit, non queas internoscere.
« Quod restat, expetitis : jam date silentium;
« Hujus argumentum eloquar Comœdiæ.
« Samos quæ terra sit, nota est omnibus. 55
« Nam maria, terras, monteis, atque insulas
« Vostræ legiones reddidere pervias.
« Hac Pyrgotelis Sostrata Pyrocli viro
« Uno edidit gnatas nisu geminas.
« Placuitque Initiatis Trieteride, 60
« Quas ederent, Bacchi vocitare nomine.
« Parentes, ut fit crebro, fata occupant.
« Alteram miles secum in Cretam vexerat,
« Altera geminis adnatat Cecropias.
« Hanc, ut Nicobuli inspicit Mnesilochus, 65
« Amare obcipit, itat ad eam frequentius.
« Interea juvenem pater mittit Ephesum,
« Ut inde referat aurum, quod posuerat
« Ipse jampridem apud Archimedidem,

« Veterem amicum, senem Phœnicarium. 70
« Is quom biennio desiderat Ephesi,
« Bacchidem abiisse, durum accepit nuncium :
« Nam nautæ noti navigasse nunciant.
« Ut fugitivam cura et corde quæreret,
« Ad Philoxeni Pistoclerum filium 75
« Sodalem unicum sulcat epistolium.
« Dum Pistoclerus amico impartit operam,
« Athenas dudum quæ redierant geminæ,
« Conquisitorem in amorem conciunt.
« Altera Pistoclerum ad sese adlicit : 80
« Altera venienti desidet Mnesilocho.
« Geminæ Bacchæ duos Bacchanteis pullulos
« Quid mirum si ad sese traxerint blandulæ,
« Facetæ, pulchræ? Incurvos libitinarios,
« Veterrumos senes, illorum traherent patres. 85
« Sed eccum Pistoclerum, qui ad Bacchides
« Nuper inventas redit, et secum insolens
« Novos amoris disputi igniculos.
« Nunc prodeo, audite. »

ACTUS PRIMUS.
SCENA PRIMA.
BACCHIDES, PISTOCLERUS.

Bacch. I. Quid si hoc potis est, ut taceas, ego loquar?
Bacch. II. Lepide : licet. 90
Bacch. I. Ubi me fugiet memoria, ibi tu facito, ut subvenias, soror.
Bacch. II. Pol, magis metuo, mihi in monendo ne defuerit oratio.
Bacch. I. Pol, ego quoque metuo, lusciniolæ ne defuerit cantio.

Pist. Ce n'est pas l'habitude des femmes galantes.
2. *Bacc.* Quoi de plus malheureux qu'une femme !
Pist. Et qui est-ce qui le mérite davantage ?
1. *Bacc.* Ma sœur cherche un protecteur qui oblige le militaire avec qui elle est de la laisser retourner chez elle quand il ne sera plus à son service : vous seriez bien aimable de l'obliger en cela.
Pist. Moi, son protecteur ! et pourquoi ?
1. *Bacc.* Afin qu'elle retourne chez elle quand son engagement sera fini, et qu'il ne la retienne pas comme esclave. Car si elle pouvait lui rendre son argent tout de suite, elle le ferait avec plaisir.
Pist. Où est cet homme-là ?
1. *Bacc.* Il va venir ici, je crois; mais vous serez mieux chez nous pour arranger cette affaire. Jusqu'à ce qu'il vienne, vous serez assis commodément; en même temps vous vous rafraîchirez, et je vous donnerai un baiser par-dessus le marché.
Pist. C'est un poison que vos caresses.
1. *Bacc.* Comment ?
Pist. C'est que je vois bien que vous voulez toutes deux attraper le même pigeon. Je suis perdu... et votre flèche m'a déjà blessé les ailes. Ce que vous me proposez là, ma belle, n'est guère convenable.
1. *Bacc.* Pourquoi, s'il vous plaît ?
Pist. Parce que, belle Bacchis, je crains les Bacchantes et votre maison de bacchanale.
1. *Bacc.* Que craignez-vous ? Que ma table ne vous entraîne au mal ?
Pist. Je crains moins votre table que vos appas : vous êtes une méchante rusée. Ma belle, un rendez-vous secret avec une femme ne convient pas à mon âge.
1. *Bacc.* Si vous vouliez faire chez moi quelque sottise, je m'y opposerais. Je veux seulement que vous soyez chez nous quand ce militaire viendra. Votre présence l'empêchera de se porter à quelque violence avec nous. Vous rendrez en même temps service à votre ami : notre militaire me croira votre maîtresse. Eh bien ! vous ne répondez pas ?
Pist. C'est que vous dites là les plus belles choses du monde; mais il en coûte d'en faire l'essai. Elles déchirent le cœur et la bourse; elles dérangent la conduite et tuent la réputation.
1. *Bacc.* Que craignez-vous d'elle ?
Pist. Ce que je crains ? C'est d'entrer si jeune dans la carrière des plaisirs et de la volupté, de me perdre au lieu de gagner le prix, de me couvrir de honte au lieu de couronnes !
1. *Bacc.* Vous plaisantez.
Pist. De tenir une tourterelle au lieu d'une épée. Oui, vous me présenterez une coupe au lieu de ceste, une bouteille au lieu de casque, une guirlande de fleurs pour couronne, des dés pour arme, un léger manteau pour cuirasse, un lit pour cheval, une courtisane pour bouclier.. Fi!.. retirez-vous.
1. *Bacc.* Vous êtes aussi trop farouche.
Pist. Je songe à moi.
1. *Bacc.* Il faut vous apprivoiser... J'en fais mon affaire.
Pist. Vos leçons coûtent trop cher.
1. *Bacc.* Feignez de m'aimer.
Pist. Serait-ce pour badiner, ou sérieusement ?,
1. *Bacc.* Sérieusement... Cela vaut mieux; quand le militaire entrera, je veux que vous m'embrassiez.
Pist. A quoi bon ?
1. *Bacch.* Je veux qu'il vous voie : je sais ce que je fais.
Pist. Et moi, je sais ce que je crains : mais que dites-vous là ?
1. *Bacch.* Comment ?
Pist. Si on apporte le dîner, le souper, la collation, comme c'est l'usage dans les réunions, où me mettrai-je à table ?
1. *Bacch.* Auprès de moi, mon cœur. La place d'un joli garçon est à côté d'une jolie femme; cette place-

Sequere hac. *Pist.* Quid agunt duæ germanæ meretrices congnomines?
Quid in consilio consuluistis? *Bacch.* 1. Bene. *Pist.* Pol, haud meretricium 'st.   95
Bacch. 11. Miserius nihil est, quam mulier. *Pist.* Quid esse dicis dignius?
Bacch. 1. Hæc ita me orat, sibi qui caveat, aliquem ut hominem reperiam,
Ab istoc milite : ut, ubi emeritum sibi sit, se ut revehat domum.
Id, amabo te, huic caveas. *Pist.* Quid isti caveam? *Bacch.* 1. Ut revehatur domum,
Ubi ei dediderit operas, ne hanc ille habeat pro ancilla sibi 100
Nam hæc si habeat aurum, quod illi renumeret, faciat lubens.
Pist. Ubi nunc is homo 'st? *Bacch.* 1. Jam heic, credo, aderit; sed hoc idem apud nos rectius
Poteris agere; atque is dum veniat, sedens ibi operibere.
Eadem biberis, eadem dedero tibi, ubi biberis, savium.
Pist. Viscus merus vostra 'st blanditia. *Bacch.* 1. Quid jam?
Pist. Quia enim intellego,   105
Duæ unum expetitis palumbem. Perii, arundo alas verberat.
Non ego istuc facinus mihi, mulier, conducibile esse arbitror.
Bacch. 1. Qui, amabo? *Pist.* Quia, Bacchis, Bacchas metuo et Bacchanal tuum.
Bacch. 1. Quid est, quod metuis? ne tibi lectus malitiam apud me suadent?
Pist. Magis inlectum tuum, quam lectum, metuo : mala tu es bestia.   110
Nam huic ætati non conducit, mulier, latebrosus locus.
Bacch. 1. Egomet, apud me si quid stulte facere cupias, prohibeam.
Sed ego apud me te esse ob eam rem, Miles quom veniat, volo :
Quia, quom tu aderis, huic mihique haud faciet quisquam injuriam.
Tu prohibebis, et eadem opera tuo sodali operam dabis. 115
Et ille adveniens tuam me esse amicam suspicabitur.
Quid, amabo, obticuisti? *Pist.* Quia sunt lepida istæc memoratu.
Eadem in usu, atque ubi periculum facias, aculeata sunt,
Animum fodicant, bona destimulant, facta et famam sauciant.
Bacch. 11. Ecquid ab hac metuis? *Pist.* Quid ego metuam, rogitas? homo adulescentulus   120
Penetrare hujusmodi in palæstram, ubi damnis desudascitur,
Ubi pro disco damnum capiam, pro cursura dedecus?
Bacch. 11. Lepide memoras. *Pist.* Ubi ego capiam pro machæra turturem,
Ubique toponat in manum alius mihi pro cestu cantharum;   125
Pro galea scaphium, pro insigni sit corolla plectilis,
Pro hasta talus; pro lorica malacum capiam pallium;
Ubi mihi pro equo lectus detur, scortum pro scuto adcubet.
Apage a me, apage. *Bacch.* 1. Ah, nimium ferus es. *Pist.* Mihi sum. *Bacch.* 1. Malacissandus es.
Equidem tibi do hanc operam. *Pist.* At nimium pretiosa es operaria.
Bacch. 1. Simulato me amare. *Pist.* Utrum ego istuc jocon' adsimulem, an serio?   130
Bacch. 1. Heia ! hoc agere meliu'st : Miles quom huc adveniat, te volo
Me amplexari. *Pist.* Quid eo mihi opu'st? *Bacch.* 1. Ut illa te videat volo.

là vous appartient chez nous, quand même vous viendriez à l'improviste. Choisissez un endroit où vous serez bien, et je vous y mettrai : je ne veux qu'une chose, ma rose, c'est que vous soyez à votre aise.

Pist. (*à part*). Il y a là un fleuve rapide; gardons-nous de le traverser.

1. *Bacch.* Vous y perdrez quelque chose....; mais donnez-moi la main et suivez-moi.

Pist. Non, non...

1. *Bacch.* Pourquoi non?

Pist. Parce que rien n'est plus séduisant pour un jeune homme que la nuit, les femmes et le vin.

1. *Bacch.* A votre gré... Ce que je dis, c'est pour vous être agréable. Ce militaire emmènera ma sœur; regardez-le faire comme un terme, si cela vous convient.

Pist. Suis-je fait pour ce rôle? et ne suis-je capable d'aucun empire sur moi-même?

1. *Bacch.* Qu'avez-vous à redouter?

Pist. Rien. Maintenant, ma belle, je m'abandonne à vous : je vous appartiens : disposez de moi.

1. *Bacch.* Vous êtes charmant. Voici ce que je vous demande. Je donne aujourd'hui à ma sœur un souper d'adieu. Obligez-moi de prendre de l'argent dans ce cabinet : vous nous ferez préparer un bon repas.

Pist. Je vous régalerai... et je ne souffrirai pas que, par égard pour moi, vous fassiez des frais... Ce serait une honte pour moi.

1. *Bacch.* Et moi, je n'entends pas qu'il vous en coûte une obole.

Pist. Laissez-moi faire.

1. *Bacch.* Faites, puisque vous le voulez; mais hâtez-vous, je vous prie.

Pist. Je reviendrai ici plus vite que je ne quitterai vos embrassements.

2. *Bacch.* Ma sœur, tu me régaleras bien en arrivant chez toi.

1. *Bacch.* Que veux-tu dire?

2. *Bacch.* Parce que je vois que tu viens de faire une bonne pêche.

1. *Bacch.* Oui, il est à moi : je vais maintenant délivrer Mnésiloque : il faut te procurer de l'argent pour que tu ne partes point avec ton militaire.

2. *Bacch.* Je le désire bien.

1. *Bacch.* Je m'en charge. L'eau est chaude; entrons, pour que tu prennes un bain; après les émotions d'une traversée, tu dois avoir besoin de repos.

2. *Bacch.* En effet... Mais qui vient ici nous troubler? Retirons-nous.

1. *Bacch.* Suis-moi de ce côté...; mets-toi au lit, et repose-toi.

SCÈNE II.

LYDUS, PISTOCLÈRE.

Lyd. Depuis longtemps, Pistoclère, je vous suis sans rien dire, pour connaître vos projets avec tout cet équipage; car les dieux me confondent si le sage Lycurgue lui-même pourrait y résister! Mais vous, qui prenez la route opposée, où allez-vous avec ce pompeux cortége?

Pist. Ici près.

Lyd. Comment ici près? Qui donc y demeure?

Pist. L'Amour, la Volupté, Vénus, la Beauté, la Joie, les Ris, les Jeux, les doux Entretiens, le tendre Baiser.

Lyd. Quel commerce avez-vous avec ces pernicieuses divinités-là?

Pist. Il n'y a que les méchants qui disent du mal des gens de bien.... Vous n'épargnez pas même les dieux! Cela est coupable.

Lyd. Est-ce un dieu par hasard le *tendre Baiser?*

Scio, quid ago. *Pist.* Et, pol, ego scio, quid metuo : sed quid ais? *Bacch.* 1. Quid est?
Pist. Quid? si apud te veniat de subito prandium, aut potatio
Forte, aut cœna, ut solet in istis fieri conciliabulis, 135
Ubi ego tum adcubem? *Bacch.* 1. Apud me, mi anime : ut lepidus cum lepida adcubet.
Locus heic apud nos, quamvis subito venias, semper liber est.
Ubi tu lepide voles esse tibi, mea rosa, mihi dicito :
Dato, qui bene sit; ego, ubi bene sit, tibi locum lepidum dabo.
Pist. Rapidus fluvius est heic, non hac temere transiri potest.
Bacch. 1. Atque, ecastor, apud hunc fluvium aliquid perdundum 'st tibi. 141
Manum da, et sequere. *Pist.* Aha, minume ! *Bacch,* 1. Quid ita? *Pist* Quia istoc illecebrosius
Fieri nihil potest, Nox, Mulier, Vinum, homini adulescentulo.
Bacch. 1. Age igitur : equidem, pol, nihili facio, nisi causa tua.
Ille quidem hanc abducet : tu nullus adfueris, si non lubet. 145
Pist. Sumne autem nihili, qui nequeam ingenio moderari meo!
Bacch. 1. Quid est quod metuas? *Pist.* Nihil est; nunc ego, mulier, tibi me emancupo;
Tuus sum, tibi dedo operam. *Bacch.* 1. Lepidus. Nunc ego te facere hoc volo :
Ego sorori meæ cœnam hodie dare volo viaticam;
Ego tibi argentum jubebo jam intus ecferri foras; 150
Tu facito opsonatum nobis sit opulentum opsonium.
Pist. Ego opsonabo; nam id flagitium sit meum, mea te gratia,
Et operam dare mihi, et ad eam operam facere sumtum de tuo.

Bacch. 1. At ego nolo dare te quidquam. *Pist.* Sine. *Bacch.* 1. Sino equidem, si lubet.
Propera, amabo. *Pist.* Prius heic adero, quam te amare desinam. (*egreditur.*) 155
Bacch. 11. Bene me adcipis advenientem, mea soror. *Bacch.* 1. Quid ita, obsecro?
Bacch. 11. Quia piscatus, meo quidem animo, hic tibi hodie evenit bonus.
Bacch. 1. Meus ille quidem 'st : tibi nunc operam dabo de Mnesilocho, soror,
Ut heic adcipias potius aurum, quam hinc eas cum Milite.
Bacch. 11. Cupio. *Bacch.* 1. Dabitur opera. Aqua calet : eamus hinc intro, ut laves. 160
Nam ut in navi vecta es, credo, timida es. *Bacch.* 11. Aliquantum, soror.
Simul hinc nescio qui turbat, qui huc it : decedamus.
Bacch. 1. Sequere hac igitur me intro in lectum, ut sedes lassitudinem.

SCENA SECUNDA.

LYDUS, PISTOCLERUS.

Lyd. Jamdudum, Pistoclere, tacitus te sequor,
Spectans, quas tu res hoc ornata geras. 165
Nam, ita me dii ament, ut Lycurgus mihi quidem
Videtur posse heic ad nequitiam adducier.
Quo nunc capessis te hinc adversa via,
Cum tanta pompa? *Pist.* Huc. *Lyd.* Quid huc? Quis istelc habet?
Pist. Amor, Voluptas, Venus, Venustas, Gaudium, 170
Jocus, Ludus, Sermo, Suavis-suaviatio.
Lyd. Quid tibi commerci 'st cum [diis] damnosissumis?

Pist. Pouvez-vous l'ignorer? Vous êtes donc un barbare, Lydus! Moi qui vous croyais plus sage que Thalès! Allez, vous êtes plus ignorant qu'un grossier Poticien (1), puisqu'à votre âge vous ignorez les noms des dieux.
Lyd. Cet habillement ne me plaît point.
Pist. Vous n'en avez donc jamais porté de pareil? je l'ai commandé, parce qu'il est de mon goût.
Lyd. Pourquoi vous permettre ces plaisanteries avec moi? Eussiez-vous dix langues, vous devriez rester muet.
Pist. Lydus, il est un âge où l'on ne va plus à l'école. Moi, je ne songe plus qu'à une chose, c'est au bon dîner que le cuisinier nous prépare.
Lyd. Vous nous perdez l'un et l'autre. A quoi bon avoir pris tant de peine pour vous former au bien?
Pist. J'ai perdu mon temps comme vous. Vos leçons ne vous servent pas plus qu'à moi.
Lyd. Tu es donc ensorcelé?
Pist. Tu m'importunes; tais-toi, Lydus, et suis-moi.
Lyd. Voyez! il ne m'appelle plus son maître, mais simplement Lydus.
Pist. Il n'est ni convenable ni décent que, lorsque le maître est à table, auprès de son amante qu'il embrasse, entouré de joyeux convives, son gouverneur soit de la compagnie.
Lyd. Est-ce pour cela, je vous prie, qu'on prépare le souper?
Pist. Je l'espère bien... Mais il n'en sera que ce que les dieux voudront.
Lyd. Vous aurez donc une maîtresse?
Pist. Quand tu la verras, tu le sauras.
Lyd. Non, vous n'en aurez point; je ne le souffrirai pas. Je retourne à la maison.
Pist. Lydus, arrête : prends garde à toi.

(1) Peuple de l'Italie, dont la sottise était passée en proverbe.

Lyd. Comment! *Prends garde à toi!*
Pist. Mon âge m'affranchit de ta férule.
Lyd. Enfer, entr'ouvre-toi! Que ne suis-je englouti dans ton sein! Je vois ce que je n'aurais jamais voulu voir. J'ai trop vécu. Un élève menacer son maître! Je ne veux plus de disciple d'un sang si impétueux : tant de vivacité excède mes forces.
Pist. A ce compte, je suis un Hercule, et toi un Linus (1).
Lyd. Je crains bien plutôt, grâce à votre emploi, de devenir un autre Phénix (2), chargé d'annoncer votre mort à votre père.
Pist. Trêve d'érudition.
Lyd. Il a perdu toute pudeur. Tant d'effronterie à votre âge témoigne assez mal de vos progrès. C'est un homme perdu. Songez-vous que vous avez un père?
Pist. Es-tu mon esclave, ou suis-je le tien?
Lyd. Ce n'est pas moi qui vous ai donné de pareilles leçons; vous les suivez mieux que les miennes.
Pist. Jusqu'ici, Lydus, je t'ai laissé toute liberté : assez de discours maintenant : laisse-moi, et tais-toi.
Lyd. Vraiment vous avez fait un chef-d'œuvre de malice pour votre âge, de cacher ainsi vos dérèglements à moi et à votre père.

ACTE SECOND.

SCÈNE I.

CHRYSALE.

Salut, patrie de mon maître, que je revois avec tant de bonheur après ces deux ans de séjour à

(1) Linus fut tué d'un coup de lyre par Hercule, son élève, qu'il gourmandait.
(2) Précepteur d'Achille, qui annonça à Pélée la mort de ce héros.

Pist. Mali sunt homines, qui bonis dicunt male.
Tu dis nec recte dicis : non æquom facis.
Lyd. An deus est ullus Suavis-suaviatio? 175
Pist. An non putasti esse? nimium quam, o Lyde, es barbarus,
Quem ego sapere nimio censui plus, quam Thalem;
I, stultior es barbaro Potitio,
Qui tantus natu deorum nescis nomina.
Lyd. Non hic placet mi ornatus. *Pist.* Nemo ergo tibi 180
Hoc adparavit : mihi paratum 'st, quoi placet.
Lyd. Etiam me adversus exordire argutias?
Qui si decem habeas linguas, mutum esse addecet.
Pist. Non omnis ætas, Lyde, ludo convenit.
Magis unum in mente 'st mihi nunc, satis ut conmode 185
Pro dignitate opsoni hæc concuret cocus.
Lyd. Jam perdidisti te, atque me, atque operam meam,
Qui tibi nequidquam sæpe monstravi bene.
Pist. Ibidem ego meam operam perdidi, ubi tu tuam :
Tua disciplina nec mihi prodest, nec tibi. 190
Lyd. O præligatum pectus! *Pist.* Odiosus mihi es.
Tace, atque sequere, Lyde, me. *Lyd.* Illuc, sis, vide;
Non pædagogum jam me, sed Lydum vocat.
Pist. Non par videtur, neque sit consentaneum,
Quom herus hetc intus sit, et cum amica adcubet, 195
Quomque osculetur, et convivæ alii adcubent,
Præsentibus illis pædagogus una ut siet.
Lyd. An hoc ad eas res opsonatum 'st, obsecro?
Pist. Sperat quidem animus : quo eveniat, dis in manu 'st.
Lyd. Tu amicam habebis? *Pist.* Quom videbis, tum scies. 200
Lyd. Imo neque habebis, nec sinam : iturus sum domum.

Pist. Omitte, Lyde, ac cave malo. *Lyd.* Quid? cave malo?
Pist. Jam excessit mihi ætas ex magisterio tuo.
Lyd. O barathrum, ubi nunc es? ut ego te usurpem lubens!
Video nimio jam multo plus quam volueram. 205
Vixisse nimio satiu 'st jam, quam vivere.
Magistron' quemquam discipulum minitarier?
Nil moror discipulos mihi esse jam plenos sanguinis :
Valens adflictet me vacivom virium.
Pist. Fiam, ut ego opinor, Hercules, tu autem Linus. 210
Lyd. Pol, metuo magis, ne Phœnix tuis factis fuam,
Teque ad patrem esse mortuum renuntiem.
Pist. Satis historiarum 'st. *Lyd.* Hic vereri perdidit.
Conpendium, edepol, haud ætati optabile
Fecisti, quom istanc nactus inpudentiam. 215
Obeisus hic homo 'st : ecquid in mentem 'st tibi,
Patrem tibi esse? *Pist.* Tibi ego, an tu mihi servos es?
Lyd. Pejor magister te istæc docuit, non ego.
Nimio es tu ad istas res discipulus docilior,
Quam ad illa, quæ te docui, ubi operam perdidi. 220
Pist. Istactenus tibi, Lyde, libertas data 'st.
Orationis satis est : sequere me, ac tace.
Lyd. Edepol, fecisti furtum in ætatem malum,
Quom istæc flagitia me celavisti, et patrem.

ACTUS SECUNDUS.

SCENA PRIMA

CHRYSALUS.

Herilis patria, salve; quam ego biennio, 225

LES BACCHIS, ACTE II, SCENE II.

Ephèse! Salut, Apollon, qui protége cette maison comme un puissant voisin! Reçois mon hommage; mais ne permets pas que je rencontre le vieux Nicobule avant d'avoir vu Pistoclère, à qui Mnésiloque, son ami, adresse cette lettre relative à sa maîtresse.

SCÈNE II.
PISTOCLÈRE, CHRYSALE.

Pist. (à sa maîtresse qui est dans l'intérieur.) Il est surprenant que vous me pressiez si fort de revenir, moi qui ne pourrais m'arracher de ces lieux quand je le voudrais. Ne me tenez-vous pas enchaîné par votre amour?

Chrys. Dieux immortels, j'aperçois Pistoclère! Bonjour, Pistoclère.

Pist. Bonjour, Chrysale.

Chrys. Je vais abréger ce que j'ai à vous dire. Vous êtes content de mon arrivée? Je le crois : vous m'offrez l'hospitalité et un bon dîner, comme à un voyageur qui vient de loin. Eh bien! j'accepte... Je vous présente les salutations de Mnésiloque, votre ami. Vous me demanderez où il est, sans doute? Il n'est pas mort.

Pist. Mais se porte-t-il bien?

Chrys. C'est ce que je voulais vous demander.

Pist. Comment puis-je le savoir?

Chrys. Mieux que personne.

Pist. De quelle manière?

Chrys. Parce que si celle qu'il aime est retrouvée, il est bien portant et dispos; si elle ne l'est pas, il va mal et dépérit : une maîtresse, c'est l'âme de son amant : s'il la perd, c'est fait de lui; s'il la retrouve, c'est fait de sa bourse. Mon maître est bien malheureux, bien à plaindre. Mais avez-vous fait ce qu'il vous a recommandé?

Pist. Crois-tu donc que j'aye oublié les paroles de son message? J'aimerais mieux aller habiter les bords de l'Achéron.

Chrys. Avez-vous trouvé Bacchis?

Pist. Oui, celle de Samos.

Chrys. Ayez soin, je vous prie, qu'on n'y touche qu'avec discrétion; vous savez combien les vases de Samos sont fragiles.

Pist. Toujours plaisant!

Chrys. Où est-elle maintenant, s'il vous plaît?

Pist. Dans la maison d'où tu m'as vu sortir tout à l'heure.

Chrys. Que! bonheur! Elle demeure tout près d'ici. Pense-t-elle à Mnésiloque?

Pist. Quelle demande! Elle ne songe qu'à lui.

Chrys. Vraiment!

Pist. Tu ne pourrais te faire une idée de son état: la malheureuse ne cesse de soupirer après lui.

Chrys. Tu en es sûr?

Pist. Bien plus, il ne se passe pas un seul instant qu'elle ne parle de Mnésiloque...

Chrys. Voilà qui double les charmes de Bacchis.

Pist. Bien plus...

Chrys. Bien plus... bien plus... Ah! je vais quitter la place.

Pist. Tu n'es pas content d'apprendre le bonheur de ton maître?

Chrys. Ceci n'est pas contre mon maître, c'est contre l'acteur qui le représente que mon humeur éclate. Épidicus est une pièce que j'aime autant que moi-même : et il n'y en a pas qui m'ennuie davantage quand c'est Pellion (1) qui la joue. Mais revenons : Bacchis vous semble-t-elle jolie?

Pist. Peux-tu le demander? Si je ne la regardais comme une Vénus, je dirais que c'est une Junon.

Chrys. Mon cher Mnésiloque, au train dont vont les choses, vous aurez celle que vous aimez... Mais quelques présents sont nécessaires, et il faudra de l'or.

(1) Mauvais acteur du temps.

Postquam hinc in Ephesum abii, conspicio lubens.
Saluto te, vicine Apollo, qui ædibus
Propinquos nostris adcolis, veneroque te,
Ne Nicobulum me sinas, nostrum senem
Prius convenire, quam sodalem viderim   230
Mnesilochi Pistoclerum, quem ad epistolam
Mnesilochus misit super amica Bacchide.

SCENA SECUNDA.
PISTOCLERUS, CHRYSALUS.

Pist. Mirum 'st, me, ut redeam, te opere tanto quæsere,
Qui abire hinc nullo pacto possim, si velim :
Ita me vadatum amore vinctumque adtines.   235
Chrys. Proh di inmortales, Pistoclerum conspicor.
O Pistoclere, salve. *Pist.* Salve, Chrysale.
Chrys. Conpendi verba multa jam faciam tibi.
Venire tu me gaudes, ego credo tibi.
Hospitium et cœnam pollicere, ut convenit,   240
Peregre advenienti : ego autem venturum adnuo.
Salutem tibi ab sodali solidam nuntio.
Rogabis me, ubi sit. *Pist.* Vivitne, et recte valet?
Chrys. Istuc volebam ego ex te percontarier.
Pist. Qui scire possum? *Chrys.* Nullus plus. *Pist.* Quemnam ad modum?   245
Chrys. Quia si illa inventa 'st, quam ille amat, vivit, recte et valet :
Si non inventa 'st, minus valet, moribundus est.
Anima 'st amica amanti : si abest, nullus est;
Si adest, res nulla 'st, ipsus est nequam et miser.
Sed tu quid factitasti mandatis super?   250
Pist. Egon' ut, quod ab illo adtigisset nuntius,
Non inpetratum id advenienti [ei] redderem?
Regiones colere mavellem Acherunticas.
Chrys. Eho, an invenisti Bacchidem? *Pist.* Samiam quidem.
Chrys. Vide, quæso, ne quis tractet illam indiligens.   255
Scis tu, ut confringi vas cito Samium solet.
Pist. Jamne, ut soles? *Chrys.* Dic ubi ea nunc est, obsecro.
Pist. Heic, exeuntem ubi me adspexisti modo.
Chrys. Ut istuc est lepidum! proxumæ viciniæ
Habitat : ecquidnam meminit Mnesilochi? *Pist.* Rogas?   260
Imo unice unum plurimi pendit. *Chrys.* Papæ!
Pist. Imo ut eam credis! misera amans desiderat.
Chrys. Scitum ictuc. *Pist.* Imo, Chrysale, hem non tantulum,
Unquam intermittit tempus, quin eum nominet.
Chrys. Tanto, hercle, melior Bacchis. *Pist.* Imo... *Chrys.* Imo, hercle, abiero   265
Potius. *Pist.* Num invitus rem bene gestam audis heri?
Chrys. Non herus, sed actor mihi cor odio sauciat.
Etiam Epidicum, quam ego fabulam æque, ac me ipsum, amo,
Nullam æque invitus specto, si agit Pellio.
Sed Bacchis etiam fortis tibi visa 'st? *Pist.* Rogas?   270
Ni nactus Venerem essem, hanc Junonem dicerem.
Chrys. Edepol, Mnesiloche, ut rem hanc natam esse intelligo,
Quod ames, paratum 'st : quod des, invento 'st opus.

v.

Pist. Assurément, et de l'or de Philippe (1).
Chrys. Et tout de suite encore.
Pist. C'est la première chose à trouver ; car il va nous venir un certain militaire.
Chrys. Un vrai militaire?
Pist. Qui ne cèdera pas Bacchis pour rien.
Chrys. Qu'il vienne quand il voudra ; qu'il ne se fasse point attendre ; l'or est chez nous. Je suis sans inquiétude, et je n'ai besoin de personne tant que mon esprit me fournira quelque bonne ruse. Vous, rentrez ; je me charge de tout. Annoncez à Bacchis que Mnésiloque va se rendre auprès d'elle.
Pist. Il suffit.
Chrys. (*seul.*) Quant à l'argent, cela me regarde. Nous avons apporté d'Éphèse douze cents philippes qu'un étranger devait à mon vieux maître. Je veux par quelque tour de ma façon procurer cet or à notre jeune amoureux. Mais j'entends du bruit à notre porte. Qui est-ce qui sort de chez nous ?

SCÈNE III.

NICOBULE, CHRYSALE.

Nicob. (*sans voir Chrysale.*) Allons au Pirée voir s'il n'est pas entré dans le port quelque navire marchand, venant d'Éphèse. Je suis fâché que mon fils y fasse un si long séjour, et ne revienne pas.
Chrys. (*à part.*) Je vais le travailler de la belle manière, si le ciel m'est en aide. Il ne faut pas s'endormir : quand on se nomme Chrysale (2), on a besoin d'or. Abordons-le, je vais le traiter comme le bélier de Phryxus, je lui arracherai sa toison d'or jusqu'à l'épiderme. (*haut.*) L'esclave Chrysale salue Nicobule.
Nicob. Dieux immortels ! Chrysale, où est mon fils ?

(1) La monnaie du roi de Macédoine était très-estimée des Grecs
(2) En grec, *Doré.*

Chrys. Rendez-moi d'abord le salut que je vous ai donné.
Nicob. Bonjour. Mais où est donc Mnésiloque ?
Chrys. Il vit, et se porte bien.
Nic. Est-il arrivé ?
Chrys. Oui.
Nic. Ce mot est un baume qui me rend la vie. S'est-il toujours bien porté ?
Chrys. Comme le plus vigoureux des athlètes.
Nic. Quelle nouvelle de son voyage d'Éphèse, où je l'avais envoyé ? A-t-il reçu l'argent d'Archidémide, mon hôte ?
Chrys. Nicobule, mon cœur et ma cervelle se fendent, au seul nom de cet homme. Appelez-vous votre hôte un de vos plus mortels ennemis ?
Nic. Et pourquoi, je te prie ?
Chrys. Parce que, sur ma parole, Vulcain, le Soleil, la Lune et le Jour, quatre grandes divinités assurément, n'ont jamais éclairé un plus méchant homme.
Nic. Comment, Archidémide ?
Chrys. Lui-même.
Nic. Qu'a-t-il fait ?
Chrys. Que n'a-t-il pas fait ? voilà ce qu'il faut me demander. Il a d'abord essayé de tromper votre fils, puis a nié vous devoir une obole. Mnésiloque a sur-le-champ appelé notre ancien hôte, le respectable Pélagone, et en sa présence il a montré le cachet du fripon, que vous aviez remis à votre fils comme preuve de la dette.
Nic. Qu'a-t-il dit en voyant sa signature ?
Chrys. Il a dit qu'elle était fausse, et que ce n'était pas la sienne. Puis il s'est répandu en injures contre votre fils, l'accusant de faire le métier de faussaire.
Nic. Mon fils a-t-il touché l'argent ? C'est ce que je veux savoir d'abord.
Chrys. Le préteur envoya ses délégués, qui con-

Nam istoc fortasse auro 'st opus. *Pist.* Philippeo quidem.
Chrys. Atque eo fortasse jam opu 'st. *Pist.* Imo etiam prius.
Nam jam huc advenict Miles. *Chrys.* Et miles quidem ! 275
Pist. Qui de amittunda Bacchide aurum heic exigit.
Chrys. Veniat, quando volt, atque ita ; ne mihi sit moræ.
Domi 'st : non metuo, nec quoiquam subplico,
Dum quidem hoc valebit pectus perfidia meum. 280
Abi intro, ego heic curabo : tu intus dicito
Mnesilochum adesse Bacchidi. *Pist.* Faciam, ut jubes.
Chrys. Negotium hoc ad me adtinet aurarium.
Mille et ducentos philippos adtulimus aureos
Epheso, quos hospes debuit nostro seni. 285
Inde ego hodie aliquam machinabor machinam,
Unde aurum ecficiam amanti herili filio.
Sed foris concrepuit nostra : quinam exit foras ?

SCENA TERTIA.
NICOBULUS, CHRYSALUS.

Nic. Ibo in Piræum : visam, ecquæ advenerit
In portum ex Epheso navis mercatoria. 290
Nam meus formidat animus, nostrum tam diu
Ibi desidere, neque redire filium.
Chrys. Extexam ego illum pulchre jam, si di volunt.
Haud dormitandum 'st : est opus chryso Chrysalo.
Adibo hunc, quem quidem ego hodie faciam heic arietem
Phryxi, itaque tondebo auro usque ad vivam cutem. 295
Servos salutat Nicobulum Chrysalus.
Nic. Proh di inmortales ! Chrysale, ubi mi 'st filius ?

Chrys. Quin tu primum salutem reddis, quam dedi ? 299
Nic. Salve : sed ubinam 'st Mnesilochus ? *Chrys.* Vivit, valet
Nic. Venitne ? *Chrys.* Venit. *Nic.* Evax ! adspersisti aquam.
Benene usque valuit ? *Chrys.* Pancratice atque athletice.
Nic. Quid ? hoc, qua causa eum hinc in Ephesum miseram,
Accepitne aurum ab hospite Archidemide ?
Chrys. Heu cor meum et cerebrum, Nicobule, finditur, 305
Istius hominis ubi fit quaque mentio.
Tun' hospitem illum nominas hostem tuum ?
Nic. Quid ita, obsecro, hercle ? *Chrys.* Quia, edepol, certe scio,
Vulcanus, Sol, Luna, Dies, dei quatuor,
Scelestiorem nullum inluxere alterum. 310
Nic. Quamne Archidemidem ? *Chrys.* Quam, inquam, Archidemidem.
Nic. Quid fecit ? *Chrys.* Quid non fecit ? quin tu id me rogas ?
Primumdum infitias ire cœpit filio :
Negare se debere tibi triobulum.
Continuo antiquum hospitem nostrum sibi 315
Mnesilochus advocavit, Pelagonem senem :
Eo præsente, homini exemplo ostendit symbolum,
Quem tute dederas ad eum, ut ferret, filio.
Nic. Quid, ubi ei ostendit symbolum ? *Chrys.* Infit dicere :
Adulterinum, et non eum esse symbolum : 320
Quotquot innocenti ei dixit contumelias !
Adulterare eum aibat rebus ceteris.
Nic. Habetin' aurum ? Id mihi primum dici volo.
Chrys. Postquam quidem Prætor recuperatores dedit,

LES BACCHIS, ACTE II, SCENE III.

damnèrent Archidémide : et il fut contraint de payer douze cents philippes.
Nic. C'est ce qu'il me devait.
Chrys. Mais écoutez le contre-temps qu'il voulut faire naître.
Nic. Encore une difficulté!
Chrys. Ce sera la troisième... Permettez-moi...
Nic. Je suis dupe. J'ai confié mon argent à un nouvel Autolycus (1).
Chrys. Écoutez-moi donc.
Nic. Je ne soupçonnais pas tant de ruse et d'avidité de sa part.
Chrys. Après avoir pris notre argent, nous nous embarquons, empressés de revoir nos foyers. Comme j'étais assis sur le tillac, regardant les murs de loin, j'aperçois un corsaire. Vous peindrai-je cet affreux corsaire?
Nic. Je suis mort... ce corsaire me perce le cœur.
Chrys. Il portait votre hôte et des pirates.
Nic. Et j'ai été assez sot pour me fier à lui! Son nom seul d'Archidémide, d'Archidémon, devait m'avertir que je perdrais tout.
Chrys. Ce corsaire nous tendait un piége. Je me mis à observer leurs manœuvres. Cependant notre vaisseau quitte le port. A peine en sommes-nous sortis, qu'ils nous poursuivent à force de rames, avec la rapidité de l'oiseau ou du vent. Je vois leur dessein, et nous jetons l'ancre aussitôt. Nous voyant arrêtés, ils s'avancent pour inquiéter notre vaisseau jusque dans le port.
Nic. Ah! le scélérat!.. Eh bien! que fîtes-vous?
Chrys. Nous nous réfugiâmes dans le port.
Nic. C'était prudent de votre part. Et eux, que firent-ils?
Chrys. Ils gagnèrent la terre vers le soir.
Nic. Ils voulaient enlever votre or, voilà le but de leurs manœuvres.

(1) Fils de Mercure, dieu des voleurs.

Chrys. Je n'étais pas leur dupe, je le voyais bien; j'étais désespéré. Voyant qu'on en voulait à notre argent, nous nous décidons tout de suite, et dès le lendemain nous enlevons tout l'or à leurs yeux, ouvertement et sans détours, afin qu'ils le sachent bien.
Nic. A merveille! Et les pirates?
Chrys. Ils furent fort abattus de nous voir éloigner du port avec notre argent. Ils ramenèrent leur barque la tête bien basse. Nous, nous déposons toute la somme chez Théotime, prêtre de Diane, à Éphèse.
Nic. Qui est ce Théotime?
Chrys. C'est le fils de Mégalobule, qui est maintenant à Éphèse, et très-cher à tous les habitants.
Nic. Il me sera encore plus cher à moi, s'il me vole mon or.
Chrys. Il est déposé dans le temple de Diane, sous la garde de l'autorité publique.
Nic. Vous m'avez porté un coup mortel. Il serait bien plus en sûreté chez moi, sous ma garde particulière. Vous n'avez donc rien rapporté à la maison?
Chrys. Pardon; mais j'ignore la somme.
Nic. Comment ignores-tu cela?
Chrys. Parce que Mnésiloque est allé chez Théotime secrètement pendant la nuit; qu'il n'a rien voulu confier ni à moi ni à personne du vaisseau. Je ne sais pas au juste ce qu'il a rapporté, mais ce doit être peu de chose.
Nic. Penses-tu qu'il en ait la moitié?
Chrys. Je l'ignore, mais je ne le crois pas.
Nic. Au moins le tiers?
Chrys. Je ne le suppose pas, mais je l'ignore. Ce que je sais de votre or, c'est que je ne sais rien. Maintenant il faut vous embarquer pour aller retirer votre argent des mains de Théotime; et je vous conseille...
Nic. Que veux-tu dire?
Chrys. N'oubliez pas d'apporter l'anneau de votre fils!

Damnatus, demum vi coactus reddidit 325
Ducentos et mille philippum. *Nic.* Tantum debuit.
Chrys. Porro etiam ausculta pugnam, quam voluit dare.
Nic. Etiamne est quid porro? *Chrys.* Hem adcipe : trina hæc nunc erit.
Nic. Deceptus sum, Autolyco hospiti aurum credidi.
Chrys. Quin tu audi. *Nic.* Imo ingenium avidi haud pergnoram hospitis. 330
Chrys. Postquam aurum abstulimus, in navem conscendimus,
Domum cupienteis : forte ut adsedi in stega,
Dum circumspecto, atque ego lembum conspicor
Longum, strigorem, maleficum exornarier.
Nic. Perii, hercle : lembus ille mihi lædit latus. 335
Chrys. Is erat communis cum hospite et prædonibus.
Nic. Adeon' me fuisse fungum, ut qui illi crederem!
Quom mihi ipsum nomen ejus Archidemidis
Clamaret, dempturum esse, si quid crederem.
Chrys. Is lembus nostræ navi insidias dabat. 340
Obcœpi ego observare eos, quam rem gerant,
Interea e portu nostra navis solvitur.
Ubi portu eximus, homines remigio sequi;
Neque aveis, neque venti citius : quoniam sentic
Quæ res gereretur, navem extemplo statuimus. 345
Quoniam vident nos stare, obcœperunt ratem
Turbare in portu. *Nic.* Edepol, mortaleis malos!
Quid denique agitis? *Chrys.* Rursum in portum recipimus.
Nic. Sapienter factum a vobis : quid;illi postea?
Chrys. Revorsionem ad terram faciunt vesperi. 350
Nic. Aurum, hercle, abferre voluere; ei rei operam dabant.

Chrys. Non me fefellit, sensi : eo exanimatus fui.
Quoniam videmus auro insidias fieri,
Capimus consilium continuo; postridie
Abferimus inde aurum omne, illis præsentibus, 355
Palam atque aperte, ut illi id factum sciscerent.
Nic. Scite, hercle : cedo, quid illi? *Chrys.* Tristeis illico,
Quom extemplo a portu ire nos cum auro vident,
Subducunt lembum capitibus quassantibus.
Nos apud Theotimum omne aurum deposuimus, 360
Qui illeic sacerdos est Dianæ Ephesiæ.
Nic. Quis istic Theotimu 'st? *Chrys.* Megalobuli filius,
Qui nunc in Epheso est Ephesiis carissumus.
Nic. Næ ille, hercle, mihi multo tanto carior,
Si me illoc auro tanto circumduxerit.
Chrys. Quin ipsa Dianæ in æde conditum 'st.
Ibidem publicitus servant. *Nic.* Obcidistis me.
Nimio heic privatim servaretur rectius.
Sed vos nilne adtulistis inde auri domum?
Chrys. Imo etiam : verum, quantum adtulerit, nescio. 370
Nic. Quid, nescis? *Chrys.* Quia Mnesilochus noctu clauculum
Devenit ad Theotimum : nec mihi credere,
Nec quoiquam in navi voluit : eo ego nescio
Quantulum adtulerit; verum haud permultum adtulit.
Nic. Etiam dimidium censes? *Chrys.* Non, edepol, scio. 375
Verum haud opinor. *Nic.* Ferine partem tertiam?
Chrys. Non, hercle, opinor : verum... verum nescio.
Profecto de auro nil scio, nisi nescio.
Nunc tibimet illuc navi capiundum 'st iter,
Ut illud reportes aurum ab Theotimo domum. 380
Atque heus tu. *Nic.* Quid vis? *Chrys.* Anulum gnati tui

Nic. A quoi bon cet anneau?

Chrys. C'est un signe convenu avec Théotime, qui ne doit rendre la somme qu'à celui qui le lui présentera.

Nic. Je ne l'oublierai pas, et tu fais bien de m'avertir. Mais ce Théotime est-il riche?

Chrys. Pouvez-vous le demander, lui qui porte des semelles d'or à ses souliers!

Nic. Quel mépris de l'or!

Chrys. C'est qu'il en a tant qu'il ne sait qu'en faire.

Nic. Il n'a qu'à m'en donner. Mais devant quel témoin Théotime a-t-il reçu ce dépôt?

Chrys. Devant tout le monde; il n'est personne à Éphèse qui ne le sache.

Nic. Après tout, mon fils a sagement fait de remettre cet or entre les mains d'un homme riche : on pourra le retirer dès qu'on le voudra.

Chrys. Il ne vous fera pas attendre, et vous aurez la somme le jour même de votre arrivée.

Nic. Je comptais bien, à mon âge, être sorti pour toujours de la carrière maritime ; mais je vois qu'il y a nécessité. C'est mon cher hôte Archidémide qui me vaut cela. Mais où est maintenant mon fils Mnésiloque?

Chrys. Il est allé vers la place publique saluer les dieux et ses amis.

Nic. Je vais le trouver pour m'entendre avec lui.

Chrys. (seul.) Il en a sur le dos, le bonhomme, et plus qu'il n'en peut porter. La trame n'est pas mal tissue, pour favoriser les amours de mon jeune maître. J'ai tourné la chose de façon qu'il peut garder autant d'argent qu'il voudra ; il rendra à son père ce qu'il lui plaira. Tandis que le bonhomme ira chercher l'argent à Éphèse, nous emploierons ici notre jeunesse de la bonne manière, pourvu qu'il n'emmène ni son fils ni moi. Comme nous allons nous en donner! Mais qu'arrivera-t-il, quand le vieillard découvrira tout? quand il verra qu'il a voyagé pour rien, et que nous avons usé de ses fonds? Quel sort m'est réservé à son retour? Il ne manquera pas de changer mon nom de Chrysale en celui de Croisale(1). Je m'enfuirai, s'il le faut : si l'on me rattrape, je ferai tête à l'orage. S'il a des verges, j'ai bon dos. Allons trouver son fils, pour lui dire le tour que j'ai imaginé, et lui apprendre que nous avons de l'argent et que Bacchis est retrouvée.

ACTE TROISIÈME.

SCÈNE I.

LYDUS.

Ouvrez, ouvrez vite, je vous prie, cette porte d'enfer; car je ne puis lui donner un autre nom, puisqu'on n'y entre qu'après avoir perdu tout espoir de devenir homme de bien. Les Bacchis ne sont pas de petites Bacchis, ce sont bien de grandes bacchantes en furie. Délivrez-moi de ces deux sœurs, qui sucent les hommes jusqu'au sang. Cette maison est richement pourvue de tout ce qu'il faut pour perdre la jeunesse. La vue seule m'a fait fuir à toutes jambes. Pistoclère, puis-je tenir tout cela secret, et cacher à votre père vos déréglements, votre ruine, vos folies? Vous déshonorer, vous perdre ainsi, sans songer à votre père, à moi, à vos amis! Ces infames ne vous font donc rougir intérieurement ni pour moi ni pour vous-même? vous voulez donc couvrir de honte votre père, moi, vos amis, et toute votre famille? Avant que vous mettiez le comble à ces

(1) Qui saute sur la croix.

Facito ut memineris ferre. *Nic.* Quid opu'st anulo?
Chrys. Quia id signum 'st cum Theotimo, qui eum ille adferet,
Ei aurum ut reddat. *Nic.* Meminero, et recte mones.
Sed divesne est istic Theotimus? *Chrys.* Etiam rogas, 385
Qui auro habeat soccis suppactum solum?
Nic. Cur ita fastidit? *Chrys.* Tantas divitias habet :
Nescit quid faciat auro. *Nic.* Mihi dederit velim.
Sed, qui præsente, id aurum Theotimo datum 'st?
Chrys. Populo præsente : nullu'st Ephesi, quin sciat. 390
Nic. Istuc sapienter saltem fecit filius,
Quom diviti homini id aurum servandum dedit :
Ab eo licebit quamvis subito sumere.
Chrys. Imo hem tantisper nunquam te morabitur,
Quin habeas illud quo die illuc veneris. 395
Nic. Censebam me ecfugisse a vita marituma,
Ne navigarem tandem hoc ætatis senex,
Id mi haud, utrum velim, licere intellego ;
Ita bellus hospes fecit Archidemides.
Ubi nunc est ergo meus Mnesilochus filius? 400
Chrys. Deos atque amicos iit salutatum ad forum.
Nic. At ego hinc ad illum, ut conveniam, quantum pote'st.
(egreditur.)
Chrys. Ille est oneratus recte, et plus justo vehit.
Exorsa hæc tela non male omnino mihi 'st,
Ut amantem herilem copem facerem filium : 405
Ita feci, ut, auri quantum vellet, sumeret ;
Quantum autem libeat reddere, ut reddat patri.
Senex in Ephesum ibit aurum arcessere :
Heic nostra agetur ætas in malacum modum ;
Siquidem heic relinquet, nec secum abducet senex 410
Me et Mnesilochum : quas ego heic turbas dabo!
Sed quid futurum 'st, quom hoc senex rescriverit?

Quom se excucurrisse illuc frustra sciverit,
Nosque aurum abusos? quid mihi fiet postea?
Credo, hercle, adveniens nomen mutabit mihi, 415
Facietque extemplo Crucisalum me ex Chrysalo.
Abfugero, hercle, si magis usus venerit.
Si ero reprehensus, macto ego illum infortunio :
Si illi sunt virgæ ruri, at mihi tergum domi 'st.
Nunc ibo, herili filio hanc fabricam dabo 420
Super auro, amicaque ejus inventa Bacchide.

ACTUS TERTIUS.

SCENA PRIMA.

LYDUS.

Pandite atque aperite propere januam hanc Orci, obsecro;
Nan equidem haud aliter esse duco : quippe quo nemo advenit,
Nisi quem spes reliquere omneis, esse ut frugi possiet.
Bacchides, non Bacchides, sed Bacchæ sunt acerrumæ. 425
Apage istas a me sorores, quæ hominum sorbent sanguinem.
Omnis ad perniciem instructa domus opime atque opipare.
Quæ ut adspexi, me continuo contuli protinam in pedes.
Egon 'ut hæc conclusa gestem clanculum? ut celem patrem,
Pistoclere, tua flagitia, aut damna, aut desidiabula? 430
Quibus patrem, et me, teque, amicosque omneis adfectas tuos
Ad probrum, damnum, flagitium appellere una et perdere.
Neque mei, neque tui intus puditum 'st factis, quæ facis :
Quibus tuum patrem, meque una, amicos, adfineis tuos,
Tua infamia fecisti gerulifigulos flagiti! 435

désordres, je veux avertir votre père. Je n'entends pas répondre de vos sottises. Je lui dirai tout, afin qu'il se hâte de vous tirer de cet affreux bourbier.

SCÈNE II.
MNÉSILOQUE.

Oui, j'y ai souvent réfléchi, et c'est une vérité : rien, excepté les dieux, n'est préférable à un ami vraiment digne de ce nom; et l'expérience me l'a prouvé. Il y a près de deux ans que je partis pour Éphèse; de là j'écrivis à Pistoclère mon ami, pour le prier de chercher Bacchis ma maîtresse. J'apprends par Chrysale, mon esclave, qu'il l'a retrouvée. De quelle ruse ce fripon s'est avisé avec mon père, pour que l'argent ne manquât pas à mes amours! Il est juste de reconnaître ce service; suivant moi, rien n'est plus odieux que d'être ingrat. Il vaut mieux laisser un crime impuni que d'oublier un bienfait, et s'entendre taxer de prodigalité que d'ingratitude : le prodigue sera estimé même des gens de bien : l'ingrat est méprisé des méchants mêmes. Je dois donc faire attention à ma conduite. Mnésiloque, on te regarde, on veut savoir si tu es tel que tu dois être, bon ou méchant, juste ou injuste, avare ou libéral, complaisant ou fâcheux. Prends bien garde d'être surpassé en générosité par ton esclave. Quoi que tu fasses, je t'avertis que tout se saura. Mais je vois s'avancer ici le père et le précepteur de mon ami : écoutons d'ici leur entretien.

SCÈNE III.
LYDUS, PHILOXÈNE, MNÉSILOQUE.

Lyd. C'est maintenant que je vais éprouver la pénétration et la fermeté de votre esprit. Suivez moi.

Phil. Où vous suivre? Où me conduisez-vous?

Lyd. Chez celle qui a perdu, plongé dans l'abîme votre fils unique.

Phil. Doucement, Lydus! Le plus indulgent est le plus sage. Il serait encore plus étonnant qu'à cet âge il ne fît pas de folies; j'en ai fait aussi quand j'étais jeune.

Lyd. Eh mon dieu! c'est cette indulgence qui l'a perdu. Sans vous, je l'aurais dirigé vers le bien. Et si Pistoclère s'est perverti, votre confiance en est cause.

Mnésil. (à part.) Dieux! il a prononcé le nom de mon ami. Quel sujet de plainte Lydus a-t-il donc contre son jeune maître?

Phil. Un jeune homme, Lydus, aime à satisfaire ses goûts. Le moment viendra bientôt où il s'en repentira. Soyez indulgent, ayez soin seulement qu'il ne commette pas trop de sottises, et laissez-le faire.

Lyd. Non, non, tant que je vivrai, je ne souffrirai pas qu'il se corrompe. Mais vous, qui plaidez si bien la cause d'un fils libertin, suiviez-vous ces maximes quand vous étiez jeune? J'affirme que, pendant les vingt premières années de votre vie, vous ne vous êtes pas éloigné de votre précepteur seulement d'un pouce. Si vous n'eussiez été à l'école avant le soleil levé, vous auriez été sévèrement puni par le directeur; et il y aurait eu deux coupables : on aurait dit que le maître ne valait pas mieux que l'élève. Là, les jeunes gens s'exerçaient à la course, à la lutte, au javelot, au disque, au pugilat, à la balle, à tous les jeux d'adresse, et non à la volupté et à la débau-

Nunc priusquam malum istoc addis, certum 'st jam dicam patri.
De me hanc culpam demolibor jam, et seni faciam palam,
Ut eum ex lutulento cœno propere hinc eliciat foras.

SCENA SECUNDA.
MNESILOCHUS.

Multimodis meditatus egomet mecum sum, et ita esse arbitror :
Homini amico, qui est amicus ita, uti nomen possidet,
Nisi deos, ei nihil præstare : id opera expertus sum esse ita.
Nam ut in Ephesum hinc abii (hoc factum 'st ferme abhinc biennium),
Ex Epheso huc ad Pistoclerum meum sodalem literas
Misi, amicam ut mihi inveniret Bacchidem : illum intellego
Invenisse, ut servos meus mihi nuntiavit Chrysalus.   445
Condigne is quam technam de auro adversum meum fecit patrem,
Ut mihi amanti copia esset! sed æquom id ei reddere.
Nam, pol, quidem, meo animo, ingrato homine nihil inpensiu 'st;
Malefactorem amitti satius, quam relinqui beneficum.
Nimio præstat inpendiosum te, quam ingratum dicier. 450
Illum laudabunt boni; hunc etiam ipsi culpabunt mali.
Qua me causa magis cum cura esse ac obvigilato est opus.
Nunc, Mnesiloche, specimen specitur, nunc certamen cernitur :
Sisne, nec ne, ut esse oportet; malus, bonus? quojusmodi?
Justus, injustus? malignus, largus? conmodus, inconmodus?   455
Cave, sis, te superare servom siris faciundo bene.
Utut eris, moneo, haud celabis : sed eccos video incedere
Patrem sodalis et magistrum : hinc auscultabo, quam rem agant.

SCENA TERTIA.
LYDUS, PHILOXENUS, MNESILOCHUS.

Lyd. Nunc experiar, sitne acetum tibi cor acre in pectore.
Sequere. *Phil.* Quo sequar? quo ducis nunc me? *Lyd.* Ad illam, quæ tuum   460
Perdidit, pessumdedit tibi filium uni unicum.
Phil. Eia, Lyde : leniter qui sæviunt, sapiunt magis.
Minus mirandum 'st, illæc ætas si quid illorum facit,
Quam si non faciat : feci ego istæc itidem in adulescentia.
Lyd. Hei mihi, hei mihi! istæc illum perdidit adsentatio.
Nam absque te esset, ego illum haberem rectum ad ingenium bonum :   466
Nunc propter te tuamque pravos factus est fiducia
Pistoclerus. *Mnes.* Di inmortales, meum sodalem hic nominat.
Quid hoc negoti 'st, Pistoclerum Lydus quod herum tam ciet?
Phil. Paulisper, Lyde, est libido homini suo animo obsequi :
Jam aderit tempus, quom sese etiam ipse oderit : morem geras :   471
Dum caveatur, præter æquom ne quid delinquat : sine.
Lyd. Non sino, neque equidem illum me vivo corrumpi sinam.
Sed tu, qui tam pro corrupto dicis causam filio,
Eademne erat hæc disciplina tibi, quom tu adulescens eras?
Nego tibi hoc annis viginti fuisse primis copiæ.   476
Digitum longe a pædagogo pedem ut ecferres ædibus.
Ante solem exorientem nisi in palæstram veneras,
Gymnasi præfecto haud mediocreis pœnas penderes.
Id quoi obtigerat, hoc etiam ad malum arcessebatur malum :
Et discipulus et magister perhibebantur inprobi.   481
Ibi cursu, luctando, hasta, disco, pugillatu, pila,
Saliendo sese exercebant magis, quam scorto, aut saviis :

che; ils ne passaient pas leurs journées dans des lieux infâmes. Du manége et de l'Académie vous retourniez à la maison, et là, en costume de travail, assis sur une chaise, auprès de votre précepteur, vous lisiez; et s'il vous arrivait de manquer d'une syllabe, votre peau était aussitôt bigarrée comme le manteau de votre nourrice.

Mnés. (à part.) Entendre traiter ainsi mon camarade à cause de moi, quel supplice! On l'accuse, et il est innocent : et cela par ma faute.

Phil. Les mœurs sont changées, mon cher Lydus.

Lyd. Je ne le sais que trop. Autrefois on ne cessait d'obéir à son précepteur que lorsqu'on sollicitait le suffrage du peuple pour entrer aux affaires. Maintenant, à peine un enfant a-t-il sept ans, que si son précepteur le touche seulement du bout des doigts, il lui jette les tablettes à la tête. Allez-vous demander justice au père, voilà le discours qu'il tient à l'enfant : Je veux être ton appui, jusqu'à ce que tu puisses te défendre toi-même. On fait venir le précepteur : « Vieux pédant, lui dit-on, ne chagrinez pas cet enfant pour une bagatelle qui montre sa fermeté. » Et le maître s'en va, après avoir eu la tête bien lavée. Voilà le beau jugement rendu. Quel moyen le maître a-t-il de faire respecter son autorité, si c'est l'écolier qui le bat?

Mnés. (à part.) A entendre sa plainte, l'accusation est grave. Je serais bien surpris si Pistoclère n'a pas donné quelques coups de poing à Lydus.

Phil. Mais qui est-ce que je vois là debout devant ma porte ?

Lyd. Philoxène!...

Mnés. (à part.) J'aimerais mieux être vu des dieux propices que de ce vieillard.

Phil. Quel est cet homme ?

Lyd. Mnésiloque, le camarade de votre fils Pistoclère. Il ne lui ressemble pas, il ne va pas coucher dans des lieux de débauche. Heureux Nicobule, d'avoir un tel fils !

Phil. Salut, Mnésiloque; vous voilà revenu bien portant ; j'en suis enchanté.

Mnés. Philoxène, que les dieux vous conservent !

Lyd. Celui-ci est né pour le bonheur de son père. Il voyage sur mer, ménage son patrimoine, veille sur la maison. Il suit, il respecte les ordres, les moindres désirs de son père. Il est le camarade de Pistoclère dès la plus tendre enfance. Il n'y a pas trois jours de distance entre eux; mais il y a trente ans de différence pour la raison.

Phil. Épargnez Pistoclère, et trêve de médisance sur son compte.

Lyd. Taisez-vous : vous êtes fou de ne pas souffrir qu'on dise du mal de celui qui fait mal. J'aimerais mieux qu'il disposât des infortunes que le ciel me réserve, que de mon pécule.

Phil. Pourquoi cela?

Lyd. Parce que chaque jour diminuerait promptement la somme de mes malheurs.

Mnés. Pourquoi, Lydus, cette rigueur avec mon camarade, ton élève ?

Lyd. Votre camarade est perdu.

Mnés. Que les dieux l'en préservent !

Lyd. C'est comme je vous le dis : ce n'est pas un méchant propos que je répète, j'ai vu sa ruine de mes propres yeux.

Mnés. Comment cela est-il arrivé ?

Lyd. Par sa honteuse passion pour une courtisane.

Mnés. Vous tairez-vous?

Lyd. Une femme qui mange, qui dévore les hommes qu'elle attrape.

Mnés. Où demeure-t-elle ?

Lyd. Là.

Mnés. De quel pays est-elle ?

Lyd. De Samos.

Mnés. Elle se nomme?

Lyd. Bacchis.

Mnés. Vous vous trompez, Lydus,... je sais tout.

Ibi suam ætatem extendebant, non in latebrosis locis.
Inde de hippodromo et palæstra ubi revenisses domum,
Cincticulo præcinctus in sella apud magistrum adsideres : 486
Quom librum legeres, si unam peccavisses syllabam,
Fieret corium tam maculosum, quam est nutricis pallium.
Mnes. Propter me hæc nunc meo sodali dici discrucior miser.
Innocens subspicionem hanc substinet causa mea. 490
Phil. Alii, Lyde, nunc sunt mores. *Lyd.* Id equidem ego certo scio.
Nam olim populi prius honorem capiebat subfragio,
Quam magistro desineret esse dicto obediens.
At nunc, priusquam septuenni 'st, si adtigas eum manu;
Exemplo puer pædagogo tabula disrumpit caput. 495
Quom patrem adeas postulatum, puero sic dicit pater :
Noster esto, dum te poteris défensare injuria.
Provocatur pædagogus : eho senex minumi preti,
Ne adtigas puerum istac causa, quando fecit strenue.
It magister, quasi lucerna, uncto expletus linteo. 500
Itur illinc jure dicto : hoccine heic pacto potest
Inhibere imperium magister, si ipsus primus vapulet?
Mnes. Acris postulatio hæc est, quom hujus dicta intellego.
Mira sunt, ni Pistoclerus Lydum pugnis contudit.
Phil. Sed quis hic est, quem adstantem video ante ostium? 505
Lyd. O Philoxene.
Mnes. Deos propitios me videre, quam illum, mavellem mihi.
Phil. Quis illic est? *Lyd.* Mnesilochus, gnati tui sodalis Pistocleri,

Haud consimili ingenio, atque ille est, qui in lupanari adcubat.
Fortunatum Nicobulum, qui illum produxit sibi!
Phil. Salvos sis, Mnesiloche; salvom te advenire gaudeo. 510
Mnes. Di te ament, Philoxene. *Lyd.* Hic enim rite productu 'st patri;
In mare it, rem familiarem curat, custodit domum :
Obsequens obediensque est mori atque imperiis patris.
Hic sodalis Pistoclero jam puer puero fuit :
Triduum non interest ætatis, uter major siet : 515
Verum ingenium plus triginta annis majus est, quam alteri.
Phil. Cave malum, et conpesce in illum dicere injuste. *Lyd.* Tace.
Stultus es, qui illi male ægre patere dici, qui facit.
Nam illum meum malum promptare malim, quam peculium
Phil. Qui dum? *Lyd.* Quia, malum si promptet, in dies faciat minus. 520
Mnes. Quid sodalem meum castigas, Lyde, discipulum tuum?
Lyd. Periit tibi sodalis. *Mnes.* Ne di sirint. *Lyd.* Sic est, ut loquor.
Quin ego, quom peribat, vidi, non ex audito arguo.
Mnes. Quid factum 'st? *Lyd.* Meretricem indigne deperit.
Mnes. Non tu taces?
Lyd. At quæ acerrume atque æstuose absorbet, ubi quemque adtigit. 525
Mnes. Ubi ea mulier habitat? *Lyd.* Heic. *Mnes.* Unde eam esse aiunt? *Lyd.* Ex Samo.
Mnes. Quæ vocatur? *Lyd.* Bacchis. *Mnes.* Erras, Lyde ego omnem rem scio.

Vous accusez à tort Pistoclère; ce qu'il fait n'est que pour obliger son ami et tenir une promesse. Il n'aime point cette femme, soyez-en sûr.

Lyd. Ainsi, pour bien remplir la promesse qu'il a faite à son ami, il faut qu'il presse cette femme contre son cœur et en reçoive mille baisers? Ne pouvait-il pas s'acquitter de sa commission sans lui caresser le sein, sans attacher ses lèvres aux lèvres de la belle? Je rougis d'une autre liberté dont j'ai été le témoin; et je ne puis dire jusqu'où il a porté l'indécence et la passion. A quoi bon tant de paroles? Je n'ai plus d'élève, vous n'avez plus de camarade (*montrant Philoxène*), il n'a plus de fils. Je regarde comme mort un homme qui a perdu l'honneur. Que dirai-je de plus? Si j'avais assisté plus longtemps à cette scène, j'en aurais encore vu davantage, et beaucoup plus qu'il n'en faut pour moi et pour lui.

Mnés. (*à part.*) O mon ami, tu me désespères! est-ce que je ne tuerai pas cette femme? J'aimerais mieux périr moi-même de la mort la plus affreuse. On ne trouvera donc pas un ami fidèle à qui l'on puisse se confier?

Lyd. (*à Philoxène.*) Voyez-vous comme il déplore les désordres de votre fils, de son camarade! à quelle douleur il est en proie!

Phil. Je vous prie, Mnésiloque, soyez son guide, ramenez-le à la raison, conservez-vous un camarade, et à moi un fils.

Mnés. C'est tout mon désir.

Phil. C'est vous que je charge de ce soin : vous, Lydus, suivez-moi de ce côté.

Lyd. Je vous suis; mais il serait plus sage de me laisser avec lui.

Phil. C'est bien convenu, Mnésiloque. Veillez sur lui, et tancez vertement un malheureux qui nous déshonore tous, vous, moi et sa famille, par ses honteux excès.

SCÈNE IV.

MNÉSILOQUE.

Je ne sais vraiment qui, de Bacchis ou de mon ami, me font plus de mal. Bacchis le préfère-t-elle à moi? Qu'elle le garde : j'y consens. Mais il lui en coûtera aussi cher qu'à moi. Je veux être abandonné des dieux, si je ne lui ai pas donné mille preuves de mon amour. Je ferai en sorte qu'il ne se serve pas d'elle pour se moquer de moi. Je m'en vais chez nous, je déroberai quelque chose à mon père pour en faire cadeau à Bacchis. Je me vengerai d'elle de toutes les manières. Elle sera à moi, dussé-je réduire mon père à la mendicité. Mais suis-je bien dans mon bon sens? et est-ce bien là ce que je ferai? Oui, j'en suis bien sûr. Mais j'aimerais mieux devenir le dernier des mendiants, que de lui voir une raclure de plume acquise à mes dépens. Je ne serai pas sa dupe. Je veux rendre à mon père tout l'or que j'ai rapporté : alors elle viendra m'agacer quand je serai à sec et sans ressource, mais ce sera peine perdue; c'est comme si elle caressait un mort dans sa tombe. Je veux mourir de misère plutôt que de lui faire le moindre cadeau : c'est décidé; je rends l'argent à mon père. Je le supplierai de pardonner à Chrysale, qui n'est coupable qu'à cause de moi; de ne point le punir pour cet or qu'il ne lui a dérobé que dans mon intérêt. Mon devoir est de prendre la défense d'un ami qui n'a menti que pour me servir. (*A ses esclaves.*) Vous autres, suivez-moi. (*Il entre dans la maison.*)

Quemadmodum 'st : tu Pistoclerum falso atque insontem
arguis,
Nam ille amico et benevolenti suo sodali sedulo
Rem mandatam exsequitur : ipsus nec amat; nec tu creduas.
Lyd. Itane oportet rem mandatam gerere amici sedulo, 531
Ut ipsus in gremio osculantem mulierem teneat sedens?
Nullon' pacto res mandata potest agi, nisi identidem
Manus ad papillas, labra a labris nusquam abferat?
Nam alia memorare, quæ illum facere vidi, dispudet : 535
Quom manum sub vestimenta ad corpus tetulit Bacchidi,
Me præsente, neque pudere quidquam! Quid verbis opu 'st?
Mihi discipulus, tibi sodalis periit, huic filius.
Nam ego illum perlisse duco, quoi quidem periit pudor.
Quid opu 'st verbis? si obperiri vellem paulisper modo, 540
Ut opinor, illius inspectandi mihi esset major copia :
Plus vidissem, quam deceret, quam me atque ille æquom
foret.
Mnes. Perdidisti me, sodalis : egone illam mulierem
Capitis non perdam? perire me malis malim modis.
Satin' ut quem tu habeas fidelem tibi, aut quoi credas, ne-
scias? 545
Lyd. Viden', ut ægre patitur gnatum esse corruptum tuum,
Suum sodalem! ut ipsus sese cruciat ægritudine!
Phil. Mnesiloche, hoc tecum oro, ut illius animum atque
ingenium regas.
Serva tibi sodalem, et mihi filium. *Mnes.* Factum volo.
Phil. In te ergo hoc onus omne inpono. Lyde, sequere hac
me. *Lyd.* Sequor. 550
Melius esset, me quoque una si cum illo relinqueres.
Phil. Adfatim 'st. Mnesiloche, cura, et concastiga hominem
probe,
Qui dedecorat te, me, amicos atque alios flagitiis suis.

SCENA QUARTA.

MNESILOCHUS.

Inmitiorem nunc utrum credam magis
Sodaleme esse, an Bacchidem, incertum admodum 'st. 555
Illum exoptavit potius? habeat; optume 'st :
Næ illa illud, hercle, cum malo fecit... meo.
Nam mihi divini nunquam quisquam creduat,
Ni ego illam exemplis plurimis planeque... amo.
Ego faxo haud dicet nactam, quem derideat. 560
Nam jam domum ibo.... atque aliquid subripiam patri.
Id isti dabo : ego istanc multis ulciscar modis :
Adeo illam cogam usque.... ut mendicet meus pater.
Sed satin' ego animum mente sincera gero,
Qui ad hunc modum hæc heic, quæ futura, fabulor? 565
Amo, hercle, opinor, utpote quod pro certo sciam.
Verum, quam illa unquam de mea pecunia
Ramenta fiat plumea propensior,
Mendicum malim mendicando vincere.
Nunquam, edepol, viva me inridebit : nam mihi 570
Decretum 'st renumerare jam omne aurum patri.
Igitur mihi inani atque inopi subblandibitur,
Tum, quom mea illud nihilo pluris referet,
Quam si ad sepolcrum mortuo dicat jocum.
Sed antequam illa unquam meis opulentis 575
Ramenta fiat gravior, aut propensior,
Mori malim excruciatum inopia.
Profecto stabile e'st me patri aurum reddere.
Eadem exorabo, Chrysalo causa mea
Pater ne noceat, neu quid ei subcenseat. 580
Mea causa de auro, quod eum ludificatus est
Nam illi æquom 'st me consulere, qui causa mea
Mendacium nunc dixit : vos me sequimini. (*Ingreditur domum.*)

SCÈNE V.

PISTOCLÈRE, *sortant de la maison.*

Bacchis, permettez qu'avant de faire ce que vous m'avez recommandé, j'aille chercher Mnésiloque, et que je vous le présente; car je ne comprends pas, si mon message lui est parvenu, qu'il tarde si longtemps. Je vais chez lui, voir si par hasard il n'y serait pas.

SCÈNE VI.

MNÉSILOQUE, PISTOCLÈRE.

Mnésil. (*à part.*) J'ai rendu à mon père tout son or. Maintenant que je suis à sec, je voudrais rencontrer cette beauté si dédaigneuse. Mais comme mon père a eu de peine à m'accorder la grâce de Chrysale! J'ai obtenu enfin qu'il lui pardonnât.

Pist. Mais n'est-ce pas là mon camarade?

Mnésil. N'est-ce pas mon ennemi que j'aperçois?

Pist. C'est bien lui.

Mnésil. C'est lui, abordons-le; allons vite.

Pist. Bonjour, Mnésiloque.

Mnésil. Bonjour.

Pist. Puisque vous arrivez de voyage ainsi dispos, acceptez à souper.

Mnésil. Je ne veux point souper : cela exciterait ma bile.

Pist. Auriez-vous éprouvé quelque chagrin à votre arrivée?

Mnésil. Oui, et un très-vif chagrin.

Pist. La cause...

Mnésil. Un homme que jusqu'ici j'avais cru mon ami.

Pist. On voit aujourd'hui beaucoup de ces sortes de gens que l'on regarde comme des amis, et qui au fond ne sont que des hypocrites prodigues de protestations; ils n'agissent pas, et vous manquent de parole. Ils sont jaloux du bonheur des autres, et ont bien soin de se mettre à l'abri de l'envie.

Mnésil. Vous connaissez à merveille le caractère de ces gens-là. Mais quel succès leur méchanceté obtient-elle? Ils n'ont point d'amis; ils ont tout le monde pour ennemis. Dans leur folie, ils trompent les autres, et ce sont eux qui sont dupes. C'est l'histoire d'une certaine personne que je croyais mon ami, comme j'étais le sien. Il a mis tout son esprit à me faire autant de mal qu'il a pu, et à ruiner mes espérances.

Pist. Il faut qu'il soit bien méchant!

Mnésil. Je le pense comme vous.

Pist. Nommez-le-moi, je vous prie.

Mnésil. Il est au mieux avec vous : sans cela je vous aurais prié de lui faire tout le mal dont vous êtes capable.

Pist. Dites-moi quel est cet homme : et si je ne le punis, traitez-moi de lâche.

Mnésil. C'est un méchant homme; cependant c'est votre ami.

Pist. Raison de plus ; dites-moi son nom. Je fais peu de cas de l'amitié d'un tel homme.

Mnésil. Je vois qu'il faut absolument vous dire son nom. Pistoclère, vous avez perdu votre ami.

Pist. Comment?

Mnésil. Eh quoi! ne vous ai-je pas écrit d'Éphèse pour vous prier de me retrouver ma maîtresse?

Pist. C'est vrai, et je l'ai retrouvée.

Mnésil. Eh quoi! n'aviez-vous pas assez de femmes à Athènes, sans devenir amoureux de celle que je vous avais recommandée, sans trahir ma confiance?

Pist. Êtes-vous dans votre bon sens?

Mnésil. J'ai tout appris par votre précepteur : ne le niez pas, vous m'avez assassiné.

SCENA QUINTA.
PISTOCLERUS.

Rebus aliis antevortar, Bacchis, quæ mandas mihi :
Mnesilochum ut requiram, ante ut eum mecum ad te adducam simul. 585
Nam illud animus meus miratur, si a me tetigit nuntius,
Quid remoratur : ibo, et visam huc ad eum, si forte 'st domi.

SCENA SEXTA.
MNESILOCHUS, PISTOCLERUS.

Mnes. Reddidi patri omne aurum : nunc ego illam me velim
Convenire, postquam inanis sum, contemptricem meam.
Sed veniam mihi quam gravate pater dedit de Chrysalo! 590
Verum postremo inpetravi, ut ne quid ei subcenseat.

Pist. Estne hic meus sodalis? *Mnes.* Estne hic hostis, quem adspicio, meus?

Pist. Certe is est. *Mnes.* Is est : adibo contra, et contollam gradum.

Pist. Salvos sis, Mnesiloche. *Mnes.* Salve. *Pist.* Salvos quom peregre advenis,
Cœna detur. *Mnes.* Non placet mihi cœna, quæ bilem movet.

Pist. Num quæ advenienti ægritudo objecta 'st? *Mnes.* Atque acerrima. 595

Pist. Unde? *Mnes.* Ab homine, quem mihi amicum esse arbitratus sum antidhac.

Pist. Multi more isto atque exemplo vivont, quos quom censeas
Esse amicos, reperiuntur falsi falsimoniis,
Lingua factiosi, inertes opera, sublesta fide. 600
Nullus est, quoi non invideant rem secundam obtingere.

Sibi ne invideatur, ipsi ignavi recte cavent.
Mnes. Edepol, næ tu illorum mores perquam meditate tenes.
Sed etiam unum hoc ex ingenio malo malum invenient suo :
Nulli amici sunt, inimicos ipsi in sese omneis habent. 605
Atque ii se quom frustrantur, frustrari alios stolidi existumant.
Sicut est hic, quem esse amicum ratus sum, atque ipsus sum mihi.
Ille, quod in se fuit, adcuratum habuit, quod posset mali
Facere, et in me inconciliare copias omneis meas. *Pist.* Inprobum istunc esse oportet hominem. *Mnes.* Ego ita esse arbitror. 610

Pist. Obsecro, hercle, loquere, qui is est? *Mnes.* Benevolens vivit tibi.
Nam ni ita esset, tecum orarem, ut ei, quod posses mali
Facere, faceres. *Pist.* Dic modo hominem, qui sit : si non fecero
Ei male aliquo pacto, me esse dicito ignavissumum.
Mnes. Nequam homo 'st, verum, hercle, amicus est tibi.
Pist. Tanto magis. 615
Dic, quis est? Nequam hominis ego parvi pendo gratiam.
Mnes. Video non potesse, quin tibi ejus nomen eloquar :
Pistoclere, perdidisti me sodalem funditus.

Pist. Quid istuc est? *Mnes.* Quid est? misine ego ad te ex Epheso epistolam
Super amica, ut mihi invenires? *Pist.* Fateor factum, et reperi. 620
Mnes. Qui, tibi non erat meretricum aliarum Athenis copia,
Quibuscum haberes rem, nisi cum illa, quam ego mandassem tibi?
Obciperes tute amare, et me ires consultum male?

Pist. Ne cesserez-vous pas de m'outrager sans motif?
Mnés. Voyons, n'aimez-vous pas Bacchis?
Pist. Il y a ici deux Bacchis.
Mnés. Comment, deux?
Pist. Et les deux sœurs.
Mnés. Vous voulez plaisanter.
Pist. Si vous mettez encore ma bonne foi en doute, je vais vous prendre sur mes épaules, et vous porter d'ici chez elle.
Mnés. J'irai bien tout seul. Restez ici.
Pist. Du tout. Je prétends me justifier de vos injustes soupçons.
Mnés. Je vous suis.

ACTE QUATRIÈME.

SCÈNE I.

UN PARASITE, UN JEUNE ESCLAVE.

Le Paras. Je suis le Parasite d'un méchant homme, d'un militaire brutal qui a amené de Samos une maîtresse avec lui. Il m'envoie près d'elle pour lui redemander son argent, si elle ne consent pas à le suivre. (*Au jeune esclave.*) Toi qui es depuis longtemps avec elle, dis-moi sa maison. Va, frappe à la porte, et reviens tout de suite. Comme il pousse le marteau! Tu sais bien déjà manger un pain long de trois pieds, et tu ne sais pas heurter à une porte! Holà! quelqu'un! Est-on au logis? Qu'est-ce qui vient ouvrir? Qui sort là?

SCÈNE II.

PISTOCLÈRE, LE PARASITE.

Pist. Qu'est-ce? Qui frappe ainsi? Quelle rage te possède, de frapper de toutes tes forces à la porte d'autrui? Tu l'as brisée à moitié. Voyons, que veux-tu?
Le Paras. Bonjour, jeune homme.
Pist. Bonjour ; mais qui cherches-tu?
Le Paras. Bacchis.
Pist. Laquelle?
Le Paras. Je n'en sais rien, mais c'est Bacchis. Un militaire, Cléomaque, m'envoie vers elle pour qu'elle lui rende deux cents philippes d'or, ou qu'elle le suive à Élatie (1).
Pist. Elle n'ira pas, elle n'ira jamais : va-t'en, et dis-le-lui bien. Elle aime un autre que lui ; retire-toi d'ici.
Le Paras. Pourquoi tant de colère?
Pist. Oui, je suis en fureur! et ta mâchoire pourra bien l'éprouver : mes deux poingts sont de vrais casse-dents.
Le Paras. Vraiment! A vous entendre, vous allez arracher de ma bouche tous mes *casse-noisettes*. Je vais porter votre réponse; mais prenez-y garde...
Pist. Que dis-tu?
Le Paras. Que je vais lui porter votre réponse.
Pist. Dis-moi qui tu es?
Le Paras. Son factotum.
Pist. Ce ne peut être qu'un fripon, puisqu'il a fait un pareil choix.
Le Paras. Il va venir tout bouffi de colère.
Pist. Puisse-t-il en crever!
Le Paras. Est-ce tout?
Pist. Sauve-toi vite... il est temps.
Le Paras. Adieu, brise-dents.
Pist. Adieu, factotum. Les choses prennent une telle tournure, que je ne sais quel conseil donner à mon camarade à l'égard de sa maîtresse : dans sa

(1) Dans la Phocide, aujourd'hui Turchocori.

Pist. Sanun' es? *Mnes.* Rem reperi omnem ex tuo magistro, ne nega.
Perdidisti me. *Pist.* Etiamne ultro tuis me prolectas probris?
Mnes. Quid, amas Bacchidem? *Pist.* Duas ergo heic intus eccas Bacchides. 625
Mnes. Quid duæ? *Pist.* Atque ambas sorores. *Mnes.* Loqueris nunc nugas sciens.
Pist. Postremo, si pergis parum mihi fidem arbitrarier,
Tollam ego te in collum, atque intro hinc adferam. *Mnes.* Imo ibo : mane.
Pist. Non maneo, neque tu me habebis falso subspectum.
Mnes. Sequor. 630

ACTUS QUARTUS.

SCENA PRIMA.

PARASITUS, PUER.

Parasitus ego sum hominis nequam atque inprobi,
Militis, qui amicam secum avexit ex Samo.
Nunc me ire jussit ad eam, et percontarier,
Utrum aurum reddat, anne eat secum simul
Tu dudum, Puere, qui cum illa usque isti simul, 635
Quæ harum sunt ædeis, pulta : adi actutum ad foreis.
Recede hinc, dierecte. Ut pulsat propudium!
Comesse panem tres pedes latum potes,
Foreis pultare nescis! ecquis in ædibu'st?
Heus ecquis heic est? ecquis hoc aperit ostium? 640
Ecquis exit?

SCENA SECUNDA.

PISTOCLERUS, PARASITUS.

Pist. Quid istuc? quæ istæc est pulsatio?
Quæ te mala crux agitat? ad istunc qui modum
Alieno vireis tuas extentas ostio?
Foreis pæne ecfregisti : quid nunc vis tibi? 645
Par. Adulescens, salve. *Pist.* Salve : sed quem quæritis?
Par. Bacchidem. *Pist.* Utram ergo? *Par.* Nihil scio, nisi Bacchidem.
Paucis me misit miles ad eam Cleomachus,
Vel ut ducentos philippos reddat aureos,
Vel ut hinc in Elatiam hodie eat secum simul. 650
Pist. Negat : negato esse ituram : abi, et renuntia.
Alium illa amat, non illum : duc te ab ædibus.
Par. Nimis iracunde. *Pist.* At scin' quam iracundus siem?
Næ tibi, hercle, haud longe est os ab infortunio,
Ita dentifrangibula hæc meis manibus gestiunt. 655
Par. Quom ego hujus verba interpretor, mihi cautio 'st,
Ne nucifrangibula excussit ex malis meis.
Tuo ego istæc igitur dicam illi periculo.
Pist. Quid ais tu? *Par.* Ego istuc illi dicam. *Pist.* Dic mihi,
Quis tu es? *Par.* Illius sum integumentum corporis. 660
Pist. Nequam esse oportet, quoi tu integumentum inprobum es.
Par. Subflatus ille huc venlet. *Pist.* Disruptum velim.
Par. Num quid vis? *Pist.* Abeas celeriter : facto 'st opus.
Par. Vale, dentifrangibule. *Pist.* Et tu, integumentum, Vale. (*parasitus abit*)
Ju cum nunc hæc revenit res locum, ut quid consili 665

fureur, il a rendu tout l'argent à son père ; il ne lui reste pas un écu pour le militaire. Mais retirons-nous dans ce coin : la porte s'ouvre ; c'est Mnésiloque qui vient d'un air tout abattu.

SCÈNE III.
MNÉSILOQUE, PISTOCLÈRE.

Mnés. Oui, je suis un étourdi, un emporté, un esprit sans bon sens, sans réflexion, dépourvu de raison, de justice ; un fou, un butor, un animal, un être né sous un mauvais génie : j'ai tous les défauts que je déteste dans les autres. Le dirai-je? personne n'est plus méchant, plus infâme, plus indigne de la bonté, de la pitié des dieux. Ce ne sont pas des amis, mais des ennemis, que je mérite : et c'est aux méchants et non aux gens de bien que je dois m'adresser : tous les opprobres dus aux cœurs sans foi m'appartiennent : malgré mon amour, j'ai rendu à mon père tout l'or que j'avais entre les mains. Suis-je assez malheureux ! je me suis perdu, j'ai rendu inutiles tous les soins de Chrysale.

Pist. Il faut que je le console ; abordons-le. Mnésiloque, qu'avez-vous ?

Mnés. Je suis mort.

Pist. Le ciel vous en préserve !

Mnés. Je suis mort.

Pist. Taisez-vous, insensé !

Mnés. Que je me taise !

Pist. Vous n'êtes pas dans votre bon sens.

Mnés. Je suis mort ! Mon cœur est en proie aux souffrances les plus cruelles, les plus cuisantes. Aurais-je dû vous soupçonner ? Ma colère contre vous est un crime !

Pist. Allons ! reprenez du courage.

Mnés. Où en prendrais-je ? Je ne vaux pas un homme mort.

Pist. Le Parasite du militaire est venu tout à l'heure redemander son argent. Je l'ai accueilli de la bonne manière ; je lui ai jeté la porte au nez : j'ai chassé le coquin.

Mnés. A quoi cela me sert-il ? Que vais-je faire ? Je suis sans ressource ; il emmènera ma maîtresse, j'en suis sûr.

Pist. Si j'avais de l'argent, je ne me bornerais à pas vous le promettre.

Mnés. Vous me le donneriez, je le sais : je vous connais ; j'espérerais tout de vous, si vous n'étiez pas amoureux vous-même : vous avez vos affaires ; puis-je compter sur le secours d'un homme aussi pauvre que moi ?

Pist. Taisez-vous donc. Un dieu viendra à notre aide.

Mnés. Chimère !

Pist. Demeurez.

Mnés. A quoi bon ?

Pist. Voilà Chrysale, votre ressource.

SCÈNE IV.
CHRYSALE, MNÉSILOQUE, PISTOCLÈRE.

Chrys. (à part.) Un homme tel que moi est un trésor : c'est une statue d'or qu'on devrait me dresser. J'ai fait deux exploits en un jour : j'ai enlevé deux dépouilles d'un seul coup. Comme j'ai habilement joué mon vieux maître ! Comme il a été dupé ! J'ai si bien enveloppé, enlacé le rusé vieillard dans mes ruses, qu'il est entièrement à moi. Quant à mon maître, l'amoureux, le fils du bonhomme, celui avec qui je bois, je mange et cours les belles, je lui ai procuré les trésors d'un roi, sans sortir de chez lui, sans aller aux emprunts. Fi de ces Parménons, de ces Syrus (1) qui tirent à peine de leur

(1) Nom d'esclaves fripons dans les pièces de théâtre.

Dem meo sodali super amica, nesciam,
Qui iratus renumeravit omne aurum patri,
Neque nummus ullu'st, qui reddatur militi.
Sed huc concedam : nam concrepuerunt foreis :
Mnesilochus, eccum, mœstus progreditur foras. 670

SCENA TERTIA.
MNESILOCHUS, PISTOCLERUS.

Mnes. Petulans, proterve, iracundo animo, indomito, incogitato,
Sine modo et modestia sum, sine bono jure atque honore,
Incredibilis, inposque animi, inamabilis, inlepidus vivo,
Malevolente ingenio natus : postremo id mihi est, quod nolo
Ego esse aliis. Credibile hoc est : nequior nemo est, neque indignior, 675
Quoi dii benefaciant, neque quem quisquam homo aut amet, aut adeat.
Inimicos, quam amicos, æquiu'st me habere : malos, quam bonos,
Par magis me juvaro : omnibus probris, quœ inprobis viris
Digna sunt, dignior nullu'st homo : qui patri reddidi
Omne aurum amans, quod fuit præ manu : sumne ego homo miser ? 680
Perdidi me, atque operam Chrysali.
Pist. Consolandus hic mihi est ; ibo ad eum. Mnesiloche, quid fit ? *Mnes.* Perii !
Pist. Di melius faciant. *Mnes.* Perii ! *Pist.* Non taces, insipiens ? *Mnes.* Taceam ?
Pist. Sanus satis non es. *Mnes.* Perii ! multa mala mihi in pectore

Nunc acria atque acerba eveniunt : criminin' me habuisse fidem ? 685
Immerito tibi iratus fui. *Pist.* Eia bonum habe animum.
Mnes. Unde habeam ? mortuus pluris preti'st, quam ego sum. *Pist.* Militis
Parasitus modo venerat aurum petere : hinc eum ego meis
Dictis malis, his foribus atque hinc repuli, rejeci hominem.
Mnes. Quid mihi id prodest ? quid faciam ? nihil habeo miser : ille quidem 690
Hanc abducet, scio. *Pist.* Si mihi sit, non pollicear. *Mnes.* Scio, dares.
Gnovi : sed nisi ames, non habeam tibi fidem tantam.
Nunc agitas sat tute tuarum rerum : egone ut opem mihi
Ferre putem posse inopem te ? *Pist.* Tace modo : deus respiciet nos aliquis.
Mnes. Nugæ. *Pist.* Mane. *Mnes.* Quid est ? *Pist.* Tuam copiam eccam Chrysalum video. 695

SCENA QUARTA.
CHRYSALUS, MNESILOCHUS, PISTOCLERUS.

Chrys. Hunc hominem decet auro expendi, huic decet statuam statui ex auro.
Nam duplex hodie facinus feci, duplicibus spoliis sum adfectus.
Herum majorem meum ut ego hodie lusi lepide ! ut ludificatus est !
Callidum senem callidis dolis conpuli, et perpuli, mihi omnia ut crederet.
Nunc amanti hero, filio senis, quicum ego bibo, quicum edo et amo, 700
Regias copias aureasque obtuli, ut domo sumeret, neu foris quæreret.

maître deux ou trois mines! quoi de plus méprisable qu'un serviteur sans expédients et dont l'imagination n'a pas des ressources pour tous les événements. On n'est bon à rien quand on ne sait pas faire le mal comme le bien. Il faut être méchant avec les méchants, et voler ce qu'on peut aux voleurs ; un homme habile prend toutes les formes : il est bon avec les bons, méchant avec les méchants : il s'accommode aux circonstances. Mais je veux savoir quelle somme mon jeune maître s'est réservée, et ce qu'il a rendu à son père. S'il a de l'esprit, il aura traité son père en Hercule (1). Il aura donné un sur dix, et retenu le reste. Mais celui que je cherche vient à propos à ma rencontre. (*A son maître.*) Avez-vous perdu vos écus, mon maître, que vous regardez ainsi la terre? Pourquoi cette tristesse et cet abattement? Cela m'inquiète : vous avez quelque chose. Pourquoi ne me répondez-vous pas?

Mnés. Chrysale, je suis mort.

Chrys. Vous aurez gardé trop peu d'or pour vous.

Mnés. Trop peu! Moins que peu : rien du tout.

Chrys. Qu'est-ce à dire? Êtes-vous fou? Je vous ai procuré par mon adresse une occasion d'en prendre autant que vous voudriez, et vous n'y touchez que du bout des ongles! Ne saviez-vous donc pas tout le prix d'une bonne fortune aussi rare?

Mnés. Tu te trompes.

Chrys. C'est vous qui vous trompez en ne plongeant pas la main jusqu'au fond du sac.

Mnés. Tu me ferais bien d'autres reproches, si tu savais tout : je suis mort.

Chrys. Voilà un mot qui présage, à mon esprit quelque malheur.

(1) On consacrait à Hercule la dixième partie de ses biens, dans l'espérance de les voir augmenter.

Mnés. Je suis perdu.

Chrys. Comment?

Mnés. J'ai rendu tout à mon père jusqu'à la dernière rognure.

Chrys. Se peut-il?

Mnés. Hélas, oui !

Chrys. Tout?

Mnés. Tout absolument.

Chrys. Nous sommes morts. Comment a-t-il pu vous venir à l'esprit de faire une pareille sottise ?

Mnés. Je supposais que Bacchis et Pistoclère s'entendaient pour me jouer, et dans mon dépit j'ai rendu tout l'or à mon père.

Chrys. Mais en le rendant qu'avez vous dit?

Mnés. Que je venais de recevoir cet or de son hôte Archidémide.

Chrys. Ciel! par ce beau mot-là vous avez envoyé Chrysale au supplice : dès que le vieillard va me voir, il me livrera au bourreau.

Mnés. J'ai supplié mon père...

Chrys. Sans doute de faire ce que je dis là.

Mnés. De ne point te faire de mal, au contraire, de ne pas se fâcher pour cette affaire : je l'ai obtenu, non sans peine : maintenant, Chrysale, le reste te regarde.

Chrys. Qu'est-ce qui me regarde?

Mnés. C'est de t'insinuer auprès du vieillard ; arrange, fabrique, invente, combine quelque tour adroit pour tromper le rusé vieillard et lui enlever son or.

Chrys. Cela n'est guère possible.

Mnés. Va toujours... Tu en viendras facilement à bout.

Chrys. Facilement! En vérité, un homme qui m'a surpris en flagrant délit de mensonge; quand je le prierais de ne pas me croire, il n'oserait pas s'y fier.

Non mihi isti placent Parmenones, Syri, qui duas aut treis
  minas
Adferunt heris. Nequius nihil est, quam egens consili servos, nisi habet
Multipotens pectus; ubicunque usus siet, pectore expromat
  suo.
Nullus frugi esse potest homo, nisi qui et bene et male facere tenet :   705
Improbis quom inprobus sit, harpaget; furibus furetur,
  quod queat :
Vorsipellem frugi convenit esse hominem, pectus quoi sapit.
Bonus sit bonis, malus sit malis : utcunque res sit, ita animum habet.
Sed lubet scire, quantum aurum herus sibi demsit, et quid
  suo reddidit patri.
Si frugi 'st, Herculem fecit ex patre : decumam partem ei
Dedit, sibi novem abstulit. Sed quem quæro, optume ecce
  obviam   710
Mihi est. Num qui numi exciderunt, here, tibi, quod sic
  terram
Obtueris? quid vos mœstos tam tristeisque esse conspicor?
Non placet, nec est temere etiam. Quin mihi respondetis?
Mnes. Chrysale, obcidi. *Chrys.* Fortassis tu auri demsisti
  parum.   715
Mnes. Qui, malum, parum? imo vero nimio minus multo
  parum.
Chrys. Quid igitur, stulte? quoniam obcasio ad eam rem fuit
Mea virtute parta, ut, quantum velles, tantum sumeres,
Sic hoc digitulis duobus sumebas primoribus?
An nesciebas, quam ejusmodi homini raro tempus sic daret?
Mnes. Erras. *Chrys.* At quidem tute errasti, quom parum
  inmersti ampliter.   721

Mnes. Pol, tu quam nunc me adcuses magis, si magis rem
  gnoveris!
Obcidi! *Chrys.* Animus jam istoc dicto plus præsagitur
  mali.
Mnes. Perii! *Chrys.* Quid ita? *Mnes.* Quia patri omne cum
  ramento reddidi.
Chrys. Reddidisti? *Mnes.* Reddidi. *Chrys.* Omnene? *Mnes.*
  Ohpido. *Chrys.* Obcisi sumus!   725
Qui in mentem venit tibi istuc facinus facere tam malum?
Mnes. Bacchidem atque hunc subspicabar propter crimen,
  Chrysale,
Me male consuluisse : ob eam rem omne aurum iratus reddidi
Meo patri. *Chrys.* Quid, ubi reddebas aurum, dixisti patri?
Mnes. Id aurum adcepisse extemplo ab hospite Archidemide.
Chrys. Hem !   731
Istoc dicto dedisti hodie in cruciatum Chrysalum :
Nam ubi me adspiciet, ad carnuficem rapiet continuo senex.
Mnes. Ego patrem exoravi. *Chrys.* Nempe ergo hoc ut faceret, quod loquor?
Mnes. Imo tibi ne noceat, neu quid ob eam rem subcenseat;
Atque ægre impetravi. Nunc hoc tibi curandum 'st, Chrysale.   735
Chrys. Quid vis curem? *Mnes.* Ut ad senem etiam alterum
  facias viam.
Conpara, fabricare, finge quodlubet, conglutina,
Ut senem hodie doctum docte fallas, aurumque abferas.
Chrys. Vix videtur fieri posse. *Mnes.* Perge, ac facile hæc
  feceris.
Chrys. Quam, malum, facile? quem mendaci prehendit
  manifesto modo :   740
Quem si orem, ut mihi nihil credat, id non ausit credere.

Mnés. Si tu savais ce qu'il m'a dit sur ton compte!
Chrys. Qu'a-t-il dit?
Mnés. Que si tu lui disais que le soleil est le soleil, il croirait que c'est la lune; et que si tu prétendais qu'il fait jour, il croirait qu'il fait nuit.
Chrys. Je vais mettre mon homme tellement à sec aujourd'hui, qu'il n'aura pas tenu ce propos impunément.
Mnés. Maintenant que veux-tu que nous fassions?
Chrys. Rien; faites l'amour, voilà tout ce que je vous veux: du reste, demandez-moi de l'argent tant que vous voudrez, je vous en donnerai. A quoi bon s'appeler Chrysale (*preneur d'or*), si on ne justifie pas ce nom? Voyons, Mnésiloque, à cette heure de quelle somme avez-vous besoin?
Mnés. Il me faut deux cents écus pour racheter Bacchis.
Chrys. Je vous les donnerai.
Mnés. Ensuite nous avons besoin pour la dépense...
Chrys. Ah! doucement, allons avec ordre; quand j'aurai terminé une affaire, je m'occuperai de l'autre. Je vais d'abord diriger ma baliste (1) contre le vieillard, pour avoir les deux cents écus. Si du coup je renverse la tour et les défenses, j'entre tout droit par la porte dans la vieille citadelle et la forteresse : si je m'en empare, vous pourrez apporter de l'or à vos amis à pleines corbeilles. Voilà mes espérances.
Pist. Chrysale, notre vie est dans tes mains.
Chrys. Vous, Pistoclère, retournez là-dedans auprès de Bacchis, et apportez-moi...
Pist. Quoi?
Chrys. Un stylet, de la cire, des tablettes, et du lin.
Pist. Je vais t'apporter tout cela. (*Il sort.*)

(1) Machine à lancer des pierres.

Mnés. Ensuite quel est ton projet? Dis-le-moi : le dîner est prêt.
Chrys. Vous le mangerez tous les deux, et votre maîtresse fera trois.
Mnés. Comme tu dis.
Chrys. Pistoclère n'a pas de maîtresse.
Mnés. Il en a une aussi. Il aime une sœur et moi l'autre, deux Bacchis.
Chrys. Que dites-vous?
Mnés. Le nombre des convives.
Chrys. Où est la salle à deux lits?
Mnés. Pourquoi cette question?
Chrys. J'ai mes motifs; je veux savoir. Vous ignorez mes desseins et l'entreprise que je médite.
Mnés. Donne-moi la main, et viens jusqu'à cette porte : regarde dans l'intérieur.
Chrys. L'endroit est délicieux, et tel que je le souhaitais.
Pist. (*rentrant.*) Ce que c'est que de commander à d'habiles gens! Tes ordres ont été exécutés sur l'heure.
Chrys. Qu'avez-vous préparé?
Mnés. Tout ce que tu as commandé.
Chrys. Prenez vite ce stylet et ces tablettes.
Mnés. Ensuite?
Chrys. Écrivez ce que je vais vous dicter : je veux que vous écriviez vous-même, pour que votre père reconnaisse votre écriture quand il lira. Écrivez.
Mnés. Que faut-il écrire?
Chrys. Saluez votre père dans votre style ordinaire (1).
Pist. Que ne lui souhaite-t-il une bonne maladie, ou la mort? Cela vaudrait mieux.
Mnés. N'interrompez pas. (*A Chrysale.*) J'ai écrit ce que tu as voulu.
Chrys. Voyons.
Mnés. « Mnésiloque salue son père. »

(1) Voy. le *Mariage interrompu* de Cailhava, act. 2, sc. 7.

Mnes. Imo si audias, quæ dicta dixit me advorsum tibi.
Chrys. Quid dixit? *Mnes.* Si tu illum solem sibi solem esse dixeris,
Se illum lunam credere esse, et noctem, qui nunc est dies.
Chrys. Emungam, hercle, hominem probe hodie : ne id nequidquam dixerit. 745
Mnes. Nunc quid nos vis facere? *Chrys.* Enim nihil, nisi ut ametis, inpero.
Cæterum, quantum lubet, me'poscitote aurum, ego dabo.
Quid mihi refert Chrysalo esse nomen, nisi factis probo?
Sed nunc quantulum usu'st auri tibi, Mnesiloche? dic mihi.
Mnes. Militi numis ducentis jam usus est pro Bacchide. 750
Chrys. Ego dabo. *Mnes.* Tum nobis opus est sumtu. *Chrys.* Ah placide volo
Unumquidque agamus : hoc ubi egero, tum istuc agam.
De ducentis numis primum intendam balistam in senem.
Ea balista si pervoriam turrim et propugnacula,
Recta porta invadam extemplo in oppidum antiquom et vetus : 755
Si id capso, geritote amicis nostris aurum corbibus,
Si quoi animus sperat. *Pist.* Apud te est animus noster, Chrysale.
Chrys. Nunc tu abi intro, Pistoclere, ad Bacchidem, atque ecfer cito...
Pist. Quid? *Chrys.* Stilum, ceram, et tabellas, et linum.
Pist. Jam faxo heic erunt. (*egreditur.*)
Mnes. Quid nunc es facturus? id mihi dice. Coctum 'st prandium. 760

Chrys. Vos duo eritis, atque amica tua erit tecum tertia.
Mnes. Sicut dicis. *Chrys.* Pistoclero nulla amica est? *Mnes.* Imo adest.
Alteram ille amat sororem, ego alteram, ambas Bacchides.
Chrys. Quid tu loqueris? *Mnes.* Hoc, ut futuri sumus.
Chrys. Ubi est biclinium
Vobis stratum? *Mnes.* Quid id exquiris? *Chrys.* Res ita est : dici volo. 765
Nescis quid ego acturus sim, neque facinus quantum exordiar.
Mnes. Cedo manum, ac subsequere propius me ad foreis; intro inspice.
Chrys. Evax nimis bellus, atque ut esse maxume optabam, locus. (*Pistoclerus redit.*)
Pist. Quæ inperasti, inperatum bene bonis, factum inlico est.
Chrys. Quid parasti? *Pist.* Quæ parari tu jussisti omnia.
Chrys. (*ad Mnesilochum.*) Cape stilum propere et tabellas tu has tibi. *Mnes.* Quid postea? 771
Chrys. Quid jubebo, scribito Istelc : nam propterea te volo
Scribere, ut pater cognoscat literas, quando legat.
Scribe. *Mnes.* Quid scribam? *Chrys.* Salutem tuo patri verbis tuis.
Pist. Quid si potius morbum et mortem scribat? id erit rectius. 775
Mnes. Ne interturba : jam inperatum in cera inest. Dic quemadmodum?
Mnes. « Mnesilochus salutem dicit suo patri. » *Chrys.* Adscribe hoc cito :

Chrys. Écrivez vite maintenant : « Chrysale, me reproche sans cesse de vous avoir rendu votre argent, et de ne vous avoir rien dérobé. »
Pist. (*à Chrysale.*) Un instant; laisse-le écrire.
Chrys. La main d'un amant doit être leste.
Pist. Il est vrai qu'il perd plus vite son bien qu'il n'écrit.
Mnés. Parle; j'ai écrit.
Chrys. « Maintenant, mon père, défiez-vous de lui. Il médite quelques fourberies pour vous enlever votre or : il s'est même vanté de réussir. » Écrivez bien tout cela.
Mnés. Va, dicte.
Chrys. Il promet qu'il me donnera cet or pour le manger avec des courtisanes et faire mille débauches : prenez garde qu'il ne vous en conte aujourd'hui; tenez-vous bien. »
Mnés. Continue.
Chrys. Écrivez donc.
Mnés. Dis-moi donc ce qu'il faut encore écrire.
Chrys. « Mais, de grâce, n'oubliez pas, mon père, que vous m'avez promis de ne point battre Chrysale, et de le tenir seulement enchaîné à la maison. » (*A Pistoclère*). Donnez vite la cire et le lin; allons, liez et cachetez les tablettes.
Mnés. Dans quel but, je te prie, écrire une pareille lettre à mon père ? lui marquer qu'il ne se fie pas à toi, et qu'il te tienne enchaîné à la maison ?
Chrys. Parce qu'il me plaît ainsi; prenez soin de vous, ne vous occupez pas de moi : je prends l'affaire à mon compte, et je la conduis à mes risques et périls.
Mnés. Tu as raison.
Chrys. Donnez-moi ces tablettes.
Mnés. Les voilà.
Chrys. Mnésiloque, Pistoclère, attention tous deux. Allez dans la salle et placez-vous, à table chacun auprès de votre maîtresse : cela est nécessaire; et quand vous y serez, mettez-vous à boire.
Pist. Est-ce tout?
Chrys. Quand vous serez couchés, ne vous levez pas, jusqu'à ce que je vous en donne le signal.
Pist. L'admirable général d'armée!
Chrys. (*les poussant.*) Vous devriez en être à votre seconde rasade.
Mnés. Allons-nous-en.
Chrys. Faites votre besogne, je ferai la mienne.

SCÈNE V.

CHRYSALE.

Chrys. C'est vraiment une folie d'entreprendre une pareille affaire, et je crains bien d'être prévenu. Il faut que mon vieillard soit bien irrité, bien furieux : car, pour le succès de ma fourberie, il ne faut pas qu'il soit de sang-froid quand il me verra. Je le retournerai aujourd'hui de la bonne manière, si le ciel me prête vie : il sortira de mes mains frit comme un pois chiche. Promenons-nous devant la porte, afin de lui remettre la lettre dès qu'il sortira.

SCÈNE VI.

NICOBULE, CHRYSALE.

Nicob. (*sans voir Chrysale.*) Que je suis fâché que Chrysale se soit ainsi échappé de mes mains!
Chrys. Me voilà sauvé; le vieillard est en colère: c'est le moment d'aborder notre homme.
Nicob. Qui parle là ? Je crois que c'est Chrysale.
Chrys. Allons à lui.
Nicob. Bonjour, fidèle esclave; qu'y a-t-il? dois-je m'embarquer pour Éphèse, afin de retirer mon argent des mains de Théotime? J'en jure par

---

« Chrysalus mihi usque quaque loquitur nec recte, pater,
« Quia tibi aurum reddidi, et quia non te defrudaverim. »
Pist. Mane, dum scribit. *Chrys.* Celerem oportet esse amatoris manum. 780
Pist. Atque idem, hercle, est ad perdundum magis, quam ad scribendum citus.
Mnes. Loquere; hoc scribtum 'st. *Chrys.* « Nunc, pater mi, proin 'tu ab eo ut caveas tibi,
« Sycophantias conponit, aurum ut abs te abferat :
« Et profecto se ablaturum dixit. » Plane adscribito.
Mnes. Dic modo. *Chrys.* « Atque id pollicetur se daturum aurum mihi, 785
« Quod dem scortis, quodque in lustris comedim, et congraecem, pater.
« Sed, pater, vide ne tibi hodie verba det; quaeso, cave. »
Mnes. Loquere porro. *Chrys.* Adscribe dum. *Mnes.* Etiam loquere, quid scribam, modo.
Chrys. « Sed, pater, quod promisisti mihi, te quaeso ut memineris,
« Ne illum verberes, verum apud te vinctum adservato domi. » 790
Cedo tu ceram ac linum actutum : age, obliga, obsigna cito.
Mnes. Obsecro, quid istis ad istunc usu'st conscribtis modum ?
Ut tibi ne quid credat, atque ut vinctum te adservet domi?
Chrys. Quia mihi ita lubet. Potin 'ut cures te, atque ne parcas mihi?
Mea fiducia opus conduxi, et meo periculo rem gero. 795
Mnes. Aequom dicis. *Chrys.* Cedo tabellas. *Mnes.* Adcipe.
Chrys. Animum advortite.
Mnesiloche, et tu, Pistoclere, jam facite in biclinio
Cum amica sua uterque adcubitum eatis; ita negotium 'st.
Atque ibidem, ubi nunc sunt lecti strati, potetis cito.
Pist. Numquid aliud? *Chrys.* Hoc; atque etiam ubi erit adcubitum semel, 800
Ne quoquam exsurgatis, donec a me erit signum datum.
Pist. O inperatorem probum! *Chrys.* Jam bis bibisse oportuit.
Mnes. Fugiamus. *Chrys.* Vos vostrum curate opficium, ego ecticiam meum.

SCENA QUINTA.

CHRYSALUS.

Insanum magnum molior negotium,
Metuoque, ut hodie possiem emolirier. 805
Sed nunc truculento mi atque saevo usus sene 'st.
Nam non conducit huic sycophantiae
Senem tranquillum esse, ubi me adspexerit.
Vorsabo ego illum hodie, si vivo, probe.
Tam frictum ego illum reddam, quam frictum 'st cicer : 810
Adambulabo ad ostium, ut, quando exeat,
Extemplo advenienti ei tabellas dem in manum.

SCENA SEXTA.

NICOBULUS, CHRYSALUS.

Nic. Nimio illaec res est magnae dividiae mihi,
Subterfugisse sic mihi hodie Chrysalum.
Chrys. Salvos sum, iratus est senex : nunc est mihi 815
Adeundi ad hominem tempus. *Nic.* Quis loquitur prope?
Atque hic equidem, opinor, Chrysalu'st. *Chrys.* Adcessere.
Nic. Bone serve, salve : quid fit? quam mox navigo
In Ephesum, ut aurum repetam ab Theotimo domum?

les dieux, si je n'aimais pas mon fils au point de faire tout ce qu'il veut, je te ferais déchirer les reins à coups de fouet, et tu irais, chargé de fers, passer ta vie dans les moulins. J'ai appris par Mnésiloque toutes tes friponneries.

Chrys. Quoi! c'est lui qui m'accuse! A merveille. Je suis un méchant, un maudit, un scélérat! Un instant, néanmoins, s'il vous plaît, je parlerai...

Nicob. Comment! bourreau, tu menaces!

Chrys. Vous saurez bientôt ce que c'est que votre fils. Il m'a ordonné de vous remettre ces tablettes. Il vous prie de faire ce qu'il vous mande.

Nicob. Donne.

Chrys. Reconnaissez son cachet.

Nicob. C'est bien le sien. Mais lui, où est-il?

Chrys. Je l'ignore, je ne dois plus rien savoir : j'ai tout oublié. Je sais que je suis esclave ; voilà tout : je ne sais même pas ce que je sais. (*à part.*) Maintenant le merle veut attraper le ver caché dans le filet. Il y sera pris, le piége est bien tendu.

Nicob. Attends un peu, Chrysale, je sors pour un moment. (*Il sort.*)

Chrys. Comme il m'en conte! comme si je ne devinais pas son dessein! Il veut là-dedans rassembler des esclaves pour me lier. Le vaisseau est lancé ; tout ira bien. Mais silence! J'entends ouvrir la porte.

SCÈNE VII.

NICOBULE, *suivi d'esclaves*, CHRYSALE.

Nicob. Artamon, serre-lui fortement les mains.

Chrys. Qu'ai-je fait?

Nicob. Donne-lui un coup de poing s'il souffle le mot : (*à Chrysale.*) Que dit cette lettre?

Chrys. Comment me demandez-vous cela? Je vous la remets cachetée, comme on me l'a donnée.

Nicob. N'as-tu pas en causant fait des reproches à mon fils de m'avoir rendu cet or? N'as-tu pas dit que tu saurais bien me le reprendre par tes ruses?

Chrys. Moi, j'ai dit cela?

Nicob. Oui.

Chrys. Qui vous a rapporté ce propos?

Nicob. Tais-toi. Personne ne me l'a dit. C'est cette lettre que tu m'as remise qui t'accuse, et me recommande de te faire attacher.

Chrys. Vraiment! votre fils me fait jouer le rôle de Bellérophon (1). J'ai apporté moi-même les tablettes qui ordonnent de m'enchaîner! Laissez-moi!

Nicob. Cela t'apprendra, triple coquin, à conseiller à mon fils de faire la débauche avec toi.

Chrys. Que vous êtes simple! Vous ne voyez donc pas qu'on vous livre à beaux deniers comptants? Vous voilà monté sur la pierre, en étalage ; et le crieur vous met en vente.

Nicob. Et par qui suis-je livré? réponds-moi.

Chrys. Par un être chéri des dieux qui se meurt plein de vie, de sentiment et de raison. Si quelque divinité l'eût protégé, cet homme serait mort depuis dix ans, depuis vingt ans. Il végète, à charge au monde entier. Il a perdu la raison, le sentiment : ce n'est plus qu'un champignon pourri.

Nicob. Serait-ce moi que tu prétends être à charge à tout le monde? (*Aux esclaves.*) Qu'on l'emmène, qu'on l'attache fortement à une colonne. (*A Chrysale.*) Va, jamais tu ne m'emporteras mon argent.

Chrys. Vous me le donnerez vous-même.

Nicob. Moi, je te le donnerai?

Chrys. Vous viendrez me prier de l'emporter, quand vous connaîtrez mon accusateur, le danger, l'extrémité où il se trouve ; alors vous accorderez la liberté à Chrysale ; mais moi, je ne l'accepterai jamais.

(1) Bellérophon, accusé faussement auprès de Prétus, son hôte, d'avoir voulu séduire Sténobée sa femme, porta lui-même à Jobate, roi de Lycie, père de Sténobée, une lettre que cette femme écrivait pour le perdre.

Taces? per omneis deos adjuro, ut ni meum 820
Gnatum tam amem, atque ei facta cupiam, quæ is velit,
Ut tua jam virgis latera lacerentur probe,
Ferratusque in pistrino ætatem conteras.
Omnia rescivi scelera ex Mnesilocho tua.
Chrys. Men' criminatu'st? optume'st; ego sum malus, 825
Ego sum sacer, scelestus : specta rem modo.
Ego [verum] verbum faciam. *Nic.* Etiam, carnufex,
Minitare? *Chrys.* Gnosces tu illum actutum, quali' sit.
Nunc hasce tabellas ferre me jussit tibi.
Orabat, ut, quod isteic esset scribtum, ut fieret. 830
Nic. Cedo. *Chrys.* Gnosce signum. *Nic.* Gnovi. Ubi ipse est?
Chrys. Nescio.
Nihil jam me oportet scire : oblitas sum omnia.
Scio me esse servom ; nescio etiam id, quod scio.
(*seorsum.*)
Nunc ab transenna hic turdus lumbricum petit ;
Pendebit hodie pulchre ; ita intendi tenus. 835
Nic. Mane dum parumper, jam ad te exeo, Chrysale.
(*egreditur.*)
Chrys. Ut verba mihi dat! ut nescio quam rem gerat!
Servos arcessit intus, qui me vinciant.
Bene navis agitatur, pulchre hæc confertur ratis.
Sed conticiscam : nam audio aperiri foreis. 840

SCENA SEPTIMA.

NICOBULUS, CHRYSALUS.

Nic. Constringe tu illi, Artamo, actutum manus.
Chrys. Quid feci? *Nic.* Inpinge pugnum, si mutiverit.
Quid hæ loquuntur literæ? *Chrys.* Quid me rogas?
Ut ab illo adcepi, ad te obsignatas adtuli.
Nic. Eho tu, loquitatusne es gnato meo male 845
Per sermonem, quia mihi id aurum reddidit?
Et te dixisti id aurum ablaturum tamen
Per sycophantias? *Chrys.* Egone istuc dixi? *Nic.* Ita.
Chrys. Quis homo'st, qui dicat me dixisse istuc? *Nic.* Tace.
Nullus homo dicit ; hæ tabellæ te arguunt, 850
Quas tu adtulisti. Hem, hæ te vinciri jubent. *Chrys.* Aha!
Bellerophontem jam tuus me fecit filius.
Egomet tabellas tetuli, ut vincirer?... sine!
Nic. Propterea hoc facio, ut suadeas gnato meo,
Ut pergræcetur tecum, tervenefice. 855
Chrys. O stulte, stulte, nescis nunc vænire te :
Atque in eo ipso adstas lapide, ubi præco prædicat.
Nic. Responde : quis me vendit? *Chrys.* Quem di diligunt,
Adulescens moritur, dum valet, sentit, sapit.
Hunc si ullus deus amaret, plus annis decem, 860
Plus jam viginti mortuum esse oportuit,
Terræ odium ambulat ; jam nihil sapit,
Nec sentit ; tanti 'st, quanti 'st fungus putidus.
Nic. Tun' terræ me odium esse autumas? abducite hunc
Intro, atque adstringite ad columnam fortiter. 865
Nunquam abferes hinc aurum. *Chrys.* Atqui jam dabis.
Nic. Dabo? *Chrys.* Atque orabis me quidem ultro, ut abferam,
Quom illum rescisces criminatorem meum
Quanto in periclo et quanta in pernicie siet ;
Tum libertatem Chrysalo largibere · 870

Nicob. Dis donc, tête infernale, ce grand danger qui menace mon fils Mnésiloque!
Chrys. Suivez-moi de ce côté, je vous le ferai connaître tout de suite.
Nicob. Où te suivre?
Chrys. A trois pas.
Nicob. A dix, s'il le faut.
Chrys. Allons, Artamon, ouvre un peu cette porte; doucement, pas de bruit; c'est assez. (*A Nicobule.*) Vous, approchez : voyez-vous le festin?
Nicob. Je vois vis-à-vis de moi Pistoclère et Bacchis.
Chrys. Et sur l'autre lit?
Nicob. Malheureux, je suis assassiné!
Chrys. Connaissez-vous ce jeune homme?
Nicob. Si je le connais!
Chrys. Dites-moi, cette femme vous paraît-elle gentille?
Nicob. Assez.
Chrys. La prendriez-vous pour une courtisane?
Nicob. Pourquoi non?
Chrys. Vous vous tromperiez.
Nicob. Qu'est-elle donc, je te prie?
Chrys. Cherchez. Je ne vous en dirai pas davantage.

SCÈNE VIII.

CLEOMAQUE, NICOBULE, CHRYSALE.

Cléom. Est-ce que ce Mnésiloque, fils de Nicobule, prétend retenir par force une femme qui est à moi? Quelle est cette insolence?
Nicob. (*à Chrys.*) Quel est cet homme?
Chrys. Ce militaire vient à propos pour moi.
Cléom. Il ne songe pas que je suis un militaire : il me prend pour une femmelette qui ne sait pas se défendre, ni soutenir ses droits. Que Bellone et Mars me maudissent, si je ne l'assomme dès qu'il paraîtra. Il est bien sûr qu'il y laissera sa vie.

Nicob. Chrysale, quel est cet homme qui en veut à mon fils?
Chrys. Le mari de la femme auprès de laquelle Mnésiloque est assis.
Nicob. Comment! son mari!
Chrys. Son mari, vous dis-je.
Nicob. Est-ce qu'elle est mariée?
Chrys. Vous le saurez tout à l'heure.
Nicob. Malheureux que je suis! je me meurs!
Chrys. Eh bien! maintenant Chrysale vous paraît-il un scélérat? Allons, enchaînez-moi, obéissez à votre fils. Ne vous ai-je pas dit que vous le connaîtriez tel qu'il est?
Nicob. Que faire à présent?
Chrys. Ordonnez qu'on me délie au plus tôt; sans cela votre fils périra sous ses coups.
Cléom. Je suis enchanté de les trouver couchés ensemble, j'aurai le plaisir de les tuer du même coup.
Chrys. Vous l'entendez? Faites-moi donc délier.
Nicob. (*aux esclaves.*) Qu'on le délie. Je suis perdu! la frayeur me glace!
Cléom. Quant à la coquette qui prostitue ainsi ses charmes, je lui montrerai que je ne suis pas fait pour être sa dupe.
Chrys. (*à Nicob.*) Vous pourriez l'apaiser avec quelque argent.
Nicob. Eh bien! arrange-toi avec lui comme tu pourras, je t'en prie, pourvu qu'il ne tue ni ne maltraite mon fils.
Cléom. Si l'on ne me compte à l'instant deux cents philippes, je leur arrache l'âme à tous les deux.
Nicob. Traite avec lui, s'il est possible : dépêche, je t'en supplie : traite à tout prix...
Chrys. Je vais l'aborder, et faire de mon mieux. (*A Cléomaque.*) Pourquoi tout ce bruit?
Cléom. Où est ton maître?
Chrys. Je n'en sais rien... Il n'est nulle part...

Ego adeo nunquam adcipiam. *Nic.* Dic, scelerum caput,
Dic, quo in periclo 'st meus Mnesilochus filius.
Chrys. Sequere hac me, faxo jam scies. *Nic.* Quo gentium?
Chrys. Treis unos passus. *Nic.* Vel decem. *Chrys.* Agedum tu, Artamo,
Forem hanc pauxillum aperi; placide, ne crepa : 875
Sat est; adcede huc tu ; viden' convivium?
Nic. Video exadvorsum Pistoclerum et Bacchidem.
Chrys. Qui sunt in lecto illo altero? *Nic.* Interii miser!
Chrys. Gnovistine hominem? *Nic.* Gnovi. *Chrys.* Dic, sodes, mihi,
Bellan' videtur specie mulier? *Nic.* Admodum. 880
Chrys. Quid? illam meretricemne esse censes? *Nic.* Quippini?
Chrys. Frustra es. *Nic.* Quis igitur, obsecro, est? *Chrys.* Inveneris.
Ex me quidem hodie nunquam fies certior.

SCENA OCTAVA.

CLEOMACHUS, NICOBULUS, CHRYSALUS.

Cleom. Meamne hic Mnesilochus, Nicobuli filius,
Per vim ut retineat mulierem? quæ hæc factio 'st? 885
Nic. Quis ille est? *Chrys.* (*seorsum.*) Per tempus hic venit miles mihi.
Cleom. Non me arbitratur militem, sed mulierem,
Qui me meosque non queam defendere.
Nam neque Bellona mihi unquam, neque Mars creduat,
Ni illum exanimalem faxo, si convenero, 890

Nive exheredem fecero vitæ suæ.
Nic. Chrysale, quis ille est, qui minitatur filio?
Chrys. Vir hic est illius mulieris, quacum adcubat.
Nic. Quid, vir? *Chrys.* Vir, inquam. *Nic.* Nubta 'st illan', obsecro?
Chrys. Scies haud multo post. *Nic.* Oppido interii miser!
Chrys. Quid? nunc scelestus tibi videtur Chrysalus? 895
Age nunc, vincito me, ausculato filio.
Dixin' tibi ego illum inventurum te, quali' sit?
Nic. Quid nunc ego faciam? *Chrys.* Jube, sis, me exsolvi cito;
Nam nisi ego exsolvor, jam manifesto hominem obpriment.
Cleom. Nihil est lucri, quod me hodie facere mavelim, 900
Quam illum cubantem cum illa obprimere, ambo ut necem.
Chrys. Audin' quæ loquitur? quin to me exsolvi jubes?
Nic. Exsolvite istum : perii, pertimui miser!
Cleom. Tum illam, quæ corpus publicat volgo suum, 905
Faxo, se haud dicat nactam, quem derideat.
Chrys. Pacisci cum illo paulula pecunia
Potes. *Nic.* Paciscere ergo, obsecro, quid tibi lubet;
Dum ne manifesto hominem obprimat, neve enicet.
Cleom. Nunc nisi ducenti philippi redduntur mihi, 910
Jam illorum ego animam amborum exsorbebo oppido.
Nic. Hem, illoc paciscere, si potes; perge, obsecro.
Paciscere quidvis. *Chrys.* Ibo, et faciam sedulo.
(*ad militem.*) Quid clamas? *Cleom.* Ubi herus tuus est? *Chrys.* Nusquam, nescio.
Vis tibi ducentos numos jam promittier, 915
Ut ne clamorem heic facias, neu convicium?

Voulez-vous qu'on vous promette deux cents écus, pour ne plus crier ni faire ce scandale ici?
Cléom. Très-volontiers.
Chrys. Et que je vous accable de malédictions?
Cléom. A votre aise.
Chrys. Comme il s'adoucit, le bourreau! Voici le père de Mnésiloque; suivez-moi; il va vous faire une promesse, demandez-lui la somme; tout est conclu sans plus de paroles.
Nic. Eh bien, comment cela va-t-il?
Chrys. J'ai arrangé l'affaire pour 200 philippes.
Nic. Ah! tu es mon sauveur! Tu me rends la vie. Que faut-il lui dire? Je payerai.
Chrys. (à *Cléomaque.*) Faites votre demande. (*A Nicobule.*) Consentez.
Nic. Je consens à tout. Demandez.
Cléom. Deux cents philippes de bel et bon or. Vous me les donnerez, c'est entendu?
Nic. Je vous les donnerai.
Chrys. Maintenant, coquin, vous doit-on quelque chose? Pourquoi insulter mon maître? pourquoi le menacer de la mort? Tous les deux nous vous assommerons. Si vous avez une épée nous avons encore une broche à la maison; et si vous me fâchez, je vous transpercerai le ventre. Depuis longtemps je soupçonne, je vois que ce qui vous chagrine, c'est que mon maître soit bien avec cette femme.
Cléom. Précisément.
Chrys. Puissé-je être aimé de Jupiter, de Junon, de Cérès, de Minerve, de Latone, de l'Espérance, d'Ops, de la Vertu, de Vénus, de Castor, de Pollux, de Mars, de Mercure, d'Hercule, de Pluton, du Soleil, de Saturne et de tous les dieux, comme il est vrai qu'il ne couche pas, qu'il ne se promène pas avec cette femme, qu'il ne l'embrasse pas, qu'il ne prend enfin avec elle aucune des privautés qu'on suppose.

Nic. Comme il affirme! Il me sauve par ses parjures.
Cléom. Où est donc Mnésiloque en ce moment?
Chrys. Son père l'a envoyé à la campagne. Votre femme est allée à la citadelle, dans le temple de Minerve. La porte est ouverte : allez, voyez si elle n'est pas chez elle.
Cléom. Je vais à la place publique.
Chrys. Allez vous faire pendre.
Cléom. Toucherai-je l'argent aujourd'hui?
Chrys. Touchez-le, et pendez-vous après. Ne croyez pas que je demanderai grâce à un homme de rien tel que vous. (*A Nicobule.*) Le voilà parti : permettez-moi, mon cher maître, je vous en conjure par tous les dieux, permettez-moi d'entrer là auprès de votre fils.
Nic. Quel est ton dessein?
Chrys. De lui faire une bonne semonce sur sa conduite.
Nic. Je t'en prie moi-même, Chrysale, et ne le ménage pas.
Chrys. Vous me le recommandez! N'est-ce pas assez de l'accabler de plus de reproches que Démétrius n'en reçoit de Clinia (1)?
Nic. Il en est d'un esclave comme d'un œil malade : on aimerait mieux avoir l'œil bon et sain, mais on s'en sert tout mauvais qu'il est. Par exemple, si Chrysale ne se fût pas trouvé là fort à propos, ce militaire aurait assassiné mon fils avec cette femme; il se serait vengé d'un adultère en flagrant délit. J'ai, pour ainsi dire, racheté mon fils en promettant les deux cents philippes au militaire : mais je ne les donnerai qu'après avoir parlé à mon fils. Maintenant je ne confierai rien à Chrysale à bonne enseigne. Relisons tranquillement cette lettre : des tablettes cachetées ne sont pas suspectes.

(1) Allusion à des personnages d'une comédie de Turpilius, poëte de ce temps.

Cleom. Nihil est, quod malim. *Chrys.* Atque ut tibi mala multa ingeram?
Cleom. Tuo arbitratu. *Chrys.* Ut subblanditur carnufex!
Pater hic Mnesilochi 'st : sequere : is promittet tibi.
Tu aurum rogato : cæterum verbum sat est.   920
Nic. Quid fit? *Chrys.* Ducentis philippis rem pepigi. *Nic.* Vah, salus
Mea, servavisti me. Quam mox dico : dabo?
Chrys. Roga hunc tu (ad militem), tu (ad Nicobulum) promitte huic. *Nic.* Promitto; roga.
Cleom. Ducentos numos aureos philippos probos
Dabin'? *Chrys.* Dabuntur, inque : responde. *Nic.* Dabo.
Chrys. Quid nunc, inpure, numquid debetur tibi?   925
Quid illi molestus? quid illum morte territas?
Et ego te'et ille mactamus infortunio.
Si tibi 'st machæra, et nobis veruina 'st domi :
Qua quidem te faciam, si tu me inritaveris,   930
Confossiorem soricina nenia.
Jamdudum, hercle, equidem sentio, subspicio
Quæ te solicitet : eum esse cum illa muliere.
Cleom. Imo est quoque. *Chrys.* Ita me Jupiter, Juno, Ceres,
Minerva, Latona, Spes, Opis, Virtus, Venus,   935
Castor, Polluces, Mars, Mercurius, Hercules,
Submanus, Sol, Saturnus, dique omneis ament,
Ut ille cum illa neque cubat, neque ambulat,
Neque osculatur, neque illud, quod dici solet.
Nic. Ut jurat! servat me ille suis perjuriis.   940
Cleom. Ubi nunc Mnesilochus ergo est? *Chrys.* Rus misit

pater.
Illa autem in arcem abivit ædem visere
Minervæ. Nunc aperta 'st : i, vise, estne ibi.
Cleom. Abeo ad forum igitur. *Chrys.* Vel, hercle, in malam crucem.
Cleom. Hodie exigam aurum hoc? *Chrys.* Exige, ac suspende te :   945
Ne subplicare censeas, nihili homo. (miles abit).
Ille est amotus : sine me, per te, here, obsecro,
Deos inmortaleis, ire huc intro ad filium.
Nic. Quid eo introibis? *Chrys.* Ut eum dictis plurimis
Castigem, quom hæc sic facta ad hunc faciat modum.   950
Nic. Curo, ut facias, Chrysale, et ne obsecro;
Cave parsis in eum dicere. *Chrys.* Etiam me mones?
Satin' est, si plura ex me audiet hodie mala,
Quam audivit unquam Clinia ex Demetrio? (abit.)
Nic. Lippi illic oculi servos est similumus :   955
Si non est, nolis esse, neque desideres.
Si est, abstinere, quin adtingas, nequeas.
Nam ni illic hodie forte fortuna heic foret,
Miles Mnesilochum cum uxore obprimeret sua,
Atque obtruncaret mœchum manifestarium,   960
Nunc quasi ducentis philippis emi filium,
Quos dare promisi militi : quos non dabo
Temere etiam, priusquam filium convenero.
Nunquam, edepol, quidquam temere credam Chrysalo.
Verum libet etiam mihi has perlegere denuo;   965
Æquom 'st tabellis consignatis credere. (egreditur.)

SCÈNE IX.

CHRYSALE, NICOBULE.

Chrys. On nous vante l'entreprise des deux fils d'Atrée, qui, à la tête d'une armée formidable et de mille vaisseaux suivis de l'élite des guerriers, réduisirent, après un siége de dix ans, la patrie de Priam, cette Troie fortifiée par la main des dieux mêmes : mais Achille ne ruina pas les Troyens, comme moi mon maître, sans flotte, sans armée, sans un soldat. J'ai pris, arraché au père tout son argent, pour sauver les amours de son fils; mais en attendant le retour du bonhomme, déplorons la ruine de Troie. O Troie! (1) ô patrie! ô Pergame! ô Priam! Te voilà perdu, infortuné vieillard ; te voilà condamné à une amende de deux cents philippes d'or. Car ces tablettes scellées et cachetées que je porte là ne sont pas des tablettes : c'est plutôt le cheval de bois, fatal présent des Grecs ! Pistoclère est un nouvel Épéus; Mnésiloque est Sinon abandonné : seulement il n'est pas couché sur le bûcher d'Achille (2), mais sur un bon lit, tenant Bacchis entre ses bras. Sinon portait un flambeau pour donner le signal..; il porte aussi un flambeau.., celui de l'Amour. Moi, je suis Ulysse, dont l'adresse conduit tout. Tous les mots de ces tablettes sont comme autant de soldats armés et frémissants, cachés dans les flancs du cheval de bois; aussi ai-je réussi, et même mieux que les Grecs ; car mon cheval entrera non dans la forteresse, mais dans le coffre-fort. Mon cheval détruira, ruinera ce nouvel Ilion ; ce vieillard stupide est un Ilion pour moi; le militaire est Ménélas ; moi, je suis Agamemnon et Ulysse tout ensemble. Mnésiloque est un Pâris qui sera la ruine de la maison paternelle. C'est lui qui a enlevé cette Hélène pour laquelle je fais le siége de Troie. On m'a dit qu'Ulysse était comme moi audacieux et capable de tout. J'ai été arrêté au milieu de mon complot : lui, il fut surpris sous l'habit d'un mendiant, et faillit périr pendant qu'il méditait la ruine de Troie. La même chose m'est arrivée aujourd'hui. On m'a enchaîné ; mais je me suis délivré par la ruse ; c'est par la ruse aussi qu'il se sauva. On m'a raconté que trois événements avaient décidé du sort de Troie : l'enlèvement du palladium, la mort de Troïle, la destruction de la porte Scée. Trois événements semblables menacent l'Ilion que j'assiége. Depuis longtemps, grâce à mon histoire de l'Hôte et du Corsaire, j'ai enlevé le palladium de la citadelle. Il me restait deux choses à faire avant de prendre la ville. En apportant la lettre au vieillard, j'ai tué Troïle ; en lui faisant croire que Mnésiloque était depuis longtemps avec la femme du militaire, je suis venu à bout de me sauver. Je compare ce danger à celui d'Ulysse, reconnu par Hélène et livré à Hécube; mais, de même qu'il lui échappa par des caresses, et obtint la liberté par son éloquence ; de même j'ai détourné le péril par mon adresse et donné le change au bonhomme. J'ai lutté ensuite contre ce terrible guerrier, qui prend la ville par la seule puissance de ses paroles. Je l'ai battu et repoussé : j'ai attaqué le vieillard, je l'ai vaincu par un mensonge et dépouillé du premier coup. Il a promis au militaire deux cents philippes. et il les donnera. Il en faudra encore deux cents pour distribuer après la prise d'Ilion, et régaler convenablement les vainqueurs. Mais je préfère de beaucoup notre Priam à l'ancien. Il n'a pas seulement cinquante enfants; il

(1) Parodie de quelque poète tragique.
(2) C'est sans doute par erreur que le nom d'Achille se trouve ici au lieu de Palamède.

SCENA NONA.

CHRYSALUS, NICOBULUS.

Chrys. Atridæ duo fratres cluent fecisse facinus maxumum :
Quom Priami patriam Pergamum, divina mœnitum manu,
Armis, equis, exercitu, atque eximiis bellatoribus, 969
Millenum numero navium, decumo anno post, subegerunt.
Non Pelides termento fuit, præut ego herum expugnabo meum,
Sine classe, sineque exercitu, et tanto numero militum.
Cepi, expugnavi amanti herili filio aurum ab suo patre. 973
Nunc priusquam huc senex venit, libet lamentari, dum exeat :
O Troja! o patria! o Pergamum ! o Priame! periisti, senex,
Qui misere male mulcabere quadringentis philippis aureis.
Nam ego has tabellas obsignatas, consignatas, quas fero,
Non sunt tabellæ, sed equos, quem misere Achivi ligneum.
Epius est Pistoclerus; ab eo hæc sumpta. Mnesilochus Sinon
est 979
Relictus; eltum, non in busto Achilli, sed in lecto adcubat;
Bacchidem habet secum. Ille olim habuit ignem, qui signum daret;
Hæc ipsum exurit. Ego sum Ulysses, quojus consilio hæc geruntur.
Tum quæ heic sunt scriptæ literæ, hoc in equo insunt milites
Armati atque animati probe : ita res subcessit, meliusque adhuc.
Atque hic equos non in arcem, verum in arcam faciet Inpetum.
Excidium, exitium, ex lecebra fiet hic equos hodie auro senis.
Nostro seni huic stolido, et profecto nomen facio ego Ilio.
Miles Menelau'st, ego Agamemnon, idem Ulysses Laertius,
Mnesilochus est Alexander, qui erit exitium rei patriæ suæ :
Is Helenam abduxit, quoja causa nunc facio obsidium Ilio.

Nam illeic audivi Ulyssem, ut ego sum, fuisse et audacem et malum. 991
Dolis ego deprensus sum; ille mendicans pene inventus interiit.
Dum sibi exquirit fata Iliorum : adsimiliter mihi hodie obtigit.
Vinctus sum, sed dolis me exemi ; item se ille servavit dolis.
Ilio tria fuisse audivi fata, quæ illi forent exitio : 995
Signum ex arce si perisset; alterum etiam est Troili mors;
Tertium, quom portæ Sceæ limen superum scinderetur.
Paria item tria eis tribus sunt fata nostra huic Ilio :
Nam dudum primo, ut dixeram nostro seni mendacium
Et de hospite, et de auro, et de lembo, ibi signum ex arce jam abstuli. 1000
Jam duo restabant fata tum, nec magis id ceperam oppidum.
Post ubi tabellas ad senem detuli, ibi obcidi Troilum.
Quom censuit Mnesilochum cum uxore esse dudum militis,
Ibi vix me exsolvi ; atque id periclum adsimulo, Ulysses ut prædicant
Cognitum ab Helena, esse proditum Hecubæ : sed ut olim ille se 1005
Blanditiis exemit, et persuasit, se ut amitteret;
Item ego dolis me illo expuli periculo, et decepi senem
Postea cum magnifico milite, urbeis verbis qui inermus capit,
Conflixi, atque hominem repuli : dein pugnam conserui seni;
Ego eum adeo uno mendacio devici, uno ictu extempulo
Cepi spolia : is nunc ducentos numos philippos militi, 1011
Quos dare se promisit, dabit.
Nunc alteris etiam ducentis usu'st, qui dispensentur,
Ilio capto, ut sit mulsum, qui triumphent milites.
Sed Priamus hic multo illi præstat : non quinquaginta modo,

en a cinq cents, et de la meilleure qualité, sans le moindre défaut : je vais les lui ravir en deux coups. Mais si quelqu'un a envie de mon Priam, je le lui vendrai à bon compte, une fois la ville prise. Le voilà lui-même ce bon Priam, debout à sa porte : abordons-le et parlons-lui.

Nic. Quelle voix frappe mon oreille?
Chrys. Nicobule!
Nic. Qu'y a-t-il? as-tu rempli ta commission?
Chrys. Belle demande! suivez-moi.
Nic. Marchons.
Chrys. Je suis bon orateur : j'ai fait pleurer notre homme par les reproches et les paroles sévères dont je l'ai accablé.
Nic. Qu'a-t-il répondu?
Chrys. Pas un mot : les larmes aux yeux il écoutait en silence ce que je lui disais. Il a écrit cette lettre sans dire mot, l'a cachetée, et me l'a donnée pour vous la remettre; mais je crains bien que ce ne soit la même chanson que l'autre. Reconnaissez-vous le cachet : est-ce bien le sien?
Nic. Oui. Il faut que je la lise.
Chrys. Lisez. (*à part.*) On abat la porte Scée. La chute d'Ilion approche. Le cheval de bois joue à merveille.
Nic. Reste ici pendant que je lis ce billet.
Chrys. A quoi ma présence est-elle bonne?
Nic. A exécuter les ordres que je te donnerai, et afin que tu saches ce que dit cette lettre.
Chrys. Que m'importe? Je n'ai besoin de rien savoir.
Nic. Reste toujours.
Chrys. A quoi bon?
Nic. Tais-toi : fais ce que je te commande.
Chrys. Je resterai.
Nic. Fort bien. Quelle écriture fine!

Chrys. Oui, pour une mauvaise vue; mais pour de bons yeux les caractères sont assez gros.
Nic. Prête donc attention.
Chrys. Non, encore une fois.
Nic. Je l'exige.
Chrys. Pourquoi?
Nic. Parce que tu dois m'obéir.
Chrys. Il est juste que votre esclave vous serve à votre gré.
Nic. Attention, je te prie.
Chrys. Lisez, puisque vous le voulez : mes oreilles sont à vos ordres.
Nic. Il n'a pas épargné la cire ni le stylet : mais continuons. « Mon père, donnez, je vous prie, deux cents philippes à Chrysale, si vous m'aimez; si vous voulez me sauver la vie. »
Chrys. Mauvais exorde, ce me semble.
Nic. Pourquoi?
Chrys. Il ne vous salue pas en commençant.
Nic. Cela n'y est pas.
Chrys. Vous ne lui donnerez rien, si vous faites bien; mais si vous lui donnez, je lui conseille de faire choix d'un autre messager que moi. Je ne me chargerai de rien, quoi que vous puissiez ordonner. Je vous suis déjà assez suspect, malgré mon innocence.
Nic. Écoute donc, que j'achève la lettre.
Chrys. Dès le premier mot cette lettre est impertinente.
Nic. « Je n'ose, mon père, paraître devant vous. « Je sais que vous êtes instruit de ma honteuse liai- « son avec la femme d'un militaire étranger. » (*Nicobule l'interrompant.*) Il n'y a pas à badiner; les deux cents philippes l'ont sauvé de l'opprobre.
Chrys. Je l'avais prévenu de tout cela.
Nic. (*lisant.*) « J'avoue mes folies; mais je vous

Quadringentos filios habet; atque equidem omneis lectos,
  sine probro :   1016
Eos ego hodie omneis contruncabo duobus solis ictibus.
Nunc, Priamo nostro si est quis emtor, coemtionalem senem
Vendam ego, venalem quem habeo, extemplo ubi oppidum expugnavero.
Sed Priamum adstantem eccum ante portam video : adibo,
  atque adloquar.   1020
Nic. Cujanam vox prope me sonat? *Chrys.* O Nicobule! *Nic.*
  Quid fit? quid?
Quod te misi, ecquid egisti? *Chrys.* Roras? congredere. *Nic.*
  Congredior.
Chrys. Optumus sum orator : ad lacrumas coegi hominem castigando,
Maleque dictis, quæ quidem quivi comminisci. *Nic.* Quid
  ait? *Chrys.* Verbum
Nullum fecit; lacrumans tacitus auscultabat, quæ ego loquebar :   1025
Tacitus conscripsit tabellas; obsignatas mihi has dedit,
Tibi me jussit dare : sed metuo, ne idem cantent, quod priores.
Gnosce signum; estne ejus? *Nic.* Gnovi : lubet perlegere has. *Chrys.* Perlege.
(*aversus ad spectantes.*)
Nunc superum limen scinditur, nunc adest exitium Ilio.
Turbat equos lepide ligneus. *Nic.* Chrysale, ades, dum ego
  has perlego.   1030
Chrys. Quid me tibi adesse opus est? *Nic.* Volo, ut, quod jubebo, facias,
Ut scias, quæ heic scribta sient. *Chrys.* Nihil moror, neque scire volo.

Nic. Tamen ades. *Chrys.* Quid opus est? *Nic.* Taceas; quod jubeo, id facias. *Chrys.* Adero.
Nic. Euge, litteras minutas! *Chrys.* Qui quidem videat parum :
Verum, qui satis videat, grandeis satis sunt. *Nic.* Animum advortito igitur.   1035
Chrys. Nolo, inquam. *Nic.* At volo, inquam. *Chrys.* Quid opu'st? *Nic.* At enim id, quod te jubeo, facias.
Chrys. Justum est, tuus tibi servos tuo arbitratu serviat.
Nic. Hoc age, sis, jam nunc. *Chrys.* Ubi lubet, recita; aurium operam tibi dico.
Nic. Ceræ quidem haud parsit, neque stilo; sed quidquid est, perlegere certum 'st.
« Pater ducentos philippos quæso, Chrysalo   1040
« Da, si esse salvom vis me, aut vitalem tibi. »
Chrys. Malum quidem, hercle, magnum tibi dico. *Nic.* Quid est?
Chrys. Non prius salutem scribsit? *Nic.* Nusquam sentio.
Chrys. Non dabis, si sapies; verum si das maxume,
Næ ille alium gerulum quærat, si sapiet, sibi :   1045
Nam ego non laturus sum, si jubeas maxume.
Sat sic suspectus sum, quom careo noxia.
Nic. Ausculta porro, dum hoc, quod scribtum 'st, perlego.
Chrys. Inde a principio jam impudens epistola 'st.
Nic. « Pudet prodire me ad te in conspectum, pater. 1050
« Tantum flagitium te scire audivi meum,
« Quod cum peregrini cubui uxore militis. »
Pol, haud derides : nam ducentis aureis
Philippis redemi vitam ex flagitio tuam.
Chrys. Nihil est illorum, quin ego illi dixerim.   1055
Nic. « Stulte fecisse fateor : sed quæso, pater,
« Ne me in stultitia, si deliqui, deseras.

« prie, mon père, ne m'abandonnez pas, malgré mes
« torts. Je n'ai été maître ni de mon cœur ni de
« mes sens. Ce délire m'a entraîné à des actions
« dont je rougis maintenant. » (S'interrompant.) Tu
aurais mieux fait de réfléchir auparavant, pour n'a-
voir pas à rougir après.

Chrys. Il y a longtemps que je lui ai dit tout
cela.

Nic. (continuant.) « Contentez-vous, mon père,
« je vous en supplie, des remontrances que j'ai re-
« çues de Chrysale : ses leçons m'ont rendu meil-
« leur, et vous lui devez une récompense pour
« cela. »

Chrys. Est-ce bien écrit comme cela?
Nic. Regarde, tu le sauras.
Chrys. Quand on a fait une faute, comme on est humble avec tout le monde!

Nic. (continuant.) « Maintenant, mon père, si
« j'ose vous adresser une demande, donnez-moi
« deux cents philippes, je vous en conjure. »

Chrys. Vous ne lui en donnerez pas un, si vous faites bien.

Nic. (à Chrysale.) Laisse-moi donc lire jusqu'au bout. (Il lit.) « J'ai juré en termes formels de les
« donner avant ce soir à cette femme, au moment
« de la quitter : faites, mon père, que je ne sois
« point parjure, et éloignez-moi le plus prompte-
« ment possible d'une femme qui me perd et me
« déshonore. Épargnez-vous de nouveaux tourments
« avec ces deux cents philippes ; je vous en rendrai
« six cents, si je vis. Adieu, et songez à moi. »
Qu'en penses-tu, Chrysale?

Chrys. Je ne vous donnerai aujourd'hui aucun conseil : je ne veux pas que, s'il arrive quelque malheur, vous disiez que vous avez agi d'après mon avis. Seulement je pense que si j'étais à votre place, j'aimerais mieux donner cet argent que de laisser mon fils se corrompre : il n'y a que deux partis ;

choisissez : perdez votre or, ou laissez-le se parjurer.
Je ne vous ordonne rien, je ne vous défends rien, je ne vous conseille rien.

Nic. J'ai pitié de lui.

Chrys. Il est votre fils, c'est naturel ; perte pour perte, il vaut mieux perdre de l'argent que l'honneur d'un jeune homme.

Nic. Vraiment, j'aimerais mieux qu'il fût bie portant à Éphèse, que de le voir revenu ici. Faisons tout de suite un sacrifice, puisqu'il le faut. Je vais apporter les deux cents philippes, et deux cents autres encore que j'ai eu la sottise de promettre à ce militaire. Reste ici ; je suis à toi tout à l'heure. (Il sort.)

Chrys. (seul.) Troie est au pillage ; les chefs de la Grèce renversent Pergame : je savais bien que je serais cause de sa ruine. Je conviendrai, si l'on veut, que, pour une pareille, équipée je mérite un rude châtiment : mais la porte a fait du bruit, le butin sort de Troie... Taisons-nous.

Nic. Prends cet or, Chrysale : va, porte-le à mon fils. Moi, je vais à la place publique payer ce militaire.

Chrys. Je ne le prendrai point. Ainsi cherchez quelque autre pour le porter : je ne veux point d'un pareil dépôt.

Nic. Prends-le donc... Tu me fâches.
Chrys. Je ne le prendrai point.
Nic. Mais je t'en prie!
Chrys. Je vous dis ma volonté.
Nic. Tu persistes?

Chrys. Je ne veux point, vous dis-je, que vous me donniez cet or, à moins que vous ne mettiez près de moi quelqu'un qui m'observe.

Nic. Tu vas me fâcher.
Chrys. Je cède, s'il le faut absolument.
Nic. Fais cette commission : je serai bientôt de retour. (Il sort.)

« Ego animo cupido atque oculis indomitis fui :
« Persuasum 'st facere, quojus nunc me facti pudet. »
Prius te cavisse ergo, quam pudere, æquom fuit.   1060
Chrys. Eadem istæc verba dudum illi dixi omnia.
Nic. « Quæso, ut sat habeas id, pater, quod Chrysalus
« Me objurgavit plurimis verbis malis,
« Et me meliorem fecit præceptis suis,
« Ut te ei habere gratiam æquom sit bonam. »   1065
Chrys. Estne istuc isteic scribtum? *Nic.* Hem, specta, tum scies.
Chrys. Ut qui deliquit, subplex est ultro omnibus !
Nic. « Nunc si ne fas est obsecrare abs te, pater,
« Da mihi ducentos numos philippos, te obsecro. »
Chrys. Ne unum quidem, hercle, si sapis. *Nic.* Sine perlegam :   1070
« Ego jusjurandum verbis conceptis dedi,
« Daturum id me hodie mulieri ante vesperum,
« Priusquam a me abiret : nunc, pater, ne pejerem,
« Cura, atque abduce me hinc ab hac, quantum pote'st,
« Quam propter tantum damni feci et flagiti.   1075
« Cave tibi ducenti numi dividiæ fuant.
« Sexcenta tanta reddam, si vivo, tibi.
« Vale, atque hæc cura. » Quid nunc censes, Chrysale?
Chrys. Nihil ego tibi hodie consili quidquam dabo,
Neque ego haud committam, ut, si quid peccatum siet,   1080
Foeisse dicas de mea sententia.
Verum, ut ego opinor, si quis in istoc siem loco,
Dem potius aurum, quam illum corrumpi sinam.
Duæ conditiones sunt ; utram tu adcipias, vide :

Vel ut aurum perdas, vel ut amator pejeret.   1085
Ego neque te jubeo, neque veto, neque suadeo.
Nic. Miseret me illius. *Chrys.* Tuus est, non mirum facis.
Si plus perdundum sit, perisse suaviu'st
Quam illud flagitium volgo dispalescere
Nic. Næ ille, edepol, Ephesi multo mavellem foret,   1090
Dum salvos esset, quam revenisset domum.
Quin ergo istuc, quod perdundum'st, properem perdere?
Binos ducentos philippos jam intus ecferam,
Et militi quos dudum promisi miser,
Et istos : mane isteic, jam exeo ad te Chrysale.   1095
(abit.)
Chrys. Fit vasta Troja, scindunt proceres Pergamum.
Scivi ego jamdudum fore me exitium Pergamo.
Edepol, qui me esse dicat cruciatu malo
Dignum, næ ego cum illo pignus haud ausim dare·
Tantas turbelas facio : sed crepuit foris,   1100
Ecfertur præda ex Troja : taceam nunc jam
(redit Nicobulus.)
Nic. Cape hoc tibi aurum, Chrysale ; i, fer filio.
Ego ad forum autem hinc ibo, ut solvam militem.
Chrys. Non equidem adcipiam ; proin tu quæras, qui ferat.
Nolo ego mihi credi. *Nic.* Cape vero ; odiose facis.   1105
Chrys. Non equidem capiam. *Nic.* At quæso. *Chrys.* Dico,
ut res se habet.
Nic. Morare. *Chrys.* Nolo, inquam, aurum concredi mihi.
Vel da alicumi, qui me servet. *Nic.* Ohe, odiose facis.
Chrys. Cedo, si necesse 'st. *Nic.* Cura hoc : Jam ego huc revenero. (abit.)

Chrys. (seul.) Va, tout est arrangé pour que tu sois la meilleure dupe... C'est là mener une intrigue à bien! Me voilà triomphant et chargé de butin. Nous sommes sauvés, la ville est prise, et je ramène toute mon armée sans une égratignure. Ne soyez pas surpris, spectateurs, si je ne triomphe pas publiquement : je n'y tiens pas. Mes soldats seulement se rafraîchiront de vin nouveau. Moi, je vais porter tout le butin au questeur.

SCÈNE X.
PHILOXÈNE.

Plus je réfléchis sur les désordres de mon fils, sur sa conduite et le dérèglement de ses mœurs, plus j'ai lieu de craindre qu'il ne se corrompe tout à fait et ne se perde. J'ai eu son âge aussi, je le sais bien; j'ai fait de même, mais avec plus de modération. Je n'approuve pas la rigueur ordinaire des parents envers leurs enfants : j'ai eu des maîtresses ; j'ai aimé le vin , la bonne chère et la dépense, mais de temps en temps. J'ai pour principe de donner entière liberté à mon fils. J'ai cru juste de ne pas contrarier ses goûts. Mais je n'entends pas donner carrière à toutes ses licences. Je vais trouver Mnésiloque, à qui j'ai recommandé d'exciter mon fils au bien et à la vertu. Il n'y aura pas manqué, s'il a pu le rejoindre. C'est au fond un jeune homme d'un si bon naturel !

ACTE CINQUIÈME.
SCÈNE I.
NICOBULE, PHILOXÈNE.

Nicob. Oui, je surpasse en bêtise et en stupidité tous les sots, tous les butors, tous les imbéciles, tous les idiots, tous les oisons, qui sont, qui furent ou qui seront jamais, en aucun lieu du monde. C'est à mourir de honte d'être pris deux fois de la sorte à mon âge! Plus j'y songe, et plus les désordres de mon fils me désespèrent. Je suis perdu, abîmé, mis en pièces. Tous les malheurs me poursuivent, tous les désastres m'accablent. Aujourd'hui Chrysale m'a déchiré, dépouillé comme un gueux. Il m'a fait donner en vraie bête dans toutes les fourberies qu'il a imaginées. Ainsi il m'a fait accroire que cette courtisane était la femme du militaire. Cet homme m'a tout appris. Il l'a pour maîtresse pendant une année. L'argent que j'ai eu la sottise de promettre payerait le reste du prix du bail. Ce qui me fait enrager, ce qui me met au supplice, c'est d'être ainsi dupé à mon âge. Être ainsi mystifié avec mes cheveux blancs et cette barbe grise! Se voir enlever son argent à son nez! Malheureux ! être berné, volé par un esclave! J'aimerais mieux avoir perdu le double, le triple d'une autre manière! j'y serais mille fois moins sensible.

Phil. Mais il me semble qu'on parle ici près de moi... Je vois... c'est le père de Mnésiloque.

Nic. A merveille ! je vois mon compagnon d'infortune; bonjour, Philoxène.

Phil. Comment vous portez-vous?

Nic. Comme un infortuné, un misérable

Phil. Un infortuné, un misérable, c'est aussi mon lot.

Nic. Il paraît que nous avons le même sort comme le même âge.

Phil. Précisément. Mais vous, que vous arrive-t-il?

Nic. La même chose qu'à vous.

Chrys. Curatum 'st, esse te senem miserrumum. 1110
Hoc est incepta eoficere pulchre, veluti mihi
Evenit, ut ovans præda onustus cederem.
Salute nostra, atque urbe capta per dolum,
Domum reduco integrum omnem exercitum.
Sed, spectatores, vos nunc ne miremini, 1115
Quod non triumpho; pervolgatum 'st, nihil moror.
Verumtamen adcipientur mulso milites.
Nunc hanc prædam omnem jam ad quæstorem deferam.

SCENA DECIMA.
PHILOXENUS.

Quam magis in pectore meo foveo, quas meus filius turbas turbet,
Quam se ad vitam, et quos ad mores præcipitem inscitus capessat, 1120
Magis curæ 'st, magisque adformido, ne is pereat, neu corrumpatur.
Scio, ego fui illa ætate, et feci illa omnia, sed more modesto.
Neque placitant mores, quibus video volgo gnatis esse parentes.
Duxi, habui scortum; potavi, edi, donavi : et enim id raro.
Ego dare me ludum meo gnato institui; ut animo obsequium
Sumere possit, æquom esse puto : sed nimis nolo desidiæ 1126
Ei dare ludum. Nunc Mnesilochum, quod mandavi, viso,
Ecquid eum ad virtutem aut ad frugem opera sua compulerit;
Sicut eum, si convenit, scio fecisse : eo est ingenio natus.

ACTUS QUINTUS.
SCENA PRIMA.
NICOBULUS, PHILOXENUS.

Nic. Quicumque ubique sunt, qui fuere, quique futuri sunt posthac 1130
Stulti, stolidi, fatui, fungi, bardi, blenni, buccones,
Solus ego omneis longe antideo stultitia, et moribus indoctis.
Perii! pudet. Hoccine me ætatis ludum bis factum esse indigne?
Magis quam id reputo, tam magis uror, quæ meus filius turbavit.
Perditus sum, atque etiam eradicatus sum : omnibus exemplis crucior. 1135
Omnia me mala consectantur, omnibus exitiis interii :
Chrysalus me hodie laceravit, Chrysalus me miserum spoliavit;
Is me scelus usque adtondit dolis doctis indoctum, ut lubitum 'st;
Ita miles memorat meretricem esse, quam ille uxorem esse aiebat.
Omniaque, ut quidquid actum 'st, memoravit : eam sibi hunc annum conductam; 1140
Reliquom id auri factum, quod ego ei stultissumus homo promisisem.
Hoc, hoc est, quod peracescit, hoc est demum quod perceuctior,
Me hoc ætatis ludificari : imo, edepol, sic ludos factum
Cano capite, atque alba barba! miserum me auro esse emunctum!
Perii! hoc servom meum non nauci facere esse ausum! at que ego, si alibi 1145
Plus perdiderim, minus ægre habeam, minusque id mihi damno ducam.

Phil. Certo heic prope me mihi nescio quis loqui visu'st ; sed quem video,
Hic quidem pater Mnesilochi. *Nic.* Euge, socium ærumnæ et mei mali video.
Philoxene, salve. *Phil.* Et tu : unde agis? *Nic.* Unde homo

Phil. Est-ce votre fils qui vous cause ce chagrin?
Nic. Justement.
Phil. J'ai la même maladie.
Nic. C'est ce bon sujet de Chrysale qui a causé la perte de mon fils, la mienne, et celle de toute ma fortune.
Phil. Que reprochez-vous à votre fils, je vous prie?
Nic. Sachez qu'il s'est perdu avec le vôtre... Ils ont tous deux une maîtresse.
Phil. Comment le savez-vous?
Nic. Je l'ai vu.
Phil. Dieux! vous me donnez la mort.
Nic. Qui nous empêche de frapper à cette porte, et de les faire venir ici tous deux?
Phil. Très-volontiers.
Nic. Holà, Bacchis! Faites vite ouvrir cette porte, si vous ne voulez pas que je brise les gonds et les battants à coups de hache.

SCÈNE II.
LES DEUX BACCHIS, NICOBULE, PHILOXÈNE.

1. *Bacc.* Quel est ce bruit? Qui m'appelle de ce nom et pousse ainsi la porte?
Nic. Moi et ce brave homme.
1. *Bacc.* Qu'est-ce qu'il y a? et qui nous amène ces deux brebis?
Nic. Les scélérates qui nous appellent brebis!
2. *Bacc.* Leur berger dort sans doute, pendant qu'elles s'éloignent ainsi du troupeau.
1. *Bacc.* Mais elles sont fort belles et très-propres!
2. *Bacc.* Elles sont tondues jusqu'à la peau.
Phil. Comme elles se moquent de nous!
Nic. Laissez-les dire.
1. *Bacc.* Crois-tu qu'on puisse les tondre deux fois par an?

2. *Bacc.* En voilà une qu'on a certainement tondue deux fois aujourd'hui.
1. *Bacc.* Ce sont de vieilles brebis qui mangent le thym depuis longtemps.
2. *Bacc.* Elles ont eu leur prix autrefois.
1. *Bacc.* Vois-tu comme ils nous regardent en cachette?
2. *Bacc.* C'est sans malice assurément.
Phil. Nous méritons cela pour être venus ici.
1. *Bacc.* Faisons-les entrer.
2. *Bacc.* A quoi bon? Elles n'ont plus ni lait ni toison. Laissons-les; elles ont perdu tout leur prix. Elles ne sont plus d'aucun rapport. Ne les vois-tu pas errer seules à l'aventure? L'âge les a rendues muettes : elles ne bêlent seulement pas, bien qu'éloignées du troupeau. Elles paraissent folles, mais non pas méchantes.
1. *Bacc.* Rentrons, ma sœur.
Nic. Restez toutes deux; les deux brebis ont besoin de vous.
1. *Bacc.* Mais c'est un prodige, des brebis qui nous parlent comme des hommes!
Phil. Ces deux brebis ont à régler avec vous certain compte qui ne vous fera pas rire.
1. *Bacc.* Si vous nous devez, je vous tiens quittes, gardez-le, je ne vous le redemanderai pas. Mais quelle est cette affaire, et pourquoi ce ton menaçant?
Phil. Parce qu'on dit que vous tenez nos deux agneaux enfermés ici.
Nic. Et avec ces agneaux, mon chien qui mord au moment où l'on y pense le moins. Si vous ne vous rendez pas et ne les mettez pas dehors, nous deviendrons des béliers furieux, et nous nous jetterons sur vous.
1. *Bacc.* Un mot, ma sœur.

---

miser atque infortunatus.
Phil. At, pol, ego ibi sum, esse ubi miserum hominem decet atque infortunatum. 1150
Nic. Igitur pari fortuna, ætate ut sumus, utimur. *Phil.* Sic est : sed, tu,
Quid tibi est? *Nic.* Pol, mihi par idem 'st, quod tibi. *Phil.* Numquidnam ad filium
Hæc ægritudo adtinet? *Nic.* Admodum. *Phil.* Idem mihi morbus in pectore 'st.
Nic. At mihi Chrysalus, optumus homo,
Perdidit filium, me, atque rem omnem 1155
Meam. *Phil.* Quid tibi ex filio nam, obsecro, ægre 'st? *Nic.* Scies id : periit
Cum tuo; atque ambo æque amicas habent. *Phil.* Qui scis?
Nic. Vidi. *Phil.* Hei mihi, disperii!
Nic. Quid dubitamus pultare, atque huc evocare ambos foras?
Phil. Haud moror. *Nic.* Heus, Bacchis, jube, sis, actutum aperiri foreis,
Nisi mavoltis foreis et posteis conminui securibus. 1160

SCENA SECUNDA.
BACCHIDES DUÆ SORORES, NICOBULUS, PHILOXENUS.

Bacch. 1. Quis sonitu ac tumultu tanto, nomine nominat Me, atque pultat ædeis? *Nic.* Ego atque hic. *Bacch.* 1. Quid hoc est
Negoti? nam, amabo, quis has huc oveis adegit?
Nic. Oveis nos vocant pessumæ. *Bacch.* 11. Pastor harum
Dormit, quom hæ eunt sic a pecu palitanteis. 1165
Bacch. 1. At, pol, nitent, haud sordidæ videntur ambæ.

Bacch. 11. Adtonsæ hæ quidem ambæ usque sunt. *Phil.* Ut videntur
Deridere nos! *Nic.* Sine suo usque arbitratu.
Bacch. 1. Rerin' ter in anno tu has tonsitari? *Ba.* 11. Pol, hodie Altera jam bis detonsa certe 'st. *Bacch.* 1. Vetulæ 1170
Sunt thymiamæ. *Bacch.* 11. At bonas fuisse credo
Bacch. 1. Viden' limulis, obsecro, ut intuentur?
Bacch. 11. Ecastor, sine omni arbitror malitia esse.
Phil. Merito hoc nobis fit, qui quidem huc venerimus.
Bacch. 1. Cogantur quidem intro. *Bacch.* 11. Haud scio, quid eo opus sit, 1175
Quæ nec lactem, nec lanam ullam habent : sic sine adstent. Exolueré, quanti fuere; omnis fructus
Jam illis decidit : non vides, ut palanteis
Solæ libere grassentur? quin ætate credo esse mutas :
Ne balant quidem, quom a pecu cætero absunt. Stultæ atque haud malæ videntur. 1180
Bacch. 1. Revortamur intro, soror. *Nic.* Inlico ambo manete : hæ oveis volunt vos.
Bacch. 1. Prodigium hoc quidem 'st; humana nos voce adpellant oveis.
Phil. Hæ oveis vobis malam rem magnam, quam debent, dabunt.
Bacch. 1. Si quam debes, te condono, tibi habe, nunquam abs te petam.
Sed quid est, quapropter nobis vos malum minitamini? 1185
Phil. Quia nostros agnos conclusos isteic esse aiunt duos.
Nic. Et, præter eos agnos, meus est isteic clam mordax canis :
Qui nisi nobis producuntur jam, atque emittuntur foras, Arietes truceis nos erimus, jam in vos incursabimus.
Bacc. 1. Soror, est, quod te volo secreto. Eho, amabo. *Nic.*

2. *Bacc.* Que me veux-tu?
Nic. Où vont-elles?
1. *Bacc.* Je t'abandonne ce vieillard-ci le plus éloigné. Quelques cajoleries le rendront plus traitable; moi, je vais attaquer celui qui est furieux. Nous pourrions les faire entrer là-dedans.
2. *Bacc.* Je m'acquitterai joyeusement de ma tâche, quoiqu'il soit assez triste d'embrasser la mort.
1. *Bacc.* Fais de ton mieux.
2. *Bacc.* Tais-toi, et fais ta besogne; je réponds de moi.
Nic. Sur quoi donc consultent-elles en secret?
Phil. Qu'en dites-vous, mon cher?
Nic. Plaît-il?
Phil. J'ai honte de vous dire ma pensée.
Nic. Honte de quoi?
Phil. Chut! Je veux tout vous confier comme à un ami : je suis un sot.
Nic. Je connais votre amitié depuis longtemps : mais pourquoi êtes-vous un sot?
Phil. Je suis pris à l'hameçon : mon cœur est accroché.
Nic. J'aimerais mieux vous voir la goutte : mais qu'avez-vous? Je le devine à peu près, et je voudrais l'apprendre de votre bouche.
Phil. Voyez-vous cette femme?
Nic. Eh bien?
Phil. Ce n'est pas une méchante femme.
Nic. Elle ne vaut rien, ni vous non plus.
Phil. A quoi bon tant de paroles? Je l'aime.
Nic. Vraiment!
Phil. Vous m'assommez.
Nic. Homme corrompu, devenir amoureux à votre âge!
Phil. Pourquoi pas?
Nic. Parce que c'est honteux.
Phil. En un mot, je ne suis plus irrité contre mon fils, et vous ne devez plus l'être contre le vôtre. S'ils aiment, ils ont raison.

1. *Bacc.* (à *Phil.*) Suivez-moi.
Nic. Ils s'en vont ensemble. Voilà comme elles séduisent et entraînent! Voyons; nous rendez-vous nos enfants et mon esclave? Faudrait-il employer la force?
Phil. (à *Nic.*) Sortez d'ici. Vous n'êtes pas un homme, de traiter brutalement une si aimable personne.
1. *Bacc.* (à *Nic.*) O le meilleur vieillard de la terre, laissez-vous fléchir, et ne nous faites pas une si rude guerre.
Nic. Si vous ne vous en allez pas, malgré tous vos charmes, je vous arrangerai de la bonne manière.
1. *Bacc.* Je le supporterai. Je ne crains pas que vos coups me fassent mal.
Nic. Quel doux langage! Je crains maintenant pour moi.
2. *Bacc.* Celui-ci est plus calme.
1. *Bacc.* Allons; entrez avec moi, et vous gronderez votre fils tout à votre aise.
Nic. Partiras-tu, scélérate?
1. *Bacc.* (à *Nic.*) Laisse-moi te fléchir, mon amour.
Nic. Toi, me fléchir!
1. *Bacc.* J'obtiendrai de vous une faveur.
Phil. (à la 2ᵉ *Bacchis.*) Je vous en demande une, c'est de me conduire chez vous.
2. *Bacc.* Que vous êtes aimable!
Phil. Savez-vous pourquoi je veux entrer chez vous?
2. *Bacc.* Pour être seul avec moi.
Phil. Vous devinez mon désir.
Nic. J'ai vu bien des hommes méchants, je n'en ai pas vu de pire que vous.
Phil. Voilà comme je suis.
1. *Bacc.* (à *Nic.*) Venez, venez, entrez avec moi, vous trouverez chez moi de la gaieté, un bon souper, de bon vin, et des parfums.

Quo illæ abeunt? *Bacch.* 1. Senem illum 1190
Tibi dedo ulteriorem, lepide ut lenitum reddas : ego ad hunc
Iratum aggrediar; possumus nos hos intro inlicere huc.
Bacch. 11. Meum
Pensum ego lepide adcurabo, quamquam odiosum 'st mortem amplexari.
Bacch. 1. Facito ut facias. *Bacch.* 11. Taceas : tu tuum facito; ego, quod dixi, haud mutabo.
Nic. Quid illæc illeic in consilio duæ secreto consultant?
Phil. Quid ais tu, homo? *Nic.* Quid me vis? *Phil.* Pudet, dicere me tibi quiddam. 1196
Nic. Quid est, quod pudeat? *Phil.* St! amico homini tibi quid volo credere. Certum 'st,
Nihili sum. *Nic.* Istuc jampridem scio : sed, quid nihili sis, memora.
Phil. Tactus sum vehementer visco; cor stimulo foditur.
Nic. Pol, tibi
Multo æqulus est coxendicem. 1200
Sed quid istuc est? etsi jam ego ipse, quid sit, prope scire puto me;
Verum audire etiam ex te studeo. *Phil.* Viden' hanc? *Nic.* Video. *Phil.* Haud mala est mulier.
Nic. Pol, vero ista mala, et tu nihili. *Phil.* Quid multa? ego amo. *Nic.* An amas? *Phil.* Necas.
Nic. Tu homo putide, amator istac fieri ætate audes? *Phil.* Qui non?
Nic. Quia flagitium 'st. *Phil.* Quid opu'st verbis? meo filio non sum iratus. 1205

Neque te tuo 'st æquom esse iratum : si amant, sapienter faciunt.
Bacch. 1. Sequere hac. *Nic.* Eunt; eccas tandem! probri perlecebræ et persuastrices,
Quid nunc? etiam redditis nobis filios et servom? an ego
Experiar tecum vim majorem. *Phil.* Abin' hinc?
Non homo tu quidem es, qui istoc pacto tam lepidam inlepide adpelles. 1210
Bacch. 1. (ad Nicobulum.) Senex optume, quantum 'st in terra, sine te hoc exorare abs te,
Ut istuc delictum desistas tanto opere ire obpugnatum.
Nic. Nisi abeas, quamquam tu bella es, malum tibi magnum dabo jam. *Bacch.* 1. Patiar.
Non metuo, ne quid mihi doleat, quod ferias. *Nic.* Ut blandiloqua est!
Hei mihi metuo. *Bacch.* 11. Hic magis tranquillu'st. 1215
Bacch. 1. I, I hac mecum intro, atque ibi, si quid vis, filium concastigato.
Nic. Abin' a me, scelus? *Bacch.* 1. Sine, mea pietas, exorem.
Nic. Exores tu me?
Bacch. 11. Ego quidem ab hoc certe exorabo. *Phil.* Imo ego te oro, ut me intro abducas.
Bacch. 11. Lepidum te! *Phil.* At scin', quo pacto me ad te intro abducas? *Bacch.* 11. Mecum ut sis.
Phil. Omnia, quæ cupio, conmemoras. *Nic.* Vidi ego nequam 1220
Homines, verum te neminem deteriorem. *Phil.* Ita sum.
Bacch. 1. I, i hæc mecum intro, ubi tibi sit lepide victibus, vino atque unguentis.

LES BACCHIS, ACTE V, SCÈNE II.

Nic. Je suis rassasié de votre souper, et je ne me plaindrai jamais de la bonne chère qu'on fait chez vous. Mon fils et Chrysale m'ont soutiré quatre cents philippes : mais je m'en vengerai, dût-il m'en coûter deux fois autant.

1. *Bacc.* Si pourtant on vous rendait la moitié de votre or, ne viendriez-vous pas avec moi, et ne feriez-vous pas grâce aux coupables?

Phil. Il y consentira.

Nic. Point du tout! laissez-moi. Je veux punir leur insolence.

Phil. Vous êtes un sot de perdre par votre faute ce que les dieux vous donnent. On vous offre la moitié de votre argent, prenez et acceptez aussi les faveurs de cette belle.

Nic. Moi, faire une orgie pareille à l'endroit où mon fils s'est perdu!

Phil. Il faut boire.

Nic. Allons, puisque vous le voulez, j'y consens, quoique j'en rougisse! Mais pourrai-je me contraindre jusqu'à voir mon fils et elle coucher ensemble?

1. *Bacc.* Non, je resterai près de vous, je vous caresserai, je vous aimerai bien.

Nic. Ma raison s'en va, je suis perdu! Je voudrais en vain le nier.

1. *Bacc.* Est-ce que vous ne savez pas la maxime : Amusez-vous pendant que vous vivez, la vie est si courte! Si vous laissez échapper le plaisir aujourd'hui, vous ne le goûterez pas quand vous serez mort.

Nic. Que faire?

Phil. Vous le demandez?

Nic. Je désire, mais je crains.

1. *Bacc.* Que craignez-vous?

Nic. De me compromettre aux yeux de mon fils et de mon esclave.

1. *Bacc.* Mais, mon amour, cela arrive tous les jours. C'est votre fils. D'où le bien peut-il lui venir honnêtement, si ce n'est de vous? Souffrez que je vous demande leur grâce.

Nic. Comme elle s'insinue! Elle va m'arracher ce que j'avais bien résolu de ne pas accorder. (*A Bacchis.*) Vous me séduisez, vous me perdez.

1. *Bacc.* Vous ne vous éloignerez pas de moi; c'est aussi un point convenu.

Nic. Je ne reviendrai pas sur ce que j'ai dit.

1. *Bacc.* (*aux deux vieillards.*) Le jour tombe. venez vous reposer; vos fils attendent votre visite.

Nic. Notre mort plutôt!

1. *Bacc.* Voici la nuit, suivez-moi.

Phil. Conduisez-nous où vous voudrez; nous vous appartenons.

1. *Bacc.* (*à part.*) L'excellent tour! Les voilà pris, nos deux barbons qui venaient attraper leurs fils. (*Aux vieillards.*) Allez.

La troupe. Si ces vieillards n'eussent pas été corrompus dans leur jeunesse, ils n'auraient pas déshonoré ainsi leurs cheveux blancs. Cependant nous n'aurions pas hasardé cette comédie, si l'on n'avait pas représenté avant nous des pères complices des débauches de leurs fils, et devenus leurs rivaux. Spectateurs, nous vous souhaitons une bonne santé, en vous demandant de nous applaudir le plus possible.

Nic. Satis, satis jam vostri 'st convivi : me nihil pœnitet, ut sim adceptus.
Quadringentis philippis fillus me et Chrysalus circumduxerunt,
Quem quidem ego ut non excruciem, 1225
Alterum tantum auri non meream.
Bacch. 1. Quid tandem, si dimidium auri redditur? isne tu hac mecum
Intro, atque ut eis delicta ignoscas? *Phil.* Faciet.
Nic. Minume; nolo... nihil moror... sine sic... malo illos ulcisci ambo.
Phil. Etiam tu, homo nihili, quod dii dant boni, cave culpa tua amissis. 1230
Dimidium auri datur, adcipias, potesque, et scortum adcumbas.
Nic. Egon', ubi filius conrumpatur meus, ibi potem? *Phil.* Potandum 'st.
Nic. Age, jam id, utut est, etsi est dedecorum, patiar; facere inducam
Animum... Egon', quom hæc cum illo adcumbet, inspectem? *Bacch.* 1. Imo equidem, pol, tecum
Adcumbam, te amabo, et te amplexabor. *Nic.* Caput prurit : perii! 1235
Vix negito. *Bacch.* 1. Non tibi venit in mentem, amabo : « Si, dum vivas,
« Tibi bene facias, jam, pol, id quidem esse haud perlonginquom;
« eque, si hoc hodie amiseris, post in morte id eventurum

esse unquam? »
Nic. Quid ago? *Phil.* Quid agas, rogitas etiam? *Nic.* Lubet, et metuo. *Bacch.* 1. Quid metuis?
Nic. Ne obnoxius filio sim, et servo. *Bacch.* 1. Mel meum, amabo, istæc fiunt? 1240
Tuus est : unde illum censes sumere, nisi quod tute illi dederis?
Hanc veniam illis sine te exorem. *Nic.* Ut terebrat! satin', obfirmatum
Quod mihi erat, id me exorat? tua sum opera et propter te inprobior.
Bacch. 1. Nusquam me a te avelles : satin' ego istuc habeo obfirmatum?
Nic. Quod semel dixi, haud mutabo. *Bacch.* 1. It dies, ite Intro adcubitum. 1245
Filii vos expectant intus. *Nic.* Quam quidem actutum emoriamur.
Bacch. 1. Vesper hic est, sequimini. *Phil.* Ducite nos quo lubet, tamquam quidem addictos.
Bacch. 1. (*aversa ad spectatores.*) Lepide ipsi hi sunt capti, suis qui fillis fecere insidias. (*ad senes.*) ite.

GREX.

Hi senes, nisi fuissent nihili jam inde ab adulescentia, 1249
Non hodie hoc tantum flagitium facerent canis capitibus :
Neque adeo hæc faceremus, ni antehac vidissemus fieri,
Ut apud lenones rivaleis filiis fierent patres.
Spectatores, vos valere volumus, et clare adplaudere.

LA CORBEILLE.

PERSONNAGES.

Le dieu Secours, prologue.
Démiphon, marchand de Lemnos.
Phanostrate, sa femme.
Silénie, fille de Démiphon et de Phanostrate.
Une courtisane.
Gymnasie, fille de la courtisane.
Mélénide, vieille courtisane.
Halisca, sa servante.
Alcésimarque, jeune homme.
Lampadisque, esclave de Phanostrate.
Le chœur.

La scène est à Sicyone[1].

ARGUMENT

attribué à Priscien.

Un jeune homme de Lemnos, après avoir séduit une fille de Sicyone, revient dans sa patrie, où il se marie avec une autre femme dont il a une fille. De son côté la jeune Sicyonienne donne le jour à une fille qu'un esclave expose sur le chemin, en se tenant caché lui-même, pour voir ce que deviendra l'enfant. Une courtisane la prend et la porte à une autre femme. Devenu veuf, le citoyen de Lemnos retourne à Sicyone, et épouse son ancienne maîtresse; il promet la fille qu'il avait eue d'elle à un jeune homme épris des charmes de cette enfant abandonnée. L'esclave parvient à la retrouver. Elle est reconnue pour libre et citoyenne, et Alcésimarque en fait sa femme légitime.

ACTE PREMIER.
SCÈNE PREMIÈRE.

SILENIE, GYMNASIE, UNE COURTISANE.

Sil. Je vous ai tendrement aimées, je vous ai re-

[1] Aujourd'hui Stalimène.

gardées comme mes amies, vous et votre mère, ma chère Gymnasie; mais vous m'avez l'une et l'autre bien payée de cet amour par votre dévouement. Quand vous seriez ma sœur, vous n'auriez pu me témoigner plus d'égards, plus de prévenances; vous avez tout quitté pour me rendre service. Croyez à mon affection : ma reconnaissance vous est à jamais acquise.

Gymn. Il nous est facile à ce prix de vous obliger et de vous montrer notre zèle. Vous nous avez reçues à dîner si magnifiquement et de si bonne grâce, que nous nous en souviendrons toujours.

Sil. Je l'ai fait avec joie; et je serai heureuse d'aller au-devant de tous vos désirs.

La courtis. (à *Gymnasie.*) Comme dit le pilote porté par le vent et la mer propices, je suis enchantée d'être venue chez vous. Nous avons été accueillies aujourd'hui de la manière la plus gracieuse. Car, excepté le régime de cette maison, tout me plaît ici infiniment.

Sil. Le motif, de grâce?

La courtis. C'est qu'on y versait rarement à boire, que l'on mélangeait trop le vin.

Gymn. (à sa mère.) De grâce, un peu plus de discrétion.

La courtis. Tout est permis. Il n'y a pas d'étranger ici.

Sil. (à la courtisane.) Vous avez raison. Je suis touchée de votre amitié et de l'honneur que vous me faites.

La courtis. Oui, ma chère Silénie, une bienveillance mutuelle, une bonne et franche amitié, voilà

CISTELLARIA.

DRAMATIS PERSONÆ.

SILENIUM,
GYMNASIUM, } meretrices.
LENA.
Auxilium, prologus.
Melænis, lena.
Alcesimarchus, adolescens.
Lampadio, servus.
Phanostrata, uxor.
Halisca, ancilla.
Demipho, senex.

Scena est Sicyone.

ARGUMENTUM

(UT QUIBUSDAM VIDETUR)

PRISCIANI.

Comprimit adolescens Lemnius Sicyoniam,
Is redit in patriam, et gnatam generat nuptiis.
Sicyonia æque puellam parit : hanc servulus
Tollit, atque exponit, et ex insidiis aucupat.
Eam sublatam meretrix alii detulit.
Lemno post rediens ducit, quam compresserat,
Lemnique despondet natam adulescentulo
Amore capto illius projectitiæ.
Requirens servos reperit, quam projecerat.
Itaque lege et rite civem cognitam
Alcesimarchus, ut erat nanctus, possidet.

ACTUS PRIMUS.
SCENA PRIMA.

SILENIUM, GYMNASIUM, LENA.

Sil. Quom ego antidhac te amavi, et mihi amicam esse crevi,
Mea Gymnasium, et matrem tuam, tum id mihi hodie
Aperuistis, tu atque hæc : soror si mea esses,
Qui magis potueris mihi honorem ire habitum,
Nescio; nisi, ut meus est animus, fieri 5
Non posse arbitror : ita omnibus relictis rebus
Mihi frequentem operam dedistis : eo ego vos
Amo, et eo a me magnam inistis gratiam.
Gym. Pol, istoc quidem nos pretio facile est
Frequentare tibi, utileisque habere : 10
Ita in prandio nos lepide atque nitide
Accepisti apud te, ut semper meminerimus.
Sil. Lubentique, edepol, animo factum, et fiet a me,
Quæ vos arbitrabor velle, ea ut expetessam.
Len. Quod ille dixit, qui secundo vento vectus est, 15
Tranquillo mari, ventum gaudeo, ecastor, ad te :
Ita hodie heic accepta sumus suavibus modis;
Nec, nisi disciplina, apud te fuit quidquam
Ibi, quin mihi placeret. *Sil.* Quid ita, amabo?
Len. Raro nimium dabat quod biberem; atque id merum 20
Infuscabat. *Gymn.* Amabo, heiccine istud decet?
Len. Jusque fasque est; nemo alienus heic est. *Sil.* Merito
Vostro amo vos, quia me colitis et magnificitis.
Len. Decet, pol, mea Silenium, hunc esse ordinem

LA CORBEILLE, ACTE I, SCENE I.

les sentiments qui doivent régner ici : si vous voyez des femmes de haute naissance, vivez en bonne intelligence avec elles; point de discorde : et encore nous avons beau en user ainsi, nous avons bien de la peine à éviter leur jalousie. Elles voudraient nous voir manquer de toutes les douceurs dont elles jouissent, sans aucun pouvoir, et réduites à implorer leur pitié. A peine est-on chez elles, qu'on voudrait en être dehors. Elles ont l'air de vous caresser; mais sous main elles nous assassinent, quand elles peuvent. Elles nous accusent de débaucher leurs maris; elles nous appellent prostituées; elles nous avilissent, parce que nous ne sommes que des affranchies. Votre mère et moi nous avons été toutes deux courtisanes. Elle vous a élevée, comme j'ai élevé Gymnasie, après vous avoir eues l'une et l'autre de pères supposés. Ce n'est pas apparemment par vanité que j'ai abandonné ma fille au métier de courtisane, c'est pour ne pas mourir de faim.

Sil. Il aurait mieux valu choisir un mari à votre fille.

La courtis. Mon dieu! elle se marie tous les jours, elle s'est mariée aujourd'hui; elle va se marier cette nuit : je ne l'ai jamais laissée veuve; car si elle ne se mariait pas, toute la maison périrait de misère.

Gymn. Il faut bien, ma mère, que je fasse tout ce qu'il vous plaît.

La courtis. Je serais ravie que tu agisses comme tu le dis là : car alors tu n'auras pas à craindre de devenir pauvre comme Hécale (1); tu profiteras de ton bel âge; tu ruineras les autres, et tu feras ma fortune sans qu'il m'en coûte rien.

Gymn. Que le ciel vous écoute!

La courtis. Sans ta bonne volonté, le ciel n'y peut rien.

Gymn. Eh bien! j'y travaillerai de mon mieux...

(1) Femme dont la misère était proverbiale comme celle d'Irus.

Mais, ma chère Silénie, qu'as-tu donc? je ne t'ai jamais vue si triste. Qu'as-tu fait, je t'en prie, de ta gaieté? Ta parure n'est pas aussi soignée qu'à l'ordinaire. Tiens!... entends-tu ce profond soupir qui t'échappe. Comme tu es pâle! Dis-nous donc ce que tu éprouves, et ce que nous pourrions faire pour te soulager. Je veux le savoir. Chère amie, ne me désespère pas ainsi par ta douleur.

Sil. Oui, je suis au supplice, ma chère Gymnasie... Je suis bien malheureuse; la douleur me tue. Le chagrin dévore mon cœur, éteint ma vue... Je suffoque. Que te dirai-je enfin? je suis assez folle pour m'abandonner à la mélancolie.

Gymn. Renvoie ce chagrin-là, et enterre-le à tout jamais.

Sil. Comment faire?

Gymn. Cache-le dans le plus profond de ton âme; et que personne ne s'aperçoive de ta faiblesse.

Sil. Mais mon esprit est malade.

Gymn. Comment! d'où te vient ce mal? Dis-moi cela, je te prie; car ni moi ni aucune femme n'avons un esprit, à ce que prétendent les hommes.

Sil. (*portant la main à son front.*) Je ne sais si j'ai là quelque chose qui puisse souffrir : mais je souffre, et mon mal est bien là.

Gymn. La pauvre femme est amoureuse.

Sil. Eh quoi! le premier sentiment de l'amour est donc plein d'amertume?

Gymn. A dire vrai l'amour est un mélange de miel et de fiel. Il est doux quelquefois, mais souvent aussi bien amer.

Sil. Gymnasie, à ce symptôme je reconnais la maladie qui me tue.

Gymn. L'amour est bien perfide.

Sil. Il s'exerce cruellement sur moi.

Gymn. Reprends courage, cette maladie n'est pas mortelle.

Benevolenteis inter se, beneque amicitia utier :   25
Ubi istas videas summo genere gnatas,
Summateis matronas, ut amicitiam colunt,
Atque ut eam junctam bene habent inter se.
Si idem istud nos faciamus, si idem imitemur,
Ita tamen vix vivimus cum invidia summa.   30
Suarum opum nos volunt esse indigenteis.
Nostra copia nihilo volunt nos potesse,
Suique omnium rerum nos indigere,
Ut sibi simus subplices : eas si adeas,
Abitum quam aditum malis : ita nostro ordini   35
Palam blandiuntur, clam, si obcasio usquam 'st,
Aquam frigidam subdole subfundunt.
Viris cum suis prædicant nos solere,
Suas pellices esse aiunt; eunt depressum,
Quia nos libertinæ sumus. Et ego et tua mater ambæ   40
Meretrices fuimus; illa te, ego hanc mihi educavi
Ex patribus conventis : neque ego hanc superbiæ causa
Repuli ad meretricium quæstum, nisi ut ne esurirem.
Sil. At satius fuerat eam viro dare nuptum potius. *Len.* Heia!
Hæc quidem, ecastor, cotidie viro nubit, nubsitque hodie, 45
Nubet mox noctu : nunquam ego hanc viduam cubare sivi.
Nam si hæc non nubat, lugubre fame familia pereat.
Gymn. Necesse est quo tu me modo voles esse, ita esse, mater.
Len. Ecastor, haud me pœnitet, si, ut dicis, ita futura es.
Nam si quidem ita eris, ut volo, nunquam Hecala fies :   50
Semperque istam, quam nunc habes, ætatulam obtinebis,
Multisque damno, et mihi lucro sine meo sæpe eris sumtu.
Gymn. Di faxint! *Len.* Sine opera tua nihil di horunc facere possunt.

Gymn. Equidem, hercle, addam operam sedulo; sed quid tu
       inter istæc verba,
Meus oculus, mea Silenium? nunquam ego te tristiorem   55
Vidi esse. Quid, cedo, te obsecro, tam abhorret hilaritudo?
Neque munda adæque es, ut soles. Hoc, sis, vide, ut petivit
Suspirium alte! et pallida es : eloquere utrumque nobis,
Et quid tibi est, et quid velis nostram operam, ut nos sciamus.
Noli, obsecro, lacrumis tuis mihi exercitum loperare,   60
Mea. Sil. Excrucior, mea Gymnasium, male mihi est, male
       maceror,
Doleo ab animo, doleo ab oculis, doleo ab ægritudine.
Quid dicam? nisi stultitia mea me in mœrorem rapi.
Gymn. Indidem, unde oritur, facito ut facias stultitiam sepelibilem.
Sil. Quid faciam? *Gymn.* In latebras abscondas pectore penitissumo.   65
Tuam stultitiam sola facito ut scias sine aliis arbitris. *Sil.* At mihi
Cordolium 'st. *Gymn.* Quid id? unde est tibi cordolium, commemora, obsecro?
Quod neque ego habeo, neque quisquam alia mulier, ut perhibent viri.
Sil. Si quid est quod doleat, dolet : si autem non est, tamen hoc sic dolet.
Gymn. Amat hæc mulier. *Sil.* Eho! an amare obcipere, amarum 'st, obsecro?   70
Gymn. Namque, ecastor, Amor et melle et felle est fœcundissumus :
Gustu dat dulce, amarum ad satietatem usque obgerit.
Sil. Ad istam faciem est morbus, qui me, mea Gymnasium, macerat.
Gymn. Perfidiosu'st amor. *Sil.* Ergo in me peculatum facit.

Sil. Je pourrais l'espérer, si je trouvais le médecin qui seul peut me guérir.

Gymn. Tu le trouveras.

Sil. Que ce mot est désolant pour une amante !... Tu le trouveras ! Le voilà, c'est le mot que je désire, que mon cœur demande. Mais c'est la faute de ma faiblesse si le chagrin m'accable. Je soupire trop ardemment après le seul mortel avec qui je veux passer ma vie entière.

Gymn. Ce vœu, chère Siléuie, convient à merveille à une dame romaine, qui n'aime qu'un homme, qui ne passe sa vie qu'avec un homme, celui qu'elle a épousé ; mais une courtisane ressemble à une ville : sa fortune dépend du grand nombre d'hommes qu'elle rassemble dans son sein.

Sil. Écoutez les motifs pour lesquels je vous ai appelées auprès de moi. Ma mère, qui sait bien que je ne veux point passer pour courtisane, s'est prêtée à mon désir ; elle m'a permis de vivre avec celui que j'aime.

La courtis. Elle a fait une sottise. Est-ce que vous n'avez pas eu de liaison avec un autre homme ?

Sil. Avec aucun autre qu'Alcésimarque. Nul autre que lui n'a porté atteinte à ma pudeur.

La courtis. Comment s'est-il insinué auprès de vous ?

Sil. Ma mère m'avait conduite aux fêtes Dionysiennes. Nous retournions chez nous... Il me regarde.. me suit secrètement jusqu'à la maison. Bientôt il s'introduit auprès de ma mère et de moi par ses honnêtetés, ses bons procédés, et ses présents.

Gymn. Je voudrais avoir un homme comme lui... je vous le retournerais de la bonne façon.

Sil. A quoi bon tant de paroles ? Je commençai à l'aimer ; et il fit de même.

La courtis. Bonne Silénie !

Sil. Qu'y a-t-il ?

La courtis. Il faut feindre d'aimer. Car si vous aimez véritablement, vous pensez plutôt à celui que vous aimez qu'à vos intérêts.

Sil. Mais il a juré devant ma mère qu'il m'épouserait. Et maintenant le perfide va se marier dans son pays avec une parente de Lemnos, qui demeure ici près. Son père l'y contraint : et ma mère est irritée contre moi, parce que je n'ai pas voulu retourner auprès d'elle, quand j'ai appris qu'il allait épouser une autre femme.

La courtis. Le parjure ne coûte rien à l'amour.

Sil. (à la courtisane.) Permettez à Gymnasie, je vous en conjure, de rester ici trois jours pour garder la maison : ma mère m'appelle auprès d'elle.

La courtis. Quoique cet arrangement me gêne et me fasse tort, j'y consens.

Sil. Ce procédé est d'une véritable amie. Mais toi, Gymnasie, si Alcésimarque vient en mon absence, ne lui adresse aucun reproche violent. Quelle que soit sa conduite à mon égard, je le chéris. Reçois-le tranquillement, je te prie : ne lui dis rien de désobligeant. Voilà mes clefs, prends tout ce qu'il te faudra : j'ai besoin de sortir.

Gymn. Que de pleurs tu m'as fait répandre !

Sil. Chère Gymnasie, porte-toi bien.

Gymn. Prends soin de toi : est-ce que tu vas sortir dans ce négligé ?

Sil. Il convient à ma douleur.

Gymn. Relève du moins ta robe.

Sil. Laisse-la traîner... J'ai peine à me traîner moi-même.

Gymn. Fais comme tu voudras. Adieu, porte-toi bien.

Sil. Si je le pouvais, je le voudrais bien. (*Elle s'en va.*)

Gymn. Ma mère, avez-vous quelque chose à me

Gymn. Bono animo es, erit isti morbo melius. *Sil.* Confidam fore, 75
Si medicus veniat, qui huic morbo facere medicinam potest.
Gymn. Veniet. *Sil.* Spissum istud amanti est verbum, Veniet, nisi venit.
Sed ego mea culpa et stultitia pejus misera maceror ;
Quia ego illum unum mihi exoptavi quicum ætatem degerem.
Gymn. Matronæ magis conducibile est istuc, mea Silenium,
Unum amare, et cum eo ætatem exigere quoi nubta 'st semel. 81
Verum enim meretrix fortunati est oppidi simillima,
Non potest suam rem obtinere sola sine multis viris.
Sil. Hoc volo agatis ; qua accessitæ causa ad me estis, eloquar.
Nam mea mater, quia ego nolo me meretricem dicier, 85
Obsecuta est, de ea re gessit morem morigeræ mihi,
Ut me, quem amarem graviter, sineret cum eo vivere.
Len. Stulte, ecastor, fecit : sed tu unquam cum quiquam viro
Consuevisti ? *Sil.* Nisi quidem cum Alcesimarcho, nemine ;
Neque pudicitiam meam mihi alius quisquam imminuit. *Len.* Obsecro, 90
Quo is homo insinuavit pacto se ad te ? *Sil.* Per Dionysia
Mater pompam me spectatum duxit : dum redeo domum,
Conspicillo consecutu'st clanculum me usque ad foreis.
Inde in amicitiam insinuavit cum matre et mecum simul,
Blanditiis, muneribus, donis. *Gymn.* Mihi istum hominem vellem dari, 95
Ut ego illum vorsarem ! *Sin.* Quid opu'st verbis ? consuetudine
Cœpi amare contra ego illum, et ille me. *Len.* O mea Silenium. *Sil.* Quid est ?

Len. Adsimulare amare oportet : nam si ames, extempulo
Melius illi multo, quem ames, consulas, quam rei tuæ.
Sil. At ille conceptis juravit verbis apud matrem meam, 100
Me uxorem ducturum esse : et nunc alia ducenda 'st domum,
Sua cognata Lemniensis, quæ habitat heic in proximo.
Nam eum pater ejus subegit : nunc mea mater irata est mihi,
Quia non redierim domum ad se, postquam eam rem rescivi,
Eum uxorem ducturum esse aliam. *Len.* Nihil amori injurium 'st. 105
Sil. Nunc te amabo, ut hanc hoc triduum solum sinas
Esse heic, et servare apud me : nam ad matrem arcessita sum.
Len. Quamquam mihi istud erit molestum triduum, et damnum dabis,
Faciam. *Sil.* Facis benigne et amice : sed tu, Gymnasium mea,
Si me absente Alcesimarchus veniet, nolito acriter 110
Eum inclamare : utut erga me est meritus, mihi cordi est tamen.
Sed, amabo, tranquille ; ne quid, quod illi doleat, dixeris.
Accipias claveis, si quid tibi opus erit promtu, promito.
Ego volo ire. *Gymn.* Ut mihi excivisti lacrumas ? *Sil.* Gymnasium mea,
Bene vale. *Gym.* Cura te, amabo ; siccine inmunda, obsecro, 115
Ibis ? *Sil.* Inmundas fortunas æquum 'st squalorem sequi.
Gymn. Amiculum hoc sustolle saltem. *Sil.* Sine trahi, quom egomet trahor.
Gymn. Quando ita tibi lubet, vale atque salve. *Sil.* Si possim, velim. (abit.)

dire, avant que d'entrer chez Silénic? Elle se meurt d'amour.
La courtis. Je te le répéterai toujours... Ne t'avise pas d'aimer. Entre.
Gymn. Ne me voulez-vous plus rien?
La courtis. Que tu te portes bien.
Gymn. Adieu.

SCÈNE II.
LA COURTISANE.

J'ai le défaut commun aux femmes de mon métier : quand nous avons bien dîné, nous devenons bavardes à l'excès... Nous parlons sans mesure. Cette jeune fille qui s'en va pleurant, c'est cependant moi qui l'ai recueillie toute petite, exposée dans une ruelle de la ville. Il y a ici un beau jeune homme... (*S'interrompant.*) Je vois que j'en ai ma charge; je me suis tellement remplie de cet excellent vin, que je ne puis plus retenir ma langue; il m'est malheureusement impossible de taire même ce qui doit être un secret. Ce beau jeune homme, d'une grande naissance, a un père à Sicyone. Ce pauvre garçon meurt d'amour pour cette petite femme qui vient de partir d'ici tout en pleurs. Elle l'aime aussi éperdûment. J'avais fait présent de cet enfant à une courtisane de mes amies, qui m'avait souvent priée de lui donner un petit garçon ou une petite fille, quand j'en trouverais, afin de l'adopter. Aussitôt que l'occasion s'est présentée, je me suis empressée de satisfaire à son désir. Quand elle eut reçu cet enfant de mes mains, elle se mit à en accoucher sans le secours d'une sage-femme, sans souffrances, ne voulant pas imiter celles qui feignent de grandes douleurs en pareilles circonstances. Elle disait que son amant était absent, pour rendre cette supposition plus probable. Il n'y a que nous deux qui sachions ce secret, moi qui lui ai donné l'enfant, elle qui l'a reçue... Ainsi nous deux seules... (*aux spectateurs.*) Excepté vous, pourtant. Voilà comme la chose s'est passée. Souvenez-vous-en, je vous prie, dans l'occasion. Je rentre chez moi. (*Elle sort.*)

SCÈNE III.
LE DIEU SECOURS. (*Prologue* 1.)

Quelle bavarde, quel sac à vin que cette vieille coquine! A peine m'a-t-elle laissé quelque chose à dire... tant elle s'est hâtée de vous prévenir de la supposition de cette jeune fille. Si elle n'en avait rien dit, je l'aurais fait, et mieux qu'elle, en ma qualité de dieu.
Je me nomme le Secours. Prêtez-moi votre attention, afin que je vous explique bien le sujet. On célébrait à Sicyone les fêtes de Bacchus. Un marchand de Lemnos vint pour y assister; ce jeune homme, ivre, fit violence à une fille au milieu du chemin, à la faveur de la nuit. Dès qu'il eut le sentiment de sa faute et de la peine qu'il méritait, il prit la fuite et se sauva à Lemnos, où il demeurait. Celle dont il avait ravi l'honneur accoucha d'une fille au bout de neuf mois. Ignorant l'auteur de cette violence, elle mit dans sa confidence un esclave de son père, et le chargea d'exposer l'enfant pour s'en défaire. Il la déposa en effet dans l'endroit où cette courtisane la ramassa. L'esclave observa en cachette dans quel lieu ou dans quelle maison elle allait porter l'enfant. Ainsi que vous venez de l'entendre, elle la remit à la courtisane Mélénide, qui l'éleva comme sa fille, très-bien et très-honnêtement.

(1) Un prologue placé après un acte est une singularité qui n'est pas heureuse. Le *Secours* est une divinité de l'invention de Plaute.

Gymn. Numquid me vis, mater, intro quin eam? ecastor, mihi
Visa amare. *Len.* Istoc ergo aureis graviter obtundo tuas,
Ne quem ames : abi intro. *Gymn.* Numquid me vis? *Len.*
Ut valeas. *Gymn.* Vale. (abit.) 121

SCENA SECUNDA.
LENA.

Idem mihi, magnæ quod parti est vitium mulierum,
Quæ hunc quæstum facimus : quæ ubi saburratæ sumus,
Largiloquæ extemplo sumus, plus loquimur, quam sat est.
Nam illanc ego olim, quæ hinc flens abiit, parvolam 125
Puellam projectam ex angiportu sustuli.
Adulescens quidam heic est adprime nobilis,
(Quoin ego nunc, quia sum onusta mea ex sententia,
Quiaque adeo me conplevi flore Liberi,
Magis libera uti lingua contubitum 'st mihi : 130
Tacere nequeo misera, quod tacito usus est.)
Sicyone summo genere ei vivit pater;
Is amore misere hanc deperit mulierculam,
Quæ hinc modo flens abiit : contra amore hæc perdita 'st.
Eam meæ ego amicæ dono huic meretrici dedi, 135
Quod sæpe mecum mentionem fecerit,
Puerum aut puellam alicunde ut reperirem sibi,
Recens natum capse quod sibi subponeret.
Ubi mihi potestas primum evenit, inlico
Feci ejus ei, quod me oravit, copiam. 140
Postquam puellam heic me ab adceperat, inlico
Eamdem puellam peperit, quam a me adceperat,
Sine obstetricis opera, et sine doloribus,
Item ut aliæ pariunt, quæ malum quærunt sibi,

Nam amatorem aibat esse peregrinum sibi. 145
Subpositionem ejus rei facere gratia.
Id duæ nos solæ scimus, ego quæ illi dedi,
Et illa, quæ a me adcepit, præter vos quidem.
Hæc sic res gesta 'st : si quis usus venerit,
Meminisse ego hanc rem vos volo : ego abeo domum. (abit.)

SCENA TERTIA.
AUXILIUM.

Utrunque hæc, et multiloqua et multibiba 'st anus. 151
Satin' vix reliquit Deo, quod loqueretur, loci?
Ita properavit de puellæ proloqui
Subpositione : quod si tacuisset, tamen
Ego eram dicturus Deus, qui poteram planius. 155
Nam mi est Auxilio nomen : nunc operam date,
Ut ego argumentum hoc vobis plane perputem.
Fuere Sicyoni jamdiu Dionysia.
Mercator venit huc ad ludos Lemnius,
Isque heic conpressit virginem adulescentulus, 160
Vinulentus, multa nocte, in via.
Is ubi malum rem scit se meruisse, inlico
Pedibus perfugium peperit, in Lemnum abfugit,
Ubi habitabat tum. Illa, quam conpresserat,
Decumo post mense exacto heic peperit filiam. 165
Quoniam reum ejus facti nescit, qui siet,
Paternum servom sui participat consili.
Dat eam puellam ei servo exponendam ad necem.
Is eam projecit : hæc puellam sustulit.
Ille clam observavit servos, 170
Quo aut quas in ædeis hæc puellam deferat.
Ut eampse vos audistis confiterier,

Cependant le jeune homme de Lemnos épousa une de ses parentes, qui mourut bien vite pour faire plaisir à son mari. Après lui avoir rendu les derniers devoirs il revint ici, et prit pour femme celle même dont il avait jadis arraché les premières faveurs, et qu'il reconnut fort bien. Elle lui déclara qu'elle avait mis au monde une fille, fruit de sa violence; mais qu'elle l'avait aussitôt donnée à un esclave pour l'exposer. Le jeune homme ordonne sur-le-champ à cet esclave de rechercher l'enfant, et de découvrir, s'il est possible, celle qui l'a recueillie. L'esclave fait aussitôt toutes les recherches imaginables pour retrouver la courtisane qu'il avait autrefois aperçue à la dérobée relevant l'enfant qu'il avait exposé lui-même. Je veux maintenant m'acquitter de ce que je vous dois encore, afin que mon nom soit rayé de vos tablettes, et que vous me donniez décharge. Le jeune homme est à Sicyone. Il a encore son père. Il aime éperdument cette fille abandonnée, que vous avez vue retourner tout en larmes auprès de sa prétendue mère. Elle répond à son amour; et rien de plus charmant que cette sympathie. Mais dans ce monde on ne peut compter sur rien. Le père destine une autre femme au jeune homme. Mélénide, instruite de ce dessein, a rappelé la jeune fille auprès d'elle. Voilà l'histoire tout entière. Portez-vous bien, et triomphez par votre courage, suivant votre habitude. Conservez vos alliés anciens et nouveaux; fortifiez votre puissance par de sages lois; anéantissez vos ennemis; couvrez-vous des lauriers de la gloire, et que le Carthaginois vaincu soit enfin puni (1).

(1) Ceci est écrit à l'époque de la seconde guerre punique, quand Fabius allait venger Rome de la bataille de Cannes.

ACTE DEUXIÈME.
SCÈNE PREMIÈRE.
ALCÉSIMARQUE, MÉLÉNIDE.

Alcés. Je crois que l'amour n'a été inventé parmi les hommes que pour être leur bourreau. Je n'ai pas besoin d'en chercher la preuve ailleurs que dans moi : est-il un cœur plus malheureux, plus torturé que le mien? L'amour me ballotte, me tourmente, me met au supplice sur son cruel chevalet : il m'essouffle, me tiraille de tous côtés, me déchire, m'extermine : un nuage épais s'appesantit sur mon intelligence. Je n'y suis plus : mon esprit est je ne sais où. Tous les caprices me passent par la tête. Ce qui me plaît un moment me déplaît tout à coup. C'est ainsi que l'amour se joue de moi; il me poursuit, m'arrête, me repousse, me rattrape, me retient, me caresse, m'offre ses dons... Mais ce qu'il me donne, il me le retire bien vite, en se raillant. Il m'inspire une idée, et m'en dissuade aussitôt; puis il la remet sous mes yeux et m'y entraîne. Je suis comme sur une mer agitée. Mon cœur est brisé à tout moment. Mon état est désespéré, et je n'ai plus qu'à mourir. Mon père m'a retenu six jours entiers à la campagne : il ne m'a pas été possible de voir ma maîtresse. Est-il une situation plus cruelle?

Mél. Vraiment vous prenez un ton, parce qu'on vous a promis une riche héritière de Lemnos! Mon dieu! gardez-la. Nous n'avons pas autant de crédit que vous; nous n'avons pas autant de biens. Du moins je ne crains pas qu'on nous accuse de parjure. Maintenant si vous avez quelque chagrin, vous en saurez la cause.

```
Dat eam puellam meretrici Melænidi,
Eaque educavit eam sibi pro filia
Bene ac pudice : tum illic autem Lemnius      175
Propinquam uxorem duxit, congnatam suam.
Ea diem suom obiit, facta morigera 'st viro.
Postquam ille uxori justa fecit, inlico
Huc conmigravit; duxit uxorem hic sibi
Eamdem, quam olim virginem heic conpresserat,  180
Et eam congnoscit esse, quam conpresserat.
Illa illi dicit, ejus se ex injuria
Peperisse gnatam, atque eam se servo intico
Dedisse exponendam : ille exemplo servolum
Jubet illum eumdem persequi, si qua queat     185
Reperire, quæ sustulerit. Ei rei nunc suam
Operam usque adsiduo servos dat, si possiet
Meretricem illam invenire, quam olim tollere,
Quom ipse exponebat, ex insidiis viderat.
Nunc quod reliquom restat, volo persolvere,    190
Ut expungatur nomen, ne quid debeam.
Adulescens heic est Sicyoni : eius vivit pater.
Is amore projecticiam illam deperit,
Quæ dudum flens hinc abiit ad matrem suam,
Et illa hunc contra, qui est amor suavissumus. 195
Ut sunt humana, nihil est perpetuum datum.
Pater adulescenti dare volt uxorem : hoc ubi
Mater rescivit, jussit arcessi eam domum.
Hæc res sic gesta est : bene valete, et vincite
Virtute vera, quod fecistis antidhac.          200
Servate vostros socios, veteres et novos :
Augete auxilia vestris justis legibus,
Perdite perduelleis, parite laudem et lauream,
Ut vobis victi Pœni pœnas subferant.
```

ACTUS SECUNDUS.
SCENA PRIMA.
ALCESIMARCHUS, MELÆNIS.

Alces. Credo ego amorem primum apud homines carnuficinam commentum :   205
Hanc ego de me conjecturam domi facio, ne foris quæram,
Qui omneis homines supero atque antideo crucibilitatibus animi :
Jactor, crucior, agitor, stimulor, vorsor in amoris rota miser.
Exanimor, feror, disferor, distrahor, diripior : ita nubilam mentem
Animi habeo; ubi sum, ibi non sum; ubi non sum, ibi est animus :   210
Ita mihi omnia ingenia sunt; quod lubet, non lubet jam id continuo.
Ita me amor lassum animi ludificat, fugat, agit, adpetit,
Raptat, retinet, lactat, largitur; quod dat, non dat; deludit :
Modo quod suasit, dissuadet; quod dissuasit, id ostentat.
Maritumis moribus mecum experitur; ita meum frangit amantem   215
Animum ; neque, nisi quia miser non eo pessum, mihi ulla abest.
Perdito pernicies : ita pater apud villam detinuit me hos dies sex
Ruri continuos; neque licitum interea est meam amicam visere.
Estne hoc miserum memoratu!
Mél. Eo facetu's, quia tibi ulla 'st sponsa locuples Lemnia?
Habeas : neque nos factione tanta, quanta tu, sumus;   221
Neque opes nostræ tam sunt validæ quam tuæ : verumtamen

Alcés. Que les dieux m'exterminent...

Mél. (*l'interrompant.*) Que tous tes vœux s'accomplissent!

Alcés. Si j'épouse jamais la femme que mon père m'a destinée!

Mél. Et moi, si je te donne jamais ma fille!

Alcés. Souffrirez-vous que je manque à mes serments?

Mél. Sans doute, plutôt que de me perdre moi-même, et de livrer ma fille à votre risée. Allez chercher quelque autre qui se fie à vos serments. Alcésimarque, vous avez rompu la paille avec nous (1).

Alcés. Faites-en l'essai encore une fois.

Mél. Je l'ai fait, et il m'en coûte assez cher.

Alcés. Rendez-la-moi.

Mél. Je vous rappellerai un vieux proverbe qui me vient ici à propos. Ce que j'ai donné, je voudrais ne l'avoir pas donné : mais ce qui me reste, je le garde.

Alcés. Vous ne me la rendez donc pas?

Mél. Vous faites la réponse vous-même.

Alcés. Vous ne me la renverrez pas?

Mél. Vous savez maintenant ma volonté à cet égard.

Alcés. Elle est donc inébranlable dans votre esprit?

Mél. Je ne pense même plus à cela; je ne prête seulement pas l'oreille à ce que vous dites.

Alcés. Vous ne m'écoutez pas! Que faites-vous donc?

Mél. Réfléchissez au parti que vous allez prendre.

Alcés. Eh bien! que les dieux et les déesses inférieurs, supérieurs et moyens, que la reine Junon, fille du grand Jupiter; que Saturne, son oncle ...

Mél. C'est son père, vraiment!

(1) Gage de l'hospitalité.

Alcés. Que la féconde Cybèle, son aïeule...

Mél. Dites donc, sa mère.

Alcés. Que Junon sa fille, et Saturne son oncle, et le souverain Jupiter... Vous me troublez, et c'est votre faute si je me trompe...

Mél. Continuez.

Alcés. Connaîtrai-je enfin vos intentions?

Mél. Continuez de parler; je ne céderai pas; c'est un point décidé.

Alcés. Puisqu'il en est ainsi, que Jupiter, Junon, Saturne... Je ne sais plus ce que je dis. M'y voici. Apprenez, femme, ma résolution. Fassent tous les dieux grands et petits, même les dieux de la table, que je ne puisse de ma vie embrasser Silénie, si je ne coupe aujourd'hui même la tête à vous, à votre fille et à moi; si demain à la pointe du jour vous n'êtes pas mortes toutes deux, si dans une troisième expédition je ne tue pas le genre humain tout entier... Ou bien vous me renverrez Silénie. J'ai dit tout ce que je voulais. Adieu.

Mél. Il sort furieux. Que ferai-je maintenant? Si ma fille retourne auprès de lui, ce sera encore une autre affaire. S'il prend du dégoût pour elle, il la chassera dès qu'il aura épousé cette femme de Lemnos. N'importe... Je vais le rejoindre. Empêchons-le de faire quelque folie : il faut y prendre garde. Enfin, puisque la lutte entre un pauvre et un riche n'est jamais égale, j'aime mieux perdre ma peine que ma fille. Mais quel est cet homme qui court ainsi dans la rue? J'en suis tout émue... Cela m'effraye. La crainte est si naturelle dans ma situation!

SCÈNE II.

LAMPADIQUE.

J'ai poursuivi la vieille de mes cris par toutes les rues : je l'ai mise aux abois. Mais comme elle a su

---

Haud metuo, ne jusjurandum nostrum quisquam culpitet :
Tu jam, si quid tibi dolebit, scies qua doleat gratia.
Alces. Di me perdant... *Mel.* Quodcumque optes, velim tibi contingere. 225
Alces. Si illam uxorem duxero mi unquam, quam despondit pater!
Mel. Et me, si unquam tibi uxorem filiam dedero meam!
Alces. Perjurare me patiere? *Mel.* Atque aliquanto facilius, Quam me quidquam rem perire et ludificari filiam,
Abi quærere, ubi jurando tuo satis sit subsidi : 230
Heic apud nos jam, Alcesimarche, confregisti tesseram.
Alces. Face semel periculum. *Mel.* Sæpe feci, quod factum queror.
Alces. Redde mihi illam. *Mel.* Inter novam rem verbum usurpabo vetus :
Quod dedi, datum non vellem; quod reliquom 'st, non dabo.
Alces. Non remissura es mihi illam? *Mel.* Pro me responsa tibi. 235
Alces. Non remittes? *Mel.* Scis jamdudum omnem meam sententiam.
Alces. Satin' tibi istuc in corde certum 'st. *Mel.* Quin ego commentor quidem :
Non, edepol, istæc tua dicta nunc in aureis recipio.
Alces. Non . hem, quid agam? *Mel.* Igitur animum advorte, ut quid agas, scias.
Alces. At ita me di deæque, superi atque inferi, et medioxumi, 240
Itaque me Juno regina et Jovis supremi filia,
Itaque me Saturnus patruus ejus... *Mel.* Ecastor, pater.
Alces. Itaque me Ops opulenta illius avia... *Mel.* Imo mater quidem.

Alces. Juno filia et Saturnus patruus, et summus Jupiter...

Tu me delenis : propter te hæc pecco. *Mel.* Perge dicere.
Alces. Anne ut etiam quid consultura sis sciam? *Mel.* Perge eloqui. 245

Non remittam; definitum 'st. *Alces.* Enimvero, ita me Jupiter,
Itaque me Juno et Saturnus, ita... quid dicam, nescio.
Jam scio : imo, mulier, audi, meam ut scias sententiam :
Di me omneis magni minutique et patellarii 250
Faxint, ne ego dem vivos savium Silenio,
Nisi ego teque tuamque filiam, meque hodie obtruncavero,
Postea autem cum primo luci cras nisi ambo obcidero ;
Et equidem, hercle, nisi pedatu tertio omneis ecflixero,
Nisi tu illam remittis ad me : dici quæ volui : vale. (abit)
Mel. Abiit intro iratus : quid ego nunc agam? si redierit
Illa ad hunc, ibidem loci res erit : ubi odium obcœperit,
Illam extrudet, quom hanc uxorem Lemniam ducet domum.
Sed tamen ibo et persequar : amens ne quid faciat, cauto opu'st.
Postremo, quando æqua lege pauperi cum divite 260
Non licet, perdam operam potius, quam carebo filia.
Sed quis hic est, qui recta platea cursum huc contendit suum?
Et illud paveo, et hoc formido : ita tota sum misera in metu.

SCENA SECUNDA.

LAMPADISCUS.

Anum sectatus sum clamore per vias ;

se contraindre! Quelle adresse incroyable à ne se souvenir de rien! Que de caresses prodiguées en vain! Que d'argent ne lui ai-je pas promis! Que de machines, que de ruses n'ai-je pas employées! Elle ne répondait à aucune question; il m'a fallu promettre un tonneau de vin.

SCÈNE III.
PHANOSTRATE, LAMPADISQUE, MÉLÉNIDE
au fond du théâtre.

Phan. J'ai cru entendre à notre porte la voix de mon esclave Lampadisque.
Lamp. Vous n'êtes pas sourde, ma maîtresse; vous avez bien entendu.
Phan. Que fais-tu là?
Lamp. Je viens vous réjouir.
Phan. Que veux-tu dire?
Lamp. Je viens de voir tout à l'heure une femme sortir de cette maison.
Phan. Celle qui a enlevé ma fille?
Lamp. Précisément.
Phan. Ensuite.
Lamp. Je lui ai dit comment je l'avais vue de l'hippodrome enlever notre jeune maîtresse : elle s'est troublée à ce récit.
Mél. (*à part.*) Mon corps frissonne; le cœur me bat. Oui... je me rappelle en effet que c'est de l'hippodrome qu'on m'apporta cette petite fille que j'ai fait passer pour la mienne.
Phan. (*à Lampadisque.*) Allons, continue, je te prie; j'ai hâte de connaître toute cette aventure.
Mél. (*à part.*) Puissiez-vous ne pas la connaître!
Lamp. (*Il y a ici quelques vers passés dans le texte.*) Je continue de parler ainsi à la jeune fille... Cette vieille se dit frauduleusement votre mère, pour que vous ne l'abandonniez pas. Elle n'est pas votre mère, c'est votre nourrice. Je vous emmène avec moi et vous rends l'opulence, en vous remettant à votre riche famille. Votre père vous donnera une dot de vingt grands talents. Là vous ne serez pas forcée, comme en Étrurie (1), d'en amasser une par un indigne commerce de vos charmes.
Phan. Dis-moi, je te prie, est-ce une courtisane qui a enlevé ma fille?
Lamp. Elle a été courtisane autrefois. Mais laissez-moi vous raconter tout. Je l'avais déjà persuadée de me suivre : la vieille alors embrasse ses genoux, fond en larmes, la suppliant de ne pas l'abandonner. Elle me jure par les serments les plus sacrés que c'est bien sa fille, et que c'est elle qui l'a mise au monde. Celle que vous cherchez, me dit-elle, je l'ai confiée à une amie pour l'élever comme sa propre fille. Elle vit. Où est-elle, lui ai-je demandé aussitôt?
Phan. Veillez sur moi, grands dieux!
Mél. (*à part.*) Mais vous me perdez.
Phan. Il fallait t'informer à qui elle l'avait remise.
Lamp. Je l'ai demandé; et elle m'a dit que c'était à Mélénide, une courtisane.
Mél. (*à part.*) Il a prononcé mon nom. Je suis morte!
Lamp. Dès qu'elle eut parlé, je pressai la vieille de questions. Où habite cette femme? Conduisez-moi; montrez-moi sa demeure. — Elle est allée demeurer en pays étranger.
Mél. (*à part.*) Ce mot est un baume qui me ranime.
Lamp. Nous la poursuivrons partout. Vous moquez-vous de moi? Prenez garde à vous! vous ne m'échapperez pas! Enfin j'ai tellement pressé la vieille, qu'elle m'a promis de m'indiquer sa demeure.
Phan. Il ne fallait pas la laisser partir.
Lamp. J'ai l'œil sur elle. Mais elle m'a représenté qu'elle voulait voir auparavant une de ses amies avec qui elle avait une affaire à régler. Je suis sûr qu'elle reviendra.

(1) Hérodote parle de ce honteux usage des femmes d'Étrurie.

Miserrumam habui : ut illæc hodie quot modis
Sibi moderatrix fuit, atque inmemorabilis!
Quot illi blanditias! quid illi promisi boni!
Quot admœnivi fabricas! quot fallacias!
In quæstione vix exsculpsi ut diceret,
Quia ei promisi dolium vini dare. 270

SCENA TERTIA.
PHANOSTRATA, LAMPADISCUS, MELÆNIS.

Phan. Audire vocem visa sum ante ædeis modo
Mei Lampadisci servi. *Lamp.* Non surda est, hera;
Recte audivisti. *Phan.* Quid agis heic? *Lamp.* Quod gaudeas.
Phan. Quid id est? *Lamp.* Hinc ex hisce ædibus paulo prius
Vidi exeuntem mulierem. *Phan.* Illam, quæ meam 275
Gnatam sustulerat? *Lamp.* Rem tenes. *Phan.* Quid postea?
Lamp. Dico ei, quo pacto eam ab hippodromo viderim
Herilem filiam nostram sustollere.
Phan. Extimuit tum illa? *Mél.* Horret corpus, cor salit.
Nam mihi ab hippodromo memini adferri parvolam 280
Puellam, eamque me mihi subponere.
Phan. Age perge, quæso, animus audire expetit,
Ut res gesta sit. *Mél.* Utinam audire non queas!
. . . .
Lamp. Pergo illam [his alloqui] dictis : illæc te anus
Furlo [natam se ne de]seras vocat. 285
Nam illæc tibi nutrix est, ne matrem censeas.

Ego te reduco et voco ad divitias, ubi
Tute locere in luculentam familiam,
Unde tibi talenta magna viginti pater
Det dotis : non enim hic, ubi ex Tusco modo 290
Tute tibi indigne dotem quæras corpore.
Phan. An, amabo, meretrix illa est, quæ illam sustulit?
Lamp. Imo meretrix fuit; sed ut sit de ea re, eloquar.
Jam perducebam illam ad me suadela mea :
Anus ei amplexa est genua, plorans, obsecrans, 295
Ne deserat se : eam suam esse filiam,
Seque eam peperisse, sancte adjurabat mihi.
Istanc quam quæris, inquit, ego amicæ meæ
Dedi, quæ educaret eam pro filiola sua.
Et vivit, inquit : ubi ea est? inquam extempulo. 300
Phan. Servate me, Dei, obsecro. *Mél.* At me perditis.
Phan. Quoi illam dedisset exquisisse oportuit.
Lamp. Quæsivi, et dixit meretrici Melænidi.
Mél. Meum elocutus est nomen : interii.
Lamp. Ubi elocuta 'st, ego continuo anum interrogo : 305
Ubi habitat, inquam, duc ac demonstra mihi.
Avecta est, inquit, peregre hinc habitatum. *Mél.* Obsipat
Aquolam. *Lamp.* Quo avecta 'st, eo sequemur : siccine
Agi' nugas? peristi. Ne, hercle, hoc longe destiti
Instare usque adeo, donec adjurat se anus 310
Jam mihi monstrare. *Phan.* At non missam oportuit.
Lamp. Servatur : sed illæc se quaindam aibat mulierem
Suam benevolentem convenire etiam prius,
Commune quicum id esset sibi negotium.

Mél. (*à part.*) Elle me découvrira, et va me faire partager tous ses tourments.
Phan. Conseille-moi : que veux-tu que je fasse maintenant?
Lamp. Rentrez, et rassurez-vous. Si votre mari vient, faites qu'il reste au logis, afin que je sache où le trouver, si j'ai besoin de lui. Moi je retourne chercher ma vieille.
Phan. Mon cher Lampadisque, je me recommande à ton zèle.
Lamp. J'achèverai mon ouvrage.
Phan. Le ciel et toi, voilà ma seule espérance.
Lamp. J'ai la même confiance; mais allez-vous-en chez vous.
Mél. (*se montrant.*) Jeune homme, arrêtez, écoutez-moi.
Lamp. Est-ce que vous m'appelez?
Mél. Vous-même.
Lamp. Qu'est-ce qu'il y a? car je suis fort occupé.
Mél. Qui habite cette maison?
Lamp. Démiphon, mon maître.
Mél. Qui marie si richement sa fille à Alcésimarque?
Lamp. Précisément.
Mél. Quelle autre fille cherchez-vous donc à cette heure?
Lamp. Je vais vous le dire : c'est la fille de sa femme, qui pourtant n'est pas née de sa femme.
Mél. Quelle est cette énigme?
Lamp. Mon maître a eu une fille de sa première femme.
Mél. Vous cherchez donc la fille de celle avec qui vous parliez tout à l'heure?
Lamp. Oui.
Mél. Comment donc celle qui se marie est-elle l'aînée?
Lamp. En vérité, bonne femme, vous m'assommez avec votre bavardage. Celle qu'on donne à Alcésimarque est née de sa première femme, qui est morte. Est-ce clair maintenant?
Mél. Je commence à comprendre : mais il y a quelque chose où je m'embrouille... Comment la première est-elle la dernière, et la dernière la première?
Lamp. Il avait été le séducteur de Phanostrate avant d'être son époux. Elle devint grosse, et accoucha d'une fille qu'elle fit exposer après sa naissance. C'est moi qui exposai l'enfant. Une femme la recueillit. Je ne la perdis point de vue. Mon maître épousa ensuite la mère de cette petite fille que nous cherchons aujourd'hui. Eh bien! qu'avez-vous à regarder, le nez en l'air?
Mél. Allez maintenant où vous vouliez; je ne vous retiens plus. Je comprends tout.
Lamp. Vraiment! j'en rends grâce aux dieux; car si vous n'aviez pas compris, vous ne m'auriez jamais laissé partir, je crois. (*Il sort.*)
Mél. Me voilà forcée d'en bien user avec ces gens-là, malgré mon peu d'inclination. Je vois que tout est découvert. Il vaut mieux m'assurer la reconnaissance des parents de Silénie, que de me laisser dénoncer par une courtisane. Je retourne chez moi, et je ramène Silénie à ses parents.

ACTE TROISIÈME.

SCÈNE PREMIÈRE.

MÉLÉNIDE, ALCÉSIMARQUE, SILÉNIE.

Mél. Je t'ai raconté toute l'affaire : suis-moi, ma chère Silénie; que je te rende à ceux à qui tu appartiens plus légitimement qu'à moi. Je me sépare de toi avec bien du regret; mais il le faut dans ton intérêt, et cette idée me console. Voilà des joujoux qu'on me donna en te remettant entre mes mains, pour te faire reconnaître un jour par tes parents. Halisca, prends cette corbeille, et frappe vite à cette

---

Et scio venturam. *Mel.* Me indicabit, et suas 315
Ad meas miserias addet. *Phan.* Fac me consciam
Quid nunc vis facere me. *Lamp.* Intro abi, atque animo bono es.
Vir tuu's si veniet, jube domi obperirier,
Ne in quæstione mi sit, si quid eum velim.
Ego ad anum recurro rursum. *Phan.* Lampadio, obsecro, 320
Cura. *Lamp.* Perfectum ego hoc dabo negotium.
Phan. Deos teque spero. *Lamp.* Eosdem ego, uti abeas domum. (abit Phanostrata.) [eas?
Mel. Adulescens, adsta, atque audi. *Lamp.* Men', mulier, vo-
Mel. Te. *Lamp.* Quid negoti 'st? nam obcupatus sum ampliter.
Mel. Quis istic habitat? *Lamp.* Demipho, dominus meus.
Men. Nempe istic est, qui Alcesimarcho filiam 326
Suam despondit in divitias maxumas?
Lamp. Is ipsus est. *Mel.* Eho tu, quam vos igitur filiam
Nunc quæritatis alteram? *Lamp.* Ego dicam tibi,
Non ex uxore gnatam uxoris filiam. 330
Mel. Quid istuc est verbi? *Lamp.* Ex priore muliere
Gnata, inquam, meo hero filia est. *Mel.* Certe modo
Hujus, quæ locuta est, quærere albas filiam.
Lamp. Hujus ego quæro. *Mel.* Quo modo igitur, obsecro,
Hæc est prior, quæ nubta nunc est? *Lamp.* Conteris 335
Tu me oratione, mulier, quisquis es.
Medioxumam quam duxit uxorem, ex ea
Gnata est hæc virgo, Alcesimarcho quæ datur.
Ea uxor diem obiit : jam scis? *Mel.* Teneo istuc satis.
Sed ego illud quæro confragosum, quo modo 340
Prior posterior sit, et posterior sit prior?
Lamp. Prius hanc conpressit, quam uxorem duxit domum :

Prius gravida facta 'st, priusque peperit filiam.
Eam postquam peperit, jussit parvam projici.
Ego eam projeci, alia mulier sustulit, 345
Ego inspectavi : herus hanc duxit postibi.
Eam nunc puellam filiam ejus quærimus.
Quid nunc supina sursum in cœlum conspicis?
Mel. I nunc jam istuc quo properabas, nihil moror.
Nunc intellexi. *Lamp.* Diis, hercle, habeo gratiam : 350
Nam ni intellexes, nunquam, credo, amitteres. (abit.)
Mel. Nunc mihi bonæ necessum'st esse ingratiis,
Quamquam esse nolo : rem palam esse intellego.
Nunc egomet potius hanc inibo gratiam
Ab illis, quam illæc indicet me : ibo domum, 355
Atque a parenteis reduco Silenium.

ACTUS TERTIUS.

SCENA PRIMA.

MELÆNIS, ALCESIMARCHUS, SILENIUM.

Mel. Rem elocuta sum tibi omnem : sequere me, mea Silenium,
Ut eorum, quojam esse oportet te, sis potius quam mea.
Quamquam invita te carebo, animum ego inducam tamen,
Ut illud quod tuam in rem bene conducat, consulam 360
Nam heic crepundia insunt, quibuscum te illa olim ad me detulit,
Quæ mihi dedit, parenteis te ut congnoscant facilius.

porte. Dis que je désirerais que quelqu'un de la maison vînt tout de suite ici.

Alcés. (*tenant son épée.*) O mort, reçois un malheureux qui se jette avec joie dans tes bras!

Sil. Ma mère, c'est fait de nous. Malheureuses!

Alcés. Me frapperai-je de la main droite ou de la main gauche?

Mél. Qu'as-tu, mon enfant?

Sil. Ne voyez-vous pas Alcésimarque qui tient une épée?

Alcés. Eh bien, tu hésites! Lâche, renonce à la lumière du jour!

Sil. Accourez, de grâce, qu'il ne se tue pas!

Alcés. (*à Silénie.*) O mon salut, ô providence plus secourable que le ciel même! toi seule tu me rends la vie malgré moi-même.

Mél. Justes dieux! auriez-vous pu commettre un tel forfait?

Alcés. Je n'ai plus affaire à vous, je suis mort pour vous. Mais puisque je tiens Silénie, je ne la quitterai pas. Je suis bien résolu de l'attacher à moi par des liens sacrés. Où êtes-vous esclaves? Fermez bien la maison, poussez les grilles et mettez tous les verrous, dès que j'aurai emporté ce trésor. (*Il enlève Silénie.*)

Mél. Il est parti; il l'enlève... Suivons-le, qu'il apprenne tout ce que j'ai découvert : la colère qu'il me témoigne s'apaisera peut-être. (*Elle sort, et dans ce désordre Halisca, suivant sa maîtresse, jette la corbeille par mégarde.*)

ACTE QUATRIÈME.
SCÈNE PREMIÈRE.
LAMPADISQUE, PHANOSTRATE.

Lamp. Je ne crois pas avoir jamais rencontré de femme plus incommode pour moi que cette vieille. Ce qu'elle m'a avoué tantôt, elle le nie maintenant. Mais j'aperçois ma maîtresse... Qu'est-ce que c'est que cette corbeille pleine de joujoux d'enfant qui est là par terre?... Personne dans la rue... Faisons l'enfant, et ramassons la corbeille.

Phan. Que fais-tu ici, Lampadisque?

Lamp. Cette petite corbeille ne vient-elle pas de chez nous? Je l'ai ramassée devant notre porte.

Phan. Quelle nouvelle de la vieille?

Lamp. Il n'en existe pas sur la terre de plus scélérate. Elle désavoue effrontément ce qu'elle m'a déclaré tantôt. Mais elle ne se moquera pas ainsi de moi, je ne le souffrirai pas. J'aimerais mieux me tuer.

Phan. (*regardant la corbeille.*) Dieux, j'implore votre secours!

Lamp. Pourquoi cette invocation?

Phan. Sauvez-nous!

Lamp. Qu'y a-t-il?

Phan. Ce sont là les joujoux de ma petite fille, quand tu allas l'exposer à la mort.

Lamp. Êtes-vous dans votre bon sens?

Phan. Ce sont bien les mêmes.

Lamp. Encore!

Phan. Oui, ce sont eux.

Lamp. Si toute autre femme me faisait un pareil conte je la croirais ivre.

Phan. Je ne dis point de sottises. Mais, de grâce, d'où vient cette corbeille? Quel dieu l'a jetée à notre porte? On dirait que, par le plus heureux à-propos, l'Espérance est venue d'elle-même à mon secours.

SCÈNE II.
HALISCA, LAMPADISQUE, PHANOSTRATE.

Hal. Si le ciel ne vient à mon aide, je suis perdue : car je n'en puis attendre de personne. Mon

---

Accipe hanc cistellam, Halisca, atque, agedum, pulta illas foreis.
Dic me orare, ut aliquis intus prodeat propere ocius.
Alces. Recipe me ad te, Mors, amicum et benevolum. *Sil.*
(aspiciens Alcesimarchum.) Mater mea, 365
Perimus miseræ! *Alces.* Utrum hac me feriam, an ab læva latus?
Mel. Quid tibi 'st? *Sil.* Alcesimarchum non vides ferrum tenentem?
Alces. Ecquid agis? remorare? lumen linque. *Sil.* Amabo, adcurrite,
Ne se interimat. *Alces.* O Salute mea salus salubrior,
Tu nunc, si ego volo seu nolo, sola me ut vivam facis. 370
Mel. Hau! voluisti istuc severum facere? *Alces.* Nihil mecum tibi,
Mortuus tibi sum : hanc ut habeo, certum 'st non amittere.
Nam, hercle, jam ad me adglutinandam totam decretum est dare.
Ubi estis, servi? obcludite ædes pessulis, repagulis,
Ubi hanc ego tetulero intra limen. *Mel.* Abiit, abstulit 375
Mulierem : ibo persequar jam illum intro, ut hæc ex me sciat
Eadem, si possum tranquillum facere ex irato mihi.
(abit, et Halisca in tumultu heram subsequens jacit imprudens cistellam.)

ACTUS QUARTUS.
SCENA PRIMA.
LAMPADISCUS, PHANOSTRATA.

Lamp. Nullam ego me vidisse credo magis anum excruciabilem

Quam illæc est : quæ dudum fassa est mihi, quæne infitias eat!
Sed, eccam, heram video. Sed quid hoc est, hæc quod cistella heic jacet 380
Cum crepundiis? nec quemquam conspicor alium in via?
Faciundum 'st puerile opficium, conquiniscam ad cistulam.
Phan. Quid agis, Lampadio? *Lamp.* Hæc cistella numnam hinc ab nobis domo 'st?
Nam hinc ab ostio jacentem sustuli. *Phan.* Quid nunclas
Super anu? *Lamp.* Scelestiorem in terra nullam esse alteram.
Omnia infitias ire ea, quæ dudum confessa 'st mihi. 385
Nam, hercle, ego illam anum inridere me ut sinam? satius est mihi
Quovis exitio interire. *Phan.* (aspiciens crepundia.) Di, obsecro vostram fidem!
Lamp. Quid deos obsecras? *Phan.* Servate nos. *Lamp.* Quid est? *Phan.* Crepundia
Hæc sunt, quibuscum tu extulisti nostram filiolam ad necem. 390
Lamp. Sanan' es? *Phan.* Hæc sunt profecto. *Lamp.* Pergin'?
Phan. Hæc sunt. *Lamp.* Si mihi
Alia mulier istoc pacto dicat, dicam esse ebriam.
Phan. Non, ecastor, cassa memoro : nam, obsecro, unde hæc gentium?
Aut quis Deus objecit hanc ante ostium nostrum? quasi
Dedita opera in tempore ipso Spes mihi sancta subvenit. 395

SCENA SECUNDA.
HALISCA, LAMPADISCUS, PHANOSTRATA.

Nisi quid mihi opis

étourderie me cause bien des chagrins. Je tremble qu'un orage n'éclate sur mes épaules, quand ma maîtresse saura à quel point je suis négligente. Qu'ai-je fait de cette corbeille que je tenais à la main tout à l'heure, qu'elle m'a donnée là devant la maison? Où est-elle? Je n'en sais rien : à moins que je ne l'aie laissée tomber ici dans les environs. Mes amis, vous tous qui me regardez, donnez-moi quelque indice; dites-moi si quelqu'un l'a vue, si quelqu'un l'a emportée, si quelqu'un l'a ramassée, et quel chemin il a pris. Mais à quoi bon questionner ces gens-là? Le tourment des femmes les divertit toujours. Voyons si je ne découvrirai pas les traces de quelque pied. Car si personne n'a passé ici après moi, la corbeille s'y trouvera encore. Quoi! rien!... Elle est perdue, je pense. C'en est fait. Maladroite, misérable que je suis! Point de corbeille! Et je suis perdue aussi; sa perte entraîne la mienne. Voyons toujours, et continuons nos recherches. Mon cœur palpite, mes membres frissonnent de peur. La crainte agite tout mon être : la crainte double le malheur. Celui qui a trouvé la corbeille est bien content : elle ne peut cependant lui servir à rien : et moi j'en ai si grand besoin! Mais je perds mon temps, au lieu d'agir. Halisca, songe à ce que tu fais : regarde à terre, regarde partout; cherche adroitement à deviner avec tes yeux où elle peut être.

Lamp. (à *Phanostrate, sans être aperçu d'Halisca.*) Ma maîtresse?

Phan. Eh bien! quoi?

Lamp. C'est elle.

Phan. Qui cela?

Lamp. Celle qui a laissé tomber la corbeille. Elle est précisément à l'endroit où elle l'a laissée échapper de sa main.

Phan. C'est vrai.

Hal. Il est passé par ici... je vois l'empreinte de son brodequin sur la poussière : suivons la trace.

C'est qu'il s'est arrêté avec une autre personne. Un nuage m'offusque la vue... Ce n'est pas là le chemin qu'il a pris : c'est là qu'il s'est arrêté! il s'est avancé jusque-là; ici il y a eu plusieurs personnes : oui... voilà bien les pas de deux personnes. Qui sont-elles? Les traces sont bien distinctes. Mais il est allé de ce côté. Examinons bien. Il est revenu ici... Non... il n'est pas sorti de cet endroit. Je cherche l'impossible. Ce qui est perdu est perdu. J'y perdrais ma peau comme ma corbeille. Retournons au logis.

Phan. Arrêtez... Il y a ici des personnes qui veulent vous dire deux mots.

Hal. Qui veut me parler?

Lamp. Une bonne femme et un mauvais garçon vous demandent.

Hal. Le mauvais n'est pas de mon goût. Il ne me faut que du bon. Au reste celui qui m'appelle sait mieux que moi ce qu'il me veut. Revenons sur nos pas. (*A Lampadisque.*) N'auriez-vous pas vu, je vous prie, quelqu'un chercher ici une corbeille pleine de jouets d'enfant, que j'ai eu le malheur de perdre en cet endroit même? C'est sans doute tantôt, au moment où nous sommes accourues pour empêcher Alcésimarque de se tuer, que, dans ma frayeur, j'aurai laissé tomber ici cette corbeille.

Lamp. (à *Phanostrate.*) Ma maîtresse, c'est bien notre femme. Est-ce que nous ne la questionnerons pas un peu?

Hal. Malheureuse, je suis perdue! Que répondre à ma maîtresse? Elle m'avait tant recommandé de conserver cette corbeille, pourque Silénie, donnée dès le berceau à Phanostrate par une courtisane, pût reconnaître ses véritables parents!

Lamp. (à *sa maîtresse.*) Ce qu'elle dit là est justement notre affaire. D'après ces paroles, elle doit savoir où est votre fille.

Hal. Car elle consent à la rendre au père et à la

Di dant, disperii, neque unde auxilium expetam habeo.
Itaque petulantia mea me animi miseram habet,
Quæ in tergum meum ne veniat, male formido,
Si hera mea sciat, tam socordem esse, quam sum. 400
Quamne in manibus tenui atque adcepi heic ante ædeis
Cistellam, ubi ea sit, nescio : nisi, ut opinor,
Loca hæc circiter excidit mihi : mi homines,
Mi spectatores, facite indicium, si quis
Vidit, is quis eam abstulerit, quisve 405
Sustulerit, et utrum hac an illac iter institerit.
Non sum scitior, quæ hos rogem, aut quæ fatigem,
Qui semper malo muliebri sunt lubenteis.
Nunc vestigia heic si qua sunt, gnoscitabo.
Nam si nemo hac præteriit, postquam intro abii, 410
Cistella heic jaceret. Quid, heic? periit opinor.
Actum 'st; ilicet; me infelicem et scelestam.
Nulla 'st, neque ego sum usquam : perdita perdidit me.
Sed pergam, ut cœpi, tamen, quæritabo.
Nam et intus paveo, et foris formido : ita nunc 415
Utrobique me metus agitat : illo sunt homines misere
Miseri. Ille nunc lætus est, quisquis est, qui illam habet,
Quæ neque illa illi quidquam usui 'st, mihi esse potest.
Sed memet moror, quom hoc ago secius.
Halisca, hoc age, ad terram adspice, et dispice : 420
Oculis investigans astute augura. *Lamp.* Hera.
Phan. Hem, quid est? *Lamp.* Hæc est. *Phan.* Quis? *Lamp.*
Quoi hæc excidit cistella :
Certe eccum locum signat, ubi ea excidit. *Phan.* Adparet.
Hal. Sed is hac iit; hac socci video vestigium
In pulvere; persequar hac... in hoc jam loco cum altero 425
Constitit... heic meis turbo oculis modo se objecit :
Neque prorsum iniit hac... heic stetit; hinc illuc exiit, heic
Concilium fuit : ad duos adtinet! hi qui sunt?
Atat, singulum video vestigium : sed is hac abiit.
Contemplabor : hinc huc iit... hinc nusquam abiit. 430
Actam rem ago : quod perlit, periit : meum corium
Cum cistella : redeo intro. *Phan.* Mulier, mane : sunt
Qui volunt te conventam. *Hal.* Quis me revocat?
Lamp. Bona femina et malus masculus volunt te.
Hal. Malum aufer, bonum mihi opus est : postremo, ille 435
Plus, qui vocat, scit quod velit, quam ego quæ vocor; revortor.
Ecquem vidisti quærere heic, amabo, in hac regione
Cistellam cum crepundiis, quam ego heic amisi misera?
Nam dudum ut adcurrimus ad Alcesimarchum, ne suam vitam
Interimeret, tum mihi puto præ timore heic excidisse 440
Cistellam. *Lamp.* Hæc, mulier, nostra est. Quin operam damus, hera, parumper.
Hal. Disperii misera! quid ego meæ heræ dicam? quæ me opere tanto
Servare jussit, qui suos Silenium parenteis
Facilius posset gnoscere, quæ heræ meæ subposita 'st parva.
Quam quædam meretrix ei dedit. *Lamp.* Nostrum hæc rem fabulatur. 445
Hanc scire oportet filia tua ubi sit, signa ut dicit.
Hal. Nunc eam volt suæ matri et patri, quibus gnata est, reddere ultro.

mère. (*A Lampadisque.*) Mon ami, vous pensez à autre chose ; songez un peu à ce qui m'intéresse.

Lamp. C'est ce que je fais : je ne laisse pas échapper un mot de ce que vous dites. Mais tout en vous écoutant j'ai répondu aux questions de ma maîtresse, qui est là. Maintenant je reviens à vous. Si vous avez besoin de moi, commandez. Que cherchiez-vous ?

Hal. Mon ami, et vous, ma chère dame, je vous salue.

Phan. Et nous pareillement : mais que cherchez-vous ?

Hal. Je cherche par ici la trace d'un objet que j'ai perdu je ne sais où.

Phan. Qu'est-ce que c'est ? Quel est cet objet ?

Hal. Une chose dont la perte est bien malheureuse, et va désoler toute ma famille.

Lamp. (*à Phanostrate.*) Ma chère maîtresse, voilà une rusée coquine !

Phan. C'est mon opinion.

Lamp. Elle ressemble à certaine bête malfaisante.

Phan. A quelle, bête s'il vous plaît ?

Lamp. A une chenille qui se roule et s'entortille dans une feuille de pampre : elle s'est entortillée de la même manière dans ses discours. (*à Halisca.*) Que cherchez-vous ?

Hal. Ma petite corbeille qui s'est envolée ici, mon cher enfant.

Lamp. Il fallait la mettre dans une bonne cage.

Hal. En vérité, la capture n'est pas bien précieuse.

Lamp. Tout de bon! Une petite corbeille va-t-elle contenir une troupe d'esclaves à vendre ?

Phan. Laisse-la parler.

Lamp. Qu'elle parle.

Phan. Allons, parlez... Qu'y avait-il dans cette corbeille ?

Hal. Rien que des jouets d'enfant.

Lamp. Il y a un certain homme qui prétend savoir où elle est.

Hal. Eh bien! il obligera beaucoup certaine femme s'il lui dit l'endroit.

Lamp. Mais il veut une récompense.

Hal. Par malheur, cette certaine femme qui a perdu la corbeille n'a rien à donner à ce certain homme.

Lamp. Mais il demande de l'argent.

Hal. Il en demande inutilement.

Lamp. C'est qu'il ne fait rien pour rien, ma chère femme.

Phan. (*à Halisca.*) Donnez-nous votre secret ; vous vous en trouverez bien. Nous convenons que nous avons la petite corbeille.

Hal. Que la déesse Salut vous conserve!... Où est-elle maintenant ?

Phan. La voilà en bon état. Mais je veux m'entretenir avec vous d'une affaire qui me touche vivement. Je veux vous associer à mon sort, pour assurer mon salut.

Hal. De quoi s'agit-il ? et qui êtes-vous ?

Phan. La mère de celle qui portait ces jouets d'enfant.

Hal. Vous demeurez donc ici ?

Phan. Vous l'avez deviné. Mais, de grâce, laissez vos détours, ma chère, et dites-moi vite et nettement d'où vous tenez ces jouets d'enfant.

Hal. Ils appartenaient à la fille de ma maîtresse.

Lamp. Vous mentez ; c'est à la fille de ma maîtresse à moi.

Phan. Ne l'interromps pas.

Lamp. Je me tais.

Phan. Continuez, ma bonne. Où est la fille à qui ils ont appartenu ?

Hal. Ici, tout près.

Phan. Mais c'est la demeure du gendre de mon mari!

Lamp. En effet...

Phan. Tu l'interromps encore! (*A Halisca.*) Poursuivez. Quel âge a-t-elle ?

Hal. Dix-sept ans.

Phan. C'est ma fille.

Lamp. C'est bien elle, d'après l'âge qu'elle dit.

Mi homo, obsecro, alias res geris, ego tibi meas res mando.
Lamp. Istuc ago, atque istuc mihi cibus est, quod fabulare :
Sed inter rem agendam istam heræ huic respondi, quod rogabat. 450
Nunc ad te redeo, si quid est opus, dic, impera et tu.
Quid quæritabas ? *Hal.* Mi homo, et mea mulier, vos saluto.
Phan. Et nos te : sed quid quæritas ? *Hal.* Vestigium heic requiro,
Qua abfugit quædam nescio quo mihi. *Phan.* Quid id ? quid id nam est ?
Hal. Alienum quod damnum adferat, et mœrorem familiarem.
Lamp. Mala merx, hera, hæc et callida 'st. *Phan.* Ecastor, ita videtur. 455
Lamp. Imitatur nequam bestiam et damnificam. *Phan.* Quamnam, amabo ?
Lamp. Involvolum, quæ in pampini folio intorta implicat se :
Itidem hæc exorditur sibi intortam orationem.
Quid quæritas ? *Hal.* Cistella mihi heic, mi adulescens, evolavit. 460
Lamp. In caveam latam oportuit. *Hal.* Non, edepol, præda magna.
Lamp. Mirum, quin grex venalium in cistella infuerit una.
Phan. Sine dicat. *Lamp.* Si dicat quidem. *Phan.* Age, loquere tu, quid ibi infuerit.
Hal. Crepundia una. *Lamp.* Est quidam homo, qui illam ait se scire ubi sit.
Hal. At, pol, ille a quadam muliere, si eam monstret, gratiam ineat. 465

Lamp. At sibi ille quidam volt dari mercedem. *Hal.* At, pol, illa quædam,
Quæ illam cistellam perdidit, quoidam negat esse, quod det.
Lamp. At enim ille quidam argentum expetit. *Hal.* At nequidquam argentum expetit.
Lamp. At, pol, ille quidam, mulier, in nulla opera gratuita 'st.
Phan. Commoda loquelam tuam ; tibi nunc proderit ; confitemur 470
Cistellam habere. *Hal.* At vos Salus servassit : ubi ea nunc est ?
Phan. Salvam eccam : sed ego rem meam magnam confabulari
Tecum volo : sociam te mihi adopto ad meam salutem.
Hal. Quid istuc negoti 'st ? aut quis es ? *Phan.* Ego sum illius mater,
Quæ hæc gestitavit. *Hal.* Heiccine tu ergo habitas ? *Phan.* Ariolare. 475
Sed, quæso, ambages, mulier, mitte, atque hoc age,
Eloquere, unde hæc sunt tibi, cito, crepundia.
Hal. Mea hæc herilis gestitavit filia.
Lamp. Mentiris : nam mea gestitavit, non tua.
Phan. Ne obloquere. *Lamp.* Taceo. *Phan.* Mulier, perge dicere. 480
Ubi ea 'st, quæ gestitavit ? *Hal.* Heic in proxumo.
Phan. Isteic quidem, edepol, mei viri habitat gener.
Lamp. Næ. *Phan.* Obloquere rursum ? Perge porro dicere.
Quot annos gnata dicitur ? *Hal.* Septem et decem.
Phan. Mea 'st. *Lamp.* Ea 'st, ut numerus annorum adtulit. 485

Hal. Vous avez trouvé ce que vous cherchiez, et moi je cherche encore ce que j'ai perdu.

Lamp. (*à part.*) Elles ont trouvé chacune leur affaire; ne trouverai-je rien à mon tour?

Phan. J'ai retrouvé ma fille que je cherchais depuis si longtemps.

Hal. Il est juste de garder un objet confié à notre probité, afin que le dépôt ne soit pas fatal au dépositaire. Notre élève est évidemment votre fille; et ma maîtresse vous la rendra. Elle est même sortie pour cela. Mais adressez-vous à elle, je vous prie. Je ne suis qu'une esclave.

Phan. Vous avez raison.

Hal. J'aime mieux que vous lui en ayez l'obligation. Mais, de grâce, rendez-moi la corbeille.

Phan. Que faire, Lampadisque?

Lamp. Gardez ce qui vous appartient.

Phan. J'ai pitié de cette pauvre femme.

Lamp. Je pense aussi qu'il faut la lui rendre. Donnez-lui sa corbeille, et entrez dans la maison avec elle.

Phan. Je suivrai ton avis. (*A Halisca.*) Tenez, voici votre corbeille. Entrons chez vous. Mais? comment se nomme votre maîtresse?

Hal. Mélénide.

han. Allez, allez devant; je vous suis.

ACTE CINQUIÈME.

SCÈNE PREMIÈRE.

DÉMIPHON, LAMPADISQUE.

Dém. D'où vient que l'on dit de tous côtés que j'ai retrouvé ma fille? On ajoute que Lampasdique m'a cherché sur la place publique.

Lamp. Mon cher maître, d'où venez-vous?

Dém. Du sénat.

Lamp. Je me félicite d'avoir accru votre famille.

Dém. Et moi j'en suis peu flatté. Je n'ai pas besoin d'avoir des enfants par le secours d'autrui. Mais qu'y a-t-il?

Lamp. Hâtez-vous d'entrer chez votre gendre... Vous reconnaîtrez votre fille. Votre femme s'y trouve aussi. Allez donc vite.

Dém. Cette affaire-là doit passer avant toutes les autres.

LE CHOEUR.

Spectateurs, n'attendez pas qu'aucun personnage revienne. Aucun ne sortira de la maison. Ils vont terminer l'affaire là-dedans. L'affaire conclue, les acteurs ôteront leurs costumes. Ensuite ceux qui auront mal joué seront étrillés comme il faut (1). Les autres boiront tout à leur aise. Quant à vous, spectateurs, ce qui vous reste à faire, c'est d'applaudir à la fin de la comédie, suivant l'usage de nos ancêtres.

(1) Cicéron dans son plaidoyer pour Roscius atteste ces infâmes traitements auxquels étaient soumis presque tous les acteurs sortis de la condition d'esclaves.

Phan. Quod quæritabam, filiam inveni meam.
Hal. Quod quærebas, reperisti : jam quæro meam.
Lamp. At, pol, hæ suas nanctæ sunt, quæro tertiam.
Hal. Æquom 'st tenere, per fidem quod creditum 'st,
Ne bene merenti sit malo benignitas. 490
Nostra hæc alumna 'st tua profecto filia,
Et reddidura hera 'st tibi tuam : et ea gratia
Domo profecta 'st : ceterum ex ipsa, obsecro,
Exquiritote; ego serva sum. *Phan.* Æquom postulas.
Hal. Illius ego istanc esse malo gratiam. 495
Sed istanc cistellam te obsecro ut reddas mihi.
Phan. Quid fit Lampadio? *Lamp.* Quod tuum 'st, teneas tuum.
Phan. At me hujus miseret. *Lamp.* Sic faciundum censeo.
Da isti cistellam, et intro abi cum istac simul.
Phan. Tibi auscultabo : tene tu cistellam tibi. 500
Abeamus intro : sed quod nomen est tuæ
Dominæ? *Hal.* Melænis. *Phan.* I, i præ, jam ego te sequar.

(intrat domum Alcesimachi.)

ACTUS QUINTUS.

SCENA PRIMA.

DEMIPHO, LAMPADIO.

Dem. Quid hoc negoti 'st, quod omneis homines fabulantur per vias,
Mihi esse filiam inventam? et Lampadionem me in foro
Quæsivisse aiunt. *Lamp.* Here, unde is? *Dem.* Ex senatu.
Lamp. Gaudeo 505
Tibi mea opera liberorum esse amplius. *Dem.* Et enim non placet.
Nil moror aliena mihi opera fieri plureis liberos.
Sed quid istuc est? *Lamp.* Propera ire intro huc ad adfinem tuum;
Filiam tuam jam cognosces : intus ibidem uxor tua 'st.
Abi cito. *Dem.* Prævorti hoc certum 'st rebus aliis omnibus. 510

CATERVA.

Ne exspectetis, spectatores, dum illi huc ad vos exeant;
Nemo exibit; omneis intus conficient negotium.
Ubi id erit factum, ornamenta ponent : postidea loci,
Qui deliquit, vapulabit; qui non deliquit, bibet.
Nunc quod ad vos spectatores, reliquom relinquitur. 515
More majorum date plausum postrema in comœdia.

LE CURCULION.[1]

PERSONNAGES.

CURCULION, parasite de Phédrome.
PHÉDROME, jeune homme, amant de Planésie.
PALINURE, son esclave.
SON CUISINIER.
THÉRAPONTIGONE, capitaine épidaurien, frère de Planésie.
PLANÉSIE, amante de Phédrome.
LYCON, banquier.
CAPPADOX, marchand d'esclaves.
UNE VIEILLE COURTISANE, portière de Cappadox.
UN CHEF DE CHOEUR.

La scène est à Épidaure.

ARGUMENT,

ATTRIBUÉ A PRISCIEN.

Curculion est envoyé à Carie par Phédrome pour emprunter de l'argent. Là il dérobe l'anneau du rival du jeune homme. Il écrit une lettre qu'il cachète avec cet anneau. Lycon, en la recevant, reconnaît le cachet de ce militaire, qui lui mande de racheter sa maîtresse et de payer le marchand d'esclaves. Le militaire cite en justice Lycon et le marchand. Il découvre que celle qu'il aime est sa propre sœur. Il se rend à ses prières, et la donne en mariage à Phédrome.

ACTE PREMIER.

SCÈNE I.

PALINURE, PHÉDROME.

Pal. Où courez-vous, Phédrome, à cette heure de la nuit, avec cet équipage et cette pompe?

[1] Cette comédie tire son nom du principal personnage; il s'appelle *Curculio*, mot latin qui veut dire *charançon*, insecte rongeur. Comme le héros de cette pièce est un parasite, Plaute a pensé que ce nom lui convenait à merveille.

DRAMATIS PERSONÆ.

CURCULIO, parasitus Phædromi.
PHÆDROMUS, adolescens, amator Planesii.
PALINURUS, servus Phædromi.
COQUUS.
THERAPONTIGONUS, miles, amator Planesii.
PLANESIUM, virgo, amatrix Phædromi.
LYCO, trapezita.
CAPPADOX, leno.
LENA, ancilla Cappadocis.
CHORAGUS.

ARGUMENTUM

(UT QUIBUSDAM VIDETUR)

PRISCIANI.

Curculio missu Phædromi it Cariam,
Ut petat argentum : ibi ille eludit anulo
Rivalem ; scribit atque obsignat literas.
Cognoscit signum Lyco, ubi vidit, militis :
Ut amicam mittat, pretium lenoni dedit.
Lyconem miles ne lenonem in jus rapit.
Ipsus sororem, quam peribat, reperit :
Oratu quojus Phædromo nuptum locat.

ACTUS PRIMUS.

SCENA PRIMA.

PALINURUS, PHÆDROMUS.

Palin. Quo ted hoc noctis dicam proficisci foras

Phéd. Où Vénus et Cupidon m'appellent, où l'Amour m'entraîne. Qu'il soit minuit ou que le soleil se couche à peine, si le jour assigné par votre adversaire est arrivé, il faut se mettre en route, bon gré, mal gré

Pal. Mais enfin, enfin......

Phéd. Enfin... Tu m'ennuies.

Pal. Cela n'est pas bien; cela n'est pas glorieux pour vous. Être vous-même votre propre esclave, et porter votre flambeau!

Phéd. Eh quoi! je ne pourrai pas porter cette cire, ouvrage des abeilles, à celle qui est pour moi plus douce que le miel?

Pal. Puis-je encore savoir où vous allez?

Phéd. Si tu me le demandes, je te l'apprendrai.

Pal. Si je vous le demande, que répondrez-vous?

Phéd. Ceci est le temple d'Esculape.

Pal. Il y a plus d'un an que je le sais.

Phéd. Tu vois cette porte voisine du temple, qui est si bien fermée. (*à la porte*) Salut, ô porte que j'aime comme mes yeux ! comment va la santé?

Pal. (*s'adressant aussi à la porte*) La fièvre t'a-t-elle quittée hier? as-tu bien soupé?

Phéd. (*à l'esclave*) Entends-tu me railler?

Pal. Êtes-vous fou de demander à cette porte l'état de sa santé?

Phéd. C'est que je n'ai jamais vu de porte plus belle et plus discrète : elle ne dit pas un mot. Quand je l'ouvre, elle se tait; quand ma maîtresse sort en cachette pour m'aller trouver, elle se tait encore.

Cum istoc ornatu, cumque hac pompa, Phædrome?
Phædr. Quo Venus Cupidoque imperat, suadetque amor.
Si media nox est, sive est prima vespera,
Si statu' condictus cum hoste intercedit dies,
Tamen est eundum, quo imperant, ingratiis. 5
Palin. At tandem tandem. *Phædr.* Tandem es odiosus mihi.
Palin. Istuc quidem nec bellum'st, nec memorabile :
Tute tibi puer es lautus, luces cereum.
Phædr. Egon' apicularum opera congestum non feram, 10
Ex dulci oriundum, melliculo dulci meo?
Palin. Nam quo te dicam ego ire? *Phædr.* Si tu me roges,
Dicam, ut scias. *Palin.* Si rogitem, quid respondeas?
Phædr. Hoc Æsculapi fanum'st. *Palin.* Plus jam anno scio.
Phædr. Huic proximum illud ostium obclusissimum. 15
Salve, valuisti' usque, ostium obclusissumum?
Palin. Caruitne febris te heri, vel nudius tertius,
Et heri cœnavistine? *Phædr.* Deridesne me?
Palin. Quid tu ergo, insane, rogitas, valeatne osilum?
Phædr. Bellissumum, hercle, vidi et taciturnissumum. 20
Nunquam verbum mutit : quom aperitur, tacet;
Quomque illa noctu clanculum ad me exit, tacet.
Palin. Numquid tu, quod te aut genere indignum sit tuo,
Facis, aut inceptas facinus facere, Phædrome?
Num tu pudicæ quoipiam insidias locas? 25
Aut quam pudicam oportet esse? *Phædr.* Nemini.
Nec me ille sirit Jupiter. *Palin.* Ego item volo.
Ita tuum conferto amare semper, si sapis,
Ne id quod ames, populus si sciat, tibi sit probro.

Pal. Phédrome, allez-vous faire quelque action indigne de votre rang? avez-vous quelque mauvais dessein? tendez-vous quelque piége à une fille sage, ou qui du moins devrait l'être?

Phéd. A personne; Jupiter m'en préserve!

Pal. Je le souhaite aussi. Mais, si vous faites bien, aimez de sorte que si le public vient à le savoir, vous n'ayez pas à en rougir. Ne vous emportez pas à ne pouvoir plus être admis en témoignage. Aimez, mais aimez en présence de témoins.

Phéd. Que signifient ces paroles?

Pal. Qu'il faut aller droit votre chemin.

Phéd. Il y a donc là un marchand d'esclaves.

Pal. Personne ne vous défend ni ne vous empêche d'acheter, si vous avez de l'argent, ce qui se vend publiquement; personne ne peut vous empêcher d'aller dans la rue. Pourvu que vous ne marchiez pas à travers un champ clos, que vous vous absteniez des femmes mariés, des veuves et des vierges, et des filles de famille, vous pouvez aimer tout ce qu'il vous plaira.

Phéd. C'est bien la maison du marchand.

Pal. Que le ciel la foudroie!

Phéd. Pourquoi?

Pal. Parce qu'elle sert à un esclavage infâme.

Phéd. Parle.

Pal. Très-volontiers.

Phéd. Te tairas-tu?

Pal. Mais vous m'ordonniez de parler.

Phéd. A présent je te le défends. Comme je te le disais, il a une jeune esclave.

Pal. Ce marchand qui demeure là?

Phéd. Tu as deviné.

Pal. J'aurais bien voulu me tromper.

Phéd. Tu m'ennuies. Il veut en faire une courtisane; elle m'aime éperdument : mais je ne veux pas de femme d'emprunt.

Pal. Pourquoi cela?

Phéd. Parce que je l'aime aussi, et que je veux l'avoir pour moi seul.

Pal. Tout amour secret est ruineux.

Phéd. Ce que tu dis est vrai.

Pal. Vous a-t-elle déjà accordé ses faveurs?

Phéd. Je l'ai respectée comme ma sœur, et sa pudeur ne m'a laissé prendre que quelques baisers.

Pal. N'oubliez pas que la flamme suit de près la fumée. La fumée ne peut rien brûler, mais la flamme consume tout. Qui veut avoir la noix doit casser la coquille. Pour obtenir les dernières faveurs, on commence par des baisers.

Phéd. C'est une fille sans tache, et qui n'a de commerce avec aucun homme.

Pal. Je vous croirais, si un marchand d'esclaves était susceptible de quelque pudeur.

Phéd. Quelle idée as-tu d'elle! S'il s'offre une occasion de venir me voir à la dérobée, elle me donne un baiser et s'enfuit. Encore c'est parce que son maître est malade, et couché dans le temple d'Esculape... Cet homme me met au supplice.

Pal. Comment?

Phéd. Tantôt il me demande trente mines d'argent (92 fr.), tantôt un grand talent. Et il m'est impossible de rien obtenir de lui à un prix honnête.

Pal. C'est faire injure à un marchand d'esclaves, que d'exiger de lui de la conscience.

Phéd. Maintenant j'ai envoyé mon parasite en Carie, pour emprunter de l'argent à un de mes amis. S'il ne m'en rapporte pas, je ne sais de quel côté me tourner.

Pal. Si vous saluez les dieux, ce doit être du côté droit.

Phéd. Tu vois devant la maison un autel consacré à Vénus. J'ai fait vœu de lui offrir un déjeuner.

Pal. Qu'avez-vous à présenter à Vénus?

Phéd. Moi, toi et tous ces gens-là.

Pal. Voulez-vous donc lui faire soulever le cœur?

Phéd. Esclave, donne-moi un broc de vin.

Pal. Quel est votre dessein?

Phéd. Tu vas le voir : il y a une vieille femme qui

Semper curato ne sis intestabilis : 30
Quod amas, amato testibus præsentibus.
Phædr. Quid istuc est verbi? *Palin.* Caute ut incedas via.
Phædr. Quin leno heic habitat. *Palin.* Nemo hinc prohibet nec vetat,
Quin, quam palam 'st venale si, argentum 'st, emas.
Nemo ire quemquam publica prohibet via, 35
Dum ne per fundum septum facias semitam;
Dum tete abstineas nubta, vidua, virgine,
Juventute, et pueris liberis; ama quid lubet.
Phædr. Lenonis hæ sunt ædeis. *Palin.* Male istis eveniat.
Phædr. Qui? *Palin.* Quia scelestam servitutem serviunt. 40
Phædr. Obloquere. *Palin.* Fiat maxume. *Phædr.* Etiam taces?
Palin. Nempe obloqui me jusseras. *Phædr.* At nunc veto.
Sed ita uti obcœpi dicere; ei ancillula 'st.
Palin. Nempe huic lenoni, qui heic habitat? *Phædr.* Recte tenes.
Palin. Minus formidabo ne excidat. *Phædr.* Odiosus es. 45
Eam volt meretricem facere : ea me deperit.
Ego autem cum illa facere nolo mutuum.
Palin. Quid ita? *Phædr.* Quia proprium facio. Amo pariter simul.
Palin. Malus clandestinus est amor, damnum 'st merum.
Phædr. Est, hercle, ita ut tu dicis. *Palin.* Jamne ea fert jugum? 50
Phædr. Tam a me pudica 'st, quam si soror mi sit : nisi

Si est osculando quidpiam inpudicior.
Palin. Semper tu scito : flamma fumo 'st proxuma.
Fumo comburi nihil potest, flamma potest.
Qui e nuce nucleum esse volt, frangit nucem. 55
Qui volt cubare, pandit saltum saviis.
Phædr. At illa est pudica, nequedum cubitat cum viris.
Palin. Credam, pudor si quoipiam lenoni siet.
Phædr. Imo ut illam censes! Ut quæque illi obcasio 'st
Subripere se ad me, ubi savium obpegit, fugit. 60
Id eo fit, quia heic leno ægrotus incubat
In Æsculapi fano. Is me excruciat. *Palin.* Quid est?
Phædr. Alias me poscit pro illa triginta minas,
Alias talentum magnum. Néque quidquam queo
Æqui bonique ab eo inpetrare. *Palin.* Injuriu's, 65
Qui, quod lenoni nulli 'st, id ab eo petas.
Phædr. Nunc hinc parasitum in Cariam misi meum,
Petitum argentum a meo sodali mutuum :
Quod si non adfert, quo me vortam nescio.
Palin. Si deos salutas, dextrovorsum censeo. 70
Phædr. Nunc ara Veneris hæc est ante horunc foreis.
Me inferre Veneri vovi jam jentaculum.
Palin. Quid an te pones Veneri jam jentaculo?
Phædr. Me, te, atque hosce omneis. *Palin.* Tum tu Venenerem vomere vis?
Phædr. Cedo, puere, sinum. *Palin.* Quid facturus? *Phædr.* Jam scies. 75
Auus heic solet cubitare custos, janitrix;

garde la porte et couche là. Cette vieille se nomme Boit-beaucoup et Boit-pur.

Pal. Comme une bouteille de vin de Chio.

Phéd. En un mot, elle a la passion du vin... et dès que j'en répands devant la porte, l'odeur l'avertit que je suis là, et elle m'ouvre aussitôt.

Pal. Doit-on lui porter ce broc?

Phéd. Si tu veux bien le permettre.

Pal. Je ne le voudrais certes pas. Puisse celui qui le porte se rompre le cou! Je croyais que ce vin était pour nous.

Phéd. Te tairas-tu? Pour peu qu'il en reste, nous en aurons assez.

Pal. Mais c'est une rivière! la mer n'en reçoit pas de pareille dans son sein.

Phéd. Palinure, suis-moi jusqu'à la porte : obéis-moi.

Pal. J'obéis.

Phéd. (*arrosant de vin le seuil de la porte*) Allons, aimable porte, bois, rafraîchis-toi à ton aise, et sois-moi propice.

Pal. Veux-tu des olives, de la bouillie, des câpres (1)?

Phéd. Éveille celle qui te garde.

Pal. Vous répandez le vin? quelle est cette folie?

Phéd. Laisse-moi faire. Ne vois-tu pas s'ouvrir cette aimable porte? Les gonds ne font pas le moindre bruit. Comme ils sont complaisants!

Pal. Que ne les embrassez-vous?

Phéd. Tais-toi. Cachons notre flambeau. Et silence!

Pal. Fort bien.

SCÈNE II.

LA VIEILLE, PHÉDROME, PALINURE.

La vieille. Le fumet d'un vin vieux m'a frappé l'odorat. Le désir d'en goûter m'entraîne ici au milieu des ténèbres. Où est-il? où est-il? Il est près de moi. Ah! je le tiens. Bonjour, mon petit cœur, délices de Bacchus. Que ta séculaire vieillesse me plaît! l'odeur des parfums les plus délicats n'est rien auprès de la tienne. Tu es pour moi la fleur de myrrhe, le cinnamome, la rose, le safran. Je voudrais être ensevelie à la place où l'on t'a répandu. Mais maintenant que mon nez s'est bien rassasié de ton odeur, donne le même plaisir à mon gosier. Tu ne m'écoutes pas. Où es-tu donc? Je veux te toucher, et verser à longs traits ta liqueur dans mon estomac. Ton odeur s'échappe de ce côté; je cours après.

Phéd. Voilà une vieille qui a soif.

Pal. Un peu.

Phéd. Ce n'est rien, elle contient sans se gêner un quartaut de vin.

Pal. Comme tu y vas! La vendange d'une année ne lui suffirait pas. Elle ferait un excellent chien de chasse; elle a bon nez.

La vieille. Dites-moi, de grâce, quelle voix j'entends de loin?

Phéd. Je crois qu'il est temps d'appeler la vieille : je vais l'aborder. Revenez, ma bonne, et regardez-moi.

La vieille. Seigneur, qui êtes-vous?

Phéd. Le dispensateur du vin, le joyeux Bacchus, qui vient désaltérer, rafraîchir votre bouche, calmer votre insomnie.

La vieille. Qu'il est loin de moi!

Phéd. Suivez ce flambeau.

La vieille. Avancez vite, je vous prie.

Phéd. Comment vous portez-vous?

La vieille. Puis-je me bien porter quand la soif me dessèche?

Phéd. Un instant, vous boirez...

La vieille. Cela est bien long.

Phéd. Tenez, en voilà, charmante vieille.

La vieille. Merci, je vous aime plus que mes yeux.

(1) Pour exciter la soif

Nomen ei est lenæ'multibiba atque merobibæ.
Palin. Quasi tu lagenam dicas, ubi vinum solet
Chium esse. *Phædr.* Quid opu'st verbis? vinosissuma 'st,
Eaque exemplo ubi vino has conspersi foreis, 80
De odore adesse me scit, aperit ilico.
Palin. Fine hic cum vino sinus fertur? *Phædr.* Nisi nevis.
Palin. Nolo, hercle : nam istunc qui fert, adflictum velim;
Ego nobis adferri censui. *Phædr.* Quin tu taces?
Si quid super illi fuerit, id nobis sat est. 85
Palin. Quisnam istic fluviu'st, quem non recipiat mare?
Phædr. Sequere hac, Palinure, me ad foreis : si mi obsequens.
Palin. Ita faciam. *Phædr.* Agite, bibite, festivæ foreis;
Potate, fite mihi volenteis propitiæ.
Palin. Voltisne olivas, aut pulmentum, aut capparim? 90
Phædr. Exsuscitate vostram hanc custodem mihi.
Palin. Profundis vinum! quæ te res agitant? *Phædr.* Sine.
Viden' ut aperiuntur ædeis festivissumæ?
Num mutit cardo? est lepidus. *Palin.* Quin das savium?
Phædr. Tace; obcultemus lumen et vocem. *Palin.* Licet. 95

SCENA SECUNDA.

LENA, PHÆDROMUS, PALINURUS.

Len. Flos veteris vini meis naribus objectus est.
Ejus amos cupidam me huc prolicit per tenebras.
Ubi, ubi est? prope me est : evax! habeo. Salve, anime mi,
Liberi lepos : ut veteris vetusti cupida sum!
Nam omnium unguentum odor præ tuo nautea 'st. 100
Tu mihi stacte, tu cinnamomum, tu rosa,
Tu crocinum et casia es, tu bdellium : nam ubi
Tu profusus, ibi ego me pervelim sepultam.
Sed quom adhuc naso, odos, obsecutus es meo,
Da vicissim meo gutturi gaudium. 105
Nihil ago tecum : ubi est ipsus? ipsum expeto
Tangere, invergere in me liquores tuos
Sino ductim : sed hac abiit, hac persequar.
Phædr. Sitit hæc anus. *Palin.* Quantilium sitit? *Phædr.* Modica 'st,
Capit quadrantal. *Palin.* Pol! ut tu prædicas, 110
Vindemia hæc huic anni non satis est soli.
Canem esse hanc quidem magis par fuit; sagax
Nasum habet. *Len.* Amabo, quoja vox sonat procul?
Phædr. Censeo hanc adpellandam anum : adibo : redi,
Et respice ad me huc, lena. *Len.* Imperator quis est? 115
Phædr. Vini pollens, lepidus Liber,
Tibi qui adventat, siccæ, semisomnæ
Adfert potionem, et te sedatum it.
Len. Quam longe a me abest? *Phædr.* Lumen hoc vide.
Len. Grandiorem gradum ergo fac ad me, obsecro. 120
Phædr. Salve. *Len.* Egon' salva sim, quæ siti sicca sum?
Phædr. At jam bibes. *Len.* Diu fit. *Phædr.* Hem tibi, anus lepida.

Pal. Allons, jette vite cela dans ton gouffre, et nettoie l'égout de la bonne façon.
Phéd. (à *Palinure*) Tais-toi. Ne lui dis pas d'injures.
Pal. J'aime mieux en effet lui jouer un tour.
La vieille. O Vénus! si je répands quelques gouttes de ce vin en ton honneur, c'est bien malgré moi. Les amoureux, quand ils portent des santés ou quand ils boivent, ils t'en offrent toujours; mais moi j'ai trop rarement de ces bonnes fortunes.
Pal. Voyez comme cette vieille gueuse engloutit le vin pur à pleine gorge!
Phéd. Je suis perdu : je ne sais que lui dire pour commencer.
Pal. Dites-lui ce que vous me dites là.
Phéd. Quoi?
Pal. Que vous êtes perdu.
Phéd. Que les dieux te confondent!
Pal. Dites-lui cela.
La vieille (après avoir bu). Ah!
Pal. Qu'y a-t-il? est-ce qu'il ne vous convient pas?
La vieille. Il me convient fort.
Pal. Il me convient aussi de t'enfoncer les côtes avec ce bâton.
Phéd. Tais-toi, ne va pas...
Pal. Je me tais. L'arc-en-ciel boit (1); il pleuvra certainement aujourd'hui.
Phéd. Lui parlerai-je à présent?
Pal. Que lui direz-vous?
Phéd. Que je suis perdu.
Pal. Allons, dites-le.
Phéd. Bonne femme, écoutez; il faut que vous sachiez que je suis un malheureux perdu sans ressource...
La vieille. Et moi sauvée, grâce au ciel! Mais qu'avez-vous? Quelle idée vous prend de dire que vous êtes perdu?

(1) Les anciens croyaient que l'arc-en-ciel se formait en aspirant les eaux des fleuves et des fontaines.

Phéd. Parce que je suis privé de ce que j'aime.
La vieille. Mon cher Phédrome, ne vous désolez pas, je vous prie. Veillez à ce que je n'aie pas soif, et je vous amènerai ici celle que vous aimez.
Phéd. Je vous promets que si vous me tenez parole, je plante une vigne comme un monument en l'honneur de votre gosier. Palinure, ne serai-je pas le plus heureux des mortels, si ma maîtresse vient ici?
Pal. O vraiment un amoureux sans argent est un bien triste personnage!
Phéd. Je n'en suis pas réduit là : mon parasite doit arriver aujourd'hui, et m'apporter de l'argent.
Pal. Belle espérance! Vous attendez ce qui n'arrivera jamais.
Phéd. Si je m'approchais de la porte en chantant quelque couplet (1)?
Pal. Si cela vous plaît, je ne le défends ni ne l'ordonne; car je vois bien, mon cher maître, que vos goûts et votre caractère sont tout à fait changés.
Phéd. (chantant) :

O porte aimable, si mon zèle
Te chargea de fleurs, de présents,
A la voix d'un amant fidèle
Ouvre tes verrous complaisants.
Tombez vous même, à ma prière,
Verrous, obstacles des amours;
Rendez-moi votre prisonnière,
L'espoir, le tourment de mes jours.
Mais ils demeurent immobiles,
Mon amour leur adresse, hélas!
Des chants et des vœux stériles :
L'insensible airain n'entends pas.

(à *Palinure*) Mais silence, tais-toi.
Pal. Je me tais, mon maître. Qu'y-a t-il?
Phéd. J'entends du bruit. Les verrous cèdent enfin à mes prières.

(1) Voy. act. Ier, sc. IV. du *Barbier de Séville*, où le comte chante sous les fenêtres de sa maîtresse.

Len. Salve, oculissume homo. *Palin.* Age, ecfunde hoc cito
In barathrum, propere prolue cloacam. *Phædr.* Tace.
Nolo huic maledici. *Palin.* Faciam igitur male potius.   125
Len. Venus, de paulo paululum hoc tibi dabo,
Haud lubenter : nam tibi amanteis propinanteis,
Vinum potanteis dant omneis : mihi haud sæpe
Eveniunt taleis hereditateis. *Palin.* Hoc vide, ut
Ingurgitat impura in se merum avariter.   130
Faucibus plenis! *Phædr.* Perii, hercle! huic quid primum dicam
Nescio. *Palin.* Hem istuc, quod mihi dixti. *Phædr.* Quid id est?
Palin. Periisse ut te dicas. *Phædr.* Male tibi di faciant.
Palin. Dic isti. *Len.* Ah! *Palin.* Quid est? ecquid lubet?
Len. Lubet.
Palin. Eliam mihi quoque stimulo fodere lubet te.   135
Phædr. Tace, noli. *Palin.* Taceo : ecce autem bibit arcus; pluet.
Credo, hercle, hodie. *Phædr.* Jamne ego huic dico? *Palin.* Quid dices?
Phædr. Me periisse. *Palin.* Age, dice. *Phædr.* Anus, audi : hoc volo
Scire te, perditus sum miser. *Len.* At, pol, ego oppido
Servata : sed quid est, quid lubet perditum   140
Dicere te esse? *Phædr.* Quia id, quod amo, careo.
Len. Phædrome mi, ne plora, amabo; tu me
Curato ne sitiam, ego tibi, quod amas, jam huc a ucam.

Phædr. Tibi næ ego, si fidem servas mecum,
Vineam pro aurea statua statuam, quæ tuo   145
Gutturi sit monumentum. Qui me in terra æque
Fortunatus erit, si illa ad me bitet,
Palinure? *Palin.* Edepol, qui amat, si eget, misera adficitur
Ærumna. *Phædr.* Non ita res est; nam confido
Parasitum hodie adventurum cum argento ad me.   150
Palin. Magnum inceptas, si id exspectas, quod nusquam 'st.
Phædr. Quid si adeam ad foreis, atque obcentem? *Palin.* Si lubet.
Neque veto, neque jubeo : quando ego te video
Inmutatis moribus esse, here, atque ingenio.
Phædr. Pessuli, heus, pessuli, vos saluto lubens,   155
Vos amo, vos volo, vos peto, atque obsecro,
Gerite amanti mihi morem amœnissumi :
Fite causa mea Ludii barbari,
Subsilite, obsecro, et mittite istanc foras,
Quæ mihi misero amanti ebibit sanguinem.   160
Hoc vide ut dormiunt pessuli pessumi,
Nec mea gratia conmovent se ocyus.
Respicio nihili meam vos gratiam facere.
Sed tace, tace. *Palin.* Taceo, hercle : quid est? *Phædr.* Sentio sonitum.
Tandem, edepol, mihi morigeri pessuli fiunt.   165

SCÈNE III.

LA VIEILLE, PLANÉSIE, PHÉDROME, PALINURE.

La vieille. Sortez doucement, Planésie, et prenez garde au bruit de la porte et des gonds, de peur d'instruire mon maître de votre démarche. Attendez, je vais répandre de l'eau sur les ressorts.
Pal. Voyez cette vieille, qui d'une main tremblante administre des rafraîchissements à la porte. Mais elle garde le vin pur pour elle, et ne donne à cette pauvre porte que de l'eau à boire.
Pla. Où êtes-vous, vous qui m'appelez de la part de Vénus? Où êtes-vous, vous qui m'adressez une assignation au nom de l'Amour? Me voici. Je comparais devant vous; comparaissez aussi vous-même devant moi, je vous l'ordonne.
Phéd. Me voilà. Si j'étais absent, ma douce amie, je mériterais d'être condamné.
Plan. Mais, mon cœur, un amant doit-il se tenir ainsi éloigné?
Phéd. Palinure, Palinure!
Pal. Parlez. Qu'y a-t-il? pourquoi m'appelez-vous?
Phéd. Elle est charmante.
Pal. Trop charmante.
Phéd. Ah! je suis un dieu.
Pal. A peine un homme assez mince.
Phéd. As-tu vu, verras-tu jamais un objet plus semblable aux déesses?
Pal. Vous me semblez malade, et cela me fait peine.
Phéd. Tais-toi, impertinente langue.
Pal. C'est se tourmenter à plaisir, que de voir sa maîtresse et de ne pas satisfaire sa passion quand on le peut.

Phéd. Son reproche est juste, et ce qu'il dit là est depuis longtemps mon plus vif désir.
Pla. Serre-moi tendrement, embrasse-moi.
Phéd. Voilà ce qui me fait aimer la vie. Puisque ton maître te défend de me voir, je te possède à son insu.
Pla. Il me le défend, mais il n'y réussit pas et n'y réussira jamais, à moins que la mort ne sépare mon âme de toi.
Pal. (à part) Je n'y peux plus tenir : il faut donner une leçon à mon maître. Il est bon d'aimer un peu, mais non pas comme un insensé : et l'amour de mon maître est vraiment celui d'un fou.
Phéd. Que les rois gardent leurs États, les riches leurs richesses; que d'autres mettent leur bonheur dans les dignités, dans les talents, dans la gloire des luttes ou des combats : pourvu qu'ils n'envient pas mon bien, ils peuvent conserver le leur.
Pal. Avez-vous donc fait vœu, Phédrome, de consacrer vos veilles à Vénus? Voilà le jour qui va paraître.
Phéd. Tais-toi.
Pal. Pourquoi me taire? Allez donc dormir.
Phéd. Je dors; ne crie pas tant.
Pal. Vous êtes éveillé pourtant.
Phéd. Je dors à ma manière : c'est là mon sommeil.
Pal. (à Planésie) Oh! ma belle, tourmenter ainsi un homme qui ne l'a point mérité, ce n'est pas bien.
Pla. Fâche-toi si, lorsque tu as faim, ton maître te chasse de la table, à la bonne heure!
Pal. C'en est fait... Je vois qu'ils s'aiment éperdument; ils sont fous l'un et l'autre. Tenez, comme ils s'embrassent! Ils ne se trouvent pas assez près l'un de l'autre. Vous séparerez-vous enfin?
Pla. Il n'y a pas de bonheur durable... Voilà un odieux témoin qui trouble nos plaisirs.

SCENA TERTIA.

ANUS, PLANESIUM, PHÆDROMUS, PALINURUS.

An. Placide egredere, et sonitum prohibe forium, et crepitum cardinum,
Ne quod heic agimus, herus percipiat fieri, mea Planesium.
Mane, subfundam aquolam. *Palin.* Viden' ut anus tremula medicinam facit.
Eapse merum condidicit bibere, foribus dat aquam quam bibant.
Plan. Ubi tu es, qui me convadatus Veneriis vadimoniis? 170
Ubi tu es, qui me libello Venerio citavisti? ecce me.
Sisto ego tibi me, et mihi contra itidem te ut sistas suadeo.
Phædr. Adsum; nam si absim, haud recusem quin mihi male sit, mel meum.
Plan. Anime mi, procul amantem te abesse haud consentaneum 'st.
Phædr. Palinure, Palinure. *Palin.* Eloquere, quid est, quod Palinurum voces? 175
Phædr. Est lepida. *Palin.* Nimis lepida. *Phædr.* Sum deus.
Palin. Imo homo haud magni preti.
Phædr. Quid vidisti, aut quid videbis magi' diis æquiparabile?
Palin. Male valere te, quod mi ægre 'st. *Phædr.* Male mi morigerus; tace.
Palin. Ipsus se excruciat, qui homo quod amat, videt, nec potitur dum licet.

Phædr. Recte objurgat; sane haud quidquam 'st magis quod cupiam jamdiu. 180
Palin. Tene me, amplectere ergo. *Phædr.* Hoc etiam 'st, quamobrem cupiam vivere.
Quia te prohibet herus, clam hero potior. *Plan.* Prohibet, nec prohibere quit,
Nec prohibebit, nisi mors meum animum abs te abalienaverit.
Palin. Enimvero nequeo durare, quin ego herum adcusem meum;
Nam bonum 'st, pauxillum amare sane, insane non bonum 'st : 185
Verum totum insanum amare, hoc est, quod meus herus facit.
Phædr. Sibi sua habeant regna reges, sibi divitias diviteis.
Sibi honores, sibi virtutes, sibi pugnas, sibi prælia :
Dum mi abstineant invidere, sibi quisque habeant quod suum 'st.
Palin. Quid tu? Venerin' pervigilare te vovisti, Phædrome?
Nam hoc quidem, edepol, haud multo post luce lucebit.
Phædr. Tace. 191
Palin. Quid taceam? quin tu is dormitum? *Phædr.* Dormio, ne obclamites.
Palin. Tu quidem vigilas. *Phædr.* At meo more dormio; hic somnu'st mihi.
Palin. Heus tu, mulier : male merere de inmerente inscitia 'st.
Plan. Irascare, si te edentem hic a cibo abigat. *Palin.* Ilicet. 195
Pariter hos perire amando video, uterque insaniunt :

Pal. Que dites-vous, scélérate, avec vos yeux de chouette? Vous m'appelez odieux! petite folle, petite impertinente.

Phéd. Tu insultes ma maîtresse! Un misérable esclave tout marqué de coups d'étrivières ose parler ainsi! non, non, et ton insolence te coûtera cher. Voilà pour tes méchants propos (*il lui donne un soufflet*); tu apprendras à être plus modéré dans tes discours.

Pal. O Vénus, qui veilles la nuit, je vous prends à témoin!

Phéd. Tu continues, coquin!

Pla. Mon ami, ne frappe pas cette pierre; tu te blesseras la main.

Pal. Phédrome, vous commettez un crime impardonnable, honteux : vous donnez des coups de poing à celui qui vous montre la bonne route. Vous aimez cette femme : pure fantaisie! faut-il vous abandonner à toute la brutalité de votre passion?

Phéd. Fais-moi voir un amant modéré, et je te donne de l'or. Tiens, en voilà.

Pal. Ne me donnez que du clinquant, mais que je serve un maître raisonnable.

Pla. Adieu, mon ami : car j'entends le cri des gonds, et le bruit du gardien qui ouvre le temple. Jusques à quand serons-nous forcés de ne nous voir, de ne nous aimer qu'à la dérobée?

Phéd. Pour toujours, j'espère : j'ai envoyé il y a quatre jours mon parasite me chercher de l'argent. Il sera de retour aujourd'hui même.

Pla. Toutes vos démarches sont bien longues.

Phéd. Que Vénus me maudisse, si d'ici à trois jours je ne vous tire pas de cette maison et ne vous rends pas la liberté!

Pla. Souvenez-vous bien de cette promesse! Avant de rentrer, viens que je t'embrasse encore.

Phéd. On me donnerait un royaume, que j'éprouverais moins de joie. Quand vous reverrai-je?

Pla. D'abord je compte sur la liberté que tu m'as promise. Si tu m'aimes, achète-moi sans marchander. Emporte-le sur tous par la générosité de tes offres. — Porte-toi bien.

Phéd. Quoi! me quitter déjà! Palinure, je me meurs.

Pal. Et moi je me meurs aussi de vos coups de poing, et d'envie de dormir.

Phéd. Suis-moi.

ACTE SECOND.

SCÈNE I.

CAPPADOX, PALINURE, PHÉDROME (*caché*).

Cap. Décidément je sors de ce temple : je vois l'arrêt porté par Esculape : il méprise mes prières, et ne veut pas me guérir. Mes forces diminuent, mes douleurs augmentent. Quand je marche, je suis oppressé comme si j'avais une corde autour du corps. On dirait que je porte deux jumeaux dans mon ventre. Je crains vraiment de crever par le milieu comme un malheureux.

Pal. (*à Phédrome*) Si vous faites bien, Phédrome, écoutez-moi; bannissez de votre esprit cette inquiétude. Vous vous alarmez, parce que votre parasite n'est pas revenu de Carie. Je compte qu'il vous apporte de l'argent : car s'il n'en avait pas trouvé, il n'y a pas de carcan, de chaînes capables de le retenir, ni de l'empêcher de revenir à son étable accoutumée.

Cap. Qui est là? qui est-ce qui parle?

Pal. Quelle est cette voix que j'entends?

Viden', ut misere moliuntur! nequeunt conplecti satis.
Etiam dispartimini? *Plan.* Nulli 'st homini perpetuum bonum.
Jam huic voluptati hoc adjunctum 'st odium. *Palin.* Quid ais, propudium?
Tun' etiam cum noctuinis oculis, odium me vocas? 200
Ebriola persolla! nugæ! *Phædr.* Tun' meam Venerem vituperas?
Quod quidem mihi polluctus virgis servos sermonem serat?
At næ tu, hercle, cum cruciatu magno dixisti id tuo.
Hem tibi maledictis pro istis : dictis moderari ut queas.
Palin. Tuam fidem, Venus noctuvigila! *Phædr.* Pergin' etiam, verbero? 205
Plan. Noli, amabo, verberare lapidem, ne perdas manum.
Palin. Flagitium probrumque magnum, Phædrome, expergefacis :
Bene monstrantem pugnis cædis, hunc amas nugas meras.
Hoccine fieri, ut inmodestis te heic moderere moribus?
Phædr. Auro contra cedo modestum amatorem : a me aurum adcipe. 210
Palin. Cedo mihi contra aurichalco, quoi ego sano serviam.
Plan. Bene vale, ocule mi : nam sonitum et crepitum claustrorum audio,
Ædituum aperire fanum : quousque, quæso, ad hunc modum
Inter nos amore utimur semper subrepticio?
Phædr. Minume : nam parasitum misi nudius quartus Cariam, 215
Petere argentum : is hodie heic aderit. *Plan.* Nimium consultas diu.

Phædr. Ita me Venus amet, ut ego te hoc triduum nunquam sinam
In domo esse istac, quin ego te liberalem liberem.
Plan. Facito ut me memineris : tene etiam, priusquam hinc abeo, savium.
Phædr. Siquidem, hercle, mihi regnum detur, nunquam id potius persequar. 220
Quando ego te videbo? *Plan.* Hem, istoc verbo vindictam para.
Si amas, eme : ne rogites; facito ut pretio pervincas tuo.
Bene vale. *Phædr.* Jamne ego relinquor? pulchre, Palinure, obcidi.
Palin. Ego quidem, qui et vapulando et somno pereo.
Phædr. Sequere me.

ACTUS SECUNDUS.

SCENA PRIMA.

CAPPADOX, PALINURUS.

Capp. Migrare certum 'st jam nunc e fano foras, 225
Quando Æsculapi ita sentio sententiam,
Ut qui me nihili faciat, nec salvom velit.
Valetudo decrescit, adcrescit labor.
Nam jam, quasi zona, liene cinctus ambulo.
Geminos in ventre habere videor filios. 230
Nihil metuo, nisi ne medius disrumpar miser.
Palin. Si recte facias, Phædrome, auscultes mihi,
Atque istam exturbes ex animo ægritudinem
Paves, parasitus quia non rediit Caria.
Adferre argentum credo : nam si non ferat, 235

Cap. N'est-ce point Palinure, l'esclave de Phédrome?
Pal. Quel est cet homme avec son gros ventre, et ses yeux verts comme pré? Je le reconnais à sa tournure; mais son teint le rend méconnaissable... Oui maintenant je vois que c'est lui. C'est Cappadox, le marchand d'esclaves. Abordons-le.
Cap. Salut, Palinure.
Pal. Salut, vieux coquin. Que fais-tu ici?
Cap. Je végète.
Pal. C'est tout ce que vous méritez. Mais qu'avez-vous?
Cap. La rate m'étouffe, les reins me font mal, mes poumons se déchirent, mon foie est à la torture, mon cœur est blessé jusqu'à la racine, je souffre de tous les intestins.
Pal. C'est que vous avez une maladie de foie.
Cap. Il est aisé de railler les malheureux.
Pal. Patientez encore quelques jours, jusqu'à ce que vos intestins soient faisandés. C'est maintenant la saison de saler, vous serez vendu plus cher.
Cap. J'ai la rate gonflée.
Pal. Marchez, c'est très-bon pour la rate.
Cap. Cesse tes plaisanteries, et réponds à ce que je te demande. Ne pourrais-tu m'expliquer le songe que j'ai eu cette nuit?
Pal. Bon! tu vois le seul homme qui sache prédire. Les devins eux-mêmes me consultent; et toutes mes réponses sont des oracles.

SCÈNE II.

UN CUISINIER, CAPPADOX, PALINURE, PHÉDROME.

Le cuis. Palinure, que fais-tu là? Pourquoi ne pas préparer tout ce qu'il me faut afin, que le parasite trouve son dîner prêt quand il viendra?
Pal. Attends que j'explique son rêve à cet homme.
Le cuis. Comment? quand tu as rêvé, c'est à moi que tu t'adresses.
Pal. J'en conviens.
Le cuis. Allons, à la besogne!
Pal. Eh bien! conte-lui ton songe pendant ce temps. Je vous donne un meilleur interprète que moi; car ce que je sais, c'est de lui que je le tiens.
Cap. Qu'il m'écoute donc avec attention.
Pal. (*s'en allant*) Il n'y manquera pas.
Cap. (*à part*) Il a un mérite rare, il obéit à son maître. (*haut*) Écoute-moi donc.
Le cuis. Je vous écouterai, quoique je ne vous connaisse pas.
Cap. Il m'a semblé cette nuit voir en songe Esculape, qui se tenait éloigné de moi : il m'a paru m'éviter, et faire peu de cas de ma personne.
Le cuis. Les autres dieux feront de même. Ils s'accordent parfaitement entre eux. Ne soyez pas surpris de n'être pas mieux traité. Vous auriez dû plutôt coucher, dans le temple de Jupiter qui vous a épargné malgré vos parjures.
Cap. Si tous les parjures voulaient y coucher, il n'y aurait pas de place dans le Capitole même (1).
Le cuis. Prenez-y garde; faites votre paix avec Esculape, de peur qu'il ne vous arrive quelque grande

(1) Plaute oublie encore ici que la scène est à Épidaure.

Tormento non retinerl potult ferreo,
Quin reciperet se huc esum ad præsepim suam.
Capp. Quis hic est, qui loquitur? *Palin.* Quojam vocem ego audio?
Capp. Estne hic Palinurus Phædromi? *Palin.* Qui hic est homo
Cum conlativo ventre, atque oculis herbeis?   240
De forma gnovi, de colore non queo
Gnovisse : janjjam gnovi; leno 'st Cappadox.
Congrediar. *Capp.* Salve, Palinure. *Palin.* O scelerum caput,
Salveto : quid agis? *Capp.* Vivo.... *Palin.* Nempe ut dignus es.
Sed quid tibi 'st? *Capp.* Lien necat, renes dolent,   245
Pulmones distrahuntur, cruciatur jecur,
Radices cordis pereunt, hiræ omneis dolent.
Palin. Tum te igitur morbus agitat hepatarius.
Capp. Facile 'st miserum inridere. *Palin.* Quin tu aliquot dies
Perdura, dum intestina exputescunt tibi,   250
Nunc dum salsura sat bona 'st. Si id feceris,
Vænire poteris intestinis vilius.
Capp. Lien dierectu'st. *Palin.* Ambula, id lieni optumum 'st.
Capp. Aufer istæc, quæso, atque hoc responde quod rogo.
Potin' conjecturam facere, si narrem tibi,   255
Hac nocte quod ego somniavi dormiens?
Palin. Vah, solus hic homo 'st, qui sciat divinitus.
Quin conjectores a me consilium petunt :
Quod eis respondi, ea omneis stant sententia.

SCENA SECUNDA.

COCUS, CAPPADOX, PALINURUS, PHÆDROMUS.

Coc. Palinure, quid stas? quin depromuntur mihi,   260
Quæ opu' sunt, parasito ut sit paratum prandium,
Quom veniat? *Pal.* Mane, sis, dum huic conjicio somnium.
Coc. Tute ipse, si quid somniasti, ad me refers.
Palin. Fateor. *Coc.* Abi, deprome. *Palin.* Age, tu interea huic somnium
Narra; meliorem, quam ego sum, subpono tibi.   265
Nam quod scio, omne ex hoc scio. *Capp.* Operam ut det.
Palin. Dabit. (*abit domum.*)
Capp. Facit hic quod pauci, ut sit magistro obsequens.
Da mi igitur operam. *Coc.* Tametsi non gnovi, dabo.
Capp. Hac nocte in somnis visus sum viderier,
Procul sedere longo a me Æsculapium,   270
Neque eum ad me adire, neque me magnipendere
Visu'st. *Coc.* Item alios deos facturos scilicet.
Sane illi inter se congruunt concorditer.
Nihil est mirandum, melius si nihil sit tibi :
Namque incubare satius te fuerat Jovi,   275
Qui tibi auxilium jurejurando fuit.
Capp. Siquidem parjure velint, qui perjuraverint,
Locus non præberi potis est in Capitolio.
Coc. Hoc animum advorte : pacem ab Æsculapio
Petas, ne forte tibi eveniat magnum malum,   280
Quod in quiete tibi portentum 'st. *Capp.* Bene facis.
Ibo atque orabo. (*abit.*) *Coc.* Quæ res male vortat tibi.
Palin. (*rursus prodiens domo.*) Pro di inmortaleis, quem conspicio! qui illic est?
Estne hic parasitus, qui missu'st in Cariam?

catastrophe, comme celle dont vous êtes menacé en songe.

Cap. Vous avez raison : je vais aller le prier. (*il sort.*)

Le cuis. Puisse-t-il ne pas t'exaucer! (*à part.*)

Pal. (*revenant*) Dieux immortels! que vois-je? quel est cette homme? n'est-ce pas le parasite que mon maître a envoyé en Carie? Holà! Phédrome! venez, venez vite, dépêchez-vous donc !

Phéd. Pourquoi cries-tu si fort?

Pal. J'aperçois votre parasite qui vient à nous... le voilà au bout de la place. Observons ce qu'il va faire.

Phéd. Je crois que tu as raison.

SCÈNE III.

CURCULION, PHÉDROME, PALINURE.

Curc. Faites-moi place, vous tous, chers amis ou chers inconnus, que je remplisse ma mission : fuyez tous, allez-vous-en, retirez-vous de mon passage, de peur que dans ma course je ne vous renverse d'un coup de tête, de coude, de poitrail, ou de pied. Je suis chargé d'une affaire très-pressante. Quiconque me barre le chemin, quel que soit son rang ou sa richesse, général ou prince, édile ou tribun, inspecteur des chemins ou préteur, je le fais tomber, et l'étale dans la rue. Je ne ferai point grâce non plus à ces Grecs (1) aux longs manteaux, à la tête couverte, farcis de livres et de paquets, marchant, s'arrêtant, discourant de fadaises. Ils vous heurtent, vous coudoient, ne font pas un pas sans lâcher quelque sentence. Vous les voyez sans cesse au cabaret. Ont-ils accroché quelque argent, ils s'enveloppent la tête et vont boire chaud ; puis ils s'en retournent d'un air mélancolique avec une pinte de vin : si j'en rencontre, chacun d'eux aura mon pied au derrière.

(1) Les nouveaux philosophes établis à Rome.

Quant à ces valets de bouffons qui jouent à la balle dans le carrefour, je les jette sur le pavé. Que tous ces gens là se tiennent chez eux, s'ils ne veulent pas qu'il leur arrive malheur.

Phéd. Vraiment il commanderait bien, s'il avait le pouvoir : car maintenant c'est la mode que les esclaves n'obéissent plus.

Curc. Qui pourra donc me montrer Phédrome, mon génie tutélaire? La chose presse, il faut que je le voie au plus tôt.

Pal. (*à Phédrome*) Il vous cherche.

Phéd. Si nous l'abordions! Holà! Curculion, me voici.

Curc. Qui appelle? qui prononce mon nom?

Phéd. Quelqu'un qui désire vous parler.

Curc. Vous ne le désirez pas plus vivement que moi.

Phéd. Que tu viens à propos! Bonjour, cher Curculion, après qui j'ai tant soupiré.

Curc. Bonjour.

Phéd. Je suis enchanté de te revoir en bonne santé ; donne-moi ta main. Où en sont mes espérances? Parle, je t'en conjure.

Curc. Dites-moi vous-même où en sont les miennes.

Phéd. Qu'as-tu donc?

Curc. Ma vue s'obscurcit, mes genoux plient sous moi.

Phéd. De lassitude, sans doute.

Curc. Soutenez-moi, soutenez-moi, je vous prie.

Phéd. Comme il pâlit! (*à des esclaves*) Vite un siége, qu'il s'asseye; vite une coupe d'eau fraîche... Hâtez-vous donc!

Curc. Je me trouve mal.

Phéd. Veux-tu de l'eau?

Curc. Si vous avez quelques restes, donnez-les-moi, je vous prie; je mangerais volontiers.

Heus, Phædrome, exi, exi : exi, inquam, ocyus. 285
Phædr. Qui istic clamorem tollis ? *Palin.* Parasitum tuum
Video obcurrentem, ellum, usque in platea ultima.
Hinc auscultemus quid agat. *Phædr.* Sane censeo.

SCENA TERTIA.

CURCULIO, PHÆDROMUS, PALINURUS.

Curc. Date viam mihi, gnoti atque ignoti, dum ego heic opficium meum
Facio : fugite omneis, abite, et de via decedite ; 290
Ne quem in cursu capite, aut cubito, aut pectore ohfendam, aut genu.
Ita nunc subito, propere, et celere objectum 'st mihi negotium.
Nec quisquam sit tam opulentus, qui mihi obsistat in via,
Nec strategus, nec tyrannus quisquam, nec agoranomus,
Nec demarchus, nec comarchus, nec cum tanta gloria, 295
Quin cadat, quin capite sistat in via de semita.
Tum isti Græci palliati, capite operto qui ambulant,
Qui incedunt subfarcinati cum libris, cum sportulis,
Constant, conferunt sermones inter sese drapetæ,
Obstant, obsistunt, incedunt cum suis sententiis ; 300
Quos semper videas bibenteis esse in Thermopolio ;
Ubi quid subripuere, operto capitulo calidum bibunt ;
Tristeis atque ebrioli incedunt : eos ego si obfendero,
Ex unoquoque eorum exciam crepitum polentarium.
Tum isti qui ludunt datatim servi scurrarum in via, 305

Et datores, et factores omneis subdam sub solum.
Proinde se domi contineant, vitent infortunio.
Phædr. Recte hic monstrat, si inperare possit : nam ita nunc mos viget,
Ita nunc servitium 'st ; profecto modus haberi non potest.
Curc. Ecquis est, qui mihi conmonstret Phædromum genium meum? 310
Ita res subita 'st : celeriter mi hoc homine convento 'st opus.
Palin. Te ille quærit. *Phædr.* Quid si adeamus? heus, Curculio, te volo.
Curc. Quis vocat? quis nominat me? *Phædr.* Qui te conventum cupit.
Curc. Haud magis cupis, quam ego te cupio. *Phædr.* O mea obportunitas!
Curculio exoptate, salve. *Curc.* Salve. *Phædr.* Salvom gaudeo 315
Te advenire : cedo tuam mihi dextram : ubi sunt spes meæ?
Eloquere, obsecro, hercle. *Curc.* Eloquere, te obsecro, ubi sunt meæ?
Phædr. Quid tibi 'st? *Curc.* Tenebræ oboriuntur, genua inedia subcidunt.
Phædr. Lassitudine, hercle, credo. *Curc.* Retine, retine me; obsecro.
Phædr. Viden' ut expalluit! datin' isti sellam, ubi adsidat, cito, 320
Et aqualem cum aqua? properatin' ocyus? *Curc.* Animo male 'st.

Phéd. Que le ciel t'écrase !
Curc. De grâce, rafraîchissez-moi pour ma bienvenue.
Phéd. (*il évente le parasite.*) Très-volontiers.
Curc. Que faites-vous donc ?
Phéd. On te rafraîchit.
Curc. Ce n'est pas du vent que je vous demande.
Phéd. Que veux-tu donc ?
Curc. Des rafraîchissements solides, pour me remettre en bon état.
Phéd. Que Jupiter et tous les dieux te confondent !
Curc. Je me meurs, je n'y vois plus, j'ai la bouche amère, mes dents se rouillent, mon gosier se dessèche de faim, mon ventre se creuse et se fond.
Phéd. Tu vas manger quelque chose.
Curc. Je ne veux pas quelque chose : je demande un bon plat bien déterminé.
Phéd. Est-ce que tu sais ce qui nous reste ?
Curc. J'aimerais mieux savoir où sont ces restes : je les aurais bientôt rassemblés, et mes dents seraient bien vite à la besogne.
Phéd. Nous avons du jambon, de la panse, une tétine de truie.
Curc. Vous avez tout cela, dites-vous ! Mais dans la boucherie peut-être.
Phéd. Point du tout, dans des plats : on te les a préparés, sachant ton retour.
Curc. Surtout ne me trompez pas.
Phéd. Puisse celle que j'aime m'aimer autant que je hais le mensonge ! Mais tu ne m'as rien dit de ta commission.
Curc. Je n'ai rien rapporté.
Phéd. Dieux ! tu m'as tué.
Curc. Je peux vous ressusciter si vous me secondez. Parti d'ici par votre ordre, je suis arrivé en Carie. Je vais trouver votre ami pour lui demander l'argent dont vous avez besoin. Il m'a chargé de vous répondre qu'il aurait souhaité de vous obliger et de satisfaire à vos désirs, comme un ami doit en user avec son ami ; mais qu'il se trouvait aussi lui-même dans le plus pressant besoin d'argent.
Phéd. Tu m'assassines avec une pareille réponse.
Curc. Je vous sauve au contraire ; oui, je prétends vous sauver. Après cette réponse je m'en vais sur les places publiques, désespéré du succès de mon voyage. J'aperçois un militaire, je l'aborde, je le salue. Bonjour, me dit-il ; puis il me prend la main, et me tirant à l'écart s'informe des motifs qui m'amènent en Carie. Je lui dis que j'y venais pour mon plaisir. Alors il me demande si je connaissais à Épidaure le banquier Lycon. Je lui réponds que je le connaissais.
« — Connaissez-vous Cappadox, marchand d'esclaves ? — Je suis allé chez lui quelquefois. — Mais que « lui voulez-vous ? — C'est que je lui ai acheté trente « mines une jeune fille, avec ses hardes et ses bijoux, « qu'il m'a fait payer dix mines en outre. — L'avez-« vous payé ? — L'argent est chez ce banquier que « je viens de vous nommer, chez Lycon, à qui j'ai « mandé de retirer la jeune fille, les hardes et les bi-« joux, des mains de Cappadox, et de les remettre à la « personne qui lui présenterait une lettre marquée « de mon cachet. » Après cet entretien, je quitte le militaire. Il me rappelle aussitôt et m'invite à dîner. Je me serais fait un cas de conscience de le refuser. — Si nous allions nous mettre à table, me dit-il ? — J'approuve fort cette pensée. Je n'aime pas à retarder le repas du jour ; cela fait tort à ceux de nuit. Tout était prêt, et à notre arrivée nous nous mettons à table. Après avoir bien mangé et bien bu, il demande des dés. Il me provoque, j'accepte. Je mets mon manteau pour enjeu, lui son anneau. Il invoque Planésie.
Phéd. Ma maîtresse ?

Phædr. Vin' aquam ? *Curc.*, Si frustulenta 'st, da, obsecro, hercle, obsorbeam.
Phædr. Væ capiti tuo. *Curc.* Obsecro, hercle, facite ventum ut gaudeam.
Phædr. Maxume. *Curc.* Quid facitis, quæso ? *Palin.* Ventum. *Curc.* Nolo equidem mihi
Fieri ventulum. *Phædr.* Quid igitur vis ? *Curc.* Esse, ut ventum gaudeam. 325
Phædr. Jupiter te dique perdant. *Curc.* Perii ; prospicio parum,
Os amarum habeo, denteis plenos, lippiunt fauceis fame, Ita cibi vacivitate venio laxis lactibus.
Phædr. Jam edes aliquid. *Curc.* Nolo, hercle, aliquid : certum quam aliquid mavolo.
Phædr. Imo si scias, reliquiæ quæ sint ! *Curc.* Scire nimis lubet 330
Ubi sient ; nam illis conventis sane opu'st meis dentibus.
Phædr. Pernam, abdomen, sumen, suis glandium.
Curc. Ain' tu omnia hæc ?
In carnario fortasse dicis. *Phædr.* Imo in lancibus ;
Quæ tibi sunt parata, postquam scilmus venturum. *Curc.* Vide,
Ne me ludas. *Phædr.* Ita me amabit, quam ego amo, ut ego haud mentior. 335
Sed quo te misi, nihilo sum certior. *Curc.* Nihil adtuli.
Phædr. Perdidisti me. *Curc.* Invenire possim, si mihi operam datis.
Postquam tuo jussu profectus sum, perveni in Cariam.
Video tuum sodalem, argenti rogo uti faciat copiam.
Scires velle gratiam tuam ; noluit frustrarier : 340
Ut decet velle hominem amicum amico, atque opitularier,
Respondit paucis verbis, atque adeo fideliter,
Quod tibi est, item sibi esse magnam argenti inopiam.
Phædr. Perdis me tuis dictis. *Curc.* Imo servo, et servatum volo.
Postquam mihi responsum 'st, abeo ab illo mœstus ad forum 345
Me illo frustra advenisse : forte adspicio militem ;
Adgredior hominem, saluto advenieus. Salve, inquit mihi ;
Prehendit dextram, seducit, rogat quid veniam Cariam.
Dico me illo advenisse, animi causa : ibi me interrogat,
Ecquem in Epidauro Lyconem trapezitam gnoverim ? 350
Dico me gnovisse : quid lenonem Cappadocem ? annuo
Visitasse. Sed quid eum vis ? Quia de illo emi virginem
Triginta minis, vestem, aurum : et pro iis decem coadcedunt minæ.
Dedisti tu argentum, inquam ? Imo apud trapezitam situm st,
Illum quem dixi Lyconem ; atque ei mandavi, qui anulo meo 355
Tabulas obsignatas adtulisset, ut daret operam,
Ut mulierem a lenone cum auro et veste abduceret.
Postquam hoc mihi narravit, abeo ab illo : revocat me ilico,
Vocat ad cœnam ; religio fuit, denegare nolui.
Quid si adeamus, ac decumbamus, inquit ? Consilium placet. 360
Neque diem decet me morari, neque nocti nocerier.
Omnis res parata 'st, et nos, quibus paratum 'st, adsumus.
Postquam cœnati atque adpoti, talos poscit sibi in manum.

Curc. Un peu de silence. Il amène les quatre *vautours* (1). Je saisis les dés; j'invoque ma chère nourrice, j'amène le roi Hercule (2). Je présente à mon hôte une grande coupe de vin, qu'il avale d'un trait. Il penche la tête et s'endort. Moi, je lui dérobe son anneau; puis je retire tout doucement mes pieds du lit, afin que le militaire ne s'en aperçoive pas. Les esclaves me demandent où je vas. — Où l'on va quand on a bien bu, leur dis-je. Je gagne la porte, et je m'esquive aussitôt.

Phéd. Je te félicite.

Curc. Vous me féliciterez quand j'aurai obtenu ce que vous désirez. Maintenant entrons là pour écrire ensemble une lettre nécessaire.

Phéd. A l'instant.

Curc. Mais avant tout mangeons du jambon, de la panse, et la tétine de truie. Il faut au ventre de bons conforts, du pain, des grillades, une grande coupe, une grande marmite, pour être en état de donner des conseils utiles. Vous, vous écrirez : ce garçon me servira, et moi je mangerai. Je vous dirai ce qu'il faut écrire. Suivez-moi là-dedans.

Phéd. Je te suis.

ACTE TROISIÈME.

SCÈNE I.

LYCON, CURCULION, CAPPADOX.

Lyc. Je suis heureux : j'ai réglé mes comptes, je sais ce que je dois et ce qui me reste. Je suis riche, pourvu que je ne paye pas mes créanciers; car si je les paye, je dois plus que je n'ai. Mais, toute réflexion faite, s'ils me pressent trop, j'irai devant le préteur. Les banquiers ont coutume de se prêter mutuellement de l'argent, et de n'en rendre à personne. Ils vous remboursent en coups de poing, si vous réclamez trop haut. Celui qui a de bonne heure amassé de l'argent doit apprendre de bonne heure à l'économiser, s'il ne veut bientôt mourir de faim. Je voudrais acheter un esclave qui sût faire l'usure, car j'ai besoin d'argent.

Curc. (à *Phédrome*) Il est inutile de me rien recommander quand j'ai bien dîné : j'ai la mémoire excellente. Je vous donnerai aisément ce que vous souhaitez. Silence! je me suis bien rempli dans cette maison; cependant j'ai laissé une case où de bons rogatons, si j'en rencontrais, pourraient encore trouver place.... Quel est cet homme qui, la tête tout enveloppée, salue Esculape? Eh! eh! mais c'est celui que je cherchais : suivez-moi : je feindrai de ne pas le connaître. (à *Lycon*) Holà! je voudrais vous parler.

Lyc. Bonjour, borgne!

Curc. Vous moquez-vous de moi, je vous prie?

Lyc. Je vous crois de la famille des Coclès; car ils n'ont qu'un œil.

Curc. C'est un coup de javelot que j'ai reçu à Sicyone.

Lyc. Et que m'importe que ce soit avec un javelot ou un pot de cuisine qu'on vous ait crevé l'œil?

Curc. (à *part*) C'est un devin assurément : il a dit la vérité. Ces sortes de javelots m'atteignent assez souvent. (à *Lycon*) J'ai reçu étant jeune cette honorable blessure au service de la république; mais, de grâce, ne m'appelez pas pour cela devant les comices.

Lyc. On peut au moins vous appeler en justice.

Curc. Ne m'y appelez pas non plus. Je ne me soucie guère des comices ni de la justice. Mais si vous pouvez m'indiquer la personne que je cherche,

(1) Coup fatal.
(2) Dé gagnant.

Provocat me in aleam, ut ego ludam : pono pallium.
Ille suum anulum obposuit : invocat Planesium.   365
Phædr. Meosne amores? *Curc.* Tace parumper : jacit vollorios quatuor.
Talos adripio, invoco almam meam nutricem Herculem.
Jacto basilicum; propino magnum poculum, ille ebibit :
Caput deponit, condormiscit : ego ei subduco anulum.
Deduco pedes de lecto clam, ne miles sentiat.   370
Rogant me servi, quo eam? me dico ire, quo saturi solent.
Ostium ubi conspexi, exinde me ilico protinam dedi.
Phædr. Laudo. *Curc.* Laudato, quando illud quod cupis,
ecfecero.
Eamus nunc intro, ut tabellas consignemus. *Phædr.* Num
moror?
Curc. Atque aliquid prius obtrudamus, pernam, sumen,
glaudium   375
Hæc sunt ventri stabilimenta, pane et assa bubula,
Poculum grande, aula magna; ut satis consilia subpetant.
Tute tabellas consignato, hic ministrabit, ego edam.
Dicam quemadmodum conscribas : sequere me hac intro.
Phædr. Sequor.

ACTUS TERTIUS.

SCENA PRIMA.

LYCO, CURCULIO, LENO.

Lyc. Beatus videor; subduxi ratiunculam,   380
Quantum æris mihi sit, quantumque alieni siet.
Dives sum, si non reddo eis, quibus debeo :
Si reddo illis quibus debeo, plus alieni 'st.
Verum, hercle, vero quom belle recogito,
Si magis me instabunt ad prætorem, subferam.   385
Habent hunc morem plerique argentarii,
Ut alius alium poscant, reddant nemini :
Pugnis rem solvant, si quis poscat clarius.
Qui homo mature quæsivit pecuniam,
Nisi eam mature parsit, mature esurit.   390
Cupio aliquem emere puerum, qui usurarius
Nunc mihi quæratur : usus est pecunia.
Curc. Nil tu me saturum monueris; memini et scio.
Ego hoc ecfectum lepide tibi tradam, face.
Edepol, næ ego heie me intus explevi probe,   395
Et quidem reliqui in ventre cellæ uni locum,
Ubi reliquiarum reliquias reconderem.
Quis hic est, qui operto capite Æsculapium
Salutat? attat! quem quærebam : sequere me.
Simulabo quasi non gnoverim : heus tu! de volo.   400
Lyc. Lupe, salve. *Curc.* Quæso, deridesne me?
Lyc. De coclitum prosapia te esse arbitror :
Nam ti sunt unoculi. *Curc.* Cataputta hoc ictum 'st mihi
Apud Sicyonem. *Lyc.* Nam quid id refert mea,
An aula quassa cum cinere ecfossus siet.?   405
Curc. Superstitiosus hic quidem 'st, vera prædicat :
Nam illæc catapultæ ad me crebro conveniant.
Adulescens, ob rempublicam hoc intus mihi
Quod insigne habeo, quæso, ne me incomities.
Lyc. Licetne inforare, si incomitiare non licet?   410
Curc. Non inforabis me quidem : nec mi placet
Tuum profecto nec forum, nec comitium.
Sed hunc, quem quæro, commonstrare si potes,

je vous en aurai une grande et sincère obligation : je cherche Lycon le banquier.

Lyc. Dites-moi pourquoi vous voulez le voir, ou de quelle part?

Curc. Volontiers. C'est de la part d'un militaire, Thérapontigone Platagidore.

Lyc. Je connais ce nom-là. Il remplit quatre tablettes toutes les fois que je l'écris. Mais que voulez-vous à Lycon?

Curc. On m'a chargé de lui remettre cette lettre.

Lyc. Qui êtes-vous?

Curc. L'affranchi de ce militaire : tout le monde m'appelle Double-Main.

Lyc. Salut donc à Double-Main. Mais pourquoi ce nom de Double-Main?

Curc. Parce que partout où je m'endors après avoir bu, j'emporte tous les habits que je trouve sous ma main. Voilà pourquoi on m'appelle Double-Main.

Lyc. Cherche un meilleur gîte que chez moi : il n'y a pas de place pour Double-Main : quant à la personne que vous demandez, c'est moi.

Curc. Vraiment? vous êtes le banquier Lycon?

Lyc. Lui-même.

Curc. Thérapontigone m'a chargé de vous saluer mille fois, et de vous remettre ces tablettes.

Lyc. A moi?

Curc. Oui. Prenez; regardez le cachet. Le reconnaissez-vous?

Lyc. Comment ne le reconnaîtrais-je pas? un guerrier qui tue un éléphant. C'est bien cela.

Curc. Il m'a ordonné de vous prier de faire exactement ce qu'il vous marque, si vous vouliez l'obliger.

Lyc. Donnez : voyons ce qu'il m'écrit.

Curc. Tout ce que vous voudrez, pourvu que j'obtienne de vous ce qu'il demande.

Lyc. (*lisant*) « Le militaire Thérapontigone Platagidore salue bien Lycon, son cher hôte d'Épidaure.

Curc. (*à part*) Je tiens mon homme : il mord à l'hameçon.

Lyc. (*continuant*) « Je vous prie instamment de « remettre entre les mains du porteur de ce billet la « jeune fille que j'ai achetée dans votre ville, en votre « présence et par votre entremise : n'oubliez pas ses « bijoux et sa garde-robe. Vous voyez ce dont il s'agit. « Donnez l'argent au marchand d'esclaves; et don- « nez la jeune fille à celui que je vous envoie. » Mais où est Thérapontigone? pourquoi ne vient-il pas lui-même.

Curc. Je vais vous l'apprendre : nous sommes arrivés depuis quatre jours de l'Inde en Carie, où il veut élever une statue d'or massif et aussi pur que des philippes, haute de sept pieds, pour consacrer ses exploits?

Lyc. A quel titre?

Curc. Je vais vous l'apprendre : parce que seul il a subjugué les Perses, les Paphlagoniens, les Synopéens, les Arabes, les Cariens, les Crétois, les Syriens, les Rhodiens, les Lyciens, les Pérédiens, les Perbibésiens, les Centauromaques, les Unomammiens, les Libyens, les Contérébromiens (1), et la moitié de l'univers, dans l'espace de vingt jours.

Lyc. Bah!

Curc. Pourquoi vous étonner?

Lyc. Un peu : car si tous les peuples que vous venez d'énumérer étaient renfermés dans une cage comme des poulets, il faudrait plus d'un an pour en faire seulement le tour. Je ne doute plus que vous soyez son messager : vous dites assez de hâbleries pour cela.

Curc. Bah! je vous en dirai bien d'autres, si vous voulez.

Lyc. Je vous en fais grâce. Suivez-moi de ce côté :

(1) La Pérédie, la Perbibésie, la Contérébromie, sont trois pays inventés par Plaute : le premier est la patrie des gourmands, le second celle des buveurs ; le troisième celle du bon vin. La Centauromachie n'est autre que la Thessalie, jadis habitée par les Centaures.

Inibis a me solidam et grandem gratiam.
Lyconem quæro trapezitam. *Lyc.* Dic mihi 415
Quid eum nunc quæris? aut quojatis? *Curc.* Eloquar.
Ab Therapontigono Platagidoro milite.
Lyc. Gnovi, edepol, nomen : nam mihi istoc nomine,
Dum scribo, explevi totas ceras quatuor.
Sed quid Lyconem quæris? *Curc.* Mandatum 'st mihi, 420
Ut has tabellas ad eum ferrem. *Lyc.* Quis tu homo es?
Curc. Libertus illius, quem omneis Summanum vocant.
Lyc. Summane, salve; qui Summanus? fac sciam.
Curc. Quia vestimenta, ubi obdormivit ebrius,
Summano : ob eam rem me omneis Summanum vocant. 425
Lyc. Alibi te meliu'st quærere hospitium tibi;
Apud me profecto nihil est Summano loci.
Sed istum, quem quæris, ego sum. *Curc.* Quæso, tune is es
Lyco trapezita? *Lyc.* Ego sum. *Curc.* Multam me tibi
Salutem jussit Therapontigonus dicere, 430
Et has tabellas dare me jussit. *Lyc.* Mihin'? *Curc.* Ita.
Cape, signum gnosce : gnostin'? *Lyc.* Quidni gnoverim?
Clypeatus elephantum ubi machæra dissicit.
Curc. Quod isteic scribtum 'st, id te orare jusserat,
Profecto ut faceres, suam si velles gratiam. 435
Lyc. Concede, inspiciam quid scribtum. *Curc.* Maxume,
Tuo arbitratu, dum abferam abs te id quod peto.
Lyc. Miles Lyconi in Epidauro hospiti suo
Therapontigonus Platagidorus plurimam
Salutem dicit. *Curc.* Meus hic est, hamum vorat. 440

Lyc. Tecum oro, et quæso, qui has tabellas adferet
Tibi, ut ei detur, quam isteic emi virginem,
Quod te præsente istic egi, teque interprete,
Et aurum, et vestem : jam scis, ut convenerit.
Argentum des lenoni, huic des virginem. 445
Lyc. Ubi ipsus? cur non venit? *Curc.* Ego dicam tibi :
Quia nudius quartus venimus in Cariam
Ex India : ibi nunc statuam volt dare auream
Solidam faciundam ex auro Philippeo, quæ siet
Septempedalis, factis monumentum suis. 450
Lyc. Quamobrem istuc? *Curc.* Dicam : Quia enim Persas,
Paphlagonas,
Synopeas, Arabas, Caras, Cretanos, Syros,
Rhodiam atque Lyciam, Peradiam et Perbibesiam,
Centauromachiam, et Classiam Unomammiam,
Libyamque oramque omnem Conterebromiam, 455
Dimidiam partem nationum usque omnium
Subegit solus intra viginti dies.
Lyc. Vah! *Curc.* Quid mirare? *Lyc.* Quia enim in cavea si
forent
Conclusi, itidem uti pulli gallinacei,
Ita non potuere uno anno circumirier. 460
Curc. Imo etiam porro, si vis, dicam. *Lyc.* Nihil moror.
Sequere hac; te absolvam, qua advenisti gratia.
Atque novem video, Leno, salve. *Len.* Di te ament.
Lyc. Quid hoc, quod ad te venio? *Len.* Dicas quid velis. 465
Lyc. Argentum accipias, cum illo mittas virginem.

je vais vous expédier, et vous remettre ce que vous venez chercher. Justement j'aperçois notre homme. (*au marchand d'esclaves*) Bonjour, Cappadox.

Cap. Que les dieux vous gardent!

Lyc. Savez-vous pourquoi je vous aborde?

Cap. Dites-moi ce que vous voulez.

Lyc. Prenez votre argent, et remettez-lui la jeune fille que vous savez.

Cap. Mais si je l'ai promise à un autre?

Lyc. Que vous importe, puisqu'on vous paye?

Cap. Un bon avis est bien utile. Allons, suivez-moi.

Curc. Tâchez de ne pas me faire attendre.

ACTE QUATRIÈME.

SCÈNE I.

LE CHEF DE CHOEUR.

Par Pollux, Phédrome a rencontré là un farceur qui joue bien son rôle! Je ne sais quel nom il mérite le mieux, de menteur ou de fourbe. Je crains bien de ne jamais revoir les habits que j'ai loués. Après tout, je n'ai point affaire à lui : c'est à Phédrome que je les ai confiés. Ne laissons pas d'y veiller néanmoins. En attendant le retour de Curculion, je vais vous apprendre où l'on trouve les différentes espèces d'hommes; et, pour vous épargner les recherches, je vous dirai où l'on rencontre l'homme vertueux et le fripon, le bon et le méchant. Vous faut-il un parjure? allez aux Comices (1); un menteur, un fanfaron? allez au temple de Cloacine (2); des maris prodigues et libertins? vous en trouverez sous la Basilique (3), avec de vieilles courtisanes et des intrigants; des gourmands? courez au marché aux poissons. C'est au bas de la place que les gens de bien, les citoyens riches se promènent. Au centre, le long du *canal* (1), se pavanent les fats et les ambitieux. Au-dessus du lac vous verrez les sots, les bavards, les diseurs de méchants propos, calomniant avec audace sur les moindres apparences du mal, sans songer à toutes les vérités qu'ils méritent eux-mêmes. Derrière le temple de Castor s'assemblent les emprunteurs et les usuriers, auxquels je ne vous conseille pas de vous fier; dans la rue de Toscane, ceux qui se vendent eux-mêmes; sur le quai de Vélabre, les boulangers, les bouchers, les devins, les faiseurs d'affaires, et les dupes de la maison Leucadia-Oppia (2), rendez-vous des maris ruinés. Mais j'entends le bruit de la porte : trêve de bavardage.

SCÈNE II.

CURCULION, CAPPADOX, LYCON, PLANÉSIE.

Curc. (*emmenant la jeune esclave*) Allez devant, jeune fille : je ne puis surveiller ceux qui sont derrière moi. (*à Cappadox*) Il est convenu qu'elle emporterait avec elle ses bijoux et tous ses habits.

Cap. Personne ne le conteste.

Curc. Il est toujours plus prudent de vous en avertir.

Lyc. (*à Cappadox*) Souvenez-vous que vous m'avez promis que si quelqu'un déclarait que Planésie est libre, vous me rendriez tout mon argent, les trente mines.

Cap. Je m'en souviens. Soyez tranquille sur ce point : je vous en donne encore ici ma parole.

Curc. Je veux que vous vous en souveniez.

(1) Place voisine du palais de Justice.
(2) Déesse dont le simulacre avait été trouvé par le roi Tatius dans un égout.
(3) La bourse de Rome.

(1) Promenade.
(2) Demeure de la famille célèbre des Oppiens.

Len. Quid, quod juratus sum? *Lyc.* Quid id refert tua,
Dum argentum adcipias? *Len.* Qui monet, quasi adjuvat.
Sequimini. *Curc.* Leno, cave in te sit mihi mora,

ACTUS QUARTUS.

SCENA PRIMA.

CHORAGUS.

Edepol, nugatorem lepidum lepide hunc nactu'st Phædromus. 470
Halophantam an sycophantam hunc magis esse dicam nescio.
Ornamenta, quæ locavi, metuo ut possim recipere.
Quamquam cum istoc mihi negoti nihil est : ipsi Phædromo
Credidi; tamen adservabo; sed dum hic egreditur foras,
Conmonstrabo, quo in quemque hominem facile invenatis loco, 475
Ne nimio opere sumat operam, si quem conventum velit,
Vel vitiosum, vel sine vitio, vel probum, vel inprobum.
Qui perjurum convenire volt hominem, mitto in Comitium.
Qui mendacem et gloriosum, apud Cluacinæ sacrum.
Ditels damnosos maritos sub Basilica quærito. 480
Ibidem erunt scorta exoleta, quique stipulari solent.
Symbolarum conlatores apud forum piscarium.
In foro infimo boni homines, atque ditels ambulant.
In medio propter Canalem, ibi ostentatores meri.

Confidenteis, garrulique, et malevoli supra lacum, 485
Qui alteri de nihilo audacter dicunt contumeliam,
Et qui ipsi sat habent, quod in se possit vere dicier.
Sub Veteribus, ibi sunt qui dant, quique adcipiunt fœnore.
Pone Castoris, ibi sunt, subito quibus credas male :
In Tusco vico, ibi sunt homines, qui ipsi sese venditant. 490
In Velabro vel pistorem, vel lanium, vel aruspicem,
Vel qui ipsi vortant, vel qui, alii ut subvorsentur, præbeant.
Ditels damnosos maritos apud Leucadiam Oppiam.
Sed interim foreis crepuere : linguæ moderandum 'st mihi.

SCENA SECUNDA.

CURCULIO, CAPPADOX, LYCO.

Curc. I tu præ, virgo; non queo, quod pone me est, servare. 495
Et aurum, et vestem omnem suam esse albat, quidquid hæc haberet.

Capp. Nemo it infitias. *Curc.* Attamen melliusculum 'st monere.

Lyc. Memento promisisse te, si quisquam hanc liberali
Causa manu adsereret, mihi omne argentum redditum iri,
Minas triginta. *Capp.* Meminero; de istoc quietus esto. 500
Et nunc idem dico. *Curc.* Et conmeminisse ego hæc volam te.

Capp. Memini, et mancupio tibi dabo. *Curc.* Egon' ab lenone quidquam
Mancupio adcipiam? quibus sui nihil est, nisi una lingua,

Cap. Je m'en souviendrai, je vous le garantis.

Curc. Belle caution que celle d'un marchand d'esclaves! Des gens qui n'ont rien que leur langue pour mentir et faire un parjure, quand on réclame une dette. Vous engagez ceux qui ne vous appartiennent pas, vous affranchissez ceux qui ne dépendent pas de vous, vous commandez à ceux qui ne sont pas en votre pouvoir. Personne ne peut être votre caution; vous ne pouvez l'être de personne. L'espèce des marchands d'esclaves est dans ce monde, à mon avis, comme celle des mouches, des puces et des vils insectes, nés pour être odieux et incommodes à tous, et n'être utiles à rien. Un honnête homme n'ose seulement pas s'arrêter auprès de vous sur la place publique. Celui qui le fait est honni, conspué, méprisé. Et n'eût-il d'ailleurs rien fait de mal, on le tient pour perdu de bien et d'honneur.

Lyc. Vraiment, mon cher borgne, vous connaissez à merveille les marchands d'esclaves!

Curc. Je vous tiens pour de la même famille, et vous leur ressemblez parfaitement. Vous faites votre commerce sur la place publique; eux du moins ils le font en cachette. Vous écorchez les gens par votre usure, eux par leurs séductions et les débauches. L'État fait contre vous des lois que vous violez sans cesse: vous trouvez toujours un passage pour vous échapper. Les lois sont pour vous de l'eau bouillante; vous n'y touchez pas d'abord, vous les laissez se refroidir...

Lyc. (à part) J'aurais mieux fait de me taire.

Cap. Ah! vous pensez de nous ces horreurs, et votre langue nous traite ainsi!

Curc. Dire du mal de ceux qui ne le méritent pas est un crime, j'en conviens: mais dire leurs vérités aux gens, c'est fort bien fait, suivant moi. Je déclare donc que je ne veux pour caution ni de vous, ni d'aucun de vos confrères. — Lycon, avez-vous encore besoin de moi?

Lyc. Portez-vous bien.

Curc. Adieu.

Cap. Ah! j'oubliais de vous dire....

Curc. Parlez, que voulez-vous?

Cap. Je vous prie d'avoir bien soin de Planésie, de la traiter avec égard. Je l'ai élevée chez moi doucement et d'une manière honnête.

Curc. Si son sort vous intéresse tant, que ne faites-vous son bonheur?

Cap. La peste...

Curc. Te crève, coquin!

Cap. (à Planésie) Petite sotte, pourquoi pleures-tu? ne crains rien. Je t'ai très-bien vendue. Sois sage: suis-le de bonne grâce, ma toute belle.

Lyc. Double-Main, ne voulez-vous plus rien de moi?

Curc. Adieu, portez-vous bien: car vous m'avez prêté fort obligeamment votre zèle et votre argent.

Lyc. Mille salutations de ma part à votre patron.

Curc. Je n'y manquerai pas.

Lyc. Cappadox, tout est-il fini?

Cap. Vous me donnerez les dix mines restant, quand je me porterai mieux.

Lyc. On vous les donnera; demain même, si vous l'exigez.

Cap. (seul) J'ai fait une excellente affaire; je veux en rendre grâce aux dieux dans ce temple: car cette jeune fille que j'ai achetée toute petite ne m'a coûté que dix mines. Je n'ai jamais revu celui qui me l'a vendue; il est mort sans doute. Que m'importe? j'ai l'argent. Celui que le ciel protège réussit dans toutes ses affaires. Donnons donc un instant à la prière: ensuite je vais songer à ma santé.

Qui abjurant, si quid creditum 'st : alienos mancupatis,
Alienos manumittilis, alienisque imperatis.   505
Nec vobis auctor ullus est, nec vosmet estis ulli.
Item genus est lenonium inter homines, meo quidem animo,
Ut muscæ, culices, pedesque, pulicesque,
Odio et malo et molestiæ ; bono usui estis nulli.
Nec vobiscum quisquam in foro frugi consistere audet. 510
Qui constitit, culpant eum, conspuitur, vituperatur ;
Eum rem fidemque perdere, tametsi nihil fecit, aiunt.
Lyc. Edepol, lenones, meo animo, gnovisti, lusce, lepide.
Curc. Eodem, hercle, vos pono et paro : parissumi estis libus.
Hi saltem in obcultis locis prostant, vos in foro ipso. 515
Vos fœnore, hi male suadendo et lustris lacerant homines ;
Rogitationes plurimas propter vos populus scivit,
Quas vos rogatas rumpitis ; aliquam reperitis rimam.
Quasi aquam ferventem, frigidam esse, ita vos putatis leges.
Lyc. Tacuisse mavellem. *Capp.* Au ! male meditate male dicax es. 520
Curc. Indignis si male dicitur, maledictum id esse dico ;
Verum si dignis dicitur, benedictum 'st meo quidem animo,
Ego mancupem te nihil moror, nec lenonem alium quemquam.
Lyco, numquid vis? *Lyc.* Bene vale. *Curc.* Vale. *Capp.* Heus tu, tibi ego dico.
Curc. Eloquere, quid vis? *Capp.* Quæso ut hanc cures, bene ut sit isti. 525

Bene ego istam eduxi meæ domi et pudice. *Curc.* Si hujus miseret,
Ecquid das, qui bene sit? *Capp.* Malum. *Curc.* Tibi opus 'st hoc, qui te procuras.
Capp. Quid stulta ploras? ne time, bene, hercle, vendidi ego te.
Fac, sis, bonæ frugi sies : sequere istum bella belle.
Lyc. Summane, numquid nunc jam me vis? *Curc.* Vale atque salve, 530
Nam et operam et pecuniam benigne præbuisti.
Lyc. Salutem multam dicito patrono. *Curc.* Nunciabo.
(abit cum virgine.)
Lyc. Numquid vis, leno? *Capp.* Istas minas decem, qui me procuras,
Dum melius sit mihi, des. *Lyc.* Dabuntur : cras peti jubeto. (abit.)
Capp. Quando bene gessi rem, volo heic in fano subplicare. 535
Nam illam minis olim decem puellam parvolam emi.
Sed eum qui mihi illam vendidit, nunquam postilla vidi.
Perisse credo. Quid id mea refert? ego argentum habeo.
Quoi homini Dei sunt propitii, lucrum ei profecto objiciunt.
Nunc rei divinæ operam dabo : certum 'st bene me curare. 540
(abit.)

SCÈNE III.

THÉRAPONTIGONE, LYCON.

Thér. Oui, je me sens en ce moment aussi enflammé de colère que le jour où j'assiége et détruis une ville. D'abord, si vous ne vous hâtez de me rendre les trente mines que j'ai déposées chez vous, préparez-vous à mourir.

Lyc. Et moi j'ai fort envie de vous rosser d'importance, et de vous chasser comme un homme à qui je ne dois rien.

Thér. Ne faites pas l'insolent avec moi, et ne vous attendez pas que je vienne vous prier.

Lyc. Vous ne me forcerez jamais à rendre ce que j'ai déjà rendu. Je ne vous donnerai rien.

Thér. Quand je vous ai confié cette somme, j'étais bien sûr que vous ne me rendriez jamais rien.

Lyc. Pourquoi me la demandez-vous donc maintenant?

Thér. Je veux savoir à qui vous l'avez rendue.

Lyc. A un borgne, votre affranchi. Il a dit qu'il s'appellait Double-Main; et je lui ai remis l'argent sur une lettre marquée de votre cachet, qu'il m'a présentée.

Thér. Une lettre! un affranchi borgne à moi! un Double-Main! Que signifient ces rêves? Je n'ai pas d'affranchi.

Lyc. Vous vous conduisez mieux que la plupart des pillards vos pareils, qui ont des affranchis et qui les abandonnent.

Thér. Voyons : qu'avez-vous fait?

Lyc. J'ai fait, pour vous servir, ce que vous m'avez mandé. J'ai traité comme votre messager celui qui me représentait votre cachet.

Thér. Vous êtes un sot d'avoir ajouté foi à cette lettre.

Lyc. Je ne devais pas ajouter foi à un signe qui rend authentiques les actes publics et privés? Je vous laisse. Votre affaire a réussi à merveille : portez-vous bien, vaillant guerrier.

Thér. Que je me porte bien?

Lyc. Eh bien! soyez malade toute votre vie, si cela vous plaît.

Thér. Que résoudre maintenant? que me sert d'avoir subjugué des rois, si un manant se moque ainsi de moi?

SCÈNE IV.

CAPPADOX, THÉRAPONTIGONE.

Cap. (à part) Les dieux ne peuvent pas être irrités contre un homme à qui ils font du bien. Après avoir offert mon sacrifice, il m'est venu dans l'esprit de ne pas laisser partir le banquier sans lui demander l'argent. Il vaut mieux que ce soit moi qui le mange que lui.

Thér. J'avais chargé quelqu'un de vous saluer de ma part.

Cap. Bonjour, Thérapontigone Platagidore : je suis ravi de vous voir arrivé bien portant à Épidaure. Mais vous ne goûterez pas aujourd'hui chez moi un grain de sel.

Thér. L'honnête invitation! pour toi, si je t'invite, ce sera pour ton malheur. Mais que fait chez toi la jeune fille que j'ai achetée?

Cap. Je n'ai rien chez moi qui vous appartienne. N'appelez pas des témoins, car je ne vous dois rien.

Thér. Comment donc?

Cap. Ce que j'ai promis, je l'ai fait.

Thér. Me rendras-tu ma jeune fille, coquin, oui ou non? Je vais te passer mon épée au travers du corps.

Cap. C'est moi qui vais te faire rosser comme il

SCENA TERTIA.

THERAPONTIGONUS, LYCO.

Ther. Non ego nunc mediocri incedo iratus iracundia,
Sed eapse illa, qua excidionem facere condidici oppidis.
Nunc nisi tu mihi propere properas dare jam triginta minas,
Quas ego apud te deposivi, vitam propera ponere.
Lyc. Non, edepol, nunc ego te mediocri macto infortunio,
Sed eapse illo, quo mactare soleo, quoi nihil debeo. 546
Ther. Ne tu me quidem unquam subiges, redditum ut reddam tibi,
Nec daturus sum. *Ther.* Idem ego istuc quom credebam, credidi
Te nihil esse redditurum. *Lyc.* Cur nunc a me igitur petis? 550
Ther. Scire volo quoi reddidisti. *Lyc.* Lusco liberto tuo;
Is Summanum se vocari dixit, eii reddidi,
Qui has tabellas obsignatas adtulit. *Ther.* Quas tu mihi tabulas?
Quos tu mihi luscos libertos? quos Summanos somnias?
Nec mihi quidem libertus ullu'st. *Lyc.* Facis sapientius, 555
Quam pars latronum, libertos qui habent, et eos deserunt.
Ther. Quid fecisti? *Lyc.* Quod mandasti, feci tui honoris gratia,
Tuum qui signum ad me adtulisset, nuncium ne spernerem.
Ther. Stultior stulto fuisti, qui iis tabellis crederes.
Lyc. Quis res publica et privata geritur, nonne iis crederem? 560

Ego abeo : tibi res soluta 'st : bellator, vale.
Ther. Quid valeam? *Lyc.* At tu ægrota, si lubet, per me, ætatem quidem. (*abit.*)
Ther. Quid ego nunc faciam? quid refert me fecisse regibus,
Ut mihi obedirent, si hic me hodie umbraticus deriserit?

SCENA QUARTA.

CAPPADOX, THERAPONTIGONUS.

Capp. Quoi homini dii sunt propitii, ei non esse iratos puto. 565
Postquam rem divinam feci, venit in mentem mihi,
Ne trapezita exulatum abierit, argentum ut petam;
Ut ego potius comedim, quam ille. *Ther.* Jusseram salvere te.
Capp. Therapontigonoplatagidore, salve : salvos quom advenis
In Epidaurum, heic hodie apud me nunquam delinges salem. 570
Ther. Bene vocas : verum vocata res est, ut male sit tibi.
Sed quid agit meum mercimonium apud te? *Capp.* Nihil apud me quidem.
Ne facias testeis; neque equidem debeo quidquam. *Ther.* Quid est?
Capp. Quod fui juratus, feci. *Ther.* Reddin', an non, virginem,
Priusquam te huic meæ machæræ objicio, mastigia? 575
Capp. Vapulare ego te vehementer jubeo : ne me territes.
Illa abducta 'st; tu abferere hinc a me, si perges mihi

faut. Tes menaces ne m'effrayent pas. La jeune fille est emmenée : et je vous ferai chasser vous-même d'ici, si vous m'injuriez encore. Je ne vous dois rien que des coups.

Thér. Tu menaces de me frapper!

Cap. Je ne m'en tiendrai pas aux menaces; j'exécuterai, si vous continuez à m'ennuyer.

Thér. Un marchand d'esclaves ose me menacer! Mes combats, mes exploits seront ainsi méprisés! J'en atteste mon épée et mon bouclier, fidèles compagnons de mon courage! si tu ne me rends cette fille, je te hache assez menu pour que les fourmis puissent t'emporter par petits morceaux.

Cap. Et moi, j'en jure par mes pinces épilatoires, mon peigne, mon miroir, mon fer à friser, mes ciseaux, mon essuie-main, vos fanfaronnades, vos grandes menaces, je n'en fais pas plus de cas que de la servante qui lave mon bassin. J'ai remis la jeune fille à la personne qui m'a apporté de l'argent de votre part.

Thér. Quel est cet homme?

Cap. Votre affranchi, qui se nomme Double-Main.

Thér. Mon affranchi? Oh! oh! Curculion m'a fait quelque sot conte, je pense : il m'aura dérobé mon cachet.

Cap. Vous avez perdu votre cachet? Voilà vraiment un beau soldat de réforme!

Thér. Où trouverai-je maintenant ce Curculion?

Cap. Dans le froment (1), et mille pour un. Je pars; adieu, bonne santé.

Thér. Et toi, puisses-tu crever!... Que faire? Resterai-je? partirai-je? me donnera-t-on ainsi sur le bec? Je récompenserais largement celui qui me ferait retrouver ce Curculion.

(1) Jeu de mots. Curculio, charançon.

ACTE CINQUIÈME.

SCÈNE I.

CURCULION.

Curc. Je crois qu'un ancien poëte a dit, dans une tragédie, que deux femmes sont pire qu'une seule. Le mot est juste. Pour moi, je n'ai jamais vu ni entendu de femme plus méchante que la maîtresse de Phédrome. Non, on ne peut en citer, en imaginer aucune plus méchante que cette coquine, qui, dès qu'elle me voit cette bague au doigt, me demande d'où je la tiens. — Pourquoi cette question? et que vous importe? Je refuse de répondre... mais elle, pour m'arracher l'anneau, me saisit et me mord la main jusqu'au sang. A peine ai-je pu me tirer de ses griffes, et m'enfuir... Sauvons-nous de cette petite chienne enragée.

SCÈNE II.

PLANÉSIE, PHÉDROME, CURCULION, THÉRAPONTIGONE

Pla. Accourez, Phédrome.
Phéd. Et pourquoi?
Pla. Pour ne pas laisser échapper le parasite. Il s'agit d'une affaire grave.
Phéd. Je n'ai point d'affaire. Celle que j'avais est consommée.
Pla. Arrêtez, Curculion.
Phéd. Qu'y a-t-il donc?
Pla. Demandez-lui d'où lui vient cet anneau; c'est celui que portait mon père.

Male loqui profecto : quoi ego, nisi malum, nihil debeo.
Ther. Mihin' malum minitare? *Capp.* Atque, edepol, non
  minitabor, sed dabo,
Mihi si pergis molestus esse. *Ther.* Leno minitatur mihi? 580
Meæque pugnæ præliareis plurimæ obtritæ jacent?
At ita me machæra et clypeus
Bene juvent pugnantem in acie : nisi mihi virgo redditur,
Jam ego te faciam ut heic formicæ frustillatim disferant.
Capp. At ita me volsellæ, pecten, speculum, calamistrum
  meum   585
Bene me amassint, meæque axicia, nostrum lintea mantile extersui;
Ut ego tua magnifica verba, neque istas tuas magnas minas
Non pluris facio, quam ancillam meam, quæ latrinam
  lavat.
Ego illam reddidi, qui argentum a te adtulit. *Ther.* Quis is
  est homo?
Capp. Tuum libertum sese aibat esse Summanum. *Ther.*
  Meum?   590
Attat! Curculio, hercle, verba mihi dedit, quom cogito.
Is mihi anulum subripuit. *Capp.* Perdidistin' tu anulum?
(*secum.*)
Miles pulchre centuriatus est expuncto in manipulo.
Ther. Ubi nunc Curculionem inveniam? *Capp.* In tritico
  facillume
Vel quingentos curculiones pro uno faxo reperias.   595
Ego abeo : vale atque salve. *Ther.* Male vale; male sit tibi.
Quid ego faciam? maneam an abeam? siccine mihi esse os
  oblitum?
Cupio dare mercedem, qui illunc, ubi sit, conmonstret
  mihi.

ACTUS QUINTUS.

SCENA PRIMA.

CURCULIO.

Antiquom poetam audivi scribsisse in tragœdia :
Mulieres duas pejores esse, quam unam : res ita 'st.   600
Verum mulierem pejorem, quam hæc amica 'st Phædromi,
Non vidi, neque audivi, neque, pol, dici, nec fingi potest
Pejor, quam hæc est : quæ ubi me habere hunc conspicata 'st
  anulum,
Rogat unde habeam : quid id tu quæris? quia mihi quæsito
  'st opus.
Nego me dicere : ut eum eriperet, manum adripuit mordicus.   605
Vix foras me abripui, atque ecfugi : apage istanc caniculam.

SCENA SECUNDA.

PLANESIUM, PHÆDROMUS, CURCULIO, THERAPONTIGONUS.

Plan. Phædrome, propera. *Phædr.* Quid properem? *Plan.*
  Parasitum ne amiseris.
Magna res est. *Phædr.* Nulla 'st mihi : nam, quam habui,
  adsumsi celeriter.
Plan. Tene. *Phædr.* Quid negoti 'st? *Plan.* Rogita, unde
  istunc habeat anulum :
Pater istum meus gestitavit. *Curc* At mea matertera. 610

LE CURCULION, ACTE V, SCÈNE II.

Curc. Non, c'est celui de ma tante.
Pla. Ma mère en avait fait cadeau à son mari.
Curc. Votre père vous le donne à son tour.
Pla. Vous dites des plaisanteries.
Curc. La force de l'habitude. Les plaisanteries me font vivre. Que voulez-vous maintenant?
Pla. Voyons, m'empêcherez-vous de reconnaître mes parents?
Curc. Quoi! votre père et votre mère sont-ils enchâssés sous cette pierrerie?
Pla. Je suis née libre.
Curc. Il y en a bien d'autres dans ce cas, et qui sont esclaves maintenant.
Pla. Je vais me fâcher.
Curc. Je vous ai déjà dit d'où cet anneau me vient; combien de fois faut-il le répéter? Encore un coup, je l'ai gagné en jouant aux dés avec un militaire.
Thér. (*apercevant Curculion*) Je suis sauvé. Voilà l'homme que je cherchais. (*haut*) Que fais-tu là, brave homme?
Curc. Je comprends... Voudriez-vous jouer votre manteau de guerre aux dés?
Thér. Va te faire pendre avec ton jeu et tes dés! Rends-moi mon argent et la jeune fille.
Phéd. Quel argent? quel conte me faites-vous? quelle jeune fille me redemandez-vous?
Thér. Celle que tu as emmenée aujourd'hui de chez le marchand, mauvais drôle!
Phéd. Je n'en ai point emmenée.
Thér. Eh! mais c'est elle que j'aperçois ici.
Phéd. Cette fille est de condition libre.
Thér. Comment! mon esclave est libre quand je ne l'ai pas affranchie?
Phéd. Qui vous l'a livrée? où l'avez-vous achetée? apprenez-le-moi.
Thér. C'est pour elle que j'ai retiré mes fonds de chez mon banquier. Toi et le marchand vous me rembourserez cet argent-là au quadruple.

Phéd. Et moi je vous citerai en justice, pour faire trafic de filles libres, enlevées à leurs parents.
Thér. Je n'irai point en justice.
Phéd. Ne puis-je pas produire des témoins?
Thér. Non.
Phéd. Que Jupiter vous extermine! puissiez-vous mourir *ab intestat* (1)!
Curc. (*à Phédrome*) Moi, je vous servirai de témoin.
Phéd. Approche-toi de ce côté.
Thér. Un esclave pour témoin! ce sera curieux.
Curc. Ho! sachez que je suis libre.
Thér. (*donne un soufflet à Curculion*) Va donc en justice : voilà pour toi.
Curc. A moi, citoyens!
Thér. Pourquoi cries-tu?
Phéd. Pourquoi le frappez-vous?
Thér. Parce que cela me plaît.
Phéd. (*au parasite*) Viens ici.
Thér. Je vous l'abandonne.
Phéd. (*au parasite*) Tais-toi.
Curc. De grâce, Phédrome, sauvez-moi!
Phéd. Je te défendrai comme moi-même et mon génie. Mais voyons, cher guerrier, de qui tenez-vous cet anneau que le parasite vous a dérobé?
Pla. Daignez nous l'apprendre, je vous en prie à genoux.
Thér. Que vous importe? que ne me demandez-vous aussi de qui je tiens mon uniforme et mon épée?
Curc. Voyez l'air méprisant de ce fanfaron!
Thér. (*à Phédrome*) Renvoyez ce coquin, et je vous dirai tout.
Curc. Il ne dit rien que des sottises.
Pla. (*aux genoux de Thérapont.*) De grâce, dissipez mes doutes.
Thér. Je les dissiperai : levez-vous. Écoutez-moi

(1) Il était honteux de mourir *ab intestat.*

Plan. Mater ei utendum dederat. *Curc.* Pater tuus rursum tibi.
Plan. Nugas garris. *Curc.* Soleo ; nam propter eas vivo facilius.
Quid nunc? *Plan.* Obsecro, parenteisne meos mihi prohibeas?
Curc. Quid? ego sub gemman' abstrusos habeo tuam matrem et patrem?
Plan. Libera ego sum gnata. *Curc.* Et alii multi, qui nunc serviunt. 615
Plan. Enimvero irascor. *Curc.* (ad *Phædromum.*) Dixi equidem tibi, unde ad me hic pervenerit.
Quoties dicendum 'st? elusi militem, inquam, in alea.
Ther. Salvos sum; eccom, quem quærebam. Quid agis, bone vir? *Curc.* Audio.
Si vis tribus bolis, vel in chlamydem. *Ther.* Quin tu is in malam crucem.
Cum boletis, cum bulbis : redde etiam argentum, aut virginem. 620
Curc. Quod argentum, quas tu mihi tricas narras? quam tu virginem
Me reposcis? *Ther.* Quam ab lenone abduxti hodie, scelus viri.
Curc. Nullam abduxi. *Ther.* Certe eccistam, video. *Phædr.* Virgo hæc libera 'st.
Ther. Mean' ancilla libera ut sit? quam ego nunquam emisi manu.

Phædr. Quis tibi hanc dedit mancuplo? aut unde emisti? fac sciam. 625
Ther. Ego quidem pro istac rem solvi ab trapezita meo.
Quam ego pecuniam quadruplicem abs te et lenone abferam.
Phædr. Qui scias mercari furtivas atque ingenuas virgines,
Ambula in jus. *Ther.* Non eo. *Phædr.* Licet antestari? *Ther.* Non licet.
Phædr. Jupiter te male perdat : intestatus vivito. 630
Curc. At ego, quem licet, te. *Phædr.* Adcede huc. *Ther.* Servom antestari? vide.
Curc. Hem, ut scias me liberum esse : ergo ambula in jus. *Ther.* Hem tibi.
Curc. O civeis, civeis! *Ther.* Quid clamas? *Phædr.* Quid istum tibi tactio 'st?
Ther. Quia mi lubitum 'st. *Phædr.* Adcede huc tu : ego illum tibi dedam, tace.
Curc. Phædrome, obsecro, serva me. *Phædr.* Tamquam me et Genium meum. 635
Miles, quæso ut mihi dicas, unde illunc habeas anulum,
Quem parasitus hic te elusit. *Plan.* Per tua genua te obsecro,
Ut nos facias certiores. *Ther.* Quid istuc ad vos adtinet?
Quæratis chlamydem et machæram hanc, unde ad me pervenerit.
Curc. Ut fastidit gloriosus! *Ther.* Mitte istum; ego dicam omnia. 640

avec attention. Cet anneau appartenait à Périphanès, mon père.

Pla. A Périphanès!

Thér. Avant de mourir, il me le donna très-légitimement comme à son fils.

Pla. O ciel!

Thér. Il me nomma son héritier.

Pla. O tendre amour de mes parents, que mon cœur a toujours conservé, soutiens-moi en cet instant! Mon cher frère, embrassons-nous!

Thér. Comment croire cela! Voyons, si vous dites vrai, quelle fut votre mère?

Pla. Cléobule.

Thér. Et votre nourrice?

Pla. Archestrata. Elle me conduisit un jour aux fêtes de Bacchus : à peine fûmes-nous arrivés et m'eut-elle placée, qu'un affreux tourbillon s'élève et renverse le théâtre. La frayeur me saisit : en ce moment je ne sais qui m'enleva étendue, tremblante, et plus morte que vive. J'ignore le dessein de celui qui m'enleva.

Thér. Vous vous souvenez donc de cette tempête? mais dites-moi où est l'homme qui vous a enlevée.

Pla. Je n'en sais rien. Mais depuis cet événement j'ai toujours porté cet anneau.

Thér. Montrez-le-moi, je vous prie.

Curc. Êtes-vous folle, de lui confier cet anneau?

Pla. Laissez-moi donc.

Thér. Souverain Jupiter! c'est celui que je vous ai donné le jour de votre naissance : je le connais comme moi-même. Embrassez-moi, ma sœur.

Pla. Cher frère!

Phéd. Que le ciel bénisse cette reconnaissance!

Cur. Qu'il nous bénisse tous! Vous, Thérapontigone, vous allez donner à dîner à votre sœur, pour votre heureux retour; lui, (*montrant Phédrome*) donnera demain le repas de noce.

Phéd. Nous le promettons.

Thér. (*à Curculion*) Tais-toi.

Cur. Je ne puis me taire, quand tout va si bien. Thérapontigone, donnez-lui votre sœur; je me charge de la dot.

Phéd. Quelle dot?

Cur. Ma personne donc! on me nourrira toute ma vie.

Thér. Cela me convient à merveille; mais ce marchand d'esclaves qui nous doit trente mines...

Phéd. Pourquoi cela?

Thér. Parce qu'il m'a promis que si la jeune fille se trouvait de condition libre, il me rendrait toute la somme sans difficulté.

Phéd. Allons le trouver.

Thér. Vous avez raison.

Phéd. Je veux auparavant terminer l'affaire qui m'intéresse.

Thér. Quelle affaire?

Phéd. Mon mariage avec Planésie.

Curc. (*au militaire*) Mon cher, que tardez-vous à la lui donner pour femme?

Thér. Si elle consent...

Pla. Oui, mon frère, de toute mon âme.

Thér. A merveille.

Curc. Vous faites bien.

Phéd. Thérapontigone, m'accordez-vous la main de Planésie?

Thér. Oui, mon cher.

Curc. J'y donne aussi mon consentement.

Thér. La plaisanterie est bonne. Mais j'aperçois mon marchand : c'est un trésor pour moi.

SCÈNE III.

CAPPADOX, THÉRAPONTIGONE, PHÉDROME, PLANÉSIE.

Cap. Ceux qui prétendent qu'on a tort de confier son argent aux banquiers disent une sottise. On ne fait ni bien ni mal. Je viens de l'éprouver aujour-

---

Curc. Nihil est, quidquid ille dicit. *Plan.* Fac me certiorem, obsecro.
Ther. Ego dicam : surge. Hanc rem agite, atque animum advortite.
Pater meus habuit Periphanes. *Plan.* Periphanes?
Ther. Is, priusquam moritur, mihi dedit tamquam suo,
Ut æquom fuerat, filio. *Plan.* Proh Jupiter!   645
Ther. Et iste me hæredem fecit. *Plan.* Pietas mea,
Serva me, quando ego te servavi sedulo.
Frater mi, salve. *Ther.* Qui credam istuc ego? cedo,
Si vera memoras, quæ fuit mater tua?
Plan. Cleobula. *Ther.* Nutrix quæ fuit? *Plan.* Archestrata,
Ea me spectatum tulerat per Dionysia.   651
Postquam illo ventum 'st, jam ut me conlocaverat,
Exoritur ventus turbo; spectacula ibi ruunt,
Ego pertimesco; tum ibi me, nescio quis, adripit,
Timidam atque pavidam, nec vivam, nec mortuam.   655
Nec, quo me pacto abstulerit, possum dicere.
Ther. Memini isthanc turbam fieri : sed tu dic mihi,
Ubi is est homo, qui te subripuit? *Plan.* Nescio.
Verum hunc servavi semper mecum una anulum.
Cum hoc olim perii. *Ther.* Cedo ut inspiciam. *Curc.* Sanan'
es,   660
Quæ isti conmittas? *Plan.* Sine modo. *Ther.* Proh Jupiter!
Hic est quem ego tibi misi natali die.
Tam facile gnovi, quam me. Salve, mea soror.
Plan. Frater mi, salve. *Phædr.* Deos volo bene vortere
Istam rem vobis. *Curc.* Et ego nobis omnibus :   665

Tu ut hodie adveniens cœnam des sororiam;
Hic nuptialem cras dabit. *Phædr.* Promittimus.
Ther. Tace tu. *Curc.* Non taceo, quando res vortit bene.
Tu istanc desponde huic, miles; ego dotem dabo.
Phædr. Quid dotis? *Curc.* Egone? ut semper, dum vivat, me alat.   670
Ther. Verum, hercle, dico, me lubente feceris.
Et leno hic debet nobis triginta minas.
Phædr. Quamobrem istuc? *Ther.* Quia ille ita repromisit mihi,
Si quispiam hanc liberali adseruisset manu,
Sine controversia omne argentum reddere.   675
Phædr. Nunc eamus ad lenonem. *Ther.* Laudo. *Phædr.* Hos prius volo,
Meam rem agere. *Ther.* Quid id est? *Phædr.* Ut mihi hanc despondeas.
Curc. Quid cessas, miles, hanc huic uxorem dare?
Ther. Si hæc volt. *Plan.* Mi frater, cupio. *Ther.* Fiat. *Curc.* Bene facis.
Phædr. Spondesne, miles, mihi hanc uxorem? *Ther.* Spondeo.   680
Curc. Et ego huic cibum una spondeo. *Ther.* Lepide facis.
Sed eccum lenonem, incedit, thesaurum meum.

SCENA TERTIA.

CAPPADOX, THERAPONTIGONUS, PHÆDROMUS, PLANESIUM.

Capp. Argentariis male credi qui aiunt, nugas prædicant;

LE CURCULION, ACTE V, SCÈNE III.

d'hui. Quand on donne ses fonds à des gens qui ne rendent jamais, ce n'est pas placer, c'est perdre son argent : ainsi quand Lycon a cherché de quoi me payer les dix mines en question, il s'est adressé à tous les comptoirs d'usuriers. Quand j'ai vu que je n'obtenais rien, j'ai attaqué mon homme par la clameur publique. De son côté, il m'a cité en justice. Je tremblais qu'il ne me payât devant le préteur par la formule : Je n'ai rien. Mais il a trouvé des amis, il va m'apporter la somme chez moi : hâtons-nous de rentrer.

Thér. Un mot, Cappadox, s'il vous plaît.

Phéd. J'ai aussi deux mots à vous dire.

Cap. Et moi je n'ai rien à démêler avec vous deux.

Thér. Halte-là; il s'agit de rendre gorge à l'instant.

Cap. Qu'ai-je affaire à vous? (*à Phédrome*) Pas plus qu'avec vous....

Thér. Je ferai de toi un javelot, et ce bras nerveux te lancera comme la catapulte lance une flèche.

Phéd. Et moi, je t'attacherai comme un chien au pied de mon lit.

Cap. Moi, je vous ferai périr tous deux dans un bon cachot.

Thér. (*à Phédrome*) Serrez-lui le cou, et conduisez-le au gibet.

Phéd. Comment? il ira de lui-même.

Cap. J'en atteste les dieux et les hommes, peut-on m'entraîner ainsi, sans jugement, sans produire de témoins? Planésie, Phédrome, protégez-moi, je vous en conjure.

Pla. Mon frère, je vous en prie, ne perdez pas ce malheureux. Chez lui j'ai été traitée avec égard, et toujours respectée.

Thér. Bien malgré lui; et si vous avez conservé l'honneur, ce n'est pas à sa délicatesse, c'est à Esculape que vous en êtes redevable. S'il se fût bien porté, vous ne vous seriez pas ainsi tirée de ses mains.

Phéd. (*à Thérapont.*) Écoutez-moi, si vous voulez que je termine ce débat. Laissez-le partir. Approchez, Cappadox; je dirai mon avis, si vous consentez tous deux à y souscrire.

Cap. Très-volontiers, pourvu que vous jugiez que personne n'a d'argent à me demander.

Thér. Et celui que tu as promis?

Cap. Comment promis?

Phéd. Oui, de ta bouche.

Cap. Maintenant ma bouche le nie : la nature m'a donné une langue pour me défendre et non pour me ruiner.

Thér. Il se moque de nous. Il faut l'étrangler.

Cap. Voyons, je vais vous obéir.

Thér. Puisque tu es un brave homme, réponds à mes questions.

Cap. Demandez ce qu'il vous plaira.

Thér. N'as-tu pas promis que si quelqu'un affranchissait cette jeune fille, tu rendrais tout l'argent?

Cap. Je ne m'en souviens pas.

Curc. Quoi! tu oses le nier!

Cap. Oui, je le nie. Où sont les témoins? en quel endroit ai-je promis?

Curc. En ma présence, et devant le banquier Lycon.

Thér. Vous ne vous tairez donc pas?

Curc. Non, je ne me tairai pas.

Cap. Non? Eh bien, je me moque de vous : ne croyez pas m'effrayer.

Curc. Tout s'est passé en ma présence et devant Lycon.

Phéd. Votre témoignage me suffit. Toi, Cappadox, écoute mon avis : Planésie est libre, et le militaire est son frère. Elle sera ma femme. Rends donc l'argent. Voilà mon arrêt prononcé.

Nec bene, nec male credi dico : id adeo hodie ego expertus sum.
Non male creditur, qui nunquam reddunt, sed prorsum perit. 685
Velut decem minas dum hic solvit, omneis mensas transiit.
Postquam nihil fit, clamore hominem posco : ille in jus me vocat.
Pessume metui, ne mihi hodie apud prætorem solveret.
Verum amici conpulerunt, reddit argentum domo.
Nunc domum properare certum 'st. *Ther.* Heus tu, leno, te volo. 690
Phædr. Et ego te volo. *Capp.* At ego vos nolo ambos. *Ther.* Sta, sis, ilico,
Atque argentum propere propera vomere. *Capp.* Quid mecum 'st tibi?
(*ad Phædromum*) Aut tecum? aut? *Ther.* Quia ego ex te hodie faciam pilum catapultarium :
Atque ita te nervo torquebo, itidem uti catapultæ solent. 694
Phædr. Delicatum te hodie faciam cum catello ut adcubes,
Ferreo ego dico. *Capp.* At ego vos ambo in robusto carcere,
Ut pereatis. *Ther.* Collum obstringe, abduce istum in malam crucem.
Phædr. Quidquid est, ipse ibit potius. *Capp.* Proh deum atque hominum fidem!
Hoccine pacto indemnatum atque intestatum me abripi? 699
Obsecro, Planesium, et te, Phædrome, auxilium ut feras.
Plan. Frater, obsecro te, noli hunc condemnatum perdere.
Bene et pudice me domi habuit. *Ther.* Haud voluntate id sua :
Æsculapio huic habeto, quom pudica es, gratiam.

Nam si is valuisset, jam pridem, quoquo posset, mitteret.
Phædr. Animum advortite, si potis sum hoc inter vos componere. 705
Mitte istunc : adcede huc leno : dicam meam sententiam :
Siquidem voltis, quod decrero, facere. *Capp.* Tibi permittimus :
Dum quidem, hercle, ita judices, ne quisquam a me argentum abferat.
Ther. Quodne promisti? *Capp.* Qui promisi? *Phædr.* Lingua. *Capp.* Eadem nunc nego.
Dicendi, non rem perdendi gratia, hæc nata 'st mihi. 710
Ther. Nihil agit : collum obstringe homini. *Capp.* Jamjam faciam ut jusseris.
Ther. Quando vir bonus es, responde, quod rogo. *Capp.* Roga quod lubet.
Ther. Promistin', si liberali quisquam hanc adsereret manu,
Te omne argentum redditurum? *Capp.* Non conmemini dicere.
Ther. Quid? negas? *Capp.* Nego, hercle, vero : quo præsente? quo in loco? 715
Ther. Me ipso præsente, et Lycone trapezita. *Capp.* Non taces?
Ther. Non taceo. *Capp.* Non ego te floccifacio, ne me territes.
Ther. Me ipso præsente, et Lycone factum 'st. *Phædr.* Satis credo tibi.
Nunc adeo, ut tu scire possis, leno, meam sententiam :
Libera hæc est, hic hujus frater est, hæc autem illius soror.

Thér. (à *Cappadox*) D'abord tu seras étranglé, si tu ne me rends pas l'argent.

Cap. Ah! Phédrome, voilà un jugement bien perfide! vous vous en repentirez : et vous, vaillant guerrier, que toutes les divinités vous confondent! Suivez-moi.

Thér. Où te suivre?

Cap. Chez mon banquier à moi, chez le préteur : j'ai là de la monnaie pour payer tous mes créanciers.

Thér. Et moi, je vais t'étrangler, au lieu d'aller chez le préteur, si tu ne me rends mon argent.

Cap. Je n'ai qu'un désir, c'est votre mort, je vous le dis franchement.

Thér. Tout de bon?

Cap. Assurément.

Thér. Voici mes deux poings... Ils ont fait leurs preuves.

Cap. Et puis après?

Thér. Après? Tu me le demandes? Si tu me fâches, je te rendrai doux comme mouton.

Cap. Tenez, voici votre argent... prenez-le.

Thér. A la bonne heure.

Phéd. Vous, mon brave, vous souperez chez moi. Nous ferons la noce dès aujourd'hui.

Thér. Spectateurs, puisse ce dénoûment vous être propice ainsi qu'à moi! En attendant, applaudissez.

Hæc mihi nubet : tu huic argentum redde : hoc judicium
   meum 'st.   721
Ther. Tu autem in nervo jam jacebis, nisi mihi argentum
   redditur.
Capp. Hercle, istam rem judicasti perfidiose, Phædrome.
Et tibi oberit : et te, miles, di deæque perduint.
Tu me sequere. *Ther.* Quo sequar ego te? *Capp.* Ad trapezitam meum,   725
Ad prætorem : nam inde rem solvo omnibus, quibus debeo.
Ther. Ego te in nervom, haud ad prætorem hinc rapiam, ni argentum refers.

Capp. Ego te vehementer perire cupio, ne tu me nescias.
Ther. Itane vero? *Capp.* Ita, hercle, vero. *Ther.* Gnovi ego
   hos pugnos meos.
Capp. Quid tum? *Ther.* Quid tum? rogitas? hisce ego, si tu
   me inritaveris,   730
Placidum ted hodie reddam. *Capp.* Age, ergo, recipe actutum. *Ther.* Licet.
Phædr. Tu, miles, apud me cœnabis : hodie fient nuptiæ.
Ther. Quæ res bene vortat mihi et vobis, spectatores, plaudite.

Strat. Fort bien imaginé!
Épid. Je ne la quitterai point qu'elle ne soit bien pénétrée de mon plan et de mes ruses. Mais c'est assez discourir; vous me retenez ici trop longtemps. Maintenant vous savez ce qui se passera. Je m'en vais. (*Il sort.*)
Strat. Bon voyage.
Chér. Le drôle est savant en friponnerie.
Strat. Son habileté vient de me sauver.
Chér. Allons, rentrons chez moi.
Strat. J'y retourne plus content que je n'en suis sorti. Grâce à la hardiesse et aux talents d'Épidicus, je rentre dans le camp, chargé de dépouilles.

SCÈNE III.

PÉRIPHANE, APÉCIDE, UN ESCLAVE

Périph. (*à part.*) Les hommes devraient se servir de miroir non pas seulement pour contempler leur figure, mais pour voir le fond de leur âme. Ce serait, à mon sens, une utile découverte que la connaissance intime de leurs passions. Que de réflexions ils feraient sur les désordres de leur jeunesse! Moi, par exemple, je commençais à me tourmenter de la conduite de mon fils comme s'il m'avait fait quelque méchant tour, ou comme si, dans ma jeunesse, je n'avais pas commis des fautes bien plus graves. On a raison : nous radotons parfois, nous autres vieillards. Mais j'aperçois ce cher Apécide avec son emplette. (*à Apécide.*) Je suis charmé de vous voir en bonne santé. Qu'y a-t-il de nouveau?
Apéc. Que les dieux et les déesses vous soient propices!
Périph. J'en accepte l'augure.
Apéc. Tout confirme cet heureux présage; mais faites conduire cette jeune fille chez vous.

Périph. (*Il appelle.*) Holà! quelqu'un! (*Un esclave vient.*) Fais entrer cette fille; entends-tu ce que je te dis?
L'esclave. Que voulez-vous?
Périph. Prends garde qu'elle ne communique avec ma fille et ne la voie : entends-tu? Je veux que tu l'enfermes dans une chambre à part. Les mœurs d'une guenon comme elle diffèrent trop des mœurs d'une fille honnête.
Apéc. Bien dit et bien pensé. On ne saurait veiller avec trop de soin à l'honneur de sa fille. Vraiment nous ne pouvions acheter cette courtisane plus à propos pour votre fils.
Périph. Pourquoi donc?
Apéc. Parce que quelqu'un m'a dit l'avoir déjà vu ici.
Périph. Il songeait sans doute à cette acquisition.
Apéc. Il n'y a pas à en douter. Vraiment vous avez un esclave bien stylé, et qui vaut son pesant d'or. C'est un vrai trésor. Avec quelle adresse il a laissé ignorer à cette jeune fille qu'elle était achetée pour votre compte! Aussi est-elle venue avec lui riante et joyeuse.
Périph. Cela m'étonne; comment a-t-il pu faire?
Apéc. Il lui a dit que vous alliez faire un sacrifice chez vous pour l'heureux retour de votre fils.
Périph. Excellente idée!
Apéc. Il a ajouté qu'elle était louée pour vous aider dans ce sacrifice : et moi je le contrefaisais l'imbécile, j'avais l'air d'un vrai butor.
Périph. Cela vous allait à merveille.
Apéc. On doit juger aujourd'hui un grand procès d'un de mes amis; il faut que j'aille plaider pour lui.
Périph. Revenez bien vite, dès que vous serez libre.

Eam ducet simul Apœcides ad tuum patrem. *Strat.* Ut parate!
Epid. Eam permeditatam meis dolis, astutiisque onustam Mittam : sed nimis longum loquor; diu me estis demorati. 356
Hæc scitis jam, ut futura sint : abeo. *Strat.* Bene ambulato.
Chær. Nimis doctus ille est ad malefaciendum. *Strat.* Me quidem certo
Servavit consiliis suis. *Chær.* Abeamus intro hinc ad me.
Strat. Atque aliquanto lubentius quam abs te sum egressus intus, 360
Virtute atque auspicio Epidici cum præda in castra redeo.

SCENA TERTIA.

PERIPHANES, APOECIDES, SERVUS.

Periph. Non oris causa modo homines æquum fuit
Sibi habere speculum, ubi os contemplarent suum;
Sed qui perspicere possent cor sapientiæ,
Igitur perspicere ut possent cordis copiam. 365
Ubi id inspexissent, cogitarent postea,
Vitam ut vixissent olim in adulescentia.
Vel quasi egomet, qui dum fili causa cœperam
Ego me excruciare animi, quasi quid filius
Meus deliquisset me erga, aut quasi non plurimum 370
Malefacta mea essent solida, in adulescentia.
Profecto deliramus interdum senes.
Fuit conducibile hoc quidem mea sententia.
Sed meus sodalis it cum præda Apœcides.
Venire salvom mercatorem gaudeo. 375
Quid fit? *Apœc.* Dii deæque te adjuvant. *Periph.* Omen placet.
Apœc. Quoi homini omneis subpetunt res prosperæ.

Sed tu hanc intro jubeas abduci. *Periph.* Heus foras
Exite huc aliquis : (*exit servus.*) duce istam intro mulierem,
Atque audin'? *Serv.* Quid vis? *Periph.* Cave siris cum filia 380
Mea copulari hanc; neque conspicere : jam tenes?
In ædiculam istanc seorsum concludi volo.
Divortunt mores virgini longe ac lupæ.
Apœc. Docte et sapienter dicis : non nimis potest
Pudicitiam quisquam suæ servare filiæ. 385
Edepol, næ istam tempore gnato tuo
Sumus præmercati. *Periph.* Quid jam? *Apœc.* Quia dixit mihi
Jamdudum se alius tuum vidisse heic filium.
Periph. Hanc, edepol, rem adparabat. *Apœc.* Plane, hercle, hoc quidem 'st.
Næ tu habes servom graphicum, et quantivis preti. 390
Non caru'st auro contra : ut ille fidicinam
Fecit nescire prorsus, se esse emtam tibi!
Ita ridibundam atque hilaram huc adduxit simul.
Periph. Mirum, hoc qui potuit fieri? *Apœc.* Te pro filio
Facturum dixit rem esse divinam domi, 395
Quia Thebis salvos redierit. *Periph.* Recte instituit.
Apœc. Imo ipsus illi dixit, conductam esse eam,
Quæ heic administraret ad rem divinam tibi,
Facturum hoc dixit, rem esse divinam tibi domi.
Ego illeic me autem sic adsimulabam quasi 400
Stolidum, quom bardum me faciebam. *Periph.* Imo ita decet.
Apœc. Res magna amici apud forum agitur : ei volo
Ire advocatus. *Periph.* At quæso, ubi erit otium,
Revortere ad me extemplo. *Apœc.* Continuo heic ero. (*abit.*)
Periph. Nihil homini amico est obportuno amicius; 405
Sine tuo labore, quod velis, actum 'st tamen.

Apéc. Dans un instant je serai ici. (*Il s'en va.*)
Périph. Quoi de plus précieux qu'un ami zélé ! vos affaires se font, sans vous donner la moindre peine. Si j'avais choisi pour cette mission un homme moins adroit, moins fertile en ressources, j'aurais eu mon béjaune ; mon fils aurait eu beau jeu à me montrer ses belles dents blanches, en riant de moi. Mais quelle sottise de lui faire un crime de sa vanité, moi si vain dans ma jeunesse ! Quand j'étais au service, j'écorchais les oreilles du récit de mes prouesses, qui ne finissaient pas. Mais quel est celui que je vois venir, secouant les plis de sa robe ondoyante ?

SCÈNE IV.

UN MILITAIRE, PÉRIPHANE, UNE MUSICIENNE.

Le mil. (*à son esclave.*) Aie soin de ne point passer devant une seule maison sans t'informer de la demeure du vieillard Périphane de Platée : ne t'avise pas de revenir sans la connaître.
Périph. Jeune homme, si je vous montrais l'homme que vous cherchez, quelle récompense me donneriez-vous ?
Le mil. J'ai mérité par mon courage et mes exploits que tout le monde s'estime trop heureux de me servir.
Périph. Jeune homme, vous êtes mal venu d'étaler ici vos exploits. Lorsqu'on vante ses faits d'armes devant un plus vaillant que soi, ils perdent tout leur éclat. Mais si vous avez affaire à Périphane de Platée, il est devant vous.
Le mil. Quoi ! vous êtes ce Périphane dont la jeunesse s'est signalée au service des plus grands rois, dont les richesses sont le prix de tant d'actions héroïques !
Périph. Oh ! si vous entendiez le récit de mes combats, les bras vous tomberaient de surprise, et vous iriez vous cacher chez vous.
Le mil. Bien obligé ! Je cherche quelqu'un à qui je puisse raconter mes exploits, et non quelqu'un qui me parle des siens.
Périph. Ce n'est pas ici le lieu : cherchez quelque autre à qui vous puissiez débiter vos sornettes.
Le mil. Apprenez le sujet qui m'amène auprès de vous. On m'a dit que vous aviez acheté une esclave que j'aime.
Périph. (*à part.*) L'excellent tour ! Je sais maintenant quel est cet homme, c'est le militaire qu'Épidicus m'a annoncé d'avance. (*Haut.*) C'est la vérité, jeune homme. J'ai acheté cette fille.
Le mil. Je voudrais vous dire un mot, si cela ne vous importune pas.
Périph. C'est ce que je ne puis dire avant de savoir le sujet de votre entretien.
Le mil. Cédez-moi votre marché : voilà votre argent.
Périph. Prenez cette fille.
Le mil. A quoi bon vous le dissimuler ? mon intention est de l'affranchir aujourd'hui et d'en faire ma maîtresse.
Périph. Je vais vous satisfaire à l'instant : je l'ai achetée cinquante mines d'argent ; donnez-m'en soixante, et elle est à vous, et ma maison en sera débarrassée.
Le mil. Est-elle à moi pour ce prix ?
Périph. A cette condition, elle vous appartient.
Le mil. A merveille, et nous sommes d'accord.
Périph. (*à ses esclaves.*) Holà ! faites sortir la musicienne que vous venez d'amener. (*Au militaire.*) Je vous donne sa lyre et tous ses accessoires par-dessus le marché. La voici ; recevez-la de mes mains. (*Un esclave amène la musicienne achetée par Épidicus.*)
Le mil. Quel vertige vous saisit ? Me prenez-

Ego si adlegassem aliquem ad hoc negotium
Minus hominem doctum, minusque ad hanc rem callidum,
Os sublitum esset : itaque me albis dentibus
Meus derideret filius meritissumo.
Sed hic quis est, quem huc advenientem conspicor, 410
Suam qui undantem chlamydem quassando facit ?

SCENA QUARTA.

MILES, PERIPHANES, FIDICINA.

Mil. Cave præterbitas ullas ædeis, quin roges,
Senex ubi habitat Periphanes Plothenius.
Incertus tuum cave ad me retuleris pedem.
Periph. Adulescens, si istunc hominem, quem tu quæritas, 415
Tibi conmonstrasso, ecquam abs te inibo gratiam ?
Mil. Virtute belli armatus promerui, ut mihi
Omneis mortaleis deceat agere gratias.
Perph. Non reperisti, adulescens, tranquillum locum,
Ubi tuas virtutes explices, ut postulas. 420
Nam strenuiori deterior si prædicat
Suas pugnas, de illius ore fiunt sordidæ.
Sed istum quem quæris Periphanem Plothenium,
Ego sum, si quid vis. *Mil.* Nempe quem in adulescentia
Memorant apud reges, armis, arte duellica 425
Divitias magnas indeptum ? *Periph.* Imo si audias
Meas pugnas, fugias manibus demissis domum.
Mil. Pol, ego magis unum quæro, meas quoi prædicem,
Quam illum qui memoret suas mihi. *Periph.* Hic non est locus.

Quin, tu alium quæras, quoi centones sarcias. 430
(*secum.*) Atque hæc stultitia 'st me illi vitio vortere,
Egomet quod factitavi in adulescentia,
Quom militabam : pugnis memorandis meis
Eradicabam hominum aureis, quando obcœperam.
Mil. Animum advorte, ut, quod ego ad te venio, intellegas. 435
Meam amicam audivi te esse mercatum. *Periph.* Attate !
Nunc demum scio ego hunc, qui sit ; quem dudum Epidicus
Mihi prædicavit militem. Adulescens, ita 'st
Ut dicis : emi. *Mil.* Volo te verbis pauculis,
Si tibi molestum non est. *Periph.* Non, edepol, scio. 440
Molestum non est, nisi dicis quid velis.
Mil. Mihi illam ut tramittas, argentum adcipias.
Periph. Habeas. *Mil.* Nam quid ego apud te parcam proloqui ?
Ego illam hodie volo facere libertam meam,
Mihi concubina quæ sit. *Periph.* Te absolvam brevi : 445
Argenti quinquaginta mihi illa emta 'st minis.
Si sexaginta mihi denumerantur minæ,
Tuas possidebit mulier faxo ferias :
Atque ita profecto, ut eam ex hoc exoneres agro.
Mil. Estne emta mihi hæc ? *Periph.* Istis legibus habeas licet. 450
Conciliavisti polchre. Heus, foras educite,
Quam introduxistis fidicinam : atque etiam fides,
Ei quæ adcessere, tibi addam dono gratiis.
(*Servus educit fidicinam modo conductam ab Epidico.*)
Age, adcipe hanc, sis. *Mil.* Quæ intemperiæ te tenent ?
Quas tu mihi tenebras cudis ? quin tu fidicinam 455
Produci intus jubes ? *Periph.* Hæc ergo est fidicina.

Thes. Qu'est-ce donc? Qu'as-tu, mon cher?
Épid. Hé bien! combien a-t-il payé cette femme?
Thes. Presque rien.
Épid. Je ne te demande pas cela.
Thes. Que demandes-tu?
Epid. Combien de mines?
Thes. (*Comptant avec ses doigts.*) Tout autant.
Épid. Quarante mines (1)!
Thes. Il les emprunta d'un esclave de Thèbes, moyennant un sesterce d'intérêt par jour pour chaque mine.
Épid. Dieux puissants!
Thes. Et cet usurier arriva en même temps que lui pour avoir son argent.
Épid. Ciel! Je ne me relèverai pas de ce coup.
Thes. Qu'est-ce donc, Épidicus?
Épid. Il m'a perdu.
Thes. Qui cela?
Épid. Celui qui a perdu ses armes.
Thes. Pourquoi?
Épid. Parce que de l'armée il m'écrivait tous les jours que..... Mais il vaut mieux me taire. Un esclave doit en savoir plus qu'il n'en dit : la prudence l'ordonne.
Thes. Vraiment, je ne sais ce qui te rend si discret. Tu trembles, Épidicus! Je vois à ta figure qu'en mon absence tu as fait quelque incartade dont tu crains les suites.
Épid. Pourquoi me faire un jeu de me tourmenter?
Thes. Je m'en vais.
Épid. Reste, je ne te laisserai pas partir.
Thes. Pourquoi me retiens-tu?
Épid. Stratippoclès aime-t-il celle qu'il vient d'acheter?
Thes. Tu me le demandes! Il en est fou.

(1) 1200 francs.

Epid. (*à part.*) Il ne restera pas un pouce de peau sur mon pauvre dos.
Thes. Il l'aime plus qu'il ne t'a jamais aimé.
Épid. Que Jupiter te confonde!
Thes. Laisse-moi partir maintenant : car il m'a défendu de rentrer à la maison, et m'a ordonné d'aller ici près chez Chéribule, et de l'y attendre.
Épid. Pourquoi?
Thes. Je vais te le dire : il ne veut aborder son père ni être aperçu de lui avant d'avoir payé l'argent qu'il doit pour cette jeune fille.
Épid. Mais tout cela est très-inquiétant!
Thes. Laisse-moi m'en aller bien vite.
Épid. Et quand le vieillard saura tout cela? Ma foi, engloutissons notre vaisseau avec honneur.
Thes. Que m'importe comment tu te noies?
Épid. C'est que je ne veux pas périr seul; je désire que tu périsses avec moi, comme deux amis inséparables.
Thes. Va te faire pendre avec ton association!
Épid. Va-s-y toi-même, si tu es si pressé.
Thes. (*à part en sortant.*) Je n'ai jamais rencontré personne que j'aie quittée avec plus de plaisir.
(*Il sort.*)

SCÈNE II.

ÉPIDICUS (*seul*).

Le voilà parti; tu es seul, Épidicus examine un peu où en sont tes affaires. Si tu ne trouves pas quelque ressource dans ton esprit, c'est fait de toi. Vois quelles ruines sont suspendues sur ta tête; si tu ne les affermis d'un bras vigoureux, tu ne peux résister, et la montagne va t'écraser.... J'ai beau réfléchir... je ne vois aucun moyen de me tirer d'embarras. J'ai eu la sottise de persuader au bonhomme par mes fourberies qu'il ra-

---

Ep. Quid? istanc quam emit, quanti eam emit? *Th.* Vili.
Ep. Haud istuc te rogo.
Th. Quid igitur? *Ep.* Quot minis? *Th.* Tot. *Ep.* Quadraginta minis!
Th. Id adeo argentum ab Danista apud Thebas sumsit fœnore;
In dies minasque argenti singulas, numis. *Ep.* Papæ!
Th. Et is Danista advenit una cum eo, qui argentum petit.
Ep. Di inmortaleis, ut ego interii basilicæ! *Th.* Quid jam? aut quid est,
Epidice? *Ep.* Perdidit me. *Th.* Quis? *Ep.* Ille qui perdidit arma. *Th.* Nam 55
Quid ita? *Ep.* Quia cotidie ipse ad me ab legione epistolas
Mittebat... sed taceam optumum 'st. Plus scire satiu'st, quam loqui
Servom hominem : ea sapientia 'st. *Th.* Nescio, edepol, quid tu timidu' es.
Trepidas, Epidice : ita voltum tuum video : videre conmeruisse
Heic, me absente, in te aliquid mali. *Ep.* Potin' uti molestus ne sies? 60
Th. abeo. *Ep.* Adsta, abire hinc non sinam. *Th.* Quid nunc me retines?
Ep. Amatne istam, quam emit de præda? *Th.* Rogas? deperit.
Ep. Delegetur corium de tergo meo. *Th.* Plusque amat, quam te unquam amavit.
Ep. Jupiter te perduit. *Th.* Mitte nunc jam; nam ille me vetult domum
Venire; ad Chæribulum jussit huc in proxumum; ibi manere jussit : 65

Eo venturu'st ipse. *Ep.* Quid ita? *Th.* Dicam : quia patrem
Prius se convenire non volt, neque conspicari, quam id argentum,
Quod debetur pro illa, dinumeraverit. *Ep.* Heu, edepol, res turbulentas!
Th. Mitte me, ut eam nunc jam. *Ep.* Hæccine ubi scibit senex, puppis
Pereunda 'st probe. *Th.* Quid istuc ad me attinet, quo tu interea modo? 70
Ep. Quia perire solus nolo, te cupio perire mecum;
Benevolens cum benevolente. *Th.* Abi in malam rem maxumam a me
Cum istac conditione. *Ep.* I sane, si quid festinas magis.
Th. Nunquam hominem quemquam conveni, unde abierim lubentius. (*abit.*)

SCENA SECUNDA.

EPIDICUS.

Illic hinc abiit; solus es nunc : quo in loco hæc res sit vides, 75
Epidice : nisi quid tibi in tete auxili'st, absumtus es.
Tantæ in te inpendent ruinæ, nisi subfulcis firmiter,
Non potes subsistere, itaque in te inruunt monteis mali.
Neque ego nunc quomodo me expeditum ex inpedito faciam,
Consilium placet : ego miser perpuli meis dolis senem, 80
Ut censeret suam sese emere filiam : is suo filio
Fidicinam emit, quam ipse amat, quam abiens mandavit mihi.

chetait sa fille, tandis que c'est une joueuse de flûte, aimée de son fils, et que mon jeune maître m'avait ordonné en partant de lui acheter. Maintenant il ramène de l'armée une autre maîtresse. J'y laisserai ma peau : il est clair que lorsque le vieillard découvrira mon mensonge, il m'écorchera le dos à grands coups de fouet... Gare à toi, Épidicus! (*se frappant le front.*) Il n'y a donc rien là-dedans... Cette tête est donc tout à fait usée. C'est mal à toi, Épidicus, de t'injurier de la sorte. Vas-tu t'abandonner toi-même? Que faire? Peux-tu le demander, toi qui as toujours tant d'expédients au service des autres? Eh bien! il faut imaginer quelque ruse. Mais c'est trop différer d'aller à la rencontre de notre jeune homme, pour savoir où en sont ses affaires. Le voici lui-même. Il est triste. Il s'avance avec Chéribule, son ami. Retirons-nous à l'écart : de là je suivrai tout à mon aise leur conversation.

SCÈNE TROISIÈME.

STRATIPPOCLÈS, CHÉRIBULE, ÉPIDICUS.

Strat. Je t'ai tout raconté, Chéribule, et je t'ai confié mes chagrins et mes amours.

Chér. Quelle faiblesse, mon cher, pour un homme de ton âge, et d'une âme forte comme la tienne! Pourquoi rougir d'avoir acheté des ennemis une esclave de bonne famille? Qui peut t'en faire un reproche?

Strat. Mes ennemis, tout le monde m'en veut pour cela. Cependant je n'ai outragé la pudeur de ma captive ni par violence ni par séduction.

Chér. Cette modération te rend encore plus estimable à mes yeux.

Strat. Ce n'est rien faire que de ne consoler un malheureux qu'en paroles. Le véritable ami est celui qui, dans la détresse, nous aide de sa bourse, lorsque l'argent nous manque.

Chér. Que puis-je faire pour toi?

Strat. Me donner quarante mines d'argent pour apaiser l'usurier à qui je les ai empruntées.

Chér. Si je les avais, je ne te les refuserais pas.

Strat. Que m'importent ces beaux discours, si à l'épreuve ton dévouement s'évanouit?

Chér. N'ai-je pas moi-même les oreilles assourdies des cris de mes créanciers?

Strat. J'aimerais mieux voir dans un four que sur la place publique des amis tels que toi. Mais je vais demander secours à Épidicus, à quelque prix que ce soit... Je l'assommerai de coups et l'enverrai au moulin, s'il ne me procure aujourd'hui les quarante mines, avant même que j'aie prononcé la dernière syllabe du mot *argent*.

Épid. (*à part.*) A merveille! et cette promesse m'enchante, j'espère qu'il la tiendra. Mes épaules seront régalées sans qu'il lui en coûte rien. Abordons notre homme. (*haut.*) Épidicus vient en respectueux esclave, saluer l'heureux retour de son maître.

Strat. Où est-il?

Épid. Il est prêt à vous servir, et charmé de vous revoir bien portant,

Strat. J'en suis au moins aussi charmé que toi.

Épid. Vous êtes-vous toujours bien porté?

Strat. Je n'ai pas été malade, mais mon âme a beaucoup souffert.

Épid. Ce n'est pas de ma faute, car j'ai pris soin de vos intérêts. Tous vos ordres ont été exécutés. L'esclave pour laquelle vous m'avez écrit lettre sur lettre est achetée.

Strat. Tu as perdu ta peine.

Épid. Et pourquoi, je vous prie?

Strat. Parce que je ne l'aime plus : mon cœur a changé.

Épid. A quoi bon me faire tant de recommandations et m'écrire sans cesse?

Is sibi nunc alteram ab legione adduxit animi
Causa : corium perdidi; nam ubi senex senserit
Sibi data esse verba, virgis dorsum depoliet meum.   85
At enim tu præcave : nihil est istuc ; plane corruptum 's t
caput.
Nequam homo es, Epidice : qui tibi libido 'st male loqui?
Quia tute te deseris. Quid faciam? men' tu rogas?
Tu quidem antehac aliis solebas dare consilia mutua.
Quid? aliquid reperiundum 'st : sed ego cesso ire obviam 90
Adulescenti, ut, quid negoti sit, sciam? atque ipse illic est.
Tristis est : cum Chæribulo incedit æquali suo.
Huc concedam, orationem unde horum placide persequar.

SCENA TERTIA.

STRATIPPOCLES, CHÆRIBULUS, EPIDICUS.

Strat. Rem tibi sum elocutus omnem, Chæribule, atque admodum
Meorum mœrorum atque amorum summam edictavi tibi. 95
Chær. Præter ætatem et virtutem stultus es, Stratippocles.
Idne pudet te, quia captivam, genere prognatam bono,
In præda es mercatus? quis erit, vitio qui id vortat tibi?
Strat. Qui invident, omneis inimicos mihi istoc facto reperi :
At pudicitiæ ejus nunquam nec vim, nec vitium adtuli. 100
Chær. Jam istoc probior es, meo quidem animo, quom in
amore temperes.
Strat. Nihil agit, qui diffidentem verbis solatur suis.
Is est amicus, qui in re dubia re juvat, ubi re est opus.

Chær. Quid tibi me vis facere? *Strat.* Argenti dare quadraginta minas,
Quod Danistæ detur, unde ego illud sumsi fœnore.   105
Chær. Si, hercle, haberem, non negarem. *Strat.* Nam quid te igitur retuli,
Beneficum esse oratione, si ad rem auxilium emortuum 'st?
Chær. Quin, edepol, egomet clamore defatigor, differor.
Strat. Malim istiusmodi mihi amicos furno mersos, quam foro.
Sed operam Epidici nunc me emere pretio pretioso velim. 110
Quem quidem ego hominem irrigatum plagis pistori dabo,
Nisi hodie prius conparassit mihi quadraginta minas,
Quam argenti fuero elocutus ei postremam syllabam.
Ep. Salva res est; bene promittis; spero servabit item.
Sine meo sumtu paratæ jam sunt scapulis symbolæ.   115
Adgrediar hominem. Advenientem peregre herum suum Stratippoclem
Salva inpertit salute servos Epidicus. *Strat.* Ubi is est? *Ep.* Adest.
Salvom te gaudeo huc advenisse. *Strat.* Tam tibi istuc credo, quam mihi.
Ep. Benene usque valuisti? *Strat.* A morbo valui, ab animo æger fui.
Ep. Quod ad me adiiuuit, ego curavi; quod mandasti mihi, 120
Inpetratum 'st; emta ancilla 'st, quod tute ad me literas
Misisculabas. *Strat.* Perdidisti omnem operam. *Ep.* Nam qui perdidi?
Strat. Quia meo neque cara 'st cordi, neque placet. *Ep.* Quid retulit
Mihi tantopere te mandare, et mittere ad me epistolas?

Strat. Je l'aimais autrefois ; une autre passion s'est emparée de mon cœur.

Épid. Vraiment, c'est jouer de malheur que de vous déplaire en faisant ce que vous ordonnez. Mon zèle est devenu une maladresse, parce que vous avez changé d'amours.

Strat. J'avais perdu l'esprit quand je t'écrivais ces lettres.

Épid. Dois-je être victime de votre folie? Mon dos doit-il expier vos fautes?

Chér. A quoi bon tous ces propos? Il lui faut quarante mines, et sur-le-champ, pour payer le banquier... Allons vite...

Épid. Dites-moi où je les prendrai. A quel banquier m'adresser?

Strat. Prends-les où tu voudras ; mais si tu ne reviens avec la somme avant le coucher du soleil, n'entre pas à la maison, va droit au moulin.

Epid. Vous en parlez bien à votre aise : vous ne vous inquiétez de rien : mais je connais nos gens, et je ne me soucie pas d'être battu par eux.

Strat. Comment? aimes-tu mieux que je me tue?

Épid. N'en faites rien ; je braverai le danger... Je m'en sens le courage.

Strat. A merveille! et maintenant tu mérites des éloges.

Épid. Je saurai tout endurer.

Strat. Que faire de la chanteuse à présent?

Épid. Nous trouverons quelque expédient. Je vous en débarrasserai par quelque moyen : quelque ruse nous tirera de là.

Strat. Tu es plein d'habileté... Je te connais.

Épid. Il y a un certain militaire d'Eubée, fort riche, un vrai Crésus, qui, dès qu'il saura que vous avez acheté la musicienne et que vous en avez amené une autre, viendra vous supplier de lui céder la première. Mais où est celle que vous avez amenée avec vous?

Strat. Elle sera ici tout à l'heure.

Chér. Que faisons-nous ici maintenant?

Strat. Entrons chez toi, afin d'achever joyeusement la journée.

Épid. Allez : moi, je vais convoquer le sénat dans ma tête, pour délibérer sur nos finances, pour savoir à qui je dois déclarer la guerre et enlever la somme. Prends bien garde à ce que tu vas faire, Épidicus; on te met à l'épreuve subitement : il n'y a pas à t'endormir, à temporiser. Il faut que j'attaque le bonhomme, mon ennemi ordinaire. Courage!... entre dans cette maison, Épidicus, et recommande à notre jeune maître, son fils, de ne point sortir. et d'éviter la rencontre du vieillard.

ACTE SECOND.

SCÈNE I.

APÉCIDE, PÉRIPHANE.

(*Ils arrivent sur la scène en causant.*)

Apéc. La plupart des hommes rougissent quand il n'y a pas à rougir; et la pudeur les abandonne quand ils devraient rougir, quand la décence devrait les y forcer : voilà bien comme vous êtes. Pourquoi rougir d'épouser une femme de bonne famille, parce qu'elle n'est pas riche? surtout si, comme vous le dites, elle est la mère de la jeune fille qui est chez vous?

Périph. C'est par égard pour mon fils.

Apéc. Je croyais que c'était par respect pour votre défunte épouse ; car, toutes les fois que vous voyez son tombeau, vous sacrifiez à Pluton : et c'est justice. puisqu'il vous a permis de lui survivre.

Strat. Illam amabam olim, nunc jam alia cura inpendet pectori. 125
Ep. Hercle, miserum 'st, ingratum esse homini, id quod facias bene.
Ego quod benefeci, malefeci : quia amor mutavit locum.
Strat. Desipiebam mentis, quom illas scribtas mittebam tibi.
Ep. Men' piacularem oportet fieri ob stultitiam tuam?
Ut meum tergum stultitiæ tuæ subdas subcidaneum? 130
Strat. Quid istcic verba facimus? huic homini opu'st quadraginta minis.
Celeriter calidis, Danistæ quas resolvat, et cito.
Ep. Dic modo, unde abferre me vis? a quo trapezita peto?
Strat. Unde lubet : nam ni ante solem obcasum elo,
Meam domum ne inbetas : tu te in pistrinum. 135
Epid. Facile tu istuc sine periculo et cura, corde libero
Fabulare ; gnovi ego nostros ; mihi dolet, quom ego vapulo.
Strat. Quid tu nunc? patierin' ut ego me interimam? *Epid.* Ne feceris.
Ego istuc adcedam periculum potius atque audaciam.
Strat. Nunc places ; nunc ego te laudo. *Ep.* Patiar ego istuc quod lubet. 140
Strat. Quid de illa fiet fidicina igitur? *Ep.* Aliqua reperibitur :
Aliqua ope exsolvam, extricabor aliqua. *Strat.* Plenus consili es.
Gnovi ego te. *Ep.* Est Euboicus miles locuples, multo auro potens,
Qui ubi istam emtam esse scibit, atque hanc adductam alteram,
Continuo te orabit ultro, ut illam transmittas sibi. 145

Sed ubi illa 'st, quam tu adduxisti tecum? *Strat.* Jam faxo heic erit.
Chœr. Quid heic nunc agimus? *Strat.* Eamus intro huc ad te, ut hunc hodie diem
Luculente habeamus. *Ep.* Ite intro : ego de re argentaria
Jam senatum convocabo in corde consiliarium. I.υ
Quoi potissumum indicatur bellum, unde argentum abferam.
Epidice, vide quid agas, ita res subito hæc objecta 'st tibi.
Non enim nunc tibi dormitandum, neque cunctandi copia 'st.
At eumdem senem obpugnare certum 'st consilium : i, i, abi
Intro, atque adulescenti dic jam nostro herili filio,
Ne heic foras ambulet, neve usquam veniat obviam seni. 155

ACTUS SECUNDUS.

SCENA PRIMA.

APOECIDES, PERIPHANES.

Apœc. Plerique homines, quos, quom nihil refert, pudet, ubi pudendum 'st,
Ibi eos deserit pudor, quom usus est ut pudeat. Is adeo tu es. Quid
Est, quod pudendum siet, genere gnatam bono, pauperem domum
Ducere uxorem? præsertim eam, qua ex tibi conmemores
Hanc, quæ domi 'st, filiam prognatam. *Periph.* Revereor filium. 160
Apœc. At, pol, ego te credidi uxorem, quam tu extulisti, pudore exsequi.
Quojus quotiens sepolcrum vides, sacruficas inlico Orco hostiis :

Périph. Oh! j'étais un Hercule pendant qu'elle a vécu avec moi, et le sixième (1) des travaux de ce dieu lui a coûté moins de peine qu'elle ne m'en a donné.
Apéc. C'est une belle chose qu'une grosse dot.
Periph. Oui, si l'on pouvait l'avoir sans la femme.

SCÈNE II.
ÉPIDICUS, APÉCIDE, PÉRIPHANE.

Epid. (*sortant de chez Chéribule, aux esclaves.*) Chut! chut! ne vous inquiétez pas : je sors sous d'heureux auspices. Voilà un oiseau de bon augure. (*à part.*) J'ai un couteau bien affilé pour saigner la bourse du bonhomme; mais je l'aperçois lui-même devant la maison d'Apécide. Voilà les deux vieillards réunis à propos. Métamorphosons-nous en hirondelle et suçons le sang de ces deux colonnes du sénat.
Apéc. (*à Périphane.*) Je voudrais le marier tout de suite.
Périph. J'approuve votre dessein.
Apéc. Car on m'a dit qu'il était épris de je ne sais quelle musicienne.
Périph. C'est ce qui me désole.
Epid. (*à part.*) Vraiment, tous les dieux me secondent, me protégent, m'affectionnent. Ces excellents vieillards m'ouvrent eux-mêmes le chemin de leur bourse. Allons, Épidicus, prépare-toi, jette ton manteau par-dessus ton épaule : fais semblant d'avoir cherché ton homme par toute la ville ; fais attention à toi! (*haut.*) Dieux immortels, puissé-je trouver Périphane au logis! je suis las de le chercher dans la boutique des pharmaciens, des barbiers, au

(1) Son combat avec la reine des Amazones, à qui il enleva sa ceinture.

gymnase, dans la place publique, chez les parfumeurs, dans les salles d'armes, à la banque. Je suis enroué à force de le demander, et j'ai failli tomber à force de courir.
Périph. Épidicus!
Epid. Qui est-ce qui appelle Épidicus?
Périph. Je suis Périphane.
Apéc. Et moi Apécide.
Epid. Et moi je suis Épidicus. Oh! mon cher maître, je vous rencontre là tous deux bien à propos.
Périph. Qu'y a-t-il?
Epid. Un instant! Laissez-moi respirer, je vous prie.
Périph. Repose-toi.
Epid. Je me trouve mal. J'ai besoin de reprendre haleine.
Apéc. Repose-toi tout à ton aise.
Epid. Prêtez-moi attention. Les légions qui partaient pour Thèbes sont congédiées.
Apéc. Qui a dit cette nouvelle?
Epid. Moi, qui vous l'assure.
Périph. D'où le sais-tu?
Epid. Je le sais.
Périph. Comment le sais-tu?
Epid. Parce que j'ai vu les routes couvertes de soldats qui reviennent avec leurs armes et leurs chevaux.
Périph. J'en suis ravi.
Epid. Que de prisonniers ils emmènent! des jeunes garçons, des jeunes filles, deux à deux, trois à trois. Quelques-uns en ont jusqu'à cinq ; c'est une foule dans les rues! Chacun court au-devant de ses enfants.
Périph. Voilà une heureuse expédition.
Epid. Toutes les courtisanes de la ville sont allées

Neque adeo injuria, quia licitum 'st eam tibi vivendo vincere.
Periph. Oh, Hercules ego fui, dum illa mecum fuit! neque sexta ærumna
Acerbior Herculi, quam illa mihi est objecta. *Apæc.* Polchra, 165
Edepol, dos pecunia 'st. *Periph.* Quæ, quidem, pol, non maritata 'st.

SCENA SECUNDA.
EPIDICUS, APOECIDES, PERIPHANES.

Epid. St, st! tacete : habete animum bonum : liquido exeo foras
Auspicio, avi sinistra : acutum cultrum habeo, senis qui exenterem
Marsupium : sed eccum ipsum ante ædeis conspicor Apœcidæ,
Qualeis volo, vetulos duo : jam ego me convortam in hirudinem, 170
Atque eorum exsugebo sanguinem, senati qui columen cluent.
Apæc. Continuo ut maritus fiat. *Periph.* Laudo consilium tuum.
Apæc. Nam ego illum audivi in amorem hærere, apud nescio quam fidicinam.
Periph. Id ego excrucior. *Epid.* Di, hercle, omneis me adjuvant, augent, amant.
Ipsi hi quidem mihi dant viam, quo pacto ab se argentum abferam. 175
Age nunc jam orna te, Epidice, et palliolum in collum conjice;

Ita adsimulato, quasi per urbem totam hominem quæsiveris.
Age, si quid agis. Di Inmortaleis, utinam conveniam domi
Periphanem! per omnem urbem quem sum defessus quærere,
Per medicinas, per tonstrinas, in gymnasio, atque in foro, 180
Per myropolia, et lanienas, circumque argentarias.
Rogitando sum raucus factus, pæne in cursu concidi.
Periph. Epidice. *Epid.* Epidicum quis est qui revocat? *Periph.* Ego sum Periphanes.
Apæc. Et ego Apœcides sum. *Epid.* Et ego quidem sum Epidicus; sed, hero, optuma
Vos video ambo advenire obportunitate. *Per.* Quid rei est? 185
Epid. Mane, sine respirem, quæso. *Periph.* Imo adquiesce.
Epid. Animo male est.
Recipiam anhelitum. *Apœc.* Clementer requiesce. *Epid.* Animum advortite :
A legione omneis remissi sunt domum Thebis. *Apœc.* Quis hoc
Scit factum? *Epid.* Ego ita esse factum dico. *Periph.* Scin' tu istuc? *Epid.* Scio.
Periph. Qui tu scis? *Epid.* Quia ego ire vidi militeis plenis vils. 190
Arma referunt, et jumenta ducunt. *Periph.* Nimis factum bene.
Epid. Tum captivorum quid ducunt secum! pueros, virgines,
Binos, ternos, alius quinque : fit concursus per vias.
Filios suos quisque visunt. *Per.* Hercle, rem gestam bene!
Epid. Tum meretricum numerus tantus, quantum in urbe omni fuit, 195
Obviam ornatæ obcurrebant suis quæque amatoribus,
Eos captabant : id adeo, qui maxume animum advorterim,
Pleræque hæ sub vestimentis secum habebant retia.

en toilette à la rencontre de leurs amants, pour les séduire. J'ai même remarqué qu'elles portaient des filets sous leurs habits. Arrivé au port, j'ai vu la musicienne en question accompagnée de quatre joueuses de flûte.
Périph. Avec qui étaient ces joueuses de flûte?
Epid. Avec celle que votre fils aime depuis plusieurs années, et dont il est fou au point de perdre pour elle son bien, sa réputation, sa vie et votre tendresse. Elle l'attendait au port.
Périph. Voyez un peu l'empoisonneuse!
Epid. Belle, ma foi! brillante et parée à ravir! quelle élégance! la dernière mode!
Périph. Comment était-elle habillée? Avait-elle un manteau de reine, ou une simple robe à la *gouttière?* car voilà les noms que les femmes donnent à leurs habits.
Epid. Comment! porter une gouttière!
Périph. Qu'y a-t-il d'étonnant? comme si on n'en voyait point par les rues marcher portant sur elles des maisons entières, des fermes et des palais! Et quand il s'agit de payer l'impôt, on dit qu'on n'a pas le moyen : ils sont trop pauvres, eux qui payent à la Volupté de si lourds impôts! Et les courtisanes! Quels noms n'inventent-elles pas chaque année? la tunique transparente, la tunique unie, la robe à franges, la chemisette, la robe brodée, le jaune-souci, la robe safran, la jupe de négligé, la royale et l'étrangère, la robe couleur de miel, et mille autres niaiseries. Elles donnent à leurs habits jusqu'à des noms de chien.
Epid. Comment?
Périph. N'en ont-elles pas qu'elles appellent *laconiques* (1)? C'est pour toutes ces gentillesses que les hommes font vendre leur mobilier aux enchères. Mais continue ton récit.

(1) Chien de couleur fauve.

Épid. Deux autres femmes entamèrent derrière moi une conversation particulière. Selon mon honnête habitude, je me suis un peu éloigné d'elles : je feignais de ne faire aucune attention à leur entretien; je n'entendais pas très-bien, cependant j'ai compris ce qu'elles disaient.
Périph. C'est ce que je suis curieux de savoir.
Epid. L'une dit à sa compagne...
Périph. Quoi?
Epid. Taisez-vous donc, si vous voulez m'entendre. Aussitôt qu'elles ont aperçu celle dont votre fils est épris : Qu'elle est heureuse, dit l'une d'elles! que le sort est propice à cette femme! Son amant va l'affranchir. — Quel est cet amant, reprit l'autre? C'est Stratippoclès, fils de Périphane.
Périph. Ciel! je suis perdu! Que m'apprends-tu là?
Epid. Ce qui s'est passé. Après les avoir entendues parler, je m'approchai d'elles peu à peu, comme si la foule m'y eût poussé malgré moi.
Périph. Je comprends.
Epid. Alors l'une dit à l'autre : « Comment savez-vous cela? qui vous l'a dit? Aujourd'hui on lui a apporté une lettre de Stratippoclès qui lui mande qu'il a pris de l'argent chez un banquier de Thèbes, et qu'il va le lui apporter. »
Périph. Je n'en peux plus, je suis mort.
Épid. Cette femme disait qu'elle avait tout appris de la maîtresse même de votre fils, et par la lettre qu'elle avait vue.
Périph. Que dois-je faire maintenant? Apécide, j'ai besoin de vos conseils.
Apéc. Il faut trouver quelque adroit expédient; car il sera bientôt ici, s'il n'y est déjà.
Epid. S'il était possible que j'eusse plus d'esprit que vous deux, je vous donnerais un bon conseil, que vous approuveriez certainement l'un et l'autre.

Quom ad portum venio, atque ego illam illeic video præstolarier;
Et cum ea tibicinæ ibant quatuor. *Periph.* Quicum, Epidice? 200
Epid. Cum illa, quam tuus gnatus annos multos deamat, deperit,
Ubi fidemque, remque, seque, teque properat perdere :
Ea præstolabatur illum apud portum. *Periph.* Viden' veneficam!
Epid. Sed vestita, aurata, ornata ut lepide! ut concinne! ut nove!
Periph. Quid erat induta? an regillam induculam, an mendiculam? 205
Inpluviatam? ut istæ faciunt vestimentis nomina.
Epid. Utin' inpluvium induta eat? *Periph.* Quid istuc est mirabile?
Quasi non fundis exornatæ multæ incedant per vias.
At tributus quom imperatu'st, negant pendi potesse;
Illis, quibus tributus major penditur, pendi potest. 210
Quid? istæ quæ vesti quotannis nomina inveniunt nova?
Tunicam rallam, tunicam spissam, linteolum cæsicium,
Indusiatam, patagiatam, caltulam, aut crocotulam,
Subparum, aut subnimium, ricam, basilicum, aut exoticum,
Comatile aut plumatile, cerinum aut melinum : gerræ maximæ. 215
Cani quoque etiam ademtum 'st nomen *Epid.* Qui? *Periph.* Vocant Laconicum.
Hæc vocabula auctiones subigunt ut faciant viri.
Quin tu, ut obcepisti, loquere. *Epid.* Obcepere aliæ mulieres

Duæ post me sic fabulari inter sese : ego abscessi solens
Paulum ab illis : dissimulabam me harum sermoni operam dare. 220
Nec satis exaudiebam, nec sermonis fallebar tamen,
Quæ loquerentur. *Periph.* Id lubido est scire. *Epid.* Ibi illarum altera
Dixit illi, quicum ipsa ibat... *Periph.* Quid? *Epid.* Tace ergo, ut audias.
Postquam illam sunt conspicatæ, quam tuus gnatus deperit :
Quam facile et quam fortunate evenit illi, obsecro, mulieri, 225
Liberare quam volt amator! quisnam is est? inquit altera
Illi : ibi nominat Stratippoclem Periphanæ filium. *Periph.* Perii,
Hercle! quid ego ex te audio? *Epid.* Hoc quod actum : egomet post, ubi illas audivi loqui,
Cœpi retrorsum vorsum ad illas pauxillatim adcedere,
Quasi retruderet hominum me vis invitum. *Per.* Intellego. 230
Epid. Ibi illa interrogavit illam : qui scis? quis id dixit tibi?
Quin hodie adlatæ sunt tabellæ ad eam a Stratippocle, eum
Argentum sumsisse apud Thebas ab danista fœnore :
Id paratum, et sese ob eam rem id ferre. *Periph.* Cedo, ego obeidi!
Epid. Hæc sic aibat se audivisse ab ea, atque ab epistola. 235
Periph. Quid ego faciam nunc? consilium a te expetesso, Apœcides.
Apœc. Reperiamus aliquid callidi conducibilis consilii.
Nam ille quidem aut jam heic aderit, credo, hercle, aut jam adest. *Epid.* Si æquom siet

Périph. Et quel est ce conseil, Épidicus?
Épid. Il est fort bien approprié à la circonstance.
Apéc. Pourquoi tant tarder à nous le donner?
Épid. C'est à vous autres, gens d'esprit, à parler les premiers, et nous ensuite.
Apéc. Allons, parle donc.
Épid. Vous vous moquerez.
Apéc. Point du tout.
Épid. D'abord, si mon avis vous plaît, usez-en; s'il vous déplaît, trouvez mieux; car ce n'est pas pour moi qu'on sème le champ ni qu'on mesure l'avoine, et je ne veux que votre bien.
Périph. Je te remercie : fais-nous part de ta bonne inspiration.
Épid. Choisissez vite une femme à votre fils, et vengez-vous ainsi de cette joueuse de flûte qu'il veut affranchir et qui vous le gâte : faites en sorte qu'elle reste esclave jusqu'à la fin de ses jours.
Apéc. C'est le bon parti.
Périph. Je suis prêt à tout faire, pourvu que cela soit prompt.
Épid. Allons, profitons du moment où votre fils n'est pas encore arrivé dans la ville, car il n'y sera pas aujourd'hui; il ne viendra que demain.
Périph. Comment le sais-tu?
Épid. Je le sais ; quelqu'un qui arrive de Thèbes m'a dit qu'il serait ici demain matin.
Périph. Parle donc; que devons-nous faire?
Épid. Voici ce qu'il faut faire. Feignez de souhaiter l'affranchissement de cette musicienne et de l'aimer tendrement.
Périph. A quoi bon?
Épid. Vous me le demandez? Afin de l'acheter avant le retour de votre fils, et que vous puissiez dire que vous l'avez achetée pour l'affranchir.
Périph. Je comprends.

Epid. Dès que vous l'aurez achetée, vous la ferez partir d'ici; à moins que vous n'ayez un autre moyen....
Périph. Point du tout, c'est le plus sûr.
Epid. Qu'en pensez-vous, Apécide?
Apéc. Ce que j'en pense? Que ton expédient est plein d'adresse.
Epid. De cette manière, nous ôtons à votre fils la possibilité d'épouser et de se ruiner; et c'est ce que vous désirez.
Apéc. Vivat! Que d'esprit! vraiment je t'admire.
Epid. Mais vous, faites adroitement votre tâche.
Periph. Fort bien.
Epid. J'imagine un moyen qui écarte tous les soupçons.
Périph. Fais-le-moi connaître.
Epid. Vous le saurez; écoutez.
Apécide (à Périphane.) Ce garçon est rempli d'esprit.
Epid. Il nous faut quelqu'un qui porte la somme nécessaire au rachat de la musicienne, car il n'est pas convenable que ce soit vous.
Périph. Pourquoi pas?
Epid. Le marchand pourrait croire que vous la rachetez pour votre fils.
Périph. Tu as raison.
Epid. Surtout pour l'éloigner d'elle et pour ne point éveiller les soupçons.
Périph. A qui pourrions-nous confier cette mission importante?
Epid. On ne peut mieux choisir qu'Apécide. Il s'en acquittera avec prudence, comme un homme qui sait son devoir et la loi.
Apéc. Grand merci, Épidicus.
Epid. Eh bien! je m'en acquitterai avec zèle. J'irai chez le marchand, j'emmènerai la joueuse

Me plus sapere quam vos, dederim vobis consilium catum,
Quod laudetis, ut ego opinor, uterque. *Periph.* Ergo ubi
est, Epidice? 240
Epid. Atque ad eam rem conducibile. *Apœc.* Quid istuc dubitas dicere?
Epid. Vos priores esse oportet, nos posterius dicere,
Qui plus sapitis. *Apœc.* Eia vero, age, dic. *Epid.* At deridebitis.
Apœc. Non, edepol, faciemus. *Epid.* Imo, si placebit, utitor
Consilium : si non placebit, reperitote rectius. · 245
Mihi isteic nec seritur, nec metitur : nisi ea, quæ tu vis, volo.
Periph. Gratiam habeo; fac participes nos tuæ sapientiæ.
Epid. Continuo arbitretur uxor tuo gnato : atque ut fidicinam
Illam, quam is volt liberare, quæ illum conrupit tibi,
Ulciscare; atque ita curetur, usque ad mortem ut serviat. 250
Apœc. Fieri oportet. *Periph.* Facere cupio quidvis, dum id fiat modo. *Epid.* Hem
Nunc obcasio 'st faciundi, priusquam in urbem advenerit,
Sicut cras heic aderit, hodie non venerit. *Periph.* Qui scis?
Epid. Scio.
Quia mihi alius dixit, qui illinc venit, mane heic adfore.
Periph. Quin tu eloquere, quid faciemus? *Epid.* Sic faciundum censeo. 255
Quasi tu cupias liberare fidicinam animi gratia,
Quasique ames vehementer tu illam. *Periph.* Quam ad rem istuc refert? *Epid.* Rogas?
Ut enim præstines argento, priusquam veniat filius,
Atque ut eam te in libertatem dicas emere. *Periph.* Intellego.

Epid. Ubi erit emta, ut aliquo ex urbe amoveas, nisi quid tua 260
Secus sententia 'st. *Periph.* Imo docte. *Epid.* Quid tu autem, Apœcides?
Apœc. Quid ego jam, nisi te conmentum nimis astute intellego?
Epid. Jam tunc igitur amota ei erit omnis consultatio
Nubtiarum, ne gravetur, quod velis. *Apœc.* Vive sapis! et placet.
Epid. Tum tute igitur callide, quidquid acturus, age. 265
Periph. Rem, hercle, loquere. *Epid.* Et reperi, hæc te qui abscedat subspicio.
Periph. Sine me scire. *Epid.* Scibis, audi. *Apœc.* Sapit hic pleno pectore.
Epid. Opus est homine, qui illo argentum deferat pro fidicina.
Nam te non æque opus facto 'st. *Periph.* Quid jam? *Epid.* Ne te censeat
Filii causa facere. *Periph.* Docte. *Epid.* Quo illum ab illa prohibeas, 270
Ne qua ob eam subspicionem difficultas eveniat.
Periph. Quem hominem inveniemus ad eam rem utilem?
Epid. Hic erit optumus.
Hic poterit cavere recte, jura qui et leges tenet.
Apœc. Epidice, habeas gratiam. *Epid.* Sed ego istuc faciam sedulo. 575
Ego illum conveniam, atque adducam huc ad te, quoja 'st fidicina',
Atque argentum ego cum hoc feram. *Periph.* Quanti emi potest minumo? *Epid.* Illane?
Ad quadraginta fortasse eam posse emi minumo minas.
Verum, si plus dederis, referam : nihil in ea re captio 'st.

de flûte; puis je porterai l'argent avec Apécide.

Périph. Combien m'en coûtera-t-il pour le moins?

Épid. L'esclave? vous ne l'aurez pas, je pense, à moins de quarante mines. Si vous me donnez davantage, je vous le rapporterai. Vous ferez une bonne affaire, et vous ne serez pas dix jours sans retirer votre argent.

Périph. Comment?

Épid. Parce qu'un autre jeune homme aime cette femme éperdument; un Rhodien très-riche, guerrier terrible, un vainqueur fanfaron (1) à qui rien ne résiste. Il vous l'achètera au poids de l'or : allons, ne marchandez pas; vous avez un bénéfice assuré.

Périph. Fasse le ciel!

Épid. Vous pouvez y compter.

Apéc. (à *Périphane.*) Que n'allez-vous chez vous chercher l'argent? Moi, je vais à la Place. Suis-moi, Épidicus.

Épid. Restez-y jusqu'à ce que j'aille vous retrouver.

Apéc. Je t'attendrai.

Périph. (à *Épidicus.*) Entre avec moi.

Épid. Allez, comptez la somme : je ne vous ferai pas attendre. (*Apécide se dirige du côté de la place; Périphane rentre chez lui.*)

SCÈNE III.
ÉPIDICUS.

Non, je ne crois pas qu'il y ait dans toute l'Attique un terrain d'un aussi bon rapport que ce cher Périphane. Son coffre-fort a beau être bien fermé, bien scellé, j'en arrache autant d'argent que je veux. Je crains seulement que si le vieillard découvre mes fourberies, ses verges d'ormeau s'attachent à ma peau comme le parasite aux bonnes ta-

(1) Les Rhodiens avaient cette réputation.

bles. Une chose me tourmente encore l'esprit. Quelle musicienne dois-je amener à Apécide? Bon! j'ai mon affaire. Ce matin le bonhomme m'a ordonné de lui amener une musicienne, pour chanter pendant qu'il ferait un sacrifice; je vais en louer une à qui j'aurai soin d'apprendre le rôle qu'elle doit jouer avec le vieillard. Entrons et prenons l'argent de ce pauvre homme.

ACTE TROISIÈME.
SCÈNE I.
STRATIPPOCLÈS, CHÉRIBULE.

Strat. L'impatience me ronge, me dessèche; je brûle d'apprendre le résultat des belles paroles d'Épidicus. C'est trop longtemps être au supplice. Je veux savoir s'il a réussi.

Chér. Ce secours ne doit pas t'empêcher de te pourvoir ailleurs. Il m'a semblé d'abord que tu ne devais pas compter beaucoup sur lui.

Strat. Mais je suis perdu!

Chér. Tu es fou! Pourquoi te désespérer?

Strat. S'il me tombe une fois sous les mains, le coquin ne se sera pas joué de moi impunément. Mais que puis-je exiger de lui, lorsqu'un homme aussi riche que toi n'a pas un écu à prêter à son meilleur ami?

Chér. Si j'avais de l'argent, je te le promettrais bien volontiers; mais il t'en viendra, je ne sais comment, je ne sais d'où, ni par quel miracle, ni de quelle main; et tu as l'espoir de partager avec moi ma bonne fortune.

Strat. Malheur à toi, perfide!

Chér. Quelle fantaisie te prend de m'injurier?

Strat. Tu plaisantes avec tes *je ne sais d'où, ni*

Atque id non decem obcupatum tibi erit argentum dies. 280
Periph. Quidum? Epid. Quia enim mulierem illam alius
   adulescens deperit,
Auro opulentus, magnus miles, Rhodius, raptor hostium,
Gloriosus: hic emet illam de te, et dabit aurum lubens.
Face modo : est lucrum heic tibi amplum. Periph. Deos
   quidem oro. Epid. Inpetras!
Apœc. Quin tu is intro, atque huc argentum promis : ego
   visam ad forum :   285
Epidice, eo veni. Epid. Ne abeas, priusquam ego ad te ve-
   nero.
Apœc. Usque obperiar. Periph. Sequere tu intro. Epid. I,
   numera, nihil ego te moror.

(Abit ad forum Apœcides, Periphanes domum.)

SCENA TERTIA.
EPIDICUS.

Nullum esse opinor ego agrum in agro Attico
Æque feracem, quam hic est noster Periphanes :
Quin ex obcluso atque obsignato armario   290
Decutio argenti tantum quantum mihi lubet.
Quod, pol, metuo, si senex resciverit,
Ne ulmos parasitos faciat, quæ usque adtondeant.
Sed me una turbat res ratioque : Apœcidi
Quam ostendam fidicinam aliqua conducticiam.   295
Atque id quoque habeo : mane me jussit senex
Conducere aliquam fidicinam sibi huc domum,
Dum rem divinam faceret, cantaret sibi.
Ea conducetur, atque ei præmonstrabitur,

Quo pacto fiat subdola adversus senem.   300
Ibo intro, argentum adcipiam ab damnoso sene. (Abit)

ACTUS TERTIUS.
SCENA PRIMA.
STRATIPPOCLES, CHÆRIBULUS.

Strat. Exspectando exedor miser, atque exenteror, quomodo
   mihi
Epidici blanda dicta eveniant : nimis diu maceror.
Sitne quid, nec ne sit, scire cupio. *Chær.* Per illam tibi co-
   piam
Copiam parare aliam licet : scivi equidem in principio 305
Iulico nullam tibi esse in illo copiam. *Strat.* Interii, hercle,
   ego!
Chær. Absurde facis, qui angas te animi. *Strat.* Si, hercle,
   ego illum semel prehendero,
Nunquam inridere nos illum inultum sinam servom homi-
   nem.
Quid illum ferre vis? qui, tibi quoi divitiæ domi maximæ
Sunt, is numum nullum habes, nec sodali tuo in te co-
   pia 'st.
Chær. Si, hercle, habeam, pollicear lubens : verum ali-
   aliqua, aliquo modo,   310
Alicunde, ab aliqui, aliqua tibi spes est fore mecum fortu-
   quid, nam.
Strat. Væ tibi, muricida homo. *Chær.* Qui tibi lubet mihi
   male loqui?
Strat. Quippe tu mihi aliquid, aliquo modo, alicunde, ab
   aliquibus blatis,

comment, ni par quel miracle, ni de quelle main! Ces balivernes m'échauffent les oreilles. Va, tu n'es pas plus en état de m'obliger que celui qui est encore à naître.

SCÈNE II.
ÉPIDICUS, STRATIPPOCLÈS, CHÉRIBULE.

Épid. (*sortant de chez Périphane.*) Vous avez fait votre devoir : maintenant c'est à moi de faire le mien. Vous pouvez vous reposer sur mon zèle. C'est autant d'argent perdu. Il ne faut pas y compter, il est au pouvoir des ennemis : fiez-vous à moi ! Voilà ma manière d'agir, voilà notre usage à nous autres. Dieux immortels, quelle bonne journée je vous dois ! Quelle facilité ! quel heureux succès ! Mais qu'est-ce que je fais ici, au lieu de mettre les provisions en sûreté dans notre colonie ? Pourquoi m'arrêter ? Mais que vois-je ? nos deux amis devant la maison, mon maître et Chéribule. (*Haut.*) Que faites-vous ici ? (*Il présente la bourse à son maître.*) Acceptez ceci, je vous prie.

Strat. Combien y a-t-il là-dedans ?

Épid. Autant qu'il en faut, et même plus : vous en aurez de reste. J'ai apporté dix mines de plus que vous ne devez au banquier. Pourvu que je vous plaise et que je vous obéisse, je me soucie fort peu de mon dos.

Strat. Pourquoi ?

Épid. Parce que j'ai fait de votre père un porte-besace.

Strat. Quel est ce mot ?

Épid. Qu'il soit vieux ou neuf, peu m'importe : il suffit que je le mette dans la besace ou le sac ; car le marchand d'esclaves a déjà emporté l'argent qui lui est dû pour la musicienne. C'est moi qui l'ai payé, qui ai compté la somme de mes propres mains. Votre père croit que cette musicienne est sa fille. Maintenant, pour le tromper et vous tirer d'embarras, j'ai trouvé un expédient. Je lui ai persuadé par mon éloquence qu'il fallait qu'à votre retour vous ne pussiez plus retrouver votre musicienne.

Strat. Courage ! courage !

Épid. Elle est déjà chez lui comme l'enfant de la maison.

Strat. J'entends.

Épid. Il m'a donné Apécide pour m'accompagner à la place publique et présider à l'acquisition.

Strat. Cela ne va pas mal.

Épid. Mais la caution est prise elle-même. Votre père a pendu sa bourse à mon cou. Il fait tous les préparatifs pour vous marier aussitôt votre arrivée.

Strat. Il ne m'y fera point consentir, à moins que l'enfer ne m'ait enlevé la captive que j'ai amenée.

Épid. J'ai combiné une autre ruse. J'irai seul trouver le marchand d'esclaves. Je lui ferai sa leçon, afin que si quelqu'un vient, il dise qu'on lui a donné de l'argent pour une joueuse de flûte, et qu'il a reçu 50 mines. Rien de plus naturel, puisque je lui ai compté la somme, il y a trois jours, pour votre maîtresse, que votre père croit être sa fille. Le marchand, qui ne se doute de rien, jurera par sa scélérate de tête qu'il a reçu de l'argent pour l'esclave que vous amenez avec vous.

Chér. Tu sais te retourner plus vite que la roue d'un potier.

Épid. Maintenant je vais me procurer quelque musicienne, à qui j'apprendrai le rôle qu'elle doit jouer. Elle feindra d'avoir été achetée, et bernera les deux vieillards de la bonne façon. Apécide la présentera lui-même à votre père.

Quod nusquam 'st : neque ego id inmitto in aureis meas ;
nec mihi 315
Plus adjumenti ades, quam ille qui nunquam etiam natu'st.

SCENA SECUNDA.
EPIDICUS, STRATIPPOCLES, CHÆRIBULUS.

Epid. Fecisti jam opificium tu tuum ; me meum nunc facere oportet.
Per hanc curam quieto tibi licet esse : hoc quidem jam periit;
Ne quid tibi hinc in spem referas : hoc oppido politum 'st.
Crede modo tu mihi : sic ego ago, sic egere nostri. 320
Pro di inmortaleis, mihi hunc diem dedistis luculentum !
Ut facilem, atque inpetrabilem ! sed ego hinc migrare cesso,
Ut inportem in coloniam hunc auspicio conmeatum !
Mihi cesso, quom sto : sed quid hoc ? ante ædeis duos sodaleis,
Herum et Chæribulum conspicor : quid heic agitis ? adcipe hoc, sis.
Strat. Quantum heic ist? *Epid.* Quantum sat est, et plus 325
satis : supersit.
Decem minis plus adtuli, quam tu danistæ debes.
Dum tibi ego placeam, atque obsequar, meum tergum floccifacio.
Strat. Nam quid ita ? *Epid.* Quia ego tuum patrem faciam parenticidam.
Strat. Quid istuc est verbi ? *Epid.* Nihil moror vetera et volgata verba, 330
Peratim ductare : at ego follitim ductitabo.

Nam leno omne argentum abstulit pro fidicina (ego resolvi,
Manibus his dinumeravi), pater suam gnatam quam esse credit.
Nunc iterum ut fallatur pater, tibique auxilium adparetur,
Inveni viam : ita ego suasi seni, atque hanc habui orationem, 335
Uti, tu quom redisses, ne tibi ejus copia esset.
Strat. Euge, euge ! *Epid.* Ea jam domi 'st pro illa. *Strat.* Teneo. *Epid.* Nunc auctorem
Dedit mihi ad hanc rem Apœcidem, is apud forum manet. me :
Quasi quoi emeret, caveat. *Strat.* Haud male ! *Epid.* Jam ipse cautor captu'st.
Ipse in meo collo tuus pater cruminam conlocavit. 340
Is adornat, advenienis domi extemplo ut maritus fias.
Strat. Uno persuadebit modo, si illam, quæ adducta' st mecum,
Mihi adsemit Orcus. *Epid.* Nunc ego hanc astutiam institui.
Deveniam ad lenonem domum egomet solus : eum ego docebo,
Si qui ad eum advenerit, ut sibi datum esse argentum dicat
Pro fidicina : argenti minasse habere quinquaginta. 345
Quippe ego qui nudius tertius meis manibus dinumeravi
Pro illa tua amica, quam pater suam filiam esse retur.
Ibi leno sceleratum caput suum inprudens adligabit,
Quasi pro illa argentum adceperit, quæ tecum adducta nunc est. 350
Chær. Vorsutior es, quam rota figularis. *Epid.* Jam ego parabo
Aliquam dolosam fidicinam, numo conducta quæ sit,
Quæ se emtam simulet, quæ senes duo docta ludificetur.

Strat. Fort bien imaginé!
Épid. Je ne la quitterai point qu'elle ne soit bien pénétrée de mon plan et de mes ruses. Mais c'est assez discourir; vous me retenez ici trop longtemps. Maintenant vous savez ce qui se passera. Je m'en vais. (*Il sort.*)
Strat. Bon voyage.
Chér. Le drôle est savant en friponnerie.
Strat. Son habileté vient de me sauver.
Chér. Allons, rentrons chez moi.
Strat. J'y retourne plus content que je n'en suis sorti. Grâce à la hardiesse et aux talents d'Épidicus, je rentre dans le camp, chargé de dépouilles.

SCÈNE III.
PÉRIPHANE, APÉCIDE, UN ESCLAVE

Périph. (*à part.*) Les hommes devraient se servir de miroir non pas seulement pour contempler leur figure, mais pour voir le fond de leur âme. Ce serait, à mon sens, une utile découverte que la connaissance intime de leurs passions. Que de réflexions ils feraient sur les désordres de leur jeunesse! Moi, par exemple, je commençais à me tourmenter de la conduite de mon fils comme s'il m'avait fait quelque méchant tour, ou comme si, dans ma jeunesse, je n'avais pas commis des fautes bien plus graves. On a raison : nous radotons parfois, nous autres vieillards. Mais j'aperçois ce cher Apécide avec son emplette. (*à Apécide.*) Je suis charmé de vous voir en bonne santé. Qu'y a-t-il de nouveau?
Apéc. Que les dieux et les déesses vous soient propices!
Périph. J'en accepte l'augure.
Apéc. Tout confirme cet heureux présage; mais faites conduire cette jeune fille chez vous.

Périph. (*Il appelle.*) Holà! quelqu'un! (*Un esclave vient.*) Fais entrer cette fille; entends-tu ce que je te dis?
L'esclave. Que voulez-vous?
Périph. Prends garde qu'elle ne communique avec ma fille et ne la voie : entends-tu? Je veux que tu l'enfermes dans une chambre à part. Les mœurs d'une guenon comme elle diffèrent trop des mœurs d'une fille honnête.
Apéc. Bien dit et bien pensé. On ne saurait veiller avec trop de soin à l'honneur de sa fille. Vraiment nous ne pouvions acheter cette courtisane plus à propos pour votre fils.
Périph. Pourquoi donc?
Apéc. Parce que quelqu'un m'a dit l'avoir déjà vu ici.
Périph. Il songeait sans doute à cette acquisition.
Apéc. Il n'y a pas à en douter. Vraiment vous avez un esclave bien stylé, et qui vaut son pesant d'or. C'est un vrai trésor. Avec quelle adresse il a laissé ignorer à cette jeune fille qu'elle était achetée pour votre compte! Aussi est-elle venue avec lui riante et joyeuse.
Périph. Cela m'étonne; comment a-t-il pu faire?
Apéc. Il lui a dit que vous alliez faire un sacrifice chez vous pour l'heureux retour de votre fils.
Périph. Excellente idée!
Apéc. Il a ajouté qu'elle était louée pour vous aider dans ce sacrifice : et moi je contrefaisais l'imbécile, j'avais l'air d'un vrai butor.
Périph. Cela vous allait à merveille.
Apéc. On doit juger aujourd'hui un grand procès d'un de mes amis; il faut que j'aille plaider pour lui.
Périph. Revenez bien vite, dès que vous serez libre.

Eam ducet simul Apœcides ad tuum patrem. *Strat.* Ut parate!
Epid. Eam permeditatam meis dolis, astutiisque onustam
Mittam : sed nimis longum loquor; diu me estis demorati. 356
Hæc scitis jam, ut futura sint : abeo. *Strat.* Bene ambulato.
Chær. Nimis doctus ille est ad malefaciendum. *Strat.* Me quidem certo
Servavit consiliis suis. *Chær.* Abeamus intro hinc ad me.
Strat. Atque aliquanto lubentius quam abs te sum egressus intus, 360
Virtute atque auspicio Epidici cum præda in castra redeo.

SCENA TERTIA.
PERIPHANES, APOECIDES, SERVUS

Periph. Non oris causa modo homines æquom fuit
Sibi habere speculum, ubi os contemplarent suum;
Sed qui perspicere possent cor sapientiæ,
Igitur perspicere ut possent cordis copiam. 365
Ubi id inspexissent, cogitarent postea,
Vitam ut vixissent olim in adulescentia.
Vel quasi egomet, qui dum fili causa cœperam
Ego me excruciare animi, quasi quid filius
Meus deliquisset me erga, aut quasi non plurimum 370
Malefacta mea essent solida, in adulescentia.
Profecto deliramus interdum senes.
Fuit conducibile hoc quidem mea sententia.
Sed meus sodalis it cum præda Apœcides.
Venire salvom mercatorem gaudeo. 375
Quid fit? *Apœc.* Dii deæque te adjuvant. *Periph.* Omen placet.
Apœc. Quoi homini omneis subpetunt res prosperæ.

Sed tu hanc intro jubeas abduci. *Periph.* Heus foras
Exite huc aliquis : (exit servus.) duce istam intro mulierem,
Atque audin'? *Serv.* Quid vis? *Periph.* Cave siris cum filia 380
Mea copulari hanc; neque conspicere : jam tenes?
In ædiculam istanc seorsum concludi volo.
Divortunt mores virgini longe ac lupæ.
Apœc. Docte et sapienter dicis : non nimis potest
Pudicitiam quisquam suæ servare filiæ. 385
Edepol, næ istam tempore gnato tuo
Sumus præmercati. *Periph.* Quid jam? *Apœc.* Quia dixit mihi
Jamdudum se alius tuum vidisse heic filium.
Periph. Hanc, edepol, rem adparabat. *Apœc.* Plane, hercle, hoc quidem 'st.
Næ tu habes servom graphicum, et quantivis preti. 390
Non caru'st auro contra : ut ille tidicinam
Fecit nescire prorsus, se esse emtam tibi!
Ita ridibundam atque hilaram huc adduxit simul.
Periph. Mirum, hoc qui potuit fieri? *Apœc.* Te pro filio
Facturum dixit rem esse divinam domi, 395
Quia Thebis salvos redierit. *Periph.* Recte instituit.
Apœc. Nam ipsus illi dixit, conductam esse eam,
Quæ heic administraret ad rem divinam tibi,
Facturum hoc dixit, rem esse divinam tibi domi.
Ego illeic me autem sic adsimulabam quasi 400
Stolidus, quom bardum me faciebam. *Periph.* Imo ita decet.
Apœc. Res magna amici apud forum agitur : ei volo
Ire advocatus. *Periph.* At quæso, ubi erit otium,
Revertere ad me exemplo. *Apœc.* Continuo heic ero. (abit.)
Periph. Nihil homini amico est opportuno amicius; 405
Sine tuo labore, quod velis, actum 'st tamen.

Apéc. Dans un instant je serai ici. (*Il s'en va.*)
Périph. Quoi de plus précieux qu'un ami zélé ! vos affaires se font, sans vous donner la moindre peine. Si j'avais choisi pour cette mission un homme moins adroit, moins fertile en ressources, j'aurais eu mon béjaune; mon fils aurait eu beau jeu à me montrer ses belles dents blanches, en riant de moi. Mais quelle sottise de lui faire un crime de sa vanité, moi si vain dans ma jeunesse ! Quand j'étais au service, j'écorchais les oreilles du récit de mes prouesses, qui ne finissaient pas. Mais quel est celui que je vois venir, secouant les plis de sa robe ondoyante ?

SCÈNE IV.

UN MILITAIRE, PÉRIPHANE, UNE MUSICIENNE.

Le mil. (*à son esclave.*) Aie soin de ne point passer devant une seule maison sans t'informer de la demeure du vieillard Périphane de Platée : ne t'avise pas de revenir sans la connaître.
Périph. Jeune homme, si je vous montrais l'homme que vous cherchez, quelle récompense me donneriez-vous ?
Le mil. J'ai mérité par mon courage et mes exploits que tout le monde s'estime trop heureux de me servir.
Périph. Jeune homme, vous êtes mal venu d'étaler ici vos exploits. Lorsqu'on vante ses faits d'armes devant un plus vaillant que soi, ils perdent tout leur éclat. Mais si vous avez affaire à Périphane de Platée, il est devant vous.
Le mil. Quoi ! vous êtes ce Périphane dont la jeunesse s'est signalée au service des plus grands rois, dont les richesses sont le prix de tant d'actions héroïques !
Périph. Oh ! si vous entendiez le récit de mes combats, les bras vous tomberaient de surprise, et vous iriez vous cacher chez vous.
Le mil. Bien obligé ! Je cherche quelqu'un à qui je puisse raconter mes exploits, et non quelqu'un qui me parle des siens.
Périph. Ce n'est pas ici le lieu : cherchez quelque autre à qui vous puissiez débiter vos sornettes.
Le mil. Apprenez le sujet qui m'amène auprès de vous. On m'a dit que vous aviez acheté une esclave que j'aime.
Périph. (*à part.*) L'excellent tour ! Je sais maintenant quel est cet homme, c'est le militaire qu'Épidicus m'a annoncé d'avance. (*Haut.*) C'est la vérité, jeune homme. J'ai acheté cette fille.
Le mil. Je voudrais vous dire un mot, si cela ne vous importune pas.
Périph. C'est ce que je ne puis dire avant de savoir le sujet de votre entretien.
Le mil. Cédez-moi votre marché : voilà votre argent.
Périph. Prenez cette fille.
Le mil. À quoi bon vous le dissimuler ? mon intention est de l'affranchir aujourd'hui et d'en faire ma maîtresse.
Périph. Je vais vous satisfaire à l'instant : je l'ai achetée cinquante mines d'argent; donnez-m'en soixante, et elle est à vous, et ma maison en sera débarrassée.
Le mil. Est-elle à moi pour ce prix ?
Périph. A cette condition, elle vous appartient.
Le mil. A merveille, et nous sommes d'accord.
Périph. (*à ses esclaves.*) Holà ! faites sortir la musicienne que vous venez d'amener. (*Au militaire.*) Je vous donne sa lyre et tous ses accessoires par-dessus le marché. La voici; recevez-la de mes mains. (*Un esclave amène la musicienne achetée par Épidicus.*)
Le mil. Quel vertige vous saisit ? Me prenez-

Ego si adlegassem aliquem ad hoc negotium
Minus hominem ductum, minusque ad hanc rem callidum,
Os sublitum esset : itaque me albis dentibus
Meus derideret filius meritissumo.
Sed hic quis est, quem huc advenientem conspicor, 410
Suam qui undantem chlamydem quassando facit ?

SCENA QUARTA.

MILES, PERIPHANES, FIDICINA.

Mil. Cave præterbitas ullas ædeis, quin roges,
Senex ubi habitat Periphanes Plothenius.
Incertus tuum cave ad me retuleris pedem.
Periph. Adulescens, si istunc hominem, quem tu quæritas, 415
Tibi commonstrasso, ecquam abs te inibo gratiam ?
Mil. Virtute belli armatus promerui, ut mihi
Omneis mortaleis deceat agere gratias.
Periph. Non reperisti, adulescens, tranquillum locum,
Ubi tuas virtutes explices, ut postulas. 420
Nam strenuiori deterior si prædicat
Suas pugnas, de illius ore fiunt sordidæ.
Sed istum quem quæris Periphanem Plothenium,
Ego sum, si quid vis. *Mil.* Nempe quem in adulescentia
Memorant apud reges, armis, arte duellica 425
Divitias magnas indeptum ? *Periph.* Imo si audias
Meas pugnas, fugias manibus demissis domum.
Mil. Pol, ego magis unum quæro, meas quoi prædicem,
Quam illum qui memoret suas mihi. *Periph.* Hic non est locus.

Quin, tu alium quæras, quoi centones sarcias. 430
(*secum.*) Atque hæc stultitia 'st me illi vitio vortere,
Egomet quod factitavi in adulescentia,
Quom militabam; pugnis memorandis meis
Eradicabam hominum aureis, quando obcœperam.
Mil. Animum advorte, ut, quod ego ad te venio, intellegas. 435
Meam amicam audivi te esse mercatum. *Periph.* Attate !
Nunc demum scio ego hunc, qui sit; quem dudum Epidicus
Mihi prædicavit militem. Adulescens, ita 'st
Ut dicis : emi. *Mil.* Volo te verbis pauculis,
Si tibi molestum non est. *Periph.* Non, edepol, scio. 440
Molestum non est, nisi dicis quid velis.
Mil. Mihi illam ut tramittas, argentum adcipias.
Periph. Habeas. *Mil.* Nam quid ego apud te parcam proloqui ?
Ego illam hodie volo facere libertam meam,
Mihi concubina quæ sit. *Periph.* Te absolvam brevi : 445
Argenti quinquaginta mihi illa emta 'st minis.
Si sexaginta mihi denumerantur minæ,
Tuas possidebit mulier faxo ferias :
Atque ita profecto, ut eam ex hoc exonares agro.
Mil. Estne emta mihi hæc ? *Periph.* Istis legibus habeas licet. 450
Conciliavisti pulchre. Heus, foras elucite,
Quam introduxistis fidicinam : atque etiam fides,
Et quæ adcessere, tibi addam dono gratiis.
(*Servus educit fidicinam modo conductam ab Epidico.*)
Age, adcipe hanc, sis. *Mil.* Quæ intemperiæ te tenent ?
Quas tu mihi tenebras cudis ? quin tu fidicinam 455
Produci intus jubes ? *Periph.* Hæc ergo est fidicina.

ÉPIDICUS, ACTE III, SCÈNE IV.

vous pour un aveugle? Que ne faites-vous venir la joueuse d'instruments?
Périph. Mais c'est la joueuse d'instruments. Il n'y en a point d'autre ici.
Le mil. Je ne serai pas votre dupe. Que ne me présentez-vous la musicienne Acropolistis?
Périph. Eh bien ! c'est elle.
Le mil. Je vous dis que ce n'est pas elle : vous figurez-vous que je ne connaisse pas ma maîtresse?
Périph. Et moi, je soutiens que c'est la musicienne dont mon fils était éperdument amoureux.
Le mil. Ce n'est pas elle.
Périph. Ce n'est pas elle?
Le mil. Non.
Périph. D'où vient donc celle-ci? Je l'ai pourtant bien payée.
Le mil. Je crois que vous avez fort mal payé, et que vous avez fait une lourde méprise.
Périph. C'est elle assurément, puisque j'ai chargé l'esclave qui suit mon fils partout de m'acheter lui-même cette musicienne.
Le mil. Eh bien ! cet homme vous a joué de la bonne manière, excellent vieillard!
Périph. Comment, il m'a joué?
Le mil. Ce n'est rien. Seulement je soupçonne que l'on vous a donné cette femme à la place de la musicienne. Bonhomme, on vous a joliment passé la plume par le bec.
Périph. Je vais de ce pas la chercher partout où je pourrai : adieu, grand héros! bon courage! à merveille, Épidicus! à merveille! Et tu m'as fait voir que je n'étais qu'un enfant à mener par le nez. (*A la musicienne.*) Apécide vous a donc achetée aujourd'hui au marchand d'esclaves ? répondez.
La mus. C'est pour la première fois que j'entends parler de cet homme. Personne n'a pu m'acheter à aucun prix, car je suis libre depuis plus de cinq ans.
Périph. Que veniez-vous donc faire chez moi?
La mus. Vous allez l'apprendre. On m'a amenée ici pour jouer de la lyre à un vieillard pendant qu'il ferait un sacrifice.
Périph. Je confesse que je suis le plus sot de tous les citoyens d'Athènes et de l'Attique. Mais connaissez-vous la musicienne Acropolistis?
La mus. Comme moi-même.
Périph. Où demeure-t-elle?
La mus. Je l'ignore depuis qu'elle est affranchie.
Périph. Eh ! qui est-ce qui l'a affranchie? Je voudrais le savoir, si vous connaissez son nom.
La mus. Je vous dirai ce qu'on m'a dit. On m'a rapporté que c'était Stratippoclès, fils de Périphane, qui lui avait donné la liberté, quoiqu'il fût absent.
Périph. Je suis perdu sans ressource si ce que vous dites est vrai. Épidicus a arraché les entrailles de ma bourse.
La mus. Voilà ce qu'on m'a rapporté : voulez-vous encore quelque chose de moi?
Périph. Que tu périsses du dernier supplice et que tu partes à l'instant.
La mus. Ne me rendez-vous pas ma lyre?
Périph. Pas plus ta lyre que ta flûte. Va, fuis au plus vite, si les dieux t'aiment encore.
La mus. Je m'en vais. Mais quand je reviendrai pour me faire rendre mes instruments, vous entendrez un beau vacarme. (*Elle sort.*)
Périph. Que faire maintenant, moi dont le nom figure dans tant de décrets? (1) Me laisserai-je jouer impunément par ces fripons? Me faudra-t-il perdre ainsi mon argent? Non : dussé-je perdre le double, il ne sera pas dit qu'on m'a berné aussi effrontément. Me faire accroire des sornettes pareilles ! Est-ce que je ne vaux pas bien cet autre (2) qui se vante comme s'il eût inventé les lois et les codes? Vraiment il a raison de se dire plus sage que moi : et la cognée en sait bien plus que le manche.

(1) Le nom des magistrats était en tête des édits.
(2) Apecide.

Heic alianulla 'st. *Mil.* Non mihi nugari potes.
Quin tu huc producis fidicinam Acropolistidem?
Periph. Hæc, inquam, est. *Mil.* Non hæc, inquam, est :
non quovisse me
Meam rere amicam posse? *Periph.* Hanc, inquam, filius 460
Meus deperibat fidicinam. *Mil.* Hæc non est ea.
Periph. Quid?· non est? *Mil.* Non est. *Periph.* Unde hæc
igitur gentium 'st?
Equidem, hercle, argentum pro hac dedi. *Mil.* Stulte
datum
Reor, atque peccatum largiter. *Periph.* Imo hæc ea 'st :
Nam servom misi, qui sectari solet meum 465
Gnatum : ipse hanc emit fidicinam. *Mil.* Hem, istic homo
Articulatim te concidit, senex, tuus
Servos. *Periph.* Quid? concidit? *Mil.* Nihil : sic subspicio 'st.
Nam pro fidicina hæcce subposita 'st tibi.
Senex, tibi os est sublitum plane et probe. 470
Periph. Ego illam requiram jam, ubi ubi est : bellator,
vale.
Euge, euge, Epidice, frugies, pugnasti; homo es,
Qui me emunxisti mucidum, minumi preti.
(ad fidicinam.) Mercatus te hodie est de lenone Apœcides?
Ehodum. Fid. Ego istunc hominem nunquam audivi ante
. hunc diem, 475
Neque me quidem emere quisquam ulla pecunia
Potuit : plus jam sum libera quinquennium.
Periph. Quid tibi negoti 'st meæ domi igitur? *Fid.* Audies.
Conducta veni, ut fidibus cantarem seni,

Dum rem divinam faceret. *Periph.* Fateor me omnium 480
Hominum esse Athenis Atticis minumi preti.
Sed tu gnovistin' fidicinam Acropolistidem?
Fid. Tam facile, quam me. *Periph.* Ubi habitat? *Fid.* Postquam libera 'st,
Incerto scio. *Periph.* Eho! ain'? quis eam liberaverit,
Volo scire, si scis. *Fid.* Id quod audivi audies. 485
Stratippoclem audivi Periphani filium
Absentem curavisse ut fieret libera.
Periph. Perii, hercle, si isthæc vera sunt, planissume ;
Meum exenteravit Epidicus marsupium.
Fid. Hæc sic audivi : numquid me vis cæterum? 490
Periph. Malo cruciatu ut pereas, atque abeas cito.
Fid. Fides non reddis? *Periph.* Neque fides, neque tibias
Propera igitur fugere hinc, si te dii amant. *Fid.* Abiero.
Flagitio cum majore post reddes tamen. (*abit.*)
Periph. Quid nunc? qui in tantis positus sum sententiis, 495
Eumne ego animum inpune? imo etiam alterum
Tantum perdundum 'st; perdam potius, quam sinam
Me inpune inrisum esse habitum, depeculatum eis.
[Mi] Sic data esse verba præsenti palam !
At me minoris facio præ illo, qui omnium 500
Legum atque jurum fictor, conditor cluet?
Is etiam sese sapere memoratur; malleum.
Sapientiorem [scilicet] manubrio.

ACTE QUATRIÈME.

SCÈNE I.

PHILIPPA, PÉRIPHANE.

Phil. S'il est des misères humaines dont on doive avoir pitié, ce sont assurément celles que j'éprouve, et qui viennent à la fois oppresser mon cœur. Tous les maux se réunissent pour m'éprouver. La pauvreté, l'inquiétude troublent mon âme : je ne sais où placer mes espérances, où chercher un refuge : ma fille est au pouvoir des ennemis, et je ne sais où elle est en ce moment.

Périph. (*à part.*) Quel est cette étrangère qui s'avance tout éplorée?

Phil. On m'a dit que c'était ici la demeure de Périphane.

Périph. (*à part.*) Elle a prononcé mon nom. Je soupçonne qu'elle me demande un asile.

Phil. Que je récompenserais bien celui qui me montrerait cet homme ou sa maison!

Périph. (*à part.*) Mais je connais cette femme-là. Je crois l'avoir déjà vue je ne sais où. Est-ce bien celle que j'imagine?

Phil. (*à part.*) Bons dieux! voilà un homme que j'ai vu souvent.

Périph. (*à part.*) Oui, c'est bien elle, la pauvre femme dont j'obtins les faveurs à Épidaure.

Phil. (*à part.*) Oui, c'est bien celui qui le premier triompha de ma pudeur à Épidaure.

Périph. (*à part.*) Celle qui me donna une fille que j'ai maintenant chez moi.

Phil. (*à part.*) Si je l'abordais?

Périph. (*à part.*) J'ai envie d'aller à sa rencontre, si c'est elle.

Phil. (*à part.*) Je ne sais si c'est lui, tant il y a d'années que je ne l'ai vu.

Périph. (*à part*). Il y a de cela si longtemps, que je suis dans le doute. Dans le cas où je me tromperais, abordons-la adroitement.

Phil. (*à part.*) C'est ici qu'il faut user de la malice naturelle à mon sexe.

Périph. (*à part.*) Questionnons-la.

Phil. J'aurai réponse à tout.

Périph. Je vous souhaite une bonne santé.

Phil. Je reçois ce souhait pour moi et mes parents.

Périph. N'avez-vous plus rien à me dire ?

Phil. Portez-vous bien aussi. Je vous remets ce que vous m'avez donné.

Périph. Je ne doute pas de votre honnêteté : est-ce que je ne vous connais pas?

Phil. Pour moi, si je vous ai connu, je me rappellerai à quelle occasion.

Périph. Où donc vous ai-je rendu visite?

Phil. Vous me faites injure.

Périph. Et pourquoi ?

Phil. Parce que vous n'avez pas besoin du secours de ma mémoire pour cela.

Périph. C'est fort bien dit.

Phil. Cela est plus honnête.

Périph. Raisonnons un peu : vous rappelez-vous certaine aventure...

Phil. Je m'en souviens.

Périph. A Épidaure?

Phil. Ce seul mot est un baume qui rafraîchit mon âme en feu.

Périph. Ne vous souvient-il pas que j'ai soulagé la misère de votre mère et la vôtre?

Phil. N'est-ce pas vous plutôt dont la séduction me plongea dans le plus grand malheur?

Périph. Moi-même : et portez-vous bien.

ACTUS QUARTUS.

SCENA PRIMA.

PHILIPPA, PERIPHANES.

Phil. Si quid homini miserlarum, quod misereseat misere
ex animo, est,
Id ego experior, quoi multa in unum locum confluunt, quæ
meum 505
Pectus pulsant simul : multiplex ærumna me exercitam habet : paupertas,
Pavor territat mentem animi, neque ubi meas conlocem
spes,
Habeo usquam munitum locum ; ita gnata mea hostium 'st
potita :
Neque, ea nunc ubi sit, nescio. *Periph.* Quis illæc est mulier, timido
Pectore peregre adveniens, quæ ipsa se miseratur? *Phil.*
In his dictu 'st 510
Locis habere mihi Periphanes. *Periph.* Menomi nat hæc : credo ego
Illi hospitio usus. Invenit. *Phil.* Pervelim mercedem dare
Qui monstret eum mihi hominem, aut ubi habitet. *Periph.*
Gnoscito ego hanc.
Nam videor, nescio ubi, me vidisse prius : estne ea an non
Est, quam animus retur meus? *Phil.* (aspiciens Periphanem.)
Di boni! visitavi antidhac. 515
Periph. Certe ea est, quam in Epidauro pauperculam meminì conprimere.
Phil. Plane hic ille est, qui mihi in Epidauro primus pudicitiam

Pepulit. *Periph.* Quæ meo conpressu peperit filiam, quam domi
Nunc habeo. *Phil.* Quid si adeam ? *Periph.* Haud scio an congrediar, si hæc ea 'st.
Phil. Sin est is homo, sicut anni multi me dubiam dant...
Periph. Longa 620
Dies meum incertat animum : sin ea est, quam incerto autumo... hanc
Congrediar astu. *Phil.* Muliebris adhibenda mihi malitia nunc est.
Periph. Conpellabo. *Phil.* Orationis aciem contra conferam.
Periph. Salva sis. *Phil.* Salutem adcipio mihi et meis.
Periph. Quid cæterum?
Phil. Salvos sis : quod credidisti, reddo. *Periph.* Haud adcuso fidem. 525
Gnovin' ego te? *Phil.* Si ego te gnovi, animum inducam uti gnoveris.
Periph. Ubi te visitavi? *Phil.* Inique injurius. *Periph.* Quid jam? *Phil.* Quia
Tuæ memoriæ interpretari me æquum censes. *Periph.* Conmode
Fabulata es. *Phil.* Mira memoras. *Periph.* Hem istuc rectius.
Meministin'?.. *Phil.* Memini id. *Periph.* In Epidauro?...
Phil. Ah! guttula 530
Pectus ardens mihi adspersisti. *Periph.* Virgini paupercula,
Tuæque matri me levare paupertatem? *Phil.* Tun 'is es, Qui per voluptatem tuam in me ærumnam obsevisti gravem?
Periph. Ego sum : salve. *Phil.* Salva sum, quia te esse salvom sentio.

Phil. Je me porte bien, puisque je vous vois.
Périph. Donnez-moi la main.
Phil. La voici : vous serrez la main à une femme désespérée, au comble du malheur.
Périph. Comment? et d'où vient ce trouble de votre visage?...
Phil. La fille que j'ai eue de vous....
Périph. Qu'est-elle devenue?
Phil. Je l'ai perdue après avoir élevé son enfance : elle est tombée au pouvoir des ennemis.
Périph. Tranquillisez votre âme et consolez-vous : elle est chez moi saine et sauve : aussitôt que j'ai su par mon esclave qu'elle était prisonnière, j'ai donné sur-le-champ la somme nécessaire à sa rançon. Il s'est acquitté de la commission avec beaucoup de prudence et d'honnêteté, quoique le fripon fasse d'ordinaire assez mal les choses.
Phil. Faites-la-moi voir, je vous prie.
Périph. (*appelant une esclave.*) Holà! Canthara! faites venir ma fille Thélestis, afin qu'elle voie sa mère.
Phil. La vie revient enfin dans mon âme.

SCÈNE II.
LA MUSICIENNE, PÉRIPHANE, PHIPIPPA.

La mus. Pourquoi, mon père, me faites-vous venir devant la maison?
Périph. Pour voir ta mère, aller à sa rencontre, la saluer et l'embrasser.
La mus. Comment? ma mère?
Périph. Oui, une femme qui tout éperdue brûle de te voir.
Phil. Quelle est cette fille à qui vous ordonnez de m'embrasser?
Périph. La vôtre.
Phil. Celle-là?
Périph. Elle-même.
Phil. Que je lui donne un baiser?
Pér. Pourquoi non? à celle qui est née de vous?
Phil. Vous êtes fou, bonhomme.
Périph. Moi?
Phil. Oui, vous.
Périph. Pourquoi?
Phil. Parce que je ne sais qui elle est, que je ne la connais point, que mes yeux la voient aujourd'hui pour la première fois.
Périph. Je devine la cause de votre erreur. Son habillement, sa parure la changent.
Phil. Un sanglier et un chien n'ont pas la même odeur. Je soutiens que je ne la connais point.
Périph. J'en prends à témoin le ciel et la terre. Quoi! je serais devenu marchand d'esclaves? J'ai des étrangers dans ma maison. J'engloutirais mon argent à ce métier! (*à la musicienne.*) Pourquoi m'appeler ton père et m'embrasser? Tu restes là d'un air stupide. Pourquoi gardes-tu le silence?
La mus. Que voulez-vous que je dise?
Périph. Cette femme dit qu'elle n'est pas ta mère.
La mus. Rien ne l'en empêche. Elle aura beau dire, je n'en serai pas moins la fille de ma mère. Il n'est pas juste que je la contraigne à l'être, si elle ne le veut pas.
Périph. Alors pourquoi m'appelais-tu ton père?
La mus. C'est votre faute et non la mienne. Pourquoi ne vous appellerais-je pas mon père, quand vous m'appelez votre fille? Si cette femme m'appelait sa fille, je l'appellerais ma mère : elle prétend que je ne suis pas sa fille, donc elle n'est pas ma mère : décidément ne vous en prenez pas à moi. Je dis ce qu'on m'a appris; c'est Épidicus qui a été mon maître.
Périph. Je suis mort! je suis dans un précipice!
La mus. Ici, quel est mon tort?
Périph. Malheureuse! si jamais je t'entends m'appeler ton père, je t'arracherai la vie.

Periph. Cedo manum. Phil. Adcipe : ærumnosam et miseriarum conpotem 535
Mulierem retines. Periph. Quid est, quod voltus te turbat tuus?
Phil. Filiam, quam ex te suscepi... Periph. Quid eam? Phil. Eductam perdidi.
Hostium est potita. Periph. Habe animum lenem, et tranquillum face :
Domi meæ eccam salvam et sanam : nam postquam audivi illico
Ex meo servo illam esse captivam, continuo argentum dedi 540
Ut emeretur : ille eam rem adeo sobrie et frugaliter
Adcuravit, ut alias res est inpense improbus.
Phil. Fac videam, si me vis. Periph. Eho, Canthara, statim jube
[Huc] Thelestidem prodire filiam ante ædeis meam,
Ut suam videat matrem. Phil. Remigrat animus nunc demum mihi. 545

SCENA SECUNDA.
FIDICINA, PERIPHANES, PHILIPPA.

Fid. Quid est, pater, quod me excivisti ante ædeis? Periph. Ut matrem tuam
Videas, adeas, venienti des salutem atque osculum.
Fid. Quam meam matrem? Periph. Quæ exanimata exsequitur adspectum tuum.
Phil. Quis istæc est, quam tu osculum mihi ferre jubes?
Periph. Tua filia.
Phil. Hæccine? Periph. Hæc. Phil. Egone osculum huic dem? Periph. Cur non, quæ ex te gnata sit? 550
Phil. Tu, homo, insanis. Periph. Egone? Phil. Tute. Periph. Cur? Phil. Quia ego hanc quæ siet,
Neque scio, neque gnovi, neque ego hanc oculis vidi ante hunc diem.
Periph. Scio quid erres, quia vestitum atque ornatum inmutabilem.
Habet hæc. Phil. Aliter catuli longe olent, aliter sues : nego
Eam gnovisse, quæ sit. Periph. Proh deûm atque hominum fidem! 555
Quid? ego lenocinium facio? qui habeam alienos domi,
Atque argentum egurgitem domo prorsum. Quid tu, quæ patrem
Tuum vocas me, atque osculare? quid stas stupida? quid taces?
Fid. Quid loquar vis? Periph. Hæc negat se tuam esse matrem.
Fid. Ne fuat, 560
Si non volt : equidem hac invita tamen ero matris filia.
Non me istanc cogere æquom 'st meam esse matrem, si ne volt.
Periph. Cur me igitur patrem vocabas? Fid. Tua istæc culpa 'st, non mea.
Non patrem ego te nominam, ubi tu tuam me adpelles filiam?
Hanc quoque etiam, si me adpellet filiam, matrem vocem.
Negat hæc, filiam me suam esse, non ergo hæc mater mea 'st. 565
Postremo hæc mea culpa non est : quæ didici, dixi omnia.
Epidicus mihi magister fuit. Periph. Perii! plaustrum perculi.

La mus. Je ne me servirai plus de ce nom. Quand vous voudrez être mon père, vous le serez; quand vous ne le voudrez plus, vous cesserez de l'être.
Phil. (à Périphane.) Mais à quel signe avez-vous supposé qu'elle était votre fille, quand vous l'avez achetée?
Périph. A aucun signe particulier.
Phil. Comment donc l'avez-vous crue votre fille?
Périph. Mon esclave Épidicus me l'a dit.
Phil. Comment! si votre esclave s'est trompé, vous n'avez pas reconnu la méprise?
Périph. Et le moyen? Je l'ai vue une fois, et ne l'ai jamais revue depuis.
Phil. Malheureuse que je suis!
Périph. Ne pleurez pas, Philippa : entrez chez moi : tranquillisez-vous : je retrouverai votre fille.
Phil. Un citoyen d'Athènes l'a achetée, un jeune homme, dit-on.
Périph. Je la trouverai, cessez de gémir. Entrez là-dedans, et observez cette Circé, cette fille du Soleil (1). Moi, toute affaire cessant, je vais chercher Épidicus; si je le trouve, fiez-vous à moi, ce sera le dernier jour de sa vie.

ACTE CINQUIÈME.

SCÈNE I.

STRATIPPOCLÈS, ÉPIDICUS, LE BANQUIER, THÉLESTIS.

Strat. Je suis bien contrarié que le banquier ne vienne pas chercher son argent, et ne m'amène pas cette jeune captive que j'ai rachetée. Mais j'aperçois

(¹) Magicienne, empoisonneuse.

Épidicus, d'où lui vient cet air préoccupé, inquiet?
Épid. (à part.) Quand Jupiter viendrait ici en personne et accompagné des onze autres dieux, ils ne sauraient tous ensemble sauver Épidicus de la torture. J'ai vu Périphane acheter des courroies; Apécide était avec lui. Je crois qu'ils me cherchent maintenant : ils ont des soupçons. Ils savent que je me suis moqué d'eux.
Strat. Que fais-tu là, mon cher appui?
Épid. Le métier d'un misérable.
Strat. Qu'as-tu donc?
Épid. Que ne me procurez-vous un moyen de fuir et d'échapper à la mort? Deux vieillards à la tête pelée me cherchent par toute la ville, portant à la main certaines courroies...
Strat. Ne t'inquiète pas.
Épid. (ironiquement.) Vous avez raison et la liberté n'existe que pour moi dans ce monde.
Strat. Va, veille sur toi.
Épid. Ils y veilleront encore bien mieux s'ils m'attrapent. Mais quelle est cette petite femme, et ce grave personnage qui vient de ce côté?
Strat. L'un est ce banquier, l'autre est cette captive que j'ai achetée.
Épid. C'est elle?
Strat. Elle-même; t'en ai-je fait un portrait fidèle? Regarde.
Épid. Cette jeune fille?
Strat. Considère-la bien, Épidicus. Comme elle est belle des pieds à la tête! n'est-ce pas? Contemple sa figure. Ne crois-tu pas voir quelque chef-d'œuvre d'un peintre?
Épid. Pour suivre votre comparaison, ma peau va devenir aussi d'une belle couleur j'en ris, et Apelle vous la peindra avec des branches d'ormes en guise de pinceaux.

Fid. Numquid ego ibi peccavi? *Periph.* Si, hercle, te unquam audivero patrem
Me vocare, vitam tuam ego interimam, pessuma. *Fid.* Non voco.
Ubi voles pater esse, ibi esto; ubi noles, ne fueris pater. 570
Phil. Quid? ob eam rem hanc emisti, quia tuam gnatam ratus? quibus
De signis adgnoscebas? *Periph.* Nullis. *Phil.* Quare filiam
Credidisti nostram? *Periph.* Servos Epidicus dixit mihi.
Phil. Quid? si servo aliter visum 'st, non poteras gnovisse, obsecro?
Periph. Quid ego? qui illam, ut primum vidi, nunquam vidi postea. 575
Phil. Perii misera! *Periph.* Ne fle, mulier : intro abi, habeto animum bonum.
Ego illam reperiam. *Phil.* Hinc Athenis civis eam emit Atticus;
Adulescentem equidem dicebant emisse. *Periph.* Inveniam, tace :
Abi modo intro, atque hanc adserva Circam, Solis filiam.
Ego relictis rebus Epidicum operam quærendo dabo : 580
Si invenio, exitiabilem ego illi faciam hunc, ut fiat, diem.

ACTUS QUINTUS.

SCENA PRIMA.

STRATIPPOCLES, EPIDICUS, DANISTA, VIRGO.

Strat. Male morigerus mihi est Danista, qui de me argentum non petit,
Neque illam adducit quæ emta ex præda 'st : sed eccum incedit Epidicus.
Quid illuc est, quod illi caperat frons severitudine?
Epid. Si undecim deos præter sese secum adducat Jupiter, 585
Ita non omneis ex cruciatu poterunt eximere Epidicum.
Periphanem emere iora vidi; aderat ibi una Apœcides.
Nunc homines me quæritare credo : senserunt, sciunt
Sibi data esse verba. *Strat.* Quid agis, mea commoditas?
Epid. Quod miser.
Strat. Quid est tibi? *Epid.* Quin tu mihi adornas ad fugam viaticum, 590
Priusquam pereo : nam per urbem duo defloccati senes
Quæritant me, in manibus gestant copulas sescuncias.
Strat. Habe bonum animum. *Epid.* Quippe ego, quoi libertas in mundo sita 'st?
Strat. Ego te servabo. *Epid.* Edepol, me illi melius, si nacti fuant.
Sed quis hæc muliercula, et illic gravastellus qui venit? 595
Strat. Hic est Danista : hæc illa 'st autem, quam emi ex præda. *Epid.* Hæccine 'st?
Strat. Hæc : estne ut tibi dixi? adspecta. *Epid.* Hæc? *Strat.* Contempla, Epidice.
Usque ab unguiculo ad capillum summum 'st festivissuma
Estne? considera : signum pictum polchre videris.
Epid. Ex tuis verbis meum futurum corium polchrum prædicas : 600
Quem Apelles atque Zeuxis duo pingent pigmentis ulmeis.
Strat. (ad Danistam.) Di inmortaleis, otio isse admiror : pedibus pulmoneis
Qui perhibetur, prius venisset, quam tu advenisti mihi.

ÉPIDICUS, ACTE V, SCÈNE II.

Strat. (*au banquier.*) Bons dieux, que j'admire votre lenteur! vous auriez les pieds enflés, que vous n'auriez pas été plus longtemps à arriver.
Le banquier. Cette fille m'a retardé.
Strat. Si c'est pour elle et parce qu'elle l'a voulu que vous vous êtes arrêté, vous êtes venu trop vite.
Le banquier. Allons, dépêchons, expédiez-moi; comptez-moi mon argent, afin que je ne retienne pas mes commis inutilement.
Strat. Il est tout compté.
Le banquier. Prenez cette bourse, et versez.
Strat. Vous avez raison : attendez que je vous apporte l'argent.
Le banquier. Hâtez-vous.
Strat. (*au banquier.*) Il est ici. (*Il entre dans la maison.*)
Epid. (*regardant la jeune fille.*) Dois-je croire le témoignage de mes yeux? Est-ce une illusion? N'êtes-vous pas la fille de Philippa, née à Épidaure, Thélestis, dont Périphane est le père?
Thél. Mais toi-même, qui sais le nom de mes parents et le mien, qui es-tu?
Epid. Vous ne me connaissez pas?
Thél. Je ne me souviens pas de t'avoir vu.
Epid. Vous ne vous souvenez pas que je vous apportai, pour l'anniversaire de votre naissance, ces boucles d'oreilles et ce petit anneau d'or?
Thél. Oui, je m'en souviens, mon ami; mais est-ce bien toi?
Epid. Moi-même; et celui que vous venez de voir est votre frère : vous avez le même père, mais non la même mère.
Thél. Quoi! mon père vit encore!
Epid. Soyez tranquille, sans inquiétude, et ne dites mot.
Thél. Les Dieux veulent me tirer de l'abîme et me sauver, si tu dis vrai.
Epid. Je n'ai aucun motif pour vous tromper.
Strat. (*revenant.*) Banquier, voilà votre argent, quarante mines. S'il y a des pièces douteuses, je les changerai.
Le banquier. C'est très-bien, bonne santé!
Strat. (*à Thélestis.*) Enfin vous êtes à moi.
Thél. Oui, je suis votre sœur; et, pour que vous n'en doutiez pas, je vous salue mon frère.
Strat. A-t-elle perdu la raison?
Epid. Elle l'a parfaitement, puisqu'elle vous appelle son frère.
Strat. Comment! je suis devenu son frère en entrant chez moi et en sortant?
Epid. Réjouissez-vous en vous-même de votre bonheur, et n'en parlez pas.
Strat. Ma sœur, vous me retrouvez pour me perdre bientôt.
Epid. Taisez-vous donc, maladroit! la musicienne que vous aimiez est chez vous à votre disposition, grâce à mes soins. C'est aussi mon habileté qui rend la liberté à votre sœur.
Strat. Je l'avoue, Épidicus, j'ai tort.
Epid. Rentrez, et ordonnez qu'on lui chauffe un bain. Je vous en apprendrai davantage, quand j'en aurai le loisir.
Strat. Suivez-moi, ma sœur.
Epid. Je vais vous envoyer Thesprion : mais n'oubliez pas, vous et votre sœur, de prendre ma défense si les deux vieillards veulent me maltraiter.
Strat. (*sortant avec sa sœur.*) Rien de plus facile.
Epid. Thesprion, viens ici par le jardin, viens m'aider à la maison : l'affaire est importante. Je crains un peu moins les deux vieillards que tantôt. Je rentre au logis, pour qu'on ait soin des nouveaux arrivés : là je pourrai instruire Stratippoclès de tout ce que je sais. Je renonce à fuir : je veux rester à la maison : Périphane ne m'accusera pas de l'avoir défié à la course. Je rentre; je parle depuis trop longtemps.

Dan. Hæc, edepol, remorata me est. *Strat.* Siquidem istius gratia
Es remoratus, quod ista voluit, nimium advenisti cito. 605
Dan. Age, age, absolve me atque argentum numera, ne comites morer.
Strat. Pernumeratum 'st. *Dan.* Tene cruminam : huc inde.
Strat. Sapienter venis.
Opperire, dum ecfero ad te argentum. *Dan.* Matura. *Strat.* Domi 'st. (abit.)
Epid. (conspiciens virginem.) Satin' ego oculis utilitatem obtineo sincere, an parum?
E Philippa matre gnatam a Thebis, Epidauri satam, 610
Videon' ego Telestidem te Periphani filiam?
Virg. Quis tu homo es, qui meum parentum nomen memoras, et meum?
Epid. Non me gnovisti? *Virg.* Quid quidem nunc veniat in mentem mihi.
Epid. Non meministi me auream ad te adferre natali die
Lunulam atque anellum aureolum in digitum? *Virg.* Memini, mi homo. 615
Tune is es? *Epid.* Ego sum, et istic frater tuus est, alia matre, uno patre.
Virg. Quid, pater meus? vivo'st? *Epid.* Animo liquido et tranquillo es, tace.
Virg. Di me ex perdita servatam cupiunt, si vera autumas.
Epid. Non habeo ullam obcasionem, ut apud te falsa fabuler.
Strat. (rediens.) Adcipe argentum hoc, Danista, heic sunt quadraginta minæ. 620
Si quid erit dubium, inmutabo. *Dan.* Benefecisti! bene vale.
Strat. Nunc enim tu mea es. *Virg.* Soror quidem, edepol, ut tu æque scias.
Salve frater. *Strat.* Sanan' hæc est? *Epid.* Sana, si adpellat suum.
Strat. Quid? ego modo huic frater factus; dum intro eo atque exeo?
Epid. Quod boni'st, id tacitus taceas tute tecum, et gaudeas.
Strat. Perdidisti, et reperisti me, soror. *Epid.* Stultus; tace. 525
Tibi quidem, quod ames, domi præsto 'st fidicina opera mea;
Et sororem in libertatem idem opera concilio mea.
Strat. Epidice, fateor. *Epid.* Abi intro, ac jube huic aquam calefieri.
Cætera hæc posterius, faxo, scibis, ubi erit otium. 630
Strat. Sequere hac me, mea soror. *Epid.* Ego ad vos Thesprionem jussero.
Huc transire : sed memento, si quid sæviunt senes,
Subpetias mihi cum sorore ferre. *Strat.* Facile Istuc erit.
(abit cum sorore.)
Epid. Thesprio, exi istac per hortum, adfer domum auxilium mihi.
Magna 'st res : minoris multo facio, quam dudum, senes. 635
Remeabo intro, ut adcurentur advenientes hospites.
Eadem hæc intus edocebo, quæ ego scio, Stratippoclem.
Non fugio : domi adesse certum'st : neque ille haud objiciet mihi

SCÈNE II.

PÉRIPHANE, APÉCIDE, ÉPIDICUS.

Périph. Le fripon s'est-il assez joué de notre âge et de nos rides!

Apéc. Vraiment vous me tourmentez de toutes les manières.

Périph. Taisez-vous, de grâce; laissez-moi attraper ce coquin.

Apéc. Je vous le dis afin que vous le sachiez : cherchez un compagnon plus leste que moi. A force de vous suivre, la fatigue a fait monter l'enflure jusqu'aux genoux.

Périph. Combien de tours ne nous a-t-il pas joués à tous deux aujourd'hui? Ne m'a-t-il pas arraché jusqu'à ma dernière obole?

Apéc. Ne m'en parlez pas! c'est un fils de Vulcain furieux. Tout ce qu'il touche, il le brûle : pour peu qu'on s'en approche, on est rôti.

Epid. (à part.) Je vois arriver à mon secours douze fois plus de dieux qu'il n'y en a dans l'Olympe, tous prêts à combattre pour moi. Malgré mes fourberies, j'ai des appuis et des auxiliaires au logis, et je nargue mes ennemis.

Périph. Où pourrai-je le trouver?

Apéc. Pourvu que je ne vous accompagne pas, cherchez-le jusqu'au fond de la mer, si vous voulez.

Epid. Pourquoi me cherchez-vous? à quoi bon vous tant fatiguer? Que me voulez-vous? me voici. Est-ce que je me suis enfui? Ai-je quitté la maison? Me suis-je caché? Je ne vous demande aucune grâce. Voulez-vous me lier? tenez, je vous tends les mains. Vous avez des courroies; je vous les ai vu acheter : que tardez-vous? liez-moi.

Périph. Ne semble-t-il pas qu'il va me citer en justice?

Epid. Que ne me liez-vous?

Périph. Voilà un coquin d'esclave.

Epid. Apécide, je ne réclame pas votre intercession.

Apéc. Ah! Tu seras satisfait, Épidicus.

Epid. Eh bien! que faites-vous?

Périph. J'attends tes ordres apparemment.

Epid. Oui, mes ordres, et vous dites vrai : j'entends que vous liiez mes mains aujourd'hui.

Périph. Il ne me plaît pas, moi!

Epid. Vraiment!... liez-les toujours.

Périph. J'aime mieux te laisser les mains libres pendant que je te questionnerai.

Epid. Mais vous ne saurez rien.

Périph. Que faire?

Apéc. Faites ce qu'il désire.

Epid. Apécide, vous êtes un homme de bon conseil.

Périph. Donne-moi donc tes mains.

Epid. Elles ne se feront pas prier... Les voilà, serrez-les étroitement : point de pitié!

Périph. Quand l'affaire sera faite, vous en jugerez tous les deux.

Epid. C'est bien cela : mettez-moi étroitement à la question ; demandez-moi ce que vous voudrez.

Périph. Sur quel fondement as-tu osé me dire que l'esclave que tu as achetée il y a trois jours était ma fille?

Epid. Parce qu'il m'a plu ainsi : voilà tout le fondement de l'histoire.

Périph. Parce qu'il t'a plu, coquin!

Epid. Oui : parions qu'elle est votre fille....

Périph. Elle! sa mère ne la connaît pas.

Epid. Si ce n'est pas la fille de sa mère, gagez un talent contre cette pièce.

Périph. Ah! je vois la ruse. Mais quelle est cette femme?

Epid. La maîtresse de votre fille, puisque vous voulez savoir tout.

Pedibus sese provocatum : abeo intro : nimis longum loquor.

SCENA SECUNDA.

PERIPHANES, APOECIDES, EPIDICUS.

Periph. Satin' ille hic homo ludibrio nos vetulos decrepitos duos 640
Habet? *Apœc.* Imo, edepol, tu quidem miserum me habes miseris modis.
Periph. Tace, sis, modo : sine me hominem apisci. *Apœc.* Dico ego tibi jam, ut scias.
Alium tibi te comitem melius quærere; ita, dum te sequor, Lassitudine invaserunt misero in genua flemina.
Periph. Quot illic hodie me exemplis ludificatu'st, atque te?
Ut illic autem exenteravit mihi opes argentarias! 645
Apœc. Apage illum a me, nam ille quidem Volcani frati 'st filius :
Quaqua tangit, omne amburit : si prope adstes, æstu calefacit.
Epid. Duodecim deis plus, quantum in cœlo est deorum inmortalium,
Mihi nunc auxilio adjutores sunt, et mecum militant. 650
Quidquid ego malefeci, auxilia mi et subpetiæ sunt domi.
Apolactizo inimicos omneis. *Periph.* Ubi illum quæram gentium?
Apœc. Dum sine me quæras, quæras mea causa vel medio in mari.
Epid. Quid. me quæris? quid laboras? quid hunc sollicitas? ecce me.

Num te fugi? num ab domo absum? num oculis concessi tuis?
Nec tibi subplico : vincire vis? hem, ostendo manus. 655
Tu habes lora; ego te emere vidi : quid nunc cessas? conliga.
Periph. Ilicet : vadimonium ultro mihi hic facit. *Epid.* Quin conligas?
Periph. Edepol, mancupium scelestum. *Epid.* Te profecto, Apœcides,
Nil moror mihi precatorem. *Apœc.* Facile exoras, Epidice. 660
Epid. Ego, quid agis? *Periph.* Tuon' arbitratu? *Epid.* Meo, hercle, vero, atque haud tuo.
Conligandæ hæ sunt tibi hodie. *Periph.* At non lubet : non conligo.
Apœc. Tragulam in te injicere adornat : nescio quam fabricam facit.
Epid. Tibi moram facis', quom ego solutus adsto, adliga, inquam, conliga.
Periph. At mihi magis lubet solutum te rogitare. *Epid.* At nihil scies. 665
Periph. Quid ago? *Apœc.* Quid agas? Mos geratur. *Epid.* Frugi es tu homo, Apœcides.
Periph. Cedo manus igitur. *Epid.* Morantur nihil, atque arcte conliga.
Nihil vero obnoxiose. *Periph.* Facto opere arbitraminor.
Epid. Bene hoc habet : age nunc jam ex me exquire : rogita quod lubet.
Periph. Qua fiducia ausus primum, quæ emta 'st nudius tertius, 670
Filiam meam dicere esse? *Epid.* Lubuit; ea fiducia.
Periph. Ain' tu? lubuit? *Epid.* Aio : vel da pignos, ni ea sit filia.

Périph. Ne t'ai-je pas donné trente mines pour racheter ma fille?

Epid. J'en conviens; mais j'ai employé l'argent à acheter la musicienne, dont votre fils est amoureux, au lieu de votre fille. Et je vous ai ainsi escroqué ces trente mines.

Périph. Pourquoi m'as-tu trompé en louant cette musicienne?

Epid. Je l'ai fait, et j'ai bien fait.

Périph. A quoi as-tu employé l'argent que je t'ai donné en dernier lieu?

Epid. Je vais vous l'apprendre. Je l'ai donné à un honnête homme très-digne de votre estime, à Stratippoclès.

Périph. Comment as-tu osé le lui donner?

Epid. Parce qu'il m'a plu ainsi.

Périph. Quelle est cette insolence?

Epid. Vous me traitez encore comme un esclave.

Périph. (*ironiquement.*) Tu es libre apparemment! je t'en félicite.

Epid. J'ai mérité de le devenir.

Périph. Tu l'as mérité?

Epid. Regardez dans votre maison, vous en serez persuadé.

Périph. A quoi bon?

Epid. Vous le saurez... Entrez, s'il vous plaît.

Périph. Allons... Mais soyons sur nos gardes... Et vous, Apécide, gardez-moi ce coquin. (*Il sort.*)

Apéc. Que signifie tout cela, Épidicus?

Epid. N'est-ce pas une injustice révoltante de me laisser ainsi garrotté, moi qui par mon adresse ai retrouvé sa fille aujourd'hui?

Apéc. Ne dis-tu pas que tu as retrouvé sa fille?

Epid. Oui, je l'ai trouvée, et elle est chez lui en ce moment; mais il est cruel de recueillir le mal pour le bien qu'on a fait.

Apéc. Voyez un peu ce coquin que nous nous sommes fatigués à chercher par la ville!

Epid. Je me suis fatigué à trouver, et vous à chercher.

Périphane (*à son fils et à sa fille, qui demandent la grâce d'Épidicus.*) A quoi bon me prier pour lui avec tant d'instances? Je sais ce qu'il a mérité, et il va l'obtenir. (*A Épidicus.*) Donne-moi tes mains, que je te délie.

Epid. Ne me touchez pas.

Périph. Donne-les-moi donc!

Epid. Je ne veux pas.

Périph. Tu as tort.

Epid. Je ne me laisserai pas délier que vous ne m'ayez donné satisfaction.

Périph. A merveille! et ta demande est juste. Je te donnerai une chaussure, une tunique, un manteau.

Epid. Et quoi encore?

Périph. La liberté.

Epid. Après? Il faudra au nouvel affranchi quelque chose à manger.

Périph. Il ne manquera pas; je me charge de sa nourriture.

Epid. En vérité, si vous ne m'en priez, vous ne me délierez pas aujourd'hui.

Périph. Eh bien, je t'en prie, Épidicus! pardonne-moi, si je t'ai offensé sans le vouloir : mais reçois ta liberté pour récompense.

Epid. Je ne vous accorde votre pardon qu'à regret et parce que la nécessité m'y contraint. Déliez-moi donc, si vous voulez.

LE CHOEUR.

Le chœur. Le voilà l'habile homme qui doit la liberté à sa fourberie! applaudissez, et portez-vous bien. Levez-vous, et allez-vous-en.

Periph. Quam negat gnovisse mater? *Epid.* Ni ergo matris
filia 'st,
In meum numum, in tuum talentum pignus da. *Periph.*
Enim istæc captio 'st,
Sed quis ea 'st mulier? *Epid.* Tui gnati amica, ut omnem
rem scias. 675
Periph. Dedin' tibi minas triginta ob filiam? *Epid.* Fateor
datas;
Et eo argento illam me emisse amicam tibi tidicinam,
Pro tua filia; istis adeo te tetigi triginta minis.
Periph. Quomodo me ludifecisti de illa conductitia
Fidicina? *Epid.* Factum, hercle, vero, et recte factum
judico. 680
Periph. Quid postremo argento factum 'st, quod dedi?
Epid. Dicam tibi.
Neque malo homini, neque benigno, tuo dedi Stratippocli.
Periph. Cur dare ausus? *Epid.* Quia mihi lubitum 'st.
Periph. Quæ hæc, malum, ferocia 'st?
Epid. Etiam inclamitor quasi servos? *Periph.* Quom tu es
liber, gaudeo.
Epid. Merui, ut fierem. *Periph.* Tu meruisti? *Epid.* Vise
intro : ego, faxo, scies 685
Hoc ita esse. *Periph.* Quid est negoti? *Epid.* Jam ipsa res
dicet tibi;
Abi modo intro. *Periph.* Hei, non illuc temere 'st! adserva
istunc, Apœcides. (abit intro.)
Apœc. Quid illuc, Epidice, est negoti? *Epid.* Maxuma,
hercle, injuria
Vinctus adsto, quojus hæc hodie opera inventa 'st filia.
Apœc. Ain' tu te illius invenisse filiam? *Epid.* Inveni, et
domi 'st. 690

Sed ut acerbum 'st, pro benefactis quom mali messem metas!
Apœc. Quemne hod leper urbem uterque sumus defessi quærere?
Epid. Ego sum defessus reperire, vos defessi quærere.
Periph. (rediens.) Quid isteic oratis opere tanto? meruisse
intellego,
Ut liceat merito hujus facere : cedo tu, ut exsolvam manus.
Epid. Ne adtigas. *Periph.* Ostende vero. *Epid.* Nolo. *Periph.*
Non æquom facis. 695
Epid. Nunquam, hercle, hodie nisi subplicium mihi das, me
solvi sinam.
Periph. Optumum atque æquissumum oras : soccos, tunicam, pallium
Tibi dabo. *Epid.* Quid deinde porro? *Periph.* Libartatem.
Epid. At postea?
Novo liberto opu'st quod pappet. *Periph.* Dabitur : præbebo
cibum. 700
Epid. Nunquam, hercle, hodie nisi me orassis, solves.
Periph. Oro te, Epidice,
Mihi ut ignoscas, si quid inprudens culpa peccavi mea.
At ob eam rem liber esto. *Epid.* Invitus do hanc veniam
tibi,
Nisi necessitate cogar : solve sane, si lubet.

GREX.

Hic homo 'st, qui libertatem malitia invenit sua. 705
Plaudite, valete : lumbos subrgite atque extolliite.

LE SOLDAT FANFARON.

PERSONNAGES.

Pyrgopolinice (1), militaire.
Artotrogue, (2) parasite.
Scélèdre esclave de Pyrgopolinice.
Périplectomène, vieillard.
Philocomasie, courtisane.
Pleuside, son amant.
Palestrion (3), esclave.
de Pleuside.
Lucrion, jeune esclave.
Acrotéleutie, courtisane.
Milphidippa (4), servante.
Un jeune esclave de Périplectomène.
Carion, son cuisinier.

La scène est à Éphèse.

ARGUMENT

attribué à Priscien.

Un militaire conduit à Éphèse une courtisane qu'il a enlevée à Athènes. Palestrion, un esclave, veut porter la nouvelle de cet enlèvement à l'amant de la jeune fille, qui était chargé d'une mission : mais il est pris dans la traversée, et livré au militaire. Il fait venir son maître à Éphèse, il pratique secrètement un trou dans le mur qui sépare les deux amants, afin de leur ménager le moyen de se voir. Un gardien qui les épiait du haut d'un toit les surprend ensemble ; mais le sot se laisse persuader que c'est une autre femme. Palestrion détermine aussi le militaire à quitter sa maîtresse, sur le motif que la femme d'un vieillard voisin veut l'épouser. Le militaire engage la jeune fille à s'en aller, après l'avoir comblée de présents : mais bientôt il est surpris dans la maison du vieillard, et puni comme adultère.

ACTE PREMIER.
SCÈNE PREMIÈRE.

PYRGOPOLINICE, ARTOTROGUE.

Pyr. (à sa suite.) Ayez soin que l'éclat de mon bouclier soit plus brillant que les rayons du soleil, quand le ciel est pur : lorsque l'instant de m'en servir sera venu, qu'il éblouisse les yeux des ennemis au milieu de la bataille. *(Prenant son épée.)* Je veux consoler, dédommager cette chère épée de l'oisiveté qui la ronge : depuis trop longtemps la malheureuse brûle de faire un hachis de l'armée ennemie. Mais où est donc Artotrogue ?

Art. Le voici ; près d'un guerrier courageux, chéri de la fortune, dont la taille est d'un roi, ou plutôt d'un demi-dieu. Mars lui-même n'oserait comparer ses exploits aux vôtres.

Pyr. Et celui donc à qui j'ai sauvé la vie dans les champs des Gurgustidoniens, où Bombomachide Cluninstaridysarchide, petit-fils de Neptune, commandait en personne!!! (1)

Art. Il m'en souvient. Vous parlez sans doute de cet homme à l'armure d'or, dont votre souffle a dissipé les légions comme le vent chasse les feuilles ou le duvet des roseaux ?

Pyr. Cela n'est qu'une bagatelle.

Art. Sans doute ce n'est rien au prix de vos autres exploits.... *(à part.)* que vous n'avez jamais faits. Si quelqu'un me trouve un homme plus menteur, plus rempli de vaine gloire que celui-là, je consens à être son esclave, dussé-je ne manger que du fromage et mourir de faim.

Pyr. Où es-tu donc ?

Art. Me voici : et quand d'un coup de poing vous rompîtes le bras de cet éléphant, dans les Indes ?

Pyr. Comment, le bras ?

Art. J'ai voulu dire la cuisse.

(1) Destructeur de remparts. — (2) Rongeur de pain — (3) Jouteur. — (4) Remarquable par ses longs cils.

(1) Il est inutile de dire que ces noms comme ces exploits sont de l'invention du héros.

MILES GLORIOSUS.

DRAMATIS PERSONÆ.

Pyrgopolinices, miles.
Artotrogus, parasitus.
Palæstrio, servus.
Periplectomenes, senex.
Sceledrus, servus.
Philocomasium, meretrix.
Pleusides, adolescens.
Lucrio, puer.
Milphidippa, ancilla.
Acroteleutium, meretrix.
Puer.
Cario, coquus.

Scena est Epheso.

ARGUMENTUM
(UT QUIBUSDAM VIDETUR)
PRISCIANI.

Meretricem Athenis Ephesum miles avehit.
Id herus dum amanti servos nunciare vult
Legato peregre, captu'st in mari,
Et illi eidem militi dono datu'st.
Suum arcessit herum Athenis, et forat
Geminis conmunem clam parietem in ædibus,
Licere ut quiret convenire amantibus.
Obhærenteis custos hos vidit de tegulis.
Ridiculus autem, quasi sit alia, luditur.
Itemque inpellit militem Palæstrio,
Omissam faciat concubinam, quando el
Senis viciui cupiat uxor nubere :
Ultro abeat, orat, donat multa : ipse in domo
Senis prehensus, pœnas pro mœcho luit.

ACTUS PRIMUS.
SCENA PRIMA.

PYRGOPOLINICES, ARTOTROGUS.

Pyrg. Curate, ut splendor meo sit clupeo clarior,
Quam solis radii esse olim, quom sudum 'st, solent :
Ut, ubi usus veniat, contra conserta manu
Oculorum præstringat aciem in acie hostibus.
Nam ego hanc machæram mihi consolari volo, 5
Ne lamentetur, neve animum despondeat ;
Quia se jam pridem feriatam gestitem,
Quæ misera gestit, et fartum facere ex hostibus.
Sed ubi Artotrogus ? *Art.* Heic est : stat propter virum
Fortem atque fortunatum, et forma regia ; 10
Tum bellatorem. Mars haud ausit dicere,
Neque æquiparare suas virtutes ad tuas.
Pyrg. Quemne ego servavi in campis Gurgustidonlis,
Ubi Bombomachides Cluninstaridysarchides
Erat inperator summus, Neptuni nepos ? 15
Art. Memini, nempe illum dicis cum armis aureis,
Quojus tu legiones difflavisti spiritu,
Quasi ventus folia, aut paniculam tectoriam.
Pyrg. Istuc quidem, edepol, nihil est. *Art.* Nihil, hercle, hoc quidem,
Præ ut alia dicam... tu quæ nunquam feceris. 20
Perjuriorem hoc hominem si quis viderit,

Pyr. Encore je n'y mettais pas toutes mes forces.

Art. Vraiment si vous les eussiez déployées tout entières, votre bras aurait transpercé la peau, les entrailles et le crâne de l'éléphant.

Pyr. Laissons là ces misères...

Art. En effet, il me serait impossible de raconter toutes vos prouesses. (*à part*.) La faim me réduit à cette extrémité : mes oreilles sont condamnées à écouter ces hâbleries, de peur que mes dents ne s'allongent. Il me faut applaudir à tous ses mensonges.

Pyr. Que penses-tu de ce que je dis?

Art. Ah! je sais ce que vous voulez dire : c'est une action héroïque. Je m'en souviens.

Pyr. Qu'est-ce donc?

Art. Ce que c'est?...

Pyr. As-tu tes tablettes?

Art. Les voulez-vous? les voici, avec un stylet.

Pyr. Tu conformes à merveille ta pensée à la mienne.

Art. Je dois étudier avec attention vos goûts, et mettre tous mes soins à devancer vos moindres désirs.

Pyr. De quoi te souvient-il?

Art. Il me souvient que vous tuâtes cent cinquante hommes en Cilicie; plus, cent Sycolatronides (1), trente Sardes et soixante Macédoniens, en un seul jour.

Pyr. Combien tout cela fait-il d'hommes?

Art. Sept mille.

Pyr. Oui, ce doit être le compte : tu as retenu le nombre exactement.

Art. Je n'en ai pas tenu note : je m'en souviens naturellement.

Pyr. Tu as vraiment une mémoire excellente.

Art. C'est à vos bons dîners que je la dois.

Pyr. Tant que tu te montreras tel que je te trouve en ce moment, tu feras bonne chère et tu partageras ma table.

Art. (*continuant*.) Et que ne fîtes-vous pas en Cappadoce, où vous eussiez massacré cinq cents hommes d'un seul coup, si le tranchant de votre glaive ne se fût émoussé? mais ils n'eussent été que les débris de l'infanterie massacrée par vous, s'ils vous eussent échappé. Que vous dirai-je que le monde entier ne sache? que Pyrgopolinice est le seul dans l'univers qui, pour la valeur, la beauté et les hauts faits, reste sans rival. Toutes les femmes vous aiment; et vous êtes si bel homme, que plusieurs femmes me tirèrent hier par mon manteau pour me dire...

Pyr. Te dire... quoi...?

Art. Elles m'interrogèrent : ne serait-ce point Achille que vous servez, me dit l'une d'elles? C'est son frère, lui répondis-je. Une autre m'abordant : Mais c'est la beauté personnifiée! quelle noble physionomie! la belle chevelure! Heureuse celle qu'il honore de ses faveurs!

Pyr. Vraiment elles te disaient cela?

Art. Deux d'entre elles me supplièrent de vous faire passer devant leur maison comme un cortége.

Pyr. On est quelquefois malheureux d'être trop bel homme.

Art. Elles me tourmentent, elles me prient, elles m'entourent, elles me demandent avec instance la faveur de vous voir. Elles veulent que je vous amène chez elles; au point que je n'ai pas le temps de m'occuper de vos affaires.

Pyr. Il me semble qu'il est temps que nous allions sur la place publique, pour distribuer la paye aux soldats que j'ai enrôlés hier; car le roi Séleucus m'a prié de recruter pour lui. J'ai résolu de consacrer cette journée au service de ce prince.

(1) Voleurs *de figues*, peuplade inventée par Plaute.

Aut gloriarum pleniorem, quam illic est,
[Is] me sibi habeto, et ego me mancupio dabo
Uno epityro, ut apud illum esuriem insane bene.
Pyrg. Ubi tu es? *Art.* Eccum : edepol, vel elephanto in India   25
Quo pacto pugno perfregisti brachium?
Pyrg. Quid, brachium? *Art.* Illud dicere volui, femur.
Pyrg. At indiligenter heic eram. *Art.* Pol, si quidem
Connisus esses, per corium, per viscera,
Perque os elephanto brachium transmitteres.   30
Pyrg. Nolo istæc heic nunc. *Art.* Ne, hercle, operæ pretium quidem
Mihi te enarrare, tuas qui virtutes sciam.
(ad spectatores) Venter creat omneis has ærumnas auribus;
Peruudienda sunt, ne denteis dentiant.
Et adsentandum 'st, quidquid hic mentibitur.   35
Pyrg. Quid illud quod dico? *Art.* Hem, scio jam quid vis dicere.
Factum 'st, hercle : memini fieri. *Pyrg.* Quid id est? *Art.* Quidquid est.
Pyrg. Habes tabellas? *Art.* Vis rogare? habeo et stylum.
Pyrg. Facete advortis animum tuom ad animum meum.
Art. Gnovisse mores me tuos meditate decet,   40
Curamque adhibere, ut prævolet mihi quo tu velis.
Pyrg. Ecquid meministi? *Art.* Memini, centum in Cilicia
Et quinquaginta, centum Sycolatronidæ,
Triginta Sardi, sexaginta Macedones,
Sunt homines, tu quos obeldisti uno die.   45
Pyrg. Quanta istæc hominum summa 'st? *Art.* Septem millia.
Pyrg. Tantum esse oportet : recte rationem tenes.
Art. At nullos habeo scriptos; sic memini tamen.

Pyrg. Edepol, memoria 'st optuma. *Art.* (*secum.*) Offa me monet.
Pyrg. Dum talem facies, qualem adhuc, adsiduo edis :   50
Communicabo te semper mensa mea.
Art. Quid in Cappadocia ubi tu quingentos simul,
Ni hebes machæra foret, uno ictu obcideres.
At peditastas reliquiæ erant, si viverent.
Quid tibi ego dicam, quod omneis mortaleis sciant,   55
Pyrgopolinicem te unum in terra vivere
Virtute, et forma, et factis invictissumis.
Amant te omneis mulieres, neque, hercle, injuria,
Qui sis tam polcher; ut vel illæ, quæ here pallio
Me reprehenderunt. *Pyrg.* Quid here dixerunt tibi?   60
Art. Rogitabant : hiccine Achilles est, inquit, tibi?
Imo ejus frater, inquam. Innuit altera :
Ergo, mecastor, polcher est, inquit mihi,
Et liberalis. Vide, cæsaries quam decet!
Næ illæ sunt fortunatæ, quæ cum isto cubant!   65
Pyrg. Itane aibat tandem? *Art.* Quæ me ambæ obsecraverint,
Ut te hodie quasi pompam illa præterducerem.
Pyrg. Nimia est miseria polchrum esse hominem nimis.
Art. Molestæ sunt mihi, orant, ambiunt, obsecrant,
Videre ut liceat : ad sese arcessi jubent.   70
Ut tuo non liceat operam dare negotio.
Pyrg. Videtur tempus esse, ut eamus ad forum;
Ut in tabellis quos consignavi heic heri
Latrones, ibus dinumerem stipendium.
Nam rex Seleucus me opere oravit maxumo,   75
Ut sibi latrones cogerem et conscriberem.
Regi hunc diem mihi operam decretum 'st dare.
Art. Age, eamus ergo. *Pyrg.* Sequimini, satellites.

Art. Allons, partons.
Pyr. Gardes, suivez-moi.

ACTE SECOND.

SCÈNE I.

PALESTRION.

Pal. Spectateurs, je mettrai toute la complaisance possible à vous expliquer le sujet, si vous avez la bonté de m'écouter. Que celui qui ne veut point prêter attention veuille bien sortir, et faire place à un auditeur plus honnête. Maintenant que vous êtes rassemblés dans ce lieu agréable, je vais vous dire le titre et le sujet de la comédie que nous allons représenter. Son nom en grec est *Alazón* (Vantard) et *Fanfaron* en latin. (*Montrant la décoration.*) Cette ville est Éphèse. Le militaire qui vient de s'en aller à la place publique est mon maître, homme vain, effronté, débauché, menteur, et séducteur déhonté. Il va disant que toutes les femmes le poursuivent, tandis qu'elles se moquent de lui en toute occasion. Les courtisanes même ne l'accueillent qu'en lui faisant la grimace. Il n'y a pas longtemps que je le sers : je veux vous apprendre comment je suis passé à son service, et quel était mon maître auparavant. Prêtez-moi toute votre attention : je vais commencer l'histoire. J'avais pour maître à Athènes un excellent jeune homme. Il aimait une courtisane appelée Philocomasie, dont la mère était Athénienne, et qui l'aimait aussi éperdument. Cette réciprocité est le seul véritable amour. Il fut envoyé à Lépante, chargé des affaires de cette grande république. Dans le même temps ce militaire fanfaron vint par hasard à Athènes, s'insinua chez la maîtresse de mon maî-

tre, tâchant de gagner les bonnes grâces de la mère par du bon vin, des bijoux, et des soupers somptueux. De la sorte il s'établit au mieux dans l'intimité de la vieille, et saisit la première occasion de tromper la mère de la femme que mon maître aimait. Il parvint à enlever la jeune fille à l'insu de sa mère, et la transporta malgré elle à Éphèse. Tout ce que je pus faire, ce fut de m'embarquer aussitôt que j'appris l'enlèvement de l'amante de mon maître. Je monte sur un vaisseau, pour lui porter à Lépante la nouvelle de cet événement. A peine sommes-nous en pleine mer, que des pirates qui nous poursuivaient s'emparent de notre vaisseau. Je fus donc pris avant d'avoir pu remplir mon message auprès de mon maître. Le pirate qui me fit prisonnier me donna à ce militaire. Quand il m'eut emmené chez lui, je vis la maîtresse de mon maître, que j'avais connue à Athènes. Dès qu'elle m'aperçut, elle me fit d'un coup d'œil signe de ne point la nommer : bientôt, dès qu'elle le put, elle me communiqua tous ses malheurs; elle me dit qu'elle désirait s'échapper de cette maison, rejoindre à Athènes mon maître, objet de sa tendresse, et fuir à jamais ce militaire, qu'elle avait en horreur. Instruit de cette résolution, j'écris une lettre que je cachette secrètement : je la confie à un marchand, qui se charge de la remettre à mon maître qui était à Athènes, tout entier à son amour. Je le pressais de venir ici.

L'avis lui parut bon, car il accourut aussitôt : il loge près d'ici, chez un aimable vieillard qui fut autrefois l'hôte de son père. L'excellent homme favorise les amours de mon ancien maître : il nous excite, nous seconde de son zèle et de ses conseils. J'ai préparé ici de vastes intrigues qui facilitent les entrevues des deux amants. J'ai percé le mur de la

ACTUS SECUNDUS.

SCENA PRIMA.

PALÆSTRIO.

Mihi ad enarrandum hoc argumentum 'st comitas,
Si ad auscultandum vostra erit benignitas.
Qui autem auscultare nolit, exsurgat foras, 80
Ut sit ubi sedeat ille, qui auscultare volt.
Nunc, qua adsedistis causa in festivo loco,
Comœdiai, quam modo acturi sumus,
Et argumentum, et nomen vobis eloquar.
Alazon græce huic nomen est comœdiæ, 85
Id nos latine Gloriosum dicimus.
Hoc oppidum Ephesu'st : idem est Miles meus herus,
Qui hinc ad forum abiit, gloriosus, inpudens,
Stercoreus, plenus perjuri atque adulteri.
Ait sese ultro omneis mulieres sectarier. 90
Is deridiculu'st, quaqua incedit, omnibus.
Itaque heic meretrices, labiis dum ductant eum,
Majorem partem videas valgis saviis.
Nam ego haud diu apud hunc servitutem servio. 95
Id volo vos scire, quomodo ad hunc devenerim
In servitutem, ab eo quoi servivi prius.
Date operam : nam nunc argumentum exordiar.
Erat heic Athenis mihi adulescens optumus.
Is amabat meretricem matre Athenis Atticis, 100
Et illa illum contra, qui est amor cultu optumus.
Is publice legatus Naupactum hinc fuit,
Magnai rei publicai gratia.
Interibi hic miles forte Athenas advenit;

Insinuat sese ad illam amicam heri mei, 105
Obcœpit ejus matri subpalparier,
Vino, ornamentis, opiparisque opsoniis.
Itaque intimum ibi se miles apud lenam facit.
Ubi primum evenit Militi huic obcasio,
Sublinit os illi lenæ, matri mulieris, 110
Quam herus meus amabat : nam is illius filiam
Conjicit in navem Miles, clam matrem suam,
Eamque invitam huc mulierem in Ephesum advehit.
Ego quantum vivos possum, mihi navem paro,
Ut amicam herilem Athenis avectam scio. 115
Inscendo, ut eam rem Naupactum ad herum nunciem.
Ubi sumus provecti in altum, id quod volunt,
Capiunt prædones navem illam ubi vectus fui.
Prius perii, quam ad herum veni, quo ire obcœperam.
Ille, qui me cepit, dat me huic dono Militi. 120
Hic postquam in ædeis me ad se duxit domum,
Video illam amicam herilem, Athenis quæ fuit.
Ubi contra adspexit me, oculis mihi signum dedit,
Ne se adpellarem : deinde, postquam obcasio 'st,
Conqueritur mecum mulier fortunas suas. 125
Ait sese Athenas fugere cupere ex hac domu,
Sese illum amare meum herum, Athenis qui fuit :
Neque pejus quemquam odisse, quam istum Militem.
Ego, quoniam inspexi mulieris sententiam,
Cepi tabellas, consignavi clanculum : 130
Dedi mercatori, qui ad illum deferat
Meum herum, qui Athenis fuerat, qui hanc amaverat,
Ut is huc veniret : is non sprevit nuncium;
Nam et venit, et is in proxumo heic devortitur
Apud suum paternum hospitem, lepidum senem. 135

chambre que le militaire a donnée à sa maîtresse, et où nul autre qu'elle ne met le pied, afin que par cette ouverture mon jeune homme entre chez sa belle. Le vieillard sait la ruse; c'est lui qui m'en a donné l'idée : l'esclave à qui le militaire a confié la garde de sa maîtresse est un imbécile. Il donne tête baissée dans tous les piéges, toutes les fourberies; nous agissons de sorte qu'il ne voit pas ce qui est devant ses yeux. Pour éviter les surprises, je vous préviens que cette femme jouera à la fois le rôle de deux femmes. Elle empruntera leur figure, sans cesser d'être la même. Cependant elle paraîtra tout autre : l'œil du gardien n'y verra rien. Mais la porte du vieux voisin a fait du bruit, il sort. C'est le joyeux vieillard dont je vous ai parlé.

SCÈNE II.

PÉRIPLECTOMÈNE, PALESTRION.

Pér. à ses esclaves. Si vous ne cassez les jambes aux inconnus que vous verrez sur mes toits, je ferai des lanières de la peau de votre dos. Mes voisins sont témoins de tout ce qui se passe dans ma maison : ils regardent par les gouttières. Aujourd'hui je vous le déclare à tous, il faut précipiter dans la rue tous les gens de la maison du militaire, excepté Palestrion. Qu'ils vous disent qu'ils courent après leurs poules, leurs pigeons ou leur guenon, vous êtes perdus si vous ne les poursuivez à outrance. Et, pour les empêcher de frauder la règle du jeu d'osselets, faites qu'ils s'en retournent chez eux, brisés et désossés.

Pal. (à part.) J'ignore quel mauvais tour nos gens ont joué au bonhomme, pour qu'il ordonne de casser les os à mes camarades; mais il m'a excepté : je me moque de ce qu'il doit faire aux autres. Abordons-le. Ne vient-il pas au-devant de moi? il se dirige de mon côté. *(haut.)* Que voulez-vous, Périplectomène?

Pér. Je n'avais qu'un désir, c'est de te rencontrer.

Pal. Qu'est-il arrivé?

Pér. Tout est découvert.

Pal. Qu'est-ce qui est découvert?

Pér. Je ne sais qui de vos gens, perché sur le toit de la maison, a surpris Philocomasie et mon hôte dans les bras l'un de l'autre.

Pal. Qui les a vus?

Pér. Un de tes camarades.

Pal. Lequel?

Pér. Je ne sais, tant il a disparu promptement.

Pal. (à part.) Je soupçonne que c'est fait de moi.

Pér. Dès que je l'ai vu disparaître, je me suis écrié : Holà! que fais-tu sur les toits? Il m'a répondu, en s'en allant, qu'il cherchait sa guenon.

Pal. Malheureux que je suis, il me faudra périr pour une misérable bête! Mais Philocomasie est-elle encore là-dedans?

Pér. Quand je suis sorti elle y était encore.

Pal. Ordonnez-lui, s'il vous plaît, de rentrer au logis le plus tôt possible, afin que les serviteurs du militaire la voient : elle ne veut pas sans doute que, pour l'amour d'elle, on nous fasse tous attacher à la croix.

Pér. Je l'ai déjà dit. Ne me veux-tu rien de plus?

Itaque ille amanti suo hespiti morem gerit.
Nosque opera consiliique adhortatur, juvat.
Itaque ego paravi heic intus magnas machinas,
Qui amanteis una inter se facerem convenas ;
Nam unum conclave, concobinæ quod dedit   140
Miles, quo nemo nisi eapse inferret pedem,
In eo conclavi ego perfodi parietem,
Qua conmeatus esset huic mulieri.
Et sene sciente hoc feci : is consiliura dedit.
Nam meus conservos est homo haud magni preti   145
Quem concubinæ Miles custodem addidit.
Ei nos facetis fabricis et doctis dolis
Glaucomam ob oculos objiciemus : eumque ita
Faciemus , ut , quod viderit, non viderit.
Et mox , ne erretis, hæc duarum hodie vicem   150
Et heic et illeic mulier feret imaginem :
Atque eadem erit, verum alia esse adsimulabitur.
Ita sublinitum 'st os custodi mulieris.
Sed foris concrepuit hinc a vicino sene.
Ipse exit : hic ille est lepidus, quem dixi, senex.   155

SCENA SECUNDA.

PERIPLECTOMENES, PALÆSTRIO.

Per. Nisi', hercle, defregeritis talos, postbac quemque in
tegulis
Videritis alienum ; ego vostra faciam latera lorea.
Mihi quidem jam arbitri vicini sunt, meæ quid fiat domi.
Ita per inpluvium intro spectant: nunc adeo edico omnibus :
Quemque a milite hoc videritis hominem in nostris tegulis,
Extra unum Palæstrionem , huc deturbatote in viam :   161
Quod ille gallinam aut columbam se sectari aut simiam
Dicat, disperistis ni usque ad mortem male mulcassitis.
Atque adeo , ut ne legi fraudem faciant talariæ,
Adcuratote, ut sine talis domi agitent convivium.   165

Pal. Nescio quid malefactum a nostra huic familia est, quantum audio,
Ita hic senex talos elidi jussit conservis meis.
Sed me excepit : nihilo facio, quid illis faciat cæteris.
Adgrediar hominem : et en advorsum it quasi.
Quid agis , Periplectomene ? *Per.* Haud multos homines, si
  optandum fuerit,   169
Nunc videre et convenire, quam te, mavellem. *Pal.* Quid
  est?
Quid negoti 'st ? *Per.* Res palam 'st. *Pal.* Quæ res palam 'st?
Per. De tegulis.
Modo nescio quis inspectavit vostrorum familiarium
Per nostrum inpluvium intus apud nos Philocomasium atque hospitem
Osculanteis. *Pal.* Quis homo vidit? *Per.* Tuos conservo 'st.
Pal. Quis is homo est?   175
Per. Nescio, ita abripuit repente sese subito. *Pal.* Subspicor....
Me perisse. *Per.* Ubi abiit , conclamo : heus quid agis tu, inquam, in tegulis?
Ille, mihi abiens ita respondit, se sectari simiam.
Pal. Væ mihi misero , quoi pereundum 'st propter nihili
  bestiam.
Sed Philocomasium heiccine etiam nunc est? *Per.* Quom
  exibam , heic erat.   180
Pal. Sis , jube transire huc, quantum possit ; se ut videant
  domi
Familiareis : nisi quidem illa nos volt, qui servi sumus,
Propter amorem suom omneis cruciibus contubernaleis dari.
Per. Dixi ego istuc ; nisi quid aliud vis. *Pal.* Volo : hoc dicito.
Profecto ut ne quoquam ingenio degrediatur muliebri ,   185
Artem et disciplinam obtineat , et colorem. *Per.* Quemadmodum ?
Pal. Ut eum, qui heic se vidit, vero vincat, ut ne viderit ;

Pal. Voilà ce que je veux encore : c'est que vous lui recommandiez de bien préparer son rôle et sa contenance : qu'elle n'aille point changer de couleur.

Pér. Comment cela?

Pal. Afin de persuader que celui qui l'a vue chez vous ne l'a pas vue réellement. Eût-elle été vue cent fois, qu'elle affirme le contraire. Elle a une bouche, une langue, un bon fonds de perfidie, de malice et d'audace, de l'assurance, du sang-froid et de la fourberie : que ses accusateurs soient réduits au silence par ses protestations et ses serments. Elle a pour elle le mensonge, le parjure, et l'art de tromper. Une méchante femme n'a pas besoin de rien emprunter à sa voisine : elle a dans la tête une mine d'intrigues pour tous les événements.

Pér. Je lui dirai tout cela, si elle est chez nous. Mais que roules-tu dans ton esprit, Palestrion?

Pal. Taisez-vous un moment, pendant que je tiens conseil dans ma tête, et que je délibère sur le parti à prendre et par quelle ruse je prouverai au fripon d'esclave témoin des caresses des deux amants qu'il n'a rien vu.

Pér. Cherche à ton aise : moi, je vais m'éloigner de quelques pas. Vois ce que tu as à faire. *(à part.)* Voyez cette posture. Comme il médite d'un front sévère et sombre! Il se frappe la poitrine, on dirait qu'il veut en faire sortir son cœur. Mais voilà qu'il se retourne, appuyé sur la main gauche. Il pose son coude sur sa cuisse; de l'autre main il compte avec ses doigts et se frappe violemment le genou : cela ne va pas comme il veut. Il fait craquer ses doigts ; il s'agite, change sans cesse de position; le voilà qui secoue la tête. Il n'est pas satisfait de ce qu'il a trouvé. Ce ne sera pas la maturité qui manquera à ses projets... ce qu'il nous donnera sera bien digéré. Voilà qu'il bâtit : son bras sert de colonne à son menton. Pour le coup, je n'aime guère ce genre de construction. J'ai ouï dire qu'un poète étranger avait ainsi la tête appuyée sur deux colonnes (1), et que deux gardiens étaient constamment placés auprès de lui. Courage! courage! comme il se redresse avec grâce! quelle pose théâtrale! il n'aura pas de repos qu'il n'ait trouvé ce qu'il cherche; il l'a trouvé, je crois. *(à Palestrion.)* Allons, si tu as quelque chose à faire, réveille-toi... ne t'endors pas, prends garde aux étrivières. Fais-y bien attention, je t'en avertis : évite les coups. C'est à toi que je parle, Palestrion : réveille-toi, te dis-je; allons! debout, debout : il est grand jour... entends-tu?

Pal. J'entends.

Pér. Vois-tu les ennemis s'avancer? Ils vont t'assiéger par derrière. Veille à toi, prépare des forces contre cette attaque : de l'activité! point de mollesse! préviens-les, et mets ton armée en campagne. Poursuis les rebelles, assure une retraite à nos soldats; intercepte les vivres des ennemis, empare-toi des passages, afin que les munitions et les approvisionnements arrivent sans obstacle à ton camp : occupe-toi de cette affaire, elle est urgente. Cherche, invente, trouve à l'instant quelque heureux stratagème. Fais que ce qu'on a vu n'ait pas été vu, que ce qui est arrivé soit comme non avenu. Tu entreprends une grande affaire : tu défends une citadelle importante. Si tu comptes vaincre seul ces obstacles, j'espère que nous battrons les ennemis.

Pal. Je prends tout sur moi.

Pér. Et moi je dis que tu obtiendras tout ce que tu désires.

Pal. Que Jupiter vous écoute!

Pér. Communique-moi, mon cher, ce que tu auras trouvé.

Pal. Silence, jusqu'à ce que je vous introduise dans mon domaine de fourberies et que vous connaissiez mes desseins.

Pér. Je ne les compromettrai pas.

(1) Névius, qui fut emprisonné pour quelques épigrammes lancées à la puissante famille de Métellus.

Si quidem centies heic visa sit, tamen infitias eat.
Os habet, linguam, perfidiam, malitiam, atque audaciam,
Confidentiam, confirmitatem, fraudulentiam :   190
Qui arguet se, eum contra vincat jurejurando suo.
Domi habet animum falsiloquom, falsificum, falsijurium.
Domi dolos, domi delenifica facta, domi fallacias.
Nam mulier olitori nunquam supplicat, si qua est mala;
Domi habet hortum et condimenta ad omneis mores maleficos.
Per. Ego istæc, si erit heic, nunciabo. Sed quid est, Palæ-
strio,   195
Quod volutas tute tecum in corde? *Pal.* Paullisper tace,
Dum ego mihi consilia in animum convoco, et dum consulo,
Quid agam : quem dolum doloso contra conservo parem,
Qui illam heic vidit osculantem : id visum ut ne visum siet.
Per. Quære : ego hinc abscessero abs te huc interim. Illuc,
sis, vide,   201
Quemadmodum adstitit, severa fronte curas cogitans.
Pectus digitis pultat, cor, credo, evocaturu'st foras.
Ecce autem avortit, nisus læva, in femine habet lævam ma-
num,
Dextera digitis rationem conputat, feriens femur 205
Dexterum vehementer; ita, quod opu'st actu, ægre subpe-
tit.
Concrepuit digitis; laborat, crebro conmutat status.
Eccere autem capite nutat. Non placet quod reperit.
Quidquid est, incoctum non expromet, bene coctum dabit.
Ecce autem ædificat; columnam mento subfulsit suo. 210
Apage, non placet profectio mi illa inædificatio.

Nam os columnatum poetæ esse inaudivi barbaro,
Quoi bini custodes semper totis horis adcubant :
Euge, euge, euscheme adstitit, hercle, dulice et comœdice :
Nunquam hodie quiescet, priusquam id, quod petiit, perficit.
Habet, opinor : age, si quid agis; vigila, ne somno stude; 215
Nisi quidem heic agitari mavis varius virgis : ego tibi
Dico : anfertatus ne sis : hem te adloquor, Palæstrio :
Vigila, inquam, expergiscere, inquam; lucet hoc, inquam.
Pal. Audio.
Per. Viden' hosteis tibi adesse? tuoque tergo obsidium? con-
sule.   220
Adripe opem auxiliumque ad hanc rem : propere hoc, non
placide decet.
Antemæni aliqua vos, aut tu circumduce exercitum,
Curre in obsidium perduellis, nostris præsidium para.
Intercludito inimicis conmeatum, tibi muni viam,
Qua cibatus conmeatusque ad te et legiones tuas, 225
Tuto possit pervenire : hanc rem age; res subitaria 'st.
Reperi, comminiscere, cedo calidum consilium cito.
Quæ heic sunt visa, ut visa ne sient, facta infecta uti sient.
Magnam illeic, homo, rem incipissis, magna mænia mœnia.
Tute hoc si unus recipere ad te dicis, confidentia 'st 230
Nos inimicos profligare posse. *Pal.* Dico et recipio.
Per. Et ego inpetraturum dico id quod petis. *Pal.* At te Jupiter
Bene amet. *Per.* At inperti, amice, me, quod commentu's.
Pal. Tace,
Dum in regionem astutiarum mearum te induco, ut scias

Pal. Mon maître a plutôt une peau d'éléphant qu'une peau humaine, et n'a pas plus d'intelligence qu'une pierre.
Pér. Je le sais.
Pal. Voici maintenant mon projet, et la ruse que j'imagine. Je dirai qu'une sœur de Philocomasie est venue d'Athènes avec quelque amant, que les deux sœurs se ressemblent comme deux gouttes de lait, et que les deux amants logent chez vous.
Pér. Bien! à merveille! excellente idée! j'approuve ton invention.
Pal. De telle sorte que si mon camarade rapporte au capitaine qu'il a vu Philocomasie embrasser un autre homme, je soutiendrai contre lui que ce n'est point elle, mais sa sœur qu'il a vue chez vous dans les bras de son amant.
Pér. Parfaitement imaginé! Je dirai la même chose si le militaire m'en parle.
Pal. Dites bien qu'elles se ressemblent à les confondre : instruisez Philocomasie de son rôle, afin qu'elle n'hésite pas, si le militaire l'interroge.
Pér. Le tour est admirable. Mais s'il voulait voir les deux sœurs à la fois, que ferions-nous?
Pal. Rien de plus aisé : nous avons cent défaites à donner : Elle n'est pas à la maison, elle est à la promenade, elle dort, elle est à sa toilette, au bain; elle dîne, elle se rafraîchit, elle est occupée, elle est en affaires, elle n'est pas visible; nous aurons mille subterfuges, s'il donne dans notre premier mensonge.
Pér. Tu as raison.
Pal. Rentrez donc chez vous; et si Philocomasie y est encore, ordonnez-lui de retourner chez elle sur-le-champ, endoctrinez-la : recommandez-lui de ne pas oublier notre plan, et sa sœur jumelle.
Pér. Je l'instruirai comme il faut, mon maître Y a-t-il autre chose?
Pal. Rentrez.

Pér. Je rentre.
Pal. Et moi je retourne au logis. Je tâcherai de découvrir l'esclave qui a couru aujourd'hui après la guenon : car il aura sans doute parlé de la maîtresse du militaire à quelqu'un des domestiques : il aura prétendu l'avoir vue ici près, dans les bras d'un jeune homme étranger. Je connais notre faible : moi, je ne puis taire un secret. Si je découvre le témoin de cette aventure, je tournerai toutes mes machines contre lui. Tout est préparé : je suis sûr de m'emparer de cet homme à force ouverte. Si je ne le trouve point, je me mets à la piste comme un chien de chasse qui suit la trace d'un renard. Mais j'entends les portes de notre maison : taisons-nous! C'est mon camarade, le gardien de Philocomasie, qui vient.

SCÈNE III.
SCÉLÈDRE, PALESTRION.

Scél. (à part.) Si je ne dormais pas quand je me suis promené aujourd'hui sur les toits, j'ai certainement vu chez le voisin Philocomasie l'amante de mon maître dans les bras d'un autre.
Pal. (à part.) Il l'a vue embrasser le jeune homme, autant que je puis entendre.
Scél. Qui va là?
Pal. Ton camarade. Que fais-tu ici, Scélèdre?
Scél. Que je suis charmé de te rencontrer, Palestrion!
Pal. Qu'y a-t-il? à quoi te puis-je être utile?
Scél. Je crains...
Pal. Que crains-tu?
Scél. Qu'on ne nous fasse danser aujourd'hui sur la croix, tous tant que nous sommes à la maison.
Pal. Danse tout seul. Quant à moi, je n'ai aucune envie d'une danse pareille.
Scél. Tu ne sais peut-être pas quelle aventure inouïe est arrivée à la maison?

Juxta mecum mea consilia. *Per.* Salva sumes indidem. 235
Pal. Herus meus elephanti corio circumtentu'st, non suo,
Neque habet plus sapientiæ, quam lapis. *Per.* Egomet istuc scio.
Pal. Nunc sic rationem incipissam, hanc instituam astutiam,
Ut Philocomasio hanc sororem geminam germanam alteram
Dicam Athenis advenisse cum amatore aliquo suo, 240
Tam similem, quam lacte lacti est. Apud te eos heic devortier
Dicam hospitio. *Per.* Euge, euge, lepide : laudo conmentum tuum.
Pal. Ut si illeic concriminatus siet adversum Militem
Meus conservos, eam vidisse cum alieno osculariei,
Arguam hanc vidisse apud te contra conservom meum 245
Cum suo amatore amplexantem atque osculantem. *Per.* Imo optume.
Idem ego dicam, si me exquiret Miles. *Pal.* Sed simillumas
Dicito esse; et Philocomasio id præcipiendum 'st, ut sciat,
Ne titubet, si quæret ex ea miles. *Per.* Nimis doctum dolum!
Sed si ambas videre in uno Miles concilio volet, 250
Quid agimus? *Pal.* Facile 'st : trecentæ possunt causæ conligi :
Non domi'st, abiit ambulatum, dormit, ornatur, lavat,
Prandet, potat, obcupata 'st, operæ non est, non potest.
Quantumvis prolationum, dum modo nunc prima via
Inducamus, vera ut esse credat, quæ mentibitur. 255
Per. Placet, ut dicis. *Pal.* Intro abi ergo, et si istei est mulier, eam jube
Cito domum transire, atque hæc ei monstra, præcipe

Ut teneat consilia nostra, quemadmodum exorsi sumus
De gemina sorore. *Per.* Docte tibi illam perdoctam dabo.
Nunquid aliud? *Pal.* Intro ut abeas. *Per.* Abeo. (abit.) *Pal.*
Et quidem ego ibo domum, 260
Atque hominem investigando operam sumam (hinc dissimulavero),
Qui fuerit conservos, qui hodie sit sectatus simiam.
Nam ille non potuit, quin sermoni suo aliquem familiarium
Participaverit de amica heri, sese vidisse eam
Heic in proxumo osculantem cum alieno adulescentulo. 265
Gnovi morem egomet; tacere nequeo quæ solus scio.
Si invenio qui vidit, ad eum vineas pluteosque agam.
Res parata 'st, vi pugnandoque hominem capere certa re'st.
Si ita non reperio, ibo odorans quasi canis venaticus, 270
Usque donec persecutus volpem ero vestigiis.
Sed foreis concrepuerunt nostræ; ego voci moderabo meæ.
Nam illic est Philocomasio custos meus conservos, atque it foras.

SCENA TERTIA.
SCELEDRUS, PALÆSTRIO.

Scel. Nisi quidem ego hodie ambulavi dormiens in tegulis,
Certo, edepol, selo me vidisse heic proxumæ viciniæ 275
Philocomasium herilem amicam sibi alium quærere.
Pal. Hic illam vidit osculantem, quantum hunc audivi loqui.
Scel Quis hic est? *Pal.* Tuos conservos. Quid agis, Sceledre? *Scel.* Te, Palæstrio,

Pal. Quelle aventure?
Scél. La plus scandaleuse.
Pal. Garde-la pour toi; ne me la dis pas. Je ne veux rien savoir.
Scél. Je veux te l'apprendre. Je poursuivais aujourd'hui notre guenon sur le toit du voisin...
Pal. Alors c'était un vaurien qui courait après une bête.
Scél. Que les dieux te confondent!
Pal. C'est toi qui le mériterais; mais puisque tu as commencé, achève ton histoire.
Scél. En regardant par hasard du haut du toit chez le voisin, j'ai aperçu Philocomasie qui embrassait un jeune homme que je ne connais pas.
Pal. Quelle horreur me contes-tu là, Scélèdre?
Scél. Je l'ai vu.
Pal. Toi?
Scél. Moi-même; de mes deux yeux vu.
Pal. Allons donc, ce que tu dis n'est pas vraisemblable, et tu n'as rien vu.
Scél. Je vois trouble, à ton avis?
Pal. Sur ce point tu feras mieux de consulter le médecin. Mais si le ciel te veut du bien, ne débite pas une fable qui serait funeste à tes jambes et à ta tête: car ta perte est doublement certaine, si tu ne supprimes ton méchant propos.
Scél. Quel est ce double danger?
Pal. Je vais te l'apprendre: d'abord si tu accuses faussement Philocomasie, tu périras : si tu dis vrai, comme tu es établi son gardien, tu périras encore.
Scél. J'ignore ce qui arrivera; mais je sais ce que j'ai vu.
Pal. Tu persistes, malheureux!
Scél. Que veux-tu que je te dise, sinon ce que j'ai vu? et même elle est encore là, dans la maison voisine.
Pal. Quoi! elle n'est pas chez nous?
Scél. Va-s-y-voir, entre dans la maison; car je ne demande pas que tu me croies sur parole.
Pal. C'est ce que je vais faire.

(*Il sort.*)

Scél. Je t'attendrai ici. (*Seul.*) Je vais me tenir en sentinelle jusqu'à ce que la génisse revienne de la prairie à l'étable. Que ferais-je à présent? le militaire m'a confié sa garde. Si je lui donne le moindre soupçon, je suis perdu : si je me tais et qu'il découvre l'aventure, je suis encore perdu. Est-il rien de plus méchant, de plus effronté qu'une femme? Pendant que je suis sur le toit, la voilà qui s'échappe. Vraiment le trait est d'une audace... Oui, le militaire est capable d'en faire sauter la maison, et de me mettre en croix. Tout considéré, il vaut mieux me taire que de périr misérablement. Puis-je répondre d'une femme qui se livre elle-même?
Pal. (*revenant.*) Scélèdre! Scélèdre!
Scél. Qui m'appelle de ce ton menaçant?
Pal. Est-il au monde un menteur plus audacieux que toi! Sous quelle mauvaise étoile, sous quels auspices funestes es-tu né?
Scél. Pourquoi?
Pal. Fais-toi donc crever ces yeux qui voient ce qui ne fut jamais.
Scél. Comment! ce qui ne fut jamais?
Pal. Je ne donnerais pas maintenant une mauvaise noix de toute ta peau.
Scél. Qu'y a-t-il donc?
Pal. Ce qu'il y a, tu me le demandes?
Scél. Pourquoi ne le demanderais-je point?

Volupe 'st convenisse. *Pal.* Quid jam? aut quid negoti, fac sciam.
Scel. Metuo. *Pal.* Quid metuis? *Scel.* Ne, hercle, hodie, quantum heic familiarium 'st,
Maxumum in malum cruciatum insiliamus. *Pal.* Tu sali 280
Solus, nam ego istam insulturam et desulturam nil heic moror.
Scel. Nescis tu fortasse, apud nos facinus quod gnatum 'st novom.
Pal. Quod id est facinus? *Scel.* Inpudicum. *Pal.* Tute sci soli tibi,
Mihi ne dixis, scire nolo. *Scel.* Non enim faciam, quin scias.
Simiam hodie sum sectatus nostram in horum tegulis. 285
Pal. Edepol, Sceledre, homo sectatu's nihili nequam bestiam.
Scel. Di te perdant. *Pal.* Te istuc æquom, quoniam obcœpisti eloqui.
Scel. Forte fortuna per inpluvium huc despexi in proxumum :
Atque ego illa adspicio osculantem Philocomasium cum altero
Nescio quo adulescente. *Pal.* Quod ego, Sceledre, scelus ex te audio? 290
Scel. Profecto vidi. *Pal.* Tuten'? *Scel.* Egomet duobus his oculis meis.
Pal. Abi, non verisimile dicis, neque vidisti. *Scel.* Num tibi
Lippus videor? *Pal.* Medicum istuc tibi melius percontarier.
Verum enim tu istam, si te di amant, temere haud tollas fabulam.
Tuis nunc cruribus capitique fraudem capitalem hinc creas.
Nam tibi jam, ut pereas, paratum 'st dupliciter, nisi subprimis 296
Tuom stultiloquium. *Scel.* Qui vero dupliciter? *Pal.* Id dicam tibi.

Primumdum, si falso insimulas Philocomasium, hoc perieris;
Iterum, si id verum 'st, tu ei custos additus perieris.
Scel. Quid fuat me, nescio : hæc me vidisse ego certo scio.
Pal. Pergin', infelix? *Scel.* Quid tibi vis dicam, nisi quod viderim? 301
Quin, etiam nunc intus heic in proxumo 'st. *Pal.* Eho, an non domi 'st?
Scel. Vise, abi intro tute : nam ego mihi nil credi postulo
Pal. Certum 'st facere id. *Scel.* Heic te opperiar; eadem illi insidias dabo,
Quam mox horsum ad stabulum junix recipiat se a pabulo.
(*abit Palæstrio.*)
Quid ego nunc faciam? custodem me illi miles tradidit. 306
Nunc si indicium facio, interii; si taceo, interii tamen,
Si hoc palam fuerit. Quid pejus muliere atque audacius!
Dum ego in tegulis sum, illæc hac se hospitio edit foras.
Edepol, facinus fecit audax! hoccine si miles sciat?... 310
Credo, hercle, has sustollat ædeis totas, atque hinc in crucem....
Hercle, quidquid est, mussitabo potius, quam interim male.
Non ego possum, quæ ipsa sese venditat, tutarier.
Pal. Sceledra, Sceledre. *Scel.* Quis homo interminat? *Pal.* Est te alter audacior?
Quis magis dis inimicis gnatus, quam tu, atque iratis? *Scel.* Quid est? 315
Pal. Juben' tibi oculos ecfodiri, quibus id, quod nusquam 'st, vides?
Scel. Quid, nusquam? *Pal.* Non ego nunc emam vitam tuam vitiosa nuce.
Scel. Quid negoti 'st? *Pal.* Quid negoti sit, rogas? *Scel.* Cur non rogem?
Pal. Nonne tibi istam prætruncari linguam largiloquam jubes?

Pal. Que ne te fais-tu couper cette maudite bavarde de langue?
Scél. Pourquoi la couper?
Pal. Cette Philocomasie que tu disais avoir vue dans la maison voisine, entre les bras d'un autre, est chez nous.
Scél. Pourquoi manges-tu de l'ivraie (1) quand le froment est si bon marché?
Pal. Que veux-tu dire?
Scél. Que tu n'y vois plus clair.
Pal. Toi, pendard, tu y vois encore moins, tu es aveugle : cette femme est au logis.
Scél. Comment, au logis?
Pal. Sans doute, au logis.
Scél. Va te promener; tu joues avec moi, Palestrion.
Pal. Mes mains sont donc sales.
Scél. Pourquoi?
Pal. Parce que je joue avec de la boue.
Scél. Malheur à toi!
Pal. C'est à toi-même que tu fais cette prédiction, si tu ne changes tes yeux et ta langue. Mais notre porte s'ouvre.
Scél. Je la surveille, et rien n'en sortira que par le droit chemin.
Pal. Cette fille est à la maison... je ne sais quel démon te tourmente.
Scél. Je vois, j'ai ma raison, et je dois m'en croire moi-même. Personne ne m'ôtera de l'esprit qu'elle est encore dans cette maison. Je ne bouge pas d'ici, de peur qu'elle ne se glisse à la sourdine.
Pal. (*à part.*) Je le tiens. Chassons-le de ses retranchements. (*haut.*) Veux-tu que je te fasse convenir que tu vois tout de travers?
Scél. Volontiers.

(1) L'ivraie cause, dit-on, des vertiges et trouble la vue.

Pal. Que tu as perdu le bon sens comme la vue?
Scél. J'y consens.
Pal. Tu dis donc que l'amante de notre maître est dans cette maison?
Scél. Je prétends que je l'ai vue embrasser un homme chez le voisin.
Pal. Sais-tu qu'il n'y a aucune communication d'une maison à l'autre?
Scél. Je le sais.
Pal. Qu'il n'y a ni terrasse ni jardin qui les lient, qu'il n'y a que le toit?
Scél. Je le sais.
Pal. Si Philocomasie est à la maison, si je la fais sortir devant toi, n'avoueras-tu pas que tu mérites les étrivières?
Scél. Assurément.
Pal. Garde bien cette porte, de peur que la belle ne s'échappe furtivement de cette maison et ne se glisse dans l'autre.
Scél. C'est bien mon intention.
Pal. Je n'ai pas besoin de monter sur le toit pour te la chercher. (*Il sort.*)
Scél. Va donc. (*seul.*) Je suis curieux de savoir si j'aurai vu ce que j'ai vu, ou s'il fera, comme il le dit, qu'elle soit chez nous. Car enfin j'ai mes yeux, et n'ai pas besoin de ceux des autres. Il est toujours à la flatter, à rôder à ses côtés : on l'appelle le premier au dîner, on le sert le premier. Il n'y a pas trois ans qu'il est dans la maison, et c'est le mieux traité de tous les domestiques. Mais occupons-nous de notre besogne, ayons l'œil sur cette porte; ne bougeons pas d'ici : on ne m'en fait pas accroire aisément.

Scel. Quamohrem jubeam? *Pal.* Philocomasium eccam
domi, quam in proxumo   320
Vidisse aibas te osculantem atque amplexantem cum altero.
Scel. Mirum 'st lolio victitare te, tam vili tritico.
Pal. Quid jam? *Scel.* Quia luscitiosus. *Pal.* Verbero! edepol, tu quidem
Cæcus, non luscitiosus : nam illam quidem eccam domi.
Scel. Quid, domi? *Pal.* Domi, hercle, vero. *Scel.* Abi, ludis me, Palæstrio.   325
Pal. Tum mihi sunt manus inquinatæ. *Scel.* Quidum? *Pal.* Quia ludo luto.
Scel. Væ capiti tuo! *Pal.* Tuo istuc, Sceledre, promitto fore,
Nisi oculos orationemque aliam conmutas tibi.
Sed foreis concrepuerunt nostræ. *Scel.* At ego illas observo foreis.
Nam nihil est, qua hinc huc transire ea possit, nisi recto ostio.   330
Pal. Quin domi eccam : nescio, quæ te, Sceledre, scelera suscitant.
Scel. Mihi ego video, mihi ego sapio, mihi ego credo plurimum;
Me homo nemo deterruerit, quin ea sit in his ædibus :
Heic obsistam, ne inprudenti huc ea se subrepsit mihi.
Pal. (*secum.*) Meus illic homo est : deturbabo jam ego illum
de pugnaculis.   335
Vin' jam faciam, uti stultividum te fatearis? *Scel.* Age face.
Pal. Neque te quidquam sapere corde, neque oculis uti?
Scel. Volo.

Pal. Nempe tu isteic ais esse herilem concubinam? *Scel.* Atque arguo
Eam me vidisse osculantem heic intus cum alieno viro.
Pal. Sciu' tu nullum conmeatum huc esse a nobis? *Scel.* Scio.   340
Pal. Neque solarium, neque hortum, nisi per inpluvium? *Scel.* Scio.
Pal. Quid nunc, si ea domi 'st, si faciam ut eam exire hinc videas domo?
Dignus es verberibus multis? *Scel.* Dignus. *Pal.* Serva istas foreis,
Ne tibi eam se subterducat istinc, atque huc transeat.
Scel. Consilium 'st ita facere. *Pal.* Pedes ego jam illam huc tibi sistam in viam.   345
Scel. Agedum ergo, face. (abit Palæstrio.) Volo scire utrum ego id quod vidi, viderim;
An illic faciat, quod facturum dicit, ut ea sit domi.
Nam ego quidem meos oculos habeo, nec rogo utendos foris.
Sed hic illi subparasitatur semper, hic ei proxumu'st;
Primus ad cibum vocatur, primo pulmentum datur :   350
Nam illic noster est fortasse circiter triennium.
Neque quoiquam, quam illi, in nostra melius famulo familia.
Sed ego hoc quod ago, id me agere oportet, hoc observare ostium.
Heic obsistam; hac quidem, pol, certo verba mihi nunquam dabunt.

SCÈNE IV.

PALESTRION, PHILOCOMASIE, SCÉLÈDRE.

Pal. (à *Philocomasie.*) Souvenez-vous bien de mes leçons.

Phil. Vous me les répétez sans cesse !

Pal. Je crains que vous ne soyez pas assez rusée...

Phil. Bah ! j'en remontrerais à dix ! J'en ai connu de bien fines, mais il n'en est pas une que je ne surpasse.

Pal. A l'œuvre donc, et déployez toutes vos ruses. Moi, je m'éloigne de vous. Que fais-tu là, Scélèdre ?

Scél. Je fais ma besogne : j'écoute ; tu n'as qu'à parler.

Pal. (à *Scélèdre qui a les bras étendus.*) Voilà bien la posture où tu seras conduit un de ces jours par la ville, les bras en croix, prêt à être suspendu au gibet hors de la porte Métia (1).

Scél. Pourquoi ?

Pal. Regarde à gauche : qui est cette femme ?

Scel. Dieux immortels ! c'est la maîtresse de notre militaire !

Pal. C'est ce qu'il me semble aussi. Agis maintenant comme il te plaira.

Scél. Que faire ?

Pal. Tu n'as qu'à te tuer au plus tôt.

Phil. (à *Palestrion.*) Où est-il cet honnête serviteur qui a calomnié mon innocence ?

Pal. Le voici ; c'est de lui que je tiens le fait.

Scél. Oui, je te l'ai dit.

Phil. Coquin, quel est celui que tu m'as vu embrasser dans la maison voisine ?

Pal. Il m'a dit que c'était un jeune étranger.

Scél. Sans doute, je l'ai dit.

Phil. Tu m'as vue, toi !

(1) Les condamnés étaient exécutés hors de la ville.

Scél. Oui, et de mes propres yeux.

Phil. On t'arrachera, j'espère, ces yeux qui voient ce qu'ils ne voient pas.

Scél. On ne m'empêchera jamais d'avoir vu ce que j'ai vu.

Phil. Je suis folle, et ne sais ce que je fais de parler à cet extravagant dont il faut me venger.

Scél. Épargnez-moi ces menaces : je sais que le gibet est mon dernier refuge, comme il a été celui de mon père, de mon grand-père et de tous mes aïeux : d'ailleurs vos menaces ne me crèveront pas les yeux. Mais je veux te dire un mot, Palestrion : de grâce, d'où est-elle sortie ?

Pal. D'où serait-ce, si ce n'est de la maison ?

Scél. De la maison ?

Pal. En ma présence.

Scél. Je le vois, mais je ne puis comprendre par quel miracle elle a pu arriver jusqu'ici ; car il n'y a chez nous ni terrasse, ni jardin, ni fenêtre sans grille. (à *Philocomasie.*) Je vous ai pourtant bien vue là-dedans.

Pal. Tu persistes, misérable, et tu oses encore l'accuser !

Phil. D'après cela, il paraît que le songe que j'ai fait cette nuit se réalise.

Pal. Qu'avez-vous rêvé ?

Phil. Je te le dirai : mais, je te prie, écoute-moi avec attention. J'ai rêvé cette nuit que ma sœur jumelle est venue d'Athènes à Éphèse avec son amant, et qu'ils sont logés tous deux dans la maison voisine.

Pal. (à part.) C'est un songe de Palestrion qu'elle raconte. (à *Philocomasie.*) Continuez.

Phil. Cette arrivée m'a fait beaucoup de plaisir : mais il me semblait que j'étais exposée, à cause de ma sœur, à d'injurieux soupçons ; je me figurois que mon esclave m'accusoit d'avoir reçu les baisers d'un

SCENA QUARTA.

PALÆSTRIO, PHILOCOMASIUM, SCELEDRUS.

Pal. Præcepta facito, ut memineris. *Phil.* Toties monere
mirum 'st. 355
Pal. At metuo, ut satis sis subdola. *Phil.* Cedo vel doctas,
docebo :
Memini malas, ut sint malæ ; mihi solæ e quo superfit.
Pal. Age, jam nunc insiste in dolos : ego abs te procul recedam.
Quid adstas, Sceledre ? *Scel.* Hanc rem gero : habeo aureis,
loquere quidvis.
Pal. Credo ego istoc exemplo tibi esse eundum actutum extra portam, 360
Dispessis manibus patibulum quom habebis. *Scel.* Quamnam
ob rem ?
Pal. Respicedum ad lævam : quis illæc est mulier ? *Scel.* Pro
di inmortaleis !
Heri concubina 'st hæc quidem. *Pal.* Mihi quoque, pol, ita
videtur.
Age nunc jam, quod lubet. *Scel.* Quid agam ? *Pal.* Peri
perpropere.
Phil. Ubi iste bonus servos, qui propudi me maxime innocentem 365
Falso insimulavit ? *Pal.* Hem tibi : hic mihi id dixit. *Scel.*
Tibi. *Phil.* Quid dixti
Tu te vidisse in pruxumo heic, sceleste, me osculantem ?
Pal. Atqui cum alieno adulescentulo, dixit. *Scel.* Dixi, hercle, vero.
Phil. Tun' me vidisti ? *Scel.* Atque his quidem oculis. *Phil.*
Carebis, credo,

Qui plus vident, quam quod vident. *Scel.* Nunquam, hercle.
deterrebor, 370
Quin viderim id quod viderim. *Phil.* Ego stulta et mora
multum,
Quæ cum hoc insano fabulem, quem, pol, ego capitis perdam.
Scel. Noli minitari ; scio crucem futuram mihi sepolchrum :
Ibi mei majores sunt siti, pater, avos, proavos, abavos.
Non possunt mihi minaciis tuis hisce oculi fodiri. 375
Sed paucis verbis te volo, Palæstrio. Obsecro, unde hæc
Huc exit ? *Pal.* Unde, nisi domo ? *Scel.* Domo ? *Pal.* Me
vide. *Scel.* Te video.
Nimis mirum 'st facinus, quomodo hæc hinc potuerit transire !
Nam certo neque solarium 'st apud nos, neque hortus ullus,
Neque fenestra, nisi clatrata..... nam certo ego te heic intus
vidi. 380
Pal. Pergin', sceleste, intendere, atque hanc arguere ? *Phil.*
Ecastor,
Mi haud falsum eveniat somnium, quod noctu hac somniavi.
Pal. Quid somniasti ? *Phil.* Ego eloquar : sed, amabo, advortito animum.
Hac nocte in somnis mea soror gemina germana visa
Venisse Athenis in Ephesum cum suo amatore quodam ; 385
Hi ambo hospitio huc in proxumum mihi devorti sunt visi.
Scel. Palæstrionis somnium narratur. *Pal.* Perge porro.
Phil. Ego læta visa, quia soror venisset, propter eamdem
Subspicionem maxumam sum visa sustinere :
Nam arguere in somnis meus mihi visu'st familiaris
Me cum alieno adulescentulo, quasi nunc est, osculatam
esse, 391
Quom illa osculata mea soror gemina esset suumpte amicum.

LE SOLDAT FANFARON, ACTE II, SCÈNE IV.

jeune étranger, tandis que c'était ma sœur jumelle qui l'embrassait comme un amant. Voilà l'infâme accusation que j'ai rêvée.

Pal. Ce que vous avez vu en songe ne s'accomplit-il pas exactement devant vos yeux bien éveillés? Rentrez, et priez les dieux. Il faut, je pense, tout raconter au militaire.

Phil. C'est mon intention. Je ne souffrirai pas qu'on me calomnie impunément.

Scél. Vraiment je crains de m'être trompé, tant le dos me démange!

Pal. Tu sais que tu es perdu.

Scél. Philocomasie est à la maison, c'est une chose sûre. Mais, quelque part qu'elle soit, je surveille cette porte.

Pal. Mais considère donc le rapport de ce songe avec la réalité, avec la croyance où tu es de l'avoir vue dans les bras d'un jeune homme.

Scél. Tu penses que je ne l'ai pas vue?

Pal. Je te conseille de faire tes réflexions; car si notre maître apprend la chose, tu ne l'échapperas pas.

Scél. Je commence enfin à reconnaître qu'un brouillard m'a troublé la vue.

Pal. Il y a longtemps que cela est clair : elle n'est point sortie de la maison.

Scél. Je ne puis rien affirmer sur ce point : je ne l'ai pas vue... quoique je l'aie vue.

Pal. En vérité, tu as failli nous perdre par ta folie. En voulant faire preuve de fidélité envers ton maître, tu courais à ta perte. Mais la porte de la maison voisine s'ouvre. Taisons-nous.

SCÈNE V.

PHILOCOMASIE, PALESTRION, SCÉLÈDRE,
UNE ESCLAVE.

Phil. (à *l'esclave.*) Mettez le feu sur l'autel, afin qu'en sortant du bain je rende grâce à Diane d'Éphèse. Je chante ses louanges, et lui offre des parfums d'Arabie : c'est elle qui m'a conservée au milieu des écueils et de l'empire agité de Neptune, dont les flots m'ont si cruellement menacée.

Scél. Palestrion! Palestrion!

Pal. Scélèdre! Scélèdre! Que veux-tu?

Scél. Cette femme qui sort d'ici à l'instant est-elle bien l'amante de notre maître? ou n'est-ce pas elle?

Pal. Il me semble bien que c'est elle. Mais si c'est elle, par quel miracle a-t-elle pu passer de chez nous dans la maison voisine?

Scél. Doutes-tu que ce ne soit elle-même?

Pal. Non : il faut l'aborder, l'appeler.

Scél. Eh bien! Philocomasie, qu'est-ce que cela signifie? que vous doit-on dans cette maison? qu'avez-vous à y faire? Vous ne dites mot? mais je vous parle...

Pal. C'est à toi seul que tu parles, puisqu'elle ne répond rien.

Scél. C'est à vous que je m'adresse, effrontée coquine, qui courez le voisinage.

Phil. A qui en as-tu?

Scél. A qui donc, si ce n'est à vous?

Phil. Qui es-tu? et qu'avons-nous à démêler ensemble?

Scél. Quoi! vous me demandez qui je suis?

Phil. Pourquoi ne le demanderais-je pas, puisque je l'ignore?

Pal. Qui suis-je donc, moi, si vous ne le connaissez pas?

Phil. Qui que vous soyez, vous m'assommez tous les deux.

Scél. Vous ne nous connaissez pas?

Phil. Ni l'un ni l'autre.

Scél. Je crains beaucoup...

Pal. Que crains-tu?

Ha me insimulatam perperam falsum esse somniavi.
Pal. Satin' eadem vigilanti expetunt, quæ in somnis visa memoras?
Heus, hercle, præsentia omnia! abi intro, et conprecare.
Narrandum ego istuc Militi censebo. *Phil.* Facere certum. 396
Neque me quidem patiar probri falso inpune insimulatam.
Scel. Timeo quid rerum gesserim; ita dorsus totus prurit.
Pal. Scin' te perîsse? *Scel.* Nunc quidem 'st domi certo : certe res est
Nunc nostrum observare ostium, ubi ubi sit. *Pal.* At, Sceledre, quæso, 400
Ut ad id exemplum somnium quam simile somniavit,
Atque ut tu subspicatus es eam vidisse te osculantem?
Scel. Me eam non vidisse arbitraris? *Pal.* Næ tu, hercle, opinor, (obsecro,
Resipisce) si ad herum hæc res pervenerit, peristi pulchre.
Scel. Nunc demum experior, prius ob oculos mihi caliginem obstitisse. 405
Pal. Dudum, edepol, hoc planum quidem : quæ heic usque fuerit intus.
Scel. Nihil habeo certi quid loquar : non vidi eam, etsi vidi.
Pal. Næ tu, edepol, sultitia tua nos pæne perdidisti.
Dum te fidelem facere hero voluisti, absumtu' pæne es.
Sed foris vicini proxumi crepuerunt : conticiscam. 410

SCENA QUINTA.

PHILOCOMASIUM, PALÆSTRIO, SCELEDRUS.

Phil. Inde ignem in aram, ut Ephesiæ Dianæ lauta laudes
Gratesque agam, eique ut Arabico fumificem odore amœne,
Quæ me in locis Neptuniis templisque turbulentis
Servavit, sævis fluctibus ubi sum adflictata multum.
Scel. Palæstrio, o Palæstrio. *Pal.* O Sceledre, Sceledre, quid vis? 415
Scel. Hæc mulier, quæ hinc exit modo, estne herilis concubina
Philocomasium? an non est ea? *Pal.* Hercle, opinor, ea videtur.
Sed facinus mirum'st, quomodo hæc hinc nunc potuerit transire,
Siquidem ea 'st. *Scel.* An dubium tibi est eam esse hanc? *Pal.* Ea videtur.
Adeamus, adpellemus. *Scel.* Heus, quid istuc est, Philocomasium? 420
Quid tibi isteic hisce in ædibus debetur, quid negoti 'st?
Quid nunc taces? tecum loquor. *Pal.* Imo, edepol, tuto tecum ;
Nam hæc nihil respondet. *Scel.* Te adloquor, viti probrique plena,
Quæ circum vicinos vaga es. *Phil.* Quicum tu fabulare?
Scel. Quicum, nisi tecum? *Phil.* Quis tu homo es, aut mecum quid negoti 'st?
Scel. Men' rogas, hem, qui sim? *Phil.* Quin ego hoc rogem, quod nesciam? 425
Pal. Quis ego sum igitur, si tu hunc ignoras? *Phil.* Mihi odiosus, quisquis es,
Et tu, et hic. *Scel.* Nos non gnovisti? *Phil.* Neutrum. *Scel.* Metuo maxume.

Scél. Que nous ne nous soyons perdus quelque part, puisqu'elle prétend qu'elle ne nous connaît pas.

Pal. Assurons-nous, Scélèdre, si nous sommes bien nous-mêmes, de peur que quelque voisin ne nous ait métamorphosés à notre insu.

Scél. Moi, je reconnais bien ma maison.

Pal. Et moi aussi. (*à Philocomasie.*) Vous nous cherchez noise, méchante. C'est à vous que je parle, Philocomasie.

Phil. Quelle fantaisie te prend de me donner ce surnom?

Pal. Bon : comment vous appeler?

Phil. Mon nom est Glycère.

Scél. C'est mal, Philocomasie, de prendre un faux nom ; et vous faites injure à mon maître.

Phil. Moi!

Pal. Vous-même.

Phil. Mais j'arrivai hier soir d'Athènes à Éphèse, avec un jeune Athénien mon amant.

Pal. Dites-moi, quelle affaire avez-vous à Éphèse?

Phil. J'ai appris que ma sœur jumelle y était ; et je viens la chercher.

Pal. Vous êtes une méchante.

Phil. Dites plutôt que je suis une folle, de causer avec vous. Je m'en vais.

Scél. Je ne vous laisserai point aller.

Phil. Laissez-moi.

Scél. Tout est découvert, je ne vous lâche pas.

Phil. Mes mains me démangent déjà ; tu vas les sentir, si tu ne me laisses aller.

Scél. (*à Palestrion.*) Pourquoi restes-tu là, coquin, au lieu de la retenir de l'autre côté?

Pal. Je ne veux point compromettre mes épaules dans cette affaire : est-ce que je sais si cette femme est Philocomasie, ou quelqu'un qui lui ressemble?

Phil. Me laisses-tu aller, oui ou non?

Scél. Non ; de bonne volonté ou de force je vous entraînerai à la maison.

Phil. Voilà la porte de ma demeure : mon domicile et mon maître sont à Athènes. Quant à cette autre maison, je ne m'en soucie point ; et vous, je ne vous connais point, je ne sais qui vous êtes.

Scél. Invoquez la loi : je ne vous lâche point, à moins que vous ne me donniez votre parole d'entrer là-dedans.

Phil. Qui que tu sois, tu me fais violence. Je te donne ma parole que si tu me lâches, j'entrerai où tu voudras.

Scél. Je vous lâche...

Phil. (*s'enfuyant.*) Et moi je me sauve.

Scél. Fiez-vous à la parole d'une femme!

Pal. Scélèdre, tu as laissé échapper ta proie. Cette femme est bien l'amante de notre maître. Veux-tu faire une belle action?

Scél. Que faut-il faire?

Pal. Apporte-moi mon épée qui est là-dedans.

Scél. Qu'en feras-tu?

Pal. J'entrerai de vive force dans cette maison ; et si je vois quelque téméraire embrasser Philocomasie, je lui coupe la tête à l'instant.

Scél. Te semble-t-il que ce soit elle?

Pal. Certainement c'est bien elle. Mais comme elle est métamorphosée! Va donc me chercher mon glaive.

Scél. Tu vas l'avoir à l'instant. (*il sort.*)

Pal. (*seul.*) Non, il n'y a point de soldat à pied ou à cheval, plus audacieux, plus hardi qu'une femme quand elle entreprend quelque chose. Avec quelle adresse elle s'est tirée d'embarras! Comme elle a

---

Pal. Quid metuis? *Scel.* Enim ne nosmet perdiderimus uspiam.
Nam neque te, neque me gnovisse ait hæc. *Pal.* Perscrutari heic volo, 430
Sceledre, nos nostri an alieni simus : ne dum quispiam
Nos vicinorum inprudentes aliquis inmutaverit.
Scel. Certe equidem noster sum. *Pal.* Et, pol, ego. Quæris tu, mulier, malum.
Tibi dico, heus, Philocomasium. *Phil.* Quæ te intemperiæ tenent,
Qui me perperam perplexo nomine adpelles? *Pal.* Eho, 435
Quis igitur, vocare? *Phil.* Glycere nomen est. *Scel.* Injuria 'st.
Falsum nomen possidere, Philocomasium, postulas.
At istuc non decet, et meo adeo hero facis injuriam.
Phil. Egon'? *Pal.* Tute. *Phil.* Quæ heri Athenis Ephesum adveni vesperi
Cum meo amatore, adulescente Atheniensi? *Pal.* Dic mihi, Quid heic tibi in Epheso est negoti? *Phil.* Geminam germanam meam 441
Heic sororem esse inaudivi : eam veni quæsitum. *Pal.* Mala es.
Phil. Imo, ecastor, stulta multum, quæ vobiscum fabuler.
Abeo. *Scel.* Abire non sinam te. *Phil.* Mitte. *Scel.* Manifestaria
Res est, non mitto. *Phil.* At mihi jam crepabunt manus, malæ tibi ; 445
Nisi me omittis. *Scel.* (*ad Palæstrionem.*) Quid, malum', adstas : quin retines altrinsecus?
Pal. Nihil moror negotiosum mi esse tergum. Qui scio
An ista non sit Philocomasium, atque alia ejus similis sit?

Phil. Mittis me, an non mittis? *Scel.* Imo vi atque invitam, ingratiis,
Nisi voluntate ibis, rapiam te domum. *Phil.* Hosticum hoc mihi 450
Domicilium 'st, Athenis domus est et herus. Ego istanc domum
Neque moror ; neque vos, qui homines sitis, gnovi, neque scio.
Scel. Lege agito : te nusquam mittam, nisi das firmatam fidem,
Te huc, si omisero, intro ituram. *Phil.* Vi me cogis, quisquis es.
Do fidem, si omittis, istoc me intro ituram, quo jubes. 455
Scel. Ecce omitto. *Phil.* At ego abeo missa. *Scel.* Muliebri fecisti fide.
Pal. Sceledre, manibus amisisti prædam : tam ea est quam potis
Nostra herilis concubina : vin tu facere hoc strenue?
Scel. Quid faciam? *Pal.* Adfer mi macharam huc intus.
Scel. Quid facies ea?
Pal. Intro rumpam recta in ædeis ; quemque heic intus videro 460
Cum Philocomasio osculantem, eum ego obtruncabo extempulo.
Scel. Visane est ea esse? *Pal.* Imo, edepol, plane ea est : sed quomodo
Dissimulabat! abi', macharam huc ecfer. *Scel.* Jam faxo heic erit. (*abit intro.*)
Pal. Neque eques, neque pedes profecto quisquam tanta audacia,
Qui æque faciat confidenter quidquam ; quam quæ mulieres

dupé son gardien, mon cher camarade! Comme elle l'a joué, grâce au passage pratiqué dans le mur!

Scél. (*revenant.*) Holà! Palestrion, tu n'as pas besoin de ton épée.

Pal. Comment! qu'avons-nous à faire?

Scél. La maîtresse du militaire est à la maison.

Pal. Quoi! chez nous?

Scél. Elle est couchée dans son lit

Pal. Malheur à toi, si ce que tu dis est vrai!

Scél. Pourquoi?

Pal. Parce que tu as osé mettre la main sur cette femme qui loge près d'ici.

Scél. Je le crains beaucoup; mais personne ne m'empêchera de penser que celle-là ne soit la sœur de celle-ci.

Pal. C'est bien elle que tu as vue dans les bras d'un jeune homme; c'est bien celle que tu dis.

Scél. N'était-ce pas fait de moi, si j'en eusse parlé à mon maître?

Pal. Si donc tu es sage, tu te tairas. Un esclave doit en savoir plus qu'il n'en dit. Moi je m'en vais chez le voisin, pour rester étranger à ta détermination; tes étourderies me déplaisent. Si mon maître vient et qu'il me demande, je suis là : tu m'appelleras.

SCÈNE VI.
SCÉLÈDRE, PÉRIPLECTOMÈNE.

Scél. Le voilà parti, sans plus s'inquiéter des affaires de son maître que s'il n'était pas son esclave. Au reste, il n'y a pas de doute que cette femme ne soit à la maison : car je viens de la voir au lit à l'instant même. Il faut maintenant bien veiller sur elle.

Pér. Les gens du militaire ne me prennent point sans doute pour un homme, mais pour une femme. Me jouer ainsi! Ils osent maltraiter en pleine rue une femme étrangère logée chez moi, de condition libre, arrivée hier d'Athènes avec un jeune homme, mon hôte!

Scél. (*à part.*) Je suis perdu, il vient droit à moi. Je tremble que tout cela ne me soit fatal; le discours du vieillard n'est pas rassurant.

Pér. Abordons cet homme. (*haut.*) Est-ce toi, Scélèdre, misérable, qui oses insulter devant ma maison une femme à qui je donne l'hospitalité?

Scél. Voisin, écoutez-moi, je vous prie.

Pér. Moi, que je t'écoute!

Scél. Je veux me justifier.

Pér. Te justifier, après une action aussi indigne? Parce que vous volez, vous pillez, vous croyez-vous tout permis, scélérat?

Scél. Ne puis-je.....

Pér. Que tous les dieux et toutes les déesses me confondent, si je ne te fais administrer les étrivières depuis le matin jusqu'au soir, pour avoir brisé mon toit et mes tuiles, en poursuivant ta méchante guenon; pour avoir regardé chez moi un étranger, mon hôte, pendant qu'il embrassait sa maîtresse; pour avoir accusé de débauche l'amante de ton maître, et moi-même d'une conduite infâme; enfin pour avoir maltraité cette femme devant ma porte. Si tu ne reçois un rude châtiment, je couvrirai ton maître de plus de confusion que la mer n'est couverte de vagues, quand le vent l'agite.

Scél. Ah! Périplectomène, je suis dans un tel embarras, que je ne sais si je dois soutenir ce que j'ai avancé, ou me justifier. Je ne sais ce qui est, ni ce qui n'est pas; j'ignore ce que j'ai vu, tant cette femme ressemble à celle qui est chez nous, si toutefois ce n'est pas la même.

Faciunt : ut utrobique orationem docte ediderit! 466
Ut subluitur os custodi cauto conservo meo!
Nimis beat! quod conmeatus transtinet trans parietem.
Scel. Heus, Palæstrio, machæra nihil opus. *Pal.* Quid jam,
    aut quid opu'st?
Scel. Domi eccam herilem concubinam. *Pal.* Quid? domi?
    Scel. In lecto cubat. 470
Pal. Edepol, næ tu tibi malam rem reperisti, ut prædicas.
Scel. Quid jam? *Pal.* Quia hanc adtingere ausus mulierem
heic in proxumo.
Scel. Magis, hercle, metuo. Sed nunquam quisquam faciet,
    quin soror
Ista sit germana hujus. *Pal.* Eam, pol, tu osculantem heic
    videras.
Et quidem palam est eam esse, ut dicis. *Scel.* Quid propius
    fuit, 475
Quam qui perirem, si locutus fuissem hero! *Pal.* Ergo si
    sapis,
Mussitabis. Plus oportet scire servom, quam loqui.
Ego abeo a te, ne quid tecum consili commisceam,
Atque apud hunc [eo] vicinum : tuæ mihi turbæ non placent.
Herus si venjet, si me quæerit, heic ero; hinc me arcessito.

SCENA SEXTA.
SCELEDRUS, PERIPLECTOMENES.

Scel. Satin' abiit ille, neque [jam] herile negotium 480
Plus curat, quasi non servitute serviat?
Certo quidem illæc nostra intu'st in ædibus.
Nam ego et cubantem eam modo offendi domi.
Certum 'st nunc observationi operam dare. 484

Per. Non hercle, hice homines me marem, sed feminam
Vicini rentur esse servi Militis :
Ita me ludificant. Meumne heic in via hospitam,
Quæ heri huc Athenis cum hospite advenit meo;
Tractatam, et ludificatam, ingenuam et liberam? 490
Scel. Perii, hercle! hic ad me recta habet rectam viam.
Metuo illæc mihi res ne magno malo fuat,
Quantum hunc audivi facere verborum senem.
Per. Adoedam ad hominem. Tun', Sceledre, heic, scelerum
    caput,
Meam ludificasti hospitam ante ædeis modo? 495
Scel. Vicine, ausculta, quæso. *Per.* Ego auscultem tibi?
Scel. Expurgare volo me. *Per.* Tun'te expurges mihi,
Qui facinus tantum tamque indignum feceris?
An quia latrocinamini, arbitramini
Quidvis licere facere vobis, verbero? 500
Scel. Licetne? *Per.* At ita me di deæque omneis ament,
Nisi mihi supplicium virgeum de te datur
Longum diutinumque a mane ad vesperum,
Quod meas confregisti imbrices et tegulas,
Ibi dum condignam te sectatus simiam, 505
Quodque inde inspectavisti meum apud me hospitem
Amplexum amicam, quom osculabatur suam,
Quodque concubinam herilem insimulare ausus es
Probri, pudicam, meque summi flagiti,
Tum quod tractavisti hospitem ante ædeis meas; 510
Nisi tibi supplicium stimuleum datur,
Dedecoris pleniorem herum faciam tuum,
Quam magno vento plenum 'st undarum mare.
Scel. Ita sum coactus, Periplectomene, ut nesciam
Utrumne postulare tecum æquom prius, 515
An me expurgare tibi heic videatur æquius;

Pér. Entre chez moi, tu le sauras.
Scél. Vous le permettez?
Pér. Je te l'ordonne : et regarde-la tout à ton aise.
Scél. (*sortant.*) Très-volontiers.
Pér. Holà! Philocomasie, accourez vite chez nous, la chose presse. Et quand Scélèdre sera sorti, retournez promptement à la maison. Je crains qu'il ne fasse quelque méprise. S'il ne voit pas de femme ici, la ruse est découverte.
Scél. (*revenant.*) Dieux immortels! jamais le ciel ne pourrait former une femme d'une ressemblance plus parfaite, sans que ce soit la même personne.
Pér. Qu'en dis-tu maintenant?
Scel. J'ai mérité d'être puni.
Pér. Quoi donc? est-ce bien elle?
Scél. C'est elle, et ce n'est pas elle.
Pér. L'as-tu bien vue?
Scél. Oui, c'est elle, c'est celle qui embrassait votre hôte.
Pér. Est-ce bien elle?
Scél. Je n'en sais rien.
Pér. Veux-tu le savoir nettement?
Scél. De tout mon cœur.
Pér. Rentre chez toi sur-le-champ, et vois si Philocomasie est au logis.
Scél. C'est cela, et l'idée est excellente. Je serai bientôt de retour. (*Il sort*).
Pér. Je n'ai jamais vu se jouer d'un homme d'une manière plus plaisante et plus ingénieuse. Mais le voici qui revient.
Scél. (*sortant de la maison.*) Périplectomène, je vous en conjure par les dieux, par les hommes, par mon imprudence, et par vos genoux...
Pér. De quoi me conjures-tu?
Scél. De pardonner à mon ignorance et à ma sottise : oui, je le reconnais, je suis un imbécile, un aveugle, un insensé : car Philocomasie est à la maison.
Pér. Ainsi, coquin, tu les as vues toutes deux?
Scél. Oui.
Pér. Je veux que tu fasses venir ton maître.
Scél. J'avoue que je mérite le plus rigoureux châtiment, et que j'ai fait injure à celle qui est logée chez vous : mais je l'ai prise pour l'amante de mon maître : ce militaire m'en avait confié la garde. Deux gouttes d'eau ne se ressemblent pas plus que cette femme à Philocomasie. J'avoue aussi que j'ai regardé par la gouttière ce qui se passait dans l'intérieur de votre maison.
Pér. Comment n'avouerais-tu pas ce que j'ai vu moi-même?
Scél. Mais j'ai cru aussi avoir vu Philocomasie.
Pér. M'as-tu supposé une âme assez vile pour souffrir que l'on fît sous mes yeux un pareil outrage à mon voisin?
Scél. Oui, je confesse que j'ai agi comme un insensé, je le reconnais : mais je l'ai fait sans méchanceté.
Pér. C'est une indignité! un esclave doit savoir diriger ses yeux, ses mains et sa langue.
Scél. Oh! si dorénavant je souffle mot de ce que je serai le plus sûr de savoir, faites-moi punir, je me livre moi-même à votre discrétion : mais je vous demande grâce pour cette fois.
Pér. Je me ferai violence pour croire que tu n'as point agi méchamment. Je te pardonne.
Scél. Que les dieux vous soient favorables!
Pér. Et toi, s'ils te veulent du bien, tu retiendras ta langue. Tu ignoreras même ce que tu sauras, tu n'auras pas vu ce que tu auras vu.

Nisi istæc non est istæc, neque ista sit mihi :
Sicut etiam nunc nescio quid viderim :
Ita est istæc hujus similis nostræ tua,
Siquidem non eadem 'st. *Per.* Vise ad me intro, jam scies.
Scel. Licetne? *Per.* Quin te jubeo : at placide gnoscita. 521
Scel. Ita facere certum 'st. (abit intro.) *Per.* Heus, Philocomasium, cito
Transcurre curriculo ad nos, ita negotium'st.
Post, quando exierit Sceledrus a nobis, cito
Transcurrito ad vos rursum curriculo domum. 525
Nunc, pol, ego metuo, ne quid infuscaverit.
Si hic non videbit mulierem, aperitur dolus.
Scel. (rediens.) Pro di inmortaleis! similiorem mulierem,
Magisque eamdem, utpote quæ non sit eadem, non reor
Deos facere posse. *Per.* Quid nunc? *Scel.* Conmerui malum.
Per. Quid igitur, eañ' est? *Scel.* Etsi ea est, non est ea. 531
Per. Vidistin' istam? *Scel.* Vidi et illam, et hospitem
Conplexum atque osculantem. *Per.* Eañ' est? *Scel.* Nescio.
Per. Vin' scire plane? *Scel.* Cupio. *Per.* Abi intro ad vos domum
Continuo, vide sitne istæc vostra intus. *Scel.* Licet; 535
Polchre admonuisti : jam ego ad te exibo foras. (abit intro.)
Per. Nunquam, edepol, hominem quemquam ludificarier
Magis facete vidi, et magis miris modis.
Sed eccum egreditur. *Scel.* Periplectomene, te obsecro
Per deos atque homines, perque stultitiam meam, 540
Perque tua genua... *Per.* Quid obsecras me? *Scel.* Inscitiæ
Meæ et stultitiæ ignoscas. Nunc demum scio
Me fuisse excordem, cæcum, incogitabilem.
Nam Philocomasium eccam intus. *Per.* Quid nunc, furcifer,
Vidistin' ambas? *Scel.* Vidi. *Per.* Herum exhibeas volo.
Scel. Meruisse equidem me maxumum fateor malum, 546

Et tuæ fecisse me hospitæ aio injuriam :
Sed meam esse herilem concubinam censui,
Quoi me custodem herus addidit Miles meus.
Nam ex uno puteo similior nunquam potest 550
Aquæ aquæ sumi, quam hæc est, atque ista hospita.
Et me despexe ad te per inpluvium tuum
Fateor. *Per.* Quidni fateare, ego quod viderim?
Scel. Sed Philocomasium me vidisse censui.
Per. Ratusne me isteic hominem esse omnium minumi preti,
Si ego me sciente paterer vicino meo 556
Eam fieri apud me tam insignite injuriam?
Scel. Nunc demum a me insipienter factum esse arbitror,
Quom rem congnosco : at non malitiose tamen
Feci. *Per.* Imo indigne : namque hominem servom suos
Domitos habere oportet oculos et manus 561
Orationemque. *Scel.* Egone? si post hunc diem
Mutivero, etiam quod egomet certo sciam,
Dato excruciatum me : egomet dedam me tibi.
Nunc hoc mihi ignoscas quæso. *Per.* Vincam animum meum,
Ne malitiose factum id esse abs te arbitrer. 566
Ingnoscam tibi istuc. *Scel.* At tibi di faciant bene.
Per. Næ tu, hercle, si te dii ament, linguam conprimes
Posthac; etiam illud, quod scies, nesciveris;
Ne videris, quod videris. *Scel.* Bene me mones. 570
Ita facere certum'st. Sed satine oratu 's? *Per.* Abi.
Scel. Numquid nunc aliud me vis? *Per.* Ne me gnoveris.
Scel. (aversus ad spectatores.) Dedit hic mihi verba, quam benigna gratiam
Fecit, ne iratus esset. Scio quam rem gerat :
Ut miles, quom exemplo a foro adveniat domum, 575
Domi conprehendat : una hic et Palæstrio
Me habent venalem; sensi, et jamdudum scio.
Nunquam, hercle, ex ista nassa ego hodie escam petam

Scél. Vous me donnez une bonne leçon; j'en profiterai. Mais êtes-vous bien apaisé? ne me voulez-vous plus rien?

Pér. Fais semblant de ne me pas connaître.

Scél. (*à part.*) Il m'en a conté de belles! Comme sa colère m'a pardonné de bonne grâce! Je sais ses projets: il compte que le militaire en revenant de la place publique me fera saisir: le bonhomme et Palestrion veulent me vendre: je le prévois; je le sais depuis longtemps. Mais je ne mordrai pas à cet hameçon. Je vais m'enfuir; je me tiendrai caché pendant quelques jours, jusqu'à ce que l'orage soit dissipé et que leur colère soit apaisée; car j'ai mérité les étrivières plus qu'on ne peut dire. Quoi qu'il puisse m'arriver, je vais retourner au logis. (*il sort.*)

Pér. Il est parti. Vraiment un porc a plus de bon sens que Scélèdre, puisqu'il en est au point de ne pas voir ce qu'il voit. Ses yeux, ses oreilles, son opinion, sont à notre disposition. Tout marche à merveilles. Philocomasie nous a été d'un grand secours. Je retourne à mon sénat (1); car Palestrion est chez moi, et Scélèdre est parti. Nous pouvons tenir une assemblée complète. Allons bien vite, de peur d'encourir l'amende (2).

ACTE TROISIÈME.

SCÈNE I.

PALESTRION, PLEUSIDE, PÉRIPLECTOMÈNE.

Pal. Restez un instant à l'entrée de la maison, et vous aussi, Pleuside; laissez-moi m'avancer seul, pour m'assurer si quelque embûche ne peut trou-

(1) Composé de Pleuside, de Palestrion, de Philocomasie et de lui-même.
(2) Ceux qui manquaient la séance sans motif légitime étaient condamnés à une amende.

bler le conseil que nous voulons tenir: car nous avons besoin d'un lieu sûr, où l'ennemi ne puisse surprendre nos places et nous écouter. (*seul.*) Le meilleur projet ne vaut rien, si l'ennemi s'en empare: s'il en profite, il nous est fatal. Une bonne résolution est souvent découverte, quand on n'a pas choisi un endroit propre à délibérer secrètement. Si l'ennemi pénètre votre dessein, il vous prévient, et vous empêche d'agir; il tourne contre vous vos propres machines. Mais je vais me mettre en sentinelle, pour voir si à droite ou à gauche quelque espion ne vient pas surprendre nos projets. Tout l'espace que j'embrasse n'offre rien de suspect. Je vais les appeler. Périplectomène et Pleuside, vous pouvez avancer.

Pér. Nous voici à ta disposition.

Pal. Le commandement est facile avec de braves gens. Mais je voudrais savoir si nous exécutons le plan que nous avons adopté là-dedans.

Pér. Il n'y en a point de mieux approprié aux circonstances.

Pal. Qu'en dites-vous, Pleuside?

Pleus. Puis-je désapprouver ce qui obtient votre approbation? Quel homme m'est plus dévoué que vous?

Pér. Ces paroles me touchent infiniment.

Pal. Il a raison de parler ainsi.

Pleus. Cependant tout cela me tourmente, me met le corps et l'esprit à la torture.

Pér. Qu'est-ce qui vous tourmente, je vous prie?

Pleus. C'est de vous obliger d'agir comme un jeune homme, d'exiger de vous des choses indignes de vous et de votre caractère; c'est de mettre votre générosité à de telles épreuves pour seconder mes amours, et de vous voir faire des choses qui répugnent naturellement à votre âge. Je rougis de jeter un vieillard dans tous ces embarras.

Pér. Vous aimez d'une façon toute nouvelle,

Nam jam aliquo abfugiam, et me obcultabo aliquot dies,
Dum hæ consilescunt turbæ, atque iræ leniunt.   580
Nam jam nunc satis et plus nimio merui mali.
Verumtamen de me quidquid est, ibo hinc domum.
Pal. Illic hinc abscessit: sat, edepol, certo scio,
Obcisam sæpe sapere plus multo suem,
Quom manducator, ne id, quod vidit, viderit!   585
Nam illius oculi atque aures atque opinio
Transfugere ad nos: usque adhuc actum 'st probe.
Nimium festivam mulier operam præbuit.
Redeo in senatum rursus: nam Palæstrio
Domi nunc apud me: Sceledrus nunc autem foras.   590
Frequens senatus poterit nunc haberier.
Ibi intro; ne, dum absum, illei insortito siem.

ACTUS TERTIUS.

SCENA PRIMA.

PALÆSTRIO, PLEUSIDES, PERIPLECTIOMENES.

Pal. Cohibete intra limen etiam vos parumper, Pleusides.
Sinite me prius prospectare, ne usplam insidiæ sient,
Concilium quod habere volumus: nam opus est nunc tuto
loco,   595
Unde inimicus ne quis nostra spolia capiat auribus.
Nam bene consultum, inconsultum'st, si inimicis sit usui:
Neque potest, quin, si id inimicis usui est, obsit mihi.
Nam bonum consilium subripitur sæpissume,
Si minus cum cura aut κατὰ λόγον locus loquendi lectus est.
Quippe si resciverint inimici consilium tuum,   601

Tuopte tibi consilio obcludunt linguam, et constringunt manus:
Atque eadem, quæ illis voluisti facere, faciunt tibi.
Sed speculabor, ne quis aut hinc a læva, aut a dextera
Nostro consilio venator adsit cum auritis plagis.   605
Sterilis hinc prospectus usque ad ultimam plateam est
probe.
Evocabo: heus Periplectomene et Pleusides, progredimini.
Per. Ecce nos tibi obedienteis. *Pal.* Facile 'st inperium in bonis.
Sed volo scire, eodem consilio, quod intus meditati sumus,
Si gerimus rem. *Per.* Magis ad rem esse non potest utibilius.   610
Pal. Imo quid tibi, Pleusides? *Pleus.* Quodne vobis placeat
 displiceat mihi?
Quis homo sit magis meus, quam tu es? *Per.* Loquere lepide et commode.
Pal. Pol, ita decet hunc facere. *Pleus.* At hoc me facinus
 miserum macerat,
Meumque cor corpusque cruciat. *Per.* Quid id est, quod
 cruciat? cedo.
Pleus. Me tibi scire ætatis homini facinora puerilia   615
Objicere, neque te decora, neque tuis virtutibus;
Ea te expetere ex opibus summis mei honoris gratia,
Mihique amanti ire opitulatum, atque ea te facere facinora,
Quæ istæc ætas fugere facta magis quam sectari solet.
Eam pudet me tibi in senecta objicere solicitudinem.   620
Per. Novo modo tu homo amas; siquidem te quidquam,
 quod faxis, pudet,

mon cher Pleuside, puisque vous rougissez de ce que vous faites. Vous n'aimez pas; vous êtes l'ombre d'un amant, et non un amant véritable.

Pleus. Votre âge est-il fait pour servir mes amours?

Pér. Que dites-vous? Suis-je donc à votre avis, un échappé de l'Achéron? Vous semble-t-il que je sorte d'un cercueil et que j'aie vécu un siècle? Je n'ai pas encore cinquante-quatre ans. J'ai de bons yeux, la main leste et le pied ferme.

Pal. (*à Pleuside.*) Malgré ses cheveux blancs, il a l'esprit jeune : il est d'une humeur aimable et facile.

Pleus. Il m'en donne bien la preuve. Il a pour moi la complaisance d'un jeune homme.

Pér. Mon cher hôte, plus vous serez dans l'embarras, et plus vous trouverez en moi de zèle pour vos amours.

Pleus. Qu'ai-je besoin d'éprouver une amitié que je connais déjà?

Pér. Vous n'aurez pas besoin d'en chercher longtemps des témoignages. Celui qui n'a jamais aimé ne souffre qu'avec peine les amours des autres. J'ai encore quelque étincelle d'amour dans le cœur; mon âme n'est pas encore insensible au plaisir et à la beauté. On trouve en moi un homme prêt au badinage, un convive d'humeur facile. Je ne coupe la parole à personne dans un repas, je ne cherche à outrager qui que ce soit, je ne prends dans la conversation que ma part légitime; je me tais, quand c'est le tour d'un autre. J'ai la politesse de ne point cracher et ne point tousser, ni même de ne me point moucher : c'est que je suis né à Éphèse (1), et non dans la Pouille ou dans l'Ombrie.

Pleus. L'aimable vieillard, s'il a les qualités dont il se vante! Il a été élevé par Vénus même.

Pér. Vous verrez que ma facilité est encore plus grande que je ne dis. D'abord je ne déclame pas à table sur les affaires publiques, je ne réforme pas les lois; je ne caresse point, en buvant, la maîtresse d'autrui. Je n'arrache point les bons morceaux à mes voisins, je ne prends point leur verre; je n'ai jamais, dans la fumée du vin, excité de querelles. Si quelqu'un me déplaît, je m'en vais, ou je ne lui parle pas à table; je ne songe qu'à Vénus, à l'Amour et aux Grâces.

Pleus. Vous êtes d'une politesse parfaite. Trouvez-moi trois hommes de mœurs aussi aimables, et je vous donne leur pesant d'or.

Pal. Vous n'en trouverez pas de son âge qui soit aussi aimable en toute chose, aussi dévoué à ses amis.

Pér. Ah! je vous forcerai d'avouer que je suis un jeune homme par mes manières, par mon empressement à vous servir. Avez-vous besoin d'un avocat sévère, emporté, je suis votre homme; d'un esprit conciliant, vous me verrez plus doux que la mer dans un temps calme, plus paisible que le zéphyr, et, s'il le faut, vous me verrez joyeux convive, le premier des parasites, mangeur intrépide; et, pour la danse, le disputer au plus habile histrion.

(1) L'urbanité de cette ville est mise en contraste avec la grossièreté des deux autres pays. Plaute n'épargne pas ses compatriotes les Ombriens.

Nihil amas; umbra es amantum magis, quam amator, Pleusides.
Pleus. Hanccine ætatem exercere me mei amoris gratia?
Per. Quid ais tu? itane tibi ego videor oppido Acheruntieus,
Tam capularis? Tamne tibi diu videor vita vivere? 625
Nam equidem haud sum annos gnatus præter quinquaginta et quatuor :
Clare oculis video, pernix sum manibus, sum pedes mobilis.
Pal. Si albus capillus hic videtur, neutiquam ab ingenio est senex.
Inest in hoc amussitata sua sibi ingenua indoles.
Pleus. Pol, id quidem experior ita esse, ut prædicas, Palæstrio, 630
Nam benignitas quidem hujus oppido ut adulescentuli est!
Per. Imo, hospes, magis quom periculum facies, magis gnosces meam
Comitatem erga te amantem. *Pleus.* Quid opus gnota gnoscere?
Per. Ut apud te exemplum experiundi habeas, ne petas foris.
Nam qui ipse haud amavit, ægre amantis ingenium inspicit. 635
Et ego amoris aliquantulum habeo humorisque meo etiam in corpore;
Neque dum exarui ex amœnis rebus et voluptariis.
Vel cavillator facetus, vel conviva commodus
Item ero; neque ego unquam obloquutor sum alteri in convivio.
Inconmoditate abstinere me apud convivas conmode 640
Conmemini, et meæ orationis justam partem persequi,
Et meam partem itidem tacere, quom aliena 'st oratio.
Minume sputator, screator sum, itidem minume muccidus.
Post, Ephesi sum gnatus, non in Apulis, non sum in Umbria.
Pleus. O lepidum senicem, si quas memorat, virtutes habet, 645
Atque equidem plane eductum in nutricatu Venerio!
Per. Plus dabo, quam prædicabo ex me venustatis tibi.
Neque ego ad mensam publicas res clamo, neque leges crepo :
Neque ego unquam alienum scortum subigito in convivio.
Neque præripio pulpamentum, neque prævorto poculum,
Neque per vinum unquam ex me exoritur dissidium in convivio. 651
Si quis ibi est odiosus, abeo domum, sermonem segrego.
Venerem, amorem, amœnitatemque adcubans exerceo.
Pleus. Tui quidem, edepol, omneis mores ad venustatem valent.
Cedo treis mihi homines auricbalco contra cum istis moribus. 655
Pal. At quidem illuc ætatis qui sit, non invenies alterum
Lepidiorem ad omneis res, nec qui amicus amico sit magis.
Per. Tute me ut fateare faciam esse adulescentem moribus;
Ita apud omneis conparebo tibi res benefactis frequens.
Opusne erit tibi advocato tristi, iracundo? ecce me. 660
Opus leni? lenorem dices, quam mutum 'st mare,
Liquidiusculusque ero, quam ventus est favonius.
Vel hilarissumum conviuam hinc indidem expromam tibi,
Vel primarium parasitum, atque opsonatorem optumum :
Tum ad saltandum non cinædus malacus æque est atque ego. 665
Pal. Quid ad illas artes optassis, si optio eveniat tibi?
Pleus. Hujus pro meritis ut referri pariter possit gratia,
Tibique, quibus nunc me esse experior summæ solicitudini.
At tibi tanto sumtui esse mihi molestum 'st. *Per.* Morus es.
Nam in mala uxore atque inimico si quid sumas, sumtus est; 670
In bono hospite atque amico, quæstus est, quod sumitur;
Et, quod in divinis rebus sumas, sapienti lucro est.
Deum virtute, ut transeuntem hospitio adcipiam, apud me est comitas.

Pal. (*à Pleuside.*) Quelle autre qualité vous souhaiteriez-vous à vous-même, si vous en aviez le choix?
Pleus. Une reconnaissance égale aux services que votre zèle me rend. (*à Périplectomène.*) Je suis vraiment fâché de vous être à charge.
Pér. Vous êtes fou. Dépenser pour une méchante femme ou pour un ennemi est une extravagance. Ce qu'on dépense pour un hôte chéri ou un ami est de l'argent bien employé; et les frais d'un sacrifice aux dieux sont un gain très-sage. C'est une bonté des dieux que de m'offrir l'occasion de donner l'hospitalité à un ami qui voyage. Mangez, buvez, ne vous gênez pas avec moi, et faites provision de gaieté. Ma maison est libre, je suis libre; usez de moi sans façon. J'aurais pu, grâce aux richesses que les dieux m'ont données, épouser une femme d'une grande naissance : mais je ne veux point introduire dans ma maison quelque grondeuse qui aboie sans cesse après moi.
Pleus. Et pourquoi? élever des enfants est un si doux fardeau!
Pér. La liberté est bien plus douce encore.
Pal. Vous agissez aussi sagement que vous conseillez.
Pér. Car enfin une bonne femme, si on en épousa jamais une, où la trouverai-je? où en trouverai-je une qui me dira : « Mon ami, achète de la laine pour te faire un bon manteau, des habits bien chauds, afin que tu n'aies pas froid l'hiver. » Une femme ne me dira jamais cela. Mais avant le chant du coq, elle me réveillera pour me dire : « Mon mari, donnez-moi de quoi faire un cadeau à ma mère aux calendes de mars (1). Donnez-moi un bon maître d'hôtel, un bon cuisinier, de quoi célébrer les cinq jours consacrés à Minerve, de quoi payer la magicienne, la devineresse, l'enchanteresse. Il serait honteux de ne leur rien envoyer : de quel œil me regarderaient-elles? On ne peut décemment se

(1) Aux fêtes de Junon, patronne des dames romaines.

dispenser de faire ce présent à celle qui m'a purifiée : l'allumeuse de cierges est mécontente depuis longtemps de n'avoir rien reçu. Ma sage-femme s'est plainte à moi de ce qu'on lui a envoyé un trop mince cadeau. Comment! vous ne ferez rien remettre à la nourrice des esclaves nés dans la maison? » Toutes ces dépenses, et tant d'autres, m'empêchent de prendre une femme, qui m'étourdirait de pareilles sornettes.
Pal. Les dieux vous sont propices. Car si vous perdez une fois votre liberté, vous aurez de la peine à la recouvrer.
Pleus. C'est pourtant une tâche honorable, quand on est riche et bien né, que d'élever des enfants qui soutiennent notre nom et celui de nos ancêtres.
Pér. Quand j'ai tant de parents, qu'ai-je besoin d'enfants? Je vis maintenant heureux et tranquille, à ma façon, et maître absolu. Je mourrai de même. Je donnerai mes biens à mes parents, et leur en ferai le partage. Ils mangent chez moi, ont soin de moi, s'intéressent à toutes mes actions, préviennent mes désirs. Ils sont là avant le jour, pour me demander si j'ai bien dormi la nuit. Je les considère comme mes enfants; ils m'envoient des cadeaux. Font-ils un sacrifice, ils me réservent la meilleure part; ils m'invitent à manger les entrailles de la victime. Ils me prient à dîner et à souper chez eux. Celui qui me donne le moins est désespéré. Ils luttent de libéralité. Cependant je me dis tout bas : Ils en veulent à mon bien : c'est pour cela qu'ils m'envoient des cadeaux et des présents à l'envi l'un de l'autre.
Pal. Vous avez cent fois raison; vous songez à votre personne, à vos intérêts, avec une prudence parfaite; et si vous vous portez bien, cela vaut mieux que d'avoir deux et trois fils.
Pér. Vraiment si j'en avais eu, je n'aurais pas manqué de soucis : j'en serais mort, je pense. Si mon fils avait fait une chute étant ivre, ou en

---

Es, bibe, animo obsequere mecum, atque onera te hilaritudine.
Liberæ sunt ædeis; liber sum autem ego; me uti volo libere. 675
Nam mihi, deum virtute, dicam, propter divitias meas
Licuit uxorem dotatam genere summo ducere :
Sed nolo mihi oblatratricem in ædeis intromittere.
Pleus. Cur non vis? nam procreare liberos lepidum 'st onus.
Per. Hercle vero, liberum esse, id multo est lepidius. 680
Pal. Tute homo et alteri sapienter potis es consulere, et tibi.
Per. Nam bona uxor, si ea deducta est usquam gentium,
Ubi eam possim invenire? verum egone eam ducam domum,
Quæ mihi nunquam hoc dicat : eme, mi vir, lanam, unde tibi pallium
Malacum et calidum conficiatur, tunicæque hibernæ bonæ, 685
Ne algeas hac hieme (hoc nunquam verbum ex uxore audias);
Verum priusquam galli cantent, quæ me somno suscitet,
Dicat : da mihi, vir, Calendis meam quod matrem juverit;
Da qui farciat, da qui condiat; da quod dem quinquatribus
Præcantatrici, conjectrici, hariolæ atque aruspicæ; 690
Flagitium 'st, si nihil mittetur; quo supercilio specit!
Tum piatricem clementer non potest quin munerem.
Jampridem, quia nihil abstulerit, subcenset cerarla.
Tum obstetrix expostulavit mecum, parum missum sibi.
Quid? nutrici non missurus quidquam, quæ vernas alit? 695
Hæc atque hujus similia alia damna multa mulierum
Me uxore prohibent, mihi quæ hujus simileis sermones serat.
Pal. Di tibi propitii sunt, hercle : nam si istam semel amiseris
Libertatem; haud facile te in eumdem rursus restitues locum.
Pleus. At illæc laus est, magno in genere et in divitiis maxumis, 700
Liberos hominem educare, generi monumentum et sibi.
Per. Quando habeo multos cognatos, quid opus sit mihi liberis?
Nunc bene vivo, et fortunate, atque ut volo, atque animo ut lubet.
Mea bona mea morte congnatis dicam, inter eos partiam.
Illi apud me edunt, me curant, visunt quid agam, ecquid velim. 700
Priusquam lucet, adsunt, rogitant, noctu ut somnum ceperim.
Eos pro liberis habeo; quin mihi mittunt munera.
Sacrificant? dant inde partem mihi majorem, quam sibi,
Abducunt ad exta; me ad se, ad prandium, ad cœnam vocant.
Ille miserrumum se retur, minumum qui misit mihi. 710
Illi inter se certant donis; ego hæc mecum mussito :

montant à cheval, j'aurais craint qu'il ne se fût cassé la jambe ou la tête : j'aurais tremblé que ma femme ne mît au monde quelque enfant difforme, boiteux, cagneux, bossu, borgne ou aveugle.

Pal. Quand on sait si bien conserver son bien, s'en faire honneur, et le prodiguer à ses amis, on mérite d'être riche et de vivre longtemps.

Pleus. O la bonne tête! que le ciel me protége! Il est bien que tout le monde n'ait pas la même manière de vivre. Chaque marchandise doit se vendre à sa valeur; celle qui est mauvaise ruine le marchand. Ainsi les dieux auraient dû établir une juste distinction dans la vie humaine : aux heureux caractères ils devraient accorder de longs jours ; aux gens durs et méchants, leur ôter la vie promptement. S'ils eussent établi cette loi, on verrait moins de méchants, moins de scélérats, et les gens de bien mangeraient le pain à meilleur marché.

Pér. Ne critiquons pas là-dessus les dieux, ne les accusons pas. Ce serait une imprudence, une folie; brisons sur ce point. Je veux maintenant envoyer au marché, mon cher hôte, afin de vous recevoir, et de vous traiter poliment, gaiement, avec des mets propres à entretenir l'humeur joyeuse; en un mot, d'une manière digne de vous et de moi.

Pleus. Je ne suis plus si fâché de vous causer tant de dépenses. Car à peine est-on logé trois jours chez un ami, qu'on lui est à charge : et si l'on reste dix jours avec l'agrément du maître, les esclaves en murmurent.

Pér. Les esclaves que j'ai pris chez moi, mon cher, y sont pour me servir, et non pour me commander. Si ce qui me plaît le contraire, je ne laisse pas de faire comme je veux. Ils doivent exécuter mes volontés, bien qu'elles ne soient pas de leur goût. Je reviens à ma pensée, et j'envoie au marché.

Pleus. Puisque vous le voulez absolument, commandez un dîner; mais point de cérémonie; la moindre chose me suffit.

Pér. Laissez-là cette formule vieille et hors d'usage; il n'y a maintenant que les gens du peuple qui parlent ainsi. Quand on est à table et que les plats sont servis, ils ne manquent pas de dire : Qu'aviez-vous besoin de vous mettre en si grands frais pour nous ? C'est vraiment une folie; en voilà pour dix personnes. Ils vous blâment d'avoir fait le dîner pour eux, et n'en mangent pas moins de fort bon appétit.

Pal. La remarque est vraie. Quelle justesse, quelle sagacité d'esprit!

Pér. Cependant on ne les entend jamais dire malgré l'abondance des mets : Faites ôter ceci; enlevez ce plat : mettez de côté ce jambon, je n'en veux pas; emportez ce gigot ; ce congre sera bon froid : gardez cela, ôtez ceci, faites tout remporter. Aucun d'eux ne dit un mot de cela : mais ils ont soin d'allonger leurs mains et de pencher leur corps pour atteindre les bons morceaux.

Pal. Comme ce brave homme décrit bien ces usages indécents!

Pér. Je n'en ai pas dit la centième partie; et si j'avais le loisir, j'en dirais bien davantage.

Pal. Revenons à notre affaire. Faites attention tous les deux. J'ai besoin de votre secours, Périplectomène. J'ai trouvé une ruse excellente pour tondre et raser comme il faut notre militaire, et pour donner

---

Bona mea inhiant; certatim dona mittunt et munera.
Pal. Nimis bona ratione, nimiumque ad te et tua tu multum vides.
Et tibi sunt gemini, et trigemini, si te bene habes, filii.
Per. Pol, si habuissem, satis cepissem miseriarum liberis.
Censerem emori; cecidissetne ebrius, aut de equo uspiam : 716
Metuerem, ne ibi defregisset crura aut cervices sibi.
Tum ne uxor mihi insignitos pueros pariat postea,
Aut varum, aut valgum, aut compernem, aut pætum, aut broncum filium.
Pal. Huic homini dignum'st divitias esse, et diu vitam dari,
Qui et rem servat, et qui bene habet, suisque amicis est volup. 721
Pleus. O lepidum caput! ita me di deæque ament, æquom fuit
Deos paravisse, uno exemplo ne omneis vitam viverent,
Sicuti merci pretium statui, pro virtute ut veneat,
Qua improba'st, ore mercis vitio dominum pretio pauperet;
Itidem divos dispertisse vitam humanam æquom fuit : 725
Qui lepide ingeniatus esset, vitam longinquam darent;
Qui improbi essent et scelesti, iis adimerent animam cito.
Si hoc paravissent, homines essent minus multi mali,
Et minus audacter scelesta facerent facta; et postea 730
Qui probi homines essent, esset his annona vilior.
Per. Qui deorum consilia culpet, stultus inscitusque sit,
Quinque eos vituperet. Nunc istis rebus desisti decet.
Nunc volo opsonare, ut, hospes, tua te ex virtute et mea
Meæ domi adcipiam benigne, lepide, et lepidis victibus. 735
Pleus. Nihil me pœnitet jam quanto sumtui fuerim tibi.
Nam hospes nullus tam in amici hospitium devorti potest,
Quin, ubi triduum continuum fuerit, jam odiosus siet.
Verum ubi dies decem continuos [inmorabitur],
Tametsi dominus non invitus patitur, servi murmurant. 740
Per. Servienteis servitute ego servos introduxi mihi,
Hospes, non, qui mihi inperarent, quibus ego essem obnoxius.

Si illis ægre'st, mihi quod volupe 'st, meo remigio rem gero.
Tamen id quod odio est, faciendum'st cum malo atque in gratiis.
Nunc, quod obcepi, opsonatum pergam. *Pleus.* Si certum'st tibi, 745
Conmodulum opsona, ne magno sumtu; mihi quidvis sat est.
Per. Quin tu istanc orationem hinc veterem atque antiquam amoves?
Nam proletario sermone nunc quidem, hospes, utere.
Nam hi solent, quando adcubuere, ubi cœna adposita'st, dicere :
« Quid opus fuit hoc sumtu tanto nostra gratia? 750
« Insanivisti, hercle; nam idem hoc hominibus sat erat decem. »
Quod eorum causa opsonatum'st, culpant; et comedunt tamen.
Pal. Fit, pol, illud ad illud exemplum : ut docte et perspecte sapit!
Per. Sed lidem homines nunquam dicunt, quamquam adpositum'st ampliter :
« Jube illud demi; tolle hanc patinam; remove pernam; nihil moror.
« Abfer illam offam penitam; probus hic conger frigidus; 755
« Remove, abi, abfer »; neminem eorum hæc adseverare audias;
Sed procellunt se, et procumbunt dimidiati, dum adpetunt.
Pal. Bonus bene ut malos descripsit mores! *Per.* Haud centesimam
Partem dixi, atque, otium rei si sit, possim expromere. 760
Pal. Igitur id, quod agitur heic, jam primum prævorti decet.
Nunc huc animum advortite ambo. Mihi opus est opera tua,
Periplectomene : nam ego inveni lepidam sycophantiam,
Qui admutiletur Miles usque cæsariatus : atque uti
Huic amanti ac Philocomasio hanc ecficiamus copiam 765

à Pleuside la facilité d'enlever Philocomasie et de s'enfuir avec elle.

Pér. Comptez sur mon appui.

Pal. Il me faut cet anneau que vous portez au doigt.

Pér. Pour quel usage?

Pal. Quand je l'aurai, je vous ferai part de mon calcul et de mes projets.

Pér. Tiens, prends-le.

Pal. Recevez en échange la confidence de la ruse que j'ai imaginée.

Pleus. Nous t'écoutons d'une oreille attentive.

Pal. Mon maître est un si grand libertin, que je ne crois pas qu'il y ait eu, qu'il y ait jamais son pareil.

Pér. Je le crois aussi.

Pal. Il se vante d'être plus beau qu'Alexandre, et prétend que toutes les femmes d'Éphèse courent après lui.

Pér. Qu'est-il besoin d'en dire davantage sur son compte? Tu ne mens pas; je sais à merveille que c'est la vérité. Mais, mon cher, abrége ton discours le plus possible.

Pal. Pourriez-vous me trouver une femme d'une jolie figure, d'une humeur agaçante, et fertile en malices?

Pér. Vous faut-il une femme libre, ou une affranchie?

Pal. Peu m'importe, pourvu qu'elle ait de l'ardeur, que ses charmes excitent les feux de l'amour, qu'elle ait de l'esprit; car pour du cœur, ce serait demander l'impossible, ces femmes-là n'en ont point.

Pér. Faut-il qu'elle, ait de l'expérience ou non?

Pal. Il faut qu'elle ait de la fraîcheur, qu'elle soit aussi belle et aussi jeune que possible.

Pér. J'ai ici à ma disposition une jeune courtisane... mais à quoi pourrait-elle être utile?

Pal. Faites-la promptement venir chez nous ; présentez-la-moi parée comme les dames romaines, les cheveux relevés, des bandelettes au front; qu'elle ait l'air d'être votre femme : voilà ce qu'il faut lui recommander.

Pleus. Je n'y suis pas... Où nous conduis-tu?

Pal. Vous le saurez : mais quelle est sa suivante?

Pér. La plus rusée femelle.

Pal. Nous en aurons besoin aussi. Faites-leur bien la leçon à toutes deux: que la maîtresse feigne d'être votre femme, et d'aimer éperdument ce militaire; elle aura donné cet anneau à sa servante : celle-ci me l'aura remis pour que je le présente au militaire, comme si j'étais l'instrument de l'intrigue.

Pér. J'entends : tu n'as pas besoin de me parler comme à un sourd.

Pal. Si vous m'entendez, je conduirai bien l'affaire. Je dirai que l'anneau m'a été apporté et donné de la part de votre épouse, qui veut se mettre bien dans son esprit. Il est d'un tempérament à prendre feu tout de suite. Le scélérat n'a d'autre plaisir que de séduire la femme des autres.

Pér. Quand le Soleil lui-même se serait chargé de nous chercher des femmes, il n'aurait pu en trouver deux plus propres à cette affaire que celles que j'ai sous la main : sois bien tranquille.

Pal. Il faut du zèle et de l'activité. Écoutez à votre tour, Pleuside.

Pleus. Je suis à tes ordres.

Pal. Voici ce qu'il faut faire : quand le militaire sera rentré, prenez garde de ne point nommer Philocomasie par son nom.

Pleus. Comment l'appellerai-je?

Pal. Glycère.

Pleus. Le nom de celle que nous avons supposée?

Pal. Chut!... Allez-vous-en.

Pleus. Je m'en souviendrai... Mais à quoi bon cela? je te prie de...

Ut hic eam abducat, abeatque. *Per.* Dari istanc rationem volo.
Pal. At ego mi anulum dari istum tuom volo. *Per.* Quam ad rem usui 'st?
Pal. Quande habebo, igitur rationem mearum fabricarum dabo.
Per. Utere, adcipe. *Pal.* Adcipe a me rursum rationem doli,
Quam institui. *Pleus.* Ambo perpurgatis tibi operam damus auribus. 770
Pal. Herus meus ita magnus mœchus mulierum 'st, ut neminem
Fuisse adæque, neque futurum credam. *Per.* Credo ego istuc idem.
Pal. Itaque Alexandri præstare prædicat formam suam :
Itaque omneis se ultro sectari in Epheso memorat mulieres.
Per. Edepol, quid tu de isto multa? scio te non mentirier :
Sed ego ita esse, ut dicis, teneo polchre . proin, Palæstrio,
Quam potes, tam verba confer maxume ad conpendium.
Pal. Ecquam tu potes reperire forma lepida mulierem,
Quoi facetiarum cor corpusque sit plenum et doli?
Per Ingenuamne, an libertinam? *Pal.* Æqui istuc facio, dummodo 780
Eam des, quæ sit quæstuosa, quæ alat corpus corpore :
Quoique sapiat pectus : nam cor non potest, quod nulla habet.
Per. Lautam vis, an quæ nondum sit lauta? *Pal.* Siccam, succidam,
Quam lepidissumam potes, quamque adulescentem maxume.

Per. Habeo eccillam meam clientam, meretricem adulescentulam. 785
Sed quid ea usus est? *Pal.* Ut ad te eam jam deducas domum,
Utique eam huc ornatam adducas matronarum modo :
Capite comto, crines vittasque habeat, adsimuletque se
Tuam esse uxorem : ita præcipiundum 'st. *Pleus.* Erro, quam insistas viam.
Pal. At scietis : sed ecqua ancilla est illi? *Per.* Est prime cata. 790
Pal. Ea quoque opu'st : ita præcipito mulieri, atque ancillulæ,
Ut simulet se tuam esse uxorem, et deperire hunc militem;
Quasique hunc anulum faveæ suæ dederit, ea porro mihi,
Militi ut darem ; quasique ego rei sim interpres. *Per.* Audio :
Ne me surdum verbera *Pal.* Tu si audis, ego recte meis 795
Dabo : a tua mihi uxore dicam delatum et datum,
Ut sese ad eum conciliarem : illeejusmodi sei, cupiet miser.
Qui nisi adulterio, studiosus rei nullæ aliæ est, inprobus.
Per. Non potuit reperire, si ipsi Soli quærundas dares,
Lepidiores duas ad hancce rem, quam ego : habe animum bonum. 800
Pal. Ergo adcurato et properato opu'st : nunc tu ausculta, Pleusides.
Pleus. Tibi sum obediens. *Pal.* Hoc facito; miles domum ubi advenerit,
Memineris ne Philocomasium nomines. *Pleus.* Quam nominem?
Pal. Glyceram. *Pleus.* Nempe eamdem, quæ dudum con-

Pal. Je vous le dirai quand il sera nécessaire : en attendant, taisez-vous; remplissez votre rôle aussi bien que lui.. (*montrant Périplectomène.*)
Pleus. Je rentre donc au logis.
Pal. Ayez soin de faire exactement ce que je vous ai prescrit.

SCÈNE II.
PALESTRION, LUCRION.

Pal. (*seul.*) Que d'affaires j'embrouille! que de machines je fais mouvoir! Aujourd'hui je vais enlever au militaire sa maîtresse, si mes soldats manœuvrent bien. Mais appelons cet autre. Holà! Scélèdre! Si tu n'es pas occupé, viens devant la porte. C'est Palestrion qui t'appelle.
Lucr. Scélèdre n'a pas le temps.
Pal. Que fait-il?
Lucr. Il avale en dormant.
Pal. Comment! il avale?
Lucr. J'ai voulu dire qu'il ronflait. Quand on ronfle, on fait le même bruit qu'en avalant.
Pal. Ho! ho! Scélèdre dort là-dedans!
Lucr. Il ne dort pas la bouche fermée, car il ronfle trop fort. Il a bu en cachette du vin de nard, dont le sommelier avait laissé une bouteille.
Pal. Tu lui as aidé à la dérober, coquin?
Lucr. Que veux-tu dire?
Pal. Comment a-t-il pu s'endormir?
Lucr. Avec les yeux, je pense.
Pal. Ce n'est pas cela que je te demande, scélérat. Avance ici. Tu es perdu, si tu ne dis pas la vérité. Lui as-tu procuré du vin?
Lucr. Non.
Pal. Tu le nies?
Lucr. Oui je le nie, (*à part*) car il m'a défendu de le dire. (*haut.*) Je n'ai seulement pas tiré quatre setiers de vin dans la cruche. Il n'a pas bu de vin chaud à dîner.
Pal. Ni toi non plus?
Lucr. Que les dieux me confondent, si j'ai bu, si j'ai seulement eu le temps de boire.
Pal. Comment cela?
Lucr. Je n'ai fait que manger. Le vin était trop chaud, et brûlait le gosier.
Pal. Les uns s'enivrent, les autres n'ont que de la piquette à boire. Notre cellier est confié à deux bons sommeliers!
Lucr. Va, tu ferais de même, si tu en étais le gardien. Tu ne nous critiques que parce que tu ne peux nous imiter.
Pal. Est-ce la première fois qu'il dérobe du vin? réponds, scélérat. Je te le dis, afin que tu le saches bien : si tu mens, tu seras roué de coups.
Lucr. A merveille, j'entends! afin que tu ailles rapporter ce que j'aurai dit, qu'on me chasse de la sommellerie où j'engraisse si bien, et que tu places un autre sommelier qui te procure du vin.
Pal. Je n'en ferai rien... Va, parle hardiment.
Lucr. Je n'ai jamais vu Scélèdre prendre du vin; c'est la vérité. Il me commandait d'en prendre, et j'obéissais.
Pal. C'est cela! tu tenais le baril tandis que Scélèdre recevait à bouche ouverte le vin qui coulait.
Lucr. Non; les barils se remuaient sans beaucoup d'efforts : il y a dans le cellier des endroits dont la pente est douce, et, auprès des tonneaux, un seau propre à mettre de l'eau. On le remplissait souvent dix fois par jour; et je l'ai vu vider tout entier aussitôt qu'il était rempli. Le seau faisait son mouvement, et le tonneau se penchait dessus.

stituta 'st? *Pal.* Pax, abi.
Pleus. Meminero, sed quid meminisse id refert ad hanc rem tamen? 805
Pal. Ego enim dicam tum, quando usus poscet : interea tace.
Ut nunc, etiam hic agit, actutum parteis defendas tuas.
Pleus. Ego eo intro igitur. *Pal.* Et præcepta sobrie ut cures, face.

SCENA SECUNDA.
PALÆSTRIO, LUCRIO.

Pal. Quantas res turbo! quantas moveo machinas!
Eriplam ego hodie concubinam Militi, 810
Si centuriati bene sunt manipulareis mei.
Sed illum vocabo : heus, Sceledre, nisi negotium,
Progredere ante ædeis; te voco Palæstrio.
Lucr. Non operæ 'st Sceledro. *Pal.* Quid jam? *Lucr.* Sorbet dormiens.
Pal. Quid, sorbet? *Lucr.* Illud stertit volui dicere. 815
Sed quia consimile 'st, quod stertas, quasi sorbeas.
Pal. Eho an dormit Sceledrus intus? *Lucr.* Non naso quidem :
Nam eo magnum clamat. Tetigit calicem clanculum.
Demisit nardini amphoram cellarius.
Pal. Eho, tu sceleste, qui illi subpromu's, eho! 820
Lucr. Quid vis? *Pal.* Qui lubitum 'st illi condormiscere?
Lucr. Oculis, opinor. *Pal.* Non te istuc rogito, scelus.
Procede huc; periisti jam, nisi verum scio.
Promisisti tu illi vinum? *Lucr.* Non promsi. *Pal.* Negas?
Lucr. Nego, hercle, vero; nam ille me vetuit dicere. 825
Neque equidem heminas octo expromsi in urceum;
Neque ille hic calidum exbibit in prandium.
Pal. Neque tu bibisti? *Lucr.* Di me perdant, si bibi,
Si bibere potui. *Pal.* Qui jam? *Lucr.* Quia enim obsorbui.
Nam nimis calebat, amburebat gutturem. 830
Pal. Alii ebrii sunt, alii poscam potitant.
Bono subpromo et promo cellam creditam!
Lucr. Tu, hercle, idem faceres, si tibi esset credita :
Quoniam æmulari non licet, nunc invides.
Pal. Eho an nunquam promsit antehac? responde, scelus. 835
Atque, ut tu scire possis, edico tibi,
Si falsa dixis, cocio excruciabere.
Lucr. Ita vero? ut tu ipse me dixisse delices,
Postea sagina ego ejiciar cellaria,
Ut tibi, si promtes, alium subpromum pares. 840
Pal. Non, edepol, faciam, age loquere audacter mihi.
Lucr. Nunquam, edepol, vidi promere : verum hoc erat :
Mihi imperabat, ego promebam postea.
Pal. Hui! illi crebro capite sistebant cadi.
Lucr. Non, hercle, tam istoc valide casabant cadi. 845
Sed in cella 'st paulum nimis loculi lubrici,
Ibi erat bilibris aqualis, belc propter cados.
Ea sæpe decies complebatur; [de] die
Eam plenam atque inanem fieri maxumam
Vidi : aula bacchabatur, casabant cadi. 846
Pal. Abi, abi intro jam. Vos in cella vinaria
Bacchanal facitis, jam, hercle, ego herum abducam a foro.
Lucr. Perii, excruciabit me herus, domum si venerit,
Quom hæc facta scibit, quia sibi non dixerim.
Fugiam, hercle, aliquo, atque hoc in diem extollam malum.
Ne dixeritis, obsecro, huic, vostram fidem. 855
Pal. Quo tu agis? *Lucr.* Missus sum alio; jam huc revenero.
Pal. Quis misit? *Lucr.* Philocomasium. *Pal.* Abi, actuum redi.

Pal. Va-t'en, rentre vite. Vous faites vos bacchanales dans le cellier. Je vais ramener mon maître de la place publique.

Lucr. (à part.) Je suis perdu; mon maître me fera pendre s'il revient à la maison, quand il saura toutes ces choses, que je lui cachais. Je vais m'enfuir quelque part, pour me soustraire à la catastrophe. *(aux spectateurs.)* Gardez-moi le secret, je vous en supplie.

Pal. Où vas-tu?

Lucr. On m'a envoyé quelque part : je vais revenir.

Pal. Qui est-ce qui t'envoie?

Lucr. Philocomasie.

Pal. Va-t'en, et reviens promptement.

Lucr. Si on te propose la moitié de mon sort, je t'autorise à l'accepter. *(il sort.)*

Pal. Maintenant je comprends le dessein de cette femme. Pendant que Scélèdre dort, elle écarte son second gardien, qui l'empêcherait de passer dans la maison voisine. Le tour est bon; mais voici Périplectomène, qui m'amène la jeune beauté que je lui ai demandée. Elle est charmante! les dieux nous protégent. Quel goût dans sa parure! la gracieuse démarche! elle n'a pas l'air d'une courtisane. L'intrigue réussit à merveille.

SCÈNE III.

PÉRIPLECTOMÈNE, MILPHIDIPPE, ACROTÉLEUTIE, PALESTRION.

Pér. Acrotéleutie, je vous ai expliqué chez moi, en détail, tout ce que vous aviez à faire, ainsi qu'à vous, ma chère Milphidippe. Si vous ne vous rappelez pas bien l'intrigue et les ruses convenues, je vous en instruirai de nouveau. Si vous les comprenez bien, parlons d'autre chose.

Acr. Ce serait de ma part une folie et une imprudence extrême, de me jeter dans une intrigue étrangère, de vous promettre mes services, si je ne savais pas toutes les fourberies, tous les tours nécessaires à la situation.

Pér. Le plus sûr est de vous les rappeler.

Acr. Vouloir styler une courtisane est superflu, suivant moi. Je perds mon temps, de prêter l'oreille à vos longs discours. Je vous ai dit le moyen de duper le militaire.

Pér. Mais on n'a pas toute la sagesse à soi seul. J'en ai vu qui, à la piste du bon parti, se sont égarés avant de l'avoir trouvé.

Acr. Quand il s'agit de quelques malices, de quelques fourberies, une femme a toujours bonne mémoire, et n'oublie rien. Mais s'il s'agit d'un acte de fidélité, d'une bonne action, elle est fort oublieuse ; elle a besoin qu'on le lui rappelle.

Pér. J'ai donc sujet de craindre pour la commission dont vous êtes chargées toutes deux : car le mal que vous devez faire au militaire doit être un bien pour moi.

Acr. Nous ignorons qu'il doit en résulter du bien pour quelqu'un ; ainsi ne craignez rien. Toute courtisane sait son métier, quand il s'agit de faire du mal.

Pér. A merveille! continuez.

Pal. (a part). Pourquoi tarder d'aller à leur rencontre? *(à Périplectomène.)* Je suis charmé de vous voir bien portant. Cette femme a une toilette charmante.

Pér. Je suis bien content de te rencontrer, Palestrion. Je t'amène les deux personnes que tu m'as demandées ; elles sont parées selon tes désirs.

Pal. Soyez toujours de nos amis. Palestrion salue humblement Acrotéleutie.

Acr. (à Périplectomène.) Quel est cet homme, je vous prie, qui me nomme comme s'il me connaissait?

Lucr. Quæso tamen, tu partem infortuni meam,
Si dividetur, me absente adcipito tamen (abit.) 860
Pal. Modo intellexi, quam rem mulier gesserit ;
Quia Sceledrus dormit, hunc subcustodem suum
Foras ablegavit, dum eapse huc transiret : placet.
Sed Periplectomenes, quam ei mandavi, mulierem
Nimis lepida forma ducit : di, hercle, hanc rem adjuvant.
Quam digne ornata incedit, haud meretricie! 866
Lepide hoc subcedit sub manus negotium.

SCENA TERTIA.

PERIPLECTOMENES, MILPHIDIPPA, ACROTELEUTIUM, PALÆSTRIO.

Per. Rem omnem Acroteleutium tibi, tibique, mea Milphidippa,
Domi demonstravi ordine. Hanc fabricam fallaciasque
Minus si tenetis, denuo volo percipiatis plane. 870
Satis si intellegitis, aliud est quod potius fabulemur.
Acr. Stultitia atque insipientia insulsa atque maxuma hæc sit,
Me ire in opus alienum, aut tibi meam operam pollicitari,
Si ea in opificina nesciam aut mala esse aut fraudulenta.
Per. At melius est monerier. *Acr.* Meretricem conmoneri,
Quam sane magni referat, mihi clam est! quin ego me frustro, 876
Postquam adhibere aureis meæ tuam moram orationis,
Tibi dixi, Miles quemadmodum potis esset deasciari.

Per. At nemo solus satis sapit : nam ego multos sæpe vidi
Regionem fugere consili, prius quam repertam habuere. 880
Acr. Si quid faciundum 'st mulieri male atque malitiose,
Ea sibi inmortalis memoria est meminisse et sempiterna ;
Sin bene quid aut fideliter faciundum 'st, eo deveniunt,
Obliviosæ extemplo uti fiant, meminisse nequeunt.
Per. Ergo istuc metuo, quo venit vobis faciundum utrumque : 885
Nam id proderit mihi, militi male quod facietis ambæ.
Acr. Dum ne inscientes quid bonum faciamus, ne formida ;
Mala nulla meretrix est, ne pave, pejora ubi conveniunt.
Per. Ita vos decet : consequimini. *Pal.* Cesso ego illis obviam ire?
Venire salvom gaudeo. Lepido, hercle, ornatu incedit. 890
Per. Bene obportuneque obviam es, Palæstrio : hem tibi adsunt,
Quas me jussisti adducere, et quo ornatu. *Pal.* Eu, noster esto.
Palæstrio Acroteleutium salutat. *Acr.* Quis hic, amabo, est,
Qui tam pro gnota me nominat? *Per.* Hic noster architectus est.
Acr. Salve, architecte. *Pal.* Salva sjs : sed dic mihi, ecquid hic te 895
Oneravit præceptis? *Per.* Probe meditatam utramque duco.
Pal. Audire cupio, quemadmodum. Ne quid peccetis, paveo.
Per. At tua præcepta; de meo nihil his novom adposivi.

Pér. C'est l'inventeur de toutes nos machines.
Acr. Salut, grand machiniste.
Pal. Bonjour. Mais, dites-moi, qui vous a fait la leçon?
Pér. Je les amène parfaitement stylées l'une et l'autre.
Pal. Je voudrais m'en assurer, de peur de quelque sottise.
Pér. Je leur ai transmis tes instructions, sans y rien mettre du mien.
Acr. Votre but n'est-il pas de tromper le militaire, votre maître?
Pal. Vous l'avez dit.
Acr. Tout est combiné pour cela avec un art parfait, et de la manière la plus heureuse, la plus plaisante du monde.
Pal. Il faut que vous ayez l'air d'être l'épouse du patron.
Acr. J'aurai cet air.
Pal. Que vous paraissiez aussi vouloir séduire le cœur du militaire.
Acr. Je n'y manquerai pas.
Pal. Comme si l'intrigue était conduite par votre servante et par moi.
Acr. Vous seriez un bon devin, car vous dites ce qui doit arriver.
Pal. Comme si votre servante m'eût donné cet anneau pour le remettre de votre part au militaire.
Acr. C'est cela.
Pér. Qu'est-il besoin de leur répéter ce qu'elles savent par cœur?
Acr. Les choses n'en iront que mieux. Songez-y, mon cher patron : quand un habile architecte a une fois placé bien droit la pièce fondamentale du vaisseau, le bâtiment est bientôt construit solidement; son vaisseau a une base inébranlable. Voilà les ouvriers qui viennent à tes ordres. Eh bien! si celui qui nous fournit les matériaux ne nous retarde pas, je connais les ressources de notre génie : le vaisseau sera bientôt prêt.

Pal. Vous connaissez sans doute le militaire, mon maître?
Acr. Vous nous le demandez? Qui ne connaît cet homme, l'objet du mépris universel, grand parleur, libertin, un fat parfumé à soulever le cœur?
Pal. Vous connaît-il aussi?
Acr. Il ne m'a jamais vue : comment saurait-il qui je suis?
Pal. Vous parlez à merveille; le succès de l'intrigue est certain.
Acr. Livrez-le-moi; le reste me regarde. Si je ne le berne de la bonne façon, adressez-moi tous les reproches.
Pal. Allons, rentrez, et conduisez habilement cette affaire.
Acr. Occupez-vous d'autre chose.
Pal. Vous, Périplectomène, conduisez ces dames chez vous. Moi, je vais trouver mon maître à la place publique. Je lui donnerai cet anneau, en lui disant que je l'ai reçu de votre épouse, qui l'aime éperdument. Aussitôt que nous serons de retour, envoyez-nous Milphidippe, comme si elle avait quelque secret à me communiquer.
Pér. Je n'oublierai rien, sois tranquille.
Pal. Attention, vous tous! Je vais vous l'amener ici tout bâté : il aura bonne charge.
Pér. Bon voyage et bonnes chances! (*à Acrotéleutie.*) Mais si je réussis à faire rendre à mon hôte sa maîtresse, et qu'il puisse la conduire à Athènes, si notre ruse triomphe, quel cadeau faudra-t-il vous donner?
Acr. Une femme n'oblige point par intérêt.
Pal. Voilà une aimable et belle parole.
Acr. J'ai confiance dans l'avenir. Quand nous aurons rassemblé tous nos artifices, je ne crains point que la plus rusée l'emporte en malice sur nous.
Pér. Rentrons pour bien méditer notre plan, afin que rien ne cloche quand le militaire arrivera.
Acr. Vous nous arrêtez au moment de l'exécution,

Acr. Nempe ludificari Militem tuum herum vis? *Pal.* Elocuta es.
Acr. Lepide et sapienter, commode et facete res parata est. 900
Pal. Atque hujus uxorem esse te volo adsimulare. *Acr.* Fiet.
Pal. Quasi militi animum adjeceris, simulare. *Acr.* Sic futurum 'st.
Pal. Quasique hæc res per me interpretam et tuam ancillam geratur.
Acr. Bonus vates poteras esse; nam quæ sunt futura, dicis.
Pal. Quasique anulum hunc ancillula tua abs te detulerit ad me, 905
Quem ego Militi darem tuis verbis. *Acr.* Vera dicis.
Per. Quid istis nunc memoratis opu'st, quæ conmeminere?
Acr. Meliu'st.
Nam, mi patrone, hoc cogitato : ubi probus est architectus,
Bene lineatam si semel carinam conlocavit,
Facile esse navem facere, ubi fundata et constituta est. 910
Nunc hæc carina satis probe fundata et bene statuta est.
Adsunt fabri architectique a me, a te haud inperiti.
Si non nos materiarius remorabitur, quod opu'st, qui det,
Gnovi indolem nostri ingenii; cito erit parata navis.
Pal. Nempe tu gnovisti Militem meum herum? *Acr.* Rogare mirum 'st; 915
Populi odium quidni gnoverim? magnidicum, cincinnatum,
Mœchum unguentatum. *Pal.* Num ille nam te gnovit? *Acr.* Nunquam vidit.

Qui gnoverit me, quis ego sim? *Pal.* Nimis lepide fabulare.
Eo potuerit lepidius, pol, fieri. *Acr.* Potine ut hominem
Mihi des, quiescas cætera? ni lepide ludificata 920
Ero, culpam omnem in me inponito. *Pal.* Age igitur, intro abite,
Insistite hoc negotium sapienter. *Acr.* Alia cura.
Pal. Age, Periplectomene, has nunc jam duc intro, ego ad forum illum
Conveniam, atque illi hunc anulum dabo, atque prædicabo
A tua uxore mihi datum esse, eamque illum deperire. 925
Hanc ad nos, quom exemplo a foro veniemus, mittito tu;
Quasi clanculum ad me missa sit. *Per.* Faciemus : alia cura.
Pal. Vos modo curate; ego illum probe jam oneratum hinc adcibo.
Per. Bene ambula, bene rem gere. At ego hoc si eclïciam plane,
Ut concubinam Militis meus hospes habeat hodie, 930
Atque hinc Athenas avehat, si hodie hunc dolum dolamus,
Quid tibi ego mittam muneris? *Acr.* Datne capse mulier operam?
Pal. Lepidissume et comissume. *Acr.* Confido confuturum.
Ubi facta erit conlatio nostrarum malitiarum,
Haud vereor, ne nos subdola perfidia pervincamur. 935
Per. Abeamus ergo intro, hæc uti mediteniur cogitate,

quand les circonstances sont si favorables, et quand la promptitude garantit le succès! (*Ils sortent.*)

ACTE QUATRIÈME.
SCÈNE I.
PYRGOPOLINICE, PALESTRION.

Pyr. Quel plaisir de voir son entreprise réussir à souhait et comme on veut! J'ai envoyé aujourd'hui mon parasite au roi Séleucus, pour conduire à ce monarque des volontaires que j'ai levés, et qui garderont son royaume pendant que je prendrai du repos.

Pal. Songez à vos affaires plutôt qu'à celles de Séleucus. Quelle proposition nouvelle et séduisante je suis chargé de vous apporter!

Pyr. Je laisse toute affaire de côté, pour te prêter attention. Parle : je suis tout oreille à ta communication.

Pal. Regardez bien aux alentours, qu'un espion ne vienne pas écouter notre conversation. On m'a recommandé de traiter l'affaire dans le plus grand secret.

Pyr. Il n'y a personne.

Pal. (*lui offrant l'anneau.*) Recevez d'abord ce gage d'amour.

Pyr. Qu'est-ce cela? d'où vient cet objet?

Pal. D'une femme appétissante, enjouée, qui vous aime, et que la puissance de vos charmes a séduite. Sa servante m'a chargé de vous remettre cet anneau.

Pyr. Qui est-elle? est-ce une femme libre, ou une affranchie?

Pal. Bon! j'oserais vous parler pour une affranchie, quand vous ne pouvez suffire aux grandes dames éprises de vous!

Pyr. Est-elle mariée ou veuve?

Pal. L'un et l'autre.

Pyr. Comment peut-elle être à la fois veuve et mariée?

Pal. C'est une jeune fille qui a épousé un vieillard.

Pyr. Courage!

Pal. Elle est pleine de grâce et de beauté.

Pyr. Prends garde de m'en imposer.

Pal. Elle est digne de vous être comparée pour la beauté.

Pyr. Tu m'en fais un portrait bien séduisant! Mais quelle est-elle?

Pal. L'épouse du bonhomme Périplectomène, notre voisin : elle meurt d'amour pour vous, et tâche de se soustraire à son mari, qu'elle déteste. Elle m'a ordonné de vous dire que l'honneur de vos bonnes grâces est l'unique objet de ses vœux.

Pyr. De tout mon cœur, si elle le désire.

Pal. Si elle le désire!

Pyr. Mais que ferons-nous de la maîtresse que j'ai chez moi?

Pal. Que ne la laissez-vous aller où elle voudra? Sa sœur jumelle et sa mère sont venues à Éphèse pour la remmener.

Pyr. Sa mère, dis-tu, est arrivée à Éphèse?

Pal. Je le tiens de gens bien informés.

Pyr. Vraiment, c'est une excellente occasion de mettre cette femme à la porte.

Pal. Voulez-vous agir poliment?

Pyr. Parle, je suivrai ton conseil.

Pal. Voulez-vous l'éloigner sans retard, et qu'elle parte de bonne grâce?

Pyr. Oui.

Pal. Voici ce qu'il faut faire : vous avez assez de biens : faites-lui cadeau des bijoux, des parures que vous avez achetés pour elle, et laissez-la les emporter où elle voudra.

Ut adcurate et conmode, hoc quod agendum 'st, exsequamur.
Ne quid, ubi Miles venerit, titubetur. *Acr.* Tu morare.

ACTUS QUARTUS.
SCENA PRIMA.
PYRGOPOLINICES, PALÆSTRIO.

Pyrg. Volup' est, quod agas, si id procedit lepide ex sententia.
Nam ego hodie ad Seleucum regem misi parasitum meum,
Ut latrones, quos conduxi, hinc ad Seleucum duceret, 941
Qui ejus regnum tutarentur, mihi dum fieret otium.
Pal. Quin tu tuam rem cura potius, quam Seleuci; quæ tibi
Conditio nova et luculenta fertur per me interpretem.
Pyrg. Imo, omneis res posteriores pono, atque operam do tibi. 945
Loquere; aureis meas profecto dedo in ditionem tuam.
Pal. Circumspicito dum, ne quis nostro heic auceps sermoni siet.
Nam hoc negoti clandestino ut agerem, mandatum 'st mihi.
Pyrg. Nemo adest. *Pal.* (offert annulum.) Hunc arrhabonem amoris primum a me adcipe.
Pyrg. Quid hic? unde est? *Pal.* A luculenta atque a festiva femina, 950
Quæ te amat, tuamque expetessit pulchram pulchritudinem;
Ejus nunc mihi anulum ad te ancilla porro ut deferrem, dedit
Pyr. Quid? ean' ingenua an festuca facta e serva libera est?
Pal. Vah, egone ut ad te ab libertina esse auderem internuncius,
Qui ingenuis satis respondere nequeas, quæ cupiunt tui! 955
Pyrg. Nubta ea est, an vidua? *Pal.* Et nubta et vidua.
Pyrg. Quo pacto potis
Vidua et nubta esse eadem? *Pal.* Quia adulescens nubta est cum sene.
Pyrg. Euge! *Pal.* Lepida et liberali forma est. *Pyrg.* Cave mendacium.
Pal. Ad tuam formam illa una digna est. *Pyrg.* Hercle, polchram prædicas.
Sed quis ea est? *Pal.* Senis hujus uxor Periplectomeni in proxumo; 960
Ea demoritur te, atque ab illo incipit abire; odit senem.
Nunc te orare atque obsecrare jussit, uti tui copiam
Sibi potestatemque facias. *Pyrg.* Cupio, hercle, equidem, si illa volt.
Pal. Quæ cupit! *Pyrg.* Quid illa faciemus concubina, quæ domi est?
Pal. Quin tu illam jube abs te abire, quo lubet; sicut soror
Ejus huc gemina venit Ephesum et mater, arcessuntque eam. 965
Pyrg. Ain' tu? advenit Ephesum mater ejus? *Pal.* Aiunt qui sciunt.
Pyrg. Hercle, obcasionem lepidam, ut mulierem excludam foras.
Pal. Imo vin' tu lepide facere? *Pyrg.* Loquere, et consilium cedo.

Pyr. L'idée me plaît : mais tu m'assures que si je perds l'une, je puis compter sur la fidélité de l'autre?
Pal. Cher amour, elle vous aime comme ses yeux.
Pyr. Décidément je suis le favori de Vénus.
Pal. Chut! taisez-vous! la porte s'ouvre; retirez-vous ici, à l'écart. Voici l'esquif précurseur qui s'avance.
Pyr. Un esquif?
Pal. C'est-à-dire sa petite servante qui sort de la maison; la même qui m'a remis l'anneau que je vous ai donné.
Pyr. Mais elle est fort gentille!
Pal. C'est une guenon, un monstre auprès de sa maîtresse. Comme elle a l'œil au guet, et l'oreille attentive!

SCÈNE II.

MILPHIDIPPE, PYRGOPOLINICE, PALESTRION.

Milp. (bas) N'est-ce pas ici le théâtre où je dois jouer la comédie? (*apercevant le militaire et son esclave.*) Dissimulons; n'ayons pas l'air de les voir, ni de savoir qu'ils sont ici.

Pyr. (à *Palestrion*) Tais-toi! écoutons si elle parlera de moi.

Milp. N'y a-t-il pas ici près une personne plus occupée des affaires des autres que des siennes, qui épie mes démarches et ne mange que le soir? Je crains que ces gens-là ne nuisent à mes projets, et qu'ils ne se trouvent à la rencontre de ma maîtresse,

si elle passe par ici pour aller voir l'homme trop aimable et trop séduisant, le brave Pyrgopolinice, dont elle est éprise.

Pyr. Est-ce que celle-là m'aimerait aussi? elle fait un éloge de ma personne... son discours est d'une politesse!

Pal. Que voulez-vous dire?

Pyr. Qu'elle s'exprime avec facilité, et une certaine grâce... Mais elle est elle-même fort jolie, une charmante tournure... vraiment, Palestrion, elle me plaît déjà beaucoup...

Pal. Comment... avant d'avoir vu...

Pyr. Je n'ai vu que par tes yeux celle dont tu me vantes la beauté... j'ai pleine confiance en toi... mais celle-ci je l'entends, je la vois même.

Pal. N'allez-vous pas maintenant aimer cette femme? C'est ma fiancée... Si vous épousez la maîtresse, j'aurai la suivante.

Pyr. Qui t'empêche donc de lui parler?

Pal. Venez de ce côté.

Pyr. Je te suis.

Milp. Je brûle de rencontrer celui que mon amour vient chercher!

Pal. Vous le rencontrerez, et vos vœux seront comblés : ayez bon courage, ne craignez rien. Je connais un homme qui sait où vous pourrez le trouver.

Milp. Quel est celui qui me parle?

Pal. Un de vos amis, le confident de vos projets.

Milp. Alors ce que je voulais cacher n'est plus un secret.

Pal. Au contraire, c'est comme si vous n'aviez rien dit.

Pal. Vin' tu illam actutum amovere, a te ut abeat per gratiam? 970
Pyrg. Cupio. *Pal.* Tum te hoc facere oportet : tibi divitiarum adfatim 'st ·
Jube sibi aurum atque ornamenta, quæ illi instruxsti, mulierem
Dono habere, abferreque abs te quod lubeat sibi.
Pyrg. Placet uti dicis : sed ne istanc amittam, et hæc mutet fidem,
Vide modo. *Pal.* Vah, delicatus! quæ te tamquam oculos amet. 975
Pyrg. Venus me amat. *Pal.* St, tace! aperiuntur foreis; concede huc clanculum.
Hæc celox illius est, quæ hinc egreditur internuncia.
Pyrg. Quæ hæc celox? *Pal.* Ancillula illius est, quæ hinc egreditur foras,
Quæ anulum istunc adtulit, quem tibi dedi. *Pyrg.* Edepol, hæc quidem
Bellula 'st. *Pal.* Pithecium hæc est præ illa et spinturnicium. 980
Viden' tu illam oculis venaturam facere, atque aucupium auribus?

SCENA SECUNDA.

MILPHIDIPPA, PYRGOPOLINICES, PALÆSTRIO.

Milph. Jam est ante ædeis circus, ubi sunt ludi faciundi mihi?
Dissimulabo, hos quasi non videam, neque esse heic etiam dum sciam.
Pyrg. Tace, subauscultemus, ecquid de me fiat mentio.
Milph. Num quis nam prope adest, qui rem alienam potius curet quam suam? 985
Qui aucupet me quid agam? qui de vesperi vivat suo?
Eos nunc homines metuo mihi ne obsint, neve obstent uspiam,

Domo si ibit, ac dum huc transibit, quæ hujus cupiens corpori 'st,
Quæ amat hunc hominem nimium lepidum et nimia pulchritudine
Militem Pyrgopolinicem. *Pyrg.* Satin' hæc quoque me deperit? 990
Meam laudat speciem : edepol, hujus sermones haud cinerem quæritant.
Pal. Quo argumento? *Pyrg.* Quia enim loquitur laute et minume sordide.
Pal. Quidquid istæc de te loquitur, nihil adtrectat sordidum.
Pyrg. Tum autem illa ipsa est nimium lepida, nimisque nitida femina.
Hercle, vero jam adlubescit primulum, Palæstrio. 995
Pal. Priusne, quam illanc oculis? *Pyrg.* Tuis video id, quod credo tibi.
Tum hæc locuta, illa autem absente, subigit me ut amem?
Pal. Hercle, hanc quidem
Nil tu amassis, mi hæc desponsa 'st; tibi si illa hodie nubserit,
Continuo hanc uxorem ego ducam. *Pyrg.* Quid ergo hanc dubitas conloqui?
Pal. Sequere hac me ergo. *Pyrg.* Pedisequos tibi sum. *Milph.* Utinam, quojus causa 1000
Foras sum egressa, conveniundi mi eveniat potestas!
Pal. (eam adiens.) Erit, et tibi exoptatum obtinget; bonum habe animum, ne formida :
Homo quidam 'st, qui scit, quod quæris, ubi sit. *Milph.* Quem ego heic audivi?
Pal. Socium tuorum consiliorum, et participem consiliarium.
Milph. Tum, pol, ego id, quod celo, haud celo. *Pal.* Imo, etiamsi non celas. 1005
Milph. Quo argumento? *Pal.* Infidos celas; ego sum tibi

LE SOLDAT FANFARON, ACTE IV, SCÈNE II.

Milp. Comment cela?
Pal. Vous devez vous cacher des perfides; mais on peut se fier à moi.
Milp. Donnez-moi un signe (1) pour m'assurer que vous êtes initié à nos mystères.
Pal. Certaine femme aime certain homme.
Milp. Elle a cela de commun avec beaucoup d'autres.
Pal. Mais il n'y en a pas beaucoup qui fassent cadeau de ce qu'elles portent au doigt.
Milp. Je vous reconnais maintenant. Tout s'éclaircit pour moi. Mais quelqu'un ne nous écoute-t-il pas?
Pal. C'est selon.
Milp. Il faut que je sois seule avec vous.
Pal. L'entretien sera-t-il long, ou court?
Milp. Trois mots seulement.
Pal. Je suis à vous dans l'instant. (*Il court vers son maître*).
Pyr. Çà, un homme de ma tournure et de ma renommée va-t-il rester ici pour rien?
Pal. Patience... demeurez.. Je m'occupe de vos intérêts.
Pyr. Je suis au supplice.
Pal. Allons pas à pas. Vous savez bien que ces sortes d'affaires doivent se traiter ainsi.
Pyr. Allons, fais comme tu le jugeras à propos.
Pal. (*à part*) Il est plus sot qu'une pierre : (*à Milphidippe*) je reviens à vous : que voulez-vous de moi?
Milp. Que vous me disiez quel rôle je dois jouer.
Pal. Vous feindrez que votre maîtresse raffole de lui.
Milp. Je sais cela.
Pal. Louez sa beauté, sa bonne mine, et vantez ses exploits.
Milp. J'appliquerai toute mon habileté à ce point, je vous l'ai déjà dit.

(1) Allusion aux mystères de Bacchus, où les initiés se reconnaissaient à certains signes.

Pal. N'oubliez pas le reste, observez, et réglez-vous sur mes discours.
Pyr. (*à Palestrion.*) Ne serai-je pas pour quelque chose dans ta conversation? ne te tourneras-tu pas bientôt de mon côté?
Pal. Me voici.. commandez... que voulez-vous?
Pyr. Qu'est-ce que te conte cette fille?
Pal. Que sa maîtresse se lamente, se désole, se désespère, verse des torrents de larmes, parce qu'elle soupire après vous, et qu'elle ne vous voit pas : c'est pour cela qu'elle vous envoie sa suivante.
Pyr. Dis-lui d'approcher.
Pal. Savez-vous ce qu'il faut faire? affectez beaucoup de dédain, comme si cette liaison vous déplaisait : grondez-moi de vous compromettre ainsi.
Pyr. Je ne l'oublierai pas... je suivrai ton conseil.
Pal. (*à haute voix*) Appellerai-je cette fille qui voudrait vous parler?
Pyr. Qu'elle avance, si elle veut.
Pal. Si vous avez quelque chose à dire, approchez, la belle.
Milp. Beau guerrier, je vous salue.
Pyr. (*à part*) Qui lui a dit mon surnom? (*haut*) Que les dieux exaucent tous vos vœux!
Milp. Ce serait de passer ma vie auprès de vous.
Pyr. C'est aussi trop d'ambition.
Milp. Je ne parle pas de moi, mais de ma maîtresse, qui meurt d'amour pour vous.
Pyr. Bien d'autres soupirent après la même faveur, et ne l'obtiennent pas.
Milp. Vraiment je n'en suis pas surprise. Un si bel homme, d'un mérite si précieux, aussi distingué par sa tournure que par sa valeur et ses hauts faits! Est-il un amant comparable à vous?
Pal. Non, certes il n'a rien d'humain : (*bas à Milphidippe*) car il ressemble plus à un vautour qu'à un homme.
Pyr. (*à part*) Je puis maintenant m'enorgueillir, puisqu'elle me donne tant de louanges.
Pal. (*bas à Milphidippe*) Voyez-vous le fanfa-

---

firme fidelis.
Milph. Cedo signum, si harunc Baccharum es. *Pal.* Amat mulier quædam quemdam.
Milph. Pol, istuc quidem multæ. *Pal.* At non multæ de digito donum mittunt.
Milph. Enim congnovi nunc : fecisti modo mihi ex proclivo palam rem.
Sed heic numquis adest? *Pal.* Vel adest, vel non. *Milph.* Cedo te mihi solæ solum. 1010
Pal. Breven', an longinquo sermone? *Milph.* Tribus verbis. *Pal.* Jam ad te redeo. (adit militem.)
Pyrg. Quid? ego heic adstabo tantisper cum hac forma et factis sic frustra?
Pal. Patere, atque adsta : tibi ego hanc do operam. *Pyrg.* [Propere] properando excrucior.
Pal. Pedetentim : tu hæc scis, tractari ita solere hasce hujusmodi merceis.
Pyrg. Age, age, ut tibi maxume concinnum 'st. *Pal.* (secum.) Nullum 'st hoc stolidius saxum. 1015
(ad Milphidippam.) Redeo ad te : quid me voluisti? *Milph.* Quo pacto hoc dudum adcepi,
Istuc fero ad te consilium. *Pal.* Quasi hunc depereat. *Milph.* Teneo istuc.
Pal. Conlaudato formam et faciem, et virtutes conmemorato.

Milph. Ad eam rem habeo omnem aciem, tibi ut dudum demonstravi.
Pal. Tu cætera cura et contempla, et de meis venator verbis. 1020
Pyrg. Aliquam mihi partem hodie operæ des denique; jam tandem ades inlico.
Pal. Adsum, inpera, si quid vis. *Pyrg.* Quid illæc narrat tibi? *Pal.* Lamentari
Ait illam miseram, cruciari, et lacrumantem se adflictare, Quia tis egeat, tis careat; ob eam rem hæc ad te missa 'st.
Pyrg. Jube adire. *Pal.* At scin', quid tu facias? face te fastidi plenum, 1025
Quasi non lubeat; me inclamato, quia sic te volgo volgem.
Pyrg. Memini, et præceptis parebo. *Pal.* (alta voce.) Voco ergo hanc, quæ te quærit?
Pyrg. Adeat, si quid volt. *Pal.* Si quid vis, adi mulier.
Milph. Polcher, salve.
Pyrg. Meum congnomentum quis conmemoravit? di tibi dent quæ optes.
Milph. Tecum ætatem exigere ut liceat. *Pyrg.* Nimium optas. *Milph.* Non me dico, 1030
Sed heram meam, quæ te demoritur. *Pyrg.* Multæ aliæ idem istuc cupiunt,
Quibus non copia 'st. *Milph.* Ecastor, haud mirum, si te habes carum

15.

ron, comme il s'enfle! (*à son maître*) Pourquoi ne lui répondez-vous pas? elle vient de la part d'une femme que depuis longtemps...

Pyr. De laquelle? Il y en a tant qui me poursuivent, que je ne puis m'en souvenir!

Milp. De celle qui a dépouillé ses doigts pour orner les vôtres : car j'ai apporté ici cet anneau, gage de sa flamme, et je l'ai remis à cet esclave, qui....

Pyr. Que voulez-maintenant, la belle? parlez.

Milp. Que vous ne méprisiez point celle qui brûle pour vous, qui ne vit que pour vous. Son espérance, sa destinée est dans vous seul.

Pyr. Que veut-elle?

Milp. S'entretenir avec vous, vous embrasser, vous toucher : car si vous ne venez à son secours, vous réduisez son cœur au désespoir. Allons, vaillant Achille, cédez à ma prière : c'est à un bel homme de sauver la beauté. Montrez votre grandeur d'âme, illustre preneur de villes, exterminateur de rois!

Pyr. (*à Palestrion*) Vraiment, c'est insupportable! Combien de fois, coquin, t'ai-je défendu de promettre ainsi au hasard ma bienveillance?

Pal. L'entendez-vous, la belle? je vous l'ai déjà dit, et je vous le répète, on n'a pas de sa graine sans lui faire quelque riche présent.

Milp. On lui donnera tout ce qu'il voudra.

Pal. Il lui faut un philippe d'or : il ne prend pas moins de qui que ce soit.

Milp. C'est bien peu de chose.

Pyr. L'avarice n'a jamais été mon défaut : je suis assez riche. J'ai plus de mille tonnes de philippes d'or.

Pal. Outre ce trésor, il possède non pas des monceaux mais des montagnes d'argent, plus hautes que la cime de l'Etna.

Milp. (*bas à Palestrion*) Quel impudent menteur!

Pal. (*bas à Milphidippe*) Comme je me moque de lui!

Milp. (*bas à Palestrion*) Et moi comme je le cajole!

Pal. (*bas à Milphidippe*) Parfaitement.

Milp. (*à Pyrgop.*) Renvoyez-moi promptement, je vous prie.

Pal. (*à son maître*) Pourquoi ne pas lui répondre quelque chose? Consentez, ou refusez. Pourquoi mettre au supplice cette pauvre femme, qui ne vous a jamais fait de mal?

Pyr. (*à Milphidippe*) Dis à ta maîtresse de venir chez moi : je ferai tout ce qu'elle désire.

Milp. C'est bien de votre part, de recevoir celle qui ne soupire qu'après vous.

Pal. Oh! mon maître n'est pas sot.

Milp. (*continuant*) De ne pas mépriser la suivante, et d'avoir accueilli ma prière. (*bas à Palestrion*) Heim! comme je le joue!

Pal. (*à Milphidippe*) Je ne puis m'empêcher de rire. C'est pour cela que je me suis tourné de l'autre côté.

Pyr. Tu ne sais pas, ma belle, combien maintenant j'estime ta maîtresse.

Milp. Pardon, j'en suis témoin, et je le lui dirai.

Pal. Il aurait vendu ses faveurs bien plus cher à toute autre.

Milp. Je vous crois sans peine.

Hominem tam pulchrum, et præclara virtute, et forma, et factis.
Ecquis dignior fuit, homo qui esset? *Pal.* (submissa voce.) Non, hercle, humanum 'st ergo;
Nam volturio plus humani credo 'st. *Pyrg.* (Secum.) Magnum me faciam 1035
Nunc, quoniam illæc me conlaudat. *Pal.* (clam.) Viden' ingnavum, ut sese inferat!
Quin tu huic responde. Hæc illæc est ab illa quam dudum...
Pyrg. Quanam ab illarum? nam ita mi obcursant multæ; meminisse haud possum.
Milph. Ab illa, quæ digitos despoliat suos, et tuos digitos decorat.
Nam hunc anulum ab tui cupiente huc detuli huic, hic porro.
Pyrg. Quid nunc tibi vis, mulier? memora. *Milph.* Ut, quæ te cupit, eam ne spernas.
Quæ per tuam nunc vitam vivit : sit, necne sit, spes in te uno est.
Pyrg. Quid nunc volt? *Milph.* Te conpellare, et conplecti, et contrectare.
Nam nisi tu illi fers subpetias, jam illa animum despondebit.
Age, mi Achilles, fiat quod te oro : serva illam pulchram pulcher ; 1045
Exprome benignum ex tete ingenium, urbicape, obcisor regum.
Pyrg. Heu, hercle, odiosas res! quotiens hoc tibi, verbero, ego interdixi,
Meam ne sic volgo polliciteris operam? *Pal.* Audin' tu, mulier?
Dixi hoc tibi dudum, et nunc dico : ni huic verri adfertur merces,
Non hic suo seminio quamquam porculenam impartituru'st.
Milph. Dabitur quantum ipsus preti poscet. *Pal.* Talentum Philippum huic opus auri est. 1051

Minus ab nemine adcipiet. *Milph.* Heu, ecastor, nimis vile est tandem!
Pyrg. Non mihi avaritia unquam ingnata est : satis est divitiarum.
Plus mi auri mille est modiorum Philippei. *Pal.* Præter thesaurum.
Tum argenti monteis, non massas, habet. Ætna mons non æque altus. 1055
Milph. Heu, ecastor, hominem perjurum. *Pal.* Ut ludo!
Milph. Quid ego? ut sublecto os! *Pal.* Scite.
Milph. Sed, amabo, mitte me actutum. *Pal.* (ad militem.) Quin tu huic respondes aliquid,
Aut facturum, aut non facturum? Quid illam miseram animi excrucias,
Quæ nunquam male de te merita est? *Pyrg.* At jube eampse exire huc ad nos,
Dic nunc illam quæ volt facturum. *Milph.* Facis nunc ut facere æquom ; 1060
Quod quæ te volt, eamdem tu vis. *Pal.* Non hic insulsum habet ingenium.
Milph. Quomque oratricem haud sprevisti, sistique exorare ex te.
(submissa voce.) Quid est? ut ludo! *Pal.* Nequeo, hercle, qui dem risu me admoderari.
Ob eam causam huc abs te avorti. *Pyrg.* Non, edepol, tu scis, mulier,
Quantum ego honorem nunc illi habeo. *Milph.* Scio, et istuc illi dicam. 1065
Pal. Contra auro alii hanc vendere potuit operam. *Milph.* Istuc, pol, tibi credo.
Pal. Meri bellatores gignuntur, quas hic prægnateis fecit,
Et pueri annos octingentos vivont. *Milph.* Væ tibi, nugator!
Pyrg. Quin mille annorum perpetuo vivont, ab seclo ad seclum.
Pal. Eo minus dixi, ne hæc censeret me advorsum se men-

Pyr. Celles qu'il rend mères enfantent de vrais héros, et ses enfants ne vivent pas moins de huit cents ans!

Milp. Maudit railleur!

Pyr. Comment donc! ils vivent mille ans entiers, depuis le premier siècle jusqu'au dernier.

Pal. J'ai dit un peu moins, pour qu'elle ne m'accusât pas d'exagération.

Milp. Mort de ma vie! combien vivra-t-il, si ses enfants vivent si longtemps?

Pyr. Ma chère, je suis né le lendemain du jour où Jupiter naquit de Cybèle.

Pal. Si mon maître fût né un jour plus tôt, il régnerait dans le ciel.

Milp. Assez, assez, je vous en prie; laissez-moi partir d'ici vivante, s'il est possible.

Pal. Que ne partez-vous, puisqu'on vous a répondu?

Milp. Je cours, et je vais amener ici celle qui m'a chargée de ses intérêts: n'avez-vous plus rien à m'ordonner?

Pyr. Je crains vraiment que ma beauté n'augmente; elle me cause déjà assez de tourments.

Pal. (à *Milphidippe*) Comment encore là! allez-vous-en donc.

Milp. Je m'en vais.

Pal. Avez-vous bien entendu? souvenez-vous-en, et répétez-le exactement.

Mil. (à *Pyrgop.*) Comme son cœur va bondir de joie!

Pal. (bas à *Milphidippe*) Dis à Philocomasie, si elle est là, de passer dans l'autre maison, que notre homme est ici.

Milp. (bas) Elle est là-dedans avec ma maîtresse: elles auront secrètement entendu notre conversation.

Pal. Fort bien imaginé. Elles pourront régler leur conduite sur ce que nous avons dit.

Milp. Vous m'arrêtez encore; je pars.

Pal. Je ne vous arrête, ni ne vous touche, ni ne... mais je me tais.

Pyr. (à *Milphidippe*) Dites-lui de se rendre ici promptement. Je l'expédierai avant toute autre.

SCÈNE III.
PYRGOPOLINICE, PALESTRION.

Pyr. Que me conseilles-tu de faire de cette courtisane? car je ne puis recevoir l'une avant d'avoir congédié l'autre.

Pal. Pourquoi me consulter sur ce que vous devez faire? je vous ai déjà dit le moyen de vous en tirer noblement. Abandonnez-lui les bijoux, et tous les habits de femme que vous avez achetés pour elle: qu'elle les prenne, les emporte et les garde. Représentez-lui que c'est l'époque favorable pour retourner dans son pays; que sa sœur et sa mère se trouvant ici, elles s'en iront toutes ensemble.

Pyr. Comment sais-tu qu'elles sont ici?

Pal. Parce que j'ai vu sa sœur de mes propres yeux.

Pyr. Est-elle venue la voir?

Pal. Oui.

Pyr. T'a-t-elle paru jolie?

Pal. Ah! vous voulez tout avoir.

Pyr. A-t-elle dit le lieu où était sa mère?

Pal. Le pilote qui les a conduites m'a dit que la mère avait couché à bord du vaisseau, à cause d'une fluxion qu'elle a sur les yeux : ce pilote est allé loger chez nos voisins.

Pyr. Qui est-il? est-il beau garçon?

Pal. Fi donc! quel étalon vous êtes! vous en voulez aux mâles comme aux femelles!

Pyr. Revenons à notre affaire.

Pal. Volontiers.

Pyr. Quel conseil me donnes-tu? Je veux que tu prennes quelque arrangement avec elle. Il est plus convenable que tu lui parles.

Pal. Pourquoi pas vous-même? faites vos affaires. Dites-lui que vous êtes obligé de vous marier, que vos parents vous y engagent, que vos amis vous pressent...

tiri. 1070
Milph. Perii! Quot hic ipse annos vivet, quojus filii tam diu vivont?
Pyrg. Postriduo gnatus sum ego, mulier, quam Jupiter ex Ope gnatu'st.
Pal. Si hic pridie gnatus foret, quam ille est, hic haberet regnum in cælo.
Milph. Jam jam sat, amabo, est, sinite abeam, si possum, viva a vobis.
Pal. Quin ergo abis, quando responsum 'st. *Milph.* Ibo atque illam huc adducam, 1075
Quam propter opera est mihi: numquid vis? *Pyrg.* Ne magis sim polcher, quam sum:
Ita me mea forma sollicitum habet. *Pal.* (ad Milphidippam.) Quid heic nunc stas? quin abis? *Milph.* Abeo.
Pal. Atque adeo, audin' tu? dicito docte et cordate. *Milph.* Ut cor ei saliat.
Pal. (submissa voce.) Philocomasio dic, si est heic, domum ut transeat: hunc heic esse.
Milph. Heic cum mea hera est, clam nostrum hunc sermonem sublegerunt. 1080
Pal. Lepide factum 'st: jam ex sermone hoc gubernabunt doctius porro
Rem. Milph. Me morare. *Pal.* Abeo; neque te moror, neque te tango, neque te... tacro,

Pyrg. Jube maturate illam exire huc: jam isti rei prævortemur.

SCENA TERTIA.
PYRGOPOLINICES, PALÆSTRIO.

Pyrg. Quid mihi nunc auctor, ut faciam, es, Palæstrio, De concubina? nam nullo pacto potest 1085
Prius hæc in ædeis recipi, quam illam amiserim.
Pal. Quid me consultas, quid agas? dixi equidem tibi, Quo pacto id fieri possit clementissume.
Aurum atque vestem omnem muliebrem habeat sibi, Quæ illi instruxisti; sumat, habeat, abferat. 1090
Dicasque tempus maxumum esse, ut eat domum:
Sororem geminam adesse et matrem dicito,
Quibus concomitata recte devenlat domum.
Pyrg. Qui tu scis eas adesse? *Pal.* Quia oculis meis Vidi heic sororem esse ejus. *Pyrg.* Convenitne eam? 1095
Pal. Convenit. *Pyrg.* Ecquid fortis visa est? *Pal.* Omnia Vis obtinere. *Pyrg.* Ubi matrem esse aibat soror?
Pal. Cubare in navi lippam atque oculis turgidis, Nauclerus dixit, qui illas advexit, mihi.
Is ad hos nauclerus hospitio divortitur. 1100
Pyrg. Quid is? ecquid fortis? *Pal.* Abi, sis, hinc; nam tu quidem

Pyr. Est-ce là ton avis?
Pal. Pourquoi ne penserais-je pas ainsi?
Pyr. Je vais donc entrer : toi, pendant ce temps, reste ici en sentinelle, afin de m'avertir dès que l'autre paraîtra.
Pal. Ne songez qu'à ce que vous faites.
Pyr. J'ai tout combiné. Si elle ne sort pas de bonne volonté, je la ferai sortir de force.
Pal. Gardez-vous-en bien. Il faut qu'elle vous quitte de bonne grâce; donnez-lui ce que je vous ai dit, les bijoux, les ornements dont vous lui avez fait emplette; qu'elle les emporte.
Pyr. C'est bien mon intention.
Pal. Je crois que vous obtiendrez tout d'elle : mais entrez donc, ne tardez pas davantage.
Pyr. Je t'obéis. (*il sort*)
Pal. (*aux spectateurs*) Vous paraît-il changé, notre militaire? n'est-ce pas un libertin tel que je vous l'ai annoncé? Maintenant il serait fort à propos qu'Acrotéleutie sa suivante, et Pleuside, vinssent ici. Par Jupiter, comme tout me réussit heureusement! ceux que je désirais sortent ensemble de la maison voisine.

SCÈNE IV.

ACROTÉLEUTIE, MILPHIDIPPE, PLEUSIDE, PALESTRION.

Acr. Suivez-moi : regardez autour de nous, si personne ne nous observe.
Pilp. Je ne vois personne, si ce n'est ce garçon que nous désirions rencontrer.
Pal. Je vous cherchais aussi.
Pilp. Que faites-vous là, notre architecte?
Pal. Moi, votre architecte?
Pilp. Comment?
Pal. Je ne suis pas digne, en comparaison de vous, d'enfoncer un clou dans un mur.
Acr. Bon!
Pal. Comme elle est fine! comme elle est habile et rusée! comme elle a tondu notre guerrier!
Acr. Baste! ce n'est rien que cela.
Pal. Prenez courage; tout marche au gré de vos désirs. Continuez seulement de nous seconder avec zèle : car notre militaire est allé lui-même prier sa maîtresse de sortir de chez lui, et de s'en retourner à Athènes avec sa mère et sa sœur.
Acr. A merveille!
Pal. Et même afin, qu'elle parte sans murmurer, il lui fait cadeau, d'après mon avis, des bijoux et des parures qu'il avait achetés pour elle.
Pleus. Rien de plus aisé, si cela leur plaît à tous deux.
Pal. Ne savez-vous pas qu'en remontant du fond d'un puits, c'est lorsqu'on est le plus près du bord qu'on risque le plus de retomber? Nous touchons maintenant au bord du puits : si le militaire s'aperçoit de quelque chose, nous ne pourrons plus nous en tirer. Nous avons besoin d'adresse en ce moment plus que jamais.
Pleus. Nous en avons chez nous une bonne provision : nous avons trois femmes : tu viens en quatrième, moi en cinquième, et le vieillard fait six.
Pal. Que de fourberies nous avons mises en œuvre! il n'y a point de place que nous n'emportions par nos stratagèmes. Donnez-y seulement tous vos soins.

Ad equas fuisti scitus admissarius,
Qui consectare qua mareis, qua feminas.
Pyrg. Hoc age nunc. *Pal.* Istuc. *Pyrg.* Quod das consilium mihi,
Te cum illa verba facere de ista re volo ;   1105
Nam cum illa sane congruus sermo tibi.
Pal. Quin potius, tute quom ades, tuam rem tute agas,
Dicas uxorem illi necessum esse ducere,
Cognatos persuadere, amicos cogere?
Pyrg. Itane tu censes? *Pal.* Quid ego ni ita censeam?   1110
Pyrg. Ibo igitur intro : tu heic ante ædeis interim
Speculare, ut ubi illæc prodeat, me provoces.
Pal. Tu modo istuc cura, quod agis. *Pyrg.* Curatum id quidem 'st.
Quin, si voluntate nolet, vi extrudam foris.
Pal. Istuc cave faxis; quin, potius per gratiam   1115
Bonam abeat abs te, atque illæc, quæ dixi, dato;
Aurum, ornamentaque, quæ illi instruxisti, ferat.
Pyrg. Cupio, hercle. *Pal.* Credo te facile inpetrassere.
Sed abi intro, noli stare. *Pyrg.* Tibi sum obediens. (abit intro.)
Pal. Numquid videtur demutare, mulieres, uti ego   1120
Dixi esse vobis dudum hunc mœchum Militem?
Nunc ad me ut veniat usu'st Acroteleutium,
Ancillula ejus et Pleusides : pro Jupiter,
Satin' ut commoditas usquequaque me adjuvat!
Nam quos videre exoptabam me maxume,   1125
Una exeunteis hinc video e proxumo.

SCENA QUARTA.

ACROTELEUTIUM, MILPHIDIPPA, PLEUSIDES, PALÆSTRIO.

Acrot. Sequimini, simul circumspicite, ne quis adsit arbiter.
Milph. Neminem, pol, video, nisi hunc, quem volumus conventum. *Pal.* Et ego vos.
Milph. Quid agis, noster architecte? *Pal.* Egone architectus? vah! *Milph.* Quid est?
Pal. Quia enim non sum dignus præ te, ut figam palum in parietem.   1130
Acr. Eia vero. *Pal.* Nimis facete, nimisque facunde mala est.
Ut lepide deruncinavit Militem! *Acr.* At etiam parum.
Pal. Bono animo es, negotium omne jam subcedit sub manus.
Vos modo porro, ut obcepistis, date operam adjutabilem.
Nam ipse Miles concubinam intro abiit oratum suam,   1135
Ab se ut abeat cum sorore et matre Athenas. *Acr.* Eu, probe!
Pal. Quin etiam aurum atque ornamenta, quæ ipse instruxit mulieri,
Omnia dat dono, ab se ut abeat; ita ego consilium dedi.
Pleus. Facile istuc quidem 'st, si et illa volt, et ille autem cupit.
Pal. Non tu scis, quom ex alto puteo sursum ad summum escenderis,   1140
Maxumum periculum inde esse, a summo ne rursum cadas?
Nunc hæc res apud summum puteum geritur; si prosenserit
Miles, nihil hinc ferri poterit hujus : nunc quam maxume
Opus est dolis. *Pleus.* Domi esse ad rem video silvæ satis :
Mulieres treis; quartus tute es, quintus ego, sextus senex.
Pal. Quod apud nos fallaciarum est excisum, certo scio,
Oppidum quodvis videtur posse expugnari dolis.   1147
Date modo operam. *Acr.* Id nos ad te, si quid velles, venimus.
Pal. Lepide facitis : nunc hanc ego tibi inpero provinciam.
Acr. Inpetrabis, inperator, quod ego potero, quod voles.
Pal. Militem lepide et facete et laute ludificarier   1151
Volo. *Acr.* Voluptatem, mecastor, mi inperas. *Pal.* Sciu' quemadmodum?
Acr. Nempe ut adsimulem me amore istius disferri. *Pal.* Rem tenes.
Acr. Quasique istius causa amoris ex hoc matrimonio
Abierim, cupiens istius summæ nubtiarum. *Pal.* Omni or-

LE SOLDAT FANFARON, ACTE IV, SCÈNE V.

Acr. Nous venons pour prendre tes ordres.

Pal. C'est fort bien fait à vous. Maintenant voici la charge que je vous donne.

Acr. Vous obtiendrez tout de moi, mon général; je ferai de mon mieux.

Pal. J'ordonne de berner notre militaire le plus agréablement, le plus finement, le plus complètement qu'il sera possible.

Acr. Vous m'ordonnez ce que je désire le plus.

Pal. Savez-vous comme je l'entends?

Acr. Il faudra feindre d'être enivrée d'amour pour lui.

Pal. Vous saisissez la chose.

Acr. Comme si par amour pour lui j'eusse fait casser mon mariage, afin de l'épouser.

Pal. Vous y êtes. Seulement vous ajouterez que cette maison dépend de votre dot, que le vieillard vous a quittée depuis votre divorce, de peur que notre militaire n'appréhende d'entrer dans la maison d'un autre.

Acr. L'avis est excellent.

Pal. Mais quand il sortira de chez lui, tenez-vous modestement à l'écart, comme pour effacer votre beauté devant la sienne, et témoigner votre admiration pour sa tournure incomparable; en même temps louez l'élégance de ses manières, sa figure, la noblesse de sa taille : avez-vous besoin d'une plus longue leçon ?

Acl. Non : qu'il vous suffise que je m'acquitterai de mon rôle de façon que vous n'aurez rien à reprendre.

Pal. A merveille. (*à Pleuside*) A votre tour, écoutez mes ordres.

Pleus. Parle.

Pal. Aussitôt qu'elle aura joué son rôle et qu'elle sera rentrée dans la maison, venez ici en habit de pilote avec un bonnet roux, un bandeau de laine rabattu sur les yeux; sur l'épaule gauche, un manteau court de couleur rousse (c'est la couleur à la mode en Thessalie), une écharpe au bras; faites semblant d'être le pilote du vaisseau : vous trouverez tout ce qu'il vous faut chez le vieillard, car il loge chez lui des pêcheurs.

Pleus. Eh bien : quand je serai ainsi affublé, que faudra-t-il faire?

Pal. Venez ici, et demandez Philocomasie de la part de sa mère, afin que si elle doit partir pour Athènes, elle s'en aille promptement au port; qu'elle fasse sans retard porter sur le vaisseau ce qu'elle voudra, parce que vous êtes prêt à lever l'ancre, pour profiter du vent favorable.

Pleus. Ce tableau me plaît; continue.

Pal. Le militaire pressera Philocomasie de partir, afin de ne point faire attendre sa mère.

Pleus. Quelle fécondité d'imagination!

Pal. Moi, je lui dirai qu'elle me demande pour l'aider à porter son bagage au port. Il m'ordonnera d'aller avec elle ; et moi, afin que vous le sachiez, je m'en vais droit à Athènes avec vous.

Pleus. Dès que tu y seras arrivé, je ne laisserai pas trois jours s'écouler sans te donner la liberté.

Pal. Allez donc vite vous déguiser.

Pleus. Est-ce tout?

Pal. N'oubliez rien.

Pleus. Je m'en vais.

Pal. Et vous aussi, rentrez vite : car notre guerrier ne tardera point à sortir.

Acr. Vos ordres sont sacrés pour nous.

Pal. Allez, retirez-vous donc. Voilà justement la porte qui s'ouvre. Il s'avance tout joyeux. Il a obtenu ce qu'il désirait : mais il aspire, le malheureux, à un bien qu'il n'aura jamais.

SCÈNE V.
PYRGOPOLINICE, PALÉSTRION.

Pyr. J'ai obtenu de bonne grâce et de bonne amitié tout ce que je voulais de Philocomasie.

---

dine ; 1155
Nisi modo unum hoc : hasce esse ædeis dicas dotaleis tuas;
Hinc senem abs te abiisse, postquam feceris divortium;
Ne ille mox vereatur introire in alienam domum.
Acr. Bene mones. *Pal.* Sed ubi ille exierit intus, isteic te procul
Ita volo adsimulare, præ illius forma, quasi spernas tuam,
Quasique ejus opulentitatem reverearis; et simul; 1161
Formam amœnitatis illius, faciem, polchritudinem
Conlaudato : satin' præceptum'st? *Acr.* Teneo : satin' est, si tibi
Meum opus ita dabo expolitum, ut inprobare non queas?
Pal. Sat habeo. (ad Pleusidem.) Nunc tibi vicissimque inperabo,
Pleus. Dicito. 1165
Pal. Quom extempulo hoc erit factum, ubi intro hæc abierit. tu ilico
Faeito ut venias huc ornatu nauclerico,
Causiam habeas ferrugineam, culcitam ob oculos laneam,
Palliolum habeas ferrugineum (nam is colos thalassicu'st),
Id connexum in humero lævo, expapillato brachio, 1170
Præcinctusque aliqui; adsimulato quasi gubernator sies.
Atque apud hunc senem omnia hæc sunt; nam is piscatores habet.
Pleus. Quid? ubi ero exornatus, quin tu dicis, quid facturus sim?
Pal. Huc venito, et matris verbis Philocomasium accessito,
Ut, si itura jam est Athenas, eat tecum ad portum cito : 1175
Atque ad jubeat ferri in navim, si quid inponi velit.

Nisi eat, te soluturum esse navim ; ventum operam dare.
Pleus. Satis placet pictura, perge. *Pal.* Ille extemplo illam hortabitur
Ut eat, ut properet, ne moræ sit matri. *Pleus.* Multimodis sapis.
Pal. Ego illi dicam, ut me adjutorem, qui onus feram ad portum, roget. 1180
Ille jubebit me ire cum illa ad portum : adeo ego, ut tu scias,
Prorsum Athenas profuam abibo tecum. *Pleus.* Atque ubi illo veneris,
Triduom servire nunquam te, quin liber sis, sinam.
Pal. Abi cito, atque orna te. *Pleus.* Numquid aliud? *Pal.* Hæc ut memineris.
Pleus. Abeo. *Pal.* Et vos abite hinc intro actutum, nam illum hinc sat scio 1185
Jam exiturum esse intus. *Acr.* Celebre apud nos inperium tuum 'st.
Pal. Agite, abscedite ergo : ecce autem conmodo aperitur foris.
Hilarus exit, inpetravit; inhiat, quod nusquam 'st, miser.

SCENA QUINTA.
PYRGOPOLINICES, PALÆSTRIO.

Pyrg. Quod volui, ut volo, inpetravi per amicitiam et gratiam
A Philocomasio. *Pal.* Quidnam tam intus fuisse te dicam diu? 1190

Pal. Pourquoi donc être resté si longtemps avec elle?

Pyr. Je n'ai jamais reçu tant de marques de tendresse de cette femme.

Pal. Comment donc?

Pyr. Que de choses aimables elle m'a dites! cela ne finissait pas. Enfin j'ai obtenu tout ce que je demandais: en retour je lui ai donné tout ce qu'elle a voulu, tout ce qu'elle a souhaité : je lui ai même fait cadeau de ta personne.

Pal. Moi aussi? Comment vivrais-je sans vous?

Syr. Allons, ne te désespère pas : je t'affranchirai en même temps : j'ai fait tout au monde pour la persuader de partir sans toi : mais elle m'a tant pressé...

Pal. Je mettrai mon espérance dans les dieux, et en vous surtout : cependant il est bien cruel de me séparer du meilleur des maîtres : ce qui me console, c'est que votre mérite et votre beauté aient été, par mes soins, justement appréciés de la voisine.

Pyr. A quoi bon tant de paroles? Je te donnerai la liberté et de grands biens, si tu réussis.

Pal. Je réussirai.

Pyr. C'est que je brûle....

Pal. Modérez votre ardeur ; moins d'empressement. Tout doux la passion! mais voici la belle elle-même qui s'avance.

SCÈNE VI.

MILPHIDIPPE, ACROTÉLEUTIE, PYRGOPOLINICE, PALESTRION.

Milp. (à *Acrotéleutie.*) Ma chère maîtresse, voici le militaire.

Acr. Où est-il?

Milp. Voyez à gauche, regarde-le du coin de l'œil, pour qu'il ne soupçonne pas que nous le voyons.

Arc. Je l'aperçois : voilà le moment de déployer toute notre malice.

Milp. C'est à vous de commencer.

Arc. (*haut*) Lui as-tu déjà parlé, je te prie? (*à demi-voix*) Parle bien haut, afin qu'il t'entende.

Milp. Je l'ai rencontré, et je lui ai parlé librement, à mon aise et tant que j'ai voulu.

Pyr. (à *Palestrion*) Entends-tu ce qu'elle dit?

Pal. J'entends bien. Comme elle est contente de vous aborder!

Acr. O femme trop heureuse!

Pyr. Comme je suis aimé!

Pal. Ne le méritez-vous pas?

Acr. (à *Milphidippe*) Tu as raison d'être surprise de l'aborder ainsi et d'en obtenir audience. On assure qu'on ne peut lui parler que par placet ou par ambassadeur, comme à un roi.

Mil. Vraiment ce n'est pas sans peine que j'ai pu arriver jusqu'à lui, et obtenir ce que je demande.

Pal. (à son maître) Quelle célébrité vous avez parmi les femmes!

Pyr. Je m'y résigne, puisque Vénus le veut.

Acr. (à *Milphidippe*) Pour moi, je rends mille grâces à Vénus ; je la prie, je la conjure de m'accorder le cœur de celui que j'aime si passionnément, de me le rendre favorable, et de le livrer sans résistance à mes désirs.

Milph. Je l'espère, quoique bien des femmes avant vous aient formé les mêmes vœux et qu'il les ait toutes méprisées, repoussées : vous faites exception.

Acr. Je sais tout ce que j'ai à redouter de son goût si difficile : je crains que ses yeux ne changent son opinion dès qu'il me verra, et que son extrême beauté ne dédaigne mes faibles charmes.

Pyrg. Nunquam ego me tam sensi amari, quam nunc ab illa muliere.
Pal. Quid jam? *Pyrg.* Ut multa verba fecit! ut lenta materies fuit!
Verum postremo inpetravi ut volui, donavique ei
Quæ voluit, quæ postulavit; te quoque ei dono dedi.
Pal. Etiam me? quomodo ego vivam sine te? *Pyrg.* Age, es animo bono : 1195
Itidem te ego liberabo; nam si possem ullo modo
Inpetrare ut abiret, nec te abduceret, operam dedi;
Verum obpressit. *Pal.* Deos sperabo, teque postremo ; tamen
Etsi istuc mi acerbum 'st, quia hero te carendum 'st optumo,
Saltem id volupe'st, quom ex virtute formæ eveniet tibi 1200
Mea opera super hac vicina, quam ego nunc concilio tibi.
Pyrg. Quid opu'st verbis? libertatem tibi ego et divitias dabo,
Si inpetras. *Pal.* Reddam inpetratum. *Pyry.* At gestio.
Pal. At modice decet ;
Moderare animo ; ne sis cupidus : sed eccam ipsam , egreditur foras.

SCENA SEXTA.

MILPHIDIPPA, ACROTELEUTIUM, PYRGOPOLINICES, PALÆSTRIO.

Milph. Hera, eccum præsto Militem. *Acr.* Ubi 'st? *Milph.* Ad lævam, videto, 1205
Adspicito limis oculis, ne ille nos se sentiat videre.
Acr. Video : edepol, nunc nos tempus est malas pejores fieri.

Milph. Tuum 'st principium. *Acr.* (alta voce.) Obsecro, tute ipsum convenisti?
(clam milite.) Ne parce voci, ut audiat. *Milph.* Cum ipso, pol, sum secuta
Placide ipsa, dum lubitum 'st mi, otiose, meo arbitratu, ut volui. 1210
Pyrg. Audin' quæ loquitur? *Pal.* Audio, quam læta 'st, quia adit ad te.
Acr. O fortunata mulier es! *Pyrg.* Ut amari videor! *Pal.* Dignus.
Acr. Permirum, ecastor, prædicas, te adisse atque exorasse,
Per epistolam, aut per nuncium, quasi regem, adiri eum aiunt.
Milph. Namque, edepol, vix copia fuit adeundi atque inpetrandi. 1215
Pal. Ut tu inclutus apud mulieres! *Pyrg.* Patiar, quando ita Venus volt.
Acr. Veneri, pol, habeo gratiam, eamdemque et oro et quæso,
Ut ejus mihi sit copia quem amo, quemque expetesso ;
Benignusque erga me ut siet; quod cupiam , ne gravetur.
Milph. Spero ita futurum, quamquam illum multæ sibi expetessunt; 1220
Ille illas sprenit segregatque ab se omneis, extra te unam.
Acr. Ergo iste metus me macerat, quod ille fastidiosu'st,
Oculi ejus ne sententiam mutent, ubi viderit me,
Atque ejus elegantia meam exemplo speciem spernat.
Milph. Non faciet , bonum animum habe. *Pyrg.* Ut ipsa se contemnit! 1225
Acr. Metuo , ne prædicatio tua nunc meam formam exsuperet.
Milph. Istuc curavi, ut opinione illius pulchrior sis.

LE SOLDAT FANFARON, ACTE IV, SCÈNE VI.

Milp. Non, non; rassurez-vous.
Pyr. Comme elle sait peu s'estimer !
Acr. Je crains que ma beauté ne soit bien au-dessous de l'éloge que tu en as fait.
Milp. J'ai tâché que la réalité surpassât l'idée qu'il s'est faite.
Acr. S'il ne veut pas m'épouser, j'embrasserai ses genoux, je le conjurerai de toutes les manières : si je ne peux rien obtenir, je me donnerai la mort. Je sais que je ne puis vivre sans lui.
Pyr. Je vois qu'il faudra l'empêcher de mourir. Dois-je l'aborder?
Pal. Point du tout : ce serait vous rabaisser que de vous livrer ainsi. Laissez-la venir, laissez-la vous chercher, vous désirer, vous attendre. Voulez-vous détruire le prestige qui vous environne? prenez garde à vos démarches : car je ne connais personne, si ce n'est Phaon de Lesbos, qui ait été aussi tendrement aimé.
Arc. (à *Milphidippe*) Je vais entrer; toi, ma chère, va le prévenir.
Milp. Attendons plutôt que quelqu'un sorte.
Acr. Je n'y peux plus tenir, il faut que j'entre.
Milp. La porte est fermée.
Acr. Je la briserai.
Milp. Êtes-vous folle ?
Acr. S'il a jamais aimé, ou même si la raison égale sa beauté, il me pardonnera généreusement une faute inspirée par l'amour.
Pal. Mais quelle ardeur embrase cette malheureuse !
Pyr. La mienne est égale.
Pal. Taisez-vous, de peur qu'elle ne vous entende.
Milp. Pourquoi rester ainsi immobile? que ne frappez-vous à la porte?

Acr. Parce que celui que je brûle de voir n'y est pas.
Pal. (à *Acrotéleutie*) Comment le savez-vous?
Acr. Ah ! je le sais ! je le sentirais, s'il y était.
Pyr. Elle devine. En faveur de son amour pour moi, Vénus lui a accordé le don de deviner.
Acr. Je ne sais où est celui que je désire ; mais je le sens...
Pyr. Il paraît qu'elle voit mieux avec son nez qu'avec les yeux.
Pal. L'amour l'aveugle.
Acr. (à *Milphidippe*) Soutiens-moi, je te prie.
Milp. Pourquoi?
Acr. De peur que je ne tombe.
Milp. Comment cela?
Arc. Eh ! je ne puis plus me tenir ; l'impression que mes yeux reçoivent fait défaillir mon cœur.
Milp. Vous avez vu le capitaine?
Acr. Oui.
Milp. Je ne le vois pas : où est-il?
Acr. Ah ! tu le verrais bien, si tu aimais.
Milp. Vous ne l'aimez pas plus que moi, permettez-moi de vous le dire.
Pal. (à *son maître*) Par ma foi, toutes les femmes vous aiment, dès qu'elles vous aperçoivent.
Pyr. Je ne sais si je te l'ai dit ; je suis le petit-fils de Vénus.
Acr. Ma chère Milphidippe, va donc vers lui, je t'en conjure, aborde-le.
Pyr. Comme elle me respecte!
Pal. En voici une qui vient à nous.
Milp. Je voudrais vous parler.
Pyr. Et nous aussi.
Milp. D'après vos ordres, j'ai amené ma maîtresse.

Acr. Si, pol, me nolet ducere uxorem, genua amplectar,
Atque obsecrabo aliquo modo. Si non quibo inpetrare,
Consciscam letum : vivere sine illo scio me non posse. 1230
Pyrg. Prohibendam mortem video mulieri : adibon'? *Pal.* Minume.
Nam tu te vilem feceris, si te ultro largiere.
Sine ultro veniat, quæritet, desideret, exspectet.
Submovere istam vis gloriam quam habes? cave, sis, faxis.
Nam nulli mortali scio obtigisse hoc, nisi duobus, 1235
Tibi et Phaoni Lesbio, tam misere ut amarentur.
Acr. Eo intro: abi tu, illum evocato foras, mea Milphidippa.
Milph. Imo obperiamur, dum exeat aliquis. *Acr.* Durare nequeo,
Quin eam intro. *Milph.* Obclusæ sunt forels. *Acr.* Ecfrangam. *Milph.* Sana non es.
Acr. Si amavit unquam, aut si parem sapientiam hic habet
ac formam, 1240
Per amorem si quid fecero, clementi animo ignoscet.
Pal. Ut, quæso, amore perdita 'st hæc misera ! *Pyrg.* Mutuum fit.
Pa.. Tace, ne audiat. *Milph.* Quid adstitisti obstupida? cur non pultas?
Acr. Quia non est intus, quem ego volo. *Pal.* Qui scis?
Acr. Scio, edepol, scio.
Nam odore nasum sentiat, si intus siet. *Pyrg.* Hariolatur.
Quia me amat, propterea Venus fecit eam ut divinaret. 1246
Acr. Nescio, ubi hic prope adest, quem expeto videre; olet profecto.
Pyrg. Naso, pol, jam hæc quidem videt plus, quam oculis.
Pal. Cæca amore 'st.
Acr. Tene me, obsecro. *Milph.* Cur? *Acr.* Ne cadam. *Milph.* Quid ita ? *Acr.* Quia stare

Nequeo, ita animus per oculos meos defit. *Milph.* Pol, militem tu 1250
Adspexisti. *Acr.* Ita. *Milph.* Non video, ubi est. *Acr.* Videres, pol, si amares.
Milph. Non, edepol, tu illum magis amas, quam egomet, si per te liceat.
Pal. Omneis profecto mulieres te amant, ut quæque ad spexit.
Pyrg. Nescio tun' ex me hoc audieris, an non : nepos sum Veneris.
Acr. Mea Milphidippa, adi, obsecro, et congredere. *Pyrg.* Ut me veretur ! 125s
Pal. Illa ad nos pergit. *Milph.* Vos volo. *Pyrg.* Et nos te.
Milph. Ut jussisti,
Heram meam eduxi foras. *Pyrg.* Video. *Milph.* Jube ergo adire.
Pyrg. Induxi in animum ne oderim, item ut alias, quando hoc orasti.
Milph. Verbum, hercle, facere non potis, si adcesserit prope ad te.
Dum te obtuetur, interim linguam oculi præciderunt. 1260
Pyrg. Levandum morbum mulieri video. *Milph.* Ut tremit atque exstimuit,
Postquam te aspexit ! *Pyrg.* Viri quoque armati idem istuc faciunt;
Ne tu mirere plus mulierem. Sed qui volt me agere?
Milph. Ad se ut eas; tecum vivere volt atque ætatem exigere.
Pyrg. Egon' ad illam eam, quæ nubta sit? vir ejus est metuendus. 1265
Milph. Quin tua causa exegit virum a se. *Pyrg.* Quid? qui id facere potuit?

Pyr. Je la vois.

Milp. Permettez-lui d'approcher.

Pyr. Je veux bien, à ta prière, ne pas haïr ta maitresse comme les autres femmes.

Milp. Cette assurance n'empêchera pas qu'en approchant de vous, votre regard seul n'enchaîne sa langue.

Pyr. Je vois qu'il faut la guérir de son émotion.

Milp. Voyez-vous comme elle tremble, comme elle a peur depuis qu'elle vous a regardé!

Pyr. Les plus vaillants guerriers font de même; cela ne doit pas t'étonner de la part d'une femme : mais que veut-elle que je fasse?

Milp. Que vous lui parliez : vivre pour vous, passer ses jours auprès de vous, est son unique envie.

Pyr. M'unir à une femme mariée? J'aurais tout à redouter de la part de son mari.

Milp. Elle l'a chassé par amour pour vous.

Pyr. Comment est-elle parvenue...

Milp. Cette maison fait partie de sa dot.

Pyr. Est-ce bien vrai?

Milp. Certainement.

Pyr. Dis-lui d'aller à la maison ; j'y serai tout à l'heure.

Milp. Ne la faites pas attendre; ne mettez pas son âme au supplice.

Pyr. Ce n'est pas mon intention... allez-vous-en.

Milp. Nous partons. (*elles sortent.*)

Pyr. Mais que vois-je?

Pal. Et que voyez-vous?

Pyr. Je ne sais qui s'avance en habit de matelot.

Pal. C'est à nous qu'il en veut... c'est le pilote dont je vous ai parlé.

Pyr. Il vient sans doute chercher mon ancienne maîtresse.

Pal. Je le présume.

SCÈNE VII.
PLEUSIDE, PALESTRION, PYRGOPOLINICE.

Pleus. Si je ne savais toutes les folies que l'amour a fait faire à bien d'autres, je rougirais de sortir affublé de la sorte : mais combien de gens ont commis par amour des actions bien plus indécentes, bien plus contraires à l'honneur, sans parler d'Achille, qui laissa égorger ses compagnons d'armes (1)! Mais voici Palestrion avec le militaire : changeons de propos. La femme est certainement fille de l'attente : car une attente, quelque ennuyeuse qu'elle soit, n'est pas aussi insupportable que celle d'une femme qu'on aime : notre patience ordinaire en est la cause : aussi je prends le parti de faire venir Philocomasie... Frappons à la porte. Holà! quelqu'un!

Pal. Qu'y a-t-il, jeune homme? Que voulez-vous? pourquoi frappez-vous?

Pleus. Je viens chercher Philocomasie de la part de sa mère : si elle veut partir, qu'elle vienne; elle fait attendre tout le monde : nous voulons mettre à la voile.

Pyr. Il y a longtemps que tout est prêt. Holà! Palestrion, dis qu'elle emporte ses bijoux, ses habits, et tout ce qu'elle a de précieux. Prends des hommes avec toi pour t'aider jusqu'au vaisseau : tous les paquets sont arrangés; qu'elle emporte tout ce que je lui ai donné.

Pal. J'y vais.

Pleus. Dépêchez-vous, de grâce.

Pyr. Il ne sera pas long. (*regardant son bandeau*) Mais qu'est-ce-ci? vous avez un œil...

Pleus. Parbleu, j'ai un œil...

Pyr. Je parle de l'œil gauche.

Pleus. Je vais vous le dire. Le métier que je fais est cause que je ne me sers que d'un œil; si je ne le faisais pas, je me servirais de tous les deux (2); mais on me fait attendre trop longtemps.

Pyr. On vient.

(1) Pour se venger d'Agamemnon qui lui avait enlevé Briséis.
(2) Le jeu de mots latin ne peut se traduire. *A mare* et *amare* signifie le métier de pilote et d'amoureux, par l'effet de la prononciation.

Milph. Quia ædeis dotaleis hujus sunt. *Pyrg.* Itane? *Milph.* Ita, pol. *Pyrg.* Jube eam domum ire.
Jam ego illeic ero. *Milph.* Vide ne sis in exspectatione,
Ne illam animi excrucies. *Pyrg.* Non ero profecto : abite.
Milph. Abimus. (*abeunt.*)
Pyrg. Sed quid ego video? *Pal.* Quid vides? *Pyrg.* Nescio
quis, eccum, incedit   1270
Ornatu quidem thalassico. *Pal.* Jam nos volt hic profecto :
Nauclerus hic quidem 'st. *Pyrg.* Videlicet arcessit hanc hinc.
Pal. Credo.

SCENA SEPTIMA.
PLEUSIDES, PALÆSTRIO, PYRGOPOLINICES.

Pleus. (*eccum.*) Alium alio pacto propter amorem ni selam
Fecisse multa nequiter, verear magis
Me amoris causa [cum] hoc ornatu incedere.   1275
Verum quom multos multa admisse adcœperim
Inhonesta, propter amorem, atque aliena a bonis :
Mitto jam, ut obcidi Achilles civeis passus est....
Sed eccum Palæstrionem, stat cum milite :
Oratio alio mi demutanda 'st mea   1280
(*alta voce.*) Mulier profecto gnata 'st ex ipsa mora.

Nam quævis alia, quæ mora est æque, mora
Minor ea videtur, quam quæ propter mulierem 'st.
Hoc adeo fieri credo consuetudine.
Nam ego hanc arcesso Philocomasium : sed foreis   1285
Pultabo : heus, ecquis heic est? *Pal.* Adulescens, quid eis?
Quid tu ais? quid pultas? *Pleus.* Philocomasium quæritо,
A matre illius venio : si itura 'st, eat :
Omneis moratur; navim cupimus solvere.
Pyrg. Jam dudum res parata 'st : heus, Palæstrio,   1290
Aurum, ornamenta, vestem, pretiosa omnia
Duc adjutores tecum ad navim qui ferant.
Omnia composita sunt, quæ donavi, ut ferat.
Pal. Eo. *Pleus.* Quæso, hercle, propera. *Pyrg.* Non mo-
      rabitur
Quid istuc, quæso, quid oculo factum 'st tuo?   1295
Pleus. Habeo equidem, hercle, oculum. *Pyrg.* At lævum
      dico. *Pleus.* Eloquar.
Maris causa, hercle, hercle, istoc ego oculo utor minus.
Nam si abstinuissem amare, tamquam hoc uterer.
Sed nimis morantur me diu. *Pyrg.* Eccos, exeunt.

SCÈNE VIII.
PALESTRION, PHILOCOMASIE, PLEUSIDE, PYRGOPOLINICE.

Pal. (à *Philocomasie*) Ne cesserez-vous de pleurer aujourd'hui, je vous prie?

Phil. Comment retenir mes larmes, en quittant des lieux où j'ai passé ma vie si agréablement?

Pal. Voyez-vous cet homme qui vient de la part de votre mère et de votre sœur?

Phil. Je le vois bien

Pyr. M'as-tu entendu, Palestrion?

Pal. Que voulez-vous?

Pyr. Pourquoi ne fais-tu pas enlever tout ce que je lui ai donné?

Pleus. Bonjour, Philocomasie.

Phil. Je vous salue.

Pleus. Votre mère et votre sœur m'ont chargé de mille amitiés pour vous.

Phil. Que le ciel les conserve!

Pleus. Elles vous prient de venir, afin de mettre à la voile pendant que le vent est favorable : votre mère, si elle n'avait pas mal aux yeux, m'aurait même accompagné.

Phil. Je partirai, quoiqu'il m'en coûte beaucoup. Le devoir l'exige.

Pleus. Vous êtes raisonnable.

Pyr. Oh! c'est d'avoir vécu avec moi... Sans cette influence!

Phil. Je suis désespérée de me séparer d'un homme tel que vous; car à votre école il n'est pas de femme qui ne devienne aimable. Votre société m'avait donné de l'orgueil, et je perds mon véritable titre de gloire.

Pyr. C'est aussi trop verser de larmes.

Phil. Je ne puis les retenir en vous voyant.

Pal. Allons! du courage : je sais aussi la peine que j'éprouve. Je ne suis point étonné, Philocomasie, que vous vous plaisiez tant ici. La bonne mine de mon maître, ses manières, sa gloire, devaient attacher votre cœur : moi qui ne suis qu'un esclave, je pleure en le voyant pour la dernière fois.

Phil. (à *Pyrgop.*) Souffrez que je vous embrasse avant de partir.

Pyr. Très-volontiers.

Phil. O mes yeux! ô mon cœur! (*elle feint de s'évanouir.*)

Pal. Soutenez-la, de grâce, de peur qu'elle ne succombe à la douleur.

Pyr. Qu'est-ce que ceci?

Pal. Cette séparation cause à la malheureuse un évanouissement subit.

Pyr. (à *ses esclaves*) Accourez tous, vite apportez de l'eau.

Pal. On n'en a pas besoin. (à *part.*) Je préférerais du vin. (*haut*)

Pyr. Pourquoi?

Pal. Il vaut mieux que vous ne vous montriez pas, jusqu'à ce qu'elle ait repris ses sens.

(*Pendant ce temps Pleuside embrasse Philocomasie*).

Pyr. Voilà deux têtes bien près l'une de l'autre : je n'aime pas cela; leurs lèvres se touchent.

Pleus. Cela est grave! je voulais voir si elle respirait.

Pyr. Il fallait seulement approcher l'oreille.

Pleus. Si vous le préférez, je les enverrai tous deux en avant?

Pyr. (à *Pleuside*). Volontiers.

Pal. Malheureux, je sens couler mes larmes.

Pyr. (*aux esclaves*.) Allons, apportez vite ici tout ce que je lui ai donné.

Pal. Je vous salue maintenant, ô dieu familier! avant de quitter ces lieux... Adieu, mes compagnons et mes compagnes... portez-vous bien, et vivez

SCENA OCTAVA.
PALÆSTRIO, PHILOCOMASIUM, PLEUSIDES, PYRGOPOLINICES.

Pal. Quid modi flendo, quæso, hodie facies? *Phil.* Quid ego ni fleam? 1300

Ubi polcherrume egi ætatem, inde abeo. *Pal.* Viden' hominem tibi

Qui a matre et sorore venit? *Phil.* Video. *Pyrg.* Audin', Palæstrio?

Pal. Quid vis? *Pyrg.* Quin tu intus jubes ecferri omnia, quæ isti dedi?

Pleus. Philocomasium, salve. *Phil.* Et tu salve. *Pleus.* Materque et soror

Dicere jusserunt salutem [me] tibi. *Phil.* Salvæ sient. 1305

Pleus. Orant te ut eas, ventus operam dum dat, ut velum explicent.

Nam matri oculi si valerent, mecum venisset simul.

Phil. Ibo, quamquam invita facio : pietas sic cohibet. *Pleus.* Sapis.

Pyrg. Si non mecum ætatem egisset, hodie stulta viveret?

Phil. Istuc crucior, a viro me tali aballenarier. 1310

Nam tu quamvis potis es facere ut fluat facetiis :

Et quia tecum eram, propterea animo eram ferocior.

Eam nobilitatem amittundam video. *Pyrg.* Nimium hæc flet.

Phil. Nequeo,

Te quom video. *Pal.* Habe bonum animum; scio ego, et quid doleat mihi.

Nam nil miror, si lubenter, Philocomasium, heic eras. 1315

Forma hujus, mores, virtus, animum adtinuere heic tuum.

Quin ego servos, quando adspicio hunc, lacrumem, quia dijungimur.

Phil. Obsecro, licet conplecti, priusquam proficisco? *Pyrg.* Licet.

Phil. O mei ocull, o mi anime! *Pal.* Obsecro, tene mulierem;

Ne adfligatur. *Pyrg.* Quid istuc? *Pal.* Postquam abs te abit, animo male 1320

Factum est huic repente miseræ. *Pyrg.* Adcurrite intro, atque adferte aquam.

Pal. Nihil aquam moror. *Pyrg.* Cur? *Pal.* Malo... ne intervenris,

Quæso, dum resipiscit. *Pyrg.* Capita inter se nimis nexa hisce habent.

Non placet : labra labellis ferruminant. *Pleus.* Acre 'st malum;

Tentabam spiraret, an non. *Pyrg.* Aurem admotam oportuit. 1325

Pleus. Sin' magis vis, ambos mittam. *Pyrg.* Nolo; retineat.

Pal. Fleo miser.

Pyrg. Exite, atque adferte huc intus omnia, isti quæ dedi.

Pal. Etiam nunc saluto te, [lar] Familiaris, priusquam eo. Conservi conservæque omneis, bene valete et vivite.

Bene, quæso, inter vos dicatis et mihi absenti tamen. 1330

Pyrg. Age, Palæstrio, bono animo es. *Pal.* Eheu! nequeo, quin fleam,

Quom abs te abeam. *Pyrg.* Æquo fer animo. *Pal.* Scio ego, quid doleat mihi.

Phil. Sed quid hoc? quæ res? quid video? lux, salve.

heureux : faites des vœux pour moi, je vous prie, et ne m'oubliez pas, quoique absent.

Pyr. Allons, Palestrion, de la fermeté !

Pal. Hélas ! je ne puis retenir mes pleurs en vous quittant.

Pyr. Supporte courageusement cette séparation.

Pal. Je sens trop ce que je perds.

Phil. (*feint de reprendre ses sens.*) Mais que vois-je ? quels objets ? ô lumière, salut !

Pleus. Vous vous ranimez.

Phil. Quel homme ai-je embrassé ? dites-moi. Je suis perdue. Suis-je bien à moi ?

Pleus. (*bas.*) Ne craignez rien, mon amour.

Pyr. Qu'est-ce que cela signifie ?

Pal. Elle avait perdu connaissance. (*à part*) Je tremble qu'à la fin tout ne se découvre.

Pyr. Qu'est-ce qu'il y a ?

Pal. Quand on nous verra traverser la ville avec tout ce bagage, ne nous blâmera-t-on pas ?

Pyr. Je donne mon bien, et non celui d'autrui. Je me moque des propos : allez, et que le ciel vous conduise.

Pal. Je ne dis cela que dans votre intérêt.

Pyr. Je le pense bien.

Pal. Adieu donc.

Pyr. Bon voyage !

Pal. (*à ses compagnons.*) Marchez devant, je vous suivrai. J'ai encore quelques mots à dire à mon maître. (*à Pyrgopolinice*) Quoique vous ayez toujours cru les autres plus fidèles que moi, je n'en suis pas moins reconnaissant envers vous ; et si c'était votre volonté, j'aimerais mille fois mieux être votre esclave que l'affranchi d'un autre.

Pyr. Prends donc courage.

Pal. Quand je songe qu'il faudra changer mes habitudes, étudier les mœurs des femmes, oublier celles des héros !

Pyr. Comporte-toi bien.

Pal. Je ne suis capable de rien, j'ai perdu tout mon feu.

Pyr. Va, suis les autres ; ne tarde pas davantage.

Pal. Portez-vous bien.

Pyr. Et toi aussi.

Pal. Si je deviens libre, ne m'oubliez pas, de grâce. Je vous enverrai un message, afin que vous ne m'abandonniez pas.

Pyr. Ce n'est pas ma coutume.

Pal. Souvenez-vous de temps en temps combien je me suis montré dévoué. Si vous le faites, vous saurez distinguer un bon d'un méchant serviteur.

Pyr. Je le sais, et je m'en suis souvent aperçu, mais aujourd'hui plus que jamais.

Pal. Ce qui se passe aujourd'hui vous en convaincra puissamment.

Pyr. A peine puis-je me défendre de te retenir.

Pal. Gardez-vous-en bien ! on vous accuserait de mensonge, d'hypocrisie et de mauvaise foi. On me regarde comme le plus fidèle des esclaves ; et si je pensais que vous pussiez le faire avec honneur, je vous le conseillerais : mais c'est impossible ; gardez-vous-en bien.

Pyr. Va donc ; je me résignerai.

Pal. Je vous souhaite donc une bonne santé.

Pyr. Il faut avoir le courage de te laisser partir.

Pal. Encore une fois, adieu ! (*il sort.*)

Pyr. Jusqu'ici j'avais toujours regardé cet esclave comme un mauvais sujet : je reconnais à présent qu'il m'était attaché. Quand j'y réfléchis, je trouve que j'ai fait une sottise de le laisser aller. Occupons-nous maintenant de mes nouvelles amours. Il me semble entendre du bruit à la porte.

SCENE IX.

UN JEUNE ESCLAVE, PYRGOPOLINICE.

Le jeune esclave (*à la cantonnade*) Ne m'en dites pas davantage : je connais mon devoir. Je le trou-

---

Pleus. Jam resipisti ? *Phil.* Obsecro, quem amplexa sum Hominem ? perii ! sumne ego apud me ? *Pleus.* Ne time, voluptas mea. 1335
Pyrg. Quid istuc est negoti ? *Pal.* Animus hanc modo heic reliquerat.
Metuoque et timeo, ne hoc tandem propalam fiat nimis.
Pyrg. Quid id est ? *Pal.* Nos secundum ferre nunc per urbem hæc omnia,
Ne quis tibi hoc vitio vortat. *Pyrg.* Mea, non illorum, dedi ;
Parvi ergo illos facio ; agite, ite cum dis benevolentibus. 1340
Pal Tua ego hoc causa dico. *Pyrg.* Credo. *Pal.* Jam vale.
Pyrg. Et tu bene vale.
Pal. Ite cito, jam ego adsequar vos ; cum hero pauca etiam loquar.
Quamquam alios fideliores semper habuisti tibi
Quam me, tamen tibi habeo magnam gratiam rerum omnium ;
Et, si ita sententia esset, tibi servire mavelim 1345
Multo, quam alii libertus esse. *Pyrg.* Habe bonum animum.
Pal. Heu mihi !
Quom venit mihi in mentem, ut mores mutandi sient !
Muliebreis mores discendi, obliviscendi stratiotici.
Pyrg. Fac sis frugi. *Pal.* Jam non possum, amisi omnem lubidinem.
Pyrg. I, sequere illos, ne morere. *Pal.* Bene vale. *Pyrg.* Et tu bene vale. 1350
Pal. Quæso, ut memineris, si forte liber fieri obceperim,
Mittam nuncium ad te, ne me deseras. *Pyrg.* Non est meum,
Pal. Cogitato idemtidem, tibi quam fidelis fuerim.
Si id facies, tum demum scibis, tibi qui bonus sit, qui malus siet maxume. 1355
Pyrg. Scio et perspexi sæpe ; verum quom antidhac, tum hodie maxume. 1355
Pal. Scies ; imo hodie verum factum, faxo, post dices magis.
Pyrg. Vix reprimor, quin te manere jubeam. *Pal.* Cave istuc feceris.
Dicant te mendacem, nec verum esse, fide nulla esse te ;
Dicant servorum præter me esse fidelem neminem.
Nam si honeste censeam te facere posse, suadeam ; 1360
Verum non potest ; cave faxis. *Pyrg.* Abi, jam patiar quidquid sit.
Pal. Bene vale igitur. *Pyrg.* Ire meliu'st strenue. *Pal.* Etiam nunc vale. (*abit.*)
Pyrg. Ante hoc factum hunc sum arbitratus semper servom pessumum ;
Eum fidelem mi esse invenio : quom egomet mecum cogito,
Stulte feci, qui hunc amisi. Ibo hinc intro nunc jam 1365
Ad amores meos : et, sensi, hinc sonitum fecerunt foreis.

SCENA NONA.

PUER, PYRGOPOLINICES.

Puer. Ne me moneatis ; memini ego opificium meum.
Ego jam conveniam illunc : ubiubi est gentium,
Investigabo ; operæ non parcam meæ.
Pyrg. Me quærit illic, ibo huic puero obviam. 1370

verai bien en quelque lieu du monde qu'il soit, je le découvrirai : je n'épargnerai point ma peine.

Pyr. Ce garçon me cherche ; allons à sa rencontre.

L'esclave. je vous cherchais. Salut au plus aimable, au plus gracieux des hommes, à l'heureux favori de deux divinités !

Pyr. Quelles divinités?

L'esclave. Mars et Vénus.

Pyr. L'aimable enfant!

L'esclave. On vous prie d'entrer : on vous demande, on soupire après vous, on meurt d'impatience. Ayez pitié d'une amante qui vous arrête ! pourquoi n'entrez-vous pas?

Pyr. J'y vais. (*il entre chez Périplectomène.*)

L'esclave. Il s'est lui-même embarrassé dans les filets : le piége est tendu. Le vieillard est aux aguets pour surprendre ce libertin infatué de sa beauté, qui croit que toutes les femmes l'aiment à la première vue, quand il est également odieux aux hommes et aux femmes. Allons voir le tapage qui va se faire : j'entends déjà crier.

ACTE CINQUIÈME.

SCÈNE I.

PÉRIPLECTOMÈNE, CARION, SON CUISINIER; PYRGOPOLINICE, SCÉLÈDRE.

Pér. Emmenez-le ; et s'il refuse de vous suivre, enlevez-le de force : suspendez-le entre le ciel et la terre ; déchirez-le.

Pyr. Ah! Périplectomène, je vous en conjure par Hercule!

Pér. Vous me priez en vain. Carion, vois si tu n'as pas là un coutelas bien aiguisé.

Car. J'en ai un excellent pour fendre le ventre d'un libertin et lui pendre les entrailles au cou, comme le hochet d'un enfant.

Pyr. Je suis mort!

Car. Pas encore. Vous parlez trop vite : (*à son maître*) sauterai-je sur lui?

Pér. Non, il faut auparavant lui donner les étrivières.

Car. Et de la bonne façon.

Pér. Pourquoi as-tu l'audace de séduire la femme d'un autre, misérable?

Pyr. Que le ciel me confonde, si elle n'est pas venue me faire les premières avances.

Pér. Il ment. Frappez!

Pyr. Un instant! que je m'explique..

Per. (*à ses gens*) Qu'attendez-vous?

Pyr. Ne m'est-il pas permis de vous dire...

Pér. Parlez.

Pyr. On m'a prié de venir ici chez vous.

Pér. Pourquoi avez-vous cette impudence! (*Il le fait battre*) Voilà pour vous.

Pyr. Oh! aïe! aïe! je suis assez battu ; grâce! grâce!

Car. Maintenant lui couperai-je.....

Pér. Comme il te plaira : étendez-lui les bras, comme les ailes d'un oiseau.

Pyr. Je vous en supplie par Hercule... écoutez-moi avant de me couper...

Pér. Parlez, on n'a pas encore fait de vous un homme bon à rien.

Pyr. J'ai cru cette femme veuve, et la suivante qui menait l'intrigue me l'avait assuré.

Pér. Jurez que vous ne vous vengerez sur personne des coups que vous avez reçus, et que vous recevrez encore si nous vous renvoyons vivant, comme un petit-fils de Vénus.

Pyr. Je jure par Diane et Mars de ne me venger sur personne des coups que je reçois ici : je confesse les avoir mérités ; et si malgré mon crime je m'en vais sain et sauf, c'est pure bonté de votre part.

Pér. Et si vous ne tenez pas vos serments...

Pyr. Que je vive à jamais déshonoré!

Puer. Ehem, te quaero : salve, vir lepidissume,
Cumulate conmoditate, præter cæteros
Duo di quem curant. *Pyrg.* Qui duo? *Puer.* Mars et Venus.
Pyrg. Facetum puerum. *Puer.* Intro te ut eas obsecrat.
Te volt, te quaerit, teque exspectans deperit : 1375
Amanti fer opem : quid stas? quin intro? *Pyrg.* Eo.
Puer. Ipsus sese illic jam inpedivit in plagas.
Paratæ insidiæ sunt : in statu stat senex,
Ut adoriatur moechum, qui forma est ferox,
Qui omneis se amare credit, quæque adspexerit, 1380
Mulieres ; eum odere qua viri, qua mulieres.
Nunc in tumultum ibo ; intus clamorem audio.

ACTUS QUINTUS.

PERIPLECTOMENES, PYRGOPOLINICES, CARIO, SCELEDRUS.

Per. Ducite istum ; si non sequitur, rapite sublimem foras ;
Facite inter terram atque cælum ut siet : discindite.
Pyrg. Obsecro, hercle, Periplectomene, te. *Per.* Nequidquam, hercle, obsecras. 1385
Vide ut istic tibi sit acutus, Cario, culter probe.
Car. Quin jamdudum gestit moecho abdomen adimere,
Ut faciam quasi puero in collo pendeant crepundia.
Pyrg. Perii! *Car.* Haud etiam, numero hoc dicis. (*ad Periplectomenum.*) Jam in hominem involo?

Per. Imo etiam prius verberetur fustibus. *Car.* Multum quidem. 1390
Per. Cur es ausus subagitare alienam uxorem, inpudens?
Pyrg. Ita me di ament, ultro ventum 'st ad me. *Per.* Mentitur ; feri.
Pyrg. Mane, dum narro. *Per.* Quid cessatis? *Pyrg.* Non licet mihi dicer ?
Per. Dic. *Pyrg.* Oratus sum ad te venire huc. *Per.* Quare ausus? hem ibi.
Pyrg. Oh, hei! sum satis verberatus, obsecro. *Car.* Quam mox seco? 1395
Per. Ubi jubet : distendite hominem divorsum, et dispennite.
Pyrg. Obsecro, hercle, te, ut mea verba audias, priusquam secat.
Per. Loquere, nondum nihili factus. *Pyrg.* Viduam esse censui,
Itaque ancilla, conciliatrix quae erat, dicebat mihi.
Per. Jura, te nociturum esse homini nunc hac de re nemini,
Quod tu hodie heic verberatus, aut quod verberabere, 1401
Si te salvom hinc amittemus Venereum nepotulum.
Pyrg. Juro per Dionam et Martem, me nociturum nemini,
Quod ego heic hodie vapulo, sed mihi id æque factum arbitror.
Et si intestatus non abeo, bene agitur pro noxia. 1405
Per. Quid, si id non faxis? *Pyrg.* Ut vivam semper intesta-

Car. (à son maître) Qu'on lui donne encore quelques coups de bâton, et lâchez-le ensuite.

Pyr. (au cuisinier) Que les dieux te protégent, ô mon généreux avocat!

Car. Donnez-nous donc une mine d'or.

Pyr. Pourquoi?

Car. Pour avoir épargné ce que vous avez de plus précieux, et vous avoir laissé partir avec ce qui convient à un petit-fils de Vénus : nous ne vous lâchons qu'à ce prix.

Pyr. J'y consens.

Car. Vous devenez raisonnable. Quant à votre tunique, à votre manteau et à votre épée, vous ne les emporterez point, n'y comptez pas. (à *Périplectomène*)Frapperai-je encore, pour un dernier adieu?

Pyr. Votre bâton m'a suffisamment amolli... De grâce...

Pér. Déliez-le.

Pyr. Mille remercîments.

Pér. Si je vous surprends encore ici, je vous punirai par où vous aurez péché.

Pyr. Je passe condamnation.

Pér. Rentrons, Carion.

Pyr. J'aperçois mes esclaves (à *Scélèdre*). Philocomasie est-elle déjà partie? dis-le-moi donc.

Scél. Il y a longtemps.

Pyr. Malheureux que je suis!

Scél. Vous crieriez encore plus fort si vous saviez ce que je sais : celui qui avait un bandeau de laine sur l'œil n'était pas un marin.

Pyr. Qui était-ce donc?

Scél. L'amant de Philocomasie.

Pyr. Comment le sais-tu?

Scél. Je le sais : car à peine avaient-ils passé le seuil de la porte, qu'ils n'ont cessé de s'embrasser et de se caresser tendrement.

Pyr. Malheur à moi! on s'est amusé à mes dépens : c'est un tour de ce gueux de Palestrion; il m'a enlacé dans cette intrigue : après tout, je l'ai mérité. Si l'on traitait de même tous les libertins, il n'y en aurait pas tant dans le pays : la peur rendrait leurs passions plus discrètes. Rentrons chez nous; et vous, spectateurs, applaudissez.

bills.
Car. Verberetur etiam, postibi amittundum censeo.
Pyrg. Di tibi benefaciant semper, quom advocatus mihi bene es.
Car. Ergo des minam auri nobis. *Pyrg.* Quamobrem? *Car.* Salvis testibus
Ut te hodie hinc amittamus Venereum nepotulum : 1410
Aliter hinc a nobis, ne sis frustra.⟨ *Pyrg.* Dabitur. *Car.* Magis sapis.
De tunica, et chlamyde, et machæra ne quid speres, non feres.
(ad Periplectomenem.)Verberone etiam, antequam amittis?*Pyrg.* Mitis sum equidem fustibus.
Obsecro vos. *Per.* Solvite istum. *Pyrg.* Gratiam habeo tibi.
Per. Si posthac prehendero ego te heic, arcebo testibus. 1415
Pyrg. Causam haud dico. *Per.* Eamus intro, Cario. (abeunt.)

Pyrg. Servos meos
Eccos video. Philocomasium jam profecta est? dic mihi.
Scel. Jam dudum. *Pyrg.* Hei mihi! *Scel.* Magis id dicas, si scias, quod ego scio :
Namque illic, qui lanam ob oculum habebat, nauta non erat.
Pyrg. Quis erat igitur? *Scel.* Philocomasio amator. *Pyrg.* Qui tu scis? *Scel.* Scio. 1420
Nam postquam exierunt porta, nihil cessarunt illico
Osculari atque amplexari inter se. *Pyrg.*Væ misero mihi!
Verba mihi data esse video; scelus viri Palæstrio!
Is me in hanc intexit fraudem. Jure factum judico.
Si sic aliis mœchis fiat, minus heic mœchorum siet; 1425
Magis metuant, minus has res studeant : eamus ad me. Plaudite.

LE CABLE [1].

PERSONNAGES.

L'Arcture [2], Prologue.
Démonès, vieillard père de Palestra.
Scéparnion, valet de Démonès.
Pleusidippe, jeune homme, amant de Palestra.
Trakhalion, valet de Pleusidippe.
Palestra, fille de Démonès, aimée de Pleusidippe.
Ampélisca, compagne d'esclavage de Palestra.
Ptolémocratia, prêtresse du temple de Vénus. Une suivante de Ptolemocratia.
Labrax, marchand d'esclaves.
Charmide, vieux Sicilien, parasite de Labrax.
Sparax et Turbalion, valets correcteurs.
Gripus, pêcheur, valet de Démonès. Trois gens de guerre, amis de Pleusidippe.
Pêcheurs.

La scène est à Cyrène, en Libye.

Le théâtre représente au fond la mer agitée par la tempête, sur le rivage, des rochers; d'un côté on voit un temple dédié à Vénus, de l'autre une maison, et dans le lointain la ville de Cyrène.

ARGUMENT
attribué à Priscien.

Un pêcheur retira de la mer, avec ses filets, une valise où se trouvaient les bijoux et les jouets de la fille de son maître, qui avait été enlevée, et vendue à un marchand d'esclaves. Cette jeune fille, jetée par une tempête sur le rivage, se met sans le savoir sous la protection de son père, qui la reconnaît, et la marie à Pleusidippe son amant.

PROLOGUE.
L'ARCTURE [3].

Je suis citoyen du séjour où réside le dieu su-

[1] Dans le manuscrit d'Adrien le titre est le *Rudens* ou l'*Heureux naufrage*. Le titre, littéralement traduit, nous a paru préférable. En 1792 Mme Flaminia Riccoboni a fait représenter à la Comédie italienne une imitation de cette pièce sous le titre du *Naufrage*. (A. F.)
[2] Constellation placée vers la queue de l'Ourse, et qui paraît onze jours avant l'équinoxe d'automne.
[3] *Arcture* est une étoile qui est sur la cuisse du Bootès, ou Arctophylax. *Arcture* signifie queue de l'Ourse; *Arctophylax*, garde de l'Ourse. Dans un sens plus étendu, l'Arcture signifie et cette même étoile, et l'assemblage de plusieurs. Plaute paraît avoir confondu ces distinctions, en qualifiant Arcture tantôt d'étoile, et tantôt de constellation.

prême qui fait trembler les nations, la terre et les mers. J'habite le palais des immortels; et, *(montrant son front)* comme vous voyez, je suis une étoile claire et brillante. Ici, comme au ciel, mon nom est Arcture : je ne manque jamais de luire là-haut à l'heure qui m'est prescrite. La nuit, je brille dans l'Olympe avec les dieux ; le jour, je me promène parmi les mortels. Il arrive également aux autres constellations de descendre du ciel sur la terre. Le souverain maître des dieux et des hommes, Jupiter, nous détache les unes chez une nation, les autres chez une autre, pour observer les actions, les mœurs, la bonne foi et la piété des humains; et, sur notre rapport, il ordonne à la déesse Opulence de secourir qui s'en est rendu digne. Nous tenons registre de tous ceux qui, à l'aide de faux témoins, entreprennent des procès injustes, et de ceux qui ont l'effronterie de nier la somme qu'on leur a confiée en dépôt. Au moyen d'une liste que nous portons chaque jour à Jupiter, ce dieu sait exactement tout ce qui se commet d'injuste ici-bas. Il connaît tous les plaideurs qui ne gagnent leurs procès qu'en se parjurant, et ceux encore qui ne les gagnent qu'en corrompant leurs juges. Le juge suprême revoit ces procès mal jugés; il les instruit de nouveau; et quiconque a mal gagné, il l'amende au double du gain illicite qu'il a fait. Quant aux gens de bien, leurs noms sont inscrits sur des registres particuliers. Les méchants se trompent fort lorsqu'ils se figurent apaiser Jupiter par des offrandes et des sacrifices : ils perdent leur peine et leur argent, car ce dieu ne reçoit point les prières des parjures. Les gens de bien, en suppliant les immortels, trouveront facilement grâce devant eux : mais nul pardon pour les scélérats! Vous donc, hommes vertueux, vous dont la conduite a toujours respiré la piété et la bonne foi,

RUDENS.

DRAMATIS PERSONÆ.

Arcturus, prologus.
Dæmones, senex.
Sceparnio, servus.
Pleusidippus, adolescens.
Trachalio, servus.
Palæstra, } mulieres.
Ampelisca, }
Sacerdos, anus.
Labrax, leno.
Charmides, parasitus.
Lorarii.
Gripus, piscator.
Piscatores.

Res agitur Cirenis.

ARGUMENTUM
(ut quibusdam videtur)
PRISCIANI.

Reti piscator de mari extraxit vidulum,
Ubi erant herilis filiæ crepundia,
Dominum ad lenonem quæ subrepta venerat.
Ea in clientelam suipte imprudens patris
Naufragio ejecta devenit : cognoscitur,
Suoque amico Pleusidippo jungitur.

PROLOGUS.
ARCTURUS.

Qui genteis omneis, mariaque et terras movet,
Ejus sum civis civitate cælitum.
Ita sum, ut videtis, splendens stella candida,
Signum quod semper tempore exoritur suo,
Heic atque in cælo : nomen Arcturo 'st mihi. 5
Noctu sum in cælo clarus, atque inter deos :
Inter mortaleis ambulo interdius.
Et alia signa de cælo ad terram accidunt.
Qui est inperator divom atque hominum Jupiter,
Is nos per genteis alium alia disparat, 10
Hominum qui facta, mores, pietatem et fidem
Gnoscamus; ut quemque adjuvet opulentia.
Qui falsas liteis falsis testimoniis
Petunt, quique in jure abjurant pecuniam,
Eorum referimus nomina exscripta ad Jovem. 15
Cotidie ille scit, quis heic quærat malum.
Qui heic litem adipisci postulant perjurio,
Mali res falsus qui inpetrant ad judicem;
Iterum ille eam rem judicatam judicat,
Majore multa multat, quam litem auferunt. 20
Bonos in aliis tabulis exscribtos habet.
Atque hoc scelesti in animum inducunt suom,
Jovem se placare posse donis, hostiis :
Et operam et sumptum perduunt : id eo fit, quia
Nihil ei adceptum 'st a perjuris subplici. 25
Facilius, si qui pius est, a dis subplicans,

240   PLAUTE.

persévérez dans cette pratique; vous aurez ensuite sujet de vous en réjouir.

Je vais présentement vous apprendre ce qui m'amène ici. Premièrement la ville que vous voyez, il a plu au poëte (1) Diphile de la nommer Cyrène. Un certain vieillard, appelé Démonès, demeure au voisinage de la mer dans une maison de campagne, non loin d'ici. Contraint de sortir d'Athènes, ce brave homme est venu habiter ce pays. Ce n'est point en effet pour avoir été malhonnête homme qu'il se trouve privé de sa patrie; c'est au contraire pour avoir été trop obligeant envers autrui. Sa générosité a dérangé sa fortune, et fort endommagé le bien qu'il avait légitimement acquis. Il lui est arrivé de perdre sa fille unique, encore toute jeune. Elle a eu le malheur de tomber entre les mains d'un pirate, de qui l'a achetée un trafiquant d'esclaves, nommé Labrax. Cet homme, le plus méchant des hommes, a donné à cette jeune fille le nom de Palestre, et l'a conduite à Cyrène. En cette ville est établi Pleusidippe, originaire d'Athènes, et par conséquent concitoyen de Démonès. Ce jeune homme rencontrant Palestre, qui revenait de chez un maître de luth, en est devenu passionnément amoureux. Il est allé trouver le marchand propriétaire de la jeune fille; il a fait, avec lui, marché à trente mines, et lui a donné des arrhes, après lui avoir fait promettre de ne pas manquer au traité. Mais le marchand, comme on devait bien s'y attendre, s'est moqué de sa promesse, et n'a tenu aucun compte des serments qu'il avait faits. Chez ce vilain homme loge, en qualité de parasite, le vieux Charmide. C'est un Sicilien de la ville d'Agrigente, un scélérat comme lui, et qui a trahi sa patrie. Il s'est mis à louer devant Labrax la beauté de la jeune Palestre et de toutes les autres esclaves du marchand, lui conseillant de s'embarquer avec lui pour la Sicile, qu'il a dépeinte comme un pays où les hom-

mes sont très-friands de jeunes beautés; en un mot, il l'a assuré que cette île était la meilleure contrée de la terre, pour son commerce, et qu'en peu de temps il y ferait fortune. Le marchand s'est si bien laissé persuader, qu'il a précipitamment loué un vaisseau, et y a fait porter de nuit tout son bagage. Pour donner le change au jeune homme qui lui avait acheté Palestra, il a feint devant lui de vouloir s'acquitter d'un vœu envers Vénus, dont voilà le temple. Il l'a même invité du dîner qui suivrait la fête. Mais du même pas il est allé s'embarquer, et s'est hâté de mettre à la voile, emmenant avec lui toutes ses esclaves. Le jeune homme, informé de la perfidie et de la fuite du marchand, s'est aussitôt rendu au port; mais il n'était plus temps, le vaisseau avait gagné la haute mer.

Témoin de l'enlèvement frauduleux de la jeune fille, j'ai voulu la secourir, et punir son perfide ravisseur. Dans ce dessein j'ai soufflé des vents orageux, et soulevé les flots de cette mer; car je suis le plus turbulent des signes célestes, brusque quand je me lève, et plus violent encore quand je me couche. En ce moment Labrax et son hôte sont tristement assis sur un rocher où la tempête les a jetés. Leur vaisseau a été brisé. Palestre, et une jeune suivante (1) qui la sert, se sont jetées dans l'esquif toutes tremblantes. En ce moment-ci même, les flots les conduisent à bord. Elles vont prendre terre précisément devant la maison de campagne du fugitif vieillard Démonès: le vent a enlevé le toit et les tuiles. Ce valet que vous voyez sortir appartient à ce vieillard. Vous allez aussi voir bientôt paraître Pleusidippe, ce jeune homme qui a été si indignement trompé par le faussaire Labrax Spectateurs, puisse le ciel vous maintenir en vigueur, et redoutables à l'ennemi (2)!

(1) Ampélisque, un des personnages de la pièce. C'est une soubrette bénévole, et de pur attachement. Ailleurs elle est plus convenablement appelée, non *ancillula*, mais *conserva*, compagne d'esclavage de Palestre.

(2) Le *Rudens* fut donné pendant la seconde guerre punique.

(1) Ce passage du Prologue de Plaute indique qu'il avait traduit le *Rudens* d'une comédie grecque du poëte Diphile.

Quam qui scelestu 'st, inveniet veniam sibi.
Idcirco moneo vos ego hæc, qui estis boni,
Quique ætatem agitis cum pietate et cum fide,
Retinete porro : post factum ut lætemini.   30
Nunc, huc qua causa veni, argumentum eloquar
    Primumdum huic esse nomen urbi Diphilus
Cyrenas voluit : illeic habitat Dæmones
In agro atque villa proxuma propter mare;
Senex, qui huc Athenis exsul venit, haud malus.   35
Neque is adeo propter malitiam patria caret;
Sed, dum alios servat, se inpedivit interim.
Rem bene paratam comitate perdidit.
Huic filiola virgo periit parvola :
Eam de prædone vir mercatur pessumus ;   40
Is eam huc Cyrenas leno advexit virginem.
Adulescens quidam civis hujus Atticus
Eam vidit ire e ludo fidicino domum.
Amare obcœpit : ad lenonem devenit ,
Minis triginta sibi puellam destinat,   45
Datque arrhabonem, et jurejurando adligat.
Is leno, ut se æquom 'st, flocci non fecit fidem,
Neque quod juratus adulescenti dixerat.
Ei erat hospes, par illius, Siculus, senex
Scelestus, Agrigentinus, urbis proditor ;   50
Is illius laudare infit formam virginis,
Et aliarum itidem, quæ ejus erant mulierculæ.
Infit lenoni suadere, ut secum simul
Eat in Siciliam ; ibi esse homines voluptarios

Dicit; potesse ibi fieri eum divitem ;   55
Ibi esse quæstum maxumum meretricibus.
Persuadet : navis clanculum conducitur.
Quidquid erat, noctu in navem conportat domo
Leno; adulescenti, qui puellam ab eo emerat,
Ait sese Veneri velle votum solvere.   60
Id heic est fanum Veneris, et eo ad prandium
Vocavit adulescentem huc. Ipse hinc ilico
Conscendit navem, avehit meretriculas.
Adulescenti alii narrant, ut res gesta sit :
Lenonem abivisse. Ad portum adulescens venit;   65
Illorum navis longe in altum abscesserat.
Ego, quoniam video virginem absportarier,
Tetuli ei auxilium et lenoni exitium simul.
Increpui hibernum, et fluctus movi maritumos :
Nam Arcturus signum sum omnium acerrumum ;   70
Vehemens sum exoriens ; quom obcido, vehementior.
Nunc ambo in saxo, leno atque hospes, simul
Sedent ejecti; navis confracta 'st ibus.
Illa autem virgo atque altera itidem ancillula,
De navi timidæ desiluerunt in scapham.   75
Nunc eas ab saxo fluctus ad terram ferunt,
Ad villam illius, exsul ubi habitat senex,
Quojus deturbavit ventus tectum et tegulas.
Et servos illic est ejus qui egreditur foras.
Adulescens huc jam adveniet quem videbitis,   80
Qui illam mercatu'st de lenone virginem.
Valete, ut hostels vostri distidant sibi.

ACTE PREMIER.

SCÈNE PREMIÈRE.

SCÉPARNION, VALET DE DÉMONÈS.

O dieux immortels, quel ouragan Neptune nous a envoyé cette nuit! Le vent a découvert toute la maison. Que vous dirai-je de plus fort? Ce n'était pas là un simple vent, mais un autan aussi furieux que dans l'*Alcmène* d'Euripide (1). Car toutes les tuiles de notre maison sont par terre, et l'édifice est percé à jour de tous côtés : Il n'y a plus que des fenêtres.

SCENE II.

PLEUSIDIPPE, TROIS HOMMES DE GUERRE (*personnages muets*); SCÉPARNION, DÉMONÈS.

Pleus. (*aux trois hommes de guerre.*) Mes braves amis, je vous ai détournés de vos affaires, sans que votre complaisance m'ait profité en rien. Ce coquin de Labrax n'était plus au port. Mais j'ai voulu n'avoir point à me reprocher ma négligence. Adieu, mes amis ; c'est trop longtemps vous retenir. (*Après qu'ils sont retirés.*) Mais voici le temple de Vénus, où Labrax m'avait dit qu'il ferait aujourd'hui un sacrifice. Si j'y entrais?

Scép. Je ferais sagement, je crois, de dépêcher un peu plus cet ennuyeux mortier qui m'a été commandé par mon maître.

Pleus. Je ne sais quelle voix vient de se faire entendre près de moi.

Dém. Holà, Scéparnion!

Scép. Qui m'appelle?

Dém. Celui qui t'a bien payé.

Scép. Qu'entendez-vous par ces paroles? que je suis votre esclave, n'est-ce pas?

Dém. Il faudra beaucoup de mortier. Ne te lasse point de fouiller la terre. Je vois bien qu'il sera nécessaire de recouvrir toute ma maison, car elle est plus percée qu'un crible.

(1) L'orage gronde pendant l'enfantement d'Alcmène. (A. F.)

Pleus. Parlons à ce vieillard. Je vous donne le bonjour, mon père (1), et à celui qui est avec vous.

Dém. Le ciel vous tienne en bonne santé!

Scép. Dites-moi, je vous prie, êtes-vous mâle ou femelle, vous qui appelez mon maître votre père?

Pleus. Certes, je suis du sexe viril.

Dém. Cherchez donc un autre père : car je n'avais qu'une fille qui m'a été enlevée en bas âge, et je n'ai jamais eu aucun enfant mâle.

Pleus. Eh bien! les dieux vous en donneront.

Scép. Que ces mêmes dieux vous confondent, qui que vous soyez, de venir avec vos contes détourner des gens occupés.

Pleus. Demeurez-vous, l'un et l'autre, dans cette maison?

Scép. De quoi vous mêlez-vous? venez-vous rôder ici de jour, dans le dessein d'y faire votre coup de main la nuit?

Pleus. Qu'un esclave ait amassé un gros pécule (2), à la bonne heure ; mais qu'il se conduise donc comme il convient, qu'il n'ose jamais prendre la parole devant son maître, et qu'il n'injurie (3) point un homme libre.

Scép. Il n'y a qu'un homme sans pudeur et sans honte qui vienne de gaieté de cœur, molester dans leur maison des gens qui ne lui doivent rien.

Dém. Tais-toi, Scéparnion. Vous, jeune homme, de quoi s'agit-il?

Pleus. Premièrement de faire donner les étrivières à ce pendard, qui parle avant son maître. — Sérieusement, si cela ne vous gênait point, j'aurais une question à vous faire.

(1) *Mon père* est une apostrophe honorifique, qu'il était d'usage qu'un jeune homme adressât à un vieillard.
(2) Un maître ménageait son esclave, quand celui-ci avait amassé un gros pécule, parce qu'il espérait que cet esclave lui payerait bientôt une rançon. Un tel esclave, sûr de l'impunité et d'une liberté prochaine, était d'ordinaire fort insolent avec tout le monde, même en présence de son maître ; c'est ce que blâme Pleusidippe.
(3) Je lis *haud inclementer*, etc., et non *aut qui*, etc.

ACTUS PRIMUS.

SCENA PRIMA.

SCEPARNIO.

Pro di inmortaleis, tempestatem quojusmodi
Neptunus nobis nocte hac misit proxuma !
Detexit ventus villam : quid verbis opu'st?   85
Non ventus fuit ; verum Alcumena Euripidi,
Ita omneis de tecto deturbavit tegulas :
Inlustriores fecit, fenestrasque indidit.

SCENA SECUNDA.

PLEUSIDIPPUS, DÆMONES, SCEPARNIO.

Pleus. Et vos a vostris abduxi negotiis,
Neque id processit, qua vos duxi gratia,   90
Neque quivi lenonem ad portum prehendere.
Sed mea desidia spem descrere nolui ;
Eo vos, amici, detinui diutius.
Nunc huc ad Veneris fanum venio visere,
Ubi rem divinam se facturum dixerat.   95
Scep. Si sapiam, hoc, quod me mactat, concinnem lutum.

Pleus. Prope me hinc nescio quis loquitur. *Dæm.* Heus, Sceparnio!
Scep. Qui nominat me? *Dæm.* Qui pro te argentum dedit.
Scep. Quasi me tuum esse servom dicas, Dæmones?
Dæm. Luto usu'st multo, multam terram confode;   100
Villam integundam intellego totam mihi ;
Nam nunc perlucet ea, quam cribrum, crebrius.
Pleus. Pater, salveto, amboque adeo. *Dæm.* Salvos sies.
Scep. Sed utrum tu mas an femina es, qui illum patrem
Voces? *Pleus.* Vir sum equidem. *Dæm.* Quære vir porro patrem.   105
Filiolam ego unam habui, eam unam perdidi.
Virile secus nunquam ullum habui. *Pleus.* At di dabunt.
Scep. Tibi quidem, hercle, quisquis es, magnum malum,
Qui oratione heic nos obcupatos obcupes.
Pleus. Isteiccine vos habitatis? *Scep.* Quid tu id quæritas?   110
An quo furatum mox venias, vestigas loca?
Pleus. Peculiosum eum esse decet servom et probum,
Quem hero præsente prætereat oratio,
Aut qui inclementer dicat homini libero.
Scep. Et inpudicum et inpudentem hominem addecet,   115
Molestum ultro advenire ad alienam domum,
Quoi debeatur nihil. *Dæm.* Tace, Sceparnio.

Dém. Faites. Je vous écouterai, quelque affairé que je sois.

Scép. (à Démonès.) Que n'allez-vous plutôt au marais nous couper des roseaux, pour que nous couvrions la maison tandis qu'il fait beau temps?

Dém. Tais-toi ; et vous, jeune homme, que désirez-vous savoir? parlez.

Pleus. Dites-moi, je vous prie, n'auriez-vous pas vu un homme à cheveux crépus et grisonnants, un méchant, un coquin, un parjure, qui m'a leurré, qui m'a trompé?

Dém. J'en connais de cette espèce, et même en grand nombre : ce sont ces gens-là qui m'ont ruiné.

Pleus. Celui dont je me plains doit avoir amené ici au temple de Vénus deux jeunes filles. Il se préparait à faire un sacrifice hier ou aujourd'hui.

Dém. Je vous jure par Hercule que je ne l'ai point vu. Sachez, mon beau jeune homme, que depuis plusieurs jours personne n'a sacrifié dans ce temple. Eh! comment y eût-on sacrifié sans que j'en eusse connaissance? Au moment de la cérémonie c'est toujours chez moi qu'on vient demander de l'eau, ou du feu, ou de petits vases, ou un couteau victimaire, ou une marmite, ou quelque autre ustensile. Pour vous dire tout, c'est moins pour mon usage que pour le service de Vénus, que j'ai creusé un puits, et fait emplette d'une vaisselle. Encore une fois, il y a longtemps que qui que ce soit n'a sacrifié ici.

Pleus. Chaque mot que vous prononcez m'apprend que je suis un homme perdu.

Dém. Je voudrais de bon cœur vous sauver.

Scép. Holà, vous qui, poussé par la faim, rôdez autour des temples, vous auriez mieux fait aujourd'hui de commander à dîner chez vous. Quelqu'un vous aura peut-être invité à venir dîner ici ; mais je vois clairement qu'il a manqué au rendez-vous.

Pleus. Il n'est que trop vrai.

Scép. Vous ne risquez rien de vous en retourner chez vous sans avoir dîné. Croyez-moi, à l'avenir adonnez-vous au culte de Cérès, plutôt qu'à celui de Vénus ; car Vénus préside à l'amour, mais Cérès aux repas.

Pleus. Ce scélérat de marchand m'a indignement joué.

Dém. Par les dieux immortels, qu'est-ce-ci, Scéparnion? Des hommes le long du rivage!

Scép. Selon ma conjecture, ces gens-là sortent du sacrifice et du banquet (1) institués en l'honneur d'Hercule, patron des voyageurs.

Dém. Qui te fait penser cela?

Scép. C'est, ma foi, qu'il ne leur reste rien de leur souper, et que leur vaisseau a été brisé en mer.

Dém. Je vois que tu as raison.

Scép. L'orage ne s'est pas moins fait sentir sur terre puisqu'il n'a pas laissé une seule tuile sur le toit de notre habitation.

Dém. Hélas ! pauvres humains, à quel faible fil tient votre vie, au milieu des vagues ! Comme ils ont de peine à nager !

Pleus. Où sont, je vous prie, les malheureux dont vous parlez?

Dém. Par ici, à ma droite. Les voyez-vous longer le rivage?

Pleus. Je les vois. *(à part)* Mais (2) qu'ont leurs intérêts de commun avec les miens? Plût au ciel que l'une de ces deux victimes fût le sacrilége Labrax ! — Adieu, bon vieillard. Vous et votre valet, portez-vous bien. *(Il sort.)*

Scép. C'est de quoi nous aurons soin, sans que vous nous le recommandiez. Mais, ô Palémon, divin compagnon de Neptune, et son associé à l'empire des mers, quel spectacle frappe ma vue?

Dém. Que vois-tu?

Scép. Deux pauvrettes de femmes, toutes seules dans un esquif. Comme elles sont ballottées par les ondes ! Courage ! ah ! bon, appuyez. Ma foi, le flot détourne la nacelle du rocher vers le rivage, sans

---

(1) Dans ce banquet qu'on faisait en partant pour un voyage, il était de rit de tout manger en l'honneur d'Hercule, dieu des plus goulus. Voyez les *Grenouilles* d'Aristophane.

(2) Je lis *sed quid mihi?* et non *sequimini*.

Quid opus, adulescens? *Pleus.* Isti infortunium,
Qui præfestinet, ubi herus adsit, præloqui.
Sed nisi molestum st, paucis percontarier 120
Volo ego ex te. *Dæm.* Dabitur opera, atque in negotio.
Scep. Quin tu in paludem is, exsicasque arundines,
Qui perlegamus villam, dum sudum 'st? *Dæm.* Tace.
Tu, si quid opus est, dice. *Pleus.* Dic, quod te rogo.
Ecquem tu heic hominem crispum, incanum videris, 125
Malum, perjurum, palpatorem? *Dæm.* Plurimos.
Nam ego propter ejusmodi viros vivo miser.
Pleus. Heic dico, in fanum Veneris qui mulierculas
Duas secum adduxit, quique adornaret sibi,
Ut rem divinam faciat aut hodie aut heri. 130
Dæm. Non, hercle, adulescens, jam hos dies conplusculos
Quemquam isteic vidi sacruficare : neque potest
Clam me esse, si qui sacruficant ; semper petunt
Aquam hinc, aut ignem, aut vascula, aut cultrum, aut veru,
Aut ollam extarem, aut aliquid ; quid verbis opu'st? 135
Veneri paravi vasa et putenn, non mihi.
Nunc intervallum jam hos dies multos fuit.
Pleus. Ut verba præhibes, me perlisse prædicas.
Dæm. Mea quidem, hercle, causa salvos sis, licet.
Scep. Heus tu, qui fana ventris causa circumis, 140
Jubere meliu'st prandium ornari domi :
Fortasse tu huc vocatus es ad prandium ;

Ille, qui vocavit, nullus venit. *Pleus.* Admodum.
Scep. Nullum st periclum te hinc ire inpransum domum.
Cererem te melius quam Venerem sectariy ; 145
Amore hæc curat, tritico curat Ceres.
Pleus. Deludificavit me ille homo indignis modis.
Dæm. Pro di inmortaleis, quid illuc est, Sceparnio,
Hominum secundum litus? *Scep.* Ut mea st opinio,
Propter viam illi sunt vocati ad prandium. 150
Dæm. Qui? *Scep.* Quia post cœnam, credo, laverunt heri.
Confracta navis in mari est illis. *Dæm.* Ita est.
Scep. At, hercle, nobis villa in terra et tegulæ. *Dæm.* Hu!
Homunculi, quanti estis ! ejecti nt natant !
Pleus. Ubi sunt ii homines, obsecro? *Dæm.* Hac ad dexteram, 155
Viden' secundum litus? *Pleus.* Video, sed quid mihi?
Utinam sit is, quem ego quæro, vir sacerrumus !
Valete. *(abit.)* *Scep.* Si non moneas, nosmet meminimus.
Sed, o Palæmon, sancte Neptuni comes,
Quique, hercle, (puto) Neptuni socius esse diceris, 160
Quod facinus video ! *Dæm.* Quid vides? *Scep.* Mulierculas
Video sedentis in scapha solas duas.
Ut adflictantur miseræ ! euge euge, perbene,
Ab saxo avortit fluctus ad litus scapham.
Neque gubernator unquam potuit [rectius]. 165
Non vidisse undas me majores censeo.
Salvæ sunt, si illos fluctus devitaverint.

qu'aucun pilote s'en soit mêlé. Je ne pense pas avoir jamais vu la mer plus grosse. Si elles échappent à ces vagues, je les tiens sauvées. Oh! le grand péril, c'est maintenant. Les flots en ont jeté une hors de l'esquif, mais par bonheur dans un lieu où il y a gué; elle s'en retirera facilement. Courage, la belle enfant! — Et l'autre, voyez-vous comme les vagues rejettent sa barque loin du bord! mais elle reprend le dessus, et pousse de ce côté-ci : tout va bien. Elle s'est élancée de l'esquif sur le rivage. Oui, mais la peur fait plier ses genoux. La voilà retombée dans la mer. Eh! non, elle s'est tirée de l'eau; elle est sauvée; je l'aperçois sur le bord. Mais elle prend à droite. C'est son mauvais génie qui l'entraîne par là. Elle marchera bien tout le jour sans trouver un gîte.

Dém. Que t'importe?

Scép. Au moins, si elle tombait du haut de la roche où je la vois monter, tout serait fini, elle ne s'égarerait plus.

Dém. Écoute, Scéparnion. Si c'est chez ces femmes que tu dois souper ce soir, j'approuve que tu t'intéresses à leur sort : mais si c'est chez moi, j'entends que tu fasses le mortier que je t'ai commandé.

Scép. C'est fort bien dit.

Dém. Suis-moi donc par ici.

Scép. Je vous suis.

SCÈNE III.

PALESTRA.

Il s'en faut bien qu'on représente la condition humaine aussi à plaindre que les malheureux l'éprouvent. Un dieu avait donc arrêté que, réduite à ce seul vêtement, tremblante de peur, rebut de l'onde

(1) Le trouble où est Palestre, et la hauteur des rochers dont elle est environnée, ne lui permettent pas de voir la ville de Cyrène dans le lointain, sur la gauche de la scène. Elle se croit transportée sur des bords inconnus, parce qu'elle ignore avoir été rejetée par la tempête sur la côte cyrénaïque. Je dis que Cyrène est sur la gauche du théâtre, car sur la droite, passé le temple, tout est solitude pour une journée de chemin, comme le poète a eu soin de l'observer plus haut. Il observe aussi, dans la scène suivante, que le temple est à droite.

et du naufrage, je serais jetée sur des côtes (1) inconnues? Suis-je donc née pour tant d'infortunes? Voilà donc le prix de ma piété! Si j'avais manqué à la piété filiale ou à celle qu'on doit aux immortels, je supporterais ces revers avec plus de résignation; mais ma conduite a toujours été religieuse et irréprochable; et vous exercez envers moi, grands dieux, une rigueur odieuse, inique, et flétrissante pour vous. Eh! quelle punition réservez-vous donc à l'impiété, si vous traitez ainsi l'innocence? Oui, si moi ou les auteurs de mes jours avions commis quelque forfait, je me trouverais moins à plaindre. Mais je porte la peine des crimes du maître qui m'a achetée : c'est son impiété qui cause ma disgrâce. Le vaisseau de Labrax et tout ce qu'il contenait a péri dans la mer. Je suis l'unique bien qui reste de tout ce qu'il avait embarqué : car ma compagne, qui s'était jetée dans l'esquif avec moi, a péri; j'ai seule échappé au naufrage. Si du moins elle s'était sauvée, elle m'eût été de quelque consolation. Mais à présent me voilà seule, sans aide, sans espérance, ensevelie toute vive dans des lieux déserts. Quel parti dois-je prendre? Ici sont des roches arides; là les flots viennent se briser avec un horrible bruit; aucun humain ne s'offre à ma rencontre. Ce vêtement fait tout mon bien. Je ne sais où trouver ni nourriture, ni asile. Quelle espérance peut m'encourager à supporter la vie? Ces lieux me sont inconnus; c'est pour la première (1) fois que je m'y trouve. Au moins si quelqu'un me pouvait enseigner un chemin, ou le moindre sentier! Mais je ne sais de quel côté tourner mes pas. Je n'aperçois aucune terre cultivée. Je suis saisie de peur, transie de froid, excédée de lassitude. Vous ne savez rien de tous mes revers, chers auteurs de mes jours; vous ne me croyez certainement pas malheureuse au point où je le suis. Née libre, cet avantage m'est devenu inutile; car suis-je moins esclave que si j'étais née dans la servitude? Hélas!

(1) Je lis *necdum hic fui.* C'est évidemment par l'erreur des copistes que le texte porte aujourd'hui *nec diu hic fui.*

Nunc, nunc periculum 'st; ejecit alteram,
At in vado 'st : jam facile enabit : eugepæ!
Viden' alteram illam ut fluctus ejecit foras! 170
Subrexit; horsum se capessit; salva res.
Desiluit hæc autem altera in terram e scapha.
Ut præ timore in genua in undas concidit!
Salva 'st, evasit ex aqua, jam in litore 'st.
Sed dextrovorsum aversa it in malam crucem. 175
Hem, errabit illæc hodie! *Dæm.* Quid id refert tua?
Scep. Si ad saxum quo capessit, ea deorsum cadit,
Errationis fecerit conpendium.
Dæm. Si tu de illarum cœnaturus vesperi es,
Illis curandum censeo, Sceparnio; 180
Si apud me esurus es, mihi dari operam volo.
Scep. Bonum æquomque oras. *Dæm.* Sequere me hac ergo.
Scep. Sequor.

SCENA TERTIA.

PALÆSTRA.

Pal. Nimio hominum fortunæ minus miseræ memorantur,
Quam reapse experiundo iis datur acerbum!
Hoc deo conplacitum 'st? me hoc ornatu ornatam, 185
In incertas regiones timidam ejectam?
Hanccine ego ad rem gnatam miseram me memorabo?
Hanccine ego partem capio ob pietatem præcipuam?

Nam hoc mihi haud labori est laborem hunc potiri, 190
Si erga parentem aut deos me inpiavi :
Sed id si paratæ curavi ut caverem,
Tum hoc mihi indecore, inique, inmodeste
Datis, di : nam quid habebunt sibi igitur inpii
Posthac, si ad hunc modum 'st innoxiis honor.
Apud vos? nam me si sciam fecisse 195
Aut parenteis sceleste, minus me miserer.
Sed herile scelus me sollicitat; ejus me inpietas male
Habet; is navem atque omnia perdidit in mari.
Hæc bonorum ejus sunt reliquiæ; etiam, quæ simul
Vecta mecum in scapha 'st, excidit : ego nunc sola sum. 200
Quæ si mihi foret salva saltem, labor
Lenior esset hic mihi ejus opera.
Nunc quam spem, aut opem, aut consili quid capessam?
Ita heic solis locis conpotita sum.
Heic saxa sunt, heic mare sonat, nec quisquam 205
Homo mihi obviam venit.
Hoc quod induta sum, summæ opes oppido;
Nec cibo, nec loco tecta quo sim scio.
Quæ mihi spes est, qua me vivere velim?
Nec loci gnara sum, nec dum hic fui. 210
Saltem aliquem velim, qui mihi ex his locis
Aut viam aut semitam monstret : ita nunc hac
An illac eam, incerta sum consili :

je n'ai pas eu la joie de payer à ceux de qui je tiens le jour la récompense du soin qu'ils ont pris de m'élever (1).

SCÈNE IV.

AMPÉLISQUE, PALESTRA.

Amp. (*sans voir Palestra.*) Que puis-je faire de mieux, de plus convenable à ma situation, que de cesser promptement de vivre, tant j'éprouve de chagrins cuisants qui me font désirer la mort? Que m'importe désormais la lumière du jour? J'ai perdu le seul espoir qui m'attachât encore à la vie. J'ai couru de tous côtés; il n'y a pas de recoin où je n'aie cherché ma compagne. J'ai tout mis en usage pour la trouver. Mes regards ont fouillé partout ; j'ai prêté une oreille attentive aux moindres bruits. Nulle trace de ses pas! Peines superflues! ma compagne est perdue pour moi, puisque je ne la trouve nulle part, puisque je ne sais plus où je dois la chercher, puisque je ne vois personne à qui j'en puisse demander des nouvelles. Non, je ne crois pas qu'il y ait nulle part au monde une région aussi déserte. N'importe, Palestra est peut-être encore en vie. Abjurons le repos. Cherchons-la jusqu'à ce qu'elle soit retrouvée.

Pal. Quelle voix vient de frapper mon oreille?
Amp. Je tremble. Quelqu'un a parlé près de moi.
Pal. Divine espérance, viens à mon secours.
Amp. C'est une femme. Oui, c'est une voix de femme que j'ai entendue. Oh! venez-vous dissiper les alarmes d'une infortunée?
Pal. (à *demi-voix.*) Plus de doute, c'est la voix d'une femme. De grâce, est-ce vous, Ampélisque?
Amp. Est-ce vous que j'entends, Palestra?

Pal. Appelons-la par son nom, et de manière qu'elle l'entende. Ampélisque!
Amp. Hem? qui êtes-vous?
Pal. Je suis Palestra.
Amp. Où donc êtes-vous?
Pal. Hélas! dans la crise la plus cruelle.
Amp. Je la partage; et ma détresse n'est pas moindre que la vôtre; mais je brûle de vous voir.
Pal. Je ne le désire pas moins ardemment.
Amp. Guidons-nous, je vous prie, de la voix l'une vers l'autre. Où êtes-vous (1) ?
Pal. Me voici. Approchez, venez à moi.
Amp. De bien bon cœur.
Pal. Donnez-moi la main.
Amp. La voilà.
Pal. Dissipez tous mes doutes : est-ce bien vous que je retrouve en vie?
Amp. Puisque c'est votre main que je touche, je me sens encore de l'attrait pour vivre. J'ose à peine croire que c'est vous que je tiens. Embrassez-moi, je vous prie, ma chère compagne, mon seul espoir. Ah! que votre présence soulage mes maux!
Pal. Vous exprimez ce que j'éprouve; vous m'avez prévenue en parlant ainsi. Mais il faut sortir de ce lieu.
Amp. Et où irons-nous, je vous prie?
Pal. Regagnons et suivons le rivage.
Amp. Je vous accompagnerai partout où il vous plaira.
Pal. Mais quoi! nous mettre en marche avec des vêtements tout mouillés?
Amp. Il faut bien se soumettre à la nécessité. Mais quel est cet édifice?
Pal. Comment?
Amp. C'est un temple, je pense; ne le voyez-vous pas?
Pal. Où donc?

---

(1) Les enfants libres au moment où ils s'établissaient se faisaient un devoir de reconnaître par des présents les soins que leur éducation, leur nourriture et leur entretien avaient coûté à leurs père et mère. Il est spécialement fait mention de ces tributs de la reconnaissance filiale tant chez Hésiode qu'au quatorzième livre de l'Iliade d'Homère.

(1) Le lieu de la scène est tout semé de rochers, ce qui fait que Palestre et Ampélisque sont longtemps sans savoir et sans découvrir ni le temple de Vénus, ni la maison de Démonès.

Nec prope usquam heic quidem cultum agrum conspicor.
Algor, error, pavor, membra omnia tenent.   215
Hæc parentels haud mei scitis miseri,
Me nunc miseram ita esse uti sum : libera ego
Prognata fui maxume; nequidquam fui ;
Nunc qui minus servio, quam si forem serva gnata?
Neque quidquam unquam iis profui, qui me sibi eduxerunt.

SCENA QUARTA.

AMPELISCA, PALÆSTRA.

Amp. Quid mihi meliu'st, quid magis in rem 'st, quam corpore vitam secludam?   221
Ita male vivo atque ita mihi multæ in pectore sunt curæ exanimaleis.
Nunc dein vitæ haud parco : perdidi spem, qua me oblectabam.
Omnia jam circumcursavi, atque omnibus in latebris perreptavi
Quærere conservam voce, oculis, auribus, ut pervestigarem.   225
Neque eam usquam invenio, neque quo eam, neque qua quæram consultum 'st,
Neque quem rogitem responsorem, quemquam interea invenio.
Neque magis solæ terræ sunt, quam hæc loca atque hæ regiones.

Neque, si vivit, eam vivam unquam quin inveniam, de sistam.
Pal. Quænam vox mihi prope heic sonat? *Amp.* Pertimui.   230
Quis heic loquitur prope? *Pal.* Spes bona, obsecro, subventa
Mihi. *Amp.* Mulier est, muliebris vox mihi ad aureis
Venit; an eximes ex hoc miseram metu?
Pal. Certo vox muliebris aureis tetigit meas.
Num Ampelisca, obsecro, 'st? *Amp.* Ten', Palæstra, audio?   235
Pal. Quin voco, ut me audiat, nomine illam suo?
Ampelisca! *Amp.* Hem, quis est? *Pal.* Ego Palæstra sum.
Amp. Dic, ubi es? *Pal.* Pol, ego nunc in malis plurimis.
Amp. Socia sum, nec minor pars mea 'st quam tua.
Sed videre expeto te. *Pal.* Mihi es æmula.   240
Amp. Consequamur gradu vocem : ubi es? *Pal.* Ecce me,
Adcede ad me, atque adi contra. *Amp.* Fit sedulo.
Pal. Credo manum. *Amp.* Adcipe. *Pal.* Dic, vivisne, obsecro?
Amp. Tu facis me quidem ut vivere nunc velim,
Quando mihi te licet tangere : ut vix mihi   245
Credo ego hoc, te tenere! obsecro, amplectere,
Spes mea ; ut me omnium jam laborum levas!
Pal. Obcupas præloqui, quæ mea 'st oratio.
Nunc abire hinc decet nos. *Amp.* Quo, amabo, ibimus?
Pal. Litus hoc persequamur. *Amp.* Sequor quo lubet.   250
Pal. Siccine heic cum uvida veste grassabimur?
Amp. Hoc quod est, id necessarium 'st perpeti.
Sed quid hoc, obsecro, est? *Pal.* Quid? *Amp.* Viden', amabo.

Amp. A droite.
Pal. Je crois en effet apercevoir un lieu que la majesté des dieux rend vénérable.
Amp. Ce lieu est trop agréable pour qu'il n'y ait pas des habitants. Quelle que soit la divinité qu'on y révère, je la prie d'avoir pitié de notre déplorable situation, et d'assister de quelques secours des infortunées qu'un revers cruel a dépouillées de tout.

SCÈNE V.

LA PRÊTRESSE DU TEMPLE, PALESTRA, AMPÉLISQUE, UNE SUIVANTE DE LA PRÊTRESSE.

La suiv. Quelles sont les personnes qui désirent l'intercession de ma maîtresse auprès de la déesse?
La prêt. En effet, j'ai entendu des voix suppliantes; et c'est ce qui m'a fait sortir.
La suiv. Ces personnes invoquent une divinité toute bonne, toute gracieuse. Et la patronne (1) qu'elles emploient, bien loin d'être dure à qui que ce soit, est au contraire obligeante envers tout le monde.
Pal. Ma mère, nous vous saluons.
La prêt. Bonjour, jeunes filles. Mais d'où venez-vous, je vous prie, dans le pitoyable état où je vous vois? vos habits sont tout mouillés!
Pal. En ce moment nous ne venons pas de loin, mais la patrie d'où l'on nous a enlevées est bien loin d'ici.
La suiv. A ce compte, je vois que le cheval qui vous a portées était un *cheval de bois* (2), et que vous avez voyagé par mer.
Pal. Il n'est que trop vrai.
La suiv. Mais il convenait de venir ici en robes blanches, avec provision de victimes. On n'a pas coutume de se présenter aux portes de ce temple en si triste état.
Pal. D'où voudriez-vous, je vous prie, que des infortunées qui ont fait naufrage eussent amené des victimes? (*à la prêtresse.*) C'est vous que nous implorons; nous embrassons vos genoux. Privées de tout, errantes en des lieux inconnus, dénuées d'espérance, (car quel espoir resterait à deux malheureuses sans asile, et qui n'ont d'autre vêtement que celui que vous nous voyez?) c'est à vous que nous demandons un refuge. Recevez-nous, conservez-nous la vie.
La prêt. Donnez-moi vos mains, et levez-vous toutes les deux. Je suis de toutes les femmes la plus sensible aux peines des malheureux. Mais je vous en préviens, jeunes filles, vous tombez dans un asile pauvre. Moi-même, je vis à peine; et je sers Vénus à mes dépens.
Amp. Est-ce là son temple, je vous prie?
La prêt. Oui, mon enfant; et c'est moi qui en suis la prêtresse. Au surplus, vous aurez une gracieuse réception. Nous vous accueillerons, nous vous secourrons de notre mieux. Venez avec moi.
Pal. C'est beaucoup d'honneur et de grâce que vous nous faites, ma mère.
La prêt. C'est mon devoir.

ACTE SECOND

SCÈNE I.

UN PÊCHEUR, ET SES COMPAGNONS.

Le pêch. L'indigence rend l'homme misérable de toutes manières; mais les plus malheureux sont ceux qui n'ont appris aucun métier. Quand ils rentrent au logis, il faut nécessairement qu'ils se contentent de ce qui s'y trouve. (*Aux spectateurs.*) L'équipage où vous nous voyez vous donne à

---

(1) C'est à la prêtresse que se rapporte *atque haud gravatam patronam*, et non pas à la déesse, comme on se l'était figuré.
(2) Cette métaphore chez les anciens désignait un vaisseau; Homère même appelle les navires, *les chevaux de la mer*. On trouve la même métaphore chez Eschyle, chez Euripide, et chez un ancien poète latin cité par madame Dacier. Voyez les notes.

Fanum, videsne hoc? *Pal.* Ubi est? *Amp.* Ad dexteram.
Pal. Video decorum dis locum viderier. 255
Amp. Haud longe abesse oportet homines hinc, ita heic
Lepidu'st locus : nunc, quisquis est deus, veneror,
Ut nos ex hac ærumna miseras eximat,
Inopes, ærumnosas ut aliquo auxilio adjuvet.

SCENA QUINTA.

SACERDOS, PALÆSTRA, AMPELISCA, ET SACERDOTIS ANCILLA.

Anc. Qui sunt, qui a patrona preces mea expetessunt? 260
Sac. Nam vox precantum me huc foras excitavit.
Anc. Bonam atque obsequentem deam, atque haud gravatam
Patronam exsequuntur, benignamque multum.
Pal. Juhemus te salvere, mater. *Sac.* Salvete,
Puellæ : sed unde vos ire cum uvida 265
Veste dicam, obsecro, tam mœstiter vestitas?
Pal. Illico hinc imus haud longule ex hoc loco :
Verum longe hinc obest, unde huc vectæ sumus.
Anc. Nempe equo ligneo per vias cæruleas
Estis vectæ. *Pal.* Admodum. *Anc.* Ergo æquius vos erat 270
Candidatas venire hostiatasque : ad hoc
Fanum ad istunc modum non veniri solet.
Pal. Quæne ejectæ e mari sumus ambæ, obsecro,
Unde nos hostias agere voluisti huc?

Nunc tibi amplectimur genua egentis opum 275
Quæ in locis nesciis nescia spe sumus,
Ut tuo recipias tecto, servesque nos,
Miserarumque te ambarum ut miserat,
Quibus nec locus ullus, nec spes parata 'st,
Neque hoc amplius, quam quod vides, nobis quidquam 'st.
Sac. Manus mihi date, exsurgite a genibus ambæ : 281
Misericordior nulla me est feminarum.
Sed heic pauperes res sunt inopesque, puellæ :
Egomet vix vitum colo ; Veneri cibo meo
Servio. *Amp.* Veneris fanum, obsecro, hoc est? *Sac.* Fateor : ego 285
Hujus fani sacerdos cluco : verum, quidquid est,
Comiter fiet a me, quo nostra copia
Valebit : ite hac mecum. *Pal.* Amice benigneque
Honorem, mater, nostrum habes. *Sac.* Oportet.

ACTUS SECUNDUS.

SCENA PRIMA.

PISCATORES.

Prim. Pisc. Omnibus modis, qui pauperes sunt homines, mi seri vivunt, 290
Præsertim quibus nec quæstus est, nec didicere artem ullam;
Necessitate, quidquid est domi, id sat est habendum.

peu près la carte de nos richesses. Ces hameçons, ces lignes sont les instruments de notre gain, de notre subsistance. C'est sur cette plage que nous venons fourrâger. Chaque jour nous venons ici, de la ville. Cette course nous tient lieu des exercices du gymnase et de la palestre. A cette course succède la guerre que nous déclarons aux huîtres, aux hérissons marins, aux glands de mer, aux lépades (1), aux orties marines, aux plaguses (2) striées. Ensuite nous pêchons à la ligne. Enfin, nous plongeons entre les roches, et nous prenons à la main les poissons qui s'y retirent. C'est au prix de ces fatigues que nous tirons de la mer notre nourriture. Mais quelquefois il arrive que nous ne prenons rien ; alors tout mouillés, et dûment épurés par l'eau saline, nous nous en retournons avec notre courte honte, et nous allons dormir sans souper.

Un comp. Aujourd'hui, par exemple, de la violence dont la mer est agitée, nous n'avons guère espérance de faire une bonne pêche ; et, à moins que nous ne prenions quelques coquillages, nous coucher sans souper est sans contredit le sort qui nous attend.

Le pêch. Raison de plus d'adresser nos prières à cette bonne Vénus ; supplions-la de nous être propice, et de nous procurer une journée lucrative.

SCÈNE II.

TRAKHALION, LE PÊCHEUR, SES COMPAGNONS.

Trak. Mon maître Pleusidippe en sortant du logis, m'a dit tantôt qu'il allait au port, et m'a commandé de venir au-devant de lui ici même, au temple de Vénus. Mais je vois fort à propos des gens à qui j'en puis demander des nouvelles. Approchons. Serviteur aux voleurs des trésors de Neptune! Je vous salue. O vous qui pêchez à la drague, et vous aussi qui pêchez à l'hameçon, race famélique, comment va la santé, ou plutôt comment va la misère?

Le pêch. Oui, c'est mieux dit ; car nous passons une vie chétive parmi la faim, la soif et l'espérance, comme tous les pêcheurs.

Trak. Tandis que vous vous êtes arrêtés ici, n'avez-vous point vu un jeune homme de bonne mine, vermeil, robuste? Il menait avec lui trois guerriers, armés d'épées et vêtus de casaques militaires.

Le pêch. Nous n'avons point vu l'homme que vous nous dépeignez.

Trak. Et n'avez-vous point vu un vieux pelé, à visage de singe, un grand corps à grosse bedaine, aux sourcils tortus, au front ridé, ayant tout l'air d'un maître fourbe : scélérat rempli de vices, et non moins haï des dieux qu'il est abhorré des hommes? Ce vieux coquin mène avec lui deux jeunes filles assez jolies.

Le pêch. L'homme qui a les qualités et les mœurs que vous venez de décrire doit aller se présenter à la porte du bourreau, et non à celle de Vénus.

Trak. Mais si vous l'avez vu, dites-le-moi, je vous prie.

Le pêch. Personne, que je sache, n'est, je vous jure, venu ici. Adieu. (*Ils sortent.*)

Trak. Adieu donc. (*Seul*) Je l'avais bien soupçonné ; ma conjecture s'est réalisée, mon maître est dupe du marchand d'esclaves : le coquin a changé de contrée, il s'est embarqué avec les deux jeunes femmes. Oh ! je suis devin. Pour comble de scélératesse, il avait invité mon maître à venir en ce lieu dîner avec lui. Je ne puis donc rien faire de mieux que d'attendre ici Pleusidippe. Si j'aperçois la prêtresse, elle pourra m'en apprendre plus que ces pêcheurs. Peut-être me tirera-t-elle de toute incertitude.

(1) Sorte de limaçon marin.
(2) Conques striées, de Pline.

Nos jam de ornatu propemodum, ut locupletes simus, scitis.
Hice hami, atque hæ harundines sunt nobis quæstu et cultu.
Ex urbe ad mare huc prodimus pabulatum :   295
Pro exercitu gymnastico et palæstrico, hoc habemus,
Echinos, lepadas, ostreas, balanos captamus, conchas,
Marinam urticam, musculos, plagusias, striatas.
Post id piscatum hamatilem et saxatilem adgredimur.
Cibum captamus e mari : sin eventus non venit,   300
Neque quidquam captum 'st piscium, salsi lautique pure
Domum redimus clanculum, dormimus incœnati.
Sec. Pisc. Atque ut nunc valide fluctuat mare, nulla nobis
   spes ist.
Nisi quid concharum capsimus, incœnati sumus profecto.
Prim. Pisc. Nunc Venerem hanc veneremur bonam, ut nos   305
   lepide adjuverit hodie.

SCENA SECUNDA.

TRACHALIO, PISCATORES.

Trach. Animo advorsavi sedulo, ne herum usquam præterirem :
Nam quom modo exibat foras, ad portum se albat ire,
Me huc obviam jussit sibi venire ad Veneris fanum.
Sed quos perconter, commode eccos video adstare ; adibo.
Salvete, fures marutimi, conchitæ, atque hamiotæ,   310
Famelica hominum natio, quid agitis ? ut peritis ?
Pisc. Ut piscatorem æquum 'st, fame, sitique speque. *Trach.*
   Ecquem adulescentem huc,
Dum heic adstatis, strenua facie, rubicundum, fortem, qui
   treis
Duceret chlamydatos cum machæriis, vidistis venire?
Pisc. Nullum istac facie, ut prædicas, venisse huc scimus.
   Trach. Ecquem   315
Recalvom ac silonem senem, statutum, ventriosum',
Tortis superciliis, contracta fronte, fraudulentum,
Deorum odium atque hominum, malum, mali viti probrique plenum,
Qui duceret mulierculas duas secum satis venustas ?
Pisc. Cum istiusmodi virtutibus operisque gnatus qui sit,
Eum quidem ad carnuficem est æquus, quam ad Venerem
   conmeare.   321
Trach. At, si vidistis, dicite. *Pisc.* Huc profecto nullus venit.
Vale. *Trach.* Valete ! Credidi : factum 'st quod subspicabar
Data verba hero sunt ; leno abiit scelestus exsulatum,
In navem ascendit, mulieres avexit : hariolus sum.   325
Is huc herum etiam ad prandium vocavit sceleris semen.
Nunc quid mihi meliu'st, quam\[intico heic obperiar herum
   dum veniat?
Eadem hæc sacerdos Veneria si quid amplius scit,
Si videro, exquæsivero : faciet me certiorem.

SCÈNE III.

AMPÉLISQUE, TRAKHALION.

Amp. (*ouvrant la porte du temple à la prêtresse.*) J'entends : vous me dites de heurter à cette maison voisine du temple de Vénus, et d'y demander de l'eau.

Trak. Quelle voix viens-je d'entendre ?
Amp. Qui parle ici ? Ciel ! que vois-je ?
Trak. Est-ce Ampélisque qui sort du temple ?
Amp. Est-ce Trakhalion, le nomenclateur (1) de Pleusidippe ?
Trak. Oh ! c'est elle.
Amp. C'est lui. Eh ! bonjour, Trakhalion.
Trak. Bonjour, Ampélisque. Que faites-vous ici ?
Amp. Ce que je ne méritais point de faire : l'apprentissage du malheur.
Trak. Ampélisque, point de paroles sinistres !
Amp. Toute personne sage doit avoir la vérité à la bouche, et ne la point déguiser. Mais, je te prie, où est Pleusidippe ton maître ?
Trak. Comme s'il n'était pas là-dedans !
Amp. Par Pollux ! on n'a vu ici ni lui, ni même ombre de lui.
Trak. Il n'y est pas venu ?
Amp. Tu dis la vérité.
Trak. Ce n'est pourtant pas mon habitude. Mais voyons, le dîner est-il prêt ?
Amp. Quel dîner, je te prie ?
Trak. Le dîner doit suivre le sacrifice que vous faites dans le temple.
Amp. Rêves-tu ?
Trak. Certes, Labrax, votre maître, a prié le mien de venir dîner ici.
Amp. La belle merveille si Pleusidippe a été trompé par un scélérat qui se joue des dieux et des hommes ? Labrax n'a fait que ce que les gens de son métier ont coutume de faire.
Trak. Quoi ! vous ne célébrez pas ici un sacrifice, et mon maître n'est pas de la fête ?
Amp. Tu te moques de moi.
Trak. Que fais-tu donc ici ?
Amp. Hélas ! Palestra et moi, réduites à l'extrémité, nous avons trouvé asile chez la prêtresse de Vénus. Nous voyant isolées, destituées de toutes choses, elle nous a secourues. Par quelles peines, par quels périls nous avons passé !
Trak. Ah ! parlez, je vous prie, Palestre, la tendre amie de mon maître, est donc là-dedans ?
Amp. Oui.
Trak. L'agréable nouvelle ! mais dites-moi, ma chère Ampélisque, quel est donc le péril que vous avez couru l'une et l'autre ?
Amp. Mon pauvre Trakhalion, nous avons fait naufrage la nuit passée.
Trak. Comment ? un naufrage ! Quelle fable me contez-vous là ?
Amp. Est-ce que personne ne vous a encore informés, ni ton maître ni toi, du perfide tour que Labrax a voulu nous jouer ; comme il nous avait clandestinement embarquées pour la Sicile ; comme il avait mis tout son argent, tous ses effets sur un vaisseau ? Eh bien, Trakhalion, tout cela est perdu.
Trak. Honneur, hommage te soit rendu, ô Neptune ! le plus adroit escamoteur n'a jamais mieux opéré : avec quel à propos tu as jeté l'appât ! tu as abîmé ce maudit parjure ! Mais où est-il à présent, cet infâme Labrax ?
Amp. Il sera, je pense, mort en buvant ; car, cette nuit, Neptune l'a invité à ses grandes rasades.
Trak. J'entends ; il l'a fait boire dans la coupe de nécessité (1). O combien je vous aime, mon Ampé-

(1) L'esclave *calator*, ou *nomenclator*, était celui qui accompagnait son maître, et qui lui nommait les personnes qui le saluaient par son nom, afin que son maître pût à son tour les saluer par leur.

(1) Par *la coupe de nécessité*, il faut entendre celle qu'on faisait boire aux condamnés. — Cette opinion d'Andrieux est contraire à celle des nouveaux traducteurs. Suivant eux, *la coupe de nécessité*

SCENA TERTIA.

AMPELISCA, TRACHALIO.

Amp. Intellego ; hanc quæ proxuma'st villam Veneris fano Pulsare jussisti, atque aquam rogare. *Trach.* Quoja ad aureis
Vox mihi advolavit ? *Amp.* Obsecro, quis heic loquitur ? quem ego video ?
Trach. Estne Ampelisca hæc, quæ foras e fano egreditur ?
Amp. Estne hic Trachalio, quem conspicor, calator Pleusidippi ?
Trach. Ea est. *Amp.* Is est. Trachalio, salve. *Trach.* Salve, Ampelisca.
Quid agis tu ? *Amp.* Ætatem haud mala·male. *Trach.* Melius ominare.
Amp. Verum omneis sapienteis decet conferre et fabulari.
Sed Pleusippus tuus herus ubi, amabo, est ? *Trach.* Eia vero,
Quasi non sit intus ! *Amp.* Neque, pol, est, neque ullus quidem huc venit.
Trach. Non venit ? *Amp.* Vera prædicas. *Trach.* Non est mecum, Ampelisca.
Sed quam mox coctum'st prandium ? *Amp.* Quod prandium, obsecro te ?
Trach. Nempe rem divinam facitis heic. *Amp.* Quid somnias, amabo ?
Trach. Certe huc Labrax Pleusidippum ad prandium vocavit
Herum meum, herus voster. *Amp.* Pol, haud miranda facta dicis ;
Si deos decepit et homines, lenonum more fecit.
Amp. Hariolare.
Trach. Quid tu agis heic igitur ? *Amp.* Ex malis multis, metuque summo,
Capitalique ex periculo, orbas auxilique opumque huc
Recepit ad se Veneria hæc sacerdos, me et Palæstram.
Trach. An heic Palæstra'st, obsecro, heri mei amica ? *Amp.* Certo.
Trach. Inest lepos in nuncio tuo magnus, mea Ampelisca.
Sed istuc periculum perlubet quod fuerit vobis scire.
Amp. Confracta'st, mi Trachalio, hac nocte navis nobis.
Trach. Quid, navis ? quæ istæc fabula'st ? *Amp.* Non audivisti, amabo,
Quo pacto leno clanculum nos hinc auferre voluit
In Siciliam, et quidquid domi fuit, in navem inposi[vit ?]
Ea nunc perierunt omnia. *Trach.* Oh ! Neptune lepi[de]
Nec te aleator ullus est sapientior ; profecto
Nimis lepide jecisti bolum, perjurum perdidi[sti.]
Sed nunc ubi est leno Labrax ? *Amp.* Per[i]it.
nor.
Neptunus magnis poculis hac nocte [......] biberet : ut ego
Trach. Credo, hercle, anancæ[o.]

lisque, de m'apprendre une telle nouvelle! chacune de vos paroles est pour moi une gorgée de vin miellé. mais comment Palestra et vous avez-vous échappé au naufrage?

Amp. Voici comment. Voyant que le vaisseau allait donner contre des écueils, nous nous sommes jetées toutes tremblantes dans l'esquif; et c'est moi qui ai promptement délié la corde. Tandis que ceux qui étaient restés dans le navire étaient en proie à une frayeur mortelle, la tempête nous a repoussées à droite(1), bien loin d'eux. Nous avons été toute la nuit le jouet des vents et des flots. A peine le vent nous a ce matin portées demi-mortes sur le rivage.

Trak. Je reconnais là Neptune. Quand il se met à faire les fonctions d'édile dans ses États, il rejette impitoyablement toute mauvaise (2) marchandise.

Amp. Que puissent tous les malheurs tomber sur ta tête!

Trak. Hélas! c'est sur la vôtre qu'ils sont tombés, ma pauvre Ampélisque. Je savais bien que Labrax nous jouerait ce tour. Combien de fois ne l'ai-je pas dit? Je n'ai plus qu'à laisser croître ma barbe, pour faire un excellent devin.

Amp. Puisque ton maître et toi vous pressentiez son évasion, que ne l'empêchiez-vous?

Trak. Eh! qu'aurait-il pu faire, mon maître?

Amp. Ce qu'il pouvait faire, s'il eût aimé Palestre? L'oses-tu demander? Il pouvait, il devait passer les jours et les nuits à observer ce scélérat de marchand, et à faire sentinelle exacte. Mais sa vigilance a été proportionnée à son amour.

Trak. Ah! pourquoi parler ainsi?

Amp. Je dis ce qui est manifeste.

Trak. Eh quoi! Ampélisque, ne savez-vous pas bien qu'on ne laisse pas d'être volé aux bains, même en ne cessant d'avoir l'œil à ses habits? Pourquoi? c'est que celui qui se baigne ignore de qui il doit se méfier, au lieu que le voleur sait très-bien l'homme qu'il a dessein de surprendre. Mais menez-moi à Palestra. Où est-elle?

Amp. Entre au temple de Vénus; tu l'y trouveras assise (1), et fondant en larmes.

Trak. Vous m'affligez fort; mais pourquoi pleure-t-elle?

Amp. Palestre, puisque tu le veux savoir, est dans un désespoir inexprimable, parce que Labrax s'est emparé de la cassette où elle gardait certains petits joyaux d'enfance, qui pouvaient la faire connaître à ses parents. Elle appréhende que cette cassette ne soit perdue.

Trak. Où était-elle?

Amp. Dans le vaisseau, avec nous; et le marchand l'avait enfermée lui-même dans sa valise, pour priver Palestre de ce qui pouvait servir à lui faire retrouver ses parents.

Trak. O l'abominable homme, de vouloir qu'une personne qui doit être libre soit esclave!

Amp. Cette cassette a été abîmée sans doute au fond de la mer avec le navire, ainsi que tout l'or et l'argent de cet odieux Labrax. Mais je m'imagine que quelque plongeur l'aura retirée. En attendant, la pauvrette est dans le chagrin le plus cruel d'avoir perdu ces gages de sa naissance.

Trak. Son affliction m'est une raison de plus pour entrer au temple. Il faut que je la console, ou tout au moins que je l'empêche de s'abandonner à toute sa douleur. J'ai nombre de personnes à lui citer, à qui il est arrivé des biens qu'elles n'espéraient pas.

Amp. J'en citerais un bien plus grand nombre qui ont été trompées dans leurs espérances.

était celle qu'on présentait à la fin du repas, et qu'il fallait boire tout entière. (A. F.)

(1) En ce moment, Ampélisque fait un quart de conversion vers la mer, qu'elle indique être à sa gauche. Par ce moyen la côte, la scène, et les spectateurs, sont indiqués être sur la droite. Il ne faut pas perdre de vue ces divers points donnés. Ils servent à l'intelligence de bien des endroits de la pièce.

(2) Ce compliment incivil est sans doute déplacé. Aussi est-il mal reçu. Mais Trakhalion ne le hasarde que dans la vue d'égayer un peu Ampélisque, et c'est à quoi il ne réussit pas.

(1) Cette posture était celle que prenaient les réfugiés, après avoir fait leur prière à genoux.

---

amo te,
Mea Ampelisca! ut dulcis es! ut mulsa dicta dicis!
Sed tu et Palæstra quomodo salvæ estis? *Amp.* Scibis, faxo.
E navi timidæ ambæ in scapham insiluimus; quia videmus
Ad saxa navem ferrier, properans exsolvi restim,   366
Dum IIII timent; nos cum scapha tempestas dextrovorsum
Disfert ab illis. Itaque nos ventisque fluctibusque
Jactatæ exemplis plurimis miseræ perpetuam noctem,
Vix hodie ad litus pertulit nos ventus exanimatas.   370
Trach. Gnovi, Neptunus ita solet; quamvis fastidiosus
Ædilis est; si quæ inprobæ sunt merceis, jactat omneis.
Amp. Væ capiti atque ætati tuæ! *Trach.* Tuo, mea Ampelisca,
Scivi lenonem facere hoc quod fecit: sæpe dixi.
Capillum promittam, optumum 'st, obcipiamque hariolari,
Amph. Cavistis ergo tu atque herus, ne abiret, quom scibatis?   375
Trach. Quid faceret? *Amp.* Si amabat, rogas quid faceret? observaret
...eisque, in custodia esset semper; verum, ecastor,
...it, is probe curavit Pleusidippus.
In balineas, istuc ueis? *Amp.* Res palam 'st. *Trach.* Scin'
Tamen subripiu[n]t lave...m   380
           sed...qua vestimenta servat,
        ...ippe...quem illorum observet,

falsus est;
Fur facile, quam observet, videt; custos, qui fur sit, nescit.
Sed duce me ad illam: ubi est? *Amp.* I sane in Veneris fanum huc intro,
Sedeutem flentemque obprimes. *Trach.* Ut jam istuc mihi molestum 'st!   385
Sed quid flet? *Amp.* Ego dicam tibi: hoc sese excruciat animi,
Quia leno ademit cistulam ei, quam habebat: ubique habebat
Qui suos parenteis gnoscere posset: eam veretur
Ne perierit. *Trach.* Ubinam ea fuit cistellula? *Amp.* Ibidem in navi.
Conclusit ipse in vidulum, ne copia esset ejus,   390
Qui suos parenteis gnosceret. *Trach.* O facinus inpudicum,
Quam liberam esse oporteat, servire postulare!
Amp. Nunc eam cum navi scilicet abivisse pessum in altum.
Et aurum et argentum fuit lenonis omne ibidem.
Credo aliquem inmersisse, atque eum excepisse: id misera mœsta 'st,   395
Sibi eorum evenisse inopiam *Trach.* Jam istoc magis usus facto 'st,
Ut eam intro, consolerque eam, ne se sic excruciet animi:
Nam multa præter spem scio multis bona evenisse.

LE CABLE, ACTE II, SCÈNE IV.

Trak. La patience est d'une grande ressource dans les afflictions. Je m'en vais donc la voir, à moins que vous n'ayez besoin de mon service ailleurs.

Amp. Non; va la trouver. Pour moi, je vais demander de l'eau dans la maison voisine (1), par l'ordre de la prêtresse, qui m'a assurée qu'en me présentant de sa part, on m'en donnerait aussitôt. Bonne vieille! je n'ai jamais vu personne qui mérite mieux la faveur des dieux et des hommes. Quel bon accueil elle a daigné nous faire! quelle générosité! quelle honnêteté! quelle cordialité! Et dans quelle situation! Nous avions besoin de tout; nous ne savions où trouver un refuge; nos habits étaient tout trempés. Nous étions tremblantes, éperdues, telles qu'on peut être en sortant d'un naufrage. Ptolémocratie nous a traitées avec la même affection que si nous eussions été ses enfants. Avec quel empressement elle-même, en robe retroussée, elle s'est mise à nous faire chauffer un bain! Il est donc bien juste que je m'empresse pour elle, et que j'aille promptement lui chercher l'eau qu'elle m'a demandée. Holà! y a-t-il quelqu'un dans cette maison? Qui est-ce qui me répond, ou qui m'ouvre?

SCÈNE IV.
SCÉPARNION, AMPÉLISQUE.

Scép. Qui a l'impertinence de heurter de cette force à notre porte?
Am. C'est moi.
Scép. Oh! oh! la bonne rencontre! Par Pollux, la jolie personne!
Amp. Bonjour, jeune garçon.
Scép. Bonjour, jeune fille.
Amp. Je viens vers vous...
Scép. Si c'était aussi bien le soir, je me ferais un plaisir de vous donner l'hospitalité, et de vous ré-

(1) Dans la maison du vieillard Démonès.

galer ni plus ni moins que la personne que j'affectionne le mieux. Mais à cette heure...
Amp. Ne craignez rien, je ne viens point vous constituer en (1) dépense ruineuse.
Scép. Que dit cette aimable et joyeuse fillette?
Amp. Tout beau! point de jeux de mains. Je vous trouve bien familier!
Scép. Par les dieux immortels! mais c'est là le vivant portrait de Vénus. Quelle vivacité dans ses yeux! la jolie taille! sa chevelure est brune comme un vautour, je veux dire comme un aigle! Oh! quels jolis trésors nous dérobe ce mouchoir! Quelle grâce dans ce sourire!
Amp. Çà, me prend-on pour le gâteau d'Hercule, où tout le monde met la main? — Point de geste, s'il vous plaît.
Scép. Mais, ma toute belle, en m'y prenant tout bellement et délicatement comme je fais, de quoi pouvez-vous vous plaindre?
Amp. Quand j'aurai plus de loisir, j'écouterai toutes vos folies; mais pour le présent, c'est à vous de voir si vous voulez m'accorder ou me refuser ce qu'on m'a envoyé demander ici.
Scép. Eh bien que venez-vous demander?
Amp. Quiconque aura deux yeux et de l'entendement verra bien, à l'urne vide que je tiens, ce que je demande.
Scép. Si vous avez deux yeux et de l'intellect, je vous défie, en me regardant, de ne pas deviner ce que je désire de vous.
Amp. La prêtresse de Vénus m'a ordonné de venir demander de l'eau dans cette maison.
Scép. Écoutez, ma belle; je suis du naturel des courtisans, j'aime à me faire prier. A moins de beaucoup d'instances, pas une goutte d'eau. Savez-

(1) On ne s'était point aperçu que ces paroles : *nihil est qui te inanem*, sont dans la bouche d'Ampélisque, et non de Scéparnion. Il est évident que QUI est ici adverbe, pour UNDE, comme dans l'*Aulularia*, acte II, sc. 8 : *nihil est qui emam*, pour *nihil est unde emam*.

Amp. At ego etiam, qui speraverint, spem decepisse multos.
Trach. Ergo animus æquos optumum 'st ærumnæ condimentum. 400
Ego eo intro, nisi quid vis. (It intro.) *Amp.* Eas; ego, quod mihi inperavit
Sacerdos, id faciam, atque aquam hinc de proxumo rogabo.
Nam extemplo, si verbis suis peterem, daturos dixit :
Neque digniorem censeo vidisse anum me quemquam, 404
Quoi deos atque homines censeam benefacere magis decere.
Ut lepide, ut liberaliter, ut honeste, atque haud gravate
Timidas, egenteis, uvidas, ejectas, exanimatas
Adcepit ad sese! haud secus, quam si ex se simus gnatæ :
Ut eapse sic subcincta aquam calefactat, ut lavemus!
Nunc ne moræ illi sim, petam hinc aquam, unde mihi inperavit. 410
Heus, ecquis in villa 'st? ecquis hoc recludit? ecquis prodit?

SCENA QUARTA.
SCEPARNIO, AMPELISCA.

Scep. Quis est, qui nostris tam proterve foribus facit injuriam?
Amp. Ego sum. *Scep.* Hem, quid hoc boni est? heu, edepol, specie lepida mulier!
Amp. Salve, adulescens. *Scep.* Et tu multum salveto, adulescentula. 414
Amp. Ad vos venio. *Scep.* Adcipiam hospitio, si nox venis,

Item ut adfecta : nam nunc.... *Amp.* Nihil est qui te inanem.
Scep. Sed quid ais, mea lepida, hilara? *Amp.* Aha, nimium familiariter
Me adtrectas. *Scep.* Pro di inmortaleis, Veneris ecfigia hæc quidem 'st.
Ut in ocellis hilaritudo est! eia, corpus quojusmodi!
Subvolturium; illud quidem, subaquilum volui dicere. 420
Vel papillæ quojusmodi ! tum quæ indoles in savio est?
Amp. Non sum pollucta popi : potin' ut me abstineas manum?
Scep Non licet te sicce placide bellam belle tangere?
Amp. Otium ubi erit, tum tibi operam ludo et delitiæ dabo : Nunc, quamobrem sum missa, amabo, vel tu mihi aias, vel neges. 425
Scep. Quid nunc vis? *Amp.* Sapienti ornatus, quid velim, indicium facit.
Scep. Meus quoque hic sapienti ornatus, quid velim, indicium facit.
Amp. Hæc sacerdos Veneris hinc me petere jussit a vobis aquam.
Scep. At ego basilicus sum : quem nisi oras, guttam non feres.
Nostro illum puteum periculo et ferramentis fodimus. 430
Nisi multis blanditiis, a me gutta non ferri potest.
Amp. Cur tu operam gravare, amabo, quam hostis hosti conmodat?
Scep. Cur tu operam gravare mihi, quam civis civi conmodat?

vous bien que c'est en exposant ma vie, et en usant mes ferrements, que j'ai creusé ce puits? Il faut bien me flatter, bien me caresser, je vous le répète, pour en emporter une seule goutte.

Amp. Vous faites bien des difficultés pour de l'eau. Un ennemi n'en refuse pas à un ennemi.

Scép. Mais moi qui ne vous demande que ce qu'on s'accorde de citoyenne à citoyen, ne me refusez-vous pas?

Amp. Eh bien! mes amours, je serai pour vous toute complaisante.

Scép. (*à part.*) Bon! tout va bien pour moi; elle m'appelle *ses amours*. (*haut.*) Oh! vous aurez de l'eau, ma belle. Il ne sera pas dit que vous m'aimerez pour rien. Donnez-moi votre urne.

Amp. La voilà. Hâtez-vous, je vous prie, de me l'apporter.

Scép. Attendez-moi là; je suis à vous dans le moment (*à part en s'en allant.*) Mes amours! mes amours!

Amp. Dépêchez-vous; car quelle excuse donnerais-je à la prêtresse, d'avoir tardé si longtemps? Seule je ne puis tourner les yeux du côté de la mer sans frissonner de tous mes membres..... Mais, infortunée que je suis, qui vois-je là-bas sur le rivage? C'est ce scélérat de Labrax, et son hôte le Sicilien que je croyais tous deux engloutis dans les flots. O surcroît de malheur inattendu! ah! fuyons dans le temple. Portons cette nouvelle à Palestra, afin qu'avant que ce maudit marchand ne vienne ici, et ne nous surprenne, nous ayons le temps d'embrasser le pied de l'autel. J'y cours à l'heure même; c'est le meilleur parti. (*Elle sort.*)

SCÈNE V.

SCÉPARNION (*seul*).

Par les dieux immortels! je n'aurais jamais cru qu'à puiser de l'eau on pût trouver autant de plaisir. Que j'ai volontiers rempli cette urne!

Combien le puits m'a semblé moins profond que de coutume! Cette eau ne m'a coûté aucune peine à tirer! Sans vouloir me faire tort, je suis un sot coquin de n'avoir commencé à aimer que d'aujourd'hui. Tenez, ma belle, voilà l'eau que vous m'avez demandée. Allons, portez-la de bonne grâce, comme j'ai fait. Là, portez cette urne lestement, comme pour l'amour de moi. Mais où êtes-vous, l'aimable enfant? Eh! prenez, s'il vous plaît. Où êtes-vous? Par Hercule! la petite malicieuse me tient pour moi. Elle se cache, pour que je l'aille trouver. Mais où la trouver? Eh bien! viendrez-vous prendre ce vase? Où êtes-vous donc? Tenez, toutes ces façons sont de trop. C'est trop jouer; parlons sérieux. Encore une fois, viendrez-vous prendre votre urne? En quel lieu êtes-vous? Je ne la vois nulle part. Est-ce qu'elle me jouerait? Certes il me prend envie de mettre l'urne au beau milieu du chemin. Mais, j'y pense, si quelqu'un allait l'emporter, la méchante fille me ferait des affaires, car c'est un vase consacré à Vénus. D'autre part, je crains bien que la perfide ne veuille me tendre quelque piége, et me faire arrêter comme sacrilége. Oui, si quelqu'un me voyait avec ce vase, c'en serait assez pour me faire jeter dans les fers; d'autant que le meuble est marqué du chiffre de la déesse, et qu'il dit de lui-même à qui il appartient. Par la faveur d'Hercule, je vais au plus tôt appeler la prêtresse, et la faire venir sur les marches de sa porte. (*Il frappe.*) Ouvrez, s'il vous plaît, Ptolémocratie; venez prendre votre urne. C'est une je ne sais quelle femelle qui me l'a apportée. Remportez, je vous prie, votre meuble chez vous. (*Seul*) Parbleu! j'ai trouvé aujourd'hui de quoi m'exercer. Comment donc, ce n'est pas assez de leur tirer de l'eau, il faut encore aller la leur porter chez elles!

SCÈNE VI.

LABRAX, CHARMIDE.

Lab. Tout homme qui veut être réduit à la mi-

Amp. Imo etiam tibi, mea voluptas, quæ voles faciam omnia.
Scep. Eugepæ! salvos sum! hæc jam me suam voluptatem vocat: 435
Dabitur tibi aqua, ne nequidquam me ames: cedo mihi urnam. *Amp.* Cape,
Propera, amabo, ecferre. *Scep.* Manta; jam heic ero, voluptas mea.
Amp. Quid sacerdoti me dicam heic demoratam tam diu?
Ut etiam nunc misera timeo, ubi oculis intueor mare!
Sed quid ego misera video procul in litore? 440
Meum herum lenonem Siciliensemque hospitem,
Quos perilsse ambos misera censebam in mari.
Jam illud mali plus nobis vivit, quam ratæ.
Sed quid ego cesso fugere in fanum, ac dicere hæc
Palestræ, in aram uti confugiamus prius, 445
Quam huc scelestus leno veniat, nosque heic obprimat?
Confugiam hinc; res ita subpetit subito mihi.

SCENA QUINTA.

SCEPARNIO.

Pro di inmortaleis, in aqua nunquam credidi
Voluptatem inesse tantam! ut hanc traxi lubens!
Nimio minus altus puteus visu'st, quam prius. 450
Ut sine labore hanc extraxi! præfiscine,
Satis nequam sum; utpote qui hodie inceperim
Amare. Hem tibi aquam, mea tu bella: hem, sic volo
Te ferre honeste, ut ego fero; ut placeas mihi.
Sed ubi tu es, delicata? cape aquam hanc, sis: ubi es? 455
Amat, hercle, me, ut ego opinor: delituit mala.
Ubi tu es? etiamne hanc urnam adcepturu's? ubi es?
Commodule melius; tandem vero serio.
Etiam adceptura es urnam hanc? ubi tu es gentium?
Nusquam, hercle, equidem illam video: ludos me facit. 460
Adponam, hercle, urnam jam ego hanc in media via.
Sed autem, quid si hanc hinc abstulerit quispiam
Sacrum urnam Veneris? mihi exhibeat negotium.
Metuo, hercle, ne illa mulier mihi insidias locet,
Ut conprehendar cum sacra urna Veneria. 465
Nempe optumo jure in vinculis enecet
Magistratus, si quis me hanc habere viderit.
Nam hæc literata'st; ab se cantat quoja sit.
Jam, hercle, evocabo hinc hanc sacerdotem foras,
Ut hanc adcipiat urnam: adcedam huc ad foreis. 470
Heus, sis, Ptolemocratia, cape hanc urnam tibi:
Muliercula hanc nescio quæ huc ad me detulit.
Intro ferunda'st: reperi negotium;
Siquidem his mihi ultro adgeruuda etiam 'st aqua.

SCENA SEXTA.

LABRAX, CHARMIDES.

Labr. Qui homo sese miserum et mendicum volet, 475
Neptuno credat sese atque ætatem suam;

sere et à la mendicité n'a qu'à confier sa vie et sa fortune à la mer. Ayez le moindre démêlé avec Neptune, il vous renverra affublé comme me voici. Par Pollux! déesse Liberté (1), vous n'étiez nullement sotte, quand vous ne voulûtes pas mettre le pied sur un vaisseau avec Hercule. Mais où donc est mon hôte, ou, pour mieux dire, l'auteur de ma ruine? Le voici qui vient.

Char. Labrax! Labrax! par Proserpine, qui vous emporte, où donc allez-vous si vite? Il n'y a pas moyen de vous suivre.

Lab. Plût aux dieux qu'on vous eût pendu en Sicile avant que je ne vous eusse envisagé! C'est vous qui êtes la cause du désastre qui vient de m'arriver.

Char. Que je m'estimerais heureux si j'avais couché en prison le jour où vous m'avez conduit chez vous! Je n'ai qu'une prière à faire aux dieux, c'est que vous ayez toute votre vie des hôtes qui vous ressemblent.

Lab. En vous recevant chez moi, c'est la mauvaise fortune que j'y ai introduite. Que je m'en veux d'avoir eu la sottise d'écouter un scélérat comme vous! Qu'avais-je besoin de trousser bagage, et de monter sur mer, où j'ai perdu même plus (2) que je n'avais?

Char. Par Pollux! je ne suis pas surpris que la mer ait englouti un vaisseau chargé, en votre personne, de toutes les scélératesses. Car, dans tout le bien que vous avez perdu, y avait-il un seul denier qui ne vous ait coûté un crime?

Lab. Ce sont vos flatteries qui m'ont perdu.

Char. Les mêts apprêtés à Thyeste et à Térée leur ont été moins funestes que ne m'ont été les soupers que j'ai faits chez vous.

Lab. Ah! je me meurs. Je sens une faiblesse de cœur. Soutenez-moi la tête, je vous prie.

Char. Par Pollux, puissiez-vous vomir jusqu'à vos poumons!

Lab. A moi, Palestra! à moi Ampélisque! Où êtes-vous présentement l'une et l'autre?

Char. Au fond de la mer, où elles donnent, je pense, la pâture aux poissons.

Lab. Vous avez si bien fait avec vos promesses chimériques, auxquelles j'ai sottement ajouté foi, que vous m'avez réduit à la mendicité.

Char. Je soutiens que vous devez m'avoir bien de l'obligation; car vous voilà, grâce à moi, plein de sel, vous qui jusqu'à cette heure n'avez été qu'un très-insipide personnage.

Lab. Allez bien loin de moi; allez à la potence.

Char. Allez-y vous-même, et deux fois plutôt qu'une.

Lab. Je faisais si bien mes affaires! Ah! quel homme au monde est plus à plaindre que moi?

Char. C'est moi, Labrax, qui suis bien plus malheureux que vous.

Lab. Comment cela?

Char. Parce que je ne mérite pas (1) de l'être, et que vous, vous le méritez.

Lab. O roseaux, roseaux, vous qui avez l'avantage d'être secs au milieu de l'eau, combien je vous porte envie!

Char. Qu'est-ce donc? suis-je ici à l'exercice des troupes légères, des vélites? Les paroles ne m'échappent que par quadrilles détachées, tant le froid m'a saisi, et tant le tremblement met en branle mes mâchoires!

Lab. Par Pollux! vos bains, ô Neptune, sont cruellement réfrigératifs. Je n'ai cessé de frissonner de froid dans mes habits, depuis que je suis sorti de chez vous. Quoi! dans tout votre empire, il n'y a pas un seul baigneur qui tienne des boissons tièdes à l'usage des pratiques (2)? En récompense, on y boit terriblement froid et salé.

(1) Hercule fut toute sa vie soumis à la tyrannie d'Euristée; ce qui donna lieu aux poètes de feindre qu'au moment où il s'embarqua, la Liberté fut la seule des immortelles qui refusa de l'accompagner dans ses expéditions. On a cherché les explications les plus baroques à ce passage infiniment clair.

(2) En perdant Palestra et Ampelisque, par le moyen desquelles il espérait gagner beaucoup de bien en Sicile.

(1) Charmide oublie ici un peu trop facilement qu'il est lui-même un insigne scélérat qui a trahi sa cité, comme il est dit dans le Prologue. Mais c'est sans doute pour faire rire les spectateurs qu'un pareil personnage s'avise de se donner pour homme de bien.

(2) Cette sorte de boisson chaude qui était d'usage dans les bains se nommait *Thermopolion*. C'était, pour l'ordinaire, un mélange de vin, d'eau et de miel.

```
Nam si quis quid cum eo rei commiscuit,
Ad hoc exemplum amittit ornatum domum.
Edepol, Libertas, lepida es, quæ nunquam pedem
Voluisti in navem cum Hercule una Inponere,      480
Sed ubi ille meus est hospes, qui me perdidit?
Atque eccum incedit. Charm. Quo, malum, properas, Labrax?
Nam equidem te nequeo consequi tam strenue.
Labr. Utinam te prius quam oculis vidissem meis,
Malo cruciatu in Siciliam perbiteres,            485
Quem propter hoc mihi obtigit misero mali!
Charm. Utinam, quom in ædeis me ad te adduxisti tuas,
In carcere illo potius cubuissem die!
Deosque inmortaleis quæso, dum vivas, uti
Omneis tui simileis hospites habeas tibi.        490
Labr. Malam Fortunam in ædeis te adduxi meas.
Quid mihi scelesto tibi erat auscultatio?
Quidve hinc abitio? quidve in navem inscensio?
Ubi perdidi etiam plus boni quam mihi fuit.
Charm. Pol, minume miror, navis si fracta 'st tibi, 495
Scelus te et scelestas parta quæ vexit bona.
Labr. Pessum dedisti me blandimentis tuis.
Charm. Scelestiorem cœnam cœnavi tuam,
Quam quæ Thyestæ quondam anteposita 'st, et Tereo.
Labr. Perii, animo male fit! contine, quæso, caput. 500

Charm. Pulmoneum, edepol, nimis velim vomitum vomas.
Labr. Eheu, Palæstra, atque Ampelisca! ubi estis nunc?
Charm. Piscibus in alto credo præbent pabulum.
Labr. Mendicitatem mihi obtulisti opera tua,
Dum tuis ausculto magnidicis mendaciis.           505
Charm. Bonam est quod habeas gratiam merito mihi,
Qui te ex insulsosalsum feci opera mea.
Labr. Quin tu hinc is a me in maxumam malam crucem?
Charm. Eas; easque. Labr. Res ageham commodum;
Eheu, quis vivit me mortalis miserior?            510
Charm. Ego multo tanto miserior, quam tu, Labrax.
Labr. Qui?Charm. Quia ego indignus sum, tu dignus, qui sies.
Labr. O scirpe, scirpe, laudo fortunas tuas,
Qui semper servas gloriam ariludinis.
Charm. Equidem me ad velitationem exerceo:        515
Nam omnia corusca præ tremore fabulor.
Labr. Edepol, Neptune, es balneator frigidus:
Cum vestimentis posteaquam abs te abii, algeo.
Ne thermopolium quidem ullum instruit,
Ita salsam præbet potionem et frigidam.           520
Charm. Ut fortunati sunt fabri ferrarii,
Qui apud carbones adsident! semper calent.
Labr. Utinam fortuna nunc anatina uterer,
Uti quom exivissem ex aqua, arerem tamen!
```

Char. Que les forgerons sont heureux d'être toujours auprès du feu! ces gaillards-là ont toujours chaud.
Lab. Le beau privilége qu'ont les canards, de se trouver secs, au sortir de l'eau!
Char. Si j'allais en cet état me louer aux édiles en qualité d'ogre (1), ou de bête curieuse pour quelque spectacle?
Lab. Quelle idée vous prend là?
Char. C'est que mes dents font un bruit qui doit s'entendre de fort loin. Au surplus, je mérite bien de m'être baigné ainsi.
Lab. Pour quelle raison?
Char. Pour avoir eu l'audace de me confier à la mer avec vous. Car c'est vous dont la présence l'a ainsi soulevée jusque dans ses fondements.
Lab. Je n'ai fait, en m'embarquant, que suivre vos conseils. Vous m'assuriez que la Sicile était une contrée d'un excellent produit pour les courtisanes, et que j'y aurais dans peu des montagnes d'or.
Char. O loup trop avide! ô bête immonde qui dévorais déjà en espérance la Sicile entière!
Lab. Quelle baleine a englouti la valise où j'avais mis mon or et mon argent?
Char. C'est la même, comme je puis croire, qui a englouti mon sac, avec la bourse pleine d'argent que j'y avais enfermée.
Lab. Hélas! je suis réduit à ce seul habit et à ce misérable manteau. Je suis perdu sans ressource.
Char. Nous pouvons fort bien nous associer ensemble. Nous avons autant de fonds à risquer l'un que l'autre.
Lab. Au moins si ces deux filles n'avaient point péri, il me resterait quelque espérance. A présent si Pleusidippe me voit, lui de qui j'ai reçu des arrhes pour Palestra, il me fera de fâcheuses affaires.
Char. Idiot que vous êtes, vous pleurez, et il

(1) Il y a au texte *pro manduco*, en qualité de manduc ou mangeur d'enfants. C'était un grand mannequin qu'un homme, qui était au dedans, faisait mouvoir. Ce mannequin représentait une espèce d'ogre, qui grinçait des dents, ou dont la bouche était effroyablement ouverte. Ces figures grotesques précédaient d'ordinaire les triomphes ou autres pompes publiques.

vous reste une langue! N'avez-vous pas tout ce qu'il faut pour payer vos créanciers?

SCÈNE VII.

SCÉPARNION, CHARMIDE, LABRAX.

Scép. Que veut dire cela? Et pourquoi ces deux jeunes petites femmes tout éplorées embrassent-elles dans ce temple la statue de Vénus? Les pauvrettes craignent je ne sais quel homme, et disent qu'après avoir été battues de la tempête toute la nuit, la mer les a enfin jetées aujourd'hui sur le rivage.
Lab. Jeune homme, où sont, je vous prie, les femmes dont vous parlez?
Scép. Ici, dans le temple de Vénus.
Lab. Combien sont-elles?
Scép. Autant que vous et moi.
Lab. Ce sont les miennes.
Scép. Je n'en sais rien.
Lab. Comment sont-elles de figure?
Scép. Elles sont, ma foi, fort attrayantes; et, pour peu que le vin me montât à la tête, je crois que je ferais la folie de les aimer toutes les deux.
Lab. A ce compte, ce sont deux jeunes filles?
Scép. A ce compte, vous m'ennuyez; voyez-y vous-même.
Lab. (*tout joyeux, et sautant au cou de Charmide.*) Ce sont mes femmes qui sont là-dedans, mon cher Charmide.
Scép. (*fâché, mais trop tard, d'en avoir trop dit.*) Que Jupiter vous confonde, que ce soient elles, ou d'autres!
Lab. Entrons à l'instant même dans ce temple de Vénus.
Scép. Puissiez-vous, chemin faisant, entrer dans un abîme!
Char. Je vous prie, mon garçon, servez-moi d'hôte aujourd'hui. Indiquez-moi quelque endroit où je puisse aller dormir.
Scép. Dormez où vous êtes; personne n'y trouvera à redire, la rue est à tout le monde.
Char. Mais vous voyez que je suis tout mouillé.

Charm. Quid, si aliquo ad lucos me pro manduco locum? 525
Labr. Quapropter? *Charm.* Quia, pol, clare crepito dentibus.
Jure optumo me lavisse arbitror.
Labr. Qui? *Charm.* Quia auderem tecum in navem ascendere,
Qui a fundamento mihi usque movisti mare.
Labr. Tibi auscultavi, tu promittebas mihi 530
Illeic esse quæstum maximum meretricibus;
Ibi me conruere posse albas divitias.
Charm. Jam postulabas te, inpurata belua,
Totam Siciliam devoraturum insulam.
Labr. Quænam balæna meum voravit vidulum, 535
Aurum atque argentum ubi omne conpactum fuit?
Charm. Eadem illa, credo, quæ meum marsupium,
Quod plenum argenti fuit, in sacciperio.
Labr. Eheu, redactus sum usque ad hanc unam tuniculam,
Et ad hoc misellum pallium: perii oppido! 540
Charm. Vel consociare mihi quidem tecum licet:
Æquas habemus parteis. *Labr.* Saltem si mihi
Mulierculæ essent salvæ, spes aliqua forent.
Nunc si me adulescens Pleusidippus viderit,
A quo arrhabonem pro Palæstra accepleram, 545
Jam ipse exhibebit heic mihi negotium.

Charm. Quid, stulte, ploras? tibi quidem, edepol, copla 'st,
Dum lingua vivet, qui rem solvas omnibus.

SCENA SEPTIMA.

SCEPARNIO, CHARMIDES, LABRAX.

Scep. Quid illuc, obsecro, negoti, quod duæ mulierculæ
Heic in fano Veneris signum flenteis amplexæ tenent? 550
Nescio quem metuenteis miseræ. Nocte hac vero proxuma
Se jactatas atque ejectas hodie esse aiunt e mari.
Labr. Obsecro, hercle, adulescens, ubi istæc sunt, quas memoras, mulieres?
Scep. Heic in fano Veneris. *Labr.* Quot sunt? *Scep.* Totidem quot ego et tu sumus.
Labr. Nempe, meæ. *Scep.* Nempe nescio istuc. *Labr.* Qua sunt facie? *Scep.* Scitula. 555
Vel ego amare utramvis possim, si probe adpotus siem.
Labr. Nempe, puellæ? *Scep.* Nempe, molestus es: vise, si lubet.
Labr. Meas oportet intus esse heic mulieres, mi Charmides.
Scep. Jupiter te perdat, et si sunt, et si non sunt tamen.
Labr. Intro rumpam jam huc in Veneris fanum. *Scep.* In barathrum mavelim. 560
Charm. Obsecro, hospes, da mihi aliquid ubi condormis cam loci.

Recevez-moi, je vous conjure, sous le toit où vous habitez, et me prêtez quelque vêtement sec, tandis que le mien séchera. Dans l'occasion, comptez sur ma reconnaissance.

Scép. Voici une casaque qui sèche, et que j'ai coutume de mettre quand il pleut. Si vous voulez, je vous la prêterai ; et cependant vous me donnerez votre habit à faire sécher.

Char. (*tâtant la casaque encore humide.*) Oh! oh! ce n'est pas assez de la lessive que j'ai faite sur mer; et si je n'en fais une autre sur terre, vous n'êtes pas content!

Scép. Baignez-vous ou frottez-vous avec des parfums, si vous voulez, que m'importe! Toujours est-il certain que je ne vous prêterai jamais le moindre effet, que sur de bons gages. Soyez-en sueur, ou tremblez de froid; soyez gisant de maladie, ou promenez-vous bien allègre, je vous en laisse le choix, et vous déclare que je ne veux point d'hôte étranger au logis. Nous avons assez d'affaires sur les bras. (*Il sort.*)

Char. Quoi! le voilà déjà parti? Quelque puisse être cet homme-là, il faut qu'il ait mené vendre des esclaves; car il a le cœur bien dur. Mais, mouillé comme je suis, pourquoi me tenir ici? Entrons au temple de Vénus, pour y cuver la boisson que j'ai prise par excès, malgré moi, assurément. Le bon Neptune nous a pris, je crois, pour des vins grecs, car il nous a trempés d'eau marine (1). Il nous a tellement prodigué à boire dans la coupe salée, qu'il a failli nous faire crever. Que vous dirai-je de plus? encore une rasade, et nous dormions pour longtemps. A peine nous a-t-il laissé retourner vivants à la maison; mais entrons dans le temple, et sachons ce qu'y fait le marchand qui a été du même festin que moi.

(1) On mêlait de l'eau de mer aux vins de Grèce lorsqu'on les transportait. (A. F.)

ACTE TROISIÈME.

SCÈNE PREMIÈRE.

DÉMONÈS (*seul*.)

Comme les dieux se jouent étrangement de la race humaine! quels songes bizarres ils lui envoient pendant le sommeil (1)! Ils ne souffrent pas même qu'étant endormie, elle goûte aucun repos. C'est ce que j'ai éprouvé la nuit passée : j'ai fait un rêve des plus extraordinaires, des plus inouïs. Il m'a semblé que je voyais un singe s'efforcer de grimper à un nid d'hirondelle, pour en tirer les petits. Et comme il n'a pu en venir à bout, il s'est approché de moi, et m'a prié de lui prêter une échelle. Mais je lui ai répondu que les hirondelles étant les descendantes (2) de Philomèle et de Procné, je le priais instamment de ne point faire de mal à mes compatriotes. Mon refus n'a fait que l'irriter davantage. Il m'a fait de grandes menaces, et a osé m'appeler en jugement. J'entre alors (dites-moi pourquoi?) dans le plus violent courroux, et je saisis si bien ce maudit singe par le milieu du corps, que je parviens à l'enchaîner. Or que peut signifier un tel songe? j'ai perdu jusqu'ici toutes mes conjectures. Mais quel bruit entends-je dans le temple de Vénus? Je ne puis m'expliquer.....

(1) Les deux premiers vers du texte sont empruntés de la première scène du second acte du *Mercator* qui est une comédie traduite de l'*Emporos* de Philémon, au lieu que le *Rudens* est traduit de Diphile. Ainsi je pense que ces deux premiers vers sont une interpolation téméraire de quelque ancien copiste, et qu'il faut faire débuter le vieux Démonès de la sorte :

Ne dormienteis quidem desinunt quiescere, etc.

(2) Les anciens poètes ont varié sur ce point de mythologie, quelques-uns faisant métamorphoser Philomèle en hirondelle, et Procné en rossignol. La tradition contraire est aujourd'hui plus en vogue. Au reste, Procné et Philomèle étaient deux sœurs, toutes deux filles de Pandion, roi d'Athènes

---

Scep. Isteic ubi vis condormisce : nemo prohibet, publicum 'st.
Charm. At vides me, ornatus ut sim vestimentis uvidis;
Recipe me in tectum, da mihi vestimenti aliquid aridi,
Dum mea arescunt; in aliquo tibi referam gratiam. 565
Scep. Tegillum eccillud mihi unum arescit : id si vis, dabo;
Eodem amictus, eodem tectus sole soleo, si pluvit.
Tu istæc mihi dato; exarescant faxo. *Charm.* Eho, an te pœnitet,
In mari quod elavi, ni heic in terra iterum eluam?
Scep. Eluas tu au exungare, ciccum non interduim. 570
Tibi ego nunquam quidquam credam, nisi accepto pignore.
Tu vel suda, vel peri algu, vel tu ægrota, vel vale :
Barbarum hospitem mihi in ædeis, nihil moror : sat litium 'st.
Charm. Jamne abis? venaleis illic ductitavit, quisquis est :
Non est misericors : sed quid ego heic adsto infelix, uvidus? 575
Quin abeo hinc in Veneris fanum, ut edormiscam hanc crapulam,
Quam potavi præter animi, quam lubuit, sententiam.
Quasi vinis Græcis Neptunus nobis subfudit mare :
Itaque alvom prodi speravit nobis salsis poculis.
Quid opu'st verbis? si invitare nos paulisper pergeret, 580
Ibidem obdormissemus : nunc vix vivos amisit domum.
Nunc lenonem, quid agit intus, visam, convivam meum.

ACTUS TERTIUS.

SCENA PRIMA.

DÆMONES.

Miris modis di ludos faciunt hominibus,
Mirisque exemplis somnia in somnis danunt.
Ne dormienteis quidem sinunt quiescere. 585
Velut ego hac nocte, quæ præcessit, proxuma
Mirum atque inscitum somniavi somnium.
Ad hirundininum nidum visa est simia
Adscensionem ut faceret admolirier,
Neque eas eripere quibat inde : postibi 590
Videbatur ad me simia adgredirier,
Rogare, scalas ut darem utendas sibi.
Ego ad hoc exemplum simiæ respondeo,
Gnatas ex Philomela atque ex Progne esse hirundines ;
Ago cum illa, ne quid noceat meis popularibus. 595
Atque illa animo jam fieri ferocior,
Videtur ultro mihi malum minitarier.
In jus vocat me : ibi ego nescio quomodo
Iratus videor mediam adripere simiam :
Concludo in vincla bestiam nequissumam. 600
Nunc quam ad rem dicam hoc adtinere somnium,
Nunquam hodie quivi ad conjecturam evadere.
Sed quid heic in Veneris fano
Clamoris oritur? animus mirat.

SCENE II.

TRAKHALION, DÉMONÈS.

Trak. Citoyens de Cyrène, j'implore votre secours. Agriculteurs, vous tous qui demeurez ici autour, venez prendre le parti de l'innocence opprimée, venez empêcher une détestable action. Ne souffrez pas que l'impiété triomphe des mœurs intègres et sans reproches. Faites un exemple mémorable de cet impudent fourbe. Que la vertu reçoive de vos mains sa récompense. Montrez que, dans l'État de Cyrène, c'est la loi et non la violence qui règne ; accourez dans le temple de Vénus. O vous tous ici présents, ou qui pouvez entendre mes cris, secourez deux jeunes infortunées qui, selon l'antique prérogative de ce lieu, ont mis leur vie sous la protection de Vénus et de sa prêtresse ; arrêtez les progrès de la violence, avant qu'ils ne s'étendent jusqu'à vous.

Dém. Quelle esclandre est-ce là ?

Trak. Qui que vous soyez, je vous conjure, ô vieillard, par ces genoux...

Dém. Laisse-là mes genoux, et me dis promptement pourquoi tout ce bruit que tu fais.

Trak. Je vous en supplie ; si vous désirez avoir cette année une grande récolte de benjoin et de suc de benjoin ; si vous souhaitez que vos marchandises arrivent heureusement à Capoue ; si vous voulez que la chassie ne borde plus vos yeux..... (1)

Dém. Es-tu dans ton bon sens ?

Trak. Si, dis-je, vous comptez sur une grande abondance, de *magudaris*(2), ne me refusez pas l'assistance que je vais vous demander.

Dém. Et moi, je t'en conjure par tes jambes, tes talons et ton dos, si tu comptes cette année sur une riche récolte de bouleau, et sur une ample moisson d'étrivières, dis-moi le sujet du vacarme que tu fais.

Trak. Pourquoi répondre par des injures aux souhaits obligeants que j'ai faits pour vous ?

Dém. Je ne pense pas te faire injure en te souhaitant ce que tu mérites.

Trak. Avant tout, faites-moi la grâce d'écouter ce que j'ai à vous dire.

Dém. De quoi s'agit-il ?

Trak. De deux jeunes filles réfugiées ici près, et qui réclament votre secours. On vient de leur faire contre les lois, contre toute sorte de droit, une injure insigne. On continue encore de les outrager ; et cela, dans le temple de Vénus, dont la prêtresse même est indignement traitée.

Dém. Qui est l'homme assez hardi pour oser faire violence a une prêtresse ? Mais qui sont les deux infortunées dont tu me parles, et quelle injure leur a-t-on faite ?

Trak. Vous le saurez si vous daignez m'écouter. Il faut que ces jeunes personnes soient nées libres, à en juger par la résistance qu'elles apportent à se laisser emmener de force. Elles embrassent étroitement la statue de Vénus, d'où veut les arracher le plus sacrilége des hommes.

Dém. Qui est le pervers qui méprise ainsi les dieux ?

Trak. Un ennemi des lois, un fourbe, un homme couvert de crimes, un parricide, un parjure, un déhonté, un impur, un infâme, en un mot un trafiquant de jeunes esclaves : que voulez-vous de pis ?

Dém. Par Pollux ! l'homme que tu me dépeins est digne de tous les châtiments.

Trak. Un scélérat, vous dis-je, qui a voulu étrangler la prêtresse !

Dém. Par Hercule ! il payera cher cet attentat

---

(1) Les ophthalmies sont fréquentes en Libye où se passe la scène. (A. F.)

(2) *Magudaris*, C'est la graîne du benjoin, plante que les Grecs nommaient *silphion*, et les Latins *sirpe*, ou plutôt *serpe* ; d'où *lac-serpitium*, et par corruption *laserpitium*, le lait ou suc du benjoin.

SCENA SECUNDA.

TRACHALIO, DÆMONES.

Trach. Pro, Cyrenenseis populareis ! vostram ego inploro fidem, 605
Agricolæ, adcolæ, propinqui qui estis his regionibus,
Ferte opem inopiæ, atque exemplum pessumum pessumdate,
Vindicate : ne inplorum potior sit pollentia,
Quam innocentium, qui se scelere fieri nolunt gnobileis.
Statuite exemplum inpudenti, date pudori præmium, 610
Facite heic lege potius liceat, quam vi, victo vivere.
Currite huc in Veneris fanum ; vostram iterum inploro
 fidem,
Qui prope heic adestis, quique auditis clamorem meum,
Ferte subpetias, qui Veneri, Venerixque antistitæ
More antiquo in custodiam suum conmiserunt caput, 615
Prætorquete injuriæ prius collum, quam ad vos perveniat.
Dæm. Quid istuc est negoti ? *Trach.* Per ego te hæc genua
 obtestor, senex,
Quisquis es. *Dæm.* Quin tu ergo omitte genua, et quid sit,
 mihi expedi,
Quid tumultus ? *Trach.* Teque oro et quæso, si speras tibi
Hoc anno multum futurum sirpe et laserpitium, 620
Eamque eventuram exagogam Capuam salvam et sospitem,
Atque ab lippitudine usque siccitas ut sit tibi.
Dæm. Sanun' es ? *Trach.* Seu tibi confidis fore multam ma-
 gudarim,
Ut te ne pigeat dare operam mihi, quod te orabo, senex.
Dæm. At ego te per crura et talos, tergumque obtestor
 tuum, 625
Si tibi ulmeam uberem esse speras virgidemiam,
Et tibi esse eventuram hoc anno uberem messem mali,
Ut mihi istuc dicas negoti quid sit, quod tumultues.
Trach. Qui lubet maledicere ? equidem tibi bona exoptavi
 omnia.
Dæm. Bene equidem tibi dico, qui, te digna ut eveniant,
 precor. 630
Trach. Obsecro, hoc prævortere ergo. *Dæm.* Quid negoti 'st ?
Trach. Mulieres
Duæ innocenteis intus heic sunt, tui indigenteis auxilii,
Quibus advorsum jus, legesque insignite injuria heic
Facta 'st, fitque in Veneris fano : tum sacerdos Veneria
Indigne adflictatur. *Dæm.* Quis homo est tanta confidentia, 635
Qui sacerdotem audeat violare ? sed eæ mulieres
Quæ sunt ? aut quid iis iniqui fit ? *Trach.* Si das operam,
 eloquar.
Veneris signum sunt amplexæ, nunc *vir sceleratissimus*
Eas deripere volt : eas ambas esse oportet *liberas*.
Dæm. Quis istic est, qui deos tam parvipendit ? 640
Trach. Fraudis, sceleris, parricidi, perjuri plenus,
Legirupa, inpudens inpurus, inverecundissumus :
Uno verbo absolvam, leno 'st : quid illum porro prædicem ?
Dæm. Edepol , infortunio hominem prædicas donabilem.
Trach. Qui sacerdoti scelestus fauceis interpresserit. 645

A moi! sortez promptement de la maison, Turbalion! Sparax (1)! Où êtes-vous donc?

Trak. Entrez au temple, je vous conjure, et secourez-les.

Dém. Mes gens ne se feront pas appeler deux fois. Bon; les voilà. Allons, qu'on me suive par ici.

Trak. Ne perdez point de temps. Ordonnez-leur d'écraser les yeux à ce pendard, comme les cuisiniers font aux sèches (2).

Dém. Traînez-le-moi dehors par les pieds, comme une truie qu'on vient d'égorger.

Trak. (*resté seul.*) J'entends bien du tumulte. Je me figure qu'ils peignent (3) cet infâme; mais c'est à grands coups de poings. Oh! que ne brisent-ils les mâchoires à ce méchant homme, sans lui laisser une seule dent!.... Mais voici ces deux pauvres filles, qui sortent du temple bien effrayées.

SCÈNE III.

TRAKHALION, PALESTRE, AMPÉLISQUE.

Pal. C'est présentement que nous avons tout perdu, que tout secours, toute protection nous manque, que toute espérance nous est interdite. Que faire? où tourner nos pas? Est-il deux autres mortelles plus malheureuses que nous? A quel état nous voilà réduites! Et dans cet état même, quel surcroît d'injure, d'outrages nous venons d'éprouver de la part du méchant homme à qui nous avons le malheur d'appartenir! Cet impie a jeté à terre la prêtresse de Vénus, et, sans respect pour son âge, l'a indignement maltraitée. Il a mis le comble à ces excès en nous arrachant de la statue de la déesse, que nous tenions embrassée. Ah! dans une telle

(1) Noms d'esclaves correcteurs, ou porte-fouets, *lorarii*. Le nom du premier signifie *trouble-fête*; le nom du second signifie *déchireur*, *écorcheur* etc.

(2) Apparemment pour faire une sauce, ou peut-être en vertu de quelque préjugé de religion ou de recette de médecine. Ce passage a fort intrigué madame Dacier, qui d'ailleurs traduit *elidere oculos* par *arracher les yeux*, tandis qu'il s'agit d'yeux de poissons écrasés.

(3) Cette expression du style vulgaire s'est transmise de siècle en siècle.

calamité, que tardons-nous de nous résoudre à mourir? La mort est le seul remède aux maux extrêmes.

Trak. (*à part.*) Qu'entends-je? quels discours désespérants! Hâtons-nous de leur porter quelque consolation. (*Haut*) Palestra! Palestra!

Pal. Qui m'appelle?

Trak. Ampélisque!

Amp. On m'appelle aussi. Qui êtes-vous?

Pal. Qui m'a nommée?

Trak. Regardez derrière vous.

Pal. O toi, mon unique espérance!

Trak. Cessez ces cris, reprenez confiance. Regardez-moi bien: ne suis-je pas là?

Pal. S'il est possible, sauve-nous d'une si horrible oppression: si elle durait, Trakhalion, ma mort s'ensuivrait, j'y suis résolue.

Trak. Ah! que dites-vous là? Vous n'êtes pas sage.

Amp. Et toi, tu ne l'es guère de prétendre apporter par des paroles un soulagement aux peines que j'endure.

Pal. Si tu ne me donnes un secours efficace, c'est fait de moi, Trakhalion; et plutôt que de me voir à la discrétion de cet infâme, je suis déterminée à me donner la mort. (*à part.*) La mort! je sens que j'ai le cœur d'une femme: hélas! la seule idée de mourir me fait frémir tout le corps.

Trak. Votre situation est cruelle: mais ne laissez pas de prendre courage.

Pal. Eh! d'où veux-tu, je te prie, qu'il nous vienne, ce courage?

Trak. Je vous le répète, ne craignez rien ni l'une ni l'autre. Tenez-vous assises au pied de l'autel (1).

Amp. Et de quoi nous préservera-t-il, cet autel,

(1) Il y avait un autel extérieur au-devant de tous les temples, sans préjudice des autels intérieurs. L'autel extérieur servait aux cérémonies publiques, où la foule eût été trop grande pour être contenue dans le temple. Il servait aussi aux expiations, car les coupables ou profanes ne pouvaient entrer dans le temple qu'après s'être purifiés au moyen de l'eau lustrale contenue dans une fontaine ou grande cuve remplie d'eau, toujours placée auprès de cet autel.

Dæm. At malo cum magno suo fecit, hercle · ite istinc foras,
Turbalio, Sparax, ubi estis? *Trach.* I, obsecro, intro, subveni
Illis. *Dæm.* Iterum haud inperabo, sequimini hac. *Trach.*
Age nunc jam,
Jube oculos elidere, itidem ut sepiis faciunt coqui.
Dæm. Proripite nominem pedibus huc, itidem quasi obcisam suem. 650
Trach. Audito tumultum: opinor leno pugnis pectitur.
Nimis velim inprobussimo homini malas edentaverit.
Sed ecce ipsæ huc egrediuntur timidæ e fano mulieres.

SCENA TERTIA.

PALÆSTRA, AMPELISCA, TRACHALIO.

Pal. Nunc id est, quom omnium copiarum atque opum,
Auxili, præsidi viduitas nos tenet; 655
Nec ulla speculast, quæ salutem adferat:
Nec scimus quam in partem ingredi persequamur.
Maxumo miseræ in metu nunc sumus ambæ,
Tanta inportunitas, tantaque injuria,
Facta in nos est modo heic intus ab nostro hero, 660
Qui scelestus sacerdotem anum præcipem
Repulit, propulit, perquam indignis modis,
Nosque ab signo intimo vi deripuit sua.
Sed nunc, sese ut ferunt res fortunæque nostræ,
Par est moriri: neque est melius morte, in malis 665
Rebus, miseris. *Trach.* Quid est? quæ illæc oratio'st,
Cesso ego has consolari? heus, Palæstra! *Pal.* Qui vocat?
Trach. Heus, Ampelisca! *Amp.* Obsecro, quis est qui vocat?
Pal. Quis is est, qui nominat? *Trach.* Si respexis, scies.
Pal. O salutis meæ spes! *Trach.* Tace, ac bono animo es. 670
Me vide. *Pal.* Si modo id liceat, vis ne opprimat:
Quæ vis, vim mihi adferam ipsa, adigit. *Trach.* Ah, desine:
nimis inepta es.
Amp. Desiste dictis nunc jam miseram me consolari.
Pal. Nisi quid re præsidium adparas, Trachalio, acta hæc res est:
Certum 'st moriri, quam hunc pati grassari lenonem in me: 675
Sed muliebri animo sum tamen: miseræ ubi venit in mentem
Mihi, mortis metus membra obcupat, edepol. *Trach.* Etsi hoc acerbum,
Bonum animum habete. *Pal.* Nam, obsecro, unde animus mihi invenitur?

puisque Labrax a eu l'insolence de nous arracher de la statue même de Vénus, que nous tenions embrassée?

Trak. Faites seulement ce qu'on vous dit. Tenez-vous assises sur les marches de l'autel. Qu'il vous serve de camp fortifié. Je me placerai ici au poste avancé, pour défendre les retranchements. Avec l'assistance de Vénus, je repousserai l'irruption de l'ennemi.

Amp. Eh bien! nous nous rendons à tes conseils. O vous, Vénus, qui veillez à l'entretien de l'univers, nous vous supplions, ma compagne et moi, d'avoir pitié de deux infortunées qui toutes baignées de larmes embrassent votre autel, et vous implorent à genoux. Recevez-les sous votre sauvegarde; daignez les secourir. Punissez tout sacrilége assez audacieux pour mépriser les franchises de votre temple. Permettez que votre autel soit notre asile, à nous qui avons tout perdu cette nuit par un naufrage, où Neptune nous a sans doute assez purifiées : ne nous sachez point mauvais gré, ne nous imputez point à faute si nous nous approchons d'une grande divinité dans un état si peu convenable au respect qui lui est dû.

Trak. Déesse, leur prière est juste. Il est de votre équité de vous montrer propice, et de ne pas leur refuser votre faveur; car c'est la peur, le trouble, qui les oblige de faire ce qu'elles font. Vous êtes, dit-on, sortie de la mer dans une coquille; ne recevez pas avec dédain l'offrande d'une couple de conques. Mais voici le vieillard qui sera mon protecteur et le vôtre.

SCÈNE IV.

DÉMONÈS, LABRAX, PALESTRA, AMPÉLISQUE, TURBALION, SPARAX, TRAKHALION, DEUX VALETS DE L'INTÉRIEUR DE LA MAISON DE DÉMONÈS.

Dém. Vide ce lieu tout à l'heure, sors de l'enceinte (1) sacrée, ô le plus sacrilége de tous les hommes! Et vous, mes belles, allez (2) vous asseoir sur les degrés de l'autel. Mais où sont mes gens?

Tur. Regardez de ce côté-ci, notre maître.

Dém. Fort bien.

Spa. (*faisant claquer son fouet.*) Il nous tardait d'avoir de l'occupation. Faites-le seulement approcher de nous un peu davantage (3). Comment, profane, comment, impur malfaiteur, tu prétends sacrifier aux dieux sur le même autel que nous?

Dém. Appliquez-lui un coup de poing sur la face.

Lab. Vos violences vous coûteront cher.

Dém. L'insolent! je crois qu'il ose encore menacer.

Lab. Quoi! ce qui m'appartient de droit, ce que j'ai acheté, mes esclaves enfin, vous prétendez me les enlever?

Trak. Eh bien! parmi les sénateurs les plus considérables de Cyrène, choisis à ton gré un arbitre qui décide si ces deux jeunes filles t'appartiennent comme tu le dis; si au contraire elles ne sont pas libres, enfin s'il n'est pas juste qu'on t'envoie en prison, et que tu y restes jusqu'à ce que tu en aies usé les murs et les pavés.

Lab. Je n'ai pas encore suffisamment pris augure, pour savoir si je puis sans risque parler avec un pendard de la sorte. (*à Démonès*) Je prétends n'avoir affaire qu'à vous.

---

(1) On entrevoit que Labrax est resté dans le temple pendant toute la scène précédente, tant pour expliquer ses raisons à la prêtresse, que pour empêcher les deux jeunes esclaves de s'y réfugier une seconde fois. C'est aussi ce qui fonde très-bien le parti qu'elles prennent de se réfugier à l'autel extérieur.

(2) Palestra et Ampélisque s'étaient levées pour courir au-devant de leur défenseur, et pour embrasser ses genoux. Il les renvoie s'asseoir sur les degrés de l'autel, pour les mettre en sauvegarde.

(3) Sparax et Turbalion n'osent frapper sur Labrax parce que celui-ci est encore dans le parvis du temple. D'ailleurs ils se figurent que l'unique tort de Labrax est de vouloir sacrifier sur le même autel que Démonès.

Trach. Ne, nquam, timete : adsidite heic in ara. *Amp.* Istæc quid ara
Prodesse nobis plus potest, quam siguum in fano heic intus 680
Veneris, quod amplexæ modo, unde abreptæ per vim miseræ?
Trach. Sedete heic modo, ego hinc vos tamen tutabor; aram habete hanc
Vobis pro castris, mœnia hinc ego defensabo.
Præsidio Veneris malitiæ lenonis contra incedam.
Amp. Tibi auscultamus : et, Venus alma, ambæ te, obsecramus, 685
Aram amplexanteis hanc tuam lacrumanteis, genibus nixæ,
Nos in custodiam tuam ut recipias, et tutere :
Illos scelestos, qui tuum fecerunt fanum parvi,
Ut ulciscare, nosque ut hanc tua pace aram obsidere
Patiare, quæ elautæ ambæ sumus opera Neptuni noctu : 690
Ne invisas habeas, neve idcirco nobis vitio vortas,
Si quidpiam 'st minus quod bene esse lautum arbitrare.
Trach. Æquom has petere intellego; decet abs te id inpetrari :
Ingnoscere his te convenit; metus has, id ut faciant, subigit.
Te ex concha gnatam esse autumant; cave tu harum conchas spernas. 695
Sed optume, eccum, exit senex, patronus mihique et vobis.

SCENA QUARTA.

DÆMONES, LABRAX, MULIERES, LORARII, TRACHALIO.

Dæm. Exi e fano, gnatum quantum 'st hominum sacrilegissume.
Vos in aram abite sessum : sed ubi sunt? *Trach.* Huc respice.
Dæm. Optume. *Lor.* Istuc volueramus : jube modo accedat prope.
Tune legirupionem heic nobis cum dis facere postulas? 700
Dæm. Pugnum in os inpinge. *Labr.* Iniqua hæc patior cum pretio tuo.
Dæm. At etiam minitatur audax. *Labr.* Jus meum ereptum 'st mihi.
Meas mihi ancillas invito me eripis. *Trach.* Ergo dato
De senatu Cyrenensi quemvis opulentum arbitrum,
Si tuas esse oportet, nive eas esse oportet liberas,
Nive te in carcerem conpingi est æquom, ætatemque ibi
Te usque habitare, donec totum carcerem contriveris. 705
Labr. Non hodie isti rei auspicavi, ut cum furcifero fabuler.
Te ego adpello. *Dæm.* Cum istoc primum, qui te gnovit, disputa.
Labr. Tecum ago. *Trach.* Atqui mecum aguudum 'st : suntne illæ ancillæ tuæ?

Dém. Dispute d'abord avec lui, puisqu'il te connaît.

Lab. Eh bien! soit. C'est à toi que j'ai affaire.

Trak. Oui, certes, c'est à moi. Réponds; ces filles sont-elles à toi?

Lab. Sans contredit.

Trak. Oui? Eh bien! touche-s-en donc une, seulement du bout du doigt.

Lab. Eh quoi! quand je la toucherais?

Trak. Par Hercule! tu n'auras pas plutôt pris cette licence, qu'avec ces poings-ci je te ferai sauter en l'air comme un ballon. Va, va, je suis adroit à ce jeu-là; et je te réponds bien que tu ne retomberas pas à terre.

Lab. Quoi! parce que c'est là l'autel de Vénus, il ne me sera pas permis de m'y emparer de mes esclaves?

Dém. Non; notre loi te l'interdit.

Lab. Je n'ai rien de commun avec votre loi : et je vais à l'heure même les tirer dehors toutes les deux. Après cela, vieillard, si elles se trouvent de votre goût, et que vous vous présentiez avec de l'argent sec, nous pourrons faire affaire ensemble.

Dém. On te dit que Vénus a pris ces deux filles sous sa protection.

Lab. Elle peut les garder, si elle me donne de l'argent.

Dém. Ah! que Vénus te donne de l'argent! Écoute, maraud : s'il t'arrive de les toucher même par jeu, sois averti que je t'ajusterai de manière à te rendre méconnaissable à toi-même. Écoutez à votre tour, vous autres, *(aux esclaves)* Si au moindre signe que je vous ferai vous ne lui faites sortir les yeux de la tête, vous pouvez compter sur vingt coups d'étrivières, qui vous marqueront comme le lierre marque l'ormeau.

Lab. Quelle violence est ceci?

Trak. Un monstre chargé de crimes ose dire qu'on lui fait violence!

Lab. Un esclave, un triple pendard, oser parler aussi insolemment!

Trak. Quand je serais un pendard, et toi le plus honnête homme du monde, ces filles en sont-elles moins nées libres?

Lab. Quoi? libres?

Trak. Oui, certes; et, de plus, je parierais qu'elles sont les filles de ton maître, et que c'est du cœur de la Grèce que tu les as enlevées. Car celle-là (*Palestra*) est d'Athènes, et de très-bonne famille.

Dém. Que dis-tu là?

Trak. Que celle-là est d'Athènes, et née de père et mère libres.

Dém. Quoi! elle serait de mon pays?

Trak. Est-ce que vous n'êtes pas de Cyrène?

Dém. Vraiment non, je suis né à Athènes, de père et de mère athéniens, et élevé dans l'Attique.

Trak. En ce cas, défendez, je vous en conjure, vos compatriotes.

Dém. (à part.) O toi que j'ai perdue, ma chère fille, quand je vois celle-ci, tout absente que tu es, tu rappelles à mon souvenir le plus grand de mes malheurs. Hélas! elle n'avait que trois ans quand elle me fut volée. Si elle vit, elle doit être aussi grande que celle-ci.

Lab. Je les ai très-bien payées toutes deux au maître à qui elles étaient. Que m'importe qu'elles soient d'Athènes ou de Thèbes, pourvu qu'elles m'appartiennent légitimement?

Trak. Impudent! tu te fais donc un jeu de trafiquer de l'honneur des jeunes filles que tu enlèves à des parents libres? Car si je ne sais pas bien quel est le pays natal de cette autre, toujours sais-je certainement qu'elle vaut mieux que toi.

Lab. Sont-elles à toi?

Trak. Eh bien! faisons une épreuve pour qu'on sache lequel de nous deux parle vrai. Montre-nous ton dos. S'il n'offre aux yeux plus de cicatrices que le plus grand navire n'a de clous, je veux passer pour le plus effronté menteur. Et, après que j'aurai visité ton dos, je consens que tu visites le mien; tu verras qu'il est si entier, qu'il n'y a pas de faiseur de bouteilles de cuir qui n'en trouve la peau en très-bon état. Comment! tu regardes

---

Labr. Sunt. *Trach.* Agedum ergo, tange utramvis digitulo minumo modo.
Labr. Quid, si adtigero? *Trach.* Extemplo, hercle, ego te follem pugilatorium 710
Faciam, et pendentem incursabo pugnis, perjurissume.
Labr. Mihi non liceat meas ancillas Veneris de ara abducere?
Dæm. Non licet; ita est lex apud nos. *Labr.* Mihi cum vostris legibus
Nihil est commerci. Equidem istas jam ambas educam foras.
Tu senex, si istas amas, huc arido argento 'st opus. 715
Dæm. Hæ autem Veneri conplacuerunt. *Labr.* Habeat, si argentum dabit.
Dæm. Det tibi argentum? Nunc adeo ut scias meam sententiam,
Ohcipito modo illis adferre vim joculo paucillulum,
Ita hinc ego te ornatum amittam, tu ipsus te ut non gnoveris.
Vos adeo, ubi ego innuero vobis, si ne ei caput exoculassitis, 720
Quasi murteta juncis, item ego vos virgis circumvinciam.
Labr. Vi agis mecum. *Trach.* Etiam vim obprobras, flagiti flagrantia?
Labr. Tun', trifurcifer, mihi audes inclementer dicere?
Trach. Fateor, ego trifurcifer sum, tu es homo adprime probus.
Num qui minus hasce esse oportet liberas? *Labr.* Quid, liberas? 725
Trach. Atque heras tuas quidem, hercle, atque ex germana Græcia :
Nam altera hæc est gnata Athenis ingenuis parentibus.
Dæm. Quid ego ex te audio? *Trach.* Hanc Athenis esse gnatam liberam.
Dæm. Mea popularis, obsecro, hæc est? *Trach.* Non tu Cyrenensis es?
Dæm. Imo Athenis gnatus altusque educatusque Atticis. 730
Trach. Obsecro, defende civeis tuas, senex. *Dæm.* O filia
Mea! quom ego hanc video, mearum me absens miseriarum conmones.
Trima quæ periit mihi, jam tanta esset, si vivit, scio.
Labr. Argentum ego pro istisce ambabus, quoj̣ue erant, domino, dedi :
Quid mea refert, hæ Athenis gnatæ, an Thebis sient, 735
Dum mihi recte servitutem serviant? *Trach.* Itane, impudens,
Tune hoic, feles virginalis, liberos parentibus
Sublectos habebis, atque indigno quæstu conteras?
Nam huic alteræ patria quæ sit, profecto nescio;

encore ces deux suppliantes? Je ne sais qui me retient de t'appliquer mille coups d'escourgées. D'abord si tu les touche, je t'arrache les deux yeux.

Lab. Je profite de ta défense pour te déclarer que je vais les emmener à l'instant même.

Dém. Comment t'y prendras-tu?

Lab. J'amènerai Vulcain. On sait que Vulcain est mal avec Vénus. (*Ici Labrax va frapper à la porte de Démonès pour avoir du feu, ignorant que c'est à Démonès même qu'il vient de parler.*)

Dém. Où va-t-il donc?

Lab. Holà, y a-t-il du monde pour ouvrir? holà quelqu'un!

Dém. Si tu touches cette porte, il reviendra à tes mâchoires une ample moisson de coups de poings.

Un valet de l'intérieur. Nous n'avons ni feu, ni vestige de feu.

Un autre valet de l'intérieur. Nous ne vivons ici que de figues sèches.

Trak. Je t'aurai bientôt trouvé du feu, moi; prête-moi ta tête pour servir de briquet.

Lab. Par Hercule! je saurai bien en trouver ailleurs.

Dém. Eh bien! quand tu en auras trouvé?

Lab. J'allumerai un grand bûcher.

Dém. Fort bien. Pour tes obsèques.

Lab. Non, certes; mais pour brûler vives ces deux esclaves, à cet autel même.

Dém. Par Hercule! je te saisirais par la barbe, pour te jeter toi-même au feu; et quand tu serais à demi-rôti, je t'exposerais aux vautours pour leur servir de pâture. Il me vient une réflexion : c'est là, à coup sûr, l'animal de mon songe, ce maudit singe qui voulait arracher malgré moi de jeunes hirondelles de leur nid.

Trak. Savez-vous ce que je vais faire, bon vieillard? Je cours chercher mon maître, le jeune Pleusidippe. En attendant, veillez, je vous conjure, sur ces deux suppliantes. Empêchez que ce coquin ne leur fasse quelque violence.

Dém. Va, et nous l'amène.

Trak. Mais prenez bien garde que ce...

Dém. S'il les offense le moins du monde, de fait ou seulement même de paroles, il lui en cuira longtemps.

Trak. Prenez bien soin d'elles.

Dém. N'en sois pas en peine. Va-t'en.

Trak. Prenez garde aussi, je vous prie, que ce scélérat ne s'éloigne; car nous avons un dédit avec le bourreau de Cyrène : nous devons lui payer un talent d'argent (6000 f.), ou lui remettre aujourd'hui ce pendard entre les mains.

SCÈNE V.

DÉMONÈS, LABRAX, PALESTRA, AMPÉLISQUE, TURBALION, SPARAX.

Dém. Lequel aimes-tu mieux, dis-moi, ou d'être battu, ou d'être en repos, si l'on t'en donne le choix?

Lab. Je m'inquiète fort peu de vos discours, vieux radoteur, et je vous préviens que malgré vous, malgré Vénus, et malgré le grand Jupiter même, je vais les traîner par les cheveux, et les arracher de l'autel.

Dém. Touche-les donc!

Lab. Oui, certes, je les toucherai.

Dém. Avance donc; viens seulement jusqu'ici.

Lab. Et vous, ordonnez seulement à ces deux esclaves de se retirer un peu, et nous verrons!

Dém. Au contraire, car ils vont s'approcher de toi.

Nisi scio probiorem hanc esse, quam te, inpuratissume. 740
Labr. Tuæ istæ sunt? Trach. Contende ergo, uter sit tergo
   verior.
Ni obferumentas habebis plures in tergo tuo,
Quam ulla navis longa clavos, tum ego ero mendacissumus :
Postea adspicito meum, quando ego tuum inspectavero,
Nisi erit tam sincerum, ut quivis dicat ampullarius 745
Optumum esse opere faciundo corium, et sincerissumum.
Quid causæ est, quin virgis te usque ad saturitatem sauciem?
Quid illas spectas? quas si adtigeris, oculos eripiam tibi.
Labr. Atqui, quia vetas, utramque jam mecum abducam simul.
Dæm. Quid facies? Labr. Volcanum adducam, is Veneris
   est adversarius. 750
Dæm. Quo illic it? Labr. Heus, ecquis heic est? heus! Dæm.
   Si adtigeris ostium,
Jam, hercle, tibi messis in ore fiet mergis pugneis.
Lor. Nullum habemus ignem, ficis victitamus aridis.
Trach. Ego dabo ignem, siquidem in capite tuo conflandi
   copia 'st.
Labr. Ibo, hercle, aliquo quæritatum ignem. Dæm. Quid,
   quom inveneris? 755
Labr. Ignem magnum heie faciam. Dæm. Quin ut humanum exuras tibi.
Labr. Imo hasce ambas heic in ara, ut vivas, comburam.
Dæm. Id volo :
Nam, hercle, ego te barba continuo adripiam, et in ignem
   conjiciam,
Teque ambustulatum objiciam magnis avibus pabulum.

Quom conjecturam egomet mecum facio, hæc illa est simia, 760
Quæ has hirundines ex nido volt eripere ingratiis,
Quod ego in somnis somniavi. Trach. Scin' quid? tecum oro, senex,
Ut illas serves, vim defendas, dum ego herum adduco meum.
Dæm. Quære herum atque adduce. Trach. At hic ne....
   Dæm. Maxumo malo suo,
Si adtigerit, sive obceptassit. Trach. Cura. Dæm. Curatum 'st,
   abi. 765
Trach. Hunc quoque adserva ipsum, ne quo abitat : nam promisimus,
Carnufici aut talentum magnum, aut hunc hodie sistere.

SCENA QUINTA.

DÆMONES, LABRAX, PALÆSTRA, AMPELISCA, LORARII.

Dæm. Utrum tu, teno, cum malo lubentius
Quiescis, an sic sine malo, si copia 'st?
Labr. Ego, quæ tu loquere, flocci non facio, senex. 770
Meas quidem, te invito, et Venere et summo Jove,
De ara capillo jam deripiam. Dæm. Tangedum.
Labr. Tangam, hercle, vero. Dæm. Agedum ergo, accede huc modo.
Labr. Jubedum recedere istos ambo illuc modo.
Dæm. Imo ad te adcedent. Labr. Non, hercle, egomet censeo. 775
Dæm. Quid ages, si adcedent propius? Labr. Ego recessero
Verum, senex, si te unquam in urbe obfendero,
Nunquam, hercle, quisquam me lenonem dixerit,

Lab. Certes, ce sera contre mon avis.

Dém. Or, que feras-tu s'ils approchent plus près?

Lab. Je reculerai. Mais sache, vieillard, que si jamais je te rencontre dans la ville, je t'ajusterai de manière que tous les petits enfants courront après toi. Si j'y manque, je veux perdre le nom de Labrax, et celui de ma profession.

Dém. Fort bien : et cependant, si tu touches ces deux filles, tu seras traité de la bonne manière.

Lab. Comment traité?

Dém. Comme le mérite un homme de ta profession.

Lab. Je m'embarrasse peu de toutes ces menaces; et, pour vous le faire voir, je vais malgré vous les emmener toutes deux.

Dém. Essaye donc de les toucher!

Lab. Par Hercule! c'est ce que je vais faire.

Dém. Allons, fais; mais sais-tu ce qui s'ensuivra? — Turbalion, ne fais qu'un saut d'ici à la maison; cours vîte chercher deux massues.

Lab. Des massues!

Dém. Mais deux bonnes. Cours promptement. (*à Labrax*.) Je t'ai dit que tu serais traité selon ton mérite.

Lab. Ah! que j'ai de guignon! j'ai perdu mon casque dans la mer. Il me servirait bien présentement, si je l'avais. — Mais il me sera permis au moins de leur parler?

Dém. Non; leur entretien même t'est interdit. — Ah! bon. Voici Turbalion qui revient avec les massues.

Lab. Par Pollux! c'est là ce qui s'appelle un instrument à faire tinter les oreilles.

Dém. Sparax, prends cette autre massue. Placez-vous l'un d'un côté, l'autre de l'autre. Écoutez à présent. Si d'aujourd'hui ce vilain homme, objet de l'horreur de ces deux filles, ose le toucher du bout du doigt seulement, et qu'avec ces massues vous ne le traitiez pas de manière qu'il ne puisse retrouver le chemin de chez lui, vous-mêmes tenez-vous pour morts. (*plus bas aux mêmes.*) S'il en appelle une, prenez la parole d'où vous êtes, et répondez pour elle. (*haut*) Que s'il tentait de s'enfuir, rompez-lui aussitôt les jambes.

Lab. Quoi! Ils ne me permettront pas seulement de m'en aller?

Dém. (*à Turbalion et à Sparax*.) Ai-je dit tout ce que j'avais à vous dire?... Ah!... Quand ce valet qui est allé chercher son maître sera de retour avec lui, rentrez aussitôt à la maison. Ayez soin d'observer tout ce que je vous ai prescrit.

Lab. Oh! oh! les temples sont sujets ici à des métamorphoses soudaines. Celui-ci, qui était le temple de Vénus il n'y a qu'un moment, est à présent le temple d'Hercule : car ce vieillard a posté aux deux côtés de l'autel deux statues armées des attributs de ce dieu. Je ne sais désormais en quel lieu du monde m'enfuir; la terre et la mer sont soulevées contre moi. Palestra!

Turb. Que veux-tu?

Lab. La peste t'étouffe! il y a ici du malentendu. La Palestra qui m'a répondu n'est pas la mienne. Holà! Ampélisque!

Turb. Prends garde à toi ; ne viens pas chercher malencontre.

Lab. A ce que je puis juger, ces bélîtres sont d'assez bon conseil. Mais, dites-moi, vous autres : si j'approchais un peu plus près de ces filles, cela vous ferait-il de la peine?

Spar. A nous? nullement.

Lab. Mais pour moi, n'en résultera-t-il rien de fâcheux?

Spar. Il ne t'arrivera aucun mal, pourvu que tu saches t'en garder.

Lab. Et de quelle infortune faut-il que je me garde?

Spar. (*montrant les massues.*) De la plus lourde des malencontres. Regarde plutôt.

Lab. Je vous prie du moins de me laisser aller.

Spar. (*voulant se jouer de Labrax*.) Va-t'en, si tu veux.

Lab. Par Hercule! vous m'obligez infiniment, et je vous en rends grâces. (*Apercevant les deux massues levées*) Mais non. Je ferai mieux, je crois, de me rapprocher de l'autel.

Turb. Demeure là, à l'instant même.

Lab. Par Pollux! mes affaires vont mal : quoi

Si non te ludos pessumos dimisero.
Dæm. Facito istuc quod minitaris : sed nunc interim 780
Si illas adtigeris, dabitur tibi magnum malum.
Labr. Quam magnum vero? *Dæm.* Quantum lenoni sat est.
Labr. Minacias ego istas flocci non facio tuas.
Equidem te invito jam ambas rapiam. *Dæm.* Tangedum.
Labr. Tangam, hercle, vero. *Dæm.* Tange : sed scin', quomodo? 785
Idum, Turballio, curriculo adfer
Duas clavas. *Labr.* Clavas? *Dæm.* Sed probas; propera cito.
Ego te hodie faxo recte adceptum, ut dignus es.
Labr. Eheu, scelestus galeam in navi perdidi :
Nunc mihi opportuna heic esset, salva si foret. 790
Licet saltem istas mihi adpellare. *Dæm.* Non licet.
Ehem optume, edepol, eccum clavator advenit!
Labr. Illud quidem, edepol, tinnimentum'st auribus.
Dæm. Age, adcipe illanc alteram clavam, Sparax :
Age, alter istinc, alter hinc adsistite. 795
Adsistite ambo : sic! audite nunc jam :
Si, hercle, illic illas hodie digito tetigerit,
Invitas, ni istunc istis invitassitis,
Usque adeo, donec, qua domum abeat, nesciat,

Peristis ambo. Si adpellabit quempiam, 800
Vos respondetote istinc istarum vicem :
Sin ipse abire hinc volet, quantum potest,
Extemplo amplectitote crura fustibus.
Labr. Etiam me abire hinc non sinent? *Dæm.* Dixi satis.
Et ille ubi servos cum hero huc advenerit, 805
Qui herum arcessivit, itote extemplo domum.
Curate hæc, sollis, magna diligentia.
Labr. Heu, hercle, næ isteic fana mutantur cito:
Jam hoc Herculi est, Veneris fanum quod fuit.
Ita duo destituit signa heic cum clavis senex. 810
Non, hercle, quo hinc nunc gentium aufugiam scio,
Ita nunc mihi utrumque sævit et terra et mare.
Palæstra! *Lor.* Quid vis? *Labr.* Apage, controversia 'st.
Hæc equidem Palæstra, quæ respondit, non mea est.
Heus, Ampelisca! *Lor.* Cave, sis, infortunio. 815
Labr. Ut pote'st, ignavi homines satis recte monent.
Sed vobis dico, heus vos! num molestia est,
Me adire ad illas propius? *Lor.* Nihil nobis quidem.
Labr. Numquid molestum mihi erit? *Lor.* Nihil, si caveris.
Labr. Quid est quod caveam? *Lor.* Hem a crasso infortunio.
Labr. Quæso, hercle, abire ut liceat. *Lor.* Abeas, si vells.
Labr. Bene, hercle, factum; habeo vobis gratiam. 822

17.

qu'il en soit, j'assiégerai si bien ces filles toute la journée qu'il faudra bien qu'elles se rendent à discrétion

SCÈNE VI.

PLEUSIDIPPE. TRAKHALION, PALESTRA, AMPÉLISQUE, LABRAX, TURBALION, SPARAX, CHARMIDE.

Pleus. Quoi? ce coquin de marchand d'esclaves a voulu faire violence à ma maîtresse, et l'arracher de l'autel de Vénus?

Trak. Oui, mon maître.

Pleu. Que ne le tuais-tu sur-le-champ?

Trak. Je n'avais point d'épée.

Pleu. Que ne prenais-tu un bâton ou une pierre?

Trak. Qui, moi? Poursuivre un homme à coup de pierre, comme un chien, ce serait une acte indigne (1).

Lab. C'est à présent que je suis perdu. Voici Pleusidippe. Par Pollux! Quand je sortirai de ses mains, mon habit n'aura plus de poussière.

Pleu. Ces deux jeunes filles étaient-elles encore à l'autel lorsque tu m'es venu chercher?

Trak. Vous les y trouverez encore assises.

Pleu. Qui les garde là?

Trak. Je ne sais quel vieillard, voisin du temple de Vénus, les a secourues de tout son pouvoir, et les garde présentement même avec ses valets, comme je l'en ai prié.

Pleu. Mène-moi directement à Labrax. Où est-il?

Lab. Je vous donne le bonjour.

Pleu. Je n'ai que faire de ton bon jour. Qu'aimes-tu le mieux, choisis : ou d'aller de bon gré devant le juge, ou d'être traîné par ton col à son tribunal.

Lab. Ni l'un ni l'autre.

Pleu. Va, cours à toutes jambes au rivage, Trakhalion. Dis promptement aux gens de guerre que j'avais amenés avec moi pour traîner cet infâme en prison, qu'ils aillent m'attendre à la porte de la ville. Après cela, reviens ici pour servir de gardien aux deux réfugiées. Et moi, je vais traduire ce scélérat en justice. (*à Labrax*) Allons, marche.

Lab. Qu'ai-je donc fait?

Pleu. Tu le demandes, quand tu as pris de moi des arrhes pour une jeune fille, et que tu l'as enlevée?

Lab. je ne l'ai point emmenée.

Pleu. Quelle audace est la tienne, d'oser nier...

Lab. Il est bien vrai que je l'avais fait embarquer. Pour ce qui est de l'emmener, je n'ai pu y réussir, tant j'avais de guignon! au surplus, je vous avais promis de me trouver au temple de Vénus? ai-je fait autre chose? n'y suis-je pas?

Pleu. Tu plaideras devant le juge. Ici il n'y a qu'un mot qui serve : marche.

Lab. Mon cher Charmide, venez à mon aide, on me saisit par le cou.

Char. Qui m'appelle!

Lab. Ne voyez-vous pas comme on m'entraîne?

Char. Je le vois; (*à part*) même avec grand plaisir.

Lab. Vous n'osez pas me secourir?

Char. Qui vous fait violence?

Lab. Pleusidippe.

Char. Vous vous êtes attiré cette disgrâce par votre faute; il s'agit présentement de la bien supporter. Vous ferez mieux d'aller de vous-même en prison. Il ne vous arrive que ce que vous avez cherché comme à bien d'autres.

Lab. Comment qu'arrive-t-il selon vous à bien d'autres?

Char. De trouver ce qu'ils cherchent.

Lab. Venez, je vous prie, avec moi.

Char. Un tel conseil sent bien celui qui le donne. On vous mène en prison, et vous me priez de vous suivre! Encore? vous me retenez!

Lab. Je suis mort.

(1) Je n'ai point suivi la correction inutile proposée par madame Dacier, qui met *nequissimum?* avec une interrogation, dans la bouche de Pleusidippe. Cette interprétation m'a paru forcée.

Non : accedam potius. *Lor.* Illeic adstato inlico.
Labr. Edepol, proveni nequiter multis modis.
Certum'st hasce hodie usque obsidione vincere.   825

SCENA SEXTA.

PLEUSIDIPPUS, TRACHALIO, MULIERES, LABRAX, LORARII, CHARMIDES.

Pleus. Meamne ille amicam leno vi, violentia,
De ara deripere Veneris voluit? *Trach.* Admodum.
Pleus. Quin obcidisti exemplo? *Trach.* Gladius non erat.
Pleus. Caperes aut fustem, aut lapidem. *Trach.* Quid ego, quasi canem,
Hominem insectarer lapidibus nequissumum?   830
Labr. Nunc, pol, ego perii! Pleusidippus eccum adest :
Converret jam hic me totum cum pulvisculo.
Pleus. Etiamne in ara tunc sedebant mulieres,
Quom ad me profectus ire? *Trach.* Ibidem nunc sedent.
Pleus. Quis illas nunc illeic servat? *Trach.* Nescio quis senex,   835
Vicinus Veneris; is dedit operam optumam.
Is nunc cum servis servat: ego mandaveram.
Pleus. Duc me ad lenonem recta : ubi illic est homo?
Labr. Salve. *Pleus.* Nihil salutem moror : opta ocius,
Rapi te obtorto collo mavis, an trahi?   840

Utrum vis opta, dum licet. *Labr.* Neutrum volo.
Pleus. Abi sane ad litus curriculo, Trachalio :
Jube illos in urbem ire obviam ad portum mihi,
Quos mecum duxi, hunc qui ad carnuficem traderent.
Post huc redito, atque agitato heic custodiam;   845
Ego hunc scelestum in jus raptam exsulem.
Age, ambula in jus. *Labr.* Quid ego deliqui? *Pleus.* Rogas?
Quin arrhabonem a me adcepisti ob mulierem, et
Eam hinc abduxisti. *Labr.* Non avexi. *Pleus.* Cur negas?
Labr. Quia, pol, provexi; avehere non quivi miser.   850
Equidem tibi me dixeram præsto fore
Apud Veneris fanum : quid muto? somne ibi?
Pleus. In jure causam dicito : heic verbum sat est :
Sequere. *Labr.* Obsecro te, subveni, mi Charmides :
Rapior obtorto collo. *Charm.* Quis me nominat?   855
Labr. Viden' me ut rapior? *Charm.* Video, atque inspecto lubens.
Labr. Non subvenire mihi audes? *Charm.* Quis homo te rapit?
Labr. Adulescens Pleusidippus. *Charm.* Ut sanctu's, habe
Bono animo : melius est te in nervom conrepere.
Tibi obtigit quod plurimi exoptant sibi.   860
Labr. Quid id est? *Charm.* Ut id quod quærant, inveniant sibi.
Labr. Sequere, obsecro, me. *Charm.* Pariter suades, qua-

Pleu. Plût aux dieux que tu disses vrai ! Vous, ma chère Palestra, et vous aussi, Ampélisque, demeurez au lieu où vous êtes jusqu'à ce que je revienne.

Turb. voyant Trakhalion de retour. Certes, elles feront mieux présentement d'entrer ici près chez notre maître, le bon vieillard Démonès.

Pleu. J'approuve votre avis, mes garçons ; et vous m'obligez sensiblement.

Lab. Aux voleurs ! on m'enlève mon bien.

Pleu. Comment ! aux voleurs ? Entraîne ce coquin, toi, Trakhalion.

Lab. C'est vous, Palestra, que j'implore. Je vous conjure..

Pleu. Marche, pendard.

Lab. Mon hôte...

Char. Je ne suis point votre hôte. J'abjure l'hospitalité.

Lab. Quoi ! vous méprisez mes instances ?

Char. Trouvez bon que j'en use ainsi. Oh ! je n'en veux plus tâter.

Lab. Que les dieux vous rendent misérable !

Char. Gardez ces souhaits-là pour vous. (*Tandis qu'on entraîne Labrax.*) Je crois que l'espèce humaine est sujette à métamorphose. Par exemple, voilà cet homme-ci métamorphosé en pigeon ; il ne tardera pas à entrer au colombier, et à y faire son nid sur un paquet de cordes. Allons, toute réflexion faite, courons lui (1) servir d'avocat, et faire en sorte que ces deux esclaves lui soient promptement adjugées.

ACTE QUATRIÈME.

SCÈNE PREMIÈRE.

DÉMONÈS (*seul*).

Je me sais bon gré, j'ai une véritable joie d'a-

(1) Comme parasite de Labrax, Charmide lui fait d'assez mauvaises plaisanteries. Mais en cette même qualité, il a intérêt que Labrax recouvre ses deux jeunes esclaves, le seul bien qui lui

voir aujourd'hui porté secours à ces pauvres filles. Je me trouve ainsi le patron de deux aimables clientes, toutes deux jolies, toutes deux à la fleur de leur âge. Par malheur, ma scélérate de femme m'observe de si près, qu'il me serait impossible de dire à celles-ci le moindre mot de douceur. Mais je suis en peine de ce que fait présentement mon valet Gripus (1), que j'ai envoyé cette nuit pêcher en mer. Par Pollux ! il eût mieux fait de passer ce temps-là à dormir à la maison. Par la tempête qui gronde encore, et qui a duré toute la nuit, il est infaillible qu'il perdra et sa peine et ses filets. De la manière dont je vois que la mer est agitée, je pourrais faire cuire dans ma main tout ce qu'il a pris aujourd'hui. Mais rentrons au logis ; car j'entends ma femme qui m'appelle pour dîner. Elle va, selon sa coutume, m'étourdir de son babil.

SCÈNE II.

GRIPUS (*seul*).

Habitant des plaines salées et poissonneuses, ô Neptune, ô mon patron ! je te rends grâces de m'avoir renvoyé sain et sauf de tes sacrés domaines, sans avoir endommagé le moins du monde ma petite barque, au moyen de laquelle j'ai fait en ce jour une pêche aussi abondante qu'inouïe, et d'une manière, en vérité, toute miraculeuse ; car, de tout le jour, je n'ai rien pris que ce que je porte dans ce filet. Ce n'était pas faute de m'être courageusement levé avant l'aurore ; j'avais préféré le gain au sommeil et au repos. J'avais voulu voir si pendant la tempête je pourrais trouver de quoi soulager le peu d'aisance de mon maître, et adoucir ma ser-

reste après son naufrage. Il dit donc ici qu'il va le suivre en justice, pour tâcher de les lui faire adjuger. Et c'est à quoi, toutefois, il ne réussira pas. On s'était mal à propos figuré que dans ces vers : *Verumtamen ibo et advocatus ut siem*, c'était à Plesippe que se rapportait *ei*.

(1) Son nom en grec, dans la comédie de Diphile, était sans doute *Gripos*, qui signifie *un filet de pêcheur*: d'où *Grip-us*, un pêcheur *gripizô*, je pêche. Au reste ce *Gripus* n'est pas le même pêcheur qui figure dans la première scène du second acte.

lis es :
Tu in nervom rapere, eo me obsecras, ut te sequar.
Etiam retentas ? *Labr.* Perii ! *Pleus.* Verum sit velim !
Tu, mea Palæstra et Ampelisca, ibidem inlico 865
Manete, dum huc ego redeo. *Lor.* Equidem suadeo
Ut ad nos abeant potius, dum recipis. *Pleus.* Placet :
Bene facitis. *Labr.* Fures mihi estis. *Pleus.* Quid, fures ?
Rape.
Labr. Oro, obsecro, Palæstra. *Pleus.* Sequere, carnufex.
Labr. Hospes ! *Charm.* Non sum hospes ; repudio hospitium
tuum. 870
Labr. Siccine me spernis ? *Charm.* Sic ago : semel bibo.
Labr. Di te infelicent. *Charm.* Isti capiti dicito.
Credo alium in aliam belluam hominem vortier,
Illic in columbum, credo, leno vortitur :
Nam in columbari collum haud multo post erit : 875
In nervom ille hodie nidamenta congeret.
Verumtamen ibo, ei advocatus ut siem,
Si qui mea opera citius addici potest.

ACTUS QUARTUS.

SCENA PRIMA.

DÆMONES.

Bene factum et volupe'st, hodie me his mulierculis
Tetulisse auxilium : jam clientas reperi ; 880
Atque ambas forma scitula atque ætatula.
Sed uxor scelesta me omnibus servat modis,
Ne qui significem quidpiam mulierculis.
Sed Gripus servos noster, quid rerum gerat
Miror, de nocte qui abiit piscatum ad mare. 885
Pol, magis sapisset, si dormivisset domi :
Nam nunc et operam ludos facit, et retia,
Ut tempestas est nunc, atque ut noctu fuit ;
In digitis hodie percoquam quod ceperit ;
Ita fluctuare video vehementer mare. 890
Sed ad prandium uxor me vocat, redeo domum,
Jam meas obplebit aureis sua loquentia.

SCENA SECUNDA.

GRIPUS.

Neptuno has ago meo patrono gratias,
Qui salsis locis incolit pisculentis,
Quom me ex suis polchre ornatum expedivit 895
Templis reducem, plurima præda onustum,
Salute horiæ, quæ in mari fluctuoso
Piscatu novo me uberi conpotivit :
Miroque modo atque incredibili hic piscatus mihi
Lepide evenit ; neque piscium ullam unciam hodie 900
Pondo cepi, nisi hoc quod fero heic in rete.
Nam ut de nocte multa inpigreque exsurrexi,

vitude. Je n'y ai épargné ni soin ni fatigue, persuadé qu'un homme paresseux est moins que rien. Aussi je hais ces gens-là à l'excès. Si nous voulons prospérer dans nos affaires, il faut de l'activité, il ne faut pas attendre qu'un maître vienne nous avertir de notre devoir. Ces fainéants qui aiment tant à dormir ne gagnent rien, et se reposent à leurs dépens (1). Quant à moi, pour n'avoir point été paresseux, j'ai trouvé de quoi l'être à l'avenir, si l'envie vient à m'en prendre. Voici une valise que j'ai trouvée dans la mer. Qu'y a-t-il dedans? c'est ce que j'ignore; mais quoi que ce puisse être, au poids dont est la chose, je me figure que c'est de l'or; et, par bonheur, personne au monde ne me l'a vu pêcher. Voici une belle occasion, Gripus, de te faire mettre aujourd'hui même en liberté par le préteur, et de sortir des rangs du vulgaire. Voici ce que je ferai, ce que ma raison me conseille. J'irai adroitement trouver mon maître, j'entamerai peu à peu la question de ma liberté, en lui proposant une somme d'argent. Quand je serai libre, j'achèterai une terre, une maison à la ville, des esclaves; j'équiperai de grands navires pour aller négocier. Les rois chez qui je voyagerai me prendront pour un autre roi moi-même. Après cela, pour soutenir la gageure, je ferai construire une galère pour mon usage particulier, et j'imiterai Stratonicus (2) : après avoir côtoyé les villes maritimes, et m'être établi une haute renommée dans le monde, je bâtirai une grande et forte ville, et lui donnerai le nom de Gripopolis, monument éternel de ma gloire et de mes brillantes actions. Ce sera la capitale de mon empire. — Peste! je me dis là de grandes et sublimes choses. Mais cachons soi- gneusement ma valise. Aussi bien je fais une triste réflexion : c'est que le roi Gripus n'aura ce soir à souper, pour tout régal, qu'une pincée de sel et un peu de vinaigre, où il trempera son pain.

SCÈNE III.

TRAKHALION, GRIPUS.

Trak. Holà, arrête!
Gri. Comment, que j'arrête!
Trak. Laisse-moi plier ce câble que tu tires.
Gri. Fais-moi le plaisir de passer ton chemin.
Trak. Oh! par Pollux, je t'aiderai : *service rendu à gens de bien ne périt point.*
Gri. Hélas! mon pauvre garçon, il a fait cette nuit une furieuse tempête. Je n'ai pris aucun poisson; ne va pas te figurer que j'en aie. Ne vois-tu pas que je remporte mon filet à vide?
Trak. Par Pollux, je n'en veux point à tes poissons; je ne désire de toi qu'un instant d'entretien.
Gri. Qui que tu sois, tu commences à me rompre la tête.
Trak. Je ne souffrirai point que tu t'en ailles ainsi: arrête, te dis-je.
Gri. Prends garde à toi, je t'en préviens; pourquoi me retenir, méchant?
Trak. Écoute.
Gri. Je ne n'écoute point.
Trak. Ah! par Pollux, tu m'écouteras.
Gri. Tu me diras une autre fois ce que tu as à me dire.
Trak. Oh! ce que j'ai à te dire est de trop grande importance.
Gri. Eh bien! parle, qu'est-ce?
Trak. Regarde si personne ne rôde autour de nous.

(1) Des paresseux la faim fut toujours la compagne.
(HÉSIODE.)
(2) Ce Stratonicus était un trésorier du roi Philippe.

Lucrum præposui sopori et quieti;
Tempestate sæva experiri expetivi,
Paupertatem heri qui et meam servientiam
Tolerarem, opera haud fui parcus. Nimis homo   905
Nihili est, qui piger est; nimisque id genus odi ego male.
Vigilare decet hominem, qui volt sua tempori conficere of-
  ficia :
Non enim illum exspectare oportet, dum herus se ad suum
  suscitet opificium.
Nam qui dormiunt lubenter, sine lucro et cum malo quie-
  scunt.   910
Nam ego nunc mihi, qui inpiger fui, reperi, ut piger, si
  velim, siem.
Hoc ego in mari, quidquid inest, reperi; quidquid inest,
  grave quidem 'st; aurum
Heic ego inesse reor : nec mihi conscius est ullus homo.
Nunc hæc tibi
Obcasio, Gripe, obtigit, ut liberet ex populo prætor te.
Nunc sic faciam, sic consilium 'st, ad herum ut veniam docte
  atque astute :   915
Pauxillatim pollicitabor pro capite argentum, ut sim liber.
Jam ubi liber ero, igitur demum instruam agrum, ædeis,
  mancipia;
Navibus magnis mercaturam faciam; apud reges rex perhi-
  bebor :
Post, animi causa, mihi navem faciam, atque imitabor Stra-
  tonicum :
Oppida circumvectabor. Ubi nobilitas mea erit clara,   920
Oppidum magnum communibo : ei ego urbi Gripo indam
  nomen,
Monimentum meæ famæ et factis : ibique regnum magnum
  instituam.

Magnas res heic agito in mentem instruere : nunc hunc vidulum condam.
Sed hic rex cum aceto pransurus est et sale, sine bono pulmento.

SCENA TERTIA.

TRACHALIO, GRIPUS.

Trach. Heus, mane! *Grip.* Quid maneam? *Trach.* Dum hanc tibi, quam trahis, rudentem conplico.   925
Grip. Mitte modo! *Trach.* At, pol, ego te adjuvabo : nam bonis quod
Bene fit, haud perit. *Grip.* Turbida tempestas heri fuit,
Nihil habeo, adulescens, piscium : ne tu mihi esse postules.
Non vides referre me uvidum rete, sine squamoso pecu?
Trach. Non, edepol, pisceis expeto, quam tui sermonis
sum indigens.   930
Grip. Enecas jam me odio, quisquis es. *Trach.* Non sinam ego abire hinc te : mane.
Grip. Cave, sis, malo : quid tu, malum, nam me retrahis?
Trach. Audi.
Grip. Non audio. *Trach.* At, pol, quin audies. *Grip.* Quin post loquere quid vis.
Trach. Eho, modo est operæ pretium quod tibi ego narrare volo.
Grip. Eloquere, quid id est? *Trach.* Vide num quispiam consequitur prope nos.   935
Grip. Ecquid est quod mea referat? *Trach.* Scilicet : sed boni consilii
Ecquid in te mihi est? *Grip.* Quid negoti est, modo dic.
Trach. Dicam.

LE CABLE, ACTE IV, SCÈNE III.

Gri. Quoi donc ! s'agit-il de quelque chose qui me regarde ?

Trak. Sans contredit. Mais avant tout, dis-moi, te sens-tu disposé à me donner un bon conseil ?

Gri. Parle bien vite, explique-toi.

Trak. Prête-moi silence, je vais te mettre au fait ; mais il faut que tu me donnes ta parole d'être discret.

Gri. Je te la donne ; et, quelque inconnu que tu me sois, je la tiendrai.

Trak. Écoute donc : j'ai surpris un voleur en flagrant délit. Comme je connais celui qu'il volait, je me suis approché du maraud, et lui ai fait cette proposition. « *Je connais le propriétaire de cet objet ; mais cède-m'en la moitié, et je serai discret.* » Il ne m'a point encore rendu de réponse. Or, à ton avis, quelle part légitimement me revient-il de ce vol? la moitié, n'est-ce pas ? C'est de quoi je t'établis juge.

Gri. Par Hercule, j'estime qu'il te doit cette moitié, et plus encore ; et s'il en fait difficulté, je suis d'avis qu'il faut révéler tout au propriétaire.

Trak. Je suivrai ton conseil. A présent écoute-moi bien attentivement ; car de tout ce que je viens de dire, il n'y a pas un mot qui ne te regarde.

Gri. Au fait.

Trak. La valise que voilà, je connais depuis longtemps l'homme à qui elle appartient.

Gri. Que veux-tu dire ?

Trak. Je sais comment elle a été perdue.

Gri. Et moi, je sais de quelle manière elle a été trouvée, et par qui ; et à qui elle appartient présentement. Par Pollux ! tu n'as pas plus d'intérêt que moi de savoir tout cela : si tu connais l'ancien propriétaire, moi je connais le nouveau. Toujours, sois averti que qui que ce soit ne la tirera de mes mains. Si tu t'es flatté du contraire, désabuse-toi.

Trak. Quoi ! si le propriétaire vient la réclamer, il ne l'aura pas ?

Gri. Ne t'y trompe point : elle n'a plus de maître que moi. C'est une prise que j'ai faite en pêchant.

Trak. Oui ? tu l'entends ainsi ?

Gri. Diras-tu qu'il y ait un seul des poissons nageant dans la mer, qui m'appartienne ? Cependant ceux que je prends, quand j'en prends, sont bien à moi. On ne vient pas me les retirer des mains, et personne n'en demande sa part. Je les vends en plein marché, par droit de propriété. Pourquoi ? c'est qu'assurément la mer est à tout le monde.

Trak. Sans doute : mais ces belles raisons empêchent-elles que cette valise ne doive être partagée entre nous ? Suivant ton propre raisonnement, puisque la mer est commune à tout le monde, la valise le doit être aussi.

Gri. Vraiment tu passes les bornes de l'effronterie. Avec ta belle maxime, tous les pêcheurs mourraient de faim : quand ils arriveraient au marché pour vendre leurs poissons, personne n'en achèterait ; chacun en prétendrait sa part gratuite. *Ils ont été pris dans la mer*, dirait-on ; *et la mer appartient à tout le monde.*

Trak. N'as-tu pas honte de comparer une valise à des poissons ? est-ce donc une même chose ?

Gri. Rien ne m'appartient avant d'avoir jeté mes filets ou mon hameçon ; mais une fois jetés, tout ce qui s'y prend est à moi. Personne n'a rien à y voir.

Trak. En fait de poissons, oui ; mais en fait de meubles, non, par Hercule !

Gri. L'habile docteur !

Trak. Mais, sorcier que tu es, as-tu jamais vu pêcheur pêcher ou porter au marché un poisson appelé valise ? car enfin tu ne feras pas ici tous les métiers qu'il te plaira. Est-ce que tu prétends être à la fois bahutier et pêcheur ? Il faut opter : il faut ou que tu confesses que tout ce qui n'est pas né dans la mer, et qui n'a point d'écailles, ne t'appartient pas, ou que tu me prouves en bonne forme qu'il y a un poisson appelé valise.

Gri. Quoi donc ? Est-ce que tu n'as jamais ouï dire qu'il y eût un poisson appelé ainsi ?

Tace, si fidem modo das mihi te non fore infidum.
Grip. Do fidem tibi, fidus ero, quisquis es. *Trach.* Audi :
    furtum ego vidi
Qui faciebat : gnoveram dominum, id quoi fiebat ; post ad 940
Furem egomet devenio, feroque ei conditionem hoc pacto :
Ego istuc furtum scio quoi factum 'st ; nunc mihi si vis
Dare dimidium, indicium domino non faciam. Is mihi nihil
Etiam respondit : quid inde æquum 'st dari mihi ? dimidium
Volo ut dicas. *Grip.* Imo, hercle, etiam amplius : nam nisi
dat, domino dicundum   945
Censeo. *Trach.* Tuo consilio faciam : nunc advorte animum ;
Namque hoc adtinet omne ad te. *Grip.* Quid est factum ?
Trach. Vidulum
Istum, quojus ille est, gnovi ego hominem jampridem. *Grip.*
    Quid est ?
Trach. Et quo pacto periit. *Grip.* At ego quo pacto inventu'st scio,
Et qui invenit, hominem gnovi ; et dominus qui nunc est,
scio.   950
Nihilo, pol, pluris tua hoc, quam quanti illud refert mea.
Ego illum gnovi, quojus nunc est, tu illum, cuojus antehac fuit.
Hunc homo feret a me nemo : ne tute speres potius. *Trach.*
    Non ferat,
Si dominus veniat ? *Grip.* Dominus huic nemo, ne frustra
    sis,
Nisi ego, nemo gnatu'st, hunc qui cepi in venatu meo. 955

Trach. Itane vero ? *Grip.* Ecquem esse dicis in mari piscem
    meum ?
Quos quom capio, siquidem cepi, mei sunt ; habeo pro
    meis ;
Nec manu adseruntur ; neque illinc partem quisquam postulat.
In foro palam omneis vendo pro meis venalibus.
Mare quidem commune certo 'st omnibus. *Trach.* Adsentio ;
Qui minus hunc communem quæso mihi esse oportet vidulum ?   961
In mari inventu'st, conmune 'st. *Grip.* Næ inpudenter inpudens.
Nam si istuc jus sit, quod memoras, piscatores perierint :
Quippe quom exemplo in macellum pisceis prolati sient,
Nemo emat ; suam quisque partem piscium poscat sibi ; 965
Dicat, in mari conmuni captos. *Trach.* Quid ais, inpudens ?
Ausus etiam conparare vidulum cum piscibus ?
Eadem tandem res videtur ? *Grip.* In manu non est mea :
Ubi demisi retem atque hamum, quidquid hæsit, extraho,
Meum quod rete atque hami nacti sunt, meum potissumum
    'st.   970
Trach. Imo, hercle, haud est, siquidem quod vas exceptast
Grip. Philosophe !
Trach. Sed tu en unquam piscatorem vidisti, venefice,
Vidulum piscem cepisse ? aut protulisse ullum in forum ?
Non enim tu heic quidem obcupabis omneis quæstus quos
    voles ;

Trak. Non, scélérat, nox, il n'y en a assurément aucun.

Gri. Et moi, je soutiens qu'il y en a. Je dois le savoir apparemment, moi qui suis pêcheur. Il est vrai qu'on n'en prend que rarement, et il n'y a point de poisson qui approche moins du rivage que celui-là.

Trak. Ah ! pendard, tu imagines donc m'en faire accroire? Va, va, tu n'y réussiras pas. Parle : de quelle couleur est-il, le poisson-valise?

Gri. Il s'en prend qui sont de la couleur de celui-ci, mais en très-petite quantité. Il y en a de grands, il y en a de rouges, il y en a de noirs....

Trak. Sans doute... mais toi, si tu n'y prends garde, c'est en ce poisson que tu seras métamorphosé. D'abord ta peau rougira; puis, de rouge elle deviendra noire.

Gri. Il faut avouer que j'ai fait la rencontre d'un grand coquin.

Trak. Nous perdons le temps en discours inutiles. Le jour s'écoule; vois qui tu veux prendre pour arbitre.

Gri. Je ne m'en rapporte, moi, qu'à la valise elle-même.

Trak. En vérité! tu es fou.

Gri. Je baise bien les mains au moderne Thalès.

Trak. Tu n'emporteras d'aujourd'hui cette valise, si tu ne la mets en main tierce, ou si tu ne conviens avec moi d'un arbitre pour juger entre nous le différend.

Gri. Ah çà, je te prie, es-tu dans ton bon sens ?

Trak. (*ironiquement.*) Non, mon régime est l'ellébore.

Gri. Et moi, je suis un maniaque décidé, et dont la manie est de ne point laisser échapper cette valise.

Trak. Dis encore un mot, et le poing que tu vois, je l'enfonce dans ton crâne.

Gri. Si tu ne quittes prise, je te ferai cracher jusqu'à ta dernière goutte de sang, il ne te restera pas un atome d'humide radical, et tu pourras passer pour une éponge neuve. Touche-la seulement,

et je te garantis que je te brise contre terre comme j'ai coutume de faire au poisson polype (1). Çà, veux-tu nous battre?

Trak. A quoi bon se battre? Que ne partageons-nous plutôt cette prise à l'amiable?

Gri. Tu n'attraperas ici que des coups; ne me demande plus rien : bonsoir.

Trak. Je t'empêcherai bien de t'en aller, car je vais renverser ta barque.

Gri. Prends garde à toi; *si tu es à la proue, moi je serai à la poupe* (2), je t'en préviens. Laisse le câble, scélérat que tu es.

Trak. Je consens à le lâcher, si toi tu lâches la valise.

Gri. Par Hercule! d'aujourd'hui tu ne t'en iras pas d'ici plus riche d'une seule obole.

Trak. Il n'y a protestation qui tienne, tu ne me persuaderas pas de quitter le câble. Je ne le lâcherai point, à moins que tu ne me donnes ma part de la trouvaille, ou qu'un arbitre ne nous juge, ou bien que tu ne mettes la valise en dépôt.

Gri. Une chose que j'ai trouvée dans la mer !

Trak. Mais moi, ne l'ai-je pas aperçue du rivage?

Gri. Le prix de mes soins, la récompense de ma peine, le fruit de mes filets et de ma barque !

Trak. Tandis que tu volais cette valise, je te regardais faire, n'est-il pas vrai? Eh bien! si le maître de la valise se présentait en ce moment, ne serais-je pas à ses yeux aussi voleur que toi?

Gri. (*il veut sortir.*) Je ne t'écoute point.

Trak. Halte là, insigne accapareur d'étrivières !

---

(1) Tous les écrits des anciens attestent qu'autrefois le polype marin a fait partie des délices de la table; que sa chair était coriace, mais qu'on remédiait à ce défaut en la mortifiant de quatorze coups de bâton. A cet usage, attesté par un adage conservé par Érasme, Diphile ou Plaute substituent ici l'expédient de battre violemment la terre avec le polype. C'est un éclaircissement que madame Dacier, et les autres interprètes ou commentateurs de Plaute, avaient négligé de donner. Voyez l'Athénée de Casaubon, l. 7.

(2) Proverbe ancien, qui signifie : *Nous serons deux ; je te tiendrai tête.* Il paraît que c'est ce passage-ci de la pièce de Diphile, qui a mis en vogue cette métaphore.

Et victorem et piscatorem te esse, impure, postulas. 975
Vel te mihi monstrare oportet, piscis qui sit vidulus,
Vel, quod in mari non gnatum 'st, neque habet squamas, ne feras.
Grip. Quid tu, nunquam audivisti esse antehac vidulum piscem? *Trach.* Scelus !
Nullus est. *Grip.* Imo est profecto : ego, qui sum piscator, scio;
Vero rare capitur : nullus minus sæpe ad terram venit. 980
Trach. Nil agis ; dare verba speras mihi te posse, furcifer.
Quo colore est? *Grip.* Hoc colore capiuntur pauxillull ;
Sunt alii puniceo corio, magni item atque atri. *Trach.* Scio.
Tu, hercle, opinor, in vidulum te piscem convortes, nisi caves :
Fiet tibi puniceum corium, postea atrum denuo. 985
Grip. Quod scelus hodie hoc inveni! *Trach.* Verba facimus; it dies,
Vide, sis, quojus arbitratu nos facere vis? *Grip.* Viduli
Arbitratu. *Trach.* Ita enim vero? stultus es. *Grip.* Salve, Thales!
Trach. Tu istunc hodie non feres, nisi das sequestrum aut arbitrum,
Quojus hæc res arbitratu fiat. *Grip.* Quæso sanus es? 990
Trach. Elleborosus sum. *Grip.* Ego cerritus, hunc non amittam tamen.

Trach. Verbum adde etiam unum, jam in cerebro colaphos abstrudam tuo.
Grip. Ego jam hic te, itidem quasi penicillus novos exurgeri solet,
Ni hunc amittis, exurgebo quidquid humoris tibi 'st.
Tange ; adfligam ad terram te itidem, ut piscem soleo polypum. 995
Vis pugnare? *Trach.* Quid opu'st? quin tu potius prædam divide.
Grip. Hinc tu, nisi malum, fruniscí nihil potes; ne postules.
Abeo ego hinc. *Trach.* At ego hinc obflectam navem, ne quo abeas; mane.
Grip. Si tu prorete isti navi es, ego gubernator ero.
Mitte rudentem, sceleste. *Trach.* Mittam; omitte vidulum. 1000
Grip. Nunquam, hercle, hinc hodie ramenta fles fortunatior.
Trach. Non probare pernegando mihi potes, nisi pars datur,
Aut ad arbitrum reditur, aut sequestro ponitur.
Grip. Quemne ego excepi in mari? *Trach.* At ego inspectavi e litore.
Grip. Mea opera, labore, et rete, et horia? *Trach.* Num qui minus, 1005

Comment me prouveras-tu que, participant au vol, je ne dois pas aussi avoir part au gain? Réponds.
Gri. Je n'ai rien à te dire. Est-ce que j'entends rien, moi, à vos usages de la ville? Tout ce que je sais, c'est que cette valise est à moi, et que je n'en démordrai pas.
Trak. Et moi je soutiens qu'elle m'appartient aussi.
Gri. Arrête, à présent. Je trouve un expédient pour que tu ne sois ni voleur ni complice.
Trak. Quel est-il?
Gri. Laisse-moi aller, va toi-même de ton côté, sans rien dire à personne. Je ne te donnerai rien, tu ne me dénonceras pas. Sois discret, te dis-je, et moi je te promets d'être aussi muet que si je n'avais point de langue. Voilà, à mon avis, l'expédient le meilleur et le plus juste.
Trak. Voilà les propositions que tu me fais?
Gri. Je t'en fais une autre depuis deux heures, qui est de t'en aller, de lâcher le câble, et de ne plus m'importuner.
Trak. Attends, j'ai à mon tour des propositions à te faire.
Gri. Eh! par Hercule! fais ce dont je te prie en grâce: va-t'en.
Trak. Connais-tu quelqu'un ici?
Gri. Il faut bien que je connaisse mes voisins.
Trak. Où demeures-tu?
Gri. Tout là-bas, dans ces champs les plus éloignés (1).
Trak. Veux-tu que nous prenions pour arbitre le maître de cette maison?
Gri. Laisse un instant le câble; que je m'éloigne, et que j'avise à part moi sur ce que j'ai à faire.
Trak. Avise.

(1) C'est un mensonge que fait Gripus pour dépayser Trakhalion; car il demeure au contraire tout près de là, chez le vieillard Démonès son maître.

Gri. (*à l'écart.*) Bon, les affaires vont bien; ma proie me restera tout entière. Il a la duperie de m'appeler sur mon propre terrain; c'est mon maître qu'il prend pour arbitre. Démonès assurément ne jugera pas en faveur d'un autre, au préjudice de son esclave. Je suis certain qu'à ce tribunal je ne risque pas seulement trois oboles. Il ne sait pas mes avantages dans la proposition qu'il vient de me faire. Oh! j'irai volontiers devant l'arbitre qu'il m'indique.
Trak. Eh bien! que résous-tu?
Gri. Quoique je sache mon bon droit, je consens à tout, plutôt que de me battre avec toi.
Trak. Cette fois-ci, tu me parais raisonnable.
Gri. Je pourrais opposer que tu me traduis devant un arbitre qui m'est inconnu : mais s'il est équitable, quoique je ne le connaisse point, c'est comme si je le connaissais.

SCÈNE IV.

DÉMONÈS, PALESTRA, AMPÉLISQUE, TRAKALION, GRIPUS, SPARAX, TURBALION.

Dém. Sérieusement, mes pauvres filles, je souhaiterais, par Pollux, faire ce que vous me demandez; mais il faut que vous sortiez de chez moi, sans quoi je cours grand risque d'être moi-même chassé de la maison par ma femme, sous prétexte d'y avoir amené des courtisanes que leur jeunesse et leurs attraits lui rendent suspectes. Retirez-vous donc, je vous en conjure, à l'autel, pour que je ne sois pas moi-même obligé de m'y réfugier.
Pal. et Ampél. Nous sommes perdues!
Dém. Ne craignez rien. Je continuerai ici d'être votre défenseur (*à Sparax et à Turbalion.*) Mais pourquoi me suivez-vous, vous autres? Tant que je serai là, personne ne leur fera de violence. Retournez au logis, je garde le poste, et vous relève de sentinelle.

Si veniat nunc dominus, quojus est, ego qui inspectavi procul,
Te hunc habere, fur sum, quam tu? *Grip.* Nihilo. *Trach.* Mane, mastigia.
Quo argumento socius non sum, et fur sum? facdum ex te sciam.
Grip. Nescio : neque ego istas vostras leges urbanas scio,
Nisi quia, hunc meum esse, dico. *Trach.* Et ego item esse aio meum. 1010
Grip. Mane jam ; reperi rem, quo pacto nec fur, nec socius sies.
Trach. Quo pacto? *Grip.* Sine me hinc abire ; tu abi tacitus tuam viam ;
Nec ta me quoiquam indicassis, neque ego tibi quidquam dabo.
Tu taceto, ego mussitabo ; hoc optumum atque æquissimum 'st.
Trach. Ecquid conditionis audes ferre? *Grip.* Jamdudum fero : 1015
Ut abeas, rudentem amittas, mihi molestus ne sies.
Trach. Mane, dum refero conditionem. *Grip.* Te obsecro, hercle, aufer te modo.
Trach. Ecquem in hic locis gnovisti? *Grip.* Oportet vicinos meos.
Trach. Ubi tu heic habitas? *Grip.* Porro illeic longe usque in campis ultimis.
Trach. Vin' qui in hac villa habitat, ejus arbitratu fieri? *Grip.* Paulisper remitte restem, dum concedo et consulo. 1021

Trach. Fiat. *Grip.* Euge, salva res est : præda hæc perpetua 'st mea.
Ad meum herum arbitrum vocat me, heic intra præsepeis meas.
Nunquam, hercle, hodie abjudicabit ab suo triobolum.
Næ iste haud scit quam conditionem tetulerit : ibo ad arbitrum. 1025
Trach. Quid igitur? *Grip.* Quamquam istuc esse jus meum certo scio,
Fiat istuc potius, quam nunc pugnem tecum. *Trach.* Nunc places.
Grip. Quamquam ad ignotum arbitrum me adpellis ; si adhibebit fidem,
Etsi est ingnotus, gnotus : si non, gnotus, ingnotissimu'st.

SCENA QUARTA.

DEMONES, PALÆSTRA, AMPELISCA, TRACHALIO, GRIPUS.

Dæm. Serio, edepol, quamquam volo vobis quæ voltis, mulieres, 1030
Metuo, propter vos, ne uxor mea me extrudat ædibus,
Quæ me pellices adduxisse dicet ante oculos suos.
Vos confugite in aram potius, quam ego. *Mul.* Miseræ perii mus!
Dæm. Ego vos salvas sistam, ne timete. Sed quid vos foras Prosequimini? quoniam ego adsum, faciet, nemo injuriam.

Gri. Mon maître, je vous donne le bonjour.
Dém. Ah! bonjour, Gripus. Eh bien! qu'y a-t-il?
Trak. Serait-ce votre valet?
Gri. Il n'a pas lieu de me désavouer.
Trak. Ce n'est pas à toi que je parle.
Gri. Que ne t'en vas-tu donc?
Trak. Je vous prie de me répondre, respectable vieillard. Est-ce là un de vos valets?
Dém. Oui.
Trak. J'en suis ravi; permettez-moi de vous saluer une seconde fois.
Dém. Bonjour, mon garçon. N'es-tu pas celui qui tantôt était allé chercher Pleusidippe?
Trak. C'est moi-même.
Dém. Et présentement que veux-tu?
Trak. C'est donc là votre valet?
Dém. Eh! oui, te dit-on.
Trak. Eh! tant mieux que ce soit votre valet.
Dém. Quelle affaire avez-vous ensemble?
Trak. C'est un scélerat, je vous en avertis.
Dém. Et ce scélerat, que t'a-t-il fait?
Trak. Il mérite cent coups de bâton sur la plante des pieds.
Dém. Encore une fois, quel est votre démêlé?
Trak. Je vais vous l'apprendre.
Gri. Non, non, c'est à moi à raconter le fait.
Trak. C'est à moi, ce me semble, puisque je suis le plaignant.
Gri. S'il te reste quelque pudeur, va porter ailleurs ta plainte.
Dém. Paix! Gripus, je t'ordonne de te taire et d'écouter.
Gri. Quoi! il parlera le premier?
Dém. Écoute; (*à Trakhalion.*) et toi, parle.
Gri. Comment! vous accordez la parole à un étranger plutôt qu'à votre valet?
Trak. (*à Démonès*) Mais voyez s'il se taira! — Vous le savez, j'ai tantôt commencé à vous dire que ce marchand d'esclaves, chassé par vous du temple de Vénus, avait une valise qui est tombée dans la mer: eh bien! voilà celui qui l'a trouvée.

Gri. Je ne l'ai pas.
Trak. Oses-tu nier ce que je vois de mes deux yeux?
Gri. Que n'es-tu aveugle! Mais que je l'aie, que je ne l'aie pas, de quoi te mets-tu en peine? que t'importe?
Trak. Il m'importe de savoir de quelle manière tu l'as, et si le droit t'y autorise.
Gri. (*à Démonès.*) Faites-moi pendre, s'il n'est pas vrai que je l'aie eue de bonne prise, avec mon filet, en pêchant dans la mer. (*à Trakhalion.*) Or, si c'est moi qui l'ai pêchée, comment aurais-tu plus de droit que moi à t'en emparer?
Trak. (*à Démonès.*) Il ne vous dit pas le fin mot. Voici le fait tel qu'il est, et tel que je vais vous le dire.
Gri. Eh bien! que diras-tu?
Trak. Si cet homme est à vous, faites-le taire, de grâce, jusqu'à ce que celui qui l'accuse ait parlé.
Gri. C'est-à-dire que tu voudrais me voir traité comme tu as coutume de l'être par ton maître? Si le tien a l'habitude de te maltraiter, le nôtre en use autrement.
Trak. (*à Démonès.*) Ne pense-t-il pas avoir gain de cause auprès de vous, par cette flatterie (1)?
Dém. (*à Trakhalion.*) Eh! parle maintenant. Je t'écoute.
Trak. Je vous proteste que je ne prétends aucune part dans cette valise, et que d'aujourd'hui il ne m'est arrivé de dire qu'elle m'appartient. Mais dans cette valise est une petite cassette appartenant à cette jeune fille qui, comme je vous le disais tantôt, est née libre.
Dém. Quoi! à celle que tu dis être ma compatriote?
Trak. A elle-même. Il faut savoir que cette cassette renferme des jouets qu'elle avait dans son enfance, qui ne seront d'aucun usage à cet homme-

(1) Ces paroles : *verbo illo modo ille vicit*, ont été jusqu'à présent mises fort mal à propos dans la bouche du vieillard.

---

te, inquam, domum ambo nunc jam ex præsidio præsides.
Grip. O here, salve! *Dæm.* Salve, Gripe : quid fit? *Trach.* Tuusne hic servos est?
Grip. Haud pudet. *Trach.* Nihil ago tecum. *Grip.* Ergo abi hinc, sis. *Trach.* Quæso, responde, senex.
Tuus hic servos est? *Dæm.* Meus est. *Trach.* Hem istuc optume, quando tuu'st.
Iterum te saluto. *Dæm.* Et ego te : tune es, qui haud multo prius 1040
Abiisti hinc herum accersitum? *Trach.* Ego is sum. *Dæm.* Quid nunc vis tibi?
Trach Nempe hic tuus est? *Dæm.* Meus est. *Trach.* Istuc optime, quando tuu'st.
Dæm. Quid negoti 'st? *Trach.* Vir scelestus illic est. *Dæm.* Quid fecit tibi
Vir scelestus? *Trach.* Homini ego isti talos subfringi volo.
Dæm. Quid est, qua de re litigatis nunc inter vos? *Trach.* Eloquar. 1045
Grip. Imo ego eloquar. *Trach.* Ego opinor, rem facesso.
Grip. Siquidem
Sis pudicus, hinc facessas. *Dæm.* Gripe, animum advorte, ac tace.
Grip. Utin' istic prius dicat? *Dæm.* Audi : loquere tu. *Grip.* Alienon' prius,

Quam tuo dabis orationem? *Trach.* Ut nequitur conprimi!
Ita ut obcœpi dicere, illum quem dudum 1050
Lenonem extrusisti, heis ejus vidulum, eccillum.
Grip. Non habeo. *Trach.* Negas, quod oculis video? *Grip.* At ne videas, velim
Habeo, non habeo : quid tu me curas, quid rerum geram? *Trach.* Quomodo habeas, illud refert, jurene anne injuria.
Grip. Ni istum cepi, nulla causa est quin me condones cruci - 1055
Si in mari reti adprehendi, qui tuum potiu'st, quam meum?
Trach. Verba dat : hoc modo res gesta est, ut ego dico.
Grip. Quid tu ais?
Trach. Quoad primarius vir dicat, conprime hunc, sis, si tuus est.
Grip. Quid? tu idem mihi vis fieri, quod herus consuevit tibi?
Si ille te conprimere solitus, hic noster nos non solet. 1060
Trach. Verbo illo modo ille vicit. *Dæm.* Quid nunc tu vis? dic mihi.
Trach. Equidem neque ego partem posco mihi istinc de istoc vidulo,
Neque meum hodie esse unquam dixi : sed isteic inest cistellula
Hujus mulieris, quam dudum dixi fuisse liberam.

ci, mais qui seront d'un grand secours à cette pauvre fille pour retrouver ses parents.

Dem. (*à Trakhalion.*) Je te les ferai donner; tu n'as pas besoin d'en dire davantage.

Grip. Par Hercule! je prétends ne lui rien donner.

Trak. Je ne demande uniquement que la petite cassette, et les jouets qui sont dedans.

Grip. Mais s'ils sont d'or?

Trak. D'or ou d'argent, que t'importe, pourvu qu'on t'en rende le poids?

Grip. Voyons premièrement l'or; ensuite je laisserai voir la cassette.

Dém. à Gripus. Tais-toi, ou prends garde à une sévère correction. (*à Trakhalion.*) Toi, poursuis.

Trak. L'unique grâce que je vous demande, c'est de prendre en compassion cette infortunée : si cette valise est celle que je soupçonne, elle appartient au marchand d'esclaves. Ceci n'est qu'une conjecture, entendez bien.

Gri. Voyez comme le pendard cherche à s'insinuer.

Trak. Souffrez que j'achève. Si c'est la valise du fripon de marchand, ces deux jeunes filles pourront la reconnaître; daignez donc donner ordre de la leur montrer.

Gri. Oh! oui, va, j'irai la leur montrer!

Dém. Mais, Gripus, il ne demande rien que de juste. Il faut leur faire voir cette valise.

Gri. Pardonnez-moi, sa demande est tout à fait déraisonnable.

Dém. En quoi donc?

Gri. C'est que si je la leur fais voir, elles ne manqueront pas de dire aussitôt qu'elles la reconnaissent.

Trak. Scélérat avéré, insigne parjure, tu crois donc que tout le monde te ressemble?

Gri. Je souffrirai toutes tes invectives le plus patiemment du monde, pourvu que notre arbitre juge en ma faveur.

Trak. Au moins, pour l'heure, il n'est pas pour toi; et l'inspection de la valise fera connaître le reste.

Dém. Je t'ai déjà dit, Gripus, de le laisser parler. (*à Trakhalion.*) Toi, achève en peu de mots.

Trak. J'ai fini; et si l'on ne m'a pas bien compris, je suis prêt à recommencer. Sachez donc que ces deux filles sont nées libres, et que celle-ci a été dérobée dans Athènes, étant encore enfant.

Gri. Eh! dis-moi, je te prie, libres ou non, quel rapport ont-elles avec cette valise?

Trak. Scélérat, tu veux me le faire répéter, afin que le jour finisse avant mon plaidoyer.

Dém. Trêve d'injures entre vous; éclaircis-moi, je t'en prie, le point important.

Trak. C'est qu'il faut absolument que dans cette valise se trouve un coffret de forme oblongue, rempli des jouets que cette jeune Athénienne avait quand elle fut enlevée. Ce sont là, je le répète, les marques qui peuvent la faire reconnaître à ses parents.

Gri. Puissent Jupiter et tous les dieux confondre ce faiseur de maléfices! Eh! dis-moi, est-ce que ces filles sont muettes? Ne sauraient-elles parler pour elles?

Trak. Si elles se taisent, c'est en vertu de la maxime :

« Femme qui parle ne vaut pas
« Femme qui sait se taire. »

Gri. Oh! par Pollux, à ce compte, tu n'es ni homme ni femme que je voulusse hanter.

Trak. Pourquoi?

Gri. C'est que, soit que tu parles, ou soit que tu te taises, je ne vaux absolument rien. Me sera-t-il enfin permis aujourd'hui de parler à mon tour?

Dém. (*à Gripus.*) Si je t'entends dire encore un seul mot de tout le jour, je t'ouvre le crâne avec ce bâton.

Dæm. Nempe tu hanc dicis, quam esse albas dudum popularem meam? 1065
Trach. Admodum : et ea quæ olim parva gestavit crepundia, isteic in ista cistula insunt, quæ isteic inest in vidulo.
Hoc neque isti usus est, et illi miseræ subpetias feret,
Si id dederit, qui suos parenteis quærat. *Dæm.* Faciam ut det; tace.
Grip. Nihil, hercle, ego sum isti daturus. *Trach.* Nihil peto, nisi cistulam, 1070
Et crepundia. *Grip.* Quid si ea sunt aurea? *Trach.* Quid isteic tua?
Aurum auro expendetur; argentum argento exæquabitur.
Grip. Fac, sis, aurum ut videam, post ego faciam videas cistulam.
Dæm. Cave malo, ac tace tu : tu perge, ut obcœpisti dicere.
Trach. (ad Gripum.) Unum te obsecro, ut te hujus conmiserescat mulieris; 1075
Siquidem hic lenonis ejus est vidulus, quem subspicor.
Heic nisi de opinione certum nihil dico tibi.
Grip. Viden' scelestus ut aucupatur! *Trach.* Sine me, ut obcœpi, loqui.
Si scelesti illius est hic, quojus dico, viduli,
Hæ poterunt gnovisse; ostendere his jube. *Grip.* Ain' ostendere? 1080
Dæm. Haud iniquom dicit, Gripe, ut ostendatur vidulus.
Grip. Imo, hercle, insignite inique. *Dæm.* Quidum? *Grip.* Quia si ostendero,

Continuo hunc gnovisse dicent scilicet. *Trach.* Scelerum caput,
Ut tute es, item omneis censes esse? perjuri caput! 1084
Grip. Omnia istæc ego facile patior, dum hic hinc a me sentiat.
Trach. Atqui nunc abs te stat; verum hinc ibit testimonium.
D. Gripe, adverte animum : tu paucis expedi, quid postulas?
Tr. Dixi equidem : sed si parum intellexti, dicam denuo :
Hasce ambas, ut dudum dixi, ita esse oportet liberas.
Hæc Atheniis parva fuit virgo subrepta. *Grip.* Dic mihi, 1090
Quid ista ad vidulum pertinent, servæ sint istæ, an liberæ?
Trach. Omnia iterum vis memorari, scelus, ut deflat dies.
Dæm. Abstine maledictis, et mihi, quod rogavi, diue.
Trach. Cistellam isteic inesse oportet caudeam in isto vidulo,
Ubi sunt signa, qui parenteis gnoscere hæc possit suos, 1095
Quibuscum parva Athenis periit, sicuti dixi prius.
Grip. Jupiter te dique perdant : quid ais, vir venefice?
Quid? istæ mutæ sunt, quæ pro se fabulari non queant?
Trach. Eo tacent, quia tacita bona 'st mulier semper quam loquens.
Grip. Tum, pol, tu pro oratione nec vir nec mulier mihi es.
Trach Quidum? *Grip.* Quia enim neque loquens es, neque tacens unquam bonus. 1101
Quæso, en unquam hodie licebit mihi loqui? *Dæm.* Si præterhac
Verbum faxis hodie, ego tibi conminuam caput.
Trach. Ut id obcœpi dicere, senex, eam, te quæso, cistulam

Trak. Encore une fois, je vous supplie d'ordonner à votre esclave de rendre ce petit coffre à ces deux filles. S'il demande quelque récompense, on la lui donnera. Je consens qu'il retienne pour lui tout ce qui se trouvera de reste dans ce petit coffret.

Gri. Ah! tu parles ainsi, présentement que tu vois que c'est moi qui ai raison. Tantôt tu me demandais moitié de la prise.

Trak. Et c'est sur quoi je compte encore.

Gri. J'ai vu plus d'un milan poursuivre une bonne proie, et s'en retourner à jeun.

Dém. Quoi! à moins de t'assommer, je ne pourrai te faire taire?

Gri. S'il ne dit plus rien, je me tais; mais s'il parle, trouvez bon que je reprenne la parole.

Dém. Remets-moi à l'instant cette valise, Gripus.

Gri. Je vais vous la confier; mais à condition que si ce qu'il demande ne se trouve point dedans, vous me la rendrez.

Dém. On te la rendra.

Gri. (*Il lui donne la valise.*) Tenez.

Dém. A présent donc, Palestra, et vous aussi, Ampélisque, écoutez l'une et l'autre ce que j'ai à vous dire. Est-ce là cette valise où vous disiez qu'était votre petite cassette?

Pal. C'est elle-même.

Gri. Par Hercule! me voilà ruiné, puisque même avant de s'être donné le temps de la considérer, on s'écrie d'abord : *C'est elle-même.*

Pal. S'il vous restait quelques doutes, ce que je vais ajouter les lèvera tous. Il doit y avoir dans cette valise un petit coffret d'osier d'une forme oblongue. Je vous nommerai l'une après l'autre les choses qui sont dedans, avant que vous n'ayez rien montré. Si je n'accuse pas juste, je ne prétends plus rien, et l'on pourra garder tout. Mais si je me trouve avoir dit vrai, je vous prie instamment de me faire rendre mon bien.

Dém. Votre requête est dictée par l'équité même; j'opine ainsi.

Trak. J'opine de même, par Hercule!

Gri. Quoi! si par magie ou sorcellerie elle nomme tout ce qui est dans la cassette, cela suffira pour le lui faire adjuger?

Dém. La magie ici n'aura point lieu; et, à moins d'accuser juste, elle n'emportera rien à Gripus. Ouvre donc la valise, afin que je sache promptement la vérité.

Pal. (*à Ampélisque.*) (1) Voilà qui va bien; il a ouvert la valise!

Gri. Ah! je suis perdu; j'aperçois le coffret!

Dém. Est-ce celui que vous réclamez?

Pal. Lui-même. O mes chers parents, je vous tiens renfermés dans ce peu d'espace; c'est là qu'est tout mon bien, tout l'espoir que j'ai de vous retrouver.

Gri. (*à part*). Qui que vous soyez, ma belle, vous méritez bien, par Hercule! d'être haïe des dieux et des hommes, de tenir votre père et votre mère enfermés dans une prison si étroite.

Dém. Approche, Gripus. Il s'agit ici de tes intérêts. (*à Palestra.*) Vous, jeune fille, sans bouger du lieu où vous êtes, faites l'appel de ce qui est dans ce petit coffre, et décrivez-nous exactement la figure de chaque chose indiquée; je dis exactement, car pour peu que vous y manquiez, vous ne serez point admise à vous reprendre, et il sera prononcé contre vous en toute rigueur.

Gri. Ce que vous dites là est juste.

Trak. Juste! comment un maraud comme toi ose-t-il parler de justice?

Dém. Maintenant, Palestra, parlez. Toi, Gripus, écoute, et garde-toi de proférer un seul mot.

Pal. Dans cette cassette, il y a des jouets d'enfant.

(1) Par une interprétation des plus forcées, on met dans la bouche de Gripus ces paroles : *bene hoc habet;* lesquelles, sans contredit, sont dans celle de Palestra.

Ut jubeas hunc reddere illis. Ob eam si quid postulat, 1105
Sibi mercedis, dabitur; aliud quidquid ibi est, habeat sibi.
Grip. Nunc demum istuc dicis, quoniam jus meum esse intellegis :
Dudum dimidiam petebas partem. *Trach.* Imo etiam nunc peto.
Grip. Vidi petere milvum, etiam quom nihil auferret tamen.
Dæm. Non ego te conprimere possum sine malo? *Grip.* Si istic tacet, 1110
Ego tacebo : si iste loquitur, sine me pro re mea parte loqui.
Dæm. Cedo modo mihi istum vidulum, Gripe. *Grip.* Concredam tibi.
At si istorum nihil sit, ut mihi reddas. *Dæm.* Reddetur.
Grip. Tene.
Dæm. Audi nunc jam, Palæstra atque Ampelisca, hoc quod loquor.
Estne hic vidulus, ubi cistellam tuam inesse aibas? *Pal.* Is est. 1115
Grip. Perii, hercle, ego miser! ut, priusquam plane adspexit, ilico
Eum esse dixit! *Pal.* Faciam ego hanc rem planam tibi :
Cistellam istec inesse oportet caudeam in isto vidulo.
Ibi ego dicam quidquid inerit nominatim, tu mihi
Nullus ostenderis : si falsa dicam, frustra dixero; 1120
Vos tamen istæc, quidquid illeic inerit, vobis habebitis.

Sed si erunt vera, tum obsecro te, ut mea mihi reddantur.
Dæm. Placet.
Jus merum oras, meo quidem animo. *Trach.* Ac meo, hercle.
Grip. Quid si ista aut superstitiosa, aut ariola est, atque omnia
Quidquid insit vera dicet? anne habebit ariola? 1125
Dæm. Non feret, nisi vera dicet; nequidquam ariolabitur.
Solve vidulum ergo, ut, quidquid sit verum, quam primum sciam.
Pal. Hoc habet; solutum'st. *Grip.* Ah, perii! video cistellam.
Dæm. Hæccine est?
Pal. Istæc est : o mei parenteis, heic vos conclusos gero!
Huc opesque spesque vostrum congnoscendum condidi. 1130
Grip. Tunc tibi, hercle, deos iratos esse oportet, quisquis es,
Quæ parenteis in tam angustum tuos locum conpegeris.
Dæm. Gripe, adcede huc, tua res agitur. Tu, puella, istinc procul
Dicito, quid insit, et qua facie, memorato omnia.
Si, hercle, tantillum peccassis, quod posterius postules 1135
Te ad verum convorti, nugas, mulier, magnas egeris.
Grip. Jus bonum oras. *Trach.* Edepol, haud orat te : nam tu injurius.
Dæm. Loquere nunc jam, puella. Gripe, animum advorte, ac tace.
Pal. Sunt crepundia. *Dæm.* Ecca video. *Grip.* Perii in primo prælio!

Dém. Les voilà, je les vois.

Gri. Ah! je suis mort du premier coup. (*à Démonès.*) Arrêtez! ne les montrez pas encore.

Dém. De quelle espèce sont-ils? répondez-moi par ordre.

Pal. Premièrement, une petite épée d'or, sur laquelle il y a des caractères gravés.

Dém. Et qu'expriment-ils, je vous prie?

Pal. Le nom de mon père. Il y a encore une petite serpe à deux tranchants. Elle est également d'or, et marquée de lettres qui forment le nom de ma mère.

Dém. Arrêtez! Le nom de votre père gravé, dites-vous, sur la petite épée, quel est-il?

Pal. Démonès.

Dém. (*à part*) Dieux immortels, à quelles espérances s'ouvre mon cœur!

Gri. (*à part.*) Que deviennent les miennes?

Dém. (*à Palestre*). Continuez, je vous prie, sans vous interrompre.

Gri. (*à part*). Oui, mais, la belle, cette fois-ci allez-y plus humainement pour moi, ou que la peste vous étouffe!

Dém. Le nom de votre mère inscrit sur la petite serpe, quel est-il?

Pal. Dédalis.

Dém. (*à part*). Les dieux veulent me sauver.

Gri. (*à part*). Et me perdre, moi!

Dém. Ah! Gripus, il faut assurément que ce soit là ma fille.

Gri. Soit. Mais pourquoi faut-il que ce soit à mes dépens que le ciel vous la rende? (*à Trakhalion.*) Et toi, puissent les dieux t'abîmer, pour m'avoir vu pêcher cette valise! et puissent-ils m'abîmer aussi, pour la sottise que j'ai faite de ne pas regarder cent fois autour de moi, avant de tirer mon filet de la mer!

Pal. Vous trouverez encore dans le même coffret une petite faucille d'argent, une petite paire de manchettes attachées ensemble, et une petite breloque qui représente une truie.

Gri. (*à part*). Puissent tous les fléaux ensemble emporter toi, la truie, et ses petits cochons!

Pal. En outre vous y trouverez un petit flacon d'or, que mon père me donna le jour de ma naissance.

Dém. (*à part*). Oui, c'est là ma fille, je n'en puis plus douter. Je cède à la joie qui me transporte. (*A Palestra.*) Viens dans mes bras, ma chère fille! c'est moi qui suis ton père, c'est moi qui suis Démonès; et tu trouveras dans cette maison ta mère Dédalis.

Pal. O mon père! ô vous que je n'espérais plus retrouver!

Dém. Ma chère fille, qu'avec plaisir je te serre dans mes bras!

Trak. J'aime à voir les dieux récompenser ainsi la piété paternelle et filiale.

Dém. Trakhalion, prends cette valise, si tu peux, et me l'apporte tout à l'heure chez moi.

Trak. (*mettant la valise sur son dos*). Me voilà chargé des scélératesses (1) de Gripus. Cette affaire, mon pauvre Gripus, a tourné singulièrement pour toi. Je t'en fais mon compliment.

Dém. Allons, ma fille, entrez au logis; allez voir votre mère. Elle pourra mieux que moi vous reconnaître à certaines marques de naissance, qu'elle a eu plus d'occasions que moi d'observer.

Trak. Entrons tous; aussi bien sommes-nous tous plus ou moins intéressés dans cette affaire.

Pal. Suivez-moi, ma chère Ampélisque.

Amp. Je suis ravie de voir que les dieux commencent à vous être favorables.

Gri. (*seul*). Ne suis-je pas bien ennemi de moi-même de n'avoir pas enterré cette valise aussitôt après l'avoir pêchée? Par Pollux! en voyant la tempête qu'il faisait ce matin, j'avais eu raison de présager que la pêche serait mêlée de trouble. Certes, c'est une valise remplie d'or et d'argent... Oh! qu'ai-je

---

(1) C'est-à-dire des vols de Gripus, de la valise dont Gripus comptait s'emparer.

Mane, ne ostenderis. *Dæm.* Qua facie sunt? responde ex ordine.
Pal. Ensiculo'st aureolus primum literatus. *Dæm.* Dicedum: In eo ensiculo literarum quid est? *Pal.* Mei nomen patris.
Post, altrinsecus est securicula ancipes, item aurea Literata : ibi matris nomen in securicula'st. *Dæm.* Mane.
Dic, in ensiculo quid nomen est paternum? *Pal.* Dæmones.
Dæm. Di inmortaleis, ubi loci sunt spes meæ? *Grip.* Imo, edepol, meæ?
Dæm. Perge, te obsecro, continuo. *Grip.* Placide; aut ite in malam crucem.
Dæm. Loquere matris nomen heic in securicula quid siet.
Pal. Dædalis. *Dæm.* Di me servatum cupiunt. *Grip.* At me perditum.
Dæm. Filiam meam esse hanc oportet, Gripe. *Grip.* Sit per me quidem.
Qui te di omneis perdant, qui me hodie oculis vidisti tuis, Meque adeo scelestum, qui non circumspexi centies
Prius, me ne quis inspectaret, quam rete extraxi ex aqua.
Pal. Post, est sicilicula argenteola et duæ connexæ manicuIæ, et
Sucula. *Grip.* Quin tu i directa, cum sucula et cum porculis.
Pal. Et bulla aurea est, pater quam dedit mihi natali die.

Dæm. Ea est profecto : contineri, quin conplectar, non queo.
Filia mea, salve; ego is sum, qui te produxi, pater :
Ego sum Dæmones, et mater tua ecca heic intus Dædalis.
Pal. Salve, mi pater insperate. *Dæm.* Salve : ut te amplector lubens!
Trach. Volupe 'st, quom istuc ex pietate vostra vobis contigit.
Dæm. Capedum; hunc, si potes, fer intro vidulum, age Trachalio.
Trach. Ecce Gripi scelera : quom istæc res male evenit tibi, Gripe, gratulor. *Dæm.* Age, eamus, mea gnata, ad matrem tuam,
Quæ ex te poterit argumentis hanc rem magis exquirere.
Quæ te magis tractavit, magisque signa pernovit tua.
Trach. Eamus intro omneis, quando omneis operam promiscuam damus.
Pal. Sequere me, Ampelisca. *Amp.* Quom te dii amant, voluptati 'st mihi.
Grip. Sumne ego scelestus, qui illunc hodie excepi vidulum?
Aut quom excepi, qui non allcubi in solo abstrusi loco?
Credebam, edepol, turbulentam prædam eventuram mihi,
Quia illa mihi tam turbulenta tempestate evenerat.
Credo, edepol, ego illeic inesse auri et argenti largiter.

de mieux à faire que d'aller promptement dans quelque coin du grenier, passer un nœud coulant à mon cou, et m'y pendre?... Ne fût-ce que le temps de perdre la mémoire d'un si cruel déplaisir!

SCÈNE V.
DÉMONÈS (seul).

O dieux immortels, y a-t-il un homme plus fortuné que moi? Pouvais-je retrouver ma fille plus miraculeusement? Ceci ne prouve-t-il pas que c'est aux gens de bien, et d'une piété persévérante, que les immortels réservent leurs bienfaits? Ils m'ont rendu, de la manière la plus imprévue, ma chère fille, que je n'espérais plus revoir ; je vais la marier à un jeune homme de haute naissance, fils et petit-fils de citoyens d'Athènes (1), et de plus mon parent; je veux donc qu'on l'aille prier promptement de venir chez moi. J'ai déjà recommandé à son valet Trakhalion de le chercher dans la place, et je m'étonne qu'il ne soit pas encore sorti du logis. Si j'allais lui renouveler l'ordre?... Mais que vois-je de la porte? Quoi! ma femme encore pendue au cou de sa fille! Oh! ces caresses ont assez duré. Les femmes ne savent comment tuer le temps.

SCÈNE VI.

DÉMONÈS, SA FEMME, *personnage muet et qu'on ne voit point;* **TRAKHALION.**

Dém. Il est temps d'interrompre ces baisers, ma femme, et de disposer toutes choses pour le sacrifice qu'à mon retour je ferai aux lares familiers (2) qui ont daigné accroître ma famille en me rendant Pa-

(1) C'est ce que signifie *ingenuo Atheniensi* ; car il ne faut point Ici de virgule après *ingenuo*. Le poëte établit que Pleusidippe était un noble étranger dans l'origine, et citoyen d'Athènes depuis deux générations au moins. Chez les Romains, *ingenuus* signifiait un homme libre d'un nombre de générations illimité au-dessus de deux générations. Le fils du fils d'un affranchi pouvait déjà se qualifier *ingenuus*.

(2) Ou dieux domestiques. Plaute, à son ordinaire, fait jouer ensemble, comme analogues, les mots *familiares* et *familia*.

lestra. Nous avons au logis des agneaux et des cochons destinés à ce pieux usage. Holà, hé! babillardes (1) éternelles, jusqu'à quand retiendrez-vous Trakhalion? Ah! bon ; le voilà qui sort.

Trak. En quelque lieu que soit mon maître Pleusidippe, je cours le chercher. Comptez que je vous l'amènerai.

Dém. Apprends-lui la manière dont j'ai recouvré ma fille, et prie-le de ma part de tout quitter pour venir ici.

Trak. Oui.

Dém. Dis-lui que je lui donne ma fille en mariage...

Trak. Oui.

Dém. Que j'ai connu son père, et que nous sommes parents.

Trak. Oui.

Dém. Mais dépêche-toi.

Trak. Oui.

Dém. Et fais qu'il soit ici au plus tôt, afin qu'on prépare le souper.

Trak. Oui.

Dém. Quoi! tu me répondras toujours par des oui?

Trak. Oui. — Mais j'ai une grâce à vous demander: savez-vous bien ce que c'est? De vous souvenir de votre promesse, qu'aujourd'hui je serais libre.

Dém. Oui.

Trak. Faites votre possible pour obtenir cela de mon maître.

Dém. Oui.

Trak. Si votre fille joignait ses prières aux vôtres, Pleusidippe se rendrait encore plus facilement.

Dém. Oui.

Trak. Et quand je serai libre, qu'on me donne Ampélisque pour femme.

Dém. Oui.

Trak. Je vous demande cette bienveillance, au nom du bon service que je vous ai rendu.

Dém. Oui.

(1) Ceci s'adresse aux servantes de Démonès.

Quid meliu'st, quam ut hinc intro abeam, et me suspendam
  clanculum?
Saltem tantisper, dum abscedat hæc a me ægrimonia. 1175

SCENA QUINTA.
DÆMONES.

Pro di inmortaleis, quis me est fortunatior,
Qui ex inproviso filiam inveni meam?
Satin 'st quoi homini dei esse benefactum volunt,
Aliquo illud pacto obtingit optatum plis?
Ego hodie, qui neque speravi, neque credidi,   1180
Is inproviso filiam inveni tamen :
Ei eam de genere summo adulescenti dabo
Ingenuo, Atheniensi, et congnato meo.
Ego eum adeo arcessi huc ad me quam primum volo,
Jussique exire huc ejus servom, ut ad forum   1185
Iret ; nondum egressum esse eum, id miror tamen.
Accedam opinor ad foreis : quid conspicor?
Uxor conplexa collo retinet filiam :
Nimis pæne inepta atque odiosa ejus amatio 'st.

SCENA SEXTA.
DÆMONES, TRACHALIO.

Dæm. Aliquando osculando meliu'st, uxor, pausam fieri. 1190
Atque adorna, ut rem divinam faciam, quom intro advenero,

Laribus familiaribus, quom auxerunt nostram familiam.
Sunt domi agni et porci sacres : sed quid istum remoramini,
Mulieres, Trachalionem? atque optume, eccum, exit foras.
Truch. Ubi ubi erit, tamen jam investigabo, et mecum ad
  te adducam simul   1195
Pleusidippum. *Dæm.* Eloquere ut hæc res obtigit de filia :
Eum rogato, ut relinquat alias res, et huc veniat. *Trach.* Licet.
Dæm. Dicito daturum meam illi filiam uxorem. *Trach.* Licet.
Dæm. Et patrem ejus me gnovisse ; et mihi esse congnatum.
  Trach. Licet.
Dæm. Sed propera. *Trach.* Licet. *Dæm.* Jam heic fac sit,
  cœna ut curetur. *Trach.* Licet.   1200
Dæm. Omnian' licet? *Trach.* Licet, sed scin' quid est, quod
  te volo?
Quod promisisti ut memineris, hodie ut liber sim. *Dæm.*
  Licet.
Trach. Fac ut exores Pleusidippum, ut me emittat manu.
  Dæm. Licet.
Trach. Et tua filia facito oret; facile exorabit. *Dæm.* Licet.
Trach. Atque ut mihi Ampelisca nubat, ubi ego sim liber
  Dæm. Licet.   1205
Trach. Atque ut gratum mihi beneficium factis experiar.
  Dæm. Licet.

Trak. Quoi? n'avez-vous autre réponse à me faire que des oui?

Dém. Tu m'as payé de cette monnaie; trouve bon que je t'en paye à mon tour. Mais hâte-toi d'aller à la ville (1), et de revenir ici promptement.

Trak. Oui, dans un moment je serai de retour. Cependant, faites préparer toutes choses.

Dém. (à *Trakhalion parti*). Oui. Va; qu'Hercule te confonde avec ton refrain! A tout ce que je lui disais, ce maraud avait, je crois, juré de me rebattre les oreilles de son *oui! — oui!*

SCÈNE VII.
GRIPUS, DÉMONÈS.

Gri. Pourrais-je, mon maître, en ce moment vous dire un mot?

Dém. Qu'est-ce, Gripus?

Gri. C'est au sujet de cette valise. Ma foi, si vous êtes sage, vous le serez de la sorte : vous garderez (2) le bien que les dieux vous ont envoyé.

Dém. Tu trouves juste que je m'approprie un bien qui n'est pas à moi?

Gri. Quoi! une trouvaille que j'ai faite en mer; la pêche d'un de vos esclaves?

(1) A la place publique de la ville de Cyrène. Dans cette place se rendait la justice, au moins pour les cas de police; et les cas particuliers étaient jugés par des commissaires nommés à cet effet par le préteur, comme on le voit dans la première scène du cinquième acte, où ces officiers, préposés pour juger les cas de *Liberté*, sont nommés *recuperatores*. On doit se rappeler que dans la dernière scène du 3ᵉ acte, Pleusidippe a donné commission à un valet de dire à trois reprises de l'attendre à la porte de la ville, pour aller de là avec eux et Labrax devant les commissaires, et pour que ces recors, sur la sentence des juges, l'aidassent à traîner Labrax en prison, faute par Labrax d'obtempérer au jugement, et de renoncer à se porter pour maître et propriétaire de Palestra et d'Ampélisque. Mais on verra dans l'acte suivant que ces commissaires n'adjugent à Pleusidippe que la seule Palestra, qu'Ampélisque reste au pouvoir de Labrax, et n'est affranchie qu'au moyen de conditions faites à l'amiable entre Labrax et Démonès, ce dernier désirant acquitter la parole qu'il a donnée à Trakhalion de lui faire épouser Ampélisque. De cette manière, toutes les convenances sont observées : la fille née libre est mariée à un homme né libre; et la simple affranchie est mariée à un simple affranchi.

(2) Gripus cherche à pervertir son maître, pour avoir lui-même part dans la valise; mais il échoue contre la probité de Démonès.

Dém. Tant mieux pour celui qui a droit de la réclamer; ce n'est pas une raison qui t'autorise à la garder.

Gri. Voilà justement ce qui vous rend pauvre : vous êtes trop homme de bien.

Dém. O Gripus! Gripus! il y a des filets tendus sur le chemin de la vie, où tous les jours, je ne dis pas des poissons, mais des hommes se laissent prendre. Il y a d'ordinaire quelque appât caché sous ces filets : la première dupe qui se jette dessus avec trop d'avidité ne manque jamais d'y être attrapée, et d'être ainsi punie de son avidité. Mais quand on prend garde à sa conduite, qu'on vit sagement, qu'on n'agit qu'avec discrétion, on jouit longtemps d'un bien honnêtement acquis. Tiens, Gripus, je suis persuadé que cette valise rendue à son maître nous fera plus de profit que si nous la gardions. Quoi! je saurais à qui appartient un effet qu'on m'apporte, et je pourrais le retenir? Non, Gripus; c'est ce que Démonès ne fera jamais. Les honnêtes gens doivent éviter avec grand soin toute complicité avec leurs domestiques. Après la joie que m'a donnée cette valise, crois que je ne demande rien davantage.

Gri. Écoutez, mon maître; je me trouvais l'autre jour à un spectacle où des comédiens débitaient de ces belles maximes. Cette morale fut applaudie de tout le monde; mais lorsque chacun se fut retiré, il n'y eut pas de tous les spectateurs un seul qui voulût la suivre.

Dém. Rentre au logis; ne m'importune pas davantage de tes discours. Car, ne t'y trompe point, tu n'auras rien de ce qui est dans la valise.

Gri. (à part, en s'en allant). En ce cas, je prie les dieux que tout ce qui est dedans, soit or, soit argent, devienne cendre.

Dém. (seul). Pourquoi la plupart des valets sont-ils des vauriens? c'est que bien des maîtres leur prêtent la main dans leurs friponneries. Si celui-ci eût eu affaire à un de ses camarades, il aurait commis un vol, et, pensant avoir pris une bonne proie, il serait devenu lui-même la proie de la justice. Mais

Trach. Omnian' licet? *Dæm.* Licet : tibi rursum refero gratiam.
Sed propera ire in urbem actutum, et recipe te huc rursum. *Trach.* Licet.
Jam heic ero : tu interibi adorna cæterum, quod opu'st.
Dæm. Licet.
Dæm. Hercules istum infelicet cum sua licentia, 1210
Ita meas replevit aureis, quidquid memorabam, licet.

SCENA SEPTIMA.
GRIPUS, DÆMONES.

Grip. Quam mox licet te conpellare, Dæmones?
Dæm. Quid est negoti, Gripe? *Grip.* De illo vidulo
Si sapias, sapias : habeas quod di danunt boni.
Dæm. Æquom videtur tibi, ut ego, alienum quod est, 1215
Meum esse dicam? *Grip.* Quodne ego inveni in mari?
Dæm. Tanto melius illi obtigit, qui perdidit :
Tuum esse nihilo magis oportet vidulum.
Grip. Isto tu pauper es, quom nimis sancte pius.
Dæm. O Gripe, Gripe, in ætate hominum plurimæ 1220
Fiunt transennæ, ubi decipiuntur dolis.
Atque, edepol, in eas plerumque esca inponitur :
Quam si quis avidus poscit escam avariter,
Decipitur in transenna avaritia sua,

Ille qui consulte, docte, atque astute cavet, 1225
Diutine uti bene licet partum bene :
Mihi istæc videtur præda prædatum irier,
Ut cum majore dote abeat quam advenerit.
Egone ut quod ad me adlatum esse alienum sciam,
Celem? minume istuc faciet noster Dæmones. 1230
Semper cavere hoc sapienteis æquissumum 'st,
Ne conscii sint ipsi maleficiis suis.
Ego mihi quom lusi, nihil moror ullum lucrum.
Grip. Spectavi ego pridem comicos ad istum modum
Sapienter dicta dicere, atque iis plaudier, 1235
Quom illos sapienteis mores monstrabant poplo :
Sed quom inde suam quisque ibant diversi domum,
Nullus erat illo pacto, ut illi jusserant.
Dæm. Abi intro, ne molestus; linguæ tempera.
Ego daturus tibi nihil sum, ne tú frustra sis. 1240
Grip. At ego deos quæso, ut quidquid in illo vidulo 'st,
Si aurum, si argentum 'st, omne id ut fiat cinis. (abit.)
Dæm. Illuc est, quod nos nequam servis utimur.
Nam illic cum servo si quo congressus foret,
Et ipsum sese et illum furti adstringeret, 1245
Dum prædam habere se censeret, interim
Præda ipsus esset; præda prædam duceret.
Nunc hinc introibo, et sacruficabo; postibi.
Jubebo nobis cœnam continuo coqui.

rentrons au logis pour le sacrifice; après quoi, nous ordonnerons aux cuisiniers de préparer le souper.

SCÈNE VIII.

PLEUSIDIPPE, TRAKHALION.

Pleu. Mon cher Trakhalion, ma vie, mon cher affranchi; non, mon patron; que dis-je, mon patron? mon père, je t'en conjure, raconte-moi une seconde fois tous ces détails : Palestra a donc recouvré ses parents?
Trak. Il est vrai.
Pleu. Elle est ma compatriote?
Trak. Je le pense ainsi.
Pleu. On me la donnera en mariage?
Trak. Je le soupçonne.
Pleu. Mais, je te prie, crois-tu que ce soit dès aujourd'hui que je serai fiancé avec elle?
Trak. C'est ce que j'estime.
Pleu. Je puis, en attendant, féliciter son père de l'avoir retrouvée?
Trak. C'est ce que j'estime.
Pleu. Et sa mère?
Trak. C'est ce que j'estime.
Pleu. Que veux-tu dire avec ton *j'estime*?
Trak. Vous êtes curieux de savoir si je vous adjuge vos demandes; à quoi je vous réponds : *C'est ce que j'estime.*
Pleus. Eh! morbleu, il s'agit bien ici d'estimation! sommes-nous à quelque inventaire? Prends, enlève toutes les marchandises qui te conviendront. Ne crains pas que je mette jamais l'enchère sur toi.
Trak. Comme de juste.
Pleus. Écoute. Si courant vers eux à toutes jambes...
Trak. J'en suis d'avis.
Pleus. Ou plutôt, si les abordant d'un pas grave...
Trak. J'en suis d'avis.
Pleus. Je saluais la jeune fille en arrivant?
Trak. J'en suis d'avis.
Pleus. Le père d'abord, s'entend?
Trak. J'en suis d'avis.
Pleus. Ensuite, la mère?
Trak. J'en suis d'avis.
Pleus. Après les salutations, si j'embrassais le père?
Trak. J'en suis d'avis (1).
Pleus. Puis, la mère?
Trak. J'en suis d'avis.
Pleus. Puis enfin, la jeune fille elle-même?
Trak. Tout beau! c'est de quoi je ne suis point d'avis.
Pleus. J'enrage! ce maudit censeur m'accorde toutes les demandes qui me sont indifférentes, et ne me refuse que celle qui fait seule l'objet de mes vœux (2).
Trak. Convenez, mon maître, que les amants ne sont pas mal fous. Venez, suivez-moi : tout ira bien.
Pleus. Mène-moi où tu voudras, ô mon cher patron!

ACTE CINQUIÈME.

SCÈNE PREMIÈRE.

LABRAX (seul).

Est-il au monde un homme plus malheureux que moi? Pleusidippe a fait nommer des commissaires qui m'ont condamné, et qui lui ont adjugé Palestra : je suis perdu! Tous les marchands d'esclaves naissent, je pense, enfants de la joie; car tout le monde rit, au mal qui leur arrive. Allons au temple de Vénus, pour voir l'esclave qui me reste, afin qu'au moins j'emmène Ampélisque, le seul bien que j'aie conservé dans mon malheur.

(1) Le texte dit le contraire, mais c'est une erreur qu'Andrieux a parfaitement sentie. Trakhalion ne doit cesser d'être de l'avis de Pleusidippe que lorsqu'il s'agit d'embrasser la jeune fille. Autrement l'effet comique est manqué. (A. F.)

(2) Cette réflexion justifie clairement le traducteur. (A. F.)

SCENA OCTAVA.

PLEUSIDIPPUS, TRACHALIO.

Pleus. Iterum mihi istæc omnia itera, mi anime, mi Trachalio, 1250
Mi liberte, mi patrone, imo potius, mi pater.
Reperit patrem Palæstra suum atque matrem? *Trach.* Reperit.
Pleus. Et popularis est? *Trach.* Opinor. *Pleus.* Et nubtura 'st mihi? *Trach.* Suspicor.
Pleus. Censen', hodie despondebit eam mihi, quæso? *Trach.* Censeo.
Pleus. Quid, patri etiam gratulabor, quom illam invenit? *Trach.* Censeo. 1255
Pleus. Quid, matri ejus? *Trach.* Censeo. *Pleus.* Quid ergo censes? *Trach.* Quod rogas,
Censeo. *Pleus.* Dic ergo quanti censes! *Trach.* Egone? censeo.
Pleus. At sume quidem, ne censionem semper facias. *Trach.* Censeo.
Pleus. Quid si curram? *Trach.* Censeo. *Pleus.* An sic potius placide? *Trach.* Censeo.
Pleus. Etiamne eam adveniens salutem? *Trach.* Censeo.
Pleus. Etiamne, ejus patrem? 1260
Trach. Censeo. *Pleus.* Post ejus matrem? *Trach.* Censeo. *Pleus.* Quid postea?
Etiamne adveniens coeplectar ejus patrem? *Trach.* Non censeo.
Pleus. Quid, matrem? *Trach.* Non censeo. *Pleus.* Quid eampse illam? *Trach.* Non censeo.
Pleus. Perii! delectum dimisit : nunc non censet, quom volo.
Trach. Sanus non es; sequere. *Pleus.* Duc me, mi patrone, quo lubet. 1265

ACTUS QUINTUS.

SCENA PRIMA.

LABRAX.

Quis me est mortalium miserior, qui vivat alter hodie,
Quem ob recuperatores modo damnavit Pleusidippus?
Abjudicata a me modo est Palæstra : perditus sum!
Nam lenones ex gaudio credo esse procreatos,
Ita omneis mortaleis, si quid est mali lenoni, gaudent. 1270
Nunc alteram illam, quæ mea est, visam huc in Veneris fanum,
Saltem ut eam abducam, de bonis quod restat reliquiarum.

SCENE II.

GRIPUS, LABRAX.

Grip. (*aux gens de la maison de Démonès, qui lui ont enlevé la corde avec laquelle il faisait mine de vouloir se pendre.*) Vous avez beau faire, vous ne verrez pas ce soir Gripus en vie, à moins que la valise ne lui soit rendue.
Lab. Je meurs quand j'entends parler de valise. Ce mot est un coup de poignard pour moi.
Grip. Ce scélérat de Trakhalion est mis en liberté; et moi qui ai tiré la valise de la mer, et qui l'ai pêchée dans mes filets, il ne m'en reviendra rien?
Lab. O dieux immortels, que cet homme me fait ouvrir les oreilles, par ce qu'il vient de dire!
Grip. Ils n'en sont pas où ils pensent. J'écrirai une affiche d'une coudée de haut, où se lira en gros caractères : VALISE TROUVÉE, REMPLIE D'OR ET D'ARGENT. S'ADRESSER A GRIPUS.
Lab. Par Hercule! cet homme sait, je crois, qui a trouvé ma valise. Il faut que je l'aborde. O dieux! ayez pitié de moi, je vous conjure.
Grip. (*à son maître qui l'appelle.*) Pourquoi me rappelez-vous à la maison, vous autres? Il me plaît d'écurer cette broche devant la porte. Mais, par Pollux, cet ustensile est moins de fer que de rouille. Plus je le frotte, et plus il jaunit en s'amincissant. Oh! cette broche est née au printemps (1), car, d'un bout à l'autre, elle vient en efflorescence sous la main.
Lab. Bonjour, mon garçon.
Grip. Bonjour, l'homme dont le front ne fut jamais rasé (2).

(1) Plaute fait ici un jeu de mots, entre *veru* broche, et *vere* qui signifie *printemps*. Ce jeu de mots ne pouvait être conservé, ni ne méritait de l'être. On ne s'est attaché à rendre, que le rapport du *printemps* à la *floraison*, expression qui se convertit en celle d'*efflorescence*, lorsqu'il s'agit de la rouille et des autres fleurs minérales.

(2) Il y a au texte *inraso capite*. Or, à l'égard de Labrax, qui, act. II. sc. 4, a été qualifié de *recalvus*, ou *front chauve*, il est évident que *inrasum caput*, signifie *non tondu*, par *faute de poil à tondre*; ou, ce qui revient au même, *front chauve :* on ne s'était point aperçu que *inrasum* était employé ici négativement, par une acception comique.

Lab. Que fais tu là?
Grip. J'écure une broche.
Lab. Comment va la santé?
Grip. Pourquoi cette demande? Est-ce que vous êtes de l'ordre des Médicants?
Lab. Non; mais change à ce mot une lettre ou deux, et mets moi hardiment de l'ordre des....
Grip. Mendiants!
Lab. Tu as rencontré juste.
Grip. (*à part*). Il en a bien la mine. (*à Labrax.*) Que vous est-il donc arrivé?
Lab. Hélas! la nuit passée, j'ai fait naufrage. Le vaisseau où j'étais a été brisé par la tempête. J'ai perdu absolument tout ce que je possédais.
Grip. Qu'avez-vous perdu?
Lab. Une valise dans laquelle il y avait beaucoup d'or et d'argent.
Grip. Vous souvenez-vous de ce qui était dans cette valise?
Lab. De quoi me servirait-il de m'en souvenir, puisqu'elle est au fond de la mer?
Grip. De rien, en effet... Mais si nous ne parlions de cela, nous parlerions d'autre chose. Si par hasard je savais qui l'a trouvée?..., Allons, dites-moi ce qui était dedans.
Lab. Huit cents pièces d'or dans une bourse. De plus, dans un petit sac de cuir, il y avait cent philippes d'or.
Grip. (*à part.*) Voilà, certes, une bonne trouvaille que j'ai faite, et dont je dois tirer une grosse récompense. Les dieux veillent sur les mortels. Je ne quitterai pas cette place-ci sans avoir bien fait mes affaires; car voici certainement le propriétaire de la valise. (*A Labrax.*) Achevons, s'il vous plaît, l'énumération.
Lab. Il y avait dans une grande bourse un grand talent d'argent de bon poids; et, de plus, un pot-au-lait d'argent, une aiguière, un petit broc, une gondole et un gobelet de même métal.
Grip. Oh! oh! savez-vous que vous aviez là de grandes richesses!
Lab. Vous aviez!... le vilain mot! qu'il est dur d'avoir eu, et de ne plus avoir!

SCENA SECUNDA.
GRIPUS, LABRAX.

Grip. Nunquam, edepol, hodie ad vesperam Gripum inspicietis vivom,
Nisi vidulus mihi redditur. *Labr.* Perii, quom mentionem
Fieri audio usquam viduli, quasi palo pectus tundat. 1275
Grip. Illic scelestus liber est; ego qui in mari prehendi
Rete vidulum excepi vidulum, dare ei negatis quidquam.
Labr. Pro di inmortaleis, suo mihi hic sermone adrexit aureis.
Grip. Cubitum, hercle, longis literis signabo jam usquequaque,
Si quis perdiderit vidulum cum auro atque argento multo,
Ad Gripum ut veniat. Non feretis istum, ut postulatis. 1281
Labr. Meum, hercle, illic homo vidulum scit, qui habet, ut ego opinor.
Adeundus mihi illic est homo. Di, quæso, subvenite.
Grip. Quid me intro revocas? Hoc volo heic ante ostium extergere, 1284
Nam hoc quidem, pol, e robigine, non e ferro factum 'st;
Ita quanto magis extergeo, rutilum atque tenuius fiat:
Nam quidem hoc vere gnatum 'st verum : ita in manibus consenescit.

Lab. Adulescens, salve. *Grip.* Di te ament cum inraso capite. *Labr.* Quid fit?
Grip. Verum extergetur. *Labr.* Ut vales? *Grip.* Quid tu? num medicus, quæso, es?
Labr. Imo, edepol, una litera plus sum, quam medicus.
Grip. Tum tu 1290
Mendicus es? *Labr.* Tetigisti acu. *Grip.* Videtur digna forma.
Sed quid tibi est? *Labr.* Hac proxuma nocte in mari clavi.
Confracta 'st navis, perdidi, quidquid erat, miser ibi omne.
Grip. Quid perdidisti? *Labr.* Vidulum cum auro atque argento multo.
Grip. Ecquid meministi in vidulo, qui perit, quid infuerit ibi? 1295
Labr. Quid refert, qui periit? *Grip.* Tamen si non hoc, aliud fabulemur.
Quid si ego sciam qui invenerit? volo ex te scire signa.
Labr. Numi octingenti aurei in marsupio infuerunt.
Præterea centum denaria Philippea in pasceolo seorsus.
Grip. (*secum.*) Magna, hercle, præda 'st! largiter mercedis indipiscar. 1300
Di homines respiciunt : bene ego hinc prædatus ibo.
Profecto hujus est vidulus. (*Alta voce.*) Perge alia tu expedire.

Grip. Que donneriez-vous à celui qui irait à la quête de ces effets, et vous en rapporterait des nouvelles ? Parlez vite ; allons, répondez promptement.
Lab. Je lui donnerais trois cents pièces.
Grip. Bagatelles !
Lab. Eh bien ! quatre cents...
Grip. Belle misère !
Lab. Cinq cents.....
Grip. Riche aumône !
Lab. Six cents.
Grib. Vous badinez.
Lab. J'en donnerais sept cents.
Grip. Vous faites la petite bouche comme si vous brûliez.
Lab. Eh bien donc, mille.
Grip. Vous rêvez.
Lab. Je n'ajouterai pas une obole. Va-t-en.
Grip. Ecoutez, faites vos réflexions. Quand je m'en serai allé, je ne serai plus là.
Lab. En veux-tu cent, par de là les mille ?
Grip. Vous dormez.
Lab. Combien demandes-tu donc ? parle.
Grip. Pour ne point vous fatiguer à enchérir ainsi par gradation, voici mon dernier mot : vous me donnerez un grand talent. S'il s'en manque trois oboles, je vous préviens que je ne le prends pas ; dites oui, ou non.
Lab. Eh bien donc, puisque tu n'en veux point démordre, tu auras un talent.
Grip. Approchez donc ici ; je veux que Vénus, la déesse de ce temple, préside à cette stipulation.
Lab. Tout comme il te plaira.
Grip. Touchez cet autel.
Lab. Je le touche.
Grip. Jurez par la déesse.
Lab. Que faut-il jurer ?
Grip. Ce que je vais vous prescrire.
Lab. Dicte-moi telle formule que tu voudras.
(*A part.*) Il me prend bien pour un autre s'il me croit chiche de faux serments.

Grip. Tenez l'autel.
Lab. Je le tiens.
Grip. Jurez que vous me donnerez cet argent le même jour que je vous aurai mis la valise entre les mains.
Lab. Je le jure.
Grip. « Vénus Cyprienne, je vous prends à té-« moin...
Lab. « Vénus Cyprienne, je vous prends à te-« moin...
Grip. « Que si je retrouve la valise, et les tré-« sors dont m'a privé mon naufrage....
Lab. « Que si je retrouve la valise et les trésors « dont m'a privé mon naufrage..
Grip. « Et qu'ils reviennent en mon pouvoir...
Lab. « Et qu'ils reviennent en mon pouvoir...
Grip. « Je promets à Gripus ».... dites de même, en me touchant de l'autre main.
Lab. en le touchant de l'autre main. « Je promets « à Gripus...
Grip. « O Vénus, afin que vous l'entendiez...
Lab. « O Vénus ! afin que vous l'entendiez....
Grip. « Je promets de lui donner aussitôt un « grand talent d'argent. »
Lab. « Je promets de lui donner aussitôt un « grand talent d'argent. »
Grip. Ajoutez que *si vous me trompez, vous consentez que Vénus vous ruine et vous ôte la vie*... (*à part.*) Et puisses-tu au surplus commencer à ressentir les effets de cette imprécation, dès que tu l'auras prononcée !
Lab. « Si je te trompe, puissiez-vous, Vénus, « rendre malheureux tous ceux de mon métier ! »
Grip. (*à part*). Ce qui ne manquera pas d'arriver, quand même tu ne te parjurerais pas. (*à Labrax*). Attendez-moi ici ; car c'est mon maître qui a votre valise. Je vais vous le faire venir. Demandez-la lui, si tôt que vous le verrez. (*Il sort.*)
Lab. (*seul.*) Me la rendît-il mille fois, je ne dois pas à ce drôle-ci le moindre denier. Ma langue

Labr. Talentum argenti conmodum magnum inerat in crumina,
Præterea sinus, epichysis, cantharus, gaulus, cyathusque.
Grip. Papæ ! divitias tu quidem habuisti luculentas. 1305
Labr. Miserum istuc verbum et pessumum 'st, Habuisse, et nihil habere.
Grip. Quid dare velis, qui istæc tibi investiget indicetque ?
Eloquere propere celeriter. *Labr.* Numos trecentos. *Grip.* Tricas.
Labr. Quadringentos. *Grip.* Tramas putridas. *Labr.* Quin gentos. *Grip.* Cassum glandem.
Labr. Sexcentos. *Grip.* Curculiunculos minutos fabulare.
Labr. Dabo septingentos. *Grip.* Os calet tibi ; nunc id frigidefactas ? 1311
Labr. Mille dabo numos. *Grip.* Somnias. *Labr.* Nihil addo ; abi. *Grip.* Igitur audi :
Si, hercle, abiero hinc, heic non ero. *Labr.* Vin' centum et mille ? *Grip.* Dormis.
Labr. Eloquere quantum postules. *Grip.* Quo nihil invitus addas,
Talentum magnum : non potest trioholum hinc abesse. 1316
Proin tu vel aias, vel neges. *Labr.* Quid isteic necessum 'st, video :
Dabitur talentum. *Grip.* Adcededum huc : Venus hæc volo adrogete.
Labr. Quod tibi lubet, id mihi impera. *Grip.* Tange aram hanc Veneris. *Labr.* Tango.

Grip. Per Venerem hanc jurandum 'st tibi. *Labr.* Quid jurem ? *Grip.* Quod jubebo.
Labr. Præi verbis quid vis : id quod domi 'st, nunquam ulli subplicabo. 1320
Grip. Tene aram hanc. *Labr.* Teneo. *Grip.* Dejura, te mihi argentum daturum,
Eodem die, viduli ubi sis potitus. *Labr.* Fiat.
Grip. et Lab. Venus Cyrenensis, testem te testor mihi,
Si vidulum illum, quem ego in navi perdidi,
Cum auro atque argento salvom investigavero, 1325
Isque in potestatem meam pervenerit.
Grip. Tum ego huic Gripo dico, inquito, et me tangito.
Labr. Tum ego huic Gripo dico, *Grip. et Labr.* Venus, ut tu audias,
Talentum argenti magnum continuo dabo.
Grip. Si fraudassis, dicito, uti te in quæstu tuo 1330
Venus eradicet caput atque ætatem tuam.
Tecum hoc habeto tamen, ubi juraveris.
Veneror te, ut omneis miseri lenones sient.
Grip. Tamen fiet, etsi tu fidem servaveris. 1335
Tu heic operire, jam ego faxo exhibit senex :
Eum tu continuo vidulum reposcito. (*te intro.*)
Labr. Si maxume mihi illum reddiderit vidulum,
Non illi ego hodie debeo triobolum :
Meus arbitratu'st, lingua quod juret mea. 1340
Sed conticescam : eccum exit, et ducit senem.

jure ce qu'il me plaît. Mais taisons-nous : le voici qui revient et qui m'amène le bonhomme.

SCÈNE III

GRIPUS, DÉMONÈS, LABRAX.

Grip. (*portant la valise.*) Suivez-moi par ici, mon maître. Où donc est le marchand d'esclaves? Holà ! tenez, voici celui qui a votre valise.

Dém. Il est vrai, c'est moi qui l'ai. Si elle vous appartient, il est juste qu'on vous la rende. Ce qui était dedans vous sera remis. Tout est dans son entier, comme vous l'avez laissé. Prenez-la..., si elle est à vous.

Lab. O dieux immortels! c'est la mienne. Je te salue, ô ma chère valise!

Dém. Mais est-ce bien la vôtre?

Lab. Belle demande! je la réclamerais contre Jupiter même.

Dém. Tout ce qu'elle contenait est en bon état. On n'en a ôté qu'une petite cassette avec des jouets d'enfant, qui m'ont fait aujourd'hui retrouver ma fille.

Lab. Quelle fille?

Dém. Eh! oui; celle qui était votre esclave, Palestra, c'est ma fille.

Lab. Eh! par Hercule, tant mieux que l'événement ait servi vos souhaits. Je m'en réjouis fort.

Dém. Je ne crois pourtant pas cela facilement de vous.

Lab. Pour vous forcer à me croire, je vous déclare que je ne vous demande pas une obole pour votre fille; je vous en fais présent (1).

Dém. avec ironie. Vous en usez d'une manière généreuse, par Pollux!

Lab. C'est vous, au contraire.

Grip. (*à Labrax.*) Holà ! vous avez votre valise?

Lab. Oui, je l'ai.
Grip. Dépêchez-vous donc.
Lab. De quoi faire?
Grip. De me donner de l'argent.
Lab. Par Pollux! je ne t'en donnerai pas plus que je ne t'en dois.
Grip. Quel complot (1) est ceci? Quoi! vous ne me devez rien!
Lab. Non, certes, je ne te dois rien.
Grip. Vous n'avez pas juré?
Lab. J'ai juré, et je jurerai bien encore, s'il me convient. L'homme a établi les serments pour la conservation et non pour la perte de ses biens.
Grip. Donne-moi tout à l'heure un grand talent d'argent, maudit parjure.
Dém. Gripus, qu'est-ce donc que ce talent que tu lui réclames?
Grip. Celui qu'il a juré de me donner.
Lab. Si j'ai juré, c'est qu'il m'a plu de le faire. Es-tu le grand pontife? as-tu droit de t'attribuer la connaissance des faux serments?
Dém. A quelle occasion t'a-t-il promis cet argent?
Grip. Il a juré, vous dis-je, de me donner un grand talent, si je lui remettais sa valise entre les mains.
Lab. Donne-moi un homme qui vienne avec moi devant le juge. Tu verras si je ne prouverai pas que tu as extorqué de moi cette promesse par surprise, et que je suis encore mineur (2), et n'ai pas vingt-cinq ans.
Grip. Voilà mon maître, avec qui vous pouvez aller devant le juge.
Lab. Une affaire pressée m'appelle ailleurs.
Dém. Tout beau; je ne souffrirai point que vous emportiez la valise, à moins que je n'aie prononcé

---

(1) Forcément, puisque les commissaires ont déjà adjugé Palestra à Pleusidippe, qui la réclamait comme née libre, et enlevée à ses parents dans Athènes; et, de plus, comme étant convenus de sa rançon avec Labrax, et lui en ayant payé une partie.

(1) Allusion au refus que Démonès a déjà fait à Gripus de lui allouer aucune part dans la valise trouvée. Comme ce refus est confirmé ici par Labrax, Gripus traite cela d'accord et de conjuration entre eux, contre lui.
(2) En produisant un faux acte de naissance, ou en se parjurant, car on a vu plus haut que Labrax est un vieillard chauve, *senex recalvus*, act. II, sc. 2.

SCENA TERTIA.

GRIPUS, DÆMONES, LABRAX.

Grip. Sequere hac. Ubi istic leno est? heus tu, hem tibi, hic habet vidulum.
Dæm. Habeo, et fateor esse apud me : et, si tuus est, habeas tibi.
Omnia ut quidquid infuere, ita salva sistentur tibi.
Tene, si tuus est. *Labr.* O di inmortaleis! meus est. Salve, vidule.   1345
Dæm. Tuusne est? *Labr.* Rogitas? siquidem, hercle, Jovis fult, meus est tamen.
Dæm. Omnia insunt salva : una istinc cistella excepta est modo
Cum crepundiis, quibuscum hodie filiam inveni meam.
Labr. Quam? *Dæm.* Tua quæ fuit Palæstra, ea filia inventa est mea.
Labr. Bene, mehercle, factum 'st; quom istæc res tibi ex sententia   1350
Polchre evenit, gaudeo. *Dæm.* Istuc facile non credo tibi.
Labr. Imo, hercle, ut seins gaudere me, mihi triobulum
Ob eam ne duis; condono te. *Dæm.* Benigne, edepol, facis.
Labr. Imo tu quidem, hercle, vero. *Grip.* Heus tu, jamne habes vidulum?

Labr. Habeo. *Grip.* Propera. *Labr.* Quid properabo? *Grip.* Reddere argentum mihi.   1355
Labr. Neque, edepol, tibi do, neque quidquam debeo *Grip.* Quæ hæc factio 'st?
Non debes? *Labr.* Non, hercle, vero. *Grip.* Non tu juratus mihi est?
Labr. Juratus sum; et nunc jurabo, si quid voluptati est mihi.
Jusjurandum rei servandæ, non perdundæ, conditum 'st.
Grip. Cedo, sis, mihi talentum magnum argenti, perjurissume.   1360
Dæm. Gripe, quod tu istum talentum poscis? *Grip.* Juratu'st mihi
Dare. *Labr.* Lubet jurare : tun' meo pontifex perjurio es?
Dæm. Qua pro re argentum promisit hic tibi? *Grip.* Si vidulum
Istum redigissem in potestatem ejus, juratus dare
Mihi talentum magnum argenti. *Labr.* Cedo quicum habeam judicem,   130
Ni dolo malo instipulatus sis, nive etiam dum siem
Quinque et viginti gnatus annos. *Grip.* Habe cum hoc. *Labr* Alio 'st opus.
Dæm. Jam ab isto auferre haud sinam, nisi istum condemnavero.
Promisisti huic argentum? *Labr.* Fateor. *Dæm.* Quod servo

contre Gripus. Lui avez-vous promis de l'argent?
Lab. Il est vrai (1).
Dém. Ce que vous avez promis à mon esclave m'appartient de droit. Ne vous imaginez pas user aujourd'hui de la mauvaise foi ordinaire aux gens de votre métier : j'y mettrai bon ordre.
Grip. (*à Labrax*). Tu croyais avoir trouvé ta dupe. Il faut tout à l'heure me compter de bon argent, que je donnerai sur l'heure à mon maître, afin qu'il me mette en liberté.
Dém. Comme j'ai agi avec vous fort honnêtement, que c'est par mes soins que votre valise et ce qu'elle contenait vous ont été conservés...
Grip. (*à Démonès*). C'est bien par mes soins, et non par les vôtres.
Dém. (*à Gripus*). Songe à te taire, si tu es sage. (*à Labrax*) Il me semble que vous devez à votre tour vous piquer d'honnêteté envers moi, et me rendre la pareille.
Grip. (*à Démonès*). J'entends, c'est en mon nom que vous parlez, et, de mon droit, vous en faites le vôtre (2).
Lab. (*à Démonès*). Eh bien! votre droit est incontestable; mais trouverez-vous extraordinaire que je courre le risque de vous supplier de vous en relâcher?
Grip. (*à part*) Tout va bien pour moi. Labrax commence à baisser le ton : bon présage pour ma liberté.
Dém. C'est ce garçon qui a trouvé votre valise. Il est mon esclave; et moi je vous l'ai conservée, avec toutes les sommes qui étaient dedans.
Lab. Je vous en ai bien de l'obligation; et je ne refuse pas de vous donner le talent dont je lui ai fait la promesse.
Grip. (*à Labrax*). Allons, donne-le-moi; crois-moi, ne te fais pas tirer l'oreille.
Dém. (*à Gripus*). Te tairas-tu?
Grip. (*à Démonès*). Vous faites semblant de prendre mes intérêts, et vous travaillez pour les vôtres. Mais comptez que je ne me laisserai pas enlever ce talent. C'est bien assez que vous m'ayez fait tort de tout le reste.
Dém. Tu seras battu, si tu dis encore un seul mot.
Grip. Par Hercule! quand vous devriez me tuer, je jetterai les hauts cris jusqu'à ce qu'on m'ait donné ce talent.
Dém. Labrax, venez de ce côté-ci; que je vous parle à l'écart.
Lab. Volontiers.
Grip. Oh! parlez haut, je vous prie. Il n'est pas question de conférer bas. Point de ces chuchotteries, je vous prie.
Dém. (*à l'écart, et sans être entendu de Gripus*). Dites-moi un peu, Labrax, combien avez-vous acheté cette autre fille qui vous reste, cette Ampélisque?
Lab. Mille pièces.
Dém. Voulez-vous que je vous fasse une bonne proposition?
Lab. De tout mon cœur.
Dém. Je partagerai en deux le talent dont il s'agit.
Lab. Fort bien.
Dém. Une moitié vous rentrera pour la liberté d'Ampélisque, et l'autre sera pour Gripus.
Lab. Très-bien.
Dém. Et pour cette moitié, je le mettrai en liberté; car c'est lui qui est cause que vous retrouvez votre valise, et que je retrouve ma fille.
Lab. C'est agir pour le mieux; et, pour mon compte, je vous rends bien des grâces. Voici la somme.

(*Il tire cette somme de sa valise.*)

---

(1) Labrax, tout scélérat qu'il est, n'ose user de subterfuge avec Démonès comme il a fait avec Gripus, parce que Démonès est un homme considéré, et que sa cause est liée à celle de Pleusidippe. Il craint que l'un et l'autre ne lui fassent un mauvais parti, et qu'on ne lui intente un procès criminel pour avoir acheté et essayé de trafiquer une fille libre, une citoyenne d'Athènes. C'est pourquoi il file doux avec Démonès.

(2) Quoi qu'en puisse dire madame Dacier, il n'y a certainement rien à retrancher dans ce vers : *Mirum, quin tuum jus meo periculo abs te expotam*; et la circonstance abs te doit subsister. Mais ce vers doit être mis dans la bouche de Labrax, et non dans celle de Démonès, comme la preuve évidemment ce que Gripus va dire immédiatement après. J'ai cru également nécessaire, quelques lignes plus haut, de mettre ces paroles : *nempe pro meo jure oras*, dans la bouche de Gripus, et non dans celle de Labrax. En effet, Gripus va dire un peu plus loin : *tu meam rem simulas agere, tuam agis*.

---

meo
Promisisti, meum esse oportet; ne tu leno postules 1370
Te heic fide lenonia uti; non potes. *Grip.* Jam te ratus
Nanctum hominem quem defrudares : dandum huc argentum 'st probum;
Id ego continuo huic dabo, adeo me ut hic emittat manu.
Dæm. Quando ergo erga te benignus fui, atque opera mea
Hæc tibi sunt servata.... *Grip.* Imo, hercle, mea, ne tu
dicas tua. 1375
Dæm. (*ad Gripum.*) Si sapies, tacebis. (*ad Labracem*) Tum te
mihi benigne itidem addecet,
Benemerenti bene referre gratiam. *Labr.* Nempe pro tuo
Jure oras. *Dæm.* Mirum, quin tuum jus meo periculo abs
te expetam.
Grip. Salvos suum; leno labascit; libertas protenditur.
Dæm. Vidulum istunc ille invenit; illud mancipium meum 'st.
Ego tibi hunc porro servavi cum magna pecunia. 1381
Labr. Gratiam habeo, et de talento nulla causa est quin feras,
Quod isti sum juratus. *Grip.* Heus tu! mihi dato ergo, si sapis.
Dæm. Tacen' an non? *Grip.* Tu meam rem simulas agere, tibi mu**

Non, hercle, istoc me intervortes, si aliam prædam perdidi.
Dæm. Vapulabis, verbum si addes istuc unum. *Grip.* Vel, hercle, enica, 1386
Non perficies unquam alio pacto, nisi talento conprimor.
Labr. Tibi operam hic quidem dat; taceto. *Dæm.* Concede hoc tu, leno. *Labr.* Licet.
Grip. Palam age, nolo murmur ullum, neque susurrumfieri.
Dæm. Dic mihi, quanti illam emisti tuam alteram mulierculam 1390
Ampeliscam? *Labr.* Mille numos denumeravi. *Dæm.* Vin, tibi
Conditionem luculentam ferre me? *Labr.* Sane volo.
Dæm. Dividuom talentum faciam. *Labr.* Bene facias. *Dæm.* Pro illa altera,
Liberta ut sit, dimidium tibi sume, dimidium huic cedo.
Labr. Maxume. *Dæm.* Pro illo dimidio ego Gripum emittam manu. 1395
Quem propter tu vidulum, et ego gnatam inveni. *Labr.* Bene facis;
Gratiam habeo magnam. *Grip.* Quam mox mihi argentum ergo redditur?

LE CABLE, ACTE V, SCENE DERNIÈRE.

Grip. Eh bien! me comptera-t-on cet argent, tout à l'heure?

Dém. C'est une affaire conclue; j'ai la somme entre les mains.

Grip. J'aimerais mieux la tenir, moi.

Dém. Tu n'as plus rien à démêler ici; et pour que tu n'oses plus rien prétendre, je t'ordonne de délier Labrax et son serment.

Grip. Par Hercule! c'est fait de moi; et si je ne cours bien vite me pendre, je suis mort.

Dém. (*donnant à Gripus le soufflet d'affranchissement*). Par Hercule! passé ce jour, tu ne me friponneras plus (1).

(*Ici Gripus sort en sautant de joie.*)

SCÈNE DERNIÈRE.

CHARMIDE, DEMONÈS, LABRAX.

Dém. Labrax, venez souper ce soir chez moi.

Lab. (*apercevant son hôte Charmide.*) J'accepte l'offre, à une (2) condition. (*Ici Labrax fait signe à son hôte Charmide d'approcher, et le présente à Démonès, à qui il demande tout bas la permission de le lui amener à souper.*)

Dém. Très-volontiers.

Char. (*a Labrax, qui le prend par la main pour le mener chez Démonès.*) Qui? moi? On m'inviterait là dedans (1)?

Ici Labrax explique à son hôte tout ce qui vient d'arriver.

Dém. Spectateurs, je vous inviterais bien aussi à venir souper chez moi; mais je n'aurais pas grande chère à vous offrir, et je ne vous conseille pas de compter sur les restes chimériques d'un sacrifice idéal. Je pense bien aussi que vous êtes priés ailleurs. Si toutefois vous voulez nous donner des marques de l'estime que vous faites de cette comédie en applaudissant bien, je vous invite tous à venir, dans seize ans d'ici (2), faire chez moi une bombance nocturne. (*à Labrax et à Charmide.*) Pour vous deux, venez y souper dès ce soir.

Char. J'accepte l'offre (3). *Aux spectateurs.* Applaudissez (4).

---

(1) Formule comique et du genre gai, par laquelle Démonès, en bonne humeur, apprend à Gripus son esclave, qu'il le met en liberté, et qu'il pourra à l'avenir pêcher pour son propre compte, sans plus flouter son maître, puisqu'il n'en aura plus. C'est ce qu'on n'avait point compris. On mettait avant moi, dans la bouche de Gripus, ces paroles : *Nunquam hercle iterum defraudabis me quidem post hunc diem.* Une autre manière probable d'interpréter ce passage, c'est de supposer que Démonès donne par jeu à Gripus le soufflet de liberté, sous prétexte de lui donner un soufflet d'humeur.

(2) Je lis au texte *fiat conditio*, et je fais répondre par Démonès, *placet*. Les éditeurs et traducteurs qui m'ont précédé mettent tout cela, avec une autre ponctuation, dans la bouche de Labrax, et lui font dire tout d'un trait : *fiat; conditio placet.* Mais *conditio* n'a jamais signifié une invitation. De plus, l'expression d'assentiment *placet*, employée d'une manière absolue et isolée, est du style de Plaute, qui l'a déjà mise dans la bouche du vieillard Démonès, acte iv, sc. 4, en cette sorte :

PALESTRA.
Sed si erunt vera, tum obsecro te, ut mea mihi reddantur.
DÉMONÈS.
Placet.

Outre ces raisons, il est à remarquer que Démonès va dire : *Vos heic hodie cœnatote ambo.* Ce qui semble ne pouvoir s'adresser qu'à Labrax et à son hôte. Voilà ce que m'a fondé à reproduire sur la scène Charmide, qui, chez les autres interprètes de Plaute, se trouve un personnage perdu, et dont on n'a plus de nouvelles dès la fin du troisième acte, et à mettre dans sa bouche ces mots : *Sed quid mihi intro?* dont l'ignorance des copistes avait fait *sequimini intro.* Toute cette fin de pièce est d'ailleurs remplie de divers jeux muets, que les critiques n'avaient nullement saisis.

(1) Je traduis ainsi *sed quid mihi intro?* C'est un style laconique, qui dit autant que s'il y avait : *sed quid? mihi? intro fit invitatio?*

(2) Le grand âge du personnage ne permet pas de prendre au sérieux une invitation à si long terme. Aussi n'est-ce qu'un simple badinage, dont on trouve un exemple à la fin de la comédie des *Harangueuses* d'Aristophane : la servante du directeur vient avertir son maître que le souper est prêt. Toute la troupe est invitée à ce repas, ainsi que quelques amis de l'auteur. A l'égard, ajoute-t-elle, *du reste des spectateurs.... prévenez-les qu'un bon repas les attend; chose dont ils s'assureront, en s'en allant souper chacun chez soi.* Le même genre de plaisanterie se trouve à la fin du *Stikhus* de Plaute, et de son *Pseudolus.*

(3) Cette réponse a du sel dans la bouche d'un parasite tel que Charmide, et ne serait qu'une redite insipide dans la bouche de Labrax, qui a déjà accepté l'offre avec condition.

(4) La formule *plaudite* ne serait qu'une redite dans la bouche de Démonès, qui a déjà requis qu'on battit des mains; c'est pourquoi je l'ai jugée plus convenable dans la bouche de Charmide.

Dæm. Res soluta 'st, Gripe : ego habeo. *Grip.* Hercle, at ego me mavolo.

Dæm. Nihil, hercle, heic tibi est, ne tu speres : jurisjurandi volo

Grallam facias. *Grip.* Perii, hercle! nisi me suspendo; obcidi. 1400

Dæm. Nunquam, hercle, iterum defrudabis me quidem post hunc diem.

SCENA ULTIMA.

LABRAX, DÆMONES, GRIPUS, CHARMIDE.

Dæm. Heic hodie cœnato, leno. *Labr.* Fiat! conditio placet.

Charm. Sed quid mihi intro? *Dæm.* Spectatores, vos quoque ad cœnam vocem,
Ni daturus nihil sim, neque sit quidquam polludi domi,
Nive adeo vocatos credam vos esse ad cœnam foras. 1405
Verum, si voletis plausum fabulæ huic clarum dare,
Comisatum omneis venitote ad me ad annos sedecim.
Vos heic hodie cœnatote ambo. *Char.* Fiat. Plausum date.

LES TROIS ÉCUS

OU

LE TRÉSOR.

PERSONNAGES.

PROLOGUE.
LE LUXE.
L'INDIGENCE.
CHARMIDE, marchand athénien.
LESBONIQUE, fils de Charmide.
STASIME, esclave de Lesbonique.
CALLICLÈS, ami de Charmide et de Lesbonique.
MÉGARONIDE, ami de Calliclès et de Charmide.
PHILTON, vieillard.
LYSITÈLE, fils de Philton.
Un sycophante.

La scène est à Athènes.

ARGUMENT
attribué à PRISCIEN.

Charmide, près de partir pour un long voyage, laisse le soin de ses affaires à Calliclès son ami, et lui confie un trésor caché dans sa maison. Pendant son absence, Lesbonique son fils, après avoir dissipé son bien, vend cette maison, qui est achetée par Calliclès. La sœur du jeune homme est demandée en mariage, quoique sans dot. Calliclès, pour lui procurer une dot, sans lui attirer l'envie de son frère, charge quelqu'un de dire à Lesbonique que son père lui envoie de l'argent. Cet individu, sur le point d'entrer chez Lesbonique, est joué par Charmide, qui est revenu, et qui marie ses deux enfants.

PROLOGUE.
LE LUXE ET L'INDIGENCE (1).

Le Luxe. Suis-moi, ma fille, et fais ton devoir.

(1) Ces personnages sont bien appropriés à une comédie où l'on verra un jeune homme réduit à la misère par de folles dépenses. — Le *Dissipateur* de Destouches rappelle quelques idées de la pièce de Plaute, notamment dans le rôle de Pasquin, honnête valet, comme Stasime, et dans celui de Géronte, qui thésaurise comme le bon homme Philton.

TRINUMMUS.
DRAMATIS PERSONÆ.

LUXURIA.
INOPIA.
CHARMIDES, senex.
LESBONICUS, adolescens.
STASIMUS, servus.
CALLICLES,
MEGARONIDES, } senes.
PHILTO, senex.
LYSITELES, adolescens.
SYCOPHANTA.

Scena est Athenis.

ARGUMENTUM
(UT QUIBUSDAM VIDETUR)
PRISCIANI.

Thesaurum abstrusum abiens peregre Charmides
Remque omnes amico Callicli mandat suo.
Istoc absente, male rem perdit filius;
Nam et ædeis vendit : has mercatur Callicles.
Virgo indotata soror istius poscitur;
Minus quo cum invidia ei det dotem Callicles
Mandat qui dicat aurum ferre se a patre.
Ut venit ad ædeis, hunc deludit Charmides
Senex, ut rediit; quojus nubunt liberi.

PROLOGUS.

Lux. Sequere me, mea gnata, ut munus fungaris tuum.
Inop. Sequor; sed finem fore quem dicam, nescio.

L'Indig. Je vous suis; mais où allons-nous? Je l'ignore.

Le Luxe. Ici. Tu vois cette maison : entre-s-y à l'instant. (*Aux spectateurs.*) Je vais vous mettre sur la voie, de peur de méprise; à condition que vous me promettrez votre attention. Daignez m'écouter, et je vous dirai qui je suis, et quelle est celle qui m'accompagne. Plaute m'appelle le *Luxe.* Le nom qu'il a donné à ma fille, c'est l'*Indigence.* Maintenant il s'agit de savoir pourquoi elle est entrée ici par mon ordre : ouvrez bien vos oreilles, je vous prie. Il y a dans cette maison un jeune fou qui, grâce à mes soins, a dissipé son patrimoine. Comme il n'a plus rien dont il puisse me faire hommage, je lui donne ma fille, avec qui il pourra passer sa vie. N'attendez pas de moi une plus longue explication de la pièce. Les vieillards qui vont paraître vous instruiront assez. En grec, le titre de la pièce est *le Trésor.* Philémon (1) en est l'auteur. Plaute l'a traduite en latin, et l'a intitulée *Trinummus (le Triple Écu)* (2). Il vous prie de lui laisser ce nom. — Portez-vous bien, et écoutez en silence. — J'ai dit.

ACTE PREMIER.
SCÈNE I.
MÉGARONIDE.

Réprimander justement un ami coupable est sans

(1) Contemporain de Ménandre. — (2) C'est pour 3 écus qu'un intrigant se loue dans la pièce, et consent à jouer le rôle d'imposteur.

Lux. Adest : hem, illæ sunt ædeis; i intro nunc jam. (Inopis it intro.)
Nunc, ne quis erret vostrum, paucis in viam
Deducam, siquidem operam dare promittitis. 5
Nunc primum igitur, quæ ego sim, et quæ illa hæc siet,
Huc quæ abiit intro, dicam, si animum advortitis.
Primum mihi Plautus nomen Luxuriæ indidit;
Tum hanc mihi gnatam esse voluit Inopiam.
Sed ea huc quid introlerit jopulus meo, 10
Accipite, et date vacivas aureis, dum eloquor.
Adulescens quidam 'st, qui in hisce habitat ædibus;
Is rem paternam me adjutrice perdidit.
Quoniam ei, qui me aleret, nihil video esse reliqui,
Dedi meam gnatam, quicum ætatem exigat. 15
Sed de argumento ne exspectetis fabulæ :
Senes qui huc venient, hi rem vobis aperient.
Huic nomen græce est Thesauro fabulæ :
Philemo scripsit, Plautus vortit barbare;
Nomen Trinumo fecit : nunc hoc vos rogat, 20
Ut liceat possidere hanc nomen fabulam.
Tantum 'st : valete : adeste cum silentio.

ACTUS PRIMUS.
SCENA PRIMA.
MEGARONIDES.

Næ amicum castigare ob meritam noxiam,

doute un emploi désagréable; et pourtant cela est utile, nécessaire dans la vie. C'est bien malgré moi que je vais me charger aujourd'hui de cette fonction délicate; mais l'honneur m'y oblige. Le vice n'a que trop envahi la société : il tue tous ceux qui se livrent à lui. Tandis que quelques-uns atteints de ce fléau luttent faiblement contre lui, le mal croît et s'étend comme l'herbe qu'on arrose. Rien n'est plus commun que les mauvaises mœurs; il y a de quoi faire ici une abondante moisson. On cherche la faveur de quelques personnages puissants, plutôt que le bien de tous. L'appât des honneurs l'emporte. Ces principes sont à la fois criminels et nuisibles; ils sont également funestes à l'intérêt privé et à la chose publique.

SCÈNE II.
CALLICLÈS, MÉGARONIDE.

Call. (*à sa femme dans l'intérieur.*) Il faut, ma femme, offrir une couronne à notre dieu Lare : adresse-lui des vœux pour que cette maison (1) nous soit heureuse et propice, (*à part*) et que je sois le plus tôt possible débarrassé de toi.

Még. Le voilà, ce pauvre homme que la vieillesse a ramené à l'enfance. Quelle sottise impardonnable il vient de faire! Abordons-le.

Call. Quelle voix frappe mon oreille?

Még. C'est celle d'un ami , si vous êtes tel que je l'espère, ou, s'il en est autrement, d'un ennemi implacable.

Cal. Bonsoir, mon ami, mon cher contemporain, Mégaronide, comment vous portez-vous?

Még. Je vous salue bien, Callicles, Et la santé, comment va-t-elle? vous êtes-vous toujours bien porté?

Call. Heim! je me porte bien, mais pas comme autrefois.

Még. Et votre femme, comment se porte-t-elle?

Call. Mieux que je ne voudrais.

(1) Celle que Callicles est censé avoir nouvellement achetée.

Még. Je vous en fais mon compliment; il est heureux pour vous de la voir en si bonne santé.

Call. Je crois vraiment que vous vous réjouissez de mon malheur.

Még. Je souhaite à tous mes amis ce que je désire pour moi-même.

Call. Et votre femme à vous, comment va-t-elle?

Még. Elle est immortelle : elle vit et vivra toujours.

Call. Bonnes nouvelles! je prie les dieux qu'elle vous survive.

Még. J'y consens volontiers, si vous voulez l'épouser.

Call. Voulez-vous faire un échange? Je prendrai la vôtre, et vous prendrez la mienne. Ce ne sera pas moi qui perdrai au marché.

Még. Ni moi, je vous jure.

Call. Vous ne savez pas ce que vous dites, je vous en réponds.

Még. Gardez ce que vous avez. Un mal connu est un bien. Pour moi, si je prenais une femme que je ne connusse pas, je ne sais ce que je ferais.

Call. Mais c'est qu'on ne vit longtemps qu'autant que l'on vit heureux.

Még. Voyons, écoutez-moi, et trêve de railleries. J'ai à vous parler, et c'est pour cela que je vous ai abordé.

Call. Pourquoi venez-vous?

Még. Pour vous réprimander vertement.

Call. Moi?

Még. Est-ce qu'il y en a d'autres ici que vous et moi?

Call. Non.

Még. Pourquoi donc me demander si mes reproches s'adresseront à vous? à moins que vous ne supposiez que je vais me gronder moi-même. Votre ancienne vertu chancelle; vous pliez votre caractère aux mœurs du jour; la contagion altère votre bon naturel : vous changez vos anciens principes pour adopter les nouveaux. Vous causerez à tous vos amis un

---

Inmune est facinus; verum in ætate utile
Et conducibile : nam ego amicum hodie meum   25
Concastigabo pro commerita noxia,
Invitus, ni me id invitet ut faciam fides.
Nam hic nimium morbus mores invasit bonos;
Ita plerique omneis jam sunt intermortui.
Sed dum illi ægrotant, interim mores mali,   30
Quasi herba irrigua, subcreverunt uberrume;
Neque quidquam hinc vile nunc est, nisi mores mali.
Eorum licet jam messem metere maxumam,
Nimioque heic pluris pauciorum gratium
Faciunt pars hominum, quam id, quod prosit pluribus.   35
Ita vincunt illud conducibile gratiæ;
Quæ in rebus multis obstant, odiosæque sunt,
Remoramque faciunt rei privatæ et publicæ.

SCENA SECUNDA.
CALLICLES, MEGARONIDES.

Call. Larem corona nostrum decorari volo.
Uxor, venerare, ut nobis hæc habitatio   40
Bona, fausta, felix, fortunataque eveniat;
Teque ut quam primum possim, videam emortuam.
Meg. Hic ille est, senecta ætate qui factu'st puer,
Qui admisit in se culpam castigabilem.
Ad grediar hominem. *Call.* Quoja vox prope me sonat?   42
Meg. Tui benevolentis, si ita es, ut ego volo;
Sin aliter es, inimici atque irati tibi.

Call. O amice, salve, atque æqualis. Ut vales,
Megaronides? *Meg.* Et tu, edepol, salve, Callicles.
Valen'? valuistin'? *Call.* Valeo, et valui rectius.   50
Meg. Quid agit tua uxor? ut valet? *Call.* Plusquam ego volo.
Meg. Bene, hercle, est, illam tibi bene valere et vivere.
Call. Credo, hercle, te gaudere, si quid mihi mali est.
Meg. Omnibus amicis quod mihi est, cupio esse idem.
Call. Eho, tua uxor quid agit? *Meg.* Immortalis est.   55
Vivit, victuraque est. *Call.* Bene, hercle, nuntias,
Deosque oro, ut vitæ tuæ superstes subpetat.
Meg. Dum quidem, hercle, tecum nubta sit, sane velim.
Call. Vin' commutemus? tuam ego ducam, et tu meam?
Faxo haud tantillum dederis verborum mihi.   60
Meg. Namque enim tu, credo, mihi inprudenti obrepseris.
Call. Næ tu, hercle, faxo haud scies quam rem egeris.
Meg. Habeas, ut nanctus; gnota mala res, optuma 'st.
Nam ego nunc si ignotam capiam, quid agam, nesciam.
Edepol, proinde ut bene vivitur, diu vivitur.   65
Sed hoc animum advorte atque aufer ridicularia :
Nam ego dedita opera huc ad te advenio. *Call.* Quid venis?
Meg. Malis te ut verbis multis multum objurgitem.
Call. Men'? *Meg.* Num quis est heic alius præter me atque te?
Call. Nemo est. *Meg.* Quid igitur rogitas, tene objurgitem?
Nisi tute mihi me censes dicturum male.   71
Nam si in te ægrotant arteis antiquæ tuæ,
Sive inmutare vis ingenium moribus,
Aut si demutant mores ingenium tuum,
Neque eos antiquos servas, ast captas novos,   75

chagrin profond; ils ne pourront vous voir ni entendre parler de vous, sans être douloureusement affectés.

Call. Qui peut vous inspirer un pareil discours?

Még. C'est qu'on aime à voir les gens de bien à l'abri des reproches et du soupçon.

Call. C'est ce qui n'est guère facile.

Még. Pourquoi donc?

Call. Vous me le demandez? Je n'ai point de reproche à me faire : le soupçon est dans le cœur des autres. Par exemple, s'il me prenait envie de vous soupçonner d'avoir dérobé la couronne de Jupiter au sommet du Capitole, (1) pourriez-vous m'en empêcher, malgré votre innocence? Pourriez-vous imposer silence à mes soupçons? Mais voyons, de quoi s'agit-il à mon égard?

Még. Avez-vous un ami sincère, ou un serviteur sage et dévoué?

Call. Je vous dirai franchement qu'il en est que je considère comme mes amis; il en est d'autres d'un attachement douteux, dont je ne puis connaître le caractère et les sentiments, qui peuvent être mes amis, comme aussi mes ennemis. Mais vous, je vous place au rang de mes amis véritables. Si vous m'avez vu faillir par ignorance ou de dessein prémédité, et que vous ne me le reprochiez pas, vous mériteriez vous-même de graves reproches.

Még. Sans doute; et quand je ne serais pas venu ici exprès pour cela, je devrais faire ce que vous dites.

Call. J'attends vos explications.

Még. Sachez donc qu'on parle très-mal de vous dans le public : vos concitoyens vous traitent d'avare sordide; d'autres, de vautour : votre rapacité n'épargne personne, amis ou ennemis : voilà les propos que l'on tient; et ils me font cruellement souffrir.

Call. Il n'est pas en mon pouvoir de les empêcher, mais je puis faire qu'on mente : et il n'y a rien de vrai dans tout ce qu'on dit.

Még. Charmidès est-il votre ami?

Call. Il l'est et l'a toujours été : et, pour que vous n'en doutiez pas, je vais vous en donner la preuve. Son fils ayant mangé son bien, le bonhomme craignit d'être lui-même réduit à l'indigence : il avait une fille à marier; après la mort de sa femme, il résolut d'aller à Séleucie, et me confia sa jeune fille, son libertin de fils, et tout son bien. S'il était mon ennemi, aurait-il eu cette confiance? Répondez.

Még. Eh quoi! un père remet entre vos mains ce jeune libertin, et vous ne le ramenez pas à la vertu? vous ne le corrigez pas? N'auriez-vous pas dû employer tous vos soins à le rendre meilleur? Loin de là, c'est vous qui imitez ses désordres honteux, et vous mêlez votre infamie à la sienne.

Call. Quel mal ai-je donc fait?

Még. Votre conduite est celle d'un malhonnête homme.

Call. Ce n'est pas mon caractère.

Még. N'avez-vous pas acheté du jeune homme cette maison? Vous ne répondez rien à cela? N'y demeurez-vous pas?

Call. Oui, je l'ai achetée : et j'ai mis quarante mines en bon ou dans la main du jeune homme.

Még. Vous l'avez payée?

Call. Tout est terminé, et je n'en ai nul remords.

Még. Le pauvre jeune homme est tombé en de bien mauvaises mains! vous voulez donc lui donner un couteau, pour se tuer! Était-il convenable, était-il sensé de donner de l'argent à un jeune amoureux, à un fou, pour mettre le comble à ses extravagances?

Call. Je ne devais pas lui donner son argent!

---

(1) Les peuples alliés ou sujets de Rome venaient, en signe d'obéissance, déposer des couronnes aux pieds de Jupiter Capitolin.

Omnibus amicis morbum tu incuties gravem,
Ut te videre audireque ægroti sient.
Call. Qui in mentem venit tibi, istæc dicta dicere?
Meg. Quia omneis bonos bonasque adcurare addecet,
Subspicionem et culpam ut ab se segregent.   80
Call. Non potest utrumque fieri. *Meg.* Quapropter? *Call.* Rogas?
Ne admittam culpam, ego meo sum promus pectori :
Subspicio est in pectore alieno sita.
Nam nunc ego si te subripuisse subspicer
Jovi coronam de capite, e Capitolio,   85
Quod in culmine adstat summo, si id non feceris,
Atque id tamen mihi lubeat subspicarier,
Qui tu id prohibere me potes, ne subspicer?
Sed istuc negoti scire cupio, quidquid est.
Meg. Haben' tu amicum aut familiarem quempiam   90
Quoi pectus sapiat? *Call.* Edepol, haud dicam dolo :
Sunt, quos scio esse amicos; sunt, quos subspicor;
Sunt, quorum ingenia atque animos non possum gnoscere,
Ad amici partem, an ad inimici pervenient.
Sed tu ex amicis certis mi es certissumus.   95
Si quid scis me fecisse inscite aut inprobe,
Si id me non accusas, tute ipse objurgandus es. *Meg.*
Scio;
Et, si alia huc causa ad te adveni, æquom postulas.
Call. Exspecto si quid dicas. *Meg.* Prinumdum omnium,
Male dictitatur tibi volgo in sermonibus :   100
Turpilucricupidum te vocant civeis tui
Tum autem sunt alii, qui te volturium vocant;
Hostesne an civeis comedis, parvipendere.

Hæc quom audio in te dicier, excrucior miser.
Call. Est, atque non est, mihi in manu, Megaronides :   105
Quin dicant, non est; merito ut ne dicant, id est.
Meg. Fuitne hic tibi amicus Charmides? *Call.* Est, et fuit.
Id ita esse ut credas, rem tibi auctorem dabo.
Nam postquam hic ejus rem confregit filius,
Videtque ipse ad paupertatem protractum esse se,   110
Suamque filiam esse adultam virginem,
Simul ejus matrem, suamque uxorem mortuam;
Quoniam hinc iturus est ipse in Seleuciam,
Mihi commendavit virginem gnatam suam,
Et rem suam omnem, et illum corruptum filium.   115
Hæc, si mihi inimicus esset, credo, haud crederet.
Meg. Quid tu adulescentem, quem esse corruptum vides,
Qui tuæ mandatus est fidei et fiduciæ,
Quin eum restituis? quin ad frugem corrigis?
Ei rei operam dare te fuerat aliquanto æquius,   120
Si qui prohibere facere possis, non uti
In eamdem tute adcederes infamiam,
Malumque ut ejus cum tuo misceres malo.
Call. Quid feci? *Meg.* Quod homo nequam. *Call.* Non istuc meum 'st.
Meg. Emistin' de adulescente has ædeis? quid taces?   125
Ubi nunc tute habitas. *Call.* Emi, atque argentum dedi,
Minas quadraginta adulescenti ipsi in manum.
Meg. Dedisti argentum? *Call.* Factum; neque facti piget.
Meg. Edepol, fidei adulescentum mandatum malæ.
Dedistine bona pacto ei gladium, qui se occideret?   130
Quid secus est, aut quid interest dare te in manus
Argentum amanti homini adulescenti, animi inpoti,

Még. Non : vous ne deviez rien acheter de lui, rien lui vendre; vous ne deviez pas ajouter aux désastres de sa situation, et abîmer votre pupille. Chasser de la maison un ami qui vous en a confié la garde, est sans doute un trait honorable et délicat! Remettez donc vos intérêts à un pareil homme! il saura faire ses affaires à merveille.

Call. Mégaronide, vous me poussez à bout par ce discours injurieux; et le secret que j'avais promis de garder, que ma loyauté avait juré de taire à tout le monde, va s'échapper malgré moi... Vous me forcez de vous le dire.

Még. Déposez-le dans mon cœur, il y restera, je vous l'assure.

Call. Regardez de tout côté si personne ne nous observe.... Voyez y bien de temps en temps.

Még. Je vous écoute... parlez.

Call. Quand vous vous tairez. Charmide, avant d'entreprendre ce long voyage, m'a montré un trésor caché dans cette maison, ici, dans une certaine chambre : mais prenez garde qu'on ne nous écoute.

Még. Il n'y a personne.

Call. C'étaient trois mille philippes d'or! Seul avec moi, il m'a conjuré au nom de l'amitié et de l'honneur, et les larmes aux yeux, de ne parler à personne de ce trésor, d'en cacher surtout la connaissance à son fils. S'il revient sain et sauf, je lui rends son bien : s'il lui arrive malheur, je dois le donner pour dot à sa fille, qui pourra trouver ainsi un établissement digne d'elle.

Még. Dieux immortels! ce peu de mots a changé toutes mes idées. J'abjure d'injustes sentiments. Mais continuez votre récit.

Call. Que vous dirai-je? ce mauvais sujet a su mettre en défaut la prudence de son père, ma délicatesse et tous nos plans secrets.

Még. Comment?

Call. J'étais allé passer six jours à la campagne; pendant mon absence, à mon insu, sans me consulter, il a mis un écriteau à cette maison.

Még. Le loup était affamé : il a saisi l'instant où le chien dormait, pour emporter tout le troupeau.

Call. Il l'aurait fait assurément, si le chien n'avait eu bon nez. Mais c'est à vous maintenant que j'en appelle : que devais-je faire? fallait-il révéler le trésor au mépris de ma promesse, ou laisser un étranger acheter la maison, et par là même le droit de revendiquer le trésor, s'il l'eût découvert? J'ai mieux aimé acheter moi-même la maison, la payer, pour rendre à mon ami son trésor intact. Je n'ai point calculé mes intérêts... J'ai payé le double de la valeur. Voilà ma conduite; voilà ce que j'ai fait à tort ou à raison, je l'avoue, Mégaronide. Voilà mes crimes, voilà ma cupidité dans cette affaire. Est-ce pour cela que j'ai mérité vos outrages?

Még. Assez, de grâce, assez. Vous triomphez de votre censeur. Vous m'avez fermé la bouche; je n'ai rien à répondre.

Call. Maintenant, je vous prie de m'aider de vos conseils et de votre zèle, dans l'embarras où je me trouve.

Még. Comptez sur moi.

Call. Où vous retrouverai-je tantôt?

Még. Chez moi.

Call. Voulez-vous encore quelque chose de moi?

Még. Songez à votre promesse.

Call. J'y serai fidèle.

Még. Mais à propos....

Call. Que voulez-vous?

Qui exædificaret suam inchoatam ignaviam?
Call. Non ego illi argentum redderem? *Meg.* Non redderes :
Neque de illo quidquam neque emeres, neque venderes; 135
Nec, qui deterior esset, faceres copiam.
Inconciliastin' eum qui mandatu'st tibi?
Ille qui mandavit, eum exturbasti ex ædibus?
Edepol, mandatum pulchre, et curatum probe!
Crede huic tute; suam jam melius rem gesserit. 140
Call. Subigis maledictis me tuis, Megaronides,
Novo modo adeo, ut quod meæ concreditum 'st
Taciturnitati clam, fidei et fiduciæ,
Ne enuntiarem quoiquam, neu facerem palam;
Uti mihi necesse sit jam id tibi concredere. 145
Meg. Mihi quod credideris, sumes, ubi posiveris.
Call. Circumspicedum te, ne quis adsit arbiter
Nobis; et quæso identidem circumspice.
Meg. Ausculto, si quid dicas. *Call.* Si taceas, loquar.
Quoniam hinc est profectus peregre Charmides, 150
Thesaurum mihi demonstravit in hisce ædibus,
Heic in conclavi quodam : sed circumspice.
Meg. Nemo est. *Call.* Numorum philippeûm ad tria millia.
Id solus solum, per amicitiam et per fidem,
Flens me obsecravit, suo ne gnato crederem, 155
Neve quoiquam, unde ad eum id posset permanascere.
Nunc si ille huc salvos reveniet, reddam suom sibi;
Si quid eo fuerit, certo illius filiæ,
Quæ mihi mandata est, habeo bonam unde dem,
Ut eam in se dignam conditionem colocem. 160
Meg. Pro di inmortaleis, verbis paucis quam cito
Alium fecisti me! alius ad te veneram.
Sed ut obcepisti, perge porro prologui.
Call. Quid tibi ego dicam? qui illius sapientiam
Et meam fidelitatem, et celata omnia 165

Pæne ille ignavos funditus pessum dedit.
Meg. Quidum? *Call.* Quia rure dum sum ego unos sex dies,
Me absente atque insciente, inconsulto meo,
Ædeis venaleis hasce inscribit literis.
Meg. Adesurivit magis, et inhiavit acrius 170
Lupus; observavit, dum dormitaret canes,
Gregem universum voluit totum avortere.
Call. Fecisset, edepol, ni hæc præsensisset canes.
Sed nunc rogare ego vicissim te volo,
Quid fuit opficium meum me facere, face sciam. 175
Utrum indicare me et thesaurum æquom fuit,
Adversum quam ejus me obsecravisset pater?
An ego alium dominum paterer fieri hisce ædibus?
Qui emisset, ejus essetne ea pecunia?
Emi egomet potius ædeis, argentum dedi 180
Thesauri causa, ut salvom amico traderem.
Neque adeo hasce emi mihi, nec usuræ meæ :
Illi redemi rursum : a me argentum dedi.
Hæc sunt, seu recte, seu pervorse facta sunt;
Egomet fecisse confiteor, Megaronides. 185
Hem mea malefacta, hem meam avaritiam tibi.
Hascine me propter res maledicta disferunt?
Meg. Pausa : vicisti castigatorem tuum :
Obclusti linguam; nihil est qui respondeam.
Call. Nunc ego te quæso, ut me opera et consilio juves,
Communicesque hanc mecum meam provinciam. 191
Meg. Pollicear operam. *Call.* Ergo ubi eris paulo post? *Meg.* Domi.
Call. Numquid vis? *Meg.* Cures tuam fidem. *Call.* Fit sedulo.
Meg. Sed quid ais? *Call.* Quid vis? *Mag.* Ubi nunc adulescens habet?
Call. Posticulum hoc recepit, quom ædeis vendidit. 195

Még. Qu'est devenu le jeune homme?
Call. En vendant la maison, il s'est réservé un petit logement sur le derrière.
Még. C'est ce que je voulais savoir. Allons, portez-vous bien... Encore un mot...
Call. Quoi?
Még. Et la fille demeure-t-elle chez vous?
Call. Oui, et j'en prends soin comme de mon propre enfant.
Még. C'est bien agir.
Call. N'avez-vous plus rien à me demander avant que je parte?
Még. Adieu. (*Callicles sort.*) Non, je ne connais rien de plus fou, de plus sot, de plus menteur, de plus bavard, de plus indiscret, de plus perfide que ces badauds qu'on appelle parasites. Je les fréquente cependant, et je me laisse prendre à leurs mensonges. Il semble qu'ils savent tout, et ils ne savent rien. Ils savent ce que le roi dit tout bas à l'oreille de la reine. Junon cause-t-elle avec Jupiter? ils savent toute la conversation mot pour mot. Ils sont informés de ce qui n'est point arrivé, de ce qui n'arrivera jamais. Qu'ils louent, qu'ils blâment à tort et à travers, peu leur importe, pourvu qu'ils débitent leurs sottises. A les entendre tous, Calliclès n'était plus digne de vivre parmi ses concitoyens; il avait dépouillé un fils de famille de son propre héritage. Et moi je me fais, sans le vouloir, le colporteur de ces calomnies, et viens fondre, l'injure à la bouche, sur un ami irréprochable! Ah! si l'on remontait à la source des faux bruits, si l'on avait la prudence de les vérifier, ils tourneraient à la confusion et à la perte des calomniateurs. Ce serait rendre un grand service au public. On aurait bientôt chassé ces gens qui savent tout sans rien savoir: et l'on n'entendrait plus le bavardage de ces impertinents.

ACTE DEUXIÈME.

SCÈNE I.

LYSITÈLE.

Que de pensées, que de sentiments divers agitent mon cœur et m'affligent. Le chagrin me consume, me torture, m'accable; ma propre imagination est mon bourreau. Je ne sais quel parti prendre! je n'ai pas assez réfléchi sur le choix du guide qu'il faut suivre... L'amour ou l'intérêt? Lequel des deux me procurera le plus de jouissances dans la vie: je ne sais... Pesons les avantages des deux côtés: soyons ici juge et partie... Oui, c'est bien dit... Examinons d'abord les ruses de l'amour. L'amour ne prend jamais dans ses filets que celui qui le veut bien. Il l'attire, il le poursuit, il le flatte avec malice. Il prend toutes les formes; il est tour à tour complimenteur, ravisseur, menteur, gourmand, avare, coquet, voleur, corrupteur, insinuant, doucereux, demandant sans cesse, curieux de tous les secrets. Quiconque s'avise d'aimer reçoit de lui des baisers qui sont des coups de javelots; notre substance s'échappe et se perd. « Mon cœur, donne-moi cela, de grâce, » dit le fripon. La pauvre dupe répond: « Très-volontiers, m'amour, et plus encore si tu le désires. » S'il hésite, le traître redouble ses coups: il se répand en supplications. Un premier sacrifice ne suffit pas. Il

Még. Istuc volebam scire : i sane nunc jam.
Sed quid ais? *Call.* Quid? *Meg.* Nunc virgo nempe apud te est? *Call.* Ita, est:
Juxtaque eam curo cum mea. *Meg.* Recte facis.
Call. Num, priusquam abeo, me rogaturus? *Meg.* Vale.
(Callicles abit.)
Nihil est profecto stultius, neque stolidius, 200
Neque mendaciloquius, neque argutum magis,
Neque confidentiloquius, neque perjurius,
Quam urbani assidui civeis, quos scurras vocant.
Atque egomet me adeo cum illis una ibidem traho,
Qui illorum verbis falsis adceptor fui: 205
Qui omnia se simulant scire, nec quidquam sciunt.
Quod quisque in animo habet, aut habiturus est, sciunt.
Sciunt id, quod in aurem rex reginæ dixerit;
Sciunt id, quod Juno fabulata est cum Jove;
Quæ neque futura, neque facta, illi tamen sciunt. 210
Falson' un vero laudent, culpent, quem velint,
Non flocci faciunt; dum illud, quod lubeat, sciant.
Omneis mortaleis hunc aibant Calliclem
Indignum civitate hac esse et vivere,
Bonis qui hunc adulescentem evortisset suis. 215
Ego de eorum verbis famigeratorum inscius
Prosilui amicum castigatum innoxium.
Quod si exquiratur usque ab stirpe auctoritas,
Unde quidquid auditum dicant, nisi id adpareat,
Famigeratori me adeo cum damno et malo: 220
Hoc ita si fiat, publico fiat bono.
Pauci sint fuxim, qui sciant, quod nesciunt;
Obclusioremque habeant stultiloquentiam.

ACTUS SECUNDUS.

SCENA PRIMA.

LYSITELES.

Multas res simitu in meo corde vorso, multum in cogitando
Dolorem indipiscor; egomet me concoquo, et macero, et defetigo. 225
Magister mihi exercitor animus hinc est: sed hoc non liquet,
Nec satis cogitatum 'st, utram potius harum mihi artem expetessam,
Utram ætati agundæ arbitrer firmiorem: amorin' me, an rei
Obsequi potius per siet; utra in parte plus voluptatis sit vitæ
Ad ætatem agundam. De hac re mihi satis haud liquet: nisi hoc 230
Sic faciam, opinor; utramque rem simul exputem; judex sim,
Reusque ad eam rem. Ita faciam! ita placet! Omnium primum,
Amoris arteis eloquar, quemadmodum expediant: nunquam
Amor quemquam nisi cupidum hominem postulat se in plagas
Conjicere; eos cupit, eos consectatur, subdole blanditur; ab re 235
Consulit blandiloquentulus, harpago, mendax, cuppes, avarus,
Elegans, despoliator, latebricolarum hominum corruptor,
Blandus, inops, celati indagator: nam qui ab eo, quod amat,
Quam extemplo savis sagittatis percussus est, ilico res foras
Labitur, liquitur. Da mihi hoc, mel meum, si me amas, si audes. 240
Ibi ille cuculus: Ocelle mi, fiat! et istuc, et, si amplius vis dari,
Dabitur. Ibi illa pendentem ferit; jam amplius orat. Non sat
Id est mali, ni amplius etiam, quod ebibit, quod comest,
Quod facit sumti: nox datur? ducitur familia tota;
Vestispicæ, unctor, auri custos, flabelliferæ, sandaligerulæ

faut remplir la cave, donner à dîner, et, pour une nuit, défrayer une maison entière. Les femmes de chambre, les esclaves chargés des parfums, les argentiers, les porteuses d'éventails, de sandales, de corbeilles, les chanteuses, les messagers, que sais-je? un monde entier le pille, et le dévore. A force de générosité, l'amant devient pauvre à son tour. Quand je songe à ce moment, aux horreurs de la misère, Amour, je ne t'estime guère. Va, fi! je te repousse... Je ne veux plus de toi.... Bien manger et bien boire est pourtant si doux! Mais que d'amertume l'amour répand sur la vie!... Il vous éloigne du barreau, de vos parents... on se fuit soi-même.... on ne veut point paraître lui être asservi. Tâchons d'ignorer l'Amour, de l'écarter de nous, de l'éviter. Malheur à celui qui se jette dans ses bras! il vaudrait mieux pour lui se précipiter du haut d'un rocher... Plus d'Amour! Va-t'en, méchant dieu! Il est pourtant des infortunés que tu tourmentes et poursuis sans relâche! Décidément je me range... La tâche est grande... mais un homme de bien ne doit vouloir que la considération, ses vrais intérêts, l'honneur, et sa dignité. Voilà la récompense de la vertu. J'aime mieux la société des honnêtes gens que celle des libertins et des fripons.

SCÈNE II.

PHILTON, LYSITÈLE.

Phil. De quel côté mon homme s'est-il dirigé en sortant de la maison?

Lys. Me voilà, mon père : donnez-moi vos ordres, je m'empresserai de vous obéir ; jamais je ne me déroberai à vos regards.

Phil. Tu ne feras que persévérer dans ta conduite en respectant ton père.... Mais, au nom de cette piété filiale, je te recommande, mon enfant, de ne point fréquenter les mauvais sujets, d'éviter leur rencontre, de ne point leur parler sur la place publique. Je connais ce siècle et sa dépravation. Les mauvais sujets se plaisent à corrompre les bons, afin qu'ils leur ressemblent. Les mauvaises mœurs répandent le trouble, le désordre partout : le rapt, l'avarice, l'envie triomphent. Cette tourbe avide s'empare des choses sacrées, qu'elle profane, et des affaires publiques, qu'elle gouverne comme ses affaires privées : j'en gémis, et ces désordres me désespèrent. Je te le répète, le jour et la nuit, prends garde à toi : la main des méchants n'épargne que ce qu'elle ne peut toucher. Leur devise est ceci : Prends, pille, fuis et cache-toi. Je verse des larmes en voyant ces horreurs. Pourquoi ai-je vécu jusqu'au règne de ces infâmes? que n'ai-je rejoint tous nos pères? On loue les mœurs de nos ancêtres, et on couvre de déshonneur ceux qu'on loue. Excuse cette conduite, j'y consens; mais ne l'imite point, ne laisse pas corrompre ton cœur : agis comme moi, pratique les antiques vertus : suis mes conseils : je méprise souverainement ces mœurs dissolues, turbulentes, qui déshonorent des gens de bien. Va, mes paroles, si tu sais en profiter, jetteront dans ton esprit les semences de la vertu.

Lys. Vous le savez, mon père, dès ma plus tendre enfance jusqu'à ce jour, j'ai obéi en esclave à vos ordres, à vos préceptes. Indépendant, libre par droit de naissance, je vous appartiens tout entier par ma docilité. J'ai soumis mon âme au joug légitime de votre sagesse.

Cantriceis, cistellatriceis, nuntii, renuntii, raptores panis et peni. 246
Fit ipse, dum illis comis est, inops amator. Hæc ego quom ago
Cum meo animo, et recolo, ubi qui eget, quam preti sit parvi; apage te,
Amor, non places, nihil te utor; quamquam illud est dulce, esse et bibere.
Amor amara dat tibi satis, quod ægre sit. Fugit forum, fugat tuos 250
Cognatos, fugat ipse se a suo contuitu.
Neque enim eum sibi amicum volunt dici. Mille modis amor ignorandu'st;
Procul adhibendus est, atque abstinendus : nam qui in amorem
Præcipitavit, pejus perit, quam si saxo saliat. Apage, sis, amor!
Tuas res tibi habe. Amor, mihi amicus ne fuas unquam. Sunt tamen 255
Quos miseros maleque habeas, quos tibi obnoxios fecisti.
Certum 'st ad frugem adplicare animum; quamquam ibi animo
Labos grandis capitur : boni sibi hæc expetunt, rem, fidem, honorem,
Gloriam et gratiam, hoc probis pretium 'st. Eo mihi magis lubet
Cum probis potius, quam cum inprobis vivere vanidicis. 260

SCENA SECUNDA.

PHILTO, LYSITELES.

Ph. Quo illic homo foras se penetravit ex ædibus? *Lys.* Pater, adsum.
Inpera quod vis; neque tibi ero in mora, neque latebrose me abs tuo

Conspectu obcultabo. *Ph.* Feceris par tuis cæteris factis, patrem
Tuum si percoles. Per pietatem, nolo ego cum inprobis te viris,
Gnate mi, neque in via, neque in foro ullum sermonem exsequi. 265
Gnovi ego hoc seculum, moribus quibus sit : malus bonum malunt
Esse volt, ut sit sui similis : turbant, miscent mores mali, rapax,
Avarus, invidus : sacrum profanum, publicum privatum habent :
Hiulca gens. Hæc ego doleo; hæc sunt quæ me excruciant.
Hæc dies noctesque tibi canto, ut caveas. Quod manu non queunt 270
Tangere, tantum fas habent, quo manus abstineant;
Cætera rape, trahe, fuge, late. Lacrumas hæc mihi, quom deo,
Eliciunt, quia ego ad hoc genus hominum duravi : quin prius
Me ad plureis penetravi? nam hi mores majorum laudant,
Eosdem lutulant, quos conlaudant. Hisce ego te artibus gratiam 275
Facio, neu colas neu inbuas ingenium : meo modo et moribus vivito
Antiquis : quæ ego tibi præcipio, ea facito : nihil ego istos
Moror fatuos mores et turbidos, quibus boni dedecorant se.
Hæc tibi, si mea inperia capesses, multa bona in pectore consident.
Lys. Semper ego usque ad hanc ætatem ab ineunte adulescentia, 280
Tuis servivi servitutem inperiis et præceptis, pater.
Pro ingenio, ego me liberum esse ratus sum ; pro inperio, tuum.
Meum animum tibi servitutem servire, æquom censui.

Phil. Celui qui dès son enfance lutte avec lui-même pour savoir s'il doit prendre pour guide le mouvement naturel de son cœur, ou la voix de ses parents et de sa famille, est perdu s'il cède à son penchant : il satisfera sa passion et non sa conscience. Mais s'il dompte son cœur, il est pour le reste de sa vie tout-puissant sur lui-même. Si donc tu soumets ton cœur, et ne te laisses point dompter par lui, c'est un beau triomphe. Il vaut mieux pour ton bonheur être le maître de tes passions, que d'en être maîtrisé. Ceux qui savent se commander à eux-mêmes restent vertueux.

Lys. Ces principes ont toujours garanti ma jeunesse : fuir toutes les réunions dangereuses, ne point courir la nuit, respecter le bien d'autrui, ne point vous causer de chagrin, ô mon cher père, telle a été ma conduite, mon étude constante, et je n'ai cherché d'autre gloire que celle de suivre vos conseils.

Phil. As-tu sujet de t'en plaindre? Tu as bien fait pour ton intérêt, et non pour le mien. Cela t'importe plus qu'à moi, dont la carrière est bientôt finie. Celui-là seul est homme de bien, qui craint toujours de ne pas l'être assez : celui qui est toujours satisfait de lui-même n'est pas homme de bien, ni vraiment vertueux. Entassez les bonnes actions les unes sur les autres, pour qu'elles se consolident. Celui qui se méprise lui-même a le zèle de la vertu.

Lys. C'est ce que je me disais à l'instant.... Mais j'ai une grâce à vous demander, mon père.

Phil. Laquelle? je suis prêt à l'accorder.

Lys. Un jeune homme de bonne famille, mon ami, mon camarade, a par imprudence, par légèreté, fait d'assez mauvaises affaires ; je voudrais, avec votre agrément, mon père, venir à son secours.

Phil. Avec ta propre bourse?

Lys. Oui ; car votre bourse n'est-elle pas la mienne? mon bien aussi n'est-il pas le vôtre?

Phil. Ton ami est donc dans le besoin?

Lys. Oui.

Phil. Avait-il du bien?

Lys. Sans doute.

Phil. Comment l'a-t-il perdu? Est-ce dans les affaires publiques, ou bien dans le commerce maritime? S'est-il ruiné en travaillant pour son compte, ou par commission?

Lys. Rien de tout cela.

Phil. Comment donc?

Lys. Eh! par trop de facilité, mon père.... Et puis les passions l'ont souvent entraîné aux plaisirs...

Phil. Voilà un homme qui trouve en toi un avocat bien zélé! S'il s'est ruiné, s'il n'a rien, ce n'est pas la vertu qui en est cause. Je n'entends pas que tu fréquentes un ami doué de si belles qualités.

Lys. Ce n'est pas un mauvais sujet, et je voudrais soulager sa détresse.

Phil. C'est rendre un mauvais service à un mendiant, que de lui donner de quoi boire et manger On perd ce qu'on lui donne, et l'on prolonge sa misère. Ce que j'en dis n'est point pour m'opposer à tes désirs, auxquels je me prêterai volontiers ; mais pour que la compassion à l'égard des autres ne te réduise pas un jour à réclamer aussi leur pitié.

Lys. Abandonner un ami, lui refuser tout secours dans l'adversité, ce serait une honte.

Phil. La honte vaut mieux que le repentir.

Lys. La bonté des dieux, la sagesse de nos ancêtres, et la vôtre, mon père, nous ont donné une grande et légitime opulence ; aidons un ami, nous ne nous en repentirons pas : nous rougirions de ne point agir ainsi.

Ph. Qui homo cum animo inde ab ineunte ætate depugnat suo,
Utrum is itane esse mavelit, ut eum animus æquom censeat,
An ita potius, ut parenteis eum esse et cognati velint, 286
Si animus hominem perpulit, actum 'st, animo servibit, non sibi ;
Sin ipse animum perpulit, dum vivit, victor victorum cluet.
Tu si animum vicisti, potius quam animus te, est quod gaudeas.
Nimio satius est, ut opu'st, te ita esse, quam ut animo lubet. 290
Qui animum vincunt, quam quos animus, semper probiores cluent.

Lys. Istæc ego mihi semper habui ætati tegumentum meæ,
Ne penetrarem me usquam, ubi esset damni conciliabulum,
Ne noctu irem obambulatum, neu suum adimerem alteri ;
Neu tibi ægritudinem, pater, parerem, parsi sedulo. 295
Sarta tecta tua præcepta usque habui mea modestia.

Ph. Quid exprobras? bene quod fecisti, tibi fecisti, non mihi.
Mihi quidem ætas acta est ferme, tua istuc refert maxume.
Is quidem, quem pœnitet, quam probus sit et frugi bonæ.
Qui ipsus sibi satis placet, nec probus est, nec frugi bonæ.
Benefacta benefactis aliis pertegito, ne perpluant. 301
Qui ipsus se contemnit, in eo est indoles industriæ.

Lys. Ob eam rem hæc, pater, autumavi, quia res quædam 'st, quam volo
Ego me abs te exorare. *Ph.* Quid id est? veniam jam dare gestio.

Lys. Adulescenti huic genere summo, amico atque æquali meo, 305

Minus qui caute et cogitate suam rem tractavit, pater,
Bene volo ego illi facere, si tu non nevis. *Ph.* Nempe de tuo.

Lys. De meo : nam quod tuum 'st ; meum 'st, omne meum 'st autem tuum.

Ph. Quid is, egetne? *Lys.* Eget. *Ph.* Habuitne rem? *Lys.* Habuit. *Ph.* Qui eam perdidit?
Publicisne adfinis fuit, an maritumis negotiis? 310
Mercaturamne, an venaleis habuit, ubi rem perdidit?

Lys. Nihil istorum. *Ph.* Quid igitur? *Lys.* Per comitatem, edepol, pater,
Præterea aliquantum animi causa in deliciis disperdidit.

Ph. Edepol, hominem prædicatum ferme familiariter.
Qui quidem nusquam per virtutem rem confregit, atque eget, 315
Nihil moror eum tibi esse amicum cum ejusmodi virtutibus.

Lys. Qnia sine omni malitia est, tolerare egestatem ejus volo.

Ph. De mendico male meretur, qui ei dat quod edit, aut quod bibat ;
Nam et illud quod dat, perdit, et illi producit vitam ad miseriam.
Non eo hoc dico, quin, quæ tu vis, ego velim, et faciam lubens ; 320
Sed ego hoc verbum quom illi quoidam dico, præmonstro tibi,
Ut ita te aliorum miserescat, ne tui alios misereat.

Lys. Deserere illum, et dejuvare in rebus advorsis pudet.

Ph. Pol, pudere quam pigere præstat, totidem literis.

Lys. Edepol, deum virtute dicam, pater, et majorum, et tua, 325
Multa bona bene parta habemus. Bene si amico feceris,

Phil. Cette grande opulence, mon fils, s'augmentera-t-elle en donnant?

Lys. Non, sans doute : mais ne savez vous pas ce que l'on chante aux oreilles de l'avare?

« Puisse le sort contraire
« Au cœur avide et bas
« Enlever ce qu'il a, donner ce qu'il n'a pas...
« Un grand fonds de misère!
« L'avare, avec le bien
« Qu'il garde par système,
« N'est jamais bon à rien :
« S'il nous laisse jeûner, il meurt de faim lui-même. »

Phil. Je sais bien cela. Mais, mon cher enfant, on n'est tenu à rien, quand on n'a rien.

Lys. Mais la bonté des dieux nous a accordé assez de bien pour nous suffire à nous-mêmes et soulager les autres.

Phil. Allons, je ne puis te rien refuser. Quel est celui que tu veux secourir? Parle librement à ton père.

Lys. C'est le jeune Lesbonique, fils de Charmide, qui demeure ici près.

Phil. Celui qui a mangé ce qu'il avait, et ce qu'il n'avait pas.

Lys. Ne le condamnez pas, mon père. L'homme est le jouet des événements, du hasard.

Phil. Mon fils, tu en imposes, contre ton habitude : le sage est lui-même l'artisan de sa fortune. Ce qui lui arrive, il l'a voulu d'avance; à moins qu'il ait mal pris ses mesures.

Lys. Il faut beaucoup d'expérience pour être le maître de ses actions, de sa destinée. Il est encore trop jeune...

Phil. Ce n'est point l'âge, c'est le caractère qui donne la sagesse. L'âge la mûrit; il en est l'aliment. Voyons, parle, que veux-tu lui donner?

Lys. Rien, mon père... Mais vous ne me défendrez pas d'accepter, s'il me donne quelque chose.

Phil. Ah! tu soulageras sa misère, en recevant des cadeaux de lui!

Lys. Précisément, mon père.

Phil. Explique-moi le moyen... Je suis curieux...

Lys. Volontiers. Vous connaissez la famille de Lesbonique.

Phil. Oui, elle est très-honorable.

Lys. Il a une sœur, grande et belle fille : je voudrais l'épouser.

Phil. Sans dot!

Lys. Sans dot!

Phil. L'épouser!

Lys. Oui, avec votre agrément. Vous lui rendrez par cette alliance le plus signalé service : et c'est le meilleur moyen de venir à son aide.

Phil. Je consentirai que tu prennes une femme sans dot?

Lys. Vous y consentirez, mon père : et cette union répandra de l'éclat sur notre maison.

Phil. Que de belles choses j'aurais à dire là-dessus! quel sujet d'éloquence! que d'autorités ma vieillesse trouverait dans l'histoire des temps passés! Mais je te vois si jaloux de répandre sur ma famille une considération nouvelle, l'honneur d'une illustre alliance; quoique j'y répugne, j'entre dans tes vues. Je consens à tout; fais la demande, et épouse.

Lys. Que le ciel me conserve un père tel que vous! Mais daignez ajouter encore à cette grâce une autre faveur.

Phil. Laquelle?

Lys. Je vais vous la dire. Allez trouver vous-même Lesbonique, rendez-le nous favorable, et faites la demande.

Phil. Fort bien.

Lys. Vous arrangerez cela plus promptement que moi. Ce que vous aurez conclu sera plus certain. Une seule de vos paroles a plus d'autorité que cent des miennes.

Ne pigeat fecisse ; ut potius pudeat, si non feceris.
Ph. De magnis divitiis si quid demas, plus fit, an minus?
Lys. Minus, pater : sed civi inmunifico scis quid cantari solet?
« Quod habes, ne habeas, et illud quod nunc non habes, habeas malum ; 330
Quandoquidem nec tibi bene esse potes pati, nec alteri »
Ph. Scio equidem istuc ita solere fieri ; verum, gnate mi,
Is est inmunis, quoi nihil est, qui munus fungatur suum.
Lys. Deum virtuti habemus, et qui nosmet utamur, pater,
Et aliis qui comitati simus benevolentibus. 335
Ph. Non, edepol, tibi pernegare possum quidquam quod velis.
Quojus egestatem tolerare vis? loquere audacter patri.
Lys. Lesbonico huic adulescenti, Charmidæ filio,
Qui illeic habitat. *Ph.* Qui comedit quod fuit, quod non fuit?
Lys. Ne obprobra, pater : multa eveniunt homini, quæ volt, quæ nevolt. 340
Ph. Mentire, edepol, gnate ; atque id nunc facis haud consuetudine.
Nam sapiens quidem, pol, ipse fingit fortunam sibi.
Eo ne multa quæ nevolt eveniunt, nisi fictor malus siet.
Lys. Multa est opera opus ficturæ, qui se fictorem probum
Vitæ agundæ esse expetit. Sed hic admodum adulescentulus. 345
Ph. Non ætate, verum ingenio apiscitur sapientia.
Sapienti ætas condimentum 'st ; sapiens ætati cibu'st.
Agedum, eloquere : quid dare illi nunc vis? *Lys.* Nihil quidquam, pater.

Tu modo ne me prohibeas adcipere, si quid det mihi.
Ph. An eo egestatem ejus tolerabis, si quid ab illo adceperis?
Lys. Eo, pater. *Ph.* Pol, ego istam, volo me rationem edoceas. 350
Lys. Licet.
Scin' tu illum quo genere gnatus sit? *Ph.* Scio, adprime probo.
Lys. Soror illi est adulta, virgo grandis ; eam cupio, pater,
Ducere uxorem. *Ph.* Sine dote? *Lys.* Sine dote. *Ph.* Uxorem? *Lys.* Ita.
Tua re salva ; hoc pacto ab illo inibis summam gratiam, 355
Neque commodius ullo pacto ei poteris auxiliarier.
Ph. Egone indotatam te uxorem ut patiar? *Lys.* Patiundum'st, pater :
Et eo pacto addideris nostræ lepidam famam familiæ.
Ph. Multa ego possum docta dicta, et quamvis facunde loqui ;
Historiam veterem atque antiquam hæc mea senectus sustinet ; 360
Verum ego quando te et amicitiam et gratiam in nostram domum
Video adlicere, etsi adversatus tibi fui, istac judico ;
Tibi permitto, posce, duce. *Lys.* Di te servassint mihi !
Sed adde adistam gratiam unum. *Ph.* Quid est autem unum?
Lys. Eloquar.
Tute ad eum adeas, tute concilies, tute poscas. *Ph.* Eccere. 365
Lys. Nimio citius transiges ; firmum omne erit, quod tu egeris.

Phil. La belle affaire que ma complaisance me met sur les bras! Allons, je m'en charge.

Lys. Que vous êtes bon! Vous voyez cette maison, c'est là qu'il demeure. Il s'appelle Lesbonique... Allons, mettez-y tous vos soins. Je vous attends chez nous.

SCÈNE III.

PHILTON (*seul*).

Ce parti n'est ni bon, ni conforme à mes vœux. Mais il vaut encore mieux qu'un autre plus mauvais... Ce qui doit me consoler, c'est qu'un père qui ne veut que suivre sa tête et contrarie ses enfants ne réussit à rien. Il se rend malheureux, et les choses ne s'en font pas moins. Il prépare d'affreuses tempêtes à ses vieux jours; il appelle le tonnerre sur sa tête. Mais on ouvre la maison où je vais; et voici fort à propos Lesbonique lui-même qui sort avec son esclave.

SCÈNE IV.

LESBONIQUE, STASIME, PHILTON.

Lesb. (*à Stasime.*) Il n'y a pas quinze jours que tu as reçu de Calliclès quarante mines pour prix de cette maison. N'est-ce pas, Stasime?

Stas. Oui... je me le rappelle parfaitement.

Lesb. A quoi cet argent a-t-il été employé?

Stas. En dîners, en bons vins, en bains parfumés, en essences. Le pâtissier, le pêcheur, le boucher, le cuisinier, le marchand de légumes, de volaille, de fleurs, ont avalé, dévoré tout cela plus vite que le millet qu'on jette aux fourmis.

Lesb. Tout cela n'a pas coûté six mines.

Stas. Et ce que vous avez donné à vos maîtresses?

Lesb. Je le mets en compte.

Stas. Vous ai-je rien volé?

Lesb. Ah! c'est là justement l'article le plus fort.

Stas. Vous ne viendrez pas à bout de le prouver... ne l'essayez pas. Vous vous êtes figuré que votre argent était éternel. Il est trop tard, et vous rêvez... Il fallait vous y prendre plus tôt... (*à part*) Quand il a tout mangé... il songe à l'économie.

Lesb. Ce compte-là n'est pas clair.

Stas. Rien pourtant n'est plus clair. L'argent s'est envolé. Vous avez reçu quarante mines de Calliclès, qui est devenu propriétaire de votre maison.

Lesb. C'est vrai.

Phil. (*qui les écoute sans être aperçu*) (*à part*). Je vois que notre voisin a vendu sa maison. Quand le père reviendra de voyage, il couchera à la porte, à moins qu'il n'aille se loger dans le ventre de son fils.

Stas. Et les mille drachmes olympiques payées au banquier pour le reste d'un compte...

Lesb. Je n'étais que la caution...

Stas. Dites la dupe. Vous avez répondu follement pour ce jeune homme, que vous disiez si riche.

Lesb. C'est fait.

Stas. Eh oui, c'est fait : il est perdu.

Lesb. C'est fait aussi... que veux-tu? J'ai même vu tout à l'heure ce malheureux... et j'en ai eu pitié!

Stas. Vous avez pitié des autres, et vous n'avez ni pitié ni honte de vous-même.

Phil. (*à part.*) Il est temps de les aborder.

Lesb. N'est-ce pas Philton qui vient à nous? Par Hercule! c'est lui-même.

Stas. Parbleu! je voudrais avoir cet homme-là pour esclave, surtout avec son pécule.

Phil. Philton souhaite le bonjour au maître et au valet, à Lesbonique et à Stasime.

Gravius erit tuum unum verbum ad eam rem, quam centum mea.
Ph. Ecce autem in benignitate hoc reperi negotium.
Dabitur opera. Lys. Lepidus vivis : hæ sunt ædeis, heic habet;
Lesbonico est nomen : age, rem cura; ego te obperiar domi. 370

SCENA TERTIA.

PHILTO.

Non optuma hæc sunt, neque ut ego æquom censeo;
Verum meliora sunt, quam quæ deterruma.
Sed hoc unum consolatur me atque animum meum,
Quia, qui nihil aliud, nisi quod sibi soli placet,
Consulit advorsum filium, nugas agit; 375
Miser ex animo fit; factius nihilo facit.
Suæ senectuti is acriorem hiemem parat,
Quom illanc inportunam tempestatem conciet.
Sed aperiuntur ædeis, quo ibam; coumode
Ipse exit Lesbonicus cum servo foras. 380

SCENA QUARTA.

LESBONICUS, STASIMUS, PHILTO.

Lesb. Minus quindecim dies sunt, quom pro hisce ædibus Minas quadraginta adcepisti a Callicle.
Estne hoc quod dico, Stasime? *Stas.* Quom considero, Meminisse videor fieri. *Lesb.* Quid factum 'st eo?
Stas. Comesum, expotum, exunctum, elotum in balineis. Piscator, pistor abstulit, lanii, coci, 385
Olitores, myropolæ, aucupes : confit cito

Quam si tu objicias formicis papaverem.
Lesb. Minus, hercle, in hisce rebus sumtum 'st sex minis.
Stas. Quid, quod dedisti scortis. *Lesb.* Ibidem una traho? 390
Stas. Quid, quod ego defrudavi? *Lesb.* Hem ista ratio maxuma 'st.
Stas. Non tibi illud adparere, si sumas, potest;
Nisi tu inmortale rere esse argentum tibi.
Sero atque stulte, prius quod cautum oportuit :
Postquam comedit rem, post rationem putat. 395
Lesb. Nequaquam argenti ratio conparet tamen.
Stas. Ratio quidem, hercle, adparet : argentum οἴχεται.
Minas quadraginta adcepisti a Callicle,
Et ille ædeis abs te adcepit mancupio. *Lesb.* Admodum.
Ph. Pol, opinor, adiinis noster ædeis vendidit. 400
Pater quom peregre veniet, in porta est locus;
Nisi forte in ventrem filio conrepserit.
Stas. Trapezitæ mille drachumarum Olympicum,
Quas de ratione debuisti, redditæ.
Lesb. Nempe quas spopondi. *Stas.* Imo, quas depend̄i, inquito; 405
Quas sponsione pro nuper tu exactus es
Pro illo adulescente, quem tu aibas esse divitem.
Lesb. Factum. *Stas.* Ut quidem illud perierit. *Lesb.* Factum id quoque est.
Nam nunc eum vidi miserum, et me ejus miseritum 'st.
Stas. Miseret te aliorum, tui te nec miseret, nec pudet. 410
Ph. Tempus adeundi est. *Lesb.* Estne hic Philto, qui advenit?
Is, hercle, est ipsus. *Stas.* Edepol, næ ego istum velim Meum fieri servom cum suo peculio.
Ph. Herum atque servom plurimum Philto jubet Salvere, Lesbonicum et Stasimum. *Lesb.* Di duint 415

LE TRÉSOR, ACTE II, SCÈNE IV.

Lesb. Que les dieux vous accordent, Philton, tout ce que vous désirez! Que fait votre fils ?
Phil. Il vous veut du bien.
Lesb. Mon cœur le paye de retour.
Stas. (à part.) Je n'aime pas ce mot, *il vous veut du bien;* il faut en faire. C'est comme si je disais, moi, Je veux être libre : le suis-je pour cela ? mon maître dit aussi qu'il veut se ranger.... pure plaisanterie !
Phil. (à Lesbonique.) Mon fils me députe vers vous pour resserrer encore les liens du voisinage et de l'amitié. Il veut prendre votre sœur pour femme. Je lui donne mon consentement, et je désire vivement cette union.
Lesb. Je vois votre pensée : vous venez insulter à ma mauvaise fortune par votre prospérité.
Phil. Je suis homme, vous l'êtes aussi : que Jupiter me foudroie, si je viens pour vous railler dans votre infortune ! ce serait à mes yeux une indignité. Je vous le répète, mon fils m'a prié de vous demander votre sœur en mariage.
Lesb. Je ne puis me faire illusion sur l'état de mes affaires. Il n'y a pas d'égalité entre nous. Cherchez une autre alliance.
Stas. Avez-vous perdu l'esprit et le jugement, de refuser un semblable parti ? ce n'est pas seulement un ami, c'est une mine d'or que vous trouvez là.
Lesb. T'en iras-tu, coquin ?
Stas. Si je m'en allais, vous me rappelleriez.
Lesb. (à Philton) Si vous n'avez que cela à me dire, vous savez ma réponse.
Phil. Je me flatte qu'une autre fois vous m'écouterez avec plus de faveur. Sachez, Lesbonique, que des démarches indiscrètes, de ridicules paroles sont des sottises peu convenables à mon âge.
Stas. Il a raison.
Lesb. Je te crève un œil si tu dis encore un mot.
Stas. Je n'en parlerai pas moins. Dussé-je devenir borgne... je parlerai.
Phil. Ainsi vous prétendez que votre situation,

votre bien, ne sont pas comparables aux nôtres.
Lesb. Sans doute.
Phil. Mais voyons... Si vous vous trouviez au temple dans un festin populaire (1), à côté d'un riche, et qu'on y servît d'excellents mets, resteriez-vous sans manger devant un plat de votre goût, parce que vous auriez un riche pour voisin?
Les. Je mangerais, à moins qu'il ne me le défendît.
Stas. Quant à moi, il aurait beau me le défendre, j'emplirais mes deux joues pour dévorer... je lui enlèverais plutôt les morceaux de son choix... Je ne lui céderais pas une bouchée.... Ce n'est pas à table qu'il faut être honteux... C'est un combat : il faut y faire honneur aux dieux et à son hôte.
Phil. Fort bien dit.
Stas. Je vous parle sans détour... Je céderais à mes supérieurs le pas, les dignités, le rang : mais les droits de mon ventre, à moins qu'on ne m'assomme, je n'en céderais pas l'épaisseur d'un fétu. Un semblable repas est si précieux ! C'est un héritage annuel, exempt de la taxe sacrée.
Phil. Songez-y bien, Lesbonique ; le point principal est d'être le plus vertueux ; ou, du moins, si vous ne le pouvez, d'approcher de la perfection. Revenons au sujet de mon ambassade, à l'arrangement que je vous propose. J'entends, Lesbonique, que vous l'acceptiez. Les dieux sont riches ; l'éclat, le luxe conviennent aux dieux. Mais nous, chétifs mortels, dès que ce souffle de vie s'éteint, mendiants ou riches, nous sommes confondus dans le grand recensement au bord de l'Achéron.
Stas. C'est dommage, Philton, que vous n'alliez pas là distribuer toutes vos richesses, pour justifier votre nom (2), au moins après votre mort.

(1) Il s'agit sans doute ici du repas que l'on donnait au peuple dans des jours de fête, ou après un triomphe. — M. Naudet, dans son excellente traduction, pense que l'on parle ici du repas de décembre, où les maîtres servaient les esclaves.
(2) Philton signifie *Qui aime les hommes*

Tibi, Philto, quæcumque optes : quid agit filius?
Ph. Bene volt tibi. *Lesb.* Edepol, mutuom mecum facit.
Stas. Nequam illud verbum 'st, Bene volt; nisi qui bene facit.
Ego quoque volo esse liber; nequidquam volo ;
Hic postulat frugi esse, nugas postulet. 420
Ph. Meus gnatus me ad te misit, inter se atque vos
Adfinitatem ut conciliarem et gratiam.
Tuam volt sororem ducere uxorem, et mihi
Sententia eadem 'st, et volo. *Lesb.* Haud gnosco tuum.
Bonis tuis rebus meas res irrides malas. 425
Ph. Homo ego sum, homo tu es : ita me amabit Jupiter !
Neque te derisum veni, neque dignum puto.
Verum hoc, ut dixi, meus me oravit filius,
Ut tuam sororem poscerem uxorem sibi.
Lesb. Mearum rerum me gnovisse æquom 'st ordinem. 430
Cum vostris nostra non est æqua factio ;
Adfinitatem vobis aliam quærite.
Stas. Satin' tu sanus mentis aut animi tui,
Qui conditionem hanc repudies ? nam illum tibi
Ferentarium esse amicum inventum intellego. 435
Lesb. Abin' hinc, dierecte? *Stas.* Si, hercle, ire obcipiam, vetes.
Lesb. Nisi quid me aliud vis, Phillo, respondi tibi.
Ph. Benigniorem, Lesbonice, te mihi ,
Quam nunc experire esse, confido fore;
Nam et stulte facere, et stulte fabularier , 440
Utrumque, Lesbonice, in ætate haud bonum 'st.
Stas. Verum, hercle, hic dicit. *Lesb.* Oculum ego ecfodiam tibi,

Si verbum addideris. *Stas.* Hercle, quin dicam tamen.
Nam si sic non licebit, luscus dixero.
Ph. Ita tu nunc dicis non esse æquiparabileis 445
Vostras cum nostris factiones atque opes?
Lesb. Dico. *Ph.* Quid nunc, si in ædem ad cœnam veneris,
Atque ibi opulentus tibi par forte sit venerit,
Adposita cit cœna , popularem quam vocant,
Si illi congestæ sint epulæ a clientibus , 450
Si quid tibi placeat, quod illi congestum siet,
Edisne , an incœnatus cum opulento adcubes ?
Lesb. Edim, nisi ille vetet. *Stas.* At, pol, ego, etiamsi vetet
Edim, atque ambabus malis expletus vorem;
Et quod illi placeat, præripiam potissumum ; 455
Neque illi concedam quidquam de vita mea.
Verecundari neminem apud mensam decet;
Nam ibi de divinis atque humanis cernitur.
Ph. Rem fabulare. *Stas.* Non tibi dicam dolo :
Decedam ego illi de via , de semita , 460
De honore populi ; verum quod ad ventrem adtinet,
Non, hercle, hoc longe , nisi me pugnis vicerit.
Cœna hac annona est sine sacris hereditas.
Ph. Semper tu, hoc facito, Lesbonice, cogites ,
Id optumum esse, tute uti sis optumus : 465
Si id nequeas , saltem ut optumis sis proxumus.
Nunc conditionem hanc, quam ego fero, et quam abs te peto
Dare atque adcipere, Lesbonice, te volo.
Dei divites sunt, deos decent opulentiæ
Et factiones : verum nos homunculi 470

Phil. (à Lesbonique.) Maintenant, pour prouver qu'il ne s'agit point ici de rang ni de richesses, et que nous faisons grand cas de votre amitié, je demande, sans dot, votre sœur, pour mon fils : que le ciel favorise cette union! Me la promettez-vous?... Vous ne répondez pas.

Stas. (à part.) Dieux immortels! le bon parti!

Phil. Que ne dites-vous aussi : Que le ciel favorise cette union! Je le promets.

Stas. Eh! Il n'en a que trop dit de ces *Je le promets* si ruineux... et maintenant qu'il faut en dire un bon, il ne sait plus parler.

Lesb. Philton, je suis bien flatté que vous me jugiez digne de votre alliance... Quoique mes folies m'aient réduit à un bien triste état, je possède encore une terre sous les murs de la ville; je la donnerai en dot à ma sœur : c'est, avec la vie, la seule chose qui me reste de toutes mes extravagances.

Phil. Je ne tiens pas du tout à la dot.

Lesb. J'en veux donner une.

Stas. Donner votre terre! cher maître! quoi! céder notre nourrice, celle qui nous fait vivre! Gardez-vous-en bien. Qu'aurons-nous à manger ensuite?

Lesb. Te tairas-tu? Ai-je des comptes à te rendre?

Stas. C'en est fait, nous sommes morts, si je ne trouve un expédient... Philton... je veux...

Phil. Que veux-tu, Stasime?

Stas. (*le tirant à l'écart.*) Un mot, s'il vous plaît.

Phil. Volontiers.

Stas. J'ai un secret à vous communiquer. Ne le dites ni à lui (*montrant Lesbonique*), ni à personne.

Phil. Confie-moi tout sans crainte.

Stas. J'en jure par les dieux et par les hommes, gardez-vous d'accepter cette terre pour vous ou votre fils. Vous en saurez les raisons.

Phil. Je suis curieux de les connaître.

Stas. D'abord c'est que lorsque la charrue y trace le sillon, les bœufs ne manquent point de mourir au cinquième.

Phil. Fi donc!

Stas. Le trou des enfers est au milieu; aussi le raisin est-il gâté avant de mûrir.

Lesb. (à part.) Il cherche à persuader le bonhomme sans doute : c'est un fripon; mais il m'est dévoué.

Stas. Ce n'est pas tout. Dans les meilleures années, notre terre rapporte trois fois moins qu'on n'y sème.

Phil. Que n'y seme-t-on les mauvaises mœurs, pour en étouffer le germe?

Stas. Quiconque l'a possédé a été victime de la fatalité. Les uns ont été exilés, d'autres sont morts; ceux-là se sont pendus.... Le propriétaire d'aujourd'hui, voyez à quelle extrémité il est réduit!

Phil. Qu'on ne me parle plus de ce champ-là!

Stas. Ah! vous vous récrieriez bien davantage, si je vous contais tout. Les arbres y sont les uns après les autres frappés de la foudre. Les pourceaux meurent d'une esquinancie aiguë, les brebis sont galeuses, et n'ont pas plus de laine qu'il n'y en a sur ma main. La plus patiente, la plus dure espèce d'hommes, des Syriens n'y vivraient pas six mois; tout le monde meurt à la canicule.

Phil. Stasime, je te crois : mais les Campaniens (1) sont bien plus robustes que les habitants de la Syrie. Si le champ est tel que tu le dis, on devrait, pour le bien public, y envoyer tous les coquins. Ne dit-on pas qu'il existe des îles fortunées, où sont rassemblés tous ceux qui ont bien vécu? De même il serait juste de reléguer tous les méchants dans cette terre si bien faite pour eux.

(1) Ceci est dit par ironie.

```
Salillum animæ, qui quom extemplo amisimus
Æquo mendicus atque ille opulentissumus
Censetur censu ad Acheruntem mortuus.
Stas. Mirum, ni tu illuc tecum divitias feras!
Ubi mortuus sis, ita sis ut nomen cluet.         475
Ph. Nunc ut scias heic factiones atque opes
Non esse, neque nos tuam negligere gratiam,
Sine dote posco tuam sororem filio.
Quæ res bene vortat! habeon' pactam? quid taces?
Stas. Pro di inmortales, conditionem quojusmodi!  480
Ph. Quin fabulare : di bene vortant! spondeo.
Stas. Eheu, ubi usus nihil erat dicto, spondeo
Dicebat; nunc heic, quom opus est, non quit dicere.
Lesb. Quom adfinitate vostra me arbitramini
Dignum, habeo vobis, Philto, magnam gratiam.     485
Sed, etsi, hercle, graviter cecidit stultitia mea,
Philto, est ager sub urbe heic nobis; eum dabo
Dotem sorori; nam is de stultitia mea
Solus superfit, præter vitam, reliquus.
Ph. Profecto dotem nihil moror. Lesb. Certum 'st dare. 490
Stas. Nostramne vis nutricem, here, quæ nos educat,
Abalienare a nobis? cave, sis, feceris :
Quid edemus nosmet postea? Lesb. Etiam tu taces?
Tibi ego rationem reddam? Stas. Plane perlimus,
Nisi quid ego comminiscor. Philto, te volo. . . . .  495
Ph. Si quid vis, Stasime. Stas. Huc concede aliquantum. Ph.
Licet.
Stas. Arcano tibi ego hoc dico, ne ille ex te sciat,
Neve alius quisquam. Ph. Crede audacter quid lubet.
Stas. Per deos atque homines dico, ne tu illunc agrum

Tuum siris unquam tieri, neque gnati tui.        500
Ei rei argumentum dicam. Ph. Audire, edepol, lubet.
Stas. Primum omnium, olim terra quom proscinditur,
In quinto quoque sulco moriuntur boves.
Ph. Apage! Stas. Acheruntis ostium in nostro 'st agro. 505
Tum vinum, priusquam coactum 'st, pendet putidum.
Lesb. Consuadet homini, credo; etsi scelestus est,
At mihi infidelis non est. Stas. Audi cætera.
Post id, frumenti quom alibi messis maxuma 'st,
Tribus tantis illei minus redit, quam obseveris.
Ph. Hem, isteic oportet obseri mores malos,      510
Si in obserendo possint interfieri.
Stas. Neque unquam quisquam 'st, quojus ille ager fuit,
Quin pessume ei res vorterit. Quorum fuit,
Alii exsulatum abierunt, alii emortui,
Alii se suspendere : hem nunc hic, quojus est,   515
Ut ad incitas redactus! Ph. Apage a me istum agrum.
Stas. Magis apage dicas, si omnia a me audiveris.
Nam fulguritæ sunt heic alternæ arbores.
Sues moriuntur angina acerrume.
Oves scabræ sunt, tam glabræ, hem, quam hæc est manus. 520
Tum autem Syrorum, genus quod patientissumum 'st
Hominum, nemo exstat, qui ibi sex menseis vixerit :
Ita cuncti solstitiali morbo decidunt.
Ph. Credo ego istuc, Stasime, ita esse; sed Campas genus
Multo Syrorum jam antidit patientia.             525
Sed iste est ager profecto, ut te audivi loqui,
Malos in quem omneis publice mitti decet.
Sicut fortunatorum memorant insulas,
```

Stas. C'est le séjour du malheur : que dirai-je de plus? Si vous cherchez quelque fléau, vous ne manquerez pas de le trouver là.
Phil. (*ironiquement*). Mais toi, par Hercule, tu n'as pas besoin d'aller là pour en trouver.
Stas. Surtout ne dites pas que vous tenez cela de moi.
Phil. Il suffit que tu me l'aies confié sous le secret.
Stas. (*montrant son maître.*) Il voudrait se défaire de ce bien, et trouver quelque bonne dupe.
Phil. Ce ne sera pas moi, certainement.
Stas. Vous ferez bien. (*à part.*) Voilà le vieillard fort heureusement dégoûté de notre champ. Eh! si nous ne l'avions plus, où chercherions-nous notre vie?
Phil. Me voici à vous, Lesbonique.
Lesb. Que vous a-t-il dit, je vous prie?
Phil. Tenez... Il est homme : il voudrait sa liberté, et n'a pas de quoi la payer.
Lesb. Comme moi, qui voudrais être riche! vœux superflus !
Stas. Il n'a tenu qu'à vous : mais vous n'avez plus rien ; il n'est plus temps.
Lesb. Que dis-tu là tout seul ?
Stas. Je réponds à votre réflexion. Si autrefois vous eussiez voulu être riche, vous le seriez ; maintenant il est trop tard.
Phil. (*à Lesbonique*). Puisque vous ne pouvez rien conclure avec moi sur l'article de la dot, arrangez-vous avec mon fils comme vous l'entendrez. Je ne demande ici pour lui que la main de votre sœur. Le ciel favorise cette union !... Que vous en semble ?... Vous hésitez encore.
Lesb. Non... Vous le voulez, que les dieux favorisent ce dessein ! Je vous la promets.
Phil. Enfin ! La naissance d'un fils n'est pas plus attendue que ces mots : *je vous la promets!*
Stas. Que les dieux vous accordent un bon succès !

Phil. Je le désire.
Lesb. Stasime, va trouver ma sœur et Calliclès, et apprends-leur le succès de cette affaire.
Stas. J'y cours.
Lesb. Fais bien mes compliments à ma sœur.
Stas. Je n'y manquerai pas.
Phil. Lesbonique, venez avec moi ; nous arrêterons le jour de la noce, et nous prendrons toutes nos mesures.
Lesb. (*à Stasime.*) Fais ce que je te commande : je reviens dans un moment. Dis à Calliclès de me venir trouver.
Stas. Partez donc.
Lesb. Il faut qu'il prenne un parti à l'égard de la dot.
Stas. Partez donc.
Lesb. Car je n'entends point donner ma sœur sans dot.
Stas. Partiez-vous donc ?
Lesb. Je ne souffrirai point qu'on lui fasse tort...
Stas. Allez donc.
Lesb. Et que ma faute...
Stas. Vous êtes encore là ?
Lesb. (*à Philton*). O mon père, il n'est pas juste que mes folies....
Stas. Mais partez donc!
Lesb. C'est à moi seul d'être puni.
Stas. Allez, de grâce!
Lesb. Vous reverrai-je, mon père?
Stas. Allez donc, allez donc, mais allez donc!

SCÈNE V.

STASIME.

Je suis venu à bout de le faire partir. Dieux puissants ! j'ai fort bien arrangé cette méchante affaire ; j'ai sauvé notre terre. Sur ce point cependant tout n'est pas décidé. C'est que, si elle est vendue, c'en est fait de mon cou. Il me faudra porter par

---

Quo cuncti, qui ætatem egerunt caste suam,
Conveniant : contra istoc detrudi maleficos   530
Æquom videtur, qui quidem istius sit modi.
Stas. Hospitium 'st calamitatis : quid verbis opu'st?
Quamvis malam rem quæreus, illeic reperias.
Ph. At tu, hercle, et illei ef alibi. *Stas.* Cave, sis, dixeris,
Me tibi dixisse hoc. *Ph.* Dixisti arcano satis.   535
Stas. Quin hic quidem cupit illum ab sese abalienarier;
Siquidem reperiri posset, quojus os sublinat.
Ph. Meus quidem, hercle, nunquam fiet. *Stas.* Si sapies quidem.
Lepide, hercle, de agro ego hunc senem deterrui;
Nam qui vivamus, nihil est, si illum amiserit.   540
Ph. Redeo ad te, Lesbonice. *Lesb.* Dic, sodes, mihi,
Quid hic locutus tecum ? *Ph.* Quid censes? homo 'st;
Volt fieri liber; verum, quod det, non habet.
Lesb. Et ego esse locuples, verum nequidquam volo.
Stas. Licitum, si velles : nunc, quoniam nihil est, non licet.   545
Lesb. Quid tecum, Stasime ? *Stas.* De istoc quod dixisti modo,
Si antea voluisses, esses; nunc sero cupis.
Ph. De dote mecum convenire nihil potes;
Quid tibi lubet, tute agito cum gnato meo.
Nunc tuam sororem filio posco meo.   550
Quæ res bene vortat : quid nunc? etiam consulis.
Lesb. Quid isteic ? quando ita vis, di bene vortant ! spondeo.
Ph. Nunquam, edepol, quoiquam tam exspectatus filius

PLAUTE.

Gnatus, quam est illud Spondeo gnatum mihi.
Stas. Di fortunabunt vostra consilia ! *Ph.* Ita volo.   555
Lesb. Sed, Stasime, abi huc ad meam sororem, ad Calliclem;
Dic hoc negoti quomodo actum 'st. *Stas.* Ibitur.
Lesb. Et gratulator meæ sorori. *Stas.* Scilicet.
Lesb. I hac, Lesbonice, mecum, ut coram nubtiis
Dies constituatur : eadem hæc confirmabimus.   560
Lesb. Tu istuc cura quod jussi ; ego jam heic ero.
Dic Callicli, me ut conveniat. *Stas.* Quin tu i modo!
Lesb. De dote ut videat, quid opus sit facto. *Stas.* I modo.
Lesb. Nam meam 'st me sine dote haud dare. *Stas.* Quin tu i modo!
Lesb. Neque enim illi damno unquam esse patiar... *Stas.* Abi modo!   565
Lesb. Meam neglegentiam. *Stas.* I modo. *Lesb.* O pater!
Æquom videtur, quin, quod peccarim... *Stas.* I modo!
Lesb. Potissumum mihi id obsit. *Stas.* I modo! *Lesb.* O pater!
En unquam adspiciam te? *Stas.* I modo, i modo, i modo!

SCENA QUINTA.

STASIMUS.

Tandem inpetravi abiret. Di vostram fidem,   570
Edepol, re gesta pessume gestam probe,
Siquidem ager nobis salvos est ! etsi admodum
In ambiguo 'st etiam, nunc quid de hac re fuat.

19

monts et par vaux bouclier, casque, et tout le bagage. Mon maître désertera la ville où se feront les noces. Il ira en vagabond tenter quelque mauvais coup en Asie ou en Cilicie, et faire une triste fin. — Allons où l'on m'envoie, quoique j'aie cette maison en horreur, depuis que Calliclès nous a mis à la porte..

ACTE TROISIÈME.
SCÈNE I.
CALLICLÈS, STASIME.

Call. Comment dis-tu, Stasime? Lesbonique ton maître a promis sa sœur.
Stas. Oui vraiment.
Call. A qui l'a-t-il promise?
Stas. A Lysitèle, fils de Philton, et sans dot.
Call. Sans dot! Lysitèle offrirait à une fille sans dot une si riche alliance? cela n'est pas croyable.
Stas. N'en croyez rien, si vous voulez... Je le croirai pour vous.
Call. Mais...
Stas. Que m'importe?
Call. Comment et où la chose s'est-elle conclue?
Stas. A l'instant, ici, devant la porte, *de suite*, comme disent les Prénestins (1).
Call. Lesbonique est-il donc devenu plus sage dans l'adversité que dans la bonne fortune?
Stas. Philton est venu lui-même le trouver de la part de son fils.
Call. Il serait honteux de marier cette jeune fille sans dot. Au reste, cela me regarde; je vais aller trouver mon censeur et lui demander avis.

(1) Les habitants de Préneste, aujourd'hui Palestrina, passaient pour mal parler.

Stas. (*à part.*) Je devine son projet : il m'a tout l'air de vouloir enlever à Lesbonique son champ, comme il lui a déjà enlevé sa maison. Charmide, mon cher maître, vos affaires vont bien mal en votre absence. Que n'êtes-vous de retour, pour vous venger de vos ennemis! que vous m'aurez d'obligation pour tous les soins que j'ai pris et que je prends sans cesse! Il est si difficile de rencontrer un ami digne de ce nom, à qui l'on puisse confier toute sa fortune avec l'assurance de pouvoir dormir tranquille! Mais je vois notre gendre avec son futur beau-père. Qu'est-il donc survenu entre eux? Ils marchent à pas précipités. L'un retient l'autre par le manteau. Ils s'arrêtent. Retirons-nous à l'écart pour entendre leur conversation.

SCÈNE II.
LYSITÈLE, LESBONIQUE, STASIME.

Lys. Arrête... Pourquoi m'éviter et te cacher?
Lesb. Laisse-moi aller où j'ai affaire.
Lys. Oh! s'il s'agit de ton honneur et de ta réputation, je ne veux point t'arrêter.
Lesb. Tu fais là ce qu'il y a de plus aisé.
Lys. Quoi donc?
Lesb. Tu fais injure à ton ami.
Lys. Cela n'est pas dans mon caractère, et je n'ai pas été élevé ainsi.
Lesb. Tu t'en acquittes fort bien sans l'avoir appris. Si tu t'étais étudié à me chagriner, tu ne ferais pas mieux. Tu feins de me servir, et tu cherches à me nuire.
Lys. Moi?
Lesb. Toi-même.
Lys. Que fais-je de mal?

Sed si alienatur, actum 'st de collo meo.
Gestandus peregre clypeus, galea, sarcina; 575
Eeffugiet ex urbe, ubi erunt factæ nubtiæ;
Ibit istac aliquo in maxumam malam crucem
Latrocinatum, aut in Asiam, aut in Ciliciam.
Ibo huc, quo mihi inperatum 'st, etsi odi hanc domum,
Postquam exturbavit hic nos ex nostris ædibus. 580

ACTUS TERTIUS.
SCENA PRIMA.
CALLICLES, STASIMUS.

Call. Quo modo tu istuc, Stasime, dixisti? *Stas.* Nostrum herilem filium
Lesbonicum suam sororem despopondisse : hoc modo.
Call. Quoi homini despondit? *Stas.* Lysiteli, Philtonis filio,
Sine dote. *Call.* Sine dote ille illam in tantas divitias dabit?
Non credibile dicis. *Stas.* At tu, edepol, nullus creduas. 585
Si hoc non credis, ego credidero... *Call.* Quid? *Stas.* Me nihili pendere.
Call. Quamdudum istuc, aut ubi actum 'st? *Stas.* Illico heic ante ostium.
Tam modo, inquit Prænestinus. *Call.* Tanton' in re perdita,
Quam in re salva, Lesbonicus factus est frugalior?
Stas. Atque equidem ipsus ultro venit Philto oratum filio. 590
Call. Flagitium quidem, hercle, fiet, nisi dos dabitur virgini.
Postremo, edepol, ego istam rem ad me adtinere intellego.

Ibo ad meum castigatorem, atque ab eo consilium petam.
Stas. Propemodum quid illic festinet sentio, et subolet mihi,
Ut agro evortat Lesbonicum, quando evortit ædibus. 595
O here Charmide, quam absente te heic tua res distrahitur tibi!
Utinam te redisse salvom videam, ut inimicos tuos
Ulciscare, ut mihi, ut erga te fui et sum, referas gratiam!
Nimium difficile 'st reperiri amicum, ita ut nomen cluet;
Quoi tuam quom rem credideris, sine omni cura dormias. 600
Sed generum nostrum ire eccillum video cum adfini suo.
Nescio quid non satis inter eos convenit : celeri gradu
Eunt uterque : ille reprehendit hunc priorem pallio.
Haud illi eusceheme adstiterunt : huc aliquantum abscessero —
Est lubido orationem audire duorum adfinium. 605

SCENA SECUNDA.
LYSITELES, LESBONICUS, STASIMUS.

Lys. Sta ilico, noli avorsari, neque te obcultassis mihi.
Lesb. Potin' ut me ire, quo profectus sum, sinas? *Lys.* Si in rem tuam,
Lesbonice, esse videatur, gloriæ aut famæ, sinam.
Lesb. Quod est facillumum, facis. *Lys.* Quid id est? *Lesb.* Amico injuriam.
Lys. Neque meum 'st, neque facere didici. *Lesb.* Indoctus quam docte facis! 610
Quid faceres, si quis docuisset te, ut sic odio esses mihi?
Qui bene quom simulas facere mihi te, male facis, male consulis.

Lesb. Tout ce que je ne veux pas est précisément ce que tu fais.
Lys. Je prends tes intérêts.
Lesb. Les connais-tu mieux que moi? J'ai assez de bon sens pour savoir ce qui peut m'être utile.
Lys. Est-ce avoir du bon sens que de rejeter les services d'un ami?
Lesb. Je ne regarde pas comme un service d'agir contre le gré de celui qu'on veut obliger. Je sais, je comprends ce que je fais; je connais mon devoir. Mais, quoi que tu puisses me dire à cet égard, je ne puis m'empêcher de croire au bruit qui circule.
Lys. Que dis-tu? car je ne puis m'empêcher de te parler comme tu le mérites : tes aïeux t'ont-ils transmis un nom honorable pour que tu ternisses par ton libertinage cet honneur, fruit de leur vertu, que tu devais conserver à tes descendants? Ton père et tes aïeux t'avaient aplani la route de la gloire : ta conduite, ta mollesse, tes mœurs déréglées te l'ont fermée. Tu as préféré l'amour à la vertu. Crois-tu maintenant pouvoir dissimuler tes vices? Ah! c'est impossible : embrasse le parti de la vertu, chasse la mollesse de ton cœur. Ta place est au barreau pour défendre tes amis, et non dans le lit d'une courtisane. Si je désire vivement que tu gardes ton champ, c'est pour que tu t'amendes, et que tes ennemis ne puissent pas te reprocher d'être réduit à une indigence absolue.
Lesb. Tout ce que tu me dis là, je le sais, je l'avoue. J'ai dissipé mon patrimoine, flétri la gloire de mes ancêtres. Je connaissais mes devoirs, mais je n'ai pas eu la force de les remplir! Malheureuse victime de Vénus, j'ai cédé aux séductions de la paresse, qui m'a précipité dans l'abîme. Et je sens que tes avis méritent toute ma reconnaissance.
Lys. Ce qui me désespère, c'est de voir que je prends une peine inutile, et que tu ne fais aucun cas de mes discours : ce qui m'afflige, c'est que tu ne rougis pas. D'abord si tu ne m'écoutes point, si tu ne fais pas ce que je te dis, c'est rompre avec l'honneur : tu languiras obscur, au lieu de t'illustrer, comme tu le désires. Lesbonique, je connais la légèreté de ton caractère. Je sais que tes égarements ne sont pas le fruit d'une volonté réfléchie, mais de l'amour qui t'aveugle. Je connais tout le manége de l'amour. L'amour est comme un javelot, il vole et vous perce; et la blessure empoisonne le cœur, le rend farouche et triste. Les meilleurs avis déplaisent : c'est ce qu'on défend que nous voulons faire. Ce qui nous manque excite nos désirs; l'avons-nous? le dégoût vient aussitôt. C'est lui qui nous pousse ou nous retient, qui commande et défend. Cupidon est un hôte insensé, bien dangereux à loger dans son cœur. Je t'en préviens, encore une fois prends bien garde à ce que tu vas faire. Si tu suis ton penchant, c'est un incendie qui embrasera ta famille : tu chercheras de l'eau pour sauver ta race; et quand tu en trouverais, je connais le caractère des amants, il ne te restera pas même une étincelle pour ranimer ta famille.
Lesb. Le feu est facile à trouver : des ennemis même ne vous en refusent pas. Mais en me reprochant mes fautes, tu me pousses dans une voie plus mauvaise encore. Vouloir ma sœur sans dot! ce n'est pas convenable. Comment! après avoir dissipé un immense patrimoine, je consentirais à être riche, à garder ce champ, tandis que ma sœur serait dans le besoin, et m'accablerait d'une haine méritée! on

Lys. Egone? *Lesb.* Tu næ. *Lys.* Quid male facio? *Lesb.* Quod ego nolo, id quom facis.
Lys. Tuæ rei bene consulere cupio. *Lesb.* Tu mihi es melior, quam egomet mihi?
Sat sapio, satis in rem quæ sint meam ego conspicio mihi. 615
Lys. An id est sapere, ut qui beneficium a benevolente repudies?
Lesb. Nullum beneficium esse duco id, quod, quoi facias, non placet.
Scio ego et sentio ipse quid agam, neque a me opificium migrat;
Nec tuis depellor dictis, quin rumori serviam.
Lys. Quid ais? (nam retineri nequeo, quin dicam ea quæ promeres.) 620
Itane tandem majores famam tradiderunt tibi tui,
Ut virtute eorum anteparta per flagitium perderes?
Ante honori posterorum tuorum ut vindex fieres?
Tibi paterque avosque facilem fecit et planum viam
Ad quærundum honorem; tu fecisti ut difficilis foret, 625
Culpa maxume et desidia, tuisque stultis moribus.
Præoptavisti amorem tuum uti virtuti præponeres.
Nunc te hoc pacto credis posse obtegere errata? ah! non ita est!
Cape, sis, virtutem animo, et corde expelle desidiam tuo;
In foro operam amicis da, haud in lecto amicæ, ut solitus es 630
Atque ego istum agrum tibi relinqui ob eam rem enixe expeto;
Ut tibi sit, qui te conrigere possis; ne omnino inopiam
Civeis objectare possint tibi, quos inimicos habes.
Lesb. Omnia ego isteic quæ dixisti scio, vel exsignaveris;
Ut rem patriam et majorum gloriam fœdarim meum. 635
Sciebam ut esse me deceret; facere non quibam miser,

Ita vi Veneris vinctus, otio captus in fraudem incidi :
Et tibi nunc, proinde ac merere, summas habeo gratias.
Lys. At operam perire non sino, et te hæc dicta corde spernere,
Perpeti nequeo; simul me piget parum pudere te. 640
Et postremo, nisi me auscultas, atque hoc ut dico facis,
Tute pone te latebis facile, ne inveniat te honor;
In obcuito jacebis, quom te maxume clarum voles.
Pergnovi equidem, Lesbonice, inperitum tuum ingenium admodum.
Scio te sponte non tuapte errasse, sed amorem tibi 645
Pectus obscurasse : atque ipse amoris teneo omneis vias.
Ita est amor; balista ut jacitur : nihil sic celere 'st, neque volat,
Atque is mores hominum moros et morosos ecficit.
Minus placet, magis quod suadetur; quod dissuadetur, placet.
Quom inopia 'st, cupias; quando ejus copia 'st, tum non velis. 650
Ille qui abspellit, is conpellit; ille qui consuadet, vetat.
Insanum 'st malum in hospitium devorti ad Cupidinem.
Sed te moneo, hoc etiam atque etiam ut reputes, quid facere expetas.
Si istuc conare, ut facis indicium, tuum incendes genus.
Tum igitur tibi aquæ erit cupido, genus qui restinguas tuum. 655
Atque eris si nanctus, proinde ut corde amantes sunt cati,
Ne scintillam quidem relinques, genus qui congliscat tuum.
Lesb. Facile 'st inventu : datur ignis, tametsi ab inimicis petas.
Sed tu objurgans me peccatis, rapis deteriorem in viam.
Meam vis sororem tibi dem; suades sine dote : hoc non convenit, 660
Me, qui abusus sum tantam rem patriam, porro in divitiis

u'est jamais injuste envers les étrangers quand on se conduit bien avec ses parents. Ce que j'ai dit, je le ferai : je te prie de ne pas insister davantage.

Lys. Est-il nécessaire de te réduire à l'indigence pour ta sœur? Pourquoi me donner ce champ qui peut relever tes affaires?

Lesb. Redoute pour moi le déshonneur plus que la misère; ne m'expose pas à entendre dire que je t'ai donné ma sœur plutôt pour maîtresse que pour épouse. Ne serais-je pas un être infâme? Un mariage sans dot te ferait honneur; il me couvrirait de honte. Tu aurais tout le profit, et moi tous les désagréments.

Lys. Tu te figures donc être dictateur, si j'accepte cette terre?

Lesb. Je ne le veux pas, je ne le demande pas, et ne me le figure point : mais un honnête homme ne doit pas oublier son devoir.

Lys. Je connais tes intentions : j'ai tout vu, tout compris, tout deviné. Tu veux par ce procédé resserrer notre union, donner cette terre, rester sans ressources, quitter la ville dans le dénûment, fuir comme un proscrit ton pays, tes parents, tes alliés, tes amis, aussitôt la noce faite. On dira ensuite que c'est ma cupidité qui t'a réduit là... Non, non, ne te flatte pas que je le souffrirai.

Stas. (*s'avançant.*) Je ne puis m'empêcher d'applaudir à tant de noblesse... Courage, Lysitèle, c'est très-bien; vous méritez la palme : Lesbonique est vaincu : votre comédie est excellente (1). (*Se tournant vers Lesbonique*) : Oui, il traite son sujet à merveille, et ses vers sont parfaits : vous, prenez

(1) Allusion aux prix décernés pour les pièces de théâtre.

garde que votre sottise ne vous expose à l'amende.

Lesb. Qui t'a prié de venir te mêler à la conversation, et de donner ton avis?

Stas. Mon Dieu! je m'en irai comme je suis venu.

Lesb. Rentrons à la maison, Lysitèle : nous y reparlerons de nos affaires.

Lys. Je ne fais rien en cachette, je parle comme je pense : si j'épouse ta sœur sans dot, j'entends que tu ne nous quittes point, et que mon bien soit le tien : si tu as d'autres pensées, fais ce que bon te semble : mais je ne serai ton ami qu'à cette condition. Voilà mon dernier mot. (*Il sort*).

Stas. Il s'en va... Écoutez, Lysitèle... je voudrais vous parler... L'autre part aussi... je reste seul... Que faire maintenant? plier bagage, me mettre le bouclier sur le dos, ferrer mes sandales... car il faut partir... Je vois que dans peu je vais être goujat, et que mon maître sera obligé de s'engraisser au service de quelque roi. Oh! nul, s'il s'agit de fuir, n'aura plus de vigueur! nul, dans le pillage, ne fera plus d'exploits. Moi, quand je serai pourvu d'un arc, d'un carquois et de flèches, le casque en tête, je dormirai tranquillement dans la tente... Mais allons à la place... J'ai prêté un talent à l'un de mes amis, je cours le lui redemander, afin d'avoir quelque ressource pour faire la route.

SCÈNE III.

MÉGARONIDE, CALLICLÈS.

Még. D'après ce que vous me dites, Calliclès, il

Esse, agrumque habere, egere illam autem, ut me merito oderit.
Nunquam erit alienis gravis, qui suis se concinnat levem.
Sicut dixi, faciam; nolo te jactari diutius.
Lys. Tanto melio'st te sororis causa egestatem exsequi, 665
Atque eum agrum me habere quam te, tua qui toleres mœnia?
Lesb. Nolo ego mihi te tam prospicere, qui meam egestatem leves,
Sed ut inops infamis ne sim; ne mihi hanc famam disferant,
Me germanam meam sororem in concubinatum tibi
Sic sine dote dedisse, magis quam in matrimonium. 670
Quis me inprobior perhibeatur esse? hæc famigeratio
Te honestet, me autem conlutulet, si sine dote duxeris;
Tibi sit emolumentum honoris, mihi quod objectent, siet.
Lys. Quid, te dictatorem censes fore, si abs te agrum acceperim?
Lesb. Neque volo, neque postulo, neque censeo; verum tamen 675
Is est honos homini pudico, meminisse opficium suum.
Lys. Scio equidem te, animatus ut sis; video, subolet, sentio.
Id agis, ut ubi adfinitatem inter nos nostram adstrinxeris,
Atque eum agrum dederis, nec quidquam heic tibi sit, qui vitam colas,
Ecfugias ex urbe inanis, profugus patriam deseras. 680
Cognatos, adfinitatem, amicos, factis nuhtiis;
Mea opera hinc proterritum te meaque avaritia autumnent.
Id me commissurum, ut patiar fieri, ne animum induxeris.
Stas. Non enim possum quin exclamem : Euge, euge, Lysiteles, πάλιν.
Facile palmam habes! hic victus : vicit tua comœdia. 685
Hic agit magis ex argumento, et versus meliores facit.
Etiam ob stultitiam tuam te tuerls? multam abomina.
Lesb. Quid tibi interpellatio aut in concilium huc accessio est?

Stas. Eodem pacto, quo huc adcessi, abscessero. *Lesb.* I hac mecum domum,
Lysiteles, ibi de istis rebus plura fabulabimur. 690
Lys. Nihil ego in obcutto agere soleo : meus ut animus est, eloquar.
Si mihi tua soror, ut ego æquom censeo, ita nubtum datur
Sine dote, neque tu hinc abiturus; quod meum erit, id erit tuum :
Sin aliter animatus es, bene quod agas eveniat tibi;
Ego amicus nunquam tibi ero alio pacto : sic sententia 'st. (*abit.*) 695
Stas. Abiit, hercle, ille quidem : ecquid audis, Lysiteles? ego te volo. (*abit. Lesbonicus.*)
Hic quoque hinc abiit. Stasime, restas solus : quid ego nunc agam?
Nisi uti sarcinam constringam, et clypeum ad dorsum adcommodem;
Fulmentas jubeam subpingi soccis : non sisti potest.
Video caculam militarem me futurum haud longius : 700
Aut aliquem ad regem in saginam herus se conjexit meus.
Credo ad summos bellatores acrem fugitorem fore;
Et capturum spolia ibi illum... qui meo hero adversus se-. nerit.
Egomet autem quom extemplo arcum mihi, et pharetram, et sagittas sumsero,
Cassidem in caput, dormibo placide in tabernaculo. 705
Ad forum ibo; nudius sextus quoi talentum mutuum
Dedi, reposcam, ut habeam mecum quod feram viaticum.

SCENA TERTIA.

MEGARONIDES, CALLICLES.

Meg. Ut mihi narras, Callicles, nullo modo
Potest fieri prorsus, quin dos detur virgini.
Call. Namque, hercle, honeste fieri ferme non potest, 710

est indispensable de donner une dot à la jeune fille.

Call. Il serait inconvenant qu'il en fût autrement, et je ne souffrirai pas qu'elle se marie sans dot, quand j'ai de quoi y pourvoir.

Még. Oui, vous avez sa dot toute prête, à moins que vous n'attendiez que son frère la marie sans dot. Allez en toute confiance trouver Philton, et dites-lui que vous fournissez la dot par amitié pour Charmide. Toutefois je crains que cette offre n'excite dans le public de fâcheux soupçons contre vous, et que les méchants ne prétendent que vous êtes généreux avec l'argent que le père vous a confié, que vous puisez vos libéralités dans sa propre bourse; qu'on ne pousse même la calomnie jusqu'à dire que cette dot n'est que la moitié du dépôt. D'un autre côté, si vous voulez attendre le retour de Charmide, ce délai paraîtra un peu long à Lysitèle, qui épousera sans dot.

Call. Je pense bien à tout cela.

Még. Voyez s'il ne vaudrait pas mieux aller trouver Lesbonique, et l'instruire de tout.

Call. Que je donne connaissance de ce trésor à un jeune étourdi, ivre d'amour, tout entier à ses passions! Non, assurément non; il est capable de manger jusqu'à l'endroit où l'argent est caché. Je crains le bruit même qu'on ferait en déterrant la somme, et jusqu'au mot de dot, de peur de lui donner l'éveil.

Még. Que faire donc enfin?

Call. Saisir une occasion de l'enlever en cachette. En attendant, un ami m'avancera la somme.

Még. Pouvez-vous compter sur quelque ami?

Call. Sans doute.

Még. Chimère! craignez la réponse ordinaire: « *En vérité, je n'ai rien à vous prêter.* »

Call. J'aimerais encore mieux un refus qu'un consentement qui m'engagerait.

Még. J'imagine un moyen, s'il vous convenait...

Call. Quel est-il?

Még. Un moyen infaillible, je crois.

Call. Voyons.

Még. Il s'agit de trouver quelqu'un, par exemple, un nouveau débarqué.

Call. Eh bien! que fera-t-il?

Még. Il aura l'air, la tournure d'un étranger; personne ne connaîtra sa figure, il ne connaîtra personne: il nous faut un menteur habile, effronté...

Call. Ensuite?

Még. Il viendra de Séleucie, envoyé par le père vers le jeune homme. En le saluant de sa part, il l'assurera que le vieillard est vivant, se porte à merveille, fait bien ses affaires, et va revenir bientôt. Il portera deux lettres, que nous signerons comme si elles étaient du père. Il donnera l'une à Lesbonique, et dira que l'autre vous est destinée.

Call. Bon! continuez.

Még. Il dira qu'il apporte en or la dot de la jeune personne, d'après l'ordre du père, qui lui aurait prescrit de ne la déposer qu'entre vos mains. Comprenez-vous?

Call. Parfaitement; et l'idée est excellente.

Még. Vous donnerez ensuite cet or à celui que la jeune fille aura épousé.

Call. Fort bien! à merveille!

Még. Par là, quand vous voudrez déterrer le trésor, le jeune homme sera éloigné de tout soupçon. Il croira que cet or lui vient de son père, tandis que vous l'aurez tiré de la cachette.

Call. Le tour est excellent, admirable, quoiqu'à mon âge j'aie quelque honte de jouer la comédie. Mais lorsqu'on remettra ces lettres cachetées, si toutefois elles le sont, pensez-vous que le jeune homme reconnaisse l'empreinte de l'anneau de son père?

Még. Cela vous arrête? il y a mille moyens de

Ut eam perpetiar ire in matrimonium
Sine dote, quom ejus rem penes me habeam domi.
Meg. Parata dos domi'st, nisi exspectare vis,
Ut eam sine dote frater nuptum conlocet:
Post adeas tute Philtonem, et dotem dare 715
Te ei dicas; facere id ejus ob amicitiam patris.
Verum hoc ego vereor, ne istæc pollicitatio
Te in crimen populo ponat atque infamiam.
Non temere dicant te benignum virgini,
Datum tibi dotem, ei quam dares, ejus a patre; 720
Ex ea largitari te illi; neque ita, ut sit data, incolumem te sistere illi, et detraxe autumant.
Nunc si obperiri vis adventum Charmidis,
Perlongum'st: huic ducenti interea abscesserit.
Call. Nam, hercle, omnia istæc veniunt in mentem mihi. 725
Meg. Vide si hoc utibile magis atque in rem deputas,
Ut adeam Lesbonicum, edoceam ut res se habet.
Call. Ut ego nunc adulescenti thesaurum indicem
Indomito, pleno amoris ac lasciviæ?
Minume, minime, hercle, vero! nam certo scio 730
Locum quoque illum omnem, ubi situ'st, comederit:
Quem fodere metuo, sonitum ne ille exaudiat,
Neu ipsam rem indagel, dotem dare si dixerim.
Meg. Quo pacto ergo igitur? *Call.* Clam dos depromi potest;
Dum obcasio ei rei reperiatur, interim 735
Ab amico alicunde argentum roges.
Meg. Potin' est ab amico alicunde exorari? *Call.* Potest.
Meg. Gerræ! næ tu illud verbum actutum inveneris,

« Mihi quidem, hercle, non est quod dem mutuum. »
Call. Malim, hercle, ut verum dicas, quam ut des mutuum. 740
Meg. Sed vide consilium, si placet. *Call.* Quid consili 'st?
Meg. Scitum, ut ego opinor, consilium inveni. *Call.* Quid est?
Meg. Homo conducatur aliquis jam, quantum potest,
Quasi sit peregrinus. *Call.* Quid is scit facere postea?
Meg. Is homo exornetur graphice in peregrinum modum, 745
Ignota facies, quæ non visitata sit,
Falsidicum, confidentem. *Call.* Quid tuum postea?
Meg. Quasi ad adulescentem a patre ex Seleucia
Veniat, salutem ei nuntiet verbis patris,
Illum bene gerere rem, et valere et vivere, 750
Et eum rediturum actutum. Ferat epistolas
Duas; eas nos consignemus, quasi sint a patre;
Det alteram illi, dicat alteram tibi
Dare sese velle. *Call.* Perge porro dicere.
Meg. Seque aurum ferre virgini dotem a patre 755
Dicat, patremque id jussisse aurum tibi dare.
Tenes jam? *Call.* Propemodum, atque ausculto perlubens.
Meg. Tum tu igitur demum id adulescenti aurum dabis,
Ubi erit locata virgo in matrimonium.
Call. Scite, hercle, sane. *Meg.* Hoc, ubi thesaurum effoderis, 760
Subspicionem ab adulescente amoveris.
Censebit aurum esse a patre adlatum tibi;
Tu de thesauro sumes. *Call.* Satis scite et probe;
Quamquam hoc me ætatis sycophantari pudet.

se tirer d'affaire. On supposera qu'il l'a perdu, et qu'il en a fait faire un nouveau. S'il les présente décachetées, on dira que l'inspecteur du port les a ouvertes pour les lire. C'est une niaiserie que de s'arrêter un jour entier à ces bagatelles : on pourrait là-dessus coudre beaucoup de paroles les unes aux autres pour rien. Allez tout de suite secrètement vers le trésor ; éloignez valets et servantes : m'entendez-vous bien?

Call. Et puis après?

Még. Surtout cachez bien tout cela à votre femme ; car la bavarde ne peut garder un secret. Eh bien donc! qui vous retient ici? allons, partez... du mouvement! Ouvrez le trésor, prenez-en ce qu'il vous faut, et refermez-le à l'instant, mais en cachette, comme je vous l'ai recommandé. Éloignez tout le monde de la maison.

Call. Je n'y manquerai pas.

Még. Mais c'est trop de discours; nous perdons le temps, quand il faut agir. Ne vous inquiétez pas de l'anneau; fiez-vous à moi, le faux fuyant que je viens de vous indiquer est fort drôle : c'est l'inspecteur du port qui a décacheté les lettres. Mais la journée s'avance. Ne connaissez-vous pas le caractère et les goûts de Lesbonique? Il est ivre en ce moment, sans doute : on lui fera tout accroire. D'ailleurs notre homme sera venu en apportant quelque chose, et en ne demandant rien.

Call. Il suffit...

Még. Mais je cours à la place publique chercher quelque agent d'intrigues. Je signerai les deux lettres, et j'enverrai notre compère bien stylé vers le jeune homme.

Call. Je vais à ma besogne, faites la vôtre.

Még. Je vous en rendrai bon compte, ou je ne suis qu'un faquin.

ACTE QUATRIÈME.

SCÈNE I.
CHARMIDE seul.

Frère de Jupiter et gendre de Nérée, c'est du fond de mon cœur que je te rends grâce, et à vous aussi, flots impétueux, naguère arbitres de mes biens, de ma personne et de ma vie! Sorti de vos dangereux domaines, me voici rendu à ma patrie, à ma ville natale. C'est à toi, Neptune, que je dois le premier tribut de ma reconnaissance. On te peint cruel, inexorable, avide, inhumain, ravisseur odieux : j'ai éprouvé le contraire. Ta douceur, ta clémence n'ont cessé de m'accompagner dans ton empire. J'avais déjà entendu vanter ta gloire. D'illustres sages m'avaient dit que tu te plaisais à épargner le pauvre, et à humilier, à perdre le riche superbe. Reçois mes louanges ; tu traites les hommes selon leurs mérites. Il est digne des immortels de ménager toujours le pauvre : on t'accuse de perfidie, tu n'en as pas montré à mon égard : sans toi, je n'en puis douter, tes satellites m'auraient enlevé, lancé jusqu'au ciel sans nulle pitié, et tous mes biens seraient épars dans la plaine azurée.

Déjà les vents, comme des chiens pleins de rage, entouraient notre vaisseau; la pluie, les flots, les tempêtes en furie allaient briser le mât, renverser les antennes, déchirer les voiles, si ton bras n'eût promptement rétabli un calme propice.

Neptune, je te dis adieu pour toujours. Il est

Sed epistolas quando obsignatas adferet, 785
Siquidem obsignatas adtulerit epistolas,
Nonne arbitraris eum adulescentem anuli
Paterni signum gnovisse? *Meg.* Etiam tu taces?
Sexcentæ ad eam rem causæ possunt conligi :
Illum quem habuit, perdidit, alium post fecit novom. 770
Jam si obsignatas non feret, dici hoc potest :
Apud portitorem eas resignatas sibi
Inspectasque esse : in hujusmodi negotio
Diem sermone terere, segnities mera 'st :
Quamvis sermones possunt longi texier. 775
Abi ad thesaurum jam confestim clanculum,
Servos, ancillas amove : atque audin'? *Call.* Quid est?
Meg. Uxorem quoque ipsam hanc rem ut celes, face.
Nam, pol, tacere nunquam quidquam 'st quod queat.
Quid nunc stas? quin te hinc amoves, et te moves? 780
Aperi, depromo inde auri ad hanc rem quod sat est.
Continuo operito denuo; sed clanculum,
Sicut præcepi; cunctos exturba ædibus.
Call. Ita faciam. *Meg.* At enim nimis longo sermone utimur.
Diem conficimus, quod jam properato 'st opus. 785
Nihil est de signo quod verear, me vide.
Lepida est illa causa : conmemoravi dicere,
Apud portitores esse inspectas : denique
Diei tempus non vides? quid illum putas
Natura illa atque ingenio? jamdudum ebriu'st. 790
Quidvis probari poterit : tum, quod maxumum 'st,
Adferre, non petere hic se dicet. *Call.* Jam sat est.
Meg. Ego sycophantam jam conduco de foro,
Epistolasque jam consignabo duas,
Eumque huc ad adulescentem meditatum probe 795
Mittam. *Call.* Eo ego igitur intro ad oplicium meum.
Tu istuc age. *Meg.* Actum reddam [nugacissume.]

ACTUS QUARTUS.

SCENA PRIMA.
CHARMIDES.

Salsipotenti et multipotenti Jovis fratri æthereo Neptuno,
Lætus, lubens, laudes ago, et gratcis gratiasque habeo,
    et fluctibus salsis,
Quos penes mei potestas, bonis meis quid foret, et meæ
    vitæ, 800
Quom suis me ex locis in patriam urbisque mœnia reducem
    faciunt.
Atque ego, Neptune, tibi ante alios deos gratias ago atque
    habeo summas.
Nam te omneis sævomque severumque atque avidis moribus conmemorant,
Spurcificum, inmanem, intolerandum, vesanum : contra
    opera expertus :
Nam, pol, placide te et clementi meo usque modo, ut volui, usus sum in alto. 805
Atque hanc tuam gloriam jam ante auribus adceperam gnobilem apud homines,
Pauperibus te parcere solitum, divites damnare atque domare.
Abi, laudo; scis ordine, ut æquom 'st,
Tractare homines : hoc dis dignum 'st, semper mendicis
    modesti sint.
Fidus fuisti; infidum esse iterant : nam absque foret te, sat
    scio, in alto 810
Distraxissent disque tulissent satellites tui me miserum
    fœde,
Bonaque omnia item una mecum passim cæruleos per campos.

LE TRÉSOR, ACTE IV, SCÈNE II.

temps de me reposer. Quelles souffrances n'ai-je pas endurées pour amasser des richesses à mon fils! Mais quel est l'inconnu qui s'avance sur la place, avec cette tournure et ce costume singulier? La curiosité de savoir quel est ce personnage l'emporte sur ma vive impatience de revoir ma maison.

SCÈNE II.
LE SYCOPHANTE (agent d'intrigues), CHARMIDE.

Le Sycoph. Je veux nommer ce jour la journée aux *trois écus*; car c'est pour cette somme que j'ai loué mon talent d'intrigue. J'arrive de Séleucie, de Macédoine, d'Asie et d'Arabie, où je ne suis jamais allé. Voyez à quelle extrémité le besoin réduit un malheureux! Il faut que pour trois écus je porte ces lettres de la part d'un particulier que je n'ai connu de ma vie; je ne sais pas même s'il est né ou à naître.

Charm. (à part.) Quel chapeau! Il est de la race des champignons; sa tête couvre tout son corps. Il m'a tout l'air d'un Illyrien : il arrive avec le costume de son pays.

Le Sycoph. Celui qui m'emploie m'a emmené chez lui, après le marché conclu. Il m'a expliqué ses intentions; il m'a fait ma leçon et tracé mon rôle de point en point. Maintenant si j'y mets du mien, mon maître n'en appréciera que mieux mon savoir-faire dans les expéditions de ce genre. Comme il m'a affublé! Il en a payé les frais. C'est un costume qu'il a pris chez un décorateur de théâtre. Je vais faire en sorte de me l'approprier, pour lui prouver à lui-même que je sais mon métier d'escamoteur.

Charm. (à part.) Plus j'examine cet homme, et moins sa figure me plaît. Si je m'y connais bien, c'est un somnambule, ou un coupeur de bourses, un filou. Il observe les lieux, regarde autour de lui, remarque les maisons. Je crois qu'il examine l'endroit où il viendra voler. J'ai envie d'épier ses démarches. Suivons-le attentivement.

Le Sycoph. Voilà le quartier que m'a désigné celui qui m'a loué. C'est cette maison qui doit être le siège de mes fourberies. Frappons.

Charm. (à part.) Il va tout droit chez moi. Je crois que, pour mon arrivée, il me faudra passer la nuit en sentinelle.

Le Sycoph. Holà! ouvrez! ouvrez donc! Est-ce qu'il n'y a pas de portier ici?

Charm. Que cherchez-vous, jeune homme? que demandez-vous? Pourquoi frappez-vous à cette porte?

Le Sycoph. Ho! bon vieillard, je suis inscrit chez le magistrat; je lui ai rendu un compte exact de ma conduite. Je cherche Lesbonique, un jeune homme qui doit habiter dans ce quartier, ainsi qu'une autre personne à cheveux blancs, comme vous. Celui qui m'a remis ces lettres m'a dit qu'il s'appelait Calliclès.

Charm. (à part.) Il cherche mon fils et mon ami Calliclès, à qui j'ai confié mes enfants et mes biens.

Le Sycoph. Brave homme, dites-moi, je vous prie, si vous le savez, où demeurent ces deux personnes.

Ita jam quasi canes, haud secus, circumstabant navem turbines venti :
Imbres fluctusque atque procellæ infensæ frangere malum,
Ruere antennas, scindere vela, ni tua pax propitia foret præsto. 815
Apage me, sis : deinde hinc certum 'st otio me dare : satis partum habeo.
Quibus ærumnis deluctavi, filio dum divitias quæro!
Sed quis hic est, qui in plateam ingreditur cum novo ornatu specieque
Simul? pol, quamquam domum cupio, obperiar heic, quam gerat rem.

SCENA SECUNDA.
SYCOPHANTA, CHARMIDES.

Syc. Huic ego diei nomen Trinumo faciam; nam ego operam meam 820
Tribus numis hodie locavi ad arteis nugatorias.
Advenio ex Seleucia, Macedonia, Asia, atque Arabia,
Quas ego neque oculis, neque pedibus unquam usurpavi meis.
Viden' egestas quid negoti dat homini misero mali!
Qui ego nunc subigor trium nummorum causa, ut has epistolas 825
Dicam ab eo homine me adcepisse, quem ego, qui sit homo, nescio,
Neque gnovi; neque gnatus, necne is fuerit, id solide scio.
Charm. Pol, hic quidem fungino genere 'st, capite se totum tegit;
Illurica facies videtur hominis; eo ornatu advenit.
Syc. Ille qui me conduxit, ubi conduxit, abduxit domum.
Quæ voluit, mihi dixit ; docuit, et præmonstravit prius, 831
Quomodo quidque agerem : nunc adeo, si quid ego addero amplius,
Eo conductor melius de me nugas conciliaverit.
Ut ille me exornavit, ita sum ornatus : argentum hoc facit.
Ipse ornamenta a chorago hæc sumsit suo periculo. 835
Nunc ego si potero ornamentis hominem circumducere,
Dabo operam, ut me esse ipsum plane sycophantam sentiat.
Charm. Quam magis specto, minus placet mihi hominis facies : mira sunt,
Ni illic homo 'st aut dormitator, aut sector zonarius.
Loca contemplat, circumspectat sese, atque ædeis gnoscitat.
Credo, edepol, quo mox furatum veniat, speculatur loca. 841
Magis lubido 'st observare, quid agat ; ei rei operam dabo.
Syc. Has regiones demonstravit mihi ille conductor meus :
Apud illas ædeis sistendæ mihi sunt sycophantiæ.
Foreis pultabo. *Charm.* Ad nostras ædeis hic quidem habet rectam viam. 845
Hercle, opinor mihi advenienti hac noctu agitandum 'st vigilias.
Syc. Aperite hoc, aperite : heus! ecquis his foribus tutelam gerit?
Charm. Quid, adulescens, quæris? quid vis? quid istas pultas? *Syc.* Heus, senex!
Census, quom juratori recte rationem dedi,
Lesbonicum heic adulescentem quæro, in his regionibus 850
Ubi habitet, et item alterum ad istanc capitis albitudinem;
Calliclem sibat vocari, qui has mihi dedit epistolas.
Charm. Meum gnatum hic quidem Lesbonicum quærit et amicum meum,
Quoi ego liberosque bonaque commendavi, Calliclem.
Syc. Fac me, si scis, certiorem, hice homines ubi habitent, pater. 855
Charm. Quid eos quæris? aut quis es? aut unde es? aut unde advenis?
Syc. Multa simul rogitas! nescio quid expediam potissumum.

Charm. Que leur voulez-vous? qui êtes-vous? de quel pays êtes-vous? d'où venez-vous?
Le Sycoph. Vous m'en demandez beaucoup à la fois : je ne sais par où commencer. Interrogez-moi doucement et par ordre, et je vous apprendrai mon nom, mes aventures, et mes voyages.
Charm. Soit. Commencez donc par me dire votre nom.
Le Sycoph. C'est par le point le plus important que vous débutez.
Charm. Pourquoi?
Le Sycoph. Pourquoi? c'est qu'en commençant les aventures qui se rattachent à mon premier nom, il serait nuit quand j'arriverais à celles qui appartiennent à mon dernier.
Charm. Il paraît qu'il vous faudrait un flambeau et des rafraîchissements pour parcourir dans sa longueur l'histoire de votre nom.
Le Sycoph. Mon surnom est court comme un baril.
Charm. (*à part.*) Ce ne peut être qu'un Sycophante. (*haut.*) Que dites-vous, jeune homme?
Le Sycoph. Plaît-il?
Charm. Expliquez-vous. Que vous doivent ces personnes que vous cherchez?
Le Sycoph. Le père du jeune Lesbonique m'a remis ces deux lettres.
Charm. C'est mon ami. (*à part.*) Je tiens le fripon. Il dit que c'est moi qui lui ai remis ces lettres! Je vais m'amuser à ses dépens.
Le Sycoph. Si vous voulez m'écouter, je continuerai.
Charm. Je vous écoute.
Le Sycoph. Il m'a ordonné de remettre ce billet à son fils Lesbonique, et l'autre à son ami Calliclès.
Charm. (*à part.*) Il se moque de moi; moquons-nous de lui à mon tour. (*haut.*) Où était-il?

Le Sycoph. Il faisait ses affaires à merveille.
Charm. Où cela?
Le Sycoph. En Séleucie.
Charm. C'est de lui que vous tenez ces lettres?
Le Sycoph. Il me les a données de sa propre main.
Charm. Quel est son extérieur?
Le Sycoph. Il est d'un pied et demi plus grand que vous.
Charm. Voilà qui est étrange. J'étais donc plus grand en voyage que depuis mon retour? (*haut.*) Le connaissez-vous bien?
Le Sycoph. Plaisante question! Je mange habituellement avec lui.
Charm. Quel est son nom?
Le Sycoph. Celui d'un honnête homme.
Charm. Je suis curieux de l'apprendre.
Le Sycoph. Il s'appelle... attendez... il s'appelle... Peste soit de moi!....
Charm. Qu'avez-vous?
Le Sycoph. Je le tenais, il m'est rentré dans le gosier.
Charm. Je n'aime pas qu'on tienne ainsi ses amis entre ses dents.
Le Sycoph. Je l'avais sur le bout des lèvres.
Charm. (*à part.*) J'arrive aujourd'hui fort à propos.
Le Sycoph. (*à part.*) Me voilà pris! j'enrage!
Charm. (*haut.*) Eh bien! avez-vous trouvé son nom?
Le Sycoph. Je rougis... je l'avoue...
Charm. Voyez comme vous connaissez votre homme!
Le Sycoph. Comme moi-même. Mais vous savez, on cherche souvent ce qu'on a devant ses yeux, ce qu'on tient dans ses mains. L'alphabet aidera ma mémoire... c'est par un C qu'il commence.
Charm. Callicias?

Sin unum quidquid singillatim et placide percunctabere,
Et meum nomen, et mea facta, et itinera ego faxo scias.
Charm. Faciam ita ut vis : agedum nomen tuum primum memora mihi. 860
Syc. Magnum facinus incipissis petere. *Charm.* Quid ita?
Syc. Quia, pater,
Si ante lucem ire obcipias a meo primo nomine,
Concubium sit noctis, priusquam ad postremum perveneris.
Charm. Opus face est et viatico ad tuum nomen, ut tu prædicas.
Syc. Est minusculum alterum, quasi vasculum vinarium. 865
Charm. Hic homo solide sycophanta 'st. Quid ais tu, adulescens? *Syc.* Quid est?
Charm. Eloquere, isti tibi quid homines debent, quos tu quæritas?
Syc. Pater istius adulescentis dedit has duas mihi epistolas Lesbonici : mihi est amicus. *Charm.* Teneo hunc manifestarium.
Me sibi epistolas dedisse dicit : ludam hominem probe. 870
Syc. Ita ut obcepi si animum advortas, dicam. *Charm.* Dabo operam tibi.
Syc. Hanc me jussit Lesbonico suo gnato dare epistolam,
Et item hanc alteram suo amico Calliclí jussit dare.
Charm. Mihi quoque, edepol, quom hic nugatur, contra nugari lubet.
Ubi ipse erat? *Syc.* Bene rem gerebat. *Charm.* Ergo ubi? 875
Syc. In Seleucia.

Charm. Ab ipson' istas adcepisti? *Syc.* E manibus dedit mihi ipse in manus.
Charm. Qua facie est homo? *Syc.* Sesquipede quidem 'st quam tu longior.
Charm. (*sorsum.*) Hæret hæc res : siquidem ego absens sum, quam præsens longior.
Gnovistin' hominem? *Syc.* Ridicule rogitas, quocum una cibum
Capere soleo. *Charm.* Quid est ei nomen? *Syc.* Quod, edepol, homini probo. 880
Charm. Lubet audire. *Syc.* Ille, edepol... illi... illi... væ misero mihi!
Charm. Quid est negoti? *Syc.* (*secum.*) Devoravi nomen inprudens modo.
Charm. Non placet, qui amicos intra denteis conclusos habet.
Syc. Atque etiam modo vorsabatur mihi in labris primoribus.
Charm. (*secum.*) Tempori huic hodie anteveni. *Syc.* Teneor manifesto miser!
Charm. Jamne commentatus es nomen? *Syc.* Deum, hercle, me atque hominum pudet.
Syc. Vide, homo, ut hominem gnoveris. *Syc.* Tamquam me : fieri istuc solet,
Quod in manu teneas atque oculis videas, id desideres.
Literis recommiiscar. C est principium nominis.
Charm. Callicias? *Syc.* Non est. *Charm.* Callippus? *Syc.*

Le Sycoph. Non.
Charm. Callipe?
Le Sycoph. Non.
Charm. Callidémide.
Le Sycoph. Non.
Charm. Callinicus?
Le Sycoph. Non.
Charm. Callimarque?
Le Sycoph. Pas davantage. Je m'en soucie fort peu... il suffit que je me rappelle le nom *du fils*(1).
Charm. Mais il y a ici plusieurs Lesboniques. Si vous ne me dites pas le nom du père, je ne puis vous indiquer les personnes que vous cherchez.... Voyons à peu près... nous pourrons le trouver par hasard...
Le Sycoph. C'est à peu près.... Char........
Charm. Charès? Charidémus ou Charmide?
Le Sycoph. Le voilà! que le ciel le confonde!
Charm. Je vous l'ai déjà dit... Vous devriez souhaiter du bien et non du mal à un ami.
Le Sycoph. Le scélérat est-il resté assez longtemps entre mes dents!
Charm. Ne dites point de mal d'un ami absent.
Le Sycoph. Pourquoi le lâche se cache-t-il de moi?
Charm. Il vous aurait répondu, si vous l'eussiez appelé par son nom. Mais où est-il?
Le Sycoph. Ma foi, je l'ai laissé à Rhadamanthe, dans l'île de Cécrops (2).
Charm. (*à part.*) Vraiment, je suis fou! je demande moi-même où je suis! Mais cela ne fait rien à l'affaire. (*haut.*) Que dites-vous donc?
Le Sycoph. Plaît-il?
Charm. Quels pays avez-vous parcourus?
Le Sycoph. Des pays incomparables, pleins de merveilles.

(1) J'ai lu au texte *filii* au lieu de *mihi*.
(2) Invention burlesque du sycophante, pour se tirer d'embarras. Plus loin, il ne respectera pas davantage la géographie.

Charm. Je serais charmé de ce récit... à moins que cela ne vous fatigue.
Le Sycoph. Je brûle moi-même de tout vous raconter. Nous cinglâmes d'abord vers l'Arabie, sur l'Hellespont.
Charm. Oh! oh! est-ce qu'il y a aussi une Arabie sur l'Hellespont?
Le Sycoph. Oui. Non pas celle où croît l'encens, mais celle où naissent la sarriette et l'absynthe pour engraisser les poules.
Charm. (*à part.*) Le plaisant géographe! Mais je suis plus fou que lui, de l'interroger sur un pays dont je viens, que je connais et qu'il ne connaît pas. Voyons toujours comment il s'en tirera. (*haut.*) Jeune homme, quel est votre nom?
Le Sycoph. Paix, est mon nom habituel.
Charm. Le nom est plaisant. Cela signifie que lorsqu'on vous redemande quelque somme prêtée vous répondez, Paix! assez! tout a disparu! néant! Mais où êtes-vous allé ensuite?
Le Sycoph. Écoutez-moi avec attention, je vais vous l'apprendre. A l'embouchure du fleuve qui prend sa source dans le ciel, au pied du trône de Jupiter.
Charm. Au pied du trône de Jupiter?
Le Sycoph. Oui.
Charm. Dans le ciel?
Le Sycoph. Au beau milieu.
Charm. Ah! Est-ce que vous êtes monté jusqu'au ciel?
Le Sycoph. Une barque nous y a transportés en remontant l'Anio (1).
Charm. Vraiment! vous avez aussi rendu visite à Jupiter?
Le Sycoph. Il n'y était pas Les autres dieux nous ont dit qu'il était à sa maison de campagne, distribuant la nourriture à ses esclaves.

(1) Aujourd'hui *Teverone*.

Non est. *Charm.* Callidemides? 890
Syc. Non est. *Charm.* Callinicus? *Syc.* Non est. *Charm.* Callimarchus? *Syc.* Nil agis.
Neque adeo, edepol, floccifacio, quando egomet memini *filii* (*mihi*).
Charm. At enim multi Lesbonici sunt heic; nisi nomen patris
Dices, non monstrare possum istos homines, quos tu quæritas.
Quod ad exemplum 'st? conjectura si reperire possumus. 895
Syc. Ad hoc exemplum est. Char. *Charm.* An Chares? an Charidemus? num Charmides?
Syc. Hem istic erit: qui istum di perdant! *Charm.* Dixi ego jamdudum tibi:
Te potius bene dicere æquom 'st homini amico, quam male.
Syc. Satin intra labra atque denteis latuit vir minumi preti?
Charm. Ne male loquare absenti amico. *Syc.* Quid ergo ille ingnavissumus 900
Mihi latitabat? *Charm.* Si adpellasses, respondisset, nomine.
Sed ipse ubi est? *Syc.* Pol, illum reliqui ad Rhadamantem in Cecropia insula.
Charm. (ad spectatores.) Qui homo est me insipientior, qui ipse egomet, ubi sim, quæritem?
Sed nihil disconducit huic rei. Quid ais? *Syc.* Quid? *Charm.* Hoc te rogo:
Quos locos adisti? *Syc.* Nimium miris modis mirabileis. 905
Charm. Lubet audire, nisi molestum 'st. *Syc.* Quin discupio dicere.

Omnium primum, in Pontum advecti ad Arabiam terram sumus.
Charm. Eho! an etiam Arabia 'st in Ponto? *Syc.* Est; non illæc, ubi tus gignitur,
Sed ubi absinthium fit, atque cunila gallinacea.
Charm. Nimium graphicum hunc nugatorem! sed ego sum insipientior, 910
Qui egomet, unde redeam, hunc rogitem, quæ ego sciam, atque hic nesciat:
Nisi quia lubet experiri, quo evasuru 'st denique
Quid est tibi nomen, adulescens? *Syc.* Pax, id est nomen mihi:
Hoc cotidianum 'st *Charm.* Edepol, nomen nugatorium: Quasi dicas, si quid credidirim tibi, pax! perisse inlico. 915
Sed quid ais? Quo inde iisti porro? *Syc.* Si animum advortas, eloquar.
Ad caput amnis, quod de cælo exoritur sub solio Jovis.
Charm. Sub solio Jovis? *Syc.* Ita dico. *Charm.* E cælo? *Syc.* Atque e medio quidem.
Charm. Eho! an etiam in cælum escendisti? *Syc.* Imo horiola advecti sumus,
Usque aqua adversa per amnem. *Charm.* Eho, an etiam vidisti Jovem? 920
Syc. Alii dii isse ad villam aibant servis depromtum cibum.
Deinde porro... *Charm.* Deinde porro nolo quidquam prædices.
Syc. Ego, hercle, si es molestus. *Charm.* Nam pudicum neminem

Charm. Maintenant je ne veux pas que vous m'en disiez davantage.

Le Sycoph. Ma foi! si vous vous fâchez...

Charm. C'est être bien effronté que de dire que vous êtes monté au ciel.

Le Sycoph. Partez, puisqu'il vous plaît : mais indiquez-moi les personnes que je cherche, et à qui je dois porter ces lettres.

Charm. Que diriez-vous si vous aviez devant les yeux ce même Charmide qui, à vous entendre, vous a confié ces lettres? Le reconnaîtriez-vous?

Le Sycoph. Vous me prenez apparemment pour une bête. Je ne reconnaîtrais pas un homme avec qui j'ai passé ma vie! Aurait-il été assez fou pour me confier mille philippes, et pour me charger de remettre cet or à son fils et à son ami Calliclès, auxquels il a dû en donner avis, si nous ne nous connaissions l'un et l'autre parfaitement?

Charm. (à part.) Parbleu, j'ai envie de tromper cet habile trompeur... Si je pouvais lui escamoter les mille écus qu'il prétend que je lui ai remis! Je ne le connais point du tout, je ne l'ai jamais vu et je lui aurais confié de l'argent! moi qui ne lui prêterais pas une obole pour sa rançon! Prenons-le par la ruse. — (*haut.*) Holà! citoyen *Paix*! deux mots, je vous prie.

Le Sycoph. Trois cents, si vous voulez.

Charm. Avez-vous l'or que vous avez reçu de Charmide?

Le Sycoph. Il m'a compté de sa propre main et sur sa table mille écus en bons philippes.

Charm. Charmide lui-même?

Le Sycoph. A moins que ce ne soit son aïeul ou son bisaïeul, morts depuis longtemps.

Charm. Eh bien, mon cher, donnez-moi cet or.

Le Sycoph. Que je vous donne cet or!

Charm. N'avouez-vous pas que vous l'avez reçu de moi?

Le Sycoph. De vous?

Charm. Oui, de moi.

Le Sycoph. Qui êtes-vous?

Charm. Celui qui vous a confié les mille écus : je suis Charmide.

Le Sycoph. Vous n'êtes point Charmide, et vous n'aurez point l'argent. Allez conter vos hâbleries à d'autres. A trompeur, trompeur et demi.

Charm. Je suis Charmide.

Le Sycoph. Eh bien! vous le serez pour rien, car je n'ai pas sur moi un seul écu d'or. Ah! vous avez adroitement saisi l'occasion de faire votre main. Sitôt que je parle d'or, zest! vous voilà Charmide! Vous ne l'étiez pas auparavant. Vous vous êtes fait *Charmide* (1), *décharmidez*-vous.

Charm. Qui suis-je donc, si je ne suis pas ce que je suis?

Le Sycoph. Que m'importe? soyez ce qu'il vous plaira, pourvu que vous ne soyez pas celui que je vous défends d'être. Tout à l'heure vous n'étiez pas ce que vous étiez, et maintenant vous prétendez être ce que vous n'étiez pas alors.

Charm. Allons, dépêchez...

Le Sycoph. Comment, dépêchez!

Charm. Rendez-moi mon or.

Le Sycoph. Vous rêvez, bonhomme.

Charm. N'avez-vous pas avoué que Charmide vous avait donné de l'or?

Le Sycoph. En écrit seulement.

Charm. Va-t'en bien vite d'ici, maudit endormeur, avant que je te fasse étriller d'importance.

Le Sycoph. Et par quelle raison?

(1) Le jeu de mots est fort piquant dans l'original. Καρμη veut dire *joie* : vous *étiez enchanté*, désenchantez-vous.

Esse oportet, qui abs terra ad cælum pervenerit.
Syc. Dimittam, ut te velle video : sed monstra hosce homines mihi. 925
Hos ego quæro, quibus me oportet has deferre epistolas.
Charm. Quid ais tu nunc? si forte eum ipsum Charmidem conspexeris,
Illum, quem tibi istas dedisse coumemoras epistolas,
Gnoverisne hominem? *Syc.* Næ tu me, edepol, arbitrare belluam,
Qui quidem non gnovisse possim, quicum ætatem exegerim. 930
An ille tam esset stultus, qui mihi mille numûm crederet
Philippeum, quod me aurum deferre jussit ad gnatum suum,
Atque ad amicum Calliclem, quoi rem aibat mandasse heic, suam,
Mihi concrederet, nisi me ille et ego illum gnossem adprobe?
Charm. Enimvero ego nunc sycophantæ huic sycophantari volo, 935
Si hunc possum illo mille numûm philippeo circumducere,
Quod sibi me ded sse dixit : quem ego, qui sit homo, nescio,
Neque oculis ante hunc diem unquam vidi, eine aurum crederem?
Quoi, si capitis res siet, numum nunquam credam plumbeum.
Adgrediundu'st hic homo mihi astu. Heus, Pax, te tribus verbis volo. 940
Syc. Vel trecentis. *Charm.* Haben' tu'id aurum, quod adcepisti a Charmide?
Syc. Atque etiam philippeum, numeratûm illius in mensa manu,

Mille numûm. *Charm.* Nempe ab ipso id adcepisti Charmide?
Syc. Mirum quin ab avo ejus, aut proavo adciperem, qui sunt mortui.
Charm. Adulescens, cedodum istuc aurum mihi. *Syc.* Quod ego aurum dem tibi? 945
Charm. Quod a me adcepisse fassus. *Syc.* Abs te adcepisse?
Charm. Ita loquor.
Syc. Quis tu homo es? *Charm.* Qui mille numûm tibi dedi, ego sum Charmides.
Syc. Neque, edepol, tu is es, neque hodie is unquam eris, auro huic quidem.
Abi, sis, nugator ; nugari nugatori postulas.
Charm. Charmides ego sum. *Syc.* Nequidquam, hercle, es : nam nihil auri fero. 950
Nimis argute obrepsisti in capse obcasiuncula :
Postquam ego me aurum ferre dixi, post tu factus Charmides.
Prius tu non eras, quam auri feci mentionem : nihil agis
Proin 'tu te itidem, ut Charmidatus es, rursum recharmida.
Charm. Quis ego sum igitur, siquidem is non sum, qui sum?
Syc. Quid id ad me adtinet? 955
Dum ille ne sis, quem ego esse nolo, sis mea causa qui lubet.
Prius non is eras, qui eras : nunc is factus, qui tum non eras.
Charm. Age si quid agis. *Syc.* Quid ego agam? *Charm.* Aurum redde. *Syc.* Dormitas, senex.
Charm. Fassus Charmidem dedisse aurum tibi. *Syc.* Scriptum quidem.
Charm. Properas, an non properas abire actutum ab his regionibus, 960

Charm. Parce que je suis ce Charmide, parce que tu as abusé de mon nom, en te disant mon messager.
Le Sycoph. Oh! comment! ce serait vous?
Charm. Moi, oui, moi-même.
Le Sycoph. Vous soutenez que c'est vous?
Charm. Assurément.
Le Sycoph. Vous-même?
Charm. Moi-même, te dis-je : je suis Charmide.
Le Sycoph. En propre personne?
Charm. Parfaitement moi. Sors de devant mes yeux.
Le Sycoph. (*ironiquement.*) Vous arrivez trop tard (1), mon ami : C'est mon avis, et ce sera sans doute aussi celui des nouveaux édiles (2) qui vous feront donner la bastonnade.
Charm. Tu m'oses menacer?
Le Sycoph. J'ajoute même : Que les dieux vous exterminent! puisque vous êtes arrivé sain et sauf. Vous seriez déjà mort, que je m'en soucierais comme de cela... J'ai reçu de l'argent pour mon message : je vous livre aux enfers. Quant à ce que vous êtes, ou ce que vous n'êtes pas, je m'en moque. Je retourne vers celui qui m'a donné mes trois écus, pour lui apprendre qu'il a perdu son argent. Adieu que la peste te serre et t'étouffe! Maudit Charmide, qui arrives si mal à propos, puissent les dieux t'écraser!
Charm. Le voilà parti ; je puis maintenant parler en toute liberté. Je suis inquiet de savoir pourquoi il était ainsi devant ma maison. Cette lettre me tourmente l'esprit, ainsi que ses rouleaux d'or. Une cloche ne sonne jamais d'elle-même; à moins qu'on ne la frappe, ou qu'on ne la remue, elle se tait. Mais qui est-ce qui traverse la place en courant? J'ai envie de l'observer. Mettons-nous ici aux aguets.

SCÈNE III.

STASIME, CHARMIDE.

Stas. (*à part.*) Allons, Stasime, hâte-toi, cours au logis retrouver ton maître, de peur que tes épaules ne soient victimes de ta maladresse... Double le pas, avance... Il y a déjà longtemps que tu as quitté la maison. Prends garde que les coups d'étrivières ne résonnent sur ton dos, si tu ne réponds pas à l'appel de ton maître. Cours sans t'arrêter. Quel pauvre homme tu es, Stasime! avoir oublié ton anneau au cabaret! En revanche, tu n'as point oublié le vin chaud. Retourne bien vite réclamer l'anneau, pendant qu'il en est encore temps.
Charm. (*à part.*) Je ne sais pas qui c'est; mais ce ne peut être qu'un maître d'exercices. Il enseigne la course.
Stas. (*à part.*) Quoi! vaurien, n'as-tu pas de honte! pour avoir bu trois coups, perdre ainsi la mémoire! T'imagines-tu n'avoir bu qu'avec d'honnêtes gens, incapables de mettre la main sur le bien d'autrui? Therucus en était, ainsi que Cerconicus, Crinnus, Cercobulus, Collabus, les Oculicrépides, les Crurricrépides, les Ferritères, les Mastigiens : (1) voilà la compagnie! Et tu veux retrouver ta bague! Mais le moins adroit d'entre eux volerait au coureur le plus leste, au milieu même de la course, la semelle de ses souliers!
Charm. (*à part.*) Pardieu! voilà un fripon qui connaît son monde.
Stas. (*à part.*) Pourquoi faire d'inutiles recherches? ce serait ajouter un nouvel ennui à ma perte. Ne vois-tu pas que l'anneau est perdu pour tou-

(1) Allusion aux peines que les acteurs encouraient quand ils se faisaient attendre. Charmide ne paraît que lorsque l'action est engagée; il semble en retard; de là cette menace du Sycophante.
(2) On célébrait sans doute en ce moment la fête de Cybèle, époque où les édiles inauguraient leur magistrature.

(1) Noms d'esclaves.

Dormitator, priusquam ego heic te jubeo mulcari male?
Syc. Quamobrem? *Charm.* Quia illum quem ementitus es,
    ego sum ipsus Charmides,
Quem tibi epistolas dedisse aibas. *Syc.* Eho! quæso an tu is
    es?
Charm. Is enimvero sum. *Syc.* Ain' tu tandem, is ipsusne es?
Charm. Aio. *Syc.* Ipsus es?
Ipsus, inquam Charmides sum. *Syc.* Ergo ipsusne es? *Charm.*
    Ipsissumus. 965
Abi hinc ab oculis. *Syc.* Enimvero sero quoniam advenis,
Vapulabis meo arbitratu et novorum ædilium.
Charm. At etiam maledicis? *Syc.* Imo, salvos quandoquidem
    advenis,
Di te perdant; etsi floccifacio, an periisses prius.
Ego ob hanc operam argentum adcepi; te inacto infortunio.
Cæterum qui sis, qui non sis, floccum non interduim. 970
Ibo ad illum, renuntiabo qui mihi treis numos dedit,
Ut sciat se perdidisse : ego abeo; male vive et vale.
Quod di te omneis advenientem peregre perdant, Charmides!
Charm. Postquam ille abiit, post loquendi libere 975
Videtur tempus venisse, atque obcasio.
Jamdudum meum ille pectus pungit aculeus,
Quid illi negoti fuerit ante ædeis meas.
Nam epistola illa mihi concenturiat metum
In corde, et illud mille numum quam rem agat. 980
Nunquam, edepol, temere tinnit tintinnabulum :
Nisi qui illud tractat, aut movet, mutum 'st, tacet.
Sed quis hic est, qui huc in plateam cursuram incipit?

Lubet observare quid agat : huc concessero.

SCENA TERTIA.

STASIMUS, CHARMIDES.

Stas. Stasime, fac te propere celerem, recipe te ad dominum
    domum; 985
Ne subito metus exoriatur scapulis stultitia tua.
Adde gradum, adpropera; jamdudum factum 'st, quom abisti
    domo.
Cave, sis, tibi, ne bubuli in te cottabi crebri crepent,
Si abieris ab heri questione; ne destiteris currere.
Ecce hominem te, Stasime, nihili! satin' in thermopolio 990
Condallum es oblitus, postquam thermopolasti gutturem?
Recipe te, et recurre petere re recenti. *Charm.* Huic, quis-
    quis est,
Curculio 'st exercitor; is hunc hominem cursuram docet.
Stas. Quid, homo nihili, non pudet te? tribusne te poteris
Memoria esse oblitum? an vero, quia cum frugi homini-
    bus 995
Ibi bibisti, qui ab alieno facile cohiberent manus?
Theruchus fuit, Cerconicus, Crinnus, Cercobulus, Colla-
    bus,
Oculicrepidæ, Crurricrepidæ, Ferrileri, Mastigiæ.
Inter eosne homines condallum te redipisci postulas,
Quorum eorum unus subripuit currenti cursori solum? 1000
Charm. Ita me di ament, graphicum furem! *Stas.* Quid ego,
    quod periit, petam?

jours? Faisons voile de l'autre côté, et allons retrouver mon maître.

Charm. (*à part.*) Ce n'est pas du moins un esclave qui s'enfuit, car il parle de retourner à la maison.

Stas. (*à part.*) Plût au ciel que les anciennes mœurs, l'économie de nos pères fussent encore en honneur, et prévalussent sur les mauvais exemples!

Charm. (*à part.*) Dieux immortels! le voilà qui débite des maximes dignes d'un roi! Il regrette l'ancien temps; j'aime fort à l'entendre vanter l'ancien temps et les mœurs de nos pères.

Stas. (*à part.*) Aujourd'hui dans ses actions on n'écoute point les convenances, mais ses passions seules. L'intrigue est encouragée par l'opinion, favorisée par les lois. Jeter ses armes, fuir devant l'ennemi, est chose permise par l'usage. Arriver aux honneurs par la honte, tel est l'esprit du temps.

Charm. (*à part.*) Quel scandale!

Stas. (*à part.*) Le courage est méprisé; c'est encore l'esprit du temps.

Charm. (*à part.*) C'est une indignité.

Stas. (*à part.*) Les mœurs ont déjà soumis les lois à leur empire, et plus complétement que les enfants n'obéissent à leurs pères. On attache, on pend ces malheureuses lois aux murailles avec de gros clous. On ferait bien mieux d'y attacher, d'y pendre les mauvaises mœurs.

Charm. (*à part.*) Je suis tenté de l'aborder et de lui parler: mais il me fait trop de plaisir à entendre; et je crains, si je l'interromps, qu'il ne change de sujet.

Stas. Rien n'est sacré pour les hommes d'aujourd'hui; les lois cèdent à l'usage. Cette corruption fait partout des progrès effrayants; elle atteint les fonctions religieuses et les charges publiques.

Charm. (*à part.*) Certes on ne saurait trop punir de pareils scandales.

Stas. (*à part.*) N'est-il pas temps d'y songer, dans l'intérêt public? Car ces gens corrompus nuisent à tout le monde, font le malheur de la société tout entière. L'exemple de leur mauvaise foi rend suspects les plus honnêtes citoyens; on juge des autres par eux. Ces réflexions me sont inspirées par ma propre expérience. Prêter maintenant est une perte assurée: réclamez-vous? l'ami que vous avez obligé devient votre ennemi; vous êtes dans l'alternative de perdre votre argent ou votre ami.

Charm. (*à part.*) Mais c'est Stasime, mon esclave.

Stas. (*à part.*) Ainsi je prête un talent; j'ai un ennemi de plus et un ami de moins : voilà le marché. Mais je suis bien fou de m'occuper du bien public, au lieu de songer à ce qui me touche de plus près, au salut de mes épaules. Je cours à la maison.

Charm. (*haut.*) Holà! arrête! écoute-moi...

Stas. Je ne puis m'arrêter.

Charm. Et moi je veux que tu t'arrêtes.

Stas. Et si je ne veux pas que vous ayez cette volonté?

Charm. Ah! Stasime, tu fais le méchant.

Stas. Achetez un esclave pour pouvoir commander.

Charm. J'en ai acheté un, et bien payé; mais s'il ne m'écoute pas, que dois-je faire?

Stas. Rossez-le comme il faut.

Charm. L'avis est bon, et je veux le suivre.

Stas. Cependant si vous êtes bon...

Charm. S'il se conduit bien, je serai bon avec lui; sinon, je suivrai ton conseil.

Stas. Que m'importe à moi, que vous ayez de bons ou de méchants esclaves?

Charm. L'un et l'autre t'intéresse.

Stas. Je vous cède de bon cœur ce qui est mauvais; je n'ai de prétentions que sur ce qui est bon.

Charm. J'agirai comme tu le mérites: mais regarde-moi, je suis Charmide.

Nisi etiam laborem ad damnum adponam epithecam insuper?
Quin tu quod perit, periisse ducis? cape vorsoriam.
Recipe te ad heram. *Charm.* Non fugitivos est hic homo,
 conmeminit domi.
Stas. Utinam veteres mores, veteres parsimoniæ 1005
Potius ad majori honori heic essent, quam mores mali!
Charm. Di inmortaleis! basilica hic quidem facinora inceptat
 loqui.
Vetera quærit, vetera amare hunc, morem majorum, scias.
Stas. Nam nunc mores nihil faciunt, quod licet, nisi quod
 lubet.
Ambitio jam more sancta 'st, libera 'st a legibus; 1010
Scuta jacere, fugereque hosteis, more habent licentiam;
Petere honorem pro flagitio, more fit. *Charm.* Morem improbum.
Stas. Strenuos præterire, more fit. *Charm.* Nequam quidem.
Stas. Mores leges perduxerunt jam in potestatem suam,
Magis quis sunt obnoxiosæ, quam parenteis liberis. 1015
Eæ miseræ etiam ad parientem sunt fixæ clavis ferreis,
Ubi malos mores adfigi nimio fuerat æquius.
Charm. Lubet adire atque adpellare hunc; verum ausculto
 perlubens,
Et metuo, si conpellabo, ne aliam rem obelplat loqui.
Stas. Neque istis quidquam lege sanctum 'st. Leges mori ser-
 viunt: 1020
Mores autem rapere properant, qua sacrum, qua publicum.
Charm. Hercle, istis malam rem magnam moribus diguum'st
 dari!
Stas. Nonne hoc publice animum advorti? nam id genus
 hominum omnibus
Universis est advorsum, atque omni populo male facit;
Male fidem servando, illis quoque abrogant etiam fidem, 1025
Qui nihil meriti; quippe ex eorum ingenio ingenium horum
 probant.
Hoc qui in mentem venerit mihi, reipsa modo conmonitus sum.
Si quis mutuom quid dederit, fit pro proprio perditum.
Quom repetas, inimicum amicum beneficio invenis tuo.
Si mage exigere cupias, duarum rerum exoritur optio: 1030
Vel illud, quod credideris, perdas; vel illum amicum amiseris.
Charm. Meus est hic quidem Stasimus servos. *Stas.* Nam
 ego talentum mutuom
Quod dederam, talento inimicum mihi emi, amicum vendidi.
Sed ego sum insipientior, qui rebus curem publicis.
Potius, quam id quod proxumum 'st, meo tergo tutelam ge-
 ram. 1035
Eo domum. *Charm.* Heus tu, adsta illico: audi, heus tu.
Stas. Non sto. *Charm.* At ego te stare volo.
Stas. Quid si egomet te velle nolo? *Charm.* Ha nimium,
 Stasime, sæviter!
Stas. Emere meliu'st, quoi inperes. *Charm.* Pol, ego emi,
 atque argentum dedi.
Sed si non dicto audiens est, quid ago? *Stas.* Da magnum
 malum.
Charm. Bene mones, ita facere certum 'st. *Stas.* Nisi quidem
 es obnoxius. 1040
Charm. Si bonus es, obnoxius sum; sin secus est, faciam
 uti jubes.
Stas. Quid id ad me adtinet, bonisne servis tu utare an
 malis?
Charm. Quia boni malique in ea re pars tibi est. *Stas.* Partem alteram
Tibi permitto, illam alteram ad me, quod boni est, adponito.
Charm. Si eris meritus, fiet: sed respice ad me huc; ego
 sum Charmides. 1045

LE TRÉSOR, ACTE IV, SCÈNE IV.   301

Stas. Hé! quel est cet homme qui me parle du meilleur de notre espèce?
Charm. C'est lui-même.
Stas. O mer! ô terre! ô ciel! ô dieux! est-il possible! est-ce bien vous que je vois! en croirais-je mes yeux! Oui, c'est lui, c'est bien lui. Salut, ô maître tant désiré!
Charm. Bonjour, Stasime.
Stas. Quelle joie de vous revoir bien portant!
Charm. Je n'en doute pas; je te connais. Mais laissons cela, et réponds-moi. Que font mes enfants, que j'ai laissés ici, mon fils, ma fille?...
Stas. Ils vivent et se portent à merveille.
Charm. Tous deux?
Stas. Tous deux.
Charm. Les dieux veulent mon salut et mon bonheur! Je te questionnerai sur le reste à loisir chez moi : allons, suis-moi.
Stas. Où allez-vous?
Charm. Dans ma maison apparemment.
Stas. Vous croyez que nous demeurons ici?
Charm. Que faut-il donc croire?
Stas. A présent...
Charm. Comment? à présent...
Stas. Cette maison n'est plus à nous.
Charm. Que me dis-tu là?
Stas. Votre fils l'a vendue.
Charm. Malheureux!
Stas. En bonnes espèces, argent comptant.
Charm. Combien?
Stas. Quarante mines.
Charm. Je suis mort! et qui l'a achetée?
Stas. Calliclès, à qui vous aviez confié vos intérêts, en a pris possession, et nous a mis à la porte.
Charm. Où mon fils loge-t-il maintenant?
Stas. Dans un petit appartement, sur le derrière.
Charm. Je suffoque!

Stas. Je m'attendais au chagrin que cette nouvelle vous causerait.
Charm. Quel triste fruit de tant de travail! Je traverse de vastes mers au péril de mes jours; j'échappe aux pirates, aux brigands; je reviens sain et sauf, et je reçois ici le coup de la mort, de la main de ceux à qui j'ai consacré ma vie entière, pour qui ma vieillesse a bravé tous les dangers! Mon âme succombe à la douleur... Stasime, soutiens-moi.
Stas. Voulez-vous un peu d'eau?
Charm. De l'eau! que ne m'a-t-elle engloutti, quand je perdais mon bien!

SCÈNE IV.

CALLICLÈS, CHARMIDE, STASIME.

Call. Quels sont les cris que j'entends devant ma maison?
Charm. O Calliclès! Calliclès! Calliclès! à quel ami ai-je confié mes biens!
Call. A un ami honnête, fidèle et sûr, qui vous salue et se réjouit de votre heureux retour.
Charm. Je veux croire tout ce que vous me dites là. Mais quel est ce costume?
Call. (*bas.*) Je vous le dirai : je fouillais le trésor réservé pour la dot de votre fille. Mais entrons; je vous raconterai tout cela, et bien d'autres événements : suivez-moi.
Charm. Stasime!
Stas. Plaît-il?
Charm. Cours vite au Pirée, et tout d'une haleine. Tu y verras encore le vaisseau sur lequel nous avons fait la traversée. Dis à Sangarion de faire transporter ici mes effets, et reviens aussitôt. J'ai payé les droits à l'inspecteur du port.
Stas. J'y vole.
Charm. Mais tu te promènes! va donc et reviens!

Stas. Hem, quis est, qui mentionem facit homo hominis optumi?
Charm. Ipse homo optumus. *Stas.* Mare, terra, cælum, di, vostram fidem!
Satin' ego oculis plane video? estne ipsus, an non est? is est.
Certe is est, is est profecto : o mi here exoptatissume,
Salve! *Charm.* Salve, Stasime. *Stas.* Salvom te... *Charm.* Scio et credo tibi.   1050
Sed omitto alia; hoc mihi responde. Liberi quid agunt mei,
Quos reliqui heic, filium atque filiam? *Stas.* Vivunt, valent.
Charm. Nempe uterque? *Stas.* Uterque. *Charm.* Di me salvom et servatum volunt.
Cætera intus otiose percunctabor quæ volo.
Eamus intro, sequere. *Stas.* Quo tu te agis? *Charm.* Quonam, nisi domum?   1055
Stas. Heiccine nos habitare censes? *Charm.* Ubinam ego alibi censeam?
Stas. Jam... *Charm.* Quid jam? *Stas.* Non sunt nostræ ædeis istæ. *Charm.* Quid ego ex te audio?
Stas. Vendidit tuus gnatus ædeis. *Charm.* Perii! *Stas.* Præsentariis
Argenti minis numeratis. *Charm.* Quot? *Stas.* Quadraginta.
Charm. Obcidi!
Qui eas emit? *Stas.* Callicles, quoi tuam rem commendaveras;   1060
Is habitatum huc commigravit, nosque exturbavit foras.
Charm. Ubi nunc filius meus habitat? *Stas.* Heic, in hoc posticulo.
Charm. Male disperii! *Stas.* Credidi ægre tibi id, ubi audisses, fore.

Charm. Ego miser meis periculis! sum per maria maxuma
Vectus capitali periculo, per prædones plurimos   1065
Me servavi, salvos redii; nunc heic disperii miser,
Propter eosdem, quorum causa fui hac ætate exercitus.
Admit animam mihi ægritudo : Stasime, tene me. *Stas.* Visne aquam
Tibi petam? *Charm.* Res quom animum agebat, tum esse obfusam oportuit.

SCENA QUARTA.

CALLICLES, CHARMIDES, STASIMUS.

Call. Quid hoc heic clamoris audio ante ædeis meas?   1070
Charm. O Callicles! o Callicles! o Callicles!
Qualine amico mea commendavi bona!
Call. Probo et fideli, et fido, et cum magna fide;
Et salve, et salvom te advenisse gaudeo.
Charm. Credo omnia istæc, si ita 'st, ut prædicas.   1075
Sed quis iste est tuus ornatus? *Call.* Ego dicam tibi.
Thesaurum ecfodiebam intus, dotem, filiæ
Tuæ quæ daretur : sed intus narrabo tibi
Et hoc et alia, sequere. *Charm.* Stasime! *Stas.* Hem! *Charm.* Strenue
Curre in Piræeum, atque unum curriculum face.   1080
Videbis illam illeic navem, qua advecti sumus.
Jubeto Sangarionem, quæ imperaverim,
Curare, ut ecferantur; et tu ito simul.
Solutum'st portitori jam portorium.
Stas. Nihil est moræ. *Charm.* I, i, ambula, actutum redi.

Stas. J'y suis... Tenez, me voilà revenu tout d'un temps.
Call. (*à Charmide*) Suivez-moi... entrons ici.
Charm. Je vous suis.
Stas. (*à part pendant qu'ils s'en vont.*) Voilà le seul ami fidèle qui reste à mon maître, le seul dont la fermeté, le zèle ne se sont point démentis. Malgré de rudes épreuves il lui a gardé sa foi; Et c'est encore pour ce motif, je gage, qu'il se donne tant de peine en ce moment.

ACTE CINQUIÈME.

SCÈNE I.

LYSITÈLE seul.

Fut-il jamais un homme plus heureux, plus rempli de joie? Tous mes vœux s'accomplissent; il me suffit de vouloir pour que tout réussisse à mon gré. Mon bonheur s'augmente d'un nouveau bonheur. Stasime, l'esclave de Lesbonique, m'est venu trouver tout à l'heure, pour m'annoncer que son maître Charmide était de retour de ses lointains voyages. Il faut que je m'empresse d'aller voir le vieillard, afin qu'il donne aux arrangements convenus entre son fils et moi, l'autorité de son consentement. Mais le bruit de cette porte est un fâcheux contre-temps.

SCÈNE II.

CHARMIDE, CALLICLÈS, LYSITÈLE, LESBONIQUE.

Charm. Non, il ne fut, il ne sera, il ne pourrait exister sur la terre un homme tel que vous, un ami dont le zèle et la fidélité soient comparables. Car sans vous, mon coquin de fils me mettait à la porte de ma maison.

Call. Si j'ai rendu quelque service à mon ami, si j'ai pris fidèlement ses intérêts, je ne mérite point d'éloges; je n'ai fait que mon devoir. On peut à son gré disposer d'un don, c'est un bien qui nous appartient en propre; mais un dépôt confié est le bien du propriétaire, qui peut le réclamer quand il lui plaît.

Charm. Cela est vrai. Mais je ne puis me lasser d'admirer que mon fils ait trouvé pour sa sœur un si riche parti : Lysitèle, le fils de Philton!
Lys. (*à part.*) Il prononce mon nom.
Charm. Il a rencontré là une bonne famille.
Lys. (*à part.*) Si je les abordais! mais non... différons un peu... leur conversation prend un tour qui m'intéresse.
Charm. Ah!...
Call. Quoi donc?
Charm. J'ai oublié à la maison de vous parler d'une rencontre... A peine étais-je débarqué, qu'un aventurier est venu à moi, me disant qu'il était porteur d'une somme de mille écus d'or que je l'avais chargé de vous remettre, ainsi qu'à mon fils Lesbonique. Cet homme m'est tout à fait inconnu; je ne l'ai jamais vu. Mais pourquoi riez-vous?

Call. C'était mon messager; il venait comme pour me remettre de votre part l'argent destiné à doter votre fille : c'était une couleur, afin que votre fils crût, en le voyant, que cet argent venait de vous, et qu'il ne soupçonnât pas que le trésor était dans mes mains, et ne s'avisât pas de me le réclamer en justice comme son patrimoine.

Stas. Illic sum atque heic sum. *Call.* Sequere tu hac me
 intro. *Charm.* Sequor. 1086
Stas. Hic meo hero amicus solus firmus restitit,
Neque demutavit animum de firma fide.
Quamquam labores multos***
Sed hic unus, ut ego subspicor, servat fidem. 1090
Ob rem laborem eum ego cepisse censeo.

ACTUS QUINTUS.

SCENA PRIMA.

LYSITELES.

Hic homo est omnium hominum præcipuus, voluptatibus
 gaudiisque antepotens;
Ita conmoda, quæ cupio, eveniunt; quod ago, adsequitur,
 subest,
Subsequitur : ita gaudiis gaudium subpeditat.
Modo me Stasimus Lesbonici servos convenit ; is
Mihi dixit, suum herum peregre huc advenisse Charmi-
 dem. 1096
Nunc mihi is propere conveniendu'st ; ut, quæ cum ejus
 filio
Eg', ei rei fundus pater sit potior : eo ; sed foreis
Hæ sonitu suo mihi moram objiciunt inconmode.

SCENA SECUNDA.

CHARMIDES, CALLICLES, LYSITELES, LESBONICUS.

Charm. Neque fuit, neque erit, neque esse quemquam ho-
 minum in terra dum arbitror,
Quoi fides fidelitasque amicum erga æquiparet suum : 1100
Nam exædificavisset me ex his ædibus, absque te foret.
Call. Si quid amicum erga bene feci, aut consului fideliter,
Non videor meruisse laudem, culpa caruisse arbitror.
Nam beneficium, homini proprium quod datur, proprium
 sumserit ; 1105
Quod datum utendum'st, id repetundi copia'st, quando ve-
 lis.
Charm. Est ita, ut tu dicis : sed ego hoc nequeo mirari sa-
 tis,
Eum sororem despondisse suam in tam fortem familiam,
Lysiteli quidem Philtonis filio. *Lys.* Enim me nominat.
Charm. Familiam optumam obcupavit. *Lys.* Quid ego cesso
 hos conloqui? 1110
Sed maneam etiam opinor : namque hoc conmodum orditur
 loqui.
Charm. Vah! *Call.* Quid est? *Charm.* Oblitus intus dudum
 tibi sum dicere ;
Modo mihi advenienti nugator quidam adcessit obviam,
Nimis pergraphicus sycophanta ; is mille nummùm se aureûm
Meo datu tibi ferre, et gnato Lesbonico aibat meo; 1115
Quem ego nec qui esset gnoram, neque cum ante usquam
 conspexi prius.
Sed quid rides ? *Call.* Meo adlegatu venit, quasi qui aurum
 mihi
Ferret abs te, quod darem tuæ gnatæ dotem ; ut filius
Tuus, quando illi a me darem, esse adlatum id abs te cre-
 deret,
Neu qui rem ipsam posset intellegere, et thesaurum tuum
Me esse penes, atque eum a me lege populi patrium po-
 sceret. 1121
Charm. Scite, edepol. *Call.* Megaronides communis hoc
 meus et tuus

LE TRESOR, ACTE V, SCÈNE II.

Charm. Excellente idée !
Call. C'est Mégaronide, notre ami commun, qui me l'a suggérée.
Charm. Je vous fais compliment du stratagème ; je l'approuve fort.
Lys. (*à part.*) Que je suis sot de craindre d'interrompre leur entretien ! Je reste là planté, au lieu de faire ce que j'ai résolu. Abordons-les.
Charm. Qu'est-ce qui vient à nous ?
Lys. Lysitèle salue humblement Charmide, son beau-père.
Charm. Puissent les dieux, Lysitèle, combler tous vos désirs !
Call. Est-ce que je ne mérite pas aussi un salut ?
Lys. Pardon... Salut, cher Calliclès. (*montrant Charmide.*) C'est par lui que je devais commencer. La tunique nous touche de plus près que le manteau.
Charm. Que le ciel favorise tous vos desseins ! j'apprends que l'on vous a promis ma fille.
Lys. Oui, si vous y consentez.
Charm. De tout mon cœur.
Lys. Ainsi vous m'accordez sa main.
Charm. Avec mille écus d'or.
Lys. Je ne tiens pas à la dot.
Charm. Si la femme vous plaît, la dot que j'y ajoute ne doit point vous déplaire. Si vous voulez la fille, il faut vouloir la dot : car vous n'aurez pas l'une sans l'autre.
Call. C'est de droit.
Lys. Je me rends à cet arrêt. A cette condition m'acceptez-vous pour gendre ?
Charm. Je vous le promets.
Call. Et moi, je suis sa caution.
Lys. Chers parents, que je vous embrasse !
Charm. (*à Calliclès.*) J'ai bien quelque sujet de vous en vouloir un peu.

Call. Qu'ai-je fait ?
Charm. Vous avez souffert les désordres de mon fils.
Call. Si c'est de ma faute, fâchez-vous : mais cela ne m'empêchera pas de vous demander une grâce.
Charm. Laquelle ?
Call. Vous allez le savoir : c'est que, si votre fils a fait des sottises, il faut les oublier. Pourquoi branler la tête ?
Charm. Mon cœur est déchiré... Je crains...
Call. Que craignez-vous ?
Charm. Qu'il ne change point... Mais si je vous refusais, vous m'accuseriez d'ingratitude. Je ne veux point vous chagriner. Je ferai ce que vous voulez.
Call. Excellent ami !... Je cours appeler votre fils.
Charm. Mais je regrette de ne point le traiter comme il le mérite.
Call. (*frappe à la porte de Lesbonique.*) Ouvrez... ouvrez vite : si Lesbonique est chez lui, dites-lui de venir. J'ai besoin de lui parler sur-le-champ.
Lesb. Qu'est-ce qui me demande avec tant de vacarme ?
Call. Quelqu'un qui vous veut du bien... Un ami...
Lesb. Ah ! Calliclès... Eh bien ! comment vont nos affaires ?
Call. A merveille. Je vous annonce l'heureuse arrivée de votre père.
Lesb. De qui savez-vous cela ?
Call. Par moi-même.
Lesb. Vous l'avez vu ?
Call. (*montrant Charmide.*) Et vous pouvez le voir aussi vous-même.
Lesb. O mon père, mon père !... je vous salue !

Benevolens conmentu'st. *Charm.* Quin conlaudo consilium, et probo.
Lys. Quid ego ineptus, dum sermonem vereor interrumpere,
Solus sto, nec, quod conatus sum agere, ago? homines conloquar. 1125
Charm. Quis hic est, qui huc ad nos incedit ? *Lys.* Charmidem socerum suum
Lysiteles salutat. *Charm.* Di dent tibi, Lysiteles, quæ velis.
Call. Non ego sum salutis dignus ? *Lyc.* Imo salve, Calliclès.
Hunc priorem æquom 'st me habere : tunica propior pallio est.
Charm. Deos volo consilia vostra recte vortere. 1130
Filiam meam tibi desponsatam esse audio. *Lys.* Nisi tu nevis.
Charm. Imo haud nolo. *Lys.* Sponden' ergo tuam gnatam uxorem mihi ?
Charm. Spondeo, et mille auri philippum dotis. *Lys.* Dotem nihil moror.
Charm. Si illa tibi placet, placenda dos quoque est, quam dat tibi.
Postremo, quod vis, non duces, nisi illud quod non vis, feres. 1135
Call. Jus hic orat. *Lys.* Inpetrabit te advocato atque arbitro.
Istac lege filiam tuam sponden' mihi uxorem dari ?
Charm. Spondeo. *Call.* Et ego spondeo idem hoc. *Lys.* Oh ! salvete adfinels mei.
Charm. Atque, edepol, sunt res, quas propter tibi tamen subcensui.

Call. Quid ego feci ? *Charm.* Meum conrumpi quia perpessus filium. 1140
Call. Si id mea voluntate factum 'st est, quod mihi subcenseas,
Sed sine me hoc abs te inpetrare, quod volo. *Charm.* Quid id est ? *Call.* Scies.
Si quid stulte fecit, ut ea missa facias omnia.
Quid quassas caput ? *Charm.* Cruciatur cor mihi, et metuo
Call. Quidnam id est ?
Charm. Quom ille ita'st ut esse nolo, id crucior ; metuo, si tibi 1145
Denegem quod me oras, ne te leviorem erga me putes.
Non gravabor ; faciam ita ut vis. *Call.* Probus es : eo, illum evocem.
Charm. Miserum 'st male promerita, ut merita, si mihi ulcisci non licet.
Call. Aperite hoc, aperite propere, et Lesbonicum, si domi 'st, foras
Evocate : ita subitum 'st, propere quod eum conventum volo. 1150
Lesb. Quis homo tam tumultuoso sonitu me excivit subito foras ?
Call. Benevolens tuus atque amicu'st. *Lesb.* Satin' salve ? dic mihi.
Call. Recte : tuum patrem redisse salvom peregre gaudeo.
Lesb. Quis id ait ? *Call.* Ego. *Lesb.* Tun' vidisti ? *Call.* Et tute idem videas liceat.
Lesb. O pater, pater, mi salve ! *Charm.* Salve multum, gnate mi. 1155
Lesb. Si quid tibi, pater, laboris ? *Charm.* Nihil evenit, ne time ;

Charm. Mon fils, mon cher fils !...

Lesb. Mon père, si je vous ai causé quelque chagrin...

Charm. Ce n'est rien... Rassure-toi. Tout m'a réussi, et je reviens bien portant. Si tu veux te bien conduire, la fille de Calliclès est à toi.

Lesb. (*en plaisantant.*) Je l'épouserai, et même encore une autre, si vous l'ordonniez.

Charm. J'étais pourtant bien en colère contre toi.

Call. Un seul châtiment suffit à ce pauvre garçon.

Charm. Non, ce n'est pas assez. Il épouserait cent femmes, qu'il ne serait pas trop puni.

Lesb. Je serai plus sage à l'avenir.

Charm. Tu le dis... mais le feras-tu ?

Lesb. (*à Charmide.*) Rien n'empêche que j'épouse demain votre fille.

Charm. J'y consens de grand cœur. (*à Lysitèle.*) Et toi, dispose-toi à te marier après demain. Vous, spectateurs, applaudissez.

Bene re gesta salvos redeo : si tu modo frugi esse vis,
Hæc tibi pacta 'st Calliclis filia. *Lesb.* Ego ducam, pater;
Etiam et si quam aliam jubebis. *Charm.* Quamquam tibi
 subcensui.
Call. Miseria una uni quidem homini 'st adfatim. *Charm.*
 Imo huic parum 'st :   1160

Nam si pro peccatis centum ducat uxores, parum st.
Lesb. At jam posthac temperabo. *Call.* Dicis; si facias
 modo.
Lesb. Numquid causæ est, quin uxorem cras domum ducam ? *Charm.* Optumum 'st, licet.
Tu in perendinum paratus sis ut ducas. Plaudite.

LE RUSTRE [1].

PERSONNAGES.

PHRONÉSIE, courtisane.
CYAME, son esclave.
ASTAPHIE,
PITHÉCIE, } servantes.
ARCHILIS,
ARCHIVA, sage-femme, personnage muet.
STRATOPHANE, militaire babylonien, amant de Phronésie.
DINARQUE, ambassadeur athénien, rival de Stratophane.
GÉTA, esclave de Dinarque.
STRABAX, jeune villageois.
STRATILAX, son esclave.
CALLICLÈS, vieillard, père de la future de Dinarque.
Deux servantes de Calliclès.

La scène est à Athènes.

ARGUMENT,

Attribué à PRISCIEN.

Trois jeunes gens, l'un villageois, l'autre Athénien, le troisième étranger, sont amoureux de la même femme. Cette courtisane, pour s'attacher le militaire par un lien puissant, suppose qu'elle lui a donné secrètement un fils. Le villageois a un esclave brutal et de mœurs sauvages, veillant sans cesse à ce que ces louves ne dévorent pas le patrimoine du jeune homme : on parvient néanmoins à l'adoucir. Le militaire arrive et fait de riches présents, en considération de la naissance de l'enfant. Enfin le père de la fille séduite, à qui cet enfant appartient, découvre tout, et force le séducteur à l'épouser. Celui-ci redemande son enfant à la courtisane qui l'avait dérobé.

PROLOGUE.

Spectateurs, Plaute vous demande une petite

[1] D'après le témoignage de Cicéron, Plaute affectionnait particulièrement cette comédie : Quam gaudebat Truculento Plautus ! c'était une faiblesse de père. Le Rustre, malgré son mérite ne justifie que médiocrement la prédilection de l'auteur. Toutefois on peut supposer, avec raison que la main du Temps ou celle des copistes scandalisés de la licence du sujet, a mutilé l'ouvrage en plusieurs endroits. Ces altérations, ces lacunes sont évidentes dans quelques scènes.

place dans votre grande et belle ville pour y bâtir Athènes, et cela sans architectes. Eh bien ! voulez-vous la lui accorder, oui ou non ? — Ils consentent. Je suis bien sûr que vous me l'offrirez à l'instant. (*à part.*) C'est le domaine public. (*haut.*) Mais si je vous demandais une parcelle de votre bien privé ? (*à part.*) Comme ils refusent ! (*haut.*) En vérité, vous conservez à merveille les manières du temps passé, d'être si prompts à répondre pour dire non ! Mais venons au sujet qui m'amène ici. Athènes est donc ici, sur ce théâtre, tout le temps que va durer la comédie. Là demeure une femme appelée Phronésie, qui possède admirablement les mœurs du siècle : jamais elle ne demande à un amant... ce qu'il lui a donné ; mais elle fait en sorte de ne lui laisser absolument rien, toujours demandant, toujours prenant, selon la coutume de ses pareilles, qui ne manquent pas d'en user ainsi quand elles se sentent aimées. Celle-ci feint qu'elle a eu un enfant d'un capitaine, afin de lui ôter plus vite jusqu'aux grains de poussière de son coffre-fort. Que vous dirai-je de plus ? si elle vit encore quelque temps, elle lui arrachera l'âme du corps.

ACTE PREMIER.

SCÈNE I.

DINARQUE *seul*.

Non, la vie entière ne suffirait pas pour apprendre à un amant toutes les angoisses, tous les dangers de l'amour. Vénus elle-même ne l'en instruit jamais, quoiqu'elle soit chargée de tous les intérêts

---

TRUCULENTUS.

DRAMATIS PERSONÆ.

PHRONESIUM, meretrix.
ASTAPHIUM, ancilla.
STRATOPHANES, miles.
DINARCHUS, adolescens.
GETA, servus.
STRABAX, adolescens rusticus.
STRATILAX, servus.
CALLICLES, senex.
ANCILLA altera.

Res agitur Athenis.

ARGUMENTUM

(UT QUIBUSDAM VIDETUR)

PRISCIANI.

TREis unum pereunt adulescentuli mulierem,
Rure unus, alter urbe, peregre tertius.
Utique ista ingenti militem tangat bolo,
Clam subposuit sibi clandestino editum.
Vi magna servos est ac trucibus moribus,
Lupæ ne rapiant domini parsimoniam.
Et is tamen mollitur. Miles advenit,
Natique causa dat propensa munera.
Tandem conpressæ pater congnoscit omnia ;
Utque illam ducat, qui vitiarat, convenit :
Suumque is reperit a meretrice subditum.

PROLOGUS.

Perparvam partem postulat Plautus loci
De vostris magnis atque amœnis mœnibus,
Athenas quo sine architectis conferat.
Quid nunc ? daturin' estis, an non ? annuunt.
Meditor equidem vobis me ablaturum sine 5
Mora. quid si de vostro quidpiam orem ? abnuunt.
En, mehercle, in vobis resident mores pristini,
Ad denegandum ut celeri lingua utamini.
Sed hoc agamus, qua huc ventum 'st gratia :
Athenæ istæ sunto, ita ut hoc est proscenium, 10
Tantisper, dum transigimus hanc comœdiam.
Heic habitat mulier, nomine quæ est Phronesium.
Hæc hujus sæcli mores in se possidet :
Nunquam ab amatore suo postulat id quod datum 'st
Sed reliquum dat operam ne sit mulieri, 15
Poscendo atque auferenda, ut mos est mulierum.
Nam omneis id faciunt, quom se amari intellegunt
Ea se perperisse puerum simulat militi,
Quo citius rem ab eo abferat cum pulvisculo.
Quid multa ? ætas huic ut superet mulieri, 20
Is cum anima ad eam habentiam everrerit.

ACTUS PRIMUS.

SCENA PRIMA.

DINARCHUS.

Non omnis ætas ad perdiscendum sat est
Amanti, dum id perdiscat, quot pereat modis.

des amants. Les avertit-elle des mille et mille ruses dont ils sont victimes, des embûches où ils tombent, des prières feintes dont ils sont dupes? Tantôt ce sont des caresses, tantôt des emportements. Que de tourments! et des tourments qu'il faut aimer encore! Grands dieux! Il faut faire autant de faux serments que de présents! D'abord une pension : voilà le premier coup de dé. Pour cette générosité, la belle m'accorde trois nuits. Cependant elle parle adroitement de vases, de vins, de parfums, de provisions, pour voir si l'on est libéral, si l'on sait vivre. C'est comme un pêcheur qui, en jetant son filet, l'étend jusqu'à ce qu'il soit descendu au fond ; puis il a soin de le resserrer, de peur de laisser échapper les poissons ; et quand il les a bien enveloppés de toutes parts, il retire le filet de l'eau. Voilà comme on traite un amant : s'il donne ce qu'on lui demande, s'il est généreux et peu économe de son bien, on ne ménage point les faveurs, et il mord à l'hameçon. Une fois qu'il a goûté du breuvage d'amour, le poison pénètre au fond de son cœur. Le voilà perdu, avec tout son bien et tout son crédit. Si la belle vient à rebuter son amant, le malheureux périt doublement, en perdant sa fortune et sa raison. S'il veut sauver l'une aux dépens de l'autre, il périt encore. S'il n'obtient que de rares faveurs, il périt de désespoir ; si on les lui prodigue, il est heureux, mais il se ruine.

Telle est la règle dans ces fatales maisons : à peine avez-vous fait un cadeau qu'on se prépare à vous en demander cent. C'est un bijou perdu, c'est une robe déchirée, qu'il faut remplacer ; c'est une esclave à acheter, c'est un vase d'argent ou d'airain, un beau lit, une armoire grecque, dont on a envie ; ou quelque autre caprice ; et l'amant est obligé d'y pourvoir. Et tandis que nous perdons nos biens, notre crédit, que nous nous enfonçons tout entiers dans l'abîme, nous avons grand soin que nos parents, notre famille, n'en sachent rien. Si, au lieu de leur cacher notre conduite, nous leur faisions l'aveu de nos déréglements, ils mettraient un frein à cette fougue de la jeunesse, et nous laisserions notre patrimoine à nos héritiers. Il n'y aurait pas tant de courtisanes ni de marchands d'esclaves ; cette peste diminuerait un peu : car vraiment il y en a aujourd'hui plus que de mouches dans la canicule. On n'en voit surtout nulle part en si grand nombre que sur la place du Change, où ces êtres infâmes sont assis toute la journée autour des comptoirs, et où ils abondent au point qu'il serait plus difficile d'en faire le calcul que celui des écus qui se pèsent dans cet endroit. J'ignore pourquoi ils se tiennent ainsi autour des comptoirs de banque, où l'on inscrit les sommes prêtées à intérêt : eux, ils reçoivent sans compter. Après tout, chez un grand peuple, au sein d'une ville immense, qui jouit des doux loisirs de la paix et de la victoire (1), il est naturel qu'on se livre aux plaisirs de l'amour, et que ceux qui ont dépensent.

Phronésie, cette belle qui loge près d'ici, a chassé de mon cœur toute estime pour elle, en déshonorant son nom : car Phronésie signifie sagesse. J'avoue qu'elle m'a témoigné un amour vif et profond, sentiment fatal à la bourse d'un amant. Mais elle en a trouvé un plus fou qui a donné davantage, et elle m'a chassé pour un homme que la perfide feignait de trouver insupportable, odieux, pour un capitaine babylonien! Il doit, dit-on, arriver bientôt, et voici la ruse qu'elle invente : elle feint d'être accouchée, afin de me mettre à la porte, et de faire ses fredaines tout à son aise

(1) Ce trait date cette pièce, représentée en effet après la chute de Carthage

Neque eam rationem eapse unquam edocet Venus,
Quam penes amantum summa summarum redit,　25
Quot amans exemplis ludificetur, quot modis
Pereat, quotque exoretur exorabulis.
Quot illeic blanditiæ, quot illeic iracundiæ
Sunt! quot sui pericla amanda! di vostram fidem, hui!
Quid perjerandum 'st etiam, præter munera!　30
Primumdum merces annua; is primus bolu'st.
Ob eam treis noctels utor : interea loci
Aut æra, aut vinum, aut oleum, aut triticum
Tentat, benignusne an bonæ frugi sies.
Quasi in piscinam rete qui jaculum parat,　35
Quando abiit rete pessum, tum adducit sinum :
Sin jecit recte, pisceis ne efugiant, cavet.
Dum huc dum illuc inretitos inpedit
Pisceis, usque adeo donicum eduxit foras.
Itidem 'st amator : si id, quod oratur, dedit,　40
Atque est benignus potius quam frugi bonæ,
Adduntur nocteis ; interim ille hamum vorat.
Si semel amoris poculum accepit mere,
Eaque intra pectus se penetravit potio,
Extemplo et ipsus periit, et res, et fides.　45
Si iratum 'st scortum forte amatori suo,
Bis periit amator, ab re atque animo simul.
Sin altero alterum potiu'st, item perit :
Si raras nocteis, ab animo perit ;
Sin increbravit, ipsus gaudet, res perit.　50
Ita disciplina in ædibus est lenoniis :
Priusquam unum dederis, centum quæ poscat, parat.
Aut aurum periit, aut conscissa pallula'st,
Aut emta ancilla, aut aliquod vasum argenteum,
Aut vasum ahenum aliquod, aut lectus dapsilis,　55

Aut armariola Græca, aut aliquid semper est
Quod pereat, debeatque amans scorto suo.
Atque hæc celamus damna nos industria,
Quom rem fidemque nosque nosmet perdimus.
Ne quid parenteis, neu cognati sentiant.　60
Quos, quom celamus, si faximus conscios,
Qui nostræ ætati tempestivo temperent,
Unde anteparta demus postpartoribus,
Faxim lenonum et scortorum, ut plus est, minus
Et minus damnosorum hominum, quam nunc sunt, siet, 65
Nam nunc lenonum et scortorum plus est fere,
Quam olim muscarum'st, quom caletur maxume.
Nam nusquam alibi si suit, circum argentarias
Scorta et lenones quasi sedent quotidie.
Ea nimia'st ratio ; quippe qui certo scio,　70
Æri plus scortorum esse jam quam ponderum :
Quos quidem quam ad rem dicam in argentariis
Referre habere, nisi pro tabulis, nescio,
Ubi æra perscribantur usuraria :
Accipiat inlico expensa, neque censeat.　75
Postremo in magno populo, in multis hominibus,
Re placida atque otiosa, victis hostibus,
Amare oportet omneis, qui quod dent, habent.
Nam mihi hæc meretrix, quæ heic habet, Phronesium,
Suom nomen omne ex pectore emovit meo,　80
Phronesium ; nam phronesis est sapientia.
Nam me fuisse huic fateor summum atque intimum,
Quod amantis multo pessum'st pecuniæ.
Eadem, priusquam alium reperit, qui daret,
Damnosiorem, me exinde amovit loco,　85
Quem infestum ac odiosum sibi esse memorabat mala,
Babyloniensem militem : is nunc dicitur

en tête à tête avec le militaire. Elle lui fait accroire qu'il est le père de l'enfant. Mais à quoi lui sert cette supposition d'enfant? la scélérate s'imagine-t-elle que je serai sa dupe? Si sa grossesse eût été véritable, s'imagine-t-elle que je n'en eusse rien su, parce qu'il n'y a que trois jours que je suis revenu à Athènes de mon ambassade à Lemnos? — Mais quelle est cette femme? c'est Astaphie, une des petites servantes avec qui j'ai eu aussi quelque douce intimité.

SCENE II.

ASTAPHIE, DINARQUE.

Ast. (*à une esclave, dans l'intérieur.*) Veillez bien à la maison, et prenez garde d'y laisser pénétrer des gens, qui sortiraient plus chargés qu'ils ne seraient entrés, et qui, venus les mains vides, sortiraient les mains pleines. (*Aux spectateurs.*) Je connais le monde d'aujourd'hui, je sais la façon d'agir de nos jeunes gens. Dès que ces polissons arrivent chez les courtisanes, ils songent à exécuter les complots qu'ils ont formés à la porte. Tandis que l'un d'eux donne un baiser à la belle et prend ses ébats, que d'autres s'amusent à la bagatelle, ceux-ci, adroits filous, si l'on n'a l'œil sur eux, escroquent tout ce qu'ils trouvent à leur convenance. Ils détournent l'attention par quelque plaisanterie, par quelque farce. Ils goûtent de tous les plats, comme les cuisiniers. C'est que cela est l'usage. Nul des spectateurs, ici, ne me taxera de mensonge. On se fait un plaisir, une gloire de piller les corsaires; mais nous savons à notre tour prendre notre revanche avec nos voleurs. Ils nous voient parfaitement quand nous enlevons, quand nous entamons leurs biens. Que dis-je? ils nous les apportent eux-mêmes.

Din. (*à part.*) Ces apostrophes tombent en plein sur moi; car je l'ai comblée de présents.
Ast. (*à sa maîtresse dans l'intérieur.*) A propos, s'il est à la maison, il faut que je le ramène avec moi.
Din. Holà! arrête, Astaphie; un mot avant de t'en aller.
Ast. Qui m'appelle?
Din. Tu le sauras en regardant de ce côté.
Ast. Qui est-ce?
Din. Quelqu'un qui vous veut beaucoup de bien.
Ast. Donnez-nous-en donc, si vous le désirez tant.
Din. Volontiers; mais regardez de ce côté.
Ast. Ah! qui que vous soyez, vous me faites mourir.
Din. Arrête donc, méchante.
Ast. Allez, l'homme de bien, vous m'assommez. Mais je crois que c'est Dinarque? — Oui vraiment. Il va chez nous.
Din. Eh bien! donnez-moi la main, et marchons ensemble.
Ast. Je suis votre servante, et j'obéis à vos ordres.
Din. Mais que fais-tu de bon?
Ast. Je me porte bien (*prenant le bras de Dinarque*), et je tiens quelqu'un qui se porte de même. Pour ton arrivée, je te souhaite un bon souper.
Din. Bien obligé.
Ast. Mais, de grâce, laissez-moi aller où l'on m'envoie.
Din. Va; mais dis-moi un peu...
Ast. Que voulez-vous?
Din. Quel chemin prends-tu? Qui vas-tu chercher.
Ast. Archiva, la sage-femme.
Din. Tu es une coquine...
Ast. Comme à mon ordinaire : c'est mon métier·

Venturus peregre, eo nunc commenta'st dolum,
Peperisse simulat sese, ut me extrudat foras,
Atque ut cum solo pergræcetur milite ;   90
Eum esse simulat militem puero patrem.
Quid isti subpositum puerum opus pessumæ?
Mihi verba retur dare sese? an me censuit
Celare se potesse, gravida si foret?
Nam ego Lemno advenio Athenas nudius tertius,   95
Legatus hinc quo cum publico inperio fui.
Sed hæc quis mulier est? Astaphium est ancillula.
Cum ea quoque etiam mihi fuit commercium.

SCENA SECUNDA.

ASTAPHIUM, DINARCHUS.

Ast. Ad foreis auscultato, adque serva has ædeis,
Ne quis adventor gravior abeat quam advenit;   100
Neu qui manus adtulerit sterileis intro ad nos,
Gravidas foras exportet : gnovi ego hominum mores,
Ita nunc adulescenteis morati sunt : quin ei
Ut simitu adveniunt ad scorta congerones,
Consulta sunt consilia, quando intro advenerunt; 105
Unus eorum aliquis osculum amicæ usque obgerit.
Dum illi agunt quod agunt, sunt cæteri clepteæ
Sin videant quempiam se adservare, obludunt, qui custodem
Oblectent per joculum et ludum; de nostro sæpe edunt, quod
Fartores faciunt. Fit, pol, hoc : et, pars spectatorum, scitis,   110

Pol, hæc vos me haud mentiri.
Ibi est ibus pugnæ et virtuti, de prædonibus prædam capere.
At nos rursum lepide referimus gratiam furibus nostris ;
Nam ipsi vident, quom eorum adgerimus bona ; quin etiam
ultro ipsi adgerunt ad nos.
Din. Me illis quidem hæc verberat verbis, nam ego huic
dona adcongessi.   115
Ast. Conmemini ; jam, pol, ego eum ipsum, si domi erit,
mecum adducam.
Din. Heus, manedum, Astaphium, priusquam abis. *Ast.*
Qui revocat? *Din.* Scies;
Respice huc. *Ast.* Quis est? *Din.* Vobis qui multa bona esse
volt. *Ast.* Dato, si esse vis.
Din. Faxo, erunt, respice huc modo. *Ast.* Io! enicas me
miseram, quisquis es.
Din. Pessume, mane.   120
Ast. I, optume, odiosus es.
Dinarchusne illic est? atque is est : it ad nos. *Din.* Et tu fer
contra manum, et pariter
Gradere. *Ast.* Tibi servio atque audiens sum imperi. *Din.*
Tute quid agis?
Ast. Valeo et validum teneo : peregre quom advenis, cœna
detur.
Din. Benigne dicis. *Ast.* At enim, amabo, sine me ire quo
jussit. *Din.* Eas.   125
Sed quid ais? *Ast.* Quid vis? *Din* Istic, quo iter inceptas,
qui est? quem accessis? *Ast.* Archivam
Obstetricem. *Din.* Mala femina es. *Ast.* Solens sum ; ea 'st
disciplina.

Din. Je te surprends en mensonge, scélérate.
Ast. Comment cela, je vous prie?
Din. Parce que tu disais, Il faut que je *le* ramène, et non pas que je *la* ramène. Maintenant d'un homme tu fais une femme, bonne pièce!
Ast. Rusé que tu es!
Din. Mais parle donc enfin. Quel est cet homme, Astaphie? quelque nouvel amant?
Ast. Il faut que vous soyez bien désœuvré.
Din. Pourquoi cela?
Ast. Parce que vous vous occupez à vos dépens des affaires des autres.
Din. C'est vous qui m'avez rendu désœuvré.
Ast. Comment cela, je vous prie?
Din. Je vais te l'expliquer. J'ai perdu chez vous tout mon bien. Vous m'avez ôté avec mon bien toute occupation. Si j'avais conservé mon patrimoine, j'aurais de quoi m'occuper.
Ast. Crois-tu qu'il n'en soit pas des affaires d'amour comme des affaires publiques? Il faut n'avoir rien autre chose à penser.
Din. Tu te trompes, c'est Phronésie, et non pas moi, qui s'est occupée des intérêts du public (1). Car, au mépris de la loi et de notre contrat, elle a laissé paître dans mon pré un autre bouc, après avoir pris mon argent.
Ast. Voilà bien le langage des gens qui sont mal dans leurs affaires : quand ils n'ont plus de quoi payer l'impôt, ils se plaignent des publicains.
Din. Les entreprises de pâture m'ont mal réussi chez vous. Je voudrais maintenant y trouver quelque petit coin à défricher.
Ast. Nous n'avons pas chez nous de terrain en friche, nous n'avons que des champs bien labourés. Ceux qui aiment à défricher n'ont qu'à pour-

(1) Allusion à la facilité avec laquelle Phronésie s'abandonnait au public.

voir ailleurs. Notre champ est ouvert au public.... Il y en a aussi d'une autre espèce...
Din. Je les connais parfaitement tous deux.
Ast. Il faut qu'en effet vous soyez bien désœuvré, pour vous répandre ainsi de tous côtés. Mais à qui donnez-vous la préférence?
Din. Vous êtes effrontées, et ces jeunes débauchés sont perfides; tout ce qu'on leur donne est perdu, ils n'en laissent rien paraître : au moins vous autres, ce que vous demandez vous le buvez, vous le mangez. En deux mots, ceux-là sont des polissons, et vous des coquines pleines de vanité et de malice.
Ast. Mon cher Dinarque, ce que vous dites là d'eux et de nous tourne contre vous-même.
Din. Comment cela?
Ast. Je vais vous en dire la raison. Avant d'accuser les autres, il faut se considérer soi-même. Vous, avec tout votre mérite, vous ne gagnez rien sur nous : nous, toutes méprisables que nous sommes, nous vous tirons de l'argent.
Din. Astaphie, ce n'était pas ainsi que tu me traitais autrefois : comme tu étais aimable quand je possédais ce qui a passé dans vos mains!
Ast. On connaît un homme tant qu'il vit; mais quand il est mort, on le laisse en paix. Je te connaissais quand tu étais en vie.
Din. Me prends-tu pour un mort?
Ast. Peut-on l'être plus complétement, je te prie? Qu'est-ce qu'un amoureux, jadis si passionné, qui ne fait que se plaindre de sa maîtresse?
Din. C'est bien votre faute : vous m'avez pillé si vite. Il fallait me ménager; j'aurais duré plus longtemps, je vous aurais fait plus de profit.
Ast. Un amoureux ressemble à une ville ennemie.
Din. Sous quel rapport?
Ast. Plus tôt la belle le ruine, et mieux elle fait.

Din. Manifestam mendaci, mala, te teneo. *Ast.* Quid jam amabo?
Din. Quia te adducturam huc dixeras eum ipsum, non eampse.
Nunc mulier facta est ex viro; mala es! *Ast.* Præstigiator! 130
Din. Sed tandem loquere : quis is homo est, Astaphium? novos amator?
Ast. Nimis otiosum arbitror hominem esse te. *Din.* Quianam arbitrare
Ast. Quia tuo vestimento et cibo alienis rebus curas.
Din. Vos me reddidistis otiosum. *Ast.* Quid jam' amabo?
Din. Ego expedibo :
Rem perdidi apud vos : cum re meum negotium abstulistis. 135
Si rem servassem, fuit ubi negotiosus essem.
Ast. An tute bene rem publicam aut amoris alia lege habere posse postulas, quin tu otiosus fias?
Din. Illa, haud ego, habuit publicum : perverse interpretaris.
Nam adversum legem a me, ob meam scripturam, pecudem adcepit 140
Æraque. *Ast.* Idem quod tu facis, faciunt rei male gerentes; Ubi non est, scripturam unde dent, incusant publicanos.
Din. Male vortit res pecuaria mihi apud vos ; nunc vicissim Volo habere aratiunculam pro copia heic apud vos.
Ast. Non arvos hic, sed pascuus est ager : si arationes 145 Habituris, qui arari solent, ad pueros ire melius.
Tunc nos habemus publicum ; illi alii sunt publicani.
Din. Utrosque percognovi utrobidem. *Ast.* Istoc, pol, tu otiosus,
Quom et illeic et heic pervorsus es : sed utris cum rem esse mavis?
Din. Procaciores estis vos, sed illi perjuriosi. 150
Illis perit quidquid datur, neque ipsis adparet quidquam.
Vos saltem, si quid quæritis, et bibitis et comestis.
Postremo illi sunt inprobi, vos nequam et gloriosæ
Malæque. *Ast.* Quæ in nos illosque, ea omnia tibi dicis, Dinarche,
Et nostram et illorum vicem. *Din.* Qui istuc? *Ast.* Rationem dicam : 155
Quia qui alterum incusat probri, eum ipsum se intueri oportet.
Tu a nobis, sapiens, nihil habes : nos nequam abs te habemus.
Din. O Astaphium, haud istoc modo solita es me ante adpellare,
Sed blande, quom illuc, quod apud vos nunc est, apud me haberem.
Ast. Dum vivit, hominem gnoveris; ubi mortuus est, quiescas. 160
Te, dum vivebas, gnoveram. *Din.* An me mortuum arbitrare?
Ast. Qui potis est, amabo, planius? qui antehac amator summus
Habitus't, istuc ad amicam meras querimonias referre.
Din. Vostra, hercle, factum injuria, quæ properavistis olim Rapere : otiose oportuit, diu ut essem incolumis vobis. 165
Ast. Amator similis't oppidi hostilis. *Din.* Quo argumento est? *Ast.* Quam-
Primum expugnari poti'st amator, optumum 'st amicæ.

Din. J'en conviens; mais il y a une grande différence entre un ami et un amant ; car le plus ancien ami est toujours le meilleur. Au surplus, toutes mes maisons et toutes mes terres ne sont pas encore perdues.

Ast. (*changeant de ton.*) Pourquoi donc, je vous prie, restez-vous ainsi devant notre porte comme un inconnu, un étranger? Entrez, vous êtes de la maison : je vous jure qu'il n'y a personne que ma maîtresse aime plus tendrement, plus sincèrement que vous, puisque vous possédez des maisons et des terres.

Din. Votre langue est emmiellée, vos discours ont la douceur du lait; mais votre cœur est rempli de fiel et de vinaigre, votre langue prononce de tendres paroles, et vous abreuvez d'amertume le cœur des amants qui n'ont rien à vous donner.

Ast. Je n'ai pas appris à bien parler.

Din. Ce ne sont point mes largesses qui t'ont appris ce langage flatteur; ce sont les gens avares qui luttent contre les penchants de leur cœur. Va, tu es une méchante toujours prête à séduire.

Ast. Avec quelle impatience on attendait votre retour !

Din. (*sur le ton du reproche.*) Car je te le demande...

Ast. (*l'interrompant.*) Ma maîtresse brûlait de vous revoir.

Din. Eh bien, ensuite?

Ast. C'est vous qu'elle préfère à tous les autres.

Din. Fort bien. O mon champ! ô ma maison! que je vous remercie, et que vous venez à propos à mon secours! Mais dis-moi donc, Astaphie.

Ast. Que voulez-vous ?

Din. Phronésie est-elle chez elle?

Ast. Elle y est certainement pour vous.

Din. Se porte-t-elle bien ?

Ast. Elle se portera, j'en suis sûre, encore bien mieux quand elle vous verra.

Din. (à part.) C'est vraiment une honte pour nous : nos amours nous ruinent. Les mensonges que nous souhaitons, malgré l'évidence, nous paraissent des vérités : notre colère s'apaise comme les flots des mers.

Ast. Quelle idée!

Din. Tu dis qu'elle m'aime?

Ast. Bien plus; elle n'aima que vous seul.

Din. On m'a dit qu'elle était accouchée.

Ast. Ah! Dinarque, ne parlez pas de cela, je vous prie.

Din. Pourquoi donc ?

Ast. Je frissonne toutes les fois qu'on me parle d'accouchement. Allez , vous avez bien manqué de ne plus revoir votre chère Phronésie. Entrez, je vous prie, venez la voir. Mais attendez ici ; elle va sortir, car elle était au bain.

Din. Quel conte me fais-tu là? elle n'a jamais été enceinte: comment a-t-elle pu accoucher ? Je ne me suis jamais aperçu de la grosseur de son ventre.

Ast. Elle s'en cachait : elle craignait que tu ne la fisses avorter, et que son enfant ne pérît.

Din. Mais quel est le père de cet enfant?

Ast. Ce militaire babylonien dont elle attend le retour : je suis même surprise qu'il ne soit pas encore arrivé; on annonçait qu'il allait venir bientôt.

Din. Je vais donc entrer.

Ast. Pourquoi non? entrez aussi hardiment que chez vous. Maintenant vous êtes de la maison, mon cher Dinarque.

Din. Ne vas-tu pas revenir bientôt?

Ast. A l'instant même : je vais à deux pas.

Din. Reviens au plus vite : je t'attends chez ta maîtresse.

Din. Ego fateor : sed longe aliter est amicus atque amator.
Certe, hercle, quam veterrumus homini optumus est amicus.
Non, hercle, obciderunt mihi etiam fundi et ædeis.   170
Ast. Cur, obsecro, ergo ante ostium pro ignoto alienoque adstas?
I intro, haud alienus tu quidem es : nam, ecastor, neminem hodie
Mage amat corde atque animo suo, siquidem habes fundum atque ædeis.
Din. Ita melle sunt linguæ sitæ vostræ atque orationes
Lacteque; corda felle sunt lita, atque acerbo aceto.   175
E linguis dicta dulcia datis, corda amere facitis
Amanteis, si qui non danunt. *Ast.* Non didici fabulare.
Din. Non istæc mea benignitas docuit te fabulare,
Sed isti qui cum Geniis suis belligerant, parcipromi.
Mala es, atque eadem, quæ soles, inlecebra. *Ast.* Ut exspectatus   180
Peregre advenisti! *Din.* Nam obsecro? *Ast.* Cupiebat te hera videre.
Din. Quid tandem? *Ast.* Te unum ex omnibus amat. *Din.* Euge, funde et ædeis,
Per tempus subvenistis mihi : sed quid ais, Astaphium ? *Ast.* Quid vis?
Din. Estne intus nunc Phronesium? *Ast.* Tibi quidem intus.
Din. Valetne? *Ast.* Imo, edepol, melius credo fore, ubi te videbit.   185
Din. Hoc novis vitium maxumum 'st : quom amamus, tum perimus.

Si illud, quod volumus, dicitur, palam quom mentiuntur,
Verum esse insciti credimus : næ, ut in æstu, mutuantur maria.
Ast. Eia! haud ita 'st res. *Din.* Ain' tu, me amare? *Ast.* Imo unice unum.
Din. Peperisse eam audivi. *Ast.* Ah, obsecro, tace Dinarche. *Din.* Quid jam?   190
Ast. Horresco misera, mentio quoties fit partionis :
Ita pæne tibi fuit Phronesium : i intro jam, amabo,
Vise illam, atque operire ibi : jam exibit, nam lavabat.
Din. Quid ais tu? quæ nunquam fuit prægnas, qui parere potuit?
Nam equidem uterum illi, quod sciam, nunquam extumere sensi.   195
Ast. Celabat, metuebatque te illa, ne sibi persuaderes
Ut abortioni operam daret, puerumque ut enecaret.
Din. Tum, pol, isti puero quis est pater? *Ast.* Babyloniensis miles,
Quojus nunc ista adventum expetit : imo adeo, ut nuntiatum 'st,
Jam heic adfuturum aiunt eum; nondum advenisse miror.
Din. Ibo igitur intro? *Ast.* Quippini? tam audacter, quam domum ad te.   201
Nam tu, edepol, noster es etiam jam nunc, Dinarche. *Din.* Quam mox
Te recipis tu? *Ast.* Jam heic ero; prope est, profecta quo sum.
Din. Redi vero actutum : ego interim te apud vos operibor.

ACTE SECOND.
SCÈNE I.
ASTAPHIE, *seule*.

Ah! ah! par Cérès, je respire! celui que je craignais est entré ici. Me voilà seule enfin! je puis à présent parler en liberté, et dire tout ce qu'il me plaira. Ma maîtresse a enterré peu à peu le patrimoine de ce galant; ses domaines, sa maison sont hypothéqués pour le dîner de l'amour. Ma maîtresse lui demande librement des conseils; il ne peut plus lui donner que cela; quand il avait, il donnait ce qu'il avait; nous l'avons à notre tour: en revanche il a ce que nous avions, la misère. Ainsi va le monde; la fortune change vite, et la vie est pleine de vicissitudes. Nous l'avons vu riche; il nous a vues pauvres: les rôles sont retournés: bien sot qui s'en étonnerait! S'il vit dans l'indigence, il faut qu'il nous permette de faire bonne chère: cela est tout naturel. Ce serait une duperie que de nous appitoyer sur le sort des dissipateurs. Une courtisane qui sait son métier doit être pourvue de bonnes dents, sourire à tout venant, et dire des douceurs; méditer au fond du cœur quelque perfidie, et prodiguer les paroles aimables. Une courtisane doit ressembler à un buisson d'épines; elle doit piquer tout homme qui s'approche d'elle. Un galant ne paye-t-il plus, elle doit, sans écouter ses raisons, lui donner son congé comme à un mauvais soldat. Le véritable amant, c'est celui qui est l'ennemi de lui-même et de son bien. C'est peu d'avoir donné, il faut être toujours prêt à le faire. Le véritable, le parfait amant, c'est celui qui donne et oublie qu'il a donné. Tant que vous avez de l'argent, aimez-nous; quand vous n'en aurez plus, cherchez fortune ailleurs. Votre bourse est à sec; cédez de bonne grâce la place à ceux qui l'ont bien garnie. Parlez-moi d'un amant qui abandonne ses affaires pour nous, et se ruine! Les hommes viennent se plaindre de nos procédés, et nous accusent de cupidité! qu'ont-ils cependant à nous reprocher? Peut-on jamais donner trop à celle qu'on aime? Nous ne demandons jamais rien de trop. Un amant qui ne donne rien n'est plus pour nous qu'un champ stérile. Quand il dit qu'il n'a plus rien à donner, il faut qu'il se résigne à passer la nuit tout seul. Cet aveu de misère n'est pas une excuse suffisante pour nous: nous allons à la recherche d'autres galants plus généreux, qui nous ouvrent et nous livrent des trésors nouveaux. Tel est, par exemple, ce jeune campagnard qui demeure ici près. L'aimable mortel! Quelle grâce il met en donnant! Il a escaladé, cette nuit, les murs du jardin, pour venir chez nous à l'insu de son père. Il faut que j'aille le trouver: mais il a un esclave singulièrement brutal: dès que le coquin aperçoit une de nos filles près de la maison de son maître, il les chasse à grands cris, comme des oies qui seraient entrées dans son grenier à blé. C'est un vrai rustre. Je vais néanmoins frapper à la porte, quoi qu'il puisse arriver. (*Appelant d'une voix douce*) Où est le portier d'ici? y a-t-il quelqu'un à la maison?

SCÈNE II.
STRATILAX, ASTAPHIE.

Stratil. Qui va là? qui assiège ainsi notre porte?

ACTUS SECUNDUS.
SCENA PRIMA.
ASTAPHIUM.

Ha, ha, ha, ecere! quievi, quia introivit odium: tandem sola sum. 205
Nunc quidem meo arbitratu loquar libere quæ volam et quæ lubebit.
Huic homini amanti mea hera apud nos dixit næniam de bonis;
Nam fundi et ædeis obligatæ sunt ob amoris prandium: verum
Apud hunc mea hera consilia summa eloquitur libere; magisque
Adeo ei consiliarius hic amicus est, quam auxiliarius. 210
Dum fuit, dedit: nunc nihil habet; quod habebat, nos habemus;
Iste nunc id habet, quod nos habuimus: humanum facinus factum 'st;
Actutum fortunæ solent mutarier; varia vita 'st.
Nos divitem eum meminimus, atque iste pauperes nos.
Vorterunt sese memoriæ. Stultus sit, qui id admiretur. 215
Si eget, necesse 'st nos patiatur ali; ita æquum factum 'st.
Piaculum 'st, misereri nos hominum rei male gerentum.
Bonis esse oportet dentibus lænam probam; adridere,
Quisquis veniat, blandeque adloqui; male corde consultare,
Bene loqui lingua. Meretricem esse similem sentis condecet,
Quemquem hominem adtigerit profecto aut malum aut damnum dari. 221
Nunquam amatoris meretricem oportet causam gnoscere,
Quin, ubi nihil det, pro infrequente eum mittas militia domum.
Nec unquam quisquam probus erit amator, nisi qui rei inimicu'st suæ.

Nugæ sunt, nisi quod modo quom dederit, dare jam lubeat denuo. 225
Is amator heic apud nos, qui, quod dedit, id oblitu'st datum.
Dum habeat, tum amet; ubi nihil habeat, alium quæstum cœpiat.
Æquo animo, ipse si nihil habeat, aliis qui habent, det locum.
Probus est amator, qui relictis rebus rem perdit suam..
At nos male agere prædicant viri solere secum, 230
Nosque esse avaras: quæso, num qui male nos agimus tandem?
Nam, ecastor, nunquam satis dedit suæ quisquam amicæ amator;
Neque, pol, satis adcepimus, neque ulla satis poposcit.
Nam quando sterilis est amator a datis, inprobu'st.
Si negat se habere quod det, soli pernoctandum'st 235
Nec satis adcipimus, satis quom, quod det, non habet.
Semper datores novos oportet quærere,
Qui de thesauris integris demunt, danunt.
Velut hic agrestis est adulescens, qui heic habet,
Nimis, pol, mortalis lepidus, nimisque probus dator. 240
Sed is, clam patre, etiam hanc noctem illac
Per hortum transilivit ad nos, eum volo convenire.
Sed est huic unus servos violentissumus,
Qui, ubi quamque nostrarum videt prope ædeis hasce, egrediens,
Item ut de frumento anseres, clamore absterret, abigit. 245
Is item est agrestis: sed foreis, quidquid est futurum, feriam.
Ecquis huic tutelam januæ gerit? ecquis intus exit?

SCENA SECUNDA.
STRATILAX, ASTAPHIUM.

Strat. Quis illic est, qui tam proterve nostras ædeis arietat?

LE RUSTRE, ACTE II, SCENE II.

Ast. C'est moi; regardez de ce côté.
Stratil. Qui, moi? — Ah! je te reconnais. Malheur à toi! Qui te donne l'audace d'approcher ainsi de notre maison, et de frapper de la sorte?
Ast. (avec douceur.) Bonjour....
Stratil. Je n'ai que faire de ton bonjour : j'aimerais mieux être malade, que de devoir la santé à tes souhaits. Je voudrais bien savoir ce que tu viens faire chez nous.
Ast. Embrasse....
Stratil. Es-tu ma maîtresse, pour que je t'embrasse? fais-toi embrasser par celui qui en a l'habitude. Quelle effronterie de faire des propositions d'amour à un honnête paysan en se moquant de lui!
Ast. Je voulais dire, embrasse les conseils de la douceur.
Stratil. Je gage qu'on ne trouve pas ta pareille.
Ast. Tu es aussi trop brutal.
Stratil. Vas-tu me dire des injures, coquine?
Ast. Qu'est-ce que je te dis donc?
Stratil. Tu m'appelles brutal. Je te déclare que si tu ne t'en vas sur-le-champ, ou si tu ne me dis ce que tu viens chercher, je vais t'écraser sous mes pieds, comme une truie ses petits cochons.
Ast. C'est la rusticité en personne.
Stratil. Crois-tu me faire rougir? tu es venu montrer ici ton squelette habillé, méchante guenon, misérable déhontée. Te crois-tu belle, parce que tu as ta robe couleur de fumée? Voyons, approche un peu.
Ast. A la bonne heure, tu me plais ainsi.
Stratil. (la menaçant.) Oh! que je te voudrais....
Ast. Tu mens. Çà, dis-moi ce que je te demande.
Stratil. Mais, je t'en préviens, si tu veux de moi pour esclave, si je te plais, c'est à toi d'assurer ma pitance annuelle.
Ast. On la donne à qui sait la gagner.

Stratil. Ces bracelets sont-ils d'or pur (1)?
Ast. Ne me touche pas.
Stratil. Moi, te toucher! j'en jure par mon sarcloir, j'aimerais mieux être attelé avec le plus lourd bœuf de l'étable et coucher avec lui sur la paille, que de passer cent nuits avec toi, même après un bon souper. Tu me reproches de n'être qu'un paysan! tu t'adresses bien si tu crois que j'en rougis comme d'une injure! Mais enfin quelle affaire t'amène ici? pourquoi te trouves-tu toujours sur notre chemin, quand nous venons à la ville?
Ast. Je viens rendre visite aux femmes de votre maison.
Stratil. De quelles femmes me parles-tu? On ne trouverait pas chez nous même une mouche femelle.
Ast. Il ne demeure point de femme ici?
Stratil. Elles sont à la campagne, te dis-je. Vas-y toi-même.
Ast. Pourquoi cries-tu comme un fou?
Stratil. Sors d'ici à grands pas, ou je t'arrache de la tête ces cheveux d'emprunt si bien arrangés, frisés, bouclés, parfumés.
Ast. Et pourquoi, s'il vous plaît?
Stratil. Pour avoir osé approcher de notre porte avec tes odeurs, et tes joues si bien empourprées de vermillon.
Ast. C'est que je rougis du vacarme que tu fais.
Stratil. Ah! tu rougis! Comme si toute ta figure chargée de fard pouvait changer de couleur! Ton visage n'est que vermillon, et ton corps est enduit de cire..... Vous êtes des scélérates.
Ast. Comment cela, des scélérates?
Stratil. Va-t'en : j'en sais plus que tu ne penses.
Ast. Que sais-tu, je te prie?

(1) Ne serait-il pas mieux de lire dans le texte : *Verœne hic sunt quas habes viriolas?*

Ast. Ego sum, respice ad me. *Strat.* Quid, ego? nonne ego video? væ tibi!
Quid tibi ad hasce adcessio 'st ædeis prope, aut pultatio'st? 250
Ast. Salve. *Strat.* Satis mihi est tuæ salutis; nihil moror. Non salveo.
Ægrotare malim quam esse tua salute sanior.
Id volo scire : quid debetur heic tibi nostræ domi.
Ast. Conprime. *Strat.* Spero meam quidem, hercle; te, qui solitu'st, conprimat.
Inpudens per ridiculum ut rustico suadet stuprum? 255
Ast. Iram[dixi. *Strat.* Ut esse cœpisti, si dem, si est una altera.
Ast. Nimis hic quidem truculentus. *Strat.* Pergin 'male loqui, mulier, mihi?
Ast. Quid tibi ego antem dico? *Strat.* Quia enim me truculentum nominas.
Nunc adeo, nisi abis actutum, ac dicis, quid quæras, cito,
Jam, hercle, ego heic te, mulier, quasi sus catulos, pedibus proteram. 260
Ast. Rus merum hoc quidem 'st. *Strat.* Pudendumne? tu vero clurinum pecus,
An venisti huc te ostentatum cum exornatis ossibus?
Quia tibi insuaso infecisti, propudiosa, pallulam.
An eo bellu es, quia adœpisti? ar me advenias. *Ast.* Nunc places.
Strat. Quam me illi vellm! *Ast.* Mentiris. [Quid?] dicis quod te rogo? 265
Strat. Mancupium qui adcipias, gesta tecum penos annuus.
Ast. Dignis dant. *Strat.* Laciniæ heic sunt, quas habes victorias?

Ast. Ne adtigas me. *Strat.* Tangam? ita me amabit sarculum,
Ut ego me ruri hamaxari mavelim patalem bovem,
Cumque eo ita noctem in stramentis pernoctare perpetem, 270
Quam tuas centum cœnatas noctes mihi dono dari.
Rus tu mihi obprobras? ut nancta es hominem, quem pudeat probri!
Sed quid apud nostras negoti, mulier, est ædeis tibi?
Quid tu hoc obcursas, in urbem quotiescumque advenimus?
Ast. Mulieres volo convenire vostras. *Strat.* Quas tu mulieres 275
Mihi narras? ubi musca nulla femina'st in ædibus.
Ast. Nullane istic mulier habitat? *Strat.* Rus, inquam, abierunt : abi.
Ast. Quid clamas, insane? *Strat.* Abire hinc ni properas grandi gradu,
Jam ego istos fictos, compositos, crispos, cincinnos tuos
Unguentatos usque ex cerebro expellam. *Ast.* Quanam gratia? 280
Strat. Quia adeo foreis nostras unguentis uncta es ausa adcedere,
Quiaque istas buccas tam belle purpurissatas habes.
Ast. Erubui. mecastor, misera propter clamorem tuum.
Strat. Itane? erubuisti? quasi vero corpori reliqueris
Tuo potestatem coloris ulli capiundi, mala : 285
Buccas rubricæ, cera omne corpus intinxit tibi.
Pessumæ estis. *Ast.* Quid est, quod vobis pessumæ hæc ***
Strat. Scio ego plus, quam me arbitrare scire. Quid id est, obsecro,
Quod scias? *Strat.* Herilis noster filius apud vos Strabax

Stratil. Que vous cherchez encore chez nous le fils de notre maître pour le perdre, pour l'enlacer dans vos filets et lui arracher de l'argent.

Ast. Je répondrais à tes injures, si elles partaient d'un homme sensé. Apprends que les hommes ne se perdent point avec nous; ils perdent leur argent, il est vrai ; mais dès qu'ils l'ont perdu, libre à eux de partir tout nus. Quant à votre jeune homme, je ne le connais pas.

Stratil. En vérité?

Ast. Sérieusement.

Stratil. Il y a cependant dans notre jardin un vieux mur dont les briques tombent toutes les nuits, et qui dit assez qu'il passe par là pour aller se ruiner chez vous.

Ast. Qu'y a-t-il d'étonnant que de vieilles briques tombent d'un vieux mur?

Stratil. Ah! coquine, elles tombent parce qu'elles sont vieilles! Eh bien! je veux passer pour un effronté menteur, si je ne dénonce toutes vos infamies à mon vieux maître.

Ast. C'est donc un terrible homme (1)?

Stratil. Ce n'est pas à entretenir des courtisanes qu'il a amassé son bien, mais à force d'économie et de travail. C'est ce bien-là qu'on porte maintenant chez vous, coquines. Ta main a donc six ongles, pour accrocher et prendre? Vous menez une vie abominable: et je ne dirai pas un mot! Non, non! je cours de ce pas à la place publique tout raconter au bonhomme. Car s'il ne coupe court à tout cela, un essaim de maux tombera sur mon échine. (*Il sort.*)

Ast. Vraiment, quand cet homme se nourrirait de moutarde, il n'aurait pas l'humeur plus aigre et plus revêche. Quel zèle pour les intérêts de son maître! Mais toute cette violence s'adoucira, j'es-

1 Ce trait peut s'adresser à Stratilax en aparté.

père, par mes caresses et les cajoleries à notre usage : j'ai vu dompter des taureaux et les bêtes les plus farouches. Retournons maintenant chez ma maîtresse. Mais j'aperçois l'objet de mon aversion! Il a l'air de mauvaise humeur : il n'a pas encore vu Phronésie d'aujourd'hui.

SCÈNE III.

DINARQUE, ASTAPHIE.

Din. Je crois que les poissons qui passent leur vie dans l'eau ne sont pas plus longs à se baigner que Phronésie. Si l'on doit aimer les femmes à proportion du temps qu'elles restent au bain, tous les amants devraient se faire baigneurs.

Ast. Ne pourriez-vous pas patienter, attendre encore un peu?

Din. En vérité, je suis las d'attendre.

Ast. Et moi aussi : je suis si lasse, que j'aurais grand besoin d'un bain.

Din. Mais, je t'en conjure, Astaphie, entre chez ta maîtresse, annonce-lui que je suis là... Va vite, et dis-lui qu'elle s'est assez baignée.

Ast. Il suffit.

Din. Écoute encore.

Ast. Que voulez-vous?

Din. Que le ciel me confonde si je t'ai rappelée. Je ne te disais rien... Hâte-toi donc.

Ast. Pourquoi m'avoir rappelée, mauvais garnement? voilà cent pas perdus. Cela avancera-t-il vos affaires? (*Elle sort.*)

Din. (*seul.*) Pourquoi est-elle donc restée si longtemps à la porte? Je ne sais qui elle attendait : je soupçonne que c'est le militaire.... oui, c'est cela... Voyez si elles ne ressemblent pas aux vautours, qui pressentent la proie trois jours d'avance! Elles l'attendent toutes, le bec ouvert : elles ne songent qu'à

Ut pereat, ut cum illiciatis in malam fraudem et præmium. 290
Ast. Sanus si videare, dicam : dicis contumeliam.
Nemo hominum heic perire solet apud nos : res perdunt suas.
Ubi perdidere res, abire hinc si volunt, nudis licet.
Ego non gnovi adulescentem vostrum. *Strat.* Veron'? *Ast.* Serio.
Strat. Quin maceria illa ait, in horto quæ est, quæ in nocteis singulas 295
Latere fit minor, qua iste ad vos damni permensu'st viam ?
Ast. Non mirum (vetus est maceria), lateres si veteres ruunt.
Strat. Ain' tu, mala, lateres veteres ruere? nunquam, edepol, mihi
Quisquam homo mortalis posthac duarum rerum creduit :
Ni ista ego vostra hero majori facta denarravero. 300
Ast. Estne ille violentus? *Strat.* Suam non enim ille meretriculis
Muniundis rem coegit, verum parsimoniæ
Duritiæque; quæ nunc ad vos jam exportarier, pessumæ.
Hem tu, o sexungula, male vivatis : egone hæc mussitem ?
Jam enim eccere ibo in forum, atque hæc facta narrabo seni. 305
Namque istuc ipse gestit ; ergo coget examen mali.
Ast. Si, ecastor, hic homo sinapi victitet, non censeam
Tam esse tristem posse : at, pol, hero benevolens ut is est suo!
Verum ego illum, quamquam violentus est, spero mutari potest
Blandimentis, ornamentis cæteris meretriciis. 310

Vidi equidem ex jumentis domita fieri, atque alias beluas.
Nunc ad heram revidebo : sed eccum odium progreditur meum.
Tristis exit : haud convenit etiam hic dum Phronesium.

SCENA TERTIA.

DINARCHUS, ASTAPHIUM.

Din. Pisceis ego credo, qui usque dum vivont, lavant,
Minus diu lavare, quam hæc lavat Phronesium. 315
Si proinde amentur mulieres, diu quam lavant,
Omneis amanteis balneatores sient.
Ast. Non quis parumper durare, operirier?
Din. Quin, hercle, lassus jam sum durando miser.
Ast. Mihi quoque præ lassitudine opus est ut lavem. 320
Din. Sed obsecro, hercle, Astaphium, i intro, ac nuntia
Me adesse : tu i propere, et suade jam ut satis laverit.
Ast. Licet. *Din.* Audin' etiam? *Ast.* Quid vis? *Din.* Di me perduint,
Qui te revocavi : non tibi dicebam : i modo.
Ast. Quid jam me revocabas, improbe nihilique homo ? 325
Quæ tibi mille passuum peperit moræ mora. (*abit.*)
Din. Sed quid hæc expostolata 'st; credo, militem.
Nescio quem præstolata 'st ante ædeis stetit?
Illud est : vide ut jam, quasi volturii, triduo
Prius prædivinant, quo die esuri sient. 330
Illum inhiant omneis; illi est animus omnibus.
Me nemo magis respiciet, ubi iste huc venerit,
Quam si hinc ducentos annos fuerim mortuus.

lui. Quand il sera venu, on ne prendra pas plus garde à moi que si j'étais mort depuis deux cents ans. Qu'il est agréable de conserver son bien! Malheureux que je suis! combien je suis puni d'avoir dissipé le mien! Ah! s'il m'arrivait quelque bonne et riche succession, maintenant que je sais les avantages et les dangers de l'argent, je le conserverais si bien, je vivrais avec tant d'économie, qu'au bout de quelques jours il ne m'en resterait rien. Ce serait le moyen de confondre les gens qui m'accusent aujourd'hui d'avarice. Mais en voilà assez de dit : j'entends ouvrir cette porte, qui, comme un gouffre, engloutit tout ce qui passe le seuil.

SCÈNE IV.
PHRONÉSIE, DINARQUE.

Phr. Vous avez donc peur, mon amour, que ma porte ne vous avale, que vous n'osez entrer?

Din. (la regardant.) Je crois voir le printemps : quelle fleur de beauté! quel parfum! quel éclat éblouissant!

Phr. Quoi! Dinarque, vous arrivez de Lemnos, et vous ne venez pas embrasser votre amante! Ce n'est pas galant.

Din. (à part.) Ah! me voilà pris, et mon cœur est bien malade.

Phr. Pourquoi détournez-vous la tête?

Din. Salut, belle Phronésie.

Phr. Salut, Dinarque : ne soupez-vous pas aujourd'hui avec moi, en l'honneur de votre heureux retour?

Din. J'ai promis....

Phr. Où soupez-vous donc?

Din. Où vous me l'ordonnerez.... ici.

Phr. Vous me ferez grand plaisir.

Din. C'en sera un plus grand pour moi. Vous serez donc à moi aujourd'hui, chère Phronésie?

Phr. Je le voudrais, si cela était possible.

Din. (comme s'il parlait à l'esclave.) Qu'on me donne ma chaussure(1). Dépêchez... enlevez la table.

(1) On mettait une chaussure légère avant de monter sur le lit de

Phr. Mon ami, y pensez-vous?

Din. Il m'est impossible de boire maintenant, tant j'ai le cœur malade.

Phr. Restez... On va vous soulager un peu, ne partez pas.

Din. Ah! quel baume vous me versez! mon cœur se ranime. Qu'on m'ôte ma chaussure : qu'on me verse à boire.

Phr. Vraiment vous êtes toujours le même... Mais dites-moi, avez-vous fait un bon voyage?

Din. Très-bon, puisque j'arrive auprès de vous, et que j'ai le bonheur de vous voir.

Phr. Embrassez-moi.

Din. De tout mon cœur. *(L'embrassant.)* Ah! il n'y a pas de miel plus doux que cela! En ce moment, ô Jupiter, je suis plus heureux que toi.

Phr. Eh bien! me donnez-vous un baiser?

Din. Dix, au lieu d'un.

Phr. Vous êtes généreux sur cet article. Vous m'en promettez plus que je ne vous en demande.

Din. Plût au ciel que dans le principe j'eusse épargné mon bien, comme vous voulez à présent épargner mes baisers!

Phr. Si je pouvais vous être utile, je le ferais de grand cœur.

Din. Vous êtes-vous assez baignée?

Phr. Mais assez, ce me semble. Est-ce que vous ne me trouvez pas blanche?

Din. Si vraiment, par Pollux! Mais je me rappelle un temps où nous ne faisions pas tant d'attention l'un à l'autre. Mais quelle étrange nouvelle ai-je donc apprise sur votre compte à mon arrivée? Qu'avez-vous donc fait pendant mon absence? Vous êtes devenue mère de famille, et vous vous en êtes tirée fort heureusement, je vous en félicite.

Phr. (à ses femmes.) Retirez-vous : rentrez, et fermez la porte. *(à Dinarque)* Nous voilà seuls main-

table : on la quittait en sortant. Ici on peut supposer que Dinarque est à l'entrée de la maison de Phronésie, que déjà il s'est assis sur le lit de table, et qu'il en sort, sur le refus de Phronésie de passer la nuit ensemble.

Ut rei servire suave 'st! væ misero mihi!
Post factum plector, quia ante partum perdidi.   335
Verum nunc si qua mihi obtigerit hereditas
Magna atque luculenta, nunc postquam scio
Dulce atque amarum quid sit ex pecunia :
Ita ego illam, edepol, servem, itaque parce victitem,
Ut nulla faxim eis dies paucos siet.   340
Ego istos, qui nunc me culpant, confutaverim.
Sed est vocis sat ; sentio aperiri foreis,
Quæ obsorbent quidquid venit intra pessulos.

SCENA QUARTA.
PHRONESIUM, DINARCHUS.

Phr. Num tibi nam, amabo, janua 'st mordax mea,
Quo introire metuas, mea voluptas? *Din.* Ver vide : 345
Ut tota floret! ut olet! ut nitide nitet!
Phr. Qui tam inficetus Lemno adveniens, qui tuæ
Non des amicæ, [mi] Dinarche, savium?
Din. Vah! vapulo, hercle, ego nunc, atque adeo male.
Phr. Quo te avortisti? *Din.* Salva sis, Phronesium.   350
Phr. Salve ; heicne hodie cœnas, salvos quom advenis?
Din. Promisi. *Phr.* Ubi cœnabis tu? *Din.* Ubi tu jusseris :
Heic. *Phr.* Me lubente facies. *Din.* Edepol, me magis.
Nempe tu eris hodie mecum, mea Phronesium?
Phr. Velim, si fieri possit. *Din.* Cedo soleas mihi.   355

Properate ; auferte mensam. *Phr.* Amabo, sanun' es?
Din. Non, edepol, bibere possum jam, ita animo male 'st.
Phr. Mane ; aliquid flet, ne abi. *Din.* Ah! adspersisti aquam,
Jam rediit animus : deme soleas ; cedo, bibam.
Phr. Idem es, ecastor, qui soles ; sed dic mihi,   360
Benene ambulavisti? *Din.* Huc quidem, hercle, ad te bene,
Quom tui videndi 'st copia. *Phr.* Conplectere.
Din. Lubens : ah, hoc est mel melle dulci dulcius!
Hoc tuis fortunis, Jupiter, præstant meæ.
Phr. Dan' savium? *Din.* Imo vel decem. *Phr.* Haud istoc
          pauper es :   365
Plus pollicere, quam ego a te postulo.
Din. Utinam a principio rei item parcissem meæ,
Ut nunc reparcis saviis! *Phr.* Si quid tibi
Conpendi facere possim, factum, edepol, velim.
Din. Jam lavisti? *Phr.* Jam, pol, mihi quidem atque oculis meis.   370
Num tibi sordere videor? *Din.* Non, pol, mihi quidem.
Verum tempestas memini quom quondam fuit,
Quom inter nos sorderemus unus alteri.
Sed quid ego facinus audivi adveniens tuum,
Quod tu heic, me absente, novi negoti gesseris?   375
Quid id est? primum quom tuis es aucta liberis,
Quomque bene provenisti salva, gaudeo.
Phr. Concedite hinc vos intro, atque operite ostium.
Tu nunc superstes solus sermoni meo es.
Tibi mea consilia summa semper credidi.   380

tenant; nous pouvons causer. Je vous ai toujours confié mes plus importants secrets. Eh bien! apprenez que je ne suis point accouchée, que je n'ai point été enceinte, mais que j'ai feint de l'être, quoiqu'il n'en fût rien.

Din. Et pour quel motif, âme de ma vie!

Phr. A cause de ce militaire babylonien qui m'a eue comme sa femme, pendant un an qu'il a demeuré ici.

Din. Je m'en étais douté. Mais pourquoi cette feinte? et quel avantage pensiez-vous en retirer?

Phr. C'était un piége, un lacet que je voulais lui tendre pour le rappeler à moi. Il m'a dernièrement envoyé une lettre où il me marque qu'il veut éprouver mon affection pour lui; et que si j'élève mon enfant avec soin, il me donnera tout son bien.

Din. C'est à merveille! Quelles sont vos intentions?

Phr. Comme le dixième mois approchait, ma mère a envoyé ses servantes me chercher de tous côtés un enfant, garçon ou fille, que je pusse prendre pour mon compte. Que vous dirai-je enfin? vous connaissez bien Sura, notre coiffeuse, qui demeure ici en face?

Din. Oui.

Phr. Elle est aussi allée de maison en maison; et à force d'adresse elle a découvert un enfant qu'on lui a donné et qu'elle m'a secrètement apporté.

Din. O les bonnes pièces! Ainsi celle qui l'a mis au monde la première n'est pas sa mère, mais bien vous qui le mettez au monde une seconde fois?

Phr. Précisément. Maintenant, d'après le message qu'il m'a envoyé, le capitaine ne doit pas tarder à venir.

Din. Et vous, en l'attendant, vous vous faites traiter comme une femme en couche.

Phr. Pourquoi non? n'est-il pas juste que chacun tire parti de son industrie, quand cela se peut sans difficulté?

Din. Et moi, que deviendrai-je quand le militaire sera arrivé? me faudra-t-il vivre abandonné de vous?

Phr. Quand j'aurai tiré de lui ce que je veux, je trouverai aisément un prétexte de querelle et de rupture. Je vous appartiendrai ensuite, cher cœur, tout entière, pour ne plus vous quitter.

Din. J'aimerais mieux que ce fût dès à présent.

Phr. C'est le cinquième jour; l'usage veut que j'offre un sacrifice en l'honneur de l'enfant (1).

Din. C'est juste.

Phr. Est-ce que vous ne me ferez pas quelque petit présent?

Din. En vérité, mon amour, il me semble que c'est du bien qui m'arrive, quand vous me demandez quelque chose.

Phr. C'est comme moi, quand je l'ai obtenu.

Din. Vous n'attendrez pas longtemps; je vais vous envoyer mon esclave.

Phr. N'y manquez pas.

Din. Quelque faible que soit le cadeau, ne le dédaignez pas.

Phr. Je suis bien sûre que vous ne m'enverrez rien qui puisse me déplaire.

Din. Ne me voulez-vous rien autre chose?

Phr. Oui, c'est de me venir voir aussi souvent que vous en aurez le loisir.

Din. Adieu.

Phr. Adieu. (*elle sort.*)

Din. (*seul.*) Dieux immortels! sa conduite à mon égard n'est pas celle d'une maîtresse, mais d'une amie sincère et confiante. M'avoir révélé cette supposition d'enfant, un secret qu'elle cacherait à sa propre sœur! Elle m'a bien montré par là le fond de son âme, et prouvé qu'elle me garderait toute la vie une inviolable fidélité. Et je pourrais ne point l'aimer! et tous mes vœux ne seraient point pour elle! Plutôt me haïr moi-même que de manquer à l'amour qui lui est dû! j'irais lui refuser un pré-

(1) On le portait plusieurs fois en courant autour du foyer et des dieux lares, on le lavait; puis, après le sacrifice et le festin, on lui imposait un nom. Cette cérémonie s'appelait lustration chez les Romains, le *jour du nom* chez les Grecs.

Equidem nec peperi puerum, nec prægnas fui,
Verum adsimulavi me esse prægnatem, haud eram.
Din. Quapropter, o mea vita? *Phr.* Propter militem
Babyloniensem, qui quasi uxorem sibi
Me habebat anno. dum heic fuit. *Din.* Ego senseram. 385.
Sed quid istuc? quoi rei id te adsimulare retulit?
Phr. Ut esset aliquis laqueus et redimiculum,
Reversionem ut ad me faceret denuo.
Nunc huc remisit nuper ad me epistolam,
Sese experturum, quanti sese penderem; 390
Si, quod peperissem, id educarem ac tollerem,
Bona sua me habiturum omnia. *Phr.* Ausculto lubens.
Quid denique agitis? *Phr.* Mater ancillas jubet,
Quoniam jam decimus mensis adventat prope,
Aliam aliorsum ire, præmandare et quærere 395
Puerum aut puellam, qui subponantur mihi.
Quid multa verba faciam? tonstricem Suram
Gnovisti nostram, quæ modo erga ædeis habet.
Din. Gnovi. *Phr.* Hæc una opera circumit per familias,
Puerum vestigat clanculum, ad me detulit. 400
Datum sibi esse dixit. *Din.* O mercris malæ!
Eum nunc non illa peperit, quæ peperit prior,
Sed tu posterior. *Phr.* Ordine omnem rem tenes.
Nunc, ut præmisit nuntium miles mihi,
Non multo post heic aderit. *Din.* Nunc tu te interim 405
Quasi pro puerpera heic procuras? *Phr.* Quippini?
Ubi sine labore res geri polchre potest,
Ad suom quemque æquom 'st quæstum esse callidum.

Din. Quid me futurum 'st, quando miles venerit?
Relictusne abs te vivam? *Phr.* Ubi illud, quod volo, 410
Habebo ab illo, facile inveniam, quomodo
Divortium et discordiam inter nos parem.
Postidea ego tota tecum, mea voluptas, usque ero
Adsiduo. *Din.* Imo, hercle, vero adeubuo mavelim.
Phr. Quin dis sacrificare hodie pro puero volo, 415
Quinto die, quod fieri oportet. *Din.* Censeo.
Phr. Non audes aliquid mi dare munusculum?
Din. Lucrum, hercle, videor facere mihi, voluptas mea,
Ubi quidpiam me po cis. *Phr.* At ego, ubi abstuli.
Din. Jam faxo heic aderit; servolum huc mittam meum. 420
Phr. Sic facito. *Din.* Quidquid autem erit, boni consulas.
Phr. Ecastor, munus te curaturum scio,
Ut quojus me non pœniteat mittas mihi.
Din. Num quidpiam me vis aliud? *Phr.* Ut, quando otium
Tibi sit, ad me revisas. *Din.* Valeas. *Phr.* Vale. (abit.) 425
Din. Pro di immortales, non amantis mulieris,
Sed sociæ unanimantis, fidentis fuit
Opficium facere, quod modo hæc fecit mihi;
Subpositionem pueri quæ mihi credidit,
Germanæ quod sorori non credit soror, 430
Ostendit sese jam mihi medullitus,
Se mihi infidelem nunquam, se viva, fore.
Egone illam ut non amem? egone illi ut non bene velim?
Me potius non amabo, quam huic desit amor.
Ego isti non munus mittam? jam modo ex hoc loco 435
Jubebo ad istam quinque perferri minas;

sent!... Non, non, et je cours de ce pas ordonner qu'on lui apporte cinq mines d'argent : je veux de plus lui offrir la valeur d'une mine de provisions. Puisqu'elle ne me veut que du bien, mon argent sera beaucoup mieux entre ses mains qu'entre les miennes ; car je ne suis capable que de me faire tout le mal possible. (*Il sort.*)

SCÈNE V.

PHRONÉSIE *seule sortant de la maison, aux esclaves de l'intérieur.*

Donnez à teter à cet enfant. — Que les mères sont à plaindre! que d'inquiétude! à quels soucis leur âme est en proie! En vérité, voilà une ruse bien imaginée. Quand j'y songe, je trouve que nous n'avons pas encore toute la réputation de méchanceté que nous méritons : j'en parle en connaissance de cause. De quelles inquiétudes mon esprit n'est-il pas agité! quelle angoisse mon âme ne souffre-t-elle pas, dans la crainte que tout le fruit de ma ruse ne soit anéanti par la mort de cet enfant! Ce nom de mère que je me suis donné, quoique bien secrètement, m'oblige à veiller encore davantage sur sa vie. L'amour du gain m'a réduite au crime : je me suis imposées tout les tourments d'une mère. Il ne faut former aucune intrigue, si l'on n'a beaucoup de finesse et de précaution. Regardez-moi, voyez ma toilette : je feins d'être encore souffrante de mes couches. Il faut qu'une femme conduise à bien l'œuvre que la méchanceté lui a inspirée; sinon le mauvais succès la perd, la vieillit, la ruine. Si elle commence à pratiquer la vertu, l'ennui la prend bien vite. Qu'il en est peu qui se lassent de faire le mal quand une fois elles l'ont commencé! qu'il en est peu qui aient le courage d'achever le bien qu'elles ont entreprises! Le mal est pour une femme une tâche toujours plus aisée que le bien. Moi, si je suis méchante, je le suis par les leçons de ma mère et par instinct naturel. Si j'ai fait accroire à ce militaire babylonien que j'étais grosse, je veux que mon artifice soit combiné de sorte qu'il en soit dupe. Je pense qu'il va bientôt arriver : je me suis préparée à le recevoir : je porte ce vêtement pour me mettre au lit comme une femme en couches. (*Aux servantes.*) Donnez-moi de la myrrhe, mettez du feu sur l'autel ; que je rende grâce à Lucine. Apportez tout cela ici, et retirez-vous... Allons, Pithécie, aide-moi à me mettre au lit : approche... Voilà comme il faut avoir soin d'une femme en couches. Archilis, ôte-moi ma chaussure ; jette ce manteau sur mes épaules. Où es-tu, Astaphie? apporte-moi de la verveine, de l'encens, et des gâteaux. Maintenant, que le militaire vienne, je l'attends!

SCÈNE VI.

STRATOPHANE, puis PHRONÉSIE, ASTAPHIE.

Stratophane (*seul.*) Spectateurs, ne vous attendez pas ici à m'entendre raconter mes exploits. C'est par mon bras et non par mes discours que j'ai coutume de prouver ma valeur. Je sais que beaucoup de militaires se vantent de hauts faits mensongers ; témoin Homéronide (1) et mille autres, atteints et convaincus d'avoir inventé leurs exploits. Pour être digne d'éloge, ce ne sont pas les auditeurs, mais les ennemis qu'il faut étonner ; et je fais plus de cas des compliments de ceux qui ont vu, que de ceux qui entendent. Les yeux sont de meilleurs témoins que les oreilles : ceux qui ont entendu répètent ce qu'ils ont entendu ; ceux qui ont vu le savent de

(1) Nom d'un personnage fanfaron de quelque comédie du temps ; parodié des héros d'Homère.

Præterea opsonari duntaxat ad minam.
Multo illi potius bene erit, bene quæ volt mihi,
Quam mihimet, omnia qui mihi facio mala. (abit.)

SCENA QUINTA.

PHRONESIUM.

Puero isti date mammam. Ut miseræ matres sollicitæque 440
Ex animo sunt, cruciantur que! edepol, commentum male.
Quomque eam rem in corde agito nimio minus perhibemur
Malæ quam sumus ingenio : ego prima domi modo docta
  dictito.
Quanta est cura in animo, quantum corde capio dolorem,
Dolus ne obcidat morte pueri! mater dicta quod sum, eo
  magis 445
Studeo vitæ, quæ ausa sum tantum clam dolum adgredi.
Lucri causa avara probrum sum exsecuta; alienos dolores
Mihi subposivi. Nullam rem oportet dolose adgrediri,
  nisi
Astute adcurateque exsequare. Vosmet jam videtis,
Ut ornata incedo; puerperio ego nunc me esse ægram adsi-
  mulo. 450
Male quod mulier facere incepit, nisi id eoficere perpetrat,
Id illi morbo, id illi senio est, ea illi miseræ miseria'st.
Si bene facere incepit, ejus eam cito odium percipit.
Nimis quam paucæ sunt defessæ, male quæ facere obcepe-
  runt,
Nimis quam paucæ ecliciunt, si quid obceperint benefacere.
Mulieri nimio malefacere melius est onus, quam bene. 456
Ego, quod mala sum, matris opera mala sum, et meapte
  malitiæ;

Quæ me gravidam esse adsimulavi militi Babylonio;
Eam nunc malitiam adcuratam miles inveniat volo.
Iste heic haud multo post credo aderit; nunc prius præcaveo
  sciens ; 460
Eumque gero ornatum, ut gravida, quasi puerperio cubem.
Date mihi huc stactam atque ignem in aram, ut venerem
  Lucinam meam ;
Heic adponite, atque abite ab oculis. Eho Pithecium,
Face ut adcumbam ; adcede : adjutare sic decet puerperam.
Soleas mihi duce, pallium injice in me huc, Archilis.
  Ubi es, 465
Astaphium ? Fer huc verbenam mihi, tus et bellaria.
Date aquam manibus : nunc, ecastor, ut veniret miles
  velim.

SCENA SEXTA.

STRATOPHANES, PHRONESIUM, ASTAPHIUM.

Str. Ne exspectetis, spectatores, meas pugnas dum prædi-
  cem :
Manibus duelli prædicare, soleo, haud in sermonibus.
Scio ego multos memoravisse milites mandacium. 470
Et Homeronidæ, et post illa mille memorari potest,
Qui et convicti et condemnati falsis de pugnis sient.
Non laudandu'st quoi plus credit qui audit, quam qui
  videt.
Non placet, quom illi plus laudant qui audiunt, quam qui
  vident.
Pluris est oculatus testis unus, quam auriti decem, 475
Qui audiunt, audita dicunt : qui vident, plane sciunt.
Non placet quem scurræ laudant, manipulareis mussitant,

science certaine. Je n'aime pas un militaire que prônent quelques badauds, et dont les soldats ne disent mot; ni ceux dont la langue est plus tranchante que le glaive en temps de paix. Les vrais braves sont plus utiles au pays que les bavards et les hâbleurs. La valeur inspire naturellement l'éloquence. Je ne fais pas plus de cas d'un parleur sans courage que d'une pleureuse à gages, qui peut faire l'éloge de tout le monde, excepté le sien.

Enfin, après dix mois d'absence je revois Athènes et ma maîtresse : je l'ai laissée enceinte ; je suis impatient de savoir des nouvelles de sa grossesse, dont l'honneur m'appartient.

Phr. (à *Astaphie*.) Vois un peu qui parle là.
Ast. Le militaire est près de nous, chère Phronésie : Stratophane est là. C'est le moment de faire la malade.
Phr. Tais-toi. Est-ce que j'ai besoin de tes avis, pécore ? penses-tu m'en remontrer en fait de ruse ?
Strat. (*sans voir les autres personnages*.) Elle doit être accouchée.
Ast. (à *Phronésie*). Voulez-vous que je l'aborde ?
Phr. Oui, va.
Str. Ah ! voici Astaphie qui vient au-devant de moi.
Ast. (à *Stratophane*.) Je vous salue, Stratophane ; je suis ravie de cette bonne santé...
Strat. (*l'interrompant*.) J'en suis persuadé. Phronésie est-elle accouchée ?
Ast. Elle a mis au monde le plus joli garçon...
Strat. Il me ressemble ?
Ast. Belle question ! à peine était-il né, qu'il demandait une épée et un bouclier.
Strat. C'est bien mon sang ; je le reconnais à cette marque. Ce sera mon portrait. — Est-il déjà grand ? Provoque-t-il déjà des légions pour enlever leurs dépouilles ?
Ast. Il n'y a encore que cinq jours qu'il est né.
Strat. Qu'est-ce que cela fait ? Pendant tout ce temps il a bien pu se signaler. Pourquoi sort-il du ventre de sa mère, avant d'être en état de marcher aux combats ?
Ast. Suivez-moi, venez saluer ma maîtresse et la féliciter.
Strat. Très-volontiers.
Phr. (*feignant de n'avoir rien entendu*.) Voyez la coquine qui s'en va, et me laisse seule dans l'état où je suis !
Ast. Me voici. Je vous amène Stratophane, l'objet de vos désirs.
Phr. Où est-il, je te prie ?
Strat. (*avec emphase*.) Mars, de retour de voyage, salue Nériène (1), sa chère épouse. Je vous félicite de votre heureuse délivrance, de l'accroissement de votre famille, et de l'éclat que vous avez répandu par là sur moi.
Phr. Salut à vous, dont l'amour a failli me coûter la lumière, à vous, dont les plaisirs m'ont causé de si cruelles souffrances, et des douleurs qui ne sont pas encore guéries.
Strat. Du courage, ma tendre amie ! ces douleurs auront leur récompense. Vous avez donné le jour à un fils qui remplira votre maison des dépouilles des ennemis.
Phr. Nous aurions plus besoin de blé dans nos greniers que de ces dépouilles futures, pour ne pas mourir de faim.
Strat. Ne vous tourmentez pas.
Phr. Venez donc chercher un baiser. Je ne puis soulever ma tête, tant j'ai souffert, tant je souffre encore. Je n'ai pas la force de marcher seule.
Strat. Mais, ma charmante, quand vous m'ordonneriez d'aller vous prendre un baiser au milieu de la mer, j'irais sans hésiter. Je vous ai déjà prouvé, et je suis prêt à vous prouver encore, combien je vous aime, ma chère Phronésie. Je vous ai amené deux servantes de Syrie ; je vous les donne. (*A un*

(1) Nom de la femme de Mars, suivant Aulu-Gelle.

Neque illi, quorum lingua gladiorum aciem præstringit domi.
Strenui nimio plus prosunt populo, quam arguti et cati.
Facile sibi facunditatem virtus argutam invenit. 480
Sine virtute argutum civem mihi habeam pro præfica,
Quæ alios conlaudat, eapse se vero non potest.
Nunc ad amicam, decumo mense post, Athenas Atticas.
Viso, quam gravidam reliqui meo conpressu, quid ea agat.
Phr. Vide quis loquitur. *Ast.* Jam propinque miles, mea Phronesium, 485
Tibi adest Stratophanes : nunc tibi opu'st, ægram ut tu te adsimules. *Phr.* Tace.
Quid adhuc egeo tui, malum, admonitricis ? an me maleficio vincere vis ?
Str. Peperit mulier, ut ego opinor. *Ast.* Vin' adeam hominem ? *Phr.* Volo.
Str. Euge, Astaphium, eccam, it mihi advorsum. *Ast.* Salve, ecastor, Stratophanes.
Venire salvom... *Str.* Scio : sed peperitne, obsecro, Phronesium ? 490
Ast. Peperit puerum nimium lepidum. *Str.* Ecquid mihi similis't ? *Ast.* Rogas ?
Quin ubi gnatu'st, machæram et clypeum poscebat sibi.
Str. Meus est, scio jam de argumentis : nimium quidem simili'st : papæ !
Jam magnu's ? jamne electat legionem, quam spoliare velit ?
Ast. Here nudiusquintus gnatus quidem ille 'st. *Str.* Quid postea ? 495
Inter tot dies quidem, hercle, jam actum aliquid oportuit.

Quid illi ex utero exitio 'st, priusquam poterat ire in prælium ?
Ast. Consequere atque illam saluta, et gratulare illi. *Str.* Sequor.
Phr. Ubi illa, obsecro, est, quæ me heic reliquit atque abstitit ?
Ast. Adsum ; adduco tibi exoptatum Stratophanem. *Phr.* Ubi is est, obsecro ? 500
Str. Mars peregre adveniens salutat Nerienem uxorem suam.
Quom tu recte provenisti, quomque es aucta liberis,
Gratulor, quom mihi tibique magnum dedisti decus.
Phr. Salve, qui me interfecisti pene et vita et lumine,
Quique vim magni doloris per voluptatem tuam 505
Condidisti in corpus, quo nunc etiam morho misera sum.
Str. Eia, haud ab re, mea voluptas, tibi evenit istic labos ;
Filium peperisti, qui ædeis spoliis obplebit tuas.
Phr. Multo, ecastor, magis obpletis opu'st tritici granariis ;
Ne, illa priusquam spolia capiat, heic nos exstinxit fames
Str. Habe bonum animum. *Phr.* Savium, sis, pete hinc a me : nequeo caput 511
Tollere, ita dolui, itaque ego nunc doleo ; neque etiam queo
Pedibus mea sponte ambulare. *Str.* Si plane ex medio mari
Savium petere tuum jubeas, petere haud pigeat me, mel meum.
Id ita esse experta es, nunc que· experiere, mea Phronesium,
Me te amare : adduxi ancillas tibi, eccas, ex Suria duas, 516

homme de sa suite.) Qu'on les fasse entrer chez vous : elles étaient reines dans leur pays : mais ce bras a détruit leur patrie, et je vous en fais présent.

Phr. Je n'ai pas assez d'esclaves apparemment, que vous m'en amenez deux qu'il me faudra nourrir?

Strat. Comment donc! mais si ce cadeau ne vous plaît pas, (*à un esclave*) vite qu'on m'apporte cette petite valise.... Tenez, ma belle, voici une robe que je vous ai apportée de la petite Grèce (1), elle est à vous.

Phr. Est-ce là tout ce que vous me donnez pour tant de souffrances?

Strat. (*à part.*) Vraiment je suis bien malheureux! ce fils me coûte son pesant d'or ; et elle fait la dédaigneuse! (*à Phronésie.*) Eh bien! je vous ai encore apporté une robe de pourpre de Tyr, et les plus belles fourrures du Pont ; elles sont à vous, acceptez-les, mon cœur, et qu'on emmène ces deux Syriennes. M'aimez-vous à présent?

Phr. Assurément non, et vous ne le méritez pas.

Strat. (*à part.*) Rien ne peut donc la satisfaire. Elle ne m'a pas encore adressé un seul mot aimable ; les présents que je lui offre ne valent pas moins de vingt mines ; et elle est furieuse contre moi. Je le vois, je le sens : n'importe, je vais l'aborder. (*à Phronésie.*) Eh bien, mon amour, que dites-vous? voulez-vous que j'aille souper où je suis invité? Je reviendrai bien vite passer la nuit avec vous. — Vous vous taisez? Ah! c'en est fait, je suis perdu. (*Apercevant Géta et des esclaves chargés.*) Mais quelle est cette bonne fortune? quel est celui qui s'avance avec un si magnifique équipage? Observons où il se dirige. Je crois que c'est à elle qu'on apporte tous ces trésors. Mais je vais le savoir bientôt!....

(1) La Phrygie, renommée pour les étoffes brochées.

SCENE VII.

GÉTA, PHRONÉSIE, STRATOPHANE.

Gét. (*aux esclaves.*) Allons, venez tous par ici, mulets chargés d'argent, ravisseurs de tous biens, voituriers de patrimoines. (*A part.*) Par quelle bizarrerie un amant n'est-il satisfait que lorsqu'il s'est mis à sec à force d'extravagance? Qu'on ne me demande pas comment je sais cela. Nous avons chez nous quelqu'un que l'amour entraîne à mille sottises, qui prend son bien pour du fumier, et le fait porter dehors comme des ordures. Il craint que les édiles ne le mettent à l'amende ; il veut que sa maison soit bien nette, et fait balayer tout ce qui s'y trouve. Puisqu'il veut se perdre, il faut bien que je l'y aide secrètement. Sa perte, quand je ne m'en mêlerais pas, n'en arriverait pas un moment plus tard (1). J'ai déjà mis de côté cinq écus, sur la mine destinée à l'achat des provisions. J'ai pris pour moi la part d'Hercule (2). J'ai fait comme celui qui détourne l'eau d'une rivière au profit de ses champs ; s'il ne la détournait pas, elle irait tout entière se perdre dans la mer. (*Montrant ce que les esclaves portent.*) C'est aussi dans la mer que vont tous ces biens ; mon maître se ruine, sans qu'on lui en sache aucun gré. Voyant les choses aller ainsi, je me mets à piller sous main, à prendre aussi pour mon compte, à tirer une part du butin. En vérité une courtisane ressemble bien à la mer : elle engloutit tout ce qu'on lui donne, elle ne regorge jamais : avec cette différence pourtant que la mer la conserve, et vous le montre à son reflux ; mais donnez tant que vous voudrez à une courtisane, il n'en reparaîtra

(1) M. Naudet traduit : « Ce ne sera pas moi qui l'empêcherai d'aller son train et de courir à sa perte. » — (2) Espèce de dîme.

---

lis te dono. Adduce hoc tu istas. Sed istæ reginæ domi
Suæ fuere ambæ ; verum patriam ego excidi manu.
Iis te dono. *Phr.* Pœnitetne te, quot ancillæ sunt jam?
Quine etiam super adducas, quæ mihi comedint cibum?
Str. Hoc quidem, 520
Hercle, si ingratum 'st donum, cedo tu mihi istam, puere, perulam.
Hem, mea voluptas, adtuli, eccam, pallulam ex parva Græcia tibi,
Tene tibi. *Phr.* Hoccine mihi ob labores tantos tantillum dari?
Str. Perii, hercle, miser : jam mihi auro contra constat filius.
Etiamnum me vilipendit! Ad id, purpuram ex Sara tibi 525
Adtuli, et induvias Ponto amœnas : tene tibi, voluptas mea.
Adcipe hoc. Abduce hasce hinc e conspectu Suras.
Ecquid amas me? *Phr.* Nihil, ecastor ; neque meres. *Str.*
Nihilne huic sat est?
Ne mihi verbum quidem unum dixit : viginti minis
Venire illæc posse credo dona, quæ ei dono dedi. 530
Vehementer nunc mihi est irata ; sentio atque intellego :
Verum adibo. Quid ais nunc tu? numne vis me, voluptas mea,
Quo vocatus sum, ire ad cœnam? mox ad te huc cubitum ivero.
Quid taces? planissume, edepol, perii. Sed quid illuc boni est?
Quis homo est, qui inducit pompam tantam? certum 'st quo ferant 535
Observare : huic, credo, fertur : verum jam scibo magis.

SCENA SEPTIMA.

GETA, PHRONESIUM, STRATOPHANES.

Get. Ite, ite hac simul, muli æris, damnigeruli, foras gerones,
Bonorum hamaxagogæ. Satine qui amat, nequit quin nihili
Sit, atque inprobis isese artibus exspoliat : nam hoc qui sciam, ne quis 539
Id quærat ex me. Domi est qui facit inproba facta amator,
Qui bona sua pro stercore habet, foras jubet ferri ; metuit
Publicos : mundissumu'st, puras sibi esse volt ædeis ;
Domi quidquid habet, verritur ἔξω. Quandoquidem ipsus perditum se it,
Secreto, hercle, equidem illum adjutabo, neque mea quidem
Opera unquam nihilominus propere, quam potest, peribit.
Nam jam de hoc opsonio, de mina una deminui 546
Modo quinque numos ; mihi detraxi partem Herculaneam.
Nam hoc adsimile 'st, quasi de fluvio qui aquam derivat sibi,
Nisi derivetur, tamen omnis ea aqua abeat in mare.
Nam hoc in mare abit, misereque perit sine omni bona gratia : hæc 550
Quom video fieri, subfuror, subptilo, de præda prædam
Capio. Meretricem ego item esse reor, mane ut est ; quod des devorat, nec unquam
Abundat : at hoc saltem servat mare ; quod illi subest, adparet : huic des
Quantumvis, nusquam adparet, neque datori, neque adceptrici.
Velut meretrix meum herum miserum sua blanditia intulit in 555

jamais rien, ni pour vous ni pour elle. Telle est, par exemple, la courtisane qui par ses cajoleries a plongé mon maître dans la misère, lui a ravi ses biens, son honneur, ses amis, et presque la vie même. Mais la voici qui s'avance : je crois qu'elle m'a entendu. Ses couches l'ont rendue toute pâle : parlons-lui, et faisons semblant de ne rien savoir. — (*Haut à Phronésie et à sa suivante.*) Bonjour, vous autres.

Phr. Que fais-tu là, mon cher Géta? Comment te portes-tu?

Gét. A merveille ; et je viens chez vous, qui ne vous portez pas si bien : mais je vous apporte de quoi vous remettre la santé. Mon maître, que vous aimez comme vos yeux, m'a ordonné de vous offrir le présent que voyez, ces cinq mines d'argent.

Phr. Vraiment, je ne perds pas à l'aimer autant que je fais.

Gét. Il vous prie de les agréer avec bonté.

Phr. Comment! c'est avec le plus grand plaisir. — Je vais faire porter tout cela là-dedans. — (*A une servante.*) Allons, Cyame! Eh bien! entends-tu ce que je te commande?

Gét. (*aux esclaves de Phronésie.*) Un instant! n'allez pas emporter les plats! Contentez-vous de les mettre à sec (1).

Phr. Insolent, de quoi te mêles-tu?

Gét. Est-ce tout de bon que vous m'appelez insolent, vous, l'infâme égout de tous les vices?

Phr. Dis-moi, je te prie, où est Dinarque?

Gét. A la maison.

Phr. Dis-lui que, pour prix des cadeaux qu'il m'envoie, je l'aime plus que qui que ce soit au monde, que je me tiens pour très-honorée de son attachement, et que je le prie de me venir voir.

Gét. Je n'y manquerai pas. (*Se tournant vers Stratophane.*) Mais quel est cet homme que je vois là, l'œil morne, l'air abattu? Quel qu'il soit, il paraît bien malheureux.

Phr. Et il le mérite assurément.

Gét. Comment cela?

Phr. Quoi! tu ne le connais pas? C'est celui qui demeurait avec moi, le père de cet enfant qui est là. (*elle montre le berceau.*) Il m'a ordonné de le nourrir. J'ai pris patience, j'ai obéi, j'ai respecté sa volonté...

Gét. Oh! je le connais bien, le misérable : c'est lui!

Phr. En personne.

Gét. Il me regarde en gémissant. Il tire du creux de sa poitrine un profond soupir. Voyez donc comme il grince des dents! il se frappe la cuisse. Est-ce que c'est un devin, pour se frapper de la sorte?

Strat. A présent je vais donner un libre cours à ma colère. (*A Géta.*) Parle, d'où es-tu? qui es-tu, pour te permettre de me parler sur ce ton?

Gét. C'est que cela me plaît.

Strat. Est-ce ainsi que tu oses me répondre?

Gét. C'est pourtant comme cela. Je ne fais pas plus de cas de vous que de rien.

Strat. (*à Phronésie.*) Pourquoi aussi osez-vous avouer que vous en aimez un autre?

Phr. C'est que cela m'a plu.

Strat. Vraiment! nous verrons. Quoi! pour ces misérables cadeaux, pour quelques légumes, quelques méchants plats, et du mauvais vin, vous aimerez un fat, un libertin, un efféminé, un joueur de tambourin (1), un homme de rien?

Gét. Qu'est-ce que cela signifie? voilà comme vous parlez de mon maître, coquin, parjure, cloaque de tous les vices?

Strat. Dis encore un mot; et avec ceci (*montrant son épée*) je te hache menu comme chair à pâté.

---

(1) M. Naudet traduit avec quelques commentateurs : *on les fera sécher.*

(1) Du temple de Cybèle.

Pauperiem, privavit bonis, luce, honore, atque amicis.
Attat eccam, adest propinque : credo audisse hæc me loqui.
Pallida'st, ut peperit puerum : adloquar, quasi nesciam.
Jubeo vos salvere. *Phr.* Noster Geta, quid agis? ut vales?
Get. Valeo, et venio ad minus valentem; et melius qui valeat, fero. 560
Herus meus, ocellus tuus, ad te ferre me hæc jussit tibi
Dona, quæ illos ferre vides, et has quinque argenti minas.
Phr. Pol, haud perit, quod illum tantum amo. *Get.* Jussit orare, ut hæc grata haberes tibi.
Phr. Grata æquaque, ecastor, habeo : jubeo auferri intro : i, Cyame:
Ecquid auditis hæc, quæ inperata sunt? *Get.* Vasa nolo auferant : 565
Desiccari lubet. *Phr.* Inpudens, mecastor; quanti est negoti? *Get.* Tun, bona fide,
Tunc ais inpudentem me esse, ipsa quæ sis stabulum flagiti?
Phr. Dic, amabo te, ubi est Dinarchus? *Get.* Domi. *Phr.* Dic ob hæc dona, quæ
Ad me miserit, me illum amare plurimum omnium hominum,
Ergo meque honorem illi habere omnium maxumum, 570
Atque, ut huc veniat, obsecrare. *Get.* Ilicet : sed quisnam illic homo'st,
Qui ipsus se comest, tristis, oculis malis? animo, hercle, homo suo est miser,
Quisquis est. *Phr.* Dignus est, mecastor. *Get.* Quid est?
Phr. Non gnovisti, obsecro,
Qui illeic apud me erat? hujus pater pueri illeic est : usque abjectaculum
Jussit ali : mansi, auscultavi, observavi. *Get.* Quam pernimis 575
Gnovi hominem nihili : illic, quæso, est? *Phr.* Illic est.
Get. Me intuetur gemens.
Traxit ex intimo ventre subspirium : hoc vide, dentibus
Frendit : icit femur : num obsecro nam hariolus, qui ipsus se verberat?
Str. Nunc ego meos animos violentos, meamque iram ex pectore
Jam promam. Loquere; unde.est? quojus es? cur ausus inclementer 580
Mihi dicere? *Get.* Lubido 'st. *Str.* Istuccine mihi respondes?
Get. Hoc, nam ego te floccifacio. *Str.* Quid tu? cur ausa es alium te
Dicere amare hominem? *Phr.* Lubitum 'st. *Str.* Ain 'tandem? istuc primum experiar.
Tun 'tantilli doni causa, olerum, atque escarum, et poscarum,
Mœchum malacum, cincinnatum, umbraticolam, tympanotribam 585
Amas, hominem non nauci? *Get.* Quæ hæc res? meone hero tu, improbe,
Maledicere audes, fons viti et perjuri? *Str.* Verbum unum Adde istoc; jam, hercle, ego te heic hac offatim conficiam.
Get. Tange
Modo, jam ego te hic agnum faciam, et medium distruncabo : si tu

Gét. Touchez-moi seulement, et je vous ouvre le ventre en deux, comme à un agneau : car si vous êtes un héros dans les camps, moi je suis un Mars à la cuisine.
Phr. (à Stratophane.) Si vous faites bien, vous ne chercherez pas querelle à des gens qui viennent me faire visite, et dont les présents me sont aussi agréables que les vôtres me sont odieux.
Strat. C'est donc fait de moi et de mes présents.
Phr. Certainement. Pourquoi l'apostropher, quand vous avouez que vous avez tort?
Strat. Je périrai plutôt aujourd'hui, que de ne point chasser ce coquin d'auprès de vous.
Gét. Approchez seulement, et faites un pas.
Strat. Comment, scélérat, tu me menaces! Mais je vais à l'instant, à l'instant même te piler, te réduire en marmelade. Que viens-tu faire ici? qui t'amène chez ma maîtresse? d'où la connais-tu? Si tu lèves seulement la main, tu es mort.
Gét. Comment, lever la main?
Strat. Fais ce que je te dis, ou je te hache en mille morceaux. (*Il tire son épée.*)
Gét. Je suis mort! Mais un instant... il y a fraude (*il montre son coutelas*)... Vous avez une épée plus longue que la mienne. Laissez-moi aller chercher ma broche, s'il faut absolument nous battre. Je vais aller à la maison avec vous, beau guerrier, et je prendrai quelqu'un pour juger des coups. (*A part.*) Mais qu'est-ce que j'attends pour m'en aller d'ici pendant que mon ventre est encore sain et sauf?

SCÈNE VIII.
PHRONÉSIE, STRATOPHANE.

Phr. (à ses suivantes.) Donnez-moi mes souliers, et conduisez-moi dans la chambre du fond : le vent m'a causé un mal de tête affreux.
Str. Et moi, à qui le cadeau des deux servantes a si bien réussi, que deviendrai-je? Vous me quittez déjà?
Phr. (*lui fermant la porte au nez.*) Tiens, cela t'apprendra..... (*Elle rentre chez elle.*)
Strat. (*seul.*) Comme vous me mettez à la porte! car on ne peut pas y être mis plus formellement. Je suis joué d'une belle façon. Mais laissez faire... Il ne tient à rien que je ne renverse de fond en comble toute la maison. Y a-t-il quelque chose de comparable à l'avidité de ces femmes-là? Le marmot qu'elle a eu lui a donné une arrogance! elle semble me dire : Peu m'importe que vous veniez ou que vous ne veniez pas chez moi. Eh bien! moi, je ne veux plus y aller : je n'irai plus. Je tiendrai bon : je veux que dans peu de jours elle convienne que je suis un homme énergique! (*a son esclave.*) Suis-moi par ici. C'est assez de paroles. (*Il sort.*)

ACTE TROISIÈME.
SCÈNE I.
STRABAX, puis ASTAPHIE.

Strab. (*seul.*) Mon père m'avait recommandé d'aller de grand matin chercher du gland pour le dîner de nos bœufs; et je suis arrivé, grâce au ciel, assez à temps à la ferme pour y rencontrer l'homme qui devait de l'argent à mon père, celui qui nous a acheté ces brebis de Tarente (1). Il cherchait mon père : je lui dis qu'il est à la ville. Je m'informe de ce qu'il veut à mon père : Aussitôt notre homme

(1) Renommées pour la beauté de leur laine.

Ad legionem bellator clues, at ego in culina Ares. 590
Phr. Si æquom facias, adventores meos non incuses; quorum mihi
Dona accepta et grata habeo; tuaque ingrata, quæ abs te adcepi.
Str. Tunc, pol, ego et donis privatus sum, et perii! *Get.* Plane istuc est.
Quid nunc ergo heic odiose es, confessus omnibus reus?
Str. Perii, hercle, hodie, nisi hunc a te abigo! *Get.* Adcede huc modo, 595
Adi huc modo. *Str.* Etiam, scelus viri, minitare? quem ego
Offatim jam, jam, jam concipilabo : quid tibi huc ventio 'st?
Quid tibi hanc aditio 'st? quid tibi hanc gnotio 'st, inquam,
Amicam meam? emoriere ocius, si manu niceris.
Get. Quid, manu nicerim? *Str.* Fac quod jussi : mane; jam ego te heic 600
Offatim conticiam. *Get.* Obcidi! optumum 'st... captio 'st : istam
Machæram longiorem habes, quam hæc est : sed verum
Sine dum petere, siquidem belligerandum 'st tecum.
Ibo domum ego tecum, bellator, arbitrum æquom ceperim.
Sed ego cesso me hinc amoliri, ventre dum salvo licet? 605

SCENA OCTAVA.
PHRONESIUM, STRATOPHANES.

Phr. Dain' soleas? atque me intro actutum ducite;
Nam mihi de vento miseræ condoluit caput.
Str. Quid mihi futurum 'st, quoi duæ ancillæ dolent,

Quibus te donavi? jamne abiisti? *Phr.* Hem, sic datur! (abit.)
Str. Quo pacto excludis? quæso potin' planius, 610
Quam exclusus nunc sum? polchre ludificor : sine.
Quantillo mihi opere nunc persuaderi potest,
Ut ego subfringam hisce talos totis ædibus.
Num quidpiam avarum est ad mores mulierum?
Postquam filiolum peperit, animos sustulit; 615
Nunc, quasi mihi dicat, nec te jubeo, nec veto
Introire in ædis : at ego nolo, non eo.
Ego faxo dicat me, in diebus paucuis,
Crudum virum esse : sequere me hac : verbum sat est.

ACTUS TERTIUS.
SCENA PRIMA.
STRABAX, ASTAPHIUM.

Str. Rus mane dudum hinc ire me jussit pater, 620
Ut bubus glandem prandio depromerem.
Post illoc veni quam, advenit (si placet)
Ad villam argentum meo qui debebat patri,
Qui oveis Tarentinas erat mercatus de patre.
Quærit patrem; dico esse in urbe : interrogo, 625
Quid eum velit; homo cruminam sibi de collo detrahit,
Minas viginti mihi dat : adcipio lubens;
Condo in cruminam : ille abiit; ego propere minas
Oveis in crumina hac in urbem detuli.
Fuit, edepol, Mars meo periratus patri; 630
Nam oveis illius haud longe absunt a lupis.

détache sa bourse de son cou, et me donne vingt mines. Je m'empresse de les recevoir, et je les mets dans ma bourse; notre homme s'en va. Moi je me hâte d'emporter à la ville nos brebis, transformées en bons écus dans cette bourse. Il faut que le dieu Mars soit furieusement irrité contre mon père, car ses brebis sont bien près des louves. (*Il montre la maison des courtisanes.*) C'est à présent que je vais renverser d'un coup ces amoureux de ville, élégants et musqués, et les jeter tous à la porte : d'abord il faut que je ruine mon père et ma mère. Ensuite je porterai cet argent à celle que j'aime plus que ma mère elle-même. (*Il frappe.*) Holà! quelqu'un! n'y a-t-il personne ici? Va-t-on m'ouvrir la porte?

Ast. Êtes-vous donc un étranger, mon cher Strabax, pour agir ainsi? Que n'entrez-vous tout de suite sans façon? pourquoi tant de formalités? n'êtes-vous pas de la maison?

Strab. Allons.. J'entre sans nul retard.
Ast. Que vous êtes aimable!

SCÈNE II.
STRATILAX, ASTAPHIE.

Stratil. (*sans voir Astaphie.*) Je suis étonné que Strabax, mon jeune maître, ne soit pas encore revenu de la campagne. Il sera tombé dans les filets de la belle.

Ast. (*à part.*) Par Pollux, s'il m'aperçoit, il va m'apostropher d'une bonne manière.

Strat. (*l'apercevant.*) Que voulez-vous, Astaphie?
Ast. Ce que je veux? me divertir de vos brutalités.
Stratil. Je ne suis plus aussi sauvage qu'autrefois, je ne suis plus un rustre : ne craignez rien. (*Avec passion.*) Parle; ordonne - moi ce qu'il te plaira, je suis prêt à tout faire. J'ai pris des mœurs nouvelles, j'ai dépouillé mes vieilles habitudes : maintenant je puis aimer, et même avoir une maîtresse (1).

Ast. Tu m'apprends là une agréable nouvelle. Mais dis-moi un peu, as-tu...

Stratil. (*l'interrompant.*) Un parasite peut-être (1)?

Ast. Tu as deviné à merveille ce que je voulais te dire.

Stratil. Eh! eh! sais-tu bien qu'à force de venir à la ville je me suis formé, que j'entends raillerie, et que je suis devenu un paysan de bon ton, et assez plaisant.

Ast. Tu veux dire ridicule.
Stratil. Plaisant ou ridicule, il n'y a pas grande différence.

Ast. Allons, mon amour, entre avec moi dans la maison.

Stratil. Tiens, veux-tu des *aës* pour passer avec toi cette nuit?

Ast. Miséricorde! des *aës* (2)! quel est cet animal-là? Tu veux dire des arrhes.

Stratil. J'économise un *r*, comme les Prénestins, qui disent une gogne pour une cicogne (3).

Ast. Suis-moi, je te prie.
Stratil. Il faut que j'attende ici Strabax, qui va revenir de la campagne.

Ast. Il y a longtemps qu'il en est revenu; il est chez nous.

Stratil. Quoi! même avant d'aller chez sa mère! le malheureux!

Ast. Tu n'es donc pas changé?
Stratil. Je ne dis plus rien.
Ast. Entre donc, je te prie, et donne-moi la main.
Stratil. La voici. (*à part.*) Elle me conduit dans une auberge où je serai bien mal pour beaucoup d'argent.

farouche au second acte, était sans doute préparé par une scène qui manque dans les manuscrits.
(1) Meuble indispensable à un jeune homme à la mode.
(2) Il est impossible de traduire exactement le barbarisme que Plaute met dans la bouche du paysan.
(3) Épigramme contre les Prénestins, qui parlaient un latin corrompu.

(1) Ce changement subit de Stratilax, qu'on a vu si austère, si

Nunc ego istos mundulos urbanos amasios
Hoc ictu exponam, atque omneis ejiciam foras.
Eradicare 'st certum cumprimis patrem,
Post id locorum matrem : nunc hodie ecferam   635
Ad hanc argentum, quam mage amo quam matrem meam.
Tat! ecquis est? nulla est? ecquis aperit hoc ostium?
Ast. Quid istuc alienum'st, amabo, mi Strabax :
Qui non extemplo intres? anne oportuit
Ita te quidem, qui es familiaris? *Str.* Ibitur.   640
Ne me morari censeas. *Ast.* Lepide facis.

SCENA SECUNDA.
STRATILAX, ASTAPHIUM.

Str. Mirum videtur, ruri herilem filium
Strabacem non rediisse, nisi si clanculum
Conlabsus est heic conruptelam suam.
Ast. Jam pol, illic, me inclamabit, si adspexerit.   645
Str. Nimio minus sævos jam sum, Astaphium, quam fui :
Jam non sum Truculentus, noli metuere.
Quid vis? *Ast.* Quid? tuam exspecto Truculentiam.
Str. Dic; inpera mihi, quid vis, ut vis modo.
Novos omneis mores habeo, veteres perdidi.   650
Vel amare possum, vel jam scortum ducere.

Ast. Lepide, mecastor, nuntias : sed dic mihi,
Haben'...? *Str.* Parasitum te fortasse dicere.
Ast. Intellexisti lepide quid ego dicerem.
Str. Heus tu, jam, postquam in urbem crebro conmoveo.
Dicax sum factus, jam sum villator probus.   656
Ast. Quid id est, amabo? istæcce ridicularia
Cavillationes vis fortasse dicere?
Str. Ita, ut pauxillum differat a cavillulis.
Ast. Sequere intro me, amabo, mea voluptas. *Str.* Tene hoc tibi :   660
Rabonem habeto, mecum ut hanc noctem sies.
Ast. Perii! rabonem? quam esse dicam hanc beluam?
Quin tu arrabonem dicis? *Str.* Ar facio lucri :
Ut Prænestinis conia est ciconia.   664
Ast. Sequere, obsecro. *Str.* Strabacem heic obperiar modo,
Si ruri veniat. *Ast.* Is quidem apud nos est heic Strabax .
Modo rure venit. *Str.* Priusne, quam ad matrem suam?
Heu, edepol, hominem nihili! *Ast.* Anne autem, ut soles?
Str. Imo nihil dico. *Ast.* I intro, amabo, cedo manum.
Str. Tene : in tabernam ducor devorsoriam,   670
Ubi male adcipiar mea mihi pecunia.

ACTE QUATRIÈME.

SCÈNE I.

DINARQUE seul.

Non, il n'existe point, il n'existera jamais d'être plus digne de mes prières et de mes hommages que ma Vénus! Grands dieux, que je suis heureux! que je suis enchanté! quel ravissement Cyame m'a cause aujourd'hui, en m'apprenant que Phronésie daignait agréer mes dons! Quel plaisir! quel comble de bonheur. Les rebuts et les mépris dont elle vient d'accueillir ceux du militaire rendent mon triomphe complet. La balle est à moi : si le militaire est congédié, la femme m'appartient. Je trouve le bonheur dans ma perte : si je ne me perdais pas ainsi, je mourrais. Observons maintenant ce qui se passe chez elle, ceux qui entrent, ceux qui sortent : je verrai d'ici le sort qui m'attend... Mais je n'ai plus rien, c'est ce qui m'inquiète. Il faudra prendre ce qu'on voudra bien me donner.

SCÈNE II.

ASTAPHIE, DINARQUE.

Ast. (*à Phronésie dans la maison.*) Allez, je ferai mon devoir comme il faut, chère maîtresse. Ayez soin de faire le vôtre ici ; songez à vos intérêts, comme il convient. Plumez-moi le campagnard jusqu'au duvet; son cœur est pris, sa bourse est pleine; c'est le bon moment. Déployez tous vos charmes pour lui plaire. Moi, pendant ce temps, je ferai sentinelle à la porte; et, tandis qu'il emménagera chez vous tout son patrimoine, je ne laisserai entrer aucun fâcheux. Allez, ne vous gênez point, et bornez le galant comme il faut.

Din. (*à part.*) De qui parle-t-elle donc, Astaphie? (*haut.*) Quelle est la victime?

Ast. Bon! vous étiez là?

Din. Ma présence vous gêne-t-elle?

Ast. Beaucoup plus qu'autrefois; car lorsqu'on ne nous est plus bon à rien, on nous est fort incommode ; mais écoutez, je vous prie, ce que j'ai à vous dire.

Din. Qu'est-ce que c'est? y suis-je intéressé?

Ast. Nullement; mais nous faisons là-dedans de bons coups de dé.

Din. Comment! quelque nouvel amant?

Ast. Ma maîtresse a trouvé un vrai trésor, une mine toute nouvelle.

Din. Qui cela?

Ast. Je vais vous le dire; mais gardez-en bien le secret. Connaissez-vous le jeune Strabax?

Din. Hé bien!

Ast. C'est lui qui maintenant est en faveur chez nous; c'est lui que nous exploitons : il se ruine de la meilleure grâce du monde.

Din. Eh! je me suis ruiné aussi comme cela!

Ast. Vous êtes fou vraiment de vous imaginer que vos regrets empêcheront que ce qui est fait ne soit fait : Thétis a pleuré son fils longtemps, mais en vain.

Din. Je ne serai donc plus admis chez vous?

Ast. Pourquoi vous plutôt que le capitaine?

Din. Parce que j'ai donné plus que lui.

Ast. Aussi vous a-t-on reçu plus souvent lorsque vous donniez : permettez maintenant que ceux qui nous donnent jouissent à leur tour des avantages de leur libéralité. Vous avez fait votre apprentissage, vous voilà formé : laissez les autres s'instruire.

ACTUS QUARTUS.

SCENA PRIMA.

DINARCHUS.

Neque gnatu'st, neque progignetur, neque potest reperirier,
Quoi ego nunc dictum aut factum melius quam Veneri velim.
Dii magni! ut ego lætus sum, et lætitia disferor! ita
Ad me magna nuntiavit Cyamus hodie gaudia;   675
Mea dona deamata adceptaque habita esse apud Phronesium!
Quom hoc jam volupe 'st, tum hoc nimio magnæ mellinæ mihi,
Militis odiosa ingrataque habita; totus gaudeo.
Mea pila est; si repudiatur miles, mulier mecum erit.
Salvos sum, quia pereo; si non pereant, plane interream.   680
Nunc speculabor quid ibi agatur; quis eat intro, qui foras
Veniat; procul hinc observabo, meis quid fortunis fuat;
Quia nihil habeo, unum animus monuit me, omnia agam precario.

SCENA SECUNDA.

ASTAPHIUM, DINARCHUS.

Ast. Lepide ecficiam meum, hera, opficium; vide intus modo ut tu tuum   684
Item ecficias : ama, id quod decet rem tuam; istum exinani.
Nunc dum isti lubet, dum habet, tempus ei rei secundes :
Prome venustatem amanti tuam, ut gaudia conpares.
Ego interim heic resitrix his præsidebo; iste dum sic faciat
Domum ad te exagogam ; nec quemquam interim istoc ad vos,   689
Qui sit odio, intromittam : tu perge, ut lubet, ludere istos.
Din. Qui est iste? eia, Astaphium, indica : qui perit? *Ast.* Amabo, heiccine tu
Eras? *Din.* Molestusne sum? *Ast.* Nunc magis quam fuisti : nam nisi qui
Nobis usu est, nobis molestus : sed, obsecro, da mi operam, ut
Narrem quæ volo. *Din.* Nam quid est? num mea refert? *Ast.* Non mu : sed   694
Intus, bolos quos dat! *Din.* Quid? amator novos quispiam?
Ast. Integrum et plenum adorta 'st thesaurum. *Din.* Quis est? *Ast.* Eloquar;
Sed tu taceto. Gnovisti tun' hunc Strabacem? *Din.* Quid ni?
Ast. Solus summam habet hic apud nos : nunc is est fundus nobis.
Animo bono male rem gerit. *Din.* Perii, hercle, ego item.
Ast. Stultus es, qui facta infecta facere verbis postules.   700
Thetis quoque etiam in lamentando Iessum fecit filio.
Din. Non ego nunc intro ad vos mittar? *Ast.* Quidum quam miles magis?
Din. Quia enim plus dedi. *Ast.* Plus enim es intromissus, quom dabas.
Sine vicissim, qui dant operam, ob id, quod dant, operis utier.
Literas didicisti ; quando scis, sine alios discere.   705
Din. Discant, dum mihi argumentari liceat, ni oblitus siem,
Quod didici. *Ast.* Interea magister dum tu commentabere,

Din. Qu'ils s'instruisent! mais qu'on me laisse au moins pratiquer, pour ne pas oublier, les leçons que j'ai payées si cher.

Ast. Mais pendant que vous pratiquerez, vous qui êtes passé maître, elle veut pratiquer aussi.

Din. Pratiquer quoi?

Ast. L'usage de recevoir de temps à autre.

Din. Mais je lui ai envoyé aujourd'hui cinq mines d'argent, sans compter des provisions pour sa table.

Ast. Je sais ce cadeau; nous nous trouvons même fort bien de votre générosité en ce moment.

Din. Ainsi mes rivaux vont se régaler à mes dépens? Non, non, je mourrai plutôt que de le souffrir.

Ast. J'aimerais mieux exciter l'envie de mes ennemis, que d'en ressentir contre eux. C'est une triste chose que de leur en vouloir, parce qu'ils sont heureux et que vous ne l'êtes pas. D'ordinaire les envieux n'ont pas le sou : ceux qu'on envie sont riches. Allez, vous êtes fou... (*Elle veut sortir.*)

Din. (*voulant la suivre.*) Que signifie....

Ast. Restez-là.

Din. Pourquoi?

Ast. Parce que je le veux.

Din. On ne me permettra pas de prendre ma part des provisions que j'ai données?

Ast. Si vous en vouliez une part, il fallait l'emporter chez vous. Notre maison est comme l'Achéron : on reçoit tout, on ne rend rien. Adieu.

Din. Restez donc.

Ast. Lâchez-moi... permettez...

Din. Laissez-moi entrer...

Ast. Chez vous apparemment.

Din. Non pas; c'est chez-vous...

Ast. Impossible!

Din. Cela se peut très-bien; laissez-moi essayer...

Ast. Attendez donc : on n'entre pas de force chez les gens. Je vais dire que vous êtes là ; et si ma maîtresse n'est pas occupée...

Din. Restez donc là.

Ast. Vos efforts sont inutiles. (*Elle s'échappe.*)

Din. Reviendrez-vous, oui ou non?

Ast. Je reviendrais bien; mais une personne qui a sur moi plus de pouvoir que vous m'appelle en ce moment.

Din. Je n'ai qu'un mot à vous dire : puis-je entrer?

Ast. Allez-vous-en, vous êtes un menteur : au lieu d'un seul mot, vous m'en avez dit trois qui sont autant de mensonges. (*Elle sort.*)

Din. (*seul.*) Elle s'en va... La voilà entrée! Et je me laisserais traiter ainsi! Non, non. Je vais te tympaniser hautement en pleine rue, perfide, qui, au mépris de toute loi, as reçu de l'argent de plusieurs en même temps. Je vais te dénoncer à tous les magistrats, et je te ferai arrêter, et condamner pour vol et supposition d'enfant. Ah! je dévoilerai toutes tes infamies! Je suis un misérable; j'ai tout perdu : je n'ai plus à rougir de rien ; je n'aurais même pas honte d'aller nu-pieds. Mais que servent tous ces cris? Quand elle m'ordonnerait d'entrer chez elle, je lui jurerais bien de n'en rien faire. Quelle folie! en frappant à coups de poings sur des pointes de fer, on se perce la main. Que sert de s'irriter contre quelqu'un qui ne fait pas même attention à vous? Mais que vois-je, bons dieux? le vieillard Calliclès, qui m'avait nommé son gendre, conduit deux femmes enchaînées, la coiffeuse de ma perfide, et une servante à lui! Je tremble, une inquiétude me trouble l'esprit : je crains que cette aventure ne fasse découvrir toutes mes anciennes fredaines.

SCÈNE III.

CALLICLÈS, LA COIFFEUSE, UNE SERVANTE, DINARQUE.

Cal. (*à la servante.*) Faut-il t'accabler d'injures et d'imprécations? (*Aux deux femmes.*) Vous con-

---

Volt interim illa itidem conmentari. *Din.* Quid? *Ast.* Rem adcipere identidem.
Din. Dedi equidem hodie ei quinque argenti deferri minas,
Præterea unam in opsonatum. *Ast.* Idem istoc delatum scio.
De eo nunc bene sumus tua virtute. *Din.* Illine ut inimici mei.   711
Bona isteic edant? mortuum, hercle, me, quam ut id patiar, mavelim.
Ast. Mavelim mihi inimicos invidere, quam me inimicis meis
Nam invidere alii bene esse, tibi male esse, miseria 'st.
Qui invident, egent; illi, quibus invidetur, rem habent. 715
Stultus es. *Din.* Quid est? *Ast.* Obperire. *Din.* Quid jam?
Ast. Quia, pol, mavelim.
Din. Non licet de obsoni mna me participem fieri?
Ast. Si volebas participari, auferres dimidium domum.
Nam itidem heic ut Acherunti ratio adcepti scribitur;
Intro adcipimus; quando adceptum 'st, non potest ferri foras.   720
Ben, vale. *Din.* Resiste. *Ast.* Amitte, sine. *Din.* Mitte intro.
Ast. Ad te quidem.
Din. Imo istoc ad vos. *Ast.* Iri non potest. *Din.* Nimium potest.
Experiri sine. *Ast.* Imo obperire : vis est experirier.
Dicam adesse, ni obeupata 'st. *Din.* Resiste, hem! *Ast.* Frustra es. *Din.* Redin',
An non? *Ast.* Redeam : sed vocat me, quæ in me plus potest, quam potes.   725
Din. Uno verbo eloquar : Mittin' me intro? *Ast.* Mendax es, abi.

Unum aibas, sed tria dixti verba, atque mendacia.
Din. Abiit, intro hinc ivit : ego ut hæc mihi patiar fieri?
Jam, hercle, ego tibi, inlecebra, ludos faciam clamore in via :
Quæ adversum legem adcepisti a plurimis pecuniam.   730
Jam, hercle, apud omneis magistratus faxo erit nomen tuum ;
Post id ego te manum injiciam quadrupli, venefica,
Subpostrix puerum : ego, edepol, jam tua probra aperibo omnia.
Nihili me! perdidi omne quod fuit : fio inpudens,   734
Nec mihi adest tantillum pensi jam, quos capiam calceos.
Sed quid ego me clamo? quid si me jubeat intromittier?
Conceptis, me non facturum, verbis jurem, si velit.
Nugæ sunt : si stimulos pugnis cædis, manibus plus dolet.
De nihilo illi est irasci, quæ te non flocci facit.
Sed quid hoc est? pro di inmortaleis! Calliclem video senem,   740
Meus qui adfinis fuit, ancillas duas constrictas ducere,
Alteram tonstricem hujus, alteram ancillam suam :
Pertimui, postquam una cura cor meum movit modo.
Timeo, ne malefacta antiqua mea sint inventa omnia.

SCENA TERTIA.

CALLICLES, ANCILLA, TONSTRIX, DINARCHUS.

Call. Egone tibi male dicam, aut tibi adeo male velim?
ut animus meu'st,   745

LE RUSTRE, ACTE IV, SCÈNE III.

naissez fort bien mon caractère, combien je suis doux et pacifique. Je vous ai interrogées pendant qu'on vous fouettait au poteau où vous étiez attachées. Je me souviens de vos aveux... Je sais tout. J'entends que vous répétiez ces aveux, sans qu'il soit besoin de contrainte. Quoique vous ayez toutes deux le naturel de la couleuvre, gardez-vous, je vous en avertis, d'avoir deux langues. Car je ne ferais pas de grâce à vos deux langues... à moins que vous n'aimiez mieux que je vous reconduise à ceux qui vous étrillent si bien.

La serv. La violence m'a contrainte d'avouer la vérité... Ces courroies font tant de mal aux bras !

Cal. (*aux deux femmes.*) Eh bien ! si vous me faites de nouveaux aveux, on va vous délier.

Din. (*à part.*) Je ne sais vraiment ce que cela signifie... Je sais seulement que j'ai peur.

La coiff. Pour moi, j'ignore quel est mon crime.

Cal. Avant tout, il faut vous séparer : (*il les sépare*) comme cela, c'est bien... j'ai mes raisons. Afin que vous ne vous fassiez pas des signes, je servirai de mur entre vous deux. (*A la servante.*) Allons, parle.

La serv. Que dirai-je ?

Cal. Qu'est devenu l'enfant dont ma fille est accouchée, mon petit-fils ? Raconte-moi promptement toute cette intrigue.

La serv. (*montrant la coiffeuse.*) Je l'ai remis à cette femme.

Cal. C'est bon. (*à la coiffeuse.*) As-tu reçu l'enfant de ses mains ?

La coiff. Oui.

Cal. Il suffit, tais-toi. (*A part.*) Je n'en veux pas davantage : elle m'en a dit assez.

La serv. Je n'en disconviens pas.

Cal. (*à part.*) Cette réponse te prépare du noir pour tes épaules. Leurs témoignages s'accordent fort bien.

Din. (*à part.*) Malheur à moi ! on va découvrir certaines équipées que j'espérais cacher toujours.

Cal. (*à la servante.*) Dis-moi, qui t'a ordonné de lui remettre cet enfant ?

La serv. La mère de ma maîtresse.

Cal. (*à la coiffeuse.*) Et toi, pourquoi l'as-tu reçu ?

La coiff. Ma jeune maîtresse m'avait priée de lui apporter un enfant, et de tenir tout bien secret.

Cal. Réponds, qu'as-tu fait de cet enfant ?

La coiff. Je l'ai porté à ma maîtresse.

Cal. Et qu'en a-t-elle fait, ta maîtresse ?

La coiff. Elle l'a donné aussitôt à ma maîtresse.

Cal. A quelle maîtresse, pendarde ?

La serv. C'est qu'elle a deux maîtresses.

Cal. (*à la servante.*) Fais attention à ne me dire que ce que je te demande, et à ne parler que quand je t'interroge.

La coiff. Je veux dire que la mère de ma maîtresse l'a donné à sa fille.

Cal. Tu m'en dis plus long que tantôt...

La coiff. Vous m'en demandez davantage.

Cal. Réponds vite. Qu'en a fait celle à qui on l'a donné ?

La coiff. Elle l'a supposé.

Cal. Et à qui ?

La coiff. A elle-même, comme son propre enfant.

Cal. Son propre enfant ! Dieux puissants ! est-il possible qu'une femme veuille accoucher d'un enfant plus facilement que la véritable mère ! Ainsi elle l'a mis au monde sans douleurs, par les souffrances d'une autre. L'heureux enfant, qui a deux mères et deux grand'mères ! Je crains en vérité qu'il n'ait aussi plusieurs pères. Voyez un peu l'audace des femmes !

La serv. Les hommes sont ici plus coupables que les femmes. Car c'est un homme et non une femme qui est l'auteur de sa grossesse.

Cal. On sait bien cela. Il paraît que tu as bien gardé ma pauvre fille !

La serv. La force fait le pouvoir. C'était un homme, il était le plus fort ; il a triomphé : il a obtenu ce qu'il voulait.

Cal. Il t'a en même temps attiré une mauvaise affaire.

La serv. Vous n'avez pas besoin de me le dire, je le sais par expérience.

Propemodum expertæ estis, quam ego sim mitis tranquillusque homo.
Rogitavi ego vos verberans ambas pendenteis simul ;
Conmemini, quo quidque pacto sitis confessæ ; scio.
Heic nunc volo scire eodem pacto, sine malo fateamini.   740
Quamquam vos colubrino ingenio ambæ estis ; edico prius,
Ne dupliceis habeatis linguas ; ne ego bilingueis vos necem :
Nisi si ad tintinnaculos vos voltis eduei viros.
Anc. Vis subegit verum fateri, ita lora lædunt brachia.
Call. At, si verum mihi eritis fassæ, vinclis exsolvemini. 754
Din. Etiam nunc, quid sit negoti, falsus incertusque sum ;
Nisi quia timeo tamen. *Tonst.* Ego nec quid peccavi scio.
Call. Omnium primum diversæ state ; hem sic : istuc volo.
Neve inter vos significetis, ego ero paries : loquere tu.
Anc. Quid loquar ? *Call.* Quid puero factum 'st, mea quem
  peperit filia,   750
Meo nepoti ? capita rerum mihi expedite. *Anc.* Istæ dedi.
Call. Jam tace. Adcepistin' puerum tu ab hac. *Tonst.* Adcepi. *Call.* Tace ;
Nihil moror prætera : satis es fassa. *Anc.* Infitias non eo.
Call. Jam livorem tute scapulis istoc conciosas tuis.
Conveniunt adhuc utriusque verba. *Din.* Væ misero mihi !
Mea nunc facinora aperiuntur, clam quæ speravi fore.   765
Call. Loquere tu : qui dare te huic puerum jussit ? *Anc.*
  Hera major mea.
Call. Quid tu ? cur eum adcepisti ? *Tonst.* Hera mea rogavit me minor,

Puer ut adferretur, eaque ut celarentur omnia.
Call. Loquere tu : quid eo fecisti puero ? *Tonst.* Ad meam heram detuli.
Call. Quid eo puero tua hera fecit ? *Tonst.* Heræ meæ extemplo dedit.   770
Call. Quoi, malum, heræ ? *Anc.* Duæ sunt istæ. *Call.* Cave tu, nisi quod te rogo, nisi
Ea quæ exquiro. *Tonst.* Mater filiæ dono dedit, inquam.
Call. Plus quam dudum, inquam, loquere. *Tonst.* Plus tu rogitas. *Cal.* Responde ocius :
Quid illa, quoi donatus est ? *Tonst.* Subposivit. *Call.* Quoi ! *Tonst.* Sibi   774
Pro filiolo. *Call.* Pro filiolo ? Di, obsecro, vostram fidem,
Ut facilius alia, quam illa unde est, puerum alienum parit ?
Hæc labore alieno puerum peperit sine doloribus.
Puer quidem beatus : matres duas habet, et avias duas :
Jam metuo, patres quot fuerint : vide, sis, facinus muliebre !
Anc. Magis, pol, hæc malitia pertinet ad viros, quam ad mulieres.   780
Vir illam, non mulier prægnantem fecit. *Call.* Et idem ego istuc scio.
Tu bona ei custos fuisti ! *Anc.* Plus potest qui plus valet.
Vir erat, plus valebat, vicit ; quod petebat, abstulit.
Call. Et tibi quidem, hercle, idem adtulit magnum malum.   786
Anc. De istoc ipsa, etsi tu taceas, reapse experta intellego.

21.

Cal. Je n'ai pu encore te faire nommer aujourd'hui le coupable.

La serv. J'ai gardé le silence, il est vrai : mais (*regardant Dinarque*) maintenant je ne peux plus me taire; et puisqu'il est présent, je vais le nommer.

Din. (*à part.*) Je suis pétrifié : malheureux que je suis! je n'ose remuer. Tout est découvert. Mon procès criminel commence, je suis le coupable... C'est moi qui ai fait la sottise. Je tremble qu'elle ne me nomme.

Cal. Parle, quel est le séducteur de ma fille?

La serv. (*à Dinarque qui cherche à se cacher le long du mur.*) Oh! je vous vois bien! C'est le souvenir de vos équipées qui vous force à servir ainsi d'appui à la muraille.

Din. (*à part.*) Je suis entre la vie et la mort : que faire? dois-je m'enfuir, ou l'aborder? Je suis immobile de frayeur.

Cal. Le nommeras-tu, oui ou non?

La serv. C'est Dinarque, à qui vous l'aviez promise en mariage.

Cal. Où est l'infâme que tu as nommé?

Din. (*s'avançant vers Calliclès*). Me voici. Calliclès! mais je vous conjure, par vos genoux que j'embrasse, de considérer en sage indulgent ma folle conduite, et de me pardonner une faute où le vin m'a entraîné malgré moi.

Cal. Misérable excuse! tu rejettes ta faute sur un être muet; car enfin le vin, s'il pouvait parler, se défendrait. Ce n'est point au vin à modérer les hommes, c'est aux hommes à se modérer en le buvant. Mais le libertin fait le mal naturellement, qu'il boive ou ne boive pas.

Din. Je sais tout ce que vous pouvez dire : vous avez de grands reproches à me faire : oui, je suis coupable envers vous, je vous en fais l'aveu sincère.

La serv. Permettez, Calliclès; soyez juste envers tout le monde. Le coupable se défend les mains libres; et vous retenez les témoins enchaînés!

Cal. (*aux esclaves de sa suite.*) Qu'on délie ces femmes. (*Aux deux femmes.*) Retirez-vous... Allez-vous-en chacune chez vous. (*A la coiffeuse.*) Toi, dis à ta maîtresse qu'elle rende l'enfant quand on le lui demandera. (*A Dinarque.*) Vous, je vous cite devant le préteur; marchons.

Din. Pourquoi me citer en justice? Vous êtes le préteur pour moi; et c'est vous, mon juge, que je supplie de m'accorder votre fille en mariage.

Cal. Vous avez un peu anticipé sur le jugement, ce me semble. Vous n'avez pas attendu que je vous la donnasse, vous l'avez prise. Gardez-la maintenant comme elle est : mais je vous mets à l'amende ; je retrancherai six grands talents de la dot, pour vous punir.

Din. C'est encore trop de bonté.

Cal. Vous n'avez maintenant rien de mieux à faire que de réclamer votre fils. Quant à votre femme, emmenez-la de chez moi le plus tôt possible. Je vais à l'instant prévenir les parents avec qui j'étais engagé, qu'ils aient à chercher un autre parti pour leur fils.

Din. Moi je vais de ce pas réclamer mon enfant, de peur que Phronésie ne s'avise plus tard de tout nier. Il n'y a plus de précaution à prendre, puisqu'elle déclare elle-même toute la vérité. Mais je l'aperçois fort à propos qui sort de chez elle. Il me semble lui voir à la main un énorme aiguillon qui de loin me perce le cœur.

Call. Nunquam te facere hodie quivi, ut is quis esset diceres.

Anc. Tacui; at nunc non taceo, quando adest, necesse est indicem.

Din. Lapideus sum, conmovere me miser non audeo.

Res pa..um omnis est : meo illeic nunc fiunt capiti comitia, Meum illuc facinus, mea stultitia 'st : timeo quam mox nominer. 790

Call. Loquere, filiam meam quis integram stupraverit?

Anc. Video ego te, propter mala facta qui es patronus parieti.

Din. Neque vivos neque mortuus sum : neque quid nunc faciam, scio.

Neque ut hinc abeam, neque ut hunc adeam, scio : timore torpeo.

Call. Dicin' an non? *Anc.* Dinarchus; quoi illam prius desponderas. 795

Call. Ubi is homo est, quem dicis? *Din.* Adsum, Callicles : per tua obsecro

Genua, ut tu istuc insipienter factum sapienter feras,

Mihique ignoscas, quod animi inpos vini vitio fecerim.

Call. Non places : in mutum culpam confers, quod nequit loqui.

Nam vinum, si fabulari posset, se defenderet. 800

Non vinum hominibus moderari, sed vino homines solent,

Qui quidem probi sunt : verum, qui inprobus est, sive subbibit,

Sive adeo caret temeto, tamen ab ingenio est inprobus.

Din. Scio equidem; quæ nolo, multa mihi audienda obnoxia.

Ego ubi me obnoxium esse fateor, culpæ conpotem. 805

Anc. Callicles, vide, quæso, homini ne facias injuriam.

Reus solutus causam dicit; testeis vinctos adtines.

Call. Solvite istas : agite, abite, tu domum, et tu autem domum :

Eloquere hæc heræ tuæ; puerum reddat, si quis eum petat.

Eamus, tu, in jus. *Din.* Quid vis in jus me ire? tu es prætor mihi. 810

Verum te obsecro, ut tuam gnatam des mihi uxorem, Callicles.

Call. Eumdem, pol, te judicasse quidem istam rem intellego;

Nam haud mansisti, dum ego darem illam, tute sumsisti tibi;

Nunc habeas ut nanctus, verum hoc ego te multabo bolo : Sex talenta magna a dote demam pro ista inscitia. 815

Din. Bene agis mecum. *Call.* Filium istinc tuum te meliu'st repetere.

Cæterum, uxorem, quam primum potest, abduce ex ædibus.

Ego adeo jam illi remittam nuntium adfini meo :

Dicam ut aliam conditionem illo inveniat suo. 819

Din. At ego ab hac puerum reposcam, ne mox infitias eat.

Nihil est : nam ipsa hæc ultro, ut factum 'st, fecit omnem rem palam.

Sed nimium, pol, obportune ecce ab sese egreditur foras.

Næ ista stimulum longum habet, quæ usque illinc cor pungit meum!

SCÈNE IV.

PHRONÉSIE, DINARQUE, ASTAPHIE.

Phr. (*sans voir Dinarque.*) C'est une sotte et bien pauvre cervelle qu'une courtisane qui ne sait pas conserver dans l'ivresse le sentiment de ses intérêts : son corps peut être aviné, mais son esprit ne doit pas l'être. Je suis indignée qu'on ait maltraité ma coiffeuse. Elle m'a dit que l'enfant qu'on m'a apporté était le fils de Dinarque.

Din. (*à part.*) Où a-t-elle appris cela, cette femme qui tient en ses mains mes biens et mes enfants?

Phr. (*à part.*) Voilà l'honnête homme qui m'a chargée de l'administration de ses biens.

Din. Phronésie, je venais pour vous voir.

Phr. De quoi s'agit-il, mon petit Amour?

Din. Il ne s'agit pas de petit Amour : point de fadaise, je suis préoccupé de toute autre chose.

Phr. Je sais fort bien ce que vous voulez, ce que vous me demandez et ce que vous cherchez. Vous voulez me voir; vous demandez que je vous aime, et vous venez chercher votre enfant.

Din. Grands dieux, quelle facilité de paroles! comme elle dit tout en deux mots!

Phr. Je sais qu'on vous a promis une femme; que vous avez déjà eu un enfant de cette femme; que vous êtes sur le point de l'épouser, que votre cœur lui est engagé; que vous allez me traiter comme une maîtresse de rebut : songez pourtant combien la souris, toute petite qu'elle est, à de prévoyance : elle ne confie pas sa vie à un seul trou; et si on vient à lui en fermer un, elle trouve un refuge dans un autre.

Din. Quand nous aurons le temps, nous parlerons en détail de ces belles choses; maintenant rendez-moi mon enfant.

Phr. Obligez-moi, je vous prie, de le laisser encore quelques jours chez moi.

Din. Point du tout.

Phr. Vous serez bien aimable.

Din. Quel besoin en avez-vous?

Phr. Il m'importe de le garder au moins trois jours, jusqu'à ce que j'aie amené le militaire au point où je veux. Si je tire quelque profit de cette intrigue, vous en aurez votre part; mais si vous m'ôtez l'enfant, tout espoir de succès s'évanouit.

Din. J'y consens : car je n'ai plus le moyen de faire autrement quand je le voudrais. Servez-vous donc de l'enfant, et prenez-en bien soin; vous avez de quoi pourvoir à ses besoins.

Phr. De quel amour ne dois-je point payer un pareil service! Ah! si l'on vous cherche querelle chez vous, venez vous réfugier auprès de moi : seulement soyez mon allié, et aidez-moi à faire du butin.

Din. Adieu, Phronésie.

Phr. Quoi! vous ne m'appelez pas prunelle de vos yeux?

Din. Réservons ces jolis noms-là pour quelque tête-à-tête.

Phr. Vous ne voulez rien autre chose?

Din. Portez-vous bien : quand j'aurai besoin de vous, je viendrai vous trouver. (*Il sort.*)

Phr. Le voilà parti. Maintenant qu'il n'y est plus, je puis parler librement. Le proverbe a raison : avoir des amis, c'est être riche. Grâce à celui-ci, j'espère attraper aujourd'hui le militaire, que j'aime en vérité plus que moi-même, pourvu que j'en tire ce que je veux. Car nous avons beau recevoir toujours, ce qu'on nous donne ne nous semble jamais assez. C'est là le talent, la gloire des courtisanes; les cadeaux sont nos trophées (1)

Ast. Mais taisez-vous donc!

(1) M. Naudet traduit ainsi, peut-être plus exactement : « Nous avons beau, nous autres courtisanes, gagner beaucoup, nous n'en sommes guère plus riches. Nous faisons tant les glorieuses! »

SCENA QUARTA.

PHRONESIUM, DINARCHUS, ASTAPHIUM.

Phr. Blitea et latea est meretrix, nisi quæ sapit in vino ad rem suam.
Si alia membra vino madeant, cor sit saltem sobrium. 825
Nam mihi dividia 'st, tonstricem meam sic mulcatam male;
Ea dixit, cum Dinarchi puerum inventum filium.
Din. Ubi id audivit, quam penes est mea omnis res et liberi?
Phr. Video eccum, qui manstutorem me adoptavit bonis.
Din. Mulier, ad te sum profectus. *Phr.* Quid agitur, voluptas mea? 830
Din. Non voluptas : aufer nugas : nihil ego nunc de istac re ago.
Phr. Scio, mecastor, quid velis, et quid postules, et quid petas.
Me videre vis, me amare postulas : puerum petis.
Din. Di inmortales, ut planiloqua 'st! paucis ut rem ipsam adtigit!
Phr. Scio equidem sponsam tibi esse, et filium ex sponsa tua. 835
Et tibi uxorem ducendam jam esse; alibi jam animum tuum,
Ut me quasi pro derelicta sis habiturus : sed tamen
Cogitato, mus pusillus quam sit sapiens bestia,
Ætatem qui uni cubili nunquam committit suam.
Quia si unum ostium obsideatur, aliud perfugium petit. 840
Din. Otium ubi erit, de istis rebus tum amplius tecum loquar.
Nunc puerum redde. *Phr.* Imo, amabo, ut hos dies aliquos sinas
Eum esse apud me. *Din.* Minume. *Phr.* Jam, amabo. *Din.* Quid opu'st? *Phr.* E re mea 'st.
Triduum hoc saltem, dum aliquo miles circumducitur. 844
In eam rem, quid habebo, tibi quoque etiam proderit.
Si aufores puerum, a milite omnis tum mihi spes animam ecflaverit.
Din. Factum cupio : nam re facere, si velim, non est locus.
Nunc puero utere, et procura; quia unde procures, habes.
Phr. Multum amabo te ob istam rem, mecastor : ubi domi metues malum,
Fugito huc ad me; saltem amicus mihi esto manubiarius. 850
Din. Bene vale, Phronesium. *Phr.* Jam me tuum oculum non vocas?
Din. Id quoque interim futatim nomen conmemorabitur.
Phr. Numquid vis? *Din.* Fac valeas : operæ ubi mihi erit, ad te venero.
Phr. Ille quidem hinc abiit, abscessit; dicere heic quidvis licet.
Verum est verbum, quod memoratur : ubi amici, ibidem opes. 855
Propter hunc spes etiam est hodie (tactum iri) militem;
Quem ego, ecastor, mage amo quam me, dum id, quod cupio, inde aufero.
Quæ quom multum abstulimus, haud multum adparet, quod datum est.
Ita sunt gloriæ meretricum. *Ast.* Aha, tace! *Phr.* Quid est, obsecro?

Phr. Qu'y a-t-il, je te prie?
Ast. Voilà celui à qui l'enfant....
Phr. Laisse-le arriver jusqu'ici ; qu'il approche, si c'est lui : s'il veut me rendre visite, qu'il vienne. Ne t'inquiète pas, j'ai pris mes mesures pour l'achever.

ACTE CINQUIÈME.

SCÈNE I.

STRATOPHANE, ASTAPHIE, PHRONÉSIE, puis STRABAX.

Strat. (*à part.*) Allons, suivant mon usage, me préparer mille tourments, en portant de nouveaux cadeaux à ma maîtresse ; car, malgré l'accueil qu'elle a fait aux derniers, je vais ajouter ceux-là. Mais quoi ! je l'aperçois devant sa porte avec sa servante. Il faut l'aborder. (*haut.*) Que faites-vous là, mes belles ?
Phr. Ne me parlez-vous pas, je vous prie?
Strat. Vous êtes trop cruelle.
Phr. Laissez-moi telle que je suis, et ne m'importunez pas davantage.
Strat. (*se tournant vers Astaphie.*) Qu'est-ce que cela signifie, ma petite Astaphilète ?
Ast. Elle a bien raison d'être irritée contre vous.
Phr. Moi ! je ne lui veux pas encore autant de mal qu'il en mérite.
Strat. Eh bien ! mon amour, si je vous ai offensée, je vous offre cette mine d'or à titre d'amende : daignerez-vous me sourire ? regardez (1). (*Il leur montre une bourse.*)
Phr. Ma main ne compte que sur ce qu'elle tient. Il faut de quoi nourrir la mère, l'enfant, la sage-femme qui l'a lavé. Il faut à la nourrice une outre bien remplie de vin vieux, pour qu'elle puisse boire nuit et jour ; il faut du bois, du charbon ; il faut des langes, des oreillers, des berceaux, des bandes pour attacher l'enfant ; il faut de l'huile, de la farine : toute la journée c'est à recommencer. On passerait un jour entier à faire le détail des dépenses, qu'on ne finirait pas ; car on ne peut pas nourrir des fils de militaires avec des pelures d'oignon.
Strat. Tournez-vous donc de mon côté : acceptez ceci pour fournir à ces besoins.
Phr. (*avec dédain.*) Donnez, quoique ce ne soit pas grand'chose.
Strat. J'ajouterai encore une mine.
Phr. C'est bien peu.
Strat. Eh bien ! on vous donnera ce que vous voudrez... Mais donnez-moi un baiser.
Phr. De grâce laissez-moi, vous m'êtes insupportable.
Strat. (*à part.*) Rien n'y fait... je ne suis point aimé. Je perds mon temps ici, et j'en suis pour mes frais de tendresse.
Phr. (*à Astaphie.*) Prends cette mine, et porte-la chez moi.
Strab. (*à part, sortant de chez Phronésie.*) Où peut être ma maîtresse ? Je ne fais rien ni ici ni à la campagne : l'oisiveté me corrompt et me ronge. J'ai cru que je moisirais dans le lit en l'attendant. Mais c'est elle que je vois. Eh ! ma charmante, que faites-vous donc ?
Strat. (*à Phronésie.*) Quel est cet homme ?
Phr. Quelqu'un que j'aime assurément plus que vous.
Strat. Plus que moi ? Pourquoi ?
Phr. Pour me débarrasser de vos importunités. (*Elle va pour se retirer.*)
Strat. Quoi ! vous partez après avoir pris mon argent !
Phr. (*montrant son appartement.*) J'ai fait serrer là-dedans ce que vous m'avez donné.

(1) D'autres lisent : *nisi mihi credis, spece. Si vous ne vous fiez pas à ma parole, regardez.*

Ast. Adest pueri.... *Phr.* Sine eum ipsum adire huc ; sine, si is est modo.
Sine eum ipsum adire, ut cupit, ad me hac recta : si venerit, Ne istum, ecastor, hodie astutis confexim fallaciis.

ACTUS QUINTUS.

SCENA PRIMA.

STRATOPHANES, ASTAPHIUM, PHRONESIUM, STRABAX.

Strat. Meo mihi more fero subplicium damnis ad amicam meam.
Utut illud adceptum sit, prius quod perdidi, hoc addam insuper.
Sed quid? video heram atque ancillam ante ædeis ; adeunda 'st hæc mihi.
Quid heic vos agitis? *Phr.* Ne me adpella. *Strat.* Nimium sævis. *Phr.* Sic sine.
Potin 'es ut mihi molestus ne sies? *Strat.* Quid, Astaphilitium, est?
Ast. Merito, ecastor, tibi subcenset. *Phr.* Egon'? atque isti etiam parum
Male volo. *Strat.* Ego, mea voluptas, si quid peccavi prius,
Subplicium ad te hanc minam fero auri : si mihi rides, spece

Phr. Manus vetat, priusquam penes sese habeat, quidquam credere.
Puero opu'st cibum, opus est matri autem quæ puerum lavit,
Opus nutrici autem, utrem ut habeat veteris vini largiter,
Ut dies noctesque potet ; opu'st ligno, opus est carbonibus :
Fasciis opus est, pulvinis, cunis, incunabulis :
Oleum opus est, farina puero opus est, opu'st totum diem
Nunquam hoc uno die ecficiatur opus, quin opus semper siet
Non enim possunt militareis pueri setanio educier.
Strat. Respice ergo, adcipe hoc, qui istuc ecficias opus.
Phr. Cedo,
Quamquam parum 'st. *Strat.* Addam minam adhuc isteic postea. *Phr.* Parum 'st.
Strat. Tuo arbitratu, quod jubebis, id dabitur, da nunc savium.
Phr. Mitte me, inquam, odiosus. *Strat.* Nihil fit ; non amor : teritur dies.
Phr. Adcipe hoc, atque auferto intro. *Strab.* Ubi mea amica 'st gentium?
Neque ruri, neque heic operis quidquam facto ; conrumpor situ ;
Ita miser cubando in lecto heic exspectando obdurui.
Sed eccam video : heus, amica, quid agis? *Strat.* Quis illic homo?
Phr. Quem ego, mecastor, magis amo, quam te. *Strat.* Quam me? quomodo?

LE RUSTRE, ACTE V, SCÈNE I.

Strab. (*à Phronésie.*) Enfin vous voilà, mon amie, et je puis m'entretenir avec vous.
Phr. J'allais vous trouver.
Strab. En vérité, cher cœur?
Phr. Rien n'est plus vrai.
Strab. Je vous parais grossier, mais j'aime à me divertir; et, toute belle que vous êtes, il vous arrivera malheur, si vous me refusez quelques instants de plaisir.
Phr. Voulez-vous que je vous embrasse, et que je vous donne un baiser?
Strab. Tout ce que vous me ferez me rendra heureux. (*Elle l'embrasse.*)
Strat. (*à part.*) Quoi! je souffrirai qu'elle en embrasse d'autres que moi devant mes yeux! Plutôt mourir! (*haut.*) Femme, ôtez de là votre main, si vous ne voulez que je vous passe à tous deux mon épée flamboyante au travers du corps.
Phr. Pas tant de bruit, capitaine! Si vous voulez que je vous aime, c'est par l'or et non par le fer que vous réussirez, et que vous m'empêcherez d'en aimer un autre.
Strat. Comment une femme pleine de grâce et de charmes, telle que vous, peut-elle aimer un homme de cette espèce?
Phr. Rappelez-vous ce mot de la comédie (1): On hait et l'on aime, selon son intérêt.
Strat. Vous, embrasser un homme aussi grossier, aussi dégoûtant que ce butor?
Phr. Tout grossier, tout dégoûtant qu'il est, c'est un héros en fait d'amour.
Strat. Et l'or que je vous ai donné?
Phr. A moi? c'est à votre fils que vous avez donné de quoi vivre.
Ast. (2) (*à Stratophane.*) Si vous voulez obtenir d'elle quelque faveur, il faut lui donner encore une mine.

(1) Ici Plaute paraît se citer lui-même: cette pensée se trouve dans l'*Asinaire* act. I, sc. 3.
(2) M. Naudet met ce trait dans la bouche de Strabax.

Strat. Que le malheur les accable tous!
Strab. Qu'il soit votre compagnon de voyage. Qu'est-ce que Phronésie vous doit?
Strat. Trois choses.
Strab. Lesquelles?
Strat. Des parfums, une nuit, et des baisers.
Phr. (*à part.*) Ils se valent tous deux. (*haut.* Mais si vous m'aimez, donnez-moi donc un peu des choses charmantes que vous possédez.
Strat. Et que puis-je vous donner, de grâce? Parlez; si je l'ai, je vous en ferai hommage.
Phr. Vous extravaguez... allez, partez vite, je l'exige; misérable faquin!
Strat. (*à Strabax.*) Surtout ne va pas, manant, la blesser avec les dents de fer de ton râteau. (*Regardant Phronésie.*) C'est une coquine qui se prodigue à tout venant: (*à Strabax.*) prends garde de la toucher.
Strab. (*lui donnant un coup de poing.*) Tenez, brave capitaine, recevez cela pour votre compte.
Strat. Mais je lui ai donné de l'or.
Strab. Et moi de l'argent.
Strat. (*menaçant Phronésie.*) Et moi, une robe et de la pourpre.
Strab. Et moi des brebis et de la laine; et je lui donnerai beaucoup d'autres choses dès qu'elle me les demandera. Allez, vous feriez bien d'employer contre moi les mines sonnantes (1) plutôt que les mines menaçantes.
Phr. (*à Strabax.*) L'aimable jeune homme! Courage, mon cher Strabax! (*A part.*) Voilà un fou et un furieux qui se disputent à qui se ruinera le plus vite: nos affaires vont à merveille.
Strat. Allons, novice, commencez; donnez donc quelque chose.
Strab. C'est à vous de vous ruiner, de vous exterminer le premier.

(1) Ici se trouve un jeu de mots qu'on ne peut traduire, *minæ* signifie à la fois *mines* et *menaces*.

Phr. Hoc modo, ut molestus ne sies. *Strat.* Jam abis, postquam aurum habes?
Phr. Condidi intro, quod dedisti. *Str.* Ades, amica, te adloquor. 890
Phr. At ego ad te ibam. *Str.* Ad me, delicia? *Phr.* Hercle, vero serio.
Str. Quamquam ego tibi videor stultus, gaudere aliqui me volo.
Nam quamquam es bella, malo tuo es, nisi tuo ego aliqui gaudeo.
Phr. Vin 'te amplectar, et savium dem? *Str.* Quidvis face, gaudeam.
Strat. Meosne ante oculos ego illam patiar alios amplexarier? 295
Mortuum, hercle, me duco satius: abstine hoc, mulier, manum:
Nisi si te mea manubia machæra et hunc vis emori.
Phr. Nihil φλυαρεῖν satius est, miles. Si te amari postulas,
Auro, haud ferro deterrere potes, ne amet, Stratophanes.
Strat. Qui, malum, bella aut faceta es, quæ ames hominem istimodi? 900
Phr. Venitne in mentem tibi, quod verbum in cavea dixit histrio?
« Omneis homines ad suum quæstum callent nec fastidiunt? »
Strat. Hunccine hominem te amplexari, tam horridum atque squalidum?
Phr. Quamquam hic horridu'st, quamquam hic squalidu'st, scitus bellum init. 904
Strat. Dedin'ego aurum? *Phr.* Mihi? dedisti filio cibaria.
Str. Nunc, si hanc tecum esse speras, alia opu'st auri mina.
Strat. Malam rem his et magnam! *Str.* Magno opere serva tibi viaticum.
Quid ista debet? *Strat.* Mihi tria. *Str.* Quænam? *Strat.* Unguenta, noctem, savium.
Phr. Par pari respondet. Verum nunc saltem si amas, mihi
Da tu de tuis deliciis summis quid pauxillulum. 810
Strat. Quid ita, amabo? quid id est quod dem? dicdum; si superet, feres.
Phr. Campas dicis: abi, abi consultatum istuc, nihili homo.
Strat. (ad Strab.) Cave faxis volnus, tibi jam quoi sunt denteis ferrei.
Vulgo ad se omneis intromittit. Abstine istac tu manum.
Str. Jam, hercle, jam magno tu vapula vir strenuus. 915
Strat. Dedi ego huic aurum. *Str.* At ego argentum. *Strat.* At ego pallam et purpuram.
Str. At ego oveis, et lanam, et alia multa, quæ poscet, dabo.
Melius te minis certare mecum quam minaciis.
Phr. Lepidus, ecastor, mortalis! Strabax mi, perge, obsecro.
(secund.) Stultus atque insanus damnis certant; nos salvæ sumus. 920

Strat. (*à Phronésie.*) Voilà un talent d'argent : c'est un *philippe* (1). Acceptez-le.

Phr. Fort bien ; soyez des nôtres ; mais vous payerez votre écot.

Strat. (*à Strabax*). Eh bien ! où est donc votre offrande ? Allons, déliez votre bourse.

Phr. On vous met au défi.

Strat. Que craignez-vous ?

Strab. Vous êtes étranger ; moi je suis d'ici : je crains mes parents ; je ne suis pas un vagabond, moi ; j'apporte un troupeau tout entier, enfermé dans cette bourse (2).

Strat. Enfin, je lui ai arraché son argent. Comme je l'ai battu !

Strab. C'est bien plutôt moi.

Strat. Moi, qui viens de donner ?

Phr. (*à Stratophane.*) Entrez à présent, je vous prie. (*à Strabax*). Je serai aussi à vous.

Strab. Comment, que dites-vous là ? Vous consentiriez, avec cette espèce...

(1) Monnaie fort estimée.
(2) Le prix des brebis de Tarente.

Strat. Ah ! j'ai donné le dernier.

Phr. Vous m'avez donné, lui il me donnera ; je vais avec l'un, l'autre viendra à son tour. Il est juste de vous satisfaire tous les deux. — Voilà ma sentence.

Strat. Qu'elle s'accomplisse ! (*à part.*) Il faut, dans la circonstance, accepter ce qu'on me donne.

Strab. Moi, je ne souffrirai pas que vous preniez ma place.

Phr. (*aux spectateurs.*) Je crois que j'ai fait une bonne chasse. J'ai bien conduit mes affaires ; je vous souhaite même chance pour les vôtres. (*S'adressant aux deux amants.*) Si vous voulez me donner quelque chose, je suis toute prête. (*Au public.*) Applaudissez en l'honneur de Vénus. Cette pièce est placée sous sa protection : portez-vous bien... Claquez (1), et levez-vous.

(1) Le public répondit au gré du poëte. D'après le témoignage des critiques de l'antiquité, le *Rustre* obtint un grand succès.

Strat. Age prior, tiro, da aliquid. *Str.* Imo tu prior perde, et peri.

Strat. Hem tibi talentum argenti ; Philippicum 'st ; tene tibi.

Phr. Tanto melior ; noster esto, sed de vostro vivito.

Strat. Ubi est, quod tu das ? solve zonas. *Phr.* (ad Strab.) Provocatur. *Strat.* Quid times ?

Str. Tu .peregrinus ; heic habito ; timeo meos : non ego ambulo. 925

Pecua ad hanc collo in crumina ego obligata defero.

Strat. Quid dedit ? ut distrinxi hominem ! *Str.* Imo ego te.

Strat. Qui dedi ?

Phr. I nunc intro, amabo, et tu ergo hac mecum. Tu eris quidem.

Str. Quid tu , quid ais ? cum hoccine ? *Strat.* Ego posterior cedi.

Phr. Tu dedisti , heic jam daturu'st ; istuc habeo , hoc expeto. 930

Verum utrique mos geratur amborum ex sententia.

Strat. Fiat. (secum.) Ut rem gnatam video , hoc accipiundum 'st quod datur.

Str. Meum quidem te lectum certe obcupare non sinam.

Phr. Lepide , mecastor, aucupavi, atque ex mea sententia ;

Meamque ut rem bene gestam [video], vostram rursus bene geram. 935

Verum, amabo, si quid animatu's facere, fac jam ut sciam.

Veneris causa adplaudite ; ejus hæc in tutela est fabula.

Spectatores, bene valete : plaudite , atque exsurgite.

LE REVENANT (1).

PERSONNAGES.

THEUROPIDE, riche marchand.
PHILOLACHÈS, son fils.
TRANION, esclave de Philolachès.
GRUMION, villageois, esclave.
PHILÉMACIE, courtisane.
SCAPHA, sa servante.
CALLIDAMATE, ami de Philolachès.
PHANISQUE, principal esclave de Callidamate.
DELPHIE, courtisane.
SIMON, voisin de Theuropide.
MYSARGYRIDE, usurier (2).
UN ESCLAVE de Callidamate.
JEUNE ESCLAVE.

La scène est à Athènes.

ARGUMENT
attribué à PRISCIEN.

Philolachès ayant affranchi une jeune esclave qu'il avait achetée et dont il était amoureux, dissipa tout son bien en l'absence de son père. Le bonhomme est à son retour berné par un valet, Tranion, qui lui fait accroire que la maison est pleine de spectres épouvantables qui forcent de l'abandonner. Sur ces entrefaites arrive un banquier qui réclame l'intérêt de l'argent qu'il a prêté à notre jeune homme. Le vieillard est encore dupe de cette manœuvre : on lui persuade que cet argent a servi à acheter une autre maison. Il demande quelle est cette maison : on lui répond que c'est celle du voisin. Il la visite. Il reconnaît enfin qu'on s'est joué de lui. Néanmoins, il se laisse fléchir par un des amis de son fils.

(1) Regnard a fort gaiement imité cette pièce dans *le Retour imprévu*. Merlin, comme Tranion, imagine d'arrêter le bonhomme Géronte à la porte de sa maison par la terreur des lutins. Le succès de la comédie de Plaute et de celle de Regnard prouve que les histoires de revenants ou de diables plaisent au parterre de toutes les époques et de tous les pays. Cette comédie est d'ailleurs pleine d'esprit et de verve. Les personnages en sont variés et tous également naturels. La scène d'ivresse au 1er acte, celles du revenant et des deux vieillards, le caractère de l'esclave Tranion et du bonhomme Theuropide, semblent tracées par le crayon de Molière. On y trouve le vrai modèle de la fourberie des valets et de la crédulité des pères.

(2) Ce nom donné à un usurier est une contre-vérité. Mysargyride signifie *ennemi de l'argent*.

MOSTELLARIA.

DRAMATIS PERSONÆ.

THEUROPIDES, pater Philolachis.
PHILOLACHES, adolescens.
TRANIO, servus Philolachis.
GRUMIO, villicus.
PHILEMATIUM, meretrix.
SCAPHA, ancilla.
CALLIDAMATES, adolescens.
PHANISCUS, advorsitor Callidamatis.
DELPHIUM, meretrix.
SIMO, vicinus illius.
MYSARGYRIDES, DANISTA.
SERVUS alius.
PUER.

Scena est Athenis.

ARGUMENTUM
(UT QUIBUSDAM VIDETUR)
PRISCIANI.

MAnumisit emtos suos amores Philolaches,
Omnemque absente rem suo absumit patre.
Senem, ut revenit, ludificatur Tranio ;
Terrifico monstra ait viderí in ædibus,
Et inde primum emigrotum : intervenit
Lucripeta fœnus fœnerator postulans.
Indusque rursum fit senex : nam mutuum
Acceptum dicit pignus emtis ædibus.
Requirit quæ sint. Ait vicini proxumi.
Inspectat illas : post, se derisum dolet;
Ab sui sodale gnati exoratur tamen.

ACTE PREMIER.

Le théâtre représente une place. D'un côté la maison de Theuropide; de l'autre celle de Simon.

SCÈNE I.
GRUMION, TRANION.

Grum. (*frappant à la porte*). Sors de ta cuisine, si tu l'oses, pendard, qui au milieu de tous tes plats ne me réponds que des balivernes. Sors de la maison, fléau de tes maîtres. Va, si le ciel me prête vie, tu me le payeras cher quand nous serons à la campagne! Encore une fois, sors donc de ta cuisine, méchant ragoût. Pourquoi te caches-tu?

Tran. (*sortant brusquement*). Pourquoi cries-tu ainsi à la porte de notre maison? te crois-tu en pleins champs? Retire-toi; retourne dans ton village : va te faire pendre : éloigne-toi de cette porte. (*Il le frappe.*) Heim! est-ce là ce que tu voulais?

Grum. (*criant*). Aïe! aïe! je suis mort! Pourquoi me frappes-tu?

Tran. Parce que tu le veux.

Grum. Patience... Attends que notre vieux maître soit de retour. Laisse venir celui que tu manges pendant son absence.

Tran. Tu dis là, mauvaise herbe, une fausseté et une sottise : est-ce qu'on peut manger un absent?

Grum. Il te sied bien, bel esprit de carrefour, délices de la canaille, de te moquer de moi parce que je suis de la campagne! Tu sais pourtant bien qu'on va t'y envoyer bientôt tourner la meule.

Oui, Tranion, dans peu tu grossiras le nombre des honnêtes gens chargés de fers. Maintenant, puis-

ACTUS PRIMUS.

SCENA PRIMA.
GRUMIO, TRANIO.

Grum. Exi eculina, sis, foras, mastigia,
Qui mi inter patinas exibes argutias.
Egredere, herilis pernicies, ex ædibus.
Ego, pol, te ruri, si vivam, ulciscar probe.
Exi, inquam, nidor, e culina ; quid lates?   5
Tran. Quid tibi, malum, heic ante ædeis clamitatio 'st?
An ruri censes te esse? abscede ab ædibus.
Abi rus, abi, dierecte, abscede ab janua.
Hem. (*cum verberat.*) Hoccine volebas? *Grum.* Perii! cur me verberas?
Tran. Quia tu vis. *Grum.* Patiar : sine modo advenia senex.   10
Sine modo venire salvom, quem absentem comes.
Tran. Nec verisimile loquere, nec verum, frutex,
Comesse quemquam ut quisquam absentem possit.
Grum. Tu urbanus vero scurra, deliciæ popli,
Rus mihi tu objectas? sane credo, Tranio,   15
Quod te in pistrinum scis actutum tradier,
Cis, hercle, paucas tempestates, Tranio,
Augebis ruri numerum, genus ferratile.
Nunc, dum tibi lubet liceatque, pota, perde rem.

que tu en as le pouvoir et le loisir, bois bien, sème l'argent, pervertis le fils de ton maître, autrefois si sage : buvez nuit et jour comme des Grecs (1), achetez des courtisanes, affranchissez-les, nourrissez des parasites, faites bonne chère. Est-ce là ce que notre vieux maître t'avait recommandé en partant? Est-ce là l'ordre qu'il va trouver dans sa maison? Crois-tu qu'il soit d'un bon serviteur de perdre le bien et le fils de son maître? Car une fois livré à ces excès, ce jeune homme est perdu pour toujours, lui dont l'économie et la tempérance servaient de modèle à toute la jeunesse de l'Attique, il obtient aujourd'hui une palme d'une autre espèce; et cela, grâce à tes talents et à tes préceptes.

Tran. Pourquoi, misérable, t'inquiètes-tu de ma conduite ou de mes actions? n'as-tu pas aux champs tes bœufs à soigner? Il me plaît de boire, de faire l'amour, d'acheter des courtisanes. Je risque mon dos, et non le tien.

Grum. Avec quelle impudence il parle! pouah!

Tran. Que Jupiter et tous les dieux te confondent! Tu m'envoies une bouffée d'ail, cloaque infect, manant, bouc, auge à porc, chien dégoûtant.

Grum. Que veux-tu? Tout le monde ne peut pas, comme toi, sentir les parfums étrangers, occuper à table la place d'en haut, faire une chère délicate. Garde pour toi tes pigeons, tes poissons, tes oiseaux. Laisse-moi soutenir mon obscure destinée avec mes ragoûts à l'ail. Tu es heureux, je suis misérable; il faut me résigner. Puissent durer longtemps le bonheur que je mérite, et le malheur qui doit être ton partage!

Tran. Tu m'as pourtant l'air d'envier ma condition parce qu'elle est bonne, et la tienne fort mauvaise. Tout est pour le mieux. Il est juste que je soupire auprès de jolies femmes ; toi, que tu beugles

(1) Épigramme que du temps de Plaute l'austérité romaine adressait souvent à la Grèce dégénérée et qui était devenue même un proverbe.

auprès des bœufs ; que je fasse de splendides repas, et que tu vives misérablement.

Grum. Ah! si notre vieux maître revient, comme les bourreaux travailleront bien sur ta peau, lorsque, tout le long des rues jusqu'à la potence, ils en feront un crible, à coups de fouet !

Tran. Qui t'assure que cela ne t'arrivera pas plutôt qu'à moi?

Grum. C'est que je ne l'ai jamais mérité, tandis que tu l'as mérité et le mérites encore.

Tran. (*le menaçant.*) Abrége ta harangue, si tu ne veux pas qu'il t'arrive malencontre.

Grum. Voyons, pouvez-vous me donner du fourrage pour mes bœufs? Si vous n'en avez pas, donnez-moi de l'argent. Allons, bon courage! Ne vous arrêtez pas en si bon train. Buvez, faites bombance, mangez, empâtez-vous bien, et passez votre vie aux travaux de la cuisine.

Tran. Tais-toi, et retourne à tes champs. J'ai besoin d'aller au Pirée chercher des poissons pour ce soir. Je donnerai ordre qu'on te porte demain du fourrage à la ferme. Eh bien! qu'as-tu à me regarder, gibier de potence?

Grum. Ce nom-là, je crois, te conviendra bientôt.

Tran. En attendant je mène joyeuse vie, et je me moque de ton *bientôt*.

Grum. C'est à merveille : mais apprends que ce que l'on craint arrive bien plus vite que ce que l'on espère.

Tran. Cesse de m'importuner : va aux champs, et débarrasse-nous de ta personne. N'espère pas me retenir plus longtemps. (*Il sort.*)

Grum. (*seul*) Le voilà parti; il ne fait aucun cas de mes avis. Bons dieux, c'est à vous que je m'adresse : faites que notre vieux maître, absent depuis trois ans, revienne au plus vite, avant que tous ses biens soient consumés, maison de ville et maison des champs. S'il n'arrive pas, le reste sera l'affaire de

Conrumpe herilem filium, adulescentem optumum. 20
Dies nocteisque bibite, pergræcamini,
Amicas emite, liberate, pascite
Parasitos, opsonate polluciboliter.
Hæccine mandavit tibi, quom peregre hinc iit, senex?
Hoccine modo hic rem curatam obfendet suam? 25
Hoccine boni esse opficium servi existumas,
Ut heri sui conrumpat et rem et filium?
Nam ego illum conruptum duco, quoim his factis studet,
Quo nemo adæque juventute ex omni Attica
Antehac est habitus parcus, nec magis continens : 30
Is nunc in aliam partem palmam possidet.
Virtute id factum tua et magisterio tuo.
Tran. Quid tibi, malum, me, aut quid ego agam, curatio 'st ?
An ruri quæso non sunt, quos cures, boves?
Lubet potare, amare, scorta ducere. 35
Mei tergi facio hæc, non tui, fiducia.
Grum. Quam confidenter loquitur! fue! *Tran.* At te Jupiter
Dique omneis perduint, obolusti allium.
Germana inluvies, rusticus, hircus, hara suis,
Canes capro conmista. *Grum.* Quid tu vis fieri? 40
Non omneis possunt olere unguenta exotica,
Si tu oles; neque superior adcumbere,
Neque tam facetis, quam tu vivis, victibus.
Tu tibi istos habeas turtures, pisceis, aveis :
Sine me alliato fungi fortunas meas. 45
Tu fortunatus, ego miser : patiunda sunt.
Meum bonum me, te tuum maneat malum.
Tran. Quasi invidere mihi hoc videre, Grumio.

Quia mihi bene est, et tibi male est; dignissumum 'st.
Decet me amare, et te bubulcitarier : 50
Me victitare polchre, et te miseris modis.
Grum. O carnuficum cribrum, quod credo fore :
Ita te forabunt patibulatum per vias
Stimulis, si huc reveniat senex.
Tran. Qui scis an tibi istuc prius eveniat quam mihi? 55
Grum. Quia numquam merui; tu meruisti, et nunc meres.
Tran. Orationis operam conpendifacc,
Nisi te mala re magna mactari cupis.
Grum. Ervom daturin' estis, bubus quod feram?
Date æs, si non estis : agite porro, pergite 60
Quomodo obcœpistis ; bibite, pergræcamini,
Este, ecfercite vos, mactate sagynam cædite.
Tran. Tace, atque rus abi : ego ire in Piræum volo,
In vesperum parare piscatum mihi.
Ervom tibi aliquis cras faxo ad villam adferat. 65
Quid est? quid tu me nunc obtuere, furcifer?
Grum. Pol, tibi istuc credo nomen actutum fore.
Tran. Dum interea sic sit, istuc actutum sino.
Grum. Ita est : sed unum hoc scito, nimio celerius
Venire quod molestum 'st, quam id quod cupide petas. 70
Tran. Molestus ne sis : nunc jam i rus, teque amove.
Ne tu erres, hercle, præterhac mihi non facies moram. (abit.)
Grum. Satin 'abiit, neque quod dixi flocci existumat!
Pro Di inmortaleis, obsecro vostram fidem;
Facite huc ut redeat noster quam primum senex, 75
Triennium qui jam hinc abest, priusquam omnia
Periere, et ædeis, et ager : qui nisi huc redit,

quelques mois. Je retourne à la ferme : car j'aperçois notre jeune maître, autrefois si vertueux, et maintenant si mauvais sujet. (*il sort*.)

SCÈNE II.

PHILOLACHÈS (*seul*).

J'ai bien interrogé ma mémoire ; j'ai longtemps réfléchi, j'ai formé en moi-même vingt raisonnements ; j'ai retourné ma pensée en tout sens au fond de mon cœur, si toutefois il me reste un cœur ; je l'ai discuté mûrement, je me suis demandé à quoi l'homme ressemblait, quelle image pouvait le représenter. J'ai trouvé enfin que l'homme, à sa naissance, ressemble à un bâtiment neuf. Je vais le prouver. L'idée vous paraît étrange : je me charge de vous convaincre. Oui, vous allez reconnaître l'exactitude de la comparaison ; et quand vous m'aurez entendu, je me flatte que vous serez de mon avis. Suivez bien les arguments dont j'appuie ma thèse. Je veux que sur ce point vous en sachiez autant que moi.

Quand une maison est disposée, appropriée, élégamment ornée, on félicite l'architecte, on applaudit à son ouvrage ; chacun veut avoir une maison sur ce modèle ; on n'épargne ni les soins ni la dépense. Mais si elle vient à être habitée par un propriétaire négligent, malpropre, insouciant, servi par des esclaves paresseux, ces beaux appartements mal entretenus se gâtent et se dégradent. Un ouragan survient, qui enlève les tuiles et brise la toiture. Le maître, toujours négligent, ne la fait point réparer. Arrive la pluie ; les murs sont inondés, les planchers traversés ; l'humidité pourrit le chef-d'œuvre de l'architecte. La maison devient inhabitable, sans qu'on puisse accuser l'architecte. Mais on a toujours différé des réparations qui pouvaient se faire pour un sesterce. On ne fait rien jusqu'à ce que les murs s'écroulent. Il faut reconstruire à neuf toute la maison. Eh bien ! ce que je vous ai dit là des maisons s'applique également aux hommes. Je vais vous le prouver.

Les parents sont les architectes de leurs enfants ; ils jettent les fondements de leur éducation, cultivent leurs progrès, ont soin de consolider leurs bonnes qualités, d'en faire des citoyens utiles, et dignes des regards du peuple. Ils n'épargnent ni leurs peines ni leur argent. La dépense n'est rien pour eux : ils enseignent à leurs enfants les belles-lettres, la jurisprudence, la législation ; ni les frais ni les fatigues ne leur coûtent pour avoir des enfants dignes d'envie. Vont-ils à l'armée, ils leur donnent un appui, un guide dans quelque bon parent. Voilà l'ouvrage sorti des mains des architectes. Cette première campagne terminée, l'ouvrage est mis à l'épreuve, on l'abandonne à son mérite, on éprouve la solidité de l'édifice. Moi, par exemple, j'ai été bon, parfait, tant que les architectes ont eu l'œil sur moi. Dès que j'ai été livré à moi-même, j'ai perdu le fruit de leurs soins. La mollesse est venue ; ce fut pour moi le moment de l'orage. La pluie et la grêle ont éclaté sur moi. La tempête m'a enlevé la pudeur et la vertu, m'a jeté dans l'abîme et laissé tout nu. La paresse m'a retenu dans cet état ; cette pluie, c'est l'amour qui a pénétré dans mon cœur. Il s'y est établi et l'a corrompu. Bientôt l'argent, l'honneur, la réputation, le courage, la dignité, m'ont abandonné. J'ai fini par

---

Paucorum mensium sunt relictæ reliquiæ.
Nunc rus abibo : nam eccum herilem filium
Video conruptum heic ex adulescente optumo. 80

SCENA SECUNDA.

PHILOLACHES.

Recordatus multum et diu cogitavi,
Argumentaque in pectus multa institui
Ego, atque in meo corde, si est quod mihi cor,
Eam rem volutavi et diu disputavi,
Hominem quojus rei, quando gnatus est, 85
Similem esse arbitrarer simulacrumque habere.
Id reperi jam exemplum.
Novarum ædium esse arbitror similem ego hominem,
Quando hic gnatus est : ei rei argumenta dicam,
Atque hoc haud videtur verisimile vobis : 90
At ego id faciam esse ita ut credatis.
Profecto ita esse, ut prædico, vero vincam.
Atque hoc vosmetipsi, scio,
Proinde uti nunc ego esse autumo, quando
Dicta audietis mea, haud aliter id dicetis. 95
Auscultate argumenta dum dico ad hanc rem :
Simul gnarureis vos volo esse hanc rem mecum.
Ædeis quom extemplo sunt paratæ, expolitæ,
Factæ probe, examussim,
Laudant fabrum, atque ædeis probant. 100
Inde exemplum expetunt sibi quisque simile,
Suo sumtu : operæ ne parcunt suæ.
Atque ubi illo inmigrat nequam homo indiligensque,
Cum pigra familia, inmundus, instrenuus,
Heic jam ædibus vitium additur, 105
Bonæ quom curantur male.
Atque illud sæpe fit, tempestas venit,
Confringit tegulas imbricesque : ibi
Dominus indiligens reddere alias nevolt.
Venit imber, lavit parietes, perpluunt 110
Tigna, putrefacit aer operam fabri.
Nequior factus jam est usus ædium ;
Atque haud est fabri culpa : sed magna pars
Moram hanc induxerunt, si quid numo sarciri potest,
Usque mantant, neque id faciunt, donicum 115
Parietes ruunt : ædificantur ædeis totæ denuo.
Hæc argumenta ego ædificiis dixi : nunc etiam volo
Dicere, ut homines ædium esse simileis arbitremini.
Primumdum, parenteis fabri liberum sunt,
Et fundamentum substruunt liberorum, 120
Extollunt, parant sedulo in firmitatem,
Ut et in usum boni, et in speciem populo
Sint ; sibique aut materiæ ne parcunt,
Nec sumtus sibi sumtui esse ducunt ;
Expoliunt, docent literas, jura, leges, 125
Sumtu suo et labore nituntur, ut
Alii sibi esse illorum simileis expetant.
Ad legionem quom itant, adminiculum eis danunt
Tum jam aliquem congnatum suum.
Eatenus abeunt a fabris. 130
Unum ubi emeritum 'st stipendium, igitur tum
Specimen cernitur, quo eveniat ædificatio.
Nam ego ad illud frugi usque et probus fui,
In fabrorum potestate dum fui.
Postequam immigravi in ingenium meum, 135
Perdidi operam fabrorum inlicò oppido.
Venit ignavia, ea mihi tempestas fuit,
Ea mihi adventu suo grandinem imbremque adtulit ;
Hæc verecundiam mihi et virtutis modum
Deturbavit, tectit, detexitque a me inlicò. 140
Postilla oblegere eam neglegens fui :
Continuo pro imbre amor advenit in cor meum.
Is usque in pectus permanavit, permadefecit

ne plus rien valoir. Tout mon édifice était pourri. Je suis dans l'impuissance de réparer ma maison pour en prévenir la ruine entière, et empêcher que les fondements mêmes ne s'écroulent. Nul espoir qu'on vienne à mon secours. Mon cœur gémit, en songeant à ce que je suis et à ce que j'étais : nul n'égalait mon adresse à la lutte, au disque, à la lance, au javelot, à la course, aux armes, à cheval. Je vivais heureux ; ma sagesse, l'austérité de mes mœurs servaient de modèle. Les plus parfaits me prenaient pour guide ; maintenant je ne vaux plus rien, et ne puis accuser que moi-même de cet avilissement.

SCÈNE III.
PHILÉMATIE, SCAPHA, PHILOLACHÈS.

Philém. Jamais je n'ai pris un bain froid avec tant de plaisir ; jamais, je crois, ma chère Scapha, je n'en suis sortie aussi blanche.
Scaph. Les événements ont favorisé toutes vos affaires, comme la moisson les travaux du laboureur.
Philém. Quel rapport y a-t-il entre une moisson et mon bain ?
Scaph. Le même qu'entre votre bain et une moisson (1).
Philo. (à part, regardant Philématie). Vénus trop charmante ! voilà la tempête qui m'a enlevé le manteau de modestie dont je m'enveloppais. Amour et Cupidon inondent mon cœur. Je ne peux plus m'en garantir : les remparts de mon âme sont submergés ; ma maison entière est détruite.
Philém. Scapha, regarde donc si cette robe me sied bien ? Je veux plaire à mon cher Philolachès, mon amour, mon libérateur.

(1) M. Naudet explique fort ingénieusement cette comparaison : cette culture de la beauté ne produit-elle pas aussi des moissons aux coquettes ?

Scaph. Allez, vous êtes si jolie que vous n'avez besoin d'autre parure que celle de vos aimables qualités. Les amants ne s'attachent point à la robe d'une femme, mais à la personne qui la porte.
Philo. (à part). Scapha est vraiment amusante ! La coquine est pleine de bon sens. Comme elle connaît bien les secrets, les passions des amants !
Philém. Eh bien !
Scaph. Qu'y a-t-il ?
Philém. Regarde-moi donc, examine si elle me va bien.
Scaph. Grâce à votre beauté, toutes les toilettes vous vont bien.
Philo. (à part). Voilà un mot, Scapha, qui te vaudra aujourd'hui quelque présent. Tu n'auras pas fait pour rien l'éloge de celle que j'aime.
Philém. Je ne veux pas que tu me flattes.
Scaph. Vraiment vous êtes folle. Préféreriez-vous des mensonges désobligeants à des vérités agréables ? Quant à moi, j'aime mieux être louée sans raison que blâmée justement, ou raillée pour ma figure.
Philém. Moi, j'aime la vérité : je veux qu'on me la dise ; je hais le mensonge.
Scaph. Puissiez-vous m'aimer ! puisse Philolachès vous aimer autant que vous êtes belle !
Philo. (à part). Que dis-tu là, coquine ? Quel vœu as-tu fait ? *Puisse Philolachès vous aimer !* dis-tu ? Pourquoi n'ajoutes-tu pas, *puissiez-vous aussi l'aimer ?* Je retire mon présent. Que le ciel te confonde ! Tu as perdu la récompense que je t'avais promise.
Scaph. Vraiment je m'étonne qu'une personne aussi fine, aussi instruite, aussi bien élevée que vous, aussi spirituelle enfin, fasse des sottises.
Philém. Je te prie de m'avertir quand j'ai tort.
Scaph. Ah ! certes, vous avez tort de ne compter

Cor meum : nunc simul res, fides, virtus,
Decusque deseruerunt : ego sum in usu   145
Factus nimio nequior : atque, edepol, ita
Hæc tigna humide putent : non videor mihi
Sarcire posse ædeis meas, quin totæ
Perpetuæ ruant, quin cum fundamento
Perierint, nec quisquam esse auxilio queat.   150
Cor dolet, quam scio ut nunc sum, atque ut fui :
Quo neque industrior de juventute erat
Arte gymnastica, disco, hastis, pila,
Cursu, armis, equo : victitabam volupe :
Parsimonia et duritia disciplinæ aliis eram :   155
Optumi quique expetebant a me doctrinam sibi.
Nunc postquam nihili sum, id vero meopte ingenio reperi.

SCENA TERTIA.
PHILEMATIUM, SCAPHA, PHILOLACHES.

Philem. Jampridem, ecastor, frigida non lavi magis lubenter,
Nec quom me melius, mea Scapha, rear esse defœcatam.
Scaph. Fventus rebus omnibus, velut horno messis magna 160
Fult. *Philem.* Quid ea messis adtinet ad meam lavationem ?
Scaph. Nihilo plus, quam lavatio tua ad messin ? *Philol.* Oh, Venus venusta !
Hæc illa est tempestas mea, mihi quæ modestiam omnem
Detexit, lectus qua fui, quam mihi amor et Cupido
In pectus perpluit meum, neque jam unquam obtegere possum. 165

Madent jam in corde parietes : periere hæ oppido ædeis.
Philem. Contempla, amabo, mea Scapha, satin' hæc me vestis deceat ?
Volo meo placere Philolachi, meo ocello, meo patrono.
Scaph. Quin tu te exornas moribus lepidis, quom lepida tota es ?
Nam vesteu amatores mulieris amant, sed vestis fartum.   170
Philol. Ita me di ament, lepida est Scapha ! sapit scelesta multum !
Ut lepide res omneis tenet, sententiasque amantum !
Philem. Quid nunc ? *Scaph.* Quid est ? *Philem.* Quin me adspice et contempla, ut hæc me decet.
Scaph. Virtute formæ id evenit, te ut deceat, quidquid habeas.
Philol. Ergo hoc ob verbum te, Scapha, donabo ego profecto hodie aliqui :
Neque patiar te istanc gratiis laudasse, quæ placet mihi.
Philem. Nolo ego te adsentari mihi. *Scaph.* Nimis tu quidem stulta es mulier.
Fho mavis vituperari falso, quam vero extolli ?
Equidem, pol, vel falso tamen laudari multo malo,
Quam vero culpari, aut alios meam speciem inridere.   180
Philem. Ego verum amo, verum volo dici mihi, mendacem odi.
Scaph. Ita tu me ames, ita Philolaches tuus te amet, ut venusta es !
Philol. (*eorsum.*) Quid ais, scelesta ? quomodo adjurasti ? ita ego istam amarem !
Quid istæc me ? Id cur non additum 'st ? Infecta dona facio.
Periisti ! quod promiseram tibi donum, perdidisti.   185

que sur un seul homme, de ne vous occuper que de lui, de mépriser tous les autres. Une dame romaine peut n'avoir qu'un amant; mais cela ne convient pas à une courtisane.

Philo. (*à part*). Par Jupiter! mais j'ai un monstre chez moi! Que tous les dieux et toutes les déesses me choisissent pour le plus terrible exemple de leur colère, si je ne fais mourir cette vieille sorcière de faim, de soif et de froid !

Philém. Je te défends, Scapha, de me conseiller une pareille morale.

Scaph. Allez, vous êtes folle de croire qu'il vous aimera éternellement, que sa passion durera toujours : je vous en avertis, le temps et la satiété l'éloigneront de vous.

Philém. J'espère que non.

Scaph. Ce que l'on craint arrive plus souvent que ce que l'on espère. Si mes paroles ne suffisent pas pour vous persuader, les faits vous prouveront la vérité de mes discours. Voyez vous-même ce que je suis maintenant et ce que j'étais autrefois. Je n'ai pas été moins aimée d'un seul homme, ni moins passionnée que vous. Eh bien! dès que l'âge eut décoloré mon teint, il me négligea, il m'abandonna. Cela vous arrivera de même, croyez-le bien.

Philo. (*à part.*) Je ne sais qui me retient que je ne saute aux yeux de cette infâme corruptrice.

Philém. Je me fais un devoir de n'être attachée qu'à lui, puisque je suis la seule dont il ait acheté la liberté pour lui seul.

Philo. (*à part.*) Dieux, l'aimable femme! Quel vertueux naturel! Oui, j'ai fait une bonne action, et je me félicite de m'être ruiné pour elle.

Scaph. Vous êtes malavisée.

Philém. En quoi ?

Scaph. En ce que vous vous donnez trop de peine pour lui plaire.

Philém. Et pourquoi, je te prie, ne m'en donnerais-je pas ?

Scaph. Parce que vous êtes libre aujourd'hui, et que vous avez ce que vous désiriez. Pour lui, c'est différent; s'il lui prend fantaisie de ne plus vous aimer, ce qu'il a donné pour votre affranchissement sera de l'argent perdu.

Philo. (*à part.*) Je veux mourir, si je ne fais un éclatant exemple de l'empoisonneuse dont les affreux conseils corrompent cette jeune femme.

Philém. Jamais ma reconnaissance ne pourra égaler son bienfait. Toi, Scapha, ne me conseille pas de l'oublier.

Scaph. Mais vous ne songez pas à l'avenir, en ne vous attachant qu'à lui ; et votre jeunesse prépare bien des regrets à votre vieillesse.

Philo. (*à part.*) Je voudrais me métamorphoser en esquinancie, pour sauter à la gorge de la scélérate, et étrangler cette infâme conseillère de crimes.

Philém. Aujourd'hui je lui dois autant de reconnaissance pour prix de ma liberté, que je lui faisais de caresses pour l'obtenir.

Philo. (*à part.*) Que les dieux fassent de moi ce qu'ils voudront, belle Philémacie, si pour de telles paroles je ne t'affranchirais pas une seconde fois, et si je n'étranglerais pas Scapha !

Sca. Si vous vous figurez que vous aurez toujours de quoi vivre, et que cet amant vous sera fidèle toute la vie, je vous conseille de lui rester attachée, et de laisser croître vos cheveux (1), comme une honnête mère de famille.

Philém. La richesse est d'ordinaire proportionnée à la réputation. Si je conserve la mienne sans tache, je serai toujours assez riche.

Philo. (*à part.*) Oui! je vendrai tout ce que j'ai, fût ce mon père même, plutôt que te voir jamais réduite à l'indigence et mendier ta vie.

(1) C'était le signe caractéristique des filles à marier, et des dames romaines.

Scaph. Equidem, pol, miror tam catam, tam doctam te, et bene eductam,
Non stultam stulte facere. *Philem.* Quin mone, quæso, si quid erro.
Scaph. Tu, ecastor, erras, quæ quidem illum exspectes unum, atque illi
Morem præcipue sic geras, atque alios aspurneris.
Matronæ, non meretricium 'st, unum inservire amantem. 190
Philol. Pro Jupiter! nam quod malum vorsatur meæ domi illud ?
Di deæque omnes me pessumis exemplis interficiant,
Nisi ego illam omnium interfecero siti, fameque, atque algu.
Philem. Nolo ego mihi male te, Scapha, præcipere. *Scaph.* Stulta es plane, quæ
Illum tibi æternum putes fore amicum et benevolentem. 195
Moneo ego te ; te deseret ille ætate et satietate.
Philem. Non spero. *Scaph.* Insperata accidunt magis sæpe quam quæ speres.
Postremo, si dictis nequis perduci, ut vera hæc credas,
Mea dicta ex factis gnosce : rem vides, quæ sim, et quæ fui ante.
Nihilo ego, quam nunc tu, amata sum, atque uni modo gessi morem, 200
Qui, pol, me, ubi ætate hoc caput colorem conmutavit,
Reliquit, deseruitque me : tibi idem futurum crede.
Philol. Vix conprimor, quin involem illi in oculos stimulatrici.
Philem. Solam illi me, soli censeo esse oportere obsequentem.
Solam ille me soli sibi suo liberavit. 205

Philol. Pro di inmortales, mulierem lepidam, et pudico ingenio !
Bene, hercle, factum, et gaudeo mihi nihil esse hujus causa.
Scaph. Inscita, ecastor, tu quidem es. *Philem.* Quapropter ?
Scaph. Quæ istuc cures,
Ut te ille amet. *Philem.* Cur, obsecro, non curem ? *Scaph.* Libera es jam.
Tu jam quod quærebas habes ; ille, te nisi amabit ultro, 210
Id pro capite tuo quod dedit, perdiderit tantum argenti.
Philol. Perii, hercle, ni ego illam pessumis exemplis enicasso.
Illa hanc conrumpit mulierem malesuada vitilena.
Philem. Nunquam ego illi possum gratiam referre, ut meritu'st de me.
Scapha, id tu mihi ne suadeas, ut illum minoris pendam. 215
Scaph. At hoc unum facito cogites, si illum inservibis solum,
Dum tibi nunc hæc ætatula 'st, in senecta male querere.
Philol. In anginam ego nunc velim vorti, ut veneficæ illi
Fauceis prehendam, atque enicem scelestam stimulatricem.
Philem. Eumdem animum oportet nunc mihi esse gratum, ut inpetravi, 220
Atque olim, priusquam id extudi, quom illi subblandiebar.
Philol. Di me faciant quod volunt, ni ob istam orationem
Te liberasso denuo, et nisi Scapham enicasso.
Scaph. Si tibi sat adceptum 'st, fore victum tibi sempiternum,
Atque illum amatorem tibi proprium futurum in vita, 225
Soli gerundum censeo morem, et capiundos crineis.

Scaph. Que vont penser vos autres amants?
Philém. Ils m'aimeront encore davantage, quand ils sauront que je suis reconnaissante.
Philo. (à part.) Que ne m'annonce-t-on en ce moment la mort de mon père, je me déshériterais moi-même de mon patrimoine pour le lui offrir.
Scaph. Votre argent va s'épuiser : chez vous on boit, on mange nuit et jour : on n'épargne rien; on est chez vous comme à l'engrais.
Philém. (à part à Scapha.) Va, je suis bien décidé à essayer sur toi un régime d'économie... Tu te passeras de boire et de manger ces jours-ci chez moi.
Philo. Si tu veux me dire du bien de lui, tu peux parler; mais si tu m'en dis encore du mal, je te jure que tu seras battue.
Philo. (à part.) Par Pollux, quand j'aurais fait au grand Jupiter l'offrande de l'argent le plus pur, de cet argent que j'ai donné pour sa liberté, je ne l'aurais pas aussi bien employé. Voyez comme elle m'aime du fond de l'âme. Oh! que j'ai été bien avisé d'avoir tiré de l'esclavage un patron qui plaide si bien ma cause!
Scaph. Je vois que tous les autres hommes ne sont rien à vos yeux, au prix de Philolachès : je ne veux pas être battue à cause de lui. Je ne vous contredirai plus, s'il vous suffit qu'il vous ait donné sa parole de vous rester toujours fidèle.
Philém. Apporte-moi mon miroir et ma boîte à bijoux ; je veux que ma toilette soit faite quand Philolachès, mon cher amant, va venir.
Sca. Une femme sur le retour de l'âge, ou qui se défie de ses charmes, a besoin d'un miroir : mais que vous sert un miroir à vous, dont les yeux sont un si beau miroir?
Philo. (à part). Tu n'auras pas dit pour rien ce joli mot, Scapha; en récompense, chère Philématie (1), je te ferai aujourd'hui quelque présent.
Philém. (à Scapha.) Vois si mes cheveux sont bien arrangés. Cette coiffure est-elle jolie?
Scaph. Quand on est jolie comme vous, la coiffure est toujours jolie.
Philo. (à part.) Peut-on rien imaginer de plus méchant que cette vieille? La coquine la contrariait tout à l'heure ; elle la flatte maintenant.
Philém. Donne-moi le blanc.
Scaph. Du blanc! qu'en avez-vous besoin?
Philém. Pour en mettre sur mes joues.
Scaph. C'est comme si vous cherchiez à blanchir de l'ivoire avec de l'encre.
Phil. (à part.) L'idée de l'ivoire est jolie! A merveille, Scapha, bravo!
Philém. Eh bien! donne-moi le rouge.
Scaph. Non point. Vous êtes trop belle pour cela! Vouloir gâter par des couleurs postiches un pareil chef-d'œuvre de la nature! Est-ce qu'il faut à votre âge toucher seulement à aucune espèce de fard, ni blanc de céruse, ni blanc de Mélos (2), ou tout autre couleur empruntée? Prenez donc votre miroir. *(Philématie approche de sa figure le miroir d'argent poli que Scapha lui présente.)*
Phil. (à part.) Oh ciel! elle a baisé le miroir. Que n'ai je une pierre pour le briser en mille morceaux!
Scaph. (lui présentant une serviette) Prenez ce linge pour vous essuyer les mains.
Philém. Pourquoi, je te prie?
Sca. Parce que vous avez tenu le miroir : je crains

(1) Ce retour est comique. On croit qu'il va récompenser Scapha : mais il se rappelle au même instant les injures de cette femme, et c'est sur Philématie que sa générosité s'épanche.
(2) Ile où l'on fabriquait ce fard.

Philem. Ut fama est homini, exin solet pecuniam invenire.
Ego si bonam famam mihi servasso, sat ero dives.
Philol. Siquidem, hercle, vendundum'st, pater vænibit multo potius.
Quam te, me vivo, unquam sinam egere, aut mendicare. 230
Scaph. Quid illis futurum'st cæteris, qui te amant? *Philem.*
Magis amabunt,
Quom videbunt gratiam referri.
Philol. Utinam meus nunc mortuus pater ad me nunciëtur!
Ut ego exhæredem meis bonis me faciam, atque hæc sit hæres.
Scaph. Jam ista quidem absumta res erit : diesque nocteisque estur, 235
Bibitur, neque quisquam parsimoniam adhibet : sagina plane 'st.
Philol. (seorsum.) In te, hercle, certum'st principium, ut sim parcus, experiri.
Nam neque edes quidquam, neque bibes apud me hisce diebus.
Philém. Si quid tu in illum bene voles loqui, id loqui licebit :
Nec recte si illi dixeris, jam, ecastor, vapulabis. 240
Philol. Edepol, si summo Jovi vivo argento sacruficassem,
Pro illius capite quod dedi, nunquam æque id bene conlocassem.
Ut videas eam medullitus me amare! oh! probus homo sum.
Quæ pro me causam diceret, patronum liberavi.
Scaph. Video te nihili pendere præ Philolache omneis homines. 245
Nunc, ne ejus causa vapulem, tibi potius adsentabor,
Si adceptum sat habes, tibi fore illum amicum sempiternum.

Philem. Cedo mihi speculum, et cum ornamentis arculam aclutum, Scapha :
Ornata ut sim, quom huc veniat Philolaches, voluptas mea.
Scaph. Mulier quæ se suamque ætatem spernit, speculo ei usus est. 250
Quid opu'st speculo tibi, quæ tute speculo speculum es maxumum?
Philol. Oh istuc verbum, ne nequidquam, Scapha, tam lepide dixeris,
Dabo aliquid hodie tibi peculi, Philematium mea.
Philem. Suo quique loco viden' capillus satis compositu' st conmode?
Scaph. Ubi tu conmoda es, capillum conmodum esse credito. 255
Philol. Vah, quid illa pote pejus quidquam muliere memorarier?
Nunc adsentatrix scelesta est, dudum adversatrix erat.
Philem. Cedo cerussam. *Scaph.* Quid cerussa opus nam?
Philem Qui malas oblinam.
Scaph. Una opera ebur atramento candefacere postulas.
Philol. Lepide dictum de atramento atque ebore : euge, plaudo Scaphæ. 260
Philem. Tum tu igitur cedo purpurissum. *Scaph.* Non do; scita es tu quidem :
Nova pictura interpolare vis opus lepidissumum.
Non istanc ætatem oportet pigmentum ullum adtingere :
Neque cerussam, neque melinum, neque ullam allam obfuciam.
Cape igitur speculum. *Philol.* Hei mihi misero, savium speculo dedit. 265
Nimis velim lapidem, qui ego illi speculo diminuam caput.
Scaph. Linteum cape, atque exterge tibi manus. *Philem.* Quid ita, obsecro?

LE REVENANT, ACTE III, SCÈNE III.

que vos mains ne sentent l'argent (1). Si Philolachès vous soupçonnait d'en avoir reçu de quelqu'un!

Philo. (à part.) Je n'ai jamais vu de plus madrée coquine! Comme l'idée du miroir lui est venue heureusement à l'esprit!

Philém. Faut-il me parfumer...?

Scaph. Point du tout.

Philém. Pourquoi?

Scaph. Par Castor! une femme, pour sentir bon, ne doit rien sentir du tout. Voyez ces vieilles édentées qui se frottent de toutes sortes d'essences, qui couvrent de fard les défauts de leur visage : quand la sueur se mêle aux essences, l'odeur qu'elles exhalent ressemble à ces mélanges de plusieurs sauces que font les cuisiniers. On ne sait ce qu'elles sentent, si ce n'est qu'elles sentent mauvais.

Philo. (à part.) La drôlesse a tout bien observé. Elle en apprendrait aux plus habiles : elle dit la vérité. (*Aux spectateurs.*) Et vous le savez à merveille, vous tous ici qui avez épousé de vieilles femmes pour leur dot.

Philém. Allons, regarde, Scapha, si ces bijoux et ce manteau me vont bien.

Sca. Ce n'est pas mon affaire.

Philém. A qui dois-je le demander, je te prie?

Sca. Je vais vous le dire : à Philolachès : c'est à lui de n'acheter que des objets qui vous plaisent : un amant achète avec la pourpre et les bijoux les bontés de sa maîtresse. A quoi sert de faire à ses yeux étalage de parures qui ne sont pas de son goût? C'est la vieillesse qu'on doit cacher sous la toilette : les bijoux font tort à une femme. Une belle femme est plus belle toute nue qu'avec la plus riche parure.

Philém. Dis aussi qu'on a beau se parer, si l'on se conduit mal ; les mauvaises mœurs sont pires que la boue, pour ternir l'éclat de la toilette.

Sca. Quand on est belle, on est toujours assez parée.

Philo. (*Se montrant tout à coup, et menaçant Scapha.*) Il y a trop longtemps que je me contiens. (*A Philématie.*) Que faites-vous là toutes deux?

Philém. Je me pare pour vous plaire.

Philo. (avec douceur.) Va, tu es assez parée. (*A Scapha brusquement.*) Rentre dans l'appartement, et emporte ces parures. (*A Philématie.*) Ma chère Philématie, ma volupté, que je voudrais boire avec toi!

Philém. J'ai le même désir; car tout ce qui te plaît me plaît aussi, cher Amour.

Philo. Voilà une parole que vingt mines d'argent ne payeraient pas.

Philém. Donnez-m'en dix seulement : vous voyez que je vous en fais bon marché.

Philo. Tu en as encore dix à moi : compte : j'ai donné trente mines pour t'affranchir.

Philém. Pourquoi me les reprocher?

Philo. Te les reprocher, moi! Je me fais gloire au contraire des reproches que cette dépense m'attire... Il y a longtemps que je n'ai si bien placé mon argent.

Philém. Et moi, je ne pouvais mieux placer mon amour qu'en vous aimant.

Philo. Ainsi donc nos comptes sont bien d'accord pour la recette comme pour la dépense. Tu m'aimes, je t'aime ; nous sommes l'un et l'autre contents. Que ceux qui se réjouissent de notre bonheur soient heureux eux-mêmes! puissent nos envieux n'avoir jamais de quoi faire envie à personne!

Philém. (elle le conduit au lit de table.) Allons, prenez votre place. (*A un esclave.*) De l'eau, pour les

---

(1) Les miroirs des anciens étaient en argent.

Scaph. Ut speculum tenuisti, metuo ne oleant argentum manus!
Ne usquam argentum te adcepisse suspicetur Philolaches.
Philol. Non videor vidisse lenam callidiorem ullam alteram. 270
Ut lepide atque astute in mentum venit de speculo malæ!
Philem. Etiamne unguentis unguendam censes? *Scaph.* Minume feceris.
Philem. Quapropter? *Scaph.* Quia, ecastor, mulier recte olet, ubi nihil olet.
Nam istæc veteres, quæ se unguentis unctitant, interpoles,
Vetulæ, edentulæ, quæ vitia corporis fuco obculunt, 275
Ubi sese sudor cum unguentis consociavit, ilico
Itidem olent, quasi quom una multa jura confudit cocus.
Quid oleant nescias, nisi id unum, ut male olere intellegas.
Philol. Ut perdocte cuncta callet! nihil hac docta doctius.
Verum illud est, maxumaque adeo pars vostrorum intellegit, 280
Quibus anus domi sunt uxores, quæ vos dote meruerunt.
Philem. Agedum, contempla aurum et pallam, satin' hæc me deceat, Scapha?
Scaph. Non me curare istuc oportet. *Philem.* Quem, obsecro, igitur? *Scaph.* Eloquar:
Philolachem; is ne quid emat, nisi quod tibi placere censeat.
Nam amator meretricis mores sibi emit auro et purpura. 285
Quid opu'st, quod suum esse nolit, ei ultro ostentarier?
Purpura ætas obcultanda est ; aurum turpe mulieri.
Polchra mulier nuda erit, quam purpurata polchrior:
Philem. Postea nequidquam exornata 'st bene, si morata 'st male:

Polchrum ornatum turpeis mores pejus cœno continunt. 290
Scaph. Nam si polchra 'st, nimis ornata 'st. *Philol.* Nimis diu abstineo manum.
Quid heic vos duæ agitis? *Philem.* Tibi me exorno ut placeam. *Philol.* Ornata es satis.
(*ad Scapham.*) Abi hinc tu intro, atque ornamenta hæc aufer: sed, voluptas mea,
Mea Philematium, potare tecum conlubitum 'st mihi.
Philem. Lubet et, edepol, mihi tecum, nam quod tibi lubet, idem mihi lubet, 295
Mea voluptas. *Philol.* Hem, istuc verbum vile est viginti minis.
Philem. Cedo, amabo, decem : bene emtum tibi dare hoc verbum volo.
Philol. Etiam nunc decem minæ apud te sunt : vel rationem puta.
Triginta minas pro capite tuo dedi. *Philem.* Cur exprobras?
Philol. Egone id exprobrem? quin mihimet cupio id obprobrarier? 300
Nec quidquam argenti locavi jam diu usquam æque bene.
Philem. Certe ego, quod te amo, operam nusquam melius potui ponere.
Philol. Bene igitur ratio adcepti atque expensi inter nos convenit.
Tu' me amas, ego te amo ; merito id fieri uterque existumat.
Hæc qui gaudent, gaudeant perpetuo suo semper bono. 305
Qui invident, ne unquam eorum quisquam invideat prorsus conmodis.
Philem. Age, adcumbe igitur : cedo aquam manibus, puer ; adpone heic mensulam.

mains (1)! apporte ici une petite table : vois où sont les dés. (*A Philolachès.*) Voulez-vous des parfums ?

Philo. A quoi bon des parfums? Ne suis-je pas près d'un myrte ? (*Il regarde dans la rue.*) Mais voici. je crois , mon ami qui vient avec sa maîtresse. C'est bien lui, c'est Callidamate et son amante : tant mieux, chère belle. Les compagnons de guerre se rassemblent, les voici. Ils viennent prendre part au butin.

SCÈNE IV.

CALLIDAMATE, DELPHIE, PHILOLACHÈS, PHILÉMATIE, SUITE DE CALLIDAMATE.

Call. (*ivre, à un esclave.*) Qu'on vienne me chercher de bonne heure chez Philolachès. Tu entends? voilà... C'est à toi que je parle. (*L'esclave se retire.*) Ma foi, je me suis esquivé de la maison où j'étais : le festin et la conversation étaient si ennuyeux ! Je viens me divertir chez Philolachès, nous aurons là un accueil aimable et joyeux. (*A Delphie*) Est-ce que tu me trouves la tournure d'un homme qui s'est un peu trop désaltéré?

Del. Bon! voilà comme vous devriez toujours vous comporter.

Call. Veux-tu que nous nous embrassions?

Del. Très-volontiers, si cela vous fait plaisir.

Call. Tu es charmante. Conduis-moi, je te prie.

Del. (*Elle le soutient.*) Prenez garde de tomber.. Tenez-vous bien.

Call. O prunelle de mes yeux, mon doux miel, je suis ton petit enfant!

Del. Tâchez seulement de ne point tomber en route, avant d'arriver au lit du festin qui nous attend.

Call. (*étourdi.*) Laisse, laisse-moi tomber.

Del. Je te laisse ; mais je suis liée à toi, et si tu tombes, j'aurai le plaisir de tomber avec toi , et l'on nous relèvera tous deux ensemble. (*A part.*) Mon homme est ivre.

Call. Tu dis, ma mignonne, que je suis ivre ?

Del. Donnez moi la main, je ne veux pas que vous vous blessiez.

Call. (*lui tendant la main*). Tiens , la voilà.. allons.. Viens avec moi. Sais-tu où je vas?

Del. Oui.

Call. La pensée m'en vient à l'instant : nous allons faire débauche à la maison.

Del. C'est cela.

Call. Je m'en souviens maintenant.

Philo. (*à Philématie.*) Ne voulez-vous pas que j'aille au-devant d'eux, ma chère belle? C'est le meilleur de mes amis. Je reviens tout de suite.

Philém. Cela me semblera toujours trop long.

Call. (*près de la porte.*) Y a-t-il quelqu'un ici? *Philo.* Oui.

Call. Bon! c'est Philolachès! Salut, ô le plus cher de mes amis.

Philo. Que les dieux te protégent! Viens te mettre à table, cher Callidamate : d'où viens-tu donc?

Call. D'où l'on s'enivre (1).

Philo. A merveille. Venez, ma chère Delphie, vous mettre à table. (*Ils entrent.*)

Call. (*Après s'être placé à côté de Delphie.*) Donnez-lui à boire; moi, je veux dormir.

Philo. (*aux spectateurs.*) Il ne fait rien que de fort naturel. (*à Delphie.*) Que vais-je faire de lui, ma chère?

Del. Laisse-le tranquille.

Philo. (*A l'esclave.*) Allons , toi , fais circuler la coupe , en l'offrant d'abord à Delphie.

(1) M. Naudet traduit : « Comment va? — Comme un homme ivre. »

---

(1) On se lavait les mains avant de commencer le repas.

Vide, tali ubi sint : (ad Philolachem) vin' unguenta ? *Philol.*
   Quid opus est? cum stacta adeubo.
Sed estne hic meus sodalis, qui huc incedit cum amica sua?
Is est. Callidamates cum amica eccum incedit : euge, ocu-
   lus meus :   310
Conveniunt manuplareis. Eccos! prædam participeis petunt.

SCENA QUARTA.

CALLIDAMATES, DELPHIUM, PHILOLACHES, PHILE-MATIUM.

Callid. Advorsum venire mihi ad Philolachem
Volo tempori : audi; hem , tibi imperatum 'st.
Nam illeic ubi fui, inde ecfugi foras.
Ita me ibi male convivi sermonisque   315
Tæsum 'st ; nunc comisatum ibo ad Philolachetem ,
Ubi nos hilari ingenio et lepide accipiet.
Ecquid tibi videor, mamma , madere? *Delph.* Semper.
Istoc modo moratus vivere debebas.
Callid. Visne ego te , ne tute me amplectare?   320
Delph. Si tibi cordi'st facere, licet. *Callid.* Lepida es.
Duce me, amabo. *Delph.* Cave ne cadas , adsta.
Callid. Oh! ocellus es meus, tuus sum alumnus, mel meum.
Delph Cave modo , ne prius in via adeumbas ,
Quam illeic , ubi lectus est stratus , colmus.   325
Callid. Sine, sine cadere me. *Delph.* Sino ; sed et hoc quod
   mihi in manu est ,
Si cades , non cades quin cadam tecum.
Jacenteis tollet postea nos ambos aliquis.
(secum.) Madet homo. *Callid.* Tun' me ais, mamma, madere?
Delph. Cedo manum , nolo equidem te adfligi.   330
Callid. Hem tene, age, i simul. Quo ego eam , an scis ?
Delph. Scio. *Callid.* In mentem venit modo ; nempe do-
   mum eo
Comisatum. *Delph.* Imo. *Call.* Istuc quidem jammemini.
Philol. Num vis obviam me hisce ire, anime mi ?
Illi ego ex omnibus optume volo : jam   335
Revortar. *Philem.* Diu 'st jam id mihi. *Callid.* Ecquis heic
   est ?
Philol. Adest. *Callid.* Eu, Philolaches, salve amicissume
Mihi hominum omnium. *Philol.* Di te ament : adcuba,
Callidamates : unde agis te? *Call.* Unde homo ebrius.
Philol. Probe. Quin, amabo , adcubas , Delphium mea.   340
Callid. Date illi quod bibat; dormiam ego jam.
Philol. Num mirum aut novom quidpiam facit? quid ego
Hoc faciam postea, mea? *Delph.* Sic sine eumpse. *Philol.*
   Age tu ,
Interim da ab Delphio cito cantharum circum.

ACTE DEUXIÈME.
SCÈNE I.

TRANION, PHILOLACHÈS, CALLIDAMATE, DELPHIE, PHILEMATIE, UN ESCLAVE.

(La maison est disposée de manière qu'on voit les convives, et qu'ils ont vue sur la place.)

Tran. C'en est fait. Le grand Jupiter a résolu de perdre Philolachès, le fils de mon maître, ainsi que moi; d'anéantir nos richesses et jusqu'à nos dernières ressources. Tout espoir est mort pour nous; la Confiance n'a plus où poser le pied chez nous. Plus de chance de salut, le dieu Salut lui-même voulût-il nous sauver. Quelles montagnes de peines et de tourments j'ai vues tout à l'heure arriver dans le port! Mon maître est de retour de son voyage. Tranion, c'est fait de toi! Y a-t-il ici quelqu'un qui pour un peu d'argent aurait la complaisance de se laisser supplicier à ma place? Où trouverai-je ces souffre-douleurs, ces corps de fer, insensibles aux coups; ou ces braves gens qui montent à l'assaut pour trois as (1), et sont accoutumés à recevoir quinze coups de lance au travers du corps? Je donnerai un talent à celui qui montera le premier au gibet à ma place, à condition qu'on lui attachera à doubles clous les pieds et les mains. L'opération faite, il recevra son argent comptant. — Mais je suis un grand malheureux de ne pas courir tout d'un trait à la maison.

Philo. Voici nos provisions. J'aperçois Tranion qui revient du port.

Tran. (*appelant.*) Philolachès!
Philo. Qu'y a-t-il?
Tran. Vous et moi,...
Philo. Eh bien! quoi, vous et moi?
Tran. Nous sommes perdus.
Philo. Comment cela?

(1) Paye des soldats.

Tran. Votre père est de retour.
Philo. Que me dis-tu là!
Tran. Nous sommes anéantis. Votre père est arrivé, vous dis-je.
Philo. Où est-il, je te prie?
Tran. Ici.
Philo. Qui te l'a dit? Qui est-ce qui l'a vu?
Tran. Moi, vous dis-je, de mes propres yeux.
Philo. Malheur à moi! Où suis-je?
Tran. Belle demande, vraiment! Vous êtes à table.
Philo. Tu l'as vu?
Tran. Oui, vous dis-je.
Philo. Assurément?
Tran. Assurément.
Philo. Si tu dis vrai, je suis mort.
Tran. Quel intérêt aurais-je à mentir?
Philo. Que faire maintenant?
Tran. (*montrant la table et avec assurance.*) Faites enlever tout cela. — Qui est-ce qui dort là?
Philo. C'est Callidamate.
Tran. Delphie, réveillez-le.
Del. Callidamate, Callidamate, réveillez-vous.
Call. (*à moitié endormi.*) Je suis éveillé. Qu'on me serve à boire.
Del. Réveillez-vous donc. Le père de Philolachès est de retour.
Call. Bonne santé au vieillard!
Philo. Eh! il se porte bien, mais moi je suis mort.
Call. Tu es mort? est-il possible?
Philo. Lève-toi, je te prie : mon père vient.
Call. Ton père vient? dis-lui de s'en retourner. Qu'avait-il besoin de revenir?
Philo. Que résoudre? Mon père en arrivant trouvera son malheureux fils ivre, sa maison remplie de buveurs et de femmes. Quelle sottise d'attendre, pour creuser un puits, que la soif vous prenne à la gorge! Voilà où j'en suis à l'égard de mon père.

ACTUS SECUNDUS.
SCENA PRIMA.

TRANIO, PHILOLACHES, CALLIDAMATES, DELPHIUM, PHILEMATIUM, PUER.

Tran. Jupiter supremus summis opibus atque industriis 345
Me perisse, et Philolachetem cupit herilem fillum.
Obedit spes nostra, nusquam stabulum 'st confidentiæ,
Nec salus nobis saluti jam esse, si cupiat, potest :
Ita mali mœroris montem maximum ad portum modo
Conspicatus sum. Herus advenit peregre : periit Tranio. 350
Ecquis homo est, qui facere argenti cupiat aliquantum lucri
Qui hodie sese excruciari meam vicem possit pati?
Ubi sunt isti plagipatidæ, ferritribaceis viri,
Vel isti qui hastis trium numorum causa subeunt sub falas,
Ubi aliqui quindenis hastis corpus transfigi solent? 355
Ego ea lege, ut adfigantur bis pedes, his brachia.
Ubi id erit factum, a me argentum petito præsentarium.
Sed ego sumne ille infelix, qui non curro curriculo domum?
Philol. Adest opsonium : eccum Tranio a portu redit. 360
Tran. Philolaches. *Philol.* Quid est? *Tran.* Et ego et tu...
Philol. Quid et ego et tu? *Tran.* Periimus.
Philol. Quid ita? *Tran.* Pater adest. *Philol.* Quid ego ex te
audio? *Tran.* Absumti sumus.

Pater, inquam, tuus venit. *Philol.* Ubi is is, obsecro te?
Tran. Adest.
Philol. Quis id ait? quis vidit? *Tran.* Egomet, inquam, vidi. *Philol.* Væ mihi!
Quid ego ago? *Tran.* Nam quid tu, malum, me rogitas, quid agas? adcubas. 365
Philol. Tun' vidisti? *Tran.* Egomet, inquam. *Philol.* Certe? *Tran.* Certe, inquam. *Philol.* Obcidi,
Si tu vera memoras. *Tran.* Quid mihi sit boni, si mentiar?
Philol. Quid ego nunc faciam? *Tran.* Jube hæc hinc omnia amoliri.
Qui istic dormit? *Philol.* Callidamates. *Tran.* Suscita istum, Delphium.
Delph. Callidamates, Callidamates, vigila. *Callid.* Vigilo; cedo ut bibam. 370
Delph. Vigila: pater advenit peregre Philolachæ. *Callid.* Valeat pater.
Philol. Valet ille quidem, atque ego disperii. *Callid.* Disperisti? qui pote 'st?
Philol. Quæso, edepol, exsurge: pater advenit. *Callid.* Tuus venit pater?
Jube abire rursum : quid illi reditio etiam huc fuit?
Philol. Quid ego agam? pater jam heic me obfendet miserum advenies ebrium, 375
Ædeis plenas convivarum, et mulierum. Miserum 'st opus,
Igitur demum fodere puteum, ubi sitis fauceis tenet.
Sicut ego adventu patris nunc quæro, quid faciam miser.
Tran. Ecce autem hic deposivit caput, et dormit : suscita.

Insensé! c'est lorsqu'il est arrivé, que je songe à ce que je dois faire.

Tran. (*montrant Callidamate.*) Voilà sa tête qui est retombée : il s'est rendormi. Réveillez-le.

Philo. (*secouant Callidamate.*) Réveille-toi donc; mon père, te dis-je, sera ici dans un moment.

Call. Ah!... ton père ?.. dis-tu. Apporte-moi mes mules; que je prenne mes armes. Par Pollux! je vais le tuer, ton père.

Philo. Tu nous perdras : tais-toi, je t'en supplie. (*Aux esclaves.*) Vite, prenez-le dans vos bras et emportez-le.

Call. Par Hercule ! si vous ne me donnez vite un pot de chambre, vous allez m'en servir. (*On l'emporte.*)

Philo. Je suis perdu.

Tran. Reprenez courage : je me charge de trouver un bon remède à vos frayeurs.

Philo. Je suis anéanti.

Tran. Silence. Je songe au moyen de pacifier tout. Serez-vous content si je fais en sorte qu'en arrivant votre père, au lieu d'entrer à la maison, s'enfuie bien loin? Tout ce que je vous demande, c'est de rentrer (*montrant la table*), et de faire emporter au plus vite tout cet attirail.

Phil. Et où serai-je moi ?

Tran. (*montrant Philématie et Delphie.*) Où vous aimez-le plus à être, avec celle-ci, et tout près de celle-là.

Del. Il faut donc nous en aller d'ici.

Tran. (*montrant la longueur de son doigt*). Pas loin comme cela seulement, ma belle. Tranquilles à la maison, n'en buvez pas une gorgée de moins.

Philo. Hélas! quel sera le résultat de ces belles paroles? Je suis en eau, tant j'ai peur!

Tran. (*avec impatience.*) Pouvez-vous vous calmer et m'obéir?

Philo. Je te le promets.

Tran. Avant tout, Philématie, entre dans la maison; et vous aussi, Delphie.

Del. (*en se retirant avec Philématie.*) Nous allons exécuter vos ordres.

Tran. Que Jupiter vous entende ! (*On enlève les lits , les tables, etc. Philolachès et Tranion restent seuls.*)(*A Philolachès.*) A présent écoutez bien ce qu'il vous faut exécuter. D'abord faites tout de suite fermer la porte, et que dans la maison personne ne souffle.

Philo. J'y veillerai.

Tran. Comme s'il n'y avait âme qui vive.

Philo. Il suffit.

Tran. Que personne ne réponde , quand votre père frappera à la porte.

Philo. Est-ce tout?

Tran. Envoyez-moi sur-le-champ la clef laconienne (1) de la maison, pour que je ferme la porte en dehors.

Philo. Mon cher Tranion , je confie à ta garde ma vie et toutes mes espérances. (*Il sort.*)

Tran. (*seul.*) Qu'on ait auprès de soi un homme sans courage, ou pour patron ou pour client, la différence ne vaut pas un brin de plume. Le plus habile comme le plus sot, pris à l'improviste, commet aisément des fautes. Mais ce qui est difficile , ce qui est l'œuvre de l'homme d'esprit, c'est de réparer les maladresses commises, de détourner les châtiments qui lui rendraient la vie trop dure, et de conduire tout doucement les choses à bien, sans accident. C'est ce que je compte faire; l'orage que nous avons excité va se calmer, se dissiper, et ne nous causera aucun mal. (*Un esclave accourt.*) Mais pourquoi sors-tu, toi ? Tu me perds. A merveille! Voilà comme on suit mes ordres!

L'esclave. Mon jeune maître m'a chargé de vous

(1) Grosse clef inventée par les Laconiens, fort habiles en serrurerie.

Philol. Etiam vigilas? pater, inquiam , aderit jam heic meus.
Callid. Ain'tu? pater? 380
Cedo soleas mihi, ut arma capiam : jam pol ego obcidam patrem.
Philol. Perdis rem; tace, amabo. Abripite hunc intro actutum inter manus.
Callid. Jam, hercle, ego vos pro matula habebo, nisi mihi matulam datis.
Philol. Perii! *Tran.* Habe bonum animum : ego istum lepide medicabor metum.
Philol. Nullus sum. *Tran.* Taceas : ego, qui istæc sedem, meditabor tibi. 385
Satin 'habes, si ego advenientem ita patrem faciam tuum, Non modo ne introeat, verum etiam ut fugiat longe ab ædibus?
Vos modo hinc abite intro, atque hæc hinc propere amollimini.
Philol. Ubi ego ero? *Tran.* Ubi maxume esse vis, cum hac, cum istac eris.
Delph. Quid est igitur? abeamus hinc nos *Tran.* Non hoc longe, Delphium. 390
Namque intus potate haud tantillo hac quidem causa minus.
Philol. Hei mihi, quam, istæc blanda dicta quo eveniant, madeo metu!
Tran. Potin' animo ut sies quieto , et facias quod jubeo?
Philol. Pote 'st.
Tran. Omnium primum , Philematium, intro abi , et tu, Delphium.

Delph. Morigeræ tibi erimus ambæ. *Tran.* Ita ille faxit Jupiter. 395
Animum advorte nunc tu jam, quæ volo adcurarier.
Omnium primum dum , ædeis jam fac obclusæ sient :
Intus cave mutire quemquam siveris. *Philol.* Curabitur.
Tran. Tamquam si intus gnatus nemo in ædibus habitet.
Philol. Licet.
Tran. Neu quisquam responset, quando hasce ædeis pultabit senex. 400
Philol. Numquid aliud? *Tran.* Clavem mihi harunce ædium Laconicam
Jam jube ecferri intus : hasce ego ædeis obcludam hinc foris.
Philol. In tuam custodiam meque et meas spes trado , Tranio.
Tran. Pluma haud interest, patronus an cliens propior siet Homini, quoi nulla in pectore est audacia. 405
Nam quoivis homini , vel optumo, vel pessumo,
Quamvis desubito facile 'st facere nequiter:
Verum id vidundum 'at, id viri docti 'st opus ,
Quæ designata sint et facta nequiter,
Ne quid patiatur, quamobrem pigeat vivere ; 410
Tranquille cuncta, et ut proveniant sine malo.
Sicut ego ecficiam, quæ facta heic turbavimus ,
Profecto ut liqueant omnia et tranquilla sint,
Neque quidquam nobis pariant ex se incommodi.
Sed quid tu egrederis? perii! o jamjam optume 415
Præceptis paruisti! *Puer.* Jussit maxumo
Opere orare, ut patrem aliquo absterreres modo,

recommander instamment d'éloigner son père par tous les moyens. Le voici.

Tran. Tu peux répondre que j'agirai de sorte que le bonhomme n'osera pas même regarder la maison, et qu'il s'enfuira épouvanté, en s'enveloppant la tête (1). Donne-moi cette clef, rentre vite et ferme la porte en dedans; je la fermerai par ici. (*L'esclave rentre et la porte se ferme.*) Le bonhomme peut venir maintenant. Je lui ferai aujourd'hui, de son vivant, ici en sa présence, des jeux comme on n'en fera pas, je crois, à ses funérailles (2). Retirons-nous de la porte, de ce côté; observons, de loin, en embuscade, pour lui jeter son paquet sur le dos à son arrivée.

SCÈNE II.

THEUROPIDE, TRANION, ESCLAVES *chargés de bagages.*

Theur. Que j'ai de grâces à te rendre, ô Neptune, de m'avoir laissé sortir vivant de ton empire! Mais si dorénavant j'y remets seulement le bout du pied, je consens qu'à l'instant tu fasses de moi ce que tu voulais en faire. Fuis loin de moi, fuis. C'en est fait : je n'ai plus rien à te confier.

Tran. (à part.) Par Pollux, Neptune, tu as été bien maladroit de manquer une si bonne occasion.

Theur. J'arrive après trois ans de l'Égypte dans mes foyers : mon retour est, je pense, impatiemment attendu de toute la maison.

Tran. (à part). Impatiemment attendu? Celui qui viendrait nous annoncer ta mort le serait bien davantage.

Theur. (*se dirigeant vers la maison.*) Qu'est-ce que cela signifie? La porte est fermée en plein jour? Frappons. Holà! quelqu'un! ouvrez-moi cette porte.

(1) C'était chez les anciens le signe de la crainte, de la douleur et du désespoir.
(2) Allusion aux jeux célébrés après la mort des grands personnages de l'État.

Tran. (*élevant la voix.*) Quel est cet homme qui s'approche de chez nous?

Theur. (*le reconnaissant.*) Ah! c'est mon esclave Tranion.

Tran. Theuropide! Salut, mon maître. Que je suis aise de vous voir revenu en bonne santé! Vous êtes-vous toujours bien porté?

Theur. Toujours, comme tu vois.

Tran. C'est fort bien fait.

Theur. Mais vous autres, êtes-vous devenus fous?

Tran. Pourquoi?

Theur. C'est que vous courez les rues sans laisser âme qui vive pour garder la maison, ouvrir la porte et répondre. En frappant avec mes pieds j'ai presque brisé les deux battants.

Tran. (*avec effroi.*) Quoi! vous avez touché cette maison!

Theur. Et pourquoi ne la toucherais-je pas? j'ai même failli briser la porte à force de frapper.

Tran. Vous y avez touché?

Theur. Oui, te dis-je, et j'ai frappé.

Tran. Ah! ciel!

Theur. Qu'y a-t-il?

Tran. Vous avez fort mal fait.

Theur. Que se passe-t-il donc?

Tran. Je ne puis exprimer combien votre action est indigne, abominable!

Theur. En quoi?

Tran. Fuyez, je vous en conjure, éloignez-vous de la maison. Fuyez, approchez-vous de nous : sérieusement, avez-vous touché cette porte?

Theur. Comment aurais-je frappé, sans y toucher?

Tran. Par Hercule, vous avez assassiné...

Theur. Qui donc?

Tran. Tout votre monde.

Theur. Que tous les dieux et toutes les déesses te confondent avec ton présage!

Ne intruiret : adest. *Tran.* Quin etiam illi hoc dicito,
Facturum me, ut ne etiam adspicere ædeis audeat;
Capite obvoluto ut fugiat cum summo metu : 420
Clavim cedo, atque abi hinc intro, atque obclude ostium,
Et ego hinc obcludam : jube venire nunc jam.
Ludos ego hodie vivo præsenti heic seni
Faciam, quod credo mortuo nunquam fore.
Concedam a foribus huc, hinc speculabor procul, 425
Unde advenienti sarcinam inponam seni.

SCENA SECUNDA.

THEUROPIDES, TRANIO.

Theur. Habeo, Neptune, gratiam magnam tibi,
Quom me amisisti a te vix vivom modo.
Verum si posthac me pedem latum modo
Scies inposuisse in undam, haud causa'st inlico, 430
Quod nunc voluisti facere, quin facias mihi.
Apage, apage te a me : nunc jam post hunc diem,
Quod crediturus tibi fui, omne credidi.
Tran. Edepol, Neptune, peccavisti largiter,
Qui obcasionem hanc amisisti tam bonam. 435
Theur. Triennio post Ægypto advenio domum;
Credo, exspectatus veniam familiaribus.
Tran. Nimio, edepol, ille potuit exspectatior
Venire, qui te nunciaret mortuum.
Theur. Sed quid hoc? obclusa janua 'st interdius? 440
Pultabo : heus, ecquis istas aperit mi foreis?
Tran. Quis homo 'st, qui nostras ædeis adcessit prope?

Theur. Meus servos hic quidem 'st Tranio. *Tran.* O Theuropides
Here, salve; salvom te advenisse gaudeo.
Usquene valuisti? *Theur.* Usque, ut vides. *Tran.* Factum optume. 445
Theur. Quid vos? insanine estis? *Tran.* Quidum? *Theur.* Sic, quia
Foris ambulatis : gnatus nemo in ædibus
Servat, neque qui recludat, neque qui respondeat.
Pultando pedibus pæne confregi hasce ambas. *Tran.* Eho,
An tu tetigisti has ædeis? *Theur.* Cur non tangerem? 450
Quin pultando, inquam, pæne confregi foreis.
Tran. Tetigistin'? *Theur.* Tetigi, inquam, et pultavi. *Tran.* Vah! *Theur.* Quid est?
Tran. Male, hercle, factum. *Theur.* Quid est negoti? *Tran.* Non potest
Dici, quam indignum facinus fecisti et malum.
Theur. Quid jam? *Tran.* Fuge, obsecro, atque abscede ab ædibus. 455
Fuge huc, fuge ad me propius : tetigistin' foreis?
Theur. Quomodo pultare potui, si non tangerem?
Tran. Obcidisti, hercle... *Theur.* Quem mortalem? *Tran.* Omneis tuos.
Theur. Di te deæque omneis faxint cum isto omine!
Tran. Metuo, te atque istos explare ut possies. 460
Theur. Quamobrem? aut quam subito rem mihi adportas novam?
Tran. Et heus, jube illos illinc, amabo, abscedere.
Theur. Abscedite. *Tran.* Ædeis ne adtingite : tangite

22.

Tran. J'ai grand'peur qu'il n'y ait pas d'expiations capables de purifier vous et votre suite.

Theur. Comment cela? Quel prodige as-tu à m'annoncer?

Tran. (*montrant les esclaves chargés de bagages*). Eh vite! de grâce, ordonnez-leur de se retirer de là.

Theur. (*à ses gens.*) Retirez-vous. (*en disant ces mots il touche la terre du doigt pour apaiser les dieux infernaux.*)

Tran. (*aux esclaves.*) Ne touchez pas la maison; et touchez la terre aussi, vous autres.

Theur. Mais, je t'en conjure, par Hercule, explique-toi.

Tran. Il y a sept mois que personne n'a mis le pied dans cette maison depuis que nous l'avons abandonnée.

Theur. Apprends-moi le motif...

Tran. Regardez bien de tous côtés si personne n'épie mes paroles.

Theur. (*après avoir regardé.*) Tu peux parler en sûreté.

Tran. Regardez encore.

Theur. Il n'y a personne... Parle enfin.

Tran. Il s'est commis un assassinat horrible.

Theur. Qu'est-ce? Je ne comprends pas...

Tran. Il s'est commis, vous dis-je, un crime autrefois, il y a longtemps. L'événement est ancien, mais nous ne faisons que de l'apprendre.

Theur. Quel est ce crime? quel en est l'auteur? dis-le-moi.

Tran. C'est un hôte qui surprit son hôte, et l'égorgea de sa propre main. L'assassin est, je suppose, celui qui vous a vendu la maison.

Theur. Il l'a égorgé!

Tran. Et lui a enlevé son or : puis il l'a enterré dans la maison même.

Theur. Quel indice avez-vous?

Tran. Je vais vous le dire, écoutez : Un jour votre fils avait soupé en ville : à son retour nous allons nous coucher, et nous nous endormons. J'avais par hasard oublié d'éteindre ma lanterne : tout à coup il pousse un grand cri.

Theur. Qui cela? mon fils?

Tran. St. Taisez-vous, écoutez-moi. Il dit que ce mort lui est apparu en songe.

Theur. En songe! vraiment?

Tran. Oui, mais écoutez donc : et que le mort lui avait parlé ainsi :

Theur. (*l'interrompant.*) En songe?

Tran. Voudriez-vous qu'il eût entendu tout éveillé un homme égorgé depuis soixante ans? Vous déraisonnez quelquefois étrangement.

Theur. Je me tais.

Tran. Voici ce qu'il lui dit : (*d'un ton sépulcral.*) « Je suis Diapontius, un étranger... J'habite ici. Cette « maison est en ma puissance. Pluton n'a pas voulu « me recevoir sur les bords de l'Achéron, parce que « je suis mort avant le temps. Je fus victime de la tra- « hison : mon hôte m'assassina ici : il enterra mon « cadavre en ce lieu même, secrètement, sans funé- « railles. Le scélérat en voulait à mon or : toi, main- « tenant, sors d'ici ; le crime souille cette maison : « l'habiter est impie. » (*Reprenant sa voix naturelle*). Une année entière ne suffirait pas pour vous raconter tous les prodiges qui éclatent en ces lieux.. (*Il s'interrompt comme pour écouter.*) St! st!

Theur. Qu'est-il arrivé? Je te prie...

Tran. La porte a craqué. N'est-ce pas lui qui a frappé?

Theur. (*tremblant*). Je n'ai pas une goutte de sang dans les veines; les morts m'entraînent tout vivant dans l'Achéron.

(*On entend des éclats de rire dans l'intérieur*) (1).

Tran. (*à part.*) C'est fait de moi. Ils vont maintenant déconcerter toute mon intrigue. Je tremble que le vieillard ne me prenne dans mon propre piège.

Theur. Pourquoi parles-tu tout seul?

Tran. Éloignez-vous de la porte; je vous supplie, fuyez.

(1) Ce contraste est d'un effet comique excellent.

Vos quoque terram. *Theur.* Obsecro, hercle, quin eloquere
jam.
Tran. Quia septem menseis sunt, quom in hasce ædeis pedem   465
Nemo intro tetulit, semel ut emigravimus.
Theur. Eloquere, quid ita? *Tran.* Circumspicedum, numquis est
Sermonem nostrum qui aucupet. *Theur.* Tutum probe 'st.
Tran. Circumspice etiam. *Theur.* Nemo 'st; loquere nunciam.
Tran. Capitalis cædis facta 'st. *Theur.* Quid est? non intellego.   470
Theur. Scelus, inquam, factum 'st jamdiu antiquom et vetus.
Antiquom : id adeo nos nunc factum invenimus.
Theur. Quid istuc est, celeste? aut quis id fecit? scedo.
Tran. Hospes necavit hospitem captum manu ;
Iste, ut ego opinor, postquam qui has tibi ædeis vendidit.   475
Theur. Necavit? *Tran.* Aurumque ei ademit hospiti,
Eumque heic defodit hospitem ibidem in ædibus.
Theur. Quapropter id vos factum subspicamini?
Tran. Ego dicum, ausculta : ut foris cœnaverat
Tuos gnatus, postquam rediit a cœna domum,   480
Abimus omneis cubitum, condormivimus;
Lucernam forte oblitus fueram exstinguere;
Atque ille exclamat derepente maxumum.
Theur. Quis homo? an gnatus meus? *Tran.* St, tace : ausculta modo.

Ait venisse illum in somnis ad se mortuum.   485
Theur. Nempe ergo in somnis. *Tran.* Ita : sed ausculta modo;
Ait illum hoc pacto sibi dixisse mortuum...
Theur. In somnis? *Tran.* Mirum quin vigilanti diceret,
Qui abhinc sexaginta annis obcisus foret.
Interdum inepte stultus es.   490
Theur. Taceo. *Tran.* Sed ecce quæ ille inquit :
Ego transmarinus hospes sum Diapontius.
Heic habito : hæc mihi dedita 'st habitatio.
Nam me Acheruntem recipere Orcus noluit,
Quia præmature vita careo : per fidem   495
Deceptus sum, hospes heic me necavit, isque me
Defodit insepultum clam ibidem in hisce ædibus,
Scelestus auri causa : nunc tu hinc emigra :
Scelestæ hæ sunt ædeis, inpia 'st habitatio.
Quæ heic monstra fiunt, anno vix possum eloqui.   500
St, at ! *Theur.* Quid obsecro, hercle; factum 'st? *Tran.* Concrepuit foris.
Hiccine percussit? *Theur.* Guttam haud habeo sanguinis,
Vivom me accessunt ad Acheruntem mortui.
Tran. Perii : illice hodie hanc conturbabunt fabulam :
Nimi' quam formido, ne manifesto hic me obprimat.   505
Theur. Quid tute tecum loquere? *Tran.* Abscede ab janua.
Fuge, obsecro, hercle! *Theur.* Quo fugiam? etiam tu fugis?
Tran. Nihil ego formido : pax mihi est cum mortuis.

Theur. Où fuir? est-ce que tu ne fuis pas aussi?
Tran. Moi, je ne crains rien; je suis en paix avec les morts.
Theur. Holà! Tranion!
Tran. (*feignant de se tromper, et répondant au revenant.*) Pourquoi m'appeler? Je ne suis pas coupable : ce n'est pas moi qui ai frappé à la porte.
Theur. Voyons, qui est-ce qui te met en peine? Qui est-ce qui te trouble l'esprit? à qui parles-tu?
Tran. Est-ce que c'est vous qui m'aviez appelé? Par le ciel que j'invoque, j'ai cru que c'était le mort qui se plaignait, parce que vous aviez frappé à la porte. Mais vous ne bougez pas; vous ne voulez donc pas faire ce que je vous dis?
Theur. Que faut-il faire?
Tran. Fuir sans regarder en arrière, fuir en vous cachant le visage.
Theur. Mais toi, pourquoi ne fuis-tu pas?
Tran. Je suis en paix avec les morts.
Theur. Je n'en doute pas : mais alors pourquoi te montrer tout à l'heure si effrayé?
Tran. Ne vous inquiétez pas de moi, vous dis-je. Je prendrai mes précautions. Vous, fuyez sans vous arrêter, aussi vite que vous pourrez, en invoquant Hercule.
Theur. (*Il se couvre la tête de son manteau et s'enfuit en criant :*) Hercule, je t'invoque.
Tran. (*à part et le regardant fuir.*) Et moi aussi. Puisse-t-il, vieux fou, t'envoyer aujourd'hui mal de mort! (*seul.*) Dieux immortels, j'implore votre secours! Dans quelle affaire me suis-je empêtré? Malédiction!

ACTE TROISIÈME.

SCÈNE I.

TRANION, L'USURIER, puis THEUROPIDE.

L'usur. (*à part.*) Je n'ai pas encore vu une plus méchante année pour le commerce d'argent que cette année-ci. Du matin au soir je passe ma journée au forum, sans pouvoir trouver à qui prêter un seul denier.

Tran. (*à part.*) Ah! pour le coup me voilà perdu sans ressource. J'aperçois l'usurier qui nous a prêté l'argent pour acheter la bonne amie et fournir aux dépenses. Tout se découvre, si je ne préviens au plus tôt les éclaircissements qui arriveront au vieillard. Allons au-devant de lui. (*Apercevant Theuropide.*) Mais pourquoi revient-il si promptement à la maison? Je crains qu'il n'ait appris quelque chose de nos fredaines. Je vais l'aborder et lui parler. Malheureux! comme je tremble! La triste chose qu'une conscience coupable! et c'est mon cas. Pourtant, quoi qu'il arrive, je poursuivrai l'intrigue : notre intérêt l'exige. (*Haut à Theuropide.*) D'où venez-vous?

Theur. De voir celui qui m'a vendu cette maison.

Tran. Est-ce que vous lui avez raconté ce que je vous ai dit?

Theur. Oui sans doute, je lui ai tout dit.

Tran. (*à part.*) Malheur à moi! je tremble que toutes mes combinaisons ne soient renversées.

Theur. Pourquoi parles-tu tout seul?

Tran. Ce n'est rien... Mais dites-moi... Vous lui avez vraiment raconté...

Theur. Je te le répète, je lui ai tout dit de point en point.

Tran. Sans doute il convient de l'assassinat de cet hôte?

Theur. Il le nie au contraire fortement.

Tran. Il le nie?

Theur. Encore un coup, il le nie.

Tran. (*à part.*) Ah! plus j'y pense, et plus ma perte est certaine. (*haut.*) Il n'en convient pas?

Theur. Je te le dirais s'il avait avoué. Que me conseilles-tu de faire?

Tran. Ce que je vous conseille? je vous engage à choisir un arbitre, de concert avec lui. Mais ayez

---

Theur. Heus, Tranio. *Tran.* Non me adpellabis, si sapis.
Nihil ego conmerui, neque istas percussi foreis. 510
Theur. Quæso, quid ægre est? quæ res te agitat, Tranio?
Quicum istæc loquere? *Tran.* An, quæso, tu adpellaveras?
Ita me di amabunt, mortuum illum credidi
Expostulare, quia percussisses foreis.
Sed tu etiamne adstas, nec quæ dico obtemperas? 515
Theur. Quid faciam? *Tran.* Cave respexis : fuge, atque
operi caput.
Theur. Cur non fugis tu? *Tran.* Pax mihi est cum mortuis.
Theur. Scio : quid modo igitur? tur tantopere extimueras?
Tran. Nil me curassis, inquam : ego mihi providero :
Tu, ut obcepisti, tantum quantum quis, fugies, 520
Atque Herculem invocabis. *Theur.* Hercules, te invoco.
(abit.)
Tran. Et ego, tibi hodie ut det, senex, magnum malum.
Pro di inmortaleis, obsecro vostram fidem,
Quid ego hodie negoti confeci, malum!

ACTUS TERTIUS.

SCENA PRIMA.

DANISTA, THEUROPIDES, TRANIO.

Dan. Scelestiorem ego annum argento fœnori 525
Nunquam ullum vidi, quam hic mihi annus obtigit.
A mane ad noctem usque in foro dego diem,
Locare argenti nemini numum queo.
Tran. Nunc, pol, ego peril plane in perpetuum modum.
Danista adest, qui dedit argentum fœnori, 530
Qui amica'st empta, quoque opus in sumtus fuit.
Manifesta res est, nisi quod obcurro prius,
Ne hoc senex resciscat : ibo huic obviam.
Sed quidnam hic sese tam cito recipit domum?
Metuo ne de hac re quidpiam inaudiverit. 535
Adcedam atque adpellabo : hei quam tumeo miser!
Nihil est miserius, quam animus hominis conscius,
Sicut me habet : verum utut res hæc sese habet,
Pergam turbare porro : ita hæc res postulat.
Unde is? *Theur.* Convenit illum, unde hasce ædeis emeram.
Tran. Numquid dixisti de illo, quod dixi tibi? 541
Theur. Dixi, hercule, vero omnia. *Tran.* (secum.) Væ misero mihi!
Metuo ne technæ meæ perpetuo perierint.
Theur. Quid tute tecum? *Tran.* Nihil enim : sed dic mihi,
Dixtin', quæso? *Theur.* Dixi, inquam, ordine omnia. 545
Tran. Etiam fatetur de hospite? *Theur.* Imo pernegat.
Tran. Negat? *Theur.* Negat, inquam. *Tran.* (secum.) Perii oppido, quom cogito!
(ad senem.) Non confitetur? *Theur.* Dicam, si confessus sit.
Quid nunc faciundum censes? *Tran.* Egon', quid censeam?
Cape, obsecro, hercule, cum eo una judicem : 550
Sed cum videto ut capias, qui credat mihi :

soin d'en prendre un, qui s'en rapporte à moi : et vous gagnerez votre affaire aussi aisément qu'un renard mange une poire.

L'usur. (*se tournant de leur côté.*) Mais voici Tranion, l'esclave de ce Philolachès, dont je ne puis tirer ni intérêt ni capital.

Theur. (*à Tranion, qui va du côté de l'usurier.*) Où vas-tu ?

Tran. Je ne vais nulle part. (*à part.*) Ah ! je suis bien malheureux, bien maladroit, bien maudit du ciel ! Il vient m'apostropher en présence du vieillard : que je suis à plaindre ! que je me tourne à droite, à gauche, même embarras. Je vais l'aborder le premier.

L'usur. (*à part.*) Il vient à moi, je suis sauvé : il y a de l'espoir pour mon argent.

Tran. (*à part.*) Cher homme, c'est une fausse joie que vous avez là. (*haut.*) Mysargyride, je vous souhaite le bonjour.

L'usu. Bonjour. Et mon argent?

Tran. Va donc, mauvaise bête : à peine m'as-tu abordé, que tu me lances ton dard.

L'usu. Cet homme-là est à sec.

Tran. Il est devin assurément.

L'usu. Laisse-là tes sornettes.

Tran. Eh bien ! dis ce que tu veux.

L'usu. Où est Philolachès ?

Tran. Tu ne pouvais venir plus à propos.

L'usu. Comment cela ?

Tran. Viens par ici.

L'usu. (*élevant la voix.*) Me rend-on mon argent?

Tran. Je sais que tu as une bonne voix ; ne crie pas tant.

L'usu. Par Hercule, je veux crier, moi !

Tran. (*avec une douleur ironique.*) Ayez quelques égards pour moi.

L'usu. Quels égards veux-tu que j'aie pour toi?

Tran. Retourne chez toi, je te prie.

L'usu. Que je m'en retourne?

Tran. Tu reviendras vers midi.

L'usu. Me payera-t-on mes intérêts ?

Tran. Oui ; maintenant va-t'en.

L'usu. Pourquoi m'en aller pour revenir ? pourquoi perdre ma peine et mon temps? Ne vaut-il pas mieux que je reste ici jusqu'à midi?

Tran. Non, va-t'en chez toi ; par Hercule, va-t'en. Cela suffit.

L'usu. (*criant.*) Pourquoi ne pas me payer mes intérêts ? à quoi bon lanterner?

Tran. (*embarrassé.*) Eh bien, oui ! c'est bien... allons, va-t'en. Rapporte-t'en à moi.

L'usu. (*avec force.*) Par Hercule ! je le fais assigner sur l'heure.

Tran. Courage, plus fort ! tu gagneras beaucoup à crier.

L'usu. Je réclame mon bien. Il y a déjà trop longtemps que vous vous jouez de moi. Si je vous importune, rendez-moi mon argent : je m'en irai. Vous serez d'un seul coup délivré de mes importunités.

Tran. Accepte le capital.

L'usu. (*criant plus fort.*) L'intérêt d'abord ; je l'exige.

Tran. O scélérat, le plus scélérat des hommes ! es-tu venu ici pour développer tes poumons? fais comme tu pourras. Mon jeune maître ne paye pas ; donc il ne doit pas (1).

L'usu. Il ne doit pas?

Tran. Il ne comparaîtra même pas. Veux-tu accepter ma proposition ? ou aimes-tu mieux qu'il prenne la fuite, qu'il s'exile de sa patrie à cause de toi? C'est tout au plus s'il peut te payer le principal.

L'usu. Mais je ne le demande pas.

Theur. (*appelant Tranion.*) Ah ! coquin, arrive ici.

Tran. Tout à l'heure. (*A l'usurier.*) Ne m'importune pas : tu n'auras rien ; fais ce qu'il te plaira. En effet, il n'y a que toi à qui l'on puisse emprunter de l'argent à usure.

L'usu. (*criant.*) Paye-moi mes intérêts ; rends-moi

(1) C'est le mot de Figaro : Si je ne paye pas, c'est comme si je ne devais rien.

Tam facile vinces, quam pirum volpes comest.
Dan. Sed Philolachetis eccum servom Tranium,
Qui mihi neque fœnus, neque sortem argenti danunt.
Theur. Quo te agis? *Tran.* Nec quoquam abeo. Næ ego sum miser, 555
Scelestus, gnatus dis inimicis omnibus !
Jam illo præsente adibit ; næ ego homo sum miser !
Ita et hinc et illinc mi exhibent negotium.
Sed obcupabo adire. *Dan.* Hic ad me it, salvos sum,
Spes est de argento. *Tran.* Hilarus est frustra istic homo. 560
Salvere jubeo te, Misargyrides, bene.
Dan. Salve et tu : quid de argento? *Tran.* Abi, sis, belua,
Continuo adveniens pilum injecisti mihi.
Dan. Hic homo 'st inanis. *Tran.* Hic homo est certe ariolus.
Dan. Quin tu istas mittis tricas? *Tran.* Quin quid vis cedo.
Dan. Ubi Philolaches est ? *Tran.* Nunquam potuisti mihi 566
Magis obportunus advenire quam advenis.
Dan. Quid est? *Tran.* Concede huc. *Dan.* Quin mihi argentum redditur ?
Tran. Scio te bona esse voce, ne clama nimis.
Dan. Ego, hercle, vero clamo. *Tran.* Ah, gere morem mihi. 570
Dan. Quid tibi ego morem vis geram? *Tran.* Abi, quæso ; hinc domum.
Dan. Abeam? *Tran.* Redito huc circiter meridie.
Dan. Reddeturne igitur fœnus? *Tran.* Reddetur ; nunc abi.

Dan. Quid ego huc recursem, aut operam sumam, aut conteram?
Quid, si heic manebo potius ad meridiem ? 575
Tran. Imo abi domum, verum, hercle, dico : abi modo.
Dan. Quin vos mihi fœnus date : qui nugamini ?
Tran. Eu, hercle, næ tu... abi modo : ausculta mihi.
Dan. Jam, hercle, ego illunc nominabo. *Tran.* Euge strenue.
Beatus vero es nunc, quom clamas. *Dan.* Meum peto. 580
Multos me hoc pacto jam dies frustramini
Molestus si sum, reddite argentum, abiero.
Responsiones omneis hoc verbo eripite.
Tran. Sortem adcipe. *Dan.* Imo fœnus, id primum volo.
Tran. Quid tu, homo hominum omnium teterrume, 585
Venisti huc extentatum? agas quod in manu 'st
Non dat, non debet. *Dan.* Non debet? *Tran.* Nec erit quidem.
Ferre hoc potes? an mavis ut aliquo abeat foras?
Urbem exsul linquat factus hic causa tui,
Quoi sortem vix dare licebit? *Dan.* Quin non peto. 590
Theur. (ad Tranionem.) Eia, mastigia, ad me redi. *Tran.* (ad Theuropidem.) Jam istic ero.
(ad Danistam.) Molestus ne sis, nemo dat, age qui d lubet.
Tu solus, credo, fœnore argentum datas.
Dan. Cedo fœnus : redde fœnus fœnus : reddite,
Daturin' estis fœnus actutum mihi? 595

LE REVENANT, ACTE III, SCÈNE I.

mes intérêts. Rendez-moi mes intérêts. Voulez-vous bien me payer mes intérêts, tout de suite! Donnez-moi mes intérêts.

Tran. Les intérêts par ci, les intérêts par là. Le coquin ne sait dire que ces mots, *mes intérêts*. Non, je ne crois pas avoir jamais vu de plus méchante bête que toi.

L'usu. Tu as beau faire, ces injures ne m'effrayent pas.

Theur. (*regardant la dispute.*) Cela est chaud; et quoique de loin, le feu me brûle. (*à Tranion.*) Qu'est-ce donc que ces intérêts qu'il réclame?

Tran. (*à l'usurier, montrant Theuropide.*) Voici le père, qui arrive d'un grand voyage : il te paiera intérêt et principal. Ne cherche pas à brouiller nos affaires. (*L'usurier s'avance vers Theuropide*). Voyez s'il se fait prier.

L'usu. (*à Theurop.*) Je recevrai ce qu'on me donnera.

Theur. (*à Tranion*). Dis-moi donc?

Tran. Plaît-il?

Theur. (*à Tranion*). Quel est cet homme? Que demande-t-il? Pourquoi en veut-il ainsi à mon fils, et te cherche-t-il querelle? Lui doit-on quelque chose?

Tran. De grâce, ordonnez qu'on jette quelque argent dans la gueule de cet animal immonde.

Theur. De l'argent?

Tran. Oui, faites-lui casser la mâchoire avec de l'argent.

L'usu. Je souffre très-volontiers qu'on me batte, pourvu que ce soit avec de l'argent.

Theur. De quel argent parlez-vous?

Tran. Philolachès lui en doit un peu.

Theur. Ce peu, quel est-il?

Tran. Environ quarante mines.

L'usu. (*à Theuropide.*) En effet, ce n'est pas grand'chose, ne trouvez-vous pas?

Tran. L'entendez-vous? que vous en semble! n'est-ce pas là un digne usurier? Oh! la maudite espèce!

Theur. Peu m'importe ce qu'il est et d'où il sort. Je ne demande, je ne veux savoir de toi qu'une chose : que signifient cet argent, ces intérêts?

Tran. On lui doit quarante mines. Promettez-lui de les payer, pour qu'il s'en aille.

Theur. Moi! que je lui promette...

Tran. Sans doute.

Theur. Moi!

Tran. Vous-même : promettez seulement; croyez-moi... Engagez-vous, allons; c'est moi qui vous le conseille.

Theur. Réponds-moi : qu'a-t-on fait de cet argent?

Tran. Il n'est pas perdu.

Theur. Eh bien! payez vous-mêmes, puisqu'il n'est pas perdu.

Tran. Votre fils a acheté une maison.

Theur. Une maison!

Tran. Une maison.

Theur. A merveille, Philolachès est le digne fils de son père. Il a déjà le goût des spéculations. (*à Tranion.*) Une maison, dit-tu?

Tran. Une maison, vous dis-je. Mais savez-vous quelle espèce de maison?

Theur. Comment puis-je le savoir?

Tran. Ah!

Theur. Qu'est-ce?

Tran. Ne m'interrogez pas.

Theur. Pourquoi cela?

Tran. Une maison d'une beauté éblouissante, plus brillante qu'un miroir.

Theur. C'est fort bien fait : combien coûte-t-elle?

Tran. Autant de grands talents que nous sommes là vous et moi : mais il a donné pour arrhes ces quarante mines. (*montrant l'usurier.*) C'est lui qui nous les a prêtées. Comprenez-vous bien? Dès que notre maison se trouva dans l'état que je vous ai dit, votre fils s'empressa d'en acheter une autre qu'il pût habiter.

Theur. Et il a fort bien fait.

Date mi fœnus. *Tran.* Fœnus illeic, fœnus heic.
Nescit quidem nisi fœnus fabularier
Veterator : neque ego tetriorem beluam
Vidisse me unquam quemquam, quam te, censeo.
Dan. Non, edepol, nunc me tu istis verbis territas. 600
Theur. Calidum hoc est, etsi procul abest, urit male.
Quod illuc est fœnus, obsecro, quod illic petit?
Tran. (*ad Danistam.*) Pater, eccum, advenit peregre non multo prius
Illius, is tibi et fœnus et sortem dabit :
Ne inconciliare quid nos porro postules. 605
Vide num moratur? *Dan.* Quin feram, si quid datur.
Theur. Quid ais tu? *Tran.* Quid vis? *Theur.* Quis illic est? quid illic petit?
Quid Philolachetem gnatus conpellat meum
Sic, et præsenti tibi facit convicium?
Quid illi debetur? *Tran.* Obsecro, hercle, jube 610
Objici argentum huic ob os inpuræ beluæ.
Theur. Jubeam? *Tran.* Jube homini argento os verberarier.
Dan. Perfacile ego ictus perpetior argenteos.
Theur. Quod illud argentum 'st? *Tran.* Huic debet Philolaches
Paulum. *Theur.* Quantillum? *Tran.* Quasi quadraginta minas.
Dan. Ne sane id multumcenseas, paulum id quidem 'st.
Tran. Audin'? videturne, obsecro, hercle, idoneus,

Danista qui sit? genus quod inprobissumum'st.
Theur. Non ego istuc curo, qui sit, unde sit :
Id volo mihi dici, id me scire expeto. 620
Adeo etiam argenti fœnus creditum audio.
Tran. Quatuor quadraginta illi debentur minæ.
Dic te daturum, ut abeat. *Theur.* Egon' dicam dare?
Tran. Dic. *Theur.* Egone? *Tran.* Tu ipsus dic modo, ausculta mihi. 624
Promitte : age, inquam, ego jubeo. *Theur.* Responde mihi
Quid eo 'st argento factum? *Tran.* Salvom 'st. *Theur.* Solvite
Vosmet igitur, si salvom 'st. *Tran.* Ædeis filius
Tuus emit. *Theur.* Ædeis? *Tran.* Ædeis. *Theur.* Euge, Philolaches
Patrissat : jam homo in mercatura vortitur.
Ain' tu, ædeis? *Tran.* Ædeis, inquam : sed sciu' quojusmodi? 630
Theur. Qui scire possim? *Tran.* Vah! *Theur.* Quid est?
Tran. Ne me roga.
Theur. Nam quid ita? *Tran.* Speculo claras, clarorem merum.
Theur. Bene, hercle, factum : quid? eas quanti destinat?
Tran. Talentis magnis totidem, quot ego et tu sumus.
Sed arrhaboni has dedit quadraginta minas. 635
Hinc sumsit quas ei credidimus : satin' intellegis?
Nam postquam hæce ædeis ita erant, ut dixi tibi,
Continuo est alias ædeis mercatus sibi.

L'usu. (à *Tranion*). Hé! il est près de midi.
Tran. (à *Theuropide*). Payez, je vous prie, cet excrément; qu'il ne nous assomme pas. Nous lui devons quarante mines, principal et intérêts.
L'usu. C'est bien le compte : je ne demande rien de plus.
Tran. Par Hercule, je voudrais voir que tu demandasses une obole de plus!
Theur. (à *l'usurier*). Jeune homme, c'est à moi que vous avez affaire.
L'usu. C'est donc à vous que je m'adresserai?
Theur. Venez demain.
L'usu. Je m'en vais : je suis satisfait si demain je reçois..... (*il sort*.)
Tran. (à part, *continuant la phrase*.) Le châtiment que tous les dieux et toutes les déesses te doivent pour avoir bouleversé mes projets. (*Haut*) Il n'y a pas aujourd'hui de race plus détestable, plus tyrannique que la race usurière.
Theur. Dans quel endroit est la maison que mon fils a achetée?
Tran. (à part.) A l'autre! je suis perdu.
Theur. Veux-tu bien me répondre?
Tran. Je vais vous le dire : mais je cherche le nom du propriétaire.
Theur. Voyons, tâche donc de le rappeler.
Tran. (à part.) Comment faire? Il faut mentir : c'est la maison du voisin que le jeune homme a achetée. Le mensonge le plus prompt est, dit-on, le meilleur. Ce que les dieux inspirent est toujours bien dit.
Theur. Eh bien! l'as-tu trouvé?
Tran. Que les dieux le foudroyent! (à *part*, *montrant Theuropide*.) ou toi, plutôt. (*haut*.) C'est la maison de notre voisin, ici près.
Theur. (avec *surprise*.) Le marché est-il conclu?
Tran. Oui, si vous payez : si vous ne payez pas, il n'y a rien de fait.

Theur. La situation ne m'en paraît pas bien avantageuse.
Trun. Excellente au contraire!
Theur. Parbleu, j'ai envie de visiter cette maison. Frappe, Tranion, appelle quelqu'un du logis.
Tran. (à part). Bon! me voici encore réduit à ne savoir que dire. Les flots me poussent contre un nouvel écueil. Que devenir maintenant? Je ne sais quel expédient imaginer. Je suis pris comme un sot.
Theur. Appelle donc quelqu'un... Demande que l'on me conduise.
Tran. Fort bien; mais... Il y a des femmes... Il faut voir auparavant si elles le permettent.
Theur. Tu as raison. Va-t'en t'en informer : je t'attendrai un peu ici devant la porte.
Tran. (à part.) Que les dieux et les déesses te confondent, maudit vieillard qui renverse ainsi toutes mes machines. Courage! à merveille! Voilà le maître de la maison, Simon, qui s'avance en personne : retirons-nous de ce côté, pour rassembler dans ma tête mon conseil privé (1). Je ne veux l'aborder que lorsque j'aurai trouvé un expédient.

SCÈNE II.

SIMON, THEUROPIDE, TRANION.

Sim. (se *croyant seul*). Je n'avais pas été traité si bien chez moi de toute l'année; je n'avais jamais mangé de si bon appétit. Ma femme m'a donné là un excellent dîner. Elle me conseille maintenant d'aller me coucher. Point du tout. Je n'ai pas d'abord soupçonné pourquoi elle me régalait mieux que de coutume. La vieille a voulu m'entraîner ensuite dans notre chambre à coucher. Le sommeil ne vaut rien après le dîner. Pas de cela! Je me suis esquivé tout doucement. A cette heure elle est, je gage, bouffie de colère contre moi.

(1) Cette plaisanterie se retrouve dans l'*Epidicus*.

Theur. Bene, hercle, factum. *Dan.* Heus, jam adpetit meridies.
Tran. Absolve hunc, quæso, vomitum, ne hic nos enecet.
Quatuor quadraginta illi debentur minæ, 611
Et sors et fœnus. *Dan.* Tantum 'st : nihilo plus peto.
Tran. Velim quidem, hercle, ut uno numo plus petas.
Theur. (ad Danistam.) Adulescens, mecum rem habe. *Dan.* Nempe abs te petam.
Theur. Petito cras. *Dan.* Abeo, sat habeo, si cras fero. (abit.)
Tran. Malum, quod isti di deæque omneis duint. 646
Ita mea consilia perturbat pænissume.
Nullum, edepol, hodie genus est hominum tetrius,
Nec minus bono cum jure, quam Danisticum.
Theur. Qua in regione istus ædeis emit filius? 650
Tran. Ecce autem perii! *Theur.* Dicisne hoc, quod te rogo?
Tran. Dicam : sed nomen domini quæro quid siet.
Theur. Age comminiscere ergo. *Tran.* (secum.) Quid ego nunc agam?
Nisi, ut in vicinum hunc proxumum mendacium,
Eas emisse ædeis hujus dicam filium. 655
Callidum, hercle, audivi esse optumum mendacium.
Quidquid dei dicunt, id rectum 'st dicere.
Theur. Quid igitur? jam commenti's? *Tran.* Di istum perduint!
Imo istunc potius. De vicino hoc proxumo
Tuus emit ædeis filius. *Theur.* Bonan' fide? 660
Tran. Siquidem es argentum redditurus, tum bona :
Si redditurus non es, non emit bona.
Theur. Non in loco emit perbono has. *Tran.* Imo optumo.

Theur. Cupio, hercle, inspicere has ædeis; pultadum foreis ,
Atque evocato aliquem intus ad te , Tranio. 665
Tran. Ecce autem Iterum nunc quid ego dicam nescio;
Iterum jam ad unum saxum me fluctus ferunt.
Quid nunc? non , hercle, quid nunc faciam , reperio :
Manifesto teneor. *Theur.* Evocadum aliquem foras,
Roga, circumducat. *Tran.* Heus tu : at heic sunt mulieres : . 670
Vidundum 'st primum , utrum eæ velintne , an non velint.
Theur. Bonum æquomque oras : percontare et roga.
Ego heic tantisper, dum exis, te obperiar foris.
Tran. Di te deæque omneis funditus perdant, senex :
Ita mea consilia undique obpugnas mala. 675
Euge, optume : eccum dominus ædium foras
Simo progreditur ipsus : huc concessero ,
Dum mihi senatum consili in cor convoco.
Igitur tum udcedam hunc, quando quid agam invenero.

SCENA SECUNDA.

SIMO, THEUROPIDES, TRANIO.

Sim. Melius anno hoc mihi non fuit domi , 680
Nec quando esca una me juverit magis.
Prandium uxor mihi perbonum dedit.
Nunc dormitum jubet me ire :.minume.
Non mihi forte visum Inlico fuit,
Melius quam prandium , quam solitum , dedit. 685

Tran. (*à part*). Le bonhomme se prépare un mauvais accueil pour ce soir; le voilà condamné à souper et à dormir fort mal chez lui.

Sim. Plus je réfléchis, et plus je trouve que lorsqu'on prend une femme richement dotée, on n'éprouve pas le besoin du sommeil : on frémit de s'aller coucher. Quant à moi, mon parti est bien pris, j'aime mieux aller à la place publique que d'être au lit chez moi. (*Aux spectateurs.*) J'ignore de quelle humeur sont vos femmes : mais je sais que la mienne me fait enrager, et qu'elle va être encore pire que jamais.

Tran. (*à part*). Si ton escapade t'occasionne quelque chagrin, vieux barbon, ne va pas t'en prendre aux dieux. Tu ne dois raisonnablement en accuser que toi. — Voici le moment de lui parler. Je le tiens : j'ai trouvé le moyen de berner le vieillard, et de me tirer d'embarras. Approchons. (*haut.*) Simon, que les dieux vous protégent!

Sim. Bonjour, Tranion.

Tran. Comment vous portez-vous?

Sim. Pas mal. (*Tranion lui prend la main.*) Que fais-tu là?

Tran. Je prends la main d'un homme de bien.

Sim. Je te remercie du compliment.

Tran. Certes vous le méritez.

Sim. La main que je tiens, moi, n'est pas celle d'un bon esclave.

Tran. Pourquoi cela, Simon?

Sim. (*d'un ton goguenard et montrant la maison de Philolachés.*) Eh bien! quand commencez-vous?

Tran. Qu'est-ce?

Sim. Ce que vous faites d'ordinaire?

Tran. Dites-nous donc ce que nous faisons d'ordinaire?

Sim. (*ironiquement.*) Ce que vous faites?.... Mais à parler vrai, Tranion, c'est à merveille. Il faut se conformer au goût des gens; et puis la vie est si courte! on doit y songer.

Tran. Quoi? Ah! j'y suis enfin... Vous voulez parler du train que nous menons?

Sim. Par Hercule, vous vivez magnifiquement; et ce train vous convient à merveille. Bon vin, bonne chère, poissons délicats, vous menez une vie d'hommes d'élite.

Tran. Oui, nous vivions ainsi; maintenant toutes ces douceurs sont évanouies.

Sim. Comment?

Tran. Oui, Simon, nous sommes ruinés.

Sim. Tais-toi donc! tout vous a réussi jusqu'à ce jour.

Tran. C'est vrai; je n'en disconviens pas. Nous avons mené aussi joyeuse vie que nous le désirions : mais le vent, mon cher Simon, a maintenant abandonné notre vaisseau.

Sim. (*d'un air de compassion.*) Qu'est-ce? comment cela?

Tran. C'est épouvantable!

Sim. Est-ce que votre vaisseau n'a pas été ramené au port?

Tran. Hélas!

Sim. Qu'est-ce que tu as?

Tran. Malheur à moi! je suis perdu.

Sim. Pourquoi?

Tran. Il est arrivé un gros vaisseau qui va briser notre esquif.

Sim. Je voudrais, Tranion, que tout allât selon ton gré; mais de quoi s'agit-il? parle.

Tran. Mon vieux maître est revenu de voyage.

Sim. Bon! C'est pour toi que l'on monte la lyre... Tes fers s'apprêtent, et tu iras tout d'un saut sur la croix.

Tran. Je vous en conjure à genoux, ne me dénoncez pas à mon maître.

Sim. Ne crains rien; il n'apprendra rien de moi.

Tran. O mon patron, que le ciel vous conserve!

Sim. Je ne me charge pas de clients de ton espèce.

Tran. Maintenant voici la commission que le vieillard m'a donnée pour vous.

Voluit in cubiculum abducere me anus.
Non bonus somnus est de prandio; apage :
Clanculum ex ædibus me edidi foras.
Tota turget mihi uxor nunc, scio, domi.
Tran. Res parata'st mala in vesperum huic seni. 690
Nam et cœnandum et cubandum'st intus male.
Sim. Quo magis cogito ego cum meo animo,
Si quis dotatam uxorem habet,
Neminem solicitat sopor,
Ire dormitum odio'st : nunc vero mihi 695
Exsequi certa resta res est, ut abeam
Potius hinc ad forum, quam domi cubem.
Atque, pol, nescio, ut moribus sient
Vostræ : hæc sat scio, quam me habeat male;
Pejusque posthac fore, quam fuit mihi. 700
Tran. Si abitus tuus tibi, senex, fecerit male,
Nihil erit quod Deorum ullum adcusites :
Te ipse jure optumo merito incuses licet.
Tempus nunc est senem hunc adloqui mihi.
Hoc habet : reperi, qui senem ducerem : 705
Quo dolo a me dolorem procul pellerem.
Adeedam. Di te ament plurimum, Simo.
Sim. Salvos sis, Tranio. *Tran.* Ut vales? *Sim.* Non male.
Quid agis? *Tran.* Hominem optumum teneo. *Sim.* Amice
facis, 709
Quom me laudas. *Tran.* Decet certe. *Sim.* Hercle, at te ego
Haud bonum teneo servom. *Tran.* Quid ita vero, Simo?

Sim. Quid nunc? quam mox? *Tran.* Quid est? *Sim.* Quod solet fieri.
Tran. Dic igitur, quod solet fieri, quid id est?
Sim. Quid facitis vos? Sed, ut verum, Tranio, loquar,
Sic decet. Ut homines sunt, ita morem geras. 715
Vita quam sit brevis, simul cogita.
Tran. Quid? ehem, vix tandem
Percepi super his rebus nostris te loqui.
Sim Musice, hercle, agitis ætatem : ita ut vos decet :
Vino et victu, piscatu probo, electili 720
Vitam colitis. *Tran.* Imo vita antehac erat :
Nunc nobis omnia hæc exciderunt.
Sim. Quidum? *Tran.* Ita oppido obcidimus omneis, Simo.
Sim. Non taces? prospere vobis cuncta usque adhuc
Processerunt. *Tran.* Ita ut dicis, facta haud nego. 725
Nos profecto probe, ut voluimus, viximus.
Sed, Simo, ita nunc ventus navem
Deseruit. *Sim.* Quid est? quomodo? *Tran.* Pessume.
Sim. Quæne subducta erat tuto in terra?
Tran. Hei! *Sim.* Quid est? *Tran.* Me miserum! obcidi! 730
Sim. Qui? *Tran.* Quia
Venit navis, nostræ navi quæ frangat ratem.
Sim. Velim ut velles, Tranio. Sed quid est negoti?
Eloquere. *Tran.* Herus peregre venit. *Sim.* Tunc tibi
Chorda tenditur; inde in ferriterium;
Postea in crucem recta. *Tran.* Nunc te ego per genua 735
Obsecro, ne indicium hero facias meo. *Sim* E me,

Sim. Réponds d'abord à ma question. Le vieillard sait-il déjà quelqu'une de vos fredaines?
Tran. Non.
Sim. Est-ce qu'il n'a pas grondé son fils?
Tran. Son front est aussi calme qu'un ciel sans nuages. Il m'a chargé de vous demander instamment la permission de visiter votre maison.
Sim. Elle n'est pas à vendre.
Tran. Je le sais bien : mais le vieillard veut ajouter à la sienne un appartement pour les femmes, une salle de bain, une galerie, et un portique.
Sim. Est-ce qu'il rêve?
Tran. Je vais tout vous expliquer. Il compte marier son fils au plus tôt : et pour cela il veut construire un nouveau gynécée. Il prétend qu'un architecte, je ne sais lequel, lui a fort vanté vos appartements; il désire, si vous le trouvez bon, les prendre pour modèles.
Sim. Il prend pour modèle un fort mauvais ouvrage.
Tran. On lui a dit qu'elle était très-agréable en été; qu'on pouvait rester toute la journée au grand air, à l'abri du soleil.
Sim. Rien n'est plus faux. Quand il y a partout de l'ombre, ici le soleil, dardant ses rayons depuis le matin jusqu'au soir, assiége notre porte comme un créancier celle de son débiteur : et je ne trouve d'ombre nulle part, si ce n'est un peu au fond du puits.
Tran. Est-ce que vous ne pouvez pas même vous procurer une esclave d'*Ombrie* (1)?
Sim. Ne m'importune pas : ma maison est comme je te le dis.
Tran. Il veut la visiter néanmoins.
Sim. Qu'il la visite, si cela lui plaît. Qu'il bâtisse sur le même plan, s'il trouve quelque chose à son goût.

(1) Jeu de mots sur *ombre*, qui ne peut se rendre en français.

Tran. Eh bien! faut-il l'appeler?
Sim. Oui, tu le peux.
Tran. (*à part.*) On vante les hauts faits de deux grands hommes, d'Alexandre et d'Agathocle : que dira-t-on d'un troisième, de moi, qui seul, sans armée, accomplis d'immortels exploits? (*Montrant Simon.*) Celui-ci porte son bât; l'autre vieux porte aussi le sien. Je me suis créé un nouveau genre d'industrie qui n'est pas mauvais : les muletiers font porter le bât à des mulets, moi à des hommes : ils ont les reins forts, ils portent tout ce qu'on leur met sur le dos. Je ne sais pas maintenant si je dois lui parler. — Allons. (*Haut.*) Eh! Theuropide?
Theur. Qui m'appelle?
Tran. Un esclave très-fidèle à son maître. Votre commission est faite; j'ai tout obtenu.
Theur. Pourquoi, je te prie, as-tu tardé si longtemps?
Tran. Le vieillard était occupé : il m'a fallu attendre.
Theur. Toujours ta vieille habitude de flâner.
Tran. Si vous vouliez bien vous rappeler le proverbe : On ne peut souffler et avaler en même temps! Je ne pouvais être à la fois ici et là.
Theur. Eh bien! au fait...
Tran. Vous pouvez tout visiter, tout examiner à votre aise.
Theur. Allons, conduis-moi.
Tran. Est-ce que je vous arrête?
Theur. Je te suis.
Tran. (*montrant Simon à Theuropide.*) Voici le vieillard lui-même qui vous attend devant la porte de la maison; mais il est fâché de l'avoir vendue.
Theur. Eh bien! après?
Tran. Il me prie de conseiller à Philolachès d'annuler le contrat.
Theur. Ce n'est pas mon avis. Chacun aux champs

Ne quid metuas, nihil sciet. *Tran.* Patrone, salve.
Sim. Nihil moror mihi istiusmodi clienteis.
Tran. Nunc hoc, quod ad te noster me misit senex.
Sim. Hoc mihi responde primum, quod ego te rogo : 740
Jam de istis rebus voster quid sensit senex?
Tran. Nihil quidquam. *Sim.* Numquid increpavit filium?
Tran. Tam liquidu'st, quam liquida esse tempestas solet.
Nunc te hoc orare jussit opere maxumo,
Ut sibi liceret inspicere has aedeis tuas. 745
Sim. Non sunt venaleis. *Tran.* Scio equidem istuc : sed senex
Gynaeceum aedificare volt heic in suis,
Et balineas et ambulacrum et porticum.
Sim. Quid consomniavit? *Tran.* Ego dicam tibi :
Dare volt uxorem filio quantum pote 'st : 750
Ad eam rem facere volt novom gynaeceum.
Nam sibi laudasse hasce ait architectonem
Nescio quem, esse aedificatas has sane bene.
Nunc hinc exemplum capere volt, nisi tu nevis.
Sim. Nae ille malo quidem ab opere exemplum petit. 755
Tran. Quia heic audivit esse aestatem perbonam :
Subdiu coli absque sole perpetuam diem.
Sim. Imo, edepol, vero, quom usquequaque umbra 'st, tamen
Sol semper heic est usque a mani ad vesperum,
Quasi flagitator adstat usque ad ostium. 760
Nec mihi umbra usquam 'st, nisi in puteo quaepiam 'st.
Tran. Quid, Sarsinatis ecqua 'st, si Umbram non habes?
Sim. Molestus ne sis : hæc sunt sicut praedico.

Tran. Attamen inspicere volt. *Sim.* Inspiciat, si lubet.
Si quid erit, quod illi placeat, de exemplo meo 765
Ipse aedificato. *Tr.* Eon'? voco huc hominem? *Sim.* I, voca.
Tran. Alexandrum magnum, atque Agathoclem aiunt maxumas
Duo res gessisse : quid mihi fiet tertio,
Qui solus facio facinora inmortalia?
Vehit hic clitellas, vehit hic autem alter senex. 770
Novitium mihi quaestum institui non malum :
Nam muliones mulos clitellarios
Habent; ego habeo homines clitellarios.
Magni sunt oneris; quidquid imponas, vehunt.
Nunc hunc haud scio an conloquar : congrediar. 775
Heus Theuropides. *Theur.* Quis nominat me?
Tran. Hero servos multum suo fidelis.
Quo me miseras, adfero omne inpetratum.
Theur. Quid illic, obsecro, tam diu restitisti?
Tran. Seni non otium erat, id sum obperitus. 780
Theur. Antiquom hoc obtines tuum, tardus ut sis.
Tran. Heus tu, si voles verbum hoc cogitare,
Simul flare sorbereque haud facile
Est; ego heic esse et illeic simul haud potui.
Theur. Quid nunc? *Tran.* Vise, specta tuo arbitratu. 785
Theur. Age, duc me. *Tr.* Num moror? *Th.* Subsequor te.
Tran. Senex ipse te ante ostium eccum obperitur.
Sed maestus est se hasce vendidisse.
Theur. Quid tandem? *Tran.* Orat ut suadeam Philolacheti,
Ut istas remittat sibi. *Theur.* Haud opinor. 790
Sibi quisque ruri metit : si male emtie

moissonne pour soi. Si nous avions fait un mauvais marché, nous ne serions pas maîtres de le rompre. S'il y a du bénéfice, nous devons le garder.
Tran. Cependant l'humanité veut que l'on soit compatissant.
Theur. Tu m'arrêtes avec ton bavardage...
Tran. Suivez-moi.
Theur. Volontiers. Je suis à ta disposition.
Tran. (*à Simon.*) Voici le vieillard : je vous l'amène.
Sim. (*à Theuropide.*) Je suis charmé, Theuropide, de vous voir de retour en bonne santé!
Theur. Que les dieux vous soient propices!
Sim. Cet esclave m'a dit que vous voulez visiter cette maison.
Theur. Si cela ne vous gêne pas.
Sim. Bien au contraire, avec plaisir; entrez, et visitez.
Theur. Mais les femmes...
Sim. Ne vous inquiétez pas des femmes. Parcourez la maison du haut en bas, comme si elle était à vous.
Theur. Comment, comme si....
Tran. (*bas à Theuropide.*) N'irritez pas ses regrets en lui rappelant que vous l'avez achetée... Ne voyez-vous pas la triste figure du bonhomme?
Theur. (*bas.*) Oui, je vois....
Tran. (*bas.*) N'ayez donc pas l'air de le molester par trop d'empressement : ne lui dites mot de l'acquisition.
Theur. Je comprends : le conseil est sage, et montre tes bons sentiments. (*A Simon.*) Eh bien?
Sim. Eh bien! entrez, examinez à loisir, et tant qu'il vous plaira.
Theur. On ne peut y mettre plus d'obligeance et de politesse.
Sim. C'est bien mon intention.
Tran. (*à Theuropide.*) Voyez-vous ce vestibule devant la maison? et cette galerie? que vous en semble?
Theur. Magnifique assurément.
Tran. Tenez, voyez ces jambages : quelle solidité! quelle épaisseur!

Theur. Je ne crois pas en avoir jamais vu de plus beaux.
Sim. Par Pollux, ils m'ont coûté assez cher autrefois.
Tran. (*bas à Theuropide.*) Ils m'ont coûté, l'entendez-vous? C'est à peine s'il retient ses larmes.
Theur. Combien les avez-vous payés?
Sim. Trois mines les deux, sans compter le transport.
Theur. (*les examinant de plus près.*) Ils sont pourtant moins bons que je n'ai cru d'abord.
Tran. Pourquoi?
Theur. C'est qu'ils sont tous deux rongés de vers par le bas.
Tran. Le bois aura été coupé hors de la saison. C'est la cause du mal. Mais ils dureront encore longtemps en les goudronnant. Car ce n'est pas un gagne-denier, un méchant ouvrier qui les a travaillés. Regardez un peu ces lambris!
Theur. Je vois bien.
Tran. Comme toutes les pièces s'embrassent étroitement!
Theur. S'embrassent!
Tran. Je voulais dire, s'unissent. (*Lui montrant la maison.*) Êtes-vous satisfait?
Theur. Plus j'examine en détail, plus je suis charmé.
Tran. (*montrant le plafond.*) Voyez les peintures; regardez cette corneille se jouant de deux buses (1). Elle se tient sur ses gardes, et donne tour à tour à l'une et à l'autre des coups de bec. Tournez-vous de mon côté, je vous prie, afin de bien voir la corneille... Heim! la voyez-vous?
Theur. (*regardant en l'air.*) Je ne vois pas du tout de corneille.
Tran. Alors regardez de votre côté; puisque

(1) On comprend d'abord l'allégorie. La corneille rusée, c'est Tranion ; les deux oiseaux blancs, chauves et avides, représentent parfaitement les deux vieillards ; mais le bonhomme Theuropide ne comprendra pas plus qu'il ne verra.

Forent, nobis istas redhibere haud liceret.
Lucri quidquid est, id domum trahere oportet.
Tran. Misericordiam tamen habere hominem oportet.
Theur. Morare, hercle, quom verba facis. *Tran.* Subsequere. *Theur.* Fiat. 795
Do tibi operam. *Tran.* (*ad Simonem.*) Senex illic est : hem adduxi tibi hominem.
Sim. Salvom te advenisse peregre gaudeo, Theuropides.
Th. Di te ament. *Sim.* Inspicere te ædeis has velle aibat mihi.
Theur. Nisi tibi incommodum 'st. *Sim.* Imo conmodum : i intro, atque inspice.
Theur. At enim mulieres. *Sim.* Cave ut ullam floccifaxis mulierem. 800
Qualibet perambula ædeis oppido tamquam tuas.
Theur. Tamquam? *Tran.* Ah cave tu illi objectes nunc in ægritudine,
Te has emisse : non tu vides hunc, voltu ut tristi est senex?
Theur. Video. *Tran.* Ergo inridere ne videare et gestire admodum;
Noli facere mentionem te emisse. *Theur.* Intellego, 805
Et bene monitum duco, atque te existumo humano ingenio.
Quid nunc? *Sim.* Quin tu is intro, atque otiose perspectas, ut lubet?
Theur. Bene benigneque arbitror te facere. *Sim.* Factum, edepol, volo.

Tran. Viden' vestibulum ante ædeis hoc? et ambulacrum quojusmodi?
Theur. Luculentum, edepol, profecto. *Tran.* Age specta, posteis quojusmodi! 810
Quanta firmitate facti, et quanta crassitudine!
Theur. Non videor vidisse posteis polchriores. *Sim.* Pol, mihi
Eo pretio emti fuerant olim. *Tran.* Audin', fuerant, dicere?
Vix videtur continere lacrumas. *Theur.* Quanti hosce emeras?
Sim. Treis minas pro istis duobus, præter vecturam, dedi.
Theur. Hercle, quin multum inpobriores sunt quam a primo credidi. 815
Tran. Quapropter? *Theur.* Quia, edepol, ambo ab infimo tarmes secat.
Tran. Intempestivos excisos credo, id eis vitium nocet :
Atque etiam nunc satis boni sunt, si sint inducti pice.
Non enim hæc pultifagus opifex opera fecit barbarus. 820
Viden' coagmenta in foribus? *Theur.* Video. *Tran.* Specta, quam arcte dormiunt.
Theur. Dormiunt? *Tran.* Illud quidem, ut connivent, volui dicere.
Satin' habes? *Theur.* Ut quidque magis contemplor, tanto magis placet.
Tran. Viden' pictum, ubi ludificatur cornix una volturios duo?
Cornix adstat ; ea volturios duo vicissim vellicat. 825

vous ne pouvez pas voir la corneille, vous apercevrez peut-être les buses.

Theur. (*regardant toujours.*) Pour en finir, je ne vois aucun oiseau peint.

Tran. N'en parlons plus ; on est excusable, à votre âge, de n'y voir pas bien clair.

Theur. Mais tout ce que je puis voir me plaît infiniment.

Sim. Avancez, vous ne regretterez pas votre peine.

Theur. Vraiment vous avez raison.

Sim. (*appelant dans la maison.*) Holà! enfant! (*un jeune esclave sort.*) Conduis mon voisin dans la maison et dans les appartements. (*à Theuropide.*) Je vous y conduirais moi-même, si une affaire ne m'appelait au forum.

Theur. Fi donc! point d'introducteur (1) de cette espèce! je ne veux pas être introduit.

Sim. Comment? que voulez-vous dire?

Theur. J'aime mieux m'égarer que d'être introduit par qui que ce soit.

Sim. Il ne s'agit ici que d'une maison.

Theur. J'entrerai bien sans introducteur.

Sim. Eh bien! allez.

Theur. Je vais donc entrer.

Tran. Attendez, je vous prie : que je voie si le chien....

Theur. Oui, prends garde.

Tran. Il est là?

Theur. (*effrayé.*) Où est-il?

Tran. (*feignant de chasser le chien.*) Va-t'en, coquin! St! veux-tu aller te faire pendre. Tu demeures? St! veux-tu bien t'en aller?

Sim. (*à Theuropide.*) Il n'y a pas de danger : il est tranquille comme l'eau qui dort. Faites votre visite, vous pouvez passer hardiment : moi je vais au forum.

(1) Ce mot signifie en latin un infâme métier.

Theur. Vous êtes bien honnête... bonne promenade. (*Simon sort.*) Tranion, tâche toujours qu'on éloigne le chien de la porte, quoiqu'il ne soit pas méchant.

Tran. Mais regardez donc comme il est couché tranquillement! A moins de vouloir passer pour un sot et un poltron....

Theur. Soit, allons... Suis-moi donc.

Tran. Oh! je ne m'écarterai pas de vous d'un seul pas.

(*Ils entrent, et reparaissent bientôt après*).

SCÈNE III.

TRANION, THEUROPIDE.

Tran. Que pensez-vous de cette acquisition?

Theur. J'en suis enchanté.

Tran. Trouvez-vous qu'on l'ait payée trop cher?

Theur. Loin de là! Je crois qu'on n'a jamais vendu une maison à si bas prix que celle-là.

Tran. Vous plaît-elle?

Theur. Si elle me plaît? tu me le demandes! Oui, sans doute ; par Hercule, j'en suis ravi.

Tran. Quel gynécée! quel portique!

Theur. D'une beauté étourdissante! Je ne crois pas qu'il y en ait d'aussi grand dans aucun édifice public.

Tran. Assurément : Philolachès et moi, nous avons mesuré tous les portiques des promenades publiques.

Theur. Eh bien!

Tran. C'est le plus long de tous, et de beaucoup.

Theur. Grands dieux! l'excellente acquisition! Il m'en offrirait maintenant six talents comptant, que je ne les accepterais pas.

Tran. Si vous consentiez à les accepter, mon cher maître, je m'y opposerais, moi.

Theur. C'est là bien placer son argent.

Quæso huc ad me specta, cornicem ut conspicere possles.
Jam vides? *Theur.* Profecto nullam equidem illic cornicem
  intuor.
Tran. At tu isto ad vos obtuere, quoniam cornicem nequis
Conspicari, si volturios forte possis contui.
Theur. Omnino, ut te absolvam, nullam pictam conspicio
  hic avem.   830
Tran. Age, jam mitto, ignosco; ætate non quis obtuerier.
Theur. Hæc, quæ possum, ea mihi profecto cuncta vehementer placent.
Sim. Latius demum 'st operæ pretium ivisse. *Theur.* Recte,
  edepol, mones.
Sim. Eho istum, puer, circumduce hasce ædeis, et conclavia.
Nam egomet ductarem, nisi mihi esset ad forum negotium.
Theur. Apage istum a me perductorem : nihil moror ductarier.   835
Quidquid est, errabo potius, quam perductet quispiam.
Sim. Ædeis dico. *Theur.* Ergo intro eo sine perductore. *Sim.*
  I, licet.
Theur. Ibo intro igitur. *Tran.* Mane, sis : videam, ne canis,... *Theur.* Agedum vide.
Tran. Est. *Theur.* Ubi canis est? *Tran.* Abi dierecta : st!
  ahin' hinc in malam crucem?   840
At etiam restas? st! abi istinc. *Sim.* Nihil pericli est, age.
Tam placida 'st, quam est aqua; vise : ire intro audacter licet.
Eo ego hinc ad forum. *Theur.* Fecisti commode; bene ambula.
Tranio age, canem istam a foribus abducat face,

Et si non metuenda 'st. *Tran.* Quin tu illam adspice, ut placide adcubat!   845
Nisi molestum vis videri te, atque ignavum. *Theur.* Jam
  ut lubet,
Sequere hac igitur. *Tran.* Equidem haud usquam a pedibus
  abscedam tuis.

SCENA TERTIA.

TRANIO, THEUROPIDES.

Theur. Quid tibi visum 'st hoc mercimoni? *Theur.* Totus
  gaudeo.
Tran. Num nimio emtæ tibi videntur? *Theur.* Nunquam,
  edepol, me scio
Vidisse usquam abjectas ædeis, nisi modo hasce. *Tran.* Ecquid placent?   850
Theur. Ecquid placeant, me rogas? imo, hercle, vero perplacent.
Tran. Quojusmodi gynæceum? quid porticum? *Theur.* Insanum bonam.
Non equidem ullam in publico esse majorem hac existumo.
Tran. Quin ego ipse et Philolaches in publico omneis porticus
Sumus conmensi. *Theur.* Quid igitur? *Tran.* Longe omnium
  longissuma 'st.   855
Theur. Di inmortaleis! mercimoni lepidi! si, hercle, nunc
  ferat
Sex talenta magna argenti pro istis præsentaria,
Nunquam adcipiam. *Tran.* Si, here, te adcipere cupies, ego
  nunquam sinam.

Tran. Vous pouvez dire hardiment que c'est moi qui suis le conseiller, le promoteur de cette affaire : c'est moi qui ai forcé votre fils d'emprunter à l'usurier la somme que nous avons donnée pour les arrhes.
Theur. Oh! tu as sauvé notre barque. Ainsi, on redoit à Simon quatre-vingts mines?
Tran. Pas un écu de plus.
Theur. Il les recevra aujourd'hui.
Tran. Fort bien dit. De peur de chicane, comptez-les-moi : je les lui compterai ensuite.
Theur. Mais pour que je ne sois pas dupe, si je te les remets...
Tran. Est-ce que j'oserais dire ou faire quoi que ce soit, pour vous tromper, même en badinant?
Theur. (*le contrefaisant*). Est-ce que j'oserais te confier quelque chose sans bonne caution?
Tran. Vous ai-je attrapé jamais, depuis que je vous appartiens!
Theur. C'est que je me suis bien tenu sur mes gardes ; et j'en dois rendre grâces à moi seul et à ma pénétration. Je n'ai pas trop de tout mon esprit pour me garantir de tes fourberies.
Tran. J'en tombe d'accord.
Theur. Va maintenant à la campagne; dis à mon fils que je suis arrivé.
Tran. Je vous obéirai.
Theur. Cours promptement ; dis-lui de venir tout de suite à la ville avec toi.
Tran. Oui. (*A part.*) Maintenant je vais par la porte dérobée rejoindre nos joyeux amis. Je leur apprendrai que le calme règne ici, et que j'ai su écarter le bonhomme. (*il sort.*)

Theur. Bene res nostra conlocata 'st istoc mercimonio.
Tran. Me suasore atque inpulsore id factum audacter dicito ; 860
Qui subegi, fœnore argentum ab Danista ut sumeret,
Quod isti dedimus arrhaboni. *Theur.* Servavisti omnem ratem.
Nempe octoginta debentur huic minæ? *Tran.* Haud numo amplius.
Theur. Hodie adcipiat. *Tran.* Ita enim vero. Ne qua causa subsiet.
Vel mihi denumerato ; ego illi porro denumeravero. 865
Theur. At enim, ne quid captioni mihi sit, si dederim tibi....
Tran. Egone tu joculo modo ausim, dicto aut facto fallere?
Theur. Egon 'abs te ausim non cavere, ne quid committam tibi?
Tran. Quia tibi unquam quidquam, postquam tuus sum, verborum dedi?
Theur. Ego enim cavi recte : eam mihi debeo gratiam atque animo meo. 870
Sat sapio, si abs te modo uno caveo. *Tran.* Tecum sentio.
Theur. Nunc abi, i rus, dic me advenisse filio. *Tran.* Faciam ut voles.
Theur. Curriculo abi, jube in urbem veniat jam simul tecum. *Tran.* Licet.
Nunc ego me illa per posticum ad congerrones conferam.
Dicam ut heic res sint quietæ, atque ut hunc hinc amoverim. 875

ACTE QUATRIÈME.

SCÈNE I.

PHANISQUE *seul.*

L'esclave qui, sans être coupable, craint néanmoins le châtiment d'ordinaire, sert bien son maître. Ceux qui ne craignent rien, quand ils méritent d'être châtiés, ont recours à de sots expédients. Ils s'exercent à la course, et s'enfuient. Mais lorsqu'on les rattrape, ils ont amassé un bon fonds de douleurs, à défaut d'autre pécule. Ils le grossissent peu à peu, et se font en ce genre un trésor. Moi qui suis prudent, j'aime mieux m'abstenir de mal faire, que d'exposer mon dos à être bigarré. Ma peau est restée nette jusqu'à ce jour : je veux la maintenir dans cet état, et la préserver des étrivières. Tant que je saurai me commander à moi-même, elle sera à l'abri des coups qui pleuvront sur les autres, sans tomber sur moi. En effet, le maître est ce que les esclaves veulent qu'il soit : bon avec les bons, méchant avec les méchants. Voyez plutôt chez nous : ce ne sont que de mauvais sujets, dissipant leur pécule, emboursant force bastonnades. Quand on leur dit d'aller au-devant du maître : « Je n'irai pas, tu « m'ennuies ; je sais ce qui te presse : tu veux sortir, « bonne mule, pour aller au pâturage. » Voilà ce que je gagne à faire mon devoir : je suis parti avec cette réponse. Me voilà seul, d'une foule d'esclaves, à venir au devant du maître. Demain quand il saura cela, il les régalera de bons coups de nerfs de bœuf : bref, je ne donnerais pas autant de leur dos que du mien. Ils gagneront plutôt cent coups d'étrivières que moi un coup de corde.

ACTUS QUARTUS.

SCENA PRIMA.

PHANISCUS.

Servi qui, quom culpa carint, tamen malum
Metuunt, hi solent esse heris utibileis.
Nam illi, qui nihil metuunt, postquam sunt malum
Meriti, stulta sibi expetunt consilia.
Exercent sese ad corsuram, fugiunt : sed hi, 880
Si [quando] sunt reprehensi, faciunt a malo
Peculium, quod nequeunt facere de suo.
Augent ex pauxillo, thesaurum inde parant.
Mihi, in pectore consili quod est,
Lubet cavere malam rem prius. 885
Quam ut meum tergum exsinceratum fiat.
Ut adhuc fuit, mihi corium esse oportet
Sincerum, atque uti vetem verberari.
Si huic inperabo, probe tectum habebo.
Malum quom inpluit cæteros, non inpluat mihi. 890
Nam ut servi voluut essse herum, ita solet.
Bonis boni sunt ; inprobi, qui malus fuit.
Nam nunc domi nostræ tot pessumi vivont,
Peculi sui prodigi, plagigeruli : ubi adversum ut
Eant vocantur hero : Non eo, molestus ne sis. 895
Scio quo properas : gestis aliquo jam, hercle ;
Ire vis, mula, foras pastum : bene merens
Hoc pretium inde abstuli : ita abii foras : solus
Nunc eo adversum hero ex plurimis servis.
Hoc die crastini quom herus resciverit, 900
Mane castigabit eos bubulis exuviis.
Postremo minoris pendo tergum illorum, quam meum.

SCENE II.

PHANISQUE, UN ESCLAVE DE CALLIDA-MATE, puis THEUROPIDE.

L'esclave (à *Phanisque.*) Halte-là! demeure, Phanisque. Regarde-moi.
Phan. Ne m'importune pas.
L'esclave. Voyez comme ce singe fait l'important!
Phan. C'est mon affaire, il me plaît ainsi : de quoi te mêles-tu?
L'esclave. Veux-tu bien rester, infâme parasite?
Phan. Comment suis-je parasite?
L'esclave. Je vais te l'apprendre : on peut te mener où l'on veut en te donnant à manger. Tu es fier, parce que le maître t'aime de prédilection.
Phan. Pouah! les yeux me cuisent quand je te regarde.
L'esclave. Pourquoi?
Phan. C'est que la fumée incommode la vue.
L'escl. Tais-toi, hypocrite, faux monnayeur, (1) fabricant d'écus de plomb.
Phan. Va, tu ne réussiras pas à me forcer de faire assaut d'injures avec toi. Mon maître me connaît.
L'esclave. Je le crois bien ; c'est toi qui es son oreiller mignon.
Phan. Si tu n'étais pas ivre, tu ne me dirais pas d'injures.
L'esclave. Pourquoi aurais-je des égards pour toi, quand tu n'en as point pour moi?
Phan. Allons, vaurien, viens avec moi au-devant du maître.
L'esclave. Je t'en prie, Phanisque, ne parlons plus de tout cela.
Phan. J'y consens : je vais frapper à la porte. (*Il frappe.*) Holà! y a-t-il quelqu'un ici pour empêcher cette porte d'être enfoncée? Quelqu'un! ne viendra-t-il personne? qu'on m'ouvre vite! Personne ne sort. Ils s'acquittent fort bien de leur métier de méchants esclaves! C'est une raison de plus pour prendre garde qu'il n'en sorte un qui me batte. (*Il écoute.*) Je n'entends pas comme de coutume le bruit des convives, ni le chant des joueuses de flûte, ni personne.
Theur. (*à part, arrivant du forum.*) Que signifie cela? que veulent ces gens auprès de ma maison? que cherchent-ils? que regardent-ils là dans l'intérieur?
Phan. Remettons-nous à frapper. (*Il frappe à coups redoublés.*) Holà! ouvre! Tranion, m'ouvriras-tu?
Theur. (*à part.*) Quelle est cette farce?
Phan. Tu n'ouvriras donc pas? Nous venons au devant de Callidamate, notre maître.
Theur. (*aux esclaves.*) Holà! jeunes gens! que faites-vous là? Pourquoi briser cette porte?
Phan. Notre maître est ici à boire.
Theur. Votre maître est ici à boire!
Phan. C'est comme je vous le dis.
Theur. Tu fais l'aimable, mon garçon.
Phan. Nous venons au-devant de lui.
Theur. Au-devant de qui?
Phan. De notre maître. Combien de fois, je vous prie, faut-il vous le redire?
Theur. (*d'un air grave.*) Enfant, cette maison n'est pas habitée. (*Il veut l'éloigner.*) Car tu m'as l'air d'un honnête garçon.
Phan. Quoi! le jeune Philolachès n'habite point ici, dans cette maison?
L'esclave (à *part.*) Ce vieillard a le cerveau troublé assurément.
Phan. Vous êtes dans une étrange erreur, bon vieillard. A moins qu'il n'ait déménagé aujourd'hui ou hier, je suis sûr qu'il y demeure.
Theur. Non, il y a plus de six mois que personne n'habite plus ici.
L'esclave (à *Theuropide.*) Vous rêvez.
Theur. Moi?

(1) Il l'accuse, par cette allégorie, d'en imposer à son maître par un faux zèle.

Illi erunt bucædæ multo prius quam ego
Sim restio.

SCENA SECUNDA.

SERVOS, PHANISCUS, THEUROPIDES.

Serv. Mane tu, atque adsiste illico : 905
Phanisce, etiam respice. *Phan.* Mihi molestus ne sis.
Serv. Vide ut fastidit simia!
Phan. Mihi sum, lubet esse : quid id curas?
Serv. Manesne illico, inpure parasite?
Phan. Qui parasitus sum? *Serv.* Ego enim 910
Dicam : cibo perduci poteris quovis.
Ferocem facis, quia te herus tam amat. *Phan.* Vah!
Oculi dolent. *Serv.* Cur? *Phan.* Quia fumus molestus.
Serv. Tace, sis, faber, qui cudere soles plumbeos
Numos. *Phan.* Non potes tu cogere me, ut tibi 915
Maledicam, quovit herus me. *Serv.* Suam
Quidem, pol, culcitellam oportet. *Phan.* Si sobrius sis,
Male non dicas. *Serv.* Tibi obtemperem, quom tu mihi
Nequas? *Phan.* At tu mecum, pessume, i adversum.
Serv. Quæso, hercle, Phanisce, abstine jam sermonem 920
De istis rebus. *Phan.* Faciam, et pultabo foreis.
Heus, ecquis heic est, maxumum qui his injuriam
Foribus defendat? ecquis ecquis huc exit, atque aperit?
Nemo hinc quidem foras exit ; ut esse addecet.
Nequam homines, ita sunt ; sed eo magis cauto 'st 925
Opus, ne huc exeat, qui male me mulcet.
Hic quidem neque convivarum sonitus, itidem ut antehac fuit,
Neque tibicinam cantantem, neque alium quemquam audio.
Theur. Quæ illæc res est? quid illi homines quærunt apud ædeis meas?
Quid volunt? quid introspectant? *Phan.* Pergam pultare ostium, 930
Heus, reclude ; heus, Tranio, etiam aperis? *Theur.* Quæ hæc est fabula?
Phan. Etiamne aperis? Callidamati nostro adversum venimus.
Theur. Heus, vos pueri, quid istelc agitis? quid istas ædeis frangitis?
Phan. Herus heic noster potat. *Theur.* Herus heic voster potat? *Phan.* Ita loquor.
Theur. Puer, nimium es delicatus. *Phan.* Ei adversum venimus. 935
Theur. Quoi homini? *Phan.* Hero nostro : quæso, quoties dicundum 'st tibi?
Theur. Puer, heic nemo habitat. Nam te esse arbitror puerum probum.
Phan. Non heic Philolaches adulescens habitat hisce ædibus?
Serv. Senex hic cerebrosus est certe. *Phan.* Erras perverse, pater.

LE REVENANT, ACTE IV, SCÈNE II.

L'esclave. Vous-même.

Theur. Toi, ne m'ennuie pas ; laisse-moi parler à cet enfant.

Phan. Personne n'habite ici?

Theur. Oui certainement.

Phan. (*ironiquement.*) En effet, hier, avant-hier, il y a trois jours, il y a quatre jours, il y a cinq jours, ainsi de suite depuis le départ du père, on n'a pas cessé trois jours de suite d'y manger et d'y boire.

Theur. (*étonné.*) Que dis-tu?

Phan. Qu'on n'a pas cessé trois jours de suite d'y manger, d'y boire, d'y amener des courtisanes, des joueuses de lyre et de flûte, d'y faire enfin la joyeuse vie des Grecs.

Theur. Eh! qui est-ce qui faisait cette bombance?

Phan. Philolachès.

Theur. Quel Philolachès?

Phan. Celui, je pense, dont Theuropide est le père.

Theur. (*à part.*) Aïe! aïe! Mais je suis un homme mort, s'il dit vrai. Continuons de l'interroger. (*Haut.*) Tu dis donc que ce Philolachès, quel qu'il soit, a coutume de boire ici avec ton maître?

Phan. Ici, lui-même, vous dis-je.

Theur. Jeune homme, tu es plus fou que tu n'en as l'air. Rappelle-toi bien..... Ne serais-tu pas allé te rafraîchir quelque part sur le midi, et n'aurais-tu pas bu plus que de raison?

Phan. Comment?

Theur. Ce que je t'en dis, c'est pour que tu ne t'adresses pas mal à propos d'autres maisons.

Phan. Je sais où je dois aller, et d'où je viens. Philolachès demeure ici, le fils de Theuropide, qui, profitant d'un voyage que le bonhomme a fait pour son commerce, a mis en liberté une joueuse de flûte.

Theur. C'est donc bien Philolachès?

Phan. Qui a mis en liberté Philématie.

Theur. Combien lui a-t-elle coûté?

L'esclave. Trente talents.

Phan. Non pas, par Apollon! mais bien trente mines.

Theur. Tu dis qu'elle a été vendue trente mines à Philolachès?

Phan. Oui.

Theur. Et qu'il l'a affranchie?

Phan. Oui.

Theur. Et que depuis le départ de son père il n'a cessé de faire des orgies avec ton maître?

Phan. Oui.

Theur. (*montrant une maison voisine.*) Mais n'a-t-il pas acheté cette maison-ci?

Phan. Point du tout.

Theur. N'a-t-il pas même donné quarante mines à compte?

Phan. Point du tout.

Theur. Ah! tu m'assassines.

Phan. C'est bien lui qui assassine son père.

Theur. Tu dis vrai. Puisses-tu mentir!

Phan. Vous êtes un ami du père, à ce que je vois.

Theur. Hélas! ce père est un père bien à plaindre, d'après ce que tu dis là.

Phan. Ce n'est rien que les trente mines, en comparaison des autres dépenses, des autres prodigalités. Il a ruiné son père. Il y a là un scélérat d'esclave, Tranion, capable de dévorer les revenus d'Hercule(1). Par Pollux, j'ai pitié du père. Quand il apprendra ces fredaines, il sentira ses entrailles comme brûlées de charbons ardents.

Theur. Oui, sans doute, si cela est vrai.

Phan. Quel intérêt aurais-je à mentir? (*Il frappe de nouveau à la porte.*) Holà! oh! vous autres! quelqu'un ouvre-t-il?

(1) Les dîmes levées au nom d'Hercule étaient considérables. A tous ses titres de gloire, ce dieu joignait le talent de découvrir les trésors.

Nam nisi hinc hodie emigravit, aut heri, certo scio 940
Heic habitare. *Theur.* Quin sex menseis jam heic nemo habitare. *Serv.* Somnias.
Theur. Egone? *Serv.* Tu. *Theur.* Tu ne molestus; sine me cum puero loqui.
Phan. Nemo habitat? heic! *Theur.* Ita profecto. *Phan.* Nam heri et nudiustertius,
Quartus, quintus, sextus, usque postquam hinc peregre ejus pater
Abiit, nunquam heic triduum in unum desitum 'st esse et bibi. 945
Theur. Quid ais? *Phan.* Triduum in unum est haud intermissum heic esse et bibi,
Scorta duci, pergræcari, fidicinas, tibicinas
Ducere. *Theur.* Quis istæc faciebat? *Phan.* Philolaches. *Theur.* Qui Philolaches?
Phan. Quoi patrem Theuropidem esse opinor. *Theur.* Hei! hei! obcidi,
Si hæc hic vera memorat: pergam porro percontarier. 950
Ain' tu isteic potare solitum Philolachem istum, quisquis est,
Cum hero vostro? *Phan.* Heic, inquam. *Theur.* Puere, præter speciem stultus es.
Vide, sis, ne forte ad merendam quopiam devorteris,
Atque ibi meliuscule, quam satis fuerit, biberis. *Phan.* Quid est?
Theur. Ita dico, ne ad alias ædeis perperam deveneris. 955
Phan. Scio qua me ire oportet; et quo venerim, gnovi, loci.

Philolaches heic habitat, quojus est pater Theuropides.
Qui, postquam pater ad mercatum abivit hinc, tibicinam
Liberavit. *Theur.* Philolaches ergo? *Phan.* Ita, Philematium quidem.
Theur. Quanti? *Serv.* Triginta talentis. *Phan.* Μὰ τὸν Ἀπόλλω! sed minis. 960
Theur. Ain', minis triginta amicam destinatam Philolachi?
Phan. Aio. *Theur.* Atque eam manu emisisse? *Phan.* Aio.
Theur. Et, postquam ejus hinc pater
Sit profectus peregre, perpotasse assiduo
Tuo cum domino? *Phan.* Aio. *Theur.* Quid, is ædeis emit heic proxumas?
Phan. Non aio. *Theur.* Quadraginta etiam dedit huic quæ essent pignori? 965
Phan. Neque illud aio. *Theur.* Hei! perdis. *Phan.* Imo suum patrem illic perdidit.
Theur. Vera cantas: vana vellem! *Phan.* Patris amicus videlicet.
Theur. Heu, edepol, patrem eum miserum prædicas! *Phan.* Nihil hoc quidem 'st,
Triginta minæ, præ quam alios dapsileis sumtus facit.
Perdidit patrem. Unus isteic servos est sacerrumus 970
Tranio: is vel Herculi conterere quæstum possiet.
Edepol, me ejus patris miseret: qui quom istæc sciet
Facta ita, amburet misero ei corculum carbunculus.
Theur. Siquidem istæc vera sunt. *Phan.* Quid merear, quamobrem mentiar?
Heus, vos, ecquis hasce aperit? *Theur.* Quid istac pultas, ubi nemo intus? 975

Theur. Pourquoi frapper, puisqu'il n'y a personne?
Phan. Ils seront sans doute allés faire bombance ailleurs. Partons sans différer.
Theur. (*le voyant en simple tunique.*) Eh bien! tu pars, mon enfant? la liberté servira de manteau à tes épaules.
Phan. Ce qui garantit mes épaules, c'est mon respect pour mon maître, et mon zèle à le servir.

SCÈNE III.

THEUROPIDE, puis SIMON.

Theur. C'est fait de moi, par Hercule! Les raisonnements seraient inutiles. Si je les ai bien compris, ce n'est pas seulement en Égypte que le vaisseau m'a porté; mais on m'a promené dans les solitudes, dans des régions situées au bout du monde: car je ne sais plus où je suis. (*Apercevant Simon.*) Mais je vais le savoir : voilà celui dont mon fils a acheté la maison. (*A Simon.*) D'où venez-vous?
Sim. Je reviens du forum chez moi.
Theur. Y a-t-il aujourd'hui quelque nouvelle au forum?
Sim. Oui.
Theur. Quelle nouvelle?
Sim. J'ai vu passer un enterrement.
Theur. C'est du nouveau, en effet!
Sim. J'ai vu un mort qu'on portait en terre : on assurait qu'une heure auparavant il vivait encore.
Theur. Malédiction sur votre tête!
Sim. Aussi pourquoi demander des nouvelles comme un badaud?
Theur. C'est qu'aujourd'hui j'arrive de voyage.
Sim. Je suis engagé en ville : ainsi ne comptez pas que je vous invite à souper.
Theur. Je ne le demande pas.
Sim. Mais demain, si personne ne m'invite, je souperai chez vous.
Theur. Ce n'est pas non plus ce que je demande : mais si vous êtes de loisir maintenant, donnez-moi audience.
Sim. Très-volontiers.
Theur. Vous avez reçu, je crois, quarante mines de Philolachès?
Sim. Pas une obole, que je sache.
Theur. Et de son esclave Tranion?
Sim. Encore moins.
Theur. Ne vous les a-t-il pas données à titre d'arrhes?
Sim. Est-ce que vous rêvez?
Theur. Qui? moi? C'est plutôt vous qui espérez rendre le marché nul par ce mensonge.
Sim. Quel marché?
Theur. Celui que mon fils a conclu avec vous pendant mon absence.
Sim. Il a conclu un marché avec moi pendant votre absence? Quel marché? Quel jour cela?
Theur. Je vous dois quatre-vingts mines d'argent.
Sim. A moi! pas du tout. Cependant, si vous devez, payez : il faut tenir sa parole : n'allez pas vous dédire.
Theur. Mon intention n'est pas de nier la dette; et je payerai. Vous, prenez garde de nier les quarante mines que vous avez reçues.
Sim. Je vous en prie, par Pollux, regardez-moi en face, et répondez-moi. Tranion m'a dit que vous aviez dessein de marier votre fils, et qu'en vue de ce mariage vous vouliez bâtir dans notre maison.
Theur. Moi, je voulais bâtir ici?
Sim. Il me l'a dit.
Theur. (*criant.*) Aïe! grands dieux, je suis mort! Je n'ai pas assez de voix. Mes voisins, on m'assassine! C'est fait de moi.
Sim. N'est-ce pas un tour de Tranion?
Theur. Un tour qui m'enlève tout mon bien. Il s'est joué de vous et de moi de la manière la plus indigne.
Sim. Comment?

Phan. Alio credo comisatum abisse : abeamus nunc jam.
Theur. Puere, jamne abis? libertas pænula 'st tergo tuo.
Phan. Mihi, nisi herum metuam et curem, nihil est qui tergum tegam.

SCENA TERTIA.

THEUROPIDES, SIMO.

Theur. Perii, hercle, quid opus est verbis? ut verba audio,
Non equidem in Ægyptum hinc modo vectus fui, 980
Sed etiam in terras solas, orasque ultimas
Sum circumvectus, ita ubi nunc sim nescio.
Verum jam scibo : nam eccum, unde ædeis filius
Meus emit. Quid agis tu? *Sim.* A foro incedo domum.
Theur. Numquid processit ad forum hodie novi? 985
Sim Etiam. *Theur.* Quid tandem? *Sim.* Vidi ecferri mortuum. *Theur.* Hem
Novom! *Sim.* Unum vidi mortuum ecferri foras;
Modo eum vixisse aiebant. *Theur.* Væ capiti tuo!
Sim. Quid tu otiosus, res novas requiritas?
Theur. Quia hodie adveni peregre. *Sim.* Promisi foras, 990
Ad cœnam ne me tu vocare censeas.
Theur. Haud postulo, edepol. *Sim.* Verum cras, nisi quis prius
Vocaverit me, vel apud te cœnavero.
Theur. Ne istuc quidem, edepol, postulo. Nisi quid magis
Es obcupatus operam, mihi da. *Sim.* Maxume. 995
Theur. Minas quadraginta adcepisti, quas sciam,
A Philolachete. *Sim.* Nunquam numum, quod sciam.
Theu. Quid, a Tranione servo? *Sim.* Multo id minus.
Theur. Quas arrhaboni tibi dedit? *Sim.* Quid somnias?
Theur. Egone? at quidem tu, qui istoc te speras modo 1000
Potesse dissimulando infectum hoc reddere.
Sim. Quid autem? *Theur.* Quod me absente tecum heic filius
Negoti gessit. *Sim.* Mecum ut ille heic gesserit,
Dum tu hinc abes, negoti? quidnam? aut quo die?
Theur. Minas tibi octoginta argenti debeo. 1005
Sim. Non mihi, quidem, hercle : verum, si debes, cedo.
Fides servanda 'st, ne ire infitias postules.
Theur. Profecto non negabo debere, et dabo.
Tu cave quadraginta adcepisse hinc neges.
Sim. Quæso, edepol, huc me adspecta, et responde mihi. 1010
Te velle uxorem aibat tuo gnato dare,
Ideo ædificare hoc velle aiebat in tuis.
Theur. Hic ædificare volui? *Sim.* Sic dixit mihi.
Theur. Hei mihi, disperii! vocis non habeo satis
Vicini, interii, perii! *Sim.* Numquid Tranio 1015
Turbavit? *Theur.* Imo exturbavit omnia.
Te ludificatu'st et me hodie indignis modis.
Sim. Quid tu ais? *Theur.* Hæc res sic est, ut narro tibi.
Te ludificatus et me hodie in perpetuum modum.

Theur. C'est comme je vous le dis. Il n'a fait aujourd'hui que se jouer de nous deux. Maintenant je vous supplie de me prêter secours et assistance.
Sim. Qua voulez-vous?
Theur. Venez de grâce avec moi.
Sim. J'y consens.
Theur. Donnez-moi des cordes, et le renfort de vos esclaves.
Sim. À votre service.
Theur. Je vous conterai, chemin faisant, avec quelle effronterie il s'est moqué de moi.

ACTE CINQUIÈME.
SCÈNE I.
TRANION, puis THEUROPIDE.

Tran. Un homme timide dans le péril ne vaut pas un zeste. Mais qu'est-ce qu'un zeste? Ma foi, je ne sais pas. Lorsque mon maître m'a envoyé à la campagne pour ramener son fils, j'ai couru au jardin furtivement par la ruelle; j'ai ouvert la porte de cette ruelle; et par là j'ai fait sortir de la place toute ma légion, mâles et femelles. Mes soldats une fois dégagés, je les conduis en lieu sûr, et je prends la résolution de convoquer notre sénat de libertins. Je les rassemble, et moi ils m'excluent de la réunion! Quand je vois que dans mon propre tribunal les débats tournent contre moi, je fais comme beaucoup d'autres quand les affaires vont mal et s'embrouillent : ils s'évertuent à les embrouiller davantage, de façon que le désordre se répande partout. Je vois bien qu'il n'est plus possible de rien cacher au bonhomme. Mais qu'est-ce? J'entends le bruit de la porte du voisin. C'est mon maître lui-même. Tâchons d'attraper quelques mots de ce qu'il va dire.
(Il se retire à l'écart.)

Theur. (aux esclaves de Simon.) Tenez-vous là tout près de la porte : dès que je vous appellerai, élancez-vous à l'instant, et mettez-lui vite les menottes. Moi, posté devant la maison, j'attendrai le drôle dont j'ai été le jouet ; et j'en jure par ma vie, ses épaules m'en serviront aussi, et de la bonne manière.
Tran. (à part.) Tout est découvert. C'est le moment, Tranion, de prendre un parti.
Theur. Il faut m'y prendre finement, adroitement, quand il viendra. Je me garderai bien de lui découvrir d'abord ma pensée : je lui jetterai l'hameçon, je feindrai de ne rien savoir.
Tran. (à part.) Le malin vieillard ! on n'en trouverait pas de plus rusé dans tout Athènes. Il est aussi difficile de lui en donner à garder qu'à une pierre. Abordons-le ; entamons la conversation.
Theur. Je voudrais bien qu'il vînt à présent.
Tran. (haut et se montrant.) Si c'est moi que vous cherchez, me voici face à face devant vous.
Theur. (prenant un air de douceur.) C'est bien, Tranion. Qu'y a-t-il de nouveau?
Tran. Nos campagnards arrivent de leurs champs : Philolachès sera ici dans un moment.
Theur. Par Pollux, il arrive à propos. Notre voisin me paraît un homme bien effronté et bien pervers.
Tran. Pourquoi?
Theur. Il dit qu'il ne vous connaît pas.
Tran. Il dit cela?
Theur. Et que vous ne lui avez pas donné une obole.
Tran. Allons donc, vous vous moquez de moi, je pense : il n'a pas dit cela.
Theur. Comment donc?
Tran. Je le vois bien, vous plaisantez : car il n'a pas pu dire cela.

Nunc te obsecro, ut me bene juves, operamque des. 1020
Sim. Quid vis? *Theur.* I mecum, obsecro, una simul.
Sim. Fiat *Theur.* Servorumque operam et lora mihi cedo.
Sim. Sume. *Theur.* Eademque opera hæc tibi narravero,
Quis me exemplis hodie ille ludificatus est.

ACTUS QUINTUS.
SCENA PRIMA.
TRANIO, THEUROPIDES.

Tran. Qui homo timidus erit in rebus dubiis, nauci non erit. 1025
Atque equidem quid id esse dicam verbum nauci, nescio.
Nam herus me postquam rus misit, ut filium suom arcesserem,
Abii illa per angiportum ad hortum nostrum clanculum :
Ostium quod in angiportu est, horti patefeci foreis :
Eaque eduxi omnem legionem, et mareis et feminas. 1030
Postquam ex obsidione in tutum eduxi maniplareis meos,
Capio consilium, ut senatum congerronum convocem.
Quem quom convocavi, atque illi me a senatu segregant.
Ubi ego video rem vorti in meo foro, quantum pote'st,
Facio idem, quod plurimi alii, quibus res timida aut turbida 'st : 1035
Pergunt turbare usque ut ne quid possit conquiescere.
Nam scio equidem nullo pacto jam esse posse clam senem.
Sed quid hoc est quod foris concrepuit proxuma vicinia?
Herus meus hic quidem est, gustare ego ejus sermonem volo.

Theur. Inlico, intra limen adstate illeic, ut quom extemplo vocem, 1040
Continuo exsiliatis : manicas celeriter connectite.
Ego illum ante ædeis præstolabor ludificatorem meum,
Quojus ego heic ludificabo corium, si vivo, probe.
Tran. Res palam 'st : nunc te videre meliu'st, quid agas, Tranio.
Theur. Docte atque astute mihi captandum 'st cum illoc, ubi huc advenerit. 1045
Non ego illi extemplo ita meum ostendam sensum : mittam lineam.
Dissimulabo me horum quidquam scire. *Tran.* O mortalem malum !
Alter hoc Athenis nemo doctior dici potest.
Verba dare illi non magis hodie quisquam, quam lapidi, potest.
Adgrediar hominem, adpellabo. *Theur.* Nunc ego ille huc veniat velim. 1050
Tr. Siquidem, pol, me quæris, adsum præsens præsenti tibi.
Theur. Euge Tranio, quid agitur? *Tran.* Veniunt ruri rustici.
Philolaches jam heic aderit. *Theur.* Edepol, mihi obportune advenit.
Nostrum ego hunc vicinum opinor esse hominem audacem et malum.
Tran. Quidum? *Theur.* Quia negat gnovisse vos. *Tran.* Negat? *Theur.* Nec vos sibi 1055
Nummum unquam argenti dedisse. *Tran.* Abi, ludis me, credo : haud negat.
Theur. Quid jam? *Tran.* Scio, jocaris nunc tu : nam ille quidem haud negat.

Theur. Par Pollux, il l'a dit; de plus, il soutient qu'il n'a point vendu sa maison à Philolachès.

Tran. Bah! dit-il aussi, je vous prie, qu'il n'a pas reçu d'argent?

Theur. Bien plus, il offre d'attester avec serment, si je voulais, qu'il n'a point vendu cette maison, et qu'il n'a pas reçu d'argent. Moi, je l'ai soutenu.

Tran. Que dit-il à cela?

Theur. Il s'est engagé à me livrer ses esclaves pour subir un interrogatoire et la question (1).

Tran. Balivernes! Il ne le fera point, par Pollux!

Theur. Il est tout prêt.

Tran. Eh bien! faites-le citer en justice. (*Il veut s'en aller, comme pour se rendre chez Simon.*)

Theur. (*le retenant.*) Demeure. Je pousserai la chose jusqu'au bout; j'y suis résolu.

Tran. Abandonnez-moi cet homme.

Theur. Si je faisais venir ses esclaves?

Tran. Cela devrait être déjà fait: ou bien chargez-nous de demander que l'on mette Philolachès en possession.

Theur. Non; je veux d'abord interroger ses esclaves.

Tran. Par Pollux, je vous le conseille. Moi, en attendant, je vais m'emparer de cet autel. (*Il court à l'autel placé auprès de la maison* (2).

Theur. Pourquoi cela?

Tran. Vous ne comprenez rien: c'est de peur qu'il ne serve d'asile aux esclaves qu'on vous livrera pour l'enquête. (*Il s'assied sur l'autel.*) Je me poste ici dans votre intérêt, pour que rien ne trouble l'interrogatoire.

Theur. Lève-toi.

Tran. Non.

Theur. Ne reste pas sur l'autel, je te prie.

Tran. Pourquoi?

Theur. Écoute-moi: je désire au contraire vivement qu'ils viennent s'y réfugier: laisse; il me sera d'autant plus facile de le faire condamner par le juge à nous payer.

Tran. Faites tout simplement votre affaire: pourquoi vous créer des embarras, des chicanes? Vous ne savez pas combien les procès sont à redouter.

Theur. Lève-toi donc: je veux te consulter sur un point.

Tran. D'ici je vous donnerai mon avis: j'ai plus d'esprit quand je suis assis. Et puis les conseils ont plus d'autorité, partant d'un lieu sacré (1).

Theur. Lève-toi; ne plaisante pas. Regarde mon visage.

Tran. Je regarde.

Theur. Vois-tu?

Tran. Je vois qu'un tiers qui surviendrait mourrait de faim.

Theur. Comment?

Tran. Parce qu'il n'aurait rien à gagner. Nous sommes tous deux si malins!

Theur. Mort de ma vie!

Tran. Qu'avez-vous donc?

Theur. Tu m'en as conté.

Tran. Comment donc?

Theur. Tu m'as mouché de la bonne façon.

Tran. Regardez bien; est-ce assez? La goutte ne vous pend-elle pas encore au nez?

Theur. Vraiment non! Tu m'as mouché jusqu'à me tirer la cervelle de la tête. Oh! j'ai appris à fond toutes vos fourberies; à fond! cela ne se peut, car c'est un abîme sans fond. Mais, par Pollux, tu ne te seras pas joué de moi aujourd'hui impunément. Je vais, bourreau, te faire entourer de fagots et de flammes.

Tran. Gardez-vous-en bien: je vaux mieux bouilli que rôti.

Theur. Par les dieux, je ferai de toi un exemple.

Tran. Apparemment que vous êtes content de moi, puisque vous m'offrez en exemple.

(1) On torturait les esclaves pour éclaircir un fait personnel à leurs maîtres. Cet étrange moyen d'instruction est expliqué dans le *Pro Milone* avec une admirable éloquence.

(2) Le christianisme a longtemps imité cet usage. On peut voir encore la niche ou l'image de la Vierge sur la façade de nos anciennes maisons.

(1) Le sénat s'assemblait ordinairement dans un temple.

Theur. Imo, edepol, negat profecto; neque se has ædeis
Philolachi
Vendidisse. *Tran.* Eho, an negavit sibi datum argentum,
obsecro?
Theur. Quin jusjurandum pollicitus est dare, si vellem,
mihi,   1060
Neque se hasce ædeis vendidisse, neque sibi argentum datum.
Dixi ego istuc idem illi. *Tran.* Quid ait? *Theur.* Servos pollicitu st dare
Suos mihi omneis quæstioni. *Tran.* Nugas. Nunquam, edepol, dabit.
Theur. Dat profecto. *Tran.* Quin et illum in jus jube ire.
Theur. Jam mane.
Experiar, ut opinor; certum 'st. *Tran.* Mihi hominem cedo.
Theur. Quid si igitur ego arcessam hominem? *Tran.* Factum
jam esse oportuit: 1065
Vel hominem jube ædeis mancuplo poscere. *Theur.* Imo hoc primum volo,
Quæstioni adcipere servos. *Tran.* Faciundum, edepol, censeo: ego
Interim hanc aram obcupabo. *Theur.* Quid ita? *Tran.* Nullam rem sapis.
Ne enim illi huc confugere possint quæstioni quos dabit,
Reie ego tibi præsidebo, ne interbitat quæstio.   1071
Theur. Surge. *Tran.* Minume. *Theur.* Ne obcupassis, obsecro, aram. *Tran.* Cur? *Theur.* Scies.
Quia id enim maxume volo, ut illi istoc confugiant; sine.
Tanto apud judicem hunc argenti condemnabo facilius.
Tran. Quod agis, id agas: quid tu porro vis serere negotium?   1075
Nescis tu quam meticulosa res sit ire ad judicem.
Theur. Surgedum huc: est consulere igitur quiddam quod tecum volo.
Tran. Sic tamen hinc consilium dedero: nimio plus sapio sedens.
Tum consilia firmiora sunt de divinis locis.
Theur. Surge, ne nugare: adspicedum contra me. *Tran.* Adspexi. *Theur.* Vides?   1080
Tran. Video: huc si quis intercedat tertius, pereat fame.
Theur. Quidum? *Tran.* Quia nihil quæsti siet: mali, hercle, ambo sumus.
Theur. Perii! *Tran.* Quid tibi 'st? *Theur.* Dedisti verba.
Tran. Qui tandem? *Theur.* Probe
Me emunxti. *Tran.* Vide, sis, satine recte? num mucci fluunt?
Theur. Imo etiam cerebrum quoque omnem e capite emunxti meum.   1085
Nam omnia malefacta vostra reperi radicitus.
Non radicitus quidem, hercle, verum etiam eradicitus.
Nunquam, edepol, hodie inultus destinaverim tibi.
Jam jubebo ignem et sarmen, carnufex, circumdari.

Theur. Parle. En quel état ai-je laissé mon fils à mon départ?

Tran. Avec des pieds, des mains, des doigts, des yeux, des lèvres et des oreilles.

Theur. Ce n'est pas là ce que je demande.

Tran. Alors je n'ai pas répondu à votre question. Mais j'aperçois le camarade de votre fils, Callidamate, qui s'avance; discutons, si vous voulez, l'affaire devant lui.

SCÈNE II.
CALLIDAMATE, THEUROPIDE, TRANION.

Call. (*aux spectateurs.*) Le profond sommeil où je m'étais comme enseveli avait dissipé les fumées du vin, lorsque Philolachès m'a annoncé le retour de son père, et m'a conté comment en arrivant le vieillard avait été berné par son esclave. Il craint de paraître devant son père. Il m'a choisi parmi tous les camarades comme l'orateur le plus propre à faire la paix avec son père. (*Apercevant Theuropide.*) Le voici fort à propos. Je vous salue, Theuropide; je suis ravi de vous voir de retour en bonne santé. Voulez-vous bien souper aujourd'hui chez nous? n'accepterez-vous pas?

Theur. Que les dieux te soient propices, Callidamate! Je te fais grâce de ton souper.

Call. Venez donc.

Tran. Promettez toujours; j'irai à votre place, si vous ne pouvez pas.

Theur. Coquin, tu railles encore!

Tran. Parce que j'offre d'aller souper pour vous.

Theur. Tu n'iras pas; car je vais te faire attacher au gibet, comme tu le mérites.

Call. (*a Theuropide.*) Laissez cela; et venez souper chez moi.

Tran. Dites que vous irez : pourquoi ne pas répondre?

Call. Mais toi, pourquoi t'es-tu réfugié sur cet autel, imbécile?

Tran. Son abord m'a effrayé. (*A Theuropide.*) Dites maintenant ce que j'ai fait. Voici un arbitre qui prononcera entre nous : allons, expliquez-vous.

Theur. Je dis que tu as corrompu mon fils.

Tran. Écoutez. J'avoue qu'il a eu des torts; qu'il a, pendant votre absence, affranchi une maîtresse; qu'il a emprunté de l'argent à usure, et qu'il l'a mangé : j'en conviens. Mais qu'a-t-il fait que ne fassent les fils de bonne maison?

Theur. Par Hercule, il faut que je me tienne sur mes gardes avec toi : tu es un orateur subtil.

Call. (*à Theuropide*). Permettez que je juge l'affaire. (*A Tranion.*) Ote-toi de là, que j'y établisse mon tribunal.

Theur. Très-volontiers : jugez le procès.

Tran. C'est un piège. (*A Callidamate.*) Garantissez-moi de la peur, et tremblez à ma place.

Theur. Tous leurs déportements m'irritent moins que la manière dont ce drôle s'est joué de moi.

Tran. C'est bien fait et je m'en réjouis fort. On doit avoir du bon sens à votre âge, avec des cheveux blancs.

Theur. (*furieux*). Que dire maintenant à mon ami Démiphon ou Philonide (1), quand je les rencontrerai?

Tran. Vous leur direz comment votre esclave vous a berné. Vous leur fournirez là de fort bonnes scènes de comédie.

Call. (*d'un air grave*). Tais-toi un peu. Laisse-moi parler à mon tour. (*A Theuropide.*) Écoutez-moi.

(1) Poëtes comiques.

Tran. Ne faxis : nam elixus esse, quam assus, soleo suavior. 1090
Theur. Exempla, edepol, faciam ego in te. *Tran.* Quia placeo, exemplum expetis.
Theur. Loquere. Quojusmodi reliqui, quom hinc abibam filium?
Tran. Cum pedibus, manibus, cum digitis, auribus, oculis, labris.
Theur. Aliud te rogo. *Tran.* Aliud ergo nunc tibi respondeo.
Sed eccum tibi gnati sodalem video huc incedere 1095
Callidamatem : illo præsente mecum agito, si quid voles.

SCENA SECUNDA.
CALLIDAMATES, THEUROPIDES, TRANIO.

Callid. Ubi sommum sepelivi omnem, atque obdormivi crapulam,
Philolaches venisse mihi suum peregre huc patrem,
Quoque modo hominem advenientem servos ludificatus siet,
Ait : sese metuere in conspectum illius obcedere. 1100
Nunc ego de sodalitate solus sum orator datus,
Qui a patre ejus conciliarem pacem : atque eccum optume.
Jubeo te salvere, et salvos quom advenis, Theuropides,
Peregre, gaudeo : heic apud nos hodie cœnes : sic face.
Theur. Callidamate, di te ament, de cœna facio gratiam. 1105
Callid. Quin venis? *Tran.* Promitte; ego ibo pro te, si tibi non lubet.
Theur. Verbero, etiam irrides? *Tran.* Quian' me pro te ire ad cœnam autumo?

Theur. Non enim ibis : ego ferare faxo, ut meruisti, in crucem.
Callid. Age, mitte ista, et ito ad me ad cœnam. *Tran.* Dic venturum : quid taces?
Call. Sed tu istuc quid confugisti in aram inscitissimus?
Tran. Adveniens perterruit me. (ad Theuropidem.) Loquere nunc, quid fecerim. 1111
Nunc utriusque disceptator, eccum, adest, age, disputa.
Theur. Filium conrupisse aio te meum. *Tr.* Ausculta modo.
Fateor peccavisse, amicam liberasse, absente te :
Fœnori argentum sumsisse, id esse absumtum prædico. 1115
Numquid aliud fecit, nisi quod faciunt summis gnati generibus?
Theur. Hercle, mihi tecum cavendum'st : nimis quam es orator catus.
Callid. Sine me tuum istuc judicare. (ad Tranionem.) Surge, ego isteic adsedero.
Theur. Maxume, accipito hanc ad te litem. *Tran.* Enim isteic captio'st.
Fac, ego ne metuam igitur, et ut tu meam timeas vicem. 1120
Theur. Jam minoris omnia facio, præ quam quibus modis
Me ludificatus est. *Tran.* Bene, hercle, factum, et factum gaudeo.
Sapere istac ætate oportet, qui sunt capite candido.
Theur. Quid ego nunc faciam, si amicus Demipho, aut Philonides?
Tran. Dicito iis, quo pacto tuos te servos ludificaverit :
Optumas frustrationes dederis in comœdiis. 1125
Callid. Tace parumper : sine vicissim me loqui : ausculta.
Theur. Licet.
Callid. Omnium primum, sodalem me esse scis gnato tuo.
Is adiit me; nam illum prodire pudet in conspectum tuum,

23.

Theur. Volontiers.

Call. D'abord, avant tout, vous n'ignorez pas que je suis le camarade de votre fils. Il est venu me trouver : il n'ose pas se présenter devant vous, parce qu'il sait que vous êtes instruit de sa conduite. Maintenant, je vous prie de lui pardonner sa folie en faveur de son inexpérience, de sa jeunesse : c'est votre fils, et vous savez que ces étourderies sont naturelles à son âge. Tout ce qu'il a fait, il l'a fait de compagnie avec nous; et nous sommes ses complices. La dette et les intérêts, tout l'argent qu'il a dépensé pour sa maîtresse, nous payerons tout de notre bourse, et non de la vôtre, en nous cotisant.

Theur. Il ne pouvait m'envoyer un orateur plus persuasif... Je ne conserve plus contre lui ni colère ni mauvaise humeur. Bien plus, il peut en ma présence aimer, boire, et faire tout ce qu'il lui plaira. Pourvu qu'il se repente de sa prodigalité, je serai satisfait.

Call. Il est pénétré de repentir.

Tran. Le voilà pardonné. Mais moi, que vais-je devenir?

Theur. Tu seras fustigé au haut d'un gibet, scélérat!

Tran. Malgré mon repentir?

Theur. Tu périras sous les coups, je le jure sur ma vie.

Call. Que la grâce soit complète : pardonnez à Tranion pour l'amour de moi, je vous en prie.

Theur. Vous obtiendrez tout de moi, excepté de laisser impunies les fourberies de ce maraud.

Call. Pardonnez-lui, je vous en conjure.

Theur. (*montrant la posture insolente de Tranion.*) Tenez, regardez l'attitude du pendard.

Call. Tranion, reste tranquille, je te le conseille.

Theur. Ne vous inquiétez pas, le conseil est superflu; je le forcerai bien d'être tranquille avec les étrivières.

Call. Cette rigueur est inutile : allons, laissez-vous fléchir.

Theur. Cessez de me supplier.

Call. Je vous en supplie, par Hercule.

Theur. Cessez de me prier, vous dis-je.

Call. Vous me le défendez en vain. Grâce pour cette fois, pour cette fois seulement, en ma considération.

Tran. (*à Theuropide.*) Pourquoi vous faire tant prier? Comme si dès demain je ne devais pas en mériter autant. Vous vous vengerez à la fois du présent et du passé.

Call. Laissez-vous toucher.

Theur. Allons, va-t'en : je te pardonne. (*Montrant Callidamate.*) Mais c'est lui que tu dois remercier. (*Au public.*) Spectateurs, la pièce est jouée; applaudissez.

(1) *Le Revenant* a inspiré beaucoup d'imitations. Dès 1578, un de nos vieux poëtes, P. la Rivey, a transporté ce sujet sur la scène française, dans une comédie intitulée *les Esprits*, grossière traduction qui brave la vraisemblance et surtout *l'honnêteté*, plus même que le latin n'ose le faire. — En 1673, Montfleury a formé le 1er acte de son *Comédien poète* avec l'incident de la fourberie de Tranion : puis il en a fait une pièce entière, sous le titre du *Gascon sans conduite*, où l'on trouve quelques vers heureux et un dialogue facile. — Un des plus spirituels écrivains étrangers, Addison, que l'ouvrage de Plaute a également séduit, a fait représenter en 1715 *le Tambour*, (*the Drummer*) qui ne reçut du public de Londres qu'un froid accueil. Enfin Destouches a imité deux fois la pièce de Plaute et même celle d'Addison. *Le Tambour nocturne* est resté au répertoire de notre théâtre; *le Tresor caché* ne jouit pas de cet honneur, qu'en effet il ne mérite ni par la vivacité de l'intrigue, ni par l'agrément des détails. — Parmi les imitations, la palme nous semble demeurer au petit acte de Regnard, si plein de verve et de gaieté.

Proptera, quæ fecit, quia te scire scit : nunc te obsecro,
Stultitiæ adulescentiæque ejus ignoscas, tuus est. 1131
Scis solere illanc ætatem tali ludo ludere.
Quidquid fecit, nobiscum una fecit, nos deliquimus.
Fœnus, sortem, sumtumque omnem qui amica est, omnia
Nos dabimus, nos conferemus, nostro sumtu, non tuo. 1135
Theur. Non potuit venire orator magis ad me inpetrabilis,
Quam tu, neque illi sum iratus, neque quidquam subcenseo.
Imo me præsente amato, bibito, facito quod lubet;
Si hoc pudet, fecisse sumtum, subplici habeo satis.
Callid. Dispudet. *Tran.* Dat istam veniam; quid me fiet
nunc jam? 1140
Theur. Verberibus cædere, lutum, pendens. *Tran.* Tametsi pudet?
Theur. Interimam, hercle, ego, si vivo. *Callid.* Fac istam
cunctam gratiam;
Tranioni remitte, quæso, hanc noxiam causa mea.

Theur. Aliquid quidvis inpetrari a me facilius perferam,
Quam ut non ego istum pro suis factis pessumis pessum
premam. 1145
Callid. Mitte, quæso, istunc. *Theur.* Hem, viden' ut restat
furcifer?
Callid. Tranio, quiesce, si sapis. *Theur.* Tu quiesce hanc
rem modo
Petere; ego illum verberibus, ut sit quietus, subegero.
Callid. Nihil opus est profecto; age jam, sine te exorarier.
Theur. Nolo ores. *Callid.* Quæso, hercle. *Theur.* Nolo, inquam, ores. *Callid.* Nequidquam nevis. 1150
Hanc modo unam noxiam, unam, quæso; fac causa mea.
Tran. Quid gravaris? quasi non cras jam conmeream aliam
noxiam :
Ibi utrumque, et hoc et illud, poteris ulcisci probe.
Callid. Sine te exorem. *Theur.* Age abi, abi inpune : hem
huic habeto gratiam.
Spectatores, fabula hæc est acta : vos plausum date. 1155

STICHUS [1].

PERSONNAGES.

PANÉGYRIS, fille d'Antiphon, épouse d'Épignome.
PINACIE, sa sœur, épouse de Pamphilippe.
ANTIPHON [2], vieillard, père de Panégyris et de Pinacie.
ÉPIGNOME, mari de Panégyris.
STICHUS, son esclave.
PAMPHILIPPE, mari de Pinacie.
SAGARIN, son esclave.
CROCOTIE, servante de Panégyris.
DINACIE, esclave de la même.
STÉPHANIE, servante de Pamphilippe, maîtresse de Stichus.
GÉLASIME, parasite.

La scène est à Athènes.

Le théâtre représente une place publique : d'un côté est la maison d'Antiphon, de l'autre celle de Panégyris. On voit une partie de l'intérieur de la maison de Panégyris, où sont les deux sœurs au commencement de la pièce.

ARGUMENT,
attribué à PRISCIEN.

Un vieillard réprimande ses deux filles, qui ont épousé les deux frères, de ce qu'elles s'obstinent à défendre et à ne point abandonner leurs maris, que la misère a forcés d'aller en pays étranger [3]. Le vieillard, attendri par leurs paroles touchantes, consent qu'elles restent fidèles aux maris qu'elles ont choisis autrefois. Ceux-ci reviennent d'outre-mer, après avoir fait fortune. Chacun reprend sa femme; et l'on donne à Stichus la permission de se divertir.

[1] Représentée entre l'an 565 et l'an 570.
[2] En grec, contradicteur.
[3] La loi déclarait le mariage nul après trois ans d'absence.

STICHUS.
DRAMATIS PERSONÆ.

PANEGYRIS, } mulieres.
PINACIUM,
ANTIPHO, senex.
EPIGNOMUS,
STICHUS, servus.
PAMPHILIPPUS, adolescens.
SAGARINUS, servus.
CROCOTIUM, ancilla.
DINACIUM, puer.
STEPHANIUM, ancilla.
GELASIMUS, parasitus.

Res agitur Athenis.

ARGUMENTUM

(UT QUIBUSDAM VIDETUR)

PRISCIANI.

Senex castigat filias, quod hæ viros
Tam perseverent peregrinanteis pauperes
Ita sustinere fratres, neque relinquere.
Contraque verbis delenitur commodis,
Habere ut sineret quos semel nanctæ forent.
Viri reventum opibus aucti trans mare :
Suam quisque retinet ; ac Sticho ludus datur.

ACTE PREMIER.
SCÈNE I.
PANÉGYRIS, PINACIE.

Pan. Je comprends, ma sœur, tout le chagrin de Pénélope, si longtemps privée de son époux : nous pouvons juger de ses sentiments par la douleur que nous cause l'absence de nos maris. Eh! n'est-il pas naturel que cette funeste absence nous tourmente nuit et jour de perpétuelles inquiétudes?

Pin. C'est notre devoir, et nous ne faisons que ce que la vertu nous commande. Mais viens, ma sœur ; j'ai beaucoup de choses à te dire au sujet de nos maris.

Pan. (vivement.) Se portent-ils bien, je te prie?

Pin. Je l'espère du moins, et je le souhaite : mais il y a, ma sœur, une chose qui m'afflige : c'est de voir ton père, notre père, qui passe parmi ses concitoyens pour la plus honnête personne du monde, agir en ce moment comme un malhonnête homme, et faire à nos maris absents un affront si cruel et si injuste, en nous forçant à rompre notre union. Ce procédé, ma sœur, me rend la vie odieuse ; j'en suis navrée de douleur, et mon âme est dans un abattement...

Pan. Ne pleure pas, ma sœur, et ne te fais pas toi-même le mal dont ton père te menace. J'ai l'espoir qu'il s'adoucira. Je le connais : ce qu'il dit n'est qu'un badinage ; il ne voudrait pas pour les montagnes de Perse, montagnes d'or, à ce qu'on dit [1],

[1] Allusion aux immenses trésors des rois de Perse.

ACTUS PRIMUS.
SCENA PRIMA.
PANEGYRIS, PINACIUM.

Pan. Credo ego miseram fuisse Penelopam,
Soror, suo ex animo; quæ tam diu vidua
Viro suo caruit : nam nos ejus animum
De nostris factis gnoscimus, quarum viri hinc absunt,
Quorumque nos negotiis absentum, ut est æquom,
Sollicitæ nocteis et dies, soror, sumus semper.
Pin. Nostrum opificium nos facere æquom 'st; neque
Id magis facimus, quam nos monet pietas.
Sed heic, mea soror, adsisdum : multa volo tecum
Loqui de re viri. *Pan.* Salvene, amabo?
Pin. Spero quidem, et volo; sed hoc, soror, crucior,
Patrem tuum meumque adeo, unice qui unus
Civibus et omnibus probus perhibetur,
Eum nunc inprobi viri opificio uti;
Viris qui tantas absentibus nostris
Facit injurias immerito,
Nosque ab his abducere volt.
Hæ res vitæ me, soror, saturant :

faire ce que tu redoutes. S'il le faisait néanmoins, nous ne pourrions pas nous en plaindre ; il serait dans son droit : car voici déjà la troisième année que nos maris ont quitté la maison.

Pin. C'est vrai.

Pan. Depuis ce temps ils ne songent pas à nous informer s'ils vivent, s'ils se portent bien, où ils sont, ce qu'ils deviennent, ce qu'ils font : et ils ne reviennent pas.

Pin. Parce qu'ils ne font pas leur devoir, es-tu fâchée, ma sœur, de faire le tien ?

Pan. Oui certainement.

Pin. Tais-toi, et fais en sorte que je n'entende plus de semblables paroles sortir de ta bouche.

Pan. Eh! pourquoi?

Pin. Parce qu'à mon sens toutes les personnes sages doivent aimer et remplir leur devoir : je te conseille donc de ne pas oublier le tien. Je prends cette liberté, quoique tu sois mon aînée. Quelle que soit la conduite de nos époux, quelle que soit l'injustice de leurs procédés, si nous ne voulons pas encourir le blâme universel, il faut que nous remplissions notre devoir.

Pan. Tu as raison, et je me tais.

Pin. Tâche au moins de t'en souvenir.

Pan. Je ne veux pas, ma sœur, que l'on me soupçonne d'oublier mon mari. Non, non; les égards qu'il m'a témoignés ne sont pas perdus pour lui. Ses bontés me sont toujours chères et précieuses. Je ne regrette nullement cette union, et je n'ai aucun motif de désirer un changement. Mais enfin cela dépend de notre père : nous sommes obligées de faire ce que nos parents nous commandent (1).

(1) L'absence de leurs maris les avait fait rentrer sous la puissance paternelle.

Pin. Je le sais bien, et cette pensée augmente mon chagrin : car il nous a déjà fait entendre sa volonté.

Pan. Avisons donc au parti qu'il faut prendre.

SCÈNE II.

ANTIPHON, PANÉGYRIS, PINACIE.

Ant. (à ses esclaves.) Un esclave qui attend toujours qu'on lui rappelle son devoir, et ne songe pas à le faire de son propre mouvement, est un mauvais serviteur. Vous n'oubliez pas, aux Calendes, de demander votre pitance (1); pourquoi ne vous souvenez-vous pas de même de faire à la maison ce qu'il faut? Si, à mon retour, je ne trouve pas tout bien rangé dans les appartements, je vous rafraîchirai la mémoire à coups d'étrivières. Il semble que j'habite ici non avec des hommes, mais avec des pourceaux. Tâchez, s'il vous plaît, que la maison soit propre quand je reviendrai. Je rentre à l'instant : je vais chez ma fille aînée. Si quelqu'un me demande, vous viendrez m'y chercher ; ou plutôt je vais revenir.

Pin. Quel parti prendre, ma sœur, si notre père s'obstine à nous contraindre?

Pan. Nous soumettre à ce qu'il lui plaira, puisqu'il est le maître.

Ant. (s'avançant, à part.) Si elles aiment mieux rester ici que de passer dans la maison d'un autre mari (2), qu'elles restent. Qu'ai-je besoin, au terme

(1) La distribution de chaque mois était pour les esclaves de quatre boisseaux de farine, d'après la loi Sempronia : les citoyens en recevaient cinq.
(2) On sait qu'en se mariant la femme quittait la maison de ses parents pour celle de son époux.

Hæ mihi dividiæ et senio sunt.
Pan. Neu lacruma, soror; neu tuo id animo 20
Fac, quod tibi tuus pater facere minatur.
Spes est eum melius facturum.
Gnovi ego illum ; istæc joculo dicit;
Neque ille sibi mereat Persarum
Monteis, qui esse aurei perhibentur, 25
Uti istuc faciat, quod tu metuis.
Tamen si faciat, minume irasci
Decet ; neque id inmerito eveniet.
Nam viri nostri domo ut abierunt,
Hic tertius annus. *Pin.* Ita ut memoras. 30
Pan. Quom ipsi interea vivant, valeant,
Ubi sint, quid agant, ecquid agant,
Neque participant nos, neque redeunt.
Pin. An id doles, soror, quia illi suum opficium
Non colunt, quom tuum facis? *Pan.* Ita, pol. 35
Pin. Tace, sis; cave, sis, audiam ego istuc,
Cave, posthac ex te. *Pan.* Nam, qui jam?
Pin. Quia, pol, meo animo omneis sapienteis
Suum opficium æquum 'st colere, et facere.
Quamobrem ego te hoc, soror, tametsi es major, 40
Moneo, ut tuum memineris opficium.
Et si illi inprobi sint, atque aliter
Nos faciant, quam æquum 'st, tamen, pol,
Ne quid magis simus omnibus obnoxiæ opibus,
Nostrum opficium meminisse decet. 45
Pan. Placet ; taceo. *Pin.* At memineris facito.
Pan. Nolo ego, soror, me credi esse inmemorem viri;
Neque ille eos honores, mihi quos habuit, perdidit ;
Nam mihi, pol, grata acceptaque hujus est benignitas :
Et me quidem hæc conditio nunc non pœnitet ; 50
Neque est cur nunc studeam has nubtias mutarier.
Verum postremo in patris potestate est situm

Faciundum id nobis quod parenteis inperant.
Pin. Scio, atque in cogitando mœrore augeor;
Nam propemodum jam ostendit suam sententiam. 55
Pan. Igitur quæramus, nobis quid facto usus sit.

SCENA SECUNDA.

ANTIPHO, PANEGYRIS, PINACIUM.

Ant. Qui manet ut moneatur semper servos homo opficium suum,
Nec voluntate id facere meminit, servos is habitu haud probus est.
Vos meministis quotcalendis petere demensum cibum;
Qui minus meministis, quod opus sit facto, facere in ædibus? 60
Jam quidem in suo quidque loco nisi erit mihi situm subpellectilis,
Quom ego revortar, vos monumentis conmonefaciam bubulis.
Non hominus habitare mecum mihi heic videntur, sed sues.
Facite, soltis, nitidæ ut ædeis meæ sint, quom redeam domum.
Jam ego domi adero : ad meam majorem filiam inviso domum. 65
Si quis me quæret, inde vocatote aliqui ; aut jam egomet heic ero.
Pin. Quid, agimus, soror; si obfirmabit pater adversum nos? *Pan.* Pati
Nos oportet quod ille faciat, cujus potestas plus potest.
Ant. Si manere heic sese malint potius, quam alio nubere,
Non faciant : quid mihi opu 'st decurso ætatis spatio cum eis 70
Gerere bellum ? quom nihil, quamobrem faciam, meruisse arbitrer ?
Minume ! nolo turbas : sed hoc mihi optumum factu arbitror,
Principium ego quo pacto cum illis obcipiam, id ratiocinor.

de ma carrière, de me mettre en guerre avec mes filles, quand elles n'ont rien fait pour le mériter? Non, je ne veux pas de querelles. Ce qu'il y a de mieux à faire, je pense, c'est de réfléchir d'abord de quelle manière j'entamerai la question avec elles : les attaquerai-je par des discours détournés, sans paraître leur faire des reproches, ni rien savoir de fâcheux sur leur compte? Essayerai-je, pour les vaincre, de la douceur ou de la menace? je prévois un vif débat; je connais leur caractère.

Pin. C'est, je pense, aux prières et non à la résistance que nous devons avoir recours. Si nous demandons de l'indulgence à notre père, je me flatte que nous l'obtiendrons. Nous ne pouvons le combattre ouvertement sans crime, ni sans déshonneur : moi, je ne le ferai point; et je ne te donnerai point le conseil de le faire. Essayons de le fléchir : je connais le caractère de notre famille : il n'est pas inflexible.

Ant. (*à part.*) Voici comme je vais faire : je feindrai d'avoir quelque tort à leur reprocher; je les embarrasserai, je jetterai le trouble dans leur âme; je leur déclarerai ensuite nettement mes intentions. La discussion sera longue, je le prévois (1). Entrons; mais la porte est ouverte.

Pin. Je viens certainement d'entendre la voix de mon père.

Pan. Le voilà, en effet. Allons au-devant de lui et courons l'embrasser.

Pin. (*à Antiphon.*) Bonjour, mon père.

Ant. (*d'un ton brusque.*) Bonjour, ma fille. Allons, allons, éloignez-vous.

Pin. Un baiser de grâce....

Ant. J'ai assez de vos baisers.

Pin. Eh! pourquoi, je vous prie, mon père?

Ant. Parce qu'ils ont une amertume qui me dégoûte.

Pin. (*lui présentant un siége.*) Asseyez-vous ici, mon père.

Ant. Je ne m'assieds pas là : asseyez-vous-y; moi, je me mettrai sur ce banc.

Pin. Permettez au moins qu'un coussin....

Ant. Vous êtes bien attentive pour moi : je suis bien assis comme cela.

Pin. Souffrez, mon père....

Ant. Quelle nécessité?...

Pin. C'est nécessaire.

Ant. Je te cède... mais en voilà assez.

Pin. Jamais des filles ne peuvent trop prendre soin de leur père. Qu'avons-nous au monde de plus cher que vous, mon père, et ensuite que nos époux, ceux que vous avez choisis pour nous rendre mères?

Ant. C'est agir en femmes vertueuses, que de conserver à vos maris absents le même sentiment que s'ils étaient auprès de vous.

Pin. Mon père, l'honnêteté nous ordonne de respecter ceux qui nous ont prises pour compagnes.

Ant. N'y a-t-il point ici d'étranger qui épie nos discours?

Pan. Personne que vous et nous.

Ant. Prêtez-moi attention; j'ignore entièrement les goûts et le caractère des femmes, et je viens comme un élève à votre école... Quelles sont les qualités qu'on exige d'une vertueuse épouse? Dites-le-moi toutes deux.

Pan. Quoi! vous venez ici pour nous interroger sur la conduite des femmes?

Ant. C'est que j'en cherche une, par Pollux, à présent que votre mère est morte.

Pan. Vous n'aurez pas de peine à en trouver qui ne la vaudront pas et n'auront pas ses vertus. Vous n'en rencontrerez pas une meilleure; il n'en existe pas sous le soleil.

---

(1) Antiphon se contredit sans motif : on pense que cette scène a été altérée par les copistes.

Utrum ego perplexim lacessam oratione ad hunc modum,
Quasi nunquam quidquam in eas simulem, quasi nihil inau-
  diverim, 75
Eas in se meruisse culpam : an potius tentem leniter;
An minaciter. Scio litteis fore; ego meas gnovi optume.
Pin. Exorando, haud advorsando sumendam operam cen-
  seo.
Gratiam a patre si petimus, spero ab eo inpetrasrere :
Advorsari sine dedecore et scelere summo haud possumus.
Neque ego sum factura; neque tu ut facias, consilium
  dabo : 81
Verum ut exoremus : gnovi ego nostros; exorabili'st.
Ant. Sic faciam; adsimulabo quasi aliquam culpam in sese
  admiserint.
Perplexabiliter earum hodie perpavefaciam pectora;
Post, id agam igitur deinde; ut animus meus erit, faciam pa-
  lam. 85
Multa, scio, facienda verba. Ibo intro : sed aperta est foris.
Pin. Certo enim mihi paternæ vocis sonitus aureis adcidit.
Pan. Is est, ecastor : ferre advorsum hominem obcupemus
  osculum.
Pin. Salve, mi pater. *Ant.* Et vos ambæ : inlico agite, abs-
  cedite.
Pin. Osculum... *Ant.* Sat est osculi mihi vostri. *Pin.* Qui,
  amabo, pater? 90
Ant. Quia itu meæ animæ salsura evenit. *Pin.* Adside heic,
  pater.
Ant. Non sedeo isteic : vos sedete, ego sedero in subsellio.

Pin. Mane pulvinum. *Ant.* Bene procuras mihi; satis sic ful-
  tum 'st mihi.
Pin. Sine, pater. *Ant.* Quid opus est? *Pin.* Opus est. *Ant.*
  Morem tibi geram; atque hoc satis est.
Pin. Nunquam enim nimis curare possunt suum parentem
  filiæ. 95
Quem æquius est vos potiorem habere, quam te? postidea,
  pater,
Viros nostros, quibus tu voluisti esse nos matresfamilias?
Ant. Bonas ut æquom 'st facere, facitis, quom tamen absen-
  teis viros
Perinde habetis, quasi præsenteis sint. *Pin.* Pudicitia est,
  pater,
Eos magnificare, qui nos socias sumserunt sibi. 100
Ant. Numquis hic est alienus nostris dictis auceps auri-
  bus?
Pin. Nullus, præter nosque teque. *Ant.* Vostrum animum
  adhiberi volo.
Nam ego ad vos nunc inperitus rerum, et morum mulie-
  rum,
Discipulus venio ad magistras : quibus matronas moribus,
Quæ optumæ sunt, esse oportet; sed utraque ut dicat mi-
  hi. 105
Pan. Quid istuc est, quod huc exquæsitum mulierum mores
  venis?
Ant. Pol, ego uxorem quæro, postquam vostra mater mor-
  tua 'st.
Pan. Facile invenies et pejorem et pejus moratam, pater,
Quam illa fuit; meliorem neque tu reperies, neque sol videt.

Ant. (*à Pinacie.*) Mais je t'interroge aussi comme ta sœur.

Fin. Vraiment, mon père, je sais ce que doit être une femme, si je m'en fais une juste idée.

Ant. Apprends-moi donc l'idée que tu t'en es formée.

Pin. Il faut, quand elle se promène dans la ville, qu'elle ferme la bouche aux médisants, et qu'elle ne donne aucune prise à leur langue.

Ant. (*à Panégyris.*) Allons, parle à ton tour maintenant.

Pan. Que voulez-vous que je vous dise, mon père?

Ant. A quelles marques reconnaît-on une femme d'un bon naturel?

Pan. C'est lorsque, pouvant faire le mal, elle ne le fait pas.

Ant. Pas mal répondu. (*à Pinacie.*) A toi maintenant. Laquelle vaut-il mieux épouser, une fille ou une veuve?

Pan. Suivant mon petit jugement, entre beaucoup de maux il faut choisir le moindre. Que celui qui peut se passer de femme s'en passe, et qu'il ne fasse pas aujourd'hui ce dont il pourrait se repentir demain.

Ant. (*à Panégyris.*) Quelle est la femme qui te paraît la plus sage?

Pan. Celle qui ne s'oublie pas dans la prospérité, et qui se voit d'un œil tranquille tomber dans l'infortune.

Ant. Par Pollux, j'ai adroitement éprouvé vos sentiments et votre caractère. Mais voici le sujet de ma visite, et pourquoi je voulais vous trouver réunies. Mes amis me conseillent de vous reprendre chez moi (1).

Pan. Mais nous que la chose, regarde nous vous conseillons le contraire. Car ou il ne fallait point nous donner à des époux qui ne vous plaisaient

(1) Pour rompre leur mariage.

pas, ou bien il est injuste de nous contraindre à les abandonner maintenant qu'ils sont absents.

Ant. Quoi! je souffrirai que, de mon vivant, vous ayez des mendiants pour maris!

Pin. Mon mendiant me plaît, autant qu'un roi plaît à sa reine. J'ai pour lui dans sa pauvreté le même sentiment qu'au temps de son opulence.

Ant. Quelle singulière estime pour des gueux et des mendiants?

Pan. Ce n'est pas, je pense, à l'argent, mais à l'homme, que vous m'avez mariée.

Ant. Quoi! vous les attendez encore après trois ans d'absence! Pourquoi ne pas changer une condition misérable pour un état heureux et brillant?

Pin. C'est une folie, mon père, de conduire à la chasse les chiens malgré eux. Quiconque épouse une femme malgré elle épouse une ennemie.

Ant. Vous avez donc résolu toutes deux de ne point suivre la volonté de votre père?

Pin. Nous la suivons, puisque nous ne voulons pas nous séparer des époux que vous nous avez donnés.

Ant. Adieu: je vais faire part à mes amis de votre résolution.

Pan. Ils nous en estimeront davantage, j'en suis sûre, s'ils sont gens de bien.

Ant. Prenez donc le plus de soin possible de votre ménage.

Pan. A la bonne heure, voilà de bons avis; et nous vous écouterons maintenant avec plaisir. (*Il sort.*) A présent, ma sœur, rentrons.

Pin. Non, il faut auparavant que je fasse un tour chez moi. Si tu reçois quelque nouvelle de ton mari, fais-moi-le savoir.

Pan. Je n'y manquerai pas; comme tu m'instruiras aussi de ce que tu sauras. (*Pinacie sort.* — *A une servante.*) Holà! Crocotie! Va trouver le parasite Gélasime; amène-le avec toi! Je veux l'envoyer

---

Ant. At ego ex te exquæro, atque ex istac tua sorore. *Pin.* Edepol, pater, 110
Scio, ut oportet esse, si sint ita, ut ego æquom censeo.
Ant. Volo scire ergo, ut æquom censes. *Pin.* Ut per urbem quom ambulent,
Omnibus os obturent, ne quis merito maledicat sibi.
Ant. Dic vicissim nunc jam tu. *Pin.* Quid vis tibi dicam, pater?
Ant. Ubi facilluma spectatur mulier, quæ ingenio est bono? 115
Pan. Quoi malefaciundi est potestas, quæ, ne faciat, id temperat.
Ant. Haud male istuc. Age tu altera; utra sit conditio pensior,
Virginemne an viduam habere? *Pin.* Quanta mea sapientia est,
E malis multis malum quod minumum 'st, id minumum 'st malum.
Qui potest mulieres vitare, vitet; ut quotidie 120
Pridie caveat, ne faciat quod pigeat postridie.
Ant. Quæ tibi mulier videtur multo sapientissuma?
Pan. Quæ tamen, quom res secundæ sunt, se poterit gnoscere:
Et illa quæ æquo animo patietur sibi esse pejus, quam fuit.
Ant. Edepol, vos lepide tentavi, vestrumque ingenium ingeni. 125
Sed hoc est, quod ad vos venio, quodque esse ambas conventas volo.
Mihi auctores ita sunt amici, ut vos hinc abducam domum.

Pan. At enim nos, quarum res agitur, aliter auctores sumus.
Nam aut olim, nisi tibi placebant, non datas oportuit,
Aut nunc non æquom 'st abduci, pater, illisce abscentibus. 130
Ant. Vosne ego patiar cum mendicis nuptas, me vivo, viris?
Pin. Placet ille meus mihi mendicus; suus rex reginæ placet.
Idem animus est in paupertate, qui olim in divitiis fuit.
Ant. Vosne latrones et mendicos homines magnipenditis?
Pan. Non me tu argento dedisti, opinor, nuptum, sed viro.
Ant. Quid? illos exspectatis, qui abhinc jam abierunt triennium? 136
Quin vos capitis conditionem ex pessuma primariam?
Pan. Stultitia est, pater, venatum ducere invitas canes.
Hostis est uxor, invita quæ ad virum nuptum datur.
Ant. Certumne est neutram vostrarum persequi inperium patris? 140
Pin. Persequimur; nam quo dedisti nuptum, abire nolumus.
Ant. Bene valete; Ibo, atque amicis vostra consilia eloquar.
Pan. Probiores, credo, arbitrabunt, si probis narraveris.
Ant. Curate igitur familiarem rem, ut potestis, optume.
Pan. Nunc placet, quom recte monstras: nunc tibi auscultabimus. 145
Nunc, soror, abeamus intro. *Pin.* Imo intervisam prius domum.
Si a viro tibi forte veniet nuncius, facito ut sciam.
Pan. Neque ego te celabo, neque tu me celassis quod scies.
Eho, Crocotium, i, parasitum Gelasimum huc accersito:
Tecum adduce: nam illum, ecastor, mittere ad portum volo,

au port, pour savoir s'il est arrivé aujourd'hui ou hier quelques vaisseaux de l'Asie. J'ai bien un esclave qui s'y tient toute la journée ; mais je veux qu'on y aille de temps en temps : hâte-toi, et reviens au plus vite.

(*Panégyris rentre dans l'intérieur de la maison ; Crocotie sort du vestibule dans la rue ; Gélasime arrive d'un autre côté de la scène.*)

SCENE III.

GELASIME seul.

Je soupçonne que la Faim est ma mère (1) : car jamais, depuis que je suis au monde, je n'ai pu me rassasier. Et jamais personne ne témoignera autant de reconnaissance à sa mère que je n'en ai témoigné à la mienne, quoique bien malgré moi : car elle ne m'a porté que dix mois dans son sein, et moi voilà plus de dix ans que je la porte dans le mien. Encore ne m'a-t-elle porté que très-petit ; ce qui devait sans doute alléger sa peine : mais moi, ce n'est pas une toute petite faim que je porte dans mon ventre: par Hercule ! c'est bien la faim la plus énorme et la plus fatigante.... Les douleurs de mes entrailles renaissent tous les jours, sans que je puisse accoucher de ma mère. Je ne sais que faire. J'ai entendu dire communément que les éléphants portent dix années entières : il faut que la faim soit de la même race, car voilà déjà bien des années qu'elle est attachée à mes entrailles. Maintenant si quelqu'un veut faire emplette d'un plaisant, je suis à vendre avec tout mon costume. Je cherche de tout côté à remplir le vide qui me tourmente. Mon père me donna, quand j'étais petit, le nom de Gélasime (2), parce que j'étais déjà plaisant dès mon enfance. Grâce à la pauvreté, j'ai justifié mon nom : c'est elle qui m'a forcé de prendre le métier de bouffon. La pauvreté enseigne toutes les industries à celui qu'elle

(1) Rotrou a traduit ce monologue dans la 2ᵉ sc. du 1ᵉʳ acte des *Captifs*. On y trouve quelques vers heureux.
(2) Du grec γελάσιμος, ridicule, risible.

a mis sous son joug. Mon père m'a dit que j'étais né dans une année de disette : c'est sans doute pour cela que je suis si affamé. Mais telle est la politesse naturelle à notre famille, je ne refuse jamais celui qui m'invite à manger. Il y avait autrefois une façon de parler qui s'est perdue ; elle était pourtant, à mon sens, excellente et bien agréable : « Venez souper ici : acceptez. — Il faut que vous le promettiez : ne vous faites pas prier. Cela vous arrange-t-il ? Je veux, vous dis-je, que vous acceptiez. Je ne vous lâcherai pas que vous ne veniez. » Au lieu de cette phrase, on a inventé une formule qui n'a aucune valeur : « *Je vous inviterais à souper, si moi-même je ne soupais en ville* (1). » Maudite phrase ! je voudrais qu'on lui rompît les membres ; ou que le hâbleur crevât, s'il soupe chez lui. Ces impertinences me forcent de prendre le genre de vie des barbares, et de faire le métier de crieur public, pour annoncer la vente de ma propre personne, et me mettre moi-même aux enchères.

Cro. (*à part.*) Voilà le parasite qu'on m'a envoyé chercher : écoutons ce qu'il dit, avant de lui parler.

Gél. Mais il y a ici une foule de curieux incommodes, toujours empressés de s'occuper des affaires d'autrui, parce que, n'ayant rien, ils n'ont pas matière à s'occuper des leurs. Apprennent-ils qu'on va faire une vente, ils accourent, ils s'informent du motif : si c'est pour acquitter des dettes, ou pour payer les frais d'un dîner, ou bien pour rendre une dot après un divorce. Tous ces gens-là, qui méritent si bien la misère pour prix des peines inutiles qu'ils se donnent, ne m'intéressent pas le

(1) Laporte-Duthell, militaire, diplomate et littérateur instruit, mort de nos jours, à qui l'on doit la traduction de plusieurs poëtes de l'antiquité, a imité Plaute dans ces vers :

« Je vous engagerais si je n'allais en ville. »
Phrase par tout pays à tel point incivile,
Qu'en l'osant prononcer, un avare à l'instant
Mériterait crever, si, pour plus grand tourment,
Il ne devait le soir, après mainte visite
Où personne jamais à rester ne l'invite,
Retourner, malgré lui, dîner à ses dépens.

Si quæ forte ex Asia navis heri aut hodie venerit. 151
Nam dies totos apud portum servos unus adsidet :
Sed tamen volo intervisi : propera, ac actutum redi.

SCENA TERTIA.

GELASIMUS, CROCOTIUM.

Gel. Famem fuisse subspicor matrem mihi :
Nam postquam gnatus sum, satur nunquam fui. 155
Quam ego matri meæ retuli invitissumus,
Eam mihi nunquam retulit mater gratiam.
Nam illa me in alvo menseis gestavit decem.
At ego illam in alvo gesto plus annos decem.
Atque illa puerum me gestavit parvolum, 160
Quo minus laboris illam cepisse existumo :
At ego non pauxillulam in utero gesto famem,
Verum, hercle, multo maxumam et gravissumam.
Uteri dolores mihi oboriuntur cotidie :
Sed matrem parere nequeo ; nescio quomodo. 165
Audivi sæpe hoc volgo dicier,
Solere elephantum gravidam perpetuos decem
Esse annos : ejus ex semine hæc certo est Fames.
Nam jam complures annos utero hæret meo.
Nunc si ridiculum hominem quæret quispiam, 170
Venalis ego sum cum ornamentis omnibus.
Inanimentis explementum quæritio.
Gelasimo nomen mi indidit parvo pater,

Quia inde jam a pauxillo puero ridiculus fui.
Propter paupertatem adeo hoc nomen reperi ; 175
Eo, quia paupertas fecit, ridiculus forem :
Nam illa omneis arteis perdocet, ubi quem adligit.
Per annonam caram dixit me gnatum pater ;
Propterea, credo, nunc esurio acrius.
Sed generi nostro hæc reddita est benignitas ; 180
Nulli negare solro, si quis esum me vocat.
Oratio una interiit hominum pessume,
Atque optuma, hercle, meo animo, et scitissuma,
Qua ante utebantur, « Veni illo ad cœnam !... Sic face !...
« Promitte vero ! Ne gravare ! Est commodum ? 185
« Volo, inquam, fieri !... Non amittam, quin eas !... »
Nunc repererunt ei verbo vicarium,
Nihili quidem, hercle, verbum ac villissumum,
« Vocem te ad cœnam, nisi egomet cœnem foris. »
Ei, hercle, ego verbo lumbos defractos velim, 190
Ni vere perierit, si cœnassit domi.
Hæc verba subigunt me, mores ut barbaros
Discam, atque ut faciam præconiis conpendium ;
Itaque auctionem prædicem, ipse ut veneam.
Croc. Hic ille est parasitus quem accersitum missa sum. 195
Quæ loquitur, auscultabo, priusquam conloquar.
Gel. Sed curiosi sunt heic quam plures mali,
Alienas res qui curant studio maxumo,
Quibus ipsis nulla est res, quam procurent, sua :
Ei quando quem auctionem facturum sciunt, 200

moins du monde. Je vais pourtant leur dire la cause de ma vente, pour les divertir; car tout curieux est malveillant. Voici donc pourquoi je me mets aux enchères : j'ai eu le malheur d'essuyer de grandes pertes ; j'ai été cruellement maltraité dans la personne de mes esclaves : un nombre infini de régals me sont morts. De combien de soupers j'ai eu à pleurer le trépas! combien de vins parfumés ! combien de dîners j'ai perdus coup sur coup depuis trois ans! Infortuné! Aussi je dépéris de chagrin et de consomption. Je suis presque mort de faim.

Cro. (*à part.*) Rien n'est plus divertissant que lui, quand il a faim

Gél. Je suis décidé à faire une vente publique. Il faut que je mette à l'encan tout ce que je possède. Approchez donc, si vous voulez; c'est un butin pour les premiers venus. (*Aux spectateurs.*) A vendre d'excellents bons mots! Allons, enchérissez. Qui en veut pour un souper? qui en demande pour un dîner? Hercule vous sera favorable. Vous dites un dîner?... Et vous, un souper? heim!... Vous dites oui. Personne ne vous fournirait de meilleurs bons mots. Je défends à tout parasite d'en avoir de meilleurs. Je vends aussi des liqueurs à la grecque pour essuyer la sueur, d'autres pour adoucir, d'autres pour dissiper les fumées du vin. Vous plaît-il quelque fine raillerie, d'aimables compliments, d'adroits mensonges de parasite, un frottoir rouillé, une fiole de parfums (1), un parasite, l'estomac vide, pour serrer les restes? J'ai besoin de vendre tout cela le plus tôt possible, pour offrir la dîme à Hercule.

Cro. (*à part.*) Par Castor! voilà de riches marchandises! la faim s'est attachée au fond des entrailles de cet homme. Abordons-le.

Gél. (*apercevant Crocotie.*) Quelle est cette femme qui vient à moi? C'est Crocotie, la servante d'Épignome.

(1) Les parasites aidaient à la toilette de leur patron, au sortir du bain.

Cro. Salut, Gélasime.
Gél. Ce n'est pas là mon nom.
Cro. Par Castor! c'est bien votre nom.
Gél. J'en conviens : mais je l'ai perdu par l'usage. Maintenant je m'appelle Ronge-miette; c'est mon vrai nom.
Cro. Vous m'avez bien fait rire aujourd'hui.
Gél. Quand cela? en quel endroit?
Cro. Ici même, quand vous faisiez votre vente.
Gél. Ah! friponne, tu m'écoutais.
Cro. Une vente bien digne de vous.
Gél. Où vas-tu à cette heure?
Cro. Chez vous.
Gél. Pourquoi faire?
Cro. Panégyris m'a ordonné de vous prier très-instamment de venir avec moi la trouver à la maison.
Gél. Très-volontiers, et j'y cours à toutes jambes. La chair des victimes est-elle déjà cuite? Combien a-t-elle immolé d'agneaux?
Cro. Mais elle n'a rien immolé.
Gél. Comment? que me veut-elle donc?
Cro. Il s'agit, je crois, d'un emprunt de dix boisseaux de blé...
Gél. Est-ce qu'elle veut me les prêter?
Cro. Non, par Hercule : c'est au contraire pour que vous nous les prêtiez.
Gél. Réponds-lui que je ne pourrai pas même lui en prêter un grain; que je n'ai que le manteau qui est sur mes épaules, et une langue toute prête à vendre au plus offrant.
Cro. Vous n'en avez pas une qui sache dire : Je donnerai.
Gél. J'ai perdu celle qui savait prononcer ce mot-là : celle que j'ai ne sait dire que : Donnez-moi.
Cro. Que les dieux vous confondent!
Gél. Ah! par exemple! elle peut bien vous en dire autant.

Adeunt, perquirunt quid siet causæ inloco :
Alienum æs cogat, an pararit prandium,
Uxorin' sit reddenda dos divortio?
Eos omneis (tametsi, hercle, haud indignos judico,
Qui, ut multum miseri sint, laborent), nihil moror :   205
Dicam auctionis causam, ut animo gaudeant,
(Nam curiosus nemo est, quin sit malevolus),
Ipse egomet quamobrem auctionem prædicem :
Damna evenerunt maxuma misero mihi,
Ita me mancupia miserum adfecerunt male,   210
Potationes plurimæ demortuæ :
Quot adeo cœnæ, quas deflevi, mortuæ!
Quot potiones mulsi! quot autem prandia!
Quæ inter continuum perdidi triennium.
Præ mœrore adeo miser atque ægritudine   215
Consenui ; pæne sum fame emortuus.
Croc. Ridiculus æque nullus est, quando esurit.
Gel. Nunc auctionem facere decretum 'st mihi :
Foras necessum 'st quidquid habeo vendere.
Adeste, sultis, præda erit præsentium.   220
Logos ridiculos vendo, agite, licemini.
Qui cœna poscit? ecqui poscit prandio?
Hercules te amabit. Prandio? cœna tibi?
Ehem adnuistin'? nemo meliores dabit :
Nullis meliores esse parasitos sinam.   225
Vel unctiones Græcas, sudatorias,
Vel alias malacas crapularias,
Cavillationes, adsentatiunculas,
Ac perjuratiunculas parasiticas,

Rubiginosam strigilem, ampullam rubidam,   230
Parasitum inanem, quo recondas reliquias.
Hæc venisse jam opus est, quantum potest;
Uti decumam partem Herculi polluceam.
Croc. Ecastor, auctionem haud magni preti!
Adhæsit homini ad infimum ventrem fames.   235
Adibo hominem. *Gel.* Quis hæc est, quæ advorsum it mihi?
Epignomi ancilla hæc quidem est Crocotium.
Croc. Gelasime, salve. *Gel.* Non est id nomen mihi.
Croc. Certo, mecastor, id fult nomen tibi.
Gel. Fuit disertim ; verum id usu perdidi ;   240
Nunc Miccotrogus nomine ex vero vocor.
Croc. Heu, ecastor, risi te hodie multum. *Gel.* Quando? aut quo in loco?
Croc. Heic quom auctionem prædicabas. *Gel.* Pessuma,
Ehon' audivisti! *Croc.* Te quidem dignissumam.
Gel. Quo nunc is? *Croc.* Ad te. *Gel.* Quid venis? *Croc.* Panegyris   245
Rogare jussit te opere maxumo,
Mecum simitu ut ires ad sese domum.
Gel. Ego illo, menerole, vero eo, quantum potest.
Jamne exta cocta sunt? quot agnis fecerat?
Croc. Illa quidem nullum sacruficavit. *Gel.* Quomodo?   250
Quid igitur me volt? *Croc.* Tritici modios decem
Rogare, opinor, te volt. *Gel.* Mene, ut ab se petam?
Croc. Imo, hercle, ut abs te mutuum nobis dares.
Gel. Negato esse quod dem, nec mu, nec mutuum,
Neque aliud quidquam, nisi hoc quod habeo pallium,   255
Linguam quoque etiam venditariam.

Cro. Eh bien! viendrez-vous, oui ou non?
Gél. Retourne à la maison ; dis que je vais venir, hâte-toi, va-t'en. (*seul.*) Je ne comprends pas pourquoi elle me demande, elle qui ne m'a jamais fait appeler depuis le départ de son mari. J'ignore le motif ; courons-en la chance, et voyons ce qu'elle veut. Mais voici Dinacion, son petit esclave. Voyez donc, le drôle! quelle jolie tournure. Il est à peindre. Ce gaillard-là m'a l'air de savoir avaler une coupe de vin pur fort agréablement.

ACTE DEUXIÈME.

SCÈNE I.

DINACION, GÉLASIME.

Din. (*sans voir Gélasime.*) Non, jamais Mercure, le messager de Jupiter, ne porta une plus agréable nouvelle à son père que celle que je vais annoncer à ma maîtresse. Aussi mon cœur est-il gonflé de joie et de bonheur. Je ne veux parler qu'en style magnifique : j'apporte avec moi toutes les délices de l'amour et des grâces. La joie inonde mon sein et déborde : allons, Dinacion, stimule tes pieds ; que l'action soit digne des paroles. Tu peux maintenant obtenir gloire, louanges, honneur : soulage la misère de ta maîtresse, ajoute encore aux beaux traits de tes ancêtres. L'impatience de revoir Épignome, son mari, la rend bien malheureuse. Elle l'aime avec toute la tendresse d'une bonne épouse. Maintenant dépêche, Dinacion ; suis l'élan de ton zèle, cours à ta fantaisie ; n'aie d'égards pour personne ; fais-toi passage avec tes coudes ; balaye la route brutalement : et quand tu trouverois un roi sur ton chemin, renverse-le, plutôt que de t'arrêter. (*Il se met à courir.*)

Gél. (*à part.*) Qu'a donc le folâtre Dinacion à courir avec cette ardeur? Il porte une ligne et un hameçon, avec un panier de pêcheur.

Din. (*s'arrêtant sans voir Gélasime.*) Mais j'y songe, il serait plus convenable que ma maîtresse me priât humblement, et m'envoyât des ambassadeurs chargés de riches présents, avec un char pour me transporter ; car je ne puis pas aller à pied. Je vais donc retourner sur mes pas. Il est bien juste, à mon avis, qu'on vienne me trouver, et qu'on me supplie. Croyez-vous que ce soit une bagatelle, un rien, ce que je sais? Le bonheur, la joie que j'apporte du port sont si grands, que ma maîtresse, si elle les ignore, oserait à peine les demander aux dieux. Maintenant ma prévenance ira-t-elle l'en informer? non point : ce n'est pas de mon devoir. Il me paraît plus digne de la nouvelle que je sais, d'attendre qu'elle vienne au-devant de moi, et qu'elle me prie de lui en faire part. La fierté sied bien au bonheur. (*Il fait un mouvement pour retourner au port, puis il s'arrête.*) Mais j'y réfléchis... Comment ma maîtresse pourrait-elle être instruite que je sais la nouvelle? Je ne puis me dispenser de revenir, de parler, de lui donner des détails, de tirer ma maîtresse de son chagrin, d'ajouter aux bons services de mes ancêtres, et de la combler de joie par ce bonheur inespéré, annoncé si à propos. Mon zèle effacera le zèle de Talthybius (1), et tous les messagers ne seront rien au prix de moi : en même temps je m'exercerai à la course pour les jeux olympiques. Mais l'espace me manque ; la carrière est trop courte! quel ennui! (*Il s'approche de la maison.*) Que vois-je? la porte est fermée ; allons, frappons. Ouvrez, et dépêchez ; ouvrez-moi la porte toute grande, et sans retard. C'est aussi trop

(1) Messager de l'armée des Grecs, dans Homère.

Croc. Hau, nulla tibi lingua est, quæ quidem dicat, Dabo?
Gel. Veterem reliqui : eccam illam, quæ dicat, Cedo.
Croc. Malum tibi id dent! *Gel.* Hæc eadem dicit tibi.
Croc. Quid nunc? iturus, an non? *Gel.* Abi sane domum. 260
Jam illo venturum dicito, propera, atque abi.
Demiror quid illæc me ad se arcessi jusserit,
Quæ nunquam jussit me ad se arcessi ante hunc diem,
Postquam vir abiit ejus. Miror quid siet ;
Nisi ut periculum fiat, visam quid velit. 265
Sed eccum Dinacium ejus puerum : hoc vide.
Satin' ut facete, atque ex pictura adstitit?
Næ iste, edepol, vinum poculo pauxillulo
Sæpe exanclavit submerum scitissume.

ACTUS SECUNDUS.

SCENA PRIMA.

DINACIUM, GELASIMUS.

Din. Mercurius, Jovis qui nuntius perhibetur, nunquam
æque patri 270
Suo nuntium lepidum adtulit, quam ego nunc meæ heræ
nuntiabo.
Itaque onustum pectus porto lætitia lubentiaque;
Neque lubet, nisi gloriose, quidquam prologui : profecto
Amœnitates omnium venerum atque venustatum adfero ;
Ripisque superat mihi atque abundat pectus lætitia meum. 275
Propterea, Dinacium, pedes hortare ; honesta dicta factis ;
Nunc tibi potestas adipiscendi est gloriam, laudem, decus ;
Heræque egenti subveni ; benefacta majorum tuorum exauge.
Quæ misera exspectatione est Epignomi adventus viri :

Proinde, ut decet, amat virum suum cupide. Nunc expedi,
Dinacium : 280
Age ut placet, curre ut lubet, cave quemquam floccifeceris.
Cubitis depulsa da via, tranquillam concinna viam.
Si rex obstabit obviam, regem ipsum prius pervortito.
Gel. Quidnam dicam, Dinacium
Lascivibundum tam lubenter currere? 285
Harundinem fert, sportulamque et hamulum piscarium.
Din. Sed tandem, opinor, æquiu'st heram mi esse supplicem,
Atque oratores mittere ad me, donaque ex auro, et quadrigas
Qui vehar : nam pedibus ire non queo : ergo jam revortar.
Ad me iri et supplicari egomet mihi censeo æquom. 290
An vero nugas censeas, nihil esse quod ego nunc scio?
Tantum a portu adporto bonum, tam gaudium adfero grande,
Vix ipsa domina hoc, nisi sciat, exoptare a dis audeat.
Nunc ultro hoc deportem? haud placet ; neque id vero optici
cium arbitror.
Heic hoc videtur mihi magis meo convenire huic nuntio, 295
Advorsum ut veniat, obsecret, se ut nuntio hoc impertiam.
Secundas fortunas decent superbiæ.
Sed tandem quom recogito, qui potuit scire hæc scire me?
Non enim possum, quin revortar, quin loquar, quin edisser-
tem,
Heramque ex mœrore eximam, benefacta majorum meum 300
Exaugeam, atque illam augeam ex insperato obportuno modo.
Contundam facta Talthybii, contemnamque omneis nuntios ;
Simulque ad cursuram meditabor me ad ludos Olympiæ.
Sed spatium hoc obcidit ; breve 'st curriculo ; quam me pœ-
nitet!
Quid hoc? obclusam januam video, ibo et pultabo foreis. 305
Aperite atque adproperate, foreis facite ut pateant, removete
moram.

de lenteur. Voyez combien de temps ils me laissent attendre et heurter! Êtes-vous occupés à dormir? *(redoublant les coups.)* J'éprouverai qui a le plus de force, de la porte, ou de mes pieds et de mes bras. Je voudrais que cette porte fût traitée comme un esclave qui s'enfuit. Je suis las de frapper. *(à la porte.)* C'est ton dernier moment.

Gél. (à part.) Il faut que je l'aborde et que je lui parle. *(Haut.)* Je te souhaite le bonjour.

Din. Bonjour.

Gél. Est-ce que tu te fais pêcheur?

Din. Combien y a-t-il de temps que vous n'avez mangé?

Gél. D'où viens-tu? que portes-tu là? qu'est-ce qui te presse?

Din. Cela ne vous regarde pas; ne vous en mettez point en peine.

Gél. (montrant le panier.) Qu'y a-t-il là-dedans?

Din. Quel serpent avez-vous devant les yeux (1)?

Gél. Pourquoi tant de colère?

Din. Si vous saviez un peu les convenances, vous ne me questionneriez pas ainsi.

Gél. Puis-je savoir de toi la vérité?

Din. Oui, et la voici : c'est que vous ne souperez pas aujourd'hui.

SCÈNE II.

PANÉGYRIS, GÉLASIME, DINACION.

Pan. Qui donc, s'il vous plaît, brise ainsi cette porte? Où est l'impertinent... *(à Gélasime.)* Est-ce vous qui vous conduisez de la sorte? venez-vous chez moi en ennemi?

Gél. (saluant Panégyris.) Bonjour, je me rends à vos ordres.

(1) Il lui demande s'il n'est pas en délire. Les serpents étaient les attributs des Furies.

Pan. Faut-il pour cela enfoncer la porte?

Gél. Grondez vos gens; c'est leur faute. Je venais savoir ce que vous me vouliez : et vraiment cette pauvre porte me faisait pitié.

Din. (à part, ironiquement.) Aussi lui a-t-il promptement porté secours.

Pan. Qui parle donc si près de nous?

Din. C'est Dinacion.

Pan. Où est-il?

Din. Tournez-vous de ce côté, Panégyris, et laissez là ce misérable parasite.

Pan. (lui imposant silence.) Dinacion!

Din. C'est le nom que m'ont laissé mes ancêtres.

Pan. Que fais-tu ici?

Din. Vous me demandez ce que je fais?

Pan. Pourquoi ne te le demanderais-je pas?

Din. Qu'ai-je à démêler avec vous?

Pan. Tu prends un ton bien impertinent avec moi, mauvais sujet... Explique-toi promptement.

Din. Ordonnez donc à ceux qui me retiennent de me laisser.

Pan. Qui te retient?

Din. Vous me le demandez? c'est la lassitude qui m'enchaîne tous les membres.

Pan. Elle ne retient pas la langue, du moins.

Din. Je suis venu du port en courant toujours... et cela pour l'amour de vous.

Pan. M'apportes-tu quelque bonne nouvelle?

Din. Je vous fais part d'un bonheur qui passe toutes vos espérances.

Pan. Je suis sauvée!

Din. Et moi, je me meurs! la fatigue a épuisé la moelle de mes os.

Gél. Et moi donc, pauvre malheureux, à qui la faim a dévoré la moelle de l'estomac!

Pan. Qui as-tu rencontré?

Din. Beaucoup de monde.

Nimis hæc res sine cura geritur : vide, quamdudum heic
   adsto et pulto!
Somnon' opceram datis? experiar, foreis, an cubiti, an pedes
   plus valeant.
Nimis vellem hæ foreis herum fugissent, ea causa ut haberent malum.
Defessus sum pultando. 310
Hoc postremum est vobis.
Gel. Ibo atque hunc conpellabo.
Salvos sis. *Din.* Et tu salve.
Gel. Jam tu piscator factus?
Din. Quampridem non edisti? 315
Gel. Unde is? quid fers? quid festinas?
Din. Tua quod nihil refert, ne
Cures. *Gel.* Quid isteic inest?
Din. Quas tu vides colubras?
Gel. Quid tam iracundus? *Din.* Si in te 320
Pudor adsit, non me adpelles.
Gel. Possum scire ex te verum?
Din. Potes : hodie non cœnabis.

SCENA SECUNDA.

PANEGYRIS, GELASIMUS, DINACIUM.

Pan. Quisnam, obsecro, has frangit foreis? ubi est?
Tun' hæc facis? tun' mihi huc hostis venis? 325
Gel. Salve, tuo arcessitu venio huc. *Pan.* Ean' gratia foreis
   ecfringis?

Gel. Tuos inclama, tui delinquont : ego, quid me velles,
   visebam :
Nam equidem harum miserebat. *Din.* Ergo auxilium propere latum 'st.
Pan. Quisnam heic loquitur tam prope nos? *Din.* Dinacium.
Pan. Ubi is est?
Din. Respice me, et relinque egentem parasitum, Panegyris. 330
Pan. Dinacium! *Din.* Istuc indidere nomen majores mihi.
Pan. Quid agis? *Din.* Quid agam, rogitas? *Pan.* Quidni
   rogitem? *Din.* Quid mecum est tibi?
Pan. Mein' fastidis, propudiose? eloquere propere, Dinacium.
Din. Jube me omittere igitur hos qui retinent. *Pan.* Qui retinent? *Din.* Rogas?
Omnia membra lassitudo mihi tenet. *Pan.* Linguam quidem 335
Sat scio tibi non tenere. *Din.* Ita celeri curriculo fui
Propere a portu, tui honoris causa. *Pan.* Ecquid adportas
   boni?
Din. Nimio inpertior multo tanta plus, quam speras. *Pan.* Salva sum.
Din. At ego perii, quoi medullam lassitudo perbibit.
Gel. Quid ego, quoi misero medullam ventris percepit fames? 340
Pan. Ecquem convenisti? *Din.* Multos. *Pan.* At virum
   ecquem? *Din.* Plurimos;
Verum ex multis nequiorem nullum, quam hic est. *Gel.* Quomodo?

STICHUS, ACTE II, SCÈNE II.

Pan. Mais qui enfin?
Din. Une foule de personnes : mais de tous ceux que j'ai vus, voici le plus mauvais sujet.
Gél. Comment! (*à Panégyris.*) Il y a longtemps que je souffre les injures de ce coquin. (*à Dinacion.*) Si tu m'irrites encore...
Din. Je vous jure que vous mourrez de faim.
Gél. Je serais tenté de croire que tu dis vrai.
Din. Je veux approprier les appartements. (*Aux gens de la maison.*) Apportez ici des balais, le houssoir, afin que je détruise tout le travail et tous les tissus des araignées, que je jette à bas toutes leurs toiles.
Gél. Mais ces pauvres insectes gèleront.
Din. Croyez-vous donc qu'elles sont comme vous, qu'elles n'ont qu'un seul habit? Prenez-moi ce balai.
Gél. Je le veux bien.
Din. Je balayerai par ici, vous par là.
Gél. Volontiers.
Din. Qu'on m'apporte un seau d'eau.
Gél. (*à part.*) Le drôle remplit la fonction d'édile, sans être élu par le peuple.
Din. Allons, vite, frottez le pavé; arrosez le devant de la maison.
Gél. Je vais le faire.
Din. Cela devrait être déjà fait. Moi, je vais ôter les araignées qui sont logées sur la porte et sur les murs.
Gél. Par Pollux! la besogne est rude!
Pan. (*à part.*) Je ne comprends pas encore ce que tout cela signifie : à moins qu'il ne doive venir des étrangers....
Din. Garnissez les lits. (*de table.*)
Gél. (*à part.*) Les lits! Ce début me plaît.
Din. Que les uns fendent le bois, que les autres vident les poissons que le pêcheur vient d'apporter; qu'on ôte du croc un jambon et un ris de porc.
Gél. (*à part.*) C'est vraiment un garçon fort entendu.

Pan. (*à Dinacion.*) Je trouve que tu n'obéis guère à ta maîtresse.
Din. Que dites-vous là? Je néglige tout pour vous satisfaire.
Pan. En ce cas, rends-moi compte de la commission que je t'ai donnée en t'envoyant au port.
Din. A l'instant même. Lorsque vous m'avez envoyé au port dès le point du jour, le soleil radieux sortait du sein de la mer. Tandis que je m'informe aux gardes du port s'il est arrivé d'Asie quelque navire, et qu'ils me répondent que non, j'en aperçois un des plus grands que j'aie jamais vus. Il entre dans le port, vent en poupe, voiles déployées. Nous nous demandons les uns aux autres à qui appartient ce vaisseau, ce qu'il porte. En ce moment même je vois Épignome votre époux, et son esclave Stichus.
Pan. Épignome, dis-tu? Dieux!
Gél. Votre époux, et ma vie à moi.
Din. Il est arrivé, vous dis-je.
Pan. L'as-tu bien vu?
Din. Oui, lui-même, et avec bien de la joie. Il apporte beaucoup d'or et d'argent.
Pan. Quel comble de bonheur!
Gél. Par Hercule, je prends le balai, et je balayerai de bon cœur.
Din. Il apporte de la laine, de la pourpre en quantité.
Gél. (*à part.*) Bon! voilà de quoi habiller mon ventre.
Din. Des lits ornés d'ivoire et d'or.
Gél (*à part.*) Je serai royalement couché.
Din. Des tapisseries de Babylone (1), des tentures de pourpre; enfin mille objets précieux.
Gél. Voilà vraiment une heureuse expédition.
Din. Il faut vous dire aussi qu'il amène des joueuses de lyre, de flûte, de harpe, de la plus rare beauté.

(1) Les tapis et les étoffes brodées de Babylone étaient très-recherchés.

Jamdudum ego istum patior dicere injuste mihi.
Præter hac si me incitassis.... *Din.* Edepol, esuries male.
Gel. Animum inducam, ut istuc verum te elocutum esse arbitrer. 345
Din. Munditias volo fieri : ecferte huc scopas, simulque arundinem,
Ut operam omnem aranearum perdam et texturam improbem,
Dejiciamque earum omneis telas. *Gel.* Miseræ algebunt postea.
Din. Quid? Illas itidem esse censes, quasi te cum veste unica?
Cape illas scopas. *Gel.* Capiam. *Din.* Hoc egomet, tu hoc converre. *Gel.* Fecero. 350
Din. Ecquis huc ecfert nasiternam cum aqua? *Gel.* Sine subfragio
Populi tamen ædilitatem hic quidem gerit. *Din.* Age, tu ocius
Pinge humum, consperge ante ædeis. *Gel.* Faciam. *Din.* Factum oportuit.
Ego hinc araneas de foribus dejiciam, et de pariete.
Gel. Edepol, rem negotiosam! *Pan.* Quid sit, nihil etiam scio; 355
Nisi forte hospites venturi sunt. *Din.* Lectos sternite.
Gel. Principium placet de lectis. *Din.* Alii ligna cædite,
Alii pisceis depurgate, quos piscator adtulit,
Pernam et glandium dejicite. *Gel.* Hic, hercle, homo nimium sapit.
Pan. Non, ecastor, ut ego opinor, satis heræ morem geris. 360
Din. Imo res omneis relictas habeo, præ quod tu velis.

Pan. Tum tu igitur, qua causa missus es ad portum, mihi expedi.
Din. Dicam : postquam me misisti ad portum cum luci simul,
Commodum radiosus ecce sol superabat ex mari.
Dum percontor portitores, ecquæ navis venerit 365
Ex Asia, negant venisse, conspicatus sum interim
Cercurum, quo ego me majorem non vidisse censeo :
In portum vento secundo, velo passo pervenit;
Alius alium percontamur : cuja est navis? quid vehit?
Interim Epignomum conspicio, tuum virum, et servum Stichum. 370
Pan. Hem, quid? Epignomum elocutus? *Gel.* Tuum virum, et vitam meam.
Din. Venit, inquam. *Pan.* Tun' eum ipsum vidisti? *Din.* Ita ego, lubens.
Argenti auriquo advexit multum. *Pan.* Nimis factum bene.
Gel. Hercle, vero capiam scopas, atque hoc converram lubens.
Din. Lanam purpuramque multam. *Gel.* Hem, qui ventrem vestiam. 375
Din. Lectos eburatos, auratos. *Gel.* Accubabo regie.
Din Tum Babylonica peristromata, consutaque (*vel* conchyliata) tapetia
Advexit multum bonæ rei. *Gel.* Hercle, rem gestam bene!
Din. Post, ut obcœpi narrare, fidicinas, tibicinas,
Sambucinas advexit secum forma eximia. *Gel.* Eugepæ! 380
Quando adbibero, ad'udiabo, tum sum ridiculissumus.

Gél. Bravo! quand j'aurai bien bu, je prendrai mes ébats : c'est alors que ma gaieté est dans toute sa verve.

Din. De plus, des parfums de toute espèce.

Gél. (*à part.*) Je ne vends plus mes bons mots ; je contremande ma vente. Voilà une succession qui m'arrive. Puissent crever les maudits coureurs d'enchères publiques! Hercule, la dîme que je t'avais promise s'est bien accrue, je t'en félicite.

Din. Et puis il ramène aussi des parasites.

Gél. Oh! malheureux! je suis perdu!

Din. Et des plus divertissants.

Gél. Par Hercule! je vais remettre la poussière que j'avais balayée.

Pan. As-tu vu, Pamphilippe, le mari de ma sœur?

Din. Non.

Pan. Vient-il?

Din. Oui. On disait qu'il était arrivé ; mais je suis accouru ici en toute hâte, pour vous annoncer cette nouvelle tant désirée.

Gél. (*à part.*) Remettons en vente mes bons mots, dont je ne voulais plus me défaire. Comme mon infortune va réjouir les malveillants! O Hercule, j'aurais pourtant si généreusement fétoyé votre divinité!

Pan. Entre, entre, Dinacion. Dis à la maison qu'on m'apprête ce qu'il faut pour un sacrifice. (*à Gélasime*.) Portez-vous bien.

Gél. Voulez-vous que je vous aide?

Pan. J'ai assez de serviteurs chez moi. (*Elle sort.*)

Gél. (*seul.*) Pauvre Gélasime! tu es venu bien inutilement, ce me semble. L'un n'est pas arrivé, et celui qui l'est ne vient pas à ton secours. Allons, retournons à mes livres, pour apprendre les bons mots les plus piquants : car si je ne force pas les autres à me céder la place, je suis perdu sans ressource.

ACTE TROISIÈME.

SCÈNE I.

ÉPIGNOME, STICHUS ; *suite d'esclaves portant des bagages.*

Epig. Puisque j'ai le bonheur de revenir dans mes foyers bien portant, après de si heureux succès, je rends grâce à Neptune et aux tempêtes, ainsi qu'à Mercure, qui m'a si bien secondé dans mon commerce, et qui a quadruplé mon bien par mes profits. Ceux que jadis mon départ a plongés dans la douleur, témoins de mon retour, vont renaître à la joie. J'ai déjà rendu visite à Antiphon mon beau-père, qui m'a rendu son amitié. Considérez un peu, je vous prie, le pouvoir de l'argent! Parce qu'il me voit revenir bien dans mes affaires et rapportant de grandes richesses à la maison, sur-le-champ, sans l'entremise de personne, là, dans le vaisseau même, sur le pont, nous nous sommes réconciliés avec effusion; et il soupe aujourd'hui chez moi avec mon frère. Car nous sommes arrivés tous deux hier dans le même port : mais nous avons débarqué un peu avant lui. (*à Stichus.*) Allons, Stichus, conduis à la maison ces femmes que j'ai amenées avec moi.

Stic. Cher maître, je n'ai pas besoin de vous dire combien j'ai supporté de misères avec vous! vous ne l'ignorez pas après tant d'épreuves. Je voudrais bien avoir cette seule journée pour fêter la Liberté, en arrivant à la maison.

Épig. Ta demande est juste et raisonnable ; Stichus, prends cette journée. Je ne te retiens pas, va où tu voudras. Je te donne une cruche de vin vieux.

Stic. Vivat! je régalerai aujourd'hui ma maîtresse.

Épig. Dix, si tu veux ; pourvu que ce soit à tes

Din. Postea unguenta multigenerum multa. *Gel.* Non vendo logos.
Jam non facio auctionem : mihi obtigit hereditas.
Malevoli perquisitores auctionum perierint.
Hercules, decumam esse adauctam, tibi quam vovi, gratulor. 385
Din. Post autem advexit secum parasitos. *Gel.* Hei, perii miser!
Din. Ridiculosissumos. *Gel.* Reverram, hercle, hoc, quod converri modo.
Pan. Vidistin' virum sororis Pamphilippum? *Din.* Non. *Pan.* Adest?
Din. Imo aibant eum venisse simul : sed ego huc citus
Præcucurri, ut nuntiarem nuntium exoptabilem. 390
Gel. Venalcis logi sunt illi, quos negabam vendere ;
Inlico et meo malo est quod malevolenteis gaudeant.
Hercules sane, qui deus sis, discessisses non male.
Pan. I, i intro, Dinacium ; jube famulos rem divinam mihi adparent.
Bene vale. *Gel.* Vin' administrem? *Pan.* Sat servorum habeo domi. 395
Gel. Enim vero, Gelasime, opinor, provenisti futile,
Si neque ille adest, neque hic, qui venit, quidquam subvenit.
Ibo intro ad libros et discam de dictis melioribus :
Nam ni illos homines expello, ego obcidi planissume.

ACTUS TERTIUS.

SCENA PRIMA.

EPIGNOMUS, STICHUS.

Epign. Quom bene re gesta salvos convortor domum, 400
Neptuno gratis habeo et tempestatibus,
Simul Mercurio, qui me in mercimoniis
Juvit, lucrisque quadruplicavit rem meam.
Olim quos abiens adfeci ægrimonia, 405
Eos nunc lætanteis faciam adventu meo.
Nam jam Antiphonem conveni adfinem meum,
Cumque eo reveni ex inimicitia in gratiam.
Videte, quæso, quid potest pecunia!
Quoniam re bene gesta redisse me videt, 410
Magnasque adportavisse divitias domum,
Sine advocatis ibidem in cercuro, in stega,
In amicitiam atque in gratiam convortimus.
Et hic hodie apud me cœnat, et frater meus;
Nam heri ambo in uno portu fuimus : sed mea 415
Hodie soluta est navis aliquanto prius.
Age, abduc has intro, quas mecum adduxi, Stiche.
Stich. Here, sive ego taceam, seu loquar, scio scire te,
Quam multas tecum miserias multaverim.
Nunc hunc diem unum ex illis multis miseriis 420
Volo me Eleutheriam capere advenientem domum.
Epign. Et jus et æquom postulas : sumas, Stiche,
In hunc diem : te nihil moror, abi quo lubet.
Cadum tibi veteris vini propino. *Stich.* Papæ!
Ducam hodie amicam. *Epign.* Vel decem, dum de tuo. 425

dépens. Où soupes-tu aujourd'hui, d'après ton plan?

Stic. J'ai pour maîtresse Stéphanie, une voisine, esclave de votre frère. Je lui ai donné rendez-vous pour souper à frais communs chez son camarade Sagarinus le Syrien. Elle est à la fois la bonne amie de tous deux... nous partageons.

Épig. Allons, fais entrer ces musiciennes. Tu peux disposer de toute la journée.

Stic. Je l'emploierai comme il faut, pour que vous ne me la reprochiez pas. (*Épignome rentre chez lui.*) Parbleu! je vais tout de suite, en traversant le jardin, passer chez ma maîtresse, et m'assurer d'elle pour cette nuit : en même temps je payerai mon écot, et je dirai qu'on apprête le souper chez Sagarinus; ou bien j'irai moi-même à la provision. (*Aux spectateurs.*) Et vous, ne vous étonnez pas que de pauvres esclaves boivent, fassent l'amour, et s'invitent à souper. Cela nous est permis à Athènes (1). Mais, puisque j'y pense, pour ne point vous choquer, il y a une porte de derrière : cette partie de la maison est même la plus fréquentée. J'irai par là aux provisions, et je les rapporterai aussi par le jardin : il y a un chemin de communication. (*Aux musiciens.*) Vous, suivez-moi par ici.... Mais je gaspille ma journée... Allons. (*il sort.*)

SCÈNE II.
GÉLASIME, ÉPIGNOME.

Gél. (*seul.*) J'ai consulté mes livres : je suis sûr, autant qu'on peut l'être, de m'emparer de l'esprit du patron par mes plaisanteries. Maintenant je viens voir s'il ne serait pas arrivé du port, afin de le divertir par mes bons mots à son débarquement.

Épig. (*sortant de chez lui.*) Voilà Gélasime lui-même, le parasite, qui vient.

Gél. (*sans voir Épignome.*) Je suis sorti aujourd'hui sous les meilleurs auspices : une belette a pris une souris à mes pieds. Sa bonne fortune était un présage pour moi : la belette aujourd'hui a trouvé sa vie; j'espère être aussi heureux qu'elle, et j'accepte l'augure. (*Apercevant Épignome.*) Eh! mais, c'est Épignome qui est là. Il faut que je l'aborde. (*Lui parlant.*) Épignome, que j'ai de plaisir à vous revoir! La joie fait jaillir les larmes de mes yeux. Vous êtes-vous toujours bien porté?

Épig. Ma santé s'est toujours bien soutenue.

Gél. Ce que vous me dites là me ravit : que le ciel comble tous vos vœux! Je boirai à votre santé de grand cœur (1). Vous souperez chez moi pour votre heureux retour.

Épig. J'ai un engagement... Mais je ne vous en suis pas moins obligé.

Gél. Promettez-moi.

Épig. Ce n'est pas une évasion de ma part.

Gél. Acceptez, vous dis-je.

Épig. L'engagement est pris.

Gél. Vous me ferez vraiment grand plaisir.

Épig. J'en suis persuadé. Je vous le promets à la première occasion.

Gél. L'occasion est toute venue.

Épig. Je ne puis, je vous jure.

Gél. Pourquoi vous faire prier? Venez, je le veux. Je crois avoir à vous offrir quelque chose à votre goût.

Épig. Il suffit : cherchez un autre convive pour aujourd'hui.

Gél. Pourquoi ne pas me promettre?

Épig. Je ne me ferais pas prier, si je le pouvais.

Gél. Je vous proteste que j'aurais grand plaisir à vous recevoir, si vous me promettiez de venir.

Épig. Adieu.

Gél. Décidément?

Épig. Très-décidément. Je souperai chez moi.

(1) Les esclaves à Rome ne jouissaient pas des mêmes douceurs. Ces réflexions du poëte ont pour but de prévenir les reproches d'invraisemblance, et de ménager le goût du public romain.

(1) M. Naudet traduit : « Je t'offre le bonjour à pleine bouche

---

Ubi cœnas hodie, si hanc rationem instituis?
Stich. Amicam ego habeo Stephaniam hinc ex proxumo,
Tui fratris ancillam; eo condixi, in symbolam
Ad cœnam, ad ejus conservom Sagarinum Syrum.
Eadem 'st amica ambobus, rivaleis sumus. 430
Epign. Age, abduc, eas intro; hunc tibi dedo diem.
Stich. Meam culpam habeto, nisi probe excruciavero.
Jam, hercle, ego per hortum amicam transibo meam
Mihi haec obcupatum noctem : eadem symbolam
Dabo, et jubebo ad Sagarinum cœnam coqui; 435
Aut egomet ibo atque obsonabo opsonium.
Atque id ne vos miremini, homines servolos
Potare, amare, atque ad cœnam condicere;
Licet hoc Athenis nobis. Sed quom cogito,
Potius quam in dividiam veniam, est etiam heic ostium 440
Aliud posticum nostrarum haruncce ædium
(Posticam partem magis utuntur ædium);
Ea ibo opsonatum, eadem referam opsonium
Per hortum : utroque conmeatus continet.
Ite hac secundum vos me; ego hunc lacero diem. 445

SCENA SECUNDA.
GELASIMUS, EPIGNOMUS.

Gel. Libros inspexi; jam confido, quam potest,
Me meum obtenturum regem ridiculis meis.
Nunc intervisi, jamne a portu advenerit,
Ut eum advenientem meis dictis deliniam.
Epign. Hic quidem Gelasimus est parasitus, qui venit. 450
Gel. Auspicio hodie optumo exivi foras;
Mustela murem abstulit præter pedes.
Cum strena obscævavit, spectatum hoc mihi est :
Nam ut illa vitam reperit hodie sibi,
Item me spero facturum; augurium hæc facit. 455
Epignomus hic quidem est, qui adstat; ibo atque adloquar.
Epignome, ut ego te nunc conspicio lubens!
Ut præ lætitia lacrumæ præsiliunt mihi!
Valuistin' usque? *Epign.* Sustentatum 'st sedulo.
Gel. Bene atque amice dicis : di dent quæ velis. 460
Propino tibi salutem plenis faucibus.
Cœnabis apud me, quoniam salvos advenis.
Epign. Vocata 'st opera nunc quidem; tam gratia 'st.
Gel. Promitte. *Epign.* Certum 'st. *Gel.* Sic fac, inquam.
Epign. Certa re'st.
Gel. Lubente me, hercle, facies. *Epign.* Idem ego istuc scio. 465
Quando usus veniet, fiet. *Gel.* Nunc ergo usus est.
Epign. Non, edepol, possum. *Gel.* Quid gravare? censeo
Eas; nescio quid vero habeo in mundo. *Epign.* I modo,
Alium convivam quærito tibi in hunc diem.
Gel. Quio tu promittis? *Epign.* Non graver, si possiem. 470
Gel. Unum quidem, hercle, certum promitto tibi :
Lubens adcipiam, certo si promiseris.
Epign. Valeas. *Gel.* Certum ne 'st? *Epign.* Certum, cœnabo domi.

Gél. Puisque vous ne voulez pas accepter mon invitation, voulez-vous que j'aille souper chez vous?
Épig. De bon cœur, si je pouvais : mais j'ai à souper chez moi neuf personnes étrangères (1).
Gél. Je ne demande pas à être placé sur un lit. Vous savez que je suis homme à me mettre au petit bout sur une escabelle.
Épig. Mais ce sont des orateurs du peuple, de hauts personnages, qui viennent ici en ambassade au nom de la ville d'Ambracie (2).
Gél. Eh bien! ces orateurs du peuple, ces hauts personnages, occuperont les places d'en haut : moi chétif, je me placerai au dernier rang.
Épig. Il n'est pas convenable que vous vous trouviez avec des orateurs.
Gél. Je suis orateur aussi, moi, par Hercule : mais cela ne me réussit guère.
Épig. J'entends que nous mangions demain les restes; portez-vous bien.

(Il rentre chez lui.)

Gél. (seul.) Je suis perdu sans ressource ; pas le plus léger espoir. Il y a maintenant un Gélasime de moins sur la terre. Je ne veux plus maintenant m'en fier aux belettes. Je ne connais pas de bête plus trompeuse ; elle change de logement dix fois par jour : et j'avais pris mes auspices sur elle dans une affaire où il s'agissait de ma vie ! Il ne me reste plus qu'à réunir mes amis, pour leur demander le moyen de souffrir la faim.

(1) Le nombre des convives était trois ou neuf : trois en l'honneur des Grâces, neuf en l'honneur des Muses, et aussi à cause de l'influence propice de ce chiffre mystérieux.
(2) En Épire.

ACTE QUATRIÈME.

SCÈNE I.

ANTIPHON, PAMPHILIPPE, *puis* ÉPIGNOME.

Ant. (à Pamphilippe.) Que les dieux me protégent, et me conservent mes deux filles, comme il m'est doux, Pamphilippe, de vous voir revenir dans votre patrie, heureux et riches !

Pam. Je vous demanderais caution de ce que vous dites, Antiphon, si je ne connaissais pas votre amitié pour moi : mais vous m'en donnez trop de témoignages pour en douter.

Ant. Je vous inviterais à souper chez moi, si votre frère ne m'avait pas dit, en m'invitant moi-même, que vous deviez souper aujourd'hui chez lui. Il aurait été pourtant plus convenable que je vous eusse reçus le jour de votre arrivée, au lieu de m'engager avec lui ; mais je n'ai pas voulu le contrarier. Mais je n'entends pas que mon amitié se réduise à des paroles : vous viendrez demain chez moi tous les deux avec vos femmes.

Pam. Et après-demain chez moi ; car il m'avait déjà invité hier pour aujourd'hui. Mais ai-je bien fait ma paix avec vous, Antiphon ?

Ant. Puisque vous avez fait vos affaires aussi bien que je pouvais le souhaiter, et comme je veux que mes amis les fassent, il y a paix et commerce entre nous : car, songez-y bien, selon qu'un homme a de la richesse, il a des amis constants ; si sa fortune est ébranlée, chancelle, les amis chancellent du même coup. La richesse acquiert des amis.

Épig. (à quelqu'un dans l'intérieur de sa maison.) Je reviens à l'instant. *(A part et s'avançant.)* C'est un bien grand bonheur lorsque, après un long voyage, on rentre dans ses foyers, de ne trouver aucun sujet de peine. Ma femme a, pendant mon ab-

---

Gel. Quandoquidem operam tuam non vis promittere,
Vin' ait te ad cœnam veniam? *Epign.* Si possim, velim; 475
Verum heic apud me cœnant alieni novem.
Gel. Haud postulo equidem me in lecto adcumbere :
Scis tu me esse imi subselli virum.
Epign. At ii oratores sunt populi, summi viri,
Ambracia veniunt huc legati publice. 480
Gel. Ergo oratores populi, summates viri,
Summi adcumbent, ego infimatis infimus.
Epign. Haud æquom 'st te inter oratores adcipi.
Gel. Equidem, hercle, orator sum, sed procedit parum.
Epign. Cras de reliquiis nos volo : multum vale. 485
Gel. Perii, hercle, vero plane, nihil obnoxie.
Uno Gelasimo minus est, quam dudum fuit.
Certum 'st mustelæ posthac nunquam credere ;
Nam incertiorem nullam gnovi bestiam,
Quæne et ipsa decies in die mutat locum, 490
Eam auspicavi ego in re capitali mea.
Certum 'st amicos convocare, ut consulam
Qua lege nunc me esurire oporteat.

ACTUS QUARTUS.

SCENA PRIMA.

ANTIPHO, PAMPHILIPPUS, EPIGNOMUS.

Ant. Ita me di bene ament, measque mihi bene servassint filias,
Ut mihi volupe 'st, Pamphilippe, quia vos in patriam domum 495
Redisse video, bene gesta re, ambos, te et fratrem tuum !
Pamph. Satis abs te adcipiam, nisi videam mihi te amicum esse, Antipho.
Nunc quia te amicum mihi experior esse, crediturst tibi.
Ant. Vocem ego te ad me ad cœnam, frater tuus nisi dixisset mihi,
Te apud se cœnaturum esse hodie, quom me ad se ad cœnam vocat. 500
Et magis par fuerat me dare vobis cœnam advenientibus,
Quam me ad illum promittere, nisi nollem ei advorsarier.
Nunc me gratiam abs te inire verbis nihil desidero :
Cras apud me eritis, et tu et ille, cum vostris uxoribus.
Pamph. Et apud me perendie : nam ille heri me jam vocaverat 505
In hunc diem : sed satin' ego tecum pacificatus sum, Antipho?
Ant. Quando ita rem gessistis, uti vos vellem, amicos atque addecet,

sence, si bien gouverné les affaires de la maison, qu'elle m'a laissé le cœur libre de tout souci. — Mais voici mon frère Pamphilippe, accompagné de mon beau-frère.
Pam. Comment vous portez-vous, Épignome?
Épig. Et vous? depuis quand êtes-vous entré dans le port?
Pam. Il y a très-longtemps.
Épig. (*montrant Antiphon.*) Et depuis, s'est-il adouci à votre égard?
Ant. Plus que la mer qui vous a portés tous deux.
Épig. C'est là de vos procédés ordinaires. Mon frère, débarquons-nous aujourd'hui les cargaisons?
Pam. Patience, je vous prie. Embarquons-nous plutôt dans les plaisirs; c'est le tour des plaisirs maintenant. Quand le souper sera-t-il prêt? Moi, je n'ai pas dîné.
Épig. Entrez à la maison, et baignez-vous.
Pam. Je vais entrer un moment à la maison, pour saluer les dieux et ma femme.
Épig. Votre femme? Elle est là chez nous, qui s'empresse à aider sa sœur.
Pam. C'est très-bien. Je vous retarderai moins. Dans un instant je serai chez vous.
Ant. (*à Épignome.*) Avant que vous partiez, je veux lui conter devant vous un apologue.
Épig. A merveilles.
Ant. Il y avait autrefois un vieillard comme moi, qui avait deux filles, comme les miennes. Elles étaient mariées à deux frères, comme les miennes le sont à vous deux.
Pam. (*à part.*) Où en veut-il venir avec son apologue?
Ant. (*à Pamphilippe.*) Le plus jeune avait une joueuse de lyre et une joueuse de flûte, qu'il avait amenées du pays étranger. — Comme vous. Or le vieillard était veuf, comme je suis à présent.
Pam. Continuez. L'apologue est devant nos yeux.
Ant. Alors le vieillard dit au possesseur de la joueuse de flûte, comme je vous dis maintenant...
Pam. J'écoute avec la plus grande attention.
Ant. « Je vous ai donné ma fille pour passer des « nuits agréables. Il me semble juste, à présent, « qu'en retour vous me donniez une compagne qui « passe la nuit avec moi. »
Pam. Qui dit cela? Est-ce le vieillard qui vous ressemble?
Ant. Il parle comme je vous parle en ce moment. « Sans doute, répond le jeune homme; je vous en « donnerai même deux, si vous n'en avez pas assez « d'une : et si deux ne suffisent pas, j'en ajouterai « deux autres. »
Pam. Qui dit cela, je vous prie? Le jeune homme, comme moi?
Ant. Précisément, le jeune homme comme vous. Alors le vieillard comme moi reprend : « Si vous « voulez, donnez-en quatre, pourvu que vous ajoutiez « de quoi les nourrir, afin qu'elles ne viennent pas « rogner ma portion. »
Pam. Il faut convenir que c'était un grand ladre, le vieillard qui parlait ainsi : il répond à une promesse généreuse par une demande de nourriture.
Ant. Il faut convenir plutôt que le jeune homme était bien malhonnête de répondre qu'il ne donnerait pas un grain de blé. La prétention du vieillard était pourtant fort juste. Il avait donné une dot pour sa fille, il voulait en recevoir une pour la joueuse de flûte.
Pam. Par Hercule! le jeune homme était fort

Pax commerciumque est vobis mecum. Nam hoc tu facito cogites,
Ut quoique homini res parata 'st, firmi amici sunt; si res lassa labat,
Itidem amici conlabascunt. Res amicos invenit.   510
Epign. Jam redeo : nimia est voluptas, si diu abfueris a domo,
Domum si redieris, si tibi nulla est ægritudo animo obviam.
Nam ita me absente familiarem rem uxor curavit meam,
Omnium me exilem atque inanem fecit ægritudinum.
Sed eccum fratrem Pamphilippum, incedit cum socero suo.
Pamph. Quid agitur, Epignome? *Epign.* Quid tu? quamdudum in portum venis   516
Huc? *Pamph.* Longissume. *Epign.* Postilla jam iste est tranquillus tibi?
Ant. Magis quam mare, quo ambo estis vecti. *Epign.* Facis ut alias res soles.
Hodiene exoneramus navem, frater? *Pam.* Clementer volo.
Nosmet potius oneremus vicissatim voluptatibus.   520
Quam mox cocta est cœna? Inpransus ego sum. *Epign.* Abi intro ad me, et lava.
Pamph. Deos salutatum atque uxorem modo intro devortor domum.
Epign. Apud nos eccilla festinat cum sorore uxor tua.
Pamph. Optumum 'st; jam istoc moræ minus erit : jam ego apud te ero.
Ant. Priusquam abis, præsente te, huic apologum agere unum volo.   525
Epign. Maxume. *Ant.* Fuit olim, quasi ego sum, senex; ei filiæ
Duæ erant, quasi nunc meæ sunt; eæ erant duobus nubtæ fratribus,
Quasi nunc meæ sunt vobis. *Pamph.* Miror, quo evasuru 'st apologus.
Ant. Erat minori illi adulescenti tidicina et tibicina;
Peregre adduxerat, quasi nunc tu : sed ille erat cœlebs senex,   530
Quasi ego nunc sum. *Pamph.* Perge porro : præsens hic quidem est apologus.
Ant. Deinde senex ille illi dixit, quojus erat tibicina,
Quasi ego nunc tibidico. *Pamph.* Ausculto, atque animum advorto sedulo.
Ant. Ego tibi meam filiam, bene quicum cubitares, dedi :
Nunc mihi reddi ego æquom esse abs te, quicum cubitem, censeo.   535
Pamph. Quis istuc dicit? an ille quasi tu? *Ant.* Quasi ego nunc dico tibi.
Imo duas dabo, inquit ille adulescens, una si parum 'st;
Et si duarum pœnitebit, inquit, addentur duæ.
Pamph. Quis istuc, quæso? an ille, quasi ego? *Ant.* Is ipse, quasi tu. Tum senex
Ille, quasi ego, si vis, inquit, quatuor sane dato,   540
Dum equidem, hercle, quod edant addas, meum ne contruncent cibum.
Pamph. Videlicet parcum illum fuisse senem, qui dixerit :
Quoniam ille illi pollicetur, quieum cibum poposcerit.
Ant. Videlicet fuisse illum nequam adulescentem, qui inlico,
Ubi ille poscit, denegavit se dare granuum tritici :   545
Hercle, qui æquom postulabat ille senex, quandoquidem
Filiæ illæ dederat dotem, adcipere pro tibicina.
Pamph. Hercle, ille quidem certo adulescens docte vorsutus fuit,
Qui seni illi concubinam dare dotatam noluit.

bien avisé de ne pas vouloir donner au vieillard une concubine dotée.

Ant. Le vieillard tâcha d'obtenir la nourriture de la fille: mais ne pouvant y réussir, il consentit à la prendre sans condition : « C'est fait, dit le jeune « homme. — Je vous remercie, répond le vieillard. « Est-ce affaire conclue ? J'en passerai par où vous « voudrez. » Mais je vais entrer, et féliciter mes filles de votre arrivée. Ensuite je me mettrai dans la baignoire, pour réchauffer ma vieillesse. Quand je me serai baigné, je vous attendrai tranquillement, couché à table. *(Il sort.)*

Pam. (à Antiphon.) L'admirable homme qu'Antiphon! Comme il a composé habilement son apologue! le coquin! Comme il veut faire le jeune homme! on lui donnera une belle dans son lit pour réchauffer sa vieillesse! Car je ne vois pas à quel autre usage elle pourrait lui servir. Mais que fait notre parasite Gélasime? se porte-t-il bien?

Épig. Je l'ai vu il n'y a pas longtemps.

Pam. Comment va-t-il?

Épig. Comme un homme qui meurt de faim.

Pam. Pourquoi ne l'avez-vous pas invité à souper?

Épig. Pour qu'il ne me portât pas malheur à mon arrivée. Mais voici justement le loup, tandis que nous en parlons : il se présente avec les dents longues.

Pam. Amusons-nous à ses dépens.

Épig. C'était bien mon dessein ; tu m'en fais souvenir.

SCÈNE II.

GELASIME, PAMPHILIPPE, ÉPIGNOME.

Gél. (aux spectateurs.) Comme je vous l'ai dit tantôt, en sortant d'ici, j'ai délibéré avec mes amis et mes parents : ils m'ont conseillé de me laisser mourir de faim aujourd'hui. *(apercevant Pamphilippe et Épignome.)* Mais n'est-ce pas Pamphilippe que j'aperçois avec son frère Épignome ? c'est lui-même. Abordons-le.*(Le saluant.)* O Pamphilippe tant désiré, mon espoir, ma vie, mon bonheur, salut! Que je suis charmé de vous revoir en bonne santé, rendu sain et sauf à votre patrie après un si long voyage!

Pam. Salut, Gélasime.

Gél. Vous êtes-vous bien porté?

Pam. Ma santé s'est toujours soutenue.

Gél. J'en suis ravi. Je voudrais bien avoir mille boisseaux d'argent.

Épig. Quel besoin en avez-vous?

Gél. (brusquement et montrant Pamphilippe.) Pour l'inviter à souper, lui, et non pas vous, certes.

Épig. Vous vous faites tort en parlant ainsi.

Gél. (d'un ton radouci.) Pour vous inviter tous les deux.

Épig. Par Pollux! je vous inviterais volontiers, s'il restait de la place.

Gél. Qu'à cela ne tienne! debout j'avalerai fort bien.

Épig. Il y a une chose à faire.

Gél. Quoi?

Épig. C'est que, lorsque les convives seront partis, vous veniez...

Gél. (l'interrompant.) Malédiction sur vos jours!

Épig. Pour le bain, et non pour le souper.

Gél. Que les dieux vous confondent ! Et vous, Pamphilippe, qu'avez-vous à me dire?

Pam. J'ai promis d'aller souper en ville.

Gél. Comment, en ville?

Pam. Oui vraiment, en ville.

Gél. La peste! Quoi! las comme vous êtes, vous vous avisez de souper en ville!

Ant. Senex quidem voluit, si posset indipisci de cibo : 550
Quia nequit, qua lege licuit, velle dixit fieri.
Fiat, ille inquit adulescens : facis benigne, inquit senex.
Habeon' rem factam? inquit : faciam ita, inquit, ut fieri voles.
Sed ego ibo intro, et gratulabor vostrum adventum filiis.
Postea ibo lavatum in pyelum : ibi fovebo senectutem meam.
Post, ubi lavero, otiosus vos obperiar adcubans.   555
Pamph. Graphicum mortalem Antiphonem! ut apologum fecit, quam fabre!
Ut jam nunc scelestus esse ducit pro adulescentulo !
Dabitur homini amica, noctu quam in lecto adcendet senem :
Namque, edepol, aliud quidem illi quid amica opus sit, nescio.   560
Sed quid agit parasitus noster Gelasimus? etiam valet?
Epign. Vidi, edepol, hominem haud perdudum. *Pamph.* Quid agit? *Epig.* Quod famelicus.
Pamph. Quin vocasti hominem ad cœnam? *Epign.* Ne quid adveniens perderem.
Atque eccum tibi lupum in sermone; præsens esuriens adest.
Pan. Ludificemur hominem. *Epign.* Capti consili memorem mones.   565

SCENA SECUNDA.

GELASIMUS, PAMPHILIPPUS, EPIGNOMUS.

Gel. Sed ita quod obcœpi narrare vobis, quom hele non adfui,

Cum amicis deliberavi jam, et cum cognatis meis ;
Ita mihi auctores fuere, ut egomet me hodie jugularem fame.
Sed videone ego Pamphilippum cum fratre Epignomo? atque is est.
Adgrediar hominem. Sperate Pamphilippe, o spes mea,   570
O mea vita, o mea voluptas, salve : salvom gaudeo,
Peregre te in patriam redisse salvom. *Pamph.* Salve, Gelasime.
Gel. Valuistin' bene? *Pamph.* Sustentavi sedulo. *Gel.* Edepol, gaudeo.
Edepol, næ egomet mihi modium nunc mille esse argenti velim.
Epign. Quid eo tibi opu'st? *Gel.* Hunc ad cœnam, hercle, ut vocem, ne non vocem.   575
Epign. Advorsum te fabulare illud quidem. *Gel.* Ambos ut vocem.
Epign. Edepol, te vocem lubenter, si superflat locus.
Gel. Quin tu? stans obstrusero aliquid strenue. *Epign.* Imo unum hoc potest...
Gel. Quid? *Epign.* Ubi convivæ abierint, tum venias... *Gel.* Væ ætati tuæ !
Epign. Una lautum, non ad cœnam dico. *Gel.* Di te perduint !   580
Quid ais, Pamphilippe? *Pamph.* Ad cœnam, hercle, allo promisi foras.
Gel. Quid, foras ? *Pamph.* Foras hercle vero. *Gel.* Qui, malum, tibi lasso lubet
Foris cœnare? *Pamph.* Utrum tu censes? *Gel.* Jube domi cœnam coqui,

Pam. Vous pensez donc...
Gél. Qu'il faut commander à souper chez vous, et refuser l'invitation.
Pam. Souper chez moi tout seul?
Gél. Non pas seul : invitez-moi.
Pam. Mais mon hôte serait fâché contre moi, après s'être mis en frais pour me recevoir.
Gél. Il est facile de vous excuser. Faites seulement ce que je vous dis. Ordonnez qu'on prépare le souper chez vous.
Épig. Ce n'est pas moi du moins qui lui conseillerai de manquer de parole.
Gél. (à *Épignome.*) Allez-vous-en donc. Croyez-vous que je ne devine pas votre intention? (à *Pamphilippe*) Prenez garde à vous, je vous en avertis. Cet homme-là convoite votre héritage, comme un loup affamé. Vous ne savez donc pas comme on assomme ici les gens, la nuit, dans la rue!
Pam. Je dirai à mes esclaves de venir me chercher en plus grand nombre, pour me défendre.
Épig. (à *Gélasime, ironiquement.*) Il n'ira pas, il n'ira pas, puisque vous lui conseillez si fort de ne pas sortir.
Gél. (à *Pamphilippe.*) Ordonnez qu'on prépare le souper chez vous promptement, pour moi, pour vous et votre femme : si vous suivez mon avis, vous direz, j'en suis sûr, que je ne vous avais pas trompé.
Pam. Si vous n'avez aujourd'hui que ce repas, mon cher, vous resterez à jeun.
Gél. Est-ce que vous irez souper en ville?
Pam. Je soupe chez mon frère, ici près.
Gél. Est-ce bien certain?
Pam. Très-certain.
Gél. Par Pollux! je voudrais vous voir attraper un bon coup de pierre.
Pam. Je n'ai pas peur. Je traverserai le jardin; je n'irai pas dans la rue.
Épig. Qu'en dites-vous, Gélasime?

Gél. Vous recevez des orateurs : gardez-les pour vous.
Épig. Eh! mais cela vous intéresse.
Gél. Eh bien! si cela m'intéresse, je suis à votre disposition, invitez-moi.
Épig. Par Pollux, si je ne me trompe, je vois encore une place où vous pourrez vous mettre.
Pam. Je suis d'avis qu'il accepte.
Gél. (à *Pamphilippe.*) O lumière de notre cité!
Épig. Il faudrait vous tenir à l'étroit.
Gél. Entre deux coins de fer, s'il le faut. La place nécessaire à un petit chien pour se coucher me suffit.
Épig. Je l'obtiendrai toujours bien. Venez.
Gél. (*montrant la maison d'Épignome.*) Ici?
Épig. Non, mais dans la prison. Car ici votre génie n'aurait pas de quoi se mettre en belle humeur. (à *Pamphilippe.*) Allons, mon frère.
Pam. Je vais rendre grâce aux dieux, et je me rends ensuite chez vous.
Gél. (*consterné.*) Eh bien! et moi!
Épig. Ne vous ai-je pas dit d'aller à la prison?
Gél. Oui, en prison même, si vous l'ordonnez; j'irai y souper.
Épig. Dieux immortels! on le ferait monter sur une croix de trente pieds pour un souper ou un dîner.
Gél. Telle est ma nature : il n'y a pas d'ennemis que je redoute autant que la faim. (*Il s'approche de Pamphilippe.*)
Pam. Est-ce que vous ne vous en irez pas? J'ai assez éprouvé l'influence de votre fortune. Quand vous étiez notre parasite à moi et à mon frère, nous avons perdu nos biens; maintenant je ne veux pas que Gélasime le bouffon exerce sur moi sa bouffonnerie. (*Il sort avec Épignome.*)
Gél. Vous vous en allez donc déjà? (*Seul.*) Pauvre Gélasime, vois le parti qu'il te faut prendre. Moi? — toi? — pour moi? — pour toi? Tu vois comme il fait cher vivre! tu vois que tous les sentiments de

Atque ad illum renuntiari. *Pamph.* Solus cœnabo domi?
Gel. Non enim solus : me vocato. *Pamph.* At ille mi subcenseat, 585
Mea qui causa sumtum fecit. *Gel.* Facile excusari potest ;
Mihi modo ausculta ; jube domi cœnam coqui. *Epign.* Non me quidem
Faciet auctores, hodie ut illum decipiat. *Gel.* Non tu hinc abis?
Nisi me non perspicere censes quid agas. Cave, sis , tu tibi :
Nam illic homo tuam hereditatem inhiat, quasi esuriens lupus.
Non tu scis, quam ecflictentur homines noctu heic in via? 590
Pam. Tanto plureis, qui defendant, ire adversum jussero.
Epign. Non it, non it ; quia tanto opere suades ne ebitat.
Gel. Jube
Domi mihi, tibi, tuæque uxori celeriter cœnam coqui.
Si, hercle, faxis, non, opinor, dices, deceptum fore. 595
Pamph. Per hanc tibi cœnam incœnato, Gelasime, esse hodie licet.
Gel. Ibisne ad cœnam foras? *Pamph.* Apud fratrem cœno, in proxumo.
Gel. Certumne 'st? *Pamph.* Certum. *Gel.* Edepol, te hodie lapide percussum velim.
Pamph. Non metuo; per hortum transibo, non prodibo in publicum.
Epign. Quid agis, Gelasime? *Gel.* Oratores tu adcipis ; habeas tibi. 600

Epign. Tua, pol, refert enim. *Gel.* Siquidem mea refert, opera utere,
Posce. *Epign.* Edepol, tibi, opinor, etiam unt locum conspicor,
Ubi adcubes. *Pamph.* Sane faciundum censeo. *Gel.* O lux oppidi !
Epign. Si arcte poteris adcubare. *Gel.* Vel inter cuneos ferreos.
Tantillum loci ubi catellus cubet, id mihi sat est loci. 605
Epign. Exorabo aliquo modo, veni. *Gel.* Huccine? *Epign.* Imo in carcerem,
Nam heic quidem meliorem Genium tuum non facies : eamus, tu.
Pam. Deos salutabo modo, postea ad te continuo transeo.
Gel. Quid igitur? *Epign.* Dixi equidem, in carcerem ires.
Gel. Quin, jusseris,
Eo quoque ibo. *Epign.* Di inmortaleis ! hic quidem in summam crucem 610
Cœna aut prandio perduci potest. *Gel.* Ita ingenium meum 'st ;
Quicumvis depugno multo facilius, quam cum Fame.
Pamph. Non ergo is tu? apud me satis spectata est mihi jam tua felicitas ;
Dum parasitus mihi atque fratri fuisti, rem confregimus.
Nunc ego nolo e Gelasimo mihi te Catagelasimum. 615
Gel. Jamne abisti? Gelasime, vide , quid es capturus consili.
Egone? tune? mihine? tibine? vides, ut annona est gravis !

24.

bonté, de pitié, sont perdus parmi les hommes. Tu vois que les plaisants sont à leur tour bafoués, comptés pour rien, et que les riches eux-mêmes se mêlent de faire notre métier. Non, par Pollux! on ne me verra pas vivant jusqu'à demain; car je vais chez moi me charger le gosier d'une bonne dose de corde; je ne veux pas qu'on puisse dire de moi que je suis mort de faim.

ACTE CINQUIÈME.

SCÈNE I.

STICHUS (*seul*).

On a, suivant moi, une sotte habitude : quand on attend quelqu'un, on est sans cesse à regarder s'il vient; ce qui ne le fait pas arriver un instant plus tôt. C'est pourtant ce que je fais en ce moment, moi qui regarde si Sagarinus arrive, quoiqu'il n'en vienne pas plus vite pour cela. Ma foi, je me mettrai à table tout seul, s'il n'arrive pas. Je vais toujours transporter de la maison ici une cruche de vin : ensuite je me mettrai à table. (*il regarde le crépuscule qui commence.*) Le jour est comme un vieillard qui s'éteint.

SCÈNE II.

SAGARINUS, STICHUS.

Sag. Salut, Athènes, nourrice de la Grèce! Chère patrie de mon maître, avec quel plaisir je te revois! Mais que fait Stéphanie, ma bonne amie et ma camarade? Que je suis impatient de savoir de ses nouvelles! J'avais chargé Stichus de la saluer de ma part, et de la prévenir que j'arriverais aujourd'hui, pour qu'elle fît le souper de bonne heure. Mais voici Stichus lui-même.

Stic. (*sortant de chez Épignome sans voir Sagarinus.*) Vous avez été très-aimable, mon maître, de faire ce présent à votre esclave Stichus. (*Il tient une cruche de vin.*) Dieux immortels! que de plaisirs je porte là! que de bons rires, que de saillies, que de baisers, de danses, de caresses, de volupté!
Sag. (*l'appelant.*) Stichus!
Stic. Voici.
Sag. Que se passe-t-il?
Stic. Vivat! mon aimable Sagarinus. (*Montrant la cruche.*) Je t'apporte, ainsi qu'à moi, Bacchus pour convive. Par Pollux! le souper est indiqué, et l'on nous laisse la place libre chez ton maître. Car il y a grand festin chez nous. Ton maître y soupe, avec sa femme et Antiphon. Le mien est de la partie; tiens, voici le cadeau qu'on m'a fait.
Sag. Qui a donc fait ce beau rêve d'or?
Stic. Que t'importe? Va vite te baigner.
Sag. Je suis très-propre.
Stic. Fort bien; suis-moi donc, entrons.
Sag. Je te suis.
Stic. Il faut nous mettre à sec aujourd'hui : laisse là l'austérité des mœurs étrangères; suivons celles d'Athènes. Viens avec moi.
Sag. Je te suis; j'aime ce début à mon retour chez nous. C'est un bon augure et une bonne étrenne qui s'offrent à moi tout d'abord. (*Ils entrent chez Pamphilippe.*)

SCÈNE III.

STÉPHANIE (*seule sortant de chez Épignome.*)

Ne soyez pas surpris, spectateurs, si je sors d'ici, pendant que je demeure là (*elle montre la maison de Pamphilippe.*). Je vais vous en dire la raison. On m'a fait venir ici de chez nous tout à l'heure, quand on a reçu la nouvelle que les maris des deux sœurs

---

Vides, benignitates hominum ut periere et prothymiæ :
Vides, ridiculos nihili fieri, atque ipsos parasitarier.
Nunquam, edepol, me vivom quisquam in crastinum prospiciet diem;   620
Nam mihi jam intus potione vincea onerabo gulam.
Neque ego hoc committam, ut homines mortuum me dicant fame.

ACTUS QUINTUS.

SCENA PRIMA.

STICHUS.

More hoc fit, atque stulte, mea sententia :
Si quem hominem expectant, eum solent providere;
Qui, hercle, illa causa ocius venit.   625
Idem ego nunc facio, qui proviso Sagarinum,
Qui nihil ocius venit tamen hac gratia.
Jam, hercle, ego decumbam solus, si ille huc non venit.
Cadum modo hinc a me huc cum vino transferam :
Postea adcumbam : quasi senex tabescit dies.   630

SCENA SECUNDA.

SAGARINUS, STICHUS.

Sag. Salvete, Athenæ, quæ nutrices Græciæ.
Terra herilis patria, te video lubens.
Sed amica mea et conserva quid agat Stephanium,
Cura est; ut valeat! nam Sticho mandaveram,
Salutem ut nuntiaret; atque ei ut diceret,   635
Me hodie venturum, ut cœnam coqueret temperi.
Sed Stichus est hic quidem. *Stich.* Fecisti, here, facetias,
Quom hoc donavisti dono tuum servom Stichum
Pro di inmortales, quot ego voluptates fero!
Quot risiones, quot jocos, quot savia,   640
Saltationes, blanditias, prothymias!
Sag. Stiche. *Stich.* Hem. *Sag.* Quid fit? *Stich.* Euge, Sagarinc lepidissume!
Fero convivam Dionysum mihique et tibi.
Namque, edepol, cœna dicta est, locus liber datus est
Mihi et tibi apud vos : nam apud nos non est convivium. 645
Ibi voster cœnat cum uxore adeo et Antipho.
Ibidem herus est noster : hoc mihi dono datum 'st.
Sag. Quis somniavit aurum? *Stich.* Quid id ad te adtinet?
Proin' tu lavare propera. *Sag.* Lautus sum. *Stich.* Optume :
Sequere ergo hac me intro. *Sag.* Ego vero sequor. 650
Stich. Volo eluamus hodie : peregrina omnia
Relinque; Athenas nunc colamus; sequere me.
Sag. Sequor, et domum redeundi principium placet.
Bona scæva strenaque obviam obcessit mihi.
(Introeunt Pamphilippi domum.

SCENA TERTIA.

STEPHANIUM.

Mirum videri nemini vostrum volo, spectatores,   655
Quid ego hinc, quæ illeic habito, exeam : faciam, 'os certiores.
Domo dudum huc accersita sum, quoniam nuntiatum 'st,

allaient arriver : nous nous empressons tous, nous nous hâtons de garnir les lits, nous faisons tous les apprêts. Toutefois, au milieu de ces occupations, je n'ai pas oublié mes amis, Stichus et Sagarinus mon camarade, qui trouveront un souper préparé. Stichus est allé aux provisions : j'ai chargé quelqu'un de les assaisonner. Maintenant je m'en vais, et je fêterai mes amis quand ils arriveront.

SCÈNE IV.

SAGARINUS, STICHUS.

Sag. Allons, marchez, apportez le service : Stichus, je te donne la direction du vin. Il faut absolument que notre festin soit préparé aujourd'hui dans toutes les règles. Oh! nous serons agréablement placés dans ce lieu. Je veux inviter à la fête tous les passants.

Stic. C'est entendu. Pourvu toutefois que chacun apporte son vin; car cette magnifique offrande (*montrant la cruche*) ne sera distribuée à personne qu'à nous. Servons-nous nous-mêmes sans façon. Le banquet est assez bien proportionné à nos moyens : il se compose de noix, de fèves, d'olives dans une écuelle, de petits gâteaux. C'est assez : un esclave doit être modeste dans sa dépense, plutôt que fastueux : chacun doit vivre selon son bien. Ceux qui sont riches boivent dans des vases magnifiques, dans des tasses, dans des coupes d'or : mais avec nos gobelets samiens nous vivons cependant, et nous remplissons nos fonctions suivant nos facultés.

Sag. De quel côté chacun se placera-t-il auprès de notre bonne amie?

Stic. Va, prends le haut bout, toi. Il faut aussi que tu saches que je partage le service avec toi.

Vois ce qu'il te plaît de prendre, et choisis ton emploi.

Sag. De quel emploi parles-tu?

Stic. Lequel aimes-tu mieux avoir sous ton commandement le dieu des fontaines ou Bacchus?

Sag. Bacchus assurément : mais pendant que ta maîtresse et la mienne font leur toilette et se parent, amusons-nous ensemble : je te nomme roi du festin.

Stic. L'excellente idée! mangeons sur des siéges, à la manière des cyniques (1); nous serons mieux que sur des lits.

Sag. Non, non; on est plus mollement là-dessus. Mais, notre roi, pourquoi, en attendant, la coupe se repose-t-elle? vois combien nous avons de coups à boire?

Stic. Autant que tu as de doigts à la main. La chanson dit :

Buvez trois coups, buvez-en cinq ;
Mais n'allez pas en boire quatre (2).

Sag. Tiens cette coupe : n'y verse qu'un dixième d'eau, je te le conseille. (*Ils se passent la coupe.*) (*Aux spectateurs*) A votre santé, à notre santé, à la sienne, à la mienne, à celle de notre chère Stéphanie.

Stic. Bois donc, si tu veux boire.

Sag. Je ne me ferai pas attendre. (*il boit.*)

Stic. Par Pollux! arrêtons nous un peu, jusqu'à ce que notre maîtresse soit venue : il ne manque plus qu'elle (3).

Sag. Nous nous en sommes acquittés fort agréa-

(1) Les disciples de Diogène ne se couchaient point à table.
(2) On sait quelle vertu mystérieuse les anciens attribuaient aux nombres impairs.
(3) M. Naudet traduit : « Par Pollux! le repas est complet, si notre amie venait nous rejoindre. Elle manque ; il ne manque plus qu'elle. »

Istarum venturos viros : ibi festinamus omneis,
Lectis sternendis studuimus , munditiisque adparandis.
Inter illud tamen negotium meis curavi amicis, 660
Sticho et conservo Sagarino meo, cœna cocta ut esset.
Stichus opsonatus est : cæterum ego curando id adlegavi.
Nunc ibo hinc, et amicos meos curabo heic advenienteis.

SCENA QUARTA.

SAGARINUS, STICHUS.

Sag. Agite, ite foras, ferte pompam : cado te præficio, Stiche.
Omnibus modis temperare certum 'st nostrum hodie convivium. 665
Ita me di ament, lepide adcipiemur, quom hoc recipiamur in loco.
Quisquis præthereat, comisatum volo vocari. *Stich.* Convenit;
Dum quidem, hercle, quisque veniat cum vino suo : nam hinc quidem
Hodie polluctura, præter nos, jactura dabitur nemini.
Nosmet inter nos ministremus monotrophe : hoc convivium 'st 670
Pro opibus nostris satis conmodule, nucibus , fabulis , ficulis ,
Olea in tryblio , lupilli conminuto crustulo.
Sat est: servo homini modeste melius facere sumtum , quam ampliter.
Suum quemque decet : quibus divitiæ domi sunt, scaphio et cantharis,
Batiolis bibunt; at nos nostro Samiolo poterio 675

Tamen vivimus; nos tamen ecficimus pro opibus nostra mœnia.
Sag. Amicæ uter utrubi adcumbamus? *Stich.* Abi tu sane superior.
Atque adeo ut tu scire possis, factum ego tecum divido.
Vide utram tibi lubet etiamnum capere, cape provinciam.
Sag. Quid istuc est provinciæ? *Stich.* Utrum Fontinali an Libero 680
Inperium te inhibere mavis? *Sag.* Nimio liquido Libero.
Sed amica mea, et tua dum comit, dumque se exornat, nos volo
Tamen ludere inter nos : strategum te facio huic convivio.
Stich. Nimium lepide in mentem venit: potius in subsellio
Cynice adcipiemur, quam in lectis. *Sag.* Imo enim heic heic magis dulcius. 685
Sed interim, stratege noster, cur heic cessat cantharus?
Vide, quot cyathos bibimus. *Stic.* Tot , quot digiti sunt tibi in manu.
Cantio est græca: ἢ πέντε πῖν', ἢ τρίς πῖν', ἢ μὴ τέτταρα.
Sag. Tibi propino decumam a fonte : tibi tute inde, si sapis.
Bene vos, bene nos, bene te, bene me, bene nostram etiam Stephanium. 690
Stich. Bibe, si bibis. *Sag.* Non mora erit apud me. *Stich.* Edepol , convivî sat est ,
Modo nostra huc amica adcedat; id abest, aliud nihil abest.
Sag. Lepide hoc actum 'st, tibi propino cantharum ; vini tu habes
Nimis vellem aliquid pulpamenti. *Stich.* Si horum quæ adsunt pœnitet,
Nihil est, tene aquam. *Sag.* Melius dicis : nihil moror cupedia. 695

blement. Je te présente la coupe, c'est toi qui as le vin. — Je voudrais bien un peu de ce ragoût.

Stic. Si tu n'es pas content de ce qu'il y a, cela m'est égal : bois de l'eau.

Sag. (*se versant à boire.*) Tu as raison : je ne veux pas de ragoût. (*Au joueur de flûte placé sur la scène* (1). Bois, musicien; allons... Il faut que tu boives; par Hercule! ne refuse pas. Pourquoi fais-tu le difficile? Puisque tu vois qu'il faut en passer par là, que ne bois-tu? Allons donc!-accepte, te dis-je. Cela ne coûte rien à l'État. Cette discrétion te sied bien mal. Ote cette flûte de ta bouche.

Stic. (*à Sagarinus.*) Quand il aura bu, conforme-toi à ma règle, ou commande toi-même. Il ne faut pas tout avaler, comme vient de faire le dernier coup : nous n'aurions plus de cruche à déboucher. A ce train-là, par Pollux! notre baril disparaîtrait bien vite!

Sag. (*au joueur de flûte.*) Eh bien! quoi que tu aies fait bien des façons, tu ne t'en es pas mal trouvé. Allons, musicien, à présent que tu as bu, remets ta flûte à tes lèvres; enfle promptement tes joues, comme un serpent. Maintenant, Stichus, celui qui ne se conformera pas à l'ordre du roi des festins aura une rasade de moins, à titre d'amende.

Stic. Tu proposes une loi très-équitable. On ne peut se rendre à une proposition si juste. Allons, fais donc attention : au moindre manquement (*montrant la cruche*), je percevrai ici l'amende à l'instant.

Sag. C'est juste, et tu parles à merveilles.
Stic. Tiens, voilà pour commencer.
(*Il chante en dansant.*)

Regardez : quel aimable groupe!
Rivaux unis par la gaieté,
Nous buvons à la même coupe,
Nous fêtons la même beauté.
Union joyeuse et touchante!
En toi je vis, tu vis en moi;

(1) Celui qui réglait la déclamation notée. Ici l'auteur oublie la scène et la pièce. C'est comme si, à l'Opéra, les comédiens, dans une scène d'orgie, offraient à boire au chef d'orchestre.

Tous deux nous n'avons qu'une amante,
Tous deux qu'une âme, qu'une foi.
A toi dans mes bras elle pense;
Et dans les tiens son juste amour
Me réserve une récompense
Que ma flamme obtient à son tour.
Vidons ces flacons d'ambroisie;
A l'amour livrons notre cœur :
Rivaux heureux, la jalousie
Ne corrompt point notre bonheur.

Sag. Holà! c'est assez; je ne veux pas que tu crèves. J'ai envie de jouer ensemble, comme les petits chiens. Veux-tu que nous appelions notre maîtresse? Elle dansera.

Stic: J'en suis d'avis.

Sag. (*à Sthéphanie.*) Ma douce, mon aimable, ma charmante Stéphanie, sors, et viens trouver tes amours : tu es toujours assez belle à mes yeux.

Stic. (*voyant Stéphanie.*) Qu'elle est belle en effet!

Sag. Viens augmenter notre joie par ta présence, par ta gaieté. Revenus des pays étrangers, nous soupirons après toi, ma Stéphanette, mon miel, si notre amour t'est cher, si nous te plaisons tous deux.

SCÈNE V.

STÉPHANIE, SAGARINUS, STICHUS.

Stép. Je vous obéirai, mes chères amours. Que l'aimable Vénus me protége, comme il est vrai que je serais venue ici avec vous depuis longtemps, si je ne me parais pour vous plaire. Tel est l'esprit des femmes : elles ont beau être lavées, parfumées, parées, elles ne se trouvent jamais assez belles. Il est plus facile en effet à une courtisane de dégoûter par une toilette négligée, que de charmer toujours par l'éclat de la parure.

Sag. Que cela est joliment dit!
Stic. C'est le style de Vénus même. Sagarinus!
Sag. Qu'est-ce?

Bibe, tibicen; age, si quid agis : bibendum, hercle, hoc est, ne nega.
Quid heic fastidis? quod faciendum vides esse tibi, quin bibis?
Age, si quid agis : adcipe, inquam : non hoc inpendet publicum.
Haud tuum istuc est te vereri : cripe ex ore tibias.
St. Ubi illic biberit, vel servato meum modum, vel tu dato.
Nolo ego nos pro summo bibero; nulli relerimus post-
ea :   701
Namque, edepol, quamvis desubito vel cadus vorti potest.
Sag. Quid igitur? quamquam gravatus fuisti, non nocuit tamen.
Age, tibicen, quando bibisti, refer ad labias tibias;
Subfla celeriter tibi buccas, quasi proserpens bestia.   705
Agedum, Stiche, uter demutassit, poculo multabitur.
Stich. Bonum jus dicis : impetrare oportet, qui æquom postulas.
Age, ergo observa; si peccassis, multam heic retinebo in-
lico.
Sag. Optumum atque æquissumum oras. *Stich.* Hem, tibi hoc primum omnium. (Cantat.)
« Hæc facetia 'st amare inter se rivaleis duos;   710
« Uno cantharo potare, et unum scortum ducere.
» Hoc memorabil' est; ego tu sum, tu es ego; uni animi sumus :

« Unam amicam amamus ambo; mecum ubi est, tecum est tamen;
« Tecum ubi autem 'st; mecum ibi autem 'st; neuter utri invidet. »
Sag. Ohe, jam satis! nolo obœdas; catuli ut ludunt, nunc volo.   715
Vin' amicam huc evocemus? ea saltabit. *Stich.* Censeo.
Sag. Mea suavis, amabilis, amœna Stephanium, ad amores tuos
Foras egredere, satis mihi polchra es. *Stich.* At enim polcherruma.
Sag. Fac nos hilaros hilariores opera atque adventu tuo.
Peregre advenientes te expetimus, Stephaniscidium, mel
meum;   720
Si amabilitas tibi nostra placet, si tibi ambo adcepti sumus.

SCENA QUINTA.

STEPHANIUM, SAGARINUS, STICHUS.

Steph. Morem vobis geram, meæ deliciæ : nam ita me Venus amœna amet,
Ut ego huc jamdudum exissem simitu vobiscum foras,
Nisi me vobis exornarem : nam ita est ingenium muliebre,
Bene quom lauta 'st, tersa, ornata, ficta 'st, infecta 'st ta-
men;   725

Stic. (*d'un air amoureux.*) J'ai mal partout.
Sag. Partout! je te plains.
Stép. (*montant sur le lit de table.*) De quel côté me placerai-je?
Sag. Du côté que tu voudras.
Stép. Je veux être entre vous deux, car je vous aime tous deux.
Stic. (*à part.*) Mon pécule est à sec (1). C'en est fait, ma liberté s'enfuit.
Stép. Faites-moi, je vous prie, une place pour me coucher à table, si toutefois je suis aimée de vous : je désire recevoir les caresses de l'un et de l'autre.
Stic. Je meurs d'amour.
Sag. (*à Stichus.*) Que dis-tu?
Stic. Que veux-tu que je dise?
Sag. Par le ciel qui me protége! rien ne pourra la dispenser de danser aujourd'hui. (*à Stéphanie.*) Allons, ma charmante, mon nectar, danse : je danserai avec toi.
Stic. (*à Sagarinus.*) Tu ne parviendras pas à la soustraire ainsi à mon ardeur.
Stép. S'il faut que je danse, donnez donc à boire au joueur de flûte.
Stic. Et à nous aussi.
Sag. (*versant à boire au musicien.*) Tiens, joueur de flûte, bois le premier : et dès que tu auras vidé la coupe, fais-nous bien vite entendre, selon ton habitude, un air doux, tendre, lascif, qui nous chatouille jusqu'au bout des ongles. (*A Stic.*) Verse de l'eau (2). (*Au musicien.*) Tiens, avale. Tout à l'heure il n'en voulait pas. Il accepte maintenant de meilleure grâce. (*A Stichus.*) Tiens, toi! (*A Stéphanie.*) Allons, prunelle de mes yeux, donne-moi un baiser pendant qu'il boit.

(1) Il le dépensera tout entier pour plaire à sa belle.
(2) Cette précaution prouve que Sagarinus craint que le joueur de flûte ne cède trop à la tentation. Il paraît que la réputation des musiciens date de loin.

Stic. Ce n'est que chez de misérables prostituées qu'on embrasse debout son amant. (*Il veut attirer à lui Stéphanie.*)
Sag. (*le prévenant et embrassant Stéphanie.*) Courage! courage! voilà comme on attrape les voleurs. (*Au musicien.*) Eh bien! cette coupe ne t'a pas fait tant de mal... Allons! enfle tes joues.
Stic. (*au musicien.*) Voyons! quelque chose de tendre. Donne-nous pour notre vin vieux un air nouveau.
Sag. (*se mettant à danser.*) Est-il un Ionien (1) efféminé capable d'en faire autant? Si tu me surpasses dans cette pirouette, je te défie pour une autre! Tiens, danse comme cela!
Stic. (*dansant aussi.*) Et toi comme cela!
Sag. (*Ils dansent.*) Tra la la !
Stic. Tata!
Sag. La la!
Stic. Paix!
Sag. Maintenant, dansons tous deux la même danse. Je défie tous les mignons : nous ne les craignons pas plus que les champignons ne craignent la pluie. Rentrons maintenant. Nous avons assez dansé pour le vin que nous avons bu. — Vous, spectateurs, applaudissez; et allez chez vous vous régaler à votre tour.

(1) Les danses d'Ionie avaient un caractère voluptueux et lascif. Ses danseurs jouissaient, dans l'antiquité, de la renommée des artistes de notre Opéra.

Un savant, homme de goût, M. Amaury Duval, conteste l'authenticité de cette comédie, qu'il juge indigne de Plaute. En effet, l'action, qui d'abord promet un développement dramatique, se perd en dialogues communs et diffus. Le style est presque partout sans gaieté et sans couleur. C'est une facilité agréable, mais prolixe, qui remplace la verve et la force du grand poète. Aussi croyons-nous, avec le judicieux critique, que si Plaute est l'auteur du *Stichus*, le travail d'une main étrangère se mêle, en beaucoup d'endroits, à l'œuvre de Plaute. — Un habile traducteur, M. Levée, a accommodé cette pièce à la scène française. Cette imitation n'a été ni représentée, ni imprimée.

Nimioque sibi mulier meretrix reperit odium ocius
Sua inmunditia, quam in perpetoom ut placeat munditia sua.
Sag Nimium lepide fabulata 'st. *Stich.* Veneris mera 'st oratio.
Sagarine! *Sag.* Quid est? *Stich.* Totus doleo. *Sag.* Totus? tanto miserior.
Steph. Utrubi adcumbo? *Sag.* Utrubi tu vis? *Steph.* Cum ambobus volo; nam ambos amo. 730
Steph. Vapulat peculium; actum 'st, fugit hoc libertas caput.
Steph. Date mihi locum ubi adcumbam, amabo, siquidem placeo : tum mihi
Cupio cum utroque mihi esse bene. *Stich.* Dispereo! *Sag.* Quid ais? *Stich* Quid, ego?
Sag. Ita me di ament, nunquam enim flet hodie, hæc quin saltet tamen.
Age, mulsa mea, suavitudo, salta : saltabo ego simul. 735
Stich. Nunquam, edepol, me istoc vinces, quin ego ibi pruriam.
Steph. Siquidem mihi saltandum 'st, tum vos date, bibat, tibicini.
Stich. Et quidem nobis. *Sag.* Tene, tibicen, primum, postidea loci

Si hoc eduxeris, proinde, ut consuetus antehac, celeriter
Lepidam et suavem cantationem aliquam obcipito cinædicam, 740
Ubi perpruriscamus usque ex unguiculis: inde huc aquam.
(ad tibicinem.) Tene tu hoc, educe. Dudum haud placuit potio;
Nunc minus gravate jam adcipit. Tene tu : interim,
Meus oculus, da mihi suavium, dum illic bibit.
Stich. Prostibile 'st autem stantem stanti savium 745
Dare amicum amicæ. *Sag.* Euge euge, sic furi datur !
Quid igitur ? quamquam gravatus, non nocuit tamen.
Age jam infla buccas. *Stich.* Nunc jam aliquid suaviter.
Redde cantionem veteri pro vino novam.
Sag. Qui Ionicus aut cinædicus, qui hoc tale facere possiet ? 750
Si istoc me vorsu viceris, alio me provocato :
Fac tu hoc modo. *Stich.* At tu hoc modo. *Sag.* Babæ! *Stich.* Tatæ! *Sag.* Papæ! *Stich.* Pax!
Sag. Nunc pariter ambo : omneis voco cinædos , contra
Satis esse nobis non magis potis est , quam fungo imber.
Intro hinc abeamus : nunc jam saltatum satis pro vino 'st.
Vos, spectatores, plaudite, atque ite ad vos comisatum. 756

LE PERSAN [1].

PERSONNAGES.

TOXILE, esclave, amant de Lemnisélène.
LEMNISÉLÈNE, esclave de Dordalus, amante de Toxile.
SOPHOCLIDISQUE, servante.
SAGARISTION, esclave, ami de Toxile.
SATURION, parasite.
LA FILLE DE SATURION.
DORDALUS, marchand d'esclaves.
PEGNION (2), jeune esclave.

La scène est à Athènes.

ARGUMENT,

attribué à PRISCIEN.

L'esclave Toxile, profitant de l'absence de son maître, achète la belle qu'il aime, et la fait affranchir par le marchand. Il le persuade d'acheter une jeune étrangère, fille de son parasite, captive d'un pirate; et, s'enivrant à table, il s'amuse aux dépens de Dordalus qu'il a dupé.

ACTE PREMIER.

SCÈNE I.

TOXILE, puis SAGARISTION.

Tox. Celui qui le premier est entré sans argent dans le pays d'amour a dû surpasser par ses tribulations toutes les tribulations d'Hercule. Oui, j'aimerais mieux avoir à lutter avec le lion, l'hydre, le cerf, le sanglier d'Étolie, les oiseaux de Stymphale et Antée qu'avec l'amour : tant j'ai de mal à trouver de

(1) Représenté vers l'an 565.
(2) En grec, παίγνιον signifie badinage, plaisir. Ce nom est tiré du caractère du jeune esclave.

l'argent! « *Je n'en ai pas;* » voilà la réponse de tous ceux à qui je m'adresse.

Sag. (*sans voir Toxile.*) L'esclave qui veut bien servir son maître doit se charger l'esprit de mille soins, pour tâcher de lui plaire en sa présence comme en son absence. Quant à moi qui ne sers pas de trop bon cœur, je ne satisfais guère mon maître. Cependant il ne saurait se passer de moi, pas plus qu'on ne peut s'empêcher de porter la main à un œil malade (1); il faut qu'il me donne des ordres, qu'il se repose sur moi du soin de ses affaires. (*Apercevant Toxile.*) Quel est donc cet homme qui vient se planter devant moi ?

Tox. Qui est-ce qui se présente à moi ? il ressemble bien à Sagaristion.

Sag. (*à part.*) C'est bien mon ami Toxile.

Tox. (*à part.*) C'est lui, assurément.

Sag. (*à part.*) Ce doit être lui.

Tox. (*à part.*) Abordons-le.

Sag. (*à part.*) Approchons.

Tox. Sagaristion, que les dieux te protégent!

Sag. Qu'ils comblent tes vœux, cher Toxile! Comment te portes-tu ?

Tox. Du mieux que je puis.

Sag. Que fais-tu ?

Tox. Je vis.

Sag. Au gré de tes désirs?

Tox. Oui, si j'obtiens ce que je souhaite.

Sag. Tu ne sais pas employer tes amis.

Tox. Pourquoi donc ?

(1) Cette comparaison, que Plaute affectionne, se retrouve dans les *Bacchis*.

PERSA.

DRAMATIS PERSONÆ.

TOXILLUS, servus, amator Lemniselenes.
LEMNISELENE, meretrix.
SOPHOCLIDISCA, ancilla.
SAGARISTIO, servus, amicus Toxili.
SATURIO, parasitus.
VIRGO, filia Saturionis.
DORDALUS, leno.
PÆGNIUM, puer.

Res agitur Athenis.

ARGUMENTUM

(UT QUIBUSDAM VIDETUR)
PRISCIANI.

*P*ROVECTO domino, suos amores Toxilus
*E*mit, atque curat, leno ut emittat manu ;
*R*aptamque ut emeret de prædone virginem
*S*ubornata suadet sui parasiti filia :
*A*tque ita intricatum ludit potans Dordalum.

ACTUS PRIMUS.

SCENA PRIMA.

TOXILUS, SAGARISTIO.

Tox. Qui amans egens ingressus est princeps in amoris vias,
Superavit ærumnis suis ærumnas Herculis :

Nam cum leone, et cum excetra, cum cervo, cum apro Ætolico,
Cum avibus Stymphalicis, cum Antæo deluctari mavelim,
Quam cum amore; ita fio miser quærundo argento mutuo.
Nec quidquam, nisi, Non est, sciunt mihi respondere, quos rogo. 6
Sag. Qui hero suo servire volt bene servos servitutem,
Næ, edepol, illum multa in pectore suo conlocare oportet,
Quæ hero placere censeat præsenti atque absenti suo.
Ego neque lubenter servio, neque satis sum hero ex sententia ; 10
Sed quasi lippo oculo me herus meus manum abstinere haud quit tamen.
Quin mi imperet, quin me suis negotiis præfulciat.
Quis illic est, qui contra me adstat? *Tox.* Quis hic est, qui contra me adstat?
Similis est Sagaristionis. *Sag.* Toxilus hic quidem meus amicus est.
Tox. Is est profecto. *Sag.* Eum esse opinor. *Tox.* Congrediar. *Sag.* Contra adgrediar. 15
Tox. O Sagaristio, di ament te. *Sag.* O Toxile, dabunt di quæ exoptes.
Ut vales? *Tox.* Ut queo. *Sag.* Quid agitur? *Tox.* Vivitur.
Sag. Satin' ergo ex sententia? *Tox.* Si eveniunt quæ exoplo, satis.
Sag. Nimis stulte amicis utere. *Tox.* Quid jam? *Sag.* Quia jam inperare oportet. 19
Tox. Mihi quidem tu jam eras mortuus, quia te non visitavi.

LE PERSAN, ACTE I, SCÈNE I.

Sag. Il faut être exigeant.
Tox. En vérité je te croyais mort, depuis le temps que je ne t'ai vu.
Sag. (*d'un air important.*) Oh!...... j'étais surchargé...
Tox. De fers sans doute.
Sag. Je les ai portés pendant plus d'un an, au moulin, comme tribun à verge (1).
Tox. Tu es déjà vétéran dans cette milice-là.
Sag. T'es-tu toujours bien porté?
Tox. Assez mal.
Sag. C'est donc cela que tu es pâle?
Tox. J'ai été blessé. Une flèche de Cupidon, dans les combats de Vénus m'a percé le cœur.
Sag. Les esclaves s'avisent donc aussi d'être amoureux?
Tox. Que puis-je faire à cela? résisterai-je aux dieux? moi chétif, irais-je, comme les Titans, leur déclarer une guerre impuissante?
Sag. Prends garde que les catapultes de bouleau ne te percent le flanc.
Tox. Je célèbre royalement les Éleuthéries (2).
Sag. Comment cela?
Tox. Parce que mon maître est en voyage.
Sag. Il est en voyage, dis-tu?
Tox. Et si tu aimes la bombance, viens, tu vivras avec moi, tu seras traité comme un prince.
Sag. (*transporté de joie.*) Oh! les épaules me démangent déjà, seulement de t'entendre parler de la sorte.
Tox. Une seule chose me tourmente.
Sag. Laquelle?
Tox. C'est aujourd'hui le jour fatal qui décidera si ma bonne amie sera libre ou éternellement esclave.
Sag. Eh bien! que veux-tu donc?
Tox. Il ne tient qu'à toi d'être mon ami pour toujours.
Sag. Par quel moyen?

(1) Allusion plaisante aux tribuns militaires.
(2) Fêtes instituées par les Grecs en l'honneur de Jupiter Libérateur. — Le temple de la *Liberté* fut bâti à Rome par Gracchus et restauré par Auguste, qui se contentait de détruire la divinité.

Tox. Ut mihi des numos sexcentos, quos pro capite illius pendam,

Tox. En me donnant six cents écus qu'il me faut payer pour sa liberté, et que je te rendrai sans délai dans trois ou quatre jours. Allons, sois généreux, rends-moi ce service.
Sag. Qui te donne l'audace de me demander une si forte somme, impertinent? Quand je vendrais toute ma personne, à peine pourrais-je me procurer ce que tu me demandes. Tu prétends tirer de l'eau d'une pierre ponce (1), qui elle-même a grand'soif.
Tox. Est-ce ainsi que tu en uses avec moi?
Sag. Que veux-tu que je fasse?
Tox. Tu le demandes? emprunte à quelqu'un.
Sag. Fais toi-même ce que tu exiges de moi.
Tox. J'ai cherché, et n'ai rien trouvé.
Sag. Eh bien! je chercherai quelque prêteur.
Tox. Alors je tiens mon affaire (2).
Sag. Si j'avais l'argent chez moi, je te promettrais certainement. Tout ce que je puis, c'est d'agir avec zèle.
Tox. Quel que soit le succès de tes démarches, reviens me trouver.
Sag. Cherche toujours; moi je m'emploierai avec ardeur, et si je trouve quelque chose, je t'en informerai.
Tox. Je t'en prie, je t'en conjure, rends-moi ce service d'ami.
Sag. Ah! tu m'ennuies, tu m'assommes.
Tox. C'est la faute de l'amour, et non la mienne, si je suis un bavard insupportable... Mais je vais te quitter.
Sag. T'en vas-tu donc?
Tox. Bonne chance dans tes courses! mais reviens le plus tôt que tu pourras; ne me mets pas à la torture pour te retrouver. Je resterai à la maison jusqu'à ce que j'aie préparé quelque méchant tour au marchand d'esclaves.

(1) On dit en français : *Tirer de l'huile d'un mur.*
(2) M. Levée lit dans le texte : *habes* au lieu de *habeo*, et traduit : « Tu as bien en ce monde quelque ressource. »

Sat. Negotium, edepol. *Tox.* Ferreum fortasse. *Sag.* Plusculum annum
Fui præferratus apud molas, tribunus vapularis.
Tox. Vetus jam istæc militia 'st tua. *Sag.* Satin' tu usque valuisti? *Tox.* Haud probe.
Sag. Ergo, edepol, pelles. *Tox.* Saucius factus sum; in Veneris prætio
Sagitta Cupido cor meum transfixit. *Sag.* Jam servi heic amant? 25
Tox. Quid ergo faciam? disne adversor? quasi Titani, cum dis belligerem,
Quibus sat esse non queam?
Sag. Vide modo, ulmeæ catapultæ tuum ne transfigant latus.
Tox. Basilice agito eleutheria. *Sag.* Quid jam?
Tox. Quia herus peregre 'st. *Sag.* Ain' tu, peregre 'st? 30
Tox. Si tute tibi bene esse potes pati, veni, vives mecum,
Basilico accipiere victu *Sag.* Vah, jam scapulæ pruriunt,
Quia te istæc audivi loqui. *Tox.* Sed hoc me unum excruciat.
Sag. Quidnam id est? *Tox.* Hæc dies summa hodie 'st, mea amica sitne libera,
An sempiternam servitutem serviat. *Sag.* Quid nunc vis ergo? 35
Tox. Facere amicum tibi me potis es sempiternum. *Sag.* Quemadmodum?

Quos continuo tibi reponam in hoc triduo, aut quatriduo.
Age, si benignus, subveni.
Sat. Qua confidentia rogare tu a me argentum tantum audes, 40
Inpudens? quin si egomet totus veneam, vix recipi potessit,
Quod tu me rogas : nam tu aquam a pumice nunc postulas,
Qui ipsus sitiat. *Tox.* Siccine hoc te mihi facere? *Sag.* Quid faciam? *Tox.* Rogasne?
Alicunde exora mutuum. *Sag.* Tu fac idem quod rogas me.
Tox. Quæsivi, nusquam reperi. *Sat.* Quæram equidem, si quis credat. 45
Tox. Nempe habeo in mundo. *Sag.* Si id domi esset mihi, jam pollicerer;
Hoc meum 'st ut faciam sedulo. *Tox.* Quidquid erit, recipe te ad me.
Sag. Quære tamen; ego item sedulo, si quid erit, faciam ut scias.
Tox. Obsecro te, rescero; operam da hanc mihi fidelem.
Sag. Ah, odio me enicas.
Tox. Amoris vitio, non meo, nunc tibi morologus fio. 50
At, pol, ego abs te concessero. *Sag.* Jamne abis? *Tox.* Bene ambulato.
Sed recipe te quam primum potes : cave fuas mihi in quæstione :
Usque ero domi, dum excoxero lenoni malum.

SCÈNE II.

SATURION seul.

Je garde et j'exerce mon antique et vénérable métier de gloutonnerie ; je le cultive avec grand soin. De tous mes ancêtres il n'en est pas un seul qui ait rempli son ventre autrement que par l'industrie des parasites. Mon père, mon aïeul, mon bisaïeul, mon trisaïeul, mon quadrisaïeul, ont toujours mangé, comme les rats, le pain d'autrui ; et nul ne les a surpassés en voracité. On les surnommait *dures têtes* (1). C'est d'eux que je tiens mon métier, et je leur succède. J'aime mieux cela que d'être délateur. Il ne me convient pas d'arracher sans péril le bien d'autrui. Les gens qui le font m'inspirent du dégoût ; je m'explique cependant : celui qui remplit cette mission pour le bien de l'État, et non dans son intérêt personnel, doit être regardé comme un bon et fidèle citoyen. Mais je voudrais que lorsqu'on a fait condamner un infracteur des lois, on abandonnât au trésor public la moitié de son salaire. J'ajouterais un article à mon décret (*d'un ton sentencieux*) : Toutes les fois qu'un délateur aura dénoncé quelqu'un, l'accusé pourra le prendre à partie à son tour, afin qu'ils comparaissent devant les décemvirs avec égalité de droits (2). S'il en était ainsi, on ne verrait plus de ces gens pour qui le rôle des procès et la table du juge sont des filets (3) où ils attrapent le bien d'autrui. Mais ne suis-je pas fou de me mêler des affaires publiques, lorsque nous avons des magistrats dont c'est le devoir? Entrons ici maintenant, et voyons si les restes d'hier ont bien passé la nuit, s'ils n'ont point eu la fièvre, s'ils ont été bien couverts, pour empêcher les mains indiscrètes de se glisser jusqu'à ma précieuse réserve. Mais la porte s'ouvre, suspendons ma course.

SCÈNE III.

TOXILE, SATURION.

Tox. (*à part, d'un air joyeux.*) Voici l'expédient trouvé : il faudra que le marchand paye aujourd'hui de son argent l'affranchissement de ma belle. Mais j'aperçois mon parasite, dont le secours m'est ici nécessaire. Faisons semblant de ne pas le voir ; je sais le moyen d'attirer mon homme. (*Aux esclaves de la maison.*) Apprêtez tout, vous autres, dépêchez-vous. Que je n'attende pas, quand je rentrerai : qu'on prépare le vin de miel ; qu'on apprête les coings et les poires ; qu'ils chauffent bien dans les bassines ; qu'on y jette de la cannelle (1). Par Pollux, je pense que mon joyeux convive ne tardera pas à venir.

Sat. (*à part.*) Il parle de moi. Quel bonheur !

Tox. (*à part.*) J'espère qu'au sortir du bain il sera ici.

Sat. Comme il devine tout de point en point !

Tox. Tâchez que les pâtes et les boulettes soient onctueuses. Ne me les servez pas à moitié cuites.

Sat. (*à part.*) Il parle fort bien. Elles ne valent rien crues : il faut qu'elles soient humectées par le jus. Et puis le bouillon de pâte est mauvais, s'il est clair, jaunâtre et maigre. Il faut qu'il soit épais comme un coulis ; je ne veux pas remplir la vessie de ce qui doit nourrir l'estomac.

Tox. (*à part.*) Je ne sais qui j'entends parler ici, près de moi.

Sat. O mon Jupiter d'ici-bas, c'est un membre de ton collége des gourmands qui te salue (2).

(1) Parodie de la loi des Douze Tables.
(2) Chaque année le préteur inscrivait, sur un tableau blanchi à la chaux, les règles de droit et les formules d'actions admises dans sa juridiction.
(3) Ce surnom signifie-t-il que leur front ne rougissait de rien, ou que leur tête résistait aux plats et aux coupes que l'Amphitryon leur jetait souvent, dans les licences de l'ivresse ; ou bien enfin, qu'elle était à l'épreuve de la fumée du vin ? Les savants sont partagés sur cette question.

(1) C'est le *calamus aromaticus* d'Arabie, qui se mêlait aux ragoûts et aux liqueurs, à ce que dit Pline.
(2) Allusion à l'institution des *epulones*, administrateurs des banquets publics, qui venait d'être fondée en 556.

SCENA SECUNDA.

SATURIO.

Veterem atque antiquom quæstum meum alimoniæ
Servo atque obtineo, et magna cum cura colo. 55
Nam nunquam quisquam meorum majorum fuit,
Quin parasitando paverint ventres suos :
Pater, avos, proavos, abavos, atavos, tritavos,
Quasi mures semper edere alienum cibum,
Neque edacitate eos quisquam poterat vincere. 60
His cognomentum erat duris capitonibus.
Unde hunc ego quæstum obtineo et majorum locum.
Neque quadruplari me volo ; neque enim decet
Sine meo periculo ire aliena ereptum bona ;
Neque illi, qui faciunt, mihi placent : plane loquor. 65
Nam publicæ rei causa quicumque id facit
Magis, quam sui quæsti, animus induci potest,
Eum esse civem et fidelem et bonum.
Sed legirupam qui damnet, det in publicum
Dimidium ; atque etiam mea lege adscribitor : 70
Ubi quadruplator quempiam injexit manum,,
Tantidem ille illi rursus injiciat manum,
Ut æqua parti prodeant ad Tresviros.
Si id fiat, ne isti faxim usquam adpareant,
Qui heic albo rete alieno obpugnant bona. 75
Sed sumne ego stultus, qui rem curo publicam,
Ubi sunt magistratus, quos curare oportet ?
Nunc huc introibo, visam hesternas reliquias.

Quieverint recte, necne ; num infuerit febris,
Opertæne fuerint, ne quis obreptaverit. 80
Sed aperiuntur ædeis, remorandu'st gradus.

SCENA TERTIA.

TOXILUS, SATURIO.

Tox. Omnem rem inveni, ut sua sibi pecunia
Hodie illam faciat leno libertam suam.
Sed eccum parasitum, quojus mihi auxilio 'st opus.
Simulabo quasi non videam, ita adliciam virum. 85
Curate istoc vos, atque adproperate ocius.
Ne mihi moræ sit quidquam, ubi ego intro advenero.
Conmisce mulsum ; struthea coluteaque adpara,
Bene ut in scutris concaleant, et calamum injice.
Jam, pol, ille heic aderit, credo, congerro meus. 90
Sat. Me dicit, euge ! *Tox.* Lautum credo a balneis
Jam heic adfuturum. *Sat.* Ut ordine omnem rem tenet !
Tox. Collyræ facite ut madeant et collyphia :
Ne mi incocta detis. *Sat.* Rem loquitur meram :
Nihil sunt crudæ, nisi quas madidas glutias. 95
Tum, nisi cremore crasso est jus collyricum,
Nihil est macrum illud, epicrocum, perlucidum :
Quasi juream esse jus decet collyricum.
Nolo in vesicam, quod est in ventrem volo.
Tox. Prope me heic nescio quis loquitur. *Sat.* O mi Jupiter
Terrestris, te coepulonus conpellat tuus. 101

Tox. Ah! que tu arrives à propos, cher Saturion!

Sat. Par Pollux! tu dis là un mensonge, et cela n'est pas bien. C'est Ésurion qui vient, et non pas Saturion (1).

Tox. Mais tu vas manger : déjà les réconfortants de l'estomac fument à la cuisine ; j'ai ordonné de réchauffer les restes d'hier.

Sat. Le jambon se sert froid le lendemain, c'est tout juste (2)...

Tox. C'est ce que j'ai recommandé.

Sat. Y aura-t-il des anchois?

Tox. Belle demande!

Sat. Tu as vraiment un goût exquis.

Tox. Mais te souviens-tu de ce que je te disais hier?

Sat. Oui : qu'il ne fallait pas réchauffer la murène et le congre, parce qu'ils se découpent mieux froids. Mais que tardons-nous à engager le combat? Il est de bonne heure, on doit commencer la journée par manger.

Tox. Il est un peu trop matin.

Sat. Quand on commence une affaire dès le matin, elle va bien tout le reste du jour.

Tox. Écoute-moi, de grâce : je t'ai déjà dit hier, je t'ai prié de me prêter six cents écus.

Sat. Oui, je m'en souviens. Je sais que tu m'en as prié, et que je n'avais pas de quoi te prêter. Un parasite perd tout son mérite, s'il a de l'argent chez lui. Il lui prend aussitôt fantaisie d'ordonner un festin, de faire bombance à ses frais. Un bon parasite doit être de l'espèce des cyniques : une fiole d'huile, une étrille de bain, une tasse, une paire de sandales, un manteau, une bourse strictement proportionnée à l'entretien de la famille, voilà toute la richesse dont il a besoin.

Tox. Je ne te demande plus d'argent; prête-moi seulement ta fille.

(1) *Esurion*, du mot *esurire*, avoir faim. *Saturion*, du mot *satur*, rassasié. Ces deux noms contraires conviennent également au parasite, suivant l'état de son estomac.
(2) Il prononce de façon qu'on entend *jus*.
(3) Pour frotter son patron, dont il se faisait réellement l'esclave.

Sat. Par Pollux! jamais, jusqu'à ce jour, je ne l'ai prêtée à personne.

Tox. Ce n'est pas pour l'usage que tu supposes.

Sat. Qu'en veux-tu faire?

Tox. Tu le sauras. Elle a une tournure gracieuse, distinguée.

Sat. Oui.

Tox. Le marchand d'esclaves, notre voisin, ne connaît ni toi ni ta fille?

Sat. Qui peut me connaître, si ce n'est ceux qui me donnent à manger (1)?

Tox. C'est fort bien : tu peux ainsi me procurer de l'argent.

Sat. Je le désire de tout mon cœur.

Tox. En ce cas, permets-moi de vendre ta fille.

Sat. De la vendre? toi?

Tox. Non, j'en chargerai un autre qui se fera passer pour étranger. Ce marchand n'est venu de Mégare s'établir ici que depuis six mois à peine.

Sat. Mais les restes se gâtent. Ton projet peut se remettre.

Tox. Tu crois cela? Eh bien! ne t'abuse pas d'un vain espoir ; tu ne mangeras pas céans une miette aujourd'hui, avant de m'avoir promis de faire ce que je te demande : et si tu ne m'amènes ici ta fille au plus tôt, je te raye de ma décurie (2). Eh bien! voyons, que dis-tu? quelle est ta résolution?

Sat. Vends-moi moi-même, par Hercule, je t'en prie, pourvu que tu me vendes le ventre plein.

Tox. Si tu consens, exécute-toi donc.

Sat. Je ferai ce que tu voudras.

Tox. Fort bien.... dépêche, va chez toi. Fais bien la leçon à ta fille; apprends-lui adroitement le rôle qu'elle doit jouer, ce qu'elle doit dire sur le lieu de sa naissance, sur ses parents, sur son enlèvement supposé. Qu'elle ait bien soin surtout de dire qu'elle est née loin d'Athènes, et de pleurer en faisant son récit.

(1) M. Naudet traduit : « Sinon l'ami qui me fait vivre? »
(2) Division commune à l'armée et à l'administration civile. Les légions et le sénat se partageaient en *décuries*.

Tox. O Saturio, obportune advenisti mihi.
Sat. Mendacium, edepol, dicis, atque haud te decet :
Nam Esurio venio, non advenio Saturio.
Tox. At edes : nam jam intus ventris fumant focula. 105
Calefieri jussi reliquias. *Sat.* Pernam quidem
Jus est adponi frigidam postridie.
Tox. Ita fieri jussi. *Sat.* Ecquid alecis? *Tox.* Vah, rogas?
Sat. Sapis multum ad genium. *Tox.* Sed ecquid meministi,
here
Qua de re ego tecum mentionem feceram? 110
Sat. Memini : ut muræna et conger ne calefierent.
Nam nimio melius obpectuntur frigida.
Sed quid cessamus prælium committere?
Dum mane 'st, omneis esse mortaleis decet.
Tox. Nimis pœne mane 'st. *Sag.* Mane quod tu obcœperis 115
Negotium agere, id totum procedit diem.
Tox. Quæso, animum advorte : hoc enim jam here narravi tibi,
Teccumque oravi, ut numos sexcentos mihi
Dares utendos mutuos. *Sag.* Memini et scio,
Et te me orare, et mihi non esse quod darem. 120
Nihili parasitus est, quoi argentum domi 'st.
Lubido extemplo cœpere 'st convivium,
Tuburcinari de suo, si quid domi 'st.
Cynica esse e gente oportet parasitum probe :
Ampullam, strigilem, scaphium, soccos, pallium, 125
Marsupium habeat, inibi paulum præsidi,
Qui familiarem suam vitam oblectet modo.

Tox. Jam nolo argentum, filiam utendam tuam
Mihi da. *Sat.* Nunquam, edepol, quoiquam etiam utendam dedi.
Tox. Non ad istoc quod tu insimulas. *Sat.* Quid eam vis?
Tox. Scies. 130
Quia forma lepida et liberali est... *Sat.* Res ita 'st.
Tox. Hic leno neque te gnovit, neque gnatam tuam.
Sat. Me ut quisquam gnorit, nisi ille qui præbet cibum?
Tox. Ita'st. Hoc tu reperire mi argentum potes.
Sat. Cupio, hercle. *Tox.* Tum tu me sine illam vendere.
Sat. Tun' illam vendas? *Tox.* Imo alium adlegavero 136
Qui vendat, qui esse se peregrinum prædicet.
Siquidem hic leno nondum sex menseis Megaribus
Huc est quom conmigravit. *Sat.* Pereunt reliquiæ.
Posterius istuc tamen potest. *Tox.* Scin' quam pote'st? 140
Nunquam, hercle, hodie heic prius edis, ne frustra sis,
Quam te hoc facturum, quod rogo, adfirmas mihi.
Atque uisi gnatam tecum huc jam, quantum pote'st,
Adducis, exigam hercle ego te ex hac decuria.
Quid nunc? quid est? quin dicis, quid facturu' sis? 145
Sat. Quæso, hercle, me quoque etiam vendas, si lubet,
Dum saturum vendas. *Tox.* Hoc si facturus, face.
Sat. Faciam equidem, quæ vis. *Tox.* Benefacis ; propera, abi domum.
Præmonstra docte, præcipe astu filiæ,
Quid fabuletur, ubi se gnatam prædicet, 150
Qui sibi parenteis fuerint, unde subrepta sit ;
Sed longe ab Athenis esse se gnatam autumet :

Sat. C'est trop de paroles. Elle a trois fois plus de malice que tu n'en veux.

Tox. Vraiment, tu me réjouis fort : mais sais-tu ce que tu as à faire? prends une tunique et une ceinture, apporte une chlamyde et un grand chapeau (1), pour habiller celui qui doit la vendre au marchand.

Sat. A merveille.

Tox. Il passera pour un étranger.

Sat. J'approuve l'idée.

Tox. Et toi, de ton côté amène ta fille élégamment déguisée en étrangère.

Sat. Mais où trouver les costumes?

Tox. Chez le directeur du théâtre : il doit les donner. Les édiles ne lui en louent que pour qu'il en fournisse (2).

Sat. Ils seront ici dans un moment : mais moi je ne dois rien savoir de tout ceci.

Tox. Rien du tout, vraiment : car dès que j'aurai reçu l'argent, tu viendras aussitôt la réclamer au marchand comme ta fille.

Sat. Je lui permets de la garder, si je ne la retire de ses mains à l'instant même.

Tox. Va, et ne néglige rien. En attendant, je veux envoyer une esclave à ma bonne amie, pour lui dire de prendre patience; que je lui tiendrai parole aujourd'hui. Mais c'est causer trop longtemps. (*Il rentre, Saturion s'en va d'un autre côté.*)

ACTE DEUXIÈME.

SCÈNE I.

SOPHOCLIDISQUE, LEMNISÉLÈNE. (*Elles sortent de la maison de Dordalus.*)

Sop. (*tenant des tablettes.*) Je serais une ignorante, une écervelée, une imbécile, que vous ne me répéteriez autant de fois la même chose : il me semble à la fin que vous me prenez pour une trop lourde bête. Je bois du vin, mais je n'ai pas coutume de boire les ordres qu'on me donne. Je croyais que vous connaissiez mieux mon caractère et mes talents : car il y a déjà cinq ans que je suis à votre service. Il n'en faudrait pas davantage à un coucou, s'il allait à l'école, pour apprendre l'alphabet. Et pendant tout ce temps vous n'avez pas plus appris à me connaître que l'enfant qui bégaye, vous qui n'êtes plus enfant. Aurez-vous bientôt tout dit? est-ce assez d'explications? Je me rappelle, je sais sur le bout du doigt ce que vous m'avez recommandé. Par Pollux! l'amour vous tourmente fort! votre âme en est bouleversée. Mais je vais tâcher de vous calmer.

Lem. (*soupirant.*) Qu'on est malheureux quand on aime! (*Elle rentre.*)

Sop. Mais on n'est bon à rien quand on n'aime rien. Que sert la vie à un être pareil? (*seule*). Mais il faut obéir à ma maîtresse, et hâter par mon zèle son affranchissement. Je vais trouver ce Toxile, et confier mon message à son oreille discrète.

SCÈNE II.

TOXILE, PEGNION, SOPHOCLIDISQUE.

Tox. (*à Pegnion en lui donnant des tablettes.*) Trouves-tu cela clair et intelligible? as-tu bien compris? t'en souviendras-tu?

Peg. Mieux que celui qui m'a instruit.

Tox. Dis-tu vrai, héros d'étrivières?

Peg. Très-vrai.

Tox. Eh bien! qu'ai-je dit?

Peg. Je le lui rapporterai exactement.

Tox. Tu ne le sais plus, je parie.

Peg. Je parie, moi, que je me souviens de tout, que je sais tout.

---

(1) Équipement de voyage.
(2) Le *choragus* ou directeur de la troupe distribuait les costumes; les édiles, présidents des jeux, les payaient, ainsi que toutes les dépenses de la représentation.

Et tu adfleat, quom ea memoret. *Sat.* Etiam tu taceas?
Ter tanto pejor ipsa 'st, quam illam tu esse vis.
Tox. Lepide, hercle, dicis : sed scin', quid facias? cape 155
Tunicam atque zonam, et chlamydem adferto et causiam,
Quam ille habeat, qui hanc lenoni huic vendat. *Sat.* Eu probe.
Tox. Quasi sit peregrinus. *Sat.* Laudo. *Tox.* Et tu tuam
gnatam tamen
Ornatam adduce lepide in peregrinum modum.
Sat. Hǽæv ornamenta? *Tox.* Abs chorago sumito. 160
Dare debet; præbenda ædileis locaverunt.
Sat. Jam fa xo heic aderunt : sed ego horum nihil scio?
Tox. Nihil, hercle, vero : nam ubi ego argentum adcepero,
Continuo tu illam a lenone adserito manu.
Sat. Sibi habeat, si non exemplo ab eo abduxero. 165
Tox. Abi, et istuc cura : interibi ego puerum volo
Mittere ad amicam meam, ut habeat animum bonum,
Me esse ecfecturum hodie : nimis longum loquor.

ACTUS SECUNDUS.

SCENA PRIMA.

SOPHOCLIDISCA, LEMNISELENE.

Soph. Satis fuit indoctæ, inmemori, insipienti dicere totiens.
Nimis tandem me quidem pro barda et pro rustica reor habitam 170
Esse abs te : quamquam ego vinum bibo, at mandata non consuevi simul bibere.
Una ; equidem jam satis tibi spectatam censueram esse, et meos mores :
Nam equidem te jam sector quintum hunc annum : quom interim, credo,
Cuculus si in ludum iret, potuisset jam fieri ut probe literas sciret,
Quom interim tu meum ingenium fans non edidicisti, atque infans. 175
Potin' ut taceas? potin' ne moneas? memini et scio et calleo, et conmemini.
Amas, pol, misera : id tuos scatet animus : ego istuc placidum tibi
Ut sit, faciam. *Lemn.* Miser est qui amat. (*abit.*)
Soph. Certo is quidem nihili est, qui nihil amat : quid ei homini opus vita 'st?
Ire decet me, ut heræ obsequens fiam, libera mea opera ocius ut sit. 180
Conveniam hunc Toxilum : ejus aureis, quæ mandata sunt, onerabo.

SCENA SECUNDA.

TOXILUS, PÆGNIUM, SOPHOCLIDISCA.

Tox. Satin' hæc tibi sunt plana et certa? satin' hæc meministi et tenes?
Pægn. Melius, quam qui docuisti. *Tox.* Ain' vero, verbereum caput?

LE PERSAN, ACTE II, SCENE II.

Tox. Sais-tu seulement combien tu as de doigts à la main ? Je gagerais avec toi que non.
Peg. Gage hardiment, si tu as envie de perdre.
Tox. Faisons plutôt la paix.
Peg. Alors laisse-moi aller.
Tox. Oui, et même je te l'ordonne. Mais hâte-toi de telle sorte que tu sois de retour quand je te croirai encore en chemin.
Peg. (*ironiquement.*) J'obéirai. (*Il se dirige vers la maison de son maître.*)
Tox. Où vas-tu donc?
Peg. A la maison, pour être de retour quand tu me croiras encore en chemin.
Tox. Tu es un petit drôle; et cela te vaudra une récompense de ma part, certaines faveurs....
Peg. Les maîtres promettent, et ils sont sans pudeur dans leurs promesses : je ne le sais que trop. On ne peut les prendre de force et les mener devant les juges, pour ces sortes de promesses-là.
Tox. Va toujours.
Peg. Tu seras content de moi.
Tox. Ne manque pas, Pegnion, de remettre ces tablettes à Lemnisélène en mains propres, et de lui dire tout ce que je t'ai recommandé.
Sop. (*à part dans le fond du théâtre.*) Que tardé-je à faire ma commission?
Peg. (*à Toxile.*) Je pars.
Tox. Va vite : moi je rentre. Surtout pas de négligence, fais bien ton devoir, et vole comme un char.
Peg. Comme un passereau d'outre-mer dans le Cirque (1). (*Toxile sort.*) Il est rentré. (*se tournant vers Sophoclidisque.*) Mais quelle est cette femme qui vient à moi?
Sop. (*à part.*) Oui, c'est Pegnion.

(1) Une autruche. Après la conquête de l'Afrique, les autruches figurèrent dans les jeux publics.

Peg. C'est Sophoclidisque, la propre esclave de celle à qui l'on m'envoie.
Sop. (*à part.*) On dit que c'est le plus malin petit garçon !.... Je vais lui parler.
Peg. Voilà une borne où il faut que je m'arrête.
Sop. Bonjour, Pegnion : que fais-tu là, aimable enfant ? comment va la santé?
Peg. Les dieux me sont propices, Sophoclidisque.
Sop. Et à moi? qu'en penses-tu?
Peg. Vraiment, je l'ignore. Mais s'ils te traitent selon tes mérites, ils doivent te haïr et te garder un mauvais sort.
Sop. Cesse de me porter malheur par ta médisance.
Peg. En te disant ce que tu mérites, je parle bien, et non pas mal.
Sop. Que fais-tu maintenant?
Peg. (*fixant les yeux sur Sophoclidisque.*) Je considère, en te regardant, une bien méchante femelle.
Sop. Je ne connais pas de plus mauvais sujet que toi.
Peg. Quel mal ai-je fait? de qui ai-je dit du mal?
Sop. De tout le monde, par Pollux, en toute occasion.
Peg. Jamais personne n'a eu cette opinion de moi.
Sop. Il y a pourtant bien des gens qui peuvent l'attester.
Peg. (*d'un ton moqueur.*) Oh! oh!
Sop. (*de même.*) Oh! oh!
Peg. Tu juges de l'esprit des autres par le tien.
Sop. Je suis, je l'avoue, ce que doit être la servante d'un marchand d'esclaves.
Peg. Cet aveu me suffit.
Sop. Et toi, conviens-tu que je t'estime à ta valeur?
Peg. J'en conviendrais, si c'était la vérité.

Pægn. Aio enimvero. Tox. Quid ergo dixi? Pægn. Ego recte apud illam dixero.
Tox. Non, edepol, scis. Pægn. Da, hercle, pignus, ni omnia memini et scio.   185
Tox. Equidem si scis tute, quot habeas hodie digitos in manu,
Eodem pignus tecum. Pægn. Audacter, si lubido est perdere.
Tox. Bona pax sit potius. Pægn. Tum tu igitur sine me ire.
Tox. Et jubeo et sino.
Sed ita volo te curare, ut domi sis, quom ego te esse illei censeam.
Pægn. Faciam. Tox. Quo ergo is nunc? Pægn. Domum, uti domi sim, quom illei censeas.   190
Tox. Scelus tu pueri es : atque ob istam rem ego aliquid te peculiabo.
Pægn. Scio fidei, hercle, heriii ut soleat inpudicitia adprobari.
Nec subigi queantur unquam, ut pro ea fide habeant judicem.
Tox. Abi modo. Pægn. Ego laudabis faxo. Tox. Sed has tabellas, Pægnium,
Ipsi Lemniselenæ fac des, et quæ jussi nunciato.   195
Soph. Cesso ire ego, quo missa sum?
Pægn. Eo ego. Tox. I sane : ego domum ibo; face rem hanc cum cura geras.
Vola curriculo. Pægn. Istuc marinus passer per Circum solet.

Illic abiit hinc intro huc : sed quis hæc, quæ me adversum incedit?
Soph. Pægnium hic quidem est. Pægn. Sophoclidisca hæc peculiaris est ejus,   200
Quo ego sum missus. Soph. Nullus esse hodie hoc puero pejor perhibetur.
Conpellabo. Pægn. Conmorandum 'st apud hanc obicem.
Soph. Pægnium, deliciæ pueri, salve, quid agis? ut vales?
Pægn. Sophoclidisca, di me amabunt. Soph. Quid me? utrum?
Pægn. Hercle, nescio.
Sed si ut digna es faciunt, odio, hercle, habeant, et faciant male.   205
Soph. Mitte male loqui. Pægn. Quom, ut digna es, dico, bene, non male loquor.
Soph. Quid agis? Pægn. Feminam scelestam te adstans contra contuor.
Soph. Certe equidem puerum pejorem, quam te, gnovi neminem.
Pægn. Quid mali facio? aut quoi male dico? Soph. Quoi, pol, cumque obcasio 'st.
Pægn. Nemo homo unquam ita arbitratu'st. Soph. At, pol, multi esse ita sciunt.   210
Pægn. Heia! Soph. Heia! Pægn. Tuo ex ingenio mores alienos probas.
Soph. Fateor ego profecto me esse, ut decet lenonis familiæ.
Pægn. Satis jam dictum habeo. Soph. Sed quid tu? confitere, ut te autumo?

Sop. Va-t'en. Tu as gagné

Peg. Va-t'en aussi, toi.

Sop. Apprends-moi donc, de grâce, où tu vas.

Peg. Où vas-tu toi-même?

Sop. Réponds d'abord : je t'ai interrogé la première.

Peg. Tu le sauras la dernière.

Sop. Je ne vais pas loin d'ici.

Peg. Et moi, pas loin non plus.

Sop. Où donc, mauvais sujet?

Peg. Satisfais d'abord à ma question, ou bien tu ne sauras rien de moi.

Sop. Je te jure que tu ne sauras rien avant de m'avoir répondu.

Peg. C'est comme cela?

Sop. (*le contrefaisant.*) C'est comme cela?

Peg. Coquine!

Sop. Scélérat!

Peg. L'épithète me convient.

Sop. Elle ne me sied pas mal aussi (1).

Peg. Eh bien! tu as donc résolu de ne me point dire quelle route tu suis, coquine?

Sop. Décidément tu ne veux point me dire où tu diriges tes pas, coquin?

Peg. Tu répètes ma question mot pour mot (2). Va-t'en donc, puisque c'est un point résolu. Je ne me soucie plus de le savoir. Porte-toi bien. (*Il fait mine de sortir.*)

Sop. Arrête.

Peg. Je suis pressé.

Sop. Et moi aussi, vraiment.

Peg. (*indiquant les tablettes qu'elle porte.*) Qu'est-ce que tu as?

Sop. (*faisant le même geste.*) Et toi, qu'est-ce cela?

Peg. Rien.

Sop. (*d'un air de bonté.*) Donne-moi donc la main.

Peg. (*lui pressant la main droite; de l'autre, il cache les tablettes sous son manteau.*) Celle-ci?

Sop. Où est donc cette voleuse de main gauche?

Peg. A la maison : je ne l'ai pas apportée ici.

Sop. (*Tâtant ce qu'il cache.*) Tu as là je ne sais quoi.

Peg. Ne me tâte pas, patineuse (1).

Sop. Mais si je t'aime?

Peg. Tu perdrais ta peine.

Sop. Pourquoi?

Peg. Il vaut mieux n'aimer rien que d'aimer un ingrat.

Sop. Hâte-toi de profiter de cette jeune et jolie figure, de peur qu'au jour où ta chevelure changera de couleur, tu ne restes toujours misérable esclave. Il est vrai que tu ne pèses pas encore quatre-vingts livres.

Peg. C'est l'audace, et non le poids, qui fait le bon soldat dans cette milice (2). Au surplus, je perds mon temps ici.

Sop. Comment cela?

Peg. Parce que j'enseigne plus habile que moi; mais c'est assez... (*Il va pour s'éloigner*).

Sop. Demeure.

Peg. Tu m'ennuies.

Sop. Je t'ennuierai, jusqu'à ce que je sache où tu vas.

Peg. Eh bien! je vais chez vous.

Sop. Et moi chez vous.

Peg. Pour quel motif?

Sop. Que t'importe?

Peg. A ton tour tu ne t'en iras pas que je ne le sache.

Sop. Que tu es insupportable!

Peg. Cela m'amuse. Tu auras beau te mettre l'esprit à la torture, tu ne seras pas plus maligne que moi.

Sop. Disputer de malice avec toi! on perdrait sa peine.

Peg. (*la regardant.*) Oh la bonne marchandise!

Sop. Qu'as-tu à craindre?

Peg. La même chose que toi.

---

(1) Quelques éditeurs lisent, non sans raison, *Haud decet*, au lieu de *addecet*. Il faudrait traduire alors : « Beaucoup mieux qu'à moi, certainement. »

(2) M. Naudet traduit : « Nous ne vous devons rien. »

(1) Dans *George Dandin*, Molière fait dire à Claudine : « Je n'aime pas les patineurs. » Une traduction de Plaute peut donc se permettre ce mot.

(2) La milice de Vénus.

Pægn. Fatear, si ita sim. *Soph.* Jam abi, vicisti. *Pægn.* Abi nunc jam. *Soph.* Ergo hoc mihi expedi,
Quo agis? *Pægn.* Quo tu? *Soph.* Dic tu : prior rogavi.
Pægn. At post scies. 215
Soph. Eo ego hinc haud longe. *Pægn.* Et quidem ego haud longe. *Soph.* Quo ergo, scelus?
Pægn. Nisi sciero prius ex te, tu ex me nunquam hoc, quod, rogitas, scies.
Soph. Nunquam, ecastor, hodie scibis, priusquam ex te audivero.
Pægn. Itane 'st? *Soph.* Itane est? *Pægn.* Mala es. *Soph.* Scelestus. *Pægn.* Decet me. *Soph.* Me quidem haud decet. (*addecet.*)
Pægn. Quid ais? certumne 'st celare, quo iter facias, pessuma? 220
Soph. Obfirmastin' obcultare quo te inmittas, pessume?
Pægn. Par pari respondes dicto : abi jam, quando ita certa res est.
Nihili facio scire : valeas. *Soph.* Adsta. *Pægn.* At propero.
Soph. Et, pol, ego item.
Pægn. Ecquid habes? *Soph.* Ecquid tu? *Pægn.* Nihil equidem. *Soph.* Cedo manum ergo. *Pægn.* Estne hæc manus?
Soph. Ut i illa altera est furtifica læva? *Pægn.* Domi: eccam huc nullam adtuli. 225
Soph. Habes nescio quid. *Pægn.* Ne me adtrecta, subagitatrix. *Soph.* Sin te amo?
Pægn. Male operam locas. *Soph.* Qui? *Pægn.* Quia enim nihil amas, quom ingratum amas.
Soph. Tempori hanc vigilare oportet formulam, atque ætatulam :
Ne ubi capillus versipellis fiat, fœde semper servias.
Tu quidem haud etiam es octoginta pondo. *Pægn.* At confidentia 230
Illa militia militatur multo magis, quam pondere.
Atque ego hanc nunc operam perdo. *Soph.* Quid jam? *Pægn.* Quia peritæ prædico.
Sed ego cesso. *Soph.* Mane. *Pægn.* Molesta es. *Soph.* Ero quoque, nisi scio
Quo agas te. *Soph.* Ad vos. *Soph.* Et, pol, ego ad vos.
Pægn. Quid eo? *Soph.* Quid id ad te adtinet?
Pægn. Enim non ibis nunc vicissim, nisi scio. *Soph.* Odiosus es. *Pægn.* Lubet. 235
Nunquam, hercle, istuc exterebrabis tu, ut sis pejor, quam ego siem.
Soph. Malitia certare tecum, miseria 'st. *Pægn.* Merx tu mala es.

Sop. Dis-moi donc ce que c'est.

Peg. Avant que je le dise à personne, on entendra parler tous les muets.

Sop. On m'a bien recommandé de ne confier le secret à personne. Tous les muets le publieront, avant que j'en dise mot. Mais faisons une chose : jurons-nous le plus profond silence sur notre confidence réciproque.

Peg. Je connais mes gens : les serments des courtisanes ne pèsent guère. Leur foi est plus légère qu'une mouche.

Sop. Dis-le-moi, je t'aimerai bien.

Peg. Je t'aimerai de tout mon cœur, dis-le-moi.

Sop. Je ne veux pas que tu m'aimes.

Peg. J'y consens volontiers.

Sop. Garde ton secret.

Peg. Et toi, le silence.

Sop. On se taira.

Peg. On sera muet. (*Il feint de s'en aller.*)

Sop. Je porte ces tablettes à Toxile ton maître.

Peg. Va, il est à la maison. — Moi, je vais porter cette tablette scellée à Lemniselène, ta maîtresse.

Sop. Qu'y a-t-il d'écrit dessus ?

Peg. Si tu l'ignores, je n'en sais pas plus que toi : probablement des douceurs.

Sop. Je pars.

Peg. Me voilà parti.

Sop. Bon voyage! (*Elle sort; Pegnion rentre chez Toxile.*)

SCÈNE III.

SAGARISTION, *seul, tenant un sac d'argent sur son épaule.*

Puissant Jupiter, illustre fils d'Ops, dieu suprême, invincible, dispensateur des biens, des espérances, et des prospérités, daigne recevoir l'hommage de ma reconnaissance; grâce à toi, j'ai trouvé cet argent que je vais prêter amicalement à un ami, et qui doit le secourir dans sa détresse. Une occasion que je n'imaginais que comme un rêve, que je ne croyais pas possible, que je ne concevais pas, vient de me tomber du ciel. Mon maître, en m'envoyant à Érétrie pour lui acheter des bœufs dressés au joug, m'a donné de l'argent. Il m'a dit qu'il y aurait un marché le 7 du mois. Pauvre fou, de me donner de l'argent, connaissant mon naturel! j'emploierai la somme à un autre usage. Je n'aurai pas trouvé de bœufs à acheter. Je vais rendre heureux mon ami, et me bien régaler moi-même. Je vais en ce seul jour faire une provision de bonheur éternel! — Ensuite pan! pan! pan! sur mon dos. Je m'en moque. Ne songeons qu'à tirer de ma bourse les attelages de bœufs, pour en faire présent à mon ami. C'est vraiment un plaisir de mordre comme il faut ces vieux ladres aux mains avides, au cœur sec, qui mettent jusqu'à la salière sous le scellé (1), de peur que leurs esclaves n'y touchent. Il y a du mérite à saisir l'occasion dès qu'elle paraît...... Après tout, que pourra-t-il me faire? Me battre de verges? me mettre les fers aux pieds?... Qu'il aille se faire pendre! qu'il ne s'attende pas à me voir suppliant à ses genoux. Que le ciel l'extermine! il n'est pas maintenant d'épreuve nouvelle pour moi : je suis aguerri. Mais voici Pegnion, le petit esclave de Toxile (2).

(1) Cet usage de fermer les armoires au scellé se retrouve dans *Casina*.
(2) Esclave comme lui, mais son chef.

Soph. Quid est quod metuas? *Pægn.* Idem istuc, quod tu.
Soph. Dic ergo, quid est?
Pægn. Ne hoc quoiquam homini edicerem, omneis muti ut loquerentur prius.
Soph. Et edictum 'st magnopere mihi, ne quoiquam homini crederem;   240
Omneis muti ut loquerentur prius hoc, quam ego. At tu hoc face :
Fide data credamus. *Pægn.* Gnovi. Omneis sunt lenæ levifidæ;
Neque tippulæ levius pondus est quam fides lenonia.
Soph. Dic, amabo. *Pægn.* Dic, amabo. *Soph.* Nolo ames. *Pægn.* Facile inpetras.
Soph. Tecum habeto. *Pægn.* Et tu hoc taceto. *Soph.* Tacitum erit. *Pægn.* Celabitur.   245
Soph. Toxilo has fero tabellas tuo hero. *Pægn.* Abi : eccillum domi.
At ego hanc ad Lemniselenem tuam heram obsignatam abietem.
Soph. Quid isteic scribtum? *Pægn.* Juxta tecum, si tu nescis, nescio.
Nisi fortasse blanda verba. *Soph.* Abeo. *Pægn.* At ego abiero. *Soph.* Ambula.
(*Diversi abeunt, hic in domum Lemniselenes, illa in Toxili.*)

SCENA TERTIA.

SAGARISTIO.

Jovi opulento, incluto, Ope gnato, supremo, valido, viripotenti,   250

Opes, spes, bonas copias conmodanti lubens meritoque vitulor;
Quia meo amico amiciter hanc conmoditatis copiam
Danunt argenti mutui, uti egenti opem adferam :
Quod ego non magi' somniabam, neque opinabar, neque censebam,   254
Eam fore mihi obcasionem, ea nunc quasi decidit de cælo :
Nam herus meus me Eretriam misit, domitos boves uti sibi mercarer,
Dedit argentum : nam ibi mercatum dixit esse die septimi.
Stultus, qui hoc mihi daret argentum, quojus ingenium gnoverat.
Nam hoc argentum alibi abutar : boves quos emerem, non erant.
Nunc et amico meo prosperabo, et Genio multa bona faciam.   260
Diu quod bene erit, die uno absolvam : tax tax tergo meo erit : non curo.
Nunc amico homini bobus domitis mea ex crumena largiar.
Nam id demum lepidum 'st, triparcos homines, vetulos, avidos, aridos
Bene admordere, qui salinum servo obsignant cum sale.
Virtus est, ubi obcasio admonet, dispicere. Quid faciet mihi?   265
Verberibus cædi jusserit, conpedes inponi : vapulet.
Ne sibi me credat subplicem fore : væ illi! mihi jam nihil novi
Obferri potest, quin sim peritus : sed Toxili puerum Pægnium eccum.

SCENE IV.

PEGNION *sortant de chez Dordalus*, SAGARISTION.

Peg. (*sans voir Sagaristion.*) J'ai fait ma commission ; maintenant je cours à la maison.
Sag. (*l'appelant.*) Demeure, Pegnion ; et quoique tu sois bien pressé, écoute.
Peg. (*sans le regarder.*) Achète un esclave, si tu veux qu'on t'obéisse.
Sag. Arrête donc.
Peg. (*sans le regarder.*) Tu me tourmenterais terriblement, je crois, si j'étais ton débiteur, puisque tu me tourmentes ainsi pour rien.
Sag. Coquin ! veux-tu bien regarder de ce côté?
Peg. (*toujours de même.*) Grâce à mon âge, tu m'insultes impunément.
Sag. Où est Toxile, ton maître?
Peg. Où il lui plaît. Il n'a pas de conseil à te demander.
Sag. Veux-tu bien me dire où il est, bourreau !
Peg. (*se tournant vers Sagaristion.*) Je ne sais pas, te dis-je, grand consommateur de verges.
Sag. Tu insultes ton aîné.
Peg. Tu as commencé ; souffre ce que tu mérites. Mon bras est esclave, mais ma langue est libre ; telle est la volonté de mon maître.
Sag. Me diras-tu où est Toxile ?
Peg. Je te dis de crever une bonne fois.
Sag. Tu recevras des coups aujourd'hui.
Peg. A cause de toi, vieux coucou, n'est-ce pas? Quand je t'aurai cassé la mâchoire, je ne te craindrai pas, méchant cadavre.
Sag. Oh! je le vois, on t'a déjà fait plier les reins.
Peg. Eh bien oui : qu'est-ce que cela te fait ? du moins ce n'est pas *gratis*, comme toi.
Sag. Te voilà bien fier !
Peg. Oui, par Hercule, je le suis ; car je suis sûr d'avoir ma liberté ; et toi tu ne peux pas l'espérer.
Sag. Peux-tu me laisser en repos?
Peg. Tu ne sais pas faire pour les autres ce que tu demandes pour toi.
Sag. Va-t'en au gibet.
Peg. Va à la maison : il y est tout préparé pour toi.
Sag. Le beau refuge !
Peg. Fasse le ciel que tu n'en trouves pas, et qu'on te jette en prison !
Sag. Comment donc?
Peg. Qu'est-ce?
Sag. Tu m'insultes encore, scélérat !
Peg. Esclave, permets du moins à un esclave de te traiter comme tu le mérites.
Sag. (*le menaçant.*) Ah! c'est ainsi!... Prends garde à ce que je vais te donner...
Peg. Quoi !... rien, car tu n'as rien.
Sag. Que tous les dieux et toutes les déesses me confondent, si je ne t'étends par terre à coups de poing, quand je te tiendrai.
Peg. En bon ami, je désire que tes vœux soient accomplis, et de cette manière : si tu m'étends par terre, que d'autres, avant peu, t'étendent sur la croix.
Sag. Que tous les dieux et toutes les déesses te..... Tu devines ce que j'allais dire, si je ne savais retenir ma langue. Veux-tu t'en aller!
Peg. (*s'en allant.*) Tu n'as pas beaucoup de peine à me renvoyer ; car on bat déjà d'avance mon ombre à la maison. (*Il sort.*)
Sag. (*seul.*) Que le ciel t'extermine! C'est comme un serpent qui darde sa double langue, le coquin ! Parbleu, je suis charmé qu'il soit parti. (*Il s'approche de la maison de Toxile, et appelle les esclaves.*) Ouvrez la porte ! (*Apercevant Toxile.*) Eh mais, celui que j'étais si impatient de rencontrer sort justement de chez lui.

SCENA QUARTA.

PÆGNIUM, SAGARISTIO.

Pægn. Pensum meum, quod datum 'st, confeci : nunc propero domum. *Sag.* Mane, etsi
Properas, Pægnium, ausculta. *Pægn.* Emere oportet, quem tibi obedire velis. 270
Sag. At sta. *Pægn.* Exhibeas molestiam, ut opinor, si quid debeam ;
Qui nunc sic tam es molestus. *Sag.* Scelerate, etiam respicis ?
Pægn. Scio ego quid sim ætatis, ec istuc maledictum inpune auferes.
Sag. Ubi Toxilus est tuus herus? *Pægn.* Ubi illi lubet ; neque te consulit.
Sag. Etiamne dicis, ubi sit, venefice? *Pægn.* Nescio, inquam, ulmitriba tu. 275
Sag. Maledicis majori. *Pæn.* Prior promeritus perpetuare. Servam operam, linguam liberam herus me jussit habere.
Sag. Dicisne mihi, ubi sit Toxilus? *Pægn.* Dico, ut perpetuo pereas.
Sag. Cædere hodie tu restibus. *Pægn.* Tua quidem, cucule, causa :
Non, hercle, si os perciderim tibi, metuam, morticine. 280
Sag. Video ego te; jam incubitatus es. *Pægn.* Ita sum : quid id adtinet ad te?

At non sum ita, ut tu, gratiis. *Sag.* Confidens. *Pægn.* Sum, hercle, vero.
Nam ego me confido liberum fore, tu te nunquam speras.
Sag. Potin', ut molestus ne sies? *Pægn.* Quod dicis, facere non quis.
Sag. Abi in malam rem. *Pægn.* At tu domum ; nam ibi tibi parata præst est. 285
Sag. Vadatur hic me. *Pægn.* Utinam vades desint, in carcere ut sis!
Sag. Quid hoc? *Pægn.* Quid est? *Sag.* Etiam, scelus, male loquere? *Pægn.* Tandem ut liceat,
Quom servos sis, servom tibi maledicere. *Sag.* Itane? specta Quid dedero. *Pægn.* Nihil ; nam nihil habes. *Sag.* Di deæque me omneis perdant, 289
Nisi te hodie, si prehendero, defigam in terram colaphis.
Pægn. Amicus sum, eveniat volo tibi quæ optas, atque id fiat :
Tu me defigas, te cruci ipsum propediem adfigent alli.
Sag. Quin te di deæque..... scis quid hinc porro dicturus fuerim,
Ni linguæ moderari queam : potin' abeas? *Pægn.* Abigis facile.
Nam umbra mea intus vapulat. (abit.) *Sag.* Ut istunc di deæque perdant, 295
Tamquam proserpens bestia, est bilinguis et scelestus.
Hercle, illum abiisse gaudeo. Foreis aperite : eccere autem Quem convenire maxume cupiebam, egreditur intus.

SCÈNE V.
TOXILE, SAGARISTION, SOPHOCLIDISQUE.

Tox. (*reconduisant Sophoclidisque.*) Dis-lui que j'ai trouvé moyen d'avoir de l'argent; qu'elle ait bon courage, que je l'en prie tendrement (1) ; en se tranquillisant, elle me tranquillise moi-même. Te rappelles-tu bien tout ce que je t'ai chargé de lui dire?

Sop. Je suis plus consommé que le meilleur consommé.

Tox. Hâte-toi, va chez elle. (*Sophoclidisque sort.*)

Sag. (*à part.*) Prenons devant lui des airs de fatuité : marchons les poings sur les hanches, enveloppons-nous fièrement dans mon manteau.

Tox. (*le regardant.*) Quel est cet original qui s'avance ainsi comme un pot à deux anses?

Sag. (*à part.*) Toussons d'un air important.

Tox. (*à part.*) C'est Sagaristion en personne. (*haut,*) Comment vont les affaires, Sagaristion? comment se porte-t-on? et la commission dont je t'ai chargé? me donnes-tu quelque lueur d'espérance?

Sag. (*d'un ton de protecteur.*) Approche : on verra. Je ne demande pas mieux, viens.... rappelle-moi....

Tox. (*apercevant la sacoche d'argent sur son épaule.*) Quelle enflure as-tu au cou? (*Il va pour prendre le sac.*)

Sag. C'est un abcès : ne le presse pas, de grâce. Lorsqu'on y touche brusquement, j'éprouve mille douleurs.

Tox. Depuis quand t'est-il venu?

Sag. D'aujourd'hui.

Tox. Fais-le percer.

Sag. Je crains qu'il ne soit pas assez mûr, et que les souffrances n'en deviennent plus vives.

Tox. (*avançant la main vers le sac.*) Voyons un peu ton mal.

Sag. (*le repoussant.*) Eloigne-toi, et prends garde aux coups de corne.

(1) D'autres traduisent : « que je l'aime de toute mon âme. »

Tox. Comment?

Sag. C'est qu'il y a une paire de bœufs dans ce sac (1).

Tox. Fais-les sortir, crois-moi ; ne les laisse point mourir de faim; envoie-les paître.

Sag. Je crains de ne pouvoir plus les ramener à l'étable, s'ils courent les champs.

Tox. Je les ramènerai, moi; ne t'inquiète pas.

Sag. (*ironiquement.*) Je te crois ; je te les prêterai. (*sérieusement.*) Suis-moi, je te prie. (*Il le conduit à l'écart.*) J'ai ici l'argent que tu m'avais demandé tantôt.

Tox. Que dis-tu là?

Sag. Mon maître m'a envoyé à Érétrie pour lui acheter des bœufs. Érétrie sera aujourd'hui chez vous.

Tox. L'agréable parole! je te rendrai promptement la somme entière, sans qu'il y manque une obole. J'ai disposé et dressé toutes mes machines pour enlever cet argent au marchand d'esclaves.

Sag. Tant mieux.

Tox. De telle sorte que ma maîtresse obtiendra sa liberté, et qu'il en payera lui-même les frais. Mais suis-moi, j'ai besoin de ton secours pour cette affaire.

Sag. Je suis tout à ton service.

(*Ils sortent.*)

ACTE TROISIÈME.

SCÈNE I.

SATURION *et* SA FILLE *en habits persans*.

Sat. Puisse la chose bien réussir pour moi, pour toi, pour mon ventre, et pour la perpétuité de ma nourriture; de telle sorte que je voie les vivres affluer, abonder, surabonder! Suis-moi, ma fille, et que

(1) On se rappelle que cet argent était destiné à acheter des bœufs. — Le même trait se retrouve dans l'*Asinaire*. Liban craint que les ânes dont il a le prix sur lui ne viennent à braire dans sa bourse.

SCENA QUINTA.
TOXILUS, SAGARISTIO, SOPHOCLIDISCA.

Tox. Paratum jam esse dicito, unde argentum sit futurum ;
Jubeto habere animum bonum, dic me illam amare multum :
Ubi se adlevat, ibi me adlevat : quæ dixi ut nunciares. 301
Satin' ea tenes? *Soph.* Magis calleo, quam aprugnum callum
callet.
Tox. Propera, abi domum. *Sag.* Nunc ego huic graphice
facetus fiam.
Subnixis alis me inferam, atque amicibor gloriose.
Tox. Sed quis hic ansatus ambulat? *Sag.* Magnifice conscreabor. 305
Tox. Sagaristio hic quidem est. Quid agitur, Sagaristio? ut
valetur?
Ecquid, quod mandavi tibi? estne quid in te speculæ? *Sag.*
Adito.
Videbitur, factum volo ; venito ; præmoneto.
Tox. Quid hoc heic in collo tibi tumet? *Sag.* Vomica 'st,
pressare parce.
Nam ubi qui mala tetigit manu, dolores cooriuntur. 310
Tox. Quando istæc ingnata 'st nam tibi? *Sag.* Hodie. *Tox.*
Secari jubeas.
Sag. Metuo ne inmaturam secem, ne exhibeat plus negoti.
Tox. Inspicere morbum tuum lubet. *Sag.* Abi, atque cave,
sis,
A cornu. *Tox.* Quid jam? *Sag.* Quia boves bini heic sunt
in crumena.

Tox. Emitte, sodes, ne enices fame, sine ire pastum. 315
Sag. Enim metuo, ut possim in bubilem rejicere, ne vagentur.
Tox. Ego rejiciam, habe animum bonum. *Sag.* Creditur·
conmodabo.
Sequere hac, sis : argentum heic est, quod me dudum rogasti.
Tox. Quid tu ais? *Sag.* Dominus me boves mercatum Eretriam misit.
Nunc mihi Eretria erit hæc tua domus. *Tox.* Nimis tu facete
loquere. 320
Atque ego omne argentum tibi actutum incolume redigam :
Nam jam omneis sycophantias instruxi et conparavi ;
Quo pacto ab lenone auferam hoc argentum. *Sag.* Tanto
melior.
Tox. Et mulier ut sit libera, atque ipse ultro det argentum.
Sed sequere me, ad eam rem usus est tua mihi opera. *Sag.*
Utere ut vis. 325

ACTUS TERTIUS.

SCENA PRIMA.

SATURIO, VIRGO.

Sat. Quæ res bene vortat mihi et tibi et ventri meo,
Perennitatisque adeo huic perpetuo cibo,
Ut mihi supersit, subpetat, superstitet!

le ciel nous protége! Tu sais ce dont il s'agit; tu comprends, tu te rappelles bien ton rôle. Je t'ai communiqué tous nos plans. Tu as pris ce déguisement pour être vendue aujourd'hui, quoique fille d'un citoyen.

La jeune fille. Mais, permettez-moi de vous le dire, mon père, quoique vous aimiez à dîner de la cuisine des autres, comment pouvez-vous vendre votre fille pour votre estomac?

Sat. En vérité, il est étonnant que je ne te vende pas pour l'amour du roi Philippe ou du roi Attale(1), plutôt que pour moi à qui tu appartiens!

La jeune fille. Me considérez-vous comme votre esclave, ou comme votre fille?

Sat. Comme il conviendra le mieux aux intérêts de mon ventre. C'est moi, je pense, qui suis ton maître; et tu n'as aucune autorité sur moi.

La jeune fille. Je reconnais vos droits, mon père; cependant, quelque chétive que soit notre fortune, il vaut mieux vivre avec économie et modération. Car si à la pauvreté se joint la mauvaise réputation, la pauvreté devient plus pesante, et le crédit s'envole.

Sat. Vraiment tu es insupportable.

La jeune fille. Je ne le suis pas, je ne crois pas l'être, pour faire, malgré ma jeunesse, de sages représentations à mon père. Vous savez que les méchants enveniment toujours les choses.

Sat. Qu'ils bavardent, et qu'ils aillent se faire pendre! je ne fais pas plus de leurs méchancetés que d'une table qu'on m'apporterait vide.

La jeune fille. Le déshonneur, mon père, est éternel : il vit toujours, quand on le croit mort.

Sat. Tu crains donc que je ne te vende tout de bon?

La jeune fille. Non, mon père. Mais je ne veux pas qu'on le suppose.

Sat. Tu as beau ne pas vouloir, tout ira a mon gré, et non au tien.

(1) Roi de Pergame, célèbre par sa richesse.

La jeune fille. Il faut se soumettre.

Sat. Qu'est-ce que cela signifie?

La jeune fille. Souvenez-vous de ce qu'on dit, mon père : si le maître a menacé son esclave de le battre, ne dût-il point l'exécuter, le malheureux qui voit prendre le fouet, qui ôte ses habits, ne souffre-t-il pas déjà cruellement? Je suis de même en ce moment; un malheur qui n'arrivera pas me fait frissonner.

Sat. La méchante espèce qu'une femme ou une fille qui en sait plus que ses parents ne veulent!

La jeune fille. La méchante espèce qu'une femme ou une fille qui se tait quand elle voit mal faire!

Sat. (d'un air menaçant.) Tu ferais mieux de prendre garde à toi.

La jeune fille. Précisément vous me le défendez; que puis-je faire? Je voudrais vous garantir du mal....

Sat. Suis-je un méchant homme?

La jeune fille. Non sans doute; et il ne me conviendrait pas de le dire. Mais je songe aux discours de ceux qui ont le droit de parler.

Sat. Qu'ils disent ce qu'ils voudront. Mon parti est pris, je n'en démordrai pas.

La jeune fille. Cependant, si vous preniez mon avis, vous agiriez avec sagesse, et non à l'étourdie.

Sat. Il me plaît à moi.

La jeune fille. Je sais que je dois vous laisser faire ce que vous voulez; mais si je pouvais, il vous plairait de vouloir autre chose.

Sat. A la fin obéiras-tu à ton père, oui ou non?

La jeune fille. J'obéirai.

Sat. Sais-tu bien ta leçon?

La jeune fille. Parfaitement.

Sat. (lui rappelant son rôle.) Que tu as été enlevée.

La jeune fille. Je le sais très-bien.

Sat. Et quels sont tes parents?

La jeune fille. J'ai tout cela dans ma tête. C'est vous qui me réduisez à la nécessité de mal faire :

Sequere hac, mea gnata, me, cum dis volentibus.
Quoi rei opera detur, scis, tenes, intellegis :   330
Communicavi tecum consilia omnia.
Ea causa ad hoc exemplum te exornavi ego,
Vænibis tu hodie, virgo. *Virg.* Amabo, mi pater,
Quamquam lubenter escis alienis studes,
Tuin' ventris causa filiam vendis tuam?   335
Sat. Mirum, quin regis Philippi causa, aut Attali
Te potius vendam, quam mea, quæ sis mea.
Virgo. Utrum tu pro ancilla me habes, an pro filia?
Sat. Utrum, hercle, magis in ventris rem videbitur :
Meum, opinor, imperium in te, non in me tibi 'st.   340
Virgo. Tua istæc potestas est, pater; verumtamen,
Quamquam res nostræ sunt, pater, pauperculæ,
Modice et modeste melius 't vitam vivere :
Nam si ad paupertatem admigrant infamiæ,
Gravior paupertas fit, fides subtestior.   345
Sat. Enimvero odiosa 's. *Virgo.* Non sum, neque me esse arbitror,
Quom parva gnatu recte præcipio patri.
Nam inimici famam non ita, ut quam 'st, ferunt.
Sat. Ferant, eantque in maxumam malam crucem.
Non ego inimicitias omneis pluris æstumo,   350
Quam mensa inanis nunc si adponatur mihi.
Virgo. Pater, hominum immortalis est infamia;
Etiam tum vivit, quom esse credas mortuam.
Sat. Quid? metuis ne te vendam? *Virgo.* Non metuo, pater.
Verum insimulari nolo. *Sat.* At nequidquam nevis.   355

Meo modo istud potius fiet, quam tuo.
Virgo. Fiat. *Sat.* Quæ biæ res sunt? *Virgo.* Cogita hoc verbum, pater;
Heru' si minatus est malum servo suo,
Tametsi id futurum non est, ubi captum 'st flagrum,
Dum tunicas ponit, quanta adiicitur miseria!   360
Ego nunc, quod non futurum 'st, formido tamen.
Sat. Mala atque mulier nulla erit, quin sit mala,
Quæ præter sapiet, quam placet parentibus.
Virgo. Virgo atque mulier nulla erit, quin sit mala,
Quæ reticet, si quid fieri perverse videt.   365
Sat. Malo cavere melius 't te. *Virgo.* At si non licet.
Cavere, quid agam? nam ego tibi cautum volo.
Sat. Malusne ego sum? *Virgo.* Non es, neque me dignum 'st
dicere :
Verum rei operam do, ne alii dicant quibus licet.
Sat. Dicat quod quisque volt; ego de hac sententia   370
Non demovebor. *Virgo.* At, meo si liceat modo,
Sapienter potius facias, quam stulte. *Sag.* Lubet.
Virgo. Lubere per me tibi licere intelligo :
Verum lubere haud lubeat, si liceat mihi.
Sat. Futura es dicto obediens, an non, patri?   375
Virgo. Futura. *Sag.* Scis nam, tibi quæ præcepi? *Virgo.*
Omnia.
Sat. Ed id, ut subrepta fueris? *Virgo.* Docte calleo.
Sat. Et qui parenteis fuerint? *Virgo.* Habeo in memoria.
Necessitate me, mala ut fiam, facis.
Verum videto, nihi me voles nubtum dare,   380

songez-y bien, quand vous voudrez me marier, le bruit de cette affaire éloignera les maris.

Sat. Tais-toi, sotte.... Tu ne sais donc pas quel est le caractère des hommes d'aujourd'hui? quelle est la réputation de tant de filles qui ne s'en marient pas moins aisément? Pourvu qu'il y ait une dot, le vice cesse d'être vice.

La jeune fille. Eh bien! alors réfléchissez que je suis sans dot.

Sat. Ne t'avise pas de dire cela, je te prie. Grâce aux dieux et à mes ancêtres, tu ne peux pas dire que tu sois sans dot, quand tu as à la maison une dot assurée. N'ai-je pas chez moi une armoire pleine de livres? si tu remplis bien ton rôle dans l'affaire qui nous intéresse, je te donnerai pour dot six cents bons mots tous attiques, pas un seul sicilien (1). Avec une pareille dot, tu pourras épouser même un mendiant.

La jeune fille. Conduisez-moi où vous voulez, mon père. Vendez-moi, faites de moi ce qu'il vous plaira.

Sat. C'est parler en fille sage et raisonnable : suis-moi.

La jeune fille. J'obéis à vos ordres.

(*Ils entrent chez Toxile.*)

SCÈNE II.

DORDALUS, seul.

Que va faire mon voisin (*montrant la maison de Toxile*), qui a juré de me donner de l'argent aujourd'hui? Si la journée se passe sans qu'il m'en donne, il en sera pour son serment, et moi pour mon argent. Mais la porte a fait du bruit : qui est-ce qui sort?

(1) Épigramme contre les Siciliens, qui parlaient un latin corrompu.

SCÈNE III.

TOXILE, DORDALUS.

Tox. (*aux esclaves de la maison.*) Ayez soin de tout ici, je rentrerai tout à l'heure.

Dor. Comment te portes-tu, Toxile?

Tox. Ah! te voici, fange de prostitution, bourbier d'urine, égout public, être impur, infâme, sans foi ni loi, fléau du peuple, vautour de l'argent d'autrui, insatiable, méchant, insolent, voleur, ravisseur effronté.... Trois cents vers ne suffiraient pas pour exprimer tes infamies. (*Il lui présente une bourse, et la retire quand Dordalus va pour la prendre.*) Prends-tu ton argent? prends donc ton argent, coquin! çà, tiens donc. Ne pourrai-je donc te faire prendre ton argent, âme de boue qui n'as consenti à me faire crédit que sur serment?

Dor. (*ironiquement.*) Permets que je respire pour te répondre, illustre chef du peuple. (*changeant de ton.*) Receleur d'esclaves fugitifs, conseiller de friponneries, libérateur de filles de joie, grenier à coups de verges, consommateur d'entraves, habitant de moulin (1), éternel suppôt d'esclavage, goinfre, mangeur, filou, déserteur, donne-moi vite mon argent, livre-moi mon argent, scélérat! pourrai-je obtenir mon argent? Donne-moi mon argent, te dis-je! pourquoi ne me rends-tu pas mon argent? as-tu toute honte bue? (*criant plus fort.*) Le marchand te réclame ici l'argent que tu lui dois, toi, vil esclave, la servitude personnifiée, pour l'affranchissement de ta bonne amie, afin que tout le monde l'entende.

Tox. Par Hercule! tais-toi, je te prie. Tu as une voix d'une force...

Dor. J'ai une langue prompte à rendre politesse

(1) Tourner la meule était un supplice d'esclave.

Ne hæc fama faciat repudiosas nubtias.
Sat. Tace, stulta : non tu nunc hominum mores vides?
Quojusmodi heic cum fama facile nubitur.
Dum dos sit, nullum vitium vitio vortitur.
Virgo. Ergo istuc facito, ut veniat in mentem tibi,   385
Me esse indotatam. *Sat.* Cave, sis, tu istuc dixeris.
Pol, deum virtute dicam et majorum meum,
Ne te indotatam dicas, quoi dos sit domi.
Librorum eccillum habeo plenum soracum.
Si hoc adcurassis lepide, quoi rei operam damus,   390
Dabuntur dotis tibi inde sexcenti logi,
Atque Attici omneis; nullum Siculum adceperis :
Cum hac dote poteris vel mendico nubere.
Virgo. Quin tu me ducis, si quo ducturus, pater :
Vel tu me vende, vel face quod tibi lubet.   395
Sat. Bonum æquumque oras : sequere hac. *Virgo.* Dicto
sum audiens.

SCENA SECUNDA.

DORDALUS.

Quidnam esse acturum hunc dicam vicinum meum,
Qui mihi juratu'st sese hodie argentum dare?
Quod si non dederit, atque hic dies præterierit,
Ego argentum, ille jusjurandum amiserit.   400
Sed ibi concrepuit foris : quisnam egreditur foras?

SCENA TERTIA.

TOXILUS, DORDALUS.

Tox. Curate istuc intus : jam ego domum me recipiam.
Dord. Toxile, quid agitur? *Tox.* Eho, lutum lenonium,
Conmictum cœnum, sterquilinium publicum,
Impure, inhoneste, injure, inlex, labes popli,   405
Pecuniæ accipiter, avide atque invide,
Procax, rapax, trahax : trecentis versibus
Tuas inpuritias traloqui nemo potest.
Adcipin' argentum? adcipe, sis, argentum, inpudens,
Tene sis, argentum; etiam tu argentum tenes?   410
Possum te facere, ut argentum adcipias, lutum?
Qui nisi jurato mihi nihil ausus credere.
Dord. Sine respirare me, tibi ut respondeam.
Vir summe popoli, stabulum servitricium,
Scortorum liberator, subiculum flagri,   415
Conpedium tritor, pistrinorum civitas,
Perenniserve, lurco, edax, furax, fugax,
Cedo, sis, mihi argentum, da mihi argentum, inpudens :
Possum a te exigere argentum? argentum, inquam, cedo.
Quin tu mihi argentum reddis? nihilne te pudet?   420
Leno te argentum poscit, solida servitus,
Pro liberanda amica, ut omneis audiant.
Tox. Tace, obsecro, hercle : næ tua vox valide valet.
Dord. Referundæ ego habeo linguam natam gratiæ;

pour politesse. On ne me vend pas le sel (1) meilleur marché qu'à toi : si ma langue ne savait pas me défendre, je ne la nourrirais pas.

Tox. Je ne suis plus en colère maintenant. J'étais irrité contre toi, parce que tu avais refusé de me faire crédit.

Dor. Il est vraiment bien étonnant que je ne t'aie pas fait crédit, pour que tu me jouasses le même tour que jouent la plupart des banquiers ! A peine leur a-t-on prêté, qu'ils s'enfuient du forum plus vite qu'un lièvre de sa loge dans le cirque (2).

Tox. (lui présentant la bourse.) Prends ceci, je te prie.

Dor. Donne-le-moi donc. *(Il prend la bourse.)*

Tox. Il doit y avoir six cents écus de bon aloi, bien comptés. Donne la liberté à Lemnisélène, et amène-la ici tout de suite.

Dor. Elle y sera dans un instant. — Je ne sais vraiment par qui faire examiner ces écus.

Tox. Tu as peut-être peur de les confier à une main étrangère.

Dor. Qu'y a-t-il de surprenant ? Est-ce que les banquiers ne disparaissent pas du forum plus rapidement que ne tourne la roue d'un char lancé dans l'arène ?

Tox. Va-t'en par là à la place publique, en prenant les petites rues détournées; en même temps tâche de m'envoyer ma bonne amie par le jardin.

Dor. Je vais te l'envoyer.

Tox. Surtout qu'on ne la voie pas !

Dor. Tu as raison.

Tox. Elle ira au temple demain (3).

Dor. Oui, certainement.

Tox. Tu restes là, et tu devrais être déjà revenu.

---

(1) Le sel est pris ici pour tous les vivres, comme étant le fond de tous les ragoûts.
(2) Ces spectacles innocents et grotesques servaient de prologue ou d'intermèdes aux sanglants combats de gladiateurs et d'animaux féroces. Martial parle de lièvres apprivoisés qui se jouaient avec des lions.
(3) Après l'acte solennel d'affranchissement, les affranchis allaient couper leurs cheveux et prendre le bonnet de leur nouvelle condition (*pileus*) dans le temple de Féronia, patronne des affranchis.

ACTE QUATRIÈME.
SCÈNE I.
TOXILE *seul.*

Quand on conduit une affaire avec sang-froid et discrétion, elle marche d'ordinaire à souhait. Le succès d'une entreprise dépend d'un bon commencement. Un brouillon, un mauvais sujet voit toujours ses projets tourner mal; l'homme d'ordre conduit les événements à bien. Pour moi, j'ai entamé l'intrigue habilement, avec adresse : aussi elle réussira, j'en suis sûr. Je vais aujourd'hui embarrasser le marchand d'esclaves dans mes filets, de manière qu'il ne sache plus comment s'en tirer. *(Il s'approche de la maison, et appelle.)* Sagaristion ! Allons ! sors donc, amène ici la jeune fille. N'oublie pas la lettre que j'ai écrite, et que tu m'as apportée de la part de mon maître.

SCÈNE II.

SAGARISTION *en habit persan;* LA FILLE DE SATURION, *déguisée aussi;* TOXILE.

Sag. Ai-je été trop long ?

Tox. Bien! fort bien ! te voilà paré comme un roi ! Cette tiare relève admirablement l'éclat de ton costume. Et l'étrangère ! comme la petite sandale sied bien à son joli pied ! Mais savez-vous bien votre rôle ?

Sag. Jamais acteur tragique ou comique ne l'a mieux su.

Tox. Par Hercule ! tu me secondes à merveille : allons, retire-toi, tiens-toi à l'écart, et silence ! Quand tu me verras en conversation avec le marchand, il sera temps d'approcher : *(à la jeune fille et à Sagaristion.)* allez, éloignez-vous. *(Ils se retirent tous, excepté Toxile.)*

ACTUS QUARTUS.
SCENA PRIMA.
TOXILUS.

Si quam rem adcures sobrie aut frugaliter, 445
Solet illa recte sub manus subcedere.
Atque, edepol, ferme ut quisque rem adcurat suam,
Sic ei procedunt postprincipia denique.
Si malus aut nequam 'st, male res vorfunt, quas agit :
Sin autem frugi 'st, eveniunt frugaliter. 450
Hanc ego rem exorsus sum facete et callide :
Igitur proventuram bene confido mihi.
Nunc ego lenonem ita hodie intricatum dabo,
Ut ipsus sese, qua se expediat, nesciat.
Sagaristio, heus, exi, atque educe virginem, 455
Et istas tabellas, quas consignavi tibi,
Quas tu adtulisti ab hero meo usque e Persia.

SCENA SECUNDA.
SAGARISTIO, TOXILUS.

Sag. Numquid moror ? *Tox.* Euge, euge, exornatus basilice ?
Tiara ornatum lepide condecorat tuum.
Tum hanc hospitam autem crepidula ut graphice decet ! 460

Eodem mihi pretio sal præhibetur, quo tibi. 425
Nisi me hæc defendet, nunquam delinget salem.
Tox. Jam omitto iratus esse. Id illi subcensui,
Quia te negabas credere argentum mihi.
Dord. Mirum, quin tibi ego crederem, ut idem mihi
Faceres, quod partim faciunt argentarii ; 430
Ubi quid credideris, citius exemplo a foro
Fugiunt, quam ex porta ludis quom emissu'st lepus.
Tox. Cape hoc, sis. *Dord.* Quin das? *Tox.* Numi sexcenti heic erunt
Probi, numerati ; fac sit mulier libera,
Atque huc continuo adduce. *Dord.* Jam faxo heic erit. 435
Non, hercle, quoi nunc hoc dem spectandum, scio.
Tox. Fortasse metuis in manum concredere.
Dord. Mirum ! quin citius jam a foro argentarii
Abeunt, quam in cursu rotula circumvortitur.
Tox. Ahi istac avorsis angiportis ad forum, 440
Eadem istæc facito mulier ad me transeat
Per hortum. *Dord.* Jam heic faxo aderit. *Tox.* At ne propalam.
Dord. Sapienter sane. *Tox.* Subplicatum eras eat.
Dord. Ita, hercle, vero. *Tox.* Dum stas, reditum oportuit.

SCENE III.

DORDALUS, TOXILE.

Dor. (*sans voir Toxile.*) Quand les dieux protégent un homme, ils lui envoient toujours quelque profit : ainsi j'ai fait aujourd'hui une économie de deux pains par jour (1), une esclave qui m'appartenait le matin à elle-même maintenant s'appartient : l'argent l'a délivrée. Dès aujourd'hui elle soupera aux dépens d'un autre, et ne mangera plus de mon bien. Ne suis-je pas un brave homme, un aimable citoyen, d'accroître la grande cité d'Athènes et de l'enrichir d'une citoyenne? (*avec ironie.*) Comme j'ai été généreux aujourd'hui! avec quelle confiance j'ai prêté à tout le monde! Je n'ai exigé de caution de personne, tant je me suis montré de bonne composition avec tout le monde! mais je ne crains pas que ceux à qui j'ai fait crédit renient leur dette en justice. Je veux être bon à partir de ce jour : ce qui ne s'est jamais vu, ce qui ne se verra jamais.

Tox. (*à part.*) Par mes savantes manœuvres je conduirai mon homme dans le panneau : le piège est habilement dressé. Abordons-le. (*haut.*) Que fais-tu?

Dor. Je fais crédit.

Tox. Comment vas-tu?

Dor. Prêt à te faire crédit.

Tox. Que le ciel comble tes vœux! Eh bien! as-tu mis ma belle en liberté?

Dor. Je te prête, oui, je te prête très-volontiers (2).

Tox. As-tu à présent une affranchie de plus?

Dor. Tu m'assommes : quand je te dis que j'ai confiance en toi.

Tox. Dis-moi de bonne foi, est-elle libre?

(1) Ration ordinaire des servantes.
(2) Le mot est comique. C'est après avoir reçu de l'argent de Toxile qu'il dit qu'il est prêt à lui en prêter.

Dor. Va, va au forum, au tribunal du préteur; informe-toi, si tu ne veux pas m'en croire. Oui, te dis-je, elle est libre; entends-tu?

Tox. Que tous les dieux te comblent de biens! je ne vous souhaite maintenant que ce qui peut être agréable à toi ou aux tiens.

Dor. (*ironiquement.*) Il suffit; point de serments; je m'en rapporte à toi.

Tox. Où est ton affranchie?

Dor. Chez toi.

Tox. Vraiment! elle est chez moi?

Dor. Oui, te dis-je : elle est chez toi, je te le répète.

Tox. Que les dieux me soient propices, comme il est vrai que je veux te récompenser par mille dons! Il y a une chose dont je te faisais mystère : eh bien! je vais te la dire, et te procurer une excellente affaire. Je veux que tu te souviennes de moi toute la vie.

Dor. Mes oreilles demandent instamment que de si bonnes paroles soient appuyées de bons effets.

Tox. Tu le mérites; et je ne ferai que ce que je dois. Pour te prouver la sincérité de ma reconnaissance, tiens, lis ces tablettes.

Dor. En quoi me concernent-elles?

Tox. Elles te concernent et t'intéressent fort. Elles me sont venues de Perse, de la part de mon maître.

Dor. Quand?

Tox. Il n'y a pas longtemps.

Dor. Que disent-elles de bon?

Tox. Interroge-les elles-mêmes; tu le sauras.

Dor. (*prenant les tablettes.*) Donne-les-moi donc.

Tox. Mais lis tout haut.

Dor. Fais silence, pendant que je lirai.

Tox. Je ne soufflerai pas le mot.

Sed satin' estis meditati? *Sag.* Tragici et comici
Nunquam æque sunt meditati. *Tox.* Lepide, hercle, adjuvas.
Age, illuc abscede procul e conspectu, et tace.
Ubi cum lenone me videbis conloqui,
Id erit adeundi tempus : nunc agite, ite vos. 465

SCENA TERTIA.

DORDALUS, TOXILUS.

Dord. Quoi homini di propitii sunt, aliquid objiciunt lucri.
Nam ego hodie conpendi feci binos panes in dies,
Ita ancilla mea quæ fuit hodie, sua nunc est; argento vicit :
Jam hodie alienum cœnabit, nihil gustabit de meo.
Sumne probus? sum lepidus civis, qui Atticam hodie civitatem 470
Maxumam majorem feci, atque auxi civi femina?
Sed ut et ego hodie fui benignus! ut ego multis credidi!
Nec satis a quiquam homine adcepi : ita prorsum credebam omnibus.
Nec metuo quibus credidi hodie, ne quis mihi in jure abjurassit.
Bonus volo jam ex hoc die esse : quod neque fiet, neque fuit. 475
Tox. Hunc ego hominem hodie in transennam doctis ducam dolis,
Itaque huic insidiæ paratæ sunt probe : adgrediar virum.
Quid agis? *Dord.* Credo. *Tox.* Unde agis te, Dordale? *Dord.* Credo tibi.
Tox. Di dent quæ velis : eho, an jam manu emisisti mulierem?
Dord. Credo, pol, credo, inquam, tibi. *Tox.* Jam liberta auctus es? *Dord.* Enicas. 480
Quin tibi me dico credere. *Tox.* Dic bona fide; Jam libera 'st?
Dord. I, i ad forum, ad prætorem, exquire; siquidem credere mihi non vis :
Libera, inquam, est. Ecquid audis? *Tox.* At tibi di beneficiant omneis.
Nunquam enim posthac tibi, nec tuorum quod nolis, volam.
Dord. Abi, ne jura, satis credo. *Tox.* Ubi nunc tua liberta 'st? *Dord.* Apud te. *Tox.* Aio? 485
Apud me 'st? *Dord.* Aio, inquam : apud te 'st, inquam. *Tox.* Ita me di ament, ut ob istam rem
Tibi multa bona instant a me : nam est res quædam, quam obcultabam
Tibi dicere : nunc eam narrabo, unde tu pergrande lucrum facias :
Faciam ut mei memineris, dum vitam vivas. *Dord.* Benedictis.
Tuis benefacta aureis meæ auxilium expostulant. 490
Tox. Tuom promeritum 'st, merito ut faciam; et ut me scius esse facturum.
Tabellas tene has, perlege. *Dord.* Hæ quid a me? *Tox.* Imo ad te adtinent
Et tua refert : nam e Persia ad me adlatæ modo sunt istæ a meo domino.
Dord. Quando? *Tox.* Haud dudum. *Dord.* Quid istæc narrant? *Tox.* Percunctare ex ipsis,
Ipsæ tibi narrabunt. *Dord.* Cedo sane mihi. *Tox.* At clare recitato. 495
Dord. Tace, dum perlego. *Tox.* Haud verbum faciam.

Dor. (lisant.) « Timarchide à Toxile et à toute la maison, salut. Si vous vous portez bien, j'en suis charmé : moi, je me porte bien, je fais mes affaires, et je gagne de l'argent. Je ne peux pas être de retour avant huit mois; j'ai des intérêts qui me retiennent. Les Perses ont pris Éleusipolis en Arabie, ville antique et pleine de richesses : on a fait un immense butin, que l'on vendra à l'encan au profit de l'État : cette affaire me tient encore éloigné de chez moi. J'entends que l'on prête assistance et qu'on donne l'hospitalité au porteur de ces tablettes : accorde-lui tout ce qu'il demandera, car il m'a reçu chez lui avec les plus grands égards. »
(à Toxile, ens'interrompant.) Qu'est-ce que cela me fait? que m'importent les victoires des Perses et les affaires de ton maître?

Tox. Tais-toi, sot bavard; tu ne sais pas le bien qui t'attend. C'est vainement que la fortune veut faire briller à tes yeux une étoile de bonheur.

Dor. Quelle est cette étoile de bonheur?

Tox. Consulte ces tablettes, elles te l'apprendront. Je n'en sais pas plus que toi, si ce n'est que j'ai lu le premier. Mais continue, et apprends ce dont il s'agit.

Dor. Tu as raison. Silence donc!

Tox. Tu vas arriver tout à l'heure à l'endroit qui te concerne.

Dor. (reprenant la lecture.) « Celui qui te remettra ces tablettes amène avec lui une femme bien élevée, d'une beauté ravissante, dérobée à ses parents, et transportée du fond de l'Arabie. Je veux que tu lui en procures la vente; on l'achètera à ses risques et périls; le vendeur ne s'obligera à aucune garantie, et il n'y aura pas d'autre caution. Tu feras en sorte qu'il reçoive son argent en bonnes espèces bien comptées. Ne néglige rien, et songe à avoir bien soin de mon hôte. Adieu. »

Tox. Eh bien! après avoir lu les paroles enfermées sous la cire, as-tu confiance en moi maintenant?

Dor. Où est l'étranger qui t'a remis cette lettre?

Tox. Il sera, je crois, tout à l'heure ici; il est allé au vaisseau chercher la jeune fille.

Dor. (réfléchissant). Je n'ai pas besoin de procès ni de chicanes. A quoi bon irais-je ainsi risquer mon argent? Si je n'achète avec garantie, je ne me soucie point de cette marchandise.

Tox. Te tairas-tu, oui ou non? Je ne t'aurais pas supposé cruche à ce point. Que crains-tu.

Dor. Je crains tout, vraiment! J'ai été pincé plus d'une fois. Après tant d'expériences, je n'irai pas m'enfoncer dans un tel bourbier.

Tox. Je ne vois aucun danger.

Dor. Je sais cela, mais je crains pour moi.

Tox. Au surplus, l'affaire ne m'intéresse pas; je ne te l'ai proposée que pour t'obliger. Je voulais te donner la préférence pour un bon marché.

Dor. Je te remercie; mais il vaut mieux s'instruire par l'expérience des autres que de les instruire à ses dépens.

Tox. Est-ce qu'on viendra du fond de la Barbarie (1) la réclamer ici? Cours donc l'acheter.

Dor. Que je voie au moins la marchandise.

Tox. C'est juste; mais je vois venir fort à propos l'étranger qui m'a remis les tablettes.

Dor. (montrant Sagaristion accompagné de la fille de Saturion.) Est-ce cet homme?

Tox. Lui même.

Dor. Est-ce là aussi la jeune fille enlevée?

Tox. J'en sais tout juste autant que toi, autant que m'en apprennent mes yeux : n'importe, quelle qu'elle soit, elle a un air distingué.

Dor. (avec une indifférence affectée.) Oui vraiment, elle a une assez jolie figure.

(1) L'Arabie.

Dord. « Salutem dicit Toxilo Timarchides,
Etfamiliæ omni : si valetis, gaudeo.
Ego valeo recte, el rem gero, et facto lucrum.
Neque isto redire his octo possum mensibus :   500
Itaque heic est, quod me detinet, negotium.
Eleusipolim Persæ cepere urbem in Arabia,
Plenam bonarum rerum, atque antiquom oppidum;
Ea comparatur præda, ut fiat auctio
Popilicitus : ea res me domo expertem facit :   505
Operam atque hospitium ego isti præliberi volo,
Qui tibi tabellas adfert : cura, quæ is volet ;
Nam is mihi honores suæ domi habuit maxumos. »
Quid id ad me, aut ad meam rem refert, Persæ quid rerum
    gerant,
Aut quid herus tuos? *Tox.* Tace, stultiloque; nescis quid
    instet boni.   510
Nequidquam tibi fortuna faculam lucrificam adlucere volt.
Dord. Quæ istæc fortuna lucrifica 'st? *Tox.* Istas, quæ gnorunt, roga.
Ego tantumdem scio, quantum tu, nisi quod perlegi prior.
Sed ut obcœpisti, ex tabellis gnosce rem. *Dord.* Bene me
    mones.   515
Fac silentium. *Tox.* Nunc ad illud venies, quod refert tua.
Dord. (legit.) « Iste qui tabellos adfert, adduxit simul
Forma expetenda liberalem mulierem,
Furtivam, advectam ex Arabia penitissuma.
Eam is volo adcurare, ut isteic veneat,
Ac suo periculo is emat, qui eam mercabitur :   520
Mancupio neque promittet, neque quisquam dabit.
Probum et numeratum argentum ut adcipiat, face.

Hæc cura, et hospes cura ut curetur : vale. »
Tox. Quid igitur, postquam recitasti quod erat ceræ creditum,
Jam mihi credis? *Dord.* Ubi nunc ille 'st hospes, qui hasce
    adtulit ?   525
Tox. Jam heic, credo, aderit; arcessit illam a navi. *Dord.*
    Nihil mihi opu'st
Litibus, neque tricis : quamobrem ego argentum numerem
    foras.
Nisi mancupio accipio, quid eo mihi opus mercimonio?
Tox. Etiam an non taces ? nunquam ego te tam esse matulam credidi.
Quid metuis? *Dord.* Metuo, hercle, vero : sensi ego jam
    conpluries :   530
Neque mihi haud inperito eveniet, tali ut in luto hæream.
Tox. Nihil periculi videtur. *Dord.* Scio istuc, sed metuo
    mihi.
Tox. Mea quidem istuc nihil refert ; tua ego refero gratia.
Ut tibi recte conciliandi primo facerem copiam.
Dord. Gratiam habeo : sed te de aliis, quam alios de te
    suavius't   535
Fieri doclos. *Tox.* Ne quis vero ex Barbaria penitissuma
Persequatur? etiam tu illam destinas? *Dord.* Videam modo
Mercimonium. *Tox.* Æqua dicis : sed optume eccum ipse
    advenit
Hospes ille, qui has tabellas adtulit. *Dard.* Hiccine 'st? *Tox.*
Hic est.
Dord. Hæccine illa 'st furtiva virgo? *Tox.* Juxta tecum æque
    scio,   540
Nisi quia adspexi : equidem, edepol, liberali'st, quisquis est.

Tox. Quel ton dédaigneux, coquin! examinons sa figure sans rien dire.

Dor. J'approuve ton idée. (*ils se mettent à l'écart.*)

SCÈNE IV.

SAGARISTION, LA JEUNE FILLE, *tous deux en habits persans;* TOXILE, DORDALUS.

Sag. (*à la jeune fille.*) Eh bien! Athènes ne vous semble-t-elle pas une cité florissante et riche?

La jeune fille. Je n'ai vu que l'extérieur de la ville; je n'ai guère pu observer les mœurs des habitants.

Tox. (*bas à Dordalus.*) Avec quelle promptitude elle a trouvé cette sage réponse!

Dor. (*bas.*) Je ne peux pas encore, sur ce premier mot, juger de son esprit.

Sag. D'après ce que vous avez vu, que vous semble des remparts qui défendent la ville?

La jeune fille. Si les habitants sont vertueux, je la crois parfaitement défendue, pourvu qu'on ait exilé de la ville la Perfidie, le Péculat et la Cupidité, quatrièmement l'Envie, cinquièmement l'Ambition, sixièmement la Calomnie, septièmement le Parjure (1)...

Tox. (*à part.*) A merveille!

La jeune fille. Huitièmement, la Mollesse; neuvièmement, l'Injure; dixièmement, le plus dangereux de tous les ennemis, le Crime. Si tous ces fléaux ne sont bannis, cent murailles ne suffiraient pas à la sûreté de l'État.

Tox. (*bas à Dordalus.*) Que dis-tu de cela?

Dor. (*bas.*) Que veux-tu que je dise?

Tox (*de même.*) Tu es compris dans un de ces dix fléaux : il faut t'en aller bien vite en exil.

Dor. (*de même.*) Comment?

Tox. N'es-tu pas un parjure?

(1) Ce trait est une allusion aux vices qui déjà corrompaient la république romaine.

Dor. (*à part.*) Elle ne raisonne vraiment pas mal.

Tox. C'est ton lot... achète-la.

Dor. Par Pollux, plus je l'examine et plus elle me revient.

Tox. Dieux immortels! si tu l'achètes, il n'y aura pas de marchand de filles plus riche que toi. Tu pourras disposer à ton gré des domaines et des esclaves de tout le monde. Tu seras en relation avec les plus grands personnages; ils rechercheront ton amitié : ils viendront faire bombance chez toi.

Dor. Mais je ne les laisserai pas entrer.

Tox. Alors ils feront tapage la nuit devant ta maison; ils mettront le feu à la porte : ferme-toi, je te le conseille, avec des portes de fer; fais de ta maison une maison de fer, mets des seuils de fer, une barre et un anneau de fer; n'épargne pas la ferrure, autrement... Tiens, tu devrais, par la même occasion, t'attacher de bons fers aux pieds.

Dor. Va te faire pendre.

Tox. Vas-y toi-même.... Achète-la donc; fais ce que je te dis.

Dor. Que je sache au moins quel prix on veut la vendre.

Tox. Veux-tu que j'appelle le maître?

Dor. J'irai le trouver. (*Ils s'approchent tous deux de Sagaristion et de la jeune fille.*)

Tox. (*abordant Sagaristion.*) Eh bien! notre hôte, que dites-vous?

Sag. J'arrive, et j'amène cette jeune fille, comme je vous l'avais annoncé tantôt. Mon vaisseau est entré d'hier au port : je veux la vendre, s'il est possible; sinon, partir au plus tôt.

Dor. (*à Sagaristion.*) Portez-vous bien, jeune homme.

Sag. Tout ira bien, si je la vends son prix.

Tox. (*montrant Dordalus.*) Voilà un acheteur qui vous la payera bien; vous ne trouverez pas mieux.

Sag. Êtes-vous son ami?

Dord. Sat, edepol, concinna 'st facie. *Tox.* Ut contemtim, carnufex!
Taciti contemplemur formam. *Dord.* Laudo consilium tuum.

SCENA QUARTA.

SAGARISTIO, VIRGO, TOXILUS, DORDALUS.

Sag. Satin' Athenæ tibi visæ fortunatæ atque opiparæ?
Virgo. Urbis speciem vidi, hominum mores prospexi parum. 545
Tox. Numquid in principio cessavit verbum docte dicere?
Dord. Haud potui etiam in primo verbo perspicere sapientiam.
Sag. Quid id quod vidisti, ut munitum muro tibi visum 'st oppidum?
Virgo. Si incolæ bene sunt morati, pulchre munitum arbitror.
Perfidia et Peculatus ex urbe et Avaritia si exsulant, 550
Quarta Invidia, quinta Ambitio, sexta Obtrectatio,
Septimum Perjurium. *Tox.* Euge! *Virgo.* Octava Indilligentia,
Nova Injuria, decimum, quod pessumum adgressu, Scelus :
Hæc nisi inde aberunt, centuplex murus rebus servandis parum 'st.
Tox. Quid ais tu? *Dord.* Quid vis? *Tox.* Tu in illis es decem sodalibus : 555
Te in exsilium ire hinc oportet. *Dord.* Quid jam? *Tox.* Quia perjurus es.

Dord. Verba quidem haud indocte fecit. *Tox.* Ex tuo inquam usu 'st; eme hanc.
Dord. Edepol, qui quom hanc magis contemplo, magis placet. *Tox.* Si hanc emeris,
Di immortales! nullus leno te alter erit opulentior.
Evortes tuo arbitratu homines fundis, familiis. 560
Cum optumis viris rem habebis; gratiam cupient tuam;
Venient ad te comisatum. *Dord.* At ego intromitti non sinam.
Tox. At enim illi noctu obcentabunt ostium, exurent foreis :
Proinde tu tibi jubeas concludi ædeis foribus ferreis;
Ferreas ædeis conmutes, limina indas ferrea : 565
Ferream seram atque anulum : ne, si ferro parseris...
Ferreas tute tibi impingi jubeas crassas conpedeis.
Dord. I in malum cruciatum. *Tox.* I sane : hanc eme atque ausculta mihi.
Dord. Modo ut sciam, quanti indicet. *Tox.* Vin' huc vocem? *Dord.* Ego illo adcessero.
Tox. Quid ais, hospes? *Sag.* Venio, adduco hanc, uti dudum dixeram. 570
Nam heri in portum noctu navis venit : vænire hanc volo,
Si pote 'st; si non pote 'st, ire hinc volo quantum pote 'st.
Dord. Salvos sis, adulescens. *Sag.* Siquidem hanc vendidero pretio suo.
Tox Atqui aut hoc emtore vendes pulchre, aut alio non potes.
Sag. Esne tu huic amicus? *Tox.* Tamquam di omneis qui cælum colunt. 575

Tox. Comme tous les dieux qui sont au ciel.

Dor. En ce cas, vous êtes certainement mon ennemi : car il n'y a pas de divinité assez bonne pour favoriser les marchands de jeunes filles.

Sag. (*a Dordalus.*) Au fait, avez-vous besoin d'acheter cette fille ?

Dor. Si vous avez besoin de la vendre, je veux bien l'acheter ; si vous n'êtes pas pressé, je ne le suis pas non plus.

Sag. Voyons, dis-moi un prix.

Dor. Vous êtes le marchand, c'est à vous de fixer le prix.

Tox. (*à Sagaristion.*) Son observation est juste.

Sag. (*à Dordalus.*) Vous voulez acheter à bon marché ?

Dor. Vous voulez vendre cher ?

Tox. Oh ! c'est là votre désir à l'un et à l'autre.

Dor. Allons, dites votre prix franchement.

Sag. D'abord je vous préviens qu'on vous la donne sans garantie : savez-vous cela ?

Dor. Oui : dites votre dernier prix, à combien la donnerez-vous ?

Tox. (*bas à Dordalus.*) Tais-toi, tais-toi donc ; en vérité, tu n'as pas plus de raison qu'un enfant.

Dor. Comment ?

Tox. Parce que tu dois d'abord interroger cette fille sur sa situation.

Dor. Par Hercule ! le conseil n'est pas mauvais ! Voyez un peu, tout habile marchand que je suis, je tombais dans un piège sans toi. Comme il est bon d'être assisté d'un ami, quand on traite d'affaires !

Tox. (*continuant ses avis.*) Quelle est sa famille, dans quel pays elle est née, de quels parents. Je ne veux pas que tu dises que c'est par mes conseils et sur mes instances que tu as conclu légèrement ce marché. (*A Sagaristion.*) Si vous ne le trouvez pas mauvais, il désire adresser quelques petites questions à la jeune fille.

Sag. Très-bien, tout ce qu'il lui plaira.

Tox. (*à Dordalus.*) Tu restes muet ! allons, répète toi-même la demande, afin d'avoir pleine liberté d'adresser à la jeune fille les questions que tu voudras ; il m'a bien donné cette permission (1), mais j'aime mieux que tu lui parles toi-même, pour qu'il n'ait pas de toi une pauvre opinion.

Dor. Tu es de bon conseil. (*à Sagaristion.*) Étranger, je voudrais bien demander quelque chose à cette fille.

Sag. Depuis la terre jusqu'au ciel, tout ce que vous voudrez.

Dor. Eh bien ! dites-lui de s'approcher de moi.

Sag. (*à la jeune fille.*) Avancez, et donnez-lui satisfaction. (*à Dordalus.*) Questionnez, demandez tout ce qu'il vous plaira.

Tox. (*à la jeune fille.*) (2) Allons, allons donc, vous ; avancez, et débutez sous d'heureux auspices.

La jeune fille. Ils semblent favorables (3).

Tox. Silence ! (*à Dordalus.*) Éloigne-toi, je te prie ; je te l'amènerai.

Dor. Fais comme tu le jugeras utile à mes intérêts. (*Il s'éloigne.*)

Tox. (*à la jeune fille.*) Suivez-moi. (*à Dordalus.*) Je te l'amène. Demande-lui ce que tu voudras.

Dor. (*retenant Toxile qui va pour se retirer.*) Je veux que tu sois là.

Tox. Je ne peux pas me dispenser d'être au service de notre hôte, ainsi que mon maître me l'a commandé. S'il ne veut pas que j'assiste à cette conversation ?

Sag. J'y consens volontiers.

(1) M. Naudet adopte un sens différent : « Va toi-même l'interroger, comme si tu étais autorisé à prendre tous les renseignements qu'il te plaira, quoique ce soit à moi qu'il ait donné cette permission. » La suite nous a paru autoriser une autre interprétation.

(2) Une autre traduction, peut-être préférable, adresse à Dordalus ces paroles de Toxile.

(3) La même version met ce trait dans la bouche de Dordalus.

Dord. Tum tu mihi es inimicus certus : nam generi lenonio,
Nunquam ullus deus tam benignus fuit, qui fuerit propitius.

Sag. Hoc age; opusne'st hac tibi emta? *Dord.* Si tibi vænisse'st opus,
Mihi quoque emta'st : si tibi subiti nihil est, tantumdem 'st mihi.

Sag. Indica, fac pretium. *Dord.* Tua merx est, tua indicatio'st. 580

Tox. Æquom hic orat. *Sag.* Vin' bene emere? *Dord.* Vin' tu polchre vendere?

Tox. Ego scio, hercle, utrumque velle. *Dord.* Age, indica prognariter.

Sag. Prius dico : hanc mancupio nemo tibi dabit : jam scis? *Dord.* Scio.

Indica, minumo daturus qui sis, qui duci queat.

Tox. Tace, tace, nimis tu quidem, hercle, homo stultus es pueriliter. 585

Dord. Quid ita? *Tox.* Quia enim te ex puella prius percontari volo,

Quæ ad rem referunt. *Dord.* Et quidem, hercle, tu me monuisti haud male.

Vide, sis, ego ille doctus leno pæne in foveam decidi,
Ni heic adesses. Quantum est adhibere hominem amicum, ubi quid geras!

Tox. Quo genere, aut qua in patria sit gnata, aut quibus parentibus, 590

Ne temere hanc te emisse dicas suasu atque impulsu meo.

(ad Sagaristionem.) Nisi molestum 'st, percontari hanc paucis hic volt. *Sag.* Maxume,

Suo arbitratu. *Tox.* Quid stas? abi tute, atque ipse itidem roga.

Ut tibi percontari liceat quæ velis, etsi mihi
Dixit dare potestatem ejus; sed ego te malo tamen 595

Eum ipsum adire, ut ne contemnat te ille. *Dord.* Satis recte mones.

Hospes, volo ego hanc percontari. *Sag.* A terra ad cælum, quid lubet.

Dord. Jubedum ea huc accedat ad me. *Sag.* (ad virginem) I sane, ac morem illi gere.

Percontare, exquære quid vis. *Tox.* (ad virginem.) Age, age nunc tu, i præ : vide

Ut ingrediare auspicato. *Virgo.* Liquidum 'st auspicium. *Tox.* Tace. 600

(ad Dordalum.) Concede, sis; jam ego illam adducam. *Dord.* Age, ut rem esse in nostram putas.

Tox. Sequere me. Adduco hanc, si quid vis ex hac percontarier.

Dord. (ad Toxilum abeuntem.) Enim volo te adesse. *Tox.* Haud possum, quin huic operam dem hospiti,

Quoi herus jussit : quid si heic non volt me adesse una? *Sag.* Imo i modo.

Tox. Exquire. (ad virginem.) Heus tu, advigila. *Virgo.* Satis est dictum : quamquam ego serva sum, 605

Scio ego opficium meum, ut quæ rogitet, vera, ut accepi, eloquar.

Tox. (*à Dordalus.*) Je suis prêt à te servir.
Dor. Tu te sers en servant un ami.
Tox. Interroge. (*Bas à la jeune fille.*) Çà , vous, ne vous endormez pas!
La jeune fille. Il suffit : quoique je sois une esclave, je sais ce que j'ai à faire quand il m'interrogera ; je lui répondrai la vérité, telle qu'on me l'a dite.
Tox. (*haut. montrant Dordalus.*) Jeune fille, c'est un homme de bien.
La jeune fille. J'en suis persuadée.
Tox. Vous ne resterez pas longtemps en servitude chez lui.
La jeune fille. Je l'espère bien, par Pollux, si mes parents font leur devoir.
Dor. (*à la jeune fille.*) Ne soyez pas étonnée si nous vous demandons quel est votre pays, quels sont vos parents.
La jeune fille. Eh! pourquoi m'en étonnerais-je, mon ami? Dans l'esclavage où je suis réduite, je ne dois m'étonner d'aucune humiliation.
Tox. (*à part.*) Que les dieux la confondent! La friponne est d'une adresse, d'une malice! elle a de la tête! Comme elle dit bien ce qu'il faut!
Dor. Quel est votre nom?
Tox. (*à part.*) J'ai peur maintenant qu'elle n'aille se tromper.
La jeune fille. Je m'appelais Lucris dans mon pays.
Tox. (*à Dordalus.*) Le nom est beau et de bon augure. Achète-la donc. (*à part.*) Je tremblais qu'elle ne se trompât. Elle s'en est bien tirée.
Dor. (*à la jeune fille.*) Si je l'achète, j'espère que Lucris (1) justifiera son nom avec moi.
Tox. Si tu l'achètes, je gage qu'avant la fin du mois elle ne sera plus ton esclave.
Dor. C'est tout mon désir.
Tox. Pour que ce vœu s'accomplisse, agis en conséquence. (*à part.*) Jusqu'à présent elle n'a pas bronché.
Dor. Où êtes-vous née?

(1) De *lucrum*, lucre, gain. Ce nom devait en effet sonner agréablement à l'oreille d'un marchand d'esclaves.

La jeune fille. Ma mère m'a dit que c'était dans le coin d'une cuisine (1), à main gauche.
Tox. (*à Dordalus.*) Quelle fortune pour toi qu'une pareille courtisane! elle est née dans un endroit chaud, où se trouvent ordinairement toutes sortes de bonnes choses. (*à part.*) Il donne dedans, notre homme qui lui demandait le lieu de sa naissance; elle l'a joliment attrapé.
Dor. Mais c'est votre pays que je vous demande.
La jeune fille. Quel pays puis-je avoir, si ce n'est celui où je suis maintenant?
Dor. Mais je vous demande quel était votre pays auparavant?
La jeune fille. Ce qui était, quand il n'est plus, n'est, selon moi, que néant; de même, pour un homme qui a rendu l'âme, à quoi sert de demander ce qu'il fut?
Tox. Dieux puissants, la belle réponse ! Vraiment elle m'intéresse !
Dor. Voyons cependant, la belle, quelle est votre patrie? allons, expliquez-vous vite....... Vous gardez le silence?
La jeune fille. Mais je vous dis ma patrie. Puisque je suis esclave ici, c'est ici qu'est ma patrie.
Tox. Cesse de la questionner sur cet article. Ne vois-tu pas qu'elle se refuse à parler, pour ne pas renouveler le souvenir de ses malheurs?
Dor. Comment? est-ce que votre père a été pris par l'ennemi?
La jeune fille. Il n'a pas été pris, mais il a perdu tout ce qu'il possédait.
Tox. Elle doit être bien née, car elle ne sait point mentir.
Dor. (*à la jeune fille.*) Qui était-il? dites-moi son nom.
La jeune fille. A quoi bon nommer un malheureux? Le nom qui lui convient est celui de *malheureux*, comme à moi celui de *malheureuse*.
Dor. Quelle était sa réputation dans son pays?
La jeune fille. Personne ne sut se rendre plus agréable à tout le monde : esclaves et citoyens l'aimaient également.

(1) Lieu de naissance bien choisi pour la fille d'un parasite.

Tox. Virgo, hic homo probu'st. *Virgo.* Credo. *Tox.* Non diu apud hunc servies.
Virgo. Ita, pol, spero; si parenteis facient opficium suum.
Dord. Nolo ego te mirari, si nos ex te percontabimur 610
Aut patriam tuam, aut parenteis. *Virgo.* Cur ego id mirer, mi homo?
Servitus mea mihi interdixit, ne quid mirer meum
Malum. *Tox.* Di istam perdant, ita cata 'st et callida.
Habet cor! quam dicit quod opu'st! *Dord.* Quid nomen tibi 'st?
Tox. Nunc metuo ne peccet. *Virgo.* Lucridi nomen in patria fuit. 615
Tox. Nomen atque omen quantivis est preti : quin tu hanc emis?
(seorsum.) Nimis pavebam ne peccaret : expedivit. *Dord.* Si te emam,
Mihi quoque Lucridem confido fore te. *Tox.* Tu si hanc emeris,
Nunquam, hercle, hunc mensem vortentem, credo, servibit tibi.
Dord. Ita velim quidem, hercle. *Tox.* Optata ut eveniant, operam addito. 620
(seorsum.) Nihil adhuc peccavit etiam. *Dord.* Ubi tu gnata es? *Virgo.* Ut mihi

Mater dixit, in culina, in angulo ad lævam manum.
Tox. Hæc erit tibi fausta meretrix : gnata 'st in calido loco,
Ubi rerum omnium bonarum copia 'st sæpissume. 624
(seorsum.) Tactu'st leno, qui rogarat, ubi gnata esset, diceret.
Lepide lusit. *Dord.* At ego patriam te rogo quæ sit tua.
Virgo. Quæ mihi sit, nisi hæc ubi nunc sum? *Dord.* At ego illam quæro, quæ fuit.
Virgo. Omne ego pro nihilo esse ducto, quod fuit, quando fuit :
Tamquam hominem, quando animam ecflavit, quid eum quærus, qui fuit?
Tox. Ita me di bene ament, sapienter! atque equidem miseret tamen. 630
Dord. Sed tamen, virgo, quæ patria 'st tua? age mihi actutum expedi : quid taces?
Virgo. Dico equidem patriam : quandoquidem heic servio, hæc patria 'st mea.
Tox. Jam de istoc rogare omitte : non vides nolle eloqui.
Ne suarum se miseriarum in memoriam inducas? *Dord.* Quid est?
Captusne 'st pater? *Virgo.* Non captus, sed quod habuit, id perdidit. 635
Tox. Hæc erit bono genere gnata, nihil scit, nisi verum loqui.

Tox. Vous avez bien raison de l'appeler malheureux; car c'est un homme perdu, et il a perdu même ses amis.

Dor. (*bas à Toxile.*) Je suis d'avis de l'acheter.

Tox. (*bas à Dordalus.*) C'est aussi mon avis.

Dor. (*de même.*) Je crois qu'elle est d'une grande famille.

Tox. (*de même.*) Tu feras fortune avec elle.

Dor. Que le ciel t'écoute!

Tox. Achète-la donc.

La jeune fille (*à Dordalus.*) Je vous préviens d'une chose: dès que mon père saura qu'on m'a vendue, il viendra me racheter et me remmènera.

Tox. (*à Dordalus.*) Eh bien!

Dor. Quoi?

Tox. Entends-tu ce qu'elle dit?

La jeune fille (*feignant de pleurer.*) Car si sa fortune est détruite, il a encore des amis.

Dor. Ne pleurez pas, je vous prie: allez, vous serez bientôt affranchie, si vous êtes d'humeur complaisante. Voulez-vous m'appartenir?

La jeune fille. Pourvu que je ne vous appartienne pas longtemps, je le veux bien.

Tox. Comme le sentiment de la liberté est gravé dans sa mémoire! elle te procurera des affaires d'or. Termine, si tu veux conclure: moi, je retourne auprès de l'étranger. (*à la jeune fille.*) Suivez-moi; (*à Sagaristion.*) je vous la rends.

Dor. (*à Sagaristion.*) Jeune homme, voulez-vous la vendre?

Sag. Cela me convient mieux que de la perdre.

Tox. Alors abrégez la discussion; dites ce que vous en voulez.

Sag. Volontiers, puisque tu le désires. (*A Dordalus.*) Afin que vous achetiez, je vous la donne pour cent mines.

Dor. C'est trop cher.

Sag. Eh bien! quatre-vingts.

Dor. C'est trop.

Sag. Je ne rabattrai pas un écu du prix que je vais vous dire.

Dor. Quel est-il donc? Parlez vite, votre dernier mot?

Sag. Vous la prendrez à vos risques et périls pour soixante mines d'argent.

Dor. Toxile, que dois-je faire?

Tox. Il faut que le courroux du ciel trouble ta raison, pour ne pas conclure bien vite un pareil marché.

Dor. (*à Sagaristion.*) Vous les aurez.

Tox. (*à Dordalus.*) Bravo! la belle proie! Va, cours chercher l'argent. Par Pollux! à trois cent mines, elle ne serait pas trop chère. C'est tout bénéfice pour toi.

Sag. (*à Dordalus.*) Un mot.... Il faut ajouter dix mines pour ses hardes.

Dor. Dites retrancher, et non pas ajouter.

Tox. (*bas à Dordalus.*) Tais-toi donc; ne vois-tu pas qu'il cherche un prétexte pour rompre le marché? Va vite, va chercher ton argent.

Dor. (*à Toxile.*) Ah çà, retiens-le pendant ce temps-là.

Tox. Quoi! tu n'es pas encore chez toi?

Dor. J'y vais, j'apporte l'argent. (*Il sort.*)

SCÈNE V.

TOXILE, SAGARISTION, LA JEUNE FILLE.

Tox. Par Pollux! ma belle, vous nous avez secondés à merveille! quelle habileté! quelle discrétion! quel sang-froid!

La jeune fille (*souriant.*) Les gens de bien savent toujours reconnaître les services qu'on leur rend.

Tox. (*à Sagaristion.*) Écoute, Persan: dès que tu auras reçu l'argent, fais semblant d'aller tout droit te rembarquer.

Sag. Tu n'as pas besoin de me le dire.

Dord. Qui fuit? dic nomen. *Virgo.* Quid illum miserum memorem, qui fuit?
Nunc et illum Miserum et me Miseram æquom est nominarier.
Dord. Quojusmodi is in populo habitu'st? *Virgo.* Nemo quisquam adceptior; 639
Servi liberique amabant. *Tox.* Hominem miserum prædicas,
Quom ipsus prope perditu'st, et benevolenteis perdidit.
Dord. Emam, opinor. *Tox.* Etiam, opinor? *Dord.* Summo genere esse arbitror.
Tox. Divitias tu ex istuc facies. *Dord.* Ita di faxint. *Tox.* Eme modo.
Virgo. Jam hoc tibi dico: jam actutum, ecastor, meus pater, ubi me sciet
Vænisse, aderit huc et me absentem redimet. *Tox.* Quid nunc? *Dord.* Quid est? 645
Tox. Audin' quid ait? *Virgo.* Nam, etsi res sunt fractæ, amici sunt tamen.
Dord. Ne, sis, plora, libera eris actutum, si crebro cades.
Vin' mea esse? *Virgo.* Dum quidem ne nimis diu tua sim, volo.
Tox. Satin' ut meminit libertatis! dabit hæc tibi grandes bolos.
Age, si quid agis; ego ad hunc redeo. (*ad virginem.*) Sequere. 650
(*ad Sagarist.*) Reduco hanc tibi.
Dord. Adulescens, vin' vendere istanc? *Sag.* Magis lubet, quam perdere.
Tox. Tum tu pauca in verba confer: qui datur, tanti indica.
Sag. Faciam ita, ut te velle video: ut emas, habe tibi centum minis.

Dord. Nimium 'st. *Sag.* Octoginta. *Dord.* Nimium 'st. *Sag.* Numus abesse hinc non potest,
Quod nunc dicam. *Dord.* Quid id est ergo? eloquere actutum, atque indica. 655
Sag. Tuo periculo sexaginta hæc datur argenti minis.
Dord. Toxile, quid ago? *Tox.* Di deæque te agitant irati, scelus,
Qui hanc non properes destinare. *Dord.* Habeto. *Tox.* Eu, prædatus probe!
Abi, argentum ecfer huc.
Non, edepol, minis trecentis cara 'st; fecisti lucri. 660
Sag. Heus tu, etiam pro vestimentis huc decem adcedent minæ.
Dord. Abscedent enim, non adcedent. *Tox.* Tace, sis, non tu illum vides
Quærere ansam, infectum ut faciat? abisne, atque argentum petis?
Dord. Heus tu, serva istum. *Tox.* Quin tu is intro? *Dord.* Abeo, atque argentum adfero.

SCENA QUINTA.

TOXILUS, SAGARISTIO, VIRGO.

Tox. Edepol dedisti, virgo, operam adlaudabilem, 665
Probam et sapientem et sobriam. *Virgo.* Si quid bonis
Boni fit, esse idem et grave et gratum solet.
Tox. Audin' tu, Persa, ubi argentum ab hoc adceperis,
Simulato quasi eas prorsum in navem. *Sag.* Ne doce.

Tox. Tu reviendras me trouver aussitôt chez moi par la petite rue de derrière, en traversant le jardin.
Sag. Tu me recommandes ce que je compte faire.
Tox. Ne va pas déménager avec l'argent, je te le conseille.
Sag. Parce que tu en serais capable, tu m'en crois capable aussi.
Tox. Tais-toi, trêve à ta langue; le gibier s'avance, il sort de son trou.

SCÈNE VI.

DORDALUS, SAGARISTION, TOXILE, LA JEUNE FILLE.

Dor. (*présentant un sac d'argent à Sagaristion.*) Il y a là-dedans soixante bonnes mines d'argent, moins deux écus.
Sag. Que signifient ces deux écus de moins?
Dor. C'est pour payer le sac (1); ou bien rendez-le-moi.
Sag. Tu avais grand peur, vilain ladre, infâme coquin, de ne pas ravoir ton sac, et de ne pas te montrer ce que tu es, un vil marchand de filles.
Tox. (*A Sagaristion.*) Laissez-le, je vous prie : un marchand d'esclaves, rien ne doit étonner de sa part.
Dor. J'ai commencé la journée par une excellente affaire : et ce bon augure me rendrait sensible la plus petite perte. Tiens, prends-le, je te prie. (*Il lui présente le sac.*)
Sag. Mets-le sur mon épaule, si cela ne t'incommode pas.
Dor. Volontiers. (*Il lui met le sac sur l'épaule.*)
Sag. (*à Dordalus et à Toxile.*) Vous ne voulez plus rien de moi?
Tox. Qu'est-ce qui vous presse tant?
Sag. J'ai affaire. On m'a chargé de plusieurs lettres qu'il me faut porter à leur adresse. Et puis j'ai appris que mon frère jumeau était ici en esclavage; je veux le chercher et le racheter.
Tox. Par Pollux! vous me rappellez fort à propos

(1) Ce trait de vrai marchand est d'un excellent comique.

que je crois avoir vu dans la ville un homme qui vous ressemblait parfaitement de figure et de taille.
Sag. Sans doute, puisque c'est mon frère.
Dor. Mais nous voudrions savoir votre nom.
Tox. (*à Dordalus.*) Qu'avons-nous besoin de le savoir?
Sag. (*à Dordalus.*) Écoute donc, tu le sauras : Vaniloquasidore (1), Viergevendidore (2), Nugipolyloquidès (3), Argentisoustractoridès, Fastidiosiloquidès, Boursescamotoridès, Toujoursprendès, Jamaisrendès.
Dar. Bons dieux! que de manières d'écrire votre nom!
Sag. C'est l'usage en Perse : nous avons des noms très-longs et très-compliqués. Ne désirez-vous plus rien de moi?
Dor. Portez-vous bien.
Sag. Et vous aussi : mon âme est déjà sur le vaisseau.
Dor. Vous devriez plutôt partir demain, et souper ici aujourd'hui. Adieu.

SCÈNE VII.

TOXILE, DORDALUS, SATURION, LA JEUNE FILLE.

Tox. (*à Dordalus.*) Maintenant qu'il est parti, je puis te dire tout. Eh bien! le jour qui te luit est un jour de prospérité. (*montrant la jeune fille.*) Non, tu ne l'achètes pas, on te la donne.
Dor. Il sait bien le marché qu'il a fait, en me vendant à mes risques et périls une fille volée à ses parents. Il a pris mon argent et s'en est allé : que sais-je maintenant si on ne la réclamera pas bientôt? où courir après lui? en Perse? chansons (4)!
Tox. Je croyais que tu serais reconnaissant du service que je t'ai rendu.

(1) Ce nom ridicule et les autres sont autant d'allusions à la fable dont le marchand est dupe. Beau diseur de riens.
(2) Vendeur de vierges.
(3) Grand diseur de bagatelles.
(4) Le marchand s'applaudit et se plaint tour à tour de son marché, suivant l'intérêt du moment. Ces variations de langage sont d'un naturel parfait.

Tox. Per angiportum rursum te ad me recipito 670
Illac per hortum. *Sag.* Quod futurum 'st, prædicas.
Tox. At ne cum argento protinam permutes domum :
Moneo te. *Say.* Quod te dignum 'st, me dignum esse vis.
Tox. Tace, parce voci, præda progreditur foras.

SCENA SEXTA.

DORDALUS, SAGARISTIO, TOXILUS, VIRGO.

Dord. Probati heic argenti sunt, sexaginta minæ, 675
Duobus numis minu'st. *Sag.* Quid ei numi sciunt?
Dord. Cruminam hanc emere, aut facere ut remigret domum.
Sag. Ne non sut esses leno, id metuebas miser,
Inpure, avare, ne cruminam amitteres.
Tox. Sine, quæso : quando leno 'st, nihil mirum facit. 680
Dord. Lucro faciundo ego auspicavi in hunc diem :
Nihil mihi tam parvi 'st, quin me id pigeat perdere.
Age, adcipe hoc, sis. *Sag.* Hanc in collum, nisi piget,
Inpone. *Dord.* Vero fiat. *Sag.* Nunquid cæterum
Me voltis? *Tox.* Quid tam properas? *Sag.* Ita negotium 'st, 684
Mandatæ quæ sunt, volo deferre epistolas.
Geminum autem fratrem servire audivi heic meum,
Eum go ut requiram atque ut redimam, volo.
Tox. Atque, edepol, tu me communisti haud male.

Videor vidisse heic forma persimilem tui, 690
Eadem statura. *Sag.* Quippe qui frater siet.
Dord. Sed scire velimus, quod tibi nomen siet.
Tox. Quid adtinet nos scire? *Sag.* Ausculta, ergo, ut scias ;
Vaniloquidorus, Virginisvendonides,
Nugipolyloquides, Argentiexterebronides, 695
Tedigniloquides, Numorumexpalponides,
Quodsemelarripides, Nunquampostearripides.
Dord. Heu, hercle, nomen multimodis scribtum 'st tuum.
Sag. Ita sunt Persarum mores, longa nomina
Contortiplicata habemus : numquid cæterum 700
Voltis? *Dord.* Vale. *Sag.* Et vos : nam animus in navi 'st meus.
Dord. Cras ires potius, hodie heic cœnares. Vale.

SCENA SEPTIMA.

TOXILUS, DORDALUS, SATURIO, VIRGO.

Tox. Postquam illic abiit, dicere heic quidvis licet.
Na hic tibi dies inluxit lucrificabilis!
Nam non emisti hanc, verum fecisti lucri. 705
Dord. Ille quidem jam scit, quid negoti gesserit,
Qui mihi turtivum meo periculo vendidit.
Argentum adcepit, abiit. Quid ego nunc scio
An jam adseratur hæc manu? quo illum sequar?

Dor. Assurément, Toxile, je te suis très-obligé : car j'ai bien vu le zèle que tu mettais à me servir.

Tox. Le zèle? dis plutôt le dévouement d'un esclave.

Dor. A propos... j'ai oublié de donner quelques ordres chez moi... Garde cette jeune fille.

Tox. (*ironiquement.*) Elle est en sûreté (1).

La jeune fille. Mon père tarde beaucoup.

Tox. Si je l'avertissais?

La jeune fille. Il en est temps.

Tox. (*s'approchant de la maison.*) Holà! Saturion, venez. Voici le moment de nous venger de l'ennemi.

Sat. Me voici : ai-je trop tardé?

Tox. Allons, retirez-vous à l'écart.

Sat. Il suffit.

Tox. Quand tu me verras causer avec le marchand, alors tu feras tapage.

Sat. (*s'éloignant.*) Un homme intelligent n'a pas besoin de tant de paroles.

SCÈNE VIII.
DORDALUS, TOXILE.

Dor. J'ai étrillé tous mes gens à grands coups de fouet en rentrant chez moi, pour leur apprendre à laisser la maison et les meubles aussi sales.

Tox. Reviens-tu, à la fin?

Dor. Oui, me voilà.

Tox. En vérité, j'ai fait aujourd'hui ta fortune.

Dor. Je conviens que je t'ai beaucoup d'obligation.

Tox. Tu ne me veux plus rien?

Dor. Sinon, que tu sois heureux.

Tox. Parbleu, je compte bien réaliser tes vœux à la maison : car je vais me mettre à table auprès de ton affranchie. (*Il sort.*)

(1) L'équivoque est plaisante. Dordalus entend que Toxile lui promet de bien garder la jeune fille, et le spectateur qu'elle est en effet bien en sûreté, puisqu'elle est libre.

SCÈNE IX.
SATURION, DORDALUS, LA JEUNE FILLE.

Sat. (*avec un courroux affecté.*) Si je n'assomme ce coquin....

Dor. (*à part.*) C'est fait de moi !

Sat. Eh ! le voilà fort à propos lui-même en personne devant sa maison.

La jeune fille (*à Saturion*). Mille fois salut, mon père.

Sat. Salut, ma fille.

Dor. Le maudit Persan m'a perdu.

La jeune fille (*à Dordalus, en montrant Saturion*). Voilà mon père.

Dor. Comment, ton père! je suis mort! infortuné! Il ne me reste maintenant qu'à pleurer mes soixante mines.

Sat. Moi, je vais te faire pleurer sur toi-même, scélérat!

Dor. Je suis assassiné!

Sat. Allons, marche au tribunal, coquin.

Dor. Et pourquoi au tribunal?

Sat. Je te le dirai devant le préteur. En attendant, je te cite en justice.

Dor. N'avez-vous pas de témoins?

Sat. Est-ce que tu vaux la peine que je tire l'oreille (1) à un homme libre, quel qu'il soit, bourreau, qui fais trafic de personnes libres (2)?

Dor. Permettez que je m'explique.

Sat. Non.

Dor. Écoute...

Sat. Je suis sourd, marche. Suis-moi, loup affamé de l'honneur des filles. (*A sa fille.*) Toi, mon enfant, viens avec moi jusque chez le préteur.

La jeune fille. Je vous suis. (*Ils sortent.*)

(1) Manière d'assigner un témoin. La baguette du constable de Londres semble rappeler cet usage de Rome.
(2) Les hommes notés d'infamie pouvaient être traînés devant le juge sans aucune formalité.

In Persas? nugas. *Tox.* Credidi gratum fore 710
Beneficium meum apud te. *Dord.* Imo equidem gratiam
Tibi, Toxile, habeo : nam sensi te sedulo
Mihi dare bonam operam. *Tox.* Tibin' ego? Imo servil.
Dord. Atat oblitus sum intus dudum edicere 714
Quæ volui edicta : adserva hanc. *Tox.* Salva 'st hæc quidem.
(Dordalus abit.)
Virgo. Pater nunc cessat. *Tox.* Quid si admoneam? *Virgo.*
Tempus est.
Tox. Heus, Saturio, exi : nunc est illa obcasio
Inimicum ulcisci. *Sat.* Eece me : numquid moror?
Tox. Age, illuc abscede procul e conspectu. *Sat.* Tace.
Tox. Ubi cum lenone me videbis conloqui, 720
Tum turbam facito. *Sat.* Dictum sapienti sat est.

SCENA OCTAVA.
DORDALUS, TOXILUS.

Dord. Transcidi loris omneis adveniens domi,
Ita mi subpellex squalet, atque ædeis meæ.
Tox. Redis tu tandem? *Dord.* Redeo. *Tox.* Næ ego hodie tibi
Bonam vitam feci. *Dord.* Fateor habere gratiam. 725
Tox. Num quidpiam aliud me vis? *Dord.* Ut bene sit tibi.
Tox. Pol, istuc quidem jam ego omne usurpabo domi :
Nam jam inclinabo me cum liberta tua.

SCENA NONA.
SATURIO, DORDALUS, VIRGO.

Sat. Nisi ego illunc hominem perdo! *Dord.* Perii! *Sat.* Atque optume 729
Eccum ipsum ante ædeis. *Virgo.* Salve multum, mi pater.
Sat. Salve, mea gnata. *Dord.* Hei, Persa me pessumdedit.
Virgo. Pater hic meus est. *Dord.* Hem! quid? pater? perii oppido!
Quid ego igitur cesso infelix lamentarier
Minas sexaginta? *Sat.* Ego, pol, te faciam, scelus,
Te quoque etiam ipsum ut lamenteris. *Dord.* Obcidi! 735
Sat. Age, ambula in jus, leno. *Dord.* Quid me in jus vocas?
Sat. Illei apud prætorem dicam : sed ego in jus voco.
Dord. Nonne antesturis? *Sat.* Tuan' ego causa, carnufex,
Quoiquam mortali libero aureis adteram?
Qui heic conmercaris civeis homines liberos, 740
Dord. Sine dicam. *Sat.* Nolo. *Dord.* Audi. *Sat.* Sum surdus, ambula.
Sequere hac, scelesta feles virginaria.
Sequere hac, mea gnata, me usque ad prætorem. *Virgo.*
Sequor.

ACTE CINQUIÈME.

SCÈNE I.

TOXILE, SAGARISTION, LEMNISÉLÈNE;
ESCLAVE.

Tox. (*d'un ton emphatique.*) Maintenant que les ennemis sont vaincus, les citoyens sauvés, l'État tranquille, la paix conclue, la guerre éteinte par des succès qui n'ont coûté aucune perte à l'armée ni aux garnisons, Jupiter, et vous tous puissants habitants des cieux, qui nous avez si bien secondés, je vous rends grâce; c'est à vous que je dois d'avoir tiré de mon ennemi une éclatante vengeance. Maintenant, en l'honneur de cette victoire, je vais partager le butin avec ceux qui ont partagé mes périls. (*aux esclaves qui sont dans la maison.*) Venez, vous autres: je veux ici même, devant la maison, à cette porte, régaler mes compagnons. Dressez des lits, apprêtez tout ce qu'il faut; apportez-moi d'abord l'aigle.... (1) (*se reprenant*) l'aiguière; je veux répandre la joie, la gaieté, le plaisir, parmi tous ceux dont le secours m'a rendu facile une si pénible entreprise. Il n'y a qu'un méchant qui reçoit un service et ne sait pas le reconnaître.

Lem. (*sortant de la maison.*) Mon cher Toxile, pourquoi me laisses-tu loin de toi? et toi, pourquoi restes-tu loin de moi?

Tox. Viens donc, viens, ma mie, que je t'embrasse.

Lem. Ah! de tout mon cœur. Quoi de plus doux pour moi! mais dis-moi, prunelle de mes yeux, qui nous empêche de nous mettre tout de suite à l'aise sur les lits? (*Elle montre le lit et la table qu'on vient d'apporter.*)

Tox. Tout ce que tu voudras, je le veux.

Lem. Et tu es bien payé de retour.

Tox. (*aux esclaves.*) Allons, allons, dépêchez donc. — Toi, Sagaristion, va t'asseoir au haut bout.

Sag. Je n'y tiens pas; mais donne-moi la compagne qui me revient d'après notre traité.

Tox. Un moment.

Sag. Ce moment est un peu long.

Tox. Voyons, place-toi. Faisons de cet anniversaire de ma naissance un jour de réjouissance. (*aux esclaves.*) Donnez de l'eau pour laver; posez la table. (*Couronnant sa maîtresse.*) Reçois ces fleurs, ô fleur de beauté! sois la reine du festin. (*A Pegnion.*) Allons, petit, ouvre la fête en remplissant nos coupes sept fois à la ronde (1), et pars du haut bout. Dégourdis tes mains, dépêche-toi. Pegnion, que tu es lent à me donner ma coupe! Verse donc! à ma santé, à la vôtre, à celle de ma tendre amie! (*A Lemnisélène.*) Ce jour tant désiré est un bienfait des dieux, puisque je t'embrasse et que tu es libre.

Lem. Ce bonheur est ton ouvrage. A la santé de nous tous! (*Présentant sa coupe à Tox.*) Ma main fait passer à la tienne cette coupe; c'est le devoir d'une amante envers son amant.

Tox. Donne.

Lem. Tiens.

Tox. A la santé de ceux qui envient mon bonheur, et de ceux qui s'en réjouissent!

---

(1) Allusion aux courses des chars, qui faisaient sept fois le tour du cirque pour disputer le prix.

(1) Allusion burlesque à l'aigle militaire. — L'esclave joue ici le général d'armée. Il prend à dessein l'enseigne de Rome pour l'ustensile du ménage; *aquila*, l'aigle de l'armée, pour *aquolam*, l'eau qui servait aux ablutions avant le repas.

ACTUS QUINTUS.

SCENA PRIMA.

TOXILUS, SAGARISTIO, LEMNISELENE.

Tox. Hostibus victis, civibus salvis, re placida, pacibus perfectis,
Duello exstincto, re bene gesta, integro exercitu et præsidiis,
Quom bene nos, Jupiter, juvisti, dique alii omneis cælipotentes,
Ea vobis grateis habeo, atque ago, quia probe sum ultus meum inimicum.
Nunc ob eam rem inter participeis dividam prædam et participabo.
Ite foras: heic volo ante ostium et januam meos participeis bene adcipere.
Statuite heic lectulos, ponite heic quæ adsolent: heic statui volo primum   750
Aquolam mihi; unde ego omneis hilaros, lubenteis, lætificantels faciam ut fiant,
Quorum opera hæc mihi facilia factu facta sunt, quæ volui ecfieri.
Nam inprobu'st homo, qui beneficium scit sumere, et reddere nescit.

Lemn. Toxile mi, cur ego sine te sum? cur autem tu sine me es? *Tox.* Agedum ergo,
Adcede, mea, ad me, atque amplectere, sis. *Lemn.* Ego vero: oh, nihil magis dulce'st!   755
Sed, amabo, oculus meus, quin lectis nos actutum conmendamus?
Tox. Omnia quæ tu vis, ea cupio. *Lemn.* Mutua fiunt a me.
Tox. Age, age, age, ergo,
Tu Sagaristio, adcumbe in summo. *Sag.* Ego nihil moror: cedo parem quem pepegi.
Tox. Temperi. *Sag.* Mihi istuc temperi, sero 'st. *Tox.* Hoc age adcumbe: hunc diem suavem
Meum natalem agitemus amœnum; date aquam manibus; adponite mensam.   760
(ad Lemniselenem.) Do hanc tibi florentem florenti; tu heic eris, dictatrix nobis · age, puere,
A summo septenis cyathis conmitte hos ludos: move manus; propera.
Pægnium, tarde cyathos mihi das, cedo sane. Bene mihi, bene vobis, bene amicæ meæ.
Optatus hic mihi dies datus hodie 'st ab dis, quia te licet liberam me amplecti.
Lemn. Tua factum opera. Bene omnibus nobis, hoc mea manus tuæ poculum donat,   765
Ut amantem amanti decet. *Tox.* Cedo. *Lemn.* Adcipe. *Tox.* Bene ei qui invidet mihi,
Et ei qui hoc gaudio gaudet.

SCÈNE II.

DORDALUS, SAGARISTION, LEMNISÉLÈNE, PEGNION, TOXILE; ESCLAVES.

Dor. (*à part, sans voir les convives.*) Parmi tous les mortels qui ont vécu, qui vivent, qui vivront, et qui doivent naître dans l'avenir, je suis le plus infortuné : nul malheur ne surpasse le mien. Je suis mort! je suis assassiné! Ce jour est le plus fatal de ma vie. Comme ce traître de Toxile s'est joué de moi! comme il a pillé mon bien! J'ai répandu, j'ai perdu des tombereaux d'argent, et je les ai répandus en pure perte. Que le ciel extermine le Persan, tous les Perses, et le monde entier avec eux, pour prix du mal que m'a fait Toxile! C'est lui qui a ourdi cette intrigue, parce que je n'ai pas voulu, dans ma défiance, lui prêter de l'argent. Ah ! par Pollux ! je le ferai charger de fers, mettre en croix, si le ciel me prête vie, quand son maître sera de retour, ainsi que je l'espère. (*Il aperçoit les convives.*) Mais que vois-je ? quelle est cette comédie ? les voilà ici occupés à boire! Approchons. (*a Toxile.*) Salut, homme de bien! (*à Lemnisélène*) salut, honnête affranchie!

Tox. (*d'un air moqueur.*) Eh! c'est Dordalus lui-même!

Sag. Que ne l'invites-tu à venir ?

Tox. (*à Dordalus.*) Approche, si cela te fait plaisir. (*aux esclaves.*) Qu'on s'empresse. (*aux convives.*) Applaudissons au bienvenu. Salut, aimable Dordalus! Voici ta place, mets-toi à table. (*aux esclaves.*) Apportez de l'eau, pour lui laver les pieds (1). (*à Pegnion.*) Donne donc, petit.

Dor. (*à Pegnion, qui se dispose à lui mouiller les pieds.*) Ne t'avise pas de me toucher du bout du doigt, drôle! ou je t'étends par terre.

(1) Au lieu des mains, suivant l'usage, pour molester Dordalus.

Peg. Et moi, avec cette coupe, je te fais à l'instant sauter l'œil.

Dor. (*à Tox.*) Dis-moi, pendard, frotteur d'étrivières, comment m'as-tu berné aujourd'hui? dans quels piéges m'as-tu jeté? quels contes m'as-tu faits avec ton Persan?

Tox. Va faire tapage ailleurs, crois-moi.

Dor. (*à Lemnisélène.*) Et toi, honnête affranchie, tu savais tout, et tu m'as caché ce complot!

Lem. C'est d'un fou de vouloir quereller, quand on peut se donner du bon temps. Tu ferais mieux de remettre ta plainte à un autre jour.

Dor. Mon cœur brûle de colère.

Tox. (*à Pegnion.*) Donne-lui la cruche. (*à Dordalus.*) Éteins le feu, puisque ton cœur brûle : que la tête n'aille pas s'embraser.

Dor. Vous faites de moi votre jouet, à ce que je vois.

Tox. (*à Pegnion.*) Veux-tu que je te donne un mignon d'espèce nouvelle, Pegnion? Prends tes ébats ordinaires, puisque tu as le champ libre. (*Pegnion fait à Dordalus des grimaces d'une tendresse dérisoire.*) Oh! oh! tu t'y prends avec une dignité, un enjouement...

Peg. Cet enjouement ne me coûte rien : c'est un plaisir pour moi de bafouer ce coquin comme il le mérite.

Tox. C'est bien; continue.

Peg. (*Il fait semblant de caresser Dordalus, et lui donne un soufflet.*) Tiens, vieux Mercure, voilà pour toi.

Dor. Je suis mort! quel coup il m'a donné!

Peg. (*le frappant encore.*) Tiens, embourse encore celui-là.

Dor. Insulte-moi à ton aise, pendant que ton maître n'y est pas.

Peg. (*le frappant de nouveau.*) Vois comme

SCENA SECUNDA.

DORDALUS, SAGARISTIO, LEMNISELENE, PÆGNIUM, TOXILUS; SERVI.

Dord. Qui sunt, qui erunt, quique fuerunt, quique futuri sunt posthac,
Solus ego omnibus antideo facile, miserrumus hominum ut vivam.
Perii, interii! pessumus hic mihi dies hodie inluxit! conruptor 770
Ita me Toxilus perfabricavit, itaque meam rem divexavit.
Vehiculum argenti miser ejeci, amisi : neque quamobrem ejeci, habeo.
Qui illum Persam, atque omneis Persas, atque etiam omnes personas
Male di omneis perdant! ita misero Toxilus hæc mihi concivit.
Quia ei fidem non habui argenti, eo mihi eas machinas molitu'st : 775
Quem, pol, ego ut non in cruciatum, atque in conpedeis cogam, si vivam,
Siquidem huc unquam herus redierit ejus, quod spero? sed quid ego adspicio?
Hoc vide : quæ hæc fabula 'st? pol, heic quidem potant. Adgrediar. O bone vir,
Salveto, et tu, bona liberta. *Tox.* Dordalus hic quidem 'st.
Sag. Quin jube adire.
Tox. Adi, si lubet. Agite, adplaudamus. Dordale, homo lepidissume, salve. 780

Locus hic tuus est, huc adcumbe : ferte aquam pedibus : præben' tu, puere ?
Dord. Ne, sis, me uno digito adtigeris, ne te ad terram, scelus, adfligam.
Pægn. At tibi ego hoc continuo cyatho oculum excutiam tuum.
Dord. (ad Toxilum) Quid ais, crux, stimulorum tritor ? quomodo me hodie vorsavisti!
Ut me in tricas conjecisti! quomodo de Persa manus mihi adita 'st! 785
Tox. Jurgium hinc auferas, si sapias. *Dord.* At, bona liberta, hæc scivisti,
Et me celavisti? *Lem.* Stultitia 'st, quoi bene esse licet, eum prævorti
Litibus; posterius istæc te magis par agere 'st. *Dord.* Uritur cor mihi.
Tox. Da illi cantharum : exstingue ignem, si cor uritur, caput ne ardescat.
Dord. Ludus me facitis, intellego. *Tox.* Vin' cinædum novum tibi dari, Pægnium ? 790
Quin elude, ut soles, quando tibi locu'st heic.
Hui, babæ ! basilice te intulisti et facete.
Pægn. Decet me facetum esse, et hunc incidere
Lenonem lubido 'st, quando dignu'st.
Tox. Perge, ut cœperas. *Pægn.* Hoc, leno, tibi. 795
Dord. Perii, percutit me probe. *Pægn.* Hem, serva rursum.
Dord. Delude ut lubet, herus dum hinc abest.
Pægn. Viden', ut tuis dictis pareo?
Sed quin tu meis contra item dictis servis,

j'obéis à tes ordres. Mais toi tu devrais m'écouter, et suivre mes conseils.

Dor. Quels conseils?

Peg. - C'est de prendre une grosse corde et de te pendre. (*Il fait mine de vouloir lui donner un soufflet.*)

Dor. (*levant son bâton.*) Prends garde de me toucher, je t'en prie; ou je te donnerai de ce bâton de manière qu'il t'en cuira.

Peg. (*s'esquivant.*) Donne, je te le permets.

Tox. Allons, Pegnion, assez ; laisse-le respirer.

Dor. Par Pollux! je vous exterminerai tous !

Peg. C'est celui qui habite là-haut, au-dessus de nous (1), qui t'exterminera. Il te veut du mal, et t'en fera, (*montrant les convives.*) Ils ne te le disent pas, eux; mais moi, je te le dis.

Tox. (*à Pegnion.*) Allons, verse à la ronde le vin de miel : donne-nous à boire à pleine coupe. Il y a longtemps que nous n'avons bu : vraiment nous sommes à sec.

Dor. Fasse le ciel que le vin que vous buvez vous étrangle le gosier !

Peg. Il faut absolument, coquin, que je te danse un pas que dansait autrefois Hégéas (2). Regarde, est-il à ton goût? (*Il danse autour de Dordalus en lui faisant des grimaces.*)

Sag. Je veux à mon tour en danser un que Diodore dansait jadis en Ionie. (*Il tourmente Dordalus en sautant autour de lui.*)

Dor. Vous allez me le payer cher, si vous ne vous retirez pas.

Sag. Tu oses souffler, misérable! Si tu te mets en colère, je vais te ramener le Persan.

Dor. Je me tais, par Hercule! c'est toi-même qui es le Persan, toi qui m'as tondu jusqu'à la peau.

Tox. Tais-toi, imbécile : c'est son frère jumeau.

Dor. Son frère jumeau?

(1) Il désigne Saturion, le père de la jeune personne que le marchand a achetée, quoique fille libre.
(2) Hégéas et Diodora, fameux danseurs, dont le nom et les talents ne nous sont connus que par les vers de Plaute.

Tox. Et très-jumeau.

Dor. (*à Sagaristion.*) Que les dieux et les déesses te confondent, toi et ton frère jumeau!

Sag. A la bonne heure lui, qui t'a ruiné; car moi, je suis innocent.

Dor. Eh bien! que le mal qu'il mérite retombe sur toi (1)!

Tox. Allons, courage. Bernons-le à plaisir, il le mérite bien. (*Dordalus s'éloigne, et va de l'autre côté du théâtre.*)

Sag. Ce n'est pas nécessaire.

Lem. Moi, je ne le dois pas.

Tox. Apparemment parce qu'il s'est montré facile quand je t'ai achetée.

Lem. Cependant....

Tox. avec impatience. Il n'y a pas de *cependant*. Prends seulement garde, je te prie, qu'il ne t'arrive mal, et suis-moi, par Hercule! Il est bien juste que tu m'obéisses : sans moi, sans mon secours, il allait au premier jour faire de toi une prostituée. Voilà comme sont la plupart des affranchis : s'ils ne résistent pas à leur patron, ils se figurent n'être pas assez libres, ne pas montrer assez de dignité, de vertu. Il faut qu'ils l'offensent, qu'ils lui parlent outrageusement, qu'ils répondent à ses bontés par l'ingratitude.

Lem. (*avec douceur.*) Oui sans doute, tes bienfaits m'invitent à t'obéir.

Tox. C'est moi qui suis ton véritable patron, puisque j'ai payé à ce coquin le prix de ton affranchissement. Je veux, pour mon argent, avoir le plaisir de le bafouer.

Lem. J'en veux prendre aussi ma bonne part.

Dor. (*à part.*) Ces gens-là méditent assurément quelque complot contre moi.

Sag. (*à Toxile et à Lemnisélène.*) Holà! vous autres!

Tox. Qu'y a-t-il?

(1) M. Naudet traduit « Que le mal qu'il m'a fait retombe sur toi. »

Atque hoc quod tibi suadeo, facis? *Dord.* Quid est id? 800
Pægn. Restim tu tibi cape crassam, ac suspende te.
Dord. Cave, sis, me adtingas : ne tibi hoc scipione
Malum magnum dem. *Pægn.* Utere, te condono.
Tox. Jam jam, Pægnium, da pausam ***
Dord. Ego, pol, vos eradicabo. *Pæga.* At te ille, qui supra nos habitat, 805
Qui tibi male volt, maleque faciet : non hi dicunt, verum ego.
Tox. Age, circumfer mulsum : bibere da usque plenis cantharis.
Jamdiu factum est postquam bibimus : nimis diu sicci sumus.
Dord. Di faciant, ut id bibatis, quod vos nunquam transeat.
Pægn. Nequeo, leno, quin tibi saltem staticulum dem, olim quem Hegea 810
Faciebat : vide vero, si tibi satis placet. *Sag.* Me quoque volo
Reddere, Diodorus quem olim faciebat in Ionia.
Dord. Malum ego vobis dabo, nisi abitis. *Sag.* Etiam mutis, inpudens?
Jam ego tibi, si me inritassis, Persam adducam denuo.
Dord. Jam taceo, hercle : atque tu Persa es, qui me usque admutilavisti ad cutem. 815
Tox. Tace, stulte : hic ejus geminus est frater. *Dord.* Hiccine 'st? *Tox.* Ac geminissumos.

Dord. Di deæque et te, et geminum fratrem excruciant. *Sag.* Qui te perduit :
Nam ego nihil merui. *Dord.* At enim, quod ille meruit, tibi id obsit volo.
Tox. Agite, sollis, hunc ludificemus, nisi non dignu'st.
Sag. Non opu'st.
Lemn. At me haud par est. *Tox.* Eo credo, quia non inconciliavit, quom te emo. 820
Lemn. Attamen. *Tox.* Non tamen; cave ergo, sis, malo, et sequere me.
Te mihi dicto audientem esse addecet : nam, hercle, absque me
Foret et meo præsidio, hic faceret te prostibilem propediem.
Sed ita pars libertinorum 'st, nisi patrono qui adversatus est,
Nec satis liber sibi videtur, nec satis frugi, nec satis honestus; 825
Ni id ecficit, ni ei male dixit, ni grato ingratus repertus est.
Lemn. Pol, benefacta tua me hortantur, tuo ut inperio paream.
Tox. Ego sum tibi patronus plane, qui huic pro te argentum dedi.
Pro hisce hunc volo ludificari. *Lemn.* Meo ego in loco sedulo curabo.
Dord. Certo illi homines mihi nescio quid mali consulunt, quod faciant. *Sag.* Heus vos. 830

Sag. (*s'approchant de Dordalus.*) Est-ce là Dordalus le trafiqueur, qui achète si bien les filles libres? Est-ce lui qui fut autrefois un vaillant citoyen? (*Il lui donne un coup de poing dans la figure.*)
Dor. Qu'est-ce que cela signifie? aïe! quel soufflet il m'applique? Je vous en donnerai....
Tox. En attendant nous t'en avons donné, et nous t'en donnerons encore. (*Il le pince.*)
Dor. Aïe! il me pince les fesses.
Peg. Il n'y a pas de mal : elles sont depuis longtemps à la réforme.
Dor. (*à Pegnion.*) Tu t'en mêles aussi, petit bout d'homme!
Lem. (*à Dordalus, d'un ton railleur.*) Mon patron, venez, je vous prie, souper à la maison.
Dor. Ma sottise me livre en ce moment à tes railleries.
Lem. Parce que je t'invite à une partie de plaisir?
Dor. (*brusquement.*) Je ne veux pas du plaisir.
Lem. Soit.
Tox. Voyez donc l'effet de ces six cents écus! quel tapage ils causent!
Dor. (*a part.*) Je suis perdu! Ils savent trop prendre leur revanche avec un ennemi.
Tox. T'avons-nous suffisamment corrigé?
Dor. Je l'avoue, et je me rends.

Tox. Dans peu tu te rendras aussi au carcan. Va-t'en chez toi.
Sag. Au gibet!
Dor. (*montrant Toxile et Pegnion.*) Est-ce qu'ils ne m'ont pas assez torturé ici? (*Il sort.*)
Tox. Tu te souviendras d'avoir eu affaire à Toxile. (*s'avançant vers le public.*) Spectateurs, portez-vous bien; l'agent de prostitution est mort. Applaudissez.

On a dû s'apercevoir que Plaute s'était souvent copié lui-même dans cette pièce. Plusieurs des personnages et des moyens dramatiques du *Persan* se retrouvent dans l'*Asinaire*, le *Curculion*, le *Stichus*, dont l'orgie finale sert encore ici de dénoûment. Cependant cet ouvrage offre un intérêt particulier. L'emploi des costumes persans, l'indication quoique rapide des mœurs orientales, sont une nouveauté curieuse dans une comédie latine. Ce tableau d'esclaves disposant de la maison de leur maître pendant son absence, traitant, tétant leur belle tout à l'aise, prouve que le sort des esclaves n'était pas aussi triste que nous le supposons, et qu'il pourrait même faire envie aux domestiques libres des temps modernes. On remarque aussi la présence vraiment originale d'un personnage jusque-là interdit aux licences des poètes. C'est une jeune fille de condition libre mise en scène et mêlée à l'intrigue. Ce rôle donne un éclatant démenti aux savants, qui prétendent que jamais un auteur comique n'aurait osé montrer la fille d'un citoyen sur le théâtre de Rome. Mais il est juste de le remarquer, la fille de Saturion, quoique jetée en fort mauvaise compagnie, employée-même à une intrigue peu honnête, garde une modestie et une dignité qui ont le double mérite de l'intérêt dramatique et du contraste. Tel est l'art du poète. Cette figure gracieuse et candide, placée au milieu des plus vils personnages, ne paraît pas déplacée : et sa docilité, qui la réduit à servir d'instrument à de coupables fourberies, semble n'altérer en rien la pureté de sa vertu, ni les charmes de cet aimable caractère.

Tox. Quid ais? *Sag.* Hiccine Dordalus est leno, qui heic liberas virgines?
Hiccine est qui fuit quondam fortis? *Dord.* Quæ hæc res est? hei, colaphum icit.
Malum vobis dabo. *Tox.* At tibi nos dedimus, dabimusque etiam. *Dord.* Hei nates pervellit.
Pægn. Licet : diu sape sunt expunctæ. *Dord.* Loquere tu etiam, frustum pueri?
Lemn. (ad Dordalum.) Patrone, i intro, amabo, ad cœnam. *Dord.* Men ingnavia tu nunc me irrides? 835
Lemn. Quiane te voco, bene ut tibi sit? *Dord.* Nolo mihi bene esse. *Lemn.* Ne sit.

Tox. Quid igitur, sexcenti numi quid agunt? quas turbas danunt!
Dord. Male disperii! sciunt referre probe inimico gratiam.
Tox. Satis sumsimus suhplici jam. *Dord.* Fateor, manus vobis do. *Tox.* Et post dabis
Sub furcis : abi intro. *Sag.* In crucem. *Dord.* An me lio parum exercitum 840
Hisce me habent? *Tox.* Convenisse te Toxilum memineris.
Spectatores, bene valete; leno periit. Plaudite.

LE PETIT CARTHAGINOIS [1].

PERSONNAGES.

HANNON, vieillard carthaginois.
ADELPHASIE, } filles d'Hannes filles [2].
ANTÉRASTILE, } non, enlevées par un marchand d'esclaves.
GIDDENEMÉ, leur nourrice.
ANTHÉMONIDE, militaire, amant d'Antérastile.
LE LOUP, marchand de jeunes filles [2].
SYNCÉRASTUS, son esclave.
AGORASTOCLÈS, amant d'Adelphasie et neveu d'Hannon.
MILPHION, son esclave.
COLLYBISCUS, son fermier.
TÉMOINS d'Agorastoclès.
UN JEUNE ESCLAVE

La scène est à Calydon [3].

ARGUMENT,
attribué à PRISCIEN.

Un enfant de sept ans est volé à Carthage. Un vieillard, ennemi du mariage, l'achète, l'adopte, et l'institue son héritier. Deux cousines de cet enfant sont enlevées de même avec leur nourrice. Le Loup les achète, et chagrine l'amant de l'une d'elles : mais celui-ci introduit son fermier avec de l'or chez le marchand, qu'il compromet ainsi dans un crime de vol. Survient le Carthaginois Hannon, qui retrouve dans le jeune homme son neveu, et reconnaît ses deux filles qu'il avait perdues.

(1) Représenté vers l'an 565 de Rome pendant la seconde guerre punique.

Cette comédie est imitée de Ménandre. Plaute, l'a accommodée au goût des spectateurs romains. On a traduit exactement le titre *Pœnulus*, le Petit Carthaginois. Ce diminutif a quelque chose de moqueur et d'injurieux, qui a semblé parfaitement conforme à la pensée du poëte et aux sentiments d'un public ennemi de Carthage. On verra en effet dans cette pièce la haine nationale éclater par une foule de traits et d'allusions piquantes. Cette peinture, quoique rapidement esquissée, des mœurs et du langage des Carthaginois, devait singulièrement piquer la curiosité des Romains. Pour nous, c'est un précieux souvenir de cette grande nation, morte tout entière avec Annibal. Toutefois on pourra remarquer, à l'éloge de Plaute, qu'en mettant sur la scène un Carthaginois, il ne s'est point abaissé aux petitesses de l'esprit de parti et des ressentiments populaires, pour arracher des applaudissements aux passions de ses concitoyens. Il n'a point fait d'Hannon un personnage odieux ou ridicule; loin de là, ce rôle de père est plein de noblesse, de sensibilité et d'éloquence. L'épigramme s'arrête au costume, à la taille, à la figure un peu étranges d'Hannon; elle respecte son caractère et ses malheurs. Ajoutons aussi, à l'honneur des Romains, que ce généreux portrait d'un ennemi ne fit aucun tort au succès de la pièce.

(2) Le nom latin *lycus* signifie *loup*. — (3) Ville d'Étolie.

POENULUS.
DRAMATIS PERSONÆ.

HANNO, Pœnus.
ADELPHASIUM, } meretrices.
ANTERASTILIS, }
GIDDENEME, nutrix.
ANTHEMONIDES, miles.
LYCUS, leno.
SYNCERASTUS, servus.
AGORASTOCLES, adolescens, amator Adelphasii.
MILPHIO, servus Agorastoclis.
COLLYBISCUS, villicus.
ADVOCATI.
PUER.

Res agitur Calydone.

ARGUMENTUM
(UT QUIBUSDAM VIDETUR)
PRISCIANI.

PUER septuennis subripitur Carthagine.
Osor mulierum adoptat hunc emtum senex,
Et facit hæredem. Ejus pueri cognatæ duæ,
Nutrixque earum raptæ : at ille cum auro villicum
Lenoni obtrudit : ita eum furto adligat.
Venit Hanno Pœnus, gnatum hunc fratris reperit,
Suasque agnoscit, quas perdiderat, filias.

PROLOGUE (1).

Il me prend envie d'imiter l'*Achille* d'Aristarque (2); j'emprunterai mon début de cette tragédie. « Silence ! « taisez-vous, et soyez attentifs. Écoutez ; c'est l'or-« dre du chef de la troupe, du général de l'histrio-« nie... (3) » Il veut que ceux qui sont à jeun, comme ceux qui ont bien dîné, viennent s'asseoir sur les gradins, en bonne disposition d'esprit. Ceux d'entre vous qui ont dîné (4) ont fait très-sagement ; ceux qui n'ont point dîné se nourriront de comédie. Quand on a chez soi de quoi manger, c'est en vérité une grande sottise de venir au spectacle avant d'avoir dîné.

Holà, crieur, lève-toi ! invite le public à nous donner audience. Il y a une heure que j'attends pour voir si tu sais ton métier. Exerce cette voix qui te fait vivre et fournit à ton entretien ; car si tu ne cries pas, ton silence amènera la famine à ta porte. (*Le héraut demande silence.*) Allons, rassieds-toi, afin d'obtenir un double salaire. (*Aux spectateurs, d'un ton magistral.*) Il est de votre intérêt d'observer mes ordonnances. Aucune vieille courtisane ne s'assiéra sur le devant du théâtre (5); les licteurs

(1) Ce prologue est plein de détails intéressants sur les représentations dramatiques des anciens. On est tout étonné d'y retrouver une foule de règlements et d'usages dont nous faisions honneur à notre civilisation raffinée.

(2) Ce poëte, qu'il ne faut pas confondre avec le critique d'Homère, était contemporain d'Eschyle. Né à Tégée en Arcadie, il florissait vers l'an 450 avant J.-C. Il composa soixante-dix tragédies, dont deux furent couronnées. *Achille*, qui sans doute était son meilleur ouvrage, fut traduit en latin par Ennius. Il ne nous reste rien de ses écrits, ni des traductions, si ce n'est ce passage de Plaute.

(3) Plaute fait sans doute une parodie du vers d'Aristarque, en changeant le dernier mot. Le héros du poète tragique n'était vraisemblablement pas un général de comédiens. Par un calembour, le poète comique transforme en histrions les Istriens, récemment vaincus.

(4) Les représentations se donnaient avant le soir, et l'usage défendait de se mettre à table pendant le jour ; mais on dînait.

(5) De même autrefois les fats de la ville et de la cour occupaient deux rangées de banquettes sur la scène française. Les énergiques réclamations d'une grande actrice, Mlle Clairon, et surtout la muni-

PROLOGUS.

Achilem Aristarchi mihi commentari jubet.
Inde mihi principium capiam ex ea tragedia.
Sileteque et tacete, atque animum advortite.
Audire jubet vos inperator histricus;
Bonoque ut animo sedeant in subselliis, 5
Et qui esurientes, et qui saturi venerint.
Qui edistis, multo fecistis sapientius ;
Qui non edistis, saturi fite fabulis.
Nam quoi paratum 'st quod edit, nostra gratia,
Nimia 'st stultitia, sessum inpransum incedere. 10
Exsurge, præco, fac populo audientiam.
Jamdudum exspecto, si tuum opficium scias.
Exerce vocem quam per vivis et colis.
Nam nisi clamabis, veniet tacitum te obrepet fames.
Age, nunc reside, duplicem ut mercedem feras. 15
Bonum factum 'st, edicta ut servetis mea.
Scortum exoletum nequis in proscenio
Sedeat, neu lictor verbum, aut virgæ mutiant,
Neu designator præter os obambulet,
Neu sessum ducat, dum histrio in scena siet 20
Diu qui domi otiosi dormierunt, decet
Animo æquo nunc stent, vel dormire temperent.

se tairont, ainsi que leurs verges (1); l'indicateur des stalles (2) ne passera point devant les personnes pour faire placer quelqu'un, pendant que les acteurs seront en scène. Ceux qui ont dormi chez eux toute la matinée doivent se résigner à rester debout; ou bien qu'ils ne dorment pas si tard (3). Que les esclaves ne s'emparent point des banquettes, qu'ils laissent la place aux hommes libres, ou qu'ils payent leur liberté. S'ils n'en ont pas le moyen, qu'ils s'en aillent au logis, pour éviter une double mésaventure : ici les verges qui leur chamarreraient le dos, chez eux le fouet qui punirait leur négligence au retour du maître. Les nourrices soigneront au logis les enfants à la mamelle, et ne les apporteront pas au spectacle ; par ce moyen elles ne souffriront pas la soif, leurs marmots ne mourront pas de faim, et ne crieront pas ici comme des chevreaux. Les dames (4) regarderont sans bruit, riront sans bruit, et modéreront les éclats de leur voix perçante. Qu'elles réservent leur caquet pour la maison, afin de ne pas faire enrager leurs maris ici comme au logis. Quant aux présidents des jeux, ils ne donneront la palme à aucun acteur injustement; nul ne sera chassé du théâtre par la cabale, de manière que les mauvais l'emportent sur les bons... Et puis encore... j'allais l'oublier : Vous autres, valets de pied (5), pendant le spectacle faites irruption au cabaret, et tandis que les gâteaux fument dans le four, courez vite. Que ces décrets, rendus en vertu de mon pou-

ficence d'un grand seigneur, le comte de Lauraguais, parvinrent à détruire cet abus indécent, mais lucratif, dont Plaute veut aussi purger le théâtre de Rome.
(1) Les licteurs étaient là aux ordres des édiles, pour punir les perturbateurs.
(2) Le *designator* était une espèce d'huissier ou maître de cérémonies portant une petite baguette, qui indiquait la place que chacun devait occuper selon son rang dans l'État. Les principaux magistrats avaient des sièges particuliers. Le parterre et l'orchestre de nos théâtres ont aussi un *designator*.
(3) On venait dès le matin retenir sa place.
(4) Ce ne fut que sous le règne d'Auguste qu'une ordonnance sépara les femmes d'avec les hommes au spectacle.
(5) Esclaves chargés de suivre leur maître à pied, comme nos laquais et nos coureurs.

voir de chef de troupe, soient utiles à tous; et que chacun s'en souvienne en ce qui le concerne.

Arrivons maintenant au sujet de la pièce, afin que vous la connaissiez aussi bien que moi. J'en tracerai l'étendue, les limites, les tenants et aboutissants : pour cette opération je fais l'office d'arpenteur. Mais si je ne craignais de vous importuner, je vous dirais le titre de cette comédie.... Si cela vous déplait... Je le dirai toujours, avec la permission de l'autorité.

Cette comédie s'appelle en grec le *Carthaginois* : Plaute l'intitule, en latin, l'*Oncle pultiphagonide* (1). Vous savez à présent le titre : je vais vous rendre compte du reste. Je vais analyser le sujet; le *proscenium* (2) indiquera le lieu de la scène. Vous êtes ici arbitres jurés : accordez-moi, je vous prie, votre bienveillance.

Il y avait à Carthage deux cousins germains, d'une excellente famille, possédant de grands biens; l'un vit encore, l'autre n'existe plus. Je vous le dis avec certitude, car je le tiens de l'embaumeur qui l'a enseveli. Le défunt eut un fils unique, qui fut enlevé de Carthage dans son enfance, à l'âge de sept ans ; cet événement arriva six ans avant la mort du père. Cet infortuné, se voyant privé de son fils unique, tombe malade de chagrin, institue son cousin héritier de tous ses biens, et part pour l'Achéron sans bagage (3). Le ravisseur de l'enfant le transporta à Calydon, et le vendit à un vieillard riche, qui désirait des enfants et détestait les femmes. Ce vieillard acheta, sans le savoir, l'enfant de son hôte, l'adopta pour son propre fils, et le fit son héritier en mourant. Le jeune homme demeure

(1) Mangeur de purée. Les Carthaginois étaient considérés comme les inventeurs de la purée, dont, à ce titre sans doute, ils étaient fort gourmands.
(2) Le devant du théâtre, partie de la scène où les décorations étaient placées. — M. Naudet donne à cette phrase un sens tout différent : « Maintenant, pour le reste, recevez ma déclaration, je vais la faire ici : le proscenium est en effet le bureau où l'on doit venir déclarer le sujet, et c'est vous qui enregistrez. »
(3) On sait qu'on mettait sur le cercueil des morts une pièce de monnaie, pour payer le passage de ces âmes.

Servi ne obsideant, liberis ut sit locus,
Vel æs pro capite dent. Si id facere non queunt,
Domum abeant, vitent ancipiti infortunio, 25
Ne et heic varientur virgis, et loris domi,
Si minu' curassint, quum veniant heri domum.
Nutrices pueros infanteis minutulos
Domi ut procurent, neu quæ spectatum adferant,
Ne et ipsæ sitiant, et pueri pereant fame, 30
Neve esurienteis heic quasi hoedi obvagiant.
Matronæ tacitæ spectent, tacitæ rideant,
Canora heic voce sua tinnire temperent.
Domum sermones fabulandi conferant,
Ne et heic viris sint et domi molestiæ. 35
Quodque ad ludorum curatores adtinet,
Ne palma detur quoiquam artifici injuria,
Neve ambitionis causa extrudantur foras,
Quo deteriores anteponantur bonis.
Et hoc quoque etiam, quod pæne oblitus fui : 40
Dum ludi fiunt, in popinam, pedisequi,
Inruptionem facite; nunc dum obcasio 'st,
Nunc dum scriblitæ æstuant, obcurrite.
Hæc imperata quæ sunt pro imperio histrico,
Bonum, hercle, factum pro se quisque ut meminerit. 45
Ad argumentum nunc vicissatim volo
Remigrare, æque ut mecum sitis gnarures.
Ejus nunc regiones, limites, confinia
Determinabo; ei rei ego sum factus finitor.

Sed nisi molestum 'st, nomen dare vobis volo 50
Comœdiai : sin odio 'st... dicam tamen,
Siquidem licebit per illos, quibus est in manu.
Carchedonius vocatur hæc comœdia,
Latine Plautus : Patruus pultiphagonides.
Nomen jam habetis; nunc rationes cæteras 55
Adcipite : nam argumentum hoc heic censebitur.
Locus argumento 'st suom sibi proscenium.
Vos juratores estis; quæso, operam date.
Carthaginienseis fratres patrueleis duo
Fuere, summo genere et summis divitiis : 60
Eorum alter vivit, alter est emortuus.
Propterea apud vos dico confidentius,
Quia mihi pollinctor dixit, qui eum pollinxerat.
Sed illi seni, qui mortuus est, filius
Unicus qui fuerat, abditivus a patre, 65
Puer septuennis subripitur Carthagine,
Sexennio priu' quidem, quam moritur pater.
Quoniam perlisse sibi videt gnatum unicum,
Conficitur ipse in morbum ex ægritudine.
Facit illum hæredem fratrem patruelem suum. 70
Ipse abiit ad Acheruntem sine viatico.
Ille qui subripuit puerum, Calydonem avehit.
Vendit eum domino heic diviti quoidam seni,
Cup enti liberorum, osori mulierum.
Emit hospitalem is filium inprudens senex 75
Puerum illum, eumque adoptat sibi pro filio;

ici, dans cette maison. (*L'acteur montre la maison d'Agorastoclès*).

Je retourne encore une fois à Carthage. Si vous avez des commissions ou quelque affaire à me confier, donnez-moi de l'argent, ou ce sera comme si vous ne faisiez rien. Mais si vous m'en donnez, ce sera pis encore (1). L'oncle du jeune homme, le vieillard carthaginois qui existe, avait deux filles, l'une de cinq ans, l'autre de quatre : elles disparurent avec leur nourrice. On les enleva dans les bosquets de Mégara (2). Le ravisseur les conduisit dans la ville d'Anactore (3), et vendit tout ensemble la nourrice et les enfants, argent comptant, au plus exécrable des hommes que la terre ait jamais portés, si toutefois un marchand d'esclaves est vraiment un homme. Au reste, vous jugez vous-mêmes ce que peut être un homme qui s'appelle *le Loup*. D'Anactore, où il demeurait d'abord, il est venu s'établir récemment ici, à Calydon, pour faire son commerce. (*Montrant une maison vis-à-vis de celle d'Agorastoclès*.) Voici sa demeure. Le jeune homme aime éperdument une des deux jeunes filles, qu'il ne sait point être sa propre cousine; il ignore qui elle est; il ne l'a pas même touchée du bout du doigt, tant le scélérat de marchand le tourmente. Il n'a jamais eu aucune privauté avec la jeune fille, qui de son côté ne s'est jamais promenée avec lui : le marchand ne l'aurait pas laissée aller. Il voit le jeune homme amoureux, il veut faire là-dessus un bon coup de dé.

La cadette est l'objet chéri d'un militaire qui veut l'acheter pour en faire sa maîtresse.

Cependant le Carthaginois leur père, depuis qu'il les a perdues, ne cesse de les chercher et par terre et par mer. Il n'entre pas dans une ville sans visiter toutes les courtisanes l'une après l'autre : il

(1) Ce trait témoigne que ce prologue était récité par un esclave rusé et fripon.
(2) Jardin public de Carthage. — (3) Ville d'Acarnanie en Épire.

leur donne de l'or, passe la nuit avec elles, et fait ensuite mille questions : « Quelle est ton origine? De quel pays es-tu? As-tu été faite prisonnière ou enlevée? Quelle est ta famille? Qui sont tes parents? » Il emploie ainsi son habileté et sa finesse à retrouver ses filles. Il sait toutes les langues, mais il dissimule savamment sa science : c'est un vrai Carthaginois; n'est-ce pas tout dire? Il débarqua dans le port hier soir. Il est le père de ces jeunes filles, (*montrant la maison du marchand*) et l'oncle de notre jeune homme. (*Il montre celle d'Agorastoclès*). Tenez-vous bien le fil de l'intrigue? Si vous le tenez, tirez-le; mais n'allez pas le rompre : permettez-nous d'achever, je vous prie. (*Il va pour se retirer, puis revient*). Ah! ah! j'oubliais de vous dire le reste : le père adoptif du jeune homme avait été autrefois l'hôte de l'oncle carthaginois, celui qui arrivera aujourd'hui dans cette ville, et qui retrouvera ses filles, ainsi que son neveu, si je suis bien informé.

A présent je m'en vais mettre mon costume. (*Aux spectateurs*.) Vous, suivez la pièce avec impartialité. Le Carthaginois qui viendra ici retrouvera ses filles et son neveu. Maintenant adieu, soyez-nous favorables : je me retire : il faut que je me métamorphose. Ce qui reste à vous dire vous sera hautement expliqué par d'autres, dont c'est l'affaire. Adieu, secondez-nous, et que le dieu Salut vous conserve.

ACTE PREMIER.
SCÈNE I.
AGORASTOCLÈS, MILPHION.

Agor. Je t'ai souvent chargé, Milphion, d'affaires douteuses, n'offrant nul bénéfice, nulle ressource; et ta prudence, ton habileté, ton courage, ton adresse, en ont fait pour moi d'excellentes affai-

---

Eumque hæredem fecit, quom ipse obiit diem.
Is illic adulescens habet in illisce ædibus.
Revortor rursus denuò Carthaginem.
Si quid mandare voltis, aut curarier, 80
Argentum nisi qui dederit, nugas egerit·
Verum qui dederit, magi' majores egerit.
Sed illi patruo hujus, qui vivit senex,
Carthaginiensi duæ fuere filiæ;
Altera quinquennis, altera quadrimula, 85
Cum nutrice una perière. A Megaribus
Eas qui subripuit, in Anactorium devehit,
Venditque bas omneis, et nutricem et virgines,
Præsenti argento, homini, si leno 'st homo,
Quantum hominum terra sustinet, sacerrumo. 90
Vosmet nunc facite conjecturam cæterum,
Quid id sit hominis, quoi Lyco nomen siet.
Is ex Anactorio, ubi prius habitaverat,
Huc conmigravit in Calydonem haud diu,
Sui quæsti causa : is in illis habitat ædibus. 95
Earum hic adulescens alteram ecflictim perit.
Suam sibi congnatam inprudens, neque scit, quæ ea
Sit, neque unquam tetigit; ita eum leno macerat :
Neque quidquam cum ea fecit etiamnum stupri,
Neque duxit unquam; neque ille voluit mittere; 100
Quia amare cernit, tangere illam volt bolo.
Illam minorem in concubinatum sibi
Volt emere miles quidam, qui illam deperit.
Sed pater illarum Pœnus, postquam eas perdidit,
Marique terraque usquequaque quæritat. 105
Ubi quamque in urbem est ingressus, ilico

Omneis meretrices, ubi quisque habitant, invenit;
Dat aurum, ducit noctem; rogitat postibi,
Unde est, quojatis, captane an subrepta sit,
Quo genere gnata, qui parenteis fuerint. 110
Ita docte atque astu filias quærit suas.
Et is omneis linguas scit; sed dissimulat sciens
Se scire : Pœnus plane est. Quid verbis opu'st?
Is heri huc in portum navi venit vesperi.
Pater harum idem huic patruus adulescentulo 'st. 115
Jamne hoc tenetis? si tenetis, ducite :
Cave, dirumpatis. Quæso, sinite transigi.
Eheu! pene oblitus sum reliquom dicere.
Ille qui adoptavit hunc pro filio sibi,
Is illi Pœno hujusce patruo hospes fuit. 120
Is hodie huc veniet, reperietque heis filias;
Et hunc sui fratris filium, ut quidem didici ego.
Ego ibo, ornabor; vos æquo animo gnoscite.
Hic qui hodie veniet, reperiet suas filias,
Et hunc sui fratris filium. Dehinc cæterum 125
Valete, adeste. Ibo : alius nunc fieri volo.
Quod restat, restant alii qui faciant palam.
Valete, atque adjuvate, ut vos servet Salus.

ACTUS PRIMUS.
SCENA PRIMA.
AGORASTOCLES, MILPHIO.

Agor. Sæpe res multas tibi mandavi, Milphio,
Dubias, egenas, inopiosas consilii, 130

res. Tant de services méritent, je l'avoue, que je te donne la liberté et que je te rende mille actions de grâces.

Mil. Un vieux dicton cité à propos est toujours de mode : vos cajoleries sont, comme on dit, de pures fariboles, des balivernes, rien que des balivernes. Vous me cajolez à présent ; hier vous avez bien usé sur mon dos trois cuirs de bœuf.

Agor. J'aime; et si l'amour m'a rendu coupable, Milphion, il est juste que tu me pardonnes.

Mil. Rien de plus juste, en vérité! Et moi aussi je meurs d'amour. Laissez-moi vous battre comme vous m'avez battu sans aucun motif; ensuite vous me pardonnerez en faveur de mon amour.

Agor. Si c'est ta fantaisie ou ton plaisir, j'y consens; attache-moi au gibet, charge-moi de liens, frappe, je t'y autorise, je te le permets.

Mil. Mais si vous reniez la permission quand vous serez en liberté, moi je serai pendu.

Agor. Moi, me conduire ainsi envers toi? Quand je vois qu'on te bat, c'est une souffrance...

Mil. Pour moi vraiment.

Agor. Non, pour moi.

Mil. Je le voudrais bien. Mais voyons, que désirez-vous?

Agor. Pourquoi te le cacher? J'aime avec fureur.

Mil. Mes épaules s'en aperçoivent.

Agor. J'aime ma chère Adelphasie, l'aînée des jeunes filles qui sont chez le marchand d'esclaves, notre voisin.

Mil. Il y a longtemps que vous me l'avez dit.

Agor. Je brûle de la posséder. Mais le Loup, son maître, une âme de boue, le rebut des hommes...

Mil. Vous lui voulez donc bien du mal (1)?

Agor. Assurément.

Mil. Eh bien! faites-lui cadeau de moi.

(1) D'après les idées des anciens, les termes dont Agorastoclès se sert à l'égard de le Loup devaient porter malheur au marchand.

Agor. (avec humeur.) Va te faire pendre!

Mil. Parlons sérieusement. Lui voulez-vous beaucoup de mal?

Agor. De grand cœur.

Mil. Donnez-moi donc à lui. Vous lui ferez en même temps, je vous assure, un grand mal et un méchant cadeau.

Agor. Tu plaisantes!

Mil. Voulez-vous aujourd'hui, sans risque, sans dépense, faire de la belle votre affranchie?

Agor. Avec grand plaisir, Milphion.

Mil. Je ferai si bien que vous y réussirez. Vous avez chez vous trois cents philippes d'or?

Agor. J'en ai même six cents.

Mil. Il suffit de trois cents.

Agor. Quel est ton dessein?

Mil. Soyez tranquille. Je vous fais présent aujourd'hui du marchand d'esclaves tout entier, avec tout son monde.

Agor. Quel est ton dessein?

Mil. Vous allez le savoir. Votre fermier Collybiscus est en ce moment à la ville. Le marchand ne le connaît pas. Comprenez-vous maintenant?

Ago. Je comprends, par Hercule! mais je ne vois pas où tu veux en venir.

Mil. Vous ne le voyez pas?

Ago. Non, vraiment.

Mil. Eh bien! vous allez le savoir. On lui donnera de l'or, qu'il portera au marchand, en se faisant passer pour un étranger qui arrive d'une autre ville : il dira qu'il veut une jolie femme pour satisfaire un caprice : qu'on lui donne un endroit secret où il puisse prendre ses ébats, à son aise, sans témoins. Le marchand avide d'espèces s'empressera de le recevoir chez lui, et cachera dans un lieu sûr l'homme et l'argent.

Ago. Ce projet me plaît fort.

Mil. Vous lui demanderez si votre esclave est

Quas tu sapienter, docte, et cordate, et cate
Mihi reddidisti opiparas opera tua,
Quibus pro benefactis fateor deberi tibi,
Et libertatem et multas grateis gratias.
Milp. Scitum 'st, per tempus si obviam it, verbum vetus :
Nam tuæ blanditiæ mihi sunt, quod dici solet,   135
Gerræ germanæ, atque, edepol, liroe liroe.
Nunc mihi blandidicus es, heri in tergo meo
Treis facile corios contrivisti bubulos.
Agor. At amans per amorem si quid feci, Milphio,   140
Ignoscere id te mihi æquom 'st. *Milp.* Haud vidi magis.
Et me ego amore pereo : sine te verberem,
Item ut tu mihi fecisti, ob nullam noxiam :
Post id locorum, tu mihi amanti ignoscito.
Agor. Si tibi lubido 'st aut voluptati, sino,   145
Suspende, vinci, verbera, auctor sum, sino.
Milp. Si auctoritatem postea defugeris,
Ubi dissolutus tu sies, ego pendeam.
Agor. Egone istuc ausim facere præsertim tibi?
Quin mi feriri video te, extemplo dolet.   150
Milp. Mihi quidem, hercle. *Agor.* Imo mihi. *Milp.* Istuc mavelim.
Sed quid nunc tibi vis? *Agor.* Cur ego apud te mentiar?
Amo immodeste. *Milp.* Meæ istuc scapulæ sentiunt.
Agor. At ego hanc vicinam dico Adelphasium meam,
Lenonis hujus meretricem majusculam.   155
Milp. Jampridem equidem istuc ex te audivi. *Agor.* Disferor
Cupidine ejus : sed lenone istoc Lyco,
Illius domino, non lutum 'st lutulentius.

Milp. Vin' tu illi nequam dare nunc? *Agor.* Cupio. *Milp.* En! me dato.
Agor. Abi, directus. *Milp.* Dic mihi vero serio :   160
Vin' dare malum illi? *Agor.* Cupio. *Milp.* Heim! eumdem me dato.
Utrumque, faxo, habebit, et nequam et malum.
Agor. Jocare. *Milp.* Vin' tu illam hodie sine damno et dispendio
Tuo, tuam libertam facere? *Agor.* Cupio, Milphio.
Milp. Ego faciam ut facias : sunt tibi intus aurei   165
Trecenti numi Philippei. *Agor.* Sexcenti quoque.
Milp. Satis sunt trecenti. *Agor.* Quid facturus? *Milp.* Tace.
Totum lenonem tibi cum tota familia
Dabo hodie dono. *Agor.* Quid facturus? *Milp.* Jam scies
Tuus Collybiscus nunc in urbe 'st villicus,   170
Eum hic non gnovit leno : satin' intellegis?
Agor. Intellego, hercle : sed quo evadas nescio.
Milp. Non scis? *Agor.* Non hercle. *Milp.* At ego jam faxo scies.
Et dabitur aurum, ut ad lenonem deferat,
Dicatque se peregrinum esse ex alio oppido;   175
Se amare velle, atque obsequi animo suo.
Locum sibi velle liberum præberier,
Ubi nequam faciat clam, ne quis sit arbiter.
Leno ad se adcipiet auri cupidus inlico :
Celabit hominem et aurum. *Agor.* Consilium placet.   180
Milp. Rogato, servos venerit ne ad eum tuus.
Ille me censebit quæri : continuo illa
Negabit : quid tu dubitas, quin extempulo
Dupli tibi auri et hominis fur leno siet?

venu chez lui. Il s'imaginera que c'est moi que vous demandez, et répondra non, sans hésiter. Qui vous empêche de le faire condamner, pour le vol de votre argent et de votre esclave à l'amende du double de leur valeur (1)? Il n'a pas de quoi la payer. Vous le citerez en justice, et le préteur vous adjugera toute la maisonnée. Nous prendrons ainsi au piége le marchand le Loup.

Ago. Le projet me plaît fort.

Mil. Il vous plaira bien davantage, quand j'y aurai mis la dernière main. Ce n'est encore qu'une ébauche.

Ago. Je vais au temple de Vénus, si tu n'as plus rien à me dire, Milphion : c'est aujourd'hui les Aphrodises (2).

Mil. Je le sais.

Ago. Je veux régaler mes yeux du plaisir de voir les toilettes des courtisanes.

Mil. Occupons-nous d'abord de notre complot. Entrons, afin d'apprendre au fermier Collybiscus à bien jouer son rôle.

Ago. Malgré Cupidon qui tourmente mon cœur, je t'obéirai.

Mil. Vous vous en féliciterez, je l'espère. (*Agorastoclès rentre chez lui.*) Il y a dans le cœur une plaie d'amour qui ne peut le guérir sans qu'il en coûte cher. C'est donc contre le Loup, ce scélérat de marchand, que je vais dresser habilement mes machines, pour lui lancer de mon arsenal un trait qui le tue. (*Les deux courtisanes paraissent, suivies d'une esclave qui porte des offrandes pour Vénus.*) Mais voici Adelphasie qui sort avec Antérastile. Celle qui s'avance la première est la beauté qui fait tourner la tête à mon maître. (*Il s'approche de la maison d'Agorastoclès.*) Mais il faut que je l'appelle. — (*Haut.*) Holà! Agorastoclès, venez, si vous voulez voir un charmant spectacle.

(1) La loi condamnait le suborneur ou le receleur de l'esclave d'autrui à payer le double de sa valeur.
(2) Fêtes de Vénus, qui étaient surtout célébrées par les courtisanes.

Ago. Quel vacarme fais-tu, Milphion?

Mil. Eh! voici vos amours, venez les voir.

Ago. Oh! que le ciel te comble de biens, pour m'avoir offert une vue si délicieuse! (*Ils se retirent à l'écart, et écoutent les courtisanes sans être aperçus.*)

SCÈNE II.

ADELPHASIE, ANTÉRASTILE, MILPHION, AGORASTOCLÈS, UNE ESCLAVE.

Adel. Celui qui veut se préparer beaucoup d'embarras n'a qu'à se donner deux choses, un vaisseau et une femme. Il n'y a pas de choses au monde qui causent plus d'embarras, quand on veut les équiper : jamais on ne les équipe assez bien, le plus bel équipement ne leur suffit point. Ce que je dis là, je le sais par expérience. Depuis l'aurore jusqu'à l'heure qu'il est, nous n'avons eu, ma sœur et moi, d'autres occupations que de nous laver, de nous frotter, de nous essuyer, de nous polir et repolir, de nous farder, de nous attifer : et nous avions encore avec nous chacune deux servantes qui nous aidaient à tous ces soins de toilette et de propreté, sans compter deux hommes que nous avons lassés à nous apporter de l'eau. Ah! ne m'en parlez pas. Que d'ouvrage donne une seule femme! mais deux, il y aurait de quoi, j'en suis sûre, occuper un peuple entier. Jour et nuit, à tout instant elles se parent, se lavent, s'essuient, se polissent la peau. En un mot, la toilette des femmes est sans fin, et nous savons que pour se laver et se frotter elles n'ont jamais terminé. Car une femme a beau être bien propre, le moindre défaut dans ses ajustements la fait, à mon gré, paraître sale et déplaisante.

Ant. En vérité, ma sœur, je suis surprise de t'entendre tenir ce langage, toi qui as tant d'esprit, de savoir-vivre, et d'enjouement. Car, malgré toutes ces recherches de toilette, nous avons grande peine à trouver quelques pauvres petits amoureux.

Neque id unde eliciat, habet : ubi in jus venerit,   185
Addicet prætor familiam totam tibi :
Ita decipiemus fovea lenonem Lycum.
Agor. Placet consilium. *Milp.* Imo etiam, ubi expolivero,
Magis hoc tum demum dices : nunc etiam rude 'st.
Agor. Ego in ædem Veneris eo, nisi quid vis, Milphio.   190
Aphrodisia hodie sunt. *Milp.* Scio hoc. *Agor.* Oculos volo
Meos delectare munditiis meretriciis.
Milp. Hoc primum agamus, quod consilium cepimus.
Abeamus intro, ut Collybiscum vilicum
Hanc perdoceamus ut ferat fallaciam.   195
Agor. Quamquam Cupido in corde vorsatur, tamen
Tibi auscultabo. *Milp.* Faciam ut facto gaudeas.
Inest amoris macula huic homini in pectore,
Sine damno magno quæ elui neutiquam potest.
Itaque hic scelestus est homo leno Lycus ,   200
Quoi jam infortuni intenta balista 'st probe,
Quam ego haud multo post mittam e ballistario.
Sed Adelphasium, eccam, exit, atque Anterastilis.
Hæc est prior, quæ meum herum dementem facit.
Sed evocabo : heus, i foras, Agorastocles !   205
Si vis videre ludos jucundissumos.
Agor. Quid istuc tumulti 'st, Milphio! *Milp.* Hem amores tuos,
Si vis spectare. *Agor.* O multa tibi di dent bona,
Quom mihi hoc obtulisti, tam lepidum spectaculum!

SCENA SECUNDA.

ADELPHASIUM, ANTERASTILIS, MILPHIO, AGORASTOCLES, ANCILLA.

Adelph. Negoti sibi qui volet vim parare,   210
Navem et mulierem, hæc duo conparato.
Nam nullæ magis res duæ plus negoti
Habent, forte si obceperis exornare.
Neque unquam satis hæ duæ res ornantur,
Neque eis ulla ornandi satis satietas est.   215
Atque hæc ut loquor, nunc modo docta dico.
Nam nos usque ab aurora ad hoc quod diei 'st,
Ex industria ambæ nunquam concessavimus
Lavari, aut fricari, aut tergeri, aut ornari,
Poliri, expoliri, pingi, fingi : et una   220
Binæ singulis quæ datæ nobis ancillæ,
Eæ nos lavando, eluendo, operam dederunt :
Adgerundaque aqua sunt viri duo defessi.
Apage, sis, negoti quantum in muliere una est!
Sed vero duæ, sat scio, maxumo uni   225
Populo quoilubet plus satis dare potis sunt :
Quæ noctes diesque omni in ætate semper
Ornantur, lavantur, tergentur, poliuntur.
Postremo, modus mulieris nullus est,
Neque unquam lavando et fricando scimus   230
Facere pausam. Nam quæ elauta est, nisi

Adel. C'est vrai : mais songe à une chose, ma sœur : il faut garder une mesure en tout. L'excès ennuie les hommes et les rebute.

Ant. Ma sœur, réfléchis, je te prie, qu'on juge de nous comme du poisson salé, qui n'a ni goût ni saveur quand on ne l'a pas fait tremper longtemps à grande eau : sans cela, il a mauvaise odeur, il est si salé qu'on n'y peut pas toucher. Il en est de même de nous. Les femmes sont de même nature; elles sont fades et dépourvues de charme, sans le prestige d'une riche toilette.

Mil. (à part à son maître.) Agorastoclès, c'est une cuisinière, je pense. Elle sait la manière de dessaler le poisson.

Ago. Tu m'importunes.

Adel. Trêve, ma sœur, par grâce : assez d'autres parlent de nos défauts, sans que nous allions les proclamer nous-mêmes.

Ant. Je me tais.

Adel. Tu me fais plaisir. Mais, dis-moi, (*montrant les offrandes*) avons-nous là tout ce qu'il nous faut pour nous rendre les dieux propices?

Ant. J'ai pourvu à tout.

Ago. (à part.) Le beau jour! jour mémorable et plein de charmes, digne de Vénus, dont on célèbre aujourd'hui la fête!

Mil. (à son maître.) Que me donnerez-vous pour vous avoir fait venir ici? N'est-il pas juste de me gratifier d'une cruche de vin vieux? Dites qu'on me la donne. (*Agorastoclès contemple Adelphasie sans écouter Milphion.*) Vous ne me répondez rien? — Il a perdu la langue, je crois; eh! que faites-vous là, planté sur vos deux pieds comme un hébété?

Ago. Laisse-moi tout entier à mon amour : ne me trouble pas, et tais-toi.

Mil. Je me tais.

Ago. Si tu te taisais, tu n'aurais pas besoin de dire : Je me tais.

Ant. Allons, ma sœur.

Adel. Un instant, je te prie; pourquoi tant te presser?

Ant. Pourquoi? Parce que le maître nous attend au temple de Vénus.

Adel. Qu'il attende, par Pollux! Un moment! Il y a foule à présent à l'autel. Veux-tu te mêler avec les prostituées de la rue, les maîtresses des boulangers, les rebuts des garçons fariniers, misérables parfumées de boue, sales délices des esclaves, qui sentent le fumier du repaire où elles croupissent dans la crapule, et que jamais un homme libre n'a daigné toucher ni amener chez lui, filles à deux oboles, gibier de la canaille des esclaves?

Mil. (à Adelphasie, sans qu'elle l'entende.) Va te faire pendre, pécore! oses-tu bien mépriser les esclaves, vile prostituée! Comme si c'était une beauté recherchée par des rois! Voyez cette femme merveilleuse! de quel ton superbe elle débite ses sottises! Je ne donnerais pas un verre de brouillard pour coucher sept nuits avec elle.

Ago. (avec feu.) Dieux immortels, dieux tout-puissants, est-il rien parmi vous de plus beau? Qu'avez-vous pour que je vous croie immortels plus que moi, dont les yeux jouissent d'un bien si parfait? Non, Vénus n'est pas Vénus. (*montrant Adelphasie.*) La voilà Vénus, voilà celle que j'adore, que je supplie de m'aimer, de m'être propice. — Milphion! hé! Milphion, où es-tu?

Mil. Me voici tout rôti (1).

Ago. Moi, je te voudrais bouilli.

(1) Jeu de mots. Milphion, au lieu de dire *adsum*, prononce *assum*, qui signifie *grillé*.

Perculta est, meo quidem animo, quasi inlauta est.
Ant. Miror equidem, soror, te istæc sic fabulari,
Quæ tam collida et docta sis et faceta
Nam quom sedulo munditer nos habemus,   235
Vix ægreque amatorculos invenimus.
Adelp. Ita est : verum hoc unum tamen cogitato :
Modus omnibus in rebus, soror, optumum 'st habitu.
Nimia omnia nimium exhibent negotium hominibus ex se.
Ant. Soror, cogita, amabo, item nos perhiberi   240
Quasi falsa muriatica esse automantur
Sine omni lepore, et sine suavitate,
Nisi multa aqua usque et diu macerantur;
Cient, salsa sunt, tangere ut non velis: item nos sumus.
Ejus seminis mulieres sunt; insulsæ   245
Admodum, atque invenustæ sine munditia et sumtu.
Milp. Coqua est hæc quidem, Agorastocles, ut ego opinor :
Scit muriatica ut maceret. *Agor.* Quid molestus?
Adelph. Soror, parce, amabo; sat est istuc alios dicere nobis,
Ne nosmet nostra etiam vitia loquamur.   250
Ant. Quiesco. *Adelp.* Ergo amo te : sed hoc nunc responde mihi.
Sunt heic omnia quæ ad deûm pacem oportet adesse?
Ant. Omnia adcuravi. *Agor.* Diem polchrum et celebrem et venustatis plenum!
Dignum Veneri, pol, quoi sunt Aphrodisia hodie!
Milp. Ecquid gratiæ, quom huc foras te evocavi? jam non
Me decet cado donari vini veteris? dic dari.   255
Nihil respondes? lingua huic excidit, ut ego opinor : quid
  heic, malum,

Adstans obstupuisti? *Agor.* Sine amem : ne obturba, ac tace.
Milp. Taceo. *Agor.* Si tacuisses, jam istuc, Taceo, non gnatum foret.
Ant. Eamus, mea soror. *Adelp.* Eho, amabo : quid illo
nunc properas? *Ant.* Rogas?   260
Quia herus nos apud ædem Veneris mantat. *Adelp.* Maneat, pol : mane.
Turba 'st nunc apud aram : an te ibi vis inter istas vorsarier
Prosedas, pistorum amicas, reliquias alicarias,
Miseras, schœno delibutas, servolicolas sordidas?
Quæ tibi olant stabulum statumque, sellam et sessibulum
  merum :   265
Quas adeo haud quisquam unquam liber tetigit, neque duxit domum :
Servolorum sordidulorum scorta diobolaria.
Milp. (hæc mulieribus non auditus.) I in malam crucem : tun audes etiam servos spernere,
Propudium? quasi bella sit, quasi eampse reges ductitent.
En monstrum mulieris! tantilla tanta verba funditat,   270
Quojus ego nebulæ cyatho septem noctets non emam.
Agor. Di inmortaleis omnipotenteis, quid est apud vos polchrius?
Quid habetis, qui mage inmortaleis vos credam esse, quam ego sive,
Qui hæc tanta oculis bona concipio? nam Venus non est Venus.
Hanc equidem Venerem veneror, me ut amet posthac propitia.   275
Milphio, heus Milphio, ubi es? *Milp.* Assum apud te, ve-

Mil. Vous faites des plaisanteries, cher maître.
Ago. C'est toi qui m'as appris ces belles choses.
Mil. Est-ce moi aussi qui vous ai appris à aimer une belle sans la toucher? C'est une assez pauvre science.
Ago. J'aime aussi les dieux, je les crains; et je ne porte pas les mains sur eux.
Ant. Ah! par Castor! plus je regarde nos ajustements à toutes deux, et moins je suis contente de notre toilette.
Adel. Elle est pourtant jolie. Nous sommes assez bien ajustées pour le profit du maître et pour le nôtre; car il n'y a plus de profit, ma sœur, quand la dépense excède le gain. Il vaut mieux la proportionner à ce qui est suffisant, que de l'étendre au superflu.
Ago. Par tous les dieux, Milphion, je préférerais la faveur d'Adelphasie à leur faveur même. Cette femme-là rendrait sensible un roc, une pierre, et s'en ferait aimer.
Mil. Par Pollux! vous dites vrai: car vous n'avez pas plus de sens qu'une pierre et qu'un roc, vous qui l'aimez.
Ago. Songe bien que je n'ai jamais attaché mes lèvres sur ses lèvres.
Mil. Je cours chercher du limon dans quelque étang ou dans quelque fontaine.
Ago. A quoi bon?
Mil. Pour coller vos lèvres aux siennes.
Ago. Va-t'en à la torture.
Mil. J'y suis déjà. (*Se tournant vers son maître.*)
Ago. Continueras-tu?
Mil. Je me tais.
Ago. Que n'est-ce pour toujours!
Mil. Eh! mais, cher maître, vous me provoquez à mon propre jeu, vous faites de l'esprit.

Ant. Il me semble, ma sœur, que tu trouves ta toilette assez jolie : mais quand il faudra soutenir la comparaison avec d'autres courtisanes, quel dépit n'éprouveras-tu pas, si tu en vois une mieux mise que toi!
Adel. Jamais l'envie ni la malveillance ne sont entrées dans mon cœur. J'aime mieux être ornée de bonnes qualités que des plus riches bijoux. Les bijoux sont donnés par la fortune, un bon caractère est un présent de la nature. J'aime mieux qu'on me dise bonne que riche. Une courtisane doit se parer de modestie plutôt que de pourpre, de pudeur plutôt que de bijoux. Les mauvaises mœurs souillent plus que la boue les plus brillantes parures. Une bonne conduite fait trouver charmante la plus vilaine toilette.
Agor. (*bas à Milphion.*) Çà, veux-tu faire une chose agréable et divertissante?
Mil. Volontiers.
Agor. Es-tu capable de m'obéir?
Mil. Assurément.
Agor. Va-t'en à la maison, et pends-toi.
Mil. Pour quelle raison?
Agor. Parce que de ta vie tu n'entendras des paroles si charmantes. Qu'as-tu besoin de vivre désormais? Crois-moi, va te pendre.
Mil. Pourvu que vous soyez pendu avec moi au plafond, comme une grappe de raisin sec.
Agor. (*montrant Adelphasie.*) Mais moi, je l'aime.
Mil. Et moi, j'aime le vin et la bonne chère.
Adel. (*à sa sœur.*) Ah çà! dis donc....
Ant. Que veux-tu?
Adel. Vois; tantôt mes yeux étaient malades : comme ils brillent maintenant!
Ant. J'y aperçois encore quelque chose.

cum. *Agor.* Ego elixus sis volo.
Milp. Enim vero, here, facis delicias. *Agor.* De te quidem hæc didici omnia.
Milp. Etiamne ut ames eam quam nunquam tetigeris? nihil illuc quidem 'st.
Agor. Deos quoque, edepol, et amo et metuo; quibus ego tamen abstineo manus.
Ant. Heu, ecastor, quom ornatum adspicio nostrum ambarum, pœnitet   280
Exornatæ ut simus. *Adelp.* Imo vero sane commode.
Nam pro herili et nostro quæstu satis bene ornatæ sumus.
Non enim potest quæstus consistere, si eum sumtus superat, soror.
Eo illud satiu'st satis quod satis est habitu, quam quod plus sat est.
Agor. Ita me di ament, ut illa me amet malim, quam di, Milphio.   285
Nam illa mulier lapidem silicem subigere, ut se amet, potest.
Milp. Pol, id quidem haud mentire : nam tu es lapide silice stultior,
Qui hanc ames. *Agor.* At vide, sis, cum illa nunquam limavi caput.
Milp. Curram igitur aliquo ad piscinam, aut lacum, limum petam.
Agor. Quid eo opu'st? *Milp.* Ego dicam : ut illi et tibi limem caput.   290
Agor. I in malam rem. *Milp.* Ibi sum' equidem. *Agor.* Pergis? *Milph.* Taceo. *Agor.* At perpetuo volo.
Milp. Enimvero, here, meo me lacessis ludo, et delicias facis.

Ant. Satis nunc lepide ornatam credo, soror, te tibi viderier :
Sed ubi exempla conferentur meretricum aliarum, ibi tibi Erit cordolium, si quam ornatam melius forte conspexeris.
Adelp. Invidia in me nunquam ingnata 'st, neque malitia, mea soror :   295
Bono ingenio me esse ornatam, quam auro multo mavolo.
Aurum in fortuna invenitur, natura ingenium bonum.
Bonam ego quam beatam me esse nimio dici mavolo.
Meretricem pudorem gerere magis decet, quam purpuram :
Magisque meretricem pudorem, quam aurum gerere condecet.   301
Polchrum ornatum turpes mores pejus cœno conlinunt :
Lepidi mores turpem ornatum facile factis conprobant.
Agor. Eho tu, vin' tu facinus facere lepidum et festivom? *Milp.* Volo.
Agor. Potesne mihi auscultare? *Milp.* Possum. *Agor.* Abi domum, ac suspende te.   305
Milp. Quamobrem? *Agor.* Quia jam nunquam audibis verba tot tam suavia.
Quid tibi opu'st vixisse? ausculta mihi modo, ac suspende te.
Milp. Siquidem tu es mecum futurus pro uva passa pensilis.
Agor. At ego amo hanc. *Milp.* At ego esse et bibere.
Adelp. Eho tu, quid ais? *Ant.* Quid rogas?   100
Adelp. Viden' tu, plent oculi sordium, qui erant, jam splendent mihi?   310
Ant. Imo etiam in medio oculo paulum sordi 'st. *Adelp.* Cedo, sis, dexteram.
Agor. Ut tu quidem hujus oculos inlotis manibus tractes ac teras?

Adel. Donne-moi ta main, je te prie.

Agor. (*à Milphion qui avance sa main.*) Comment, tes sales mains toucheraient, essuieraient ses beaux yeux!

Ant. La paresse nous a trop tenues aujourd'hui.

Adel. En quoi, je te prie?

Ant. Il y a déjà longtemps, dès avant le jour, nous aurions dû nous rendre au temple de Vénus, pour être les premières à porter le feu sur l'autel.

Adel. Ah ! ce n'est pas nécessaire. Que celles qui ont une figure triste comme la nuit aillent sacrifier pendant la nuit, et se dépêchent de rendre leurs hommages à Vénus avant qu'elle se réveille. Car si Vénus était éveillée quand elles se présentent, elles sont si laides qu'elles la feraient, je crois, fuir de son temple.

Agor. (*à demi-voix.*) Milphion !

Mil. (*impatienté.*) Pauvre Milphion ! mon Dieu ! (*à son maître.*) Que me voulez-vous ?

Agor. Quel langage, n'est-ce pas? Toutes ses paroles sont de miel.

Mil. Oui, ce n'est que pâtisserie délicate, sésame (1), pavots, fleur de farine et noix confites.

Agor. (*avec feu.*) Ne te semble-t-il pas que j'aime.....

Mil. l'interrompant. Le fléau de votre patrimoine, en horreur à Mercure (2).

Agor. Est-ce que l'argent doit être la passion d'un amoureux?

Ant. Partons, ma sœur.

Adel. Allons, comme il te plaira : suis-moi.

Ant. Je te suis.

Agor. Elles s'en vont : si nous allions leur parler?

Mil. Allez.

Agor. (*à Adelphasie.*) Salut à vous d'abord la première. (*à Antérastile.*) A vous la seconde, salut

(1) Blé de Turquie.
(2) En sa qualité de dieu de l'argent.

de seconde qualité. (*à la suivante.*) A la troisième, salut par-dessus le marché.

La suiv. (*à part.*) Alors, par Pollux ! j'ai perdu mon huile et ma peine (1).

Agor. (*à Adelph.*) Où allez-vous?

Adel. Moi? au temple de Vénus.

Agor. Dans quel dessein?

Adel. Pour obtenir sa faveur.

Agor. Ah ! pourriez-vous craindre sa colère ! Elle vous est favorable, assurément ; j'en réponds pour elle. (*Il s'avance pour l'embrasser*) (2).

Adel. Que faites-vous? pourquoi m'importuner de la sorte, je vous prie?

Agor. Ah ! que vous êtes farouche !

Adel. Laissez-moi, de grâce.

Agor. Pourquoi tant vous hâter? Il y a trop de foule maintenant.

Adel. Je le sais. Je veux voir les autres femmes ; je veux être vue.

Agor. Quelle fantaisie de regarder de laides figures, et de prodiguer à tous les regards tant de beauté?

Adel. Parce que l'on tient aujourd'hui le marché des courtisanes dans le temple de Vénus. C'est le rendez-vous des acheteurs. Je veux m'y faire voir.

Agor. La marchandise difficile à vendre a besoin de solliciter l'acheteur : la bonne trouve aisément des chalands, même quand on la tient cachée. (*avec passion.*) Dis, quand ne ferons-nous qu'un corps et qu'une bouche?

Adel. Le jour où le nocher renverra les morts de l'Achéron.

Agor. J'ai à la maison je ne sais combien de philippes d'or qui ne peuvent rester en place.

(1) Elle en est pour ses frais de toilette : elle se flattait d'être aussi belle que sa maîtresse. Le mot d'Agorastoclès détruit toutes les espérances de sa coquetterie.
(2) M. Naudet indique un autre mouvement de scène. Il attribue à Agorastoclès ces mots, *quid tu agis?* et traduit ainsi : « *Agorast.* (*après une pause et ne sachant que dire.*) Comment cela va-t-il ? *Adelphasie.* Pourquoi m'importuner de la sorte, je te prie? etc. »

Ant. Nimia nos socordia hodie tenuit. *Adelp.* Qua de re, obsecro ?
Ant. Quia jam non dudum ante lucem ad ædem Veneris venimus,
Primæ ut inferremus ignem in aram. *Adelp.* Ah ! non facto 'st opus : 315
Quæ habent nocturna ora, noctu sacruficatum ire obeupant :
Priusquam Venus expergiscatur, prius deproperant sedulo
Sacruficare : nam vigilante Venere si veniant eæ,
Ita sunt turpeis, credo, ecastor, Venerem ipsam e fano fugent.
Agor. Milphio. *Milp.* Edepol, Milphionem miserum ! quid nunc vis tibi? 320
Agor. Obsecro, hercle, ut mulsa loquitur ! *Milp.* Nihil nisi laterculos,
Sesamum, papaveremque, triticum, et frictas nuceis.
Agor. Ecquid amare videor? *Milp.* Damnum, quod Mercurius minume amat.
Agor. Namque, edepol, lucrum amare nullum amatorem addecet.
Ant. Eamus, mea germana. *Adelp.* Age, sis, ut lubet : sequere hac. *Ant.* Sequor. 325
Agor. Eunt hæ : quid si adeamus? *Milp.* Adeas. *Agor.*
(*Adelphasio.*) Primum prima salva sis :
(Anterastili.) Et secunda tu secundo salve in pretio :
(*ancillæ.*) tertia

Salve extra pretium. *Anc.* Tum, pol, ego et oleum et operam perdidi.
Agor. Quo te agis? *Adelp.* Egone? in ædem Veneris. *Agor.* Quid eo? *Adelp.* Ut Venerem propitiem.
Agor. Eho, an irata 'st? propitia, hercle, est : vel ego pro illa spondeo. 330
Adelp. Quid tu agis? quid mihi molestus, obsecro? *Agor.* Ah ! tam sæviter.
Adelp. Mitte, amabo. *Agor.* Quid festinas? turba nunc illei est. *Adelp.* Scio.
Sunt illei allæ, quas spectare ego, et me spectari volo.
Agor. Qui lubet spectare turpeis, pulchram spectandam dare?
Adelp. Quia apud ædem Veneris hodie est mercatus meretricius. 335
Eo conveniunt mercatores : ibi ego me ostendi volo.
Agor. Invendibili merce oportet ultro emtorem adducere,
Proba merx facile emtorem reperit, tametsi in abstruso sita 'st.
Quid ais tu? quando illei apud me mecum caput et corpus copulas?
Adelp. Quo die Orcus ab Acheronte mortuos amiserit. 340
Ago. Sunt mihi intus nescio quot numi aurei lymphatici.
Adelp. Deferto ad me, faxo actutum constilerit lymphaticum.
Milp. Bellula, hercle ! *Agor.* I, dierecte, in maxumam malam crucem.

Adel. Apportez-les-moi, je les mettrai bientôt à la raison.

Mil. (*ironiquement.*) Elle est charmante, en vérité !

Agor. Va te faire pendre, maraud, à une croix de cinquante pieds !

Mil. Plus je la regarde, et plus sa beauté me semble nébuleuse... Ce n'est que pur artifice (1).

Adel. (*à Agorast.*) Faites-moi grâce de votre conversation ; elle me fatigue.

Agor. Voyons, soulevez un peu ce voile...

Adel. (*lui repoussant la main.*) Je suis pure : gardez-vous, s'il vous plaît, de me toucher, Agorastoclès.

Agor. Que faire donc ? Si vous étiez raisonnable, vous mettriez un terme à mes ennuis.

Adel. Je n'ai aucun souci de vous.

Agor. Qu'en dis-tu, Milphion ?

Mil. (*à part*) Voici mon tourment. (*haut*) Que me voulez-vous ?

Agor. Pourquoi est-elle irritée contre moi ?

Mil. Pourquoi elle est irritée contre vous ? Je ne m'en inquiète guère : c'est votre affaire à vous.

Agor. Par Hercule ! tu es mort, si tu ne me la rends aussi douce, aussi calme que la mer quand l'alcyon fait prendre la volée à ses petits.

Mil. Que faut-il faire ?

Agor. Prie, flatte, caresse.

Mil. Je m'acquitterai parfaitement de la mission. Mais prenez-y garde, n'allez pas ensuite caresser votre ambassadeur à coups de poing.

Agor. Non.

Adel. (*à Antérastile.*) Partons maintenant. (*à Agorast. qui veut la retenir.*) Vous me retenez encore ? C'est mal. Vous promettez beaucoup, mais toutes vos promesses tombent comme une fumée. Vous avez juré de m'affranchir, non pas une fois, mais cent fois. Je compte sur vous, je ne cherche point d'autre ressource, et vos paroles restent sans effet : je suis esclave comme auparavant... Viens, ma sœur. (*à Agorastoclès avec humeur.*) Éloignez-vous de moi.

Agor. Je suis perdu ! holà, Milphion ? Que fais-tu donc ?

Mil. (*s'approchant d'Adelphasie.*) Ma volupté, mes délices, mon âme, charme de ma vie, prunelle de mes yeux, ma petite bouche, salut de mes jours, mon baiser, mon miel, mon cœur, ma crème, mon petit fromage mou.

Agor. Souffrirai-je qu'il dise ces impertinences devant moi ? Je veux qu'on me mette à la torture comme un misérable, si je ne le fais conduire à quatre chevaux grand train au supplice (1).

Mil. (*à Adelphasie.*) Je vous en prie, ne soyez plus fâchée contre mon maître pour l'amour de moi. Je vous réponds que, si vous oubliez votre colère, il donnera tout pour vous, et que par sa générosité vous deviendrez libre et citoyenne d'Athènes.

Adel. Laissez-moi partir. Que me voulez-vous ? Ceux qui nous veulent du bien nous font des visites utiles (2).

Mil. S'il vous a manqué de parole, dorénavant il tiendra sa promesse.

Adel. (*vivement.*) Retire-toi, imposteur !

Mil. J'obéis : mais savez-vous à quelle condition ? Cédez à ma prière, laissez-moi vous prendre par vos deux petites oreilles, et vous donner un baiser. (*Montrant son maître.*) Par Hercule ! il va pleurer, si je ne parviens à vous adoucir. Il me battra, si vous ne lui accordez pas un sourire : j'en tremble d'avance ; je connais l'humeur brutale du bourru. Ainsi, je vous en supplie, ô ma volupté, laissez-vous fléchir.

Agor. (*à part.*) Je ne vaux pas trois oboles, si je n'arrache les yeux et les dents à ce coquin. (*Il lui donne des soufflets.*) Tiens, voilà pour *ma volupté*,

(1) M. Levée traduit : « si je ne fais écarteler aujourd'hui ce coquin-là.
(2) M. Naudet, qui lit *visitem*, traduit : « Je dois rendre bonne visite à qui me veut du bien. » Et M. Levée qui lit *visitent* au lieu de *visitem* met : « Lorsqu'on veut du bien à quelqu'un, on lui fait du bien chaque fois qu'on lui rend visite. »

(1). M. Naudet traduit : « *Mil.* (*regardant Adelphasie coiffée d'un bandeau appelé* vapeur.) « Voyez la belle vaporeuse : c'est moins que rien. »

Milp. Quam magis adspecto, tam magis est nimbata, et nugæ meræ.
Adelp. Segrega sermonem : tædet. *Agor.* Age, sustolle hoc amiculum. 345
Adelp. Pura sum : conperce, amabo, me adtrectare, Agorastocles.
Agor. Quid agam nunc ? Si sapias, curam hanc facere conpendi potes.
Adelp. Quid ego nunc te crucem ? *Agor.* Quid agis, Milphio ? *Milp.* Ecce odium meum.
Quid me vis ? *Agor.* Cur mihi hæc irata est ? *Milp.* Cur hæc irata est tibi ?
Cur ego cid curem ? namque istæc magis tua 'st curatio. 350
Agor. Jam, hercle, tu peristi, nisi illam mihi tam tranquillam facis,
Quam mare est olim, quom ibi alcedo pullos educit suos.
Milp. Quid faciam ? *Agor.* Exora, blandire, expalpa.
Milp. Faciam sedulo.
Sed vide, sis, ne tu oratorem hunc pugnis pectas postea.
Agor. Non faciam. *Adelp.* Nos eamus nunc : (ad Agorastoclem) etiam morare ? male facis. 355
Bene promittis multa, ex multis omnia incassum cadunt.
Liberare juravisti me haud semel, sed centies.
Dum te exspecto, neque usquam aliam mihi paravi copiam,
Neque istuc usquam adparet : ita nunc servio nihilo minus
I, soror : (ad Agorastoclem) abscede tu a me. *Agor.* Perii, eho ! quid agis, Milphio ? 360

Milp. Mea voluptas, meæ deliciæ, mea vita, mea amœnitas,
Meus ocellus, meum labellum, mea salus, meum savium,
Meum mel, meum cor, mea colostra, meus molliculus caseus.
Agor. Mene ego illæc patiar præsente dici ? discrucior miser,
Nisi ego illum jubeo quadrigis cursim ad carnuficem rapi. 365
Milp. Noli, amabo, subcensere hero meo causa mea.
Ego faxo, si non irata es, nimium pro te dabit ;
Atque te faciet ut sis civis Attica atque libera.
Adelp. Quin abire sinis ? quid vis tibi ? qui bene volunt, bene visitem.
Milp. Si ante quidem mentitus est, nunc jam dehinc erit verax tibi. 370
Adelp. Abscede hinc, sis, sycophanta. *Milp.* Pareo : at scin' quomodo ?
Sine te exorem, sine ve prendam auriculis, sine dem savium.
Jam, hercule, ego faciam plorantem illum, nisi te facio propitium.
Atque hic me ne verberet (illud faciet, nisi te propitio)
Male formido : gnovi ego hujus mores morosi malos. 375
Quamobrem, amabo, mea voluptas, sine te exorarier.
Agor. Non ego homo trioboli sum, nisi ego illi mastigiæ Exturbo oculos atque dentes : hem voluptatem tibi,
Hem mel, hem cor, hem labellum, hem salutem, hem savium !

voilà pour *mon miel*, voilà pour *mon cœur*, voilà pour *ma petite bouche*, voilà pour *le salut de mes jours*, voilà pour *mon baiser*.

Mil. Vous commettez un sacrilége, mon maître : vous frappez un ambassadeur !

Agor. Tu en mérites encore davantage à ce titre. (*il le frappe.*) Et j'ajoute cela pour *la prunelle des yeux, la petite bouche...* Et ta langue.

Mil. Quand finirez-vous ?

Agor. Est-ce ainsi que je t'avais dis de parler pour moi, traître ?

Mil. Comment fallait-il parler ?

Agor. Tu le demandes ? Voici comme il fallait dire, coquin : (*il se tourne vers Adelphasie.*) Volupté de mon maître, je vous en conjure, vous son miel, son cœur, sa petite bouche, sa langue, son baiser, sa crème, le charme de sa vie, sa félicité, son doux fromage! (*A Milphion.*) Pendard! (*se retournant vers Adelphasie.*) Vous son cœur, sa passion, son baiser ! (*à Milphion.*) Pendard ! tu devais dire tout cela, non pas en ton nom, mais au mien (1).

Mil. (*s'approchant d'Adelph.*) Je vous en conjure donc, vous, volupté de mon maître, et l'objet de ma haine ; sa tendre amie, et mon ennemie mortelle ; prunelle de ses yeux, et fluxion des miens ; son miel, et mon fiel, ne soyez pas en colère contre lui : ou si vous ne pouvez vous en défendre...

Adel. (2) Prends une corde et pends-toi, avec ton maître et toute sa sequelle.

Mil. Car je vois que, grâce à vous, il me faudra vivre de coups et de gémissements. Mon dos n'est qu'une large plaie, et s'en va par écailles à cause de votre amour.

Adel. Eh ! puis-je l'empêcher de te frapper, quand je ne puis l'empêcher de me faire des mensonges ?

Ant. (*à sa sœur*). Réponds-lui, je te prie, quelque chose d'obligeant, pour qu'il cesse de nous importuner : il nous détourne ici de nos projets.

(1) Cette manière de renouveler à sa maîtresse ses supplications et son amour est aussi ingénieuse que naturelle et passionnée.
(2) La plupart des traducteurs mettent dans la bouche d'Adelphasie cette phrase, que M. Naudet attribue à Milphion.

Adel. Tu as raison. (*à Agorast.*) Je vous pardonnerai encore cette fois, Agorastoclès ; je ne suis plus fâchée.

Agor. Vraiment ?
Adel. Vraiment.
Agor. Donnez-moi un baiser, pour me le prouver
Adel. Tout à l'heure ; quand je serai revenue du temple.
Agor. Va-s-y donc bien vite.
Adel. Suis-moi, ma sœur.
Agor. (*l'arrêtant.*) Encore un mot. Présentez mes respectueux hommages à Vénus.
Adel. Je n'y manquerai pas.
Agor. Écoutez encore.
Adel. Qu'est-ce donc ?
Agor. Faites votre prière en peu de mots. (*Il la retient.*) Écoutez encore : de grâce, un regard !
Adel. (*le regardant pour se débarrasser de lui.*) Je t'ai regardé.
Agor. Vénus vous le rendra, j'en suis garant. (*Adelphasie et Antérastile sortent avec leur suivante.*) (1)

SCENE III.
AGORASTOCLÈS, MILPHION.

Agor. A présent que me conseilles-tu, Milphion ?
Mil. De me battre et de mettre votre maison en vente ; car vous pouvez vendre votre maison sans nul inconvénient.
Agor. Que veux-tu dire ?
Mil. N'avez-vous pas élu domicile sur ma face ?
Agor. Épargne-moi ce discours.
Mil. Que désirez-vous de moi maintenant ?
Agor. Je venais de donner trois cents philippes d'or à mon fermier Collybiscus, lorsque tu m'as appelé

(1) Cette scène des deux courtisanes est charmante. M. Naudet remarque avec raison la variété ingénieuse et délicate de leurs caractères : Adelphasie et Antérastile ne sont point des courtisanes ordinaires : elles gardent une décence parfaite, une honnêteté fierté, jusque dans le manège et les artifices de la coquetterie. On désire (et c'est une rare habileté du poëte) qu'un sang libre coule dans leurs veines : enfin elles ne se ressemblent pas, quoique sœurs. Plaute donne à l'aînée une élévation de sentiments qui doit attirer sur elle la préférence d'Agorastoclès et l'intérêt du spectateur.

Milp. Impias, here, te : oratorem verberas. *Agor.* Jam istoc magis.
Et jam ocellum addam, et labellum, et linguam. *Milp.* Ecquid facies modi ?
Agor. Siccine ego te orare jussi ? *Milp.* Quomodo ergo orem ? *Agor.* Rogas ?
Sic enim diceres, sceleste : hujus voluptas, te obsecro :
Hujus mel, hujus cor, hujus labellum, hujus lingua, hujus savium,
Hujus colostra, hujus salus amœna, hujus festivitas, 385
Hujus colostra, hujus dulciculus caseus, mastigia ,
Hujus cor, hujus studium, hujus savium, mastigia ;
Omnis illa quæ dicebas tua esse, ea memorares mea.
Milp. Obsecro, hercle, te, voluptas hujus, atque odium meum,
Hujus amica mammeata , mea inimica et malevola , 390
Oculus hujus, lippitudo mea, mel hujus, fel meum ,
Ut tu huic irata ne sis ; aut, si id fieri non potest....
Capias restim, ac te suspendas cum hero et vostra familia.
Nam mihi jam video propter te victitandum sorbilo,
Itaque jam quasi ostrealum tergum ulceribus gestito, 395
Propter amorem vostrum. *Adelp.* Amabo, men' prohibere postulas,
Ne te verberet, magis quam ne mendax me advorsum siet ?
Ant. Aliquid huic responde, amabo, conmode, ne incommodus

Nobis sit : nam detinet nos de nostro negotio.
Adelp. Verum. Agor. Etiam tibi hanc amittam noxiam unam, Agorastocles. 400
Non sum irata. *Agor.* Non es ? *Adelp.* Non sum. *Agor.* Da ergo, ut credam, savium.
Adelp. Mox dabo, quom ab re divina rediero. *Agor.* I ergo strenue.
Adelp. Sequere me, soror. *Agor.* Atque audin' etiam ? Veneri dicito
Multam meis verbis salutem. *Adelp.* Dicam. *Agor.* Atque hoc audi. *Adelp.* Quid est ?
Agor. Paucis verbis rem divinam facito : atque audin' ? respice. 405
Adelp. Respexi. *Agor.* Idem, pol , Venerem credo facturam tibi.

SCENA TERTIA.
AGORASTOCLES, MILPHIO.

Agor. Quid nunc mihi es auctor, Milphio ? *Milp.* Ut me verberes ,
Atque auctionem facias : nam impunissume
Tibi quidem, hercle, vendere hasce ædeis licet.
Agor. Quid jam ? *Milp.* Majorem partem in ore habitas meo. 410
Agor. Supersede istis verbis. *Milp.* Quid nunc vis tibi ?

ici. Maintenant, je t'en supplie, Milphion, par cette main que je presse, (*il lui serre la main droite*) par sa sœur la main gauche, par tes yeux, par mes amours et mon Adelphasie, par ta liberté.....

Mil. Vous suppliez là par une chose qui n'existe point... Supplication nulle.

Agor. Mon cher petit Milphion, ma providence, mon salut, fais ce que tu m'as promis, abîmons le marchand d'esclaves.

Mil. Rien de plus facile. Allez, amenez avec vous des témoins; pendant ce temps, j'irai à la maison affubler votre villageois de mes accoutrements, et lui apprendre son rôle. Dépêchez : partez.

Agor. Je m'enfuis.

Mil. Cela me convient mieux qu'à vous (1).

Agor. (*avec effusion.*) Et moi, moi, si tu conduis bien l'entreprise.....

Mil. (*d'un air incrédule.*) Allez toujours...

Agor. Oui, j'entends qu'aujourd'hui tu...

Mil. Partez toujours.

Agor. Tu sois affranchi.

Mil. Allez toujours.

Agor. Par Hercule, je ne mériterais pas.....

Mil. (*impatienté.*) Mais allez donc.

Agor. Autant qu'il y a de morts sur les rives d'Achéron...

Mil. Partirez-vous?

Agor. Qu'il y a d'eau dans la mer.....

Mil. Vous ne vous en irez donc pas?

Agor. De nuages dans le ciel.....

Mil. (*se croisant les bras.*) Continuez, allez votre train.

Agor. D'étoiles au firmament.....

Mil. Continuez de m'étourdir les oreilles.

Agor. (*hors de lui, balbutiant.*) Et ceci, et cela, et je le jure bien.... non, par Hercule! assurément... A quoi bon tant de paroles? oui, un mot suffit... non, par Hercule assurément... Sais-tu bien... que les dieux me soient en aide! Veux-tu que je te parle de bonne foi? Je puis ici, entre nous.... Que

(1) Allusion aux esclaves qui prenaient la fuite.

Jupiter me.... Tu ne sais pas combien... Crois-tu à mes discours?

Mil. Si je ne puis obtenir que vous partiez, je partirai, moi. Par Hercule! pour comprendre ce langage, il faudrait être OEdipe, l'interprète du Sphinx. (*Il entre chez Agorastoclès.*)

Agor. (*seul.*) Il s'en va tout en colère. — Maintenant il faut me conduire de sorte que mon amour n'éprouve pas de retardements par ma faute. Allons, cherche des témoins, puisque l'amour ordonne a un homme libre d'obéir à son esclave. (*Il sort.*)

ACTE DEUXIÈME.

SCÈNE I.

LE LOUP, puis ANTHÉMONIDE.

Le Loup. (*seul.*) Que tous les dieux maudissent le marchand d'esclaves qui sacrifiera désormais la moindre victime à Vénus, ou lui offrira seulement un grain d'encens! Dans cette fatale journée, marquée par le courroux des dieux, j'ai immolé six agneaux sans pouvoir me rendre Vénus favorable. Voyant que tout sacrifice était inutile, je suis parti furieux; j'ai défendu de partager les entrailles (1) des victimes, et j'ai refusé de les regarder; comme l'aruspice me disait qu'elles étaient mauvaises, elles ne m'ont pas semblé dignes de la bouche de Vénus. De cette manière l'avide déesse a été bien attrapée. Puisqu'elle n'a pas été satisfaite de ce qui devait la contenter, je m'en suis tenu là. C'est ainsi que j'en use; et j'ai raison. J'apprendrai aux autres dieux et déesses à être dorénavant plus faciles à contenter, et moins insatiables, quand ils verront le tour qu'un marchand d'esclaves a joué à Vénus. Son digne aruspice, qui ne vaut pas trois oboles, disait que les entrailles m'annonçaient toutes malheur et désastre, et que les dieux étaient irrités contre moi. Peut-on se

(1) C'était la part des sacrificateurs. L'avare marchand se venge du courroux de la déesse sur ses prêtres.

Agor. Trecentos philippos Collybisco villico
Dedi dudum, priusquam me evocasti foras.
Nunc obsecro te, Milphio, hanc per dexteram,
Perque hanc sororem lævam, perque oculos tuos, 415
Perque meos amores, perque Adelphasium meam,
Perque tuam libertatem. *Milp* Hem nunc nihil obsecras.
Agor. Mi Milphidisce, mea commoditas, mea salus,
Fac quod facturum te esse promisisti mihi,
Ut ego hunc lenonem perdam. *Milp.* Perfacile id quidem 'st.
I, adduce testeis tecum; ego intus interim 421
Jam et ornamentis meis et sycophantiis
Tuum exornabo villicum; propera atque abi.
Agor. Fugio. *Milp.* Meum 'st istuc magis officium, quam tuum.
Agor. Egone, egone, si istuc lepide ecfexis.... *Milp.* I
modo. 425
Agor. Ut non ego te hodie.... *Milp.* Abi modo. *Agor.* Emittam manu....
Milp. I modo. *Agor.* Non, hercle, meream.... *Milp.* Vah! abi modo.
Agor. Quantum Acheronte 'st mortuorum. *Milp.* Etiamne abis?
Agor. Neque quantum æquæ est in mari. *Milp.* Abiturusne es?
Agor. Neque nubis quantum. *Milp.* Pergin' pergere? 430
Agor. Neque stellæ in cælo. *Milp.* Pergin' aureis tundere?
Agor. Neque hoc, neque illuc, neque.... enim vero serio.
Neque, hercle, vero : quid opus est verbis? quippini!
Quod uno verbo dicere hete quidvis licet....

Neque, hercle, vero serio : scin' quomodo? 435
Ita me dii amabunt.... viu' bona dicam fide?
Quod heic inter nos liceat.... ita me Jupiter....
Scin' quam? vide tu : credin', quod ego fabuler?
Milph. Si nequeo facere ut abeas, egomet abiero.
Nam isti quidem, hercle, orationi OEdipo 440
Opus est conjectura, qui sphingi interpres fuit.
Agor. Illic hinc iratus abiit : nunc mihi cautio 'st,
Ne meamet culpa meo amori objexim moram.
Ibo atque arcessam testeis, quando amor jubet
Meo obedientem me esse servo liberum. 445

ACTUS SECUNDUS.

SCENA PRIMA.

LYCUS, ANTHEMONIDES.

Lyc. Di illum infelicent omneis, qui post hunc diem
Leno ullam Veneri unquam inmolarit hostiam,
Quive ullum turis granum sacruficaverit.
Nam ego hodie infelix, dis meis iratissumis,
Sex inmolavi agnos, nec potui tamen 450
Propitiam Venerem facere uti esset mihi.
Quoniam litare nequeo, abii illinc ilico
Iratus, vetui exta prosecarier;
Neque ea adspicere volui, quoniam non bona

fier à un tel personnage dans ce qu'il dit des hommes ou des dieux? Je n'en ai pas moins reçu depuis un présent d'une mine d'argent. (*regardant derrière lui.*) Mais où est donc le militaire qui me l'a donnée? je l'avais invité à dîner. Bon! le voici qui vient.

Anth. Pour t'achever mon récit, cher petit marchand, il y eut dans cette bataille pténornithique (1) soixante mille hommes volants tués de ma main en un seul jour.

Le Loup. Bah! des hommes volants!

Anth. Tout comme je te le dis.

Le Loup. Mais, je vous prie, est-ce qu'il existe au monde des hommes volants?

Anth. Il en a existé : mais je les ai tués.

Le Loup. Comment avez-vous fait?

Anth. Je vais te le dire : je donnai à mes soldats des frondes avec de la glu : ils les couvraient de feuilles de peuplier.

Le Loup. A quoi bon?

Anth. Pour que la glu ne s'attachât pas aux frondes.

Le Loup. Continuez, vous mentez admirablement : après?

Anth. Mes soldats mettaient dans les frondes de grosses balles de glu, qu'ils lançaient par mon ordre à ces guerriers volants. Bref, tous ceux que la glu atteignait tombaient par terre dru comme des poires. Dès qu'ils étaient tombés, je les tuais comme des pigeons, en leur perçant le crâne avec une de leurs plumes.

Le Loup. Ah! si tu as jamais fait pareil exploit, je veux, par Jupiter, offrir tous les jours des sacrifices, et ne rien obtenir.

Anth. Est-ce que tu ne me crois pas?

Le Loup. Je vous crois tout autant qu'on doit me croire. Allons, entrez, en attendant qu'on rapporte les entrailles des victimes.

Anth. Je veux te raconter encore une autre bataille...

Le Loup. Grand merci!

Anth. Écoute.

Le Loup. Non, par Hercule.

Anth. D'abord je vais te casser la tête si tu ne m'écoutes, ou si tu ne vas te pendre.

Le Loup. J'aime mieux m'aller pendre.

Anth. (*le menaçant.*) C'est bien décidé?

Le Loup. Très-décidé.

Anth. (*changeant de ton.*) Alors, dans cet heureux jour des Aphrodises, vends-moi ta petite courtisane.

Le Loup. J'ai sacrifié aujourd'hui, je remets toutes les affaires sérieuses à un autre jour.

Anth. Les jours de fêtes sont des jours ordinaires pour moi. C'est mon idée.

Le Loup. Eh bien! entrons; suivez-moi.

Anth. Je te suis. Je veux être ton soldat pour toute la journée.

(*Ils entrent chez le marchand.*)

ACTE TROISIÈME.

SCÈNE I.

AGORASTOCLÈS, LES TÉMOINS (1).

Agor. Que les dieux me soient en aide! il n'y a rien de plus insupportable qu'un ami trop lent, surtout pour un amoureux qui mène vite les choses. Voyez, par exemple, les témoins que j'amène; comme ils marchent à pas comptés, plus lents qu'un gros navire par un calme plat! Et cependant j'avais exprès évité de m'adresser à de vieux amis. Je

(1) Mot inventé par Plaute : *combat d'oiseaux*.

(1) Ceux qui faisaient la profession de témoins, qui juraient pour un plaideur *quand il en avait besoin*, étaient de pauvres affranchis.

Aruspex dixit; deam esse indignam credidi. 455
Eo pacto avaræ Veneri polchre adii manum.
Quando id quod sat erat, satis habere noluit,
Ego pausam feci : sic ago, sic me decet.
Ego faxo posthac, di deæque cæteri
Contentiores mage erunt, atque avidi minus, 460
Quom scibunt, Veneri ut adierit leno manum.
Condigne aruspex, non homo trioboli,
Omnibus in extis sibat portendi mihi
Malum damnumque, et deos esse iratos mihi.
Quid ei divini aut humani æquom 'st crederet? 465
Mina mihi argenti dono postilla data 'st.
Sed, quæso, ubinam illic restitit miles modo,
Qui hanc mihi donavit? quem ego vocavi ad prandium.
Sed eccum incendit. *Ant.* Ita ut obcepi dicere,
Lenulle, de illac pugna ptenornithica, 470
Qua sexaginta millia hominum uno die
Volaticorum manibus obcidi meis.
Lyc. Eh! volaticorum hominum? *Ant.* Ita dico quidem.
Lyc. An, obsecro, usquam sunt homines volatici?
Ant. Fuere; verum ego interfeci. *Lyc.* Quomodo 475
Potuisti? *Ant.* Dicam : viscum legioni dedi,
Fundasque; eo præsternebant folia farferi.
Lyc. Quoi rei? *Ant.* Ne ad fundas viscus adhæresceret.
Lyc. Perge : optume, hercle, perjuras : quid postea?
Ant. In fundas visci indebant grandiculos globos, 480
Eo illos volantes jussi funditarier.
Quid multa verba? quemquem visco obfenderant,
Tam crebri ad terram accidebant quam pira.
Ut quisque acciderat, eum necubam inlico

Per cerebrum pinna sua sibi, quasi turturem. 485
Lyc. Si, hercle, istuc unquam factum 'st, tum me Jupiter
Faciat, ut semper scruticem, nec unquam litem.
Ant. An mihi hæc non credis? *Lyc.* Credo, ut mihi 'st
  æquom credier.
Age eamus intro, dum exta referuntur. *Ant.* Volo
Narrare tibi etiam unam pugnam. *Lyc.* Nihil moror. 490
Ant. Ausculta. *Lyc.* Non', hercle. *Ant.* Tuum jam clidam
  caput,
Nisi auscultas, aut is in malam crucem.
Lyc. Malam crucem ibo potius. *Ant.* Certumne 'st tibi?
Lyc. Certum. *Ant.* Tum tu igitur die bono Aphrodisiis
Addice tuam mihi meretricem minusculam. 495
Lyc Ita res divina mihi fuit : res serias
Omneis extollo ex hoc die in alium diem.
Ant. Profestos festos habeam decretum 'st mihi.
Lyc. Nunc hinc eamus : sequere hac me. *Ant.* Sequor.
In hunc diem jam tuos sum mercenarius. 500

ACTUS TERTIUS.

SCENA PRIMA.

AGORASTOCLES, ADVOCATI.

Agor. Ita me di ament, tardo amico nihil est quidquam iniquius,
Præsertim homini amanti, qui quidquid agit, properat omnia.
Sicut ego hos duco advocatos, homines spissigradissumos,

savais combien l'âge donne de lenteur, et mon amour redoutait le retard. En vérité j'ai bien réussi de choisir ces jouvenceaux, véritables tortues, et qui semblent avoir les fers aux pieds! (*Aux témoins*.) Avancez, si vous pouvez avancer aujourd'hui, ou bien allez vous faire pendre. Est-ce de ce train qu'on vient assister un amant, quand on est de ses amis? Votre pas, c'est le mouvement de la farine qui passe au tamis. Il faut que vous ayez appris à marcher ainsi les fers aux pieds.

Un témoin. Ho! ho! l'ami, quoique nous ne soyons à tes yeux que de pauvres plébéiens, si tu nous dis des injures, fier de ta richesse et de ton rang, nous ne craignons pas d'infliger aux riches de bonnes corrections. Est-ce que nous sommes à tes ordres, soit que tu aimes ou que tu haïsses? Quand nous avons acheté le titre de citoyens, c'est avec notre argent et non avec le tien. Nous devons être libres, et nous nous moquons de toi. Ne te figure pas que nous soyons condamnés à servir tes amours en esclaves. Des hommes libres doivent avoir une démarche grave dans les rues. C'est bon pour un *pauvre gueux d'esclave de courir comme un écervelé*. Quand la république est en paix, quand ses ennemis sont exterminés, l'agitation ne convient pas. Puisque tu étais si pressé, il fallait nous appeler hier. Ne te flatte pas de nous faire courir par les rues, pour que le peuple nous poursuive comme des fous à coups de pierres.

Agor. Si je vous avais dit que je vous conduisais au temple pour dîner (1), vous devanceriez les cerfs à la course, vos pas s'allongeraient plus que ceux des porteurs d'échasses. Mais parce que je vous prie de m'assister et de me servir de témoins, vous êtes goutteux, et plus lents qu'un limaçon.

Un témoin. Eh! n'a-t-on pas un juste motif de courir vite quand on va boire et manger aux dépens d'autrui, tout son soûl, tant qu'on en veut, et cela sans être jamais obligé de rendre à l'hôte qui nous a régalés? Mais nous, tout pauvres et chétifs que nous sommes, nous avons encore de quoi manger à la maison. Ne nous écrase pas tant de ton mépris. Le peu que nous avons chez nous est bien à nous; nous ne demandons rien à personne, et personne n'a rien à nous demander. Persuade-toi bien que personne de nous ne se rompra un vaisseau pour l'amour de toi.

Agor. Comme vous vous fâchez! Ce que je vous en ai dit n'était que pour plaisanter.

Un témoin. Prenez donc aussi que ce soit en riant que nous vous avons répondu.

Agor. Je vous en supplie, par Hercule! pour me servir aujourd'hui, marchez non pas comme un vaisseau, mais comme une corvette : allons, remuez-vous du moins; je n'exige pas que vous couriez.

Un témoin. Si vous voulez procéder doucement et posément, nous vous servirons; si vous êtes trop pressé, prenez des coureurs pour témoins.

Agor. Je vous ai déjà dit ce dont il s'agit, et le secours que je réclame de vous contre ce marchand d'esclaves qui depuis si longtemps se joue de mon amour : vous savez le piège qu'on lui tend au moyen de l'esclave et de l'or.

Un témoin. Nous sommes assez instruits de tout cela, si les spectateurs le sont. C'est pour les spectateurs qu'on joue la pièce; ce sont eux que vous devez instruire, afin qu'au moment de l'action ils sachent de quoi il s'agit. Ne vous inquiétez pas de nous, nous connaissons toute l'affaire : nous avons tous appris, en même temps que vous, aux répétitions (1) comment il fallait vous répondre.

(1) Avec les restes des victimes.

(1) Par une digression qui lui est familière, Plaute quitte sa comédie et ses personnages pour se mettre lui-même en scène, ainsi que les acteurs et le public.

Tardiores quam corbitæ sunt in tranquillo mari.   504
Aeque equidem, hercle, dedita opera amicos fugitavi senes.
Scibam ætate tardiores, metui meo amori moram.
Nequidquam hos procos mihi elegi loripedeis, tardissumos.
Quin si ituri estis hodie, ite, aut ite hinc in malam crucem.
Siccine oportet ire amicos homini amanti operam datum?
Nam iste quidem gradus suberetu'st cribro pollinario, 510
Nisi cum pedicis condidicistis sic hoc grassari gradu.
Adv. Heus tu, quamquam nos videmur tibi plebei et pauperes,
Si nec recte dicis nobis, dives de summo loco,
Divitem audacter solemus mactare infortunio.
Nec tibi nos obnoxii sumus, istuc quid tu ames aut oderis :
Quom argentum pro capite dedimus, nostrum dedimus, non tuum.   515
Liberos nos esse oportet : nos te nihili pendimus.
Ne tuo nos amori servos tuos esse addictos censeas.
Liberos homines per urbem modico magis par est gradu
Ire : servoli esse duco festinantem currere :   520
Præsertim in re populi placida, atque interfectis hostibus,
Non decet tumultuari. Sed si properabas magis,
Pridie nos te advocatos huc duxisse oportuit.
Ne tu opinere, haud quisquam hodie nostrum curret per vias.
Neque nos populus pro ceritis insectabit lapidibus.   525
Agor. At si ad prandium me in ædem vos dixissem ducere,
Vinceretis cervom cursu, vel clavatorem gradu.
Nunc vos quia mihi advocatos dixi, et testeis ducere,
Podagrosi estis, ac vicistis cochleam tarditudine.
Adv. An vero non justa causa 'st, quo curratur celeriter, 530

Ubi bibas, edas de alieno, quantum velis usque adfatim,
Quod tu invitus nunquam reddas domino, de quo ederis?
Sed tamen quomodocunque, quamquam sumus pauperculi,
Est domi, quod edimus : nec nos tam contemtim conteras.
Quidquid est pauxillulum illuc nostrum, illud omne intus est :   535
Neque nos quemquam flagitamus, neque nos quisquam flagitat.
Tua causa nemo nostrorum est suos rupturus ramices.
Agor. Nimis iracundi estis : equidem hæc vobis dixi per jocum.
Adv. Per jocum itidem dictum habeto, quæ nos tibi respondimus.
Agor. Obsecro, hercle, operam celocem hanc mihi, ne corbitam date :   540
Ad trepidate saltem, nam vos adproperare haud postulo.
Adv. Si quid tu placide otioseque agere vis, operam damus :
Si properas, cursores meliu'st te advocatos ducere.
Agor. Scitis, rem narravi vobis, quod vostra opera mihi opus siet,
De lenone hoc, qui me amantem ludificatur tam diu,   545
Ei paratæ si sint insidiæ de auro et de servo meo.
Adv. Omnia istæc scimus jam nos, si hi spectatores sciant.
Horunc heic nunc causa hæc agitur spectatcrum fabula :
Hos te satius est docere, ut, quando agas, quid agant, sciant.
Nos tu ne curassis, scimus rem omnem : quippe omneis simul   550
Didicimus tecum una, ut respondere possimus tibi.
Agor. Ita profecto 'st : sed agite igitur, ut sciam vos scire rem

Agor. C'est vrai. Mais un instant, que je voie si vous savez bien votre rôle ; répétez-moi ce que je vous ai dit tantôt.

Un témoin. Ah ! vous voulez nous mettre à l'épreuve ? vous croyez que nous ne nous souvenons pas comment vous avez donné à votre fermier Collybiscus trois cents philippes qu'il doit porter au marchand votre ennemi, en se faisant passer pour un voyageur qui arrive d'une autre ville. Et puis, quand il sera chez le marchand, vous viendrez redemander votre esclave et votre argent.

Agor. Vous avez une mémoire excellente : vous êtes mes sauveurs.

Un témoin (*continuant.*) Celui-ci refusera, croyant que c'est Milphion que vous réclamez, et doublera ainsi la somme du vol (1) : le marchand vous sera adjugé. C'est pour cette affaire que vous voulez que nous vous servions de témoins.

Agor. Vous la saisissez à merveille.

Un témoin. Mon dieu, il suffit du bout du doigt ; c'est si peu de chose !

Agor. Agissons promptement, hâtons-nous. (*au premier témoin.*) Vous, dépêchez-vous le plus possible.

Un témoin. Alors nous vous souhaitons bien le bonjour. Vous n'avez qu'à prendre des témoins plus agiles ; nous sommes lents, nous autres.

Agor. (*ironiquement.*) Vous marchez très-bien, et vous avez tort de parler ainsi. (*avec colère.*) Je voudrais que le derrière vous tombât sur les talons.

Un témoin. Et nous, que ta langue tombât dans tes reins, et tes yeux à terre.

Agor. (*avec douceur.*) Hé là ! il ne faut pas vous fâcher de ce que je dis pour rire.

Un témoin. Et vous, vous ne devriez pas dire des injures à vos amis pour rire.

Agor. Laissons cela. Vous savez ce que je désire ?

Un témoin. Parfaitement. Votre but est de perdre le marchand d'esclaves.

Agor. Vous me comprenez. (*Regardant du côté*

(1) D'après la punition de la loi.

de sa maison.) J'aperçois fort à propos Milphion avec mon fermier, qui a un costume magnifique et merveilleusement approprié à notre ruse.

SCÈNE II.

MILPHION, COLLYBISCUS (*en costume de militaire*), AGORASTOCLÈS, LES TÉMOINS.

Mil. (*à Collybiscus sans voir les autres personnages.*) Mes instructions sont bien gravées dans ta mémoire ?

Coll. Parfaitement.

Mil. Attention, je te prie, aies-en la tête toute remplie.

Coll. A quoi bon tant de paroles ? les cals de la peau d'un sanglier n'y tiennent pas aussi fortement que tes leçons dans ma mémoire.

Mil. Tâche de bien savoir ton rôle pour le succès de l'intrigue.

Coll. Qu'est-ce que tu dis ? Je le sais mieux qu'aucun acteur tragique ou comique.

Mil. Tu es un brave garçon.

Agor. (*aux témoins.*) Approchons. (*à Milphion.*) Voici les témoins.

Mil. Vous ne pouviez pas trouver des hommes plus propres à cet emploi. Il n'y a pas de fête pour eux. Vrais piliers du comice, ils y demeurent ; on les y voit plus souvent que le préteur. Les praticiens de profession sont moins habiles qu'eux en chicane. Quand il n'y a pas de procès, ils en sèment.

Un témoin. Que les dieux te confondent, toi !

Mil. (*il prononce d'un ton équivoque les premiers mots.*) Vous, au contraire,... vous me faites grand plaisir, puisque, tous tant que vous êtes, vous montrez un si beau zèle pour servir mon maître dans ses amours. (*à Agorastoclès.*) Mais savent-ils bien ce dont il s'agit ?

Agor. Parfaitement, de point en point.

Mil. Prêtez-moi donc attention. Vous connaissez ce marchand d'esclaves, le Loup ?

Expedite, et mihi quæ dudum vobis dixi, dicite.
Adv. Itane tentas an sciamus? non meminisse nos ratus,
Quomodo trecentos philippos Collybisco villico   555
Dederis, quos deferret huc ad lenonem inimicum tuum ;
Isque se ut adsimularet peregrinum esse aliunde, ex alio
oppido.
Ubi is tetulerit, tu eo quæsitum servom adventes tuum
Cum pecunia. *Agor.* Meministis memoriter : servastis me.
Adv. Ille negabit, Milphionem quæri censebit tuum :   560
Id duplicabit omne furtum : leno addicetur tibi.
Ad eam rem nos esse testeis vis tibi. *Agor.* Tenetis rem.
Adv. Vix quidem, hercle, ita pauxilla est, digitulis primo-
ribus.
Agor. Hoc cito et cursim est agendum : propera jam quan-
tum potest.   564
Adv. Bene vale igitur : te advocatos melius celereis ducere :
Tardi sumus nos. *Agor.* Optume istis, pessume, hercle,
dicitis.
Quîm etiam deciderint vobis femina in talos velim.
Adv. At, edepol, nos tibi in lumbos linguam, atque oculos
in solum.
Agor. Eia, haud vostrum 'st, iracundos esse, quod dixi joco.
Adv. Nec tuum quidem est, amicis per jocum injuste loqui. 570
Agor. Mittite istæc. Quid velim, vos scitis ? *Adv.* Callemus
probe :

Lenonem perjurum ut perdas, id studes. *Agor.* Tenetis rem.
Ecce opportune egrediuntur Milphio una et villicus,
Basilice exornatus incedit, et fabre ad fallaciam.

SCENA SECUNDA.

MILPHIO, COLLYBISCUS, AGORASTOCLES, ADVOCATI.

Milp. Jam tenes præcepta in corde? *Coll.* Polchre. *Milp.*
Vide, sis, calleas.   575
Coll. Quid opu'st verbis? callum aprugnum callere æque
non sinam.
Milp. Facmodo ut condocta tibi sint dicta ad hanc fallaciam.
Coll. Quin, edepol, condoctior sum, quam tragœdi aut co-
mici.
Milp. Probus homo es. *Agor.* Adeamus propius : adsunt
testeis. *Milph.* Tot quidem
Non potuisti adducere homines magis ad hanc rem idoneos.
Nam istorum nullus nefastu'st, comitialeis sunt meri ;   581
Ibi habitant ; ibi eos conspicias, quam prætorem sæpius ;
Hodie juris coctiores non sunt, qui liteis creant,
Quam sunt hi, qui, si nihil est litium, liteis serunt.
Adv. Di te perdant. *Milp.* Vos quidem, hercle, commendo,
quom quiqui tamen,   585
Et bene et benigne facitis ; quom hero amanti operam datis.

LE PETIT CARTHAGINOIS, ACTE III, SCÈNE III.

Un témoin. Fort bien.
Coll. Mais moi je ne sais pas quelle est sa figure. Il faudrait me le dépeindre.
Un témoin prévenant la réponse de Milphion. Nous nous en chargeons. C'est assez d'instructions comme cela.
Agor. (*aux témoins, montrant Collybiscus.*) Il a trois cents philippes bien comptés.
Un témoin. Il faut que nous voyions cet or, Agorastoclès, pour rendre témoignage en connaissance de cause.
Agor. (*ouvrant la bourse.*) Allons, regardez, c'est de l'or.
Coll. (*au public.*) Oui vraiment, spectateurs, de l'or de comédie. C'est avec cet or-là, quand on l'a bien trempé, qu'on engraisse les bœufs en Italie (1). Mais pour jouer notre scène, ce sont des philippes.
Un témoin. Nous ferons semblant de le croire.
Coll. Mais faites comme si j'étais un étranger.
Un témoin. Certainement; et même comme si en arrivant aujourd'hui tu nous avais priés de t'indiquer un lieu de débauche, pour faire l'amour à ton aise, boire et te divertir comme un Grec.
Mil. Oh! les mauvais sujets!
Agor. C'est moi qui les ai instruits
Mil. Et qui vous a instruit vous-même?
Coll. Allons, rentrez, Agorastoclès; que le marchand ne vous aperçoive pas avec moi; qu'aucun accident ne vienne traverser l'intrigue.
Mil. C'est un sage qui pense sagement. Faites ce qu'il ordonne.
Agor. Retirons-nous. (*aux témoins.*) Mais vous, est-ce bien entendu?
Coll. Allez-vous-en.
Agor. Je m'en vais : fassent les dieux immortels....

(1) C'étaient des lupins.

Coll. Partirez-vous?
Agor. Je pars.
Mil. Vous faites bien. (*Agorastoclès et Milphion rentrent.*)
Coll. St! taisez-vous.
Un témoin. Qu'est-ce?
Coll. (*indiquant la maison du marchand.*) Cette porte vient de faire une grande incongruité.
Un témoin. Quelle incongruité?
Coll. Elle a fait par derrière un certain bruit....
Un témoin. Que les dieux te confondent! Mets-toi derrière nous.
Coll. Soit.
Un témoin. Nous marcherons devant.
Coll. (*aux spectateurs.*) Ces faquins suivent leur habitude. Ils mettent les autres derrière eux.
Un témoin. Voici notre marchand qui sort.
Coll. (*le regardant.*) Ce doit être un bon marchand, car il a l'air d'un mauvais drôle. Je vais sucer tout son sang, de loin, sans le toucher.

SCENE III.

LYCUS, LES TÉMOINS, COLLYBISCUS.

Le Loup (*parlant dans la maison.*) Je reviens à l'instant, Anthémonide; je veux trouver de bons convives pour dîner avec nous. Pendant ce temps-là, on apportera les entrailles des victimes; et nos belles, revenues du sacrifice, seront, j'espère, auprès de nous. (*Il aperçoit les témoins avec Collybiscus.*) Mais que viennent faire tous ces gens-là? qu'apportent-ils de nouveau? Et quel est cet homme en chlamyde qui se tient derrière eux?
Un témoin. Nous sommes des citoyens d'Étolie; nous te souhaitons le bonjour, le Loup; quoique ce soit à contre-cœur, et que nous voulions fort peu de bien aux marchands de filles.
Le Loup. Puissiez-vous être tous heureux! ce qui

Sed isti jam sciunt, negoti quid sit? *Agor.* Omnem rem ordine.
Milph. Tum vos animum advortite igitur : hunc vos lenonem Lycum
Gnovistis. *Adv.* Facile. *Coll.* At ego, pol, eum qua sit facie nescio.
Eum volo mihi demonstretis hominem. *Adv.* Nos curabimus. 590
Satis præceptum. *Agor.* Hic trecentos numos numeratos habet.
Adv. Ergo nos inspicere oportet istuc aurum, Agorastocles,
Ut sciamus quid dicamus mox pro testimonio.
Agor. Agite, inspicite : aurum 'st. *Coll.* Profecto, spectatores, comicum :
Macerato hoc pingueis fiunt auro in barbaria boves. 595
Verum ad hanc rem agundam philippum 'st. *Adv.* Ita nos adsimulabimus.
Coll. Sed ita adsimulatote, quasi ego sim peregrinus. *Adv.* Scilicet,
Et quidem quasi tu nobiscum adveniens hodie oraveris,
Liberum ut conmonstraremus tibi locum et voluptarium,
Ubi ames, potes, pergræcere. *Milp.* Heu, edepol, mortaleis malos! 600
Agor. Ego enim docui. *Milp.* Quis te porro? *Coll.* Agite, intro abite, Agorastocles,
Ne hic vos mecum conspicetur leno; neu fallaciæ
Præpedimentum objiciatur. *Milp.* Hic homo sapienter sapit.
Facite, quod jubet. *Agor.* Abeamus : sed vos! satis dictum 'st?
Coll. Abi.

Agor. Abeo, quæso, di inmortaleis..... *Coll.* Quin abis?
Agor. Abeo. *Milph.* Sapis. 605
Coll. St! tace. *Adv.* Quid est? *Coll.* Foreis hæ fecerunt magnum flagitium modo.
Adv. Quid id est flagiti? *Coll.* Crepuerunt clare. *Adv.* Di te perduint!
Pone nos recede. *Coll.* Fiat. *Adv.* Nos priores ibimus.
Coll. Faciunt, scurræ quod consuerunt : pone sese homines iocant.
Adv. Illic homo est qui egreditur leno. *Coll.* Bonus est; nam similis malo est. 610
Jam nunc ego illi egredienti sanguinem exsugam procul.

SCENA TERTIA.

LYCUS, ADVOCATI, COLLYBISCUS.

Lyc. Jam istuc ego revortar, Miles : convivas volo
Reperire nobis conmodos, qui una sient;
Interibi adtulerint exta; atque eadem mulieres
Jam ab re divina, credo, adparebunt domi. 615
Sed quid huc tantum hominum incedunt? ecquidnam adferunt?
Et ille chlamydatus quisnam 'st, qui sequitur procul?
Adv. Ætoli civeis te salutamus, Lyce :
Quamquam hanc salutem ferimus inviti tibi,
Et quamquam bene volumus leviter lenonibus. 620
Lyc. Fortunati omneis sitis, quod certe scio

n'arrivera pas, j'en suis sûr ; la fortune ne le permettra pas.

Un témoin. Les sots ont un trésor dans leur langue ; elle leur fournit des injures contre les gens qui valent mieux qu'eux.

Le Loup. Quand on ne sait pas le chemin qui mène à la mer, il faut prendre pour guide le cours d'un fleuve. Vous êtes le fleuve pour moi : je ne savais pas le chemin des mauvais propos ; je vous suivrai pour le connaître. Si vous me faites des compliments, je suivrai votre rive. Si vous me dites des injures, je marcherai sur vos traces.

Un témoin. Faire du bien à un méchant est aussi dangereux que faire du mal à un honnête homme.

Le Loup. Comment cela ?

Un témoin. Tu vas le savoir. Si vous faites du bien à un méchant, vous perdez votre bienfait : si vous faites du mal à un honnête homme, le souvenir du mal subsiste.

Le Loup. Le mot est joli ; mais comment s'applique-t-il à moi ?

Un témoin. Parce que nous sommes venus ici par intérêt pour toi, quoique nous ayons peu d'amitié pour les trafiquants de femmes.

Le Loup. Si vous m'apportez quelque chose de bon, je vous en remercie.

Un témoin. Va, nous ne t'offrons, nous ne te donnons, nous ne te promettons rien du nôtre ; nous ne souhaitons pas même que l'on te donne (1).

Le Loup. Je vous crois sur parole : je connais votre générosité. Mais voyons, que voulez-vous ?

Un témoin (*montrant Collybiscus*). Tu vois cet homme en chlamyde : il est maudit de Mars.

Coll. (*bas aux témoins.*) C'est vous-mêmes plutôt.

Un témoin. Nous te l'amenons pour que tu l'étrangles, le Loup.

Coll. (*à part.*) Le chasseur reviendra au logis

(1) M. Naudet traduit : « Bien entendu que nous ne t'offrons, ni ne te donnons, ni ne voulons te donner rien du nôtre. »

avec du gibier : la meute pousse adroitement le Loup dans les filets.

Le Loup. Quel est cet homme ?

Un témoin. Nous l'ignorons. Tout ce que nous savons, c'est qu'en nous rendant au port ce matin, nous l'avons vu débarquer d'un vaisseau de commerce. A peine à terre, il nous aborde, et nous fait un salut que nous lui rendons.

Coll. (*à part.*) Les coquins ! comme ils entament habilement l'intrigue !

Le Loup. Ensuite ?

Un témoin. Le voilà qui lie conversation avec nous. Il nous dit qu'il est étranger, et qu'il ne connaît pas cette ville ; qu'il désire qu'on lui indique un lieu commode, pour y faire la débauche. Nous te l'avons amené. Toi, si le ciel t'inspire, tu feras tes affaires en profitant de l'occasion.

Le Loup. Vraiment, il a cette envie ?

Un témoin. Et il a de l'or.

Le Loup. (*à part.*) Cette proie ne m'échappera pas.

Un témoin. Il veut boire et faire l'amour.

Le Loup. Je lui donnerai un endroit charmant pour cela (1).

Un témoin. C'est qu'il veut être ici secrètement, ignoré de tout le monde, à l'abri des témoins. Car il était à Sparte, à ce qu'il nous a dit, garde du roi Attale. Il s'est enfui après la prise de la ville.

Coll. (*à part.*) Son invention de garde du roi Attale et de Sparte est parfaite.

Le Loup. Puissent les dieux vous combler de biens, pour prix de vos bons avis et de l'excellente proie que vous m'amenez !

Un témoin. Bien plus ; il nous a dit lui-même, afin que vous le traitiez avec plus d'égards, qu'il avait un renfort de trois cents philippes dans sa bourse de voyage.

Le Loup. Je suis roi, si j'attire cet homme-là chez moi.

(1) M. Naudet traduit : « Je lui donnerai de quoi s'amuser. »

Nec fore, nec fortunam id situram fieri.
Adv. Istic est thesaurus stultis in lingua situs,
Ut quæstui habeant male loqui melioribus.
Lyc. Viam qui nescit, qua deveniat ad mare, 625
Eum oportet amnem quærere comitem sibi.
Ego male loquendi vobis nescivi viam :
Nunc vos mihi amneis estis ; vos certum 'st sequi.
Si benedicetis, vostra ripa vos sequar :
Si maledicetis, vostro gradiar limite. 630
Adv. Malo benefacere, tantumdem 'st periculum,
Quantum bono malefacere. *Lyc.* Qui vero ? *Adv.* Scies.
Malo si quid benefacias, id beneficium interit.
Bono si quid malefacias, ætatem expetit.
Lyc. Facete dictum : sed quid istuc ad me adtinet ? 635
Adv. Quia nos honoris tui causa huc ad te venimus.
Quamquam bene volumus leviter lenonibus.
Lyc. Si quid boni adportatis, habeo gratiam.
Adv. Boni de nostro tibi nec ferimus, nec damus,
Neque pollicemur, neque adeo volumus datum. 640
Lyc. Credo, hercle, vobis, ita vostra 'st benignitas.
Sed quid nunc voltis ? *Adv.* Hunc chlamydatum quem vides,
Ei Mars iratus est. *Coll.* Capiti vostro istuc poltius.
Adv. Hunc nunc, Lyce, ad te diripiendum adducimus.
Coll. (ita ne Lycus audiat.) Cum præda hic hodie incedet venator domum. 645
Canes conpellunt in plagas lepide Lycum.

Lyc. Quis hic est ? *Adv.* Nescimus nos istum quidem, qui siet ;
Nisi dudum a mani, ut ad portum processimus,
Atque istunc e navi exeuntem oneraria
Videmus ; adiit ad nos exemplo exiens, 650
Salutat, respondemus. *Coll.* Mortaleis malos !
Ut ingrediuntur docte in sycophantiam !
Lyc. Quid deinde ? *Adv.* Sermonem nobiscum ibi copulat.
Ait se peregrinum esse hujus ignarum oppidi.
Locum sibi velle liberum præberier, 655
Ubi nequam faciat : nos hominem ad te adduximus.
Tu, si te di amant, agere tuam rem obcasio 'st.
Lyc. Itane ille est cupiens ? *Adv.* Aurum habet. *Lyc.* (secum.)
Præda hæc mea 'st.
Adv. Potare, amare volt. *Lyc.* Locum lepidum dabo.
Adv. At enim hic clam furtim esse volt, ne qui sciant, 660
Neve arbiter sit : nam hic latro in Sparta fuit,
Ut quidem ipse nobis dixit, apud regem Attalum.
Inde nunc aufugit, quoniam capitur oppidum.
Coll. Nimis lepide de latrone, de Sparta optume.
Lyc. Di deæque vobis multa bona dent, quom mihi 665
Et bene præcipitis, et bonam prædam datis.
Adv. Imo, ut ipse nobis dixit, quo adcures magis,
Trecentos numos philippos portat præsidi.
Lyc. Rex sum, si ego illum hodie hominem ad me adlexero.
Adv. Quin hic quidem tuus est. *Lyc.* Obsecro, hercle, hor-

Un témoin. Mais il vous appartient déjà.

Le Loup. Engagez-le, je vous en prie, à choisir ma maison. C'est le plus délicieux séjour....

Un témoin. Il ne nous convient ni d'engager ni de dissuader cet étranger. Vous ferez votre affaire, si vous êtes adroit. Nous t'avons amené le ramier jusqu'au filet : c'est à toi de le prendre, si tu ne veux pas qu'il t'échappe.

Le Loup. Partez donc.

Coll. (*aux témoins.*) Eh bien ! étrangers, et le service que je vous avais demandé ?

Un témoin (*montrant le marchand.*) Vous ferez mieux de vous adresser à lui, jeune homme ; il est très-propre à ce que vous désirez.

Coll. (*bas aux témoins.*) Je veux que vous soyez présents quand je lui donnerai l'or.

Un témoin. De loin nous aurons l'œil sur tout.

Coll. (*haut.*) Je vous remercie de votre bon office. (*Les témoins se retirent ; Collybiscus s'approche du marchand.*)

Le Loup (*à part.*) Le trésor s'avance vers moi.

Coll. (*à part.*) Oui, comme un âne, en donnant des ruades.

Le Loup (*à part.*) Abordons-le poliment. (*Haut*) Recevez, cher hôte, le salut d'hospitalité. Je suis charmé de vous voir arriver en bonne santé.

Coll. Que les dieux vous comblent de biens, pour l'intérêt que vous me témoignez !

Le Loup. On dit que vous cherchez un logement.

Coll. En effet.

Le Loup. Ces gens qui viennent de partir tout à l'heure m'ont dit que vous vouliez y être à l'abri des fines mouches (1).

Coll. Point du tout.

Le Loup. Comment?

Coll. Si je cherchais un logement à l'abri des mouches, en arrivant je serais allé tout droit à la prison. Je veux une demeure où l'on ait plus de soin de moi que des yeux du roi Antiochus (1).

Le Loup. Par Pollux, je puis vous procurer cette agréable demeure, pourvu qu'il vous convienne d'être dans un lieu de volupté, sur un lit mollement garni, dans les bras d'une jolie femme qui vous prodigue ses caresses.

Coll. Vous y êtes justement, vieux séducteur.

Le Loup. Quand vous aurez bien arrosé votre jeunesse de vins de Leucade, de Lesbos, de Thasos (2), de Cos, vieux comme des vieillards édentés, je vous inonderai des parfums les plus exquis. Enfin, je vous arrangerai si bien, que le baigneur pourra de l'eau de votre bain faire de la parfumerie. Mais tous ces plaisirs-là sont comme des soldats mercenaires.

Coll. Que voulez-vous dire?

Le Loup. Ils exigent de l'argent comptant.

Coll. Par Hercule ! tu n'as pas plus envie de recevoir que moi de donner.

Le Loup. Eh bien donc ! entrez avec moi.

Coll. Introduisez-moi : je suis votre prisonnier. (*Ils s'avancent tous deux vers la maison du marchand d'esclaves ; les témoins sont de l'autre côté de la scène, près de la maison d'Agorastoclès.*)

Un témoin. Si nous appelions Agorastoclès pour qu'il soit lui-même témoin oculaire ? (*Ils frappent à la porte.*) Holà ! vous qui voulez surprendre le voleur, sortez vite, pour voir de vos propres yeux donner l'or au marchand.

SCÈNE IV.

AGORASTOCLÈS, LES TÉMOINS, COLLYBISCUS, LE LOUP.

Agor. Qu'est-ce donc? que voulez vous, témoins?

Un témoin. Regardez à droite : votre esclave donne de l'or au marchand en mains propres.

(1) Des parasites, ou des importuns. Ce mot et la réponse de Collybiscus font le désespoir des traducteurs. La plaisanterie de Collybiscus est restée jusqu'ici très-obscure : et nous ne nous flattons pas d'avoir trouvé le mot de l'énigme.

(1) Ce roi avait apparemment les *yeux* malades. Mais ne serait-il pas mieux d'entendre ainsi le mot *oculi* : « où je sois traité plus mollement que les *favoris* d'Antiochus ? » Apulée nous apprend que, parmi les grands officiers des monarques d'Asie, il y en avait qui s'appelaient les *yeux* du roi. — (2) Ile de la mer Egée.

tamini, 670
Ut devortatur ad me in hospitium optumum.
Adv. Neque nos hortari, neque dehortari, decet
Hominem peregrinum : tuam rem tu ages, si sapis.
Nos tibi palumbem ad aream usque adduximus :
Nunc te illum melius capere, si captum esse vis. 675
Lyc. Jamne itis ? *Coll.* Quid, quod vobis mandavi, hospites ?
Adv. Cum illoc te melius tuam rem, adulescens, loqui.
Illic est ad istas res probus, quas quæritas.
Coll. Videre equidem vos vellem, quom huic aurum darem.
Adv. Illinc procul nos istuc inspectabimus. 680
Col. Bonam dedistis mihi operam. *Lyc.* (*secum, sed Collybisco auditus.*) It ad me lucrum.

Coll. Illud quidem, quorsum asinus cædit calcibus.
Lyc. Blande hominem conpellabo. Hospes hospitem
Salutat ; salvom te advenire gaudeo.
Coll. Multa tibi di dent bona, quom me salvom esse vis.
Lyc. Hospitium te aiunt quæritare. *Coll.* Quærito. 686
Lyc. Ita illi dixerunt, qui hinc a me abierunt modo,
Te quæritare a muscis. *Coll.* Mioume gentium.
Lyc. Quid ita? *Coll.* Quia a muscis si mihi hospitium quærerem,
Adveniens huc irem in carcerem recta via. 690
Ego id quæro hospitium, ubi ego curer mollius,
Quam regi Antiocho oculi curari solent.

Lyc. Edepol, næ tibi possum illum festivom dare,
Siquidem potes esse pati te, in lepido loco,
In lecto lepide strato, lepidam mulierem 695
Conplexum contrectare te. *Coll.* Is, leno, viam.
Lyc. Ubi te Leucadio, Lesbio, Thasio, Coo,
Vetustate vino edentulo ætatem inriges.
Ibi te replebo usque unguentum echeumatis.
Quid multa verba ? faciam, ubi tu laveris, 700
Ibi ut balneator faciat unguentariam.
Sed hæc latrocinantur quæ ego dixi omnia.
Coll. Quid ita ? *Lyc.* Quia aurum poscunt præsentarium.
Coll. Quin, hercle, adcipere tu non mavis, quam ego dare.
Lyc. Quin sequere me intro. *Coll.* Duc ergo me intro, addictum tenes. 705
Adv. Quid si evocemus huc foras Agorastoclem,
Ut ipse testis sit sibi certissumus ?
Heus tu ! qui furem captas, egredere ocius,
Ut tute inspectes aurum lenoni dare.

SCENA QUARTA.

AGORASTOCLES, ADVOCATI, COLLYBISCUS, LYCUS.

Agor. Quid est ? quid voltis, testeis? *Adv.* Specta ad dexteram. 710
Tuos servos aurum ipsi lenoni datat.

Coll. (*présentant la bourse au marchand.*) Allons, prends cela, je te prie. Il y a là-dedans trois cents pièces d'or bien comptées, qu'on appelle des philippes. Çà, donne-m'en pour mon or. J'entends que ce soit dépensé lestement.

Le Loup. Par Pollux, tu as choisi un économe prodigue. Allons, entrons ici.

Coll. Je te suis.

Le Loup (*l'entraînant.*) Marchez, marchez, avancez. Nous causerons des autres choses chez moi.

Coll. Je te raconterai en même temps les événements de Sparte.

Le Loup. Suivez-moi donc.

Coll. Entraîne-moi, je suis ton prisonnier (*Ils entrent.*)

Agor. (*aux témoins.*) Que me conseillez-vous maintenant?

Un témoin. D'être prudent.

Agor. Et si la passion ne me le permet pas?

Un témoin. Soyez alors comme le veut votre passion.

Agor. (*interpellant les témoins comme en justice.*) Vous avez bien vu le marchand prendre l'argent?

Un témoin. Nous l'avons vu.

Agor. Vous savez que l'autre homme est mon esclave?

Un témoin. Nous le savons.

Agor. Qu'il y a là une infraction aux lois si souvent sanctionnées par le peuple?

Un témoin. Nous le savons.

Agor. Eh bien! je veux que vous vous souveniez de tout cela devant le préteur, quand le moment sera venu.

Un témoin. Nous nous en souviendrons.

Agor. (*montrant la maison de le Loup.*) Si je frappais pendant qu'il y a flagrant délit?

Un témoin. Vous avez raison.

Agor. Si je frappe, et que le marchand n'ouvre pas?

Un témoin. Alors cassez la croûte (1).

(1) Si l'on doit lire *pede frangito*, il faut mettre : brisez la porte avec votre pied.

Agor. S'il sort de chez lui, êtes-vous d'avis que je lui demande si mon esclave est entré dans sa maison, oui ou non?

Un témoin. Sans doute.

Agor. Avec deux cents philippes?

Un témoin. Sans doute.

Agor. Le marchand sera tout de suite pris en défaut.

Un témoin. En quoi?

Agor. En quoi? parce que je dirai cent philippes de moins.

Un témoin. Fort bien calculé.

Agor. Il croira que c'est un autre que je cherche.

Un témoin. C'est cela.

Agor. Il niera aussitôt.

Un témoin. Et même avec serment.

Agor. Notre fripon se rendra coupable de vol...

Un témoin. Cela n'est pas douteux.

Agor. Pour tout l'or qu'on aura porté chez lui.

Un témoin. Sans doute.

Agor. (*impatient des réponses des témoins.*) Que Jupiter vous extermine!

Un témoin. Vous-même aussi, sans doute?

Agor. Je vais frapper à cette porte.

Un témoin. Oui, sans doute.

Agor. Il faut nous taire maintenant... Le bruit de la porte s'est fait entendre; je vois sortir le marchand d'esclaves, le Loup. Secondez-moi, je vous prie.

Un témoin. Sans doute. Si vous voulez, même, couvrez-nous la tête, afin qu'il ne reconnaisse pas en nous les appeaux qui l'ont attiré dans le filet.

SCÈNE V.

LE LOUP, AGORASTOCLÈS, LES TÉMOINS.

Le Loup. (*se croyant seul.*) Que tous les aruspices aillent maintenant se faire pendre! Croirai-je désormais à leurs prédictions? Ils me disaient pendant le sacrifice qu'un grand malheur, qu'un affreux désastre m'attendait; le résultat de ces menaces est une bonne affaire pour moi.

Coll. Age, adcipe hoc, sis : heic sunt numerati aurei
Trecenti numi, qui vocantur philippei.
Hinc me procura, propere hosce absumi volo.
Lyc. Edepol, fecisti prodigum promum tibi. 715
Age, eamus intro. Coll. Te sequor. Lyc. Age, age, ambula;
Ibique reliqua alia fabulabimur.
Coll. Eadem narrabo tibi res Spartiaticas.
Lyc. Quin sequere me ergo. Coll. Abduc intro : addictum
tenes. 719
Agor. Quid nunc mihi auctores estis? Adv. Ut frugi sies.
Agor. Quid si animus esse non sinit? Adv. Esto, ut sinit.
Agor. Vidistis, leno quom aurum adcepit? Adv. Vidimus.
Agor. Eum vos esse meum servom scitis? Adv. Scivimus.
Agor. Rem advorsus populi sæpe leges? Adv. Scivimus.
Agor. Hem istæc volo ergo vos conmeminisse omnia, 725
Mox quom ad prætorem usus veniet. Adv. Meminerimus.
Agor. Quid si recenti re ædeis pultem? Adv. Censeo.
Agor. Si pultem, non recludet. Adv. Panem frangito.
Agor. Si exierit leno, censetis hominem interrogem, 729
Meus servos si ad eum venerit, nec ne? Adv. Quippini?
Agor. Cum auri ducentis numis philippis? Adv. Quippini?
Agor. Ibi extemplo leno errabit. Adv. Qua de re? Agor.
Rogas?

Quia centum numis minus dicetur. Adv. Bene putas.
Agor. Alium censebit quæritari. Adv. Scilicet.
Agor. Extemplo denegabit. Adv. Juratus quidem. 735
Agor. Homo furti sese adstringet. Adv. Haud dubium id quidem 'st.
Agor. Quantum quantum ad eum erit delatum. Adv. Quippini?
Agor. Diespiter vos perduit. Adv. Te quippini?
Agor. Ibo et pultabo januam hanc. Adv. Ita quippini?
Agor. Tacendi tempus est : nam crepuerunt foreis. 740
Foras egrediere video lenonem Lycum.
Adeste, quæso. Adv. Quippini? quin si voles,
Operire capita, ne nos leno gnoverit,
Qui illi malæ rei tantæ fuimus inlices.

SCENA QUINTA.

LYCUS, AGORASTOCLES, ADVOCATI.

Lyc. Suspendant omneis nunc jam se haruspices. 745
Quid ego illis posthac quod loquantur creduam,
Qui in re divina dudum dicebant, mihi
Malum damnumque maxumum portendier?
Is explicavi meam rem postilla lucro.

Agor. Salut, honnête trafiquant.
Le Loup. Que le ciel te protége, Agorastoclès !
Agor. Tu me fais un accueil plus gracieux que de coutume.
Le Loup (d'un air mystérieux.) Le temps est beau ; nous sommes comme le vaisseau sur la mer ; on tourne la voile selon le vent.
Agor. Je souhaite une bonne santé à celles qui sont chez toi, mais non pas à toi.
Le Loup. Elles sont fort bien portantes, comme vous le souhaitez, mais non pas pour vous.
Agor. Aie la complaisance de m'envoyer aujourd'hui ton Adelphasie, en l'honneur de la belle et charmante fête des Aphrodisses.
Le Loup (d'un ton railleur.) N'aurais-tu pas mangé ton dîner trop chaud aujourd'hui ? dis-moi.
Agor. Comment ?
Le Loup. Parce que tu veux te refroidir la bouche par de froides plaisanteries (1).
Agor. (prenant un air menaçant.) Il ne s'agit pas de cela, coquin. On m'a dit que tu avais mon esclave chez toi.
Le Loup. Chez moi ? tu ne pourras jamais prouver ce fait.
Agor. Tu mens ; car il est venu chez toi, il t'a apporté de l'or ; je le tiens de gens dignes de foi.
Le Loup (apercevant les témoins.) Tu es malin : tu viens avec des témoins pour me surprendre. Il n'y a chez moi personne ni rien qui t'appartienne.
Agor. Témoins, souvenez-vous de cela.
Un témoin. Nous nous en souviendrons.
Le Loup (riant.) Ha, ha, hi, hi ! Je vois ce que c'est ; je devine tout de suite. Ce sont les gens qui m'ont fait faire la connaissance de ce voyageur de Sparte. Ils enragent à présent de m'avoir procuré un bénéfice de trois cents philippes ; et comme ils ont su qu'il est mon ennemi (*il montre Agorastoclès*), ils l'ont aposté pour dire que son esclave est chez moi avec son or : c'est un complot inventé pour me ravir la somme et la partager entre eux. Ils veulent que le Loup rende l'agneau. Ils perdent leur temps.
Agor. Tu dis que tu n'as pas chez toi mon or et mon esclave ?
Le Loup. Je le nie, et je le nierai, s'il le faut, jusqu'à extinction de voix.
Un témoin. Tu es perdu, misérable ! car le Spartiate que nous t'avons présenté... est son fermier, qui vient de te remettre trois cents philippes. (*Montrant la bourse que tient le marchand.*) Tu as encore l'argent dans cette bourse.
Le Loup. Puisse le malheur vous accabler !
Un témoin. Il fond sur toi dès à présent.
Agor. (lui arrachant la bourse.) Allons, pendard, lâche à l'instant cette bourse ; je te prends en flagrant délit de vol. (*Aux témoins.*) Par Hercule ! soyez mes témoins, et voyez-moi reprendre chez lui mon esclave. (*Il entre chez le Loup.*)
Le Loup (à part.) Par Pollux ! me voilà perdu infailliblement. Ils se sont concertés pour me tendre cette embûche. Qu'ai-je à faire, sinon de courir à la potence, avant qu'on me traîne chez le préteur en me tordant le cou ? Hélas ! les auspices ont trop bien deviné (1) ! le bonheur qu'ils prédisent arrive lentement : qu'ils annoncent un malheur, il est déjà à votre porte. Je n'ai plus maintenant qu'à consulter mes amis sur la meilleure manière de me pendre.

SCÈNE VI.

AGORASTOCLÈS, COLLYBISCUS, LES TÉMOINS.

Agor. (sortant de chez le Loup avec Collybiscus.) (*à Collybiscus.*) Allons, sors, pour que les témoins te voient, sortir de cette maison. (*Aux témoins.*) Ce garçon est-il bien mon esclave ?
Coll. Oui, certainement, je le suis, Agorastoclès.

---

(1) M. Levée traduit : « Parce que vous faites la petite bouche en m'adressant votre demande. »

(1) Ceci est un adroit correctif des irrévérences que Plaute s'est permises tout à l'heure contre les prêtres.

Agor. Salvos sis, leno. *Lyc.* Di te ament, Agorastocles. 750
Agor. Magis me benigne nunc salutas, quam antidhac.
Lyc. Tranquillitas evenit, quasi navi in mari :
Utcunque est ventus, exin velum vortitur.
Agor. Valeant apud te quas volo, atque haud te volo.
Lyc. Valent ut postulatum 'st, verum non tibi. 755
Agor. Mitte ad me, sodes, hodie Adelphasium tuam,
Die festo celebri nobilique Aphrodisiis.
Lyc. Calidum prandisti prandium hodie ? dic mihi.
Agor. Quid jam ? *Lyc.* Quia os nunc frigefactas, quom rogas.
Agor. Hoc age, sis, leno : servom esse audivi meum 760
Apud te. *Lyc.* Apud me ? nunquam factum reperies.
Agor. Mentire : nam ad te venit, aurumque adtulit.
Ita mihi renunciatum 'st, quibus credo satis.
Lyc. Malus es, captatum me advenis cum testibus.
Tuorum apud me nemo 'st, nec quidquam tui. 765
Agor. Mementote illuc, advocati. *Adv.* Meminimus.
Lyc. Ha ha he ! jam teneo quid sit, perspexi modo.
Hi, qui illum dudum conciliaverunt mihi
Peregrinum Spartanum, id nunc his cerebrum uritur,
Me esse hos trecentos philippos facturum lucri, 770
Nunc hunc inimicum quia esse sciverunt mihi,
Eum adlegaverunt, suom qui servom diceret
Cum auro esse apud me : composita 'st fallacia,
Ut eo me privent, atque inter se dividant.
Lupo agnum eripere postulant, nugas agunt. 775
Agor. Negasne apud te esse aurum, nec servom meom ?
Lyc. Nego, et negando, si quid refert, ravio.
Adv. Peristi, leno : nam iste est hujus villicus,
Quem tibi nos esse Spartiatem diximus,
Qui ad te trecentos modo philippos detulit. 780
Idque adeo in istoc aurum inest marsupio.
Lyc. Væ vostræ ætati ! *Adv.* Id quidem in mundo 'st tuæ.
Agor. Age, omitte actutum, furcifer, marsupium ;
Manifesto fur es mihi : quæso, hercle, operam date,
Dum me videatis servom ab hoc abducere. 785
Lyc. Nunc, pol, ego perii certo, haud arbitrario.
Consulto hoc factum 'st, mihi ut insidiæ fierent.
Sed quid ego dubito fugere hinc in malam crucem,
Priusquam obtorto collo ad prætorem trahor ?
Eheu ! quam ego habui hariolos aruspices, 790
Qui si quid boni promittunt pro spisso evenit :
Id quod mali promittunt præsentarium 'st.
Nunc ibo, amicos consulam quo me modo
Suspendere æquom censeant potissumum.

SCENA SEXTA.

AGORASTOCLES, COLLYBISCUS, ADVOCATI.

Agor. Age, tu progredere, ut testeis videant te ire istinc
foras. 795

17.

Agor. (*se tournant du côté où était le Loup.*) Qu'en dis-tu, scélérat de marchand?
Un témoin. Ta partie adverse a pris la fuite.
Agor. Puisse-t-il s'être allé pendre!
Un témoin. Nous le souhaitons bien aussi!
Agor. Demain je le ferai assigner.
Coll. Vous n'avez plus besoin de moi?
Agor. Retire-toi ; va reprendre tes habits.
Coll. (*à part.*) Je n'ai pas fait le soldat pour rien : j'ai raflé là-dedans quelque butin, pendant que les gens du marchand dormaient. Je me suis bien repu du reste des victimes. Je retourne au logis.
Agor. (*aux témoins.*) Vous vous êtes conduits à merveille, mes amis, vous m'avez prêté bonne assistance. Demain matin trouvez-vous au comice, je vous prie. J'y serai. (*A Collybiscus.*) Toi, suis-moi à la maison. (*Aux témoins.*) Je vous salue. (*Ils rentrent tous deux.*)
Un témoin. Je te salue. (*A son compagnon.*) Cet homme-là exige de nous une injustice criante. Il prétend que nous le servions à nos dépens. Voilà comme ils sont, nos riches! les oblige-t-on, leur reconnaissance ne pèse pas une plume; leur fait-on la moindre offense, leur vengeance tombe sur vous comme le plomb. Allons-nous-en chacun chez nous, s'il vous plaît, puisque nous avons terminé l'expédition que vous avez si bien secondée, et que nous avons consommé la perte de ce corrupteur des citoyens. (*Ils sortent.*)

ACTE QUATRIÈME.
SCÈNE I.
MILPHION seul.

J'attends le succès de mes machines. Je brûle d'envie de perdre ce gueux de marchand qui tourmente mon pauvre maître. Celui-ci à son tour me bat, et tombe sur moi à coups de poings et à coups de pieds. Le triste métier que de servir un amant, surtout quand il ne possède pas celle qu'il aime! — Oh! oh! j'aperçois l'esclave de le Loup, Syncérastus, qui revient du temple : écoutons ce qu'il dira.

SCÈNE II.
SYNCÉRASTUS, *portant des ustensiles de sacrifice*, MILPHION.

Syn. Il est bien constant que les hommes et les dieux ne s'intéressent nullement à qui sert un maître comme celui que je sers. Il n'est personne au monde de plus parjure, de plus méprisable que ce cher maître; c'est de la boue et de la fange. Que les dieux me protégent! Oui, j'aimerais mieux passer ma vie dans les carrières ou au moulin, les reins chargés de fer, que de rester au service de ce trafiquant. Quelle race! que d'infamies inventées pour perdre les hommes! Justes dieux! on y rencontre toutes les espèces de scélérats comme si l'on était sur les bords de l'Achéron. Le cavalier, le piéton (1), l'affranchi, le voleur, l'esclave fugitif, le fripon battu de verges, l'échappé des fers, l'insolvable condamné, tout être à figure humaine, pourvu qu'il ait de quoi payer, est reçu dans ce bouge. Aussi ce n'est dans toute la maison que ténèbres, que repaires cachés. On boit, on mange comme dans un cabaret ; il n'y a pas de différence. Vous voyez là des billets doux en forme de cruches cachetées de poix, marquées de lettres longues d'une coudée (2). Car nous avons chez nous tout un magasin de vins (3).

(1) Il s'agit ici des rangs dans l'ordre civil, et non des différentes armes dans l'état militaire.
(2) Les étiquettes des vins.
(3) M. Naudet traduit : « Car nous recrutons chez nous des armées de marchands de vin. » Mais *vinariorum* ne vient-il pas de *vinaria, tonneaux*, plutôt que de *vinarii*, cabaretiers? Le premier sens m'a paru préférable.

Estne hic servos meus? *Coll.* Sum, me hercle, vero, Agorastocles.
Agor. Quid nunc, sceleste leno? *Adv.* Quicum litigas, Abscessit. *Agor.* Utinam hinc abierit malam crucem!
Adv. Ita nos velle æquom 'st. *Agor.* Cras subscribam homini dicam.
Coll. Numquid me? *Agor.* Abscedas, sumas ornatum tuum.
Coll. Non sum nequidquam miles factus : paululum 801
Prædæ intus feci, dum lenonis familia
Dormitat : extis sum satur factus probe.
Abscedam hinc intro. *Agor.* Factum a vobis comiter.
Bonam dedistis, advocati, operam mihi. 805
Cras mane, quæso, in comitio estote obviam.
Tu sequere me intro : vos valete. *Adv.* Et tu vale.
Injuriam illic insignite postulat;
Nostro servire nos sibi censet cibo.
Verum ita sunt isti nostri divites : 810
Si quid benefacias, levior pluma 'st gratia ;
Si quid peccatum 'st, plumbeas iras gerunt.
Domos abeamus nostras, soltis, nunc jam,
Quando id, quoi rei operam dedimus, inpetravimus,
Ut perderemus corruptorem civium. 815

ACTUS QUARTUS.
SCENA PRIMA.
MILPHIO.

Expecto quo pacto meæ technæ processuræ sient.

Studeo hunc lenonem perdere, velut meum herum miserum maceret;
Is me autem porro verberat, incursat pugnis, calcibus :
Servire amanti, miseria 'st, præsertim qui, quod amat, caret.
Attat! e fano recipere video se Syncerastum 820
Lenonis servom : quid habeat sermonis, auscultabo.

SCENA SECUNDA.
SYNCERASTUS, MILPHIO.

Sync. Satis spectatum 'st deos atque homines ejus negligere gratiam,
Quoi homini herus est consimilis, velut ego habeo nunc hujusmodi.
Neque perjurior, neque pejor alter usquam 'st gentium,
Quam herus meus est : neque tam luteus, neque tam cœno conlitus. 825
Ita me di ament, vel in lautumiis, vel in pistrino mavelim
Agere ætatem, præpeditus latera forti ferro mea,
Quam apud lenonem hunc servitutem colere : quid illuc est genus!
Quæ illeic hominum conruptelæ fiunt! di vostram fidem,
Quodvis genus ibi hominum videas, quasi Acheruntem veneris : 830
Equitem, peditem, libertinum, furem, ac fugitivom velis,
Verberatum, vinctum, addictum : qui habet quod det, ut homo 'st,
Omnia genera recipiuntur : itaque in totis ædibus

Mil. (*à part.*) Par Pollux! c'est grande merveille si son maître ne l'a institué son héritier! il lui fait d'avance une belle oraison funèbre. Je brûle d'envie de l'aborder, malgré tout le plaisir que j'ai à l'entendre (1).

Syn. (*à part.*) Le train de cette maison me met au supplice. Des esclaves achetés à grand prix perdent chez nous leur pécule, et en définitive il ne nous en reste rien. Le bien mal acquis tourne mal.

Mil. (*à part.*) A l'entendre, on le prendrait pour un excellent sujet, lui qui est plus paresseux que la paresse même.

Syn. (*à part.*) Je reviens du temple de Vénus, et je rapporte ces vases à la maison; mon maître, malgré toutes ses victimes, n'a pu dans ce jour de fête se rendre Vénus propice.

Mil. (*à part.*) Aimable Vénus!

Syn. (*à part.*) Tandis que nos courtisanes l'ont trouvée favorable dès leur premier sacrifice.

Mil. (*à part.*) O deux fois aimable Vénus!

Syn. Rentrons au logis.

Mil. (*haut.*) Holà, Syncérastus!

Syn. (*sans se retourner.*) Qu'est-ce qui appelle Syncérastus?

Mil. Un ami.

Syn. (*de même.*) Ce n'est le fait d'un ami que de vous arrêter quand vous êtes chargé.

Mil. En récompense je suis prêt à te servir quand tu le voudras, quand tu le demanderas; tu peux compter sur ma parole.

Syn. (*Toujours de même.*) S'il en est ainsi, je vais te mettre à l'épreuve.

Mil. Comment?

Syn. (*toujours de même.*) La première fois que je devrai être battu, tu porteras les coups.

(1) M. Naudet comprend ainsi cette phrase : « Je voudrais lui parler, et c'est plaisir pour moi de l'entendre. »

Mil. Allons donc!

Syn. (*toujours de même.*) Je ne sais pas qui tu es.

Mil. Un malin.

Syn. (*Toujours de même.*) Garde ta malice pour toi.

Mil. Je veux te parler.

Syn. (*toujours de même.*) Mais ce fardeau me pèse.

Mil. Pose-le à terre, et regarde-moi.

Syn. Je le veux bien, quoique je n'aie pas trop le temps.

Mil. Je te salue, Syncérastus.

Syn. (*se retournant.*) Ah! Milphion, que tous les dieux et toutes les déesses protégent....

Mil. Qui?

Syn. Ni toi, ni moi, Milphion, ni mon maître non plus.

Mil. Qui veux-tu donc qu'ils protégent?

Syn. Tout autre que nous, car nul de nous ne le mérite.

Mil. Tu parles en homme d'esprit.

Syn. Comme je le dois.

Myl. Que fais-tu maintenant?

Syn. Ce que ne font pas ordinairement les adultères pris en flagrant délit.

Mil. Qu'est-ce donc?

Syn. (*montrant ce qu'il porte.*) Je rapporte mes pièces saines et sauves.

Mil. Que les dieux te confondent toi et ton maître!

Syn. Non pas moi, mais lui. Si je pouvais en effet le confondre, si je voulais! mais j'ai peur pour ma peau, Milphion.

Mil. Qu'est-ce encore, je te prie?

Syn. (*avec défiance.*) Tu es malin.

Mil. Avec les malins.

Syn. Je ne suis pas heureux.

Tenebræ, latebræ : bibitur, estur, quasi in popina, haud secus.
Ibi tu videas literatas fictiles epistulas, 835
Pice signatas; nomina insunt cubitum longis literis.
Ita vinariorum habemus nostræ delectum domi.
Milp. Omnia, edepol, mira sunt, nisi herus hunc hæredem facit,
Nam is quidem illi, ut meditatur, verba facit emortuo.
Et adire lubet hominem, et autem nimis cum ausculto lubens. 840
Sync. Hæc quom heic video fieri, crucior pretiis emtos maxumis,
Apud nos expeculiatos servos fieri suis heris.
Sed ad postremum nihil adparet. Male partum male disperit.
Milp. Proinde habet hic orationem, quasi ipse sit frugi bonæ,
Qui ipsus, hercle, ignaviorem potis est facere ignaviam.
Sync. Nunc domum hæc ab æde Veneris refero vasa, ubi hostiis 846
Herus nequivit propitiare Venerem suo festo die.
Milp. Lepidam Venerem! *Sync.* Nam mere ric s nostræ primis hostiis
Venerem placavere extemplo. *Milp.* O lepidam Venerem denuo!
Sync. Nunc domum ibo. *Milp.* Heus, Syncerastе. *Sync.* Syncerastum qui vocat? 850
Milp. Tuos amicus. *Sync.* Haud amice facis, qui cum onere obferas moram.
Milp. At ob hanc rem tibi reddam operam, ubi voles, ubi jusseris;
Habe rem pactam. *Sync.* Si futurum 'st, do tibi operam hanc. *Milph.* Quomodo?
Sync. Ut enim ubi mihi vapulandum 'st, tu corium subferas.
Milp. Apage. *Sync.* Nescio quid viri sis. *Milp.* Malus sum. *Sync.* Tibi sis. *Milp.* Te volo. 855
Sync. At onus urget. *Milp.* At tu adpone, et respice ad me. *Sync.* Fecero :
Quamquam haud otium 'st. *Milp.* Salvos sis, Syncerastе. *Sync.* O Milphio,
Di omneis deæque ament! *Milp.* Quemnam hominem?
Sync. Nec te, nec me, Milphio :
Neque herum meum adeo. *Milp.* Quem ament igitur?
Sync. Alium quemlibet.
Nam nostrorum nemo dignus est. *Milp.* Lepide loquere. *Sync.* Me decet. 860
Milp. Quid agis? *Sync.* Facio quod manifesto mœchi haud ferme solent.
Milp. Quid id est? *Sync.* Refero vasa salva. *Milp.* Di te et tuum herum perdulnt.
Sync. Me non perdant : illum ut perdant facere possim, si velim,
Meum herum ut perdant; ni mihi metuam, Milphio. *Milp.* Quid id est? cedo.
Sync. Malus es. *Milp.* Malis sum. *Sync.* Male mihi est.
Milp. Memoradum; esse aliter decet. 865
Quid est quod male sit? quoi domi est quod edis, quod ames adfatim,
Neque triobulum ullum amicæ das, et ductas gratiis.
Sync. Diespiter me sic amabit.... *Milp.* Ut quidem, edepol, dignus es.

Mil. Explique-toi : tu mérites un autre sort. En quoi te trouves-tu malheureux? tu as au logis de quoi manger, de quoi faire l'amour, tant que tu veux, sans donner une obole à ta bonne amie, et le plaisir ne te coûte rien.

Syn. Que Jupiter me protége....

Mil. Comme tu le mérites assurément....

Syn. Comme il est vrai que je souhaite la ruine de toute la maison.

Mil. Donnes-y les mains, si tu le désires tant.

Syn. Il n'est pas facile de voler sans plumes : (*levant les bras.*) mes ailes n'ont pas de plumes.

Mil. Laisse-les pousser, par Pollux! et dans deux mois tes aisselles de bouc en seront couvertes.

Syn. Va te faire pendre!

Mil. Vas-y toi-même avec ton maître.

Syn. En effet, celui qui connaîtrait sa conduite n'aurait pas de peine à le perdre (1).

Mil. Qu'est-ce donc?

Syn. Comme si tu étais capable de garder un secret!

Mil. Je le garderai mieux qu'une méchante femme ne garde ce qu'on lui confie (2).

Syn. Je serais tenté de te faire cette confidence, si je ne te connaissais pas.

Mil. Tu peux parler sans crainte, je t'en réponds sur ma tête.

Syn. J'aurai tort de te croire. Je te croirai pourtant.

Mil. Tu sais que notre maître est ennemi mortel du tien.

Syn. Je le sais.

Mil. A cause de son amour.

Syn. Tu perds ta peine.

Mil. Pourquoi?

Syn. Parce que tu m'apprends ce que je sais.

Mil. Peux-tu douter alors que mon maître ne prenne plaisir à faire au tien tout le mal qu'il pourra, et que ton maître mérite! Consens à nous aider un peu, cela sera plus facile.

Syn. Mais je crains une chose, Milphion.

Mil. Que crains-tu?

Syn. Que tu ne me perdes moi-même pendant que je serai occupé à jouer un mauvais tour à mon maître. S'il apprenait que j'eusse parlé à quelqu'un, il ferait à l'instant un abattis de jambes et de bras.

Mil. Jamais, je te jure, personne ne le saura par moi, excepté mon maître à qui je le dirai, sous la condition qu'il ne trahira pas ton complot.

Syn. J'ai tort de me fier à toi! je m'y fierai, pourtant. Mais, silence! garde bien cela pour toi.

Mil. On ne pourrait pas se fier plus sûrement à la Bonne Foi elle-même. Parle librement, le lieu et l'occasion sont favorables, nous sommes seuls ici.

Syn. Si ton maître veut se bien conduire, il perdra mon maître.

Mil. Le moyen?

Syn. Il est facile.

Mil. Fais-moi donc connaître ce moyen si facile, afin qu'il le connaisse à son tour.

Syn. Le voici : cette Adelphasie, que ton maître adore, est née libre.

Mil. (*Surpris.*) Comment?

Syn. De même que sa sœur Antérastile.

Mil. Puis-je le croire?

Syn. Mon maître les acheta toutes petites dans la ville d'Anactorium, à un pirate sicilien.

Mil. Quel prix?

Syn. Dix-huit mines.

Mil. Les deux?

Syn. Et leur nourrice par-dessus. Celui qui les vendait avoua qu'il les avait enlevées à une famille libre de Carthage.

Mil. O justes dieux! tu m'apprends une heureuse aventure! mon maître, né aussi à Carthage, en fut enlevé à l'âge d'environ six ans. Le ravisseur l'a-

---
(1) M. Levée a entendu autrement le mot *pervorti* : « *En effet*, c'est *un homme qu'il est impossible de fréquenter sans se corrompre*. »
(2) M. Naudet traduit : « Je t'en tiendrai compte plus exactement que de la menace qu'on fait à une mauvaise femme. » Une version moins exacte peut-être, mais plus claire, a paru préférable.

Sync. Ut ego hanc familiam interire cupio! *Milp.* Adde operam, si cupis.

Sync. Sine pennis volare haud facile 'st : meæ alæ pennas non habent. 870

Milp. Nolito, edepol, devellisse; jam his duobus mensibus Volucreis tibi erunt tuæ hirquinæ. *Sync.* I in malam rem.

Milp. I tu atque herus.

Sync. Verum enim qui homo eum gnorit, cito homo pervorti potest.

Milp. Quid jam? *Sync.* Quasi tu tacere quidquam potis sis.

Milp. Rectius

Tacitus tibi resistam, quam quod dictum 'st malæ mulieri.

Sync. Animum inducam facile, ut tibi istuc credam, ni te gnoverim. 876

Milp. Crede audacter meo periculo. *Sync.* Male credam, et credam tamen.

Milp. Scin' tu herum tuum meo hero esse inimicum capitalem? *Sync.* Scio.

Milp. Propter amorem. *Sync.* Omnem operam perdis.

Milp. Quid jam? *Sync.* Quia doctum doces.

Milp. Quid ergo dubitas, quin lubenter tuo hero meus quod possiet 880

Facere, faciat male, ejus merito : tum autem si quid tu adjuvas,

Eo facilius poterit facere. *Sync.* At ego hoc metuo, Milphio.

Milp. Quid est quod metuas? *Sync.* Dum hero insidias parem, ne a te perduar :

Si herus meus me esse locutum quoiquam mortali sciat,

Continuo is me ex Syncerasto crucifragium facerit. 885

Milp. Nunquam, edepol, mortalis quisquam fiet a me certior,

Nisi hero meo uni indicasso, atque ei quoque, ut ne enunciet

Id esse facinus ex te ortum. *Sync.* Male credam, et credam tamen.

Sed fide tu tecum tacitum habeto. *Milp.* Fidei non melius creditur.

Loquere, locus obcasioque est, libere; heic soli sumus. 890

Sync. Herus si tuus volet facere fœugem, meum herum perdet. *Milp.* Qui id potest?

Sync. Facile. *Milp.* Fac ergo id facile gnoscam, ut ille possit gnoscere.

Sync. Quia Adelphasium, quam herus deamat tuus, ingenua est. *Milp.* Quo modo?

Sync. Eodem, quo soror illius altera Anterastilis. *Milp.* Sed qui id credam? *Sync.* Quia

Illas emit in Anactorio parvolas, duodeviginti minis, 895

De prædone Siculo. *Milp.* Quanti? *Sync.* Duodeviginti minis.

Milp. Duas illas? *Sync.* Nutricem earum tertiam.

Et ille qui eas vendebat, dixit se furtivas vendere;

Ingenuas Carthagine aibat esse. *Milp.* Di vostram fidem!

mena ici, et le vendit à mon maître défunt : celui-ci le fit héritier de son bien en mourant.

Syn. Voilà qui est à merveille : il n'en a que plus de titres pour réclamer en justice la liberté de ses concitoyennes.

Mil. Tais-toi seulement; sois muet!

Syn. Ah! si ton maître parvient à les enlever au marchand, c'est un coup qui le fait mat.

Mil. Il perdra la partie, je t'en réponds, avant de pouvoir remuer une seule pièce. Nos mesures sont prises.

Syn. Que les dieux le veuillent et que je ne serve plus ce misérable!

Mil. J'espère davantage; nous serons affranchis ensemble, si les dieux nous protégent.

Syn. Que le ciel t'entende! — Tu n'as pas autre chose à me dire? ne me retiens pas, Milphion.

Mil. Porte-toi bien, et sois heureux.

Syn. Par Pollux! mon bonheur est dans les mains de ton maître et dans les tiennes. Adieu, songe à tenir bien secret ce que je t'ai dit.

Mil. C'est comme si tu n'avais rien dit : adieu.

Syn. Rien, en effet, si l'on ne bat le fer pendant qu'il est chaud.

Mil. (*ironiquement.*) Tu donnes d'excellents conseils : on en profitera.

Syn. La matière est bonne, si tu emploies un bon ouvrier.

Mil. Veux-tu bien te taire,

Syn. Je me tais, et je pars.

Mil. Tu me fais grand plaisir. (*Syncérastus sort.*) Il est parti. Les dieux immortels veulent sauver mon maître, et perdre cet agent de débauche sur qui s'amoncellent tant d'orages. Avant que le premier trait soit lancé, un autre le menace déjà. (*Aux spectateurs.*) Rentrons, pour annoncer cette nouvelle à mon maître; car si je l'appelais ici à la porte, je lui répéterais ce que vous venez d'entendre : ce serait une maladresse (1). J'aime mieux ennuyer mon maî-

tre seul chez lui, que vous tous ici. Dieux immortels! quelle catastrophe menace aujourd'hui ce coquin de marchand! Mais qui m'arrête maintenant, si ce n'est moi-même? L'affaire est en train, point de relâche. Il faut méditer savamment sur la confidence qu'on m'a faite, et bien préparer notre petit complot domestique. Si c'est moi qui suis cause du moindre retard, qu'on me punisse, je l'aurai mérité. Entrons maintenant; j'attendrai à la maison que mon maître revienne du forum.

ACTE CINQUIÈME.

SCÈNE I.

HANNON, *suivi d'esclaves africains.*

Les dix sept premiers vers de cette scène sont en langue punique. Ces dix-sept vers ont fait écrire plus de dix-sept gros volumes allemands, anglais, latins, italiens, français, aux commentateurs de tous les pays. On a voulu retrouver les caractères carthaginois, rétablir le texte, l'interpréter et le traduire. Jusqu'ici tous les efforts ingénieux, toutes les profondes recherches de l'érudition ancienne et moderne ont été inutiles, la langue punique a péri tout entière comme Carthage : ce morceau de Plaute sera sans doute un mystère éternel pour ses lecteurs. Le savant M. Silvestre de Sacy a formellement déclaré à M. Naudet qu'il fallait renoncer à l'espoir d'y comprendre un seul mot. Mais l'imagination de quelques érudits a suppléé à leur savoir. Bochard et Samuel Petit ont cru deviner le sens de ce couplet, et ont traduit en latin leurs propres suppositions. Nous donnons ici comme une curiosité savante cette version toute conjecturale.

Dieux et déesses, protecteurs des citoyens de cette ville, daignez me regarder et me prêter l'oreille! recevez ma prière. J'ai donné le jour à deux filles, mon espoir : par une fatalité cruelle, je les ai fait conduire à la promenade le jour d'une fête reli-

---

(1) Cette réflexion de Plaute est utile à noter pour l'histoire du théâtre. Elle prouve que la plupart des secrets de l'art dramatique étaient déjà connus.

Nimium lepidum memoras facinus : nam herus meus Agorastocles 900
Ibidem gnatus, inde subreptus fere sexennis, postibi
Qui eum subripuit, huc devexit, meoque hero eum heic vendidit.
Is in divitias homo adoptavit hunc, quom dlem obiit suum.
Sync. Omnia memoras; quo id facilius fiat, manu eas adserat
Suas populareis, liberali causa. *Milp.* Tacitus tace modo.
Sync. Profecto ad incitas lenonem rediget, si eas abduxerit. 906
Milp. Quin prius disperibit, faxo, quam unam calcem civerit.
Ita paratum 'st. *Sync.* Ita di faxint, ne apud lenonem hunc serviam.
Milp. Quin, hercle, conlibertus meus, faxo, eris, si di volent.
Sync. Ita di faxint : numquid aliud, ne morare, Milphio?
Milp. Valeas, beneque ut tibi sit. *Sync.* Pol, istuc tibi et hero tuo est in manu. 911
Vale, et hæc cura, clanculum ut sint dicta. *Milp.* Non dictum 'st, vale.
Sync. At enim nihil est, nisi, dum calet, hoc agitur. *Milp.* Lepidus, quom mones :
Et hoc ita fiet. *Sync.* Proba materies data 'st, si probum adhibes fabrum.

Milp. Potin' ut taceas? *Sync.* Taceo atque obeo. *Milp.* Mihi conmoditatem creas. 915
Illic hinc abiit : di inmortaleis meum herum servatum volunt,
Et hunc disperditum lenonem; tantum eum instat exiti.
Satine, priusquam unum est injectum telum, tum instat alterum!
Ibo intro, hæc ut meo hero memorem : nam huc si ante ædeis sevocem,
Quæque audivistis modo, nunc si eadem heic iterem, inscitia 'st. 921
Hero uni potius intus ero odio, quam heic sim vobis omnibus.
Di inmortaleis, quanta advenit calamitas
Hodie ad hunc lenonem! Sed ego nunc est, quom me moror.
Id negotium institutum 'st, non datur cessatio. 924
Nam et hoc dede consulendum quod modo conreditum 'st,
Et illud autem inserviundum 'st consilium vernaculum.
Remora si sit, qui malam rem mihi det, merito fecerit.
Nunc intro ibo : dum herus adveniat a foro, obperiar domi.

ACTUS QUINTUS.

SCENA PRIMA.

HANNO LOQUITUR PUNICE.

Ythalonim, vualonuth si chorathisima comsyth,

gieuse. Hélas! elles étaient pleines d'une joie que la fortune a bientôt empoisonnée ; on les a rendues orphelines. Mes deux filles enlevées ont péri. Dans quel lit nuptial sont-elles couchées? où est le ravisseur? où irai-je porter l'excès de ma douleur et mes regrets d'avoir été père? — On m'assure qu'Agorastoclès demeure ici : j'ai sur moi mes titres à l'hospitalité, cette image de Saturne (*illa montre*) (1). Mettons un terme à mes voyages, et goûtons quelque repos. Me faut-il toujours errer en tous lieux, seul, malheureux et désolé? Ne retrouverai-je point une nouvelle vie en retrouvant mes enfants? N'offrirai-je pas des présents et des sacrifices aux dieux, dont j'ai invoqué les inspirations et l'appui, afin d'écarter de ma raison les malheurs dont j'ai été frappé, au moment même où je chantais leur louange? Mais ils ont repoussé ma prière, je suis accablé et je perds courage. O mon Espoir, viens ici! et, quelque épreuve qui me soit réservée, fais que je la supporte. Ranime-toi par la vérité de l'oracle et par la réponse du dieu Tau (2), par la prédiction, les présages, et les prodiges. Sois accompli enfin : relève-toi et recommence tes prières : puissent les dieux t'exaucer! que le chagrin s'éloigne d'un père religieux, et que je reconnaisse Agorastoclès, le fils de mon frère. Entends le cri de ma douleur, ô dieu, ma seule force! réponds à la vivacité de mes vœux, et mes souillures seront effacées. Oui, désormais je t'honorerai selon toutes mes facultés. J'offrirai un gâteau du plus pur froment à toutes les divinités, et je chanterai leurs louanges.

(*Le texte latin de Plaute reprend ici.*)

Je supplie les dieux et les déesses qui habitent cette ville, de rendre heureux un voyage entrepris pour de si chers intérêts. De grâce, faites-moi retrouver mes filles et mon neveu avec ces chères enfants qui m'ont été ravies. J'avais autrefois dans cette ville un hôte appelé Antidamas; on me dit qu'il a subi la loi de la nature; mais on m'assure que son fils Agorastoclès est ici. J'apporte avec moi le dieu et le gage de l'hospitalité. On m'a indiqué sa demeure dans les environs. (*Apercevant Agorastoclès et Milphion.*) Je vais m'en assurer auprès de ces gens que je vois sortir.

SCÈNE II.

AGORASTOCLÈS, MILPHION, HANNON *suivi d'esclaves africains.*

Agor. Ne dis-tu pas, Milphion, que Syncerastus t'a assuré qu'elles étaient toutes deux de condition libre, victimes d'un enlèvement, et nées à Carthage?

Mil. Oui ; et si vous êtes un homme d'honneur, vous réclamerez à l'instant leur liberté. Ne serait-ce pas une honte pour vous de souffrir que des filles de votre pays qui sont nées libres demeurassent sous vos yeux dans l'esclavage?

Han. (*à part.*) O dieux immortels, j'implore votre secours! C'est un baume bienfaisant que les paroles de cet homme! Mes oreilles s'en repaissent avec délices! comme elles effacent mes chagrins!

Agor. (*à Milphion.*) Si j'avais des témoins à ma disposition, je le ferais volontiers.

Mil. Qu'avez-vous affaire de témoins? Montrez de la fermeté, et quelque heureux hasard viendra à votre secours.

Agor. Il est plus facile d'entreprendre que de réussir.

Mil. (*apercevant Hannon et sa suite*). Mais quel est cet oiseau qui vient à nous avec ses longues tuniques en forme d'ailes? Est-ce qu'il revient des bains, dépouillé de son manteau par quelque filou? Quelle figure, bons dieux! Il a de vieux esclaves habillés à l'antique.

Agor. Comment le sais-tu?

Mil. Vous ne voyez pas ces hommes chargés de

(1) C'était une marque qu'un voyageur montrait comme une preuve qu'il avait droit d'hospitalité.
(2) Divinité d'Orient.

```
Chym lachchunyth munys thalmyclibari imisci         930
Lipho canet hyth bymithii ad ædin bynuthii.
Byrnarob syllo homalonim uhy misyrthoho
Bythlym mothym noctothii nelechanti daschmachon
Ysside brim tyfel yth chylys chon, tem, liphul
Uth bynim ysdibut thinno cuth nu Agorastocles       935
Ythe manet ihy chyrsæ lycoch sith naso
Byuni id chil luhlif gubylim lasiblith thim
Bodyalyt herayn nyn nuys lym moncoth lusim
Exanolim volai us succuratim misti atticum esse
Concublitum a bello cutius beant lalacant chona enus es  940
Huice silec panesse arthidamascon alem induberte felono
                    buthume
Celtum comucro lueni, at enim avoso uber bent hyach
                    Aristoclem
Et se le aneche nasoctella elicos alemus duberter mi comps
                    vespiti
Aodeanec lictor bodes jussum limnimcolus.
Deos deasque veneror, qui hanc urbem colunt,        945
Ut, quod de mea re huc veni, rite venerim,
Measque ut gnatas, et mei fratris filium,
Reperire me siritis, di, vostram fidem,
Quæ mihi subreptæ sunt, et fratris filium.
Sed heic mihi antehac hospes Antidamas fuit.        950
Eum fecisse aiunt, sibi quod faciundum fuit.
Ejus filium heic prædicant esse Agorastoclem.
Deum hospitalem ac tesseram mecum fero :
```

In hisce habitare monstratu'st regionibus.
Hos percontabor, qui huc egrediuntur foras.   955

SCENA SECUNDA.

AGORASTOCLES, MILPHIO, HANNO.

Agor. Ain' tu tibi dixe Syncerastum, Milphio,
Has esse ingenuas ambas subreptitias
Carthaginienseis? *Milp.* Aio, et si frugi esse vis,
Eas liberali jam adseres causa manu.
Nam tuom flagitium 'st tuas populareis te pati   960
Servire ante oculos, domi quæ fuerint liberæ.
Han. Pro, di inmortaleis, obsecro vostram fidem!
Creta est profecto horum hominum oratio.
Quam orationem hanc aureis dulcem devorant!
Ut mi absterserunt omnem sorditudinem!   965
Agor. Si ad eam rem testeis habeam, faciam quod jubes.
Milp. Quid tu mihi testeis? quin tu insistis fortiter.
Aliqua fortuna fuerit adjutrix tibi.
Agor. Incipere multo est, quam impetrare, facilius
Milp. Sed quænam illæc avis est, quæ huc cum tunicis ad-
                    venit?   970
Numnam it a balneis circumductus pallio?
Facies quidem edepol ****
Servos quidem, edepol, veteres antiquosque habet.
Agor. Qui scis? *Milp* Viden' homineis sarcinatos consequi?

LE PETIT CARTHAGINOIS, ACTE V, SCENE II.

paquets, qui le suivent? Il faut qu'ils n'aient pas de doigts aux mains.

Agor. Pourquoi donc?

Mil. Parce qu'ils portent leurs anneaux à leurs oreilles (1). Je vais les aborder, et leur parler carthaginois. S'ils me répondent, je continuerai à parler carthaginois; sinon.... je conformerai mon langage à leur caractère (2). Mais dites-moi, vous souvenez-vous encore de la langue punique?

Agor. Je n'en sais pas un mot. Comment pourrais-je la savoir, je te le demande, puisque j'ai été enlevé de Carthage à l'âge de six ans?

Han. (*à part.*) Dieux immortels! bien des enfants de condition libre ont été enlevés ainsi à Carthage (3).

Mil. Eh bien! que pensez-vous?

Agor. Que veux-tu?

Mil. Voulez-vous que je lui parle en carthaginois?

Agor. Le sais-tu?

Mil. Il n'y a pas de Carthaginois plus Carthaginois que moi.

Agor. Aborde-le, demande-lui ce qu'il veut, pourquoi il vient, ce qu'il est, de quel pays, de quelle ville; n'épargne pas les questions.

Mil. (*s'approchant d'Hannon*) (*en carthaginois*). Avo! (Je vous salue)(*en latin.*) De quel pays êtes-vous? de quelle ville?

Han. (*parlant carthaginois.*) Hanno muthumballe bechadreanech.

Agor. Qu'est-ce qu'il dit?

Mil. Qu'il s'appelle Hannon, qu'il vient de Carthage, qu'il est Carthaginois, fils de Muthumbal.

Han. (*de même.*) Avo!

Mil. Je vous salue.

Han. (*de même.*) Donni.

Mil. Il veut vous donner quelque chose : il vous le promet, entendez-vous?

(1) Cette mode africaine était ridicule et efféminée aux yeux des Romains.
(2) Ce mot est une équivoque qui cache une épigramme contre les Carthaginois. Il leur parlera le langage qui convient à leur caractère, le langage de la perfidie et du mensonge. — On sentira aisément les autres traits satiriques inspirés par la haine nationale.
(3) Cruelle allusion aux pertes des Carthaginois après la 2e guerre punique.

Agor. Rends-lui son salut de ma part en carthaginois.

Mil. (*au Carthaginois.*) Avo donni. Voilà ce qu'il me charge de vous dire de sa part. (*montrant Agorastoclès.*)

Han. (*de même.*) Me bar bocca. (*selon S. Petit :* Comme je suis un enfant des larmes.)

Mil. J'aime mieux que cela te soit arrivé qu'à moi.

Agor. Que dit-il?

Mil. Il se plaint d'avoir la bouche malade. Il nous prend peut-être pour médecins.

Agor. S'il en est ainsi, dis-lui que nous ne le sommes point; je ne veux pas tromper un étranger.

Mil. (*à Hannon.*) Écoutez (*en carthaginois.*) Rufem nuco istam. (Un médecin vous la fermera pour la nettoyer.) (1)

Agor. D'abord j'entends qu'on ne lui dise que la vérité. Demande-lui s'il a besoin de quelque chose.

Mil. (*à Hannon.*) Vous qui n'avez pas de ceinture (2), dites-moi pourquoi vous êtes venu dans cette ville, et ce que vous cherchez?

Han. Muphursa. (Par ce signe de l'hospitalité.)

Agor. Que dit-il?

Han. Miuulechianna (dont l'image est Saturne, je vous prie....)

Agor. Quel est le motif de son voyage?

Mil. Vous n'entendez pas? Il dit qu'il a l'intention de donner aux édiles des rats (3) d'Afrique pour figurer dans les jeux.

Han. Læch lachananim limi nichot. (Indiquez-moi, de grâce, la maison de mon hôte, et conduisez-moi.)

Agor. Que dit-il maintenant?

Mil. Qu'il a apporté de petites langues, de la can-

(1) Le procédé et le sens de l'interprète semblent étranges.
(2) Allusion au costume des Carthaginois.
(3) Milphion, qui n'entend pas le carthaginois, traduit les mots d'après leur son. *Muphursa* a quelque analogie avec *mus*, *muris*, en latin rat; cela lui suffit. Il suit partout la même méthode de traduction : ainsi *lœch* c'est *ligulas*, petites langues, *luchananim*, *canaleis*, cannelle; *nichot*, c'est *nuces*, noix. Cette idée comique est peut-être l'origine des scènes de *Pourceaugnac*, du *Bourgeois gentilhomme*, et des *Fourberies de Scapin*, où d'adroits valets servent de truchemans à leurs maîtres pour les mieux duper.—*Ces rats d'Afrique* sont des panthères. Les anciens Romains, au lieu de créer des noms pour les animaux qu'ils voyaient pour la première fois, se contentaient d'employer des noms d'espèces connues, en y ajoutant une épithète.

Atque, ut opinor, digitos in manibus non habent. 975
Agor. Quid jam? *Milp.* Quia incedunt cum anulatis auribus.
Adibo hosce, atque adpellabo punice.
Si respondebunt, punice pergam loqui :
Si non; tum ad horum mores linguam vortero.
Quid ais tu? ecquid adhuc conmeministi punice? 980
Agor. Nihil, edepol : nam qui scire potui, dic mihi,
Qui illinc sexennis perierim Carthagine?
Han. Pro di inmortales! plurimi ad hunc modum
Periere pueri liberi Carthagine.
Milp. Quid ais tu? *Agor.* Quid vis? *Milp.* Vin' ad pellem
hunc punice? 985
Agor. An scis? *Miph.* Nullus me est hodie Pœnus Punior.
Agor. Adi atque adpella, quid velit, quid venerit,
Quit sit, quojatis, unde sit : ne parseris.
Milp. Avo, quojates estis? aut quo ex oppido?
Han. Hanno muthumballe bechadreanech. 990
Agor. Hannonem id ait? *Milp.* Hannonem sese ait Carthagine,
Carthaginiensem Muthumballis filium.
Han. Avo. *Milp.* Salutat. *Han.* Donni. *Milp.* Doni volt tibi

Dare hinc nescio quid : audin' pollicerier?
Agor. Saluta hunc rursus punice verbis meis. 995
Milp. Avo donni, hic mihi tibi inquit verbis suis.
Han. Me bar bocca. *Milp.* Istuc tibi sit potius quam mihi.
Agor. Quid ait? *Milp.* Miseram esse prædicat buccam sibi.
Fortasse medicos nos esse arbitrarier.
Agor. Si ita est, nega esse; nolo ego errare hospitem. 1000
Milp. (ad Hannonem.) Audi tu : rufem nuco istam. *Agor.* Sic volo,
Profecto vera cuncta huic expedirier.
Roga, numquid opus sit? *Milp.* Tu qui zonam non habes,
Quid in hanc venistis urbem, aut quid quæritis?
Han. Muphursa. *Agor.* Quid ait? *Han.* Miuulechianna.
Agor. Quid venit? 1005
Milp. Non audis? mures Africanos prædicat
In pompam ludis dare se velle ædilibus.
Han. Læch lachananim limi nichot. *Agor.* Quid nunc ait?
Milp. Ligulas canaleis ait se advexisse et nuces :
Nunc orat, operam ut des sibi, ut ea veneant. 1010
Agor. Mercator, credo, est. *Han.* Isam aruinam. *Agor.* Quid est?
Han. Palum erga dectha. *Agor.* Milphio, quid nunc ait?

nelle et des noix; il vous prie maintenant de l'aider à vendre ces marchandises.

Agor. C'est un marchand, je suppose.

Han. Isam aruinam (Le jeune homme que je cherche.)

Agor. Qu'est-ce?

Han. Palum erga dectha. (Est d'une famille distinguée, et la première de la ville.)

Agor. Milphion, que dit-il?

Mil. Il dit qu'on l'a chargé de vendre des pelles et des fourches pour labourer ces jardins et faire la moisson. Ou vous l'aura, je pense, envoyé pour moissonner vos champs.

Agor. Je n'en ai que faire.

Mil. Il veut vous en instruire, pour que vous ne supposiez pas qu'il ait l'intention de vous dérober quelque chose (1).

Han. (en colère.) *Muphonnium sucorahim.*

Mil. (à *Agorast.*) Gardez-vous de faire ce qu'il vous demande.

Agor. Que dit-il? que demande-t-il? explique-le-moi.

Mil. Que vous l'étendiez sous une claie chargée de pierres, pour le mettre à mort (2).

Han. (de même.) *Gunebel balsamenierasan!* (Que Jupiter réprime et modère l'orgueil et l'insolence de cet infâme scélérat!)

Agor. Explique-moi ces paroles. Que dit-il?

Mil. Ma foi, maintenant, je n'y comprends plus rien.

Han. Eh bien! pour que tu me comprennes, je vais parler latin. Il faut, par Hercule, que tu sois un mauvais coquin d'esclave, pour te moquer ainsi d'un étranger, d'un voyageur.

Mil. C'est toi, vraiment, qui es un rusé fripon, de venir ici nous attraper, métis libyen à double langue (3), animal rampant!

Agor. (à *Milphion.*) Supprime les injures, et

(1) M. Levée lit *volui* au lieu de *volt*, et traduit ainsi : « J'ai voulu vous rendre compte de tout, afin que vous ne crussiez pas que j'eusse l'intention de vous en avoir caché la moindre chose. »

(2) Genre de supplice usité chez les Carthaginois.

(3) Trait contre la duplicité des Carthaginois, qui parlaient en effet deux langues, le tyrien et le libyen.

tâche de contenir ta langue. Épargne tes grossièretés à cet étranger, je te le conseille. Je n'entends pas qu'on insulte un compatriote. (A *Hannon.*) Je suis né à Carthage, afin que vous le sachiez.

Han. O mon cher concitoyen, salut!

Agor. Salut aussi à vous, qui que vous soyez. Et si vous avez besoin de quelque chose, parlez, commandez, je vous prie, au nom de notre commune patrie.

Han. Je vous rends grâce : mais j'ai ici un hôte. Je cherche le fils d'Antidamas, Agorastoclès. Indiquez-le-moi, je vous prie, si vous le connaissez. Connaissez-vous un jeune homme de ce nom?

Agor. Si vous cherchez le fils adoptif d'Antidamas, c'est moi-même que vous cherchez.

Han. Ah! qu'entends-je?

Agor. Que je suis le fils d'Antidamas.

Han. S'il en est ainsi, vous pouvez confronter le gage d'hospitalité (1) (*montrant une moitié de médaille rompue*). Le voici, je l'ai apporté.

Agor. Voyons, montrez (*Après avoir examiné.*) Il se rapporte parfaitement avec celui que j'ai à la maison.

Han. O mon hôte, je vous salue de tout mon cœur : car votre père Antidamas, oui, votre père était mon hôte. Ce gage consacrait nos liens d'hospitalité.

Agor. J'entends aussi que vous logiez chez moi ; car je ne veux renier ni ce devoir d'hospitalité, ni Carthage, mon pays natal.

Han. Que les dieux comblent tous vos vœux! Dites-moi, comment se fait-il que vous soyez né à Carthage, et que vous ayez eu un père étolien?

Agor. C'est que j'ai été enlevé à Carthage : Antidamas, votre hôte, m'acheta ici, et m'adopta pour son fils.

Han. Il avait été lui-même adopté ainsi par Démarque. Mais ne parlons pas de lui, et revenons à

(1) Avant de se séparer, on rompait une médaille. Dans l'occasion on en représentait la moitié à son ancien hôte, qui vous reconnaissait à ce signe, et vous recevait comme ami. Ce devoir d'hospitalité se transmettait aux enfants. Aussi gardait-on religieusement ce signe de reconnaissance et d'amitié.

Popularitatis causa. *Han.* Habeo gratiam.
Verum ego heic hospitium habeo : Antidamæ filium
Quæro, conmonstra, si gnovisti Agorastoclem.
Ecquem adulescentem tu heic gnovisti Agorastoclem?
Agor. Siquidem tu Antidamæ heic quæris adoptatitium, 1040
Ego sum ipsus, quem tu quæris. *Han.* Hem! quid ego audio?
Agor. Antidamæ gnatum me esse. *Han.* Si ita est, tesseram
Conferre si vis hospitalem, eccam adtuli.
Agor. Agedum, huc ostende : est par probe; nam habeo domi.
Han. O mi hospes, salve multum : nam mihi tuus pater, 1045
Pater tuus ergo, hospes Antidamas fuit.
Hæc mihi hospitalis tessera cum illo fuit.
Agor. Ergo heic apud me hospitium tibi præbebitur.
Nam haud repudio hospitium, neque Carthaginem;
Inde sum oriundus. *Han.* Di deut tibi omneis quæ velis. 1050
Quid ais? qui potuit fieri, ut Carthagini
Gnatus sis; heic autem habuisti Ætolum patrem?
Agor. Subreptus sum illinc : heic me Antidamas hospes tuus
Emit, et is me sibi adoptavit filium.
Han. Demarcho item ipse fuit adoptatitius. 1055

Milp. Palas vendundas sibi ait, et mergas datas,
Ut hortum fodiat, atque ut frumentum metat.
Ad messim credo missus hic quidem tuam. 1015
Agor. Quid istuc ad me? *Milp.* Certiorem te esse volt,
Ne quid clam furtive adcepisse censeas.
Han. Muphonnium sucorahim. *Milp.* Hem, cave si feceris,
Quod hic te orat. *Agor.* Quid ait, aut quid orat? expedi.
Milp. Sub cratim uti jubeas sese subponi, atque eo 1020
Lapides inponi multos, ut sese neces.
Han. Gunebel balsamenierasan. *Agor.* Narra, quid est?
Quid ait? *Milp.* Non, hercle, nunc quidem quidquam scio.
Han. At ut scias nunc, dehinc latine jam loquar.
Servom, hercle, te esse oportet et nequam et maium, 1025
Hominem peregrinum atque advenam qui inrideas.
Milp. At, hercle, te hominem et sycophantam, et subdolum,
Qui huc advenisti nos captatum migdilybs,
Bisulcilingua, quasi proserpens bestia.
Agor. Maledicta hinc aufer : linguam conpescas face. 1030
Maledicere huic tu temperabis, si sapis.
Meis consanguineis nolo te injuste loqui.
Carthagini ego sum gnatus, ut tu sis sciens.
Han. O mi popularis, salve. *Agor.* Et tu, edepol, quisquis es.
Et si quid opus est, quæso, dic atque inpera, 1035

vous. Dites : vous souvenez-vous du nom de vos parents?

Agor. Oui, du nom de mon père et de celui de ma mère.

Han. Dites-les-moi, si par hasard ils sont de ma connaissance ou de ma famille.

Agor. Ma mère s'appelait Ampsigura, mon père Iachon.

Han. Bons parents! que ne vivent-ils encore!

Agor. Est-ce qu'ils sont morts?

Han. Oui, et j'en ressentis un grand chagrin : car votre mère était ma cousine, et votre père et moi nous étions fils des deux frères. Il me fit son héritier, en mourant; et c'est ce qui me rend sa perte encore plus douloureuse. Mais s'il est vrai que vous soyez le fils d'Iachon, vous devez avoir une marque à la main gauche, d'une morsure que vous fit dans votre enfance un singe, en jouant avec vous. Montrez, que j'examine : ouvrez votre main.

Agor. Regardez, la voici. Salut, ô mon cher oncle!

Han. Et toi, salut, Agorastoclès ; je me sens renaître en te retrouvant.

Mil. Par Pollux, votre bonheur me réjouit! (*à Hannon.*) Mais me permettrez-vous de vous donner un conseil?

Han. Très-volontiers.

Mil. Il faut rendre à un fils l'héritage paternel. Il est juste qu'il rentre en possession des biens qui appartenaient à son père.

Han. Je ne demande pas mieux : ils lui seront tous rendus : je lui restituerai son patrimoine tout entier, lorsqu'il sera revenu dans le pays.

Mil. Allez, rendez-le-lui, quand même il resterait ici.

Han. Bien plus, il aura le mien, s'il m'arrive malheur.

Mil. Il me vient à l'esprit une plaisante idée.

Han. Laquelle?

Mil. J'ai besoin de votre secours.

Han. Dis-moi, que veux-tu que je fasse? Dispose de moi à ton gré. De quoi s'agit-il?

Mil. Consentez-vous à employer la ruse?

Han. Contre un ennemi volontiers, mais avec un ami, ce serait un tort.

Mil. C'est contre un ennemi de ce jeune homme. (*Il montre Agorastoclès.*)

Han. J'aurai du plaisir à lui faire du mal.

Mil. (*montrant Agorast.*) Il a une maîtresse qui est entre les mains d'un marchand d'esclaves.

Han. Je pense qu'il fait bien.

Mil. Ce coquin habite ici, près de nous. (*Il montre la maison de le Loup.*)

Han. Je serais charmé de lui faire du mal.

Mil. Il a pour esclaves deux jeunes courtisanes : elles sont sœurs. Agorastoclès en aime une éperdument. Cependant il a toujours respecté sa pudeur.

Han. C'est une passion malheureuse.

Mil. Le marchand se moque de lui.

Han. Il fait son métier.

Mil. (*montrant Agorast.*) Lui veut se venger.

Han. Ce sera un brave homme, s'il le fait.

Mil. Voici le projet que je conçois, l'artifice que je médite; et vous pouvez nous y servir. Vous direz que ce sont vos deux filles enlevées de Carthage dans leur enfance, et que vous revendiquez pour les rendre à la liberté, en votre qualité de père. Vous comprenez?

Han. (*avec émotion.*) Oui, je comprends : car on m'a enlevé aussi mes deux filles toutes petites, avec leur nourrice.

Mil. Par Hercule! vous jouez votre rôle à merveille; et ce début me plaît (1).

Han. (*pleurant.*) Je ne le sens que trop bien.

Mil. Ah! l'habile homme! que de malice! que de force! que d'artifice! Quelle adresse à se contrefaire! Comme il pleure à propos, pour mieux persuader et

(1) On remarquera sans doute le mérite singulier de cette scène, tour à tour comique et touchante.

Sed mitto de illo, et ad te redeo : dic mihi,
Ecquid meministi tuum parentum nomina?
Agor. Patris atque matris memini. *Han.* Memoradum mihi :
Si gnovi forte, aut si sunt cognanti mihi.
Agor. Ampsigura mater mihi fuit, Iachon pater. 1060
Han. Patrem atque matrem viverent vellem tibi!
Agor. An mortui sunt? *Han.* Factum, quod ægre tuli.
Nam mihi sobrina Ampsigura tua mater fuit.
Pater tuus is erat frater patruelis meus,
Et is me hæredem fecit, quom suum obiit diem. 1065
Quo me privatum ægre patior mortuo.
Sed si ita est, ut tu sis Iaconis filius,
Signum esse oportet in manu læva tibi,
Ludenti puero quod momordit simia.
Ostende, ut inspiciam, aperi. *Agor.* Vide, eccum adest? 1070
Mi patrue, salve. *Han.* Et tu salveto, Agorastocles.
Iterum mihi gnatus videor, quia te reperi.
Milp. Pol, istam rem vobis bene evenisse gaudeo.
Et te moneri numne vis? *Han.* Sane volo.
Milp. Paterna oportet reddi filio bona. 1075
Æquom 'st habere hunc bona quæ possedit pater.
Han. Haud postulo aliter; restituentur omnia.
Suam rem sibi salvam sistam, si illo advenerit.
Milp. Facito, sis, reddas, etsi hic habitabit tamen.
Han. Quin mea quoque iste habebit, si quid me fuat. 1080
Milp. Festivom facinus venit mihi in mentem modo.
Han. Quid id est? *Milp.* Tua est opus opera. *Han.* Dic mihi, quid lubet?

Profecto uteris, ut voles, operam meam.
Quid est negoti? *Milp.* Potin' tu fieri subdolus?
Han. Inimico possum, amico insipientia 'st. 1085
Milp. Inimicus, hercle, est hujus. *Han.* Male faxim lubens.
Milp. Amat a lenone hic. *Han.* Facere sapienter puto.
Milp. Leno heic habitat vicinus. *Han.* Male faxim lubens.
Milp. Ei duæ puellæ sunt meretrices servolæ
Sorores : earum hic alteram ecflictim perit; 1090
Neque eam incestavit unquam. *Han.* Acerba amatio 'st.
Milp. Nunc leno ludificatur. *Han.* Suum quæstum colit.
Milp. Hinc illi malam rem dare volt. *Han.* Frugi, si id facit.
Milp. Nunc hoc consilium capio, et hanc fabricam adparo,
Ut te adlegemus; filias dicas tuas, 1095
Subreptasque esse parvolas Carthagine,
Manuque liberali causa ambas adseras,
Quasi filiæ tuæ sint ambæ : intellegis?
Han. Intellego, hercle, nam mihi item gnatæ duæ
Cum nutrice una subreptæ sunt parvolæ. 1100
Milp. Lepide, hercle, adsimulas : jam in principio id mihi placet.
Han. Pol, magis, quam vellem. *Milp.* Heu! hercle, mortalem catum,
Malum, crudumque et callidum atque subdolum!
Ut adflet, quo illud gestu faciat facilius!
Me quoque dolis jam superat architectonem. 1105
Han. Sed earum nutrix, qua sit facie, mihi expedi.

réussir plus sûrement! Il me surpasse en fourberie, moi l'inventeur suprême!

Han. Mais, dis-moi, quelle est la figure de leur nourrice?

Mil. Taille médiocre, teint basané.

Han. C'est elle.

Mil. Un joli visage, une bouche petite, des yeux noirs.

Han. Par Hercule, tes paroles me l'ont retracée comme le plus fidèle portrait.

Mil. Voulez-vous la voir?

Han. J'aimerais mieux voir mes filles. Mais va l'appeler. Peut-être sont-ce mes enfants. Si c'est leur nourrice, elle me reconnaîtra tout de suite.

Mil. (*s'approchant de la maison de le Loup.*) Holà! y a-t-il quelqu'un ici? Dites à Giddenemé de sortir. Il y a quelqu'un qui désire lui parler.

SCÈNE III.

GIDDENEMÉ, MILPHION, HANNON, AGORASTOCLÈS, UN JEUNE ESCLAVE.

Gidd. Qui frappe là?

Mil. Votre voisin.

Gidd. Que veux-tu?

Mil. (*lui montrant Hannon.*) Ah çà, connaissez-vous cet homme en tunique?

Gidd. Que vois-je! Grand Jupiter! c'est mon maître lui-même, le père des deux filles que j'ai nourries; c'est Hannon de Carthage!

Mil. Voyez la friponne! Ce Carthaginois est un habile sorcier; il persuade à tout le monde ce qu'il veut.

Gidd. Hannon, ô mon cher maître, salut! Toi que ta fille et moi désespérions de revoir jamais, salut!.. Eh bien! Pourquoi rester surpris, et me considérer ainsi? Est-ce que vous ne reconnaissez pas Giddenemé, votre esclave?

Han. Certainement... Mais où sont mes filles? Je suis impatient de le savoir.

Gidd. Au temple de Vénus.

Han. Qu'y font-elles? dis-le-moi.

Gidd. C'est aujourd'hui les Aphrodisies, la fête de Vénus; elles sont allées prier la déesse de leur accorder sa faveur.

Mil. Par Pollux! elles l'ont obtenue, ce me semble, puisque cet étranger est arrivé.

Agor. (*à Giddenemé.*) Ah! est-ce que ce sont ses filles?

Gidd. Vous l'avez dit. (*à Hannon.*) (1) Votre tendresse paternelle vient heureusement aujourd'hui à notre secours; car elles allaient changer leurs noms (2), et faire un honteux trafic de leurs charmes.

Un esclave de la suite d'Hannon (*à Giddenemé.*) (*en carthaginois.*) *Handones illi havon bene si illi in mustine.* (Salut, ô vous qui m'avez mis au monde! que je désirais tant revoir!)

Gidd. (*en carthaginois.*) *Me ipsi et eneste dum et alamma cestinum.* (Salut, ô mon fils, ma force, mon amour, après qui j'ai tant soupiré!)

Agor. Que disent-ils entre eux? explique-le-moi.

Mil. Il salue sa mère, et elle son fils.

Han. (*à Giddenemé, qui s'entretient vivement avec son fils.*) Tais-toi, et ménage la richesse des femmes.

Agor. Quelle est cette richesse?

Han. Le babil bruyant et sans fin. (*à Milphion, en lui montrant ses esclaves.*) Conduis-les chez vous, et dis à la nourrice de te suivre.

Agor. (*à Milphion.*) Fais ce qu'il t'ordonne.

Mil. (*à Hannon.*) Mais qui est-ce qui vous fera connaître vos filles?

Agor. Moi, très-bien.

Mil. En ce cas, je m'en vais.

Agor. Tu devrais le faire, plutôt que de le dire.

---

(1) M. Naudet met ce qui suit dans la bouche d'Agorastoclès, quoique, dans une excellente édition publiée par Lemaire, il ait conservé ce couplet à Giddenemé.

(2) Les femmes qui faisaient profession publique de débauche étaient tenues de prendre des noms de courtisanes sur le registre des édiles, où elles devaient s'inscrire.

Milp. Statura haud magna, corpore aquilo. *Han.* Ipsa ea 'st.
Milp. Specie venusta, ore parvo atque oculis pernigris.
Han. Forman quidem', hercle, verbis depinxti mihi.
Milp. Vin' eam videre? *Han.* Filias malo meas. 1110
Sed i, atque evoca illam, si eæ meæ sunt filiæ.
Si illarum est nutrix, me continuo gnorit.
Milp. Heus! ecquis heic est? nunciate ut prodeat
Foras Giddeneme: est qui illam conventam esse volt.

SCENA TERTIA.

GIDDENEME, MILPHIO, HANNO, AGORASTOCLES, PUER.

Gidd. Quis pultat? *Milp.* Qui te proximus est. *Gidd.*
Quid vis? *Milp.* Eho, 1115
Gnovistin' tu illunc tunicatum hominem, qui siet?
Gidd. Nam quem ego adspicio! Pro supreme Jupiter!
Herus meus hic quidem est, mearum alumnarum pater,
Hanno Carthaginiensis. *Milp.* Ecce autem mala!
Præstigiator hic quidem Pœnus probu'st, 1120
Perduxit omneis ad suam sententiam.
Gidd. O mi here, salve, Hanno, insperatissume
Mihi tuisque filiis, salve : atque eho
Mirari noli, neque me contemplariuc

Congnostin' Giddenemen ancillam tuam? 1125
Han. Gnovi: sed ubi sunt meæ gnatæ? id scire expeto.
Gidd. Apud ædem Veneris. *Han.* Quid ibi faciunt? dic mihi.
Gidd. Aphrodisia, hodie Veneris sunt festus dies:
Oratum ierunt deam, ut sibi esset propitia. 1129
Milp. Pol, satis scio inpetrarunt, quando hic heic adest.
Agor. Eho, an hujus sunt illæ filiæ? *Gidd.* Itaut prædicas.
Tua pietas nobis plane auxilio fuit,
Quom huc advenisti hodie in ipso tempore:
Namque hodie earum mutarentur nomina,
Facerentque indignum genere quæstum corpore. 1135
Puer. Handones illi havon bene si illi in mustine.
Gidd. Me ipsi et eneste dum et alamma cestinum.
Agor. Quid illi locuti sunt inter se? dic mihi.
Milp. Matrem salutat hic suam, hæc autem hunc filium.
Han. Tace atque parce muliebri suppellectili. 1140
Agor. Quæ ea est suppellex? *Han.* Clarus clamor sine modo.
Tu abduc hos intro, et una nutricem simul
Jube abire hanc ad te. *Agor.* Fac quod imperat.
Mil. Sed quis illas tibi monstrabit? *Ag.* Ego doctissume.
Milp. Abeo igitur. *Agor.* Facias modo, quam memores, mavelim. 1145
Patruo advenienti cœna curetur volo.
Milp. Lachanam vos! quos ego jam detrudam ad molas,
Inde porro ad puteum, atque ad robustum codicem.

LE PETIT CARTHAGINOIS, ACTE V, SCÈNE IV.

Qu'on apprête à souper pour l'arrivée de mon oncle.

Mil. (*avec colère aux esclaves.*) Qu'ils font de bruit, dans l'effusion de leur reconnaissance mutuelle! *La chanam! vos!* (Vous ne retournerez pas en Chanaan (1), vous autres!) Je vous enverrai au moulin, et delà au puits (2), où vous serez attachés à un bon poteau de chêne. Vous n'aurez pas, je vous en réponds, à vous louer beaucoup de notre hospitalité.

Agor. Écoutez, mon oncle; ne me refusez pas ce que je vais vous demander. Accordez-moi en mariage votre fille aînée.

Han. Tu peux y compter.

Agor. Engagez-vous votre parole?

Han. Je l'engage.

Agor. (*l'embrassant.*) Salut, mon cher oncle! Oui, à ce trait je vois que vous l'êtes véritablement. Je pourrai donc enfin m'entretenir librement avec elle! Maintenant, mon oncle, si vous voulez voir vos filles, suivez-moi.

Han. Il y a longtemps que je le désire, et je te suis.

Agor. Si nous allions au-devant d'elles?

Han. Mais j'ai peur de ne pas les voir dans les rues. Grand Jupiter, change mon incertitude en un bonheur certain.

Agor. (*avec joie.*) Je suis sûr à présent de posséder mes amours! (*à Hannon.*) Mais les voici toutes deux.

Han. Sont-ce là mes filles? Ces pauvres petites, comme elles sont devenues grandes!

Agor. Vous vous en étonnez? Ce sont des colonnes grecques : c'est leur nature de s'élever.

Mil. Je crois vraiment que ce que je vous disais en plaisantant va se réaliser tout de bon, très sérieusement : il retrouvera en elle ses deux filles.

Agor. Par Pollux! il n'en faut plus douter. Toi, Milphion, fais rentrer les esclaves. (*Montrant Adelphasie et Antérastile.*) Quant à elles, nous les recevrons ici.

(*Milphion sort avec les esclaves d'Hannon.*)

SCÈNE IV.

ANTÉRASTILE, ADELPHASIE, AGORASTOCLÈS, HANNON.

Ant. C'est aujourd'hui que les amateurs de la galanterie ont dû venir au temple repaître leurs yeux de l'éclat des plus riches ornements. J'ai été vraiment enchantée des jolis présents des courtisanes, offrandes dignes de Vénus, la reine des Grâces ; j'ai senti aujourd'hui toute sa puissance. Quel ordre dans cette multitude de beautés (1) élégamment rangées à leur place! L'odeur de la myrrhe et les parfums d'Arabie remplissaient l'enceinte. Ah! Vénus, rien ne manquait à la solennité de ta fête, ni à l'ornement de ton temple, inondé de clientes qui venaient honorer Vénus Calydonienne (2). Pour nous, ma sœur, nous l'avons emporté par notre beauté, par notre faveur auprès de la déesse, dont nos prières ont désarmé le courroux : aussi n'avons nous pas été l'objet des railleries des jeunes gens, qui se sont moqués de toutes les autres.

Adel. J'aimerais mieux, ma sœur, que d'autres dissent cela, que de t'entendre faire toi-même ton éloge.

Ant. J'y compte bien aussi.

Adel. Je l'espère de même, quand je compare notre caractère à celui de nos rivales. Nous sommes nées d'un sang qui nous fait un devoir de rester pures de tout reproche.

Han. (*à part.*) O Jupiter, qui conserves et nourris le genre humain, qui es la source de notre vie,

---

(1) Les Phéniciens se faisaient appeler Chananéens.
(2) Pour tirer de l'eau.

(1) M. Naudet entend autrement *venustatum*, et traduit : « Quel ordre, quelle élégance dans cette profusion de délices! »
(2) Calydon en Étolie était une des villes chères à Vénus.

Ego, faxo, hospitium hoc leviter laudabitis.
Agor. Audin' tu, patrue? dico, ne dictum neges ; 1150
Tuam mihi majorem filiam despondeas.
Han. Pactam rem habeto. *Agor.* Spondesne igitur? *Han.* Spondeo.
Agor. Mi patrue, salve : nam nunc es plane meus.
Nunc demum ego cum illa fabulabor libere.
Nunc, patrue, si vis tuas videre filias, 1155
Me sequere. *Han.* Jamdudum equidem cupio, et te sequor.
Agor. Quid, si eamus illis obviam? *Han.* At ne inter vias
Præterbitamus, metuo : magne Jupiter,
Restitue certas mihi ex incertis nunc opes.
Agor. Ego quidem meos amores mecum confido fore. 1160
Sed eccas video ipsas. *Han.* Hæccine sunt meæ filiæ?
Quantæ e quantillis jam sunt factæ? *Agor.* Scin' qui est?
Græcæ sunt hæ columnæ; sustolli solent.
Milp. Opinor hercle, hodie quod ego dixi per jocum,
Id eventurum esse et severum et serium, 1165
Ut hæc inveniantur hodie esse hujus filiæ
Agor. Pol, istud quidem jam certum 'st : tu istos, Milphio,
Abduce intro; nos hasce heic præstolabimur.

SCENA QUARTA.

ANTERASTILIS, ADELPHASIUM, AGORASTOCLES, HANNO.

Ant. Fuit hodie operæ pretium ejus qui amabilitati animum adjiceret,

Oculis epulas dare, delubrum qui hodie ornatum eo visere venit. 1170
Deamavi, ecastor, illeic ego hodie lepidissima munera meretricum,
Digna diva venustissuma Venere : neque contempsi ejus opus hodie;
Tanta ibi copia venustatum aderat, in suo quæque loco sita munde.
Arabus murrhinusque omneis odor conplebat : haud sordere visus est.
Festus dies, Venus, nec tuum fanum : tantus ibi clientarum erat numerus, 1175
Quæ ad Calydoniam venerant Venerem. Certo enim, quod quidem ad nos duas
Adtinuit, præpotenteis, polchræ, pacisque potenteis, soror, fuimus :
Neque ab juventute ibi irridiculo habitæ : quod, pol, soror, cæteris omnibus factum 'st.
Adelph. Mallem istuc aliis ita videatur, quam uti tu te, soror, conlaudes. *Ant.* Spero equidem.
Adelph. Et pol, ego, quom, ingeniis quibus sumus atque aliæ, congnosco. 1180
Eo sumus gnatæ genere, ut deceat nos esse a culpas castas.
Han. Jupiter, qui genus colis alisque hominum, per quem vivimus vitalem ævum,
Quem penes spes vitæ sunt hominum omnium, da diem hunc sospitem, quæso,
Rebus meis agundis. Quibus annos multos carui, quasque e patria

de qui dépendent les espérances et le destin des mortels, fais que ce jour soit un jour de salut pour moi; que mes filles dont j'ai été privé tant d'années, que j'ai vu enlever de leur patrie dans l'âge le plus tendre, recouvrent la liberté! Montre par là qu'une piété constante trouve sa récompense.

Agor. (*bas à Hannon.*) Jupiter vous exaucera, e t'en réponds : car il m'obéit et me craint (1).

Han. (*de même.*) Tais-toi, je te prie.

Agor. (*de même.*) Ne pleurez pas, mon oncle.

Ant. Quel plaisir, ma sœur, d'obtenir la victoire, comme nous aujourd'hui! Nous avons remporté sur toutes nos rivales le prix de la beauté.

Adel. Je te croyais plus raisonnable, ma sœur; tu te crois donc bien belle, parce qu'on ne t'a pas barbouillé de noir la figure (2).

Agor. O mon oncle! mon cher oncle! le meilleur des oncles !

Han. Qu'y a-t-il, cher fils de mon frère, mon propre fils? que veux-tu? parle.

Agor. Je veux que vous m'écoutiez.

Han. Eh bien ! je t'écoute.

Agor. Oncle des oncles!

Han. Qu'est-ce?

Agor. (*montrant Adelphasie.*) Qu'elle est jolie ! qu'elle est aimable! que d'esprit!

Han. Pour l'esprit, elle tient de son père.

Agor. Comment donc? il y a longtemps, par Pollux, qu'elle a consommé tout ce que vous lui en aviez transmis. Ce qu'elle a maintenant d'esprit et de sens, (*se frappant le front*) c'est de là qu'elle le tient : tout son esprit, c'est mon amour qui le lui donne.

Adel. Quoique réduites en esclavage, nous sommes nées d'une trop bonne famille, ma sœur, pour nous permettre de rien faire qui nous expose au ridicule. Les femmes ont beaucoup de défauts; mais le plus grand de tous, c'est l'excès d'amour-propre, et le désir immodéré de plaire aux hommes.

Ant. J'ai été ravie, ma sœur, des prédictions que l'aruspice nous a faites à toutes deux en examinant les entrailles des victimes.

Agor. (*à part.*) S'il avait pu parler aussi de moi!

Ant. Il nous a dit qu'en dépit de notre maître nous serions libres sous peu de jours. Mais, à moins que les dieux ou nos parents ne viennent à notre secours, je ne vois aucun motif d'espérance.

Agor. (*bas à Hannon.*) C'est sur ma caution, vraiment, que l'aruspice leur a donné cette assurance ; il sait que j'aime Adelphasie (1).

Adel. Viens avec moi, ma sœur.

Ant. Je te suis. (*Elles vont pour sortir.*)

Han. (*s'avançant vers elles.*) Avant que vous partiez, je veux vous dire un mot à toutes deux : arrêtez, s'il vous plaît.

Adel. Qui veut nous retenir?

Agor. Un homme qui vous veut du bien.

Adel. Voici l'occasion de le prouver. Mais qui est-ce?

Agor. Un ami.

Adel. Il suffit que ce ne soit pas un ennemi.

Agor. (*à Adelphasie.*) C'est un bien honnête homme, cher amour.

Adel. Vraiment, je l'aime mieux de ce caractère que méchant.

Agor. Si vous devez avoir un ami, c'est lui assurément.

Adel. (*regardant le vieillard.*) Je ne le souhaite pas!

Agor. Il veut vous faire beaucoup de bien.

Adel. Ce sera un homme de bien qui fera du bien à d'honnêtes gens comme lui.

Han. Je vous causerai une grande joie.

Adel. Nous vous procurerons beaucoup de plaisir.

---

(1) Ce trait paraîtra un peu hardi : mais ces irrévérences sont fréquentes dans Plaute. D'ailleurs Hannon impose silence au jeune étourdi.

(2) Insulte dont les jeunes gens s'amusaient, dans le temple, à flétrir les courtisanes qu'ils ne trouvaient pas à leur goût.

(1) Il est curieux de connaître sur quelles informations secrètes les aruspices faisaient leurs prédictions. C'est encore la recette de nos aruspices modernes.

Perdidi parvas, redde his libertatem; invictæ præmium ut esse sciam pietati. 1185

Agor. Omnia faciet Jupiter, faxo : nam mihi est obnoxius, et me metuit.

Han. Tace, quæso. *Agor.* Ne lacruma, patrue.

Ant. Ut volupe 'st homini, mea soror, si, quod agit, cluet victoria!

Sicut hodie nos inter alias præstitimus pulchritudine.

Adelph. Stulta, soror, es magis, quam volo : an vero pulchra videre, obsecro, 1190

Si tibi illei non os oblitum 'st fulligine?

Agor. O patrue, o patrue mi patruissume !

Han. Quid est, fratris mei gnatæ? mi gnate, quid vis? expedi.

Agor. At enim volo hoc agas. *Han.* At enim ago istuc. *Agor.* Patrue mi patruissume.

Han. Quid est? *Agor.* Est lepida et lauta : ut sapit ! 1195

Han. Ingenium patris habet, quod sapit.

Agor. Quæ res? jam diu, edepol, sapientiam tuam abusa 'st hæc quidem.

Nunc hinc sapit, hinc sentit : quidquid sapit, amore meo sapit.

Adelp. Non eo sumus genere prognatæ, tametsi sumus servæ, soror,

Ut deceat facere nos quidquam, quod homo quisquam invideat. 1200

Multa sunt mulierum vitia; sed hoc e multis maxumum 'st, Quom sibi nimis placent, nimisque operam dant ut placeant viris.

Ant. Nimiæ voluptati 'st, quod in extis nostris portentum 'st, soror,

Quodque haruspex de ambabus dixit. *Agor.* Velim de me aliquid dixerit.

Ant. Nos fore invito domino nostro diebus paucis liberas. Id ego, nisi quid di aut parentis faxint, quid sperem haud scio. 1205

Agor. Mea fiducia, hercle, haruspex, patrue, his promisit, scio,

Libertatem, quia me amare hanc scit. *Adelp.* Soror, sequere hac. *Ant.* Sequor.

Han. Priusquam abitis, vos volo ambas : nisi piget, consistite.

Adelp. Quis revocat? *Agor.* Qui bene volt vobis facere.

Adelp. Facere obcasio 'st. 1210

Sed quis homo 'st? *Agor.* Amicus vobis. *Adelp.* Qui quidem non inimicus est.

Agor. Bonus est hic homo, mea voluptas. *Adelp.* Pol, istum malim, quam malum.

Agor. Siquidem amicitia 'st habenda, cum hoc habenda 'st.

Adelph. Haud precor.

Agor. Multa bona vobis facere volt. *Adelph.* Bonus bonis benefeceris.

LE PETIT CARTHAGINOIS, ACTE V, SCENE IV.

Han. Avec la liberté.
Adel. A ce prix vous pouvez disposer de nous.
Agor. (*bas à Hannon.*) Cher oncle, je le jure par les dieux qui me protègent, si j'étais Jupiter, je l'épouserais à l'instant même, et je mettrais Junon à la porte. Comme elle parle avec modestie! que de bon sens! que de justesse! quelle mesure dans tous ses discours! Oh! certes, elle sera ma femme.
Han. (*bas à Agorastoclès.*) Mais moi, comme je les ai abordées adroitement!
Agor. Très-finement, certes, et avec beaucoup d'esprit.
Han. Continuerai-je à l'éprouver?
Agor. Abrégeons : (*montrant les spectateurs.*) ceux qui sont assis là ont soif.
Han. (*haut à Agorast.*) Que tardons-nous à faire ce qu'il faut? (*S'approchant des deux sœurs.*) Je vous appelle en justice.
Agor. Saisissez-les tout de suite, mon oncle.
Han. Toi, si tu es un honnête garçon...
Agor. (*prenant Adelphasie.*) Voulez-vous que je m'empare de celle-ci?
Han. Prends-la.
Adel. (*montrant Hannon.*) Est-ce que c'est votre oncle, Agorastoclès?
Agor. (*vivement, et avec menace.*) Vous le saurez tout à l'heure. Maintenant, par Pollux, je vous punirai bien; (*avec amour*) car vous serez... ma femme (1).
Han. Suivez-moi au tribunal, sans délai.
Ant. (*à Agorast.*) Prenez-moi à témoin, et emmenez-la.
Agor. (*de même.*) Oui, je vous prendrai à témoin : et ensuite elle (*montrant Adelphasie*), je lui prouverai mon amour, je l'embrasserai... (*Se reprenant.*) Eh! ce n'est pas ce que je voulais dire... Et vraiment oui, j'ai dit ce que je voulais.
Han. Vous perdez du temps : je vous appelle en justice, à moins que vous ne trouviez plus honnête que je vous y traîne.
Adel. Pourquoi nous appelez-vous en justice? Qu'est-ce que nous vous devons?
Agor. (*à Hannon.*) Dites-le-lui.
Adel. (*regardant Agorastoclès avec surprise.*) Comment! mes chiens aussi aboient contre moi! (1)
Agor. Eh! que ne les caressez-vous? Donnez-moi, au lieu de boulette, un baiser; au lieu d'un os, votre bouche; et votre chien, j'en réponds, deviendra pour vous plus doux que l'huile qui coule.
Han. Marchez donc, s'il vous plaît.
Adel. Qu'est-ce que nous t'avons fait?
Han. Vous êtes deux friponnes.
Adel. Est-ce que nous vous avons volé?
Han. Oui, vous.
Agor. Je l'atteste, moi.
Adel. Quel vol avons-nous commis?
Agor. C'est à lui qu'il faut le demander.
Han. Vous avez recelé mes filles pendant plusieurs années, vous me les avez cachées; elles qui sont nées libres, qui ont droit de l'être, et qui sortent d'une famille honorable.
Adel. Grands dieux! jamais vous ne pourrez nous convaincre d'une telle infamie.
Agor. Gageons un baiser que vous mentez.
Adel. (*le repoussant.*) Je n'ai pas affaire à vous; retirez-vous, je vous prie.
Agor. Il faut pourtant bien que vous ayez affaire à moi; car il est mon oncle, et je dois prendre ses intérêts. Je lui dénoncerai tous les larcins que vous commettez; votre conduite envers ses filles, que vous retenez chez vous en servitude, quoique vous sachiez bien qu'elles étaient libres quand on les a enlevées de leur patrie.
Adel. Où sont-elles? qui sont-elles, je vous prie?
Agor. (*bas à Hannon.*) Ne les avons nous pas assez tourmentées?
Han. (*bas à Agorast.*) Je vais donc parler.

(1) Le jeune homme veut obéir aux recommandations de son oncle, et effraye Adelphasie par de feintes menaces, qui terminent par une demande en mariage. Cet égarement, cet éclat involontaire de la passion, sont d'un naturel parfait.

(1) Mes défenseurs naturels m'attaquent!

Han. Gaudio ero vobis. *Adelp.* At, edepol, nos voluptati tibi.   1215
Han. Libertatique. *Adelp.* Isto pretio tuas nos facile feceris.
Agor. Patrue mi, ita me di amabunt, ut ego, si sim Jupiter, Jam, hercle, ego illam uxorem ducam, et Junonem extrudam foras.
Ut pudice verba fecit! cogitate, et commode!
Ut modeste orationem præbuit! certo hæc mea 'st. 1220
Han. Sed ut astu sum adgressus ad eas! *Agor.* Lepide, hercle, atque commode.
Han. Pergo etiam tentare? *Agor.* In pauca confer; sitiunt qui sedent.
Han. Quid istoc, quod faciundum 'st, cur non agimus? in jus vos voco.
Agor. Nunc tene, patrue. *Han.* Tu, frugi si bonæ es... *Agor.* Vin' ego hanc adprehendam? *Han.* Tene.
Adelp. An patruus est, Agorastocles, tuus hic? *Agor.* Jam, faxo, scibis.   1226
Nunc, pol, ego te ulciscar probe, nam, faxo, mea eris sponsa.
Han. Ite in jus, ne moramini. *Ant.* Antestare me atque duce.
Agor. Ego te antestabor : postea hanc amabo, atque amplexabor :
Sed illud quidem volui dicere... imo dixi hercle, quod volebam.
Han. Moramini; in jus vos voco, nisi honestiu'st prehendi.
Adelp. Quid in jus vocas nos? quid tibi debemus? *Agor.* Dice tu illi.   1231
Adelp. Etiam me meæ latrant canes? *Agor.* At tu, hercle, adludiato;
Dato mihi pro offa savium, per osse linguam objicito :
Ita hanc canem faciam tibi oleo tranquilliorem.
Han. Ite, si itis. *Adelp.* Quid nos fecimus tibi? *Han.* Fures estis ambæ.   1235
Adelp. Nosne tibi? *Han.* Vos, inquam. *Agor.* Atque ego scio. *Adel.* Quid furti est id? *Agor.* Hunc rogato.
Han. Quia annos multos filias meas celavistis clam me;
Atque equidem ingenuas, liberas, summoque genere gnatas.
Adelp. Numquam, me castor, reperies tu istuc prubrum penes nos.
Agor. Da pignus, ni nunc perjures, in savium, uter utri det.
Adelp. Nihil tecum ago, abscede obsecro. *Agor.* Atque, hercle, mecum agundum 'st.   1241
Nam hic patruus meus 'st; pro hoc mihi patronus sim necesse 'st.
Ei prædicabo, quomodo vos furta faciatis multa ;
Quoque modo hujusce filias apud vos habeatis servas,
Quas vos ex patria liberas subreptas esse scitis. 1245
Adel. Ubi sunt eæ? aut quæ sunt, obsecro? *Agor.* (*ad Hannonem.*) Satis sunt maceratæ?

Agor. Oui, mon oncle, je vous le conseille.
Adel. Je tremble d'effroi! Quel est ce mystère, ma sœur? je demeure stupéfaite, anéantie.
Han. (*d'un ton calme.*) Écoutez, jeunes filles. D'abord, s'il était possible que les dieux ne causassent aucun chagrin à des personnes qui ne le méritent point, j'en serais content : mais pour le bien qu'ils font aujourd'hui à vous, à votre mère et à moi, il est juste de leur rendre d'éternelles actions de grâces. Ils reconnaissent et couronnent notre vertu. Vous êtes toutes deux mes filles; et voici votre cousin, le propre fils de mon frère, Agorastoclès.
Adel. (*à sa sœur.*) Ces gens-là ne s'amusent-ils pas, je te prie, à nous donner une fausse joie?
Agor. (*montrant Hannon.*) Par le ciel qui me protége, il est bien votre père; donnez-nous la main.
Adel. O mon père, ô bonheur inespéré! salut! Permettez-nous de vous embrasser.
Han. (*leur tendant les bras.*) Mes filles, tendre objet de mes regrets et de mes vœux!
Ant. Mon père, je vous salue. Nous sommes toutes deux vos filles, nous devons vous embrasser toutes deux.
Agor. Et qui m'embrassera, moi?
Han. Je suis heureux maintenant. Après tant d'années de tourments, dans quelle félicité se repose mon âme!
Adel. Ce que nous voyons est-il croyable?
Han. Ce que je vais vous dire vous le fera croire aisément : votre nourrice m'a reconnu d'abord.
Adel. (*embrassant son père.*) Où est-elle, je vous prie?
Han. (*montrant Agorast.*) Chez lui.
Agor. (*à Adelphasie.*) Pourquoi, s'il vous plaît, rester si longtemps suspendue à son cou, avant qu'il m'ait promis votre main?

Adel. (*le repoussant.*) De grâce... (1).
Agor. Salut, ma fiancée!
Adel. Laissez là vos compliments.
Agor. (*à Antérastile.*) Vous aussi, je vous salue.
Ant. Je ne veux pas de votre salut, vous m'assommez.
Han. Enchaînons-nous dans les bras les uns des autres. (*Ils s'embrassent.*) Y a-t-il sur la terre des mortels plus heureux que nous?
Agor. Juste récompense des justes! mes vœux enfin sont accomplis. (*Tenant Adelphasie dans ses bras.*) O Apelle! ô Zeuxis! pourquoi êtes-vous morts trop tôt! Quel tableau vous auriez à peindre en ce moment! Car de tels sujets ne sont point faits pour d'autres pinceaux!
Han. Dieux et déesses, je vous rends de justes et solennelles actions de grâces, vous qui me comblez de tant de joie, de tant de bonheur, en me rendant mes filles!
Adel. Mon père chéri, c'est à votre piété (2) que nous devons notre salut.
Agor. Souvenez-vous bien, mon oncle, que vous m'avez promis votre fille aînée en mariage.
Han. Je m'en souviens.
Agor. Et que vous avez promis une dot.

SCÈNE V.

ANTHÉMONIDE, ADELPHASIE, ANTÉRASTILE, HANNON, AGORASTOCLÈS.

Anthé. (*sortant de la maison de le Loup, sans voir les autres personnages.*) Si je ne me venge pas

(1) M. Naudet lit ingénieusement *Omitte*. Cette correction est parfaitement conforme au caractère d'Adelphasie, qui jusqu'ici montre peu d'empressement pour Agorastoclès, et semble tout entière à l'amour filial.

(2) M. Naudet entend autrement *pietas* : « Ta tendresse nous est d'un grand secours. » Les sentiments religieux d'Hannon et les remerciments qu'il adresse aux dieux en ce moment même, nous ont semblé autoriser un autre sens.

Han. Quin eloquar. *Agor.* Censeo, hercle, patrue. *Adel.* Misera timeo, quid
Hoc sit negoti, mea soror : ita stupida sine animo adsto.
Han. Advortite animum, mulieres : primum, si id fieri possit,
Ne indigna indignis di darent, id ego evenire vellem : 1250
Nunc quod boni mihi di dant, vobis vostræque matri,
Eas dis est æquom gratias nos agere sempiternas,
Quom nostram pietatem adprobant decorantque di inmortaleis :
Vos meæ estis ambæ filiæ, et hic est congnatus voster :
Hujusce fratris filius, Agorastocles. *Adelp.* Amabo, 1255
Num hi falso oblectant gaudio nos? *Agor.* At me ita dii servent,
Ut hic pater est voster; date manus. *Adelp.* Salve, insperate nobis,
Pater; te conplecti nos sine. *Han.* Cupitæ atque exspectatæ.
Ant. Pater, salve : ambæ filiæ sumus, amplectamur ambæ.
Agor. Quis me amplectetur postea? *Han.* Nunc ego sum fortunatus. 1260
Multorum annorum miserias nunc hac voluptate sedo.
Adelp. Vix hoc videamur credere. *Han.* Magis qui credatis dicam :
Nam vostra nutrix primum me congnovit. *Adelp.* Ubi ea, amabo, est?
Han. Apud hunc est. *Agor.* Quæso, qui lubet tamdiu tenere collum ;
Priusquam te mihi desponderit? *Adelp.* Omitto. *Agor.*

Sperata, salve. *Adelp.* Omitte. 1265
Salutem. *Agor.* Et tu altera. *Ant.* Nolo ego istuc : enicas me!
Han. Condamus alter alterum ergo in nervom brachialem.
Quibus nunc in terra melius est? *Agor.* Eveniunt digna dignis. 1268
Tandem huic cupitum contigit : o Apella, o Zeuxis pictor,
Cur numero estis mortui? hinc exemplum ut pingeretis.
Nam alios pictores nihil moror hujusmodi tractare exempla.
Han. Di deæque omneis; vobis habeo merito magnas gratias,
Quom hac me lætitia tanta et tantis adfecistis gaudiis,
Ut meæ gnatæ ad me redirent in potestatem meam.
Adelp. Mi pater, tua pietas plane nobis auxilio fuit. 1275
Agor. Patrue, facito in memoriam habeas, tuam majorem filiam
Mihi te despondisse. *Han.* Memini. *Agor.* Et dotis quid promiseris.

SCENA QUINTA.

ANTHEMONIDES, ADELPHASIUM, ANTERASTILIS, HANNO, AGORASTOCLES.

Anth. Si ego minam non ultus fuero probe, quam lenoni dedi,
Tum profecto me sibi habento scurræ ludificatui.
Is etiam me ad prandium ad se adduxit ignavissumus 1280
Ipse abiit foras, me reliquit pro atriensi in ædibus.

comme il faut de le Loup pour les cent drachmes qu'il me vole, je consens à servir de jouet à tous les fats de la ville. Il m'emmène dîner chez lui, le traître, et il s'en va, me laissant pour être le portier de sa maison! Quand j'ai vu que ni lui ni ses femmes n'arrivaient, ni le dîner non plus, je me suis nanti d'un gage qui vaut bien ma part du dîner (*il montre quelque objet précieux*), et je m'en suis allé. Il faut lui donner une leçon. Je lui ferai payer sa contribution de guerre (1). Il avait vraiment bien choisi son homme! Il croyait m'escamoter mes cent drachmes. Que je voudrais, pendant que je suis en colère, rencontrer ma maîtresse! je lui ferais à coups de poings un visage de Mauresse. Je la couvrirais tellement de noirceurs qu'elle serait plus noire qu'un Égyptien, ou que les esclaves qui portent de l'eau dans le Cirque pendant les jeux (2).

Adel. (*se pressant contre Agorastoclès à la vue du militaire.*) Serre-moi étroitement dans tes bras, mon amour: les milans me font une peur affreuse... J'aperçois cette méchante bête. Prends garde qu'il n'enlève ta colombe.

Ant. (*se jetant dans les bras de son père.*) Ah! je ne puis vous embrasser trop étroitement, mon père!

Anthé. Mais je m'amuse.... (*montrant ce qu'il a pris.*) Avec cela, je pourrai presque me commander un dîner. (*Il aperçoit Hannon embrassant Antérastile.*) Mais quoi! Qu'est-ce là? Que vois-je? Comment? Que signifie... Quelle est cette union de deux corps en un? Quelle est cette conjonction de personnes? Quel est cet homme avec ses longues tuniques, comme un garçon de cabaret? Mes yeux y voient-ils bien? Est-ce Antérastile, ma maîtresse? Oui, c'est elle assurément. Il y a longtemps que je me suis aperçu qu'elle me délaissait. Une jeune fille n'a-t-elle pas de honte d'embrasser ce mauricaud au milieu de la rue! Par Hercule, je vais le livrer au bourreau pour mettre tout son corps à la torture.

(1) Les citoyens payaient un impôt spécial pour l'entretien de l'armée.
(2) Pour désaltérer les chevaux ou les spectateurs.

Sans doute c'est quelque espèce efféminée, avec ses tuniques traînantes (1). Mais je veux d'abord dire deux mots à mon amoureuse africaine. (*Il s'approche d'Antérastile.*) Hé! dis donc, la belle, n'as-tu pas de honte? (*à Hannon.*) Et toi, quel commerce as-tu avec cette femme? réponds.

Han. (*d'un air moqueur.*) Jeune homme, que le ciel vous conserve!

Anthé. Je ne veux pas: qu'est-ce que cela te fait? (*montrant Antérastile.*) Pourquoi oses-tu seulement la toucher du bout du doigt?

Han. Parce qu'il me plaît ainsi.

Anthé. Il te plaît?

Han. Sans doute.

Anthé. Va te faire pendre, ver de terre! tu te permets d'être amoureux, petit bout d'homme, et de toucher aux amours des guerriers! sardine pelée, figure de Sérapis (2) à promener pendant les semailles, peau de bouquin, crasseux comme une mesure à sel (3), gueux plus bourré d'ail et d'oignon que les matelots romains (4).

Agor. Jeune homme, est-ce que le visage ou les dents te démangent, pour venir molester ce vieillard? Est-ce que tu cherches des coups?

Anthé. (*se tournant vers Agorast.*) Tu aurais dû, pendant ta harangue, t'accompagner d'un tambourin (5): tu m'as l'air d'une femme plutôt que d'un homme?

Agor. Veux-tu savoir comme je suis une femme. (*Il appelle ses esclaves.*) Holà! esclaves, accourez ici; apportez des bâtons.

Anthé. Oh! oh! je disais cela pour plaisanter; il ne faut pas le prendre au sérieux.

Ant. Quel amusement trouvez-vous, Anthémonide, à insulter notre cousin et notre père? (*Montrant Hannon.*) Car il est notre père. (*Montrant

(1) Cette mode des Africains était ridicule et méprisable aux yeux des Romains, qui la considéraient comme un signe de mollesse et de lâcheté.
(2) Dieu des Égyptiens, qu'on représentait vieux et difforme, et qu'on promenait dans les champs pour obtenir une bonne récolte.
(3) Sans doute à cause de l'humidité, qui y dépose une crasse épaisse.
(4) M. Levée traduit peut-être plus exactement: « Que tous les forçats des galères de Rome. »
(5) Comme les prêtres de Cybèle, célèbres par leurs mœurs lascives et efféminées.

Ubi nec leno, neque illæ redeunt, nec quod edim quidquam datur,
Pro minore parte prandi pignus cepi, abii foras.
Sic dedero; ære militari tetigero lenunculum. 1284
Nanctu'st hominem, mina quem argenti circumduceret.
Sed mea amica nunc mi trato obviam veniat velim.
Jam, pol, ego illam pugnis totam faciam ut sit morula;
Ita replebo atritate, atrior multo ut siet,
Quam Ægyptii, aut qui cortinam ludis per Circum ferunt.
Adelph. Tene, sis, me arcte, mea voluptas: male ego metuo milvos. 1290
Mala illa bestia 'st: ne forte me auferat pullum tuum.
Ant. Ut nequeo te satis conplecti, mi pater! *Anth.* Ego me moror.
Propemodum hoc opsonare prandium potero mihi.
Sed quid hoc est? quid hoc? quid hoc est? quid ego video? quomodo? 1294
Quid hoc est conduplicationis? quæ hæc est congeminatio?
Quis hic homo 'st cum tunicis longis, quasi puer cauponius?
Satin' ego oculis cerno? estne illæc mea amica Anterastilis?
Et ea certo 'st: jampridem ego me sensi nihili pendier.
Non pudet puellam amplexari baliolum in media via?

Jam, hercle, ego illum excruciandum totum carnofici dabo. 1300
Sane genus hoc muliebrosum 'st tunicis demissitiis.
Sed adire certum 'st hanc ad amatricem Africam.
Heus tu, tibi dico, mulier, ecquid te pudet?
(*ad Hannonem.*) Quid tibi negoti autem est cum istac, dic mihi?
Han. Adulescens, salve. *Anth.* Nolo; nihil ad te adtinet.
Quid tibi hanc digito tactio 'st? *Han.* Quia mihi lubet. 1306
Anth. Lubet? *Han.* Ita dico. *Anth.* Ligula, i in malam crucem.
Tune hic amator audes esse, hallex viri?
Aut contrectare, quod mares homines amant?
Deglupta mæna, Sarrapis sementium, 1310
Mastruga, ἅλς ἀγοράς ἅμα: tum autem plenior
Alli ulpicique, quam Romani remiges.
Agor. Num tibi, adulescens, malæ, aut dentels pruriunt,
Qui huic es molestus, an malam rem quæritas?
Anth. Cur non adbibuisti, dum istæc loquereris, tympanum? 1316
Nam te cinædum esse arbitror magis, quam virum.
Agor. Scin', quam cinædus sum? Ite istinc, servi, foras;

sa sœur.) Il nous a reconnues tout à l'heure, ainsi qu'Agorastoclès son neveu.

Anthé. Par Jupiter, mon protecteur, je m'en réjouis fort. Je suis ravi, enchanté, surtout s'il arrive malheur à ce misérable agent de débauche, et si votre bonheur est digne de votre vertu.

Ant. Il dit ce qu'il pense; croyez-le, mon père.

Han. Je le crois.

Agor. Je n'en doute pas non plus. (*Se retournant*) Mais je vois le Loup, le marchand d'esclaves... Le voilà, l'honnête homme, qui rentre chez lui.

Han. Quel est cet homme?

Agor. C'est ce que vous voudrez, c'est le Loup; c'est le marchand d'esclaves qui a retenu vos deux filles en servitude; c'est le voleur de mon argent.

Han. Le bon sujet que vous connaissez là!

Agor. Traînons-le devant les juges.

Han. Non, non.

Agor. Pourquoi?

Han. Parce qu'il vaut mieux en tirer une bonne indemnité.

SCÈNE VI.

LE LOUP, AGORASTOCLÈS, HANNON, ANTHÉMONIDE, ADELPHASIE, ANTÉRASTILE.

Le Loup. (*à part.*) On ne risque pas de se tromper, selon moi, quand on raconte franchement ses affaires à ses amis. Les miens sont tous d'avis que je n'ai qu'à me pendre, pour ne point tomber, par sentence du juge, dans les mains d'Agorastoclès.

Agor. Vil agent de débauche, allons, vite au tribunal!

Le Loup. Je vous en conjure, Agorastoclès, permettez que je me pende.

Han. Je t'appelle en justice, coquin.

Le Loup. Quelle affaire avons-nous ensemble?

Han. (*montrant.*) Je te déclare que ces deux jeunes personnes sont libres, libres par leur naissance; qu'elles sont mes filles, qu'elles me furent enlevées encore enfants, avec leur nourrice.

Le Loup. Il y a longtemps que je le savais, et je m'étonnais qu'il ne fût encore venu personne pour les réclamer. J'avoue qu'elles ne m'appartiennent pas.

Anthé. Allons, vite au tribunal!

Le Loup. Vous voulez parler du dîner. Je vous le dois, je vous le donnerai.

Agor. Il me faut à moi une amende du double de ce que tu m'as volé.

Le Loup (*tendant la gorge.*) Prenez cela, et faites-en ce que vous voudrez.

Han. Il me faut à moi une éclatante vengeance.

Le Loup (*tendant toujours le cou.*) Tirez de cela tout ce que vous voudrez.

Anthé. (*poursuivant.*) Et a moi une mine d'argent.

Le Loup. (*toujours de même.*) Prenez ce que vous voudrez. Mon cou payera toutes mes dettes, c'est le bardot qui portera tout.

Agor. Qu'as-tu à dire contre ma poursuite?

Le Loup. Pas un mot.

Agor. Entrez donc chez moi, mes cousines. (*elles se retirent.*) Et vous, mon oncle, accordez-moi votre fille, comme vous me l'avez promis.

Han. Je n'ai garde de me dédire.

Anthé. (*à Agorast.*) Adieu, portez-vous bien.

Agor. Et vous aussi.

Anthé. Coquin de marchand! J'emporte cet àcompte sur mes cent drachmes. (*Il leur montre le bijou qu'il a pris*)

Le Loup. Je suis mort, par Hercule!

Agor. Oui, tout à l'heure, quand tu seras devant le juge.

Ecferte fusteis. *Anth.* Heus tu, si quid per jocum
Dixi, nolito in serium convortere.
Ant. Quid tibi lubido 'st, obsecro, Anthemonides, 1320
Loqui inclementer nostro congnato et patri?
Nam hic noster pater est, hic nos congnovit modo,
Et hunc sui fratris filium. *Anth.* Ita me Jupiter
Bene amet, bene factum! gaudeo, et volupe 'st mihi,
Siquidem quid lenoni obligit magni mali, 1325
Quomque e virtute vobis fortuna obtigit.
Ant. Credibile, ecastor, dicit; crede huic, mi pater.
Han. Credo. *Ag.* Et ego credo; sed eccum lenonem Lycum,
Bonum virum, eccum video, se recipit domum.
Han. Quis hic est? *Agor.* Utrumvis est, et leno et Lycus.
In servitute hic habuit filias tuas; 1331
Et mihi hic auri fur est. *Han.* Bellum hominem, quem gnoveris!
Agor. Rapiamus in jus. *Han.* Minume. *Agor.* Quapropter?
Han. Quia.
Injuriarum multam dici satius est.

SCENA SEXTA.

LYCUS, AGORASTOCLES, HANNO, ANTHEMONIDES, ADELPHASIUM, ANTERASTILIS,

Lyc. Decipitur nemo, mea quidem sententia, 1335
Qui suis amicis narrat recte res suas:
Nam omnibus amicis meis idem unum convenit,
Ut me suspendam, ne addicar Agorastocli.
Agr. Leno, eamus in jus. *Lyc.* Obsecro te, Agorastocles,

Suspendere ut me liceat. *Han.* Leno, in jus te voco. 1340
Lyc. Quid tibi mecum autem? *Han.* Quia hasce aio liberas
Ingenuasque esse filias ambas meas,
Quæ sunt subreptæ cum nutrice parvolæ.
Lyc. Jampridem equidem istuc scivi, et miratus fui,
Neminem venire, qui istas adsereret manu. 1345
Meæ quidem profecto non sunt. *Lyc.* Leno, in jus eas.
Lyc. De prandio tu dicis; debetur, dabo.
Agor. Duplum pro furto mihi opus est. *Lyc.* Sume hinc quidem.
Han. Et mihi subpliciis multis. *Lyc.* Sume hinc quid lubet.
Anth. Et mihi quidem mina argenti. *Lyc.* Sume hinc quid lubet. 1350
Collo rem solvam jam omnibus, quasi baiolus.
Agor. Numquid recusas contra me? *Lyc.* Haud verbum quidem.
Agor. Ite igitur intro, mulieres; sed, patrue mi,
Tuam, ut dixisti, mihi desponde filiam.
Han. Haud aliter ausim. *Anth.* Bene vale. *Ag.* Et tu bene vale. 1355
Anth. Leno! arrhabonem hoc pro mina mecum fero.
Lyc. Perii, hercle! *Agor.* Imo haud multo post, quom in jus veneris.
Lyc. Quin egomet tibi me addico : quid prætore opus est?
Verum obsecro te, ut liceat simplum solvere.
Trecentos philippos, credo, conradi potest : 1360
Cras auctionem faciam. *Agor.* Tantisper quidem
Ut sis apud me lignea in custodia.
Lyc. Fiat. *Agor.* Sequere intro, patrue mi, ut hunc festum diem

Le Loup. Je me remets moi-même entre vos mains; qu'y a-t-il besoin du préteur? (*à Agorast.*) Mais, je vous en supplie, ne me faites payer qu'une amende simple. Je crois pouvoir ramasser trois cents philippes; demain je compléterai le double qu'il vous faut (1).

Agor. Il faudra toujours demeurer quelque temps chez moi dans une cage de bois.

Le Loup. Je m'y soumets.

Agor. Venez avec moi à la maison, mon oncle, et passons gaîment cette journée fatale à ce coquin et si heureuse pour nous. (*Aux spectateurs.*) Je vous souhaite une longue santé : nous avons beaucoup parlé; mais en définitive tout le mal retombe sur ce coquin de marchand d'esclaves. Maintenant il faut l'assaisonnement de toute comédie : si la pièce vous a plu, elle demande vos applaudissements.

Les plus anciens éditeurs ajoutent au V° acte la scène suivante, dont l'authenticité est soutenue de nos jours par de savants critiques. M. Naudet, malgré ses doutes, que nous partageons, a publié ce morceau; nous n'avons pas cru devoir le retrancher. D'ailleurs le dialogue est bien conduit, le style pur; et ce nouveau dénoûment ne manque ni de naturel ni d'intérêt. Si c'est une imitation de Plaute, c'est une imitation qui n'est pas indigne de lui.

SCÈNE VII.

AGORASTOCLÈS, LE LOUP, HANNON, ADEL-
PHASIE, ANTÉRASTILE, ANTHÉMONIDE.

Agor. Que fait là ce militaire? (*à Anthémonide.*) Pourquoi dites-vous des injures à mon oncle? Ne vous étonnez pas que les femmes le suivent : il vient de reconnaître en elles ses deux filles.

Le Loup (*à part.*) Oh! oh! quel discours a frap-

(1) M. Naudet traduit : *je ferai ma vente.*

pé mon oreille? C'est fait de moi maintenant! (*à Agorast*). Où les avait-il perdues?

Agor. Elles sont Carthaginoises.

Le Loup (*à part.*) Et moi je suis mort! Voilà ce que j'ai toujours redouté, qu'on les reconnût; et c'est ce qui arrive. Malheureux que je suis! Les dix-huit mines qu'elles m'ont coûté sont perdues, j'en suis sûr.

Agor. Et toi-même aussi, le Loup. Ces filles sont Carthaginoises.

Le Loup. Et moi mort.

Han. (*à Agorast.*) Quel est cet homme? Est-ce le vertueux personnage qui a honnêtement retenu mes filles en servitude?

Agor. Et qui m'a volé mon or.

Han. Le brillant sujet que tu connais là!

Agor. Vilain agent de débauche, jusqu'ici je te regardais comme un animal rapace : quand on te connaît davantage, on trouve que tu es en outre un animal voleur.

Le Loup. Approchons. (*Il se jette aux pieds d'A-gorast.*) Par vos genoux que j'embrasse, par ce vieillard votre parent, je crois, puisque vous êtes des gens de bien, agissez comme il convient à d'honnêtes gens; ayez pitié du suppliant qui vous implore. Il y a longtemps que je savais qu'elles étaient libres, et j'attendais qu'on les réclamât : car elles ne m'appartiennent pas. (*à Agorast.*) Pour votre or, je vous le rendrai; il est chez moi. Je vous affirme, sous la foi du serment, que je n'ai pas eu de mauvaise intention, Agorastoclès.

Agor. Je verrai ce que j'ai à faire : laisse mes genoux.

Le Loup. J'obéis, puisque vous l'ordonnez.

Agor. Ah çà, vil agent de débauche.....

Le Loup. Que voulez-vous à un agent de débauche, quand il s'agit d'affaires sérieuses?

Agor. Je veux que tu me rendes l'argent, avant d'être mis aux fers.

Habeamus hilarem, hujus malo, et nostro bono.
Multum valete : multa verba fecimus. 1365
Malum postremo hoc omne ad lenonem redit.
Nunc quod postremum est condimentum fabulæ :
Si placuit, plausum postulat comœdia.

POENULO SUPPOSITA.

Post actus V, scenam VI et ultimam, adjecerunt vett. editt. sequentem scenam.

AGORASTOCLES, LYCUS, HANNO, ADELPHASIUM
ANTERASTILIS, ANTHEMONIDES.

« *Agor.* Quam rem agit is miles, quoi lubet patruo meo
loqui inclementer?
« Ne mirere, mulieres quod eum sequuntur : modo cogno-
vit filias 1370
« Suas esse hasce ambas. *Lyc.* Hem, quod verbum aures
meas tetigit! nunc perii!
« Unde hæ perierunt? *Agor.* Domo Carthaginienses sunt.
Lyc. At ego sum perditus.
« Illud ego metui semper, ne cognosceret eas aliquis :
quod nunc factum est.
« Væ misero mihi! periere, opinor, duodeviginti minæ,
qui hasce emi.

« *Agor.* Et tu ipse periisti, Lyce : Carthaginienses sunt.
 Lyc. At ego sum perditus. *Han.* Quis hic est? 1375
« Utrum is est novelle novelicus, in servitute hic qui filias
habuit duas?
« *Agor.* Et mihi auri fur est. *Han.* Bellum hominem, quem
noveris : leno, rapacem
« Te esse semper credidi : verum etiam furacem, qui no-
runt magis. *Lyc.* Accedam.
« Per ego te tua genua obsecro, et hunc cognatum quem
tuum esse intelligo.
« Quando boni estis, ut bonos facere addecet, facite et
vostro subvenitatis supplici. 1380
« Jam pridem equidem istas scivi esse liberas, et exspectabam si quis eas asserret manu;
« Nam meæ prorsus non sunt : tum autem aurum tuum
reddam, quod apud me est;
« Et jusjurandum dabo, me malitiose nihil fecisse, Agorastocles.
« *Agor.* Quod mihi par facere tamen egomet consulam :
omitte genua. *Lyc.* Mitto,
« Si ita sententia est. *Agor.* Heus tu, leno. *Lyc.* Quid lenonem vis inter negotium? 1385
« *Agor.* Utinam mihi argentum reddas, priusquam hinc in
nervom abducare. *Lyc.* Dii
« Meliora faxint! *Agor.* Sic est, video, cœnabis foris : aurum, argentum; collum,
« Lenostris, te nunc debes simul. *Han.* Quid me hoc refa-
cere deceat; egomet

Le Loup. Que les dieux m'en préservent!

Agor. C'en est fait, je le vois, tu souperas en ville aujourd'hui ; l'or, l'argent, ton cou, sont trois choses, coquin, qu'il faut me livrer en même temps.

Han. (*à part.*) Que dois-je faire en cette conjoncture? Réfléchissons en moi-même. Si je veux me venger de ce fripon, il me faudra suivre un procès dans une ville étrangère. Avec l'esprit et les mœurs qu'ils ont, et suivant ce qu'on en dit... (1)

Adel. Mon père, n'ayez point de démêlé avec cet homme, je vous en prie en grâce !

Ant. Écoute, ma sœur, retire-toi ; termine ce débat avec un méchant.

Han. (*à le Loup.*) Écoute, misérable! quoique tu aies mérité de périr, je ne me commettrai point avec toi.

Agor. Je ferai de même, si tu me rends mon or, quand tu seras sorti de mes griffes..... Va pourrir dans un cachot.

Le Loup. Je reconnais là vos bontés. (*à Hannon.*) Honnête Carthaginois, je veux m'excuser auprès de vous. Si dans la colère mes paroles vous ont blessé, je vous en demande pardon ; et je suis ravi, j'en atteste le ciel, que vous ayez retrouvé vos filles.

Han. Je te pardonne, et je te crois.

Anthé. Coquin, donne-moi ma maîtresse, ou rends-moi mes cent drachmes.

Le Loup. J'ai une joueuse de flûte ; la voulez-vous?

Anthé. Je ne veux pas de ta joueuse de flûte. Elle a les joues presque aussi grosses que les tetons.

Le Loup. Je vous en donnerai une qui vous plaira.

Agor. Ne m'oublie pas.

Le Loup. Demain je vous rapporterai votre argent.

Agor. Tâche de ne pas manquer de mémoire !

Le Loup. Militaire, suivez-moi.

Anthé. Je te suis.

Agor. Dites-moi, mon oncle, quand voulez-vous partir pour Carthage? Car je prétends y aller avec vous.

Han. Le plus tôt que je pourrai.

Agor. Comme je vais vendre mes biens, il faudra que vous attendiez quelques jours.

Han. Je ferai tout ce que tu voudras.

Agor. Allons, entrez, je vous prie. Allons nous restaurer. (*Aux spectateurs.*) Vous, applaudissez.

(1) Le Carthaginois se défie un peu, non sans raison, de la justice romaine.

« Mecum cogito : si volo hunc ulcisci, lites sequar in alieno oppido,
« Quantum audivi ingenium, et mores ejus quo pacto sient. *Adelp.* Mi pater, 1390
« Ne quid tibi cum istoc rei siet, et maxume obsecro. *Anth.* Ausculta sorori.
« Abi, disjunge inimicitias cum inprobo. *Han.* Hoc age, sis, leno : quamquam ego te
« Meruisse ut pereas, scio; non experiar tecum. *Agor.* Neque si aurum mihi reddas, mecum,
« Leno, quando, ex nervo emissus, complugare in carcerem. *Lyc.* Jam autem ut solet.
« Ego, Pœne, tibi me purgatum volo, si quid dixi iratus advorsum 1395
« Animi tui sententiam, id uti ignoscas quæso : et quom istas invenisti filias,
« Ita me dii ament, mihi volupta 'st. *Han.* Ignosco, et credo tibi.

« *Mil.* Leno, tu aut amicam mihi des facito, aut auri reddas mihi minam.
« *Lyc.* Vin' tibicinam meam habere? *Mil.* Nihil moror tibicinam : nescias,
« Utrum ei majores buccæne, an mammæ sient. *Lyc.* Dabo quod placeat. 1400
« *Agor.* Cura. *Lyc.* Aurum cras sat referam tuum. *Agor.* Facito in memoria habeas.
« *Lyc.* Miles, sequere me. *Mil.* Ego vero sequor. *Agor.* Quid ais, patrue? quando hinc ire cogitas
« Carthaginem? nam tecum una ire certum est. *Han.* Ubi primum potero
« Illico. *Agor.* Dum auctionem facio, hic opus est aliquos ut maneas dies.
« *Han.* Faciam ita ut vis. *Agor.* Age, sis, eamus, nos curemus. Plaudite. » 1405

PSEUDOLUS [1].

PERSONNAGES.

SIMON, citoyen d'Athènes.
CALLIDORE son fils, amant de Phénicie.
PSEUDOLUS, esclave de Simon et de Callidore.
CALLIPHON, vieillard, ami de Simon.
CHARIN, jeune homme, ami de Callidore.
BALLION, marchand d'esclaves [2].
QUATRE ESCLAVES de Ballion.
UN JEUNE ESCLAVE de Ballion.
HARPAX, valet de militaire.
UN CUISINIER.
SINGE, agent d'intrigue.
PHÉNICIE, maîtresse de Callidore, personnage muet.

La scène est à Athènes.

ARGUMENT

attribué à PRISCIEN.

Un militaire donne quinze mines comptant à un marchand d'esclaves, et lui remet un cachet qui doit servir de signe de reconnaissance à l'homme qui en apportera un pareil avec le reste de l'argent, pour emmener Phénicie. Quand le valet du militaire arrive, Pseudolus lui enlève sa lettre, en se faisant passer pour Syrus, esclave de Ballion, et sauve ainsi les amours de son jeune maître; car le marchand d'esclaves remet la jeune fille entre les mains de Singe, complice de la fourberie de Pseudolus. Vient le véritable Harpax : la ruse se découvre, et le père donne la somme qu'il avait gagée.

(1) Trompeur. Nom tiré du caractère du personnage.
(2) C'était, d'après le témoignage de Cicéron (*Pro Q. Rosc.*, c. vii.), le meilleur rôle du fameux Roscius.

PSEUDOLUS.

DRAMATIS PERSONÆ.

SIMO, senex, Callidori pater.
CALLIDORUS, adolescens.
PSEUDOLUS, servus.
CALLIPHO, senex, Simonis amicus.
CHARINUS, adolescens.
BALLIO, leno.
LORARII quatuor.
PUER.
HARPAX, cacula.
COQUUS.
SIMIA, sycophanta.
PHŒNICIUM, meretrix.

Res agitur Athenis.

ARGUMENTUM

(UT QUIBUSDAM VIDETUR)

PRISCIANI.

PRÆSENTEIS numerat quindecim milles minas.
Simul consignat symbolum, ut Phœnicium
Ei det leno, qui eum cum reliquo adferat.
Venientem caculam intervortit symbolo,
Dicens Syrum se Ballionis, Pseudolus :
Openique herili ita tetulit : nam Simiæ
Leno mulierem, quem is subposuit, tradidit.
Venit Harpax verus ; res palam cognoscitur :
Senexque argentum, quod erat pactus, reddidit.

AUTRE ARGUMENT,

PUBLIÉ PAR M. ANG. MAI.

Le jeune Callidore se mourait d'amour pour la courtisane Phénicie; mais il manquait d'argent. Un militaire l'acheta vingt mines, en paya quinze comptant, et partit. Il laissait chez le marchand la courtisane et un signe de reconnaissance, afin que sur la présentation d'un autre signe pareil, et le reste de la somme payé, on emmenât la jeune fille qui lui appartenait. Bientôt un valet du militaire arrive pour la chercher. L'esclave du jeune Callidore, Pseudolus, emploie la ruse contre lui, et se fait passer pour l'intendant du marchand. Il lui dérobe le signe de reconnaissance, et le donne à un messager supposé, avec cinq mines qu'il a empruntées. Le faux soudard trompe le marchand par ses fourberies. Callidore a sa maîtresse, et Pseudolus, une cruche de vin.

PROLOGUE (1).

« Accordez-moi votre faveur aujourd'hui, j'ap-
« porte du bon sur ce théâtre. N'est-il pas très-juste
« d'offrir aux bons de bonnes choses, comme de
« mauvaises aux méchants, pour qu'il arrive mal-
« heur aux méchants, et bonheur aux bons? Les
« méchants sont méchants parce qu'ils sont enne-
« mis des bons; les bons sont ennemis des méchants,

(1) Ce prologue, d'assez mauvais goût, paraît à plusieurs critiques l'œuvre d'une main étrangère; ils l'attribuent à l'éditeur vénitien Saracenus. Dans leur sévérité arbitraire et peut-être excessive, ils prétendent que les deux derniers vers seulement sont de Plaute; on les a distingués par des italiques. Mais nous pensons avec M. Levée qu'au moins la moitié de ce morceau appartient à Plaute; c'est sa manière et son style. Le couplet *Ubi lepos*, etc., plein de verve et de gaîté, est vraiment digne de lui.

ALIUD ARGUMENTUM

ANGELI MAII.

Callidorus [scortum juvenis Phœnicium] (1)
Ecflictim deperibat numorum indigus.
Eamdem miles qui viginti mulierem
Minis mercatus abiit, absolvit quindecim.
Scortum reliqui ac lenonem ac symbolum :
Ut qui adtulisset signum simile cætero
Cum pretio, secum aveheret emtam mulierem.
Mox missus ad prehendendum scortum à milite
Venit calator militaris. Hunc [dolo]
Aggreditur adulescentis servos Pseudolus,
Tanquam lenonis atriensis. Symbolum
Aufert, [atque] minas quinque acceptas mutuas
Dat subdititio caculæ cum symbolo.
Lenonem fallit sycophantiose cacula.
Scorto Callidorus potitur, vino Pseudolus.

PROLOGUS.

« Studete hodie mihi, bona in scenam adfero :
« Nam bona bonis ferri reor æquom maxume,
« Ut mala malis; ut, qui mali sunt, habeant mala,
« Qui boni, bona. Bonos quod oderint mali,
« Sunt mali ; malos quod oderint boni, bonos

(1) Les mots placés entre parenthèses sont ceux par lesquels les savants éditeurs, MM. Mai et Naudet, remplissent les lacunes du manuscrit.

« et c'est ce qui fait qu'ils sont bons. Aussi, Romains,
« êtes-vous bons, parce que vous avez toujours
« détesté les méchants; vos lois et vos légions les
« ont combattus avec un heureux succès. Qu'aujour-
« d'hui donc votre bonté accorde quelque bienveil-
« lance à cette bonne troupe comique, empressée
« d'offrir du bon à un bon public. Les oreilles, les
« yeux, l'esprit, auront de quoi se repaître agréable-
« ment. Si quelqu'un vient au théâtre à jeun ou
« bien altéré, il restera bien éveillé; ni le rire ni
« les aliments ne l'incommoderont. Pendant que les
« spectateurs bien repus riront, les affamés se
« mordront les lèvres. Maintenant, si vous faites
« bien, vous qui n'avez pas dîné, quittez la place,
« allez-vous-en. Vous dont le ventre est rempli,
« restez debout, ou plutôt asseyez-vous et soyez
« attentifs. Je ne vous dirai maintenant ni le sujet
« ni le titre de la pièce : Pseudolus s'en acquittera
« fort bien. Je vous en ai dit assez, plus j'y pense, et
« plus j'y réfléchis. Dans une pièce où la plaisanterie,
« la gaieté, les ris, le vin et l'ivresse doivent régner
« avec les grâces, la beauté, l'abandon et les plai-
« sirs, chercher autre chose, c'est se vouloir du mal
« à soi-même. Rejetez donc en ce jour tous les noirs
« soucis loin de vous; donnez du loisir à votre
« esprit. » *Sinon il faut allonger les reins et lever
le siége : une grande comédie de Plaute va occuper la scène.*

ACTE PREMIER.

SCÈNE I.

PSEUDOLUS, CALLIDORE.

Ps. Si votre silence, mon maître, pouvait m'apprendre quel chagrin vous tourmente si cruellement,
j'épargnerais bien volontiers une peine à deux personnes à la fois, à moi celle de vous interroger, à
vous celle de me répondre. Mais puisque cela n'est
pas possible, je suis absolument obligé de vous
questionner. Répondez-moi : qu'avez-vous depuis
plusieurs jours à vous désoler ainsi, en tenant à la
main ces tablettes que vous mouillez de vos larmes,
sans mettre personne dans la confidence de vos
pensées? Parlez; confiez-moi un secret que j'ignore,
et qui ne sera connu que de vous et de moi.

Cal. Je suis bien malheureux, Pseudolus!

Ps. Que Jupiter vous en préserve!

Cal. Ah! ceci n'est point du ressort de Jupiter :
ce n'est pas sous l'empire de Jupiter, c'est sous
l'empire de Vénus que je souffre cette torture.

Ps. Puis-je savoir ce que c'est? Vous me preniez
autrefois pour le plus intime confident de vos pensées.

Cal. Je suis encore dans les mêmes sentiments.

Ps. Dites-moi ce que vous avez; je vous aiderai
ou d'argent comptant, ou de mes services, ou de
mes bons conseils.

Cal. (*lui présentant les tablettes.*) Prends ces
tablettes, lis; tu te feras toi-même le récit des
douleurs et des tourments qui me consument.

Ps. Je vous obéis. (*après avoir regardé l'écriture.*) Mais qu'est-ce que cela, je vous prie?

Cal. Quoi?

Ps. Il paraît que ces lettres-là veulent avoir de la
progéniture; elles grimpent les unes sur les autres.

Cal. Tu te ris de moi avec tes sottes plaisanteries.

Ps. Par Pollux, si vous n'avez une Sibylle pour
déchiffrer cela, personne, je gage, n'y comprendra
goutte.

Cal. Pourquoi traiter si malhonnêtement ces tablettes charmantes, ces charmants caractères, tracés par une main plus charmante encore?

Ps. Dites-moi, je vous prie, les poules ont-elles
aussi des mains? car c'est une poule qui a écrit cette
lettre.

« Esse oportet : vosque ideo estis boni, quandoquidem
« Semper odistis malos ; et lege et legionibus
« Hos fugitastis, Quirites, subeessis bonis.
« Huic vos nunc pariter bonam boni operam date gregi,
« Qui bonus est, et hodie ad bonos adfert bona. 10
« Aureis, oculi, animus, ampliter fient saturi.
« In scenam qui jejunus veneris, aut sitiens,
« Is risu et ventre raso vigilabit sedulo ;
« Dum ridebunt saturi, mordebunt famelici.
« Nunc si sapitis, cedite, jejuni, atque discedite. 15
« Vos, saturi, state, imo sedete, atque attendite ;
« Non argumentum, neque hujus nomen fabulæ
« Nunc proloquar ego; satis id faciet Pseudolus;
« Satis id dictum vobis puto jam atque deputo.
« Ubi lepos, joci, risus, vinum, ebrietas decent, 20
« Gratiæ, decor, hilaritas, atque delectatio,
« Qui quærit alia, is malum videtur quærere;
« Curas malas abjicite jam, ut otiosi, hodie. »
Exporgi meliu 'st lumbos, atque exsurgier :
Plautina longa fabula in scenam venit. 25

ACTUS PRIMUS.

SCENA PRIMA.

PSEUDOLUS, CALLIDORUS.

Pseud. Si ex te tacente fieri possem certior,

Here, quæ miseriæ te tam misere macerant,
Duorum labori ego hominum parsissem lubens,
Mei te rogandi, et tui respondendi mihi.
Nunc, quoniam id fieri non potest, necessitas 30
Me subigit, ut te rogitem : responde mihi;
Quid est, quod tu exanimatus jam hos multos dies
Gestas tabellas tecum, eas lacrumis lavis,
Neque tui participem consili quemquam facis?
Eloquere, ut quod ego nescio, id tecum sciam. 35
Cal. Misere miser sum, Pseudole! *Pseud.* Id te Jupiter
Prohibessit. *Cal.* Nihil hoc Jovis ad judicium adtinet :
Sub Veneris regno vapulo, non sub Jovis.
Pseud. Licet me id scire quid sit? nam tu me antidhac
Supremum habuisti comitem consiliis tuis. 40
Cal. Idem animus nunc est. *Pseud.* Fac me certum quid
tibi 'st :
Juvabo aut re aut, opera, aut consilio bono.
Cal. Cape has tabellas, tute hinc narrato tibi,
Quæ me miseria et cura contabefacit.
Pseud. Mos tibi geretur : sed quid hoc, quæso ? *Cal.* Quid
est? 45
Pseud. Ut opinor, quærunt literæ hæ sibi liberos,
Alia aliam scandit. *Cal.* Ludis me ludo tuo.
Pseud. Has quidem, pol, credo, nisi Sibylla legerit,
Interpretari alium potesse neminem.
Cal. Cur inclementer dicis lepidis literis, 50
Lepidis tabellis, lepida conscriptis manu?
Pseud. An, obsecro, hercle, habent quoque gallinæ manus?

Cal. Que tu es insupportable! Lis ou rends ces tablettes.

Ps. Oh! je vais les lire.... écoutez bien.

Cal. Je n'ai pas l'esprit présent.

Ps. Eh bien! sommez-le de venir.

Cal. Non, ce n'est pas moi qui lui ferai sommation, c'est à toi de le demander à ces tablettes : c'est là qu'il réside, et non dans mon sein.

Ps. (*regardant les tablettes.*) Je vois votre maîtresse, Callidore.

Cal. (*vivement.*) Où est-elle, je te prie?

Ps. La voilà, étendue sur ces tablettes; elle est couchée tout de son long sur la cire.

Cal. Que les dieux et les déesses fassent de toute ta personne....

Ps. J'entends; qu'ils me conservent!

Cal. (*tristement.*) Comme l'herbe née pendant le solstice, j'ai fleuri un moment; épanoui soudain, soudain je meurs.

Ps. Taisez-vous pendant que je lis ces tablettes.

Cal. Eh bien! lis donc.

Ps. (*lisant.*) « Phénicie à Callidore, son amant. « J'emploie cette cire, ce fil, ces caractères inter-« prètes de ma pensée, pour vous saluer et vous « demander un salut pour moi, pour votre amante « éplorée, abattue, et qui sent défaillir son esprit et « son âme. »

Cal. Malheureux! je ne puis trouver le moyen, Pseudolus, de lui rendre son salut.

Ps. Quelle espèce de salut? et comment....

Cal. En argent.

Ps. (*montrant les tablettes.*) Elle vous le donne sur du bois (1), et vous le lui rendriez en argent! Prenez-y garde, vous ne faites pas là une bonne affaire.

Cal. Lis toujours; tu verras tout de suite, par cette lettre, quel besoin d'argent me presse.

Ps. (*lisant.*) « Sachez, mon amour, que le mar-

(1) Les tablettes étaient de bois.

« chand m'a vendue vingt mines à un militaire ma-« cédonien, pour aller en pays étranger. Ce militaire, « avant de partir d'ici a donné quinze mines d'a-« vance; il n'en reste plus que cinq à payer. Il a « laissé en gage l'empreinte de son cachet où son « portrait est gravé, pour qu'une empreinte pareille « servît de signe de reconnaissance à celui qui la « présenterait en venant me chercher de sa part. Le « jour est fixé à la prochaine fête de Bacchus. »

Cal. Et c'est demain! je suis à la veille de ma perte, si tu ne viens à mon secours.

Ps. Laissez-moi achever.

Cal. Bien volontiers, car il me semble que je cause avec elle. Lis : cette lecture est pour moi un breuvage mêlé de douceur et d'amertume.

Ps. (*reprenant la lecture.*) « Voilà que nos amours, « nos sympathies, les rendez-vous, les ris, les « jeux, les doux entretiens, le suave baiser, les « étroits embrassements d'un couple amoureux, ces « morsures caressantes imprimées sur de douces « lèvres, les palpitations d'un sein mollement pressé, « tout est détruit : à ces délices vont succéder pour « moi, pour toi, la séparation, l'abandon, la soli-« tude, si nous ne trouvons toi en moi, moi en toi, « un moyen de salut. Je me suis empressée de l'ap-« prendre tout ce que je savais; je verrai maintenant « si tu m'aimes, ou si tu m'as trompée. — Adieu. »

Cal. (*soupirant.*) Que cette lettre est désolante, Pseudolus!

Ps. (*ironiquement.*) Oh! déchirante!

Cal. Quoi? tu ne pleures pas?

Ps. J'ai des yeux de pierre : je n'en puis tirer une larme; j'ai beau les prier.

Cal. Comment cela?

Ps. Notre famille a toujours eu les yeux secs.

Cal. N'oses-tu m'aider en rien?

Ps. Que puis-je faire pour vous?

Cal. Hélas!

Ps. Des hélas! par Hercule! ne vous en faites

Nam has quidem gallina scribsit. *Cal.* Odiosus mihi es.
Lege, vel tabellas redde. *Pseud.* Imo enim perlegam :
Advortito animum. *Cal.* Non adest. *Pseud.* At tu cita. 55
Cal. Imo ego tacebo, tu hinc ex cera cita :
Nam istiec meus animus nunc est, non in pectore.
Pseud. Tuam amicam video, Callidore. *Cal.* Ubi ea est, obsecro?
Pseud. Eccam in tabellis porrectam; in cera cubat.
Cal. At te dii deæque, quantus es...... *Pseud.* Servassint quidem. 60
Cal. Quasi solstitialis herba, paullisper fui;
Repente exortus sum, repentino obcidi.
Pseud. Tace, dum tabellas perlego. *Cal.* Ergo quin legis?
Pseud. Phœnicium Callidoro amatori suo
Per ceram et linum literasque interpretes 65
Salutem mittit, et salutem abs te expetit,
Lacrumans titubanti animo, corde, et pectore.
Cal. Perii! salutem nusquam invenio, Pseudole,
Quam illi remittam. *Ps.* Quam salutem? *Cal.* Argenteam.
Pseud. Pro lignean' salute vis argenteam 70
Remittere illi? vide, sis, quam tu rem geras.
Cal. Recita modo : ex tabellis, jam faxo, scies,
Quam subito argento mi usus invento siet.
Pseud. Leno me peregre militi Macedonico
Minis viginti vendidit, voluptas mea : 75
Et priusquam hinc abiit, quindecim miles minas
Dederat; nunc unæ quinque remorantur minæ.

Ex causa miles heic reliquit symbolum,
Expressam in cera ex anulo suam imaginem,
Ut qui huc adferret ejus similem symbolum,
Cum eo simul me mitteret. Ei rei dies 80
Hæc præstituta 'st, proxuma Dionysia.
Cal. Cras ea quidem sunt : prope adest exitium mihi,
Nisi quid mihi in te est auxili. *Pseud.* Sine perlegam.
Cal. Sino, nam mihi videor cum ea fabularier; 85
Lege, dulce amarumque una nunc misces mihi.
Pseud. Nunc nostri amores, mores, consuetudines,
Jocus, ludus, sermo, suavis saviatio,
Conpressiones arctæ amantum comparum,
Teneris labellis molleis morsiunculæ, 90
Papillarum horridularum obpressiunculæ;
Harum voluptatum mihi omnium, atque itidem tibi
Distractio, discidium, vasticies venit.
Nisi quæ mihi in te 'st aut tibi est in me salus.
Hæc quæ ego scivi, ut scires curavi omnia. 95
Nunc ego te experiar quid ames, quid simules. Vale.
Cor. Est misere scribtum, Pseudole! *Pseud.* O miserrume!
Pæt. Quin fles? *Pseud.* Pumiceos oculos habeo : non queo
Lacrumam exorare ut exspuant unam modo. 99
Cal. Quid ita? *Pseud.* Genus nostrum semper siccoculum fuit.
Pæt. Nihilne adjuvare me audes? *Pseud.* Quid faciam tibi?
Cal. Heu!
Pseud. Heu? id quidem tibi, hercle, ne parsis, dabo.
Cal. Miser sum; argentum nusquam invenio mutuum,

pas faute... Je vous en donnerai tant que vous voudrez.

Cal. Que je suis malheureux, Pseudolus! je ne trouve nulle part d'argent à emprunter.

Ps. Hélas!

Cal. Je n'ai pas seulement un écu à la maison.

Ps. Hélas!

Cal. Demain on va me l'enlever.

Ps. Hélas!

Cal. C'est ainsi que tu viens à mon secours?

Ps. Je vous donne ce que j'ai : et de cette monnaie-là, j'en ai à la maison un trésor inépuisable.

Cal. C'est fait de moi aujourd'hui. Tu peux bien me prêter une drachme seulement? Je te la rendrai demain.

Ps. Ce serait tout au plus, je crois, en me mettant en gage moi-même. Mais que voulez-vous faire d'une drachme?

Cal. J'achèterai une corde.

Ps. Pourquoi faire?

Cal. Pour me pendre. Oui, c'en est fait, avant la nuit je serai descendu dans la nuit éternelle.

Ps. Et qui rendra ma drachme, si je vous en prête une? Est-ce que vous voulez vous pendre tout exprès pour me voler l'argent que je vous aurai prêté?

Cal. Non, je ne peux plus vivre si je la perds, si on me l'enlève.

Ps. Pourquoi gémissez-vous, coucou? Vous ne mourrez point.

Cal. Comment ne pas pleurer, quand je n'ai pas un écu vaillant, et pas une obole à espérer au monde?

Ps. Autant que je puis comprendre le sens de cette lettre, si vous ne versez des larmes d'argent, toutes vos larmes ne prouveront rien à votre belle, et ne feront pas plus que si vous versiez de l'eau dans un crible. Mais rassurez-vous, je n'abandonnerai pas vos amours (1). J'espère aujourd'hui par mes bons offices, ou avec le secours de cette main (*il montre sa main gauche*), vous trouver un renfort d'argent. Où le prendrai-je? où? Je n'en sais rien? Mais nous le trouverons. Mon sourcil qui tressaille me le dit (1).

Cal. Puissent les effets répondre à tes paroles!

Ps. (*avec assurance.*) Ne savez-vous pas de quoi je suis capable, quelles révolutions je cause, quand je mets en usage tous mes mystères?

Cal. En toi repose tout l'espoir de ma vie.

Ps. Serez-vous satisfait si je remets aujourd'hui votre maîtresse entre vos mains, ou si je vous procure vingt mines?

Cal. Très-satisfait,... si tu réussis.

Ps. Demandez-moi ces vingt mines, pour vous apprendre que j'ai le pouvoir de faire ce que je promets. Voyons... demandez... par Hercule! Je suis impatient de m'engager à vous les donner.

Cal. Me donneras-tu aujourd'hui vingt mines?

Ps. (*d'un air d'importance.*) Je vous les donnerai ; ne m'importunez pas davantage. Et je vous en avertis afin que vous le sachiez bien, j'attraperai votre père lui-même, si je ne puis en attraper un autre.

Cal. Que tous les dieux te conservent! Mais si tu le peux, je te prie, en bon fils, de ne pas épargner ma mère.

Ps. Pour cette affaire dormez tranquille sur les deux yeux.

Cal. Sur les deux yeux ou sur les deux oreilles?

Ps. Le premier est moins commun. (*Prenant le ton d'un héraut.*) Afin que nul n'en puisse prétendre ignorance, je le déclare à tous, en présence de la jeunesse qui est ici, en pleine assemblée, à la face de tout le peuple, de tous mes amis et connaissances, qu'on se défie de moi aujourd'hui, et qu'on se garde bien de m'en croire.

Cal. St! tais-toi, par Hercule, je te prie!

---

(1) Ce dialogue, moitié triste, moitié plaisant, et ce mouvement dramatique, ont été souvent reproduits dans les scènes de valets de nos vieux comiques.

(1) C'était un présage, comme l'éternument, la palpitation, le tintement d'oreille, etc.

Pseudole. *Pseud.* Heu! *Cal.* Neque intus numus ullus est.
Pseud. Eheu!
Cal. Ille abducturus est mulierem cras. *Pseud.* Eheu! 105
Cal. Istoccine pacto me adjutas? *Ps.* Do id quod mihi'st.
Nam is mihi thesaurus jugis in nostra 'st domo.
Cal. Actum hodie de me est : sed potes nunc mutuam
Drachmam dare mihi unam, quam cras reddam tibi?
Pseud. Vix hercle, opinor, si me obponam pignori. 110
Sed quid de drachma facere vis? *Cal.* Restim volo
Mihi emere. *Pseud.* Quamobrem? *Cal.* Qui me faciam pensilem.
Certum 'st mihi ante tenebras tenebras persequi.
Pseud. Quis mi igitur drachmam reddet, si dederim tibi?
An tu te ea causa vis sciens suspendere, 115
Ut me defrudes drachma, si dederim tibi?
Cal. Profecto nullo pacto possum vivere,
Si illa a me abalienatur atque abducitur.
Pseud. Quid fles, cucule? vives. *Cal.* Quid ego ni fleam,
Quoi nec paratus numus argenti siet, 120
Neque quoi liberæ spes sit usquam gentium?
Pseud. Ut literarum ego harum sermonem audio,
Nisi tu illi drachmis fleveris argenteis,
Quod tu istis lacrumis te probare postulas,
Non pluris refert, quam si imbrem in cribum geras. 125
Verum ego te amantem, ne pave, non deseram.
Spero, alicunde hodie me bona opera, aut hac mea,
Tibi inventurum esse auxilium argentarium.
Atque id futurum, unde, unde dicam nescio,
Nisi quia futurum 'st : ita supercilium salit. 130
Cal. Utinam quæ dicis, dictis facta subpetant!
Pseud. Scis tu quidem, hercle, mea si conmovi sacra,
Quo pacto et quantas soleam turbellas dare!
Cal. In te nunc sunt omneis spes ætati meæ.
Pseud. Satin' est, si hanc hodie mulierem ecficio tibi, 135
Tua ut sit, aut si tibi do viginti minas?
Cal. Satis, si futurum 'st. *Pseud.* Roga me viginti minas,
Ut me ecfecturum tibi, quod promisi, scias :
Roga, obsecro, hercle; gestio promittere.
Cal. Dabisne argenti mihi hodie viginti minas? 140
Pseud. Dabo, molestus nunc jam ne sis mihi.
Atque hoc ne dictum tibi neges, dico prius,
Si neminem alium potero, tuum tangam patrem.
Cal. Di te mihi omneis servent : verum si potes
Pietatis caosa vel etiam matrem quoque. 145
Pseud. De istac re in oculum utrumvis conquiescito.
Cal. Oculum utrum, anne in aurem? *Pseud.* At hoc pervolgatum 'st minus.
Nunc ne quis dictum sibi neget, dico omnibus,
Pube præsenti, in concione, omni poplo,
Omnibus amicis, gnotisque edico meis, 150
In hunc diem a me caveant, ne credant mihi.
Cal. St! tace, obsecro, hercle. *Ps.* Quid negot'st! *Cal.* Ostium

Ps. Qu'y a-t-il?
Cal. La porte du marchand d'esclaves vient de craquer.
Ps. Que ne sont-ce plutôt ses jambes!
Cal. C'est lui-même qui sort, le traître!

SCÈNE II.

BALLION, QUATRE ESCLAVES ARMÉS DE COURROIES, PSEUDOLUS, CALLIDORE, *à l'écart.*

Bal. (aux esclaves.) (1) Venez, avancez, marchez donc, fainéants, mauvais sujets nourris pour rien, et trop chèrement achetés, dont pas un n'aurait jamais l'idée de bien faire, et de qui je ne puis tirer de service qu'en m'y prenant de cette manière. *(il les bat.)* Je n'ai jamais vu d'hommes plus ânes que ceux-là, tant ils ont les côtes endurcies aux coups. Quand on les bat, on se fait plus de mal qu'à eux-mêmes : ils sont d'un tempérament à user les étrivières. Ils n'ont qu'une seule pensée : piller dès que l'occasion se présente, dérober, voler, agripper, boire, manger, s'enfuir, voilà toute leur besogne. On aimerait mieux laisser des loups dans une bergerie, que de pareils gardiens à la maison. Et cependant, à regarder leur mine, on les prendrait pour de bons sujets : mais à l'œuvre quel mécompte! Maintenant si vous ne faites tous bien attention à mes ordres, si vous ne bannissez de votre cœur et de vos yeux le sommeil et la paresse, avec mon fouet je vous arrangerai les reins de façon qu'ils seront plus chamarrés de dessins et de couleurs que les tentures (2) de Campanie

ou les tapisseries de pourpre d'Alexandrie, toutes parsemées d'animaux. Ne vous avais-je pas donné vos instructions hier? N'avais-je pas distribué à chacun son emploi? Mais vous êtes de tels vauriens, de tels fainéants, une si méchante espèce, que vous me forcez toujours de vous avertir de votre devoir à coups de fouet. Ainsi votre parti est bien pris : triomphez par la dureté de votre peau de ceci *(montrant un fouet)* et de moi.... Regardez-les, par plaisir ; à quoi pensent-ils? Attention! Écoutez-moi! Prêtez l'oreille à mes discours, race patibulaire! Non, par Pollux, le cuir de votre dos ne sera pas plus dur que le cuir de mon fouet! *(il frappe.)* Heim! le sentez-vous? Voilà comme on en donne aux esclaves qui méprisent les ordres de leur maître. Allons, rangez-vous tous devant moi, et qu'on m'écoute avec attention. *(A l'un des esclaves)* Toi qui tiens la cruche, apporte de l'eau, et remplis le chaudron vitement. *(A un autre)* Toi, avec ta hache, je te donne la charge de fendeur de bois.

L'esc. (montrant sa hache.) Mais elle est tout usée.

Ball. Sers-t'en comme elle est : est-ce que vous ne l'êtes pas tous aussi vous autres, par les coups? Je ne m'en sers pas moins de vous. *(A un autre esclave)* Toi, je te recommande de bien nettoyer la maison; tu aurais de quoi t'occuper; dépêche, va-t'en. *(A un autre)* Toi, je te charge de la salle à manger; lave l'argenterie et range-la. Ayez soin qu'à mon retour du forum je trouve tout apprêté, balayé, arrosé, essuyé, dressé, accommodé, cuit à point. C'est aujourd'hui l'anniversaire de ma naissance; vous devez tous célébrer cette fête. *(A l'esclave marmiton)* Mets dans l'eau un jambon, un filet, des ris de porc, une tétine : tu m'entends? Je veux traiter magnifiquement de grands personnages,

---

(1) Roscius produisait, dit-on, un grand effet dans ce monologue, plein de force et de mouvement.
(2) Ces tapis différaient de ceux de Phrygie et de Babylone en ce qu'ils étaient faits à l'aiguille et les autres au métier. Les Campaniens avaient habilement imité cette industrie.

Lenonis crepuit. *Pseud.* Crura mavellem modo.
Cal. Atque ipse egreditur penitus perjurum caput.

SCENA SECUNDA.

LENO, LORARII IV, PSEUDOLUS, CALLIDORUS.

Len. Exite, agite, ite ignavi, male habiti, et male conciliati,   155
Quorum nunquam quidquam quoiquam venit in mentem,
  ut recte faciant;
Quibus, nisi ad hoc exemplum experior, non potest usurpari usura.
Neque ego homines magis asinos unquam vidi, ita plagis costæ
  callent;
Quos dum ferias, tibi plus nocues; eo enim ingenio hi sunt
  flagritribæ :
Qui hæc habent consilia, ubi data obcasio 'st , rape, clepe,
  tene, harpaga,   160
Bibe, es, fuge, hoc est eorum opus.
Ut mavelis lupos apud oveis linquere, quam hos domi custodies.
At faciem quom adspicias eorum haud mali videntur, opera
  fallunt.
Nunc adeo hanc edictionem nisi animum advortitis omneis,
Nisi somnum socordiamque ex pectore oculisque amovetis,   165
Ita ego vostra latera loris faciam, ut valide varia sint;
Ut ne peristromata quidem æque picta sint Campanica,
Neque Alexandrina belluata conchyliata tapetia.
Atque heri ante dixeram omnibus, dederamque eas provincias :   169
Verum ita vos estis perditi, neglegenteis, ingenio inprobo,
Opticium vostrum ut vos malo cogatis conmonerier.
Nempe ita animati estis vos : vincite hoc duritia ergo atque
  me.
Hoc vide, sis, ut alias res agunt! hoc agite, hoc animum advortite.
Huc adhibete aureis, quæ ego loquar, plagigera genera hominum.
Nunquam , edepol, vostrum durius tergum erit, quam tergi
  num hoc meum.   175
Qui nunc? doletne? hem, sic datur, si quis herum servos
  spernit.
Adsistite omneis contra me, et quæ loquor, advortite animum.
Tu qui urnam habes , aquam ingere, face plenum ahenum
  sit cito.
Te, cum securi , caudicali præficio provinciæ.
Lor. At hæc retunsa 'st. *Len.* Sine siet : itidem vos quoque
  estis plagis omneis :   180
Num qui minus ea gratia tamen omnium opera utor?
Tibi hoc præcipio, ut niteant ædeis ; habes quod facias, propera, abi intro.
Tu esto lectisterniator : tu argentum eluito, idem exstruito.
Hæc, quom ego a foro revortor, facite, ut offendam parata,
Versa, præsterga, strata, lautaque coctaque omnia uti sint.
Nam mihi hodie natalis dies est, decet eum omneis vos concelebrare.   186
Pernam, callum, glandium, sumen, facito in aqua jaceant :
satin' audis?

pour qu'ils me croient riche. (*A tous les esclaves*) Rentrez : qu'on s'empresse d'exécuter mes ordres, et de disposer tout, afin que le cuisinier, quand il viendra, ne soit pas obligé d'attendre. Moi, je vais au marché acheter les poissons les plus rares. (*A un esclave qui porte la bourse*) Marche devant, petit garçon, de peur que quelque filou ne coupe la bourse sur ton épaule... Mais attends; j'ai encore quelques ordres à donner à la maison; j'allais l'oublier. (*Il parle à ses courtisanes*) Vous, jeunes filles, écoutez; je vous notifie mes ordres. Vous qui passez délicatement votre vie dans les plaisirs de la toilette, la mollesse et la volupté, vous, illustres favorites des grands personnages, c'est aujourd'hui que je vous éprouverai, et que je connaîtrai celle qui songe à son affranchissement, à sa subsistance, et celle qui ne songe qu'à dormir. Je verrai celle qui mérite d'être affranchie, et celle qui mérite d'être vendue. Faites qu'aujourd'hui les cadeaux de vos amants m'arrivent en abondance; car si je ne recueille en ce jour la moisson d'une année, demain je vous abandonne aux caprices des passants. Vous savez que c'est aujourd'hui mon jour de naissance. Où sont-ils ceux qui vous aiment comme leurs propres yeux, qui vous appellent « ma vie, mes délices, mon amour, mon cœur, mon miel ? » tâchez que leur troupe se présente à ma porte, armée de présents. A quoi me sert de vous donner des robes, des bijoux, et tout ce qui vous est nécessaire? en retour que me procurez-vous, coquines, sinon beaucoup d'ennuis? Vous n'aimez que le vin : aussi vous vous rafraîchissez, vous vous arrosez amplement le gosier, tandis que je suis à sec. (*Après une pause*) Mais le mieux est d'appeler chacune par son nom, afin qu'il n'y en ait pas qui prétende cause d'ignorance. Écoutez toutes avec attention. C'est à toi d'abord que je m'adresse, Hédylie, toi la tendre amie de ces marchands de blé qui en ont tous chez eux des tas gros comme des montagnes. Il faut, je te prie, qu'on m'apporte du blé, de quoi me nourrir, moi et toute ma maison, cette année; que j'en regorge, et que dans la ville on change mon nom, et qu'au lieu de Ballion on m'appelle le roi Jason (1).

Cal. (*bas à Pseudolus.*) L'entends-tu discourir, le bourreau? vois-tu ses grands airs?

Ps. Oui; il est aussi grandement scélérat. Mais taisez-vous, et faites attention.

Ball. Toi, Eschrodore, qui as pour galants les dignes émules des marchands de filles, les bouchers qui s'enrichissent comme nous par le mensonge et la fraude, écoute : si je n'ai pas aujourd'hui trois énormes crocs garnis, chargés de viande...; tu sais comme les fils de Jupiter attachèrent Dircé (2) à un taureau furieux : je t'attacherai de même au croc. Cela vaudra bien le taureau.

Ps. (*bas à Callidore.*) Ses discours m'enflamment de colère. Comment la jeunesse d'Athènes souffre-t-elle qu'un pareil homme habite cette ville? Où sont-ils, où se cachent-ils nos galants dans la vigueur de l'âge, qui vont chercher leurs amours chez les agents de débauche? Que ne s'assemblent-ils, que ne délivrent-ils la cité d'un pareil fléau? Mais je suis fou..., je ne sais ce que je dis. Comment oseraient-ils, quand leur amour les asservit à ces misérables, et les empêche de rien oser contre eux?

(1) Il ne s'agit point ici sans doute de l'Argonaute, mais de Jason roi de Thessalie, contemporain d'Épaminondas.
(2) Femme de Lycus, roi de Thèbes, qui l'épousa après avoir répudié Antiope. Léthus et Amphion, fils de Jupiter et d'Antiope, voulant venger leur mère, attachèrent Dircé à la queue d'un taureau indompté, et tuèrent Lycus.

Magnifice volo enim summos viros adcipere, ut mihi rem
esse reantur.
Intro abite, atque hæc cito celebrate, ne mora quæ sit, cocus quom veniat,
Mihi : ego eo in macellum, ut piscium quidquid est pretio
præstinem. 190
I, puere, præ, ne quisquam pertundat crumenam cautio 'st.
Vel obperire : est quod domi dicere pæne fui oblitus.
Auditin'? vobis, mulieres, hanc habeo edictionem :
Vos quæ in munditiis, mollitiis, deliciisque ætatulam agitis
Viris cum summis inclutæ amicæ, nunc ego scibo, atque hodie experiar, 195
Quæ capiti, quæ ventri operam det, quæque suæ rei, quæ
somno studeat;
Quam libertam fore mihi credam, et quam venalem, hodie
experiar.
Facite hodie, ut mihi munera multa huc ab amatoribus conveniant.
Nam nisi penus annuus hodie convenit, cras populo prostituam vos.
Natalem scitis mihi diem esse hunc : ubi isti sunt, quibus
vos oculi estis? 200
Quibus vitæ? quibus deliciæ estis? quibus savia? mammilla?
mellitæ?
Manipulatim mihi munerigeruli facite ante ædeis jam heic
adsint.
Cur ego vestem, aurum, atque ea quibus est vobis usui,
præhibeo? quid mihi
Domi, nisi malum, vostra opera est hodie, inprobæ? vino
modo cupidæ estis :
Eo vos vostros pantices usque adeo madefacitis, quom ego
sim heic siccus. 205
Nunc adeo hoc factum 'st optumum, ut nomine quamque
adpellem suo;
Ne dictum esse actotum sibi quæpiam vostrarum mihi neget : advortite animum cunctæ.
Principio, Hedylium, tecum ago, quæ amica es frumentariis,
Quibus cunctis monteis maxumi acervi frumenti sunt domi :
Fac, sis, sit delatum huc mihi frumentum, hunc annum
quod satis 210
Mihi, etiam familiæ omni sit meæ, atque adeo ut frumente
adfluam,
Ut civitas nomen mihi conmutet, meque ut prædicet
Lenone ex Ballione regem Iasonem. *Cal.* Audio', furcifer
Quæ loquitur? satin' magnificus tibi videtur? *Pseud.* Pol,
iste,
Atque etiam malificus : sed tace, atque hanc rem gere. 215
Len. Æschrodora tu, quæ amicos tibi habes lenonum æmulos
Lanios, qui item ut nos jurando jure malo quærunt rem,
audi :
Nisi carnaria tria grandia tergoribus oneri uberi hodie
Mihi erunt, cras te quasi Dircam olim, ut memorant, duo
Gnati Jovis devinxere ad taurum, item, hodie stringam ad
carnarium : id tibi 220
Profecto taurus fiet. *Pseud.* Nimis sermone hujus ira incendor.
Huncine heic homluem pati colere juventutem Atticam?
Ubi sunt, ubi latent, quibus ætas integra 'st, qui amant a lenone?
Quin conveniunt, quin una omneis peste hac populum hunc
liberant?
Sed nimis sum stultus, nimium fui indoctus; ne illi audeant 225
Id facere, quibus ut serviant suus amor cogit, simul

PSEUDOLUS, ACTE I, SCÈNE III.

Cal. Ah! tais-toi.
Ps. Qu'est-ce?
Cal. Tu m'importunes avec ton bavardage qui couvre sa voix et m'empêche d'entendre.
Ps. Je me tais.
Cal. Il vaudrait mieux le faire que de le dire.
Ball. Toi, Xystylis, dont les amants ont chez eux d'immenses provisions d'huile, écoute-moi : s'ils ne m'en apportent pas une bonne part promptement, je te mettrai à l'étroit dans ta chambre; et là tu auras un lit où tu ne dormiras pas, mais où tu écorcheras... tu comprends ce que je veux dire. Comment, vipère, lorsque tu as des galants si bien fournis d'huile, tu ne procures pas à tes camarades de quoi rendre leurs cheveux plus luisants, ni à moi de quoi rendre mes ragoûts plus onctueux? Mais, je le sais, tu fais peu de cas de l'huile ; c'est le vin qui est ta passion dominante. Patience, je réglerai tous nos comptes à la fois, coquine, si tu ne fais aujourd'hui tout ce que j'exige. Et toi, qui es toujours sur le point de me compter le prix de ta liberté, qui promets toujours, mais qui ne sais pas acquitter tes promesses, Phénicie, c'est à toi que je parle, à toi, délices des plus hauts personnages : si aujourd'hui les domaines de tes amoureux ne me fournissent pas de bonnes provisions de toute espèce, demain, Phénicie, tu retourneras dans ta chambre avec une teinture phénicienne sur la peau (1).

(*Les courtisanes rentrent*)

(1) De la pourpre.

SCÈNE III.

CALLIDORE, PSEUDOLUS, BALLION.

(*Callidore et Pseudolus ne sont pas aperçus par Ballion*).

Cal. Pseudolus, entends-tu ce qu'il dit?
Ps. Oui, mon maître, je l'entends, je suis tout oreille.
Cal. Quel présent me conseilles-tu de lui envoyer, pour qu'il ne fasse pas de ma maîtresse une prostituée?
Ps. Son honneur vous préoccupe justement (1). Mais tranquillisez votre esprit; je m'occuperai de cette affaire pour vous et pour moi. Il y a longtemps que moi et lui nous nous voulons du bien, et notre amitié date de loin. Je lui enverrai aujourd'hui, pour son anniversaire, un mauvais présent tout préparé.
Cal. Que faut-il faire?
Ps. (*avec impatience.*) Ne pouvez-vous vous occuper d'autre chose?
Cal. Mais...
Ps. Bast!
Cal. Je suis au supplice.
Ps. Affermissez votre âme.
Cal. Je ne puis.
Ps. Il faut le pouvoir.
Cal. Le moyen de maîtriser ma passion?
Ps. Songez à l'utile, au lieu de suivre votre passion dans un moment critique.
Cal. Vaines remontrances! il n'y a pas de bonheur pour un amant, s'il ne fait des folies.
Ps. Vous le voulez?
Cal. (*lui prenant la main.*) O mon cher Pseudolus, permets-moi de déraisonner.

(1) M. Naudet lit *nihil curassis*, et traduit : « que ce soin ne t'inquiète pas. »

Prohibet, faciant advorsum eos quod volunt. *Cal.* Vah, tace.
Pseud. Quid est?
Cal. Male morigerus male facis mihi, quom sermone huic obsonas. *Pseud.* Taceo.
Cal. At taceas malo multo, quam facere te dicas. *Len.* Tu autem
Xystylis, fac ut animum advortas, quojus amatores olivi
Dynamin domi habent maxumam.   230
Si mihi non jam huc culleis oleum deportatur,
Te ipsam culleo ego cras faciam ut deportere in pergulam.
Ibi tibi adeo lectus dabitur, ubi tu haud somnum capias,
Sed ubi usque ad languorem... tenes quorsum hæc tendant
quæ loquor?   235
En, excetra tu, quæ tibi amicos tot habes, tam probe oleo
onustos,
Num quoipiam 'st hodie tua tuorum opera conservorum
Nitidiusculum caput? aut num ipse pulmento utor magis
Unctiusculo? sed scio, tu oleum haud magni pendis, vino te
Devincis : sine modo : reprehendam ego cuncta, hercle, una
opera, nisi   240
Quidem hodie tu omnia facis, scelesta, hæc uti loquor.
Tu autem, quæ pro capite argentum mihi jam jamque sæpe numeras,
Ea pacisci modo scis; sed quæ pacta es, non scis solvere.
Phœnicium, tibi hæc ego loquor, deliciæ summatum virum :
Nisi hodie mihi ex fundis tuorum amicorum omne huc penus adfertur,   245
Cras, Phœnicium, Phœnicio corio invises pergulam.

SCENA TERTIA.

CALLIDORUS, PSEUDOLUS, BALLIO.

Cal. Pseudole, non audis quæ hic loquitur? *Pseud.* Audio, here, equidem atque animum advorto.
Cal. Quid mihi es auctor, huic ut mittam, ne amicam hic meam prostituat?
Pseud. Bene curassis : liquido es animo, ego pro me et pro te curabo.
Jam diu ego huic bene et hic mihi volumus, et amicitia 'st antiqua.   250
Mittam hodie huic suo die gnatali malam rem magnam et maturam.
Cal. Quid opu'st? *Pseud.* Potin' aliam rem ut cures? *Cal.* At. *Pseud.* Bat. *Cal.* Crucior. *Pseud.* Cor dura.
Cal. Non possum. *Pseud.* Fac possis. *Cal.* Quonam pacto possim vincere animum?
Pseud. In rem quod sit prævortaris, quam re advorsa animo auscultes.
Cal. Nugæ istæc sunt : non jucundum 'st, nisi amans facit stulte. *Pseud.* Pergin'?   255
Cal. O Pseudole mi, sine sim nihili; mitte me, sis. *Pseud.* Sino, modo ego
Abeam. *Cal.* Mane, mane : jam ut voles me esse, ita ero.
Pseud. Nunc tu sapis.
Ball. It dies; ego mihi cesso : i præ, puere *Cal.* Heus, abiit : quin revocas?

Ps. Laissez-moi, je vous prie; je vous permets tout, pourvu que je m'en aille.
Cal. Reste, reste, je serai tout ce que tu voudras que je sois (1).
Ps. Vous voilà raisonnable.
Ball. Le jour baisse, je m'amuse là.. (*à un jeune esclave*) Marche devant, garçon.
Cal. (*à Pseudolus.*) Eh bien! Il s'en va; est-ce que tu ne le rappelles pas?
Ps. Pourquoi cet empressement? tout beau...
Cal. Mais avant qu'il soit parti...
Ball. (*au jeune esclave.*) Eh peste! pourquoi marches-tu si doucement, garçon?
Ps. (*à Ballion*). Holà! roi de la fête d'aujourd'hui, roi de la fête, c'est à vous que je m'adresse, revenez, regardez-nous, quoique nous vous dérangions de vos affaires, demeurez : on a besoin de causer avec vous.
Ball. Qu'est-ce? quel est l'importun qui m'arrête quand j'ai affaire?
Cal. (*le suivant.*) Un homme qui fut votre bienfaiteur.
Ball. (*sans se retourner*). Celui qui fut est mort : il n'y a que celui qui est qui soit vivant.
Ps. Oh! vous êtes bien fier!
Ball. Et toi bien ennuyeux. (*il continue de s'éloigner.*)
Cal. (*à Pseudolus.*) Arrête-le; cours après lui.
Ball. (*à son esclave*). Avance, petit.
Ps. Allons de ce côté à sa rencontre.
Ball. (*se sentant retenu.*) Que Jupiter te confonde, qui que tu sois!
Ps. (*d'un ton équivoque, lui renvoyant son imprécation et paraissant lui demander audience.*) Et toi...
Ball. Et vous deux. (*A l'esclave.*) Tourne par ici, petit.
Ps. Ne peut-on vous dire un mot?
Ball. Il ne me plaît pas.
Ps. Mais si c'est une chose qui vous intéresse?

Ball. Veux-tu me laisser respirer, oui ou non, je t'en prie? (*il s'en va.*)
Ps. Ah! demeure un peu.
Ball. Laisse-moi.
Cal. Ballion, écoute.
Ball. Je suis sourd; tu n'as à m'offrir que de vaines paroles, j'en suis sûr.
Cal. Je t'ai donné tant que j'ai pu.
Ball. Je ne réclame pas ce que tu m'as donné.
Cal. Je te donnerai quand je serai en fonds.
Ball. Phénicie est à toi quand tu auras de l'argent.
Cal. Hélas! hélas! que j'ai perdu follement ce que je t'ai apporté, ce que je t'ai donné!
Ball. (*se détournant.*) Ton argent est défunt; tu as recours à présent aux paroles. C'est folie que de revenir sur le passé.
Ps. Reconnais au moins celui qui te parle.
Ball. Il y a longtemps que je sais ce qu'il a été; c'est à lui de savoir ce qu'il est maintenant. (*A son esclave.*) Allons, marche.
Ps. Peux-tu au moins tourner un seul regard vers nous, moyennant salaire?
Ball. A cette condition, je regarde : car au milieu même d'un sacrifice au grand Jupiter, dans le moment où je tiendrais les entrailles de la victime pour les déposer sur l'autel, si l'on m'offrait quelque chose à gagner, je laisserais là bientôt toute la cérémonie.
Ps. (*à part.*) Ce n'est pas un homme à prendre par la religion. Quel effet espérer des autres moyens? ce qu'on doit craindre le plus, les dieux même, il s'en moque (1).
Ball. (*à part montrant Pseudolus.*) Causons avec lui. (*Haut*) Salut profond au plus méchant esclave d'Athènes.
Ps. Que les dieux et les déesses te protégent, comme nous le désirons lui et moi! (*il montre Cal-*

(1) Cette scène ressemble à celle de Tartufe, où Dorine se fait prier par sa maîtresse pour la servir, comme Callidore, dans un désespoir amoureux.

(1) Les hardiesses de ce dialogue, autorisées par les magistrats et solennellement débitées devant Rome assemblée, sont très-remarquables. Elles font connaître l'état des croyances, la liberté religieuse et le privilège de la scène au siècle de Plaute.

Pseud. Quid properas? placide. *Cal.* At priusquam abeat.
Ball. Quid hoc, malum, tam placide is, puere? 260
Pseud. Hodie gnate, heus, hodie gnate, tibi ego dico, heus hodie gnate, redi et
Respice ad nos; tametsi obcupatum moramur, mane : sunt conloqui
Qui volunt te. *Ball.* Quid hoc est? quis est qui moram obcupato molestam obtulit?
Cal. Qui tibi sospitalis fuit. *Ball.* Mortuu'st, qui fuit : qui est, vivos est.
Pseud. Nimis superbe. *Ball.* Nimis molestus. *Cal.* Reprehende hominem; adsequere. 265
Ball. I, puere. *Pseud.* Accedamus hac obviam. *Ball.* Jupiter te perdat, quisquis es.
Pseud. Te volo. *Ball.* At vos ego ambos : vorte hac te, puere.
Pseud. Non licet
Conloqui te? *Ball.* At mihi non lubet. *Cal.* Sin tuam 'st quidpiam in rem? *Ball.* Licet-
Ne, obsecro, vivere, an non licet? *Pseud.* Vah, manta.
Ball. Omitte. *Cal.* Ballio,
Audi. *Ball.* Surdus sum; profecto inanilogus es. *Cal.* Dedi, dum fuit. 270
Ball. Non peto quod dedisti. *Cal.* Dabo, quando erit. *Ball.*

Ducito,
Quando habebis. *Cal.* Heu heu, quam ego malis perdidi modis,
Quod tibi detuli et quod dedi! *Ball.* Mortua re, verba nunc facis.
Stultus es, rem actam agis. *Pseud.* Gnosce saltem hunc qui est. *Ball.* Jam scio.
Scio qui fuit : nunc quis est is, ipsus sciat : (ad puerum) ambula tu. 275
Pseud. Potin' ut semel modo, Ballio, huc cum lucro respicias?
Ball. Respiciam istoc pretio : nam si sacruficem summo Jovi,
Atque in manibus exta teneam, ut porriciam, interea loci
Si lucri quid detur, potius rem divinam deseram.
Pseud. Non potest pietate obsisti huic, ut res sunt ceteræ!
Deos quidem, quos maxume æquom 'st metuere, eos minumi facit. 281
Ball. Conpellabo : salve multum, serve Athenis pessume.
Pseud. Di te deæque ament vel hujus arbitratu, vel meo :
Vel si dignus alio pacto, neque ament, neque faciant bene.
Ball. Quid agitur, Callidore? *Pseud.* Amatur, atque egetur acriter. 285
Ball. Misereat, si familiam alere possim misericordia.

PSEUDOLUS, ACTE I, SCÈNE III.

lidore) ou plutôt, selon tes mérites, qu'ils ne t'accordent ni protection ni faveur.
Ball. Comment te portes-tu, Callidore?
Ps. Comme un amant dans la plus cruelle détresse.
Ball. J'y compatirais, si je pouvais nourrir mes gens avec de la compassion.
Ps. Eh! nous savons bien quel homme tu es, sans que tu le dises. Mais sais-tu ce que nous te voulons?
Ball. A peu près, par Pollux! du mal.
Ps. Cela d'abord, et encore autre chose dont nous désirons te parler. Prête-nous, de grâce, un moment d'attention.
Ball. J'écoute; mais abrége, car j'ai affaire.
Ps. (*montrant Callidore.*) Il est honteux, après t'avoir promis vingt mines pour sa maîtresse, et fixé le jour du payement, de ne t'avoir pas encore payé.
Ball. La honte se supporte plus facilement que le mal. Il est honteux de n'avoir pas payé; moi, je suis malheureux de n'avoir pas reçu.
Ps. Il payera, il trouvera de l'argent. Attends seulement quelques jours; car il craint que tu ne vendes sa chère maîtresse pour te venger.
Ball. Il a eu depuis longtemps le moyen de me payer, s'il avait voulu.
Cal. Comment! si je n'avais rien?
Ball. Et tu étais amoureux! il fallait emprunter, aller chez l'usurier, proposer un petit intérêt, voler ton père.
Ps. Voler son père, effronté! Ah! il n'y a pas de danger que tu donnes un bon conseil.
Ball. Ce n'est pas là le métier des marchands de filles.
Cal. Puis-je voler mon père, un vieillard si rusé? Et quand je le pourrais, la piété filiale me le défend.
Ball. Fort bien; alors embrasse la nuit la piété filiale, au lieu de Phénicie. Mais puisque la piété filiale, à ce que je vois, passe chez toi avant l'amour, tous les hommes sont-ils des pères pour toi? n'y a-t-il personne à qui tu puisses demander de te prêter?
Cal. Prêter! le mot même n'existe plus.
Ball. C'est que nos banquiers, qui se sont repus et engraissés à tenir comptoir sur la place publique en réclamant leur argent sans jamais rien rendre à personne, ont appris aux dépens des autres à n'être point confiants.
Cal. Que je suis malheureux! je ne puis trouver de l'argent nulle part. Infortuné! je meurs d'amour et de disette d'argent.
Ball. Achète de l'huile à crédit, et vends-la comptant; tu embourseras ainsi deux cents mines en un instant.
Cal. Je suis mort! la loi des 25 ans me tue (1). Tout le monde a peur de prêter.
Ball. Cette loi me retient aussi : je crains de faire crédit.
Ps. Comment, faire crédit! est-ce que tu regrettes les bonnes affaires que tu as faites avec lui?
Call. Il n'y a de véritable amoureux que celui qui donne continuellement, qui donne sans cesse. Dès qu'il n'a plus rien, qu'il cesse d'aimer.
Cal. Tu n'as donc nulle pitié de moi?
Ball. Tu te présentes les mains vides : tes paroles ne résonnent pas. Moi, je voudrais te voir vivant et heureux.
Ps. Oh! mais, est-ce qu'il est mort?
Ball. Quel qu'il soit, avec de tels discours il est mort pour moi. (*à Callidore*) Un amoureux ne vit qu'autant qu'il nous plaît; il faut toujours te présenter à moi avec des larmes d'argent : car ve-

---

(1) La loi Lætoria, rendue en 490, sur la proposition du tribun du peuple Lætorius, annulait tous les engagements des jeunes gens qui n'avaient pas 25 ans accomplis, et poursuivait criminellement ceux qui avaient abusé de leur inexpérience.

Pseud. Eia scimus nos quidem te qualis sis; ne prædices.
Sed scin' quid nos volumus? *Ball.* Pol, ego propemodo :
ut male sit mihi.
Pseud. Et id, et hoc quod te revocamus, quæso animum advorte. *Ball.* Audio :
Atque in pauca, ut obcupatus nunc sum, confer, quid velis. 290
Pseud. Hunc pudet, quod tibi promisit, quaque id promisit die,
Quia tibi minas viginti pro amica etiam non dedit.
Ball. Id quod pudet facilius fertur, quam illud quod piget :
Non dedisse, istum pudet : me, quia non adcepi, piget.
Pseud. At dabit, parabit : aliquot hos dies manta modo. 295
Nam hic id metuit, ne illam vendas ob simultatem suam.
Ball. Fuit obcasio, si vellet, jampridem argentum ut daret.
Cal. Quid, si non habui? *Ball.* Amabas? invenires mutuom,
Ad danistam devenires, adderes fenusculum :
Subripuisses patri. *Pseud.* Subriberet hic patri, audacissume? 300
Non periclum 'st, ne quid recte monstres. *Ball.* Non lenonium 'st.
Cal. Egon' patri subripere possim quidquam, tam cauto seni?
Atque adeo, si facere possem, pietas prohibet. *Ball.* Audio.
Pietatem ergo istam amplexator noctu pro Phœnicio.

Sed quoniam pietatem amori video tuo prævortere, 305
Omneis tibi patres sunt? nullu'st tibi quem roges mutuum
Argentum? *Cal.* Quin nomen quoque jam interiit Mutuum.
Ball. Heus tu, postquam, hercle, isti a mensa surgunt saturi, poti,
Quid suum repetunt, alienum reddunt gnato nemini,
Ab alienis cautiores sunt, ne credant alteri? 310
Cal. Nimis miser sum, nunum nusquam reperire argenti queo :
Ita miser et amore pereo, et inopia argentaria.
Ball. Eme die cæca, hercle, olivom, id vendito oculata die.
Jam, hercle, vel ducentæ fieri possunt præsenteis minæ.
Cal. Perii! an non tum lex me perdit, quina vicenaria?
Metuont credere omneis. *Ball.* Eadem 'st mihi lex, metuo credere. 315
Pseud. Credere autem? eho, an pœnitet te, quanto hic fuerit usui?
Ball. Non est justus quisquam amator, nisi qui perpetuat data,
Datque usque : quando nihil sit, simul amare desinat.
Call. Nihilne te mei miseret? *Bal.* Inanis cedis; dicta nihil sonant. 320
Atque ego te vivom salvomque vellem. *Pseud.* Eho, an jam mortuu'st?
Ball. Ut ut est : mihi quidem profecto cum istis dictis mortuu'st.
Ilico vixit amator, ubi lenoni placet.

nir ainsi te lamenter sur ta détresse, c'est vouloir attendrir une marâtre.

Ps. Est-ce que par hasard son père t'a pris pour femme?

Ball. Le ciel m'en préserve!

Ps. Rends-toi à nos prières, Ballion. Je suis sa caution, si tu as peur de lui faire crédit. D'ici à trois jours, je tirerai, n'importe d'où, de la terre ou de la mer, l'argent qu'il te faut.

Ball. Que j'accepte ta garantie?

Ps. Pourquoi pas?

Ball. Moi, que j'accepte ta garantie! par Pollux, autant vaudrait attacher avec des tripes d'agneau un chien qui veut s'enfuir.

Cal. Peux-tu si mal récompenser mes bienfaits!

Ball. (*impatienté*) Que me veux-tu encore?

Cal. Que du moins tu attendes six jours, que tu ne la vendes pas, que tu ne réduises pas un amant à l'extrémité.

Ball. (*ironiquement.*) Sois tranquille; j'attendrai même six mois.

Cal. O dieux! l'aimable homme!

Ball. Bien plus, voulez-vous que j'ajoute à votre joie une joie nouvelle?

Cal. (*vivement*). Quoi donc?

Ball. Je ne veux plus vendre Phénicie.

Cal. Tu ne veux plus?

Ball. Non vraiment, par Hercule!

Cal. Pseudolus, va chercher de petites victimes, de grandes victimes et des sacrificateurs, que j'offre un sacrifice à ce souverain Jupiter : oui, il est mon Jupiter, et bien supérieur à Jupiter même.

Ball. Je ne veux point de grandes victimes; il suffit d'une offrande d'agneaux pour me rendre propice.

Cal. (*à Pseudolus.*) Dépêche-toi. Qu'attends-tu là? va chercher des agneaux : tu entends ce que dit Jupiter?

Ps. Je serai ici dans un moment : mais il faut que je coure auparavant plus loin que la porte Métia (1).

Cal. Pourquoi?

Ps. J'en ramènerai deux sacrificateurs avec des clochettes (2), et un troupeau de baguettes d'orme pour accabler d'hommages ton Jupiter; puis ce Jupiter de la prostitution ira au gibet.

Ball. Il n'est pas de ton intérêt que je meure.

Ps. Pourquoi donc?

Ball. Je te le dis franchement : parce que, tant que je serai en vie, tu ne seras jamais un bon sujet.

Ps. Il n'est pas non plus de ton intérêt que je meure.

Ball. Et comment?

Ps. Le voici : c'est que si j'étais mort, il n'y aurait pas dans Athènes un coquin pire que toi.

Cal. (*à Ballion.*) Par Hercule! réponds sérieusement à ma demande, je t'en prie. Tu ne veux plus vendre Phénicie, ma maîtresse?

Ball. Non, par Pollux, je ne le veux plus; car je l'ai vendue depuis longtemps.

Cal. Comment?

Ball. Sans ses nippes, mais avec tous ses charmes naturels.

Cal. Tu as vendu ma maîtresse?

Ball. Oui vraiment, vingt mines.

Cal. Vingt mines?

Ball. Ou, si vous l'aimez mieux, quatre fois cinq mines, à un militaire macédonien; et j'en ai déjà reçu quinze.

Cal. Qu'entends-je?

Ball. Que j'ai fait de l'argent de votre maîtresse.

Cal. Comment l'as-tu osé?

Bal. Il m'a plu ainsi; elle m'appartenait.

Cal. Holà! Pseudolus, apporte une épée.

(1) Lieu destiné au supplice des criminels.
(2) Les bourreaux mettaient des clochettes aux condamnés, soit pour rassembler le peuple, soit au contraire pour avertir les passants et les préserver de la souillure de cette rencontre.

Semper tu ad me cum argentata adcedito querimonia :
Nam istoc, quod nunc lamentare, non esse argentum tibi,
Apud novercam querere. *Pseud.* Eho, an unquam tu hujus
    nubsisti patri?   325
Ball. Di melius faciant. *Pseud.* Fac hoc, quod te rogamus,
    Ballio,
Mea fide, si isti formidas credere; ego in hoc triduo
Aut terra aut mari alicunde evolvam id argentum tibi.
Ball. Tibi ego credam? *Pseud.* Cur non? *Ball.* Quia, pol,
    qua opera credam tibi,   330
Una opera adligem fugitivam canem agninis lactibus.
Cal. Siccine mihi abs te bene merenti male refertur gratia?
Ball. Quid nunc vis? *Cal.* Ut obperiare hos sex dies saltem
    modo,
Ne illam vendas, neu me perdas hominem amantem. *Ball.*
    Animo bono es :
Vel sex menseis obperibor. *Cal.* Euge, homo lepidissume.
Ball. Imo vin' etiam te faciam ex læto lætantem magis? 336
Cal. Quid jam? *Ball.* Quia enim non venalem habeo Phœnicium.
Cal. Non habes? *Bal.* Non, hercle, vero. *Cal.* Pseudole,
    arcesse hostias,
Victimas, lanios, ut ego huic sacruficem summo Jovi;
Nam hic mihi nunc est multo potior Jupiter, quam Jupiter.
Ball. Nolo victimas; agninis me extis placari volo.   341
Cal. Propera, quid stas? arcesse agnos : audin' quid ait
    Jupiter?
Pseud. Jam heic ero : verum extra portam Metiam currendum 'st prius.
Cal. Quid eo? *Pseud.* Lanios inde arcessam duos cum tintinnabulis.
Eadem duo greges virgarum inde ulmearum adegero,   345
Ut hodie ad litationem huic subpetat satias Jovi.
In malam crucem istic ibit Jupiter lenonius.
Ball. Ex tua re non est, ut ego emoriar. *Pseud.* Quidum?
    Ball. Eho dicam tibi :
Quia, edepol, dum ego vivos vivam, nunquam eris frugi
    bonæ,
Ball. Ex tua re non est, ut ego emoriar. *Cal.* Quidum?   350
Pseud. Sic, quia
Si ego emortuus sim, Athenis te sit nemo nequior.
Cal. Dic mihi, obsecro, hercle verum serio, hoc quod te
    rogo.
Non habes venalem amicam tu meam Phœnicium?
Ball. Non, edepol, habeo profecto; nam jampridem vendidi.
Cal. Quomodo? *Ball.* Sine ornamentis, cum intestinis omnibus. 355
Cal. Meam tu amicam vendidisti? *Ball.* Valde, viginti
    minis.
Cal. Viginti minis? *Ball.* Utrum vis, vel quater quinis
    minis,
Militi Macedonio : et jam quindecim habeo minas.
Cal. Quid ego ex te audio? *Ball.* Amicam tuam esse factam
    argenteam.
Cal. Cur id ausus facere? *Ball.* Lubuit, mea fuit. *Cal.*
    Eho, Pseudole,   360

PSEUDOLUS, ACTE I, SCÈNE III.

Ps. A quoi bon une épée?
Cal. Pour le tuer, et moi aussi.
Ps. Commencez par vous tuer : lui, la faim le tuera bientôt.
Cal. (*à Ballion.*) Dis-moi, le plus parjure des hommes que nourrit la terre, ne m'avais-tu pas juré de ne la vendre à personne qu'à moi?
Ball. Je l'avoue.
Cal. Et en termes exprès?
Ball. (*avec une intention équivoque.*) Oui, sans doute, exprès.
Cal. Tu as violé ton serment, scélérat!
Ball. Mais j'ai mis l'argent dans ma bourse. Avec ma scélératesse, je puis tirer des écus de mon coffre quand je veux; toi, avec tes vertus et ta naissance, tu n'as pas une obole.
Cal. Pseudolus, mets-toi de l'autre côté; accable ce coquin de malédictions.
Ps. Avec plaisir. Je ne courrais pas plus vite chez le préteur pour être affranchi.
Cal. Charge-le de malédictions.
Ps. (*à Ballion.*) Ma langue va te déchirer, infâme!
Ball. (*avec sang-froid.*) C'est juste.
Ps. Scélérat!
Ball. Tu dis vrai.
Ps. Grenier à coups d'étrivières!
Ball. Pourquoi pas?
Cal. Pilleur de tombeaux (1)!
Ball. Assurément.
Cal. Pendard!
Ball. Très-bien dit.
Cal. Complice de tous les crimes!
Ball. Ce sont bien là mes noms.
Ps. Parricide!
Ball. (*à Pseudolus.*) A ton tour.
Ps. Sacrilége!

(1) Allusion aux misérables qui venaient dérober les débris du repas qu'on offrait aux morts sur les bûchers funéraires et sur les tombeaux.

Ball. Je l'avoue.
Cal. Parjure!
Ball. Vous êtes des oracles du passé.
Cal. Infracteur des lois!
Ball. Courage!
Cal. Fléau de la jeunesse!
Ball. Encore mieux.
Cal. Voleur!
Ball. Voilà qui me plaît.
Cal. Échappé des fers!
Ball. Bravo!
Cal. Escroc public!
Ball. A merveille.
Ps. Fourbe!
Cal. Vil agent de débauche!
Ps. Fange!
Ball. Le charmant concert!
Cal. Tu as frappé ton père et ta mère.
Ball. Je les ai même tués, pour ne pas les nourrir : ai-je mal fait (1)?
Ps. Nos paroles tombent comme l'eau dans un tonneau percé : nous perdons notre peine.
Ball. Ne vous reste-t-il plus rien à dire?
Cal. Tu n'as donc point de honte?
Ball. D'avoir trouvé un amoureux sec comme une noix vide? Cependant, malgré toutes vos injures, si le militaire ne m'apporte pas les cinq mines qu'il me doit, aujourd'hui même terme, fixé; s'il ne se présente pas, je pense que je pourrai faire mon métier.
Cal. Et que feras-tu?
Ball. Si tu m'apportes de l'argent, je romps mon engagement avec l'autre; c'est là mon métier. Si j'avais le loisir, je causerais plus longtemps avec toi; mais sans argent me prier de compatir à ta peine, c'est inutile. Voilà mon dernier mot; de ton côté, vois le parti que tu dois prendre.
Cal. Tu pars déjà?

(1) M. Levée traduit : « en est-ce assez? »

I, gladium adfer. *Pseud.* Quid opus gladio? *Cal.* Qui hunc obcidam, atque me.
Pseud. Quin tu te obcidis potius? nam hunc fames jam obciderit.
Cal. Quid ais, quantum terra tegit, hominum perjurissume?
Juravistin' te illam nulli venditurum, nisi mihi?
Ball. Fateor. *Cal.* Nempe conceptis verbis. *Ball.* Etiam consultis quoque. 365
Cal. Perjuravisti, sceleste. *Ball.* At argentum intro condidi.
Ego scelestus nunc argentum promere possum domo;
Tu, qui plus es istoc genere gnatus, numum non habes.
Cal. Pseudole, adsiste altrinsecus, atque onera hunc maledictis. *Pseud.* Licet.
Nunquam ad prætorem æque cursim curram, ut emittar manu. 370
Cal. Ingere mala multa. *Pseud.* Jam ego te disferam dictis meis,
Inpudice. *Ball.* Ita est. *Pseud.* Sceleste. *Ball.* Dicis vera. *Pseud.* Verbero.
Ball. Quippini? *Cal.* Bustirape. *Ball.* Certe. *Cal.* Furcifer. *Ball.* Factum optume.
Cal. Sociofraude. *Ball.* Sunt mea hæc ista. *Pseud.* Parricida. *Ball.* Perge tu.
Pseud. Sacrilege. *Ball.* Fateor. *Cal.* Perjure. *Ball.* Vetera vaticinamini. 375
Cal. Legirupa. *Ball.* Valide. *Pseud.* Pernicies adulescentum. *Ball.* Acerrume.
Cal. Fur. *Ball.* Babæ! *Pseud.* Fugitive. *Ball.* Bombax!
Cal. Fraus populi. *Ball.* Planissume.
Pseud. Fraudulente. *Cal.* Inpure leno. *Pseud.* Cœnum.
Ball. Cantores probos!
Cal. Verberavisti patrem atque matrem. *Ball.* Atque obcidi quoque,
Potius quam cibum præhiberem. Num peccavi quidpiam?
Pseud. In pertusum ingerimus dicta dolium : operam ludimus. 381
Ball. Numquid alium etiam voltis dicere? *Cal.* Ecquid te pudet?
Ball. Ted amatorem inventum esse inanem, quasi cassam nucem?
Sed quamquam multa, malaque in me dicta dixistis mihi,
Nisi mihi adtulerit miles quinque, quas debet, minas, 385
Sicut hæc est præstituta summa argento dies;
Si is non adferit, posse opinor facere opticium me meum.
Cal. Quid id est? *Ball.* Si tu argentum adtuleris, cum illo perdiderim fidem.
Hoc meum est opticium; ego, operæ si sit, plus tecum loquar;
Sed sine argento frustra est, quod me tui misereri postulas,
Hæc mea 'st sententia, ut tu hinc porro, quid agas, consulas. 391
Cal. Jamne abis? *Ball.* Negoti nunc sum plenus. *Pseud.* Paulo post magis.

Ball. Je suis accablé d'affaires en ce moment.
Ps. (*à part en le menaçant.*) Dans peu tu en auras encore davantage. (*Ballion sort.*) Il est à moi, si les dieux et les déesses ne m'abandonnent pas tous. Je le désosserai, comme un cuisinier désosse une lamproie. (*haut.*) Mais à présent, Callidore, il faut que vous me secondiez.
Cal. Qu'ordonnes-tu?
Ps. (*montrant la maison de Simon.*) Je veux assiéger aujourd'hui cette place et la prendre. Pour cette expédition j'ai besoin d'un homme fin, habile, intelligent, rusé, capable de bien exécuter mes ordres, et qui ne dorme pas tout éveillé.
Cal. Quel est ton plan, je te prie?
Ps. Quand il en sera temps, vous le saurez : je ne veux pas répéter les choses : les comédies sont déjà assez longues.
Cal. Tu as bien raison ; c'est très-juste.
Ps. Dépêchez. Amenez-moi l'homme dont j'ai besoin. De tous les amis qu'on a, il y en a peu sur qui l'on puisse compter.
Cal. Je le sais.
Ps. Faites donc votre choix. Cherchez parmi tous ces amis cet homme unique, cet homme sûr.
Cal. Il sera ici dans un moment.
Ps. Voulez-vous vous en aller? Vos discours sont des retards inutiles. (*Callidore s'en va.*)

SCÈNE IV.

PSEUDOLUS (*seul*).

Il est parti ; te voilà seul, Pseudolus. Maintenant que vas-tu faire, après les magnifiques promesses que tu as prodiguées à ton jeune maître? Où sont tes ressources? tu n'as rien de prêt, pas l'ombre d'un dessein arrêté, pas une obole. Que faire? tu l'ignores, tu ne sais même pas par quel bout commencer, ni à quel point arrêter la trame que tu veux ourdir... Eh bien ! comme le poëte, quand il prend ses tablettes, cherche ce qui n'existe nulle part dans le monde, le trouve cependant, et donne au mensonge l'air de la vérité; je serai poëte aussi, moi ; les vingt mines qui pour moi n'existent point dans le monde, je les trouverai. Il y a longtemps que j'avais promis de les lui donner. J'ai voulu lancer mon trait contre notre vieillard ; mais je ne sais comment cela s'est fait, il a pressenti le coup. Mais renfermons mon babil et ma voix : j'aperçois mon maître Simon, qui s'avance avec Calliphon son voisin. Je tirerai aujourd'hui vingt mines de ce vieux sépulcre, et les donnerai à mon jeune maître. Mettons nous à l'écart, pour faire notre profit de leur conversation.

SCÈNE V.

SIMON, CALLIPHON, PSEUDOLUS.

Sim. Si l'on choisissait aujourd'hui dans Athènes un dictateur parmi les dissipateurs et les libertins (1), personne, je crois, ne l'emporterait sur mon fils. Voyez! il est dans la ville l'unique objet de toutes les conversations; on ne parle que de son projet d'affranchir sa maîtresse, et de ses démarches pour avoir l'argent nécessaire à ses vues. On m'a rapporté tout cela. Je m'en étais douté déjà depuis longtemps ; j'ai le nez fin : mais je ne faisais semblant de rien.
Ps. (*à part.*) On vient de lui dénoncer son fils.

(1) M. Naudet entend autrement cette phrase, et traduit : « Si l'on créait aujourd'hui un dictateur des libertins et des dissipateurs, » etc. — On remarquera ce nom de *dictateur*, magistrat tout romain, dans une comédie grecque. Nous avons déjà noté cet oubli de costume très-fréquent chez Plaute, et que d'ailleurs l'usage autorisait.

Illic homo meus est, nisi omneis di me atque homines deserunt;
Exossabo ego illum similiter itidem ut muraenam cocus.
Sed nunc, Callidore, operam te mihi volo dare. *Cal.* Ecquid inperas? 395
Pseud. Hoc ego oppidum admœnire, ut hodie capiatur, volo.
Ad eam rem usu'st hominem astutum, doctum, scitum, et callidum,
Qui inperata ecfecta reddat, non qui vigilans dormiat.
Cal. Cedo mihi, quid es facturus? *Pseud.* Tempori ego faxo scies :
Nolo bis iterare; sat sic longæ fiunt fabulæ. 400
Cal. Optumum atque æquissumum oras. *Pseud.* Propera, adduc hominem cito.
Pauci ex multis sunt amici, homini qui certi sient.
Cal. Ego scio istuc. *Pseud.* Ergo utrimque tibi nunc delectum para :
Ex multis exquire illis unum, qui certus siet.
Cal. Jam hic faxo aderit. *Pseud.* Potin' ut abeas? tibi moram dictis creas. 405

SCENA QUARTA.

PSEUDOLUS.

Postquam illic hinc abiit, tu adstas solus, Pseudole :
Quid nunc acturus, postquam herili filio
Largitus dictis dapsilis ? ubi sunt ea?
Quoi neque parata gutta certi consili,
Neque adeo argenti : neque nunc quid faciam scio, 410

Neque exordiri primum, unde obcipias, habes,
Neque ad detexundam telam certos terminos.
Sed quasi poeta tabulas quom cepit sibi,
Quærit quod nusquam 'st gentium, reperit tamen,
Facit illud verisimile, quod mendacium 'st ; 415
Nunc ego poeta fiam, viginti minæ
Quæ nusquam nunc sunt gentium, inveniam tamen.
Atque ego huic jam pridem me daturum dixeram,
At volui injicere tragulam in nostrum senem :
Verum is, nescio quo pacto, præsensit prius. 420
Sed conprimenda 'st mihi vox atque oratio.
Herum eccum video huc, una Simonem simul,
Cum suo vicino Calliphone incedere.
Ex hoc sepolcro vetere viginti minas
Ecfodiam ego hodie, quas dem herili filio. 425
Nunc huc concedam, ut horum sermonem legam.

SCENA QUINTA.

SIMO, CALLIPHO, PSEUDOLUS.

Sim. Si de damnosis aut de amatoribus
Dictator fiat nunc Athenis Atticis,
Nemo antecedat filio, credo, meo :
Ita nunc per urbem solus sermo est omnibus, 430
Eum velle amicam liberare, et quærere
Argentum ad eam rem : hoc alii mihi renunciant,
Atque id jam pridem sensi, et subolet mihi.
Sed dissimulabam. *Pseud.* Jam illi (prodita') filius.
Obcisa 'st hæc res, hæret hoc negotium, 435
Quo in conmeatum volui argentarium
Proficisci, ibi nunc oppido obsepta 'st via.

Mes plans sont détruits ; voilà l'affaire accrochée. L'entrée de la place d'où je voulais tirer un renfort d'argent est fermée : on l'a prévenu. Plus de butin pour les pilleurs.

Call. Les colporteurs d'accusation et ceux qui les écoutent, si j'avais le pouvoir, seraient tous pendus, les médisants par la langue, les écouteurs par les oreilles. Car ce qu'on vous débite sur votre fils, qui voudrait vous attraper de l'argent pour ses amours, n'est peut-être qu'un mensonge. Quand ce serait la vérité, à voir les mœurs d'à présent, qu'y a-t-il de si étonnant, de si nouveau, qu'un jeune homme soit amoureux et veuille affranchir celle qu'il aime?

Ps. (*à part.*) Le charmant vieillard !

Sim. Eh bien ! moi, qui suis vieux, je prétends l'en empêcher.

Call. Vous le voudriez en vain. Il ne fallait pas en faire autant vous-même dans votre jeunesse. Un père doit être exempt de reproche, pour avoir le droit d'exiger que son fils soit encore plus irréprochable qu'il ne le fut lui-même. Quelles prodigalités, quelles débauches ne vous êtes-vous pas permises? Il y en aurait pour distribuer à tout le peuple (1), et une bonne part à chacun. Et vous vous étonnez que le fils ressemble au père?

Ps. (*haut.*) O Jupiter ! qu'on voit peu d'hommes aussi raisonnables que celui-ci ! Voilà comme un père doit être pour son fils.

Sim. (*se retournant.*) Qui parle ici ?... c'est mon esclave Pseudolus, un fripon qui me corrompt mon fils : c'est son guide, son précepteur. J'ai grande envie de lui faire donner les étrivières.

Call. (*bas à Simon.*) Vous n'êtes pas sage de vous mettre en colère si promptement : il vaut bien mieux l'amadouer par de douces paroles, et savoir si ce qu'on vous a rapporté est vrai ou faux. Le sang-froid dans les circonstances critiques diminue le mal de moitié ?

Sim. (*Il s'approche de Pseudolus.*) Je suivrai votre conseil.

Ps. (*à part.*) On vient à toi, Pseudolus ; prépare ta rhétorique, pour tenir tête au vieillard. (*Haut.*) Mon premier salut est pour mon maître, comme c'est mon devoir. Ensuite, s'il en reste, j'en distribuerai à tous les voisins.

Sim. Bonjour. Comment se porte-t-on ici?

Ps. (*se redressant.*) On se tient comme vous voyez.

Sim. Regardez sa posture, mon cher Calliphon. C'est l'attitude d'un roi.

Call. (*d'un ton bienveillant.*) Je vois qu'il se présente avec un confiance louable.

Ps. Il sied à un serviteur innocent, sûr de sa conscience, de paraître la tête levée, surtout devant son maître.

Call. Nous voulons te questionner sur une affaire dont la connaissance ne nous est parvenue que d'une manière confuse, et comme à travers un nuage.

Sim. Il va vous prouver par ses beaux discours que ce n'est pas un Pseudolus, mais un Socrate, qui vous parle.

Ps. (*à Simon.*) Oui, il y a longtemps que vous avez mauvaise opinion de moi, je le sais. Je m'aperçois que vous n'avez pas grande confiance en moi. Vous voulez que je sois un fripon, cela ne m'empêchera pas d'être un honnête homme.

Sim. Pseudolus, tiens tes oreilles toutes grandes ouvertes, afin que mes paroles puissent y entrer comme je veux.

Ps. Allons, dites ce que vous voudrez, quoique j'aie de l'humeur contre vous.

Sim. Contre moi ! Un esclave avoir de l'humeur contre son maître !

Ps. Cela vous étonne ?

Sim. En vérité, il semble, à t'entendre, que je doive redouter ton courroux, et que tu t'apprêtes à me fustiger d'une plus rude manière que je ne te fustige toi-même.

(1) Allusion aux distributions publiques de froment, d'huile, etc., et même d'argent, que la loi autorisait et réglait exactement.

Præsensit ; nihil est prædæ prædatoribus.
Cal. Homines qui gestant, quique auscultant crimina,
Si meo arbitratu liceat, omneis pendeant, 440
Gestores linguis, auditores auribus.
Nam istæc quæ tibi renuncianter, filium
Te velle amantem argento circumducere,
Forsitan ea tibi dicta sunt mendacia.
Sed si vera ea sunt, ut nunc mos est, maxume, 445
Quid mirum fecit, quid novom, adulescens homo
Si amat, si amicam liberat ? *Pseud.* Lepidum senem !
Sim. Vetus nolo faciat. *Cal.* At enim nequidquam nevis.
Vel tu ne faceres tale in adulescentia.
Probum patrem esse oportet, qui gnatum suum 450
Esse probiorem, quam ipsus fuerit, postulet.
Nam tu quod damni, et quod fecisti flagiti,
Populo viritim potuit dispertirier.
Id ne tu miraris, si patrissat filius ?
Pseud. Ω Ζεῦ, quam pauci estis homines conmodi ! 455
Ehem, illuc est patrem esse, ut æquom 'st, filio !
Sim. Quis heic loquitur ? meus hic est quidem servos Pseudolus.
Hic mihi conrumpit filium, scelerum caput.
Hic dux, hic ille est pædagogus, hunc ego
Cupio excruciari. *Cal.* Jam istæc insipientia 'st 460
Sic iram in promptu gerere : quanto satius est,

Adire blandis verbis, atque exquirere,
Sint illa, necne sint, quæ tibi renunciant !
Bonus animus in mala re dimidium 'st mali.
Sim. Tibi auscultabo. *Pseud.* Itur ad te, Pseudole : 465
Orationem tibi para advorsum senem.
Herum saluto primum, ut æquom 'st ; postea
Si quid supersit, vicinos inpertio.
Sim. Salve : quid agitur ? *Pseud.* Statur heic ad hunc modum.
Sim. Statumvide hominis, Callipho, quam basilicum ! 470
Cal. Bene confidenterque adstitisse intelego.
Pseud. Decet innocentem, qui sit, atque innoxius,
Servom superbum esse apud herum potissumum.
Cal. Sunt quæ te volumus percontari, quæ quasi
Per nebulam nosmet scimus atque audivimus. 475
Sim. Conficiet jam te hic verbis, ut tu censeas
Non Pseudolum, sed Socratem tecum loqui.
Pseud. Ita 'st : jampridem tu me spernis, sentio ;
Parvam esse apud te mihi fidem ipse intellego :
Cupis me esse nequam, tamen ero frugi bonæ. 480
Sim. Fac, sis, vacivas, Pseudole, ædeis aurium,
Mea ut migrare dicta possint quo volo.
Pseud. Age, loquere quid vis, tametsi tibi subcenseo.
Sim. Mihin' domino servos tu subcenses ? *Pseud.* Jam tibi
Mirum id videtur ? *Sim.* Hercle, qui, ut tu prædicas, 485

Call. Qu'en pensez-vous? Par Pollux, je trouve qu'il a raison d'être fâché de la méfiance que vous lui témoignez.

Sim. Oh! je lui permets d'être fâché : mais je veillerai à ce qu'il ne fasse pas de mal. (à *Pseudolus*.) Mais réponds : ce que je voulais te demander...

Ps. Demandez-moi tout ce qu'il vous plaira. Ce que je sais, vous pouvez le regarder comme un oracle de Delphes.

Sim. Sois donc attentif, et tâche de te souvenir de ta promesse. Dis-moi : sais-tu que mon fils aime une joueuse de flûte?

Ps. (*parlant grec.*) Certainement.

Sim. Et qu'il veut l'affranchir?

Ps. (*de même.*) Certainement aussi.

Sim. Est-il vrai que tu prépares tes intrigues et tes savantes fourberies pour m'escroquer vingt mines?

Ps. Moi, vous escroquer....

Sim. Oui, afin de procurer à mon fils de quoi affranchir sa maîtresse.

Ps. (*moitié en latin, moitié en grec.*) Il faut encore avouer cela : certainement, certainement.

Call. Il l'avoue.

Sim. Ne vous l'ai-je pas dit, Calliphon?

Call. Oui.

Sim. (a *Pseudolus*.) Pourquoi, dès que tu l'as su, m'en as-tu fait mystère? Pourquoi ne pas m'avoir averti?

Ps. Je vais vous le dire : c'est que je ne voulais pas donner le mauvais exemple d'un esclave dénonçant son maître à son maître.

Sim. Ne devrait-on pas le traîner par le cou au moulin?

Call. Est-il bien coupable, Simon?

Sim. Très-coupable.

Ps. Arrêtez, Calliphon. Je connais bien mon affaire : mes fautes ne regardent que moi. (à *Simon*.) Écoutez-moi maintenant : vous demandez pourquoi je vous ai laissé ignorer les amours de votre fils? Je savais qu'il y avait pour moi dans le monde un moulin, si j'avais parlé.

Sim. Et tu ne savais pas qu'il y avait aussi pour toi un moulin dans le monde, si tu gardais le silence?

Ps. Oui.

Sim. Pourquoi ne m'as-tu rien dit?

Ps. Parce que de sa part le mal était là devant moi, et que de la vôtre il était éloigné. L'un était imminent, l'autre permettait quelque répit.

Sim. Qu'allez-vous faire à présent? Car il n'y a pas moyen de m'attraper mon argent, maintenant que je sais tout. Je préviendrai tout le monde, afin que personne ne vous prête un denier.

Ps. Jamais, par Pollux! Tant que vous vivrez, je n'irai prier personne. C'est vous qui me donnerez de l'argent : je ne veux en tirer que de vous.

Sim. Tu en tireras de moi?

Ps. Assurément.

Sim. Par Hercule, je consens que tu m'arraches un œil, si je t'en donne.

Ps. Vous m'en donnerez : je vous en préviens, afin que vous preniez garde à moi.

Sim. Certes, si tu peux m'en attraper, tu feras un grand et merveilleux exploit.

Ps. Je le ferai.

Sim. Si tu ne m'attrapes rien?

Ps. Donnez-moi les étrivières. Mais, à votre tour, si je vous attrape votre argent....

Sim. J'en prends Jupiter à témoin, ton dos est sûr de l'impunité.

Ps. Tâchez de vous en souvenir.

Sim. Je ne saurais pas me garantir d'une chose dont je suis prévenu?

Ps. Je vous avertis encore de vous tenir sur vos gardes ; je vous le répète, prenez bien garde à vous : entendez-vous? prenez garde. Oui, vous me donnerez l'argent aujourd'hui, de vos propres mains.

Call. Par Pollux! s'il tient parole, c'est un homme incomparable.

Cavendum 'st mi abs te irato : atque alio tu modo
Me verberare, atque ego te soleo, cogitas.
Cal. Quid censes? edepol, merito esse iratum arbitror,
Quom apud te parum stet fides. *Sim.* Jam sic sino,
Iratus sit : ego ne quid noceat, cavero.   490
Sed quid ais? quid hoc, quod te rogo? *Pseud.* Si quid vis,
roga:
Quod scibo, Delphis tibi responsum dicito.
Sim. Advorte ergo animum, et fac sis promissi memor.
Quid ais? ecquam scis filium tibicinam
Meum amare? *Pseud.* Ναὶ γάρ. *Sim.* Liberare quam velit?
Pseud. Καὶ τοῦτο ναὶ γάρ. *Sim.* Ecquas viginti minas   496
Per sycophantiam atque per doctos dolos
Paritas, ut abferas a me? *Pseud.* Abs te ego abferam?
Sim. Ita : quas meo gnato des, qui amicam liberet.
Pseud. Fateri δεῖ καὶ τοῦτο ναὶ, καὶ τοῦτο ναί.   500
Cal. Fatetur. *Sim.* Dixin', Callipho, dudum tibi?
Cal. Memini. *Sim.* Cur hæc, ubi tu rescivisti inlico,
Cælata me sunt? cur non rescivi? *Pseud.* Eloquar.
Quia nolebam ex me morem prægigni malum,
Herum ut servos suom criminaret apud herum.   505
Sim. Juberes hunc præcipitem in pistrinum trahi.
Cal. Numquid peccatum 'st, Simo? *Sim.* Imo maxume.
Pseud. Desiste ; recte ego rem meam sapio, Callipho.
Peccata mea sunt. (Ad Simonem.) Animum advorte nunc jam.
Quapropter te expertem amoris gnati habuerim,   510
Pistrinum in mundo scibam, si id faxem, mihi.
Sim. Non a me scibas pistrinum in mundo tibi,
Quom ea mussitabas? *Pseud.* Scibam. *Sim.* Cur non dictum 'st mihi?
Pseud. Quia illud malum aderat, istuc aberat longius.
Illud erat præsens, huic erant dieculæ.   515
Sim. Quid nunc agetis? nam hinc quidem a me non potest
Argentum abferri, qui præsertim senserim.
Ne quisquam credat nummum, jam edicam omnibus.
Pseud. Numquam, edepol, quoiquam subplicabo, dum quidem
Tu vives ; tu mihi, hercle, argentum dabis :   520
Abs te equidem sumam. *Sim.* Tu a me sumes? *Pseud.* Strenue.
Sim. Excludito mihi, hercle, oculum, si dedero. *Pseud.* Dabis.
Jam dico, ut a me caveas. *Cal.* Certe, edepol, scio :
Si abstuleris, mirum et magnum facinus feceris.
Pseud. Faciam. *Sim.* Si non abstuleris? *Pseud.* Virgis cædito.   525
Sed quid, si abstulero? *Sim.* Do Jovem testem tibi,
Te ætatem inpune habiturum. *Pseud.* Facito ut memineris.
Sim. Egon' ut cavere nequeam, quoi prædicitur?
Pseud. Prædico, ut caveas ; dico, inquam, ut caveas ; cave.
Hem, istis mihi tu hodie manibus argentum dabis.   530

Ps. (*à Calliphon.*) Prenez-moi pour esclave, si je ne réussis pas.

Sim. C'est trop de bonté et d'obligeance de ta part. (*Ironiquement.*) Tu n'es plus à moi apparemment.

Ps. (*à Calliphon.*) Voulez-vous que je vous dise quelque chose qui vous étonnera davantage?

Call. Je suis curieux de l'apprendre; car j'ai du plaisir à t'écouter.

Sim. Parle donc; tes discours m'intéressent assez.

Ps. (*à Simon.*) Avant de vous livrer cette bataille, j'en livrerai une autre, glorieuse et mémorable.

Sim. Quelle bataille?

Ps. Vous savez bien le marchand d'esclaves, votre voisin, le maître de la joueuse de flûte que votre fils aime éperdûment? eh bien! par mes intrigues et mes savantes manœuvres je la lui soufflerai le plus agréablement du monde.

Sim. Comment cela?

Ps. Ce soir j'aurai accompli l'une et l'autre entreprise.

Sim. Si tu fais ce coup-là comme tu l'annonces, tu seras plus hardi que le roi Agathocle. Mais si tu ne réussis pas, n'aurai-je pas raison de t'enfermer sur-le-champ au moulin?

Ps. Non pas pour un seul jour, par Hercule! mais pour tous les jours, tant qu'il en viendra. Mais si je réussis, me donnerez-vous l'argent pour payer le marchand d'esclaves à l'instant, et de votre plein gré?

Call. (*à Simon.*) Sa proposition est juste. Dites que vous le lui donnerez.

Sim. (*à Calliphon.*) Savez-vous l'idée qui me vient à l'esprit? S'ils s'entendaient tous les deux, Calliphon, et qu'ils eussent combiné entre eux leurs ruses pour m'escroquer mon argent?

Ps. Y aurait-il un homme plus audacieux que moi, si j'osais faire un pareil coup? Tenez, Simon, si nous conspirons ensemble, si nous nous sommes concertés à ce sujet, s'il y a eu la moindre convention entre nous pour cela, je consens que, comme on griffonne des tablettes avec un poinçon, vous me fassiez griffonner tout le corps avec des poinçons faits en ormeau.

Sim. Allons, donne, quand tu voudras, le signal du spectacle.

Ps. Donnez-moi cette journée, Calliphon, je vous en prie, et ne vous occupez d'aucune autre affaire.

Call. Cependant je m'étais arrangé dès hier pour aller à la campagne.

Ps. Changez à présent vos arrangements d'hier.

Call. Eh bien! c'est décidé, je ne partirai pas à cause de toi. Je suis curieux, Pseudolus, d'assister au spectacle que tu nous prépares. (*Montrant Simon.*) Et si je vois que mon voisin ne te donne pas d'argent, comme il l'a dit, je ne le souffrirai pas; je le donnerai plutôt moi-même.

Sim. Je ne me rétracterai pas.

Ps. (*à Simon.*) Par Pollux! si vous faussez votre parole, vous serez poursuivi des plus vives clameurs. Allons, éloignez-vous, et rentrez. Laissez-moi maintenant disposer mes machines.

Sim. Soit; nous allons t'obéir.

Ps. Mais je désire que vous restiez à la maison.

Sim. J'aurai encore cette complaisance.

Call. Moi, je vais à la place publique. Je serai ici dans un moment.

Sim. Revenez vite. (*Les deux vieillards se retirent chacun de leur côté.*)

Ps. (*seul, aux spectateurs.*) Je soupçonne que vous me soupçonnez en ce moment de ne vous promettre tant de prouesses que pour vous amuser jusqu'à la fin de la pièce, et que vous me croyez incapable de faire ce que j'ai promis. Je tiendrai parole. Il y a aussi une chose certaine, c'est que je ne sais pas

---

Cal. Edepol, mortalem graphicum, si servat fidem!
Pseud. (ad Calliphonem.) Servitum tibi me abducito, ni fecero.
Sim. Bene atque amice dicis : nam nunc jam meu'st.
Pseud. Vin' etiam dicam, quod vos magis miremini?
Cal. Studeo, hercle, audire; nam ted ausculto lubens. 535
Sim. Agedum, nam satis lubenter te ausculto loqui.
Pseud. Priusquam istam pugnam pugnabo, ego etiam prius
Dabo aliam pugnam claram et conmemorabilem.
Sim. Quam pugnam? *Pseud.* Hem, ab hoc lenone vicino tuo
Per sycophantiam atque per doctos dolo 540
Tibicinam illam, tuos quam gnatus deperit,
Ea circumducam lepide lenonem. *Sim.* Quid est?
Pseud. Eefectum hoc hodie reddam utrumque ad vesperum.
Sim. Siquidem istæc opera, ut prædicas, perfeceris,
Virtute regi Agathocli antecesseris. 545
Sed si non faxis, numquid causa est, ilico
Quin te in pistrinum condam? *Ps.* Non unum quidem
Diem modo, verum, hercle, in omneis, quantum 'st : sed si ecfecero,
Dabin' mi argentum quod dem lenoni ilico
Tua voluntate? *Cal.* Jus bonum orat Pseudolus : 550
Dabo, inque. *Sim.* At enim scin' quid mihi in mentem venit?
Quid si hice inter se consenserunt, Callipho,
Aut de conpacto faciunt consutis dolis,
Qui me argento circumvortant? *Pseud.* Quis me audacior

Sit, si istuc facinus audeam facere? imo sic, Simo, 555
Si sumus compacti, sive consilium unquam invimus
De istac re, aut si de ea re nqnam inter nos convenimus
Quasi in libro quom scribuntur calamo literæ,
Stilis me totum usque ulmeis conscribito.
Sim. Indice ludos nunc jam, quando lubet. 560
Pseud. Da in hunc diem operam, Callipho, quæso mihi,
Ne quo te ad aliud obcupes negotium.
Cal. Quin rus uti irem, jam heri constitueram.
Pseud. At nunc disturba quas statuisti machinas.
Cal. Nunc non abire certum 'st istac gratia. 565
Lubido 'st ludos tuos spectare, Pseudole :
Et si hunc videbo non dare argentum tibi,
Quod dixit, potius quam id non fiat, ego dabo.
Sim. Non demutabo. *Pseud.* Namque, edepol, si non dabis, 570
Clamore magno et multum flagitabere.
Agite, amolimini hinc vos intro nunc jam,
Ac meis vicissim date locum fallaciis.
Sim. Fiat, geratur mos tibi. *Pseud.* Sed te volo
Domi usque adesse. *Sim.* Quin tibi hanc operam dico.
Cal. At ego ad forum ibo; jam heic adero. *Sim.* Actutum 575
redi. (*Senes abeunt.*)
Pseud. Subspicio 'st mi nunc vos subspicarier,
Me idcirco hæc tanta facinora promittere,
Qui vos oblectem, hanc fabulam dum transigam,
Neque sim facturus, quod facturum dixeram.

encore comment je ferai la chose; mais ce que je sais, c'est qu'elle se fera. Quand on se présente sur la scène dans une situation neuve, il faut apporter quelque invention nouvelle. Si on ne le peut pas, qu'on cède la place à un plus habile. J'ai besoin de me retirer quelques moments chez nous, pour rassembler dans ma tête une légion de fourberies. Pendant ce temps-là le joueur de flûte vous divertira. *(Il sort).* (1)

ACTE DEUXIÈME.

SCENE I.

PSEUDOLUS (seul).

O Jupiter! comme toutes mes entreprises réussissent merveilleusement au gré de mes désirs! Point de crainte, point d'hésitation; mon plan est arrangé dans mon esprit. C'est en effet une folie de confier une grande entreprise à une âme timide. Toutes les entreprises sont grandes, suivant la grandeur de celui qui les tente. J'ai préparé dans ma tête un double, un triple renfort de ruses et de fourberies : quelque combat que j'aie à livrer, soutenu par la vertu de mes per...fidies (2), j'ose dire, par mon courage, à force d'habileté, d'astuce, de

(1) On voit qu'il y avait de la musique dans les entr'actes, comme à nos théâtres modernes. — Ce premier acte, malgré quelques longueurs de dialogue, atteste un talent et une expérience de la scène dignes d'être remarqués. Le défi si plaisant entre l'esclave et les vieillards s'engage de manière à exciter le plus vif intérêt. Rien n'est indiqué, rien n'est prévu. Le poëte laisse le champ libre à la curiosité et à l'imagination des spectateurs. Bien plus, l'inventeur des fourberies qu'ils verront les ignore lui-même encore. Le *Pseudolus* est une des pièces de Plaute où cet art si nécessaire au drame *se manifeste* avec le plus de bonheur. Une exposition aussi habile justifie la prédilection de l'auteur et de ses contemporains pour le *Pseudolus*.

(2) Pseudolus trompe plaisamment l'oreille du spectateur, qui s'attend à la phrase ordinaire des harangues d'un général d'armée invoquant la *vertu de ses pères*, *majorum virtute*, etc. Tout le monologue est une parodie de ces discours héroïques.

fourberies, je remporterai la victoire, et j'enlèverai facilement les dépouilles de mes ennemis : juste récompense de mon malin génie. Commençons maintenant par l'ennemi commun de vous tous (*aux spectateurs*) et de moi, ce Ballion sur qui mes balistes vont frapper de la bonne manière. Suivez-moi seulement avec attention. Je prétends investir la place, et la prendre aujourd'hui même. Je vais faire avancer mes légions. Si je l'emporte, j'en aurai rendu l'accès moins difficile à mes concitoyens (1). Ensuite je bloquerai cette vieille forteresse avec mes troupes. (*Il montre la demeure de Simon.*) C'est alors que moi et mes alliés nous nous chargerons, nous nous gorgerons de butin. Je jetterai la terreur et le désordre parmi mes adversaires, pour leur apprendre qui je suis, et quel sang m'a formé. Je suis fait pour de grands exploits, qui me rendent illustre, et dont le souvenir soit éternel. Mais quel est l'homme que je vois? quel est cet inconnu qui s'offre à mes regards? je suis curieux de savoir ce qu'il veut avec son coutelas. Quels que soient ses desseins, mettons-nous ici en embuscade.

SCÈNE II.

HARPAX (*en habit de voyage*), PSEUDOLUS.

Har. (regardant autour de lui). Voilà l'endroit, le quartier que mon maître le militaire m'a indiqué, si j'en crois le témoignage de mes yeux. Il m'a dit que la septième maison, à partir de la porte de la ville, était celle du marchand d'esclaves à qui je dois remettre de l'argent, avec un signe de reconnaissance. Que je voudrais bien rencontrer quelqu'un qui me montrât la demeure de Ballion, le marchand d'esclaves!

Ps. (à part.) Chut! silence! silence! je tiens mon

(1) M. Naudet traduit : « Les affaires de mes concitoyens auront un succès facile. »

```
Non demutabo ; atque etiam certum, quod sciam ;        580
Quo sim facturus pacto, nihil etiam scio ,
Nisi qua futurum 'st : nam qui in scenam provenit
Novo modo , novom aliquid inventum adferre addecet.
Si id facere nequeat, det locum illi qui queat.
Concedere aliquantisper hinc mi intro lubet            585
Dum concenturio in corde sycophantias.
Tibicen vos interea hic delectaverit.
```

ACTUS SECUNDUS.

SCENA PRIMA.

PSEUDOLUS.

```
Pro Jupiter, ut mihi, quidquid ago, lepide omnia prospere-
    que eveniunt !
Neque quod dubitem, neque quod timeam, meo in pectore
    conditum 'st consilium.
Nam ea stultitia 'st, facinus magnum timido cordi credere :
    nam omneis                                          590
Res perinde sunt, ut agas, ut eas magnifacias : nam ego in
    meo
Pectore prius ita paravi copias dupliceis, tripliceis dolos ,
Perfidias, ut, ubicumque cum hostibus congrediar, malo-
    rum meorum
Fretus virtute dicam, mea industria et malitia, fraudulen-
    tia ,
Facile ut vincam, facile ut spoliem meos perduelleis meis
    perfidiis.                                          595
```

```
Nunc inimicum ego hunc communem, meum atque vostrum
    omnium,
Ballionem, exballistabo lepide. Date operam modo : hoc ego
    oppidum
Admœnire, ut hoc die capiatur, volo : atque ad hoc meas
    legiones
Adducam : si hoc expugno, facilem ego hanc rem meis ci-
    vibus faciam.
Post ad oppidum hoc vetus continuo mecum exercitum pro-
    tinus obducam.                                      600
Inde et simul participes omneis meos prœda onerabo,
    atque obplebo.
Metum et fugam perduellibus meis injiciam, me esse ut
    sciant gnatum ,
Quo sum genere gnatus : magna me facinora decet eficere,
Quae post mihi clara, et diu clueant : sed hunc quem video .
    quis hic est,
Qui oculis meis obviam ignorabilis objicitur ? lubet scire
Quid hic velit, cum machæra ; et huic, quam rem agat,
    hinc dabo insidias.                                 606
```

SCENA SECUNDA.

HARPAX, PSEUDOLUS.

```
Harp. Hi loci sunt, atque hæ regiones, quæ mihi ab hero
    sunt demonstratæ,
Ut ego oculis rationem capio, quam mihi ita dixit herus
    meus miles,
Septimas esse ædeis a porta, ubi ille habitat leno, quoi ju-
    sit
```

PSEUDOLUS, ACTE II, SCENE II.

homme, si je ne suis pas abandonné du ciel et de la terre. J'ai besoin d'un nouveau stratagème; un incident nouveau, imprévu, se présente : il faut d'abord y pourvoir. Je rejette loin de moi mes premiers projets. Par Pollux! je vais battre d'importance ce belliqueux messager, pour sa bienvenue.

Har. (*s'approchant de la maison de Ballion.*) Frappons, afin qu'on vienne me parler.

Ps. (*allant à sa rencontre.*) Qui que tu sois, je ne veux pas te laisser frapper longtemps : en ma qualité de défenseur et de gardien, je sors pour te prier de la ménager.

Har. Es-tu Ballion?

Ps. Non, mais je suis son Sous-Ballion.

Har. Quelle espèce de nom est-ce là?

Ps. Je suis son économe, son administrateur des vivres.

Har. Comme qui dirait son intendant.

Ps. Fi donc! c'est moi qui commande à l'intendant.

Har. Voyons, es-tu esclave, ou libre?

Ps. Pour le moment, je sers encore.

Har. Il y paraît; et tu ne me sembles guère digne de la liberté.

Ps. Tu n'es donc pas dans l'usage de te regarder, avant d'injurier les autres?

Har. (*à part.*) Cet homme-là m'a bien l'air d'un fripon.

Ps. (*à part.*) Les dieux me protégent et veulent mon salut. Ce sot est l'enclume qu'il me faut pour forger aujourd'hui toutes mes ruses.

Har. (*à part.*) Qu'est-ce qu'il se dit là tout seul?

Ps. (*haut.*) Que dis-tu, jeune homme?

Har. Plaît-il?

Ps. Es-tu ou n'es-tu pas au militaire macédonien qui nous a dernièrement acheté une femme, qui a donné quinze mines à-compte au marchand d'esclaves mon maître, et qui en redoit encore cinq?

Har. Je suis son esclave. Mais d'où me connais-tu par hasard? où m'as-tu vu? où m'as-tu parlé? car je ne suis pas encore venu à Athènes, et c'est la première fois que mes yeux te rencontrent.

Ps. C'est que j'ai deviné que tu venais de sa part. En effet, autrefois en partant il avait fixé ce jour-ci pour nous payer : et il n'a pas encore apporté l'argent.

Har. Le voici précisément.

Ps. Est-ce que tu apportes l'argent?

Har. Oui.

Ps. (*tendant la main*). Que tardes-tu à me le donner?

Har. Que je le donne à toi?

Ps. (*de même.*) Certainement à moi, qui suis l'homme d'affaires, de confiance de mon maître Ballion, qui fais la recette et la dépense, et qui paye à qui il doit.

Har. Par Hercule! quand tu tiendrais la clef du trésor du grand Jupiter, je ne te confierais pas une once d'argent.

Ps. (*de même.*) Pendant que tu fais l'homme important, la chose serait déjà terminée.

Har. (*montrant sa bourse.*) J'aime mieux la garder fermée.

Ps. Malheur à toi! tu es bien venu d'outrager ma probité! Comme si l'on ne m'en confiait pas tous les jours six fois autant sans témoins.

Har. D'autres peuvent agir ainsi, mais moi je ne me fierai pas à toi.

Ps. C'est comme si tu disais que je veux t'escroquer ton argent.

Har. C'est toi-même qui le dis, et moi je le soupçonne. Mais quel est ton nom?

Symbolum me ferre, et hoc argentum : nimis velim, certum qui 610
Mihi faciat, Ballio leno ubi heic habitat. *Pseud.* St: tace, tace,
Meus hic est homo, ni omnies di atque homines deserunt : novo consilio
Nunc mihi opus est; nova res subito mihi hæc objecta 'st :
Hoc prævortar principio : illa omnia missa habeo quæ ante agere obcœpi.
Jam, pol, ego hunc stratioticum nunclum advenientem probe percutiam. 615
Harp. Ostium pultabo, atque intus evocabo aliquem foras.
Pseud. Quisquis es, conpendium ego te facere pultandi volo;
Nam ego precator et patronus foribus processi foras.
Harp. Tune es Ballio? *Pseud.* Imo vero ego ejus sum Sub-ballio.
Harp. Quid istuc verbi est? *Pseud.* Condus promus sum, procurator peni. 620
Harp. Quasi te dicas atriensem. *Pseud.* Imo atriensi ego impero.
Harp. Quid tu, servosne es, an liber? *Pseud.* Nunc quidem etiam servio.
Harp. Ita videre, et non videre dignus qui liber sies.
Pseud. Non soles respicere te, quom dicas injuste alteri?
Harp. Hunc hominem malum esse oportet. *Pseud.* Di me servant atque amant. 625
Nam hæc mihi incus est : procudam ego hodie hinc multos dolos.
Harp. Quid illic secum solus loquitur? *Pseud.* Quid ais tu, adulescens? *Harp.* Quid est?
Pseud. Esne tu, an non es, ab illo milite Macedonio,

Servos ejus qui hinc a nobis est mercatus mulierem,
Qui argenti hero meo lenoni quindecim dederat minas, 630
Quinque debet? *Harp.* Sum : sed ubi tu me gnovisti gentium,
Aut vidisti, aut conlocutus? nam equidem Athenas antidhac
Nunquam adveni, neque te vidi ante hunc diem unquam oculis meis.
Pseud. Quia videre inde esse : nam olim quom abiit, argente hæc dies
Præstituta 'st, quoad referret nobis; neque dum retulit. 635
Harp. Imo adest. *Pseud.* Tun'. adtulisti? *Harp.* Egomet.
Pseud. Quid dubitas dare?
Harp. Tibi ego dem? *Pseud.* Mihi, hercle, vero, qui res rationesque heri
Ballionis curo, argentum adcepto, expenso, et quoi debet dato.
Harp. Siquidem, hercle, etiam supremi promtes thes auros Jovis,
Tibi libellam argenti nunquam credam *Pseud.* Dum tu strenuas, 640
Res erit soluta. *Harp.* Vinctam potius sic servavero.
Pseud. Væ tibi! tu inventus vero, meam qui foreilles fidem! Quasi mihi non sexcenta tanta soli soleant credier?
Harp. Potest ut alii ita arbitrentur, et ego ut ne credam tibi.
Pseud. Quasi tu dicas me te velle argento circumducere.
Harp. Imo vero quasi tu dicas, quasique ego autem id suspicer. 645
Sed quid est tibi nomen? *Pseud.* Servos est huic lenoni Syrus,
Eum esse me dicam. Syrus sum. *Harp.* Syrus? *Pseud.* Id est nomen mihi.

Ps. (*à part.*) Le marchand a un esclave nommé Syrus : je me ferai passer pour lui. (*haut.*) Je m'appelle Syrus.

Har. (*avec défiance.*) Syrus?

Ps. C'est mon nom.

Har. Nous disons beaucoup de paroles inutiles. Si ton maître est à la maison, pourquoi ne le fais-tu pas venir afin que je m'acquitte de ma commission, quel que soit ton nom?

Ps. S'il y était, je l'appellerais; mais si tu veux me donner l'argent, ton payement sera plus sûr que si tu le lui donnais à lui-même.

Har. Mais sais-tu une chose? Mon maître m'a chargé de rendre et non de perdre cet argent. Je suis sûr que tu as la fièvre de ne pouvoir mettre la griffe dessus. Mais je ne confierai une obole à personne, si ce n'est à Ballion lui-même.

Ps. Mais il est très-occupé; il a un procès qu'on juge en ce moment.

Har. Que les dieux le lui fassent gagner! Quand je le croirai de retour, je reviendrai : toi, prends cette lettre que tu lui remettras; elle contient le signe de reconnaissance convenu entre mon maître et le tien au sujet de cette jeune fille.

Ps. Oui, je sais; le militaire a dit que celui qui viendrait nous apporter l'argent avec son portrait gravé sur un cachet emmènerait la jeune fille : dans cette vue, il nous a laissé une empreinte pareille.

Har. Tu es bien instruit.

Ps. Comment ne le serais-je pas?

Har. Donne donc à ton maître le signe convenu.

Ps. Très-volontiers : mais comment t'appelles-tu?

Har. Harpax.

Ps. Arrière, Harpax! tu ne me plais pas. Par Hercule! tu n'entreras point chez nous, tu harponnerais quelque chose.

Har. J'ai coutume d'enlever les ennemis tout vivants du champ de bataille. C'est de là que vient mon nom.

Ps. Par Pollux! je crois bien plutôt que tu enlèves la vaisselle des maisons.

Har. Point du tout. Mais sais-tu ce que je te demande, Syrus?

Ps. Je le saurai quand tu l'auras dit.

Har. Je loge hors de la ville, au troisième cabaret, chez Chrysis, cette vieille boiteuse, grosse comme une tonne.

Ps. Eh bien! qu'est-ce que tu veux?

Har. Que tu viennes me chercher là, quand ton maître sera de retour.

Ps. Comme il te plaira; très-bien.

Har. Je suis arrivé fatigué de la route. Je veux me réconforter.

Ps. Tu as raison, et j'approuve ton idée : mais prends-y garde, ne va pas me donner la peine de te chercher, quand j'irai te demander.

Har. Non, non; quand j'aurai dîné, je ne songerai qu'à dormir.

Ps. Et tu feras bien.

Har. (*en se retirant.*) Tu ne veux plus rien de moi?

Ps. Sinon que tu t'ailles coucher.

Har. J'y vais.

Ps. (*d'un air goguenard.*) Écoute, Harpax. Recommande qu'on te couvre comme il faut. Si tu peux suer, cela te fera beaucoup de bien.

SCÈNE III.

PSEUDOLUS (*seul, tenant les tablettes qu'Harpax lui a remises.*)

Dieux immortels! cet homme en venant ici m'a sauvé la vie; ce guide obligeant m'a ramené dans le bon chemin, quand j'allais me fourvoyer. L'Opportunité (1) elle-même ne pouvait se présenter à moi dans un moment plus opportun que cet opportun

(1) La même divinité que l'Occasion, qui présidait au moment le plus favorable pour réussir.

Harp. Verba multa facimus : herus si tuos domi 'st, quin provocas,
Ut id agam quod missus huc sum, quidquid est nomen tibi?
Pseud. Si intus esset, evocarem : verum si dare vis mihi, 651
Magis erit solutum, quam [si] ipsi dederis. *Harp.* At enim scin' quid est?
Reddere hoc, non perdere, herus me misit : nunc certo scio
Hoc, febrim tibi esse, quia non licet hoc injicere ungulas.
Ego, nisi ipsi Ballioni, nummum credam nemini. 655
Pseud. At illic nunc negotiosu'st : res agitur apud judicem.
Harp. Di bene vortant : at ego quando cum esse censebo domi,
Rediero : tu epistolam hanc a me adcipe, atque illi dato.
Nam istæc symbolum 'st inter herum meum et tuum de muliere.
Pseud. Scio equidem, ut qui argentum adferret atque expressam imaginem 660
Suam huc ad nos, cum eo albat vellet mitti mulierem.
Nam heic quoque exemplum reliquit ejus. *Harp.* Omnem rem tenes.
Pseud. Quid ego ni teneam? *Harp.* Dato ergo istum symbolum illi. *Pseud.* Licet.
Sed quid est tibi nomen? *Harp.* Harpax. *Pseud.* Apage te, Harpax, haud placcs
Huc quidem, hercle, haud ibis intro, ne quid Harpax feceris. 665
Harp. Hosteis vivos rapere soleo ex acie : ex hoc nomen mihi 'st.

Pseud. Pol, te multo magis, opinor, vasa ahena ex ædibus.
Harp. Non ita 'st : sed scin' quid te orem, Syre? *Pseud.* Sciam si dixeris.
Harp. Ego devortor extra portam huc in tabernam tertiam, Apud anum illam doliarem, cludam, crassam, Chrysidem.
Pseud. Quid nunc vis? *Harp.* Inde ut me arcessas, herus tuos ubi venerit. 671
Pseud. Tuo arbitratu, maxume. *Harp.* Nam ut lassus veni de via,
Me volo curare. *Pseud.* Sane sapis, et consilium placet :
Sed vide, sis, ne in quæstione sis, quando arcessam, mihi.
Harp. Quin ubi prandero, dabo operam somno. *Pseud.* Sane censeo. 675
Harp. Nunc quid vis? *Pseud.* Dormitum ut abeas. *Harp.* Abeo. *Pseud.* Atque audin', Harpage :
Jube, sis, te operiri; beatus eris, si consudaveris.

SCENA TERTIA.

PSEUDOLUS.

Di immortaleis! conservavit me illic homo adventu suo.
Suo viatico reduxit me usque ex errore in viam.
Nam ipsa mihi Obportunitas non potuit obportunius 680
Advenire, quam hæc adlata 'st mihi obportune epistola :
Nam hæc adlata cornucopiæ 'st, ubi inest quidquid volo :
Heic doli, heic fallaciæ omneis sunt : heic sunt sycophantiæ,

messager avec la lettre qu'il m'a remise. C'est une corne d'abondance qui renferme tout ce que je veux ; c'est un trésor de ruses, de fourberies, d'intrigue, un trésor d'argent, et au fond la maîtresse de mon jeune maître. Comme je vais être glorieux ! comme la fierté sied bien à mon âme ! toutes les mesures nécessaires pour dérober la belle au marchand d'esclaves étaient arrêtées, combinées, ordonnées dans ma tête, comme je l'avais entendu. Ce projet n'était qu'une ébauche informe. Voilà qui change tout mon plan. La déesse Fortune à elle seule vaut mieux que la prudence réunie de cent hommes des plus habiles. Rien n'est plus vrai : selon qu'on a la Fortune pour soi, on est un esprit supérieur, et tout le monde vante votre sagesse. Réussit-on bien dans une entreprise, on vous proclame partout homme sage. L'affaire tourne mal, vous êtes un sot. Insensés que nous sommes ! nous ne savons pas quelle erreur est la nôtre, quand nous désirons ardemment une chose. Comme si nous étions capables de connaître ce qui nous convient ! nous perdons le certain, pour courir après l'incertain. Qu'arrive-t-il ? c'est qu'au milieu des ennuis et des souffrances, le mal vient furtivement nous surprendre. Mais c'est assez philosopher, et je bavarde trop longtemps. Dieux immortels ! l'or le plus pur ne vaut pas le mensonge que je viens tout à l'heure d'imaginer si à propos, en me faisant passer pour l'esclave de Ballion : avec cette lettre je ferai trois dupes, mon maître, le marchand d'esclaves, et celui qui me l'a remise. Bravo ! luttons de ruse avec les rusés. Mais voici une autre rencontre que je désirais. Callidore vient ; il amène quelqu'un que je ne connais pas.

(*Il se met à l'écart.*)

SCÈNE IV.

CALLIDORE, CHARIN, PSEUDOLUS.

Cal. Je t'ai tout raconté, plaisirs et peines. Tu connais mon amour, tu connais mes souffrances, tu connais ma détresse.

Ch. Je sais tout ; apprends-moi seulement ce que tu désires que je fasse.

Cal. Je t'ai dit notamment ce qui est relatif au portrait....

Ch. Je sais tout, te dis-je. Apprends-moi seulement ce que je puis faire pour toi.

Cal. Pseudolus m'a recommandé de lui amener un homme entreprenant et zélé.

Ch. Tu suis bien ses instructions, car tu amènes un ami dévoué. Mais ce Pseudolus m'est inconnu.

Cal. C'est un mortel incomparable, mon homme de ressource. Il m'a promis de faire tout ce que je t'ai dit.

Ps. (*à part, un peu haut.*) Adressons-lui la parole d'un ton pompeux.

Cal. Quelle voix se fait entendre ?

Ps. (*avec emphase.*) Salut ! salut ! salut ! C'est vous, vous, seigneur, que je cherche, vous qui commandez à Pseudolus. Je vous cherche pour vous offrir trois fois en trois dons, sous trois formes, une triple joie, une triple victoire trois fois méritée par un triple artifice, et remportée par la fraude, la perfidie, la ruse et le mensonge sur trois ennemis. Je vous apporte tout cela dans ce petit rouleau cacheté. (*Il lui présente les tablettes d'Harpax.*)

Cal. (*à Charin, montrant Pseudolus.*) Voilà l'homme.

Ch. Comme il déclame le tragique, le bourreau !

Cal. (*à Pseudolus.*) Avance de mon côté.

Heic argentum, heic amica amanti herili filio.
Atque ego nunc me ut gloriosum faciam, ut copi pectore !
Quo modo quidque agerem, ut lenoni subriperem mulierculam, 686
Jam instituta, ornata, cuncta in ordine animo ut volueram,
Certa, deformata habebam : sed profecto hoc sic erit.
Centum doctum hominum consilia sola hæc devincit dea
Fortuna : atque hoc verum 'st : proinde ut quisque fortuna utitur, 690
Ita præcellet ; atque exinde sapere eum omneis dicimus.
Bene ubi quod consilium discimus adcidisse, hominem catum
Eum esse declaramus : stultum autem illum, quoi vortit male.
Stulti haud scimus, frustra ut simus, quom quod cupienter dari
Petimus nobis, quasi quid in rem sit, possimus gnoscere. 695
Certa amittimus, dum incerta petimus, atque hoc evenit,
In labore atque in dolore ut mors obrepat interim.
Sed jam satis est philosophatum ; nimis diu et longum loquor.
Di inmortaleis, aurichalco contra non carum fuit
Meum mendacium ! heic modo quod subito conmentus fui, 700
Quia lenonis me esse dixi, nunc ego hac epistola
Tres deludam ; herum et lenonem, et qui hanc mihi dedit epistolam.
Euge par pari ! aliud autem quod cupiebam contigit.
Venit, eccum, Callidorus, ducit nescio quem secum simul.

SCENA QUARTA.

CALLIDORUS, CHARINUS, PSEUDOLUS.

Cal. Dulcia atque amara apud te sum elocutus omnia. 705
Scis amorem, scis laborem, scis egestatem meam.
Char. Conmemini omnia : id tu modo quid me vis facere, fac sciam.
Cal. Quom hæc tibi alia sum elocutus, ut scires de symbolo.
Char. Omnia, inquam. Tu modo quid me facere vis, fac ut sciam.
Cal. Pseudolus mihi ita inperavit, ut aliquem hominem strenuum, 710
Benevolentem adducerem ad se. *Char.* Servas imperium probe,
Nam et amicum et benevolentem ducis : sed istic Pseudolus
Novos mihi est. *Cal.* Nimium 'st mortalis graphicus ; heures-tes mihi 'st ;
Is mihi hæc esse ecfecturum dixit, quæ dixi tibi.
Pseud. Magnifice hominem conpellabo. *Cal.* Quojax vox sonat ? *Pseud.* Io, io, io : 715
Te, te, te, tyranne, te rogo, qui inperitas Pseudolo,
Quæro, quoi ter, trina, triplicia, tribus modis, tria gaudia,
Artibus tribus, ter demeritas dem lætitias, de tribus
Fraude partas, per malitiam, et per dolum et fallaciam,
In libello hoc obsignato ad te aduli pauxillulo. 720
Cal. Illic homo 'st. *Char.* Ut paratragœdiat carnufex ! *Cal.* Confer gradum
Contra pariter. *Pseud.* Porrige audaciter ad salutem brachium.

Ps. (*présentant la lettre.*) Tendez la main avec assurance, pour recevoir votre salut.
Cal. De quel nom dois-je t'appeler, Pseudolus? mon espérance, ou ma mère?
Ps. L'une et l'autre à la fois.
Cal. Je te salue de ces deux noms. Mais où en sommes-nous?
Ps. Que craignez-vous?
Cal. Voilà quelqu'un que je t'apporte.
Ps. Que vous m'apportez?
Cal. Que je t'amène, je voulais dire.
Ps. Qui est-ce?
Cal. Charin.
Ps. Bravo! (*en grec.*) Bon augure!
Ch. (*à Pseudolus.*) Allons, tu peux m'ordonner hardiment tout ce qu'il te plaira.
Ps. (*d'un air capable.*) Je vous remercie, Charin, ne vous dérangez pas. Nous ne voulons pas vous importuner.
Ch. Vous, m'importuner? C'est plutôt ce discours.
Ps. (*d'un air mystérieux.*) Alors restez.
Ch. Qu'est-ce qu'il y a?
Ps. Je viens d'intercepter cette lettre et le signe de reconnaissance.
Ch. Le signe de reconnaissance? Quel signe de reconnaissance?
Ps. Celui qu'envoyait le militaire. L'esclave qui l'apportait avec cinq mines d'argent, et qui venait enlever votre maîtresse, vient d'avoir le bec joliment arrangé par moi.
Cal. Comment?
Ps. C'est pour les spectateurs qu'on joue la comédie. Ils savent ce qui s'est passé; ils y ont assisté. Je vous le conterai plus tard.
Cal. Que ferons nous maintenant?
Ps. Vous embrasserez votre maîtresse, aujourd'hui libre.
Cal. (*avec joie.*) Moi!

Ps. Vous-même.
Cal. Moi!
Ps. Vous-même, vous dis-je, si le ciel me prête vie; pourvu toutefois que vous me trouviez un homme promptement.
Cha. Quelle espèce d'homme?
Ps. Malin, rusé, expérimenté, qui, saisissant d'abord l'intrigue comme il faut, la conduise avec talent, et qu'on n'ait pas vu souvent ici.
Cha. Peu importe qu'il soit esclave?
Ps. Oui; je le préfère même à un homme libre.
Cha. J'espère te procurer un garçon malin et expérimenté qui arrive de Caryste (1), envoyé par mon père. Il n'est pas encore sorti de la maison : il est venu à Athènes hier pour la première fois.
Ps. Voilà mon affaire. Mais j'ai besoin de trouver cinq mines que je rendrai aujourd'hui; (*montrant Callidore*) car son père me doit.
Ch. Je les donnerai; ne cherche pas ailleurs.
Ps. Quel mortel secourable! J'ai encore besoin d'une chlamyde, avec un coutelas et un chapeau de voyage.
Ch. Je peux te les donner.
Ps. Dieux immortels! vous n'êtes pas Charin pour moi, vous êtes l'Abondance elle-même. Mais cet esclave qui arrive de Caryste a-t-il le nez fin?
Ch. Il sent le bouc.
Ps. Il fera bien d'avoir une tunique à manches (2). A-t-il quelque esprit piquant?
Ch. Très-piquant.
Ps. Et de la douceur, s'il en faut déployer, en a-t-il une provision?
Ch. Tu le demandes? c'est alors du vin à la myrrhe, du vin cuit, de l'hydromel, du miel de toute sorte. Dans le temps même il a essayé de former dans son esprit une boutique de boissons chaudes.
Ps. A merveille! le mieux du monde! Charin, vous

(1) Ville d'Eubée.
(2) Pour empêcher la mauvaise odeur de s'exhaler.

Char. Dic, utrum Spemne an Matrem te salutem, Pseudole?
Pseud. Imo utrumque. *Char.* Utrumque salve : sed quid actum 'st? *Pseud.* Quid times?
Cal. Adtuli hunc. *Pseud.* Quid, adtulisti? *Cal.* Adduxi, volui dicere. 725
Pseud. Quis istic est? *Cal.* Charinus. *Pseud.* Euge! jam χαρῖνον οἰωνὸν ποιῶ.
Char. Quin tu quidquid opu'st, audacter inperas? *Pseud.* Tam gratia 'st.
Bene sit, Charine; nolo tibi molestos esse nos.
Char. Vos molestos mihi? molestum 'st id quidem. *Pseud.* Tum tu igitur mane.
Char. Quid istuc est? *Pseud.* Epistolam modo hanc intercepi, et symbolum. 730
Char. Symbolum? quem symbolum? *Pseud.* Qui a milite adlatu'st modo,
Ejus servo, qui hunc ferebat cum quinque argenti minis,
Tuam qui amicam hinc arcessebat; ei os sublevi modo.
Cal. Quomodo? *Pseud.* Horum causa hæc agitur spectatorum fabula.
Hi sciunt, qui heic adfuerunt, vobis post narravero. 735
Cal. Quid nunc agimus? *Pseud.* Liberam hodie tuam amicam amplexabere.
Cal. Egone? *Pseud.* Tute. *Cal.* Ego? *Pseud.* Ipsus, inquam; siquidem hoc vivet caput.
Si modo mihi hominem invenietis propere. *Char.* Qua facie? *Pseud.* Malum,
Callidum, doctum, qui quando principium prehenderit,

Porro sua virtute teneat, quid se facere oporteat; 740
Atque eum qui non heic usitatus sæpe sit. *Char.* Si servos est,
Numquid refert? *Pseud.* Imo multo mavolo quam liberum.
Char. Posse opinor me dare hominem tibi malum et doctum, modo.
Qui a patre advenit Carysto : nec dum exiit ex ædibus
Quoquam, neque Athenas advenit, unquam ante hesternum diem. 745
Pseud. Bene juvas : sed quinque inventis opus est argenti minis
Mutuis, quas hodie reddam : nam hujus mihi debet pater.
Char. Ego dabo, ne quære aliunde. *Pseud.* O hominem opportunum mihi!
Etiam opu'st chlamyde et machæra, et petaso. *Char.* Possum a me dare.
Pseud. Di inmortales, non Charinus mihi hic quidem est, sed copia! 750
Sed istic servos, ex Carysto huc qui advenit, quid sapit?
Char. Hircum ab alis. *Pseud.* Manuleatam tunicam habere hominem decet.
Ecquid habet is homo acetí in pectore? *Char.* Atque acidissumi.
Pseud. Quid, si opus sit, ut dulce promat indidem, ecquid habet? *Char.* Rogas?
Murrhinam, passum, defrutum, melinam, mel quojusmodi. 755
Quin in corde instruere quondam cœpit thermopolium.

me battez à mon propre jeu. Mais comment s'appelle cet esclave?

Ch. Singe.

Ps. Sait-il se retourner quand une affaire tourne mal?

Ch. Plus rapidement qu'un sabot qui roule.

Ps. A-t-il la langue bien pendue?

Ch. Pendable même pour ses mauvais coups.

Ps. Et quand il est pris sur le fait?

Ch. Il s'échappe comme une anguille.

Ps. Est-ce une tête bien ordonnée?

Ch. Un décret n'est pas en meilleur ordre (1).

Ps. C'est un homme parfait, à entendre votre éloge.

Ch. Bah! si tu savais! à peine t'aura-t-il vu qu'il t'expliquera d'avance tout ce que tu lui veux. Mais quel est ton dessein?

Ps. Je vais vous le dire. Quand j'aurai affublé notre homme de son costume, mon intention est d'en faire l'esclave supposé du militaire. Il présentera au marchand le signe de reconnaissance avec cinq mines d'argent, et il emmènera Phénicie. Tu sais toute l'intrigue. Quant aux moyens d'exécution, c'est à lui que je les dirai.

Cal. (*à Charin.*) Pourquoi restons-nous ici plus longtemps?

Ps. Amenez-moi vite l'homme habillé complètement, avec tout l'attirail, chez le banquier Eschine... Mais hâtez-vous.

Ch. Nous y serons avant toi.

Ps. Partez donc promptement. (*Ils sortent*). Tout ce que j'avais de doute et d'incertitude dans l'esprit se dissipe, s'éclaircit à présent : mon âme est dégagée : en bataille toutes mes légions! marchons sous d'heureux auspices; tout succède à mes vœux. Je suis sûr de détruire mes ennemis. Je vais de ce pas au Forum, et je donnerai à Singe toutes mes instructions pour qu'il soutienne habilement son rôle sans broncher. Bientôt, j'espère, nous prendrons d'assaut la citadelle de prostitution. (*Il sort*).

(1) En français : Il est savant comme un livre.

ACTE TROISIÈME.

SCÈNE I.

UN JEUNE ESCLAVE DE BALLION, (*sortant de la maison.*)

Celui que les dieux condamnent dès l'enfance à servir un entrepreneur de prostitution, si les dieux lui ont donné en outre la laideur du visage ; celui-là, je le sens à présent au fond de mon cœur, est une bien triste, une bien malheureuse victime. C'est là pourtant la servitude qui m'est échue, et où je suis en butte à toutes les misères petites et grandes. Je ne peux pas rencontrer un seul galant à qui je plaise, pour m'entretenir un peu plus proprement. C'est aujourd'hui l'anniversaire de la naissance de mon marchand. Il nous a menacés tous, depuis le plus petit jusqu'au plus grand, si quelqu'un manquait à lui offrir un présent, de le faire périr demain par le plus cruel supplice. Je ne sais vraiment comment me tirer d'embarras. Je ne puis faire ce que font d'ordinaire ceux qui ont quelques moyens ; et, si je ne porte pas aujourd'hui mon tribut à mon vil patron, il me faudra demain recueillir une vendange de coups de bâton. Hélas! je suis bien jeune pour subir un pareil traitement. Infortuné! mon maître me cause une frayeur! Encore si quelqu'un de généreux me mettait dans la main de quoi la rendre moins légère, quoiqu'on dise que ce supplice fait beaucoup crier, je tâcherais de serrer les dents. Mais il faut renfermer mes réflexions et ma voix. J'aper-

---

Pseud. Eugepæ! lepide, Charine, me meo ludo lamberas.
Sed quid nomen esse dicam ego isti servo? *Char.* Simiæ.
Pseud. Scitne in re adversa vorsari? *Char.* Turbo non æque citu'st.
Pseud. Ecquid argutu'st? *Char.* Malorum facinorum sæpissume. 760
Pseud. Quid, quom manifesto tenetur? *Char.* Anguilla 'st, elabitur. 760
Pseud. Ecquid is homo scitu'st? *Char.* Plebiscitum non est scitius.
Pseud. Probus homo est, ut prædicare te audio. *Char.* Imo si scias ;
Ubi te adspexerit, narrabit ultro quid sese velis.
Sed quid es acturus? *Pseud.* Dicam : ubi hominem exornavero, 765
Subdititium fieri ego illum militis servom volo ;
Symbolum hunc ferat lenoni cum quinque argenti minis :
Mulierem ab leone abducat : hem tibi omnem fabulam.
Cæterum quo quidque pacto faciat, ipsi dixero.
Cal. Quid nunc igitur stamus? *Pseud.* Hominem cum ornamentis omnibus. 770
Exornatum adducite ad me, jam ad trapezitam Æschinum.
Sed properate. *Char.* Prius illic erimus, quam tu. *Pseud.* Abite ergo ocius.
Quidquid incerti mihi in animo prius, aut ambiguum fuit,
Nunc liquet, nunc defæcatum'st : cor mihi nunc pervium'st.
Omneis ordines sub signis ducam, legiones meas, 775
Avi sinistra, auspicio liquido, atque ex sententia ;
Confidentia 'st inimicos meos me posse perdere.

Nunc ibo ad forum, atque onerabo meis præceptis Simiam.
Quid agat, ne quid titubet, docte ut hanc ferat fallaciam.
Jam ego hoc ipsum oppidum expugnatum, faxo, erit lenonium. 780

ACTUS TERTIUS.

SCENA PRIMA.

PUER.

Quoi servitutem di danunt lenoniam
Puero, atque eidem si addunt turpitudinem,
Næ illi, quantum ego nunc corde consipio meo,
Malam rem magnam, multasque ærumnas danunt ;
Velut hæc mihi evenit servitus, ubi ego omnibus 785
Parvis magnisque miseriis præfulcior :
Neque ego amatorem mihi invenire ullum queo,
Qui amet me, ut curer tandem nitidiuscule.
Nunc huic lenoni est hodie natalis dies,
Interminatus est a minumo ad maximum, 790
Si quis non hodie munus misisset sibi,
Eum cras cruciatu maximo perbitere.
Nunc nescio, hercle, rebus quid faciam meis.
Neque ego illud possum, quod illi, qui possunt, solent.
Nunc nisi lenoni munus hodie misero, 795
Cras mihi potandus fructus est fullonius.
Eheu! quam illæ rei ego etiam nunc sum parvolus!
Atque, edepol, ut nunc male eum metuo miser!
Si quispiam det, qui manus gravior siet,

çois mon maître qui revient à la maison : il amène un cuisinier.

SCÈNE II.

BALLION, LE CUISINIER (*avec sa suite*), **LE JEUNE ESCLAVE.**

Ball. Quand on dit *la place des cuisiniers*, on dit une sottise : ce n'est pas la place des cuisiniers, mais bien la place des voleurs. Si je m'étais engagé par serment à trouver un mauvais garnement de cuisinier, je n'aurais pas pu choisir mieux que le drôle que j'amène, bavard, vantard, insolent, bon à rien, et que Pluton même n'a pas voulu prendre pour faire le dîner des morts (1). Il n'y a pourtant que lui seul qui puisse faire une cuisine à leur goût.

Le cuisinier. Si vous aviez de moi une semblable opinion, pourquoi me preniez-vous?

Ball. Faute de mieux : il n'y en avait pas d'autre. Mais pourquoi restais-tu sur la place, si tu es le cuisinier par excellence?

Le cuisinier. Je vais te le dire. C'est par l'avarice des hommes que ma cuisine est devenue moins recherchée; ce n'est pas faute de talent.

Ball. Comment cela?

Le cuisinier. Je m'explique. Quand on vient à l'improviste louer un cuisinier, on ne demande pas le plus cher et le meilleur : on préfère celui qui coûte le moins. Voilà pourquoi j'étais aujourd'hui seul en sentinelle dans le marché. Les gâte-métier se donnent pour une drachme; mais personne ne me forcera à me déranger à moins d'un écu. C'est que moi, je ne fais pas un dîner comme les autres cuisiniers, qui vous servent toute une prairie assaisonnée dans leurs plats, comme si les convives étaient des bœufs. Ce sont des tas de fourrages, des herbes accommodées avec d'autres herbes, mêlées de coriandre, de fenouil, d'ail, de persil : ils ajoutent de l'oseille, des choux, de la poirée, des blettes; ils délayent dans tout cela une livre de laser, et font un amalgame de moutarde pilée, exécrable poison qui fait pleurer les yeux des marmitons avant même d'être pilée. Qu'ils gardent leur cuisine pour eux, les traîtres! ce ne sont pas des assaisonnements qu'ils mettent dans leurs ragoûts, mais des harpies qui rongent les entrailles des convives tout vivants. Et l'on s'étonne que la vie des hommes soit si courte, quand ils entassent dans leur estomac des herbages de cette espèce, qui font frémir, je ne dis pas à avaler, mais à nommer seulement! Les bêtes ne les mangent pas, et on les fait manger aux hommes!

Ball. Et toi, tu emploies apparemment des assaisonnements divins qui ont la vertu de prolonger la vie, puisque tu critiques les autres.

Le cuisinier. Tu peux le dire en toute assurance. Oui, l'on peut vivre deux cents ans en mangeant souvent des plats de ma façon. Quand j'ai jeté dans les casseroles du cicilindre, ou du sipolindre, ou de la macis, ou de la sancaptis, elles se mettent à bouillir toutes seules. Voilà pour l'assaisonnement du gibier de Neptune. Quant aux animaux terrestres, je les accommode avec du cicimandre, de l'happalopside ou de la cataractrie (1).

Ball. Que Jupiter et tous les dieux te confondent avec tes assaisonnements et toutes tes hâbleries!

Le cuisinier. Laissez-moi parler, s'il vous plaît.

Ball. Parle, et va te faire pendre.

Le cuisinier. Quand toutes mes casseroles bouillent, je les ouvre; l'odeur s'envole vers le ciel à toutes jambes; et Jupiter soupe tous les jours de cette odeur.

(1) M. Naudet traduit : « Et que Pluton n'a pas reçu encore dans ses domaines, seulement pour qu'il eût quelqu'un sur la terre qui fit la cuisine aux morts. (*Montrant le cuisinier.*) Il n'y a que lui pour apprêter des mets de leur goût. »

(1) Ce cuisinier vantant l'importance de sa profession, étalant avec emphase sa science et les miracles de sa cuisine, rappelle la fatuité si comique du maître à danser dans *le Bourgeois gentilhomme*. Il y a dans ce personnage quelque chose du génie de Molière.

Quamquam illud aiunt magno gemitu fieri, 800
Conprimere denteis videor posse aliquo modo :
Sed conprimenda 'st mihi vox atque oratio,
Herus, eccum, recipit se domum, et ducit coquom.

SCENA SECUNDA.

BALLIO, COCUS, PUER.

Ball. Forum coquinum qui vocant, stulte vocant,
Nam non coquinum 'st, verum furinum 'st forum : 805
Nam si ego juratus pejorem furinum quærerem,
Coquom non potui, quam hunc quem duco, ducere,
Multiloquom, gloriosum, insulsum, inutilem :
Quin ob eam ipsam Orcus recipere hunc ad se noluit,
Ut esset heic, qui mortuis cœnam coquat; 810
Nam hic solus illis coquere, quod placeat, potest.
Coc. Si me arbitrabare isto pacto, ut prædicas,
Cur conducebas? *Ball.* Inopia; alius non erat.
Sed cur sedebas in foro, si eras coquos
Tu solus præter alios? *Coc.* Ego dicam tibi : 815
Hominum avaritia ego sum factus inprobior coquos,
Non meopte ingenio. *Ball.* Qua istuc ratione? *Coc.* Eloquar;
Quia enim quom exemplo veniunt conductum coquom,
Nemo illum quærit qui optumus, et carissumu'st :
Illum conducunt potius, qui vilissumu'st. 820
Hoc ego fui hodie solus obsessor fori.
Hi drachmis issent miseri; me nemo potest
Minoris quisquam numo ut surgam, subigere.

Non ego item cœnam condio, ut alii coqui,
Qui mihi condita prata in patinis proferunt, 825
Boves qui convivas faciunt, herbasque obgerunt,
Eas herbas herbis aliis porro condiunt,
Indunt coriandrum, feniculum, allium, atrum olus;
Adponunt rumicem, brassicam, betam, blitum;
Eo laserpicii libram pondo diluunt; 830
Teritur sinapis scelerata cum illis : qui terunt,
Priusquam triverunt, oculi ut exstillent, facit.
Ei homines cœnas sibi coquint. Quom condiunt,
Non condimentis condiunt, sed strigibus,
Vivis convivis intestina quæ exedint. 835
Hoc heic quidem homines tam brevem vitam colunt,
Quom hasce herbas hujusmodi in suum alvom congerunt,
Formidolosas dictu, non esu modo :
Quas herbas pecudes non edunt, homines edunt.
Ball. Quid tu? divinis condimentis utere, 840
Qui prorogare vitam possis hominibus,
Qui ea culpes condimenta? *Coc.* Audacter dicito :
Nam vel ducenos annos poterunt vivere,
Meas qui esitabunt escas, quas condivero
Nam ego cicilendrum quando in patinas indidi, 845
Aut sipolindrum, aut macidem, aut sancaptidem,
Eæ ipsæ sese patinæ fervefaciunt inlico.
Hæc ad Neptuni pecudes condimenta sunt :
Terrestres pecudes cicimandro condio,
Aut happalopside, aut cataractria. *Ball.* At te Jupiter 850
Dîique omneis perdant, cum condimentis tuis,

Ball. L'odeur à toutes jambes!
Le cuisin. Je me suis trompé, je n'y pensais pas.
Ball. Comment?
Le cuisin. Je voulais dire les mains en l'air.
Ball. Et quand tu ne fais pas la cuisine, de quoi soupe Jupiter?
Le cuisin. Il va se coucher sans souper.
Ball. Va te faire pendre! crois-tu que pour ces sornettes je te donnerai une double drachme?
Le cuisin. J'en conviens, je suis un cuisinier très-cher; mais je travaille en proportion du prix, et on le voit à ma besogne dans les maisons où l'on m'emploie.....
Ball. (*achevant la phrase.*) Oui, pour voler.
Le cuisin. Prétendez-vous rencontrer un cuisinier qui n'ait pas les griffes d'un aigle ou d'un milan?
Ball. Et toi, prétends-tu faire la cuisine quelque part sans qu'on te tienne les griffes enfermées pendant ton ouvrage? (*A un esclave.*) Toi qui es de la maison, je t'ordonne de mettre sur-le-champ en lieu de sûreté tout ce qu'il y a chez nous, d'avoir ses yeux dans tes yeux, de regarder où il regardera, d'aller où il ira; s'il allonge la main, avance la tienne; s'il prend ce qui est à lui, laisse-le prendre; s'il prend ce qui est à nous, retiens-le par un côté; s'il marche, marche aussi; s'il reste en place, demeure; s'il se baisse, arrondis le dos. Je donnerai de même un surveillant à chacun de ses élèves.
Le cuisinier (*d'un air capable.*) Soyez tranquille.
Ball. Apprends-moi, je te prie, comment je puis l'être, quand je t'introduis chez moi.
Le cuisin. Je veux par mes savantes préparations égaler aujourd'hui Médée, qui fricassa le bonhomme Pélias, et fit si bien avec ses drogues et ses poisons, que de vieux elle le rendit jeune (1). Je vous métamorphoserai de même.
Ball. Oh! oh! est-ce que tu es empoisonneur aussi?
Le cuisin. Au contraire, je suis le conservateur des hommes. (*Il va pour entrer chez Ballion.*)
Ball. (*l'arrêtant.*) Un moment. Combien me prendras-tu pour me donner une seule recette de cuisine?
Le cuisin. Laquelle?
Ball. Le moyen de t'avoir chez soi, sans être volé.
Le cuisin. Un écu, si vous êtes confiant; sinon, vous n'en serez pas quitte pour une mine. Mais sont-ce vos amis ou vos ennemis que vous voulez traiter aujourd'hui?
Ball. Mes amis, apparemment.
Le cuisin. Pourquoi n'invitez-vous pas vos ennemis plutôt que vos amis? Je donnerai à vos convives un repas si fin, si délicieusement assaisonné, qu'on ne pourra pas goûter un seul mets sans se manger les doigts.
Ball. Alors, je t'en prie, avant de servir les plats, goûte-les d'abord et donne-s-en à tes élèves, pour que vous vous mangiez vos mains crochues.
Le cuisin. Vous ne croyez peut-être pas ce que je vous dis?
Ball. Ne m'importune pas: tu m'étourdis les oreilles, tu me déplais fort. Tiens, voici ma demeure, et fais le souper promptement.
Le cuisin. Vous n'avez qu'à vous mettre à table et à placer les convives: le souper est déjà trop cuit.
Ball. (*montrant à son jeune esclave un des élèves du cuisinier.*) Regarde donc, je te prie, la

---

(1) Ici l'érudition du cuisinier se trompe : c'est Éson que Médée rajeunit par ce procédé. Quant à Pélias, elle le fit cuire aussi; mais il en mourut.

Cumque tuis istis omnibus mendaciis.
Coc. Sine, sis, loqui me. *Ball.* Loquere, atque i in malam
 crucem.
Coc. Ubi omneis patinæ fervent, omneis aperio,
Is odos demissis pedibus in cælum volat : 855
Eum in odorem cœnat Jupiter cotidie.
Ball. Odor demissis pedibus? *Coc.* Peccavi insciens.
Ball. Quid est? *Coc.* Quia enim demissis manibus volui
 dicere.
Ball. Si nusquam is coctum, quidnam cœnat Jupiter?
Coc. It incœnatus cubitum. *Ball.* I in malam crucem. 860
Istaccine causa tibi hodie numum dabo?
Coc. Fateor equidem esse me coquom carissumum :
Verum pro pretio facio, ut opera adpareat
Mea, quo conductus veni. *Ball.* Ad furandum quidem.
Coc. An invenire postulas quemquam coquom, 865
Nisi milvinis aut aquilinis unguibus?
Ball. An tu coquinatum te ire quoquam postulas,
Quin ibi constrictis ungulis cœnam coquas?
Nunc adeo tu qui meus es, jam edico tibi,
Uti nostra properes amoliri omnia ; 870
Tum ut hujus oculos in oculis habeas tuis :
Quoquo hic spectabit, eo tu spectato simul :
Si quo hic gradietur, pariter progrediminor.
Manum si protollet, pariter proferto manum.
Suom si quid sumet, id tu sinito sumere : 875
Si nostrum sumet, tu teneto altrinsecus.
Si iste ibit, ito; stabit, adstato simul.
S i conquiniscet istic, ceveto simul.
Item his discipulis privos custodes dabo.
Coc. Habe modo bonum animum. *Ball.* Quæso, qui possim,
 doce, 880
Animum bonum habere, qui te ad me adducam domum?
Coc. Quia sorbitione faciam ego te hodie mea,
Item ut Medea Peliam concoxit senem :
Quem medicamento et suis venenis dicitur
Fecisse rursus ex sene adulescentulum : 883
Item ego te faciam. *Ball.* Eho, an tu etiam veneficus?
Coc. Imo, edepol, vero hominum servator magis.
Ball. Hem mane : quanti istuc nomn me coquinare perdo-
 ces ?
Coc. Quid? *Ball.* Ut te servem, ne quid subripias mihi.
Coc. Si credis, numo ; si non, ne mina quidem. 890
Sed utrum amicis hodie, an inimicis tuis
Daturus cœnam? *Ball.* Pol, ego amicis, scilicet.
Coc. Quin tu illo inimicos potius, quam amicos vocas?
Nam ego ita convivis cœnam conditam dabo
Hodie, atque ita suavitate cundiam, 895
Ut quisque quidque conditum gustaverit,
Ipsos sibi faciam ut digitos prærodat suos.
Ball. Quæso, hercle, priusquam quidquam conviris dabis,
Gustato tute prius, et discipulis dato,
Ut prærodatis vostras furtificas manus. 900
Coc. Fortasse hæc tu nunc mihi non credas quæ loquor.
Ball. Molestus ne sis ; nimium jam linnis, non places.
Hem, illeic ego habito ; intro huc abi, et cœnam coque
Propere. *Coc.* Jam is adcubitum, et convivas cedo.
Conrumpitur jam cœna. *Ball.* Hem, sobolem, sis, vide! 905
Jam hic quoque scelestus, est coqui sublingio.
Profecto quid nunc primum caveam nescio,
Ita in ædibus sunt fures : prædo in proxumo 'st.
Jam a me hic vicinus apud forum paulo prius
Pater Callidori opere petivit maxumo, 910
Ut mihi caverem a Pseudolo servo suo,

digne race ! cet apprenti gâte-sauce fait déjà le faquin. Je ne sais vraiment où ma surveillance doit s'exercer d'abord avec tous ces voleurs dans ma maison, (*montrant la demeure de Pseudolus*) et le corsaire qui est là tout près. Mon voisin, le père de Callidore, que je viens de rencontrer au Forum, m'a recommandé très-instamment de me défier de son esclave Pseudolus, qui s'est vanté de m'attraper aujourd'hui et de me souffler, s'il est possible, Phénicie. Il m'a dit que ce drôle s'était engagé positivement à l'enlever de chez moi par son adresse. Je rentre, et je vais ordonner à mes gens de ne se fier en rien à Pseudolus.

ACTE QUATRIÈME.

SCÈNE I.

PSEUDOLUS, *puis* SINGE *en valet de militaire.*

Ps. (*parlant sans s'apercevoir que Singe ne le suit pas.*) Si jamais les dieux ont prêté secours à quelque mortel, c'est bien à moi et à Callidore. Ils veulent assurément nous sauver et perdre l'agent de débauche, puisqu'ils ont créé tout exprès pour moi un auxiliaire aussi habile, aussi rusé que toi. (*Regardant derrière lui.*) Mais où est-il ? suis-je fou de causer ainsi seul vis-à-vis de moi-même ? Par Hercule ! je crois qu'il m'a joué d'un tour : traitant de fripon à fripon, j'ai mal pris mes précautions. Je suis perdu, par Pollux, s'il s'en est allé ; et je ne pourrai pas réussir aujourd'hui dans mes projets. (*apercevant Singe.*) Ah ! le voici, je l'aperçois, cette statue du bois dont on fait les houssines. Comme il a l'air superbe ! Çà ! mes yeux te cherchaient de tous côtés. Je craignais fort que tu n'eusses déserté.

Sin. Je n'aurais fait en cela que mon métier, je l'avoue.

Ps. Où t'es-tu arrêté ?

Sin. Où il m'a plu.

Ps. J'en étais bien sûr.

Sin. Pourquoi me le demander, puisque tu le sais ?

Ps. Je veux te donner une leçon.

Sin. C'est à toi d'en recevoir, au lieu de m'en donner.

Ps. A la fin, tu fais un peu trop l'insolent avec moi.

Sin. Si je n'étais pas insolent, est-ce qu'on me prendrait pour un homme de guerre ?

Ps. J'entends qu'on s'occupe de l'affaire qui est en train.

Sin. Me vois-tu occupé d'autre chose ?

Ps. Marche donc vite.

Sin. Au contraire, je veux aller à mon aise.

Ps. L'occasion est belle, pendant que l'autre dort. Je veux que tu prennes les devants, et que tu te présentes le premier.

Sin. Pourquoi te presser ? Doucement ; ne crains rien. Fasse le ciel qu'il se montre ici en même temps, quel qu'il soit, cet envoyé du militaire ! Non, par Pollux, il ne sera pas Harpax mieux que moi. Sois tranquille, je t'expédierai joliment ton affaire. Par ma ruse et mes impostures, je causerai tant d'effroi au soudard étrange, qu'il conviendra lui-même qu'il n'est pas lui, et que c'est moi qui suis ce qu'il est.

Ps. Comment cela se peut-il ?

Sin. Tu m'assassines avec tes questions.

Ps. L'aimable homme ! que Jupiter te conserve pour mon bien avec tes ruses et tes mensonges !

Sin. Pour le mien plutôt. Mais regarde, ce costume me sied-il bien ?

Ps. A ravir.

Sin. Tant mieux.

Ps. Que les dieux te comblent d'autant de bien que tu peux le désirer ! Car si je t'en souhaitais au-

Neu fidem ei haberem : nam eum circumire in hunc diem,
Ut me, si posset, muliere intervorteret,
Eum promisisse firmiter, dixit, sibi,
Sese abducturum a me dolis Phœnicium.   915
Nunc ibo intro, atque edicam familiaribus,
Profecto ne quis quidquam credat Pseudolo.

ACTUS QUARTUS.

SCENA PRIMA.

PSEUDOLUS, SIMIA.

Pseud. Si unquam quemquam di inmortales voluere esse auxilio adjutum,
Tum me et Callidorum servatum volunt esse, et lenonem exstinctum,
Quom te adjutorem genuere mihi, tam doctum hominem atque astutum.   920
Sed ubi illic est ? sumne ego homo insipiens, qui hæc mecum egomet loquor solus ?
Dedit verba mihi, hercle, ut opinor ; malus cum malo stulte cavi.
Tum, pol, ego interii, homo si ille abiit : neque hoc opus quod volui, ego hodie ecficiam.
Sed, eccum, video verbeream statuam : ut magnifice infert sese !
Hem te, hercle, ego circumspectabam : nimis metuebam male, ne abiisses.   925

Sim. Fuit meum opficium ut facerem, fateor. *Pseud.* Ubi restiteras ? *Sim.* Ubi mihi lubitum 'st.
Pseud. Istuc ego jam satis scio. *Sim.* Cur ergo quod scis, me rogas ? *Pseud.* At hoc volo monere te.
Sim. Monendus ne me moneat. *Pseud.* Nimis tandem ego abs te contemnor.
Sim. Quippe ego te ni contemnam, stratioticus homo qui cluear ? *Pseud.* Jam
Hoc volo, quod obceptum 'st. *Sim.* Numquid agere aliud me vides ?   930
Pseud. Ambula ergo cito. *Sim.* Imo otiose volo. *Pseud.* Hæc ea obcasio 'st, dum ille dormit,
Volo tu prior ut obcupes adire. *Sim.* Quid properas ? placide.
Ne time ; ita ille faxit Jupiter, ut ille adsit ibidem adsiet,
Quisquis ille est, qui adest a milite : nuoquam, edepol, erit ille potior
Harpax, quam ego. Habe animum bonum ; pulchre ego hanc explicatam tibi rem dabo.   935
Si ego illum dolis atque mendaciis in timorem dabo
Militarem advenam, ipse sese ut neget eum esse qui siet,
Meque ut esse autumet, qui ipsus est. *Pseud.* Qui potest ?
Sim. Occidis me
Quom istuc rogitas. *Pseud.* O hominem lepidum ! te quoque etiam dolis
Atque etiam mendaciis, Jupiter te mihi servet.   940
Sim. Imo mihi : sed vide, ornatus hic satis me condecet ?
Pseud. Optume habet. *Sim.* Esto. *Pseud.* Tantum tibi boni di inmortales duint.
Quantum tu tibi optes : nam si exoptem quantum dignus, tantum dent ;

tant que tu en mérites, ce serait moins que rien. (*A part.*) Je n'ai jamais vu de coquin plus rusé, plus habile à mal faire.
Sin. C'est à moi que tu adresses cet éloge?
Ps. Je me tais; mais quelle récompense te donnerai-je, si tu conduis prudemment l'entreprise?
Sin. Si tu pouvais te taire! On désapprend à quelqu'un ce qu'il sait le mieux, en le lui répétant sans cesse. Je possède toute l'intrigue. Elle est arrangée dans ma tête; j'ai médité profondément toutes nos fourberies.
Ps. L'honnête garçon!
Sin. Pas plus que toi.
Ps. Surtout ne bronche pas!
Sin. Te tairas-tu?
Ps. Par les dieux qui me protégent!...
Sin. Ils s'en garderont bien, car tu ne vas débiter que de purs mensonges.
Ps. Je jure, Singe, que je t'aime, que je te crains, que je t'admire pour ta fourberie...
Sin. Je suis passé maître en fait de flagorneries. Ne crois pas m'enjôler avec ces fadaises.
Ps. (*continuant.*) Et que je te régalerai joliment aujourd'hui, quand tu auras accompli ton ouvrage.
Sin. (*riant d'un ton d'incrédulité.*) Ah! ah! hi! hi!
Ps. Joli festin, parfums, vins, mets exquis entre les rasades. Tu auras aussi une fille charmante qui te donnera baisers sur baisers.
Sin. (*ironiquement*). Tu me traites magnifiquement.
Ps. Réussis, et tu me feras bien d'autres remercîments.
Sin. Si je ne réussis pas;... bourreau!... (*il s'arrête sur ce mot, comme s'il l'adressait à Pseudolus.*) Que la torture soit mon régal! Mais dépêche-toi de m'indiquer la porte de la maison du marchand d'esclaves.

Ps. (*la lui montrant.*) C'est la troisième que tu vois...
Sin. St! tais-toi! la porte s'ouvre.
Ps. C'est qu'apparemment la maison a mal au cœur.
Sin. Comment?
Ps. Parce qu'elle vomit l'entrepreneur de prostitution.
Sin. (*apercevant Ballion.*) Est-ce lui?
Ps. Lui-même.
Sin. La triste marchandise!
Ps. Regarde un peu, je te prie : il ne va pas droit devant lui, mais obliquement, comme une écrevisse.

SCÈNE II.

BALLION, PSEUDOLUS, SINGE (JOUANT LE RÔLE D'HARPAX.)

Ball. (*sans voir les autres personnages.*) Ce cuisinier n'est pas aussi fripon que je croyais : il ne m'a encore escroqué qu'un vase et une coupe.
Ps. (*bas à Singe.*) Allons, voici l'occasion, voici le moment.
Sin. (*bas à Pseudolus.*) Je suis de ton avis.
Ps. (*de même.*) Mets-toi en marche adroitement : moi, je me tiendrai ici en embuscade.
Sin. (*haut, et feignant de chercher.*) J'ai retenu le chiffre; c'est la sixième rue en entrant dans la ville... Voici la rue où il m'a commandé de prendre mon gîte. Mais combien m'a-t-il dit qu'il y avait de maisons à passer? Je n'en sais plus rien.
Ball. (*à part.*) Quel est cet homme en chlamyde (1)? D'où vient-il? qui cherche-t-il? Il m'a l'air d'un étranger. Sa figure m'est inconnue.
Sin. (*montrant Ballion.*) Mais voici quelqu'un qui me tirera d'incertitude, et m'indiquera d'une manière sûre ce que je cherche.

(1) La chlamyde était l'habit de voyage.

Minus nihilo est. Neque ego hoc homine quemquam vidi magis malum,
Et maleficum. *Sim.* Tun' id mihi? *Pseud.* Taceo : sed ego quæ tibi dona 945
Dabo et faciam, si hanc rem sobrie adcurassis! *Sim.* Potin' ut taceas?
Memorem immemorem facit, qui monet quod memor meminit : teneo omnia.
In pectore condita sunt, meditati sunt doli docte. *Pseud.* Probus hic est
Homo. *Sim.* Neque hic est, neque ego. *Pseud.* At vide ne titubes. *Sim.* Potin' ut taceas?
Pseud. Ita me di ament..... *Sim.* Ita non facient, mera jam mendacia fundes. 950
Pseud. Ut ego ob tuam, Simia, perfidiam te amo et metuo, et magnifico!
Sim. Ego istuc aliis dare condidici : mihi obtrudere non potes palpum.
Pseud. Ut ego te hodie adcipiam lepide, ubi ecfeceris hoc opus! *Sim.* Ha ha he!
Pseud. Lepido victu, vino, unguentis, et inter pocula pulpamentis,
Ibidem una aderit mulier lepida, tibi savia super savia quæ det. 955
Sim. Lepide adcipis me. *Pseud.* Imo si ecficis, tum faxo magis dicas.
Sim. Nisi ecfecero, cruciabiliter carnufex me adcipito.
Sed propera mihi monstrare ubi ostium lenonis ædium.

Pseud. Tertium hoc est. *Sim.* St! tace, ædeis hiscunt. *Pseud.* Credo animo male 'st.
Ædibus. *Sim.* Quid jam? *Pseud.* Quia, edepol, ipsum lenonem evomunt. 960
Sim. Illiccine est? *Pseud.* Illic est. *Sim.* Mala merx est.
Pseud. Illuc, sis, vide :
Non prorsus, verum ex transvorso cedit, quasi cancer solet.

SCENA SECUNDA.

BALLIO, PSEUDOLUS, SYCOPHANTA.

Ball. Minus malum hunc hominem esse opinor, quam esse censebam coquom :
Nam nihil etiam dum harpagavit, præter cyathum et cantharum. 965
Pseud. Heus tu, nunc obcasio 'st et tempus. *Syc.* Tecum sentio.
Pseud. Ingredere in viam dolose : et ego heic in insidiis ero.
Syc. Habui numerum sedulo, hoc est sextum a porta proxumum
Angiportum, in id angiportum me devorti jusserat;
Quotumas ædeis dixerit, id ego admodum incerto scio.
Ball. Quis hic homo chlamydatus est, aut unde est, aut quem quæritat? 970
Peregrina facies videtur hominis, atque ignobilis.
Syc. Sed eccum, qui ex incerto faciet mihi, quod quæro, certius.

Ball. (à part.) Il vient droit à moi. A quelle nation appartient cet homme-là?

Sin. Holà! l'homme à la barbe de bouc, répondez-moi, s'il vous plaît.

Ball. Eh! mais, on fait d'abord un salut aux gens.

Sin. Je n'ai point de salut à jeter à la tête.

Ball. Alors je n'en ai pas davantage à t'offrir.

Ps. (à part.) Comme ils sont aimables dès le début!

Sin. Ne connaissez-vous pas un certain homme dans cette petite rue, je vous prie?

Ball. Je me connais, moi.

Sin. Il y a peu de gens qui aient ce mérite-là. On en trouverait à peine dix dans le Forum qui se connaissent eux-mêmes.

Ps. (à part.) Je suis sauvé : il se met à philosopher.

Sin. L'homme que je cherche est un drôle, sans foi, ni loi, un impie, un scélérat.

Ball. (à part.) C'est moi qu'il cherche. Il connaît tous mes surnoms; il ne lui reste que mon nom à dire. (*Haut.*) Comment cet homme s'appelle-t-il?

Sin. Ballion, marchand de filles.

Ball. (à part.) N'ai-je pas deviné? (*Haut.*) C'est moi, jeune homme, c'est moi-même que tu cherches.

Sin. Vous êtes Ballion?

Ball. Oui, lui-même.

Sin. Comme il est vêtu (1), cet escaladeur de murailles!

Ball. Je suppose que si tu me rencontrais la nuit, tes mains n'auraient garde de me toucher?

Sin. Mon maître m'a chargé de vous présenter ses salutations. Voici une lettre que je vous remets de sa part.

Ball. Qui est ton maître?

Ps. (à part.) Je suis perdu! Mon homme est dans le bourbier jusqu'au cou : l'intrigue y restera.

Ball. Qui est-ce, dis-tu, qui m'envoie cette lettre?

Sin. Regardez le portrait, et dites-moi son nom vous-même, afin que je sois assuré que vous êtes en effet Ballion.

Ball. Donne-moi la lettre.

Sin. Tenez, reconnaissez le cachet.

Ball. (regardant l'empreinte.) Oh! c'est Polymachéroplacidès, c'est lui-même en propre original; je le reconnais.

Sin. Polymachéroplacidès, c'est bien le nom. Je vois qu'en vous donnant cette lettre je l'ai bien remise à son adresse, puisque vous m'avez dit le nom de Polymachéroplacidès.

Ball. Comment se porte-t-il?

Sin. Comme un brave et noble guerrier. Mais dépêchez-vous, je vous prie, de lire cette lettre; cela est nécessaire. Recevez vite votre argent, et remettez-moi la jeune fille, car il faut que je sois aujourd'hui à Sicyone, sinon je suis mort demain :.. mon maître est d'une telle violence!...

Ball. Je le sais... Tu parles à quelqu'un qui le connaît.

Sin. Hâtez-vous donc de lire la lettre.

Ball. Je vais le faire, pourvu que tu te taises. (*il lit.*) « Le militaire Polymachéroplacidès au marchand d'esclaves Ballion. Je t'écris cette lettre et t'adresse l'empreinte de mon portrait, comme nous en sommes convenus. »

Sin. L'empreinte est dans la lettre.

Ball. Je le vois; je reconnais le cachet. Mais est-ce qu'il n'est pas dans l'usage d'envoyer un salut dans ses lettres?

Sin. C'est le style des guerriers, Ballion. Ils se servent de la main pour saluer leurs amis, et s'en servent aussi pour saluer d'une autre façon leurs

(1 Les gens du métier de Ballion étaient habillés avec un luxe recherché, pour attirer les élégants de la ville.

Ball. Ad me adit recta : unde ego hominem hunc esse dicam gentium?
Syc. Heus tu, qui cum hirquina adstas barba, responde quod rogo.
Ball. Eho, an non prius salutas? *Syc.* Nulla est mihi salus dataria. 975
Ball. Nam, pol, hinc tantumdem adcipies. *Pseud.* Jam inde a principio probi.
Syc. Ecquem in angiporto hoc hominem tu gnovisti? te rogo.
Ball. Egomet me. *Syc.* Pauci istuc faciunt homines, quod tu prædicas.
Nam in foro vix decimus quisque est, qui ipsus sese gnoverit!
Pseud. Salvos sum; jam philosophatur. *Syc.* Hominem ego heic quæro malum, 980
Legirupam, inpium, perjurum, atque inprobum. *Ball.* Me quæritat :
Nam illa sunt congnomenta; nomen si memoret modo.
Quid est ei homini nomen? *Syc.* Leno Ballio. *Ball.* Scivin' ego?
Ipse ego is sum, adulescens, quem tu quæritas. *Syc.* Tune es Ballio?
Ball. Ego enimvero is sum. *Syc.* Ut vestitus est perfossor parietum! 985
Ball. Credo in tenebris conspicatus si sis me, abstineas manum.
Syc. Herus meus tibi me salutem multam voluit dicere.

Hanc epistolam adcipe a me, hanc me tibi jussit dare.
Ball. Quis is homo 'st qui jussit? *Pseud.* Perii, nunc homo in medio luto 'st,
Nomen nescit : hæret hæc res. *Ball.* Quem hanc misisse ad me autumas? 990
Syc. Gnosce imaginem, tute ejus nomen memorato mihi,
Ut sciam te Ballionem esse ipsum. *Ball.* Cedo mihi epistolam.
Syc. Adcipe; congnosce signum. *Ball.* Oho! Polymachæroplacides,
Purus putus est ipsus : gnovi : heus! *Syc.* Polymachæroplacides
Nomen est; scio jam tibi me recte dedisse epistolam, 995
Postquam Polymachæroplacidæ elocutus nomen es.
Ball. Sed quid agit is? *Syc.* Quod homo, edepol, fortis, atque bellator probus.
Sed propera hanc perlegere, quæso, epistolam, ita negotium 'st,
Atque adcipere argentum actutum, mulieremque mihi emittere.
Nam necesse hodie Sicyoni me esse, aut cras mortem exsequi; 1000
Ita herus meus est inperiosus. *Ball.* Gnovi, gnotis prædicas.
Syc. Propera perlegere epistolam ergo. *Ball.* Id ago, si taceas modo.
« Miles lenoni Ballioni epistolam
« Conscribtam mittit Polymachæroplacides,
« Imaginem obsignatam, quæ inter nos duo 1005

ennemis. Mais continuez cette lecture, et voyez bien ce que contient la lettre.

Ball. Écoute donc. (*il lit.*) « Je t'envoie Harpax, « mon valet. » (*A Singe.*) C'est toi qui es Harpax?

Sin. Oui, moi-même, Harpax en personne.

Ball. (*reprenant la lecture.*) « Il vous remettra « cette lettre, vous recevrez l'argent de ses mains, « et vous lui donnerez en même temps Phénicie, « pour qu'il l'emmène. L'usage en écrivant est d'a- « dresser un salut à ceux qui en sont dignes : si je « t'en croyais digne, je te saluerais. »

Sin. Eh bien?

Ball. Donne l'argent et emmène la femme.

Sin. Qui de nous deux se fait attendre?

Ball. Entrons, suis-moi.

Sin. Je vous suis. (*ils entrent chez Ballion.*)

SCÈNE III

PSEUDOLUS (*seul*).

Par Pollux, je n'ai jamais vu de drôle plus madré, plus fécond en ruses que ce coquin de Singe. Il m'inspire à moi-même une véritable frayeur : je crains qu'il n'exerce sa fourberie sur moi, comme tout à l'heure sur Ballion, et que, voyant l'affaire en bon train, cet animal ne soit assez perfide pour retourner ses cornes contre moi, quand l'occasion s'en présentera : j'en serais vraiment fâché, car je lui veux du bien. Je suis maintenant dans une inquiétude mortelle, pour trois raisons : premièrement, je crains que mon compagnon ne déserte, et ne passe à l'ennemi : de plus je crains que mon maître ne revienne du Forum, et que les corsaires ne soient pris avec leur capture. Ce n'est pas tout, je crains encore que le véritable Harpax ne vienne avant que l'autre Harpax ait emmené Phénicie. (*Regardant la porte de Ballion.*) Par Hercule, je suis perdu! Qu'ils sont lents à sortir! Mon âme, s'il ne part pas avec la belle, a déjà plié bagage, et s'apprête à s'exiler de mon corps. (*Voyant la porte s'ouvrir.*) Je triomphe, les rusés surveillants sont vaincus.

SCÈNE IV.

SINGE, PHÉNICIE, PSEUDOLUS.

Sin. (*à Phénicie, après avoir fermé la porte sur Ballion.*) Ne pleurez pas, Phénicie; vous ne savez pas à quel point nous en sommes : mais dans peu vous le saurez, je vous le promets, en vous mettant à table. Je ne vous conduis point à ce terrible Macédonien aux longues dents, qui fait en ce moment couler vos larmes. C'est au plus cher objet de vos vœux que je vous conduis, à Callidore; et bientôt vous allez l'embrasser.

Ps. A quoi t'es-tu amusé si longtemps dans cette maison? Mon cœur est brisé, à force d'avoir bondi contre ma poitrine.

Sin. Tu prends bien ton temps, pendard, pour me questionner dans des lieux pleins des embûches de l'ennemi! Vite, détalons au pas militaire.

Ps. Par Pollux, pour un mauvais sujet, tu es de bon conseil. Allons droit de ce côté boire le vin du triomphe.

(*Ils sortent, emmenant Phénicie.*)

« Convenit olim. » *Syc.* Symbolum'st in epistola.
Ball. Video, et congnosco signum : sed in epistola
Nullam salutem mittere ne scribtam solet ?
Syc. Ita militaris disciplina'st, Ballio :
Manu salutem mittunt benevolentibus ;   1010
Eadem malam rem mittunt malevolentibus.
Sed ut obcepisti, perge operam experirier,
Quid epistola ista narret. *Ball.* Ausculta modo.
« Harpax calator meus est, ad te qui venit. »
Tune is es Harpax? *Syc.* Ego sum, atque ipse Harpax qui-
    dem.   1015
Ball. « Qui epistolam istam fert, ab eo argentum adcipi,
« Et cum eo simitu mulierem mitti volo.
« Salutem scribtam dignum'st dignis mittere ;
« Te si arbitrarem dignum, misissem tibi. »
Syc. Quid nunc? *Ball.* Argentum des ; abducas mulierem.
Syc. Uter remoratur? *Ball.* Quin sequere ergo intro. *Syc.*
    Sequor.   1321

SCENA TERTIA.

PSEUDOLUS.

Pejorem ego hominem magisque vorsute malum
Nunquam, edepol, quemquam vidi, quam hic est Simia;
Nimisque ego illum hominem metuo et formido male,
Ne malus item erga me sit, ut erga illum fuit,   1025
Ne in re secunda nunc mihi obvortat cornua,
Si obcasionem capsit, qui siet malus.
Atque, edepol, equidem nolo : nam illi bene volo.
Nunc in metu sum maxumo, triplici modo.
Primum omnium, jam hunc conparem metuo meum,   1030
Ne deserat me, atque ad hosteis transeat.
Metuo autem ne herus redeat etiamdum a foro,
Ne capta præda capti prædones fuant.
Quom hæc metuo, metuo ne ille huc Harpax adveniat,
Priusquam hinc hic Harpax abierit cum muliere.   1035
Perii, hercle! nimium tarde egrediuntur foras.
Cor conligatis vasis exspectat meum,
Si non educat mulierem secum simul,
Ut exsulatum ex pectore abfugiat meo.
Victor sum; vici cautos custodes meos.   1040

SCENA QUARTA.

SYCOPHANTA, PSEUDOLUS.

Syc. Ne plora; nescis ut res sit, Phœnicium ;
Verum haud multo post, faxo, scibis adcubans.
Non ego te ad illum duco dentatum virum
Macedoniensem, qui te nunc flentem facit.
Quojam esse te vis maxume, ad eum duco te :   1045
Callidorum haud multo post, faxo, amplexabere.
Pseud. Quid tu intus, quæso, desedisti? quamdiu
Mihi hinc retunsum'st obpugnando pectore!
Syc. Obcasionem reperisti, verbero,
Ubi perconteris me insidiis hostilibus !   1050
Quin hinc metimur gradibus militariis.
Pseud. Atque, edepol, quamquam nequam homo es, recte
    mones.
Ite hac triumphi ad cantharum recta via.

SCÈNE V.

BALLION (seul).

Ah! ah! mon esprit est enfin tranquille : mon homme est parti avec Phénicie. Que ce fripon de Pseudolus essaye à présent de m'enlever la belle par ses fourberies! J'aimerais mieux, par Hercule, faire mille faux serments solennels que d'être sa dupe et de lui servir de risée. C'est moi qui rirai à ses dépens, quand je le verrai. Mais je compte bien qu'on va l'envoyer au moulin, selon les conventions. Que je voudrais rencontrer Simon pour lui annoncer ma joie et la lui faire partager!

SCÈNE VI.

SIMON, BALLION.

Sim. (*à part.*) Voyons ce qu'a fait mon Ulysse, et s'il a déjà enlevé le palladium de la citadelle ballionienne.
Ball. (*avec transport.*) Fortuné Simon, donnez-moi votre main fortunée.
Sim. Qu'y a-t-il?
Ball. (*suffoqué de joie.*) A présent...
Sim. Eh bien, à présent?
Ball. Vous n'avez rien à craindre.
Sim. Qu'est-ce? notre homme est-il venu chez vous?
Ball. Non.
Sim. Alors quel est ce bonheur?
Ball. Vous gardez, vous sauvez les vingt mines que vous aviez gagées avec Pseudolus.
Sim. Je le voudrais bien.
Ball. Exigez-les de moi ces vingt mines s'il s'empare de la belle aujourd'hui, et s'il la remet à votre fils, comme il s'en est vanté. Demandez-les-moi, je vous en prie. Je brûle de m'y engager, afin que vous sachiez que vous ne courez plus aucun danger; je vous fais même cadeau de la jeune fille.
Sim. Je ne risque rien, je pense, à proposer cet arrangement. (*Prenant un ton magistral.*) Aux termes de votre engagement, me donnerez-vous vingt mines?
Ball. (*achevant la formule.*) Je les donnerai.
Sim. Le contrat n'est pas mauvais. Mais est-il venu chez vous?
Ball. Ils sont même venus tous deux.
Sim. Eh bien! que dit-il? Que t'a-t-il conté, je te prie?
Ball. Des balivernes de comédie, de ces propos qu'on débite sur le théâtre aux gens de notre état, et que les enfants savent par cœur. Il me traitait de coquin, de scélérat, de parjure.
Sim. Par Pollux, il ne mentait pas.
Ball. Aussi ne me suis-je point fâché : que font en effet les injures, quand on n'en tient pas compte, et qu'on ne songe pas à les démentir?
Sim. Pourquoi êtes-vous rassuré du côté de Pseudolus? je suis curieux de l'apprendre.
Ball. Parce qu'il ne m'enlèvera jamais la jeune fille; c'est impossible. Vous souvient-il que je vous ai dit tantôt que je l'avais vendue à un militaire macédonien?
Sim. Oui.
Ball. Eh bien! son esclave vient de m'apporter l'argent, avec un cachet en signe de reconnaissance.
Sim. Après?
Ball. Signe convenu entre le militaire et moi. L'esclave a emmené la jeune fille, il n'y a qu'un moment.
Sim. Parlez-vous de bonne foi?
Ball. Est-ce que j'en ai?
Sim. Prenez garde néanmoins qu'il ne vous ait joué un tour de sa façon.

SCENA QUINTA.

BALLIO.

Ha hæ! nunc demum mihi animus in tuto est loco,
Postquam iste hinc abiit, atque abduxit mulierem. 1055
Mihi lubet nunc venire Pseudolum, scelerum caput,
Et abducere a me mulierem fallaciis.
Conceptis, hercle, verbis satis certo scio
Ego perjurare mavellem me millies,
Quam mihi illum verba per deridiculum dare. 1060
Nunc deridebo, hercle, hominem, si convenero.
Verum in pistrinum, credo, ut convenit, fore.
Nunc ego Simonem mihi obviam veniat velim,
Ut mea lætitia lætus promiscam siet.

SCENA SEXTA.

SIMO, BALLIO.

Sim. Viso quid rerum meus Ulysses egerit, 1065
Jamne habeat signum ex arce Ballionia.
Ball. O fortunate, cedo fortunatam manum,
Simo! *Sim.* Quid est? *Ball.* Jam. *Sim.* Quid jam? *Ball.* Nihil est quod metuas. *Sim.* Quid est?
Venitne homo ad te? *Ball.* Non. *Sim.* Quid est igitur boni?
Ball. Minæ viginti sanæ ac salvæ sunt tibi, 1070
Hodie quas abs te inde est instipulatus Pseudolus.
Sim. Velim quidem, hercle. *Ball.* Roga me viginti minas,
Si ille hodie illa sit potitus muliere,
Sive eam tuo gnato hodie, ut promisit, dabit :
Rogato, hercle, obsecro : gestio promittere. 1075
Omnibus modis tibi esse rem ut salvam scias,
Atque etiam habeto mulierem dono tibi.
Sim. Nullum periclum 'st, quod sciam, stipularier.
Ut concepisti verba, viginti minas
Dabin? *Ball.* Dabuntur. *Sim.* Hoc quidem actum 'st haud male. 1080
Sed hominem convenistin'? *Ball.* Imo ambos simul.
Sim. Quid ait? quid narrat? quæso, quid dicit tibi?
Ball. Nugas theatri, verba quæ in comœdiis
Solent lenoni dici, quæ pueri sciunt :
Malum et scelestum et perjurum aibat esse me. 1085
Sim. Pol, haud mentitu'st. *Ball.* Ergo haud iratus fui,
Nam quanti refert te nec recte dicere,
Qui nihili faciat, quique inficias non eat?
Sim. Quid est quod non metuas ab eo? id audire expeto.
Ball. Quia nunquam ab me abducet mulierem jam, nec potest. 1090
Meministine tibi me dudum dicere,
Eam venisse militi Macedonio?
Sim. Memini. *Ball.* Hem illius servos huc ad me argentum adtulit,
Et obsignatum symbolum. *Sim.* Quid postea?
Ball. Qui inter me atque illum militem convenerat : 1095
Is secum abduxit mulierem haud multo prius.
Sim. Bonan' fide istuc dicis? *Ball.* Unde ea sit mihi?
Sim. Vide modo ne illi sit contechnatus quidpiam.
Ball. Epistola atque imago me certum facit.

Ball. La lettre et le portrait ne me laissent aucun doute. Il est déjà hors de la ville et sur la route de Sicyone, en compagnie de la belle.

Sim. C'est fort bien fait, par Hercule! Je n'ai plus qu'à faire inscrire à l'instant Pseudolus dans la colonie du moulin (1). (*Apercevant Harpax.*) Mais quel est cet homme à chlamyde?

Ball. Je ne sais pas. Mais observons où il va et quel est son dessein.

SCÈNE VII.

HARPAX, SIMON, BALLION. (*Les deux derniers sont trop éloignés pour entendre.*)

Har. C'est un coquin, un mauvais sujet que l'esclave qui méprise les ordres de son maître. On ne fait non plus aucun cas d'un homme qui oublie de remplir son devoir, à moins qu'on ne l'en avertisse. Car il y en a qui s'imaginent qu'ils sont libres, dès qu'ils peuvent se dérober aux regards de leur maître. Ils se livrent à la débauche, hantent les mauvais lieux, et mangent tout ce qu'ils ont. Ceux-là sont sûrs de porter longtemps le nom d'esclaves; ils ne sont bons à rien, si ce n'est à faire le mal. Je n'ai point de commerce ni de conversation avec eux; ils ne me connaissent seulement pas. Quand on m'a donné un ordre, mon maître absent est comme présent pour moi. Je le crains maintenant qu'il est loin, pour n'avoir pas à le craindre quand je serai près de lui. Je vais m'acquitter de ma commission : car Syrus à qui j'ai remis le cachet me laisserait encore dans l'auberge. J'y suis resté comme il me l'avait recommandé ; il devait venir me chercher dès que le marchand d'esclaves serait de retour. Mais puisqu'il n'est pas venu, et qu'il ne me fait pas demander, je

(1) Allusion à l'usage d'inscrire sur un registre le nom de ceux que l'on envoyait dans une colonie romaine. C'est sans doute, dit spirituellement M. Naudet, la même colonie que celle où l'esclave Sagaristion du *Persan* avait servi comme tribun à verges.

viens de mon propre mouvement pour savoir ce qui se passe, et empêcher qu'il ne se moque de moi. Il n'y a pas autre chose à faire que de frapper et d'appeler quelqu'un de la maison. Il faut que le marchand prenne son argent et me laisse emmener la jeune fille.

Ball. (*bas à Simon.*) Dites donc?
Sim. (*bas à Ballion.*) Que voulez-vous?
Ball. (*de même.*) Cet homme est à moi.
Sim. (*de même.*) Comment?
Ball. (*de même.*) Eh ! c'est une proie qui m'arrive; il cherche une fille, et il a de l'argent. (*D'un air avide.*) Je brûle d'envie de le mordre.
Sim. (*de même.*) On dirait que tu vas le manger.
Ball. (*de même.*) Pendant qu'il est tout frais, tout servi, tout chaud, il faut l'avaler. Avec les honnêtes gens je meurs de faim; les mauvais sujets me font vivre. Ce sont les vauriens qui m'enrichissent; les hommes de bonnes mœurs font ma ruine, les libertins ma fortune.

Sim. Misérable ! que les dieux confondent un scélérat tel que toi!

Har. (*s'approchant de la maison de Ballion.*) Je m'amuse ici, au lieu de frapper à cette porte pour savoir si Ballion est chez lui.

Ball. (*bas à Simon.*) Ce sont des cadeaux que Vénus me fait, quand elle m'amène de ces dissipateurs courant à leur perte, qui ne songent qu'à la bonne chère et au plaisir, qui mangent, boivent et font l'amour. Ils sont d'un autre caractère que vous, qui ne voulez pas jouir de la vie et qui êtes jaloux de ceux qui en jouissent.

Har. (*frappant à la porte.*) Holà! vous autres, où êtes-vous?

Ball. Celui-là vient droit chez moi.
Har. Holà! y a-t-il du monde?
Ball. (*haut.*) Hé! jeune homme, qu'est-ce qu'on te doit ici? (*à part*) Je ne le lâcherai pas sans empor-

---

Quin jam quidem illam in Sicyonem ex urbe abduxit modo.
Sim. Bene, hercle, factum : quid ego cesso Pseudolum 1101
Facere, ut det nomen ad molarum coloniam ?
Sed quis hic homo est chlamydatus ? *Ball.* Non, edepol, scio,
Nisi ut observemus quo eat, aut quam rem gerat.

SCENA SEPTIMA.

HARPAX, SIMO, BALLIO.

Harp. Malus et nequam'st homo, qui nihili imperium heri
Sui servos facit. Nihili est autem, suum 1106
Qui officium facere inmemor est, nisi adeo monitus.
Nam qui liberos esse illico se arbitrantur,
Ex conspectu heri si sui se abdiderunt,
Luxuriantur, lustrantur, comedunt quod 1110
Habent, ii nomen diu servitutis ferunt.
Nec boni ingenii quidquam in his inest, nisi ut in-
Probis artibus teneant : cum his mihi nec locus, nec sermo
Conveniet, neque his unquam gnobilis fui.
Ego, ut mihi imperatum 'st, etsi abest, heic adesse herum
Arbitror : nunc ego illum metuo, quom heic non adest, 1116
Ne quom adsiet, metuam; ei rei operam dabo.
Nam me in taberna usque adhuc sineret Syrus,
Quoi dedi symbolum; mansi ut jusserat :
Leno ubi esset domi, me aibat arcessere : 1120
Verum ubi is non venit, nec vocat, venio huc ultro,
Ut sciam quid rei siet; ne illic homo me ludificetur.

PLAUTE.

Neque quidquam 'st melius, quam ut hoc pultem, atque aliquem
Evocem huc intus. Leno argentum hoc volo a me adcipiat,
Atque amittat mulierem mecum simul. 1125
Ball. Heus tu? *Sim.* Quid vis? *Ball.* Hic homo meu'st.
Sim. Quidum ? *Ball.* Quia
Præda hæc mea 'st : scortum quærit, habet argentum.
Jam admordere hunc mihi lubet.
Sim. Jamne illum comesurus es ? *Ball.* Dum recens est,
Dum datur, dum calet, devorari decet : nam
Boni viri me pauperant, improbi alunt, 1130
Augent rem meam mali; populi strenui
Damno mihi, improbi usui sunt. *Sim.* Malum,
Quod tibi dei dabunt, qui sic scelestus!
Harp. Me nunc conmoror, quom has foreis non ferio, 1135
Ut sciam sitne Ballio domi. *Ball.* Venus mihi hæc
Bona dat, quom huc adigit lucrifugas, damni
Cupidos, qui se suamque ætatem bene curant;
Edunt, bibunt, scortantur : illi sunt alio ingenio atque tu,
Qui neque tibi bene esse patere, et illis, quibus est, invides.
Harp. Heus, ubi estis vos? *Ball.* Hic quidem ad me recta
habet rectam viam. 1141
Harp. Heus, ubi estis vos? *Ball.* Heus, adulescens, quid isteic debetur tibi?
Bene ego ab hoc prædatus ibo ; gnovi, bona scæva est mihi.
Harp. Ecquis hoc aperit? *Ball.* Heus, chlamydate, quid isteic debetur tibi?
Harp. Ædium dominum lenonem Ballionem quærito. 1145

30

ter du butin : je m'y connais, l'affaire est bonne.

Har. (*frappant toujours.*) Quelqu'un m'ouvrira-t-il?

Ball. Hé! l'homme au manteau, qu'est-ce qu'on te doit ici?

Har. (*se retournant.*) Je cherche le maître du logis, Ballion le marchand d'esclaves.

Ball. Qui que tu sois, jeune homme, ne te donne pas la peine de chercher davantage.

Har. Pourquoi?

Ball. Parce qu'il est devant toi; tu le vois nez à nez.

Har. C'est vous?

Sim. Hé! l'homme au manteau, garde-toi de quelque mauvaise aventure : montre-lui le doigt (1); c'est un prostitueur....

Ball. (*à Simon.*) Mais homme de bien ; tandis que vous, honnête citoyen, vous êtes souvent poursuivi de clameurs en plein Forum, n'ayant pas une obole au monde, si je ne venais, moi le prostitueur, à votre secours.

Har. (*à Ballion.*) Parlez moi donc.

Ball. Je te parle ; que veux-tu ?

Har. Que vous receviez de l'argent.

Ball. (*tendant la main.*) Donne; je tends la main depuis longtemps.

Har. (*lui donnant la bourse.*) Prenez, il y a là cinq bonnes mines d'argent bien comptées, que Polymachéroplacidès, mon maître, m'a chargé de vous remettre. Il vous les doit; de votre côté, vous devez lui envoyer Phénicie avec moi.

Ball. (*étonné.*) A ton maître?

Har. Comme je vous le dis.

Ball. Le militaire?

Har. Précisément.

Ball. Un Macédonien?

Har. C'est cela même.

Ball. Polymachéroplacidès t'a envoyé vers moi?

(1) Montrer à quelqu'un le doigt du milieu était une marque de mépris.

Har. Comme vous dites.

Ball. Pour me donner cet argent?

Har. Oui, si vous êtes Ballion le marchand d'esclaves.

Ball. Et pour emmener une femme de chez moi?

Har. Oui.

Ball. Il t'a dit que c'était Phénicie?

Har. Vous me rappelez tout parfaitement.

Ball. Attends, je suis à toi.

Har. Mais hâtez-vous promptement, car je suis pressé. Vous voyez que le jour s'avance.

Ball. Oui... (*montrant Simon qui est resté à l'écart.*) Je veux dire un mot à cet homme. Reste là ; je reviens à toi tout de suite. (*bas à Simon.*) Simon, que dois-je faire? quel parti prendre? Cet homme qui m'apporte de l'argent, je le tiens.

Sim. Quoi donc?

Ball. Ignorez-vous ce dont il s'agit?

Sim. Je l'ignore parfaitement.

Ball. Par Pollux, c'est un grand pendard que ce Pseudolus ! avec quelle adresse il a imaginé sa ruse ! Il a donné à cet émissaire l'argent que le militaire me doit, et l'a affublé de ce costume pour m'enlever la belle. C'est de la part de Pseudolus que vient ce prétendu messager du militaire.

Sim. Tenez-vous son argent?

Ball. (*montrant la bourse.*) Belle demande ! ne le voyez-vous pas?

Sim. Ah çà, n'oubliez pas qu'il me faut la moitié du butin : le profit doit être commun.

Ball. Comment? la peste!

Sim. Pour cela, vous pouvez garder tout.

Har. (*à Ballion.*) Çà, quand vous occupez-vous de moi?

Ball. Je m'en occupe. (*A Simon.*) Que me conseillez-vous, Simon?

Sim. De nous amuser aux dépens de cet émissaire de contrebande.

Ball. Oui, jusqu'à ce qu'il s'aperçoive lui-même qu'on se moque de lui. Venez. (*Il s'approche d'Harpax avec Simon.*) Dis, tu es l'esclave du militaire?

Ball. Quisquis es, adulescens, operam fac conpendi quærere.

Harp. Quid jam? *Ball.* Quia te ipsus coram præsens præsentem videt.

Harp. Tun' is es? *Sim.* Chlamydate, cave, sis, tibi a curio infortunio,

Atque in hunc intende digitum; hic leno est. *Ball.* At hic est vir probus.

Sed tu, bone vir, flagitare sæpe clamore in foro, 1150

Quom libella nusquam 'st, nisi quid leno hic subvenit tibi.

Harp. Quin tu mecum fabulare? *Ball.* Fabulor : quid vis tibi?

Harp. Argentum adcipias. *Ball.* Jamdudum, si des, porrexi manum.

Harp. Adcipe : heic sunt quinque argenti lectæ numeratæ minæ.

Hoc tibi herus me jussit ferre Polymachæroplacides, 1155

Quod deberet, atque ut mecum mitteres Phœnicium.

Ball. Herus tuus? *Harp.* Ita dico. *Ball.* Miles? *Harp.* Ita loquor. *Ball.* Macedonius?

Harp. Admodum, inquam. *Ball.* Te ad me misit Polymachæroplacides?

Harp. Vera memoras. *Ball.* Hoc argentum ut mihi dares?

Harp. Si tu quidem es

Leno Ballio. *Ball.* Atque ut a me mulierem abducerres?

Harp. Ita. 1160

Ball. Phœniciumne esse dixit? *Harp.* Recte meministi. *Ball.* Mane ;

Jam redeo ad te. *Harp.* At maturate propera : nam propero ; vides

Jam die multum esse? *Ball.* Video ; hunc advocare etiam volo.

Mane modo istic, jam revortar ad te. Quid nunc fiet, Simo?

Quid agimus? manifesto hunc hominem teneo, qui argentum adtulit. 1165

Sim. Quid jam? *Ball.* An nescis quæ sit hæc res? *Sim.* Juxta cum ignarissumis.

Ball. Edepol, hominem verberonem Pseudolum : ut docte dolum

Commentu'st! tantumdem argenti, quantum miles debuit,

Dedit huic, atque hominem exornavit, mulierem qui arcesseret.

Pseudolus tuos adlegavit hunc, quasi a Macedonio 1170

Milite esset. *Sim.* Habesne argentum ab homine? *Ball.* Rogitas, quod vides?

Sim. Heus, memento ergo dimidium isthinc mihi de præda dare :

Commune istuc esse oportet. *Ball.* Quid, malum? *Simo.* Id totum tuum 'st.

Harp. Quam mox mihi operam das? *Ball.* Tibi do equidem : quid nunc mihi es auctor, Simo?

PSEUDOLUS, ACTE IV, SCENE VII.

Har. Assurément.
Ball. Combien lui as-tu coûté?
Har. Une victoire remportée par sa valeur; car j'étais général en chef dans ma patrie.
Ball. Est-ce qu'il s'est aussi rendu maître de la prison, ta patrie?
Har. Si vous me dites des injures, je vous en dirai.
Ball. En combien de jours es-tu venu de Sicyone ici?
Har. En un jour et demi.
Ball. Par Hercule, tu as été bon train! (*à Simon.*) Quel marcheur que ce gaillard-là! (*à Simon.*) Regardez ses mollets; il est en état de porter de bonnes entraves. (*à Harpax.*) Dis, quand tu étais enfant, te couchait-on dans un berceau?
Har. Sans doute.
Ball. Et n'avais-tu pas coutume de faire... tu sais ce que je veux dire?
Sim. Oh! certainement il le faisait.
Har. Êtes-vous dans votre bon sens, l'un et l'autre?
Ball. Maintenant réponds à une autre question. La nuit, quand le militaire allait faire la ronde, allais-tu avec lui? son épée s'ajustait-elle bien à ton fourreau?
Har. Allez-vous faire pendre.
Ball. Il te sera loisible d'y aller aujourd'hui sans tarder.
Har. Donnez-moi la jeune fille, ou rendez-moi l'argent.
Ball. Attends.
Har. Comment, que j'attende?
Ball. Dis-moi combien tu as loué cette chlamyde?
Har. Qu'est-ce que cela signifie?
Sim. (*montrant le coutelas d'Harpax.*) Et ce coutelas, combien le payes-tu?
Har. (*à part.*) Ces gens-là ont besoin d'ellébore.

Ball. Écoute.
Har. Donnez-moi mon congé.
Ball. (*montrant le chapeau d'Harpax.*) Combien ce chapeau rapporte-t-il aujourd'hui à son maître?
Har. Comment, à son maître? est-ce que vous rêvez? tout ce que je porte est bien à moi, acheté de ma bourse.
Ball. De celle que tu as au haut de ta cuisse.
Har. (*en colère.*) Ces vieillards se sont fait huiler les reins; ils demandent à être frottés, suivant leur vieille habitude.
Ball. (*ironiquement.*) Voyons, sérieusement réponds-moi, je te prie. Quel est ton salaire? Combien Pseudolus te donne-t-il pour ton rôle?
Har. Qu'est-ce que c'est que Pseudolus?
Ball. Ton professeur, celui qui t'a donné des leçons de fourberie pour m'enlever Phénicie par une intrigue.
Har. De quel Pseudolus, de quelle intrigue parlez-vous? Je ne sais seulement pas de quelle couleur est cet homme.
Ball. (*avec colère.*) T'en iras-tu? Il n'y a rien à gagner ici pour les intrigants. Va dire à Pseudolus que la proie est enlevée par un autre Harpax qui vous a devancés.
Har. Par Pollux! c'est moi qui suis Harpax.
Ball. C'est-à-dire que tu prétends l'être. (*à Simon.*) Voilà un pur et franc imposteur.
Har. Mais je vous ai donné l'argent; et en arrivant tantôt j'ai remis à votre esclave, ici, devant cette maison, le signe de reconnaissance convenu, et la lettre de mon maître avec un cachet empreint de son portrait.
Ball. Tu as donné une lettre à mon esclave? quel esclave?
Har. Syrus.
Ball. (*à Simon.*) Il manque d'assurance. C'est un imposteur maladroit... Ses contes sont grossiè-

---

Sim. Exploratorem hunc faciamus ludos subposititium.
Ball. Adeo, donicum ipsus sese ludos fieri senserit, 1176
Sequere. (Ad Harpagem.) Quid ais? nempe tu illius servos es? *Harp.* Planissume.
Ball. Quanti te emit? *Harp.* Suarum in pugna virium victoria.
Nam ego eram domi inperator summus in patria mea.
Ball. An etiam ille unquam expugnavit carcerem, patriam tuam? 1180
Harp. Contumeliam si dices, audies. *Ball.* Quotumo die
Ex Sicyone huc pervenisti? *Harp.* Altero ad meridiem.
Ball. Strenue, mehercle, isti. Quamvis pernix hic est homo!
Ubi suram adspicias, scias posse eum gerere crassas conpedes.
Quid ais? tune etiam cubitare solitus es in cunis puer? 1185
Sim. Scilicet. *Ball.* Etiamne facere solitus es? scin' quid loquar?
Sim. Scilicet solitum esse. *Harp.* Sanine estis? *Ball.* Quid hoc, quod te rogo?
Noctu in vigiliam quando ibat miles, tum tu ibas simul?
Conveniebatne in vaginam tuam machæra militis?
Harp. I in malam crucem. *Ball.* Ire licebit tibi tamen hodie tempori. 1190
Harp. Quin tu mulierem mihi emittis, aut reddis argentum? *Ball.* Mane.
Harp. Quid, maneam? *Ball.* Chlamydem hanc conmemores quanti conducta 'st. *Harp.* Quid est?
Sim. Quid meret machæra? *Harp.* Helleborum hisce hominibus est opus.

Ball. Eho! *Harp.* Mitte. *Ball.* Quid mercedis petasus hodie domino demeret?
Harp. Quid, domino? quid somniatis? mea quidem hæc habeo omnia, 1195
Meo peculio emta. *Ball.* Nempe quod femina summa sustinent.
Harp. Uncti hi sunt senes, fricari sese ex antiquo volunt.
Ball. Responde, obsecro, hercle, hoc vero serio, quod te rogo :
Quid meres? quantillo argento te conduxit Pseudolus?
Harp. Qui istic Pseudolus't? *Ball.* Præceptor tuus, qui te hanc fallaciam 1200
Docuit, ut fallaciis hinc a me mulierem abduceres.
Harp. Quem tu Pseudolum, quas tu mihi prædicas fallacias? Quem ego hominem nullius coloris gnovi. *Ball.* Non tu istinc abis?
Nihil est hodie hic sycophantis quæstus : proin' tu Pseudolo Nunties, abduxisse alium prædam, qui obcurrit prior
Harpax. *Harp.* Is quidem, edepol, Harpax ego sum. *Ball.* Imo, edepol, esse vis. 1205
Purus putus hic sycophanta est. *Harp.* Ego tibi argentum dedi,
Et dudum adveniens extemplo symbolum servo tuo,
Heri imagine obsignatam epistolam, heic, ante ostium.
Ball. Meo tu epistolam dedisti servo? quoi servo? *Harp.* Syro.
Ball. Non confidit : sycophanta hic nequam 'st ; nugas meditatur male : 1210
Nam illam epistolam ipsus verus Harpax huc ad me adtulit.

30.

rement imaginés; car le véritable Harpax m'a remis lui-même la lettre.

Har. (*avec vivacité.*) C'est moi qui m'appelle Harpax; je suis l'esclave du militaire macédonien, je ne joue point ici le rôle d'un intrigant ni d'un fourbe; votre Pseudolus est pour moi un mortel inconnu, et je ne sais de qui vous parlez.

Simon (*ironiquement.*) Mon cher Ballion, ou je me trompe fort, ou la fille est perdue pour vous.

Ball. Vraiment, c'est ce que je crains de plus en plus, à mesure que je l'écoute.

Sim. Et moi, par Pollux, j'ai senti mon cœur se glacer d'effroi au nom de ce Syrus qui a reçu le signe de reconnaissance. Il y a quelque chose d'extraordinaire dans tout ceci. C'est du Pseudolus. (*A Harpax.*) Voyons, quelle est la tournure de celui à qui tu as remis la lettre tantôt?

Har. C'est un homme roux, qui a un gros ventre, les jambes lourdes, le teint brun, la tête forte, l'œil perçant, le visage enluminé, des pieds énormes (1).

Sim. Vous nous donnez le coup de grâce en nous parlant de ses pieds : c'était Pseudolus lui-même.

Ball. C'est fait de moi, Simon, je me meurs.

Har. Par Hercule, je ne vous laisserai pas mourir avant que vous m'ayez rendu l'argent, les vingt mines.

Sim. Et vingt autres à moi.

Ball. Comment! tu exigerais de moi cette somme, que j'ai promise pour rire?

Sim. Tout ce qu'on peut prendre, arracher aux coquins est bien gagné.

Ball. Livre-moi du moins Pseudolus.

Sim. Que je vous livre Pseudolus? quel crime a-t-il commis? ne vous avais-je pas averti cent fois de vous défier de lui?

(1) Quelques érudits ont cru voir ici le portrait de Plaute. La preuve c'est que les latins donnaient l'épithète de *Ploti* aux Ombriens, parce qu'ils avaient les pieds plats, et que le poète s'appelle Plautus, étant né dans l'Ombrie. Il est permis de douter de la ressemblance du portrait et de la solidité de ces savantes raisons.

Ball. Il m'assassine.

Sim. Et moi, il me met à l'amende de vingt mines tout juste.

Ball. Que faire maintenant?

Har. Quand vous m'aurez rendu mon argent, allez vous pendre.

Ball. Que les dieux te confondent! suis-moi donc, viens au forum, que je te paye.

Har. Je vous suis.

Ball. Je payerai aujourd'hui les étrangers, demain ce sera avec des citoyens que j'aurai affaire. Pseudolus a obtenu contre moi une sentence de mort dans les comices solennels, quand il m'a dépêché le fourbe qui m'a enlevé Phénicie. Suivez-moi. (*Aux spectateurs.*) Ne comptez pas que je rentre par ici chez moi. Après ce qui vient de se passer, je veux prendre la rue de traverse.

Har. Si vous marchiez autant que vous parlez vous seriez déjà au forum.

Ball. C'en est fait : il faut que je change mon jour de naissance en un jour funèbre.

SCÈNE VIII.

SIMON (*seul.*)

Je l'ai bien attrapé, et l'esclave a finement joué son ennemi. Maintenant je veux recevoir Pseudolus, mais autrement que dans la comédie où les fouets et les étrivières sont l'accueil ordinaire qu'on fait aux esclaves. Moi, au lieu des instruments de supplice, je tirerai de mon armoire les vingt mines que je lui ai promises s'il réussissait. J'irai à sa rencontre les lui offrir. C'est un homme bien habile, bien astucieux, bien fourbe : Pseudolus a surpassé le Troyen Dolon (1) et Ulysse même : entrons maintenant. Je cours chercher l'argent : je me placerai ensuite en embuscade sur le passage de Pseudolus. (*Il sort.*)

(1) Espion qui fut tué par les Grecs.

Harp. Harpax ego vocor; ego servos sum Macedonis militis : 1214
Ego nec sycophantiose quidquam ago, nec maletice,
Neque istum Pseudolum mortalis qui sit gnovi, neque scio.
Sim. Tu, nisi mirum 'st, leno, plane perdidisti mulierem.
Ball. Edepol, næ istuc magis magisque metuo, quom verba audio.
Sim. Mihi quoque, edepol, jamdudum ille Syrus cor perfrigefacit,
Symbolum qui hoc adcepit : mira sunt! Pseudolus est. Eho,
Tu! qua facie fuit dudum, quoi dedisti symbolum? 1220
Harp. Rufus quidam, ventriosus, crassis suris, subniger,
Magno capite, acutis oculis, ore rubicundo, admodum
Magnis pedibus. *Sim.* Perdidisti, postquam dixisti pedes.
Pseudolus fuit ipsus. *Ball.* Actum 'st de me : jam morior, Simo.
Harp. Hercle, haud te sinam emoriri, nisi argentum mihi redditur, 1225
Viginti minæ. *Sim.* Atque etiam mihi aliæ viginti minæ.
Ball. Auferetur id præmium a me, quod promisi per jocum?
Sim. De inprobis viris auferri præmium et prædam decet.
Ball. Saltem Pseudolum mihi dedas. *Sim.* Pseudolum ego dedam tibi?
Quid deliquit? dixin', ab eo tibi ut caveres, centies? 1230
Ball. Perdidit me. *Sim.* At me viginti modicis mulctavit minis.

Ball. Quid nunc faciam? *Harp.* Si mihi argentum dederis, te suspendito.
Ball. Di te perdant! sequere, sis, me ergo hac ad forum, ut solvam. *Harp.* Sequor.
Ball. Hodle ego peregrinos absolvam, cras agam cum civibus.
Pseudolus mihi centuriata habuit capitis comitia, 1235
Qui illum ad me hodie adlegavit, mulierem qui abduceret.
Sequere tu. Nunc ne exspectetis dum hac domum redeam via.
Ita res gesta 'st : angiporta hæc certum 'st consecrarier.
Harp. Si graderere tantum, quantum loquere, jam esses ad forum.
Ball. Certum 'st mihi emortualem facere ex natali die. 1240

SCENA OCTAVA.

SIMO.

Bene ego illum tetigi, bene autem servos inimicum suum.
Nunc mihi certum 'st, alio pacto Pseudolo insidias dare,
Quam in aliis comœdiis fit, ubi cum stimulis aut flagris
Insidiantur : at ego jam inultus promam viginti minas,
Quas promisi, si ecfecisset; obviam ei ultro deferam. 1245
Nimis illic mortalis doctus, nimis vorsutus, nimis malus,
Superavit Dolum Trojanum atque Ulyssem Pseudolus.
Nunc ibo intro, argentum promam; Pseudolo insidias dabo.

ACTE CINQUIÈME.
SCÈNE I.

PSEUDOLUS (*seul, la démarche avinée, en désordre, une couronne de fleurs posée de travers sur la tête*).

Qu'est-ce à dire, mes jambes? est-ce ainsi qu'on se comporte? vous tiendrez-vous, oui ou non? Voulez-vous par hasard qu'on me ramasse étendu par terre? D'abord si je tombe, la honte en sera pour vous. Avancez donc en avant. Ah! il faudra que je me fâche aujourd'hui... Le vin a un grand défaut, il vous prend d'abord par les jambes; c'est un lutteur déloyal : par Pollux! je m'en vais bien humecté. Quelle chère délicate! quelle élégance dans le service! Comme nous avons été fêtés, régalés dans ce lieu charmant! Mais à quoi bon me perdre dans toutes ces périphrases? en un mot, c'est là ce qui fait aimer la vie. Là sont tous les plaisirs, toutes les délices; on se croit le rival des dieux. Lorsqu'un amant tient dans ses bras son amante, colle ses lèvres sur les lèvres de la belle, que leurs corps s'entrelacent l'un l'autre, qu'une poitrine presse une autre poitrine, ou, si vous aimez mieux, lorsque les deux corps n'en font plus qu'un... Et puis une blanche main qui vous présente la coupe d'ambroisie avec un tendre salut. Là point de fâcheux, point d'importuns, point d'ennuyeux discours : les huiles parfumées, les odeurs exquises, les bandelettes, les couronnes sont prodiguées à pleines mains. On n'avait rien épargné pour le bien-être, voilà tout ce que je sais. C'est dans cette volupté que mon jeune maître et moi nous avons passé la journée, après le succès de mon expédition et la déroute de l'ennemi. J'ai laissé nos jeunes gens à table auprès de leurs maîtresses, et la mienne avec eux, buvant, faisant l'amour, se livrant à leur aise au plaisir et à la joie. Mais quand je me suis levé, ils m'ont prié de danser. Je me suis mis en devoir de contenter leur goût et de leur montrer mon talent, car je suis un virtuose de l'école ionique (1). (*il danse ridiculement.*) Puis je me suis drapé avec grâce, j'ai folâtré; (*il saute*) on crie bravo! on demande que je recommence... Je recommence et je me mets à tourner ainsi; et en même temps je me penchais vers ma maîtresse pour recevoir un baiser. Mais, au milieu de mes pirouettes, me voilà par terre. Ce fut l'enterrement du spectacle. En faisant un effort, pspit! j'ai sali mon manteau. Ma chute les a bien amusés : on m'a présenté une coupe, j'ai bu; j'ai changé tout de suite de manteau; j'ai laissé le mien; et je sors pour dissiper les fumées du vin. Maintenant je quitte le fils, pour réclamer auprès du père l'exécution de nos traités. (*Il frappe à la porte de Simon.*) Ouvrez, ouvrez! holà! quelqu'un, avertissez Simon que je suis ici.

SCÈNE II.
SIMON, PSEUDOLUS, puis BALLION.

Sim. C'est la voix d'un franc maraud qui m'appelle. (*Regardant Pseudolus.*) Mais qu'est-ce que cela? Comment? toi-même! Que vois-je?

Ps. Pseudolus, votre esclave, un peu ivre et la couronne en tête.

Sim. C'est vraiment comme s'il était libre! Voyez sa tournure! ma présence lui impose-t-elle seulement? (*a part.*) Réfléchissons : lui parlerai-je douce-

(1) Les danseurs d'Ionie étaient très-estimés.

ACTUS QUINTUS.
SCENA PRIMA.
PSEUDOLUS.

Quid hoc? siccine hoc fit? pedes, statin' an non?
An id voltis, ut me helc jacentem aliquis tollat? 1250
Nam, hercle, si cecidero, vostrum erit flagitium.
Pergitin' pergere? ah, sæviundum mihi
Hodie 'st. Magnum hoc vitium vino 'st,
Pedes captat primum : luctator dolosu'st.
Profecto, edepol, ego nunc probe abeo madulsa : 1255
Ita victu excurato, ita munditiis digne, ah!
Itaque in loco festivo sumus festive adoepti.
Quid opus me multas agere ambages? hoc
Est homini quamobrem vitam amet, heic omneis
Voluptates, in hoc omneis venustates sunt, 1260
Deis proxumum esse arbitror : nam ubi amans conplexu'st
Amantem, ubi labra ad labella adjungit,
Ubi alter alterum bilingui manifesto
Inter se prehendunt, ubi mamma manicula
Obprimitur alia; aut si lubet, corpora 1265
Conduplicant. Manu candida cantharum dulciferum
Propinare amicissumam amicitiam; neque ibi esse alium alii
Odio, ibi nec molestum, nec sermonibus morologis uti;
Unguenta, unguae odores, lemniscos, corollas dari dapsileis.
Non enim parcipromi victu cætero, ne quis me roget.
Hoc ego modo, atque herus minor hanc diem sumsimus prothyme, 1271
Postquam opus meum, ut volui, omne perpetravi, hostibus fugatis :
Illos adcubanteis, potanteis, amanteis, cum scortis
Reliqui, et meum scortum ibidem, cordi atque animo suo.
Obsequenteis : sed postquam exsurrexi, orant med uti saltem. 1275
Ad hunc me modum intuli, ut illis satisfacerem ex disciplina, quippe ego
Qui probe Ionica perdidici; sed palliolatim amictus
Sic hac incessi ludibundus : plaudunt partim; clamitant me ut revortar.
Obcepi denuo hoc modo volvi : idem amicæ dabam me meæ,
Ut me amaret : ubi circumvortor, cado : id fuit nænia ludo.
Itaque dum enitor, pax! jam pæne inquinavi pallium : nimiæ tum 1281
Voluptati, edepol, fui, ob casum; datur cantharus, bibi : conmuto
Inlico pallium, illud posivi : inde huc exii, crapulam dum amoverem.
Nunc ab hero ad herum meum majorem venio fœdus conmemoratum.
Aperite, aperite, heus! Simoni me adesse quis nuntiate.

SCENA SECUNDA.
SIMO, PSEUDOLUS, BALLIO.

Sim. Vox viri pessumi me exciet foras : sed quid hoc? quomodo? quid tu? video ego?.... 1286
Pseud. Cum corona ebrium Pseudolum tuum. *Sim.* Libere, hercle, hoc quidem : sed vide statum!
Num mea gratia pertimescit? magis cogito, sæviter blanditerne adloquar.

ment ou avec sévérité? Ce que je tiens là (*montrant un sac d'argent*) me défend la violence, car je ne renonce pas tout à fait à le garder.

Ps. (*saluant Simon.*) Un vaurien se présente à un homme de bien.

Sim. (*avec douceur.*) Que les dieux te protégent, Pseudolus! (*Pseudolus veut l'embrasser*) Fi! va te faire pendre!

Ps. Pourquoi donc me rudoyer?

Sim. Eh! coquin, tu viens me lâcher un rot d'ivrogne sous le nez.

Ps. Doucement, soutenez-moi, prenez garde que je ne tombe. Ne voyez-vous pas que je suis humecté copieusement?

Sim. Quelle est cette audace? sortir en plein jour, ivre, avec une couronne sur la tête (1)?

Ps. Il me plaît ainsi.

Sim. Comment, il te plaît! (*le repoussant.*) Encore! tu m'envoies des bouffées au visage!

Ps. Laissez donc; c'est de la rose que mon haleine.

Sim. Je crois en vérité, maraud, que tu serais capable d'avaler en une heure quatre des meilleures vendanges des coteaux de Massique (2).

Ps. Et dans une heure d'hiver encore (3)!

Sim. La réflexion est bonne. (*Lui frappant sur le ventre.*) Mais, dis-moi, de quel port viens-tu avec une telle cargaison?

Ps. J'ai fait bombance avec votre fils. Ah! Simon, comme j'ai attrapé joliment Ballion! heim! j'ai bien accompli ma promesse!

Sim. Tu te moques de moi! (*montrant Pseudolus.*) Quel mauvais garnement!

Ps. J'ai si bien fait, que la jeune fille est libre et soupe avec votre fils.

Sim. Je vois que tu as accompli ton œuvre de point en point.

(1) Le droit de porter des couronnes était réservé aux personnes libres et aux affranchis.
(2) Le mont Massico, situé dans la Campanie et voisin de Minturnes, était renommé pour ses vins.
(3) Les heures étaient plus courtes en hiver : chez les anciens, la durée des heures se réglait sur celle du jour.

Ps. Que tardez-vous donc à me donner l'argent?

Sim. Ta demande est légitime, je le confesse : tiens. (*il lui présente le sac.*)

Ps. (*d'un air moqueur.*) Vous disiez que vous ne me le donneriez pas, vous me le donnez cependant. Placez-le sur cette épaule, et suivez-moi par ici.

Sim. Que je le place sur ton épaule!

Ps. Vous le placerez, j'en suis certain.

Sim. Que ferai-je à ce drôle? Il m'emporte mon argent et se moque de moi.

Ps. Malheur aux vaincus!

Sim. Allons, tourne ton épaule. (*Il met le sac sur l'épaule de Pseudolus.*)

Ball. (*Il entre d'un air abattu, et se met à genoux devant Pseudolus.*) Jamais je n'aurais cru être réduit au rôle de suppliant devant toi. (*il pleure.*) Hi! hi! hi!

Ps. (*fièrement.*) Finis.

Ball. Que je souffre!

Ps. Si tu ne souffrais pas, je souffrirais, moi.

Ball. Comment, Pseudolus, tu prendras cet argent à ton maître?

Ps. De bien bon cœur, et avec une joie infinie.

Ball. Ne consentiras-tu pas au moins à me faire quelque remise sur cette somme?

Ps. Je te connais : tu m'appelleras avare; (*montrant le sac*) mais il ne sortira pas de là un écu à ton profit. Tu n'aurais pas eu pitié de mon dos, si je n'avais pas réussi.

Ball. (*se relevant.*) Je me vengerai quelque jour, si les dieux me prêtent vie.

Ps. Tu me menaces? mon dos est là.

Ball. Eh bien! adieu. (*Il va pour sortir.*)

Ps. Reviens donc.

Ball. Pourquoi revenir?

Ps. Reviens toujours, tu n'y perdras pas.

Ball. Me voici.

Ps. Viens boire avec moi.

Ball. Boire, moi?

Ps. Fais ce que je te dis. Si tu viens, tu auras la moitié de l'argent, ou même plus.

Sed hoc me vetat vim facere nunc, quod fero, si qua in
hoc spes sita 'st mihi.
Pseud. Vir malus viro optumo obviam it. *Sim.* Di te ament,
Pseudole : phui ! in malam crucem. 1290
Pseud. Cur ergo me adflictas? *Sim.* Quid tu, malum, ergo
in os mihi ebrius inructas?
Pseud. Molliter siste nunc me, cave ne cadam ; non vides
me ut madide madeam?
Sim. Quæ ista hæc audacia 'st, te sic interdius cum corolla
ebrium incedere? *Pseud.* Lubet.
Sim. Quid, lubet? pergin' ructare in os mihi? *Pseud.* Suavis ructus mihi est, sic sine modo.
Sim. Credo equidem potesse te, scelus, Massici montis
uberrumos quatuor 1295
Fructus ebibere in hora una. *Pseud.* Hiberna, addito. *Sim.*
Haud male mones :
Sed dic tamen, unde onustam celocem agere te prædicem?
Pseud. Cum tuo filio
Perpotavi modo; sed, Simo, ut probe tactus Ballio 'st! quæ
tibi dixi, ut
Ecfecta reddidi! *Sim.* Derides? pessumus homo est. *Pseud.*
Mulier hæc
Feci cum tuo filio libera adeunet. *Sim.* Omnia, ut quidque egisti ordine, 1300

Scio. *Pseud.* Quid ergo dubitas dare mihi argentum? *Sim.*
Jus petis, fateor.
Tene. *Pseud.* At negabas daturum esse te mihi, tamen
das : onera hunc hominem, atque me
Consequere hac. *Sim.* Ego istum onerem? *Pseud.* Onerabis, scio. *Sim.* Quid ego huic homini faciam?
Satin' ultro et argentum aufert, et me inridet? *Pseud.* Væ
victis! *Sim.* Vorte ergo humerum.
Hem! *Ball.* Hoc ego nunquam ratus sum fore, me ut tibi
fierem subplex. 1305
Heu heu heu! *Pseud.* Desine. *Ball.* Doleo. *Pseud.* Ni doleres tu, ego dolerem.
Ball. Quid hoc? aufferene, Pseudole, abs tuo hero? *Pseud.*
Lubentissumo corde atque animo.
Ball. Non audes, quæso, aliquam partem mihi gratiam
facere hinc argenti?
Pseud. Gnovi, me dices avidum esse : nam hinc nunquam
eris numo divitior.
Neque me tergi misereret, si hoc non hodie ecfecissem.
Ball. Erit ubi te ulciscar, si vivo. *Pseud.* Quid minitare?
habeo tergum. 1311
Ball. Age sane. *Pseud.* Igitur reddi. *Ball.* Quid redeam?
Pseud. Redi modo, non eris deceptus.
Ball. Redeo. *Pseud.* Simul mecum potatum. *Ball.* Egone

Ball. J'y vais ; conduis-moi où tu voudras.
Ps. Eh bien, Simon, gardez-vous rancune à moi ou à votre fils, pour toute cette affaire ?
Sim. Pas du tout (*).
Ps. (*à Ballion.*) Viens par ici.
Ball. Je te suis. Que n'invites-tu aussi les spectateurs ?
Ps. Par Hercule! nous ne sommes pas dans l'usage, eux et moi, de nous faire des invitations. (*Au public.*) Cependant si vous voulez applaudir et accorder votre suffrage à la pièce et aux acteurs, je vous invite pour demain (1).

(1) M. Naudet traduit : *Je vous inviterai demain.*

cam? *Pseud.* Fac quod te jubeo.
Si is, aut dimidium, aut plus etiam, faxo, hinc feres. *Ball.* Eo, duc me quo vis. *Pseud.* Quid nunc?
Numquid iratus es aut mihi, aut filio, propter has res, Simo? *Sim.* Nihil profecto.   1315
Pseud. I hac. *Ball.* Te sequor. Quin vocas spectatores si-mul? *Pseud.* Hercle, me isti
Haud solent vocare, neque ergo ego istos. Verum si voltis adplaudere
Atque adprobare hunc gregem et fabulam, in crastinum vos vocabo.

(*) A ce mot éclate le principal défaut de l'ouvrage. Simon, qu'on a vu d'abord plein de courroux et de défiance, se montre ici de trop bonne composition. Cette bonhomie subite, invraisemblable, finit la pièce, mais ne dénoue pas l'intrigue, qui reste imparfaite. Pseudolus s'arrête au milieu de sa tâche : il n'a été trompeur qu'à demi ; il s'était expressément engagé à duper à la fois Ballion et Simon. Le défi porté au vieillard rusé, prévenu et vigilant, avait surtout piqué vivement la curiosité. Ce défi se réduit à de vaines paroles, et le spectateur se trouve au dénoûment privé de la moitié de la comédie. Le poëte, qui n'a rien su inventer pour soutenir cette seconde lutte, est obligé de fausser sa promesse. Il semble que toute sa verve d'imagination et de gaieté se soit épuisée dans le complot si ingénieux, si plaisant, où l'infâme agent de débauche est livré à la risée et au mépris des spectateurs. L'auteur a pensé que ce succès pouvait le dispenser de l'autre ; et le spectateur, qui a ri, l'a tenu quitte.

Il faut aussi convenir que Pseudolus doit le succès de son intrigue plutôt à la fortune qu'à son génie. C'est par hasard qu'il rencontre le messager du militaire ; s'il ne l'eût pas rencontré, s'il n'eût pas trouvé en lui un imbécile fait exprès pour toutes les fourberies ; si d'un autre côté un ami de Callidore n'eût pas donné l'argent qui était encore dû au marchand d'esclaves, Pseudolus en aurait été pour ses fanfaronnades d'habileté et de rudes coups d'étrivières. Il profite, il est vrai, de tous les hasards avec beaucoup d'adresse ; mais le véritable génie d'un intrigant est de les préparer et de les faire naître. Ces défauts, pardonnables à un des premiers inventeurs de la comédie, sont rachetés ici par la peinture vigoureuse des caractères et la spirituelle vivacité du dialogue. En un mot, cet ouvrage méritait d'être joué par Roscius et applaudi par Cicéron.

LE MARCHAND.

PERSONNAGES DE LA PIÈCE.

CHARIN, jeune homme, amant de Pasicompsa.
ACANTHION, son esclave.
DÉMIPHON, père de Charin.
LYSIMAQUE, ami de Démiphon.
DORIPPE, femme de Lysimaque.
EUTYQUE, fils de Lysimaque.
PASICOMPSA, courtisane.
SYRA, vieille esclave de Dorippe.
UN CUISINIER.
ESCLAVES.
PÉRISTRATE, femme de Démiphon, personnage des scènes supposées du 4° acte.

La scène est à Athènes.

ARGUMENT.

Attribué à PRISCIEN.

Un jeune homme, envoyé par son père en pays étranger pour y faire le commerce, ramène avec lui une fille d'une beauté rare, qu'il a achetée. Le vieillard, qui l'a vue, s'informe qui elle est. L'esclave lui fait accroire que c'est une suivante que le jeune homme veut donner à sa mère. Le vieillard, qui en devient amoureux, feint de la vendre, et la met en dépôt chez son voisin. La femme du voisin s'imagine que c'est une maîtresse que son mari introduit dans la maison. Charin, prêt à s'exiler, est retenu par un de ses amis qui lui a retrouvé son amante.

AUTRE ARGUMENT.

Un vieillard a renvoyé son fils de la maison paternelle pour aller faire le commerce en pays étranger. Le jeune homme achète à son hôte une esclave dont il est épris. Il arrive, il débarque. Le père accourt, voit la belle, et tombe amoureux. Il demande à qui elle appartient : l'esclave répond que c'est une suivante que le jeune homme a achetée pour sa mère. Le vieillard, qui a ses vues, prie son fils de la vendre à un de ses amis. Le fils l'a promise à un des siens, dit l'esclave. Ils mettent dans leurs intérêts, l'un son voisin, l'autre le fils du voisin. Le vieillard prend les devants, et achète la jeune fille. La femme du voisin trouve chez elle cette fille, qu'elle prend pour une rivale. Elle tance son mari. Le jeune homme est consolé par son ami, qui se joint à son père pour supplier le vieillard de céder la belle au jeune amant.

ACTE PREMIER.

PROLOGUE (1).

Le théâtre représente une place : d'un côté, la maison de Lysimaque ; de l'autre, celle de Démiphon.

SCÈNE I.

CHARIN seul.

Mon intention est de faire aujourd'hui deux choses à la fois, de vous dire le sujet de la pièce et mes amours. J'imiterai les autres amoureux que j'ai vus dans les comédies. Ils racontent leurs infortunes à la nuit, au jour, au soleil, à la lune (2) qui, je crois, ne s'inquiètent guère des doléances humaines, de nos vœux et de nos craintes. C'est à vous que je ferai le récit de mes malheurs.

(1) Le prologue et la 1re scène ne font qu'un. — (2) Épigramme contre la *Médée* d'Euripide et l'*Électre* de Sophocle, où les personnages racontent leur douleur à la lune et aux étoiles.

MERCATOR.

DRAMATIS PERSONÆ.

CHARINUS, adolescens.
ACANTHIO, servus Charini.
DEMIPHO, senex, pater ejusdem.
LYSIMACHUS, senex amicus Demiphonis.
DORIPPA, uxor Lysimachi.
EUTYCHUS, adoléscens, Charini
amicus.
PASICOMPSA, meretrix.
SYRA, anus, serva Dorippæ.
COQUUS.
LORARII.
PERISTRATA, uxor Demiphonis, scenis suppositis agens.

ARGUMENTUM.

(UT QUIBUSDAM VIDETUR)

PRISCIANI.

Missus mercatum ab suo adulescens patre
Emit atque adportat acita forma mulierem.
Requirit quæ sit, postquam eam vidit, senex.
Confingit servos emtam matri pedisequam.
Amat senex hanc. Ad se simulans vendere,
Tradit vicino : eum putat uxor illius
Obduxe sibi scortum : tum Charinum ex fuga
Retrahit sodalis, postquam amicam invenerat.

ARGUMENTUM.

Mercatum a se dum filium extrudit pater,
Is peregre unius redimit ancillam hospitis
Amore captus : ut venit, navi exsilit.
Pater advolat, visam ancillam deperit.

Quojus sit, percontatur : servos, pedisequam
Ab adulescente matri emtam ipsius.
Senex sibi prospiciens, ut amico suo
Væniret, gnatum orabat, gnatus, ut suo.
Hic filium subdiderat vicini; pater
Vicinum : præmercatur ancillam senex.
Eam domi deprehensam conjunx filius
Vicini scortum insimulat : protelat virum.
Mercator exspes patria fugere destinat :
Prohibetur a sodale, qui patrem illius
Orat suo cum patre, gnato ut cederet.

ACTUS PRIMUS.

PROLOGUS.

SCENA PRIMA.

CHARINUS.

Duas res simul nunc agere decretum 'st mihi,
Et argumentum et meos amores eloquar.
Non ego idem facio, ut alios in comediis
Vidi facere amatores, qui aut nocti, aut die,
Aut soli, aut lunæ miserias narrant suas.
Quos, pol, ego credo humanas querimonias
Non tanti facere, quid velint, quid non velint.
Vobis narrabo potius meas nunc miserias.
Græce hæc vocatur Emporos Philemonis,
Eadem latine Mercator Marci Accii.

LE MARCHAND, ACTE I, SCÈNE I.

Cette comédie s'intitule en grec Emporos (1) : elle est de Philémon (2) : Marcus Accius (*Plaute*), qui la met en latin, l'intitule *le Marchand*.

Mon père m'envoya faire le commerce à Rhodes (3) ; il y a deux ans que je quittai la maison. Dans ce pays, je devins amoureux d'une femme de la plus rare beauté. Mais, pour vous raconter comment cette liaison s'est formée, il faut que vos oreilles aient le loisir de m'entendre, et que vos esprits soient disposés à une bienveillante attention.

Ici je m'écarte un peu des règles de nos ancêtres : j'ai fait l'annonce tout d'abord, avant de vous avoir demandé votre agrément. L'amour est accompagné de tant de défauts, préoccupation, maladie d'esprit, prodigalité : ce dernier travers ne fait pas tort seulement aux amoureux, il perd sans ressource tous ceux qu'il séduit. Ce n'est jamais impunément qu'on pousse le luxe plus loin que la fortune ne le permet. Mais l'amour traîne encore après lui un cortège que j'oubliais, l'insomnie, le chagrin, l'égarement, la frayeur, la fuite, la sottise avec la folie, l'indiscrétion, l'inadvertance, les excès les plus insensés, la violence, les désirs effrénés, la malice. A l'amour s'attachent encore la cupidité la paresse, l'injure, la misère, la honte, la dissipation, le bavardage, la stérilité de paroles. En effet, que de discours superflus, inutiles à leurs intérêts, les amants tiennent mal à propos! En revanche, quel amant sait trouver l'éloquence convenable à sa situation et parler juste comme il faut? Ainsi ne vous choquez pas de mon bavardage : Vénus m'en a affligé en même temps que du mal d'amour. Mais je reviens... J'achève ce que j'avais commencé à vous dire.

A peine l'âge venait-il de me séparer des adolescents, et d'éloigner mon esprit des amusements de l'enfance, que je m'avisai d'aimer avec passion une courtisane d'ici. Aussitôt mon bien s'en alla chez elle comme en exil, à l'insu de mon père. Un impitoyable marchand d'esclaves, le maître de la belle, tirait de moi tout ce qu'il pouvait avec la plus odieuse rapacité. Mon père de me gourmander jour et nuit, de me dérouler le tableau des tours perfides, des friponneries des prostitueurs, se plaignant que je le ruinais pour les enrichir. C'étaient des cris d'une violence! D'autres fois il grommelait tout bas, hochait la tête, et me reniait pour son fils. Il allait proclamant, recommandant par toute la ville, qu'on ne s'avisât pas de me rien prêter ; que l'amour entraînait les jeunes gens dans de folles dépenses; que j'étais un libertin, un dévergondé, un mauvais garnement, uniquement occupé à tirer de l'argent de sa bourse, à épuiser sa maison ; que c'était une conduite affreuse ; que tout le bien qu'il avait amassé à force de travail se dissipait, s'engloutissait par mes fredaines ; qu'il y avait assez longtemps qu'il nourrissait en moi son déshonneur; que si je n'en rougissais pas, je ferais mieux de me tuer : que lui, au sortir de l'enfance, il ne s'était pas livré, comme moi, à l'amour, à l'oisiveté, à tous les plaisirs; qu'il n'en aurait pas eu la liberté; que son père l'avait rigoureusement tenu dans le devoir, l'exerçant aux longs et rudes travaux dans la poussière des champs; qu'il ne lui était permis de venir à la ville qu'une fois tous les cinq ans, et qu'il n'avait pas plutôt vu le péplum sacré (1), que son père

(1) Qui fait le commerce à l'étranger.
(2) Poëte de Syracuse qui vivait 136 ans avant Plaute. — M. Naudet remarque que Pacuvius avait fait aussi une comédie intitulée *le Marchand*. Était-ce une autre imitation de la pièce grecque? il n'en reste qu'un seul vers, cité par Varron :
Non tibi istuc magis dividiæ 'st, quam mihi hodie fuit ;
et ce vers se trouve mot pour mot au 3e acte de Plaute (v. 613).
(3) Ces sortes de voyages étaient la correction ordinaire des fils de famille mauvais sujets.

(1) Espèce de robe blanche brodée d'or, consacrée à Minerve en mémoire de la défaite d'Encélade. Les femmes portaient le péplum triomphalement, dans la ville, le jour de la fête de la déesse, aux grandes Panathénées, qui se célébraient tous les 5 ans.

```
Pater ad mercatum hic me meus misit Rhodum.
Biennium jam factum'st, postquam abii domo.
Ibi amare obcœpi forma eximia mulierem.
Sed, ea ut sim inplicitus, dicam, si opera 'st auribus,
Atque ad advortundum huc animum adest benignitas.      15
Et hoc parum etiam more majorum institui :
Prius, ac percontatus sum vos, sumsi indicium inlico.
Nam amorem hæc cuncta vitia sectari solent,
Cura, ægritudo, nimiaque elegantia :
Hæc non illum modo qui amat, sed quemque adtigit,      20
Magno atque solido multat infortunio.
Nec, pol, profecto quisquam sine grandi malo,
Præquam res patitur, studuit elegantiæ.
Sed amori adcedunt etiam hæc, quæ dixi minus,
Insomnia, ærumna, error, terror, et fuga,               25
Ineptia, stultitiaque adeo, et temeritas,
Incogitantia, excors inmodestia,
Petulantia, cupiditas et malevolentia;
Inhæret etiam aviditas, desidia, injuria,
Inopia, contumelia, et dispendium,                      30
Multiloquium, pauciloquium : hoc ideo fit, quia
Quæ nihil adtingunt ad rem, nec sunt usui, hæc
Amator profert sæpe adverso tempore.
Hoc pauciloquium rursum idcirco prædico,
Quia nullus unquam amator adeo 'st callide              35
Facundus, quæ in rem sint suam, ut possit loqui.
Nunc vos mihi irasci ob multiloquium non decet;
Eodem quo amorem Venus mihi hoc legavit die.
Illuc revorti certum, ut conata eloquar.

Principio atque animus ephebis ætate exiit,             40
Atque animus studio amotus puerili 'st meus,
Amare valide cœpi heic meretricem : inlico
Res exulatum ad illam abibat clam patris.
Leno importunus, dominus ejus mulieris,
Vi summa quidque ut poterat, rapiebat domum.            45
Objurgare pater hæc me noctcis et dies,
Perfidiam, injustitiam lenonum expromere;
Lacerari valide suam rem, illius augerier.
Summo hæc clamore : interdum mussans conloqui,
Abnuere : negitare adeo me gnatum suum :                50
Conclamitare tota urbe et prædicere,
Omneis tenerent mutuitanti credere.
Amorem multos inlexe in dispendium.
Intemperantem, non modestum, injurium,
Trahere, exhaurire me quod quirem ab se domo.           55
Rationem pessumam esse; ea, quæ ipsus optuma
Omneis labores invenisset perferens,
Amoris vi disfunditari ac deteri.
Convicium tot me annos jam se pascere,
Quod nisi puderet, ne luberet vivere.                   60
Sese extemplo ex ephebis postquam excesserit
Non, ut ego, amori, neque desidiæ in otio
Operam dedisse, neque potestatem sibi
Fuisse; adeo arcte cohibitum esse a patre :
Multo opere inmundo rustico se exercitum :              65
Neque nisi quinto anno quoque posse invisere
Urbem, atque extemplo inde, ut spectavisset peplum,
Rus rursum confestim exigi solitum a patre.
```

je renvoyait à la campagne; que, pour l'exciter à devancer à l'ouvrage tous les gens de la maison, il suffisait que son père lui dît : « C'est pour toi que « tu laboures, c'est pour toi que tu herses, que tu « sèmes, que tu moissonnes : c'est à toi enfin que « ce travail donnera du plaisir. » Quand son père eut cessé de vivre, il avait vendu les terres pour acheter un vaisseau de trois cents mesures, sur lequel il avait transporté des marchandises en tous lieux, jusqu'à ce qu'il eût amassé les biens qu'il possédait aujourd'hui. Voilà, continuait-il, ce que tu devrais faire si tu faisais bien. »

Moi, me voyant en butte au courroux paternel et l'objet de la haine de celui auquel j'aurais dû plaire en toute chose, j'affermis mon âme contre l'amour et les passions, et je déclare à mon père que je suis prêt, s'il le veut, à partir et à faire le commerce; que je dis adieu à l'amour pour lui obéir. Il me remercie, loue ma bonne résolution; mais il a soin de presser l'exécution de ma promesse. Il construit un vaisseau de Corcyre (1), achète des marchandises. Le vaisseau équipé, il le charge de marchandises, et me remet de sa propre main un talent d'argent. Il me donne, pour m'accompagner, un esclave qui avait été mon gouverneur dès ma plus tendre enfance, et qui devait veiller sur moi. Ces préparatifs achevés, nous levons l'ancre : nous arrivons à Rhodes; là je vends toutes mes marchandises au gré de mes désirs, et j'en tire un gros bénéfice bien au-dessus de la valeur que mon père leur supposait : je me fais un riche pécule. Cependant un jour que je me promenais sur le port, un hôte de mon père me reconnaît et m'invite à souper. Je me rends à l'invitation, je me mets à table, je reçois un accueil joyeux et magnifique. La nuit, chacun va se coucher : alors

(1) Île du golfe de Venise où l'on construisait de forts grands vaisseaux.

s'offre à moi une femme.... la plus belle des femmes. Mon hôte me la donnait pour cette nuit; vous jugez quel plaisir j'éprouvai! le lendemain je vais trouver mon hôte, pour le prier de me la vendre; en lui déclarant un tel service, je l'assurais à jamais de ma reconnaissance. A quoi bon tant de paroles? J'achetai l'esclave, et je l'ai amenée hier ici. Je ne veux pas que mon père le sache, et j'ai laissé la belle dans le vaisseau avec mon esclave (1). Mais c'est mon esclave lui-même que je vois accourir du port. Je lui avais pourtant défendu de quitter le vaisseau. Je crains quelque malheur.

SCÈNE II.
ACANTHION, CHARIN.

Ac. (*sans voir Charin.*) Courage, Acanthion, épuise toutes les ressources de ton adresse, déploie tous tes efforts pour sauver ton jeune maître. Allons, Acanthion, chasse loin de toi la fatigue, mets-toi en garde contre la paresse : écarte, repousse, jette à travers la rue quiconque te barrera le passage. Quelle mauvaise habitude on a ici! un homme court-il ? est-il pressé? personne ne daigne se ranger pour lui. Il faut ainsi faire trois choses à la fois, au lieu d'une : courir, se battre et se disputer en route.

Ch. (*à part.*) Qu'a-t-il donc pour se tant mettre en peine de courir sans nul obstacle? Je suis inquiet de savoir quelle affaire le préoccupe, ou quelle nouvelle il apporte.

Ac. Je m'amuse ici à des bagatelles : plus je m'arrête, et plus l'affaire est en péril.

Ch. (*à part.*) Il porte sans doute quelque mauvaise nouvelle.

Ac. Les jambes abandonnent le coureur. Je me

(1) C'est dans le voyage même entrepris pour fuir l'amour que le jeune homme forme une autre liaison. Cette avant-scène, fondée sur la force irrésistible de la nature, est très-heureuse, et décèle un habile et profond observateur.

Ibi multo primum se familiarium
Laboravisse, quom hæc pater sibi diceret :   70
Tibi aras, tibi occas, tibi seris, tibi eidem metis :
Tibi denique iste pariet lætitiam labos.
Postquam recesset vita patrio corpore,
Agrum se vendidisse, atque ea pecunia
Navium, metretas quæ trecentas tolleret   75
Parasse, atque eapse merceis vectatum undique,
Adeo dum, quæ tum haberet, peperisset bona.
Me idem decere, si, ut deceret me, forem.
Ego me ubi invisum meo patri esse intellego,
Atque esse odio me quoi placere æquoum fuit,   80
Amens amansque utut animum obfirmo meum,
Dico esse iturum me mercatum, si velit :
Amorem missum facere me, dum illi obsequar.
Agit mihi gratias, atque ingenium adlaudat meum.
Sed mea promissa non neglexit persequi.   85
Ædificat navim cercurum et merceis emit,
Parata navi, inponit ; præterea mihi
Talentum argenti ipsus sua adoumerat manu ;
Servom una mittit, qui olim a puero parvolo
Mihi pædagogus fuerat, quasi uti mihi foret   90
Custos ; iisce confectis navim solvimus;
Rhodum venimus, ubi, quas merceis vexeram,
Omneis, ut volui, vendidi ex sententia ;
Lucrum ingens facto, præterquam mihi meus pater
Dedit æstimatas merceis : ita peculium   95
Conficio grande. Sed, dum in portu illei ambulo,
Hospes me quidam agnovit, ad cœnam vocat.
Venio, decumbo, adceptus hilare atque ampliter.
Discubitum noctu ut imus, ecce ad me advenit

Mulier, qua mulier alia nulla 'st polchrior :   100
Ea nocte mecum illa hospitis jussu fuit.
Vosmet videte, quam mihi valde placuerit!
Postridie hospitem adeo, oro ut vendat mihi.
Dico ejus pro meritis gratum me et munem fore.
Quid verbis opus est? emi, atque advexi heri.   105
Eam me advexisse nolo resciscat pater.
Modo eam reliqui ad portum in navi, et servolum.
Sed quid currentem servom a portu conspicor,
Quem navi abire vetui? Timeo quid siet.   109

SCENA SECUNDA.
ACANTHIO, CHARINUS.

Ac. Ex summis opibus viribusque usque experire, nitere,
Herus ut minor opera tua servetur. Agedum, Acanthio,
Abige abs te lassitudinem; cave pigritiæ prævorteris;
Simul autem plenissume eos, qui adversum euut, adspellito,
Detrude, deturba in viam. Hæc heic disciplina pessuma 'st :
Currenti, properanti haud quisquam dignum habet decedere.   115
Ita treis simitu res agendæ sunt, quando unam obceperis :
Et currendum, et pugnandum, et autem jurgandum'st in via.
Char. Quid illud est, quod ille tam expedite exquirit cursuram sibi?
Cura 'st, negoti quid sit, aut quid nunciet. *Ac.* Nugas ago ;
Quam maxume resisto, tam res in periculo vortitur.   120
Char. Mali nescio quid nunciat. *Ac.* Genua huuc cursorem deserunt.

LE MARCHAND, ACTE I, SCÈNE II.

meurs! Ma rate se révolte et force mes poumons; ma respiration s'échappe par saccades. Je me soutiens à peine, par Hercule, tant je suis essoufflé! Je suis mort! je ne puis calmer ma poitrine haletante : je serais un bien mauvais joueur de flûte.

Ch. (*à part.*) Eh bien! prends le bout de ta tunique pour essuyer ta sueur.

Ac. Non, par Pollux! tous les baisers du monde ne pourraient me délasser. Mais où est Charin, mon maître? est-il à la maison? est-il sorti?

Ch. (*à part.*) Mon esprit ne devine pas quelle affaire ce peut être. Il faut que je m'adresse à lui pour m'en éclaircir.

Ac. Eh bien, je suis encore planté là! Je n'ai pas encore mis cette porte en morceaux! Holà! quelqu'un! qu'on ouvre! où est mon maître Charin? à la ville, ou bien à la maison? Personne n'est-il assez honnête pour m'ouvrir la porte?

Ch. C'est moi que tu cherches, Acanthion? me voici.

Ac. (*sans faire attention à Charin.*) Nulle part le service n'est fait avec autant de négligence.

Ch. Quel fâcheux accident t'agite ainsi?

Ac. Un terrible pour vous et pour moi, mon maître.

Ch. Qu'y a-t-il?

Ac. Nous sommes perdus!

Ch. Garde cet exorde pour nos ennemis.

Ac. C'est à vous qu'il s'applique, grâce à la fortune.

Ch. Apprends-moi cet accident.

Ac. Doucement; j'ai besoin de me remettre un peu : pour vous servir, je me suis rompu les veines des poumons, et je crache le sang depuis une heure.

Ch. (*vivement.*) Avale de la résine d'Égypte avec du miel, et tu seras guéri.

Ac. (*de même.*) Et vous, par Pollux, buvez de la poix bouillante, et vos maux s'en iront.

Ch. Je ne connais pas d'homme plus irascible que toi.

Ac. Et moi je ne connais pas de langue plus incommode que la vôtre.

Ch. Eh! je te conseille le remède, que je crois bon pour ta santé.

Ac. Foin de vos remèdes, qui seraient un supplice!

Ch. Dis-moi s'il y a au monde un bien dont on puisse jouir sans mélange de mal, ou qu'on puisse obtenir sans peine?

Ac. Je n'entends rien à ce discours : je n'ai jamais appris à philosopher, et je ne me pique pas de le savoir. Pour moi, le bien qui n'arrive qu'en compagnie du mal ne me fait nulle envie.

Ch. Allons, donne-moi la main, Acanthion (1).

Ac. (*d'un air de protection.*) On vous la donnera : tenez, la voici.

Ch. Veux-tu me servir avec zèle, ou ne le veux-tu pas?

Ac. Vous pouvez le connaître par expérience, quand je viens de me crever à courir pour vous, pour vous apprendre sans retard ce que je savais.

Ch. Je te donnerai la liberté avant peu de mois.

Ac. Vous me cajolez.

Ch. Oserais-je, moi, te dire un mensonge? Eh bien! avant que j'ouvre la bouche, tu sais si je veux mentir.

Ac. Ah! votre verbiage augmente encore ma fatigue; vous m'assommez.

Ch. Est-ce ainsi que tu te montres bon serviteur?

Ac. Que voulez-vous que je fasse?

Ch. Ce que tu fasses! vraiment, ce que je veux.

Ac. Eh bien, qu'est-ce que vous voulez?

Ch. Je vais te le dire.

Ac. Dites-le donc.

Ch. Parlons doucement.

(1) Ce mouvement dramatique, ce changement subit de sentiments se retrouvent dans le *Tartufe* à la scène de Dorine et de Mariane, et dans les *Fourberies de Scapin*, au second acte.

Perii! seditionem facit lien, obcupat præcordia.
Simul emicat subspiritus. Vix subfero, hercle, anhelitum.
Perii! animam nequeo vortere; nimis nihili tibicen siem!
Char. At tu, edepol, sume laciniam, atque absterge sudo
    rem tibi.   125
Ac. Nunquam, edepol, omneis balineæ mi hanc lassitudinem eximent.
Domin' an foris dicam esse herum Charinum? *Char.* Ego
    animi pendeo,
Quid illud sit negoti : lubet scire ex hoc me, ut sim certior.
Ac. At etiam adsto? at etiam cesso foribus facere hisce adsulas?
Aperite aliquis : ubi Charinus herus? domin' est, an foris?
Num quisquam adire ad ostium dignum arbitratur? *Char.*
    Ecce me,   131
Acanthio, quem quæris. *Ac.* Nusquam 'st disciplina ignavior.
Char. Quæ te res malæ agitant? *Ac.* Multæ, here, te atque
    me. *Char.* Quid est negoti?
Ac. Periimus. *Char.* Principium inimicis dato. *Ac.* At tibi
    sortito id obtigit.
Char. Loquere id negoti, quidquid est. *Ac.* Placide; volo
    adquiescere.   135
Tua causa rupi ramices, jamdudum sputo sanguinem.
Char. Resinam ex melle Ægyptiam vorato, salvom feceris.
Ac. At tu, edepol, calidam picem bibito, ægritudo abscesserit.
Char. Hominem ego iracundiorem, quam te, gnovi neminem.   139

Ac. At ego maledicentiorem, quam te, gnovi neminem.
Char. Sin saluti quod tibi esse censeo, id consuadeo.
Ac. Apage istiusmodi salutem, cum cruciatu quæ advenit.
Char. Dic mihi an boni quid usquam 'st, quod quisquam uti
    possiet
Sine malo omni; aut ne laborem capias, quom illo uti voles?
Ac. Nescio ego istæc : philosophari nunquam didici, neque
    scio.   145
Ego bonum, malum quo adcedit, mihi dari haud desidero.
Char. Cedo tuam mihi dexteram, agedum, Acanthio. *Ac.*
    Hem, dabitur : tene.
Char. Vin' tu te mihi obesse sequentem, an nevis? *Ac.* Opera
    licet
Experiri, qui me rupi causa currendo tua,   149
Ut quæ scirem, scire adtutum tibi liceret. *Char.* Liberum
Caput tibi faciam, paucos eis menseis. *Ac.* Palpo percutis.
Char. Egon' ausim tibi usquam quidquam facinus falsum
    proloqui?
Quin jam priusquam sim elocutus, scis, si mentiri volo.
Ac. Ah,
Lassitudinem, hercle, verba tua mihi addunt, enicas.
Char. Siccine mihi obsequens es? *Ac.* Quid vis faciam?
Char. Tun'? id quod volo.   155
Ac. Quid est igitur, quod vis? *Char.* Dicam. *Ac.* Dice.
Char. At enim placide volo.
Ac. Dormientels spectatores metuis ne e somno excites.
Char. Væ tibi. *Ac.* Tibi equidem a portu adporto hoc. *Char.*
    Quid fers? dic mihi.

Ac. Vous craignez de réveiller les spectateurs qui dorment?
Ch. Malheur à toi!
Ac. C'est précisément ce que je vous apporte du port.
Ch. Que m'apportes-tu? parle.
Ac. Un coup affreux, la crainte, les tourments, les chagrins, les querelles et la misère.
Ch. Je suis mort! tu m'apportes là un trésor de malheurs! je suis perdu!
Ac. Oui, vous êtes....
Ch. Je te comprends... tu veux dire misérable.
Ac. C'est vous qui l'avez dit. Je me tais.
Ch. Quel est donc ce malheur?
Ac. Ne me le demandez pas. c'est le plus grand des malheurs.
Ch. (*avec impatience.*) Je t'en conjure, délivre-moi de cette incertitude; c'est trop longtemps tenir mon esprit en suspens.
Ac. Doucement; j'ai plusieurs choses à vous demander avant d'être battu.
Ch. Par Hercule, tu le seras, si tu ne parles à l'instant, ou si tu ne sors d'ici bien vite.
Ac. Voyez donc cet air patelin! Il n'y a personne, quand il s'y met, qui soit plus aimable que lui.
Ch. Je t'en prie, je t'en conjure, par Hercule! instruis-moi vite de ce qui se passe : car je vois qu'il me faut supplier mon esclave.
Ac. C'est une indignité, n'est-ce pas?
Ch. Non, c'est juste.
Ac. Je le crois bien.
Ch. Je t'en prie, est-ce que mon vaisseau a péri?
Ac. Votre vaisseau est en bon état, ne craignez rien...
Ch. C'est peut-être l'équipement?
Ac. Il est en sûreté, et parfaitement intact.
Ch. Explique-toi donc : pourquoi tout à l'heure me cherchais-tu en courant par les rues?

Ac. Vous m'arrachez toujours la parole... taisez-vous.
Ch. Je me tais.
Ac. De quels tourments m'accableriez-vous donc si je vous apportais une bonne nouvelle, puisque à présent que vous en avez une mauvaise à entendre, vous me persécutez pour parler?
Ch. Je te supplie, par Hercule, de me faire connaître cette mauvaise nouvelle.
Ac. Je vais parler, puisque vous m'en priez; votre père....
Ch. Eh bien! mon père....
Ac. A vu votre....
Ch. Qu'a-t-il vu?
Ac. Votre maîtresse.
Ch. Ma maîtresse! ô malheureux que je suis! réponds à mes questions.
Ac. Demandez-moi ce que vous voulez.
Ch. Comment l'a-t-il pu voir?
Ac. Avec ses yeux.
Ch. De quelle manière?
Ac. En les ouvrant bien.
Ch. (*en colère.*) Sors d'ici, pendard. Tu plaisantes, quand il y va de ma vie!
Ac. Peste soit de vous! Est-ce que je plaisante, quand je réponds à vos questions?
Ch. Est-il certain qu'il l'ait vue?
Ac. Aussi vrai que vous me voyez et que je vous vois.
Ch. Où l'a-t-il vue?
Ac. Dans le vaisseau où il est allé, où il l'a trouvée, et où il s'est mis à causer avec elle.
Ch. Ah! mon père, vous m'assassinez! (*à Acanthion.*) Mais toi, toi, pourquoi ne l'as-tu pas empêché de la voir, maraud? pourquoi, scélérat, ne la cachais-tu pas aux regards de mon père?
Ac. Parce que nous étions affairés, et tout entiers à notre affaire. Nous étions occupés à plier et à ranger les agrès. Pendant ce travail, votre père arrive

Ac. Vim, metum, cruciatum, curam, jurgiumque atque inopiam.
Char. Perii! tu quidem thesaurum huc mihi adportavisti mali. 160
Nullus sum. *Ac.* Imo es... *Char.* Scio jam, miserum dices.
Ac. Tu dixti, ego taceo.
Char. Quid istuc est mali? *Ac.* Ne rogites : maxumum infortunium 'st.
Char. Obsecro, dissolve jam me; nimis diu animi pendeo.
Ac. Placide, multa exquirere etiam prius volo, quam vapules.
Ch. Hercle, vero vapulabis, nisi jam loquere, aut hinc abis.
Ac. Hoc, sis, vide, ut palpatur! nullus est, quando obcepit, blandior. 166
Char. Obsecro, hercle, oroque, ut, istuc quid sit, actutum indices :
Quandoquidem mihi subplicandum servolo video meo.
Ac. Tandem indignus videor? *Char.* Imo dignus. *Ac.* Equidem credidi.
Char. Obsecro, num navis periit? *Ac.* Salva 'st navis, ne-time. 170
Char. Quid? Alia armamenta? *Ac.* Salva et sana sunt. *Char.* Quin tu expedis,
Quid siet, quod me per urbem currens quærebas modo.
Ac. Tu quidem ex ore orationem mihi eripis. *Char.* Tace.
Ac. Taceo.
Credo, si boni quid ad te nunciem, instes acriter,

Qui nunc, quom malum audiundum 'st, flagitas me ut eloquar. 175
Char. Obsecro, hercle, te, istuc uti tu mihi malum facias palam.
Ac. Eloquar, quandoquidem me oras : tuus pater.... *Char.* Quid meus pater?
Ac. Tuam amicam. *Char.* Quid eam? *Ac.* Vidit. *Char.* Vidit! væ misero mihi!
Hoc, quod te interrogo, responde. *Ac.* Quin tu, si quid vis, roga.
Char. Qui potuit videre? *Ac.* Oculis. *Char.* Quo pacto? *Ac.* Hiantibus. 180
Char. I hinc dierectus : nugare in re capitali mea.
Ac. Qui, malum, ego nugor, si tibi, quod me rogas, respondeo?
Char. Certen' vidit? *Ac.* Tam, hercle, certe, quam ego te, ac tu me vides.
Char. Ubi eam vidit? *Ac.* Intus intra navim, uti prope adstitit,
Et cum ea confabulatu'st. *Char.* Perdidisti me, pater! 185
Eho tu, eho tu, quin cavisti ne eam videret, verbero?
Quin, sceleste, abstrudebas, ne eam conspiceret pater?
Ac. Quia negotiosi eramus nos nostris negotiis :
Armamentis conplicandis et conponendis studuimus.
Dum hæc aguntur, lembo advehitur tuus pater pauxillulo :
Neque quisquam hominem conspicatu'st, donec in navi super 191

dans une barque tout doucement, et avant que personne l'aperçoive il monte sur notre vaisseau.

Ch. C'est donc en vain que j'avais échappé aux fureurs de la mer et des tempêtes! Je croyais être dans le port et en sûreté ; et je me vois poussé contre l'écueil par les vagues irritées. (*A l'esclave.*) Achève, que s'est-il passé?

Ac. A peine a-t-il aperçu la belle, qu'il lui demande à qui elle appartient.

Ch. Qu'a-t-elle répondu?

Ac. Je me jette vite à la traverse, et, prévenant la réponse, je dis que c'est une suivante que vous avez achetée pour votre mère.

Ch. A-t-il paru te croire?

Ac. Vous me le demandez? mais le vieux coquin s'est mis à lui faire des agaceries...

Ch. A elle..? est-il possible?

Ac. Il est étonnant que ce ne soit point à moi.

Ch. Par Pollux! mon pauvre cœur se fond goutte à goutte, comme du sel qu'on jetterait dans l'eau. Je suis un homme mort!

Ac. Vous n'avez jamais dit une plus grande vérité ; car vous êtes fou.

Ch. Que faire? Mon père, je le crains, ne me croira pas, si je lui dis que j'ai acheté cette jeune fille pour ma mère : et puis je regarde comme un crime de faire un mensonge à son père. D'ailleurs il ne croira pas, et il n'est pas croyable en effet que j'aie acheté une fille d'une si rare beauté pour être servante de ma mère.

Ac. Taisez-vous, grand fou! Il vous en croira ; il m'en a bien cru déjà, moi.

Ch. Malheureux! je tremble que mon père ne soupçonne la vérité : mais je te prie de me répondre.

Ac. Que me voulez-vous?

Ch. T'a-t-il paru soupçonner qu'elle fût ma maîtresse?

Ac. Point du tout ; au contraire. Il a cru tout ce que je lui disais.

Ch. Oui, à ce qu'il t'a semblé.

Ac. Non ; il me croyait vraiment.

Ch. Malheur à moi! je suis anéanti. Mais pourquoi m'épuiser ici en lamentations, au lieu de courir à mon vaisseau? Allons, suis-moi. (*Il va pour sortir.*)

Ac. (*l'arrêtant.*) Si vous allez de ce côté, vous allez droit à la rencontre de votre père. Quand il vous verra troublé, interdit, il vous arrêtera, il vous demandera à qui vous l'avez achetée, quel prix. Vous serez embarrassé, il cherchera à vous pénétrer.

Ch. Eh bien! j'irai par ici. Crois-tu que mon père soit déjà éloigné du port?

Ac. Oui, puisque je suis accouru ici, de peur qu'il ne vous prît au dépourvu et ne vous arrachât votre secret.

Ch. Très-bien. (*ils sortent.*)

ACTE SECOND.
SCÈNE I.
DÉMIPHON (*seul*).

Les dieux se jouent étrangement des hommes, et leur envoient pendant le sommeil de singulières visions! Moi, par exemple, la nuit dernière, combien j'ai été agité, tourmenté en dormant! Il me semblait que j'avais acheté une chèvre fort belle : et, de peur que celle que j'avais déjà chez moi ne lui fît du mal et qu'elles ne se disputassent si je les mettais ensemble, je m'imaginai qu'après l'avoir ache-

---

Char. Nequidquam mare subterfugi sævis tempestatibus.
Equidem jam me censebam esse in terra atque in tuto loco :
Verum video me ad saxa ferri sævis fluctibus.
Loquere porro quid sit actum. *Ac.* Postquam adspexit mulierem, 195
Rogitare obcœpit quoja esset. *Char.* Quid respondit? *Ac.*
Inlico
Obcucurri, atque interpello, matri te ancillam tuæ
Emisse illam. *Char.* Visu'st tibi credere id? *Ac.* Etiam rogas?
Sed scelestus subigitare obcœpit. *Char.* Illamne, obsecro?
Ac. Mirum, quin me subigitaret. *Char.* Edepol, cor miserum meum, 200
Quod guttatim contabescit, quasi in aquam indideris salem!
Perii! *Ac.* Hem istuc unum verbum dixisti verissumum :
Stultitia istæc est. *Char.* Quid faciam? credo, non credet pater,
Si illam matri meæ emisse dicam : post autem mihi
Scelus videtur, me parenti proloqui mendacium. 205
Neque ille credet, neque credibile 'st forma eximia mulierem,
Eam me emisse ancillam matri. *Ac.* Non taces, stultissume?
Credet, hercle : nam credebat jam mihi. *Char.* Metuo miser,
Ne patrem prehendat, ut sit gesta res, subspicio.
Hoc quod te rogo responde, quæso. *Ac.* Quid rogas? 210
Char. Num esse amicam subspicari visus est? *Ac.* Non visus est.
Quin, quidque ut dicebam, mihi credebat. *Char.* Verum ut tibi quidem

Visus est. *Ac.* Non ; sed credebat. *Char.* Væ mihi misero, nullus sum.
Sed quid ego heic in lamentando pereo, ad navim non eo?
Sequere. *Ac.* Si istac ibis, conmodum obviam venies patri.
Posteaquam adspiciet te timidum esse atque exanimatum, inlico 215
Retinebit, rogitabit, unde illam emeris, quanti emeris ;
Timidum tentabit te. *Char.* Quin hac ibo potius : jam censes patrem
Abiisse a portu? *Ac.* Quin ea ego huc præcucurri gratia,
Ne te obprimeret inprudentem, atque electaret. *Char.* Optume. 220

ACTUS SECUNDUS.
SCENA PRIMA.
DEMIPHO.

Miris modis di ludos faciunt hominibus,
Mirisque exemplis somnia in somnis danunt.
Velut ego nocte hac, quæ præteriit, proxuma
In somnis egi satis, et fui homo exercitus.
Mercuri visus mihi sum formosam capram. 225
Ei ne noceret, quam domi ante habui capram,
Neu discordarent, si ambo in uno essent loco,
Posterius quam mercatus fueram, visus sum
In custodiam eam simiæ concredere.
Ea simia adeo post haud multo ad me venit, 230
Male mihi precatur, et facit convicium :
Ait sese illius opera atque adventu capræ
Flagitium et damnum fecisse haud mediocriter.

tée je la confiais à la garde d'un singe. Bientôt après ce singe m'accable de malédictions et d'invectives : il se plaint que cette chèvre cause beaucoup de désordre et de dommage chez lui. Il prétend que cette chèvre que je lui avais confiée avait rongé la dot de sa femme (1). Il me semblait étonnant que cette chèvre eût rongé à elle seule la dot de la femme du singe. Il soutient que c'est la vérité, ajoutant que si je ne me hâte de la reprendre, il va la mener chez moi à ma femme. Moi, j'aimais beaucoup cette chèvre, et je n'avais personne à qui la confier. Que faire? quelle perplexité! j'étais au supplice. Tout à coup un jeune bouc venant à moi m'annonce qu'il a emmené la chèvre de chez le singe, et se met à me railler. Je me lamente, je pleure la chèvre qu'on m'a ravie. — Que signifie ce rêve? je ne puis le deviner. Je soupçonne pourtant que j'ai déjà trouvé ce que c'est que la chèvre et ce qu'elle signifie. Ce matin j'étais allé au port dès le point du jour : après avoir terminé mes affaires, j'aperçois tout à coup le vaisseau sur lequel mon fils était arrivé hier de Rhodes : l'envie me prit, je ne sais comment, de visiter ce vaisseau : je monte dans une barque, qui me conduit à bord. Que vois-je? une femme d'une rare beauté, une jeune suivante que mon fils amène pour le service de sa mère. Je ne l'ai pas plutôt vue, que j'en deviens amoureux, non comme un homme qui jouit de sa raison, mais comme un fou. Certes, j'ai aimé jadis dans mon jeune temps, mais jamais avec cette fureur insensée! Je ne sais qu'une chose, par Hercule! c'est que je ne vis plus. (*Aux spectateurs*) Voyez vous-mêmes à quoi je suis réduit. Plus de doute maintenant : la chèvre est trouvée. Mais que signifient le singe et le bouc? ce présage m'effraie (2). Taisons-nous : voici mon voisin qui sort de chez lui.

(1) La séparation que la femme de Lysimaque pourra demander contre lui, quand elle aura surpris une courtisane chez elle, entraînait la restitution de la dot.

SCENE II.

LYSIMAQUE, DÉMIPHON, ESCLAVES.

Lys. (*à ses gens.*) Je ferai châtrer ce vieux bouc qui nous a causé tant d'ennuis à la campagne.
Dém. Mauvais augure! et ce début ne me plaît guère. Je crains que ma femme ne me traite comme ce bouc, et que le voisin ne joue le rôle du singe.
Lys. (*à un esclave.*) Va de ce pas à la ferme, et remets ces râteaux au fermier Pistus, à lui-même, en mains propres. Tu préviendras ma femme qu'une affaire me retient à la ville : qu'elle ne m'attende pas; dis-lui que j'ai trois procès à juger aujourd'hui. Va, et n'oublie rien.
L'esclave. Vous n'avez plus rien à m'ordonner?
Lys. C'est tout.   (*L'esclave sort*).
Dém. Je vous salue, Lysimaque.
Lys. Bonjour, Démiphon, je vous salue. Comment vous portez-vous? qu'y a-t-il de nouveau?
Dém. Que je suis le plus malheureux des hommes.
Lys. Que les dieux vous en préservent!
Dém. (*ironiquement.*) Ils m'en préservent en effet.
Lys. Comment?
Dém. Je vous le dirai, si vous avez la curiosité ou le loisir de m'entendre.
Lys. Malgré mes affaires, disposez de moi, Démiphon. Il n'y a pas d'occupation qui m'empêche d'être agréable à un ami.
Dém. J'ai déjà fait l'expérience des bons sentiments que vous exprimez là. (*Se redressant*.) A me voir, quel âge me donnez-vous?

(2) Ce songe allégorique est le récit anticipé de la pièce. La jolie chèvre, c'est la maîtresse de Charin; l'autre, la femme de Démiphon; le singe, Lysimaque; le bouc, l'ami de Charin.

Dicit capram, quam dederam servandam sibi,
Suæ uxoris dotem ambadedisse : oppido   235
Mihi illud videri mirum, ut una illæc capra
Uxoris simiæ dotem ambadederit.
Instare factum simia; atque hoc denique
Respondet, ni properem illam ab sese abducere,
Ad me domum intro ad uxorem ducturum meam.   240
Atque oppido, hercle, bene velle illi visus sum,
Ast non habere quoi commendarem capram,
Quo magis, quid facerem, cura cruciabar miser.
Interea ad me hœdus visu'st adgredirier,
Infit mi prædicare, sese ab simia   245
Capram abduxisse, et cœpit iniridere me.
Ego enim lugere, atque illam abductam conqueri.
Hoc quam ad rem credam pertinere somnium,
Nequeo invenire : nisi capram illam subspicor
Jam me invenisse quæ sit, aut quid voluerit.   250
Ad portum hinc abii mane cum luci simul;
Postquam heic, quod volui, transegi, atque ego conspicor
Navem ex Rhodo, qua est heri advectus filius,
Conlubitum 'st illud mi, nescio qui, visere;
Escendi in lembum, atque ad navim advehor, atque ego 255
Illam conspicio forma eximia mulierem,
Filius quam advexit meus matri ancillam suæ.
Quam ego postquam adspexi, non ita amo ut sani solent
Homines, sed eodem pacto ut insani solent.
Amavi, hercle, equidem ego olim in adulescentia;   260
Verum ad hoc exemplum nunquam, ut nunc insanio.
Unum quidem, hercle, jam scio, perilsse me.
Vosmet videte cæterum quanti siem.

Nunc hoc profecto sic est : hæc illa 'st capra.
Sed simia illa atque hœdus timeo quid velint.   265
Sed conticescam : vicinum eccum, exit foras.

SCENA SECUNDA.

LYSIMACHUS, DEMIPHO, LORARII.

Lys. Profecto ego illunc hircum castrari volo,
Ruri qui nobis exhibet negotium.
Dem. Nec omen illud mi, nec auspicium placet.
Quasi illius, metuo, ne uxor me castret mea,   270
Atque illius hic nunc simiæ parteis ferat.
Lys. I tu hinc ad villam, atque istos rastros villico
Pisto ipsi facito coram ut tradas in manum.
Uxori facito ut nuncies, negotium
Mihi esse in urbe, ne me expectet : nam mihi   275
Treis hodie liteis judicandas dicito.
I, et hoc memento dicere. *Lor.* Numquid amplius?
Lys. Tantum 'st. *Dem.* Lysimache, salve. *Lys.* Euge, Demipho,
Salve : o quid agis? quid fit? *Dem.* Quod miserrumum.
Lys. Di melius faxint. *Dem.* Di hoc quidem faciunt. *Lys.*
Quid est?   280
Dem. Dicam, si videam tibi esse operam aut otium.
Lys. Quamquam negotium 'st, si quid vis, Demipho,
Non sum obcupatus unquam amico operam dare.
Dem. Benignitatem tuam mi experto prædicas.
Quid tibi ego ætatis videor? *Lys.* Acheruntìcus,   285

LE MARCHAND, ACTE II, SCÈNE II.

Lys. D'un futur habitant de l'Achéron, d'un vieillard usé et décrépit.
Dém. Vous voyez tout de travers, mon cher Lysimaque; je suis un enfant, je n'ai pas plus de sept ans (1).
Lys. Çà, avez-vous perdu l'esprit, de dire que vous êtes un enfant?
Dém. Je dis la vérité.
Lys. Ah! je comprends maintenant ce que vous voulez dire : quand on est vieux, on n'a plus ni sens ni raison, et, comme on dit, on retombe en enfance.
Dém. Pas du tout; je me sens deux fois plus de vigueur qu'auparavant.
Lys. C'est fort bien fait, et j'en suis charmé.
Dém. Sachez, s'il vous plaît, que mes yeux voient mieux qu'autrefois.
Lys. C'est bien.
Dém. C'est pourtant la cause de mon malheur (2).
Lys. Cela cesse d'être bien.
Dém. Eh bien! oserai-je vous dire tout?
Lys. Osez.
Dém. Écoutez.
Lys. J'écoute attentivement.
Dém. J'ai commencé aujourd'hui à aller à l'école, Lysimaque; je sais déjà cinq lettres.
Lys. Comment, vous savez cinq lettres?
Dém. (épelant). J, a, i, m, e, j'aime.
Lys. Vous, avec vos cheveux blancs, aimer, vieux libertin!
Dém. Qu'ils soient blancs, ou blonds, ou noirs, j'aime.
Lys. Pour le coup, je crois que vous vous moquez de moi, Démiphon.
Dém. Je vous donne ma tête à couper, si je ne dis pas vrai : ou mieux encore, pour vous prouver que je suis amoureux, prenez un couteau, coupez-moi un doigt, une oreille, le nez, la lèvre : si je remue seulement, si je témoigne la moindre sensation, je consens, Lysimaque, à me livrer à vos caresses jusqu'à ce que mort s'ensuive.
Lys. (à part.) Si l'on a jamais vu un amoureux en peinture, c'est bien celui-là. Car un vieillard cassé, décrépit, ne vaut pas mieux, selon moi, qu'une figure peinte sur une muraille.
Dém. Vous voulez, je crois, me morigéner!
Lys. Vous morigéner, moi?
Dém. Il n'y a pas là de quoi vous fâcher contre moi : combien d'autres ont fait de même, et de grands hommes encore? Aimer est naturel à l'homme. Il est aussi dans sa nature d'être indulgent. Ne me grondez pas, je vous prie, c'est un entraînement involontaire.
Lys. Oh! je ne vous gronde pas.
Dém. Ne m'en estimez donc pas moins.
Lys. Moi? que les dieux m'en préservent!
Dém. Considérez encore, je vous prie...
Lys. J'ai tout considéré.
Dém. Véritablement?
Lys. Vous m'assommez. (à part.) L'amour lui a tourné la tête. (Haut en s'en allant.) Vous ne souhaitez plus rien?
Dém. Portez-vous-bien.
Lys. Je cours au port, une affaire m'appelle.
Dém. Bon voyage.
Lys. Bonne santé. (Il sort.)
Dém. Bonne chance. (Seul.) Et moi aussi j'ai affaire au port, et je vais y aller bientôt. Mais j'aperçois mon fils fort à propos : je veux l'attendre. J'ai besoin de le voir, pour l'engager par tous les moyens possibles à me vendre cette fille, au lieu de la donner à sa mère. Car on m'a dit qu'il voulait lui en faire cadeau. Mais prenons garde qu'il n'ait le moindre soupçon de ma passion pour la belle.

(1) C'était l'âge où l'on commençait à aller à l'école.
(2) Ce dialogue, et la manière dont le vieillard amène sa confidence amoureuse, sont pleins de naturel et d'esprit.

Senex, vetus, decrepitus. *Dem.* Pervorse vides.
Puer sum, Lysimache, septuennis. *Lys.* Sanun' es,
Qui puerum te esse dicas? *Dem.* Vera praedico.
Lys. Modo, hercle, in mentem venit, quid tu diceres :
Senex quom exemplo est, jam nec sentit, nec sapit, 290
Aiunt solere eum rursum repuerascere.
Dem. Imo bis tanto valeo, quam valui prius.
Lys. Bene, hercle, factum, et gaudeo. *Dem.* Imo si scias;
Oculis quoque etiam plus jam video, quam prius.
Lys. Bene 'st. *Dem.* Malam rem dico. *Lys.* Jam istuc non bonum 'st. 295
Dem. Sed ausimne ego tibi eloqui, si quid velim?
Lys. Audacter. *Dem.* Animum advorte. *Lys.* Fiet sedulo.
Dem. Hodie ire in ludum obcoepi literarium,
Lysimache : ternas scio jam. *Lys.* Quid, ternas? *Dem.* Amo.
Lys. Tun' capite cano amas, senex nequissume? 300
Dem. Seu canum, seu istuc rutilum, sive atrum 'st, amo.
Lys. Ludificas nunc tu me heic, opinor, Demipho.
Dem. Decide collum, si falsum 'st uti loquar :
Vel, ut scias me amare, cape cultrum, seca
Digitum vel aurem, vel tu nasum, vel labrum : 305
Si movero me, seu secari sensero,
Lysimache, auctor sum uti me amando heic enices.
Lys. Si unquam vidisti pictum amatorem, hem illic est.
Nam meo quidem animo vetulus, decrepitus senex
Tandidem 'st, quasi sit signum pictum in pariete. 310
Dem. Nunc tu me, credo, castigare cogitas.
Lys. Egon' te? *Dem.* Nihil est jam quod tu mihi subcenseas :
Fecere tale ante alii spectati viri.
Humanum amare 'st, humanum autem ignoscere 'st.
Ne, sis, me objurga : hoc non voluntas me inpulit. 315
Lys. Quin non objurgo. *Dem.* At ne deteriorem tamen
Hoc facto ducas. *Lys.* Egone te? ah, ne di siverint!
Dem. Vide, sis, modo etiam. *Lys.* Visum 'st. *Dem.* Certen'?
Lys. Perdi' me.
Hic homo ex amore insanit : numquid vis? *Dem.* Vale.
Lys. Ad portum propero; nam ibi mihi negotium 'st. 320
Dem. Bene ambulato. *Lys.* Bene valeto. *Dem.* Bene sit tibi.
Quin mihi quoque etiam 'st ad portum negotium.
Nunc adeo ibo illuc. Sed optume gnatum meum
Video; eccum obperiar hominem; hoc nunc mihi viso 'st opus,
Huic persuadere, quomodo potis siem, 325
Ut illam vendat, neve det matri suae :
Nam ei dono advexe audivi : sed praecauto 'st opus,
Ne ad illam me animum adjecisse aliqua sentiat.

SCENE III.

CHARIN, DÉMIPHON.

Ch. Il n'y a pas, je crois, d'homme plus malheureux que moi et qui éprouve de plus continuels chagrins. Il suffit que j'entreprenne quelque chose, pour que l'événement trompe tous mes vœux. Il survient toujours quelque mésaventure qui renverse mes projets les mieux concertés. Infortuné! J'ai une maîtresse que j'achète par amour, espérant la posséder à l'insu de mon père : il le sait, il l'a vue, et me voilà perdu. Quand il va me questionner, j'ai beau réfléchir, je ne sais que lui répondre. Je sens en moi dix volontés incertaines qui se combattent, et mon esprit ne sait quel parti prendre, tant l'inquiétude bouleverse mes idées. Tantôt j'embrasse avec chaleur le conseil d'Acanthion, tantôt je le rejette : car il ne me paraît pas possible de persuader à mon père que j'aie acheté cette esclave pour ma mère. D'un autre côté, si je lui dis la vérité, si je lui avoue que c'est pour moi-même que je l'ai achetée, que pensera-t-il de moi? Il me l'arrachera, il la fera vendre au delà des mers. Élevé dans la maison paternelle, je connais sa sévérité. Est-ce donc là aimer? plutôt labourer toute ma vie que d'aimer ainsi! Il m'a déjà renvoyé de la maison pour aller au loin faire le commerce. J'y ai gagné ce chagrin. Où la peine passe le plaisir, peut-on trouver du charme? En vain je la cachais, je la dérobais à tous les regards, je la gardais mystérieusement enfermée; c'est une mouche que mon père; on ne peut rien soustraire à sa vue. Il n'y a rien de sacré, rien de profane qui lui échappe un moment. Je suis sans ressource pour mes projets, et nulle espérance ne reste à mon cœur.

Dém. (à part.) Qu'est-ce que mon fils a donc à se parler ainsi tout seul? Il m'a l'air inquiet... J'ignore le motif...

Ch. (à part.) O ciel! c'est mon père que j'aperçois ici! je vais lui parler. (*Haut*) Qu'y a-t-il de nouveau, mon père?

Dém. D'où viens-tu, mon fils? où vas-tu si vite?

Ch. Je vais comme il faut, ce semble, mon père (1).

Dém. Soit : mais qu'as-tu donc? tu as changé de couleur. Est-ce que tu souffres de quelque part?

Ch. J'ai dans l'âme je ne sais quel malaise. Et puis, je n'ai pas dormi cette nuit à mon gré.

Dém. Après un voyage sur mer, les yeux sont étonnés en revoyant la terre.

Ch. Oui, je le crois.

Dém. C'est cela certainement. Cela se dissipera bien vite. Eh! mais tu pâlis! si tu es prudent, tu iras à la maison, et tu te coucheras.

Ch. Je n'en ai pas le temps; j'ai des commissions dont je dois m'acquitter d'abord.

Dém. Demain ou après-demain tu pourras les faire.

Ch. Je vous l'ai entendu dire souvent, mon père : un homme sage doit, avant tout, faire les affaires dont il est chargé.

Dém. Va donc, je ne veux pas te contrarier.

Ch. Mon bonheur est assuré, si je peux toujours compter sur cette bonne parole. (*Il s'éloigne d'un air préoccupé.*)

Dém. (à part.) Qu'a-t-il donc à tenir ainsi conseil avec lui-même? Je ne crains plus rien : il n'a pu se douter de mon amour pour elle : car il ne m'est échappé aucune des indiscrétions ordinaires aux amants.

---

(1) M. Naudet traduit ainsi ce dialogue : « Pourquoi parais-tu si agité? — *Ch.* Vous êtes trop bon, mon père. — *Dém.* C'est mon intention, etc. »

SCENA TERTIA.

CHARINUS, DEMIPHO.

Char. Homo me miserior nullus est æque, opinor,
Neque advorsa quoi sint plura sempiterna. 330
Satin', quidquid est, ut quam rem agere obcœpi,
Proprium nequit mihi evenire quod cupio?
Ita mihi mala res objicitur aliqua,
Bonum quæ meum conprimit consilium.
Miser amicam mihi paravi, animi causa, pretio; 335
Ratus clam patrem meum posse habere.
Is rescivit, et vidit, et perdidit me.
Neque, is quom roget, quid loquar cogitatum 'st,
Ita animi decem in pectore incerti certant.
Nec, quid corde meo consili capere possim 340
Scio, tantus cum cura meo est error animo.
Dum servi mei perplacet mihi consilium,
Dum rursum haud placet : nec fieri potis videtur
Induci, ut putet matri ancillam emtam esse illam.
Nunc si dico ut res est, atque illam mihi me 345
Emisse indico, quemadmodum existimet me?
Atque illam abstrahat, trans mare hinc venum absportet.
Scio, sævos quam sit, domo doctus : igitur hoccine 'st
Amare? arare mavelim, quam sic amare.
Jam hinc olim invitum domo extrusit ab sese, 350
Mercatum jussit ire; ibi hoc malum inveni. Ubi
Voluptatem ægritudo vincat, quid ibi inest amœni?
Nequidquam abdidi, abscondidi, abstrusam habebam.
Musca est meus pater, nihil potest clam illum haberi.
Nec sacrum, nec tam profanum quidquam 'st, quin 355
Ibi illico adsit : nec, qui rebus meis
Confidam, mihi ulla spes in corde certa 'st.
Dem. Quid illuc est, quod solus secum fabulatur filius?
Sollicitus mihi nescio quare videtur. *Char.* Attate!
Meus pater hic quidem est, quem video : ibo, adloquar. 360
Quid fit, pater?
Dem. Unde incedis, quid festinas, gnate mi? *Ch.* Recte, pater.
Dem. Ita volo : sed istuc quid est, tibi quod conmutatu'st color?
Numquid tibi dolet? *Char.* Nescio quid meo animo 'st ægre, pater.
Postea hac nocte non quievi satis mea ex sententia.
Dem. Per mare ut vectus, nunc oculi terram mirantur tui.
Char. Magis opinor. *Dem.* Id est profecto : verum actutum abscesserit. 366
Ergo, edepol, palles : si sapias, eas ac decumbas domi.
Char. Otium non est, mandatis rebus prævorti volo.
Dem. Cras agito, perendie agito. *Char.* Sæpe ex te audivi, pater :
Rei mandatæ omneis sapienteis primum prævorti decet. 370
Dem. Age igitur, nolo adversari tuam adversus sententiam.
Char. (secum.) Salvos sum, siquidem isti dicto solida et perpetua 'st fides.
Dem. Quid illuc est, quod ille solus se in consilium sevocat?
Jam non vereor, ne illam me amare hic potuerit resciscere.
Quippe haud etiam quidquam inepte feci, amanteis ut solent. 375
Char. Res adhuc quidem, hercle, in tuto 'st : nam hunc nescire sat scio

LE MARCHAND, ACTE II, SCENE III.

Ch. (*à part.*) Rien n'est encore perdu : car je suis sûr à présent qu'il ne sait rien de mes amours. S'il en était instruit, il me tiendrait un autre langage (1).

Dém. (*à part.*) Pourquoi ne pas lui dire un mot de la jeune fille?

Ch. (*à part.*) Que tardé-je à m'en aller? (*haut*) Allons m'acquitter en ami des commissions que mes amis m'ont données.

Dém. Non pas; demeure : j'ai encore quelque petite chose à te demander.

Ch. Demandez ce qu'il vous plaira.

Dém. (*embarrassé.*) T'es-tu toujours bien porté?

Ch. Toujours à merveille, pendant que j'étais là-bas : mais depuis que j'ai débarqué ici, je ne sais pourquoi le cœur me fait mal.

Dém. C'est le mal de mer, je pense. Mais cela se passera bientôt. Dis-moi donc, n'as-tu pas amené de Rhodes une servante pour ta mère?

Ch. Oui.

Dém. Eh bien! comment trouves-tu cette femme?

Ch. Pas mal du tout.

Dém. Est-elle sage?

Ch. Je n'en ai jamais vu de plus sage à mon gré.

Dém. Je l'ai jugée ainsi en la voyant.

Ch. Ah, vous l'avez vue, mon père?

Dém. Oui : mais elle n'est pas propre à notre service ; elle ne me convient pas.

Ch. Comment donc?

Dém. Parce qu'elle est d'une beauté qui ne sied pas à une maison comme la nôtre. Nous avons besoin d'une servante qui sache tirer la navette, moudre, fendre du bois, filer sa quenouille, balayer la maison, se laisser battre au besoin, et faire tous les jours la cuisine de la maison. Or cette fille ne pourrait rien faire de tout cela.

Ch. C'est justement dans cette intention que je l'ai achetée, pour en faire cadeau à ma mère.

(1) Tout ce dialogue est conduit avec une habileté digne de l'art moderne.

Dém. Garde-t'en bien, et ne dis pas que tu l'as amenée.

Ch. (*à part.*) Les dieux me protégent!

Dém. (*à part.*) Je l'enferre peu à peu. (*Haut*) Mais j'oubliais d'ajouter qu'elle ne pouvait décemment accompagner ta mère : je ne le souffrirais pas.

Ch. Pourquoi donc?

Dém. Parce que si une fille de cette beauté accompagnait une mère de famille, ce serait un scandale quand elle passerait dans la rue. Tous les hommes la regarderaient, la contempleraient, lui feraient des signes, des œillades, des st, st, la pinceraient, l'agaceraient, l'appelleraient. Ils nous importuneraient nous-mêmes et feraient vacarme à la porte, ou bien la charbonneraient d'inscriptions galantes. Et puis le monde est si méchant! on accuserait ma femme et moi de tenir un lieu de débauche. A quoi bon m'exposer à tous ces désagréments?

Ch. Vous avez raison, et je pense comme vous : alors que fera-t-on d'elle?

Dém. Suffit. J'achèterai pour ta mère quelque bonne grosse fille, bien utile, bien laide, comme il en faut à une mère de famille, quelque Syrienne ou quelque Égyptienne : elle moudra, filera sa tâche, recevra la correction, et n'attirera point de scandale à notre porte (1).

Ch. Si je la rendais à celui qui me l'a vendue?

Dém. Point du tout.

Ch. Il m'a promis de la reprendre, si elle ne convenait pas.

Dém. Cela n'est pas nécessaire : je ne veux point de procès entre vous. Comment! que l'on puisse accuser ta loyauté! Par Pollux, j'aime beaucoup mieux faire, s'il le faut, un sacrifice, que de nous attirer un affront ou quelque fâcheuse affaire pour nous débarrasser d'une femme. Je trouverai à t'en défaire avec avantage.

(1) Les galants de Rome, comme nos roués de la régence, allaient après souper faire tapage devant la demeure des belles en réputation.

De illa amica : quod si sciret, esset alia oratio.
Dem. Quin ego hunc adgredior de illa? *Char.* (secum.) Quin ego hinc me amolior?
(ad patrem.) En ego, ut quæ mandata, amicus amicis tradam.
Dem. Imo mane.
Paucula etiam sciscitare prius volo. *Char.* Dic quid velis.
Dem. Usquene valuisti? *Char.* Perpetuo recte, dum quidem illeic fui. 381
Verum in portum huc ut sum advectus, nescio qui animus mi dolet.
Dem. Nausea, edepol, factum credo : verum actutum abscesserit.
Sed quid ais? ecquam tu advexti tuæ matri ancillam Rhodo?
Char. Advexi. *Dem.* Quid? ea ut videtur mulier? *Char.* Non, edepol, mala. 385
Dem. Ut morata est? *Ch.* Nullam vidi melius mea sententia.
Dem. Mihi quidem, edepol, visa'st, quom illam vidi. *Char.* Eho, an vidisti, pater?
Dem. Vidi : verum non ex usu nostro est, neque adeo placet.
Char. Qui vero? *Dem.* Quia non nostra formam habet dignam domo.
Nihil opus nobis ancilla, nisi quæ texat, quæ molat, 390
Lignum cædat, pensum faciat, ædeis verrat, vapulet ;
Quæque habeat cotidianum familiæ coctum cibum.
Horunc illa nihilum quidquam facere poterit admodum.
Char. Ea causa equidem illam emi, dono quam darem matri meæ.

Dem. Ne duis, neu te advexisse dixeris. *Char.* Di me adjuvant! 395
Dem. (secum.) Labefacto paulatim : (ad filium.) verum quod præterii dicere,
Neque illa matrem satis honeste tuam sequi poterit comes,
Neque sinam. *Char.* Qui vero? *Dem.* Quia illa forma ma tremfamilias
Flagitium sit si sequatur, quando incedat per vias :
Contemplent, conspiciant omneis, nutent, nictent, sibilent,
Vellicent, vocent, molesti sint, obcentent ostium. 401
Impleantur meæ foreis elogiorum carbonibus.
Atque ut sunt maledicenteis homines, uxori meæ
Mihique objectent lenocinium facere : nam quid eo est opus?
Char. Hercle, quin tu recte dicis : et tibi adsentior ego. 405
Sed quid illa nunc fiet? *Dem.* Recte : ego emero matri tuæ
Ancillam viraginem aliquam non malam, forma mala,
Ut matrem addecet familias, aut Syram, aut Ægyptiam ;
Ea molet, conficiet pensum, pinsetur flagro, neque
Propter eam quidquam eveniet nostris foribus flagiti. 410
Char. Quid si igitur reddatur illi unde emta'st? *Dem.* Minume gentium.
Char. Dixit se redhibere, si non placeat. *Dem.* Nihil istoc opu'st :
Litigare nolo ego vos : quam tuam autem accusari fidem
Multo, edepol, si quid faciundum 'st, facere damni mavolo,
Quam obprobramentum aut flagitium muliebre ecferri domo. 416

PLAUTE. 31

Ch. Pourvu, mon père, que vous ne la vendiez pas moins que je l'ai achetée.

Dém. Laisse-moi faire. Je connais un vieillard qui m'a chargé de lui en trouver une de cette tournure-là.

Ch. Et moi, mon père, je suis chargé par un jeune homme de lui en acheter une précisément de la même tournure.

Dém. Je puis, je crois, la vendre vingt mines.

Ch. Et moi, si je veux, on m'en donne vingt-sept.

Dém. Mais moi...

Ch. Et moi, vous dis-je...

Dém. Mais tu ne sais pas ce que je veux dire : tais-toi. Je puis même ajouter trois mines pour compléter la trentaine. (*Il se retourne.*)

Ch. Qu'est-ce que vous regardez?

Dém. L'homme qui doit acheter.

Ch. Où est-il donc cet homme?

Dém. Je le vois d'ici. Il me fait signe d'ajouter cinq mines.

Ch. Par Hercule, que les dieux l'accablent de maux, quel qu'il soit!

Dém. Voilà qu'à l'instant même il me fait encore signe d'ajouter six mines.

Ch. Et l'autre, sept, à moi. Votre homme (1) ne l'emportera point! par Hercule, le mien offre de bonnes espèces.

Dém. Ses offres sont inutiles ; c'est moi qui l'aurai.

Ch. Mais l'autre a mis l'enchère le premier.

Dém. Cela m'est égal.

Ch. Il offre cinquante mines.

Dém. Il ne l'aurait pas pour cent. Si tu voulais bien ne plus enchérir pour me contrecarrer? tu feras une affaire d'or ; je connais le vieillard qui achètera. Son amour pour elle égare sa raison : tout ce que tu demanderas, tu l'auras.

(1) Ce jeu de scène devait être assez difficile à exécuter. Cet enchérisseur imaginaire, que chacun des personnages feint de voir, et qui reste invisible à l'interlocuteur comme aux spectateurs, est une invention d'un comique un peu forcé : mais si l'on riait, la critique a tort.

Ch. Je vous assure, par Pollux, que le jeune homme à qui je la vends sèche et se meurt d'amour pour elle.

Dém. Oh! le vieillard, c'est bien autre chose... si tu savais...

Ch. Non, mon père, jamais votre vieillard ne fut ni ne sera plus éperdument amoureux que le jeune homme auquel je m'intéresse.

Dém. Ne t'inquiète pas, te dis-je : j'arrangerai tout cela.

Ch. Prenez-y garde.

Dém. Qu'est-ce?

Ch. Je ne l'ai pas achetée pour moi (1).

Dém. Puisqu'il l'achète, que t'importe?

Ch. Vous n'avez pas le droit de la vendre.

Dém. Je trouverai un moyen...

Ch. De plus, je la possède de moitié avec un autre. Je ne sais pas quelles sont ses intentions, s'il veut ou non la vendre.

Dém. Je suis sûr qu'il y consent.

Ch. Et moi je crois qu'il y a quelqu'un qui ne le veut pas.

Dém. Que m'importe?

Ch. Il est juste de le laisser maître de son bien.

Dém. Que dis-tu là?

Ch. Elle m'appartient en commun avec une autre personne qui n'est pas ici maintenant.

Dém. Tu réponds avant d'être interrogé.

Ch. Et vous, mon père, vous achetez avant que je vende. J'ignore, vous dis-je, s'il veut ou ne veut pas la céder.

Dém. Et celui qui t'a donné commission à toi, s'il l'achète, ton homme y consentira ; et moi, si j'achète pour celui qui m'en a chargé, il n'y consentira pas? Inutiles détours! Non, par Pollux, personne ne l'aura que celui à qui je la destine : c'est décidé.

Ch. Vous croyez cela?

Dém. Je vais même de ce pas au vaisseau pour conclure la vente.

(1) M. Naudet traduit : « Je l'ai achetée sans garantie. »

Me tibi illam posse opinor luculente vendere.
Char. Dum quidem, hercle, ne minoris vendas, quam ego emi, pater.
Dem. Tace modo : senex est quidam, qui illam mandavit mihi
Ut emerem ad istanc faciem. *Char.* At mihi quidam adulescens, pater,
Mandavit ad illam faciem, ita ut illa est, emerem sibi. 420
Dem. Viginti minis, opinor, posse me illam vendere.
Char. At ego, si velim, jam dantur septem et viginti minæ.
Dem. At ego.... *Char.* Quid ego, inquam. *Dem.* At nescis quid dicturus sum : tace.
Treis minas adcudere etiam possum, ut triginta sient.
Char. Quo vortisti? *Dem.* Ad illum, qui emit. *Char.* Ubinam est is homo gentium? 425
Dem. Eccillum video, jubet quinque me addere etiam nunc minas.
Char. Hercle, illunc di infeliceut, quisquis est. *Dem.* Ibidem mihi
Etiam nunc adnutat, addam sex minas. *Char.* Septem, mihi.
Nunquam, edepol, me vincet hodie ; conmodis poscit, pater.
Dem. Nequidquam poscit ; ego habebo. *Char.* At illic pollicitu'st prior. 430
Dem. Nihili facio. *Char.* Quinquaginta poscit. *Dem.* Non centum datur.
Potin' ut ne licitere advorsum animi mei sententiam?

Maxumam, hercle, habebis prædam : ita ille est, quoi emitur, senex.
Sanus non est, ex amore illius : quod posces, feres.
Char. Certo, edepol, adulescens ille, quoi ego emo, ecflictim perit 435
Ejus amore. *Dem.* Multo, hercle, ille magis senex, si tu scias.
Char. Nunquam, edepol, fuit neque fiet ille senex insanior
Ex amore, quam ille adulescens, quoi ego do hanc operam, pater.
Dem. Quiesce, inquam, istunc rem ego recte videro. *Char.* Quid agis? *Dem.* Quid est?
Char. Non ego illam mancupio adcepi. *Dem.* Sed ille illam adcipit : sine. 440
Char. Non potes tu lege vendere illam. *Dem.* Ego aliquid videro.
Char. Post autem conmunis est illa mihi cum alio : qui nescio
Quid sit ei animi, vænirene eam velit, an non velit.
Dem. Ego scio velle. *Char.* At pol, ego, esse credo aliquem qui non velit.
Dem. Quid id mea refert? *Char.* Quia illi suam rem esse æquum 'st in manu. 445
Dem. Quid ais? *Char.* Conmunis mihi illa est cum alio ; is nunc hic non adest.
Dem. Prius responses, quam rogo. *Char.* Prius tu emis, quam vendo, pater.
Nescio, inquam, velit ille illam, necne abalienarier.

Ch. Voulez-vous que je vous accompagne?
Dém. Non.
Ch. (*à part.*) Cela me contrarie (1).
Dém. Il vaut mieux t'acquitter d'abord de tes commissions.
Ch. Vous m'en empêchez.
Dém. Tu t'excuseras en disant que tu as fait ce que tu as pu. Ne viens pas au port : tu m'entends.
Ch. Vous serez obéi.
Dém. (*à part.*) Je vais au port, et je ferai en sorte qu'il ne soupçonne rien : ce ne sera pas moi qui achèterai; j'en chargerai mon ami Lysimaque. Il m'a dit tantôt qu'il allait au port. Mais je perds mon temps en m'arrêtant ici.
Ch. C'est fait de moi... Je suis mort (2).

SCÈNE IV.
CHARIN, EUTYQUE.

Ch. On dit que les bacchantes mirent en pièces Penthée. Ce n'était qu'un jeu, au prix des tortures dont mon âme est déchirée. Pourquoi vivre? pourquoi ne pas.mourir? quel bien trouvé-je dans la vie? Mon parti est pris : je vais chez un médecin (3), et je m'y donne la mort avec du poison, puisqu'on m'enlève le seul objet qui m'attache à la vie. (*il va pour sortir.*)
Eut. (*se montrant.*) Arrête, Charin, arrête, je t'en conjure.
Ch. Qui m'appelle?

(1) M. Levée traduit sans aparté : « Vous ne le voulez pas? »
(2) On ne peut s'empêcher de remarquer ici la force comique et l'exécution parfaite de cette scène, qui offrait de grandes difficultés. L'art et le génie de Plaute éclatent à chaque trait de ce charmant dialogue. Cette rivalité du fils et du père, cette lutte de ruses, de détours et de passion, est développée avec une finesse et une convenance admirables. Les deux rivaux ne se trahissent pas, les bienséances sont exactement observées, et le combat n'en est ni moins vif ni moins plaisant.
(3) On voit par ce passage que les médecins exerçaient aussi la pharmacie. Ces cabinets ou plutôt ces boutiques de médecins droguistes étaient le rendez-vous des oisifs, comme celles des barbiers. Il paraît, d'après ce passage de Plaute, qu'on y allait aussi pour s'empoisonner.

Eut. Eutyque, ton ami, ton camarade, et ton plus proche voisin.
Ch. Tu ne sais pas tous les maux qui m'accablent.
Eut. Je sais tout. J'écoutais à cette porte : j'ai tout appris.
Ch. Qu'est-ce que tu sais?
Eut. Ton père veut vendre...
Ch. Tu connais toute l'affaire.
Eut. Ta maîtresse...
Ch. Tu n'es que trop instruit.
Eut. Malgré toi.
Ch. Tu sais tout. Mais comment sais-tu que c'est ma maîtresse?
Eut. Tu me l'as dit toi-même hier.
Ch. Comment ai-je oublié que je te l'avais dit?
Eut. Il n'y a rien là d'étonnant.
Ch. Maintenant je te consulte. Réponds-moi : de quelle mort me conseilles-tu de périr de préférence?
Eut. Tais-toi donc; garde-toi de tenir de pareils discours.
Ch. Eh! quels autres discours veux-tu que je tienne?
Eut. Veux-tu que je fasse la barbe à ton père joliment?
Ch. Oui, sans doute.
Eut. Veux-tu que j'aille au port?
Ch. Bien plus, que tu y voles.
Eut. Et que j'achète la belle à tout prix?
Ch. Bien plus, que tu la payes son pesant d'or.
Eut. Mais cet or, où le trouver?
Ch. (*d'un air égaré.*) Je prierai Achille de me donner celui qui fut la rançon d'Hector.
Eut. As-tu ta raison?
Ch. Si je l'avais, je n'aurais pas besoin de toi pour médecin.
Eut. Veux-tu que je pousse le prix de la belle aussi loin qu'il le poussera lui-même?
Ch. Enchéris sur lui de deux mille drachmes, s'il le faut.

Dem. Sed ille qui mandavit, si emitur tibi, tum volet,
Si ego emo illi qui mandavit, tum nolet? nihil agis.   450
Nunquam, edepol, quisquam illam habebit potius, quam
ille quem ego volo.
Certum 'st. *Char.* Censen' certum esse? *Dem.* Quin ad navim jam hinc eo.
Ibi vænibit. *Char.* Vin' me tecum illo ire? *Dem.* Nolo.
Char. Non placet.
Dem. Meliu'st te, quæ sunt mandatæ res tibi, prævortier.
Char. Tu prohibes. *Dem.* At tu excusato, te fecisse sedulo.
Ad portum ne bitas, dico jam tibi. *Char.* Auscultabitur.
Dem. (*secum.*) Ibo ad portum, et ne hic resciscat cauto opu'st :
non ipse emam,   457
Sed Lysimacho amico mandabo : is se ad portum dixerat
Ire dudum ; me moror, quom heic adsto. (*abit.*) *Char.* Nullus sum, obcidi.

SCENA QUARTA.
CHARINUS, EUTYCHUS.

Char. Pentheum diripuisse aiunt Bacchas : nugas maxumas
Fuisse credo, præut quo pacto ego divorsus distrahor.   461
Cur ego vivo? cur non morior? quid mi 'st in vita boni?
Certum 'st, ibo ad medicum, atque ibi me toxico morti dabo.
Quando id mihi adimitur, qua causa vitam cupio vivere.
Eut. Mane, mane, obsecro, Charine. *Char.* Qui me revocat? *Eut.* Eutychus   465

Tuus amicus et sodalis, simul vicinus proxumus.
Char. Non tu scis, quantum malarum rerum substineam.
Eut. Scio.
Omnia ego istæc auscultavi ab ostio : omnem rem scio
Char. Quid id est, quod scis? *Eut.* Tuos pater volt vendere.... *Char.* Omnem rem tenes.
Eut. Tuam amicam.... *Char.* Nimium multum scis. *Eut.* Tuis ingratiis.   470
Char. Plurimum tu scis ; sed qui scis esse amicam illam meam?
Eut. Tute heri ipsus mihi narrasti. *Ch.* Satin' ut oblitus fui,
Tibi me narravisse? *Eut.* Haud mirum factum 'st. *Char.* Te nunc consulo.
Responde, quo leto censes me ut peream potissumum?
Eut. Non taces? cave istuc dixis. *Char.* Quid vis me igitur dicere?   475
Eut. Vin' patri sublinere pulchre me os tuo? *Ch.* Sane volo.
Eut. Visne eam ad portum? *Char.* Qui potius, quam voles? Atque eximam.
Mulierem pretio? *Char.* Qui potius, quam auro expendas?
Eut. Unde at erit id?
Char. Achillem orabo, aurum mihi det, Hector qui expensus fuit.
Eut. Sanun' es? *Char.* Pol, sanus si sim, non te medicum mihi expetam.   480
Eut. Tanti quanti poscit, vin' tanti illam emi? *Char.* Auctarium
Adjicito, vel mille numum plus quam poscet. *Eut.* Jam tace.

Eut. Il suffit.
Ch. (1) Mais, dis-moi, où prendras-tu l'argent, quand mon père le demandera?
Eut. On trouvera, on cherchera un expédient... Il y aura moyen...
Ch. Tu me fais mourir avec ton « il y aura moyen; » je tremble.
Eut. Allons, tais-toi.
Ch. Tu commandes à un muet.
Eut. Tu m'as bien donné tous tes ordres? maintenant songe à autre chose.
Ch. C'est impossible.
Eut. Bonne santé.
Ch. Il n'y en a pas pour moi avant ton retour.
Eut. Tâche d'être plus raisonnable.
Ch. Adieu, triomphe, et sauve-moi.
Eut. Je te le promets; attends-moi chez vous.
Ch. Hâte-toi de revenir avec le butin. (*Ils sortent de côtés différents.*)

ACTE TROISIÈME.

SCÈNE I.

LYSIMAQUE, PASICOMPSA.

Lys. (*à part.*) J'ai servi d'amitié mon ami le voisin; suivant son désir, je lui ai acheté sa marchandise. (*Il montre Pasicompsa.*) (*Haut.*) Vous m'appartenez, la belle; suivez-moi. Ne pleurez pas. Vous avez tort de gâter de si jolis yeux. Eh! quoi donc? vous avez plutôt sujet de rire que de vous lamenter.
Pas. Je vous en prie, par Castor, bon vieillard, expliquez-moi....

(1) Les anciens éditeurs mettent dans la bouche d'Eutyque les paroles que nous attribuons ici à Charin, et le dialogue se trouve interverti jusqu'à « *maintenant songe à autre chose.* » Nous avons suivi l'heureuse correction de M. Naudet, parfaitement conforme à la pensée des personnages et au mouvement de la scène.

Lys. Parlez, que voulez-vous?
Pas. Pourquoi m'avez-vous achetée?
Lys. Pourquoi je vous ai achetée? pour que vous fassiez ce qu'on vous ordonnera, et pour que je vous obéisse à mon tour.
Pas. J'ai la ferme intention de faire, selon mes forces et mon intelligence, tout ce que vous voudrez.
Lys. Je ne vous commanderai rien de fatigant.
Pas. En effet, bon vieillard, je ne suis pas accoutumée à porter des fardeaux, à mener paître les troupeaux dans les champs, ni à soigner des enfants.
Lys. Si vous voulez être bonne fille, vous vous en trouverez bien.
Pas. Alors je suis perdue, malheureuse!
Lys. Comment?
Pas. Parce que, dans le pays d'où je viens, ce sont les méchantes qu'on traite bien. Mon usage n'est pas de proclamer ce que tout le monde sait (1).
Lys. Ce mot seul vaut plus qu'elle n'a coûté: c'est comme si vous disiez qu'il n'existe pas une bonne femme.
Pas. Je ne dis point cela.
Lys. Je veux vous demander une seule chose.
Pas. Demandez, je vous répondrai.
Lys. Dites-moi quel est votre nom?
Pas. Pasicompsa.
Lys. On vous l'a donné conforme à votre figure (2). Mais dites-moi, Pasicompsa, sauriez-vous, s'il le fallait, tirer un fil bien mince au fuseau?
Pas. Oui.
Lys. Si vous savez le tirer mince, vous pourriez, j'en suis sûr, le tirer plus gros.
Pas. En ouvrage de laine, je ne crains aucune femme de mon âge..

(1) Cet aveu de méchanceté est naïf et plaisant.
(2) En grec, la réunion de toutes les grâces : πᾶς κομψός.

Char. Sed quid ais? unde erit argentum, quod des, quom poscet pater?
Eut. Invenietur, exquiretur, aliquid fiet. *Char.* Enicas. Jam istuc, aliquid fiet, metuo. *Eut.* Quin taces? *Char.* Muto imperas. 485
Eut. Satin' istuc mandatum 'st? Potin' ut aliud cures? *Char.* Non potest.
Eut. Bene vale. *Char.* Non, edepol, possum, priusquam tu ad me redieris.
Eut. Melius sanus sis. *Char.* Vale, et vince, et me serva.
Eut. Ego fecero.
Domi maneto me. *Char.* Ergo actutum face cum præda recipias.

ACTUS TERTIUS.

SCENA PRIMA.

LYSIMACHUS, PASICOMPSA.

Lys. Amice amico operam dedi : vicinus quod rogavit, 490
Hoc emi mercimonium. Mea es tu ; sequere sane.
Ne plora ; nimis stulte facis, oculos conrumpis taleis.
Quid? tibi quidem quod rideas magis est, quam ut lamentere.
Pas. Amabo, ecastor, mi senex, eloquere. *Lys.* Exquire quidvis.

Pas. Cur emeris me? *Lys.* Tene ego? ut quod inperetur facias. 495
Item quod tu mihi inperes ego faciam. *Pas.* Facere certum 'st,
Pro copia et sapientia, quæ te velle arbitrabor.
Lys. Laboriose nihil tibi quidquam operis imperabo.
Pas. Namque, edepol, quidem, mi senex, non didici bajulare,
Nec pecua ruri pascere, neque pueros nutricare. 500
Lys. Bona si esse vis, bene erit tibi. *Pas.* Tum, pol, ego perii misera.
Lys. Qui? *Pas.* Quia illeic unde advecta huc sum, malis bene esse solitum 'st :
Nec mos meu'st ut prædicem quod ego omneis scire credam.
Lys. Oratio, edepol, pluris est hujus, quam quanti hæc emta 'st ;
Quasi dicas, nullam mulierem bonam esse. *Pas.* Haud equidem dico. 505
Lys. Rogare hoc unum te volo. *Pas.* Roganti respondebo.
Lys. Quid ais tu? quod nomen tibi dicam esse? *Pas.* Pasicompsæ.
Lys. Ex forma nomen inditum 'st. Sed quid ais, Pasicompsa? Possin' tu, si usus venerit, subtemen tenue nere?
Pas. Possim. *Lys.* Si tenue scis, scio te uberius posse nere. 510
Pas. De lanificio neminem metuo, una ætate quæ sit.
Lys. Bonam, hercle, te et frugi arbitror, matura jam inde ætate,

LE MARCHAND, ACTE III, SCÈNE II.

Lys. Oh! je vous crois bonne et habile; et vous avez la maturité convenable, ma belle, puisque vous savez votre affaire.

Pas. Par Pollux, je suis instruite, et je me flatte que l'on ne se plaindra pas de mon travail.

Lys. Fort bien. Je vous donnerai pour vous servir une brebis de soixante ans, qui sera votre pécule.

Pas. Aussi vieille, cher maître!

Lys. Elle est d'espèce grecque (1). Si vous la soignez, c'est une excellente bête; vous la tondrez à plaisir.

Pas. Quels que soient vos dons, le respect me la rendra précieuse.

Lys. Maintenant, ma petite, pour ne point vous abuser, je vous avertis que vous n'êtes pas à moi.

Pas. Apprenez-moi donc, je vous prie, à qui je suis.

Lys. Vous avez été rachetée de nouveau pour le compte de votre maître. Je lui ai prêté mon entremise, comme il m'en a prié.

Pas. Je renais à la vie, s'il me garde sa foi.

Lys. Soyez tranquille; il vous affranchira. Par Pollux, il se meurt d'amour pour vous, quoiqu'il ne vous ait vue que d'aujourd'hui.

Pas. Par Castor, il y a déjà deux ans que nous vivons ensemble. Puisque vous êtes son ami, je peux vous le dire.

Lys. Que dites-vous? Il vit avec vous depuis deux ans!

Pas. Assurément. Et nous nous sommes juré mutuellement moi à lui, lui à moi, moi à mon amant, lui à sa maîtresse, que mes caresses ne seraient que pour lui, les siennes que pour moi seule.

Lys. Dieux immortels, il ne couchera pas même avec sa femme?

(1) Allusion aux brebis de Tarente, dont la laine était très-renommée.

Pas. Est-ce qu'il est marié, dites-moi? Il ne l'est pas, et ne le sera jamais.

Lys. Vraiment, je le voudrais... mais il a menti.

Pas. Il n'y a personne que j'aime autant que ce jeune homme.

Lys. (*ironiquement.*) Oui, c'est un enfant. La folle! il n'y a pas longtemps en effet que les dents lui sont tombées.

Pas. Comment, les dents!...

Lys. Ce n'est rien. Allons, suivez-moi dans cette maison. Il m'a prié de vous donner un logement chez moi pendant que ma femme est à la campagne. (*Ils sortent.*)

SCÈNE II.

DÉMIPHON (*seul*).

Je possède enfin de quoi faire le mauvais sujet. J'ai acheté une maîtresse à l'insu de ma femme et de mon fils. C'est un point résolu ; je reprends mes anciennes habitudes, et je satisfais mes goûts. A la fin de ma carrière, je veux que la volupté, le vin et l'amour charment le peu de jours qui me restent à vivre. C'est surtout à cet âge qu'il est juste de se divertir. Lorsqu'on est jeune, le sang est dans toute sa vigueur, on fait bien de travailler pour amasser des richesses, afin de jouir dans la vieillesse d'un doux repos, grâce à la fortune. A cet âge, chaque jour est un cadeau du ciel. J'entends bien agir selon ces principes. Cependant je vais faire un tour à la maison. Ma femme m'attend depuis longtemps avec une faim d'enragée; elle va m'assommer d'injures dès que je paraîtrai... Mais quoi qu'il arrive, je ne rentrerai pas encore. Je veux parler au voisin avant de retourner chez nous; il faut qu'il me loue une maison pour y loger cette belle fille. Bon! le voici qui sort.

Quoniam scis facere opticium tuum, mulier. *Pas.* Pol, docta didici,
Operam accusari non sinam meam. *Lys.* Hem istæc, hercle, res est;
Ovem tibi ancillam dabo gnatam annos sexaginta   515
Peculiarem. *Pas.* Mi senex, tam vetulam? *Lys.* Generis græci 'st.
Eam si curabis, perbona 'st, tondetur nimium scite.
Pas. Honoris causa quidquid est, quod dabitur, gratum habebo.
Lys. Nunc, mulier, ne tu frustra sis, mea non es, ne arbitrere.
Pas. Dic igitur, quæso, quoja sum? *Lys.* Tuo hero redemta es rursum.   520
Ego redemi te; ille me oravit. *Pas.* Animus redlit,
Si mecum servatur fides. *Lys.* Bono animo es, liberabit
Ille te homo; edepol, deperit te atque hodie primum vidit.
Pas. Ecastor, jam biennium 'st, quom mecum rem cœpit.
Nunc, quando amicum te scio esse illius, indicabo.   525
Lys. Quid ais tu? jam biennium 'st quom tecum habet rem?
Pas. Certo.
Et inter nos conjuravimus, ego cum illo, et ille mecum,
Ego cum viro, et ille cum muliere : nisi cum illo, aut ille mecum,
Neuter stupri causa caput limaret. *Lys.* Di inmortales,
Etiam cum uxore non cubet? *Pas.* Amabo, an maritus est?
Neque est, neque erit. *Lys.* Nolim quidem : homo, hercle, perjuravit.   531
Pas. Nullum adulescentem plus amo. *Lys.* Puer est ille quidem, stulta.

Nam illi quidem haud sane diu 'st, quom denteis exciderunt.
Pas. Quid, denteis? *Lys.* Nihil est : sequere, sis, huc me : diem unum oravit
Ut apud me præhiberem locum; ideo, quia uxor ruri 'st.

SCENA SECUNDA.

DEMIPHO.

Tandem inpetravi, ut egomet me conrumperem.   535
Emta 'st amica clam uxore mea et filio.
Certum 'st, antiqua recolam, et servibo mihi.
Decursu in spatio, breve quod vitæ reliquom est,
Voluptate, vino et amore delectavero.   540
Nam hanc se bene habere ætatem nimio 'st æquius.
Adulescens quom sis, tum quom est sanguis integer,
Rei tuæ quærendæ convenit operam dare :
Demum igitur quom senex sis, tunc in otium
Te conloces, dum potestur; id jam lucro est   545
Quod vivis : hoc ut dico, factis persequar.
Interea tamen huc intro ad me invisam domum.
Uxor me expectat jamdudum esuriens domi.
Jam jurgio enicabit, si intro rediero.
Verum, hercle, postremo ut ut est, non ibo tamen,   550
Sed hunc vicinum prius conveniam, quam domum
Redeam, ut mihi ædeis aliquas conducat volo
Ubi habitet istæc mulier : atque eccum it foras

SCÈNE III.

LYSIMAQUE, DÉMIPHON.

Lys. (*à Pasicompsa dans l'intérieur de la maison*). Je vous l'amènerai tout de suite, si je le rencontre.
Dém. (*à part*). Il parle de moi.
Lys. Que dites-vous, Démiphon?
Dém. Cette jeune fille est-elle chez vous?
Lys. Que pensez-vous?
Dém. Si j'allais la voir?
Lys. Pas tant d'empressement! attendez.
Dém. Que ferai-je?
Lys. Réfléchissez à ce que vous avez à faire.
Dém. A quoi réfléchir? Ce que j'ai de mieux à faire, je crois, c'est d'entrer là. (*Il montre la maison de Lysimaque.*)
Lys. Ainsi vous voulez entrer, vieux bélier?
Dém. Qu'ai-je à faire autre chose?
Lys. Écoutez auparavant, et prêtez-moi attention. Il y a une précaution que je vous conseille de prendre. Si vous entrez, vous voudrez l'embrasser, causer avec elle, lui donner des baisers.
Dém. Vous avez tout à fait ma pensée: vous savez d'avance ce que je compte faire.
Lys. Vous ferez fort mal.
Dém. Est-ce que vous l'aimeriez aussi (1)?
Lys. Point du tout. Quoi! vieux bouc, l'estomac à jeun, l'haleine puante, vous donneriez des baisers à cette jolie fille? Est-ce pour la faire vomir à la première approche?
Dém. Je vois bien que vous l'aimez, par toutes vos belles représentations (2). Pourquoi donc, si c'est là tout ce qui vous semble nécessaire, ne prendrions-nous pas un cuisinier, pour nous préparer chez vous un dîner qui se prolongerait jusqu'au soir?
Lys. Je suis fort de cet avis. Vous parlez maintenant en homme de bon sens et qui sait aimer.
Dém. Que faisons-nous ici? que n'allons-nous au marché, pour acheter de quoi nous régaler magnifiquement?
Lys. Je vous suis. Mais, si vous m'en croyez, vous chercherez un logis pour cette fille; car, passé cette journée, elle ne restera pas chez moi. J'ai peur de ma femme... Si en revenant de la campagne elle la rencontrait ici!
Dém. C'est une affaire entendue... Suivez-moi.
(*Ils sortent.*)

SCÈNE IV.

CHARIN, EUTYQUE.

Ch. Je suis un être bien malheureux; je ne puis trouver de repos nulle part. Suis-je à la maison, mon esprit est dehors; suis-je dehors, mon esprit est à la maison. L'amour embrase mon cœur d'un tel incendie, que si les larmes ne préservaient mes yeux, ma tête serait, je crois, tout en feu déjà. Je conserve encore l'espoir, mais j'ai perdu la vie. Me sera-t-elle rendue ou non? je l'ignore. Si mon père l'emporte, comme il s'en est vanté, c'est fait de moi, la vie m'abandonne : si mon ami a rempli sa promesse, la vie n'abandonne point mon cœur. Mais enfin, quand même Eutyque aurait la goutte aux deux pieds, il devrait déjà être revenu du port. Il a un grand défaut : c'est une extrême lenteur qui me désespère. Mais n'est-ce pas lui que je vois accourir? c'est lui-même : allons à sa rencontre. (*Levant les yeux au ciel.*) O toi, le témoin et le maître des actions des hommes et des dieux, Destin, qui m'offres ce rayon d'espoir si attendu, je te rends grâces! (*Regardant Eutyque.*) Pourquoi s'arrête-t-il? Oh! je suis perdu! sa figure ne m'annonce rien de

(1) M. Naudet traduit : « Quoi donc? un amant? »
(2) Dans le texte de l'édition de Lemaire, M. Naudet attribue à Lysimaque cette phrase, qui nous semble fixer le sens de *quod ne ames? est-ce que vous l'aimez?* Nous l'avons attribuée ici à Demiphon, comme M. Naudet lui-même l'a fait dans le nouveau texte qui accompagne sa traduction.

SCENA TERTIA.

LYSIMACHUS, DEMIPHO.

Lys. Adducam ego illum jam ad te, si convenero.
Dem. Me dicit. *Lys.* Quid ais, Demipho? *Dem.* Est mulier domi? 555
Lys. Quid censes? *Dem.* Quid si visam? *Lys.* Quid properas? mane.
Dem. Quid faciam? *Lys.* Quod opus est facto, facito ut cogites.
Dem. Quid cogitem? equidem, hercle, opus hoc facto existumo,
Ut illuc introeam. *Lys.* Itane vero, vervex, intro eas?
Dem. Quid aliud faciam? *Lys.* Prius hoc ausculta, atque ades. 560
Prius etiam 'st, quod te facere ego æquom censeo.
Nam nunc si illo introieris, amplecti voles,
Confabulari, atque osculari. *Dem.* Tu quidem
Meum animum gestas : scis quid acturus siem.
Lys. Pervorse facies. *Dem.* Quodne ames? *Lys.* Tanto minus.
Jejunitatis plenus, anima fœtida, 566
Senex hircosus, tu osculere mulieri?
Utine adveniens vomitum excutias mulieri?
Dem. Scio, pol, te amare, quom istæc præmonstras mihi.
Quid si igitur (unum factum hoc si censes) cocum 570
Aliquem adripiamus, prandium qui percoquat
Apud te heic usque ad vesperum? *Lys.* Hem istuc censeo.
Nunc tu sapienter loquere atque amatorie.
Dem. Quid stamus? quin ergo imus, atque opsonium
Curamus, polchre ut simus? *Lys.* Equidem te sequor. 575
Atque, hercle, invenies tu locum illi, si sapis.
Nullum, hercle, præter hunc diem, illa apud me erit :
Metuo ego uxorem, cras si rure redierit,
Ne illam heic ohfendat. *Dem.* Res parata 'st, sequere me.

SCENA QUARTA.

CHARINUS, EUTYCHUS.

Char. Sumne ego homo miser, qui nusquam bene queo quiescere?
Si domi sum, foris est animus : sin foris sum, animus domi 'st.
Ita mihi in pectore atque in corde facit amor incendium :
Ni oculos lacrumæ defendant, jam ardeat, credo, caput.
Spem teneo, salutem amisi : redeat an non, nescio.
Si obprimit pater, quod dixit, exsulatum abiit salus : 585
Sin sodalis, quod promisit, fecit, non abiit salus.
Sed tamen si podagrosis pedibus esset Eutychus,
Jam a portu rediisse potuit. Id illi vitium maximum 'st,
Quod nimis tardus est, adversum mei animi sententiam.
Sed isne est, quem currentem video? ipsus est, ibo obviam.
Divom atque hominum quæ spectatrix atque Hera eadem es hominibus, 591
Spem speratam quom obtulisti hanc mihi, Ubi gratiis ago.

LE MARCHAND, ACTE III, SCENE IV.

bon : il s'avance d'un air triste ; la poitrine me brûle ; je demeure immobile ; il secoue la tête. (*Il appelle.*) Eutyque!

Eut. Ah! Charin!

Ch. Avant de reprendre haleine, explique-toi d'un seul mot. Où suis-je? parmi les vivants ou parmi les morts?

Eut. Tu n'es ni parmi les morts ni parmi les vivants.

Ch. Je suis sauvé : l'immortalité m'est donnée. (*à part.*) Il a acheté ma maîtresse, et joué un bon jour à mon père. Il n'y a personne plus habile que lui. (*Haut.*) Dis-moi, je te prie : si je ne suis ni dans ce monde ni aux enfers, où suis-je?

Eut. Nulle part.

Ch. Je meurs! ce discours m'assassine. Quoi de plus insupportable que de longues phrases au lieu du fait! Dis-moi le résultat, quel qu'il soit.

Eut. Pour commencer, nous sommes perdus.

Ch. Apprends-moi plutôt quelque chose que j'ignore.

Eut. Ta maîtresse n'est plus à toi.

Ch. Eutyque, tu commets un crime capital.

Eut. Comment?

Ch. Tu assassines ton camarade, ton ami, un citoyen.

Eut. Les dieux m'en préservent!

Ch. Tu m'as plongé un poignard dans la gorge ; je ne me soutiens plus.

Eut. Par Hercule, je t'en prie, ne perds pas courage.

Ch. Du courage! ah! je n'en ai plus à perdre. Apprends-moi tout mon malheur. Qui est-ce qui l'a achetée?

Eut. Je l'ignore. Déjà elle était adjugée et emmenée, quand je suis arrivé au port.

Ch. Malheureux que je suis! depuis une heure tu lances sur moi des montagnes de maux toutes brûlantes. Continue, assassine-moi, bourreau, puisque tu as commencé.

Eut. Tu ne peux pas en ressentir plus de peine que moi.

Ch. Dis-moi, qui l'a achetée?

Eut. Je l'ignore.

Ch. Est-ce ainsi que l'on sert un bon camarade?

Eut. Que veux-tu que je fasse?

Ch. Ce que tu vois que je fais moi-même : que tu périsses. Pourquoi ne t'es-tu pas informé de la figure de cet acheteur, afin de pouvoir découvrir la jeune fille?

Eut. Malheureux!

Ch. Dispense-toi de pleurer : c'est tout ce que tu sais faire à présent.

Eut. Qu'ai-je fait?

Ch. Tu m'as perdu ; et tu perds mon amitié.

Eut. Les dieux me sont témoins qu'il n'y a pas du tout de ma faute.

Ch. Ah! tu prends à témoin les dieux qui ne sont pas ici. Comment puis-je t'en croire?

Eut. Tu es libre de croire ce que tu veux, comme moi de te dire ce que je sais.

Ch. Tu es prompt à trouver une bonne réplique à chaque parole ; mais s'agit-il d'obliger, tu es boiteux, aveugle, muet, manchot, paralytique. Tu m'avais promis de faire la nique à mon père. Je croyais confier mes intérêts à un homme habile : c'est comme si je m'étais adressé à cette grosse pierre.

Eut. Que pouvais-je faire?

Ch. Ce que tu pouvais faire? tu me le demandes? Il fallait faire des recherches, t'informer qui était cet acheteur, d'où il était, de quelle famille, s'il était citoyen ou étranger.

Eut. On m'a dit que c'était un citoyen d'Athènes.

Ch. Il fallait découvrir au moins sa demeure, si tu ne pouvais savoir son nom.

Eut. Personne ne la connaissait.

Ch. Mais au moins tu devais demander quelle figure il a.

Eut. C'est ce que j'ai fait.

Numquid restat? eheu disperii! voltus neutiquam hujus placet ;
Tristis incedit, pectus ardet : hærco, quassat caput.
Eutyche. *Eut.* Heu, Charine. *Char.* Priusquam recipias anhelitum, 595
Uno verbo eloquere : ubi ego sum? heiccine an apud mortuos?
Eut. Neque apud mortuos, neque heic es. *Char.* Salvos sum, inmortalitas
Mihi data 'st : hic emit illam ; polchre os sublevit patri.
Inpetrabilior qui vivat nullus est : dic, obsecro :
Si neque heic, neque Acherunti sum, ubi sum? *Eut.* Nusquam gentium. 600
Char. Disperii! illæc interemit me modo oratio.
Odiosa est oratio, quom rem agas, longinquom loqui.
Quidquid est, ad capita rerum perveni. *Eut.* Primum omnium,
Periimus. *Char.* Quin tu illud potius nuncias, quod nescio?
Eut. Mulier alienata 'st abs te. *Ch.* Eutyche, capital facis.
Eut. Qui? *Char.* Quia æqualem et sodalem civem liberum enicas. 606
Eut. Ne di sirint. *Char.* Demisisti gladium in jugulum ; jam cadam.
Eut. Quæso, hercle, animum ne desponde. *Char.* Nullu'st quem despondeam.
Loquere porro aliam malam rem : quoi est emta? *Eut.* Nescio.
Jam addicta, atque abducta erat, quom ad portum venio.

Char. Væ mihi, 610
Monteis tu quidem mali in me ardenteis jamdudum jacis.
Perge, excrucia, carnufex, quandoquidem obcœpisti semel.
Eut. Nec tibi istuc magis dividiæ 'st, quam mihi hodie fuit.
Char. Dic, quis emit? *Eut.* Nescio, hercle. *Char.* Hem, istuccine 'st operam dare
Bonum sodalem? *Eut.* Quid me facere vis? *Char.* Idem quod me vides, 615
Ut pereas : quin percontatu's, hominis quæ facies foret,
Qui illam emisset : eo si pacto posset indagarier
Mulier? *Eut.* Heu me miserum! *Char.* Flere omitte, istuc quod nunc agis.
Eut. Quid ego feci? *Char.* Perdidisti me et fidem mecum tuam.
Eut. Dii sciunt, culpam meam istanc non esse ullam. *Char.* Euge, papæ! 620
Deos absenteis testeis memoras : qui ego istuc credam tibi?
Eut. Quin tibi in manu est, quod credas : ego quod dicam, id mihi mea in manu 'st.
Char. De istoc re argutus es, ut par pari respondeas ;
Ad mandata claudus, cæcus, mutus, mancus, debilis.
Promittebas te os sublinere meo patri ; egomet credidi 625
Homini docto rem mandare, is lapidi mando maxumo.
Eut. Quid ego facerem? *Char.* Quid tu faceres? men' rogas? requireres,
Rogitares, quis esset, aut unde esset, qua prosapia,
Civisne esset, an peregrinus. *Eut.* Civem esse aibant Atticum.

Ch. Comment te l'a-t-on dépeint?
Eut. Je vais te le dire : la tête blanche, cagneux, ventru, trapu, joufflu, les yeux noirs, la mâchoire allongée, les pieds patauds (1).
Ch. Ce n'est pas un homme, c'est un assemblage de difformités que tu me dépeins là. Tu n'as pas d'autres renseignements sur lui?
Eut. Voilà tout ce que je sais.
Ch. Par Pollux, cet homme aux mâchoires allongées me cause un tourment bien cruel! Je n'y puis plus tenir : mon parti est pris; je m'exile d'ici... Mais j'y songe, quelle ville choisir? Mégare? Érétrie? Corinthe? Chalcis (2)? la Crète? Cypre? Sicyone? Gnide? Zacynthe? (3) Lesbos? la Béotie?
Eut. Pourquoi prendre une telle résolution?
Ch. Parce que l'amour fait mon tourment.
Eut. Que dis-tu là? quand tu seras arrivé où tu veux aller, si par hasard tu deviens amoureux, et que tu perdes encore l'objet de tes amours, tu t'enfuiras donc aussitôt de la ville? et d'une autre encore, si le même malheur t'arrive? Où sera enfin le terme de ton exil? où s'arrêtera ta fuite? dans quelle patrie, dans quelle demeure pourras-tu te fixer? Dis-moi, je te prie, crois-tu, en quittant cette ville, y laisser ton amour? Si ton esprit se flatte de cette idée, si tu en es assuré, ne vaudrait-il pas mieux te retirer quelque part à la campagne, y demeurer, y vivre, jusqu'à ce que ta passion pour elle et ton amour laissent ton cœur en liberté.
Ch. As-tu fini de parler?
Eut. Oui.
Ch. Eh bien! tu as parlé pour rien. Ma résolution est inébranlable. Je vais à la maison saluer mon

(1) Quelques commentateurs, assurément qui ne flattent pas leur auteur, ont cru, sur je ne sais quels indices, voir ici le portrait de Plaute. (2) Ville d'Eubée, aujourd'hui Egripo. (3) Zanthe, île de la mer Ionienne.

père et ma mère. Ensuite je fuirai de ce pays à l'insu de mon père, ou bien je prendrai quelque autre parti désespéré. (*Il sort.*)
Eut. Comme il s'échappe, comme il me quitte brusquement! Malheureux que je suis! s'il part, tout le monde accusera mon indifférence. Allons, il faut que j'aille de ce pas louer tous les crieurs publics, pour qu'ils me cherchent cette fille et me la trouvent : puis j'irai tout droit au préteur, je le prierai de me donner des agents de perquisition qui courront toutes les rues : car je n'ai plus que cette ressource-là. (*Il sort.*)

ACTE QUATRIÈME.

SCÈNE I.

DORIPPE, SYRA.

Dor. Comme mon mari m'a fait dire qu'il n'irait pas à la campagne, j'ai fait un coup de ma tête; je suis revenue exprès pour chercher celui qui me fuit. Mais je ne vois plus derrière moi notre vieille Syra qui me suivait. La voilà enfin qui s'avance. (*à Syra.*) N'iras-tu pas plus vite?
Sy. Je ne le peux pas, par Castor, avec le lourd fardeau que je porte.
Dor. Quel fardeau?
Sy. Quatre-vingts ans, et par-dessus la servitude, la sueur, et la soif. Toute cette charge, que je traîne à la fois, m'accable.
Dor. (*s'approchant d'un autel d'Apollon placé à la porte de Démiphon.*) Donne-moi quelque chose, Syra, pour déposer une offrande sur l'autel de notre voisin (1).

(1) L'autel qui était devant la maison, comme nos madones ou nos figures de saints.

Char. Ubi habitaret, invenires saltem, si nomen nequis. 630
Eut. Nemo aibat scire. *Char.* At saltem hominis faciem exquireres.
Eut. Feci. *Char.* Qua forma esse aibant? *Eut.* Ego dicam tibi : (abit.)
Canum, varum, ventriosum, bucculentum, breviculum,
Subnigris oculis, oblongis malis, pansam aliquantulum.
Char. Non hominem mihi, sed thesaurum nescio quem memoras mali. 635
Numquid est, quod dicas aliud de illo? *Eut.* Tantum, quod sciam.
Char. Edepol, næ ille oblongis malis dedit mihi magnum malum.
Non possum durare, certum 'st exsulatum hinc ire me.
Sed quam capiam civitatem, cogito potissumum :
Megaram, Eretriam, Corinthum, Chalcidem, Cretam, Cyprum, 640
Sicyonem, Gnidum, Zacynthum, Lesbiam, Bœotiam?
Eut. Cur istuc cœptas consilium? *Char.* Quia enim me adflictat amor.
Eut. Quid tu ais? quid, quom illuc, quo nunc ire paritas, veneris?
Si ibi amare forte obcipias, atque item ejus sit inopia,
Jam inde porro abfugies? deinde item illinc, si item evenerit? 645
Quis modus tibi exsilio tandem eveniet? qui finis fugæ?
Quæ patria aut domus tibi stabilis esse poterit? dic mihi.
Cedo, si hac urbe abis, amorem te heic relicturum putas?
Si id forte ita sat animo adceptum 'st, id pro certo si habes,
Quanto te satius't rus aliquo abire, ibi esse, ibi vivere, 650
Adeo dum illius te cupiditas atque amor missum facit?

Char. Jam dixisti? *Eut.* Dixi. *Char.* Frustra dixti : hoc mihi certissumum 'st.
Eo domum, patrem atque matrem ut meos salutem : postea
Clam patrem patria hac ecfugiam, aut aliquid capiam consili. (abit.)
Eut. Ut corripuit se repente, atque abiit! heu misero mihi!
Si ille abierit, mea factum omneis dicent esse ingnavia. 6 6
Certum 'st præconum jubere jam quantum 'st conducier,
Qui illam investigent, qui inveniant : post ad prætorem indico
Ibo, orabo ut conquisitores det mihi in vicis omnibus :
Nam mi nil relicti quidquam aliud jam esse intellego. 660

ACTUS QUARTUS.

SCENA PRIMA.

DORIPPA, SYRA.

Dor. Quoniam a viro ad me rus advenit nuncius,
Rus non iturum, feci ego ingenium meum,
Reveni, ut illum consequar, qui me fugit.
Sed quam non video consequi nostram Syram.
Atque eccam incedit tandem : quin is ocius? 665
Syr. Nequeo, mecastor, tantum hoc oneri 'st, quod fero.
Dor. Quid oneris? *Syr.* Annos octoginta et quatuor;
Et eodem adcedit servitus, sudor, sitis :
Simul hæc, quæ porto, deprimunt. *Dor.* Aliquid cedo
Qui hanc vicini nostri aram augeam, Syra. 670
Syr. Da sane hanc virgam lauri. *Dor.* Abi jam tu intro.
Syr. Eo.

LE MARCHAND, ACTE IV, SCENE III.

Sy. Offrez cette branche de laurier.
Dor. Va tout de suite à la maison.
Sy. J'y vais. (*Elle entre chez Lysimaque.*)
Dor. Apollon, je t'en prie, que ta bonté propice nous donne des jours paisibles; conserve la vie et la santé à toute notre maison : sois indulgent et bon pour mon fils!
Sy. (*revenant tout effarée.*) Infortunée, je suis perdue, je suis morte! que je suis malheureuse!
Dor. As-tu ta raison, dis-moi? pourquoi te lamenter ainsi?
Sy. Dorippe, Dorippe! ma chère maîtresse!
Dor. Qu'as-tu à crier, de grâce?
Sy. Il y a là chez nous je ne sais quelle espèce de femme.
Dor. Comment, une femme?
Sy. Oui, une courtisane.
Dor. Est-il vrai? sérieusement?
Sy. Vous avez été bien inspirée de ne pas vouloir rester à la campagne. Il ne faut pas être bien malin pour deviner que c'est une maîtresse de votre galant mari.
Dor. Je le crois, vraiment.
Sy. Venez par ici avec moi, ma Junon, pour voir votre rivale, votre Alcmène.
Dor. Par Castor, j'y cours au plus vite. (*Elles sortent.*)

SCÈNE II.

LYSIMAQUE (*seul*).

Les folies de l'amour ne suffisent pas à Démiphon : il faut encore qu'il y joigne la prodigalité. Quand il aurait dix convives et des plus considérables, son souper serait trop somptueux : mais il fallait le voir haranguer ses cuisiniers! c'était comme un pilote en mer qui encourage ses rameurs. J'en ai arrêté un moi-même; et je m'étonne qu'il ne vienne pas comme je le lui avais recommandé. Mais qui est-ce qui sort de chez nous? la porte s'ouvre.

Dor. Apollo, quæso te, ut des pacem propitius,
Salutem et sanitatem nostræ familiæ,
Meoque ut parcas gnato pace propitius.
Syr. Disperii, perii misera; væ miseræ mihi! 675
Dor. Satin' tu sana es, obsecro? quid ejulas?
Syr. Dorippa mea, Dorippa! *Dor.* Quid clamas, obsecro?
Syr. Nescio quæ est mulier intus heic in ædibus.
Dor. Quid mulier? *Syr.* Mulier meretrix. *Dor.* Veron' serio?
Syr. Nimium scis sapere, ruri quæ non manseris : 680
Quamvis insipiens poteras persentiscere
Illam esse amicam tui viri bellissumi.
Dor. Credo, mecastor. *Syr.* I hac mecum, ut videas simul
Tuam Alcumenam pellicem, Juno mea.
Dor. Ecastor, vero istuc eo, quantum pote'st. 685

SCENA SECUNDA.

LYSIMACHUS.

Parum ne est malæ rei, quod amat Demipho,
Ni sumtuosus insuper etiam siet?
Decem vocasset si ad cœnam summos viros,
Nimium opsonavit : sed cocos, quasi in mari 690
Solet hortator remiges hortarier,
Ita hortabatur : egomet conduxi cocum.
Sed eum demiror non venire ut jusseram.
Sed qui hinc nam a nobis exit? aperitur foris.

SCÈNE III.

DORIPPE, LYSIMAQUE.

Dor. (*sans voir Lysimaque.*) Non, il n'a jamais existé, il n'existera jamais une femme plus malheureuse que moi! Être mariée à un homme de cette espèce! que je suis à plaindre! mettez-vous donc vous et vos biens sous la tutelle d'un mari! Voilà l'homme à qui j'ai apporté dix talents en dot pour voir ces infamies, pour essuyer de tels affronts!
Lys. (*à part.*) Me voilà perdu! ma femme est revenue de la campagne; elle a vu sans doute la jeune fille à la maison, mais je ne peux pas entendre d'ici ce qu'elle dit; approchons.
Dor. (*à part.*) Que je suis malheureuse!
Lys. (*à part.*) C'est bien plutôt moi!
Dor. (*à part.*) Je suis perdue.
Lys. (*à part.*) Et moi je le suis sans ressource, elle l'a vue. O Démiphon, que tous les dieux t'exterminent!
Dor. (*à part.*) C'est cela que mon mari n'a pas voulu aller à la campagne!
Lys. (*à part.*) Qu'ai-je de mieux à faire maintenant que de m'approcher d'elle et de lui parler? (*Haut*) Votre mari vous salue, ma femme. (*Elle le repousse brusquement*). Les gens de la ville deviennent un peu rustiques en allant à la campagne.
Dor. Ils agissent du moins plus honnêtement que ceux qui ne veulent pas y aller.
Lys. Est-ce qu'on est mal-appris à la campagne (1)?
Dor. Moins qu'à la ville, et l'on s'y met moins de mauvaises affaires sur les bras.
Lys. Quel crime ont commis les gens de la ville, dites-le-moi?
Dor. A qui appartient cette femme qui est là chez nous?
Lys. Vous l'avez vue?

(1) M. Levée traduit : « Les gens de campagne ne péchent-ils donc jamais? »

SCENA TERTIA.

DORIPPA, LYSIMACHUS.

Dor. Miserior mulier, me nec fiet, nec fuit,
Tuli viro quæ nubserim : heu miseræ mihi! 695
Hem, quoi te, et tu quæ habeas, commendes viro!
Di, quoi decem talenta dotis detuli,
Hæc ut viderem, ut ferrem has contumelias!
Lys. Perii, hercle! rure jam rediit uxor mea :
Vidisse eam credo mulierem in ædibus. 700
Sed quæ loquatur, exaudire hinc non queo.
Accedam propius. *Dor.* Væ miseræ mihi! *Lys.* Imo mihi.
Dor. Disperii! *Lys.* Ego quidem, hercle, oppido perii miser!
Vidit. Ut omneis te Demipho di perduint!
Dor. Pol, hoc est ire quod rus meus vir noluit. 705
Lys. Quid nunc ego faciam nisi ut adeam, atque adloquar?
Jubet salvere suos vir uxorem suam.
Urbani fiunt rustici. *Dor.* Pudicius
Faciunt illi quam qui non fiunt rustici.
Lys. Num quid delinquont rustici? *Dor.* Ecastor, minus
Quam urbani, et multo minus mali quærunt sibi. 711
Lys. Quid autem urbani deliquerunt? dic mihi.
Dor. Quoja illa mulier intus est? *Lys.* Vidistine eam?
Dor. Vidi. *Lys.* Quoja ea sit, rogitas? *Dor.* Resciscam tamen :

Dor. Oui.
Lys. Vous demandez à qui elle appartient?
Dor. Je le saurai toujours bien... Oui, je désire le savoir. Mais vous voulez me donner le change par vos finesses.
Lys. Voulez-vous que je vous dise à qui elle est..? elle est... elle est. (*à part.*) Par Pollux, sot que je suis, je ne sais que dire.
Dor. (*avec une ironie affectée*). Vous êtes embarrassé?
Lys. Jamais je ne me suis vu en pareille situation (1).
Dor. Parlez donc,
Lys. Laissez-m'en la liberté.
Dor. Oh! vous devriez avoir déjà tout dit.
Lys. Eh! je ne puis, vous me harcelez... Vous me pressez comme un criminel.
Dor. Oh! vous êtes pourtant bien innocent.
Lys. Vous pouvez le dire en toute assurance.
Dor. Parlez donc.
Lys. Je parlerai.
Dor. Ah! il faudra bien que vous parliez!
Lys. C'est.... Voulez-vous que je vous dise aussi son nom?
Dor. Vains détours! Je vous tiens! vous êtes coupable.
Lys. De quel crime? Cette femme est...
Dor. Qu'est-elle?
Lys. C'est....
Dor. (*avec colère*). Ah! ah!
Lys. Si je n'avais pas besoin de son nom, je le trouverais tout de suite (2).
Dor. Vous ne savez pas qui elle est?
Lys. Pardon, je le sais. J'ai été son juge dans une affaire.
Dor. Son juge! ah! je le vois, vous l'avez fait venir pour tenir conseil avec elle.
Lys. Non; on l'a remise en dépôt entre mes mains.
Dor. Je comprends.
Lys. Je vous jure qu'il n'y a rien de ce que vous supposez.

(1) M. Levée traduit : « *Lysim.* (*à part.*) Je ne me suis jamais vu plus embarrassé. »
(2) Je lis, avec quelques savants éditeurs, *nunc* au lieu de *non*. M. Naudet conserve la négation, et traduit : « S'il n'y avait pas de nécessité, je me dispenserais de le dire. »

Dor. Vous vous hâtez bien de vous justifier.
Lys. (*à part.*) Dans quel embarras je me suis jeté! Je ne sais comment sortir de là.

SCÈNE IV.

UN CUISINIER *avec sa suite*, LYSIMAQUE, DORIPPE, SYRA.

Le cuis. (*à ses garçons chargés de provisions.*) Allons, marchez vite : j'ai un souper à préparer pour un vieillard amoureux. (*à part.*) Mais quand j'y pense, c'est pour nous et non pour celui qui nous paye que nous faisons ce souper : car l'amant qui possède l'objet qu'il aime se repaît de la vue, des embrassements, des baisers, des doux propos. Mais nous, je compte que nous nous en retournerons à la maison la panse bien garnie. (*A ses garçons.*) Marchez de ce côté. Mais voici le vieillard qui nous a loués.
Lys. Autre embarras : je suis perdu! Le cuisinier arrive.
Le cuis. Nous voici.
Lys. Va-t'en.
Le cuis. Comment, que je m'en aille?
Lys. (*bas.*) St! va-t'en.
Le cuis. M'en aller?
Lys. (*bas.*) Va-t'en.
Le cuis. Est-ce que vous ne souperez pas?
Lys. Nous sommes déjà rassasiés. (*A part.*) Mais je suis mort!
Dor. (*Avec ironie en montrant les provisions.*) Dites-moi, est-ce un cadeau de ceux dont vous avez été nommé l'arbitre?
Le cuis. Est-ce là votre maîtresse, dont vous êtes si amoureux, à ce que vous me disiez tout à l'heure en faisant vos provisions?
Lys. (*bas avec impatience.*) Veux-tu bien te taire (1)?
Le cuis. C'est un assez beau brin de femme : par Hercule, elle a l'air bien passionné.
Lys. (*de même.*) T'en iras-tu, pendard?
Le cuis. Elle n'est pas désagréable.

(1) On sent tout le comique de la situation du pauvre mari, et chaque mot du dialogue ajoute à l'effet de cette excellente scène.

Cupio, hercle, scire : sed tu me tentas sciens. 715
Lyn. Vin' dicam quoja est; illa, illa... edepol, væ mihi!
Nescio quid dicam. *Dor.* Hæres? *Lys.* Haud vidi magis.
Dor. Quin dicis? *Lys.* Quin, si liceat. *Dor.* Dictum oportuit.
Lys. Non possum, ita instas : urges quasi pro noxio :
Dor. Scio, innoxius. *Lys.* Audacter quamvis dicito. 720
Dor. Dic igitur. *Lys.* Ego dicam. *Dor.* Atqui dicundum 'st tamen.
Lys. Illa est... num etiam vis nomen dicam? *Dor.* Nihil agis.
Manifesto teneo, in noxia es. *Lys.* Qua noxia?
Ista quidem illa est... *Dor.* Quæ illa est? *Lys.* Illa... *Dor.* Iohia!
Lys. Jam si nihil usus esset, jam non dicerem. 725
Dor. Non tu scis quæ sit illa? *Lys.* Imo etiam scio :
De istac sum judex captus. *Dor.* Judex! jam scio;
Huc tu in consilium istam advocavisti tibi.
Lys. Imo sic sequestro mihi data est. *Dor.* Intellego.
Lys. Nihil, hercle, istius quidquam 'st. *Dor.* Numero purgitas. 730
Lys. (*secum.*) Nimium negoti reperi : enim vero hæreo.

SCENA QUARTA.

COCUS, LYSIMACHUS, DORIPPA, SYRA.

Coc. Agite, ite actutum : nam mi amatori seni
Coquenda 'st cœna : atque equidem quom recogito,
Nobis coquenda 'st, non quoi conducti sumus.
Nam qui amat, quod amat, si id habet, id habet pro cibo :
Videre, amplecti, osculari, adloqui. 735
Sed non contido onustos redituros domum.
Ite hac : sed eccum qui nos conduxit, senex.
Lys. Ecce autem, perii! cocus adest. *Coc.* Advenimus.
Lys. Abi. *Coc.* Quid? abeam? *Lys.* St, abi. *Coc.* Abeamne?
Lys. Abi. 740
Coc. Iohia estis cœnaturi? *Lys.* Jam saturi sumus.
Sed interii! *Dor.* Quid ais tu? cliamne hæc illi tibi
Jusserunt feri, quos inter judex datus?
Coc. Hæccine tua est amica, quam dudum mihi
Te amare dixti, quom opsonabas? *Lys.* Nos taces? 745
Coc. Satis scitum filum mulieris : virum, hercle, avet.
Lys. Abin' dierectus? *Coc.* Haud mala est. *Lys.* At tu malus.
Coc. Scitam, hercle, opinor satis concubinam hanc. *Lys.* Non abis?

Lys. (*de même.*) Tu l'es terriblement, toi.

Le cuis. Par Hercule, elle doit faire une charmante compagne de lit.

Lys. (*de même.*) T'en vas-tu? ce n'est pas moi qui t'ai loué tantôt.

Le cuis. Comment? c'est bien vous.

Lys. (*à part.*) Malheur à moi!

Le cuis. A telles enseignes que vous me disiez que votre femme était à la campagne, et que vous la détestiez autant qu'une vipère.

Lys. Moi, je t'ai dit cela?

Le cuis. Oui certainement, vous me l'avez dit.

Lys. (*à Dorippe.*) Que Jupiter me protége, ma femme, comme il est faux que j'aie dit cela!

Dor. Vous le niez encore!

Le cuis. (*à Dorippe.*) Oh! ce n'est pas vous qu'il hait; il me parlait de sa femme.

Dor. (*à Lysimaque.*) Vous me donnez des preuves assez claires de votre haine.

Lys. Non, cela n'est pas vrai.

Le cuis. Et il m'a dit que sa femme était à la campagne.

Lys. (*montrant Dorippe.*) La voici. Qu'as-tu donc à me tourmenter?

Le cuis. Parce que vous dites que vous ne me connaissez pas : est-ce que vous craignez sa colère?

Lys. (*se retournant vers Dorippe d'un air affectueux.*) Et avec raison; car je n'aime qu'elle.

Le cuis. Voulez-vous m'employer?

Lys. Non.

Le cuis. Alors payez-moi.

Lys. Reviens demain, on te payera : mais pour le moment, va-t'en.

Dor. Que je suis malheureuse!

Lys. (*à part*). Je reconnais maintenant par expérience la vérité de ce vieux proverbe : Mauvais voisin porte toujours malheur.

Le cuis. (*à ses garçons.*) Pourquoi restons-nous ici? allons-nous-en. (*à Lysimaque.*) S'il vous arrive quelque accident, ce n'est pas ma faute.

Lys. Tu me tortures, tu m'assassines.

Le cuis. Je vois ce que vous désirez, c'est que je m'en aille.

Lys. Oui, certes.

Le cuis. On s'en ira.... donnez-moi une drachme.

Lys. On te la donnera.

Le cuis. Faites-moi-la donc donner, je vous prie. On le peut, pendant que mes garçons déposent leurs paniers.

Lys. T'en iras-tu? cesseras-tu de m'importuner?

Le cuis. (*à ses garçons.*) Allons, déposez ces provisions devant ce vieillard, à ses pieds. (*A Lysimaque.*) J'enverrai tout à l'heure ou demain chez vous reprendre cette vaisselle. (*A ses garçons.*) Suivez-moi... (*Ils sortent.*)

Lys. (*s'approchant de Dorippe, et d'un ton affectueux.*) Tu es peut-être étonnée de voir ici ce cuisinier, et ce qu'il apporte; je t'expliquerai cela.

Dor. Je ne suis nullement étonnée de vos prodigalités et de votre conduite scandaleuse. Quant à moi, je ne souffrirai pas plus longtemps un aussi mauvais mari, et des courtisanes établies dans ma maison.... (*à sa suivante.*) Syra, va chez mon père; prie-le de ma part de venir ici avec toi sur-le-champ.

Sy. J'y vais. (*elle sort.*)

Lys. Tu ne sais pas de quoi il s'agit, ma femme : je t'en prie, je suis prêt à te jurer dans les termes les plus formels que je n'ai jamais eu de liaison avec elle.... (*Il se tourne pour parler à Syra.*) Syra est déjà partie. Ah! je suis perdu! (*Sa femme sort pendant qu'il regarde d'un autre côté.*) La voilà qui s'en est allée aussi. Malheureux que je suis! ah, maudit voisin, que les dieux et les déesses t'exterminent avec ta maîtresse et tes amours, il me laisse en butte aux plus indignes soupçons, il me suscite une guerre. C'est qu'à la maison ma femme est d'une violence.... Je cours au Forum, et je déclare à Démiphon que je vais prendre sa belle par les cheveux et la jeter dans la rue, s'il ne l'emmène hors de chez moi. (*Il appelle.*) Ma femme! dis donc, ma femme! malgré toute ta colère contre moi, ordonne, en bonne ménagère, qu'on emporte tout cela chez nous. (*Il montre les provisions.*) (1) Nous aurons ainsi de quoi mieux souper tantôt. (*Il sort.*)

(1) Ce trait de *bourgeois économe* est excellent.

Non ego sum, qui te dudum conduxi. *Coc.* Quid est?
Imo, hercle, tu istic ipsus. *Lys.* Væ misero mihi! 750
Coc. Nempe uxor ruri est tua, quam dudum dixeras
Te odisse æque atque angueis. *Lys.* Egon' istuc dixi tibi?
Coc. Mihi quidem, hercle. *Lys.* Ita me amabit Jupiter,
Uxor, ut ego illud nunquam dixi. *Dor.* Etiam negas?
Coc. Non te odisse aibat, uxorem verum suam. 755
Dor. Palam istæc fiunt, te me odisse. *Lys.* Quin nego.
Coc. Et uxorem suam ruri esse aibat. *Lys.* Hæc ea est.
Quid mihi molestus? *Coc.* Quia me non gnovisse ais.
Ni metuis tu istanc. *Lys.* Sapio; nam mihi unica 'st.
Coc. Vin' me experiri? *Lys.* Nolo. *Coc.* Mercedem cedo.
Lys. Cras petito, dabitur : nunc abi. *Dor.* Heu miseræ
mihi! 761
Lys. Nunc ego verum illud verbum esse experior vetus :
Aliquid mali esse propter vicinum malum.
Coc. Cur heic adstamus? quin abimus? incommodi
Si quid tibi evenit, id non est culpa mea. 765
Lys. Quin, me eradicas miserum. *Coc.* Scio jam quid velis,
Nempe hinc me abire, vis. *Lys.* Volo, inquam. *Coc.* Abibitur,
Drachmam dato. *Lys.* Dabitur. *Coc.* Dari ergo, sis, jube.
Dari potest interea dum illi ponunt. *Lys.* Quin abis?
Potin' ut molestus ne sis? *Coc.* Agite, adponite 770
Opsonium istuc ante pedes illi seni.
Hæc vasa aut mox, aut cras jubebo abs te peti :
Sequimini. (*abeunt.*) *Lys.* Fortasse te illum mirari cocum,
Quod venit, atque hæc adtulit : dicam quid est.
Dor. Non miror, si quid damni facis, aut flagiti, 775
Nec, pol, ego patiar, me sic me nubtam tam male,
Measque in ædeis sic scorta obductarier.
Syra, i, rogato meum patrem verbis meis,
Ut veniat ad me jam simul tecum. *Syr.* Eo.
Lys. Nescis, negoti quid sit, uxor, obsecro : 780
Conceptis verbis jam jusjurandum dabo,
Me nunquam quidquam cum illa : jamne abiit Syra?
Perii, hercle! ecce autem hæc abiit : væ misero mihi!
At te, vicine, di deæque perduint,
Tua cum amica cumque amationibus. 785
Suspicione inplevit me indignissume;
Concivit hosteis. Domi uxor est acerruma.
Ibo ad forum, atque Demiphoni hæc eloquar,
Me istanc capillo protracturum esse in viam,
Nisi hinc abducit, quo volt, ex hisce ædibus. 790
Uxor, heus uxor, quamquam tu irata es mihi,
Jubeas, si sapias, hæc intro hinc absferrier :
Eadem licebit mox cœnare rectius.

SCÈNE V.
SYRA, EUTYQUE.

Sy. Le père de ma maîtresse, que j'étais allée chercher, n'est pas chez lui. On m'a dit qu'il était parti pour la campagne : je viens rendre réponse. Par Castor ! les femmes vivent sous une bien dure loi ! combien leur sort injuste est différent de celui des hommes ! Qu'un homme entretienne secrètement une courtisane, si sa femme l'apprend, l'impunité lui est assurée. Qu'une femme quitte secrètement la maison, le mari lui fait son procès ; elle est répudiée (1). Pourquoi la loi n'est-elle pas égale pour le mari et pour la femme? une femme honnête se contente d'un seul mari : pourquoi donc un mari ne se contenterait-il pas d'une seule femme ? Par Castor, si l'on punissait les maris pour entretenir des courtisanes en cachette, de même qu'on répudie les femmes qui commettent une faute, il y aurait plus de maris sans femme que de femmes sans mari.

Eut. Je suis fatigué de battre toute la ville; je ne trouve aucune trace de cette jeune fille. (*Apercevant Syra.*) Mais ma mère est revenue de la campagne; car j'aperçois Syra devant notre porte. (*haut.*) Syra!

Sy. Qui est-ce qui m'appelle?

Eut. Ton jeune maître, que tu as nourri.

Sy. Bonjour, mon cher enfant.

Eut. Est-ce que ma mère est déjà revenue de la campagne? dis-moi.

Sy. Oui, et en très-bonne santé, ainsi que tout son monde.

Eut. Qu'est-ce qui te préoccupe?

Sy. Votre aimable père a introduit une maîtresse dans la maison.

Eut. Comment?

(1) Beaumarchais a, sans le savoir sans doute, traduit ce passage dans un couplet du *Mariage de Figaro* :

Qu'un mari sa foi trahisse,
Il s'en vante, et chacun rit, etc.

Sy. Votre mère, à son arrivée de la campagne, l'a trouvée chez nous.

Eut. Par Pollux, je ne croyais pas mon père capable de pareilles intrigues. Cette femme est-elle encore à la maison?

Sy. Oui.

Eut. Suis-moi.

Les anciennes éditions ajoutent ce qui suit :

« *Sy.* Mais quoi ! je vois ici Péristrate, la femme de
« Démiphon. Elle marche à grands pas, elle lance
« des regards, elle va de tous côtés, elle penche la
« tête. Je vais observer ses démarches. Elle cherche
« quelque chose de précieux. »

Après cette scène se trouvent les deux suivantes (1) :

SCÈNE VI.
PÉRISTRATE, SYRA, LYCISSA.

« *Pér.* Divine Astarté (2), la force, la vie, le salut
« des hommes et des dieux, toi qui es en même temps
« leur perte, leur mort, leur ruine : la mer, la terre, le
« ciel, les astres, tous ces monuments de la puissance
« de Jupiter que nous adorons, sont régis par ta vo-
« lonté, obéissent à tes lois et les attendent. Ce qui te
« déplaît est d'abord rejeté par tous : ce qui te plaît
« attire tout ce qui est doué de vie et de sentiment. Tu
« accables, tu anéantis les uns, tu nourris et soutiens
« les autres de ton propre lait. Toutefois ceux que tu
« anéantis vivent heureux et sages ; ceux que tu t'em-
« presses de nourrir et de protéger périssent bientôt.
« Les malheureux perdent la raison : ils se plaisent

(1) Si comme on le prétend ces morceaux ne sont pas de Plaute, le style a souvent un caractère de force et d'originalité très-remarquable. Tous les nouveaux interprètes de notre auteur, en les déclarant apocryphes, les ont conservés et traduits : et l'on trouvera sans doute avec nous qu'ils ont eu raison.
(2) Cette invocation à Astarté, la Vénus des Syriens, est assez bizarre, et accuse une main étrangère. La même divinité a été introduite frauduleusement dans une autre comédie du poète latin, *les Bacchis*.

SCENA QUINTA.
SYRA, EUTYCHUS.

Syr. Hera quo me misit ad patrem, non est domi :
Rus abiisse aibant : nunc domum renuncio. 795
Ecastor, lege dura vivont mulieres,
Multoque iniquiore miseræ, quam viri.
Nam si vir scortum duxit clam uxorem suam,
Id si rescivit uxor, inpune 'st viro.
Uxor viro si clam domo egressa 'st foras, 800
Viro fit causa, exigitur matrimonio.
Utinam lex esset eadem, quæ uxori est, viro !
Nam uxor contenta est, quæ bona est, uno viro.
Qui minus vir una uxore contentus siet?
Ecastor, faxim, si itidem plectantur viri, 805
Si quis clam uxorem duxerit scortum suam,
Ut illæ exiguntur, quæ in se culpam conmerent;
Plures viri sint vidui, quam nunc mulieres.
Eut. Defessus sum urbem totam pervenarier,
Nihil investigo quidquam de illa muliere. 810
Sed mater rure rediit, nam video Syram
Adstare ante ædeis. Syra. *Syr.* Quis est, qui me vocat?
Eut. Herus atque alumnus tuus sum. *Syr.* Salve, alumne mi.
Eut. Jam mater rure rediit? responde mihi.
Syr. Sua quidem salute ac familiæ maxuma. 815
Eut. Quid istuc negoti 'st? *Syr.* Tuos pater bellissumus
Amicam adduxit intro in ædeis. *Eut.* Quomodo?
Syr. Adveniens mater rure eam obfendit domi.

Eut. Pol, haud censebam istarum esse operarum patrem.
Etiam nunc mulier intu'st? *Syr.* Etiam. *Eut.* Sequere me.

Hisce vett. editiones continuo ista attexunt :

« *Syr.* Quid? Peristratam heic Demiphonis contuor? 821
« Gradus grandit, emittit oculos, circumfert se, obstipat ver-
      ticem.
« Adservabo hinc rerum quid gerat : magnum est, quidquid
      quæritat. »

QUAM SCENAM STATIM EXCIPIUNT DUÆ ALIÆ.

PERISTRATA, SYRA, LYCISSA.

« *Per.* Diva Astarte, hominum deorumque vis, vita, salus :
      rursus eadem quæ est
« Pernicies, mors, interitus, mare, tellus, cælum, sidera.
« Jovis quæcumque templa colimus, ejus ducuntur nutu,
      illi obtemperant, 826
« Eam spectant; quod illi displicet, facile excludunt cæteri.
« Quidquid complacitum, id sequontur, quæ vivont omnia,
      atque sentiunt.
« Allos enicat, exstinguit, allos suo lacte fovet, atque eri-
      git : sed quos enicat, 829
« Hi vivont, et sapiunt : quos properat alere, ac erigere,

« dans l'abjection, ils mordent la terre. Dans les
« transports de leur rage, ils rampent le front dans la
« poussière, ils frémissent et font grand bruit. C'est
« au moment où ils se croient le plus pleins de vie
« qu'ils tombent dans l'abîme. C'est alors qu'ils pour-
« suivent l'objet de leurs passions. Les jeunes gens
« chancellent, les vieillards sont entraînés. Ils ne
« songent qu'à se satisfaire, ils veulent qu'on aime
« l'objet de leur amour, ils en font vanité. Ceux qui
« commencent à aimer au déclin de leur âge s'empor-
« tent à de bien plus grandes folies : mais quand ils
« n'aiment pas, ils sont haineux, incommodes, cha-
« grins, radoteurs, bilieux, acariâtres, violents, in-
« supportables à eux-mêmes et aux autres. Jadis cou-
« pables des plus honteux excès, ils ne pardonnent
« pas, comme de bons pères le doivent, les fautes les
« plus légères : ils jettent les hauts cris et font un
« bruit ridicule.
« *Sy.* (*à part.*) Autant que je puis comprendre,
« elle a sujet de se plaindre de Démiphon.
« *Pér.* (*continue.*) C'est vrai. Mon fils est éperdu-
« ment amoureux; son père l'apprend, et s'emporte
« avec violence. Quel désordre dans les esprits! au-
« trefois mon mari éloigna mon fils de la maison en
« l'envoyant faire le commerce à Rhodes : mainte-
« nant Acanthion m'a dit que c'est mon fils qui se
« condamne à l'exil. Père injuste! fils infortuné!
« quel sera ton refuge? où laisseras-tu ta mère?
« ainsi je vivrai seule? ainsi je perdrai mon fils?
« Non, je ne le souffrirai pas. Ton père a vendu celle
« que tu aimais : ta mère la rachètera, en quelque
« lieu qu'on la retrouve. Parle, Lycissa, on dit
« qu'on l'a conduite dans ces environs?
« *Lys.* Oui, dans cette maison, je crois; chez un
« vieillard de ses amis.
« *Pér.* Je ne connais près d'ici que Lysimaque.
« *Sy.* (*à part.*) J'entends le nom de Lysimaque. Je
« ne serais pas étonnée que les deux vieillards, si près
« voisins, ne se fussent d'un commun accord arrangé
« le même nid.
« *Pér.* Allons voir Dorippe sa femme.
« *Lys.* Pourquoi l'aller trouver ? est-ce que vous
« ne la voyez pas ?
« *Per.* En effet, je l'aperçois. Écoutons : je ne sais
« ce qu'elle marmotte entre ses dents, tout en colère.

SCÈNE VII.

DORIPPE, SYRA, PÉRISTRATE, LYCISSA.

« *Dor.* Syra ne revient pas; il y a cependant long-
« temps que je l'ai envoyée chercher mon père. Il faut
« qu'elle se soit pétrifiée à force de lenteur, ou que la
« morsure de quelque serpent lui ait enflé et paralysé
« les membres.
« *Sy.* (*à part.*) C'en est fait de moi : voilà ma maî-
« tresse, elle me cherche.
« *Dor.* Je ne peux plus rester à la maison. Mes
« yeux ne sauraient supporter la présence d'une
« rivale, d'une coquette.... Je l'aurais mise à la
« porte, si mon fils Eutique ne m'avait pas retenue.
« Mais je ne croirai jamais tout ce qu'il me raconte.
« *Lys.* (*à Péristrate.*) Entendez-vous, ma maî-
« tresse?
« *Pér.* J'entends bien : laisse-la continuer.
« *Lys.* Je n'ai garde de l'empêcher.
« *Dor.* Il dit que c'est pour le vieillard, ami de mon
« mari, qu'elle est venue chez nous. Ce vieillard veut
« la mettre en vente pour l'ôter à son fils, qui en est
« amoureux. Mais c'est un mensonge de mon mari
« ou de mon fils : leurs discours ne s'accordent
« point : mon mari prétend qu'on la lui a remise en
« dépôt; mon fils, qu'elle est à vendre.
« *Sy.* (*à part.*) Il faut l'aborder tout de suite, pour
« qu'elle ne s'imagine pas que je me suis amusée.
« *Dor.* Non, je n'en crois pas mon fils, qui ne fait

« Hi quidem confestim pereunt, atque male sapiunt miseri.
« Jacent benevolenteis, odiosi humum mordent, caput re-
  ptant,
« Fremunt, perstrepuntque : quomque putant vivere, tunc
  ruunt maxume;
« Tunc, tunc student persequi, labant juvenes, itidem ra-
  piuntur senes.
« Illi se amant : quod amant, amatum volunt, atque cogni-
  tum.   835
« Illi vero si amare ea ætate obcœperunt, multo insaniunt
  acrius.
« Verum si non amant, oderunt, molesti itidem, atque dif-
  ficiles;
« Garruli, osores, infensi, iracundi, sibi suisque invidi.
« Quod in se olim admisere turpiter, id si fiat modestius,
« Nec tolerant, ut æquom est patres : sed clamant, inde-
  center obstrepunt.   840
« *Syr.* Quantum intellego, et hanc male habet Demipho. *Per.*
  Id verum.
« Amat filius et perit; id quom resciscit pater, insanit ve-
  hementius.
« Quæ istæc intemperies ? abegit vir meus olim ipse ad mer-
  catum Rhodum filium :
« Nunc ut fert Acanthio, ipse sibimet faciet exsilium.
« O iniquom patrem, o infortunatum filium, quo te reci-
  pies?   845
« Ubi matrem relinques? sola degam? filium amittam? non
  patiar.
« Vendidit pater ? ubi ubi erit inventa, mater redimet
« Dic tu Lycissa, num in hanc viciniam adductam autumant?
« *Lyc.* In hanc opinor, in amici senis quojusdam ædeis. *Per.*

Hic, præter Lysimachum,
« Nullus quem sciam. *Syr.* Lysimachum nominant.   850
« Mirum ni senes vicini in unum nidum conspiraverint.
« *Per.* Dorippam ejus uxorem conveniam. *Lyc.* Quid con-
  venias ? non eam vides?
« *Per.* Video equidem : auscultemus nescio, quid secum
  iracunda mussitat. »

DORIPPA, SYRA, LYCISSA, PERISTRATA.

« *Dor.* Syra non redit, quam adcersitum patrem, jamdiu
  est quod miseram :
« Tarda nimium aut lapis obriguit, aut angue demorsa ces-
  savit turgida.   855
« *Syr.* Nulla sum, adest hera, me quærit. *Dor.* Domi manere
  nequeo :
« Bellulam istanc pellicem mei non patiuntur oculi : exclu-
  sissem foras,
« At me meus continuit Eutychus : sed omnino quod fert
  non creduam.
« *Lyc.* Audin' hera? *Per.* Audio : sine pergat. *Lyc.* Sino.
  Dor. Amici inquit senis
« Gratia huc ad nos venisse : habet venalem, amanti dum
  detrahat filio.   860
« Hæc quidem aut viri aut gnati fallacia : dissident sententiæ.
« Sequestro vir ait datam : eamdem vero venalem dicit filius.
« *Syr.* Ibo de improviso obviam, ne cessasse intellegat. *Dor.*
  Istæc filio
« Non credam, qui obsequitur patri : huic vero ut mero
  cuculo,
« Id certum est mentiri ampliter : equidem coquo creduam.

« qu'obéir à son père : mais lui, ce franc coucou, il
« est bien décidé à mentir audacieusement. J'en croi-
« rais plutôt le cuisinier. Voilà Syra; comme elle
« court, la vieille sorcière! (appelant.) Syra!
 « *Sy.* Qui m'appelle?
 « *Dor.* La peste t'étouffe!
 « *Sy.* Envoyez-la plutôt, ma chère maîtresse, à
« votre mari et à votre rivale, je vous le conseille.
 « *Dor.* En faveur de ce bon mot, je te pardonne.
« Mais où est mon père? pourquoi ne vient-il pas?
« est-ce que la goutte le retient?
 « *Sy.* Il n'a la goutte ni aux pieds ni aux genoux;
« car ses jambes le portent à la campagne.
 « *Dor.* Il n'est pas chez lui?
 « *Sy.* Non.
 « *Dor.* Où est-il?
 « *Sy.* On m'a dit qu'il était à la campagne. On n'est
« pas sûr qu'il revienne aujourd'hui ; il a des comptes
« à régler avec son fermier.
 « *Dor.* Aujourd'hui tout contrarie mes vues : je ne
« vivrai pas jusqu'à ce soir, ou je chasserai de chez
« moi cette coquine. Rentrons.
 « *Lys.* (à *Péristrate*.) Ma maîtresse, elle s'en va.
 « *Pér.* Ah! elle s'en va? rappelle-la.
 « *Lys.* Dorippe! Dorippe!
 « *Dor.* Quelle importunité!... qui me rappelle?
 « *Pér.* Je ne suis pas une importune. C'est quel-
« qu'un qui te veut du bien, c'est Péristrate, ton amie,
« qui te parle. Demeure, je te prie.
 « *Dor.* Ah! Péristrate, je ne te reconnaissais pas.
« La colère m'agite et me tourmente à tel point...
 « *Pér.* C'est pour cela que je veux te parler : je t'en
« prie. Ne t'en défends pas : je t'ai entendue tout à
« l'heure, confie-moi ton chagrin.
 « *Dor.* Péristrate, que les dieux conservent ton fils
« unique! accorde-moi ta bienveillance, elle ne pouvait
« s'offrir à moi plus à propos. Notre âge est le même,
« nous avons été élevées ensemble; nos maris sont
« aussi du même âge; il n'y a personne avec qui j'aime

« mieux m'entretenir. Je suis curieuse de savoir quel
« parti tu prendrais, si à son âge ton mari Démiphon
« amenait sous tes yeux, chez lui, une maîtresse.
 « *Pér.* Le tien en a pris une?
 « *Dor.* Précisément.
 « *Pér.* Elle est chez toi?
 « *Dor.* Chez moi : et même on avait déjà fait venir
« les cuisiniers : on préparait un festin, si mon arri-
« vée n'avait troublé la fête. Les feux de Vénus et de
« l'Amour viennent hors de saison agiter ce malheu-
« reux vieillard.
 « *Pér.* Tout cela est peu de chose, ma chère Do-
« rippe. Je voudrais bien n'avoir pas de plus grand
« chagrin.
 « *Dor.* Peu de chose?
 « *Pér.* Certainement, peu de chose.
 « *Dor.* Quel plus grand outrage pourrait donc
« te faire ton mari?
 « *Pér.* Le plus grand de tous.
 « *Dor.* Quel est cet outrage? Je t'en conjure, parle,
« afin que nous nous donnions conseil l'une à l'autre
« sur ce que nous avons à faire. Un vieux proverbe
« dit qu'on est heureux de s'instruire quand on
« s'instruit aux dépens des autres.
 « *Pér.* Tu sais, Dorippe, que je n'ai qu'un fils.
 « *Dor.* Oui.
 « *Pér.* Son père le bannit de la maison il y a quel-
« que temps, et l'envoya à Rhodes.
 « *Dor.* Pourquoi?
 « *Pér.* Parce qu'il était amoureux.
 « *Dor.* Pour cela?
 « *Pér.* Voici maintenant une autre aventure. Mon
« fils avait ramené une esclave avec lui : son père
« l'a su; il a découvert la jeune fille, et l'a mise en
« vente.
 « *Dor.*(à part.) Ah! je vois, mon fils avait dit vrai;
« moi, qui croyais que c'était la maîtresse de mon
« mari! (Haut.) A qui l'a-t-il vendue?
 « *Pér.* A un vieillard de ses amis, dans les envi-

" Eccam Syram, ut currit venefica. Syra! *Syr.* Quis me
 vocat? 866
« *Dor.* Malum quod di tibi danunt. *Syr.* Hera, si sapis, hoc
 potius
« Tuæ pellici, et marito dato. *Dor.* Ob istuc dictum tibi
 non amplius irascor.
« Sed ubi pater? quid cessat? an hominem podagra impedit?
« *Syr.* Nec podagricus nec articularius est, quem rus ducunt
 pedes. 870
« *Do.* Non domi? *Sy.* Non. *Do.* Ubi? *Sy.* Ruri esse autumant.
« Atque nunquid redeat incertum hodie : cum villico ratio-
 nis satis.
« *Dor.* Omnia mihi hodie eveniunt præter sententiam : non
 vivam vesperi,
« Nisi illanc a me scelestam abigam : eo domum. *Lyc.* Hera!
 Abit.
« *Per.* Hem, abit? conpella. *Lyc.* Dorippa, Dorippa. *Dor.*
 Quid molestiæ 875
« Hoc est? quis me revocat? *Per.* Non sum molesta : sed
 benevolens,
« Et amica te conpellat tua Peristrata : mane quæso.
« *Dor.* Hem Peristrata, te pol non noram : mala bilis cruciat
« Me atque exagitat. *Per.* Istuc volo, quæso, ne neges,
« Te audivi modo : die mihi, quæ te nunc habet solicitudo?
« *Dor.* Peristrata, sic di tibi unicum gnatum sospitent, da
 mihi benignius operam, 881
« Nulla dari mihi poterit melius; par est ætas; una crevi-
 mus,

« Pares ætate habemus viros; nulli colloquar lubentius.
« Sollicitor merito quidem , quid tibi animi esse nunc possiet,
« Si amicam hac ætate ante oculos tuos adduxerit Demipho?
« *Per.* Adduxit? *Dor.* Factum. *Per.* Domi est? *Dor.* Domi :
 imo coqui 886
« Conducti : parabatur convivium, ni meus disturbasset
 adventus omnia.
« Senem miserum Venus et Cupido alieno satis vexant tem-
 pore.
« *Per.* Sed ista levia sunt, Dorippa : utinam non ego essem
 miserior!
« *Dor.* Levia? *Per.* Levia quidem. *Dor.* Quæ pejora tibi
 tuus faceret? 890
« *Per.* Imo pejoribus pejora. *Dor.* Quæ istæc sunt? quæso,
 loquere :
« Ut tu mihi, ego tibi, quæ facto opus sunt demus consillium.
« Vetus id dictum est, feliciter is sapit, qui periculo alieno
 sapit.
« *Per.* Unicus mihi, Dorippa, est gnatus : scis? *Dor.* Scio.
 Per. Hunc pater
« Olim a se extrusit Rhodum. *Dor.* Quare? *Per.* Quoniam
 amaret. 895
« *Dor.* Ob id ipsum? *Per.* Id quidem nunc quoque, quom
 ancillam domum
« Adduxisset, hanc resciscens pater produxit, venalem præ-
 buit.
« *Dor.* Atat novi : verum dixerat filius : ego mariti ami-
 cam putabam mei.

« rons d'ici. Je ne crois pas qu'il en ait d'autre dans
« le voisinage que ton mari.
« *Dor.* (*à part.*) C'est elle. (*Haut.*) Et ton fils ?
« *Pér.* Il dit qu'il va quitter la ville.
« *Dor.* Nous voilà au port! Mais s'il la retrouve?
« *Pér.* Il restera, je l'espère bien.
« *Dor.* Nous sommes sauvées contre toute espé-
« rance, n'en doute pas : elle est chez moi.
« *Pér.* Chez toi? c'est celle, je suppose, dont je
« t'entendais parler tout à l'heure?
« *Dor.* Elle-même.
« *Pér.* O quel bonheur! j'ai bien raison de t'aimer!
« tu m'as rendu mon fils. Fais-la-moi voir.
« *Dor.* Entrons.
« *Pér.* Volontiers. Approche, Lycissa. Informe
« Acanthion de tout ceci : moi, j'entre chez Do-
« rippe (1). »

Ici reprend le texte authentique de Plaute.

ACTE CINQUIÈME.
SCÈNE I.

CHARIN (*seul, se tournant vers la porte d'où il vient de sortir.*)

Seuil et linteau de cette porte (2), salut et adieu en même temps! Je viens aujourd'hui pour la dernière fois mettre ici le pied en sortant de la maison paternelle. Demeure qui fus mon asile, mon bien, mon affection, tu ne m'es plus de rien, tu es détruite, anéantie pour moi : et moi, je suis mort! Dieux pénates de mes parents, dieu lare, conservateur de ma famille, souffrez que je place la fortune de mes parents sous votre protection. Moi, je

(1) Cette rencontre de Dorippe avec Pisistrate se lie heureusement à l'intrigue. L'auteur, quel qu'il soit, l'a rendue dramatique et pleine d'intérêt; et l'on trouvera peut-être que les deux scènes que les puristes voudraient, sur d'assez faibles indices, retrancher de Plaute, sont les meilleures de sa pièce.

(2) On a déjà vu que toutes les parties de la porte de la maison étaient divinisées par les anciens.

chercherai d'autres pénates, un autre dieu lare, une autre ville, une autre patrie : je ne puis plus voir Athènes. Une cité, un pays où la corruption des mœurs s'étend de jour en jour, où l'on ne peut distinguer l'ami véritable du perfide, où l'on se voit enlever ce qu'on a de plus cher au monde, un tel pays, quand même on vous y donnerait un trône, n'est pas certes un séjour digne d'envie.

SCÈNE II.

EUTYQUE, CHARIN (*en habit de voyage.*)

Eut. (*sortant de chez son père, sans voir Charin.*) O toi l'arbitre et la maîtresse des hommes et des dieux, toi qui m'as offert cet espoir tant souhaité, je te rends grâces. Est-il un dieu qui goûte un bonheur semblable au mien? Ce que je cherchais partout était à la maison : j'y ai trouvé six compagnons charmants, la Vie, l'Amitié, la Patrie, la Joie, le Plaisir, la Gaieté. Par cette rencontre, j'ai détruit du même coup dix des plus dangereux fléaux, la Colère, l'Inimitié, la Folie, la Ruine, l'Obstination, le Chagrin, les Larmes, l'Exil, la Détresse, et l'Abandon. O dieux, accordez-moi promptement la grâce de rencontrer mon ami!

Ch. (*aux spectateurs, sans voir Eutyque.*) Me voilà prêt, comme vous voyez. J'ai dépouillé le faste : je suis moi-même ma suite, mon serviteur, mon cheval, mon palefrenier, mon écuyer : je me commande et m'obéis moi-même ; je porte mon bagage. O Cupidon, que tu es puissant! tu inspires la confiance à celui que tu favorises ; et, s'il te plaît, cette assurance se change soudain en découragement.

Eut. (*sans voir Charin.*) Je songe de quel côté je dois courir le chercher.

Ch. (*sans voir Eutyque.*) C'est un point résolu, je la chercherai en quelque lieu du monde qu'on l'ait emmenée. Aucun obstacle ne m'arrêtera, ni fleuve, ni montagne, ni la mer même. Je ne crains ni la

---

« Quoi data est? *Per.* Seni quoidam in hac amico vicinia.
« Credo heic allum, præter tuum, amicum habere neminem.
« *Dor.* Ea quidem est. Quid filius? *Per.* Urbem hanc se deserturum autumat.   901
« *Dor.* In portu res est : quid si invenerit? *Per.* Mansurum credito.
« *Dor.* Præter spem salvæ sumus, ne dubita : apud me ea est.
« *Per.* Apud te ? ea erat, opinor, de qua loqui te audivi modo.
« *Dor.* Ea. *Per.* O factum bene : merito te amo, restituisti filium.   905
« Fac videam. *Dor.* Eamus intro. *Per.* Eamus. Lycissa ades,
« Acanthioni hæc nuncia : ego ad Dorippam huc devortam. »

ACTUS QUINTUS.
SCENA PRIMA.
CHARINUS.

Limen superum inferumque, salve, simul autem vale.
Huc hodie postremum extollo mea domo patria pedem.
Usus, fructus, victus, cultus jam mihi harunc ædinm   910
Interemtu'st, interfectu'st, alienatu 'st : obcidi!
Dii penates meum parentum, familiæ Lar pater,
Vobis mando, meum parentum rem bene ut tutemini.
Ego mihi alios deos penateis persequar, alium Larem,
Aliam urbem, aliam civitatem : ab Atticis abhorreo.   915
Nam ubi mores deteriores increbrescunt in dies,

Ubi, qui amici, qui infideleis sint, nequeas pergnoscere,
Ubique id eripiatur, animo tuo quod placeat maxume,
Ibi quidem si regnum detur, non est cupita civitas.

SCENA SECUNDA.
EUTYCHUS, CHARINUS.

Eut. Divom atque hominum quæ spectatrix atque hera eadem es hominibus,   920
Spem speratam quoniam obtulisti hanc mihi, grates ago.
Ecquisnam deus est, qui mea nunc lætus lætitia fuat?
Domi erat quod quæritabam : ibi sex sodaleis reperi,
Vitam, Amicitiam, Civitatem, Lætitium, Ludum, Jocum.
Eorum inventu res decem simitu pessumas pessumdedi,   925
Iram, Inimicitiam, Stultitiam, Exitium, Pertinaciam,
Mœrorem, Lacrumas, Exsilium, Inopiam, Solitudinem.
Date, di, quæso, conveniundi mi ejus celerem copiam.
Char. Adparatus sum, ut videtis : abjicio superbiam.
Egomet mihi comes, calator, equus, agaso, armiger;   930
Egomet sum mihi imperator, idem egomet mihi obedio :
Egomet mihi fero, quod usu'st : o Cupido, quantus es!
Nam tu quemvis confidentem facile tuis factis facis,
Eumdem ex confidente actutum diffidentem denuo.
Eut. Cogito, quonam ego illum curram quæritatum. *Char.*
Certa re'st,   935
Me usque quærere illam, quoquo hinc abducta 'st gentium.
Neque mihi ulla obsistet amnis, neque mons, neque adeo mare ;

chaleur, ni le froid, ni le vent, ni la grêle : je supporterai la pluie, j'endurerai la fatigue, le soleil, la soif : je ne m'arrêterai pas, je ne me reposerai ni jour ni nuit, que je n'aie trouvé ma maîtresse ou la mort.

Eut. Je ne sais quelle voix arrive à mon oreille.
Ch. Je vous invoque, lares des voyageurs, protégez-moi.
Eut. O Jupiter! est-ce Charin?
Ch. O mes concitoyens, adieu, adieu!
Eut. Demeure, Charin, demeure.
Ch. Qui me rappelle?
Eut. L'Espérance, le Salut, la Victoire.
Ch. (*sans le regarder.*) Que me voulez-vous?
Eut. Aller avec toi.
Ch. (*de même.*) Cherchez un autre compagnon. Le cortége qui m'entoure ne vous convient pas.
Eut. Quel est-il?
Ch. Le Souci, l'Infortune, le Chagrin, les Larmes, le Désespoir.
Eut. Laisse là ce cortége, regarde le nôtre, et reviens.
Ch. Si tu veux causer avec moi, suis mes pas.
Eut. Arrête à l'instant.
Ch. (*s'en allant.*) Que tu es importun de me retenir quand je suis pressé! Le soleil baisse...
Eut. (*l'arrêtant.*) Au lieu d'aller si vite par là, tu feras mieux de venir promptement par ici. Un vent propice souffle de ce côté, tu n'as qu'à tourner la voile. Ici le doux zéphyr, là les autans orageux. L'un apporte le calme; les autres soulèveront toutes les vagues. Reviens ici gagner la terre, Charin. Ne vois-tu pas devant toi ce nuage sombre et la tempête qui menacent? Regarde à gauche (*il montre la maison de Lysimaque*), vois comme le ciel brille d'un éclat vif et pur!
Ch. (*à part.*) Ses présages m'ont intimidé. Je retourne par là (*il se dirige du côté d'Eutyque.*)
Eut. Tu as raison, Charin; porte tes pas vers moi, approche; tends-moi la main, donne-moi la tienne. La tiens-tu?
Ch. Oui.
Eut. Tiens-la bien. Où allais-tu?
Ch. En exil.
Eut. Et qu'y faire?
Ch. Ce qu'y fait un malheureux.
Eut. Prends courage; je te rendrai le bonheur avant que tu partes.
Ch. Je pars.
Eut. Laisse-moi t'apprendre ce que tu souhaites avec plus d'ardeur. Reste donc; je viens à toi en ami empressé de t'obliger.
Ch. Qu'y a-t-il?
Eut. Ta maîtresse....
Ch. Eh bien! ma maîtresse.
Eut. Je sais où elle est.
Ch. Toi, vraiment?
Eut. Saine et sauve.
Ch. Saine et sauve, en quel lieu?
Eut. Je ne sais bien où.
Ch. (*avec transport.*) C'est plutôt moi qui devrais le savoir.
Eut. Pourrais-tu être plus calme?
Ch. Le moyen, quand mon âme est agitée par la tempête?
Eut. Je lui rendrai le calme et la mènerai au port. Ne crains rien.
Ch. Je t'en prie, dis-moi où elle est, où tu l'as vue. Tu ne réponds pas; parle : ton silence me désespère, me tue.
Eut. Elle n'est pas loin de nous.
Ch. Pourquoi ne pas me la montrer, si tu la vois?
Eut. Par Hercule, je ne la vois pas à présent; mais je l'ai vue tout à l'heure.
Ch. Que ne me la fais-tu voir?
Eut. C'est ce que je compte faire.
Ch. C'est trop faire attendre un amant.

Nec calor, nec frigus metuo, neque ventum, neque grandinem.
Imbrem perpetiar, laborem subferam, solem, sitim.
Non concedam, neque quiescam usquam noctu, neque interdius, 940
Prius profecto, quam aut amicam aut mortem investigavero.
Eut. Nescio quoja vox ad aurem mihi advolavit. *Char.* Invoco
Vos, lares vialeis, ut me bene juvetis. *Eut.* Jupiter!
Estne illic Charinus? *Ch.* Civeis, bene valete. *Eut.* Inlico
Sta, Charine. *Char.* Qui me revocat? *Eut.* Spes, Salus, Victoria. 945
Char. Quid me voltis? *Eut.* Ire tecum. *Char.* Alium comitem quærite:
Non admittunt hi me comites, qui tenent. *Eut.* Qui sunt ei?
Char. Cura, Miseria, Ægritudo, Lacrumæ, Lamentatio.
Eut. Repudia istos comites, atque hoc respice, et revortere.
Char. Si quidem mecum fabulari vis, subsequere. *Eut.* Sta
inlico. 950
Char. Malefacis, properantem qui me conmorare. Sol abit.
Eut. Si huc item properes, ut istuc properas, facias rectius,
Huc secundus ventus nunc est, cape modo vorsoriam :
Heic favonius serenu'st, isteic auster imbricus :
Hic facit tranquillitatem, iste omnes fluctus conciet. 955
Recipe te ad terram, Charine, huc : non ex adverso vides,
Nimbus ut ater imberque instat? Aspicias nunc ad sinistram

Cælum ut est splendore plenum, ex adverso vides.
Char. Religionem illic objecit : recipiam me illuc. *Eut.* Sapis,
O Charine, contra pariter fer gradum, et confer pedem,
Porrige brachium, prehende : jam tenes? *Char.* Teneo. *Eut.* Tene. 961
Quo nunc ibas? *Char.* Exsulatum. *Eut.* Quid ibi facere vis? *Char.* Quod miser.
Eut. Ne pave, restituam jam ego te in gaudia, antequam is. *Char.* Eo.
Eut. Maxume quod vis audire, id audies quod gaudeas.
Sta inlico, amicus advenio multum benevolens. *Char.* Quid est? 965
Eut. Tuam amicam..... *Char.* Quid eam? *Eut.* Ubi sit ego scio. *Char.* Tun' obsecro?
Eut. Sanam et salvam. *Char.* Ubi eam salvam? *Eut.* Quo ego scio. *Char.* Ego me mavelim.
Eut. Potin' ut animo sis tranquillo? *Char.* Quid si animus fluctuat?
Eut. Ego istum in tranquillo et tuto sistam, ne time.
Char. Obsecro te, loquere ubi sit, ubi eam videris. 970
Quid taces? dic : enicas me miserum tua reticentia.
Eut. Non longe hinc abest a nobis. *Char.* Quin ergo conmonstras, si tu vides?
Eut. Non video, hercle, nunc, sed vidi modo. *Char.* Quin, ego videam, facis?
Eut. Faciam. *Char.* Longinquom istuc amanti est. *Eut.* Etiam metuis? omnia
Conmonstrabo : amicior mihi nullus vivit, atque is est, 975

Eut. Que peux-tu craindre encore ? je vais t'instruire de tout. Je n'ai pas au monde de meilleur ami que celui qui la possède ; il n'est personne à qui je doive être plus attaché.

Ch. Cela ne m'inquiète pas : je cherche ma maîtresse.

Eut. C'est d'elle aussi que je te parle. A propos, il ne m'est pas venu dans l'esprit de te dire....

Ch. Dis-moi donc où elle est.

Eut. Dans notre maison.

Ch. Excellente maison, si tu dis vrai, et bâtie admirablement! Mais comment le croirai-je ? l'as-tu vue ? ou parles-tu sur un ouï-dire ?

Eut. Je l'ai vue de mes yeux.

Ch. Qui l'a conduite chez vous ?

Eut. Voilà une question indiscrète.

Ch. Tu as raison.

Eut. Tu n'as aucune retenue, Charin. Que t'importe avec qui elle soit venue ?

Ch. Pourvu qu'elle soit chez vous.

Eut. Certainement elle y est.

Ch. Pour cette bonne nouvelle, demande tout ce que tu voudras.

Eut. Tout ? Et si je le demande en effet ?

Ch. Tu prieras les dieux de te l'accorder.

Eut. Tu plaisantes.

Ch. Je suis sauvé si je la vois. Que tardé-je à me débarrasser de cet équipage ? Holà, quelqu'un ! (*Il va à la maison de son père*). Venez, apportez-moi un pallium. (*Il ôte sa chlamyde de voyage.*)

Eut. A la bonne heure ; j'aime à te voir ainsi.

Ch. (*à l'esclave qui lui apporte le manteau*). Tu viens à propos, mon garçon : prends cette chlamyde et tout cela (*il lui donne sa chlamyde et d'autres effets de voyage*) ; demeure ici, afin que, si ce qu'on me dit n'est pas vrai, je puisse me remettre en voyage.

Eut. Tu ne me crois pas ?

Ch. Je crois tout ce que tu me dis. Mais que ne me mènes-tu auprès d'elle pour que je la voie ?

Eut. Attends un moment.

Ch. Pourquoi attendre ?

Eut. Il n'est pas temps d'entrer.

Ch. Tu me fais mourir.

Eut. Il n'est pas nécessaire, te dis-je, que tu entres à présent.

Ch. Explique-moi pour quelle raison.

Eut. Ce n'est pas la peine.

Ch. Pourquoi ?

Eut. Parce que ce n'est pas sa commodité.

Ch. Ce n'est pas sa commodité ? Elle qui m'aime et que j'aime tant ! (*à part.*) Il se joue de moi à plaisir... Je suis bien fou de le croire : il m'arrête là... reprenons ma chlamyde (1).

Eut. Reste un peu, écoute.

Ch. (*reprenant sa chlamyde.*) Esclave, allons, prends ce pallium.

Eut. Ma mère est furieuse contre mon père, qui a introduit dans la maison, sous ses yeux, une courtisane, pendant qu'elle était à la campagne. Elle s'imagine que c'est sa maîtresse.

Ch. (*reprenant tout son costume de voyage.*) Je remets ma ceinture (2).

Eut. Elle fait une enquête dans la maison...

Ch. Mon epée est déjà dans ma main (3)

Eut. Si je te faisais entrer à présent ?

Ch. Je prends la fiole d'huile (4), et je pars.

Eut. Demeure, Charin, demeure.

Ch. Tu t'abuses, tu ne pourras pas me tromper.

Eut. Ce n'est pas non plus mon dessein.

Ch. Laisse-moi donc poursuivre ma route.

Eut. Non pas.

(1) Manteau court, fait pour le voyage ou la guerre. Le *pallium* était un long manteau de ville.
(2) Qui renfermait l'argent des voyageurs.
(3) Ni les Grecs ni les Romains ne portaient d'épée dans la ville
(4) Pour se frotter les pieds.

Qui illam habet, neque est quoi magis me velle melius æquom siet.
Char. Non curo istuc, illam quæro. *Eut.* De illa ergo ego dico tibi.
Sane hoc non in mentem venit dudum, uti tibi [dicerem].
Char. Dic igitur, ubi illa est ? *Eut.* In nostris ædibus.
Char. Ædeis probas,
Si tu vera dicis, pulchre ædificatas arbitror. 980
Sed quid ego istuc credam ? vidistin'? an de audito nuncias ?
Eut. Egomet vidi. *Char.* Quis eam adduxit ad vos ? *Eut.* Inique rogas.
Char. Vera dicis. *Eut.* Nihil, Charine, te quidem quidquam pudet.
Quid tua refert, quicum istæc venerit ? *Ch.* Dum isteic siet.
Eut. Est profecto. *Char.* Opta ergo ob istunc nuncium quid vis tibi. 985
Eut. Quid, si optabo ? *Char.* Deos orato, ut ejus faciant copiam.
Eut. Derides. *Char.* Servata res est demum, si illam videro.
Sed quin ornatum hunc rejicio, heus aliquis, heus actutum huc foras
Exite, illinc pallium mihi huc ferte. *Eut.* Hem nunc tu mihi ut places !
Char. Optume adveniens, puere, cape chlamydem atque hæc. Istinc sta inlico : 990
Ut, si hæc non sint vera, inceptum hoc itiner perficere exsequar.
Eut. Non mihi credis ? *Char.* Omnia equidem credo, quæ dicis mihi.

Sed quin introducis me ad eam, ut videam ? *Eut.* Paulispe mane.
Char. Quid manebo ? *Eut.* Tempus non est intro eundi.
Char. Enicas.
Eut. Non opus est, inquam, nunc intro te ire. *Char.* Responde mihi, 995
Qua causa ? *Eut.* Operæ non est. *Char.* Cur ? *Eut.* Quia non est illi commodum.
Char. Itane commodum illi non est ; quæ me amat, quam ego contra amo ?
Omnibus hic ludificatur me modis : ego stultior,
Qui isti credam : commoratur ; chlamydem sumam denuo.
Eut. Mane parumper, atque hoc audi. *Char.* Cape, sis, puer, hoc pallium. 1000
Eut. Mater irata est patri vehementer, quia scortum sibi
Ob oculos adduxerit in ædeis, dum ruri ipsa abest :
Subspicatur illam amicam esse illi. *Char.* Zonam substuli.
Eut. Eam rem nunc exquirit intus. *Char.* Jam machæra 'st in manu.
Eut. Nam si eo te nunc introducam..... *Char.* Tollo ampullam, atque hinc eo. 1005
Eut. Mane, mane, Charine. *Char.* Erras, me decipere haud potes.
Eut. Neque, edepol, volo. *Char.* Quin tu ergo itiner exsequi meum me sinis ?
Eut. Non sino. *Char.* Ego me moror, tu, puere, abi hinc intro ocius.
Jam in currum escendi, jam lora in manus cepi meas.

Ch. (*vivement.*) Je perds mon temps. Esclave, va-t'en, et rentre sur-le-champ à la maison. Me voilà déjà sur mon char ; je tiens les rênes dans mes mains.

Eut. Tu as perdu la raison.

Ch. Allons, mes pieds, lancez-vous, courez tout droit vers Cypre, puisque mon père me condamne à l'exil.

Eut. Tu es fou. Ne dis pas de ces choses-là, je t'en prie.

Ch. J'y suis résolu... Je pars : je n'épargnerai aucune démarche pour la retrouver.

Eut. Mais elle est à la maison.

Ch. (*sans l'écouter.*) Tout ce qu'il me dit n'est que mensonge.

Eut. Je t'ai dit la vérité.

Ch. (*de même.*) Je suis arrivé à Chypre.

Eut. Eh bien ! suis-moi, pour voir celle que tu désires.

Ch. (*de même.*) Malgré toutes mes informations, je n'ai pu la trouver.

Eut. Au risque d'exciter le courroux de ma mère.

Ch. (*de même.*) Je pars, je continue mes recherches. Me voici arrivé à Chalcis. J'y rencontre un de nos hôtes de l'île de Zacynthe ; je lui apprends le sujet de mon voyage ; je lui demande s'il a entendu dire quel vaisseau l'a amenée (1), en quelles mains elle est tombée.

Eut. Laisse là ces chimères, et entre avec moi.

Ch. (*de même.*) L'hôte m'a répondu que les figues ne sont pas mauvaises à Zacynthe (2).

Eut. Il n'a pas menti.

Ch. (*de même.*) Quant à ma maîtresse, il croit avoir entendu dire qu'elle est ici à Athènes.

Eut. C'est un Calchas que ce Zacynthien.

Ch. (*continuant.*) Je m'embarque, je pars pour Athènes, me voici dans mes foyers : je reviens d'exil : « Bonjour, mon cher Eutyque : comment t'es-« tu porté ? comment se portent mes parents ? Tu « m'invites à souper : tu es bien aimable ; je suis sen-« sible à ton bon accueil. Demain chez toi, aujour-« d'hui chez nous : c'est à merveille ; il le faut ainsi. »

Eut. Ah çà ! est-ce que tu rêves ? (*à part.*) Il n'est pas dans son bon sens.

Ch. Que ne t'empresses-tu de me guérir en ami généreux (1) ?

Eut. Suis-moi, je te prie.

Ch. (*avec empressement.*) Je te suis.

Eut. Doucement, de grâce, tu m'écorches les talons. (*Il l'arrête.*) Écoute.

Ch. (*le repoussant.*) Il y a trop longtemps que je t'écoute.

Eut. Je veux rétablir la paix entre mon père et ma mère, car elle est courroucée...

Ch. Marche toujours.

Eut. A cause de ta maîtresse.

Ch. Marche toujours.

Eut. Ainsi tu auras soin....

Ch. Mais marche donc. Je ferai en sorte qu'elle soit aussi bien disposée pour lui que Junon l'est pour Jupiter dans un accès de bonne humeur (2).

(*Ils sortent.*)

SCÈNE III.

DÉMIPHON, LYSIMAQUE.

Lys. (3) « Démiphon, vous avez, j'en suis sûr, « entendu souvent répéter cette maxime des sages, « *La volupté est un appât pour le vice* ; parce que

---

(1) M. Naudet traduit, au présent : « Quel vaisseau la porte. »
(2) Que signifie ce mot ? Un commentateur prétend que les figues c'est la jeunesse de Charin, qui va, comme ces fruits, mûrir à Zanthe en exil. Quelques-uns supposent que l'hôte de Charin, ne voulant pas lui répondre sur l'article de sa maîtresse, coupe la conversation par ce propos inattendu, et parle de figues quand le jeune homme demande des nouvelles de Pasicompsa. Il faut convenir que ces interprétations sont un peu tirées. On remarquera sans doute ce voyage imaginaire, ce long rêve d'un amour en délire, qui est d'une grande hardiesse et d'un effet dramatique très-original.

(1) Il est impossible de terminer ces divagations amoureuses, cette folie passionnée, par un mot plus heureux, par un trait de sensibilité plus touchant, où le cœur de l'amant et de l'ami éclate avec plus d'éloquence et de charme.
(2) Les divers mouvements de cette scène, ce jeune homme qui jette l'habit de voyage et le reprend, qui rêve tout éveillé ; cet exil imaginaire, toutes ces idées inattendues, sont peut-être plus gaies que comiques et naturelles. Les Romains les applaudissaient ; M. Naudet pense que les Grecs, plus sévères, les auraient sifflées. Nous oserons néanmoins faire remarquer que cette agitation, ces rêveries, si l'on veut même ces extravagances, peignent assez bien l'empressement et l'impatience d'un amant qui court après sa maîtresse ; et peut-être le plus grand défaut de cette scène est-il dans les longueurs, les redites fréquentes du dialogue, qui font paraître la situation invraisemblable et forcée.
(3) Le commencement de cette scène marqué d'astérisques est, dit-on, d'une main étrangère.

Eut. Sanus non es. *Char.* Quin, pedes, vos in curriculum
conjicitis 1010
In Cyprum recta ? quandoquidem pater mihi exsilium parat.
Eut. Stultus es : noli istuc quæso dicere. *Char.* Certum exsequi 'st,
Operam ut summam ad pervestigandum ubi sit illæc. *Eut.*
Quin, domi est.
Char. Nam hic quod dixit, id mentitu'st. *Eut.* Vera dixi
equidem tibi.
Char. Jam Cyprum veni. *Eut.* Quin sequere, ut illam videas quam expetis. 1015
Char. Percontatus non inveni. *Eut.* Matris jam iram neglego.
Char. Porro proficiscor quæsitum. Nunc perveni Chalcidem ;
Video ibi hospitem Zacyntho ; dico quid eo advenerim ;
Rogito quis eam vexerit, quis habeat, si ibi inaudiverit.
Eut. Quin tu istas omittis nugas, ac mecum huc intro ambulas ? 1020
Char. Hospes respondit, Zacyntho ficos fieri non malas.
Eut. Nihil mentitus ost. *Char.* Sed de amica sese inaudisse
autumat,

Helc Athenis esse. *Eut.* Calchas iste quidem Zacynthiu'st.
Char. Navem conscendo, proficiscor illico, jam sum domi.
Jam redii exsilio : salve mi sodalis Eutyche ; 1025
Ut valuisti ? quid, parentes mei valent ? cœna dabitur.
Bene vocas, benigne dicis : cras apud te, nunc domi.
Sic decet, sic fieri oportet. *Eut.* Eho, quæ tu somnias !
Hic homo non sanus est. *Char.* Medicari amicus quin properas ?
Eut. Sequere, sis. *Char.* Sequor. *Eut.* Clementer, quæso,
calceis deteris. 1030
Audin' tu ? *Ch.* Jamdudum audivi. *Eut.* Pacem conponi volo
Moo patri cum matre : nam nunc ea irata... *Char.* I modo.
Eut. Propter istanc. *Char.* I modo. *Eut.* Ergo cura..... *Char.*
Quin tu ergo i modo.
Tam propitiam reddam, quam quum propitia est Juno Jovi.

SCENA TERTIA.

DEMIPHO, LYSIMACHUS.

« *Lys.* Demipho, sapientum illud dictum te audisse reor sæpius : 1035

« les hommes s'y laissent prendre comme les pois-
« sons à l'hameçon. Les vieillards l'évitent d'ordi-
« naire. Mais vous, vous n'avez pas de grâces à
« rendre à la vieillesse, puisqu'elle ne vous a pas
« sauvé de l'amour, qu'elle vous a même jeté dans
« ses piéges avec plus de violence, en vous retirant
« l'esprit et la raison, en vous fascinant les yeux.
« Vous m'avez plongé aussi dans un abîme, et je ne
« sais plus que faire.

« *Dém.* Lysimaque, les dieux et non les hommes
« l'ont ordonné ainsi. Réfléchissez, et vous verrez
« que vous n'êtes pas juste de vous fâcher contre un
« homme qui est votre ami et le confident de vos se-
« crets. » *(Ici reprend le texte authentique de Plaute)*
Comme si vous n'aviez jamais rien fait de semblable.

Lys. Jamais, par Pollux! je n'en suis bien gardé. Malheureux! je suis plus mort que vif. Comme la bile de ma femme s'est échauffée à cause de cette jeune fille!

Dém. Je me charge de vous justifier et de la calmer.

Lys. Venez... Mais je vois sortir mon fils.

SCÈNE IV.

EUTYQUE, LYSIMAQUE, DÉMIPHON.

Eut. (*parlant à quelqu'un dans l'intérieur.*) Je vais trouver mon père, pour lui dire que ma mère n'est plus fâchée contre lui. Je reviens à l'instant.

Lys. Ce début me plaît. Comment vas-tu, Eutyque? quelle nouvelle?

Eut. Vous arrivez tous deux fort à propos.

Lys. Qu'y a-t-il?

Eut. Votre femme n'est plus en colère contre vous; elle est calmée : vous n'avez plus qu'à vous donner la main.

Lys. Les dieux m'ont sauvé!

Eut. (à *Démiphon.*) Vous, je vous annonce que vous n'avez plus de maîtresse.

Dém. Que les dieux t'exterminent! De quoi s'agit-il, je te prie?

Eut. Je vais m'expliquer. Prêtez-moi tous deux attention.

Lys. Nous t'écoutons.

Eut. Quand les hommes de bonne naissance ont de mauvais penchants, ils déshonorent leur famille par leurs fautes. Leurs mœurs démentent leur origine.

Dém. Il dit vrai.

Lys. C'est pour vous qu'il dit cela.

Eut. Cette vérité éclate ici dans toute sa force. En effet, convenait-il, à votre âge, d'enlever à un jeune homme, à votre fils éperdument amoureux, la maîtresse qu'il avait achetée de son argent?

Dém. Que dis-tu? c'est la maîtresse de Charin?

Eut. Le rusé! comme il dissimule!

Dém. Il me disait lui-même qu'il l'avait achetée pour servir de suivante à sa mère.

Eut. Et c'est pour cela que vous l'avez achetée, amoureux novice (1), vieux jouvenceau?

Lys. A merveille, continue; je vais me mettre de l'autre côté, et te seconder. Accablons-le des reproches qu'il mérite.

Dém. Je suis anéanti.

Lys. Avoir joué ce tour indigne à un fils irréprochable!

Eut. Son fils que j'ai empêché de s'exiler, et que j'ai ramené à la maison, car il allait s'expatrier.

Dém. Est-ce qu'il est parti?

Lys. Vous osez parler encore, vieux fantôme! Est-ce que de pareilles intrigues convenaient à votre âge?

Dém. Je le confesse; oui, j'ai eu tort.

Eut. Je vous conseille de parler, vieux spectre!

(1) M. Naudet traduit : « Amoureux *d'une nouvelle espèce*. »

« Voluptas est malorum esca : quod ea non minus homines
« Quam hamo capiantur pisces : hanc quando fugiant senes,
« Tu tamen senectuti gratiam non habeas : quoniam hæc tibi
« Non abstulit modo, sed in amorem conjecit fortius,
« Quo te consiliumque tuum atque mentem perdit funditus,
« Atque oculorum tibi præstringit aciem : me quoque 1041
« In magnum conjecisti malum, nec quid faciam scio.
« *Dem.* Lysimache, deum hoc arbitrium est, non hominum:
    tute hoc tecum
« Si cogites, non æquom te facere arbitrabere,
« Quom amico homini, tuique conscio, ita subcenseas miseré. » 1045
Quasi tu nunquam quidquam adsimile hujus facti feceris.
Lys. Edepol, nunquam. Cavi ne quid facerem. Vix vivos miser!
Nam mea uxor propter illam tota in fermento jacet.
Dem. At ego expurgationem habebo, ut ne subcenseat.
Lys. Sequere me : sed exeuntem filium video meum. 1050

SCENA QUARTA.

EUTYCHUS, LYSIMACHUS, DEMIPHO.

Eut. Ad patrem ibo, ut matris iram sibi esse sedatam sciat.
Jam redeo. *Lys.* Placet principium. Quid agis? quid fit, Eutyche?
Eut. Optuma obportunitate ambo advenistis. *Lys.* Quid rei est?
Eut. Uxor tibi (ad Lysimachum) placida et placata 'st : certe dextras nunc jam.

Lys. Di me servant. *Eut.* Tibi (ad Demiphonem) amicam nullam esse nuncio. 1055
Dem. Di te perdant : quid negoti 'st nam, quæso, istuc?
Eut. Eloquar.
Animum advortite igitur ambo. *Lys.* Quin, tibi ambo operam damus.
Eut. Qui bono sunt genere gnati, si sunt ingenio malo,
Suopte culpam generi capiunt, genus ingenio inprobant.
Dem. Verum dicit hic. *Lys.* Tibi ergo dicit. *Eut.* Eo illud verum 'st magis. 1060
Nam te istac ætate haud æquom fuerat filio tuo,
Adulescenti amanti amicam emtam argento eripere suo.
Dem. Quid tu ais? Charini amica 'st illa? *Eut.* Ut dissimulat malus!
Dem. Illa quidem illam sese ancillam matri emisse dixerat.
Eut. Propterea igitur tu mercatus, novos amator, vetus puer? 1065
Lys. Optume, hercle : perge, ego adsistam hinc altrinsecus.
Quibus est dictis dignus, usque oneremus ambo. *Dem.* Nullus sum.
Lys. Filio suo qui innocenti fecit tantam injuriam.
Eut. Quem quidem, hercle, ego, in exsulium quom iret, reduxi domum;
Nam ibat exsulatum. *Dem.* An abiit? *Lys.* Etiam loquere, larva? 1070
Temperare istac ætate istis decebat artibus.
Dem. Fateor, deliqui profecto. *Eut.* Etiam loquere, larva?
Vacuome esse istac ted ætate iis decebat noxiis :
Itidem, ut tempus anni, ætatem aliam aliud factum convenit.
Nam si istuc jus est, senecta ætate scortari senes, 1075

Ne devriez-vous pas, à votre âge, être exempt de pareilles folies? Chaque âge, comme chaque saison, amène des occupations différentes : si l'on permet aux vieillards de faire l'amour dans l'hiver de la vie, que deviendra la république?

Dém. Malheureux que je suis! me voilà perdu.

Eut. C'est l'affaire des jeunes gens.

Dém. Assez, assez, je vous conjure! Je vous cède la proie avec paniers et corbeilles (1).

Eut. Cédez-la à votre fils; qu'il possède son bien.

Dém. Qu'il la prenne à l'instant, s'il veut; j'y consens.

Eut. Il est temps en vérité! à présent que vous ne pouvez plus faire autrement!

Dém. Qu'il exige pour ce procédé toutes les réparations qu'il lui plaira; je vous demande seulement la paix, et je le prie de ne pas m'en vouloir. Vraiment si j'avais su, s'il m'avait dit, même en riant, qu'il aimait cette jeune fille, jamais je ne me serais permis de l'enlever à son amour. Eutyque, je t'en supplie, tu es son camarade, prête-moi ton appui, et prends ma défense. Fais-toi le patron d'un vieillard : tu n'auras qu'à te louer de ma reconnaissance.

Lys. (à *Démiphon avec ironie.*) Priez-le de pardonner les égarements de votre jeunesse.

Dém. (à *Lysimaque.*) Continuez à m'insulter sans pitié! J'espère trouver aussi une occasion de m'acquitter envers vous.

Lys. Moi, j'ai dit adieu à ces plaisirs-là.

Dém. Et moi de même, à compter d'aujourd'hui.

Lys. Non, non, l'habitude vous y ramènera toujours

Dém. De grâce, que faut-il pour vous satisfaire? Voyons, fustigez-moi, si cela vous plaît.

Lys. Vous vous rendez justice; mais votre femme s'en chargera quand elle sera instruite.

(1) Proverbe tiré de la pêche.

Dém. Il n'est pas nécessaire qu'on l'instruise (1).

Eut. Comment donc? (*se radoucissant*) Elle n'en saura rien, soyez sans crainte. Entrons; ce lieu n'est pas propre à s'entretenir de vos prouesses, à moins que nous ne voulions mettre les passants dans la confidence.

Dém. Tu as raison; en même temps nous abrégerons la pièce. Allons.

Eut. Votre fils est là chez nous.

Dém. Très-bien; nous traverserons le jardin.

Lys. Eutyque, je veux d'abord m'assurer d'une chose avant de rentrer à la maison.

Eut. Qu'est-ce?

Lys. Chacun songe à ses intérêts : réponds : es-tu bien sûr que ta mère n'est plus en colère contre moi?

Eut. Oui.

Lys. Fais-y attention.

Eut. Et vous, regardez à qui vous parlez.

Lys. Il suffit. Mais, par Hercule, je t'en prie, fais-y attention.

Eut. Vous ne vous fiez pas à moi?

Lys. Je me fie à toi, mais je crains toujours.

Dém. Entrons.

Eut. Un instant.... Mon avis est qu'avant de nous retirer nous dictions aux vieillards des lois qu'ils soient forcés d'observer, et qui les tiennent en bride (2). Quand un homme, âgé de soixante ans, marié ou célibataire, courra les aventures, nous le poursuivrons ici au nom de la loi : nous le condamnerons à la réprimande (3). Celui qui aura dissipé son bien sera, autant que nous le pourrons, puni par l'indigence. Que dorénavant aucun père ne

(1) Ceux qui regardent comme supposée la scène 2ᵉ du 4ᵉ acte où la femme de Demiphon paraît sous le nom de Péristrate, trouvent ici la preuve que le dessein de Plaute n'était pas de la faire intervenir dans l'action.
(2) M. Naudet traduit *contenti* par, « dont ils ne murmurent point. »
(3) Cette sanction, qui ne serait pas suffisante dans notre Code pénal, était fréquente dans les lois aux jours de la vertu romaine.

Ubi loci res summa nostra est publica? *Dem.* Hei, perii miser!
Eut. Adulescenteis rei agendæ isti magis solent operam dare.
Dem. Jam, obsecro, vobis, hercle, habete cum porcis, cum fiscina.
Eut. Redde fllio: sibi habeat. *Dem.* Jam ut volt, per me sibi habeat licet.
Eut. Temperi, edepol! quoniam, ut aliter facias, non est copiæ. 1080
Dem. Supplici sibi sumat quid volt ipse ob hanc injuriam, Modo pacem faciatis, oro ut ne mihi iratus siet.
Si, hercle, scivissem, sive adeo joculo dixisset mihi, Se illam amare, nunquam facerem, ut illam amanti abducerem.
Eutyche, ted oro, sodalis ejus es, serva et subveni. 1085
Hunc senem para clientem : memorem dices benefici.
Lys. (ad Eutychum.) Ora ut ingnoscat delictis ejus atque adulescentiæ.
Dem. Pergin' tu autem in hunc superbe invehere? spero ego mihi quoque
Tempus tale eventurum, ut tibi gratiam referam parem.
Lys. Missas jam ego istas arteis feci. *Dem.* Et quidem ego dehinc jam. *Lys.* Nihil. 1090
Consuetudine animus rursus te huc inducet. *Dem.* Obsecro, Satis jam ut habeatis : quin, loris cædite, etiam si lubet.
Lys. Recte dicis : sed istuc uxor faciet, quom hoc resciverit.

Dem. Nihil opu'st resciscat. *Eut.* Qui istuc? non resciscet, ne time.
Eamus intro, non utibilis hic locus factis tuis, 1095
Dum memoramus, arbitri ut sint, qui prætereant per vias.
Dem. Hercle, quin, tu recte dicis : eadem brevior fabula Erit : eamus. *Eut.* Heic est intus filius apud nos tuus.
Dem. Optume 'st : illac per hortum nos domum transibimus.
Lys. Eutyche, hanc volo prius rem agi, quam meum intro refero pedem. 1100
Eut. Quid istuc est? *Lys.* Suam quisque homo rem meminit · responde mihi :
Certon' scis non subcensere mihi tuam matrem? *Eut.* Scio.
Lys. Vide. *Eut.* Me vide. *Lys.* Satis habeo : at quæso hercle, etiam vide.
Eut. Non mihi credis? *Lys.* Imo credo, sed tamen metuo miser.
Dem. Eamus intro. *Eut.* Imo dicamus senibus leges censeo, 1105
Priusquam abeamus, quas leges teneant, contentique sint.
Annos natus sexaginta qui erit, si quem scibimus,
Seu maritum, seu, hercle, adeo cœlibem scortari,
Cum eo nos heic lege agemus : inscitum arbitrabimur.
Et per nos quidem, hercle, egebit, qui suum prodegerit. 1110
Neu quisquam posthac prohibeto adulescentem filium
Quin amet, et scortum ducat : quod bono fiat modo.

défende à son fils l'amour et les courtisanes, pourvu que le jeune homme en use modérément. Si quelqu'un enfreint cette défense, il y perdra plus en secret que s'il eût tout permis ouvertement à son fils. Et nous voulons que la présente loi s'applique aux vieillards dès cette nuit. (*Aux spectateurs*.) Portez-vous bien; et vous, jeunes gens, si vous approuvez cette loi, vous devez certes, à cause des vieillards, applaudir de toutes vos forces.

Si quis prohibuerit, plus perdet clam, quam si præhibuerit palam.
Hæc adeo, ut ex hacce nocte primum lex teneat senes.

Bene valete, atque, adulescentes, hæc si vobis lex placet, 11.5
Ob senum, hercle, industriam, vos æquom 'st clare plaudere.

On voit que, suivant l'usage de Plaute, le titre de la pièce n'indique nullement le sujet. Dans le *Marchand*, il n'est pas le moins du monde question de marchands ni de commerce. Seulement le prologue nous apprend que le héros de la pièce, Démiphon, comme tous les pères mécontents de leurs enfants, avait autrefois envoyé son fils à Rhodes pour y faire le commerce et oublier quelque courtisane, au lieu de l'enrôler dans la milice des rois d'Asie, correction paternelle également en usage à Rome. Mais le titre ne fait rien au mérite de la pièce, qui nous semble une des plus jolies de Plaute.

Ici, comme dans l'*Asinaire*, c'est un père qui devient amoureux de la maîtresse de son fils : mais dans le *Marchand*, il n'y a ni partage ni scandaleux accord. Cette différence de situation rend la rivalité bien plus dramatique, et surtout bien moins immorale. L'exposition est verbeuse et traînante; mais l'intérêt est vivement excité au second acte, où le père et le fils, jaloux l'un de l'autre, cherchent à pénétrer leurs sentiments et leurs desseins réciproques. Cette situation est développée avec un art, un goût, une connaissance de la scène et du cœur humain vraiment admirables. Au 4ᵉ acte l'arrivée de la femme de Lysimaque, pleine de soupçons et de jalousie, est une péripétie très-heureuse et fertile en incidents comiques. Quoi de plus amusant que la figure du pauvre mari, placé entre sa femme et le cuisinier qu'il a fait venir pour préparer le souper d'une courtisane? C'est M. Jourdain surpris à table avec la *belle* marquise par madame Jourdain. Plaute a encore ici l'honneur d'être imité par Molière. La scène des deux vieillards qui se confient la terreur que leur femme leur inspire achève dignement ce tableau comique. Le dénoûment est naturel et moral. Le vieux galant rend la belle à son fils par la crainte de la honte.... et de sa femme. Le plaisant décret qui interdit à l'avenir l'amour aux vieillards résume fort bien l'excellente leçon que la comédie leur a donnée. On remarquera aussi, comme un trait de convenance délicate, l'absence du jeune Charin au dénoûment : l'auteur n'a pas voulu que le fils fût témoin de la confusion de son père, et de la semonce un peu dure qu'il reçoit d'un contemporain et même d'un jeune homme. Le style enfin est digne de la haute comédie, plein de mots heureux, de traits d'observation, et d'une gaieté décente. Ce dernier mérite ne se trouve pas toujours dans les meilleurs ouvrages de Plaute.

LES MÉNECHMES.[1]

PERSONNAGES.

MÉNECHME d'Épidamne, enlevé autrefois dans son enfance.
LABROSSE (2), son parasite.
ÉROTIE, courtisane, sa maitresse.
SA FEMME.
UN VIEILLARD, son beau-père.
MÉNECHME SOSICLÈS, frère de

Ménechme d'Épidamne.
MESSÉNION, esclave de Ménechme Sosiclès.
CYLINDRE (3), cuisinier d'Érotie.
UNE SUIVANTE d'Érotie.
UN ESCLAVE, personnage muet
UN MÉDECIN.
Esclaves du médecin.

La scène est à Épidamne.

ARGUMENT

Attribué à PRISCIEN.

Un marchand sicilien avait deux fils jumeaux : il en perdit un par un enlèvement, et mourut de chagrin. L'aïeul paternel donne à l'enfant qui reste le nom du jumeau

(1) Représentés vers l'an 539 de Rome. Cette pièce est un des premiers ouvrages de Plaute. Comme plus d'un auteur, il a commencé par son chef-d'œuvre.

Cette pièce a été souvent imitée par les modernes, que le bonheur du sujet devait séduire; les méprises sont une source inépuisable de comique. Une fois que l'invraisemblance est admise, que l'auteur a fait ses conventions avec le public, les erreurs, les malentendus, les *quiproquo* qui naissent d'eux-mêmes, deviennent naturels et excitent le rire.

Shakspeare a le premier imité Plaute dans les *Méprises* (THE COMEDY OF ERRORS), représentées en 1593. Il faut l'avouer, on y trouve peu de goût et de vrai comique. Shakspeare, suivant sans doute le temperament des spectateurs anglais, a exagéré, forcé l'invraisemblance du sujet : il en a doublé la dose. Les deux frères jumeaux ont deux esclaves jumeaux comme eux, et qui portent le même nom. M. Schlegel justifie une si malencontreuse invention par cette étrange raison, *qu'il n'y a pas de degré dans l'incroyable*. — Pardon : il y a de l'absurde, que l'imagination la plus complaisante n'admet pas, et qui ne peut servir de fondement à aucune pièce digne d'un auditoire sain d'esprit. C'est d'ailleurs un mélange bizarre de mœurs antiques et de moyen âge, de noms anglais et de noms en *us*. Mais la plus grande faute est d'avoir transformé une comédie si gaie en un drame ennuyeux et larmoyant. De judicieux admirateurs de Shakspeare prétendent que cette pièce n'est pas de lui, et ils ont raison, du moins pour l'honneur de ce grand poète.

C'est à Rotrou que notre théâtre doit d'abord les *Ménechmes*. Il a reproduit fidèlement, trop fidèlement, la comédie de Plaute. Il s'est borné à répandre un vernis de décence sur la courtisane, dont il fait une veuve coquette. Mais le dialogue est semé d'heureux traits et de jolis vers, que nous avons eu soin de citer. Cette pièce fut jouée en 1632.

Vers 1691, le Noble fit représenter aux Italiens une farce intitulée les *Deux Arlequins*, imitation plus libre et plus amusante que celle de Rotrou. Le deguisement et le masque étaient très-favorables au sujet; l'invraisemblance disparaissait entièrement. Cette pièce eut

enlevé, et l'appelle Ménechme Sosiclès. Celui-ci, devenu grand, cherche son frère par tous pays. Il arrive à Épidamne (4), où Ménechme enlevé avait fait fortune. Tous les habitants prennent le nouveau débarqué pour le Ménechme leur concitoyen; maîtresse, épouse, beau-père, tout le monde s'y trompe. A la fin les deux frères se reconnaissent.

PROLOGUE.

Je commence d'abord, spectateurs, par souhaiter que la déesse Salut soit propice à vous et à moi. Je vous apporte ici Plaute, non pas dans ma main, mais au bout de ma langue. Recevez-le, je vous prie, avec des oreilles favorables. Maintenant apprenez le sujet de la pièce, et faites attention; je le résumerai dans le moins de mots possible.

un grand succès : Regnard lui a emprunté l'idée de la *succession* que poursuivent les deux Ménechmes.

Enfin parut en 1705 la comédie de Regnard, si vive, si spirituelle, qui a surpassé, effacé toutes les imitations étrangères ou françaises et l'original lui-même. Tout le monde connaît les *Ménechmes*; c'est une des pièces les plus gaies de notre scène. Qui croirait qu'elle ait été refusée deux fois par les comédiens? Regnard, en homme supérieur, a compris qu'il ne fallait prendre à Plaute que l'idée principale. L'intrigue, les incidents sont tirés de nos mœurs. Il a eu surtout l'art de varier les méprises, les rencontres, les mésaventures qui naissent de la ressemblance des deux frères. Il n'avait pour intéresser, pour amuser pendant 5 actes, que cette erreur; il en a tiré parti avec une fécondité, une vivacité d'imagination merveilleuses. La difficulté même du sujet est devenue pour lui une source d'effets dramatiques. Une autre invention propre à Regnard, c'est d'avoir donné aux jumeaux, ressemblants de figure, des caractères tout différents. On sent combien la brutalité du campagnard ajoute au comique des méprises dont il est la victime, et atténue en même temps l'odieux des mauvais tours qu'on lui joue. Cette idée est un trait de génie. La comédie de Regnard est dédiée à Boileau; et elle est digne d'un tel patron.

Ces nombreuses imitations, qui font tant d'honneur à l'ouvrage de Plaute, different d'intrigue, mais se ressemblent toutes au dénoûment, commandé par le sujet même : les deux frères se reconnaissent, et les méprises s'expliquent.

Une des premières comédies de Picard, *Encore des Ménechmes*, est fondée sur la ressemblance d'un oncle et d'un neveu. On y trouve des mots plaisants et quelques jolies scènes.

(2) Nom tiré de sa profession. C'était avec une *brosse* qu'on nettoyait la table à manger.
(3) *Cylindrus* signifie rouleau, instrument de cuisine.
(4) Aujourd'hui Durazzo, sur la côte de l'Albanie; cette ville devint colonie romaine, sous le nom de Dyrrachium. Cicéron y fut exilé.

MENÆCHMI.

DRAMATIS PERSONÆ.

MENÆCHMUS, subreptus, qui Epidamni habitat.
PENICULUS, parasitus.
EROTIUM, meretrix, amica Menæchmi Epidamniensis.
MULIER, uxor Menæchmi Epidamniensis.
SENEX, Menæchmi Epidamniensis socer.

MENÆCHMUS Sosicles, advena.
MESSENIO, servus Sosiclis.
CYLINDRUS, coquus.
ANCILLA Erotii.
SERVUS alius.
MEDICUS.
LORARII.

Res agitur Epidamni.

ARGUMENTUM

(UT QUIBUSDAM VIDETUR)

PRISCIANI.

Mercator Siculus, quoi erant gemini filii,
Ai, subrepto altero, mors obtigit.

Nomen subrepticii illi indit qui domi 'st
Avos paternus, facit Menæchmum Sosiclem.
Et is germanum, postquam adolevit, quæritat
Circum omneis oras : post, Epidamnum devenit.
Heic furrat auctus ille subrepticius.
Menæchmum civem credunt omneis advenam,
Eumque adpellant, meretrix, uxor, et socer.
Ii se congnoscunt fratres postremo invicem.

PROLOGUS.

Salutem primum jam a principio propitiam
Mihi, atque vobis spectatores, nuncio.
Adporto vobis Plautum lingua, non manu :
Quæso ut benignis adcipiatis auribus.
Nunc argumentum adcipite, atque animum advor
Quam potero in verba conferam paucissuma.
Atque hoc poetæ faciunt in comœdiis :
Omneis res gestas esse Athenis autumant,
Quo illud vobis græcum videatur magis.

LES MÉNECHMES, PROLOGUE.

Les auteurs de comédies supposent toujours que l'action se passe à Athènes, afin que l'ouvrage vous paraisse plus grec(1); moi, je vous dirai nettement où l'action s'est passée. Le sujet a quelque chose de grec, sans être tout à fait attique : il est plutôt du style sicilien.

Voilà l'avant-propos de mon exposition. Maintenant je vais m'acquitter de cette exposition ; et je ne mesurerai pas la ration par boisseau ou par double boisseau ; j'épuiserai tout le grenier, tant j'ai l'humeur libérale en fait de narration.

Il y avait à Syracuse un vieux marchand qui avait deux jumeaux d'une si parfaite ressemblance, que ni la nourrice qui les allaitait ne pouvait les distinguer, ni même la mère qui leur avait donné le jour. Je tiens le fait de quelqu'un qui avait vu les deux enfants. Moi, je ne les ai pas vus ; je ne veux pas vous le faire accroire. Ces enfants ayant atteint l'âge de sept ans, leur père chargea un grand vaisseau d'une cargaison précieuse, fit embarquer avec lui un de ses fils, qu'il conduisit à Tarente pour lui apprendre le commerce. Il laissa l'autre à la maison, auprès de sa mère. On célébrait des jeux à Tarente au moment de leur arrivée. Ces jeux avaient, suivant l'usage, attiré un grand concours de monde. L'enfant s'égara dans la foule, et perdit son père. Il se trouva un marchand épidamnien qui prit l'enfant et le transporta à Épidamne. Le père, désespéré d'avoir perdu son fils, tomba malade de chagrin, et mourut au bout de quelques jours à Tarente. Lorsque l'aïeul des enfants apprit à Syracuse la nouvelle de l'enlèvement d'un des jumeaux, et la mort du père, il fit changer de nom à l'enfant qui était resté à la maison, et lui donna le nom de celui qui avait été enlevé, et qu'il chérissait particulièrement. Il l'appela Ménechme comme l'autre s'appelait, et comme ce bonhomme s'appelait lui-même. J'ai retenu le nom facilement, parce que j'étais là quand le crieur public appelait l'enfant à haute voix.

Je vous préviens donc que les deux frères portent le même nom, afin que vous n'y soyez pas trompés.

Maintenant je retourne à Épidamne, pour vous rendre compte de cette affaire en détail. Si quelqu'un de vous désire me charger d'une commission pour cette ville, qu'il parle sans se gêner, qu'il ordonne ; à condition toutefois qu'il payera les avances nécessaires ; car s'il ne donne point d'argent, c'est comme s'il ne faisait rien ; et s'il en donne, ce sera pis encore. Mais je reviens au point d'où je suis parti, pour ne plus m'en écarter.

Ce marchand d'Épidamne dont je vous parlais tout à l'heure, celui qui enleva l'un des jumeaux, avait de grands biens, mais point d'enfants : il l'adopta pour fils, le maria richement, l'institua son héritier, et mourut peu de temps après. Un jour qu'il se rendait à la campagne après une grande pluie, il voulut passer à gué un fleuve rapide, non loin de la ville : la force du courant fit perdre l'équilibre au ravisseur, et entraîna notre homme au fond des enfers. Le jeune homme recueillit d'immenses richesses. C'est ce jumeau enlevé qui habite Épidamne. L'autre, qui demeure à Syracuse, vient d'arriver aujourd'hui à Épidamne avec son esclave, cherchant toujours son frère. La ville que vous voyez est Épidamne tout le temps de la pièce : puis quand on en jouera une autre, la ville changera de nom comme les acteurs (1) : le même n'est-il pas tour à tour

(1) C'était le meilleur titre pour réussir à Rome, où dominait alors le goût des arts et de la littérature des Grecs. C'est à cette manie d'atticisme que s'adresse le trait du poëte latin.

(1) Cette épigramme accuse un peu la variété et l'exactitude des décorations des anciens.

Ego nusquam dicam, nisi ubi factum dicitur. 10
Atque adeo hoc argumentum græcissat, tamen
Non atticissat, verum sicilicissitat.
Huic argumento antelogium quidem hoc fuit.
Nunc argumentum vobis demensum dabo,
Non modio, neque trimodio, verum ipso horreo ; 15
Tantum ad narrandum argumentum adest benignitas.
Mercator quidam fuit Syracusis senex,
Ei sunt nati filii gemini duo,
Ita forma simili pueri, uti mater sua
Non intergnosse posset, quæ mammam dabat ; 20
Neque adeo mater ipsa, quæ illos pepererat,
Ut quidem ille dixit mihi, qui pueros viderat.
Ego illos non vidi, ne quis vostrum censeat.
Postquam jam pueri septuenneis sunt, pater
Oneravit navem magnam multis mercibus. 25
Inponit alterum geminum in navem pater,
Tarentum avexit secum ad mercatum simul ;
Illum reliquit alterum apud matrem domi.
Tarenti ludi forte erant, quom illuc venit ;
Mortaleis multi, ut ad ludos, convenerant. 30
Puer aberravit inter homines a patre.
Epidamniensis quidam ibi mercator fuit :
Is puerum tollit, atque Epidamnum avehit.
Pater ejus autem, postquam puerum perdidit,
Animum despondit, eaque is ægritudine 35
Paucis diebus post Tarenti emortuu'st.
Postquam Syracusas de re ea nuncius redit
Ad avom puerorum, puerum subreptum alterum,
Patremque pueri Tarenti esse emortuum,
Immutat nomen avos huic gemino alteri : 40
Ita illum dilexit, qui subreptus est, alterum,

Illius nomen indit illi, qui domi 'st,
Menæchmo idem quod alteri nomen fuit ;
Et ipsus eodem avos est vocatus nomine.
Propterea illius nomen memini facilius, 45
Quia illum clamore vidi flagitarier.
Ne mox erretis, jam nunc prædico prius :
Idem est ambobus nomen geminis fratribus.
Nunc in Epidamnum pedibus redeundum 'st mihi,
Ut hanc rem vobis examussim disputem. 50
Si quis quid vostrum Epidamnum curari sibi
Velit, is audacter inperato et dicito :
Sed ita, ut det, unde curari id possit sibi.
Nam nisi qui argentum dederit, nugas egerit :
Qui dederit, magis majores nugas egerit. 55
Verum illuc redeo unde abii, atque uno adsto in loco.
Epidamniensis ille, quem dudum dixeram,
Geminum illum puerum qui subripuit alterum ;
Ei liberorum, nisi divitiæ, nihil erat ;
Adoptat illum puerum subrepticium 60
Sibi filium, eique uxorem dotatam dedit,
Eumque heredem fecit, quom ipse obiit diem.
Nam rus ut ibat forte ui multum pluverat,
Ingressus fluvium rapidum ab urbe haud longule,
Rapidus raptori pueri subduxit pedes, 65
Abstraxitque hominem in maxumam malam crucem.
Illi divitiæ evenerunt maxumæ.
Is ileic habitat geminus subrepticius.
Nunc ille geminus, qui Syracusis habet,
Hodie in Epidamnum venit cum servo suo 70
Hunc quæritatum geminum germanum suum.
Hæc urbs Epidamnus est, dum hæc agitur fabula ;
Quando alia agetur, aliud fiet oppidum,

marchand d'esclaves, jeune homme et vieillard, pauvre, mendiant, roi, parasite, et charlatan?

ACTE PREMIER.

SCÈNE I.

LABROSSE.

Les jeunes gens m'ont nommé Labrosse, parce que la table, dès que je mange, est nettoyée. On charge de chaînes les prisonniers, on met des entraves aux pieds des esclaves fugitifs; fort mauvaises précautions, selon moi. Car si le malheureux éprouve un nouveau surcroît de misère, il n'en a que plus d'envie de fuir et de mal faire. Il trouvera toujours moyen de se délivrer des fers. A-t-il les pieds enchaînés? il coupe un anneau avec une lime, il fait sauter un clou avec une pierre.... Tout cela ne sert de rien. Voulez-vous garder sûrement un homme et l'empêcher de fuir? enchaînez-le avec la bonne chère et le bon vin. Pourvu que vous lui donniez à manger et à boire amplement, à bouche que veux-tu, tous les jours, jamais il ne s'enfuira, eût-il commis un crime capital. Vous le retiendrez facilement avec de tels liens. Les liens de la gourmandise sont merveilleusement élastiques : plus vous les étendez, plus ils serrent étroitement. Moi, par exemple, qui appartiens corps et âme à Ménechme, je cours chez lui, afin qu'il m'enchaîne de cette façon-là. Cet homme-là ne nourrit pas seulement les gens, il les engraisse et les fortifie. Il n'y a pas de médecin comparable à lui : il est lui-même grand mangeur. Ce sont des banquets de Cérès (1), tant sa table est chargée, tant il la couvre de succulents édifices! il faut monter debout sur le lit, si l'on veut prendre

(1) Repas solennels qu'on donnait aux fêtes de cette déesse, la nourrice du genre humain.

quelque chose au faîte (1). Mais il y a eu lacune pour moi pendant ces jours derniers. J'ai été obligé de me claquemurer chez moi avec de bien chers objets : car je n'achète ni ne mange que ce qui est le plus cher. Mais ce qui est cher et mes provisions commencent à me manquer. Je retourne chez Ménechme : la porte s'ouvre; c'est lui-même en personne que je vois : il sort de chez lui.

SCÈNE II.

MÉNECHME, LABROSSE.

Mén. (parlant à sa femme dans l'intérieur). Si tu n'étais pas méchante, folle, indomptable, aveugle dans tes emportements, ce qui déplaît à ton mari te déplairait aussi. Si tu me causes encore un tourment pareil, je te répudie et te renvoie chez ton père. Toutes les fois que je veux sortir, tu m'arrêtes, tu me retiens, pour m'accabler de questions : « Où vas « tu? que fais-tu? quelle affaire as-tu? que veux-tu? « qu'est-ce que tu emportes? qu'as-tu fait dehors? » J'ai épousé un véritable inspecteur de barrière, qui me force à déclarer et ce que je fais et ce que je viens de faire (2). Je t'ai traitée avec trop de douceur.

(1) Voici l'élégante imitation de Rotrou :
Les chaînes tiennent mal un captif en servage :
Ce malheur, qu'on ajoute à ses afflictions,
Aiguise son esprit dans ses inventions.
La rigueur le rend pire; et plus ou le tourmente,
Plus le désir qu'il a de s'échapper s'augmente.
Il se traîne à la porte, il lime les verrous,
Et cherche les moyens d'en arracher les clous.
. . . .
Il faut d'autres liens pour retenir ses pas,
Et je n'en sache point comme les bons repas.
. . . .
Plus cette chaîne est douce, et plus elle a de force.
. . . .
.... Je meurs, si Ménechme aujourd'hui ne m'enchaîne.
Le nectar, et les mets les plus délicieux
Qui puissent contenter notre goût et nos yeux,
Sont les aimables nœuds dont ce geôlier me lie.
(2) On voit que les plaintes contre les rigueurs de la douane et de l'octroi datent de loin.

Sicut familiæ quoque solent mutarier;
Modo enim idem fit leno, modo adulescens, modo senex, 75
Pauper, mendicus, rex, parasitus, ariolus.

ACTUS PRIMUS.

SCENA PRIMA.

PENICULUS.

Juventus nomen fecit Peniculo mihi,
Ideo quia mensam, quando edo, detergeo.
Homines captivos qui catenis vinciunt,
Et qui fugitivis servis indunt compedes, 80
Nimis stulte faciunt, mea quidem sententia.
Namque homini misero si ad malum accidit malum,
Major lubido est fugere et facere nequiter.
Nam se ex catenis eximunt aliquo modo.
Tum conpediti anum lima proterunt, 85
Aut lepide excutiunt clavom : nugæ sunt eæ.
Quem tu adservare recte, ne abfugiat, voles,
Esca atque potione vinciri decet.
Apud mensam plenam homini rostrum deliges.
Dum tu illi, quod edat et quod potet, præbeas, 90
Suo arbitratu et adfatim cotidie,
Nunquam, edepol, fugiet, tametsi capital fecerit.
Facile adservabis, dum eo vincio vincies.
Ita istæc nimis lenta vincla sunt escaria;
Quam magis extendas, tanto adstringunt arctius. 95

Nam ego ad Menæchmum nunc eo, quo jam diu
Sum judicatus, ultro eo ut me vinciat.
Nam illic homo homines non alit, verum educat
Recreatque : nullus melius medicinam facit.
Ita est adulescens ipsus escæ maxumæ, 100
Cerealeis cœnas dat, ita mensas exstruit :
Tantas struices concinnat patinarias;
Standum est in lecto, si quid de summo petas.
Sed mi intervallum jam hos dies multos fuit :
Domi domitus fui usque cum caris meis. 105
Nam neque edo, neque emo, nisi quod est carissumum.
Id quoque jam cari qui instruuntur, deserunt.
Nunc ad eum inviso : sed aperitur ostium.
Menæchmum eccum ipsum video; progreditur foras.

SCENA SECUNDA.

MENÆCHMUS, PENICULUS.

Men. Ni mala, ni stulta sis, ni indomita inposque animi, 110
Quod viro esse odio videas, tute tibi odio habeas.
Præterhac si mihi tale post hunc diem
Faxis, faxo foris vidua visas patrem.
Nam quotiens foras ire volo, me retines, revocas;
Rogitas quo ego eam, quam rem agam, quid negoti geram, 115
Quid petam, quid feram, quid foris egerim.
Portitorem domum duxi : ita omnem mihi
Rem necesse loqui est quidquid egi atque ago.
Nimium ego te habui delicatam.

Je vais te dire maintenant mes intentions. Je ne te refuse rien, servante, provisions de bouche, laine, bijoux, pourpre, vêtements : tu ne manques de rien : prends donc garde à toi, je te le conseille. Cesse d'espionner ton mari. Et d'abord aujourd'hui, pour que tu n'aies pas perdu ton temps à ce métier, je vais chercher tout exprès une courtisane, et je l'invite à souper quelque part en ville.

Lab. (*à part*). Il croit menacer sa femme, et c'est moi qu'il menace; car s'il dîne en ville, c'est moi et non sa femme qu'il punit.

Mén. (*la femme de Ménechme se retire*). Quel bonheur! à force de la quereller, je l'ai obligée de rentrer. Où sont les maris qui ont des maîtresses? qu'ils viennent tous me féliciter, et m'apporter le prix de la victoire. (*Il fait voir une mante cachée sous son pallium.*) J'ai dérobé cette mante à ma femme, et je la porte à ma maîtresse. C'est ainsi qu'il faut attraper ma rusée gardienne. O le glorieux exploit! l'excellent tour! C'est un coup de maître admirable : j'enlève ce don, non sans peine, à la scélérate, pour le porter à mon ver rongeur. J'ai dérobé ce butin à l'ennemi, et notre allié est en sûreté.

Lab. (*s'avançant.*) Holà! jeune homme, n'aurai-je point ma part dans ce butin?

Mén. C'est fait de moi! je rencontre une embuscade.

Lab. Un renfort, au contraire. N'ayez pas peur.

Mén. Qui est là?

Lab. C'est moi.

Mén. L'heureuse rencontre! la bonne fortune! salut. (*Il lui tend la main.*)

Lab. Salut.

Mén. Eh bien! que dis-tu?

Lab. Je tiens par la main droite mon bon génie (1).

Mén. Tu ne pouvais venir plus à propos qu'en ce moment.

(1) C'était de la main droite qu'on touchait les autels ou les statues des dieux.

Lab. Je n'en fais pas d'autres. Je sais à merveille saisir les bons moments.

Mén. Veux-tu examiner un chef-d'œuvre appétissant?

Lab. Quel est le cuisinier qui l'a fait? Je vous dirai s'il a bronché, quand j'aurai vu les restes.

Mén. Dis-moi, as-tu jamais vu peint sur un mur Ganymède enlevé par un aigle, ou Adonis par Vénus?

Lab. Cent fois. Mais que me font ces figures?

Mén. (*montrant la mante sur lui.*) Eh bien! regarde-moi, ne leur ressemblé-je pas?

Lab. Que signifie cet accoutrement?

Mén. Avoue que je suis un charmant personnage.

Lab. Où souperons-nous (1)?

Mén. Réponds d'abord comme je le veux.

Lab. Je vous réponds que vous êtes charmant.

Mén. Ne pourrais-tu rien ajouter de ton cru?

Lab. Et très-plaisant.

Mén. Continue.

Lab. Je ne continue pas, par Hercule, avant de savoir ce qui m'en reviendra. Vous êtes en querelle avec votre femme : je dois prendre mes précautions avec vous.

Mén. Trouvons quelque bon endroit où nous puissions nous enterrer à l'insu de ma femme, et consumer la journée.

Lab. Oui, vous avez raison. Il me tarde de prendre la torche en main : car la journée est sur son déclin et à moitié morte.

Mén. Tu retardes tes jouissances en m'interrompant.

Lab. Crevez-moi l'œil qui me reste, cher Ménechme, si je profère un seul mot sans votre ordre.

Mén. (*montrant sa maison.*) Éloigne-toi de cette porte.

Lab. Volontiers.

(1) Cette irruption est un trait de caractère excellent.

Nunc adeo, ut facturus, dicam : quando ego tibi ancillas,
  penum, 120
Lanam, aurum, vestem, purpuram bene præbeo, nec
  quidquam eges,
Malo cavebis, si sapis : virum observare desines.
Atque adeo, ne me nequidquam serves, ob eam industriam
Hodie ducam scortum, atque ad cœnam aliquo condicam
  foras.
Pen. Illic homo se uxori simulat male loqui, loquitur mihi. 125
Nam si foris cœnat, profecto me, haud uxorem, ulciscitur.
Men. Evax! jurgio, hercle, tandem uxorem abegi ab
  janua.
Ubi amatores sunt mariti? dona quid cessant mihi
Conferte omneis, congratulanteis, quia pugnavi fortiter?
Hanc modo uxori intus pallam subripui, ad scortum fero.
Sic hoc decet dari facete verba custodi catæ. 131
Hoc facinus pulchrum 'st, hoc probum 'st, hoc lepidum 'st,
  hoc factum 'st fabre.
Meo malo a mala abstuli; hoc ad damnum deferetur.
Averti prædam ab hostibus, nostrum salute sociûm.
Pen. Heus, adulescens, ecqua in istac pars inest præmî
  mihi? 135
Men. Perii, in insidias deveni! *Pen.* Imo in præsidium :
  ne time.
Men. Quis homo est? *Pen.* Ego sum. *Men.* O mea conmoditas, o mea obportunitas.
Salve. *Pen.* Salve. *Men.* Quid ais? *Pen.* Teneo dextera
  Genium meum.

Men. Non potuisti magis per tempus mihi advenire, quam
  advenis.
Pen. Ita ego soleo : conmoditatis omneis articulos scio. 140
Men. Vin' tu facinus luculentum inspicere? *Pen.* Quis id
  coxit cocus?
Jam sciam, si quid titubatum 'st, ubi reliquias videro.
Men. Dic mihi, numqua tu vidisti tabulam pictam in
  pariete,
Ubi aquila Catamitum raperet, aut ubi Venus Adoneum?
Pen. Sæpe : sed quid istæ picturæ ad me adtinent? *Men.*
  Age, me adspice. 145
Ecquid adsimilo similiter? *Pen.* Qui istic est ornatus tuus?
Men. Dic hominem lepidissumum esse me. *Pen.* Ubi esuri
  sumus?
Men. Dic modo hoc quod ego te jubeo. *Pen.* Dico, homo
  lepidissume.
Men. Ecquid audes de tuo istuc addere? *Pen.* Atque hilarissume.
Men. Perge. *Pen.* Non pergo, hercle, ego, nisi scio qua
  gratia. 150
Litigium 'st tibi cum uxore : oh, mihi abs te caveo cautius.
Men. Clam uxorem ubi sepolcrum habeamus, et hunc
  conburamus diem.
Pen. Age sane igitur, quando æquom oras, quam mox incendo rogum.
Dies quidem jam ad umbilicum est dimidiatus mortuus.
Men. Te morare, mihi quom obloquere. *Pen.* Oculum effodito persolum 155

Mén. (*s'éloignant.*) Viens de ce côté.
Lab. Comme il vous plaira.
Mén. (*s'éloignant toujours.*) Viens, viens; écartons-nous tout à fait de l'autre fil de la lionne.
Lab. Par Pollux, vous seriez, je crois, un excellent cocher du cirque.
Mén. Pourquoi?
Lab. Vous regardez à chaque instant en arrière, de peur que votre femme ne vous rattrape.
Mén. Çà, dis-moi...
Lab. Moi? j'affirme, je nie tout ce que vous voudrez.
Mén. En flairant quelque chose, pourrais-tu sur l'odeur deviner ce que c'est?
Lab. C'est comme si vous consultiez le collége des augures lui-même.
Mén. Eh bien! sens la mante que j'ai là: que t'en semble? quelle odeur a-t-elle? (*Il présente le bas de la mante; Labrosse la repousse.*) Tu ne veux pas?
Lab. C'est par le haut qu'il faut sentir un vêtement de femme. L'endroit que vous me présentez m'infecterait le nez d'une odeur ineffaçable.
Mén. Sens donc de ce côté, aimable Labrosse... Comme tu fais le dégoûté!
Lab. C'est bien le cas.
Mén. Eh bien donc, que sent-elle? réponds.
Lab. Une odeur de vol, de libertinage, de gourmandise.
Mén. Je vais l'offrir à Érotie, à ma belle courtisane. Je lui dirai de faire préparer tout de suite un repas pour moi, pour toi et pour elle; et nous boirons ensemble jusqu'au lever de l'aurore.
Lab. C'est là parler clairement. Frapperai-je à la porte?
Mén. Frappe. (*Labrosse frappe coup sur coup.*) Malheureux, attends un moment!
Lab. Vous reculez les flacons de ma bouche de plus de mille pas.
Mén. Frappe doucement.

Lab. Vous craignez, je crois, que la porte ne soit de vaisselle de Samos. (*Il frappe de nouveau.*)
Mén. Attends, attends, je t'en prie, par Hercule! la voilà qui sort. (*Il contemple Érotie.*)
Lab. Oh! c'est le soleil que vous regardez.
Mén. Comme il est éclipsé par ce teint éblouissant!

SCÈNE III.

ÉROTIE, LABROSSE, MÉNECHME.

Éro. Bonjour, mon cœur, mon cher Ménechme.
Lab. Et moi?
Érot. Tu ne comptes pas.
Lab. C'est ainsi qu'on traite à l'armée les surnuméraires (1).
Mén. (à *Érotie*). J'ai commandé pour aujourd'hui chez vous les apprêts d'un combat.
Érot. Pour aujourd'hui? très-volontiers.
Mén. (*montrant le parasite*). Et, dans cette guerre de Troie, nous ferons couler des flots... de vin. Qui de nous deux sera le meilleur soldat, le verre en main? (*à Érotie.*) Voilà ton armée; tu décerneras le prix, tes baisers, cette nuit. O mes délices! que ma femme, quand je te regarde, me paraît odieuse!
Érot. (*apercevant la mante qu'il porte sur lui.*) Cependant vous ne pouvez vous empêcher de porter quelque chose qui lui appartienne. Qu'est-ce que cela?
Mén. Une parure pour toi, des dépouilles de ma femme, ô ma rose!
Érot. (*d'une voix adoucie*). Vos procédés vous assurent toujours dans mon cœur l'avantage sur tous mes amants.
Lab. (*à part*). La courtisane le cajole un peu en

(1) Ces soldats de réserve inscrits sur les contrôles, n'étaient pas équipés, ils remplaçaient les soldats armés qui succombaient. Il paraît que c'était l'emploi de Labrosse auprès d'Érotie: c'était un adorateur surnuméraire.

Mihi, Menæchme, si ullum verbum faxo, nisi quod jusseris.
Men. Concede huc a foribus. *Pen.* Fiat. *Men.* Etiam concede huc. *Pen.* Licet.
Men. Etiam nunc concede audacter ab leonino cavo.
Pen. Heu, edepol, næ tu, ut ego opinor, esses agitator probus.
Men. Qui dum? *Pen.* Ne te uxor sequatur, respectas identidem. 160
Men. Sed quid ais? *Pen.* Egone? id enim quod tu vis, id aio, atque id nego.
Men. Ecquid tu de odore possis, si quid forte olfeceris, facere conjecturam? *Pen.* Captum sit conlegium augurum.
Men. Agedum, odorare hanc quam ego habeo pallam: quid olet? abstines?
Pen. Summum olfactare oportet vestimentum muliebre; 165
Nam ex istoc loco spurcatur nasum odore illutibili.
Men. Olfacta igitur hinc, Penicule lepide: ut fastidis!
Pen. Decet.
Men. Quid igitur? quid olet? responde. *Pen.* Furtum, scortum, prandium.
Men. Nunc ad amicam deferetur hanc meretricem Erotium.
Mihi, tibi, atque illi jubebo jam adparari prandium. 170
Inde usque ad diurnam stellam crastinam potabimus.
Pen. Expedite fabulatu's: jam foreis ferio? *Men.* Feri:

Væ! mane etiam. *Pen.* Mille passum commoratu's cantharum.
Men. Placide pulta. *Pen.* Metuis, credo, ne foreis Samiæ sient.
Men. Mane, mane, obsecro, hercle: ab se ecca exit. *Pen.* Oh! solem vides. 175
Satin' ut obcæcatu'st præ hujus corporis candoribus?

SCENA TERTIA.

EROTIUM, PENICULUS, MENÆCHMUS.

Erot. Anime mi, Menæchme, salve. *Pen.* Quid ego? *Erot.* Extra numerum es mihi.
Pen. Idem istuc adscribtivis ad legionem fieri solet.
Men. Ego istoc mihi hodie adparari jussi apud te prælium.
Erot. Hodie id fiet. *Men.* In eo uterque pro illi potabimus. 160
Uter ibi melior bellator erit inventus cantharo,
Tua est legio, adjudicato, cum ultro hanc noctem sies.'
Ut ego uxorem, mea voluptas, ubi te adspicio, odi male!
Erot. Interim nequis, quin ejus aliquid indutus sies, Quid hoc est? *Men.* Induviæ tuæ, atque uxoris exuviæ, rosa. 185
Erot. Superas facile ut superior sis mihi, quam quisquam qui inpetrant.

voyant quelque chose à prendre. (*A Érotie, haut.*) Si vous l'aimiez, vous devriez déjà lui avoir arraché le nez à force de caresses.

Mén. (*donnant son manteau à Labrosse.*) Prends mon manteau, Labrosse. Il faut que je m'acquitte de mon vœu, en offrant à ma déesse les dépouilles promises.

Lab. Donnez. (*Ménechme reste vêtu de la mante.*) Mais dansez, je vous prie, dans ce costume.

Mén. Que je danse! tu es fou apparemment (1).

Lab. Lequel de nous deux l'est davantage? Puisque vous ne dansez pas, ôtez donc cette mante.

Mén. Ah! ce n'est pas sans de grands dangers que je l'ai dérobée. Hercule, je pense, n'en a point bravé de plus grands pour enlever à l'Amazone Hippolyte sa ceinture. (*à Érotie, en lui offrant la mante*). Reçois ce don, ma tout aimable, qui te prêtes de si bonne grâce à tous mes désirs; je veux que ma conduite serve de modèle aux vrais amants.

Lab. (*à part*). Oui, à ceux qui veulent se réduire à la mendicité.

Mén. Il y a un an que je l'ai achetée quatre mines pour ma femme.

Lab. (*à part.*) Ce sont, tout calcul fait, quatre mines perdues.

Mén. (*à Érot.*) Sais-tu ce que j'attends de ta complaisance?

Érot. Oui: je ferai ce qu'il vous plaira.

Mén. Fais donc apprêter pour nous trois à dîner chez toi; qu'on se procure au marché des viandes délicates, des ris de porc, du lard, un jambonneau, une hure, des rognons, ou quelque autre morceau semblable. Que les mets bien onctueux, bien servis me donnent un appétit de milan : et cela sur l'heure.

Érot. Très-volontiers.

(1) Danser était alors regardé comme une action honteuse pour un citoyen. On sait que plus tard les mœurs romaines se sont bien relâchées de ces austérités primitives.

Mén. Nous allons au forum; nous serons bientôt de retour. En attendant que le dîner soit prêt, nous boirons quelques rasades.

Érot. Venez quand vous voudrez; vous n'attendrez pas.

Mén. Fais qu'on se hâte. (*à Labrosse.*) Suis-moi.

Lab. Moi, par Hercule, je vous garde à vue; je vous suivrai partout. Je ne voudrais pas vous perdre aujourd'hui pour toutes les richesses des dieux. (*Ils sortent.*)

Érot. (*à ses esclaves, dans l'intérieur.*) Faites venir ici à l'instant Cylindre, mon cuisinier.

SCÈNE IV.

ÉROTIE, CYLINDRE.

Érot. Prends un panier et de l'argent : voici trois didrachmes, tiens.

Cyl. C'est bon.

Érot. Va au marché, et apporte de quoi faire un dîner honnête à trois personnes. Qu'il ne manque rien; mais point de superflu.

Cyl. Quelle sorte de gens est-ce que les convives?

Érot. Moi, Ménechme et son parasite.

Cyl. Alors vous êtes dix : car le parasite en vaut bien huit à lui seul (1).

Érot. Je t'ai dit les convives; maintenant arrange-toi.

Cyl. Bien. Tout est prêt; dites qu'on se mette à table.

Érot. Reviens vite.

Cyl. Je serai ici dans un instant. (*Ils sortent.*)

(1) Rotrou a gâté ce trait en le développant :
— Il faut que trois personnes
Trouvent un bon repas en ce que tu me donnes.
. . . .
— Il n'en faut apprêter que pour dix seulement :
Pour Ménechme, pour vous, et pour son parasite,
Qui tout seul dîne autant que huit mangeurs d'élite.

Pen. Meretrix tantisper blanditur, dum illud quod rapiat videt.
Nam si amabas, jam oportebat nasum abreptum mordicus.
Men. Sustine hoc, Penicule; exuvias facere, quas vovi, volo.
Pen. Cedo, sed obsecro, hercle, salta sic cum palla postea. 190
Men. Ego saltabo? sanus, hercle, non es. *Pen.* Egone, an tu magis?
Si non saltas, exue igitur. *Men.* Nimio ego hanc periculo
Subripui hodie : meo quidem animo, ab Hippolyta subcingulum
Hercules haud æque magno unquam abstulit periculo.
Cape tibi hanc, quando una vivis mecis morigera moribus. 195
Hoc animo decet animatos esse amatores probos.
Pen. Qui quidem ad mendicitatem se properent detrudere.
Men. Quatuor minis ego emi istanc anno uxori meæ.
Pen. Quatuor minæ periere plane, ut ratio redditur.
Men. Scin quid volo ego te adcurare? *Erot.* Scio, curabo quæ voles. 200
Men. Jube igitur nobis tribus apud te prandium adcurarier,
Atque aliquid scitamentorum de foro opsonarier,
Glandionidam suillam, laridum, pernonidem, aut
Siniciput, aut polimenta porcina, aut aliquid ad eum modum :
Madida quæ mihi adposita in mensam, milvinam subgerant. 205
Atque actutum. *Erot.* Licet, ecastor. *Men.* Nos prodimus ad forum.
Jam nos heic erimus : dum coquitur, interim potabimus.
Erot. Quando vis veni, parata res erit. *Men.* Propera modo.
Sequere tu. *Pen.* Ego, hercle, vero te et servabo, et te sequar :
Neque hodie ut te perdam, merea deum divitias mihi. 210
(*abeunt.*)
Erot. Evocate intus Cylindrum mihi cocum actutum foras.

SCENA QUARTA.

EROTIUM, CYLINDRUS.

Erot. Sportulam cape atque argentum; eccos treis numos habes.
Cyl. Habeo. *Erot.* Abi atque opsonium adfer, tribus, vide, quod sit satis.
Neque deliat, neque supersit. *Cyl.* Quojusmodi hi homines erunt?
Erot. Ego et Menæchmus, et parasitus ejus. *Cyl.* Jam isti sunt decem. 215
Nam parasitus octo hominum munus facile fungitur.
Erot. Elocuta sum convivas; cæterum cura. *Cyl.* Licet.
Cocta sunt, jube ire ad cubitum. *Erot.* Redi cito. *Cyl.* Jam ego heic ero.

ACTE DEUXIÈME.

SCÈNE I.

MÉNECHME SOSICLÈS, MESSÉNION *suivi de mariniers.*

Mén. Oui, selon moi, Messénion, il n'y a pas de plus grand plaisir pour des navigateurs que d'apercevoir de loin la terre.
Mes. Il y en a un plus grand encore, à parler franchement : c'est de voir la terre natale, et d'y descendre (1). Mais pourquoi, je vous prie, venons-nous à Épidamne? Allons-nous, comme la mer, tourner autour de toutes les îles?
Mén. J'y viens pour chercher mon frère jumeau.
Mes. Quel sera donc le terme de nos recherches? Voilà six ans que nous ne faisons autre chose : Istriens (2), Espagnols, Marseillais, Illyriens (3), mer Tyrrhénienne tout entière, Grèce extérieure (4), côtes d'Italie, autant qu'en baigne la mer, nous avons tout parcouru. Quand vous chercheriez une aiguille, je crois que, pour peu qu'elle eût été visible, vous l'auriez trouvée il y a longtemps. Nous cherchons un mort parmi les vivants : car nous l'aurions découvert depuis longtemps, s'il vivait encore.
Mén. Je veux trouver au moins quelqu'un qui me le dise, qui m'assure positivement qu'il est mort : je renoncerai alors à des recherches inutiles. Mais jusque là, je ne me lasserai pas de poursuivre sa trace.

Je sens trop combien il est cher à mon cœur.
Mes. Vous cherchez un nœud dans un brin d'osier. Retournons chez nous; à moins que notre dessein ne soit d'écrire l'histoire de l'univers (1).
Mén. Trêve aux beaux discours, et prends garde qu'il ne t'arrive mal; ne m'importune pas; je ne me réglerai pas sur tes avis.
Mes. (à part.) Ah! ce langage me rappelle que je suis esclave. Il ne pouvait en dire plus en si peu de mots. Je ne puis cependant m'empêcher de parler. *(Haut.)* Écoutez, Ménechme; quand je considère notre bourse de voyage et nos ressources, il me semble que nous sommes équipés fort en été; et si vous ne retournez à la maison, le moment viendra où, n'ayant plus rien, vous gémirez d'avoir cherché votre jumeau. Sachez que les Épidamniens sont de grands libertins et de grands ivrognes; la ville abonde en intrigants, en aventuriers pleins d'adresse : les courtisanes y sont plus séduisantes qu'en aucun lieu du monde (2) : on a nommé la ville Épidamne, parce qu'on n'y peut séjourner qu'à son dam (3).
Mén. Je me tiendrai sur mes gardes. Donne-moi la bourse.
Mes. Qu'en voulez-vous faire?
Mén. Tes paroles me donnent des craintes sur ton compte.
Mes. Que craignez-vous?
Mén. Que tu ne me causes quelque dam à Épidamne. Tu es grand amateur de femmes, Messénion;

---

(1) Confesse que le port est bien doux aux nochers
Échappés du péril, des flots et des rochers;
. . . .
— Je trouverais encore un plaisir plus charmant
A ne point s'exposer sur ce traître élément,
A passer chez les siens le cours de ses années,
Et n'aller point ainsi tenter les destinées.
ROTROU, act. II, sc. 1.
(2) Istrie, partie de l'Italie qui s'avance en forme de presqu'île dans le golfe de Venise.
(3) L'Illyrie, ou l'Esclavonie, s'étend depuis le golfe de Venise jusqu'à la Drave.
(4) Les Grecs d'Italie, que les Hellènes appelaient dédaigneusement étrangers et barbares.

(1) Les historiens anciens se faisaient un devoir de visiter les lieux et les peuples dont ils devaient écrire les annales. C'était la méthode d'Hérodote, de Thucydide, etc. : ce n'est guère celle des modernes, qui écrivent l'histoire de l'univers sans sortir de leur cabinet.
(2) Ce portrait des habitants d'Épidamne est une habile préparation qui rendra vraisemblables toutes les aventures de Ménechme Sosiclès.
Rotrou a dit :
. . . . . Tant de jeunes beautés
Tiennent ici les yeux et les cœurs enchantés,
Et pour se faire aimer usent de tant de charmes,
Qu'il est bien malaisé de ne rendre les armes.
Ce couplet termine le 1er acte des *Méprises* de Shakspeare.
(3) Le peuple romain, pour éviter le mauvais augure de ce nom, rendit à la ville son ancien nom, *Dyrrachium*.

ACTUS SECUNDUS.

SCENA PRIMA.

MENÆCHMUS SOSICLES, MESSENIO.

Men. Nulla 'st voluptas navitis, Messenio,
Major, meo animo, quam quom ex alto procul   220
Terram conspiciunt. *Mess.* Major, non dicam dolo,
Si adveniens terram videas, quæ fuerit tua.
Sed quæso quamobrem nunc Epidamnum venimus?
An, quasi mare, omneis circumimus insulas?
Men. Fratrem quæsitum geminum germanum meum.   225
Mess. Namquid modi futurum 'st illum quærere?
Hic annus sextus, postquam ei rei operam damus.
Istros, Hispanos, Massilienseis, Illurios,
Mare superum omne, Græciamque exoticam,
Orasque Italicas omneis, qua adgreditur mare,   230
Sumus circumvecti : si acum, credo, quæreres,
Acum invenisses, si adpareret, jam diu.
Hominem inter vivos quæritamus mortuum :
Nam invenissemus jam diu, si viveret.
Men. Ergo istuc quæro certum qui faciat mihi, 235
Qui sese dicat scire, eum esse mortuum.
Operam præterea nunquam sumam quærere.

Verum aliter vivos nunquam desistam exsequi;
Ego illum scio, quam cordi sit carus meo.
Mess. In scirpo nodum quæris : quin nos hinc domum   240
Redimus, nisi si historiam scripturi sumus?
Men. Dictum facessas doctum, et discaveas malo.
Molestus ne sis, non tuo hoc fiet modo. *Mess.* Hem,
Illoc enim verbo esse me servom scio.
Non potuit paucis plura plane proloqui.   245
Verum tamen nequeo continere, quin loquar.
Audi, Menæchme : quom inspicio marsupium,
Viaticati, hercle, admodum æstive sumus.
Næ tu, hercle, opinor, nisi domum revorteris,
Ubi nihil habebis, geminum dum quæris, gemes.   250
Nam ita est hæc hominum natio Epidamnia,
Voluptarii atque potatores maxumi;
Tum sycophantæ et palpatores plurimi
In urbe hac habitant; tum meretrices mulieres
Nusquam perhibentur blandiores gentium.   255
Propterea huic urbi nomen Epidamno inditum 'st,
Quia nemo ferme huc sine damno divortitur.
Men. Ego istuc cavebo : cedodum mihi huc marsupium.
Mess. Quid eo vis? *Men.* Jam abs te metuo de verbis tuis.
Mess. Quid metuis? *Men.* Ne mihi damnum in Epidamno
   duis.   260
Tu magnus amator mulierum es, Messenio :
Ego autem homo iracundus, animi perditi.

moi je suis colère, emporté (1). Je préviendrai, en gardant la bourse, deux inconvénients : toi, tu ne feras pas de sottise; moi, je ne me fâcherai pas.

Mes. Tenez, gardez : vous me ferez plaisir.

SCÈNE II.

MÉNECHME SOSICLÈS, MESSÉNION *suivi de mariniers;* CYLINDRE.

Cyl. J'ai fait de bonnes provisions, et je crois que je servirai un bon dîner à mes dîneurs. (*Apercevant Sosiclès.*) Mais j'aperçois Ménechme. Malheur à mes épaules! les convives se promènent déjà devant la porte, et je ne suis pas encore revenu du marché. Je vais les aborder et leur parler. Ménechme, je vous salue.

Mén. Les dieux te protégent! est-ce que tu me connais?

Cyl. Non, pas du tout, vraiment! Où sont les autres convives?

Mén. Quels convives cherches-tu?

Cyl. Votre parasite.

Mén. Mon parasite? (*A Messénion.*) Cet homme est fou assurément.

Mes. (*bas à Ménechme.*) Ne vous ai-je pas dit qu'il y avait ici bien des fripons?

Mén. (*à Cylindre*). Quel parasite me demandes-tu, mon garçon?

Cyl. Labrosse.

Mes. Je l'ai là dans ma valise, en bon état.

Cyl. Vous venez à point nommé pour dîner (2), Ménechme; j'arrive du marché.

Mén. Réponds-moi, jeune homme : combien se vendent ici les porcs de choix pour les sacrifices?

Cyl. Un didrachme.

Mén. Je t'en donne un; et va au temple te faire purger le cerveau, j'en paye les frais : car à coup sûr tu es fou, qui que tu sois, de venir m'importuner, moi qui ne te connais pas.

(1) Regnard a développé admirablement ce caractère, qui n'est ici qu'indiqué en passant.
(2) M. Naudet traduit : « tu viens de *bonne heure*, etc. »

Cyl. Je suis Cylindre : vous ne connaissez pas mon nom?

Mén. Cylindre ou Coliendre (1), va te faire pendre! Je ne te connais point, ni ne veux te connaître.

Cyl. Votre nom est Ménechme, si je ne me trompe.

Mén. Tu parles sensément quand tu m'appelles par mon nom. Mais d'où me connais-tu?

Cyl. D'où je vous connais? vous, l'amant d'Érotie, ma maîtresse, qui demeure ici!

Mén. Par Hercule, je ne suis pas son amant, et je ne sais qui tu es.

Cyl. Vous ne savez pas qui je suis? Moi qui vous verse à boire si souvent, quand vous dînez chez nous (2)!

Mes. (*à part*). Dieux! que n'ai-je quelque chose sous la main pour casser la tête à ce maraud!

Mén. Tu me verses souvent à boire, moi qui n'ai jamais vu Épidamne, qui viens ici pour la première fois?

Cyl. Vous niez le fait?

Mén. Oui, par Hercule, je le nie.

Cyl. (*montrant la maison de l'autre Ménechme.*) Vous ne demeurez pas dans cette maison?

Mén. Que les dieux confondent les gens qui l'habitent!

Cyl. (*à part.*) Il est donc fou, de faire des imprécations contre lui-même? (*Haut.*) Écoutez, Ménechme.

Mén. Que veux-tu?

Cyl. Si vous m'en croyez, avec cet argent que vous me promettiez tout à l'heure, vous feriez bien de vous procurer un petit porc, et de le sacrifier; car assurément vous n'êtes pas tout à fait dans votre bon sens, de vous maudire vous-même.

Mes. L'ennuyeux bavard! il m'assomme.

(1) C'est une plaisanterie latine : Cylindrus ou plutôt *Culindrus* vient de Culus; *Collendrus*, de *Colei*.
(2) Dans Rotrou :
. . . . . . J'aurais peu de mémoire :
J'ai cent fois eu l'honneur de vous verser à boire.

Id utrumque, argentum quando habebo, cavero,
Ne tu delinquas, neve ego irascar tibi.
Mess. Cape atque serva, me lubente feceris. 265

SCENA SECUNDA.

CYLINDRUS, MENÆCHMUS SOSICLES, MESSENIO.

Cyl. Bene opsonavi, atque ex mea sententia
Bonum anteponam prandium prænsoribus.
Sed eccum Menæchmum video : væ tergo meo!
Prius jam conviviæ ambulant ante ostium,
Quam ego opsonatu redeo : adibo atque adloquar, 270
Menæchme, salve. *Mess.* Di te amabunt : scis quis ego sum?
Cyl. Non hercle vero! ubi conviviæ cæteri?
Men. Quos tu convivas quæris? *Cyl.* Parasitum tuum.
Men. Meum parasitum? certe hic insanu'st homo.
Mess. Dixin' tibi esse heic sycophantas plurimos? 275
Men. Quem tu parasitum quæris, adulescens, meum?
Cyl. Peniculum. *Mess.* Eccum in vidulo salvom fero.
Cyl. Menæchme, numero huc advenis ad prandium.
Nunc opsonatu redeo. *Men.* Responde mihi,
Adulescens, quibus heic pretiis porci veneunt 280
Sacres sinceri? *Cyl.* Nummo. *Men.* Eum a me adcipe.
Jube te piari de mea pecunia.
Nam ego quidem insanum esse te certo scio,

Qui mihi molestus homini ignoto, quisquis es.
Cyl. Cylindrus ego sum, non gnosti nomen meum? 285
Men. Seu tu Cylindrus, seu Coliendrus, perieris.
Ego te non gnovi, neque gnovisse adeo volo.
Cyl. Est tibi Menæchmo nomen, tantum quod sciam.
Men. Pro sano loqueris, quom me adpellas nomine.
Sed, ubi gnovisti me? *Cyl.* Ubi ego te gnoverim? 290
Qui amicam habeas heram meam hanc Erotium.
Men. Neque, hercle, habeo; neque te, quis sis homo, scio.
Cyl. Non scis quis ego sim? qui tibi sæpissume
Cyathisso apud nos, quando potas. *Mess.* Hei mihi,
Quom nihil est, illi qui homini diminuam caput. 295
Men. Tun' cyathissare mihi soles, qui ante hunc diem
Epidamnum nunquam vidi, neque veni? *Cyl.* Negas?
Men. Nego, hercle, vero. *Cyl.* Non tu in illisce ædibus
Habitas? *Men.* Di illos homines, qui illeic habitant, perduint.
Cyl. Insanit hic equidem, qui ipse maledicit sibi. 300
Audin', Menæchme? *Men.* Quid vis? *Cyl.* Si me consulas,
Nummum illum, quem mihi dudum pollicitus dare,
Jubeas, si sapias, porculum adferri tibi,
Nam tu quidem, hercle, certo non sanus satis,
Menæchme, qui nunc ipsus maledicas tibi. 305
Mess. Heu, hercle, hominem multum et odiosum mihi!
Cyl. Solet jocari sæpe mecum illo modo.

Cyl. (*à part.*) Il badine souvent ainsi avec moi. Il est très-gai... quand sa femme n'y est pas (1).
Mén. Dis-moi.
Cyl. Que voulez-vous? (*montrant son panier.*) Voyez, ai-je assez de provisions pour vous trois? Faut-il acheter encore quelque chose pour vous, votre parasite et votre maîtresse?
Mén. De quelle maîtresse, de quel parasite me parles-tu?
Mes. (*menaçant Cylindre.*) Quelle rage te possède, pour le tourmenter ainsi?
Cyl. Qu'ai-je à démêler avec toi? Je ne te connais pas : je m'adresse à lui, que je connais.
Mén. Tu as certainement perdu l'esprit, je le vois bien.
Cyl. J'aurai tout préparé dans un instant : il n'y aura pas de retard; ainsi ne vous éloignez pas de la maison. Ne m'ordonnez-vous rien?
Mén. Sinon de t'aller pendre le plus haut possible.
Cyl. Et vous, vous devriez plutôt venir vous mettre à table, pendant que je livre tout ceci (*il montre ses provisions*) à la violence de Vulcain. Je rentre; je vais dire à Érotie que vous restez à la porte, afin qu'elle vienne vous chercher, et que vous ne demeuriez pas ainsi dehors. (*Il sort.*)
Mén. Est-il enfin parti? (*à Messénion*) Par Pollux, je vois que tu m'as dit vrai.
Mes. Tenez-vous sur vos gardes; car je crois que c'est ici la demeure de la courtisane dont nous a parlé ce fou qui vient de s'en aller.
Mén. Mais je ne conçois pas comment il peut savoir mon nom.
Mes. Il n'y a rien d'inconcevable. Les courtisanes ont coutume d'envoyer au port des esclaves, des suivantes de confiance, pour savoir s'il arrive quelque vaisseau étranger, quel est le nom du propriétaire, et ce qu'il est (2). Aussitôt elles s'attachent à leur proie comme de la glu : si elles réussissent à sé-

duire le pauvre homme, elles vous le renvoient ruiné dans son pays. En ce moment je vois près de vous un corsaire armé, dont il est, je crois, prudent de nous défier.
Mén. Tu me donnes là un bon avis.
Mes. J'éprouverai la prudence de mon avis, si vous vous conduisez prudemment.
Mén. Tais-toi un peu : la porte a fait du bruit. Voyons qui va sortir.
Mes. En attendant, je vais me débarrasser de ce fardeau. (*Il donne sa valise aux mariniers.*) Gardez cela, vous autres, jambes de vaisseaux.

SCÈNE III.

ÉROTIE, CYLINDRE, MÉNECHME SOSICLÈS, MESSÉNION.

Érot. (*à Cylindre qui veut fermer la porte*). Laisse la porte comme cela : va, je ne veux pas qu'on la ferme. Prépare tout dans la maison, aie soin que rien ne manque. (*A d'autres esclaves.*) Garnissez les lits, brûlez des parfums; le luxe est un attrait pour les amants. Les délices les perdent, et nous profitent. (*Cylindre et les esclaves sortent.*) (*Cherchant Ménechme.*) Mais où est-il? mon cuisinier m'avait dit qu'il était devant la maison. Le voici cet excellent jeune homme, qui m'est si utile et qui me sert si bien. Aussi je le traite comme

On me l'avait bien dit, que les femmes coquettes,
Pour faire réussir leurs pratiques secrètes,
Des nouveaux débarqués s'informaient avec soin,
Pour leur dresser après quelque piège au besoin.
(*Mén.* act. II. sc. 4.)
Rotrou avait dit avant lui, et peut-être mieux :
Les femmes ont des gens sur le bord de ces eaux
Qui, sitôt qu'on arrive, entrent dans les vaisseaux,
Et s'enquièrent des noms, des pays, des richesses,
Pour les venir en hâte apprendre à leurs maîtresses.
Elles prennent alors leurs plus beaux ornements ;
Vous ne vîtes jamais d'objets si charmants ;
Tout cède à leurs appas ; les mains les plus avares
Font des profusions pour des beautés bizarres.
. . . .
On voit bientôt sa joie en douleur convertie,
Et tel rit en entrant qui pleure à la sortie.
Men. J'estime ton conseil ; mais n'appréhende rien.
Mes. Je saurai qu'il est bon, si vous en usez bien.

(1) Ces ingénieux artifices qui ménagent la vraisemblance méritent d'être remarqués.
(2) Regnard a dit :
.........Quel étrange pays!

Quamvis ridiculus est, ubi uxor non adest.
Me. Quid ais tu? *Cyl.* Quid vis, inquam? satin' hoc quod vides,
Tribus vobis opsonatum 'st? an opsono amplius, 310
Tibi et parasito et mulieri? *Men.* Quas tu mulieres,
Quos tu parasitos loquere? *Mess.* Quod te urget scelus,
Qui huic sis molestus? *Cyl.* Quid tibi mecum 'st rei?
Ego te non gnovi : cum hoc quem gnovi fabulor.
Men. Non, edepol, tu homo sanus es, certo scio. 315
Cyl. Jam ergo hæc madebunt faxo : nihil morabitur.
Proin tu ne quo abeas longius ab ædibus.
Numquid vis? *Men.* Ut eas maxumam in malam crucem.
Cyl. Ire, hercle, melius est te interim, atque adcumbere.
Dum ego hæc adpono ad Volcani violentiam. 320
Ibo intro, et dicam te heic adstare Erotio,
Ut te hinc abducat potius quam heic adsies foris. (*abit.*)
Men. Jamne abiit? edepol, haud mendacia
Tua verba experior esse. *Mess.* Observato modo.
Nam isteic meretricem credo habitare mulierem, 325
Ut quidem ille insanus dixit, qui hinc abiit modo.
Men. Sed miror, qui ille gnoverit nomen meum.
Mess. Minume, hercle, mirum : morem hunc meretrices habent :
Ad portum mittunt servolos, ancillulas,

Si qua peregrina navis in portum advenit, 330
Rogant cujatis sit, quid ei nomen siet.
Post, illæ exemplo se adplicant, adglutinant.
Si pellexerunt, perditum amittunt domum.
Nunc in istoc portu stat navis prædatoria,
Abs qua cavendum nobis sane censeo. 335
Men. Mones quidem, hercle, recte. *Mess.* Tum demum sciam
Recte monuisse, si tu recte caveris.
Men. Tacedum parumper : nam concrepuit ostium.
Videamus qui hinc egreditur. *Mess.* Hoc ponam interim.
Adservatote hæc, soltis, navaleis pedes. 340

SCENA TERTIA.

EROTIUM, CYLINDRUS, MENÆCHMUS SOSICLES MESSENIO.

Erot. Sine foreis sic : abi, nolo operiri.
Intus para, cura, vide quod opus est, ut
Fiat : sternite lectos, incendite odores.
Munditia inlecebra animo est amantum.
Amanti amœnitas malo est, nobis lucro est. 345
Sed ubi ille est, quem cocus ante ædeis esse ait?
Atque eccum video, qui mihi est usui et

il le mérite; je veux qu'il soit le maître chez moi. Abordons-le. (*A Ménechme*.) Mon petit cœur, je suis surprise de vous voir ainsi debout à la porte, vous à qui ma porte est toujours ouverte. N'êtes-vous pas ici chez vous plus que dans votre maison même? Tout est prêt comme vous l'avez commandé, comme vous l'avez voulu. Vous n'attendrez rien. Le dîner est préparé selon vos ordres. Quand il vous plaira, nous pourrons nous mettre à table.

Mén. Sos. A qui cette femme parle-t-elle?

Érot. Eh! mais à vous.

Mén. Sos. (*à Érotie.*) Qu'avons-nous jamais eu de commun ensemble? qu'y a-t-il entre nous aujourd'hui?

Érot. Il y a que Vénus a voulu que je vous préférasse à tout autre; et vous le méritez bien. C'est à votre générosité que je dois tout l'éclat de ma fortune.

Mén. Sos. Assurément cette femme est folle ou ivre, Messénion, de parler si familièrement à un homme qu'elle ne connaît pas.

Mes. (*bas à Ménechme.*) Ne vous ai-je pas dit que c'était l'usage du pays? Ce ne sont encore que des feuilles qui tombent; mais restez ici trois jours seulement, et les arbres vous tomberont sur la tête. Toutes ces courtisanes sont de fines pipeuses d'argent. Mais laissez-moi lui parler. (*haut.*) Hé! la belle! (*Érotie reste tournée vers Ménechme.*) C'est à vous que je m'adresse.

Érot. Qu'est-ce?

Mes. (*montrant Ménechme Sosiclès.*) Où avez-vous fait connaissance avec lui?

Érot. Où lui-même il a fait connaissance avec moi, à Épidamne.

Mes. A Épidamne? où il n'a jamais mis le pied jusqu'à ce jour!

Érot. Vous plaisantez à merveille, mon cher Ménechme; mais entrez, je vous prie. Vous serez plus convenablement chez moi.

Mén. Sos. C'est qu'elle m'appelle fort bien par mon nom, la coquine! Je ne comprends rien à toute cette intrigue.

Mes. (*bas à Ménechme.*) Elle a flairé la bourse que vous portez.

Mén. Sos. Par Pollux, tu me donnes là un bon avis; tiens, prends-la. Je saurai qui elle aime le mieux de la bourse ou de moi.

Érot. Entrons; allons dîner.

Mén. Sos. (*se défendant.*) L'invitation est aimable; mais je vous remercie.

Érot. Pourquoi donc m'avez-vous dit tantôt de vous faire préparer à dîner?

Mén. Sos. Moi, je vous ai demandé à dîner?

Érot. Assurément, pour vous et votre parasite.

Mén. Sos. Eh! malepeste, quel parasite? — Cette femme assurément n'a pas sa raison.

Érot. Labrosse.

Mén. Sos. Comment, la brosse? est-ce pour nettoyer mes souliers?

Érot. Labrosse, qui vous accompagnait quand vous m'avez apporté la mante que vous avez dérobée à votre femme.

Mén. Sos. Qu'est-ce à dire? je vous ai donné une mante que j'ai dérobée à ma femme? avez-vous perdu l'esprit? (*à part.*) Elle est en vérité comme les chevaux hongres (1), elle rêve tout debout.

Érot. Quel plaisir prenez-vous à vous moquer de moi. et à nier ce qui s'est passé?

Mén. Sos. Apprenez-moi ce qui s'est passé, pour que je le nie.

Érot. Ne m'avez-vous pas donné aujourd'hui une mante de votre femme?

Mén. Sos. Non; et je le nie encore. Je ne fus ja-

(1) Ces chevaux, moins vifs que les autres, dorment davantage.

Plurimum prodest : item huic ultro fit, ut
Meret, potissumus nostræ domi ut sit :
Nunc eum adibo, adloquar ultro.   350
Animule mi, mihi mira videntur,
Heic te stare foris, foreis quoi pateant
Magis, quam domus tua, domus quom hæc tua sit.
Omne paratum 'st,
Ut jussisti atque ut voluisti : neque tibi 'st   355
Ulla mora intus : prandium, ut jussisti, heic
Curatum 'st : ubi lubet, ire licet adcubitum.
Men. Quicum hæc mulier loquitur? *Erot.* Equidem tecum
    Men. Quid mecum tibi
Fuit unquam, aut nunc est negoti? *Erot.* Quia, pol, te
    unum ex omnibus
Venus voluit me magnificare, atque id haud inmerito
    tuo.   360
Nam, ecastor, solus benefactis tuis me florentem facis.
Men. Certo hæc mulier aut insana, aut ebria 'st, Messenio,
Quæ hominem ingnotum conpellet me tam familiariter
Mess. Dixin' ego istæc heic solere fieri? folia nunc cadunt,
Præ ut si triduum hoc heic erimus; tum arbores in te cadent.   365
Nam ita sunt heic meretrices omneis elecebræ argentariæ.
Sed sine me dum hanc conpellare : heus, mulier! tibi dico.
Erot. Quid est?
Mess. Ubi tu hunc hominem gnovisti? *Erot.* Ibidem, ubi
    hic me jam diu,
In Epidamno. *Mess.* In Epidamno? qui huc in hanc urbem
    pedem,

Nisi hodie, nunquam intro tetulit. *Erot.* Eia, delicias facis,   370
Mi Menæchme : quin, amabo, is intro? heic tibi erit rectius.
Men. Hæc quidem, edepol, recte adpellat meo me mulier nomine.
Nimis miror quid hoc sit negoti. *Mess.* Oboluit marsupium
Huic istuc quod habes. *Men.* Atque, edepol, tu me monuisti probe.
Adcipedum hoc : jam scibo utrum hæc me mage amet, an marsupium.   376
Erot. Eamus intro, ut prandeamus. *Men.* Bene vocas; tam gratia 'st.
Erot. Cur igitur tibi me jussisti coquere dudum prandium?
Men. Egone te jussi coquere? *Erot.* Certo tibi et parasito tuo.
Men. Quoi, malum, parasito? certo hæc mulier non sana est satis.
Erot. Peniculo. *Men.* Quis iste est Peniculus? Qui extergentur baxeæ?   380
Erot. Scilicet qui dudum tecum venit, quom pallam mihi Detulisti, quam ab uxore tua subripuisti. *Men.* Quid est? Tibi pallam dedi, quam uxori meæ subripui? sanan' es? Certe hæc mulier cantherino ritu adstans somniat.
Erot. Qui lubet ludibrio habere me, atque ire infitias mihi, Facta quæ sunt? *Men.* Dic quid est id, quod negem, quod fecerim?   386
Erot. Pallam te hodie mihi dedisse uxoris. *Men.* Etiam nunc nego.

mais marié, ni le suis maintenant; jamais, depuis ma naissance, je n'ai mis le pied sur le seuil de votre porte. J'ai dîné dans mon vaisseau, j'en sors à l'instant, et je vous rencontre ici.

Érot. Par Cérès, je suis perdue, malheureuse! De quel vaisseau me parlez-vous?

Mén. Sos. D'un vaisseau de bois, souvent usé par la mer, souvent recloué, souvent frappé par le marteau : c'est comme un mobilier de pelletier, les chevilles y sont plantées les unes contre les autres (1).

Érot. Cessez, de grâce, ce badinage, et venez avec moi.

Mén. Sos. Je ne sais, ma belle, quel homme vous cherchez; mais ce n'est pas moi.

Érot. Je ne te connais pas toi, Ménechme, fils de Moschus; né à Syracuse en Sicile, où régna le roi Agathocle, ensuite Phintias, puis Liparon (2), qui laissa en mourant le trône à Hiéron, qui règne à présent (3) ?

Mén. Sos. Tout cela est vrai, ma belle.

Mes. O Jupiter! est-ce que cette femme vient de Syracuse, pour vous connaître si bien?

Mén. Sos. (à Messénion.) Je ne puis vraiment refuser davantage.

Mes. Gardez-vous de céder : vous êtes un homme perdu, si vous passez le seuil de cette porte.

Mén. Sos. Tais-toi donc : c'est une affaire excellente : je répondrai oui à tout ce qu'elle dira, pourvu que je trouve un bon gîte. (*bas à Erotie*) (4), J'avais

(1) Pour étendre les peaux. Quelques critiques voient ici une épigramme contre un comédien nommé Pellio (Pelletier), gueux et sans talent, dont Plaute s'est déjà moqué dans le 2ᵉ acte des *Bacchis*.

(2) Les érudits n'ont pu encore découvrir dans l'histoire la trace de ces deux roitelets de Sicile, Phintias et Liparon; seulement on a trouvé des pièces de monnaie siciliennes portant le nom de *Phintias roi* : c'est lui qui a fondé la ville de Phintia.

(3) On a relevé ici une erreur pardonnable à une femme, et à une femme en colère : Hiéron dût la couronne, non pas à ce Liparon, mais à son seul mérite, et aux suffrages de ses concitoyens.

(4) Ici la scène prend un nouveau tour avec une grâce et une vivacité charmantes. Rotrou a rendu ce mouvement dans ces vers galants et passionnés :

Oui, je suis ce Ménechme esclave de vos yeux,

mes raisons, la belle, pour vous démentir tout à l'heure. Je craignais que ce coquin ne me dénonçât à ma femme pour la mante et le dîner. Maintenant, quand il vous plaira, nous entrerons chez vous.

Érot. Vous n'attendez pas votre parasite?

Mén. Sos. Non, non; je me moque bien de lui! et même, s'il vient, je ne veux pas qu'on le laisse entrer.

Érot. Par Castor, je vous obéirai avec grand plaisir. Mais savez-vous ce que vous devriez faire pour être bien aimable?

Mén. Sos. (*avec familiarité.*) Commandez tout ce que vous voudrez.

Érot. Ce serait de porter cette mante, que vous m'avez donnée tantôt, chez le brodeur, pour la rajuster, et y mettre quelques ornements à mon goût.

Mén. Sos. Vous avez là une bonne idée : c'est un moyen de la changer de manière que ma femme ne la reconnaisse pas, si elle la voyait sur vous dans la rue.

Érot. Ainsi vous l'emporterez en vous en allant.

Mén. Sos. Je n'y manquerai pas.

Érot. Entrons.

Mén. Sos. Je vous suis. (*montrant Messénion.*) J'ai un mot à lui dire. (*elle sort.*) Holà! Messénion, approche.

Mes. Qu'est-ce?

Mén. Sos. (*avec mystère.*) St! veux-tu savoir?

Mes. Quoi donc?

Mén. Sos. Il faut...

Mes. Que faut-il?

Mén. Je prévois ce que tu vas me dire.

Mén. Sos. Je tiens ma proie. L'affaire est en bon train. Va le plus vite possible, emmène promptement nos gens à l'auberge, et reviens avant le coucher du soleil me chercher ici.

Mes. Mon cher maître, vous ne connaissez pas ces courtisanes.

Ces astres les plus doux qui brillent dans ces lieux
Dont l'unique douceur me conserve la vie,
Et m'anime au défaut de mon âme ravie.

Ego quidem neque unquam uxorem habui, neque habeo,
    neque huc
Unquam, postquam natus sum, intra portam penetravi
    pedem.
Prandi in navi : inde huc egressus sum, te conveni. *Érot.*
    Eccere,   390
Perii misera! quam tu nunc mihi navem narras? *Men.* Ligneam,
Sæpe tritam, sæpe fixam, sæpe excussam malleo,
Quasi subpellex pellionis, palus palo proxum'st.
Érot. Jam me, amabo, desine ludos facere, atque i hac
    mecum simul.
Men. Nescio quem, mulier, alium hominem, non me quæritas.   395
Érot. Non ego te gnovi Menæchmum, Moscho prognatum
    patre?
Qui Syracusis perhibere gnatus esse in Sicilia,
Ubi rex Agathocles regnator fuit, et iterum Phinthia,
Tertium Liparo, qui in morte regnum Hieroni tradidit.
Nunc Hiero 'st. *Men.* Haud falso, mulier, prædicas. *Mess.*
    Pro Jupiter!   400
Num istæc mulier illinc venit, quæ te gnovit tam cate?
Men. Hercle, opinor, pernegari non potest. *Mess.* Ne feceris.
Peristi, si intrassis intra limen. *Men.* Quin tace modo :
Bene res geritur; adsentabor, quidquid dicet, mulieri,

Si possim hospitium nancisci. Jamdudum, mulier, tibi 405
Non imprudens adversabar; hunc metuebam, ne meæ
Uxori renunciaret de palla et de prandio.
Nunc, quando vis, eamus intro. *Érot.* Etiam parasitum manes?
Men. Neque ego illum maneo, neque floccifacio : neque, si
    venerit,
Eum volo intromitti. *Érot.* Ecastor, haud invita fecero. 410
Sed scin' quid te amabo ut facias? *Men.* Inpera quid vis modo.
Érot. Pallam illam, quam dudum dederas, ad phrygionem
    ut deferas,
Ut reconcinnetur, atque ut opera addantur, quæ volo.
Men. Hercle, quin tu recte dicis; eadem ignorabitur :
Ne uxor congnoscat te habere, si in via conspexerit.   415
Érot. Ergo mox abferto tecum, quando abibis. *Men.*
    Maxume.
Érot. Eamus intro. *Men.* Jam sequar te, hunc volo etiam
    conloqui. (Erotium abit.)
Eho Messenio, adcede huc. *Mess.* Quid negoti 'st? *Men.* St.
    scire vis?
Mess. Quid ergo? *Men.* Opu'st.... *Mess.* Quid opu'st? *Men.*
    Scio, ut me dices. *Mess.* Tanto nequior es.
Men. Habeo prædam; tantum incepi operis : i, quantum
    pote'st :   420
Abduc istos in tabernam actutum diversoriam.
Tum facito ante solis obcasum, ut venias advorsum mihi.

Mén. Sos. Silence, te dis-je. C'est moi qui serai puni, et non pas toi, si je fais une sottise. Cette femme est une sotte, une imbécile, d'après ce que je viens de voir. Il y a ici une capture à faire.
Mes. Je me meurs!
Mén. Sos. T'en iras-tu? (*Il entre chez Érotie.*)
Més. (*seul.*) Il est perdu sans ressource. Notre pauvre barque court tout droit après un vaisseau de corsaire. Mais tu es un malappris, Messénion, de prétendre retenir ton maître : il t'a acheté pour lui obéir, et non pour lui commander. (*Aux autres esclaves de Ménechme.*) Suivez-moi, j'ai ordre de revenir chercher mon maître : je veux être exact.
(*Il sort avec les esclaves.*)

ACTE TROISIÈME.

SCÈNE I.

LABROSSE (*seul*).

Depuis plus de trente ans que je suis au monde, je n'ai jamais commis de faute plus grave, plus funeste que celle d'aujourd'hui, d'aller me jeter sottement au milieu d'une assemblée du peuple. Pendant que je bayais aux corneilles, Ménechme s'est dérobé à ma vue et s'en est allé chez sa maîtresse, où sans doute il ne voulait pas me conduire. Que tous les dieux exterminent celui qui le premier inventa les assemblées du peuple, pour donner de l'occupation à des gens qui en ont bien assez! Ce sont les oisifs qu'il faudrait prendre pour cela : et s'ils ne venaient pas lorsqu'ils seraient convoqués, ils payeraient l'amende aussitôt. Il y a tant de gens qui ne font qu'un repas par jour, qui n'ont point d'affaires, qui n'invitent personne et ne sont point invités! C'est à ceux-là de donner leur temps aux assemblées et aux audiences. S'il en était ainsi, je n'aurais pas perdu aujourd'hui un dîner, (*avec ironie*) dont je pense qu'on voulait me régaler, comme je suis sûr de vivre. Allons, l'espoir des restes me réjouit encore l'âme. Mais quoi! j'aperçois Ménechme qui sort avec une couronne sur sa tête. La table est enlevée; par Pollux! j'arrive à temps.... pour le reconduire.

SCÈNE II.

LABROSSE, MÉNECHME SOSICLÈS.

Mén. Sos. (*à Érotie dans l'intérieur, lui montrant la mante.*) Seras-tu contente si je te la rapporte aujourd'hui arrangée comme il faut, bien élégamment? Je te jure qu'elle ne sera plus la même; on ne pourra plus la reconnaître.
Lab. (*à part.*) Il va porter la mante au brodeur (1), maintenant que le repas est fini, le vin bu, et le parasite mis à la porte. Par Hercule, je veux perdre mon nom, si je ne tire une éclatante vengeance d'un tel procédé! Observons-le; ensuite je l'aborderai et je lui parlerai.
Mén. Sos. (*à part.*) O dieux immortels! avez-vous jamais envoyé à un homme, en un seul jour, plus de bonheur, et un bonheur plus inespéré! J'ai bien bu, bien mangé, couché auprès d'une jolie femme; et j'emporte cette mante, qui désormais n'est plus à elle (2).
Lab. (*à part.*) Il m'est impossible de l'entendre de ma cachette. Maintenant qu'il a l'estomac plein, il parle de moi et du beau personnage que je dois faire.
Mén. Sos. (*à part.*) Elle prétend que je la lui ai donnée, et que je l'ai dérobée à ma femme. J'ai vu son erreur; mais, sans la démentir, j'ai fait semblant

(1) En latin *phrygio*. On attribuait aux Phrygiens l'invention de la broderie.
(2) Sosiclès plaisante sans doute ; autrement il ne serait qu'un escroc fort peu digne d'intérêt.

Mess. Non tu istas meretrices gnovisti, here. *Men.* Tace, inquam.
Mihi dolebit, non tibi, si quid ego stulte fecero.
Mulier hæc stulta atque inscita 'st, quantum perspexi modo. 425
Est hæc præda nobis. *Mess.* Perii! *Men.* Jamne abis? *Mess.* Periit probe.
Ducit lembum dierectum navis prædatoria.
Sed ego inscitus, qui hero me postulem moderarier :
Dicto me emit audientem, haud inperatorem sibi.
Sequimini, ut quod inperatum 'st, veniam advorsum temperi. 430

ACTUS TERTIUS.

SCENA PRIMA.

PENICULUS.

Plus triginta gnatus sum, quom interea loci
Nunquam quidquam facinus feci pejus, neque scelestius,
Quam hodie, quom in concionem mediam me inmersi miser.
Ubi ego dum hieto, Menæchmus se subterduxit mihi,
Atque abiit ad amicam, credo, neque me voluit ducere. 435
Qui illum di omneis perduint, qui primus conmentus est
Concionem (*), hac reque homines obcupatos obcupat.

(*) Dans sa seconde édition M. Naudet écrit : Concionem habere, *quæ homines*, etc.

Non ad eam rem otiosos homines decuit deligi?
Qui nisi adsint, quom citentur, census capiant inlico.
Adfatim 'st hominum, in dies qui singulas escas edunt, 440
Quibus negoti nihil est, qui esum neque vocantur, neque vocant.
Eos oportet concioni dare operam atque comitiis.
Si id ita esset, non ego hodie perdidissem prandium,
Quoi tam credo datum voluisse, quam me video vivere.
Ibo : etiamnum reliquiarum spes animum oblectat meum. 445
Sed quid ego video Menæchmum? cum corona exit foras.
Sublatum est convivium, edepol, venio advorsum temperi.

SCENA SECUNDA.

MENÆCHMUS SOSICLES, PENICULUS.

Men. Poti'ne ut quiescas, si ego tibi hanc hodie probe
Lepideque concinnatam referam temperi ?
Non, faxo, eam esse dices : ita ingnorabitur. 450
Pen. Pallam ad phrygionem fert, confecto prandio,
Vinoque expoto, parasito excluso foras.
Non, hercle, is sum, qui sum, nisi hanc injuriam
Meque ultus polchre fuero. Observabo quid agat ;
Hominem post adibo, atque adloquar. 455
Men. Pro di inmortaleis, quoi homini unquam uno die
Boni dedistis plus, qui minus speraverit!
Prandi, potavi, scortum adcubui, abstuli
Hanc, quojus hæres nunquam erit post hunc diem.
Pen. Nequeo, quæ loquitur, exaudire clanculum. 460
Satur nunc loquitur de me et de parti mea.
Mess. Ait hanc dedisse me sibi, atque eam meæ

d'être lié avec elle, et je disais absolument comme elle : enfin je n'ai jamais été si bien traité à si peu de frais.

Lab. (*à part.*) Abordons-le, je brûle de le quereller.

Mén. Sos. (*à part.*) Quel est cet homme qui vient à moi?

Lab. Que dites-vous là, homme dont la parole est plus légère qu'une plume, vaurien, scélérat, misérable, être perfide et vil? Que t'ai-je fait pour me perdre? Comme tu t'es esquivé tantôt du forum! tu as enterré le dîner sans moi. Comment l'as-tu osé? n'avais-je pas ma part dans l'héritage (1)?

Mén. Sos. Jeune homme, qu'avons-nous, je te prie, à démêler ensemble, pour m'insulter, sans me connaître, sans savoir pourquoi? Veux-tu recevoir la juste peine de ton impertinence?

Lab. Vraiment! tu m'en as déjà fait essuyer une assez forte.

Mén. Sos. Dis-moi, jeune homme, comment t'appelles-tu?

Lab. Ah! tu te moques encore! comme si tu ne savais pas mon nom?

Mén. Sos. Non, par Pollux! Je ne t'ai jamais vu, que je sache, avant ce jour... Je ne te connais point; mais assurément, qui que tu sois, si tu fais bien, tu cesseras de m'importuner.

Lab. Tu ne me connais pas?

Mén. Sos. Si je te connaissais, pourquoi m'en défendrais-je?

Lab. Çà, Ménechme, éveillez-vous.

Mén. Sos. Je suis bien éveillé, à ce que je pense.

Lab. Vous ne connaissez pas votre parasite?

Mén. Sos. Votre tête n'est pas saine, jeune homme, à ce que je vois.

(1) Rotrou ajoute ici d'heureux traits :
Ta voix n'est point avare, elle promet toujours :
Mais tu ne nous repais que de ces vains discours.
. . . .
Et je dînais déjà, par l'espoir que j'avais.

Lab. Répondez, n'avez-vous pas enlevé aujourd'hui à votre femme cette mante que vous avez donnée à Érotie?

Mén. Sos. Eh! par Hercule, je n'ai pas de femme, je n'ai point dérobé de mante, et n'en ai point donné à Érotie.

Lab. Vous êtes donc fou? Tout est perdu! Quoi! je ne vous ai pas vu sortir affublé de cette mante?

Mén. Sos. (*vivement.*) La peste de toi! crois-tu que l'on soit un efféminé comme toi, mon mignon? tu m'as vu sortir habillé d'une mante?

Lab. Oui, par Hercule, assurément.

Mén. Sos. Va-t'en où tu mérites d'aller, ou fais-toi purifier, triple fou.

Lab. Non, par Pollux! on aura beau me supplier, j'irai tout raconter à ta femme, de point en point. Tous ces outrages retomberont sur toi. Va, tu n'auras pas mangé le dîner impunément! (*Il entre chez l'autre Ménechme.*)

Mén. Sos. (*seul.*) Qu'est-ce que cela signifie? tous ceux que je rencontre s'amusent donc à mes dépens? (*regardant la maison d'Érotie.*) Mais la porte s'ouvre.

SCÈNE III.

UNE SERVANTE, MÉNECHME SOSICLÈS.

La ser. Ménechme, Érotie me charge de vous dire qu'elle vous serait bien obligée de porter en même temps ce bracelet chez le bijoutier, pour qu'il y ajoute une once d'or, et qu'il en refasse un nouveau.

Mén. Sos. Très-volontiers, tout ce qu'elle voudra. Dis-lui que je m'en chargerai; je suis tout à ses ordres.

La ser. Savez-vous ce que c'est que ce bracelet?

Mén. Sos. Tout ce que je sais, c'est qu'il est d'or.

Uxori subripuisse : quoniam sentio
Errare, exemplo, quasi res cum ea esset mihi,
Cœpi adsentari ; mulier quidquid dixerat, 465
Idem ego dicebam : quid multis verbis opu'st?
Minore nusquam bene fui dispendio.
Pen. Adibo ad hominem; nam turbare gestio.
Men. Quis hic est, qui adversum fit mihi? *Pen.* Quid ais, homo
Levior quam pluma, pessume et nequissume, 470
Flagitium hominis, subdole, ac minumi preti?
Quid de te merui, qua me causa perderes?
Ut subripuisti te mihi dudum de foro!
Fecisti funus me absenti prandio.
Cur ausu's facere, quoi ego æque ac heres eram? 475
Men. Adulescens, quæso, quid tibi mecum est rei,
Qui mihi male dicas homini ignoto iusciens?
An tibi malam rem vis pro maledictis dari
Postea? *Pen.* Eam quidem, edepol, te dedisse intellego.
Men. Responde, adulescens, quæso quid tibi nomen est? 480
Pen. Etiam derides, quasi nomen non gnoveris?
Men. Non, edepol, ego te, quod sciam, unquam ante hunc diem
Vidi, neque gnovi, verum certo, quisquis es,
Æquom si facias, mihi odiosus ne sies.
Pen. Non me gnovisti? *Men.* Non negem, si gnoverim. 485
Pen. Menœchme, vigila. *Men.* Vigilo, hercle, equidem, quod sciam.
Pen. Tuum parasitum non gnovisti? *Men.* Non tibi

Sanum 'st, adulescens, sinciput, ut intellego.
Pen. Responde, subripuistin' uxori tuæ
Pallam istanc hodie, atque dedisti Erotio? 490
Men. Neque, hercle, ego uxorem habeo; neque ego Erotio
Dedi, nec pallam subripui. *Pen.* Satin' sanus es?
Obeisa est hæc res : non ego te indutum foras
Exire vidi palla? *Men.* Væ capiti tuo!
Omneis cinædos esse censes, tu quia es. 495
Tun' me indutum fuisse pallam prædicas?
Pen. Ego, hercle, vero. *Men.* Non tu abis quo dignus es?
Aut te piari jubes, homo insanissume?
Pen. Nunquam, edepol, me quisquam exorabit, quin tuæ
Uxori rem omnem jam, uti sit gesta, eloquar. 500
Omneis in te istæc recident contumeliæ.
Faxo haud inultum prandium comederis. (*abit.*)
Men. Quid hoc negoti 'st? satin', ut quemque conspicor,
Ita me ludificant? sed concrepuit ostium.

SCENA TERTIA.

ANCILLA, MENÆCHMUS SOSICLES.

Anc. Menæchme, amare ait te multum Erotium, 505
Ut hoc nunc una opera ad auriticem deferas,
Atque huic ut addas auri pondo unciam,
Jubeasque spinther novom reconcinnarier.
Men. Et istud, et aliud, si quid curari volet,
Me curaturum dicito, quidquid volet. 510

La ser. C'est celui que vous avez dérobé il y a longtemps à votre femme dans son armoire, à ce que vous nous avez dit.
Mén. Sos. Par Hercule, je n'ai jamais fait pareille chose.
La ser. Comment, vous ne vous en souvenez pas? Rendez-moi donc le bracelet, si vous avez perdu la mémoire.
Mén. Sos. Un moment; je m'en souviens : oui, c'est celui que je lui ai donné. (*montrant la maison d'Érotie.*)
La ser. Celui-là même.
Mén. Sos. Où sont les grands bracelets que je lui avais donnés en même temps?
La ser. Jamais vous ne lui en avez donné.
Mén. Par Pollux, Je les lui ai donnés.... tout comme celui-ci.
La ser. Je peux lui dire que vous ferez sa commission?
Mén. Sos. Oui sans doute, et très-exactement. Je lui rapporterai le bracelet quand je lui rendrai la mante.
La ser. Je vous en prie, mon cher Ménechme, donnez-moi des pendants d'oreilles en forme de boules, qui ne pèseront pas plus de deux drachmes, pour que je vous voie avec plaisir quand vous viendrez chez nous.
Mén. Sos. Volontiers; fournis l'or, je payerai la façon.
La ser. Faites-m'en l'avance, je vous prie : je vous le rendrai.
Mén. Sos. Non, donne-moi plutôt de ton argent.
La ser. Je vous rendrai le double.
Mén. Sos. Je n'ai pas d'argent.
La ser. Quand vous en aurez, vous m'en donnerez.... n'est-ce pas? Vous n'avez plus rien à m'ordonner?
Mén. Sos. Dis à ta maîtresse que je songerai à tout cela, (*à part.*) pour le vendre à tout prix le plus tôt possible. (*l'esclave sort.*) Est-elle enfin partie? Oui, elle a fermé la porte. Tous les dieux me secondent, me comblent de bien, me protégent! Mais pourquoi m'arrêter ici? pendant que l'occasion et le moment sont propices, fuyons ce lieu de séduction. Or çà, Ménechme, remue les pieds, hâte le pas. Otons cette couronne, et jetons-la à gauche, afin que celui qui voudrait me suivre croie que j'ai pris de ce côté. Je vais tâcher de rejoindre Messénion, pour lui apprendre quels biens les dieux m'ont envoyés. (*Il sort par le côté droit.*)

ACTE QUATRIÈME.

SCÈNE I.

LA FEMME DE MÉNECHME ENLEVÉ, LABROSSE.

La fem. Moi, que je reste l'épouse d'un homme qui, dans ma maison, pille secrètement mes effets pour les porter à sa maîtresse!
Lab. Taisez-vous donc : vous le prendrez en flagrant délit, je vous le promets. Suivez-moi seulement. Il s'en allait ivre, la couronne sur la tête, porter au brodeur la mante qu'il vous a dérobée aujourd'hui : mais voici sa couronne. Suis-je un menteur? C'est par là qu'il s'en est allé, si vous voulez suivre ses traces. Et, par Pollux, le voilà justement qui revient. Mais il n'a pas la mante.
La fem. Comment dois-je le traiter?
Lab. Comme à votre ordinaire.... rudoyez-le d'importance.
La fem. C'est aussi mon intention.
Lab. Retirons-nous de ce côté : écoutez-le en cachette.

SCÈNE II.

MÉNECHME ENLEVÉ, SA FEMME, LABROSSE.

Mén. (*sans voir sa femme ni Labrosse.*) Quelle

Anc. Scin' quod hoc sit spinther? *Men.* Nescio, nisi aureum.
Anc. Hoc est, quod olim clanculum ex armario
Te subripuisse aibas uxori tuæ.
Men. Nunquam, hercle, factum 'st. *Anc.* Non meministi, obsecro?
Redde igitur spinther, si non meministi. *Men.* Mane, 515
Imo equidem memini : nempe hoc est quod illi dedi.
Anc. Istuc. *Men.* Ubi illæ armillæ sunt, quas una dedi?
Anc. Nunquam dedisti. *Men.* Nam, pol, hoc una dedi.
Anc. Dicam curare? *Men.* Dicito : curabitur.
Et palla et spinther faxo referantur simul. 520
Anc. Amabo, mi Menæchme, inaureis da mihi
Faciundas pondo duum nummum stalagmia,
Ut te libenter videam, quom ad nos veneris.
Men. Fiat : cedo aurum, ego manupretium dabo.
Anç. Da, sodes, abs te, post ego reddidero tibi. 525
Men. Imo cedo abs te. *Anc.* Ego post tibi reddam duplex.
Men. Non habeo. *Anc.* At tu, quando habebis, tum dato.
Numquid me vis? *Men.* Hæc me curaturum dicito,
Ut, quantum possint, quiqui liceat, veneant.
Jamne abiit intro? abivit, operuit foreis. 530
Di me equidem omneis adjuvant, augent, amant.
Sed quid ego cesso, dum datur mihi obcasio
Tempusque, abire ab his locis lenoniis?
Propera, Menæchme, fer pedem, confer gradum.
Demam coronam, atque abjiciam ad lævam manum; 535
Ut si qui sequantur, hac me ablisse censeant.
Ibo et conveniam servom, si potero, meum,
Ut hæc, quæ bona dant dii mihi ex me sciat.

ACTUS QUARTUS.

SCENA PRIMA.

MULIER, PENICULUS.

Mul. Egone heic me patiar in matrimonio,
Ubi vir compilet clanculum quidquid domi 'st, 540
Atque ad amicam deferat? *Pen.* Quin tu taces?
Manifesto, faxo, jam obprimes! sequere hac modo.
Pallam ad phrygionem cum corona ebrius
Ferebat, hodie tibi quam subripuit domo.
Sed eccam coronam, quam habuit : num mentior? 545
Hem, hac ablit, si vis persequi vestigiis.
Atque, edepol, eccum, optume revortitur :
Sed pallam non fert. *Mul.* Quid ego nunc cum illoc agam?
Pen. Idem quod semper; male habeas. *Mul.* Sic censeo.
Pen. Huc concedamus : ex insidiis aucupa. 550

SCENA SECUNDA.

MENÆCHMUS SUBREPTUS, MULIER, PENICULUS.

Men. Ut hoc utimur maxume more moro

sotte et ennuyeuse manie nous avons d'augmenter le nombre de nos clients en proportion de notre fortune et de notre rang! Qu'ils soient honnêtes ou fripons, on ne s'en informe pas. C'est au bien du client qu'on s'attache, et non à sa probité, à sa réputation. S'il est pauvre et honnête, il ne vaut rien; s'il est riche et fripon, c'est un client précieux. Ils ne respectent ni les lois, ni la justice, ni la morale, et causent mille tourments à leurs patrons. Ils nient les présents qu'on leur a faits; artisans de chicanes, avides, sans foi, ils ne s'enrichissent que par l'usure et les faux serments. Ils n'ont l'esprit occupé que de procès. Quand ils sont assignés, le patron l'est aussi; il est forcé de plaider pour eux, et de prendre la défense de tous leurs méfaits : et l'affaire est portée devant le peuple, ou au tribunal, ou devant des arbitres (1). Moi, par exemple, un maudit client m'a tourmenté toute la journée; je n'ai pu rien faire de ce que je voulais : il m'a retenu, mis à la chaîne. Il m'a fallu batailler devant les édiles pour une cause détestable, proposer un arrangement équivoque, captieux. Je disais ce qu'il fallait et ce qu'il ne fallait pas pour obtenir une transaction. Lui, que fait-il ? Ce qu'il fait? Il a été forcé de donner caution. Jamais je ne vis d'homme plus évidemment convaincu. Trois témoins accablants ont déposé de toutes ces friponneries. Que les dieux le confondent, et moi avec lui, d'avoir eu l'idée de mettre aujourd'hui les pieds au forum, pour perdre ainsi ma journée(2)! J'avais fait préparer un dîner; ma maîtresse m'attend, j'en suis sûr. Dès qu'il m'a été possible, je me suis échappé bien vite du forum. Ma chère Érotie doit être en colère contre moi. Mais la mante que j'ai dérobée à ma femme, et dont je lui ai fait hommage, apaisera son courroux.

(1) A Rome, on plaidait ou devant le peuple dans les assemblées générales, ou devant le préteur, qui était le juge ordinaire, ou devant des juges délégués, ou enfin devant des arbitres volontairement choisis.

(2) Voilà encore les mœurs romaines qui se montrent sous le costume grec.

Lab. (*à la femme de Ménechme.*) Qu'en dites-vous ?

La fem. Que je suis mariée, pour mon malheur, à un mauvais garnement.

Lab. Entendez-vous bien ce qu'il dit?

La fem. Parfaitement.

Mén. (*regardant la maison d'Érotie.*) Je ferais bien, je crois, d'entrer chez elle, et de prendre du bon temps.

La fem. (*s'avançant vers lui.*) Arrête.... Ce sont plutôt de mauvais moments que tu as à passer. Tu payeras avec usure, par Castor, la mante que tu m'as volée.

Lab. (*à Ménechme.*) Avalez celui-là !

La fem. Ah! tu croyais pouvoir me cacher tes infamies?

Mén. (*avec douceur.*) De quoi s'agit-il donc, ma femme?

La fem. Tu me le demandes ?

Mén. (*s'approchant de Labrosse comme pour lui faire l'amour.*) Veux-tu que ce soit à lui que je le demande?

Lab. (*le repoussant.*) Allez-vous-en avec vos caresses. (*à la femme.*) Courage.

Mén. (*à sa femme.*) Pourquoi es-tu fâchée contre moi?

La fem. Tu dois le savoir.

Lab. Il le sait bien; mais il dissimule, le perfide.

Mén. De quoi s'agit-il?

La fem. De ma mante.

Mén. Ta mante?

La fem. Oui, ma mante.

Lab. (*à Ménechme avec ironie.*) Pourquoi avez-vous peur?

Mén. Moi, je n'ai pas peur.

Lab. Seulement, cette mante vous fait pâlir.... Cela vous apprendra à dîner en cachette sans moi(1).

(1) L'intervention de Labrosse, qui, pour se venger d'un dîner dont on lui a fait tort, excite la querelle des deux époux et met le feu

---

Molestoque multum! atque uti quique sunt
Optumi maxumi, morem habent hunc;
Clienteis sibi omneis volunt esse multos :
Bonine an mali sint, id haud quæritant. 555
Res magis quæritur quam clientium
Fides, quojusmodi clueat.
Si est pauper atque haud malus, nequam habetur;
Si dives malus est, is cliens frugi habetur.
Qui neque leges, neque æquom bonum usquam 560
Colunt, sollicitos patronos habent.
Datum denegant, quod datum 'st; litium
Pleni, rapaceis, viri fraudulenti :
Qui aut fœnore, aut perjuriis habent rem
Partam : mens est in querelis. 565
Juris ubi dicitur dies, simul
Patronis dicitur; quippe qui pro illis
Loquantur, male quæ fecerint : aut ad
Populum, aut in jure, aut ad judicem res est.
Sicut me hodie nimis sollicitus cliens 570
Quidam habuit, neque quod volui agere quidquam
Licitum 'st : ita me adtinuit, ita me detinuit.
Apud ædileis præliis factis plurimisque
Pessumisque dixi causam, conditiones
Tetuli tortas, confragosas; aut plus 575
Aut minus, quam opus erat multo dixeram
Controversiam, uti sponsio fieret.
Quid ille? quid? prædem dedit : nec magis
Manifestum ego hominem unquam ullum teneri vidi.

Omnibus malefactis testeis treis aderant acerrumi. 580
Di illum omneis perdant (ita mihi hunc hodie corrupit diem)
Meque adeo, qui hodie forum unquam oculis inspexi meis !
Diem corrupi. Optumum jussi adparari prandium.
Amica expectat me, scio : ubi primum 'st licitum, ilico
Properavi abire de foro : irata 'st, credo, nunc mihi. 585
Placabit palla, quam dedi, quam hodie uxori abstuli, atque huic
Detuli Erotio. *Pen.* Quid ais? *Mul.* Viro me malo male
Nubtam. *Pen.* Satin' audis, quæ illic loquitur? *Mul.* Satis.
Men. Si sapiam,
Hinc intro abeam, ubi mihi bene sit. *Mul.* Mane : male potius erit. 589
Næ illam, mecastor, fœnerato abstulisti. *Pen.* Sic datur.
Mul. Clanculum te istæc flagitia facere censebas potesse?
Men. Quid illuc est, uxor, negoti ? *Mul.* Men' rogas? *Men.* Vin' hunc rogem?
Pen. Abfer hinc palpationes. (ad mulierem.) Perge tu. *Men.* Quid tu mihi
Tristis es? *Mul.* Te scire oportet. *Pen.* Scit, sed dissimulat malus.
Men. Quid negoti 'st? *Mul.* Pallam. *Men.* Pallam? *Mul.* Quidem pallam. *Pen.* Quid paves? 595
Men. Nihil equidem paveo. *Pen.* Nisi unum : palla pallorem incutit.
At tu ne clam me comesses prandium ! perge in virum.

LES MÉNECHMES, ACTE IV, SCÈNE II.

(*à la femme.*) Ferme, poussez contre votre mari.
Mén. (*bas à Labrosse.*) Te tairas-tu?
Lab. Non, par Hercule, je ne me tairai point. (*à la femme.*) Il me fait des signes pour m'empêcher de parler.
Mén. Ce n'est pas vrai; je ne te fais ni signe de tête, ni clin d'œil.
La fem. Ah! je suis une femme bien malheureuse!
Mén. En quoi es-tu malheureuse? Explique-toi.
Lab. (*à la femme.*) Est-il assez effronté de nier les choses que vous voyez!
Mén. Je jure par Jupiter et par tous les dieux (ce serment te suffit-il?), ma femme, que je ne lui ai fait aucun signe.
Lab. Elle vous en croit sur cet article: allez au fait.
Mén. Où veux-tu que j'aille?
Lab. Chez le brodeur apparemment: allez-y, et rapportez la mante.
Mén. Quelle mante?
La fem. Je n'ai qu'à me taire, puisqu'il ne se rappelle pas ce qu'il fait.
Mén. Un de nos gens a-t-il commis quelque faute? une servante ou un esclave a-t-il désobéi? Parle, ils seront punis.
Lab. Vous en contez de belles.
Mén. (*à sa femme, tendrement.*) Quel air de mauvaise humeur! Cela me fait de la peine.
Lab. Toujours des contes!
Mén. (*à sa femme.*) Est-ce contre quelqu'un de la maison que tu es irritée?
Lab. Encore des contes!
Mén. Voyons, est-ce contre moi?
Lab. Maintenant vous ne faites plus de contes.
Mén. Je ne suis pourtant coupable en rien.
Lab. Vous reprenez vos contes.
Mén. (*d'un ton calin.*) Dis-moi, ma femme, qu'est-ce qui te chagrine?

Lab. (*à la femme.*) Qu'il est gentil et comme il vous cajole!
Mén. (*à Labrosse avec colère.*) Cesseras-tu de m'ennuyer? Est-ce à toi que je parle?
La fem. (*à Ménechme qui veut la caresser.*) Ote ta main de là.
Lab. Attrape. Une autre fois dépêchez-vous de manger le dîner sans moi! Et vous viendrez, plein de vin et couronné de fleurs, vous moquer de moi à la porte de la maison!
Mén. Par Pollux! je n'ai point dîné, et je n'ai pas mis le pied ici de la journée.
Lab. Osez-vous le nier (1)?
Mén. Oui, par Hercule, je le nie.
Lab. Il n'y a pas d'homme plus effronté! Je ne vous ai pas vu tout à l'heure ici devant cette maison (*montrant la demeure d'Érotie*), avec une couronne de fleurs sur la tête, quand vous me disiez que j'avais le cerveau malade, que vous ne me connaissiez pas, que vous étiez étranger dans cette ville?
Mén. Mais depuis que je t'ai quitté, je ne fais que de revenir à l'instant.
Lab. Je vous connais: vous comptiez que je n'avais pas de moyens de me venger: eh bien! j'ai tout dit à votre femme.
Mén. Que lui as-tu dit?
Lab. Je ne sais... Demandez-le à elle-même.
Mén. Qu'y a-t-il, ma femme? Que t'a-t-il conté? Qu'est-ce? tu gardes le silence? Dis-moi donc de quoi il s'agit.
La fem. Comme si tu ne le savais pas! On m'a volé chez nous une mante.
Mén. On a volé une mante à toi?
La fem. Tu me le demandes?
Mén. Par Pollux, je ne te le demanderais pas si je le savais.

(1) Voici maintenant une nouvelle dispute qui s'engage entre Ménechme et Labrosse. Ces sortes de scènes à double effet sont la plus heureuse invention du poète comique; elles sont fréquentes dans les *Ménechmes*, et naissent les unes des autres avec un bonheur et un naturel parfait.

---

dans le ménage, est une idée fort heureuse, et qui anime singulièrement cette scène.

Men. (submissa voce.) Non taces? *Pen.* Non, hercle, vero taceo: nutat, ne loquar.
Men. Non, hercle, ego quidem usquam quidquam nuto neque nicto tibi.
Mul. Næ ego, mecastor, mulier misera! *Men.* Qui tu misera es? mihi expedi. 600
Pen. Nihil hoc confidentius, qui, quæ vides, ea pernegat.
Men. Per Jovem deosque omnels adjuro, uxor (satin' hoc est tibi?)
Me isti non nutasse. *Pen.* Credit jam tibi de istis: illuc redi.
Men. Quo ego redeam? *Pen.* Equidem ad phrygionem', censeo: i, pallam refer.
Men. Quæ istæc palla 'st? *Mul.* Taceo jam, quando hic rem non meminit suam. 605
Men. Numquis servorum deliquit? num ancillæ, aut servi tibi
Responsant? eloquere: inpune non erit. *Pen.* Nugas agis.
Men. (ad uxorem.) Tristis admodum es; non mihi istuc satis placet. *Pen.* Nugas agis.
Men. Ceterum familiarium aliquoi irata es? *Pen.* Nugas agis.
Men. Num mihi es irata saltem? *Pen.* Nunc tu non nugas agis. 610
Men. Non, edepol, deliqui quidquam. *Pen.* Hem rursum nunc nugas agis.

Men. Dic, mea uxor, quid tibi ægre 'st? *Pen.* Bellus blanditur tibi.
Men. Potin' ut mihi molestus ne sis? num te adpello? *Mul.* Abfer manum.
Pen. Sic datur: properato absente me comesse prandium!
Post ante ædeis cum corona me derideto ebrius. 615
Men. Neque, edepol, ego prandi, neque hodie huc intro tetuli pedem.
Pen. Tun' negas? *Men.* Nego, hercle, vero. *Pen.* Nihil hoc homine audacius.
Non ego te modo heic ante ædeis cum corona florea
Vidi adstare, quom negabas mihi esse sanum sinciput,
Et negabas me gnovisse; peregrinum aibas esse te? 620
Men. Quin ut dudum divorti abs te, redeo nunc demum domum.
Pen. Gnovi ego te: non mihi censebas esse, qui te ulciscerer.
Omnia, hercle, uxori dixi. *Men.* Quid dixisti? *Pen.* Nescio,
Eam ipsus roga. *Men.* Quid hoc est, uxor? quidnam hic narravit tibi?
Quid id est? quid taces? quin dicis, quid sit? *Mul.* Quasi tu nescias. 625
Palla mihi est domo subrepta. *Men.* Palla subrepta est tibi?
Mul. Me rogas? *Men.* Pol, haud rogem te, si sciam. *Pen.* O hominem malum!

Lab. O le scélérat! comme il dissimule. (*à Ménechme.*) Vous ne pouvez plus rien cacher; elle sait la vérité... Je lui ai tout appris en détail.

Mén. Quelle vérité?

La fem. Puisque tu es sans pudeur, et que tu te refuses à un aveu volontaire, écoute et sois attentif : tu sauras pourquoi j'ai l'air sévère, et ce qu'il m'a conté. On m'a volé une mante chez moi.

Mén. On t'a volé une mante à toi?

Lab. (*à la femme.*) Voyez-vous le détour du perfide? (*à Ménechme.*) Oui, c'est à elle qu'on l'a volée et non à vous; car si on avait pu vous soustraire cette mante, elle serait sauvée maintenant.

Mén. (*au parasite.*) Je n'ai rien à démêler avec toi. (*A sa femme.*) Voyons, que veux-tu dire?

La fem. Je te dis qu'une mante à moi a disparu de la maison.

Mén. Qui l'a volée?

La fem. Le voleur le sait fort bien.

Mén. Quel est ce voleur?

La fem. Un nommé Ménechme.

Mén. Par Pollux! cela est fort mal. Quel est ce Ménechme?

La fem. Toi-même.

Mén. Moi?

La fem. Oui, toi.

Mén. Qui est-ce qui m'accuse?

La fem. C'est moi.

Lab. Moi aussi; et vous l'avez portée à votre maîtresse Érotie, qui demeure là.

Mén. Je l'ai donnée, moi?

Lab. Vous, oui, vous-même. Faut-il aller chercher une chouette pour vous répéter sans cesse : *Vous, vous?* Car nous sommes déjà las de le redire.

Mén. J'en atteste Jupiter et tous les dieux (ce serment doit suffire, je crois)! je ne l'ai pas donnée.

Lab. Et nous, nous les prenons à témoin que nous disons la vérité.

Mén. Encore une fois, je ne l'ai pas donnée; je l'ai prêtée seulement.

La fem. Mais moi, par Castor, est-ce que je prête à des étrangers ta chlamyde ou ton manteau? C'est à la femme à prêter sa garde-robe, et au mari à prêter ses habits... Ainsi rapporte-moi ma mante (1).

Mén. Je te la ferai rendre.

La fem. Il y a de ton intérêt d'abord : car tu ne rentreras pas à la maison sans ma mante.

Mén. Chez moi?

Lab. (*à la femme.*) Que me reviendra-t-il du service que je vous ai rendu?

La fem. On vous rendra le même service quand il y aura quelque chose de volé chez vous. (*Elle sort.*)

Lab. Cela n'arrivera jamais, car il n'y a chez moi rien à voler. Que les dieux confondent et le mari et la femme! Courons au forum; car je vois bien que je suis banni de cette maison. (*il sort.*)

Mén. (*seul.*) Ma femme croit me faire beaucoup de peine en me mettant à la porte, comme si je n'avais pas un meilleur asile où me retirer. Si je te déplais, ma chère, je m'y résignerai : je plairai à Érotie, qui ne me fermera pas la porte au nez, mais qui la refermera plutôt sur moi avec elle. Je vais la prier de me rendre la mante que je lui ai donnée tantôt. Je lui en achèterai une autre plus belle. (*Il frappe.*) Holà, y a-t-il un portier ici? Ouvrez, et appelez Érotie; qu'elle vienne me trouver.

(1) Dans Rotrou ces reproches sont exprimés avec une force et une ironie très-dramatiques :

Tu me ravis mon bien afin de m'offenser.
Il faut que je te serve à gagner tes maîtresses,
De ce qui m'appartient tu leur fais des largesses :

Je verrai mes joyaux leur servir d'ornement,
Ne dois-je point aussi faire ton ambassade?
Ne désires-tu point que je la persuade?
Oui, je veux épargner les pas de tes valets,
Et je leur porterai moi-même tes poulets.

Ut dissimulat! non potes celare : rem gnovit probe :
Omnia, hercle, ego edictavi. *Men.* Quid id est? *Mul.*
    Quando nihil pudet,   629
Neque vis tua voluntate ipse profiteri, audi atque ades :
Et quid tristis, et quid hic mihi dixerit, faxo scias :
Palla est mihi domo subrepta. *Men.* Palla subrepta est tibi?
Pen. Viden' ut scelestus captat? huic subrepta est, non tibi.
Nam profecto tibi subrepta si esset, salva nunc foret.
Men. Nihil mihi tecum 'st : sed quid tu ais? *Mul.* Palla, in-
    quam, periit domo.   635
Men. Quis eam subripuit? *Mul.* Pol, istuc ille scit, qui
    illam abstulit.
Men. Quis hic homo est? *Mul.* Menæchmus quidam. *Men.*
    Edepol, factum nequiter.
Quis is Menæchmus est? *Mul.* Tu istic, inquam. *Men.*
    Egone? *Mul.* Tu! *Men.* Quis arguit?
Mul. Egomet. *Pen.* Et ego : atque huic amicæ detulisti
    Erotio.
Men. Egone' dedi? *Pen.* Tu, tu istic, inquam : vin' adferri
    noctuam (*),   640
Quæ, *tu, tu,* usque dicat tibi? nam nos jam defessi sumus.
Men. Per Jovem deosque omneis adjuro, uxor (satin' hoc
    est tibi?)
Non dedisse. *Pen.* Imo, hercle, vero, nos non falsum
    dicere.
Men. Sed ego illam non condonavi, sed sic utendam dedi.

(*) Ce passage prouve que l'*u* des Latins doit se prononcer *ou*.

Mul. Equidem, ecastor, tuam nec chlamydem do foras,
    nec pallium   645
Quoiquam utendum : mulierem æquom'st vestimentum mu-
    liebre
Dare foras, virum virile : quin refers pallam domum?
Men. Ego, faxo, referetur. *Mul.* Ex re tua, ut opinor, feceris.
Nam domum nunquam introibis, nisi feres pallam simul.
Men. Ego domum? *Pen.* Quid mihi futurum 'st qui tibi
    hanc operam dedi?   650
Mul. Opera reddetur, quando quid tibi erit subreptum
    domo. (abit.)
Pen. Id quidem, edepol, nunquam erit : nam nihil est,
    quod perdam, domi.
Quom virum, quom uxorem, dii vos perdant : properabo
    ad forum :
Nam ex hac familia me plane excidisse intellego. (abit.)
Men. Male rei uxor sese fecisse censet, quom excludit
    foras;   655
Quasi non habeam, quo intromittar, alium meliorem lo-
    cum.
Si tibi displiceo, patiundum ; at placuero huic Erotio,
Quæ me non excludet ab se, sed apud se obcludet domi.
Nunc ibo, orabo ut mihi pallam reddat, quam dudum
    dedi.   659
Aliam illi redimam meliorem : heus! ecquis heic est janitor?
Aperite, atque Erotium aliquis evocate ante ostium.

SCÈNE III.

ÉROTIE, MÉNECHME ENLEVÉ.

Érot. Qui me demande?
Mén. Un homme qui vous aime plus que lui-même.
Érot. Mon cher Ménechme, pourquoi restez-vous à la porte? entrez avec moi.
Mén. Un moment. Savez-vous pourquoi je viens?
Érot. Oui, pour trouver le bonheur dans mes bras.
Mén. Point du tout. Je viens vous prier de me rendre cette mante que je vous ai donnée tantôt. Ma femme a tout appris. Je vous en achèterai une autre deux fois plus chère; vous choisirez.
Érot. Mais je viens tout à l'heure de vous la donner pour la porter chez le brodeur, avec le bracelet que vous deviez porter aussi chez le bijoutier pour le remettre à neuf.
Mén. Vous m'avez donné la mante avec un bracelet? Ah! vous ne me prouverez jamais cela; car depuis le moment où je vous l'ai donnée, et où je m'en suis allé au forum, je ne suis pas revenu. Je vous revois maintenant pour la première fois.
Érot. (indignée.) Je devine votre intention : je vous l'ai confiée, et vous voulez me la reprendre... Voilà votre but.
Mén. Par Pollux! je ne vous la demande pas pour vous la dérober : je vous dis que ma femme a tout appris.
Érot. Je ne vous ai pas prié de me la donner; c'est vous qui me l'avez apportée, et m'en avez fait cadeau : maintenant vous me la redemandez; j'y consens, gardez-la. Remportez-la, faites-en ce que vous voudrez, vous ou votre femme; mettez-la précieusement dans vos yeux, si cela vous plaît. (*Avec humeur.*) Mais tenez-vous pour averti : à compter d'aujourd'hui, vous ne mettrez plus les pieds chez moi, puisque mes bontés sont récompensées par des outrages. Si vous ne m'apportez de l'argent comptant, vous n'obtiendrez pas mes faveurs. Maintenant allez ailleurs chercher une dupe. (*Elle va pour sortir.*)
Mén. (la retenant.) Vous êtes trop vive! Écoutez, je vous en prie, revenez.
Érot. (d'un ton menaçant.) Demeurez là. Avisez-vous de revenir chez moi, je vous le conseille! (*elle rentre.*)
Mén. (seul.) Elle est rentrée : elle a fermé sa porte. Maintenant me voilà chassé de partout (1). Chez moi, chez ma maîtresse, on ne m'écoute plus. Allons consulter mes amis sur cette aventure, et leur demander ce que je dois faire. (*Il sort.*)

ACTE CINQUIÈME.

SCÈNE I.

MÉNECHME SOSICLÈS, LA FEMME DE SON FRÈRE.

Mén. Sos. (tenant la mante.) J'ai fait tantôt une grande sottise de confier ma bourse pleine d'argent à Messénion. Il est allé, j'en suis sûr, au cabaret se noyer dans le vin.
La fem. (sortant de chez elle.) Voyons si mon mari revient à la maison. Mais le voici : tout va bien, il rapporte la mante.
Mén. Sos. Je ne comprends pas où Messénion peut être fourré maintenant.

(1) Ce trait résume heureusement toute la scène, et celle qui précède. La pièce même est tout entière dans ce mot, d'un rare bonheur, qui échappe à la traduction : *sum exclusissumus*. Le singulier mérite de cet acte si dramatique, si habilement développé, frappera les esprits même habitués aux savantes combinaisons de l'art moderne. Le procédé de nos grands maîtres est devancé. C'est la force des situations et non la gaieté du dialogue qui excite le rire; et c'est ici que le lecteur entraîné, ravi, peut justement adresser à Plaute cette exclamation d'un spectateur de Molière : Voilà la vraie comédie!

SCENA TERTIA.

EROTIUM, MENÆCHMUS SUBREPTUS.

Erot. Quis hic me quærit? *Men.* Sibi inimicus magis quam ætati tuæ.
Erot. Mi Menæchme, cur ante ædeis adstas? sequere intro. *Men.* Mane.
Scin' quid est, quod ego ad te venio? *Erot.* Scio; ut tibi ex me sit volup.
Men. Imo, edepol, pallam illam, amabo te, quam tibi dudum dedi, 665
Mihi eam redde; uxor rescivit rem omnem, ut factum 'st, ordine.
Ego tibi redimam bis tanto pluris pallam, quam voles.
Erot. Tibi dedi equidem illam, ad phrygionem ut ferres, paulo prius :
Et illud spinther, ut ad auriticem ferres, ut fieret novom.
Men. Mihi ut tu dederis pallam, et spinther? nunquam factum reperies. 670
Nam ego quidem postquam illam dudum tibi dedi, atque abii ad forum,
Nunc redeo, nunc te postilla video. *Erot.* Video quam rem agis.
Quia commisi, ut me defrudes, ad eam rem adfectas viam.
Men. Neque, edepol, te defrudandi causa posco : uxorem rescivisse. *Erot.* Nec te ultro oravi ut dares, 675
Tute ultro ad me detulisti, dedisti eam dono mihi :
Eamdem nunc reposcis : patiar, tibi habe : abfer, utere,
Vel tu, vel tua uxor, vel etiam in oculos coopingite.
Tu huc, post hunc diem, pedem intro non feres, ne frustra sis,
Quando tu me merentem tibi habes despicatui. 680
Nisi feres argentum, frustra me ductare non potes.
Atiam posthac invenito, quam tu habeas frustratui.
Men. Nimis iracunde, hercle; tandem heus tu, tibi dico, mane :
Redi. *Erot.* Etiamne adstas? etiam audes mea revorti gratia?
Men. Abiit intro, obclusit ædeis : nunc ego sum exclusissumus : 685
Neque domi, neque apud amicam mihi jam quidquam creditur.
Ibo, et consulam hanc rem amicos, quid faciundum censeant.

ACTUS QUINTUS.

SCENA PRIMA.

MENÆCHMUS SOSICLES, MULIER.

Men. Nimis stulte dudum feci, quom marsupium
Messenioni cum argento concredidi.
Inmersit aliquo sese, credo, in ganeum.
Mul. Provisam, quam mox vir meus redeat domum.
Sed eccum video : salva sum, pallam refert.

La fem. Abordons-le; je le recevrai comme il le mérite. (*Haut.*) N'as-tu pas honte de te présenter devant moi, homme infâme, avec ce vêtement (1)?
Mén. Sos. Qu'est-ce? Quel transport vous agite, femme?
La fem. L'effronté! Oses-tu bien souffler le mot et m'adresser la parole (2)?
Mén. Sos. Quel mal vous ai-je fait pour ne pas oser vous parler?
La fem. Tu le demandes? Quelle impudente audace!
Mén. Sos. Savez-vous pourquoi les Grecs ont dit que la reine Hécube avait été métamorphosée en chienne?
La fem. Non.
Mén. Sos. C'est parce qu'elle faisait ce que vous faites maintenant : elle accablait d'injures tous ceux qu'elle rencontrait (3). Voilà ce qui lui valut justement le nom de chienne.
La fem. Je ne puis supporter de pareils affronts. J'aimerais mieux vivre toujours privée de mari, que de souffrir tes outrages.
Mén. Sos. Que m'importe à moi que vous supportiez votre mari, ou que vous le laissiez là! Est-ce la coutume ici de conter des histoires aux étrangers qui arrivent?
La fem. Quelles histoires! Non, te dis-je, je ne le souffrirai pas davantage ; j'aime mieux vivre sans mari, que de supporter tes déréglements.
Mén. Sos. Par Hercule, je te permets de vivre sans mari aussi longtemps que Jupiter régnera.
La fem. Tu soutenais tantôt que tu ne me l'avais pas volée (*Montrant la mante*), et maintenant tu la tiens dans ta main, sous mes yeux ; n'as-tu pas de honte?

(1) Oses-tu désormais te montrer à mes yeux?
Ma plainte, déloyal, est-elle légitime,
Maintenant que tu tiens la preuve de ton crime?
ROTROU, act. iv, sc. 1.
(2) Ah! te voilà donc, traitre? etc.
REGNARD, act. iii, sc. 5.
(3) Les Grecs, auteurs de la ruine de sa famille, et qui la retenaient captive elle-même.

Mén. Sos. Oh! oh! la femme! vous êtes une coquine bien hardie. Vous osez dire que je vous ai dérobé cette mante, quand c'est une autre qui me l'a donnée pour la faire rajuster?
La fem. Oui certainement, par Castor, je vais faire venir mon père ; je l'instruirai de tous tes déréglements. (*Elle appelle un esclave.*) Décion! va chercher mon père ; qu'il vienne avec toi : dis-lui que j'ai besoin de lui parler. (*à Ménechme.*) Je révélerai toutes tes infamies.
Mén. Sos. Vous êtes folle! quelles sont mes infamies?
La fem. De voler à ta femme, chez elle, sa robe, ses bijoux, pour les donner à ta maîtresse. N'est-ce pas la vérité?
Mén. Sos. De grâce, si vous le savez, indiquez-moi le breuvage que je dois prendre pour supporter vos violences. Je ne sais pas pour qui vous me prenez : quant à moi, je ne vous connais pas plus que Parthaon (1).
La fem. Si tu te moques de moi, par Pollux, tu ne te moqueras pas de mon père qui arrive... Regarde, le connais-tu? (*Elle lui montre le vieillard qui s'avance.*)
Mén. Sos. Je le connais comme je connais Calchas. Je l'ai vu le même jour que je vous ai vue avant aujourd'hui.
La fem. Tu ne me connais pas? Tu ne connais pas mon père?
Mén. Sos. Par Hercule, j'en dirai autant de votre aïeul, si vous me l'amenez.
La fem. Par Castor, voilà un trait bien digne du reste!

(1) Père d'Œnée, roi d'Étolie, lequel eut Déjanire pour fille. — M. Naudet, dans une note de sa traduction, donne une autre généalogie à Parthaon. Elle remonterait au déluge. — Parthaon serait petit-fils de Deucalion et aïeul de Diomède. Il y a peu de noblesse plus ancienne et plus obscure.

Men. Demiror, ubi nunc ambulet Messenio.
Mul. Adibo, atque hominem adcipiam, quibus dictis meret.
Non te pudet prodire in conspectum meum, 695
Flagitium hominis cum istoc ornatu? *Men.* Quid est?
Quæ res agitat te, mulier? *Mul.* Etiamne inpudens
Mutire unum verbum audes, aut mecum loqui?
Men. Quid tandem admisi in me, ut loqui non audeam?
Mul. Rogas me? o hominis inpudentem audaciam! 700
Men. Non tu scis, mulier, Hecubam quapropter canem
Graii esse prædicabant? *Mul.* Non equidem scio.
Men. Quia idem faciebat Hecuba, quod tu nunc facis :
Omnia mala ingerebat, quemquam aspexerat.
Itaque adeo jure cœpta adpellari est canis. 705
Mul. Non istæc ego flagitia possum perpeti.
Nam med ætatem viduam esse mavelim,
Quam istæc flagitia tua pati, quæ tu facis.
Men. Quid id ad me, tu te nubtam possis perpeti,
An sis abitura a tuo viro? an mos est ita heic, 710
Peregrino ut advenienti narrent fabulas?
Mul. Quas fabulas? non, inquam, patiar præterhac,
Quin vidua vivam, quam tuos mores perferam.
Men. Mea quidem, hercle, causa vidua vivito,
Vel usque dum regnum obtinebit Jupiter. 715
Mul. At mihi negabas dudum subripuisse te,
Nunc eamdem ante oculos adtines, non te pudet?

Men. Heu, hercle, mulier, multum et audax et mala es.
Tun' tibi hanc subreptam dicere audes, quam mihi
Dedit alia mulier, ut concinnandam darem? 720
Mul. Næ istuc, mecastor, jam patrem arcessam meum,
Atque ei narrabo tua flagitia, quæ facis.
I, Decio, quære meum patrem, tecum simul
Ut veniat ad me : ita rem esse dicito.
(*ad Menæchmum.*)
Jam ego aperiam istæc tua flagitia. *Men.* Sanan' es? 725
Quæ mea flagitia? *Mul.* Quom pallam atque aurum meum
Domo subpilas uxori tuæ, et tuæ
Degeris amicæ. Satin' hæc recte fabulor?
Men. Quæso hercle, mulier, si scis, monstra, quod bibam,
Tuam qui possim perpeti petulantiam. 730
Quem tu hominem me arbitrare, nescio.
Ego te simitu gnovi cum Parthaone.
Mul. Si me derides, at, pol, illum non potes,
Patrem meum, qui huc advenit : quin respicis?
Gnovistin' tu illum? *Men.* Gnovi cum Calcha simul : 735
Eodem die vidi illum, quo te ante hunc diem.
Mul. Negas gnovisse me? negas patrem meum?
Men. Idem, hercle, dicam, si avom vis adducere.
Mul. Ecastor, pariter hoc, atque alias res soles.

SCÈNE II.

UN VIEILLARD, LA FEMME DE MÉNECHME ENLEVÉ, MÉNECHME SOSICLÈS.

Le vieil. (*à part.*) Autant que mon âge le permet, et que la circonstance l'exige, j'avancerai le pas, et je marcherai lestement. Mais cela ne m'est pas facile, je l'avoue. L'agilité m'abandonne ; je suis accablé par la vieillesse, je traîne un corps pesant, et mes forces sont épuisées. C'est une mauvaise marchandise sur le dos qu'un amas d'années. Que d'ennuis, que de douleurs elles apportent avec elles ! Si je les énumérais, le compte serait trop long. Mais un autre soin me tourmente l'esprit et m'inquiète : par quel motif ma fille me prie-t-elle de venir tout de suite? Elle ne me fait point dire quelle est cette affaire, ce qu'elle veut, ni pourquoi elle me demande. Cependant je devine à peu près ce que c'est. Je suppose qu'il est survenu quelque débat entre elle et son mari. C'est l'humeur ordinaire des femmes qui ont apporté une grosse dot : dans leur orgueil, elles prétendent asservir leurs maris sous le joug le plus rigoureux. Les maris eux-mêmes ne sont pas toujours exempts de reproche : cependant il y a des choses qu'une femme doit supporter jusqu'à un certain point,... Par Pollux, une fille n'appelle pas son père à moins d'un tort grave, d'un sérieux sujet de plainte. Mais je saurai ce que c'est ; la voici elle-même, devant sa maison, avec son mari qui paraît fâché. Mes soupçons étaient fondés. Abordons-la.

La fem. (*voyant son père.*) Allons au-devant de lui. (*Au vieillard.*) Mon cher père, je vous salue de tout mon cœur.

Le vieil. Je te salue, ma fille. Tout va-t-il bien? me voici. Pourquoi m'as-tu fait demander? Tu as un air mécontent. Pourquoi ton mari se tient-il à l'écart d'un air courroucé? Il y aura eu entre vous quelque escarmouche. Parle, dis-moi en peu de mots qui est le coupable.... Surtout point de verbiage.

La fem. Je n'ai jamais eu aucun tort ; je dois vous rassurer d'abord sur ce point, mon père ; mais je ne peux plus demeurer ici ; la vie m'y est insupportable. Ainsi je vous prie de m'emmener de cette maison.

Le vieil. Qu'est-ce donc ?

La fem. Je suis, mon père, indignement outragée.

Le vieil. Par qui ?

La fem. Par celui à qui vous m'avez confiée, mon mari.

Le vieil. Encore une querelle ! Combien de fois t'ai-je recommandé de faire en sorte que ni toi ni ton mari vous ne vinssiez vous plaindre à moi (1) ?

La fem. (*vivement.*) Pouvais-je faire autrement, mon père ?

Le vieil. Tu m'interroges ?

La fem. A moins que vous ne me le défendiez...

Le vieil. Combien de fois ne t'ai-je pas exhortée à obéir à ton mari, à ne pas épier ses actions, ses démarches, sa conduite ?

La fem. Mais il est l'amant d'une courtisane du voisinage.

Le vieil. Il a raison, et je voudrais que, pour te punir de pareils procédés, il l'aimât davantage (2).

La fem. Il s'en va boire chez elle.

Le vieil. Tu verras que, par respect pour toi, il n'o-

(1) Il faut donc que toujours les importunes flammes
De la dissension désunissent vos âmes?
Ne verra-t-on jamais vos esprits satisfaits?
Ne goûterez-vous point les douceurs de la paix?
(à sa fille.)
Témoigne plus de feux quand les siens s'alentissent,
Réchauffe tes baisers quand les siens refroidissent :
....
Enfin aime-le bien et tu seras aimée.
ROTROU, act. IV, sc. 2.

(2) Ce mot si étrange dans la bouche d'un père, et les principes du vieillard sur l'obéissance des femmes, révoltent nos idées de bienséance et d'honnêteté, mais présentent une peinture très-curieuse des mœurs romaines.

SCENA SECUNDA.

SENEX, MULIER, MENÆCHMUS SOSICLES.

Sen. Ut ætas mea 'st, atque ut hoc usus facto est,   740
Gradum proferam, progredi properabo.
Sed id quam facile sit mihi, haud sum falsus,
Nam pernicitas deserit : consitus sum
Senectute ; onustum gero corpus ; vires
Reliquere. Ut ætas mala, merx mala est tergo !   745
Nam res plurimas pessumas, quom advenit, adfert :
Quas si autumem omneis, nimis longus sermo sit.
Sed hæc res mihi in pectore et corde dura est,
Quidnam hoc sit negoti, quod filia sic
Repente expetit me, ut ad sese iram.   750
Nec, quid id sit, mihi certius facit,
Quid velit, quid me arcessat.
Verum propemodum jam scio quid siet rei.
Credo cum viro litigium gnatum esse aliquod.
Ita istæc solent, quæ viros subservire   755
Sibi postulant, dote fretæ, feroceis.
Et illi quoque haud abstinent sæpe culpa.
Verum est modus rei, quoad pati uxorem oportet.
Nec, pol, filia unquam patrem arcessit ad se,
Nisi aut quid conmissi, aut jurgi est causa.   760
Sed quidquid id est, jam sciam ; atque eccam eampse
Ante ædeis, et ejus tristem virum video.
Id est, quod suspicabar.

Adpellabo hanc. *Mul.* Ibo adversum. Salve multum, mi pater.
Sen. Salva sis ? salven' advenio : salven' arcessi jubes ? 765
Quid tu tristis es ? quid ille autem abs te iratus destitit ?
Nescio quid vos velitati estis inter vos duos.
Loquere, uter meruistis culpam, paucis, non longos logos.
Mul. Nusquam equidem quidquam deliqui ; hoc primum te absolvo, pater.   769
Verum vivere heic non possum, neque durare ullo modo.
Proin' tu me hinc abducas. *Sen.* Quid istuc autem est ?
Mul. Ludibrio, pater,
Habeor. *Sen.* Unde ? *Mul.* Ab illo, quoi me mandavisti, meo viro.
Sen. Ecce autem litigium : quoties edixi tandem tibi,
Ut caveres, neuter ad me iretis cum querimonia ?
Mul. Qui ego istuc, mi pater, cavere possum. *Sen.* Men' interrogas ?   775
Mul. Nisi non vis. *Sen.* Quoties monstravi tibi, viro ut morem geras ?
Quid ille faciat, ne id observes, quo eat, quid rerum gerat.
Mul. At enim ille hinc amat meretricem ex proxumo. *Sen.* Sane sapit,
Atque ob istanc industriam etiam, faxo, amabit amplius.
Mul. Atque ibi potat. *Sen.* Tua quidem ille causa potabit minus,   780
Sive illeic, sive alibi lubebit ? quæ hæc, malum, inpudentia 'st ?
Una opera prohibere, ad cœnam ne promittat, postules,

sera pas boire ou chez elle ou ailleurs, à sa fantaisie! Peste! l'impertinence est grande! Exige aussi de lui qu'il n'accepte aucune invitation, et ne reçoive personne chez lui. Tu prétends donc te faire des esclaves de tous les maris? Ordonne alors qu'on leur mette une quenouille entre les mains; fais-les asseoir parmi tes servantes, et donne-leur de la laine à filer.

La fem. Je vois, mon père, que ce n'est pas pour moi que j'ai appelé votre assistance ; c'est pour mon mari. Vous êtes mon avocat, et vous plaidez sa cause.

Le vieil. S'il a commis une faute, je lui ferai encore bien plus de reproches qu'à toi. Mais il ne te refuse ni les bijoux ni les vêtements ; il te donne des servantes, et pourvoit à ton ménage. Il faut, ma fille, te montrer plus raisonnable.

La fem. Mais il me vole mes bijoux et mes robes dans mes coffres; il me dépouille, et porte en secret mes parures à des courtisanes (1).

Le vieil. S'il agit ainsi, c'est très-mal à lui ; mais si ce n'est pas vrai, c'est très-mal à toi de l'accuser, quand il est innocent.

La fem. Mais il a encore la mante dans ses mains, mon père, avec le bracelet qu'il lui avait donné. Maintenant que j'ai tout appris, il me les rapporte.

Le vieil. Je saurai de lui à l'instant ce qui en est. Je vais l'aborder et lui parler. (*à Ménechme Sos.*) Dis-moi, Ménechme, quel est le sujet de votre dispute : pourquoi as-tu l'air fâché et t'éloignes-tu de ta femme, irritée contre toi?

Mén. Sos. Qui que vous soyez, quel que soit votre nom ; vieillard, j'en atteste le grand Jupiter et les dieux...

Le vieil. Sur quoi veux-tu attester tous les dieux?

Mén. Sos. Que je n'ai aucun tort envers cette femme ; qu'elle m'accuse faussement de l'avoir volée

(1) Rotrou ajoute, avec une heureuse énergie :
Il paye de mon bien les affronts qu'il me fait.

chez elle, de lui avoir pris quelque chose. Si j'ai jamais mis le pied dans sa maison, je veux surpasser en misère les plus malheureux des hommes.

Le vieil. As-tu perdu le sens, de faire un pareil souhait, et de nier d'avoir jamais mis le pied dans la maison que tu habites, triple fou!

Mén. Sos. Et vous, vieillard, vous prétendez que je demeure dans cette maison?

Le vieil. Ce n'est pas vrai peut-être?

Mén. Sos. Non, certainement.

La fem. C'est aussi trop d'impudence de nier cela... A moins que tu n'aies déménagé depuis cette nuit.

Le vieil. (*à sa fille.*) Retire-toi par ici, ma fille. (*à Ménechme.*) Qu'as-tu à répondre? est-ce que tu as déménagé?

Ménech. Pour aller où? et pour quel motif, je vous prie?

Le vieil. Je n'en sais rien, par Pollux!

La fem. (*à son père.*) Ne voyez-vous pas qu'il se moque de vous?

Le vieil. (*à la femme.*) Ne peux-tu retenir ta langue? — Çà, Ménechme, c'est assez badiner : parle sérieusement.

Mén. Sos. Qu'ai-je à démêler avec vous, je vous prie? d'où venez-vous? qui êtes-vous? que vous ai-je fait? qu'ai-je fait à cette femme, pour me tourmenter de la sorte?

La fem. (*à son père.*) Voyez-vous ses yeux devenir verts? comme son front et ses joues sont livides! comme ses yeux étincellent! Observez-le.

Mén. (*à part.*) Le meilleur parti, puisqu'ils me croient fou, c'est de feindre de l'être, pour me débarrasser d'eux en les effrayant. (*Il gesticule avec violence.*) (1).

La fem. Comme il étend les bras! comme il ouvre la bouche! Que faut-il que je fasse, mon père?

(1) Feignons d'être fou, et que chacun d'eux m'évite,
Et que la peur des coups leur conseille la fuite.
ROTROU, act. IV, sc. 2.

Neve quemquam accipiat alienum apud te? serviren' tibi
Postulas viros? dare una opera pensum postules,
Inter ancillas sedere jubeas, lanam carere. 785
Mul. Non equidem mihi te advocatum pater adduxi, sed viro.
Hinc stas, illinc causam dicis. *Sen.* Si ille quid deliquerit,
Multo tanto illum adcusabo, quam te adcusavi, amplius.
Quando te auratam et vestitam bene habet; ancillas, penum, 789
Recte præhibet; melius sanam 'st, mulier, mentem sumere.
Mul. At ille subpilat mihi aurum et pallam ex arcis modo;
Me despoliat, mea ornamenta clam me ad meretriculas degerit.
Sen. Male facit, si istuc facit : si non facit, tu male facis,
Quæ insontem insimules. *Mul.* Quin etiam nunc habet pallam, pater,
Et spinther, quod ad hanc detulerat : nunc, quia rescivi, refert. 795
Men. Jam ego ex hoc ut factum 'st scibo : ibo ad hominem atque adloquar.
Dic mihi istuc, Menæchme, quod vos dissertatis, ut sciam.
Quid tu tristis es? qui illam autem iratam abs te destituis?
Men. Quisquis es, quidquid tibi nomen est, senex, summum Jovem
Deosque detestor. *Sen.* Qua de re, aut quojus rei rerum omnium? 800

Men. Me neque isti male fecisse mulieri, quæ me arguit
Hanc domo ab se subripuisse, atque abstulisse dejerat.
Si ego intra ædeis hujus unquam, ubi habitat, penetravi pedem,
Omnium hominum exopto ut fiam miserorum miserrumus.
Sen. Sanun' es, qui istuc exoptes, aut neges te unquam pedem 805
In eas ædeis intulisse, ubi habitas, insanissume?
Men. Tun', senex, ais habitare med in illisce ædibus?
Sen. Tu negas? *Men.* Nego, hercle, vero. *Mul.* Nimio hæc inpudenter negas.
Nisi quo nocte hac emigrasti. *Sen.* Concede hac, filia.
Quid tu ais? nunc hinc emigrasti? *Men.* Quem in locum, aut ob rem, obsecro? 810
Sen. Non, edepol! scio. *Mul.* Profecto ludit te hic. *Sen.* Non tu te tenes?
Jam vero, Menæchme, satis jocatus es : nunc hanc rem age.
Men. Quæso quid mihi tecum 'st? Unde, aut quis tu homo es? quid feci ego
Tibi, aut adeo isti, quæ mihi molesta est quoquo modo? 814
Mul. Viden' tu illi oculos virere? ut viridis exoritur colos
Ex temporibus atque fronte! ut oculi scintillant! vide.
Men. (*hæc secum.*) Quid mi meliu'st, quam, quando illi me insanire prædicant,
Ego me adsimulem insanire, ut illos a me absterream?
Mul. Ut pandiculans oscitatur! quid nunc faciam, mi pater?

Le vieil. Viens de mon côté, ma fille; tiens-toi le plus possible éloignée de lui.

Mén. Sos. (*contrefaisant le fou.*) Évoé; ô Bacchus! ô Bromius (1)! Ne m'appelles-tu pas pour chasser dans la forêt? Oui, je t'entends; mais je ne puis sortir de ces lieux. De ce côté, (*montrant la femme*) une chienne enragée me guette, (*montrant le vieillard*) ainsi que ce vieux bouc, qui plus d'une fois en sa vie a fait condamner l'innocent par ses faux témoignages.

Le vieil. (*à Ménechme Sosiclès.*) La foudre t'écrase!

Mén. Sos. J'entends l'oracle d'Apollon, qui m'ordonne de brûler les yeux à cette chienne avec des flambeaux ardents.

La fem. Je suis perdue, mon père. Il me menace de me brûler les yeux! Je tremble.

Mén. Sos. (*à part.*) Ils disent que je suis fou... Ce sont eux qui extravaguent.

Le vieil. Holà, ma fille!

La fem. Qu'est-ce? qu'allons-nous faire?

Le vieil. Si j'allais tout de suite chercher des esclaves? Oui, j'y cours; je vais en amener pour l'emporter à la maison, et le lier avant qu'il commette d'autres excès.

Mén. Sos. (*à part.*) Si je ne les préviens par quelque heureux expédient, ils sont capables de m'emporter chez eux. (*Haut.*) Tu m'ordonnes de ne lui pas ménager les coups de poing sur la face, si elle ne sort de ma présence pour s'aller pendre : Apollon, j'obéirai à tes ordres.

Le vieil. (*à sa fille.*) Fuis à la maison aussi vite que tu pourras; il t'assommerait.

La fem. Je m'enfuis; de grâce, mon père, veillez sur lui, de peur qu'il ne s'échappe. Suis-je assez malheureuse d'entendre de pareils discours de la bouche d'un mari! (*Elle sort.*)

(1) Cris des bacchantes.

Mén. Sos. (*à part.*) Je l'ai habilement renvoyée. (*Haut.*) Maintenant, à cet infâme barbon, à ce Titan cacochyme, digne race de Cygnus (1). Tu m'ordonnes aussi de briser les membres, les os, les jointures à ce misérable avec sa propre canne.

Le vieil. Il t'en coûtera cher si tu me touches, ou si tu approches de trop près.

Mén. Sos. (*continuant à parler à Apollon.*) Tu seras obéi; je prendrai une hache à deux tranchants; je désosserai ce vieillard, et je lui découperai les entrailles pièce à pièce.

Le vieil. (*à part.*) Eh! mais il faut prendre garde à moi et me garantir. Je crains vraiment qu'il n'exécute ses menaces, et ne me donne quelque mauvais coup.

Mén. Sos. Apollon, tes ordres sont pressants; tu me commandes d'atteler mes coursiers indomptés et farouches, de monter sur mon char, pour écraser le lion de Gétulie infect, édenté. Me voilà debout sur mon char; ma main agite les rênes, et tient l'aiguillon. Partez, coursiers; faites résonner le bruit de vos pieds dans votre essor impétueux, et déployez la souplesse de vos jambes rapides (2).

Le vieil. Tu me menaces avec ton attelage?

Mén. Sos. Oui, Apollon, tu m'ordonnes encore une fois de fondre sur l'ennemi qui me brave, et de l'exterminer. (*Il s'élance, puis s'arrête.*) Mais quelle main me saisit par les cheveux et m'arrache de mon char? qui ose enfreindre les ordres et l'oracle d'Apollon?

Le vieil. Quelle violente et terrible frénésie!

(1) Roi de Ligurie que Jupiter métamorphosa en cygne, pour avoir pleuré la mort de Phaéton et de ses sœurs. Ni Titan, ni même Tithon, comme lisent quelques-uns, n'étaient fils de Cygnus; mais c'est un fou qui parle. Peut-être aussi est-ce un trait qui s'adresse aux cheveux blancs du vieillard. —Tithon était fils de Laomédon et frère de Priam. En demandant à Jupiter d'être immortel, il avait oublié de lui demander de ne point vieillir. Son extrême vieillesse passa en proverbe chez les Grecs.

(2) M. Naudet fait remarquer ici que Plaute égale la poésie de Virgile. Ces beautés de style s'effacent malheureusement dans les traductions en prose.

Sen. Concede huc, mea gnata, ab istoc quam potes longissume. 820
Men. Evoe, Evie, Bromie, quo me in silvam venatum vocas? Audio; sed non abire possum ab his regionibus; Ita illa me ab læva rabiosa femina adservat canis. Post autem illic hircus altus, qui sæpe ætate in sua Perdidit civem innocentem falso testimonio. 825
Sen. Væ capiti tuo! *Men.* Ecce Apollo mi ex oraculo inperat, Ut ego illi oculos exuram lampadibus ardentibus.
Mul. Perii, mi pater! minatur mihi oculos exurere.
Hei mihi! *Men.* (hæc secum.) Insanire me aiunt, ultro quom ipsi insaniunt.
Sen. Filia, heus. *Mul.* Quid est? quid agimus? *Sen.* Quid si ego huc servos cito? 830
Ibo, adducam, qui hunc hinc tollant, et domi devinciant, Priusquam turbarum quid faciat amplius. *Men.* (hæc secum.) Enimvero, nisi
Obcupo aliquid mihi consilium, hi domum me ad se abferent.
(alta voce.) Pugnis me vetas in hujus ore quidquam parcere? 834
Ni jam ex meis oculis abscedat in malam magnam crucem, Faciam, quod jubes, Apollo. *Sen.* Fuge domum, quantum pote'st,
Ne hic te obtundat. *Mul.* Fugio : amabo, adserva istunc, mi pater,
Ne quo hinc abeat. Sumne ego mulier misera, quæ illæc audio.

Men. (hæc secum.) Haud male illanc amovi : nunc hunc lupurissumum, 839
Barbatum, tremulum Titanum, Cygno prognatum patre.
(alta voce.) Ita mihi inperas, ut ego hujus membra, atque ossa, atque artua
Conminuam illo scipione, quem ipse habet. *Sen.* Dabitur malum,
Me quidem si adtigeris, aut si propius ad me adcesseris.
Men. Faciam quod jubes; securim capiam ancipitem, atque, hunc senem
Exossabo, dein' dedolabo adsulatim viscera. 845
Sen. Enimvero illud præcavendum 'st, atque adcurandum mihi :
Sane ego illum metuo, ut minatur, ne quid malefaxit mihi.
Men. Multa mihi inperas, Apollo; nunc equos junctos jubes, Capere me indomitos, feroceis, atque in currum inscendere,
Ut ego hunc proteram leonem Gætulum, olentem, edentulum. 850
Jam adstiti in currum, jam lora teneo, jam stimulum in manu'st.
Agite, equi, facitote sonitus ungularum adpareant
Cursu celeri; facite inflexa sit pedum pernicitas.
Sen. Mihin' equis junctis minare? *Men.* Ecce, Apollo, de nuo 854
Me jubes facere inpetum in eum qui stat, atque obcidere.
Sed quis hic est, qui me capillo hinc de curru deripit?
Inperium tuum demutat atque dictum, Apollinis.

Dieux! secourez-nous. Cet insensé était cependant plein de bon sens il n'y a qu'un instant. Quel mal épouvantable l'a saisi tout à coup! Allons chercher bien vite le médecin. (*il sort.*)

SCÈNE III.

MÉNECHME SOSICLÈS, *puis* **LE VIEILLARD.**

Mén. seul. (aux spectateurs.) Sont-ils enfin partis, dites-moi? sont-ils loin de ma présence, ces gens qui me forcent d'avoir le délire en parfaite santé? Mais que tardé-je à regagner mon vaisseau, pendant que je le puis sans danger? Je vous en conjure tous, si le vieillard revient, n'allez pas lui indiquer le chemin par où je me suis évadé. (*il sort.*)

Le vieil. (revenant.) J'ai mal aux reins de rester assis; j'ai mal aux yeux de regarder (1), en attendant que le médecin revienne de ses visites. L'insupportable personnage! Il n'en finissait pas avec ses malades. Il prétend qu'il a remis une jambe cassée à Esculape, et un bras à Apollon. J'y songe... Je ne sais vraiment pas si c'est un médecin ou un sculpteur que j'amène. Le voilà qui s'avance; il marche comme une fourmi.

SCÈNE IV.

LE MÉDECIN, LE VIEILLARD.

Le méd. Quel mal m'avez-vous dit qu'il avait? Expliquez-moi cela, vieillard. Est-il obsédé de spectres? est-il frénétique? J'ai besoin de le savoir. Est-il attaqué de léthargie ou d'hydropisie (2)?

Le vieil. Je vous amène justement pour que vous me le disiez vous-même, et que vous le guérissiez.

(1) Il n'en a eu guère le temps. Il y avait sans doute ici un entr'acte, ou quelque scène qui ne nous est pas parvenue.

(2) On voit que les médecins pédants et ridicules ne datent pas de Molière. Quel médecin que celui auquel les dieux de la médecine ont recours eux-mêmes! Voilà un personnage peint dès son entrée, par ce jargon plein d'importance et de fatuité.

Le méd. Rien n'est plus facile. Je le guérirai; j'en réponds sur ma parole.

Le vieil. Je vous recommande d'en avoir le plus grand soin.

Le méd. Je m'essoufflerai plus de six cents fois par jour, tant je mettrai de zèle à le soigner.

Le vieil. (montrant Mén. Enlevé.) Voici notre malade.

Le méd. Observons ce qu'il va faire.

SCÈNE V.

MÉNECHME ENLEVÉ, LE VIEILLARD, LE MÉDECIN.

Mén. (se croyant seul.) Par Pollux, ce jour est bien malheureux, bien funeste pour moi. Tout ce que j'espérais tenir secret a été découvert par ce parasite, qui m'a accablé de honte et de confusion; mon perfide Ulysse, qui a causé à son roi tous ces chagrins. Ah! il peut être certain que si les dieux me conservent la vie, je lui arracherai la sienne. Quand je dis la sienne, je parle comme un sot; elle est bien à moi. C'est à ma table, à mes dépens qu'il se nourrit. Je tarirai la source de son être. Et cette courtisane! qu'elle s'est bien conduite comme les femmes de son espèce! Parce que je lui redemande la mante pour la rendre à ma femme, elle me soutient qu'elle me l'a remise. Ah! vraiment, je suis un homme bien malheureux!

Le vieil. (au médecin.) Entendez-vous ce qu'il dit?

Le méd. Il se plaint de son malheur.

Le vieil. Abordez-le, je vous prie.

Le méd. Salut, Ménechme. Pourquoi vous découvrez-vous les bras? vous ne savez pas combien vous aggravez ainsi votre mal.

Mén. Allez vous pendre.

Le méd. Qu'est-ce que vous sentez?

Mén. Vraiment oui, je sens.

Sen. Heu, hercle, morbum acrem ac durum! Di, vostram fidem!
Vel hic qui insanit, quam valuit paulo prius!
Ei derepente tantus morbus incidit. 860
Ibo atque accersum medicum jam, quantum pote'st.

SCENA TERTIA.

MENÆCHMUS SOSICLES, SENEX.

Men. Jamne isti abierunt, quæso, ex conspectu meo,
Qui me vi cogunt, ut validus insaniam?
Quid cesso abire ad navem, dum salvo licet?
Vosque omneis quæso, si senex revenerit, 865
Ne me indicetis, qua platea hinc abfugerim. (*abit.*)
Sen. Lumbi sedendo, oculi spectando dolent,
Manendo medicum, dum se ex opere recipiat.
Odiosus tandem vix ab ægrotis venit.
Ait se obligasse crus fractum Æsculapio, 870
Apollini autem brachium: nunc cogito,
Utrum me dicam ducere medicum, an fabrum.
Atque, eccum, incedit, movet formicinum gradum.

SCENA QUARTA.

MEDICUS, SENEX.

Med. Quid esse illi morbi dixeras, narra senex.
Num larvatus, aut ceritus? fac sciam. 875
Num eum veternus, aut aqua intercus tenet?
Sen. Quin ea te causa duco, ut id dicas mihi,
Atque illum ut sanum facias. *Med.* Perfacile id quidem 'st.
Sanum futurum, mea ego id promitto fide.
Sen. Magna cum cura ego illum curari volo. 880
Med. Quin subspirabo plus sexcenties in die:
Ita ego illum cum cura magna curabo tibi.
Sen. Atque eccum ipsum hominem. *Men.* Observemus, quam rem agat.

SCENA QUINTA.

MENÆCHMUS SUBREPTUS, SENEX, MEDICUS.

Men. Edepol, næ hic dies pervorsus atque adversus mihi obtigit:
Quæ me clam ratus sum facere, ea omnia fecit palam 885
Parasitus, qui me conplevit flagiti et formidinis;
Meus Ulysses, suo qui regi tantum concivit mali.
Quem ego hominem, si quidem vivo, vita devolvam sua.
Sed ego stultus sum, qui illius esse dico, quæ mea sit.
Meo cibo et sumtu educatu'st: anima privabo virum. 890
Condigne autem hæc meretrix fecit, ut mos est meretricius.
Quia rogo pallam, ut referatur rursum ad uxorem meam,
Mihi se ait dedisse: heu, edepol, næ ego homo vivo miser!
Sen. Audin' quæ loquitur? *Med.* Se miserum prædicat. *Sen.* Adeas velim.
Med. Salvos sis, Menæchme; quæso cur apertas brachium? 894
Non tu scis, quantum isti morbo nunc tuo factas mali.

LES MÉNECHMES, ACTE V, SCÈNE V.

Le méd. (au vieillard.) Un champ d'ellébore ne suffira pas pour le guérir. — Mais dites-moi, Ménechme?
Mén. Que me voulez-vous?
Le méd. Répondez à mes questions. Buvez-vous du vin blanc ou du vin noir (1)?
Mén. Allez au gibet, vous dis-je.
Le méd. Voilà son accès de folie qui commence.
Mén. Pourquoi ne me demandez-vous pas si je mange du pain rouge, ou violet, ou jaune? si je me nourris d'oiseaux à écailles, et de poissons à plumes?
Le vieil. O ciel! vous entendez les extravagances qu'il débite : hâtez-vous de lui donner quelque potion, avant que son délire éclate avec violence.
Le méd. Un moment; je veux l'interroger encore.
Le vieil. Encore une question? vous m'assommez avec votre bavardage.
Le méd. (à Ménechme.) Dites-moi : vos yeux deviennent-ils durs habituellement?
Mén. Comment? Est-ce que vous me prenez pour une sauterelle, maître sot (2)?
Le méd. Entendez-vous quelquefois vos boyaux crier?
Mén. Quand j'ai bien mangé, ils ne crient pas, c'est quand j'ai faim qu'ils se mettent à crier.
Le méd. (au vieillard.) Par Pollux, sa réponse n'est pas d'un insensé. *(à Ménechme.)* Dormez-vous jusqu'au jour? vous endormez-vous facilement quand vous êtes couché?
Mén. Je dors bien quand j'ai payé mes dettes. Que Jupiter et tous les dieux te confondent, maudit questionneur!
Le méd. Sa folie recommence. — Prenez garde d'embourser quelque apostrophe.
Le vieil. Ah! ses paroles sont pleines d'aménité, au prix de tantôt! N'appelait-il pas sa femme chienne enragée?

(1) Les anciens donnaient au vin une couleur noire.
(2) Les insectes qui manquent de paupières ont, pour y suppléer, les yeux moins délicats.

Mén. Moi, j'ai tenu ce propos?
Le vieil. Tu déraisonnes, te dis-je.
Mén. Moi?
Le vieil. Toi-même, qui m'as menacé de m'écraser sous un char à quatre chevaux. Voilà les extravagances dont j'ai été témoin, et dont je puis te convaincre.
Mén. (vivement.) Et moi, je sais que tu as volé la couronne consacrée à Jupiter (1), et que pour ce crime on t'a mis en prison; je sais que tu n'en es sorti que pour être battu de verges au pied du gibet : je sais encore que tu as assassiné ton père et vendu ta mère. Suis-je dans mon bon sens, et t'ai-je bien rendu injure pour injure?
Le vieil. Je vous en conjure, médecin, appliquez vite les remèdes qu'il faut. Ne voyez-vous pas qu'il extravague?
Le méd. Savez-vous ce qu'il y a de mieux à faire? c'est de le transporter chez moi.
Le vieil. Vous croyez?
Le méd. Quel obstacle? là je pourrai le traiter à mon aise.
Le vieil. Comme il vous plaira.
Le méd. (à Ménechme.) Je vous ferai boire de l'ellébore pendant une vingtaine de jours.
Mén. Et moi je te pendrai; et je te percerai de coups d'aiguillon pendant une trentaine.
Le méd. (au vieillard.) Allez chercher des hommes pour le transporter chez moi.
Le vieil. Combien en faut-il?
Le méd. Dans l'état de fureur où je le vois, quatre pour le moins.
Le vieil. Ils seront ici dans un moment. Vous, médecin, veillez sur lui.
Le méd. Non; je vais à la maison pour préparer ce qu'il faut. Dites à vos esclaves de le transporter chez moi (2).

(1) La couronne d'or que les triomphateurs offraient à Jupiter Capitolin. — Les alliés et les sujets de Rome lui envoyaient aussi une couronne d'or, en signe de reconnaissance ou de soumission.
(2) Dans *les Méprises*, Shakspeare transforme le médecin en ma-

Men. Quin tu te suspendis? *Med.* Ecquid sentis?... *Sen.* Quidni sentiam?
Med. Non potest hæc res ellebori jugere obtinerier.
Sed quid ais, Menæchme? *Men.* Quid vis? *Med.* Dic mihi hoc, quod te rogo.
Album, an atrum vinum potas? *Men.* Quin tu is in malam crucem? 900
Sen. Jam, hercle, obceptat insanire primulum. *Men.* Quin tu me interrogas,
Purpureum panem an puniceum soleam ego esse, an luteum?
Soleamne esse aveis squamosas, pisceis pennatos? *Sen.* Papæ!
Audin' tu, ut deliramenta loquitur? quid cessas dare
Potionis aliquid, priusquam percipit insania? 905
Med. Mane modo; etiam percontabor. *Sen.* Alia obcidis fabula.
Med. Dic mihi hoc : solent tibi unquam oculi duri fieri?
Men. Quid? tu me locustam censes esse, homo inguavissume?
Med. Dic mihi, en unquam tibi intestina crepant, quod sentias?
Men. Ubi satur sum, nulla crepitant; quando esurio, tum crepant. 910
Med. Hoc quidem, edepol, haud pro insano verbum respondit mihi.
Perdormiscin' usque ad lucem? facilen' tu dormis cubans?

Men. Perdormisco, si resolvi argentum, quoi debeo.
Qui te Jupiter dique omneis, percontator, perduint! 914
Med. Nunc homo insanire obceptat : de illis verbis cave tibi.
Sen. Imo modestior nunc quidem est de verbis, præut dudum fuit.
Nam dudum uxorem suam esse aibat rabiosam canem.
Men. Quid ego dixi? *Sen.* Insanis, inquam. *Men.* Egone?
  Sen. Tu istic, qui mihi
Etiam me junctis quadrigis minitatu's prosternere;
Egomet hæc te vidi facere, egomet hæc te arguo. 920
Men. At ego te sacram coronam subripuisse scio Jovis;
Et ob eam rem in carcerem ted esse conpactum scio;
Et postquam es emissus, cæsum virgis sub furca scio.
Tum patrem obcidisse, et matrem vendidisse, etiam scio.
Satin' hæc pro sano maledicta maledictis respondeo? 925
Sen. Obsecro, hercle, medice, propere, quidquid facturus, face.
Non vides hominem insanire? *Med.* Scin' quid facias optumum?
Ad me face uti deferatur. *Sen.* Itan' censes? *Med.* Quippe ni?
Ibi meo arbitratu potero curare hominem. *Sen.* Age ut lubet.
Med. Elleborum potabis, faxo, aliquos viginti dies. 930
Men. At ego te pendentem fodiam stimulis triginta dies.
Med. I, arcesse homines, qui illunc ad me deferant. *Sen.* Quot sunt satis?
Med. Proinde, ut insanire video, quatuor; nihilo minus.

Le vieil. Il y sera bientôt.
Le méd. Je m'en vais.
Le vieil. Adieu. (*ils sortent l'un à droite, l'autre a gauche.*)
Mén. (*seul.*) Mon beau-père est parti et le médecin aussi; me voilà seul maintenant. O Jupiter! qu'est-ce que cela signifie? pourquoi ces gens-là veulent-ils que je sois fou? Depuis que je suis au monde, je n'ai jamais été malade un seul jour. Je n'extravague point, je ne cherche querelle à personne, je ne provoque personne. Je raisonne, et je comprends la raison; je reconnais parfaitement ceux à qui je parle. Mais ceux qui me déclarent fou si mal à propos ne seraient-ils pas fous eux-mêmes? Que dois-je faire? j'ai envie de rentrer chez moi : mais ma femme ne me le permet pas. (*montrant la maison d'Érotie.*) Là, on ne me recevrait pas davantage. Ma situation est affreuse. Restons ici jusqu'à la nuit. Peut-être à la fin me sera-t-il permis de rentrer chez moi.

SCÈNE VI.

MESSÉNION, MÉNECHME ENLEVÉ (*à l'écart.*)

Mes. Le modèle des bons serviteurs, c'est l'esclave qui prend en main les intérêts de son maître, a l'œil à tout, dispose tout, et fait en sorte que pendant l'absence du maître ses biens soient mieux gardés, sa maison mieux gouvernée que s'il était présent lui-même. Il songera plus à son dos qu'à sa bouche, à ses jambes qu'à son ventre, s'il a le cœur bien placé. Il aura devant les yeux les récompenses que les vauriens, les paresseux, les fripons reçoi-

gicien. Le docteur Pinch conjure Satan, logé dans un des frères jumeaux, de sortir du corps qu'il possède. Mais le jeune homme que le docteur veut lier, résiste, le lie à son tour, et brûle sa barbe avec des tisons ardents. On éteint le feu en jetant au pauvre homme des pelletées de fange infecte. Voilà une des inventions comiques dont la pièce anglaise a embelli l'ouvrage de Plaute.

vent de leurs maîtres; les étrivières, les fers aux pieds, les travaux du moulin, les fatigues extrêmes, la faim, et les rigueurs du froid : voilà le salaire de la mauvaise conduite. J'appréhende singulièrement ces maux; et cette frayeur me fait préférer le bien au mal. Ne vaut-il pas mieux recevoir des ordres que des coups? Je déteste les coups. J'aime beaucoup mieux manger le pain pétri par les autres, que de suer à le faire au moulin. Voilà pourquoi je suis exactement les volontés de mon maître, voilà pourquoi je le sers sans murmurer; et je m'en trouve bien. Que d'autres fassent ce qui leur semble meilleur ; moi, je serai tel que je dois être. J'ai toujours peur, afin de n'être jamais en faute. Je suis aux ordres de mon maître en toute occasion. L'esclave exempt de fautes, et sensible à la crainte, est seul utile à son maître. Ceux qui ne craignent rien commencent par mal faire, et craignent ensuite. Pour moi, je n'aurai pas longtemps à craindre; le temps approche où mon maître me donnera le prix de mon zèle : je sers de façon à prouver combien mes épaules me sont chères. J'ai logé les esclaves à l'auberge avec les bagages, suivant ses ordres, et je viens maintenant le chercher. Frappons à la porte pour qu'il sache que je suis là; emmenons-le sain et sauf de cette forêt de brigands. Mais j'ai peur d'arriver trop tard, après qu'on l'aura égorgé (1).

SCÈNE VII.

LE VIEILLARD, *suivi de quatre esclaves*, MÉNECHME ENLEVÉ, MESSÉNION.

Le vieil. (*à ses esclaves.*) Par les dieux et les hommes, je vous adjure d'exécuter avec intelligence les ordres que je vous ai donnés et que je vous

(1) Ce monologue est original et spirituel, mais un peu long : il gagnerait beaucoup à être dégagé de plusieurs redites inutiles.

Sen. Jam helc erunt : adserva tu isthunc, medice. *Med.* Imo
 ego ibo domum,
Ut parentur, quibus paratis opus est : tu servos jube   935
Hunc ad me ferant. *Sen.* Jam ego illeic, faxo, erit. *Med.*
 Abeo. *Sen.* Vale. (abeunt diversi.)
Men. Abiit socerus, abiit medicus; nunc solus sum : pro
 Jupiter!
Quid illuc est, quod me helc homines insanire prædicant?
Nam equidem postquam gnatus sum, nunquam ægrotavi
 unum diem.   939
Neque ego insanio, neque pugnas neque ego liteis cœpio.
Salvos salvos alios video; gnovi homines, adloquor.
An qui perperam insanire me aiunt, sanin' sunt ipsi insaniunt?
Quid ego nunc faciam ? domum ire cupio : at uxor non
 sinit.
Huc autem nemo intromittit. Nimis proventum 'st nequiter.
Heic ergo usque ad noctem : saltem, credo, intromittar do-
 mum.   945

SCENA SEXTA.

MESSENIO, MENÆCHMUS SUBREPTUS.

Spectamen bono servo id est, qui rem herilem
Procurat, videt, conlocat, cogitatque,
Ut absente hero, rem heri diligenter
Tutetur, quam si ipse adsit, aut rectius.
Tergum quam gulam, crura quam ventrem oportet   950
Potiora esse, quoi cor modeste situm 'st.
Recordetur id, qui nihili sunt, quid ils preti
Detur ab suis heris, ingnavis, inprobis
Viris; verbera, conpedes, molæ, magna

Lassitudo, fames, frigus durum :   955
Hæc pretia sunt ingnaviæ.
Id ego male malum metuo; propterea bonum
Esse certum 'st, potius quam malum : nam magis multo
Patior facilius verba, verbera ego odi.
Nimioque edo lubentius molitum, quam   960
Molitum præhibeo : propterea heri imperium
Exsequor bene, et sedato servio ;
Atque id mihi prodest; alii sese ita ut in rem
Esse ducunt, sint : ego ita ero, ut me esse oportet ;
Metum ut mihi adhibeam, culpam abstineam;   965
Hero ut omnibus in locis sim præsto.
Servi, qui culpa carent, et metuunt, ii
Solent esse heris utibileis : nam illi, qui nihil
Metuunt, quando malum promeritum 'st, metuunt.
Metuam haud multum; prope 'st, quando   970
Herus, quod strenue faciam, pretium exsolvet.
Eo exemplo servio, tergi ut in rem esse arbitror.
Postquam in tabernam vasa et servos conlocavi, ut jusserat,
Ita venio advorsum : nunc foreis pultabo, adesse ut me
 sciat.   974
Atque ut eum ex hoc saltu damni salvom ut educam foras.
Sed metuo, ne sero veniam, depugnato prælio.

SCENA SEPTIMA

SENEX, LORARII, MENÆCHMUS SUBREPTUS, MESSENIO.

Sen. Per ego vobis deos atque homines dico, ut imperium
 meum

LES MENECHMES, ACTE V, SCÈNE VII.

donne. Emportez-le chez le médecin sans qu'il touche à terre. Pour peu que vous teniez à conserver vos jambes et vos épaules, ne tenez compte de ses menaces. — Qu'est-ce qui vous arrête? pourquoi hésitez-vous? Il devrait déjà être enlevé. Je vais chez le médecin; vous m'y trouverez en arrivant. (*il sort.*)

Mén. (*voyant les esclaves s'avancer vers lui.*) Je suis perdu! qu'est-ce que cela signifie? pourquoi ces hommes courent-ils sur moi? (*aux esclaves.*) Que voulez-vous? que cherchez-vous? pourquoi m'entourer? Un enlèvement! où voulez-vous m'emporter? C'est fait de moi! au secours! Épidamniens, je vous en conjure, ô mes concitoyens, sauvez-moi. (*Se débattant contre les esclaves.*) Çà, me lâcherez-vous?

Mes. Dieux immortels, que vois-je? mon maître indignement enlevé par je ne sais quels brigands?

Mén. Personne n'osera-t-il me porter secours?

Mes. Moi, mon maître, et hardiment. Quel horrible attentat! quelle infamie(1), Épidamniens, qu'ici, dans une ville en paix, en pleine rue, à la clarté du jour, on enlève mon maître, un homme libre qui vient chez vous sur la foi de l'hospitalité! (*aux esclaves.*) Lâchez-le.

Mén. Je vous en conjure, qui que vous soyez, secourez-moi; ne me laissez pas en butte à un si sanglant outrage.

Mes. Non, non, je ne vous abandonnerai pas; je vous défendrai, je me dévouerai pour votre salut; je ne souffrirai pas que vous périssiez. Plutôt périr moi-même (2)! Arrachez un œil à celui qui vous tient par l'épaule, mon maître, je vous en prie. Je vais semer sur la face des autres des coups de poing, dru et serré. (*Il frappe les esclaves.*) Il vous en coûtera cher, par Hercule, de vouloir l'enlever. Lâchez!

(1) Il est sans doute inutile de faire remarquer ce mouvement si dramatique et si plein d'éloquence.
(2) Une loi obligeait, sous peine de mort, les esclaves à défendre leur maître.

Mén. (*saisissant un des esclaves.*) Je tiens un œil à celui-ci.

Mes. Arrachez: qu'il n'y reste que la place. (*frappant à coups redoublés.*) Ah! scélérats! ah! voleurs! ah! brigands!

Les escl. C'est fait de nous! Grâce! grâce (1)!

Mes. Lâchez donc.

Mén. De quel droit mettez-vous la main sur moi? (*à Messénion.*) Frotte-les à coups de poing.

Mes. (*frappant toujours.*) Allez, fuyez, courez au gibet! (*à un des assaillants.*) Tiens, à toi cela, pour avoir résisté le dernier; voilà ta récompense. (*Ils s'enfuient tous.*) Je leur ai bariolé le visage de la bonne manière, et à cœur joie. Par Pollux, mon maître, je suis en vérité venu bien à propos pour vous secourir.

Mén. Qui que tu sois, jeune homme, puissent les dieux te combler toujours de biens! Sans toi, je n'aurais pas vu le soleil se coucher: c'était fait de moi.

Mes. Eh bien! mon maître, si vous voulez faire une belle action, vous m'affranchirez.

Mén. Moi, que je t'affranchisse?

Mes. Sans doute, puisque je vous ai sauvé, mon maître.

Mén. Que dis-tu, mon ami? tu te trompes.

Mes. Comment! je me trompe?

Mén. Je jure par le grand Jupiter que je ne suis pas ton maître.

Mes. Taisez-vous donc.

Mén. Je ne mens pas. Jamais aucun de mes esclaves n'a fait pour moi ce que tu viens de faire.

Mes. Eh bien! puisque vous ne voulez pas que je sois votre esclave, permettez-moi d'être libre.

Mén. Je te le permets volontiers; sois libre, et va où tu voudras.

Mes. Vous me l'ordonnez?

(1) Dans la pièce de Rotrou, le médecin est présent; un des valets, effrayé de la résistance du malade, dit au docteur:
. . . Exécutez vous-même une telle ordonnance.

Sapienter habeatis curæ, quæ inperavi atque inpero;
Facite illic homo jam in medicinam ablatus sublimis siet,
Nisi quidem vos vostra crura aut latera nihili penditis. 980
Cave quisquam, quod illic minitetur, vostrum floccifecerit.
Quid statis? quid dubitatis? jam sublimem raptum oportuit.
Ego ibo ad medicum; præsto ero illeic, quom venietis. *Men.* Obcidi!
Quid hoc est negoti? quid illice homines ad me currunt, obsecro? 984
Quid voltis vos? quid quæritatis? quid me circumsistitis?
Quo rapitis me? quo fertis me? perii! obsecro vostram fidem,
Epidamnienseis, subvenite, civeis. Quin me mittitis?
Mess. Pro di inmortaleis, obsecro, quid ego oculis adspicio meis?
Herum meum indignissume nescio qui sublimem ferunt.
Men. Ecquis subpetias mihi audet adferre? *Mess.* Ego, here, audacissume. 990
O facinus indignum et malum, Epidamni civeis, herum
Meum heic in pacato oppido
Luci deripier in via, qui liber ad vos venerit!
Mittite istunc. *Men.* Obsecro te, quisquis es, operam ut des mihi,
Neu sinas in me insignite fieri tantam injuriam. 995
Mess. Imo et operam dabo, et defendam, et subvenibo sedulo.
Nunquam te patiar perire: me perire 'st æquius.

Eripe oculum isti, ab humero qui te tenet, here, te obsecro.
Hisce ego jam sementem in ore faciam, pugnosque obseram.
Maxumo hodie malo, hercle, vostro istunc fertis: mittite.
Men. Teneo ego huic oculum. *Mess.* Face ut oculi locus in capite adpareat. 1001
Vos scelesti, vos rapaceis, vos prædones. *Lor.* Perimus!
Obsecro, hercle. *Mess.* Mittite ergo. *Men.* Quid me vobis tactio 'st?
Pecte pugnis. *Mess.* Agite, abite, fugite hinc in malam crucem. 1004
Hem tibi etiam, quia postremus cedis, hoc præmi feres.
Nimis autem bene ora conmentavi, atque ex mea sententia.
Edepol, here, næ tibi subpetias tempore adveni modo.
Men. At tibi di semper, adulescens, quisquis es, faciant bene.
Nam absque ted esset, hodie nunquam ad solem obcasum viverem. 1009
Mess. Ergo, edepol, si recte facias, here, me mittas manu.
Men. Liberem ego te? *Mess.* Verum, quandoquidem, here, te servavi. *Men.* Quid est?
Adulescens, erras. *Mess.* Quid erro? *Men.* Per Jovem adjuro patrem,
Me herum tuum non esse. *Mess.* Non taces? *Men.* Non mentior.
Nec meus servos unquam taie fecit, quale tu mihi. 1014
Mess. Sic sine igitur, si tuum negas me esse, abire liberum.

Mén. Je te l'ordonne, si j'ai quelque pouvoir sur toi.

Mes. Je vous salue, mon cher patron!

Un escl. Je suis charmé de te voir libre, Messénion.

Mes. (aux esclaves.) Par Hercule, je ne doute pas de vos sentiments. (à *Ménechme*.) Mais je vous en prie, mon patron, disposez toujours de moi comme si j'étais votre esclave (1). Je demeurerai chez vous; et quand vous y retournerez, j'irai avec vous à la maison.

Mén. Point du tout.

Mes. Maintenant je cours à l'auberge; je vous rapporterai le bagage et l'argent. La bourse de voyage est sous bon scellé dans la valise; je vous la remettrai ici.

Mén. Apporte vite.

Mes. Je vous la remettrai intacte, comme vous me l'avez donnée. Attendez-moi ici. (*il sort.*)

Mén. (seul.) En vérité, tout ce qui m'arrive aujourd'hui tient du prodige.... C'est inouï! les uns disent que je ne suis pas moi, et me mettent à la porte. Celui-ci se dit mon esclave, et je l'ai affranchi. Il va, dit-il, m'apporter ma bourse et mon argent. S'il l'apporte, je lui dirai de s'en aller bien loin, en pleine liberté, où il voudra, de peur qu'il ne me réclame l'argent, quand il aura retrouvé son bon sens (2). Mon beau-père et le médecin prétendent que je suis fou. Tout cela est inexplicable. C'est vraiment un songe. — Allons voir cette courtisane, quoiqu'elle soit fâchée; voyons si à force d'instances j'obtiendrai qu'elle me rende cette robe, pour la rapporter à ma femme. (*il entre chez Érotie.*)

(1) Usez pourtant, monsieur, de la même puissance
Que quand je dépendais de votre obéissance.
ROTROU, act. IV, sc. 5.
(2) M. Naudet prend ce mot au sérieux, et y voit une pensée d'escroquerie qui déshonore le caractère de Ménechme et nuit à l'intérêt qu'il doit inspirer. Mais ici, de même qu'au 3ᵉ acte, nous aimons à

SCÈNE VIII.

MÉNECHME SOSICLÈS, MESSÉNION.

Mén. Sos. Comment! tu as l'audace, impudent, de me dire que je t'ai vu depuis le moment où je t'ai donné l'ordre de venir me chercher ici?

Mes. Je vous ai même arraché des mains de quatre hommes qui vous enlevaient devant cette maison. Vous imploriez l'assistance et des dieux et des hommes, lorsque j'accours, et parviens à force de coups de poing à vous délivrer, malgré leur résistance. Pour prix de ce service qui vous a sauvé, vous m'avez affranchi. Mais comme je vous ai dit que j'allais chercher l'argent et les bagages, vous avez bien vite pris les devants, pour venir me nier ce que vous aviez fait.

Mén. Sos. Moi, je t'ai donné la liberté?

Mes. Certainement.

Mén. C'est-à-dire que certainement j'aimerais mieux devenir esclave moi-même que de t'affranchir jamais.

SCÈNE IX.

MÉNECHME ENLEVÉ, MESSÉNION, MÉNECHME SOSICLÈS.

Mén. (sortant de chez *Érotie* et parlant à l'intérieur.) Vous auriez beau jurer par la prunelle de vos yeux, jamais vous ne me prouverez que j'ai emporté aujourd'hui la mante ni le bracelet, coquines!

Mes. (apercevant *Ménechme Enlevé*.) Dieux immortels! que vois-je (1)?

Mén. Sos. Qu'est-ce que tu vois?

croire que c'est une saillie, un trait de jeune libertin souvent sans argent, qui n'agirait point comme il parle. La pièce et le reste du rôle confirment cette interprétation.
(1)...... Quel prodige en ces lieux?
Quelle aventure, ô ciel! Dois-je en croire mes yeux?....
Quel objet se présente, et que me fait-on voir?
C'est mon portrait qui marche, ou bien c'est mon miroir.
REGNARD, act. V, sc. 6.

Men. Mea quidem, hercle, causa liber esto, atque ito quo voles.

Mess. Nempe jubes? *Men.* Jubeo, hercle, si quid inperi est in te mihi.

Mess. Salve, mi patrone. *Serv. alius.* Quom tu liber es, Messenio,

Gaudeo. *Mess.* Credo, hercle, vobis : sed, patrone, te obsecro,

Ne minus inperes mihi, quam quom tuus servos fui.   1020
Apud te habitabo, et quando ibis, una tecum ibo domum.

Men. Minume. *Mess.* Nunc ibo in tabernam; vasa et argentum tibi

Referam : recte est obsignatum in vidulo marsupium
Cum viatico, id tibi jam huc adferam. *Men.* Adfer strenue.

Mess. Salvom tibi item ut mihi dedisti, redhibebo : heic me mane.   1025

Men. Nimia mira mihi quidem hodie exorta miris modis.
Alii me negant eum esse qui sum, atque excludunt foras.
Etiam hic servom esse se meum aibat, quem ego emisi manu. Is ait se mihi adlaturum cum argento marsupium;
Id si adtulerit, dicam ut a me abeat liber quo volet,   1030
Ne tum, quando sanus factus sit, a me argentum petat.
Socer et medicus me insanire dicebant : quid sit, mira sunt.
Haec nihilo mihi esse videntur secius, quam somnia.
Nunc ibo intro ad hanc meretricem : quamquam subcenset mihi,   1034
Si possum exorare ut pallam reddat, quam referam domum.

(abit.)

SCENA OCTAVA.

MENÆCHMUS SOSICLES, MESSENIO.

Men. Men' hodie usquam convenisse te, audax, audes dicere,
Postquam adversum mihi inperavi, ut huc venires? *Mess.* Quin modo

Eripui, homines qui te ferebant sublimem quatuor,
Apud hasce aedeis; tu clamabas deum fidem atque hominum omnium,   1039
Quom ego adcurro, teque eripio, vi pugnando, ingratiis.
Ob eam rem, qui te servavi, me amisisti liberum.
Quom argentum dixi me petere et vasa, tu, quantum pote'st,
Praecucurristi obviam, ut quae fecisti, infitias eas.

Men. Liberum ego te jussi abire? *Mess.* Certo. *Men.* Quoi certissumum 'st,   1044
Mepte potius fieri servom, quam te unquam emittam manu?

SCENA NONA.

MENÆCHMUS SUBRUPTUS, MESSENIO, MENÆCHMUS SOSICLES.

Men. Subr. Si voltis per oculos jurare, nihilo, hercle, ea causa magis
Facietis, ut ego hodie abstulerim pallam et spinther, possumae.

Mess. Pro di inmortaleis, quid ego video? *Men. Sos.* Quid vides? *Mess.* Speculum tuum.

LES MÉNECHMES, ACTE V, SCÈNE IX.

Mes. Votre image, comme dans un miroir.
Mén. Sos. Qu'est-ce que cela signifie?
Mes. C'est votre portrait; il n'y a pas de ressemblance plus parfaite.
Mén. Sos. (*regardant son frère.*) En effet, par Pollux, il me ressemble, quand j'examine ma figure...
Mén. (*à Messénion.*) Bonjour, jeune homme; qui que tu sois, tu es mon sauveur.
Mes. Je vous prie, jeune homme, dites-moi votre nom, si vous voulez bien.
Mén. Très-volontiers : tu m'as rendu un trop grand service pour que je te refuse quelque chose. Mon nom est Ménechme.
Mén. Sos. Mais, par Pollux, c'est le mien.
Mén. Je suis Sicilien, de Syracuse.
Mén. Sos. C'est aussi ma demeure et ma patrie.
Mén. Que dites-vous là?
Mén. Sos. L'exacte vérité.
Mes. (*montrant Ménechme Enlevé.*) Voici mon maître, je le reconnais ; c'est à lui que j'appartiens, et je croyais appartenir à celui-là (*montrant son maître à Ménechme Enlevé.*) Je l'ai pris pour vous, mais je lui ai causé bien du tourment. (*à Ménechme-Sosiclès.*) Pardonnez-moi, je vous prie, si j'ai dit quelque sottise sans le vouloir (1).
Mén. Sos. Je crois que tu as perdu l'esprit. Ne te souvient-il plus que nous avons débarqué ensemble aujourd'hui?
Mes. (*avec étonnement.*) Oui, vraiment, c'est juste; c'est vous qui êtes mon maître. (*à Ménechme Enlevé.*) Vous, cherchez un autre esclave. (*à son maître.*) Vous, je vous salue ; (*à Ménechme Enlevé.*) Vous, adieu. (*il se range du côté de Ménechme Sosiclès.*) Je déclare que voilà le vrai Ménechme.
Mén. C'est moi qui le suis.
Mén. Sos. Quel conte! Vous êtes Ménechme, vous?
Mén. Oui, je suis Ménechme, fils de Moschus.
Mén. Sos. Vous êtes le fils de mon père?
Mén. Non pas, jeune homme, mais le fils du mien. Le vôtre, je ne vous le dispute pas, je ne veux pas vous l'ôter.
Mes. (*à part.*) Dieux immortels! quelle espérance imprévue offrez-vous à ma pensée? quels soupçons! Si je ne me trompe, voilà les deux frères jumeaux : ils nomment tous deux la même patrie, le même père. Prenons mon maître à part. (*Il appelle Ménechme.*)
Les deux Mén. Que veux-tu?
Mes. Je ne vous veux pas tous deux à la fois.... Lequel de vous deux est arrivé ici avec moi sur le même vaisseau?
Mén. Ce n'est pas moi.
Mén. Sos. C'est moi.
Mes. C'est donc à vous que je veux parler. Venez de ce côté.
Mén. Sos. Me voici : qu'y a-t-il?
Mes. (*bas à Ménechme Sosiclès.*) Cet homme est un aventurier, ou votre frère jumeau, car je ne vis jamais entre deux personnes ressemblance plus parfaite : deux gouttes d'eau, deux gouttes de lait ne se ressemblent pas plus que vous à lui, et lui à vous. Et puis il se dit du même pays, fils du même père. Il est bon de lui parler, de le questionner.
Mén. Sos. (*bas à Messénion.*) Oui, tu me donnes un bon conseil; je t'en remercie. Poursuis tes informations, je t'en prie. Tu es affranchi, si tu découvres qu'il est mon frère.
Mes. (*bas.*) Je l'espère.

---

(1) Ce colloque est un peu long, et l'espèce d'enquête qui retarde la reconnaissance des deux frères refroidit la scène. Mais M. Naudet n'est-il pas trop sévère, en disant qu'il n'y aurait pas assez de sifflets dans nos théâtres pour de pareilles longueurs? La situation est comique, heureusement amenée et semée de mots tour à tour gais et touchants : on ne siffle guère de telles scènes. D'ailleurs M. Naudet lui-même excuse le poëte par une observation pleine de justesse et de vérité : c'est que cet appareil judiciaire était approprié à l'esprit formaliste des Romains, et par conséquent au goût des spectateurs, loi suprême de l'auteur dramatique.

Men. Sos. Quid negoti 'st? *Mess.* Tua 'st imago : tam consimili'st quam pote'st.
Men. Sos. Pol, profecto, haud est dissimilis, meam quom formam gnoscito. 1050
Men. Subr. O adulescens, salve, qui me servavisti, quisquis es.
Mess. Adulescens, quæso, hercle, loquere tuom mihi nomen, ni piget.
Men. Sos. Non, edepol, ita promeruisti de me, ut pigeat quæ velis.
Est mihi Menæchmus nomen. *Men. Sos.* Imo, edepol, mihi.
Men. Subr. Siculus sum Syracusanus. *Men. Sos.* Ea domus et patria 'st mihi. 1055
Men. Subr. Quid ego ex te audio? *Men. Sos.* Hoc quod res est. *Mess.* Gnovi equidem hunc, herus est meus.
Ego quidem hujus servos sum, sed me esse hujus credidi.
Ego hunc censebam esse te, huic etiam exhibui negotium.
Quæso ingnoscas, si quid stulte dixi, atque inprudens tibi.
Men. Sos. Delirare mihi videor, non conmeministi simul
Te hodie mecum exire e navi? *Mess.* Enimvero æquom postulas. 1061
Tu herus es : tu servom quære : salveto tu : tu vale.
Hunc ego esse aio Menæchmum. *Men. Subr.* At ego me.
Men. Sos. Quæ hæc fabula 'st?
Tu es Menæchmus? *Men. Subr.* Me esse dico, Moscho prognatum patre. 1064
Men. Sos. Tun' meo patre es prognatus? *Men. Subr.* Imo equidem, adulescens, meo.
Tuom tibi neque obcupare, neque præripere postulo.
Mess. Di inmortales, spem insperatam date mihi, quam subspicor.
Nam nisi me animus fallit, hi sunt gemini germani duo :
Nam et patriam et patrem conmemorant pariter, qui fuerint sibi.
Sevocabo herum. Menæchme. *Men. ambo.* Quid vis? *Men.* Non ambos volo. 1070
Sed uter vostrum est advectus mecum navi? *Men. Subr.* Non ego.
Men. Sos. At ego. *Mess.* Te volo igitur : huc concede. *Men. Sos.* Concessi, quid est?
Mess. Illic homo aut sycophanta, aut geminus est frater tuus.
Nam ego hominem homini similiorem nunquam vidi alterum.
Neque aqua aquæ, neque lacte est lactis, crede mihi, usquam similius, 1075
Quam hic tui est, tuque hujus : postea autem eamdem patriam ac patrem
Memorat : meliu'st nos adire, atque hunc percontari.
Men. Sos. Hercle, quin tu me admonuisti recte; et habeo gratiam.
Perge operam dare, obsecro, hercle, liber esto, si invenis
Hunc meum fratrem esse. *Mess.* Spero *Men. Sos.* Et ego idem spero fore. 1080

Mén. Sos. (bas.) Je l'espère aussi.
Mes. (à *Ménechme Enlevé*.) Voyons. Vous disiez, je crois, que vous vous appeliez Ménechme?
Mén. Oui sans doute.
Mes. (*montrant son maître*.) Il se nomme aussi Ménechme. Vous êtes né, dites-vous, en Sicile, à Syracuse; et lui pareillement. Vous prétendez que Moschus est votre père; Moschus est aussi son père. Maintenant prêtez tous les deux attention à mes paroles, ou plutôt à vos propres destinées.
Mén. Tu m'as obligé de façon à obtenir tout ce que tu demandes, tout ce que tu souhaites : et, quoique libre, je suis prêt à te servir, comme si tu m'avais acheté de ton argent.
Mes. J'espère que vous retrouverez l'un et l'autre votre frère jumeau, né de la même mère, du même père, le même jour.
Mén. Tu dis là des choses incroyables!... Plaise au ciel que tu puisses accomplir ta promesse!
Mes. Je le peux; mais approchez tous deux, et répondez l'un et l'autre à mes questions.
Mén. Demande ce que tu voudras; je dirai tout ce que je sais, sans nulle réticence.
Mes. Votre nom est Ménechme?
Mén. Oui.
Mes. (à *Ménechme Sosiclès*.) Et le vôtre de même?
Mén. Sos. Oui.
Mes. (à *Ménechme Enlevé*.) Vous dites que vous avez pour père Moschus?
Mén. Certainement.
Mén. Sos. Et moi aussi.
Mes. (à *Ménechme Enlevé*.) Vous êtes de Syracuse?
Mén. Sans doute.
Mes. (à *Ménechme Sosiclès*.) Et vous?
Mén. Sos. Assurément.
Mes. Jusqu'ici tous les indices s'accordent parfaitement. Continuons, faites bien attention. (à *Ménechme Enlevé*.) Quels sont, dites-moi, les plus anciens souvenirs que votre patrie vous ait laissés?
Mén. C'est d'avoir suivi mon père à Tarente dans un voyage de commerce : je le perdis et m'égarai au milieu de la foule : on me conduisit de cette ville ici.
Mén. Sos. Grand Jupiter, protége-moi!
Mes. Pourquoi des exclamations? Gardez le silence. (à *Ménechme Enlevé*.) Quel âge aviez-vous quand votre père vous emmena?
Mén. Sept ans; mes premières dents commençaient à tomber. Depuis, je n'ai jamais revu mon père.
Mes. Et combien votre père avait-il de fils?
Mén. Deux, autant qu'il m'en souvient.
Mes. Lequel était l'aîné, vous ou votre frère?
Mén. Nous étions tous deux du même âge.
Mes. Comment cela se peut-il?
Mén. Nous étions jumeaux.
Mén. Sos. Les dieux me protégent.
Mes. Si vous interrompez, je ne dirai plus rien.
Mén. Sos. Je me tais.
Mes. (à *Ménechme Enlevé*.) Dites-moi, vous n'aviez qu'un seul nom tous deux?
Mén. Point du tout. Je me nommais alors, comme aujourd'hui, Ménechme : on appelait mon frère Sosiclès.
Mén. Sos. La preuve est claire... Je ne puis résister au plaisir de l'embrasser. Mon frère, mon cher frère jumeau, salut; je suis Sosiclès. (*il se jette dans les bras de son frère.*)
Mén. Comment donc vous a-t-on donné, depuis, le nom de Ménechme?
Mén. Sos. Quand on vint nous dire que mon père et toi vous étiez morts (1), notre aïeul me fit changer de nom, et prendre le tien.

(1) On a fait remarquer ici avec raison que Sosiclès n'a jamais dû croire que son frère était mort, mais seulement enlevé; et c'est ce

Mess. Quid ais tu? Menæchmum, opinor, te vocari dixeras.
Men. Subr. Ita vero. *Mess.* Huic item Menæchmo nomen est. In Sicilia
Te Syracusis gnatum esse dixisti; hic gnatus est ibi.
Moschum tibi patrem fuisse dixisti; huic itidem fuit.
Nunc operam potestis ambo mihi dare et vobis simul. 1085
Men. Sub. Promeruisti, ut ne quid ores, quod velis, quin inpetres.
Tamquam si emeris me argento, liber servibo tibi.
Mess. Spes mihi est, vos inventuros fratres germanos duos
Geminos, una matre gnatos, et patre uno uno die.
Men. Subr. Mira memoras : utinam ecficere, quod pollicitus, possies! 1090
Mess. Possum; sed nunc coite : uterque id, quod rogabo, dicite.
Men. Subr. Ubi lubet, roga; respondebo, nihil reticebo, quod sciam.
Mess. Est tibi nomen Menæchmo? *Men. Subr.* Fateor. *Mess.* Est itidem tibi?
Men. Sos. Est. *Mess.* Patrem fuisse Moschum tibi ais? *Men. Subr.* Ita vero. *Men. Sos.* Et mihi.
Mess. Esne tu Syracusanus? *Men. Subr.* Certo. *Mess.* Quid tu? *Men. Sos.* Quippini? 1095
Mess. Optume usque adhuc conveniunt signa; porro operam date.
Quid longissume meministi, dic mihi, in patria tua?
Men. Subr. Cum patre ut abii Tarentum ad mercatum, tum postea

Inter homines me deerrare a patre, atque inde avehi.
Men. Sos. Jupiter supreme, serva me. *Mess.* Quid clamas? quin taces? 1100
Quot eras annos gnatus, quom te pater a patria avehit?
Men. Subr. Septuennis : nam tum denteis mihi cadebant primulum.
Neque patrem unquam postilla vidi. *Mess.* Quid? vostrum patri
Filii quot eratis? *Men. Subr.* Ut nunc maxume memini, duo.
Mess. Uter eratis, tun' an ille major? *Men. Subr.* Æque ambo pares. 1105
Mess. Qui id potest? *Men. Subr.* Gemini ambo eramus.
Men. Sos. Di me servatum volunt.
Mess. Si interpellas, ego tacebo. *Men. Sos.* Potius taceo.
Mess. Dic mihi,
Uno nomine ambo eratis? *Men. Subr.* Minume : nam mihi hoc erat,
Quod nunc est, Menæchmus; illum tum vocabant Sosiclem.
Men. Sos. Signa agnovi; contineri, quin conplectar, non queo. 1110
Mi germane, gemine frater, salve, ego sum Sosicles.
Men.-Subr. Quomodo igitur post Menæchmo nomen est factum tibi?
Men. Sos. Posiquam ad nos renunciatum 'st, te et patrem esse mortuum,
Avos noster mutavit; quod tibi nomen est, fecit mihi.
Men. Subr. Credo ita esse factum, ut dicis : sed mihi hoc responde. *Men. Sos.* Rogu. 1115

Mén. Je crois ce que tu me dis là. Mais une question...

Mén. Sos. Parle.

Mén. Comment s'appelait notre mère?

Mén. Sos. Theusimarque.

Mén. C'est bien cela : bonheur inespéré! Salut, ô toi que je revois après tant d'années, mon frère! (*ils s'embrassent.*)

Mén. Sos. Salut, toi que je cherche depuis si longtemps avec tant de peine, et qu'il m'est si doux de retrouver (1)!

Mes. (*à Ménechme Sosiclès.*) C'est donc cela que cette courtisane vous appelait du nom de votre frère Elle vous prenait sans doute pour lui, lorsqu'elle vous a invité à dîner.

Mén. En effet, je lui avais dit de préparer aujourd'hui un dîner chez elle à l'insu de ma femme, a qui j'ai dérobé tantôt une mante pour en faire cadeau à ma maîtresse.

Mén. Sos. Est-ce celle que j'ai là?

Mén. Comment a-t-elle passé dans tes mains?

Mén. Sos. La courtisane qui m'a emmené dîner chez elle m'a soutenu que je lui avais donné cette mante. J'ai bien mangé, bien bu; j'ai bien fêté la belle : après quoi, elle m'a remis cette mante et ce bijou.

Mén. Je suis charmé, mon frère, de t'avoir procuré cette bonne fortune : car en t'invitant, c'était moi qu'elle croyait inviter.

Mes. (*à Ménechme Enlevé.*) Que tardez-vous à ratifier mon affranchissement que vous avez déjà prononcé?

Mén. Sa demande est raisonnable et juste... accorde-la, mon frère, pour l'amour de moi.

Mén. Sos. (*à Messénion en lui touchant la joue.*) Sois libre.

Mén. Je te félicite, Messénion, de ton affranchissement.

Mes. J'avais besoin de meilleurs auspices que tantôt pour être à jamais assuré de ma liberté(1).

Mén. Sos. (*à Ménechme Enlevé.*) Mon frère, puisque l'événement comble mes vœux, retournons ensemble dans notre pays.

Mén. Comme tu voudras, mon frère. Je vais mettre en vente tous les biens que je possède ici. Mais entrons chez moi.

Mén. Sos. Volontiers.

Mes. (*à Ménechme Enlevé.*) Savez-vous ce que j'ai à vous demander?

Mén. Quoi?

Mes. C'est de me charger de la criée.

Mén. J'y consens.

Mes. Eh bien! voulez-vous que je publie la vente tout de suite? Pour quel jour?

Mén. Dans sept jours.

Mes. (*au public.*) La vente de Ménechme se fera dans sept jours, le matin. On vendra les esclaves, le mobilier, les terres, les maisons. Tout, quel que soit le prix, sera vendu, argent comptant. On vendra même la femme, si on trouve un acheteur. J'ai peine à croire qu'on retire de toute la vente cinq millions de sesterces (2). Maintenant, spectateurs, portez-vous bien, et applaudissez vivement.

que dit clairement le prologue. Sans cela il ne le chercherait pas en tous lieux, et il n'y aurait pas de comédie. C'est évidemment une distraction de l'auteur, ou une faute des copistes. Une légère correction répare cette erreur. Nous lisons donc, avec un ingénieux commentateur : renunciatum 'st de te, et patrem, etc. « Quand on vint nous apprendre ton enlèvement et la mort de mon père, etc. »

(1) Rotrou ajoute un trait de sensibilité qui est en même temps le complément du drame :

Mes soins sont achevés et mes travaux finis,
En cet heureux moment qui nous a réunis.

(1) Il avait été affranchi par Ménechme Enlevé, qu'il croyait être son maître; et son maître véritable le remettait en servitude. M. Naudet pense, non sans raison, qu'il manque ici quelques vers, où Sosiclès affranchissait son esclave avant d'adresser la parole à son frère.

(2) environ 900,000 f. Cette exagération est une allusion plaisante à la triste fortune de l'acteur qui jouait le rôle de Ménechme, et qui après la représentation allait redevenir gueux comme devant.

Men. Subr. Quid erat nomen nostræ matri? *Men. Sos.* Theusimarche. *Men. Subr.* Convenit.

O salve, insperate, multis annis post quem conspicor,
Frater. *Men. Sos.* Et tu, quem ego multis miseris laboribus,
Usque adhuc quæsivi, quemque ego esse inventum gaudeo.
Mess. Hoc erat, quod hæc te meretrix hujus vocabat nomine. 1120
Hunc censebat te esse, credo, quom vocat te ad prandium.
Men. Subr. Namque, edepol, heic mihi hodie jussi prandium adpararier,
Clam meam uxorem, quoi pallam subripui dudum domo.
Eam dedi huic. *Men. Sos.* Hancne dicis, frater, pallam, quam ego habeo?
Men. Subr. Quomodo hæc ad te pervenit? *Men. Sos.* Meretrix huc ad prandium 1125
Me abduxit; me sibi dedisse aibat : prandi perbene,
Potavi, atque adcubui scortum; pallam, et aurum hoc mi dedit.
Men. Subr. Gaudeo, edepol, si quid propter me tibi evenit boni.
Nam illa quom te ad se vocabat, me esse credidit. 1129
Mess. Numquid me morare, quin ego liber, ut jussisti, eam?

Men. Subr. Optumum atque æquissumum orat, frater : fac causa mea.
Men. Sos. Liber esto. *Men. Subr.* Quom tu es liber, gaudeo, Messenio.
Mess. Sed meliore est opus auspicio, liber perpetuo ut sjem.
Men. Sos. Quoniam hæc evenerunt, frater, nostra ex sententia,
In patriam redeamus ambo. *Men. Subr.* Frater, faciam ut tu voles. 1135
Auctionem heic faciam, et vendam quidquid est. Nunc interim
Eamus intro, frater. *Men. Sos.* Fiat. *Mess.* Scitin' quid ego vos rogo?
Men. Subr. Quid? *Mess.* Mihi ut præconium detis. *Men. Subr.* Dabitur. *Mess.* Ergo nunc jam
Vis conclamari auctionem fore? quo die? *Men. Subr.* Die septimi.
Mess. Auctio fiet Menæchmi mane sane septimi. 1140
Venibunt servi, subpellex, fundi, ædeis; omnia
Venibunt, quiqui licebunt, præsenti pecunia.
Venibit uxor quoque etiam, si quis emtor venerit.
Vix, credo, tota auctione capiet quinquagesies.
Nunc, spectatores, valete, et nobis clare adplaudite. 1145

Cette pièce est un des chefs-d'œuvre de notre auteur et du théâtre ancien. La ressemblance des deux frères jumeaux une fois admise, la fable se développe avec un art infini. On remarquera même que les théâtres des anciens, par leur étendue, la distance de l'auditoire par le costume et le masque des acteurs, par l'appareil acoustique qui modifiait la voix, favorisaient à merveille l'illusion, et rendaient les méprises parfaitement vraisemblables. Avec ce ressort unique et si simple, le poëte a su produire des effets toujours nouveaux et dramatiques. Point d'épisode superflu, point de personnage inutile. Toutes les scènes, tous les personnages naissent de l'action. Une femme, un beau-père, un parasite, une maîtresse, un esclave, un médecin, tourmentent tour à tour les deux frères sans le vouloir, et de la meilleure foi du monde. Il y a erreur, illusion, mais jamais malice ou abus de confiance ; personne ne trompe et ne bafoue sciemment les deux Ménechmes. C'est un des grands mérites de Plaute et qui a échappé à Regnard, malgré l'incontestable supériorité de l'imitateur.

L'habileté de l'exécution répond au plan. La scène du cuisinier, qui vient offrir à Sosiclès le dîner préparé pour l'autre Ménechme, commence cette série de méprises d'une manière fort plaisante. La courtisane qui le prend pour son amant, et à laquelle il cède malgré mille serments de sagesse, offre un tableau plein de gaieté et de philosophie. La démarche du parasite, qui, pour se venger d'un dîner perdu a dénoncé les fredaines de Ménechme marié, ranime l'intrigue par des incidents de jalousie et des querelles de ménage fort réjouissantes. La scène du 5ᵉ acte, où un père prend contre sa fille parti pour un gendre libertin, choque les lecteurs modernes. Mais à ce titre même elle mérite l'attention de l'observateur. Au milieu des singularités cyniques propres à la société ancienne, on trouvera des vérités, des leçons communes à tous les temps et à tous les peuples. La consultation des médecins est un avant-goût de l'esprit et de la verve de Molière. Un autre mérite qu'on n'a peut-être pas assez remarqué, c'est le caractère sensible et bon du Ménechme Sosiclès, cet amour fraternel qui le pousse à courir les dangers d'un long voyage pour retrouver son frère. Cette tendresse dévouée rend la reconnaissance bien plus touchante et le dénoûment bien plus dramatique. Ce mérite est encore resté tout entier à Plaute. Les imitateurs modernes n'ont pas su se l'approprier.

La préférence que La Harpe accorde avec raison aux Ménechmes de Regnard le rend très-injuste pour ceux de Plaute. La mante et le bracelet que Sosiclès dérobe à une courtisane le scandalisent au dernier point. Il ne voit là qu'une escroquerie indigne de la scène. Néanmoins, avec tout le respect qu'on doit, mais qu'on rend assez mal aujourd'hui à ce grand critique, nous oserons dire que la condition des courtisanes à Rome, les mœurs, les lois mêmes, autorisaient ces tours un peu trop lestes. Les grands seigneurs du *Bourgeois gentilhomme* et de *Turcaret* en font qui ne sont guère plus délicats.

FRAGMENTS
DES COMÉDIES DE PLAUTE.

On a regardé comme un devoir de traduire tous ces divers fragments, sans lesquels une édition de Plaute ne saurait être complète. Ces débris des œuvres du génie, dispersés çà et là, et recueillis jusqu'aux moindres parcelles par la religieuse érudition des philologues; ces pierres détachées, mutilées, qu'ils rajustent et replacent souvent avec bonheur ne sont pas d'inutiles curiosités. Plaute avait, dit-on, composé plus de cent pièces de théâtre. Ces fragments n'ont pas seulement l'intérêt qui s'attache à tout ce qui est sorti de la plume d'un grand écrivain, et qui s'augmente encore du regret de tant de pertes : en révélant par le titre seul l'existence de tant de comédies détruites, ils témoignent à la fois de la prodigieuse fécondité de l'auteur et du goût des Romains, qui n'étaient pas moins passionnés pour le théâtre que les modernes, voire même nos Parisiens. On y trouve aussi plusieurs pensées piquantes, des traits de style et de mœurs, l'indication de quelques usages de l'antiquité qui ont une valeur véritable. A ce titre, ces dialogues rompus, ces vers isolés, ces hémistiches brisés, ces mots sans suite, soigneusement ramassés dans les anciens écrivains et dans les ruines d'Herculanum, par nos savants, depuis le premier éditeur de 1605, George Fabricius, jusqu'à MM. Bothe et Angelo Mai, tous ces lambeaux du poëte sont des reliques précieuses pour l'étude des lettres et l'histoire des peuples.

CITATIONS

APPARTENANT AUX COMÉDIES QUE NOUS POSSÉDONS, MAIS OÙ ELLES NE SE RETROUVENT PAS D'APRÈS LES MANUSCRITS.

AMPHITRYON.

1. On ferait fort bien de te briser une marmite de cendres sur la tête.
2. Ne nous force pas à te jeter (1) sur la tête un pot de chambre plein d'eau.
3. Mon maître Amphitryon est occupé.
4. Aux premières atteintes du mal, cours chercher le médecin; car assurément tu as le cerveau dérangé ou fêlé.
5. Par Pollux, tu es bien à plaindre : appelle un médecin.

(1) Ces fragments, jusqu'au 7e inclusivement, paraissent appartenir à la scène où Mercure s'égaye aux dépens d'Amphitryon.

6. Celui à qui elle s'est livrée pendant mon absence.
7. Tu m'as juré que tu avais dit cela en riant.
8. Vous ne pouvez pas distinguer lequel de nous deux est Amphitryon (1).
9. Si ce que j'affirme n'est pas vrai, je consens que vous m'accusiez, que vous me poursuiviez comme infâme.
10. Voilà le fripon pris sur le fait; je le tiens par la gorge.
11. Tu creuseras soixante grandes fosses par jour.
12. Certes la croix et la torture me feront raison de toi... Sors d'ici, coquin!
13. Tu peux encore te retirer.
14. Retiens ton haleine.
15. Il n'y avait avec nous personne qu'un esclave.

(1) Les fragments 8 et 9 supposent une nouvelle scène de dispute entre Alcmène, Amphitryon et le faux mari.

LOCI EX COMOEDIIS

QUÆ EXSTANT CITATI, QUI TAMEN IN NOSTRIS HODIE CODICIBUS NUSQUAM COMPARENT.

AMPHITRUONE.

Optumo jure infringatur aula cineris in caput.
Ne tu postules matellam unam tibi aquae infundi in caput.
Herus Amphitruo obcupatus.
Quasi advenienté morbo nunc medicum tibi.
Enim tu certe aut larvatus aut cerritus es. 5.
Edepol, hominem te miserum! medicum quærita.
Quoique, me absente, corpus volgavit suum.
Exjuravisti te mihi dixe per jocum.
Qui nequeas nostrorum uter sit Amphitruo decernere.
Nisi hoc ita factum'st, proinde ut factum esse autumo, 10
Non causam dico, verum quin insimules probri.
Manifestum hunc obtorto collo teneo furem.
Ibi scrobeis ecfodito duplos sexagenos in dies.
At ego certe cruce et cruciatu mactabo : exi o foras, mastigia.
Abiendi etiam nunc tibi 'st obcasio. 15
Animam conprime.
Nec nobis praesente aliquis quisquam nisi servos.

L'ASINAIRE.

16. Malheureux que je suis! elle me rend la fable de la ville par ses débauches.
17. Je compte que mon joyeux camarade va venir.

L'AULULAIRE OU L'AVARE.

18. Je n'avais de repos ni jour ni nuit ; maintenant je dormirai.
19. Mais voilà notre homme qui sort. Cachons-nous pour écouter ce qu'il dit.
20. Quand on a bu un peu trop, on se guérit en dormant.
21. Ils me servent des légumes crus avec de la mauvaise sauce.
22. Je creusais dix trous par jour.
23. Il s'est mis en sentinelle avec une constance!
24. Pour les robes safran, le corset, et toutes les dépenses d'une femme.
25. Jamais je ne me suis permis d'y rien prendre, ni d'y toucher, malgré le plus pressant désir....
26. Quand j'ai hapé mon homme.
27. De la graine de myrte, du myrte.

LES CAPTIFS.

28. Fais ton devoir, et ne va pas me trahir. Il arracha le chapeau qu'il portait, et l'éleva en l'air.
29. Je mets en vente les biens du parasite.

CASINA.

30. Je suis mort! Il se fera un jeu de m'éreinter.
31. Qu'est-ce qui les retient donc si longtemps à la maison, ces poissons-là?
32. Je vais retrouver ma femme, et je lui livrerai mon dos en expiation de mes torts.
33. Je me repens.

LES BACCHIS (1).

34. Elle porte aussi mon nom.

(1) Les sept premiers fragments s'ajustent fort bien à la première scène entre Bacchis, l'Athénienne et le jeune Pistoclère.

35. Encore tout émue des dangers de la mer, je tremblais de peur...
36. Les femmes d'un caractère sage, modeste, et sans coquetterie.
37. Car vous avez l'art de séduire aisément le cœur, enchanteresse.
38. Mon cœur, mon espoir, mon doux miel, charme, aliment, plaisir de ma vie.
39. Elle nous met mon ami et moi à de rudes épreuves.
40. Elle a promis de ne point s'engager à d'autres qu'à lui pendant un an, de ne point faire l'amour avec d'autres.
41. Qui me donnera une cruche pleine d'eau pour chasser cet impur libertin ?
42. Qu'on emploie les chaînes, les verges, les moulins, les tortures, les supplices, il n'en devient que plus scélérat.
43. Ce sont des limaces.
44. Est-ce Cupidon qui te consume, ou bien l'amour?
45. Je le crois de Préneste(1), tant il avait de jactance.
46. Si tu as la fantaisie de te faire pourvoyeur d'amour, prends tes sûretés mieux que moi, mieux que tu n'as fait jusqu'ici. Vois combien tu veux qu'on te paye, afin de ne pas t'attacher à moi pour rien à ton âge.
47. J'entends parler sans cesse des infortunes d'Ulysse, qui erra vingt ans loin de sa patrie. Mais ce jeune homme est bien autrement à plaindre qu'Ulysse; il est égaré au milieu même de sa ville natale.

LE MILITAIRE FANFARON.

48. Vous nous donnez tant d'occupation, ainsi qu'à mes gens?
49. Tu es sage avec mesure.

(1) On a vu que la jactance était le ridicule caractéristique des Prénestiens.

ASINARIA.
Quin etiam me miserum famosum flagitiis facit suis.
Heic aderit, credo, congerro meus.

AULULARIA.
Nec noctu, nec diu quietus unquam eam, nunc dormiam.
...... sed homo egreditur foras.
Hinc ex obculto sermone satus sublegam.
Homo ebriolatus somno sanari solet.
Qui mihi olera cruda ponunt, halec danunt.   5
Ego eofodiebam in die denos scrobels.
Hic quidem pervicus custodem addidit.
Pro illis crocotis, strophiis, sumtu uxoris.
Non quidem ego qua voluptate sumsi nec tetigi.
Ut admemordi hominem.   10
      myrtam, myrtum.

CAPTEIVEI.
Fac fidele : cave fluxam fidem feras.
Pileum, quem habuit, deripuit, eumque ad cælum tollit.
Auctionem facio parasiticam.

CASINA.
Perii! illic habebit flocco jam homo lumbos meos.
Nam quid illæ nunc tamdiu intus remorantur remeligines?
Intro ad uxorem, subferamque meum tergum ob injuriam.
Tædeo.

BACCHIDES.
Illa mei congnominis fuit.

...... nam et ex mari timida ecce ego
Pavitare.....
Quibus ingenium 'st animi utibile, et modicum et sine
Vernilitate.....   5
Nam tu quidem quoivis excantare cor facile potes.
Cor meum, spes mea, mel meum, suavituduo, cibus, gaudium.
Quæ sodalem atque me exercitos habet.
Ne a quoquam alio adciperes mercedem annuam
Nisi ab sese, nec cum quiquam limaret caput.   10
      Ecquis evocat
Cum nasiterna et cum aqua illum inpurissumum?
Vincla, virgæ, molæ, sævitudo, Mala fit pejor.
Limaceis viri.
Cupido te conficit, anne amor?   15
Præstinum opino esse, ita erat gloriosus.
Sin lenocinium forte contubitum est tibi,
Ibidem ego meam operam perdidi, ubi tu tuam.
Videas mercedis quid tibi est æquom dari,
Ne istac ætate me sectere gratiis.   20
Ulyssem audivi fuisse ærumnosissumum.
Qui annis vigintl errans a patria abfuit :
Verum hic adulescens multo Ulyssem anteit,
Qui inlico errat intra muros civicos.

MILES GLORIOSUS.
Ita nos nostramque familiam habes exercitam.
Modice sapis.

FRAGMENTS DE PLAUTE.

LE REVENANT.

50. Laissez-moi m'asseoir auprès de l'autel, je vous donnerai de meilleurs conseils.

LE PETIT CARTHAGINOIS.

51. Cet oiseau de mauvais augure est arrivé ici le soir. (*Milphion parlait sans doute ici de Hannon.*)

PSEUDOLUS.

52. A moins que vous ne forciez la prison, votre demeure ordinaire.

LE CABLE.

53. Emporte les marmites.
54. Chétive espèce humaine, faite d'argile et de boue. Vous me dites de misérables balivernes.

STICHUS.

55. Ne devrait-on pas, au nom de l'autorité publique....

LE RUSTRE.

56. J'ai perdu mon bien, j'ai rencontré l'infortune : je me suis fermé votre maison. (*On attribue ce vers à Dinarque, dans la scène de reproches avec Astaphie.*)

FRAGMENTS
DES COMÉDIES PERDUES DONT ON CONNAÎT LE TITRE.

LA PASSION MALHEUREUSE.

1. Elle à qui j'ai adroitement dérobé une si grosse somme d'argent.

L'HOMME DES CHAMPS.

2. Je suis comme le loup ; j'ai le train de devant robuste, et le derrière faible.

MOSTELLARIA.
Sine juxta aram sedeam, et dabo meliora consilia.
POENULUS.
Inportuna avis venit vesperi.
PSEUDOLUS.
Nisi carcerem aliquando ecfregeritis vostram domum.
RUDENS.
Aulas abstulas.
Homullulus et ex argilla et ex luto fictus.
Gurgulunculos minutos fabulare.
STICHUS.
Nonne hoc publicitus.
TRUCULENTUS.
Bona perdidi, mala reperi : factus sum extumus a vobis.

LOCI EX AMISSIS COMOEDIIS,
COGNITO COMOEDIÆ NOMINE.

ACHARI STUDIUM.
Quam ego tanta pauperavi per dolum pecunia.
AGROICUS.
Quasi lupus ab armis valeo ; cluneis infractos gero.

L'INSOLVABLE (1).

3. J'aime beaucoup mieux travailler que de dormir ; je crains l'engourdissement.

ARTAMON.

4. Je puis maintenant parler en liberté : il n'y a plus personne.
5. Un parfum capable de donner des nausées à des muletiers.

LE BAT.

6. *Une femme.* Viens, viens, Polybadisque ; suis-moi, je te prie, cher amour.
Polybadisque. Oui, par Hercule, je te suis, et avec grand plaisir, ô ma fiancée !
7. Ces coquines s'entendent pour faire payer les vivres à leurs maris plus cher qu'au marché.
8. On te ferait aller comme un cabestan ou comme un pilon grec au beau milieu de la rue.
9. Tu me perces avec une tarière.
10. Jouer des jambes et s'enfuir de ce pays.
11. Qu'il soit transpercé comme il faut, et mettez de bonnes chevilles.

(Ces passages sont cités par les auteurs, sous le titre d'*Astraba*; les suivants, sous le titre de *Clitellaria*.)

12. Non pas comme sont ces limaces blafardes, ces monstres parfumés d'essences, ces Phrynés à deux oboles, avec leurs chevilles tortues, leurs jambes de squelette, leurs cheveux arrachés et leurs oreilles mutilées, dégoûtantes femelles, boiteuses, chauves, édentées.
13. Eh bien ! marcheras-tu ? tu vas à trop petit pas.
14. (*Ceci paraît être la réponse au vers précédent.*) Par Pollux, ma mère, je suis plus habituée à me coucher qu'à courir ; je suis fort paresseuse.

(1) Plaute composa, dit-on, cette comédie pendant qu'il servait dans le moulin où il passa une partie de sa jeunesse.

ADDICTUS.
Opus facere nimio quam dormire mavolo :
Veternum metuo.
ARTAMON.
Nunc mihi licet quidvis loqui : nemo adest superstes.
Unguentum, quod naribus mulionum nauteam fecisset.

ASTRABA LATINE CLITELLARIA.
Sequere, sequere, Polybadisce : meam spem te cupio consequi.
Polyb. Sequor, hercle, quidem : nam lubenter, mea sperata, consequor.
Axitiosæ annonam caram e vili concinnant viris,
Quasi tolleno aut pilum græcum reciproces plana via.
Terebra tu quidem pertundis.
Dare pedibus protinam sese ab his regionibus
Terebratus multum sit, et subscudes addite.

(Hæc hactenus titulo Astrabæ laudata sunt ab auctoribus, nunc deinceps quæ sequuntur Clitellariæ nomine citantur.)

Non quasi, ut hæc sunt heic limaceis lividæ,
Diobolareis, scænicolæ, miraculæ,
Cum extritis talis, cum crotilis cruseulis,
Capillo scisso, atque excissatis auribus.
Scrantiæ, scrupedæ, strictivillæ, edentulæ.
Quiu is, si iturus? nimium is vegrandi gradu.
Pol, ad cubituram, mater, mage sum exercita.

15. Avez-vous donc peur que votre amante ne vous donne le fouet?

16. Il me prive d'une fortune considérable, d'une grosse et magnifique dot.

17. Par Hercule, je me justifierai de tous les reproches, dussé-je m'enrouer.

18. Toi, qui sembles balayer les ruelles habitées par le bourreau.

19. Je rentre ; car une courtisane qui se tient dans la rue, toute seule, a bien l'air d'une misérable prostituée.

20. Ils n'oublient pas leur devoir.

21. *Un personnage.* Es-tu capable, mon cher, d'une entreprise hardie?

Un autre. D'autres s'en acquitteront sans moi : je ne me soucie nullement du renom de brave.

22. Vous-même, vous, ma petite maman?

23. Ma propre petite sœur.

24. Pourvu que vous n'exigiez pas au delà de mes moyens et de mon petit pécule.

25. Vous autres, vieux débauchés, vous avez coutume de faire de fort jolis présents.

26. Je pourrais hennir auprès de cette jolie cavale, si j'étais seul à seule avec elle.

27. Menue paille.

28. Délivre-moi du mal : c'est du bien qu'il me faut.

29. Cette odeur de bon vin chatouille mon odorat.

30. Tu veux que j'attende tes propositions : ce n'est pas l'usage. C'est à moi toujours de proposer la première avec les hommes. C'est mon métier. Va, tu n'es qu'un pauvre homme.

LES BACCHANALES.

31. (*Un parasite.*) Quel mortel fut jamais aussi fortuné que moi dans ce moment? C'est pour mon estomac que tout ce convoi est destiné : ce bel esturgeon, qui jusqu'ici s'est tenu caché au fond de la mer, en sort pour moi : mais je ferai si bien des mains et des dents, qu'il rentrera dans l'obscurité pour toujours.

LA FILLE DEUX FOIS VIOLÉE, *ou* LA BÉOTIENNE.

(Imitation d'une comédie du poëte grec Antiphane.)

32. (*Un parasite.*) Que les dieux exterminent le premier qui inventa les heures, le premier qui plaça un cadran solaire dans cette ville (1)! le traître qui m'a coupé le jour par morceaux, pour mon malheur! Dans mon enfance, il n'y avait pas d'autre horloge que l'estomac ; et celle-là est la meilleure, la plus exacte, pour avertir à propos, à moins qu'il n'y ait rien à manger. Maintenant, quoique le buffet soit plein, il n'y a rien que lorsqu'il plaît au soleil. Aussi, depuis que la ville est remplie de cadrans solaires, on voit presque tout le monde se traîner amaigri et affamé.

L'AVEUGLE *ou* LES PIRATES (2).

33. Tout est fait avec art, et d'un luxe éblouissant ; voyez l'or, l'ivoire, la pourpre, l'argent, les peintures, les tapisseries, les statues.

34. Tu ne viendras pas à bout d'arracher cette femme de mes bras.

35. Assister à des jeux brillants, magnifiques.

36. Il voyage en pays étranger.

37. Je voudrais le double de la valeur de son bien.

(1) Les cadrans solaires étaient alors une nouveauté. C'est à la Sicile que Rome doit sa première horloge, qui fut placée dans le forum vers l'an 499 de la fondation. Plaute écrivait en 535.

(2) Voici comme d'ingénieux interprètes donnent par conjecture l'analyse de cette pièce, qu'ils refont à la manière de Cuvier recomposant tout entiers, à l'aide de quelques débris de squelettes, les êtres disparus de la nature. « La comédie des *Pirates* était sans doute une « pièce de circonstance, du moins en partie. Plaute excitait ou flattait « la haine des Romains contre Carthage. On mettait en scène des « pirates africains. Les spectateurs romains admiraient les richesses « d'une demeure ou d'une ville près de laquelle ils avaient débarqué. « On s'apprêtait au combat pour la défense ; peut-être l'invasion ar- « rivait-elle pendant les apprêts d'une fête. Les brigands triomphaient. « Ils se vantaient de leurs violences, ils menaçaient les vaincus de « la torture, pour les contraindre à dire où leurs richesses étaient « cachées. Un père, après avoir tenté de protéger sa fille, voulait la « racheter ; mais il offrait vainement tout son bien. » Tel est le plan de comédie imaginé par les savants, et que M. Naudet a tracé avec une netteté parfaite. Il a un double mérite, bien rare dans un commentaire : il est à la fois ingénieux et vraisemblable. Il était impossible de mieux reconstruire avec douze vers incomplets une comédie tout entière de Plaute, parfaitement conforme à son génie, au goût des Romains, et aux événements de l'époque. On verra en lisant ces douze vers avec attention, que l'analyse présumée n'en est que l'intelligence profonde et fine, le développement naturel des incidents dramatiques qui s'y trouvent indiqués.

```
Quam ad cursuram ; sum tardiuscula.              15
Quid tuam amicam times, ne te manulea calet.
Prohibet divitiis maxumis, dote altili atque opima.
Expurgabo, hercle, omnia ad raucam ravim.
Quæ quasi carnuficis angiporta purgitans.
Intro ibo ; nam meretricem adstare in via         20
Solam, prostibulæ sane est......
Meminere opificium suum.
Potin' es tu homo facinus facere strenuum?
N. Aliorum est adfatim qui faciant : sane ego
Me volo fortem perhiberier virum.....             25
Tun', tune igitur, mea matercula?
Germana mea sororcula.
Si quidem imperes pro copia, pro recula.
Datores bellissumi negotioli senecis soletis esse.
Adhinnire equolam possim ego hanc, si detur sola soli. 30
Apluda.
Malum aufer ; bonum mihi opus est.
Nam ita mustulentus ventus nareis obtigit.
Me responderе postulas. Injurium 'st :
Stipulari semper me ultro oportet a viris ;       35
Eum quæstum facio. Nihili vir es.
          BACCHARIA.
Quis est mortalis tanta fortuna adfectus unquam,
```

```
Quam ego nunc sum, quojus hæc ventri portator pompa?
Vel nunc qui mihi in mari acipenser latuit antehac,
Quojus ego latus in latebras reddam meis dentibus et manibus.

          BIS CONPRESSA SEU BOEOTIA.

Ut illum dii perdant, primus qui horas reperit,
Quique adeo primus heic statuit solarium,
Qui mihi comminuit misero articulatim diem.
Nam me puero uterus hic erat solarium,
Multo omnium istorum optumum et verissumum,       5
Ubi iste monebat, esse ; nisi quom nihil erat.
Nunc etiam quod est, non est, nisi soli lubet.
Itaque adeo jam obpletum 'st oppidum solariis.
Major pars populi aridi reptant fame.

          CÆCUS SIVE PRÆDONES.

Nihil quidquam factum nisi fabre, nec quidquam positum sine luxu,
Auro, ebore, argento, purpura, picturis, spoliis, tum statuis.
Neque eam a me invito unquam abduces.
Spectari ludos magnifice atque opulenter.
Peregre est.                                       5
Plure altero tanto, quanto ejus fundus est, velim.
```

FRAGMENTS DE PLAUTE.

38. Voilà comme sont les pirates ; ils n'épargnent personne.

39. Sachez qu'on a exécuté vos ordres.—*Rép.*: C'est bien ; les ennemis sont écartés, les pierres enlevées.

40. S'il ne se hâte pas de dire où l'or est caché, nous allons lui scier les membres.

41. Je n'ai fait que ce que je devais.

42. Qui es-tu, toi qui me conduis? — *Rép.*: Chut ! Je suis perdu, par Hercule ! c'est un Africain. (*Il le reconnaît à l'accent.*)

LE SOULIER.

43. Il disait qu'un noyer chargé d'excellents fruits pendait sur son toit.

LES CHARBONNIERS.

44. J'ai caché l'or tout près de l'autel.

45. Je veux un jambon, une tétine, du ventre de cochon, un filet, des ris.

46. *Un esclave.* On me conduira par la ville avec un carcan ; puis on m'attachera sur la croix.

LE FLATTEUR (1).

47. Ils donnent leur parole et abusent de la confiance ; rusés flatteurs qui entourent le roi, et lui disent tout le contraire de ce qu'ils ont dans l'âme.

48. Il avait une coupe d'or pesant huit livres ; il ne voulut pas recevoir....

LES AMIS A LA VIE ET A LA MORT.

49. Je sauterai dans un puits, la tête la première.

L'ANNEAU DE L'ESCLAVE.

50. Quand il fait nuit, allez comme un fou !... Allumez donc les flambeaux.

L'APPARITEUR.

51. Ayez soin que la maison sente les parfums d'Arabie.

52. Il servit dix ans le roi Démétrius, dans les rangs des mercenaires.

(1) C'était une imitation d'une comédie de Ménandre qui portait le même titre.

53. Nous avons livré aujourd'hui une grande et brillante bataille.

54. Je t'en prie, donne-moi mon chapeau, Lydus, cher ami, le bonheur de mes jours.

55. Que tardons-nous à commencer les jeux ? notre cirque est tout prêt.

56. Ils aiment ma jeune esclave Hédylie comme la prunelle de leurs yeux.

57. O Laverne (1), fais que mes mains aient toujours de quoi s'exercer !

LE GRONDEUR.

58. Je suis une fille honnête : je ne sais pas tenir des propos libertins.

L'USURIÈRE.

59. Allons, je te dis ce que chez les barbares (2) une affranchie dit à sa patronne : Salut, ô liberté (3) ! Nargue de toi, Papyria (4) !

60. Je vais faire un beau ravage.

LE DÉTROIT.

61. Voilà : c'est l'oracle du bélier (5) qu'on proclame dans les grands jeux : « Je suis perdu, si je ne le fais pas ; battu, si je le fais. »

LES COLIFICHETS.

62. Parlons à propos.

63. Cet homme était pour moi un débordement de bile, une hydropisie, une coqueluche, une fièvre avec le frisson.

64. *Un personnage.* Suivez-moi, je vous prie, légion de Laverne. (voleurs.) Troupe légère, où êtes-vous?
Un autre. Ils sont là.
1er *Personnage.* A moi, les recrues !
Un autre. Nous voici.
1er *Personnage.* Marchez maintenant, vous tous, soldats de réserve.

(1) Déesse des voleurs. — (2) Les Latins. C'est ainsi qu'ils étaient appelés par les Grecs, chez qui la scène se passait. — (3) Je lis : *Libertas.* — (4) La loi sur les esclaves. — (5) L'oracle de Jupiter-Ammon, qu'on représentait avec des cornes de bélier.

Ita sunt prædones, prorsum parcunt nemini.
Velim te arbitrari factum. *R.* Sedulum 'st : submoventur hosteis, removentur lapides.
Si non strenue fatetur, ubi sit aurum, membra ejus exsecemus serra.
Nihil feci secus quam me decet.   10
Quis tu es, qui ducis me? mu! perii, hercle, Afer est.

CALCEOLUS.
Molluscam nucem super ejus dixit inpendere tegulas.

CARBONARIA.
Secundum ipsam aram aurum abscondidi.
Ego pernam, sumen sueris, spectile, callum, glandia.
Patibulum ferar per urbem, deinde adfigar cruci.

COLAX.
Qui data fide firmata fidentem fefellerint.
Subdoli subsentatores, regi qui sunt proxumi,
Qui aliter regi dictis dicunt, aliter in animo habent.
Batiolam auream octo pondo habebat, adcipere noluit.

CONMORIENTEIS.
Saliam in puteum præcipes.

CONDALIUM.
Tam crepusculo fere, ut amens, lampadas adcendit.

CORNICULARIA.
Facite olant ædeis Arabice.

Qui regi latrocinatus decem annos Demetrio
Mercede.
Polchrum et luculentum hodie evenit prælium.
Te obsecro, Lyde, pileum meum, mi sodalis, mea salubritas.
Quid cessamus ludos facere? Circus noster ecce adest.   6
Qui amant ancillam meam Hedylium oculitus.
Mihi, Laverna, in furtis celebrassis manus.

DYSCOLUS.
Virgo sum : nondum didici verba nubta dicere.

FOENERATRIX.
Heus tu, in Barbaria quod dixisse dicitur
Liberta suæ patronæ, id ego dico tibi :
Liberta, salve : vapula Papyria.
Quæ ego populabo probe.

FRETUM.
                             Hoc illud est
Quod arietinum responsum magnis ludis dicitur :
Peribo, si non fecero : si faxo, vapulavero.

FRIVOLARIA.
Persona I. Conmodo dictitemus.
Is mihi erat bilis, aqua intercus, tussis, febris querquera.
           Sequimini hac,
Soltis, legiones omneis Lavernæ.
Ubi, rorarii, estis? *Altera.* En sunt. *Pers. I.* Ubi sunt adcensi? *Altera.* Ecce nos.   5
Pers. I. Agite, subsidite omneis, quasi solent triarii.

65. Il faut faire vivement ce qu'on fait, et ne point traîner les choses.
66. Je l'emporterai par le bruit de mon caquet sur une chanteuse d'enterrement.
67. Alors ses mamelles naissantes croissaient comme deux jumeaux, je veux dire comme deux jumelles. A quoi bon tant de paroles?...
68. Céphalion, ô mon ami, mon unique, mon incomparable ami!
69. Tiens ces gigots d'agneau. (*Morceaux destinés aux offrandes.*)

LES ESCLAVES FUGITIFS.

70. 1er *Personnage.* Allons, allons.
2e *Personnage.* J'ai regardé.
1er *Personn.* Quelles énormes bosses! Vois-tu?
2e *Personnage.* J'ai bien examiné. Qu'est-ce que cela?

LE GOINFRE.

71. Il y a du bœuf excellent, du veau; vous souperez.

LE PETIT JARDIN.

72. Qu'on fasse venir le crieur avec une couronne (1); qu'on le vende à tout prix.

LE MÉCHANT.

73. J'aime mieux qu'on l'attache à une barque pour qu'il pêche, même au milieu des tempêtes.

LES DEUX MARCHANDS D'ESCLAVES.

74. Ce jeune garçon pleure d'être mis en vente.

LE MÉDECIN.

75. De l'endroit où je m'étais posté, j'observais tout : j'avais l'œil sur le manteau.
76. On peut racler du fromage sur le dos de ce parasite avec de bonnes verges.
77. Je laissai à la maison une fille déjà mûre.

(1) On mettait une couronne sur les objets à vendre.

LA CORDE.

78. J'aiguisai aussitôt les dents de ma scie avec une lime (1).
79. Ils m'empêchent de m'acquitter ailleurs de mes fonctions.
80. Nous pourrions devenir libres en un clin d'œil.
81. Il faut qu'un amant soit généreux, prodigue.
82. C'est un vin horriblement plat qui affaiblit le corps et l'esprit.
83. Tous les deux sont amoureux fous.

LE PARASITE INDOLENT ou LE GROS FAINÉANT.

84. Après avoir bien bu au premier crépuscule, je m'en retournai à la maison tout droit par le sentier.
85. Tous deux comblés d'éloges, nous ne sommes pas enfin tous deux des gens de rien (2).
86. Ajoutez des lépas, des hérissons marins, des huîtres.
87. Je ne me soucie pas d'introduire dans la ruche un frelon qui dévore la nourriture des abeilles.

PHAGON.

88. La gourmandise n'est plus en honneur.

LE COLLIER.

89. Il (ou plutôt elle) a le front peint, de petites lèvres.

SATURION ou LE GOURMAND (3).

90. Manger du chien (4).
91. On ne peut la ramener, une fois qu'elle est partie.
92. Je vois que tu as mal réussi, que tu t'en es

(1) Dans sa seconde édition, M. Naudet lit *scobina ego illam actutum adrasi*, et traduit : *je me mis aussitôt à la raboter*.
(2) M. Naudet traduit au contraire : *à la fin nous ne valons rien tous deux*.
(3) Aulu-Gelle dit que Plaute composa cette pièce quand il servait dans un moulin. — (4) Le grammairien Festus cite ce mot de Plaute pour prouver que la viande du chien était servie sur la table des dieux, dans les banquets sacrés.

Gnave agere oportet, quod agas, non ductarie.
Altera. Superaboque omneis argutando præficas.
   Tunc papillæ primitus
Fraterculabant; illud volui dicere,   10
Sororiabant : quod opus est verbis?
O amice, ex multis mihi une, Cephalio.
Strebulam againam tene.

FUGITIVI.

Persona I. Age, age. *Pers. II.* Spectavi. *Persona I.* Vibices quantas! vide.
Pers. II. Jam inspexi. Quid id est?

GASTRION vel GASTRON.

Caro strebula, vitelliua est : cœnabis.

HORTULUS.

Præco ibi adsit cum corona; quique liceat, veneat.

KAKISTUS.

Malo hunc adligari ad oriam;
Ut semper piscetur, etsi sit tempestas maxima.

LENONES GEMINI.

Dolet hic puellus, sese venum ducier.

MEDICUS.

In conspicillo adservabam; pallium observabam
Parasito cum virgis caseum radi potest.
Domi reliqui exoletam virginem.

NERVOLARIA.

Scobinam ego lima actutum adrasi.
Prohibent, quom mœnia aliunde ego fungor mea.
Ocissume nos liberi possimus fieri.
Pollucte prodigum esse amatorem addecet.
Vinum sublestissumum,   5
Infirmos quia vel corpore vel animo facit.
Insanum valde uterque deamat.

PARASITUS PIGER sive LIPARGUS.

Inde bene adpotus primulo crepusculo
Domum ire cœpi tramite dextra via.
Ambo magna laude lauti; postremo ambo sumus non nauci.
Addite lepades, echinos, ostreas.
Nihil moror mihi fucum in alveo, apibus qui peredit cibum. 5

PHAGON.

Honos syncerasto perit.

PLOCION.

Nam coloratam frontem habet, petilis, labris.

SATURIO.

Catulinam carnem esitare.
Retrahi nequitur, quoquo progressa est semel.
Male tibi evenisse video : qui glaber erat tanquam rien.

FRAGMENTS DE PLAUTE.

mal trouvé. Il n'avait pas plus de poil qu'on n'en a sur les reins.

93. Recrute, cherche cent compagnons pour te divertir chez toi.

LE GARDE SCYTHE (1).

94. Tu es femme, ma chère petite épouse; ton mari te connaît; va, tu es une rusée.

95. Et puis elle me donnerait des enfants difformes; j'aurais un fils tortu, ou bancal, ou noué, ou louche, ou la mâchoire allongée.

SYRUS.

96. Les talons desséchés, les jambes affilées.

LES TROIS JUMEAUX.

97. Si je ne m'étais enfui, il m'aurait saisi, je crois, avec ses dents par le milieu du corps.

LA VALISE.

98. Dès qu'il voyait un pou, il le volait....

99. Je ne sais quel esclave s'est élancé du bois de myrtes.

100. C'est un triste bien.

101. On a couvert le cachet; je dirai cependant la figure qu'il marque.

102. 1er *Personnage*. Faites attention tous les deux, s'il vous plaît. Mettez ici la valise. Je la garderai comme dépositaire; je ne la rendrai à personne, avant que le magistrat l'adjuge à son vrai maître.

2e *Personnage*. J'accepte le dépôt.

3e *Personnage*. Maintenant nous avons déposé la valise comme entre les mains d'un séquestre.

103. La misère, le deuil, le chagrin, la pauvreté, le froid, la faim.

104. Les bacchantes ont fait de notre vaisseau un Penthée (2).

(1) Le héros de cette comédie, traduite d'Antiphane, était un de ces Scythes mercenaires employés par les Athéniens dans la garde urbaine, et pour quelques offices subalternes auprès des magistrats. Ils étaient au nombre de 1200 selon les uns, de 3000 selon d'autres. Les Scythes étaient les Suisses de l'antiquité.

(2) Roi de Thèbes qui fut déchiré par les bacchantes, pour avoir voulu regarder les mystères de Bacchus.

105. Maintenant l'esclave tirera de l'argent au père.

106. Oui, parce que ce pays est le nôtre, et que cet homme est mon père; l'autre est le père de Soteris.

107. J'aimerais mieux voir mes fils morts que mendiants. Les bons en ont pitié; les méchants l'insultent.

108. On voyait parfaitement la figure : j'ai soutenu que c'était son anneau.

109. Que dirai-je de plus? nous avons beaucoup disputé.

110. Faites-le coudre dans un sac et jeter à la mer, si vous voulez avoir bonne récolte.

111. En pêchant dans cet endroit, je frappai la valise d'un coup de harpon.

112. J'ai ouï dire que les lionnes ne portent qu'une fois; *ou peut-être :* qu'une femme avait une fois enfanté un lion.

113. Dis-moi, si tu l'oses, quelle femme tu veux épouser.

114. Tâche laborieuse; mais Syrus....

115. Tes mains sont accoutumées à de pareils exploits.

116. Vous jouissez des plaisirs de la ville comme un garçon.

117. Par Pollux! je crois que c'est un mercenaire.

118. Amène donc.... le coffre.... comme il faut.

119. Je vais me mettre en sentinelle pour voir s'il fait sortir quelqu'un.

DINIAS, NICODÈME, CACISTE (1).

120. *Dinias*. Ce sont assurément de bien cruelles infortunes que celles que vous venez de me raconter : aussi me suis-je empressé de vous donner audience en toute liberté; votre sort m'intéressait tant!

121. C'est un jeune homme que tout le monde....

122. Je ne veux point du tout de prêt usuraire.

(1) Intrigant, fripon.

Subcenturia; centum require, qui te delectent domi.

SCYTHA LITURGUS.

Muller es, uxorcula : vir ego gnovi, scio : actiosa es.
Sic ea mihi insigultos pueros pariat postea,
Aut varum, aut valgum, aut compernem, aut pætum, aut brocchum filium.

SYRUS.

Cum Extritis talis, cum todellis crusculis.

TRIGEMINI.

Ni fugissem, medium, credo, præmorsisset.

VIDULARIA.

Ubi quamque pedem videbat, subfurabatur omneis.
Nescio qui servos e myrteta prosiluit.
Paupera hæc res est.
Obposita 'st claxendix : at ego dicam signi quid sit.
Animum advortite ambo, soltis, vidulum heic adponite. 5
Ego servabo, quasi sequestro detis : neutri reddibo,
Donicum res dijudicata sit.
Haud fugio sequestrum.
Inopiam, luctum, mœrorem, paupertatem, algum, famem.
Ejusdem Bacchæ fecerunt nostram navim Pentheum. 10
Nunc, ut apud sequestrum, vidulum posivimus.
Nunc servos argentum a patre expalpabitur.
Imo id quod hæc nostra est patria, et quod hic meus est pater;
Illic autem Soterinis est pater.
Malim moriri meos, quam mendicarier. 15
Boni miserantur : illum nunc inrident mali.
Signum recte conparebat; hujus contenditanulum.
Quid multa verba? plurimum luctavimus.
Jube hunc insui culleo,
Atque in altum deportari, si vis annonam bonam. 20
Ibi ni piscabar, fuscina ici vidulum.
Nam audivi feminam ego leonem semel parire.
Die mihi, si audes, quis ea est, quam vis ducere uxorem.

(Les fragments qui suivent jusqu'au n° 122 ont été récemment découverts par M. Angelo Mai : l'édition Lemaire ne les donne pas.)

Laboriosam rem... at Syrus, ...
Talibus ac tantis tuæ sunt consuetæ manus. 25
Mollitia urbana æque gaudes ac orbus....
.... Pol equidem credo mercenarium
.... Ergo adducito....
.... Arcam.... probe............
..... Adstabo, atque observabo si quem amiserit foras. 30

DINIAS, NICODEMUS, CACISTUS.

Din. Næ tu, edepol, hodie miserias multas tuas
Mihi narravisti : eoque audire maxume
Et apertius studui, quia me miserabat tui.
Illic est adolescens quem omneis.....
Fœnus mihi nullum duis. 35

PASSAGES CITÉS

SANS INDICATION DES COMÉDIES AUXQUELLES
ILS APPARTIENNENT.

1. De petits crochets.
2. Joliment.
3. Cuisiner.
4. Dans le marché aux poissons, où divers objets....
5. Épéus (1) enfumé qui prépare le dîner de notre légion.
6. Il a assommé toute la maison par ses criailleries.
7. Vous pouvez partir en courant.
8. (*Ironiquement à un esclave.*) Tes bons services ont déjà fait grossir ta peau.
9. Les dieux nous soient en aide! Prends cette bourse : il doit y avoir trente mines.
10. Il n'y a rien au monde de plus prompt que la renommée.
11. Il fait des folies indignes de son âge et de ses cheveux blancs.
12. Mes yeux voient-ils trouble? est-ce Hermion, notre ami?
13. Il a quitté le service.
14. Tu me ronges sourdement, comme le castor ronge le saule.
15. Je m'avoue vaincu.
16. La fièvre t'a-t-elle jamais saisi?
17. Je ne connais ni la loi contre les présents (2), ni la loi contre la prostitution : qu'elles existent ou non, je m'en moque.
18. Pris par la ruse, il ajuste son cou à la chaîne.
19. J'aperçois sur des plats d'étain des saumures, de bonnes nérites, des tagènes, des hérissons farcis, des huîtres sortant du parc.

20. Je ne te connais pas apparemment, scribe de galère (1), carcan de honte?
21. Tu ne l'attraperas pas, à moins que tu ne sois bien habile.
22. Qu'il soit pour vous sacré ou profane, on ne s'en soucie guère.
23. Couverte d'ulcères, les fers aux pieds, meurtrie de coups, souillée de poussière.
24. Une troupe de loirs.
25. Mais je vois sortir le marchand d'esclaves. D'ici je pouvais secrètement faire mon profit de ses paroles.
26. Et tu n'oses pas lui briser les dents avec ton épée?
27. Je ne m'inquiète nullement de tes affaires.
28. Tirez-en de l'argent.
29. Ils se hâtent de préparer le dîner.
30. Un vent pareil à celui de ces énormes soufflets, dépouille des taureaux, par qui la pierre se fond et le fer coule.
31. Il ne mange pas, pour avoir des forces; mais il désire être fort pour manger.
32. On a peut-être soupçonné votre amour. — L'affaire presse.
33. C'est à lui que je serais vendue?
34. Reste à la maison, jusqu'à ce que je revienne.
35. Je dessinerai sur ton dos avec des baguettes d'orme.
36. Je ne viens jamais à la ville que lorsqu'on promène le voile de Minerve (2).
37. Souiller ses mains.
38. L'oiseau se donne lui-même la mort.
39. Je tournerai autour de vous, comme autour d'un fou (3).
40. C'est une pauvre femme.
41. S'il y a quelque assemblée du peuple, il ne s'est pas encore avisé d'y ouvrir la bouche.

(1) Nom d'un cuisinier. Épéus, qui fit le fameux cheval de Troie, savait aussi faire la cuisine, à ce que nous apprend Varron.
(2) La loi Cencia défendait de recevoir un présent des clients dont on plaidait la cause.

(1) Les matelots et les écrivains publics étaient méprisés.
(2) On célébrait cette fête tous les 5 ans. Le voile ou étendard sacré représentait le combat des Titans et la victoire de Pallas sur Encelade.
(3) Sorte d'exorcisme pour guérir de la folie.

LOCI EX AMISSIS CITATI

AMISSO ETIAM COMOEDIÆ NOMINE.

Ærumnulæ.
Bellule.
Coquitare.
Apud Piscarium, ubi variæ res.....
Epeum fumilicum, qui legioni nostræ habet coetum cibum.
Obgannuit odiosus omni totæ familiæ.   5
Licet vos abire curriculo.
Jam tibi tuis meritis crassus corius redditu'st.
Di bene vortant! tene cruminam : in ea erunt triginta minæ.
Nullam ego rem citiorem apud homines esse, quam famam
reor.   10
Stultus est adversum ætatem et capitis canitudinem.
Numnam mihi oculi cæcultant? estne hic noster Hermio?
Ejuravit militiam.
Sic me subes cotidie, quasi fiber salicem.
Herbam do.   15
Iniit te unquam febris?
Neque muneralem legem, neque lenoniam;
Rogata fuerit nec ne, flocci d'æstumo.
Perfidiose captus, edepol, nervo cervices probat.
Muriatica autem video in vasis stagneis :   20
Bonam naritam, et camarum, et tagenia :
Echinos fartos, conchas piscinarias.

Non ego te gnovi, navalis scriba, columbar impudens?
Nihil deconciliares illi : nisi quid persicus sapis.
Sacrum an profanum habeas, parvipenditur.   25
Ulcerosam, conpeditam, subverbustam, sordidam.
Glirium examina.
...... sed leno egreditur foras.
Hinc ex obculto sermonem ejus sublegam.
Nec machæra audes denteis frendere.   30
Floccipendo quid rerum geras.
Argentum hinc facite.
Properant prandium.
Quam follels taurini habent, quom liquescunt petræ, ferrum ubi fit.
Non hic ut possit, edit; sed posse cupit, ut edat.   35
Fortasse te amare subspicavere.
Instare factum.
Egone illi venear?
Ibi intus esto, donicum ego revenero.
Corpus tuum virgis ulmeis inscribam.   40
Nunquam ad civitatem venio, nisi quom infertur peplum.
Scelerare manus.
Ipsa sibi avis mortem creat.
Pro larvato te circumferam.
Paupera hæc est mulier.   45
...... Si quæ forte concio est,
Ubi cum hietare nondum in mentem venit.

42. Cilix, Sosie, Lycisque, Stichus, Parménon (1), sortez, apportez de bons gourdins.
43. Cette vieille imbécile nous présage quelque danger.
44. Avec moi habite la peste, le chagrin, le fléau des dettes.
45. Qu'y a-t-il? mon manteau fait des plis; je ne suis pas bien habillé.
46. Viens ici, Dave, allons, arrose; je veux que ce vestibule soit propre : ma Vénus doit venir; qu'il n'y ait pas de poussière.
47. Il grandit.
48. La main qui caresse (la main droite).
49. Le repas du soir.
50. Car votre père ne s'est pas encore frotté contre la belle.
51. S'en aller.
52. Qu'as-tu à grommeler et à te tourmenter?
53. Un siége.
54. Assurément tu as toujours trouvé en moi une dernière ressource dans toutes les circonstances. —

(1) Noms d'esclaves.

J'ai pénétré en vainqueur jusqu'au fond du Nord.
55. Patati, patata. — (*Butu batta, expression de dédain.*)
56. Dites à mon père.
57. Il n'y en a qu'une; elle l'a bien attrapé. — Tu n'as point de bâton.
58. Voilà comme il est pour ses enfants.
59. Calchas.
60. Amicalement, franchement, avaricieusement, nettement, sévèrement, tristement, équitablement, rudement (1).
61. Ils se ressemblent comme deux gouttes de lait.
62. C'est là mon étable.
63. Magadur.
64. Je pousse des cris.
65. Se souvenant.
66. Apporte la boîte avec les jouets. (*Sans doute dans la* CISTELLARIA, *la corbeille.*)
67. Il découvre ses cicatrices, et raconte toutes les vicissitudes de sa fortune.

(1) Le critique Priscien cite l'heureux effet de cette accumulation d'adverbes.

Cilix, Lycisce, Sosia, Stiche, Parmeno,
Exite, et ferte fusteis privos in manu.
Anus hæc inbellis periculum portenditur.   50
Mecum habet patagus, morbus, æs.
Quid est hoc, rugat pallium, amictus non sum conmode.
            .... exi tu, Dave,
Age, sparge : mundum esse hoc vestibulum volo;
Venus ventura est nostra : non hoc pulveret.   55
Regiescit.
Pullaria.
Vesperna.

BOTHIUS ADDIDIT.

Nam pater tuos nunquam cum illa etiam limavit caput.
Dirigere.
Quid murmurillas tecum, et te discrucias?
Thocus.
Certe me supremum habuisti semper in rebus tuis.   5

Domuis posticæ penitissumæ.
Butu batta.
Cette meo patri.
Una est; decollavit.
Surum non est tibi.   10
Qui tali'st de natis suis.
Calchan.
Amiciter, veraciter, avariter, munditer, severiter, mœstiter, æquiter, asperiter.
Sic lacte lacti simile'st.
Hæc præsepes mea 'st.   15
Magadur.
Reboo.
Meminens.
Cistellam ecfer cum crepundiis.
Cicatriceis denudat et memorat vicels.   20

NOTES SUR PLAUTE.

AMPHITRYON.

ARGUMENT. — v. 2. *Telebois.* Les Télébéens habitaient l'Acarnanie et les îles Échinades. Ils descendaient d'une colonie pélasgique qui, sous la conduite de Téléboas, petit-fils de Léléus, s'empara de l'île de Taphus. Comme tous les peuples maritimes, ils se livraient à la piraterie.

v. 65. *Caveam.* L'amphithéâtre s'élevant autour de la scène, le milieu, qui ressemblait à un creux, était appelé *cavea.*

v. 67. *In cavea pignus capiantur togæ.* Au lieu de chasser ceux qui excitaient le tumulte, les inspecteurs se contentaient de leur enlever leur toge.

v. 68. *Sive qui ambiscent.* Les patriciens et les gens opulents étaient dans l'usage de réclamer la palme pour un artiste favori, soit par une lettre, soit par un messager, soit enfin par une recommandation verbale.

v. 69. *Seu quoiquam artifici.* Il y avait plusieurs espèces d'acteurs : les comédiens, les chœurs, les chanteurs, les danseurs, les joueurs d'instruments, etc.

v. 71. *Quoi duint.* Les édiles qui présidaient aux jeux faisaient le serment de donner la palme à celui qui leur en paraîtrait le plus digne.

v. 97. *Argo patre.* Amphitryon était fils d'Alcée, citoyen d'Argos ; de là vint à Hercule le nom d'Alcide : ayant tué par mégarde son oncle et son beau-père Électron, roi de Mycènes et d'Argos, il trouva un asile chez le roi des Thébains.

v. 194. *Me... præmisit domum.* C'était la coutume à Rome qu'un mari en revenant de voyage envoyât annoncer son arrivée à sa femme.

v. 255. *Velatis manibus.* Les suppliants portaient des rameaux d'olivier, entourés de bandelettes qui leur couvraient les mains.

v. 462. *Vivo fit quod nunquam....* Aux funérailles des morts illustres, on portait les images de leurs aïeux. Sosie, pauvre esclave, voit de son vivant Mercure porter la sienne.

v. 678. *Decumo post mense.* Les Romains calculaient le temps par mois lunaires : ils en comptaient dix pour la grossesse.

v. 841. *Matrem familias.* Junon était souvent appelée ainsi.

v. 899. *Aut satisfaciat, aut adjuret.* La personne qui se plaignait d'une injure citait l'offenseur devant les juges pour obtenir une réparation, ou seulement une rétractation.

v. 939. *Juben' mi ire comites.* Une femme de condition ne sortait jamais sans être accompagnée.

v. 956. *Vasa pura.* Tout ce qui servait dans les sacrifices devait être pur et sans tache.

v. 1285. *Capite operto.* Les Romains étaient dans l'usage de se couvrir la tête pendant les sacrifices.

ASINARIA.

v. 1. *Hoc agite.* C'était la formule pour commander l'attention. Les magistrats et les pontifes ne commençaient pas un sacrifice sans que le héraut eût crié : *Hoc age.*

v. 3. *Gregique huic, et dominis, atque conductoribus.* Chez les Romains, une réunion d'acteurs était appelée *grex* ; chez les Grecs, χορός. Le chef était désigné par le nom de *conductor*. C'était lui qui louait les comédiens à leurs maîtres, et qui traitait avec les édiles.

v. 23. *Per deum Fidium.* Fidius était un des noms d'Hercule (υἱὸς Διός).

v. 87. *Dotalem servam.* Aux termes de la loi, les biens de la femme passaient, ainsi que la personne, en puissance du mari.

v. 91. *Viginti.. minis.* Environ onze cents francs.

v. 118. *Argentarium.* Les anciens gardaient peu d'argent comptant dans leurs maisons : ils le plaçaient à intérêt. Les marchands d'argent formaient une corporation nombreuse : ils se tenaient d'habitude dans le forum.

v. 134. *Ad tresviros.* C'était une magistrature inférieure. Les tresviri avaient la surveillance des prisons, ils présidaient aux supplices. Ils étaient chargés de la punition des esclaves et des courtisanes. On les appelait *triumviri capitales.*

v. 336. *Asinos Arcadicos.* Les anciens recherchaient de préférence les ânes d'Arcadie.

v. 426. *Bullas.* Les portes étaient ornées de têtes de clous ronds et larges, en cuivre ou en argent.

v. 445. *Mercedem retulit.* Les propriétaires d'esclaves étaient dans l'usage de louer ceux qui savaient un métier. Ils en tiraient un grand profit.

v. 807. *Pure velle habere.* Il y avait certaines fêtes, celles d'Isis et de Cérès entre autres, pendant lesquelles on se purifiait. Les courtisanes s'abstenaient alors, par dévotion, de tout commerce avec leurs amants.

AULULARIA.

v. 7. *Thesaurum.* Les Romains, croyant se déshonorer en se livrant au commerce ou à l'industrie, avaient l'habitude, quand ils ne faisaient pas l'usure, de confier leurs trésors à la terre.

v. 176. *Curialium.* Tous les membres composant une curie s'appelaient *curiales.*

v. 177. *Neque magister.* Le chef de la curie. C'était lui qui présidait aux actes religieux, qui faisait notifier les jours de marché, et réglait les affaires communes de la curie.

v. 361. *In puteo.* La maison de chaque citoyen renfermait tout ce qui était nécessaire pour le châtiment des esclaves. On appelait la prison *puteus*, parce qu'elle était dans un souterrain où l'on attachait les coupables à un poteau.

v. 399. *Volsus ludeus.* Un danseur. Les danseurs s'attachaient surtout à paraître jeunes et jolis, et à se donner un air de femme : pour y parvenir, ils se faisaient épiler avec le plus grand soin.

v. 414. *Cultrum habes.* D'après la loi des Douze Tables, on avait le droit de tuer tout voleur pendant la nuit, et celui qui était armé, pendant le jour.

v. 439. *Ita me bene amet.* C'est une des formules de serment les plus usitées chez les Latins.

v. 440. *Pipulo.* Quand on avait été offensé par quelqu'un, on allait à sa porte, seul ou accompagné de témoins, faire du tapage ; et on tâchait de le déshonorer par cette avanie.

v. 442. *Numo.* Le *numus* vaut un didrachme ; un franc cinquante centimes de notre monnaie.

v. 501. *Præfectum*. A Rome, il y avait un tribunal de famille, outre les censeurs.

v. 505. *Stat fullo, etc.* Ce vers et les suivants donnent de grands détails sur la toilette des femmes de l'antiquité. Ils donnent aussi la nomenclature de tous les ouvriers dont elles avaient besoin.

BACCHIDES.

v. 10. *Statariæ*. On désignait ainsi les pièces dont l'action était plus calme et l'intrigue moins compliquée.

v. 178. *Potitio*. La crédulité et la bêtise des Potitius étaient proverbiales chez les Romains. On raconte ainsi l'origine de ce proverbe. Hercule, vainqueur de Géryon, avait institué des fêtes religieuses, dont il confia le soin à la famille Potitia. Lassés de ces fonctions, les descendants de cette famille les abandonnèrent, d'après le conseil du censeur Appius, aux esclaves de l'État. Hercule, pour les punir, les fit, dit-on, tous périr dans l'espace d'une année.

v. 225. *Herilis patria, salve*. Un esclave n'a point de patrie; il salue celle de son maître.

v. 240. *Hospitium et cœnam*. C'était l'usage des anciens, de célébrer l'arrivée d'un ami, ou d'un parent, par un festin.

v. 317. *Symbolum*. Les anciens ne connaissaient pas les lettres de change. Quand on avait une valeur à recouvrer dans une ville étrangère, on envoyait un fondé de pouvoir, auquel on donnait un signe de reconnaissance.

v. 324. *Prætor, recuperatores*. Quand il s'agissait d'un procès relatif aux propriétés, le préteur formait une commission de juges désignés par le demandeur, et agréés par le défendeur. Ces juges prenaient le nom de *recuperatores*.

v. 329. *Autolyco*. Autolycus était l'aïeul d'Ulysse. Il passait pour fils de Mercure, et il avait la réputation d'un très-habile voleur.

v. 366. *Dianæ in æde*. Les temples servaient alors de lieu de dépôt.

v. 390. *Populo præsente*. Quand on faisait un dépôt, les magistrats y assistaient au nom du peuple.

v. 486. *Cincticulo*. Le *cincticulum* était une courte tunique, sans manches, qui laissait les épaules dégarnies et les bras entièrement libres.

v. 574. *Jocum*. Les chants funèbres des pleureuses à gages étaient passés en proverbe pour exprimer une chose insignifiante.

v. 709. *Decumam*. Hercule passait pour avoir grand crédit auprès de la Fortune; aussi les riches lui offraient-ils souvent la dîme de ce qu'ils possédaient.

v. 865. *Columnam*. Il y avait dans la prison un pilier auquel on attachait les coupables.

CURCULIO.

v. 3. *Cupido.... Amor*. Il ne faut pas confondre Cupidon et l'Amour : ce sont deux personnages différents. Le premier était fils de la Nuit et de l'Érèbe, le second avait Vénus pour mère.

v. 9. *Puer es*. On choisissait pour porte-flambeau un jeune garçon de jolie figure.

v. 16. *Salve, valuistin'*. Les amants arrosaient de vin, ornaient de fleurs, couvraient de baisers la porte de leur maîtresse, ou lui adressaient des prières et des reproches.

v. 70. *Dextrovorsum*. Les anciens tournaient à droite sur eux-mêmes en adorant les dieux.

v. 101. *Stacte*. Liqueur qui coule spontanément de l'arbre qui donne la myrrhe, autrement appelée myrrhe vierge.

v. 211. *Aurichalco*. C'était un métal d'un jaune pâle et ressemblant à l'or. Il était assez estimé.

v. 367. *Nutricem Herculem*. Hercule, le dieu des bonnes trouvailles, était le patron des parasites.

Choragus. Le choragus des Romains était en même temps entrepreneur de spectacles et premier acteur de sa troupe. C'était lui qui venait débiter le prologue et l'épilogue, quand un des personnages de la pièce n'en était pas chargé.

v. 478. *Comitium*. Partie du forum où l'on rendait la justice.

v. 479. *Cluacinæ sacrum*. C'était le temple de Vénus.

v. 480. *Sub basilica*. Les basiliques étaient de grands édifices, avec de vastes salles et des portiques intérieurs.

v. 482. *Symbolarum*. Dans ces sortes de festins, un des convives était chargé d'ordonner la dépense, et les autres lui donnaient comme gage leur anneau.

EPIDICUS.

v. 130. *Subcidaneum*. Quand on ne pouvait obtenir un présage favorable, on immolait plusieurs victimes à la suite les unes des autres. Celles qui venaient après la première étaient *subcidaneæ*.

v. 205. *Regillam induculam*. L'*inducula* était une tunique, un vêtement de dessous.

v. 206. *Impluviatam*. C'était un voile, un manteau de forme carrée, comme la cour des maisons romaines, dans laquelle les eaux pluviales se déchargeaient, et se perdaient par un puisard pratiqué au milieu.

v. 213. *Patagiatam*. Le *patagium* était une broderie d'or à paillettes, qui se cousait au haut de la tunique sur la poitrine.

v. 214. *Subparum*. Habillement distinctif des femmes ; c'était une robe à manches étroites et courtes, qui laissaient le bras entièrement nu.

Ricam. Voile long et carré, garni de franges, tantôt blanc tantôt couleur de pourpre, dont les femmes se couvraient la tête.

v. 215. *Plumatile*. Broderie d'or à paillettes, inventée par les peuples d'Asie.

v. 445. *Concubina*. C'était un demi-mariage, reconnu par les lois. Les citoyens formaient ordinairement cette union avec une de leurs affranchies. On n'y attachait aucune idée de libertinage. La concubine pouvait se séparer de son patron malgré lui.

v. 629. *Aquam calefieri*. C'était l'usage de préparer un bain pour les voyageurs.

MILES GLORIOSUS.

v. 64. *Liberalis*. Chez les anciens cette expression *une figure d'homme libre* remplaçait l'expression moderne *un visage noble*.

v. 67. *Quasi pompam*. Les jeux publics s'ouvraient par une procession solennelle de magistrats, de prêtres, d'athlètes, accompagnés de joueurs de flûte, conduisant des brancards sur lesquels on portait les statues des dieux.

v. 86. *Alazôn*. C'est le nom de la pièce de Ménandre.

v. 173-175. *De tegulis.... per nostrum impluvium*. Les toits des anciens formaient une terrasse où l'on pouvait se promener, et examiner ce qui se passait chez les voisins.

v. 341. *Solarium*. C'était un lieu élevé, une espèce de terrasse exposée à l'air et au soleil.

v. 411. *Lauta*. On ne s'approchait des autels qu'après une ablution.

v. 453. *Lege agito.* Quiconque recevait une injure, soit en action, soit en paroles, prenait à témoin les personnes présentes, et citait l'offenseur en justice.

v. 585. *Impio.* C'était, dans l'opinion des Romains, une chose contraire à toutes les lois divines et humaines, qu'un esclave cherchât querelle à un homme libre.

v. 682. *Procreare liberos.* Pour être bon citoyen, il fallait être père de famille.

v. 790. *Capite comto, crines vittasque.* Les matrones avaient seules le droit de porter des cheveux longs ornés de bandelettes, et la robe tombant jusque sur les pieds. Les affranchies et les courtisanes portaient la robe courte et les cheveux courts.

v. 982. *Spinturnicium.* On ne sait quelle est l'espèce d'oiseau de mauvais augure que les anciens désignaient par ce nom.

RUDENS.

Prol.—v. 15. *Nomina exscribta.* Dans l'antiquité, on croyait qu'il y avait des divinités qui écrivaient les bonnes et les mauvaises actions.

v. 23. *Donis, hostiis. Dona* sont proprement les offrandes que l'on faisait aux dieux. Elles restaient dans un endroit du temple appelé *Donarium.*

v. 43. *Ludo fidicino.* Les prostitueurs faisaient apprendre la musique aux filles esclaves. Ils louaient des joueuses de lyre pour les sacrifices.

v. 103. *Pater, salveto.* Lorsque les jeunes gens saluaient une personne âgée, ils lui donnaient le nom de père, si c'était un homme, et celui de mère, si c'était une femme.

v. 159. *Palamon.* Mélicerte, fils d'Athamas et d'Ino, s'étant jeté dans la mer, fut changé en un dieu marin, que les Latins appelaient *Portumnus,* et les Grecs *Palæmon.*

v. 257. *Quisquis est.* Lorsque les anciens ne savaient pas le nom du dieu auquel ils demandaient quelque chose, ils ne manquaient jamais d'ajouter *quisquis es,* de peur de se tromper, et de fâcher le dieu en prenant une autre divinité pour lui.

v. 372. *Ædilis.* Les édiles réglaient tout ce qui se vendait au marché, rompaient les fausses mesures, jetaient les mauvaises marchandises, et punissaient ceux qui survendaient.

v. 375. *Capillum promittam.* Les devins portaient de longs cheveux, qu'ils laissaient flotter au vent lorsqu'ils rendaient leurs oracles.

v. 385. *Sedentem flentemque.* Ceux qui suppliaient les dieux, et qui s'étaient réfugiés auprès de leurs autels ou de leurs statues, se tenaient ordinairement assis.

v. 468. *Literata 'st.* Les vases fabriqués pour les établissements publics portaient une inscription.

v. 570. *Ciccum.* C'était la petite peau qui sépare les cellules des grains de grenade. Lorsque les anciens voulaient faire entendre qu'ils ne se souciaient pas d'une chose, ils disaient qu'ils n'en donneraient pas cette peau.

v. 678. *Adsidite huic in ara.* L'autel n'était pas dans le même lieu que la statue. Il était ordinairement devant le temple. Près de l'autel se trouvait une fontaine, où l'on se lavait avant d'entrer dans le temple.

v. 752. *Mergis.* Ce sont proprement les fourches dont on se sert pour faire des monceaux de gerbes.

v. 846. *Raptam exsulem.* Quand un homme arrêté refusait de marcher, des esclaves le prenaient sur leurs épaules, et le transportaient de force.

v. 1094. *Caudeam.* On appelle *caudeæ* des boîtes en osier tressé comme des crins de cheval.

v. 1321. *Tene aram.* Soit qu'on adressât des prières aux dieux, soit qu'on les prît à témoin d'un engagement, il fallait qu'on touchât l'autel pour que l'invocation ou la promesse ne fût pas vaine.

v. 1391. *Mille numos.* La moitié d'un talent.

TRINUMUS.

Prol.—v. 18. *Thesauro.* Ménandre a également donné une comédie de ce nom. On ne sait si le sujet était le même.

v. 39. *Larem.* Les dieux lares se contentaient de fleurs, de vin, de gâteaux et de froment.

v. 169. *Ædeis venaleis.* Comme nous, les anciens se servaient d'affiches pour annoncer les maisons à louer ou à vendre.

v. 203. *Urbani assidui civeis... scurras.* Les tribus les plus honorables étaient les tribus rustiques, composées des propriétaires de biens ruraux. C'était une ignominie d'être transféré dans les tribus urbaines. On regardait les citadins comme des gens inoccupés, battant le pavé, havards et beaux esprits.

v. 435. *Ferentarium.* On appelait *ferentarii* des troupes légères, qui se portaient rapidement sur tous les points où leur présence était nécessaire. Il y a ici un jeu de mots qu'il est impossible de rendre en français.

v. 967. *Novorum ædilium.* La pièce fut probablement représentée pendant les fêtes de Cybèle, *Megalesia,* époque à laquelle les édiles signalaient toujours le commencement de leur magistrature.

TRUCULENTUS.

v. 139. *Scripturam.* Une partie des terres conquises était retenue en la possession de l'État et affermée à des traitants. Les agriculteurs louaient les champs à blé, moyennant la dîme ; les propriétaires de troupeaux payaient le droit de pâture par tête de bétail.

STICHUS.

v. 266. *Puerum.* On se servait, pour faire les commissions et quelques travaux intérieurs peu pénibles, de petits esclaves.

v. 367. *Cercurum.* C'était un vaisseau très-long inventé par les Cypriens, selon les uns, par les Corcyriens, selon les autres.

v. 607. *Genium tuom.* Les épicuriens pensaient que, pour complaire à son génie, il fallait bien manger et bien boire.

v. 687. *Quot cyathos.* Les anciens trouvaient le vin trop capiteux et trop épais pour le boire pur : ils le mélangeaient dans une certaine proportion. Le *sextarius* était divisé en douze *cyathi.* Le roi du festin décidait le nombre de *cyathi* de vin que devait contenir le mélange.

POENULUS.

v. 705. *Addictum.* Le débiteur insolvable, le coupable qui ne pouvait donner satisfaction pour un délit privé, tel que vol, violence, etc., était adjugé en toute propriété par le préteur, *addictus.*

v. 836. *Nomina insunt.* C'était la coutume d'écrire sur des étiquettes ou sur le vase lui-même le nom du vin et l'année de la récolte.

v. 963. *Creta est.* Le blanc était le signe du bonheur et du bien ; la couleur noire, au contraire, était de mauvais augure.

PSEUDOLUS.

v. 208. *Frumentariis.* Tous les négociants en vins, en huile, en blé, étaient des hommes fort riches, de hauts personnages, qui faisaient le commerce par l'entremise d'un affranchi.

v. 231. *Culleis.* L'huile et le vin se transportaient dans des vases de cuir, ainsi que cela se pratique encore en Espagne.

v. 667. *Vasa ahena.* Les vases d'airain étaient déjà précieux à Rome avant la ruine de Corinthe.

v. 796. *Potandus fructus est fullonius.* Les foulons, pour nettoyer les étoffes, les battaient avec leurs pieds.

v. 884. *Venenis.* Le mot *venenum* ne doit pas toujours être pris en mauvaise part. Il signifie quelquefois un remède salutaire.

v. 1197. *Uncti hi... senes.* Un des grands plaisirs du bain était de se faire oindre d'huile et de se faire frotter avec l'étrille. Mais ici il n'est pas question de plaisir.

MERCATOR.

v. 402. *Elogiorum carbonibus.* A Rome les amants avaient l'habitude de crayonner à la porte de leurs belles des inscriptions et des compliments.

v. 657-659. *Præconum.... conquisitores.* Chez les anciens, où l'art d'écrire, et même de lire, étaient peu répandus, on n'affichait pas les choses que l'on voulait faire annoncer publiquement; on les faisait crier.

v. 908. *Limen superum.* Les Romains attachaient une idée religieuse au seuil et au linteau de la porte principale. C'était un mauvais présage que de les heurter, soit du pied, soit de la tête, en entrant ou en sortant.

v. 930. *Comes.* Les citoyens romains qui allaient en mission, ou en voyage, se faisaient accompagner de leurs clients et de leurs esclaves.

MENECHMI.

v. 17. *Senes.* Chez les Romains un homme était dans les *juvenes* jusqu'à 46 ans; après ce terme il était compté parmi les *senes.* Cette limite était déterminée par le service militaire.

v. 120. *Ancillas, penum.* A l'époque des guerres puniques, toute dame romaine, pour soutenir son rang, devait avoir des femmes à son service, des provisions à la maison, des robes, de la pourpre et des bijoux.

v. 875. *Larvatus, ceritus.* L'homme qui avait vu soit un spectre échappé des enfers, *larva*, soit une déesse, *Ceres*, devenait fou; il fallait l'exorciser.

www.ingramcontent.com/pod-product-compliance
Lightning Source LLC
Chambersburg PA
CBHW060750230426
43667CB00010B/1513